民法典理解与适用丛书

中华人民共和国
民法典合同编
理解与适用

【一】

最高人民法院民法典贯彻实施工作领导小组 主编

人民法院出版社
PEOPLE'S COURT PRESS

图书在版编目（CIP）数据

中华人民共和国民法典合同编理解与适用 / 最高人民法院民法典贯彻实施工作领导小组主编. -- 北京 : 人民法院出版社, 2020.7

（民法典理解与适用丛书）

ISBN 978-7-5109-2892-5

Ⅰ. ①中… Ⅱ. ①最… Ⅲ. ①合同法-法律解释-中国②合同法-法律适用-中国 Ⅳ. ①D923.65

中国版本图书馆CIP数据核字(2020)第119013号

中华人民共和国民法典合同编理解与适用

最高人民法院民法典贯彻实施工作领导小组 主编

责任编辑 兰丽专 丁丽娜 路建华 张 奎 丁塞峨
执行编辑 杨晓燕 郭 粹 杨 洁
出版发行 人民法院出版社
地　　址 北京市东城区东交民巷27号（100745）
电　　话 （010）67550673（责任编辑） 67550558（发行部查询）
65223677（读者服务部）
客 服 QQ 2092078039
网　　址 http://www. courtbook. com. cn
E - mail courtpress@ sohu. com
印　　刷 三河市国英印务有限公司
经　　销 新华书店

开　　本 787毫米×1092毫米 1/16
字　　数 2540千字
印　　张 182.5
版　　次 2020年7月第1版 2024年12月第11次印刷
书　　号 ISBN 978-7-5109-2892-5
定　　价 658.00元（全四册）

最高人民法院

民法典贯彻实施工作领导小组

组　　长　周　强
常务副组长　贺　荣
副 组 长　陶凯元　杨万明　杨临萍　贺小荣　刘贵祥
成　　员　（按机构排序）
董文濮　钱晓晨　林文学　林广海　王淑梅
刘竹梅　于厚森　韩维中　孔　玲　何东宁
郭　锋　赵晋山　李广宇　胡仕浩　祝二军
马　岩　陈宜芳　郝银钟　高晓力　郃中林
孙晓勇

办 公 室

主　　任　杨万明　刘贵祥
副 主 任　郭　锋　杨永清
成　　员　丁广宇　周伦军　陈龙业

合同编执行编委、编审

执行编委　林文学　王淑梅　钱晓晨　李广宇　何　莉
编　　审　林广海　周　翔　杨立初　司艳丽　刘崇理
秦元明　汪　军　潘勇锋　周伦军　麻锦亮
余晓汉　孙晓光　贾玉慧　张　楠　杜圣杰
兰丽专

以习近平新时代中国特色社会主义思想为指导 充分发挥审判职能作用　确保民法典正确贯彻实施*

最高人民法院党组书记、院长　周　强

在以习近平同志为核心的党中央坚强领导下，《中华人民共和国民法典》经十三届全国人大三次会议审议通过并颁布实施。民法典是新中国成立以来第一部以“法典”命名的法律，是新时代我国社会主义法治建设的重大成果，具有里程碑意义。法律的生命在于实施。审判机关要以对党负责、对人民负责、对法律负责的态度，在贯彻实施民法典的过程中担当作为。

一、深入学习贯彻习近平总书记重要讲话精神，充分认识贯彻好实施好民法典的重大意义

2020 年 5 月 29 日，中央政治局就“切实实施民法典”举行集体学习，习近平总书记发表重要讲话，为我们全面认识民法典颁布实施的重大意义，准确理解和掌握民法典的精神要义、基本原则、条文规范，确保民法典在司法活动中统一正确实施，维护广大人民群众合法权益，提供了强大的理论武装、思想指引、行动纲领。习近平总书记在讲话中，对人民法院贯彻实施民法典工作提出明确要求、指明了前进方向。各级人民法院要坚持以习近平新时代中国

* 原载《求是》2020 年第 12 期。

特色社会主义思想为指导，切实把思想和行动统一到习近平总书记重要讲话精神上来，深刻理解和准确把握民法典颁布实施的重大意义，充分认识贯彻实施民法典的职责使命，以高度的政治自觉、饱满的工作热情，坚定不移做好民法典的学习和贯彻实施工作，努力推动中国特色社会主义法治建设。

第一，通过正确贯彻实施民法典，深入贯彻落实习近平总书记全面依法治国新理念新思想新战略。习近平总书记指出，实施好民法典，是坚持以人民为中心、保障人民权益实现和发展的必然要求，是发展社会主义市场经济、巩固社会主义基本经济制度的必然要求，是提高我们党治国理政水平的必然要求。民法典是党领导全国人民在我国革命、建设、改革各个历史时期，依法治国各方面工作长期积淀的智慧结晶，是党的意志、人民意志的立法表达。人民法院必须深入贯彻习近平总书记全面依法治国新理念新思想新战略，把增强“四个意识”、坚定“四个自信”、做到“两个维护”体现到民法典学习宣传贯彻全过程，忠实履行宪法法律赋予的职责，坚定不移走中国特色社会主义法治道路，确保党中央决策部署在人民法院得到不折不扣贯彻落实。

第二，通过正确贯彻实施民法典，主动服务新时代党和国家事业发展。习近平总书记指出，民法典是一部固根本、稳预期、利长远的基础性法律。人民法院在学习贯彻民法典的过程中，要聚焦党和国家工作大局履行审判职责，不断提高运用民法典服务大局的能力水平。要将学习贯彻工作与常态化疫情防控结合起来，充分运用民法典关于疫情防控的立法成果，准确适用现行法律和司法解释关于不可抗力、情势变更、时效中止等方面的规定，妥善处理涉疫情相关纠纷案件，助力复工复产，扎实做好“六稳”工作，全面落实“六保”任务。要将学习贯彻民法典与优化营商环境结合起来，坚决贯彻民法典规定的平等原则，加大产权保护力度，不论国企民企、内资外资、大中小微企业，一视同仁，依法保护，积极营造稳定公平透明、可预期的法治化营商环境。要将学习贯彻民法典与打好三大攻坚战结合起来，依法公正高效审理民间借贷、融资担保等金融领域纠纷案件，土地承包经营、农产品买卖等涉农纠纷案件以及环境资源领域的纠纷案件，为经济社会发展提供有力司法服务和保障。

第三，通过正确贯彻实施民法典，更好践行司法为民宗旨。习近平总书记强调，民法典实施水平和效果，是衡量各级党和国家机关履行为人民服务宗旨的重要尺度。贯彻实施好民法典，必须吃透民法典精神，正确理解民法典的核心要义和重要制度，正确适用民法典的规定，保障人民权益。民法典立足中国国情，在实现好、维护好、发展好人民权益方面有许多创新。其中，人格权独立成编，全面加强对包括自然人隐私权和个人信息在内的人格权保护，彰显了民法典的人民立场和人文关怀；物权编创设了居住权制度；合同编新增了保理合同、物业服务合同、合伙合同等典型合同；婚姻家庭编确立了夫妻共债共签原则，限缩了无效婚姻范围，对协议离婚规定了一个月的冷静期；继承编增加了打印遗嘱、录像遗嘱等新形式遗嘱类型，并取消了公证遗嘱的优先效力，等等。这些新的内容反映着新时代人民权益的特点，体现着新时代社会生活的实践和发展。要引导广大法官深入学习领会民法典的创新之处，将民法典新理念、新原则、新概念、新条款贯彻到审判执行工作的各个环节，提高运用民法典维护人民权益、化解矛盾纠纷、促进社会和谐稳定的能力和水平。

第四，通过正确贯彻实施民法典，加快推进人民法院审判体系和审判能力现代化。习近平总书记明确要求，各级司法机关要秉持公正司法，提高民事案件审判水平和效率。民法典的实施将进一步推动国家治理的制度化、规范化、程序化，是国家治理现代化的重要标志。民法典关于信息科技、生命科技发展背景下人格权保护的许多开创性规定，体现了对现代生活实际问题和时代需求的积极回应，为人民法院不断满足各类市场主体多元司法需求，提供了强有力的制度依据和规则支撑。人民法院要深入研判民法典实施对审判执行工作和自身建设带来的深远影响，将贯彻实施民法典与深化司法体制改革、加快推进智慧法院建设深度融合，在新的实践基础上推进审判体系和审判能力现代化。

第五，通过正确贯彻实施民法典，推动完善中国特色社会主义法治理论体系。习近平总书记指出，要加强对民事法律制度的理论研究，尽快构建体现我国社会主义性质，具有鲜明中国特色、实践特色、时代特色的民法理论体系和话语体系，为有效实施民法典、发展我国民事法律制度提供理论支撑。理论来源于实践。人民法院几十年来审理、裁判的大量民事案件，发布的大量司法解释、司法政策，是理论研究的丰富宝藏。全国法院广大法官要充分利用这一优势条件，加强民事司法理论研究，为构建新时代民事司法理论体系和话语体系贡献力量。要立足审判职能，在实施民法典的过程中及时制定完善司法政策，多做精品判决，多出精品案例，加强司法建议，为创新和繁荣民事司法理论研究提供新素材新经验。

二、始终坚持以人民为中心，不断提高民事审判质量和司法公信力

民法典是一部体现对生命健康、财产安全、交易便利、生活幸福、人格尊严等各方面权利平等保护的法典。实施好民法典，是坚持以人民为中心、保障人民权益实现和发展的必然要求。近年来，人民法院每年审结的一审民事案件约占全部一审案件的90%，民事审判在人民法院工作全局中居于重要地位。贯彻实施民法典，不仅要贯彻条文，更要贯彻立法精神，秉持公正司法，依法妥善审理各类民事案件，提高审判质量效率和司法公信力。

一是要依法加强权利保护，促进人的全面发展。随着经济社会发展，人民群众在公平、正义、安全、环境等方面的要求日益增

长，希望对权利的保护更加充分、更加有效。民法典以保护民事权利为出发点和落脚点，切实回应人民的法治需求。人民法院要紧密结合民法典的基本精神和内容，把增进人民福祉、促进人的全面发展摆在更加突出的位置，贯穿到审判执行工作的全过程，努力让人民群众在每一个司法案件中感受到公平正义。要更加注重对妇女儿童、老年人、残疾人和消费者权益的保护，及时充分救济受侵害的民事权益，有力维护最广大人民群众根本利益，切实增强人民群众获得感、幸福感、安全感。

二是要践行和弘扬社会主义核心价值观，维护社会公平正义。民法典将弘扬社会主义核心价值观作为立法宗旨，从基本原则到制度规范、具体规则，通篇都体现着社会主义核心价值观的要求。人民法院要坚持依法治国与以德治国相结合，用社会主义核心价值观指导司法活动，严格依照民法典条文的精神内涵，定分止争、惩恶扬善，强化规则意识，倡导契约精神，保护公民合法权益，维护社会公序良俗，用法治的力量引导人民群众向上向善。要主动回应人民关切，对社会高度关注、公众存在模糊认识的案件，加强裁判说理，厘清争点，亮明观点，明确提倡什么、反对什么、禁止什么，让庭审成为正确贯彻实施民法典、弘扬社会主义核心价值观的法治公开课。

三是要加强审判监督管理和调研，提升民事司法水平。习近平总书记强调，要加强对涉及财产权保护、人格权保护、知识产权保护、生态环境保护等重点领域的民事审判工作和监督指导工作。人民法院要进一步加大权利保护力度，继续加强民营企业产权司法保护，坚持平等、依法、全面保护原则，抓紧制定出台刑民交叉司法解释，完善程序规则，坚决防止以刑事案件名义插手民事纠纷、经济纠纷；继续推动完善知识产权侵权惩罚性赔偿制度，完善诉讼证据规则、证据披露以及证据妨碍排除规则，进一步提升我国知识产权审判水平和国际影响力；加强涉人格权案件、环境资源案件的审判指导，及时发布指导案例、典型案例或司法解释；研究制定提高民事案件审判水平和效率，提高办案质量和司法公信力的政策文件。要坚持问题导向，及时总结民事审判经验，研究解决制约民事审判工作发展的深层次问题和贯彻实施中的新情况新问题，为健全完善司法解释和司法政策提供实践依据。要进一步开展案件评查，对案件办理全过程进行体检，确保程序公正与实体公正相统一；注重发挥法官会议、审判委员会在统一裁判尺度方面的作用，确保相关法律适用统一。

四是要加强一站式多元解纷和诉讼服务体系建设，发挥多元化纠纷解决机制的作用。习近平总书记强调，要发挥多元化纠纷解决机制的作用，多方面推进民法典实施工作。人民法院要结合贯彻实施民法典，坚持和发展新时代“枫桥经验”，把非诉讼纠纷解决机制挺在前面，健全社会矛盾纠纷预防调处化解综合机制，加强一站式多元解纷和诉讼服务体系建设，深化“分调裁审”机制改革，增强人民法院多元解纷能力，促进矛盾纠纷源头预防。要加强与行政机关特别是司法行政部门的协作配合，加强法律援助和司法救助，通过社会力量和基层组织及时妥善化解矛盾纠纷，多方面推进民法典贯彻实施。要加强对诉前联调工作的培训和指导工作，以选派法官授课、邀请参加内部培训等方式，促进提高人民调解组织、行政机关调解员、人民调解员等适用民法典的能力水平，更好帮助群众实现和维护自身合法权益。

三、狠抓责任落实，全力做好民法典的贯彻实施工作

学习好、贯彻好、实施好民法典是人民法院的重要职责，也是一项涉及面广、任务量大的系统工程。各级法院在做好审判执行工作的同时，要迅速调整工作重心，切实把思想和行动统一到习近平总书记重要讲话精神上来，确保不折不扣完成人民法院在民法典贯彻实施工作中承担的职责使命。

一是要抓紧进行司法解释、非司法解释类规范性文件清理工作。2021年1月1日民法典施行之日起，婚姻法、继承法、民法通则、收养法、担保法、合同法、物权法、侵权责任法、民法总则等九部法律将被替代，以这九部法律为依据制定的大量民事司法解释需要清理，与民法典规定冲突的需要废止。同时，对刑事、行政、国家赔偿等领域的相关司法解释、司法政策也要纳入清理范围。为此，最高人民法院将在2020年年底前，完成对新中国成立以来所有现行有效的上述司法解释的全面清理工作。凡是违反社会主义核心价值观的，与民法典精神、原则、条文相冲突的，均坚决废止，确保民法典统一正确实施。同时，将最高人民法院发布的139件指导性案例也纳入清理范围。各高级人民法院要对本辖区施行的审判指导意见、会议纪要等司法政策文件进行系统清理，确保与民法典的新精神、新规定保持一致。

二是要及时制定新的司法解释。最高人民法院将坚持问题导向，按照“统一规划、分批制定，急用先行、重点推进，先易后难、确保质量”的原则，在民法典正式实施前发布有关司法解释，解决新旧法衔接适用、现有司法解释效力等问题，在民法典实施后迅速出台物权、合同、人格权、婚姻家庭、继承、侵权领域的相关司法解释，统一法律适用。在工作方式上，将司法解释起草与清理工作结合起来，加强调研论证，通过编纂、修改、新立等方式，用足用好批复、决定、解释和规定等司法解释制定的四种形式，确保司法解释起草的质量和实效。

三是要迅速在全国法院兴起学习贯彻民法典的热潮，切实提高民事司法裁判能力和水平。人民法院是贯彻实施民法典的重要部门，应当把学习贯彻民法典作为践行司法为民宗旨、提升公正司法水平的一项重要举措。最高人民法院将在做好院机关全员培训的基础上，坚持分类分级、线上线下、点面结合，指导各高级法院结合本地情况开展培训，确保2020年年底前实现全国法院干警全员轮训。要高度关注原有条款的变化和创新内容，保证培训到位、学习到位，实现见微知著、融会贯通、学以致用。要充分借助智慧法院建设成果，将信息化学习培训手段与传统学习培训手段融合互补，采取法院领导干部、审判业务专家授课与邀请专家学者授课相结合的方式，综合采用课堂、视频、网络培训相结合的形式开展培训，扩大培训覆盖面，确保培训取得实效。

四是要加大普法宣传力度，推动营造尊法学法守法用法的良好环境。习近平总书记强调，要广泛开展民法典普法工作，引导群众认识到民法典既是保护自身权益的法典，也是全体社会成员都必须遵循的规范，养成自觉守法的意识，形成遇事找法的习惯，培养解决问题靠法的意识和能力。人民法院要积极通过庭审公开、在线直播、裁判文书释法说理、发布典型案例、编写通俗读物、参与法治进校园进社区活动等群众喜闻乐见的方式，充分利用各类传统媒体和新兴媒体，加大对民法典的宣传力度，为民法典实施营造良好环境，让民法典所蕴含的契约精神、自愿原则、诚信原则等深深根植于群众内心，成为推进我国社会主义法治建设的内生力量。

凡 例

1. 本书中法律、行政法规名称中的“中华人民共和国”省略，其余一般不省略，例如《中华人民共和国民法典》简称《民法典》。

2. 本书中下列司法解释及司法指导性文件使用简称：

文件名称	发文日期	发文字号	简称
《最高人民法院关于贯彻执行〈中华人民共和国民法通则〉若干问题的意见（试行）》	1988年4月2日	法（办）发〔1988〕6号	《民法通则意见》
《最高人民法院关于适用〈中华人民共和国合同法〉若干问题的解释（一）》	1999年12月19日	法释〔1999〕19号	《合同法司法解释（一）》
《最高人民法院关于适用〈中华人民共和国担保法〉若干问题的解释》	2000年12月8日	法释〔2000〕44号	《担保法司法解释》
《最高人民法院关于审理商品房买卖合同纠纷案件适用法律若干问题的解释》	2003年4月28日	法释〔2003〕7号	《商品房买卖合同司法解释》
《最高人民法院关于审理建设工程施工合同纠纷案件适用法律问题的解释》	2004年10月25日	法释〔2004〕14号	《建设工程施工合同司法解释》
《最高人民法院关于审理技术合同纠纷案件适用法律若干问题的解释》	2004年12月16日	法释〔2004〕20号	《技术合同司法解释》
《最高人民法院关于审理涉及国有土地使用权合同纠纷案件适用法律问题的解释》	2005年6月18日	法释〔2005〕5号	《国有土地使用权合同司法解释》

续表

文件名称	发文日期	发文字号	简称
《最高人民法院关于审理不正当竞争民事案件应用法律若干问题的解释》	2007年1月12日	法释〔2007〕2号	《不正当竞争司法解释》
《最高人民法院关于适用〈中华人民共和国合同法〉若干问题的解释（二）》	2009年4月24日	法释〔2009〕5号	《合同法司法解释（二）》
《最高人民法院关于审理物业服务纠纷案件具体应用法律若干问题的解释》	2009年5月15日	法释〔2009〕8号	《物业服务纠纷司法解释》
《最高人民法院关于审理城镇房屋租赁合同纠纷案件具体应用法律若干问题的解释》	2009年7月30日	法释〔2009〕11号	《房屋租赁合同司法解释》
《最高人民法院关于审理外商投资企业纠纷案件若干问题的规定（一）》	2010年8月5日	法释〔2010〕9号	《外商投资企业规定（一）》
《最高人民法院关于审理买卖合同纠纷案件适用法律问题的解释》	2012年5月10日	法释〔2012〕8号	《买卖合同司法解释》
《最高人民法院关于适用〈中华人民共和国涉外民事关系法律适用法〉若干问题的解释（一）》	2012年12月28日	法释〔2012〕24号	《涉外民事关系法律适用法司法解释（一）》
《最高人民法院关于适用〈中华人民共和国企业破产法〉若干问题的规定（二）》	2013年9月5日	法释〔2013〕22号	《企业破产法规定（二）》
《最高人民法院关于审理融资租赁合同纠纷案件适用法律问题的解释》	2014年2月24日	法释〔2014〕3号	《融资租赁合同司法解释》
《最高人民法院关于适用〈中华人民共和国民事诉讼法〉的解释》	2015年1月30日	法释〔2015〕5号	《民事诉讼法司法解释》
《最高人民法院关于审理民间借贷案件适用法律若干问题的规定》	2015年8月6日	法释〔2015〕18号	《民间借贷规定》

续表

文件名称	发文日期	发文字号	简称
《最高人民法院关于人民法院网络司法拍卖若干问题的规定》	2016年8月2日	法释〔2016〕18号	《网络司法拍卖规定》
《最高人民法院关于审理独立保函纠纷案件若干问题的规定》	2016年11月18日	法释〔2016〕24号	《独立保函纠纷规定》
《最高人民法院关于审理建设工程施工合同纠纷案件适用法律问题的解释（二）》	2018年12月29日	法释〔2018〕20号	《建设工程施工合同司法解释（二）》
《全国知识产权审判工作会议关于审理技术合同纠纷案件若干问题的纪要》	2001年6月15日	法〔2001〕84号	《技术合同会议纪要》
《最高人民法院关于当前形势下审理民商事合同纠纷案件若干问题的指导意见》	2009年7月7日	法发〔2009〕40号	《民商事合同指导意见》
《全国法院民商事审判工作会议纪要》	2019年11月8日	法〔2019〕254号	《民商审判会议纪要》
《最高人民法院关于依法妥善审理涉新冠肺炎疫情民事案件若干问题的指导意见（一）》	2020年4月16日	法发〔2020〕12号	《新冠肺炎指导意见（一）》
《最高人民法院关于依法妥善审理涉新冠肺炎疫情民事案件若干问题的指导意见（二）》	2020年5月15日	法发〔2020〕17号	《新冠肺炎指导意见（二）》
《最高人民法院关于依法妥善审理涉新冠肺炎疫情民事案件若干问题的指导意见（三）》	2020年6月8日	法发〔2020〕20号	《新冠肺炎指导意见（三）》

3. 特别说明：《民法典》自2021年1月1日起施行，《婚姻法》《继承法》《民法通则》《收养法》《担保法》《合同法》《物权法》《侵权责任法》《民法总则》同时废止。

CONTENTS 总目录

绪论：《民法典》编纂概述 …………………………… 1

第一分编　通　则

第一章　一般规定 ………………………………… 17

第二章　合同的订立 ……………………………… 52

第三章　合同的效力 ……………………………… 287

第四章　合同的履行 ……………………………… 338

第五章　合同的保全 ……………………………… 497

第六章　合同的变更和转让 ……………………… 555

第七章　合同的权利义务终止 …………………… 594

第八章　违约责任 ………………………………… 713

第二分编　典型合同

第九章　买卖合同 ………………………………… 853

第十章　供用电、水、气、热力合同 ……… 1136

第十一章　赠与合同 …………………………… 1170

第十二章　借款合同 …………………………… 1218

第十三章　保证合同 …………………………… 1280

第十四章　租赁合同 ………………………… 1407
第十五章　融资租赁合同 ……………………… 1610
第十六章　保理合同 ………………………… 1759
第十七章　承揽合同 ………………………… 1794
第十八章　建设工程合同 ……………………… 1901
第十九章　运输合同 ………………………… 2047
第二十章　技术合同 ………………………… 2228
第二十一章　保管合同 ……………………… 2344
第二十二章　仓储合同 ……………………… 2386
第二十三章　委托合同 ……………………… 2468
第二十四章　物业服务合同 ………………… 2551
第二十五章　行纪合同 ……………………… 2656
第二十六章　中介合同 ……………………… 2706
第二十七章　合伙合同 ……………………… 2732

第三分编　准 合 同

第二十八章　无因管理 ……………………… 2775
第二十九章　不当得利 ……………………… 2797

后　记 …………………………………………… 2813

目 录

CONTENTS

第一册

绪论：《民法典》编纂概述 ………………………………………………… 1

第一分编 通 则

第一章 一般规定

第四百六十三条

【条文主旨】 ……………………………………………………………… 17

本条是关于合同编调整对象的规定。

第四百六十四条

【条文主旨】 ……………………………………………………………… 23

本条是关于合同的概念及适用的规定。

第四百六十五条

【条文主旨】 ……………………………………………………………… 28

本条是关于合同约束力的规定。

第四百六十六条

【条文主旨】……35

本条是关于合同条款发生争议或者词句不一致时解释的规定。

第四百六十七条

【条文主旨】……42

本条是关于非典型合同与在中华人民共和国境内履行的三种涉外合同法律适用的规定。

第四百六十八条

【条文主旨】……48

本条是关于非因合同产生的债权债务关系法律适用的规定。

第二章　合同的订立

第四百六十九条

【条文主旨】……52

本条是关于合同形式的规定。

第四百七十条

【条文主旨】……56

本条是关于合同条款的规定。

第四百七十一条

【条文主旨】……59

本条是关于合同订立方式的规定。

第四百七十二条

【条文主旨】……63

本条是关于要约定义和构成要件的规定。

第四百七十三条

【条文主旨】 …… 66

本条是关于要约邀请的规定。

第四百七十四条

【条文主旨】 …… 69

本条是关于要约生效时间的规定。

第四百七十五条

【条文主旨】 …… 73

本条是关于要约撤回的规定。

第四百七十六条

【条文主旨】 …… 76

本条是关于要约撤销的规定。

第四百七十七条

【条文主旨】 …… 82

本条是关于撤销要约的时间的规定。

第四百七十八条

【条文主旨】 …… 85

本条是关于要约失效的规定。

第四百七十九条

【条文主旨】 …… 89

本条是关于承诺定义的规定。

第四百八十条

【条文主旨】 …… 99

本条是关于承诺方式的规定。

第四百八十一条
【条文主旨】 …… 111
本条是关于承诺期限的规定。
第四百八十二条
【条文主旨】 …… 118
本条是关于承诺期限起算点的规定。
第四百八十三条
【条文主旨】 …… 122
本条是关于合同成立时间的规定。
第四百八十四条
【条文主旨】 …… 133
本条是关于承诺生效时间的规定。
第四百八十五条
【条文主旨】 …… 146
本条是关于承诺撤回规则的规定。
第四百八十六条
【条文主旨】 …… 155
本条是关于逾期承诺的规定。
第四百八十七条
【条文主旨】 …… 161
本条是关于因其他原因承诺迟到的规定。
第四百八十八条
【条文主旨】 …… 167
本条是关于承诺对要约内容作实质性变更的规定。

第四百八十九条

【条文主旨】 ………………………………………………… 185

本条是关于承诺对要约内容作非实质性变更的规定。

第四百九十条

【条文主旨】 ………………………………………………… 192

本条是关于采用合同书形式订立的合同成立时间的规定。

第四百九十一条

【条文主旨】 ………………………………………………… 204

本条是关于采用信件、数据电文等形式订立合同以及通过互联网签订的合同成立时间的规定。

第四百九十二条

【条文主旨】 ………………………………………………… 212

本条是关于合同成立地点的规定。

第四百九十三条

【条文主旨】 ………………………………………………… 218

本条是关于书面合同成立地点的规定。

第四百九十四条

【条文主旨】 ………………………………………………… 223

本条是关于国家订货合同及强制要约、强制承诺的规定。

第四百九十五条

【条文主旨】 ………………………………………………… 228

本条是关于预约合同的规定。

第四百九十六条

【条文主旨】 ………………………………………………… 240

本条是关于格式条款的定义、格式条款提供人的义务以及违反义务的法律效果的规定。

第四百九十七条

【条文主旨】……………………………………………………… 250

本条是关于格式条款无效情形的规定。

第四百九十八条

【条文主旨】……………………………………………………… 256

本条是关于格式条款解释规则的规定。

第四百九十九条

【条文主旨】……………………………………………………… 262

本条是关于悬赏广告的规定。

第五百条

【条文主旨】……………………………………………………… 270

本条是关于缔约过失责任的规定。

第五百零一条

【条文主旨】……………………………………………………… 280

本条是关于当事人对订立合同中知晓的信息有保密义务的规定。

第三章　合同的效力

第五百零二条

【条文主旨】……………………………………………………… 287

本条是关于合同生效时间和特殊生效要件的规定。

第五百零三条

【条文主旨】……………………………………………………… 308

本条是关于狭义无权代理中被代理人以事实行为行使追认权的规定。

第五百零四条

【条文主旨】 …… 313

本条是关于法定代表人、负责人超越权限订立的合同效力归属的规定。

第五百零五条

【条文主旨】 …… 320

本条是关于当事人超越经营范围订立合同效力的规定。

第五百零六条

【条文主旨】 …… 326

本条是关于合同中免责条款无效的规定。

第五百零七条

【条文主旨】 …… 331

本条是关于解决争议条款的效力独立性的规定。

第五百零八条

【条文主旨】 …… 336

本条是关于有关合同的效力事项没有规定时，法律如何适用的规定。

第四章　合同的履行

第五百零九条

【条文主旨】 …… 338

本条是关于合同履行的基本原则，即全面履行原则、诚信原则、绿色原则的规定。

第五百一十条

【条文主旨】 …… 346

本条是关于合同内容补充的规定。

第五百一十一条

【条文主旨】 …………………………………………………………… 351

本条是关于合同约定不明时履约规则的规定。

第五百一十二条

【条文主旨】 …………………………………………………………… 358

本条是关于电子商务合同标的交付时间与交付方式的规定。

第五百一十三条

【条文主旨】 …………………………………………………………… 365

本条是关于执行政府定价或政府指导价合同的履行的规定。

第五百一十四条

【条文主旨】 …………………………………………………………… 368

本条是关于金钱之债的履行的规定。

第五百一十五条

【条文主旨】 …………………………………………………………… 371

本条是关于选择之债及选择权的转移的规定。

第五百一十六条

【条文主旨】 …………………………………………………………… 377

本条是关于选择权的行使及选择之债的履行不能的规定。

第五百一十七条

【条文主旨】 …………………………………………………………… 382

本条是关于按份之债的含义与类型的规定。

第五百一十八条

【条文主旨】 …………………………………………………………… 388

本条是关于连带之债的含义、类型与发生原因的规定。

第五百一十九条

【条文主旨】 …………………………………………………… 395

本条是关于连带债务人内部法律关系的规定。

第五百二十条

【条文主旨】 …………………………………………………… 401

本条是关于部分连带债务人与债权人之间关系变化对其他连带债务人效力的规定。

第五百二十一条

【条文主旨】 …………………………………………………… 407

本条是关于连带债权人内部法律关系及连带债权法律适用的规定。

第五百二十二条

【条文主旨】 …………………………………………………… 411

本条是关于向第三人履行的合同的规定。

第五百二十三条

【条文主旨】 …………………………………………………… 417

本条是关于由第三人履行的合同的规定。

第五百二十四条

【条文主旨】 …………………………………………………… 420

本条是关于第三人单方自愿代为履行构成要件及法律效力的规定。

第五百二十五条

【条文主旨】 …………………………………………………… 428

本条是关于同时履行抗辩权的规定。

第五百二十六条

【条文主旨】 …………………………………………………… 434

本条是关于先履行抗辩权的规定。

第五百二十七条

【条文主旨】 …… 438

本条是关于不安抗辩权构成的规定。

第五百二十八条

【条文主旨】 …… 444

本条是关于不安抗辩权行使的规定。

第五百二十九条

【条文主旨】 …… 448

本条是关于因债权人原因导致债务履行困难如何处理的规定。

第五百三十条

【条文主旨】 …… 455

本条是关于提前履行债务法律效力的规定。

第五百三十一条

【条文主旨】 …… 461

本条是关于债务人部分履行法律效力的规定。

第五百三十二条

【条文主旨】 …… 470

本条是关于当事人变化对合同履行影响的规定。

第五百三十三条

【条文主旨】 …… 477

本条是关于情势变更制度的规定。

第五百三十四条

【条文主旨】 …… 494

本条是关于合同监管的规定。

第五章 合同的保全

第五百三十五条

【条文主旨】 ………………………………………………………… 497

本条是关于债权人代位权的规定。

第五百三十六条

【条文主旨】 ………………………………………………………… 509

本条是关于债权人代位保存权的规定。

第五百三十七条

【条文主旨】 ………………………………………………………… 516

本条是关于代位权成立的效果的规定。

第五百三十八条

【条文主旨】 ………………………………………………………… 523

本条是关于债务人无偿处分时债权人撤销权行使的规定。

第五百三十九条

【条文主旨】 ………………………………………………………… 535

本条是关于债务人以不合理价格交易时债权人撤销权行使的规定。

第五百四十条

【条文主旨】 ………………………………………………………… 541

本条是关于债权人撤销权行使范围以及必要费用负担的规定。

第五百四十一条

【条文主旨】 ………………………………………………………… 545

本条是关于债权人撤销权除斥期间的规定。

第五百四十二条

【条文主旨】 …… 549

本条是关于债权人撤销权行使效果的规定。

第六章 合同的变更和转让

第五百四十三条

【条文主旨】 …… 555

本条是关于当事人协商变更合同的规定。

第五百四十四条

【条文主旨】 …… 559

本条是关于合同变更内容约定不明的法律后果的规定。

第五百四十五条

【条文主旨】 …… 561

本条是关于债权转让的规定。

第五百四十六条

【条文主旨】 …… 564

本条是关于债权转让应当通知债务人的规定。

第五百四十七条

【条文主旨】 …… 568

本条是关于债权转让后从权利一并转让的规定。

第五百四十八条

【条文主旨】 …… 570

本条是关于债权转让后债务人抗辩权的规定。

第五百四十九条

【条文主旨】 …… 572

本条是关于债权转让后债务人抵销权的规定。

第五百五十条

【条文主旨】 ………………………………………………………… 575

本条是关于债权转让增加履行费用的负担的规定。

第五百五十一条

【条文主旨】 ………………………………………………………… 578

本条是关于债务转移的规定。

第五百五十二条

【条文主旨】 ………………………………………………………… 581

本条是关于并存的债务承担的规定。

第五百五十三条

【条文主旨】 ………………………………………………………… 584

本条是关于债务转移后新债务人抗辩权和抵销权的规定。

第五百五十四条

【条文主旨】 ………………………………………………………… 587

本条是关于债务转移后从债务随主债务一并转移的规定。

第五百五十五条

【条文主旨】 ………………………………………………………… 589

本条是关于合同权利义务概括转让的规定。

第五百五十六条

【条文主旨】 ………………………………………………………… 591

本条是关于合同权利义务概括转让法律适用的指引性规定。

第七章　合同的权利义务终止

第五百五十七条

【条文主旨】 ………………………………………………………… 594

本条是关于债权债务终止情形及合同解除后果的规定。

第五百五十八条

【条文主旨】 …………………………………………………… 603

本条是关于后合同义务的规定。

第五百五十九条

【条文主旨】 …………………………………………………… 613

本条是关于债权的从权利随债权债务终止而消灭的规定。

第五百六十条

【条文主旨】 …………………………………………………… 618

本条是关于债的清偿抵充顺序的规定。

第五百六十一条

【条文主旨】 …………………………………………………… 626

本条是关于债务人除主债务之外还应当支付利息和费用，而其给付不足以清偿全部债务时，债的抵充顺序如何确定的规定。

第五百六十二条

【条文主旨】 …………………………………………………… 631

本条是关于约定解除合同的规定。

第五百六十三条

【条文主旨】 …………………………………………………… 638

本条是关于法定解除合同的规定。

第五百六十四条

【条文主旨】 …………………………………………………… 649

本条是关于合同解除权行使期限的规定。

第五百六十五条

【条文主旨】 …………………………………………………… 652

本条是关于行使单方解除权的规定。

第五百六十六条

【条文主旨】 …………………………………………………… 659

本条是关于合同解除后果的规定。

第五百六十七条

【条文主旨】 …………………………………………………… 667

本条是关于合同终止后结算和清理条款效力的规定。

第五百六十八条

【条文主旨】 …………………………………………………… 669

本条是关于法定抵销要件、行使方式、法律后果以及除外情形的规定。

第五百六十九条

【条文主旨】 …………………………………………………… 676

本条是关于约定抵销的规定。

第五百七十条

【条文主旨】 …………………………………………………… 678

本条是关于提存的原因和方式的规定。

第五百七十一条

【条文主旨】 …………………………………………………… 683

本条是关于提存的成立时间和法律效果的规定。

第五百七十二条

【条文主旨】 …………………………………………………… 685

本条是关于提存后债务人负有通知义务的规定。

第五百七十三条

【条文主旨】 …………………………………………………… 689

本条是关于提存后提存物风险负担、提存期间孳息归属和提存费用负担的规定。

第五百七十四条

【条文主旨】…… 693

本条是关于债权人领取提存物的规定。

第五百七十五条

【条文主旨】…… 700

本条是关于债务免除的法律效力的规定。

第五百七十六条

【条文主旨】…… 707

本条是关于债权债务混同的法律效力的规定。

绪论：《民法典》编纂概述

一、《民法典》编纂背景与历程

《民法典》在我国法律体系中，属于仅次于宪法的重要基本法，是社会生活的百科全书，是时代精神、民族精神的立法表达。《民法典》在全面总结我国民事立法和司法实践经验的基础上，对现行有关民事单行法律进行系统编纂，形成我国民商事领域的基本行为规范和裁判规则，为民商事活动提供基本遵循，为人民法院审理和执行民商事案件提供实体法依据，为新时代坚持和完善中国特色社会主义制度、实现“两个一百年”奋斗目标、实现中华民族伟大复兴中国梦提供完备的民事法治保障。

编纂《民法典》是党的十八届四中全会确定的一项重大政治任务和立法任务，是以习近平同志为核心的党中央作出的重大法治建设部署。编纂《民法典》，是通过对我国现行的、制定于不同时期的《婚姻法》《继承法》《民法通则》《收养法》《担保法》《合同法》《物权法》《侵权责任法》《民法总则》和人格权方面的民事法律制度规范，进行系统整合、编订纂修，形成一部适应新时代中国特色社会主义发展要求，符合我国国情和实际，体例科学、结构严谨、规范合理、内容完整并协调一致的法典。

以习近平同志为核心的党中央高度重视《民法典》编纂工作，将编纂《民法典》列入党中央重要工作议程，并对编纂《民法典》工作任务作出总体部署、提出明确要求。2016年6月、2018年8月、2019年12月，习近平总书记三次主持中央政治局常委会会议，听取并原则同意全国人大常委会党组就《民法典》编纂工作所作的请示汇报，对《民法典》编纂工作作出重要指示，为《民法典》编纂工作提供了重要指导和基本遵循。

编纂《民法典》是一项系统的、重大的立法工程，不是制定全新的民事法律，也不是简单的法律汇编，而是对现行的民事法律规范进行编订纂修，对已经不适应现实情况的规定进行修改完善，对经济社会生活中出现的新情况、新问题作出有针对性的新规定。编纂《民法典》采取“两步走”的工作思路进行：第一步，制定《民法总则》，作为《民法典》的总则编。2015 年 3 月，全国人大常委会法制工作委员会启动《民法典》编纂工作，着手《民法总则》制定，以 1986 年制定的《民法通则》为基础，系统梳理总结有关民事法律的实践经验，提炼民事法律制度中具有普遍适用性和引领性的规则，形成《民法总则（草案）》，2017 年 3 月由第十二届全国人民代表大会第五次会议审议通过。第二步，编纂《民法典》各分编。以现行《物权法》《合同法》《担保法》《婚姻法》《收养法》《继承法》《侵权责任法》等为基础，结合我国经济社会发展对民事法律提出的新需求，形成了包括物权、合同、人格权、婚姻家庭、继承、侵权责任等 6 个分编在内的《民法典》各分编草案。三年多来，全国人大常委会对全部 6 个分编草案进行了二审，对各方面比较关注的人格权、婚姻家庭、侵权责任 3 个分编草案进行了三审。在此基础上，将《民法总则》与经过审议和修改完善的《民法典》各分编草案合并，形成《民法典（草案）》，提请 2019 年 12 月召开的第十三届全国人大常委会第十五次会议审议。经审议，全国人大常委会作出决定，将《民法典（草案）》提请第十三届全国人民代表大会第三次会议审议。2020 年 5 月 28 日，审议通过《民法典》，共 7 编 1260 条，包括总则、物权、合同、人格权、婚姻家庭、继承、侵权责任，以及附则。

《民法典》编纂工作汇集了各方面力量，人民法院是重要参加单位。根据党中央的工作部署，编纂《民法典》的工作由全国人大常委会法制工作委员会牵头，最高人民法院、最高人民检察院、司法部、中国社会科学院、中国法学会为参加单位，成立了《民法典》编纂工作协调小组，并成立了《民法典》编纂工作专班。最高人民法院作为《民法典》编纂工作重要参加单位，全程参与立法机关主持的《民法典》编纂工作，各级地方法院积极为《民法典》编纂提供支持和协助，配合立法调研工作。最高人民法院成立民法典编纂工作研究小组，在研究室设立办公室，积极配合《民法典》编纂，组织全国法院结合审判实践及时提供意见建议。在编纂过程中，立法机关高度重视将人民法院在司法审判活动中积累的裁判规则、最高人民法院制定的司法解释有关内容予以吸收，上升为国家立法。法院系统提出的关于人格权单独成编，增加保理合同，确立绿色原则、征收补偿原则、自甘风险原则，处理民事纠纷可以适用习惯，建立政府兜底的监护制度，赋予农村集体组织以法人地位，确认数据和网络虚拟财产权、居住权、强制性规定法律效力，保护英烈人身权，延长诉讼时效，降低业主大会门槛，明确高空抛物的致害责任，鼓励救助等上百项重要制度，数百条修改建议，大多数获得采纳。《民法典》婚姻家庭编、继承编增加或修改完善了最有利于未成年子女原则、夫妻日常家事代理权、离婚冷静期、夫妻共债共签、亲子关系确定、隔代探望权、收养条件、口头遗嘱等内容，均是对司法实践规则的总结，直接回应了人民群众普遍关切的现实问题。

二、《民法典》既传承我国优秀法律文化，又借鉴人类法治文明成果

编纂一部真正属于中国人民的民法典，是新中国几代人的夙愿。党和国家曾于1954年、1962年、1979年和2001年先后四次启动民法制定工作，但由于条件所限没有完成。党的十八大以来，以习近平同志为核心的党中央把全面依法治国摆在突出位置，推动党和国家事业发生历史性变革、取得历史性成就，中国特色社会主义已经进入新时代。在坚持和完善中国特色社会主义制度、推进国家治理体系和治理能力现代化的新征程中，编纂《民法典》具有重大而深远的意义。

在人类法治文明进程中，先后出现三次民法编纂运动。第一次是6世纪的罗马法编纂，产生了《罗马法大全》。第二次是19世纪欧

洲大陆民法典编纂，产生了《法国民法典》《德国民法典》《瑞士民法典》等。第三次肇端于20世纪80年代，产生了1986年中国《民法通则》、1992年《新荷兰民法典》、1994年《俄罗斯联邦民法典》《蒙古国民法典》、1996年《越南民法典》《吉尔吉斯斯坦民法典》、1998年《土库曼斯坦民法典》等。据不完全统计，目前世界上至少有110个国家或地区有民法典。即使实行判例法的美国、加拿大，也有个别州制定了民法典，如《加利福尼亚民法典》《魁北克民法典》。一部成功的民法典，往往是一个国家商品经济、民主政治、产权保护、法律文化、哲学伦理高度发展的产物。

《民法典》是新中国第一部以"法典"形式命名的立法，开创了我国法典编纂立法先河。《民法典》在借鉴大陆法系、英美法系民商事法律制度和立法经验的同时，吸收了中国优秀法律文化成果。《民法典》充分体现了中国共产党带领全国人民为实现"两个一百年"奋斗目标、为实现中华民族伟大复兴中国梦而不懈努力的时代特征，特别是体现了中国改革开放40多年来所取得的伟大成就。如果说19世纪初《法国民法典》、19世纪末《德国民法典》的诞生是世界法治史上的划时代成果，那么21世纪初中国《民法典》的颁行就是人类现代法治进程中具有标志性意义的里程碑。《民法典》是新时代我国社会主义法治建设的重大成果，在中国特色社会主义法律体系中具有重要地位，是一部固根本、稳预期、利长远的基础性法律，对推进全面依法治国、加快建设社会主义法治国家，对发展社会主义市场经济、巩固社会主义基本经济制度，对坚持以人民为中心的发展思想、依法维护人民权益、推动我国人权事业发展，对推进国家治理体系和治理能力现代化，具有重大的历史意义和实践价值。

三、《民法典》编纂和颁布实施的重大意义

习近平总书记在中央政治局2020年5月29日就"切实实施民法典"举行第二十次集体学习时发表的重要讲话，为我们全面认识《民法典》颁布实施的重大意义，准确理解和掌握《民法典》的精神要义、基

本原则、条文规范，确保《民法典》在司法活动中统一正确实施，维护广大人民群众合法权益，提供了强大的理论武装、思想指引、行动纲领。

第一，《民法典》是中国特色社会主义制度建设、法治建设的重大标志性成果，具有重大时代意义。新中国成立 70 多年特别是改革开放 40 多年来，我国民事法律制度伴随着新时期改革开放和社会主义现代化建设的历史进程逐步形成并不断发展完善。《民法典》是我国现有民事法律制度规范的集大成者，是我国法律体系日臻完善的重要标志，是中国特色社会主义制度更加成熟、更加完善的重要体现，充分展现了制度建设成果和制度自信，也为人类法治文明的发展进步贡献了中国智慧和中国方案。

第二，《民法典》是推进全面依法治国、推进国家治理体系和治理能力现代化的重要法律制度。党的十八届四中全会指出，依法治国是实现国家治理体系和治理能力现代化的必然要求。党的十九届四中全会对坚持和完善中国特色社会主义制度、推进国家治理体系和治理能力现代化作出系统全面部署。建立健全完备的法律规范体系，以良法保障善治，是全面依法治国的前提和基础。民法是中国特色社会主义法律体系的重要组成部分，涉及社会和经济生活方方面面，是保证国家制度和国家治理体系正常有效运行的重要基础性法律。《民法典》的颁布实施，进一步健全和完善了中国特色社会主义法律体系，为推进国家治理体系和治理能力现代化提供了强大动力，有利于更好发挥法治固根本、稳预期、利长远的保障作用，将制度优势转化为国家治理效能。

第三，《民法典》是坚持和完善社会主义基本经济制度、推动经济高质量发展的重要法律保障。习近平总书记强调，“社会主义市场经济本质上是法治经济”“法治是最好的营商环境”。《民法典》是促进和保障我国社会主义市场经济持续健康发展的重要基石。《民法典》的颁布实施，进一步健全了我国民商事领域基本制度规则，有利于明晰产权规则、保障合法权益、稳定市场预期、维护交易安全，为民商事活动提供基本遵循，促进营造稳定、公平、透明、可预期的法治化营商环境，保障各种所有制主体依法平等使用资源要素、公开公平公正参与竞争、同等受到法律保护，推动经济高质量发展。《民法典》把我国多年来社会主义市场经济体制改革的一系列重要制度成果用法典形式确定下来，比如物权编一般规定中有关社会主义基本经济制度的规定就吸纳了党的十九届四中全会的最新部署，这为发挥市场在资源配置中的决定性作用提供了充分的民法基本制度保障，对巩固全面深化改革成果、促进更高水平对外开放具有重大意义。

第四，《民法典》是坚持以人民为中心发展思想、实现人民对美好生活向往的重大立法举措。习近平总书记强调，“实施好民法典是坚持以人民为中心、保障人民权益实现和发展的必然要求”。《民法典》以法典形式巩固了从身份到契约、从单位人到平等的市场主体的深刻转变，体现了对生命健康、财产安全、交易便利、生活幸福、人格尊严等各方面权利的平等保护。经历改革开放40多年的深刻变革，实现了每个人在市场上都是平等主体的目标，这是一种深刻而伟大的变革，极大解放了生产力。《民法典》以民事权利体系为基本构架，通过一系列制度创新，健全和充实了民事权利种类，完善和细化了权利保护和救济规则，为人民群众提供全方位权益保障，是一部民事权利的宣言书，是人民权利的保障书，具有中国特色、体现时代精神、反映人民意愿。《民法典》也是人民群众社会生活的百科全书，涉及经济社会生活方方面面，明确告诉人们可以做什么、不能做什么、从事法律行为会有什么样的法律后果。《民法典》的颁布实施，有利于更好地维护人民权益，不断增强人民群众获得感、幸福感和安全感，促进人的全面发展。

第五，《民法典》是加快推进人民法院审判体系和审判能力现代化的重要制度支撑。审判体系和审判能力现代化，是司法公正高效权威的重要保障。《民法典》在我国法律体系中，属于仅次于宪法的重要基本法，是司法裁判的重要依据。《民法典》的颁布实施，将庞大的民事法律规范按照完整逻辑体系予以整合，实现了民法体系的统一，为人民法院统一裁判尺度、公正高效审理民事案件提供了全面、有力、体系化的规则依据，这对于深化民事司法领域制度机制改革，加快实现审判体系和审判能力现代化具有重要意义。

四、合同编的基本内容和主要修改

合同制度是市场经济的基本法律制度，《民法典》第3编“合同”在《合同法》的基础上，贯彻全面深化改革的精神，坚持维护契约、平等交换、公平竞争，促进商品和要素自由流动，完善合同制度。本次《民法典》编纂，对于合同制度主要在如下三个方面进行了充实和完善：

（一）关于通则部分的主要修订内容

第1分编为通则，规定了合同的订立、效力、履行、保全、转让、终止、违约责任等一般性规则，并在《合同法》的基础上，主要从十个方面完善了合同通则制度：

一是完善债法的一般性规则，增加了非合同之债、多数人之债的法律适用规则。对非合同之债的法律适用规则，《民法典》第468条规定，对非因合同关系所产生的债权债务关系，适用有关该债权债务关系的法律规定；没有规定的，除根据其性质不能适用的外，适用合同编通则的有关规定。对多数人之债的履行规则，《民法典》第517条至第521条作出了具体规定，将多数人之债分为按份之债和连带之债。按份之债和连带之债的份额由法律规定或当事人约定，难以确定的，视为份额相同。一方面，对连带之债，债权人可以请求部分或者全部债务人履行全部债务。实际承担债务超过自己份额的连带债务人，有权就超出部分在其他连带债务人未履行的份额范围内向其追偿，并相应地享有债权人的权利，但是不得损害债权人的利益。其他连带债务人对债权人的抗辩，可以向该债务人主张。被追偿的连带债务人不能履行其应分担份额的，其他连带债务人应当在相应范围内按比例分担。部分连带债务人履行、抵销债务或者提存标的物的，其他债务人对债权人的债务在相应范围内消灭；该债务人可以依据上述规定向其他债务人追偿。部分连带债务人的债务被债权人免除的，在该连带债务人应当承担的份额范围内，其他债务人对债权人的债务消灭。部分连带债务人的债务与债权人的债权同归于一人的，在扣除该债务人应当承担的份额后，债权人对其他债务人的债权继续存在。债权人对部分连带债务人的给付受领迟延的，对其他连带债务人发生效力。另一方面，在连带债权人内部，实际受领债权的连带债权人，应当按比例向其他连带债权人返还。

二是完善了合同成立制度，增加规定了电子合同、预约合同、格式条款制度等合同成立方面的制度。对电子合同的订立，《民法典》第491条第2款规定，当事人一方通过互联网等信息网络发布的商品或者服务信息符合要约条件的，对方选择该商品或者服务并提交订单成功时合同成立，但是当事人另有约定的除外。对预约合同，《民法典》第495条规定，当事人约定在将来一定期限内订立合同的认购书、订购书、预订书等，构成预约合同。当事人一方不履行预约合同约定的订立合同义务的，对方可以请求其承担预约合同的违约责任。对格式条款，《民法典》第496条在《合同法》原有制度的基础上，规定了提供格式条款的当事人应当承担的义务，一方面，格式条款提供者应当遵循公平原则确定当事人之间的权利和义务；另一方面，格式条款提供者负有提示和说明义务，即采取合理的方式提示对方注意免除或者减轻其责任等与对方有重大利害关系的条款，按照对方的要求，对该条款予以说明。在法律后果方面，格式条款提供者未履行提示或者说明义务，致使对方没有注意或者理解与其有重大利害关系的条款的，对方可以主张该条款不成为合同的内容。这一新增制度，极大地丰富了契约正义的内涵，对处于弱势缔约地位的合同当事人提供了法律救济，使合同真正成为当事人的自主决定，将意思自治原则真正落到实处。

三是完善了国家订货合同制度。结合新冠肺炎疫情防控工作中的实际情况，《民法典》第494条规定，国家根据抢险救灾、疫情防控或者其他需要下达国家订货任务、指令性任务的，有关民事主体之间应当依照有关法律、行政法规规定的权利和义务订立合同。为维护国家订货合同内容的公平性，依照法律、行政法规的规定负有发出要约义务的当事人，应当及时发出合理的要约；依照法律、行政法规的规定负有作出承诺义务的当事人，不得拒绝对方合理的订立合同要求。

四是进一步完善合同效力制度。针对实践中一方当事人违反义务不办理报批等手续影响合同生效的问题，《民法典》第502条新增了违反报批义务一方当事人的责任，规定未办理批准等手续影响合同生效的，不影响合同中履行报批等义务条款以及相关条款的效力。应当办理申请批准等手续的当事人未履行义务的，对方可以请求其承担违反该义务的责任。依照法律、行政法规的规定，合同的变更、转让、解除等情形应当办理批准等手续的，适用前款规定。

五是完善了合同履行制度。为落实节约资源、保护生态环境的绿色原则，《民法典》第509条第3款规定当事人在履行合同过程中，应当避免浪费资源、污染环境和破坏生态。《民法典》第558条还规定了债权债务终止后，当事人应当遵循诚信等原则，根据交易习惯履行通知、协助、保密、旧物回收等义务。同时，在总结司法实践经验的基础上，增加规定了情势变更制度。《民法典》第533条规定，合同成立后，合同的基础条件发生了当事人在订立合同时无法预见的、不属于商业风险的重大变化，继续履行合同对于当事人一方明显不公平的，受不利影响的当事人可以与对方重新协商；在合理期限内协商不成的，当事人可以请求人民法院或者仲裁机构变更或者解除合同。人民法院或者仲裁机构应当结合案件的实际情况，根据公平原则变更或者解除合同。

六是完善代位权、撤销权等合同保全制度，进一步强化对债权人的保护。在代位权的行使条件方面，《民法典》第535条规定，因债务人怠于行使其债权或者与该债权有关的从权利，影响债权人的到期债权实现的，债权人可以向人民法院请求以自己的名义行使代位权。与《合同法》第73条规定的“因债务人怠于行使其到期债权，对债权人造成损害的”条件相比，在司法实践中更容易掌握。在代位权的行使时机方面，《民法典》第536条规定，债权人的债权到期前，债务人的债权或者与该债权有关的从权利存在诉讼时效期间即将届满或者未及时申报破产债权等情形，影响债权人的债权实现的，债权人可以代位向债务人的相对人请求其向债务人履行、向破产管理人申报或者作出其他必要的行为。在代位权的实现方式方面，《民法典》第 537 条规定，人民法院认定代位权成立的，由债务人的相对人向债权人履行义务，债权人接受履行后，债权人与债务人、债务人与相对人之间相应的权利义务终止。债务人对相对人的债权或者与该债权有关的从权利被采取保全、执行措施，或者债务人破产的，依照相关法律的规定处理。在撤销权的行使方面，《民法典》第 538 条和第 539 条增加规定了债务人放弃债权担保，影响债权人的债权实现；债务人恶意延长其到期债权的履行期限，影响债权人的债权实现；以及债务人以明显不合理的高价受让他人财产或者为他人的债务提供担保，影响债权人的债权实现，且债务人的相对人知道或者应当知道该情形等三种情况下，债权人可以请求人民法院撤销债务人的行为，进一步强化了对债权人权利的保护。在撤销权行使的法律效果方面，《民法典》第 542 条规定，债务人影响债权人的债权实现的行为被撤销的，自始没有法律约束力。

七是细化了债权转让、债务移转制度。关于禁止转让债权约定的效力，《民法典》第 545 条第 2 款规定，当事人约定非金钱债权不得转让的，不得对抗善意第三人；当事人约定金钱债权不得转让的，不得对抗第三人。这一新增制度，为保理业务等新商业形态的发展奠定了坚实的制度基础。关于从权利的转移，《民法典》第 547 条第 2 款规定，受让人取得从权利不因该从权利未办理转移登记手续或者未转移占有而受到影响。这一新增制度澄清了困扰学界和实务界多年的问题。关于债务加入，《民法典》第 552 条在总结司法实践经验的基础上，规定第三人与债务人约定加入债务并通知债权人，或者第三人向债权人表示愿意加入债务，债权人未在合理期限内明确拒绝的，债权人可以请求第三人在其愿意承担的债务范围内和债务人承担连带债务。关于债务转移情形下新债务人的抗辩权，《民法典》第 553 条规定，债务人转移债务的，新债务人可以主张原债务人对债权人的抗辩；原债务人对债权人享有债权的，新债务人不得向债权人主张抵销。这一新增规定，有利于维护商业诚信，使得债务转移制度更为完善。

八是增加了债务清偿抵充规则。《民法典》第560条规定，债务人对同一债权人负担的数项债务种类相同，债务人的给付不足以清偿全部债务的，除当事人另有约定外，由债务人在清偿时指定其履行的债务。债务人未作指定的，应当优先履行已经到期的债务；数项债务均到期的，优先履行对债权人缺乏担保或者担保最少的债务；均无担保或者担保相等的，优先履行债务人负担较重的债务；负担相同的，按照债务到期的先后顺序履行；到期时间相同的，按照债务比例履行。《民法典》第561条规定，债务人在履行主债务外还应当支付利息和实现债权的有关费用，其给付不足以清偿全部债务的，除当事人另有约定外，应当按照下列顺序履行：（1）实现债权的有关费用；（2）利息；（3）主债务。

九是完善了合同解除规则，新增确认解除效力之诉制度。《民法典》第565条规定，当事人解除合同的通知中载明债务人在一定期限内不履行债务则合同自动解除，债务人在该期限内未履行债务的，合同自通知载明的期限届满时解除。对方对解除合同有异议的，任何一方当事人均可以请求人民法院或者仲裁机构确认解除行为的效力。关于合同解除后的责任，《民法典》第566条第2、3款增加规定，合同因违约解除的，解除权人可以请求违约方承担违约责任，但是当事人另有约定的除外。主合同解除后，担保人对债务人应当承担的民事责任仍应当承担担保责任，但是担保合同另有约定的除外。

十是通过吸收《担保法》有关定金规则的规定，完善违约责任制度。《民法典》第586条规定，当事人可以约定一方向对方给付定金作为债权的担保。定金合同自实际交付定金时成立。定金的数额由当事人约定；但是，不得超过主合同标的额的百分之二十，超过部分不产生定金的效力。实际交付的定金数额多于或者少于约定数额的，视为变更约定的定金数额。第587条规定，债务人履行债务的，定金应当抵作价款或者收回。给付定金的一方不履行债务或者履行债务不符合约定，致使不能实现合同目的的，无权请求返还定金；收受定金的一方不履行债务或者履行债务不符合约定，致使不能实现合同目的的，应当双倍返还定金。第 588 条进一步规定，当事人既约定违约金，又约定定金的，一方违约时，对方可以选择适用违约金或者定金条款；定金不足以弥补一方违约造成的损失的，对方可以请求赔偿超过定金数额的损失。此外，《民法典》第 581 条、第 592 条还就替代履行、与有过失等规则进行了规定，进一步充实和完善了违约责任制度。

（二）关于典型合同部分的主要修改内容

为适应现实需要，《民法典》在《合同法》规定的买卖合同、赠与合同、借款合同、租赁合同等十五种典型合同的基础上，增加了四种新的典型合同：一是吸收了《担保法》中关于保证的内容，增加了保证合同（第 2 分编第 13 章）。应当注意的是，《民法典》第 686 条第 2 款改变了《担保法》关于保证责任方式的认定规则，规定当事人在保证合同中对保证方式没有约定或者约定不明确的，按照一般保证承担保证责任。这一制度变化，是我国保证法律制度立法的最为重大的变革。二是适应我国保理行业发展和优化营商环境的需要，增加了保理合同（第 2 分编第 16 章），就保理合同的概念、保理人的信赖利益保护、有追索权保理和无追索权保理中保理人的权利以及债权多重让与情形下保理人之间的权利顺位等问题作出了规定。三是针对物业服务领域的突出问题，增加规定了物业服务合同（第 2 分编第 24 章），在总结行政管理和司法实践经验的基础上，对建设单位、物业服务人和业主之间的法律关系作出了系统规定。四是增加规定合伙合同，将《民法通则》中有关个人合伙的规定纳入其中（第 2 分编第 27 章）。

除了上述增加规定的章节之外，第 2 分编还在总结《合同法》实践经验的基础上，完善了其他典型合同，主要包括如下五个方面：一是着力完善买卖合同法律制度。买卖合同作为最重要的有偿合同，《民法典》在编纂过程中以较大的篇幅对《合同法》的相关规定进行了充实和完善。对无权处分合同,《民法典》第597条第1款在区分负担行为与处分行为的基础上规定，因出卖人未取得处分权致使标的物所有权不能转移的，买受人可以解除合同并请求出卖人承担违约责任。对检验期限、检验内容和检验标准等审判工作中经常碰到的问题,《民法典》第622条、第623条、第624条在总结司法经验的基础上，作出了相应的规定。在试用买卖方面，增加了“由出卖人承担风险”的风险负担规则，保护消费者的合法权益。在所有权保留制度方面，增加了所有权保留的登记对抗效力和担保效力物权化、出卖人取回权、买受人回赎权等相关规定，平衡保护出卖人、买受人、买受人的其他债权人的利益，维护交易安全。此外，为进一步落实绿色原则,《民法典》第625条新增规定了出卖人负有自行或者委托第三人对标的物予以回收的义务。二是为维护正常的金融秩序，明确规定禁止高利放贷，借款的利率不得违反国家有关规定（第680条第1款），为人民法院在民商事审判工作中依法打击“高利贷”“套路贷”等违法行为提供了法律依据。三是在租赁合同一章，完善了承租人的优先购买权、买卖不破租赁，新增了租赁合同不因未办理登记备案手续而无效、承租人的优先承租权等制度，这是《民法典》贯彻落实党中央提出的建立租购同权住房制度等改革要求的重要举措，更好地保护了承租人利益。四是针对近年来客运合同领域出现的旅客霸座、不配合承运人采取安全运输措施等严重干扰运输秩序和危害运输安全的问题，为维护正常的运输秩序,《民法典》细化了客运合同当事人的权利义务，于第815条第2款规定，实名制客运合同的旅客丢失客票的，可以请求承运人挂失补办，承运人不得再次收取票款和其他不合理费用。第819条第1款规定，承运人应当严格履行安全运输义务，及时告知旅客安全运输应当注意的事项；旅客对承运人为安全运输所作的合理安排应当积极协助和配合。第820条规定，承运人应当按照有效客票记载的时间、班次和座位号运输旅客。承运人迟延运输或者有其他不能正常运输情形的，应当及时告知和提醒旅客，采取必要的安置措施，并根据旅客的要求安排改乘其他班次或者退票；由此造成旅客损失的，承运人应当承担赔偿责任，但是不可归责于承运人的除外。五是根据经济社会发展需要，在总结司法经验的基础上，修改完善了赠与合同、融资租赁合同、建设工程合同、技术合同等典型合同，将一些实践证明行之有效的司法解释规则上升为法律规定。

（三）关于第 3 分编准合同部分的修改内容

准合同的概念起源于罗马法，指非因合同、侵权行为引起的债权。无因管理和不当得利既与合同规则同属债法性质的内容，又与合同规则有所区别，第 3 分编“准合同”分别对无因管理和不当得利的一般性规则作了规定。第 3 分编第 28 章关于无因管理制度的规定，在《民法通则》规定的基础上，细化了无因管理行为的构成要件及法律后果，丰富了无因管理的类型，对于第 28 章没有规定的事项，明确可以准用委托合同的规定。第 3 分编第 29 章关于不当得利的规定，在总则编第 122 条规定的基础上，明确了不当得利的构成要件、法律后果以及排除不当得利返还义务的情形。进一步规定了善意不当得利人、恶意不当得利人以及第三人的不当得利返还义务及返还范围：得利人不知道且不应当知道取得的利益没有法律根据，取得的利益已经不存在的，不承担返还该利益的义务（第 986 条）；得利人知道或者应当知道取得的利益没有法律根据的，受损失的人可以请求得利人返还其取得的利益并依法赔偿损失（第 987 条）；得利人已经将取得的利益无偿转让给第三人的，受损失的人可以请求第三人在相应范围内承担返还义务（第 988 条）。

第一分编　通　则

第一章 一般规定

第四百六十三条 本编调整因合同产生的民事关系。

【条文主旨】

本条是关于合同编调整对象的规定。

【条文理解】

合同编是《民法典》的重要组成部分之一，其在吸收我国既往合同立法以及司法解释成果的基础上，结合了合同法理论的发展，从具体规则和体系两个层面实现了合同法的重塑。本条是关于合同编调整对象的规定，要理解本条的规定，需从以下几个方面加以把握。

一、合同法概述

合同法是调整平等民事主体之间交易关系的法律规范的总称，其主要规范合同的订立、合同的效力、合同的履行、变更、保全、解除以及违约责任等问题。[①] 作为调整民事主体之间交易关系的法律规范总称，合同法具有以下特征：

（一）合同法是私法

依据法律所维护的利益属性，法律可被划分为公法和私法。合同

① 王利明：《合同法新问题研究》，中国社会科学出版社2011年版，第20页。

法调整的对象是平等民事主体之间的交易关系，主要涉及私人之间合同的订立、合同的效力、合同的履行、变更、保全、解除以及违约责任等问题。主要涉及私人之间的利益保护。因此，合同法在性质上属于私法。

（二）合同法是财产法

所谓财产法，是指调整财产关系的法律规范总称。合同法调整的对象是平等民事主体之间的交易关系。交易关系是一种人们在生产和交换过程中形成具有财产内容的社会关系，属于财产流转关系，而财产流转关系是财产法的重要调整对象。因此，合同法属于财产法。

（三）合同法是自治法

意思自治是民法的基本原则之一，是诸多民法制度构建的逻辑起点。虽然民法制度都对意思自治原则有所体现，但合同法是意思自治原则体现得最为彻底的。[①]这主要表现在以下几个方面：第一，基于契约自由原则，合同法赋予了合同当事人最大限度内的选择自由。只要当事人之间的合意是他们真实意思表示的产物，且不违反法律和公序良俗，合同法都认可其效力。第二，合同法的规范多为任意性规范而非强制性规范。法律允许当事人通过约定的方式排除任意性规范的适用。第三，在当事人对合同的某一具体事项作出约定时，合同法优先尊重当事人的意思。只有当事人没有约定或约定不明时，才适用合同法的相关规定。

（四）合同法具有国际性

国际化是现代合同法发展的重要趋势。伴随经济全球化而发展起来的广泛的跨境交易对统一交易规则具有强烈需求。为了回应这一现实需求，各国的合同法呈现出融合统一的发展趋势，国际化程度成为衡量一国合同法制发展水平的重要指标。

① 王泽鉴：《民法总则》，北京大学出版社 2009 年版，第 228 页。

二、因合同产生的民事关系

合同是交易的法律形式，因合同而产生的民事关系属于交易关系。交易关系是在民事主体生产和交换过程中形成的社会关系，具有主体的平等性、内容的财产性以及产生的自愿性等特征。[①] 所谓主体的平等性，是指交易关系中的主体在法律地位上处于平等的状态，权利受到同等的保护，彼此之间不存在管理和服从的关系。行政主体为实现行政管理目标与被管理的相对人订立的协议虽然也能设立、变更、终止法律关系，但其主体在法律地位上不具备平等性，因此该协议不受合同法的调整。所谓内容的财产性，是指因合同而产生的民事关系是一种具有经济内容的社会关系。因身份协议而产生的身份关系虽然也属于因合意而产生的民事关系，但其不具备财产性内容，故不属于合同法的调整对象。所谓产生的自愿性，是指合同法律关系产生于当事人意思表示，而非法律规定。合同作为设立、变更、终止民事法律关系的协议，本质上是当事人合意的产物。当事人基于内心意思所作出的意思表示是其产生的原因。不是基于当事人合意而完全基于法律规定而产生的民事关系，不属于合同法的调整对象。

三、合同编调整的具体事项

《民法典》合同编所规定的合同属于广义合同。因此，在没有特别规定的情况下，平等民事主体之间一切旨在设立、变更、终止民商事法律关系的协议皆受合同编调整。这些合同主要包括以下几种：

（一）合同编所确定的典型合同

所谓典型合同，是指法律上已经确定了一定名称和规则的合同。[②] 合同编所确立的典型合同包括：买卖合同、赠与合同、借款合同、保证合同、租赁合同、融资租赁合同、保理合同、承揽合同、建设工程合同、运输合同、技术合同、保管合同、仓储合同、委托合同、物业

① 王利明：《合同法研究》（第1卷），中国人民大学出版社2015年版，第56页。
② 王利明、杨立新、王轶、程啸：《民法学》，法律出版社2014年版，第432页。

服务合同、行纪合同、中介合同、合伙合同，以及供用电、水、气、热力合同。

（二）其他民事法律规范所确定的典型合同

除了合同编第二分编所确定的典型合同，《专利法》《著作权法》《商标法》等法律也确定了一些典型合同。在相关法律对这些有名合同的部分事项没有规定时，就该部分事项可以适用合同编的有关规定。

（三）非典型合同

非典型合同是指没有法律对其类型加以特别规定也没有赋予其特别名称的合同。[①] 经济生活的复杂性和对交易类型的特殊需求催生了非典型合同。《民法典》第 467 条第 1 款规定："本法或者其他法律没有明文规定的合同，适用本编通则的规定，并可以参照适用本编或者其他法律最相类似合同的规定。"依据该条规定，非典型合同也受合同编的调整。

四、合同编调整事项的特别规定

（一）身份关系协议

传统理论认为，身份关系具有非财产性、身份性以及伦理性的特征，是不宜为财产法所调整的，身份关系的协议不适用合同法规则。《合同法》第 2 条第 2 款的规定也对此予以了确认。但是，身份关系协议的属性往往并不单纯，除了单纯引起身份关系变动的协议外，还存在着既能引起身份关系变动，又能引起一定财产关系变动的身份关系协议。调整身份关系的法律对这类身份关系协议中有关财产部分的规定较少，不能满足法律实践所需。为了回应法律实践的需求，《民法典》第 464 条第 2 款规定："婚姻、收养、监护等有关身份关系的协议，适用有关该身份关系的法律规定；没有规定的，可以根据其性质参照适用本编规定。"依据该款规定，在有关身份关系的法律没有

① 李永军：《合同法》，法律出版社 2010 年版，第 26 页。

对身份关系协议的事项有所规定时，就该部分事项，可以依据其性质参照适用合同编的规定。

（二）非因合同产生的债权债务关系

本次《民法典》编纂没有设立债法总则，而是采用设立适用条款和增设合同编内容的方式，使合同编成为具有统领债法体系功能的“准债法总则”。《民法典》第468条规定：“非因合同产生的债权债务关系，适用有关该债权债务关系的法律规定；没有规定的，适用本编通则的有关规定，但是根据其性质不能适用的除外。”在非因合同产生的债权债务关系没有相关法律规定的情况下，这些债权债务关系应当根据其性质适用合同编通则的有关规定。

【审判实践中应注意的问题】

行政机关与民事主体所签订的合同是否受合同法的调整一直是实践中颇具争议的问题。此问题的产生原因在于行政主体身份的双重性。一方面，在行使行政管理职权时，行政主体与行政相对人所签署的协议属于行政合同，不受合同法所调整；另一方面，行政主体与其他民事主体订立的有关民事权利义务的合同，又属于民事合同的范畴，受合同法的调整。行政机关身份的双重性造成了法律适用上的困难。在判断行政主体与民事主体所订立的合同是否应为合同编所调整时，应当遵循以下步骤：首先，应当确定行政主体与民事主体所签订的合同是否属于行政法所确定行政合同。如若其属于行政法所确定的行政合同，则其不适用合同编的规定。我国行政法律、法规所确立的行政合同主要有[①]：政府采购合同、行政机关委托的科研合同、国家订购合同、行政补偿合同、公益事业建设投资合同、土地等国有资源开发利用合同、企业承包管理合同、行政委托合同、计划生育合同、交通安全保障合同、环境资源保护合同以及人事聘用合同。其次，如果

① 江必新、何东宁等：《最高人民法院指导性案例裁判规则理解与适用（合同卷一）》，中国法制出版社2019年版，第9~11页。

其不属于行政法所直接确定的行政合同，则应当在分析因该合同产生的法律关系性质的基础上，结合该合同的目的进行综合判断。如若其产生的法律关系性质不具备交易关系所具有的特征，其目的又在于追求行政管理目标的实现，则其不受合同编的调整。如若该合同所产生的法律关系符合交易关系所具有的特征，其目的又是意图实现私法上的效果，则应当认定其受合同编所调整。

第四百六十四条 合同是民事主体之间设立、变更、终止民事法律关系的协议。

婚姻、收养、监护等有关身份关系的协议，适用有关该身份关系的法律规定；没有规定的，可以根据其性质参照适用本编规定。

【条文主旨】

本条是关于合同的概念及适用的规定。

【条文理解】

一、合同的概念

合同是民法世界中最为重要的概念之一，无论是大陆法系国家还是英美法系国家，合同法都是其民事法律体系中重要的组成部分。但是对于何为合同，大陆法系国家和英美法系国家有着不同的认识。

在大陆法系国家，合同被认为是协议或法律行为。《法国民法典》第1101条规定："契约是一人或数人对其他数人负担给付、作为或不作为债务的协议。"《德国民法典》第305条则规定："以法律行为发生债的关系改变债的关系的内容者，除法律另有规定外，必须有当事人双方的契约。"①《法国民法典》和《德国民法典》虽然采取了不同的表述方式，但二者有关合同的定义并无实质上的区别，造成二者表述差异的主要原因在于法、德两国民法典编纂体例的不同。②《德国民

① 王利明：《合同法研究》(第1卷)，中国人民大学出版社2015年版，第5页。

② 李永军：《合同法》，法律出版社2010年版，第3页。

法典》采取的是“总分”式的编纂体例，为了使总则能够有效统领各分则部分，总则必须对各分则部分的内容进行抽象。法律行为这一概念正是学者对各种具体法律行为的抽象所得。因此，《德国民法典》使用了法律行为这一概念来定义合同。《法国民法典》编纂时间在先，而且没有设立总则，因此，其并无使用“法律行为”这一术语的必要。

英美法系国家对合同的认识不同于大陆法系国家。英美法系国家普遍认为合同是具有法律执行力的允诺。《美国合同法重述（第2版）》第1条将合同定义为“一个或一组允诺，如违反该允诺，则法律将给予相应的救济；如果履行该允诺，被法律以某种方式确认为一种义务”。“允诺说”的形成是基于英美法特定历史传统，具有其相应的合理性。但相较于“协议说”，“允诺说”忽略了合同当事人双方债务之间的牵连性，未能完全反映合同的本质特征，具有一定的局限性。为了弥补这一缺陷，已经有英美法系国家的学者将“协议说”理论应用到合同的定义之中。①

我国作为大陆法系国家，在民法的理论方面大量吸收了大陆法系国家的理论成果。因此，在对合同进行定义时，也采取了“协议”的表述方式。《民法通则》和《合同法》中有关合同的定义都是“协议说”理论的体现。此次《民法典》依旧采用了“协议”的概念，在第464条将合同定义为“民事主体之间设立、变更、终止民事法律关系的协议”。

二、合同的法律特征

（一）合同是一种法律行为

所谓法律行为，是指民事主体通过意思表示设立、变更、终止民事法律关系的行为。法律行为以意思表示为要素，这是法律行为区别于事实行为的主要特征。合同是民事主体之间设立、变更、终止民事法律关系的协议，其成立离不开当事人的意思表示，是一种典型的民

① 韩世远：《合同法总论》，法律出版社2018年版，第3~4页。

事法律行为。通过合同，当事人能够按照自己的意愿设立、变更、终止当事人之间的民事法律关系，在法律框架内践行意思自治。

（二）合同是旨在设立、变更、终止民事法律关系的法律行为

意思自治的核心在于民事主体能够依照自己的意思引起私法上的权利义务变动。民法尊重意思自治，故创设法律行为这一法律工具来帮助民事主体更好地践行意思自治。作为一种典型的法律行为，合同能够实现当事人设立、变更、终止民事法律关系的目的。

（三）合同是当事人之间意思表示一致的产物

合同是当事人之间设立、变更、终止民事法律关系的协议，在本质上属于合意，是当事人意思表示一致的产物，合同的成立必须包含以下三个要素：第一，存在两个或两个以上当事人的意思表示；第二，意思表示是从相反方向相互作出的；第三，当事人之间互为的意思表示达成了合意。

三、本条规定确立的合同概念是广义的合同概念

合同在学理上有广义和狭义之分。广义的合同指意在产生私法效果上的合同，而狭义的合同仅指发生债权债务为内容的合同。[①] 理论界对于我国既往合同立法所采取的合同概念是属广义还是狭义存在着不同的认识，而不同认识产生的原因在于不同学者对合同概念中“民事关系”的理解有所不同。

主张狭义合同概念的学者认为，“民事关系”应理解为债权债务关系，其主要理由在于：第一，《民法通则》第85条规定：“合同是当事人之间设立、变更、终止民事关系的协议……”此处虽然使用了“民事关系”的表述，但第85条却是规定在《民法通则》第5章第2节债权之下。因此根据体系解释，第85条所规定的“民事关系”应当是债权债务关系。第二，身份关系属于民事法律关系的范畴，身份关系协议也能引起身份关系设立、变更以及终止。然而《合同法》第

① 梁慧星：《论我国民法的合同概念》，载《中国法学》1992年第1期。

2条却规定有关身份关系协议不适用《合同法》的规定，可见合同概念中所称的“民事关系”就是指债权债务关系。

主张广义合同概念的学者认为，对于“民事关系”的理解不应限于债权债务关系。此观点的理由在于：第一，狭义合同的概念是以区分债权合同和物权合同为前提，而我国立法没有采取物权行为理论。因此，应当从广义的角度理解合同的概念。第二，采取狭义的合同概念的理解会使合同法的调整范围过于狭窄，会使诸如肖像权使用许可协议等民事协议难以得到合同法上的调整。第三，采用广义的合同概念能为新型合同的法律适用留足空间。第四，我国司法实践中一直采取的是广义的合同概念。[①]

《民法典》第464条将合同定义为“民事主体之间设立、变更、终止民事法律关系的协议”。从第464条的规定来看，应从广义合同的角度来理解该合同概念，其原因在于：第一，条文中使用了“民事法律关系”而非“债权债务关系”的表述。第二，第464条规定了在身份关系协议有法律规定的情况下，应当适用相关法律规定，只有在相关法律没有规定的情况下，才能依据性质参照适用合同编的规定。如果第464条规定中的“民事法律关系”所指的是债权债务关系，那么该规定关于身份关系协议法律适用的限定则是没有必要的。第三，对第464条的规定采取广义合同的理解，也符合既往司法实践一贯采取的广义理解的做法，有利于法秩序和法律认知的延续和稳定。

四、身份关系协议对本编规定的适用

身份关系是民法的重要调整对象之一，其具有非财产性、专属性以及固有性的特性。依据传统民法理论，有关身份关系的协议不仅涉及平等民事主体之间的私益，更涉及社会公益和伦理道德，因此，是不宜为调整交易关系的合同法所调整的。我国既往的合同立法也明确了这一点。《合同法》第2条第2款规定：“婚姻、收养、监护等有关

① 王利明：《合同法研究》（第1卷），中国人民大学出版社2015年版，第12~13页。

身份关系的协议，适用其他法律的规定。”该款规定明确身份关系协议对合同法规定的不适用。但是，身份关系协议的属性和种类并不单纯。除了纯粹引起身份关系变动的协议外，还存在着一些既能引起身份关系变动，又能导致财产关系变动的复合型身份协议。调整身份关系的法律缺乏对身份关系协议中有关财产部分的规定。如果完全排斥合同法的适用，则复合型身份协议里附属的财产部分将会面临无法可依的情形。司法实践急需体系化的解决方案。《民法典》第464条第2款通过设立参照适用条款的方式，将合同法的规则适用引入了身份关系协议之中，回应了司法实践的需求。

经初步分析和对学者研究成果的参考[①]，以下身份关系协议的事项可以参照适用合同编的规定：离婚协议的效力认定、离婚财产分割协议的效力认定、离婚协议中有关子女抚养法定内容调整约定的效力认定、忠诚协议的效力认定、财产约定协议的效力认定、子女之间关于赡养父母协议的效力认定、子女间赡养义务分割协议的效力认定、成年意定监护协议的效力认定。

【审判实践中应注意的问题】

虽然《民法典》第464条第2款规定，在相关法律没有规定的情况下，婚姻、收养、监护等有关身份关系的协议可以依据其性质参照适用合同编的规定，但身份关系所具有浓重的伦理色彩决定了身份关系协议中必然有不适宜为合同法所调整的内容。在适用第464条第2款的规定时，要根据有关身份关系协议的性质来判断其是否适合适用合同编的规定。如若该身份关系协议对合同编规定的适用会导致相关调整身份关系法律的规范意旨落空，那么就应当认定该身份关系协议属于依其性质不适用合同编规定的身份关系协议。

---

① 王雷：《论身份关系协议对民法典合同编的参照适用》，载《法学家》2020年第1期。王雷：《婚姻、收养、监护等有关身份关系协议的法律适用问题》，载《广东社会科学》2017年第6期。

第四百六十五条　依法成立的合同，受法律保护。

依法成立的合同，仅对当事人具有法律约束力，但是法律另有规定的除外。

【条文主旨】

本条是关于合同约束力的规定。

【条文理解】

所谓合同的约束力，是指除当事人同意或有解除原因外，任何一方当事人都不得无故反悔解约，撤销合同。[①] 合同的约束力是合同功能实现的重要基石。参与交易的市场主体采取合同这一形式来进行交易，其原因就在于依法成立的合同对当事人具有约束力，这种约束力能确保交易主体的信赖利益得以实现。如若合同没有相应的约束力，那么信赖利益的保护与市场交易的秩序都无从谈起，社会经济生活也必然陷入混乱和无序。本条是关于合同约束力的规定，要理解此条规定需要从以下几个方面予以把握。

一、依法成立的合同受法律保护

（一）依法成立是合同受法律保护的前提

依法成立是合同受到法律认可与保护，在当事人之间产生法律约束力的前提。依法成立的合同应满足法律规定对合同生效的要求。从世界各国合同立法来看，合同的生效要件一般包括：合同当事人具有

① 韩世远：《合同法总论》，法律出版社 2018 年版，第 105 页。

相应的民事行为能力、合同当事人意思表示真实、合同内容和目的不违反法律和公序良俗、合同的形式符合法律规定的要求。《民法典》第143条和第502条分别从民事法律行为的一般生效要件和合同的特殊生效要件等两个方面进行了规定。《民法典》第143条规定，具备下列条件的民事法律行为有效：第一，行为人具有相应的民事行为能力。第二，意思表示真实。第三，不违反法律、行政法规的强制性规定，不违背公序良俗。《民法典》第502条第2款、第3款规定："依照法律、行政法规的规定，合同应当办理批准等手续的，依照其规定。未办理批准等手续影响合同生效的，不影响合同中履行报批等义务条款以及相关条款的效力。应当办理申请批准等手续的当事人未履行义务的，对方可以请求其承担违反该义务的责任。""依照法律、行政法规的规定，合同的变更、转让、解除等情形应当办理批准等手续的，适用前款规定。"

（二）合同约束力在权利层面表现为当事人的权利受到法律保护

依法成立的合同一经成立便在当事人之间产生法律约束力。当事人可以基于合同的约定享有合同权利。合同权利既包括请求和接受相对人履行合同债务的权利，也包括在合同相对方不履行合同时获得救济的权利。[①]

（三）合同约束力在义务层面表现为合同应当严守

合同严守是合同法的基本原则之一，亦是合同功能实现的保障。合同严守原则包含两个层面的含义：第一，合同一经产生，合同的当事人即应该按照合同的内容严格履行自己的义务，以使合同所欲追求的目的得以实现。第二，合同一经成立，非经当事人协商一致或有法定事由，任何一方当事人都不得单方面解除或变更已经成立的合同。

（四）违约责任是保障合同约束力实现的重要手段

责任，是指强制实现义务的手段，即履行义务的担保。[②]当事人不履行其所负的合同义务或履行义务不符合约定时，法律会通过对违

---

① 王利明、杨立新、王轶、程啸：《民法学》，法律出版社2014年版，第461页。
② 王泽鉴：《债法原理》，北京大学出版社2013年版，第74页。

约方进行制裁的方式，使遭到违反的合同内容得以履行，让当事人之间被破坏的利益分布得到再平衡，继而使合同目的得以实现。

二、依法成立的合同，仅对当事人具有法律约束力

“依法成立的合同，仅对当事人具有法律约束力”，体现了合同的相对性。合同相对性原则是债权相对性的子概念，是一条具有悠久历史的合同法原则。早在罗马法时期，契约对当事人以外的第三人不发生权利义务就被作为一条基本原则所确立，并为各大陆法国家的立法所继承。《法国民法典》第1165条规定：“契约仅在缔约的当事人之间发生效力。”《德国民法典》第241条规定：“债权人因债的关系得向债务人请求给付。”英美法系国家虽然在立法上没有采用债的概念，但其在判例中也确立了合同的权利义务只对合同当事人产生约束力、非合同当事人不得主张合同上的权利的规则。

合同相对性的内涵在于合同只在特定的当事人之间发生法律约束力，只有合同当事人能基于合同向相对方提出请求或提起诉讼，而不能向与其无合同关系的第三人提出合同上的请求，也不能擅自为第三人设定合同上的义务。[①] 合同相对性包括合同主体的相对性、合同内容的相对性以及合同责任的相对性。合同主体的相对性，是指合同的权利义务关系只对合同当事人产生约束力，只有合同当事人能够依据合同权利向对方提出请求或诉讼，合同当事人之外的第三人不得向合同当事人提出请求或提起诉讼。合同内容的相对性，是指合同所产生的权利义务，只有合同当事人才能享有和承担，任何当事人以外的第三人都不能主张合同的权利或承担合同义务。合同责任的相对性，是指合同责任的承担只能由合同当事人来承担，非合同当事人的第三人不能承担合同的责任。

我国之前的合同立法也对合同相对性原则予以了规定。《合同法》第8条第1款规定：“依法成立的合同，对当事人具有法律约束力。

① 王利明：《合同法研究》（第1卷），中国人民大学出版社2015年版，第132页。

当事人应当按照约定履行自己的义务，不得擅自变更或者解除合同。”《民法典》第465条在《合同法》第8条规定的基础上，进一步明确了除了法律另有规定，合同仅对当事人具有约束力。

三、法律另有规定的除外

合同相对性原则将合同的效力限定在当事人之间，为意思自治的实现提供了法秩序上的可能，是古典契约法的基石。[①]但随着社会经济的发展和个人本位向社会本位的回归，合同相对性原则在保护第三人利益方面的局限性暴露得越来越明显。法律界开始着手矫正合同相对性原则的缺陷，促使其适应现代社会生活。这些努力最终促使各国在立法层面实现了对合同相对性原则的突破，它们主要表现为以下几个方面。

（一）物权化的合同

所谓物权化的合同，是指基于法律规定，拥有了对抗一般人效力的合同。[②]租赁合同就是典型的物权化合同。租赁关系在性质上属于债权债务关系，并不能像物权一样具有对世性。但随着社会生活的发展，承租人的权利，尤其是居住权的保护越来越受到各国的重视。各国纷纷通过立法的形式，赋予租赁合同对抗一般人的效力。如《德国民法典》第571条规定，出租的土地在交付承租人后，出租人转让土地的，出租人在其所有土地期间所产生的租赁关系对受让人发生效力。我国《民法典》中也有相关的规定，《民法典》第725条规定：“租赁物在承租人依据租赁合同占有期限内发生所有权变动的，不影响租赁合同的效力。”通过该条规定，租赁合同产生了具有对抗合同之外第三人的效力，突破了合同的相对性原则。

（二）附保护第三人作用的合同

所谓附保护第三人作用的合同，是指特定合同不但在合同当事人之间发生权利义务关系，同时，债务人对与债权人有特殊关系的第三

---

① 李永军：《合同法》，法律出版社2010年版，第386~387页。

② 王泽鉴：《债法原理》，北京大学出版社2013年版，第74页。

人，亦负有注意、保护的附随义务，如若债务人违反此项义务，就该特定范围内的人所受的损害，亦负合同责任。[①] 该制度为德国判例所创，其目的在于加强与债权人具有特殊关系第三人利益的保护，后被广泛地应用于消费者保护和产品质量法领域。我国法律也对附保护第三人利益的合同进行了规定。《消费者权益保护法》第49条规定："经营者提供商品或者服务，造成消费者或者其他受害人人身伤害的，应当赔偿医疗费、护理费、交通费等为治疗和康复支出的合理费用，以及因误工减少的收入。造成残疾的，还应当赔偿残疾生活辅助具费和残疾赔偿金。造成死亡的，还应当赔偿丧葬费和死亡赔偿金。"与消费者具有特定关系的第三人虽非合同当事人，但基于该条规定，该第三人也可就其因商品或服务造成的人身伤害向经营者提出赔偿请求，要求其承担合同上的责任。《产品质量法》第43条前两句规定："因产品存在缺陷造成人身、他人财产损害的，受害人可以向产品的生产者要求赔偿，也可以向产品的销售者要求赔偿。属于产品的生产者的责任，产品的销售者赔偿的，产品的销售者有权向产品的生产者追偿。属于产品的销售者的责任，产品的生产者赔偿的，产品的生产者有权向产品的销售者追偿。"该条规定使用了"受害人"而非产品购买者的表述，其表明了该条规定所保护的对象并不限于合同的当事人，与合同当事人有特殊关系的第三人也在保护范围之内。

（三）利益第三人的合同

所谓利益第三人的合同，是指基于当事人约定，合同债务人向第三人为一定给付义务，第三人享有对合同债务人请求为一定给付权利的合同。基于法律的规定，利益第三人的合同突破了合同相对性原则，使第三人基于当事人的约定享有了请求合同债务人为特定给付的权利。保险合同就是一种较为常见的利益第三人的合同。我国《保险法》第2条规定："本法所称保险，是指投保人根据合同约定，向保险人支付保险费，保险人对于合同约定的可能发生的事故因其发生所造

---

① 王利明：《合同的相对性》，载《中国法学》1996年第4期。

成的财产损失承担赔偿保险金责任，或者当被保险人死亡、伤残、疾病或者达到合同约定的年龄、期限等条件时承担给付保险金责任的商业保险行为。”在损害发生时，享有请求保险人承担保险责任的权利主体并不限于投保人，被保险人、受益人或受害的第三人也可以请求保险人承担赔偿损失的责任。

（四）合同保全制度

债务人所有的财产是债权人享有的债权得以实现的保障。债务人责任财产的增减，对债权人的利益关系重大。如若债务人的财产不当减少，那么将对债权人债权的实现构成直接威胁。因此，为保护债权人的合法权益，防止债务人责任财产的不当减少，法律赋予债权人救济的权利，这种权利包括代位权和撤销权。所谓代位权，是指因债务人怠于行使其债权以及与该债权有关的从权利，债权人可以以自己的名义行使债务人对于相对人的权利。撤销权，则是指当债务人不当处分自己的财产损害债权人的利益时，债权人可以请求法院撤销该处分行为的权利。代位权旨在防止债务人责任财产的消极减少，而撤销权则侧重防范债务人对责任财产的不当处分。《民法典》第535条和第539条对代位权和撤销权进行了规定。《民法典》第535条规定：“因债务人怠于行使其债权或者与该债权有关的从权利，影响债权人的到期债权实现的，债权人可以向人民法院请求以自己的名义代位行使债务人对相对人的权利，但是该权利专属于债务人自身的除外。代位权的行使范围以债权人的到期债权为限。债权人行使代位权的必要费用，由债务人负担。相对人对债务人的抗辩，可以向债权人主张。”《民法典》第539条规定：“债务人以明显不合理的低价转让财产、以明显不合理的高价受让他人财产或者为他人的债务提供担保，影响债权人的债权实现，债务人的相对人知道或者应当知道该情形的，债权人可以请求人民法院撤销债务人的行为。”合同保全制度允许债权人向合同以外的第三人主张权利，突破了合同内容的相对性。

【审判实践中应注意的问题】

合同相对性原则将因意思表示一致而产生的效力严格限制在当事人之间，使契约自由和私法自治成为可能，对契约法的发展起到了重大的推动作用。但合同的相对性原则过于强调对涉他因素的排除，导致其在保护第三人利益方面具有局限性。这种局限性在近代民法中体现得尚不明显，但是随着实质正义的理念在现代法律体系上的彰显，合同相对性原则在第三人利益保护方面的缺陷逐步暴露出来。为了弥补这种缺陷，各国纷纷从立法和司法两个层面突破了合同相对性原则。各种具有涉他效力的合同相继出现，合同相对性原则在现代民法中呈现了"衰落"的迹象。不过应当确认，例外情形虽然在一定程度上突破了合同相对性原则，但合同相对性原则仍然在合同法体系中发挥着基石的作用。[①] 合同相对性原则仍是司法裁判中识别合同主体，认定合同责任承担的重要依据。在法律没有特别规定的情况下，裁判者应当严格遵循合同相对性原则，不得随意突破合同相对性，扩大合同责任承担主体的范围。

---

① 郑在义、龚瑞:《合同相对性例外制度在合同法中的地位》，载《国家检察官学院学报》2004 年第 6 期。

第四百六十六条 当事人对合同条款的理解有争议的，应当依据本法第一百四十二条第一款的规定，确定争议条款的含义。

合同文本采用两种以上文字订立并约定具有同等效力的，对各文本使用的词句推定具有相同含义。各文本使用的词句不一致的，应当根据合同的相关条款、性质、目的以及诚信原则等予以解释。

【条文主旨】

本条是关于合同条款发生争议或者词句不一致时解释的规定。

【条文理解】

合同是当事人意思表示一致的产物，其内容为当事人所创设。当事人欲使自己的内心意思表露于外，为他人所知，就必须借助语言或文字等载体。但是，当事人表达能力以及文字载体对内心意思反映的完满程度不一，漏洞与歧义在所难免。当疑义产生之后，就有必要按照法律规定的路径，对合同的漏洞以及歧义部分予以解释，以明确当事人双方在合同中一致达成的真实意思。本条是关于合同条款发生争议或者词句不一致时解释的规定。理解本条规定时，应当从以下几个方面予以把握。

一、合同解释的主体

关于合同解释的主体，理论界存在广义和狭义两种认识。[①] 广义

① 王利明：《合同法研究》（第1卷），中国人民大学出版社2015年版，第429~430页。

解释理论认为，解释作为发现确定文本真实意思的过程和技巧，任何人都可以独立地理解合同并提出自己的见解。法院、仲裁机构、当事人、诉讼代理人、见证人等都可以是合同解释的主体。狭义的合同解释理论则认为合同解释主体仅限于受理合同纠纷的法院和仲裁机构。

解释作为一种探明文本真实意思的过程或技巧，自然是当事人、专家学者、证人可以进行的。但是合同解释是以解决合同纠纷为目的，最终能够作为裁决事实依据的，只能是由受理合同纠纷的法院和仲裁机构作出的解释。[①] 当事人、证人或学者所作出的解释虽然可能对于法官或仲裁员理清思路和正确适用法律有所助益，但其解释不能直接作为裁判的依据。审理相关合同争议案件的法官或仲裁员应当在审查其是否符合法理和法律规定的基础上，决定是否予以采纳。[②]

二、合同解释的对象

合同的解释对象是合同条款，其中既包括当事人已经在合同中约定的条款，亦包括当事人未在合同中载明，但基于合同性质和合同整体性要求所应具备的条款。[③] 前者指的是已经订入合同的条款，后者是指应当在合同中予以约定，但是未约定或约定不明的条款。《民法典》对这二者的解释规则均有规定。

关于已经订入合同的条款。《民法典》第 466 条第 1 款规定："当事人对合同条款的理解有争议的，应当依据本法第一百四十二条第一款的规定，确定争议条款的含义。"显然，已经被订入合同之中、当事人对其理解具有争议的条款，应当是合同的解释对象。不过，学界对于已经订入合同、语义清晰无争议的合同条款是否是合同解释的对象，存在不同的认识。《民法典》第 142 条第 1 款规定："有相对人的意思表示的解释，应当按照所使用的词句，结合相关条款、行为的性质和目的、习惯以及诚信原则，确定意思表示的含义。"由此来看，

① 韩世远：《合同法总论》，法律出版社 2018 年版，第 867~868 页。

② 崔建远：《关于合同解释主体的思考》，载《财经法学》2019 年第 3 期。

③ 崔建远：《合同解释的对象及其确定》，载《华东政法大学学报》2018 年第 5 期。

在解释具有争议的合同条款时，如若使用整体解释的方法，就必然涉及无争议条款的解释。所以，根据第142条第1款有关“相关条款”的表述，可以得知已订入合同、语义清晰无争议的合同条款也是合同的解释对象。

关于未订入合同中，但依据交易性质或合同整体性要求所应具备的条款。此种条款属于合同中应当具备，但当事人未曾约定或约定不明的条款。这些条款属于合同成立非必要的条款，其缺失不影响合同的成立，法律允许当事人通过事后协商的方式予以补充。当合同当事人不能就合同漏洞的填补达成一致时，法律允许有权解释主体根据一定的解释方法，以补充性解释的方式弥补合同的漏洞。《民法典》第510条规定：“合同生效后，当事人就质量、价款或者报酬、履行地点等内容没有约定或者约定不明确的，可以协议补充；不能达成补充协议的，按照合同相关条款或者交易习惯确定。”第511条规定：“当事人就有关合同内容约定不明确，依据前条规定仍不能确定的，适用下列规定：（一）质量要求不明确的，按照强制性国家标准履行；没有强制性国家标准的，按照推荐性国家标准履行；没有推荐性国家标准的，按照行业标准履行；没有国家标准、行业标准的，按照通常标准或者符合合同目的的特定标准履行。（二）价款或者报酬不明确的，按照订立合同时履行地的市场价格履行；依法应当执行政府定价或者政府指导价的，依照规定履行。（三）履行地点不明确，给付货币的，在接受货币一方所在地履行；交付不动产的，在不动产所在地履行；其他标的，在履行义务一方所在地履行。（四）履行期限不明确的，债务人可以随时履行，债权人也可以随时请求履行，但是应当给对方必要的准备时间。（五）履行方式不明确的，按照有利于实现合同目的的方式履行。（六）履行费用的负担不明确的，由履行义务一方负担；因债权人原因增加的履行费用，由债权人负担。”上述两条规定是关于合同内容没有约定或约定不明时合同解释的规则。

三、合同的解释方法

（一）文义解释

所谓文义解释，是指通过对合同所使用的文字词句的含义的解释，以探求合同所表达的当事人的真实意思。[①]当事人的内心意思是通过文字语言等载体表露于外的，这些载体是探明当事人内心真意的重要依据。因此在进行合同解释时，应优先从合同文本入手。

（二）整体解释

所谓整体解释，是指对合同的各个条款作相互解释，以确定各个条款在整个合同中所具有的真正意思。[②]合同是由各个具体的条款相互联系所构成的，因此在进行合同解释时，不能孤立地理解个别条款。应当将其置于合同整体框架之内，并结合上下文，理解其所欲表达的真意。《民法典》第142条中规定的"应当按照所使用的词句，结合相关条款"的表述是对于整体解释方法的表述。

（三）目的解释

所谓目的解释，是指如果合同条款出现分歧而可作两种或两种以上的解释时，应选择最适合合同目的的解释。[③]合同是为了当事人特定目的的实现而存在的，合同目的是理解合同条款真意的指南。因此，在对合同具体条款进行解释时，如果出现了两种或两种以上的解释，则应在探明当事人所欲实现的合同目的基础上，选择最有利于当事人目的的实现的解释来对合同的具体条款进行理解。

（四）习惯解释

习惯解释是指在意思表示发生争议以后或者对合同条款的理解发生歧义时，应当根据当事人所熟悉的生活和交易习惯对意思表示或者合同条款进行解释。[④]《民法典》第142条"结合习惯"就是对习惯解

---

① 韩世远：《合同法总论》，法律出版社2018年版，第868页。

② 李永军：《合同法》，法律出版社2010年版，第482页。

③ 李永军：《合同法》，法律出版社2010年版，第484页。

④ 江必新、何东宁等：《最高人民法院指导性案例裁判规则理解与适用（合同卷二）》，中国法制出版社2019年版，第215页。

释方法的表述。那么何为习惯?《合同法司法解释(二)》第7条规定:“下列情形,不违反法律、行政法规强制性规定的,人民法院可以认定为合同法所称‘交易习惯’:(一)在交易行为当地或者某一领域、某一行业通常采用并为交易对方订立合同时所知道或者应当知道的做法;(二)当事人双方经常使用的习惯做法。对于交易习惯,由提出主张的一方当事人承担举证责任。”从事交易活动的当事人在日常交易中,更多依据的是地区或行业间所通行的交易习惯而非合同法律规范。[1]因此,在进行合同解释时,应当重视当事人之间所存在的交易习惯,并按照交易习惯来对合同条款进行解释。

(五)诚信解释

诚信原则作为一项基本的民法原则,素有“帝王条款”之称,其在合同解释上具有两方面的功能:第一,兜底功能。在其他解释方法难以探明当事人真意之时,有权解释主体可以依据诚信原则,从平衡当事人利益的角度出发,依据交易活动所需遵循的诚信标准,来对合同的内容予以解释。第二,价值尺度功能。诚信原则作为民法的一项基本原则,除了能够弥补具体规范的漏洞,还能为司法裁判提供价值方面的指引。如若依据其他解释方法所得出的结论有违一般公平正义之理念,则应依据诚信原则对其进行矫正,以保证合同解释结论的合理性和公正性。

【审判实践中应注意的问题】

一、适用具体合同解释方法所应注意的问题

(一)适用文义解释应注意的问题

首先,文义解释在解释方法的次序上具有优先性。合同文本所运用的字句是当事人真实意思的载体,因此在进行合同解释时,应当优先依据文本,对当事人的词句进行解释。其次,在理解词句所具有的

① 韩世远:《合同法总论》,法律出版社2018年版,第875页。

含义时，可以借助辞典、交易惯例以及一般理性经济人的认识予以确定。最后，当事人之间的合同涉及某一专业领域时，应当结合该专业领域的术语对其合同文本所使用的词句进行理解。

（二）适用整体解释应注意的问题

在进行整体解释时，应当注意以下几个方面的问题：（1）如果当事人之间订立的合同文本采用两种以上文字并约定具有同等效力，同时双方当事人的本国语言属于同一语言时，应当侧重于同一语言文本的解释。（2）手写条款的效力应当高于非手写条款。（3）特别条款优于一般条款。（4）当条款内容冲突时，非格式条款内容优于格式条款。[①]

（三）适用目的解释应注意的问题

合同是当事人践行意思自治的载体，其为当事人特定目的的实现而服务。因此，合同目的是探明当事人真意所在的重要依据。在探究合同目的时，除了合同当事人的叙述外，还应当结合合同文本、交易性质、合同当事人之间的关系等因素进行综合判断，继而确定合同的目的。

（四）适用习惯解释应注意的问题

在使用习惯解释的方法时，首先应当判断当事人之间是否存在交易习惯。如若一方当事人不是合同订立地域范围的常住人口，除非有明确证据可以证明其知道或应当知道该地域的交易习惯，否则，该交易习惯不构成双方所知晓的交易习惯。其次，对于合同当事人之间交易，应当遵循证明责任的规则，由提出双方之间具有交易习惯的一方当事人承担相应的证明义务。最后，在使用习惯解释方法之前，还应对交易习惯的合法性进行判断，如若交易习惯的内容违反法律和公序良俗，则不宜认定其属于合同法所认可的交易习惯。

（五）适用诚信解释应注意的问题

诚信解释方法的使用需以其他解释方法无法探明当事人真意或依

---

① 参见江必新、何东宁等：《最高人民法院指导性案例裁判规则理解与适用（合同卷二）》，中国法制出版社 2019 年版，第 214~215 页。

据其他解释所得出的结论有悖于一般公平正义的观念为前提。诚信原则作为民法的基本原则之一，具有价值指导性和内容抽象性的特征。为了避免“向一般条款逃避”的现象出现，应尽量避免诚信解释方法的直接使用，唯有在穷尽其他解释方法仍不能探明当事人真意，或其他解释方法得出的结论有悖于一般公平正义观念时，方可运用诚信的解释方法。

二、合同解释的特别规定

在审判实践中，还应对合同解释的特别规定予以关注。《民法典》第498条规定：“对格式条款的理解发生争议的，应当按照通常理解予以解释。对格式条款有两种以上解释的，应当作出不利于提供格式条款一方的解释。格式条款和非格式条款不一致的，应当采用非格式条款。”如若解释的对象系格式条款，则应按照有关格式条款解释的特殊规定予以解释。

第四百六十七条　本法或者其他法律没有明文规定的合同，适用本编通则的规定，并可以参照适用本编或者其他法律最相类似合同的规定。

在中华人民共和国境内履行的中外合资经营企业合同、中外合作经营企业合同、中外合作勘探开发自然资源合同，适用中华人民共和国法律。

【条文主旨】

本条是关于非典型合同与在中华人民共和国境内履行的三种涉外合同法律适用的规定。

【条文理解】

一、非典型合同概述

依据法律规范是否赋予特定名称并给予特别规定为标准，合同可被分为典型合同和非典型合同。典型合同是指法律设有规定并赋予其特定名称的合同，而非典型合同则是指法律上尚未特别规定，亦未赋予一定名称的合同。[①] 根据其构成内容的不同，非典型合同的可分为以下三种[②]：

（一）纯粹的非典型合同

纯粹的非典型合同是指法律完全无规定事项为内容的合同。[③] 此

① 韩世远：《合同法总论》，法律出版社 2018 年版，第 71 页。
② 王利明：《合同法研究》（第 1 卷），中国人民大学出版社 2015 年版，第 18 页。
③ 王泽鉴：《债法原理》，北京大学出版社 2013 年版，第 139 页。

种合同既无特定的名称，其内容也不属于任何典型合同的事项。合同的名称和内容完全由订立合同的当事人通过协商的方式加以确定。如体育领域的运动员转会合同就是纯粹的非典型合同。

（二）混合合同

所谓混合合同，是指由数个典型（或非典型）合同的部分内容构成的合同。[①]混合合同具体表现形式可分以下四种：主从型混合合同、双重典型混合合同、类型结合型混合合同以及类型融合型混合合同。

主从型混合合同，是指双方当事人所提出的给付符合典型合同，但一方还负担其他种类的从给付义务的合同。[②]例如，甲乙约定，甲将房屋出租于乙，同时，甲负担定期打扫房间卫生的义务。[③]在此合同中，甲将房屋出租于乙的给付属于租赁合同，是主给付义务。而甲定期打扫房间的给付属于雇佣合同，是从给付义务。甲负责定期打扫房间的义务是为了租赁合同实现而服务的，彼此之间构成主从关系，故该合同属于主从型混合合同。

双重典型混合合同，是指合同当事人之间互负的给付义务分属于不同典型合同类型的合同。[④]换工合同就是一种双重典型混合合同。例如，甲乙约定，由甲教授乙弹钢琴，乙则负有装修甲的琴室的义务。甲教授乙弹奏钢琴的给付义务来源于雇佣合同，而乙负有装修琴室的义务来源于承揽合同，这两个来自不同典型合同的给付义务在形成对价关系的基础上结合成为了一个混合合同，该混合合同就是一种双重典型混合合同。

类型结合型混合合同，是指一方当事人所负的数个给付义务属于不同合同类型，彼此间居于等值的地位，而他方当事人仅负单一的对待给付，或不负任何对待给付。[⑤]例如，甲因病入院治疗，医院对其负有的诊断、治疗以及提供床位的给付义务分属于委托合同、买卖合同和租赁合同等典型合同，这些给付义务彼此之间处于等值地位，而

---

① 王泽鉴：《债法原理》，北京大学出版社2013年版，第140页。

② 韩世远：《合同法总论》，法律出版社2018年版，第73页。

③④⑤ 王泽鉴：《债法原理》，北京大学出版社2013年版，第141页。

甲只负有支付医疗费这一单一对待给付，甲与医院所订立的医疗合同就是一种类型结合型混合合同。

类型融合型混合合同，是指一个合同所包含的构成部分同时属于不同的合同类型的合同。[①]“半买半送”的混合赠与合同就是典型的类型融合型混合合同。甲以半价将自己的手表出售给乙，此时甲的给付既属于买卖合同，也属于赠与合同。

（三）准混合合同

准混合合同是指在一个典型合同规定非典型合同事项的合同，此种非典型合同一般有两种表现形式：一是合同部分系典型合同，但另一部分内容属非典型合同；二是当事人在订立合同时约定与典型合同规定相反的约定。[②]

二、非典型合同的法律适用

法律之所以将经济生活中常用的合同类型予以归纳和抽象，并在法律中进行规定，赋予其名称与规则，其中一个重要原因就在于通过规定典型合同，能够简化法律适用的难度，有利于提升司法裁判的效率。在审理典型合同的案件时，可以直接依据合同法中关于典型合同的规定予以直接适用。然而对于非典型合同而言，由于法律缺乏直接可供适用的规则，故其法律适用难度较大，需要分类讨论。

（一）纯粹非典型合同的法律适用

纯粹非典型合同是一种最为纯粹的非典型合同，也是最能体现意思自治的合同，其名称和内容不属于任何典型合同的范畴，因此无法参照任何已有的典型合同。在适用法律时，应当明确以下两点：第一，作为一种合同，纯粹的非典型合同应当适用《民法典》总则编中民事法律行为和合同编通则的规定；第二，纯粹非典型合同内容不属于任何典型合同事项。因此典型合同的规定在纯粹非典型合同中一般无适用的空间。

---

① 韩世远：《合同法总论》，法律出版社2018年版，第74页。

② 王利明：《合同法研究》（第1卷），中国人民大学出版社2015年版，第18页。

（二）混合合同的法律适用

由于混合合同的法律关系复杂，类型多样，关于其法律适用的学说，目前存在吸收主义、结合主义以及类推适用主义三种观点。[①]

第一，吸收主义。该学说认为应当将混合合同的部分加以分解，区分其合同的主要部分和次要部分，其合同的主要部分适用相关典型合同的规定，非主要部分被主要部分吸收。[②] 此种观点在主从型混合合同中可以得到较好地适用，但其在其他类型的混合合同中难以适用。如在类型结合型混合合同和类型融合型混合合同中，很多情况下无法区分出何者为主、何者为从，存在难以探明何者应吸收何者的情形。此外，放弃合同非主要部分明显违背了当事人的意愿选择，有悖契约自由之精神，不利于当事人真实合同目的的实现。

第二，结合主义。该学说认为，应当将混合合同的各部分进行分解，并就各部分适用相关典型合同的规定，最后依据当事人可以推知的意思加以调和，进而达到法律适用统一的目的。此种学说克服了吸收主义违背了当事人意思的缺点，但其将合同整体予以分解并适用相关典型合同规定的方法破坏合同各部分之间的有机联系，有机械相加之嫌。

第三，类推适用主义。该学说认为，法律对混合合同既然没有明确的规定，因此，应当就混合合同各个部分类推适用相关典型合同的规定，并斟酌当事人缔约目的加以调整。类推适用的观点尊重合同当事人的意愿，保持了合同各组成部分间的有机联系，是当今理论界的通说。

（三）准混合合同的法律适用

此种非典型合同多表现为合同当事人在典型合同中就某一部分规定了非典型合同事项或对典型合同事项作出相反规定。对于此类合同，可以在其主体部分适用相关典型合同规定的基础上，判断其特别规定部分的效力，如若该部分未违反法律、行政法规强制性规定和公

① 王利明：《合同法研究》（第1卷），中国人民大学出版社2015年版，第20~21页。
② 王泽鉴：《债法原理》，北京大学出版社2013年版，第140页。

序良俗，则应当认定其有效。

三、对三种涉外合同的法律适用

现代合同法秉持契约自由，但立法也在特定情形下对意思自治加诸限制，以克服其过度扩张的局限性，维护契约正义的价值观念。中外合资经营企业合同、中外合作经营企业合同、中外合作勘探开发自然资源合同，均属于具有涉外因素的民事合同。根据《涉外民事关系法律适用法》第41条的规定，“当事人可以协议选择合同适用的法律。当事人没有选择的，适用履行义务最能体现该合同特征的一方当事人经常居所地法律或者其他与该合同有最密切联系的法律”。第4条规定：“中华人民共和国法律对涉外民事关系有强制性规定的，直接适用该强制性规定。”《民法典》第467条第2款的规定就是对于涉外合同当事人法律适用选择的限制，依据该款规定，在中华人民共和国境内履行的中外合资经营企业合同、中外合作经营企业合同、中外合作勘探开发自然资源合同，应当适用中华人民共和国法律。可以从三个方面把握此款规定。

第一，本条所规定的中外合资经营企业合同、中外合作经营企业合同、中外合作勘探开发自然资源合同，是在中华人民共和国境内履行，中国法律与上述合同具有密切联系，符合准据法的确定要素。第二，《合同法》第126条第2款即规定：“在中华人民共和国境内履行的中外合资经营企业合同、中外合作经营企业合同、中外合作勘探开发自然资源合同，适用中华人民共和国法律。”本款沿用了之前的规则。第三，《民事诉讼法》第266条规定：“因在中华人民共和国履行中外合资经营企业合同、中外合作经营企业合同、中外合作勘探开发自然资源合同发生纠纷提起的诉讼，由中华人民共和国人民法院管辖。”由此，《民法典》第467条第2款的规定也与程序法的规定实现了有效衔接。

【审判实践中应注意的问题】

《民法典》第467条第1款规定："本法或者其他法律没有明文规定的合同，适用本编通则的规定，并可以参照适用本编或者其他法律最相类似合同的规定。"适用本条规定时，应当注意以下几点：第一，非典型合同适用合同编通则的规定。虽然法律没有对非典型合同的名称和规则进行特别的规定，但非典型合同仍属于《民法典》第464条所规定的合同。有关其订立、效力、履行、变更、解除、保全、责任承担等方面的事项应当适用合同编通则的规定。第二，非典型合同可以参照适用典型合同或其他法律最相类似合同的规定。第三，关于参照适用对象的选择。在选择参照对象之前，裁判者应当对非典型合同中的给付、合同目的以及合同标的物等因素进行整体把握，继而在此基础之上选择合适的参照对象，以此保障法律适用的准确性与合理性。

第四百六十八条　非因合同产生的债权债务关系，适用有关该债权债务关系的法律规定；没有规定的，适用本编通则的有关规定，但是根据其性质不能适用的除外。

【条文主旨】

本条是关于非因合同产生的债权债务关系法律适用的规定。

【条文理解】

一、立法初衷

在我国《民法典》的编纂过程中，关于是否应当在《民法典》之中设立债法总则一直是一个颇具争议的问题。支持设立债法总则的学者从增强债法规范的体系性、尊重历史惯性以及限制司法自由裁量权等角度作了相应的论证，阐述了在《民法典》设立债法总则的必要性。反对设立债法总则的学者则从降低法典抽象性、维护债法单行法体系的完整性以及顺应债法制度发展趋势等角度论证了无需在《民法典》设立债法总则。应当承认的是，一国法典编纂体例的选择在考虑学理自恰的同时，也要考虑立法条件和立法成本方面的约束。在《民法典》编纂活动开展之前，我国的债法规范在整体上呈现出松散化的特征。各类债法规范散见于《民法通则》《合同法》以及《侵权责任法》等法律之中，不同类型之债的规范充实程度也具有极大的差别。[①] 在《合同法》和《侵权责任法》已成体系的现实约束下，拆分已成体

① 李世刚：《中国债编体系构建中若干基础关系的协调——从法国重构债法体系的经验观察》，载《法学研究》2016年第5期。

系的债法单行法，继而设立债法总则的方案从立法成本角度来看并非是最优解。如何在维护既有单行债法体系完整性的基础上统合现有债法规范，实现债法规范的体系化就成了一个需在《民法典》编纂中予以回应的问题。从最终立法结果来看，《民法典》采取了增加合同编内容和设立适用规范的方式，使合同编通则起到“准债法总则”功能的立法模式。

该立法模式优点在于：第一，降低了法典的抽象性。[①]采用“提取公因式”抽象出共同性规则，并以总则加以规定的立法模式是抽象性逻辑思维在立法方法上的体现，对于构建科学理性的法律制度具有重要的指导意义。应当明确的是，抽象出共性因素并在总则中加以规定的根本目的，在于法律体系内部的逻辑自恰及法律适用的便利。然而，过度抽象会给法律适用带来困难。如若采取设立债法总则来统领债法体系的立法模式，那么，开展案件的法律适用时，司法者会面临具体规范—合同编通则—债法总则—总则编的多层规范嵌套，这无疑会增加司法者适用法律的难度。第二，符合合同中心主义的债法发展趋势。“从债法的发展趋势来看，现代民法出现了‘合同中心主义’的发展趋势，即在立法层面将合同制度视为债法制度的核心，同时将合同规则类推适用于其他债的关系之中。”[②]采取以合同编通则来实现“准债法总则”功能的立法模式，符合合同中心主义将债法的通则性规范在合同法层面予以展开的发展趋势，在维护了合同法和侵权责任法之间体系完整性的同时，也实现了合同编通则对其他各类债权债务关系的统领。

二、非因合同产生的债权债务关系

《民法典》第468条规定：“非因合同产生的债权债务关系，适用有关该债权债务关系的法律规定；没有规定的，适用本编通则的有关

① 许中缘：《合同的概念与我国债法总则的存废》，载《清华法学》2010年第1期。

② 王利明：《民法典合同编通则中的重大疑难问题研究》，载《云南社会科学》2020年第1期。

规定，但是根据其性质不能适用的除外。”在适用第468条的规定之前，先要明晰何为非因合同产生的债权债务关系。债的发生原因可分为两类：一类是基于法律行为，另一类是基于法律规定。前者被称为意定之债，后者被称为法定之债。[①]合同虽然是债权债务关系产生的最主要原因，然而除了合同之外，单方行为、共同行为、缔约过失、侵权行为、无因管理以及不当得利都可以使债权债务关系得以产生。因这些原因所产生的债权债务关系都属于非因合同产生的债权债务关系，依据第468条的规定，在相关法律没有规定的情况下，这些债权债务关系都应根据其性质适用合同编通则的有关规定。

三、本条规定的适用

在适用第468条的规定时，应注意三个方面的问题：第一，非因合同产生的债权债务关系，应当优先适用该债权债务的法律规定。本条规定设立的目的在于为没有明确规定的债权债务关系提供法律适用上的指引，属于后备条款。因此，在非因合同产生的债权债务关系有相关法律规定时，应当优先适用相关法律规定，以保证该债权债务关系所欲实现的社会功能得到实现。第二，在非因合同产生的债权债务关系没有法律规定的情况下，应当直接适用合同编通则的有关规定。此处使用的表述是“适用”而非“参照适用”，裁判者在是否适用的问题上没有自由裁量的空间。第三，本条还通过“根据其性质不能适用的除外”对本条规定的适用进行了限制。因此，裁判者应当注意区分非合同债权债务的性质，进而判断可否适用合同编通则的规定。

【审判实践中应注意的问题】

本条规定是关于非因合同产生的债权债务关系法律适用的规定。本条规定具有两层含义：第一，在相关法律有规定的情况下，非因合

① 王泽鉴：《债法原理》，北京大学出版社2013年版，第57页。

同而产生的债权债务关系适用相关法律规定。第二，在相关法律没有规定的情况下，非因合同产生的债权债务关系应当根据其性质适用合同编通则的规定。如何理解“根据其性质不能适用”就成了适用本条规定的关键所在。

虽然各种类型之债法律效果的相同性是其构成债的内在统一性的共同因素，但各类债在指导原则、社会功能以及构成要件上各有不同。[①] 因此，在适用该条规定时，须注意如若一种非合同产生的债权债务关系适用合同编通则的规定会导致其违反其指导原则和基本功能，那么就应认定此债权债务关系依据性质不宜适用合同编通则的规定。

① 王泽鉴：《债法原理》，北京大学出版社2013年版，第54~55页。

第二章　合同的订立

第四百六十九条　当事人订立合同，可以采用书面形式、口头形式或者其他形式。

书面形式是合同书、信件、电报、电传、传真等可以有形地表现所载内容的形式。

以电子数据交换、电子邮件等方式能够有形地表现所载内容，并可以随时调取查用的数据电文，视为书面形式。

【条文主旨】

本条是关于合同形式的规定。

【条文理解】

此规定对合同形式采取的是不要式原则。近现代法上，普遍以形式自由作为一般原则，称为不要式原则。唯例外情况下，才需要特定的形式。从历史发展的角度看，合同形式从早期的严格形式主义向近现代形式自由主义的不断变化，即从法定要式主义向不要式主义的变化，越来越多地体现了合同主体的契约自由，以意思自治为原则，最大限度地激发合同主体的主动性、积极性和创造性，鼓励交易，活跃市场经济。但近现代的形式自由主义，并非绝对的形式自由，而是相对的形式自由，法律也要求某些合同的订立必须采取特定形式。

尽管合同形式的自由更利于交易的达成，但为交易秩序和安全的需要，合同的特定形式要求有其重要意义。我国原有的三部合同法，原则上要求合同采取书面形式。后来《合同法》制定时，《合同法》第10条未采用严格的书面形式规则，契合了合同法发展的历史趋势。《合同法》第10条规定："当事人订立合同，有书面形式、口头形式和其他形式。法律、行政法规规定采用书面形式的，应当采用书面形式。当事人约定采用书面形式的，应当采用书面形式。"《合同法》第11条规定："书面形式是指合同书、信件和数据电文（包括电报、电传、传真、电子数据交换和电子邮件）等可以有形地表现所载内容的形式。"本条规定综合了《合同法》第10条、第11条的规定，体系更加完整。《民法典》第135条规定："民事法律行为可以采用书面形式、口头形式或者其他形式；法律、行政法规规定或者当事人约定采用特定形式的，应当采用特定形式。"《民法典》总则编的规定，当然适用于其他编的合同行为。故《民法典》对合同形式的规定与《合同法》的规定基本一致，对合同形式，以不要式为原则，以要式为例外。

书面形式是指以文字等可以有形地表现所载内容的形式。书面形式不仅是合同书、信件这些最常用的形式，其他的有形表现并可以随时调取查阅的形式亦视为书面形式，是适应科学技术的发展变化，对书面形式进行的扩张规定。科学技术的日新月异正在丰富着书面形式的实质内涵，并切实贴近人们的生活，所以此种包容性规定是适应客观规律的。

合同书，指记载当事人的合意内容，并签字盖章的文书。

数据电文，是指以电子、光学、磁或者类似手段生成、发送、接收或者储存的信息。数据电文能够有形地表现所载内容，并可以随时调取，视为书面形式。本条对数据电文形式与《合同法》的规定在内容上基本一致，采取了列举式的方式，包括第2款中的电报、电传、传真以及第3款中的电子数据交换、电子邮件等。这种开放性的规定，也是适应了互联网的发展，未来的载体可能有多种现在无法想象的形式，只要满足书面形式的基本特征，即可视为书面形式。

书面形式的最大优点是有据可查，明确清晰，发生纠纷时举证容易。因此，对于比较重大、不能即时结清的合同，一般采用书面形式。

口头形式，指以语言为意思表示订立合同。往往用于集市的现货交易或者金额不大的其他场合。即时结清的情况下亦采用口头形式。口头形式最大的优点是简单快捷，交易成本低。

其他形式是指当事人未采用书面形式或者口头形式，未明确表示订立合同的合意，但根据当事人的行为或者特定情形可以推定合同成立。

【审判实践中应注意的问题】

未采用法律、行政法规规定或者当事人约定的特定形式，合同是否成立

作为不要式原则之例外，一些法律规定了合同应当采用特定形式或者当事人约定采用特定形式。如《广告法》第30条规定，广告主、广告经营者、广告发布者之间在广告活动中应当依法订立书面合同。《拍卖法》第42条规定，拍卖人接受委托的，应当与委托人签订书面委托拍卖合同。《商业银行法》第37条规定，商业银行贷款应当订立书面合同。《保险法》第13条、《合伙企业法》第4条、《期货管理条例》第24条等都规定采用书面形式。从《民法典》看，第427条对动产质权、第737条对融资租赁合同、第851条对技术开发合同、第863条对技术转让合同和技术许可合同、第938条对服务合同等，要求合同应当采用书面形式。故，若有违反，应认定合同不成立。但下述情况，应认定合同成立。根据《民法典》第490条第1款规定，“当事人采用合同书形式订立合同的，自当事人均签名、盖章或者按指印时合同成立。在签名、盖章或者按指印之前，当事人一方已经履行主要义务，对方接受时，该合同成立。法律、行政法规规定或者当事人约定合同应当采用书面形式订立，当事人未采用书面形式

但是一方已经履行主要义务，对方接受时，该合同成立。”此所谓合同的欠缺“因履行而治愈”，虽然违反约定形式，合同原则上不成立，但当事人已履行合同主要义务或者根据当事人双方的意思或者其他行为可以认定形式要求已被取消，可认定合同成立。故综合来看，合同未采用规定或约定的特定形式时，原则上不成立，但如果合同已经履行，就应当认定合同成立。但也有特殊情况，如《民法典》第707条规定：“租赁期限六个月以上的，应当采用书面形式。当事人未采用书面形式，无法确定租赁期限的，视为不定期租赁。”故在此种场合，书面形式并非合同成立的必备要件，未采取书面形式，并不影响租赁合同的成立，只是产生不定期租赁的效果。

例如，当事人买卖房屋时未签订书面买卖合同，但已实际付款和居住，仅是由于特殊原因未办理房产过户手续，当事人发生争议，买卖合同是否成立？笔者认为，虽然房屋买卖，应签订书面合同，因已实际履行，应认定买卖合同法律关系成立。又如，当事人买卖房屋时未签订书面买卖合同，未付款，买方从中间人处拿到钥匙后居住，当事人发生争议，买卖合同是否成立？笔者认为，法律明确规定买卖房屋为要式合同，应以书面形式。买方虽然从中间人处拿到钥匙后居住，但未支付对价，合同未实际履行，应认定买卖合同不成立。

一般认为，公证、鉴证、审批、登记等属于特殊的书面形式，是在采用书面形式的基础上，再经过某种法定手续予以证明或者认可。一般把这种形式认为是合同的生效要件，而非成立要件。法理上认为合同成立是当事人合意的体现，而公证、鉴证、审批、登记属于当事人之外的因素，体现为国家法律对当事人意思自治的限制和干预，这些不属于合同成立要件的范畴，而属于效力评价的体系。根据《民法典》第502条第2款的规定：“依照法律、行政法规规定，合同应当办理批准等手续的，依照其规定。未办理批准等手续的，该合同不生效，但是不影响合同中履行报批等义务条款以及相关条款的效力。应当办理申请批准等手续的当事人未履行义务的，对方可以请求其承担违反该义务的责任”。故，是把审批作为效力要件。

第四百七十条　合同的内容由当事人约定，一般包括下列条款：

（一）当事人的姓名或者名称和住所；

（二）标的；

（三）数量；

（四）质量；

（五）价款或者报酬；

（六）履行期限、地点和方式；

（七）违约责任；

（八）解决争议的方法。

当事人可以参照各类合同的示范文本订立合同。

【条文主旨】

本条是关于合同条款的规定。

【条文理解】

合同的条款是合同中当事人协商一致、规定彼此权利义务的具体条文。合同条款是当事人合意的产物，是合同内容的表现和固定化。合同的权利义务，除少数由法律直接规定产生之外，大多由当事人约定。合同条款对当事人具有非常重要的意义，条款应当明确、肯定、完整，条款之间不能相互矛盾，条款约定得越清晰，越利于当事人履行和防止发生争议。约定不全面或者约定含糊，都容易产生分歧。

不同的合同，往往有不同的主要条款。合同的主要条款由合同的类型和性质决定，不同的合同类型和性质，对主要条款有不同的要求。如，价格是买卖合同的主要条款，却不是赠与合同的主要条款。合同的主要条款，有的由法律直接规定，有的由合同性质决定，有的依当事人约定产生。

尽管法律列举了合同中一般包括这些条款，但实践中很多合同并不全部具备这些条款，经常会缺少几项条款。一般认为，当事人的姓名或者名称、标的、数量为买卖合同的必备条款，当合同没有这三项条款之一时，合同不能成立。

对于仅具备合同必备条款时的补救，一般由当事人协议补充。因为合同是当事人意思自治的表现，是其合意的产物，当合同内容欠缺时，当事人首先应进行补救，使其完善。对于当事人因意见不一致，不能达成补充协议的，按照合同相关条款或者交易习惯确定。对此，《民法典》第510条规定："合同生效后，当事人就质量、价款或者报酬、履行地点等内容没有约定或者约定不明确的，可以协议补充；不能达成补充协议的，按照合同相关条款或者交易习惯确定。"按照合同相关条款或者交易习惯仍不能确定的，《民法典》第511条规定："当事人就有关合同内容约定不明确，依据前条规定仍不能确定的，适用下列规定：（一）质量要求不明确的，按照强制性国家标准履行；没有强制性国家标准的，按照推荐性国家标准履行；没有推荐性国家标准的，按照行业标准履行；没有国家标准、行业标准的，按照通常标准或者符合合同目的的特定标准履行。（二）价款或者报酬不明确的，按照订立合同时履行地的市场价格履行；依法应当执行政府定价或者政府指导价的，依照规定履行。（三）履行地点不明确，给付货币的，在接受货币一方所在地履行；交付不动产的，在不动产所在地履行；其他标的，在履行义务一方所在地履行。（四）履行期限不明确的，债务人可以随时履行，债权人也可以随时请求履行，但是应当给对方必要的准备时间。（五）履行方式不明确的，按照有利于实现合同目的的方式履行。（六）履行费用的负担不明确的，由履行义务一方负担；因债权人原因增加的履行费用，由债权人负担。”

【审判实践中应注意的问题】

只要具备合同的必备条款，合同即成立。不同种类的合同，其必备条款有别。

第四百七十一条 当事人订立合同，可以采取要约、承诺方式或者其他方式。

【条文主旨】

本条是关于合同订立方式的规定。

【条文理解】

合同订立，指当事人为意思表示并达成合意。合同订立包括当事人从接触、协商到达成合意的动态过程和静态协议两个方面。合同订立往往是一个漫长的过程，经历要约、承诺、反要约等诸多过程。合同订立与合同成立不同。合同订立更多强调整个过程，合同成立更多的是指一种法律结果，是一种状态。从宽泛的角度理解，合同成立是合同订立的组成部分，但合同成立更强调的是法律上的确认，从合同成立那一刻起，当事人不再彼此无涉，他们建立起法律上的权利义务关系，通过合意固化了彼此的权利义务关系。

合同始于订立，终结于履行、解除。合同订立是启动环节，是开始和新生，后面可能发生变更、转让、解除、被撤销等诸多环节，合同的订立具有重要意义。

当事人订立合同会采取一定的方式，一般是通过要约、承诺完成的。要约是向他人提出明确的条件，作出意思表示，希望签订合同。承诺意味着接受。当事人达成合意，合同宣告成立。要约、承诺的方式是合同订立的基本方式，规定了此种方式，发生争议时会有衡量的标准，依据是否承诺、判断合同是否成立，方便作出判决，也给当事人在订立合同时提供一种明确的指引，引导他们清楚自己的行为性质，行为处于什么阶段，一旦作出某种行为将会产生什么样的法律后果，是否导致合同成立，自己最终有可能在法律上承担什么责任。

是否当事人合意一致，合同即成立？

经过要约、承诺，当事人合意一致即可达成的合同，为诺成合同。大部分合同均属此类，如买卖合同、借贷合同、租赁合同等。也有的合同不仅需要当事人承诺，还需要交付标的物或完成其他给付才能成立，这类合同称为实践合同或要物合同。诺成合同与实践合同的划分，沿袭了罗马法的传统。近现代民法，崇尚合同自由主义，大部分合同是诺成合同，实践合同一般需要法律有特别规定。

诺成合同中，交付标的物或完成其他给付，是属于履行合同的问题，若有违反，当事人应承担违约责任。在实践合同中，交付标的物或完成其他给付，属于先合同义务，是合同成立的要件，不是合同履行行为，违反不产生违约责任，而是产生缔约过失责任。如，对于保管合同，《合同法》第 367 条规定："保管合同自保管物交付时成立，但当事人另有约定的除外。"此为实践合同，寄存人的行为不被视为履行，而是属于合同成立的必要组成部分。《民法典》第 890 条沿袭了《合同法》上述条文的规定，未作修改。对于赠与合同，《民法通则意见》第 128 条规定，公民之间赠与关系的成立以赠与物的交付为准，此为实践合同，《合同法》第 186 条改成诺成合同，《民法典》第 658 条第 1 款规定"赠与人在赠与财产的权利转移之前可以撤销赠与"与《合同法》的规定一致，依然为诺成合同。对于质押合同，《民法典》第 429 条对动产质押合同规定："质权自出质人交付质押财产时设立。"此为诺成合同。合同从当事人合意达成时即成立，交付质押财产属于出质人履行合同义务的行为，如果其未履行交付义务，虽质押合同成立，但质权人对质押物的质权未设立，质权人基于质押合同有请求质押人交付质物的权利。

以要约、承诺订立合同的方式中，强制缔约、竞争缔约比较特殊，虽具备要约、承诺的外在表现形式，但与普通的要约、承诺不完全相同，有理论也把它们归类为其他订立合同的方式，下面具体分析这两种缔约方式。

（一）强制缔约

当事人订立合同，一般是平等洽商的结果。但有的合同订立，一方负有法定义务发出要约，或者一方负有法定义务作出承诺，当事人作出要约或承诺，非基于自由的意思表示，而是源于法律规定，此时为强制缔约。《民法典》第494条规定："国家根据抢险救灾、疫情防控或者其他需要下达国家订货任务、指令性任务的，有关民事主体之间应当依照有关法律、行政法规规定的权利和义务订立合同。依照法律、行政法规的规定负有发出要约义务的当事人，应当及时发出合理的要约。依照法律、行政法规的规定负有作出承诺义务的当事人，不得拒绝对方合理的订立合同要求。"强制缔约形式上其实依然具备要约、承诺的表征，但一方当事人必须发出要约或者必须作出承诺。强制缔约是对意思自治原则下当事人缔约自由的限制，仅限于法律规定的特殊情形。如，供用电、水、气、热力合同及公共承运合同等。强制缔约往往基于保障民生和公共利益的需要，防止公共服务提供者有选择性地提供服务对象，决定交易价格，从而损害合同相对方的弱势群体利益。强制缔约制度通常发生在向社会提供公共服务的一方与消费者基于公共利益而必须缔约的情况中。认为强制缔约是要约、承诺以外订立合同的方式，主要是从非基于自由恰商的角度考虑，虽形式上具有要约、承诺的表征，实际上内涵有别，不同于普遍意义上民事契约自由的法理。

（二）竞争缔约

竞拍是一种特殊的要约、承诺方式，有时也被理解为是一种其他的订立合同方式。不同于通常情况下要约、承诺当事人一对一的关系，整个过程具有动态性的特点。在拍卖中，竞买人的出价为要约，有不同的竞买人，在现场拍卖的场合，每一次新的出价，都意味着竞买人的变化，竞买人不断变化，要约人就不断变化，前者的要约不断被后者的要约刷新，价高者得，拍卖人击槌为承诺，整个缔约过程体现出一种竞争性。后要约人发出要约后，前要约人的要约即失效，拍卖人不能再对前要约人进行承诺。在招投标中，违反招投标法等竞争性缔约方式订立的合同，属于违反法律的效力性强制性规定，合同无效。

有理论认为意思实现也是一种除要约、承诺之外的合同订立方式。意思实现，指根据交易习惯或者要约人的预先声明，受要约人无需向要约人表示承诺的意思，合同即可成立。《民法典》第 480 条规定："承诺应当以通知的方式作出；但是，根据交易习惯或者要约表明可以通过行为作出承诺的除外。"此规定表明承诺可以默示行为的方式作出，故意思实现可以归结为事实上进行了承诺，所以，亦可把其归为要约、承诺方式成立合同。

【审判实践中应注意的问题】

发出中标通知书是否可以认定合同成立

中标通知书为招标人向投标人发出的确认投标人中标的通知书。发出中标通知书后，是否可以认定合同成立，有两种观点。肯定说认为，发出中标通知书意味着承诺，当事人承诺，应认定合同成立。否定说认为，中标后，双方还应继续协商，签订正式的合同书，中标通知书仅具有预约的性质，不应认定为承诺。大部分观点认为，发出中标通知书应为承诺。在整个招投标过程中，招标是要约邀请，投标是要约，发出中标通知书为承诺。根据《招标投标法》第 46 条第 1 款规定，招标人和中标人应当自中标通知书发出之日期 30 日内，按照招标文件和中标人的投标文件订立书面合同。招标人和中标人不得再行订立背离合同实质性内容的其他协议。由此可知，当事人发出中标通知书后，不能再实质性地修改，书面合同文本只是一种进一步的确认形式。故，发出中标通知书应认定合同成立。

第四百七十二条 要约是希望与他人订立合同的意思表示，该意思表示应当符合下列条件：

（一）内容具体确定；

（二）表明经受要约人承诺，要约人即受该意思表示约束。

【条文主旨】

本条是关于要约定义和构成要件的规定。

【条文理解】

要约，又称发盘、出盘、发价、出价、报价等，是希望和他人订立合同的意思表示。要约在合同订立中具有非常重要的意义，要约是源起，是发端，没有要约，就不会有承诺，合同成立亦无从谈起。承诺是相对于要约而为，没有承诺的要约，仅是一项意思表示，无法形成法律关系，要约与承诺是呼应关系，二者兼具，构成合同成立的闭环。要约作为一种意思表示，是客观的，具有外示性的特点。

一般认为，要约有以下几个特征：

第一，特定合同当事人的意思表示。要约人是特定人，是指能为外界所客观确认。可以是自然人、法人或者合伙企业等，也可以是本人或者代理人。设置自动售货机可以视为是一种要约，因为设置必有其人，这是特定的，消费者不需知道是张三还是李四，支付货款即可完成承诺。

第二，向希望签订合同的相对人发出。要约必须由要约人实际发出，要约人主体的内心活动不能称之为要约。相对人一般为特定的人，在特殊情况下，也有可能是不特定的人。比如，悬赏广告。

第三，具有缔约目的。这种缔约目的应在要约中明确表示出来，让相对人清晰知道。没有缔约目的的，不能成为要约。如邀请参加典礼的请柬，尽管表达了当事人的真实意愿，但仅为事实行为并非要约。

第四，要约的内容具体确定。要约应具备合同成立的必备条款。《民法典》第470条规定了合同一般包括的基本条款，其中，当事人的姓名或者名称、标的、数量是合同的必备条款。要约发出，相对人承诺后，合同即宣告成立。如果要约的内容不具体明确，相对人无法了解其真实含义，难以承诺。

第五，表明经受要约人承诺，要约人即受该意思表示约束。要约人把最后的决定权交给相对人，要约必须向相对人表明，相对人承诺，合同即成立，要约人受该意思表示的约束。

在上述五个特征中，内容具体确定，以及表明经受要约人承诺，要约人即受该意思表示约束，这两个特征最重要，是要约的必备构成要件。内容具体确定，非仅指用以确定内容的必要事实已经存在，这些事实将来发生，亦可构成要约。例如，要约依交付时的市场价格出售未来的产品。

要约的发出者有受承诺拘束的意思表示，要约发出后，决定权在受要约方，一旦被承诺，合同即告成立，要约人无可选择。要约发出后，要约人可以变更、撤销，但法律有特别规定情形的除外。要约虽为意思表示，但并非民事法律行为。要约须经受要约人承诺，方能产生预期的法律效果，成立合同。而民事法律行为，即使是单方民事法律行为，也可以直接产生当事人预期的法律效果。要约的意思表示，虽非法律行为，但仍具有法律意义和责任。当要约人在有效期内随意撤回要约，造成受要约人信赖利益损失的，受要约人有权要求要约人承担缔约过失责任。

要约与要约邀请的区别：（1）要约是旨在订立合同的意思表示，行为人在法律上须承担责任。要约邀请，又称要约引诱，是希望他人向自己发出要约的意思表示。要约邀请是一种缔约的预备行为，是事实行为，只能唤起他人的要约，不能导致他人承诺。（2）要约中，表达了当事人愿意承受要约约束的意旨，要约人将自己置于一旦相对人承诺，合同即成立的地位，决定权在相对人。而要约邀请中，要约邀请人对于相对人的意思表示，也即要约邀请人唤起相对人发出要约后，针对相对人的要约，要约邀请人行使的是承诺权，其有决定承诺与否的自由，要约邀请人不受拘束。（3）要约内容必须具备合同成立的必备条款，而要约邀请不必具备这些必备条款。（4）要约内容具体确定，而要约邀请则不具体、不确定。

在实践中的具体区分：（1）依据《民法典》第472条和第473条的规定。（2）是否具备合同的必备条款。如果一份订单只有货物的名称、规格，没有数量，不能认定为要约。（3）依据交易习惯。出租车打开空车标识，根据行业惯例可视为向不特定人发出要约，乘客上车，构成承诺。如果当事人在以往的交易中形成交易习惯，那么，仅有货物数量的传真，也可视为要约。因为可以从以往习惯中判断合同缺少的其他因素。对于交易习惯，由提出主张的一方当事人承担举证责任。（4）行为人是否以缔约为目的。以缔约为目的，是在合同中明确表明受要约拘束的旨意。如时装店展示标明价格的服装，可视为要约；或虽标明“样品”，但有“正在出售”和价格的字样，可以视为要约；如果标明“样品”，但没有标价和“正在出售”的字样，可以视为要约邀请。

【审判实践中应注意的问题】

要约与要约邀请的区别，审判实践中应予注意。

第四百七十三条　要约邀请是希望他人向自己发出要约的表示。拍卖公告、招标公告、招股说明书、债券募集办法、基金招募说明书、商业广告和宣传、寄送的价目表等为要约邀请。

商业广告和宣传的内容符合要约条件的，构成要约。

【条文主旨】

本条是关于要约邀请的规定。

【条文理解】

要约邀请，又称要约引诱，是希望他人向自己发出要约的意思表示。要约与要约邀请的区别，参见《民法典》第472条的论述。本条基本沿用了《合同法》第15条的规定，只是在其基础上增加了债券募集办法、基金招募说明书、商业宣传这几项内容。拍卖公告、招标公告、招股说明书、债券募集说明书、基金招募说明书、商业广告和宣传、寄送的价目表等为要约邀请。其中，商业广告和宣传，虽然在一般情况下属于要约邀请的范畴，但其内容符合要约条件的，构成要约。

拍卖公告主要包括时间、地点、标的、参与竞买应当办理的手续等。在拍卖中竞买人以出价为要约，拍卖人以拍板、击槌为承诺。因拍卖公告中并不包含合同成立的主要条件，特别是价格条款，故拍卖公告为要约邀请。

招标公告是招标人发出的以吸引或邀请相对方发出要约为目的的意思表示。招标方的招标公告为要约邀请，投标方的投标行为为要约。招标方确定中标方，向中标方发出中标通知为承诺。

招股说明书是指发行人经批准公开发行股票后，向社会公众公开的发行股票的说明文书，由发起人和承销机构予以公告。《公司法》规定，募集设立股份有限公司时，发起人向社会公开募集股份，必须向国务院证券管理部门递交募股申请，并报送招股说明书等有关文件。招股说明书应当载明发起人认购的股份数、每股的票面价格和发行价格、无记名股票的发行总数、认股人的权利和义务等。《公司法》第140条规定，股份有限公司成立后，为增加注册资本，经批准向社会公开发行新股的，也要公告新股招股说明书。招股说明书的目的是吸引投资者购买，性质上属于要约邀请。认股人认股则为要约，公司卖出股份为承诺。但，如果发起人逾期未募足股份，则依法失去承诺权，认股人撤回所认购的股份。故，招股说明书虽属于要约邀请，但又不同于普通的要约邀请，具有特别的法律意义。

债券募集办法，指公司对外发布说明，称其符合债券发行的条件，近期将依法进行市场化发行，吸引投资者购买的文书。一般包括发行依据、真实性声明、风险提示，发行债券总额、期限、利率等债券基本要素，发行人、承销人、有无担保等。债券募集办法是要约邀请，主要是吸引相对人进行购买。认购人认购债券为要约，公司卖出债券为承诺。

基金招募说明书，指基金发起人按照国家法律、法规的规定发售基金时，为基金投资者提供的、对基金情况进行说明的一种法律性文件。基金招募说明书包括基金的名称、类型、发起人、管理人、托管人的情况、承销商、基金募集金额、地点、申购和赎回的方式及价格、费用种类及比率、基金的投资目标、基金的会计核算原则、收益分配方式等。基金招募说明书与债券募集办法一样，都是要约邀请，吸引相对人购买，相对人购买为要约。

普通的商业广告和宣传，只是为了吸引顾客，属于要约邀请。但如果商业广告和宣传的内容符合要约条件的，构成要约。商业广告中若注明“限售50件”“先到先得”，或者注明有效期的，一般可以视为要约。但如果意思表示上标明“仅供参考”“须以我公司最后确认为准”，则表示最后决定权留给自己，不受意思表示的约束，不应视为要约。

寄送的价目表，是商品生产者推销商品的一种方式，虽包含行为人希望订立合同的意思表示，但不包含行为人表明一经相对人承诺即受拘束的意旨，为要约邀请。由对方提出要约，提出购买数量，自己承诺后才成立合同。我国台湾地区“民法”第154条第2款规定，货物标定卖价陈列者，视为要约，但价目表之寄送，不视为要约。《瑞士债务法》第7条规定，寄送的收费表、价目单和类似的价格表，不是要约。但是标价陈列商品的，一般构成要约。

【审判实践中应注意的问题】

要约邀请与要约的区别，审判实践中应予注意。

第四百七十四条　要约生效的时间适用本法第一百三十七条的规定。

【条文主旨】

本条是关于要约生效时间的规定。

【条文理解】[①]

一、与《合同法》有关条文的对比

《合同法》第16条规定："要约到达受要约人时生效。采用数据电文形式订立合同，收件人指定特定系统接收数据电文的，该数据电文进入该特定系统的时间，视为到达时间；未指定特定系统的，该数据电文进入收件人的任何系统的首次时间，视为到达时间。"与《合同法》第16条相比较，对以非对话方式作出的采用数据电文形式的意思表示，未指定特定系统的，该条第2款规定：该数据电文进入收件人的任何系统的首次时间，为生效时间。第137条将其修改为：未指定特定系统的，相对人知道或者应当知道该数据电文进入其系统时生效。对于其他内容，第137条的规定与《合同法》规定的内容相同。

二、意思表示的含义及分类

所谓意思表示，是指行为人为了产生一定民法上的效果而将其内

① 本条的"条文理解"引自《中华人民共和国民法典总则编理解与适用》第137条的相应内容。

心意思通过一定方式表达于外部的行为。意思表示中的“意思”，是指设立、变更、终止民事法律关系的内心意图，“表示”是指将内心意思以适当的方式表示出来的行为。依据意思表示是否向相对人作出，意思表示可以区分为有相对人的意思表示和无相对人的意思表示。所谓有相对人的意思表示，是指意思表示是向特定的对象作出，而不是没有特定对象，订立合同时向特定对象发出的要约最为典型。有相对人的意思表示是民事生活的常态。也就是说，多数情况下意思表示都是有相对人的。所谓无相对人的意思表示，是指意思表示是向不特定的对象作出，悬赏广告最为典型。无相对人的意思表示是民事生活的偶然情况。

第 137 条是关于有相对人的意思表示生效时间的规定，本法第 138 条是无相对人生效时间的规定。根据第 137 条的规定，有相对人的意思表示又分为“以对话方式”作出的意思表示和“以非对话方式”作出的意思表示两种。

三、“以对话方式”作出的意思表示的生效时间

所谓“以对话方式”作出的意思表示，是指表意人采取使相对人可以同步受领的方式进行的意思表示，其特点是，表意人作出的意思表示和相对人受领意思表示是同步进行的，没有时间差，面对面交谈、电话、微信语音、微信视频、QQ 语音等最为典型。既然相对人同步受领了表意人的意思表示，那么表意人意思表示的生效时间就是相对人知道其内容的时间。因此，第 137 条第 1 款规定，以对话方式作出的意思表示，相对人知道其内容时生效。

四、“以非对话方式”作出的意思表示的生效时间

（一）没有采用数据电文形式的意思表示的生效时间

所谓“以非对话方式”作出的意思表示，是指表意人没有采取使相对人可以同步受领的方式进行的意思表示，其特点是，表意人作出的意思表示和相对人受领意思表示不是同步进行的，有时间差，电子

邮件、传真最为典型。这种方式表意人的意思表示何时生效，国际上有四种模式：表示主义、发信主义、到达主义和了解主义，现在大多数国家和地区采取的是到达主义，我国也不例外。第137条规定，以非对话方式作出的意思表示，到达相对人时生效，其含义是，意思表示进入了相对人的实际控制范围内，表意人的意思表示即生效，至于相对人对意思表示是否了解，不影响表意人意思表示的生效时间。

（二）采用数据电文形式的意思表示的生效时间

随着现代科学技术的发展，以非对话方式作出的采用数据电文形式的意思表示日益普遍，该类意思表示何时生效，早在二十多年前的《合同法》就已经对其进行了规范。第137条规定与《合同法》的规定总体上是一致的，但也有变化。

第一，相对人指定了特定系统接收数据电文的。根据第137条的规定，此种情况下，表意人的意思表示自该数据电文进入该特定系统时生效。“进入”一词的表述是用来界定数据电文的收到时间。所谓一项数据电文“进入”一个信息系统，是指在该信息系统内可投入处理的时间，是具有这种可能性，至于收件人是否识读或者使用，则对该数据电文意思表示的生效时间不产生影响。这一规定与《合同法》的规定是一致的。

第二，相对人未指定特定系统接收数据电文的。根据第137条的规定，此种情况下，表意人的意思表示自相对人知道或者应当知道该数据电文进入其系统时生效。这样规定主要是参照了我国加入的《联合国国际合同使用电子通信公约》的规定，即此种情况下，以相对人了解到该数据电文已发送到相对人的任何系统的时间为生效时间。这里的了解，就是第137条表述的相对人知道或者应当知道。第137条的规定与《合同法》第16条第2款的规定不完全相同。《合同法》第16条第2款规定的是该数据电文进入收件人的任何系统的首次时间，为生效时间。对此，应予注意。

第三，当事人对采用数据电文形式的意思表示的生效时间另有约定的，从其约定。

【审判实践中应注意的问题】①

第137条规定是从《合同法》的有关规定中提炼出来的，因此，就审判实践而言，除了要适用本条的规定外，还应当适用《民法典》合同编相关的更为具体的规定，主要是要约与承诺的有关规定。

以非对话方式作出的采用数据电文的意思表示的生效时间，因相对人是否指定特定系统接收数据电文而有区别。指定特定系统的，该数据电文进入该特定系统时生效。没有指定特定系统的，自相对人知道或者应当知道该数据电文进入其系统时生效。对于二者的区别，应予注意。发生纠纷后，表意人应当承担其意思表示已经生效的举证责任，特别是相对人未指定特定系统的，表意人应当举证证明相对人知道或者应当知道该数据电文进入其系统的时间。

① 本条的“审判实践中应注意的问题”引自《中华人民共和国民法典总则编理解与适用》第137条的相应内容。

第四百七十五条　要约可以撤回。要约的撤回适用本法第一百四十一条的规定。

【条文主旨】

本条是关于要约撤回的规定。

【条文理解】①

一、与《合同法》有关条文的对比

第141条规定来源于《合同法》第17条。该条规定:“要约可以撤回。撤回要约的通知应当在要约到达受要约人之前或者与要约同时到达受要约人。”将两条进行对比,可知第141条规定是从《合同法》第17条规定提炼出来的,《合同法》第17条规范的是合同的要约行为,而第141条规范的是民事法律行为中所有意思表示的撤回,而不限于要约,但原理一致,没有区别。

二、意思表示的撤回的含义及原理

意思表示的撤回,是指在意思表示作出之后、发生法律效力之前,意思表示的行为人欲使该意思表示不发生效力而作出的撤回其意思表示的行为。之所以允许行为人撤回其意思表示,是因为意思表示在生效前,对相对人不发生任何影响,对交易秩序也不会产生任何影响。既然如此,为了保障行为人的意思表示自由,自无不允许行为人

① 本条的“条文理解”引自《中华人民共和国民法典总则编理解与适用》第141条的相应内容。

撤回的道理。故第 141 条规定，行为人可以撤回意思表示。

三、意思表示的撤回的条件

意思表示可以撤回，但是应当具备一定的条件，即不能对相对人造成影响。具体来说，就是撤回意思表示的通知必须在意思表示到达相对人之前或者与意思表示同时到达相对人。如果意思表示到达相对人之后，其已经发生法律效力，则不能撤回。

意思表示的撤回，不会发生在以对话方式作出意思表示的场合，因为在该场合，意思表示作出的同时，相对人就已经同步知道其内容，意思表示就已经生效，所以没有撤回的余地。意思表示的撤回，只能发生在有相对人时行为人以非对话方式作出意思表示的场合，因为这时意思表示的生效时间，是到达相对人的时间，从行为人作出意思表示，到意思表示到达相对人，期间可能有一定的间隔，也就是说期间有一个时间差，如行为人通过信件向相对人发出意思表示，如行为人想撤回其意思表示，就可以通过传真、邮件、电话等比信件先到达相对人或者同时到达相对人的方式撤回其意思表示。此外，对于无相对人的意思表示，行为人不能撤回，因为根据《民法典》总则编中的第 138 条的规定，无相对人的意思表示，表示完成时生效。已经生效的，不能撤回，只能撤销。

【审判实践中应注意的问题】[①]

一、要约的撤回

在审判实践中，意思表示撤回多见于要约的撤回。《民法典》合同编中的第 475 条规定："要约可以撤回。要约的撤回适用本法第一百四十一条的规定。"据此，要约撤回的规则，适用第 141 条的规定。

---

① 本条的"审判实践中应注意的问题"引自《中华人民共和国民法典总则编理解与适用》第 141 条的相应内容。

二、意思表示的撤回与撤销的区别

意思表示的撤销，是指在意思表示作出并生效后，行为人又作出取消该意思表示的表示。二者的区别在于：（1）意思表示是否已经生效不同。意思表示可以撤回的场合，行为人的意思表示还没有生效。而意思表示的撤销，表明行为人的意思表示已经生效。（2）法律后果不同。在意思表示撤回的场合，由于意思表示还没有生效，对相对人没有任何影响，也不影响交易秩序，所以意思表示的撤回不受法律限制。而在意思表示撤销的场合，由于意思表示已经生效，已经对相对人产生了影响，为了保护相对人的利益，保护正常的市场交易秩序，法律规定要约是否可以撤销，要看是否影响了相对人的利益。已经影响的，不允许撤销。没有影响的，自无不允许撤销的道理。据此，《民法典》合同编中的第476条规定："要约可以撤销，但是有下列情形之一的除外：（一）要约人以确定承诺期限或者其他形式明示要约不可撤销；（二）受要约人有理由认为要约是不可撤销的，并已经为履行合同做了合理准备工作。"第477条规定："撤销要约的意思表示以对话方式作出的，该意思表示的内容应当在受要约人作出承诺之前为受要约人所知道；撤销要约的意思表示以非对话方式作出的，应当在受要约人作出承诺之前到达受要约人。"

三、意思表示的撤销

《民法典》总则编没有规定意思表示的撤销问题，但《民法典》合同编对此有规定，因此，审判实践中除要约之外的意思表示的撤销，可以参照《民法典》合同编中的第476条和第477条的规定处理。

第四百七十六条　要约可以撤销，但是有下列情形之一的除外：

（一）要约人以确定承诺期限或者其他形式明示要约不可撤销；

（二）受要约人有理由认为要约是不可撤销的，并已经为履行合同做了合理准备工作。

【条文主旨】

本条是关于要约撤销的规定。

【条文理解】

要约撤销，指要约在生效后，要约人欲使其丧失法律效力的意思表示。

要约撤销与撤回，虽均发生于承诺生效之前，但二者存在主要区别：前者发生于要约生效之后，后者发生于要约生效之前。要约撤销是使一个已经发生法律效力的要约失去法律效力，要约撤回的通知只要在要约到达之前或与要约同时到达就发生法律效力。由于撤销要约时要约已经生效，所以对要约撤销有一定的限制，而撤回要约时，要约并未生效，所以，对撤回要约并无条件的限制，只有时间的限制，撤回的通知只要在要约到达之前或与要约同时到达就发生法律效力。另外，从法律考量而言，要约撤回更多的是从尊重要约人的意思自治角度思考，而要约撤销，因要约已经生效，不仅要尊重要约人的意思自治，亦要保障受要约人的信赖利益，这就要对要约人和受要约人的利益进行平衡。因要约撤销时，要约已经生效，如因撤销要约而给受要约人造成损害的，要约人应负赔偿责任。而撤回要约时，要约并未生效，对受要约人不产生影响，因此，要约人不存在承担责任的风险。

要约是要约人希望和他人订立合同的意思表示。在对方承诺前，是一种单方意思表示，如果要约人改变主意，可因行使撤销权而使要约失效，从而阻却承诺。

要约是否可以撤销，各国法律规定不一。《德国民法典》第145条规定："向他方要约订立契约者，因要约而受拘束，但预先声明不受拘束者不在此限。"《日本民法典》第521条第1款规定，定有承诺期间而进行的契约要约，不得撤销。《美国合同法重述（第2版）》第36条规定，受要约人的承诺资格可以因要约人撤销要约而消灭。由此可知，德国民法中，要约原则上不可撤销，其更注重交易快捷，而非要约人的自由。日本民法规定了有限制的撤销。美国法中，要约可以撤销，理由是除非要约人采取了签字盖章的方式或者要约有对价支持，要约在承诺之前，属于无对价的允诺，不具有拘束力。另外，受要约人不受拘束，要约人受拘束，相当于允许受要约人因市场变化进行赌博，有失公允。为了制约要约人的撤销权，平衡要约人与受要约人的利益，美国法对承诺的生效采取发出主义，而不是到达生效，对受要约人的权利给予适度倾斜，并对要约撤销规定了例外情形。如限期承诺的要约，受要约人在期限内提供了对价，或者限期承诺的要约在承诺之前受要约人已经信赖，或者受要约人在承诺前采取了某种行为或不行为等。

从法律上而言，要约为要约人一方之意思表示，其应享有撤销权。从实践而言，要约可能存在缺陷或错误，市场行情等也不断变化，如果要约人不能撤销要约，则要约人受拘束，只能无可奈何地等待受要约人的答复，而受要约人不受拘束，无论何时作出承诺均可，则赋予了受要约人过分的特权，二者权利显著失衡，对要约人过于不公平，致其在交易中处于不利地位。但在任何情况下要约人均可随意撤销要约，无论是否有承诺期限、受要约人是否基于信赖而进行了充分准备，则对受要约人亦欠公平。《联合国国际货物销售合同公约》第16条规定："1. 在合同订立之前，要约得予撤销，如果撤销通知在受要约人发出承诺之前送达受要约人。2. 在下列情况下，要约不得撤销：（1）要约写明承诺的期限，或以其他方式表明要约是不可撤销的；或（2）受要约人有理由信赖该项要约是不可撤销的，而且受要约人已本着对该项要约的依赖行事。"《国际商事合同通则》第2.4条的规定与《联合国国际货物销售合同公约》第16条的规定大体相同，均是采取了折中方案，规定要约以可以撤销为原则，以不可撤销为例外。欧洲合同法亦然。我国《合同法》第18条、19条亦存如是观点。本条规定沿袭了《合同法》的规定，规定要约可以撤销，特殊情形下除外。以可以撤销为原则，以不可撤销为例外。

关于撤销的例外情况如下：

1. 要约人以确定承诺期限或者其他形式明示要约不可撤销

要约人在要约中写明受要约人应在某一具体日期前进行承诺，或者写明类似"此要约直到你方答复之前不会撤销"字样，应认定属于此种要约不能撤销的情况。要约人确定了承诺期限，既给受要约人留出了思考的时间，也给自己遵守要约的义务限定了最后时间，从要约到承诺的最后期限是一个明确的时间段，而不是不可期的无法推测的任意时间。要约人写明此最后期限是基于其心理的最大承受期，防止受要约人不及时承诺，或者根据市场行情任意时间承诺，给自己的利益造成损害。一些国家的法律规定要约可以撤销主要是基于要约人发出要约后，如果不能撤销，只能被动接受受要约人的决定，而受要约人有在任意时间承诺权，二者权利义务严重不对称。若发生十分不利于要约人的情况变化时，受要约人再承诺会对要约人造成权益损害。要约人确定受要约人的承诺期限，属于放弃了自己在此期间的撤销权，或者说是合理估量出自己在此期间是能够承受等待和受要约人承诺与否的任意结果，法律认可一个理性人对自身权利的放弃和承受能力的判断。确定承诺期限后，不能撤销的另外一个理由是，要约人给承诺人明确的承诺期限，承诺人基于信任，可能并不急于承诺，其认为只要在最后期限前承诺，其承诺的权利即可得到保障。而此时，如果允许要约人撤销要约，将会影响受要约人的信赖利益，不利于市场诚信原则体系的建立和交易安全，也可能会给受要约人造成严重的损失，因为受要约人基于信赖可能做了充分的准备或失去了其他机会。法律允许要约人撤回要约是为了保护要约人的利益，但这种保护要有限度，要约人确定了承诺期限，随意撤销要约属于滥用权利，而不是基本权利不受保护的问题。交易秩序要构筑诚信和安全的基本规则，一方权利的过度扩张可能会导致另一方权利的损害，法律要在各方主体之间寻求权利义务上的平衡，找到最适度的点，扭正偏颇。除了要约人以确定承诺期限的要约不能撤销外，要约人以其他形式明示要约不可撤销的情况同理，亦不能撤销，要约人不能反言。

2. 受要约人有理由认为要约是不可撤销的，并已经为履行合同做了合理准备工作

根据以往的交易惯例或者解读要约人的要约内容，让受要约人有理由认为要约不可撤销。“有理由认为”，应根据市场交易中一个正常理性人的认识能力作为判断标准，而非受要约人声称自己认为要约不可撤销就是不可撤销的，进行主观分析的时候要有客观的大众考量。如要约人在广告中声明“货物充足”，受要约人即可有理由认为，该要约是不可撤销的。

要约不可撤销，不仅要求受要约人有理由认为要约是不可撤销的，还要求其已经为履行合同做了合理准备工作。此种情况下受要约人不仅停留在对要约单纯地主观信赖方面，而且客观上基于信赖而进行了准备行为，比如，开始生产、准备材料，只要依据受要约人自己的情形，这些行为是合理信赖的结果。要约人有对自己的要约内容进行审慎把握的义务，由于自己的要约内容足以让受要约人信赖不可撤销，是自己要约内容传递信息字句斟酌的问题，要约人应对此负责，受要约人基于要约不可撤销而进行的准备，法律应当予以尊重和保护。此种情况下，不允许要约人撤销要约，是对其意思表示的规制。认定要约有效，无论是承诺导致合同成立，还是把提出一个新的要约

的决定权留给受要约人，是法律对受要约人的保护，也是为了规制要约人滥用撤销权，平衡要约人与受要约人之间权利的需要。

对要约的撤销不同于对预约的撤销。要约发出后，受要约人未承诺前，合同不成立，所以要约可以依法撤销。但预约是相对于本约而言，预约本身即属于合同，如果已经成立，不能撤销。如果强行坚持撤销，属于不履行合同行为，构成违约。

上面论述的要约人不可以撤销要约的情况，是受要约人未作出承诺。如果受要约人已经作出承诺，要约人的撤销权因承诺而消灭。

【审判实践中应注意的问题】

一、要约中对撤销权予以保留的，是否无论受要约人是否承诺，均可撤销要约

有观点认为，要约中保留了撤销权的，可以随时撤销要约，而无论受要约人是否承诺。我们认为，要约一旦承诺，合同即成立，而无论要约人是否在要约中保留了要约撤销权。承诺了的要约中，对撤销权予以保留的，也不能产生撤销要约而使要约失效的法律后果。此时，可以把撤销权概括理解为约定的合同解除权，属于合同成立后的具体条款问题。

二、发生要约人不可撤销要约的情形，要约人坚持撤销要约，撤销要约的行为是否有效

一种理解是撤销要约依然有效，如因此使受要约人造成损害，可使要约人承担缔约过失责任而弥补。主要理由在于，禁止性规定仅在损害公共秩序和公序良俗等牵涉公共利益的场合才适用，如仅涉及当事人之间的利益冲突，只要能够使当事人的利益平衡，则尽量倾向于意思自治，在此种情形下，应认为撤销要约的行为有效，要约失效，受要约人无承诺的权利。一种理解是不可撤销要约的规定为禁止性规

定，在不可撤销情形下，要约人撤销要约的行为无效。从法律规定和实践看，后一种理解符合立法原意。法律已经明确规定了要约不可撤销的情形，此为法律的禁止性规定，不能与之相悖，且结合《民法典》第478条第2项，要约被依法撤销，方才无效。即要约的撤销，必须是依法进行，否则不发生要约失效的法律后果。故对《民法典》第476条的理解，发生要约不可撤销的情形，属于禁止性规定，要约人于此种情形下不能撤销要约。要约人坚持撤销要约的，不属于《民法典》第478条的依法撤销，不产生要约失效的法律后果。

第四百七十七条　撤销要约的意思表示以对话方式作出的，该意思表示的内容应当在受要约人作出承诺之前为受要约人所知道；撤销要约的意思表示以非对话方式作出的，应当在受要约人作出承诺之前到达受要约人。

【条文主旨】

本条是关于撤销要约的时间的规定。

【条文理解】

要约是要约人想要缔结合同的意思表示。撤销要约是要约人使要约失效的意思表示。撤销要约的意思表示应当在受要约人未承诺之前作出并送达，否则，受要约人已经作出承诺，合同就成立了。此时，要约人不能再撤销要约，要约已不是其单方的孤立行为，已经和承诺一起成为了合同的组成部分。所以，对于要约人而言，最重要的问题与撤回要约相同，要求快速性。撤回要约和要约均属于意思表示，故同样遵循意思表示生效的规定。在《民法典》第474条，谈及要约的生效时，已经对此进行了探讨，要约的生效遵循《民法典》第137条意思表示生效的规定。要约的撤销也要遵循《民法典》第137条的意思表示的规定。和要约的撤回相同，要约的撤销也需由要约人向受要约人作出，如果受要约人从第三方获悉要约人意欲撤销其要约，不发生要约撤销的效果。

对于要约撤销，大前提是必须在受要约人作出承诺之前。这里强调的是受要约人作出承诺，而非承诺到达要约人，已经发生法律效力。《民法典》第480条规定："承诺应当以通知的方式作出；但是，根据交易习惯或者要约表明可能通过行为作出承诺的除外。”以通知方式作出的承诺，生效的时间也要依照《民法典》第137条意思表示生效的规定。如果受要约人非以对话方式作出承诺，采用通知的方式，承诺还未到达要约人，此时要约人不知道受要约人作出承诺，也不能以此认为要约撤销有效，要约撤销依然是无效的。如果承诺一直无法到达要约人，是合同因承诺未生效而不成立的问题，而不是合同因要约撤销而不成立的问题，要约依然是有效的。对于要约撤销的通知，规定以受要约人作出承诺之前到达而不是承诺生效时到达，是把承诺从作出到生效之间的不利益由要约人承担，这也是为了平衡要约人的撤销权与受要约人的承诺权。要约人有自己处分权利的自由，但承诺更要得到尊重，要约不能产生法律关系，对当事人的约束是松散的，承诺是更庄重的事情，承诺意味着责任，承诺一旦生效，合同则成立，一项法律关系就成立了。承诺是相比要约撤销更需要慎重对待的，此时，把选择权交给受要约人，其可以选择让承诺生效，合同成立，也可以撤回承诺，使承诺不生效。当然，撤回承诺如同撤销要约一样，也要遵从《民法典》第141条的规定，撤回承诺才生效。承诺生效后，不能撤销，承诺生效时，合同则成立。故，法律在规定权利的同时，也设置了限定，所有这些都是为了遵从法理，因为已然生效的承诺不存在撤销的问题，也无可撤回，已经承诺的要约无可撤销。法律的限定，不仅遵从了法理，也同时平衡了各方的利益，体现了对交易主体的尊重，对安全与效率的考量。

为契合《民法典》137条的规定原则，要约撤销分为两大类：以对话方式作出的要约撤销和以非对话方式作出的要约撤销。因为以对话方式作出的要约，对话作出后，受要约人当即受领，所以要约人发出要约后，立即生效。要约生效后，撤销要约的意思表示的内容，要让受要约人知道，当受要约人知道，即达到要约失效的法律效果，受要约人无权再作出承诺。如果要约人在对话方式中未表达出撤销要约的意思，受要约人不知道其撤销要约或者受要约人已经承诺，则要约依然有效。

以非对话方式作出的要约撤销，撤销要约与受要约人受领有时间差，应遵从到达生效的原则。撤销要约应在受要约人作出承诺之前到达受要约人。此时的“到达”，与要约生效时的“到达”遵循同样的法律规则。对此，前文已有论述。

【审判实践中应注意的问题】[①]

① 参见本书第474条“审判实践中应注意的问题”的内容。

第四百七十八条 有下列情形之一的，要约失效：

（一）要约被拒绝；

（二）要约被依法撤销；

（三）承诺期限届满，受要约人未作出承诺；

（四）受要约人对要约的内容作出实质性变更。

【条文主旨】

本条是关于要约失效的规定。

【条文理解】

要约失效，指要约丧失法律效力，要约人和受要约人不再受其拘束。要约失效后，受要约人继续承诺的，不发生成立合同的效果。要约失效，原因可能归于要约人，也可能归于受要约人。归于要约人的原因是要约人主动依法撤销要约，归于受要约人的原因可分为要约被拒绝、承诺期限届满受要约人未作出承诺、受要约人对要约的内容作出实质性变更。《美国合同法重述（第2版）》第36条规定："1.受要约人的承诺资格可以因下列原因而消灭：（1）受要约人拒绝或反要约，或者（2）时间经过，或者（3）要约人撤销要约，或者（4）要约人或者受要约人死亡或丧失行为能力。"本条规定，大体和美国的规定一致。本条规定的第4项受要约人对要约的内容作出实质性变更，可以理解为是《美国合同法重述（第2版）》规定的"反要约"。

本条规定要约失效有以下几种情形：

一、要约被拒绝

《联合国国际货物销售合同公约》第17条规定："一项要约，即使是不可撤销的，于拒绝通知送达要约人时终止。"《国际商事合同通则》第2.1.5条规定："一项要约于拒绝通知送达要约人时终止。"可见，国际准则对要约被拒绝导致合同失效有明确的规定。要约被拒绝是受要约人作出不同意要约的意思表示，这种不同意的意思表示可以是明示，也可以是默示。拒绝的意思表示需要为要约人受领，拒绝生效依《民法典》第137条的规定。以对话方式作出的，要让要约人知道。以非对话方式作出的，通知需要到达要约人，拒绝的通知到达要约人时，要约失效。

拒绝要约的内容如果写得明确，不产生争议。如果不明确，诸如采用询问性话语，如：价格是否能降低些、是否可以分期付款、交付地点可否变化等，此类不能证明受要约人拒绝了要约，受要约人依然有承诺权。如果受要约人对要约的内容进行了实质性的变更，不是采用询问的语气，则可以认为是受要约人提出了一个反要约，原来的要约失效。

受要约人拒绝要约后，如果反悔，可撤回拒绝要约的通知，但和撤回要约的通知一样，撤回拒绝要约的通知须在拒绝通知到达要约人之前或者同时到达，方产生撤回拒绝要约的效力。这里需要注意的是，要约可以发生撤销的问题，但拒绝要约不存在撤销的问题。拒绝要约的通知到达要约人时，发生效力，如果受要约人反悔，只能通过发出一个新的要约而实现。受要约人向要约人表达想继续订立合同的意思表示，视为提出一个新的要约。

二、要约被依法撤销

要约生效后，要约人反悔的，可以依法撤销。要约人撤销要约后，要约失效。在下列情况下要约不可撤销：（1）要约人以确定承诺期限或者其他形式明示要约不可撤销；（2）受要约人有理由认为要约是不可撤销的，并已经为履行合同做了合理准备工作。要约撤销必须遵从《民法典》第477条的规定，否则，撤销要约不发生效力，要约依然有效。至于要约人撤回要约，并不存在要约失效的问题，因为撤回要约时，要约并未生效，亦无从谈及失效。

三、承诺期限届满，受要约人未作出承诺

《德国民法典》第146条规定："受要约人拒绝要约后，或未按第147条至第149条的规定及时承诺者，要约的拘束力即消失。"《日本民法典》第521条规定："定有承诺期间而进行之契约要约，不得撤销。要约人于前项期间内未接受承诺通知时，要约丧失效力。"由此可见，德、日民法均认为承诺期限届满，受要约人未作出承诺，要约失效。

要约中明确了承诺期限，表明要约发生法律效力的期限。在此期限内受要约人有承诺权，受要约人作出承诺，合同成立，受要约人未作出承诺，要约失效。过了承诺期限，受要约人作出承诺，因要约已失效，承诺没有前提，合同不能成立。要约中确定了承诺期限，表明要约人愿意在此期限内等待承诺，其给自己遵守要约义务限定了最后时间，也给受要约人承诺限定了最后时间，这是基于一个理性的民事主体的自由意志，要约人写明此最后期限是最大承受期，在此期限内的承诺是要约人希望的结果，过期之后的承诺非要约人所期，甚至可能对要约人产生非常大的不利益。承诺期限也是要约的重要内容，过此期限受要约人未进行承诺，属于自动放弃承诺权，过了要约规定的承诺期限的承诺，没有有效要约的基础，不产生承诺的效力。过了承诺期限进行承诺，视为一个新的要约。《民法典》第486条规定："受要约人超过承诺期限发出承诺，或者在承诺期限内发出承诺，按照通常情形不能及时到达要约人的，为新要约；但是，要约人及时通知受要约人该承诺有效的除外。"若要约人同意承诺有效，相当于主动延长了原来要约的有效期。

如果要约没有确定承诺期限，受要约人也未作出答复，如何认定要约是否失效？一般会根据具体情况考虑合理的期限，在此合理期限内要约应认定有效。这种认定主要是基于为鼓励交易的目的，法律一般会尽量维护一项意思表示的效力，使双方得以合意，成立合同。但没有规定承诺期限，不意味着受要约人可以无限期承诺。时间过久，市场价格行情等诸多因素均可能发生变化，受要约人未及时承诺，如果要约继续有效，对要约人非常不利，将造成显著的利益失衡，故，受要约人应在合理期限内承诺。

四、受要约人对要约的内容作出实质性变更

受要约人承诺的内容应当与要约的内容保持一致。《民法典》第488条规定，受要约人对要约的内容作出实质性变更的，为新要约。有关合同标的、数量、质量、价款或者报酬、履行期限、履行地点和方式、违约责任和解决争议的方法等的变更，是对要约内容的实质性变更。在受要约人对要约的内容进行了上述所列举的实质性变更的情况下，要约发生了根本性变化，此时，不能视为是对原要约的承诺，而只能认为受要约人发出了一个新的要约。比如，甲向乙发出买卖合同的要约后，乙不同意其提出的价格，提出了另外的价格，应认为是对要约的内容作出了实质性的变更，是一个新的要约，甲原来的要约失效。甲认可乙变更后的价格，视为甲对乙新的要约的承诺，成立一个新的合同。若甲不同意乙提出的价格，合同不成立。但乙被拒绝后，经过考虑，若重新表达想与甲以前要约的价格成交，也应认为是乙提出了一个新的要约，而不是对甲原来要约的承诺。我国台湾地区“民法”第160条规定：“将要约扩张、限制或为其他变更而为承诺者，视为拒绝原要约而为新要约。”

【审判实践中应注意的问题】

本条规定的要约失效的四种情形，审判实践中应予注意。

第四百七十九条　承诺是受要约人同意要约的意思表示。

【条文主旨】

本条是关于承诺定义的规定。

【条文理解】

按照民法传统理论，合同的订立采取要约承诺的方式，是要约人与承诺人意思表示一致的结果。在商事交易中，要约一般又称为“发盘”“发价”，承诺又被称作“接受”。本条是关于承诺定义的规定，揭示了承诺最本质的内涵，即承诺是受要约人同意接受要约的全部内容以订立合同的意思表示。有学者认为，“承诺，谓要约受领人以与要约结合，使其成立契约为目的，而同意于要约之意思表示。”[①] 在立法层面，我国早在1986年《民法通则》中就对合同进行了明确定义，但是无论《民法通则》还是《经济合同法》《涉外经济合同法》《技术合同法》中均未对承诺进行规定。承诺最早是在1999年《合同法》中确立下来的，该法第21条规定：“承诺是受要约人同意要约的意思表示。”承诺定义及其相关制度的建立对之后司法实践发展起到巨大推动作用。《民法典》本条规定继承了《合同法》第21条之规定，内容并无改动。正确掌握我国《民法典》中的承诺，应当从以下几方面予以理解：

① 史尚宽：《债法总论》，中国政法大学出版社2000年版，第25页。

一、承诺的法律性质是一种意思表示

意思表示是18世纪德国学者沃尔夫在《自然法论》中创设的法律术语。所谓意思表示，是指向外部表明意欲发生一定私法上效果之意思的行为。简单地说，就是将企图发生一定法律效果的意思表示出来。[①]因此，意思表示包括内在意思和外在表示。外在表示行为，是指行为人将其内在意思以一定的方式表示于外部，并足以为外界所客观理解的行为要素。意思表示可以通过言语、书面、电子数据等明示的方式作出，也可以通过行为等默示的方式作出。依其是否需要受领划分，可以将意思表示分为有相对人的意思表示和无相对人的意思表示。有相对人的意思表示，是指表意人应向相对人为意思表示，又称需受领的意思表示。无相对人的意思表示，是指不针对他人作出的意思表示，又称无需受领的意思表示。

意思表示是法律行为的核心要素。我国理论界对于法律行为的认识可以概括为两大类：一种是认为法律行为是民事主体基于意思表示而从事的旨在设立、变更或终止民事法律关系的行为；另一种是认为法律行为是民事主体通过意思表示而从事的，必将产生、变更或终止民事法律关系的合法行为。上述两者最大的区别在于，根据第一种观点，法律行为概念中应当包括有效的法律行为、无效的法律行为、可撤销的法律行为以及效力不确定的法律行为，而按照第二种观点，法律行为只包括合法行为，其余的无效行为、可撤销行为以及效力不确定的行为均不属于民事法律行为。立法上，《德国民法典》首次以专章形式规定了“法律行为”，日本等继受《德国民法典》的国家均引入“法律行为”概念。我国《民法通则》颁布后，根据其第54条关于“民事法律行为是公民或者法人设立、变更、终止民事权利和民事义务的合法行为”之规定，对民事法律行为采纳了第二种观点。而《民法总则》变更了之前《民法通则》相关规定，采纳了第一种观点，

---

① 王利明：《民法总则研究》，中国人民大学出版社2003年版，第533页。

其第133条规定："民事法律行为是民事主体通过意思表示设立、变更、终止民事法律关系的行为。"即认为民事法律行为三个要素：民事主体，意思表示以及设立、变更、终止法律关系，是以"意思表示"为核心的私法行为，抛开了法律行为的"合法性"要求。《民法典》继承了《民法总则》相关规定，认为民事法律行为是民事主体通过意思表示设立、变更、终止民事法律关系的行为。

虽然我国理论及司法实践中对民事法律行为的理解经历了不断深化的过程，但是无论何种观点均认为法律行为以意思表示为其必备要素，本质上是行为人设立法律关系意图的外在表示。"意思表示以外之事实，虽亦得为法律行为之要件，然不得有不以意思表示为要素之法律行为。"[①] 民事法律行为可以基于双方或者多方的意思表示一致成立，也可以基于单方的意思表示成立。合同行为是一种典型的基于双方意思表示一致而成立的民事法律行为。受要约人作出承诺的法律目的是与要约结合而成立合同。只有要约与承诺相结合，合同行为才能成立，仅有要约或承诺均不能发生当事人所欲发生的效力，不能设立相应民事法律关系，故要约或者承诺本身不能构成一种独立的法律行为。

承诺的性质乃是一种意思表示，因承诺是受要约人对要约人发出的，是一种典型的有相对人的意思表示。因此，在制度设计上，承诺制度中各项规则设计不能违反有相对人意思表示的一般原理，而司法实践中对于涉及承诺的相关问题，首先适用关于承诺的特殊规定，如果没有特殊规定的，应当适用关于有相对人的意思表示的一般规定。例如，承诺生效的时间应当符合有相对人的意思表示生效的规定，承诺的撤回适用意思表示撤回的规定，承诺的方式符合意思表示方式的规定，承诺的解释符合意思表示解释的相关规定等。

① 史尚宽：《民法总论》，中国政法大学出版社2000年版，第275页。

二、承诺必须由受要约人作出

作出承诺意思表示的主体是特定的，承诺必须由受要约人作出。其原因如下：

首先，要约和承诺均存在相对人，由于要约是要约人向特定的受要约人发出的希望订立合同的意思表示，必须由受要约人作出完全同意或接受要约内容的答复，方能成为具有法律意义的承诺。这是由要约的拘束力所决定的，只有受要约人才能取得承诺的能力。如果受要约人之外的第三人也可以作出承诺则否定了要约的实质拘束力。

其次，要约人发出要约之后，需要受到要约的拘束力，只要承诺生效，在要约人与受要约人之间即成立合同，要约人不能在成立合同之后又反悔。因此，受要约人是要约人选定的潜在交易相对方，一旦受要约人承诺，合同即成立，双方应当依约履行。故承诺应当由受要约人作出，受要约人进行承诺的权利是要约人赋予的，由于要约人只是给予了受要约人而没有给予第三人承诺的权利，所以只有受要约人才能具有作出承诺的资格，其他第三人不享有作出承诺的权利。由受要约人之外的人承诺违背了要约人的意志，双方意思表示不能达成一致，最终也不能达成订立合同的目的。

最后，承诺必须由受要约人作出，更主要的是交易实践本身的要求和反映。在商事交易实践中，承诺应当由受要约人作出，第三人作出的承诺不产生承诺的效力。

综上，承诺必须由受要约人作出，受要约人为特定人时，承诺由该特定人作出；受要约人为不特定人时，承诺可以由该不特定人中的任何人作出。比如悬赏广告、网上拍卖等情形下，受要约人为不特定人，承诺即可以由该不特定人中的任何人作出。受要约人以外的第三人即使知晓内容并作出同意的意思表示，也不构成承诺。基于交易效率考虑，受要约人之外的第三人进行的承诺就法律意义上而言，可以视为对要约人发出的要约，经要约人承诺之后才能订立合同。

此外，承诺必须由受要约人作出，但是也存在由第三人转达的情况。而第三人转达，意思表示的主体仍然是受要约人。早在1988年《民法通则意见》第77条即规定："意思表示由第三人义务转达，而第三人由于过失转达错误或者没有转达，使他人造成损失的，一般可由意思表示人负赔偿责任。但法律另有规定或者双方另有约定的除外。"第三人转达受要约人承诺意思表示的情形下，第三人相当于受要约人的代理人。基于代理原则，受要约人的代理人可代为承诺，代理人的承诺视为受要约人本人的承诺。

三、承诺必须向要约人作出

受要约人作出承诺是同意要约的意思表示，表达了受要约人同意与要约人订立合同的意思，受要约人承诺的目的在于同要约人订立合同，故承诺必须向要约人作出，才能产生相应的法律效果。基于代理的基本原则，也可以向要约人的代理人作出承诺，与向要约人承诺具有同样的法律效果。如果受要约人向要约人以外的其他人作出承诺，不是向要约人作出的，则该意思表示不能视为具有法律意义的承诺，产生不了与要约人订立合同的法律效果，但可以视为向他人发出要约，只有经他人承诺后才能成立合同。需要注意的是，如果要约人在作出要约后身亡，受要约人是否可以向要约人的继承人承诺？在合同不是必须由要约人亲自履行的情况下，受要约人可以向要约人的继承人作出承诺，从而成立合同。

四、承诺的内容应当与要约的内容一致

承诺是受要约人愿意按照要约的内容与要约人订立合同的意思表示，所以，欲取得成立合同的法律效果，承诺就应当完全同意要约的条件，即在内容上承诺必须与要约的内容一致，这是构成一个有效承诺的核心要件。如果承诺变更了要约内容，无论是对要约的内容加以扩张、限制还是改变，都不构成一项有效的承诺，反而构成对原要约的拒绝，合同不能成立，原要约失效。为了提高交易效率，该承诺虽然不能构成一项有效的承诺从而订立合同，但是可以构成一个新的要

约，又称为反要约，如果相对方予以承诺，则合同成立。当然，随着交易发展，若严格要求承诺与要约的内容绝对一致，则不利于鼓励交易，于是允许承诺对要约内容作出非实质性变更。[①]

我国《民法典》明确规定了承诺的内容应当与要约的内容一致，且对受要约人变更要约的内容的情况，区分了实质性变更与非实质性变更，并规定了不同的法律后果：受要约人对要约内容作出实质性变更的，为新要约；受要约人对要约内容作出非实质性变更的，除要约人及时表示反对或者要约表明承诺不得对要约的内容作出任何变更外，该承诺有效，合同的内容以承诺的内容为准。

五、承诺必须在要约的有效期内作出

要约到达受要约人后，如果要约中已经设定承诺期限的，或者要约人通过其他方式表明承诺期限的，受要约人应当在承诺期限内作出承诺。如果要约中没有设定承诺期限，要约人也没有通过其他方式表明承诺期限的，受要约人应当在合理的期限内作出承诺。超过承诺期限作出的承诺，即使符合承诺的其他要件，完全同意要约的内容，也不构成具有法律意义的承诺，不能产生与要约人订立合同的法律效果。但超过承诺期限作出的承诺意思表示也具有法律意义，即可以视为承诺人对要约人提出的一项新的要约，一经要约人承诺则可以订立合同。

承诺为意思表示，所以意思表示效力发生之时也就是承诺效力发生之时。合同因要约承诺而成立，所以承诺效力发生之时，原则上就是合同成立之时，除非法律另有规定或者当事人另有约定。

【审判实践中应注意的问题】

审判实践中，正确适用本条时应当注意以下问题：

① 崔建远主编：《合同法》，法律出版社2016年版，第32页。

一、正确判断承诺内容与要约内容是否一致

合同是民事主体之间设立、变更、终止民事法律关系的协议。确立合同是否成立，关键在于衡量当事人双方是否具有缔结合同的内在意思，并且最终意思表示达成一致。这种相互交换意思表示的过程，法律上称为要约和承诺的过程。根据我国法律规定及司法实践，承诺人在规定的期限内以规定方式向要约人作出完全同意要约条件的意思表示，则承诺生效，合同成立。

正确判断承诺的内容是否与要约的内容一致是司法实践中的一项难点。交易实践中，受要约人对要约的回答往往并非简单地表示接受或者不接受，可能会有多种表述。越是复杂的交易，当事人之间越可能会进行多次的接触和讨价还价，要约人与受要约人都有可能对自己的条件不断进行调整。因此，受要约人的答复是否构成一项有效的承诺，必须根据具体情况进行分析。

受要约人的答复如果仅仅是表述形式不同，而内容相同，则应当认为这一答复内容与要约内容一致，构成一项有效承诺，该承诺到达要约人则合同成立。如果答复不仅是表述形式的差异，而是确实在要约内容之外增加、减少或改变了某些内容，构成了新的条件，则需要具体分析这些新的条件是否实质上改变了要约的内容。根据《民法典》第488条关于“有关合同标的、数量、质量、价款或者报酬、履行期限、履行地点和方式、违约责任和解决争议方法等的变更，是对要约内容的实质性变更”之规定，新的条件不得涉及要约中有关合同标的、数量、质量、价款或者报酬、履行期限、履行地点和方式、违约责任和解决争议方法等的变更。如果涉及上述内容的变更，则视为实质性变更了要约的内容。如果新条件没有实质上改变要约内容，则应当认为该答复构成了有效承诺，承诺到达要约人后，合同成立；如果新的条件实质上改变了要约的内容，则不应认为是一项承诺，而应视为是对要约的拒绝，被拒绝后，原要约失效。不过基于提升交易效率考虑，我国立法及司法实践中同时将该变更了原要约实质内容的答

复视为受要约人向要约人发出的一项反要约，如果要约人予以承诺，则合同成立，兼顾了要约人与受要约人双方的利益。

二、特殊的要约承诺形式

司法实践中，除典型的要约、承诺外，还存在一些特殊的要约承诺形式。如交叉要约、同时表示或者意思实现等。

所谓交叉要约是指合同当事人采取非直接对话的方式，作出了为订立同一内容合同的要约。例如买方向卖方发出欲以某条件购买某一数量、种类货物的要约，而卖方恰巧也同时向买方发出欲以某条件销售某一数量、种类货物的要约，双方的意思表示内容完全一致，而且双方均有订立合同的意思表示。既然双方有相同的意思表示，法律即可推定其必互有承诺的结果，所以认定合同成立。合同成立的时间以后一个要约到达对方当事人时为准。由于此种情况下难以认定谁是要约人谁是承诺人，因此将此种特别方式作为合同成立的方式之一。

所谓同时表示与交叉要约本质上相同，交叉要约是在非直接对话方式的情况下发生的，而同时表示是在对话方式的情况下发生的，是指对话的当事人双方毫无先后之别，同时向对方为同一内容的要约的意思表示。同时表示亦应作为合同成立的特别方式之一。

所谓意思实现是指按照习惯或事件的性质，不需要承诺通知，或者要约人预先声明承诺无需通知，要约人在相当时间内如有可以推断受要约人有承诺意思的客观事实，则可以据此成立合同。按照习惯或事件的性质不需要承诺通知的，比如订旅馆房间、订饭店座位等情形，不需要表明承诺，如不承诺却需要告知。推断受要约人有承诺的客观事实，一般是指受要约人不进行口头或书面承诺但按照要约人的要求履行合同义务，如受委托开始处理委托事务、发运要约人要求购买的货物等。

三、案例分析[①]

香江公司为有限责任公司，股东为仪征化纤房地产开发公司（以下简称仪化公司）、镇江市纺织工业供销公司（以下简称纺织公司）、宁波经济技术开发区江波纺织原料物资公司（以下简称江波公司）以及汇江公司。2001年11月23日，香江公司召开股东大会暨董事会，仪化公司、纺织公司、江波公司三家股东均提出转让其在香江公司股权的意向。同时董事会纪要载明，转让股权应严格按照《公司法》操作，股东有优先受让权，汇江公司如无意收购香江公司股份，可向其他法人或自然人转让。

2001年12月7日，汇江公司致函仪化公司，告知股权转让的经济测算前提，提出受让其在香江公司股权的两种方案，请其研究答复。2002年1月10日，仪化公司以传真回复汇江公司，提出三种转让方案。其中之一为如对方在2002年2月10日前能够一次性支付450万元，其即转让全部股权。2002年2月4日，汇江公司复函仪化公司及其总经理陈某，表示决定按1月10日来函中的第一方案购买其在香江公司中的全部股权，并提及已获悉其又将股权转让他人的消息，希其按照公司章程将股权优先转让给汇江公司。2002年2月6日，仪化公司总经理陈某以传真答复汇江公司董事长佘某聪，表示对汇江公司迟到的决定感到十分遗憾。

2002年2月8日，香江公司召开临时股东会，就仪化公司向袁某平转让其在香江公司的全部股权及相应修改香江公司章程的事项进行表决，并拟定了决议，载明由到会的股东单位盖章后生效。仪化公司、江波公司、纺织公司均表示同意，并分别在决议上加盖了公司印章。汇江公司董事长佘某聪在会上发表了意见，表示对仪化公司转让股权的决定予以理解和支持，但对仪化公司向股东以外的人转让股权

① 镇江汇江房地产开发有限公司诉仪征化纤房地产开发公司和袁某平股权转让案。一审判决书：江苏省扬州市中级人民法院（2002）扬经初字第43号，二审判决书：江苏省高级人民法院（2002）苏民二字第212号。

时没有书面告知其他股东提出异议，认为不符合法定程序，因而转让结果无效。汇江公司作为香江公司的股东，可以优先受让且仍有意购买仪化公司在香江公司的股权。

汇江公司起诉请求宣告仪化公司与袁某平之间的股权转让合同无效，判令仪化公司履行与汇江公司的股权转让合同。法院经审理后认为，仪化公司转让股权虽经其他股东同意，但在同等条件下，汇江公司依法享有优先购买该股权的权利。仪化公司与袁某平之间的股权转让行为，违反了法律规定，依法应当确认无效。汇江公司与仪化公司之间的往来传真构成要约和承诺，且承诺已经生效，故合同也已成立并生效。仪化公司违反了合同约定，应承担继续履行的违约责任。

上述案件中，焦点之一就是汇江公司与仪化公司之间的往来传真是否构成要约和承诺。事实上，汇江公司与仪化公司之间的往来传真已构成要约和承诺。仪化公司给汇江公司的传真中包括了对其所欲转让的股权数量、转让价款及付款方式的具体明确表述，并表明如对方作出选择并履行后其即转让股权，具有明确的订立合同的意思表示。而汇江公司致仪化公司及总经理陈某的复函，明确表示同意仪化公司提出的股权转让方案之一，明确表示了同意要约的意思表示，且承诺的内容与要约一致，符合承诺的构成条件。因仪化公司的要约以传真方式作出，又没有规定承诺期限，汇江公司的复函在其所提第一方案的履行期限届满之前传真至仪化公司，应当视为承诺在合理期限内到达。故仪化公司与汇江公司之间股权转让合同已经成立。

第四百八十条 承诺应当以通知的方式作出；但是，根据交易习惯或者要约表明可以通过行为作出承诺的除外。

【条文主旨】

本条是关于承诺方式的规定。

【条文理解】

所谓承诺的方式，是指受要约人表达其同意要约的意思表示的方式。对一项要约作出承诺即可使合同成立，因此承诺以何种方式作出至关重要。正确理解适用本条规定，应当注意以下方面：

一、立法背景

承诺是一种特定的意思表示，而意思表示的构成可分为外部要素与内部要素。意思表示的外部要素即是表示行为，意思表示根据表示方式的不同，一般可分为明示与默示，特定情况下沉默构成意思表示。对于表示行为，早在1988年《民法通则意见》第66条即规定："一方当事人向对方当事人提出民事权利的要求，对方未用语言或者文字明确表示意见，但其行为表明已接受的，可以认定为默示。不作为的默示只有在法律有规定或者当事人双方有约定的情况下，才可以视为意思表示。"而我国《民法总则》第140条规定："行为人可以明示或者默示作出意思表示。沉默只有在有法律规定、当事人约定或者符合当事人之间的交易习惯时，才可以视为意思表示。"《民法典》编纂中吸收了该条规定，成为《民法典》第140条。

而承诺方式应当符合意思表示制度中关于表示行为的规定。一般说来，法律并不对承诺必须采取的具体方式作规定，而只是一般规定承诺应当以明示或者默示的方式作出。承诺方式最早确定于1999年《合同法》，该法第22条规定："承诺应当以通知的方式作出，但根据交易习惯或者要约表明可以通过行为作出承诺的除外。"本条继承了上述规定，仅有文字修改，内容并无实质变动。

二、承诺方式的选择

承诺就其本质而言，是一种具有相对人的意思表示。承诺的方式，实际就是意思表示的表示行为的形式。在民法理论中，意思表示成立需要内在意思与外在表示行为相结合。表示行为是成立意思表示的客观构成要素，是指行为人将其内在意思以一定方式自主表现于外部，并足以为外界所客观识别的行为。未表现内在意思或者无法为外界客观识别理解的行为均不属于表示行为，不能成立行为人预想的意思表示。成立意思表示必须具备外部行为，该表示行为可以基于明示或者默示方式作出。我国《民法典》也规定，行为人可以明示或者默示作出意思表示。尤其强调，沉默只有在有法律规定、当事人约定或者符合当事人之间的交易习惯时，才可以视为意思表示。

承诺是一种有相对人的意思表示，故表示行为对于承诺来说尤为重要。表示行为被许多学者视为有相对人的意思表示中"具有决定意义的环节"。承诺可以基于明示或者默示方式成立。明示方式是以书面形式，例如信件、电报、电传、电子邮件等或口头言语等方式直接表达意思的方法表示承诺。默示方式则是以不依赖书面或口头等直接表达意思的方式而是通过某种事实推知行为人承诺意思表示的方式。

根据本条规定，承诺方式以通知为原则，以行为作出承诺为例外。以通知方式作出承诺即为明示承诺方式，通知方式内容明确，不易发生歧义，容易证明，是采用最多的承诺方式。以行为承诺就是一种默示的承诺方式。根据交易习惯或者要约表明，可以通过行为作出承诺。明示或者默示意思表示方式的选择自由，体现了意思自治精神。明示的方式简单明了、易于理解，因此，当事人应当尽可能地采用这一方式来作出承诺，以减少误解，避免纠纷的发生。但是，如果双方之间对于特定的默示行为已经达成了相当的共识与默契，则强制当事人每一次都必须作出明示的承诺也无必要。因此，当事人在何种情况下选择明示方式、在何种情况下选择默示方式，应当依据所表示之意思的内容、相对人可理解的程度、交易安全与便捷等因素综合确定。

三、承诺原则上应当以通知的方式作出

根据本条的规定，承诺原则上应当以通知的方式作出。要求承诺以通知的方式作出，实际上是要求承诺必须采用明示的方式作出，即受要约人应当作出明确的意思表示。所谓明示方式承诺，是指受要约人以语言、文字或者其他直接表达意思的方法表达其接受要约，成立合同的意思。例如甲电话告知乙愿意购买其生产的一批机床。

明示方式承诺的核心在于直接表达。所谓直接是指依据社会一般大众的认识，都能够充分地理解其内心的意思。明示方式的优点在于具有意思表示清楚、明确、直接的特点，要约人不需要对受要约人的意思表示再去作分析、判断，从而避免在合同订立过程中由于存在误解而产生不必要的纠纷，具有广泛的适用性。至于通知的具体表现形式，可以是书面形式，也可以是口头形式或者其他形式。各国的规定中往往对某些构成特定法律行为的意思表示方式有明示要求。例如，我国《民法典》中就规定了保证的方式包括一般保证和连带责任保证。当事人在保证合同中对保证方式没有约定或者约定不明确的，按照一般保证承担保证责任。即要求必须以书面的明示方式作出订立保证人承担连带责任保证的保证合同。根据《民法典》本条规定，受要约人作出承诺的意思表示原则上应当以通知的方式作出，即原则上应当以明示的方式进行承诺。

通知可以是口头形式，也可以是书面形式。一般说来，如果法律或要约中没有规定必须以书面形式表示承诺，当事人可以口头形式表示承诺。口头形式的通知是指以对话的形式所进行的意思表示。对话

包括直接交谈、电话交谈或通过其他即时通讯工具进行交谈、托人带口信等。口头形式具有简便迅速的优点，但同时由于缺乏客观记载，一旦发生纠纷，日后难以取证，因此，大多适用于即时清结或标的数额小的交易。书面形式指用文字形式所进行的意思表示。合同书以及任何记载当事人权利、义务内容的文件，都属书面形式。根据《民法典》第469条之规定，合同的书面形式是合同书、信件、电报、电传、传真等可以有形地表现所载内容的形式。以电子数据交换、电子邮件等方式能够有形地表现所载内容，并可以随时调取查用的数据电文，视为书面形式。书面形式可以促使当事人深思熟虑后才实施法律行为，使权利义务关系明确化，并可保存证据，有助于预防和处理争议。书面形式主要适用于履行期限较长、交易规则复杂、标的数额较大的交易。

四、特定情形下可以默示方式作出承诺

本条规定，根据交易习惯或者要约表明可以行为作出承诺的，受要约人以行为进行承诺有效。所谓行为的方式，是指除通知行为以外的其他表明受要约人承诺意思的行为。能够以行为进行承诺的情形必须具备下列两个前提之一：

1. 根据交易习惯可以通过行为作出承诺

根据《合同法司法解释（二）》第7条之规定，下列两种情形如果不违反法律、行政法规强制性规定的，人民法院可以认定为《合同法》所称的交易习惯：（1）在交易行为当地或者某一领域、某一行业通常采用并为交易对方订立合同时所知道或者应当知道的做法；（2）当事人双方经常使用的习惯做法。同时，该司法解释第7条还规定，对于交易习惯，由提出主张的一方当事人承担举证责任。如果交易习惯允许，可以通过行为作出承诺。

2. 要约表明可以通过行为作出承诺

这种情形是指要约人在要约中明确表示，受要约人可以通过一定的行为，表示同意接受要约。

受要约人进行承诺的“行为”，通常是指与合同履行有关的行为，比如甲公司向乙公司寄送产品订购单，乙公司没有回函进行承诺，而是直接按照订购单上的要求向甲公司发送相应货物，则该行为既是乙公司的承诺，买卖合同成立，同时，又是乙公司履行买卖合同中卖方主要合同义务的行为。再如甲写信向乙借一定数额款项，写明了利率和借款数额、借款时间，并表明时间紧迫，如果能够提供借款，可以直接打款。乙未回信或者以其他更快捷的方式表示同意，但直接将该数额款项打入甲账户中，甲乙之间借款合同成立。

通过行为方式作出承诺，实际是以默示方式进行承诺。所谓默示方式，是指行为人以使人推知的方式间接表示其内在意思的表意方式；所谓默示的方式承诺，是指按照交易习惯或者当事人之间的约定，受要约人尽管没有通过书面或者口头方式明确表达其承诺的意思，但是通过实施一定的行为或其他形式作出了接受要约，订立合同的意思表示。

在学理上，意思表示的默示方式可以具体分为意思实现与特定的沉默两种。其中，意思实现又称为“行为默示”或者“推定行为”，是指行为人以某种表明法律意图的行为间接表示其内在意思的默示。例如在收费停车场停放机动车、在车站登上公交车等均属于以行为默示方式进行表示行为。以行为来进行承诺在各个国家或地区规定中均有体现：例如《联合国国际货物销售合同公约》对承诺的定义就是“受要约人声明或作出其他行为表示同意一项要约，即为承诺”。再如我国台湾地区“民法”第161条规定：“依习惯或依其事件之性质，承诺无需通知者，在相当时期内，有可认为承诺之事实时，其契约为成立。前项规定，于要约人要约当时预先声明承诺无需通知者，准用之。”而在我国《民法典》中，也规定了第三人单方以书面形式向债权人作出保证的，债权人接收且未提出异议的，保证合同成立，通过债权人对于第三人担保出具的保证书接收且未提出异议的行为来予以承诺。而特定沉默是否能够成为承诺方式，将在下文具体讨论。

五、不同承诺方式生效时间的区别

需要注意的是，采用通知方式或者行为方式进行承诺，生效时间有区别。以通知方式作出的承诺，承诺生效的时间为通知到达要约人的时间；承诺不需要通知的，根据交易习惯或者要约的要求作出承诺的行为时生效。通知生效又可以具体分为：以对话方式作出的通知，要约人知道其内容时生效；以非对话方式作出的通知，到达要约人时生效。以采用数据电文形式，要约人指定特定系统接收数据电文的，该数据电文进入该特定系统时生效；未指定特定系统的，要约人知道或者应当知道该数据电文进入其系统时生效。当事人对采用数据电文形式的意思表示的生效时间另有约定的，按照其约定。

【审判实践中应注意的问题】

在审判实践中，正确理解和适用本条规定，还应当注意以下几个问题：

一、关于特定沉默能否构成承诺的问题

学理上，意思表示的默示方式可以分为意思实现与特定沉默两种。其中意思实现，即行为人以某种表明法律意图的行为间接表示其内在意思的默示，根据本条规定，在符合交易习惯或者要约表明的前提下可以以行为进行承诺。需要讨论的是，我国法律中是否允许特定沉默作为承诺方式。

沉默又称缄默，指单纯不作为，行为人既未明示，也不能从其行为推知其意思。就承诺而言，沉默就是指受要约人没有进行任何的言辞或者行为表达自己订立合同的意思。沉默通常情况下不能构成承诺。在这一方面，沉默与默示不同。默示虽然没有明确表达内在意思，但仍然是表示的一种方式，而沉默是没有任何表示，所以默示可以构成承诺，而沉默原则上不构成承诺。但是在特定条件下，沉默也

可能构成承诺，此时被称为特定沉默，从分类上而言，也是默示的一种方式。具体来说，所谓特定沉默是指行为人以不作为或有特定意义的沉默间接表示其内在意思的默示。

各国或地区的规定多承认特定沉默可以作为默示承诺方式之一。例如，《德国民法典》规定，依交易上的习惯，承诺人无需向要约人表示，或要约人预先声明承诺无需表示者，虽未向要约人表示承诺，可认为有承诺的事实时，契约也可认为成立。再如，《联合国国际货物销售合同公约》第18条首先规定了“缄默或不行为本身不等于承诺”，其后又规定：“但是，在特殊情况下，可以将沉默视为承诺：（1）受要约人先前向要约人发出过要约邀请，其中明确表示，要约人向自己发来要约后，在该要约指定的期限内，自己未作答复的，视为已经承诺。（2）当事人双方在经过了反复磋商后，已经达成了初步协议，一方当事人事后更改了某些条款，并要求相对人就此修改于合理期间内答复，否则，视为接受。在所修改的条款不太重要的情况下，沉默可以视为承诺。（3）双方当事人之间已经形成如下交易惯例，或当地业已存在着如下交易习惯：一方当事人向相对人发出要约，相对人未在要约指定的期间内答复也视为接受。在这种背景下，受要约人在收到要约后沉默，视为已经承诺。”在《民法通则意见》第66条规定中也体现出类似观点。该条规定：“不作为的默示只有在法律有规定或者当事人双方有约定的情况下，才可以视为意思表示。”这一规定后来经过继承和完善后，被吸收在我国《民法总则》以及现在的《民法典》中。《民法典》第140条第2款明确规定：“沉默只有在有法律规定、当事人约定或者符合当事人之间的交易习惯时，才可以视为意思表示。”而承诺是一种特定的意思表示，故虽然本条没有明确规定特定沉默可以作为承诺方式，但是在《民法典》中已经承认沉默在有法律规定、当事人约定或者符合当事人之间的交易习惯时，可以视为意思表示，故特殊情况下，特定沉默也可以作为承诺方式之一。例如，《民法典》中关于租赁期限届满，承租人继续使用租赁物，出租人没有提出异议的，原租赁合同继续有效，但是租赁期限为不定期之规定，就体现了有法律规定的情形下，行为人以特定情形下的沉默进行的承诺。承租人继续使用租赁物，可以推知其欲延长租赁期限，出租人未提出异议，此时出租人的沉默被视为同意。再如《民法典》第638条第1款规定“试用买卖的买受人在试用期内可以购买标的物，也可以拒绝购买。试用期限届满，买受人对是否购买标的物未作表示的，视为购买”，也是如此。试用买卖是一种特殊的买卖，双方虽然已经就买卖合同的基本内容达成合意，但最终可否发生买卖合同的效力，取决于买受人在试用期届满前是否对购买标的物表示认可。买受人在试用期限届满时未作表示，被视为购买，此时买受人的沉默被视为承诺，买卖合同成立。与第1款相对应的，《民法典》第638条第2款关于“试用买卖的买受人在试用期内已经支付部分价款或者对标的物实施出卖、出租、设立担保物权等行为的，视为同意购买”之规定，则属于以行为方式作出承诺。

需要注意的是，受要约人收到要约后，可以不作任何表示，不作任何行为，保持沉默。受要约人并无义务表示对于要约是否进行承诺。此时，不能把受要约人的缄默认为是承诺。特定沉默构成承诺，必须是法律有明确规定，或者当事人之间明确约定，或者当事人在长期的合作过程中的习惯做法是采用沉默方式表达承诺，则此时沉默为特定沉默，成为一种表达承诺意思的方式，才可构成承诺。基于私法自治原则，当事人可自行约定赋予沉默以意思表示的效力。如果没有当事人之间事先明确约定，也没有习惯做法，而仅仅由要约人在要约中规定如果不答复就视为承诺，则受要约人接到要约后的缄默不能构成承诺。《国际商事合同通则》在对这个问题的解释上举了两个例子：其一，甲和乙之间的供酒合同12月31日到期，甲要求乙提出续展合同的条件。乙在其要约中规定：“最晚在11月底以前，如果我方未收到你方的答复，我方将推定你方同意按上述条件续展合同。”甲发现乙所建议的条件均不可接受，因此未予答复。这样，当事人间未能达成新的合同，先前的合同到期失效。其二，在一项长期供酒协议中，乙惯常接受甲的订单不需要明确表示承诺。11月15日，为准备新年庆贺，甲向乙订一大批货物。乙既没有答复，也没有按要求的时间供货。此时乙违约了，因为根据当事人间业已建立的习惯做法，乙的缄默视同对甲订单的承诺。

关于沉默构成意思表示的情形，《民法通则意见》仅规定了两种，即法律有规定或当事人双方有约定。《民法典》较《民法通则意见》增加了一种情形，即存在交易习惯时，沉默也可构成意思表示，应予注意。在目前司法实践中，法院对沉默的认定并没有局限于这三种例外情形，任意性和自由空间比较大。鉴于沉默原则上不具有意思表示的意义，其既不表示同意，也不表示拒绝，应严格限制其构成意思表示的情形。因此，在审理具体案件时，对将沉默认定为意思表示应当谨慎。

二、要约中表明了承诺方式的情形

如果要约人在要约中规定承诺需用特定方式的，只要该方式不是法律禁止或者属于客观上不可能实现的方式，受要约人作出承诺时，必须符合要约人规定的方式，才能构成一项有效的承诺。事实上，在一项具体的交易中，承诺所采取的方式往往取决于要约的要求。如果要约中没有对承诺的方式作出特别的说明，则承诺可以是法律允许的任何方式；如果要约中对承诺的方式提出了明确的要求，则受要约人必须采用要约所要求的方式进行承诺，否则该项答复就可能不构成有效承诺，从而导致合同不能成立。例如，要约人在要约中明确限定了如果承诺必须以电报形式答复才有效，则受要约人如果以书信方式进行答复，则不产生承诺的效力。对于要约中确定了承诺特定方式的效力问题，有的国家立法中作了明确规定，如《意大利民法典》规定："当要约人对承诺要求特定形式时，如果承诺以不同于要求的形式发出，则该承诺无效。"

需要注意的是，如果要约中规定了承诺的某种具体形式，同时也没有完全排斥其他的方式，则一般来说，受要约人采用其他更为快捷或对要约人更有利的方式进行了完全同意要约的答复，也应当构成一项有效的承诺。因为承认承诺有效完全实现了要约人的目的，且对其利益不构成任何损害。例如，如果要约人希望受要约人如果同意的话，以书信形式回复，则受要约人不必一定用书信形式回复，其可以采取比普通信件更快捷的电报形式回复，也可以构成一项有效的承诺。反之，如果上述情形下受要约人使用比要约规定的方式更为迟缓的方式，则一般为无效。

还需要注意的是，如果某些交易习惯上对承诺的方法有限定，则一般遵守交易习惯的要求。但如果要约人明确反对或者规定特定方式的，受要约人应当尊重要约人的意思，并按照要约人要求的方式作出承诺。

三、案例分析

2002年7月2日，航天国际旅行社向穆某所经营的位于延庆松山旅游景区的宾馆咨询了服务情况后，向该宾馆发出传真，传真中写明："现将我社团队计划传真与您，敬请确认，如有问题请随时联系。具体项目：（1）入住时间2002年7月5日，离店时间7月6日；（2）入住人数：50~60人（2人间，120元/天×间，3人间，150元/天×间）；（3）用餐安排：7月5日晚餐15元/人、7月6日早餐5元/人、午餐15元/人；（4）7月5日晚餐后安排温泉洗浴。后附：敬请经理按以上计划安排有关事宜。"穆某为此做了安排与准备。7月3日航天国际旅行社的代理人到穆某的宾馆实地了解，对客房住宿及就餐环境表示满意，但对于温泉洗浴安排未明确表示态度。后航天国际旅行社带旅游团队到延庆松山景区，但未入住穆某的宾馆。[①]

穆某诉称，航天国际旅行社向该宾馆发出传真，写明双方商定的房间数量及价格，该宾馆为此做了相应准备，但航天国际旅行社未依约入住该宾馆，故要求判令航天国际旅行社赔偿经济损失3060元。一审法院经审理认为，原、被告口头协商住宿等事宜后，被告向原告

① 穆某诉航天国际旅行社旅店服务合同纠纷案，载法信网 http：//192.0.100.106：8081/lib/cpal/AlyzContent.aspx?isAlyz=1&gid=C1360549&libid=0201，2020年5月1日访问。

发出传真，传真文本中具体注明了住宿、餐饮的价格、时间等服务项目，并要求原告“按此计划安排有关事宜”，还提出“如有问题随时联系”，表明被告实际已经向原告发出要约，该要约对被告具有约束力。穆某亦以实际行为作出承诺。被告未明确告知原告即单方取消住宿计划，对于原告的经济损失其应能预见。现原告要求被告赔偿损失，应予支持。

本案中，航天国际旅行社给穆某的传真中明确了入住时间、入住人数、房间标准与价格、用餐安排与价格以及温泉洗浴的要求，已具备旅店服务合同的主要内容。同时，传真附言中“按此计划安排有关事宜”的用语直接涉及对对方承诺的希望，“敬请确认，如有问题请随时联系”的用语也能佐证订约的意图，因此传真有明确的订约目的。另外，此前航天国际旅行社代理人已询问了穆某所经营的宾馆的服务情况，客观上也具备了发出要约的条件。综上，航天国际旅行社发给穆某的传真构成了旅店服务合同的要约。航天国际旅行社需要受该要约的约束。

本案中穆某也对要约实进行了承诺。承诺有明示、默示两种方式。承诺原则上采用通知方式表示，但根据交易习惯或者要约表明，承诺也可以采用行为方式表示。以行为方式进行承诺的应有交易习惯或要约表明为依据，而不能随意采用。实践中，根据交易习惯以行为方式承诺的有一些常见情况，如患者给药店写信邮购药品并汇款，药店按要求邮寄药品，药店的邮售行为即是以行为方式承诺。又如公共汽车运行行为要约，乘客承诺无需作出通知，其上车的行为即是承诺。本案中，旅游服务合同在订立上虽无以行为方式承诺的交易习惯，但航天国际旅行社所发传真中“按此计划安排有关事宜”的用语表明，穆某可以实际行为的方式作出承诺。本案中穆某已按要约为航天国际旅行社带团入住做出相应准备，无需再行通知，承诺即已成立。《合同法》第26条第1款规定：“……承诺不需要通知的，根据交易习惯或者要约的要求作出承诺的行为时生效。”据此，穆某的准备行为作出时，承诺即已生效，双方合同也已成立。

还需要指出的是，航天国际旅行社关于穆某未确认其传真内容，双方并未成立合同的抗辩不能成立。这里航天国际旅行社实际上是把传真中的“确认”理解为签订确认书的要求。《合同法》第33条规定：“当事人采用信件、数据电文等形式订立合同的，可以在合同成立之前要求签订确认书。签订确认书时合同成立。”但显然，本案中，“确认”是和其后的“如有问题随时联系”的用语联系在一起使用的，因此应理解为收悉明确的意思，而非签订确认书的要求。

第四百八十一条 承诺应当在要约确定的期限内到达要约人。

要约没有确定承诺期限的，承诺应当依照下列规定到达：

（一）要约以对话方式作出的，应当即时作出承诺；

（二）要约以非对话方式作出的，承诺应当在合理期限内到达。

【条文主旨】

本条是关于承诺期限的规定。

【条文理解】

承诺期限，是指受要约人作出承诺的时间限制，在这一期限内，受要约人具有承诺的资格，可以向要约人发出具有法律约束力的承诺。承诺应当在承诺期限内为之，才能构成一项有效的承诺。对本条规定，应从以下方面予以理解：

一、承诺期限存在的原因与意义

承诺作为受要约人同意要约的一种意思表示，应当在一个确定的期限或者一个合理的期限内传达给要约人，从而实现当事人之间订立合同的目的。承诺的有效是以要约的有效为前提的，因要约在存续期限内才有法律拘束力，所以承诺就必须在要约有效期限内为之，才能产生成立合同的法律效力。超过要约存续期限作出的承诺，因要约失去法律约束力，超过承诺期限的承诺也不具有法律效力，合同不能因此而成立，但可以构成一个新要约。因此，承诺必须在承诺期限内作出，才能产生承诺的法律效力。

二、立法背景

《合同法》第 23 条规定了承诺应当在要约确定的期限内到达要约人，对要约中没有确定期限的，也分情况相应规定了承诺到达要约人的时限。该条规定："承诺应当在要约确定的期限内到达要约人。要约没有确定承诺期限的，承诺应当依照下列规定到达：（一）要约以对话方式作出的，应当即时作出承诺，但当事人另有约定的除外；（二）要约以非对话方式作出的，承诺应当在合理期限内到达。"《民法典》编纂中，继承了该条的实质性规定，并对其第 2 款第 1 项规定情形进行了完善，即在要约以对话方式作出的情形下，规定了应当即时作出承诺，删除了当事人另有约定的除外情形。根据本条规定，受要约人所发出的承诺应当在要约确定的期限内到达要约人，如果要约没有确定承诺期限的，则承诺应当根据要约作出的方式是对话式的还是非对话式的不同情况，适用不同的时限规定到达要约人：要约以对话方式作出的，应当即时作出承诺；要约以非对话方式作出的，承诺应当在合理期限内到达。

自 1999 年《合同法》起，我国在承诺期限问题上就采纳到达主义，而不是发信主义。这一期限设定为承诺的意思表示实际到达要约人的时间，而不是承诺发出的时间。如果要约中确定了承诺期限的，承诺应当在期限内到达要约人。例如，要约人在要约中规定 30 日内给予答复。承诺期限为 30 日，受要约人仅仅在 30 日内发出承诺通知还不足以满足承诺期限的要求，受要约人不但应当在这一期限内发出承诺通知，而且应当保障 30 日内承诺通知到达要约人处。因此，承诺人在作出承诺时，应适当考虑通知在途的时间，以免延误了承诺到达的时间。要约中规定了承诺期限的，承诺应当在要约确定的期限内到达要约人。如果要约中没有规定承诺期限，则承诺人应区分不同的要约方式，在合理的期限内作出承诺。

三、要约中确定了期限的，承诺应当在要约确定的期限内到达要约人

根据本条第1款规定，承诺应当在要约确定的期限内到达要约人。根据这一规定，要约确定期限的，受要约人应当在该期限内作出承诺并且确保承诺到达要约人。期限对于市场主体来说是具有重要意义，商事活动中，市场机会瞬息万变，一定期限内能够盈利的合同条件，超过期限后可能就会导致要约人巨额亏损。而一份有效的要约，对要约人具有约束力，一旦受要约人予以承诺，合同即告成立，双方均应当依照合同约定履行合同义务，要约人不能反悔或者要求修改合同条件。故要约应当有期限的限制，否则将对要约人构成过于沉重的义务负担。我国《民法典》第478条明确规定，承诺期限届满，受要约人未作出承诺的，要约失效。而要约一旦失效，即使受要约人又作出承诺，也不会产生承诺的效力，合同也就不能成立。因此，要约中确定了承诺期限的，只有在要约确定的期限内到达要约人的承诺，才是有效的承诺，合同因承诺生效而成立。

对于超过要约确定期限到达的承诺，属于承诺迟到，或者逾期承诺，此类承诺在民法上被视为一项新的要约。此时，原要约中的要约人与受要约人的角色发生互换变化，逾期承诺的一方当事人成为新要约中的要约人，而原要约中的要约人则成为新要约中的受要约人，如果受要约人作出承诺，则合同成立。

四、要约未确定承诺期限的，承诺应当在合理期限内到达

对于要约没有确定承诺期限的，应当如何确定承诺的到达时间，本条第2款规定了要按照要约的作出方式为标准，区分为两种情形，适用不同的承诺期限：

（一）要约以对话方式作出的情形

要约没有规定承诺期限时，如果要约是以对话方式作出的，则应当即时承诺。以对话方式作出要约，即口头要约，包括要约人与受要

约人面对面直接交谈发出要约和通过固定电话、移动电话、网络视频等即时通讯工具交谈发出要约两种情形。对于这种以对话方式作出的要约，日后难以证明，受要约人如果不立即表示接受，则在对话结束后，该项口头要约即不复存在。因此，如果是以对话方式作出的要约，受要约人应当即时作出承诺。如《德国民法典》第 147 条规定："对向在场人发出的要约，应立即作出承诺。一方用电话向另一方发出要约的，亦同。"我国台湾地区"民法"第 156 条规定："对话为要约者，非立时承诺，即失其拘束力。"根据解释，对话间的要约，他方承诺与否本可立时决定。故必立时承诺，始生拘束力，否则契约不能成立。这是没有其他条件的。而在《联合国国际货物销售合同公约》和《国际商事合同通则》中关于对话方式作出的要约承诺期限规定则与上述规定略有不同，在对话方式应当即时承诺的一般原则之外，还另行规定了除外条款。《联合国国际货物销售合同公约》第 18 条中规定："对口头发价必须立即接受，但情况有别者不在此限。"《国际商事合同通则》第 2.7 条中也规定；"对口头要约必须立即做出承诺，除非情况另有表明。"我国 1999 年《合同法》第 23 条在制定时参照了《联合国国际货物销售合同公约》相关规定，也规定了要约没有确定承诺期限的，要约以对话方式作出的，应当即时作出承诺，但当事人另有约定的除外。《联合国国际货物销售合同公约》中规定的"情况有别者"以及《国际商事合同通则》中规定的"除非情况另有表明"，以及我国《合同法》中规定的"当事人另有约定的"情形基本相同。一般是指要约人在口头要约中规定了承诺期限或者双方当事人事先约定好承诺期限等情况。在对话情形下，如果当事人另有约定，实际应当是要约中确立了承诺期限，则应当根据本条第 1 款规定，在要约确立的期限内承诺应当到达要约人，否则要约失效。因此，不需要再规定当事人另有约定的情形。此次《民法典》编纂中则将该项除外条款予以删除。也就是说，要约以对话方式作出且没有确定承诺期限的，应当即时作出承诺，当事人不能另行约定。

（二）要约以非对话方式作出的情形

要约以非对话方式作出且没有确定承诺期限的，承诺应当在合理期限内到达。

非对话方式，是指口头方式以外的其他各种方式，即除要约人与受要约人面对面直接交谈或通过固定电话、移动电话、网络视频等即时通讯工具交谈之外的其他方式。以非对话方式作出要约，包括以订单、合同书、函件、信件等书面形式以及手机短信、电子邮件等数据电文等方式作出的要约。对于以非对话方式作出的要约，要约中没有规定承诺的期限的，受要约人作出承诺的，应当在合理期限内到达要约人。例如《德国民法典》第147条中规定："对向非在场人发出的要约，只能在通常情况下可预期到达的时间内作出承诺。"以"在通常情况下可预期到达的"时间作为承诺期限。《意大利民法典》第1326条规定："承诺应当在要约人确定的期间内或者根据事务的性质或根据惯例在通常所需的必要期间内到达要约人处。"以"根据事务的性质或惯例在通常所需的必要期间"作为承诺期限。我国台湾地区"民法"第157条规定："非对话为要约者，依通常情形可期待承诺到达时期内，相对人不为承诺时，其要约失其拘束力。"以"通常情形可期待承诺到达时期"作为承诺期限。《联合国国际货物销售合同公约》第18条规定，要约中如未规定时间，应"在一段合理的时间内"送达要约人，"但须适当地考虑到交易的情况，包括发价人所使用的通讯方法的迅速程度"。《国际商事合同通则》第2.7条中的规定与该公约的规定相仿："如果未规定时间，应在考虑了交易的具体情况，包括要约人所使用的通讯方法的快捷程度的一段合理的时间内作出承诺。"这些规定虽不尽一致，但都考虑了作出承诺所需要的合理的期限。我国《合同法》第23条第2款吸纳了上述有益实践，规定要约没有确定承诺期限时，要约以非对话方式作出的，承诺应当在合理期限内到达。而《民法典》编纂中直接继承了《合同法》上述规定，规定了要约以非对话方式作出的且没有确定承诺期限的，承诺应当在合理期限内到达。

【审判实践中应注意的问题】

司法实践中，正确理解和适用本条关于承诺期限的规定，还应当注意以下几个方面：

一、正确理解承诺期限

承诺生效问题上，我国采用到达主义而非发信主义，法律规定承诺到达受要约人时生效，所以，一般要约中所确定的承诺时间应为承诺到达受要约人的时间，除非要约人在要约中明确表示要约中所确定的承诺时间是受要约人发出承诺的时间。如要约人在要约中规定“受要约人在30天内给予答复”，一般是指受要约人的承诺在30天内到达要约人能够控制的范围，如信箱、电子邮箱等。

二、关于如何确定合理期限的问题

要约以非对话方式作出的且没有确定承诺期限的，承诺应当在合理期限内到达。合理期限，是指承诺到达要约人的期限应当符合正常情况下当事人作出判断以及传递信息所需的时间。合理期限的确定，一般应根据要约发出的具体情况和交易习惯确定。有学者将“依通常情形可期待承诺到达时期”分为三段：一是要约到达受要约人的期限；二是为承诺所必要的期限；三是承诺的通知到达要约人所必要的期限。第一段与第三段的期限，依通讯方式确定，如依邮寄或电报为要约或回答通常所必要的期限。如果要约及承诺的通知，途中有非常事变（火车障碍、暴风雨等）的迟延，要约人如果知道该情况的发生，应当斟酌以定其达到所必要的期限。此承诺到达所必要的期限，依其通知的方法而有不同。要约人如特别限定其承诺通知的方法，须以其方法为承诺，否则得依通常交易上所用的方法。以电报为要约时，是否必须以电报作为回答，应依要约的性质及特别的情事确定。第二段的期限，是自要约到达时以至发送承诺通知的期限，是受要约人审查考虑是否承诺所必要的时间。这个时间可以通常人为标准确定，但依要约的内容不同有所差异，内容复杂，审查考虑的时间就长，如果还要经过法定代表人或者董事会的批准，可能时间还会更长。此三段期限为“依通常情形可期待承诺到达时期”，也就是“合理期限”。在审判实践中，应当根据具体案件情况综合考虑要约到达受要约人的期限、作出承诺所必要的期限（根据要约内容的复杂程度、要约措辞的缓急程度等确定）和承诺通知到达要约人所必要的期限，以保证当事人双方的合法权益。因信息传递方式不同，所需时间也不尽相同，如通过邮局寄送挂号信，与通过互联网发送电子邮件，所需时间就不一样，确定“合理期限”的时间长短也就不同。

第四百八十二条 要约以信件或者电报作出的，承诺期限自信件载明的日期或者电报交发之日开始计算。信件未载明日期的，自投寄该信件的邮戳日期开始计算。要约以电话、传真、电子邮件等快速通讯方式作出的，承诺期限自要约到达受要约人时开始计算。

【条文主旨】

本条是关于承诺期限起算点的规定。

【条文理解】

对于该条，应从以下方面予以正确理解和适用：

一、承诺期限起算点的意义

承诺期限关系到受要约人作出的承诺是否有效，进而关系到合同能否成立的问题，如何计算承诺期限对要约人与受要约人具有重要意义。明确承诺期限，除期限本身长短外，另一个非常重要的方面就是要确定期限的起算点。承诺期限起算点需要明确、具体、易于辨识，要约人与受要约人才能确定承诺期限的起止时期，以决定何时不再受要约之拘束、是否作出承诺、何时作出承诺、以何种方式作出承诺等重要问题。承诺期限起算点需要在法律上予以明确，建立统一的标准，以便受要约人及时作出承诺并向要约人发出承诺通知，避免产生不必要的误会。同时，法律上明确了承诺期限的起算点，有助于尽量减少可能发生的争议，且一旦当事人之间产生纷争，也便于有权机关依法进行处理，维护当事人的合法权益。

二、立法背景

各国和地区立法例中多有明确承诺期限起算点的规定。此外，《联合国国际货物销售合同公约》第20条中规定："发价人在电报或信件内规定的接受期间，从电报交发时刻或信上载明的发信时期起算，如信上未载明发信日期，则从信封上所载日期起算。发价人以电话、电传或其他快速通讯方法规定的接受期间，以发价送达被发价人时起算。"《国际商事合同通则》第2.8条规定："要约人在电报或信件内规定的期间，应从电报被交发的时刻或从信件中载明的发信日期起算。如信上未载明发信日期，则从信封上所载日期起算。要约人以快速通讯方法规定的承诺期间，从要约送达受要约人时起算。"

承诺期限起算点在我国最早规定于1999年颁布的《合同法》。该法制定中参考了上述《联合国国际货物销售合同公约》以及《国际商事合同通则》的相关规定，确立了承诺期限起算点的两条标准。《合同法》第24条规定："要约以信件或者电报作出的，承诺期限自信件载明的日期或者电报交发之日开始计算。信件未载明日期的，自投寄该信件的邮戳日期开始计算。要约以电话、传真等快速通讯方式作出的，承诺期限自要约到达受要约人时开始计算。"《民法典》编纂中，实质继承了该条基本原则，对以信件或者电报等作出的要约的承诺期限起算点作出规定。只是考虑到从1999年《合同法》颁布以来，随着社会经济快速发展，现在电子邮件应用愈加广泛，已经成为一种使用广泛的通讯工具，因此，在快速通讯方式中增加了电子邮件的规定。根据本条规定，要约以信件或者电报作出的，承诺期限自信件载明的日期或者电报交发之日开始计算。信件未载明日期的，自投寄该信件的邮戳日期开始计算。要约以电话、传真、电子邮件等快速通讯方式作出的，承诺期限自要约到达受要约人时开始计算。

三、承诺期限从发信日起算

根据本条规定，要约以信件或者电报作出的，承诺期限自信件载明的日期或者电报交发之日开始计算。信件未载明日期的，自投寄该信件的邮戳日期开始计算。

以信件作出要约的，其承诺期限自信件中载明的日期起算。信件载明的日期，是指记载要约内容的信件上写明的信件发出的日期或者该信件的落款日期；如果信件中没有载明日期，承诺期限则以投寄该信件的邮电部门在该信件的信封上加盖的邮戳所记载的日期作为承诺时间开始计算的日期。

如果以电报作出要约的，则从电报交发之日起算。电报交发之日，是指将电报交由电信机构发出的日期。如甲方于10月10日以电报方式向乙方发出购买一批机器设备的要约，并注明乙方如接受应当在15天内予以答复，则乙方作出承诺的期限就从10月10日起开始计算。

四、承诺期限从到达受要约人时起算

如果是以电话、传真、电子邮件等快速通讯方式作出要约的，承诺期限从要约到达受要约人时起算。具体说来，要约以电话方式作出的，承诺期限从受要约人知道电话内容时开始计算；要约以传真方式作出的，承诺期限从受要约人接到传真件时开始计算。因电话、传真等快速通讯方式具有即时性的特点，所以通常情形下一经发出即可到达，所以采用此种方式作出要约的，承诺期限从到达受要约人时开始计算。

需要注意的是，如果在以电话、传真或者电子邮件等通讯方式作出的要约中已经对承诺期限的起算作出了约定，自然应该适用该约定。要约是要约人主动发出的希望和他人订立合同的意思表示，因此，要约人对于承诺期限的约定，自然会考虑到受要约人承诺所需要的合理时间。换言之，如果要约中确定的承诺期限太短，受要约人不能及时作出承诺，最终对受要约人是不利的。因此，法律只是确定承诺期限的一般认定规则，而无需担心要约中确定的承诺期限太短或者过长，伤害到受要约人的利益。

【审判实践中应注意的问题】

司法实践中，为了正确理解和适用本条规定，还应当注意关于网络缔约合同的承诺期限起算问题。

本条规定，要约以电话、传真、电子邮件等快速通讯方式作出的，承诺期限自要约到达受要约人时开始计算。然而，随着信息技术的飞速发展，当今社会已经步入网络时代，网络缔约合同在实践中也大量应用。在网络缔约合同订立过程中，当事人通过网络进行磋商并作出意思表示，最终双方意思表示达成一致。网络缔约方式，当事人可以利用多种途径发出要约，并不限于以电子邮件方式作出要约。例如，要约人可以使用电子数据交换对特定的人发出要约，也可以使用视频、语音通讯等即时通信软件同步交流，还可以利用网络信息发布平台直接对不特定的人发出要约等。网络缔约既可以采取交互性很强的即时方式进行，也可以采取交互性不强的非即时方式进行。网络缔约采取交互性很强的即时方式进行，其性质更类似于通过电话进行的缔约；而采取交互性不强的非即时方式缔约时，其性质更类似于以信件等方式缔约。无论采取即时方式还是非即时方式缔约，由于电子合同中当事人意思的发送与传统的信函方式相比要迅速得多，发送与到达几乎同时。数据电文传递的瞬时性，使得电子合同中的意思表示成了比较特殊的问题。如果使用电子数据交换或电子邮件等方式对特定的人发出要约，或者利用网络信息发布平台对不特定的人发出要约，则该类要约一般为非对话式要约。虽然到达相对人的速度十分迅速，要约的发出与到达几乎同时，但是要约到达后相对人能够立即看到的可能性很小，一般不能即时被相对人所受领。对此类数据电文要约，其承诺期限应当从到达受要约人时起算。

第四百八十三条　承诺生效时合同成立，但是法律另有规定或者当事人另有约定的除外。

【条文主旨】

本条是关于合同成立时间的规定。

【条文理解】

对本条规定主要应当从以下几方面予以理解与适用：

一、立法背景

所谓合同成立，是指当事人就合同的主要条款经过协商，意思表示达成一致的情形，即通常所称的达成合意。按照民法传统理论，合同订立过程采取要约承诺的方式，而合同成立则是要约人与承诺人意思表示一致的结果。合同成立，标志着当事人之间订立合同活动的结束，而民事法律行为的成立是其生效的前提，根据《民法典》第502条第1款之规定，依法成立的合同，自成立时生效，但是法律另有规定或者当事人另有约定的除外。也就是说，除了法律另有规定或者当事人另有约定外，合同原则上在成立时就对当事人产生法律约束力，任何一方都不得擅自变更或者解除，双方当事人应当根据合同约定，行使合同权利，履行合同义务，从而达成双方的合同目的。合同的成立时间涉及合同当事人之间权利义务关系的开始时间，故明确合同成立时间对于合同当事人具有重要的意义。

我国法律上关于合同成立时间及法律效力最早规定于1999年《合同法》，该法第25条规定："承诺生效时合同成立"，同时该法第

8条第1款规定："依法成立的合同，对当事人具有法律约束力。当事人应当按照约定履行自己的义务，不得擅自变更或者解除合同。"后2017年颁布的《民法总则》第119条再次规定："依法成立的合同，对当事人具有法律约束力。"在《民法典》编纂时，鉴于合同成立的时间在承诺生效时合同成立的一般情况之外还存在某些特殊情况，故此在继承《合同法》第25条关于承诺生效时合同成立的一般原则之后又增加了"但是法律另有规定或者当事人另有约定的除外"。根据本条规定，承诺生效时合同成立，但是法律另有规定或者当事人另有约定的除外。《民法典》第119条则继承了《民法总则》的相关规定，再次重申依法成立的合同，对当事人具有法律约束力。

二、合同成立的一般原则

根据本条规定，原则上，承诺生效时合同成立，即合同成立的时间由承诺的生效时间决定。所谓承诺生效的时间，即承诺产生法律效力的时间。承诺为意思表示，所以意思表示效力发生之时也就是承诺效力发生之时。原则上，承诺生效直接决定着合同的成立，对当事人的利益具有重要的影响。从实体方面看，承诺生效的时间决定了合同存在的起始时间，一般情况下也是合同权利和义务产生的时间，决定了合同关系对当事人开始约束的时间。在程序方面，承诺生效的时间往往能决定合同成立的地点，合同成立的地点又决定合同争议管辖法院的选择及适用法律的选择。因而确定承诺生效的时间便成为各国立法十分重视的问题。

承诺是一种典型的有相对人的意思表示，故承诺生效也适用意思表示生效的基本原理。依传统民法理论，有相对人的意思表示，包括三个阶段：一是意思表示的发出；二是意思表示到达相对人；三是意思表示为相对人知道。根据承诺在其意思表示的不同阶段生效，在理论上有四种承诺生效的模式：（1）表示主义，以受要约人已经形成承诺的效果意思并固定下来的时间作为意思表示生效时间。例如，以信件形式作出承诺，把承诺写成文字之时。（2）了解主义，即只有在要约人了解了承诺意思表示后该承诺才生效。（3）投邮主义，即在受要约人不但将其承诺的意思予以固定化和有体化，而且还需将该意思表示发送出去，该承诺生效，不论承诺能否到达要约人。例如，以信件形式作出承诺，不但需要把承诺写成文字，而且需要将载明承诺意思的信件寄出去。（4）到达主义，又称送达主义，即只要承诺到达要约人所控制的领域，从而使要约人可以了解时，承诺生效，而不管要约人是否实际知晓该承诺。

上述四种方式比较，承诺生效采纳表示主义和发信主义对受要约人有利，对要约人不利；采纳了解主义对要约人有利，但对受要约人不利；相比较而言，到达主义兼顾了要约人和受要约人双方的利益，所以，大陆法系国家立法以及《联合国国际货物销售合同公约》在这一点上均采用到达主义的规则。根据这一规则，承诺于到达要约人时生效。《合同法》在确定承诺生效的时间时也采到达主义的模式。在《民法典》编纂中，这一承诺生效原则被继承下来。因当事人订立合同可以采取口头形式、书面形式或者其他形式，故而合同成立的时间也有所不同。根据《民法典》相关规定，承诺以通知方式作出的，如果是以对话方式作出承诺通知的，自要约人知道其内容时生效。以非对话方式作出承诺通知的，到达要约人时生效。采用数据电文形式订立合同时，采用与要约生效时间同样的规则。要约人指定特定系统接收数据电文的，该数据电文进入该特定系统时生效；未指定特定系统的，要约人知道或者应当知道该数据电文进入其系统时生效。当事人对采用数据电文形式的意思表示的生效时间另有约定的，按照其约定。

合同因对方要约的承诺而成立，所以承诺效力发生之时，就是合同成立之时，承诺生效时合同成立，这是最大量、最普遍的，也是当事人订立合同时的标准范式。然而，需要注意的是，司法实践中，存在着一些特殊情形，并不符合要约承诺的标准范式，有的是省略了某些环节，有的是简化了缔约过程，有的是因一定事实过程而缔约等，但不应因此妨碍合同成立。民法理论上分别表现为交叉要约、意思实现等。这些情形下均是标准程序的变异，要约与承诺各具特点，甚至不存在典型承诺。

首先，交叉要约。所谓交叉要约，又称要约的吻合，是指当事人一方向相对人为要约，适值相对人亦为同一内容的要约，且双方当事人彼此均不知有要约的现象。[①]有可能是当事人采取非直接对话的方式，作出了为订立同一内容合同的要约；也有可能是在对话方式下，对话的双方当事人无先后之别，同时向对方为同一内容的要约的意思表示，对话方式下又称为同时表示。在交叉要约情形下，当事人双方的意思表示内容完全一致，且双方均有订立合同的意思表示，但均是向对方发出要约，不存在传统的承诺形式。关于交叉要约能否成立合同，存在不同观点。反对的观点认为交叉要约场合，必须当事人之一对要约承诺，合同才能成立。但一般认为，两个意思表示内容一致，这种情况下可推定其必互有承诺的结果，故虽然没有传统意义上的承诺，但应推定合同成立。至于合同成立的时间，当两个意思表示同时到达相对人时，到达的时间为合同成立的时间，如果两个意思表示没有同时达到，则合同成立的时间以后一个意思表示到达意思表示受领人时为准。

其次，意思实现。意思实现是指根据能产生法律效果的意思，实施具有推断其意思的价值的行为。意思实现不需要表示，也无需相对人接受。具体到合同订立过程中，是指按照交易习惯或者当事人双方约定，或者要约人事先声明，要约生效后，承诺无需通知，在相当的时期内发生可以推断受要约人有承诺意思的客观事实，则可以据此成立合同。所谓存在可认为承诺的事实，主要是指存在履行行为或者受领行为。在承诺意思实现时，意思实现时为合同成立时间。因我国法律规定把作出特定行为作为一种特殊的承诺方式，故意思实现在我国就成为了一种承诺方式，根据《民法典》第484条第2款规定：“承诺不需要通知的，根据交易习惯或者要约的要求作出承诺的行为时

① 杨桢：《英美契约法论》，北京大学出版社1997年版，第45页。

生效。”

故民法理论中的意思实现在我国立法上成为承诺的一种特殊方式，其生效以作出承诺的行为时生效。故合同成立的时间也是承诺生效的时间，同时也是意思实现时的时间。

三、合同成立时间的除外规定

商事实践中，以承诺生效时间确定合同成立时间，是合同成立的基本方式。除此之外，对于合同成立的认定，需要一定的弹性。《民法典》编纂过程中对《合同法》原有规定的完善之处即为，在合同成立的时间上，在承诺生效合同成立的基本原则下又规定了法律法规另有规定或者当事人另有约定的除外规定。

法律另有规定的除外的情形是指根据法律明确规定，合同成立不以承诺生效为准的情形，主要有以下几种：

第一，根据《民法典》第490条第1款之规定，“当事人采用合同书形式订立合同的，自当事人均签名、盖章或者按指印时合同成立。在签名、盖章或者按指印之前，当事人一方已经履行主要义务，对方接受时，该合同成立”。该条规定涉及两种情形：首先，如果当事人之间采用合同书形式订立合同的，最后签名、盖章或者按指印的时间为合同成立之时。这一时间有可能与承诺生效时间相同，也有可能与承诺生效的时间不同。其次，当事人一方已经履行主要义务，对方接受时，该合同成立。此时，合同因履行行为而成立。合同成立的时间为当事人接受未签字盖章或者按指印的对方当事人履行的合同主要义务的时间。

第二，根据《民法典》第491条之规定，“当事人采用信件、数据电文等形式订立合同要求签订确认书的，签订确认书时合同成立。当事人一方通过互联网等信息网络发布的商品或者服务信息符合要约条件的，对方选择该商品或者服务并提交订单成功时合同成立，但是当事人另有约定的除外。”首先，当事人采用信件、数据电文等形式订立合同的，可以在合同成立之前要求签订确认书，确认书签订之时合同成立。此时，合同成立的时间就不是承诺生效为准。其次，当事人一方通过互联网等信息网络发布的商品或者服务信息符合要约条件的，则发布信息行为为向不特定人发出要约，而对方当事人选择该商品或者服务并提交订单成功，为承诺。一般来说，承诺生效则合同成立。但《民法典》在该种情形下还明确指出“当事人另有约定的除外”，规定了当事人可以另行约定合同成立的时间，此种情形下不以承诺生效为准。

第三，实践合同。以合同的成立是否需要交付标的物或完成其他给付为标准，可以将合同分为诺成合同与实践合同。诺成合同是指当事人双方意思表示一致即成立的合同，实践合同则是又称要物合同，指除双方当事人意思表示一致之外，尚需要交付标的物或完成其他给付才能成立的合同。实践合同的成立要件具有特殊性，不仅需要当事人的合意，还需要特定物的交付或者完成其他给付。若交付标的物交付或者其他给付完成时间早于承诺生效，则承诺生效时合同成立，若交付标的物或者完成其他给付的时间晚于在承诺生效，则合同自交付标的物或者完成其他给付时成立。

第四，经批准成立的合同。以合同的成立是否须采用法律或者当事人要求的形式为标准，可以将合同分为要式合同与不要式合同。在某些要式合同，不具备法定形式则合同不成立，往往需要经过法定部门批准等，而对于另一些要式合同来说，不具备法定形式仅是合同不生效或者不能向法院诉请强制执行。对于需要经批准才能成立的合同来说，其成立不仅需要承诺生效，还需要审批通过。

【审判实践中应注意的问题】

审判实践中，正确理解与适用本条，还应当注意以下问题：

一、注意区分合同成立与合同生效的关系

合同成立时间的规定是合同成立与合同生效这两个概念区分的表

现之一。关于合同的成立与合同生效两个概念是在1999年《合同法》中进行的明确区分，在《合同法》颁布之前，我国法律并不区分合同的成立和生效。合同成立与合同生效，是两个既有联系又有区别的概念。两者之间存在明显区别：一是解决的问题不同。合同成立主要解决合同是否存在、合同何时成立的事实问题；合同生效主要解决合同是否合法、是否受法律保护的法律问题。合同成立与否属于事实判断问题，合同是否生效属于法律评价问题。从法律性质上，法律行为的成立只涉及当事人个人的意思问题，成立与否完全看当事人是否完成了相应的意思，与国家意志无关。而法律行为的生效与否则取决于当事人的意思是否符合法定的标准。法律行为的生效制度集中体现了国家对当事人已成立的法律行为进行的法律评价。合同无效并不等同于效力待定或可撤销。合同无效是指法律按照一定的标准对已经成立的合同进行评价后所得的否定性结论；效力待定是指待定的条件出现或者经同意或追认后可以生效的合同；而可撤销则反映了法律将合同效力交给有撤销权的一方当事人来决定。二是体现的时段、内容不同。合同成立属于合同订立阶段，反映和体现当事人之间订立合同的过程是否已经终结；合同生效属于合同履行阶段，反映和体现当事人之间订立合同的目的能否实现。三是判断的主体不同。合同是否已经成立，通常情况下由当事人自己来作出判断，并据此实施相应的行为；合同是否生效，即判断、确认合同是否合法有效，属于法院或者仲裁机构的职责。两者之间存在密切联系，合同成立是合同生效的前提，没有合同的成立，也就谈不上合同的生效。

司法实践中，严格区分合同的成立与生效，具有重要意义，只有区分了合同成立与合同生效，才能进一步区分合同的不成立、可撤销及无效。如果合同尚未成立，则不存在效力的判断问题；如果合同已成立，但不符合或不完全符合法定生效要件，则可能会出现未生效、无效、可撤销或效力待定的法律行为。对于合同效力的判断，需要结合民事法律行为的效力加以准确认定，包括合同生效的条件、效力待定合同、可撤销合同、无效合同，均为民事法律行为效力理论的具体化。

二、合同不成立时的返还问题

《民法典》中就合同无效或者被撤销时的财产返还责任和赔偿责任作了规定，但未规定合同不成立时的财产返还责任和赔偿责任。实质上，合同不成立时也可能发生财产返还和赔偿责任问题，与合同无效或者被撤销并无实质区别。例如，某甲伪造所有权人某乙的签名，将某乙名下房产转让给他人，根据该伪造签名的买卖合同办理完了房屋过户登记手续，在此情形下，就有可能存在财产返还、折价补偿以及损失赔偿等问题。因此，最高人民法院在《民商审判会议纪要》第32条关于合同不成立、无效或者被撤销的法律后果中，规定了合同不成立时财产返还和损害赔偿责任应当参照适用合同无效或者被撤销时的规定。尤其需要注意的是，在确定合同不成立、无效或者被撤销后财产返还或者折价补偿范围时，要根据诚信原则的要求，在当事人之间合理分配，不能使不诚信的当事人因合同不成立、无效或者被撤销而获益。合同不成立、无效或者被撤销情况下，当事人所承担的缔约过失责任不应超过合同履行利益。比如，依据《建设工程施工合同司法解释》第2条规定，建设工程施工合同无效，在建设工程经竣工验收合格情况下，可以参照合同约定支付工程款，但除非增加了合同约定之外新的工程项目，一般不应超出合同的约定支付工程款。

需要强调的是，如果使不诚信的当事人从合同不成立中获益则有违诚信原则。最高人民法院强调，在确定合同不成立、无效或者被撤销后财产返还或者折价补偿范围时，要根据诚信原则的要求，在当事人之间合理分配，不能使不诚信的当事人因合同不成立、无效或者被撤销而获益。对此，在《民商审判会议纪要》第33条规定："合同不成立、无效或者被撤销后，在确定财产返还时，要充分考虑财产增值或者贬值的因素。双务合同不成立、无效或者被撤销后，双方因该合同取得财产的，应当相互返还。应予返还的股权、房屋等财产相对于合同约定价款出现增值或者贬值的，人民法院要综合考虑市场因素、受让人的经营或者添附等行为与财产增值或者贬值之间的关联性，在当事人之间合理分配或者分担，避免一方因合同不成立、无效或者被撤销而获益。在标的物已经灭失、转售他人或者其他无法返还的情况下，当事人主张返还原物的，人民法院不予支持，但其主张折价补偿的，人民法院依法予以支持。折价时，应当以当事人交易时约定的价款为基础，同时，考虑当事人在标的物灭失或者转售时的获益情况综合确定补偿标准。标的物灭失时当事人获得的保险金或者其他赔偿金，转售时取得的对价，均属于当事人因标的物而获得的利益。对获益高于或者低于价款的部分，也应当在当事人之间合理分配或者分担。"《民商审判会议纪要》第34条是关于价款返还方面的规定，其规定为："双务合同不成立、无效或者被撤销时，标的物返还与价款返还互为对待给付，双方应当同时返还。关于应否支付利息问题，只要一方对标的物有使用情形的，一般应当支付使用费，该费用可与占有价款一方应当支付的资金占用费相互抵销，故在一方返还原物前，另一方仅须支付本金，而无需支付利息。"第35条则规定了损害赔偿责任，该条规定："合同不成立、无效或者被撤销时，仅返还财产或者折价补偿不足以弥补损失，一方还可以向有过错的另一方请求损害赔偿责任。在确定损害赔偿范围时，既要根据当事人的过错程度合理确定责任，又要考虑在确定财产返还范围时已经考虑过的财产增值或者贬值因素，避免双重获利或者双重受损的现象发生。"

三、案例分析

陈某燕与上海京城房地产开发公司（以下简称京城公司）因商品房预售合同纠纷而诉至法院。2001年5月13日，陈某燕与京城公司就京城大厦B单元16××室签订购房预定协议书，约定：陈某燕向京城公司预定上述房屋，并约定了单价及总价款；陈某燕支付定金1万元，并于6月21日前付清第一期房款92137元（含定金），同时双方签订预售合同；有效期内，京城公司不得售该房于第三人，陈某燕未能在有效期内付清第一期房款，视为放弃购房权利。5月27日陈某燕至京城公司处，但未付款。8月16日陈某燕至京城公司处，在京城公司提供的合同条款已齐备（包括补充条款、附件等）的预售合同文本上签字盖章后交给京城公司，但京城公司未签字盖章。该预售合同有关付款的内容为：陈某燕于2001年8月18日支付房款117650元；余款32万元按揭、公积金组合贷款。8月20日京城公司收取陈某燕交来的117650元房款并出具了房款发票。8月22日京城公司致函陈某燕称："按协议书所定日期，陈某燕应于6月3日来京城公司处签订预售合同，由于已超过应签合同日期，原预定协议书视作无效协议。陈某燕于一周内领取已付款项。"陈某燕与京城公司协商未果而诉至法院，请求判令确认双方之间的预售合同成立。京城公司辩称，其给陈某燕的预售合同文本属于要约邀请，双方预售合同未成立。

一审法院经审理认为，陈某燕、京城公司签订的预定协议书中明确约定了房屋售价、方位等，双方就诉争房屋本已存在预约关系的前提下，京城公司于2001年8月16日将合同条款已齐备的预售合同文本给陈某燕签字盖章的行为，具有明确的订立合同的意思，内容具体确定，已不同于京城公司所称的系协商合同条款的要约邀请，而是符合要约的条件，构成要约，陈某燕在该合同文本上签字盖章，是对京城公司发出的要约的承诺，陈某燕签好后交给京城公司，承诺已到达要约人，承诺生效，故双方预售合同已成立。京城公司不盖章并不影响合同的成立。依照《合同法》第13、14、15、21、25、26、37条的规定，判决陈某燕与京城公司签订的预售房屋合同依法成立。

二审法院审理后认为，虽然京城公司未在预售合同上盖章，但京城公司交给陈某燕其填写完备的预售合同文本，陈某燕签订了预售合同，并依照预售合同的约定交付了第一笔房款，京城公司接受了合同及房款，并向陈某燕出具了房款发票，预售合同双方已实际履行，故原审法院据此确认预售合同已成立并无不当。京城公司利用其在售房过程中的优势地位，以书面合同未盖章为由，随意推翻双方达成合意且已实际履行的预售合同，缺乏事实和法律依据，亦有违诚信原则。

根据《民事诉讼法》第153条第1款第1项的规定，判决驳回上诉，维持原判。

本案中，京城公司将预售合同文本交给陈某燕，根据《合同法》第16条第1款的规定，该要约为生效的要约，陈某燕在该合同文本上签字盖章，是对京城公司发出的要约的承诺，陈某燕签好后交给京城公司，承诺已到达要约人，承诺生效。根据《合同法》第25条的规定，承诺生效时合同成立。但值得注意的是，本案预售合同并非于陈某燕签字盖章交给京城公司时成立，这是因为：根据《城市房地产管理法》第41条的规定，房地产转让，应当签订书面转让合同。因而本案商品房预售合同应为要式合同。《合同法》第32条规定："当事人采用合同书形式订立合同的，自双方当事人签字或者盖章时合同成立。"可见，要式合同的成立时间不同于非要式合同，后者于承诺到达要约人时成立。故一审法院认为承诺生效时双方预售合同已成立，京城公司不盖章并不影响合同成立的观点是值得商榷的。本案陈某燕8月20日将首期房款交付京城公司，京城公司接受并出具了房款发票时，合同成立。因为，根据《合同法》第37条的规定："采用合同书形式订立合同，在签字或者盖章之前，当事人一方已经履行主要义务，对方接受的，该合同成立。"因此，8月20日后，京城公司就应履行合同义务，其主张合同未成立于法无据。

本案涉及承诺生效与合同成立的关系问题。陈某燕在预售合同文本上签名盖章并交给京城公司，是对京城公司要约的承诺并且该承诺生效，但双方的商品房预售合同并未因此而成立，因为京城公司没有签章，不符合法律规定的要式合同的成立条件。该预售合同的真正成立时间为8月20日陈某燕履行交付首期房款的主要义务，京城公司接受并出具房款发票之时。因此，一审法院认定预售合同成立是正确的，但依据是错误的，二审法院的审判理由较为合理。

第四百八十四条　以通知方式作出的承诺，生效的时间适用本法第一百三十七条的规定。

承诺不需要通知的，根据交易习惯或者要约的要求作出承诺的行为时生效。

【条文主旨】

本条是关于承诺生效时间的规定。

【条文理解】

除法律另有规定或者当事人另有约定外，承诺生效的时间即为合同成立的时间，当事人于此时开始享有合同权利、承担合同义务，而且实践中承诺生效的时间还与合同订立地点、法院管辖的确定以及法律的选择适用密切相关，故承诺生效具有重要的法律意义，确定承诺生效的时间至关重要。对本条规定，应当从以下方面予以理解适用：

一、承诺生效模式的选择

承诺是一种典型的有相对人的意思表示，故承诺生效也适用意思表示生效的基本原理。依传统民法理论，有相对人的意思表示，包括三个阶段：一是意思表示的发出；二是意思表示到达相对人；三是意思表示的意思为相对人知道。采用何者作为意思表示发生效力的时间点，直接关系到当事人的切身利益。关于承诺生效的模式，区分为以通知形式作出还是以行为方式作出而有不同的生效模式。其中以通知形式作出的承诺，以非对话形式通知与以对话形式通知都导致承诺生效模式不同。以对话方式作出承诺通知的，一般均认为自要约人知道其内容时生效，而以非对话通知形式作出的承诺，则存在不同选择。

关于非对话的承诺生效时间理论上共有四种，分别是：（1）表示主义，是以意思表示的第一阶段作为承诺生效时间，即受要约人已经形成承诺的效果意思并固定下来的时间作为意思表示生效时间。例如，以信件形式作出承诺，把承诺写成文字之时。（2）了解主义，即将意思表示之成立确定为最后一个阶段，即只有在要约人了解了承诺意思表示后该承诺才生效。（3）投邮主义，是将意思表示之成立时间确定为第二个阶段，即在受要约人不但将其承诺的意思予以固定化和有体化，而且还需将该意思表示发送出去，该承诺生效，不论承诺能否到达要约人。例如，以信件形式作出承诺，不但需要把承诺写成文字，而且需要将载明承诺意思的信件寄出去。（4）到达主义，又称送达主义，即将承诺生效时间确定在意思表示第三个阶段，只要承诺到达要约人所控制的领域，从而要约人可以了解时承诺生效，而不管要约人是否实际知晓该承诺。

上述四种方式相比，承诺生效采纳表示主义和发信主义对受要约人有利，对要约人不利；采纳了解主义对要约人有利，但对受要约人不利；相比较而言，到达主义兼顾了要约人和受要约人双方的利益，所以，多数国家和地区采用了到达主义。大陆法系国家和地区在以通知形式作出的承诺何时生效的问题上多采用到达主义，认为承诺的意思表示到达要约人时生效，合同成立。如《德国民法典》第 130 条规定："在向另一方作出意思表示时，如果另一方不在场，那么意思表示以其到达另一方时发生效力。"我国台湾地区"民法"第 95 条中也规定："非对话而为意思表示，其意思表示，以通知达到相对方时，发生效力。"根据到达主义，要约人收到承诺通知时，承诺才生效，合同才成立。如果由于邮局、电报局及其他原因导致承诺通知丢失或延误，一律由发出承诺的人承担后果。在到达主义下，作出意思表示的人要承担意思表示不能到达的风险，这样可以强化作出意思表示的人关于意思表示能否按时到达的意识，并激励其尽可能采取能确保意思表示顺利到达的发送方法。

在通知形式的承诺何时生效的问题上，英美法系国家和地区则一般采取发信主义规则，认为在承诺通过邮局发送时，承诺的意思表示自发送之时生效，合同成立。在发信主义规则下，一旦承诺人将承诺信件送进邮筒或者把承诺的电报交给电报局，则承诺生效、合同成立，不论要约人是否收到，故承诺的通知因邮局、电报局或者其他原因迟延、丢失，后果由要约人承担。

《联合国国际货物销售合同公约》在以通知形式进行的承诺何时生效这一点上也采用到达主义的规则，其第18条规定："接受发价于表示同意的通知送达发价人时生效"，并对"送达"解释认为，接受声明或任何其他意旨表示送达对方，系指用口头通知对方或通过任何其他方式送交对方本人，或其营业地或通讯地址，如无营业地或通讯地址，则送交对方惯常居住地。《国际商事合同通则》第2.6条规定："对一项要约的承诺于同意的表示送达要约人时生效。"《国际商事合同通则》的解释认为，认可送达主义优先于发信主义的理由在于，由受要约人承担传递的风险比由要约人承担更合理，因为是受要约人选择的通讯方式，他知道该方式是否容易出现特别的风险或延误，应能采取最有效的措施以确保承诺送达目的地。

在承诺不需要通知的情形下，一般认为，根据交易习惯或者要约的要求作出承诺的行为时，承诺生效。如《联合国国际货物销售合同公约》与《国际商事合同通则》均对此作了基本一致的规定。以《国际商事合同通则》为例，第2.6条第3款规定："如果根据要约本身，或依照当事人之间建立习惯做法或依照惯例，受要约人可以通过做出某行为来表示同意，而无需向要约人发出通知，则承诺于做出该行为时生效。"通则并举例说明这个规定：为建立一个数据库，甲要求乙拟出一份专门的计划。在未给甲发出承诺通知的情况下，乙开始草拟计划，并在完成后要求甲根据要约中所开列的条件付款。此时，乙无权要求付款，因为乙从未通知甲，他对要约的所谓承诺没有生效。但如果甲在其要约中通知乙：随后的两周甲不在，如果乙有意承诺该要约，为节省时间，他应立即着手草拟计划。则一旦乙开始起草，合同即告成立，即便乙未能将承诺立即通知甲或是延迟通知甲。

二、立法背景

我国《合同法》在制定时，主要参考了《联合国国际货物销售合同公约》，在确定承诺生效的时间时对以通知方式作出的承诺采到达主义的模式，对于不需要通知形式作出的承诺，则以作出承诺行为时承诺生效。《合同法》第 26 条规定："承诺通知到达要约人时生效。承诺不需要通知的，根据交易习惯或者要约的要求作出承诺的行为时生效。采用数据电文形式订立合同的，承诺到达的时间适用本法第十六条第二款的规定。"《合同法》第 16 条是关于要约生效时间的规定，其第 2 款规定："采用数据电文形式订立合同，收件人指定特定系统接收数据电文的，该数据电文进入该特定系统的时间，视为到达时间；未指定特定系统的，该数据电文进入收件人的任何系统的首次时间，视为到达时间。"2017 年颁布的《民法总则》延续了《合同法》上述规定的做法，并将之扩展到一般意思表示范围。《民法总则》第 137 条规定："以对话方式作出的意思表示，相对人知道其内容时生效。以非对话方式作出的意思表示，到达相对人时生效。以非对话方式作出的采用数据电文形式的意思表示，相对人指定特定系统接收数据电文的，该数据电文进入该特定系统时生效；未指定特定系统的，相对人知道或者应当知道该数据电文进入其系统时生效。当事人对采用数据电文形式的意思表示的生效时间另有约定的，按照其约定。"

在《民法典》编纂中，继承了上述规定的承诺生效采到达主义的基本原则，并在此基础上予以完善，主要体现为：第一，承诺以通知方式作出的，具体划分为是以对话方式作出承诺通知的还是以非对话方式作出承诺通知的，分别规定了承诺生效时间。第二，对话方式作出的承诺通知，要约人知道其内容时生效。第三，非对话方式中对以数据电文形式订立合同时承诺生效时间，有两点变化：一是《合同法》规定，未指定特定系统的，该数据电文进入收件人的任何系统的首次时间，视为到达时间，《民法典》将之变更为未指定特定系统的，相对人知道或者应当知道该数据电文进入其系统时生效；二是增加了当事人对采用数据电文形式的意思表示的生效时间另有约定的，按照其约定的情形。

故此，根据《民法典》相关规定，承诺以通知方式作出的，如果是以对话方式作出承诺通知的，自要约人知道其内容时生效。以非对话方式作出承诺通知的，到达要约人时生效。采用数据电文形式订立合同时，要约人指定特定系统接收数据电文的，该数据电文进入该特定系统时生效；未指定特定系统的，要约人知道或者应当知道该数据电文进入其系统时生效。当事人对采用数据电文形式的意思表示的生效时间另有约定的，按照其约定。承诺不需要通知的，其生效时间则是根据交易习惯或者要约的要求作出承诺的行为时生效。

三、以通知形式作出承诺的生效时间

对于以通知形式作出承诺的生效时间，《合同法》第26条认为承诺到达要约人时生效，而《民法典》在坚持承诺生效到达主义的同时，根据承诺通知采用的具体方式作了更加精细的划分。承诺生效的时间，按照承诺是以对话方式作出的还是以非对话方式作出的分为了两种情况，其中以非对话方式作出的承诺通知中，还特别规定了以数据电文形式的特殊规定。

（一）承诺通知以对话方式作出的

根据本条及本法第137条第1款关于“以对话方式作出的意思表示，相对人知道其内容时生效”之规定，承诺通知以对话方式作出的，在要约人知道其内容时承诺生效。所谓话方式作出承诺通知，指的是在要约人在场的情况下，受要约人通过口头交谈或通过电话、视频通讯等面对面直接交流方式向要约人发出承诺的意思表示。以对话方式进行承诺的，受要约人完成表示的同时，要约人就收到了该表示，而非对话方式进行承诺的，受要约人发出意思和要约人收到该表示之间有一定的时间差。

根据上述规定，受要约人通过对话方式作出的承诺，仅在相对人知道其内容时才发生效力，以对话方式作出承诺通知的生效时间，实际是采取了解主义原则。该种方式下，要约人正确知悉的风险由受要约人承担。因此，受要约人为使意思表示生效，应通过即时交流的方式使要约人知道意思表示的内容。对话形式的承诺不宜保存，事后难以查证，所以采用了解主义原则有利于避免产生纠纷，保护双方的利益。

“知道其内容”是指相对人“获悉”该意思表示的内容，至于相对人是否正确地理解了该意思表示的内容，则在所不问。具体来讲，通过当场口头表示或者非当场的电话、现场视频等即时形式表示的，“知道”是指相对人听到、听完意思表示；通过当场纸笔书写交流、手语交流、手势交流的，“知道”是指相对人看到、看完意思表示。

（二）承诺通知以非对话方式作出的

作出意思表示后，相对人不能即时接收该意思表示的，都应当认定为是以非对话方式作出意思表示。非对话方式有两个要件：第一，当事人一定不是当场作出和接收意思表示；第二，在表意人作出意思表示与相对人接收该意思表示之间存在一个可观的时间距离。认定一项非对话的意思表示到达相对人，应当同时具备两个条件：一方面，是该项意思表示已经到达了相对人的控制领域，即相对人已经可以通过自己的行为而获知该意思表示的内容；另一方面，是相对人具备了可以获知该表示之具体内容的现实可能性。

根据本条及《民法典》第137条关于“以非对话方式作出的意思表示，到达相对人时生效”之规定，承诺通知以非对话方式作出的采到达主义，承诺通知到达要约人时生效。承诺生效到达主义即承诺通知到达要约人时生效，并不要求承诺通知一定要交付到要约人手中，而只要求送达到要约人所能控制的领域，以致相对人依通常情况已经具有得知承诺内容的可能。承诺通知到达要约人能够控制的范围，如要约人的住所、惯常居所、信箱、电子邮箱等即发生法律效力，而不论要约人是否知晓要约的内容。需要注意的是，到达并非绝对保证要约人实际获知该承诺通知，而是指到达要约人的支配范围，处于要约人可了解的状态即可。此外，表示到达要约人时生效，意味着即使该意思表示到达要约人之前要约人即使通过其他途径已经知道承诺内容，仍然要以承诺到达时间为生效时间。但是，需要注意，并非任何将意思表示送达相对人控制领域的情况都可以被视为到达，意思表示必须以以下方式到达相对人的领域：以就该意思表示而言为通行的方式送达，或者虽然不是通行方式，但是该方式在表意人和相对人之间已经得到约定。①

（三）承诺通知以数据电文形式作出的特殊规定

随着科学技术的发展，人们除了可以采用信件等传统的非对话方式作出意思表示外，还可以采取数据电文的方式作出意思表示。所谓数据电文，根据《电子签名法》第2条第2款对“数据电文”的定义，是“以电子、光学、磁或者类似手段生成、发送、接收或者储存的信息”。而数据电文形式，《民法典》中并无具体定义，但根据《民法典》第469条第3款关于“以电子数据交换、电子邮件等方式能够有形地表现所载内容，并可以随时调取查用的数据电文，视为书面形式”之规定，列举了数据电文包括电子数据交换、电子邮件等方式。实践中，随着互联网技术的发展，数据电文的范围也在不断扩展，显然不只涵盖《民法典》第469条所列举的类型，故应理解为由电子手段、光学手段或类似手段能够有形表现所载内容的形式。例如短信、网页、客户端、电话语音等都属于数据电文形式。需要注意，只有能够有形地表现所载内容，并可以随时调取查用的数据电文，才能被视为符合法律、法规要求的形式。

采用数据电文方式进行的意思表示虽然也是以非对话方式进行的，但由于其发出和到达具有自动性、实时性等特点，意思表示发出即到达，其生效规则也与一般的非对话方式作出的意思表示的生效时间有所区别。那么，以数据电文作出意思表示何时生效呢？我国《合同法》第16条参考联合国国际贸易法委员会制定的《电子商务示范

① 参见［德］迪特尔·施瓦布：《民法导论》，郑冲译，法律出版社2006版，第376页。

法》规定，要约到达受要约人时生效。采用数据电文形式订立合同，收件人指定特定系统接收数据电文的，该数据电文进入该特定系统的时间，视为到达时间；未指定特定系统的，该数据电文进入收件人的任何系统的首次时间，视为到达时间。《民法典》编纂过程中，在继承《合同法》规定的基础上作了一定的发展，分三个层次对以数据电文形式作出的意思表示的生效时间作了规定："以非对话方式作出的采用数据电文形式的意思表示，相对人指定特定系统接收数据电文的，该数据电文进入该特定系统时生效；未指定特定系统的，相对人知道或者应当知道该数据电文进入其系统时生效。当事人对采用数据电文形式的意思表示的生效时间另有约定的，按照其约定。"以非对话方式作出的采用数据电文形式的承诺，其生效时间应当以如下方法确定：

1. 约定优先规则

基于意思自治原则，当事人可以约定以数据电文方式实施意思表示的生效时间，若有约定的则依其约定。相较于传统方式，数据电文的形式非常多样，法律不宜进行"一刀切"式的规定。《电子签名法》第 11 条第 3 款也作了类似规定。需要注意，当事人的约定应当明确；约定不够明确，应当根据法律的相关规定予以补足，根据法律的相关规定仍然不能补足其明确性的，应当视为未作约定。例如，对于采用数据电文形式的意思表示的生效时间，当事人约定自发送时生效，但是并未约定如何判断"发送时"。此时可以依据《电子签名法》第 11 条第 1 款的规定，认定"数据电文进入发件人控制之外的某个信息系统的时间，视为该数据电文的发送时间"。

2. 指定系统优先规则

即相对人指定特定系统接收数据电文的，该数据电文进入该特定系统时生效。何为指定特定系统？联合国贸易法委员会《电子商务示范法》认为，所谓"指定的信息系统"是某一方特别指定的系统，例如，一项要约明文指定了应发回承诺通知的地址。如果只是在信头上或在其他文件上显示电子邮件或传真机的地址，不应视为明确指定了一个或多个信息系统。该种理解较好地保护了相对人可知悉的合理期待，值得借鉴。在要约人单方指定了收取意思表示的特定信息系统的情况下，应当以意思表示进入该特定信息系统的时间作为意思到达的时间，即生效的时间。这里的“特定系统”是指由某一方特别指定的接收系统。需要注意的是，必须是要约人明确指定了承诺应当发回的系统。如果只是在文件中显示了电子邮件或者传真印件的地址，但没有特别指定，则不应视为明确指定的一个信息系统。“进入”概念用以界定数据电文的收到时间。所谓一项数据电文进入一个信息系统，其时间是在该信息系统内可投入处理的时间。至于进入该信息系统的数据电文是否能够为收件人所识读或者使用，则不影响该数据电文意思表示的生效时间。

3. 相对人知情规则

若相对人未指定特定系统的，相对人知道或者应当知道该数据电文进入其系统时生效。需要注意的是，第三类情形与《合同法》第16条第2款规定的“未指定特定系统的，该数据电文进入收件人的任何系统的首次时间，视为到达时间”有较大区别。《合同法》对于未指定特定系统的情形，只考虑进入相对人的支配领域，相对人是否具有知悉的合理期待，则未作考虑。《民法典》则针对未指定特定系统的情形，作了更加完善的考虑，采取了空间支配领域和相对人知悉之合理期待的复合标准，不仅规定数据电文要进入相对人系统，并且在相对人知道或应当知道数据电文进入其系统时，以数据电文形式进行的意思表示方才生效。背后的逻辑是在各类数据电文系统迅速增多乃至膨胀的现代社会，如要求收件人必须承担多个数据信息系统任何时候能够保持正常运转并随时接收，对相对人的义务过于严苛。另一方面，也无端缩减了表意人撤回意思表示的余地。因此，这样的复合标准无疑具有相当的合理性，在利益分配和风险分担上也更为均衡。在未指定特定系统的情况下，数据电文进入相对人的系统，可作为意思表示到达的证据，但只有相对人知道或应当知道该到达事实时，意思表示才生效。例如以电子邮件形式进行的承诺，要约人有数个电子信箱，如果在要约中或当事先指定了某个电子信箱，则电子邮件进入该信箱的时间为承诺生效时间；如果没有指定特定信箱的，则在要约人知道或者应当知道电子邮件进入了其任何电子信箱的时间即为承诺生效时间。相对人的公务邮箱在营业时间外，尽管电子邮件发出即到达，但此时无法合理期待相对人具有知悉的可能性。只有在次日相对人营业时间开始时，才能合理期待相对人可检索其信息系统，应当知道到达事实，此时意思表示方才生效。

如果发送的是承诺，则对于当事人而言，利害巨大。如果依据《合同法》的规定，承诺首次进入任一系统时即生效，此时相对人很有可能对此并不知悉。但是承诺生效时合同即成立，对于双方当事人具有约束力，而相对人很有可能在不知合同已成立的情况下需要承担履行合同的义务、违约责任等，这对于相对人来说并不公平、过于苛责。因此，《民法典》总则编改变了《合同法》的规定，规定自相对人知道或者应当知道数据电文进入其系统时生效。需要注意，此处的“知道或者应当知道”指的是对于该数据电文进入系统这一事实的知悉，至于是否了解、理解该数据电文的内容，在所不问。法律规则的这一改变，给发出意思表示的一方赋予了更重的举证责任负担，不过，这也是一种激励，即鼓励当事人之间尽量约定特定的系统接收数据电文。毕竟这一约定几乎不需要什么成本，而且也有利于减少纠纷的发生以及纠纷的解决。另外，法律之所以对数据电文与其他非对话方式作出区别，也是因为考虑到数据电文的特性。毕竟相较于传统方式，数据电文具有一定的“虚拟性”，当事人可能明确地知道自己有几个邮箱并会经常查看，但当事人很可能并不明确地知道自己究竟有几个数据系统，而且可能也不会经常予以查看。

这一规定与《合同法》的规定不完全相同。在这种情况下，《合同法》第16条第2款规定，该数据电文进入收件人的任何系统的首次时间，为生效时间，而不问相对人是否知道或者应当知道该数据电文进入其系统。鉴于我国新加入的《联合国国际合同使用电子通信公约》明确规定，在这种情况下，以相对人了解到该数据电文已发送到相对人的任何系统的时间为生效时间。这里的“了解”即知道或者应当知道。为了与公约的规定相一致，本条按照公约的规定对《合同法》的规定作了相应修改。在实践中，可能存在的问题是“知道或者应当知道”的主观性相对较大，意思表示的表意人一般很难证明相对人是否知道或者应当知道。为了平衡表意人和相对人的利益，《联合国国际合同使用电子通信公约》规定，当数据电文抵达收件人的系统时，即应推定收件人能够知道该数据电文。也就是说，数据电文一旦进入相对人的系统，就视为相对人知道或者应当知道该意思表示。若相对人否认的，必须要承担自己不知道或者不应当知道的证明责任。

需要注意的是，传真、电传、电报尽管与电子邮件一样作为即时通讯方式，但是在承诺生效时间看，因其不采用特定系统发送，因此应当与信件同样看待。

四、以行为方式承诺的生效时间

承诺不需要通知的，根据交易习惯或者要约的要求作出承诺的行为时生效。

第一，根据交易习惯作出承诺行为，通常是基于当事人之间具有长期、默契的合作关系，因此才可以根据交易习惯作出承诺行为。《合同法司法解释（二）》第7条中规定的“当事人双方经常使用的习惯做法”即是如此。例如，某产品制造商与某材料供应商之间存在长期合作关系，只要制造商通知供应商需要材料若干，该供应商不必发出承诺通知，而是直接将材料送至制造商处，此即属于依交易习惯作出承诺的行为。

第二，根据要约的要求作出承诺行为，是指要约中已经明确提出了受要约人应以某种行为作出承诺。如某电子产品制造商通知受要约人，其有台式计算机100台，预付款10万元人民币到指定账户后即可发货。该要约明确要求受要约人通过支付预付款的行为作为承诺的方式，而不是要求受要约人发出承诺通知。故受要约人作出支付预付款的行为时，承诺生效。再如，依价目表向旧书店购书或者向书店紧急邮购司法考试用书，信中写明如有，即刻发书。此时，书店作出寄送所购买书籍的行为时，承诺生效，买卖合同成立。

在行为承诺中，需要注意的问题是如何确定行为何时可以称为“作出”？有些时候行为的开始与行为的结束几乎同时，或者间隔时间很短；而有些时候行为的开始与行为的结束可能会相隔较长的时间。在这种情况下，行为的开始算作行为的作出，还是行为的结束才算作行为的作出？承诺行为的作出意味着承诺的生效，也就意味着合同的成立。如果行为的开始视为行为的作出，就意味着行为一旦开始，要约人就不可撤销其要约，承诺人也不可撤回其承诺，即不可停止其行为，否则将导致对已经成立的合同的违反。因此，承诺行为的作出应以行为完成为准。

【审判实践中应注意的问题】

正确理解和适用本条，还应当注意以下两点：

一、受要约人作出承诺后死亡或者丧失行为能力的问题

承诺生效采到达主义，则一般说来，从承诺作出到生效之间，有一段时间间隔。如果受要约人在承诺作出之时具备权利能力和行为能力，但是在意思表示作出以后死亡或丧失行为能力的，对意思表示的效力并不发生影响。合同成立后，能否继续履行，根据合同一方当事人死亡或者丧失行为能力的情形来确定。

二、承诺生效时间的确定

在审判实践中，认定承诺生效时间还应当考虑个案的具体情况。例如，对于以信件通知形式作出的承诺，如果送达到要约人的公司地址，即到达了要约人的控制范围，要约人可以收到该信件并予以阅读。但是如果该信件是在国家法定节假日或者是在周末到达的，要约人公司不营业，因而不可能去阅读信件，只有当工作日到来，公司开

始营业时才具备阅读的可能性。在这一情形下，应当将承诺到达要约人的时间认定为工作日开始的时间。反之，如果以信件通知形式作出的承诺，送达到要约人的家庭地址，则到达时间是国家法定节假日或者周末，并不影响认定为承诺通知到达要约人。此外，如果承诺信件认定为到达了要约人，而因为要约人自身的原因没有阅读从而未能及时知悉承诺内容，并不影响承诺通知生效。

如何确定以数据电文形式作出的承诺的生效时间？如果到达要约人的公务邮箱，是在非营业时间到达，则应当以营业时间作为检索收取时间并推定为生效时点；如果是到达要约人的私人电子邮箱，则界定数据电文意思表示的生效时间不能按照公务邮箱以营业时间来确定，因为每个人使用电子邮件的习惯不同，有的人虽有电子邮箱，但数日甚至一段时间均不登录使用，此时应根据具体情形确定。例如，以个人登录电子邮箱的实际情况以及习惯等判断其是否知道或应当知道数据电文进入其系统，从而确定数据电文意思表示的生效时间。

第四百八十五条　承诺可以撤回。承诺的撤回适用本法第一百四十一条的规定。

【条文主旨】

本条是关于承诺撤回规则的规定。

【条文理解】

承诺的撤回，是承诺人阻止承诺发生法律效力的行为。对本条应当从以下方面予以理解：

一、立法背景

意思表示的撤回，是指意思表示发出以后、生效之前，表意人将其意思表示撤回。意思表示的撤回不同于意思表示的撤销，后者是指将已经生效的意思表示予以撤销。无相对人的意思表示只能撤销，不能撤回。有相对人的意思表示在生效之前可以撤回，在生效以后则不能撤回，只能撤销。

意思表示能否撤回与立法上对意思表示生效所采用的不同模式有关。对于意思表示生效采发信主义的英美法系国家和地区立法而言，意思表示没有撤回的余地。在英美法系国家和地区，对于通过信件和电报传递的承诺由于采取发信主义，承诺的信件与电报交发即生效，因此，不能撤回承诺。所以，对于以信件和电报传递的承诺，英美法是不允许撤回的。英美法系法学理论认为，受要约人不享有撤回承诺的权利是合理的，可以防止受要约人在发出承诺之后根据市场行情变化投机取巧，看行情涨落，如果对其不利，就以电话等快速方式迅速撤回承诺，从而获取不当利益。

大陆法系国家和地区对于承诺生效模式上采取承诺到达要约人时生效，因此在承诺发出之后、生效之前，存在撤回的可能性。这些国家和地区立法例认为，承诺的撤回有利于承诺人根据市场的交易变化及时调整自己的经营策略，如同撤回要约一样，受要约人应当有权决定承诺是否撤回。例如，《德国民法典》第130条中规定："在向另一方作出意思表示时，如果另一方不在场，那么意思表示以其到达另一方时发生效力。如果撤销的通知先于或者同时到达另一方，则意思表示不发生效力。"《意大利民法典》第1328条规定："承诺得被撤回，但撤回的通知要在承诺之前送达要约人。"

《联合国国际货物销售合同公约》与《国际商事合同通则》对于承诺生效也均采用了送达主义原则，两者均允许受要约人撤回承诺。《联合国国际货物销售合同公约》第22条规定："接受得予撤回，如果撤回通知于接受原应生效之前或同时送达发价人。"《国际商事合同通则》第2.10条也规定："承诺可以撤回，只要撤回通知在承诺本应生效之前或同时送达要约人"，并解释说，对于承诺的撤回，规定了与要约的撤回相同的原则，即受要约人可以改变其想法并撤回承诺。合同法采纳了大陆法与国际公约的规定。

我国原则上采到达主义，意思表示到达相对人时生效，因此，意思表示撤回制度有适用余地。我国《民法通则》中没有规定意思表示的撤回问题，但是《合同法》制定中受到《联合国国际货物销售合同公约》较大影响，该法第17条和第27条规定了要约和承诺这两种最为主要的意思表示的撤回，要求撤回意思表示的通知应当在意思表示到达相对人前或者与意思表示同时到达相对人。《合同法》第17条规定："要约可以撤回。撤回要约的通知应当在要约到达受要约人之前或者与要约同时到达受要约人。"《合同法》第27条规定："承诺可以撤回。撤回承诺的通知应当在承诺通知到达要约人之前或者与承诺通知同时到达要约人。"《民法总则》第141条的规定直接继受了《合同法》这两条规定，不过将这两条规定的适用范围扩张至所有的意思表示，而不限于要约和承诺两种。《民法总则》第141条规定："行为人可以撤回意思表示。撤回意思表示的通知应当在意思表示到达相对人前或者与意思表示同时到达相对人。"例如，债权人免除债务人之债务的意思表示尽管不属于要约或者承诺，不能适用《合同法》第17条和第27条的规定，但因其属于有相对人的意思表示，可引用《民法总则》第141条的规定而予以撤回。

《民法典》编纂过程中，其第141条继受了《民法总则》第141条的规定，规定了行为人可以撤回意思表示。撤回意思表示的通知应当在意思表示到达相对人前或者与意思表示同时到达相对人。承诺本质上是有相对人的意思表示，承诺撤回时应当适用意思表示撤回的规定。故本条实际继受了《合同法》第27条的规定，只是表述方面进行了变动。根据本条的规定，承诺可以撤回。《民法典》第475条也规定："要约可以撤回。要约的撤回适用本法第一百四十一条的规定。"明确了要约与承诺同属于意思表示，两者的撤回适用相同的规则。

二、承诺可以撤回

所谓承诺之撤回是指在承诺生效之前，受要约人取消其承诺的意思表示。承诺是一项意思表示，承诺的撤回也是一项意思表示，不过撤回意思表示的目的在于取消其之前所发出的承诺意思表示，使其不发生法律效力，因而也适用意思表示的有关规定。撤回承诺的目的，就是使已经发出的承诺不发生法律效力，即阻止承诺的生效。法律允许受要约人撤回承诺，其原因在于承诺尚未发生法律效力，既不会对要约人产生不良影响，也不会对交易秩序产生损害，所以，应当允许受要约人采取措施阻止其发出的尚未生效的承诺产生效力。

商事实践中，受要约人可能在作出承诺的意思表示后又发现原有的合同条件并不合适从而反悔了，如买受人刚刚同意以某价格购买货物不久就发现另有质量更好的货物在售且价格更优惠，房屋承租人找到位置、条件更为合适的房屋等。此时，受要约人想要撤回承诺，即在发出承诺通知之后但在发生法律效力之前，欲使该承诺不发生效力而作出意思表示。承诺之所以可以撤回，是建立在承诺到达要约人才能发生法律约束力的基础上。在承诺生效之前，不会对要约人产生任何影响，也不会对交易秩序产生任何影响。因此，在此阶段应当允许行为人使未发生法律效力的承诺意思表示不发生预期的效力，这也是对行为人意思表示自由的充分尊重。也正是基于此点理由，自《合同法》开始，我国法律就规定承诺可以撤回，《民法典》中也同样规定承诺可以撤回。

三、承诺撤回的条件

法律在一定条件下允许受要约人撤回承诺意思表示。由于承诺到达要约人时即发生法律效力，因此，必须对承诺的撤回附加限制条件，以免因承诺的撤回而影响相对人的利益。本条规定撤回承诺的通知应当在承诺通知到达要约人之前或者与承诺通知同时到达要约人。如果撤回承诺的通知晚于承诺的通知到达要约人，这时承诺已经生效，受要约人不能单方任意决定撤回该承诺，是否能够使其失效，则取决于意思表示相对人即要约人是否同意。

（一）承诺撤回的前提

1. 意思表示的撤回只限于有相对人的意思表示

意思表示根据是否向相对人作出，区分为无相对人的意思表示和有相对人的意思表示。承诺是一种典型的有相对人的意思表示。无相对人的意思表示，不存在撤回问题。有相对人的意思表示，可根据其可否同步受领，区分为对话的意思表示和非对话的意思表示。对话的意思表示指采取使相对人可以同步受领的方式进行的意思表示，如采取口头、电话等方式。以对话方式作出的有相对人的意思表示，相对人知道其内容时生效。由于意思表示一经发出，就已经完成，所以不发生撤回问题。非对话的意思表示指不能同步受领的意思表示，如采取传真、信函等方式。以非对话方式作出的有相对人的意思表示，到达相对人时生效。由于存在受领过程，在到达前往往有时间间隔，意思表示有撤回的可能。也就是说，以对话方式作出的有相对人的意思表示，因为相对人知道其内容时就生效，相当于即时生效，行为人很难作出撤回的通知，这种情况下适用撤回的规定适用空间比较小。以非对话方式作出的有相对人的意思表示因是到达相对人时生效，则行为人发出撤回意思表示的通知，且该通知在意思表示到达之前或者同时到达相对人的，当然视为意思表示没有到达，所以可以适用撤回的规定。

2. 承诺的撤回以承诺生效模式为前提

我国对意思表示的生效采取到达主义，即不以相对人了解为条件，只要意思表示已进入相对人的支配范围，处于相对人可了解的状态。非对话方式作出的意思表示，一般到达相对人时生效。《民法典》第 141 条规定撤回的通知在意思表示到达相对人前或与意思表示同时到达相对人时，意思表示可免于生效。由于无相对人的意思表示和有相对人的意思表示中对话的意思表示均在表意人完成表示后即发生效力，因此，不存在意思表示的撤回问题，故本条规定只能适用于非对话的意思表示。撤回意思表示的新的意思表示必须要比被撤回的意思表示先到达，或者至少是同时到达，否则因为原意思表示已经发生效力即不存在撤回的问题了。

（二）承诺撤回的条件

受要约人可以撤回承诺，但并非没有任何限制条件。撤回承诺，必须符合以下条件：

1. 主体条件

第一，撤回承诺只能由受要约人作出。承诺是一种意思表示，意思表示的表意人才有权撤回意思表示，同样，只有作出该承诺的受要约人才有权撤回承诺。这也体现出行为人的意思自治。除受要约人之外，其他人都无权撤回承诺。第二，撤回需要向要约人作出。意思表示的撤回原则上只有在该意思表示有相对人的情况下才有意义，若是无相对人的意思表示，则不存在撤回的问题。撤回需要向原意思表示的受领人作出，在承诺撤回的场合，撤回承诺应当向要约人作出。

2. 撤回承诺的意思表示应当采取通知的形式

撤回意思表示的通知在法律性质上仍然是一个意思表示，只是其内容是撤回原意思表示。撤回意思表示应当以通知的方式作出。同样，撤回承诺也必须以通知的方式作出，而不能以其他方式作出。至于通知的形式，则在所不问，口头、纸质书面、数据电文等均可。如果承诺也是以通知形式作出的，撤回承诺通知所采取的具体形式可以与原承诺意思表示的形式不同，例如，原承诺意思表示以信件寄出，撤回承诺的通知可以电报拍出。法律对于撤回的方式作出限制，是因为撤回意思表示对于相对人而言意义重大，如果撤回的意思表示不够清楚、明确，则很有可能损害相对人的利益，如相对人收到要约后即着手准备工作，而通知的方式足够清楚、明确能够确保相对人知晓表意人撤回原意思表示的意志。

3. 时间条件

根据本条的规定，受要约人撤回承诺，核心要素是具备下列时间条件之一：第一，撤回承诺的通知应当早于承诺通知到达要约人。即撤回承诺的通知应当“在承诺通知到达要约人之前”，到达要约人。此时，承诺通知还没有到达要约人，即承诺还没有生效、合同还没有成立，所以在此种情形下受要约人可以撤回承诺。第二，撤回承诺的通知应当与承诺通知同时到达要约人。即撤回承诺的通知，应当与承诺通知，一起到达要约人。此时，要约人同时接收到受要约人发出的两个意思表示：一个是同意其要约的意思表示，即承诺；一个是撤回承诺的意思表示。两个内容相反的意思表示，同时到达要约人，且同时生效，产生效力抵销的效果，所以在此种情形下受要约人可以撤回承诺。

受要约人撤回承诺的目的是阻止承诺发生法律效力。由于承诺一经送达要约人即发生法律效力，合同即刻成立，所以撤回承诺的通知应当在承诺通知到达之前或者与承诺通知同时到达要约人，才发生阻止承诺生效的效力。如果迟于承诺到达要约人，因承诺已经生效，除法律另有规定或者当事人另有约定的情形外，合同已经成立，那么不发生承诺撤回的效果。

就意思表示的撤回来说，在原意思表示到达相对人之后，撤回的通知才到达相对人的，根据原意思表示性质的不同，会有不同的法律效果。要约到达相对人后，撤回要约的通知才到达相对人的，如果相对人尚未发出承诺的通知，则该撤回的通知视同撤销的通知，产生撤销原要约的效果；但是，如果相对人已经发出承诺的通知，或者要约人确定了承诺期限或者以其他形式明示要约不可撤销，或者受要约人有理由认为要约是不可撤销的并已经为履行做了准备工作的，则该撤回的通知无效，不发生撤回或撤销原意思表示的法律后果。承诺到达相对人之后，撤回承诺的通知才到达相对人的，撤回的通知无效，不发生撤回或撤销原意思表示的法律后果。

如果撤回通知晚于前项意思表示到达，但相对人却先于或与前项意思表示同时知悉，那么意思表示是否因此产生撤回的效力。通说认为，法律明确以到达为生效要件，未将相对人的实际知悉作为影响生效的因素，所以没有理由突破法律文本含义另作解释，而且只要撤回通知晚于前项意思表示到达，送达风险就应该归于行为人，不宜转嫁给相对人。由于我国在意思表示的生效上采取的是到达主义而非了解主义，所以，无论相对人是否阅读撤回的通知以及何时阅读均不影响其撤回的效力。

【审判实践中应注意的问题】

正确理解和适用本条，还需要注意以下两个问题：

一、对撤回承诺的通知到达要约人的时间与承诺的通知到达要约人的时间的认定问题

受要约人若要撤回承诺，必须选择以快于意思表示作出的方式发出撤回通知，按照通常情况，撤回的通知应当先于或者最迟会与意思表示同时到达相对人，但因为其他原因耽误了，撤回的通知在意思表

示到达相对人之后才到达。在这种情况下，相对人应当根据诚信原则及时通知意思表示的行为人，告知其撤回的通知已经迟到，意思表示已经生效；如果相对人怠于通知行为人，行为人撤回意思表示的通知视为未迟到，仍发生撤回表示的效力。

在当前信息时代，越来越多的意思表示基于互联网进行，例如出现了大量电子合同。由于互联网的迅捷性，行为人的意思表示无论是通过电子数据交换（EDI）系统传送还是通过电子邮件传送，理论上都可以即时送达给相对人系统。意思表示的发送和到达基本无时间差，撤回制度一般无适用余地。只有在出现网络故障、信箱拥挤、停电断电等情况下，行为人才有可能利用时间差用电话或再用一封电子邮件撤回原来的意思，这时撤回通知与前项意思表示有同时到达相对人的可能性，因而意思表示可得撤回。

二、区分意思表示的撤回与意思表示的撤销

实践中应将意思表示撤回与撤销相区别。意思表示的撤回与意思表示的撤销不同，撤回针对的是未生效的意思表示，而撤销针对的是已生效的意思表示。意思表示的撤回是在意思表示生效前使其不发生效力，意思表示的撤销是在意思表示生效之后，行为人又作出取消该意思表示的表示。两者区别如下：

第一，意思表示的撤回在意思表示生效之前，因此不会对相对人产生任何影响，也不会对交易秩序产生任何影响。允许表意人使未发生法律效力的承诺意思表示不发生预期的效力，在意思表示撤回中仅需要考虑保护意思表示行为人对其意思表示的自由处分权利，这也是对意思表示自由的充分尊重。意思表示的撤销则是在意思表示生效之后，已经对表意人产生了法律约束力，而相对人已经知悉了意思表示的内容，甚至可能已经对该意思表示产生了合理信赖，更要考虑保障相对人的合理信赖。因此，表意人能否在意思表示生效后取消其意思表示，要平衡表意人和相对人的利益。

第二，意思表示的撤销是在意思表示生效后，当事人再取消该意

思表示的效力。此时是否允许意思表示撤销，还需要看该意思表示是否已经作为法律行为而发生法律效力。若已经作为法律行为发生了法律效力，那么除非表意人有撤销权之外，即不得再行撤销，而若尚未成为法律行为的是否能够撤销，则取决于不同的立法例和具体之情形。例如，合同订立过程中的要约与承诺均属于意思表示，但要约只是愿与对方订立合同的意思表示，在相对人作出承诺前，合同并未成立，法律关系仍未改变，因此法律即允许要约在生效之前撤回，又允许要约在生效之后符合一定条件情况下撤销。而承诺生效则合同成立，法律关系发生改变，因此法律仅允许承诺撤回，不允许承诺撤销。

意思表示的撤回与撤销的区别通过要约的撤回与要约的撤销对比极为典型。《民法典》第475条规定："要约可以撤回。要约的撤回适用本法第一百四十一条的规定。"第476条规定："要约可以撤销，但是有下列情形之一的除外：（一）要约人以确定承诺期限或者其他形式明示要约不可撤销；（二）受要约人有理由认为要约是不可撤销的，并已经为履行合同做了合理准备工作。"第477条规定："撤销要约的意思表示以对话方式作出的，该意思表示的内容应当在受要约人作出承诺之前为受要约人所知道；撤销要约的意思表示以非对话方式作出的，应当在受要约人作出承诺之前到达受要约人。"一般而言，意思表示生效后，行为人便受其约束，不得撤销，以免损害相对人的信赖利益，这特别表现在意思表示一经作出便可改变法律关系的行为中，如承诺便不可撤销。在《民法典》总则编，也只规定了意思表示的撤回，没有规定意思表示的撤销。但我国法律允许要约撤销，这是因为在双方行为中，要约只是代表愿与对方签订合同，在对方作出承诺前，法律关系仍未改变。此时允许撤回要约，能够最大限度尊重行为人的形成自由。不过并非所有要约均可撤销，《民法典》明确规定了要约不得撤销的情形，主要是为了保护相对人的信赖利益，如果因为撤销要约而给受要约人造成损害，要约人应负赔偿责任。

第四百八十六条 **受要约人超过承诺期限发出承诺，或者在承诺期限内发出承诺，按照通常情形不能及时到达要约人的，为新要约；但是，要约人及时通知受要约人该承诺有效的除外。**

【条文主旨】

本条是关于逾期承诺的规定。

【条文理解】

逾期承诺，又称延迟承诺或者超期承诺，是指受要约人在承诺期限经过之后作出的承诺。按照《民法典》第481条规定，承诺应当在承诺期限内到达要约人。受要约人在承诺期限内作出的承诺具有法律效力。超过承诺期限，要约已经失效，对于失效的要约作出承诺不能当然产生合同订立的法律效力。同时，逾期承诺毕竟也是当事人在订立合同过程中的一种意思表示，也需要在法律上予以进一步规范和明确，以维护当事人的合法权利。根据本条规定，对逾期承诺视为新要约，要约人及时通知受要约人该承诺有效的则发生承诺的效力，合同成立。对本条规定应从以下方面予以理解：

一、立法背景

承诺本应在承诺期限内作出，超过有效的承诺期限，要约已经失效，对于失效的要约发出承诺，不能发生承诺的效力，应视为新要约。如《德国民法典》第150条、《日本民法典》第523条、我国台湾地区“民法”第160条均规定，迟到的承诺，视为新要约。有的国家规定，如果要约人欲使该承诺生效，则应当立即通知受要约人。如

《意大利民法典》第1326条第3款规定:“即使承诺迟延,要约人亦可以保留迟延承诺的效力,但是,以立即向另一方发出通知为限。”这样规定的结果与德国、日本以及我国台湾地区的规定是一样的。迟延的承诺视为新要约,立即发出通知等于是对此新要约的承诺。

迟到的承诺视为新要约,英美法也有同样的原则。但是,英美法的要约通常是虚盘,其有效期常常采用合理期限进行推定。如果承诺明显地迟发了,明显地超过了合理期限,当然不能生效。但是,有许多承诺难于判断是否在合理期间发出的。判例法认为,如果受要约人有根据认为其承诺是在合理期间内发出的,根据诚信原则,要约人应当接受这个承诺。如果根据他的理由断定这个承诺已经逾期,不愿承认这个承诺,他就必须把这个意思及时通知受要约人,否则承诺有效、合同成立。

《联合国国际货物销售合同公约》第21条第1款的规定与意大利的规定相仿:“逾期接受仍有接受的效力,如果发价人毫不迟延地用口头或书面将此种意见通知被发价人。”《国际商事合同通则》第2.9条中也有类似的规定;“逾期承诺仍应具有承诺的效力,如果要约人毫不延迟地告知受要约人该承诺具有效力或就该承诺的效力发出通知”并解释为,逾期承诺通常无效,本条中此项的规定与《国际货物销售合同公约》第21条的规定一致。如果要约人接受逾期承诺,则在一项逾期的承诺送达要约人时,而不是在要约人通知受要约人其认为该逾期承诺有效时,合同视为成立,且举例说明:甲指定3月31日为承诺其要约的最后期限。乙的承诺于4月3日送达甲。甲仍然对该合同有兴趣,愿意接受乙的逾期承诺,并且立即通知了乙。虽然该通知是在4月5日才送达乙,但合同于4月3日成立。

我国立法上关于逾期承诺的规定最早是在《合同法》中规定的。该法制定时参考了《联合国国际货物销售合同公约》相关规定。《合同法》第28条规定:“受要约人超过承诺期限发出承诺的,除要约人及时通知受要约人该承诺有效的以外,为新要约。”《民法典》编纂过程中,继受了《合同法》中第28条规定的基本原则,同时进行了完善：对逾期承诺构成增加了“在承诺期限内发出承诺，按照通常情形不能及时到达要约人的”情形，完善了逾期承诺制度。根据本条规定，受要约人超过承诺期限发出承诺，或者在承诺期限内发出承诺，按照通常情形不能及时到达要约人的，为新要约；但是，要约人及时通知受要约人该承诺有效的除外。也就是说，受要约人超过承诺期限发出承诺，要约人及时通知受要约人该承诺有效的，该承诺有效。

二、逾期承诺的法律效力一般视为新要约

承诺应当在承诺期限内作出。超过有效的承诺期限发出的承诺，即为逾期承诺。

（一）构成逾期承诺的条件

根据本条规定，受要约人超过承诺期限发出承诺，或者在承诺期限内发出承诺，按照通常情形不能及时到达要约人的，构成逾期承诺。承诺期限与承诺的发出与到达的关系，存在四种情形：其一，受要约人在承诺期限内发出承诺并且该承诺在承诺期限内到达了要约人；其二，受要约人在承诺期限内发出承诺，但是在通常情况下该承诺就不可能在承诺期限内到达要约人；其三，受要约人超过承诺期限发出承诺，该承诺到达要约人时也超过了承诺期限；其四，受要约人在承诺期限内发出承诺，按照通常情形能够在承诺期限内到达要约人，但是由于其他原因导致承诺到达要约人时超过了承诺期限。

第一种情形下，承诺在期限内到达要约人，为期限内承诺，明显不属于逾期承诺；第三种情形下，受要约人超出承诺期限作出承诺，到达要约人时自然也已经超出了要约所确定的承诺期限，要约人所希望的从合同中得到的预期利益也可能已经随着期限的超过而失去。在这种情况下，尽管承诺到达了要约人也不能当然地认为合同成立。这是一种最典型的逾期承诺情形，我国自《合同法》第28条中即明确规定了该种情形为逾期承诺；第四种情况则不属于逾期承诺，因为受要约人在期限内发出通知，并且预留了合理期间，按照通常情形，该承诺应当在期限内及时到达要约人。而承诺通知因其他原因逾期到

达，受要约人并不知道这种情形，按照其合理预期，合同已经生效，可能受要约人还为合同的履行在做准备。该种情形在《民法典》第487条有明确规定，因要约人知道承诺因预料之外的情况而逾期到达，此时，法律让要约人承担通知义务，如果要约人不愿意接受该承诺，应当及时通知受要约人。如果要约人怠于通知，则该承诺有效，合同成立。

上述第二种情形下，即受要约人虽然在期限内发出承诺通知，但是按照通常情形，该承诺通知不能在期限内到达要约人的情形存在一定特殊性。这种情况的法律后果应当与第三种情形相同，但在《合同法》中并未规定该种情形为逾期承诺，对该种情形性质的认识与法律适用造成一定混淆。在学理研究以及审判实践中，均认为该种情形也应属于逾期承诺，故在此次《民法典》编纂中增加了该种情形，明确规定为逾期承诺，填补了原有漏洞。

综上，根据本条规定，逾期承诺为两种情形：第一种情形为受要约人超过承诺期限发出承诺，构成逾期承诺；第二种情形为受要约人在承诺期限内发出承诺，按照通常情形不能及时到达要约人的，也构成逾期承诺。需要注意的是，本条规定中的期限，是指的《民法典》第481条中所述的承诺期限，不仅包括要约人在要约中确定的承诺期限，也包括要约中未确定承诺期限时，承诺应当到达要约人的合理期限。

（二）逾期承诺原则上为新要约

逾期承诺是因受要约人超出承诺期限作出承诺，或者虽然在承诺期限内发出承诺但是按照通常情形不能及时到达要约人而发生的，最终该承诺到达要约人时也已经超出了要约所确定的承诺期限。此时，基于商机对商事交易的重要作用，期限内对要约人有利的合同条款，可能期限一过就会对要约人不利，甚至导致损失，要约人之前所希望的从合同中得到的预期利益也可能随着期限的超过而失去。此时不能当然地认为承诺到达了要约人合同就成立，否则将严重损害要约人的利益。

事实上，逾期承诺不是严格意义上的承诺，因为超过了承诺期限，受要约人就不再具有承诺的资格，逾期承诺对要约人不具有承诺的效力。但就内容来看，逾期承诺也是受要约人向要约人发出的关于合同主要条款和订立合同的意思表示，也表示了受要约人希望和要约人订立合同的意思表示，完全具有要约的性质。因此，为交易效率考虑，逾期承诺可以视为新的要约。所谓新要约，是指延迟承诺不具有承诺的效力，不产生承诺生效、合同成立的法律效果，对要约人不具有约束力，只能将其视为一种希望和他人订立合同的意思表示。在此种情形下，原受要约人已经成为新要约中的要约人，原要约人则成为新要约中的受要约人。即逾期承诺因超过承诺期限，要约人所发出的原要约失效，受要约人对于失效的要约发出的承诺，不发生承诺的效力，为新要约，需要经原要约人承诺后合同成立。

（三）特殊情况下逾期承诺发生承诺的效力

逾期承诺原则上视为新要约，需要经原要约人承诺后合同才能成立。然而，认定逾期承诺不发生承诺的效力主要是出于对要约人利益的保护，商事交易中，也可能出现尽管承诺逾期，但是市场情势并未发生大的变化，要约人依然希望以原有条件与受要约人订立合同。此时，如果要求逾期承诺一律视为新要约，则要约人必须对其再行承诺后合同才能成立，徒然增加了法律关系的不确定性。因此，如果要约人收到逾期承诺后，认可该逾期承诺的效力，及时通知受要约人该逾期承诺有效，从尊重当事人意思及促进交易的角度，应当认定该逾期承诺具有承诺的法律效力，双方当事人合同成立。

逾期承诺发生承诺效力的条件是当受要约人超过承诺期限发出承诺，要约人及时通知受要约人该承诺有效，以免当事人在合同成立问题上发生误解。所谓及时通知，是指在承诺期限届满后，要约人收到受要约人的延迟承诺后，立即通过口头或者书面等形式告诉受要约人，该承诺有效。经要约人通知该承诺有效，产生合同成立的效果，受要约人即承担相应的义务约束。

【审判实践中应注意的问题】

正确理解与适用该条规定，还应当注意：逾期承诺效力的决定权在于要约人。即要约人可以通过及时通知受要约人的方式承认该要约有效；也可以不对该承诺进行任何的行为，则该承诺就不再为承诺，而是新的要约。要约人通知受要约人该承诺有效是要约人的权利，而非其义务。

如果逾期承诺为新要约，在双方当事人之间产生新的要约关系，此时原要约人变为受要约人，原受要约人变为要约人。受要约人没有承诺的义务，如果其接到逾期承诺后保持沉默，不能推定要约人承诺。

第四百八十七条 受要约人在承诺期限内发出承诺，按照通常情形能够及时到达要约人，但是因其他原因致使承诺到达要约人时超过承诺期限的，除要约人及时通知受要约人因承诺超过期限不接受该承诺外，该承诺有效。

【条文主旨】

本条是关于因其他原因承诺迟到的规定。

【条文理解】

按照《民法典》第481条规定，承诺应当在要约确定的期限内到达要约人。迟到的承诺，不同于正常到达的承诺，如何确定其效力，涉及要约人与受要约人之间订立合同的利益，所以需要在法律上予以进一步的明确和规范，以维护当事人的合法权益。

一、立法背景

受要约人在要约的有效期限内发出承诺通知，依通常情形可于有效期限内到达要约人而因其他原因迟到的，大陆法系国家和地区立法例普遍认为，对这样的承诺，如果要约人不愿意接受，即负有对承诺人发迟到通知的义务。要约人及时发出迟到通知后，该迟到的承诺不生效力，从而合同也不成立。如果要约人怠于发迟到通知，则该迟到的承诺视为未迟到的承诺，具有承诺的效力，从而合同成立。德国、日本以及我国台湾地区都有类似规定，如《德国民法典》第149条规定："承诺通知迟延到达时，如果要约人可能知道依通常传达情形可以及时到达，而且以前尚未有过同样情形的，要约人应在收到承诺通知后，立即将迟延情况通知承诺人。要约人怠于发出上述通知的，承诺视为未迟延。”而英美法系因对以信件、电报方式作出的承诺生效模式采发信主义，载明承诺的信件、电报交邮即生效，因此，一般不存在承诺迟到的问题。

《联合国国际货物销售合同公约》第21条第2款规定：“如果载有逾期接受的信件或其他书面文件表明，它是在传递正常、能及时送达发价人的情况下寄发的，则该项逾期接受具有接受的效力，除非发价人毫不迟延地用口头或书面通知被发价人：他认为他的发价已经失效。”《国际商事合同通则》第2.9条第2款作了与公约一致的规定，并对此问题的解释是，只要承诺是因受要约人未及时发送而逾期，一般认定其无效，除非要约人有明确相反的表示。如受要约人已及时答复，只是因为不可预料的传递延迟导致承诺逾期送达要约人，情况则不一样。在这种情况下，受要约人对能够及时送达承诺的信赖应该得到保护，其结果是逾期的承诺视为有效，除非要约人毫不延迟地拒绝。该条第2款所要求的唯一条件是，载有逾期承诺的信件或其他书面文件可以表明其传递正常，能够及时送达要约人，并举例说明：甲指定3月31日为承诺其要约的最后期限。乙知道信件经航空传递到甲需要3天时间，乙于3月25日发出了载有承诺的信件。由于甲的国家邮政部门罢工，信封上盖有邮寄日期的信件4月3日才到。乙的承诺虽然逾期了，但仍应有效，除非甲毫不延迟地拒绝。

我国《合同法》制定时参考了上述大陆法系国家和地区的立法以及《联合国国际货物销售合同公约》与《国际商事合同通则》的规定。《合同法》第29条规定：“受要约人在承诺期限内发出承诺，按照通常情形能够及时到达要约人，但因其他原因承诺到达要约人时超过承诺期限的，除要约人及时通知受要约人因承诺超过期限不接受该承诺的以外，该承诺有效。”《民法典》编纂过程中，基本保留了该条规定，只对文字表述作了修改，使其更严谨。

二、承诺迟到的构成要件

所谓承诺迟到，是指受要约人在承诺期限内作出承诺，依通常情形能够及时到达要约人，但因其他原因致使承诺达到要约人时超出承诺期限的情形。即承诺迟到是指不迟发但迟到的承诺。

产生承诺迟到现象的前提还是在以非对话通知方式作出的承诺生效模式上采到达主义原则。承诺到达要约人后生效，因此从承诺发出到承诺到达要约人之间的风险完全由受要约人承担。因为承诺是由受要约人作出的，选择何种方式、何时发送都由受要约人控制，此种风险分配有利于激励受要约人选择更为恰当的承诺方式，预留合理的在途时间等，从而降低合同成立的整体风险。然而，意外无处不在，商事交易实践中总有一些风险难以避免。尽管受要约人选择了最适当的方式，也为承诺到达预留了合理的在途时间，按照正常情况，该承诺本应当在承诺期限内到达要约人，但是在某些情况下，还会因为受要约人所不能控制的因素而造成承诺迟到。比如，系统服务器出现严重故障，导致网络传输中断，电子邮件形式作出的承诺通知延误送达；邮局错误操作，导致信件形式的承诺通知延期数天才到达等。

此种情况下，送达风险完全由受要约人承担则在要约人与受要约人之间显失公平，且此时受要约人往往对承诺迟到的情形毫不知情，本来合理预期承诺在期限内到达要约人，承诺生效，合同成立，甚至已经开始为合同履行预做准备。只有要约人清楚承诺迟到的事实。在考虑承诺迟到的制度安排时，应当考虑上述因素。

根据本条的规定，迟到承诺的构成要件，包括以下三个方面：一是受要约人在承诺期限内发出承诺，即发出承诺本身没有超过期限；二是按照通常情形能够及时到达要约人，即受要约人发出承诺时，应当为承诺到达要约人预留了合理的在途时间；三是迟到的原因为其他原因，即造成承诺迟到的原因并非由受要约人所能控制和掌握的原因。此种情况下的受要约人往往并不知晓承诺迟到的事实，而是合理期待承诺期限内到达，合同已经成立。

三、承诺迟到的法律后果

根据民法基本理论，凡是在要约的存续期限届满后承诺的，即逾期承诺，一般都视为新要约，需要经原要约人承诺后合同成立，除非要约人及时通知受要约人该承诺有效。而在承诺迟到的情况下，受要约人对承诺迟到这一情况并不知情，其原可期待合同因适时承诺而成立，则依诚信原则，要约人应有通知的义务，即及时地向承诺人发出承诺迟到的通知。如果要约人怠于为此通知，则承诺视为未迟到，合同因而成立。故本条规定，承诺迟到后，除要约人及时通知受要约人因承诺超过期限不接受该承诺外，该承诺有效。对本条规定应从两个方面予以理解：第一，迟到的承诺原则上为有效承诺。承诺有效，即产生合同成立的效果。第二，要约人可以及时通知受要约人因承诺超过期限不接受该承诺，则迟到的承诺不发生承诺的效力。对于迟到的承诺，如果要约人不愿意接受，即负有及时通知承诺人因迟到而不接受该承诺的义务。要约人及时发出迟到通知后，该迟到的承诺不生效力，合同不成立。如果要约人怠于发迟到通知，则该迟到的承诺视为未迟到，发生承诺的效力，当事人之间合同成立。

受要约人在承诺期限内发出承诺，按照通常情形能够及时到达要约人，但因其他原因承诺到达要约人时超过承诺期限的，要约人如果不接受承诺的话，其有及时通知受要约人因承诺超过期限而不接受该承诺的义务，要约人不履行该通知义务则承诺有效，合同成立。要约人履行了及时通知义务，表明其不接受该承诺，则要约人与受要约人之间没有达成合意，合同不能成立。

所谓及时通知，是指在承诺期限届满后，要约人收到受要约人的迟到承诺后，是指依善良管理人的注意义务，在情势所允许的范围内，不迟延而为通知，立即通过口头或者书面等形式告诉受要约人，不接受该承诺。使用快速通讯方式作出承诺时，承诺迟到的通知原则上亦须使用相当的通知方法。承诺迟到的通知义务，不是法律上真正的义务，而是不真正义务。违反不真正义务不产生损害赔偿责任，仅使不真正义务人遭受权利减损或丧失等不利后果。就要约人而言，违反承诺迟到的通知义务，则承诺视为未迟到，合同成立。[①]

四、承诺迟到通知的性质

该承诺迟到的通知，属于一种事实通知，要约人将迟到的事实通知受要约人即足够，并且以发送而生效力，不到达的风险由受要约人负担。例如，甲向乙为要约，乙的承诺迟到，如果甲不依法向乙为承诺迟到的通知，则合同成立；如果甲向乙发送了承诺迟到的通知，但因传达故障乙并未收到，则合同也不成立。

【审判实践中应注意的问题】

正确理解与适用本条，还应当注意区分承诺迟到与逾期承诺的关系。如果承诺是在要约存续期限之后作出的，或者依照通常情形不能在要约期限内到达要约人的，则构成《民法典》第486条所规定的逾期承诺，并非本条所指的承诺迟到。商事实践中，承诺迟到与逾期承诺在客观上都表现为承诺在承诺期限之后才到达要约人，但承诺迟到不同于逾期承诺，两者存在本质区别。

首先，两者发生的原因不同。逾期承诺中承诺超期到达的根本原因在于受要约人本人能够控制的原因，是受要约人在超过承诺期限后才作出承诺，或者虽然承诺在期限内作出，但没有选择适当的作出方式，留出合理在途时间，按照通常情形就不能及时到达要约人；承诺迟到中承诺超期的原因不在于受要约人，受要约人是在承诺期限内作出了承诺，选择了恰当的方式并且为承诺到达要约人预留了合理的在途时间，按照通常情形该承诺能够及时到达要约人，导致承诺迟到的原因是因其他原因，如电报故障、信函误投或延迟，甚至网络传输中断等传达故障致使承诺迟到的。

① 崔建远主编：《合同法》，法律出版社2016年版，第33页。

其次，受要约人的合理预期不同。对于逾期承诺而言，受要约人在承诺期限届满后才作出承诺或者虽然在期限内作出了承诺，但是按照通常情形就不能及时到达要约人，因此受要约人知道或者应当知道其承诺到达要约人超过期限，承诺不生效，合同不能成立；而承诺迟到中，按照通常情形承诺能够及时到达要约人，故受要约人能够合理预期承诺于期限内到达要约人，承诺生效，合同成立，甚至有可能为合同履行而预做准备。

最后，两者法律后果有重大区别。逾期承诺原则上不发生承诺的法律效力，一般视为一项新要约，经要约人承诺后才能成立合同。逾期承诺仅在要约人认可的情况下，及时通知承诺人该承诺有效，才例外地具有承诺的法律效力，否则不产生承诺的效力。因受要约人知道或者应当知道其承诺超过期限，其应当合理预期到合同不能成立。因此要约人不想接受该承诺时，没有义务通知受要约人其不接受承诺的决定。只有当要约人愿意接受该承诺时，才需要及时通知受要约人承诺有效，合同成立。否则，合同就不成立。与之相反，迟到的承诺原则上发生承诺的效力，合同成立，只有在要约人及时通知受要约人因承诺超过期限而不接受该承诺的情形下，才不发生承诺的效力。因受要约人不知其按时发出的要约迟到，因此，要约人负有义务及时通知受要约人承诺迟延，否则，该承诺视为未迟延，仍然具有法律效力，合同仍然成立。如果要约人不愿意接受迟到的承诺，则应及时通知受要约人因承诺超过期限不接受该承诺，要约人及时发出此项通知后，该迟到的承诺不发生法律效力、合同不成立。

审判实践中，应当根据案件审理的具体情况，准确辨别承诺迟到与逾期承诺，适用不同的法律规范。

第四百八十八条 承诺的内容应当与要约的内容一致。受要约人对要约的内容作出实质性变更的，为新要约。有关合同标的、数量、质量、价款或者报酬、履行期限、履行地点和方式、违约责任和解决争议方法等的变更，是对要约内容的实质性变更。

【条文主旨】

本条是关于承诺对要约内容作实质性变更的规定。

【条文理解】

对于本条，应从以下几方面予以理解：

一、立法背景

合同的订立采取要约承诺的方式，合同成立是要约人与承诺人意思表示一致的结果。要约人发出要约后，受要约人决定是否对此进行承诺，根据传统的合同法理论，承诺内容必须与要约的内容完全一致，才认为双方意思表示一致，合同成立。承诺与要约必须像实体与反射在镜子中的映像一样，方向相反，内容却完全相同，此即合同法理论中的“镜像规则”（the mirror image rule）。“镜像规则”是普通法上的传统制度，1887年的Langellier v. Shaefer一案中曾对这一规则作出经典的归纳：“一方对另一方所发出的交易要约不能施加责任于前者，除非后者根据要约的条款对其予以承诺。任何对这些条款的修改和背离都将使要约无效，除非要约方同意这种修改和背离。”英国法上至今还一直沿用传统的“镜像规则”，要求承诺严格地与要约相符，否则将被视为反要约。如果受要约人对要约的内容作出变更，无论是更改、限制或补充，都认为是拒绝了原要约，原要约因此而失效。但是为了促进交易上的便利，这种附条件的承诺被视为提出了一项订立合同的新要约或称为反要约，只有当原要约人对此反要约作出了无条件的、与反要约内容完全相同的承诺后，合同才成立。整个合同订立的过程就是一个要约——反要约循环，直至最后达成承诺的过程。现代商事交易实践中，为减少单次交易成本，提高交易效率，往往采取双方相互交换格式文本的方式订立合同。如买方向卖方发送订单，卖方向买方发送销货确认书，常因双方格式条款的不一致而产生诸多法律问题。

对于承诺与要约内容不一致其法律效力的问题，各个国家和地区立法与理论研究中主要存在三种规则：最后用语规则、“第一枪”规则和相互击倒理论。各国的法律大体都在这三种解决方案的框架内，或者对其进行适当的调整与变通。[①]

（一）最后用语规则

最后用语规则（last word doctrine）是镜像规则推论的直接结果。根据传统民法中的要约承诺理论，承诺应该是对要约的无条件的、完全的接受。依据这个规则，第一个发出的格式文本是为要约，而受要约人发出的格式文本因为对要约作了修改，视为对原要约的拒绝，同时视为提出一个新要约，或称为反要约。这样，每一个被采纳的格式文本都应被看作一个反要约，而最后一个格式文本便被看作是收到者以沉默或者行为的方式予以接受。无论要约与反要约的无限循环过程进行多少次，只要一方开始履行，则最后的反要约就被视为得到了履行方的承诺，而成为确立合同条款的依据。如果最后的格式文本是买方发出的，则卖方发货的行为就是作出了承诺；如果最后的格式文本是卖方发出的，则买方支付定金、预付款，或者在卖方发货后，买方

① 潘勇锋：《试论承诺变更要约后合同的成立及合同条款的确立问题》，载最高人民法院民事审判第二庭编：《民商事审判指导与参考》（2005 年第 2 辑），人民法院出版社 2006 年版。

收货、付款的行为就是作出了承诺。实践中，通常是由买方发出定货单，卖方最后发出销货确认书，所以，最后的格式文本通常是由卖方发出的。因此，最后用语规则常常被指责为偏向卖方，漠视了买方的利益。

由镜像规则直接推论出来的最后用语规则在英国适用广泛。关于最后用语规则的典型案例是 B.R.S.V.Arthur v. Crutchley Ltd. 一案。原告把一批酒交给被告储存。原告的司机交给被告一张交货条，上面写明适用原告的"运输条件"。被告在交货条上加注了一句话："按（我方）条件收货"，交货条变成了收货条。被告将其还给司机，货物被储存。上诉法院适用了传统理论，认为被告在交货条上加注的文字等于反要约，而原告交货供储存是以行为表示接受。这样，合同条款就按最后发出的一个反要约的内容而定。

《联合国国际货物销售合同公约》第19条规定：（1）对要约接受但载有添加、限制或其他更改的答复，即为拒绝该要约并构成反要约。（2）但是，对要约表示接受但载有添加或不同条件的答复，如所载的添加或不同的条件在实质上并不变更该要约的条件，除非要约人在不过分迟延的时间内以口头或书面通知反对其间的差异，仍构成承诺。如果要约人不作出这种反对，合同的条件就以该项要约的条件以及接受通知内所载的更改为准。（3）有关货物价格、付款、货物质量和数量、交货地点和时间、一方当事人对另一方当事人的赔偿责任范围或解决争端等的添加或不同条件，均视为在实质上变更要约的条件。该公约的规定具有以下特点：第一，原则上坚持镜像规则，强调承诺的内容需要与要约相一致。第二，将承诺对要约内容的变更区分为实质性变更和非实质性变更，前者原则上不能成立合同，而后者，除非要约人明确反对，否则不影响合同的成立，合同以承诺的内容为准。可见，因镜像规则及其推导而来的最后用语规则对合同的成立的限制极为严格，应用中对这一规则进行了略微变通，其对格式之战的规定基本就采用了最后用语规则。第三，双方虽未达成协议，合同也因履行而成立，合同内容以最后发出的反要约的内容为准。

最后用语规则与合同法一般理论中追求当事人意思表示一致的价值取向相符，可以说从形式上最大限度地维护了当事人的意思自治。而且在实践中具有两方面的优势。一方面，它提供了某种程度的确定性，合同的内容就是根据最后发出的反要约的内容来确定，从而给当事人判断他们的行为提供了一个确切的标准；另一方面，这一规则提供了一个适用于所有类型合同的统一标准。但传统的“镜像规则”在面对现代商业交易中的格式之战时则显得过于严格和机械，它所采取的“全有或全无”的方式使得法官只能在买方或卖方的格式单中选择其一，而不能从真正的意义上去判断双方达成一致的条款，而且将会鼓励当事人竞相使用格式单并通过履行合同条件下的“最后一枪”理论争取自己的格式文本得以适用。

（二）“第一枪”规则

“第一枪”规则（first shot）是指合同订立过程中，尽管承诺包含有与要约不同的条款，还是可以发生承诺的效力，但合同的内容应以要约的内容为准。在这一规则之下，承诺中与要约不同或补充的条款只可以理解为是对修改合同的一种建议或成为修改合同的一项要约，要约人可以同意也可以拒绝。要约人的沉默或不履行即被视为拒绝。这样，在格式之战中，由先扣动扳机的一方获胜，所以，被称为“第一枪”规则。

因为“最后用语规则”在实践中会造成偏重卖方利益的弊端，所以，学者们力图加强对买方利益的保护。因为实践中卖方的商品价目表、报价单等通常不构成要约，因此，买方发出的订单就成为第一个要约。卖方接到订单后如果回以销货确认书，只要明确表示了同意订立合同的意思，尽管包含有与要约不同的条款，也可以认为构成了承诺，合同成立。但是合同的内容要以要约的内容为准。

这一理论表现最为明显的是美国《统一商法典》第2-207条（承诺或确认书中的补充条款）。该条规定：“在合理的时间内寄送的承诺表示或确认书，只要确定并且及时，即使与原要约或原同意的条款有所不同或对其有所补充，仍具有承诺的效力，除非承诺中明确规定，以要约人同意这些不同或补充的条款为承诺的生效条件。补充条款应被解释为是对合同的补充建议。在商人之间，除下列情况外，这些条款构成合同的组成部分：a. 要约明确规定，承诺必须符合原要约条款；b. 补充条款对合同作了实质性改变；或 c. 在受到此种补充条款后的合理期间内，要约人通知受要约人，拒绝此种补充条款。”

在合同成立方面，美国《统一商法典》的规定，彻底抛弃了镜像规则，只要承诺确定并且及时，即使与原要约条款有所不同或对其有所补充，也具有承诺的效力，合同成立。这样，在格式之战情况下，使得合同的成立更加容易。当然，承诺人也可以进行控制，就是在承诺中声明，以要约人同意这些不同或补充的条款为承诺的生效条件。如果承诺人作出了这种声明，则承诺不生效，合同不能成立。关于合同条款的确定方面。合同成立后，是以要约为基础确定合同条款。承诺对要约内容的变更原则上视为对合同的补充建议，这样就必须经过原要约人的同意才能加入合同。同时强调在商人之间，承诺中的补充条款如果只是对合同作了非实质性改变，则可以加入合同，如果是进行了实质性变更，则不能加入合同，只能是对合同修改的建议。即使对于非实质性变更加入合同，要约人对此也可以加以控制。在收到此种补充条款后的合理期间内，要约人可以通知受要约人，拒绝此种补充条款或者要约人可以在要约中明确规定，承诺必须符合原要约的条款。

第一枪规则的优点就是：第一，使格式之战情况下合同的成立更加容易。第二，要约人在发出要约之后，就要受到此项要约的约束，只要受要约人进行了承诺，合同即告成立。要约人对此无法控制，而受要约人却可以决定是否对要约进行承诺。因此，合同以要约的内容为准有其合理性。但是，第一枪规则以要约的内容作为确立合同条款的基础，显而易见是偏重于保护要约人的利益，而且在合同成立方面，其彻底抛弃镜像规则，其理论还值得商榷。

（三）“相互击倒”理论

根据这一理论，包含有不一致条款的承诺同样具有承诺的效力，合同成立。但是承诺与要约中不一致的条款，都不能成为合同的条款，只有双方以各种形式协商一致的条款才能成为合同的组成部分，其空白部分由法官根据法律、商业惯例或其他原则予以补充。

相互击倒理论在德国判例中最早提出。在德国，“最后用语规则”早在20世纪30年代就受到学者的批评。从20世纪70年代开始，德国采用“相互击倒理论”，使相互冲突的条款都不能加入合同。但是，这一理论在修改后的美国《统一商法典》第2-207条替代条款B中体现最为明显。该条规定：“（A）如果双方就协议事项提供的书面材料或其他记录内容不一致，则在符合第2-204条和2-206条的情况下合同成立。（B）包含于一方的书面材料和记录中的不一致条款不能成为合同的组成部分，除非要求将其条款并入合同的一方能证明在当时的情况下相对方已明示同意或知道或有理由知道这些不一致条款的存在，而没有表示反对。（C）如果合同按（A）款成立，其条款是：按（B）款所应包括的条款；双方的书面材料和记录中达成协议的部分；双方在其他情况下达成的部分；和依本法任何其他规定而成立的补充条款。（D）在商人之间，占优势的证据可满足本条下的举证责任。在其他情况下以确凿、清楚的证据为准。”相互击倒理论也有其优劣之处：

第一，替代条款B不再重复要约和承诺的概念，而是将其统称为一方的书面材料或记录，避免了以发送时间的先后这一偶然因素决定何者成为合同基础。这就使双方处于一个平等的地位，当事人不会仅仅因为发出格式文件时间上的偶然性而取得片面的优势。

第二，它使得格式之战情况下合同的成立更为容易。其中按照A款，承诺只要具有承诺的意思，合同即宣告成立。格式文本中所含有的不同条款不会影响合同的成立。这就在最大程度上保障了合同的成立。

第三，与第一枪规则相比，它在合同条款的确立方面相对而言更加合理一些。双方表格中不一致的条款原则上都不能成为合同的组成部分，仅在一方证明对方已表示明确同意或明知其存在而未作反对的情况下方能加入合同。也就是说，不一致的条款要相互击倒，由第三者对合同的空白内容进行补充。这样，就克服了前面两种规则中“全有”或者“全无”的片面性，不是以任何一方的格式文本作为确立合同的基础。这种情况下，一方要想使自己的条款成为合同的组成部分，不是仅仅发出标准格式就可以了，而是需要提醒对方当事人注意双方之间不一致的条款，并尽力与对方进行协商，争取达成协议。

但是在合同成立方面，相互击倒理论彻底抛弃了镜像规则，在确定合同条款方面，其赋予第三人补充合同条款的权力，是对当事人意思自治的一大限制，使合同具有了某种不确定性。可能使最后形成的合同内容违背了当事人双方的意志。作为双方当事人私的法律关系，法律是否有充足的理由干预到这种程度，也是值得商榷的问题。

关于要约实质性变更的规定在我国立法中最早规定于《合同法》。该法在制定过程中较多地参考了《联合国国际货物销售合同公约》相关规定，在这一问题上基本采取了最后用语规则。《合同法》第30条规定：“承诺的内容应当与要约的内容一致。受要约人对要约的内容作出实质性变更的，为新要约。有关合同标的、数量、质量、价款或者报酬、履行期限、履行地点和方式、违约责任和解决争议方法等的变更，是对要约内容的实质性变更。”本条保留了该条规定，没有进行变更。

二、承诺内容必须与合同内容一致

按照传统民法理论，合同的订立是要约人与承诺人意思表示一致的结果。承诺应该与要约的内容一致。一般情况下，承诺如果变更了要约的内容，不能构成一个有效的承诺，合同不能成立。然而，在现代商事交往中，为了提高效率，当事人双方往往采取相互交换印有格式合同条款的合同文本方式如订货单、销售确认书等订立合同。这种缔约方式下，当事人双方往往只注意到合同中的主要条款，如数量、单价、交货时间、付款方式等是否一致，而对合同文本中其他部分或者背面印有的格式条款没有给予过多注意。许多时候，当事人认为合同已经成立，开始履行甚至履行完毕，但因双方格式条款的不一致而产生合同是否成立以及成立后合同条款如何确立等特殊争议。

根据本条的规定，承诺的内容应当与要约的内容一致，即受要约人作出的承诺，其内容应当与要约人发出的要约的内容保持一致。所谓内容一致，是指承诺的内容与要约的内容在实质上一致，而并非在文字表述上完全一致。要求承诺内容与要约内容保持一致，原因就在于承诺是受要约人愿意按照要约人发出的要约的内容与要约人订立合同的意思表示，即《民法典》第479条规定的“承诺是受要约人同意要约的意思表示”。只有受要约人同意要约的内容，才能与要约人达成订立合同的合意，否则就无法达成合意，合同也就不能成立。

承诺的内容应当与要约的内容一致，是英美法系国家与大陆法系国家在立法上一致认同的原则。但因为现实中的承诺往往不是简单地回答“是”或者“同意”，要求承诺与要约的内容绝对一致，不利于合同的成立，不利于鼓励交易，且承诺是否与要约内容是否完全一致，是需要根据具体情况进行判断的。因此，形式上虽然承诺对要约内容有变更，但实质上并没有变更的，仍然可以认为与要约一致，承诺仍为有效。比如就要约的主要内容意思一致，仅就要约的附随事项附以条件或者为其他变更，承诺仍为有效。因此，对要约非实质性内容的更改，承诺有效，不影响合同的成立，合同内容以变更后的承诺内容为准。不过，承诺可以变更要约的非实质性内容，承诺依然有效，需满足两个前提条件：第一，要约人未及时表示反对；第二，要约人未在要约中明确表示不得对要约的内容作出任何变更。否则，即使只是对非实质性条款的变更，也不能使承诺生效。

三、承诺对要约内容进行了实质性变更，则承诺构成新要约

原则上，承诺应是对要约的完全接受，不能对要约内容进行变更，否则不发生承诺的效力。但要求承诺与要约内容绝对一致，是对合同成立极为不利的严厉约束，不利于促进和鼓励交易，还会增加当事人之间订立合同的成本。因而，我国法律对其稍做变通，将承诺对

要约的变更划分为实质性变更与非实质性变更：对要约作出了实质性变更的承诺不发生承诺的效力，视为对原要约的否认而提出的新要约，原要约失效，新要约必须经过原要约人的承诺后合同才成立；如果承诺只是对要约的内容作了非实质性的变更，则发生承诺的法律效力，合同成立。法律也允许要约人对这种非实质性的变动进行拒绝。要约人可以在收到载有变更内容的承诺后及时表示反对，也可以直接在要约中表明承诺不得对要约的内容进行任何变更。在这种情况下，尽管承诺只是对要约进行了非实质性变更，也不会发生承诺的效力当然导致合同成立，而是视为提出了一项反要约。

如果承诺内容对要约内容进行了实质性变更，因其与要约内容不一致，则不能构成一个有效的承诺，合同不能成立。即受要约人作出的承诺，对要约的内容作出实质性变更的，在法律上不再将其作为一项有效的承诺对待，不产生承诺生效、合同成立的法律效果，对要约人不具有约束力，而只能将其视为一种希望和他人订立合同的意思表示。因该承诺中表明了受要约人愿意以承诺中所列条件与要约人订立合同的意思，完全符合要约的规定，基于交易效率考虑，可以将其视为一个新要约，或称为反要约。在此种情形下，原受要约人已经成为新要约中的要约人，原要约人则成为新要约中的受要约人。受要约人发出的对要约的实质内容进行了更改（如增加、减少或改变要约的实质内容）的承诺，不是真正的承诺，而是一个新的要约，表明当事人双方关于订立合同的意思表示尚未达成一致，尚处于磋商阶段，需要要约人对受要约人发出的对要约的实质内容进行了更改的承诺（实际上是新的要约）进行承诺，合同才能成立。

综上，我国立法自《合同法》第 30 条直至本条，对承诺变更要约内容的问题采取了由镜像规则推论而来的“最后用语规则”，并对其稍作变通。原则上，要求承诺应当与要约内容一致，对于承诺变更要约内容的，将承诺对要约的变更划分为实质性变更与非实质性变更，认为非实质性变更的承诺发生承诺的效力，合同成立；而对于实质性变更了要约内容的，则视为新的要约。相比较而言，增加了合同成立的可能性。

四、对何种条款的变更为实质性变更

本条采用具体列举的方式对实质性变更进行了明确界定，主要应当注意以下方面：

第一，本条对实质性条款作了列举，根据本条规定，“有关合同标的、数量、质量、价款或者报酬、履行期限、履行地点和方式、违约责任和解决争议方法等的变更，是对要约内容的实质性变更”。《国际货物销售合同公约》第19条第3款规定：“有关货物价格、付款、货物质量和数量、交货地点和时间、一方当事人对另一方当事人的赔偿责任范围或解决争端等等的添加或不同条件，均视为在实质上变更发价的条件。”《国际商事合同通则》第2.11条也规定了实质性改变合同构成反要约，但没有具体列项规定什么条款是实质性条款，并认为，什么能构成实质性变更，对此无法抽象确定，必须视每一交易的具体情况而定。如果添加条款或差异条款的内容涉及价格或支付方式、非金钱债务的履行地点和时间、一方当事人对其他人承担责任的限度或争议的解决等问题，则通常（但不是必然）构成对要约的实质性变更。对此总是应予考虑的一个重要因素是，变更条款或差异条款在有关的贸易领域中须是常用的，而不能出乎要约人的意料。

第二，要约的实质内容是指要约中涉及将来合同成立的性质与主要条款的内容，具体事项包括合同标的、数量、质量、价款或者报酬、履行期限、履行地点和方式、违约责任和解决争议方法等。根据《民法典》第470条的规定，标的、数量、质量、价款或者报酬、履行期限、履行地点和方式、违约责任、解决争议的方法等，属于合同的基本条款。受要约人在承诺中对要约中的上述事项作出变更，实质上是不同意要约人提出的要约，并在该要约的基础上又提出了一个新的要约。因此，受要约人也就不能与要约人达成订立合同的合意，而该承诺只能作为一项新的要约处理。

第三，需要进一步说明的是，本条对具体事项列举之后，加了一个“等”字，表明构成实质性变更的，并非仅限于这几项内容。司法实践中，还存在其他尽管不在列举范围内，但是承诺若对其进行了变更，也属于实质性变更。如在涉外合同中，对法律的选择适用也可构成实质性变更。同时，由于现实生活错综复杂，对是否构成实质性变更，应当根据具体情况进行具体分析。如按照最高人民法院2010年8月5日发布的《外商投资企业规定（一）》第2条的规定，外商投资企业在设立、变更等过程中，当事人就外商投资企业相关事项达成的补充协议，对已获批准的合同不构成重大或实质性变更的，人民法院不应以未经外商投资企业审批机关批准为由认定该补充协议未生效。其中，重大或实质性变更，包括注册资本、公司类型、经营范围、营业期限、股东认缴的出资额、出资方式的变更以及公司合并、公司分立、股权转让等。

【审判实践中应注意的问题】

正确理解与适用本条，还应当注意以下问题：

一、关于商业无关性与格式之争

商事实践中，当事人往往采用标准格式文本进行交易，已成为商业活动的常态。同类的交易使用相同的条款，避免了每一次具体交易都要设计合同条款的繁琐，可以提高效率，降低缔约成本和经营成本，并有利于企业的规范化管理。其核心模式即是预先印制好的买单和卖单格式。买方的标准格式文本一般是订单，而卖方的标准格式文本一般是销货确认书。标准格式文本一般可以分为正面和背面两部分，正面列出货物的名称、数量、规格、价格及交货条件等项目，同时还留出空格，使双方可填入重要的合同细节，如他们所洽谈的价格、质量、装运日期等；而背面则往往以小字的形式印刷有“销售共同条件”（general conditions of sale），包括对履约方式的描述、自身产品责任的限制、瑕疵履行的救济方式及司法管辖的适用等条款。按照传统民法的理论，订单或者销货确认书在订立合同的过程中，往往按照发出的时间的先后被划分为要约与承诺。商事实践中，卖方时常也会向买方寄送商品价目表，但一般认为价目表不构成要约，是一种要约邀请。商业交往中，当事人往往采取相互交换事先印制好的具有固定模式的格式文本或于其上加注、回执等方式来订立合同，双方很少对合同进行详细的探讨。正因为商业活动中，相互交换标准格式成为缔约的主流，按照传统民法区分而来的要约与承诺就总是很难完全吻合。标准格式的正面条款是双方当事人洽谈的结果，一般不会发生分歧，但是背面的格式条款是双方当事人自己事先拟订的，一般都尽量维护自己一方的利益，因此约定很难完全一致，甚至在许多作为合同成立的必要条款上都不一致。所以，标准格式文本背面的格式条款往往成为争议的根源，所谓的格式之战实质上也就是标准格式之争。

但实践中的情况往往是，当事人订立合同时通常不会对这些格式条款中的不同过多留心，而是只要看到表格正面的价格、数量、交货日期等主要条款达成一致，就认为合同已经成立，开始正常的履行行为。大多数情况下，这种不完善的协议如果顺利履行完毕，就如同普通合同一样，不会产生任何纠纷。也就是说，不管法律上是否承认已经达成了合同，交易照常进行，而且除非有争议产生，这些合同从开始履行到履行完毕，几乎是与法律毫无关系的。这就是通常所说的“商业无关性”。要约与承诺内容不一致时，严格来讲，双方意思表示不一致，合同是不成立的。然而，实践中，当事人愿意甚至履行或者接受了对方的履行，合同是否可以成立呢？如果合同成立，则在相互不一致的条款基础上，如何确定合同的内容？这种在交易中，双方当事人都以各自的标准条款进行要约和承诺，并且都坚持在自己的标准条款的基础上达成最后的合同，从而引起的关于合同是否成立及如何确定合同条款的争议就是格式之战（battle of form），又称为格式之争。

对于双方开始履行合同情况下的格式之战的处理，一般都认为履行义务的行为可以构成承诺，合同成立。再则，法律的目标是鼓励交易，促进社会财富的增长，体现在合同成立的问题上，就是尽量解释为合同是成立的。特别是当双方已经履行了义务的情况下，更加不能简单地认为合同不成立而导致交易取消。鉴于我国立法将实质性变更的承诺视为反要约，同时认可通过行为作出承诺，当一方开始履行合同的情况下，如果双方之间存在交易习惯，或者要约中表明可以行为作出承诺，则一方履行合同的行为或者接受对方履行合同的行为视为承诺，则合同成立。合同成立的时间就是作出承诺的行为的时间。

我国法律规定在这一问题上基本上采取了“最后用语规则”，强调要约与承诺的区分，以及承诺必须与要约内容完全一致，必然导致在订约过程中所交换的格式文件一般都不符合承诺的要求。除第一份格式文件构成要约外，其余格式文件都是反要约或称新要约。当一方开始履行合同（当最后的反要约的受要约人开始履行的情况），或在对方开始履行后接受了他的履行（当最后的反要约的要约人开始履行的情况），在符合法律规定的情况下，就是以自己的行为对要约作出了承诺，合同因而成立，合同内容就以最后发出的反要约的内容为准。

二、格式之战是否要受到法律中关于格式条款规制的约束

《民法典》第496条、497条、498条对格式条款进行了专门的规范，对格式条款的权利义务进行了严格规制。根据《民法典》相关规定，要求提供格式条款的一方应当遵循公平原则确定当事人之间的权利和义务，并采取合理的方式提示对方注意免除或者减轻其责任等与对方有重大利害关系的条款，按照对方的要求，对该条款予以说明。提供格式条款的一方未履行提示或者说明义务，致使对方没有注意或者理解与其有重大利害关系的条款的，对方可以主张该条款不成为合同的内容。格式条款具有《民法典》总则编第6章第3节和《民法典》第506条规定的无效情形或者提供格式条款一方不合理地免除或者减轻其责任、加重对方责任、限制对方主要权利或者提供格式条款一方排除对方主要权利，该条款无效，并且明确了格式条款应该按照通常理解予以解释，有两种以上解释的，应当作出不利于提供格式条

款一方的解释。格式条款和非格式条款不一致的，应当采用非格式条款。但是此处所指的格式条款是否就是格式之战情况下我们讨论的格式条款？

讨论这一问题，首先需要明确的是，什么是格式条款？格式条款，又称附和契约，就如学者史尚宽给其下的定义，“附和契约，谓契约之内容，预由当事人一方为之确定，他方当事人唯得依其既定内容，为加入之契约”。其基本特征有二：第一是一方为反复使用而预先制定；第二就是附和性，他方唯得依其既定内容，为加入之。就是“要么订立，要么走开”。

考察格式条款制度的规范意旨，就在于避免强者利用契约自由压迫弱者，避免单方自由，“如何在契约自由的体制下，规律不合理的交易条款，维护契约正义，使经济上的强者，不能假借契约自由之名，压榨弱者”。因此，条款是否可以经由当事人协商约定纳入合同，提供条款的一方是否具有缔约优势是格式条款认定的前提条件。格式条款的内容是不容协商的，附和性是格式条款的根本特征。

格式之战一般发生在无垄断依附关系的商事主体之间订立商事合同的过程中，正因为双方存在讨价还价的空间，所以才会发生格式条款的不一致。在格式之战发生的时候，双方各有把握商业机会、估量商业风险、自我决定之权利，对于没有缔约优势一方提供的标准格式文本，似乎没有法律干涉之必要。

三、案例分析

关于承诺与要约内容不一致的问题以及各种处理方式的优劣，可以通过下面两个案例进行对比分析。

案例一：商人甲向乙发出定货单，表示愿以某一价格向乙订购一批钢材，在定货单的背面印制的格式条款中，有一条规定是当发生争议时，双方应将争议提交甲地的仲裁机关仲裁。乙收到订单后向甲发出了销货确认书，表示愿以此价格与数量向甲供货，但在确认书的背面的格式条款中，有一条规定是当发生争议时，应由乙地的法院进行管辖。后因市场上钢材价格上涨，乙不想履行原协议，所以当甲向其催货时，主张合同未成立。

案例二：A向B发出一份定货单，表示愿以某价格向其订购一批货物。在订单的正面，列明产品的名称、数量、单价和交货日期，在订单的背面印制的格式条款中有一条规定：卖方应承担因产品质量所引起的一切责任。B也向A发出销货确认书，表示愿向A出售这批货物，同样也在正面列明货物的名称、数量、单价和交货日期，但在背面印刷的格式条款中却声明卖方只负担产品质量缺陷而造成的修理、更换、退货责任。随后，B按时发货，A也按约定收货并支付了货款。后来这批货物有严重的质量问题，导致A厂停产，造成极大的损失。A向B索赔，要求其赔偿因其产品质量缺陷造成的全部损失。B拒绝赔偿，只同意退货。

上述两个案例代表了市场交易中时常出现的因采用格式文本订立合同而产生纠纷的两种形态。案例一涉及承诺对要约中的争议解决条款变更后，此种承诺具有何种效力，合同是否成立的问题；案例二则主要是承诺与要约内容不一致，双方已将“合同”主要义务履行完毕后，合同是否成立以及如果合同成立后合同条款如何确立的问题。

如果按照最后用语规则处理：案例一中的甲乙之间的合同就未成立。因为乙所发出的销货确认书中将甲在定货单中的条款作了变更，所以不发生承诺的效力，而是构成了一项反要约。甲并未对这项反要约作出承诺，所以，合同未成立。案例二中A和B之间的合同因履行而得到承诺，合同成立。详言之，A发出订单的行为是要约，B接到订单后发出销货确认书，因其在背面印制的格式条款中对A订单中的责任承担方式进行了变更，因此，视为对原要约的拒绝而提出了一项反要约。B提出反要约之后发货，A予以接受，可以解释为A以行为对B的反要约进行了承诺。因为最后发出反要约的是B，所以合同条款以B之反要约中的内容为准。即B只承担产品质量缺陷而造成的修理、更换、退货责任即可。

如果按照按第一枪规则处理：案例一中甲、乙之间的合同已经成立，乙之承诺虽然含有不同的条款，但是，不影响承诺的效力。因为乙之承诺对甲之要约作了实质性变更，所以，乙之承诺的内容不能作为合同的组成部分，合同的内容以甲要约中的内容为准。案例二中，A、B之间的合同也因B之承诺而生效。但B对违约责任的修改属于实质性变更，所以，只有得到A的同意后才发生效力。A并未作出同意的意思表示，所以，合同应以A在要约中的内容为准。B必须负担因产品质量引起的一切责任，赔偿A因其产品质量问题而受到一切损失。

如果按相互击倒理论来处理：甲与乙之间以及A与B之间都有明确的承诺，合同成立。但是，合同的内容除双方协商同意的部分外，其余相互冲突的条款都不能成为合同的组成部分，其空白部分应由法官根据法律、商业惯例等进行补充。所以，甲、乙与A、B之间的合同都不能片面依据一方的条款订立，而是应由法官根据一定的原则予以补充。

按照我国现行法律规定，在上述案例一中，乙发出的销货确认书不是对甲定货单的完全接受，承诺与要约的内容不一致。销货确认书对仲裁选择的变更属于变更了合同争议的解决方式，是对要约进行了实质性变更。因此，按我国《民法典》的规定，这份销货确认书不发生承诺的效力，而是作为一项反要约。因原要约人甲未作出承诺，所以合同不成立。因此，乙可以不交货，甲不能要求乙因此承担违约责任。

在案例二中，A向B发出订单，B对A所发出的销货确认书中也对要约作了实质性的变更，同样不发生承诺的效力。但A、B双方却依协议履行了自己的“义务”。按照我国《民法典》的规定，根据交易习惯或者要约中的明确表示，承诺可以通过一定的行为作出。案例中没有具体说明，如果A和B双方有此交易惯例，或者A的要约中有明确的表示，则可以不为承诺的通知而直接以行为的方式作出承诺，合同成立。在合同成立的情况下，B之承诺实质上是一项新要约，而如前所述，B发货后，A收货的行为在法律上的意义是A以自己的行为进行了承诺。所以，合同的内容应以 B 之反要约为准，即 B 只需要承担退货的责任即可。

下面一则案例也很好地诠释了承诺对要约的实质性变更导致合同不成立的问题。在最高人民法院判决的毛某随与焦某成、焦某等股权转让纠纷案中[1]，2014 年 12 月 6 日毛某随与焦某成、焦某、石圪图煤炭公司签订了《补充协议书》，约定：毛某随与焦某成、焦某、石圪图煤炭公司共同认同 2013 年 12 月 28 日签订的《股权转让合同》全部条款内容合法有效，第三条明确约定焦某与石圪图煤炭公司为焦某成的全部债务提供担保，保证方式为连带责任保证，保证期间至 2015 年 12 月 31 日止。焦某在签字处以书写“本人焦某保证毛某随投资金额肆仟万元整，如焦某成没能力支付的情况下”签署。石圪图煤炭公司同日又出具了《担保书》，保证内容、保证方式及保证期间与补充协议内容相同。对此，最高人民法院经审理后认为，该《补充协议书》意在确认焦某以及石圪图煤炭公司就焦某成应支付的全部债务承担连带保证责任。但从上述焦某的手写内容看，其对《补充协议书》第 3 条中就担保范围和担保方式的内容进行了实质性的变更，即作为担保人的焦某与债权人毛某随之间就债权担保方式及担保范围并未达成意思表示上的一致，因此，《补充协议书》中有关担保人就焦某成全部债务承担连带保证责任的约定在焦某和毛某随之间并未成立。

此案明确了保证合同中，承诺对于要约中关于担保范围和担保方式的内容的变更为实质性变更，合同因此变更而不成立。尽管如此，最高人民法院审理后同时认为，各方当事人在《补充协议书》中已明确确认了《股权转让合同》的有效性，而依据《股权转让合同》第 6 条第 3 项的内容“如果乙方（焦某成）不履行本合同中的相关义务，给甲方（毛某随）造成的损失，由担保人（焦某）承担担保责任”，焦某在本案中所承担的保证责任应当依据该条款予以确认。因该条款未约定保证责任方式，依据《担保法》第 19 条关于“当事人对保证

① 最高人民法院（2016）最高法民终 18 号民事判决，上诉人焦某成、焦某与被上诉人毛某随、原审被告准格尔旗川掌镇石圪图煤炭有限责任公司股权转让合同纠纷案。

方式没有约定或者约定不明确的，按照连带责任保证承担保证责任”的规定，焦某依法应当承担连带保证责任。关于焦某承担保证责任范围，其上诉主张该损失仅仅指违约金而不含合同约定的股价款本身，但从担保的价值和功能角度看，除非合同双方之间有明确约定，一般应当认为首先是就主债权进行担保，故前述条款中的担保范围应当认定为主债权本身以及违约金等更为恰当。在前述条款中有关保证人的保证责任范围存在歧义的情况下，依据《担保法》第21条第2款有关“当事人对保证担保的范围没有约定或者约定不明确的，保证人应当对全部债务承担责任”的规定，焦某所承担的保证责任范围应当是债务人焦某成对毛某随负有的全部债务。对于保证期间，虽然《股权转让合同》中没有约定保证期间，但在此后的《补充协议书》第3条中，各方明确了保证期间至2015年12月31日，而且焦某并未对此提出异议，因此，应当按照此约定确定保证期间。

第四百八十九条 承诺对要约的内容作出非实质性变更的，除要约人及时表示反对或者要约表明承诺不得对要约的内容作出任何变更外，该承诺有效，合同的内容以承诺的内容为准。

【条文主旨】

本条是关于承诺对要约内容作非实质性变更的规定。

【条文理解】

《民法典》第488条就承诺对要约的内容作出实质性变更如何处理的问题作了规定，本条则就承诺对要约内容作出非实质性变更应当如何处理作了规定。根据本条的规定，对于承诺作出非实质性变更要约的内容，原则上该承诺有效，要约人及时表示反对或者要约表明承诺不得对要约的内容作出任何变更的，该承诺无效。对于本条，应当从以下方面予以理解适用：

一、立法背景

对于要约的内容作非实质性变更的承诺如何处理的问题。根据两大法系传统理论，承诺必须与要约的内容完全一致，不得作任何更改。但美国法为鼓励交易，逐渐适当修改了传统英美法的镜像规则，而承认了承诺可以对要约进行非实质性变更，这一规则被《联合国国际货物销售合同公约》所确定。《联合国国际货物销售合同公约》第19条第1款和第2款规定："对发价表示接受但载有添加、限制或其他更改的答复，即为拒绝该项发价，并构成还价。但是，对发价表示接受但载有添加或不同条件的答复，如所载的添加或不同条件在实质上并不变更该项发价的条件，除发价人在不过分迟延的期间内以口头或书面通知反对其间的差异外，仍构成接受。如果发价人不做出这种反对，合同的条件就以该项发价的条件以及接受通知内所载的更改为准。”第 19 条第 3 款规定：“有关货物价格、付款、货物质量和数量、交货地点和时间、一方当事人对另一方当事人的赔偿责任范围或解决争端等等的添加或不同条件，均视为在实质上变更发价的条件。”根据公约起草秘书处的评论，公约并不要求承诺与要约使用完全相同的语言，只要承诺字面上的差异没有改变当事人双方的义务。《国际商事合同通则》第 2.11 条的规定与公约第 19 条前两款的规定是一致的。

我国《合同法》在制定时参考了《联合国国际货物销售合同公约》以及《国际商事合同通则》的规定，对承诺对要约内容作出非实质性变更的，原则上认为该承诺有效。《合同法》第 31 条规定：“承诺对要约的内容作出非实质性变更的，除要约人及时表示反对或者要约表明承诺不得对要约的内容作出任何变更的以外，该承诺有效，合同的内容以承诺的内容为准。”本条保留该条规定，只作个别字词修改。

二、承诺对要约内容进行非实质性变更的，除要约人及时反对或者要约中事先声明不得变更外，合同成立

承诺的内容必须与要约的内容完全一致，原则上不得作任何更改，这是英美法与大陆法两大法系一致的原则，否则原要约失效，承诺视为新的要约。但商事交易实践中，承诺往往不是简单地回答“是”或者“同意”，要求承诺与要约的内容绝对完全一致，不利于合同的成立，也不利于鼓励交易。如果承诺仅仅是在形式上对要约内容有所变更，实质内容并未变更的，从促进交易的角度考虑，应当认定承诺有效，从而合同成立。但该承诺毕竟与要约内容不一致，认可此种情况下承诺原则性有效，是基于促进交易、提升交易效率的考虑，如果根据本条的规定，对于承诺作出非实质性变更要约的内容，原则上该承诺有效。如果要约人及时表示反对或者要约表明承诺不得对要

约的内容作出任何变更的，该承诺无效。对于这一规定，应从以下方面予以理解：

第一，承诺非实质性变更要约内容的，原则上该承诺有效，合同成立。此种情形下，承诺虽然不是与要约内容绝对一致，但因承诺对要约内容仅进行了非实质性变更，也即在涉及合同实质内容方面，当事人双方已经达成了一致，此时认定合同成立，并不影响要约人的实质性利益，反而有利于提高交易效率，降低交易成本。如果机械地认定承诺对要约的任何变更，都导致承诺不生效，视为新要约，需要要约人再次承诺后合同才能成立，则徒然增加交易成本，且增加了合同成立的不确定性，影响正常的交易秩序。

第二，承诺非实质性变更要约内容的，特定情形下承诺无效。承诺对要约的内容作出非实质性变更，如果要约人及时表示反对或者要约表明承诺不得对要约的内容作出任何变更的，该承诺无效，合同不能成立：一是要约人及时表示反对的。首先，要约人收到承诺后，应当通过口头或者书面等形式，明确向受要约人表示反对意见。此时承诺原则上是成立的，要约人如果反对则负有通知义务，不能以沉默方式进行；其次，反对是否及时作出，应当根据个案具体情况，确定合理期间。二是要约中表明承诺不得作任何变更的。即要约人在其发出的要约中，已经表明该要约内容不得进行任何变更，受要约人只可选择同意或者不同意。

需要注意的是，在上述情形下要约人不同意承诺对要约内容的进行非实质性变更，双方当事人意思表示没有达成一致，这时，应认定对要约内容的进行非实质性变更的承诺无效，合同不成立。但是承诺也表明了受要约人愿意以确定的条件与要约人订立合同的意思表示，因此，在性质上还是应当视为新要约，经要约人承诺后合同成立。但因受要约人已经对该承诺表示了反对或者在要约中明确表示了承诺不得作任何变更，因此，虽然理论上还可以经要约人承诺的可能性，但在实践中已经不存在要约人承诺的可能性了。

第三，何谓非实质性变更？非实质性变更与实质性变更相对，凡是承诺改变了要约中的内容，又非实质性变更的，均为非实质性变更。我国《民法典》第488条对实质性变更进行了列举规定，“有关合同标的、数量、质量、价款或者报酬、履行期限、履行地点和方式、违约责任和解决争议方法等的变更，是对要约内容的实质性变更。”所谓承诺对要约内容的非实质性变更，是指承诺对要约内容的补充、限制和修改，不涉及有关合同标的、数量、质量、价款或者报酬、履行期限、履行地点和方式、违约责任和解决争议方法等事项。

因我国对实质性变更列举范围比较广泛，故非实质性变更情形比较少见。对要约内容的非实质性变更通常有以下几种情形：（1）受要约人在承诺中增加了要约人本来就应遵守的法定义务；（2）受要约人在承诺中增加了对要约的内容进一步说明但不超出要约原有内容的说明性条款；（3）受要约人在承诺中增加了建议性、希望性条款，是否接受取决于要约人的意志，并且对原合同无关紧要；（4）受要约人在承诺中在要约人授权范围内对要约作了修改；（5）承诺与要约的主要内容意思一致，仅就要约的附随事项附以条件或为其他变更；（6）承诺与要约实质内容一致，仅文字表述方面的变化。但在实际交易的具体合同是否构成实质性改变，还需就个案进行具体分析，关键看是否构成对要约人利益的实质性影响。例如具有涉外因素合同中，法律适用的选择就对当事人利益具有实质性影响，尽管可能没有明确包括在《民法典》第488条列举范围内，但如果承诺变更了要约中对法律适用的选择，也应当属于实质性变更。

三、承诺对要约内容进行非实质性变更而合同成立的，合同内容以承诺内容为准

承诺对要约内容进行非实质性变更而合同成立的，因承诺与要约内容相比，虽然仅作出非实质性变更，但毕竟存在差异，就涉及合同成立后，要约与承诺存在差异的部分，其合同内容以要约内容为准还是以承诺内容为准的问题。因受要约人通过承诺的变更明确表示了自己的意思，如果要约人不同意的话，尽管只是非实质性变更，也可以

通过及时反对来使承诺不生效，合同不成立。要约人不表示反对，则受要约人可以合理预期其承诺的变更被要约人所接受了，因此，此种情形下成立的合同，其内容应当以承诺的内容为准。

【审判实践中应注意的问题】

正确理解与适用本条，应该注意将本条与《民法典》前一条相结合，根据案件具体审理情况，区分承诺对要约内容的实质性变更与非实质性变更。

《民法典》中针对承诺对要约内容的实质性变更与非实质性变更规定了不同的法律后果。就实质性变更而言，该承诺不再是承诺，而是一个新要约，法律在这种情况下，侧重保护要约人的利益，即对要约内容进行了实质性变更的承诺，并不能当然产生承诺的效力，不能使合同当然地成立，进而对要约人产生合同的拘束力。如果要约人愿意接受该意思表示，可以对其进行承诺，从而在当事人之间产生新的法律关系。如果要约人不愿意接受该意思表示，可以对其置之不理。就非实质性变更而言，法律更加侧重保护承诺人的利益，即对要约的内容进行了非实质性变更的承诺，是有效的承诺，一旦该承诺依法到达了要约人，合同就要在当事人之间成立，产生相应的法律效力，并且合同内容以承诺的内容为准。如果要约人不愿意接受变更后的意思表示，则应该在收到变更的承诺后，及时对其表示反对，或者在要约中明确表示不允许承诺对要约的内容进行任何的变更。如果要约人没有采取上述措施，则该承诺为有效的承诺。

实质性条款和非实质性条款没有绝对的界限。《国际商事合同通则》第2.11条并没有具体列举什么条款是实质性条款，其注解认为“对此无法抽象确定，必须视每一交易的具体情况而确定”。当要约人将某种非必要条款作为合同成立的先决条件，那么，该条款就成为要约的实质性条款，对该条款的变更也就构成了实质性变更。比如说，关于先合同义务规定的违反。合同是两个当事人意思表示的合意，因此，当要约人在要约中明确指出不得变更的条款，往往是考虑到自身和对方以及市场的实际情况而作出的，承诺对要约中明确指出不得变更的条款进行的变更，就是实质性变更。如果要约明确指出其所有条款均不得变更，则承诺对要约的任何变更均构成实质性变更。

受要约人作出的不损害要约人利益的变更是非实质性变更。从不同的角度进行理解，“变更”可以有不同的意义。从形式上而言，变更意味着增加、删除和修改。从性质上而言，变更可以有积极性变更和消极性变更。从程度上而言，变更可以有重大变更、一般变更、轻微变更。如果是积极性变更，变更的条件比要约的更为优惠，更加能维护要约人的利益，这种承诺应当是有效的。比如：在拟订立的承揽合同和建设工程合同中，受要约的承诺人，为揽得长期的业务往来，承诺作出比要约要求的期限更快、质量更好的工作或工程。这种承诺的有效性自然应当得到承认。如果是轻微变更，承诺是否有效？结论是不确定的。比如买方发出购买钼铁的要约，卖方同意买方的所有条件，只是要求将运货方式由陆运改为水运，或将交货地点由同一个城市 A 地变为 B 地。买方对此并未作出反对表示。这种承诺应当是有效的。因为它并未影响买方的利益，所以依通常情形或者交易习惯卖方可以认为合同已经订立并生效。否则，后恰逢国际钼铁市场价格大幅度下挫，或者买方寻找到更为物美价廉的卖主，遂以合同不成立为由，拒绝进货，卖方却无法得到法律的救济。基于公平和正义的精神，我们也不应当让卖方因为一项不影响买方利益的，甚至是有利于买方利益的变更而使自身完全受制于买方。此时，买方的做法显然违背了诚信原则的要求。如果支持买方的主张是对诚信原则的严重违背，并且卖方有可能因此而损失相当的机会成本。但是，买方又可以卖方是合同不成立的责任方为由，规避缔约过失责任的承担。于此情形，应当判令买方承担违约责任。原因在于，合同法诚信原则和《民法典》第 488 条虽同属规范，但诚信原则是具有统率全局的抽象性的上位规范，第 488 条则是具体的下位规范。两者有冲突时，“应赋予该法原则以匡正现行法规范的功能”。在此类案例中，只要承诺人所作的承诺对要约人所希望实现的合同目的在客观上是有利的，那么，这种变更就应当视为非实质性变更。

在中原代理诉商贸公司案件[①]中，在中介机构，承租人在一份《房屋租赁合约》上签字盖章。合约约定，出租人同意将某处物业出租给承租人，对租期、免租期、交楼日期、租金等事项均作了明确约定。合约最后的备注栏注明：甲方实际交楼日期不迟于8月10日，以实际为准，起租日期自动顺延，甲方负责提供13和14单元之间隔墙，并开好双扇玻璃。承租人签字时，出租人并不在场。后出租人在同一份合约上签字。签字后的《房屋租赁合约》在免租期及交楼日期处有改写痕迹，将原先的“免租期自2008年8月1日起至2008年8月15日”，改写为“免租期自业主交楼之日起7日”；将“交楼日期为2008年8月1日”，改写为“交楼日期为2008年8月10日左右，见备注”。改写处没有出租人或承租人的签字及手印。承租人知晓该事实后，认为改写处未经其同意，遂拒绝承租涉案房产及支付佣金。本案争议的焦点就是房屋租赁合同是否成立。法院经审理后认为，判断本案所涉租赁合同是否成立的关键是出租人签署合同及对有关条款修改的行为是对承租人要约的承诺，还是构成了新的要约。本案所涉《房屋租赁合约》在出租人签字确认后，从形式上看，涉及了对免租期及交楼日期的修改，属于对要约内容的实质性变更，应视为新要约。即使本案《房屋租赁合约》的修改之处属于对要约的内容作出非实质性的变更的情形，基于承租人在知晓合同条款的改动之后，随即提出了异议的事实，也不能认为出租人对条款的修改及签字确认行为属于合法的承诺。虽然承租人在本案所涉租赁合同上有盖章确认的行为，但其后出租人对条款的修改及签字确认行为并不属于合法的承诺，本案所涉租赁合同依法应认定为未成立。

---

① （2008）深罗法民二初字第1798号中原地产代理（深圳）有限公司诉俊宝俏温泉概念商贸（深圳）有限公司居间合同纠纷案。

第四百九十条　当事人采用合同书形式订立合同的，自当事人均签名、盖章或者按指印时合同成立。在签名、盖章或者按指印之前，当事人一方已经履行主要义务，对方接受时，该合同成立。

法律、行政法规规定或者当事人约定合同应当采用书面形式订立，当事人未采用书面形式但是一方已经履行主要义务，对方接受时，该合同成立。

【条文主旨】

本条是关于采用合同书形式订立的合同成立时间的规定。

【条文理解】

当事人意思表示达成一致的，合同成立。合同成立的实质判断标准是意思表示达成一致，但意思形成于当事人的内心，如果不以一定的形式表示出来，他人无从判断。如何判断当事人的意思表示是否达成一致？本条和下一条分别规定了以合同书和信件、数据电文等形式订立的合同成立的判断依据。根据本条规定：（1）采用合同书形式订立的合同，自当事人均签名、盖章或者按指印时成立；（2）未签名、盖章或者按指印，但是一方已经履行主要义务，对方接受时，合同成立。

合同成立是合同订立的重要组成部分，且为结晶。合同订立是指缔约人为意思表示并达成合意的状态，缔约达成合意，合同条款至少是合同的主要条款已经确定，各方当事人享有的权利和承担的义务得以固定，即合同成立。合同成立标志着合同的产生和存在。[①]依据本法第136条规定，除非法律另有规定或者当事人另有约定，民事法律行为自成立时生效。合同成立是合同生效及后续履行的前提，只有合同成立，才能启动后续的履行等过程。如果合同未成立，合同的后续过程无从谈起。

一、关于合同书

根据《民法典》第469条的规定，合同形式包括书面、口头或者其他形式，书面形式是指合同书、信件等可以有形地表现所载内容的形式，符合一定条件的数据电文视为书面形式。合同书是一份书面文件，判断一份书面文件是否为合同书，不可只看其名称，而应依据其内容。法律并未要求合同书须有名称，只要文件内容记载了当事人之间达成的合意事项，包括了构成一种合同的必要条款，就是合同书。反之，虽然具有合同书或协议书之名，但文件内容并非当事人之间达成的合意，或者并未包括一种合同的必要条款，也不是合同书。另外，当事人在缔约过程中形成的各种文件，如意向书、议事录、备忘录等，如果其内容足以构成合同，也应看作合同书。[②]

二、关于签名、盖章、按指印

关于签名。《合同法》第32条用的是“签字”，《现代汉语词典》对签字的解释为：“在文件上写上自己的名字，表示负责”，该词典对签名的解释为“写上自己的名字”[③]。可见，这两个词属于同义词，与《合同法》相比，本法仅是表述上的调整，内容并无实质不同。

关于盖章。此处的章主要是指公章，并不排除私人名章。但如果加盖的是私人名章，因为其并无登记备案，更容易发生效力方面的

① 崔建远主编：《合同法》，法律出版社2007年版，第40~42页。

② 梁慧星：《民法》，四川人民出版社1988年版，第264页，转引自朱广新：《书面形式与合同的成立》，载《法学研究》2019年第2期。

③ 中国社会科学院语言研究所词典编辑室编：《现代汉语词典》，商务印书馆2005年版，第1087页。

争议。

关于按指印。《合同法》仅规定签字、盖章为确认合同成立的方式，本条增加了“按指印”的方式。指纹是人的生物学特征之一。《辞海》介绍，指纹是手指末节内侧表面的皮肤乳突排列而成的花纹结构。自胚胎第三个月形成后终身不变，其细节特征的总和，千差万别，个人不同，各指不同。中国最早将指纹用于个人识别，古代即已用指纹取信。[①] 指纹重复率极小，大约150亿分之一，故也被称为“人体身份证”。存在书写困难的人，按指印是替代签名的较好方式。《合同法司法解释（二）》第5条规定，当事人采用合同书形式订立合同的，应当签字或者盖章。当事人在合同书上“摁手印”的，人民法院应当认定其具有与签字或者盖章同等的法律效力。司法解释用“摁手印”，本条用“按指印”，表述上有细微的差别，但实质内容一致。按照《现代汉语词典》的解释，手印有两种含义：一是手留下的痕迹，二是特指按在契约、证件等上面的指纹。[②] 指印则只有一种含义，手指头肚留下的痕迹，有时特指按在契约、证件、单据等上面的指纹。[③] 现实生活中，一般是在合同书上以某个手指印加以确认，现代以整个手印确认合同成立的情形极为罕见。比较而言，此处用“按指印”比用“摁手印”表述上更为精确，不易发生歧义。

关于签名盖章按指印的位置。合同书载明合同的内容，当事人一般在合同书正文结束后的合同的尾部，也就是合同书的最后一页或两页签名盖章按指印。有些多页的合同书还会加盖骑缝章或骑缝签名，但骑缝章、签名或手印不属于本法规定的签名、盖章、按指印。骑缝位置的盖章、指印、签名，其主要功能在于保持合同的完整性，防范合同页被替换、增减的风险。骑缝位置没有盖章、签名或指印，不影响合同的成立。

---

① 《辞海（1999年版普及本）》，上海辞书出版社1999年版，第1966页。

② 中国社会科学院语言研究所词典编辑室编：《现代汉语词典》，商务印书馆2005年版，第1256页。

③ 中国社会科学院语言研究所词典编辑室编：《现代汉语词典》，商务印书馆2005年版，第1754页。

三、签名、盖章、按指印的意义

除书面形式所具备的一般性保护和证据功能外，亲笔签名还有结束功能、真实性功能和识别功能。签字是文本的空间上的结束，并由此划分了哪些内容被列入签名人的意思（结束功能）。签名应该可以使签名人清晰地被辨认（识别功能），并且通过文本和亲笔签名在空间上的联系，确保相应表示的确源于签名人（真实性功能）①。盖章和按指印同样具备这样的功能。识别功能要求签名、盖章、按指印应清晰可辨，否则难以核查。特别是签名，有些草书签名或个性化、艺术性签名，难以识别，不宜作为合同签名使用。有学者认为，我国《合同法》中签名盖章的意义有三：一是签名或盖章意味着表意人对合同内容的同意，双方当事人在同一合同文书上签名则意味着意思表示的一致；二是签名或者盖章的时间决定着合同成立的时间；三是签名或者盖章具有标识合同当事人的功能。然而，《合同法司法解释（二）》第5条第1句所作“当事人采用合同书形式订立合同的，应当签字或者盖章”的规定，明显倾向于把签名或者盖章看作书面形式的构成要件。这反映出，关于签名或者盖章的规范意义，法院越来越务实地把它当作书面形式的构成要件。②

四、关于形式上有缺陷的合同

本条第1款第1句规定，当事人采用合同书形式订立合同的，自当事人均签名时合同成立。但如果当事人均未签名，或者只有部分当事人签名，合同是否成立？根据本条第1款第2句和第2款的规定，在签名之前，当事人一方已经履行主要义务，对方接受时，该合同成立。此规则在学理上被称为履行治愈规则，是指欠缺法定或约定形式

① ［德］本德·吕特斯、阿斯特丽德·斯塔德勒：《德国民法总论》，于馨淼、张姝译，法律出版社2017年版，第345页，转引自朱广新：《书面形式与合同的成立》，载《法学研究》2019年第2期。

② 朱广新：《书面形式与合同的成立》，载《法学研究》2019年第2期。

要件的合同，因当事人履行的事实而补正地使本来无效的合同成为有效合同。[①] 审判实务对此问题的观点是：合同形式，应当视为证明合同成立的依据，而不能把其当作合同成立或生效的要件，也就是说，对合同的书面形式应采证据主义，不宜采生效主义。在实践中，对于应当采用书面形式而采用口头形式或者其他形式而订立的合同，应当着重考察当事人的意思是否取得一致，取得一致的，应认定为成立；反之，应当认定为未成立。[②]

《城市房地产管理法》第41条规定，房地产转让，应当签订书面转让合同。双方当事人未签订书面转让合同，但是买方已经支付购房款，卖方已经接受，或者卖方已经交付房屋，买方已经入住的情形下，容易因这种合同形式上的缺陷产生纠纷。房屋买卖合同中，卖方的主要义务是交付房屋，买方的主要义务是支付购房款，这两种情形均是一方已经履行了主要义务，对方接受的情形。此时合同已经成立。

此处需要注意三个问题：（1）一方履行的应是主要义务，而非次要义务。履行了主要义务为对方所接受，说明双方就合同的主要条款已经达成一致，如果只是次要义务的履行，无法由此推定双方就主要条款已经达成一致，故不能认为合同已经成立。不同类型的合同，主要义务不同，例如买卖合同卖方的主要义务是交付房屋，建筑施工合同施工方的主要义务是完成建筑物的施工。（2）只要是一方履行了主要义务对方接受即可，而并非要求双方均履行了主要义务，对方接受。（3）一方履行主要义务为对方所接受。如果对方没有接受，那么说明双方尚未就主要条款达成一致，不能认定为合同成立。

---

① 王洪：《合同形式欠缺与履行治愈论——兼评〈合同法〉第36条之规定》，载《现代法学》2005年第3期。

② 最高人民法院经济审判庭编著：《合同法释解与适用》（上册），新华出版社1999年版，第163页。

【审判实践中应注意的问题】

审理合同纠纷必须对合同的效力进行判断，即使当事人未就合同效力产生争议，人民法院亦应审理合同效力问题。合同成立是合同生效的基础，故合同成立问题对审理合同纠纷的意义不言而喻。

一、部分当事人签名的合同是否成立

合同当事人一般是两方，但是多方当事人的情形大量存在，例如合伙协议、借款担保合同等。《合同法》原条文的规定是自“双方当事人”签名或者盖章时合同成立，“双方当事人”显然不能涵盖多方当事人的情形下合同成立的问题。本法将“双方当事人”改为“当事人均”，更符合现实情况，更为准确。但如果只有部分当事人签名，而非当事人均签名，合同是否成立？

所谓只有部分当事人签名，可以分为两种情形：一种情形是合同本身有多方当事人，例如合伙协议有多方合伙人，保兑仓合同有卖方、买方（借款方）、贷款方等三方甚至是四方当事人；另一种情形是某一方合同当事人由多个民事主体组成，例如买卖合同的买方或者是卖方由两个独立的民事主体组成，最为常见的是夫、妻。

第一种情形下，只有部分当事人签名的合同，对未签名的当事人而言，该合同不成立，但是对于其他已经签名的当事人而言，合同是否成立，不能一概而论。（1）如果因为部分当事人未签名影响了其他合同当事人的权利义务安排，那么该合同原则上不成立。例如保兑仓合同中的卖方不签名，则买卖双方之间的法律关系无法成立，必然影响贷款方的担保权，借贷双方的一方不签名，则对卖方的货款产生影响，即对其他合同当事人的权利义务关系产生影响，此时合同不成立。（2）如果部分当事人未签名并不影响其他合同当事人的权利义务，而且当事人也未把全体当事人签名作为合同成立的条件，则不影响合同的成立，只是未签名的人不再作为合同当事人。例如甲、乙、丙、丁四方协商签订合伙协议，协议拟定后，乙方却不同意签名，在

这种情形下，其他三方签名，则该合伙协议成为签名三人之间的合伙协议。

第二种情形下，如果没有特别约定，其中的部分当事人不签名一般不影响合同的成立。例如赵某诉柳林县振富煤焦有限责任公司、山西振富能源集团有限公司、山西紫鑫矿业集团有限公司、王某锁民间借贷纠纷案[①]，部分担保人既未签名，也未盖章，但是判决认定担保合同在已经签名的当事人之间成立。再如夫妻共同财产买卖合同。在夫妻一方尚未签名的情况下，对于签名一方合同成立，对于未签名一方，合同是否成立，需要结合合同的实际履行情况加以判断。例如转让标的系夫妻共有房屋或夫妻共有股权，转让合同上只有夫妻一方签名，但是另一方对此明知并未提出异议，甚至已经配合办理了过户，实际履行了合同，应当认定该合同已经成立。例如最高人民法院审理的彭某静与梁某平、王某山、河北金海岸房地产开发有限公司股权转让合同纠纷案[②]，但是如果未签名一方不知情，也不存在实际履行合同的情形，那么合同对于未签名一方不成立。

借款担保合同中有借款方、贷款方、担保方，实际上是两个合同：一个是借款合同，另一个是担保合同。一般说来，主合同是否成立不受从合同的影响，但是如果从合同的成立构成主合同成立的条件，那么从合同当事人如果不签名盖章按指印，则主合同亦不成立。例如借款合同约定以担保合同的成立为条件，则担保人不签名盖章，则亦影响借款合同的成立。

二、只有签名、盖章或按指印是否影响合同成立

本条规定为，“自当事人均签名、盖章或者按指印时合同成立”，三种方式之间具备同等的效力。在当事人没有约定或当事人约定的表述与本条规定表述一致的情形下，签名、盖章或按指印三者有其一即可。但在当事人为法人或非法人组织的情形下，如果没有公章，签名

① 最高人民法院（2016）最高法民终579号。

② 最高人民法院（2007）民二终字第219号，载《最高人民法院公报》2009年第5期。

或者按指印的人又非法定代表人的，签名的人应有相应的授权。如当事人约定“签名且盖章”或“签名并盖章”后合同成立，则签名和盖章均需具备，否则合同不成立。

三、关于按指印的问题

因为指纹具有前文所述的难以复制的特性，相对于签名和公章，指纹被伪造的可能性较低。但不能排除非自愿或不知情的情况被按的可能。我国台湾地区“民法”就规定如以指印代签名，需要有两人签名证明。

在合同书签名并按指印的，一般不会出现指印是否本人自愿所按的纠纷，单独按指印会出现一些纠纷。一是指纹的识别问题。由于印油或印泥的质量问题或者按指印的方法不规范，所按指印可能会纹路不清晰，即使通过鉴定也无法确认。这种情况下，根据《民事诉讼法司法解释》第91条的规定，一般应由主张合同成立的一方也就是主张法律关系存在的一方当事人，承担举证责任。二是按指印是否为当事人的真实意思表示。即指印是合同当事人的，但按指印一方主张是被胁迫或可能是其醉酒或熟睡无意识之际，被动按的指印。如果当事人主张是被胁迫情况下按的指印，需要根据按指印者是否存在书写困难，按指印的时间、地点及环境来具体判断按指印是否当事人的真实意思表示。

四、关于个人名章的问题

自然人作为合同当事人，使用私章也就是个人名章代替签名签订合同的，其效力与签名等同。但由于私章并无登记备案，在私章所代表的一方否认该私章为其所有、盖章行为是其所为时，其真伪的验证更为困难。同样是根据《民事诉讼法司法解释》第91条的规定，在私章所代表的一方否认该私章为其所有，盖章行为非其所为，即否认与对方成立合同关系时，应由主张合同成立的一方证明该枚私章为对方所有以及盖章的行为为对方所为或对方委托他人所为。[①]

五、关于加盖公司印章的问题

司法实践中，有些公司有意刻制两套甚至多套公章，有的法定代表人或者代理人甚至私刻公章，订立合同时恶意加盖非备案的公章或者假公章，发生纠纷后法人以加盖的是假公章为由否定合同效力的情形并不鲜见。这类合同对公司来说是否成立？2019年《民商审判会议纪要》第41条对此明确了处理意见[②]。该意见是在“看人不看章”的裁判思路下确定的。公章之于合同的效力，关键不在公章的真假，而在于盖章之人有无代表权或代理权。盖章之人为法定代表人或有权代理人的，即便其未在合同上盖章，甚至盖的是假章，只要其在合同书上的签名是真实的，或能够证明该假章是自己加盖或同意他人加盖的，仍应作为公司行为，由公司承担法律后果。反之，盖章之人如无代表权或超越代理权的，则即便加盖的是真公章，该合同仍然可能会因为无权代表或无权代理而最终归于无效。[③]

公司印章主要分为五种：公章、财务专用章、合同专用章、法定

① 相关案例如唐兰与程永莉签订房屋买卖合同纠纷案件，最高人民法院（2012）民抗字第55号。

② 该条明确，此类情形下，人民法院应当主要审查签约人于盖章之时有无代表权或者代理权，从而根据代表或者代理的相关规则来确定合同的效力。法定代表人或者其授权之人在合同上加盖法人公章的行为，表明其是以法人名义签订合同，除《公司法》第16条等法律对其职权有特别规定的情形外，应当由法人承担相应的法律后果。法人以法定代表人事后已无代表权、加盖的是假章、所盖之章与备案公章不一致等为由否定合同效力的，人民法院不予支持。代理人以被代理人名义签订合同，要取得合法授权。代理人取得合法授权后，以被代理人名义签订的合同，应当由被代理人承担责任。被代理人以代理人事后已无代理权、加盖的是假章、所盖之章与备案公章不一致等为由否定合同效力的，人民法院不予支持。

③ 最高人民法院民事审判第二庭编著:《〈全国法院民商事审判工作会议纪要〉理解与适用》，人民法院出版社2019年版，第290页。

代表人章、发票专用章，不同的印章都有不同的用途。[①] 公司内部还有质检章、技术资料章等，有些内部印章还专门在印章上刻有“××专用，其他用途无效”的印文。审判实务中，曾经有在合同上加盖其他印章的效力问题的争议。例如买卖双方签订合同后，履行过程中，出现了一份变更合同价款的协议，上面加盖的是买方的公章和卖方的质检章。卖方主张该变更合同不成立，理由是质检章只能用于质检，不能用作对外签订合同。此时，买方如主张变更合同成立，则其负有证明其有理由相信行为人有代理权的举证责任，如果其不能举证，则不宜认定变更合同成立。

六、履行主要义务以合同标的确定为条件

“履行主要义务，对方接受的”前提是双方已经就合同标的达成一致，否则无从认定是否履行了主要义务，不能认定合同成立。例如，房地产转让应当签订书面转让合同，某案中，双方未签订书面合同，卖方出具收取房款的收条，但双方当事人对于买卖标的物存在争议的情况下，难以认定合同成立。买方主张购买的房屋面积是 68.39 平方米，卖方仅认可出售 28.21 平方米，而收条所载明的“名豪商贸区二幢二层 1 号房”的实际面积为 136.78 平方米，双方对于房屋面积未能达成一致，不能确定买卖标的，又因房屋面积存有争议导致房屋价款不能确定，交付 3 万元购房款不足以证明买方已履行主要义务，因此，案涉合同并未依法成立。[②] 本案中，即使买方已经缴纳了足以购买其主张的 68.39 平方米房屋的款项，因合同标的无法确定，该合

---

① 公司印章主要分为五种：（1）公章，用于公司对外事务处理，工商、税务、银行等外部事务处理时需要加盖。（2）财务专用章，用于公司票据的出具，支票等在出具时需要加盖，通常称为银行大印鉴。（3）合同专用章，顾名思义，通常在公司签订合同时需要加盖。（4）法定代表人章：用于特定的用途，公司出具票据时也要加盖此印章，通常称为银行小印鉴。（5）发票专用章，在公司开具发票时需要加盖。载中华人民共和国工业和信息化部官网，http：//www.miit.gov.cn/n1146285/n1146352/n3054355/n3057527/n5303496/c5325892/content.html，2020 年 4 月 2 日访问。

② 王剑波、夏川：《收条不足以证明房屋买卖合同当然成立》，载《人民司法·案例》2016 年第 8 期。

同也不能认定成立。

【案例链接】

陈某浴与内蒙古昌宇石业有限公司合同纠纷案[①]

【基本案情】

2005年5月1日，陈某浴与昌宇公司签订5.1协议，此后，双方因为该协议履行发生两次诉讼。2011年11月1日，陈某浴称其与昌宇公司在2005年5月3日还签订有5.3补充协议，并依据5.3补充协议提起本案诉讼，请求昌宇公司赔偿其投资损失700余万元。昌宇公司主张5.3补充协议系陈某浴用加盖该公司公章的空白纸编造打印后用于诉讼。提审后查明:（1）5.1协议与5.3补充协议关于陈某浴的投资损失承担问题作出了相反的约定。（2）在此前的诉讼中，陈某浴未提及亦未提供5.3补充协议及约定内容。

【裁判摘要】

原审法院认为，印章真实协议即真实，据此作出支持陈某浴诉请的判决。昌宇公司不服，申请再审。最高人民法院经审查裁定提审。

最高人民法院认为，协议形成行为与印章加盖行为具有相对独立性，协议形成行为是双方合意行为的反映形式，而印章加盖行为是双方确认双方合意即协议的行为，二者相互关联又相互独立，在证据意义上，印章真实一般即可推定合意形成、行为真实，但在有证据否定或怀疑合意形成行为真实性的情况下，即不能根据印章的真实性直接推定协议的真实性。也就是说，印章在证明协议真实性上尚属初步证据，人民法院认定协议的真实性需综合考虑其他证据及事实。本案中，5.3补充协议的真实性有如下不足：第一，5.3补充协议对5.1协议的风险负担进行根本变更，不合常理，陈某浴对此变更不能进行合

① 最高人民法院（2014）民提字第178号，载《最高人民法院公报》2016年第3期。

理说明。第二，5.3补充协议的基本内容存在矛盾，陈某浴不能合理说明。第三，陈某浴在相关诉讼中从未提及5.3补充协议及管辖问题，不合常理。综上，根据5.3补充协议的内容、形式及该补充协议的形成过程和再审庭审查明，陈某浴有在原审中隐瞒重大事实的不诚信行为。同时，考虑昌宇公司一直否认自行加盖印章且不持有该协议之抗辩意见，法院对5.3补充协议相关内容的真实性不予采信，并据此改判。

第四百九十一条 当事人采用信件、数据电文等形式订立合同要求签订确认书的，签订确认书时合同成立。

当事人一方通过互联网等信息网络发布的商品或者服务信息符合要约条件的，对方选择该商品或者服务并提交订单成功时合同成立，但是当事人另有约定的除外。

【条文主旨】

本条是关于采用信件、数据电文等形式订立合同以及通过互联网签订的合同成立时间的规定。

【条文理解】

一、要求签订确认书的合同签订确认书时合同成立

处于不同地域的合同当事人，通过信件和数据电文[①]等非对话方式磋商订立合同时，有的会要求在初步达成协议后，签订确认书作为合同正式成立的依据。这种做法在我国对外贸易领域较为常见，外贸合同双方以函电方式达成协议后，中方往往还要提出一式两份的销售确认书，邮寄对方交换签字后，才作为合同正式成立的依据。[②]该确

① 《民法典》对何为数据电文并无规定，《电子签名法》第2条规定，本法所称数据电文，是指以电子、光学、磁或者类似手段生成、发送、接收或者储存的信息。数据电文是信息，而互联网是信息的传输方式。信息反映的是人的意思表示，意思表示的主体仍然是人，而不是计算机。传统合同意思表示的载体是有形的纸张，即使是电报、电传最终也要以书面的形式表现出来，不需要借助其他设备就可以直接感知到，而数据电文则是通过相应的设备才可以读取。

② 《中华人民共和国合同法释义》，载中国人大网，http：//www.npc.gov.cn/npc/c2196/200011/7316d889e0944c4d9c17d193ec197b86.shtml，2020年4月7日访问。

认书才是承诺，签订确认书前，双方达成的协议尚未成立，对双方并无约束。要约是希望和他人订立合同的意思表示，该意思表示内容应当具体确定，还要表明经受要约人承诺，要约人即受该意思表示约束。如果一方当事人在向他人发出订立合同的意思表示中包括了要求签订确认书的内容，则该意思表示就不符合要约所要求的“经受要约人承诺，受该意思表示约束”的特征，不是要约。同理，一方向对方发出要约，另一方在表示同意要约的意思表示中包括了要求签订确认书的内容，那么该意思表示也不是承诺，即使该意思表示到达要约人，也不产生承诺的效力。但确认书原则上仅是对双方此前通过信件或数据电文协商合同内容的确认，不能对此前协商内容作实质性修改。签订确认书是当事人意思自治下的选择，并非法定的合同成立要件。当事人未要求签订确认书的，是否签订确认书，对合同成立并无影响，根据“承诺生效时合同成立的规定”，承诺生效时合同成立。

二、“合同成立前”要求签订确认书的，签订确认书时合同成立

《合同法》第33条明确规定，当事人采用信件、数据电文等形式订立合同的，“可以在合同成立之前”要求签订确认书，签订确认书时合同成立。《民法典》删除了“可以在合同成立之前”的限制，是否意味着在合同成立之后当事人要求签订确认书的，合同也是自签订确认书时成立呢？我们认为，删除了“可以在合同成立之前”只是使条文更加简洁，但并未改变其意思。因为在合同成立之时，当事人的权利义务已经固定，此后再要求签订确认书，如果内容没有变化，则毫无意义，如果内容发生变化，实际上是变更合同，而不能否定合同已经成立的法律效果。

三、通过互联网订立合同的成立时间

互联网是指由若干计算机网络相互连接而成的网络（internet）。[①]互联网是一种传输数据的通讯和交流工具，最早应用于军事和科研领域，后来逐步深入社会政治、经济的各领域。互联网用户众多，[②]通过互联网订立合同在现代社会是极为常见的现象，例如使用共享单车、网上购物等。通过互联网订立的合同，也被称为电子合同。电子合同的当事人通过计算机网络作出意思表示，具有即时性和跨地域性的特征。但电子合同本质上仍然是当事人意思表示一致的结晶，这一点与传统合同并无实质区别，其成立仍然遵循传统的要约承诺规则。

本条第2款关于电子合同成立时间的规定依然是首先遵循当事人意思自治规则，当事人有约定的，根据当事人的约定确定合同的成立时间。当事人无特别约定的，当事人一方通过互联网等信息网络发布的商品或者服务信息符合要约条件的，作为要约。判断是否构成要约，需要根据本法第472条的规定判断，要约的意思表示需要具备内容具体明确，并表明经受要约人承诺，要约人即受该意思表示约束。在这样的前提下，对方选择该商品或者服务并提交订单成功时合同成立。如果不符合要约的条件，而是本法第473条规定的要约邀请，则对方提交的订单属于要约而非承诺，提交订单成功也仅是发出要约，其法律后果就不是合同成立了。

提交订单成功表明承诺已经到达要约人，双方意思表示一致，故合同成立，无需再以传统的签名盖章方式确认。根据《电子签名法》第14条的规定，可靠的电子签名与手写签名或者盖章具有同等的法律效力。实际上，在双方的往来信息中，均含有双方的电子签名，能够据此判断出意思表示的主体。电子合同可以打印形成传统的纸质文

---

① 中国社会科学院语言研究所词典编辑室编：《现代汉语词典》，商务印书馆2005年版，第578页。

② 根据中国互联网络信息中心发布的第43次《中国互联网络发展状况统计报告》，截至2018年12月，我国网民规模达8.29亿，互联网普及率为59.6%，网络购物用户规模达6.10亿。

件，但这只是作为电子合同的一种存在形式，而非电子合同的成立要件。如果以此为电子合同的成立要件，首先是法律上没有必要，其次是减损了电子合同带来的高效和便捷，得不偿失。

【审判实践中应注意的问题】

一、关于另行约定合同成立条款

按照本条的规定，认定合同成立的时间，要按照当事人的约定判断，该约定当然应是有效约定。即依据本法关于法律行为效力、格式条款效力的规定，属于有效的合同成立的条款，才能作为认定成立时间的依据。此外，《电子商务法》等其他法律也有关于合同条款效力的规定。《电子商务法》第49条第1款的规定与本条第2款规定基本一致，但《电子商务法》第49条第2款对企业与消费者之间的电子合同当事人的另行约定进行了限制。

按照交易主体的不同，我国商务部发布的《电子商务模式规范》将电子商务（E-business）具体细分为：企业（或其他组织机构）之间（Business to Business，B2B）、企业（或其他组织机构）和消费者之间（Business to Consumer，B2C）、消费者之间（Consumer to Consumer，C2C）。电子合同也可以相应地分为企业之间、企业和消费者之间、消费者之间的合同。[①] 一般情况下，经营者和消费者在议价能力、专业水平等方面存在差距，消费者与经营者相比处于弱势地位，消费者在传统合同交易中受到保护，在电子合同交易中也不例外。电子合同中消费者与经营者之间的差距不仅没有缩小，反而因为格式条款的大量应用、技术能力的差异等因素，在一定程度上被扩大了，所以，通过电子合同交易的消费者更需要加以保护。《电子商务法》第49条第2款规定，电子商务经营者不得以格式条款等方式约

① 中华人民共和国商务部公告2009年第21号，标准编号：SB/T 10518-2009，2009年12月1日实施。

定消费者支付价款后合同不成立；格式条款等含有该内容的，其内容无效。

本条允许当事人对电子合同的成立另行约定。例如，有些网站明确约定商品展示的性质为要约邀请，对方下单为要约，只有网站发出送货确认才构成承诺。如果网站向对方履行了这些格式条款的提示和明确说明义务，对方同意该使用条件，则双方就此达成了合意。所以，对方下单付款后，在网站确认发货前合同并未成立。但根据特别法优于一般法的法律适用原则，电子商务经营者与消费者签订的电子合同的成立问题应优先适用《电子商务法》第49条第2款规定，含有消费者支付价款后合同不成立内容的格式条款无效，而且是绝对无效条款，即使电子合同经营者对此格式条款履行了《民法典》第496条规定的提示和说明义务，这类条款也不产生效力。电子商务经营者不能以含有这类约定的格式条款为依据主张企业与消费者之间的合同尚未成立，而企业与企业之间的合同、消费者与消费者之间的合同不适用《电子商务法》第49条第2款的规定。

二、电子合同当事人行为能力的推定

《民法典》第143条规定，行为人具有相应的民事行为能力是民事法律行为有效的要件之一。未成年人、精神疾病患者等无行为能力和限制行为能力人也可能使用互联网等信息系统订立合同，合同相对方难以判断与其订立合同的人的行为能力如何。对此问题，《电子商务法》第48条规定，在电子商务中推定当事人具有完全民事行为能力，但是有相反证据足以推翻的除外。

三、关于自动信息系统（电子代理人）

在电子合同的签订、履行中，有一些事先设定好的自动信息系统会参与进来，代替当事人完成一些交易行为。这些自动信息系统也被称之为“电子代理人”。所谓电子代理人是指“不需要人的审查或操作，而能用于独立地发出，回应电子记录，以及部分或全部履行合同的计算机程序、电子的、或其他自动化手段”。电子代理人并不是具有法律人格的主体，而是一种能够执行人的意思的，智能化的交易工具。从构成上看，它是具有自动化功能的软件、硬件的结合。从商业用途上看，可用于搜索某一商品或服务的价格，完成在线买卖，或对交易发出授权。当事人为了扩大交易机会，减少营销成本，预先在电子代理人中设置了常用的商事意思表示模式，使之能够代替其发出或接受要约。但是电子代理人的思维能力是预设的、有限的、不能像人一样，具有综合判断行为后果的能力，并且它本身也没有自身独立的利益，以及承担义务的财产基础，所以不可能具有法律人格，换言之，电子代理人不可能具有独立的缔约能力。它的性质最终是由运用工具的主体的法律地位所决定的，无论是买方、卖方，甚至交易的中介人，均可使用电子代理人。谁使用电子代理人就行使谁在交易中的功能，从属谁的法律地位。[①]电子代理人与自动售货机没有本质区别，仅是人进行交易的工具。名不正则言不顺，言不顺则事不成。鉴于冠之以“代理人”的名义会造成一些困扰，还是以自动信息系统指代为宜。

四、关于电子合同相对人与诉讼当事人的确定

合同当事人在互联网上发布商品或者服务信息，一般是通过特定的电子商务平台发布。一般的电子商务经营者没有能力也没有必要自己去建立网站来销售商品或者提供服务，而是采取入驻的方式，进入第三方平台去进行经营活动，由此也产生了大量的平台内经营者。[②]第三方平台的经营者作为一方当事人与对方当事人签订合同，除了利用他人的信息网络外，不需要他人的介入，平台的经营者即为合同当事人。但当平台内经营者和他人签订电子合同时，第三方平台的经营者是否合同的当事人？如果当事人因此发生纠纷，当事人的诉讼地位

---

① 徐全影：《电子合同成立刍议》，中央民族大学2009年硕士学位论文。

② 电子商务法起草组编著：《中华人民共和国电子商务法条文释义》，法律出版社2018年版，第47页。

如何?《电子商务法》第37条①、第38条②对此作了规定，第37条可以作为确定合同当事人的规则，第38条对第三方平台虽然不是合同当事人，但是应承担连带责任或是其他相应责任的情形作了规定。这两条可以作为认定第三方平台的经营者是否为合同当事人以及可否作为诉讼当事人的法律依据。

【案例链接】

陈某诉某公司买卖合同纠纷案③

【基本案情】

某公司系某网站的所有者。2013年11月26日，陈某使用的电子邮箱收到该网站发来的电子邮件，确认其订购了A型电视机，送货地址为陈某的地址，货款已经支付。当月28日，该网站给上述电子邮箱发送邮件称：由于缺货，将无法满足您对A型电视的订购意向；如果您已经完成付款，相应款项将退回。

某网站公布的“使用条件”载明：如果您通过本网站订购商品，本网站上展示的商品和价格等信息仅仅是要约邀请，您的订单将成为购买商品的申请或要约。收到您的订单后，我们将向您发送一电子邮件或短信确认我们已经收到您的订单，其中载明订单的细节，但该确认不代表我们接受您的订单。只有当我们向您发出送货确认的电子邮

① 《电子商务法》第37条规定：“电子商务平台经营者在其平台上开展自营业务的，应当以显著方式区分标记自营业务和平台内经营者开展的业务，不得误导消费者。

电子商务平台经营者对其标记为自营的业务依法承担商品销售者或者服务提供者的民事责任。”

② 《电子商务法》第38条规定：“电子商务平台经营者知道或者应当知道平台内经营者销售的商品或者提供的服务不符合保障人身、财产安全的要求，或者有其他侵害消费者合法权益行为，未采取必要措施的，依法与该平台内经营者承担连带责任。

对关系消费者生命健康的商品或者服务，电子商务平台经营者对平台内经营者的资质资格未尽到审核义务，或者对消费者未尽到安全保障义务，造成消费者损害的，依法承担相应的责任。”

③ 参见北京市第三中级人民法院（2014）三中民终字第09383号裁判文书。

件或短信，通知您我们将您订购的商品发出时，才构成我们对您的订单的接受，我们和您之间的订购合同才成立。

陈某认为合同已经成立，诉请判令某公司继续履行，交付货物。某公司答辩称，网站上展示商品应为要约邀请，消费者选择后提交订单为要约，某网站确认收到订单后要约生效，某网站发出确认发货的邮件视为承诺，而某网站取消订单则视为拒绝要约，合同尚未成立。

【裁判摘要】

法院生效裁判认为：（1）某公司在网站中公布的“使用条件”属于格式条款。对于该格式条款，某网站对此应当以显著的方式提请消费者注意。但从某网站注册环节看，某公司并未要求注册用户必须阅读并同意其“使用条件”，而且该公司未尽到对格式条款的提示和说明的义务，该格式条款对陈某无约束力。（2）当事人订立合同，应当采取要约、承诺方式。某公司将其待售商品的名称、型号、价款等详细信息陈列于其网站之上，且消费者可以直接点击购买并支付价款，其内容明确具体，符合要约的特征。陈某作为消费者通过网站在其允许的状态下自由选购点击加入购物车，并在确定其他送货、付款信息之后确认订单，支付了货款，应当视为进行了承诺。某网站的“使用条款”对陈某并无约束力，且双方无其他特殊约定的情况下，某公司与陈某之间的合同已经成立。故支持陈某的诉请。

第四百九十二条 承诺生效的地点为合同成立的地点。

采用数据电文形式订立合同的，收件人的主营业地为合同成立的地点；没有主营业地的，其住所地为合同成立的地点。当事人另有约定的，按照其约定。

【条文主旨】

本条是关于合同成立地点的规定。

【条文理解】

一、新旧法对照

（一）“经常居住地”改为“住所地”

《合同法》规定对于以数据电文形式订立合同的，如果没有主营业地的，合同成立地点为收件人的经常居住地，而本条则改为收件人的住所地。

（二）电报、电传、传真不再作为数据电文的一种形式

《合同法》第11条规定，书面形式主要指合同书、信件和数据电文，而数据电文包括电报、电传、传真、电子数据交换和电子邮件等。此前公布的《民法典》草案第469条也延续了《合同法》的规定，但最后通过时将电报、电传、传真列为一般的书面形式，不再作为数据电文，也即书面形式是合同书、信件、电报、电传、传真等，数据电文视为书面形式。《电子签名法》第2条第2款规定：“本法所称数据电文，是指以电子、光学、磁或者类似手段生成、发送、接收或者储存的信息。”电子数据交换是一种纯粹电子通讯方式，不仅可

以传递包括文字、图像、视频、声音等在内的各种信息，而且在信息发送、接收、储存上完全以电子形式，不需要借助传统的纸质媒介，而电报、电传、传真需要将信息附载、体现于书面的纸质媒介上，本质上是以电子手段发送的信息，可见，二者还是存在较大的差异。《民法典》将电报、电传、传真规定为一般书面形式，将电子数据交换、电子邮件等数据电文视为书面形式，不仅与《电子签名法》的规定保持一致，正视二者的差异性，也符合大众的认知，更为科学、合理。由此，电报、电传、传真不再适用本条第 2 款的特别规定，而应当适用一般规则即第 1 款规定。

二、合同成立地的意义

确定合同的成立地点具有重要的法律意义，合同成立地点关系到合同纠纷案件的诉讼管辖、涉外合同的法律适用。

（一）对合同纠纷案件的管辖具有重要意义

《民事诉讼法》第 34 条规定："合同或者其他财产权益纠纷的当事人可以书面协议选择被告住所地、合同履行地、合同签订地、原告住所地、标的物所在地等与争议有实际联系的地点的人民法院管辖，但不得违反本法对级别管辖和专属管辖的规定。"因此在地域管辖上，合同签订地可以作为协议管辖的依据。对于涉外民事纠纷，即使当事人未作出此种选择，如果被告在中国境内没有住所，根据《民事诉讼法》第 265 条规定："因合同纠纷或者其他财产权益纠纷，对在中华人民共和国领域内没有住所的被告提起的诉讼，如果合同在中华人民共和国领域内签订或者履行，或者诉讼标的物在中华人民共和国领域内，或者被告在中华人民共和国领域内有可供扣押的财产，或者被告在中华人民共和国领域内设有代表机构，可以由合同签订地、合同履行地、诉讼标的物所在地、可供扣押财产所在地、侵权行为地或者代表机构住所地人民法院管辖"，合同签订地作为合同纠纷案件的几个密切连结点之一，合同签订地所在法院也享有法定的管辖权。

（二）对于准据法的适用具有重要意义

合同成立地点作为处理涉外合同纠纷时适用法律的一个重要连结点，涉外合同的当事人可以选择合同成立地点的法律作为处理合同争议的准据法。当合同发生争议，而当事人又未就解决争议的法律适用及裁判机构达成一致时，根据最密切联系原则，合同成立的地点可能成为选择法律适用及裁判机构的最密切联系地，将直接影响当事人的权益。

三、合同成立地的确定规则

（一）一般确定规则

通常情况下，承诺生效的地点是合同成立的地点，亦即当事人经过对合同内容协商后，最终意思表示一致的地点。关于非对话的承诺生效时间，大陆法系与英美法系有所不同，在以电报、信件等订立合同的情况下，大陆法系承诺生效采用到达主义，要约人收到承诺通知时，承诺才生效，承诺生效的地点为收件人所在地；在英美法系承诺生效采用发信主义，承诺的意思表示自发送时生效，承诺生效的地点为发信人所在地。我国系大陆法系国家，采取到达主义，要约人收到承诺通知时，承诺才生效。承诺生效的地点为合同成立地点，这是确定合同成立地点的一般规则。根据《民法典》第 484 条规定，承诺分为以通知方式作出的承诺和不需要以通知的方式作出的承诺。对于以通知方式作出的承诺，合同成立地点一般而言比较好认定，如果当事人同城，则承诺生效地点为当事人所在地，相应地，合同的成立地点也是该地；如果当事人处于异地，则承诺生效地点就是要约人所在的城市，也即合同的成立地点为要约人所在的城市。对于不需要以通知方式作出的承诺，如意思实现或者默示承诺成立的合同，合同成立地应如何确定?《民法典》第 471 条规定，当事人订立合同，可以采取要约、承诺方式或者其他方式；第 484 条第 2 款规定，承诺不需要通知的，根据交易习惯或者要约的要求作出承诺的行为时生效。根据上述规定，如果一方当事人根据交易习惯或者要约的要求以行为的方式作出承诺，即为意思实现或者默示承诺成立事实合同，则行为作出地为合同成立地。

（二）采用数据电文形式缔约的确定规则

采用数据电文形式订立合同，与采用口头或者合同书等其他形式订立合同相比，具有一定的特殊性，故本条第 2 款进一步作了规定。

采用数据电文形式订立合同，主要是电子商务合同。由于电子商务合同依靠计算机订立，数据电文的传输过程不直观且技术性强，数据电文的发出和接收的地点具有随意性或者难以在技术上确定，因此，传统的承诺生效地点具有不确定性或者难以认定，从而影响合同成立地点的认定。对此，联合国国际贸易法委员会于 1996 年 12 月 16 日通过的《电子商务示范法》以“营业地”“主要的营业地”“惯常居住地”等多个连结点，推定收到地点与实际收到地点，规定：“除非发端人和收件人另有协议，数据电文应以发端人设有营业地的地点视为其发出地点，而以收件人设有营业地的地点视为其收到地点。”“如发端人或收件人有一个以上的营业地，应以对基础交易具有最密切关系的营业地为准，又如果并无任何基础交易，则依其主要的营业地为准；如发端人或收件人没有营业地，则以其惯常居住地为准。”[①]《电子商务示范法》对有关国家立法与实践影响很大，为多国所采纳。

《合同法》吸收《电子商务示范法》有关精神，《民法典》有关以数据电文形式订立的合同的成立地点规则也基本上延续了《合同法》有关规定，将意思自治原则以及主营业地、住所地作为确定合同成立的地点。根据《电子签名法》第 12 条规定，收件人的主营业地为数据电文的接收地点。以收件人的主营业地为合同成立的地点，与要约、承诺生效规则一致，是承诺生效采到达主义的体现。如收件人没有主营业地的，则其住所地为合同成立的地点。当然，当事人另有约定的，按照其约定，尊重当事人的意思自治。

① 张楚：《电子商务法》，中国人民大学出版社 2016 年版，第 52 页。

【审判实践中应注意的问题】

一、要式合同成立地点的认定

要式合同，是指法律、行政法规规定，或者当事人约定应当采用特定形式的合同，前者称为法定要式合同，后者称为约定要式合同，是对形式的强制。对于法定要式合同，如不动产买卖合同、特殊的动产买卖合同、中外合资经营企业合同、中外合作经营企业合同、中外合作勘探开发资源合同，法律规定合同应当以书面形式订立或者必须办理特定手续才能成立。要式合同因需完成特别手续，故以完成特别手续即法定或约定形式的地点为合同成立的地点，如当事人约定合同的成立需要经过公证，则公证地点为承诺生效的地点，亦即合同签订地。

二、交叉要约的合同成立地点的认定

交叉要约，是指当事人一方向对方为要约，而同时对方亦为同一内容的要约，且双方当事人彼此均不知有要约的现象。交叉要约能否成立合同，法学理论和司法实践上存在争议，但一般认为交叉要约可以成立合同。因为当事人的意思表示内容实质上一致，不能拘泥于要约与承诺的形式限制，应当推定当事人已经达成合意，如此更符合合同的本质。从鼓励交易原则和效率价值的角度出发，应承认交叉要约可成立合同，这是合同成立的特殊方式。对于交叉要约的合同成立地点，以后到达相对人的要约的到达地点为合同成立地点。

三、书面形式未采用时合同成立地点的认定

《民法典》第490条规定，当事人采用合同书形式订立合同的，自当事人均签名、盖章或者按指印时合同成立。在签名、盖章或者按指印之前，当事人一方已经履行主要义务，对方接受时，该合同成立，延续了《合同法》关于通过履行治愈或者纠正形式上瑕疵的规

定，此时合同成立的地点应为接受履行地，不再是签章或按指印的地点或者完成特别手续的地点。需要注意的是，接受履行地与承诺的意思实现有所不同，对于意思实现，作出承诺行为的地点是承诺生效的地点，亦即合同成立的地点，而此处为接受履行地，不可混淆。

四、对于以信件、数据电文订立合同，同时要求签订确认书的合同成立地点的认定

《民法典》第491条第1款规定，当事人采用信件、数据电文等形式订立合同要求签订确认书的，签订确认书时合同成立。由于签订确认书前，合同尚未成立，故以确认书的签订地点作为合同成立地点，而不是以信件、数据电文来确定。

第四百九十三条 当事人采用合同书形式订立合同的，最后签名、盖章或者按指印的地点为合同成立的地点，但是当事人另有约定的除外。

【条文主旨】

本条是关于书面合同成立地点的规定。

【条文理解】

一、新旧法对照

（一）明确最后签章、按指印的地点为合同成立地点

《合同法》第35条仅规定当事人采用合同书形式订立合同的，双方当事人签字或者盖章的地点为合同成立的地点，未明确以哪一方当事人的签字、盖章地点为合同成立地点。实务中，合同签订地通常是由双方当事人在同一地点订立的，实际签约地与合同记载的签订地条款基本是一致的。但社会实践是复杂的，如果当事人在同一地点签订即同城签订，按照《合同法》该规定认定合同成立地点并无问题，但对于异地订立的合同，如一方先在合同书签字、盖章，再将合同书邮寄给另一方签字、盖章，最终完成签约过程。对此，到底以先签章之地还是以后签章之地作为合同成立地，认识上存在分歧。鉴于《合同法》规定不明，且存在争议，为统一裁判尺度，《合同法司法解释（二）》第4条对此进行了明确，规定："采用书面形式订立合同，合同约定的签订地与实际签字或者盖章地点不符的，人民法院应当认定约定的签订地为合同签订地；合同没有约定

签订地，双方当事人签字或者盖章不在同一地点的，人民法院应当认定最后签字或者盖章的地点为合同签订地。”本条即吸收了该规定精神，并予以简化规定。同时，将“签字”改为“签名”，虽表述不同，但内容并无实质不同。

（二）增加按指印的表意方式

《合同法》仅规定签字、盖章为表意方式。我国古代一直有签字画押的传统，即识字者签字，不识字者画押。新中国成立后，在我国广大农村地区甚至部分城市，依然习惯按手印的签约方式。基于此，《合同法司法解释（二）》第5条规定，当事人在合同书上摁手印的，人民法院应当认定其具有与签字或者盖章同等的法律效力。《民法典》作此规定，显然吸收该规定。

二、条文解读

对于以口头形式和其他形式如以行为方式签订的合同，由于不涉及签名盖章、按指印，自然无需适用。本条旨在解决异地签约的情况下以哪个地点为合同书的签订地。有学者认为，“一些学者和法官主张，应当以最后签字、盖章地为合同的成立地。毫无疑问，这种观点是错误的。”[①] 虽然对此存在不同认识，但主流观点还是认为最后签名或者盖章的地点为合同成立地，因为一方签名或者盖章后并未达成合意，在先签名或者盖章、按指印实质上是一种要约，在后签名或者盖章、按指印则为对要约的承诺。本条规定不仅延续《合同法司法解释（二）》相关规定，也符合主流观点看法。

我国许多现行法律、行政法规规定了多种合同应当采用书面形式。譬如，《民法典》规定建设用地使用权出让合同，地役权合同，抵押权合同，质权合同，融资租赁合同，保理合同，建设工程合同，技术开发、技术转让及技术许可合同等合同应当采用书面形式订立。《海商法》规定船舶所有权的转让、船舶租用（包括定期租船合同和

---

① 隋彭生：《合同法要义》，中国人民大学出版社2015年版，第56页。

光船租赁合同）、海上拖航等合同，应当以书面形式订立。其他法律如《合伙企业法》第4条、《商业银行法》第37条、《劳动法》第19条也规定订立有关合同应采用书面形式。这些合同的成立都必须由当事人签名、盖章或者按指印确认，合同生效的地点应按照本规定的方法来认定。当然，对于以合同书形式订立合同，如果签名、盖章或者按指印之前，合同一方接受对方履行合同主要义务作为合同成立的方式时，则合同成立的地点为一方当事人接受对方履行的地点，不再以签名、盖章或者按指印为合同成立地点，对此前文已有阐述，不再赘述。

因合同行为是民事行为，民法的基本原则是意思自治原则，尊重当事人的合同自由，故本条规定允许当事人另行约定。如果当事人另行约定合同成立的地点是最先签名、盖章或者按指印的地点，有数个当事人的，约定其中一方当事人签名、盖章或按指印的地点为合同成立地点，应当予以尊重。此种约定并不违反要约、承诺的缔约方式，承诺方签名、盖章或者按指印即表明其同意要约方关于合同成立地点的要约。

【审判实践中应注意的问题】

一、本条虽针对的是合同书形式，但审判实践中不宜局限于此，应扩大为书面形式

根据《民法典》第469条规定，书面形式有合同书、信件、电报、电传、传真等，即合同书只是书面形式的一种。《合同法司法解释（二）》第4条规定规范的对象为以书面形式订立的合同，范围更为广泛。我们认为，从法理上而言，该解释精神仍可适用。事实上，有学者也认为，双方或多方的缔约意思表示，未能协商一致时，合同无从产生，遑论合同书。因此，所谓“采用合同书形式订立合同”，准确地讲，应为采取书面形式订立合同。据此认为，双方当事

人签字或者盖章的地点为合同成立的地点，在适用前提上并不限于采用合同书形式订立合同，也可适用于采用书面形式订立合同的情形。[①]

二、判断合同书应采取实质判断标准，不应拘泥于名称，而应根据内容综合认定

虽然文件名称不是合同书或者协议，但内容涉及当事人之间设立、变更或终止民事权利义务，包括了构成某种合同的必要条款，应当认定为合同书。反之，文件虽然具有合同书或协议书之名，但缺乏记载合同内容的条款或者内容，则不能认定为合同书。例如，会议纪要（座谈会纪要）是记录会议或磋商谈判的过程和所达成的原则性意见，通常不能认定为合同，但如果内容涉及当事人之间设立、变更或终止民事权利义务关系，是各方当事人的一致意思表示，该意思表示的内容具体明确，具有可执行性，当事人并无排除受其约束的意思，则具备了民事合同的要件，可以构成合同书。[②]实践中，当事人在缔约过程中形成的各种文件，如意向书、议事录、备忘录等，如果其内容足以构成合同，应认定为合同书。

三、当事人的另行约定不能违反强制性规定

实务中，实际签约地与合同记载的签订地条款基本是一致的，但也有例外，如果合同约定的签订地与实际签名、盖章、按指印地不符，也即合同约定的合同成立地并非真实签约地，此时能否按照约定来认定？按《合同法司法解释（二）》第 4 条规定的精神，此时该约定依然具有约束力，但如果当事人故意规避我国法律强制性或者禁止性法律规范，应当不予认定。对此，《涉外民事关系法律适用法司法解释（一）》第 11 条规定："一方当事人故意制造涉外民事关系的连结点，规避中华人民共和国法律、行政法规的强制性规定的，人民法

① 朱广新：《书面形式与合同的成立》，载《法学研究》2019 年第 2 期。
② 参见最高人民法院（2016）最高法民终 470 号。

院应认定为不发生适用外国法律的效力。”例如，当事人在北京签订在我国履行的中外合资企业合同，却故意在合同中约定合同签订地在国外城市的条款，企图制造连结点规避适用我国法律，对该约定签订地条款的效力则不予认定。

第四百九十四条 国家根据抢险救灾、疫情防控或者其他需要下达国家订货任务、指令性任务的，有关民事主体之间应当依照有关法律、行政法规规定的权利和义务订立合同。

依照法律、行政法规的规定负有发出要约义务的当事人，应当及时发出合理的要约。

依照法律、行政法规的规定负有作出承诺义务的当事人，不得拒绝对方合理的订立合同要求。

【条文主旨】

本条是关于国家订货合同及强制要约、强制承诺的规定。

【条文理解】

一、新旧法对照

本条对有关抢险救灾、疫情防控类的国家订货合同专门进行列举，改变了《合同法》概括规定国家根据需要下达国家订货义务、指令性任务的做法。对于此类合同的签约主体，《民法典》进行了扩大，只要是有关的民事主体均可，不再限于《合同法》规定的法人或者其他组织。此外，相较于《合同法》原规定，本条新增此类合同的强制要约以及强制承诺制度，当事人的权利义务更为清晰明确。

二、国家订货合同制度的产生、发展

国家订货是国家基于国防和国民经济或者公共服务、社会公共利益等需要，向有关民事主体下达指令性或者订货性任务。我国原来实

行计划经济体制，国家通过指令性计划对经济活动进行管控。随着社会主义市场经济体制的建立，国家指令性计划管理的范围逐步缩小，市场在资源配置方面的作用明显增强。但是，为了保证特殊需要，国家还是会下达指令性任务或者国家订货任务。国家订货是在取消某些产品指令性生产的分配计划以后，为了保证国家的特定需要而采取的一项措施。自1992年起开始，我国试行国家订货制度。国家订货与原有的国家指令性计划管理的区别主要是，订货的价格比过去进一步放开，同时国家也不再保证生产企业的生产条件，但可以作协调工作。原国家计委、国家经贸委、国家体改委于1993年联合颁布的《国家指令性计划和国家订货的暂行规定》（已失效）对国家订货合同作出了详细规定。虽然该规定已失效，但对于我们了解国家订货合同制度具有重要的参考意义。根据该规定，所谓国家订货是由国家委托有关部门、单位，或组织用户直接向生产企业进行采购取得重要物资的一种订货方式，主要用于满足国家储备、调控市场、国防军工、重点建设以及救灾等其他特殊需要。国家拥有优先订货权。国家订货产品的价格，除国家另有规定外，均由供需双方自行协商定价。为满足军工、救灾、重点工程等特殊需要，国家计委可商有关部门直接向企业提出产品导向销售任务，其产品价格由产需双方协商确定。而指令性任务，是根据国民经济和社会发展的需求，对极少数重要产品实施指令性计划管理，企业必须执行国家指令性计划，按照计划要求，与需方签订供货合同，并按合同组织生产和销售产品。即指令性任务，是政府有关部门为执行国家指令性计划或为了满足国家的某种特殊需要，强制要求企业或个人必须完成的生产或销售任务。从货物供求关系上讲，有时是供货企业必须按指令性任务与需方订立合同，有时是购货企业必须按照指令性任务与供货企业订立合同，有时是供、需双方必须按照指令性任务订立合同。①

《国家指令性计划和国家订货的暂行规定》虽已失效，但现行有

① 朱广新：《合同法总则研究》（上册），中国人民大学出版社2018年版，第161~162页。

效的《国防法》对国家订货制度作出了明确规定。第34条规定，国家根据国防建设的需要和社会主义市场经济的要求，实行国家军事订货制度，保障武器装备和其他军用物资的采购供应；第51条第1款规定，企业事业单位应当按照国家的要求承担国防科研生产任务，接受国家军事订货，提供符合质量标准的武器装备或者军用物资。

2020年，突如其来的新冠肺炎疫情爆发，基于疫情防控、维护社会公共利益的需要，我国对防疫物资的生产、销售，下达指令性任务或者进行国家订货就非常有必要。结合新冠肺炎疫情防控工作的需要，《民法典》完善了国家订货合同制度，明文规定根据抢险救灾、疫情防控的需要实行国家订货合同，同时还增设强制要约、强制承诺条款，为此类合同的签订以及法律适用提供了法律准绳。虽然自《政府采购法》于2003年1月1日施行之后，国家订货合同已经不太多见。但基于我国社会主义体制以及实践的需求，国家订货制度依然具有存在空间。实践中，粮食、棉花、烟草等也是以国家提供优惠条件并保证收购，农民向国家出售并获得报酬，由各级人民政府及主管部门与农民之间签订的协议，实际上是国家订货合同。因此，《民法典》规定国家订货制度还是非常有必要的。

三、如何理解强制缔约以及违反的责任承担问题

国家订货合同与一般民事合同不同，不同于一般要约和承诺方式，国家意志在其中起着主导作用，有关民事主体不能以意思自治、契约自由为由拒绝缔约，而是负有强制缔约义务。所谓强制缔约，是指依照法律、行政法规的规定，对特定的民事主体施加的与他人缔结合同的义务，非有正当理由，该民事主体不得拒绝订立该合同。强制缔约包括强制要约和强制承诺。一旦国家下达了订货任务，对于法律、行政法规规定的法定要约义务主体，负有发出要约的义务。在强制要约的情形下，一方当事人必须向特定或不特定的民事主体发出及时合理的要约，一旦相对人作出承诺，合同即告成立。强制要约方不得随意撤销其要约，无正当理由也不得拒绝相对人的承诺。在强制承

诺方，对于要约方提出的订立合同的请求，除非有正当事由，也不得拒绝对方合理的订立合同的要求。

强制缔约义务来源于法律的直接规定，对当事人的意思自治进行了一定程度的限制。强制缔约制度的主要适用领域是存在垄断的行业，比如供水、供电、供气、电信、邮政以及医疗机构等，以保护弱势群体利益以及维护公共利益。本条规定的强制缔约制度，主要是基于国家订货事关国家利益以及公共利益的特殊需要，虽然对当事人的缔约自由进行了限制，但由于国家订货合同仅在例外的情况适用，实践中较少，因而本规定并没有冲击契约自由制度。

契约成立的要件之一是当事人意思表示一致，强制缔约同样如此。因此，强制缔约必须经过要约、承诺的缔约过程。

强制缔约对当事人的缔约自由加以限制，但它并不能替代要约、承诺过程，仍然须要约人向受要约人作出意思表示，在经过受要约人承诺后契约才告成立。如果一方违反强制要约或者承诺的义务，应当承担何种法律责任?《民法典》没有规定违反强制缔约义务的责任性质及承担方式。在我国台湾地区，违反强制缔约义务的责任是适用我国台湾地区“民法”第184条第2项的规定，即适用侵权责任的规定。本条规定于合同编，我们认为强制要约、强制承诺是一种法定的先合同义务，一方拒绝发出要约，或者拒绝作出承诺，可成立缔约过失责任。于此场合，需要缔约义务人没有正当理由地拒绝缔约、相对人因被拒绝缔约而遭受损失、缔约义务人对此有过错以及因果关系四个构成要件。

【审判实践中应注意的问题】

应当注意区分国家订货合同与行政合同。我国行政法学界多将国家订货合同认定为行政合同的一种，甚至我国的一些民法学者也不乏此种见解，认为国家订货合同、按照指令性计划签订的合同均属于行政合同。[1]我们认为，上述观点值得商榷，《民法典》将此类合同纳入其中，说明认可此类合同的性质为民事合同，而非行政合同。根据《最高人民法院关于审理行政协议案件若干问题的规定》，行政协议是指“行政机关为了实现行政管理或者公共服务目标，与公民、法人或者其他组织协商订立的具有行政法上权利义务内容的协议，属于行政诉讼法第十二条第一款第十一项规定的行政协议。”从上述规定来看，行政协议的签约主体是行政机关和相对人，合同内容是行政法上权利义务，而国家订货合同的签约主体是民事主体之间，即使公权力机关作为签约主体，也是作为平等的民事主体，对合同内容经过平等协商确定相应的民事权利义务。在两类合同中，虽然公权力机关的意思表示起着主导作用，一方须完成合同中的具体事项，不能拒绝，但是国家订货合同具有双重属性，一方面渗透行政命令的因素，政府的意志占据先导地位，但另一方面具备契约的一般特征，相对人的意思得到尊重。随着国家职能的扩大以及现实的需要，国家订货合同并非都是由行政机关直接订立，而是由行政机关授权或者委托非行政机关的社会组织实施，二者还是存在较大区别，不能将国家订货合同认定为行政合同的一种。

① 李永军：《合同法》，中国人民大学出版社2016年版，第16页。

第四百九十五条　当事人约定在将来一定期限内订立合同的认购书、订购书、预订书等，构成预约合同。

当事人一方不履行预约合同约定的订立合同义务的，对方可以请求其承担预约合同的违约责任。

【条文主旨】

本条是关于预约合同的规定。

【条文理解】

一、新旧法对照

本条属于新增条款。《合同法》未规定预约合同，但实践中预约合同大量存在。2003年颁布、实施的《商品房买卖合同司法解释》第5条对商品房的认购、订购、预订何种情形下认定为商品房买卖合同作出了规定，首次涉及预约制度。2012年出台的《买卖合同司法解释》第2条则首次明确预约合同概念并明确了违约救济责任，规定："当事人签订认购书、订购书、预订书、意向书、备忘录等预约合同，约定在将来一定期限内订立买卖合同，一方不履行订立买卖合同的义务，对方请求其承担预约合同违约责任或者要求解除预约合同并主张损害赔偿的，人民法院应予支持。"本条规定吸收该规定，从立法层面上认可了预约合同是一种独立合同，并扩大适用范围，不再限于买卖合同。

二、预约合同的域外考察及中国实践

从历史上看，罗马法虽有要物契约和诺成契约之分，但并无预约合同的概念。预约合同起源于要物契约，目的是弥补物的交付方能成立合同的弊端。在民法发展史上，早期的买卖合同属于要物合同，须以标的物的实际交付作为合同成立条件，不具有将来交货、付款之约束的含义，但合同的要物性，导致对合意的违反无法寻求法律救济。因此，在要物合同中，将当事人达成一致的合意作为预约合同加以救济，能避免不诚信行为。立法上最早确认预约合同的，是始于1804年的《拿破仑民法典》。近现代民法，规定预约合同的有《法国民法典》《日本民法典》《瑞士债务法》《意大利民法典》《墨西哥民法典》《智利民法典》《秘鲁民法典》等。传统英美法一般否认预约，对待正式合同之前的协议文本多采“全有或全无（all or not）”态度，即要么有最终合同，要么不存在任何合同关系，仅在利他预约上存在特例。但后来随着允诺禁反言原则兴起，逐渐认可预约合同制度。[①]

在我国实践中，预约合同的适用范围非常宽泛，租赁、承揽、商品房买卖、土地使用权转让、民间借贷、大型采购、股权转让等领域均存在，名称五花八门，还存在意向书、允诺书、定金收据、原则性协议、框架性协议、临时协议等，不一而足。2020年5月31日，在中国裁判文书网以“预约合同”作为关键词检索文书，结果为54189篇，可见此类纠纷案件数量之多。《民法典》以立法形式确定预约合同，不仅与世界各国的主流做法保持一致，更是回应了社会实践需求。

三、预约合同的特征及法律性质

预约合同是指当事人约定为将来一定期限内订立合同而达成协议，是当事人在本约内容达成一致前作出的有约束力的意思表示。当

① 参见汤文平：《论预约在法教义学体系中的地位——以类型序列之建构为基础》，载《中外法学》2014年第1期；刘承韪：《预约合同层次论》，载《法学论坛》2013年第6期。

事人之所以先签订预约合同，原因可以分为两种：一种是主观未决事项，即当事人就待决事项的内容暂时无法达成一致，希望未来再予明确，或者一方当事人主观上犹豫，故给予一方当事人签订本约的犹豫期；一种是客观未决事项，即当事人存在某种事实、法律上的障碍暂时不能订立本约，常表现为交易未取得有关机关批准或者取得相应的许可证，签订本约的时机尚不成熟，履行本约的某种条件尚未具备或者履行本约的时间尚未到来等。

（一）预约合同的特征

第一，预备性。预约合同发生在本约合同的磋商阶段，是对未来本约合同作出的初步安排，因此预约合同具有预备性的特点。签订预约合同的根本目的是签订本约合同。

第二，约束性。即预约合同确定的内容具有法律约束力。预约合同中当事人明示或者默示受其约束的意思表示，是预约合同的必要条件。当事人签订预约合同后，表示愿意受预约合同约束，即表明预约合同中已经确定的条款不能随意变更。预约的约束力程度比本约要弱。如果当事人在进行反复磋商后，就合同的部分内容初步达成共识，并签署备忘录，但备忘录未表明当事人受约束，仅是对双方谈判过程的记录，不具备权利义务条款，没有法律拘束力，仅为磋商性文件，不构成预约，对此将在下文中关于预约与磋商性文件的区分中予以详述。

第三，确定性。预约的内容应具有一定的确定性，是能够确定或者可能确定的，以免合同当事人陷入本约谈判的僵局，致使预约丧失存在之必要。

第四，期限性。预约标的应当是在一定期限内签订本约。本条明确规定“约定在将来一定期限内订立合同”，旨在凸显预约合同的期限性。

对预约合同特征的把握，主要在于区分预约与磋商性文件、本约。

(二)预约合同的性质

对于预约合同的性质，主要有前契约说、从合同说、附停止条件本约说、独立契约说四种不同的学说，主流观点采独立契约说，《民法典》亦是。尽管预约是为了订立本约合同而签订，且在订立本约过程中签订，预设本约合同中的民事权利义务，二者存在相互关联的方面，但当事人就订立预约形成的合意具有相对独立性，可以与本约相区分，因此为独立的合同。

四、预约合同的法律效力

《民法典》仅规定违约方承担预约合同的违约责任，而违约责任包括继续履行，基于预约合同签约的根本目的是签订本约合同的特殊性，这里的继续履行究竟是指继续磋商，还是签订本约合同，并不明确，理论和实务界对此争议很大，这实际上涉及预约合同的效力问题。

(一)观点之争

总结理论界和实务界，存在如下四种主要观点：

第一，应当缔约说。指当事人签订预约后，需要承担两项义务：一是为达成本约而进行磋商的义务；二是必须达成本约的义务，如果当事人未根据预约缔结本约，则承担违约责任，法院可以强制当事人缔约，对于合同中的未确定条款，根据漏洞补充条款进行解释。[①]持应当缔约说的理由主要在于基于预约合同的目的和本质，应当最大限度促成本约成立，强调对守约方利益的保护。我国台湾地区和意大利、俄罗斯采此说。如在我国台湾地区，预约债务人负有订立本约的义务，权利人得诉请履行，法院应命债务人为订立本约的意思表示，债务人不为意思表示者，视同自判决确定时已为意思表示。[②]《意大利民法典》第2932条规定："若有缔约义务的人未履行其义务，则在有可能且不违反约定时，他方当事人可获得使未缔结的契约产生效力判

① 刘承韪：《预约合同层次论》，载《法学论坛》2013年第6期。

② 王泽鉴：《债法原理》(第1册)，中国政法大学出版社2001年版，第150页。

决”；《俄罗斯联邦民法典》第429、445条也规定，当签订预约合同的一方当事人拒绝订立本合同时，另一方当事人有权向法院提出强制对方签订合同的请求。

第二，应当磋商说。指当事人签署预约后，承担诚信、公平磋商的义务，如当事人诚信履行了磋商义务的情况下仍未达成本约，当事人不承担违约责任。德国和法国采此说。[①] 持应当磋商说的主要理由，在于预约制度设立的初衷是为了订立本约合同，并非对当事人之间达成的最终交易进行保障，如果要求当事人订立本约，那么违反预约和违反本约的法律效果是一致的，预约制度有多余之嫌。

第三，区分说。鉴于上述两种观点均过于偏向一方利益，不利于双方权利义务的平衡，理论和实践中均对此进行了反思，提出了区分说的观点。区分说认为应当区分预约所涉本约的必备条款的完备程度来决定效力，如果预约中具备本约的主要或者必要条款，则产生应当缔约的效力，否则产生应当磋商的效力。[②]

第四，视为本约说。该说认为，如果预约实际上已具备本约之要点而无需另订本约者，应视为本约。[③]

（二）笔者观点

对预约合同的效力界定直接关系到违反预约合同的责任承担，即能否强制履行包括磋商以及缔约的问题。对于预约合同能否强制履行，学术界分歧很大，但主流观点还是认为可以强制履行，最主要的分歧在于是强制磋商还是强制缔约。有观点认为，强制磋商说与预约制度不符，且容易引发道德风险，而内容决定说缺乏实务操作性，容易导致司法实践的混乱，强调预约应具有强约束力，否则仅进行磋商将无意义。同时，还认为由于学术界缺乏深入研究，有关审判实务经验也需要发展，故将能否强制缔约的规定删除。[④]

---

① 刘承韪：《预约合同层次论》，载《法学论坛》2013年第6期。

② 韩强：《论预约的效力与形态》，载《华东政法学院学报》2003年第1期。

③ 林诚二：《民法债编各论》（上），中国人民大学出版社2003年版，第32页。

④ 最高人民法院民事审判第二庭编著：《最高人民法院关于买卖合同司法解释的理解与适用》，人民法院出版社2012年版，第55~61页。

预约合同能否强制继续履行的问题十分复杂。也正是因为如此,《买卖合同司法解释》出台时,囿于理论研究与实践经验的匮乏,删除了强制缔约规定。笔者认为,应当缔约说过于强调保护守约方利益,有干预合同自由之嫌,忽视了当事人的真实意思。在条款约定并不完备的情况下,当事人违反继续磋商义务,一方面,法院通过解释或者补充条款不一定能够完善有关合同条款;另一方面,在一方当事人所支付的对价有限的情况下,如果要求对方当事人负有缔约的义务,可能导致当事人的给付存在不平衡的情况。正如学者指出,判令当事人必须缔约,无异于缔约强制,不适当地对违约进行价值评价,给从未允诺的交易的当事人施加了非自愿的强制缔约责任,已偏离"磋商"义务的本来含义。[①] 而应当磋商说虽较大程度上体现了对合同自由的尊重,但一方当事人可能假借履行磋商义务而规避违约责任,不能最大限度地保护守约方的利益,也存在弊端。

耿利航教授通过案例研究的方法,对《最高人民法院公报》案例以及《人民法院案例选》《人民司法》《中国审判案例要览》进行研究后发现,审判实践中存在三种审判路径,即视为本约、强制缔约以及强制磋商的路径。[②] 鉴于理论界争议较大,而实践中的做法又不一,笔者认为采取折中的观点,即区分说似乎更为合理。当然,如果存在法律上或者事实上的障碍,出现履行不能或者履行无意义的情形,继续履行包括磋商或者缔约也将受到限制。如果预约合同可以继续履行,对于预约的效力到底是采取继续磋商还是继续订立本约,首要原则应当是尊重当事人的意思自治,如当事人未约定或者约定不明确时,则根据预约内容的完备程度、履行程度等不同,采取区分说。具体来说,可以采取如下裁判思路:首先,看当事人约定。如果当事人对此作出了明确约定,且此种约定不违反强制性规定且能够继续履行,应当予以尊重。其次,对预约进行分类。学者通过对法院典型案例有关审判路径的研究,将预约分为简单预约,即具备当事人、标

①② 耿利航:《预约合同效力和违约救济的实证考察与应然路径》,载《法学研究》2016年第5期。

的、数量三个必备条款，但缺乏其他条款；典型预约，即当事人、标的、数量、价格以及部分主要条款达成合意；完整预约，即合同主要条款已经约定或者基本约定清楚，即使不签署本约，预约仍可正常履行，只是缺乏要式性。在作类型化区分的基础上，认为简单预约、典型预约，可以采取强制磋商，完整预约采取强制缔约。[①]此种观点值得借鉴。在一方当事人违反简单预约、典型预约时，可判令继续磋商，违反完整预约，视情可判令强制缔约。需要注意的是，意思自治是民商事活动的基本原则，法院不能直接代当事人为意思表示，强制缔约诉请虽可支持，但应审慎适用。例外地，如果预约合同已包括了详尽的本约条款，双方就本约合同的主要条款达成一致，且已部分或者绝大部分履行，此时可判令强制缔约。即对司法的高强度介入持谨慎态度，保持应有的谦抑性。

总之，审判实践中所把握的一项原则是，应当区分事实，以探究当事人真意为出发点，既不能任由当事人违反当初的完成交易之承诺，也不能施加给当事人从未允诺的强制缔约责任。

五、违反预约的赔偿范围

违反预约的赔偿范围是赔偿履行利益还是信赖利益？从审判实践中来看，有观点认为应赔偿履行利益，也有观点认为只应赔偿信赖利益，在信赖利益的范围上，是否包括机会利益损失，也存在不予赔偿、酌情赔偿以及全额赔偿三种不同做法。

履行利益，是指合同有效成立，债务人依约履行债权人所能获得的利益。通常认为，履行利益赔偿使守约方之处境与合同得到履行后相同，守约方可以获得其所期望的将来差价利益，即赔偿所谓的积极损失（利润）。信赖利益赔偿是使守约方的处境回到合同（未信赖允诺）前，即赔偿所谓的消极损失（成本费用支出等）。[②]由于对预约合

① 刘承韪：《预约合同层次论》，载《法学论坛》2013年第6期。

② 耿利航：《预约合同效力和违约救济的实证考察与应然路径》，载《法学研究》2016年第5期。

同的法律效力总体而言采取区分说，相应地，在赔偿范围也应当加以区分。对于完整性预约，可酌情赔偿履行利益。但此处的履行利益并非指依照本约的内容履行所能获得的利益，因为这是本约合同的履行利益，毕竟本约尚未订立，不能赔偿基于交易成功才可得到的利益，否则预约与本约差异无从体现。预约的赔偿范围应小于本约的赔偿范围。从实质上看，预约合同的履行利益损害应该是基于公平原则，包括为签订合同而合理支出的实际费用，也可包括丧失与第三人另订合同的机会所产生的损失，即可酌情赔偿机会损失利益。具体赔偿数额，可综合考虑守约方的实际履行的金额、当事人的信赖程度、缔约过程的时间跨度、违约方的获利、守约方的受损以及违约方的过错程度等因素，确定公平、合理的赔偿数额。对于简单预约、典型预约，原则上赔偿范围应当以信赖利益为限，一般而言，包括为订立合同所支付的各项费用、准备为签订合同所支付的费用、已付款项的法定孳息等。

需要注意的是，预约的赔偿责任也适用减轻损害规则、损益相抵规则。

【审判实践中应注意的问题】

虽然从预约合同的概念和特征来看，预约与意向书等磋商性文件、本约在理论上来看是明晰的，存在缔约磋商阶段——预约——本约三个不同的阶段，效力也从无——较弱——更强的递进过程，但是实践中情况是复杂的，存在模糊地带，许多约定内容似是而非，给法院识别到底属于何种类型性质文件增加了难度，也是困扰司法实务中的问题。我们认为，应当结合文件名称、约定内容、法律规定、履行情况等综合分析，综合运用文义解释、体系解释、目的解释、诚信解释等合同解释方法，努力探究当事人的真实意思，最终确定性质。

一、对意向书的法律性质的认定问题

意向书在房地产交易、公司并购、股权转让等大宗交易、复杂交易等领域广泛存在。意向书的含义有广义和狭义之分，广义的意向书是指合同磋商过程中形成的冠以意向性或者类似名称的文件，狭义的意向书指合同中有关程序性和实体性事项达成的不具有合同效力的文件。[①]《买卖合同司法解释》第2条将意向书、备忘录认定为预约合同，对意向书采用了广义的概念，《民法典》（草案稿）曾一度将意向书也规定在本条之中，后通过时进行了删除。究其原因，可能是意向书的性质不能一概而论，会被认定为磋商性文件、预约、本约三种不同的性质。

认定意向书为磋商性文件，实际上为狭义的意向书，此类意向书是对磋商结果的阶段性描述，载明主要商谈事项以及有关权利义务，但没有限定未来一定期限内签订正式合同，是一种松散型的文件。磋商性的意向书与预约存在一定的相似之处，都表明就将来订立正式合同进行进一步的磋商，正因为如此，实践中很容易将二者混淆，需要引起我们的注意。

预约与磋商性的意向书（文件）的区别，可从如下方面判断：（1）从名称来看。一般地，如果文件名称为意向书、合作或者谅解备忘录、草约、会议纪要，甚至是原则性协议、框架性协议等，而内容又比较简陋的，可初步判断为磋商性文件，但不可拘泥于文件名称，简单、机械地将意向书类文件认定为磋商性文件。（2）从是否具备订立本约合同的意思表示来看。对于意向书，当事人之间的订约意图不具有确定性，意思表示不够具体，仅表达一种签约的初步意向。而预约则具有订立本约合同的意图。（3）从约定的内容来看。意向书的标的、数量等主要条款不明，交易条件亦不明确，当事人的权利义务以及法律责任约定不明，权利义务存在不确定性或者多变性。而“预

① 郭魏：《意向书的法律性质和效力》，载《人民司法·案例》2015年第22期。

约合同的成立需要具备当事人、标的以及未来订立本约合同的意思表示这三个必备要素”。[①] 因此，预约的内容具有一定确定性，一般具备本约合同的大部分或者全部条款，未能确定的，则在订立本约时进一步协商确定。此外，如果意向书约定在一定期限内订立合同，则具有预约属性。(4)从当事人是否约定文件具有约束力来看。对于意向性文件，当事人往往表明不受意向书的约束，或者使用“原则上可以签约”“考虑签约”等词语，往往表明当事人不受拘束的意思表示。(5)从是否交付定金来看。如果当事人交付定金，则表明当事人具有缔约意图。也即，在对意向书的性质进行认定时，应当综合考虑当事人约定文件名称、合同约定内容尤其是约束力条款、标的、数量条款、定金条款以及履行情况等进行综合审查，并作出相应认定。

需要注意的是，磋商性的意向书虽不具有法律约束力，但并不意味没有任何意义，更不意味着违反不用承担任何法律责任。当事人为缔约而进行磋商，在订立合同上已进入实质性阶段，由一般关系进入特殊关系，相互之间存在合理信赖关系。因此，一方负有先合同义务，如果违反导致对方信赖利益受损，应当承担缔约过失责任，赔偿他方因信赖意向书而支出的合理成本和费用。

二、预约合同、本约合同的识别

预约合同的灵活性、多样性，使得某些约定较为详尽全面的预约合同与本约合同难以区分，这也是困扰司法实践中的问题。审判实践中可以参考如下标准：

(一)意思表示标准

这是区分的根本标准。当事人所订立的合同，究竟是本约合同还是预约合同，应依照当事人的意思表示判断，如果明确约定合同性质为预约合同，即使合同的内容符合本约合同的内容，内容完备，也应当认定为预约合同。如《最高人民法院公报》刊登的成都讯捷通讯连

---

① 王利明：《预约合同若干问题研究——我国司法解释相关规定评述》，载《法商研究》2014年第1期。

锁有限公司与四川蜀都实业有限责任公司、四川友利投资控股股份有限公司房屋买卖合同纠纷一案中[①]，即采取此标准。该案中，当事人签订的协议名称为《购房协议书》，协议中明确了拟买卖的房屋的位置、面积和价款，并约定了定金条款以及违约金条款，具备了正式房屋买卖合同的主要内容，可直接据此履行而无需另订本约。但是，当事人同时约定："甲、乙双方应就购房合同及付款方式等问题在本协议原则下进行具体磋商""甲乙双方就该宗房屋买卖合同签订时，本协议自动失效"。由于付款方式等问题上需要日后进一步磋商，且约定将来订立一个新的合同，故二审法院认为一审认定《购房协议书》的性质为本约有误，纠正为预约。在该案中，二审法院指出，"仅根据当事人合意内容上是否全面，并不足以界分预约和本约。判断当事人之间订立的合同系本约还是预约的根本标准应当是当事人的意思表示，也就是说，当事人是否有意在将来订立一个新的合同，以最终明确在双方之间形成某种法律关系的具体内容。如果当事人存在明确的将来订立本约的意思，那么，即使预约的内容与本约已经十分接近，即便通过合同解释，从预约中可以推导出本约的全部内容，也应当尊重当事人的意思表示，排除这种客观解释的可能性"。可见，意思表示是区分的首要标准。

（二）名称加内容标准

预约合同内容无需包括本约合同的主要条款，预约合同的内容一般较为简略，并不直接指向具体的权利变动内容。本约合同的条款则较完备。如果合同约定有"意向""预定""诚意金""另行签订正式合同后终止"等字样，一般情况下此类合同为预约合同。司法实践中大量的预约合同存在于商品房买卖领域。是否将《商品房销售管理办法》第16条规定的全部内容作为识别本约合同标准，还存在分歧。《商品房销售管理办法》第16条规定的主要内容包括当事人名称或者姓名和住所、商品房基本状况、销售方式、价款的确定方式及总价

① 载《最高人民法院公报》2015年第1期。

款、付款方式、付款时间等共计13项内容。为了确保对当事人双方的约束力，当事人一般在预约中仅约定如房屋坐落位置、总价款、付款方式等，通常不会包含全部13项内容。如果以全部内容作为识别标准，不仅门槛太高，不符合实际情况，导致预约与本约无异，也容易引发故意规避的道德风险。如预约合同对面积、位置、转让价款、支付方式等有明确约定，具备了合同的主要条款，此类预约的履行无需另行签订本约，则可认定为本约合同。当然，其他类似合同也可按照此标准进行识别。

（三）履行标准

如果一项预约的主要内容比较完备，且一方当事人履行了主要合同义务，如在房屋订购书中，合同约定了房屋坐落位置、面积、总价款、付款方式等内容，而买方也支付了绝大部分房款，此类合同应该被倾向于认定为本约合同；另一方面，如果合同内容不够完备，如虽然约定了面积、总价款、付款方式等，但是无法确定房屋的具体坐落位置，此时即使购房者支付了绝大部分房款，由于缺乏本约合同的主要条款，法院不能通过漏洞条款，根据法律规定进行解释确定，此类合同不能认定为预约合同。

（四）违约责任条款标准

预约合同一般不会约定违反本约合同责任，当事人通常约定在一定期限内订立本约合同，而本约合同通常需要约定违反合同所要承担的责任。

第四百九十六条 格式条款是当事人为了重复使用而预先拟定，并在订立合同时未与对方协商的条款。

采用格式条款订立合同的，提供格式条款的一方应当遵循公平原则确定当事人之间的权利和义务，并采取合理的方式提示对方注意免除或者减轻其责任等与对方有重大利害关系的条款，按照对方的要求，对该条款予以说明。提供格式条款的一方未履行提示或者说明义务，致使对方没有注意或者理解与其有重大利害关系的条款的，对方可以主张该条款不成为合同的内容。

【条文主旨】

本条是关于格式条款的定义、格式条款提供人的义务以及违反义务的法律效果的规定。

【条文理解】

一、格式条款概述

关于格式条款的概念，不同国家、地区的规定不同，但大都将其称为合同，如标准合同、附合合同、加入合同等，我国台湾地区称其为定型化契约。我国《合同法》采用格式条款而不是格式合同的概念，意味着在一个合同中可以将所有条款分为两类，即格式条款与非格式条款。[①]

格式条款的存在，既有积极意义也有可能造成危害，我们对此应

① 王利明：《对〈合同法〉格式条款规定的评析》，载《政法论坛》1999年第6期。

全面认识而不是顾此失彼。格式条款是社会经济发展的产物，具有定型化、单方制定不可协商的特点。在人类社会早期，交易主要发生在单个的主体之间，人们主要通过单个的意思表示实现交换，满足日常生产生活需要。随着生产力的发展，交易活动的日渐频繁，人们对交易效率的要求也不断提高。19世纪以来，大量以生产消费为内容的现代生活关系，使得企业与顾客都希望能够简化订约程序，格式条款应运而生。格式条款的积极意义主要表现在节约交易成本、提高交易效率。这是格式条款的生命力所在，也是格式条款被普遍使用的根源所在。对于格式条款的提供者而言，还有增进交易安全，防范交易风险的作用。随着电子商务的兴起，格式条款的作用日益重要。从法律角度分析，格式条款的消极作用也非常明显，其与契约自由原则在一定程度上背离，对契约正义造成了冲击，故对其弊端应予规制和防范。[①]正是由于格式条款的这种两面性，从法律的角度而言，既要保证其积极作用的有效发挥，又要控制其可能对社会正义造成的危害。本条和第497条、498条分别从格式条款提供者的义务、效力和解释三个方面对格式条款予以规制。

二、格式条款提供人的义务

根据本条规定，格式条款提供人的义务包括三项：一是遵循公平原则确定当事人之间的权利和义务，二是采取合理的方式提示对方注意免除或者减轻其责任等与对方有重大利害关系的条款，三是按照对方的要求，对该条款予以说明。第一项义务比较抽象，后两项义务明确具体，审判实践中，格式条款提供人是否履行了后两项义务也是合同纠纷案件中常见的焦点问题。

（一）主动提示与被动说明

按照本条的规定，提示义务的履行不以对方要求为条件，格式条款提供方要主动履行提示义务。合同是双方当事人就交易事项的意

---

① 最高人民法院研究室编著：《最高人民法院关于合同法司法解释（二）理解与适用》，人民法院出版社2009年版，第79~85页。

思表示达成一致的结果，格式条款是提供方预先拟定并未与对方协商的，如果提供方不主动履行提示义务，对方有可能不知道格式条款的存在，就失去了就交易事项意思表示达成一致的基础。特别是对与对方有重大利害关系的条款，对方知晓后，才有选择接受与不接受条款的机会，故格式条款提供方要主动履行提示义务。

说明义务以对方提出要求为条件，对方未提出说明要求的，提供者没有说明的义务，即说明义务具有被动性。格式合同一般由经济上处于优势地位一方当事人提供，其不仅具有缔约地位上的优势，更在专业知识上胜于对方当事人。另外，提供格式合同的当事人有充分的时间和精力研究一份对自己有利的合同，而对方当事人在订约时往往没有对合同条款进行协商的机会和能力，很难在短时间内正确理解合同条款。[①] 在经提示知晓格式条款的存在后，对方可能理解格式条款的内容，也可能不理解格式条款的内容。如果对格式条款不理解，对方可以要求格式条款的提供者予以说明，在理解条款的前提下选择接受还是拒绝格式条款、格式合同。如果格式条款的提供者对对方已经理解、未要求说明的条款也加以说明，会导致交易成本不必要的增加。

需要注意的是《保险法》要求对格式条款主动说明。《保险法》第 17 条规定，订立保险合同，采用保险人提供的格式条款的，保险人向投保人提供的投保单应当附格式条款，保险人应当向投保人说明合同的内容。对保险合同中免除保险人责任的条款，保险人在订立合同时应当在投保单、保险单或者其他保险凭证上作出足以引起投保人注意的提示，并对该条款的内容以书面或者口头形式向投保人作出明确说明；未作提示或者明确说明的，该条款不产生效力。根据该条规定，保险人对保险合同的说明义务不以投保人的要求为条件，采用保险人提供的格式条款的，保险人应当主动向投保人说明合同的内容，对于免除保险人责任的条款，其说明要达到明确的程度，未作明确说

① 江必新、何东宁等：《最高人民法院指导性案例裁判规则理解与适用（合同卷一）》，中国法制出版社 2018 年版。

明的，该条款不产生效力。

（二）在合同成立前履行提示与说明义务

格式条款提供方应在合同成立前履行提示与说明义务。只有在合同成立前使对方知晓合同中存在的格式条款，并理解其内容，才能保证对方是在理解合同格式条款的前提下，与条款的提供方就格式条款规定的内容达成一致。合同成立后，再履行提示与说明义务，即使对方同意并接受，也只是相当于双方就此达成了补充协议，应按补充协议对待。

三、未履行义务的法律效果

《合同法》第39条第1款规定格式条款提供人有提示和说明的义务，但是未规定其不履行的法律效果。《合同法司法解释（二）》第9条和第10条分别规定了可撤销和无效两种不同的后果：第9条规定，提供格式条款的一方当事人违反《合同法》第39条第1款关于提示和说明义务的规定，导致对方没有注意免除或者限制其责任的条款，对方当事人申请撤销该格式条款的，人民法院应当支持。第10条规定，提供格式条款的一方当事人违反《合同法》第39条第1款的规定，并具有《合同法》第40条规定的情形之一的，人民法院应当认定该格式条款无效。

本条对该法律效果的规定是："提供格式条款的一方未履行提示或者说明义务，致使对方没有注意或者理解与其有重大利害关系的条款的，对方可以主张该条款不成为合同的内容。"即法律效果是对方可以主张该条款不成为合同的内容，学理上称为"未订入合同"。最高人民法院发布的指导案例64号刘某诉中国移动通信集团江苏有限公司徐州分公司电信服务合同纠纷案[①]可以看作是一个未订入合同的案例。在该案中，移动公司以话费有效期满为由停止对客户刘某的服务，但是又不能提供证据证明其与客户订立的合同中存在话费有效期的约定，故被判决继续履行合同。按照本条的规定，即使经营者能够证明合同中客观存在话费有效期条款，但如果其没有履行提示或者说明义务，导致消费者没有注意或者理解该条款的，消费者有权主张该条款不成为合同的内容，当然不能对消费者产生约束力。

未订入合同并非格式条款提供人未履行提示和明确说明义务的当然后果。合同相对方主张格式条款未订入合同，还需要以合同相对方没有注意或者理解与其有重大利害关系的条款为条件。换言之，即使格式条款提供方未履行提示或说明义务，但合同相对方注意到合同中有此类条款并且理解条款含义的，无权主张该条款未订入合同。例如，佛山市盈盛食品有限公司诉佛山市禅城区鑫联程货运部公路货物运输合同纠纷案中[②]，格式条款提供者虽未举证证明其采取合理方式提请对方注意关于保价的格式条款，但根据证据状况，并结合双方的身份和合同地位，能够认定对方知道保价条款的存在并理解保价条款内容的，对方无权主张把该保价条款排除在合同之外。

① 该案判决认为，业务受理单、入网服务协议是电信服务合同的主要内容，确定了原被告双方的权利义务内容，入网服务协议第四项约定有权暂停或限制移动通信服务的情形，第五项约定有权解除协议、收回号码、终止提供服务的情形，均没有因有效期到期而中止、解除、终止合同的约定。而话费有效期限制直接影响到原告手机号码的正常使用，一旦有效期到期，将导致停机、号码被收回的后果，因此，被告对此负有明确如实告知的义务，且在订立电信服务合同之前就应如实告知原告。如果在订立合同之前未告知，即使在缴费阶段告知，亦剥夺了当事人的选择权，有违公平和诚信原则。被告主张"通过单联发票、宣传册和短信的方式向原告告知了有效期"，但未能提供有效的证据予以证明。

② 佛山市禅城区人民法院（2015）佛城法民二初字第1040号。

【审判实践中应注意的问题】

一、格式条款的识别

只有格式条款才能适用本条和《民法典》第497条、第498条的规定，准确识别格式条款是正确适用法律规定的前提。

格式条款的表现形式多种多样，既可以是合同书中合同条款的形式，也可以是店堂公告，还可以是在制式单据上印制的条款。无论是哪种形式存在，只要符合格式条款的特征，就应认定为格式条款。本条对格式条款的定义与《合同法》第39条对格式条款定义是一致的。根据该定义，格式条款应同时具备三个特征：一是事先拟好；二是反复使用；三是未经协商。格式条款的主要特点在于未与对方协商，对反复使用应否作为格式条款的特征，理论界和实务界曾有不同认识。王利明教授指出，理解格式条款的定义时，不能将“反复使用”作为格式条款的特征，因为反复使用并不是格式条款的本质特征，而仅仅是为了说明预先制定的目的。“反复使用”是不能作为单独的特征存在的，原因是有的格式条款仅使用一次，并没有重复使用。“反复使用”只是其经济功能，而不是其法律特征。[①]审判实务中也有相同的观点，认为审判实践不应过分强调重复使用的特征，“重复使用”并非司法认定格式条款的必要条件。如果将其作为格式条款的构成要件，那么当事人在主张某条款为格式条款时就负有这样的举证责任，需证明该条款已经被重复使用的事实。让当事人承担这样的举证责任，显然过于严苛，有违立法本意[②]。本次《民法典》起草过程中，曾经将重复使用这一特征删除，但最终还是予以恢复，说明立法机关认为重复使用系格式条款的实质特征，值得注意。

---

① 王利明：《对〈合同法〉格式条款规定的评析》，载《政法论坛》1999年第6期。

② 最高人民法院研究室编著：《最高人民法院关于合同法司法解释（二）理解与适用》，人民法院出版社2009年版，第82页。

二、格式条款提供人的提示和说明义务

（一）格式条款提供人应就与对方有重大利害关系的格式条款履行提示和说明义务

根据本条规定，需要提示和说明的是格式条款中“免除或者减轻其责任等与对方有重大利害关系的条款”，而非全部格式条款。如何理解重大利害关系条款?《消费者权益保护法》第26条第1款规定，经营者在经营活动中使用格式条款的，应当以显著方式提请消费者注意商品或者服务的数量和质量、价款或者费用、履行期限和方式、安全注意事项和风险警示、售后服务、民事责任等与消费者有重大利害关系的内容，并按照消费者的要求予以说明。该法列举了消费合同经营者应向消费者提示与说明的有重大利害关系的条款。《民法典》第470条规定了合同一般应包括的条款。一般说来，该条列举的标的、数量、质量、价款或者报酬、履行期限、地点和方式、违约责任、解决争议的方法等条款均属于与对方有重大利害关系的条款。其中的加重对方责任、限制对方主要权利的条款，当然属于与对方有重大利害关系的条款。当然，需要格式条款提供人向对方当事人履行提示和说明义务的仅是格式条款的中与对方有重大利害关系的条款，如果该条款并非格式条款，并不需要格式条款的提供人履行提示和说明义务。

（二）如何判断格式条款的提供者履行了提示和说明义务

1. 合理的方式提示

在审判实践中，格式条款的提供者是否履行了提示和说明义务常常成为案件的争议焦点。本条要求格式条款提供方采取合理方式履行提示义务。按照《合同法司法解释（二）》第6条第2款的规定，提供格式条款一方对已尽合理提示及说明义务承担举证责任。提供格式条款的一方采用“足以引起对方注意”的文字、符号、字体等特别标识对格式条款进行表示的，可以认为是采取了合理的方式。该条虽然是对《合同法》的规定作出的解释，但是其解释的内容和现条文并无区别，仍然可以适用。有的企业为了省事，往往会在格式合同中把许

多条款都用黑体字标识出来，由于标识内容范围过大，反而把一些需要作特别说明的内容变得不那么显眼了。这是在以符号、颜色等特别标识进行提示或说明时比较容易发生的问题。有的特别文字标识虽然本身很显眼，但其所出现的场所或位置可能完全不为人所注意，此时，亦无法起到其应有的效果。所以，提示应达到“足以引起对方注意”的程度。在国外发生过的一些案例中，法院认定不足以引起对方注意的情形包括：旅店的免责说明张贴在房间的门背后、文件夹子内页中或者旅客不容易看到的柱子侧面；停车场的免责条款张贴在司机不太容易看到的墙面上、被车挡住；保险公司合同上的免责条款虽以黑体字标识，但标识内容太过庞杂，令人眼花缭乱，或者字体过小，无法让人仔细阅读，等等。①

2. 说明义务的履行

格式条款提供方应如何履行说明义务？对此问题，《合同法》和相关司法解释均没有规定。《保险法》第17条要求，保险人对保险合同中的责任免除条款，应当向投保人明确说明。2000年，《最高人民法院研究室关于对〈保险法〉第十七条规定的“明确说明”应如何理解的问题的答复》认为，这里所规定的“明确说明”，是指保险人在与投保人签订保险合同之前或者签订保险合同之时，对于保险合同中所约定的免责条款，除了在保险单上提示投保人注意外，还应当对有关免责条款的概念、内容及其法律后果等，以书面或者口头形式向投保人或其代理人作出解释，以使投保人明了该条款的真实含义和法律后果。《最高人民法院关于适用〈中华人民共和国保险法〉若干问题的解释（二）》第11条在此规定的基础上进一步予以完善，要求说明要达到常人能够理解的程度。该答复和司法解释解决的是明确说明的要求问题，对于我们界定如何履行说明义务有参照作用。说明的内容至少应包括，免除或者减轻格式条款提供方责任等与对方有重大利害关系条款的基本含义、对双方当事人责任的影响，并以对方能够理解

① 最高人民法院研究室编著：《最高人民法院关于合同法司法解释（二）理解与适用》，人民法院出版社2009年版，第64页。

和接受的方式进行。

【案例链接】

杨树岭诉某保险公司天津市宝坻支公司保险合同纠纷案[①]

【基本案情】

原告杨树岭向被告某保险公司天津市宝坻支公司投保机动车辆第三者综合责任险。保险期间内，原告驾驶被保险车辆不慎将墙撞倒，致其母张玉荣死亡。当地交通警察大队出具交通事故认定书一份，认定原告对此次交通事故负全部责任。其后，经当地交通警察大队调解，原告对此次交通事故损害作出相应赔偿，并于事故调解解决后向被告提出保险理赔，遭被告拒绝理赔。被告拒赔的理由是，保险合同第二部分第二章第3条规定："保险车辆造成下列人身伤亡，不论在法律上是否应当由被保险人承担赔偿责任，保险人均不负责赔偿：（一）被保险人或其允许的驾驶员及他们的家庭成员……"保险合同第四部分释义第22条规定："家庭成员包括被保险人的直系血亲和在一起共同生活的其他亲属。"原告诉请法院判令被告赔偿原告相应保险金。法院查明，原告杨树岭已分家另过，与其父母不属于同一户籍。

【裁判要点】

一审法院支持了原告的诉讼请求。被告提起上诉，二审法院经审理认为：涉案机动车辆第三者责任险保险合同中关于"保险车辆造成被保险人或其允许的驾驶员及他们的家庭成员人身伤亡，不论在法律上是否应当由被保险人承担赔偿责任，保险人均不负责赔偿"的规定，以及该合同中关于"家庭成员包括被保险人的直系血亲和在一起共同生活的其他亲属"的解释，均属格式化免责条款，提供该格式合

① 载《最高人民法院公报》2007年第11期。

同的保险人依法应当就上述免责条款向被保险人作出明确说明。保险合同系专业性较强的合同，涉及专业术语较多，保险人有义务向投保人予以明确说明。某保险公司宝坻支公司虽然在涉案机动车辆第三者责任险保险合同文本中以黑体字提示了免责条款，但仅是尽到了提醒投保人注意的义务，根据本案事实、证据，不能认定某保险公司宝坻支公司已经履行了就免责条款的概念、内容及其法律后果等以书面或者口头形式向投保人或其代理人作出解释，以使投保人明了该条款的真实含义和法律后果的明确说明义务。因此，不论涉案机动车辆第三者责任险保险合同中的格式化免责条款关于“保险车辆造成被保险人或其允许的驾驶员及他们的家庭成员人身伤亡，不论在法律上是否应当由被保险人承担赔偿责任，保险人均不负责赔偿”的规定，以及关于“家庭成员包括被保险人的直系血亲和在一起共同生活的其他亲属”的解释是否具有法律依据、是否有效，该格式化免责条款都因上诉人未能尽到明确说明的义务而归于无效，该免责条款对被上诉人不产生约束力。上诉人的上诉理由不足，不予支持。驳回上诉，维持原判。

第四百九十七条 有下列情形之一的，该格式条款无效：

（一）具有本法第一编第六章第三节和本法第五百零六条规定的无效情形；

（二）提供格式条款一方不合理地免除或者减轻其责任、加重对方责任、限制对方主要权利；

（三）提供格式条款一方排除对方主要权利。

【条文主旨】

本条是关于格式条款无效情形的规定。

【条文理解】

依法成立的合同，受法律保护。格式条款对于提高交易效率、提升整体的社会效益有积极意义。格式条款并非天然的无效条款，依法成立的合同中的格式条款，除非符合法律规定的无效情形，与其他合同条款对合同当事人有同样的约束力。《最高人民法院公报》刊登的多个案例体现了这一观点[①]。根据本条的规定，格式条款无效的三种情形包括：（1）符合民事法律行为无效一般规定的格式条款无效；（2）不合理免除或减轻己方责任、加重对方责任限制对方主要权利的格式条款无效；（3）排除对方主要权利的格式条款无效。后两种无效情形也可以看作格式条款提供方违反前条规定的公平确定当事人之间权利和义务的法律后果。有本条规定的三种情形之一的格式条款，属

① 如成路诉无锡轻工大学教学合同纠纷案（2002 年第 2 期），来云鹏诉北京四通利方信息技术有限公司服务合同纠纷案（2002 年第 6 期），家园公司诉森得瑞公司合同纠纷案（2007 年第 2 期）。

于无效条款，即使格式条款的提供者履行了提示和明确说明义务。

一、符合民事法律行为无效一般规定的格式条款无效

本法总则编第6章第3节规定了民事法律行为效力的一般规则，格式条款具有该节规定无效情形的当然无效。主要包括根据本法第146条的规定，行为人与相对人以虚假的意思表示实施的民事法律行为无效。根据本法第153条规定，违反法律、行政法规的强制性规定的民事法律行为无效。但是，该强制性规定不导致该民事法律行为无效的除外。违背公序良俗的民事法律行为无效。根据本法第154条的规定，行为人与相对人恶意串通，损害他人合法权益的民事法律行为无效。根据本法第506条的规定，合同中两种免责条款无效：造成对方人身损害和因故意或重大过失造成对方财产损失的。

二、不合理免除或减轻己方责任、加重对方责任限制对方主要权利的格式条款无效

本条第2项在《合同法》第40条规定的基础上，对“免除或减轻格式条款提供方责任、加重对方责任、限制对方主要权利”增加了“不合理”的限制，该修改是必要的。即不能仅因为格式条款是“免除或减轻己方责任、加重对方责任、限制对方主要权利”的，就认定其为无效条款。“合理”免除或减轻己方责任、加重对方责任、限制对方主要权利的格式条款只要不具备合同无效情形，也是有效的。如果本条没有该限制条件，仅就字面意思而言，很容易导致本条的内容与本法第496条的规定的格式条款提供者就该类条款应履行的提示及说明义务的法律效果产生混淆。

加重对方责任、限制对方主要权利的格式条款无疑也属于与对方有重大利害关系的条款。根据本法第496条规定，如果格式条款提供方未履行提示和说明义务，对方可以主张相应的条款不成为合同内容。既然不是合同内容，当然也就谈不上效力问题。加上“不合理”的限制，就把两种情况区分开来。格式条款提供方对于与对方有重大

利害关系的条款首先有提示和说明的义务，如果其未履行该义务，对方也没有注意或理解相应条款的，则对方有权主张相应条款不成为合同的内容。如果其履行了提示和说明义务，还要区别该条款免除或者减轻提供方的责任、加重对方责任、限制对方主要权利是否合理，才能确定条款的效力。如果条款是合理的，也不具有其他无效情形，则条款有效。如果是不合理的，则条款无效。崔建远教授指出，对于《合同法》第40条后段，即“提供格式条款一方免除其责任、加重对方责任、排除对方主要权利的，该条款无效”，我们必须结合《合同法》第39条以确定免责的格式条款的效力。因为该条规定文义涵盖过宽，若严格依照文义解释，将得出免责的格式条款在合同法上全部无效的结论，这显然是不符合客观实际的，是违反生活常识的，并不符合立法目的。依据立法目的，此类免责条款若系企业的合理化经营所必需，或免除的是一般过失责任，或是轻微违约场合的责任等，并且提供者又履行了提请注意的义务，那么此类条款就应当有效。[①]

三、排除对方主要权利的格式条款无效

根据本条第2项规定，不合理限制对方主要权利的格式条款无效，即合理限制对方主要权利的条款可以是有效的。但本条第3项对于排除对方主要权利的条款则没有“不合理”的限制，说明不存在“合理”排除对方主要权利的情形，或者说对方的主要权利不容排除，排除对方主要权利的条款当然无效。在《合同法》第40条的规定中，只有关于“排除对方主要权利”情形的规定，并没有关于“限制对方主要权利”情形的规定。本法保留了关于“排除对方主要权利”情形的规定，又增加了“不合理限制对方主要权利情形”的规定，说明立法者有意对这两种情形加以区别。

排除意为除掉、消除[②]，限制意为约束[③]，二者程度不同。例如，合

① 崔建远:《论格式条款的解释》，载《经贸法律评论》2019年第3期。
② 《辞海（1999年版普及本）》，上海辞书出版社1999年版，第945页。
③ 《辞海（1999年版普及本）》，上海辞书出版社1999年版，第1368页。

同当事人发生纠纷后，有通过诉讼救济的权利，这是当事人的主要权利。如果格式条款规定，纠纷发生后，不得提起诉讼，则是排除了对方的主要权利，当然无效。但如果格式条款规定，纠纷发生后，当事人要到格式条款提供方住所地人民法院诉讼，则属于对当事人提起诉讼救济权利的限制，这种权利的限制就可能是合理的。如果格式条款的提供方履行了提示和说明义务，该条款应属有效条款。《民事诉讼法司法解释》第31条规定，经营者使用格式条款与消费者订立管辖协议，未采取合理方式提请消费者注意，消费者主张管辖协议无效的，人民法院应予支持。根据该规定，如果经营者采取了合理方式提请消费者注意，则约定管辖条款可以是有效的。

何为“主要权利”，需要根据合同性质本身确定。合同千差万别，性质不同，当事人享有的“主要权利”不可能完全一样。认定“主要权利”不能仅仅看双方当事人签订的合同的内容是什么，而应就合同本身的性质来考察。如果依据合同的性质能够确定合同的主要内容，则应以此确定当事人所享有的主要权利。①

判断具体的格式条款是否不合理的免责条款，要结合格式条款的具体约定和具体合同的性质作出判断，判断该条款的约定是否导致双方当事人权利义务关系过于失衡，违反了本法第496条确定的格式条款提供方公平确定双方权利义务关系的原则。以最高人民法院指导性案例指导案例1号上海某物业顾问有限公司诉陶某华居间合同纠纷案为例。虽然该案例没有支持格式条款提供方依据格式条款提出的诉请，但并非因为格式条款无效，而是因为其提出诉请所依据的事实与格式条款的约定不符，不属于格式条款约定的“跳单”行为。消费者利用了中介公司的信息和服务却绕开中介公司的跳单行为，有违诚信原则，将其约定为违约行为，是对消费者的合理限制，对中介公司合法利益合法保护，也有利于正常的交易秩序。这种格式条款并非无效条款。

---

① 王利明：《对〈合同法〉格式条款规定的评析》，载《政法论坛（中国政法大学学报）》1999年第6期。

【审判实践中应注意的问题】

审判实践中应注意本条与第496条适用的区别。第496条第1款明确了格式条款的定义，第2款明确了条款提供者的义务，格式条款提供者对于免除或者减轻格式条款提供者责任等与对方有重大利害关系的条款有提示、说明义务，本条则是针对所有的格式条款。任何格式条款，只要符合本条规定，无论其是否属于与对方有重大利害关系的条款，均属于无效条款。与对方有重大利害关系的条款能否订入合同，需要当事人主张后，由法院进行审查，但是格式条款的效力问题，由人民法院依职权进行审查和认定，无需当事人主张。

【案例链接】

上海某物业顾问有限公司诉陶德华居间合同纠纷案[①]

【基本案情】

2008年下半年，原产权人李某某到多家房屋中介公司挂牌销售涉案房屋，期间包括原告公司在内的三家中介公司带陶德华方看了该房屋，原告公司与陶德华签订了《房地产求购确认书》。该《确认书》第2.4条约定，陶德华在验看过该房地产后六个月内，陶德华或其委托人、代理人、代表人、承办人等与陶德华有关联的人，利用原告公司提供的信息、机会等条件但未通过原告公司而与第三方达成买卖交易的，陶德华应按照与出卖方就该房地产买卖达成的实际成交价的1%，向原告公司支付违约金。当时原告公司对该房屋报价165万元，而某房地产顾问公司报价145万元，并积极与卖方协商价格。11月30日，在某房地产顾问公司居间下，陶德华与卖方签订了房屋买卖合同，成交价138万元。后买卖双方办理了过户手续，陶德华向某房地

① 最高人民法院指导案例1号，最高人民法院审判委员会讨论通过，2011年12月20日发布。

产顾问公司支付佣金1.38万元。原告公司以陶德华违反了《房地产求购确认书》的约定，属于恶意“跳单”行为，请求法院判令陶德华按约支付原告公司违约金1.65万元。被告陶德华辩称：涉案房屋原产权人李某某委托多家中介公司出售房屋，原告公司并非独家掌握该房源信息，也非独家代理销售。陶德华并没有利用原告公司提供的信息，不存在“跳单”违约行为。

【裁判摘要】

法院生效裁判认为：原告公司与陶德华签订的《房地产求购确认书》属于居间合同性质，其中第2.4条的约定，属于房屋买卖居间合同中常有的禁止“跳单”格式条款，其本意是为防止买方利用中介公司提供的房源信息却“跳”过中介公司购买房屋，从而使中介公司无法得到应得的佣金，该约定并不存在免除一方责任、加重对方责任、排除对方主要权利的情形，应认定有效。但根据该条约定，衡量买方是否“跳单”违约的关键，是看买方是否利用了该中介公司提供的房源信息、机会等条件。本案中，原产权人通过多家中介公司挂牌出售同一房屋，陶德华及其家人分别通过不同的中介公司了解到同一房源信息，并通过其他中介公司促成了房屋买卖合同成立。因此，陶德华并没有利用原告公司的信息、机会，故不构成违约，对原告公司的诉讼请求不予支持。

第四百九十八条　对格式条款的理解发生争议的，应当按照通常理解予以解释。对格式条款有两种以上解释的，应当作出不利于提供格式条款一方的解释。格式条款和非格式条款不一致的，应当采用非格式条款。

【条文主旨】

本条是关于格式条款解释规则的规定。

【条文理解】

本条规定包括三句话，依次对应着格式条款解释的三条规则：通常解释、不利解释、非格式条款优先。

一、先适用通常解释，后适用不利解释

对格式条款进行解释，应注意通常解释规则和不利解释规则的适用顺序。首先应适用通常解释规则，在通常解释规则的基础上再适用不利解释规则。即对争议格式条款先按照通常理解予以解释，如果按照通常理解只有唯一的解释，那么这就是格式条款的解释结果，没有必要也不应再适用不利解释规则进行解释。本条规定，对格式条款“有两种以上解释的”，应当作出不利于提供格式条款一方法解释。即不利解释规则的适用条件是对格式条款有两种以上解释。《保险法》第30条和《旅行社条例》第29条第2款的规定再次明确了适用条

件[①]。按照通常理解有两种以上解释的，才可以适用不利解释规则，作出不利于格式条款提供方的解释。不能抛开通常解释规则，直接适用不利解释规则。只要能得出对格式条款提供方不利的解释，就采用这种解释，却不顾这种不利的解释是否属于通常理解得出的解释结论。《最高人民法院公报》刊登的顾善芳诉张小君、林兴钢、钟武军追偿权纠纷案就体现了这样的裁判观点。[②]

二、关于通常理解

有争议的合同条款按照通常理解予以解释，这其中的通常理解又应作何理解？法律和司法解释对此都没有明确规定。有学者认为，对于格式条款，应当以可能订约者平均合理的理解为格式进行解释。既然格式条款是为不特定的人所制定的，就应考虑到多数人而不是个别消费者的意志和利益。因此就格式条款发生争议时，应以可能订约者的平均的、合理的理解为格式进行解释。具体来说：第一，格式条款的解释不应仅以条款制作人的理解进行解释，而更应以一般人的理解进行解释。第二，对某些特殊的术语应作出平常的、通常的、通俗的、日常的、一般意义的解释。第三，若格式条款经过长期使用以后，消费者对其中某些用语的理解，与条款制作人制定条款的理解有所不同，此时应以交易时消费者理解为标准进行解释。在某些情况下，应根据其适用的不同地域、不同职业团体的可能订约者的一般理解来解释合同。各个地域和团体内的相对人对格式条款内容的理解是不同的，因此，应以适用格式条款的不同地域和团体的消费者的平均

① 《保险法》第30条规定："采用保险人提供的格式条款订立的保险合同，保险人与投保人、被保险人或者受益人对合同条款有争议的，应当按照通常理解予以解释。对合同条款有两种以上解释的，人民法院或者仲裁机构应当作出有利于被保险人和受益人的解释。"《旅行社条例》第29条第2款中规定，旅行社和旅游者签订的旅游合同约定不明确或者对格式条款的理解发生争议的，应当按照通常理解予以解释；对格式条款有两种以上解释的，应当作出有利于旅游者的解释。

② 《最高人民法院公报》2017年第10期。该案的裁判要旨为：对格式条款的理解发生争议的，首先应当按照通常理解予以解释。只有按照通常理解对格式条款有两种以上解释的，才应采用不利解释原则。浙江省宁波市中级人民法院（2014）浙甬商终字第227号。

的、合理的理解为标准进行解释。如果格式条款中的某些知识或术语不能为个别消费者所理解，也应根据可能订约者的平均的、合理的理解为标准进行解释。既然格式条款应实现条款制作人和不特定的相对人的利益，解释合同应考虑大多数可能订约者而不是个别订约者的意志，因此，即使个别当事人对条款的特殊含义能够理解，但仍应依据格式条款可能订约者的平均的、合理的理解标准进行解释。[①] 我们认为，不同的理解主体有不同的理解能力和认识水平，所以需要确定理解主体。从通常理解主体的角度，学者的前述观点正确，但解释离不开依据和方法，从解释依据或者解释方法的角度说，通常理解应参照本法第142条第1款的规定及本法第498条的规定进行理解。按照所使用的词句、结合相关条款、行为的性质和目的、习惯以及诚信原则，确定意思表示的含义。

【审判实践中应注意的问题】

一、需要解释的是当事人之间有合理争议的格式条款

"对格式条款的理解发生争议的"是适用本条规定的解释规则的前提。首先，这种争议的主体是当事人，是发生在当事人之间的争议，法官不应也不能成为争议的一方。如果当事人在诉辩中对合同条款并无争议，法官不能凭自己对格式条款的理解和当事人不一致就认为存在争议。其次，争议应是合理的，对于文义清晰明确的合同条款，没有进一步解释的需要，因一方当事人不合理的解释，甚至是为了制造分歧而刻意形成的争议，没有解释的必要。例如，财产保险合同约定，盘点时发生的短缺与雇员的偷窃，保险公司不负赔偿责任。如此约定会产生歧义，"雇员的偷窃"可以有两种理解：一是仅由雇员实施的盗窃，二是有雇员参与实施的盗窃，这两种理解均属合理。

① 王利明：《对〈合同法〉格式条款规定的评析》，载《政法论坛》1999年第6期。

保险责任期间，因张某等4人盗窃，造成被保险人损失。4人中，张某系被保险人公司员工，其他3人不是。保险公司以损失系雇员盗窃所致主张免责。被保险人主张，该盗窃仅是雇员参与的盗窃，并非纯粹的雇员盗窃。被保险人如此理解显然是合理的，所产生的争议也是合理的争议，应对约定有歧义的条款予以解释。但是，如果保险合同中的条款表述为，雇员参与或实施的盗窃，保险公司不负赔偿责任。这样的表述清晰明确，不存在歧义。如果当事人缺乏依据故意歪曲理解条款含义，不属于合理争议，没有必要再行解释。

二、有效非格式条款优先

本条规定的三条格式条款解释规则有其适用顺序，依次为非格式条款优先规则、通常解释规则、不利解释规则。按照非格式条款优先规则，格式条款和非格式条款对同一合同事项均有约定的，无需考虑格式条款的解释问题。如二者约定一致，再予解释没有意义。如二者约定不一致，应以非格式条款约定为准，无需再对格式条款予以解释。故审判实务中，如案件当事人对格式条款发生争议，应先查明就争议格式条款约定的合同事项而言，有无非格式条款规定。

需要注意的是，并非所有的非格式条款都能优先适用。如果非格式条款未被纳入合同或者说是无效的非格式条款，本身就没有约束力，则无法作为合同解释的依据。在格式条款经过行政规制或行业规制，所反映的利益关系比较公平合理的情况下，条款利用人利用其优势地位强行与用户或消费者“个别商议”，形成不利于用户或消费者的所谓个别商议条款。于此场合，该个别商议条款不得具有优先性，甚至应被依法确认为无效，或被撤销。由此看来，《合同法》第41条关于非格式条款优先于格式条款的规定需要进行目的性限缩，设置在非格式条款严重损害了消费者合法权益时无效或可被撤销的但书。[①]

① 崔建远：《论格式条款的解释》，载《经贸法律评论》2019年第3期。

【案例链接】

李某与某人寿保险股份有限公司人身保险合同纠纷案[①]

【基本案情】

1998年，李某与某人寿保险股份有限公司签订了重大疾病终身保险合同。合同第20条重大疾病项规定："重大疾病是指下列疾病或手术之一：……七、重大器官移植手术（注）……"注释7规定："重大器官移植手术是指接受心脏、肺脏、肝脏、胰脏、肾脏及骨髓移植。"后李某因病在某心血管医院做了"二尖瓣置换术、三尖瓣成形术和左房折叠术"等三项心脏外科手术，花去医疗费127006.85元。手术后，李某以心脏的部分器官移植也应视为心脏移植为由，向保险公司提交了理赔申请和相关资料。经审核，保险公司以不属保险责任为由，作出拒赔通知。李某诉至一审法院，要求判令保险公司赔付保险金4万元。被告辩称：被保险人李某所做"二尖瓣置换"手术不在条款规定的重大疾病范围之内，我公司不承担给付保险金的责任。

另查明，案外人某保险公司终身重大疾病保险条款关于重大器官移植手术的释义为：器官移植是指人与人之间的、器官自捐献者移植给被保险人的、一个或者多个器官的移植。重要器官移植是指肾脏、肝脏、心脏、肺、胰脏、小肠或骨髓移植。任何其他器官、部分器官、组织或细胞移植不在本合同保障范围内。

【裁判摘要】

一审法院审理认为：合同第20条第7款及注释7并未明确列出心脏移植的排他项目，合同签订时保险公司亦未向李某告知心脏移植的确切定义，造成双方对合同理解上的不同，引起本案纠纷产生，由于合同为格式文本，故应当采信不利于提供格式条款一方的解释，被告应当履行赔付义务。支持了李某的诉讼请求。

---

① 河南省三门峡市中级人民法院（2004）民三终字第199号民事判决书。

二审法院审理认为：双方对重大疾病的范围存在着较大的争议。争议的焦点是二尖瓣置换是否包含在合同约定的器官移植范围内，即器官移植是仅指整个器官移植还是也包括部分器官的置换。二尖瓣是心脏的组成部分，如同一个“单向活门”，保证血液循环由左心房一定向左心室方向流动和通过一定的血流量。二审法院认为，现有医学器官移植既有捐献者移植也有人造器官移植，而器官的部分组织结构置换更加普遍。通过案外人某保险公司合同条款关于器官移植的解释可以看出，器官移植至少包含整个器官移植、部分器官移植、组织或细胞移植等多种情形。器官移植可以作出全部移植或者部分移植等两种以上解释。参照不同保险公司之间关于保险条款的解释，是判断保险条款是否存在不同解释的方法之一。据此分析，李某与保险公司之间关于保险合同心脏移植的理解是合理的理解，应当确认为双方就格式条款规定的心脏移植的含义存在争议。根据《保险法》第31条的规定，应作出有利于被保险人的解释，即确定李某疾病在合同约定的重大疾病范围内，保险公司应承担保险责任。综上所述，保险公司的上诉请求不能成立，判决：驳回上诉，维持原判。

第四百九十九条　悬赏人以公开方式声明对完成特定行为的人支付报酬的，完成该行为的人可以请求其支付。

【条文主旨】

本条是关于悬赏广告的规定。

【条文理解】

所谓悬赏，是指出具赏格，招人应征。[①] 出具赏格的人，即悬赏人，是允诺对完成特定行为的人支付报酬的人。悬赏是一种很古老的借助他人的力量解决问题的方式，"悬赏以待功，序爵以俟贤。"商鞅变法中的城门立木就是悬赏。寻人、寻物启事是生活中比较常见的悬赏广告，随着社会的发展，还出现了较多的特殊领域的悬赏广告，如公安机关为侦破案件寻求线索的刑事悬赏，强制执行中对被执行人或者被执行人财产的悬赏，还有案件的当事人进行的证据悬赏，以及报刊的创意大赛、企业的商标创意悬赏，等等[②]。审判实务中也有较多的悬赏广告引发的纠纷，最高人民法院2011年颁布的《民事案件案由规定》将悬赏广告纠纷明确为三级案由，列在二级案由合同纠纷之下。《合同法》并没有关于悬赏广告的规定，《民法典》本条规定属于新增内容，明确了人民法院审理此类纠纷的法律依据。

---

① 《辞海（1999年版普及本）》，上海辞书出版社1999年版，第4541页。

② 最高人民法院研究室编著：《最高人民法院关于合同法司法解释（二）理解与适用》，人民法院出版社2009年版，第37页。

一、悬赏广告的性质

悬赏广告大致可以分为三个阶段：一是悬赏人作出悬赏广告；二是应征人完成悬赏广告确定的特定行为；三是应征人请求支付悬赏广告声明的报酬。因此，悬赏广告不是一个单独的行为，而是一个动态的行为链结，由三个相互递进的行为构成。[①]

关于悬赏广告之法律性质，学说上历来有两个对立的理论：一为单独行为说，一为契约说。（1）单独行为说认为，悬赏广告系由广告人一方之意思表示，负担债务，以一定行为之完成为其生效要件；换言之，一定行为之完成，并非系对广告而为承诺，而是债务发生之条件。（2）契约说（亦称要约说）认为，悬赏广告不是独立行为，而是对不特定人之要约。因此，必须与完成指定行为人之承诺相结合，其契约始能成立。[②] 两种理论观点各有长短，对"契约论"提出挑战的主要有两点：一是不知道有悬赏广告的人完成了悬赏广告确定的行为的，有没有按照悬赏广告取得报酬的权利？二是无民事行为能力人完成悬赏广告确定的行为的，是否享有悬赏广告确定的报酬请求权？按照通常的契约理论，显然不能认定于此上述两种情形时，合同已经成立，并产生合同法上的债权和债务。因为按照合同成立的原则，双方当事人的要约和承诺之间应当具有合致，而相对人完成行为时根本不知存在要约，则其完成行为不能认定为承诺。同样，合同成立的前提是合同主体必须适格，即具备相应的民事行为能力，无民事行为能力人不能订立合同。单独行为说也存在自身的问题，其不能说明悬赏广告的撤回、撤销以及因撤销所生之损害赔偿问题。按单独行为说，悬赏广告一经发布就使悬赏人受到其在悬赏广告中所作出的意思表示的拘束，不能任意撤销。但各国和地区多规定了悬赏广告的撤回或者撤

---

① 最高人民法院研究室编著：《最高人民法院关于合同法司法解释（二）理解与适用》，人民法院出版社2009年版，第38页。

② 王泽鉴：《民法学说与判例研究》（第2册），中国政法大学出版社1998年版，第57页。

销制度。[①]但正如王泽鉴教授所指出的，“悬赏广告法律性质的争论，严格言之，是一个法律学方法论上的问题”“对具体问题之解决，并不因为采用何说而异，仅是说明方法不同而已”[②]。

在起草《民法总则》的过程中，有人提出，应将悬赏广告作为单方允诺规定为债权发生的原因之一。《民法总则》草案一审稿曾将单方允诺规定为债权发生的原因之一。在征求意见的过程中，有人提出，悬赏广告的性质为契约说，各国和地区立法采用的观点不一致，我国台湾地区“民法”在1999年修正时也将单方允诺性质从单方行为说改为契约说，我国合同法司法解释、民事案由规定以及最高人民法院公报案例对悬赏广告已采契约说，建议删除单方允诺。由于尚有争议，该条最终删除了单方允诺的规定。[③]《民法总则》第118条规定，民事主体依法享有债权。债权是因合同、侵权行为、无因管理、不当得利以及法律的其他规定，权利人请求特定义务人为或者不为一定行为的权利。本次颁布的《民法典》条文亦没有变动。由此看来，立法机关至少是没有采纳单方行为说。从体系解释的角度，本法将悬赏行为规定于合同编，应是采用契约说，但本条规定的重点在于赋予应征人请求权。

二、法定的返还义务与约定的承诺义务

寻物启事是悬赏广告的主要类型之一，我国法律从遗失物拾得人的法定返还义务和悬赏人履行对遗失物拾得人承诺义务两个角度作了规定。

《民法通则》第79条第2款规定，拾得遗失物、漂流物或者失散的饲养动物，应当归还失主，因此而支出的费用由失主偿还。据此似可得出将遗失物归还失主是拾得人的法定义务，拾得人没有向遗失人

① 最高人民法院研究室编著：《最高人民法院关于合同法司法解释（二）理解与适用》，人民法院出版社2009年版，第40页。

② 王泽鉴：《民法学说与判例研究》（第2册），中国政法大学出版社1998年版，第58页。

③ 李适时主编：《中华人民共和国民法总则释义》，法律出版社2017年版，第370页。

请求报酬的权利。《最高人民法院公报》1995年刊登的李珉诉朱晋华、李绍华悬赏广告酬金纠纷案的一审法院正是据此认为拾得人李珉应将拾得的遗失物归还原主，驳回了李珉关于支付报酬的请求。但二审法院认为，悬赏人发布广告称对完成一定行为的人给付报酬，只要行为人依法完成了所指定的行为，悬赏人即负有给付报酬的义务。

2007年10月1日起实施的《物权法》第109条规定，拾得遗失物，应当返还权利人。拾得人应当及时通知权利人领取，或者交送公安等有关部门。但《物权法》第112条第2款亦规定，权利人悬赏寻找遗失物的，领取遗失物时应当按照承诺履行义务；第3款规定，拾得人侵占遗失物的，无权请求保管遗失物等支出的费用，也无权请求权利人按照承诺履行义务。自2009年5月13日起施行的《合同法司法解释（二）》第3条对悬赏广告作出了规定，该规定的精神与《物权法》第112条的规定一致。本法第314条、第317条分别规定拾得遗失物应当返还权利人、权利人悬赏遗失物的应按照承诺履行义务，与《物权法》第109条和第112条的规定是一致的。

法律一方面规定拾得遗失物的人有及时通知权利人领取或送交公安部门的义务，一方面又规定权利人有履行承诺的义务，二者似乎有些矛盾，但实际上并非如此。出于保护所有权的需要，法律规定拾得人有通知或送交的义务，出于诚信原则要求，法律要求权利人履行承诺，出发点不同，两种规定均属合理。拾得人的义务不以权利人悬赏为前提，而权利人一旦悬赏寻找遗失物，就需要向拾得人履行其在悬赏中承诺的义务。从经济分析的角度说，在现实生活中，悬赏广告的出现和增多，是适应变化的现实需要而实施的制度创新；这一创新能促进人们之间的合作，产生合作剩余、增加社会福利或减少损失；肯定悬赏广告的效力，可以节省交易费用，提高制度运行效率。[①]

---

① 黄少安、李振宇：《悬赏广告的法经济学分析》，载《经济研究》2002年第5期。

三、悬赏行为的合法性

《合同法司法解释（二）》第3条规定，悬赏人以公开方式声明对完成一定行为的人支付报酬，完成特定行为的人请求悬赏人支付报酬的，人民法院依法予以支持。但悬赏有《合同法》第52条规定情形的除外。该规定的但书部分旨在强调所悬赏的行为应为合法行为，如果存在法律规定的无效情形的，不能产生悬赏的效力。本条虽然未作此规定，但悬赏符合本法关于民事法律行为效力中无效情形的，当然应予除外。

四、关于优等悬赏广告

其他国家和地区立法例中多规定有优等悬赏广告。所谓优等悬赏广告，是指只就完成广告所指定行为的人中被评定为优等者给予报酬的广告。为解决学术上或技术上的问题，以及参加运动竞赛多用此种方法。优等悬赏广告，属于悬赏广告的范畴，有别于普通悬赏广告之处，在于其报酬请求权的成立，不仅以指定行为的完成为前提，而且其行为必须应是优等。因此，指定行为性质上必须是数人各自独立完成，且行为结果能够相互比较，评定其优劣。对于优等悬赏广告，原则上虽可适用于悬赏广告的规定，但其要件和效力，则多少存有差别。[①] 具体可见《德国民法典》第661条和我国台湾地区“民法”第165条。

【审判实践中应注意的问题】

一、关于悬赏人与应征人

将发出声明之人称之为悬赏人当无争议，为交流的便利，亦应赋

① 徐泉：《悬赏广告法律问题探微》，载《现代法学》1997年第6期。

予“完成特定行为之人”一个较为简洁的称呼。陈卫佐先生在其译注《德国民法典》中，将其翻译为“应募人”。我国台湾地区“民法”则将优等悬赏广告中完成特定行为的人称之为“应征人”。这与《辞海》对悬赏的解释“出具赏格，招人应征”，是一致的。可以使用“应征人”指代按照悬赏广告完成特定行为的人。

民事主体包括自然人、法人和非法人组织。民事主体在民事活动中的法律地位一律平等，在法律没有限制的情况下，悬赏人可以是自然人、法人和非法人组织。机关法人也可以成为悬赏人。辽宁省高级人民法院审理的（2002）辽民一终字第38号鲁某庚诉东港市公安局悬赏广告纠纷案和最高人民法院（2003）民监他字第14号复函所答复的张某东与平阴县平阴镇人民政府追索奖励费纠纷案的悬赏人均为国家机关。应征人一般应为自然人，因机关法人一般负有法定的职责，其履行法定职责是义务，又不可在职责范围之外行事，故机关法人不能作为应征人，其他的法人和非法人组织没有限制，一般可以作为应征人。限制民事行为能力人实施的完成悬赏广告指定行为的效力，应根据本法关于限制行为能力人行为效力的有关规定认定。

二、行为人不知悬赏存在而完成广告指定行为的请求问题

本条并未对这个问题作出规定。从文义解释的角度，本条并未将知道悬赏广告的存在作为请求支付报酬的前提，所以悬赏人并不能以此为由拒绝履行支付义务。从比较法解释的角度，《德国民法典》第657条明确规定，即使行为人未顾及悬赏广告而实施行为亦然。我国台湾地区“民法”第164条亦规定“于不知有广告而完成广告行为之人”也有取得报酬请求权。故悬赏人以行为人事前不知道有悬赏广告存在为由拒绝支付报酬的，人民法院不应支持。

三、数人完成悬赏广告行为的报酬请求权问题

悬赏人应对完成特定行为的人支付报酬，当完成特定行为的有数人时，如何确定数人的报酬请求权需要区别情况确定。首先是根据

悬赏广告的内容确定，如果悬赏广告对此没有声明的，参照域外立法例，规则应为：（1）最先完成的有报酬请求权；（2）同时完成的，均等比例享有报酬请求权。

四、悬赏广告的撤回与撤销

按照契约说，发出悬赏广告属于要约。本法规定，要约可以撤回、撤销。本法第139条规定，以公告方式作出的意思表示，公告发布时生效。据此，在公告发布前，可以撤回悬赏广告，而一旦发布，即应适用撤销的规则。对定有完成行为期限的悬赏广告，不可撤销。对于可撤销的，应在特定行为完成前以与此前同样的方法撤销。

五、报酬数额的确定

悬赏广告中未明确报酬的数额，只是以“必有酬谢”“必有重谢”表述，悬赏人与应征人容易就报酬的数额发生纠纷。在确定报酬数额时，应考虑以下因素：一是广告的表述，“酬谢”与“重谢”显然不是一个程度的报酬；二是悬赏人的受益情况，例如遗失物的价值、特定劳动成果的市场价值等；三是应征人为完成特定行为所付出的合理成本和费用，这是报酬必须覆盖的。

【案例链接】

李珉诉朱晋华、李绍华悬赏广告酬金纠纷上诉案①

【基本案情】

1993年3月，朱晋华在电影院看电影，散场时将一公文包遗忘在座位上，被李珉发现后捡起。同年4月4日、5日和7日，朱晋华先后在当地报纸上刊登“寻包启事”，表示要“重谢”和“必有重

① 载《最高人民法院公报》1995年第2期（总第42期）。

谢”拾得人。4 月 12 日，朱晋华的朋友李绍华得知失包情况后，亦在报纸上刊登内容相同的“寻包启示”，声明“一周内有知情送还者酬谢 15000 元”。当晚，李珉得知以李绍华名义刊登的“寻包启事”，次日，双方在约定的时间和地点交接钱物。由于在给付酬金问题上，双方发生争执，李珉遂向法院提起诉讼，要求朱晋华、李绍华依其许诺支付报酬 15000 元。朱晋华、李绍华辩称：寻包启事许诺给付酬金不是其真实意思，且公文包内有李绍华单位及本人的联系线索，李珉不主动寻找失包人，物归原主，却等待酬金，请求法院驳回李珉的诉讼请求。

【裁判摘要】

天津市中级人民法院二审审理认为，悬赏广告，系广告人以广告的方法，对完成一定行为的人给付报酬的行为。只要行为人依法完成了所指定的行为，广告人即负有给付报酬的义务。朱晋华、李绍华先后刊登的“寻包启事”，即为一种悬赏广告。李绍华还明确表示：“一周内有知情送还者酬谢 15000 元”，系向社会不特定人的要约。李珉，即悬赏广告中的行为人，在广告规定的“一周内”完成了广告指定的送还公文包的行为，则是对广告人的有效承诺。从而，在李珉与朱晋华、李绍华之间形成了民事法律关系，即债权债务关系。依照《民法通则》第 57 条关于“民事法律行为从成立时起具有法律约束力。行为人非依法律规定或者取得对方同意，不得擅自变更或解除”的规定，朱晋华、李绍华负有广告中许诺的给付报酬义务。其辩称“寻包启事”许诺给付报酬不是真实意思表示，事后反悔，拒绝给付李珉酬金 15000 元，有违《民法通则》第 4 条规定的诚实信用原则，是错误的。后双方当事人于 1994 年 12 月 26 日自愿达成协议：朱晋华、李绍华一次性给付李珉酬金人民币 8000 元。

第五百条　当事人在订立合同过程中有下列情形之一，造成对方损失的，应当承担赔偿责任：

（一）假借订立合同，恶意进行磋商；

（二）故意隐瞒与订立合同有关的重要事实或者提供虚假情况；

（三）有其他违背诚信原则的行为。

【条文主旨】

本条是关于缔约过失责任的规定。

【条文理解】

缔约过失责任是当事人违反先合同义务应依法承担的民事责任。当事人为缔结契约而接触磋商之际，已由一般普通关系进入特殊联系关系，相互之间建立了一种特殊的信赖关系，虽非以给付义务为内容，但依诚信原则，仍然产生了协力、通知、照顾、保护、忠实等附随义务，其性质及强度，超过一般侵权行为法上的注意义务，而与契约关系较为接近。[①]在合同成立前，因合同关系尚未产生，合同当事人，或者说是缔约的当事人[②]不受合同的保护，但自开始缔约，双方已经不是普通关系的人。为了订立合同，双方需要超出一般的普通关系行事，如果仅按照一般普通人之间的权利义务关系予以对待，不利

① 王泽鉴：《民法学说与判例研究》（第1册），中国政法大学出版社1998年版，第98页。

② 因合同尚未成立，此时尚不存在合同及合同关系，从这个角度说，合同当事人也无从存在，故称之为缔约当事人似乎更为准确。

于促成合同的订立，也难以为双方提供充分的保护，基于诚信原则，双方都有义务保护、协助对方。

一、关于订立合同过程起止时间

合同订立是指缔约人为意思表示并达成合意的状态。它描述的是缔约各方自接触、洽商直至达成合意的过程，是动态行为和静态协议的统一体。该动态行为包括缔约各方的接触和洽商，达成协议前的整个讨价还价过程均属动态行为阶段。此阶段由要约邀请、要约、反要约诸制度规范和约束，产生先合同义务及缔约过失责任。[①] 在订立合同阶段，依诚信原则产生的协力、通知、照顾、保护、忠实等附随义务被称为先合同义务，缔约过失责任是违反先合同义务应承担的民事责任。此过程以外的义务非先合同义务，即使违反，承担的也不是缔约过失责任。

一般说来，订立合同始于各方开始接触，包括发出要约或要约邀请，终于合同成立。依法成立的合同，自成立时生效，但是法律另有规定或者当事人另有约定的除外。本条所言“在订立合同过程中”应做自双方为订立合同开始实质接触起，至合同生效止的理解。否则会将合同成立后至合同生效前的一段时间排除在外，造成权利保护的空白期。如果将该段时间排除在外，那么这段时间当事人无需承担先合同义务，又因为合同尚未生效，当事人亦不受合同义务的约束。合同成立前当事人的权利需要保护，合同成立后生效前的当事人权利更为重要。无论是从法律规定的诚信原则还是促成交易的经济目的需要出发，这段时间当事人的权利更需要加以保护。对此问题，也有学者指出，如以“合同成立”为界，则会将合同成立至生效期间缔约双方的信赖义务排斥在先合同义务之外。显然，这在理论上是欠妥当的。[②]

先合同义务是当事人在订立合同过程中的义务，当事人启动订立

① 崔建远主编：《合同法》，法律出版社2007年版，第40页。

② 钟奇江：《论缔约过失责任的构成要件与适用范围》，载《湘潭师范学院学报（社会科学版）》2005年第2期。

合同的过程后，是否当然产生先合同义务？有学者认为，应以要约生效作为先合同义务产生的起点。理由是要约以到达受要约人时生效，此时要约才对要约人和受要约人产生拘束力，双方才进入特定的信赖领域，双方当事人也只有在此种情况下才可能基于信赖对方而作出缔结合同的必要准备等实质性工作，对于违反先合同义务进行制裁才有实际意义。[①]该分析角度值得肯定，但是，以要约生效作为先合同义务产生的起点，似有迟延，至迟应以发出要约作为先合同义务产生的起点。因为要约可以撤回，要约撤回后，受要约人完全可能收到此前要约人发出的相关信息。缔约过失责任本是为了充分保护已经进入缔约状态的双方，如果先合同义务自要约生效产生，要约撤回时双方尚不受先合同义务的约束和保护。那么获得相关信息的人恶意使用这些信息或者发出要约的人恶意发送虚假信息，就难以对受害方提供充分的保护。

二、违反先合同义务的情形

先合同义务是当事人在缔约阶段，按照诚信原则应承担的协助、通知、保护、忠实等义务。本条具体列明了违反先合同的两种情形：一是假借订立合同，恶意进行磋商，二是故意隐瞒与订立合同有关的重要事实或者提供虚假情况。“与订立合同有关的重要事实或情况”应指对相对人订约意愿、如何约定条款有重大影响的事实和情况，个案中应根据具体的合同加以判断。本条所列的第三种情形是“有其他违背诚信原则的行为”，与《合同法》第42条的规定在表述上略有不同，但并无实质性变化。

① 姜淑明：《先合同义务及违反先合同义务之责任形态研究》，载《法商研究》2000年第2期。

关于其他先合同义务。《合同法司法解释（二）》第8条[①]将按照法律规定或者合同约定办理申请批准或者申请登记的义务明确为先合同义务。有法官指出，先合同义务的内涵是不断发展并日益丰富的，应当与具体的时空和事件相结合，抽象地研讨先合同义务并无实益。先合同义务可以归纳为四种类型：诚信缔约义务、告知义务、保密义务、其他先合同义务。第三种情形虽然没有具体化，但为先合同义务在中国法实践中的发展预留了充分空间。[②]学者也认为，缔约过程中诚信义务违反与否的认定，其核心即在于诚信原则的解释。该解释不可避免地会具有因须契合个案和情境而生的弹性[③]。审判实践中需要根据具体的案件情形对先合同义务予以把握。

三、关于缔约过失责任与违约责任、侵权责任

缔约过失责任与违约责任有较为明显的区别。缔约过失责任是违反法定的先合同义务应承担的民事责任，而违约责任是违反约定的合同义务应承担的民事责任；缔约过失责任以行为人有过错为构成要件，而违约责任以无过错为原则；缔约过失责任与合同的成立和生效没有必然联系，多数情况下是在合同成立并生效之前，而违约责任的承担以合同的成立且生效为前提条件。

关于缔约过失责任与侵权责任。有学者认为，缔约过失责任究属契约或侵权责任，因各国和地区法制而异。法国系依侵权行为法处理于缔约准备或商议阶段，因一方过失侵害他人权益的赔偿责任，故其所谓缔约上过失责任基本上属侵权行为。在我国台湾地区，应认缔约

① 《合同法司法解释（二）》第8条规定："依照法律、行政法规的规定经批准或者登记才能生效的合同成立后，有义务办理申请批准或者申请登记等手续的一方当事人未按照法律规定或者合同约定办理申请批准或者未申请登记的，属于合同法第四十二条第（三）项规定的'其他违背诚实信用原则的行为'，人民法院可以根据案件的具体情况和相对人的请求，判决相对人自己办理有关手续；对方当事人对由此产生的费用和给相对人造成的实际损失，应当承担损害赔偿责任。"

② 王闯：《关于缔约过失责任的认定及其法律适用——陕西咸阳星云机械有限公司与彩虹集团电子股份有限公司缔约过失责任纠纷上诉案》，转引自杜万华主编：《合同案件审判指导》，法律出版社2018年版，第47~48页。

③ 孙维飞：《〈合同法〉第42条（缔约过失责任）评注》，载《法学家》2018年第1期。

上过失系独立于契约及侵权行为外的第三种民事责任，乃属法定债之关系；因当事人从事缔约的准备或商议而发生，以基于诚信原则而生的先契约义务为其内容。[①]还有学者认为，德国民法创设缔约过失责任，是为了调和传统侵权行为法的严苛之处。缔约过失责任本质上是一种特殊的侵权责任形式。[②]但我国主流的学术观点还是认为缔约过失责任既不属于违约责任，也不属于侵权责任，而是一种独立的民事责任形式。[③]审判实务中多数意见也认为缔约过失责任是一种独立的责任形式。

除本条和本法第 501 条外，本法第 157 条也属于关于缔约过失责任的规定。

【审判实践中应注意的问题】

一、缔约过失责任的构成要件

对缔约过失责任的构成要件，学界有不同观点。有所谓两要件说、三要件说、四要件说、五要件说，而在每一种要件说中又存在内容上的分歧。审判实践中以四要件为主流观点，一般认为，缔约过失责任的成立须具备下列条件：（1）缔约人在缔约过程中违反先合同义务；（2）缔约相对方受有损害；（3）违反先合同义务与损害有因果关系；（4）违反先合同义务方存在过错。[④]本条规定比较充分地体现了这四个要件。"在订立合同中有下列情形之一，"系要件一的内容，"造成对方损失的"系要件二和要件三的内容，"假借"订立合同"恶

---

① 王泽鉴：《债法原理》，北京大学出版社 2009 年版，第 187 页。

② 冉克平：《缔约过失责任性质新论——以德国学说与判例的变迁为视角》，载《河北法学》2010 年第 2 期。

③ 韩世远：《合同法总论》，法律出版社 2018 年版，第 170 页。

④ 王闯：《关于缔约过失责任的认定及其法律适用——陕西咸阳星云机械有限公司与彩虹集团电子股份有限公司缔约过失责任纠纷上诉案》，转引自杜万华主编：《合同案件审判指导》（增订版），法律出版社 2018 年版，第 42 页；最高人民法院民事案件案由规定课题组编著：《最高人民法院民事案件案由规定理解与适用》，人民法院出版社 2011 年版，第 130 页。

意”进行磋商、“故意隐瞒”与订立合同有关的重要事实或者提供虚假情况、有其他“违背诚信原则的行为”则体现了过错的要求。缔约过失责任制度，其最核心部分在于缔约方在缔约过程中违反先合同义务。因此，认定缔约过失是否成立的关键就在于认定缔约方是否在缔约过程中存在违反先合同义务的行为。①

二、承担缔约过失责任的方式

民事责任是民事主体违反民事义务所应承担的法律后果。按照本条规定，行为人违反先合同义务，造成对方损失的，应当承担赔偿责任。按照《民法典》第179条的规定，承担民事责任的主要方式包括停止侵害、继续履行、排除妨碍等11种方式。本条如此规定，并不意味着排除了其他民事责任。根据《合同法司法解释（二）》第8条的规定，对于有义务办理申请批准或者申请登记等手续的一方当事人未按照法律规定或者合同约定未办理申请批准或申请登记的，人民法院可以判决相对人自己办理有关手续，这实际上就是判令当事人继续履行先合同义务。同样是根据该条司法解释的规定，除继续履行先合同义务外，还可以同时适用赔偿损失方式令当事人承担民事责任。此外，对于违反保密义务的当事人，可以适用停止侵害的方式。

三、缔约过失责任的赔偿范围

缔约过失责任是行为人对对方信赖利益损失承担的责任。对信赖利益的赔偿是否以履行利益为限，有不同的认识。（1）理论上有观点认为，信赖利益损害，可以区别为所受损害与所失利益。所受损害可包括：为签订合同而合理支出的交通费、鉴定费、咨询费、勘察设计费、利息等。所失利益主要指丧失与第三人另订合同的机会所产生的损失。一般情形下，信赖利益小于履行利益，故一般情况下，对信赖

① 王闯：《关于缔约过失责任的认定及其法律适用——陕西咸阳星云机械有限公司与彩虹集团电子股份有限公司缔约过失责任纠纷上诉案》，转引自杜万华主编：《合同案件审判指导》（增订版），法律出版社2018年版，第42页。

利益的赔偿应以履行利益为限。但是对于因违反保护义务致使相对人的人身或者财产的固有利益受到损害，可能远超履行利益的损害应不受此限。[①] 按照该观点，当事人在缔约过程中获知对方的商业秘密，故意泄露或不当使用给对方造成的损失，完全可能超过对方的履行利益，此时还以履行利益为限，就无法填补受害人的损失。（2）审判实务中，《民商审判会议纪要》第32条规定，合同不成立、无效或被撤销情况下，当事人所承担的缔约过失责任不应超过合同履行利益。对该条文的解读则进一步明确：①信赖利益损失限于直接损失。一般不包括因此错失的机会损失等间接损失，否则，信赖利益损失就可能会漫无边际，不当加重当事人的责任。②不能参照合同约定来确定信赖利益的范围。③信赖利益不得超过履行利益。④信赖利益损失属于财产损失，不包括人身损害或精神损害。当事人在缔约过程中遭受的人身或精神损害，应当根据侵权责任法的相关规定提出请求，而不能基于缔约过失责任提出。[②]

缔约过失责任人赔偿的范围应受违反先合同义务与损失间因果关系的限制。因果关系有一因一果、一因多果、多因一果和多因多果等不同的形态，在多因一果和多因多果的情形下，应根据具体案情，区分原因力的大小来确定行为人的相应民事责任，认定缔约过失责任也要与其原因力的大小相适应。以王某与公交公司缔约过失责任纠纷案为例。王某在上公交车的过程中摔倒，公交司机驾车离开，后王某死亡，双方因责任承担问题发生纠纷。法院审理查明，王某已年满77周岁，并患有较严重的肾病，其身体虚弱，其上车时公交车已经停稳。在此基础上，认定导致其仰面垂直倒地系其自身原因所致，故王某对其自身的死亡应承担主要责任，即85%的责任。负有法定的保护和救助先合同义务的公交司机在王某倒地后，驾车离开现场，使王某失去获救的可能性和最佳时机，违反了先合同义务，存在缔约过失，

① 韩世远：《合同法总论》，法律出版社2018年版，第185~186页。

② 最高人民法院民事审判第二庭编著：《〈全国法院民商事审判工作会议纪要〉理解与适用》，人民法院出版社2019年版，第260~261页。

对王某的死亡存在一定的过错，应承担15%的责任。此案中，王某死亡系双方原因所致，属于多因一果，法院合理确定了双方责任比例，值得肯定。除赔偿范围限制外，缔约过失责任人的赔偿数额也应受到合理预见规则的限制。

四、合同成立生效后当事人可承担缔约过失责任

本条规定："当事人在订立合同中有下列情形之一，造成对方损失的，应当承担赔偿责任。"那么，其中的"在订立合同中"是仅限定"下列情形之一"，还是同时限定"造成对方损失"？即合同成立后，因行为人违反先合同义务造成对方损失的，对方能否依据本条规定要求行为人承担缔约过失责任？《民法典》第501条规定，当事人在订立合同过程中知悉的商业秘密或者其他应当保密的信息，"无论合同是否成立"，不得泄露或者不正当地使用，否则应当承担赔偿责任。而本条并没有"无论合同是否成立"这一表述，那么，是否意味着本条不能适用于已经成立的合同？

我们认为，虽然本条并无该表述，但本条同样适用已经成立甚至是生效的合同。首先，仅就字面意思理解，本条并未将在合同成立后造成的对方损失除外。其次，《合同法司法解释（二）》第8条规定解决的就是合同成立后，有义务办理申请批准或者申请登记等手续的一方当事人的缔约过失责任问题。《最高人民法院公报》刊登的深圳市标榜投资发展有限公司诉鞍山市财政局股权转让纠纷案[①]也是合同成立后，行为人承担缔约过失责任，赔偿合同未能生效的损失的案例。第三，学者也支持这样的观点，认为《合同法》第42条的适用范围，包括合同不成立、合同成立但不生效以及合同有效三种情形。[②]先合同义务只能是在合同生效前存在，也只能在合同生效前违反。合同成立或生效后，因为合同的履行，或许行为人违反先合同义务不会给对

① 最高人民法院（2016）最高法民终802号，载《最高人民法院公报》2017年第12期。

② 孙维飞：《〈合同法〉第42条（缔约过失责任）评注》，载《法学家》2018年第1期。

方当事人造成损失，但是，合同的成立或生效，并不能当然避免对方当事人损失的发生。即违反先合同义务给对方造成的损失完全可能发生在合同成立或生效后，如果该损失仅因为合同的成立或生效而无法得到赔偿，显然有失公正。合同的成立或生效并不应消灭违反先合同义务行为人的法律责任。当事人承担违约责任还是缔约过失责任，并非根据合同是否成立和生效来判断，而是根据其违反的合同义务性质来判断。违反先合同义务的承担缔约过失责任，违反合同义务的承担违约责任。

【案例链接】

星云公司与彩虹公司缔约过失责任纠纷案[①]

【基本案情】

2003年，星云公司作为供方与需方彩虹公司先后签订五份认定协议，约定了5个产品样品的技术要求、进度安排、价格及付款方式，其中约定，以需方向供方出具的《认定结论通知书》作为量产供货的依据。协议签订后，星云公司购置设备、模具，按要求组织样品生产。2004年8月，双方当事人签订协议约定，根据国内外特殊钢材市场供需趋势及市场价格大幅上涨的实际情况，双方一致同意5种零部件的试作期间供应价格作小幅调整。此后，彩虹公司同意其中的两种零部件转量产使用，但因价格未达成一致，双方未签订正式的供货合同。2006年，星云公司依据5份认定协议，以彩虹公司违约为由另案起诉，要求彩虹公司赔偿其损失，其部分诉请另案获得支持。2007年，星云公司提起本案诉讼，要求彩虹公司承担缔约过失责任，赔偿其损失。

① 最高人民法院（2008）民二终字第8号裁判文书。

【裁判摘要】

第一，关于星云公司主张的彩虹公司故意隐瞒《新材料认定细则》构成故意隐瞒与订立合同有关的重要事实或者提供虚假情况的问题。二审法院认为，《新材料认定细则》的内容与认定协议相近，事实上未影响认定协议的订立和履行，也不可能成为影响供货合同订立的重要事实。本案中正式供货合同未能订立的原因主要在于双方就价格磋商存在分歧，彩虹公司在价格磋商中是否存在恶意磋商行为才是本案审查的关键之所在。

第二，星云公司主张，彩虹公司在签订正式合同时提出降价30%的不平等要求，属于恶意磋商。二审法院认为：（1）认定协议并不等于正式供货合同，认定协议履行的目的只是星云公司所提供的试作样品是否能达到彩虹公司的质量标准要求。彩虹公司出具《认定结论通知书》后，即可视为双方已经就将来签订正式供货合同时零部件的质量标准达成了合意；但并不能由此推定双方就将来签订的正式供货合同中货物的价格、数量等内容也达成了合意。（2）认定协议中约定的价格应当被视为样品的价格，并非是将来签订正式合同中的大批量供货的价格。2005年，由于技术的迅速更新发展，彩管的市场需求量大幅萎缩，相关产品的市场价格平均降价约30%，部分产品价格降低幅度超过50%。彩虹公司根据市场价格的突变而与星云公司协商准备订立的正式供货合同中产品的价格，应属于一种正当的交易磋商行为。根据市场变化提出相应的价格要约，是一种符合市场规律和交易常理的合理磋商行为。星云公司关于彩虹公司应承担缔约过失责任的上诉理由不成立，二审法院驳回上诉，维持驳回星云公司诉请的原判。

第五百零一条　当事人在订立合同过程中知悉的商业秘密或者其他应当保密的信息，无论合同是否成立，不得泄露或者不正当地使用；泄露、不正当地使用该商业秘密或者信息，造成对方损失的，应当承担赔偿责任。

【条文主旨】

本条是关于当事人对订立合同中知晓的信息有保密义务的规定。

【条文理解】

当事人订立合同的过程中，为了促成合同的订立，有时需要向对方披露一些商业秘密和其他原本是对外保密的信息。这些商业秘密和信息具有商业价值，如果不是为促成合同订立，他人一般无从知晓。这些商业秘密和信息如果被泄露或被不正当使用，会导致其商业价值的贬损，损害原所有人的利益。当事人披露这类秘密和信息的目的是促成合同订立，按照诚信原则，获得信息的人对此负有保密义务，不得泄露或不正当使用，否则应承担相应的民事责任。

一、一般缔约过失责任与违反保密义务的缔约过失责任

前条和本条都是关于缔约过失责任的规定，前条是违反先合同义务应承担缔约过失责任的一般规定，本条是对违反保密义务应承担缔约过失责任的具体规定。缔约当事人对其在订立合同过程中获得的商业秘密和其他应当保密的信息有保密义务。保密义务属于先合同义务，但和其他先合同义务有一定的区别。保密义务是消极义务，要求

获得秘密或信息的一方当事人不作为，不得泄露或不正当使用，而其他先合同义务多是积极义务，要作为，要协助、通知、照顾、保护对方当事人。从危害后果的角度说，违反其他先合同义务的行为后果一般是使合同无法成立或欠缺生效要件，或者使对方失去和第三人签约的机会，行为人的行为并没有直接加害到对方当事人的人身或财产上面。泄露或者不正当使用缔约过程中知悉的商业秘密的行为不但违背了诚信原则，而且行为人通过自己的作为直接加害到了权利人的人身财产上面，其行为的双重性质是十分明显的。[①]

二、关于商业秘密

《合同法》及其司法解释对何为商业秘密并未作出解释，《反不正当竞争法》对此作了规定，虽然该法规制的是经营者之间的竞争行为，但是其相关规定可作为我们确定商业秘密范围的参照。根据2019年修订的《反不正当竞争法》第9条的规定，该法所称的商业秘密，是指不为公众所知悉、具有商业价值并经权利人采取相应保密措施的技术信息、经营信息等商业信息。《不正当竞争司法解释》[②]第9条至第11条分别对“不为公众所知悉”“能为权利人带来经济利益、具有实用性”“保密措施”等情形作了解释；第12条规定，通过自行开发研制或者反向工程等方式获得的商业秘密，不认定为反不正当竞争法规定的侵犯商业秘密行为；第13条规定了商业秘密中的客户名单，第14条规定侵犯商业秘密纠纷案件中的举证责任。《国家工商行政管理局关于禁止侵犯商业秘密行为的若干规定（修正）》[③]第2条对商业秘

① 田圣斌、董邦俊：《论合同第43条对商业秘密的保护》，载《河北法学》2003年第6期。

② 法释〔2007〕2号，自2007年2月1日起施行。

③ 1995年11月23日国家工商行政管理局令第41号公布，1998年12月3日国家工商行政管理局令第86号修订。

密作了进一步解释[①]。

三、关于其他应保密的信息

《合同法》第43条只是将商业秘密作为应当保密的信息，本条将“其他应当保密的信息”也作为应当保密的信息。那么，除商业秘密外，哪些信息属于“其他应当保密的信息”？王泽鉴先生认为，未经明示应予保密的“秘密”，如投资计划、新商品的制造方法，一方当事人故意泄露时，“难谓不违反诚实信用原则，依其情形得适用第3款规定（显然违反诚实及信用方法）”。[②]也有学者研究借鉴了欧洲国家的民法理论，认为主要从两个角度来加以认定：（1）判断有关的信息是否具有必要的“保密性”。要确定有关信息具有必要的保密性必须满足以下两个条件：①要求信息拥有人必须自己主观上确信，如果泄漏该信息将对其造成损害或者对其对手有利。②要求信息拥有人的这种确信必须是合理的。这种确信是否合理，则要根据社会上普通人的观点来予以判断。在其他情况下，有关的信息在涉及设计理念、技术诀窍、经过整理的数据信息等时是否具有保密性特征，则必须根据通常的市场和产业标准来判断。（2）基于获取有关信息的具体情形来判断是否产生保密义务。这里的判断因素主要包括以下三个方面：①双方当事人之间关系的性质。在有些情况下，当事人之间存在的特定关系，如商业合作伙伴关系、加工承揽关系等，这本身就预设了保密义务的存在。②获得信息的方法。③获得信息的特定环境。在单独接洽时提供的信息相对于在多人参与的会议上提供的信息，更可能被认定为具有保密性。一般来说，如果有关信息本身具有某种特殊性，如

---

① 根据该条规定，不为公众所知悉，是指该信息是不能从公开渠道直接获取的。能为权利人带来经济利益、具有实用性，是指该信息具有确定的可应用性，能为权利人带来现实的或者潜在的经济利益或者竞争优势。权利人采取保密措施，包括订立保密协议，建立保密制度及采取其他合理的保密措施。技术信息和经营信息，包括设计、程序、产品配方、制作工艺、制作方法、管理诀窍、客户名单、货源情报、产销策略、招投标中的标底及标书内容等信息。权利人是指依法对商业秘密享有所有权或者使用权的自然人、法人或者非法人组织。

② 王泽鉴：《债法原理》，北京大学出版社2009年版，第191页。

具有在缔约磋商中通常不会披露的、不对等性和异乎寻常的特征，就足以导致保密义务的产生。[①]

四、关于保密义务期间

保密义务是先合同义务之一，但其并不是纯粹的先合同义务。多数先合同义务有明显的阶段性，就是为了保证合同订立过程中当事人的利益，在结束缔约后，就失去了存在的法律依据，也不会给当事人造成损失，但保密义务有其特殊性。一旦当事人在缔约阶段知悉了对方的商业秘密或是其他应予保密的信息，其保密义务不因缔约过程的结束而消失。合同当事人对于其在订立合同中获知的商业秘密和其他应当保密的信息有保密的义务，“无论合同是否成立”，不得泄露或不正当使用。表明这种保密义务贯穿于合同订立、履行的始终，实际上，合同履行完毕后，这种保密义务仍然存在。因为违反保密义务不仅影响合同本身，还会侵害商业秘密，而这种侵害，不会因合同成立或生效而被避免。即使合同成立，当事人因合同获得了商业秘密或其他应予保密的信息的使用权，当事人也只能在合法范围内使用，而不得非法泄露或不正当使用，否则给对方当事人造成损失的，仍应承担相应的责任。

【审判实践中应注意的问题】

一、告知缔约相对人相关商业秘密并非放弃保密措施

商业秘密是通过权利人自己保护的方式而存在的权利，权利人并不具有排他的独占权。基于这种特性，不同的权利主体可以同时拥有相同或者近似的商业秘密；在没有法定的、约定的保密义务或者未提出保密要求的情况下将商业秘密告知他人时，倘若他人仍将商业秘密

① 张虹：《缔约磋商中保密义务的法律适用研究——以〈中华人民共和国合同法〉第43条为中心》，载《法商研究》2011年第2期。

保持在秘密状态，该商业秘密仍然不丧失；不论什么原因，一旦商业秘密公开，其权利即告终结。按照《反不正当竞争法》第9条的规定，经权利人采取相应保密措施系认定商业秘密的条件之一。[①]《不正当竞争司法解释》第11条对如何认定采取相应的保密措施作了规定。[②]当事人在缔约过程中将商业秘密告知缔约相对人其目的是促成合同的订立，并不等于放弃了保密措施。将商业秘密告知他人，并不等于将商业秘密公开。

二、关于客户名单

司法实践中认定客户名单是否构成商业秘密难度较大，认定标准不易掌握，《不正当竞争司法解释》第13条第1款对客户名单作了规定。商业秘密中的客户名单，不能是简单的客户名称，而通常必须有名称以外的深度信息，应当包括相应的内容。商业秘密中的客户名单，一般是指客户的名称、地址、联系方式以及交易的习惯、意向、内容等构成的区别于相关一般公开信息的特殊客户信息，包括汇集众多客户的客户名册，以及保持长期稳定交易关系的特定客户。[③]

---

① 蒋志培、王永昌等：《〈关于审理不正当竞争民事案件应用法律若干问题的解释〉的理解与适用》，载《法律适用》2007年第3期。

② 《不正当竞争司法解释》第11条规定："权利人为防止信息泄漏所采取的与其商业价值等具体情况相适应的合理保护措施，应当认定为反不正当竞争法第十条第三款规定的'保密措施'。

人民法院应当根据所涉信息载体的特性、权利人保密的意愿、保密措施的可识别程度、他人通过正当方式获得的难易程度等因素，认定权利人是否采取了保密措施。

具有下列情形之一，在正常情况下足以防止涉密信息泄漏的，应当认定权利人采取了保密措施：

（一）限定涉密信息的知悉范围，只对必须知悉的相关人员告知其内容；

（二）对于涉密信息载体采取加锁等防范措施；

（三）在涉密信息的载体上标有保密标志；

（四）对于涉密信息采用密码或者代码等；

（五）签订保密协议；

（六）对于涉密的机器、厂房、车间等场所限制来访者或者提出保密要求；

（七）确保信息秘密的其他合理措施。"

③ 蒋志培、王永昌等：《〈关于审理不正当竞争民事案件应用法律若干问题的解释〉的理解与适用》，载《法律适用》2007年第3期。

三、关于保密的特别约定

对商业秘密和其他应予保密的信息予以保密是法定义务，即使当事人在合同中不特别约定，合同当事人仍然需要承担保密义务。如果当事人在订立合同过程中以保密协议或是保密声明的方式就此作出了特别约定，而特别约定又是有效的，那么应根据特别约定优于法定的原则处理。

四、关于举证责任问题

《反不正当竞争法》第32条规定，在侵犯商业秘密的民事审判程序中，商业秘密权利人提供初步证据，证明其已经对所主张的商业秘密采取保密措施，且合理表明商业秘密被侵犯，涉嫌侵权人应当证明权利人所主张的商业秘密不属于本法规定的商业秘密。商业秘密权利人提供初步证据合理表明商业秘密被侵犯，且提供以下证据之一的，涉嫌侵权人应当证明其不存在侵犯商业秘密的行为:（1）有证据表明涉嫌侵权人有渠道或者机会获取商业秘密，且其使用的信息与该商业秘密实质上相同;（2）有证据表明商业秘密已经被涉嫌侵权人披露、使用或者有被披露、使用的风险;（3）有其他证据表明商业秘密被涉嫌侵权人侵犯。当事人依据本条规定诉请对方当事人承担缔约过失责任的，应当就其与对方当事人订立合同的事实承担举证责任，并提供初步证据证明其商业秘密或应保密的信息被泄露或被使用，其因此存在损失，而对方当事人应就其信息来源和使用的正当性承担举证责任。如果对方当事人能够提供证据证明其信息并非来源于订立合同的过程，或者是其使用的信息有其他合法依据，则原告的诉请难以获得支持。

五、关于违反保密义务的民事责任

按照本条规定，行为人违反保密义务，造成对方损失的，应当承担赔偿责任。但承担赔偿责任只是违反保密义务承担民事责任的主要形式，而不是唯一形式。对于保密义务这种不作为的义务而言，停止违反不作为的积极行为，就更有其必要性。为了防止商业秘密继续被侵害，被侵害人完全可以要求行为人承担停止侵害、排除妨碍等适当的民事责任，以充分保护商业秘密。即使无法在本条中找到法律依据，也可以依据其他法律的规定，在同案中一并提出诉请。

此外，还有学者主张本条所规定的情形中可以存在侵权损害赔偿请求权与不当得利返还请求权的竞合关系。[①] 不当得利中的受害人不需要证明侵害人主观上的故意或过失，但需要证明对方取得了不当利益。不当得利返还请求权的诉讼时效，从当事人一方知道或者应当知道不当得利事实及对方当事人之日开始计算。

① 张虹：《缔约磋商中保密义务的法律适用研究——以〈中华人民共和国合同法〉第 43 条为中心》，载《法商研究》2011 年第 2 期。

第三章 合同的效力

第五百零二条 依法成立的合同，自成立时生效，但是法律另有规定或者当事人另有约定的除外。

依照法律、行政法规的规定，合同应当办理批准等手续的，依照其规定。未办理批准等手续影响合同生效的，不影响合同中履行报批等义务条款以及相关条款的效力。应当办理申请批准等手续的当事人未履行义务的，对方可以请求其承担违反该义务的责任。

依照法律、行政法规的规定，合同的变更、转让、解除等情形应当办理批准等手续的，适用前款规定。

【条文主旨】

本条是关于合同生效时间和特殊生效要件的规定。

【条文理解】

一、合同生效的一般要件

合同作为一种典型的民事法律行为，其生效应当具备一般民事法律行为的生效要件。《民法典》第135条规定："民事法律行为可以采用书面形式、口头形式或者其他形式；法律、行政法规规定或者当事人约定采用特定形式的，应当采用特定形式。"第143条规定："具备下列条件的民事法律行为有效：（一）行为人具有相应的民事行为能力；（二）意思表示真实；（三）不违反法律、行政法规的强制性规定，不违背公序良俗。”依据上述规定，合同的一般生效要件应当包括以下几项：

（一）合同当事人具备相应的缔约能力

意思自治实现的核心在于自我负责。合同作为当事人实践意思自治的载体，其必然要求当事人具有意思表示能力和对意思表示负责的能力。此种能力在契约法上被称为缔约能力，是民事行为能力在契约法上的折射。[①] 法律对于各类民事主体的缔约能力有着不同的规定。

依据《民法典》第18条至第22条有关自然人民事行为能力的规定，自然人的缔约能力可分为三种：第一，完全民事行为能力人。完全民事行为能力人具有独立缔结合同的能力。第二，限制民事行为能力人。限制行为能力人只能单独订立与其年龄、智力以及精神状况相适应的合同或纯获利益的合同。除此之外的合同订立，需要其法定代理人的代理，未经其法定代理人代理的合同，只有征得其法定代理人的同意或追认才能产生效力。第三，无民事行为能力人。无民事行为能力的自然人不具备单独缔结合同的能力，其单独订立的合同无效。

不同于自然人，法人自成立时便具有独立缔结合同的能力。《民法典》第59条规定：“法人的民事权利能力和民事行为能力，从法人成立时产生，到法人终止时消灭。”值得注意的是法人是否具有超越经营范围订立合同的能力。关于此问题，《民法典》第505条规定：“当事人超越经营范围订立的合同的效力，应当依照本法第一编第六章第三节和本编的有关规定确定，不得仅以超越经营范围确认合同无效。”由此可见，经营范围并非是法人行为能力的限制，在超越经营范围时，法人仍具备相应的缔约能力。

非法人组织是指不具有法人资格，但是能够依法以自己的名义从事民事活动的组织。关于非法人组织的缔约能力，我国法律并没有直

---

① 李永军：《合同法》，法律出版社2010年版，第187页。

接进行规定。但从有关非法人组织的立法来看，应当认为领取营业执照的非法人组织，具有相应的缔约能力。[①] 例如，《合伙企业法》第11条规定："合伙企业的营业执照签发日期，为合伙企业成立日期。合伙企业领取营业执照前，合伙人不得以合伙企业名义从事合伙业务。"根据该条规定，合伙企业自领取营业执照后，合伙人就能够以合伙企业的名义从事合伙业务，而合伙事业的进行离不开合同的订立，因此，应当认为，在合伙企业领取了营业执照之后，合伙企业便具有相应的缔约能力。

（二）意思表示真实

意思表示真实是指当事人的外在表示真实地反映了当事人内心的效果意思。[②] 合同作为民事主体之间设立、变更、终止民事法律关系的协议，其本质上是一种合意。此种合意之所以能够对合同当事人产生约束力，很大程度上是因为此种意思表示符合当事人内心的真实意思，当事人愿意受其约束。因此，法律将意思表示真实规定为合同的生效要件。

意思表示不真实将会影响到合同的效力。意思表示不真实包括意思与表示不一致以及意思表示不自由。[③] 意思与表示不一致包括故意的不一致和无意的不一致，前者指的是虚假表示、隐藏行为以及真意保留，而后者则是指重大误解。《民法典》在总则编对意思与表示不一致时民事法律行为的效力认定进行了规定。《民法典》第146条规定："行为人与相对人以虚假的意思表示实施的民事法律行为无效。以虚假的意思表示隐藏的民事法律行为的效力，依照有关法律规定处理。"《民法典》第147条规定："基于重大误解实施的民事法律行为，行为人有权请求人民法院或者仲裁机构予以撤销。"意思表示不自由是指当事人在外部因素影响下作出了违背其内心真实意思的意思表示，其包括一方欺诈，第三人欺诈、胁迫以及显失公平这三种情形。

① 王利明：《合同法研究》（第1卷），中国人民大学出版社2015年版，第551页。

② 王利明、杨立新、王轶、程啸：《民法学》，法律出版社2014年版，第462页。

③ 韩世远：《合同法总论》，法律出版社2018年版，第207页。

基于不自由的意思表示（第三人实施欺诈行为，相对人不知道的情形除外）而成立的合同，属于可撤销的合同。在当事人予以撤销之前，此类合同有效。

（三）不违反法律和公序良俗

《民法典》第153条规定："违反法律、行政法规的强制性规定的民事法律行为无效。但是，该强制性规定不导致该民事法律行为无效的除外。违背公序良俗的民事法律行为无效。"基于契约自由原则，合同当事人享有订立合同和确定合同内容等方面的自由。但是这些自由绝非无界限的自由，如若当事人意图使自己所订立的合同能够发生其欲追求的私法上的效果，那么合同就不得违反法律和公序良俗。此处所称的法律，是指法律、行政法规中效力性强制性规定。如若合同违反的并非是效力性强制性规范，则合同不会仅因此而无效。所谓公序良俗，是指一般社会利益和善良风俗。①将不得违反公序良俗规定为合同的生效要件，有助于弥补具体规范的不足，能够对在形式上不违反法律，但内容却与社会公共利益和善良风俗相悖的合同起到良好的规制效果。

（四）符合特定形式的要求

随着17世纪以来自然法学派的发展，法律后果产生于形式化的行为这一观念逐渐被淡化，契约自由原则下的形式自由取得了真正的胜利。②但这并非意味着合同的生效不再具有形式上的要求。基于保护第三人，维持交易秩序的考虑，法律对部分合同的形式有所要求。若该形式上的要求属于法律效力性强制性规定，对其违反会导致合同无效。《民法典》第135条规定："民事法律行为可以采用书面形式、口头形式或者其他形式；法律、行政法规规定或者当事人约定采用特定形式的，应当采用特定形式。"依据该条规定，在法律没有特殊要求的情况下，当事人拥有选择合同形式的自由，可以选择书面、口头或其他形式订立合同。但如果法律、法规或当事人的约定对合同的形

① 王泽鉴：《民法总则》，北京大学出版社2009年版，第278页。

② 李永军：《合同法》，法律出版社2010年版，第203~204页。

式有所要求，那么当事人则应遵循法律、法规的规定或当事人的约定的要求，采用特定的形式来订立合同。

二、附条件和附期限的合同

合同当事人订立合同往往是为了实现特定的目的，这种目的既可以在合同成立生效时即告达成，也可能需要经过一定的时间或特定的事件发生方可达成。基于契约自由原则，在不违反法律和公序良俗的情况下，当事人可以就合同的生效条件和生效时间加以约定。《民法典》第502条第1款规定，依法成立的合同，自成立时生效，但是法律另有规定或者当事人另有约定的除外。根据该款规定，当事人可以采取约定的方式来对合同生效的条件和时间加以约定，具有此类约定的合同被称为附条件的合同和附期限的合同。

（一）附条件的合同

条件，是指使合同效力发生或消灭的特定事实，可分为停止条件和解除条件。[①] 停止条件功能在于限制合同生效，只有当事人约定的特定事实出现时，合同才发生效力。解除条件的功能则在于终止合同效力的存续，使已经生效的合同归于终止。当事人约定的条件可以自由选择条件，但条件必须满足以下要求：第一，条件必须是将来会发生的事情。第二，条件须为不确定的事实。第三，条件是当事人约定，而不是法律所规定的。第四，条件不得违反法律强行性规定和公序良俗。

（二）附期限的合同

期限，是当事人意思表示的一部分，使合同效力发生或效力存续终止的时间，可分为生效期限和终止期限。[②] 生效期限是指合同发生效力的时间，在期限未达之时，合同不产生效力。终止期限是指终止合同效力存续的时间，在期限未达之前，合同生效，在期限界达后，合同效力的存续终止。有关期限的约定须符合以下两点要求：第

① 王泽鉴：《民法总则》，北京大学出版社2009年版，第398页。

② 韩世远：《合同法总论》，法律出版社2018年版，第199页。

一，期限不能是已经经过的时间。第二，期限应当是必成事实的对应时间。

三、合同生效的特别规定

民法尊重意思自治，在通常情况下，合同一经依法成立就产生效力。但是，出于维护特定的社会经济秩序以及行政管理需要，法律规定部分合同的生效，除了具备合同一般的生效要件外，还需满足特殊要件的要求才能产生效力。《民法典》第502条规定："依法成立的合同，自成立时生效，但是法律另有规定或者当事人另有约定的除外。依照法律、行政法规的规定，合同应当办理批准等手续的，依照其规定。未办理批准等手续影响合同生效的，不影响合同中履行报批等义务条款以及相关条款的效力。应当办理申请批准等手续的当事人未履行义务的，对方可以请求其承担违反该义务的责任。依照法律、行政法规的规定，合同的变更、转让、解除等情形应当办理批准等手续的，适用前款规定。"《合同法》第44条第2款规定："法律、行政法规规定应当办理批准、登记等手续生效的，依照其规定。"将《民法典》第502条与《合同法》第44条第2款对比，修改如下：（1）第1款增加但书。（2）第2款第1句删去了"登记"，删去了"生效"二字。删去"登记"，不因为涉及哪一部法律、行政法规规定应当办理"登记"手续才生效。删去"生效"，不因为涉及哪一部法律、行政法规规定应当办理批准等手续才"生效"，只是规定需要办理批准等手续。第2款第2、3句属于新增加的内容。第3款也是新增加的内容。

本条便是关于法定特别生效要件的规定。根据法律、行政法规的规定应当办理批准等手续的合同以及变更、转让、解除等情形应当办理批准等手续的合同，只有在合同当事人办理批准等手续之后，合同或合同的变更、转让和解除才能发生效力。

【审判实践中应注意的问题】[①]

一、未经批准合同的效力

法律、行政法规规定某类合同应当办理批准手续生效的，如《商业银行法》《证券法》《保险法》等法律规定购买商业银行、证券公司、保险公司5%以上股权须经相关主管部门批准，依据《民法典》第502条第2款的规定，批准是合同的法定生效条件，未经批准的合同因欠缺法律规定的特别生效条件而未生效。实践中的一个突出问题是，把未生效合同认定为无效合同，或者虽认定为未生效，却按无效合同处理。无效合同从本质上来说是欠缺合同的有效要件，或者具有合同无效的法定事由，自始不发生法律效力。未生效合同已具备合同的有效要件，对双方具有一定的拘束力，任何一方不得擅自撤回、解除、变更，但因欠缺法律、行政法规规定或当事人约定的特别生效条件，在该生效条件成就前，不能产生请求对方履行合同主要权利义务的法律效力。

关于未经批准的合同的效力，存在以下不同观点：

一是无效说。《商业银行法》《证券法》《保险法》等法律都有购买商业银行、证券公司、保险公司5%以上股权须经相关主管部门批准的规定，属于法律的强制性规定，违反的后果是导致合同无效。

二是有效说。该说内部又有几种不同的论证路径。有观点着眼于规范性质，认为前述规定属于管理性规定而非效力性规定，违反该类规定并不导致合同无效，仅是招致行政法上的不利后果；有观点着眼于审批对象，认为审批的对象是权利的变动而非作为其原因的合同，进而认为审批不影响合同效力，影响的是权利的变动；还有观点着眼于规范性质，认为所谓的审批实质上是有关市场准入的规定，而非合同效力的规定，除非对市场准入有特殊限制，否则，未经批准一般不

---

① 引自最高人民法院民事审判第二庭编著：《〈全国法院民商事审判工作会议纪要〉理解与适用》，人民法院出版社2019年版，第274~288页。该部分作者是麻锦亮。

影响合同效力。

三是未生效说。前述法律有关股权转让行为须经批准的规定，属于法律规定的应当办理批准生效的情形。在法律规定批准生效的情况下，批准是合同的法定生效条件，未经批准的合同，属于生效条件未成就的合同，属于未生效的合同。

《民法典》本条采未生效说。

（一）关于批准生效合同的适用范围

根据本条的规定，只有法律、行政法规规定应当办理批准等手续的合同，批准才影响合同效力。部门规章、地方性法规有关批准的规定，不影响合同效力。从司法实践看，法律、行政法规规定应当办理批准手续的，主要出现在以下一些领域：

一是金融商事领域。如《商业银行法》第28条规定："任何单位和个人购买商业银行股份总额百分之五以上的，应当事先经国务院银行业监督管理机构批准。"《保险法》第84条规定[①]：变更出资额占有限责任公司资本总额百分之五以上的股东，或者变更持有股份有限公司股份百分之五以上的股东，应当经保险监督管理机构批准。

二是国有资产转让。如《企业国有资产监督管理暂行条例》第24条规定："所出资企业投资设立的重要子企业的重大事项，需由所出资企业报国有资产监督管理机构批准的，管理办法由国务院国有资产监督管理机构另行制定，报国务院批准。"但该条所谓的"重大事项"是指哪些事项，存在一定的模糊性。

三是外商投资领域。如《中外合资经营企业法》《中外合作经营企业法》均有外商投资企业的章程、协议、合同应予报批的规定，[②]以

---

① 《保险法》第84条规定："保险公司有下列情形之一的，应当经保险监督管理机构批准：（一）变更名称；（二）变更注册资本；（三）变更公司或者分支机构的营业场所；（四）撤销分支机构；（五）公司分立或者合并；（六）修改公司章程；（七）变更出资额占有限责任公司资本总额百分之五以上的股东，或者变更持有股份有限公司股份百分之五以上的股东；（八）国务院保险监督管理机构规定的其他情形。"

② 参见《中外合资经营企业法》第3条、《中外合资经营企业法实施条例》第14条、《中外合作经营企业法》第5条、《中外合作经营企业法实施细则》第11条。

及外商投资企业对外转让股权须经报批的规定。[①] 当然，随着新的《外商投资法》的出台，外商投资企业的合同审批将逐渐退出历史舞台。

四是探矿权采矿权转让。如根据《矿产资源法》第6条之规定，探矿权、采矿权可在以下两种情形下转让：一是探矿权人在完成规定的最低勘查投入后，经依法批准，可以将探矿权转让他人。二是已取得采矿权的矿山企业，因企业合并、分立，与他人合资、合作经营，或者因企业资产出售以及有其他变更企业资产产权的情形而需要变更采矿权主体的，经依法批准可以将采矿权转让他人采矿。

总之，前述法律、行政法规有关批准手续的规定，批准的对象都是合同，而不是项目。另外，此种审批性质上属于事后审批，而非事前审批。即便是《商业银行法》第28条所谓的事前审批，本质上还是对合同的事后审批。

（二）立法演进

关于未经批准的合同的效力问题，司法实践经历了一个认识不断深化的过程。《合同法司法解释（一）》第9条规定，依法应当办理批准手续的合同，当事人在一审法庭辩论终结前仍未办理批准手续的，人民法院应当认定该合同未生效。该司法解释第一次从规范层面规定了未生效合同，但鉴于其对如何促成未生效合同向有效合同转化缺乏具体规定，而司法的解决纠纷职能决定了必须要对合同效力作出明确判断。在未生效合同难以被认定有效的情况下，实践中往往是认定未生效，却按照无效处理，从而没有达到预期效果。有鉴于此，《合同法司法解释（二）》第8条规定，经批准才能生效的合同，办理批准手续属于《合同法》第42条第3项规定的“其他违背诚实信用原则的行为”，人民法院可以根据案件的具体情况和相对人的请求，判决相对人自行办理报批手续，由怠于履行报批义务的当事人承担相关费用及损失。但相对人自行报批很难获得主管部门的批准，该条规定的实际效果并不理想。正是看到了前述司法解释

① 参见《中外合资经营企业法实施条例》第20条、《中外合作经营企业法实施细则》第23条、《外资企业法实施细则》第22条。

的不足，2010年出台的《外商投资企业规定（一）》第一次规定报批条款及相关条款独立生效，完善了使未生效合同向有效合同转化的机制。该司法解释的相关规定被后续出台的《最高人民法院关于审理矿业权纠纷案件适用法律若干问题的解释》所采纳。《民商审判会议纪要》关于未经批准的合同效力问题，借鉴了前述司法解释的相关规定。《民法典》本条的规定，实际上借鉴了《外商投资企业规定（一）》的规定。

（三）关于未经批准的合同效力

学理认为，合同效力有形式拘束力与实质效力之分，形式拘束力意指当事人不能任意撤销、变更甚至解除合同的效力，实质效力则是指基于合同本身而在当事人间发生的权利义务关系。[①]合同的形式拘束力源于合同的成立，而实质效力则源于合同的生效。我国《民法典》第465条就是关于形式拘束力的规定。在一般情况下，合同或者有效成立，或者无效不成立，区别形式拘束力与实质拘束力并无太多实益。但在合同已经成立，但因约定生效条件未成就、约定期限未届满，或者因未办理审批手续等原因未生效的情况下，区别形式拘束力与实质效力就有其积极意义。只有着眼于前述区分，才能准确理解未经批准的合同的效力。具体来说：

一是具有形式拘束力。未生效合同已经依法成立，双方当事人非经协商或具有法定事由，不得任意撤销、变更或解除合同。换言之，如果具有法定事由，另一方可以请求人民法院撤销或变更合同。

二是不具有实质效力。合同未生效属于欠缺生效要件的合同，有别于有效合同，一方直接请求另一方履行合同或者承担合同约定的违约责任，不应予以支持。

三是可以通过办理批准手续促成合同生效。未生效合同仍有通过办理批准手续而生效的可能，故也不同于无效合同。当事人直接请求确认合同无效的，亦不应予以支持。

---

① 王泽鉴：《债法原理》，中国政法大学出版社2001年版，第193页。

（四）未生效不同于无效

关于未经批准的合同效力，实践中的一个突出问题是，将其等同于无效。为此，有必要明确二者的区别：其一，从违反的规范类型看，合同无效是因为合同违反了法律、行政法规的效力性强制性规定或者违背善良风俗。未生效合同违反的则是法律、行政法规有关审批的规定，此种规范属于管理性强制性规定。其二，从法律依据看，认定合同无效的依据是《民法典》第 153 条，本质是意思表示超越了国家管制的界限。认定合同未生效的依据则是《民法典》第 502 条，本质是合同不具备法定的生效条件。其三，在是否允许补正上，合同无效原则上是自始无效、绝对无效、当然无效、全部无效，不存在补正的可能。未生效合同在获得批准前效力处于不确定状态，可能有效，也可能无效。当事人可以通过履行报批手续促成生效，此点有别于无效合同的确定无效。

实务中，能否在判项中认定合同未生效？

人民法院受理合同纠纷后，只有在对合同是有效还是无效作出明确判断后，才能解决当事人之间的纠纷，而认定合同未生效，并没有达到解决纠纷的目的。考虑到未生效合同属于合同效力的中间状态，有必要规定合同效力的确定机制以及人民法院的释明义务。为此，本条既对当事人的诉讼请求提出要求，即当事人既不能基于有效合同提出继续履行合同或者承担违约责任的诉讼请求，也不能直接请求确认合同无效并请求另一方承担损害赔偿责任，而只能基于未生效合同提出相应诉讼请求。同时也要求人民法院要做好相应的释明工作，确保未生效合同得以通过诉讼程序得到实现。另一方面，又规定了未生效合同的效力推进或者消灭机制：如果当事人希望另一方继续履行合同，则应当请求另一方履行报批义务，进而通过报批义务的履行促进合同生效。反之，如果当事人不想继续履行合同，则应当请求解除合同，从而使当事人摆脱合同的约束。但不论如何，当事人都不能仅诉请确认合同未生效，人民法院也不能在判项中认定合同未生效。

实务中，能否类推适用《民法典》第 159 条的规定？

《民法典》第159条规定："附条件的民事法律行为，当事人为自己的利益不正当地阻止条件成就的，视为条件已成就；不正当地促成条件成就的，视为条件不成就。"该条规范的是附约定条件的合同。在约定条件中，是否约定条件、约定何种条件以及条件何时成就均属当事人意思自治的范畴。在约定条件下，出于对恶意当事人的惩戒、维护诚实守信的交易秩序的考虑，《民法典》作出了前述规定。法律、行政法规规定的批准属于合同的法定生效条件，而批准本质上是行政机关的监管行为，是否批准属于行政裁量权行使的范畴，不属于当事人意思自治的范畴。因此，一方拒不履行报批义务的，原则上不能类推适用《民法典》第159条的规定，视为已经获得批准，进而认定合同有效。否则，就会使报批的规定沦为一纸空文。但在特定情况下，如生效判决已经判令当事人履行报批义务，当事人仍拒不履行的，可以类推适用该条规定，从而让当事人承担违约责任。对此，后文还将详述，此处不再赘述。

二、报批义务及相关违约条款独立生效

须经行政机关批准的合同，对报批义务及未履行报批义务的违约责任等相关条款作出专门约定的，该约定独立生效。一方因另一方不履行报批义务，请求解除合同并请求其承担合同约定的相应违约责任的，人民法院依法予以支持。

关于报批义务及相关条款应否独立生效，存在不同观点：一种观点认为，在整个合同未生效的情况下，报批义务及相关条款独立生效既缺乏法律依据，也缺乏法理依据。另一种观点则认为，正因为整个合同未生效，才有必要课予当事人报批义务，并通过促使其履行报批义务，促进未生效合同向有效合同转化。《民法典》采后一种观点，即独立生效说。

（一）报批义务及相关条款独立生效的必要性

之所以规定整个合同未生效不影响当事人间有关报批义务条款以及因报批义务而设定的相关条款的效力，是因为实践中因审批而导

致的合同纠纷，症结往往在于当事人不去报批，而不是行政机关不批准。当事人不报批，合同未生效；合同未生效，一方不能请求另一方履行合同义务，包括履行报批义务；当事人无需履行报批义务，则其往往会视情况决定是否报批：报批对自己有利的，就去报批；反之，就不去报批。其结果是使不诚信的当事人从其不诚信行为中获得利益，显然是不妥当的。正是看到前述问题，才有必要规定合同未生效不影响当事人间有关报批义务及因该义务而设定的违约责任等相关条款的效力。

从法理上看，报批义务及相关条款独立生效也有坚实的理论依据。当事人间订立合同，核心目的自然是确定双方的权利义务关系。但还有两类合同条款，它们的性质决定了其独立于合同的权利义务条款：一是促成合同生效的条款。在合同以某一条件的成就为生效条件时，此种前提性的条款将独立于合同条款而事先生效。否则，就会陷入前述的悖论，最终既不利于缔约目的的实现，也不利于诚信原则的维护。二是在合同无效、被撤销或者终止时，有关争议解决的条款。事实上，二者一个针对的是合同“生效前”，另一个则针对解决无效、被撤销或者终止后所生的争议，均具有手段性特点，不同于当事人通过合同享受权利承担义务的其他合同条款，当然具有独立性。因此，合同未生效不影响报批义务条款的效力。既然报批条款独立生效，则专门针对报批义务设定的相关条款自然也独立生效。

本条所谓的“相关条款”，主要是指有关违约责任的规定，即合同中专门约定的报批义务人怠于履行报批义务时将承担违约责任的约定，此种约定有别于主合同约定的违约责任条款。当然，“相关条款”并不限于与报批义务相关的违约责任条款，还包括其他与报批义务有关的条款，如在股权转让场合，双方约定受让人先支付一定比例的价款时转让人才履行报批义务；再如在履行报批义务时，双方对报批期限以及受让人的协助义务又作了约定，这些约定都是与报批义务相关的条款，都具有效力上的独立性，不受整个合同未生效的影响。

（二）关于报批义务的性质

报批行为作为促成合同生效（或确定合同效力）的一项重要义务，与当事人订立的合同间有着密切联系，因而具有私法上的意义。而批准行为作为应申请而为的行政行为，由行政相对人的报批行为与审批机关的审批行为两部分构成，因此报批又具有公法上的意义。从实践看，当事人不去报批一般不会导致行政处罚，这点不同于行政许可。行政许可以法律“一般禁止”或“限制”某一行为为前提，表现为对此种禁止或限制的解除。由于行政许可的本质是行政相对人未经许可不得从事某种特定的活动，因此，行政相对人未经许可从事了某种特定活动的，即违反了法律的禁止性规定，应受到公法处罚，包括行政法制裁甚至刑法制裁。另一方面，在行政许可中，行政相对人之所以能从事某种行为，乃在于行政许可解除了某种禁止或限制，从而创设了某种权利。而行政审批性质上属于对当事人权利义务关系的事后确认，审批自身并未创设新的法律关系。可见，在行政许可中，居于主导地位的是行政机关的许可；而在行政审批中，居于主导地位的则是当事人自身的意思，而非审批。这也从另一个侧面揭示了报批义务并非公法义务。

如果当事人在合同中明确约定了报批义务，此时报批义务属于合同义务当无疑问。即便当事人未在合同中对报批义务作出约定，基于诚信原则，当事人也负有报批义务。问题是，此时报批义务究竟属于合同义务还是先合同义务？有一种观点认为，报批义务属于先合同义务，因为《合同法司法解释（二）》第 8 条[①]将当事人怠于履行报批义务的行为，认定为属于《合同法》第 42 条第 3 项规定的“其他违背诚实信用原则的行为”。而《民法典》第 502 条是有关缔约过失责

---

①《合同法司法解释（二）》第 8 条规定：“依照法律、行政法规的规定经批准或者登记才能生效的合同成立后，有义务办理申请批准或者申请登记等手续的一方当事人未按照法律规定或者合同约定办理申请批准或者未申请登记的，属于合同法第四十二条第（三）项规定的‘其他违背诚实信用原则的行为’，人民法院可以根据案件的具体情况和相对人的请求，判决相对人自己办理有关手续；对方当事人对由此产生的费用和给相对人造成的实际损失，应当承担损害赔偿责任。”

任的规定，违反的是缔约阶段基于诚信原则产生的先合同义务，因此报批义务属于先合同义务。但先合同义务一般不能请求实际履行，且其对应的损害赔偿责任性质上也属于缔约过失责任。而《民法典》规定了报批义务及相关条款独立生效，还规定了违约责任，这些规定显然超出了先合同义务的范畴。就此而言，我们认为，即便合同没有规定报批义务，报批义务也属于基于诚信原则产生的可以独立请求的附随义务，属于合同义务的范畴。因为合同义务除了主给付义务外，还包括基于诚信原则而产生的附随义务以及不真正义务，这些义务构成一个义务群，其中附随义务又包括可以独立诉请的附随义务以及不可独立诉请的附随义务两类，报批义务属于其中能够独立诉请的附随义务，其功能在于促进主给付义务的实现。

（三）关于报批义务的实际履行问题

有一种观点认为，报批义务需要义务人有所作为，而义务人是否从事某种行为涉及行为自由问题，不具有可执行性，因而不能强制执行报批义务。我们认为，此种观点混淆了人身自由与行为自由，是错误的。现代法治尊重个人人格，因此不能以人格为执行标的，即不能通过侵害债务人物质性人格权（即生命健康权）、贬损精神性人格权或剥夺人身自由（人格权层面的自由权）的方式来迫使其履行债务。但这并不意味着不能将债务人的行为（包括作为和不作为）作为执行标的。事实上，当义务人怠于履行其义务时，权利人完全可以请求法院强制债务人作出某种行为，如请求债务人继续交付标的物或价金，这就是强制实际履行可以作为违约责任形态的基本法理。要求转让人履行报批义务尽管在一定程度上限制了义务人的行为自由，但并未侵害其人身自由，因而可以请求强制实际履行。

（四）关于合同解除问题

一方不履行报批义务时，另一方除了请求履行报批义务外，还可以直接请求解除合同，并要求赔偿损失。有观点认为，未生效合同作为效力有瑕疵的合同，应当根据可撤销的有关规定否定其效力，不宜越过合同效力判断阶段直接解除合同。我们认为，可撤销合同中，撤销权应当在法定期限内行使，超过法定的除斥期间，撤销权将归于消灭。未生效合同尽管不具有实质效力，但对双方均具有形式约束力，如果认为经过一定期限后当事人就不能撤销合同，则在报批义务人拒不报批的情况下，非违约方既不能通过要求报批义务人履行报批义务促使合同生效，又因丧失撤销权而不能撤销合同，从而使未生效合同既不能向生效转化，又不能归于无效，限于进退两难的“效力僵局”状态，不利于解决纠纷。解除权尽管也应当在法定期限内行使，但根据《民法典》第564条的规定，法律没有规定或者当事人没有约定解除权行使期限时，只有经对方催告后在合理期限内不行使的，解除权才归于消灭。在报批义务人拒不履行报批义务的情况下，其一般不会催告非违约方积极行使解除权。反之，如果其在拒不履行报批义务的情况下向非违约方发出催告，非违约方完全可以其先履行报批义务提出抗辩，从而不存在解除权因超过合理期限而消灭的问题。可见，较之于可撤销制度，通过合同解除制度来否定未生效合同的效力是更好的选择。

至于行使解除权的条件，只有经催告后在合理期限内仍未履行报批义务时，另一方才能解除合同，此点较有效合同的解除更为严格。根据《民法典》第563条的规定，有效合同的解除，在拒绝履行或不履行场合，非违约方无需催告就可以直接解除合同，而只有迟延履行才有经催告解除的问题。《民商审判会议纪要》之所以对未生效合同的解除规定更为严格的条件，是因为报批义务尽管是合同的主要义务，但其本身还具有促成合同生效的意义。根据鼓励交易原则，应尽量地促成当事人履行报批义务，而不宜轻易地以报批义务人没有报批为由解除合同。就法理依据而言，本条显然也吸收了根本违约的理论，只不过通常所谓的根本违约都是针对合同的实质效力而言的，而本条针对的却是合同的形式拘束力。

在直接请求解除合同场合，报批义务人所承担的责任视合同是否专门针对报批义务约定独立的违约责任而有所不同：专门针对报批义务约定违约责任的，根据报批义务及相关条款独立生效的法理，此种违约责任独立生效，当事人在解除合同的同时，可以基于约定请求报批义务人承担违约责任。反之，合同未专门针对报批义务约定违约责任的，此时当事人只能请求报批义务人承担缔约过失责任。

1. 如何解决约定的报批义务人与实际报批义务人不一致的问题

以外资股权转让为例，转让人的主给付义务是转让股权，根据合同相对性原理，受让人只能向转让人请求其完成报批手续。但根据《外商投资企业投资者股权变更的若干规定》的相关规定，股权变更的报批人是外商投资企业而非其股东。这就存在法律关系上的错位：受让人向转让人请求其完成报批手续，而转让人又只能请求外商投资企业去报批，受让人与外商投资企业之间并无直接联系，此时该如何实现报批义务？我们认为，外商投资企业在接到转让人的请求后，除非认为股权转让不符合公司法规定或章程的规定，否则，负有办理报批手续的义务。如其无正当理由不去办理的，则无异于侵害了转让人依法转让股份的权利，转让人可请求法院责令外商投资企业强制办理。为更好地解决报批义务人错位的问题，在涉及审批的合同纠纷中，当事人最好申请将目标公司列为第三人，法院也可以依职权追加目标公司为第三人，如此既可解决报批义务错位问题，也可解决裁判的既判力不及于目标公司的问题。

2. 竞争性缔约场合如何履行报批义务

实践中，需要通过招、拍、挂等竞争性方式缔约时的合同，此时因为不存在个别磋商，如何履行报批义务成为需要研究。我们认为，可以在招、拍、挂的公告中对受让人的条件作出明确要求，并由审批机关事先对当事人的资格进行审核，待确定当事人、签订合同后再履行报批手续就可以了。

三、报批义务的释明

我们认为，须经行政机关批准生效的合同，一方请求另一方履行合同主要权利义务的，人民法院应当向其释明，将诉讼请求变更为请求履行报批义务。一方变更诉讼请求的，人民法院依法予以支持；经释明后当事人拒绝变更的，应当驳回其诉讼请求，但不影响其另行提起诉讼。

经释明后当事人拒不变更诉讼请求，在人民法院应当判令驳回起诉还是驳回诉讼请求问题上，存在不同观点，本书倾向于驳回诉讼请求，但允许当事人另行起诉。

在一方当事人直接请求确认合同无效的情况下，人民法院是直接驳回其诉讼请求，还是应当向其释明，告知其解除合同，《民法典》未作明确规定，但学理上认为应当向其释明。

（一）关于报批义务的释明

未生效合同既不同于无效合同，也不同于有效合同，因此，在当事人基于有效合同或者无效合同提出相关诉讼请求时，人民法院尤其是一审法院要做好相关的释明工作。具体来说，一方直接请求另一方履行合同、承担合同约定的违约责任的，人民法院应当向其释明，告知其将诉讼请求变更为继续履行报批义务。经释明后当事人仍拒绝变更诉讼请求的，可以驳回其诉讼请求。有一种观点认为，如果直接驳回其诉讼请求，可能会受制于“一事不再理”规则而难以另行提起诉讼，从而事实上剥夺了当事人的诉权，并据此建议应当驳回起诉。因为起诉被驳回视为未提起诉讼，当事人另行提起诉讼并无法律障碍。我们认为，此说确有一定道理，但在未生效合同中，一方直接请求另一方承担违约责任固然缺乏法律依据，但其起诉形式上是符合《民事诉讼法》规定的起诉条件的，驳回起诉缺乏依据，而且某一合同是否为批准生效合同、报批义务人应否履行报批义务等事实，只有在实体审理后才能确定，简单地驳回起诉难以解决实践问题。况且，驳回的是一方直接请求履行合同、承担违约责任的诉讼请求，而非继续履行报批义务的诉讼请求，故当事人仍可另行提起诉讼，请求报批义务人履行报批义务。

（二）关于合同解除的释明

还有一种情形是，当事人直接请求确认合同无效的，人民法院也应当向其释明，告知其请求解除合同；经释明后当事人仍拒绝变更诉讼请求的，可以驳回其诉讼请求。

1. 未生效合同能否解除

在该问题上，存在两种不同的观点。本书之所以采取未生效合同可以解除的观点，一方面，固然是因为用可撤销或者直接宣告无效制度否定未生效合同的效力，前者可能存在前述的“效力僵局”问题，后者则不符合鼓励交易原则；另一方面，则是因为解除合同，兼具摆脱合同实质效力与形式拘束力的双重效果。更为重要的是，在批准生效合同中，以金融机构的股权转让合同为例，受让人的主要义务是支付价款，转让人的主要合同义务则是转让股权。而批准既是股权转让合同的生效条件，不批准合同未生效；同时报批也是履行股权转让合同的主要形式：合同一经批准，转让人就已经履行了转让股权的义务，登记不过是使其取得公示效力罢了。在报批义务兼具双重属性的情况下，如果严格将其限于合同效力控制层面，而不顾及其同时具有履行合同义务的性质，则会使不履行报批义务的当事人从其不诚信行为中获益，有违基本的公平正义理念。报批义务的双重属性，是本书认为未生效合同可以解除的重要考量因素。

2. 如何对报批义务人进行救济

须经批准生效的合同如以金融机构为目标公司的股权转让合同，当事人在合同中约定以受让方支付一定价款作为转让方办理报批手续的条件，而受让人未依约支付价款时，转让人能否直接请求受让人履行付款义务？本书认为，该约定作为与报批义务相关的约定，应当独立生效。然而受让方支付价款虽然是转让方履行报批义务的约定条件，但整个合同毕竟尚未生效，当事人自然不能基于有效合同请求另一方履行合同。而且支付价款本身也是受让方取得股权的对价，在转让方尚未转让股权的情况下，让受让方先行付款会使当事人之间的权利义务失去平衡。因此，即使当事人将受让方支付全部或者部分转让款作为转让方履行报批义务的条件，也不意味着转让方在整个股权转让合同生效前即享有请求受让方支付该转让款的权利，而只能理解为转让方基于该约定享有针对受让方请求其履行报批义务的抗辩权，其可以据此拒绝履行自己的报批义务。

如前所述，如果受让方未履行支付价款，转让方无权请求受让方支付价款，但另一方面，如果受让方不依约支付价款，转让方也可提出不履行报批义务的抗辩，此时合同的履行同样会陷入僵局。为打破这种僵局，不使转让方因受让方不履行自己的义务而遭到损失，有必要让报批义务人在一定情况下也享有合同解除权：即在受让方经催告后在合理期限内不履行约定的付款义务时，转让方也可请求解除合同并要求赔偿损失。

四、判决履行报批义务后的处理

我们认为，人民法院判决一方履行报批义务后，该当事人拒绝履行，经人民法院强制执行仍未履行，对方请求其承担合同违约责任的，人民法院依法予以支持。一方依据判决履行报批义务，行政机关予以批准，合同发生完全的法律效力，其请求对方履行合同的，人民法院依法予以支持；行政机关没有批准，合同不具有法律上的可履行性，一方请求解除合同的，人民法院依法予以支持。

报批义务人拒不履行生效判决确定的报批义务，所应承担的责任是缔约过失责任还是违约责任，对此存在不同认识。为加重报批义务人的责任，《民法典》采违约责任说。

（一）审批机关未予批准的

一方不履行报批义务时，另一方可以请求其履行报批义务，人民法院也可以根据当事人的诉讼请求判令该方当事人履行报批义务。当事人根据生效判决履行了报批义务，但有关部门未批准的，此时合同不具有可履行性，合同因嗣后履行不能而解除。至于报批义务人应否承担责任，则要视其对不能取得批准有无过错来具体判断。如果不能取得批准是因为报批义务怠于履行报批义务所导致，如本可以取得批准，但因政策变化导致不能取得批准的，报批义务人应当承担责任。反之，纯粹是因为批准机关不批准所导致的，则其无需承担责任。

（二）报批义务人拒不履行报批义务的

还有一种情形是，人民法院判令报批义务人履行报批义务，报批义务人拒绝履行，经人民法院强制执行仍未履行的，当事人可以另行起诉，请求解除合同，同时要求报批义务人赔偿包括差价损失、合理收益以及其他损失在内的预期利益损失，其中损害性质上属于违约责任。有观点认为，在合同未生效的情况下，判令当事人承担违约责任既缺乏法律依据，法理上也说不通。我们认为，此时可以参照适用《民法典》第159条“当事人为自己的利益不正当地阻止条件成就的，视为条件已成就”的规定，认为合同所附的法定条件因报批义务人不正当地阻止条件成就而拟制成就，从而使另一方享有违约损害赔偿请求权。

实务中，关于审批机关未予批准的法律效果，存在两种不同观点：一种观点认为，既然批准是合同的法定生效条件，则未予批准意味着法定生效条件确定不成就，合同不生效，效果等同于无效。另一种观点则认为，审批机构未予批准，意味着合同嗣后履行不能，当事人可以解除合同。《民法典》采取了后一观点。

第五百零三条　无权代理人以被代理人的名义订立合同，被代理人已经开始履行合同义务或者接受相对人履行的，视为对合同的追认。

【条文主旨】

本条是关于狭义无权代理中被代理人以事实行为行使追认权的规定。

【条文理解】

一、无权代理概述

根据代理人是否具有代理权，代理可被分为有权代理和无权代理。其中，所谓无权代理，是指无代理权人以代理权人的名义而进行的法律行为。[①] 无权代理具有广义和狭义之分。广义的无权代理包含表见代理和狭义无权代理。二者虽均属无权代理，但其在构成要件和法律效果上并不相同。表见代理的法律后果是产生与有权代理相同的法律后果。在狭义无权代理的情形中，在本人追认之前，狭义无权代理人以被代理人名义所为的法律行为属于效力待定的法律行为。

狭义的无权代理在形态上包括四种类型[②]：第一，代理人没有被授予代理权。此种情形是最为典型的狭义无权代理，即当事人没有代理权而进行代理行为。第二，授权行为无效或被撤销。授权行为属于法律行为的一种，其效力状态也可能存在无效或可撤销的情形。《民

① 王泽鉴：《民法总则》，北京大学出版社2009年版，第445页。

② 王泽鉴：《债法原理》，北京大学出版社2013年版，第288页。

法典》第155条的规定，无效的或者被撤销的民事法律行为自始没有法律约束力。如若被代理人的授权行为被认定无效或可撤销，则基于该授权行为取得的代理权也将归于无效，其后代理人所为的代理行为属于无权代理。第三，超越代理权。在此情形中，代理人虽然享有一定的代理权限，但其所进行的代理行为已经逾越了代理权所限定的范围，在超越的范围而言其属于无权代理。第四，代理权终止后的无权代理。这是指在代理权终止的情况下，代理人仍以被代理人的名义从事代理活动的情形。

二、无权代理人以被代理人名义订立的合同属于效力待定合同

所谓效力待定合同，是指合同成立后是否发生效力尚不能确定，有待于其他行为和事实确定的合同。[①]效力待定合同产生的原因主要是因缔约人行为能力和处分能力的欠缺所导致的，如限制民事行为能力人所缔结的与其年龄、智力以及精神状况所不相适应的合同。不同于可撤销合同和无效合同，效力待定合同的效力尚不确定，仍待有关行为和事实的确定。《民法典》第171条第1款规定："行为人没有代理权、超越代理权或者代理权终止后，仍然实施代理行为，未经被代理人追认的，对被代理人不发生效力。"依据此款规定，代理人以被代理人名义订立的合同在被代理人追认之前，对被代理人不发生效力，合同处于效力待定状态。

三、狭义无权代理而订立的合同效力的确认

（一）追认权的行使

追认，是指享有追认权的民事主体事后的同意或承认。[②]根据《民法典》第171条的规定，狭义无权代理中的被代理人享有追认权。该追认权是一种能使效力待定合同产生效力的形成权。

① 王利明：《合同法新问题研究》，中国社会科学出版社2011年版，第279页。
② 韩世远：《合同法总论》，法律出版社2018年版，第295页。

追认权的行使既可以明示的方式作出，也可以特定行为的方式作出。前者需要追认权人以文字语言的方式向相对人作出明确的意思表示，而后者则可以通过接受履行或主动履行义务等可以推知追认人意思表示的特定行为来作出。《民法典》第503条规定："无权代理人以被代理人的名义订立合同，被代理人已经开始履行合同义务或者接受相对人履行的，视为对合同的追认。"该条就是对以特定行为方式行使追认权的规定。

值得注意的是，追认权属于形成权，其对当事人之间的法律关系影响甚大，故其适用除斥期间。追认权的行使需在除斥期间之内行使，超越除斥期间，追认权归于消灭。《民法典》第171条规定了追认权人应在收到相对人催告通知之日起30日内予以追认，超过期限不予追认将被视为拒绝追认。

（二）否认权的行使

在狭义无权代理的情形中，被代理人除了能够行使追认权，认可代理行为外，还可以行使否认权，否定代理行为的效力。被代理人可以通过两种方式行使否认权[①]：一是在本人得知有无权代理行为存在，在相对人催告之前，直接向相对人表示否认该无权代理行为。二是在相对人催告之后，本人即可以明确表示否认该无权代理行为，也可以拒绝作出答复。依据《民法典》第171条的规定，被代理人自收到催告通知之日起30日内未作表示的，视为拒绝追认。无论是以明示拒绝，还是拒作答复的方式，本人所享有的否认权都可以使效力待定的法律行为归于无效。

（三）相对人的催告

除了追认权人主动行使追认权可使效力待定的合同效力确定之外，相对人也可以通过催告的方式来使效力待定的合同效力得以确定。法律之所以允许相对人以催告的方式使合同的效力得以确认，是因为如若追认权人怠于行使追认权，则会使已经成立的合同的效力长

① 王利明、杨立新、王轶、程啸：《民法学》，法律出版社2014年版，第464页。

期处于未决的状态，不利于交易安全的维护。因此，为了使未决的法律关系尽快得到确定，法律规定相对人可以通过催告的方式来使合同的效力状态得以确认。

（四）善意相对人撤销权的行使

在相对人为善意时，相对人享有撤销权。所谓撤销权，是指相对人在本人未承认无权代理行为之前，可撤销其与无权代理人订立的合同的权利。[①] 撤销权的行使需具备相对人是善意这一要件，如若相对人应知或明知与自己订立合同的代理人属无权代理人，则其陷入法律关系未确定状态亦因其自身的过错而导致，相对人即不享有撤销权。相对人只能以催告的方式，催告本人尽快行使追认权，以使合同的效力状态得以确定。不同于追认权的行使，善意相对人的撤销权只能通过明示的方式作出，而且在时间上需在追认权人行使追认权之前。

四、狭义无权代理所订立的合同确定不发生效力时责任的承担

效力待定合同的效力处于未决状态，其有待于特定行为与事实的确定。在特定行为和事实成就时，效力待定的合同成为有效合同，对当事人产生法律约束力。然而当特定行为或事实未发生之时，效力待定的合同确定不发生效力，此时有过错的行为人应当承担相应的责任，以使相对方因此而遭受的损失得到救济。《民法典》第171条第3、4款对狭义无权代理合同确定不发生效力时的责任承担进行了规定。第171条规定："行为人没有代理权、超越代理权或者代理权终止后，仍然实施代理行为，未经被代理人追认的，对被代理人不发生效力。相对人可以催告被代理人自收到通知之日起三十日内予以追认。被代理人未作表示的，视为拒绝追认。行为人实施的行为被追认前，善意相对人有撤销的权利。撤销应当以通知的方式作出。行为人实施的行为未被追认的，善意相对人有权请求行为人履行债务或者就

① 王利明、杨立新、王轶、程啸：《民法学》，法律出版社2014年版，第464页。

其受到的损害请求行为人赔偿。但是，赔偿的范围不得超过被代理人追认时相对人所能获得的利益。相对人知道或者应当知道行为人无权代理的，相对人和行为人按照各自的过错承担责任。”在狭义无权代理人以被代理人名义订立的合同在本人拒绝追认的情况下，善意的相对人可以向狭义无权代理人请求其履行合同或赔偿损失，其赔偿范围不能超过合同被代理人追认时相对人所能获得的利益。相对人若知道或应当知道狭义无权代理人没有相应的代理权，则应与无权代理人按照各自的过错承担各自相应的责任。

【审判实践中应注意的问题】

根据《民法典》第171条的规定，相对人行使撤销权、请求无权代理人履行合同或赔偿损失都是以相对人是善意相对人为前提的。在通常情况下，如无相反的证据，应推定相对人为善意的相对人，相对人不负有自证善意的义务。但是，在特殊情况下，如无权代理人所实施的代理行为依据一般交易观念即可推知其严重违背当事人意志的，相对人仍与无权代理人订立合同的，如若该合同事后未得到被代理人的追认，则不能认定交易的相对人是善意相对人。

第五百零四条 法人的法定代表人或者非法人组织的负责人超越权限订立的合同，除相对人知道或者应当知道其超越权限外，该代表行为有效，订立的合同对法人或者非法人组织发生效力。

【条文主旨】

本条是关于法定代表人、负责人超越权限订立的合同效力归属的规定。

【条文理解】

本条与《合同法》第50条相比，只有文字修改，没有实质性改动。

法人和非法人组织虽然具有缔约能力，但受其自然属性的限制，法人和非法人组织缔约能力的行使必须假借自然人的代表，由此便引发了一个问题：代表法人和非法人组织所订立的合同其效力应当如何归属。[①] 本条是关于法定代表人、负责人超越权限所订立的合同效力归属规则。在理解本条规定时，需从以下几个方面予以把握。

一、法定代表人、负责人订立的合同效力归属的一般规则

法定代表人以法人名义订立的合同效力归属于法人是代表行为的性质所决定的。理论界对代表行为的性质存在“代表说”和“代理说”两种认识。“代表说”从法人实在的角度出发，认为法人和法定

① 朱广新：《法定代表人的越权代表行为》，载《中外法学》2012年第3期。

代表人系同一人格，法定代表人对外所为的法律行为实际上是法人本身所为的。“代理说”则从法人拟制的角度出发，认为法人本身并无行为能力，法定代表人对外所为之法律行为实际是法定代表人代理法人所为。依“代表说”观点，则代表人之行为即是法人之行为，其法律效果自然应当由法人承受。依“代理说”观点，则代表人之行为是代理法人所为，其代理所产生的法律行为效力归属于被代理人。无论是依据“代表说”，还是依据“代理说”，法定代表人以法人名义对外所实施法律行为的效力应当归属于法人。我国历来的民事立法也对此效力归属规则是持认可态度的。《民法通则》第 43 条规定：“企业法人对它的法定代表人和其他工作人员的经营活动，承担民事责任。”《民法典》第 61 条第 2 款规定：“法定代表人以法人名义从事的民事活动，其法律后果由法人承受。”

在《合同法》颁布实施之前，关于非法人组织负责人以非法人组织名义所为的法律行为的效力归属规则仅在 1997 年《合伙企业法》中有所规定，缺乏能够普遍适用于非法人组织的代表行为效力归属规则。[①]《合同法》的颁布实施改变了这一局面。《合同法》第 50 条规定：“法人或者其他组织的法定代表人、负责人超越权限订立的合同，除相对人知道或者应当知道其超越权限的以外，该代表行为有效。”该条规定为非法人组织负责人代表非法人组织所订立的合同效力归属的认定提供了一般性的规则，填补了相应的规范空白。此次《民法典》编纂虽未就非法人组织负责人对外代表行为的效力归属规则进行直接规定，但根据《民法典》第 108 条关于非法人组织参照适用总则编第 3 章第 1 节的有关规定，非法人组织负责人对外代表非法人组织所为的代表行为之效果可以参照适用《民法典》第 61 条第 2 款有关法定代表人代表行为的效力归属规则。非法人组织的负责人以非法人组织名义进行的民事活动，其后果应由非法人组织承受。

---

① 朱广新：《法定代表人的越权代表行为》，载《中外法学》2012 年第 3 期。

二、法定代表人、负责人超越权限订立的合同效力归属规则

在通常情况下，法定代表人或负责人代表法人或非法人组织所实施的法律行为，其效力应当归属于法人或非法人组织。然而当法定代表人、负责人所为的代表行为超出代表权限，其所实施的法律行为的效力是否仍然能够归属于法人或非法人组织？此问题涉及交易秩序与个体利益保护之间的平衡。一方面，如果不加区分，一概承认越权代表所订立的合同对组织体发生效力，那么代表权就极易被法定代表人、负责人所滥用，成为损害组织体和组织成员利益的工具；另一方面，如果一概认定法定代表人、负责人超越权限所订立的合同对组织体不发生效力。那么将会对交易安全和信赖利益的保护带来极大的威胁，不利于交易秩序的维护。如何在微观个体利益保护与宏观经济秩序之间寻找一个平衡点，就成为越权代表行为效力归属规则构建的关键所在。

从当今各国的立法来看，世界大多数国家都确立了越权代表行为原则有效的效力归属规则。原则有效的归属规则在实现了对交易安全进行优先性保护的同时，也通过例外规定兼顾了微观主体的利益保护。《合同法》第50条就是关于越权代表行为效力归属的规定。第50条规定："法人或者其他组织的法定代表人、负责人超越权限订立的合同，除相对人知道或者应当知道其超越权限的以外，该代表行为有效。"依据该条规定，除非相对人知道或应当知道法定代表人或负责人超越代理权限，否则，法定代表人或负责人超越权限而与相对人订立的合同，均为有效。《民法典》第504条继承了《合同法》第50条规定的实质内容，规定了除非相对人知道或者应当知道其法定代表人、非法人组织负责人超越权限，否则，法定代表人、负责人超越权限所订立的合同对法人、非法人组织发生效力。

三、善意相对人的认定：依据代表权的限制类型进行区分

法定代表人、负责人超越权限订立的合同对法人、非法人组织发

生效力是以交易的相对人系善意为前提。那么如何认定交易的相对人是否属于善意呢？这就涉及区分代表权的不同限制。

对法定代表人、负责人的代表权的限制有两种情形：一是意定限制，包括公司章程对代表权事先所作的一般性限制，以及股东会、股东大会等公司权力机构对代表权所作的个别限制。二是法定限制，即法律对代表权所作的限制。根据《公司法》第16条第2款、第38条、第100条的规定，涉及公司为其股东或者实际控制人提供担保、公司增减资本、发行债券、分立、合并、解散、清算或变更公司组织形式等事项，应当由股东(大)会决议。此外，根据《公司法》第16条第1款、第149条第3项、第4项的规定，公司向其他企业投资或者为他人提供担保、董事、高管人员将公司资金借贷给他人、与公司订立合同或交易的，均须经董事会或者股东(大)会的同意。这些条款均属于法律对代表权所作的限制，区别于意定限制。根据《民法典》第61条第3款有关“法人章程或者法人权力机构对法定代表人代表权的限制，不得对抗善意相对人”的规定，意定限制仅具有内部效力，不得对抗善意相对人。换言之，在相对人善意的情况下，仍有构成表见代表的可能。与意定限制截然不同的是，法律一经公布，推定所有人都应当知晓并遵守，因此，存在对代表权的法定限制的情形下，相对人不能以不知道该法定限制为由主张其属于善意而构成表见代表。例如，法定代表人违反《公司法》第16条的规定，未经公司决议擅自对外提供担保的，既意味着构成越权代表，往往也意味着相对人不是善意的，不存在根据表见代表规则让公司承担担保责任的问题。

综上，在意定限制的情况下，由于对法定代表人、负责人的代表权的限制来源于组织体内部，其效力具有相对性，不能对抗善意第三人。因此，相对人在与代表人、负责人订立合同时不负有进一步调查该公司对代表人、负责人的代表权限制的义务，如法人或非法人组织无证据能够证明相对人知道或应当知道越权情形的存在，就应当推定相对人为善意。而在法定限制的情况下，代表权限制的事项属于法律的明确规定，相对人负有审查法定代表人是否取得公司机关决议的义务，如相对人无证据证明其履行了该项审查义务后并未发现存在越权情形，则推定相对人并非善意。应当注意的是，代表权法定限制情形下相对人负担的审查义务仅为形式审查，毕竟相对人不是法人或者非法人组织的内部成员，不能苛求其查明对方组织内的详尽情况。

【审判实践中应注意的问题】

公司是市场经济主体中的典型组织形式。近些年关于公司为他人提供担保的合同效力问题，审判实践中裁判尺度不统一，严重影响了司法公信力，也反映了法律界对于《公司法》第16条有关代表权法定限制的认识分歧。关于公司对外担保的合同问题，结合《民法典》第61条、第504条的规定进行法律的体系解释，我们认为应当明确以下六点[①]：

一、违反《公司法》第16条构成越权代表

为防止法定代表人随意代表公司为他人提供担保给公司造成损失，损害中小股东利益，《公司法》第16条对法定代表人的代表权进行了限制。根据该条规定，担保行为不是法定代表人所能单独决定的事项，而必须以公司股东（大）会、董事会等公司机关的决议作为授权的基础和来源。法定代表人未经授权擅自为他人提供担保的，构成越权代表，人民法院应当根据《民法典》第504条关于法定代表人越权代表的规定，区分订立合同时债权人是否善意分别认定合同效力：债权人善意的，合同有效；反之，合同无效。

二、善意的认定

所谓善意，是指债权人不知道或者不应当知道法定代表人超越权

① 参见《民商审判会议纪要》。

限订立担保合同。《公司法》第16条对关联担保和非关联担保的决议机关作出了区别规定，相应地，在善意的判断标准上也应当有所区别。一种情形是，为公司股东或者实际控制人提供关联担保，《公司法》第16条明确规定必须由股东（大）会决议，未经股东（大）会决议，构成越权代表。在此情况下，债权人主张担保合同有效，应当提供证据证明其在订立合同时对股东（大）会决议进行了审查，决议的表决程序符合《公司法》第16条的规定，即在排除被担保股东表决权的情况下，该项表决由出席会议的其他股东所持表决权的过半数通过，签字人员也符合公司章程的规定。另一种情形是，公司为公司股东或者实际控制人以外的人提供非关联担保，根据《公司法》第16条的规定，此时依照公司章程规定是由董事会决议还是股东（大）会决议。无论章程是否对决议机关作出规定，也无论章程规定决议机关为董事会还是股东（大）会，根据《民法典》第61条第3款关于“法人章程或者法人权力机构对法定代表人代表权的限制，不得对抗善意相对人”的规定，只要债权人能够证明其在订立担保合同时对董事会决议或者股东（大）会决议进行了审查，同意决议的人数及签字人员符合公司章程的规定，就应当认定其构成善意，但公司能够证明债权人明知公司章程对决议机关有明确规定的除外。

债权人对公司机关决议内容的审查一般限于形式审查，只要求尽到必要的注意义务即可，标准不宜太过严苛。公司以机关决议系法定代表人伪造或者变造、决议程序违法、签章（名）不实、担保金额超过法定限额等事由抗辩债权人非善意的，人民法院一般不予支持。但是，公司有证据证明债权人明知决议系伪造或者变造的除外。

三、无须机关决议的例外情况

存在下列情形的，即便债权人知道或者应当知道没有公司机关决议，也应当认定担保合同符合公司的真实意思表示，合同有效：

第一，公司是以为他人提供担保为主营业务的担保公司，或者是开展保函业务的银行或者非银行金融机构。

第二，公司为其直接或者间接控制的公司开展经营活动向债权人提供担保。

第三，公司与主债务人之间存在相互担保等商业合作关系。

第四，担保合同系由单独或者共同持有公司三分之二以上有表决权的股东签字同意。

四、越权担保的民事责任

依据前述三条规定，担保合同有效，债权人请求公司承担担保责任的，人民法院依法予以支持；担保合同无效，债权人请求公司承担担保责任的，人民法院不予支持，但可以按照有关担保的司法解释关于担保无效的规定处理。公司举证证明债权人明知法定代表人超越权限或者机关决议系伪造或者变造，债权人请求公司承担合同无效后的民事责任的，人民法院不予支持。

五、权利救济

法定代表人的越权担保行为给公司造成损失，公司请求法定代表人承担赔偿责任的，人民法院依法予以支持。公司没有提起诉讼，股东依据《公司法》第151条的规定请求法定代表人承担赔偿责任的，人民法院依法予以支持。

六、上市公司为他人提供担保

债权人根据上市公司公开披露的关于担保事项已经董事会或者股东大会决议通过的信息订立的担保合同，人民法院应当认定有效。

第五百零五条　当事人超越经营范围订立的合同的效力，应当依照本法第一编第六章第三节和本编的有关规定确定，不得仅以超越经营范围确认合同无效。

【条文主旨】

本条是关于当事人超越经营范围订立合同效力的规定。

【条文理解】

一、经营范围及其性质

所谓经营范围，亦称经营目的，是指从事经营活动的主体被市场监管部门所确认从事经营的行业、商品类别和服务项目。经营范围是商事登记的重要内容，是国家对于商事经营活动进行管理的重要手段，任何从事经营活动的经营者都应当对各自经营范围予以登记。《个体工商户条例》第8条第2款规定："个体工商户登记事项包括经营者姓名和住所、组成形式、经营范围、经营场所。个体工商户使用名称的，名称作为登记事项。"《个人独资企业法》第10条和第11条规定，个人独资企业设立申请书应当载明经营范围，个人独资企业的名称应当与其责任形式及从事的营业相符合。《合伙企业登记管理办法》第6条规定，合伙企业的登记事项应当包括：（1）名称；（2）主要经营场所；（3）执行事务合伙人；（4）经营范围；（5）合伙企业类型；（6）合伙人姓名或者名称及住所、承担责任方式、认缴或者实际缴付的出资数额、缴付期限、出资方式和评估方式。《公司法》第7条第2款规定，公司营业执照应当载明公司的名称、住所、注册资本、经营范围、法定代表人姓名等事项。《企业经营范围登记管理规定》第3条第1款规定，经营范围是企业从事经营活动的业务范围，应当依法经企业登记机关登记。

关于经营范围的性质，理论界存在不同的认识。这些认识可分为以下几类：[①]

1. 权利能力限制说

权利能力限制说认为，经营范围是对于经营主体权利能力的限制。经营主体超出此范围所实施的法律行为无效。

2. 行为能力限制说

行为能力限制说认为，经营范围是对经营主体行为能力的限制。经营主体超越经营范围所订立的合同属于效力待定合同。

3. 代表权限制说

代表权限制说认为，经营范围是对经营主体代表机关对外代表权的限制。超越经营范围所订立的合同属于效力待定合同。

4. 内部责任说

内部责任说认为，经营范围只是确定公司内部责任的依据，并不影响经营主体对外行为的效力，因此，经营主体超越经营范围所订立的合同应属有效。

二、超越经营范围行为的效力规则及其演化

所谓超越经营范围行为的效力规则，是指有关经营主体超越其经营范围所实施的法律行为的效力认定的规则。超越经营范围行为的效力规则，经历了一个绝对无效向原则有效的演化过程。

超越经营范围行为的效力规则最早是由英国1875年“黎希案”所确立。基于1857年“欧内斯特案”所确立的相对人应当知道公司登记文件内容的规则，“黎希案”的判决明确了公司只能在目的范围内从事经营活动，超越经营范围的经营行为应属无效。[②]该效力规则

① 李永军：《合同法》，法律出版社2010年版，第190页。

② 朱广新：《法定代表人的越权代表行为》，载《中外法学》2012年第3期。

对世界各国的立法产生了深远的影响，许多国家的法律都借鉴“黎希案”所确立的效力规则。超越经营范围的行为无效以及“相对人应当知道公司登记文件内容”的认定规则，在商事主体数量较少的历史条件下有一定的适用空间。但是，随着社会经济的迅猛发展、商事主体数量的快速增长以及交易频率的大幅度提升，“黎希案”所确立的效力规则在保护交易安全方面的缺陷暴露得越来越明显，因此，受到法律界的广泛批判。超越经营范围行为无效的效力规则开始被各国立法所摒弃。以“内部责任说”为理论基础的效力规则开始为世界各国立法所采纳，即使是在确立超越经营行为无效这一效力规则的英国，也在1989年公司法修订中抛弃了“黎希案”所确立的成例。

在《合同法司法解释（一）》公布实施之前，我国立法有关超越经营范围行为的法律规定散见于《民法通则》《公司法》以及《公司登记管理条例》之中。1986年《民法通则》第42条规定：“企业法人应当在核准登记的经营范围内从事经营。”第49条规定，企业法人在超出登记机关核准登记的经营范围从事非法经营时，除法人承担责任外，对法定代表人可以给予行政处分、罚款，构成犯罪的，依法追究刑事责任。1993年《公司法》第11条第3款规定，公司应当在登记的经营范围内从事经营活动。1994年《公司登记管理条例》第71条规定，公司超出核准登记的经营范围从事经营活动的，由公司登记机关责令改正，并可处以1万元以上10万元以下的罚款；情节严重的，吊销营业执照。这些规定虽然没有直接对超越经营范围行为的效力进行规定，但从确立的公法责任等规定综合来看，其对超越经营范围行为是持否定态度的。正是基于此种认识，早期审判实践中普遍认为经营主体的行为能力受其经营范围所限制，超越经营范围所订立的合同是对于行政管理规定的违反，因此，超越经营范围订立的合同应属无效合同。这种认识导致实践中超越经营范围而订立的大量合同被认定为无效合同，降低了交易的可预测性，不利于市场经济的发展，因此受到了学说的批判。[①] 在立足于市场经济的发展需求和对各国立法先进经验的基础上，《合同法司法解释（一）》对超越经营范围所订立合同的效力进行了规定，其第10条规定："当事人超越经营范围订立合同，人民法院不因此认定合同无效。但违反国家限制经营、特许经营以及法律、行政法规禁止经营规定的除外。"该规定终结了长久以来围绕经营主体超越经营范围所订立的合同效力的争议，确立了超越经营范围所订立的合同原则应当有效，特殊情形下无效的司法规则。[②] 根据该条规定，超越经营范围可分为一般超越、对限制经营和特许经营的超越以及对法律、行政法规禁止经营的超越。一般超越经营范围的行为不会导致合同无效，只有违反限制经营和特许经营以及法律、行政法规禁止经营规定所订立的合同才会被认定无效。《民法典》第505条吸收了《合同法司法解释（一）》第10条的内容，明确超越经营范围订立的合同的效力应当依照《民法典》总则编第6章第3节和合同编的有关规定加以确认，不得仅以超越经营范围而认定合同无效。

三、超越经营范围订立的合同的效力认定

《民法典》第505条规定："当事人超越经营范围订立的合同的效力，应当依照本法第一编第六章第三节和本编的有关规定确定，不得仅以超越经营范围确认合同无效。"本条规定是经营主体超越经营范围订立的合同的效力认定规则。在依据本条规定认定合同效力时，应当遵循以下几个步骤：

首先，应当结合《民法典》第143条有关法律行为的一般生效要件和第153条、第154条规定的法律行为无效情形来进行判断。如果该合同具有《民法典》第153条或第154条所规定的情形，则应直接认定其无效。

其次，如若该合同具备法律行为的一般生效要件，且不存在无效

① 韩世远：《合同法总论》，法律出版社2018年版，第203页。
② 王利明：《合同法研究》（第1卷），中国人民大学出版社2015年版，第548页。

的情形，则应继续结合《民法典》第502条的规定，判断其是否属于需要办理登记、批准手续方可生效的合同。如果该合同不属于需要办理登记、批准手续方可生效的合同，则应认定其为有效合同。如果该合同属于需要办理登记、批准方可生效的合同，则在当事人完成登记、批准手续之前，该合同不发生效力。只有在负有办理登记、批准手续义务的当事人完成相应的登记、批准手续时，该合同才产生效力。

最后，如果该合同不具备《民法典》第143条规定的法律行为的一般生效要件，则应判断其缺乏的是哪一生效要件。如果属于缺乏相应民事行为能力这一要件，则需结合《民法典》第144条和第145条的规定，判断其属于效力待定合同还是无效合同。如果该合同缺乏意思表示真实这一生效要件，则应当根据《民法典》总则编第6章第3节有关意思表示具有瑕疵时，法律行为效力状态的规定，来判断该超越经营范围所订立的合同是属于无效合同还是可撤销合同。

【审判实践中应注意的问题】

在认定当事人超越经营范围所订立的合同是否违反法律、行政法规的强制性规定时，应当正确区分效力性强制性规定和管理性强制性规定。《民法典》第153条规定："违反法律、行政法规的强制性规定的民事法律行为无效。但是，该强制性规定不导致该民事法律行为无效的除外。违背公序良俗的民事法律行为无效。"其中，关于"该强制性规定不导致该民事法律行为无效的除外"的表述，就隐含着对效力性强制性规定和管理性强制性规定的区分。《民商审判会议纪要》第30条规定，下列强制性规定，应当认定为"效力性强制性规定"：强制性规定涉及金融安全、市场秩序、国家宏观政策等公序良俗的；交易标的禁止买卖的，如禁止人体器官、毒品、枪支等买卖；违反特许经营规定的，如场外配资合同；交易方式严重违法的，如违反招投标等竞争性缔约方式订立的合同；交易场所违法的，如在批准的交易场所之外进行期货交易。关于经营范围、交易时间、交易数量等行政管理性质的强制性规定，一般应当认定为“管理性强制性规定”。

依据《合同法司法解释（一）》第10条的规定，对于经营范围超越可分为：对一般经营范围的超越和对禁止经营、限制经营以及特许经营事项的超越。对一般经营范围限制的超越只是违反了管理性强制性规定，并不会导致合同无效。如果超越经营范围所订立的合同违反了特许经营、禁止经营以及限制经营规定，则其违反的是效力性强制性规定，应当认定该合同无效。

第五百零六条 合同中的下列免责条款无效：

（一）造成对方人身损害的；

（二）因故意或者重大过失造成对方财产损失的。

【条文主旨】

本条是关于合同中免责条款无效的规定。

【条文理解】

一、免责条款概述

所谓免责条款，是指合同当事人在合同中事先约定的，旨在限制或免除未来责任的条款。[①] 免责条款产生于商业活动风险管理的需求与契约自由原则的结合。商业活动对于风险具有天然的厌恶性，妥善管理风险对于商业主体在商业竞争中取得优势具有重大意义。因此，商业主体无时无刻不在寻找能够降低自身交易风险的方法。而契约法所确立的契约自由原则正好迎合了这一现实需求。基于契约自由原则，当事人可以在合同中对未来可能发生的责任承担预先作出免除或限制的安排，而关于此内容的合同条款就是免责条款。免责条款的出现降低了交易中的不确定性，降低了交易成本，继而促进商业活动的繁荣。但是随着经济生活的发展，契约自由所仰赖的社会基础已发生了根本性的变化，免责条款逐渐异化为强势主体用以侵害弱势主体的工具。为了维护实质公平，捍卫契约正义，各国纷纷在立法和司法

① 王利明、杨立新、王轶、程啸：《民法学》，法律出版社2014年版，第462页。

层面对免责条款的使用进行了干预和限制。通过这些干预和限制，免责条款被滥用的现象得到了一定的矫正，实现了一定程度上的功能回归。

《民法典》对于免责条款也进行了一定的限制，体现在第496条、第497条以及第506条的规定之中。第496条规定："格式条款是当事人为了重复使用而预先拟定，并在订立合同时未与对方协商的条款。采用格式条款订立合同的，提供格式条款的一方应当遵循公平原则确定当事人之间的权利和义务，并采取合理的方式提示对方注意免除或者减轻其责任等与对方有重大利害关系的条款，按照对方的要求，对该条款予以说明。提供格式条款的一方未履行提示或者说明义务，致使对方没有注意或者理解与其有重大利害关系的条款的，对方可以主张该条款不成为合同的内容。"第497条规定："有下列情形之一的，该格式条款无效：（一）具有本法第一编第六章第三节和本法第五百零六条规定的无效情形；（二）提供格式条款一方不合理地免除或者减轻其责任、加重对方责任、限制对方主要权利；（三）提供格式条款一方排除对方主要权利。"依据上述规定，使用格式免责条款的当事人负有说明和提请对方当事人注意的义务，如若未履行相关义务，则对方当事人可主张该格式免责条款不属于合同的组成部分。同时，如若该格式免责条款不合理地免除其责任，致使当事人之间利益严重失衡的，该格式免责条款也应被认定为无效。第506条规定："合同中的下列免责条款无效：（一）造成对方人身损害的；（二）因故意或者重大过失造成对方财产损失的。"依据该条规定，造成对方人身损害和因故意或重大过失造成对方财产损失的，属于不得免责事项。

二、免责条款的生效要件

（一）免责条款须被订入合同

免责条款作为当事人之间约定的限制和免除责任承担的条款，其生效的前提是其必须被订入合同之中，成为合同的组成部分。免责条款要对当事人产生约束力，其本身必须是当事人合意的一部分，被事先订入合同之中，不然其不能产生限制和免除责任承担的法律效果。

（二）免责条款的订入满足了法律的特殊要求

在通常情况下，免责条款在合同当事人的意思表示达成一致之时即成为合同的一部分。然而在特殊情况下，免责条款要订入合同之中还需满足法律的特殊要求。在使用格式化的免责条款时，提供格式条款的一方当事人还应按照法律规定的要求，履行相应的提示和说明义务。如若其未履行相应的提示和说明义务，致使对方没有注意或者理解与其有重大利害关系条款的，相对方可以主张该条款不成为合同的内容。

（三）免责条款具备一般合同的生效要件

《民法典》第143条规定："具备下列条件的民事法律行为有效：（一）行为人具有相应的民事行为能力；（二）意思表示真实；（三）不违反法律、行政法规的强制性规定，不违背公序良俗。"免责条款的生效也需具备法律行为的一般生效要件，即合同当事人具有相应的缔约能力，免责条款的内容时合同当事人真实意思表示的结果，免责条款不违反法律、行政法规的强行性规定，不违背公序良俗。

三、不得免责事项

契约自由是合同法的基本原则，亦是意思自治在合同法领域的体现。正是得益于契约自由原则在合同法上的贯彻，市场交易主体才拥有了广泛的行动空间，其创造力和积极性才能得到最大限度的发挥，社会财富的规模才得以不断扩张。[①]然而，随着社会经济的发展，垄断、外部性以及信息不对称等问题让人们开始重新审视契约自由，限制过度的契约自由以捍卫契约正义就成为共识。各国纷纷对过度扩张的契约自由加以限制，其中一个重要手段就是通过立法对契约自由进行一定的限制。免责条款作为风险管理需求与契约自由结合的产物，

---

① 王利明：《合同法研究》（第1卷），中国人民大学出版社2015年版，第103页。

也受到立法的限制，主要表现为不得免责事项的规定和特殊形式要求的规定。我国《民法典》规范也对不得免责事项进行了规定。《民法典》第506条规定："合同中的下列免责条款无效：（一）造成对方人身损害的；（二）因故意或者重大过失造成对方财产损失的。"

立法之所以将造成对方人身损害和因故意或重大过失造成对方财产损失的合同条款规定为无效免责事项，其原因在于：第一，生命健康权是人格权的重要组成部分，是自然人维持生存，进行社会活动的前提，法律给予其最高层级的保护。侵犯他人生命健康权不仅要承担相应的民事责任，在情形严重时还有可能承担刑事责任。如若允许合同当事人在合同中约定免除侵犯对方生命健康权的责任，不仅有违宪法保护公民人身权利的精神，更是对一般道德观念和正常社会秩序的违反。因此，《民法典》将造成对方人身损害规定为不得免责事由。第二，诚信原则是民法的基本原则，素有"帝王条款"之名。依据诚信原则，民事主体在进行民事活动时应秉持诚实，恪守承诺。如若允许合同当事人将故意或重大过失造成相对人财产损失约定为免责事项，那么无异于纵容合同当事人违反诚信原则。因此，法律规定因故意或重大过失造成对方财产损失也是不得免责事由，如果当事人进行了约定，则约定无效。

【审判实践中应注意的问题】

根据行为人对注意义务的违反程度，民法理论将过失分为重大过失、具体轻过失与抽象轻过失。[①] 因重大过失造成对方财产损失属于《民法典》第506条所规定的不得免责事项之一，因此，在适用第506条规定时，应当注意"重大过失"的认定。重大过失是介于故意与一般过失之间的一种过错类型，其构成既要求行为人主观上对行为的性质与损害有认识，也要求行为人在客观上制造了一种巨大的危险。[②]

① 王泽鉴：《损害赔偿》，北京大学出版社2017年版，第42页。

② 叶名怡：《重大过失理论的构建》，载《法学研究》2009年第6期。

在对主客观要素进行认定时，应当注意：行为人主观上的“有认识”既包括明知，也包括有理由知道（结合证据与事实的司法推论）和法律推定的知道（法律对某一事项具有明确规定）。[①] 在认定巨大危险时，则应从危险转化为损害的可能性、损害现实化后的严重性以及行为人采取预防措施的成本几个方面予以考量。

除此之外仍需注意的是，在结合证据与事实对行为人是否有理由知道进行推定时，应当注意行为人的职业是否对其注意义务有特殊的要求。例如，医生对病患健康所应尽的注意义务就远高于一般人所应尽的注意义务，认定医生所应尽的一般注意义务不能仅从理性经济人的角度去判断，而应当结合其职业伦理的特殊性予以认定。

---

① 叶名怡：《重大过失理论的构建》，载《法学研究》2009 年第 6 期。

第五百零七条 合同不生效、无效、被撤销或者终止的，不影响合同中有关解决争议方法的条款的效力。

【条文主旨】

本条是关于解决争议条款的效力独立性的规定。

【条文理解】

一、争议解决条款概述

所谓争议解决条款，是指合同当事人事先就合同争议解决的方式、程序和法律适用等事项安排的约定。意思自治的核心在于自主决定。合同法尊重意思自治，因此，允许合同当事人在合同中对纠纷的解决方式、程序以及法律适用等事项加以约定。根据争议解决条款的内容，争议解决条款可分为以下几类：

（一）仲裁条款

所谓仲裁条款，是当事人事先约定，就将来纠纷提交给仲裁机构加以解决的条款。仲裁条款的内容包括以仲裁方式解决纠纷的选择和对仲裁委员会的选择。根据《仲裁法》第5条规定，仲裁条款一经成立生效，便产生了排除法院管辖的效力。一方当事人向法院起诉，法院不予受理。《仲裁法》第6条规定，合同当事人可就仲裁委员会的选择进行约定。

（二）选择受诉法院条款

《民事诉讼法》第34条规定："合同或者其他财产权益纠纷的当事人可以书面协议选择被告住所地、合同履行地、合同签订地、原告住所地、标的物所在地等与争议有实际联系的地点的人民法院管辖，但不得违反本法对级别管辖和专属管辖的规定。”根据该条规定，合同当事人可以通过约定的方式选择受诉法院。

（三）法律适用条款

此条款多见于具有涉外因素的合同之中。根据《涉外民事关系法律适用法》第3条的规定，合同当事人可以以明示的方式选择涉外民事关系适用的法律。

（四）约定检验、鉴定机构的条款

此条款是当事人就纠纷发生时，对检验、鉴定机构选择的约定。

二、争议解决条款独立性

（一）争议解决条款独立性的含义

争议解决条款的独立性应从两个方面来理解：一方面，争议解决条款的效力独立于主合同。争议解决条款虽然在形式上隶属于主合同，但其效力独立于主合同。主合同不生效、无效、被撤销或者确定不发生效力，争议解决的条款仍可独立存在并产生效力；另一方面，主合同的效力独立于争议解决条款。除非当事人特别约定，否则争议解决条款的无效不会对主合同的效力产生影响。[①]

（二）争议解决条款独立性的理论基础

第一，主合同和争议解决条款性质上的差异决定了争议解决条款具有独立性。主合同的设立是为了实现合同当事人所欲追求私法上的效果，主合同的内容主要涉及当事人之间实体法上的权利与义务安排。争议解决条款主要涉及争议解决方式以及法律适用问题，其设立的目的在于当合同纠纷发生时，按照预先合意确定的方式、适用法律，实现双方当事人对争议的妥善解决。主合同与争议解决条款性质上的差异以及设立目的上的差异，决定了二者彼此之间仅具形式上而非实质上的联系，从这个意义上讲，二者事实上可以视为两个相互独

① 参见唐仲青、李建伟：《解决争议条款的独立性刍议》，载《现代法学》1998年第3期。

立的合同，效力相互独立。

第二，承认争议解决条款效力的独立性，有利于当事人程序选择的效率和目的的实现。如若依据主从合同说的观点，争议解决条款隶属于主合同，那么当合同当事人就合同履行产生纠纷之时，当事人须先求助于法院来确定主合同的效力，并在主合同效力判断的基础上确认争议解决条款的效力。在认定争议解决条款有效的前提下，合同当事人方能借助于其所约定的争议解决机制来解决合同纠纷的实体问题。无谓的程序纠缠必然徒增当事人争议解决的成本，更会使当事人选择争议解决方法的效率追求的目的落空。因此，无论是从降低交易成本角度，还是实现争议解决方式的选择目的的角度，承认争议解决条款独立性都有其必要性。

第三，承认争议解决条款的独立性是对合同当事人意思自治的尊重。契约自由是意思自治在合同法上的体现，合同法赋予民事主体法律范围内最大限度的自主选择的自由，继而使合同主体的创造力和积极性得到了充分的发挥，为社会的发展提供法律层面的支撑。争议解决条款是合同当事人就争议解决方式及法律适用选择的约定，体现了当事人关于争议解决机制的真实意思。同时，该选择并不涉及实体层面的权利义务安排，并不应当受到实体上的权利义务安排被否定或者终止的影响，因此，基于对意思自治的尊重，应当认定争议解决条款具有独立性。

（三）争议解决条款独立性的具体表现

第一，主合同不成立时，争议解决条款效力具有独立性。合同的不成立是指合同当事人没有就合同的主要条款达成合意。合同的不成立并不意味着当事人之间没有产生任何法律关系，如若一方当事人在合同订立过程中以违背诚实信用的方式致使相对方的信赖利益遭受损失，则该当事人应当承担缔约过失责任。此时合同虽不成立，但有关合同的纠纷已经产生。尽管当事人没有就合同的主要条款内容达成合意，但是，只要当事人之间就争议解决条款达成一致意见，那么争议解决条款就已经成立并产生效力，并不会因主合同没有成立而不产生拘束力。

第二，主合同成立但不生效时，争议解决条款的效力具有独立性。当事人之间就合同的主要条款达成合意时，合同成立。合同成立强调的是当事人达成合意的事实，而合同是否能够产生相应的法律效果还有待于法律的评价。在通常情况下，依法成立的合同一经成立就产生效力。但在特殊情况下，法律对合同的生效有着特别的规定。在未满足法定条件之前，合同不产生效力。《民法典》第 502 条第 2 款规定："依照法律、行政法规的规定，合同应当办理批准等手续的，依照其规定。未办理批准等手续影响合同生效的，不影响合同中履行报批等义务条款以及相关条款的效力。应当办理申请批准等手续的当事人未履行义务的，对方可以请求其承担违反该义务的责任。"在此种情形之下，未完成法律、行政法规规定的批准、登记等手续的，主合同成立但不产生效力。不过，主合同不产生效力并不影响争议解决条款的拘束力，若负有办理批准、登记等义务的当事人没有履行其义务时，相对方的当事人仍可根据争议解决条款的约定，以事前约定的争议解决方式和适用法律来解决彼此之间的纠纷。

第三，主合同被认定为无效或者被撤销时，争议解决条款的效力具有独立性。传统理论基于合同效力的主从规则，认为争议解决条款的效力从属于主合同，争议解决条款的效力受主合同的效力状态支配。但是，随着学界研究的深入以及世界各国新型判例的不断涌现，争议条款独立性理论开始被世界各国的立法和司法所采纳。我国的合同立法也吸收了争议条款独立性理论，《合同法》第 57 条明确了有关解决争议方法的条款效力不受合同无效、被撤销或者终止的影响。《民法典》第 507 条的规定与《合同法》第 57 条的规定在实质上保持了一致，规定了在主合同不生效、无效、被撤销时，争议条款仍可独立存在并产生效力。

第四，主合同被解除或终止时，争议解决条款的效力具有独立性。合同被解除或终止意味着合同效力面向将来的终结。当合同约定的解除条件成就和当事人协商一致决定终止合同效力时，合同实体法意义上的权利义务安排不再对当事人产生效力。但是，基于性质上的独立性，争议解决条款仍可独立存在，争议解决条款仍对合同的当事人产生拘束力。当事人如若就合同产生纠纷，仍可依据原有约定的争议解决方式解决彼此之间的纠纷。

【审判实践中应注意的问题】

争议解决条款的独立性是争议解决条款效力相对于主合同而言的，争议条款本身的效力判断取决于相关法律的规定，这些规定主要有：

第一，《民法典》关于法律行为生效的一般要件规定。《民法典》第143条规定，具备下列条件的民事法律行为有效：（1）行为人具有相应的民事行为能力。（2）意思表示真实。（3）不违反法律、行政法规的强制性规定，不违背公序良俗。争议解决条款作为合同的组成部分，其生效也应符合民事法律行为生效的一般要件规定。

第二，《仲裁法》。《仲裁法》第17条对于无效的仲裁条款情形进行了规定，具体包含三种情形：（1）约定的仲裁事项超出法律规定的仲裁范围的。（2）无民事行为能力人或者限制民事行为能力人订立的仲裁协议。（3）一方采取胁迫手段，迫使对方订立仲裁协议的。

第三，《民事诉讼法》。《民事诉讼法》第34条规定："合同或者其他财产权益纠纷的当事人可以书面协议选择被告住所地、合同履行地、合同签订地、原告住所地、标的物所在地等与争议有实际联系的地点的人民法院管辖，但不得违反本法对级别管辖和专属管辖的规定。"因此，违反级别管辖和专属管辖的争议解决条款应当被认定无效。

第四，《涉外民事关系法律适用法》。《涉外民事关系法律适用法》第5条规定："外国法律的适用将损害中华人民共和国社会公共利益的，适用中华人民共和国法律。"可见，争议解决条款约定法律适用的，如果外国法律的适用会损害中华人民共和国社会公共利益的，该争议解决条款无效。

第五百零八条　本编对合同的效力没有规定的，适用本法第一编第六章的有关规定。

【条文主旨】

本条是关于有关合同的效力事项没有规定时，法律如何适用的规定。

【条文理解】

民法尊重意思自治，而法律行为是民事主体实现意思自治最主要的法律工具。法律行为这一概念由 18 世纪德国注释法学派学者最早提出，并为《德国民法典》所吸收，其后被诸多大陆法系国家民事立法所继受。[①] 作为民事主体实现意思自治的工具与载体，法律行为兼具民法体系价值坐标及规范指导的功能，是民法各分则行为高度抽象整合的产物，不仅各种法律行为在规则层面提供范本，更在法律适用层面为分则规定不足时提供了适用参照。[②] 我国《民法典》也采纳了法律行为的概念，并在总则部分以专章的形式对法律行为的概念、意思表示以及法律行为的效力等内容作出了规定。

法律行为是指民事主体之间以意思表示为核心设立、变更、终止民事法律关系的行为。合同作为平等民事主体之间设立、变更、终止民事法律关系的协议，是一种最为典型的法律行为。从法律行为这一概念的形成来看，合同为法律行为这一概念的最早形成提供了大量的

---

① 王利明：《法律行为制度若干问题探讨》，载《中国法学》2003 年第 5 期。

② 梅夏英：《法律行为的体系价值解读及其对合同效力的影响》，载《华东政法大学学报》2018 年第 5 期。

素材，法律行为的诸多内容都源自于合同制度。法律行为与合同之间抽象与具体的关系决定了有关合同的诸多事项在合同编没有规定时，可以适用总则编有关法律行为的规定。

依据本条规定，在合同编对合同效力事项没有规定时，适用《民法典》总则编第6章的规定。经初步分析，该章可供适用的规定主要包括以下内容：第137条关于有相对人意思表示生效时间的规定，第141条关于意思表示撤回的规定，第143条关于民事法律行为一般生效要件的规定，第144条至第145条关于无民事行为能力人和限制行为能力人所为法律行为的效力规定，第146条至第147条关于行为人意思与表示不一致时，法律行为效力的规定，第148条至第151条关于意思表示不自由情形下法律行为效力的规定，第153条和第154条关于法律行为无效情形的规定、第155条关于无效和被撤销的民事法律行为自始无效的规定，第156条关于民事法律行为部分无效的规定，第157条关于民事法律行为无效、被撤销以及确定不发生效力的后果的规定，第158条关于附条件民事行为的规定和第160条关于附期限民事法律行为等规定。

【审判实践中应注意的问题】

《民法典》总则编中有关法律行为的效力规定是对诸多法律行为效力规定抽象所得的共性规则，与分则各部分对具体法律行为效力的规定属于一般和特别的关系。在适用规则时，应当遵循特别法优于一般法的原则，在分则各部分对具体法律行为效力有规定的情况下，应当优先适用分则部分的规定，只有在分则部分对具体法律行为的效力问题没有规定时，方可适用总则部分有关法律行为效力的规定。

第四章　合同的履行

第五百零九条　当事人应当按照约定全面履行自己的义务。

当事人应当遵循诚信原则，根据合同的性质、目的和交易习惯履行通知、协助、保密等义务。

当事人在履行合同过程中，应当避免浪费资源、污染环境和破坏生态。

【条文主旨】

本条是关于合同履行的基本原则，即全面履行原则、诚信原则、绿色原则的规定。

【条文理解】

合同的履行，是指债务人依据合同约定和法律规定作出给付的行为。合同必须得到履行是“合同严守”原则的题中应有之义。合同履行是实现合同订立目的的基本途径。违约责任制度设立的宗旨和目的就是保证合同的履行，合同保全制度也是为了保障合同债权的实现，而合同的担保是促使合同履行、保障债权实现的法律制度。总之，合同的履行是合同关系从产生到消亡过程的中心环节，合同履行制度是整个合同制度中最核心的制度。[①]

① 王利明：《合同法研究》，中国人民大学出版社2015年版，第3页、第4页、第5页。

《民法典》中没有使用“给付”这一概念，取而代之的是“履行”的概念。从学理上说，履行和给付的概念常常是可以相互替代的，两者都可能是指债务人依据合同的规定为一定行为。但严格地说，履行与给付也存在一定区别。第一，内涵不同。给付主要是从债的标的意义上使用的，从债的要素的角度进行描述，而履行主要是在债的实现的意义上使用的，反映的是债的效果和拘束力。第二，对象不同。履行的对象不仅限于给付义务，也包括随附义务。因此，履行要比给付的外延更广。第三，观察角度不同。给付通常是从债务人的角度来考虑的，而履行是指双方的行为。[①] 此外，“履行”这个概念，从《民法通则》到《合同法》一直在沿用，相对于“给付”这个概念，人们更容易接受，而且用“履行”这个概念也更加符合《民法典》的整体语言风格。

依法成立的合同，对当事人具有法律约束力。因此，基于意思自治原则成立的合同，当事人应当按照合同约定全面履行自己的义务。该处“义务”，指本来意义上的合同义务，理论上称为“给付义务”，可以分为主给付义务和从给付义务。主给付义务是立法和理论上划分合同类型的依据。我国《合同法》制定过程中，广泛参考借鉴发达国家和地区的裁判经验和理论研究成果，其中之一就是所谓“合同义务扩张理论”，即在原有合同义务之外，增加规定了“先合同义务”“附随义务”“后合同义务”。相对于本来意义上的合同约定义务而言，“先合同义务”“附随义务”和“后合同义务”均属于法定义务。合同约定义务和法定义务构成一个合同义务的系列，有的学者称为“合同义务群”。[②] 从时间轴上看，合同的履行是一个连续进行的完整过程，按照发生时间的先后顺序，它由三个阶段构成，包括执行合同义务的准备阶段、具体合同义务的执行阶段，合同义务执行的善后阶段，所对应的分别为“先合同义务”“合同义务”和“后合同义务”。另外，《民法典》没有单独设立债编，而是在第3编设立合同编，将无因管

---

① 王利明：《合同法研究》（第2卷），中国人民大学出版社2015年版，第10~11页。

② 梁慧星：《读条文 学民法》，人民法院出版社2017年版，第204页、205页。

理和不当得利作为准合同列入合同编，在第 7 编设立侵权责任编。对于债，学者提出了债之关系上的义务群，包括给付义务（分为主给付义务和从给付义务、原给付义务和次给付义务）、附随义务、不真正义务。[①] 所谓“债之关系上的义务群”，在《民法典》中实际上就集中体现为“合同义务群”。这些义务，在《民法典》中均有体现。如第 509 条关于附随义务的规定，第 592 条关于不真正义务中减损义务的规定，第 893 条关于不真正义务中告知义务的规定。这些规定正是本条规定的合同履行原则在具体法条中的具体体现，也是对合同当事人具体履行行为的进一步规范。

本条规定，在《合同法》第 60 条的基础上增加了一款，即绿色原则，这既是对《民法典》第 9 条所规定的绿色原则在合同编中的回应，也符合我国市场经济进行高质量发展和可持续发展的转型需求，是进一步落实党中央提出的完善绿色生产和消费的法律制度和政策导向的要求。在《民法典》第 558 条，增加了债权债务终止后当事人的旧物回收义务，也是该绿色原则的进一步体现。

一、全面履行原则

所谓全面，是完整、完备的意思。首先合同全面履行原则主要是指合同当事人应当根据合同的约定履行义务，包括标的数量、质量、规格、价款、地点、期限、履行方式等。合同法的规范主要是任意性规范，合同有约定的首先应当根据合同约定确定当事人的义务，换言之，首先应根据合同约定的义务确定当事人的履行义务。如果合同没有约定或者约定不明确，则按照法定的填补漏洞的方法作出履行也属于全面履行的范围。[②] 任何仅仅部分履行合同的行为都会构成合同义务的违反，都要承担违约责任。

其次，全面履行是指对于债务人全部义务的履行，包括先合同义务、主给付义务、从给付义务、附随义务、不真正义务等，都要按法

① 王泽鉴：《民法概要》，中国政法大学出版社 2003 年版，第 165 页。

② 王利明：《合同法研究》（第 2 卷），中国人民大学出版社 2015 年版，第 14 页。

律规定或约定履行。本条第2款规定了基于诚信原则所产生的附随义务，故在此先着重介绍基于合同约定所产生的给付义务，即合同内容最重要的部分。给付，指债之关系上特定人间得请求的特定行为，不作为亦得为给付。给付具有双重意义，指给付行为或给付效果。[①] 给付义务分为主给付义务和从给付义务。主给付义务，是决定合同性质和类型的依据，因此是决定合同成立的必要条件（条款），合同未约定主给付义务或者约定不明确且难以通过补充方法予以明确的，应当认定合同不成立。从给付义务系补助主给付义务，保障合同目的圆满实现。从给付义务之发生，可由法律明文规定，亦可依据诚信原则、合同目的和交易习惯解释认定，也可由合同约定。主给付义务系合同义务中最核心的内容，从给付义务可以理解为主给付义务外层的一种义务。附随义务是从给付义务之外，更外围的一层义务。[②] 上述各种义务，债务人均应全部履行。不履行主给付义务，构成根本违约，可发生法定解除权；不履行从给付义务，不构成根本违约，不发生法定解除权，仅发生违约责任。

最后，双方合同中的同时履行原则。同时履行是双务合同的当事人在合同无先后履行顺序的情况下所应承担的基本义务。《民法典》第525条规定，当事人互负债务，没有先后履行顺序的，应当同时履行。这是全面履行原则在双务合同中的体现。该原则在域外立法例中也得到认可。《国际商事合同通则》第6.1.4条规定，在当事人各方能够同时履行的限度内，当事人各方应同时履行其合同义务，除非情况有相反的表示。在双务合同中，双方当事人互负义务，所以就产生了一个基本的但却是复杂的问题，即应该由哪方当事人先行履行？如果双方当事人没有对此作出明确的规定，则实践中履行顺序主要依据惯例而定。这么规定的主要目的是引起合同当事人对履行程序的注意，

① 王泽鉴：《债法原理》，中国政法大学出版社2001年版，第35页。
② 梁慧星：《读条文 学民法》，人民法院出版社2017年版，第205页。

并且鼓励他们在必要时拟定合适的合同条款对此问题作出规定。[①]

概言之，全面履行原则是一项内容极为广泛、含义十分丰富的原则，由于合同履行是合同法的核心，所以全面履行原则也是合同履行中的首要原则。[②]

二、诚信原则

诚信，是市场经济活动中形成的道德规则。法律将诚信确立为基本原则，实为法律吸收道德观念的典型表现。诚信原则，起源于罗马法的最大善意制度，最早主要是作为没有法定的交易行为的诉讼基础，后来被用于作为法律关系中个别义务的标准。[③]《法国民法典》规定“合同应以善意履行之”，《德国民法典》将诚信作为债之履行的基本原则，《瑞士民法典》进一步扩大到一切权利的行使和一切义务的履行。[④]从我国的立法例看，《民法典》第7条规定，民事主体从事民事活动，应当遵循诚信原则，秉持诚实，恪守承诺。《民事诉讼法》第13条规定，民事诉讼应当遵循诚实信用原则。诚信原则不仅是我国民法的基本原则，同时也是民事诉讼法的基本原则，真正成为“帝王原则”。可以说，从要约承诺开始到合同订立、履行、合同终止之后，当事人都应当严格依据诚信原则行使权利履行义务；直至在诉讼过程中，都要遵循诚信原则，对于虚假诉讼行为，法院将予以制裁。

本条第2款规定的当事人的“通知、协助、保密等义务”，法律上称为“附随义务”。所谓“附随”，是相对于合同中约定的当事人的“给付”义务而言的，附随义务是为了辅助实现债权人的给付利益。包括当事人为缔结合同在磋商过程中的说明、告知义务，在合同履行过程中的保护、协助义务，以及合同终止后的通知、保密义务等。附随义务并非源于合同当事人的约定，而是诚信原则在合同履行过程中

① 张玉卿主编：《国际商事合同通则2010》，中国商务出版社2012年版，第415页、第417页。

② 王利明：《合同法研究》（第2卷），中国人民大学出版社2015年版，第15页。

③ 王洪亮：《债法总论》，北京大学出版社2016年版，第83页。

④ 韩世远：《合同法总论》，法律出版社2018年版，第53页。

的具体体现，由法律对当事人的相关履行行为细节进行规范。附随义务本质上是附加的行为义务，已经脱离了给付的范畴，属于债务的范畴，即更加强调履行行为本身，而并不要求特定结果的出现，所以附随义务本身并无独立的可诉性，相对人不能单独主张实际履行。附随义务的具体形态包括而不限于通知义务、协助义务、保密义务、保护义务、照顾义务等。

附随义务与给付义务的区别，有以下三点：第一，主给付义务自始确定，并决定债之关系的类型。附随义务系随着债之关系的发展，于个别情况要求一方当事人有所作为或不作为，以维护相对人的利益，于任何债之关系（尤其是契约）均可发生，不受特定债之关系类型的限制。第二，主给付义务构成双务契约的对待给付，一方当事人于他方当事人未为对待给付前，得拒绝自己之给付。反之，附随义务原则上非属对待给付，不发生同时履行抗辩。第三，因给付义务的不履行，债权人得解除契约。反之，附随义务的不履行，债权人原则上不得解除契约，但就其所受损害，得依不完全给付规定，请求损害赔偿。[①] 另外，就两者的关系而言，附随义务可以促进实现主给付义务，使债权人的给付利益获得最大可能的满足（辅助功能），或者能够维护对方当事人人身或财产上的利益（保护功能），有的附随义务兼具上述两种功能。

概言之，按照传统民法理论，合同义务出于当事人的约定，在合同中有约定就有义务，没有约定就没有义务。该款规定突破了传统理论，合同义务之发生，不限于当事人的约定，该种合同义务叫附随义务，系直接根据诚信原则、合同的性质和目的及交易习惯产生[②]，涵盖了合同的订立、履行、善后的全过程，可以细化为先合同义务、合同履行中的附随义务、后合同义务。

---

① 王泽鉴：《债法原理》，中国政法大学出版社 2001 年版，第 40 页。

② 梁慧星：《读条文 学民法》，人民法院出版社 2017 年版，第 203 页。

三、绿色原则

绿色原则是《民法典》的重大创新，既契合中国现阶段的基本国情，又具有鲜明的时代特色。我国自然资源种类众多、储量丰富，但人口基数大，人均储量并无优势。习近平总书记提出了“绿水青山就是金山银山”的重要思想，践行该理念，是适应新时代我国社会主要矛盾变化的客观需要。我国社会主要矛盾已经转化为人民日益增长的美好生活需要和不平衡不充分发展之间的矛盾。人民群众更需要干净的水、清新的空气、安全的食品和优美的环境，需要经济高质量的发展、可持续发展，人类与自然和谐相处。党中央多次提出要完善绿色生产和消费的法律制度和政策导向。《民法典》规定了绿色原则，也反映了我国民事立法的重要价值取向。合同法作为市场经济的核心交易规则，同样要遵循绿色原则，在履行合同的整个过程中，当事人都应当考量自己的行为，避免浪费资源、污染环境和破坏生态。

此外，合同的履行原则中还有一项亲自履行原则。就履行的主体而言，应以亲自履行为原则。债务人应亲自履行其债务，唯于例外场合，允许由第三人代为履行。此项原则虽未为合同编所明确规定，但合同的履行一章所规定的诸多规则，基本上是以债务人亲自履行为模型。①

【审判实践中应注意的问题】

实践中，要注意区分合同约定的给付义务与基于诚信原则所延伸的附随义务的区别与适用。债之关系的核心在于给付。在具体合同中，给付是给付行为还是给付结果，不能一概而论，要根据债务的目的进行判断。但附随义务的内容仅是行为义务，并不要求特定结果的出现。仅就随附义务本身，并无独立的可诉性，但是违反附随义务

① 韩世远：《合同法总论》，法律出版社 2018 年版，第 330 页。

的情况下，会产生损害赔偿请求权，就该权利，可以起诉。《民商审判会议纪要》第72条规定了金融机构就金融产品应当履行适当性义务的规定，该适当性义务即属于附随义务。金融机构违反该适当性义务，将承担相应的缔约过失责任。

第五百一十条 合同生效后，当事人就质量、价款或者报酬、履行地点等内容没有约定或者约定不明确的，可以协议补充；不能达成补充协议的，按照合同相关条款或者交易习惯确定。

【条文主旨】

本条是关于合同内容补充的规定。

【条文理解】

《民法典》第470条对合同的一般内容作了规定，比如，当事人的姓名或者名称和住所，标的、数量、质量、价款或者报酬、履行期限、地点和方式、违约责任、解决争议的方法等内容。但是该内容属于倡导性质，不具有强制性，目的是提示合同的当事人对合同主要条款作出明确约定，以利于合同的顺利履行，避免或者减少合同纠纷。

一、合同成立的要件及合同必备条款

本条规定的前提是合同生效，即合同已依法成立。但主要条款缺失，是否影响合同有效成立？哪些主要条款缺失，可能导致合同无法成立？哪些主要条款缺失并不影响合同成立生效，而且可以协议补充？

关于合同成立的要件，《民法典》并未作出规定。按照合同法理论，合同的成立必须基于当事人的合意。所谓合意，是指合同当事人双方的意思表示达成一致。由于合同是双方法律行为，单方法律行为不能构成合同，所以达成一项合同，必须具备两个意思表示，而且这

两个意思表示的内容必须一致。但是双方合意所达成的合同主要条款范围作何解释，各国合同法的规定均有所不同，有的规定较宽，有的规定较严，有的则根本不作立法规定。[①] 在司法实践中，到底哪些条款达成一致才能确定合同成立，这个问题也容易引起争议。最高人民法院总结了审判实践经验，在《合同法司法解释（二）》中明确了合同的必备条款，即“姓名或名称、标的、数量”这三个要素。姓名或名称是明确合同的主体；标的是指债务人应为的特定行为，即给付，包括作为与不作为；数量，是合同标的物的具体量化，只有这三个要素达成了一致，合同才算具备了基本内容，合同才能成立。至于其他合同条款，都可以通过补充协议或者合同解释的方法对合同内容予以完善。比如质量，可以采用国家标准、行业标准等；价款或报酬，可以采用市场价格；履行期限、地点和方式，可以根据合同的性质、种类、交易习惯等来确定。所以，一般情况下，合同是否成立的标准，可以按照《合同法司法解释（二）》第1条的规定来进行判断。

合同生效后，当事人就质量、价款或者报酬、履行地点等内容没有约定或者约定不明确的，可以协议补充。这里的补充，是指合同生效后发现的上述合同漏洞，当事人重新进行协商，对没有约定的内容重新进行约定，对约定不明的继续协商予以明确，使合同能够尽快得到履行。

二、对上述条款不能达成补充协议的处理

在有些情况下，当事人对质量、价款或履行地点等条款没有约定或约定不明，事后因争议太大，无法达成补充协议，在此情况下，上述内容如何确定，使合同得以继续履行？本条规定，可以按照合同相关条款或者交易习惯确定。

首先，作为体现合同内容的合同条款，是一个有机整体，相互关联，从合同上下文中往往可以对合同的其他内容作出推定。这样做，

① 王家福主编：《中国民法学·民法债权》，法律出版社1991年版，第278页。

首先是为了尊重当事人的合同意志，贯彻合同自由原则，尽量结合合同的上下文，来推定当事人没有约定或约定不明条款的真意，故首先应当以体系解释为出发点进行合同内容的补充。比如，运输合同中，所运输的货物出现了丢失，需要认定其实际价值，但是托运人在托运时，并未与承运人就此进行确认。事后托运人提供了购买货物时的出货单以证明其价值，但承运人并不认可。但是运输方式是保价运输，在托运书中标明了货物的保险价值，托运人也支付了保险费用，因此，可以认定双方对货物赔偿额进行了约定。

其次，根据交易习惯确定合同没有约定或者约定不明确的内容。参照习惯和惯例原例，是指在合同文字或条款的含义发生歧义时，按照习惯和惯例的含义予以明确；在合同存在漏洞，致使合同当事人的权利义务不明确时，参照习惯和惯例加以补充。[①]

《合同法司法解释（二）》第7条规定，下列情形，不违反法律、行政法规强制性规定的，人民法院可以认定为合同法所称“交易习惯”：（1）在交易行为当地或者某一领域、某一行业通常采用并为交易对方订立合同时所知道或者应当知道的做法；（2）当事人双方经常使用的习惯做法。对于交易习惯，由提出主张的一方当事人承担举证责任。

以上，是司法解释对“交易惯例”这一概念作出的解释。前提是交易习惯不得违反法律、行政法规的强制性规定，即交易习惯必须适法。在此前提下，交易习惯，实际上也是当事人意思自治原则的另一种体现。如果是地域性或者行业性的交易习惯，那么这种交易习惯是合同当事人双方在订立合同时所知道或者应当知道的，彼此“心照不宣”，所以没有以书面形式体现在合同内容中；如果是双方当事人经常使用的习惯做法，那么双方主观上对此肯定是有意思联络的。

包含“交易习惯”这一概念的法条，除了本条之外，第480条关于承诺的方式、第484条关于承诺的生效、第509条关于合同履行中

---

① 崔建远主编：《合同法》，法律出版社2016年版，第288页。

的随附义务、第558条关于后合同义务中也均涉及“交易习惯”。

此外，包含“交易习惯”这一概念的第510条，在《民法典》中又多次被其他法条引用，共计24个法条，即还有24个法条中间接包含了“交易习惯”这一概念。说明《民法典》很注重用交易习惯来填补合同漏洞，实际上也是用交易习惯在最大程度上确定合同当事人的真实意思表示。《民法典》中引用第510条的法条具体如下：第582条关于履行不符合约定的违约责任、第602条关于交付期限、第603条关于交付地点、第616条关于质量、第619条关于包装方式、第626条关于价款和支付方式、第627条关于价款支付地点、第628条关于价款支付时间、第674条关于借款利息的支付期限、第675条关于借款期限、第709条关于租赁物的使用方法、第721条关于租金支付期限、第730条关于租赁期限、第757条关于租赁期限届满租赁物的归属、第782条关于定作人支付报酬的期限、第831条关于检验货物期限、第833条关于运输货物毁损及灭失赔偿额、第858条关于技术研究开发失败风险、第875条关于实施专利及使用技术秘密后续改进的技术成果的分享办法、第889条关于保管费、第902条关于保管费支付期限、第955条关于行纪活动中增加的利益归属、第963条关于中介人报酬、第976条关于合伙期限。

概言之，基于对当事人意思自治原则的尊重，对于合同履行中当事人发现没有约定或约定不明的合同内容：首先是鼓励双方当事人继续协商，争取达成补充协议，如果达不成补充协议，则按照合同条款、合同性质、合同目的或者交易习惯确定；其次，如果仍然不能确定合同内容，则按照第511条的规定予以确定，即按照法律所确定的相对公平公正的原则对合同内容进行补充，以促进合同的继续履行，最终实现当事人的合同目的。

【审判实践中应注意的问题】

第一，第510条规定的按照合同相关条款或者交易习惯确定合同内容，核心都是为了最大程度上还原当事人订立合同时的真实意思表示，这几个因素之间并不互相排斥，甚至可以互相佐证。

第二，在《民法典》没有对交易习惯进行明确定义的情况下，《合同法司法解释（二）》第 7 条对交易习惯的定义，可以作为人民法院适用交易习惯的参考标准。《民法典》引用第 510 条的法条多达 26 条，但是，从表述方式看，一般是“某内容没有约定或约定不明，依据本法第五百一十条的规定，仍不能确定的，应当……”说明，在没有约定或约定不明时，首先应当适用第 510 条的规定来确定当事人的真实意思表示，补充合同内容，不能通过这种方式补充的，下一步才能适用法条所规定的倡导性做法。

第五百一十一条 当事人就有关合同内容约定不明确，依据前条规定仍不能确定的，适用下列规定：

（一）质量要求不明确的，按照强制性国家标准履行；没有强制性国家标准的，按照推荐性国家标准履行；没有推荐性国家标准的，按照行业标准履行；没有国家标准、行业标准的，按照通常标准或者符合合同目的的特定标准履行。

（二）价款或者报酬不明确的，按照订立合同时履行地的市场价格履行；依法应当执行政府定价或者政府指导价的，依照规定履行。

（三）履行地点不明确，给付货币的，在接受货币一方所在地履行；交付不动产的，在不动产所在地履行；其他标的，在履行义务一方所在地履行。

（四）履行期限不明确的，债务人可以随时履行，债权人也可以随时请求履行，但是应当给对方必要的准备时间。

（五）履行方式不明确的，按照有利于实现合同目的的方式履行。

（六）履行费用的负担不明确的，由履行义务一方负担；因债权人原因增加的履行费用，由债权人负担。

【条文主旨】

本条是关于合同约定不明时履约规则的规定。

【条文理解】

对合同内容进行补充，是为了弥补合同漏洞，进一步明确合同当事人权利义务内容的细节，使合同得以继续履行，实现当事人的合同目的。

与《合同法》第62条相比，本条规定对相关内容进一步予以完善，主要体现在质量要求和履行费用两方面。质量要求方面，根据2017年修订的《标准化法》，对国家标准进行了区分，分为强制性国家标准和推荐性国家标准；在履行费用方面，增加了“因债权人原因增加的履行费用，由债权人负担”的内容。下面逐项进行说明。

一、关于质量要求

首先，要了解各个标准的含义。

强制性国家标准，是对保障人身健康和生命财产安全、国家安全、生态环境安全以及满足经济社会管理基本需要的技术要求。它由国务院批准发布或者授权批准发布。不符合强制性标准的产品、服务，不得生产、销售、进口或者提供。比如《食品安全法》明确规定食品安全标准是强制执行的标准，即便是食品包装，也有强制性国家标准，目前实施的是GB 7718—2011《预包装食品标签通则》，其中“GB”即为国家强制性国家标准。

推荐性国家标准，是指在生产、交换、使用等领域，通过经济手段或市场调节，而自愿采用的国家标准，是可以满足基础通用、与强制性国家标准配套、对各有关行业起引领作用等需要的技术要求。比如，国家为了推动电动汽车产业的发展，提高电动汽车智能化操作水平，制定了《电动汽车远程服务与管理系统技术规范》(GB/T 32960)的国家标准，以加强对电动汽车信息进行采集、处理和管理，并为联网用户提供信息服务，其中“GB/T”即为推荐性国家标准。

行业标准是对没有国家标准而又需要在全国某个行业范围内统一技术要求所制定的标准。行业性标准原来也区分为强制性和推荐性，随着我国标准化改革工作的进一步深化，对强制性标准进行整合精简，所以强制性行业标准转化为推荐性行业标准。

通常标准指一般标准或平常标准，可以理解为不低于合同履行地的平均水平，也就是在没有国家标准或者行业标准的情况下，当事人提供的产品或者服务的质量是合理的而且最低质量要求要达到平均水平。该规定与国际通行的做法一致。《国际商事合同通则》第5.1.6条规定，如果合同中未规定履行质量，而且根据合同也无法确定履行质量，则一方当事人有义务使其履行质量达到合理的标准，并且不得低于所涉情况的平均水准。[①]

以上是按照级别对标准进行的分类。

符合合同目的的特定标准，是指在没有国家标准和行业标准的情况下，根据当事人所订立具体合同的合同目的来确定质量标准。譬如，张女士是一位著名的手模，经常拍摄珠宝配饰、彩妆护肤的照片，为了取得更好的效果，她经常到某美甲店进行美甲服务。某一次，为了拍片，她与美甲店提前一天预约，要做法式水晶雕艺指甲，并选择好了图案。但是做完后，张女士发现美甲师的图案造型比例失衡，颜色搭配效果与其宣传图片不符，导致张女士无法及时完成拍片任务而发生纠纷。在该纠纷中，美甲店的服务质量如何界定？那就要根据本案的具体合同内容，看美甲服务后的效果是否达到张女士的美甲目的。如果美甲图案的比例失衡，颜色搭配错误，让人感觉杂乱无序，缺乏美感，并不符合合同目的的特定标准，显然是履行不符合质量要求。

其次，《民法典》第511条规定的质量标准，有一个递进关系，依次是强制性国家标准、推荐性国家标准、行业标准、通常标准或者符合合同目的的特定标准。排列在前的标准优先适用。为什么要优先适用强制性国家标准？一是强制性国家标准是涉及人身健康和生命财产安全、国家安全、生态环境安全以及满足经济社会管理基本需要的，这类标准的适用具有极其重要的功能。二是从质量标准看，推荐性国家标准、行业标准、地方标准、团体标准、企业标准的技术要求不得低于强制性国家标准的相关技术要求。强制性国家标准是兜底

① 张玉卿主编：《国际商事合同通则2010》，中国商务出版社2012年版，第357页。

的，不能突破的，不符合强制性标准的产品、服务，不得生产、销售、进口或者提供。所以强制性标准必须执行，国家鼓励采用推荐性标准。

最后，随着《标准化法》于2018年1月1日起实施，标准化的适用范围进一步扩大，由工业生产与环保领域扩大到农业、社会事业领域，不但包括产品，还包括服务领域。生产、销售、进口产品或者提供服务不符合强制性标准，或者企业生产的产品、提供的服务不符合其公开标准的技术要求的，都要依法承担民事责任。

二、关于价款或者报酬

《民法典》本条第2项规定与《合同法》的相关规定内容一致。《合同法》制定时，该部分内容借鉴了《国际商事合同通则》的相关规定。[①]《国际商事合同通则》第5.1.7条规定，（1）如果合同未规定价格，也无如何确定价格的规定，在没有任何相反表示的情况下，应视为当事人各方引用订立合同时相关贸易中可比较的情况下对比此类履行通常收取的价格，或者，若无此价格，应为合理的价格；（2）……本条规定借鉴了《联合国国际货物销售合同公约》第55条的规定。这条规则具有足够的灵活性，能够满足国际贸易的需要。在某些情况下，市场通行价格可能无法满足合理性标准的要求，此时只能援引诚实信用和公平交易这个一般性规定。[②]

首先，注意把握时间点，是双方当事人订立合同时。此时，合同当事人对当时的市场价格是知道或者应当知道的。即便之后价格有波动，只要在市场正常的价格变动范围内，不会超过当事人的预期范围，这个价格就是公平合理的。至于合同履行时市场价格发生重大波动，则要看是否符合情势变更制度的调整范围。其次，注意把握是履行地的市场价格。如何理解此处的履行地？此处所指的价款或者报酬，应当是产品或者服务的对价，所以一般情况下把此处的履行地理

① 李国光主编：《中国合同法条文释解》，新华出版社1999年版，第144页。

② 张玉卿主编：《国际商事合同通则2010》，中国商务出版社2012年版，第362、363页。

解为产品或者服务的提供地，即履行产品或服务交付义务的一方所在地更加合适，也更加符合公平交易和诚信原则。

另外，关于政府定价和政府指导价。依照《价格法》的规定，政府定价，是指依照该法规定，由政府价格主管部门或者其他有关部门，按照定价权限和范围制定的价格。政府指导价，是指依照该法规定，由政府价格主管部门或者其他有关部门，按照定价权限和范围规定基准价及其浮动幅度，指导经营者制定的价格。这些商品或服务，一般是与国民经济发展和人民生活关系重大的极少数商品、自然垄断经营的商品、资源稀缺的少数商品或者涉及重要的公用事业、重要的公益性服务等。

三、关于履行地点

履行地点具有重要意义，在实体法上，可以确定标的物所有权是否转移，可以确定标的物风险承担是否转移等，在程序法上，是诉讼管辖法院的准据之一等。在合同当事人没有约定履行地或者约定不明确的情况下，应该如何确定合同履行地呢？首先，是适用《民法典》第510条的规定，看双方是否可以就此达成补充协议，或者按照合同相关条款或交易习惯等确定合同履行地。其次，如果仍不能确定，就需要适用本条规定的内容了，即按照相关法律规定来确定履行地点。主要分为三种类型：一是履行义务为给付货币的，以接受货币一方所在地为履行地；二是履行义务为交付不动产的，以不动产所在地为合同履行地；三是给付义务为其他标的的，以履行义务一方所在地为合同履行地。该规定与《民事诉讼法司法解释》第18条的规定也是一致的。此外，《民事诉讼法司法解释》第19条、第20条对财产租赁、融资租赁、以信息网络方式订立的买卖合同的履行地也作了规定。另外，最高人民法院以答复、批复、复函等形式对合同履行地作出规定的，仍可以适用。比如《最高人民法院关于如何确定证券回购合同履行地问题的批复》规定，凡在交易场所内进行的业务，交易场所所在地为合同履行地，场外业务，以最初付款一方（返售方）所在地为合同履行地。

四、关于履行期限

所谓履行期限，又称为履行期，它是指合同当事人依照法律规定和合同约定应当履行合同义务的时间。履行期限可以通过具体的期限来表示（如某年某月某日），也可以通过某段时间来表示（如某日至某日、1个月、1年）。[①] 无法依据合同约定、交易习惯或者法律规定确定履行期限的合同属于履行期限不确定的合同，对此，债务人可以随时提出履行请求，债权人也可以随时请求对方履行，但基于诚信原则，要给债务人必要的准备时间。

五、关于履行方式

履行方式，是完成合同义务的方法，如标的物的交付方法，工作成果的完成方法、运输方法、价款或酬金的支付方法等。履行方式与当事人的权益有着密切的联系，履行方式不符合要求，有可能造成标的物缺陷、费用增加、迟延履行等后果。[②] 比如，《民商审判会议纪要》中关于金融消费者权益保护部分，对卖方机构的适当性义务进行了规定，但是在金融消费者购买金融产品时，卖方机构履行该适当性义务的方式可能没有在法律和行政法规中进行规定，双方也没有约定，卖方机构为了更好地履行该项法定义务，避免承担缔约过失责任，也为了更好地实现合同目的，可以采用书面问卷或电话录音等方式了解客户身份、财产状况、风险偏好等，既方便快捷地履行适当性义务，又较好地保存证据。

六、关于履行费用

履行费用，是指履行债务所必要的开支，如包装费、运送费、汇

① 王利明：《合同法研究》（第2卷），中国人民大学出版社2015年版，第21页。
② 崔建远主编：《合同法》，法律出版社2016年版，第96页。

费、登记费、通知费等。[①]如果没有约定或者约定不明确，应当由履行义务一方负担。相比《合同法》第62条关于履行费用的规定，本条增加了以下内容："因债权人原因增加的履行费用，由债权人负担。"这是符合公平原则的。该种情形包括并不限于以下几种情况：一是债权人转让债权使债务人增加履行费用；二是债权人变更营业场所，增加了债务人的履行费用；三是在原合同约定的清偿地不能作出履行，双方当事人通过约定变更履行地点或由债权人指定新的履行地点。增加的债务履行费用应由债权人承担。[②]

【审判实践中应注意的问题】

合同中涉及的质量、价款或报酬、履行期限、履行地点、履行方式、履行费用等问题，是合同履行的重要内容。出现上述内容没有约定或者约定不明的情形时，首先由双方当事人进行协商，争取达成补充协议。否则，应按照《民法典》第510条的规定对相应的合同内容进行补充，如果仍然不能确定，就需要按照本条规定的规则继续履行。之所以这样层层推进，最终目的还是鼓励交易，尽量使合法成立的合同得以继续履行。这是在适用本条规定时应当把握的原则。另外，本条涉及的合同履行的内容，审判实践中经常需要判断，某一方当事人的实际履行行为是否符合本条规定的内容，是不是构成违约，是不是能够实现合同目的，是不是可以继续履行，是不是符合合同解除的条件等，需要将当事人的实际履行行为与本条规定的内容认真比对，作出公平正确的判断。

① 韩世远：《合同法总论》，法律出版社2018年版，第359页。
② 王利明：《合同法研究》（第2卷），中国人民大学出版社2015年版，第31页。

第五百一十二条 通过互联网等信息网络订立的电子合同的标的为交付商品并采用快递物流方式交付的，收货人的签收时间为交付时间。电子合同的标的为提供服务的，生成的电子凭证或者实物凭证中载明的时间为提供服务时间；前述凭证没有载明时间或者载明时间与实际提供服务时间不一致的，以实际提供服务的时间为准。

电子合同的标的物为采用在线传输方式交付的，合同标的物进入对方当事人指定的特定系统且能够检索识别的时间为交付时间。

电子合同当事人对交付商品或者提供服务的方式、时间另有约定的，按照其约定。

【条文主旨】

本条是关于电子商务合同标的交付时间与交付方式的规定。

【条文理解】

电子商务是以信息网络技术为手段，以商品交换为中心的商务活动，也可以理解为在互联网、企业内部网和增值网上以电子交易方式进行交易活动和相关服务的活动，是传统商业活动各环节的电子化、网络化、信息化。

随着大数据、云计算、人工智能的迅速发展，我国电子商务也保持着高速发展。2017年，我国电子商务交易额达29.16万亿元，其中商品类电商交易额为16.87万亿元，占比77.30%；服务类电商交易额为4.96万亿元，占比22.70%。2018年，我国电子商务交易额为

31.63万亿元，比2017年增长8.5%。2018年国内电子商务从业人员约4700.65万人。电子商务以信息流带动技术流、资金流、物资流，促进了资源配置的优化，有力推动了互联网和实体经济的深度融合发展。同时，也推动了电子商务的立法工作。

自2019年1月1日起，《电子商务法》开始实施。其将电子商务定义为“通过互联网等信息网络销售商品或者提供服务的经营活动”，而经营活动是指以营利为目的的商务活动，包括商品交易、服务交易和相关辅助经营服务活动。《电子商务法》是电子商务领域的综合性、基础性的法律，对保障电子商务各方主体权益、规范电子商务行为、维护市场秩序、促进电子商务持续健康发展具有重要作用。《民法典》本条规定的内容来源于《电子商务法》第51条的规定，从本条的表述看，两者对电子商务的界定是一致的。本条规定对电子商务合同标的的交付时间和交付方式作出了规定，是《民法典》对在社会主义市场经济中占重要地位的电子商务交易形式的及时反馈，体现了《民法典》内容的时代性和前瞻性。

电子商务合同标的的交付，是电子商务合同履行的重要内容，而交付时间的确定，涉及风险的承担、所有权的转移、标的物孳息的归属和执行何种政府定价或者政府指导价等问题，直接关系合同当事人权利、义务与责任的认定，对于合同的履行和争议解决具有重要意义。相对于传统实体商品的交付，电子商务领域的交付存在着一定的特殊性，有必要对交付时间进行特殊规定。[①]具体来讲，对于电子商务合同标的的交付时间和交付方式，可从以下四个层次来理解和掌握。

一、当事人约定优先

不论电子商务合同的标的是交付商品还是提供服务，也不论交付方式是采用快递物流方式还是在线传输方式，只要当事人对交付时间

① 赵旭东主编：《电子商务法释义与原理》，中国法制出版社2018年版，第383页。

作出了明确的约定，就应尊重其约定。这是当事人自愿原则的体现和要求。在当事人对交付时间没有约定的情况下，按照下面的情形分别作出认定。

二、有形产品（动产）的交付时间

本条规定，通过互联网等信息网络订立的电子合同的标的为交付商品并采用快递物流方式交付的，收货人的签收时间为交付时间。本条中的"互联网等信息网络"包括互联网、移动互联网、电信网、物联网等。"交付商品并采用快递物流方式交付"中的"商品"因为是采用快递物流的方式进行运输，所以该处的"商品"应该指的仅仅是动产，是有体物、有形产品，不包括数字音乐、电子书和计算机软件复制品等无形产品。此处的"收货人"应如何理解？电子商务快递包裹的收货人一般是电子商务交易实物商品的买受方（消费者），也可以是合同约定的其他收货人。

关于"签收时间"应如何理解？《电子商务法》第52条规定："……快递物流服务提供者在交付商品时，应当提示收货人当面查验；交由他人代收的，应当经收货人同意。"依此规定，《民法典》本条的"签收时间"应理解为收货人当面查验快递物流交付的商品后的签收时间。实践中，快递物流企业如果使用智能快件箱或者驿站等形式进行递送的，应当以消费者打开快件箱后实际收到商品的时间为准。因为快递物流服务提供者是代电子商务经营者为履行交付义务的义务主体。用户实际签收了商品，完成了"占有的移转"，电子商务经营者才算履行完交付标的物的义务。此时，电子商务合同的标的交付时间，按照《民法典》第224条的规定，可以作为该商品所有权转移的时间，也是风险转移的时间。

三、提供服务的交付时间

首先，合同标的为提供服务的，生成的电子凭证或者实物凭证中载明的时间为交付时间。提供服务是指在线提供的服务，比如通过互联网等乘车、租车、预定旅游路线等服务，双方就服务的内容协商一致后，通过电子商务平台生成电子凭证或者实物凭证。在双方就交付时间没有约定的情况下，电子凭证或实物凭证中载明的时间应为交付时间。但是，该载明的时间并不等同于电子凭证或实物凭证自身的生成时间。两者可能是一致的，也可能不是同一个时间。

其次，上述凭证中没有载明时间或者载明时间与实际提供服务时间不一致的，以实际提供服务的时间为准。商品的本质是劳动产品，服务的本质是劳动本身，即劳动力的使用，实际提供服务的时间也就是劳动力的使用时间。所以，在凭证中没有载明时间或者载明时间与实际提供服务时间不一致的，实际提供服务的时间为交付时间。

四、采用在线传输方式交付的标的物的交付时间

电子商务合同的交易标的物为数字产品的（包括著作权、专利、商标等知识产权、数据、网络虚拟财产等），合同的交付义务通常以在线传输的方式履行。本条中虽然未使用“数字产品”一词，但是采用在线传输方式交付的合同标的物显然包括数据和虚拟财产。而且，随着区块链、物联网、智能合同等技术的普及应用，电子商务合同的标的为有形商品或者服务的，也可以通过传输有关商品或者服务的编码、密钥、电子权利凭证等方式在线履行。[①]

本条第2款规定，电子合同的标的物为采用在线传输方式交付的，合同标的物进入对方当事人指定的特定系统并且能够检索识别的时间为交付时间。《电子签名法》第11条第2款规定：“收件人指定特定系统接收数据电文的，数据电文进入该特定系统的时间，视为该数据电文的接收时间。”两相比较，《民法典》本条增加了“能够检索识别”的内容。“能够检索识别”，意思是当事人可以识别出对方所交付的信息产品并且能看到完整的内容。此处的标的物即无形的信息产品。基于该类标的物，即无形的信息本身的特殊性，不能进行实物交

① 电子商务法起草组编著：《电子商务法解读》，中国法制出版社2018年版，第256、257页。

付和签收，所以本条规定了采用在线传输方式交付的，合同标的物进入对方当事人指定的特定系统并且能够检索识别的时间为交付时间。

此外，在绝大多数情况下，该无形产品的交付，是进入当事人指定的特定系统中。如果实践中，当事人没有指定特定系统，如何认定交付时间？《电子签名法》第11条第2款规定："未指定特定系统的，数据电文进入收件人的任何系统的首次时间，视为该数据电文的接收时间。"《民法典》第137条第2款规定："以非对话方式作出的意思表示，到达相对人时生效。以非对话方式作出的采用数据电文形式的意思表示，相对人指定特定系统接收数据电文的，该数据电文进入该特定系统时生效；未指定特定系统的，相对人知道或者应当知道该数据电文进入其系统时生效……"上述《电子签名法》规定的是数据电文的接收时间，《民法典》第137条第2款规定的是采用数据电文形式作出的意思表示到达相对人时的生效时间。《民法典》本条规定的是电子合同中以在线传输方式交付无形信息产品的交付时间，严格地说并非是当事人的意思表示。那么究竟如何认定交付时间？我们认为，对于电子合同标的物采用在线传输方式交付的，对方当事人未指定特定接收系统的，以相对人知道或者应当知道该标的物进入其系统的时间为交付时间。理由如下：第一，从传输方式看，此时的电子合同的标的物与《民法典》第137条第2款规定的用数据电文形式作出的意思表示都是通过在线传输方式进行送达；第二，从传输内容的表现形式看，都是无形的信息或者产品；第三，随着网络应用的普及，电子商务主体拥有多个收件系统（如电子邮件、社交媒体账户、即时通信工具等）的情况越来越普遍，如果简单推定只要数据电文进入收件人的任何系统均视为到达，不利于保护收件人的合法利益和交易安全；第四，《民法典》第137条第2款的规定反映了远程交易、云存储的电子商务实际情况，可以更为科学合理地认定采用在线传输方式交付合同标的物的时间，更好地保护交易安全；第五，与《联合国国际合同使用电子通信公约》规定的判断标准一致，即电子通信在收件人的另一电子地址的收到时间是其能够由该收件人在该地址检索并且该收件人了解到该电子通信已发送到该地址的时间。[①]

概言之，为了更好地在法律层面回应电子商务的迅猛发展，对于电子商务合同的履行，在合同当事人对交付方式、交付时间没有特别约定的情况下，本条根据电子商务合同的不同标的类型、交付方式等，分别作出了明确的规定，有助于我们正确界定相关权利的转移或者风险承担，为电子商务合同履行中产生的此类纠纷提供了相应的判断标准，具有重要意义。

【审判实践中应注意的问题】

审判实践中要注意本条的适用范围。

本条规定来源于《电子商务法》第51条的规定，但是根据《电子商务法》第2条的规定，金融类产品和服务，利用信息网络提供新闻信息、音视频节目、出版以及文化产品等内容方面的服务，不适用《电子商务法》。对于金融类产品和服务，基于防控金融风险，维护国家经济安全以及保护自然人、法人等财产安全的需要，国家对金融产品与服务市场准入、交易场所安全等有专门的法律法规进行规范。目前，互联网支付、网贷、股权众筹融资、互联网金融产品销售等为互联网金融的主要业态。考虑到将来进行专门立法及特殊监管的需要，《电子商务法》将除电子支付（互联网支付）之外的其他金融类产品与服务排除在外。

另外，利用信息网络提供新闻信息、音视频节目、出版以及文化产品等内容方面的服务，因为涉及对内容进行管理和意识形态安全领域，所以也不适用《电子商务法》。但是，如果这些内容通过互联网进行给付成为电子合同的标的物，则可以适用《电子商务法》的相关

① 电子商务法起草组编著：《电子商务法解读》，中国法制出版社2018年版，第260、261页。

规定。[①]

本条来源于《电子商务法》第51条的规定，那么本条适用范围是否与《电子商务法》一致呢?《民法典》第491条规定了电子合同的订立，本条规定了电子合同的履行。目的是为了适应电子商务和数字经济快速发展的需要，规范电子交易行为，对电子合同订立、履行的特殊规则作出规定。因此，上述规定本身不涉及对合同内容的管理，不涉及对金融产品的合法合规性审查，而是对电子合同的订立和履行的特殊规则进行相应的规制。本条对电子合同履行的规定，仅涉及交付时间、交付方式，对此进行抽象化和规范化。另外，《民法典》在国家法律体系中的地位仅次于《宪法》，是社会主义市场经济的基本法，是市民生活的基本行为准则，因此，就本条规制的电子合同的履行规则而言，原则上不应当限制其适用范围。

① 电子商务法起草组编著:《电子商务法解读》，中国法制出版社2018年版，第24、25页。

第五百一十三条 执行政府定价或者政府指导价的，在合同约定的交付期限内政府价格调整时，按照交付时的价格计价。逾期交付标的物的，遇价格上涨时，按照原价格执行；价格下降时，按照新价格执行。逾期提取标的物或者逾期付款的，遇价格上涨时，按照新价格执行；价格下降时，按照原价格执行。

【条文主旨】

本条是关于执行政府定价或政府指导价合同的履行的规定。

【条文理解】

一、本条所涉价格的含义

《价格法》规定了商品或者服务的三种价格类型，分别是市场调节价、政府指导价和政府定价。大多数商品和服务价格实行市场调节价，极少数商品和服务价格实行政府指导价或者政府定价。本条规定的政府价，指的是政府指导价和政府定价。

市场调节价，是指由经营者自主制定，通过市场竞争形成的价格。政府指导价，是指依照本法规定，由政府价格主管部门或者其他有关部门，按照定价权限和范围规定基准价及其浮动幅度，指导经营者制定的价格。政府定价，是指依照本法规定，由政府价格主管部门或者其他有关部门，按照定价权限和范围制定的价格。政府指导价、政府定价的定价权限和具体适用范围，以中央的和地方的定价目录为依据。

依据《价格法》第18条的规定，下列商品和服务价格，政府在必要时可以实行政府指导价或者政府定价：（1）与国民经济发展和人民生活关系重大的极少数商品价格；（2）资源稀缺的少数商品价格；（3）自然垄断经营的商品价格；（4）重要的公用事业价格；（5）重要的公益性服务价格。

与百姓生活息息相关，具有公益性或者属于公用事业，如天然气、供水、电力、特殊药品及血液等的价格，为政府定价或政府指导价。随着价格机制改革的推进，政府定价或政府指导价的项目种类在逐步减少，目前中央政府和地方政府的定价目录都实行清单化管理，实现透明化和动态调整机制。

二、本条关于价格规定条款的性质

《价格法》第39条规定："经营者不执行政府指导价、政府定价以及法定的价格干预措施、紧急措施的，责令改正，没收违法所得，可以并处违法所得五倍以下的罚款；没有违法所得的，可以处以罚款；情节严重的，责令停业整顿。"从该规定看，政府指导价和政府定价，属于强制性规定，对于定价目录内的商品或者服务，合同双方当事人都需要遵守。

三、关于价格执行的理解

根据本条规定，价格的执行，分为两种情况：第一种情况是，合同当事人均没有违约行为，在合同约定的交付期限内，政府价格进行了调整，则按照交付时的价格计价，即计价标准按照交付时为准，不以合同订立时约定的价格为准；第二种情况是，合同当事人出现了逾期违约行为，此时，如果政府价调整，由逾期违约方承担相应的违约责任，即差价损失。具体来说，卖方逾期交付标的物的，价格上涨时，按原价格执行，价格下降时，按照新价格执行；买方逾期付款或者逾期提取标的物的，价格上涨时，按照新价格执行，价格下降时，按照原价格执行。目的就是对违约方进行相应的惩罚，督促合同当事人及时按约履行各自的义务。

【审判实践中应注意的问题】

审判实践中，此类纠纷数量相对较少。要注意核实合同标的是否属于政府的定价目录范围，要区分案件涉及的不同时期的价格标准，准确适用。合同双方当事人均有违约行为的，按照《民法典》合同编关于违约责任的相关规定处理。

第五百一十四条　以支付金钱为内容的债，除法律另有规定或者当事人另有约定外，债权人可以请求债务人以实际履行地的法定货币履行。

【条文主旨】

本条是关于金钱之债的履行的规定。

【条文理解】

《民法典》没有规定债编，因此对于属于债法总则的内容，放在了合同编中。从本条开始，《民法典》开始规定债的内容，包括金钱之债、选择之债、按份之债、连带之债等，这些内容实质上能够发挥债法总则的功能，弥补法律适用的空白，具有重要的意义。

本条内容主要是对金钱之债的规定。

一、金钱之债的含义

金钱之债又称货币之债，指以一定数额货币的给付为标的的债。[①]金钱之债可分为特定货币之债、金额货币之债和特种货币之债三种类型。所谓特定货币之债，是指标的物是经过特定化处理后的货币，性质上已属于特定物。所谓金额货币之债，是指以一定金额的一般通用货币为标的物的债务，该货币性质上是典型的种类物。所谓特种货币之债，是指以特定种类的货币为标的物的债。此类债的货币兼具种类物和特定物的特点。与金钱之债相对应的是非金钱之债。所谓非金钱

① 王家福主编:《中国民法学·民法债权》，法律出版社 1991 年版，第 60 页。

之债，是指其给付的是金钱以外的其他标的的债。根据给付内容的不同，可以将非金钱之债分为以下两类：一是交付财产之债，指债务人需要按照债的内容向债权人交付一定的财产，以履行债务；二是提供服务之债，指债务人应当按照债的内容向债权人提供一定的服务，从而实现债的目的。两者的区别主要有以下几点：第一，标的物不同。非金钱之债的标的物为货币以外的其他物，或者以债务人向债权人提供一定的服务为标的。金钱之债以一定的货币为标的物。第二，能否发生履行不能不同。货币在性质上属于种类物，具有较强的流通性和可替代性，一般不发生履行不能的问题。非金钱之债可能发生履行不能问题。[①]

二、金钱之债的履行

由于金钱之债的标的物为货币，因此在履行上有一定的特殊性。本条规定，除法律另有规定或者当事人另有约定外，债权人可以请求债务人以实际履行地的法定货币履行，所以如果实际履行地在我国内地，可以理解为以人民币履行债务。

本条中“以实际履行地的法定货币履行”，是指如果实际履行地在我国内地之外的其他国家、地区或特别行政区，应以当地的法定货币为给付之标的物。

如何理解实际履行地？如果纠纷是在我国的法院诉讼或者国内的仲裁机构进行仲裁，应该结合我国《民事诉讼法》及《民事诉讼法司法解释》等相关程序法的规定来理解。如果根据我国《涉外民事关系法律适用法》的规定，实体法适用中华人民共和国法律，我国实体法对实际履行地有规定的，也应适用国内实体法的规定。

《民事诉讼法司法解释》第18条规定：“合同约定履行地点的，以约定的履行地点为合同履行地。合同对履行地点没有约定或者约定不明确，争议标的为给付货币的，接收货币一方所在地为合同履行

① 王利明：《债法总则研究》，中国人民大学出版社2015年版，第163、164页。

地；交付不动产的，不动产所在地为合同履行地；其他标的，履行义务一方所在地为合同履行地。即时结清的合同，交易行为地为合同履行地。”

按照上述规定，如果不存在法律另有规定或者当事人另有约定的情形，而合同对履行地点又没有约定或者约定不明确的情况下，可以理解为，应当以债权人（接收货币一方）所在地的法定货币为给付标的物。

【审判实践中应注意的问题】

《民法典》没有规定涉外编，所以基本不涉及涉外民事关系的法律适用内容。从本条规定的内容看，如果合同实际履行地在我国内地，则当然以人民币为交付的标的物，除非法律另有规定或者当事人另有约定。而“实际履行地的法定货币”，应该理解为涉及涉外金钱之债的履行问题，所以关键在于如何理解“实际履行地”问题。对于在我国内地进行的诉讼或者仲裁，应当适用我国相关的程序法的规定对此进行解释。即在法律没有特别规定或当事人没有特别约定的情况下，涉外的金钱之债的债权人所在地的法定货币为给付之标的物。对于金钱之债的货币种类，如果法律另有规定或者当事人有特别约定，则应以法律规定或者当事人的特别约定为准。

第五百一十五条 标的有多项而债务人只需履行其中一项的，债务人享有选择权；但是，法律另有规定、当事人另有约定或者另有交易习惯的除外。

享有选择权的当事人在约定期限内或者履行期限届满未作选择，经催告后在合理期限内仍未选择的，选择权转移至对方。

【条文主旨】

本条是关于选择之债及选择权的转移的规定。

【条文理解】

相对于《民法通则》及《合同法》，本条为《民法典》新增加的内容。

一、关于选择之债的理解

（一）选择之债的含义

债的标的，为债务人应为的特定行为，亦即给付。基于债的标的是否可以由当事人选择，可以将债区分为简单之债与选择之债。简单之债，又称单纯之债，其标的是单一的，当事人没有选择的余地，因此又称为不可选择之债。实践中大多数的债都是简单之债。选择之债，指于数宗给付中，得选定其一为给付标的之债。[①] 选择之债的数种给付具有不同的内容，因而有选择的必要。不同表现在：给付的种类不同，如给付金钱或提供劳务；标的物不同，如交付电冰箱一台或

① 王泽鉴：《民法概要》，中国政法大学出版社2003年版，第227页。

电视机一台等。[①] 因此，选择之债的基本特征是给付的多样性和履行的择一性。

1. 关于给付的多样性

对于选择之债的履行，有两项或者两项以上的给付。如何理解数宗给付？涉及选择之债的广义说和狭义说。广义说认为选择之债的数宗给付，既包括债之标的的不同种类，也包括不同的给付方式，如标的物的交付时间、交付方式可以有多重选择，也属于选择之债。狭义说认为，数宗给付仅限于债之标的的种类不同、内容不一，不包括给付方式。从本条内容看，"债务标的有多项"，既包括给付的内容，也应当包括给付的方式，可以理解为《民法典》采纳了选择之债的广义说。

2. 关于履行的择一性

履行的择一性，指选择之债中享有选择权的当事人于数宗给付中选择其中一项给付履行债务。选择权人对数宗给付进行选择，进而使债务标的特定化，一方面，为该特定化的债务进入实际履行状态做好准备；另一方面，产生了使其他未被选择的给付得以消灭的溯及力，选择之债变成了简单之债。

3. 选择之债与任意之债的区分

任意之债是指债以一个给付为标的，但债务人或债权人得以其他给付代替本来的给付。[②] 此种得为代替给付的权利，称为代替权或补充权。代替权的行使为要物行为，除意思表示外，尚须提出代替物，始生效力。[③] 两者区别在于：第一，选择之债的数种给付地位相同，选择权人可任选其一为给付标的；任意之债的给付已经确定，但债务人或债权人可以变更原给付标的，而以约定的另一种给付代替，两种给付有主次之分，代替给付居于补充地位。第二，在任意之债中，本来的给付嗣后发生给付不能时，如系不可归责于债务人的事由引起，

① 王家福主编：《中国民法学·民法债权》，法律出版社1991年版，第56页。
② 王家福主编：《中国民法学·民法债权》，法律出版社1991年版，第57页。
③ 王泽鉴：《民法概要》，中国政法大学出版社2003年版，第228、229页。

债务消灭；如系可归责于债务人的事由引起，本来的债务变为损害赔偿债务与代替给付二者并存。选择之债发生如一种给付不能，还有其他给付可以履行，一般不导致债的消灭或转变为损害赔偿债务。①

（二）选择之债的性质

选择之债因有数种给付，其性质为复数债还是单数债，学说不一。一种观点认为，选择之债为附条件的复数债。具体又分为停止条件说和解除条件说。停止条件说认为，在这种复数债中，以他种给付未经选定而不能履行为停止条件，因停止条件成就而发生效力。解除条件说认为，在这种复数债中，以选定他种给付为解除条件，于解除条件成就后，未经选定的给付均归于消灭。

另外一种观点认为，选择之债为单数债。此种观点又分为条件说和特种之债说，以特种之债说较为可取。条件说，亦分为停止条件说和解除条件说。停止条件说认为，选择之债的数种给付，在选定前均不发生效力，必待经选择而特定时，该特定之债始因停止条件成就而发生效力。解除条件说认为，数种给付在选定之前均发生给付义务，必待选定后，未被选定者才失其效力。一种给付的选定，对于未被选定的给付来说，系解除条件。特殊之债说认为，选择之债于成立时即已确定，未确定的只是具体的给付标的，因而选择之债为现在之债而非将来之债，其给付标的因选择或其他事由始具体确定，属于特殊形态的债。

因选择之债成立时虽定有数种给付，但债务人并不负有全部给付义务，而仅有义务给付数种给付之一种，故选择之债实为单数债。停止条件说难以说明选择为何发生溯及力，解除条件说难以说明未被选择的给付消灭的溯及力，故特殊之债说较为可取。② 概言之，选择之债为单数债、特殊之债。

① 王家福主编：《中国民法学·民法债权》，法律出版社1991年版，第58页。
② 王家福主编：《中国民法学·民法债权》，法律出版社1991年版，第56、57页。

二、关于选择权的转移

（一）关于选择权的性质

选择权是形成权的一种，债权人或债务人选择时，须向他方当事人以意思表示为之。有选择权的人一经行使选择权，则使选择之债自成立时即为简单之债，当事人即就特定给付享有权利和承担义务。①

（二）选择权的归属

选择权由谁行使，涉及如何平衡债权人、债务人甚至第三人的利益的问题。选择之债可追溯至罗马法。在罗马法上，选择之债是指其标的可在一组特定的物（一般为两个）之间选择的债。对不同的物所需进行的选择一般由债务人决定，当明确商定时，也可由债权人或第三人选择。②《德国民法典》第262条规定，于数项给付中仅能选定履行其中一项的，在发生疑问时，选择权属于债务人。③《日本民法典》第406条规定，债权的标的可于数个给付中选择而定时，其选择权属于债务人。④我国台湾地区"民法"第208条规定，于数宗给付中得选定其一者，其选择权属于债务人，但法律另有规定或契约另有订定者，不在此限。

因为给付须具备一定的条件，从保证债务人的利益和确保债的顺利履行而言，选择权宜属于债务人。⑤本条即明确规定，法律另有规定、当事人另有约定或者另有交易习惯的除外，债务人享有选择权。相比我国台湾地区"民法"的上述规定，本条增加了一项"交易习惯"的内容，实际上更加尊重当事人的意思自治，也能够更好地满足社会实践的需要。

---

① 王家福主编：《中国民法学·民法债权》，法律出版社1991年版，第59页。

② ［意］彼德罗·彭梵得：《罗马法教科书》，黄风译，中国政法大学出版社2018年版，第236页。

③ 《德国民法典》，郑冲、贾红梅译，法律出版社1999年版，第53页。

④ 《日本民法典》，王书江译，中国人民公安大学出版社1999年版，第75页。

⑤ 王家福主编：《中国民法学·民法债权》，法律出版社1991年版，第58页。

（三）选择权的转移

本条规定，享有选择权的当事人在约定期限内或者履行期限届满未作选择，经催告后在合理期限内仍未选择的，选择权转移至对方。《日本民法典》第408条规定，债权在清偿期，虽经相对人定相当期间进行催告，有选择权的当事人于该期间内仍不进行选择时，其选择权属于相对人。[①]

对于选择之债而言，享有选择权的当事人应当在约定期限内或者履行期限届满前行使选择权，以便债的标的能够最终确定，基于此，当事人才能对该特定给付享有权利和承担义务，合同才能真正得以实际履行。如果该当事人未能在约定期限内或者履行期限届满前行使选择权，属于怠于行使选择权，其不作为构成违约，在此情况下，本条要求对方对其进行催告，实际上是赋予了违约方在宽限期内进行补救的机会。在催告后，要给选择权人一段合理的宽限期，让其作出选择，以便合同得以继续履行。

该合理期限如何理解？到底多长时间是合理期限？“合理期限”本身就是一个不确定的概念，当事人可以根据合同的性质、合同的标的等个案的具体情况进行判断，确定一个适当的期限，既能给选择权人必要的准备时间，也能敦促其尽快行使选择权。当事人在催告选择权人及时行使选择权时，可以明确告知对方具体的期限以及逾期未选择的后果。如果该期限过短，法院得视情形裁定催告无效或展期至合理期限。[②]

综合上述情况，选择权转移至对方，需要具备三个条件：一是选择权的行使期限已经届满但是选择权人仍未行使；二是对方当事人要履行催告程序并给予选择权人一个合理期限行使选择权；三是选择权人在催告后的合理期间内仍未行使选择权。

此外，还有一种情况，如果合同当事人约定第三人为选择者，第三人在约定期限内或者履行期限届满未作选择时，选择权如何归属，

---

① 《日本民法典》，王书江译，中国人民公安大学出版社1999年版，第75页。

② 王家福主编：《中国民法学·民法债权》，法律出版社1991年版，第59页。

本条未作规定。《日本民法典》第409条第2款规定："第三人不能或不想选择时，选择权属于债务人。"[①] 我国台湾地区"民法"第210条亦规定，第三人不能或不欲选择时，选择权属于债务人。我们认为，如果享有选择权的第三人逾期未行使选择权，双方当事人可以重新协商，如果能够达成新的协议确定选择权的归属，应尊重双方当事人的意思自治，如果协商不成，可根据本条的规定来确定选择权人。

【审判实践中应注意的问题】

在审判实践中，应注意以下几个方面：一是对本条的适用范围要正确理解。《民法典》未规定债编总则，故相应属于债编总则的内容放到了合同编。所以本条选择之债的规定虽然设在合同的履行部分，但是并不仅限于合同，而是适用于债的全部内容。二是要正确理解选择之债的含义和范围，注意其与任意之债的区分。此外，《民法典》第582条的规定，属于违约责任方式的竞合，不属于选择之债的范畴。三是关于本条第2款中的合理期限的判断，本条实际上也赋予了法官一定的自由裁量权，根据诚信原则、公平原则、合同的性质、目的以及案件的具体情况等因素，正确判断合理期限。

---

① 《日本民法典》，王书江译，中国人民公安大学出版社1999年版，第75页。

第五百一十六条 **当事人行使选择权应当及时通知对方，通知到达对方时，标的确定。标的确定后不得变更，但是经对方同意的除外。**

可选择的标的发生不能履行情形的，享有选择权的当事人不得选择不能履行的标的，但是该不能履行的情形是由对方造成的除外。

【条文主旨】

本条是关于选择权的行使及选择之债的履行不能的规定。

【条文理解】

相比《民法通则》和《合同法》，本条属于新增加的内容。本条对选择之债中选择权的行使、选择权的撤销及选择之债的履行不能作出了相应的规定。

一、关于选择权的行使

选择之债的标的有数种给付，而债务人仅负其中一种给付义务，故选择权人须最终选定一种，给付内容始能确定，下一步才能实际履行，即选择之债特定化。其确定方法有二：一为选择权的行使，二为给付不能。[①] 下文结合本条的规定，分别阐述。

（一）选择权的行使方式

选择权是形成权的一种，债权人或债务人选择时，须向他方当事

① 王泽鉴：《民法概要》，中国政法大学出版社2003年版，第228页。

人以意思表示为之。由第三人为选择时，应向债权人及债务人为意思表示，始生效力。[①]因此，选择权的行使适用民法关于意思表示的规定。如虚假、欺诈、胁迫等，得构成选择无效、撤销的原因。[②]

选择权人行使其选择权，适用意思表示的规定，且属于有相对人的意思表示，故应该按照《民法典》第137条的规定，判断选择权人通知对方的生效时间。通知的方式，分为对话方式和非对话方式。

本条规定，当事人行使选择权应当及时通知对方，通知到达对方时，标的确定。按照关于意思表示的相关法律规定，结合本条内容，从行使方式看，应为明示的意思表示，排除了默示；就意思表示的形式而言，该通知可以是口头表示，也可以是书面表示；从行使对象看，应为有相对人的意思表示；从债务标的确定的时间点看，该意思表示的生效采到达主义，这也符合《民法典》第137条的规定。但是，本条规定与第137条的内容稍有不同，即按照第137条的规定，以非对话方式作出的意思表示，到达相对人时生效，是到达主义（受领主义）；但是对于以对话方式作出的意思表示，相对人知道其内容时生效，是了解主义，即相对人知悉了意思表示的内容，意思表示才生效。而本条规定的通知，从形式上看并没有排除对话方式的通知，但是仅规定了“通知到达对方时，标的确定”，是典型的到达主义，可以理解为，即便是对话方式的通知，也没有采纳了解主义，在意思表示的生效时间上，均是采纳到达主义。这样规定的理由，主要是基于选择权的性质。选择权属于形成权，形成权是依照权利人单方意思表示即可生效从而改变相应法律关系的权利，故选择权人通过行使选择权，将其选择的内容通知对方后，即生效，不需要对方了解并作出承诺，标的即确定。

选择权的行使具有溯及效力。有选择权的当事人行使选择权后，则使选择之债自成立时即为简单之债，当事人就该确定的债务标的享有权利和承担义务。

---

① 王泽鉴：《民法概要》，中国政法大学出版社2003年版，第228页。

② 王家福主编：《中国民法学·民法债权》，法律出版社1991年版，第59页。

（二）选择权的撤销

根据《民法典》第141条的规定，行为人可以撤回意思表示。撤回意思表示的通知应当在意思表示到达相对人前或者与意思表示同时到达相对人。选择之债中的选择权可否撤销？该选择权属于形成权，不得附条件或期限，原则上亦不得撤销，以免使相对人处于不确定的法律状态。《日本民法典》第407条规定，前条的选择权，以对相对人的意思表示而行使。前款意思表示，除非经相对人承诺，不得撤销。[①]依据该规定，相对人同意的前提下，选择权人可撤销选择，属于例外规定。

《民法典》对此作出如下规定：标的确定后不得变更，但是经对方同意的除外。因此，可以理解为，原则上不允许选择权的撤销，作出选择权的通知到达相对人时，该意思表示即刻生效，债务标的得以确定。但在相对人同意的情况下，选择权人可以撤销原来的选择，重新行使选择权，对债务标的进行变更。该情形符合意思自治原则，法律规定予以准许并无不妥。

二、给付不能

我国民法中并未使用“给付”这一术语，取而代之的为“义务”或者“履行”，但在论及债务内容时，学理上多使用给付之概念，并区分给付义务与附随义务，乃至主给付义务与从给付义务；在作为债之关系正常消灭的原因时，法律上使用的术语亦为履行，即“债务已经按照约定履行”，在学理上称之为清偿。给付是债之关系内容的指称。负有给付义务的债务人负担的是给付行为还是给付结果（给付效果），素有争议。在具体合同类型上，给付是给付行为还是给付效果，不能一概而论，而应根据债务的目的与意义进行判断。在给付不能情况下，指向的则是给付结果。[②]

给付不能对选择之债的影响有两种情形：第一，倘若数种给付中

① 《日本民法典》，王书江译，中国人民公安大学出版社1999年版，第75页。
② 王洪亮：《债法总论》，北京大学出版社2016年版，第18、19页。

有给付不能，但剩余的给付仍有数种可以选择时，选择权存在于剩余的数种给付上，此时仍为选择之债；第二，倘若数种给付中因给付不能而使其给付仅余一种时，该选择之债成为简单之债，选择权即无由行使。[①] 这两种情形，对债的履行都造成了一定程度的影响，但是基于选择之债给付的多样性、给付不能的发生时间、选择权人行使选择权的时间等多种因素，并不一定产生违约责任，要根据个案情况确定。

给付不能可分为自始不能和嗣后不能。在自始不能的情况下，倘若不能的给付为数种给付之一，其他给付仍有可能时，债的关系存在于其他可能的给付之上，视情形为选择之债或简单之债。如果一方当事人订约时明知不能事由仍订约，而相对方无过失且因此受损，则可向过错方请求赔偿损失。

嗣后不能又具体分为以下三种情形：第一，因不可归责于双方当事人的事由而致给付不能的，债的关系存在于其他可能的给付；第二，因可归责于选择权人的事由而致给付不能；第三，因可归责于无选择权人的事由而致给付不能。以上情形，应由责任方承担赔偿损失等责任。

本条规定，可选择的标的发生不能履行情形的，享有选择权的当事人不得选择不能履行的标的，但是该不能履行的情形是由对方造成的除外。

依据上述内容，选择权人面对选择之债中履行不能的情形时，可以于剩余的给付中予以选择，以便继续履行，尽量实现双方当事人的合同目的。但是，如果某种给付不能可归责于选择权人的相对人时，相当于该相对人有过错而导致履行不能，如果选择权人选择该不能履行的标的，则该相对人应承担履行不能的违约责任。具体而言，如果选择权人是债权人，可归责于债务人而导致履行不能，则债权人可以在剩余的给付中进行选择，也可选择不能的给付，请求解除合同并由

① 王家福主编：《中国民法学·民法债权》，法律出版社1991年版，第59页。

债务人承担赔偿责任；如果选择权人是债务人，可归责于债权人而导致履行不能，则债务人可以选择不能的给付，使自己免除给付义务。但是，债权人仍需承担该不能给付之对待给付。

此外，如果是可归责于选择权人的履行不能，分以下两种情形：一是选择权人为债务人时，其不能选择已为不能的给付为债的标的，否则将使债务因为债务人的故意或过失而变更为损害赔偿之债；二是选择权人为债权人时，其应于剩余的给付中进行选择。

【审判实践中应注意的问题】

选择之债中，选择权人行使选择权时应当及时通知对方，该行为系选择权人的意思表示，本条中应按照有相对人的意思表示的规则来进行理解，即按照《民法典》第137条的规定来理解。但是按照本条的规定，该意思表示仅限于明示的意思表示，意思表示的生效采纳到达主义，且具有溯及力，选择溯及于债权发生时发生效力。

此外，在选择之债履行不能时，要根据造成履行不能的情形可归责的是选择权人还是选择权人的相对人、选择权人最终选择的给付情况等因素，确定相应的责任。

第五百一十七条 债权人为二人以上，标的可分，按照份额各自享有债权的，为按份债权；债务人为二人以上，标的可分，按照份额各自负担债务的，为按份债务。

按份债权人或者按份债务人的份额难以确定的，视为份额相同。

【条文主旨】

本条是关于按份之债的含义与类型的规定。

【条文理解】

本条与第518条都属于多数人之债的规定。多数人之债包括多数债权人或多数债务人的情形。在债的多种分类中，多数人之债是按照债的主体进行的分类。

一、按份之债与连带之债的区分

《民法通则》第84条规定，债是按照合同的约定或者依照法律的规定，在当事人之间产生的特定的权利和义务关系。债作为民事法律关系的一种，具有主体、客体和内容三项基本要素。其中，债的主体，是债的法律关系的当事人，即债权人和债务人。在同一债的关系中，如果债的双方当事人均各为一人，为单一之债；如果债的当事人一方或者双方为两人或两人以上时，为多数人之债。我国《民法通则》仅规定了按份之债和连带之债，《侵权责任法》中还规定了不真正连带责任。《民法典》在合同编中规定了按份之债和连带之债，在侵权责任编中还规定了连带责任和不真正连带责任等内容。《日本民法典》中将保证债务也列入多数人之债。上述情形，理论上虽然都属于多数人之债，但是《民法典》并没有债法总则的统领，抽象出共同的规则，而是将债的规则散见于各编之中。所以，需要大家对多数人之债进行体系化思考，对按份之债、连带之债、不真正连带债务等进行比较，才能有比较深刻的理解。下面，结合《民法典》第177条和本条的规定，对按份之债的理解与法律适用进行探讨，同时有部分内容与连带之债对照着展开。因为按份之债和连带之债本身就是相对应的概念，两者都属于多数人之债的范畴，但是两者的区分，主要是外部关系的形态有所不同。此处所谓外部关系，是就债权人与债务人之间而言；内部关系，是就多个债权人之间或者多个债务人之间而言。所谓连带，从外部关系而言，相对于债务人，多个债权人所享有的债权是一个不可分的整体，每个债权人有权利向债务人请求全部给付；相对于债权人，多个债务人所负担的债务是一个不可分的整体，每个债务人都有义务清偿全部债务。所谓按份，就外部关系而言，相对于债务人，各个债权人按照确定的份额享有债权，各个债权人仅能请求该债务人向其履行其所享有的份额；相对于债权人，各个债务人按照确定的份额承担债务，各个债务人按照各债权人确定的份额分别负担相应的给付义务；这些债权或者债务具有相对独立性，形式上是一个债的关系，实际为数个债的集合。就内部关系而言，按份之债是按照各自的份额清偿的，债权人之间或者债务人之间不会发生内部追偿问题。连带之债，如果某一债务人清偿了全部债务或者某一债权人受领了全部给付，内部之间会发生追偿问题。以上是从外部关系和内部关系两个角度对按份之债和连带之债所作的简单区分。下面结合法条的内容进行阐述。

二、按份之债的含义

所谓按份之债，是指数个债权人或数个债务人按照一定的份额享有债权或负担债务。在按份之债中，作为债的给付的标的必须是可分的，而且每个债权人按照特定的份额行使权利，每个债务人按照特定的份额承担义务。①

《民法通则》第86条确立了按份之债，与之相比，《民法典》本条规定，对按份之债的定义进行了完善，并且突出强调了按份之债“标的可分”的特征。

按份之债分为按份债权和按份债务，之所以称为“按份”，指的是在该多数人之债的关系中，债权人享有的债权或者债务人所负担的债务具有相对独立性，是可以分成一定的份额并按照相应的份额分别清偿的。“按份”的前提是标的必须是可分的。

债作为民事法律关系的一种，具有主体、客体和内容三项基本要素。其中，债的客体是债权债务所共同指向的对象，习惯上称为债的“标的”，也就是债务人的特定行为，法律上称为“给付”。给付包括积极给付和消极给付。积极给付指债务人为特定行为，以作为为给付内容；消极给付指债务人不为特定行为，以不作为为给付内容。作为债之标的的给付，应具备三个要件：一是合法。给付行为须合法，至少不为法律所禁止。二是可能。给付行为应为客观上能够实现。三是确定。给付行为应于债成立时已经确定，至少应于债务履行前可得确定。②比如，《民法典》第515条规定的选择之债，选择权人应在约定期限内或者履行期限届满前行使选择权，确定一项债务标的。

总之，上述按份之债的定义专门强调了“标的可分”、可根据份额分别“给付”的特征。虽然是数个给付，但无损给付的性质或价值。

三、按份之债的成立要件

按份之债的成立，主要由法律行为引起。个别情形下，也由法律直接规定。如《民法典》第1172条，二人以上分别实施侵权行为造成同一损害，能够确定责任大小的，各自承担相应的责任；难以确定责任大小的，平均承担责任。其成立要件为：

---

① 王利明：《债法总则研究》，中国人民大学出版社2015年版，第210页。

② 王家福主编：《中国民法学·民法债权》，法律出版社1991年版，第6页。

第一，债的一方或双方当事人为二人以上。按份之债为多数人之债，此处的多数人即指债的主体为多数，即债权人或者债务人为二人以上，各自享有相同份额或者不同份额的债权，各自负担相同份额或者不同份额的债务。

第二，给付基于同一发生原因。其指的是给付源于同一债之关系，基于此，对应的合同的解除权应由全体债权人或债务人共同行使。

第三，债的标的可分，即一个给付分为数个给付时，对性质和价值没有损害。

第四，债权由数个债权人享有或债务由数个债务人负担。

第五，债权份额或债务份额在债成立时即已确定。

四、按份之债的效力

按份之债的效力，分为对内效力和对外效力，上文在论述其与连带之债的区别时已经有所涉及，再补充如下内容。

（一）对内效力

本条规定，按份债权人或者按份债务人的份额难以确定的，视为份额相同。与《民法通则》第86条相比，该内容为新增加的内容，是将按份之债之份额不明的情况，推定为同等份额。所以，在法律另有规定或者当事人另有约定的情形之外，可以推定按份之债的份额相同。此外，连带之债是债的特殊形态，只有在法律有明确规定或者当事人明确约定的情形下才能成立，其适用范围是受到限定的。而按份之债是债的一般形态，在法律没有明确规定或者当事人没有明确约定的情形下，一般推定为按份之债。[①]

（二）对外效力

由于按份之债是数个债的集合，按份债权人只能按照自己享有的债权份额请求债务人清偿，无权请求债务人向自己为全部债务的清

① 王利明：《债法总则研究》，中国人民大学出版社2015年版，第211页。

偿；按份债务人仅就自己所负担的债务数额向债权人履行债务，对其他债务人应负的债务份额，无清偿义务。债权人对每个按份债务人的请求权都是独立的，每一按份债务人的清偿单独发生效力，是否存在给付障碍，也单独进行判断。但是，按份之债又基于同一发生原因，所以因合同而生的按份之债中，合同的解除应由一方当事人全体向对方当事人全体为之。在诉讼程序中，该合同当事人应为共同诉讼人。

在双务合同中，同时履行抗辩权能否因债务人中的一人尚未履行而发生，学者观点不一。有的学者认为，债务人之一未为履行之前，纵使其他债务人已为履行，债权人仍得使用同时履行抗辩。[①] 有的学者认为，对待给付为不可分时，一方当事人未为全部给付前，他方当事人可拒绝对待给付；如对待给付为可分，则不得以他方当事人未为全部给付而拒绝对待给付，各债权人仅得就自己应享有的部分尚未履行而拒绝履行相应义务。后一种观点似较可取。[②]

【审判实践中应注意的问题】

首先，《民法典》规定的按份之债，明确规定是标的可分，属于可分之债，但是这种分类着眼于债的主体之间相互的权利义务关系，与之相对的概念是连带之债。与可分之债相对应的是不可分之债。不可分之债与连带之债仍有区别，具体在第518条连带之债中进行分析。

其次，要充分了解按份之债在《民法典》中的特殊安排。《民法典》中没有规定债法总则，没有归纳提炼债的概念、债的主体、债的客体、债的内容、债的发生原因、债的分类、债的效力、债的变更和移转、债的消灭等统一的规则，同时，不同类型的债分散在《民法典》的不同编中。而按份之债和连带之债等规则既可以适用于合同，

① 王泽鉴：《民法概要》，中国政法大学出版社2003年版，第283页；王洪亮：《债法总论》，北京大学出版社2016年版，第493页。

② 王家福主编：《中国民法学·民法债权》，法律出版社1991年版，第41、42页。

也适用于侵权，所以一定要有体系化的认识。在《民法典》中，按份之债在总则编中的第177条和合同编中的第517条都有明确的规定，在侵权责任编中也有涉及，比如第1172条所涉及的没有共同意思联络的侵权行为的责任承担问题。

最后，要准确理解标的可分的含义。《民法通则》第84条规定了债的定义，《民法典》第118条第2款规定了债权的定义，即“债权是因合同、侵权行为、无因管理、不当得利以及法律的其他规定，权利人请求特定义务人为或者不为一定行为的权利。”债权是债的内容之一，而此处的特定义务人“为或者不为一定行为”是债的客体，即债的标的，在债法上用“给付”这一概念加以概括，是一种抽象，不同于一个具体行为所作用的标的物，所以虽然给付一般都具有财产性，但是按份之债的标的可分与债所涉及的标的物可分是不同的，应当注意区分。

第五百一十八条　债权人为二人以上，部分或者全部债权人均可以请求债务人履行债务的，为连带债权；债务人为二人以上，债权人可以请求部分或者全部债务人履行全部债务的，为连带债务。

连带债权或者连带债务，由法律规定或者当事人约定。

【条文主旨】

本条是关于连带之债的含义、类型与发生原因的规定。

【条文理解】

一、连带之债的含义及相关学说

所谓连带之债，谓债权人或者债务人有数人，各债权人得请求为全部之给付或各债务人负有为全部给付之义务，唯因一次之全部给付，而其债之全部关系归于消灭之债权债务关系。[①] 连带之债分为两类：连带债权和连带债务。连带之债与按份之债的区别，已在前一条中进行了分析，在此不再赘述。需要强调的是，连带之债与不可分之债是不同的。两者有共同点，也有不同之处。共同点主要有：债权人或债务人都为多数，债的标的都是同一给付。不同之处在于：连带债务是法律明确规定或者当事人明确约定的，不可分之债多是当事人约定的，但是并不以明示为必要条件；连带之债并不以给付是否可分作为判断依据，连带债务给付的内容一般情况下为可分债务，各个连带

① 史尚宽：《债法总论》，中国政法大学出版社 2000 年版，第 641 页。

债务人的债务具有相对独立性，而不可分之债的给付肯定是不可分的，债权人只能请求一次全部给付。

就连带之债的性质，是一个债还是数个债的集合，学者多有争论。连带之债制度可以追溯到罗马法。在罗马法中，按份之债是常态，而连带之债则是例外情况。[①]共有之债或连带之债区分为：主动共有之债，即数个债权人对一个债务人；被动共有之债，即数个债务人对一个债权人。它一方面涉及数个主体，另一方面只涉及单一标的。[②]连带之债（侧重指连带债务）又区分为两种形态，即共同连带和单纯连带。共同连带以合同为发生原因，主要针对家族共同体或事业共同体所负的债务；单纯连带以法律规定为发生原因，主要针对共同侵权所产生的损害赔偿债务。共同连带和单纯连带的划分标准，是连带债务为单数之债还是复数之债。共同连带为单数之债，是属于具有多个主体的一个债的关系，对其中一人发生效力的事项当然及于其他连带债务人或债权人，其中一个债务人的义务就是全部（连带）债务人的义务，强调连带债务所具有的绝对效力。单纯连带为复数之债，数个连带债务人负有数个独立的义务，但都同时具有共同目的，也只有具有满足共同目的的对债务人一人所生之事项，效力才及于其他债务人。

继受罗马法的《法国民法典》，以共同连带为原型规定连带之债，偏于单一说。《德国民法典》以单纯连带为原型规定连带之债，偏于复数说。《日本民法典》以共同连带为原型规定连带之债，2017年《日本民法典》修改时作出改动，意图融合连带债务与不真正连带债务，并大幅删减了连带债务的绝对效力事由。

我国学者多数观点认为连带之债为复数之债，是数个债的集合体，数个债相对独立存在，又因特定事由集合在一起，满足同一目的，清偿同一债权。

---

① 王利明：《债法总则研究》，中国人民大学出版社2015年版，第204页。

② ［意］彼德罗·彭梵得：《罗马法教科书》，黄风译，中国政法大学出版社2018年版，第241、242页。

二、连带债权的含义及特征

所谓连带债权，是指债权人为二人之上，部分或者全部债权人均可以请求债务人履行债务。其特征如下：（1）债权人为二人以上，但每个债权人都有权要求债务人履行全部义务，每个债权人也均有权接受债务人所作出的全部履行。（2）连带债权为数个独立债权，各个债权相互独立，相互之间并无从属关系。（3）原则上以同一给付为标的。所谓同一给付，是指由于各债权人之间存在牵连关系，债务人的给付目的具有同一性，能够实现各债权人的同一给付利益，债务人对某一债权人的全部或部分给付，对于其他连带债权人而言发生该部分债权消灭的法律后果。而各债权人之间的牵连关系，正是连带债权与按份债权的根本不同之处。这也是就连带债权的外部关系而言的，就连带债权人之间的内部关系而言，应当按照当事人的约定或者法律规定来确定各自的权利义务。

三、连带债权的效力

连带之债的效力问题，因为既有债权人与债务人之间的债权债务关系，又有债权人之间以及债务人之间的内部连带关系，所以可以从外部效力和内部效力两个角度考察。

对于连带债权的内部效力问题，《民法典》第521条专门作了规定，在此不再赘述。下面简要介绍连带之债的外部效力。

连带债权的外部效力，指的是连带债权人与债务人之间的关系。分为全部效力与个别效力两个层次。

（一）全部效力

一是清偿。在连带债权的情况下，各债权人均有权向债务人请求全部给付，债务人也有权向任一债权人主动履行全部债务。债务人向任一连带债权人履行全部给付后，其他债权人的债权同时归于消灭，其他连带债权人没有受到清偿的也是如此。

二是混同。如果债权与债务混同于一个连带债权人，则其他债权人对债务人的权利即为消灭，但在连带债权人内部仍按照内部份额分享权利。

三是债权人受领迟延。连带债权人受领迟延产生的法律效果应由连带债权人承担，之后再进行内部处理。

（二）个别效力

个别效力指债权人的某些行为仅对其自身发生效力，而不及于其他连带债权人。

一是连带责任的免除。债权人对一债务人免除连带责任时，通常对其他连带债权人不生效力，一方面，他仅能对自己的债权部分处分，另一方面，他不能通过处分行为给其他连带债权人带来不利益。

二是债权让与。债权人如将其对于一债务人的债权让与他人，其他债务人的连带责任仍不消灭，对其他连带债权人也无影响。

四、连带债务的含义及特征

连带债务是指数个债务人对同一内容的给付，各自独立负担全部给付义务，且其中一人给付时，其他债务人同样被免除债务的多数当事人的债务。[①] 连带债务是实务中最常见的连带之债，对于债权人来说，能够提供比较充分的担保和保障，而对于连带债务人而言，则大大增加了自身的风险。

其特征如下：（1）债务人为二人以上，但每个债务人的债务都是以全部给付为内容的，基于连带关系，每个债务人都负有清偿全部债务的义务。（2）各个连带债务人的债务具有相对独立性，各个债务相互独立，相互之间并无从属关系。（3）连带债务人的给付具有同一性。各债务人的债务是达到客观的单一目的的手段，债务人中任意一人给付，则全部债务消灭。关于连带债务的同一性，存在两种观点。一是主观说，认为连带债务的同一性主要是指债务人间需要就债务的履行存在主观上的共同目的；二是客观说，认为连带债务的同一性是

---

① ［日］我妻荣：《新订债权总论》，王燚译，中国法制出版社2008年版，第355页。

指各个债务人的给付应当是满足债权人的同一履行利益，而并不要求各个债务人就债务的履行具有主观上的共同目的。[①]（4）债权人只有权要求一次给付。如果债权人的目的是多次满足其给付利益，而且一个债务人的给付没有使得其他债务人的履行成为不可能，此时即不能构成连带债务。[②]

五、连带债务的产生

本条规定，连带债务由法律规定或者当事人约定，基于此，连带债务分为法定的连带债务和意定的连带债务。

（一）法定的连带债务

法定的连带债务，即法律明确规定各个债务人对某一债务承担连带责任的债务。具体包括以下情形：（1）侵权关系中的连带债务。《民法典》侵权责任编中，共同实施的侵权行为情形（第1168条）；共同危险行为中不能确定具体侵权人的情形（第1170条）；网络用户利用网络服务实施侵权行为，网络服务提供者未及时采取必要措施的情形（第1195条、第1197条）；挂靠机动车发生交通事故并负有侵权责任的情形（第1211条）；遗失、抛弃高度危险物或非法占有高度危险物造成他人损害，有过错的所有人、管理人与非法占有人承担连带责任（第1241条、第1242条）；等等。（2）代理中的连带债务。主要有代理人和相对人恶意串通损害被代理人合法利益的，代理人和相对人承担连带责任（第164条第2款），违法代理的连带责任（第167条）。

此外，《民法典》在合同编分则中对部分有名合同当事人承担连带责任的情形也作出了明确的规定，如承揽合同中共同承揽人对定作人承担连带责任，但是当事人另有约定的除外（第786条）；运输合同中以同一运输方式联运的两个以上承运人对损失承担连带责任（第834条）；等等。

---

① 王利明：《债法总则研究》，中国人民大学出版社2015年版，第215、216页。

② 王洪亮：《债法总论》，北京大学出版社2016年版，第494页。

（二）意定的连带债务

意定的连带债务，即依照当事人之间的约定所产生的连带债务。因合同而承担连带责任的典型是连带责任保证。《民法典》合同编分则中第十三章专设了保证合同的内容，其中第688条明确规定，当事人在保证合同中约定保证人和债务人对债务承担连带责任的，为连带责任保证。要求当事人在合同中对连带债务作出明确的约定。

对于连带债务而言，连带债务的效力是重要内容。连带债务人对外承担连带清偿责任，对内应当按份分担责任。对此，《民法典》第519条、第520条分别作出了规定，应当结合起来对连带债务进行全面理解。

此外，司法实践中，特别是在侵权责任中，我们还经常遇到不真正连带责任的情形，在此作一简单介绍，希望大家能完整地了解多数人之债的各种形态。

根据传统大陆法系国家的债法理论，不真正连带之债是指数个债务人基于不同发生的原因而产生同一内容的给付，各个债务人分别对债权人负全部履行的义务，并因其中一个债务人的履行而使得全体债务人的债务都归于消灭。在某一债务人清偿之后，有权向终局的责任人追偿。不真正连带的概念是从19世纪德国普通法时代有关共同连带和单纯连带的区分中发展起来的。虽然共同连带和单纯连带的区分在《德国民法典》制定之前就已经被抛弃，但是这一区分却对不真正连带债务理论产生重大影响。①

不真正连带债务的特征表现在，数个债务人虽然主观上没有共同的目的，但是基于不同的原因负有债务，这些债务因为偶然原因联系在一起，具有了给付的同一性，但这些债务人之间具有层次性，一般只有一个终局责任人，其他债务人属于过渡责任人，承担了赔偿责任的中间责任人有权向终局责任人追偿。

不真正连带责任与连带责任的区别主要在于：一是产生的原因不

① 王利明：《债法总则研究》，中国人民大学出版社2015年版，第249、250页。

同，连带责任通常是基于同一原因产生的，而不真正连带责任是基于不同的原因产生的；二是连带责任中，各个连带责任人都是终局责任人，处于同一层次，内部是按份之债，人人有份，但是不真正连带之债中，存在一个终局责任人，虽然权利人可以选择任何一个债务人请求赔偿，但过渡责任人赔偿以后，可以向终局责任人追偿。[①]《民法典》侵权责任编中产品责任中关于生产者与消费者之间的责任承担（第1203条），医疗损害责任中关于药品、消毒产品、医疗器械的缺陷、输入不合格血液责任（第1223条），环境污染和生态破坏责任中第三人过错污染环境责任（第1233条）等等，都属于不真正连带责任的规定。

【审判实践中应注意的问题】

连带之债，尤其是连带债务引起的连带责任，是审判实践中经常遇到的问题。要准确理解连带之债，要与按份之债、不真正连带之债等进行对比，这样既能进行体系化的思考，又能准确把握各自的特征，有利于在审判实践中正确运用。本条内容，只是对连带之债的基本概念和连带之债的发生原因进行了规定，需要结合其他法条，如关于连带之债的对内和对外效力的规定，才能对连带之债有更深刻的理解。

此外，连带责任保证相对于其他连带之债具有特殊性，即连带责任保证是从债务，附属于主债务，要准确理解和把握连带责任保证的从属性。

① 王利明：《债法总则研究》，中国人民大学出版社2015年版，第255页。

第五百一十九条 连带债务人之间的份额难以确定的，视为份额相同。

实际承担债务超过自己份额的连带债务人，有权就超出部分在其他连带债务人未履行的份额范围内向其追偿，并相应地享有债权人的权利，但是不得损害债权人的利益。其他连带债务人对债权人的抗辩，可以向该债务人主张。

被追偿的连带债务人不能履行其应分担份额的，其他连带债务人应当在相应范围内按比例分担。

【条文主旨】

本条是关于连带债务人内部法律关系的规定。

【条文理解】

本条相较于《合同法》系新增加的条文，来源于《民法通则》第87条，同时借鉴《民法总则》关于连带责任的相关内容进行了完善。具体规定了连带债务份额的确定、连带债务人的追偿权及被追偿的连带债务人履行不能时的分担规则。

一、连带债务

按照《民法通则》第84条的规定，债是按照合同的约定或者依照法律的规定，在当事人之间产生的特定的权利和义务关系。享有权利的人是债权人，负有义务的人是债务人。债权人有权要求债务人按照合同的约定或者依照法律的规定履行义务。连带之债，是指债的主体一方为多数人，多数人一方的各个当事人之间存有连带关系的债。[①]《民法通则》在民事权利一章中对连带之债进行了规定，其第 87 条规定："债权人或者债务人一方人数为二人以上的，依照法律的规定或者当事人的约定，享有连带权利的每个债权人，都有权要求债务人履行义务；负有连带义务的每个债务人，都负有清偿全部债务的义务，履行了义务的人，有权要求其他负有连带义务的人偿付他应当承担的份额。"

从概念可知，连带债务是债务人一方人数为二人以上的一种债务形式，指对法定或者约定的债务，数个债务人中的任一债务人，都负有向债权人清偿全部债务的义务。连带债务是与按份债务相对应的类型概念，与按份债务相类似，连带债务的确定可以由法律直接规定，也可以由当事人进行约定。对于法律直接规定的连带债务，比如《民法典》第 67 条第 2 款的规定："法人分立的，其权利和义务由分立后的法人享有连带债权，承担连带债务，但是债权人和债务人另有约定的除外"；又如《民法典》第 75 条第 1 款的规定："设立人为设立法人从事的民事活动，其法律后果由法人承受；法人未成立的，其法律后果由设立人承受，设立人为二人以上的，享有连带债权，承担连带债务。"对于合同约定的连带债务，可以由两人以上债务人与债权人约定连带承担债务。

连带债务的确立，从理论上看主要是出于对债权人权利实现的保障目的。在对外关系上，任一连带债务人就全部债务均负有清偿义务，债权人可以向任一债务人要求清偿部分或者全部债务，而无需考虑债务人之间的债务份额比例，权利人实现全部债权有较充分保障。

民事义务和民事责任是一对通过救济权紧密联系的概念，民事责任是指当事人违反民事义务所应当承担的民法上的不利后果，是民事法律关系的构成要素。[②] 连带债务属于民事义务范畴，连带责任属于民事责任范畴，两者之间亦是一对紧密联系的概念。从两者关系上

① 崔建远：《债法总论》，法律出版社 2013 年版，第 33 页。

② 参见王利明、杨立新、王啸：《民法学》，法律出版社 2008 年版，第 164 页。

看，两者具有相似性。第一，两者目的相同，都是为了确保债权人的债权得以实现，是有利于债权人的法律设置；第二，两者法律效力相同，在对外效力上，连带债务人或者连带责任人均需清偿全部债务或承担全部责任；第三，两者相互依存，对于连带债务的违反会产生相应的连带责任。但两者并不等同，只有当连带债务人不履行或不完全履行债务，致使债权人的债权受到威胁时，连带责任才有发生作用的必要。[①]虽然两者有所差别，但是目前在概念使用上，许多情况下连带责任实际指向的是连带债务，不具有民事责任意义上的评价，并非违反义务后的民事责任，比如连带保证责任，保证人之间承担的实际是连带债务。

二、债务份额的确定

根据本条第1款的规定，连带债务人之间的份额难以确定时，视为份额相同。本款并非是对连带债务内部份额的统一划定，其适用具有相应的前提，即连带债务人之间的份额难以确定。这体现出连带债务各债务人之间仍然是按照一定份额承担各自的债务。

在法律没有特别规定或者没有限制约定的情形下，在连带债务的对内关系上，连带债务人可以约定连带债务承担的内部份额，如果连带债务人间存在明确的约定，则应当按照约定比例确定。特别是在合同之债中，应当充分尊重当事人之间的权利义务安排，如果当事人之间约定份额的，应当以约定份额为准。只有在法律没有明确规定或者合同没有明确约定具体的债务份额，或者无法根据法律规定或者合同的约定准确确定连带债务人之间相应债务份额时，才能认定各债务人之间承担相同比例份额的债务。

三、连带债务人的追偿权

本条第2款规定了连带债务人的追偿权。连带债务人的追偿权是

① 邱业伟：《论连带债务与连带责任的关系》，载《河北法学》2006年第6期。

指连带债务中，连带债务人之一对外负担的实际债务份额，超过其在内部关系上应当负担的份额的，该连带债务人享有请求其他债务人偿还各自应负担份额的权利。[①] 相较于《民法通则》第 87 条的规定，该规定借鉴了《民法总则》关于连带责任的规定，在实现体系统一的基础上，进一步完善了连带债务人追偿权的相关规定。

第一，本款明确使用“追偿”的概念，为连带债务人享有的权利准确定性，《民法通则》第 87 条后半段将连带债务人的内部关系表述为“履行了义务的人，有权要求其他负有连带义务的人偿付他应当承担的份额”，由于表述不够明确，故理论上有“追偿权”“求偿权”“分摊请求权”等不同理解，而本条款明确定性为追偿权。

第二，本款明确了享有追偿权的连带债务人享有债权人的权利。从外部关系看，部分连带债务人履行债务以后，其他债务人对债权人的债务在相应范围内消灭，但此法律效果仅限于债权人与债务人之间。在债务人内部关系处理上，履行债务的连带债务人可以享有债权人的权利。同时，由于履行债务的连带债务人享有的是债权人的权利，故其他连带债务人对债权人的抗辩可以向该债务人主张。

第三，本款明确了追偿权的前提条件，即连带债务人享有追偿权的前提是其履行超出了自己的内部债务份额。《民法通则》第 87 条的规定并未明确该前提条件，故学界存在肯定说和否定说的争议。肯定说认为连带债务人未超过其承担份额的免责行为，实际仅是在履行自己的债务，缺乏向其他债务人追偿的基础。[②] 否定说则认为连带债务人的追偿权不需要以履行超过自身份额为前提，连带债务人之间的负担部分，与其认为是一定债务额，不如认为是一定比例；只要为共同免责而付出，在这一比例下分担才公平。[③] 相较于否定说，肯定说在追偿权的设置上更为严格，如果连带债务人对外负担的实际债务并未超过其内部责任份额的，其无权向其他债务人追偿。《民法总则》第

① 参见崔建远:《债法总论》，法律出版社 2013 年版，第 37 页。

② 参见史尚宽:《债法总论》，中国政法大学出版社 2000 年版，第 667 页。

③ 参见 [日] 我妻荣:《新订债权总论》，中国法制出版社 2008 年版，第 384~385 页。

178条对于连带责任人追偿权的规定就要求连带责任人实际承担的责任超过自己责任份额，《民法典》亦沿用这一思路，关于连带债务的这一规定与《民法典》整体的理念体系相匹配，而且符合自己责任原则的要求，同时能够避免产生循环求偿的问题。[①]

四、被追偿的连带债务人履行不能时的分担规则

本条第3款规定了追偿不能时的按比例分担规则。从原理上看，这一规定是为了保障实际履行债务的连带债务人的权利，避免其独自承担被追偿的连带债务人不能履行的债务份额。

连带债务人内部之间是按份之债，正常履行情形下，任一连带债务人对外履行债务后，可以向其他连带债务人追偿并实现按照内部份额承担债务的目标。但是在被追偿的连带债务人不能履行时，则面临着超份额承担债务的问题。对于这一部分，由其他连带债务人在相应范围内按比例分担更为公平。

【审判实践中应注意的问题】

一、连带债务人内部债务份额的确定

在司法实践中，如何确定连带债务人之间的内部份额仍需根据具体的法律规定和合同约定进行分析。在具体适用过程中，应当避免为简便而直接适用本条第1款的做法。在存在法律明确规定时，应当按照法律规定确定连带债务人的内部份额；在法律没有规定或者允许当事人以约定排除法律规定时，如果能够结合相关约定确定债务人内部各自的具体份额的，应当以当事人的约定确定债务份额。只有在没有法律特别规定或当事人没有约定，或者虽然存在法律规定或者相应约定但是确定具体份额存在障碍时，才能适用本条第1款的规定，对连

① 参见戴孟勇：《论连带债务人的求偿权及其制度设计》，载《四川大学学报（哲学社会科学版）》2019年第1期。

带债务人之间的债务份额视为相同。

二、连带债务人追偿权的成立和行使

在司法实践中，准确适用本条规定，一方面，要正确把握连带债务人追偿权的成立要件。结合《民法典》第520条的规定，债务人享有追偿权应当满足以下条件：一是连带债务人对外实施清偿等财产给付行为；二是须使得其他连带债务人共同免责；三是须对外负担的债务份额超过内部应负担的份额。另一方面，要正确把握连带债务人追偿权行使的限制，其权利行使的范围仅限于其超额负担的债务部分；且由于其相应地享有债权人的权利，其权利的行使受此限制，不能损害债权人的利益。

三、被追偿连带债务人履行不能时的分担主体

对于被追偿的连带债务人不能履行其应分担份额的，要注意该份额是在除被追偿的连带债务人外的其他连带债务人之间按比例分担，即行使追偿权的连带债务人亦应当按比例分担，在分担主体上不应将行使追偿权的连带债务人排除在外。

第五百二十条 部分连带债务人履行、抵销债务或者提存标的物的，其他债务人对债权人的债务在相应范围内消灭；该债务人可以依据前条规定向其他债务人追偿。

部分连带债务人的债务被债权人免除的，在该连带债务人应当承担的份额范围内，其他债务人对债权人的债务消灭。

部分连带债务人的债务与债权人的债权同归于一人的，在扣除该债务人应当承担的份额后，债权人对其他债务人的债权继续存在。

债权人对部分连带债务人的给付受领迟延的，对其他连带债务人发生效力。

【条文主旨】

本条是关于部分连带债务人与债权人之间关系变化对其他连带债务人效力的规定。

【条文理解】

本条相较于《合同法》是新增加的规定。在连带债务中，债权人享有充分的权利行使自由，可以向部分或者全部债务人主张债权。本条规定要解决的是在连带债务关系中，部分连带债务人与债权人发生履行、抵销、提存、免除、混同等债的消灭原因或者债权人迟延受领给付时，对其他连带债务人的效力问题。

在理论上，就一债权人或债务人所发生的事项，效力及于其他债权人或债务人的，称为有涉他效力的事项；效力不及于其他债权人或债务人的事项，称为无涉他效力的事项。[①]从连带之债为数个债的角度看，由于债的相对性，就一个债权人或债务人所生的事项，效力不应及于其他债权人或债务人；但从连带之债具有同一目的的角度看，其效力又应及于其他债权人或债务人。本条规定的都是具有涉他效力的事项。

一、部分连带债务人履行、抵销债务或者提存标的物的涉他效力

履行、抵销债务或者提存标的物均是债消灭的原因。履行是对债之清偿的动态描述，是根据债务本旨，实现债务内容，达到债权目的，而使债的关系归于消灭的行为。抵销是指二人互负债务时，各以其债权充当债务之清偿，而使其债务与相对人的债务在对等额内相互消灭。提存是指由于债权人的原因，债务人无法向债权人给付标的物，债务人将该标的物交给提存部门而消灭债权。[②]从履行、抵销、提存的共同点看，三者都是债务人以积极的作为实现债之目的的行为。

根据本条第1款的规定，部分连带债务人履行、抵销债务或者提存标的物的，效力及于其他连带债务人，债权人和连带债务人之间的债务在相应范围内消灭。从原理上看，连带债务的债权人虽然可以向任一连带债务人主张全部债权，但是债权人仅能获得一次给付，不能多重受益。故在部分连带债务人已经通过积极的行为实现债之目的时，债权人不得再向其他债务人主张债权。此时，部分连带债务人的履行、抵销债务或者提存标的物的行为效力及于全部连带债务人，理论上也被称为具有全部效力或者总括效力的事项。[③]从各国立法例看，各国均认可履行、抵销债务或者提存标的物的行为发生总括效力，及

① 参见张广兴主编：《债法》，社会科学文献出版社2009年版，第55页。

② 参见崔建远：《债法总论》，法律出版社2003年版，第263~277页。

③ 参见刘凯湘：《债法总论》，北京大学出版社2011年版，第168页；王洪亮：《债法总论》，北京大学出版社2016年版，第495页。

于全体连带债务人。以《德国民法典》为例，其第422条第1款规定，连带债务人之一的履行，也为其余债务人的利益发生效力。代替履行的给付、提存和抵销，亦同。

必须注意的是，根据本条第1款后半段的规定，在部分债务人履行、抵销债务或者提存标的物时，只是在对外关系上发生总括效力，实现债权人与全体连带债务人之债的消灭。但是在连带债务人之间的内部关系上，则应当按照《民法典》第519条的规定，由该部分连带债务人向其他连带债务人行使追偿权。

二、债权人对部分连带债务人免除债务的涉他效力

免除是指债权人放弃债权的单独行为，亦是债消灭的原因之一。根据《民法典》第575条规定，债权人免除债务人部分或者全部债务的，债权债务部分或者全部终止，但是债务人在合理期限内拒绝的除外。有学者称之为修正的单方行为模式。[①] 与履行、抵销、提存为债务人的积极行为使得债权实现进而终止债权债务关系不同，免除是债权人的积极行为。从理论上看，免除包括全部连带债务人之债务的免除、部分连带债务人之债务的免除、全部连带债务人之连带关系的免除以及部分连带债务人之连带关系的免除。[②] 本条第2款规定针对的是对部分连带债务人之债务的免除这一情形。

根据本条第2款的规定，债权人免除部分连带债务人的债务的，发生有限制的总括效力，即在该连带债务人应当承担的份额范围内，其他连带债务人对债权人的债务消灭。事实上，免除系债权人的主动行为，并未使得债实现其应有的目的，故理论上，对于一个连带债务人之债务免除，不应发生总括效力。但是如果贯彻这一理论，则受免除的连带债务人，在其他连带债务人履行、抵销债务或者提存标的物时，仍然要受到其他连带债务人的追偿，而就其被追偿部分，更须转

① 参见薛军：《合同涉他效力的逻辑基础和模式选择——兼评〈民法典合同编（草案）〉（二审稿）相关规定》，载《法商研究》2019年第3期。

② 刘凯湘：《债法总论》，北京大学出版社2011年版，第162页。

向债权人请求偿还，容易产生循环之复杂的法律效果，甚至可能给当事人带来不公平的法律后果。[①] 通过有限制的总括效力的规定，则可以避免这一循环反复之弊端。《日本民法典》亦采用这一观点，其第437条规定，对连带债务人其中一人所进行的债务免除，仅就该连带债务人的负担部分，为其他连带债务人的利益发生效力。

必须注意的是，与部分连带债务人履行、抵销债务或者提存标的物不同，在债权人免除部分连带债务人之债务情形下，是债权人放弃自身权利，故不存在被免除债务的部分连带债务人后续向其他连带债务人追偿的问题。

三、部分连带债务人的债务与债权人的债权混同的涉他效力

混同是指债权和债务同归于一人，原则上致使合同关系消灭的事实。[②] 对于部分连带债务人与债权人发生混同时的法律效力问题，目前大陆法系国家有三种立法例。第一种立法例规定，混同仅在该连带债务人承担份额的范围内使债务消灭，该连带债务人对其他债务人不享有求偿权。不过，该连带债务人仍得以债权人身份，请求其他债务人连带偿还剩余债务。第二种立法例规定，混同视为该连带债务人已经清偿债务，故该连带债务人对其他债务人享有求偿权，有权请求其他债务人偿还各自的承担份额。第三种立法例规定，混同仅在该连带债务人和债权人之间发生相对效力，对其他债务人不发生效力。[③] 在三种立法例中，第一种立法例能够简化当事人的法律关系，也不会削弱债权的效力，是更合适的选择。

从本条第3款的规定看，其选择的是第一种立法例。从法律效果上看，在发生混同的连带债务人份额内，债权因混同而消灭；在扣除发生混同的连带债务人的份额后，该部分连带债务人实际成为债

① 参见史尚宽：《债法总论》，中国政法大学出版社2000年版，第654页。

② 崔建远：《债法总论》，法律出版社2003年版，第280页。

③ 参见戴孟勇：《论连带债务人的求偿权及其制度设计》，载《四川大学学报（哲学社会科学版）》2019年第1期。

权人，可以以债权人的身份要求其他连带债务人清偿剩余部分连带债务。

四、债权人对部分连带债务人受领迟延的涉他效力

受领迟延，是指债权人对于债务人的履行应当而且能够受领而不为受领或者客观上不能受领。[①]受领迟延需要具备以下四个构成要件：一是债务的履行需要债权人的协助；二是债务已届履行期；三是债务人已经提出或者已经实际履行；四是债权人拒绝或者不提供协助义务。

根据《民法典》的相关规定，债权人受领迟延时，债务人得发生减轻、免除以及在受损害时要求赔偿的法律效果。第一，债务人无须支付受领迟延期间的利息。《民法典》第589条第2款规定，在债权人受领迟延期间，债务人无须支付利息。第二，在债权人无正当理由拒绝受领时，根据《民法典》第570条、第571条及第573条的规定，债务人可以将标的物提存，提存成立的，视为债务人在提存范围内已经交付标的物。标的物提存后，损毁、灭失的风险由债权人承担。提存期间，标的物的孳息归债权人所有。提存费用由债权人负担。第三，债务人可以请求债权人赔偿增加的费用。《民法典》第589条第1款规定，债务人按照约定履行债务，债权人无正当理由拒绝受领的，债务人可以请求债权人赔偿增加的费用。

根据本条第4款的规定，在连带债务中，债权人对部分债务人的给付受领迟延的，其效力及于其他连带债务人。本款之所以这样规定，是因为在部分连带债务人给付时，如债权人予以受领，本可以消灭其他连带债务人对债权人的债务，部分连带债务人给付的效力是及于其他连带债务人的，故与之相对应，债权人的受领迟延效力亦应当及于其他连带债务人。

---

① 刘凯湘：《债法总论》，北京大学出版社2011年版，第189页。

【审判实践中应注意的问题】

一、区分不同债的消灭原因的成立要件

在司法实践中，要准确适用本条规定，首先要结合《民法典》其他条款的规定，准确把握不同债的消灭原因的成立要件。只有在构成相应的法律要件时，对于部分连带债务人的效力才能发生及于其他连带债务人的对外效力。以抵销为例，抵销应当发生在互负债务的当事人之间，在连带债务的场合，主张抵销的部分连带债务人仅能以自己的债权与连带债务相抵销，而不能以其他连带债务人的债权与自己连带债务进行抵销。另外，对于免除，要准确探究当事人的真实意思，即债权人的免除是对全部连带债务人进行免除还是仅就部分连带债务人进行免除，如果是对全部债务人进行免除，则债的关系全部消灭，不适用本条第 2 款的规定。

二、区分不同债的消灭原因对连带债务的不同效力

在司法实践中，虽然履行、抵销、提存、免除、混同均为债之消灭原因，产生终止债权人和债务人之间权利义务关系的法律效果。但是在连带债务中，不同消灭债的原因在连带债务人之间发生的法律效果并不相同。在履行、抵销债务或者提存标的物情形中，在与债权人的法律关系上，债因实现而消灭，在连带债务人之间，部分连带债务人可向其他连带债务人追偿。在免除情形中，由于系债权人的主动行为，不涉及部分连带债务人的积极作为，故仅发生该部分连带债务人份额范围内债消灭的效力，但不产生追偿权的法律后果；而在混同之情形，部分连带债务人在扣除自身债务份额后，取得剩余债权，以债权人身份享有相应权利。

第五百二十一条 连带债权人之间的份额难以确定的，视为份额相同。

实际受领债权的连带债权人，应当按比例向其他连带债权人返还。

连带债权参照适用本章连带债务的有关规定。

【条文主旨】

本条是关于连带债权人内部法律关系及连带债权法律适用的规定。

【条文理解】

本条相较于《合同法》系新增加的内容。《民法通则》第87条虽然对连带债权有概括性规定，但是对于连带债权人之间内部份额的确定，连带债权人受领后的处理以及连带债权的法律适用均未予以规定。本条则对上述问题进行了明确。

一、连带债权

连带债权是债权人一方为多数的一种多数人之债。各连带债权人均有权请求和接受债务人的全部给付。[①] 从理论分类上看，连带债权是与按份债权相对应的类型概念，两者均是债权人为多数人。从形成原因看，均可以由法律直接规定，也可以由当事人约定。但是两种类型下债权人享有的利益不同。在按份债权中，各债权人仅可以就其享

① 崔建远：《债法总论》，法律出版社2003年版，第33页。

有的份额利益向债务人主张权利，债务人可以拒绝按份债权人要求超过其份额债权的给付请求。而且各债权人互相独立，按份债权人所为之具有法律效力事项仅对自身份额债权有效。而在连带债权中，任一连带债权人均可以要求债务人为全部给付，在请求事项上具有总括效力。

从债务人的角度看，连带债权的债务人可选择向任一债权人履行全部或者部分给付，只要完成全部履行，则债权债务关系终止，债务人无须关注债权人之间的内部份额问题。相较于按份债权，连带债权更有利于保护债务人的权益，债务人的履约成本较低。由于任一连带债权人均可以请求全部给付，其他连带债权人就需要承担部分连带债权人受领全部给付后不分配全部给付之风险。[①]

二、连带债权份额的确定

按照本条第 1 款的规定，与按份债权相同，连带债权人之间的份额难以确定的，视为份额相同。本款并非是对连带债权内部份额的统一划定，其适用具有相应的前提，即连带债权人之间的份额难以确定。这体现出连带债权各债权人之间仍然是按照一定份额享有债权。这一思路与对连带债务的认识是一致的。

在法律没有特别规定或者没有限制当事人约定的情形下，在连带债权的对内关系上，连带债权人可以约定连带债权的内部份额，如果连带债权人间存在明确的约定，则应当按照约定比例确定。特别是在合同之债中，应当充分尊重当事人之间的权利义务安排，如果当事人约定份额的，应当以约定份额为准。只有在法律没有明确规定，合同没有明确约定具体的债权份额，或者无法根据法律规定或者合同约定的标准准确确定债权人之间相应债权份额时，才能认定各债权人之间享有相同比例份额的债权。

① 参见刘凯湘：《债法总论》，北京大学出版社 2011 年版，第 157 页。

三、实际受领债权的连带债权人的返还义务

在连带债权中，连带债权人中的任何一人受领了全部履行，此时，在对外关系上，债权人和债务人之债的关系由于债的目的已经实现归于消灭，但连带债权人之间会产生新的按份之债。根据本条第2款的规定，实际受领债权的连带债权人，应当按比例向其他债权人返还。

在债权债务的履行过程中，债务人可能履行全部债务，也可能仅履行部分债务。在债务人向连带债权人之一履行部分债务时，此时连带债权人之受领是为全体连带债权人之利益。在受领后，应当按比例向其他连带债权人返还，实际受领之债权人无权先行扣除自身份额后再予以返还。这一规定有利于公平保障连带债权人，避免连带债权人仅关注自身份额内之债权，而忽视连带债权之整体利益。

四、连带债权的法律适用

根据本条第3款的规定，连带债权参照适用连带债务的有关规定。从原理上看，连带债权和连带债务都是连带之债中的多数人之债，都具有债的目的共同性，故有关连带之债的内外部关系及部分连带关系人行为的涉他效力可以参照适用。以受领迟延为例，在连带债务中，债权人的受领迟延具有总括效力，债权人对部分连带债务人的给付受领迟延的，法律效力及于其他债务人。同理，在连带债权中，部分连带债权人对债务人的给付受领迟延的，对其他连带债权人亦发生效力。

又如，对于部分连带债权人免除债务人债务的效力，亦参照连带债务，发生有限制的总括效力。即对于连带债权人免除债务人债务的，在扣除该连带债权人的份额后，不影响其他连带债权人的债权。一方面，免除是债权人放弃自身债权的行为，权利的行使应当以权利份额为限，如果允许部分连带债权人的免除发生总括效力，则其他连带债权人的利益始终处于不稳定状态，随时可能因他人的处置而受损；另一方面，如果部分连带债权人免除自身份额内的部分债务，对

其他连带债权人不发生效力，则由于连带债权人仍然可以请求债务人为全部履行，法律关系将陷入循环反复的复杂状态。故综合权利行使的范围和法律关系简化的要求，参照连带债务的涉他效力规定，部分连带债权人免除债务发生有限制的总括效力。

【审判实践中应注意的问题】

一、连带债权人内部债务份额的确定

在司法实践中，法律直接规定的连带债权的情形相较于连带债务较少，作为权利，主要由当事人按照自主意愿约定连带债权及其具体的内部份额。故如何确定连带债权人之间的内部份额主要应根据当事人的具体约定进行分析。在具体适用过程中，应清晰认识到对于连带债权份额的确定，仅在难以确定时才按照均等份额对待。如果能够结合当事人的约定确定债权人内部各自份额的，应当以当事人的约定为准。只有在当事人没有约定，或者当事人的约定在份额确定上存在障碍时，才视为份额相同。

二、连带债权的内外部关系

在司法实践中，要正确区分连带债权中债权人与债务人的外部关系与连带债权人之间的内部关系。在外部关系上，连带债权作为连带之债，从债权人的角度，部分连带债权人在请求、受领迟延等方面发生总括效力，及于全体连带债权人；在免除事项上发生有限制的总括效力，仅在自身份额范围内对其他连带债权人发生效力。从债务人的角度，债务人向任一或者部分债权人履行、抵销债务或者提存标的物或者发生混同，债权人与债务人之间的债权债务关系即终止。在连带债权外部关系消灭后，可能在连带债权人之间产生按份之债，连带债权人内部仍应按照按份之债进行处理，连带债权人应将实际受领之债权按比例向其他连带债权人返还。

第五百二十二条 当事人约定由债务人向第三人履行债务，债务人未向第三人履行债务或者履行债务不符合约定的，应当向债权人承担违约责任。

法律规定或者当事人约定第三人可以直接请求债务人向其履行债务，第三人未在合理期限内明确拒绝，债务人未向第三人履行债务或者履行债务不符合约定的，第三人可以请求债务人承担违约责任；债务人对债权人的抗辩，可以向第三人主张。

【条文主旨】

本条是关于向第三人履行的合同的规定。

【条文理解】

本条规定共分2款。第1款为《合同法》第64条的规定。第2款为新增加的对真正利益第三人的合同的规定，具体规定了在第三人可以直接请求债务人向其履行债务情形下，第三人所享有的拒绝权、履行请求权以及在债务人不履行债务时的违约责任请求权。

一、向第三人履行的合同

向第三人履行的合同，又称第三人利益合同，是指合同双方当事人为第三人设定了合同权利，由第三人取得利益的合同。第三人不是合同的缔约方，不需要在合同上签字或者盖章，也不需要通过代理人为其参与缔约。合同当事人的约定不得为第三人增加负担，且双方当事人的约定不约束该第三人。

向第三人履行的合同是涉他合同中的一种，而涉他合同是对合同相对性原则的突破。就合同的本质而言，合同是当事人意思自治的产物，故一般情况下，当事人可以依据合意发生法律效力，但相应的法律效力应当仅能约束参与合意的当事人，而不应约束合意之外的第三人，故有“无论何人不得为他人为约定”的法谚。但是合同相对性原则因社会经济高速发展及商业往来的频繁、复杂而逐渐受到挑战，现实生活切实需要也存在效力涉及第三人的合同。例如，涉及第三人利益或义务的涉他合同广泛出现在保险业、运输业、金融业等行业中，各国也逐渐通过判例或者法律明确规定承认涉他合同及其相应的效力。

向第三人履行的合同根据第三人是否享有履行请求权分为不真正利他合同和真正的利他合同。对于《合同法》第64条规定的第三人是否享有履行请求权，即第64条规范的射程范围，理论界有四种不同观点：一为肯定说，即认为《合同法》第64条规定的向第三人履行的合同中第三人享有履行请求权，系关于利他合同的规定。如果第三人未取得请求权，则不是真正的向第三人履行的合同。典型利他合同情形如投保人与保险人订立保险合同，可以约定保险人向作为第三人的被保险人、受益人履行，被保险人、受益人享有保险金请求权。[①]二为否定说，认为《合同法》并未规定真正的利他合同，《合同法》第64条规定的是不真正的利他合同，该条规定的第三人仅为履行受领人，并未取得任何履行请求权。该条规定坚持了合同相对性原则，将此类合同的效力仍限制在合同当事人之间。按照此种理解，债务人对第三人不负任何直接义务，但债权人可以请求债务人向第三人履行，该合同应发生普通合同所具有的效力。此类合同的典型比如消极的委托付款、积极的委托付款、履行承担。[②]三为宽泛肯定说，即认为该条规定包含了两种情形，既包括真正为第三人利益的合同，亦包

① 参见胡康生主编：《中华人民共和国合同法释义》，法律出版社2009年版，第112~113页。

② 参见薛军：《“不真正利他合同”研究——以〈合同法〉第64条为中心而展开》，载《政治与法律》2008年第5期。

括不真正的利他合同[①]，亦有学者强调虽然《合同法》第64条可以包含两种情形，但第64条的真正规范价值以及重心应该在利他合同。[②]四为不足肯定说，即认为《合同法》第64条规定的就是真正的利他合同，此种合同是当事人为第三人设定了合同权利，由第三人取得利益。但该规定存在一定不足，从立法论角度讲，编纂《民法典》时宜加以改进，其中应当规定该第三人对于债务人享有直接的请求权。[③]

事实上，利他合同和不真正利他合同都有其适用的空间，各国亦对此有所规范和区分。以《德国民法典》为例，其第328条至第335条规定了向第三人履行给付的约定一节，将利他合同和不真正利他合同分别予以规定。后续大陆法系各国虽然没有在立法体系上追随德国模式，但并没有就此忽视，均在立法上设立一些具体规则来判断第三人是否取得了独立的履行请求权。[④]

本条规定回应了理论的争议，将向第三人履行的合同分为不真正利他合同和利他合同，为不同情形的法律适用提供了依据。

二、不真正利他合同

本条第1款规定的是不真正利他合同的情形。不真正利他合同实际上是合同履行的一种特殊形式，在不真正利他合同中，第三人是纯粹的履行受领人，并不获得直接的针对债务人的履行请求权，债务人未向第三人履行债务或者履行债务不符合约定的，应当向债权人承担违约责任。

根据本条第1款的规定，向第三人履行发生的依据是当事人之间的合意，故债务人向第三人履行是一种受到合同约束的、应当作出的行为。与一般的合同履行恪守相对人不同，基于当事人之间的自主安排，本款的向第三人履行仅是在履行受领人这一履行主体上的不同，

① 参见王利明：《合同法研究》（第2卷），中国人民大学出版社2003年版，第55页。

② 参见韩世远：《合同法总论》，法律出版社2011年版，第262~271页。

③ 参见崔建远：《为第三人利益合同的规格论——以我国〈合同法〉第64条的规定为中心》，载《政治与法律》2008年第1期。

④ 参见薛军：《利他合同的基本理论问题》，载《法学研究》2006年第4期。

适用于全部合同类型。同时，与利他合同不同，在不真正利他合同中，在债务人不向第三人履行全部或者部分债务时，可以请求债务人履行债务的权利人是债权人，第三人不享有直接要求债务人履行的权利。此外，在不真正利他合同中，第三人以自己的名义，为了债权人的利益来受领履行，第三人对履行不具有自己独立的法律利益，履行之中所包含的法律利益，仍是债权人的利益。受领履行的第三人所获得的只是一种纯粹事实性质的经济利益，[①]故债务人不履行或者履行债务不符合合同约定的，应当向债权人承担违约责任。

在不真正利他合同中，对于债务人而言，虽然第三人无权直接要求债务人履行债务，但是向第三人履行是合同的约定，债务人受到其与债权人的约定约束，有义务向第三人履行，其不履行或者履行不符合约定时，应当向债权人承担违约责任。在合同履行过程中，债务人违反约定直接向债权人履行的，属于履行不当，债权人有权予以拒绝，并不构成受领迟延。此外，债权人和债务人之间可以随时就债务履行的对象进行变更，第三人无干涉的权利。

对于第三人而言，第三人作为履行受领人，仅是消极地接受债务人的履行，并不享有直接请求履行的权利，对于债务人的不履行或者履行不符合约定，仍应由债权人行使相应权利。在履行过程中，由于第三人并非合同的当事人，需要向第三人履行通常是为第三人的利益，但是第三人可以拒绝受领给付，此时对于债权人和债务人之间的债务关系构成履行障碍，债务人应当将第三人拒绝受领的情况告知债权人，债权人可以亲自受领给付。如果债权人未能联系到或者拒绝接受时，债务人可以通过提存的方式终止债权债务关系。

三、利他合同

本条第2款规定的是利他合同，亦称真正利益第三人的合同，具体是指根据合同当事人的约定，由债务人向第三人履行债务，并且根

① 参见薛军：《“不真正利他合同”研究——以〈合同法〉第64条为中心而展开》，载《政治与法律》2008年第5期。

据法律的规定或者合同的约定，第三人可以直接请求债务人履行的合同。利他合同的特点在于虽然第三人并非合同的当事人，但是合同的效力可以拓展到非合同当事人的第三人，第三人可以取得履行请求权。

利他合同虽然突破了合同的相对性，但是由于其在实践中有重要的现实意义，故各国立法都对此有所规定。比如《德国民法典》第328条第1项规定，对第三人有利的合同，可以以合同约定向第三人履行给付，并具有使该第三人直接取得请求给付的权利的效力。《日本民法典》第537条规定，按照合同约定，当事人的一方应对第三人实行某种给付的，该第三人有直接对债务人请求该给付的权利。前款规定的情形，第三人的权利，在其对债务人表示享受合同利益的意思时发生。

从利他合同的构成要件看，其须具备以下要件：一是须约定由债务人向第三人履行；二是第三人根据法律规定或者合同的约定享有直接请求债务人向其履行债务的权利，而且第三人取得权利是直接由法律规定或者合同约定，而非由债权人继受取得，与债权让与不同；三是须债权人亦有请求债务人向第三人履行的权利。

从本条第2款的规定看，就第三人享有的直接履行请求权来源，既可以是合同的约定，亦可以是法律的直接规定。法律直接规定的第三人可以请求债务人向其履行债务的情形，比如《保险法》第18条第3款规定："受益人是指人身保险合同中由被保险人或者投保人指定的享有保险金请求权的人。投保人、被保险人可以为受益人。"按照该条规定，在发生特定情形时，受益人作为非人身保险合同的当事人，可以直接请求保险人支付保险金。

在利他合同中，对于第三人而言，由于第三人并非合同当事人，虽然利他合同通常是纯粹为当事人之利益，不会增加第三人的负担，但是私人自治的其中一层含义即是可以不受他人干预，即使这种干预是一种法律上的权利，故第三人享有拒绝的权利。同时，根据本条第2款的规定，第三人根据法律规定或者合同的约定直接取得履行请求权应当是自合同当事人约定时即取得，第三人不需特别作出接受的意思表示，只要未在合理期限内明确拒绝即可。在第三人享有直接履行请求权的情况下，第三人实际上享有独立的法律利益，在债务人未向第三人履行债务或者履行债务不符合约定的，第三人可以请求债务人承担违约责任。

对于债务人而言，对于第三人直接负担债务时，债务人对第三人是否享有抗辩权的问题，各国立法例均认可债务人对债权人的抗辩可以对第三人主张。比如《德国民法典》第534条规定，对第三人，立约人也享有因合同而发生的抗辩；《日本民法典》第539条规定，债务人可以根据第537条第1款规定的基于合同的抗辩对抗得到该合同利益的第三人。原因在于第三人的权利实际上来源于债权人与债务人之间的合同，因而由该合同所发生的一切抗辩，债务人可以以之对抗第三人。本条第2款亦认可这种思路，规定债务人对债权人的抗辩，可以向第三人主张。

【审判实践中应注意的问题】

在司法实践中，要准确适用本条规定，要重点区分不真正利他合同和利他合同，进而准确适用本条的不同条款。作为广义上向第三人履行合同的不同类型，两者的核心区别是法律规定或者合同约定是否给予第三人以直接向债务人请求履行的权利。在具体适用时，要考察当事人对于第三人权利的约定，比如是否约定第三人可以直接要求债务人履行债务或者在债务人未履行或者履行不符合合同约定时，债权人可以直接要求债务人承担违约责任；如果不存在相关约定，仍要进一步考察是否存在相应的法律规定赋予第三人直接履行请求权。如果亦不存在相应的法律规定，则应当适用本条第1款的规定；如果存在，则适用本条第2款的规定。

第五百二十三条 **当事人约定由第三人向债权人履行债务，第三人不履行债务或者履行债务不符合约定的，债务人应当向债权人承担违约责任。**

【条文主旨】

本条是关于由第三人履行的合同的规定。

【条文理解】

本条与《合同法》第65条规定的内容基本一致，仅有文字细微调整，具体规定了由第三人履行的合同。

一、由第三人履行的合同的意义

由第三人履行的合同，又称第三人负担的合同，是指合同当事人约定由第三人履行债务的合同，是涉他合同的一种类型。从涉他合同的发展历史看，涉他合同作为对合同相对性原则的突破，在最初并不被各国立法例所承认，但是基于现实生活的需要，各国逐渐通过立法或者学说承认涉他合同，但是相较于涉他合同中向第三人履行的合同这一为第三人增利的类型，由第三人履行的合同由于系为第三人增加负担，其受到的关注较少，法律效力亦受到较为严格的限制。从我国的规定上看，由第三人履行的合同除在《民法典》合同编有所体现外，在特别法中亦有体现，比如《海商法》第69条规定："托运人应当按照约定向承运人支付运费。托运人与承运人可以约定运费由收货人支付；但是，此项约定应当在运输单证中载明。"

相较于向第三人履行的合同，由第三人履行的合同系为第三人增加负担合同，故从法律效果上看，其只是对合同履行主体的约定，但是不对第三人具有法律约束力，第三人是否履行为第三人的自由，第三人不履行债务或者履行债务不符合约定的，第三人不承担违约责任，而应当由债务人承担相应的违约责任。从广义的角度看，由第三人履行的合同属于广义的担保行为之一种，其目的在于确保他人的履行，通过债权人与债务人的这一约定，债务人负担的义务是在第三人没有履行债务或者履行债务不符合约定时，由债务人向债权人承担违约责任。

二、由第三人履行的合同的特点

由第三人履行的合同作为广义的担保行为的一种，具有以下特点：第一，由第三人履行的合同在债权人与债务人之间签订，第三人并非合同的当事人。据此，合同的生效无需关注第三人的行为能力或者第三人是否因另一法律关系而负有履行义务。该合同所约定的债务是由债务人负担，而非由第三人负担。第三人未履行债务或者履行债务不符合约定的，承担违约责任的是债务人。第二，由第三人履行的合同订立的目的是要确保他人的履行。债务人所允诺的并非自己的履行，而是第三人的确定的或者可得确定的行为。第三，债务人的债务是独立的债务，不像保证人的债务一样具有附从性。[①]

三、由第三人履行的合同与债务移转的区别

债务承担，按照承担后原债务人是否免责为标准，可以分为免责的债务承担和并存的债务承担。免责的债务承担是指债务人经债权人同意，将其债务部分或者全部移转至第三人，原债务人脱离债的关系，不再对所移转的债务承担责任，第三人成为新的债务人。并存的债务承担是指债务人不脱离债的关系，第三人加入债的关系，与债务人共同承担债务。在并存的债务承担中，由于原债务人没有脱离债的

① 参见韩世远：《合同法总论》，法律出版社 2011 年版，第 276~277 页。

关系，对债权人的利益不会发生影响，因而原则上无须债权人同意，只要债务人或第三人通知债权人即可发生效力。

由第三人履行的合同与债务移转具有一定的相似性，两者都是给予第三人以负担，但是两者存在以下区别：第一，两者的约定主体不同，在由第三人履行的合同中，合同的当事人是债权人和债务人两方，第三人不参与合同的约定；在债务移转中，是由第三人与债务人或者债权人进行约定，第三人必须是合同约定的参与主体，在第三人与债务人约定免责的债务移转情形，该约定需要经债权人同意才对债权人发生法律效力。第二，两者的法律约束力不同，债务移转后，第三人成为移转债务的债务人，受到约定的约束；但是由第三人履行的合同中，第三人并非债务人，不受合同的约束，第三人可以选择履行或者不履行债务。第三，第三人不履行债务的责任承担主体不同，在由第三人履行的合同中，第三人不履行债务或者履行债务不符合合同约定的，由债务人承担违约责任；在债务移转后，第三人不履行债务或者履行债务不符合合同约定的，第三人需向债权人承担违约责任。

【审判实践中应注意的问题】

在司法实践中，应当正确区分由第三人履行的合同与债务移转。在由第三人履行的合同中，债务人为使第三人履行债务，当然要通知第三人，如果第三人拒绝，债务人应当对债权人承担责任。如果第三人仅同意向债权人履行债务，但是并未明确表示愿意承担债务人对债权人债务的，应当认定成立由第三人履行的合同或第三人代为履行，不能认定是债务移转。

第五百二十四条 **债务人不履行债务，第三人对履行该债务具有合法利益的，第三人有权向债权人代为履行；但是，根据债务性质、按照当事人约定或者依照法律规定只能由债务人履行的除外。**

债权人接受第三人履行后，其对债务人的债权转让给第三人，但是债务人和第三人另有约定的除外。

【条文主旨】

本条是关于第三人单方自愿代为履行构成要件及法律效力的规定。

【条文理解】

传统罗马法奉行“无论何人不得为他人约定”的绝对合同相对性原则，认为合同是两个以上特定当事人以自己的合意建立起来的一种“法锁”，除表示了这一合意的当事人以外，任何其他人都无权介入该合同。[①] 但随着社会经济的发展，各市场主体在经济生活中的交易愈加频繁和多样，早期局限于双方的封闭性交易逐渐被相互关联、相互依赖的开放性交易所替代，合同的内容和履行越来越多地涉及合同外第三人。合同的相对性原则已经不能满足当代社会经济发展的需要，各国的立法和司法实践逐步突破了合同相对性的要求。如《法国民法典》第 1236 条规定：“债务得由任何利害关系人清偿，例如共同债务人或保证人。”同条还规定：“债务亦得为无利害关系的第三人清偿。”

---

① 王利明：《论合同的相对性》，载《中国法学》1996 年第 4 期。

就我国立法而言，《合同法》第64条和第65条的规定，分别规定了两种类型的涉他合同，即“向第三人履行的合同”与“由第三人履行的合同”，在这两类合同中，第三人接受履行或代为履行的前提均是有合同约定。《民法典》第522条和第523条沿用了前述《合同法》的规定。但在实践中，常常会出现第三人在无合同约定情况下自愿代债务人向债权人履行合同义务的情形，我们将其称为第三人单方自愿代为履行。《合同法》的前述规定明显不能用于解决此类纠纷。由于立法的缺失，司法实务中对此类纠纷的裁判尺度极不统一，有的按照债务承担处理，有的按照赠与处理，有的按照无因管理或不当得利处理，还有的参照《合同法》第65条中“由第三人履行的合同”处理。本着提高交易效率、有利于债权实现、减少纠纷的目的，同时也为了回应司法实务的需求，《民法典合同编（草案）》（二审稿）中新增了本条的内容，并在最终通过的《民法典》中得以保留。

一、第三人单方自愿代为履行的构成要件

根据本条文第1款规定，第三人单方自愿代为履行应当符合以下条件：

（一）合同未约定第三人具有履行义务

这是本条文最为核心的要素，包含两个层面的意思：首先，第三人不是合同当事人，即不能是债务人、连带债务人、不可分债务人、保证人、物上保证人、担保物之第三取得人、后次序之担保权人、无担保权之债权人以及共有人，这是将其称之为合同第三人的应有之义；其次，如果合同已约定债务由第三人履行，则应适用本法第523条的规定。既然没有合同约定，那第三人为什么要履行合同义务呢？根据日常生活经验，第三人在无合同约定情形下代履行不外乎以下几种考虑：一是第三人基于与债务人的特殊关系或情感，为了避免债务人陷入不利境地或帮助债务人摆脱受困状态，如亲属之间互相帮助；二是对债务的履行与债务人具有共同利益，为了避免共同利益受损，如接续性买卖合同中第二手出卖人未结清其对第一手出卖人货款

情况下向第三人出售货物，第一手出卖人为债权人，第二手出卖人即为债务人，此时逾期付款可能造成前一合同解除，从而导致第三人购买货物目的落空、债务人亦可能因此承担违约责任，此时，债务人和第三人对于第一手合同的履行具有共同的利益，为了避免该共同利益受损，第三人会代债务人付清货款；三是通过这种方式实现对债务人的赠与。不管出于哪种目的，第三人在无合同约定情形下代履行行为是主动且自愿的，而非被迫或被动的。

（二）债务人不履行债务

这里的“债务人不履行债务”应当作广义理解，包括以下四种情形：一是债务人已明确作出拒绝履行债务的意思表示；二是债务人虽未明确表示拒绝履行，但在约定的债务履行期限内或未约定履行期限时在合理的期限内无实际履行行为；三是债务人明显丧失履行能力，如经营状况严重恶化等；四是债务人亲自履行或委托他人履行已不具有可能性，如债务人在最后履行期限临近前因病昏迷或被逮捕等。

（三）第三人对履行该债务具有合法利益

对于“合法的利益”如何理解，这可能是本条文中最让大家感到困惑的地方。我们认为，无合同约定情形下第三人代履行是一个民事行为，而对于民事行为，“法无禁止即可为”。因此，只要第三人履行该债务目的合法或不违反法律法规和规章的禁止性规定，即可认定为第三人对履行该债务具有合法利益。例如，第三人为了达到行贿目的，代公职人员向开发商支付购房款，此时第三人代履行的目的不具有合法性，其行为也违反了《刑法》中关于不得行贿的规定，不构成第三人自愿代履行。

（四）根据债务性质、合同约定或法律规定，未明确将第三人代履行排除在外

本条所规定的不能由第三人自愿代履行的情形与《民法典》第545条第1款不得让与的债权存在一定程度的重合。（1）根据债务性质只能由债务人履行的情形。有些合同的权利义务仅在特定的当事人之间生效，如果由第三人代履行，将会使合同内容发生变更，从而使

代履行后的合同内容与合同约定内容失去联系性和同一性，最终导致债权人订立合同的目的无法实现。主要有以下两种情形：一是基于信赖关系所引发的债务。如雇佣合同、委托合同中，雇主、委托人之所以选定受雇人、受托人，正是基于对他们能力和人品的信赖，如果由第三人代受雇人、受托人履行债务，原当事人之间所形成的信赖关系将受到挑战甚至是荡然无存，合同实现效果也将受到重大影响。二是以选定债务人为基础引发的债务。如以选择指定演员、指定画家为基础发生的演出合同、创作合同中，该指定演员、指定画家对合同相对人所负的表演、绘画创作义务，就不能由第三人代履行。（2）合同约定只能由债务人履行的债务。依据合同自由的原则，当事人可以在依法成立的合同中特别约定合同项下债务只能由债务人履行，此时第三人代履行违反合同约定，不产生履行法律效果。这里需要强调的是，此种除外情形必须是有合同的明确约定，如“只能或仅能由××履行”或“不得由他人履行”，如果仅约定“由××履行”，没有明确排除或禁止他人代为履行的，应当解读为可以由第三人代履行。（3）依照法律规定，某一债务只能由债务人履行。如《最高人民法院关于审理环境民事公益诉讼案件适用法律若干问题的解释》第18条关于赔礼道歉的规定，就只能由责任承担者或侵权行为人以自己的名义履行，第三人可以代为支付相关费用，但不能以自己名义作出道歉行为。

二、第三人单方自愿代为履行的法律效力

第三人单方自愿代为履行后产生的法律效力包括对内效力和对外效力。

对内效力，指的是第三人代履行后，发生在合同相对人之间的效力。主要表现在以下方面：一是第三人代履行后，债务人对债权人所负的债务应作相应扣减；二是第三人不因其代履行行为而成为合同当事人，原合同相对人的地位亦不因此发生改变；三是第三人瑕疵履行产生的违约责任由债权人直接向债务人主张，第三人对债权人不承担

瑕疵担保责任。

对外效力，是指第三人代履行后，发生在第三人和原合同相对人间的效力。其主要体现在以下方面：一是第三人代履行后，债权人对债务人相应债权转让给第三人，但债务人和第三人另有约定的除外。需要说明的是，这种债权转让是法定的，第三人在代履行后即自然取得该债权，通知债务人非此种债权转让生效的法定条件。二是债务人对原债权人所享有的抗辩可以向新的债权人即第三人主张。为了保障债权转让后债务人的利益不受减损，《民法典》第548条规定，债务人对原债权人的抗辩权仍然可以对抗新的债权人，如同时履行抗辩、时效完成的抗辩、债权未发生的抗辩等。

三、第三人单方自愿代为履行与“由第三人履行的合同”的关系

“第三人单方自愿代为履行”与“由第三人履行的合同”这两个概念是最为相近，也是最容易混淆的。两者的共同点是：一是第三人地位相同。无论是“第三人单方自愿代为履行”，还是“由第三人履行的合同”，第三人均不是合同当事人，第三人对合同义务的履行均出于自愿，任何一方不得强制第三人履行。二是第三人履行债务的后果均由债务人承担。两者的不同点是：一是两者性质不同。所谓“由第三人履行的合同”，或称担保第三人履行的合同，是指以担保第三人的履行为合同标的的合同。[①] 债务人这种担保责任就体现在，当第三人没有按债务人与债权人合意的方式行为时，由债务人负赔偿责任。而“第三人单方自愿代为履行”则并非是一种合同类型，而是一个事实行为。二是构成要件不同。由第三人履行的合同需要以债权人和债务人对第三人履行债务作出明确约定为前提，但第三人单方自愿代为履行则无此要求。三是法律效果不同。一方面，对债权人而言，在由第三人履行的合同中，因其已与债务人达成协议由第三人履

① 韩世远：《由第三人履行的合同刍议》，载《浙江工商大学学报》2008年第4期。

行，故在第三人作出履行时，债权人不得拒绝受领；而在第三人单方自愿代履行的情形下，如果该债务在性质上不适合由第三人履行，则在第三人自愿代为清偿时，债权人有权予以拒绝。另一方面，对债务人而言，在由第三人履行的合同中，因债权人与债务人约定由第三人履行，故债务人无权拒绝第三人向债权人的履行；而在第三人单方自愿代为履行的情形下，债务人事先提出异议的，第三人则不得代为履行。此外，在合同约定由第三人履行的情况下，债务人可以依据合同的约定督促第三人作出履行，而在第三人自愿清偿的情形下，债务人无权要求第三人履行债务。第三人单方自愿代为履行后，自动发生债权转让的法律效果；而由第三人履行的合同中，并不自动发生债权转让的效果。

【审判实践中应注意的问题】

在司法实践中，有以下几个问题需要注意：

第一，关于第三人能否反于债务人意思代为履行。一种观点认为，第三人单方自愿代为履行的认定聚焦于考察代履行事实是否发生，债务人的主观意愿非影响因素。也就是说，只要第三人实际实施了代履行行为，即使债务人对此明确表示拒绝，仍然不影响代履行的成立和法律效果的发生，债务人不得以此为由主张债权转让不成立或拒绝对第三人履行债务。另一种观点认为，虽然第三人的代为履行的行为对债务人是有利无害的，但债务人出于不愿欠人情或是其他缘由未必愿意领受第三人的人情，从而拥有异议的权利。“应依类推适用第三人清偿的相关规定，以为决定。从而就债务承担无利害关系的第三人，如反于债务人的意思承担其债务，自所不许。”[①] 如果第三人无视债务人的拒绝，强行代为履行债务，则不发生债权转让的效力。我们倾向于第二种观点，债务人对于第三人单方自愿代履行行为具有提

① 胡长清：《中国民法债编总论》，商务印书馆1947年版，第508页。

出异议和拒绝的权利，第三人不得反于债务人的意思强行代为履行，否则不发生债权转让的效力。

第二，第三人应当具有代履行的主观意愿，对所履行的债务非为自身之债务有清晰的认识。[①] 连带债务人清偿债务其实系履行自己的义务而非在为第三人为履行或者是清偿。[②] 如果第三人纯粹因对债权主体判断错误等误解而作出给付行为的，应按不当得利处理。

第三，关于债权人对于第三人的单方自愿代履行是否有拒绝受领的权利。根据债务性质、按照合同约定或依照法律规定只能由债务人履行、第三人代履行可能会增加债权人负担的情形下，债权人当然可以拒绝第三人的代履行。但在非前述情形下，即债权人在无正当理由情形下是否可以拒绝受领第三人的自愿代履行？一种观点认为，第三人代履行毕竟与合同约定不符，故不论是否具有正当理由，债权人均对是否接受第三人代履行拥有自主决定权，债务人不能以债权人拒绝代履行而拒绝承担违约责任。另一种观点认为，债务人对第三人代履行行为未提出异议或在第三人自愿代为履行不损害债权人利益的情况下，债权人无权拒绝受领，否则将与该制度存在的意义——尽力实现债的消灭的目的不相符；如果拒绝，债权仍然存在，但债权人不得就债务人逾期履行债务主张违约责任。从制度价值的角度分析，我们倾向于第二种观点。

第四，完全因第三人自身原因履行不当造成债权人损失的，债权人应当向谁主张赔偿？一种观点认为，第三人并非合同当事人，其对债权人不负有合同债务或法定债务，其自愿代为履行的所有后果均应归于债务人，不论造成的后果是否超出合同约定的违约责任，亦不论造成的后果的原因是否归于自身，债权人只能向债务人主张损失。第二种观点认为，即使第三人自愿代履行，也应遵循适当履行、经济合理等合同履行的基本原则，如果完全因第三人自身原因造成债权人遭受损失，对合同约定的违约责任限度内的损失，由债务人承担；对超

① 孙森焱：《民法债编总论》（下册），法律出版社2006年版，第836页。

② 陈自强：《民法讲义Ⅱ——契约之内容与消灭》，法律出版社2004年版，第313页。

出合同约定的违约责任限度的损失，债权人应当按照侵权直接向侵权行为人即第三人主张赔偿。第三种观点认为，应当综合考虑第三人代为履行是否善意、有无明显或重大过错、债务人是否反对、违约责任与损失大小等因素，在债务人和第三人之间酌情分配赔偿责任。从平衡各方权益、防止第三人恶意代履行的角度考虑，我们倾向于第三种观点。

第五，第三人的诉讼地位。在涉及原合同纠纷的诉讼中，第三人不是合同当事人，但该诉讼直接关系将来第三人向债务人主张债权，诉讼结果与其具有法律上的利害关系，故其在该诉讼中应为无独立请求权第三人。而在涉及债权转让纠纷即第三人向债务人主张债权的诉讼中，第三人为原告，原债权人应为无独立请求权第三人。

第五百二十五条 当事人互负债务，没有先后履行顺序的，应当同时履行。一方在对方履行之前有权拒绝其履行请求。一方在对方履行债务不符合约定时，有权拒绝其相应的履行请求。

【条文主旨】

本条是关于同时履行抗辩权的规定。

【条文理解】

所谓同时履行抗辩权，又称之为不履行抗辩权，英美法上称之为相互义务原则，是指双务合同的当事人一方在对方未为对待给付以前，可以拒绝自己的债权的权利。[①] 其对于平衡当事人之间的权利、保障交易安全、维护交易秩序、增进交易双方互信等具有重要作用。通常认为，同时履行抗辩权存在的基础是双务合同的牵连性，即给付与对待给付具有不可分离的关系。这种双务合同的牵连性主要表现为三种形式:（1）发生上的牵连性，是指一个合同产生两项方向相反、互为对价、互为条件的债务，当一方的给付义务不发生时，相对人的对待给付义务也不发生。（2）存续上的牵连性，是指双务合同的一方当事人的债务因不可归责于双方当事人的事由而不能履行时，债务人免除给付义务，债权人亦免除对待给付义务。（3）功能上的牵连性，又称履行上的牵连性，是指双务合同的当事人一方所负给付与相对人所负对待给付互为前提，一方不履行其义务，相对人原则上亦可不履行。只有如此，才能维持双方当事人之间的利益平衡。同时履行抗辩

① 崔建远:《合同法总论》（中卷），中国人民大学出版社 2016 年版，第 83 页。

权正是这种功能上的牵连性的反映。[①]

一、同时履行抗辩权的适用条件

（一）须发生在互为给付的双务有偿合同中

同时履行抗辩权是由于双务合同履行机能上的牵连性在公平原则运用下所产生的制度，因此其仅仅适用于双务合同，而不适用于各种单务合同（如无偿保管、无偿委托）以及非真正的或不完全的双务合同（如委托合同）等。所谓“当事人互负债务”，应当作如下理解：其一，双方当事人之间的债务是根据一个合同产生的。如果双方的债务基于两个甚至更多的合同产生，则即使双方在事实上具有密切联系，也不产生同时履行抗辩权，一方违反了某项义务，不能成为另一方拒绝履行其义务的理由。其二，必须是双方当事人互负债务，即双方所负的债务之间具有对价或牵连关系。但这种对价并非是客观上的对价，不要求双方所负债务完全等值，当事人取得的财产权与其履行的财产义务之间在价值上大致相当，即可以视为“等价”。

在双务合同中，经常引起争论的问题是主给付义务和附随义务之间是否具有对价和牵连关系，能否适用同时履行抗辩权的问题。我们认为：一方不履行主给付义务，另一方有权行使同时履行抗辩权即拒绝履行自己的义务；一方单纯违反附随义务，但已履行了主给付义务，另一方一般不得援用同时履行抗辩权，除非附随义务的履行与合同目的的实现具有密切关系。[②]同时，在当事人具体明确地将某种附随义务约定为主给付义务时，无疑应当尊重当事人的意思而将其认定为主给付义务。

（二）须是双方互负的债务没有先后履行顺序且均已届清偿期

首先，当事人互负的债务履行没有先后顺序。也就是说，当事人在合同中没有约定债务的履行顺序。在这种情况下，当事人应当同时履行。如果合同约定了当事人的先后履行顺序，则负有先履行义务的

---

① 崔建远：《合同法总论》（中卷），中国人民大学出版社2016年版，第83页。

② 林诚二：《民法理论与问题研究》，中国政法大学出版社2000年版，第372页。

当事人应当先履行合同义务，不能适用同时履行抗辩权。[①] 其次，当事人之间互负的债务已届清偿期。同时履行抗辩权制度目的在于使合同双方债务同时履行、双方享有的债权同时实现。因此，只有在双方的债务同时届期时，才能行使同时履行抗辩权。如果债务依据其性质或约定为非同时到期的情形，即其中一方当事人有先履行的义务，而对方所负债务尚未届履行期，则有先履行义务的一方当事人无权主张同时履行抗辩权。当然，对于这种情形，法律亦设置了不安抗辩权制度以保障有先给付义务一方的利益，见《民法典》第 527 条的规定。

（三）必须是对方未履行债务或其履行不符合约定[②]

当事人一方向相对方请求履行债务时，请求方对自己所负有对价关系的债务未履行，相对方可据此主张同时履行抗辩而拒绝履行债务。但有两种情形值得研究：一是请求方的履行不符合合同约定的，相对方能否主张同时履行抗辩权？我们认为，一方履行债务不适当的，如已经构成延迟履行或部分履行、瑕疵履行或者有其他的违约行为的，则相对方可以行使同时履行抗辩权，但这种同时履行抗辩权应当限于“相应的”的范围，即与请求方履行债务不符合约定的部分对应的部分。[③] 如在债务可分的情况下，请求方部分履行的，被请求方仅能对请求方未履行的部分所对应的部分债务主张同时履行抗辩权，而不能据此对整个债务行使同时履行抗辩权。如果债务不可分，则另当别论。二是请求方虽未实际履行，但已向相对方表达履行意愿的，相对方可否援用同时履行抗辩权？我们认为，仅仅提出履行并不意味着其已作出实际履行，且即使提出履行，在履行过程中还可能会存在迟延履行、瑕疵履行等情形，因此，仅仅提出履行也应使对方享有主张同时履行抗辩权的权利。

---

① 王利明、房绍坤、王轶：《合同法》，中国人民大学出版社 2005 年版，第 182 页。

② 王闯：《论双务合同履行中的同时履行抗辩权——兼释合同法第六十六条及其适用中的相关疑难问题》，载《法律适用》2002 年第 12 期。

③ 王利明、房绍坤、王轶：《合同法》，中国人民大学出版社 2005 年版，第 183 页。

（四）必须是对方的对待给付是可能履行的[①]

法律设置同时履行抗辩权制度的宗旨，在于促使双务合同双方当事人同时履行其债务。假若对方所负担之债务已经丧失履行的可能性，则同时履行之目的便不可能实现。于此情形，应当依据法律关于合同解除之规定，径行解除合同，而不发生同时履行抗辩权的问题。所以，同时履行抗辩权只有在对方所负之债务可能履行的情况下，才能行使。据此，如果对方当事人的债务陷于不能履行，如是因对方过错而使然（如果标的物遭到毁损灭失等），则只能适用债务不履行的规定请求救济而不发生同时履行抗辩权的问题；如果是因不可归责于双方当事人的原因诸如不可抗力不能履行，则双方当事人将被免责。在此情况下，如一方提出了履行的请求，对方可以提出否认对方请求权存在的主张，而不是主张同时履行抗辩权。

二、同时履行抗辩权的适用范围及法律效力

无论是《合同法》第66条，还是《民法典》第525条，均只规定了同时履行抗辩权的适用条件，未规定其适用范围。一般认为，同时履行抗辩权适用于买卖、互易、租赁、承揽、有偿委托、保险、雇佣等双务合同。[②]至于合伙合同是否适用同时履行抗辩权，有学者认为在二人合伙场合，得适用同时履行抗辩权，理由是在二人合伙中就相互出资而言，具有对价性；三人以上的合伙则不得适用同时履行抗辩权，例如四人出资各10万元经营出版社，假如甲得以乙未出资为由而拒绝自己出资，共同事业势难进行。[③]在下列情形下，也可以行使同时履行抗辩权：一是可分之债；二是连带之债；三是为第三人利益订立的合同；四是原债务转化的损害赔偿之债；五是相互之间的返

① 王闯：《论双务合同履行中的同时履行抗辩权——兼释合同法第六十六条及其适用中的相关疑难问题》，载《法律适用》2002年第12期。

② 何志：《合同法原理精要与实务指南》，人民法院出版社2008年版，第221页。

③ 王泽鉴：《民法学说与判例研究》（第6册），中国政法大学出版社1998年版，第142、144页。

还义务；六是在债权让与债务转移中，也可以适用同时履行抗辩权。[①]

同时履行抗辩权的效力，在于对方当事人未及时履行义务时，当事人可以暂时不履行自己的义务且不承担违约责任，但同时履行抗辩权的成立不导致合同终止，不能消灭对方的请求，也不能消灭自己所负的债务，当对方当事人履行后，同时履行抗辩权的效力即告终止，当事人须依合同履行自己一方的合同义务。

【审判实践中应注意的问题】

第一，当事人可约定同时履行抗辩权的成立条件。本条规定不是强制性规定，可以由当事人的约定予以变更，故当事人可以约定有别于本条所规定的成立条件，同时履行抗辩权亦可因此而扩张或收缩，除非此类约定属无效。[②]

第二，注意与留置权区别开来。根据同时履行抗辩权，在对方未为对待给付之前，可以将自己之给付暂时保留。因此，同时履行抗辩权与留置权有竞合之处。但留置权是担保物权，是为担保债务人履行其合同债务而设立的，留置权人对留置的债务人的财产价值有优先受偿权，既可以对抗债务人，也可以对抗合同之外的其他任何第三人，包括任何第三人对于留置权的物权请求权和债务人的其他债权人的债权请求权。而同时履行抗辩权的效力性质上属于债的效力，仅在于当事人之间，只能对抗对方当事人的请求权，不具有对抗合同以外的第三人的效力，只能就双务合同的对方当事人的债权请求权行使。留置权只能在法定的合同如保管合同、运输合同、加工承揽合同存在，其行使亦具有法定程序，而同时履行抗辩权可在所有双务合同中存在，其行使只需提出抗辩即可。

第三，举证责任。同时履行抗辩权为双务合同当事人所享有的一项权利，当事人可以行使，也可以不行使。当事人行使同时履行抗辩

① 何志：《合同法原理精要与实务指南》，人民法院出版社 2008 年版，第 222、223 页。
② 崔建远主编：《合同法》，法律出版社 2006 年版，第 136 页。

权时，不负证明对方当事人未履行合同义务的举证责任，对方当事人如主张自己已经按合同要求履行了义务，应当举证证明，但如援用同时履行抗辩权的一方当事人主张对方当事人部分履行或履行不适当，则其应负举证责任。

第四，如何判决。在司法实务中，如果被请求方即被告同时履行抗辩权成立时，应该如何判决？保守的做法是驳回原告的诉讼请求。但我们认为，这种做法没有从根本上解决当事人之间关于合同履行的纠纷，可能使合同履行陷入僵局，不利于促成交易，社会效果与法律效果均不好，可以探索在认定被告的同时履行抗辩权成立后，判决原告和被告同时履行各自所负的债务。[①] 对此，有学者也曾指出："法院作出同时履行的判决，不必基于当事人的请求，即使被告没有请求法院作出同时履行的判决，只要他已经主张了同时履行抗辩权，法院也应当作出同时履行的判决。另外，这种附有对待给付条件的判决，应当认为是原告全部胜诉的判决，由被告负担诉讼费用。"[②]

① 尹忠显：《新合同法审判实务研究》，人民法院出版社2006年版，第160页；王闯：《论双务合同履行中的同时履行抗辩权——兼释合同法第六十六条及其适用中的相关疑难问题》，载《法律适用》2002年第12期。

② 韩世远：《合同法的发展与诉讼法制的制约》，载《人民法院报》2004年2月27日。

第五百二十六条　当事人互负债务，有先后履行顺序，应当先履行债务一方未履行的，后履行一方有权拒绝其履行请求。先履行一方履行债务不符合约定的，后履行一方有权拒绝其相应的履行请求。

【条文主旨】

本条是关于先履行抗辩权的规定。

【条文理解】

先履行抗辩权，也有人将其称为“后履行抗辩权”或“先违约抗辩权”，指的是在双务合同中，约定有先后履行顺序的，负有先履行债务的一方当事人未依照合同约定履行债务，后履行债务的一方当事人为保护自己的预期利益或为保证自己履行合同的条件而拒绝对方当事人请求履行的权利。在传统民法上，其实并不存在先履行抗辩权的概念，故有观点认为这是我国民法理论的一次创新。

一、先履行抗辩权的构成要件

先履行抗辩权的成立需具备下列条件：①

（一）当事人因同一双务合同互负债务

先履行抗辩权与同时履行抗辩权一样，只存在于双务合同中，单务合同不发生先履行抗辩权问题。在双务合同中，当事人互负对待给付义务，当事人一方履行义务，是为了换取对方的履行。所以，在先

① 韩松：《合同法学》，武汉大学出版社2014年版，第80~81页。

履行一方不履行自己的债务时，后履行一方为保护自己的履行利益，就可以拒绝对方的履行要求。

（二）当事人双方的合同义务有先后履行顺序

在双务合同中，当事人双方可以同时履行义务，也可以异时履行义务。在同时履行合同义务的情况下，如果一方没有履行义务而要求对方履行，对方可以援用同时履行抗辩权。在异时履行合同中，当事人履行合同义务是有顺序的。这种顺序可以由双方约定，也可以由法律规定或者按习惯确定。

（三）双方所负债务已届清偿期、先履行一方到期未履行债务或未适当履行债务

对于异时履行合同，首先，负有先履行义务的一方在其债务已届履行期时应当先履行义务。如果先履行一方的债务已届履行期而不履行债务或履行债务不符合合同约定，则属于违约。其次，对于后履行义务的一方，在先履行义务的一方构成违约并请求其履行的情况下，后履行义务的一方的债务必须也已届履行期，此时，后履行一方可以行使先履行抗辩权，拒绝其履行请求或在其不适当履行的范围内拒绝其相应的履行请求。如果先履行义务的一方在后履行义务的一方债务未届履行期时提出履行请求，则后履行义务的一方可以履行期限未到，对方无履行请求权为由提出抗辩，而不是行使先履行抗辩权。

二、先履行抗辩权的行使方式

对于先履行抗辩权行使方式的争议主要集中于该抗辩权是否必须以明示方式行使以及在何时行使的问题。学界对于履行抗辩权的效力一直都存在着行使效力说和存在效力说的分歧。若采取存在效力说，则对行使方式和行使时间不作要求，即使后履行一方虽未明示，只要经审查其构成先履行抗辩权并运用该权利进行抗辩，则结论是后履行一方不构成违约，其不但自己不承担违约责任，还有权追究先履行一方的违约责任；若采取行使效力说，则要求必须在合理的时间并以恰

当的方式行使方才有效，否则，则认定后履行一方违约。[①]

先履行抗辩权的行使是否需要明示，不宜一概而论，而应区分情况，最后确定。（1）先履行一方不能履行、拒绝履行、迟延履行且未请求后履行一方履行时，后履行一方行使先履行抗辩权，无需明示。行使先履行抗辩权的表现是届期不履行债务，此时应推定在先履行一方了解另一方是在行使自己的对抗权利。行使先履行抗辩权而未通知另一方并不构成合同责任。（2）在前述情形下，先履行一方请求后履行一方履行合同义务的，后履行一方应当对此作出回应，对是否行使先履行抗辩权作出明确表示。（3）当负有先履行义务的一方当事人的履行有重大瑕疵，或部分履行时，依诚信原则，后履行一方行使先履行抗辩权应当通知对方，给对方举证、解释、改正的机会，以防止损失扩大。这是因为先履行的一方有时可能不能了解自己履行的效果。[②]

三、先履行抗辩权的效力

先履行抗辩权的行使在本质上是对违约的抗辩，发生后履行一方可暂时中止履行自己债务的效力，对抗先履行一方的履行请求，且对自己的逾期履行不承担违约责任，并不导致对方当事人债务的消灭。但对于先履行一方履行不当时，后履行一方可拒绝履行的部分应当与此相当，不得超出必要的限度。

先履行抗辩权依存于合同的履行效力，不可能永久存续，当先履行一方纠正其违约行为，使合同的履行趋于正常，满足或基本满足另一方的履行利益时，先履行抗辩权消灭。行使先履行抗辩权的一方应当及时恢复履行，否则构成违约责任。当事人行使先履行抗辩权无效果时，可根据法定条件通知对方解除合同，合同解除，合同视为自始无履行效力，使依合同产生的先履行抗辩权消灭。合同撤销，履行效力消灭，也无先履行抗辩权可言。合同无效即无履行效力，不产生先履行抗辩权，但可产生权利不成立或消灭的抗辩权。

① 崔建远：《合同法总论》（中卷），中国人民大学出版社2016年版，第194页。

② 杨立新：《债法》，中国人民大学出版社2014年版，第243页。

后履行方的抗辩权并不影响其追究先履行方的违约责任。即使先履行方在后履行方抗辩后履行了自己的责任，或者对不完全履行进行了补救，后履行一方在履行自己义务的同时，还可以追究先履行方的违约责任。

【审判实践中应注意的问题】

第一，在诉被告不履行或不完全履行债务场合，如果被告在诉讼前从未主张先履行抗辩权，或曾经主张过但最终放弃该项主张的，人民法院在案件审理中不得主动适用先履行抗辩权规则进行裁判。如果被告在合同履行过程中主张过该抗辩权，人民法院作出缺席判决的，应当审查被告是否放弃过该项抗辩以及该项抗辩是否成立。

第二，先履行一方履行债务不符合约定时，如何判断后履行一方的拒绝履行与先履行一方不符合约定的履行是否“相适应”？我们认为：双方当事人的债务均为可分之债时，当先履行一方当事人部分履行时，后履行一方可拒绝其相应的债务履行，此时双方当事人的履行大体上可以计算、比较；对于瑕疵履行和有一方当事人的债务为不可分之债的场合，先履行一方瑕疵履行或不完全履行时，后履行一方在多大程度上可拒绝履行，并不存在明确的可予以计算的标准，此时后履行一方是否可以拒绝对全部义务的履行，需要慎重把握。

第三，先履行抗辩权在性质上具有消极防御的特点，在作用上具有迫使对方积极履行债务的功用，在效力上只是使对方权利的效力向后延伸。

第五百二十七条 应当先履行债务的当事人，有确切证据证明对方有下列情形之一的，可以中止履行：

（一）经营状况严重恶化；

（二）转移财产、抽逃资金，以逃避债务；

（三）丧失商业信誉；

（四）有丧失或者可能丧失履行债务能力的其他情形。

当事人没有确切证据中止履行的，应当承担违约责任。

【条文主旨】

本条是关于不安抗辩权构成的规定。

【条文理解】

双务合同之一方当事人依约定应先履行其债务时，应先履行义务的一方当事人无同时履行抗辩权。合同成立以后，发现后履行一方当事人财产状况明显恶化，可能危及先履行一方当事人债权实现时，如仍强迫应先履行义务的一方当事人先为给付，则可能出现先履行的一方当事人履行了债务，自己的债权却无法实现的情形。这有悖于公平原则。法律为贯彻公平原则，避免一方当事人蒙受损失，特设不安抗辩权制度。不安抗辩制度源于德国法，法国、奥地利、瑞士等大陆法系国家均已确定了该项制度。我国关于不安抗辩权的立法，最早见于《涉外经济合同法》第17条："当事人一方有另一方不能履行合同的确切证据时，可以暂时中止履行合同，但是应当立即通知另一方；当另一方对履行合同提供了充分的保证时，应当履行合同……"此后在《合同法》立法中沿用并改进了该项制度。

不安抗辩权，又称为保证履行抗辩权，是指双务合同成立后，根据合同约定应当先履行合同义务的当事人在有证据证明对方不能履行合同义务，或者有不能履行合同义务之虞时，在对方没有对待履行或者提供担保之前，暂时中止履行合同义务的权利。它在性质上属于一时抗辩权或延迟抗辩权。不安抗辩权设立的目的在于公平合理地保护先履行方的合法权益，并通过赋予先履行方中止履行的自我救济手段，促进另一方当事人的履行。[①]

一、不安抗辩权的适用条件

合同当事人行使不安抗辩权，应当符合下列条件：

（一）须基于同一双务合同且具有对价关系的互负债务

没有对价关系的互负债务，不发生不安抗辩权。单务合同根本不存在互负债务，自然不会发生不安抗辩权。有观点认为具有人身性质的双务合同不适用不安抗辩权制度，但从我国的司法实践来看，不安抗辩权也被广泛应用于承揽合同、劳务合同等具有人身性质的合同之中。

（二）当事人履行义务有顺序，并且先履行义务一方的义务已届履行期

首先，当事人双方履行义务的时间有先后的顺序。在双务合同中，当事人应同时履行义务的，如果一方没有履行义务，对方可以援用同时履行抗辩权。但当事人履行义务的时间有先后顺序时，先履行义务的一方应当先履行义务，不能援用同时履行抗辩权。其次，先履行义务的一方的债务已届履行期。在合同义务已届履行期时，当事人应按合同约定履行义务。但是，由于后履行义务的一方有难以对待履行的现实危险，先履行义务的一方有中止履行的必要。因为只有此时，其履行义务所承受的风险才具有现实性。这一点与先履行抗辩权正好相反。

---

① 尹忠显：《新合同法审判实务研究》，人民法院出版社2006年版，第163页。

（三）须先履行合同义务的当事人有证据证明对方当事人有不能对待给付的现实危险

合同有效成立后，后履行义务的当事人的财产状况恶化，且此种财产状况的恶化在双方当事人订立合同时不能为双方所获知，致使后履行当事人履行能力丧失或者其他情况以致不能保证合同的履行，则先履行义务的当事人有权行使不安抗辩权。如果后履行一方不能对待给付的危险发生于合同订立之前且为对方所知，则属于自担风险的情形，先履行一方不享有不安抗辩权；如果前述风险发生于合同订立之前但因一方隐瞒导致对方不知情的，则可能构成《民法典》第148条所规定的可撤销民事法律行为之情形，应通过请求人民法院或仲裁机构予以撤销进行救济，而不能行使不安抗辩权。

二、行使不安抗辩权之情形

根据本条之规定，后履行义务一方有下列情形之一的，先履行义务一方可以行使不安抗辩权。

（一）经营状况严重恶化

这种情况并非当事人恶意所为，而是在经营中力所不及，或者经营不善，而造成经营状况严重恶化的后果。最典型如已申请破产或已进入破产程序、涉及重大诉讼且面临重大败诉风险、从事该行业或业务必需的资质被吊销等。经营状况严重恶化，该方当事人极有可能无力清偿债务，因此，先履行的当事人可以行使不安抗辩权。

（二）转移财产、抽逃资金，以逃避债务

后履行债务的当事人在履行期届至前，转移财产，抽逃资金，以逃避债务，其意图是十分明显的，是严重的默示预期违约。在这种情况下，先履行债务的当事人如果仍按照合同的约定先履行给付义务，则有可能使自己的债权不能实现，造成自己的损失。因此，先履行债务的当事人可以行使不安抗辩权。

（三）严重丧失商业信誉

商业信誉是商家的生命，也是其经济能力的具体表现，是履约能力的具体体现。严重丧失商业信誉的商家，其履约能力必然受到影响，构成先期履约危险。对此，先履行债务的当事人可以行使不安抗辩权。最典型如后履行一方因突发事件面临负面舆情，如长春长生生物科技有限责任公司因假疫苗事件商誉尽失。

（四）有其他丧失或者可能丧失履行债务能力的情形

这是一条弹性的规定。按照本条第1款第4项条件的规定，只要后履行债务的一方当事人表现出丧失或者可能丧失债务履行能力的情形，先履行债务的当事人就可以行使不安抗辩权。其应当包括以下类型：（1）在承揽合同场合，承揽人于缔约后丧失履行能力，依约又不得转交他人完成工作；（2）在劳务合同场合，提供劳务者于缔约后丧失劳动能力；（3）在商品房预售合同场合，出卖人欠缺《建设用地使用权证》《建设用地规划许可证》《建设工程规划许可证》《建筑工程施工许可证》《商品房预售许可证》中的若干许可证，就很难保障完成不动产物权的移转登记，也就是说，买受人很可能无法取得所买商品房的所有权，这构成出卖人难为对待给付之虞，即可能丧失履行能力；（4）在租赁房屋用于餐馆经营的场合，拟做餐馆的房屋距离居民楼太近，在这种情况下，行政主管机关依法拒发《餐饮服务许可证》，这构成出租人可能丧失履行能力；（5）在租赁房屋用于酒店服务业的场合，拟做酒店客房及厨房的建筑物、构筑物及其附属设施消防验收不合格，并且情形严重，消防机构出具了《消防验收不合格意见》，这构成出租人可能丧失履行能力；（6）买卖合同中出卖人一物两卖，将约定交付的特定物卖与他人，以致履行不能；（7）债务人被列为失信被执行人；（8）后履行一方因不可抗力导致履行能力丧失，如机械制造公司因疫情等原因招不到工人导致生产停滞等。[①]

三、行使不安抗辩权的举证责任

为了防止不安抗辩权之滥用，杜绝任意借口对方不履行债务或者

---

① 崔建远：《合同法总论》（中卷），中国人民大学出版社2016年版，第208页。

有不能履行债务之可能而中止履行自己应当先为履行之债务，破坏合同之债的严肃性，《合同法》第68条明确规定主张不安抗辩权的先履行债务的一方当事人应当举出对方有法定的不能履行债务或者有不能履行债务可能情形之一存在的确切证据。在本次立法过程中，曾有意将“确切”二字删除，以降低不安抗辩权适用标准，但在最终通过审议的《民法典》中并未删除“确切”二字。我们认为，无论是否有“确切”二字，这都是一个较为主观的标准。因此，在审判实践中应当注意以下两点：一是适当从严把握此项证明标准，因为不安抗辩权的行使会导致合同权利义务发生颠覆性的变化，必须防止因标准过宽导致不安抗辩权的滥用，应当维护合同的稳定性和可履行性，不得轻易推翻合同、否定合同。二是应当对后履行一方出现的本条第1款规定的四种情形与其不能履行所负担的债务的因果关系进行审查，并非后履行一方只要出现本条第1款规定的四种情形，先履行一方就当然享有不安抗辩权。如：（1）公司因个别员工行为商誉受损，只要其运行能力能够保持基本正常，不宜认定为丧失商业信誉而履行不能；（2）公司部分业务经营状况恶化或商誉丧失，正常经营部分的业务未受重大影响，对未受重大影响部分不宜认定为履行不能。如现在有很多大型集团公司，业务范围涉及多个领域，其某一项业务出现问题从而导致公司商誉受到重大减损，但其他领域业务未受影响的，则当事人不得就未受影响的业务主张不安抗辩权；如某公司生产多个产品，其中一个产品质量出现重大瑕疵，则当事人仅能就该项产品主张不安抗辩权，不得就全部产品主张不安抗辩权。

对于是否构成履行不能，应当由主张行使不安抗辩权的一方承担举证责任，如举证不能，其应当对其中止履行承担违约责任。

四、不安抗辩权的法律效力

当不安抗辩权成立时，发生如下法律效果：一是先履行义务一方得以暂时中止履行合同债务。不安抗辩权也是一种延期抗辩权，先履行义务一方只是暂时中止履行或者延期履行合同债务，而并非终止合同债务或者消灭合同债务。因此，倘若应当后履行债务的一方当事人提供了适当担保或者作了对待履行，不安抗辩权即行消灭，主张抗辩权的应当先履行债务的一方当事人就应当恢复履行自己的债务。二是先履行义务一方不承担违约责任。不安抗辩权是先履行义务一方对其不按期履行债务的合法救济，故当不安抗辩权成立时，其逾期不履行债务不应被认定为违约，亦得以据此免除其违约责任。但多种因素导致先履行一方不能如期履行其债务的，仅有部分因素构成不安抗辩且该抗辩权的成立仅影响先履行义务一方部分履行的，则其只能就与此相对应的部分中止履行并免除其该部分违约责任，未受影响部分应当按约履行；虽然仅有部分因素构成不安抗辩但该抗辩权的成立影响先履行义务一方履行全部债务的，其可就全部债务中止履行并应当免除其全部违约责任。当然，要想使不安抗辩权发生法律效力，还应当以通知的方式作出明示且通知有效到达对方。

【审判实践中应注意的问题】

审判实践中应当注意以下两个问题：

第一，并非只要出现本条所规定的情形就构成不安抗辩权的行使条件，应当注意审查所出现的情形是否达到足以使后履行一方丧失履行债务的能力。如后履行一方虽涉及多起诉讼，但败诉少于胜诉，或败诉风险较小，或败诉对其履行能力没有构成根本性否定，此时先履行一方不能行使不安抗辩权。

第二，先履行抗辩权与不安抗辩权对抗问题。先履行抗辩权与不安抗辩权均发生在合同约定的履行期到来之前，当两者产生对抗时，应当先审查不安抗辩权是否成立，因为先履行一方往往是在其履行过程中发现对方存在不安事由，此时其履约行为尚未完成，当然存在部分履行、瑕疵履行或不完全履行等情形，若此时后履行方能以先履行抗辩权进行对抗，则不安抗辩权将会沦为虚设。若后履行方确实丧失履行能力，则其不能主张先履行抗辩权，亦不能以此对抗先履行方主张不安抗辩权。

第五百二十八条 当事人依据前条规定中止履行的，应当及时通知对方。对方提供适当担保的，应当恢复履行。中止履行后，对方在合理期限内未恢复履行能力且未提供适当担保的，视为以自己的行为表明不履行主要债务，中止履行的一方可以解除合同并可以请求对方承担违约责任。

【条文主旨】

本条是关于不安抗辩权行使的规定。

【条文理解】

本条文基本沿用《合同法》第69条规定，但其将不安抗辩权解除合同与预期违约解除合同进行了衔接，即在构成不安抗辩权的情形下，债权人只能主张暂时中止履行，如果债权人在暂时中止履行后需要解除合同并主张违约责任，则应当以债务人在合理期间内未恢复债务履行能力以及未提供充分的担保为条件。[①]

一、行使不安抗辩权的通知义务

不安抗辩权是一种单方权利，其行使无需获得对方的同意和认可，故其行使亦是一种行为。但所有的单方权利都有一个弊端，就是缺乏约束的权利很容易被滥用，从而导致权益失衡。为了平衡合同当事人双方之利益，法律必须对单方权利的行使进行必要的规制，以遏制其行使的随意性。因此，《合同法》第69条规定将通知作为行使

① 王利明：《预期违约与不安抗辩权》，载《华东政法大学学报》2016年第6期。

不安抗辩权的必经程序。本次《民法典》立法时，继续沿用了这一制度。关于通知的方式，可以采用口头方式也可以采用书面方式，但必须有效达到对方。关于通知的内容，我们认为应当包含主张不安抗辩权的事实与理由以及中止履行的意思。如果仅仅表达了中止履行的意思，不能认定为是行使不安抗辩权。

二、不安抗辩权的消灭

（一）后履行一方提供适当担保

前文已经谈到，不安抗辩权在行使上是一种单方权利，至于后履行一方是否构成不安抗辩权行使的法定情形，其实也是先履行一方的单方所作出的判断。因此，为了保障权利公平并促成交易，法律赋予后履行一方可以提供担保的方式对抗先履行一方主张的不安抗辩权。但并不是说只要后履行一方提供担保，先履行一方就必须恢复履行。要想使合同恢复履行，后履行一方所提供的担保必须是“适当的”。但对于何为“适当担保”，现有立法或司法解释并未给出客观的或可量化的标准。有观点认为，必须要达到可以满足对待给付的程度，即与先履行一方的债务“对等”；也有观点认为，可以参照《民法典》第586条关于定金的规定来确定“适当担保”的数额，即后履行一方提供的担保达到先履行一方债务20%的，则视为该担保是适当的。我们认为，对于担保是否适当的认定既要充分保障合同履行，又要防止权利人借故漫天要价或恶意解除合同，需要考虑以下三个方面的因素：一是后履行一方丧失履行能力的程度；二是后履行一方恢复履行能力的可能；三是先履行一方已履行的债务，即后履行一方提供担保的数额应当大于先履行一方已履行的债务数额。需要注意的是，在可分之债中，如果后履行一方提供的担保仅能保障合同部分履行的，先履行一方应当履行与已有担保相当的债务，而不能全部不履行。当然，如果双方当事人对担保的数额达成一致，按约定执行即可。

（二）后履行一方恢复履行能力

丧失履行能力是一种状态，但其并非不可改变的状态，这种状态可以随着时间的推移和空间的转移而发生变化。后履行一方的履行能力在先履行一方作出行使不安抗辩权判断时与中止履行的通知到达时可能处于不同的状态，甚至后履行一方的履行能力在前述时间段内没有变化，但在此后有所好转。故后履行一方履行能力得到恢复也是不安抗辩权消灭的原因。例如科创企业因资金耗尽经营停滞，但短期内融资成功，经营得以恢复等。同样，现有立法和司法解释对于履行能力得到恢复也没有一个客观的标准。我们认为，只要恢复的程度达到可以保障为对待给付即可，并非要求债务人履行能力全面得到恢复。如生产企业因新冠肺炎疫情无法招工导致全部生产线停滞，但疫情迅速得到控制，仅恢复部分生产线即可满足合同要求，此时就应当认定为履行能力恢复。

（三）关于合理的期限

一是“合理期限”仅修饰“恢复履行能力”还是修饰“恢复履行能力”和“提供适当担保”？我们认为，先履行一方不安抗辩权的行使是对合同约定的先后履行顺序的颠覆，不论是“恢复履行能力”，还是“提供适当担保”，对于后履行一方均属合同约定之外的突发性义务，故均应给予一定的期限。二是多长时间属“合理期限”？我们认为，有约定的，从约定；没有约定的，应当综合考虑担保数额、阻碍履行能力恢复的具体因素以及合同对于双方债务履行时间紧迫性的要求来确定，既要避免先履行一方等待时间过长使合同履行长期处于不确定状态，又要防止后履行一方应对时间过短导致合同履行权益丧失。比如我们不能要求后履行一方在三五天内提供1亿元的现金担保。

三、合同解除

合同解除是否属于行使不安抗辩权的法律效果，即先履行一方是否享有合同解除权这一问题一直存有争议。一种观点认为，先履行一方没有解约权，即“不安抗辩权作为延缓的抗辩权的一种，只能使对方的请求权在一定期限内不能行使，而不应发生合同解除的效果，所以不安抗辩权本身不应包括合同的解除权。”[①]另一种观点认为，先履行一方享有“诚信解约权”，主张“如果相对人反复拒绝提出给付或提出担保，有悖于诚实信用原则，经过相当期限后，应认定先给付义务的人有解除权。”[②]我们认为，这两种争议的根源在于此前《合同法》第69条“中止履行后，对方在合理期限内未恢复履行能力并且未提供适当担保的，中止履行的一方可以解除合同”的规定，该规定未能将后履行一方所处的情形与《合同法》第94条第2款中的默示预期违约对应起来，直接赋予先履行抗辩权人解除合同的权利。但本次《民法典》编纂已经将不安抗辩权与默示预期违约作了有机衔接，很好地解决了这一问题。即在构成不安抗辩权的情形下，先履行一方只能主张暂时中止履行，如果先履行一方在暂时中止履行后需要解除合同并主张违约责任，则应当将后履行一方在合理期限内未提供充分的担保以及未恢复履行能力视为其以自己的行为表明拒不履行合同，构成默示预期违约，违约责任亦由后履行一方承担。

【审判实践中应注意的问题】

在继续性合同中，行使不安抗辩权还是任意解除合同，应当尊重当事人的选择。继续性合同（如《民法典》第730条规定的无固定期限租赁合同、第829条规定的货运合同、第930条规定的委托合同等）存在着区别于一时性合同解除制度的任意解除制度，当事人一方可以随时解除合同，不以对方当事人反对与否为转移。在不安抗辩权适用的条件具备时，任意解除权行使的条件也成熟了，于是出现了解除合同和行使不安抗辩权竞合的现象。在这种情形下，权利人有权自由选择行使不安抗辩权或行使解除权。[③]

① 王利明：《关于不安抗辩权的几个问题》，载王利明：《民商法研究》第4辑，法律出版社2001年版，第489页。

② 史尚宽：《债法总论》，中国政法大学出版社2000年版，第591页。

③ 崔建远：《合同法总论》（中卷），中国人民大学出版社2016年版，第210页。

第五百二十九条 债权人分立、合并或者变更住所没有通知债务人，致使履行债务发生困难的，债务人可以中止履行或者将标的物提存。

【条文主旨】

本条是关于因债权人原因导致债务履行困难如何处理的规定。

【条文理解】

《合同法》第70条对该问题进行了规定。《民法典》本条规定对《合同法》的规定未作修改。

一、法理基础：全面履行原则、履行受领人与因债权人原因致债务人履行债务困难

买卖合同的全面履行，不仅依赖于债务人履行债务，同时还依赖于债权人受领履行。因此，合同履行的主体是债务人和债权人。依照全面履行合同原则，债务人应依法依约在正确的时间、正确的地点向正确的受领主体全面履行债务。

债务人向适格的履行对象履行方构成有效的履行。可以有效受领履行的主体，称为履行受领人。履行受领人原则上为债权人本人。此外，债权人本人之外的主体也可以成为履行受领人，主要包括债权人的代理人、涉他合同中的有权受领债权的第三人、代位权人、质押权人等。

二、理解与适用本条规定时应注意的问题

关于本条规定的理解，应注意以下三点：

（一）发生了因债权人原因导致债务人履行债务困难的情形

导致债务人履行债务困难的原因有多种，本条所规定的是因债权人的原因、债权人具有过错的情形。具体事由是，债权人分立、合并或者变更住所没有通知债务人。债权人分立、合并或者变更住所，属于债权人变更的情形。《民法典》第67条规定，法人合并的，其权利和义务由合并后的法人享有和承担。法人分立的，其权利和义务由分立后的法人享有连带债权，承担连带债务，但是债权人和债务人另有约定的除外。根据上述规定，分立、合并后的主体概括承继分立、合并前的债权人的债权债务，成为债权人，当事人另有约定的除外。债权人分立、合并使原债权人的主体资格发生变化，债的受领人发生变更。如果债权人未及时告知债务人其上述变更事实，债务人不知道或者不应当知道该变化的，则导致债务人不知应向何人履行债务，使履行债务发生困难。债权人住所变更，如果导致债务人无法确定债权人的，也会发生履行困难。如债权人故意变更住所藏匿，使包括债务人在内的主体均不知其下落。

还应明确的是，如前所述，债的受领人是债权人本人或者其他依法依约有权受领主体。在其他有权受领主体发生分立或者合并或者住所地变化的情形，可否适用本条规定，应以是否造成债务人履行困难为判断标准。如果相关主体难以确定，但债务人可以与债权人通过再协商的方式明确受领人，使债务得以履行的，则不能视为履行困难。当然，如果因此发生履行迟延，则债务人不承担违约责任。

（二）债权人负有通知义务

债的履行需要债务人与债权人双方的配合和协力。债务人履行债务时，债权人应予受领。债权人变更会影响债务人履行，依据《民法典》第509条规定的诚信原则，在该情形下，债权人对债务人负有通知义务。

（三）债务人可以中止履行或者将标的物提存

本条规定了两种法律后果，即债务人中止履行或者将标的物提存。

中止履行是债务人因履行困难暂时不予履行，待履行障碍消除后，仍负履行义务。应予明确的是，债务人依据本条规定中止履行，是债务人享有的权利，并非债务人违反约定不履行合同义务，所以，债务人不负迟延履行的责任。债权人据此主张债务人违约的，人民法院不予支持。《欧洲合同法原则》第8:101条即规定，只要一方当事人自己的行为造成对方当事人的不履行，该当事人不得寻求第9章规定的任何救济措施。

提存，是指由于债权人的原因而无法向债权人交付合同标的物时，债务人将标的物交付给有关部门保存以消灭合同关系的一项制度。为了更好地保护债务人的利益，使其脱离合同的拘束，本条规定，债务人可以将标的物提存。无论债权人下落不明导致的债务履行困难是暂时性、短期性还是终局性、长期性的，只要履行期届满之时构成履行困难，均可构成提存原因。在我国，提存部门是公证机关。我国《提存公证规则》第5条规定，债权人不清、地址不详属于可以办理公证的情形。根据《民法典》第557条、第570条、第571条的规定，债务人依法将标的物提存的，产生债务消灭的法律后果。该法律效果的产生不以债权人提取提存物为要件。标的物不适于提存或者提存费用过高的，债务人依法可以拍卖或者变卖标的物，提存所得的价款。债务人将标的物或者将标的物依法拍卖、变卖所得价款交付提存部门时，提存成立。提存成立的，视为债务人在其提存范围内已经交付标的物。标的物提存后，毁损、灭失的风险由债权人承担。

在中止履行情形，债务人仍负有履行债务的义务，故依据诚信原则，其对标的物负有保管义务。如果在较短时间内能够确定债权人或者能够确定债权人的地址的，其在履行障碍消除后，直接对债权人或者依法依约能够确定的受领人为履行，无疑可以使债权人直接受领，债务消灭。但如果债务履行困难的时间较长或者没有合理期限，债务人将一直处在债务的约束之中，且其应负保管义务，会增加债务人的负担，故债务人若想尽快摆脱债务负担，可以采取前述提存的方式消灭债权债务关系。在个案中，债务人采取何种方式，由其根据诚信原则，综合考虑标的物的情况、债权人无法确定、无法查询的时间等情况进行确定。

【审判实践中应注意的问题】

一、本条适用的核心要件是债权人分立、合并或者变更住所导致债务人履行债务发生困难

在审判实务中，存在虽然债权人分立、合并或者变更住所，但并没有导致债务人发生履行困难的情形。在该情形下，债务人仍需依法依约履行合同义务，不能援引本条规定中止履行或者将标的物进行提存，否则违反了全面履行合同原则，构成违约。如，虽然债权人分立、合并或者住所变更，但债权人已将上述事实通知债务人，或者债权人虽未告知，但是债务人对上述事实已经知晓并能够履行债务的，则不属于因债权人原因致使债务人履行困难的情形。

二、关于债务人是否负有查找义务问题

关于该问题，存在争议。第一种观点认为，依据诚信原则，因债权人原因导致债务履行困难的，并不能当然免除债务人履行债务的责任。债务人应依据诚信原则尽到查找义务。如果依据一般人的认识和能力，债务人稍加查找就能获得债权人变更后的信息而故意不进行查找，借此中止履行或者提存给债权人造成损失的，则应承担相应过错赔偿责任。例如：依据《民法典》第64条、第66条的规定，法人存续期间登记事项发生变化的，应当依法向登记机关申请变更登记。登记机关应当依法及时公示法人登记的有关信息。根据上述规定，债务人能通过查询上述公示登记材料确定变更后的债权主体而未查询的，

则应认定属于债务人应当知道的情形，不能适用本条规定。再如，债务人明知债权人在原办公场所张贴了变更告示，却不去查看等。当然，债务人负有查询义务并非否定债权人的通知义务和债权人未尽通知义务应承担的法律责任。在债务人承担查找义务情形，相关查找费用应由债权人承担。第二种观点认为，债权主体变更将导致合同主体变更，对债务人履行债务存在影响。因该不利影响是债权人造成，故基于诚信原则，应由其负通知义务。如果课以债务人查找义务，则加重债务人的责任，有违公平。而且，如果规定债务人有查找义务，则意味着，若债务人未尽该义务中止履行或者提存的，将构成违约，这显然是将债权人不履行法定通知义务的过错转嫁给债务人，不符合过责相当原则，也难谓公平。而且，该查找义务的履行标准也很难确定。

三、关于风险负担问题

如前所述，本条所规定情形属于因债权人原因导致的履行障碍，故债务人中止履行并不构成违约。因其系因债权人的原因致使合同履行发生困难，故债权人应负受领迟延的责任。对于买卖合同标的物的毁损灭失，我国采交付主义风险负担原则。虽标的物未交付，但如果不存在因债权人的原因导致债务人履行困难情形，则债务人已经交付标的物，风险已经移转给债权人。因此，以正常履行情形标的物的交付时点作为风险负担的时点较为符合公平原则。

债务人提存情形，因自提存之日起，提存物的所有权转移，债权人成为提存标的物的所有者，享有该标的物上的权利，故债权人应承担标的物因不可抗力、自身性质而产生的毁损、灭失等风险。

司法实践中存在的争议问题是，在履行期限届满后至提存生效之前发生标的物毁损、灭失的，如何确定风险负担主体问题。如依照前述提存法理，在提存生效之日标的物所有权才发生转移，之后的标的物毁损、灭失风险应由债权人负担。那么，能否据此得出在提存之前风险均应由债务人负担的结论？笔者认为，不能得出该结论。理由为:《民法典》第604条规定，标的物毁损、灭失的风险，在标的物交付之前由出卖人承担，交付之后由买受人承担，但是法律另有规定或者当事人另有约定的除外。依据该规定，在履行期限届满后，如果不存在本条所述履行困难，债务人已经如约交付标的物，风险已经移转给债权人。因此，因债权人原因导致标的物未能按约定期限交付的，从约定期限之日起，风险应移转给造成履行困难的债权人承担。“须予以注意的是，在以债权人迟延为提存原因的场合，买受人应当自违反约定（债权人迟延）之日承担标的物毁损灭失的风险。”[①]

四、关于本条规定的提存情形下债务人是否负有通知义务问题

在我国，提存机构为公证机关。《提存公证规则》对提存程序进行了规定。一般而言，包括以下程序:（1）债务人应向清偿地提存机关提交提存申请。（2）债务人提交提存物。（3）提存机关授予债务人提存证书。提存机关在收取提存申请及提存物后，应向债务人授予提存证书。提存证书与清偿受领证书具有同等的法律效力。（4）通知债权人受领提存物。

关于通知义务的主体，各国及各地区有不同的规定，大多数立法通常规定由债务人通知债权人。我国《合同法》和《民法典》均规定由债务人负通知义务。

关于债务人通知义务履行的问题，《德国民法典》第374条规定:“债务人应立即将提存通知债权人，如不可能为通知者，得免为通知。”我国台湾地区“民法”第327条第2款规定:“提存人于提存后，应即通知债权人，如怠于通知，致生损害时，负赔偿之责任。但不能通知者，不在此限。”《日本民法典》第495条第3款亦有类似规定。我国《合同法》第102条也规定:“标的物提存后，除债权人下落不明的以外，债务人应当及时通知债权人或者债权人的继承人、监护人”。我国《提存公证规则》第18条第2款规定:“提存受领人不

① 韩世远:《合同法总论》，法律出版社2018年版，第727页。

清或者下落不明、地址不详无法送达通知的，公证处应自提存之日起六十日内，以公告方式通知。”《民法典》第572条规定，标的物提存后，债务人应当及时通知债权人或者债权人的继承人、遗产管理人、监护人、财产代管人。该条规定较之《合同法》第102条的规定有所变化，其删除了《合同法》第102条关于“除债权人下落不明的以外”的规定。

第五百三十条 债权人可以拒绝债务人提前履行债务，但是提前履行不损害债权人利益的除外。

债务人提前履行债务给债权人增加的费用，由债务人负担。

【条文主旨】

本条是关于提前履行债务法律效力的规定。

【条文理解】

我国《合同法》第71条规定，债权人可以拒绝债务人提前履行债务，但提前履行不损害债权人利益的除外。债务人提前履行债务给债权人增加的费用，由债务人负担。本条仅在文字上对《合同法》的规定进行了修改，将“但提前履行不损害债权人利益的除外”改为“但是提前履行不损害债权人利益的除外”。

一、法理基础：全面履行原则、期限利益与债权人的拒绝受领权

《民法典》第509条第1款规定了全面履行原则，即当事人应当按照约定全面履行自己的义务。按照正确的期限履行债务为全面履行的内容之一。

当事人对合同履行的时间所作的约定，为履行期限。当事人在合同中对履行期限进行约定的，按其约定确定履行债务的期限。合同生效后，当事人对履行期限没有约定或者约定不明确的，根据《民法典》第510条、第511条规定，当事人可以协议补充；不能达成补充协议的，按照合同相关条款、合同性质、合同目的或者交易习惯确

定。依据上述方式规定仍不能确定的，履行期限不明确的，债务人可以随时履行，债权人也可以随时请求履行，但是应当给对方必要的准备时间。此外，《民法典》在典型合同分编中还对典型合同中的履行期限进行了特别规定，如《民法典》第628条[①]、第674条的规定[②]等。

在合同法中，履行期限具有重要的法律意义，其主要表现在当事人的期限利益。是否依约定期限履行合同义务也是判断合同主体是否构成违约的一个重要因素。

所谓期限利益，是指在履行期限届满以前，债务人履行或者债权人要求履行而会使相对人失去的利益。也有学者认为，其是指“在期限到来之前当事人享受的利益”[③]。我国立法并无关于期限利益的一般规定。《日本民法典》在“条件与期限”一节，对期限利益进行了明文规定，其第136条第1项规定：期限，推定为债务人的利益而订定者。该规定是与该法第135条的规定相衔接的，该法第135条规定，法律行为附始期的，不得于期限届至前，请求履行该法律行为。《法国民法典》也有相应规定，其在“附期限之债”一节第1186条规定，仅在到期时始当履行的债，在期限届至之前不得请求履行之，但提前已为的清偿，不得请求返还。笔者认为，一般而言，履行期限的约定，不仅可以给予债务人以拒绝提前履行抗辩权，也可以赋予债权人要求按期履行的权利，因此，从这一意义上而言，关于履行期限的约定，不能当然得出如无特别规定或约定，推定归属于债务人的结论，应视合同的类型以及义务的性质具体而定。

履行期限有为债务人利益的，有为债权人利益的，也有为双方当事人利益的。在特殊情形，法律对债务人享有期限利益进行了限制，

---

① 该条规定：“买受人应当按照约定的时间支付价款。对支付时间没有约定或者约定不明确，依据本法第五百一十条的规定仍不能确定的，买受人应当在收到标的物或者提取标的物单证的同时支付。”

② 该条规定：“借款人应当按照约定的期限支付利息。对支付利息的期限没有约定或者约定不明确，依据本法第五百一十条的规定仍不能确定，借款期间不满一年的，应当在返还借款时一并支付；借款期间一年以上的，应当在每届满一年时支付，剩余期间不满一年的，应当在返还借款时一并支付。”

③ ［日］三本敬三：《民法讲义 I 总则》，北京大学出版社2004年版，第225页。

如：债务人被宣告破产的，未到期的债务视为到期，此为破产法的基本制度。《日本民法典》第134条规定对期限利益的丧失进行了规定，即在下列各项情形，债务人不得主张期限利益：债务人受破产宣告；债务人毁灭或减少担保时；债务人负提供担保义务而不予提供时。我国《企业破产法》第46条也对破产情形下期限利益的丧失进行了规定。

提前履行，是指在履行期限届满之前所为的履行。其与迟延履行均属于不按履行期限履行的情形。换言之，债务人可否提前履行，应视期限利益的归属而定。当期限利益归属于债务人时，债务人可以抛弃期限利益提前履行，但债权人不能要求债务人抛弃期限利益而提前受领，除非双方达成合意、存在预期违约或者法定情形。当期限利益归属于债权人时，债权人可以抛弃期限利益接受债务人提前履行，但债务人不能要求债权人抛弃期限利益提前受领，除非债权人放弃其期限利益。当期限利益既归属于债权人又归属于债务人时，合同一方抛弃期限利益的，应该获得对方的许可。佟柔先生对此进行了阐释："如果履行期限是为了债务人的利益而设的，债务人可以在期满前偿还债务，而债权人则只是在期限届满前才有权请求履行。反之，如果履行期限是为了债权人利益而设定的，那么债权人有权请求提前履行，但债务人非得债权人同意，是不能提前清偿债务的。"[①]《日本民法典》第134条第2项规定，期限利益可以放弃，但不得因此而侵害相对人的利益。

根据上述法理，在债权人对履行期限享有期限利益时，因提前履行损害其期限利益，故其享有拒绝受领权，这是法律为保护债权人期限利益而规定的一项重要制度，除非债权人放弃该期限利益。此处所指债权人享有期限利益情形，既包括债权人单方享有期限利益的情形，也包括其与债务人共同享有期限利益的情形。司法实务中，债务人享有期限利益的合同有无息借款合同、分期履行合同等。债权人享

---

① 佟柔等主编：《民法概论》，中国人民大学出版社1982年版，第150页。

有期限利益的合同有无偿保管合同等。债权人和债务人同时享有期限利益的合同包括有息借款合同等。

二、债权人不得拒绝债务人提前履行债务的适用情形

基于诚信原则，若提前履行不损害债权人利益，债权人不得拒绝受领，本条据此进行了规定。该规定有助于平衡债权人和债务人之间的权利义务。《瑞士债法典》的规定略有不同，该法原则上规定债务人可以提前履行，但特殊情况除外。该法第 81 条规定：债务人可以在履行期届满之前履行债务，但合同的条款或者合同的性质或者依客观情况有相反目的的除外。

一般而言，在债权人不享有期限利益的情况下，债务人提前履行不损害债权人的利益。是否损害债权人的利益，主要应判断提前履行是否给债权人造成实质不利益。关于债权人享有期限利益的情形，现以甲诉乙公司买卖合同纠纷一案为例进行阐释。该案案情是：甲乙双方签订买卖苹果合同，乙公司购买苹果用以加工水果罐头。因乙公司采购的制造水果罐头的机器设备拟于 7 月 30 日安装使用，故双方约定，甲交付水果的时间为 8 月 5 日。甲因要到乙公司所在地的其他单位送货，故为节省运费，提前在 7 月 1 日将苹果送到乙公司处，乙公司拒收。双方争议期间，苹果发生腐烂致甲损失，甲遂提起诉讼，请求判决乙公司赔偿其损失。法院认为，从当事人双方约定的交货期限的原因可见，乙公司对履行期限享有期限利益。甲提前履行损害了乙公司利益，乙公司享有拒绝受领权，遂驳回甲的诉讼请求。

三、提前履行债务增加的费用的承担主体

增加的费用，是指因债务人提前履行债务而导致债权人要比债务在正常履行的情况下多支付的费用。例如，因提前履行导致债权人为存放标的物而提前租用仓库多付的租金即为“增加的费用”。因费用增加系由于债务人提前履行的行为造成的，故本条规定该费用应由债务人负担，这符合公平原则。

【审判实践中应注意的问题】

一、关于本条规定与本法关于借款合同提前履行规定的衔接问题

本法在借款合同部分对借款人提前履行还款义务问题进行了规定，本法第677条规定：借款人提前返还借款的，除当事人另有约定外，应当按照实际借款的期间计算利息。由该条规定可见，其原则上肯定了债务人提前返还借款的合法性。原因在于，如此规定有助于鼓励债务人积极履行债务。相对于本条规定而言，其为特别规定，故根据特别法优于一般法的法的适用一般原则，在处理借款合同中借款人提前还款的法律责任问题时，应适用本法第677条的规定。

二、关于预期违约情形债权人要求债务人提前履行与本条所规定的提前履行的区别

预期违约原为英美合同法上的一项制度。“一方当事人对于合同的明确和无条件的拒绝履行，若传达于另一方，即为产生即时诉权和其他法律效果的违约行为，尽管其发生远在为约定的给付而规定的履行时间以前和该允诺的指定条件成就以前，现在，无论在英国还是在美国，这都是普遍公认的规则。”[①] 我国《合同法》对该制度进行了规定。《民法典》第578条对该问题也进行了规定，即当事人一方明确表示或者以自己的行为表明不履行合同义务的，对方可以在履行期限届满前请求其承担违约责任。两者的相同点是都表现为债务人提前履行债务。但不同点是两者性质、适用条件和法律后果均不相同。一是两者期限利益归属不同。一般而言，在预期违约情形，债务人享有期限利益。本条规定的债务人提前履行债务，期限利益既可能归属于债权人也可能归属于债务人，视期限利益的归属而确定债权人是否享有

① ［美］A.L. 科宾：《科宾论合同》（下册），中国大百科全书出版社1998年版，第445~446页。

拒绝履行权。二是两者是否构成违约不同。预期违约是一种违约形态。在构成预期违约情形，债权人享有要求债务人提前履行合同义务的权利。提前履行属于债务履行范畴，其是否构成违约，应视债权人是否享有拒绝受领权、是否拒绝受领以及债务人是仅提出提前履行的请求还是实际实施了提前履行行为而定。预期违约情形下的提前履行是债务人承担违约责任的一种方式，而本条所规定的提前履行，则是债务人的一种履行请求或者履行行为，并非承担违约责任的形式。

三、关于债权人放弃期限利益受领后反悔，人民法院应否支持

在债务人提前履行、债权人享有拒绝受领权情形，如果债权人抛弃其期限利益同意受领债务的，则应认定双方对提前履行达成合意，故原则上，债权人受领后反悔拒绝受领的，人民法院不应支持，除非存在债权人放弃期限利益意思表示不真实等情形。与之相应的是，如果期限利益归属于债务人，债务人放弃该期限利益提前履行，债权人受领的，债务人也不得请求返还。《法国民法典》第1186条对此进行了规定，即“提前已为的清偿，不得请求返还。”

四、关于分期付款买卖合同中，期限利益的放弃与债务人的提前履行

在分期付款买卖法律关系中，买受人得先行占有、使用买卖的标的物再分期履行其价金给付义务，物先给付和价金分期给付是其特征。分期付款实质上是价金偿还义务的延缓履行，买受人据此享有期限利益。出卖人不能剥夺买受人的该期限利益，不得请求买受人提前履行支付价款的义务，但法定情形除外。买受人可以处分、放弃期限利益，于物交付后，在分期付款期限届至前清偿全部货款。由于该提前履行行为不损害债权人利益，故出卖人不能拒绝履行。

第五百三十一条 **债权人可以拒绝债务人部分履行债务，但是部分履行不损害债权人利益的除外。**

债务人部分履行债务给债权人增加的费用，由债务人负担。

【条文主旨】

本条是关于债务人部分履行法律效力的规定。

【条文理解】

我国《合同法》第72条对债务人部分履行问题进行了规定。本条实质内容没有变化，只是在文字表述上稍有变化，将《合同法》第72条规定的“但部分履行不损害债权人利益的除外”改为“但是部分履行不损害债权人利益的除外”。

一、部分履行的概念及性质

部分履行，是与全面履行相对应的概念，指债务人在约定期限履行部分合同义务。在我国台湾地区相关理论中，其被称为“一部清偿”。

关于部分履行的性质，一般认为，其是一种履行形态。至于该种履行形态是否构成违约，则存在争论，主要有三种争议观点。第一种观点认为，其并未构成违约。理由为：部分履行的法律内涵是“债务人提出了一个不完全的履行请求”，它在性质上属于债的履行形态问题，不是违约形态问题，更不是一种独立的违约形态。部分履行并不是一个与拒绝履行、迟延履行、不适当履行等违约形态处于同一个层次之上的概念。第二种观点认为，其构成违约。理由为：部分履行是指合同虽然履行，但是履行不符合数量的规定，或者说履行在数量上存在不足。基于此，部分履行是实际违约的一种特殊形态，在体系上与拒绝履行、迟延履行、不适当履行相并列。第三种观点认为，应区分情形对该问题进行类型化分析。部分履行固然是一种履行状态，但由于这种履行状态违反了全面履行原则，故从这一角度而言，其构成违约。尽管法律规定了债权人不得拒绝受领的情形，但不能据此否定债务人存在不完全履行的违约行为，只不过由于其未根本损害债权人合法权利，法律规定债权人不得拒绝受领。当然，如果债权人与债务人对部分履行另行达成合意，则该行为不构成违约。笔者认为，解决该问题的核心是如何理解部分履行问题。从部分履行指债务人为实际履行行为的角度分析，其固然是一种履行状态，但如果其符合法律关于违约的规定，也可以认定其构成违约。履行状态和是否构成违约两者并不存在根本冲突，是从不同的角度对该问题进行的分析。

二、全面履行原则与债权人的拒绝受领权

《民法典》第509条第1款规定了合同履行中的全面履行原则，即“当事人应当按照约定全面履行自己的义务”。全面履行表明，应由适当的主体在适当的履行期限、履行地点以适当的方式，全面完成合同义务的履行。债的履行方式属于当事人双方约定或者法定的事项，任何一方都无权单方面改变，这是契约严守原则的体现。

从这一角度分析，部分履行构成对全面履行原则的违反，因此，一般而言债权人可以拒绝受领，债权人拒绝受领并不构成债权人迟延，理由为：债权人迟延责任是以债务人全面、准确履行其债务为前提。当债务人提出的履行不符合约定或法定要求时，就不是合格的履行请求，在该情形下，债权人拒绝受领，并不构成对合同履行中双方相互配合、协助义务的违反，自然就不应该承担因违反这一义务所导致的债权人迟延责任。

三、对债权人拒绝受领权的合理限制

综观世界两大法系，相关国家及地区的立法或者合同法理论均认为，应对债权人拒绝受领权进行合理限制，相关国际规则也对此进行了规定。

早在罗马法时期，就有关于部分履行的规定。其相关规则建立在《学说汇纂》两个片段的基础上：（1）法学家尤里安《学说汇纂》第48卷记载：有些权威学者认为，某人针对10个金币提出诉讼时，不得被强迫接受5个金币，然后针对剩余的部分起诉；或者当某人宣称某一土地属于他自己所有，他也不能被迫只针对该土地的一部分起诉；但是，在这两种情形中，一般认为，如果裁判官要求原告接受已经向他提出履行的部分，应该是更加宽容一些，因为减少争议也是他的职责的一部分。（2）乌尔比安《告示评注》第32卷记载：当买方对买卖物起诉，他必须提存价金；即使他提存了价金的一部分，针对买卖物的诉讼也不成立，因为卖方有权通过担保的方式保留其所卖的物。从这两个片段中可以推导出如下规则：一是债权人不得被强迫接受债的部分履行；二是只有正确实施的给付行为才构成有效的债的履行，因此，债权人可以拒绝债务人提出的部分履行而不陷于债权人迟延；三是法官有权对债权人的拒绝权进行限制，要求其接受债务人提出的部分履行。[①] 由上述规定可见，其原则上规定了债权人对部分履行享有拒绝受领权，且不构成迟延履行，但特殊情形除外。

1896年《德国民法典》第266条对债权人对部分履行的拒绝受领权进行了规定，即“债务人无履行部分给付的权利”。[②]2002年《德国民法典》第320条规定：“……（2）给付已经由一方部分履行的，在根据情况，特别是由于尚未履行的那部分给付相对不重要，拒绝履行对待给付会违背诚实信用原则的限度内，对待给付不得被拒绝履行。

---

① Cfr., M. Talamanca, Istituzioni di Diritto Romano, Milano, 1990, p.639.

② 陈卫佐译注：《德国民法典》，法律出版社2004年版，第78页。

其适用诚实信用原则对债权人的拒绝受领权进行合理限制。”[①]《法国民法典》第1244条规定了债权人的拒绝受领权及其例外情形，即“债务人不得强迫债权人受领债的一部清偿，虽该债系可分时亦同。审判员斟酌债务人的境况后，得许其于适当期限内暂缓清偿，并暂停诉讼程序的进行，一切维持原状。但审判员行使此项权限时须尽力审慎。”该条规定原则上规定了债权人的拒绝受领权。为限制该条赋予法官对债权人拒绝受领权进行限制的自由裁量权，《法国民法典》在第1244条的基础上增补第1244-1条、第1244-2条和第1244-3条，确立了关于法官进行自由裁量的具体规则，以实现法律适用上的确定性。1942年《意大利民法典》第1181条规定：“债权人可以拒绝部分履行，即使给付是可分的亦如此，但是法律或习惯有不同规定的除外。”该国限制的标准是是否存在法律的特别规定以及有特别的交易惯例。

在英美法系国家，关于部分履行的效力问题，在相关的案例和契约法理论中进行了表述。根据英美契约法上的对价理论，特别是双务契约中的对价相互性理论，债务人对到期债务的部分支付，并不构成换取债权人允诺的充分的对价。[②]福克斯诉比尔（Foakes v. Beer）一案确立的规则是：部分偿付到期债务，即使在债权人同意以清偿的方式接受部分支付的情况下，也不发生整个债务的清偿。[③]但是，如果接受部分履行的债权人，不主张债务人的部分履行无充分的对价，而是愿意将部分履行作为完全的清偿而接受，并且解除债务人的债务，或者进行对待履行，这是可以的。但是，由于后者不是一个建立在对价基础上的清偿，所以被认为是具有赠与性质的清偿。对于这样的赠与性质的清偿的效果，不能进行推定，而必须有充分的依据证明债权人存在这一意图。在实践中，这就往往要求债权人对债务人出具全额

---

① 陈卫佐译注：《德国民法典》，法律出版社2004年版，第103页。

② ［美］A.L. 科宾：《科宾论合同》（下册），王卫国、徐国栋等译，中国大百科全书出版社1998年版，第518页。

③ ［美］A.L. 科宾：《科宾论合同》（下册），王卫国、徐国栋等译，中国大百科全书出版社1998年版，第519页。

清偿的收据。[①] 美国法院在清道夫公司诉GT软件公司一案中确定的规则是："对于可分割的合同，当事人违反其中部分约定的，不影响其就已经履行的部分主张权利。"[②] 美国《统一商法典》第2-307条规定，除非另有协议，买卖合同项下的所有货物必须一次全部提示交付，且只有卖方作此种提示交付，买方才有义务支付价款。但是，如果客观情况使卖方有权分批交货或使买方有权分批提货，则在价款可按比例分开计算时，卖方可以要求在其每次交货后取得相应价款。由上述规定可见，英美契约法理论和相关立法是从整体性的角度考察部分履行的效力问题，认为在进行部分履行符合对价理论、合同目的以及当事人自主意愿的情形下，应允许部分履行。在个案中，其分析了当事人自愿接受部分履行并将其作为全面清偿的合法性问题。

《国际商事合同通则2004》第6.1.3条规定："（1）债权人在接受给付的时候可拒绝债务人提出部分履行的请求，即使后者保证做出必要的补充履行时也是如此，但债权人对拒绝不具有合法利益的情形除外。（2）由于部分履行导致债权人增加的费用支出由债务人承担，此外债权人仍然保留运用其他救济措施的可能性。"该通则采用了"债权人对拒绝不具有合法利益的"标准。

我国学者认为，"债务人无任意为一部履行的权利。因而对债务人的一部履行，债权人自得拒绝受领，并不负受领迟延责任。但依诚实信用原则，有时一部履行对债权人并无不利或不便时，债权人不得拒绝受领。此外，法院亦得斟酌债务人的履行能力，裁决由债务人分期履行。"[③]《合同法》第72条也规定，债权人可以拒绝债务人部分履行债务，但部分履行不损害债权人利益的除外。

由上述分析可见，尽管上述理论以及立法在文字表述上对债权人

① [美] A.L. 科宾：《科宾论合同》（下册），王卫国、徐国栋等译，中国大百科全书出版社1998年版，第519~520页。

② John Calamari等：《美国合同法案例精解》，王飞译，上海人民出版社2018年版，第562页。

③ 王家福主编：《中国民法学·民法债权》，法律出版社1991年版，第197页；张广兴：《债法总论》，法律出版社1997年版，第264页。

享有拒绝受领权的限制路径存在差异，但究其实质并无根本差别，其均是以诚信原则对债权人和债务人之间的权益进行平衡。债务人与债务人通过订立合同在先已经对其利益进行了安排。如果部分履行损害了债权人基于在先安排所享有的合法利益，则存在债权人与债务人之间的利益冲突，但是当部分履行不损害债权人基于在先安排所享有的合法利益时，就不存在债权人与债务人的利益冲突。该部分履行行为对于债务人是有利行为，对于债权人也不存在不利益，故依据诚信原则，债权人不得拒绝受领，以平衡债权人与债务人之间的权益。在法律上，如果行使某一权利对自己的利益没有任何增益，而其唯一后果是导致别人的利益受损，这样的行为通常被认为是违反诚信原则的行为。[①]

关于对债权人拒绝受领权的限制标准，本条将其规定为“不损害债权人利益”。关于如何认定“不损害债权人利益”问题，一般认为，如果部分履行不损害债权人对合同利益的享有和实现，只是导致其增加相关费用，就可以认为部分履行不损害债权人利益。这里的对合同利益的享有和实现，主要是对整体性履行利益的享有和实现。关于债权人是否对合同义务整体性履行享有利益，一般可以从合同义务是否具有可分性等方面进行判定。关于合同义务的可分性与整体性问题，可以从标的物的数量、质量、期限以及标的是否具有同一性和关联性等角度进行考察。例如，当事人在合同中约定，义务人在约定的履行日一次性交付全部标的物，但其在约定的履行日分多次交付标的物。显然，每一次分次履行行为未根本影响权利人的权利实现，但因此而增加了债权人受领的费用，故在明确债务人应承担相应增加的费用的同时，债权人不能拒绝受领债务人的部分履行。有学者即认为：“从法律构成的角度看，部分履行就是对那些在法律上具有整体性特征的债务履行，不具有整体性的履行行为。因此，在某种意义上，部分履行属于对履行行为的一种从履行的整体性的角度所进行的考察，至于

① Cfr., P. Perlingieri (acura di), Manuale di Diritto Civile, seconda edizione, Napoli, 2000, p.238.

履行的'部分性'的特征，则可以从数量、质量等各个角度进行界定。"①

四、债务人部分履行债务给债权人增加的费用，由债务人负担

由于债务人部分履行违反了全面履行原则，故因其原因导致债权人增加了费用，应由债务人负担，这符合公平原则。

【审判实践中应注意的问题】

一、关于本条规定的部分履行与当事人约定的分期履行的区别和联系

我们认为，前者是义务人违反了当事人之间关于全面履行的约定，违反了全面履行原则；后者是当事人之间的自主约定，并不违反全面履行原则。正因为如此，两者的法律效果也并不相同，对于前者，一般情形下，权利人有权拒绝受领，但不损害其利益的情形除外；对于后者，则是债权人需要依约受领，不能拒绝，除非双方另行达成合意。例言之，对于当事人约定了分期履行的每一期债务而言，相对于整体债务，其属于部分履行②，但该部分履行并非本条规定的部分履行。但是，对于当事人约定了分期履行的每一期债务而言，如果债务人对某一到期债务未按照约定数量给付，那么该部分履行行为属于本条规范的情形。现以（2017）最高法民终57号上诉人首钢京唐钢铁联合有限责任公司（以下简称首钢京唐公司）与被上诉人大连绿诺集团有限公司（以下简称绿诺公司）建设工程施工合同纠纷一案为例进行分析。该案基本事实是：首钢京唐公司（发包人）与绿诺公司

① 薛军：《部分履行的法律问题研究——〈合同法〉第72条的法解释论》，载《中国法学》2007年第2期。

② 本条规范的是当事人在订立合同之时并未约定分期履行的债务。

（承包人）签订《工程总承包合同》，由绿诺公司承建首钢京唐钢铁联合有限责任公司 2×500 ㎡烧结机烟气脱硫工程。合同 15.2 条约定：工程竣工后按发包人现行规定进行报量结算。合同价款自投产运行满 1 年时开始支付。每满 1 年支付一次，双方约定分 10 年付清所有工程建设款及利息。工程竣工验收后，双方就涉案工程进行结算，确认：在约定的前五期履行期限届满时，首钢京唐公司均仅支付部分当期工程款。欠付前五期工程款 69155487 元。绿诺公司遂诉至法院，请求：判令解除双方签订的《工程总承包合同》；判令首钢京唐公司一次性支付尚欠工程款本金及利息等。一审法院认为，根据《合同法》第 94 条第 2 项关于“在履行期限届满之前，当事人一方明确表示或者以自己的行为表明不履行主要债务”以及第 4 项关于“当事人一方迟延履行债务或者有其他违约行为致使不能实现合同目的”的规定，当事人可以解除合同。案涉建设工程经首钢京唐公司验收合格并投入使用后，首钢京唐公司未按合同约定的期限支付工程款，截至 2016 年 1 月 30 日，仅支付前五期工程款 5800 万元，欠付前五期工程款达 69155487 元，且无合法原因，其行为构成违约，其行为已表明不履行合同义务，致使绿诺公司无法实现合同目的，因此，绿诺公司诉请解除《工程总承包合同》，提前支付剩余工程价款符合法律规定，应予支持。该院判决：解除双方签订的《工程总承包合同》；首钢京唐公司给付绿诺公司剩余工程款本息。首钢京唐公司提起上诉，二审法院判决驳回上诉，维持原判。该案中，当事人约定的是分期支付工程款。首钢京唐公司仅履行给付前五期工程款的义务，且每一期工程款均部分给付，因此，其构成部分履行。因该工程款具有可分割性，部分履行不损害债权人利益（就部分履行本身而言，并非说其未全额履行不损害债权人利益），故绿诺公司予以受领。但该部分受领的行为并不代表绿诺公司同意延期支付欠付的款项或者放弃欠付的款项，因此，首钢京唐公司部分履行行为构成根本违约，法院判决解除合同、首钢京唐公司承担给付绿诺公司迟延给付的剩余款项本金利息的责任并无不当。[1]

二、关于拒绝履行与免于对待给付

在双务合同中，如果债务人的部分履行行为不属于本条规定的债权人不得拒绝受领情形，则债权人可以行使同时履行抗辩权或者先履行抗辩权，不必履行其对待给付义务，但双方事后达成接受部分履行的合意并同意对待给付的情形除外。

三、关于认定“不损害债权人利益”的判断标准

这主要涉及的是采纳主观标准还是客观标准的问题。笔者认为，应采用主客观相结合的标准进行认定，以兼顾债权人的特殊性和客观公正性。理由为：绝对采用主观标准，意味着由债权人本人依照其主观意志进行判断，因为债权人具有利害相关性，故很难体现客观性。绝对采纳客观标准，以具有正常智识能力的主体的判断标准为准，又忽略了债权人订立合同目的和约定整体性履行的特殊性，也难谓公正。只有两者相结合，才能使判断标准具有公正性。

① 该案发生在《民法典》施行之前，故引用的法律为《合同法》。《民法典》中也有关于根本违约解除合同的规定。

第五百三十二条 合同生效后，当事人不得因姓名、名称的变更或者法定代表人、负责人、承办人的变动而不履行合同义务。

【条文主旨】

本条是关于当事人变化对合同履行影响的规定。

【条文理解】

本条所指“当事人变化”，是指当事人姓名、名称变更或者其法定代表人、负责人、承办人发生变动。《合同法》第76条对本条规定的内容进行了规定，相对于该条规定，本条规定没有变化。

一、当事人不得因姓名、名称的变化而不履行合同义务

（一）法理基础：当事人姓名、名称的变化与合同主体变更

根据《民法典》第1012、1013条的规定，自然人享有姓名权，法人、非法人组织享有名称权。上述主体以自己的姓名和名称签订合同、成为合同主体，应依法依约履行合同义务。民事主体享有姓名权和名称权。姓名权和名称权包括了依法自主变更姓名和名称的权利。在民事主体单纯变更其姓名或者名称、其自身并未发生实质变化的情形下，上述变更并不产生合同主体变更的法律效果。更名主体仍为合同主体，仍应履行合同义务。

本条所指当事人姓名、名称的变更与合同主体变更并不相同。合同主体变更，是指合同关系保持一致性，仅债权人或债务人发生变化。不论是更换债权人，还是改变债务人，合同主体的变更都发生合

同权利义务的移转，合同权利义务移转给新的债权人或债务人。合同主体变更属于合同变化的一种类型。因此，合同主体的变更实际上是合同权利义务的转让，分为合同权利的转让、合同义务的转让和合同权利义务的概括转让。当事人姓名、名称的变更与合同主体变更也存在关联。合同主体的姓名、名称变更有两种情形：一是合同主体不变，只是其姓名、名称发生了变更；二是合同主体变更，合同主体姓名、名称随之变更。前者如合同主体进行公司制改制后依法对名称进行变更，自然人更名等。后者如发生合同主体合并、分立情形，主体发生变更的同时也变更了名称。

（二）核心要义

对本条规定理解与适用的核心点在于，虽然当事人姓名、名称发生变化但由于合同主体并未发生变更，故债务人不得因此而不履行合同义务。现以上诉人延边新合作连锁超市有限公司（以下简称新合作公司）与被上诉人吉林龙井农村商业银行股份有限公司抵押合同纠纷一案[①]为例对该问题进行阐释。

该案中，签订贷款协议的贷款人为延吉市延河农村信用合作社（以下简称延河信用社），其为该案的主债权人和抵押权人。2016年12月5日，吉林银监局批准原延河信用社改制变更为吉林龙井农村商业银行股份有限公司（以下简称龙井农商银行）。其改制过程是：延河信用社由延边农村商业银行股份有限公司投资3500万元，实行全资控股管理，龙井农商银行采取改制的方式设立，共有5名发起人，延边农村商业银行股份有限公司持股16000万股，占总股本的32%，系最大股东。改革方案是将延河信用社进行股份制改造后成立龙井农商银行，并由龙井农商银行承继延河信用社所有债权债务，延河信用社注销。因此，龙井农商银行系由延河信用社整体改制成立，延河信用社原债权债务由龙井农商银行承继。该案的抵押人为延边新合作国贸连锁超市有限公司，后其更名为新合作公司。该案中，抵押人只是

① 参见最高人民法院（2017）最高法民终964号民事判决书。

名称发生变化，主体并未发生变更。抵押权人延河信用社主体发生了变化，其通过新设成立的方式整体改制为龙井农商银行，债权债务发生了概括移转，龙井农商银行是新的债权债务主体，因此，抵押权人既发生了主体变更也发生了名称变化。虽然抵押权人主体和名称均发生了变化，但由于龙井农商银行依法承继了延河信用社权利义务，故其为适格权利主体。抵押人新合作公司虽变更名称，但其义务人的主体身份并未发生变化，故龙井农商银行有权作为本案权利人提起诉讼，更名后的义务人新合作公司应承担案涉法律义务和法律责任。

二、当事人法定代表人、负责人、承办人的变动是否影响其履行合同义务

（一）法理基础：法定代表人、代理人及其行为法律后果归属

1. 关于法定代表人以法人名义从事行为的性质界定及法律后果归属

《民法典》第 61 条规定，依照法律或者法人章程的规定，代表法人从事民事活动的负责人，为法人的法定代表人。法定代表人以法人名义从事的民事活动，其法律后果由法人承受。法人章程或者法人权力机构对法定代表人代表权的限制，不得对抗善意相对人。第 62 条规定，法定代表人因执行职务造成他人损害的，由法人承担民事责任。法人承担民事责任后，依照法律或者法人章程的规定，可以向有过错的法定代表人追偿。根据上述规定可见，法定代表人是法人的代表机构，其以法人名义从事的民事活动，法律后果应由法人承受。法定代表人虽变动，但法人并未变更，因此，法人的义务和责任不应因法定代表人的变动而变化。

2. 关于负责人以单位名义从事行为的性质界定及法律后果归属

负责人是指担负责任的人，主要指依照法律或者法人章程的规定，代表所在单位从事民事活动的人。例如，银行的分支机构的负责人代表该分支机构对外从事民事行为。《民法典》第 105 条规定，非法人组织可以确定一人或者数人代表该组织从事民事活动。根据上述规定，负责人在职权范围内代表单位，为代表人，故其以单位名义从

事的职权范围的民事行为的法律后果由单位承担。负责人虽变动，但因合同主体为单位，[①]故合同主体并未变更，仍应履行合同义务。当然，也有观点认为，负责人也可以指负责某项事务的主体。笔者认为，如果从这一意义上定义负责人，则关于其行为效力的认定和其变动是否影响合同主体履行合同义务应适用下文所述《民法典》第170条的规定。

3. 关于承办人以单位名义从事行为的性质界定及法律后果

承办人是指具体办理单位事务的人员。《民法典》第170条第1款规定，执行法人或者非法人组织工作任务的人员，就其职权范围内的事项，以法人或者非法人组织的名义实施的民事法律行为，对法人或者非法人组织发生效力。根据该条规定，承办人在其职务范围内以单位名义所从事的行为，代理本单位，因此，其行为后果归属单位。即使承办人发生变化，但由于合同主体是单位而非该承办人，故合同主体并未发生变更，单位作为合同主体仍应履行合同义务。前文所述负责人如果系以单位代理人身份对外订立合同，则也适用第170条规定，其行为后果归属单位，故该负责人变动，并不导致合同主体变更，单位仍然应履行合同义务。

（二）核心要义

本条适用的情形是，法定代表人、负责人、承办人以法人或者非法人组织名义对外签订合同，行为后果归属于法人或者非法人组织。由于上述人员是代表或者代理法人或者非法人组织从事法律行为，行为后果归属于法人或者非法人组织，故尽管上述人员变动，法人或者非法人组织作为合同主体的这一事实并没有变化，作为当事人的法人或者非法人组织不能据此不履行合同义务。

在司法实务中，存在着企业承包经营的情形。在承包期满后，企

① 根据《民法典》第74条第2款关于“分支机构以自己的名义从事民事活动，产生的民事责任由法人承担；也可以先以该分支机构管理的财产承担，不足以承担的，由法人承担”的规定，这里的合同主体，为该分支机构，但责任主体，为该分支机构及其法人组织。依据《民事诉讼法》的相关规定，银行类等金融主体的分支机构对外签订合同的，该分支机构作为合同主体和责任主体。

业的法定代表人或者负责人发生了变动，对于原承包人在承包期间以企业名义签订的合同，企业可否以现法定代表人或者负责人不是承包人为由不履行合同义务呢？笔者认为，一般而言，承包经营企业只是企业内部的法定代表人或者负责人发生变动，企业本身对外的主体资格并未发生变化，因此，承包期满、承包人退出，新的法定代表人或者负责人对于承包人以企业名义签订的合同仍应履行合同义务。

三、本条适用的是合同已经生效，对当事人具有拘束力的情形

依据契约严守原则，合同生效后，当事人应依约履行合同义务，不能以存在本条所规定的变动情况拒绝履行合同义务。

【审判实践中应注意的问题】

一、承担缔约过失责任情形，当事人以存在本条规定的变化为由主张不承担责任的，人民法院应否支持

如前所述，本条所规定的是合同生效后，当事人发生变化不影响当事人履行义务。在司法实务中，存在因合同未成立、无效，当事人应承担缔约过失责任的情形。在该情形下，当事人以存在本条所涉变化为由主张不承担责任的，能否支持？笔者认为，如果仅发生本条所涉人员变动或名称、姓名变更，由于责任主体未发生变更，则可以参照本条规定的法理，对于当事人前述主张，人民法院不予支持。

二、合同主体分立合并情形下发生本条所涉变化，更名后的主体能否据此不履行合同义务

如前所述，当事人分立合并属于合同主体变更情形。在当事人分立合并情形，常伴随着当事人名称变更、法定代表人、负责人变动。在该情形下，变更后的主体能否以其与订立合同的主体名称变更、相

关人员变动为由不履行合同义务，是司法实务中常见问题。

《民法典》第 67 条规定，法人合并的，其权利和义务由合并后的法人享有和承担。法人分立的，其权利和义务由分立后的法人享有连带债权，承担连带债务，但是债权人和债务人另有约定的除外。根据上述规定，一般而言，法人分立合并后，分立合并后的主体概括承继分立合并前的债权债务，当事人另有约定的情形除外。具体而言，企业合并的，其权利和义务由合并后的法人享有和承担。法人分立的情形较为复杂：一是分立时债务人与债权人对债务承担有约定的，从约定。这里强调对债务承担有约定，必须是分立后的债务人与债权人共同达成合意，如果仅为分立后的企业之间达成合意，未得到债权人认可，则不对债权人发生效力，仍由两分立主体承担连带责任。二是没有约定的，由分立后的主体承担连带责任。因此，依照上述规定，对于债务承继主体而言，其不能以名称与原合同主体不同，或者法定代表人、负责人或者承办人变动为由不履行原债务人的义务。

在司法实务中，存在原债务人在分立或者合并后注销、主体资格不复存在的情形。在该情形下，承继其权利义务的主体以原合同主体已被注销、其与原合同主体的名称不同、法定代表人或者负责人不同为由，主张不履行合同义务的，人民法院应否支持？笔者认为，根据《民法典》第 67 条规定和企业法人财产原则，无论原主体是否注销，只要其责任财产流转到接受其责任资产的主体，该主体与原主体本质上为同一主体的，该主体就应承继原合同主体的权利义务。因此，合并变更后的主体的上述主张不能成立，人民法院不应支持。

综上，因债务人合并或者分立发生合同主体变更情形，判断更名后的主体是否为合同义务主体的关键是其是否依法依约承继了原债务主体的债务。

三、企业股份合作制改造后名称变更，更名后的主体可否据此不履行更名前主体签订的生效合同

股份合作制是我国企业改制过程中大部分集体企业和一部分国有

小企业改制的主要选择形式。股份合作制改造的形式主要有三种，即企业职工买断式、企业与职工共建式、企业增资扩股式。这三种改造方式尽管形式不同，但都具有共同的特点，即都是对改制企业的债权债务进行整体评估，以企业总资产减去总负债后的净资产值作为量化折股的依据。尽管就企业内部而言，企业资本结构、组织结构发生了变化，但从外部而言，改制后的企业是对原有企业的一种延续，其债权债务并没有变更和消灭，因此，仍应由改制后的企业对改制前的企业的债务承担清偿责任。尽管改制后的企业发生了名称变更，但由于其与原合同主体实质为同一主体，故对于改制后更名的企业以此为由主张不履行合同义务的，人民法院不应支持。

第五百三十三条 合同成立后，合同的基础条件发生了当事人在订立合同时无法预见的、不属于商业风险的重大变化，继续履行合同对于当事人一方明显不公平的，受不利影响的当事人可以与对方重新协商；在合理期限内协商不成的，当事人可以请求人民法院或者仲裁机构变更或者解除合同。

人民法院或者仲裁机构应当结合案件的实际情况，根据公平原则变更或者解除合同。

【条文主旨】

本条是关于情势变更制度的规定。

【条文理解】

一、情势变更的界定、立法沿革及立法目的

情势变更制度，是指合同有效成立后，因不可归责于双方当事人原因发生了不可预见的情势变更，致使合同的基础动摇或者丧失，若继续履行合同会显失公平，因此，允许变更合同或解除合同的制度。

“民法典在总结司法实践经验的基础上增加规定了情势变更制

度。”[①]本条吸收了《合同法司法解释（二）》第26条的规定，对情势变更制度进行了规定。《合同法司法解释（二）》第26条规定：“合同成立以后客观情况发生了当事人在订立合同时无法预见的，非不可抗力造成的不属于商业风险的重大变化，继续履行合同对于一方当事人明显不公平或不能实现合同目的，当事人请求人民法院变更或解除合同的，人民法院应当根据公平原则，并结合案件的实际情况确定是否变更或者解除。”本条规定与《合同法司法解释（二）》第26条的规定主要存在四点不同：一是不再将不可抗力排除在情势变更事由之外；二是将适用情势变更制度的情形由《合同法司法解释（二）》规定的“对于一方当事人明显不公平或不能实现合同目的，”变更为“继续履行合同对于当事人一方明显不公平”；三是增加规定了再交涉义务；四是增加仲裁机构为裁决机构。此外，本条在文字表述上也与《合同法司法解释（二）》第26条存在不同，如《合同法司法解释（二）》将情势表述为“客观情况”，本条表述为“合同的基础条件”。

通说认为，情势变更制度源起于十二三世纪注释法学派的著作《优帝法学阶梯注释》。其情势变更……将缔约时作为合同的客观基础继续存在假定为每个合同里包含的默示条款，一旦这种客观情况不复存在，准许变更或解除合同。因其价值理念的光辉，终被大陆法系和

---

① 《全国人民代表大会常务委员会关于提请审议〈中华人民共和国民法典（草案）〉的议案》，载微信公众号“公司法权威解读”，2020年5月22日。

关于情势变更制度的立法沿革，一般认为：1981年颁布实施的《经济合同法》第27条第1款第4项中规定：“由于不可抗力或由于一方当事人虽无过失但无法防止的外因，致使经济合同无法履行，允许变更或解除经济合同。”按照许多学者的解释，该条实际上就是对情势变更制度的规定。但1993年的《经济合同法》修正案删除了“或由于一方当事人虽无过失但无法防止的外因”的表述。1998年9月4日《合同法（草案）》第5稿第4章第77条规定：“由于国家经济政策、社会经济形势等客观情况发生巨大变化，致使履行合同将对一方当事人没有意义或者造成重大损害，而这种变化是当事人在订立合同时不能预见并且不能克服的，该当事人可以要求对方就合同的内容重新协商，协商不成的，可以请求人民法院或者仲裁机构变更或者解除合同。”该条对情势变更制度进行了规定，且较之《经济合同法》第27条的规定增加了再交涉义务的规定。考虑到根据现有的经验，对情势变更难以作出科学的界定，而且和商业风险的界限也难以划清，执行时难以操作，实际上只有在非常特殊的情况下，才能够适用情势变更制度，当时在《合同法》中作出规定条件尚不成熟。1999年通过的《合同法》并未规定情势变更制度。《民法典》在本条中对情势变更制度进行了规定。

英美法系所接受，成为衡平意思自治与社会公平的手段。[①]德国是最早采纳情势变更制度的大陆法系国家。德国最高法院在1921年的一个判例中开创了通过司法手段变更契约的先例。“因为不这样做，情势就会变得完全无法承受，从而成为对诚实信用原则和所有公正正义戒令的嘲弄。”[②]《德国民法典》第313条“行为基础的障碍”对情势变更进行了规定，即“（1）已成为合同基础的情况在合同订立后发生重大变更，并且假使双方当事人预见到这一变更就不会订立合同或者会以不同的内容订立合同的，可以请求合同改订，但以在考虑了个案的全部情况，特别是合同所约定或法定的风险分配规则的情况下，维持不改变的合同对一方当事人来说是不能合理地期待为限。（2）已成为合同基础的重要观念表明为错误的，与情况的变更相同。（3）合同的改订为不可能或者对于一方来说是不能合理地期待的，遭受损害的一方可以解除合同。就继续的债务关系而言，以通知解除权代替解除权。”[③]在法国称为“不可预见说”。该说认为依据《法国民法典》第1134条的规定，依法成立的合同于当事人之间具有相当于法律的效力，然而当事人因不可预见的情势变更，其履行对于当事人一方来说成为非常重大的负担时，关于此点并无当事人之合意，因而原约定于当事人之间已无法律效力，合同的内容亦应修正或清除。[④]在英美法上，情势变更被称为“合同落空”，用以解决因客观原因所造成的履行显失公平问题。[⑤]《联合国国际货物销售合同公约》《国际商事合同通则》等国际规则也对情势变更制度进行了规定。

综上，从其起源和发展历程进行分析，规定情势变更制度的立法

---

① 江平：《民法学》，中国政法大学出版社2000年版，第648页。

② 该案涉及一份签订于1912年的长期租赁合同，其约定出租人以某固定价格向承租人供应取暖用的蒸汽。在案涉合同签订后，作为标的物的蒸汽的成本不断大幅度上涨，德国最高法院判决将蒸汽的价格提高到合同规定的标准之上。参见《联邦最高法院民事判决汇编》，第100卷，第129、132页，转引自［德］罗伯特·霍恩、海因·科茨、汉斯·G·莱塞：《德国民商法导论》，托尼·韦尔英译，楚建译，中国大百科全书出版社1996年版，第154页。

③ 陈卫佐译注：《德国民法典》，法律出版社2006年版，第101页。

④ 史尚宽：《债法总论》，我国台湾地区荣泰印书馆1978年版，第428页。

⑤ 崔建远主编：《合同法》，法律出版社2003年版，第92页。

目的是在合同订立后因客观情势发生重大变化、导致当事人之间权利义务严重失衡的情形下，意在通过变更或者解除合同以实现公平原则，目的在于消除合同因情势变更所产生的不公平后果。[①]

二、情势变更的构成要件

（一）应有情势变更的事实

该要件是适用情势变更制度的首要条件。关于该要件的理解，应注意以下三点：

一是“情势”，是指合同赖以订立的客观基础事实，本条将其表述为“合同的基础条件”。在性质上，“情势”必须是客观的、具体的事实。当事人主观认识错误不属于客观情势变更。

二是强调的情势是作为合同订立基础条件的客观情况。如果与合同订立无关的客观情况发生变更，不足以影响当事人之间的合同权利义务关系，则不适用情势变更制度。

三是“变更”，是指“合同的基础条件”发生了当事人在订立合同时无法预见的、不属于商业风险的重大变化。关于是否为属于情势变更的“重大变化”，判断标准有两个：一是继续履行合同是否对一方当事人明显不公平；二是是否为商业风险，如果能归入商业风险范畴，则不属于情势变更（详见下文关于情势变更与商业风险区别的论述）。

本条并未将不可抗力排除在外，发生不可抗力，也存在适用情势变更制度的情形。《民法典》第180条规定，不可抗力，是指不能预见、不能避免且不能克服的客观情况。

关于不可抗力与情势变更的关系，我国理论界和实务界存在三种

① 梁慧星：《中国民法经济法诸问题》，中国法制出版社1999年版，第170页。

观点：第一种观点认为不可抗力包含情势变更；[①]第二种观点认为两者存在根本不同，互相排斥，最为明确的体现就是《合同法司法解释（二）》第26条的规定；第三种观点认为两者虽相互独立，但存在交叉，不可抗力可作为情势变更事由。如有学者认为，正因为情势泛指作为合同成立基础或者环境的客观情况，包括不可抗力，……不可抗力发生，没有导致合同不能履行，但继续履行合同显失公平，基于情势变更制度可变更乃至解除合同。[②]还有学者认为，不可抗力对于合同履行的影响并非总能达到不能实现合同目的的程度。在这类情形下并不发生解除权。……只是由于不可抗力的影响，合同的内容可能需要变更调整。……不可抗力与情势变更有着不同的作用，二者并非必然冲突，而是功能互补。[③]另有学者认为，不可抗力是一个原因，……不可抗力事项的发生，致使继续履行合同对于一方当事人明显不公平的，得适用情势变更制度；……[④]本条规定采纳了第三种观点。我国《旅游法》第67条第1项的规定也体现了该观点，该条规定："因不可抗力……影响旅游行程的，按照下列情形处理：（一）……合同不能完全履行的，旅行社经向旅游者作出说明，可以在合理范围内变更合同；旅游者不同意变更的，可以解除合同。"

综上，不可抗力与情势变更并非互相排斥的两个概念。两者都规范当事人在订立合同时不能预见、不能承受的其支配领域外的客观风险。但两者也存在不同。不可抗力需具备"三不"要件，即不能预见、不能避免且不能克服。一般表现为自然灾难、政府行为、社会事件等。情势变更则具备"二不"要件，即不能预见、不能承受（对一方而言，如果继续履行将明显不公平）。正因为不可抗力的构成要件

① 在起草《合同法》时，《合同法》未规定情势变更制度的理由之一就是该观点。"当时不同意规定情势变更的理由主要有两个：其一，是认为所谓情势变更被不可抗力包含。既已规定不可抗力，就没有再规定情势变更的必要；其二，是认为情势变更原则属于一般条款，没有具体的判断标准，担心在实践中被滥用，影响法律的安定性。"梁慧星：《民法学说判例与立法研究（二）》，国家行政学院出版社1999年版，第191页。

② 崔建远：《合同法总论》，中国人民大学出版社2016年版，第12页。

③ 韩世远：《情事变更若干问题研究》，载《中外法学》2014年第3期。

④ 王轶：《新冠肺炎疫情、不可抗力与情势变更》，载《法学》2020年第3期。

严于情势变更的构成要件，所以，两者存在交叉，不可抗力可以作为情势变更事由，但情势变更不能或不会直接导致不可抗力。不可抗力为因，情势变更为果，这并不意味着否定情势变更制度的独立性，不能认为情势变更只是作为不可抗力规则的一部分而存在。因为，发生适用情势变更的客观事由，可能是不可抗力，也可能是非不可抗力，情势变更的事由范围广于不可抗力。此外，在法律后果方面两者虽有交叉但存在不同。

（二）情势变更的事实应发生在合同成立之后、合同义务履行完毕之前

此为适用该制度的时间要件。此处的合同成立，应指合同已生效，否则，合同无可履行性，无需谈及继续履行问题。一般而言，如果情势变更的事实发生在合同订立前，则其应作为合同订立的基础事实，当事人在此基础上设定权利和义务，不允许事后调整，只能令明知当事人自担风险，[①]这样规定并不违反公平原则。如此，不存在适用本条规定的问题。如果情势变更的事实发生在合同义务履行完毕后，则该客观情势的变化并不影响合同的履行，不会导致当事人之间权利失衡，故无需法律介入进行调整。这里的履行完毕之前，是指依照约定的或者法定的履行期限履行完毕之前。如果由于一方履行迟延，在迟延期间发生了情势变更，则不适用情势变更制度。

（三）当事人在订立合同时无法预见

此为不可预见要件。关于该要件的理解，应注意两点：

一是其强调的时点是当事人订立合同时。如果当事人在订立合同时已预见到情势会有变更但仍订立合同，则表明其自愿承担情势变更的风险，或者其已经在合同权利义务安排中考虑了情势变更的因素，故不适用本条规定。

二是该不可预见性是指当事人在订立合同时未能预见情势变更事实，未将其作为订立合同的基础。《联合国国际货物销售合同公约》

① 王利明、崔建远：《合同法新论·总则》，中国政法大学出版社1996年版，第325~335页。

第79条对此进行了规定：当事人对不履行义务不负责任，如果他能证明此种不履行义务，是由于某种非他所能控制的障碍，而且对于这种障碍，没有理由预期他在订立合同时能考虑到或能避免或克服它或它的后果。美国法院在太阳花电力合作社诉汤姆林森石油公司案中也作此阐释："如果在合同订立时，一方的履行依该合同是极难实施的，由于该方没有理由知道这一事实，故该方没有过错，并且，这一事实的不存在是该合同赖以订立的基本假定，那么该方不应就履行该合同而承担责任，除非当事人的语言或客观环境表明了相反的情况。"[①]

（四）发生情势变更具有不可归责性

此为不可归责要件，即情势变更的发生不可归责于合同主体。合同的双方或一方当事人不能干扰或自己主动创造一些情势变更以期适用该制度。如果可归责于当事人，则应由其承担风险或违约责任，而不适用情势变更制度。[②]1993年，最高人民法院《全国经济审判工作座谈会纪要》即指出："由于不可归责于当事人双方的原因，作为合同基础的客观情况发生了非当事人所能预见的根本性变化，以致按原合同履行显失公平的，可以根据当事人的申请，按情势变更的原则变更或解除合同。"

（五）继续履行合同对于当事人一方明显不公平

此为适用情势变更制度的核心要件。情势变更涉及合同实质公平问题。发生情势变更以后，若继续履行原合同约定的义务，将导致当事人之间的利益明显失衡，对受损方显失公平，如不依法进行调整，将违背公平原则。

关于该要件的理解，应注意以下几点：

一是关于"显失公平"的判断标准，应达到双方的权利义务明显违反公平、等价有偿原则的标准。如果仅为某种程度的背离，对双方当事人之间的利益关系影响甚微，则不属于显失公平。司法实践中，应根据个案情况、结合所涉交易领域、当时的社会环境等因素进行综

① 王军编著：《美国合同法判例选评》，中国政法大学出版社1998年版，第189页。
② 崔建远：《合同法总论》，中国人民大学法律出版社2016年版，第20页。

合把握，综合进行判断。有学者认为，显失公平应按照理性人的看法加以判断，包括履行特别困难、债权人受领严重不足、履行对债权人无利益。[①] 因价格超常涨落，德国判例上创造了“经济废墟”“生存毁灭”等概念，用以阐释客观形势发生的重大变化导致继续履行合同对当事人一方产生的明显不公平的、难以承受的后果。

二是显失公平的后果，必须由法律行为当事人承担，如果情势变更引起的显失公平后果由第三人承担，则不适用情势变更制度。

三是判断是否显失公平应以债务人履行债务的时间为准。

四是情势变更与显失公平结果的发生须有相当的因果关系。

应予明确的是，上述要件构成缺一不可，若虽具备不可预见性的要件，但客观情势发生的变化并未导致继续履行合同产生明显不公平的法律后果的，则不能适用情势变更制度。

三、情势变更与商业风险的区别

商业风险不是一个严格的法律概念，学者们对其定义不一。笔者认为，其是指在商业活动过程中，由于不确定因素存在而给交易主体带来的遭受损失的可能性。商业风险与情势变更均为客观情势发生变化，两者在发生原因和表现形式等方面存在相同性或近似性，但两者存在本质不同，主要表现在以下几个方面：

（一）是否具有可预见性不同

在适用情势变更制度的情形，客观情势发生变更不具有可预见性。商业风险具有可预见性。商业风险是从事商业活动的固有风险，作为合同基础的客观情况的变化未达到异常的程度，并非当事人不可预见、不能承受。一般的市场供求变化、价格涨落等属于此类。如果当事人从事的商业行为本身便具有高风险性，价格的波动正是当事人的研究对象及利润来源，那么，相关交易中的频繁、较大幅度的价格涨落即属于商业风险，具有可预见性和可承受性，如股票买卖、期货

① 崔建远主编：《合同法》，法律出版社 2003 年版，第 93 页。

投机等行为。

（二）两者对合同履行的影响程度不同

情势变更是指订立合同时的客观情况发生了重大变化，达到异常的程度，如果继续履行合同，将导致显失公平的后果。商业风险是在商业活动过程中，交易双方应当承担的由于市场变化所带来的合理的、正常的可能损失，作为合同基础的客观情况的变化未达到异常的程度。

（三）两者的法律后果不同

情势变更导致当事人权益失衡，故根据公平原则，法律规定了当事人的再协商义务以及请求变更或者解除合同权利。商业风险是与市场交易行为相伴而生的。作为市场活动主体，应具有相应的风险识别、防控和承受能力，在其基于自主意志从事商品交易活动、享有收益权的同时也应承担相应风险的责任。风险自负是市场主体从事交易时必须遵循的一项基本准则。因商业风险是市场交易的固有风险，当事人在缔结合同时应当预见到该风险并将其作为设定权利义务的基础，故发生商业风险后，由当事人承担该风险责任并不会产生不公平的后果。

在司法实务中，关于如何区分商业风险和情势变更，最高人民法院在2009年7月发布的《民商事合同指导意见》曾进行了阐释。其指出，前者是从事商业活动的固有风险，后者则不是市场系统固有的风险。具体说来，需综合考量风险的类型和程度、正常人的合理预期、风险的防范和控制、交易性质以及市场情况等因素，在个案中作出识别。

四、情势变更的法律后果

发生情势变更有两个法律效果：一是产生再交涉义务；二是当事人进行再交涉后不能就变更或者解除合同达成一致意见时，有权请求裁决机构作出变更或解除合同的裁决。

（一）再交涉义务

1. 再交涉义务的界定和立法目的

再交涉义务，是指在情势变更导致当事人之间权益失衡显失公平时，当事人双方负有的就合同的变更或者解除进行协商、交涉以达成合意的义务。再交涉义务规则是根据诚信原则，以促进和保障当事人的自主交涉为目的的行为规范。《欧洲合同法原则》和《国际商事合同通则》对再交涉义务进行了成文化表述。《欧洲合同法原则》第6:111条第2款规定："如果由于情势的变更使合同履行变得格外困难，当事人应该进行磋商以改订合同或者解除合同。"《国际商事合同通则》第6.2.3条第1款规定为："若出现艰难情形，处于不利地位的当事人有权要求重新谈判。"我国《民法典》将其规定为"可以与对方重新协商"。①

2. 再交涉义务理解与适用中的法律问题

（1）关于再交涉义务的主体。本条规定："受不利影响的当事人可以与对方重新协商"。对合同条款进行再协商，需要合同双方的共同努力和互相配合，基于诚信原则，在受不利影响的当事人向对方当事人提出重新协商请求时，对方当事人也有义务进行协助。②

（2）受不利益方负有及时进行协商以及说明提出该要求理由的义务。《国际商事合同通则》第6.2.3条第1款即规定："若出现艰难情形，处于不利地位的当事人有权要求重新谈判。但是，提出此要求应

---

① 规定该义务的目的有三：一是有利于尽量维持合同的效力、促进合同履行，符合合同法鼓励交易的立法目的。二是基于"契约严守"原则，行为人非依法律规定或者未经对方同意，不得擅自变更或者解除民事法律行为。因此，发生情势变更事由，当事人一方认为需要变更或者解除合同的，需要与对方协商。三是尊重意思自治，节省诉讼成本和司法资源。基于私法自治原则，在解决合同纠纷时也应尊重双方的自主性和自律性。对于当事人之间的权利义务关系，理应由当事人之间通过再交涉的方式达成新的合意，这样处理，有利于处理方案符合当事人的意愿，实现契约自由和契约正义的统一，也可避免诉讼风险，节省司法资源、避免当事人增加诉讼成本。

② 德国学者Horn认为，"现存契约之双方当事人依合意将契约调整适应于情势之变化，为此目的应当相互进行交涉之义务。"日本学者五十岚清也持该观点，其对再交涉义务的定义为：当前处于有效状态的合同，其当事人按照合意，对合同予以变更，以便适应相关变化了的情势，在这一目的引导下的当事人双方担负着的交涉义务就是再交涉。

毫不迟延，而且说明提出该要求的理由。”

（3）关于该义务的履行标准。针对再交涉义务的履行，只要当事人依据诚信原则和公平原则进行了协商即可，并不要求当事人必须达成新的合同或达到某一特定的结果。因此，该义务并非一种“结果义务”，而为“行为义务”。

（4）关于合理期限的规定。本条规定，在合理期限内协商不成的，当事人可以请求人民法院或者仲裁机构变更或者解除合同。作此规定，是为了防止协商时间过长，损害当事人的合法权利。

（5）关于不履行再交涉义务的法律后果。主要有两种法律后果：一是实体法律后果，二是程序法律后果。实体法律后果主要包括违反再交涉义务给对方造成损失的，应承担赔偿损失的责任。《欧洲合同法原则》第6:111条第3款后段规定：“在任何一种情形，法院可以对因一方当事人违背诚实信用与公平交易之拒绝磋商或终止磋商而遭受的损失判予损害赔偿。”《联合国国际货物销售合同公约》第79条规定：不履行义务的一方必须将障碍及其对他履行义务能力的影响通知另一方。如果该项通知在不履行义务的一方已知道或理应知道此一障碍后一段合理时间内仍未为另一方收到，则他对由于另一方未收到通知而造成的损害应负赔偿责任。本条规定不妨碍任何一方行使本公约规定的要求损害赔偿以外的任何权利。上述规定可资借鉴。关于赔偿损失范围，有观点认为，包括因再交涉而产生的费用、迟延调整合同造成的损失等。程序法律后果即为当事人可以诉请法院或者申请仲裁机构变更或者解除合同。

（二）人民法院或者仲裁机构裁决变更或者解除

本条规定，人民法院或者仲裁机构应当结合案件的实际情况，根据公平原则变更或者解除合同。关于该规定，在理解与适用上应把握以下几点：

1. 裁决机构是人民法院或者仲裁机构

在学理上，该种解除方式被称为司法解除。笔者认为，本条规定情形，因裁决解除权的主体除法院外还包括仲裁机构，为使其内涵更为精确和外延更为周延，将其称为裁决解除似更适宜。

2. 须依当事人请求

本条规定，在合理期限内协商不成的，当事人可以请求人民法院或者仲裁机构变更或者解除合同。

3. 裁决结果是变更或者解除合同

（1）关于变更和解除的顺位问题。基于促进交易、增加社会财富的考虑，在进行裁决时，应根据个案情况，首先考虑在最大的限度内维持当事人之间的合同关系，如果存在变更合同的可能，应裁决变更合同。但若无法通过变更合同的方式消除当事人之间显失公平的法律后果，则应裁决解除合同。

（2）关于变更的内容，可以根据案件的具体情况采取变更合同履行期限、履行方式或者价款数额等方式。合同变更后，当事人一方请求对方承担违约责任的，人民法院不予支持。《新冠肺炎指导意见（二）》的规定可作为司法实务中的指导。该意见规定："买卖合同能够继续履行，但疫情或者疫情防控措施导致人工、原材料、物流等履约成本显著增加，或者导致产品大幅降价，继续履行合同对一方当事人明显不公平，受不利影响的当事人请求调整价款的，人民法院应当结合案件的实际情况，根据公平原则调整价款。疫情或者疫情防控措施导致出卖人不能按照约定的期限交货，或者导致买受人不能按照约定的期限付款，当事人请求变更履行期限的，人民法院应当结合案件的实际情况，根据公平原则变更履行期限。已经通过调整价款、变更履行期限等方式变更合同，当事人请求对方承担违约责任的，人民法院不予支持。"

（3）关于法院判决的性质。因情势变更解除合同属裁决解除，并非法定解除或者约定解除，故其实质是法院运用司法权裁决解除合同，故该法院判决为形成判决而非确认判决。

（4）关于受不利影响方是否应当承担解除合同所致对方当事人损失的赔偿责任问题。一般认为，情势变更制度旨在平衡双方当事人利益以消除显失公平的结果，因此，在一方当事人因合同解除消除了不利益后果的同时，也不能使对方当事人遭受不合理的损害，故对于因合同解除给对方当事人造成的损失，要考虑损失的分担。史尚宽先生认为，“此赔偿责任非基于信任损害之责任，乃直接根据情势变更原则之基本概念，即诚信原则。故与其谓之损害赔偿，不若谓之损害之均分或补偿。”①

【审判实践中应注意的问题】

一、关于司法实务中常见的情势变更情形

情势变更主要表现为自然灾害、政府行为、社会事件等。我国有学者指出，具体判断是否构成情势变更，应以是否导致合同基础丧失、是否致使合同目的落空、是否造成对价关系障碍为判断标准。②在司法实务中，主要包括但不限于以下情形：

（一）疫情及其防控措施③

2020年，新冠肺炎疫情在世界范围内爆发。我国采取了一系列疫情防控措施，包括停工、停产、交通出行管制等。关于疫情以及相应防控措施的性质，立法机构明确其为不可抗力。④最高人民法院发布的《新冠肺炎指导意见（一）》将其作为情势变更事由进行了规定，该意见规定：“疫情或者疫情防控措施仅导致合同履行困难的，当事人可以重新协商；能够继续履行的，人民法院应当切实加强调解工作，积极引导当事人继续履行。当事人以合同履行困难为由请求解除合同的，人民法院不予支持。继续履行合同对于当事人一方明显不

① 史尚宽：《债法总论》，中国政法大学出版社2000年版，第460页。

② 梁慧星：《中国民法经济法诸问题》，法律出版社1991年版，第226页。

③ 严格意义上说，疫情防控措施属于政府行为，本处为强调且为便于与疫情共同分析，故此单独进行列明。

④ 2020年2月10日，全国人大常委会法工委发言人、研究室主任臧铁伟在就疫情防控有关法律问题答记者问时指出，“当前我国发生了新型冠状病毒感染肺炎疫情这一突发公共卫生事件。为了保护公众健康，政府也采取了相应疫情防控措施。对于因此不能履行合同的当事人来说，属于不能预见、不能避免并不能克服的不可抗力。”参见新华网2020年2月24日。

公平，其请求变更合同履行期限、履行方式、价款数额等的，人民法院应当结合案件实际情况决定是否支持。合同依法变更后，当事人仍然主张部分或者全部免除责任的，人民法院不予支持。因疫情或者疫情防控措施导致合同目的不能实现，当事人请求解除合同的，人民法院应予支持。”最高人民法院发布的《新冠肺炎指导意见（二）》也同样将其作为一种情势变更事由进行了规定，即“买卖合同能够继续履行，但疫情或者疫情防控措施导致人工、原材料、物流等履约成本显著增加，或者导致产品大幅降价，继续履行合同对一方当事人明显不公平，受不利影响的当事人请求调整价款的，人民法院应当结合案件的实际情况，根据公平原则调整价款。疫情或者疫情防控措施导致出卖人不能按照约定的期限交货，或者导致买受人不能按照约定的期限付款，当事人请求变更履行期限的，人民法院应当结合案件的实际情况，根据公平原则变更履行期限。已经通过调整价款、变更履行期限等方式变更合同，当事人请求对方承担违约责任的，人民法院不予支持。”

（二）价格异常涨落

如果价格异常涨落超出了当事人订立合同时的预见能力，且不属于商业风险，导致了显失公平后果，则其也为情势变更事由。最为典型的例证就是最高人民法院作出的法函〔1992〕27号答复所涉案件中所涉价格异常涨落情形。该答复载明：“就本案购销煤气表散件合同而言，在合同履行过程中，由于发生了当事人无法预见和防止的情势变更，即生产煤气表的主要原材料铝锭的价格，由签订合同时国家定价为每吨4400元至4600元，上调到每吨16000元，铝外壳的价格也相应由每套23.085元上调到41元，如要求重庆检测仪表厂仍按原合同约定的价格供给煤气表散件，显失公平。对于双方由此而产生的纠纷，你院可依照《中华人民共和国经济合同法》第二十七条第一款第四项之规定，根据本案实际情况，酌情予以公平合理地解决。”

（三）政策变化或法律规范变化

最高人民法院在1986年4月14日发布的《关于审理农村承包合

同纠纷案件若干问题的意见》(已废止)中指出，在承包合同中，如果由于国家政策、价格调整，致使当事人的收益情况发生较大变化的，允许变更或解除承包合同。该规定虽未明确其是对情势变更制度的规定，但其实质是根据情势变更制度的法理进行的规定。此外，房屋限购、限贷等政策、法律规范变化也是一种情势变更事由。近年来，在审判实践中，因涉限购、限贷等政策变化或法规变化，当事人诉请解除房屋买卖合同等的纠纷并不少见。

（四）政府行为

如因政府规划调整、变化，导致继续履行对一方明显不公平的，该政府行为也为情势变更事由。

有学者还对德国法上的“情势”进行了总结，主要为以下几类：(1)货币贬值。在以货币作为履行标的的长期双务合同中，货币贬值是一种影响当事人权益平衡关系的常见类型。(2)法律变动与行政行为。法律变动通常为当事人所不能预见，往往会构成履行不能或情势变更。主要包括征收和税法的变动。(3)灾难。天灾人祸大多不能预见、不能避免、不能克服。但是能否成为“情势”，还要看其与合同的关联程度。(4)其他经济因素的变化。这里的经济环境，包括影响民事主体生产和经营的各种客观因素，包括成本增加和技术发展。技术的发展也可以导致合同标的贬值。比如双方签订了一个长期的电报发送合同，而随着通信技术的发展，这样的合同对原告已不再有价值。法院认定构成情势变更，原告可解除合同。①

二、关于在履行再交涉义务过程中，债务人可否中止履行问题

关于该问题，存在不同观点：第一种观点认为，债务人可以中止履行。理由：情势变更事由一旦出现，再交涉就演变为相对独立的具体法律行为，居于不利地位的合同当事人不但能够提出再交涉，而

① [德]卡斯腾·海尔斯特尔、[中]许德风：《情势变更原则研究》，载《中外法学》2004年第4期。

且还可以中止履行原合同的约定义务，这就是中止履行抗辩权的正当行使，并非违约行为。第二种观点认为，原则上债务人不能中止履行，但特殊情形除外。理由为：情势变更制度的适用并非当事人单方决定，而需要通过司法裁决的方式进行认定。为尊崇“契约严守”原则，防止当事人滥用救济途径不履行合同义务，在对方当事人不同意中止履行的情形下，债务人不能中止履行，但有充分证据证明继续履行显失公平的除外。《国际商事合同通则》第6.2.3条第2款规定：“重新谈判的要求本身并不能使处于不利地位的当事人有权停止履约。”但该通则也允许有例外情形。笔者认为，在构成情势变更时，正是因为继续履行会对受不利益方造成显失公平的后果，法律才规定了再协商义务，以期调整当事人之间失衡的权利义务关系，使债务人免于承担不公平的法律后果。基于该立法目的以及相关制度设计，应可得出，在履行再交涉义务期间，债务人享有中止履行抗辩权，否则，情势变更制度设立的立法目的无法实现。试想，如果债务人已经履行义务，再经协商予以返还，将因债务人不得不履行对其明显不公平的义务而给其造成沉重的负担、不可避免地对其造成损害。在裁决变更或者解除合同情形，裁决机构是依据公平原则调整当事人之间失衡的权益，因此，其实际肯定了债务人不履行具有合法原因，不属于违约。日本债权法改正基本方针已承认，在进行再交涉的相当期间，债务人可以拒绝履行自己的债务。[①]前述《新冠肺炎指导意见（二）》关于“已经通过调整价款、变更履行期限等方式变更合同，当事人请求对方承担违约责任的，人民法院不予支持”的规定也体现了该观点。

三、不可抗力构成情势变更情形，合同解除的法律适用

有观点认为，在发生不可抗力情形，既可以适用不可抗力解除合

---

① 参见日本债权法改正基本方针【3.1.1.93】（基于情势变更的履行拒绝），民法（债权法）改正检讨委员会编：《详解债权法改正的基本方针II》，载《商事法务》2009年，第403页。

同，也可以适用情势变更制度解除合同，两者存在规范竞合。因此，在司法实务中产生这样的问题：因不可抗力致使不能实现合同目的是“法定解除”，而情势变更则是“裁决解除”，两者如何协调？详言之，不可抗力作为法定解除事由，享有法定解除权的一方当事人依意思通知即可完成合同解除。而如果不可抗力适用情势变更情形，合同并不能因当事人通知而发生解除效力，而须当事人基于再协商义务进行协商，协商不成的，向法院或者仲裁机构提出请求，经裁决确定才能解除，故该解除属于协议解除或者裁决解除。

关于其解决路径，有观点提出了两种思路：第一种思路是依据当事人的选择，如果当事人选择依据不可抗力主张法定解除权，则适用该规定；如果当事人主张构成情势变更，请求法院或仲裁机构裁决解除，则适用该规则。第二种思路认为，不可抗力适用情势变更制度解除在构成要件上比不可抗力要多出一项，即请求法院或仲裁机构裁决解除。因而，不妨以后者为特别法，以前者为普通法，依特别法优先的法的适用原则，其优先适用于一般法，故应适用关于情势变更制度由法院或仲裁机构裁决解除。笔者认为，如前所述，不可抗力发生后，由于其对合同履行影响的程度不同，故存在其是构成法定解除还是情势变更这一协议解除或者裁决解除事由问题，这也是不可抗力制度与情势变更制度在合同解除领域法律效力不同之处。合同目的根本不达和合同履行艰难、显失公平并不相同，前者是合同不具有履行的可能性，后者是虽具有可能性，但如若履行，则对合同一方当事人明显不公平。[①] 在具体个案中，可以根据当事人的诉求以及不可抗力对合同履行的影响程度，分析判断究竟是适用不可抗力还是情势变更制度的相关规定裁决合同解除相关法律问题，两者并不存在根本冲突。

---

① 对于履行不能（impossible）与履行艰难（impracticability）的区别，美国法官 Sloss 阐释为：“如果一项合同义务在法律的构想中是不可实现的，那么这项义务就是履行不能。而如果一项义务是可以履行的，只是履行会导致极大的以及不合理的费用的增加，那么这项义务就是履行艰难。”Ira M.Price，II，Contracts：Impracticability of Performance as an Excuse for Breach of Contract，Michigan Law Review 46（1947），P.229.

第五百三十四条 对当事人利用合同实施危害国家利益、社会公共利益行为的，市场监督管理和其他有关行政主管部门依照法律、行政法规的规定负责监督处理。

【条文主旨】

本条是关于合同监管的规定。

【条文理解】

一、我国相关规定的立法沿革

《合同法》第127条对合同监管问题进行了规定，即工商行政管理部门和其他有关行政主管部门在各自的职权范围内，依照法律、行政法规的规定，对利用合同危害国家利益、社会公共利益的违法行为，负责监督处理；构成犯罪的，依法追究刑事责任。本条规定对《合同法》的该条规定进行了修改，除文字表述变动外，删除了“构成犯罪的，依法追究刑事责任”的规定。

二、本条规定的核心要义

（一）本条是对行政监管机关对合同违法行为行使行政监管权的规定

在我国，对合同违法行为的规制有多种途径，除由法院判决违法者承担民事或者刑事责任外，还包括由有行政监督管理权的行政监管机关进行行政处罚等途径，以形成多途径全方位的管理和规制体系。

（二）行使行政监管权的主体是市场监督管理和其他有关行政主管部门

本条明确，行使合同监管权的主体为市场监督管理和其他有关行政主管部门。上述主体在各自职权范围内对当事人利用合同实施危害国家利益、社会公共利益行为进行监督处理。各行政监管部门行政监管权力各有分工，按照国务院确定的有关部门的职权范围确定。国务院根据需要授权有关行政机关对某项事务进行管理的，相关部门按照国务院规定行使职权。

（三）行政监管机关行使合同监管权应当依照法律、行政法规的规定进行

强调依法行使行政监管权，是依法行政的必然要求。法律、行政法规一般对需要监督处理事项作出明确的规定，同时也对有关部门监督处理的具体权力作出规定。例如，《中国人民银行法》第5章对中国人民银行行使的金融监督管理范围进行了规定。其第32条第1款规定："中国人民银行有权对金融机构以及其他单位和个人的下列行为进行检查监督：（一）执行有关存款准备金管理规定的行为；（二）与中国人民银行特种贷款有关的行为；（三）执行有关人民币管理规定的行为；（四）执行有关银行间同业拆借市场、银行间债券市场管理规定的行为；（五）执行有关外汇管理规定的行为；（六）执行有关黄金管理规定的行为；（七）代理中国人民银行经理国库的行为；（八）执行有关清算管理规定的行为；（九）执行有关反洗钱规定的行为。"根据该规定，如果中国人民银行发现有民事主体利用合同在上述领域从事违法行为，危害国家利益、社会公共利益的，有权行使行政监管权。因此，对于合同主体通过签订合同的方式进行洗钱的行为，中国人民银行有权进行监管。再如，2018年，国家市场监督管理总局颁布了《市场监督管理行政处罚程序暂行规定》，该规定明确，依照《行政处罚法》《行政强制法》等法律、行政法规，制定该规定，其依法确定了市场监管部门的行政处罚程序。

（四）监管范围为当事人利用合同实施危害国家利益、社会公共利益行为

本条强调的监管范围是危害到国家利益、社会公共利益的行为。

【审判实践中应注意的问题】

在审判实践中应注意的问题是，本条规定的行政监督管理权与司法权不同，前者属于行政权范畴，后者属于司法权范畴。相关行政监管机关行使行政监管权对合同主体进行行政处罚，并不能取代合同主体承担相应的民事责任。行政责任与民事责任是两个不同范畴的责任，两者立法目的、功能、构成要件、保护法益均不同。在发生两者聚合的情形下，当事人承担一种责任不能免除另一种责任。

第五章　合同的保全

第五百三十五条　因债务人怠于行使其债权或者与该债权有关的从权利，影响债权人的到期债权实现的，债权人可以向人民法院请求以自己的名义代位行使债务人对相对人的权利，但是该权利专属于债务人自身的除外。

代位权的行使范围以债权人的到期债权为限。债权人行使代位权的必要费用，由债务人负担。

相对人对债务人的抗辩，可以向债权人主张。

【条文主旨】

本条是关于债权人代位权的规定。

【条文理解】

合同的保全，是指法律为防止债务人积极地不当行为而减少其财产权益或者增加责任财产负担，或者因其消极地怠于行使权利而危及财产权益，由此影响债权人的债权实现，允许债权人行使代位权或撤销权，以保障债权人债权实现的一项法律制度。

广义债权人代位权包括代位请求权和代位保存权，本条规定的代位请求权属狭义代位权，遵从习惯将之称为代位权。在理解和适用本条时，应注意以下问题：

一、代位权的定义及性质

债权人代位权，是指当债务人怠于行使其对相对人享有的权利而影响债权人到期债权的实现时，债权人为保全和实现自身的债权，以自己名义向人民法院请求相对人将其对债务人的义务向债权人履行的权利。

《合同法》规定债权人代位权制度后，理论界和实务界对其权利性质存在代理权、形成权、请求权、管理权等不同观点。这些观点拟将债权人代位权性质归类为某种单一的既有权利属性，造成在具体权利义务内容上的法理紊乱，逻辑分析总是难以自洽。其实，代位权作为债权人的一项特殊的法定权能，本身就是一项独特的权利，它突破单一法律关系下债权相对性的梗阻，直接解决多重法律关系中的权利义务。它既是一种实体性权利的特别规定，又有实现权利的程序保障，这使其权利性质颇具复合性，兼具形成权、代理权、请求权、管理权、优先权等权利的部分特征。全面认识代位权性质的复合性，关系立法目的的实现和当事人权利的行使与保护，对此可作如下理解：

（一）具代理性但非代理权

代位权的行使会对债务人与相对人之间产生诉讼时效中断等直接影响，债权人接受相对人履行后亦会终止债务人与相对人之间相应权利义务，使债权人行使代位权具有代理债务人行使的某些属性。但债权人并非以债务人名义和代理人身份去行使债务人权利，而是以自己名义向相对人行使债务人权利，这与纯粹的代理权有明显区别，故不能适用代理权的规定。

（二）具形成性但非完全形成权

虽债权人通过行使代位权这一单方行为，可使其与债务人、债务人与相对人之间的民事法律关系发生变动，这是形成权的特征。但代位权系基于债务人对相对人已有权利而发生，并非单纯是债权人的单方意思表示而产生法律上的效果，如除斥期间等对形成权的限制，亦不应适用于代位权。

（三）代位权为一种特殊请求权

债权人可以行使代位权要求相对人向自己清偿，判决执行力的后果也归于债权人，但不同于一般请求权之处在于代位权的行使并非仅实现债权人利益，其既判力后果也归属于债务人，代位权兼具管理权和请求权的某些特征。

（四）代位权并非纯粹管理权

代位权以行使他人权利为内容，在债权人债权以其他方式得到实现或债务人破产时，权利行使所获利益归属于债务人或其他债权人，从这一角度讲，代位权有类似管理权的性质。但是，如债权人行使代位权后债务人处分权即受限等特征，就不为纯粹管理权所具备。

（五）具优先性但非优先权

代位权作为债权保全方式，在清偿程序上具优先性，并不具有法定优先权在实体上的排他性。代位权成立，将判决相对人直接向债权人履行义务，从而使行使代位权的债权人相对于其他债权人具有清偿时的优先性。但在债务人破产时，债务人对相对人的财产权益，除去已由债权人依代位权判决接受相对人履行部分外，需归入债务人破产财产。此时债权人行使代位权所获得的优先性又将丧失，这有别于建设工程价款优先受偿权、股东优先购买权、担保物优先权等优先权。

二、代位权成立要件

依照本条规定，代位权成立必须具备如下要件：

（一）债权人对债务人存在合法有效的到期债权

债权人对债务人必须存在到期的合法债权，这是行使代位权的首要条件。对于债权人债权的审查，应注意以下几点：

1. 区分债权已决与未决

提起代位权诉讼的债权如果已经判决书、裁定书、决定书、支付令、调解书、仲裁裁决、执行证书等生效法律文书确认，自属合法，在代位权诉讼中只需作形式审查；若当事人质疑债权合法性，应另行通过相关法律程序寻求救济。若债权人主张代位权的债权未经生效法律文书确认，则在认定代位权是否成立时首先要对其合法性作出判断。

2. 债权发生原因不限

本条未对代位权人的债权种类作特别规定，故对其发生原因在所不问，合同之债、侵权之债、不当得利之债、无因管理之债、担保人追偿之债等均可成为代位权的基础。曾有观点认为代位权规定于合同编且指向合同的保全，代位权的债权应仅限于合同之债，这种认识在实践中并未得到认同。我们认为，这种认识过于机械，代位权的本质是债权的保全与实现，《民法典》并未专列债权编，这种法律体例安排不应束缚立法目的。

3. 债权已届履行期

本条第 2 款规定代位权行使范围以债权人到期债权为限，这既有时间限制，也有数额限制。未到期的债权数额不能行使代位权要求相对人履行，系因要判决履行的债权，不仅债权本身要合法，而且自应已届履行期限。

4. 债权具备确定性

代位权诉讼应先对债权人对债务人的债权债务关系审理认定，如经审理仍无法对是否存在债权债务关系或债权人的债权数额作出确定性判断，则对债务人与相对人的权利义务关系无需审理，即可驳回债权人诉请。即使债权人的债权已经生效法律文书确定，但裁判生效后的履行或执行情况，影响债权人债权数额的确定，仍需对债权人能够主张代位权的债权余额等进行审查。

（二）债务人对次债务人存在合法有效的到期债权

债务人对次债务人存在合法有效的到期债权，是代位权成立的必要条件。代位权诉讼最终要判决次债务人等向债权人履行债务人的债务，故既要对债权人对债务人的债权进行认定，亦要对债务人对次债务人的债权作出判定，对两个债权的审查在区分已决和未决、债权发生原因、履行届期、债权确定性等方面的审查标准基本一致。

《合同法司法解释（一）》第 13 条将债务人对次债务人的债权限

缩为具有金钱给付内容的到期债权，理论界对此有不同看法：一是主张代位权中两个债权的客体均应为财产给付内容；二是主张债务人对次债务人债权的从权利亦应纳入代位权客体范围。笔者查阅中国裁判文书网发现，在审判实践中不少代位权判决亦突破《合同法司法解释（一）》第13条规定的具有金钱给付内容的到期债权范围。笔者认为：第一，理论和实务通识均认为代位权中的客体为具有直接的财产给付内容即可，除纯粹的财产权利外，其他具有财产性质的权利也可作为代位权标的。第二，《合同法司法解释（一）》第13条将债务人对次债务人的债权限定在金钱给付范围，与其第12条规定的排除代位的专属权利之间存在逻辑空间，使债务人对次债务人的很多财产性权利游离于法律规制之外。第三，本条亦将《合同法》规定的债务人对次债务人的债权扩展到与该债权有关的从权利，立法目的显然是扩大对债权保护力度，是否将代位权诉讼中债务人对次债务人的债权范围扩展，有待司法解释予以修订和明确。

（三）债务人的怠于行使权利影响债权人债权的实现

债务人怠于行使其到期债权及与债权有关的从权利影响债权人利益的实现，是代位权成立的实质要件。对于怠于行使到期债权的认定标准，《合同法司法解释（一）》第13条明确规定为债务人不以诉讼方式或者仲裁方式向其债务人主张。如何理解债务人怠于行使对相对人的权利对债权人到期债权实现的影响，应注意以下两点：

1. 二重因果关系

债务人怠于行使其债权及与该债权有关的从权利，与债权人的债权实现之间有直接因果关系。这里的因果关系有两层意思：一是债务人怠于行使自身债权与自身清偿能力之间的因果关系，二是债务人清偿能力与债权人的债权实现有因果关系。

本条将《合同法》第73条“对债权人造成损害”的表述，修改为“影响债权人的到期债权实现”，笔者认为：一是将债务人怠于行使权利行为关系的对象由“债权人”修订为“债权”，指向更准确，表述更严谨；二是将“损害”修订为“影响”，系因实践中有的对

"损害"理解过于机械，把握标准过于严苛，而"影响"较"损害"在概念外延上更为广泛、内涵上更为丰富，体现了加大对债权保护力度的立法本意。

2."怠于"判断标准

代位权的行使需在债权人债权保护与债务人诉权自由之间找到平衡点，如何认定"怠于"尤为关键。"怠于"不能仅依债务人债权"到期"而简单判断，还要结合具体情况从主观和客观方面进行分析。实践中，次债务人迟延履行债务的时间性标准较为客观，应作为"怠于"认定的主要因素，而债务人"怠于"的主观因素较为模糊，应从严掌握。

（四）债务人怠于行使与其债权有关的从权利

从权利是附属于主债权的权利，如担保物权中抵押权、质权、保证以及附属于主债权的利息、建设工程价款优先受偿权等。对债务人怠于行使其债权的从权利的理解，应注意以下两点：

一是不管债权人将次债务人、其他相对人单独还是一并提起代位权诉讼，均要求债务人对次债务人的债权系已届清偿期的非专属于债务人自身的现实债权，至于是否为未经诉讼或仲裁处理过的债权，应区分单独诉讼还是一并诉讼，并结合债务人的债权与其从权利法律关系的相应法律规范，进行综合判断。

二是债务人对其他相对人的从权利应具备以下条件：（1）未经诉讼或仲裁裁决，否则违反重复诉讼原则。若该从权利已经生效判决或仲裁裁决确认，则债权人可采取保全措施或经执行程序救济。（2）非专属于债务人自身的权利，可参照《合同法司法解释（一）》第12条规定。（3）债权人是否可将次债务人或其他相对人单独或一并提起代位权诉讼，应遵循相关法律规定对债务人与其他相对人权利义务关系的限制。

（五）代位标的为非专属于债务人自身的权利

本条沿用了《合同法》第73条关于代位权除外条款的规定，这是代位权能否成立的限制条件。但书条款将《合同法》中"该债权专属于债务人自身的除外”表述为“该权利专属于债务人自身的除外”，其中，“该权利”不仅包括《合同法司法解释（一）》第12条列举的债务人债权，还包括与该债权有关的担保权利等从权利，如受害人的人身损害赔偿债权、人寿保险合同的人寿保险金债权的担保等。

三、代位权的行使与抗辩

代位权作为债的保全与实现的特别权利，在权利行使与抗辩中有其特殊的实体性和程序性要求。

（一）代位权行使方式

代位权行使主体必须是债权人本人，且由债权人以自己的名义代债务人行使。债权人若以债务人名义行使债务人权利，应按照代理制度处理。

代位权必须通过诉讼程序行使。虽然在理论上代位权行使的方式有诉讼和径行两种，但径行方式若在债权人、债务人及相对人之间达成意思一致，则可用抵销、指示交付等法律规范解释。否则，相对人径行向债权人履行，因缺乏合同依据或法律依据不能产生代位权行使的法律后果。需要注意，本条中“债权人可以”是指债权人诉权的自由，而非对非诉方式法律效果的肯定。

（二）当事人的诉讼地位

因代位权诉讼本身的复杂性和司法实践经验不足原因，《合同法》施行中将债务人限缩解释为无独立请求权的第三人。对此，理论界和实务界一直争议较大。本条规定增加担保人等作为相对人后，代位权诉讼当事人的诉讼地位变化更为复杂。笔者认为，是否将债务人的诉讼地位扩展为被告或有独立请求的第三人，涉及债务人能否对债权人提起反诉、债务人能否对相对人提出请求、相对人能否对债务人提出反诉等代位权诉讼审理范围，以及代位权判决的判项如何表达、债务人抗辩权和上诉权保护等复杂问题，有待司法解释修订中总结审判经验并结合现实需要，对《合同法司法解释（一）》第21条、第22条重新考证解决。

不管代位权诉讼变得如何复杂，总体把握以下原则：首先，应尊重原告即债权人的选择权，不管其将债务人、其他相对人单独还是一并作为被告，均系其诉权自由，人民法院不应干预。其次，在债权人将相对人中一人或数人作为被告的情况下，其他相对人有权申请作为第三人参加诉讼；其他相对人未申请的，亦应将其他相对人追加为第三人，以查明债务人与其他相对人之间的权利义务关系及债务履行情况。至于其他相对人系有独立请求权的第三人还是无独立请求权的第三人，应根据债权人的诉讼请求和相对人的抗辩或请求内容进行判断。

（三）代位权诉讼的管辖

本条沿用《合同法》第 73 条关于代位权专属人民法院管辖的规定。《民事诉讼法》没有对代位权的实施作程序方面的规定，故代位权的管辖仍应适用《合同法司法解释（一）》的相关规定。对于实践中争议较多的问题，应作如下理解：

1. 一般原则

《合同法司法解释（一）》第 14 条规定代位权诉讼由被告住所地人民法院管辖。按照前述原则，在《民法典》施行后，次债务人、其他相对人均可作为被告，此时亦应优先适用作为被告的次债务人住所地确定地域管辖；如果仅以其他相对人作为被告，则应以其他相对人住所地确定地域管辖。若次债务人或其他相对人为多个且均为被告时，以哪一个被告住所地确定管辖将是争议问题，有待相关司法解释修订时研究明确。

2. 与协议管辖、仲裁管辖的关系

按照《合同法司法解释（一）》的规定精神，代位权诉讼只能由相对人住所地法院管辖，即代位权诉讼适用一般地域管辖，既排除其他法院的地域管辖，也排除债权人与债务人之间、债务人与相对人之间的管辖协议和仲裁协议，债务人、相对人不得以此进行管辖抗辩。

3. 与专属管辖的关系

如果《合同法司法解释（一）》第 14 条规定的被告住所地管辖与

法律规定的专属管辖冲突，因专属管辖是强制性规定，应按照专属管辖确定代位权诉讼的管辖。

4. 境外当事人的管辖确定

当代位权诉讼的被告是境外当事人时，其地域管辖按照《合同法司法解释（二）》第17条指引，应按《民事诉讼法》第265条规定确定管辖法院。

（四）代位权的抗辩

按照本条规定，相对人对债务人的抗辩原则上都可对抗债权人。对于代位权抗辩的特殊性，还需注意以下几点：

第一，在债务人参加诉讼的情况下，若债务人对债权人的债权放弃诉讼时效或执行期限抗辩的，相对人不得代为行使。

第二，按照《合同法司法解释（一）》第17条规定，债权人有权在代位权诉讼中对次债务人的财产采取保全措施。本条将代位权标的扩大到与债务人债权有关的从权利后，包括次债务人在内的相对人不得对债权人能否有权采取保全措施进行抗辩，但可对保全措施的适当性进行抗辩。

第三，代位权诉讼中，债权人要证明债务人对相对人是否有权利、是否到期、履行情况等比较难，如苛求债权人必须逐一提供证据，债权人多力所不逮。故债权人一般只需证明债务人对相对人有权利即可，相对人抗辩反驳的，应当提供相应证据。此外，对于债务人资力真实情况，债权人举证能力也较欠缺，债权人只需证明债务人未清偿到期债务即可，相对人反对的，应当证明债务人有清偿债务的资力。

四、代位权行使的效果

基于其债权保全性质，代位权一经行使就会产生相应法律效果，这对债权的实现至关重要。对此，应作如下理解：

（一）限制债务人对相对人债权权能

债权人行使代位权后，债务人对代位权标的的债权权能应否受到限制？“肯定说”主张，债务人知晓债权人行使代位权后，债务人对债权人代位行使的权利，不得为抛弃、转让、免除、抵销等处分行为，不得提起为行使权利的诉讼。“否定说”则认为，如何保全债权，民事诉讼法上有保全程序规定，债权人如不依法实施冻结、查封，理应自行负担风险。

我们认为，首先，“否定说”在逻辑上将代位权诉讼对债权的保全与代位权行使中对相对人财产的保全混淆；其次，提起代位权诉讼，本身就是债权保全措施之一，这是代位权程序价值的应有体现，“肯定说”符合债权保全制度的本质；最后，行使代位权对债务人对相对人的权利具有保全效力，能有效解决代位权人与其他债权人对该权利采取保全、执行措施的冲突，实现代位权制度保障债权实现的立法目的。

（二）限制相对人对债务人的给付

如上所述，代位权的行使限制了债务人对相对人的债权权能，与之相应，基于代位权诉讼对代位标的的保全性能，债权人提起代位权诉讼后，在债权人请求范围相对人亦不能再向债务人履行给付，否则将不能对抗债权人。对于债务人对相对人的权利超过债权人代位权诉讼请求部分，按照《合同法司法解释（一）》第22条的规定，债务人可以主张，相对人亦可以给付。

（三）对两债权发生诉讼时效中断的效力

按照《最高人民法院关于审理民事案件适用诉讼时效制度若干问题的规定》第18条规定，债权人提起代位权诉讼的，应当认定对债权人的债权和债务人的债权均发生诉讼时效中断的效力。按照该司法解释第11条规定，对于债权人的债权或债务人的债权超过债权人代位权诉讼请求的部分，亦应发生诉讼时效中断效力。需注意的是，即使债权人的代位权诉讼因不符合受理条件被裁定驳回，或者其实体请求不具备代位权成立要件而被判决驳回，均应具有诉讼时效中断的效力。

五、代位权行使的费用

本条规定沿用《合同法》关于代位权行使费用的规定，即债权人行使代位权的必要费用，由债务人承担。《合同法司法解释（一）》进一步明确对该必要费用从实现的债权中优先支付，对此应作如下理解：

（一）首先是债务人承担

债权人之所以行使代位权，从形式上看是债权人为了实现自己的债权利益，但实质是代位债务人实现其利益，且债务人怠于行使对相对人的权利具有完全过错，按照过错责任原则应由债务人承担，即使代位权判决后并未最终执行到相对人的财产，亦应由债务人承担。

（二）共益费用优先清偿

若代位权胜诉后债权人直接从相对人处得以清偿，自不存在优先受偿权的问题。但当债权人行使代位权取得的财产按照有关规定需执行参与分配或纳入破产财产时，债权人行使代位权的必要费用为除优先权人外的所有债权人的共益费用，应从债务人的债权实现所得财产中优先受偿。

（三）必要费用的范围

债权人行使代位权未获得支持或仅部分获得支持的，败诉部分的诉讼费用和鉴定费用因系债权人过错所致，故非本条规定的必要费用。而代位权胜诉后，针对代位标的债权胜诉部分的诉讼费用、鉴定费用，自应由相对人负担，亦非需由债务人承担的必要费用。

针对相对人采取财产保全措施的费用、为查明债务人权利所支出的调查取证费用等必要费用，系为债务人债权的实现而支出，应属本条规定的必要费用。此外，对于律师费、差旅费等费用，是否属于必要费用，《合同法司法解释（一）》并未按照债权人行使撤销权的规定对债权人行使代位权的必要费用作出明确规定，能否参照该司法解释第26条的规定，需结合债权人与债务人之间有无合同约定、两个权利行使的法律效果等进行判断。

【审判实践中应注意的问题】

审判实践中适用本条规定时，需注意以下问题：

一、所有权能否作为代位权客体

有观点认为，所有权应为代位权客体。我们认为，第三人占有债务人财产而无所有权取得依据，完全可以通过强制执行程序解决；若第三人取得债务人财产有合同依据，债权人亦可通过撤销权之诉等法律路径否定第三人取得所有权的原因行为。为此，最高人民法院2005年9月16日〔2005〕民四他字第31号《关于深圳发展银行与赛格（香港）有限公司、深圳赛格集团财务公司代位权纠纷一案的请示的复函》明确所有权不能成为代位权的客体。

二、是否区分私法上的债权和公法上的债权

有观点认为，代位权仅适用于民法上的债权债务关系，而税收债务等则属于法定之债，系属公法上的债务范畴，原则上不能适用民法关于债权代位权制度，否则将打破公法与私法的制度区分而影响私法体系的稳定性。一般认为，税收债权在实质上是一种广义上的金钱债权，法律并未对债权人主体范围进行限制，税务机关可以对债务人的债权及其从权利提起代位权诉讼，这有利于国家税收的征缴。

第五百三十六条 债权人的债权到期前，债务人的债权或者与该债权有关的从权利存在诉讼时效期间即将届满或者未及时申报破产债权等情形，影响债权人的债权实现的，债权人可以代位向债务人的相对人请求其向债务人履行、向破产管理人申报或者作出其他必要的行为。

【条文主旨】

本条是关于债权人代位保存权的规定。

【条文理解】

本条规定顺应学界与实务界呼声，对代位保存权作出明确规定，与狭义代位权即代位请求权共同构成完整代位保全制度。规定起草中有观点认为本条属于债权人代位权的提前行使，我们认为，将本条规定内容定性为债权人代位权的提前行使，不如定性为债权人代位保存权准确：虽本条规定以债权人的债权未到期为前提，但权利行使的直接结果系归属于债务人，这与《民法典》第535条规定的代位权有本质区别，且权利行使的方式并非限于诉讼，还有破产债权申报等。对于本条规定的理解和适用，应注意以下问题：

一、代位保存权的性质

代位保存权作为代位保全制度之一，其根本价值追求也在于债权的保全，债权保全是其根本特性。根据条文规定内容，代位保存权具有下权利性质：

（一）法定代理权

法定代理是依照法律规定直接产生的代理，代理权并非基于本人的授权行为，而是直接由法律确定。本条规定赋予债权人行使的代位请求债务人的相对人向债务人履行、向相对人的破产管理人申报债权等权利，无需债务人授权，具有法定性。虽然本条规定内容未明确表述为法定代理，但其权利内容显然具有法定代理权的特征。

（二）法定管理权

本条规定债权人行使代位保存权所获利益归属于债务人，完全符合管理权的特征。这种管理虽表面上系为债权人利益，但实质上还是为债务人利益，符合债务人真实意思。管理权的源泉虽无债务人授权，但亦非无因，债务人的权利若因诉讼时效即将届满、未及时申报债权等危及债权人利益，法律对债务人的怠于行为有授权债权人代位行使的必要。但这种法定管理权又有别于一般管理权，债权人代位行使后债务人的处分权要受到限制，不得放弃被代位的权利内容或取消债权人的代位权利。基于代位保存也会产生一定的必要费用，虽本条未明确费用承担问题，但基于其法定管理权属性，笔者认为亦应由债务人承担。

二、代位保存权的行使要件

代位保存权的行使要件比较复杂，本条列举规定诉讼时效即将届满、未及时申报破产债权两种情形，等外情形有待实践中丰富。对于不同的情形，代位保存权的构成要件会有所不同。一般而言，应当具有以下构成要件：

（一）债权人对债务人存在未到期的债权

债权人与债务人之间存在未到期的债权，是其行使代位保存权的前提。代位保存不需要对债权人的债权进行实体判断，只需形式审查，对债权人债权的合法性、确定性等审查不能像代位权那样严苛，如提供交易合同证明存在给付关系且未届履行期等即可。至于债权人债权的种类，法律并未明确限制，按照民事权利法无禁止即可为原则，亦应如代位权那样对其发生原因在所不问，合同之债、侵权之债、不当得利之债、无因管理之债、担保人追偿之债等均可成为代位保存权行使的基础。

（二）债务人对相对人存在合法有效的权利

债务人对相对人存在合法有效的权利，是代位保存权行使的必备条件。不管是代位要求相对人向债务人履行，还是代位向相对人的破产管理人申报债权，人民法院或其他机构审查的核心是债务人与相对人之间的权利义务，故债权人行使代位保存权须提交证据证明债务人对相对人有合法有效的权利。

关于代位保存的标的，因代位保存的权利直接归属于债务人，故法律并未如代位权那样对专属于债务人自身的权利作除外规定，即只要影响债权人债权实现的债务人的一切财产性权利均可代位保存。既应包括债权，也应包括物权、物上请求权；既应包括前述财产请求权，也应包括有财产意义的形成权、有关财产保全行为及可能影响债务人之责任财产状况的诉讼权利。具体而言，以下权利均可成为债权人代位保存权的对象：（1）债权；（2）物权及物上请求权；（3）形成权，比如合同解除权、选择之债的选择权、买回权、抵销权以及对因重大误解或显失公平而成立的民事行为的撤销权和变更权；（4）债务人代位权和撤销权；（5）诉讼法上的权利或某些公法上的权利，比如中断诉讼时效的权利、代位提起诉讼的权利、申请强制执行的权利和各种登记请求权等。

（三）债务人的消极行为影响债权人的债权实现

债务人消极行使对相对人的权利对债权人的债权实现有影响，是代位保存权行使的理由要件。这种影响的可能要具备两重因果关系：一是消极行为导致权利丧失的可能，二是这种权利丧失的可能对债权人未到期债权的实现有影响的可能。

对于消极行为导致权利丧失的可能，既有可能是时间性原因，因违反法律规定的时效、期间等限制，导致债务人对相对人的权利在程序上面临失权；也有可能是物理性原因，相对人要对债务人享有物权的抵押财产等进行处置，导致债务人对相对人的实体权利可能灭失。如果债务人对相对人的权利不存在丧失的可能，债权人自无提前代位行使债务人权利的必要。

对于影响债权人未到期债权实现的可能，要从债务人“资力”状态考察，看其是否有“资力”足以清偿其全部债务。如果债权人的债权已有足额的抵押、质押等担保，债务人消极行使权利对债权人的利益并无影响，债权人不得代位行使债务人的权利，否则侵犯债务人的权利处分自由；或者债务人已经积极开展维护和实现权利的行动，即使未见效果，亦不应由债权人替代行使，如债务人积极行为处置不当影响债权人的债权实现，亦可通过撤销权救济。

三、代位保存权的行使与抗辩

债权人代位保存权作为代位保全制度的两种形式之一，该权利的行使程序与债权人代位权既有相似之处，也有区别，具体应作如下理解：

（一）行使方式

代位保存权的行使主体如同代位权行使主体必须是债权人本人，但因其法定代理权性质必须以债务人名义行使，这区别于代位权必须以债权人本人名义行使。因代位保存权适用于在债权人的债权到期之前，债务人的一切影响债权人债权实现的行为，其情形非常复杂，代位保存权行使的方式多种多样，之前亦无实践经验，故法律未如代位权那样作出明确规定，但从条文内容及代位保存权的代理性、管理性特征看，应以债务人名义行使。

代位保存权可以采取诉讼（或仲裁）方式和非诉两种方式行使，这与代位权必须通过诉讼方式行使有所区别。允许债权人径行采取非诉方式行使代位保存权，系因其行权后果归属于债务人，产生与债务人民事行为相同的法律后果。但是，债权人行使代位保存权采取诉讼（或仲裁）方式，是否会对债权人产生与非诉方式不同的法律效果？笔者认为，基于代位保存权的债权保全属性，诉讼（或仲裁）方式和非诉方式应该对债权人的债权实现产生不同的法律效果，这需司法解释予以明确。

至于代位保存权的行使方式，条文除列举了代位向债务人的相对人请求其向债务人履行、代位向破产管理人申报之外，设置了一个口袋条款，即作出其他必要的行为。

代位保存权行使中，债权人亦须尽到善良管理人的注意义务。

（二）诉讼地位与管辖

代位保存权以非诉方式行使，自不存在诉讼地位与管辖问题。但若以诉讼（或仲裁）方式行使，就涉及诉讼（仲裁）地位、管辖等问题。代位保存权的诉讼（或仲裁）是个全新问题，对于诉讼（或仲裁）地位及管辖，法律未作规定，笔者认为应作如下理解：由于法律未像代位权那样规定专属人民法院管辖，基于法律规定代位保存权行使后果直接归属于债务人的规定及其代理属性，关于当事人的诉讼（或仲裁）地位，债务人应当是原告（或申诉人），相对人为被告（或被诉人），而债权人则应为法定代理人；代位保存权诉讼（或仲裁）的管辖，应以一般诉讼（或仲裁）按照《民事诉讼法》关于管辖的规定确定，即按照债务人与相对人之间的法律关系或者协议约定确定管辖，不能排除协议管辖、仲裁管辖。

（三）代位保存权的抗辩

本条虽未明确规定相对人的抗辩权，但从法理上讲，有权利主张就有抗辩，既然债权人代位行使了债务人的权利，相对人对债务人的抗辩，亦应可以向债权人主张。当然，债权人系以法定代理人的身份以债务人名义行使，本质上相对人还是向债务人主张。故而，相对人对债务人的一切抗辩，均可依法行使：不仅是诉讼时效届满的抗辩、抵销的抗辩、同时履行的抗辩等，还包括与代位权诉讼不同的管辖抗辩。代位保存权的对象比较广泛，既可能是请求权，也可能是其他权利主张，故相对人的抗辩为广义上的抗辩。由于债权人可能以诉讼方式或非诉方式行使代位保存权，相对人的抗辩亦不限于诉讼上的抗辩。代位保存权的行使往往系债务人消极行使权利，在诉讼中相对人对其抗辩应在其力所能及范围承担更大举证责任。

（四）代位保存权行使的费用

虽法律对行使代位保存权的必要费用未作规定，但其较代位权而言，更是直接为债务人利益和全体债权人利益，故该必要费用首先亦应由债务人承担，行使代位保存权的债权人对此有请求权。其次，因行使代位保存权的必要费用系为全体债权人共同利益而付出，故该必要费用应优先清偿。最后，对于债权人行使代位保存权必要费用的范围，因其较债权人行使代位权的目的更具共益性，故在费用必要性把握上不应过于严苛，必要的律师费、差旅费等亦应由债务人承担。

四、代位保存权效力

债权人行使代位保存权，对相对人会产生如同债务人本人行使一样的法律约束力。在代位保存权的效力问题上，应注意其与代位权效力的区别。

（一）代位保存权的结果效力

不管是诉讼方式还是非诉方式，代位保存权行使的结果直接归属于债务人，即相对人向债务人履行，而代位权成立的效果，是相对人向债权人履行，这是二者最大的区别。

至于行使代位保存权的债权人对该财产是否具有清偿时的优先性问题，一般认为，债权人代位保存债务人财产权益，债权人付出较少，对保存的财产权益贡献不大，若赋予该债权人享有优先性权利会导致代位保存权的滥用。笔者认为，债权人对其行使代位保存权得以保存的债务人财产权益是否享有清偿时的优先权，是理论研究中困惑与纠结的问题，不能简单选择判断。代位保存权作为法律新作规定的一项制度，需要不断研究总结实践情况，探求制度价值与实践逻辑相统一的操作路径。

（二）代位保存权的程序效力

代位保存权行使的程序效力，本质上与代位权行使的程序效力有相同之处，都是限制债务人对相对人的权利再行处分，但二者亦有明显不同：代位权诉讼的行使对债权人的债权和债务人的债权均产生诉讼时效中断的效力，而代位保存权的行使，因债权人的债权尚未到期，诉讼时效尚未起算，不存在诉讼时效中断问题，故仅对债务人对相对人的权利产生诉讼时效中断的效力；其他如代位申报破产债权、代位申请强制执行等代位行为，亦应根据相应法律规范产生相应的程序效力。

【审判实践中应注意的问题】

审判实践中适用本条规定时，需注意以下问题：

第一，只有在债务人对相对人的权利存在诉讼时效即将届满，且债权人的债权未到期情形下，债权人才有权依据本条规定提起代位保存权诉讼，要求债务人的相对人向债务人履行。而对债务人未到期的债权、未申报的破产债权等不可提起代位保存权诉讼。

第二，对于诉讼时效即将届满的理解，既要防止债权人过分积极损及债务人的权利自由，亦不能过于机械要求债权人等到临近诉讼时效届满才能行使，如相对人经营状况恶化或存在转移财产等情形的，对代位保存权行使时间可灵活掌握。

第五百三十七条 **人民法院认定代位权成立的，由债务人的相对人向债权人履行义务，债权人接受履行后，债权人与债务人、债务人与相对人之间相应的权利义务终止。债务人对相对人的债权或者与该债权有关的从权利被采取保全、执行措施，或者债务人破产的，依照相关法律的规定处理。**

【条文主旨】

本条是关于代位权成立的效果的规定。

【条文理解】

本条吸收并修改了《合同法司法解释（一）》第20条规定，就代位权成立对当事人权利义务关系的变化、代位标的债权履行的法律后果以及代位权与其他权利的冲突作出明确规定。这些问题直接涉及债权人行使代位权最终产生什么样的实体效果，对代位权成立的效果及取得财产的归属，应作如下理解：

一、理论之争与协调

代位权成立的法律后果，是整个代位权制度的核心问题，直接影响代位权各项具体制度的建构。《合同法司法解释（一）》施行之后，对于行使代位权取得的财产如何分配，理论和实务始终存在重大争议："入库原则说"认为，代位权行使的效果应归于债务人，行使代位权取得的财产应先纳入债务人的责任财产，然后再依债的清偿规则清偿债权人的债权。"平均分配说"认为，代位权属于债权范畴，因代位权行使所获财产先由法院保管，法院通知债权申报并确定所有债权人以后，按债权比例分配。“优先受偿说”认为，代位权行使将产生优先受偿效力，哪个债权人行使代位权所获财产，就应归属于该债权人。笔者认为，争论不休的原因在于《合同法》对于代位权的规定较为粗糙，导致理论和实务均混淆了代位权诉讼与代位保存的界限与区别，《民法典》第 536 条对代位保存权的规定和本条对代位权成立法律后果的规定，有助于代位权理论与现实操作的统一。

（一）理论上的兼顾统一

本条规定明确代位权成立的，由相对人向债权人履行义务，解决“优先受偿说”的法定性问题。本条增加债务人破产的依照相关法律规定处理亦体现了债权平等性原则。需要特别说明的是，这种优先受偿性，是因代位权诉讼的启动，基于债的保全这一性质而生，如同诉讼保全一般的程序性清偿在先，其理论基础在于债权人对于债务人的债权保全有提供财产担保和诉讼付出上的贡献。而抵押优先权、建设工程价款优先受偿权等系基于当事人对标的物的约定或贡献被法律明确规定为优先权，一直附属于标的物而非诉讼程序可以排除。

（二）代位权程序与实体价值的统一

本条规定使本法第 535 条规定的程序价值和实体价值得以统一。一方面，既然赋予了债权人代位请求权，自应发生相应实体权利归属于债权人的法律效果，本条规定代位权成立的后果系由债务人的相对人向债权人履行义务即为体现；另一方面，之所以在债权平等性与代位权优先性之间纠结而不能实现逻辑自洽，是没有注意到代位诉讼的两重保全价值。法律规定相对人向债权人履行，债权人基于该请求权才能对相对人提起诉讼，基于该诉权债权人才有《合同法司法解释（一）》第 17 条规定的申请财产保全的权利；此外，债务人对相对人的权利本身就是一项财产性权利，对该诉讼标的提起诉讼本身就是一种公示性的权利宣示，故其本身即具有保全的性质。没有这个保全，要求相对人向债权人履行和债权人请求人民法院对相对人的财产采取保全措施，均缺乏权利基础。代位权诉讼的两重保全，在程序上和实体上才能保障债权的实现，让代位权作为债权保全的一项重要制度具有现实价值。

（三）代位权与其他制度的统一

本条弥补了《合同法司法解释（一）》第20条的缺陷，明确债务人对相对人的权利被采取保全、执行措施，或者债务人破产的，依照相关法律规定处理。《民事诉讼法司法解释》第508条至第516条对执行参与分配制度及其与破产制度的衔接进行了规定，非企业破产法上的企业法人作为被执行人的，对执行到的财产由普通债权人平等参与分配；企业破产法上的企业法人作为被执行人但又未进入破产程序的，普通债权人按照财产保全和执行中查冻扣措施的先后顺序清偿。上述规定区分不同情形分别采用“入库规则”和“优先受偿规则”。《民法典》本条规定代位债权人与其他债权人的权利发生冲突时依照债务人对相对人被采取保全、执行措施的相关规定处理，即兼顾了“入库原则说”和“优先受偿说”。本条规定与执行参与分配制度、破产制度的统一，使债权平等性与代位权优先性构成一个有机整体。

二、代位权成立的效果

按照本条规定，代位权成立会引起当事人原有权利义务关系变化，而代位权的履行将导致相应权利义务关系的消灭，但代位权与其他制度发生冲突又将改变代位权成立的效果，可能使得因代位权成立而变化的当事人权利义务关系又得以恢复，对此，可作如下理解：

（一）当事人权利义务关系的变化

本条规定代位权成立的，由相对人向债权人履行义务，由此当事人的权利义务关系会发生如下变化。

1. 对债权人而言

尽管债权人与相对人之间不存在直接的权利义务关系，但法律规定赋予债权人直接向相对人追索的权利，即在债权人与相对人之间创设了新的有直接约束力的权利义务关系，一旦代位权成立，则债权人越过债务人而将相对人与债务人一并作为履行义务人，具有接受相对人履行义务或申请强制执行的权利。

2. 对债务人而言

虽在相对人未向债权人履行之前，债务人对相对人的实体权利并未消灭，相应的债务人对债权人的债务仍然存在，但在请求权层面债务人被债权人取代，债务人的相应债权及从权利的转让、免除、抵销等权利丧失，其在债权人提起代位权诉讼后的前述处分行为不能对抗债权人。

3. 对相对人而言

相对人应直接向债权人履行给付义务，其在债权人提起代位权诉讼后对债务人的给付在代位权判决给付的数额范围不能对抗债权人。

（二）代位标的债权履行的法律后果

本条规定债权人接受履行后，债权人与债务人、债务人与相对人之间相应的权利义务终止。对此，有几个层面的意思：

一是债权人接受履行后，相应权利义务才终止。全部履行的，全部终止；部分履行的，部分终止。《合同法司法解释（一）》第20条的文字表述在实践中有人误解为代位权判决一经生效即使债权人与债务人之间相应的债权债务关系消灭，导致债权人再向债务人诉讼主张或强制执行时得不到支持。本条修改弥补了文字表述的不足，也理顺了代位权成立与得以履行在法律效果上的层次区别。

二是履行方式上既可以是相对人在诉讼中或者代位权判决后自动履行，亦可以通过代位权判决强制执行，还可以是债权人、债务人、相对人三方共同参与和解履行。

三是终止的仅是履行部分的权利义务，代位权判决未履行的部分，或者代位权判决之外债权人与债务人之间、债务人与相对人之间的权利义务关系，仍然存在。

三、代位权判决的既判力

按本条规定，代位权成立则应判决相对人向债权人履行义务，代位权判决生效即对债权人与债务人、债务人与相对人、债权人与相对人之间的权利义务发生既判力，但代位权判决既判力不同于一般判决的既判力，它会受到如前所述的债务人向债权人履行或债务人宣告破产等因素的影响。生效的代位权判决其既判力是否及于债务人或其他债权人，必须在债权人、债务人与相对人之间进行利益权衡，既不能使相对人陷于诉累，也不能使债权人、债务人的利益受到损害，必须诉讼经济与诉讼正义兼顾。笔者认为：

（一）关于代位权生效判决是否及于债务人问题

不管债务人是作为有独立请求权的第三人还是无独立请求权的第三人，只要作为当事人参加（缺席不影响）代位权诉讼，自会对其产生相应约束力。但若将债务人定位为无独立请求权的第三人，其请求权、上诉权等实体权利未能行使，代位权生效判决对其既判力则限于不得就债权人胜诉部分另行主张等有限层面，为此，《合同法司法解释（一）》规定债务人对超过代位权请求部分可另行对次债务人诉讼主张。而若债务人定位为有独立请求权的第三人或被告，不管其是否对相对人提出请求，先判决确认债务人对相对人的权利，再判决相对人直接向债权人履行，就能避免债权人接受债务人履行或债务人破产的情形下代位权判决既判力的丧失问题，实现诉讼经济与诉讼正义的统一。在此情形下，代位权诉讼的既判力不论债权人胜诉、败诉皆及于债务人。

（二）关于代位权诉讼生效判决是否及于其他债权人问题

代位权诉讼审理的是债权人与债务人之间的债权债务关系和债务人与相对人之间的权利义务关系，代位权判决将基于前述两个关系而再确定债权人与相对人之间的权利义务关系，并最终在相对人履行代位权判决确定的义务后相应终止前述两个权利义务关系。故对于未参加代位权诉讼的其他当事人而言，代位权判决在债权人与债务人、债权人与相对人之间的权利义务关系上的既判力不能约束其他债权人，而对于债务人与相对人之间的权利义务关系，因代位权判决已经进行判处，债务人与相对人之间权利义务关系的既判力及于其他债权人，其他债权人不得就此再行使代位权。当然，对于债务人与相对人之间代位权诉讼之外的其他权利义务，或者债务人与其他相对人之间的权利义务，因不属代位权判决审理范围，其他债权人仍可提起代位权诉讼。需要注意的是，若代位权诉讼的债务人对相对人的债权有多个从权利，而债权人仅向其中一个或数个从权利义务人主张，在此情形下因债务人对相对人的债权已经代位权判决归属于债权人，其他债权人不能再向该代位权判决未涉及的债务人享有从权利的其他相对人主张。

【审判实践中应注意的问题】

审判实践中适用本条规定时，需注意以下问题：

一、代位权判决的判项表达

代位权成立的，判项表达除判令相对人向债权人履行相应义务外，还应加上“债权人接受履行后，债权人与债务人、债务人与相对人之间相应的权利义务终止”这句话。因为一方面代位权判决后，在相对人未向债权人履行之前，债权人与债务人、债务人与相对人的权利义务关系仍然存在，债务人仍然有义务向债权人履行；另一方面也可协调解决代位权判决与债权人与债务人债权关系判决的冲突，防止债权人双份受偿。

二、债务人权利的丧失与恢复

因债权人接受相对人的履行之后，债权人与债务人、债务人与相对人之间的相应权利义务才终止，故在相对人履行之前，债权人对债务人的债权、债务人对相对人的权利仍然存在。此时，两个权利义务关系的不同之处在于债务人对相对人的权利因代位权判决而禁止行使，而债权人对债务人的债权并无限制，仍可接受债务人的清偿。一旦债权人接受债务人的清偿，代位权判决在债权人与相对人之间即丧失约束力，债务人对相对人的权利亦恢复如初；如果债务人对相对人的权利被其他债权人采取的保全、执行措施优先清偿，则债务人对相对人的权利消灭，亦会导致债权人与相对人之间相应权利义务的消灭。如果债务人宣告破产，代位权判决完全丧失约束力，债权人对债务人、债务人对相对人的权利均恢复如初。

第五百三十八条 **债务人以放弃其债权、放弃债权担保、无偿转让财产等方式无偿处分财产权益，或者恶意延长其到期债权的履行期限，影响债权人的债权实现的，债权人可以请求人民法院撤销债务人的行为。**

【条文主旨】

本条是关于债务人无偿处分时债权人撤销权行使的规定。

【条文理解】

《民法典》针对债务人的诈害处分其责任财产的行为，按照有偿和无偿两类情形分别规定了债权人可以行使撤销权。本条规定的是债权人对债务人无偿处分行为的撤销权，在理解和适用本条时应注意以下问题：

一、债权人撤销权的定义及性质

债权人撤销权是指当债务人无偿处分或以不合理的对价交易导致其财产权益减少或责任财产负担不当加重，对债权人的债权实现有影响时，债权人可以请求人民法院撤销债务人所实施行为的一项民事权利。对于债权人撤销权的性质，应作如下理解：

（一）债权人撤销权首先是一项民事实体权利

虽债权人行使必须通过诉讼方式，但因其需一定的权利构成要件和行使期间，亦会产生相应的行权效果，且由民事实体法予以规定，故为债权人的一项民事实体权利。

（二）债权人撤销权系附属于债权的专属于债权人的权利

债权的有效存在，是撤销权发生的前提，债权不存在、无效或者因得以清偿而消灭、因超过时效而丧失胜诉权的，撤销权将不存在或消灭。基于其附属性，撤销权亦不得脱离债权而单独转让，债权转移时相应的撤销权也随之转移。

（三）债权人撤销权具有形成权性质

债权人撤销债务人与第三人的诈害行为系撤销权的权利内容，撤销权的行使结果使债务人与第三人之间的诈害行为自始没有法律约束力，债务人诈害处分的财产得以恢复。

二、债务人无偿处分时债权人撤销权的构成要件

本条规定列举了放弃债权、放弃债权担保、无偿转让财产等债务人无偿处分其财产权益的行为。恶意延长到期债权的履行期限，本质上亦是一种债务人不获益的无偿处分。无偿处分的行为比较复杂，本条作了等外规定，适用中应针对不同的情形具体分析撤销权的构成要件。一般而言，债权人对债务人无偿处分财产权益行为的撤销权应具备以下构成要件：

（一）债权人对债务人存在合法有效的债权

有效的债权是撤销权的前提和基础，没有合法有效的债权，撤销权无从发生。债权人对债务人须存在合法有效的债权，是撤销权构成的首要要件。虽撤销权诉讼不像代位权诉讼那样要对债权人的债权进行审理认定，但对撤销权人的债权亦应进行一定的形式审查。审查债权人须存在合法有效的债权，应当注意以下几点：

一是合法性。债权的产生要合法，赌债等违法行为产生的债权因其自身都得不到法律的保护，亦不能行使撤销权。

二是既存性。撤销权人合法有效的债权，应当是既存的债权；已经消灭或者尚未发生的，一般不得行使撤销权。

三是无需届期。从《合同法》《合同法司法解释（一）》到《民法典》，都没有将履行期届满作为债权人行使撤销权的要件。

四是数额无需确定。撤销权只是撤销债务人减损责任财产的行为，不能要求相对人向债权人给付，无需对债权人债权的准确数额进行审理认定。

五是债权种类不限。可行使撤销权的债权原则上应是以财产给付为目的的债权，故不限于金钱债权。

（二）债务人存在无偿处分的行为

债务人的无偿处分行为，是本条债权人撤销权成立的标的要件。作为撤销权的标的，这是撤销权诉讼中需要作出审理判断的核心问题，对此应当注意以下问题：

1. 债务人主客观问题

在债务人以放弃其债权、放弃债权担保、无偿转让财产等方式无偿处分财产权益时，债权人撤销权的成立不要求主观要件，仅要求具备诈害行为这一客观要件即可行使撤销权。之所以不要求主观要件，不是说债务人的行为没有主观恶意，而是不要求债权人对债务人的主观恶意进行举证，因为债务人的无偿处分行为损及债权人的债权实现，这种行为性质本身就具有恶性，从逻辑上当然推定债务人具有主观恶意。当然，对这种法律上的主观恶意推定，债务人有权进行抗辩，如果债务人能够反证证明其仍有足够的财产清偿债务，其行为无害于该债权，则不能推定债务人具有恶意。

对于债务人延长其到期债权的履行期限的问题，虽本质上亦是一种无偿行为，但这种时间利益让步的无益性相对实体权益放弃而言显非同一层次，有时是正常的商业交易或合乎情理的需要，有的并不会对债权的实现造成实质性的损害，故在债权人撤销权的构成要件上需债务人主观上有明显的恶意，从而平衡债务人合理的权利处分自由。

应当指出，在债务人无偿处分的场合，主客观问题较为简单，但在债务人有偿交易行为的场合，不仅要判断债务人主观恶意的问题，还要判断相对人的主观性问题，审理认定就较为复杂。

2. 撤销权标的的扩张

实践中，债务人为逃避债务，欺诈债权人而减少其责任财产的行为，除本条及第539条规定的七种情形以外，还有以下表现形式，民法理论上通常认为也可以成为债权人撤销权的对象：（1）以法律行为而论，有单独行为，如免除债务、遗赠等；有契约行为，如债权让与、债务承担或加入等；有经营行为，如设立公司、合伙企业等。（2）准法律行为，如催告、为中断时效而作的债务承认，债权让与的通知等导致债务人责任财产减少的准法律行为。（3）诉讼中的法律行为，如诉讼上的和解、抵销以及请求的放弃、承认等。

但下列行为不得为债权人撤销权之标的：事实行为，如财物丢弃行为无从撤销；不作为行为，如属怠于取得权利或利益，只是财产未增加并未减损现实财产，如系怠于行使权利，则为代位权的对象，亦无撤销权的适用；其他不以财产为标的但对财产权益发生间接影响的行为，如身份行为、订立劳务契约的行为，不得撤销；以禁止扣押的财产权为标的的行为，因其不列入债务人的责任财产，且不能强制执行，亦不得为撤销权之标的。

本条规定具体列举了债务人放弃其债权、放弃债权担保、无偿转让财产和恶意延长其到期债权的履行期限几种情形。需要注意的是本条较《合同法》第74条增加了“等”，此处的“等”显非“等内”，至于“等外”还有哪些具体情形，在最高人民法院司法解释未进一步明确之前，要严格按照无偿处分财产权益对债权人的债权实现有影响这一关键要素来把握。

3. 不同情形的诈害性判断

债权人可行使撤销权予以撤销的行为，均是基于债务人处分财产权益行为的诈害性。债务人无偿处分财产权益的诈害行为，不同的情形对债权人债权实现的影响有着不同的逻辑。

（1）债务人放弃债权的诈害性判断。不管债务人的债权是否到期，债务人放弃其债权对债权人的债权实现都可能产生影响，债权人均可行使撤销权。撤销权针对的是债务人积极侵害债权的行为，对于债务人放弃其债权的行为，无论该债权是否到期，其法律效果是一样的，都导致债务人责任财产的流失，从而损及债权人利益。如不及时予以制止，等待债权人的未到期债权到期以后，债权人再行使撤销权，则次债务人的责任财产有可能早就被次债务人再行处分，债务人的债权虚置，客观上债权人行使撤销权亦无意义。

（2）债务人放弃债权担保的诈害性判断。判断债务人放弃债权担保是否构成诈害行为，情况要复杂一些。

首先，放弃债权担保并不必然导致债务人积极财产减少。原因在于，担保债权是或有债权，其本身并不增加债务人的积极财产，仅在次债务人不履行债务时，债务人的债权可以就担保财产优先受偿，或者由保证人代为清偿或承担赔偿责任，以确保债务人对次债务人的债权得到实现。此时债务人的积极财产并未增加，担保的作用或者担保实现的结果，仅在于债务人的积极财产不因次债务人的履行障碍而减少。当次债务人有充足的财产清偿其所欠债务时，即使债务人放弃其债权担保，其积极财产也并不因此而减少，故不能成立诈害行为，债权人不能行使撤销权。只有当次债务人本身陷于无资力或发生履行障碍，或者其他担保亦不能保障债务人的债权实现时，债务人放弃债权担保的行为才会导致债务人自身责任财产的减少。

其次，纵使债务人因放弃债权担保而导致其自身责任财产减少，该减少也并不必然发生“债务超过”，或者导致支付不能。如其责任财产虽因放弃债权担保而减少，但债务人的财产尚足以偿付其一般债权，在此情形，债权人仍不得行使撤销权。因此，在发生“债务超过”即债务人的责任财产本身不足以清偿债权的情形，债务人放弃债权担保，而其对债权人的债权本身也已陷于清偿不能时，显然就会损害债权。在此情形下，当然就应当允许债权人行使撤销权。

（3）债务人无偿转让财产的诈害性判断。债务人无偿转让财产，对债权人债权实现的影响是显而易见的。纯粹的无偿转让财产行为，一般都易判断。需要我们注意的是变相的无偿转让财产行为，外观上看似有偿，而实际是无偿，比如以物抵债时债务不实。实践中无偿转让财产的形式五花八门，审查需要透过形式看到实质，予以击穿认定。

（4）恶意延长到期债权的履行期限的诈害性判断。对债务人延长到其期债权履行期限的情形，其诈害性判断较其他无偿处分行为更为严苛，要求将债务人具有主观“恶意”作为撤销权的成立要件。

债务人恶意延长到期债权的履行期，形式上并未减少其积极财产，依计算上的形式标准并不构成诈害行为，但由于债务人为拖延偿债或为逃避债务而故意展期，其债权财产不能按预期“入库”，导致事实上的支付不能，发生实质上减少其积极财产的效果，债权人会因此受到不能获得届期清偿的损害。此种损害不仅仅是债权人期限利益受损害，还可能由于资金链断裂，造成交易关系连锁受损或者交易机会丧失等重大财产利益损害。在此情形，应构成诈害行为，债权人可行使撤销权。

在判断延长到期债权履行期限是否为恶意时，不仅要考虑计算上的债务超过及支付不能与否，而且要考虑展期行为的动机和目的，即其主观上是否具有恶意，对债务人“恶意”的判断标准，仍然从是否对债权人的债权实现造成影响这一客观因素着手，债务人主观上是否认知并具有恶意，主要是针对债权实现是否受到影响进行逻辑推定。

具体而言，以下两种情形需要我们注意：一是若债务人对其到期债权延长的履行期限没有超出债权人债权的履行期，债权人不得仅因该债务展期行为而行使撤销权。因为这种情形既不存在债务人责任财产的减少，也不存在债权人期限利益丧失，逻辑上不会影响债权人的债权实现，故债权人不得行使撤销权。二是若债务人对其到期债权的履行期延长的期限超出债权人债权的履行期，从利益分析，债权人行使撤销权应限于对超出债权履行期的超过期间行使撤销权，不应对展期行为全部予以撤销，而损及次债务人的期限利益。但因在认定债务人对延长到期债权的履行期限的行为具有主观恶意时，亦会涉及次债务人主客观因素的评价，基于该评价其所谓的期限利益亦难保护。撤销权成立时撤销的是整个处分行为，若裁判对延长的履行期限进行变更既不符合当事人的意思，亦有违法理。

（三）债务人诈害行为影响债权人债权的实现

即使债权人对债务人存在合法有效的债权并且债务人有诈害行为，若二者之间没有因果关系上的关联，亦不可行使撤销权，因此债务人诈害行为对债权人债权实现的影响是撤销权构成的实质要件。本条规定将《合同法》第74条规定的“对债权人造成损害”修改为“影响债权人的债权实现”，降低了债务人诈害行为与债权人债权实现之间因果关系程度的要求，有利于实践中判断标准的把握。对此应当注意以下问题：

1. 债务人行为诈害性判断标准

如何判断债务人诈害行为对债权人债权实现的影响是撤销权能否成立的关键问题。通说将债务人财产状态“无资力”作为对债权人债权实现有影响的重要判定标准。如债务人资力雄厚，即使实施了减少其财产的处分行为，如偿债能力仍绰绰有余，则债权人即不得对其处分行为妄加干涉，妨害其管理财产的自由和经营自由。必须是债务人减少财产的行为，足以影响债权人债权的清偿，具有诈害性，债权人才能行使撤销权。

对无资力的判断标准，审判实践中既要按照“债务超过”“支付不能”等形式标准审查，又要把握实质判断标准，综合主客观相关情势，考虑债务人是否具备行为目的动机的正当性、是否具备行为手段方法的妥当性等因素具体判断，区别不同情况对形式审查标准和实质判断标准把握侧重，而不能仅据算术上的结论进行简单判断。

2. 债务人行为诈害性判断时点

对债务人诈害行为对债权人债权实现的影响的判断时点，应符合双重标准，即债务人诈害行为时标准和撤销权行使时标准。

行为时标准，意味着必须在债务人实施积极减少其责任财产的行为时，即已陷于“无资力”，才能构成诈害行为；如果债务人在行为时有足以清偿债务的财产，未对债权造成损害，即使其后因其他财产的变动或财产贬值导致其不能清偿债务，仍不成立诈害行为。

权利行使时标准，意味着债权人行使撤销权时诈害状态仍在持续中，即使行为时具有诈害性，但债权人撤销权系其保护债权的手段，而非以追回债务人财产为行使撤销权的目的，故在行使撤销权时，因债务人的经营或者经济状况好转导致其责任财产增加或者升值，足以清偿债权时，债权人亦不得行使撤销权。

三、债权人撤销权的行使

本条及第539条均规定撤销权的行使应由债权人向人民法院提起撤销之诉，虽然债务人无偿处分与以不合理对价交易两类情形在撤销权的构成要件上有所不同，但在撤销权的行使方式和要求上是完全一致的。作为债权保全的特殊制度，撤销权之诉亦有其特殊之处。

（一）债权人撤销权之诉的当事人

债权人撤销权之诉的原告，应当是因债务人诈害行为而债权实现受到影响的债权人。撤销权的行使必须由享有撤销权的债权人以自己的名义，向人民法院提起诉讼，请求人民法院撤销债务人不当处分财产的行为。

对于债权人撤销权之诉的被告，学界和实务界一直存在较大争议："限制说"认为只能是债务人，而"扩张说"则认为债权人撤销权之诉指向受益人的实体利益或受让人的财产，为充分保护受益人或受让人的诉讼权利，他们也应可作为被告。"折中说"认为，应区分债权人撤销权之诉的诈害行为是单务行为还是双务行为，如系债务人的单务行为，应以债务人为被告；如系双务行为，则应以债务人与相对人为被告；兼诉请返还财产的，应以债务人、相对人以及受益人为共同被告。《合同法司法解释（一）》第24条规定："债权人依照合同法第七十四条的规定提起撤销权诉讼时只以债务人为被告，未将受益人或者受让人列为第三人的，人民法院可以追加该受益人或者受让人为第三人。"该规定仅承认债权人撤销权之诉的被告为债务人，至于受益人或受让人则不得作为债权人撤销权之诉的被告，而只能作为诉讼中的第三人。

笔者认为：一是该规定只是明确了债权人仅以债务人为被告的情形，并未限制债权人以相对人为被告，否则应表述为“只能以债务人为被告”；二是对债权人撤销权之诉形式上的标的是债务人的行为，实质上指向的是诈害行为处分的财产利益。谁可以作为被告的问题，除涉及受益人或受让人的抗辩外，还涉及撤销权行使与成立的效果等问题，“扩张说”似更合理。

（二）债权人撤销权之诉的管辖

《合同法司法解释（一）》第23条规定，债权人撤销权之诉由被告住所地法院管辖。对此应注意以下几个问题：

第一，该规定依据《民事诉讼法》第21条关于原告就被告的一般原则和第23条关于合同纠纷的管辖原则，确立了撤销权诉讼原告就被告的一般原则。如果多个被告的，各被告住所地法院均有管辖权，发生冲突时按照《民事诉讼法》第35条规定由最先立案的法院管辖。

第二，按照《合同法司法解释（一）》第23条规定精神，撤销权诉讼排除了债权人与债务人之间、债务人与相对人之间的协议管辖、仲裁管辖，债务人、相对人不能以此为由进行管辖抗辩。

第三，因专属管辖是强制性的规定，在被告住所地法院管辖与专属管辖之间发生冲突时，撤销权诉讼亦应遵从专属管辖的规定。

第四，被告系境外当事人时，撤销权诉讼应按《民事诉讼法》第265条的规定确定管辖法院。

第五，在债务人存在多笔债务的情况下，如果某一个债权人向债务人提出撤销权之诉以后，其他债权人也针对同一债务人的同一不当行为提起撤销权之诉，按照《合同法司法解释（一）》第25条第2款的规定，原则上应合并审理，以便对撤销权的构成要件、范围限制等问题作出综合判断。

（三）债权人撤销权之诉的抗辩

有诉讼就有抗辩，在债权人撤销权之诉中，抗辩亦有其特殊之处。

1. 债务人的抗辩

债务人作为被告，可以就其与债权人之间是否存在债权债务关系、债权债务数额等进行抗辩，亦可以就其是否存在诈害行为、诈害行为是否影响债权人的债权实现进行抗辩。

2. 相对人的抗辩

虽法律对债权人撤销权未如债权人代位权那样规定相对人可以向债权人主张其对债务人的抗辩，亦未明确规定其应为债权人撤销权之诉的被告，但撤销权之诉的标的事关相对人的财产性权益等实体权利和其与债务人之间关系的程序性权利，相对人要受到撤销权诉讼程序和撤销权判决结果的拘束，如不赋予其充分的抗辩权，显不符合权利义务相一致的基本原则，故相对人应既可为债务人对债权人的部分抗辩（如时效抗辩不得代为行使），亦可为其对债务人的全部抗辩。

（四）债权人撤销权的行使效力

虽债权人不能请求相对人直接向其给付或返还财产，但法律规定撤销权作为债权人为其债权实现而对债务人的权利进行保全的一项措施，其本质系对债务人的财产权益进行保全，撤销权诉讼所审查判断的核心是债务人的诈害行为及该行为所涉及的财产权益，如不对债务人和相对人进行限制而任由其处置标的债权或财产，债权人撤销权制度保全债权的目的将无法实现，撤销权诉讼亦无法进行，故撤销权一经债权人诉讼行使亦应具有相应的程序效力，对债务人、相对人的相应权利进行限制：债务人不能对其对相对人所享有的权利再行处分，相对人不能将所获得的财产再行处置，并以其没有相应的权利或义务为由进行抗辩。

【审判实践中应注意的问题】

审判实践中适用本条规定时，需注意以下问题：

一、对债务人无偿处分行为的穿透式审查

放弃债权、放弃债权担保、无偿转让财产等方式，属于债务人纯粹无偿处分财产权益行为，法律已有明确规定予以禁止，债务人多不会直接以这种形式来实施其诈害债权人的行为，诈害行为往往各种名目五花八门，非常隐蔽，审判实践中不能只看形式，而要看清交易实质。比如债务人向他人无偿转让财产，形式上约定了一个合理的价款，但其支付价款的方式为用无实际价值的股权来抵偿，或者支付价款的期限为一个遥远的将来，这种交易实质上就是无偿转让；又如放弃债权担保，本来约定的是物的担保，为对抗债权人却将之换成人的担保，或者本来是有履行能力的主体的担保，将之换为无履行能力主体的担保，这些行为其实质均是无偿处分财产权益，需我们用穿透式思维予以审查判断。

对于债务人的债权，《合同法》第74条规定的是放弃到期债权，《合同法司法解释（二）》补充规定了放弃未到期的债权，本条吸收合并为放弃债权，不再要求是否到期。放弃债权亦有各种隐蔽形式，如将债权赠与他人或转让给一个无支付能力的主体等，亦需我们作实质性分析。

二、债权人可自由选择行使撤销权或请求确认行为无效

对于债务人减损财产权益损害债权人利益的诈害行为，既可能违反本条债权人撤销权的法律规定，亦可能违反《民法典》第154条关于行为人与相对人恶意串通，损害他人合法权益的民事法律行为无效的规定。按照《民法典》第155条、第157条的规定，恶意串通行为无效与诈害处分财产行为被撤销两项制度的法律后果基本相同：无效的或者被撤销的民事法律行为自始没有法律约束力；民事法律行为无效、被撤销或者确定不发生效力后，行为人因该行为取得的财产，应当予以返还；不能返还或者没有必要返还的，应当折价补偿。

虽然两项制度在权利主体范围、主客观因素、权利客体范围等权

利构成要件上都有较大区别，但某些时候债务人的诈害行为会在两项制度上发生竞合，此时应允许债权人可以自由选择权利救济路径，无论当事人选择何种权利，人民法院都应当依法予以保护。无效诈害行为要件上的要求是债权人要证明行为人与相对人之间具有恶意串通的故意和行为，债权人对诈害行为的撤销只需债权人证明债务人处分财产权益的诈害行为影响其债权实现即可获得支持。

第五百三十九条 债务人以明显不合理的低价转让财产、以明显不合理的高价受让他人财产或者为他人的债务提供担保，影响债权人的债权实现，债务人的相对人知道或者应当知道该情形的，债权人可以请求人民法院撤销债务人的行为。

【条文主旨】

本条是关于债务人以不合理价格交易时债权人撤销权行使的规定。

【条文理解】

本条规定列举了债务人以明显不合理的低价转让财产、以明显不合理的高价受让他人财产或者为他人的债务提供担保三种可被债权人撤销的行为。虽然前条与本条规定的两类不同诈害行为的构成要件有所区别，但在债权人撤销权的性质，对债权人债权的要求，诈害行为与债权人债权实现的关系，撤销权行使中当事人、管辖、抗辩、行使效力以及撤销权的行使范围、行使期限、行使效果等方面均是一致的，前述问题在相关条款中已有述及，本条条文理解中不再赘述。

本条规定的三种诈害行为与无偿处分财产诈害行为的不同之处在于，诈害行为的客观恶性程度不同，故而在债权人行使撤销权时对债务人、相对人主观恶意的考察方式不同：债务人无偿处分财产权益行为影响债权人的债权实现的，其行为本身具有客观恶性，主观恶意原则上无需证明即可推定，同时，相对人属于纯获益的行为，撤销债务人无偿处分行为亦不损害相对人的合法利益，故可不问相对人的主观动机均可撤销；而在有偿行为场合，债务人以明显不合理低价转让财产、以明显不合理高价受让财产或者为他人提供担保，交易对价的合理性判断比较复杂，原则上不能直接推定债务人具有恶意，故债权人的撤销权需以债务人有恶意为成立要件，以受让人有恶意为行使要件，如此，才能在债务人财产管理自由与相对人交易安全保护之间适度平衡。债务人主观恶意的判断标准在于交易对价明显不合理，而判断相对人主观恶意的落脚点在其对影响债权人债权实现的事实是知道或应当知道。

针对三种具体情形的诈害性判断，在理解和适用中应注意以下问题：

一、债务人以明显不合理的低价转让财产情形

（一）判断以明显不合理的低价转让财产的时空基准

按照《合同法司法解释（二）》第19条的规定，对“以明显不合理的低价转让财产”进行判断的时间基准为“交易当时”，即实施交易行为时。该基准的合理性在于，对有偿行为行使撤销权须具备主观要件，即债务人与受让人主观上具有恶意，而恶意来自行为人对其行为的认知，即转让行为系知道有害于债权人债权实现而为，故只有以实施交易行为时作为判断基准才能彰显其恶意。应当注意的是，在判断诈害行为是否影响债权人的债权实现时，亦应当遵循双重标准：行为时标准和撤销权行使时标准。

对“以明显不合理的低价转让财产”进行判断的空间基准，《合同法司法解释（二）》第19条规定为交易当地即交易行为地。现实中同一城市不同区域、不同地段的价格差异往往非常悬殊，司法解释并未明确此交易行为地应为发生交易行为的哪一级行政区划所在地，实务中应根据转让财产的性质、种类（土地、房屋等不动产，机器设备、交通工具、山珍海味、时令果蔬等动产），结合市场流通、交易惯例、关税区域等综合因素予以判定。

（二）判断明显不合理低价的数额标准

《合同法司法解释（二）》第19条第2款对“明显不合理低价”

规定了一般判断标准，即“转让价格达不到交易时交易地的指导价或者市场交易价百分之七十的，一般可以视为明显不合理的低价”。现实生活中转让财产的行为和转让财产的性质非常复杂，往往很难用一个标准予以衡量。例如，季节性产品和易腐烂变质的时令果蔬在临近换季或者保质期将届满时，为回笼资金大幅甩卖，转让价格可能低于市价的70%，不能认为其价格“明显不合理”；在市场疲软、有价无市、资金占用利息损失巨大的情况下，低于市价的70%转让财产有利于挽回经营损失时，不能一概认为其“明显不合理”。反之，即使没有正当理由以市价的70%甚至80%、90%转让财产，会对债权人的债权实现造成影响，且债务人与受让人对此均有认知，亦不能认定其不构成诈害行为。因此，这个一般判断标准是原则上的参考示范标准，而非绝对标准。“一般可以视为明显不合理的低价”的“一般”意味着要排除特殊情形，如前述的换季或保质期前回笼资金的甩卖；“可以”意味着应视具体情形而定，不作刚性约束；“视为”是立法上使用的法律拟制用语，债务人、受让人可以提出相反事实和证据予以推翻。

审判实务中，对“以明显不合理的低价转让财产”的判断，原则上仍应按照《合同法司法解释（二）》第19条规定的判断基准和基本方法进行综合分析，并予以个案认定。

（三）债务人和相对人的恶意判断

一般而言，债权人只要举证证明债务人存在“以明显不合理的低价转让财产”的行为，就可以认定债务人主观上有恶意。对何为“明显不合理的低价”，既要根据时空基准参照70%的数额进行判断，又不应简单拘泥于数额上的限定，如果同等条件下转让的价格与市场价格相比较差距较大，一般商人在此情况下都会认为该价格过低，债务人以该价格转让财产必然会减少其责任财产，如果影响债权人债权的实现，即可认定其具有恶意。

在考证相对人的恶意时，有观点认为应从“受让人是否具有故意损害债权人的意图，或是否曾与债务人恶意串通”角度判断，但这种对债务人与相对人恶意意思联络的考察，对处于交易外部的债权人而言是难以举证证明的。因此，我们需要找到一个相对客观的判断标准。“以明显不合理的低价”转让，对受让人而言，显然应当知道这是一个非正常的交易，亦应知道如果债务人不是为了逃避债务一般不会如此不顾自己利益而“以明显不合理的低价”转让的，受让人明知这种交易会减少债务人的责任财产，仍与债务人进行交易，一般可推定受让人知道或应当知道该交易会影响债权人的债权实现，进而认定其主观具有恶意。除非受让人举证证明债务人向其提供了诸如有重大投资回报利益急需资金等合理的正当理由。因此，债权人只需要证明债务人的行为有害于债权，且依当时具体情形受让人应当对此是能够知晓的，据此即推定受让人具有恶意。受让人如对此推定不服，则应就其主观上的善意负有证明责任。即通过举证责任的分配来实现对受让人主观恶意认定标准的客观化。

二、债务人以明显不合理高价受让财产情形

债务人以明显不合理的高价受让财产，本质上与债务人以明显不合理的低价转让财产是一致的，亦会导致债务人责任财产的不当减少，故两种情形在判断标准上基本一致，即判断债务人是否系以明显不合理的高价受让相对人财产，原则上仍应按照债务人以明显不合理的低价转让财产的时空基准、数额标准及恶意判断标准进行判断。

此外，二者亦有不同之处，对于债务人以明显不合理的高价受让他人财产，应注意以下三点：

一是不管“转让价格达不到交易时交易地的指导价或者市场交易价百分之七十”还是“对转让价格高于当地指导价或者市场交易价百分之三十”，均是对债务人责任财产减少30%的幅度判断。影响债权实现具有一定的抽象性，在判断标准的适用上不能机械，在具体的案件中不能过于苛求。具体问题具体分析，是解决此类问题最为妥当的方法。

二是如果在债权人行使撤销权时因转让的财产市价上升，与受让

对价趋于一致甚至已高于受让对价，此时债务人的责任财产并未减少，撤销该行为返还债务人收购价款对债权人来讲没有实际利益，债务人高价受让他人财产的行为对债权人的诈害性亦不存在，故不得行使撤销权。

三是如果在债权人行使撤销权时债务人并未支付受让价款，此时债务人的诈害行为尚未对责任财产造成现实的损害，即使撤销亦不会导致返还而增加债务人的责任财产，相反债务人还可能因相对人的履行交付而增加责任财产，而债务人对相对人只是存在一个尚待履行的债务，债权人行使撤销权亦无实际利益可言，因此，这种情形也可不用撤销。但若在债务人的责任财产不足以清偿全部债务，而需执行参与分配或进入破产平等清偿时，如果相对人可能获得的清偿价款多于其转让的财产价值，这种虚构的债务也会影响债权人的利益，此时对债务人以明显高价受让他人财产的行为亦应撤销。

三、债务人为他人的债务提供担保情形

为他人债务提供担保，多是无偿担保，即使是有偿担保，亦不可能是合理对价，故不管担保是否有偿，均会导致责任财产的减少。如果债务人存在不能清偿的债务，却为他人提供担保，其主观恶意毋庸置疑。而相对人无对价或以明显不合理的对价获得债务人的担保，债务人对该担保债务的履行将减损其责任财产，在债务人不能清偿债务的情况下该担保行为就会损及债权人的利益，这系一般人的认知，亦应为相对人所知，即相对人应当知道其获得的担保将影响债权人的债权实现，故其主观恶性亦可推定。因此，本条规定不管债务人为他人的债务提供担保是否有偿，均可撤销。

实践中有观点认为，如债务人责任财产仅能或者已不够清偿现有债务，却又将责任财产抵押、出质给其债权人中的一人或新的债权人，这种害及其他债权人的担保行为亦应撤销。对于债务人为自己的债务提供担保，是否允许债权人撤销，笔者认为：

若债务人将责任财产抵押、质押给其新的债权人，新的债权人将

支付相应的对价，这种行为不会减少债务人的责任财产，债务人的行为本身没有诈害性，按照撤销权的法理不能撤销，故法律并未将其规定为债权人可行使撤销权的情形。

若债务人将责任财产抵押、质押给其既有债权人中一人，如果债务人破产的，按照《企业破产法》第31条第3项的规定，人民法院受理破产申请前1年内，债务人对没有财产担保的债务提供财产担保的，管理人有权请求人民法院予以撤销；如果债务人没有破产，让债权实现得到保障本来就是债务人的义务，亦是债权人可依法行使的权利，至于债权保障的优先性，是每个债权人自身应该注意的问题。

因此，对债务人为自己的债务提供担保的行为，法律并未规定债权人可以行使撤销权。

【审判实践中应注意的问题】

审判实践中适用本条规定时，需注意以下问题：

在无偿行为场合，债权人撤销权的成立不要求债务人具有主观恶意；而在有偿行为场合，债权人的撤销权以债务人有恶意为成立要件。针对债务人放弃其到期债权、放弃债权担保或者无偿转让财产的行为，不应要求债权人对恶意进行举证，而直接推定债务人具有恶意。当然，对这种法律上的恶意推定，债务人有权进行抗辩，如果债务人能够反证证明其仍有足够的财产清偿债务，其行为无害于该债权，则不能推定债务人具有恶意。

在债务人放弃其到期债权或者无偿转让财产的场合，人民法院处理案件较为简单，只需要判断债务人的行为是否对债权人造成损害即可作出裁判，但在债务人有偿转让财产的场合，由于原则上不能推定债务人具有恶意，此时就会存在如何判断有偿转让财产的双方当事人主观上具有恶意的问题。

第五百四十条 撤销权的行使范围以债权人的债权为限。债权人行使撤销权的必要费用，由债务人负担。

【条文主旨】

本条是关于债权人撤销权行使范围以及必要费用负担的规定。

【条文理解】

本条规定沿用了《合同法》第74条第2款，对债权人撤销权的行使范围及债权人行使撤销权的必要费用进行了规定。对于本条规定的理解，应注意以下问题：

一、债权人撤销权行使的范围

(一)债权人债权的数额范围

本条规定所指的“债权人的债权”是指债务人的所有债权人的债权(总额)，还是仅指行使撤销权的债权人的债权数额，学界和实务界多有争论。有学者认为，债权人撤销权的效果在于保全所有普通债权人的债权，因此行使撤销权的范围应当以全体普通债权人的债权总额为限。我们认为，本条规定的可以行使撤销权的债权数额范围，应以提起撤销权之诉主张撤销某一诈害行为的债权人的债权数额为限，主要理由是：

第一，不管从债权人撤销权性质的实体性还是程序性上讲，均应由作为权利人的债权人独立行使，其他债权人或人民法院都不可替代，否则违反了权利自由原则，没有提起撤销权之诉的其他债权人的债权不应纳入撤销权之诉审查范围。

第二，某一债权人行使撤销权，其亦不可能清楚债务人有多少债务，故只能以自己的债权为基础。若以未行使撤销权的全体债权人的债权总额作为撤销权的债权限额，这种不确定性将无限度地损害债务人的利益，并影响交易秩序的稳定。

第三，各债权人都有权依撤销权起诉，按照《合同法司法解释（一）》第25条第2款的规定，数个债权人以同一债务人为被告，就同一标的提起撤销权诉讼的，人民法院可以合并审理。当债务人的一个诈害行为影响数个债权的实现时，各个债权人都可以主张撤销，主张撤销诈害行为的各个债权数额总和属于债权人保全的范围。对于未提起撤销权之诉的债权人的债权数额，不应包括在债权保全范围之内。

此外，对于债权人行使撤销权的债权数额，是指提起撤销权之诉的债权人的全部债权数额，还是债权人不能清偿部分的债权数额？我们认为，应当是债权人的债权可能不能清偿部分的数额，比如某债权有合法有效的抵押，对该部分抵押财产对应的债权数额应予扣减，这才能在债权人的债权保护与债务人处分自由之间保持平衡。

（二）债权限度的理解

本条规定的撤销权行使范围以债权人的债权为限，是指行使撤销权的债权人债权数额与债务人诈害行为处分的财产数额之间进行比较，即债权人不能以其债权实现受到影响为由，撤销债务人所有的非对价处分行为，从而避免债权人撤销权的行使不当干涉债务人处分财产权益的自由。对此，应当注意以下几个问题：

1. 对债务人诈害行为处分的财产数额的理解

无偿处分行为没有争议，即为债务人放弃债权数额、放弃担保的范围、无偿转让财产的价值等诈害处分财产数额。对于低价转让财产或高价受让他人财产或者为他人的债务提供担保，存在不同理解，有人认为应当是前述诈害行为指向的财产数额。

我们认为，应当是该诈害行为减损的债务人责任财产数额，即转让财产的低价部分、受让财产的高价部分或者担保的债务与债务人收取价款之间的差额，主要理由是：如果债务人低价转让财产取得的价款，高价受让得到的财产，或者为他人的债务提供担保收取的费用等足以清偿债权人的债权，相应对价部分的交易行为不属诈害行为；作为撤销权构成要件之一的诈害行为是指影响债权人债权的实现，不合理对价交易中其交易对价部分并不影响债权实现，只有差额部分才对债权实现有影响；将诈害行为处分的财产数额定位于差额这个不合理对价部分，既能与撤销权的价值要义保持逻辑一致，也有利于债权人撤销权的行使，还体现了对相对人的依法保护。

2. 债务人诈害行为处分的财产的可区分性问题

一般认为，债权人在行使撤销权时，请求撤销的诈害行为所减损的债务人财产数额必须与债权人不能获清偿的债权数额相一致。但是，从实践来看，这是十分困难的。因为即使债权人的债权是确定的，债权人请求撤销的债务人诈害行为减损的财产数额也不可能恰好符合债权人不能获清偿的债权数额，而债务人诈害行为处分的财产内容往往不可分，故在不可分的情况下对两个数额的一致性不应苛求。当然，在财产可进行切割区分时，比如，虽一个低价转让合同处分多套房产，但若其中一套或几套房产转让行为的撤销足够清偿债权人债权的，应限定仅撤销这一套或几套房产的转让，而不应涉及其他财产。

3. 数额限度的判断尺度问题

因债权人撤销权诉讼标的是撤销诈害行为，而非如代位权诉讼的请求给付，故对本条规定的以债权人的债权为限的判断标准不应像代位权诉讼那样严苛。对债权人债权数额的限制，是为防止债权人滥用撤销权，两个数额本身并非债权人撤销权诉讼需要作出准确认定的对象，故在审查中注意把握两尺度：一是形式审查，二是大致判断。

二、债权人撤销权行使费用的负担

本条规定了债权人行使撤销权的必要费用由债务人负担，其目的是减轻债权人提起撤销权诉讼的费用负担，鼓励债权人积极行使撤销权。对此，应作如下理解：

一是按照《诉讼费用交纳办法》第 29 条规定，诉讼费用由败诉方负担。债权人撤销权成立的，系债务人作为被告败诉，按该规定自应由债务人承担。显然本条规定的必要费用并非指诉讼费用，否则重复规定显无必要。

二是《合同法司法解释（一）》第 26 条将必要费用解释为债权人行使撤销权所支付的律师代理费、差旅费等，该费用亦非《诉讼费用交纳办法》第 6 条规定的诉讼费用范围。一般而言，律师代理费、差旅费等实现债权所需的费用，是否由债务人负担应依合同约定。如果债权人和债务人在债权债务关系合同中有约定，撤销权诉讼的必要费用由债务人负担则有合同依据；如没有约定时，则债权人的主张无依据，故本条作出法律的硬性规定尤为必要。

【审判实践中应注意的问题】

审判实践中适用本条规定时，需注意以下问题：

债权人行使代位权的必要费用范围除律师代理费、差旅费外，还应包括为对转让或受让财产估值而发生的评估费用、针对相对人采取财产保全措施的费用（如诉讼保全的财产担保保险费用）、为查明债务人诈害行为所支出的调查取证费用、债权人为保存相对人返还的财产而支出的费用等必要费用。

第五百四十一条 撤销权自债权人知道或者应当知道撤销事由之日起一年内行使。自债务人的行为发生之日起五年内没有行使撤销权的，该撤销权消灭。

【条文主旨】

本条是关于债权人撤销权除斥期间的规定。

【条文理解】

本条是关于债权人撤销权行使期限的规定，对本条的理解需注意以下问题：

一、债权人撤销权行使期限的法律性质

债权人撤销权因一定期限经过而消灭，是各国法的普遍规定。域外有的立法例规定为消灭时效，有的规定为除斥期间。对债权人撤销权的期间作诉讼时效抑或除斥期间的法律定性，其价值在于，诉讼时效可能出现中止、中断或延长的情形，属于可变期间，而除斥期间不存在中止、中断、延长的规定，为不变期间。《合同法司法解释（一）》第8条规定："合同法第五十五条规定的'一年'、第七十五条和第一百零四条第二款规定的'五年'为不变期间，不适用诉讼时效中止、中断或者延长的规定。"

对于债权人撤销权的行使期间是否为除斥期间的问题，学界和实务界仍有争议。有人认为，《合同法司法解释（一）》第8条将《合同法》第55条规定的当事人撤销权"一年"行使期间，与第75条规定的债权人撤销权最长行使期间为"五年"，解释为不适用诉讼时效

中止、中断或者延长的规定，但并未对第75条规定的债权人撤销权“一年”的一般行使期间进行解释，说明将债权人撤销权“一年”的行使期间排除适用除斥期间，且债权人最长行使期间“五年”如同最长诉讼时效“二十年”那样，本身就不应适用中止、中断的规定，既不能以此倒推请求权的“三年”期限不是诉讼时效，也不能以此逻辑倒推债权人撤销权“一年”的行使期间是除斥期间。

我们认为，本条规定的债权人撤销权行使期限不管“一年”还是“五年”均为除斥期间，主要理由是：

第一，除斥期间适用于形成权，诉讼时效适用于请求权。“形成权说”认为，债权人撤销权的效力在于，债务人与第三人之间的法律行为的约束力，因债权人撤销权的成立而溯及地丧失。德国民法采“请求权说”，该说认为，撤销权是债权人对因债务人的不当行为而获益的第三人，基于其侵权或不当得利而获得法律赋予的直接要求第三人返还债务人的请求权。法国民法则持“折中说”，认为债权人撤销权兼具请求权与形成权的性质，债权人撤销权的成立一方面使债务人与第三人的法律行为归于无效，另一方面使债务人的责任财产恢复到诈害行为前的状态。而“责任说”认为，债权人无需请求第三人返还不当利益，而是将其视为债务人的责任财产，请求法院直接予以强制执行。不管什么观点，对于撤销权成立则债务人与第三人的法律关系发生变化，这具有形成权的性质都是共识。

第二，除斥期间则只是法定期间的经过，而诉讼时效的消灭必须具备两个条件，即权利持续不行使，并超过法定期间。本条规定撤销权自债权人“知道或者应当知道撤销事由之日起一年内行使”，从只需1年这个时间条件看，撤销权的行使期限应当是除斥期间。

第三，除斥期间经过则实体权利消灭，而诉讼时效经过则仅是丧失胜诉权，实体权利并不消灭，此后债权人接受债务人的履行非为不当得利。本条规定行使期限经过后撤销权消灭，故撤销权行使期限应为除斥期间。

二、债权人撤销权的两种除斥期间

本条规定了债权人撤销权的1年和5年两种除斥期间。撤销权人自知道或应当知道撤销事由之日起1年内行使，我们称之为一般除斥期间或普通除斥期间；自债务人的行为发生之日起5年内没有行使撤销权的，该撤销权消灭，我们称之为最长除斥期间。

（一）一般除斥期间

法律规定债权人在知道或应当知道之日起1年内行使撤销权，目的在于促使债权人尽快行使权利，以维护交易秩序的稳定和善意相对人的利益。债权人怠于行使撤销权，其利益亦不应得到维护。本条规定撤销权1年除斥期间，其起算时间为知道或应当知道之日。对于“应当知道”如何认定，是实践中的难点，需具体案件具体分析，一般可采取客观过错标准，看债权人是否尽到一般人的注意义务。

若债权人自知晓撤销事由到其提起诉讼行使撤销权已过1年除斥期间，则债权人怠于行使该权利的不利后果由其自行承担。

（二）最长除斥期间

本条规定最长除斥期间的目的在于维护法律秩序稳定，如果不对债权人行使撤销权的最长期间进行限制，债权人长期不行使权利，此间债务人处分的财产会发生种种变化，有可能相对人变得无清偿能力，或者将无偿或低价获得的财产又再行处置或灭失，此时再提起撤销权诉讼，证明诈害行为事实的证据将难以查找，当事人举证更加困难，债务人不当处置的财产损失可能无法挽回，诉讼亦无太大的实际价值。同时，再次形成的法律关系必将受到冲击，正常的财产流转秩序将会受到更为严重的影响。因此，设置最长除斥期间尤为必要。

5年除斥期间应自债务人处分其财产之日起算。对于无偿转让、低价转让或高价受让财产以及为他人的债务提供担保等情形，应为财产权属转移之日或实际承担责任之日，将处分财产之日定位于实际履行之日而非意定之时，系因如此有利于查明客观事实，可有效防止债务人与第三人串通。对于其他财产性权益的放弃等处分行为，因无实际的财产交付，应为合同签订之日或作出书面的意思表示之日。

5年最长除斥期间适用的前提，是债权人不知道也不应当知道撤销事由，否则应适用1年的一般除斥期间。

【审判实践中应注意的问题】

审判实践中适用本条规定时，需注意以下问题：

第一，不管是1年普通除斥期间还是5年最长除斥期间，均为不变期间，无论当事人基于何种理由没有行使撤销权都在所不论。除斥期间经过后，不管债务人的处分行为是有偿还是无偿，均发生效力，债权人撤销权消灭，债权人不得再行主张。

第二，注意区分两个期间的适用条件，1年普通除斥期间适用于债权人知道或者应当知道撤销事由；5年最长除斥期间的起算时间点为行为发生之日，债权人是否知道撤销事由在所不论，也不管债务人处分的财产是否需要办理过户手续等何种理由，即使债权人在临近第五年才知道撤销事由，5年期限届满其撤销权即予消灭。

第三，债权人撤销权是一种兼具实体权利和程序权利双重性质的民事权利，未在法律规定的行权期间行使撤销权的，既会发生消灭其撤销权的实体权利的法律后果，亦会消灭通过诉讼获得胜诉的程序性权利。鉴于其双重性质，在审理债权人撤销权诉讼中，必须综合使用实体法规范和程序法规范，从实体和程序两个方面进行审查。

第五百四十二条　债务人影响债权人的债权实现的行为被撤销的，自始没有法律约束力。

【条文主旨】

本条是关于债权人撤销权行使效果的规定。

【条文理解】

本条关于撤销权成立效果的规定，与《民法典》第155条关于“被撤销的民事法律行为自始没有法律约束力”的规定一致。

撤销权的效力，即撤销权的法律效果。按照时间进程来分，包括撤销权行使的法律效力、撤销权成立的法律效力、撤销权在执行程序中的法律效力、撤销权在破产程序中的效力。按照所涉标的物来分，包括对债权人的债权的效力、对债务人债务行为的效力、对债务人与相对人之间权利义务关系的效力以及其他相关交易关系的效力。按照当事人主体来分，包括对债权人的效力、对债务人的效力、对相对人的效力以及其他利害关系人的效力。唯从不同层次、不同角度考察，方能对撤销权的效力有全面、清晰、准确的认识和判断。

撤销权成立的效果涉及撤销权是否具有优先性、被撤销的行为范围、没有法律约束力与无效的区别、撤销权的效力范围等问题，在理解和适用时应注意以下问题：

一、债权人撤销权优先性争辩

本条规定了债权人撤销权的法律后果，即债务人影响债权人的债权实现的诈害行为被撤销的，自始没有法律约束力。但“自始没有法律约束力”的后果是什么？是恢复到债务人与受让人行为前的原始状态，债务人与受让人相互返还，还是受让人向行使撤销权的债权人就其债权部分返还相应的财产。债权人撤销权在清偿时是否具有优先性既是撤销权制度的核心问题，亦是国内外理论界与实务界争论不休的问题。

各国和地区的立法和判例对债权人撤销权是否具有优先受偿性的规定各异。《日本民法典》第425条规定，撤销为全部债权人之利益发生效力，明确撤销权行使的目的在于保障全体债权人的共同利益，各个债权人行使撤销权将对全体债权人的利益发生效力。德国和奥地利法律则规定，行使撤销权之债权人，得优先于其他债权人就受益人或转得人所返还之财产优先受清偿。法国民法对此无明确规定，有的学说主张只行使撤销权之债权人受其利益，也有的主张全体债权人受其利益。我国台湾地区无明文规定，通说认为债权人撤销权不具有优先性。

国内对此问题的争辩观点是：“优先受偿说”认为，债权人对撤销的利益享有优先受偿权，虽然从学理上说债权人撤销权不具有物权的优先性，但若其他债权人根本不知道某债权人撤销权诉讼的存在，法院也没有权利发出公告要求其他债权人申报债权，使债务人事实上进入破产程序。代位权的法律后果亦突破了传统的“入库规则”，赋予了债权人直接受偿权，债权人代位权和撤销权同为债的保全制度，债权人撤销权亦应突破。肯定撤销权具有优先受偿性，是债权人“以自己的债权”行使撤销权的逻辑前提和实践动力，不应拘泥于债权平等性这一传统理论的束缚，实际上债权人撤销权具有优先受偿性也不违反债权平等性，而是债权平等性原则在债权人撤销权行使过程中的具体应用，是一般理论与具体实践有机结合得出的必然结论，符合债权人撤销权制度的立法目的，符合诉讼规则和人之常情，否则债权人撤销权制度在实际上无法操作。“平等受偿说”则认为，债权人行使撤销权有权请求受让人向债务人返还所受利益，并有义务将收取的利益加入债务人的一般财产，作为全体一般债权人的共同担保，但无优先受偿的权利。尤其在债权人的债权尚未到期时，该财产更不能直接交付给债权人优先受偿。

主流观点认为：（1）按照学界通说，债权人撤销权属于债权保全制度的范畴，其实质在于恢复债务人的责任财产以保全全体债权人的利益，并不具有优先受偿性。因为撤销权在本质上附属于债权，不属于物权，不具有物权的优先性，而根据债权的平等性，取回的财产或代替财产的损害赔偿，归属于债务人的一般财产，为全体债权人的共同担保，按照债权比例平等清偿。（2）无论是《合同法》及其司法解释还是《民法典》，均未规定债权人撤销权有优先受偿性。《合同法》的起草者和司法解释的起草者都认为撤销权的立法本意是为了恢复债务人的一般财产，行使撤销权的债权人自然不享有优先受偿权。（3）债权人代位权和撤销权虽然均以保全债权之共同担保为目的，但两者之间也有区别，不能从债权人代位权被赋予优先受偿性就推导出债权人撤销权也应有优先受偿性。因为债权人代位权是代位行使债务人现有之权利，其行使的后果是第三人必须及时偿还债务人的债务，对债务人与第三人的合同效力则不产生影响；而债权人撤销权的行使是对于已成立的法律关系加以破坏，使债务人与第三人之间发生本不应有的事态，对相对人的利益则影响巨大。同时，从债权人行使两种权利的条件来分析，债权人行使代位权必须是在债务人的债权已经到期而怠于行使的情况下才能行使，但债权人行使撤销权则不论债权人的债权是否到期均可以行使。（4）债权人撤销权没有优先受偿性，并不会对债权人的积极性构成严重影响，更不会导致债权人撤销权制度在实际上无法操作。因为债权人可以在提起撤销权诉讼的同时，提起请求债务人偿还债务的给付之诉，并可在撤销权诉讼和给付之诉胜诉的同时申请法院强制执行，便可以在实质上实现将撤销的财产归属于自己的目的。

二、债权人撤销权成立的效果

债权人撤销权成立会产生什么法律效果？有人认为，债权人撤销权成立则诈害行为被撤销，相对人得依债权人的请求，返还其已受领的财产，债权人可直接受领返还财产，只是其对债务人负有返还义务，如果该返还义务与债务人所负债务构成抵销适状，债权人可以主张抵销，从而获得事实上优先受偿的效果。否则，债权人要从受益人返还的财产中受偿，仍须依照强制执行程序进行，与其他申请参与分配的债权人平等受偿。

我们认为，上述观点混淆了债权人撤销权为形成权而非请求权的性质，以及债权人撤销权与执行程序之间的关系。债权人撤销权的成立，应产生如下法律效果：

（1）对债权人而言，其行使撤销权的目的在于保全债务人的一般财产，故债权人撤销权一旦成立，债权人行使撤销权对诈害行为损及的债务人责任财产的保全效力就变为既定效力，即其债权对因撤销权取得的债务人财产产生保全的效力。若债务人怠于行使权利追回相应财产的，债权人可依《民法典》第536条的规定行使代位权。

（2）对债务人而言，诈害行为被撤销，其与相对人之间已经成立的法律关系自始没有约束力，责任财产应恢复原状，债务人应当要求相对人返还相应财产。因诈害行为的认定还可能涉及恶意转移财产以逃废债务，债务人可能因此而被采取相应的制裁措施。

（3）对相对人而言，债权人撤销权成立对其产生双重效力：一是仅成立债权关系尚未发生物权转移的，其债权关系因原因行为被撤销而消灭；二是因诈害行为而就相应财产已发生物权转移的，相对人得依债权人之请求，返还其已受领的财产。

（4）对其他利害关系人而言，亦要受到撤销权判决既判力的影响：一方面，因债权人撤销权的行使对债务人和相对人的权利处分都有限制，撤销权判决后该限制发生既判力效果，故其他利害关系人在债权人提起撤销权之诉后从债务人或相对人处取得的财产或权利，显非善意，亦应返还；另一方面，因诈害行为被撤销导致债务人与相对人之间的法律关系自始没有约束力，对其他利害关系人在债权人撤销权诉讼前从债务人或相对人处取得的财产或权利，需按照《民法典》

第311条关于善意取得的规定处理：如为恶意，自应负返还义务；如系善意的，不负返还义务，而由相对人负赔偿责任。

三、被撤销的行为范围

《合同法司法解释（一）》第25条规定将《合同法》第74条规定的债务人放弃其到期债权或者无偿转让财产，以及债务人以明显不合理低价处置财产三种情形归纳表述为“债务人放弃债权或转让财产的行为”，本条规定将之修改为“债务人影响债权人的债权实现的行为”，债务人诈害行为的外延范围更加广泛，既包括《民法典》第538条、第539条列举的债务人放弃债权、放弃担保、无偿转让、恶意延期、低价转让、高价受让、提供担保等情形，也包括未列举的债务人其他无偿或变相无偿处分财产权益的行为，统称为债务人的影响债权人债权实现的行为。

【审判实践中应注意的问题】

审判实践中适用本条规定时，需注意以下问题：

一、撤销权的效力范围

在确定债权人撤销权的效力范围时，应当注意以被撤销行为的标的是否可分作为标准，具体来说：（1）在被撤销行为的标的物是可分物的场合，仅应在债权人不能清偿的债权数额范围内撤销债务人的部分行为，而其他部分则仍然有效，以保障债务人的经济自由和对第三人的交易安全。（2）在被撤销行为的标的物是不可分物的场合，为保护债权人的债权，实现撤销权制度的立法目的，应当认定被撤销行为全部无效。（3）在债务人分别从事了几项处分其财产的民事法律行为时，仅仅是债权人所主张撤销的债务人行为无效，债务人其他处分财产的行为，尤其是交易行为仍然是有效的。

二、债权人撤销权与代位权能否同时行使

《民法典合同编（草案）》第二次征求意见稿第331条曾拟规定，债权人请求人民法院撤销债务人行为的，可同时依法以自己的名义代位行使债务人在其行为被撤销后对相对人所享有的权利，后因该意见分歧较大而被取消。笔者认为，对于债务人无偿转让财产、以明显不合理低价转让财产，以及债务人放弃的债权未到期，显然不符合代位权的标的需为到期债权的条件，不能行使代位权；对于债务人放弃的到期债权，因债权人撤销权成立则该放弃行为自始没有法律约束力，不管债权人是否行使撤销权，均可行使代位权；对于债务人以明显不合理高价受让他人财产，因债权人撤销权成立则产生债务人就已付价款对相对人的返还请求权，这个返还请求权的时点从逻辑上应回溯到支付时，且亦为债权，故债权人应可在行使撤销权的同时行使代位权。

第六章 合同的变更和转让

第五百四十三条 当事人协商一致，可以变更合同。

【条文主旨】

本条是关于当事人协商变更合同的规定。

【条文理解】

《合同法》第 77 条规定："当事人协商一致，可以变更合同。法律、行政法规规定变更合同应当办理批准、登记等手续的，依照其规定。"相较这一规定，本条删除了《合同法》第 77 条第 2 款的内容。主要理由是，这些更具有行政管理色彩的内容在市场经济背景下，已经越来越少，不必在合同编总则部分专门就合同变更情形予以规定。而且，合同编中的第 502 条第 2 款对于批准生效的情形有统一规定，该款规定："依照法律、行政法规的规定，合同应当办理批准等手续生效的，依照其规定。未办理批准等手续影响合同生效的，不影响合同中履行报批等义务条款以及相关条款的效力。应当办理申请批准等手续的当事人未履行义务的，对方可以请求其承担违反该义务的责任。”有关合同变更需要批准手续的，可以适用该款规定。[①]此外，有些特别法对于合同办理批准手续有规定的，依照其规定。

合同的变更是指合同成立后，当事人在原合同的基础上对合同的内容进行修改或者补充。合同是双方当事人通过要约、承诺的方式，经协商一致达成的。合同成立后，当事人应当按照合同的约定履行义务。任何一方未经对方同意，都不得改变合同的内容。但是，当事人在订立合同时，有时不可能对涉及合同的所有问题都作出明确约定。合同签订后，当事人在合同履行前或者履行过程中可能出现一些新的情况，需要对双方的权利义务关系重新进行调整和规定。因此，需要当事人对合同内容重新修改或者补充。[②]由于合同是当事人协商一致的产物，所以，当事人在变更合同内容时，也要遵循协商一致的原则进行。

【审判实践中应注意的问题】

具体而言，合同变更的条件如下：

其一，存在合法有效的合同关系。合同的变更，是改变原合同关系，无原合同关系便无变更的对象，所以合同的变更离不开原已存在的合同关系这一条件。合同无效，自始即无合同关系；合同被撤销，合同自始失去法律约束力，亦无合同关系；追认权人拒绝追认效力未定的合同，仍无合同关系。在这些情况下，自无变更合同的余地。[③]

其二，合同内容发生变化。本章规定的合同的变更并不包括合同

① 《合同法司法解释（一）》第9条规定：“依照合同法第四十四条第二款的规定，法律、行政法规规定合同应当办理批准手续，或者办理批准、登记等手续才生效，在一审法庭辩论终结前当事人仍未办理批准手续的，或者仍未办理批准、登记等手续的，人民法院应当认定该合同未生效；法律、行政法规规定合同应当办理登记手续，但未规定登记后生效的，当事人未办理登记手续不影响合同的效力，合同标的物所有权及其他物权不能转移。合同法第七十七条第二款、第八十七条、第九十六条第二款所列合同变更、转让、解除等情形，依照前款规定处理。”

② 胡康生主编：《中华人民共和国合同法释义》，法律出版社1999年版，第128页。

③ 崔建远：《合同法总论》（中卷），中国人民大学出版社2012年版，第561页。

主体的变更，仅指合同内容的变更。换言之，合同内容发生变化是合同变更不可或缺的条件。就合同内容变更而言，通常包括合同标的物在质量、数量、履行条件、合同价款、合同所附条件或期限、合同担保、违约责任、解除条件以及争议解决的防范等内容的变更，也可以包括合同的从给付义务、附随义务的变更。

其三，当事人就合同变更协商一致。双方当事人协商一致变更合同，是意思自治原则的基本要求。这里的协商一致也通常需要经过要约、承诺等与订立合同一致的程序。

合同变更的效力或者变更后的合同效力的认定，要遵从合同生效、合同无效的一般规则判定。如果存在合同无效情形的，也应认定为无效。如果存在可撤销情形的，当事人可以依法予以撤销。合同变更不违反法律强制性规定和公序良俗，符合意思自治原则的，变更后的合同对于双方当事人具有法律拘束力，原合同关系应归于消灭。这时变更后的内容就取代了原合同的内容，当事人就应当按照变更后的内容履行合同。一方当事人未经对方当事人同意擅自改变合同的内容，此变更后的内容不仅对另一方没有约束力，而且还有悖于有约必守原则，属于违约行为，当事人应当承担违约责任。但如果一方当事人按照其自行变更的合同内容履行了相应义务，对方接受的，这时可以参照适用第490条规定的“在签名、盖章或者按指印之前，当事人一方已经履行主要义务，对方接受的，该合同成立”，认定此变更后的合同成立。

此外，合同变更的情形，除了当事人另有约定外，应仅向将来发生效力，对已经按原合同所为的给付无溯及力，已经履行的债务继续有效，任何一方不能因合同的变更而要求对方返还已为的给付。当然，如果仅是合同部分变更，则合同变更仅对已经变更的部分发生效力，未变更部分的合同权利义务继续有效。

本条未对变更合同的形式作出明确要求。对此，应当遵循该合同既有属性，采取非要式的做法。当然，从减少纠纷的角度讲，我们倡导当事人就变更合同采取书面形式，这有利于明确双方的权利和义务，在发生纠纷时也有据可循。

关于当事人约定变更之外的情形。当事人变更合同以双方当事人协商一致为原则，但在特殊情形或者例外情形下，存在法律或者司法解释特别规定时，也可以变更。比如在本法第533条规定的情势变更的情形下，继续履行合同对于当事人一方明显不公平的，受不利影响的当事人可以与对方重新协商，在合理期限内协商不成的，当事人可以请求人民法院或者仲裁机构变更或者解除合同。人民法院或者仲裁机构应当结合案件的实际情况，根据公平原则变更或者解除合同。

第五百四十四条　当事人对合同变更的内容约定不明确的，推定为未变更。

【条文主旨】

本条是关于合同变更内容约定不明的法律后果的规定。

【条文理解】

就合同变更的问题，《合同法》第78条规定："当事人对合同变更的内容约定不明确的，推定为未变更。"本条沿用了这一规定。

合同变更的过程，就是当事人协商一致的过程。因此，合同中关于要约、承诺的规定也适用于合同变更的情况。当事人在变更合同的过程中，可能出现对需要变更的内容达不成统一意见的情况。依据本条规定，当事人协商一致要求双方当事人必须有明确的变更合同的合意，如果一方当事人要求变更合同，对方虽然未反对，但也没有明确表示同意，或者没有以其行为表示同意的，则不能认定对方当事人同意该变更。例如，在天津市元通房地产开发公司与天津市新华制衣总厂返还财产纠纷申请再审案中，最高人民法院裁判认为，只有法律有明确规定的情况下，默示才能产生相应的法律效力，虽然一方当事人有间接证据证明对方已经知道变更合同的情况，但对方当事人既未用语言或者文字明确表示同意的，又未用行为表示同意的，则不能直接认定对方已经同意变更合同的内容。[①] 法律作出此种规定是为了减少当事人可能就合同的变更产生的纠纷，维护合同关系的稳定性。[②]

① 王利明：《债法总则》，中国人民大学出版社2016年版，第301页。

② 王利明、房绍坤、王轶：《合同法》，中国人民大学出版社2013年版，第175页。

【审判实践中应注意的问题】

合同内容变更不明确主要分为两种情况：一是变更约定本身不清楚，比如施工合同补充条款中约定建设工程质量达到“优秀”标准，但实际上目前对建设工程验收只有“合格”或者“不合格”标准，没有“优秀”标准，因此，虽然从合同的内容看双方当事人对工程质量是提了一个更高的要求，但是由于合同中质量标准的内容不清晰、无法理解、无法执行，因此在法律上只能推定“未变更”；二是用于变更的证据被涂改，导致变更的内容双方各执一词，变更内容不明确，最后被推定为“未变更”。[①]

在本条规定情形下，当事人只需按照原有合同的约定履行义务，任何一方不得要求对方履行变更约定中不明确的内容。对于此变更约定不明确的合同履行问题，应当回到原合同的履行。也就是说，这时当事人不履行变更约定不明确的内容，不构成违约，但不履行原合同内容，则构成违约。

---

① 朱树英：《法院审理建设工程案件观点集成》，中国法制出版社2017年版，第519页。

第五百四十五条 债权人可以将债权的全部或者部分转让给第三人，但是有下列情形之一的除外：

（一）根据债权性质不得转让；

（二）按照当事人约定不得转让；

（三）依照法律规定不得转让。

当事人约定非金钱债权不得转让的，不得对抗善意第三人。当事人约定金钱债权不得转让的，不得对抗第三人。

【条文主旨】

本条是关于债权转让的规定。

【条文理解】

关于合同权利的转让，《合同法》第 79 条规定：“债权人可以将合同的权利全部或者部分转让给第三人，但有下列情形之一的除外：（一）根据合同性质不得转让；（二）按照当事人约定不得转让；（三）依照法律规定不得转让。”相较这一规定，本条有重大修改：一是新增了第 2 款前段内容，“当事人约定非金钱债权不得转让的，不得对抗善意第三人”，明确了非金钱债务不得转让的约定的效力问题。二是新增了第 2 款后段内容，“当事人约定金钱债权不得转让的，不得对抗第三人”，明确了金钱债权不得转让的约定的效力问题。第 2 款新增内容既符合有关债法法理，也有利于促进交易流转。三是将原来的“合同的权利”修改为“债权”，此并非简单文字修改，而是由此提炼出债权转让（并不限于合同债权）的一般规则，在《民法典》没有专门设置债法总则的情况下，本条规定情形具有统领债法的作用。

债权转让是指不改变债权的内容，由债权人将债权转让给第三人的制度。债权人既可以将债权全部转让，也可以将债权部分转让。债权全部转让的，原债的关系消灭，产生一个新的债的关系，受让人取代原债权人的地位，成为新的债权人。债权部分转让的，受让人作为第三人加入到原债的关系中，与原债权人共同享有债权。债权转让的基本条件是，此债权具有可转让性。从鼓励交易、促进市场经济发展的目的看，法律应当允许债权人的转让行为。只要不违反法律和社会公德，债权人就可以转让其权利。[①]但是，为了维护社会公共利益和交易秩序，平衡合同双方当事人的权益，法律又对权利转让的范围进行一定的限制。依据本条第1款规定，在下列情形下，债权人不得转让其权利：

其一，根据债权性质不得转让的权利。根据债权性质不得转让的权利，主要是指合同是基于特定当事人的身份关系或者对特定人资质能力等的信赖而订立合同产生的债权。

其二，按照当事人约定不得转让的权利。当事人可以通过约定的方式排除债权人转让债权，以保证有关交易秩序的稳定性，这也是当事人意思自治原则的体现。当事人在订立合同时可以对权利的转让作出特别的约定，禁止债权人将权利转让给第三人。只要这一约定符合当事人真实意思表示，同时不违反法律禁止性规定或者公序良俗，那么对当事人就有法律的效力。

其三，依照法律规定不得转让的权利。如果相关法律对于债权转让作出了禁止性规定，这些规定就应当遵守。违反此禁止性规定转让债权的，应当认定为无效。比如，《文物保护法》第25条第1款规定："非国有不可移动文物不得转让、抵押给外国人。"民事主体违反这一规定，将文物买卖合同中的权利转让给外国人的，其转让所有权的行为是无效的。

关于本条第2款规定的情形，涉及当事人约定排除债权转让的适

① 胡康生主编：《中华人民共和国合同法释义》，法律出版社1999年版，第131页。

用效力问题。当事人约定不得转让债权，一方面，强调了该债权债务关系之排他性特性；另一方面，也有利于维护债务人的某些利益关系或权利。但这样的约定一定程度上又限制了债权人的权利，抑制债权的流通，从而减少了债权的价值。这也成为有的学者主张该约定无效的理由。我们认为，由于合同具有相对性，当事人关于排除债权转让的约定，同样具有相对性，原则上不具有对抗合同当事人之外的第三人的效力。结合善意保护的原则，对于明知有此约定的第三人，这一约定应当具有对抗效力，这也是诚信原则的基本要求。反之，合同当事人的这种特别约定，不能对抗善意第三人。

基于货币的高流通性及“占有与所有一致”的原理，对于金钱之债的转让不应有所限制，否则将会使货币功能作用大打折扣，也不利于交易的便捷进行。正因如此，本条第2款规定了约定金钱之债不得转让的，不得对抗第三人。这里的第三人不以“善意”为要件。也就是说，金钱之债不得转让的约定，对于任何第三人都不发生效力，无论该第三人对此约定知情与否。若无本条其他限制情形，第三人对于金钱债权的受让就是合法有效的。

【审判实践中应注意的问题】

实践中要注意的问题是，关于经过生效裁判确认或者判决的债权的转让问题。我们认为，经过生效裁判确认或者判决的债权在本质上仍然是债权，有关债权转让的规则，就应当适用本条的规定。但是此债权受让人能否主张后续的相应诉讼权利问题，这涉及诉讼秩序的问题，不可简单理解为一般的债权转让。对此，《最高人民法院关于判决生效后当事人将判决确认的债权转让债权受让人对该判决不服提出再审申请人民法院是否受理问题的批复》（法释〔2011〕2号）明确规定：“判决生效后当事人将判决确认的债权转让，债权受让人对该判决不服提出再审申请的，因其不具有申请再审人主体资格，人民法院应依法不予受理。”

第五百四十六条　债权人转让债权，未通知债务人的，该转让对债务人不发生效力。

债权转让的通知不得撤销，但是经受让人同意的除外。

【条文主旨】

本条是关于债权转让应当通知债务人的规定。

【条文理解】

《合同法》第80条规定："债权人转让权利的，应当通知债务人。未经通知，该转让对债务人不发生效力。债权人转让权利的通知不得撤销，但经受让人同意的除外。"本条基本沿用了这一规定，只是将第1款修改为"债权人转让债权，未通知债务人的，该转让对债务人不发生效力"；将第2款中的"债权人转让权利的通知不得撤销"修改为"债权转让的通知不得撤销"，在行文上更加言简意赅，也更加准确。

债权作为一项非常重要的财产权，可转让性是其基本属性，当然依照其性质或者法律规定不得转让的除外。债权人可以在不违反法律和公序良俗的基础上处分自己的权利。但是，债权具有相对性，由于债权人和债务人之间存在合同关系，债权人转让权利的行为会给债务人的履行造成一定影响或者负担。因此，基于诚信原则的要求，债权人转让其债权应当符合相应的法定条件。具体如下：

其一，债权人的债权合法有效。这是债权转让的基本前提。债权的合法有效，既包括债权的内容合法，也包括债权的形式合法，同时还隐含一个条件就是要求该债权属于转让人，或者转让人享有处分债权的权限。如果债权根本不存在或者据以产生债权的合同已被宣告无效，或者已经被撤销，这时就不能发生合法有效的债权转让，此时转让人应对善意受让人所遭受的损失承担赔偿责任。债权人转让的如果是他人的债权，将构成无权处分。

其二，转让人与受让人之间达成合法有效的债权转让协议。债权转让协议必须合法有效，不得违背社会公共利益，必须有明确的债权转让和受让的意思表示。

其三，债权转让应当符合法律专门规定的程序。针对特殊类型的合同，法律也可能规定了特殊的程序，此时，债权转让应当符合法律规定的程序。

其四，债权转让须通知债务人。考虑到合同双方当事人利益的平衡，《合同法》在权利转让的问题上确立了权利转让只需通知债务人的原则。本条沿用了这一规则。根据本条规定，债权人转让权利的，应当通知债务人。通知到达债务人时转让行为生效。未经通知，该转让行为对债务人不发生效力。通知要件的确立，可以使债务人及时了解让与的事实，避免因债务人对债权转让毫不知情遭受损害及造成各种损失浪费。同时，这一要件并不要求债权让与需要经债务人同意，这尊重了债权人处分其债权的自由。这样规定一方面尊重了债权人对其权利的行使，另一方面也防止债权人滥用权利损害债务人的利益。同时，将权利转让生效的决定权交给债权人行使，也符合其权利本身的属性，有利于促进市场经济的发展。[①] 在大连某房屋开发有限公司与辽宁某房屋实业公司、辽宁某房地产开发有限公司国有土地使用权转让合同纠纷案[②] 中，最高人民法院裁判明确，债权人可以将合同权利全部或者部分转让给第三人，转让只需通知到债务人即可而无需征得债务人的同意。因此，转让行为一经完成，原债权人即不再是合同权利主体，亦即丧失以自己名义向债务人主张合同权利的资格。

---

① 胡康生主编:《中华人民共和国合同法释义》，法律出版社1999年版，第134页。

② 参见最高人民法院（2005）民一终字第95号民事裁定书。

【审判实践中应注意的问题】

关于本条的适用，要注意有关通知要件的具体内容：

其一，关于通知的主体。债权人转让债权时对债务人作出通知，是债权转让对于债务人发生法律效力的必备条件。从促进交易便捷开展的角度，可以允许债权的受让人成为通知的主体。本条规定的“债权人转让债权，未通知债务人的，该转让对债务人不发生效力”并未限制仅能由债权人作为通知主体。当然，受让人作为通知主体应属于例外情形。特别是在某些情况下，转让人可能无法对债务人作出通知，在受让人能够提供充足的证据证明债权转让的事实，也可以允许其对债务人作出通知。

其二，关于通知的对象。债权人应当向债务人或债务人授权的代理人作出通知。如果债权人向其他人发出转让通知，即使债务人已经知道，该转让的通知对债务人也不发生效力。

其三，关于通知的时间。债权转让的通知应当在合理期限内作出。至于合理期限的判断，可以根据日常生活经验法则确定。在此需要注意的是，这里的通知期限合理与否，原则上不宜认定为对通知的效力产生影响，通知期限合理与否在性质上应属于履行基于诚信原则而产生的附随义务，如果违反此义务不能产生合同无效的法律后果，但应该承担相应的责任。

其四，关于通知的形式。本条规定并没有规定债权转让的通知应当采取什么形式，这就意味着通知可以采取口头的形式，也可以采取书面的形式。但是如果当事人对事后作出通知产生异议，应当由履行通知义务一方对其是否已作出通知承担举证责任。在何某某诉海科公司等清偿债务纠纷案中，最高人民法院裁判认为，“合同法第八十条第一款的规定，是为了避免债务人重复履行、错误履行债务或加重履行债务的负担。债权人以登报的形式通知债务人并不违反法律的规定。只要债权人实施了有效的通知行为，债权转让就应对债务人发生法律效力。”[①] 据此，通知既可以采取个别通知的形式，也可以采用公告的形式作出，具体采取何种形式，应当根据具体的债权形式确定。

债权让与会引起合同权利和义务关系的一系列变化。原债权人被新的债权人替代或者新债权人的加入使原债权人已不能完全享有原债权。让与人与受让人之间的债权让与协议一旦达成，该协议即在他们之间发生效力，在让与人和受让人之间，债权已经发生移转，任何一方违反协议，应当承担相应的违约责任。

依据本条第2款的规定，“债权转让的通知不得撤销，但是经受让人同意的除外。”如果允许债权人撤销该通知，会导致已经转让的权利处于不稳定的状态。而且一旦债权人向债务人作出债权转让的通知，该债权转让就已经对债务人发生效力，在此协议已经生效的情况下，让与人也当然不能再撤销该通知。但从意思自治的角度出发，如果受让人同意债权人撤销，则可以允许撤销该转让的通知。债权转让对受让人的利益影响较大。本款为了保护受让人的利益，规定了除非得到受让人的同意，不得撤销该债权转让的通知。

① 参见最高人民法院（2003）民一终字第46号民事判决书。

第五百四十七条　债权人转让债权的，受让人取得与债权有关的从权利，但是该从权利专属于债权人自身的除外。

受让人取得从权利不因该从权利未办理转移登记手续或者未转移占有而受到影响。

【条文主旨】

本条是关于债权转让后从权利一并转让的规定。

【条文理解】

债权转让后，受让人承继了原债权人的地位，取得了原债权人的相应权利，原债权人不再享有此法律关系中的债权。至于从权利，依据“从随主”的规则，也应当一并转让。对此，《合同法》第81条规定：“债权人转让权利的，受让人取得与债权有关的从权利，但该从权利专属于债权人自身的除外。”在这一规定的基础上，本条针对实务中的一些争议问题，在综合有关意见的基础上新增了第2款内容，即“受让人取得从权利不因该从权利未办理转移登记手续或者未转移占有而受到影响”。另在第1款作了个别文字调整。

【审判实践中应注意的问题】

如上所述，受让人在受让债权后一并受让债权人的从权利具有法定性。实践中情况较为复杂，比如，甲（房地产公司）将一套商品房卖给乙，交付并办理了过户手续。乙又将该套房屋转卖给丙，交付并办理了过户手续。丙在使用过程中，发现漏雨，遂找甲维修，理由是甲在与乙签订的买卖合同中，承诺了1年期间内有维修义务。甲以与丙不存在合同关系为由予以拒绝。这时甲向乙交付房屋并转移所有权，为主给付义务，1年内的维修义务为从给付义务。相对于从给付义务，乙享有的是从权利。甲已经向乙交付了房屋并转移了所有权，主给付义务消灭，乙对从给付义务仍有债权请求权。乙又将该房屋卖给丙，是所有权的移转，于维修的请求权，是债权的转让，故丙有权直接要求甲承担维修义务。[①]

由于从权利的范围较广，特别是在担保物权领域，有关担保物权虽然是从权利，但它们都是物权，作为物权就要遵循物权法定和公示公信的原则。在债权转让中，就必然产生是直接适用“从随主”的规则，还是要遵从物权法定原则，比如不动产抵押权需办理抵押登记后方发生物权变动的效力。对此，本条第2款作了明确，即在债权转让中，主债权转让后，相应的从权利就一并转让，即使该从权利未办理移转登记或者移转占有，受让人仍然取得该从权利。在此需要注意的是，这时仍然存在与第三人善意保护规则的衔接问题，即如果第三人处于善意即不知情的情况下，应当依法适用善意取得的规定。若不构成善意取得，该第三人当然不能具有对抗受让人合法取得该从权利的权利。

由于有些债权的从权利的设置是针对债权人自身的，与债权人有着不可分离的关系，因此，本条在确立从权利随主权利的转让而一并转让这一原则的同时，规定专属于债权人自身的从权利不随主权利的转让而一并转让。

---

① 隋彭生:《合同法要义》，中国政法大学出版社2015年版，第201页。

第五百四十八条　债务人接到债权转让通知后，债务人对让与人的抗辩，可以向受让人主张。

【条文主旨】

本条是关于债权转让后债务人抗辩权的规定。

【条文理解】

债权转让后，受让人承继了原债权人的债权，其在享有权利的同时，该权利之上的瑕疵或者负担等都应当一并承继。从债务人的角度讲，债务人对原债权人的抗辩权对于受让人也应同样可以主张。对此，《合同法》第82条规定："债务人接到债权转让通知后，债务人对让与人的抗辩，可以向受让人主张。"本条沿用了这一规定。

抗辩权是指债权人行使债权时，债务人根据法定事由对抗债权人行使请求权的权利。由于债务人的抗辩权是其固有的一项权利，并不随权利的转让而消灭，所以，在权利转让的情况下，债务人可以向作为受让人的新债权人行使该权利。受让人不得以任何理由拒绝债务人权利的行使。[①] 债权转让后，债务人基于原来的债权债务关系所享有的抗辩权仍然存在并可以继续对抗新的债权人，即债权受让人。该债权受让人取代原债权人的地位成为新的债权人，债务人不应因债权的转让而受到损失，比如负担加重、履行成本提高等，所以，债务人对原债权人的一切抗辩权继续对抗新债权人。根据本条规定，债务人接到债权转让通知后，债务人对让与人的抗辩，可以向受让人主张。债

① 胡康生主编：《中华人民共和国合同法释义》，法律出版社1999年版，第136页。

务人接到权利转让通知后，可以行使抗辩权来保护自己的权利。

债务人的抗辩权包括：（1）法定的抗辩事由。比如依据第590条的规定，当事人一方因不可抗力不能履行合同的，根据不可抗力的影响，部分或者全部免除责任，但法律另有规定的除外。当事人迟延履行后发生不可抗力的，不能免除责任。不可抗力是法定抗辩事由，只有在发生不可抗力的时候，才有免责的可能。（2）在实际订立合同以后，发生的可据以对抗原债权人的一切事由，债务人可以就此主张对抗债权的受让人，比如同时履行抗辩权、先诉抗辩权、合同撤销的抗辩权、债权已履行完毕的抗辩权、债权无效的抗辩权、诉讼时效已过的抗辩权等。此外，权利让与后，债务人还可能因某项事实产生新的抗辩权，比如，附解除条件的合同权利转让后，合同规定的解除条件成就时，债务人可以向受让人提出解除合同的抗辩。

【审判实践中应注意的问题】

对于本条的适用，还要注意债权转让后债务人主张抗辩权时的当事人主体资格问题。依据《合同法司法解释（一）》第27条的规定，债权人转让合同权利后，债务人与受让人之间因履行合同发生纠纷诉至人民法院，债务人对债权人的权利提出抗辩的，可以将债权人列为第三人。当然，如果债务人并未对债权人的权利提出抗辩，而只是对受让人履行合同的问题提出抗辩，则不宜将债权人列为第三人。

第五百四十九条 有下列情形之一的，债务人可以向受让人主张抵销：

（一）债务人接到债权转让通知时，债务人对让与人享有债权，且债务人的债权先于转让的债权到期或者同时到期；

（二）债务人的债权与转让的债权是基于同一合同产生。

【条文主旨】

本条是关于债权转让后债务人抵销权的规定。

【条文理解】

关于债务人的抵销权，《合同法》第83条规定："债务人接到债权转让通知时，债务人对让与人享有债权，并且债务人的债权先于转让的债权到期或者同时到期的，债务人可以向受让人主张抵销。"相较这一规定，本条增加了"债务人的债权与转让的债权是基于同一合同产生"的情形下，债务人也可以主张抵销权。同时对有关文字表述作了调整。

依照合同法理论，抵销是合同终止的情形之一，根据本法第568条的规定，"当事人互负债务，该债务的标的物种类、品质相同的，任何一方可以将自己的债务与对方的到期债务抵销；但是，根据债务性质、按照当事人约定或者依照法律规定不得抵销的除外。当事人主张抵销的，应当通知对方。通知自到达对方时生效。抵销不得附条件或者附期限。"

债权人转让权利不需要经债务人同意，债务人接到债权转让通知时，转让行为就生效。如果债务人对债权人也享有债权，同时该债权已届清偿期，在这种情况下，债务人可以依照法律的规定向受让人行使抵销权。至于债务人可以向谁主张抵销权，德国等国家和地区的法律规定较为一致，即债务人应当向新的债权人行使抵销权。其理由是债权人转让权利后，已从原合同关系中退出，而受让人承受了原合同的权利和义务，成为合同新的债权人，因此，债务人应当向新的债权人行使抵销权。[①]

【审判实践中应注意的问题】

关于债务人可以主张抵销权的情形，本条列举了两项：

依据本条第1项规定，当债务人接到债权转让通知时，债务人对让与人即原债权人也享有到期债权的，债务人可以向受让人主张抵销。既然债务人对原债权人享有到期债权，而原债权人的债权已经转让给新的债权人，那么债务人已不可能向原债权人主张抵销，而只能向新的债权人主张抵销。确认债务人的抵销权，也是为了充分保护债务人的利益。但债务人向受让人主张抵销，必须要对原债权人享有债权且该债权是到期的债权，即该债权先于转让的债权到期或者同时到期。例如，转让的债权是10月1日到期，则债务人的债权必须在此之前到期或者在10月1日到期。债务人行使抵销权时，应当以通知的方式告知受让人，该通知自到达受让人时生效。债务人在债权人取得债权的同时已经知道债权人将转让债权的，则债务人依据诚信原则，不应当向受让人主张抵销。[②]在受让人受让债权之后，债务人向受让人主张抵销的情况下，特别是在让与人的财产不足以清偿数个到期的债权时，受让人就会遭受损失。受让人为了避免此类风险，需要采取有关的预防措施，诸如请求让与人提供担保、请求让与人承担瑕疵担保责任、设法使债务人书面放弃这种抵销权等。应当指出，债务人并非在任何情况下都拥有抵销权。例如，债务人于收到让与通知前

① 胡康生主编：《中华人民共和国合同法释义》，法律出版社1999年版，第137页。

② 王利明：《合同法研究》（第2卷），中国人民大学出版社2003年版，第218页。

与让与人签订租赁合同，取得租金债权，假如该债权的清偿期在被让与债权的清偿期之后，债务人不得以该租金债权抵销受让人受让的债权。因为债务人取得的对让与人的债权较已经让与的债权在清偿期方面过迟。[①]

依据本条第2项的规定，债务人的债权与转让的债权是基于同一合同产生时，债务人可以就此债权向受让人人主张抵销权。这种情形在交易流转比较便捷的背景下，发生多次债权转让等情形下会发生。这也符合抵销本身能够简化交易、降低成本的功能。本项的适用，仅强调债务人的债权与转让的债权是基于同一合同，至于该债权是否已经届期或者两个债权是否属于同一种类，则在所不问。

① 崔建远主编：《合同法》，法律出版社2016年版，第225页。

第五百五十条 因债权转让增加的履行费用，由让与人负担。

【条文主旨】

本条是关于债权转让增加履行费用的负担的规定。

【条文理解】

所谓债务履行费用，是指因清偿债务所必须支出的费用。例如，因交付货物而支出的运输费。既然债务履行是由债务人作出的，所以债务履行的费用原则上应当由债务人负担。但如果当事人对债务履行的费用作出了特别约定，或者法律对债务履行的费用作出了特别规定时，则应当依据当事人的约定或者法律规定确定债务履行费用的负担。[①]一般情况下，权利的转让不会损害债务人的利益，但在某些情况下，债权转让也可能增加债务人履行债务的负担，或者给债务人造成其他损失。关于债权转让增加了债务人履行债务的费用，该费用如何负担的问题。一种观点认为，由于在债权转让以后，如果是全部的债权转让，则原债权人已经完全退出债的关系，而受让人代替了债权人的地位。按照合同的相对性原则，债务人只能请求与其有合同关系的另一方当事人履行合同和承担合同责任，而不能向与其没有合同关系的当事人要求其承担合同上的责任。所以，在债权全部转让以后，债务人已经与受让人形成了新的合同关系，原则上不宜再请求原债权人承担履行费用的损失，而只能请求受让人负担该费用。也有意见主

① 王利明:《债法总则研究》，中国人民大学出版社2018年版，第686页。

张，为了保障债务人请求全部费用损失的权利得以实现，债务人可就此费用的负担行使同时履行抗辩权、后履行抗辩权和不安抗辩权。例如，合同中约定债权人支付全部货款及履行合同的费用后债务人始发货的，合同转让后，债务人有权要求新的债权人先行支付因向其履行增加的费用，新的债权人不支付的，债务人可不发货或仅作部分发货。允许债务人就该费用的支付行使相关抗辩权，有利于充分保护债务人，防止债权人转让债权不当增加债务人的负担。[①] 在此需要注意的是，抗辩权的行使必须符合抗辩权行使的相应条件。债权人对债务人所负担的该增加费用的偿还义务与债务人的债务之间并不属于对待给付的关系，债权人不履行该偿还义务的，债务人不得主张同时履行抗辩权。

根据公平原则和诚信原则的要求，在债务履行过程中，如果因债权人的原因导致债务履行费用增加的，原则上应当由债权人负担该增加的履行费用。这一规则对于债权转让也不应有例外。即债权转让导致债务人履行费增加的，债权人应当负担相应的费用。对此，《合同法》并没有规定。《民法典》编纂过程中，立法机关综合各方意见，明确增加了这一规则，采取了债权人负担的做法。

具体而言，因债权转让，债务人要向新债权人履行债务，此时，就增加的履行费用，债务人有权请求债权人负担。因债权人原因导致债务履行费用增加的，债务人有权请求债权人偿还。这一规则在实体法层面较为清晰，在涉及诉讼时，债权人不负担因债权转让而增加的费用的，债务人可以向债权人主张相应权利，这时如果债务人已经向受让人履行债务，其又需要反过来向债权人主张费用损失，可能会给债务人增加成本甚至有失公平。这时应当允许债权人与受让人就上述费用问题在债权转让协议中作出约定，比如，约定从相应债务数额中予以扣减等，由此可以简化交易程序，降低交易成本，也可以有效减少纠纷，而且这也符合意思自治原则的要求。但这一做法又有突破合

① 王利明:《合同法研究》(第2卷)，中国人民大学出版社2003年版，第217页。

同相对性的问题，原则上可以按照为第三人利益合同的规则处理。[1]

【审判实践中应注意的问题】

对于本条的适用，还要注意的问题是，在债权部分转让的情况下，费用如何负担的问题。我们认为，对此可以进一步细化处理：首先，要尊重当事人的约定。如果当事人之间，特别是债权人与受让人之间就费用负担已经有明确约定的，可以适用本法第522条规定的为第三人利益合同的规则处理。其次，部分转让债权的，仅涉及部分转让债权履行费用的增加，这时从法律规则上，应仅就这部分增加的费用，适用本条的规定，即由原债权人承担。

① 本法第522条规定："当事人约定由债务人向第三人履行债务，债务人未向第三人履行债务或者履行债务不符合约定的，应当向债权人承担违约责任。法律规定或者当事人约定第三人可以直接请求债务人向其履行债务，第三人未在合理期限内明确拒绝，债务人未向第三人履行债务或者履行债务不符合约定的，第三人可以请求债务人承担违约责任；债务人对债权人的抗辩，可以向第三人主张。"

第五百五十一条　债务人将债务的全部或者部分转移给第三人的，应当经债权人同意。

债务人或者第三人可以催告债权人在合理期限内予以同意，债权人未作表示的，视为不同意。

【条文主旨】

本条是关于债务转移的规定。

【条文理解】

正如债权人可以转让其债权一样，债务人也可以将其债务转移给第三人。关于债务人转移义务的规则，学理上称为免责的债务承担。对此，《合同法》第84条规定："债务人将合同的义务全部或者部分转移给第三人的，应当经债权人同意。"本条在这一规定的基础上，新增了第2款关于催告债权人的规定。

所谓免责的债务承担，是指债权人或者债务人与第三人之间达成转让债务的协议，由第三人取代原债务人承担全部债务。在债务全部移转的情况下，原债务人已经脱离了原来的合同关系，新的债务人代替了其地位，由于原债务人不再履行债务，因而学者通常将此种债务移转称为免责的债务承担。[①] 依据本条规定，凡是全部移转债务的，是全部的免责债务承担；凡是部分移转债务的，是部分的免责债务承担。债务承担通常通过当事人之间订立合同的方式进行，债务承担协议也是合同的一种类型，应当适用合同约定和《民法典》合同编的一

① 王利明：《合同法研究》（第2卷），中国人民大学出版社2003年版，第227页。

般规则。

免责的债务承担主要包括债权人与第三人之间订立协议和债务人与第三人之间订立协议两种情形。

其一，债权人与第三人之间订立协议。债权人与第三人之间可以订立承担债务的协议，该协议一旦成立便生效，因为这时已经有明确的第三人对承担债务的同意，而且债务人由此摆脱了原债务的约束，原则上对其并没有不利益。当然，如果这一协议被认定为无效或者被撤销，则第三人承担清偿债务义务的基础已经不存在，这时应当恢复到原债权债务关系，即仍应由原债务人向债权人履行债务。

至于债权人与第三人之间订立债务承担协议是否需要取得债务人的同意的问题。王利明教授认为，债权人与第三人订立债务承担协议，在绝大多数情况下，此种转让是符合债务人利益的，债务人不会反对，但在特殊情况下，此种转让也可能不完全符合债务人的利益和意志。因此，从充分保护债务人利益考虑，经过债务人的同意才能生效也有一定的合理性。当然，即便债权人与第三人所订立的债务承担协议未经债务人同意，也不应一概否定该协议的效力。[①]

其二，债务人与第三人之间订立协议。债务人与第三人之间也可以订立转移债务的协议。此种协议一旦成立并生效，债务人将不再成为债的当事人，而由第三人代替债务人在债的关系中的地位。这种情形在审判实践中更为常见。

债务人与第三人签订债务承担协议，需经过债权人的同意。其原因在于，债务的履行涉及履行能力问题，如果允许债务人随意转让债务，势必会造成债权难以实现的问题，而且债务作为一种义务乃是债务人必须履行的，为保护债权人的债权，因此有必要经债权人同意。债权人的同意可以采取明示的方式进行。如果债权人未明确表示同意，但他已经将第三人作为其债务人并请求其履行，可以推定债权人已经同意债务的转让。如果债权人在债务人作出债务转让的通知以

① 王利明：《合同法研究》（第2卷），中国人民大学出版社2003年版，第227页。

后，一直不作答复，且不能根据客观的情况推定其已经同意，则债务人可向债权人设定一个合理期限，要求其在此期限内作出答复。这符合诚信原则的要求，也有利于稳定交易秩序。

至于默示的形式能否作为债权人同意的形式，则存有争议。本条第2款明确规定："……债权人未作表示的，视为不同意。"由此可见，默示的形式原则上不能作为债权人同意的形式，其主要理由仍然在于债务转移对债权人债权实现影响甚巨，有必要以债权人明示同意为原则。同时，依据本款文义，债权人的"表示"并非专指"明示"，通过行为的方式来表示，也应可以。比如，第三人向其履行债务人的债务，债权人接受的，这时应当认为不仅产生债务转移的后果，还能发生债务消灭的结果。

【审判实践中应注意的问题】

关于本条的适用，还要注意的是，债务部分转移是否需要经债权人同意的问题。债务的部分转移，即新的债务人加入到原债务中，和原债务人一起向债权人履行义务。依据本条规定，债务人不论转移的是全部债务还是部分债务，都需要征得债权人同意。未经债权人同意，债务人转移债务的行为对债权人不发生效力。债权人有权拒绝第三人向其履行，同时有权要求债务人履行债务并承担不履行或者迟延履行的法律责任。在此需要注意的是，这与本法第552条规定的第三人加入债务是有根本区别的。债务部分转移后，就转移部分原债务人不再承担履行义务，这部分债务需由第三人来履行，这就涉及第三人的资信或者偿债能力问题，与债权能否实现影响甚巨，因此需要债权人同意。但第三人加入债务，这时原债务人仍要承担全部的债务履行义务，只是增加一个人来共同履行债务，应该说这时增加了债权实现的可能性，故无需债权人同意。

第五百五十二条 **第三人与债务人约定加入债务并通知债权人，或者第三人向债权人表示愿意加入债务，债权人未在合理期限内明确拒绝的，债权人可以请求第三人在其愿意承担的债务范围内和债务人承担连带债务。**

【条文主旨】

本条是关于并存的债务承担的规定。

【条文理解】

并存的债务承担，学理上又称为债务加入，是指债务人并不脱离原合同关系，第三人加入债的关系后，与债务人共同向债权人履行债务。在债务加入情形下，原债务人并不能全部或者部分免除承担债务的责任，在此基础上增加一个第三人对债权人履行债务，不仅对债权人没有风险，反而增加了债权实现的安全性。因此，在债务加入的情形下，无需同债务转移一样征得债权人的同意。并存的债务承担不仅在学理上有重要地位，在实践中也普遍存在，属于市场经济中客观存在的重要交易类型。我国司法实践也已经认可了并存的债务承担。例如，在中远公司诉香港某公司、天津某公司拖欠海运费、港杂费纠纷案中，最高人民法院裁判认为，天津某公司只是以第三人身份加入到香港某公司与原集装箱公司的债权债务关系中，与香港某公司共同承担债务。香港某公司与天津某公司之间形成的是连带关系，互为连带债务人。本案是并存的债务承担，不是免责的债务承担。由于《合同法》对债务加入的规则并无规定，导致实务中对此类情形如何适用法律问题欠缺明确裁判依据。《民法典》编纂过程中，立法机关在综合各方意见的基础上，对此作了明确规定。

简言之，债务加入的构成要件包括：（1）原债权债务关系有效存在；（2）第三人与债务人约定第三人作为新债务人加入该债的关系来承担债务；（3）原债务人债务并不减免；（4）将此债务加入的情形通知债权人，或者第三人向债权人表示愿意加入债务，债权人未在合理期限内明确拒绝。至于通知的主体和通知的形式，本条并未作明确规定。解释上，债务人或者第三人都可以作为通知的主体，书面或者口头通知都可以。在符合上述要件的情况下，就发生并存的债务承担的法律后果。债权人可以请求第三人在其愿意承担的债务范围内和债务人承担连带责任。

【审判实践中应注意的问题】

对于本条的适用，要注意的是，并存的债务承担不同于第三人代位清偿。并存的债务承担与第三人代位清偿有一定的相似性，即都可能是由第三人替代债务人清偿债务，债务因第三人的清偿行为而消灭。但是，两者属于不同的制度，存在较大的差异，具体表现为：一方面，第三人的法律地位不同。在并存的债务承担的情况下，债务人将部分债务转移给第三人但并不退出其与债权人之间的债的关系，第三人人依其与债务人的债务承担合同，成为债务人，加入债的关系与原债务人共同对债权人承担连带债务。而在第三人代位清偿的情形，第三人并非债务人，而只是与债务的清偿之间存在利害关系的人（如合伙人、保证人等）。另一方面，第三人清偿后的法律后果不同。在并存的债务承担的情况下，第三人与原债务人之间的关系，按照他们之间法律关系的性质处理。例如，两者有约定的，可以按照约定处理。而在第三人代位清偿的情况下，第三人清偿后发生法定的债权转让。还要看到，因为第三人的法律地位不同，在债权人是否享有对其的请求权方面也存在差异。在并存的债务承担的情况下，债权人可以直接向第三人请求履行；而在第三人代位清偿的情况下，债权人并不享有请求第三人履行债务的权利。[①]易言之，在债务加入的情形下，第三人不履行或者不完全履行债务，由第三人与原债务人共同向债权人承担违约责任；而在第三人代位清偿法律关系中，债权人无权要求第三人承担违约责任。

① 王利明：《合同法研究》（第2卷），中国人民大学出版社2003年版，第227页。

第五百五十三条 债务人转移债务的，新债务人可以主张原债务人对债权人的抗辩；原债务人对债权人享有债权的，新债务人不得向债权人主张抵销。

【条文主旨】

本条是关于债务转移后新债务人抗辩权和抵销权的规定。

【条文理解】

债务人转移义务的，新的债务人取代了原债务人的地位，承担其履行义务的责任。原债务人从合同关系中退出后，其享有的抗辩权由新债务人承受。债务人的抗辩权不因债务的转移而消灭。对此，《合同法》第85条规定："债务人转移义务的，新债务人可以主张原债务人对债权人的抗辩。"本条前段沿用了这一内容。

债务人转移其债务后，新的债务人取得原债务人的一切法律地位，有关对债权人的一切抗辩事由，新债务人有权对债权人主张。债务的受让人取得的抗辩权的内容主要包括：（1）法定的抗辩事由。例如，债务在未转移前发生的不可抗力，原债务人取得该抗辩权。（2）在实际发生债的关系以后发生的债务人可据以对抗债权人的一切事由，比如同时履行抗辩权、先诉抗辩权、合同撤销的抗辩权、债务已履行完毕的抗辩权、债权无效的抗辩权、诉讼时效已过的抗辩权等。债务转移后，新债务人履行了债务，但是债权人还是要求其履行，债务人就可以履行完毕为由向债权人提出抗辩。[①] 在此应注意的是，抗辩权的主张应当以当事人主动行使为基本要求，人民法院不能主动援引。

新债务人对于原债务人抗辩权行使，必须具备以下条件：（1）债务承担已经生效，即债务人将合同的义务全部或者部分转移给第三人，债权人已经同意，即已发生债务转移的效力。（2）这种抗辩权在债务转移时就已经存在，也就是说新债务人所能够行使的抗辩权是原债务人应该具有的。原债务人没有行使或者没有行使完毕的抗辩权，新债务人都可以对债权人加以主张。这一规则在债务加入的场合也可以适用。当然，在债务加入的情况下，第三人加入后在债务履行中又产生的抗辩事由，该第三人和债务人都可以主张。

关于抵销的问题。由于抵销不仅具有简化交易、降低成本的功能，其在客观上就抵销权人（即债务人）而言具有优先受偿的功能，就债权人的其他债权人的债权实现会有一定影响，因此抵销的条件应当严格限制，必须符合法律规定的条件。在债务转移的情形，原债务人对债权人享有债权的，该债权并未随着此债务转移给第三人，也就是说该第三人并未享有对债权人的债权，这时根本不具备适用抵销的条件。而且这种情况下允许抵销，会对债务人有失公平，也不符合他们之间的真实意思表示，当然也会给债权人的其他债权人，原债务人的其他债权人的利益造成不测妨碍。本条明确规定了"原债务人对债权人享有债权的，新债务人不得向债权人主张抵销"。在此需要注意的是，如果债务人将其对债权人的债权按照法律规定的构成要件一并转让给第三人，这时第三人就享有了对债权人的债权，就可以适用本法第568条的规定，主张相应的抵销权。

---

① 胡康生主编：《中华人民共和国合同法释义》，法律出版社1999年版，第139页。

【审判实践中应注意的问题】

对于本条的适用，还要注意区分债权转让与债务转移之间的不同，尤其是在构成要件上，债权转让不需要债务人的同意，其通知债务人的要件也仅是存在对债务人是否有拘束力的效力，即使没有通知也不影响债权转让在债权人与第三人之间的拘束力；而债务转移则必须经过债权人同意。

第五百五十四条　债务人转移债务的，新债务人应当承担与主债务有关的从债务，但是该从债务专属于原债务人自身的除外。

【条文主旨】

本条是关于债务转移后从债务随主债务一并转移的规定。

【条文理解】

关于从债务随主债务转移的问题，《合同法》第 86 条规定：“债务人转移义务的，新债务人应当承担与主债务有关的从债务，但该从债务专属于原债务人自身的除外。”本条沿用了这一规定。

债务人转移债务的，其从债务随着主债务的转移而转移，新债务人应当承担与主债务有关的从债务，这已成为基本的民法原理，也是“从随主”原则的基本体现。即使在当事人的转让债务的协议中未明确约定，也同样如此。“从随主”原则的例外情形是，从债务专属于原债务人的，新债务人不予承担，即从债务是专属于债务人本身的，这些从债务不随主债务的转移而转移。例如，甲、乙双方约定，甲方借给乙方 100 万元人民币，乙方除到期返还 100 万本金外，还要给甲画一幅肖像充抵利息。乙方是著名画家。当 100 万元本金债务转移时，乙方给甲画一幅画的从债务不发生转移。[①] 这时仍应由原债务人对债权人承担履行义务，债权人无权要求新债务人履行这些债务。

① 隋彭生：《合同法要义》，中国政法大学出版社 2015 年版，第 204 页。

【审判实践中应注意的问题】

对于本条的适用，还要注意与保证合同有关内容的衔接。本法第697条规定："债权人未经保证人书面同意，允许债务人转移全部或者部分债务，保证人对未经其同意转移的债务不再承担保证责任，但是债权人和保证人另有约定的除外。第三人加入债务的，保证人的保证责任不受影响。"据此，如果债权人许可债务人转移了部分债务，而未取得保证人的书面同意，则对转移的债务，保证人不再承担保证责任。新债务人以外的第三人对债务所作的担保，是基于对原债务人的了解和信任而设定的，因此不经担保人认可，它们将随债务转移而消失。当然，如果是第三人加入债务的，保证人的保证责任不受影响；如果是债务部分转移的，对于没有转移的那部分债务，保证人继续承担保证责任。在债务转移场合，从属债务如利息债务、赔偿损失等，也随同主债务转移。

第五百五十五条 当事人一方经对方同意，可以将自己在合同中的权利和义务一并转让给第三人。

【条文主旨】

本条是关于合同权利义务概括转让的规定。

【条文理解】

合同权利义务的概括转让，又被称为合同权利义务一并转让，是指合同一方当事人将其权利和义务一并转移给第三人，由第三人全部承受这些权利和义务。对此，《合同法》第88条规定："当事人一方经对方同意，可以将自己在合同中的权利和义务一并转让给第三人。"本条沿用了这一规定。

合同权利义务的概括转让不同于债权转让和债务转移的是，它是合同一方当事人对合同权利和义务的全面处分，其实际上包括权利的转让和义务的转移两方面内容。权利义务一并转让后，原合同关系消灭，第三人取代了转让方的地位，由此产生了新的合同关系。

【审判实践中应注意的问题】

根据本条规定，合同权利义务的概括转让既包括债权的转让也包括债务的转移，因此，在构成要件上应当适用二者相应的构成要件。这里比较重要的是，债权人转让权利应当通知债务人；债务人转移义务的必须经债权人的同意。合同权利义务一并转让既包括了权利的转让，又包括义务的转移，所以，合同一方当事人在进行转让前应当取得对方的意见，使对方能根据受让方的具体情况来判断这种转让行为能否对自己的权利造成损害。只有经对方当事人同意，才能将合同的权利和义务一并转让。如果未经对方同意，一方当事人就擅自一并转让权利和义务的，那么其转让行为无效，对方有权就转让行为对自己造成的损害，追究转让方的违约责任。[①]具体而言，合同权利义务的概括转让应当具备以下要件：

一是合同权利义务的概括转让须有合法的债权、债务存在，此为概括转让的前提条件。

二是概括转让的债权、债务须具有可转让性，此为概括转让的必备要件。

三是合同权利义务的概括转让须经对方当事人同意，此为概括转让的实质要件。合同权利义务概括转让必须经另一方当事人的同意，否则，该转让协议不产生法律效力。这与债务转移的构成要件是一致的。

四是合同权利义务的概括转让须有双务合同的存在，此为概括转让的适用合同的范围。合同权利义务的概括转让是要转让整个权利义务，双务合同的一方当事人既享有债权，又承担债务，因此，只有在双务合同中才可能发生概括转让，而在单务合同中不存在权利义务的概括转让的情形。

五是合同权利义务的概括转让须依法进行，此为概括转让的形式要件。合同权利义务概括转让时，法律、行政法规规定应当办理批准、登记手续的，依照规定办理批准或者登记手续。否则，概括转让的协议不产生概括转让的效力，但不影响报批义务的履行。对此，应当适用本法第502条的规定。

① 胡康生主编：《中华人民共和国合同法释义》，法律出版社1999年版，第141页。

第五百五十六条 合同的权利和义务一并转让的，适用债权转让、债务转移的有关规定。

【条文主旨】

本条是关于合同权利义务概括转让法律适用的指引性规定。

【条文理解】

关于合同权利义务概括转让的法律适用，《合同法》第89条规定："权利和义务一并转让的，适用本法第七十九条、第八十一条至第八十三条、第八十五条至第八十七条的规定。"本条在内容上基本沿用了这一规则，即采取指引性规定的做法，只是在用语上更加简洁。

合同一方当事人对合同权利和义务的一并转让，包括了该当事人作为债权人转让权利，也包括了其作为债务人转移义务两方面的内容，因此，权利和义务一并转让的，除应当征得对方当事人的同意以外，还应当适用其他有关债权转让和债务转移条款的规定。具体而言，主要包括以下几点：

一、关于债权转让的一般规则

依据本法第545条规定，债权人可以将合同的权利全部或者部分转让给第三人，但有下列情形之一的除外：（1）根据债权性质不得转让；（2）按照当事人约定不得转让；（3）依照法律规定不得转让。即权利和义务的一并转让应当遵守不得转让情形的规定。

二、关于从权利和从义务的附随转让

依据本法第547条规定，债权人转让权利的，受让人取得与债权有关的从权利，但该从权利专属于债权人自身的除外。依据本法第554条规定，债务人转移债务的，新债务人应当承担与主债务有关的从债务，但该从债务专属于原债务人自身的除外。即权利和义务一并转让的，受让人取得与债权有关的从权利并承担与主债务有关的从债务，但专属于债权人自身的从权利不附随转让，受让人不承担专属于债务人自身的从债务。

三、关于抗辩权的移转

依据本法第548条规定，债务人接到债权转让通知后，债务人对让与人的抗辩，可以向受让人主张。第553条规定，债务人转移债务的，新债务人可以主张原债务人对债权人的抗辩。即权利和义务的一并转让，不影响债务人抗辩权的行使。

四、关于抵销权的行使

依据本法第549条规定，债务人接到债权转让通知时，债务人对让与人享有债权，且债务人的债权先于转让的债权到期或者同时到期的，债务人可以向受让人主张抵销。债务人的债权与转让的债权是基于同一合同产生时，债务人也可以向受让人主张抵销。即权利和义务一并转让时，债务人对让与人享有的符合该条规定的债权情形，债务人可以向受让人主张抵销。同时，依据第553条的规定，在合同权利义务概括转让的情形，对于原债务人对债权人享有的债权，受让人不得向债权人主张抵销。

【审判实践中应注意的问题】

对于本条的适用，还要注意在合同权利义务概括转让时有关诉讼主体的确定问题。依据《合同法司法解释（一）》第29条的规定，合同当事人一方经对方同意将其在合同中的权利义务一并转让给受让人，对方与受让人因履行合同发生纠纷诉至人民法院，对方就合同权利义务提出抗辩的，可以将出让方列为第三人。对于该条的适用，要以“对方当事人就合同权利义务提出抗辩为条件”，这里的“对方当事人”应当是以某一方当事人为基准，对应的另一方当事人，并非限定为“债权人”或者“债务人”。

第七章　合同的权利义务终止

第五百五十七条　有下列情形之一的，债权债务终止：

（一）债务已经履行；

（二）债务相互抵销；

（三）债务人依法将标的物提存；

（四）债权人免除债务；

（五）债权债务同归于一人；

（六）法律规定或者当事人约定终止的其他情形。

合同解除的，该合同的权利义务关系终止。

【条文主旨】

本条是关于债权债务终止情形及合同解除后果的规定。

【条文理解】

一、债权债务终止与合同解除

本条规定了债权债务终止与合同解除的情形。本条吸收了《合同法》第91条关于“有下列情形之一的，合同的权利义务终止：（一）债务已经按照约定履行；（二）合同解除；（三）债务相互抵销；（四）债务人依法将标的物提存；（五）债权人免除债务；（六）债权债务同归于一人；（七）法律规定或者当事人约定终止的其他情形”

的规定。但在体例上进行了修改，将合同解除的后果单列一款，同时将第1款中的“合同的权利义务终止”修改为“债权债务终止”。

上述修改表明，我国借鉴了大陆法系主要国家的立法思路，即采取狭义的合同终止论，将合同终止和合同解除相区分。关于合同终止与合同解除的区别，在《合同法》制定之时就有过争论，主张两者应加以区分的理由为：合同终止与合同解除都是使合同债权债务消灭的事由，两者效力和适用范围不同。合同终止是使继续性的合同关系自终止之日起向将来消灭的行为；而合同解除是使合同权利义务关系自始消灭的行为。[①]合同终止既可适用于违约的情形，也可以适用于非违约情形；而合同解除性质上是对违约的一种补救，是一种特殊的合同责任。在《合同法》专家建议稿的总则部分中专门规定了“合同解除与终止”，但当时的立法者没有采纳这种观点，而是在《合同法》第91条采取广义模式，将合同终止作为合同解除的上位概念。

《合同法》制定后，学者对《合同法》第91条“合同的权利义务终止”的用语提出批评，认为债法总论上的债权债务消灭，其着眼点是单个债务或债权的消灭，例如债务人依法将标的物提存，其对应的债务终止，但债权并不消灭；而合同法总论上的合同债权债务侧重的是合同债权与合同债务之间的牵连。因此，合同权利义务的消灭，指的是合同关系的消灭，是合同权利义务关系全体的消灭，主要是合同的解除。故不应笼统使用“合同的权利义务终止”的概念，将单个债权债务的消灭和合同整体权利义务关系的消灭混在一起，建议将债的消灭原因与合同消灭原因分别规定。[②]

本条将债权债务终止和合同解除分别加以规定，故第1款采用的是“债权债务终止”的措辞；第2款则限定于合同解除的情形，规定合同解除的后果是导致合同权利义务关系的整体消灭，故使用“合同的权利义务关系终止”的措辞，在逻辑体系和用语上更为严密规范。

---

① 王利明：《合同法研究》（第2卷），中国人民大学出版社2003年版，第309页。

② 韩世远：《合同法总论》，法律出版社2008年版，第446页。

二、债权债务终止的具体情形[①]

本条第1款列举了典型的债权债务终止的原因，即清偿、抵销、提存、免除和混同，并于第6项规定了“法律规定或者当事人约定终止的其他情形”的兜底性情形。

（一）清偿

本条第1款第1项规定的清偿是最常态的债权债务终止情形，也是债消灭的主要原因。清偿是指债务人依照法律规定或合同约定所实施的完成义务的行为，并使债的目的得到实现。本条与《合同法》第91条相比，删除了“按照约定”四个字，表明债务可能依照约定得到履行，也可能依照法律规定得到履行，例如依强制执行或实施担保权而获得债权的实现。

1. 关于清偿人

清偿人一般应为债务人，但并不以债务人为限。除法律规定、当事人约定或性质上须由债务人本人清偿的债务外，债务可以由债务人的代理人或第三人进行清偿。

2. 关于受领清偿人

清偿须向具有受领权利的人为之，并经其受领后，才发生清偿的效力。债权人原则上为清偿受领人，但也有例外：（1）债权人的债权经强制执行，禁止向债权人为清偿的，债权人无清偿受领权；（2）债权人受破产宣告时，对破产财产丧失管理权及处分权，不得受领清偿；（3）债权人为无行为能力人或限制行为能力人时，能否单独受领清偿，应当以债务履行行为的性质而定。司法实践中，经常出现争议的问题是，债务人向债权人及其代理人以外的第三人作出清偿，是否属于债务已经履行，产生债务消灭的效力。我们认为，债务人向第三人清偿债务，如第三人有授权，或第三人虽无授权但事后经过债权人

---

① 由于传统债法著述多用“债的消灭”，因此也有部分著述使用“合同消灭”而非“合同终止”的概念。参见王利明主编：《合同法要义与案例析解》，中国人民大学出版社2001年版，第362页。

追认，或是第三人受领后取得债权的，债的清偿有效。

3. 关于清偿标准

清偿必须是当事人依据法律的规定和合同的约定，根据诚信原则正确、适当、全面地履行其义务。例如，合同规定债务的履行有确定期限，此时需要分辨期限利益是专门为债权人设定的，还是专门为债务人设定的。如果系为债权人设定的，债务人提前清偿的，债权人可以拒绝受领，但提前履行不损害债权人利益的除外。如果系为债务人设定的，则债务人可以抛弃期限利益。此外，实践中经常出现合同约定的内容不具体不明确的情况，例如合同没有对履行期间、地点等作出规定，此时存在合同漏洞的填补，当事人要依据法律规定或诚信原则作出履行。

（二）抵销

本条第1款第2项规定的债务相互抵销，是指双方互负同类给付债务时，各使双方债务在对等额内相互消灭的法律制度。抵销作为一种债的消灭原因，具有以下两重意义：一是有利于节省交易成本和费用。同种债务经济价值相同，通过抵销使得债的关系消灭，实现与清偿同样的效果，同时免除了履行的手续及费用。二是有利于减少各种债务纠纷。交易过程中，双方相互负债，乃至多方当事人相互欠债的"三角债""连环债"等现象十分常见，抵销制度可以有效地避免或减少当事人通过诉讼解决纠纷。如有一方当事人资信恶化，对方可以在不要求债务人履行债务的情况下，通过行使抵销权，抵销双方的债权债务关系，从而减少各类债务纠纷的发生。

1. 关于抵销的种类和要件

抵销按其种类分为法定抵销和合意抵销。法定抵销由法律规定其构成要件。本法第568条第1款对抵销的要件作出规定："当事人互负债务，该债务标的物种类、品质相同的，任何一方可以将自己的债务与对方的到期债务抵销；但是，根据债务性质、按照当事人约定或者依照法律规定不得抵销的除外。"据此，抵销的构成要件主要包括：（1）当事人互负到期债务；（2）抵销的标的物种类、品质相同；

（3）主动债权已届清偿期；（4）双方的债务都不属于不能抵销的债务，例如具有人身专属性的债务，附生效条件的债权、公法上的税款等公法债权、因故意侵权所产生的损害赔偿之债、违法的债权如赌债等。合意抵销尊重当事人的意思自治，当事人互负债务，就抵销达成合意的，即可发生效力，而不受法律条件的限制，即使当事人互负债务的标的物种类、品质不同，或者双方债务或一方债务未届清偿期，仍得以合意抵销。

2. 关于法定抵销的方法

本法第568条第2款规定："当事人主张抵销的，应当通知对方。通知自到达对方时生效。抵销不得附条件或者附期限。"《民商审判会议纪要》第43条规定："……抵销的意思表示自到达对方时生效……"抵销是由抵销人向相对人作出抵销意思的通知。也即是说，抵销系单方行为，因抵销人单方意思表示而发生效力，意思表示应当向相对人作出。

3. 关于抵销的效力

抵销产生债权债务终止的效力，具体表现为双方互负的债务按照抵销数额消灭。双方债务数额相同时，其互负债务均归消灭。双方债务数额不等时，债务数额较小一方的债务消灭，对未被抵销的债务数额，该方债务人仍负清偿义务。《民商审判会议纪要》第43条规定："……抵销的意思表示自到达对方时生效，抵销一经生效，其效力溯及自抵销条件成就之时，双方互负的债务在同等数额内消灭。双方互负的债务数额，是截至抵销条件成就之时各自负有的包括主债务、利息、违约金、赔偿金等在内的全部债务数额。行使抵销权一方享有的债权不足以抵销全部债务数额，当事人对抵销顺序又没有特别约定的，应当根据实现债权的费用、利息、主债务的顺序进行抵销。"该规定一方面明确了司法实践中过往争议较大的债务部分抵销时，未被抵销债务数额的确定问题；另一方面也明确了抵销的溯及力采取溯及既往说，即抵销人作出意思表示后，抵销效力溯及自债权得为抵销之时即抵销适状之时。

（三）提存

本条第1款第3项规定的债务人依法将标的物提存，即清偿提存，指由于债权人的原因债务人无法向其交付合同标的物时，债务人得将该标的物交给提存机关而消灭债务的制度。我国法律还有担保提存制度，例如《物权法》第191条第1款前段以及《担保法》第49条第3款的规定。[①]由于债务的履行往往需要债权人的协助，如债权人无正当理由而拒绝受领或者不能受领，债务人的债务因未能履行而不能消灭。因此清偿提存作为债的履行的一种特殊方式，无须得到债权人的协助即可实现与债务清偿同等的效果，有利于将债务人从合同关系中及时解脱出来，增进交易效率。

1. 关于提存要件

本条规定“债务人依法将标的物提存”，即提存必须符合法定条件。具体包括如下三项：一是具有法律规定的提存原因。根据本法第570条第1款的规定，仅在债权人无正当理由拒绝受领、债权人下落不明、债权人死亡未确定继承人、遗产管理人或者丧失民事行为能力未确定监护人，导致难以履行债务的情形时，债务人才可以将标的物提存。二是标的物应当适合于提存。债务人提存的标的物，原则上应当是清偿的标的物，并且在标的物是特定物时为特定物原物。根据本法第570条第2款的规定，如为鲜活物品等不适于提存或是提存费用过高的标的物，债务人可以将该物拍卖、变卖并提存价款。三是标的物须交付提存机关。提存机关是指依法负责接收提存物，并进行寄托、保管提存物等活动的机构，但我国法律没有明确规定提存部门。司法部于1995年6月2日发布施行的《提存公证规则》以及2006年3月1日施行的《公证法》均将提存作为公证机构的一项公证事务，并明确公证机关为提存机关。本法第571条第1款规定：“债务人将标的物或者将标的物依法拍卖、变卖所得价款交付提存部门时，提存成立。”由于提存涉及的法律关系属于民事关系，而人民法院有权确

① 崔建远：《我国提存制度的完善》，载《政治与法律》2019年第8期。

认民事关系，因此如当事人申请将标的物依法拍卖、变卖所得价款向法院提存的，法院可以作为民事案件受理，并担任提存机关。

2. 关于提存的效力

由于提存涉及三方当事人，即提存人（债务人）、提存机关和债权人，因而提存的效力，分为债务人与债权人之间、提存人与提存机关之间、债权人与提存机关之间三个方面的效力。本条涉及的仅是第一个层面的效力，即债务人与债权人之间的效力。

一是关于提存对于债务人的效力。本法第571条第2款规定："提存成立的，视为债务人在其提存范围内已经交付标的物。"《提存公证规则》第17条亦规定："提存之债从提存之日即告清偿。"亦即债务人将标的物提存后，无论债权人受领与否，依法均发生债务消灭的效力。自提存之日起，债务人的债务归于消灭。值得注意的是，提存的后果虽然与清偿一样，债务终止，但债务人依据本法第572条的规定负有通知义务，即"标的物提存后，债务人应当及时通知债权人或者债权人的继承人、遗产管理人、监护人、财产代管人。"

二是关于提存对于债权人的效力。由于提存行为是一种替代履行的行为，提存成立，标的物视为已经交付，故标的物所有权转移至债权人，标的物毁损、灭失的风险也转移由债权人承担。债权人享有提存物领取请求权，并负有在领取时支付提存费的义务。

（四）免除

本条第1款第4项规定的"债权人免除债务"，是指债权人免除债务人全部或部分债务，从而导致债权债务全部或部分消灭。

第一，债务免除的特征。一是免除是单方行为，只要债权人一方的意思表示即可，不需要债务人的同意，但免除行为不得损害债务人的利益。二是免除是无因行为，其原因如何，在所不问。三是免除为非要式行为，可以书面或口头方式为之。

第二，债务免除的效力。免除全部债务时，全部债务绝对消灭；免除部分债务时，部分债务消灭，债权债务并不终止。

（五）混同

本条第1款第5项规定的“债权债务同归于一人”，即混同。混同是一种事实，无须有任何意思表示，只要有债权债务同归一人的事实，即发生债的关系消灭的效果。需要注意的是，本法第576条规定：“债权和债务同归于一人的，债权债务终止，但是损害第三人利益的除外。”亦即在债权系他人权利的标的时，从保护第三人利益角度出发，债权不消灭。

（六）法律规定或者当事人约定终止的其他情形

本条第1款第6项规定了债权债务终止的兜底性情形，不仅保持了债权债务的开放性，也体现了合同法所倡导的合同自由原则。该项包括基于法律规定的事实的终止以及基于当事人意思的终止。前者是基于法律规定的事实发生而产生债权债务终止的法律后果。例如本法第934条规定：“委托人死亡、终止或者受托人死亡、丧失民事行为能力、终止的，委托合同终止；但是，当事人另有约定或者根据委托事务的性质不宜终止的除外。”后者指当事人可以约定债权债务终止的情形，例如当事人订立附解除条件的合同，当解除条件成就时，债权债务关系消灭。再如当事人订立的附终止期限的合同，期限届至时，合同的权利义务终止。

【审判实践中应注意的问题】

审判实践中应注意的问题是代物清偿的效力。代物清偿是指债务人以其他的给付代替原合同约定的给付，债权人予以受领，从而使合同债权债务消灭。[①] 司法实践中对于代物清偿问题存在较大争议，并经历了立场上的变化。关于债务履行期限届满后的代物清偿协议效力，早期采要物合同说，即代物清偿协议为实践性合同，清偿人必须现实地提出代替给付并经清偿受领人现实受领，才发生代

① 王利明：《合同法研究》（第2卷），中国人民大学出版社2003年版，第327页。

物清偿的效力，否则代物清偿协议不发生效力，当事人仍应履行原合同。例如在《最高人民法院公报》（2012年第6期）刊登的最高人民法院（2011）民提字第210号成都市国土资源局武侯分局与招商（蛇口）成都房地产开发有限责任公司、成都港招实业开发有限责任公司、海南民丰科技实业开发总公司债权人代位权纠纷一案中，最高人民法院认为，债务人与次债务人约定以代物清偿方式清偿债务的，因代物清偿协议系实践性合同，故若次债务人未实际履行代物清偿协议，则次债务人与债务人之间的原金钱债务并未消灭，债权人仍有权代位行使债务人的债权。但是，在《最高人民法院公报》（2017年第9期）刊登的最高人民法院（2016）最高法民终484号通州建总集团有限公司与内蒙古兴华房地产有限责任公司建设工程施工合同纠纷一案中，最高人民法院的解释立场则转为特殊变更契约说。该案中，最高人民法院认为，对以物抵债协议的效力、履行等问题的认定，应以尊重当事人的意思自治为基本原则。当事人于债务清偿期届满后达成的以物抵债协议，可能构成债的更改，即成立新债务，同时消灭旧债务；亦可能属于新债清偿，即成立新债务，与旧债务并存。如当事人没有明确消灭旧债的合意，以物抵债协议的性质一般应为新债清偿，此时旧债和新债并存，仅在新债合法有效并得以履行完毕后，才完成债务清偿义务，旧债方才归于消灭。

第五百五十八条 **债权债务终止后，当事人应当遵循诚信等原则，根据交易习惯履行通知、协助、保密、旧物回收等义务。**

【条文主旨】

本条是关于后合同义务的规定。

【条文理解】

本条在《合同法》第92条“合同的权利义务终止后，当事人应当遵循诚实信用原则，根据交易习惯履行通知、协助、保密等义务”的基础上进行了修改完善：一是增加了“旧物回收”这一项义务，体现对环境保护的重视；二是将“合同的权利义务终止”修改为“债权债务终止”，与本法第557条第1款规定债权债务终止的情形相对应；三是将“诚实信用原则”修改为“诚信等原则”，采取开放式态度，表明后合同义务除根据诚信原则产生，也可能基于法律规定或合同解释产生。

一、诚信原则是本条规定之后合同义务的法理基础

诚信原则集中体现了现代法律的经济功能和促进交易安全、追求公平商业准则的法律化，是法律对道德准则的吸收。本法第7条规定：“民事主体从事民事活动，应当遵循诚信原则，秉承诚实，恪守承诺。”即本法以诚信原则作为行使权利、履行义务的基本原则。诚信原则作为一个高度抽象化的基本原则，通过在每一个制度中的法律规则的具体化，为民事主体设定较高的行为标准。为此，《民法典》不仅在本法总则编中确立了诚信原则，并在合同编中进一步具体化，

形成了一个合同义务群[①]，不仅要求当事人正确、全面地履行合同主给付义务，还要履行下列义务：（1）附随义务。本法第509条第2款规定："当事人应当遵循诚信原则，根据合同的性质、目的和交易习惯履行通知、协助、保密等义务。"（2）缔约过程中的先合同义务。本法第500条规定："当事人在订立合同过程中有下列情形之一，造成对方损失的，应当承担赔偿责任：（一）假借订立合同，恶意进行磋商；（二）故意隐瞒与订立合同有关的重要事实或者提供虚假情况；（三）有其他违背诚信原则的行为。"（3）本条规定的后合同义务。亦即诚信原则不仅要求当事人在债权债务产生、履行、变更过程中要讲诚信，在债权债务终止后，当事人也应当遵守诚信原则，根据交易习惯履行通知、协助、保密、旧物回收等义务，维护已经完成的合同给付成果。

二、后合同义务是债权债务终止后产生的法定义务

（一）后合同义务以债权债务终止为前提

根据本条规定，后合同义务的存在以债权债务终止为前提。换言之，后合同义务产生的时间条件是当事人之间的债权债务终止。本法第557条第1款规定："有下列情形之一的，债权债务终止：（一）债务已经履行；（二）债务相互抵销；（三）债务人依法将标的物提存；（四）债权人免除债务；（五）债权债务同归于一人；（六）法律规定或者当事人约定终止的其他情形。"当清偿、抵销、提存、免除、混同以及法律规定或者当事人约定终止的其他情形出现时，当事人的债权债务终止，后合同义务随即开始产生。有争议的问题在于：合同解除的情况下是否产生后合同义务？我们认为，不能一概而论，需要结合合同解除有无溯及力来加以判断。后合同义务产生的前提是存在一个有效的合同，且合同债权债务终止。本法第557条第2款规定："合同解除的，该合同的权利义务关系终止。"根据该条规定，合同解

① 韩世远：《合同法总论》，法律出版社2008年版，第34页。

除同样具有债权债务终止的法律后果。但合同解除分为约定解除、合意解除与法定解除。如果合同解除的效力是溯及既往的，即恢复到合同未订立时的状态，产生合同债权债务自始未发生的效果，此时原则上不应认定当事人在合同解除后还负有后合同义务。但如果合同解除仅面向将来发生，例如租赁合同、定作合同、保管合同等继续性合同的解除，为保全已经得到履行的合同利益，有必要在合同权利义务关系因解除而终止后，使当事人依据交易习惯承担一定的后合同义务。

（二）后合同义务是一项独立的法定义务

学理上对于后合同义务的性质有不同的观点：第一种观点为“广义的附随义务论”，认为附随义务在合同关系发展的各个阶段均可产生，故先合同义务和后合同义务都属于附随义务。该观点以我国台湾地区民法学者史尚宽先生为代表，其认为，“后合同义务是债之关系终了后之附随义务，它可分为一时的债务终了后的附随义务和继续的债之关系终了后的义务两种情形。”[①] 第二种观点为独立义务论。该观点以我国台湾地区民法学者王泽鉴先生为代表，其认为，“契约关系消灭后，当事人尚负有某种作为或不作为义务，以维护给付效果，或协助相对人处理契约终了的善后事务，学说上称为后契约义务。”[②]

我们认为，本条规定的后合同义务是一种独立的法定义务形态，有别于本法第509条第2款规定的附随义务。尽管两者都因诚信原则而产生，具有相同的理论基础，但两者产生的阶段、发挥的功能以及违反义务产生的责任不同。附随义务产生于合同履行过程中，就其功能而言，可以分为两类：一是辅助功能，促进实现主给付义务，使债权人的给付利益得到最大可能的满足；二是保护功能，维护他方当事人人身或财产之利益。违反附随义务，会产生不完全履行合同的法律效果，属于违约责任范畴。如果商家出售产品没有告知安全使用注意事项，导致合同相对人的人身或财产权益受到损害的，还会产生违约责任和侵权责任的竞合。后合同义务产生于合同权利义务履行完毕

① 史尚宽：《债法总论》，中国政法大学出版社2000年版，第345页。

② 王泽鉴：《债法原理》（第1册），中国政法大学出版社2001年版，第46页。

后，由于当事人之间存在延伸的信赖关系，要求相对方履行一定的后合同义务。故其功能有二：一是维护功能，保全已经完成的合同履行效果；二是保护功能。后合同义务具有严格的法定性，故违反后合同义务的责任也是法定责任，而不是违约责任。

三、本条规定的后合同义务应当依据交易习惯确定

（一）交易习惯

交易习惯，是指在特定地域、行业、群体范围内为当事人反复实践而实际知悉并普遍遵守的交易规则。[①] 有学者认为，交易习惯可具体分为以下几大类：（1）一般交易习惯，它是通行于全国的一般习惯；（2）地区习惯，指在某特定区域为人们遵守的做法；（3）特殊行业习惯，指同类行业中通行的做法；（4）当事人之间长期从事某种交易所形成的习惯。[②]《民法典》中涉及交易习惯的条款多达20多个。此前的司法实践中，根据《合同法司法解释（二）》第7条第1款的规定，"下列情形，不违反法律、行政法规强制性规定的，人民法院可以认定为合同法所称'交易习惯'：（一）在交易行为当地或者某一领域、某一行业通常采用并为交易双方订立合同时所知道或者应当知道的做法；（二）当事人双方经常使用的习惯做法。"

交易习惯从规范属性上看，是习惯上的默示条款。《联合国国际货物销售合同公约》第9条第2款规定："除非另有协议，双方当事人应视为已默示地同意对他们的合同或合同的订立适用双方当事人已知道或理应知道的惯例。"由于交易习惯因反复实践、实际知悉并被普遍遵守，已经达到使一方当事人在特定交易中对遵守行为规则抱有合理预期的程度，基于维护交易安全、提高交易效率、维护交易体系有序的现实性考虑，有必要赋予交易习惯一定的约束力。在债权债务终止后，当事人依据交易习惯对于履行效果及利益的保全持有合理期

---

① 齐树洁、蔡从燕：《交易习惯若干基本理论问题研究》，载梁慧星主编：《民商法论丛》第15卷，法律出版社2000年版，第32~35页。

② 王利明：《论合同漏洞的填补》，载《判解研究》2000年第2期。

望和信赖，故仍应根据交易习惯履行相应行为。可见，交易习惯与诚信原则在价值判断上是一致的，交易习惯本身承载了诚信原则。

（二）确定后合同义务应考虑的因素

本条是一个开放式的弹性条款，后合同义务的具体内容需由法官以诚信原则为基础，根据当事人提供的证据并结合行业、地域及合同履行效果等实际情况进行判断。首先，主张对方负有后合同义务的一方当事人应当对双方之间是否存在交易习惯进行举证。《合同法司法解释（二）》第7条第2款关于“对于交易习惯，由提出主张的一方当事人承担举证责任”的规定，对交易习惯的举证责任予以明确，即主张存在交易习惯的当事人不仅应当证明有交易习惯，还应当证明对方知悉该交易习惯，而且按照诚信原则，该已知的交易习惯应当由双方共同遵守。其次，法院应当充分考虑交易习惯、后合同义务和合同履行效果之间的关联性与必要性。包括该项后合同义务是否为维护合同履行效果所必需；后合同义务是否为该类合同债权债务终止后普遍存在；行业通常对于后合同义务如何分配；后合同义务的履行对于负有责任一方带来的履行成本；当事人履行的可能性和必要性；后合同义务对于市场秩序产生何种影响等因素进行综合判定。一言以蔽之，后合同义务在司法实践中的认定与适用，不仅仅是一个事实认定的过程，也包含着法官对交易习惯、诚实信用等的价值判断。例如在思瑞安复合材料（中国）有限公司与北京科拉斯化工技术有限公司、北京睿达森化工技术有限公司买卖合同纠纷案中①，出卖方在其与买受方关于Airex品牌的PVC泡沫材料经销以及买卖合同关系终止后向市场上不特定的客户发函称，仅出卖方及其销售公司才是Airex品牌在华独家授权方，故该品牌材料无法保证在其他渠道分销或销售的服务和质量。法院认为，出卖方与买受方合作多年，对于买受方采购系争产品后会再次销售的商业运作模式是明知的，其在双方合同期满后不久，便向市场采购客户发函，明显妨碍买受方对已采购产品的再次销售。

① 参见上海市高级人民法院（2013）沪高民二（商）终字第29号民事判决书。

后合同义务是基于诚信原则产生的法定义务，强调合同双方均应善意地进行交易行为，保证合同相对方利益的实现。出卖方违反后合同义务的行为客观上影响了买受方的继续销售，应当承担相应的责任。

四、本条规定的后合同义务的具体形态

本条规定的后合同义务具有法定性，且因其是法律强制缔约双方承担的义务，故属于法定义务、强制义务，而不是由双方自行约定的义务。在合同债权债务终止后，当事人依法必须遵守相关的后合同义务。由于诚信原则是一项高度抽象的条款，具有一定的不确定性，而现实中的合同类型繁复多样，因此后合同义务必须在司法实践中才能得到具体确定和适用。故本条以列举方式规定了常见的后合同义务的具体形态。

（一）通知义务

通知义务又称告知义务，指在债权债务关系终止后，当事人应当在有条件的情况下及时将与债权债务相关的情况通知另一方当事人。例如本法第572条规定："标的物提存后，债务人应当及时通知债权人或者债权人的继承人、遗产管理人、监护人、财产代管人。"债务人因提存标的物而替代清偿，债务人免除给付义务，但债务人仍应向债权人履行通知义务，这里的通知义务即属于后合同义务。再比如本法第936条规定："因受托人死亡、丧失民事行为能力或者被宣告破产、解散，致使委托合同终止的，受托人的继承人、遗产管理人、法定代理人或者清算人应当及时通知委托人。……"这里的通知义务亦属于后合同义务。

（二）协助义务

债权债务终止后，当事人应该协助、配合对方当事人处理与债权债务终止有关的善后事宜。实际生活中，债权债务关系并非附着于债权债务标的的唯一关系，不排除当事人关于该标的的其他关系的履行需要另一方当事人的协助。例如，依照《海商法》第252条和《保险法》第63条的规定，被保险人在保险理赔结束后，具有协助保险人

向第三人进行追偿的义务。再如，劳动关系终止后，劳动者可以要求另一方当事人对于劳务关系存续期间等开具书面证明。根据《德国民法典》第630条的规定，雇主有开具相关证书对劳务关系予以证明的义务。此外，房地产买卖合同中，在房产过户后，卖方也需要协助另一方当事人办理后续事宜。房屋租赁关系终止后，出租人应该允许承租人于租赁房屋的适当地方悬挂迁移事项。医疗关系终止后，医院有协助病人复印病历的义务。这些协助义务，有待司法实践基于诚信原则的要求逐步实现后合同义务的类型化。例如在张某某诉河南省内乡县余关乡卫生院医疗损害赔偿纠纷案中[①]，法院认为，病患入住卫生院后，与卫生院形成了医疗服务合同。在转院后，该合同关系终止，但是卫生院仍负有后合同义务，即应该安排人员护送病患，并采取相应保护措施。卫生部颁布的《医院工作制度》第30条第3项明确规定“较重病人转院时应派医护人员护送”，故卫生院应承担相应赔偿责任。

（三）保密义务

债权债务关系存续期间，当事人获悉了对方当事人的商业秘密或其他重要信息的，应遵守保密义务。保密的内容包括国家秘密、商业秘密、合同中约定的保密事项。例如《律师法》第38条规定：“律师应当保守在执业活动中知悉的国家秘密、商业秘密，不得泄露当事人的隐私。律师对在执业活动中知悉的委托人和其他人不愿泄露的情况和信息，应当予以保密。但是，委托人或者其他人准备或者正在实施的危害国家安全、公共安全以及其他严重危害他人人身安全的犯罪事实和信息除外。”律师对委托人负有保密的后合同义务。再如在技术开发或转让合同终止后，开发方或者受让方对合同履行过程中获取的技术秘密负有相应的保密义务。在江苏济川制药有限公司诉北京福瑞康正医药技术研究所技术转让合同纠纷案中[②]，法院认为，在技术转让合同中，因研究所技术原因导致新药申报失败，研究所的行为构成根

---

① 参见河南省南阳市中级人民法院（2008）南民一终字第805号民事判决书。

② 参见最高人民法院（2013）民申字第718号民事裁定书。

本违约，合同解除。对研究所已交付涉案相应技术，合同解除后即使返还相关技术资料亦不得使其回复至未交付前的状态，受让方应根据诚信原则对本案合同履行期间知悉的药品原料与注射剂技术承担保密义务。

（四）旧物回收

旧物回收义务是本法编纂新增的内容。本法第9条规定："民事主体从事民事活动，应当有利于节约资源、保护生态环境。"本条体现了本法总则编中第9条所确定的绿色原则，具体到合同履行环节，绿色原则要求当事人应当遵循诚信原则，根据交易习惯履行节约资源、减少污染的义务，在合同终止后，当事人应履行旧物回收的义务。本法第625条亦规定："依照法律、行政法规的规定或者按照当事人的约定，标的物在有效使用年限届满后应予回收的，出卖人负有自行或者委托第三人对标的物予以回收的义务。"该项义务的设立与当前经济高度发达背景下商品高速流转、回收处理排放环境成本增加等因素息息相关。根据交易习惯确定旧物回收义务时，应当根据债权债务终止原因、法律法规要求、当事人约定、回收成本以及便利性等因素综合予以考虑。

（五）其他形式的后合同义务

本条对于后合同义务作了开放式的规定，未穷尽后合同义务的全部表现形式，因此，除列举情形外还可能有依据诚信原则或法律、行政法规规定产生的后合同义务。例如生活实践中，餐厅有代为保管顾客遗忘物品的义务；房地产买卖居间合同中居间方不得将在房屋买卖居间过程中知悉的买卖双方身份、电话或具体住址等信息泄露给合同以外第三方；等等。其他形式的后合同义务还可能包括注意义务、照顾义务、说明义务等。

【审判实践中应注意的问题】

一、应当注意违反后合同义务需承担法定责任

本法没有对违反本条规定的责任作具体规定，结合司法实践以及《合同法司法解释（二）》第22条关于“当事人一方违反合同法第九十二条规定的义务，给对方当事人造成损失，对方当事人请求赔偿实际损失的，人民法院应当支持”的规定，应认为违反后合同义务的责任是根据法律规定而产生的责任，不属于违约责任。因此，认定后合同责任时，首先，必须根据本条规定确定在债权债务终止后，当事人负有后合同义务。其次，当事人必须存在违反后合同义务的行为且造成对方当事人的实际损害。亦即认定后合同责任，须满足行为人主观上具有过错、有违反后合同义务的行为、产生损害后果以及行为与损害后果之间有因果关系等四项构成要件。需要注意的是，违反后合同义务的责任承担方式并不仅限于赔偿损失。司法实践中，人民法院可以根据受损害方的诉讼请求和案件的具体情况，例如是否存在继续履行的可能、造成的损失等，判定违反后合同义务的当事人承担实际履行、采取补救措施等其他责任。由于后合同义务系为了维护交易成果或者减少损失而要求当事人履行的法定强制性义务，且在社会生活中后合同义务的表现形式及内容较多，在认定时应当严格把握，尤其是对行为与损害后果的因果关系的认定，应当充分考虑损失的可预见性，即行为人对其违反义务的行为造成损失的可预见性，避免出现后合同责任过于严苛导致当事人权利义务失衡的状况。

二、应当注意后合同义务与合同义务的区分

实践中，当事人经常会在合同中约定合同终止后当事人负有的义务，例如竞业禁止义务、保密义务等。如果已经在合同中加以明确约定的义务，例如在售后维修义务场合，即使合同主给付义务履行完毕后，该义务的性质仍为合同义务，具体性质为从给付义务。申言

之，虽然产品交付和货款支付的合同主给付义务已经履行完毕，但是鉴于出售方对产品的售后维修之从给付义务尚未履行完毕，此时出售方的债务并未清偿完毕，出售方违反售后维修义务的，应当承担违约责任，而不能适用本条关于债权债务终止后的后合同义务的规定。再如，本法第568条第2款规定："当事人主张抵销的，应当通知对方。通知自到达对方时生效。抵销不得附条件或者附期限。"这里的通知义务发生在合同履行期间，属于附随义务的范畴，亦不应将该通知义务认定为后合同义务。

第五百五十九条 债权债务终止时，债权的从权利同时消灭，但是法律另有规定或者当事人另有约定的除外。

【条文主旨】

本条是关于债权的从权利随债权债务终止而消灭的规定。

【条文理解】

一、债权的从权利

（一）债权的产生及原因

债是民法上的基本概念，是指按照合同的约定或者依照法律的规定，在当事人之间产生的特定的权利和义务关系。债权是基于债的关系而发生的，请求特定人为特定行为的权利。享有权利的人是债权人，负有义务的人是债务人。债权人有权要求债务人按照合同的约定或者法律的规定履行义务。债权因债的产生而产生，按照本法的规定，债的产生原因主要有合同、不当得利、无因管理和侵权行为等，相应形成合同之债、不当得利返还之债、无因管理费用偿还之债和侵权损害赔偿之债等。

（二）从权利的产生及原因

根据权利的相互依赖关系，权利有主权利与从权利之分。主权利是指在相互关联的几项民事权利中，不依赖于其他权利即可独立存在的权利，也称独存权。从权利则是不能独立存在而从属于主权利的权利，又称附属权。本条规定的“债权”这一主权利是债权的从权利的基础与前提，债权的从权利依附于债权这一主权利而存在。按照我国台湾地区民法学者史尚宽先生的见解，“担保他权利之效力或为增大其效力，而附随之权利，谓之从权利。主权利者，对于从权利而言也。”[①]

（三）从权利的两种主要类型

一是用于担保债权履行的从权利。担保权利因物的担保、人的担保和金钱担保产生。本法第 387 条第 1 款规定：“债权人在借贷、买卖等民事活动中，为保障实现其债权，需要担保的，可以依照本法和其他法律的规定设立担保物权。”担保权利包括保证债权、抵押权、质权、留置权、定金债权等，均属于主债权的从权利。再如本法第 807 条规定的建设工程价款优先受偿权，也是为保护承包人的建设工程债权的实现所设立的一项法定权利，核心是保障承包人能够直接从建筑物的折价或变现中优先受偿工程价款，故相对于工程债权而言，工程价款优先受偿权属于从权利。[②]二是其他从属权利，包括利息债权、违约金请求权、损害赔偿请求权等。

二、从权利随主债权的消灭而消灭

由于从权利是从主权利派生出来的，故具有从属性和附随性。从权利在效力上必须依附于主债权，不得脱离主权利而单独存在。权利人既不能在转让主权利的情况下单独保留从权利，也不能在抛弃主权利的情况下单独享有从权利。从权利的附属性表现为从权利随主债权的转移而转移，也随主债权的消灭而消灭。

根据本法第 557 条第 1 款的规定，债权债务终止的情形包括：（1）债务已经履行；（2）债务相互抵销；（3）债务人依法将标的物提存；（4）债权人免除债务；（5）债权债务同归于一人；（6）法律规定或者当事人约定终止的其他情形。以上情形均可导致主债权债务终止，从而可能导致从权利消灭的法律后果。

---

① 史尚宽：《民法总论》，中国政法大学出版社 2000 年版，第 29 页。

② 王旭光：《建筑工程优先受偿权制度研究——〈合同法〉第 286 条的理论与实务》，人民法院出版社 2010 年版，第 105 页。

（一）债的履行与从权利的消灭

债的履行，即清偿，是指债务人依照法律规定或合同约定履行合同义务从而实现债权人全部债权，使债消灭的行为。债务人履行了债务，债权人的权利实现，债的目的达到，债即消灭，依赖于该主债权而存在的从权利在债务履行完毕时同时消灭。

（二）债务抵销与从权利的消灭

债务抵销即当事人双方相互负有相同种类的给付，将两项债务相互冲抵，使其相互在对等额内消灭。债务抵销一般可产生债权从权利随之消灭的法律后果。

（三）提存与从权利的消灭

提存即由于债权人的原因致使债务人不能按期偿还到期债务，债务人将标的物交付给特定提存部门或约定的第三人，从而使主债权消灭的行为。《合同法》规定的提存以清偿为目的，是主债权消灭的原因之一，故提存一般可产生从权利消灭的法律后果。

（四）债的免除与从权利的消灭

债的免除即债权人放弃债权，免除债务人部分或者全部债务，债权债务部分或者全部终止，致使债务人的债务消灭的民事法律行为。债的免除成立后，债务人不再负担被免除的债务，导致债权消灭，进而从属于债权的担保权利、利息权利、违约金请求权等也随之消灭。但是，对于债权人免除法律禁止其放弃的债务的，因其免除为无效行为，不发生主债权消灭的效果，故而也不导致其从权利的消灭。

（五）混同与从权利的消灭

混同，是指债权和债务同归一人，原则上致使债的关系终止的事实。混同包括概括承受与特定承受。概括承受使合同关系及其他债之关系绝对地消灭。在特定承受的情况下，狭义债的关系消灭，未让与债权和与之相对应的债务继续存在，未转让的债务和与之相对应的债权亦继续存在。债权的消灭，也使从权利如利息债权、违约金债权、担保权等归于消灭。[①]

（六）法律规定或当事人约定终止的其他情形与从权利的消灭

如债务更新情形下，因债的更新产生的附随效力为附从于原主债权的从权利也一并消灭，如原债权的质权、抵押权、留置权、保证等担保权。[②] 值得注意的是，本法在物权编担保物权分编也就担保物权的消灭问题作了相应的规定。根据本法第 393 条第 1 项的规定，主债权消灭的，担保物权消灭。

需要注意的是，本条规定是在“合同的权利义务终止”框架之下，因此本条所称的“债权的从权利”主要是指以合同债权的存在为前提的从权利。但是，基于本法第 468 条规定：“非因合同产生的债权债务关系，适用有关该债权债务关系的法律规定；没有规定的，适用本编通则的有关规定，但是根据其性质不能适用的除外。”本条所称的“债权的从权利”并不限于合同债权的从权利，而应理解包括非因合同产生的其他债权的从权利。

三、债权债务终止时从权利消灭的例外

债权债务终止的，从权利随主债权的消灭而消灭，是“从随主”的一般规则。上述规则的例外情形为法律另有规定的情形以及当事人另有约定的情形。由于从权利的成立，是按照当事人的合意，或者依照法律的规定而发生，因此，从权利的合同关系与主债权债务关系分属于两个不同的法律关系，从权利可以具有一定的独立性，依照法律规定或者当事人的约定，不依附于被担保的债权而单独发生效力，被担保的债权不成立、无效或者失效，对已经成立的担保权利不发生影响。例如本法第 388 条第 1 款规定：“设立担保物权，应当依照本法和其他法律的规定订立担保合同……担保合同是主债权债务合同的从合同。主债权债务合同无效，担保合同无效，但是法律另有规定的除外。”

---

① 魏振瀛主编：《民法》，高等教育出版社 2010 年版，第 418~419 页。

② 参见《法国民法典》第 1278 条、《日本民法典》第 518 条。

【审判实践中应注意的问题】

一、应当注意合同解除与从权利的关系

合同解除，是指合同当事人依照法律规定或者当事人的约定，依法解除合同效力的行为。本法第566条规定："合同解除后，尚未履行的，终止履行；已经履行的，根据履行情况和合同性质，当事人可以请求恢复原状或者采取其他补救措施，并有权请求赔偿损失。合同因违约解除的，解除权人可以请求违约方承担违约责任，但是当事人另有约定的除外。主合同解除后，担保人对债务人应当承担的民事责任仍应承担担保责任，但是担保合同另有约定的除外。"因此，仅在当事人合意解除或者约定解除条件成就时解除合同且溯及既往地消灭债之关系，恢复到合同订立前的状态时，从权利才跟随债的消灭而消灭。如果主合同是因违约而解除的，则担保合同的权利义务并不终止，担保权利自然也不因合同解除而消灭。

二、应当注意债权转让与债权消灭

债权消灭，指债的关系在客观上已不复存在，而债权转让是指在不改变原债权合同的情况下，债权人将债权转让至第三人，第三人取代原债权人成为原合同关系中的新债权人。在最高人民法院（2018）最高法民申1397号案中，民生银行广州分行、瑞霖公司及腾航公司签订债权转让合同，约定将民生银行广州分行对腾航公司的债权转让给瑞霖公司，瑞霖公司向民生银行广州分行支付4亿元转让款。法院认为，瑞霖公司并非原合同的债务人，其支付4亿元亦非清偿债务，而是支付取得原合同债权的对价，故其行为属于债权转让，而非债权消灭。[①]因此，在债权转让的情形下，应当遵循的规则是"从权利随主债权的转让而转让"，具体指根据本法第547条第1款的规定，债权人转让债权的，受让人取得与债权有关的从权利，但是该权利专属于债权人自身的除外。

---

① 参见最高人民法院（2018）最高法民申1397号案民事裁定书。

第五百六十条 债务人对同一债权人负担的数项债务种类相同，债务人的给付不足以清偿全部债务的，除当事人另有约定外，由债务人在清偿时指定其履行的债务。

债务人未作指定的，应当优先履行已经到期的债务；数项债务均到期的，优先履行对债权人缺乏担保或者担保最少的债务；均无担保或者担保相等的，优先履行债务人负担较重的债务；负担相同的，按照债务到期的先后顺序履行；到期时间相同的，按照债务比例履行。

【条文主旨】

本条是关于债的清偿抵充顺序的规定。

【条文理解】

本条是就当债务人的给付不足以清偿其对同一债权人所负担的数项相同种类的全部债务时，就债的清偿抵充方法和清偿抵充顺序所作的规定。债的清偿抵充问题，长期以来一直是人民法院民商事审判实践中的一个难点问题。《民法通则》和《合同法》对债的抵销制度作出规定，但对债的清偿抵充制度没有明确规定，导致人民法院面对一个债务人对同一个债权人负担数项同种类债务，在给付不足以清偿全部债务并且没有约定的情形时，清偿顺序如何确定这一问题陷入无法可依的窘境。而现实生活中，经常会出现债务人对同一债权人负担的数项同种类债务中，有的已届履行期限，有的尚未到期；有的附设担保，有的未设定担保；有的附有利息，有的未附利息等诸多复杂情形。当债务人对债权人的给付不足以清偿全部债务时，如何认定债务人已经为的给付，到底清偿的是哪项债务，极易产生争议。而清偿顺序不同，将有可能影响债务利息的有无和多少。因此，当出现债务人的给付不足以清偿所有债务时，究竟清偿的是哪一笔债务，关涉债权人与债务人的利益甚巨，由此产生了债的清偿抵充方法和清偿抵充顺序如何妥善处理的规范需求。不仅如此，债的清偿抵充顺序问题还可能涉及第三人（如担保人）的利益，故更有详加规范的必要。鉴于《民法通则》和《合同法》对于这一重要问题存在立法漏洞，为规范各级人民法院关于债的清偿抵充方法和抵充顺序的法律适用标准，最高人民法院于2009年4月24日发布《合同法司法解释（二）》，于第20条就合同债务的清偿抵充方法和清偿抵充顺序的问题专门作出规定，一定程度上填补了《民法通则》和《合同法》的立法空白。十多年来的民商事审判实践证明，《合同法司法解释（二）》第20条既充分吸收了大陆法系国家关于债的清偿抵充的先进立法经验，符合现代债法的立法潮流和理念，也较好地契合了我国经济社会的本土环境和发展趋势。本次《民法典》编纂，立法机关将上述司法解释条文正式吸纳入本法使之升格为法律条文，规定于本法第三编第七章合同的权利义务终止中。以上内容，即为本条的立法出来。相较于《合同法司法解释（二）》第20条，本条除了在文字表述上作了若干调整（将“抵充”调整为“履行”）以外，主要是针对债的清偿抵充方法在原司法解释规定的“约定抵充”和“法定抵充”两种方法的基础上，新增一种清偿抵充方法即“指定抵充”。

一、清偿抵充的概念

所谓清偿抵充，是指债务人对于同一债权人负担数项同种类债务，或负担同一项债务而约定数次给付时，如果债务人的给付不足以清偿其全额债务，约定、指定给付抵充某项债务的制度。[①] 关于清偿抵充的概念，我国台湾地区民法学者史尚宽先生认为：“抵充谓债

① 史尚宽：《债法总论》，我国台湾地区荣泰印书馆1978年版，第752页。

务人对于同一债权人负担数宗债务而其给付之种类相同，如为清偿提出之给付不足清偿全部债额时，指定以其给付应抵充某宗债务。”[①]关于债的清偿抵充，大陆法系国家和地区普遍作出规定。[②]受法条文本所在国家或地区所用语言的影响，我国学者在相关法条译介为中文时，或译为“指定清偿/清偿的指定”[③]，或译为“抵充/算入”[④]，或译为“数项债务时债务的抵充/将给付算入两项以上债权”[⑤]，或译为“清偿的抵充/存在数个以同种给付为标的之债务时之抵充/以同种给付为标的的债务有数个时的抵充”。[⑥]无论对相关外国及地区条文如何翻译，学界通说认为，给付是债的履行的一种形式，而清偿则是给付的结果；从合同之债的效力上而言，履行是合同义务，从债务人的行为上而言，给付是行为（作为）的一种类型。抵充，则是给付之后约

① 史尚宽：《债法总论》，我国台湾地区荣泰印书馆1978年版，第752~753页。

② 参见《法国民法典》原第1256条（现第1342-10条）、《德国民法典》第366条第2款、《瑞士债法典》第87条、《日本民法典》原第489条（现第488条），我国台湾地区“民法”第322条。

③ 罗洁珍教授将《法国民法典》原第1256条中的法文“Imputation des paiements”翻译为“指定清偿”参见《法国民法典》，罗洁珍译，中国法制出版社1999年版，第308页。李浩培团队针对前述法文短语则翻译为“清偿的指定”。参见《法国民法典》，李浩培等译，商务印书馆1979年版，第169页。

④ 针对《德国民法典》第366条中的德文“Anrechnung”，杜景林、卢谌两位学者将之翻译为“抵充”，我国台湾地区台湾大学法律学院和台大法学基金会德国民法编译委员会亦将该德文词语编译为“抵充”，陈卫佐教授则翻译为“算入”。参见《德国民法典》，杜景林、卢谌译，中国政法大学出版社1999年版，第79页；我国台湾地区台湾大学法律学院、台大法学基金会编译：《德国民法典》，北京大学出版社2016年版，第346页；陈卫佐译注：《德国民法典》，法律出版社2010年版，第146页。

⑤ 针对《德国民法典》第366条的条名“Anrechunug der Leistung auf mehrere Forderungen”，郑冲、贾红梅两位学者将之翻译为“数项债务时债务的抵充”，我国台湾地区台湾大学法律学院和台大法学基金会德国民法编译委员会将之翻译为“数宗债权给付之抵充”，陈卫佐教授翻译为“将给付算入两项以上债权”。参见《德国民法典》，郑冲、贾红梅译，法律出版社1999年版，第72页；我国台湾地区台湾大学法律学院、台大法学基金会编译：《德国民法典》，北京大学出版社2016年版，第346页；陈卫佐译注：《德国民法典》，法律出版社2010年版，第146页。

⑥ 针对《日本民法典》原第489条（现第488条）的条名，学者王书江将之翻译为“清偿的抵充”，学者王融擎将之翻译为“存在数个以同种给付为标的之债务时之抵充”，刘士国、牟宪魁、杨瑞贺三位学者将之翻译为“以同种给付为标的的债务有数个时的抵充”。参见《日本民法典》，王书江译，中国人民公安大学出版社1999年版，第88页；王融擎编译：《日本民法条文与判例》（上册），中国法制出版社2018年版，第410页；《日本民法2017年大修改》，刘士国、牟宪魁、杨瑞贺译，中国法制出版社2018年版，第119页。

定、指定或者法定等特定债务消灭的后果。

二、清偿抵充的构成要件

关于清偿抵充的构成要件，依学术通说，可归纳如下：[①]

（一）须债务人对于同一债权人负担数宗债务

债务人对同一债权人如仅负担一项债务，则债务人之清偿系对该债务为之，不产生如何抵充之问题。唯有基于不同之原因所生数宗债务，债务人提出的给付不足以清偿全部债务时，始有抵充可言。此所谓数宗债务，不问自始即发生于债权人与债务人之间，抑或嗣后由他人承担而来，均得适用。即使就一宗债务而约定分期清偿之数期给付，亦适用抵充之规定。

（二）须数宗债务之给付种类相同

债务人所负债务如以不同种类之给付为标的，则债务人提出之给付为何种类，即依其给付之性质定其所欲清偿之债务。例如债务人负有给付稻谷100斤的债务及给付面粉100包的债务，债务人如给付面粉50包，应当认定为是抵充所负给付面粉的债务，无从以之抵充稻谷债务。故须数宗债务之给付种类相同，方发生抵充的问题。例如订购某书60册，后再追加订购40册，当出卖人仅有30册的库存时，即发生究竟系抵充原来债务抑或追加债务的问题。

（三）须债务人提出之给付不足清偿全部债务

债务人提出之给付如足以清偿全部债务，则全部债务因清偿而消灭，即无抵充可言。唯有清偿人提出的给付不足清偿全部债务，始发生究竟应抵充何宗债务的问题。

三、清偿抵充的方法及方法适用的顺序

本法参酌大陆法系相关国家和地区的立法经验，将债的清偿抵充方法设定为三种类型：约定抵充、指定抵充和法定抵充。按照合同法

① 关于清偿抵充的构成要件，主要参考孙森焱：《民法债编总论》，法律出版社2006年版，第868~869页。

上的通说见解，抵充可以划分为意定抵充和法定抵充两种方式。意定抵充，即根据当事人的意思决定的抵充，又可进一步细分为合意抵充与指定抵充。合意抵充，系根据当事人的合意决定的抵充，又称合同抵充。当事人的约定即使与法律的规定不同，亦属有效。[①] 指定抵充，即由一方当事人指定的抵充。清偿人在为给付时，可以向清偿受领人作出意思表示，指示其清偿所要抵充的债务。之所以如此，是因为在债的关系中清偿人本已处于弱势地位，故赋予其指定权，有利于保护其利益，而且也与清偿抵充及清偿人的本来意图相一致。[②] 抵充指定权原则上归属于债务履行人，债务履行人不为指定时，视为放弃抵充指定权，此时即应当适用法定抵充的方法。法定抵充，即由法律规定的抵充。法律所规定的抵充顺序，意在补充当事人意思之不完备，仅在欠缺当事人意定抵充的场合，才有法定抵充的适用。

本条第 1 款规定了约定抵充和指定抵充两种抵充方法，第 2 款则是关于法定抵充的规定。由此可知，本法针对由同一债务人所负担的种类相同的数项债务所确定的抵充方法的适用顺序为：约定抵充优先，指定抵充次之，最后才是法定抵充。

四、适用法定抵充的抵充顺序

纵观大陆法系国家及地区关于法定抵充的规定，大体遵循“债权人利益优先，兼顾债务人利益”的立法原则。之所以采取债权人利益优先的做法，是因为如果在缺乏当事人明确意思（约定抵充 / 指定抵充）的情况下，倘若允许任意抵充，债权人的实体权利极易受到损害。例如两笔债权，一笔先届时效，另一笔后届时效，采用法定抵充的方式时，当然应当优先抵充先届时效的债务。否则，债务人事后声称抵充的是后一笔债务，则前一笔债务即因罹于时效成为自然之债，而只能由债权人自力救济。进而，一旦涉及有担保人的责任则更加凸

① 《合同法司法解释（二）》第 20 条以但书的方式对合意抵充优先于法定抵充予以确认，该但书规定：“但是，债权人与债务人对清偿的债务或者清偿抵充顺序有约定的除外。”

② 韩世远：《合同法总论》，法律出版社 2018 年版，第 428 页。

显任意抵充的弊端。鉴此,《德国民法典》第366条第2款规定:“债务人未指定者,清偿顺序如下:届清偿期者;均届清偿期者,提供于债权人之担保较少者;担保相同时,债务人负担较重者;负担相同时,成立在先者;同时成立者,各债务依比例受清偿。”[①]《日本民法典》第488条规定:“清偿人及受领清偿之人均未作出第一款或第二款规定之指定时,按下列各项之规定,抵充其清偿:一、债务中存在有清偿期者和无清偿期者,先抵充有清偿期者。二、全部债务均有清偿期时,或均无清偿期时,先抵充对债务人清偿利益较多者。三、对债务人清偿利益相等时,先抵充清偿期先到来者或应先到来者。四、前两项所列事项相等之债务,其清偿按各债务之金额抵充。”[②]我国台湾地区“民法”第322条规定:“清偿人不为前条之指定者,依左列之规定,定其应抵充之债务:一、债务已届清偿期者,尽先抵充。二、债务均已届清偿期或均未届清偿期者以债务之担保最少者,尽先抵充;担保相等者,以债务人因清偿而获益最多者,尽先抵充;获益相等者,以先到期之债务,尽先抵充。三、获益及清偿期均相等者,各按比例,抵充其一部。”[③]

根据本条第2款的规定,适用法定抵充的方法进行抵充时,对数个相同种类债务的抵充顺序如下:

(一)几项债务中有履行期限界至的债务的,优先履行已到期的债务

债务人对同一债权人所负担的数项相同种类债务中,既有履行期已届至的债务,也有履行期未届满的债务。对于债务履行期到期的,应当优先清偿,或者说应当尽先抵充。对此,我国台湾地区民法学者孙森焱先生认为,“盖债务既未届清偿期,则除非清偿人指定其应抵充之债务,否则以已届清偿期之债务尽先抵充,始符合当事人本意,

① 此处法条内容主要参考我国台湾地区台湾大学法律学院、台大法学基金会编译:《德国民法典》,北京大学出版社2016年版,第347页。

② 此处法条内容主要参考王融擎编译:《日本民法条文与判例》(上册),中国法制出版社2018年版,第411页。

③ 此处法条内容参见许宗力、王文宇、黄荣坚、詹森林编撰:《月旦简明六法》,我国台湾地区元照出版有限公司2015年版。

且于债务人有利。盖已届清偿期之债务若不尽先清偿，债务人即须负迟延责任也”。[①]

（二）几项债务的履行期均到期的，则按照如下抵充顺序履行

第一，缺乏担保或者担保最少的债务，优先履行。具体而言，债务未设定担保的，应当优先于设定担保的债务履行（抵充）；债务虽然均设定担保，担保如果有多少之分，则担保最少的债务应当优先履行。

第二，均无担保或者担保均相同的债务，以债务人负担较重的债务优先履行。如果数项债务均无担保或者虽设定担保，但各项债务所设定担保均相同，则应当以债务人因清偿而获益最多者优先履行或者说尽先抵充，此系出于为债务人自身利益考量而计。所谓“债务人负担较重的债务”，可举数例加以理解：利率较高的债务相较于利率较低的债务，属于负担较重的债务：约定违约金的债务相较于未约定违约金的债务，属于负担较重的债务；个人债务相较于连带债务，属于负担较重的债务。其原因在于，连带债务的债务人如因清偿债务，致其他债务人免除清偿责任，其有权向其他债务人行使求偿权，以弥补其为其他债务人本应分担的债务所为的给付。而如果抵充的债务系个人债务则不发生求偿的问题，自然较为简便，优先抵充于债务人也较为有利。另外，有执行依据的债务相较于无执行依据的债务，属于负担较重的债务。其原因在于，有执行依据的债务意味着债务嗣后将进入强制执行阶段，债务人如果拒绝履行，将产生迟延履行利息、罚息、被列入失信被执行人名单等后果，严重者甚至会被以拒不履行生效判决罪依法追究刑事责任，故于债务人而言，有执行依据的债务的负担显然高于无执行依据的债务负担。

第三，债务人负担相同的债务，按照债务到期的先后顺序履行。债务履行期均未届履行期，各债务负担均相同的，则应以先到期的债务优先履行。进一步要说明的是，对于未定履行期的债务，由于该债务发生的同时已届履行期，故应当以发生债之关系的时间先后顺序确

① 孙森焱：《民法债编总论》，法律出版社2006年版，第870~871页。

定哪一项债务应优先履行。

第四，债务人负担均相同，且履行期均同时届至的债务，根据各项债务所负担的债务数额按比例履行。

综上所述，在适用法定抵充方法进行清偿时，抵充的顺序为：（1）已到期的债务；（2）债务均到期的，没有担保的债务；（3）债务均到期的，担保最少的债务；（4）债务均到期的，债务人负担较重的债务；（5）债务均未到期的，先到期的债务；（6）以上情况均相同，到期时间也相同的债务，则按债务比例履行。由此可知，本条规定贯彻了以债权人利益优先、兼顾债务人利益的立法原则，此项立法原则既符合国际立法潮流与理念，亦契合我国市场经济的客观实际。

【审判实践中应注意的问题】

第一，关于约定抵充的方式，对默示约定抵充抑或默示指定抵充的意思探明。按照合同自由原则，债务人与债权人可以通过订立债务抵充合同的方式约定债务的具体抵充方式和范围。当然，关于债务抵充合意的形式，不以书面为限，以口头方式达成抵充合意，甚至以默示方式达成抵充合意，均为法律所允许，此乃合同自由原则的题中应有之义。同时，鉴于债务人也可以默示的方式进行指定抵充，故在具体案件审理过程中，法官应当根据案件的具体事实，准确探求当事人的真实意思，判断待决纠纷中究竟是在债务人与债权人之间达成默示的约定抵充合意，还是仅系债务人单方以默示方式行使指定抵充权。

第二，关于债务人指定抵充的限制。对于债务人就其债务除了本金之外，尚须支付利息和实现债权的有关费用的场合，如果债务人的给付不足以消灭全部债务，其抵充的顺序根据本法第561条的规定，依次应当是实现债权的有关费用、利息、主债务。对于上述抵充顺序，允许当事人通过达成约定抵充的方式予以变更。倘若当事人没有达成约定抵充的合意，债务人在履行时如果作出与本法第561条规定所不同的指定抵充顺序，应当认为其的指定不发生所欲实现的法律后果。

第五百六十一条 债务人在履行主债务外还应当支付利息和实现债权的有关费用，其给付不足以清偿全部债务的，除当事人另有约定外，应当按照下列顺序履行：

（一）实现债权的有关费用；

（二）利息；

（三）主债务。

【条文主旨】

本条是关于债务人除主债务之外还应当支付利息和费用，而其给付不足以清偿全部债务时，债的抵充顺序如何确定的规定。

【条文理解】

本条规定源自《合同法司法解释（二）》第21条的规定："债务人除主债务人之外还应当支付利息和费用，当其给付不足以清偿全部债务时，并且当事人没有约定的，人民法院应当按照下列顺序抵充：（一）实现债权的有关费用；（二）利息；（三）主债务。"本次《民法典》编纂，立法机关除对上述司法解释条文作了个别文字调整以外，基本沿用了上述司法解释条文的规定。事实上，关于费用、利息、主债务三者之间的清偿顺序问题，在《合同法司法解释（二）》出台之前，《担保法司法解释》第64条已作出类似规定。[①]本次《民法典》编纂，立法机关针对债务人除主债务之外还应当支付利息和费用，当

① 《担保法司法解释》第64条规定："债务履行期届满，债务人不履行债务致使抵押物被人民法院依法扣押的，自扣押之日起抵押权人收取的由抵押物分离的天然孳息和法定孳息，按照下列顺序清偿：（一）收取孳息的费用；（二）主债权的利息；（三）主债权。"

其给付不足以清偿全部债务时如何确定债的抵充顺序的问题，广泛借鉴了相关大陆法系国家和地区的相关规定，举起要者：《意大利民法典》第1194条规定："没有债权人的同意，债务人不得将给付冲抵成本，而应当冲抵利息或者费用。在还本付息时，应当将给付先冲抵利息。"《德国民法典》第367条第1款规定："除主给付外，债务人尚须支付利息及费用者，给付不足清偿全部债务时，应先抵充费用，其次抵充利息，最后抵充主给付。"[①]《日本民法典》第489条第1款规定："除本金外，债务人就一个或数个债务应支付利息及费用之情形（债务人负担数个债务之情形，限于对同一债权人负担以同种给付为标的之数个债务），清偿人所作之给付不足以使其债务全部消灭时，应依费用、利息及本金之顺序抵充之。"[②]我国台湾地区"民法"第323条亦有类似规定："清偿人所提出之给付，应先抵充费用，次充利息，次充原本。"之所以上述域外规范就实现债权的费用、利息、主债务（主给付/本金）的抵充顺序的规定大同小异，系因为人们普遍认为，费用为债权人一时之支出，故应当最先抵充；利息为债权人预计的收益，故也应优先于主债务而抵充。

债的清偿抵充，如果在债务人与债权人之间达成抵充的合意，则由当事人意思自治即可。在不存在约定抵充的情况下，根据本法第560条第1款后段的规定，则由债务人指定抵充。进一步，在约定抵充和指定抵充均不存在的场合，应当依照本法第560条第2款的规定适用法定抵充，以弥补当事人意思的不足。需强调的是，实现债权的费用、利息和主债务的抵充顺序应当依照本条规定予以确定，不允许债务人为相反的指定。债务人在指定抵充时，如作出与本条规定的清偿抵充顺序相反的指定，不产生债务人所期待发生的法律效力。另应注意的是，本条规定虽然排斥债务人在指定抵充过程中作出与本条相

① 此处法条表述主要参考我国台湾地区台湾大学法律学院、台大法学基金会编译：《德国民法典》，北京大学出版社2016年版，第347页。

② 此处法条表述主要参照王融擎编译：《日本民法条文与判例》（上册），中国法制出版社2018年版，第412页。

反的规定，但是本条并非强制性规定。亦即如果债务人与债权人另行针对实现债权的费用、利息和主债务的抵充顺序事宜达成合意，则应从其约定，此乃尊重当事人意思自治的应有之义。

关于“实现债权的费用”，应当理解为为实现债权而支出的必要费用。费用发生的原因，既可以是自力实现债权，也可以是借助国家公权力实现债权。关于实现债权的费用，较为常见者如包装费、汇费、登记费、公证费、通知费、税捐、取得执行名义的费用、执行费用等。[①]

关于“利息”，应当以已经产生的利息为限，始发生优先抵充的问题。利息，包括约定利息和法定利息，即使是迟延履行利息也包括在内。涉及利息清偿，各级人民法院在审判过程中应当注意与《民间借贷规定》第 26 条、第 29 条有关借款利率的规定精神保持一致，特别是应当严格遵循《最高人民法院关于依法妥善审理民间借贷案件的通知》（法〔2018〕215 号）就利率问题所强调的“依法严守法定利率红线。要从严把握法定利率的司法红线。对于各种以‘利息’‘违约金’‘服务费’‘中介费’‘保证金’‘延期费’等突破或变相突破法定利率红线的，应当依法不予支持”的裁判精神。

【审判实践中应注意的问题】

一、关于给付种类的问题

如前所述，只有在同一债务人对同一债权人负担数项种类相同的债务时，始产生债务清偿抵充的问题。因此，审判实践中适用本条规定时，要注意实现债权的费用、利息与主债务是否属于给付种类相同之债，例如借用稻谷而以金钱支付利息，因返还稻谷之债与清偿利息之债不属于相同种类的债务，故当债务人提出以稻谷清偿债务时，唯

① 邱聪智：《新订民法债编通则》（下），中国人民大学出版社 2004 年版，第 458 页。

能抵充主债务，于此情形，不适用本条规定。

二、数项债务的抵充问题

适用本条规定时，还要注意的是本条规范的情形并不限于同一债务人对同一债权人仅负担一项债务，即使是同一债务人对同一债权人负担数项相同种类的债务，也在本条的涵义射程范围内。由此便产生如何协调本条与本法第560条的问题。具体而言，同一债务人对同一债权人所负担的数项种类相同的债务，如果各项债务均产生利息或实现债权之费用，究竟是应当先抵充所有各项债务之费用（即实现债权的费用），再抵充各项债务之利息，最后再抵充全体主债务？还是应当依照本法第560条的规定，先确定应当优先抵充的债务，在该应优先抵充的债务中按照本条规定的抵充顺序依次抵充该笔债务实现的费用、相应利息和该笔债务，抵充后如有剩余，再抵充次项债务的费用、利息和该次项债务，依此类推？我们认为，在一项债务附有利息，另一项债务附有费用时，应当不问各项债务的履行期是否已经届满，仍应当在各项债务的清偿过程中先清偿实现债权的费用，次清偿利息，最后才适用债务人指定抵充或法定抵充的规定抵充债务。原因在于，在指定抵充场合，倘若债务人先对履行期未届满的债务指定抵充，势必导致履行期已届满之债务的实现费用、利息和该项债务只能抵充在后，有失公平至为明显。关于此，我国台湾地区学者邱聪智先生认为："指定抵充之适用，虽在法定抵充之先，惟第323条规定，于原本、利息、费用之不同性质债务，须先充费用、次充利息、再冲原本。此为保护债权人利益之规定，与指定抵充规范目的尚有不同，解释上指定抵充应受第323条之限制。因此，所谓优先适用者，应以同为原本债务之抵充，或利息债务之抵充，或费用债务之抵充为限。”① 而在法定抵充场合，倘若先抵充履行期届满的主债务，再抵充他项履行期未届满的债务中的费用、利息，则无疑与本条规定的抵充顺序明显相悖。但应予指出的是，本条规定并非强制性规范，因此，如果债权人和债务人对前述问题的抵充顺序作有专门约定的，则应按照双方的抵充合意来进行抵充。② 进一步，我们认为，如果债务人提出的给付不足以清偿对同一债权人所负担的各项债务的费用或利息时，在各项债务的费用之间（即实现债权的费用），在各项债务的利息之间所分别成立的费用之债、利息之债，在无法适用意定抵充的情况下，仍然应当按照本法第 560 条第 2 款关于法定抵充规定的顺序进行抵充。③ 对此，《日本民法典》第 489 条第 2 款的规定可供参考，根据该款规定，“前款之情形，所作之给付不足以消灭费用、利息或本金中任意一者之全部时，准用前条之规定。”④

---

① 邱聪智：《新订民法债编通则》（下），中国人民大学出版社 2004 年版，第 460 页。我国台湾地区“民法”第 321 条规定：“对于一人负担数宗债务而其给付之种类相同者，如清偿人所提出之给付，不足清偿全部债额时，由债务人于清偿时，指定其应抵充之债务。”第 322 条规定：“清偿人不为前条之指定者，依左列之规定，定其应抵充之债务：一、债务已届清偿期者，尽先抵充。二、债务均已届清偿期或均未届清偿期者以债务之担保最少者，尽先抵充；担保相等者，以债务人因清偿而获益最多者，尽先抵充；获益相等者，以先到期之债务，尽先抵充。三、获益及清偿期均相等者，各按比例，抵充其一部。”第 323 条规定：“清偿人所提出之给付，应先抵充费用，次充利息，次充原本；其依前二条之规定抵充债务者亦同。”

② 关于此，我国台湾地区如下三则判例可资参照：1930 年上字第九八九号判例认为：“债务人对于同一债权人负有原本及利息数宗债务，苟其给付不足清偿全部债务，除经债权人同意，得先充原本后冲利息外，应先充利息后冲原本，不许债务人仅以一方之意思予以变更。”1938 年上字第三二七〇号判例认为：“‘民法’第三百二十三条并非强行规定，故其所定费用、利息及原本之抵充顺序，得以当事人之契约变更之。”1953 年台上字第四五二号判例认为：“债务人对于同一债权人负有原本及利息数宗债务，苟其给付不足清偿全部债务，除经债权人同意，得先冲原本，后冲利息外，应先充利息后冲原本，不许债务人仅以一方之意思予以变更。”

③ 关于清偿抵充的限制，我国台湾地区民法学者郑玉波教授针对台湾地区“民法”第 321 条至第 323 条（类似本法第 560 条、第 561 条）的理解有精辟论述，可供参考。参见郑玉波著、陈荣隆修订：《民法债编总论》，中国政法大学出版社 2004 年版，第 498~499 页。

④ 此处所指“前条”，即《日本民法典》第 488 条关于“存在数个以同种给付为标的之债务时之抵充”的规定：“清偿人及受领清偿之人均未作出第一款或第二款规定之指定时，按下列各项之规定，抵充其清偿。一、债务中存在有清偿期者和无清偿期者，先抵充有清偿期者。二、全部债务均有清偿期时，或均无清偿期时，先抵充对债务人清偿利益较多者。三、对债务人清偿利益相等时，先抵充清偿期先到来者或应先到来者。四、前两项所列事项相等之债务，其清偿按各债务之金额抵充。”

第五百六十二条 **当事人协商一致，可以解除合同。**

当事人可以约定一方解除合同的事由。解除合同的事由发生时，解除权人可以解除合同。

【条文主旨】

本条是关于约定解除合同的规定。

【条文理解】

合同解除是合同履行过程中较为常见的一种合同权利义务关系终止的情形，旨在解决有效成立的合同提前终止的问题。合同解除事关当事人权利义务的终止与清算，形成权、抗辩权的产生与援用以及违约责任的承担与免除等，在合同法中有着十分重要的作用和地位。合同解除与合同无效、撤销等制度，各有其特定的规范作用和适用范围，共同有机组成合同效力消灭的体系。合同的解除与违约责任有着密切关系，常与恢复原状、赔偿损失等违约责任形式相随，但合同解除本身不是违约责任形式，本法第 179 条规定的承担民事责任方式，并不包括合同解除。

一、合同的约定解除概述

合法、有效的合同应当尽可能使之存续，直至当事人履行完毕。然而，合同缔结后于实际履行过程中，难免出现一方当事人出于各种原因违反合同义务，或是出现不可预见的情形，导致合同履行难以为继。当上述情形对合同目的的实现产生实质性影响，倘若任由合同继续拘束当事人，可能会给当事人造成不必要的损失，亦不符合市场资源配置的效率原则，故法律赋予当事人约定解除合同的权利。《合同法》第93条规定："当事人协商一致，可以解除合同。当事人可以约定一方解除合同的条件。解除合同的条件成就时，解除权人可以解除合同。"该规定为本法本条所继受，仅在个别用词上略作变动。本条规范意旨在于宣示合同自由包含解除合同的自由。[①]当事人有订立合同的自由，在未涉及第三人利益时，也应当享有解除既有合同的自由。约定解除合同是对合同当事人意思自治的维护，旨在最大限度地鼓励当事人通过沟通、协商或事先约定合同解除事由的方式来解决合同履行中可能出现的各种主观、客观障碍，使当事人能够从合同的拘束中及时解脱出来，实现市场资源的有效再配置。

二、合意解除与约定解除权

根据本条规定，合同的约定解除可分为合意解除与约定解除权两种情形，分别对应本条第1款和第2款。其中，合同成立并生效后，在未履行或者未完全履行之前，合同当事人通过协商解除合同，使合同效力归于消灭的称为合意解除。合意解除，又称协商解除，其实质是在原合同当事人之间成立一个新的合同，该新合同的目的在于解除当事人原先订立的合同关系，使基于原合同发生的债权债务关系归于消灭。因合意解除是以一个新合同来解除原先订立的合同，与通过行使约定解除权来解除合同没有关系。因此，民法学说又将"解除合意"称为"解除合同"或"反对合同"，从而使之与约定解除权相区别。[②]

合意解除是当事人协商一致的结果，不同于本条第2款规定的约定解除情形，其无需履行通知程序。因合意解除系以合同的形式进行，因而同样需具备合同的生效要件，如意思表示真实，不违反法律、行政法规的强制性规定以及不违背公序良俗等。合同经合意解除后，原合同关系遂终止，当事人既无权依据原合同向合同对方当事人

① 朱广新：《合同法总则研究》（下册），中国人民大学出版社2018年版，第607页。
② 王家福主编：《中国民法学·民法债权》，法律出版社1991年版，第364页。

主张权利，也无须再按照原合同约定履行义务。需要指出的是，如果当事人仅达成一致同意解除原合同的合意，但对于合同解除的后果未能达成一致意见的，也不能产生合意解除合同的法律效果。在合意解除的情况下，是否恢复原状、是否发生溯及既往的效力以及是否发生赔偿损失责任等问题，均需要合同当事人协商处理。如果当事人双方在合意解除时没有对诸如违约赔偿等问题作出约定，当事人在合意解除后还能否主张违约责任？有的观点认为，合意解除是当事人意思协商一致的结果，解除协议中若没有对赔偿损失等事项作出明确约定，也没有其他证据证明当事人之间有相关约定的，应视为没有约定。合同解除后一方当事人又请求赔偿损失的，一般不予支持。对此，我们认为，赔偿损失请求权的放弃与当事人权益休戚相关，应予明示，解除合同合意中未就附带产生的赔偿损失问题作出约定，不能当然视为当事人放弃对赔偿损失主张权利。合同没有达到实质性违约的程度，但如果各方均一致同意解除合同，法律自无禁止必要，但解除的原因仍然有可能是基于一方或双方的违约，故即使双方在达成解除合同的合意时，没有就各自或一方的赔偿问题作出专门约定，也不宜认为当事人事后向法院或仲裁机构提出的索赔主张，一概不应得到支持。特别是，合同解除后，各方当事人还可能履行必要的返还财产义务，在返还和受领过程中不排除出现财产损失的情形，这种情形并非不可预见，故即便在此前达成的解除合同的合意中没有对此风险作出约定或安排，也不能据此认为当事人已经当然地放弃了由此产生的赔偿损失请求权。

约定解除权，是指当事人以合同条款的形式，在合同成立以后未履行或未完全履行之前，由一方当事人在约定解除合同的事由发生时享有解除权，并据此通过行使解除权，使合同关系归于消灭。按照合同自由原则，当事人因协商一致而缔结合同，也有权对解除合同的事由作出约定。本法对约定解除权作出规定，符合合同自由原则。约定解除权与合意解除共同构成合同约定解除的完整内容。因约定解除权是由合同双方当事人在合同中事先约定合同履行期间可能发生的解除合同的事由，故其不同于附解除条件合同中的解除条件。在附解除条件的合同中，合同自解除条件成就时起即失去效力，无须当事人发出解除合同的意思表示。反观约定解除权，因其属形成权，故必须通过以需受领的意思表示为要素的单方法律行为行使之。[①]亦即，约定解除权所关注的是当事人的解除权是否产生，故在解除合同的事由发生时，合同并未即时失去效力。倘若享有合同解除权的当事人不行使解除权，合同效力依然如故，不受影响。只有在解除权人向合同对方当事人发出解除合同的意思表示且到达对方当事人时，合同效力才能归于消灭。此与附解除条件的合同在所附条件成就时，合同效力当然归于消灭判然有别，不可不察。

约定解除权的行使方式不论明示或默示均无不可，但单纯的沉默不得认为系解除权的行使。约定解除权作为民事权利，当事人可以放弃行使。当解除事由出现时，解除权人在一定的期限内不积极行使解除权，则合同继续有效，或者解除权人的行为使另一方当事人有正当理由信赖其不再行使解除权而愿意继续履行合同的，应视为双方以实际行为变更了合同解除权的约定，一方当事人享有的约定解除权相应消灭。约定解除权的行使欲发生解除合同的效果，须经法定程序，具体而言：当事人以通知方式解除合同的，于合同相对方了解通知或通知到达相对方时发生效力。而且，通知解除的意思表示不得撤销，若非如此，则合同法律关系易陷于反复不安定的状态，势必令合同对方当事人无所适从，不利于相对方当事人利益的保护。当事人以提起诉讼的方式主张解除合同的，人民法院对该主张经审理予以确认，合同溯及自起诉状副本送达对方时解除。

三、本条第 2 款相比《合同法》第 93 条在表述上的变化

根据本条第 2 款的规定，当事人可以约定解除合同的“事由”，相比《合同法》第 93 条第 2 款关于当事人约定解除合同的“条件”，

① 韩世远：《合同法总论》，法律出版社 2011 年版，第 521 页。

在表述上有所区别。立法者改采“事由”一词而弃用《合同法》第93条第2款中的“条件”有其用意，详析如下：

其一，约定解除合同与附解除条件的合同系两种性质不同的制度，但因为均使用“合同”“条件”“解除”等词，审判实践中极易造成理解上的混乱。本次《民法典》编纂，使得合同约定解除权与本法第158条所规定的附解除条件的民事法律行为，以及《合同法》第45条第1款所规定的附解除条件的合同等概念，从字面含义上更好地加以区分，有助于降低理解混乱的可能性。

其二，法律上的“条件”不同于日常生活用语所称的“条件”。民法上所称“条件”，是指一种不确定的事件。该条件必须是将来发生的、不确定的、约定的、合法的事实。条件的成就与否有或然性，而事由并不必然如此，其可以具有确定性，当事人可将客观确定发生的事实作为解除权的事由。

其三，考虑到形成权的行使原则上不得附条件，如果允许对此类法律行为附加条件，则使得解除权的相对方处于更加不确定的状态。[①]故将解除权产生的条件修改为解除权产生的事由，显然更为契合解除权作为形成权的性质。

其四，从法律效果上说，对某些须批准生效的合同而言，行政机关对有关事项或者合同的批准职责，系源自法律、行政法规的赋权，不属于当事人约定的范畴。实践中常常有当事人在合同中将行政机关的批准职责作为合同所附条件，将条件成就与否作为合同效力发生的根据的情形，这显然不符合相关法律规定。相反，行政机关的批准权可以作为法律上的事由，本条第2款的用词变化更加契合法律规定。

① 翟远见：《〈合同法〉第45条（附条件合同）评述》，载《法学家》2018年第5期。

【审判实践中应注意的问题】

一、关于成立但未生效的合同能否解除

依法成立的合同，自成立时即生效。通常情况下，合同只有在成立以后、履行完毕之前，才会发生合同解除的效力。对于成立但未生效的合同能否适用合同解除制度，学界和实务界存在一定争议。这类合同的典型者，为法律、行政法规规定应当办理批准等手续方生效的合同。对此，有关司法解释已经明确规定此类合同可以纳入合同解除的范畴。《外商投资企业规定（一）》第5条规定："外商投资企业股权转让合同成立后，转让方和外商投资企业不履行报批义务，经受让方催告后在合理的期限内仍未履行，受让方请求解除合同并由转让方返还其已支付的转让款、赔偿因未履行报批义务而造成的实际损失的，人民法院应予支持。"《民商审判会议纪要》第37条、第38条亦强调，法律、行政法规规定合同需要批准生效的，批准是法定的生效条件，未经批准的合同属于未生效合同。尽管合同未生效，但报批义务及相关条款独立生效，一方当事人可以请求报批义务人履行报批义务。报批义务人不履行报批义务的，一方当事人请求解除合同并请求其承担就报批义务约定的违约责任的，人民法院应予支持。由此可见，未生效的合同并非一概不能适用合同解除制度，需办理批准手续才生效的合同即属于例外情形。上述结论是以一方当事人不履行作为合同生效要件的报批义务为解除条件的，在其他合同未生效的场合，一方当事人不履行其他义务的，相对人能否援用上述规定主张合同解除，仍有进一步讨论之余地。

二、关于约定解除权的事由发生，合同是否当然可以解除

约定解除权的事由，是当事人双方在合同中约定的或在其后另订的合同中约定解除权产生的事由。审判实践中，当事人在合同中约定解除权行使事由的，人民法院原则上应当尊重当事人的意思自治，严

格把握自由裁量权的行使，不应轻易否定当事人约定的效力。由此所生问题便是，当符合合同约定的解除事由发生时，是否都能够导致合同的解除？《民商审判会议纪要》第47条对此给出否定性回答。该条规定："合同约定的解除条件成就时，守约方以此为由请求解除合同的，人民法院应当审查违约方的违约程度是否显著轻微，是否影响守约方合同目的实现，根据诚实信用原则，确定合同应否解除。违约方的违约程度显著轻微，不影响守约方合同目的的实现，守约方请求解除合同的，人民法院不予支持；反之，则依法予以支持。"因此，即使当事人在合同中对解除事由约定明确具体且事由已经实际发生，对合同约定解除仍有必要加以限制，此举实系强化人民法院对违约行为严重程度的主动审查权。《民商审判会议纪要》之所以对约定解除权的行使作出限制，其理由除了必须审视违约行为是否导致合同目的落空的结果之外，另一层考量因素在于，虽然合同是当事人协商一致的产物，但如果解除合同事由约定过于宽泛，无形中将大大增加合同解除的概率。如果审判实践中任由当事人约定的解除权事由发生即承认当事人行使合同解除权的效力，显然是对"当事人意思自治"的过于放任，也与"促进交易"这一合同立法的核心价值相悖。而且，如果对当事人约定的解除权事由概不作深入审查，极易产生变相鼓励解除权人滥用合同解除权，借机牟取不当利益或造成违约方过高损失的投机行为，诱发合同履行的道德风险。因此，立足于公平正义的解释立场以及对当事人利益平衡的考量，我们认为，对于违约方违约程度显著轻微的情形，即使形式上符合当事人事先所约定的行使合同解除权的事由，仍有必要对守约方行使约定解除权加以限制，由此才能更好地平衡当事人之间的利益关系，维护交易安全。

第五百六十三条 有下列情形之一的，当事人可以解除合同：

（一）因不可抗力致使不能实现合同目的；

（二）在履行期限届满前，当事人一方明确表示或者以自己的行为表明不履行主要债务；

（三）当事人一方迟延履行主要债务，经催告后在合理期限内仍未履行；

（四）当事人一方迟延履行债务或者有其他违约行为致使不能实现合同目的；

（五）法律规定的其他情形。

以持续履行的债务为内容的不定期合同，当事人可以随时解除合同，但是应当在合理期限之前通知对方。

【条文主旨】

本条是关于法定解除合同的规定。

【条文理解】

一、“不能实现合同目的”是合同法定解除的实质性条件

法定解除，是指合同生效后未履行或者未履行完毕前，当事人在法律规定的解除事由出现时，通过行使解除权而使合同关系归于消灭。合同的法定解除与约定解除的不同之处，从形式上看，主要在于法定解除的事由由法律直接规定，只要发生法律规定的具体情形，当事人即可主张解除合同，而无须征得对方当事人的同意。而约定解除

的事由则完全依当事人意思自治。与约定解除相比，法定解除赋予当事人单方消灭合同的权利，故需由法律明确规定解除的正当化事由以示慎重。当法定解除事由发生时，当事人一方即可行使解除合同的权利。《合同法》第94条吸收两大法系和相关国际条约的立法经验，将“合同目的不达”或“不能实现合同目的”作为允许解除合同的基础，并以“具体列举+概括规定”的立法技术，对合同法定解除的一般事由作出明确规定。本法第563条吸收《合同法》第94条规定的立法成果，并在后者基础上予以完善，即增加不定期继续性合同得随时终止作为本条第2款。

如前所述，《合同法》采用“不能实现合同目的”作为法定解除的实质性判断标准，允许守约当事人在合同目的不能实现的情况下突破合同严守原则的束缚。对于“不能实现合同目的”的理解，多数观点认为，“不能实现合同目的”等同于根本违约。我国《合同法》制定过程中深受《联合国国际货物销售合同公约》的影响，而该公约系以债权人的履行利益是否受到严重影响作为根本违约的判断标准。还有学者从《合同法》第94条的立法经过对“不能实现合同目的”的内涵加以阐释，认为“不能实现合同目的”系《合同法》立法过程中几易其稿才最终确定下来的表述。在《合同法》草案修改和审议过程中，“不能实现合同目的”多次为“（严重）影响订立合同所期望的经济利益”的表述所替代，因而“不能实现合同目的”与“（严重）影响订立合同所期望的经济利益”具有相同或相似的含义。[①] 综上所述，本条规定中“不能实现合同目的”的判断标准是违约结果的客观严重性，即是否实际剥夺了债权人的履行利益，使得当事人订立合同所追求的履行利益不能实现。这一判断标准亦能很好地诠释何以在瑕疵履行、部分履行等场合亦可能引发合同解除的后果。根本违约制度确立的重要意义，不仅是一方当事人在相对方严重违约的情况下可以获得解除合同的救济，更在于严格限制当事人滥用合同解除权，换言之，

---

① 崔建远：《合同法总论》（中卷），中国人民大学出版社2016年版，第679页。

只有合同的履行达致缔约目的不可能获得实现，方能发生法定解除权，由此有助于杜绝合同被任意解除的可能性，很好地维护了“合同必须严守”这一合同法的基石。

二、因不可抗力致使不能实现合同目的导致的合同解除

作为我国合同解除制度的一大特色，《合同法》将不可抗力致使不能实现合同目的作为产生法定解除权的事由，此不同于德国、日本将不可抗力致使不能实现合同目的作为合同自动解除的情形。本条承袭《合同法》第94条的规定，将因不可抗力致使不能实现合同目的规定为法定解除事由。不可抗力是不能预见、不能避免且不能克服的客观情况。因不可抗力不能履行合同亦属于违约行为，只不过系可部分或全部免责的违约。

因不可抗力致使不能实现合同目的导致合同解除的落脚点在于“不能实现合同目的”，而非“不可抗力”。不可抗力或暂时阻碍合同履行，或影响合同部分内容的履行，但只有在因不可抗力达到不能实现合同目的的程度时，当事人才能解除合同。例如2020年爆发的新冠肺炎疫情，有可能仅对合同的履行造成部分影响，不足以导致合同直接或者根本不能履行。倘若合同对当事人而言仍有可期待的履行利益，则疫情不应构成合同履行的不可抗力，相应地，当事人将疫情作为不可抗力主张解除合同的，人民法院不应当予以支持。因不可抗力导致不能实现合同目的，既可能表现为不可抗力致使债务人不能履行合同，债权人订立合同的目的因而不能实现；也可能表现为不可抗力的发生对债务人的履行行为未发生严重影响，但同样使得债权人订立合同的目的落空。[①]不可抗力认定的另一重要问题在于不可抗力与合同履行障碍之间是否存在因果关系。具体而言：其一，不可抗力应当是合同履行障碍的直接或者根本原因，即若未发生不可抗力，就不至于出现履约障碍。其二，不可抗力与履约障碍之间存在阻断事由。认

① 朱广新：《合同法总则研究》（下册），中国人民大学出版社2018年版，第614页。

定因果关系是否存在阻断事由，与合同履约人的注意义务程度有关。如果合同履约人承担较高的注意义务，诸多事实都可阻断因果关系，从而缩小不可抗力的适用范围；若合同履约人承担较低的注意义务，就会扩大不可抗力规则的适用。[①] 简言之，当事人订立合同时能够预见或者应当预见可能发生不能避免、不能克服的客观情势的，则一般不构成合同履行中的不可抗力。

三、因预期违约造成的合同解除

在履行期限尚未届满之前，当事人一方明确表示或者以自己的行为表明不履行主要债务的，多数学者称之为预期违约。在履行期限届满前赋予债权人解除权的正当基础是忠实义务的违反。[②] 在当事人一方明确表示或以自己的行为表示不履行合同主要债务的情况下，破坏了债权人相信债务人会履行合同主要债务的合理期待，如果债权人不能采取应对措施，在履行期限届满之前仍然必须着手履行合同的准备，或者坐待合同履行期限届满才能主张救济，不仅会使损失进一步扩大，还可能丧失更多的交易机会，对债权人而言显然并不公平。虽然履行期限届满之前即无正当理由拒绝履行，构成对债权人信赖的破坏，但是并非任一履行期限届满前拒绝履行合同的行为都可以引发法定解除，原则上只有拒绝履行主给付义务才能引发解除权的产生。如果一方当事人只是拒绝履行从给付义务或者附随义务，若是该行为并未实质性影响另一方当事人合同目的的实现，则不应认定构成本条所规制的情形。

预期违约既可表现为债务人明确表示不履行主要债务，又可表现为债务人以自己的行为表明不履行主要债务。前者称为明示违约，后者称为默示违约。判断是否构成明示违约，判例、学说无不强调当事人拒绝履行的意思表示应当明确、直接、无疑义，例如当事人一方向合同相对方提出取消、终结、终止、解除合同的要求，或者明确声明

① 叶林：《论不可抗力制度》，载《北方法学》2007年第5期。
② 赵文杰：《〈合同法〉第94条（法定解除）评注》，载《法学家》2019年第4期。

无法、不想、不能履行合同的，且其拒绝履行合同的行为不存在法定或约定的免责事由的，则一般可认定为构成明示违约。对于默示违约的认定则要困难得多，通常需要根据当事人在其拒绝履行合同义务的主观意愿支配下所实施的行为外化表现来进行综合判断。如当事人在履行期限到来前有意实施的各种可能有害于合同履行、危及交易安全的行为。例如甲乙双方签订一份买卖合同，约定甲方将于合同签订后7日内把自己珍藏多年的一幅名贵油画交付乙方，但其在合同签订之后的次日就将该幅油画转卖给第三人，可见甲方在事实上已无意向乙方履行交付油画的合同义务，应认定构成预期违约。

四、因迟延履行债务而引起的合同解除

本法第563条第1款第3项、第4项规定了迟延履行债务而引起合同解除的两种情形：

（一）履行期限对合同目的实现不具有实质性影响的

只要当事人一方在履行期限到来后迟延履行债务，另一方当事人就可主张解除合同，必然会导致合同解除的任意性，造成不必要的财产损失和交易成本的增加。因此本法第563条第1款第3项规定，履行期限对合同目的之实现不具有根本影响的，债务人在履行期限届满后履行，通常仅会令债权人遭受有限损失，不至于使其合同目的落空。在这种情况下，即使债务人迟延履行合同主要债务，也不允许债权人立即解除合同，其应向债务人发出履行债务的催告。催告的主要目的在于，尽快确定宽限期，明确解除权行使的条件。债务人在宽限期届满时仍未履行的，债权人便有权解除合同。催告一般在履行期限届满后发出，履行期限届满之前发出的催告，因债务人在履行期限届满前并无给付的义务，此时催告行为不能发生催告的效力。宽限期可通过当事人就宽限期达成合意，或债务人主动提出债务履行延展期来确定。若不存在上述两种情况，则应根据合同类型、交易习惯、案件实际情况等因素来认定宽限期的合理性。一般而言，债务履行期限较短的，相应合理的宽限期就越短。履行期限对债权人合同目的的实现有

较大影响的，合理的宽限期就越短。

（二）履行期限对合同目的实现具有实质性影响的

若债权人的利益与履行的时效性密切关联，履行期限对合同目的之实现至关重要，债务人如不在约定的期日或者期限作出履行，债权人的合同目的将难以实现。如销售商向生产商订购重要节日如春节、圣诞节所需商品，但生产商却未能按期供货，则势必会造成销售商所期待的合同利益落空。对于此种情形，本条第1款第4项规定，只要债务人陷入迟延，即可认为构成根本违约，非违约方不必再发出催告，可立即解除合同。在确定迟延履行对合同履行影响的严重程度时，应考虑迟延的时间长短以及因迟延给债权人造成的实际损失等问题。债权人还应举证证明债务人迟延履行以后，合同继续履行对其没有任何利益，或者继续履行只会使其蒙受更大损失。如迟延履行产生与按时履行基本相同的效果，则不能认为迟延履行导致合同目的落空。

五、其他违约行为导致不能实现合同目的引起的合同解除

除前述当事人不履行合同主要债务或迟延履行而导致合同解除的情形，当事人如有其他违约行为致使不能实现合同目的的，根据本条第1款第4项的规定，其他根本违约行为构成一项概括性的合同解除权产生事由。关于如何理解“其他违约行为致使不能实现合同目的”的问题，可以结合前述关于“不能实现合同目的”的阐释加以理解，即债务人不履行非合同主要债务的行为，只要满足能够认定违约方的行为构成根本违约之条件，严重影响债权人订立合同所期望的经济利益，均可导致合同的解除。如根据《买卖合同司法解释》第25条的规定，出卖人不履行或者不当履行从给付义务，致使买受人不能实现合同目的的，买受人享有合同解除权。其他违约行为除前述的预期违约、迟延履行之外，还包括各种违反法定或约定的义务以及依诚信原则产生的义务致使合同目的不能实现的情形，如拒绝履行、瑕疵履行、部分履行和加害履行，以及根据诚信原则所应承担的注意、照

顾、忠实等附随义务。[①]

六、法律规定的其他情形

除上述一般法定解除权的规定情形外，本条第1款第5项规定，有法律明文规定的其他合同解除的情形，当事人亦可以主张解除合同。所谓“法律规定的其他情形”，既有本法合同编其他章节所规定的当事人可请求解除合同的情形，也包括其他民事特别法、司法解释所确立的法定解除情形。例如，本法第597条规定：“因出卖人未取得处分权致使标的物所有权不能转移的，买受人可以解除合同并请求出卖人承担违约责任。法律、行政法规禁止或者限制转让的标的物，依照其规定。”本法第610条规定：“因标的物不符合质量要求，致使不能实现合同目的的，买受人可以拒绝接受标的物或者解除合同。买受人拒绝接受标的物或者解除合同的，标的物毁损、灭失的风险由出卖人承担。”《消费者权益保护法》第25条第1款规定：“经营者采用网络、电视、电话、邮购等方式销售商品，消费者有权自收到商品之日起七日内退货，且无需说明理由……”《合同法司法解释（二）》第26条规定：“合同成立以后客观情况发生了当事人在订立合同时无法预见的、非不可抗力造成的不属于商业风险的重大变化，继续履行合同对于一方当事人明显不公平或者不能实现合同目的，当事人请求人民法院变更或者解除合同的，人民法院应当根据公平原则，并结合案件的实际情况确定是否变更或者解除。”

七、不定期继续性合同的法定解除

本款是在《合同法》第94条基础上新增加的条款。现实生活中，因合同本身的性质使然，如租赁合同、保管合同、借用合同等，或者

---

① 如本法第778条规定：“承揽工作需要定作人协助的，定作人有协助的义务。定作人不履行协助义务致使承揽工作不能完成的，承揽人可以催告定作人在合理期限内履行义务，并可以顺延履行期限；定作人逾期不履行的，承揽人可以解除合同。”《保险法》第16条第2款规定：“投保人故意或者因重大过失未履行前款规定的如实告知义务，足以影响保险人决定是否同意承保或者提高保险费率的，保险人有权解除合同。”

基于稳定合同关系、降低交易成本等因素考虑，当事人订立不定期继续性合同的现象较为普遍。不定期继续性合同的主要特点在于，合同债务是继续实现的债务，不因债务人的一次履行而消灭，且双方当事人均可行使无理由结束合同关系的终止权。作为此类合同的重要特征，随时终止权帮助当事人在信赖关系不复存在等情形下，摆脱长时间受合同束缚的可能性，允许当事人随时单方终止合同。但是，根据维护合同关系稳定性的限制，单方面结束合同应有提前通知的要求，以便相对人做出必要准备。可见，不定期继续性合同在性质上与人们对于合同严守原则的普遍认知存在较大差异，合同解除权的产生事由亦与一次性合同解除权的产生事由截然不同，在立法层面上有必要将两者区别对待。但我国立法者在确定《合同法》第94条的法定解除规则时，更多是以买卖合同等一次性履行合同为典型，而对于租赁、借用、仓储合同等不定期继续性合同解除的特殊性重视不够，鉴于《合同法》分则对各类不定期继续性合同没有确定具有普遍适用性的解除规则，《合同法》总则部分所规定的合同解除被认为可以一体适用于不定期继续性合同。但不定期继续性合同相较于一次性合同而言有其特殊性，故为了更精准地适用该两类合同的法定解除规则，本法第563条第2款在将先前散落在《合同法》各个有名合同中的重复性规定予以梳理的基础上，提炼出以持续履行的债务为内容的不定期继续性合同解除的一般规定。对于不定期继续性合同，本法起草过程中的相关草案曾规定当事人可以随时解除合同。鉴于草案规定未考虑到给对方留出必要的准备时间，可能给当事人的利益带来不必要的损失。立法机关在听取多方的意见和建议后，将之修改为“当事人在合理期限之前通知对方后可以解除”，但因该表述无法彰显不定期继续性合同中当事人可随时单方终止合同的特点，可能给条文的理解适用带来困扰，最终于正式颁布的条文中将此前草案的表述调整为“当事人可以随时解除合同，但是应当在合理期限之前通知对方”，相较于前述草案规定的表述，最终确定的条文表述显然更为妥适。

【审判实践中应注意的问题】

一、准确区分不可抗力与情势变更的适用条件

在适用不可抗力事由解除合同时，要注意区分不可抗力和情势变更制度的适用。《合同法》并未明确规定情势变更制度，但在司法实践中，因情势变更而导致合同无法履行的案例屡见不鲜。最早确立该制度的是《合同法司法解释（二）》第26条，该条规定："合同成立以后客观情况发生了当事人在订立合同时无法预见的、非不可抗力造成的不属于商业风险的重大变化，继续履行合同对于一方当事人明显不公平或者不能实现合同目的，当事人请求人民法院变更或者解除合同的，人民法院应当根据公平原则，并结合案件的实际情况确定是否变更或者解除。"此次编纂《民法典》，立法机关在吸收前述司法解释相关内容的基础上，将之转化为合同编的一般规则。根据本法第533条的规定，合同成立后，合同的基础条件发生了当事人在订立合同时无法预见的、不属于商业风险的重大变化，继续履行合同对于当事人一方明显不公平的，受不利影响的当事人可以与对方重新协商；在合理期限内协商不成的，当事人可以请求人民法院或者仲裁机构变更或者解除合同。人民法院或者仲裁机构应当结合案件的实际情况，根据公平原则变更或者解除合同。比较上述两个条文，可注意到本法第533条删除了《合同法司法解释（二）》第26条关于情势变更适用于"非不可抗力造成……不能实现合同目的"之情形的限定，这一修改可谓意义重大。此前，对于当事人在履行合同中出现应认定系不可抗力的客观情况，当事人一方以合同继续履行对其不公平为由请求变更或解除合同，但由于缺少相关法律依据，人民法院不得已只能类推适用《合同法司法解释（二）》第26条的规定。本法对于情势变更制度重新作出定义，厘清了情势变更与不可抗力之间的关系，避免了不可抗力和情势变更在适用上的逻辑冲突。如果因不可抗力导致合同基础情势发生变化的，同样能够产生情势变更的法律后果。具体而言，在

作为不可抗力的客观情况发生后，由于不可抗力造成合同不能履行的重大障碍时，可以适用不可抗力的法律条款，发生合同解除的法律后果；而在不可抗力造成合同可以履行但对于当事人一方明显不公平的情形，则适用情势变更的法律条款，变更或者解除合同。

二、当事人构成默示违约的认定

本条未对债务人构成默示违约的具体情形进一步细化，在当事人一方未明确表示届期将拒绝履行债务的情况下，如何从其行为外在表征来判定其将不会履行债务，尤其是判定拒绝履行合同义务的主观心理状态并非易事，这就给默示违约制度在司法实践中的适用造成一定困难。对默示违约的表现形态作出准确清晰的认定，是默示违约制度在实务中便于操作的关键所在。通说认为，在默示违约中，当事人一方对侵害相对人合同利益这一损害后果的发生，主观上一般具有故意，即明知其行为会造成侵害相对人合同利益的损害后果，却放任甚至希望这种损害后果的发生。这实际上也是默示违约与不安抗辩权之间的主要区别。默示违约重在考察债务人拒绝履行债务的主观意愿，而不安抗辩权则更多地考虑债务人是否出现不能履行债务的客观情况，不太关注债务人的主观心理状态。故对于默示违约的认定，应立足于债务人的行为表征，并结合其主观状态来判定其是否构成默示违约。具体而言，债务人在履行期限届满之前实施了有损债权人合同履行利益的行为（亦可能是债务人消极不作为），且从其行为可合理推定系债务人有意为之，债务人拒绝履行的意图十分明显，即足以认定债务人以其行为表明不履行合同主要义务，此时债权人可以默示违约为由要求解除合同。如果债务人出现有一时难以履行之虞的客观情势，但其主观上仍有继续履行债务的意愿，而且在债务履行期限届满前其仍有可能采取多种措施解决无法履行的障碍，则并不当然导致债权人合同目的无法实现，故债权人不能主张解除合同。但是，当债务人出现上述情形，债权人又难以证明债务人有拒绝履行的意愿时，债权人不妨通过催告、协商等方式来探寻债务人履行合同义务的主观意愿。如果其系应当先履行债务的当事人，还可依据本法第528条的相关规定，通过先行中止履行、催告和要求提供担保的方式消除履行的不确定性，然后主张后履行债务的当事人构成预期违约，并行使法定解除权以解除合同。

第五百六十四条 法律规定或者当事人约定解除权行使期限，期限届满当事人不行使的，该权利消灭。

法律没有规定或者当事人没有约定解除权行使期限，自解除权人知道或者应当知道解除事由之日起一年内不行使，或者经对方催告后在合理期限内不行使的，该权利消灭。

【条文主旨】

本条是关于合同解除权行使期限的规定。

【条文理解】

一、合同解除权的性质

合同解除权系形成权，依法定或约定享有合同解除权的一方当事人，经其单方面意思表示即可使合同效力归于消灭，打破已有的交易秩序，对当事人的权利义务产生重大影响。故本法不仅严格规定其行使要件，还限制其行使时间，以免滋生流弊。如果解除权人对于享有的合同解除权，既不行使也不放弃，因合同随时有被解除的可能，将使合同当事人的权利义务关系长期处于不稳定的状态，这与本法保护交易安全和维护社会经济秩序稳定的立法目的相悖。因此，合同解除权与其他形成权一样，应受到除斥期间的限制。故当事人经过除斥期间不行使法定解除权或约定解除权，则应认定解除权归于消灭。从另一个方面来说，“权利上的睡眠者”本不应受到保护，一方当事人长时间不行使合同解除权，足以证明其并无解除合同的真实意愿，应视为其自行放弃了解除合同的权利。

二、合同解除权的行使期限

合同解除权的行使期限既可由法律规定，也可由当事人约定。法律没有规定或当事人没有约定的，则解除权人应该在相对人催告后的合理期限内行使。然而，对于法律未规定或当事人未约定合同解除权行使期限，且相对人又没有催告的情形，如何确定其解除权的行使期限，《合同法》第95条第2款没有作出明确规定。本条第2款参照《商品房买卖合同司法解释》第15条第2款的规定，对这一情形的除斥期间予以明确，即没有法定或约定的解除权行使期限的，自解除权人知道或者应当知道解除事由之日起1年内不行使，或者经对方催告后在合理期限内不行使的，解除权归于消灭。1年期间为不变期间，不适用中止、中断或延长的规定。将合同解除权行使的除斥期间定为1年，与撤销权等形成权的除斥期间相同，符合相同性质的权利适用相同失权规则的价值取向。根据本条第2款的规定，解除权除斥期间的起算点，从解除权人知道或者应当知道解除事由之日起算。此处所谓“事由”，是债权人解除权成立的各项事由的简称。比如，一方当事人迟延履行合同债务致使合同目的不能实现的，即以当事人迟延履行合同债务发生之日作为解除权产生之日。知道或者应当知道解除事由的时点是除斥期间起算的前提和基础，有证据表明解除权人知道解除事由发生的日期，或者根据逻辑规律或者生活经验可以推定解除权人知道解除事由发生的日期，均可以作为确定除斥期间起算点的依据。

【审判实践中应注意的问题】

对于催告后合理期限的把握。对于本条第2款所规定的合理期限的确定，现行法律并无统一的适用标准，仅在某些有名合同中有零散规定，如《商品房买卖合同司法解释》第15条第2款规定：“经对方当事人催告后，解除权行使的合理期限为三个月。”合理期限是一个相对模糊不确定的时间概念，该期限究竟应设定为多长时间，不能一概而论，而应取决于个案中具体情况。换言之，在合理期限的确定问题上，法官具有一定的酌情适用裁量权。但是，这并非意味着法官可以随意解释，相反，法官应当根据纠纷所涉合同的履行情况、交易习惯、合同标的、合同类型以及诚信原则等进行综合判断。

第五百六十五条 当事人一方依法主张解除合同的，应当通知对方。合同自通知到达对方时解除；通知载明债务人在一定期限内不履行债务则合同自动解除，债务人在该期限内未履行债务的，合同自通知载明的期限届满时解除。对方对解除合同有异议的，任何一方当事人均可以请求人民法院或者仲裁机构确认解除行为的效力。

当事人一方未通知对方，直接以提起诉讼或者申请仲裁的方式依法主张解除合同，人民法院或者仲裁机构确认该主张的，合同自起诉状副本或者仲裁申请书副本送达对方时解除。

【条文主旨】

本条是关于行使单方解除权的规定。

【条文理解】

本条源自《合同法》第96条的规定，即“当事人一方依照本法第九十三条第二款、第九十四条的规定主张解除合同的，应当通知对方。合同自通知到达对方时解除。对方有异议的，可以请求人民法院或者仲裁机构确认解除合同的效力。法律、行政法规规定解除合同应当办理批准、登记等手续的，依照其规定。”相对于《合同法》的上述规定，本条有以下变化：一是合同解除情形中增加了附期限解除合同的情形，即“通知载明债务人在一定期限内不履行债务则合同自动解除，债务人在该期限内未履行债务的，合同自通知载明的期限届满时解除”。二是扩大了请求人民法院或仲裁机构确认解除行为效力的主体范围，由《合同法》第96条规定的被通知解除一方扩大到了任何一方当事人。三是明确规定了直接起诉或申请仲裁的解除合同的方式，并明确了以该方式解除合同时如何确定合同解除时间。四是删除了《合同法》第96条“法律、行政法规规定解除合同应当办理批准、登记等手续的，依照其规定”之规定。

一、单方行使解除权的方式

合同解除是“根据一方或双方当事人的意思表示使合同关系归于终了的制度”[①]。合同解除可以分为合意解除及行使解除权解除两种类型。合意解除，也称为协议解除，即双方当事人意思表示一致解除合同，其不以解除权的存在为必要。而单方行使解除权系因一方意思表示且不必待对方的承诺而使合同解除，故以该方当事人具有解除权为必要。[②]

关于合同解除权的行使，目前国际上主要有三种立法模式：第一种以法国为代表，通过法院裁判解除合同，当事人无权自行解除合同。《法国民法典》第1184条规定：“债权人解除契约，必须向法院提起之。”第二种以日本为代表，符合法律规定时，合同自然解除。《日本商法典》第525条规定：“当符合法律规定时，合同自然解除，无须由法院裁判或者当事人作出意思表示。”第三种以德国为代表，解除合同应向相对方表达。《德国民法典》第349条规定：“解除合同应向对方当事人以意思表示为之。”[③]我国主要采用第三种立法模式。

由于我国未采用当然解除的立法模式，故即使具备合同解除的条件，合同也不能自然解除。具备合同解除的条件只是行使合同解除权的前提，欲发生合同解除的法律效果，还需实施解除合同的行为。此行为既可以表现为当事人双方协商一致而解除合同，也可以表现为享有解除权的一方当事人以行使解除权的意思表示而解除合同。

解除权分为法定解除权和约定解除权。当事人无论行使约定解除权还是法定解除权，都必须使对方知悉其解除合同的意思。根据本条

---

①② 韩世远：《合同法总论》，法律出版社2018年版，第644页。

③ 汪张林、杜凯：《论合同解除权的行使》，载《西南政法大学学报》2005年第7期。

规定，可以通过两种方式让对方知悉解除合同的意思：一是通知对方当事人；二是直接向法院提起诉讼或向仲裁机构申请仲裁，由法院或仲裁机构将起诉状副本或者仲裁申请书副本送达对方。对于第一种方式，本法没有规定通知的具体方式，当事人可以选择以口头通知、纸质信件、电子邮件、微信或手机短信等方式作出解除合同的意思表示，而不以书面形式的通知为限。但因在合同纠纷案件中，主张合同关系解除的一方当事人对引起合同关系变动的事实承担举证责任，故解除权人应注意保留向对方作出解除合同意思表示的证据。

二、解除权的性质及解除时间的确定

解除权是一种形成权。形成权是单方法律行为，因一方行为人的意思表示就能成立。单方法律行为的效力只来源于当事人的意思表示，与相对人无关。因此，在当事人具有解除权的情况下，解除合同的意思表示到达对方即可发生解除合同的效力，只需要对方知悉，不需要对方表示同意。

我国对合同解除时间的确定系采通知到达的立法模式，即对方知晓解除权人解除合同的意思表示的时间即为合同解除的时间。以通知方式行使解除权的，合同自通知到达对方时解除；以提起诉讼或申请仲裁的方式行使解除权的，合同自起诉状副本或者仲裁申请书副本送达对方时解除。当然，上述解除时间的确定是以当事人在表达解除合同的意思表示时享有解除权，即约定或法定的解除条件已经成就为前提。倘若当事人通知对方解除合同时，解除条件并未成就，对方当事人表示异议，后一方提起诉讼或申请仲裁，在起诉状副本或者仲裁申请书副本送达对方时合同解除的条件已经成就，则合同自起诉状副本或者仲裁申请书副本送达对方时解除。

解除合同的通知因意思表示生效而生解除效果，且基于对相对人合理信赖的保护，一般具有不可撤销性。解除条件已经成就，解除权人将解除通知送达对方，对方收悉后未予答复。后解除权人又重新发出一份更改后的解除通知，而对方主张合同已被前一份通知解除的，应认定合同自第一次通知到达对方时解除。[①]

三、附期限解除合同

本条增加了附期限解除合同的情形，即“通知载明债务人在一定期限内不履行债务则合同自动解除，债务人在该期限内未履行债务的，合同自通知载明的期限届满时解除”。需要注意的是，这里的附期限解除不同于当事人在合同中约定的解除合同的条件或期限。前者发生在合同有效成立之后，是解除权人在行使解除权时单方确定的条件或期限；后者发生在合同订立之时，是双方当事人合意确定的解除权发生的条件或期限。前者在通知所载明的履行期限届满而债务人仍未履行合同的情况下，即发生合同自动解除的法律效力，而无需再向债务人发出解除合同的通知。后者在条件成就时，仍须向对方发出解除合同通知，才发生解除合同的法律效力。

四、确认合同解除之诉

为维护非解除方的权益，防止解除权人滥用解除权，《合同法》规定了非解除方的异议权。当非解除方对解除权人解除合同持相反意见或者有其他抗辩理由时，可以请求人民法院或者仲裁机构确认合同解除效力。《合同法》第96条第1款规定：“当事人一方依照本法第九十三条第二款、第九十四条的规定主张解除合同的，应当通知对方。合同自通知到达对方时解除。对方有异议的，可以请求人民法院或者仲裁机构确认解除合同的效力。”根据该规定，一方当事人以通知对方的形式行使合同解除权，对方提出异议，只有异议方才能提起确认合同解除之诉。但实践中若相对方怠于提起确认之诉，将使合同效力长期处于不稳定和不确定的状态，损害解除权人的合法利益。为

① 参见最高人民法院（2014）民一终字第58号上诉人北京中亿创一科技发展有限公司与被上诉人信达投资有限公司、一审被告北京北大青鸟有限责任公司、一审被告正元投资有限公司房屋买卖合同纠纷案民事判决书，载最高人民法院民事审判第一庭编：《民事审判指导与参考》总第62辑，人民法院出版社2015年版，第247~249页。

了平衡权利人与解除权人的利益，维护合同交易的安全和稳定，《合同法司法解释（二）》第24条规定："当事人对合同法第九十六条、第九十九条规定的合同解除或债务抵销虽有异议，但在约定的异议期限届满后才提出异议并向人民法院起诉的，人民法院不予支持；当事人没有约定异议期间，在解除合同或者债务抵销通知到达之日起三个月以后才向人民法院起诉的，人民法院不予支持。"通过规定异议期间，防止异议权滥用。异议权与解除权不同，后者是一种形成权，一旦解除合同的通知到达对方，即发生解除合同的法律效果；异议权是一种程序请求权，即请求法院或仲裁机构确认合同解除行为不生效力。一旦异议期届满，异议权人没有提起诉讼或者申请仲裁，异议权即消灭，合同无争议地解除。

本法第565条第1款规定："……对方对解除合同有异议的，任何一方当事人均可以请求人民法院或者仲裁机构确认解除行为的效力。"由此可知，本法在《合同法司法解释（二）》第24条的基础上进一步明确了可提起确认合同解除行为效力的当事人不以非解除方为限，亦即发出解除合同通知的一方在对方针对解除合同通知提出异议后，亦可向法院提起诉讼或向仲裁机构申请仲裁，请求确认解除行为发生解除合同的效力。由此，一方面，可以防止解除权人滥用解除权，保护相对方的合法权益；另一方面，也可以防止相对方对解除合同提出异议却又怠于提起确认解除行为效力之诉，从而损害解除权人的利益。

【审判实践中应注意的问题】

第一，解除权行使的关键在于对方是否知悉解除权人解除合同的意思表示。其一，解除权行使的对象是合同相对方。未向对方提出而是在其他合同中与他人约定解除合同的，通常不发生解除合同的效果。合同一经成立即具有法律效力。当事人订立合同后，一方要解除合同应当向对方当事人提出。合同订立并生效后，合同一方当事人与他人另行订立合同，并在该合同中约定解除前述合同或约定前述合同自动失效，若前述合同的对方当事人否认该约定的，则即使后合同真实有效，该合同中有关解除前述合同或前述合同自动失效的约定也不能发生前述合同解除或失效的效果。前后两个合同分属不同的法律关系，人民法院不得并案审理。[①] 其二，解除合同的意思表示不以发出书面解除合同通知为限。解除条件成就，解除权人明确告知因对方违约不再履行合同也可认定已明确表达解除合同的意思。例如，甲与乙约定，甲每月向乙供应燃料油，乙每月支付货款，后乙拖欠货款达到合同约定的解除条件。甲没有发出解除合同的书面通知，但电话表示因乙拖欠货款不再向乙供油。随后甲停止供油。在乙付完拖欠货款发函催甲供油后，甲亦复函表示在乙已经违约的情况下，甲"完全有权按照合同的约定行使权利，决定是否向其供油"。在上述示例中，甲系以通过电话和复函的方式向乙明确表达了解除合同的意思，产生解除合同的法律效力。[②]

第二，解除权诉讼是形成之诉，当事人未提出解除合同的诉讼请求，人民法院不能依职权直接判决解除合同。合同解除权为形成权，当事人关于形成权的纠纷即为形成之诉。形成权的行使必须基于权利人的意思表示。当事人在诉讼中若想达成解除合同的目的，必须提出相应的诉讼请求，人民法院也须基于该请求作出相应裁判。如当事人未提出解除合同的诉讼请求的，人民法院不能依职权裁判解除合同。

第三，合同有效成立后，在双方未履行或者未完全履行合同前，一方起诉请求解除合同，另一方反诉亦请求解除合同，应认定双方解除合同的意思表示一致，属于本法第562条规定的当事人协商一致可

---

① 参见最高人民法院（2010）民提字第153号广东达宝物业管理有限公司与广东中岱企业集团有限公司、广东中岱电讯产业有限公司、广州市中珊实业有限公司股权转让合作纠纷案民事判决书，载《最高人民法院公报》2012年第5期（总第187期）。

② 参见最高人民法院（2006）民二终字第200号佛山市顺德区德胜电厂有限公司与广东南华石油有限公司、广东省石油企业集团燃料油有限公司买卖合同纠纷案民事判决书，载最高人民法院民事审判第二庭编：《最高人民法院商事审判指导案例·合同卷》，中国法制出版社2011年版，第506~515页。

以解除合同的情形。当事人协商一致解除合同，合同效力归于消灭，一方反悔，依法不予支持。[①]需要注意的是，当事人协商一致解除合同不同于当事人约定合同解除权。后者发生在合同订立之时；前者发生在合同有效成立之后，合同未履行或者未完全履行之前，又称为事后协商解除。当事人协商一致解除合同，只要双方当事人达成了协商一致解除合同的意思表示，法院依法应当确认，不需要满足约定解除或法定解除的条件。

第四，合同当事人在诉讼中发出解除合同通知，行使合同解除权，以对抗对方要求其继续履行合同的诉讼请求，不能改变诉讼前已经确定的合同效力及履行状态，其在诉讼程序中实施的该行为有违诚信原则，且与人民法院行使的审判权相冲突，不能产生解除合同的法律效力。

---

① 参见最高人民法院（2008）民提字第22号唐山鹏程房地产开发公司与唐山中云房地产开发公司房地产合作开发合同纠纷案民事判决书，载最高人民法院民事审判第一庭编：《民事审判指导与参考》总第46辑，人民法院出版社2011年版，第128~136页。

第五百六十六条　合同解除后，尚未履行的，终止履行；已经履行的，根据履行情况和合同性质，当事人可以请求恢复原状或者采取其他补救措施，并有权请求赔偿损失。

合同因违约解除的，解除权人可以请求违约方承担违约责任，但是当事人另有约定的除外。

主合同解除后，担保人对债务人应当承担的民事责任仍应当承担担保责任，但是担保合同另有约定的除外。

【条文主旨】

本条是关于合同解除后果的规定。

【条文理解】

本条源自《合同法》第97条的规定“合同解除后，尚未履行的，终止履行；已经履行的，根据履行情况和合同性质，当事人可以要求恢复原状、采取其他补救措施，并有权要求赔偿损失”。相较于《合同法》的上述规定，本条除个别表述有所调整外，增加了合同解除后的违约责任与担保责任的规定，即第2款“合同因违约解除的，解除权人可以请求违约方承担违约责任，但是当事人另有约定的除外”，第3款“主合同解除后，担保人对债务人应当承担的民事责任仍应当承担担保责任，但是担保合同另有约定的除外”。

一、债务未履行的：终止履行

合同解除后，尚未履行的终止履行。此所谓“终止履行”，宜理解为债务免除，并非相对人取得抗辩权。因为解除作为终结合同关系的手段之一，解除权人负有的债务如尚未履行便因解除权归于终结，这是解除权人所要追求的主要目的之一，也是解除制度最基本的功能的体现。解除的相对人所负的债务如仍有尚未履行的，当然也因解除而归于终结。[①]

二、债务已履行的：根据履行情况和合同性质，恢复原状或采取其他补救措施，并赔偿损失

根据本条规定，一般情况下，合同解除具有溯及力，即合同解除后有溯及既往的效果，当事人的财产状态可以恢复到合同订立之前的状态，即恢复原状。原物存在的，应当返还原物；原物不存在的，可按解除当时该物的价款返还。如果原物是种类物，可以用同种、同类、同量的物返还。恢复原状还包括：（1）返还财产所产生的孳息；（2）支付一方在财产占用期间为维护该财产所花费的必要费用；（3）因受领并保管标的物所支出的必要费用；（4）因返还此前受领的标的物所支出的必要费用。但具体到个案中，应否采取恢复原状的救济手段，要根据合同的履行情况和合同性质而定。所谓“根据履行情况”，是指根据履行部分对合同债权的影响。如果解除合同后，债务人已经履行的部分对债权人根本无意义，可以请求恢复原状；如果根据合同履行状况无法恢复或不容易恢复（例如标的物已经损毁无法直接返还的），或当事人在清理条款或解除协议中有补救措施的约定的，或债权人的利益不是必须通过恢复原状才能得到保护的，不必恢复原状，可采取其他补救措施，即请求修理、更换、重作、减价等。所谓根据“合同性质”，是指根据合同标的的属性。以金钱给付为标的的，当事人应当返还所取得的给付；继续性的合同，其合同性质决定了解除的效力只能向将来发生，已经履行的部分应当继续有效，无法恢复原状。继续性合同主要包括：（1）以使用标的为内容的连续供应合同。比如水、电、气的供应合同，对以往的供应不可能恢

① 韩世远：《合同法总论》，法律出版社2018年版，第674页。

复原状；租赁合同一方在使用标的后，也无法就已经使用的部分作出返还。（2）以行为为标的的合同。比如劳务合同，对于已经支付的劳务，很难用同样的劳动者和同质量的劳务返还。（3）涉及善意第三人利益的合同。比如，合同标的物的所有权已经转让给他人，如果返还将损害第三人利益；解除委托合同，如果允许将已办理的委托事务恢复原状，就意味着委托人与第三人发生的法律关系失效，将使第三人的利益失去保障。[①]

关于合同解除与赔偿损失，我国立法向来认为，合同解除与债务不履行的损失赔偿责任可以并存，合同解除不影响当事人要求赔偿损失的权利。[②]需注意的是，可以主张赔偿损失的“当事人”，并非仅是解除权人，也包括相对人，比如在双方违约的场合。因债务不履行而产生的赔偿损失责任，在合同解除前就存在，不因合同解除而消灭。关于合同解除所生赔偿损失请求权的性质，通说认为，合同解除只是使合同债务向将来消灭，使双方当事人从将来的债务中解放出来。解除场合的“恢复原状”，只不过单纯地是在本来的给付方面的归还，并没有涵盖履行利益，因而出于对解除人的周全保护，还须肯认履行利益的赔偿（并不限于信赖利益的赔偿）。简言之，解除权人在通过“恢复原状请求权”收回自己已经给付的物以外，对于并不能由此而获得涵盖的因债务不履行所产生的损害，仍应当允许其请求对方赔偿。合同解除场合的赔偿损失，依然是违约损失赔偿，赔偿范围以履行利益（包括合同履行后可以获得的利益）为主，在不发生重复填补问题的前提下，也可以包括其他损失的赔偿（信赖利益、固有利益）。[③]但是，并非所有合同解除都涉及赔偿损失责任问题。合同解除后是否承担赔偿损失责任，还应考虑合同解除的具体原因，根据合同的履行情况和合同的性质确定：（1）协议解除合同的，当事人在

---

① 胡康生主编：《中华人民共和国合同法释义》，法律出版社2009年版，第182~183页。

② 如《民法通则》第115条中规定：“合同的变更或者解除，不影响当事人要求赔偿损失的权利。”《合同法》第97条亦明确规定，合同解除后，当事人有权要求赔偿损失。

③ 韩世远：《合同法总论》，法律出版社2018年版，第686~687页。

协议中免除了对方赔偿损失责任的，协议生效后，不得再请求赔偿；（2）因不可抗力解除合同，一般不承担赔偿损失责任。但在不可抗力发生后，应当采取补救措施减少损失扩大而没有采取的，应对扩大的损失承担赔偿责任。[①]

三、合同因违约解除：除当事人另有约定外，违约方承担违约责任

关于违约解除与违约责任之间的关系，学术界主要存在三种观点：一种观点认为，违约解除排斥违约责任；另一种观点认为，违约解除排斥违约责任，但成立合同解除所生损失的赔偿；第三种观点认为，违约解除不排斥包括违约损失赔偿在内的违约责任。对此，司法实践中认知也不一。在最高人民法院（2009）民一终第23号桂冠电力与泳臣房产房屋买卖合同纠纷上诉案中，法院认为，合同因解除溯及既往地消灭，故违约金条款自然丧失效力。鉴于该观点导致合同权利义务出现失衡，故此后出台的《买卖合同司法解释》于第26条对该观点进行了修正。该条规定："买卖合同因违约而解除后，守约方主张继续适用违约金条款的，人民法院应予支持；……"

本次《民法典》编纂，采纳了第三种观点，肯定了上述修正立场。合同因违约解除的，无论是一方因对方违约行使约定解除权或法定解除权解除合同，还是双方因一方违约或双方违约合意解除合同，除当事人另有约定外，合同中关于违约责任的约定并不因合同解除而失效。守约方可以根据本法第577条的规定要求违约方承担违约责任。[②]违约责任的承担，包括支付违约金。当事人因对方违约解除合同，不影响其根据合同约定的违约金条款要求对方承担违约责任。

关于因违约导致合同解除的损失赔偿额的确定，本法第584条规

① 胡康生主编：《中华人民共和国合同法释义》，法律出版社2009年版，第182~183页。

② 本法第577条规定："当事人一方不履行合同义务或者履行合同义务不符合约定的，应当承担继续履行、采取补救措施或者赔偿损失等违约责任。"

定："当事人一方不履行合同义务或者履行合同义务不符合约定，造成对方损失的，损失赔偿额应当相当于因违约所造成的损失，包括合同履行后可以获得的利益；但是，不得超过违约一方订立合同时预见到或者应当预见到的因违约可能造成的损失。"本法第585条第1、2款规定："当事人可以约定一方违约时应当根据违约情况向对方支付一定数额的违约金，也可以约定因违约产生的损失赔偿额的计算方法。约定的违约金低于造成的损失的，人民法院或者仲裁机构可以根据当事人的请求予以增加；约定的违约金过分高于造成的损失的，人民法院或者仲裁机构可以根据当事人的请求予以适当减少。"

关于合同解除后赔偿损失的范围，理论界和实务界一直存在争议。有赔偿信赖利益说和赔偿履行利益说两种观点。赔偿信赖利益说认为，合同解除后有溯及力的场合，当事人之间的合同关系归于消灭，合同当事人之间恢复到缔约前的状态，可得利益只有在合同被完全履行后才能实现；守约方选择合同解除，意味着其不愿继续履行合同，因此合同解除后违约方的赔偿范围应当为信赖利益和返还利益。[①]赔偿履行利益说认为，解除合同虽然可使合同溯及地归于消灭，但在赔偿问题上仍应按履行利益损失进行赔偿，在赔偿履行利益之后，当事人的订约费用、履约准备费用等信赖利益只能当成交易成本从可得利益中获得补偿。[②]在合同解除后无溯及力之情形，合同关系仅向将来终止，此时赔偿的范围不仅包括只恢复原状就能完全弥补解除权人因对方的债务不履行而蒙受的损失，还应当包括履行利益的损失，但必须扣除解除权人因被免除债务或者请求返还已为给付而得到的利益，即进行损益相抵。我们认为，应区分情况而定。具体言之，如果是因根本违约而解除合同的，其赔偿范围应为履行利益的损失，但应当不得超过违约一方订立合同时预见到或者应当预见到的因违约可能

① 王利明：《合同法研究》（第2卷），中国人民大学出版社2003年版，第307页；黄立：《民法债编总论》，中国政法大学出版社2002年版，第558页。

② 谢怀栻主编：《合同法原理》，法律出版社2000年版，第253页；崔建远主编：《合同法》，法律出版社2007年版，第250页；王利明：《合同法研究》（第2卷），中国人民大学出版社2003年版，第301页。

造成的损失。除此之外，在任意解除的场合发生的损失赔偿，其范围应当限于信赖利益的赔偿。其道理在于，在任意解除场合的损失赔偿，是合同解除之后的损失赔偿，该损失是因为当事人相信合同有效且会存续到终期届满之时或履行完毕之时，但因当事人一方行使任意解除权而使合同终止，由此给相对人造成的损失。关于任意解除，在我国现行法上存在若干类型：（1）在继续性合同场合，任意解除是指当事人任何一方都可以双方的信任基础已经丧失为由而行使解除权。《合同法》第410条前段规定的“委托人或者受托人可以随时解除委托合同”，即属于此类。（2）承揽工作项目是为定作人的利益而进行的，甚至有的仅仅对定作人有意义，如果因情势变更等原因使承揽工作变得对定作人已经没有意义和必要，却仍要定作人忍受承揽人继续完成工作的结果，那么显然是不合理的。于此情形，本法第787条规定：“定作人在承揽人完成工作前可以随时解除合同，造成承揽人损失的，应当赔偿损失。”（3）此外，对于某些合同，基于特别的立法政策，法律赋予特定当事人任意解除权。例如《保险法》第15条规定：“除本法另有规定或者保险合同另有约定外，保险合同成立后，投保人可以解除保险合同，保险人不得解除合同。”①在合同因一方当事人行使任意解除权而被解除的情况下，对方为履行合同而进行准备工作所支出的费用（信赖利益），结合法律规定、合同性质、交易习惯等因素，特定情况下可以要求赔偿。

四、除另有约定外，担保合同不随主合同解除而解除

担保合同是为保障债权人的债权得以实现，而在债权人和债务人之间，或在债权人、债务人和第三人之间协商形成的，当债务人不履行或无法履行债务时，以一定方式保证债权人债权得以实现的协议。

---

① 应予指出的是，在多数情况下，单纯的信任基础丧失并不足以产生解除权，法律也未基于其他的特殊理由赋予特定合同当事人任意解除权。故当事人若想解除合同，就必须具备约定的或法律特别规定的解除条件，诸如一方当事人有违约行为并达到相当的程度，或不可抗力等原因致使合同目的不能实现。

担保合同是主合同的从合同，具有从属性，通常来讲，除当事人另有约定外，主合同无效担保合同也无效。[①]但主合同解除不同于主合同无效。主合同无论是法定解除还是约定解除，均不影响担保合同的效力。担保合同并不一并随主合同解除，担保人仍需承担担保责任，除非担保合同另有约定。需要注意的是，这里的“另有约定”是指担保合同中关于主合同解除时担保人免责或担保人仍承担担保责任范围的约定，不包括担保合同中关于履行期限的约定。合同解除后，担保人主张担保合同约定的履行期限未届至，应按原主合同约定的履行期限来承担担保责任的，不予支持。

【审判实践中应注意的问题】

第一，解除权条件不成就，单方强行解除合同并拒绝对方提出减少其损失的建议，致使自身利益受到损害的，应自负全部责任。通常情况下，在法定解除条件或约定解除条件未成就时，当事人未与对方协商一致，不得单方强行解除合同，双方当事人均应继续履行合同约定的权利和义务。守约方可以要求违约方承担继续履行、采取补救措施或者赔偿损失等违约责任。在双方未对是否解除合同达成一致意见时，一方提出解除合同并拒绝对方减少损失的建议，坚持要求对方承担解除合同的全部损失，同时放弃履行合同，致使自身利益遭受损害的，应自行承担全部责任。[②]

第二，委托合同解除造成对方损失的，根据合同是否为有偿合同，确定赔偿范围应否包括对方的预期利益损失。委托合同基于当事人之间的相互信任而订立，亦可基于当事人之间信任基础的动摇而解

① 如《担保法》第5条第1款规定：“担保合同是主合同的从合同，主合同无效，担保合同无效。担保合同另有约定的，按照约定。”《物权法》第172条规定：“设立担保物权，应当依照本法和其他法律的规定订立担保合同。担保合同是主债权债务合同的从合同。主债权债务合同无效，担保合同无效，但法律另有规定的除外。”

② 参见北京市第一中级人民法院（2005）孟元诉中佳旅行社旅游合同纠纷案民事判决书，载《最高人民法院公报》2005年第2期（总第100期）。

除。本法第928条第2款规定："因不可归责于受托人的事由，委托合同解除或者委托事务不能完成的，委托人应当向受托人支付相应的报酬。当事人另有约定的，按照其约定。"本法第933条规定："委托人或者受托人可以随时解除委托合同。因解除合同造成对方损失的，除不可归责于该当事人的事由外，无偿委托合同的解除方应当赔偿因解除时间不当造成的直接损失，有偿委托合同的解除方应当赔偿对方的直接损失和合同履行后可以获得的利益。"根据上述规定，无偿委托合同解除方的赔偿范围仅限于直接损失，不包括对方的预期利益损失；有偿委托合同解除方的赔偿范围包括对方的直接损失和预期利益损失。

第三，当违约方继续履约不能实现合同目的时，可以允许违约方解除合同，用赔偿损失来代替继续履行。有违约行为的一方当事人请求解除合同，没有违约行为的另一方当事人要求继续履行合同的，当违约方继续履约所需的财力、物力超过合同双方基于合同履行所能获得的利益，合同已不具备继续履行的条件时，为衡平双方当事人利益，可以允许违约方解除合同，但必须由违约方向对方给付违约金并赔偿其他损失，以保证对方当事人的现实既得利益不因合同解除而减少。

第四，因国家法规政策致使合同不能履行将导致合同解除的法律后果。在合同履行过程中，由于国家相关法规、政策文件的出台，使得履行合同受到相关行政规章、政策的制约，且双方当事人未能就合同约定的权利义务进行修正达成合意，导致合同不能继续履行，合同应予解除。在解除后果的处理上，如果合同没有对解除后当事人的权利义务进行约定，应根据双方当事人在合同关系中的地位和作用、合同实际履行情况及合同协商处理过程的情况，分析除政策因素外，合同不能继续履行的原因。合同不能履行，无论是出于不可抗力还是情势变更，对最终合同不能履行以及损失的形成，还是要看是否属于政策变化的必然结果。如果合同不能继续履行及损失的形成另有当事人的过错因素，则应当按照过错责任对损失的承担进行分配。由对除政策因素外合同不能履行所产生的法律后果负主要责任的一方对合同不能继续履行造成的损失承担主要责任。合同解除后的可得利益损失不在赔偿之列。

第五百六十七条 合同的权利义务关系终止，不影响合同中结算和清理条款的效力。

【条文主旨】

本条是关于合同终止后结算和清理条款效力的规定。

【条文理解】

本条基本沿用了《合同法》第98条的规定，只是在表述上将“合同的权利义务终止”修改为“合同的权利义务关系终止”。

合同中的结算和清理条款，其效力具有独立性。合同终止，双方当事人的合同权利义务终结，但是合同中有关结算和清理的条款仍然有效。

结算是经济活动中的货币给付行为。结算的方式主要有银行汇票结算、商业汇票结算、银行本票结算、支票结算、汇兑、委托收款等。[①] 合同中的结算条款不因合同权利义务关系终止而失效。当事人在合同中就结算方式有约定的，合同权利义务关系终止后，应根据约定的方式进行结算。

清理是对债权债务进行清点、估价和处理。[②] 当事人在合同中对清理范围、方式、方法、主体等的约定不因合同权利义务关系终止而失效。如果双方在合同中约定了清理的范围，如固定资产、流动资金、库存产品等，应对该范围内的财产进行清理。如果双方在合同中约定了清理的方法，如按照市场价进行清理或者按照政府定价进行清

①② 全国人大常委会法制工作委员会编：《〈中华人民共和国合同法〉释义》，中国法制出版社2009年版，第165页。

理，应当按照合同约定的方法进行清理。如果合同中约定了进行清理的主体，比如某会计师事务所、某财产评估机构，应当由约定的主体进行清理。

【审判实践中应注意的问题】

在合同不能履行的情况下，当事人通过协商一致达成的结算、清理、补偿等协议不同于合同中的违约金条款。后者是当事人通过约定而预先确定，在违约后生效的给付。约定的违约金低于或过分高于造成的损失时，人民法院或仲裁机构可以根据当事人的请求予以增加或适当减少。而前者是在合同已经不能履行的情况下的清理、补偿性支付，已形成新的债权债务关系，双方均应依约履行，人民法院或仲裁机构不能调整。①

① 参见最高人民法院（2011）民二终字第97号北京市门头沟区永定镇冯村村民委员会与丽佳实业福建集团有限公司北京昆仑坤投资有限公司、北京市门头沟区永定镇冯村经营合作社债权纠纷案民事判决书，载最高人民法院民事审判第二庭编：《最高人民法院商事审判指导案例·合同与借贷担保卷》，中国法制出版社2013年版，第187~200页。

第五百六十八条 当事人互负债务，该债务的标的物种类、品质相同的，任何一方可以将自己的债务与对方的到期债务抵销；但是，根据债务性质、按照当事人约定或者依照法律规定不得抵销的除外。

当事人主张抵销的，应当通知对方。通知自到达对方时生效。抵销不得附条件或者附期限。

【条文主旨】

本条是关于法定抵销要件、行使方式、法律后果以及除外情形的规定。

【条文理解】

与《合同法》第99条相比，本条有两处修改：一是不再以当事人互负的债务均为“到期债务”作为法定抵销的构成要件，只要求主动债权（通常将主张抵销一方的债权称为主动债权，被抵销的债权称为被动债权）已届清偿期即可；二是在不得主张法定抵销的除外情形中，将“合同性质”这一表述修改为更为准确的“债务性质”，并增加“当事人约定”这一情形。

理解本条，需着重把握以下几个方面：

一、抵销是法律行为，抵销权是形成权

从抵销制度的历史发展来看，根据抵销的成立是否需要主张，以及债权是在抵销主张之时消灭还是在两个债权最初适于抵销之时消灭，各国理论与立法存在三种代表性观点。一是当然抵销主义，又称

自动抵销主义、完全实质主义。该理论认为，抵销的发生无须任何外在主张或宣告行为，依据法律规定直接发生效力，且效力的发生是在交叉债权最初适于抵销之时生效，其立法上的代表是《法国民法典》。二是抵销溯及力理论。该理论认为，抵销必须以意思表示向对方主张方能生效，但抵销效力的发生并非在主张之时，而是溯及至抵销适状之时，其立法上的代表是《德国民法典》，后成为大陆法国家通例。同时，这一理论亦对英美法国家产生一定影响，表现为衡平抵销即是溯及至抵销适状之时。三是完全形式主义理论。该理论认为抵销效力的发生不仅需要主张的行为，而且应当在主张之时生效（而非溯及至抵销适状之时），这主要以英美法成文法上的抵销为代表。从产生的时间排序，自动抵销理论最先产生，其后是抵销溯及力理论，完全形式主义理论则是近几年出现的一种趋势。[①]

可见，不同立法主义对抵销的定性截然不同：（1）完全形式主义与抵销溯及力理论要求抵销以意思表示行为作出，故抵销是一种法律行为；在当然抵销主义理论中，抵销直接依据法律规定产生效力，与意思表示毫无关系，是一个不以人的意志为转移的事件，具有客观性。（2）在完全形式主义与抵销溯及力理论中，抵销行为既可以主张，也可以放弃，故抵销是一种权利；在当然抵销主义理论中，抵销效力的发生无须任何外在行为，也不取决于当事人的主观意愿，故与民法上的权利毫无关系。

根据本条第2款关于主张抵销“应当通知对方”以及“通知自到达对方时生效”的规定，以及《民商审判会议纪要》第43条关于“抵销的意思表示自到达对方时生效，抵销一经生效，其效力溯及自抵销条件成就之时”的规定，可知我国立法采纳的是抵销溯及力理论，抵销的性质属于以意思表示为核心的法律行为，抵销权属于民事实体权利当中的形成权。

应当指出的是，收到抵销通知的一方当事人若对债务抵销持有异

---

① 参见廖军：《论抵销的形式及其效力》，载《法律科学（西北政法学院学报）》2004年第3期。

议，根据《合同法司法解释（二）》第24条的规定，应当在约定的异议期限届满前提出异议并向人民法院起诉，未约定异议期间的，应当在债务抵销通知到达之日起3个月内向人民法院起诉，否则人民法院不予支持。

二、抵销不仅具有简化清偿功能，还具有担保功能

抵销的简化清偿功能体现为，主动债权人只需向被动债权人作出抵销的意思表示即可，既无需双方协商，也不存在清偿行为，其法律后果是双方互负的债务在同等数额内消灭。“标的物种类、品质相同”的抵销要件，正是服务于这一功能。此外，因抵销的效果类似于清偿，故主张抵销的一方可放弃期限利益，即在主动债权已到期（主动债权未到期，一般不得主张抵销，否则相当于强迫对方提前清偿债务），而被动债权未到期之时，提出抵销。因此，本条在《合同法》第99条规定的基础上修改了关于“互负到期债务”的要件规定。不过，应当指出的是，抵销与直接清偿所导致的债务消灭是有差别的。根据本条规定以及《民商审判会议纪要》第43条关于“抵销一经生效，其效力溯及自抵销条件成就之时”的规定，可知虽然主张抵销的通知行为与债务清偿的给付行为均导致债务消灭的法律后果，但是发生效力的时间节点不同，从而对双方当事人的利益可能产生不同的影响。例如，甲、乙之间互负债务，甲因种种原因未能及时向乙主张抵销，在抵销适状1个月后甲向乙履行，甲清偿的债务范围应包括这1个月的利息，但如果甲在抵销适状1个月后向乙主张抵销，那么这1个月的利息就无需计算在内。

抵销除了具有简化清偿功能，更因有提高自己债权实现可能性的作用而具有担保功能。作为形成权的抵销权一旦行使即可导致交叉债权在相应范围内相互消灭，一方面，是对自身债务的履行；另一方面，也使自己的债权在相应范围内获得全额清偿，相当于在抵销权行使范围内获得了一个法定的担保的权利。因此，抵销制度能有效促进民商事主体参与市场活动的积极性，“如果我对你负债100元，我也

会放心地贷款100元给你”，这无疑是当事人内心的真实写照。正是着眼于此，我国《企业破产法》第40条前段规定：“债权人在破产申请受理前对债务人负有债务的，可以向管理人主张抵销。”从而使交叉债权人获得相对于普通债权人的优先受偿地位。为了有效维护抵销的担保功能，《企业破产法规定（二）》第43条还对破产程序中抵销的适用条件进行了“扩张”修正，规定：“债权人主张抵销，管理人以下列理由提出异议的，人民法院不予支持：（一）破产申请受理时，债务人对债权人负有的债务尚未到期；（二）破产申请受理时，债权人对债务人负有的债务尚未到期；（三）双方互负债务标的物种类、品质不同。”上述规定突破了法定抵销对主动债权需到期以及标的物种类、品质需相同的要求。类似的“扩张”修正还体现在债权让与的抵销规定当中，本法第549条规定：“有下列情形之一的，债务人可以向受让人主张抵销：（一）债务人接到债权转让通知时，债务人对让与人享有债权，且债务人的债权先于转让的债权到期或者同时到期；（二）债务人的债权与转让的债权是基于同一合同产生。”该条规定的第一种情形，突破了“债权相互性”的抵销要件，允许债权转让的债务人在一定条件下可向并无相互债权的受让人主张抵销，以避免因人为消除债权债务中原本存在的“相互性”而损害债务人的利益，否则将违背债务人不因债权转移而处于较不利地位的原则。第二种情形，体现的是基于同一交易产生的两项相对的债权理应可予抵销这一公平原则。

三、关于法定抵销的除外情形

本条明确规定了不得主张法定抵销的几种除外情形：根据债务性质、按照当事人的约定或者依照法律规定。

（一）根据债务性质不得抵销的情形

通常认为，此种情形指的是，债务性质决定了若不清偿就不能实现债权目的，故债务人不得主张抵销，主要包括：（1）不作为债务，如双方当事人互负的竞业禁止债务等，若允许当事人主张抵销，会导致债权目的无法实现；（2）因故意侵权而产生的赔偿债务，应禁止侵权行为人主张抵销；（3）公法上的债权，如税收债权等，具有特定的公共目的，若允许抵销可能影响公共政策的实施。[①]

（二）按照当事人约定不得抵销的情形

此项是在《合同法》第99条规定的基础上新增的情形，是私法自治原则的体现，实践上的来源则是《合同法司法解释（二）》第23条关于“对于依照合同法第九十九条的规定可以抵销的到期债权，当事人约定不得抵销的，人民法院可以认定该约定有效”的规定。

（三）依照法律规定不得抵销的情形

具有简化清偿功能与担保功能的抵销制度，主要保护的是主动债权人的利益，并以促进市场交易、降低交易成本为制度目的。可见，抵销制度追求的价值更倾向于“效率”。因此，在某些情形下，为“公平”起见，法律有必要限制抵销的适用。典型的情形，如破产程序中为公平保护其他债权人的利益，立法对抵销的适用作出了多项限制性规定。《企业破产法》第40条规定：“债权人在破产申请受理前对债务人负有债务的，可以向管理人主张抵销。但是，有下列情形之一的，不得抵销：（一）债务人的债务人在破产申请受理后取得他人对债务人的债权的；（二）债权人已知债务人有不能清偿到期债务或者破产申请的事实，对债务人负担债务的；但是，债权人因为法律规定或者有破产申请一年前所发生的原因而负担债务的除外；（三）债务人的债务人已知债务人有不能清偿到期债务或者破产申请的事实，对债务人取得债权的；但是，债务人的债务人因为法律规定或者有破产申请一年前所发生的原因而取得债权的除外。”依照该规定，破产程序中可予抵销的两项相互性债权，原则上应在破产申请受理前即已存在。该条规定限制抵销适用的三种情形，即破产开始后获取的债权、已知债务人陷入困境且于破产开始前1年内对债务人负担的债务或取得的债权，具有一个共同的特点：债权人理应知道债务人已不能

① 参见王利明：《债法总则》，中国人民大学出版社2016年版，第449页。

足额清偿债务，仍人为创造债权债务的“相互性”。此时，可推定为恶意抵销，应予禁止，以避免抵销的担保功能被滥用，对其他债权人构成不公。破产程序中对抵销适用的限制性规定，还包括《企业破产法规定（二）》第44条（债务人股东因出资不足所负债务不得抵销）、第46条（债务人股东滥用股东权利或者关联关系所负债务不得抵销）等，均是为了公平保护其他债权人的利益，不予赘述。

此外，在信托关系中，为了保护受益人的利益，规范受托人的管理、处分行为，《信托法》第18条规定：“受托人管理运用、处分信托财产所产生的债权，不得与其固有财产产生的债务相抵销。受托人管理运用、处分不同委托人的信托财产所产生的债权债务，不得相互抵销。”此两种不得抵销的情形，颇类似于代理制度中的“自己代理”与“双方代理”，涉嫌违背《信托法》第25条关于受托人必须恪尽职守，为受益人的最大利益处理信托事务的相关规定。

四、抵销不得附条件或者附期限

设立抵销制度的直接目的，乃是简化清偿。若允许抵销附条件或者附期限，因条件是否成就具有不确定性，而且期限到来之前仍需计算债权利息，故两者均会影响抵销制度目的的实现，进而损害抵销制度的法理基础。

【审判实践中应注意的问题】

审判实践中，需注意以下问题：

一、已过诉讼时效的债权不得作为主动债权主张抵销

由于抵销是单方法律行为，主张抵销一方只要为抵销的意思表示，就发生抵销的法律效力，故对被抵销的一方而言，抵销具有强制性。若法律允许一方用自然债权抵销对方的债权，则将产生强制履行自然债务的结果，从而导致法律体系内部发生冲突。因此，已过诉讼

时效的债权不得作为主动债权主张抵销。但已过诉讼时效的债权可以作为被动债权抵销，此时可认为自然债权的债务人放弃了时效利益。应当指出的是，是否已过诉讼时效的判断时点，应以两项债权适于抵销之时为准，一方因行使抵销权而获得的既得利益应予尊重，不因事后债权罹于时效而受影响。

二、关于通知的具体方式

《民商审判会议纪要》第43条规定："抵销权既可以通知的方式行使，也可以提出抗辩或者提起反诉的方式行使。……"结合《民事诉讼法司法解释》第233条第2款的有关规定，若以反诉的方式主张抵销，尚需满足反诉与本诉存在法律上的牵连关系这一条件，即"反诉与本诉的诉讼请求基于相同法律关系、诉讼请求之间具有因果关系，或者反诉与本诉的诉讼请求基于相同事实"。

二、关于抵销范围与顺序

根据《民商审判会议纪要》第43条的规定，双方互负的债务数额，是截至抵销条件成就之时各自负有的包括主债务、利息、违约金、赔偿金等在内的全部债务数额。行使抵销权一方享有的债权不足以抵销全部债务数额，当事人对抵销顺序又没有特别约定的，应当根据实现债权的费用、利息、主债务的顺序进行抵销。

第五百六十九条　当事人互负债务，标的物种类、品质不相同的，经协商一致，也可以抵销。

【条文主旨】

本条是关于约定抵销的规定。

【条文理解】

约定抵销，是指互负债务的当事人经协商一致，使债务在对等范围内消灭。与法定抵销相比，两者区别表现在：（1）抵销的根据不同。法定抵销是基于法律规定，只要具备法定条件，任何一方可将对方的债务与自己的债务抵销；而约定抵销必须当事人协商一致，不能由单方决定抵销。（2）对债务标的物的要求不同。法定抵销要求标的物的种类、品质相同；而约定抵销对标的物的种类、品质没有限制。（3）对债务期限的要求不同。法定抵销中，主张抵销一方的债权一般必须到期；而约定抵销对债务履行期限没有限制。（4）抵销的实现方式不同。法定抵销中，主张抵销一方应当通知对方，通知自到达对方时生效；而约定抵销中，当事人达成抵销协议时发生抵销的法律效力，不存在通知的问题。

通过比较不难发现，约定抵销与法定抵销两者的性质迥异，严格来说，约定抵销并不属于抵销制度。约定抵销名为"抵销"，实属"合同"范畴，相关法律行为属于双方法律行为；而法定抵销是单方法律行为，无需双方达成合意。在约定抵销中，当事人均不享有形成权性质的抵销权，而是通过协商完成抵销；在法定抵销中，当事人以通知的方式行使抵销权并完成抵销。从实现的价值、功能来看，约定抵销体现的是当事人意思自治原则，对“协商一致”的要求使其难以像法定抵销那样具备简化清偿的功能，同时，也不具备可提高自身债权实现可能性的担保功能。

【审判实践中应注意的问题】

约定抵销构成独立的缔约行为，协商一致的结果是产生了一个新的独立的合同，而不是原合同的组成部分，其目的是使当事人间的债务消灭。当事人对约定抵销发生纠纷时，人民法院应按照这个新合同的性质来确定案由。根据《民事案件案由规定》，结合当事人的诉讼请求与理由，可酌情确定案由为“确认合同效力纠纷”或者“合同纠纷”。

第五百七十条 有下列情形之一，难以履行债务的，债务人可以将标的物提存：

（一）债权人无正当理由拒绝受领；

（二）债权人下落不明；

（三）债权人死亡未确定继承人、遗产管理人，或者丧失民事行为能力未确定监护人；

（四）法律规定的其他情形。

标的物不适于提存或者提存费用过高的，债务人依法可以拍卖或者变卖标的物，提存所得的价款。

【条文主旨】

本条是关于提存的原因和方式的规定。

【条文理解】

一、设置提存制度的意义

提存制度，指当债务人履行其到期债务时，因债权人的原因导致债务人无法或难以向债权人履行债务时，可依法将履行债务的标的物或者价款送交有关部门，以代替履行消灭自己债务的法律制度。这是使债务消灭的一项重要民法制度。债务的履行往往需要债权人的协助，如果债权人无正当理由而拒绝受领或者不能受领，虽然债权人应当承担受领迟延的责任，但债务人的债务却未消灭。此种情况下，债务人仍应随时准备履行，为债务提供的担保也不能消灭，这样显然有失公平。故提存制度的建立和完善，有利于债务纠纷的及时解决，有

利于更好地平衡债权人和债务人双方的利益冲突，保证市场机制的正常运行。提存在法律性质上兼具私法和公法的双重性质。近现代民法一般都将提存规定为债的一种消灭原因。

二、提存制度的立法沿革

从立法、司法解释的实践来看，我国曾在20世纪50年代设立过提存制度，后又废止。1981年12月13日颁发、1982年7月1日施行、1999年10月1日废止的原《经济合同法》第14条第4款重新承认了提存制度。最高人民法院1988年颁布的《民法通则意见》第104条规定："债权人无正当理由拒绝债务人履行义务，债务人将履行的标的物向有关部门提存的，应当认定债务已经履行……"该规定明确将提存作为债的消灭的原因之一，但未对提存部门、提存程序作出具体规定。司法部1995年6月2日发布的《提存公证规则》全面规定了提存制度，将提存分为以清偿为目的与以担保为目的两种类型，认为前者具有消灭债的法律效力。随后，在参考国外立法例和总结我国司法实践的基础上，我国《合同法》明确规定了提存制度。本条即源于《合同法》第101条，同时为保持本法表述的前后统一，与继承编增加的遗产管理人制度相呼应，在债权受领的主体上新增一类主体即"遗产管理人"。

三、提存的法律性质

虽然提存是债务清偿的替代，但提存部门往往多为公共机构，由此产生了提存究竟属于公法关系还是私法关系的问题。有学者对比了德国、日本及我国台湾地区的相关规范，并作了如下介绍：[①] 在德国，提存被设定为公法关系，有管辖权的是初级法院和司法金库（金钱提存）。日本通说认为，清偿提存是为第三人（债权人）的寄托制度。清偿提存并非单纯的预约清偿提供代用制度，而是清偿本身的代

① 崔建远：《我国提存制度的完善》，载《政治与法律》2019年第8期。

用制度，但在形式上与为第三人的寄托形式相同。为第三人的寄托只是形式，清偿提存的实质是清偿。我国台湾地区的通说认为，提存是清偿人以给付物交付提存部门，经提存部门允为保管而成立的寄托合同，提存后债权人可直接向提存部门请求给付，所以提存是为第三人利益的寄托合同。从整体观察，提存实质上具有公法上的关系，因为提存所受领提存物系基于公法上的义务，如果未向提存部门合法办理手续，就不会发生应有的提存效果。虽然债权人因清偿人的提存可以随时领取提存物，但申请领取的程序是由公法设置的，不得认为债权人有请求发还提存物的私法上的请求权。我们认为，本法所述提存涉及的法律关系，应理解为债务人与提存部门之间缔结的一种向第三人履行的保管合同关系。

四、提存的原因

根据本条规定，在发生下列原因时，债务人可以提存：

一是债权人无正当理由拒绝受领。当债务人在履行期限届满前履行义务并向债权人交付履行的标的物，在履行期届满后，债权人拒绝受领标的物的，则债务人难以完成债务履行的，此时债务人方可以提存。

二是债权人不能受领，即债权人下落不明致使债务人难以履行义务的。于此所称的“不能受领”包括“事实上的不能受领”和“法律上的不能受领”两种类型。关于“事实上的不能受领”，典型例子如债权人是自然人，当债权人离开最后居住地在较长一段时间内无音讯的，则构成下落不明；还如债权人被认定为失踪的。自然人下落不明的，如果其财产处于无人管理的状态，与其有权利义务关系的人则难以实现其合法权益。又比如债权人是法人或者非法人组织，当其分立、合并或变更住所地、经营场所等，未及时进行登记，也未通知债务人，致使债务人无法通过合理方式找到债权人，履行债务发生困难。关于“法律上的不能受领”，如债权人因遭遇车祸而成植物人丧失民事行为能力未确定监护人的。在此类情况下，债务人任意处分其

履行义务将不利于债权人的利益；债权人不能受领债务人的履行使得债务继续存续，则对债务人不公平。故，通过将履行标的物交至提存部门，能尽快消灭债务，也能保护债权人的财产利益。

三是债权人无法确知，即债权人死亡未确定继承人、遗产管理人。当债权人是自然人时，如果死亡，应当由其继承人管理其生前财产，当继承人接受履行的，也应当履行相应的义务如付款等。如果债务人履行时，债权人死亡而未确定继承人、遗产管理人的，债务人的履行无法受领，此种情况下，为消灭债务，保护债权人的财产权利，债务人应当提存履行标的物。这里需要特别注意的是本条新增了“遗产管理人”债权受领人。本法第 1151 条规定：“存有遗产的人，应当妥善保管遗产，任何组织或者个人不得侵吞或者争抢。”由此表明，凡存有遗产的人，都是遗产保管人，都负有妥善保管遗产的责任。被继承人死亡后，虽然有继承人，但继承人不明或均不在遗产所在地或全部继承人放弃或丧失继承权，这时的遗产就处于无人管理的状态。因遗产继承有个过程，根据遗产管理人的职责范围，遗产管理人有职责公告通告或个别通知继承人、受遗赠人、死者生前的债权人，以使他们能够继承遗产、接受遗赠的遗产或能够获得债权的实现。新增部分弥补了现实生活中可能存在的法律漏洞，可进一步保障债务人的利益。

四是法律规定的其他情形。债务人也可以依照法律规定将标的物提存。

五、提存的法律效力

关于提存的法律效力，可详见本法第 571 条的分析。提存应符合一定的条件，并按法定的程序进行。提存实施后，在债务人、债权人、提存机关间将产生相应的法律效力。

【审判实践中应注意的问题】

第一，关于“提存”的理解。广义上来说，提存是指将金钱、有价证券及其他财产寄存于提存部门，再由他人自提存部门领取该财产，进而达到特定目的的制度。提存包括清偿提存、担保提存（出于担保债权的目的，使特定的债权人对于债务人提存的金钱、有价证券等享有优先受偿权）、执行提存、保管提存等。本条及以下所涉提存主要是指清偿提存。

第二，关于“提存人”的理解。提存人通常为债务人，但是否仅限于债务人？如果有代偿权的第三人，与债务的清偿具有利害关系的，法律应该赋予其提存的权利①，或称提存人包括为债务清偿的第三人。②在司法实践中应注意根据不同的案情在扩大或限缩解释时，可能带来的不同法律后果。

第三，关于“提存部门”的理解。一般来说，提存部门为国家设立的接收并保管提存物，并应债权人的请求而将提存物发还债权人的机构。在我国，提存被作为一种公证业务而由债务履行地的公证处管辖。③

第四，关于“提存标的物”的理解。根据本条规定，当发生条文所述情形时，不是所有的债务标的都可以提存。一般债务标的是有形物的，才可能实现提存，债务标的是权利的，如有权利凭证，也可以提存。如果债务标的是无形客体，如劳务、服务等，就不能提存。当债务标的是有形客体，但根据性质、形状或体积等不适于提存，如鲜活、容易变质物品、易燃易爆物品、建筑材料等，或者虽可提存，但提存费用过高的，债务人则可依法将标的物拍卖或者变卖，将所得价款提存。④

---

① 王利明：《合同法新问题研究》，中国社会科学出版社2003年版，第582~583页；张谷：《论提存》，载许章润主编：《清华法学》第2辑，清华大学出版社2003年版，第197页。

② 余延满：《合同法原论》，武汉大学出版社1999年版，第509页。

③ 《提存公证规则》第4条第1款。

④ 《提存公证规则》第7条、第14条第5款。

第五百七十一条　债务人将标的物或者将标的物依法拍卖、变卖所得价款交付提存部门时，提存成立。

提存成立的，视为债务人在其提存范围内已经交付标的物。

【条文主旨】

本条是关于提存的成立时间和法律效果的规定。

【条文理解】

提存本质上为一种保管合同。根据本法第890条的规定，保管合同自保管物交付时成立。在本法出台之前，《合同法司法解释（二）》第25条已对此作出类似规定："依照合同法第一百零一条的规定，债务人将合同标的物或者标的物拍卖、变卖所得价款交付提存部门时，人民法院应当认定提存成立。提存成立的，视为债务人在其提存范围内已经履行债务。"本次编纂《民法典》过程中，立法机关针对上述法律、司法解释条文规定内容作了表述上的调整，将债务限定在与交付标的物相关部分。于此涉及的问题是提存发生后，债务从何时起消灭。关于此问题，各国立法及理论界存在不同观点。一种观点认为，债务因提存而当然消灭，如《日本民法典》第494条规定："债权人拒绝受领或不能受领清偿时，清偿人可以为债权人提存清偿标的物而免其债务。"法国、意大利、瑞士等国皆同。另一种观点认为，提存仅发生对债权人请求权的抗辩，因为债务人保留着取回提存物的权利，如果债务人行使取回权，则债权人的领取权消灭，因而提存不能发生效力。[①]

① 张谷：《论提存》，载许章润主编：《清华法学》第2辑，清华大学出版社2003年版，第186页。

只有在提存人丧失提存物取回权时，债权人的债权才溯及于提存时而消灭。持这一观点的典型代表为德国，《德国民法典》第379条规定："在取回权未消灭时，债务人得要求债权人就提存物取得清偿。"本法第557条规定："有下列情形之一的，债权债务终止：……（三）债务人依法将标的物提存；……"可见，本法采纳的是第一种观点。

【审判实践中应注意的问题】

第一，关于提存成立时间的理解。标的物的提存成立后，不论债权人是否领取，都产生债务消灭的法律后果。债务人将合同标的物或者标的物拍卖、变卖所得价款交付提存部门时，应当认定提存成立。关于此，《提存公证规则》第16条规定："提存货币的，以现金、支票交付公证处的日期或提存款划入公证处提存账户的日期为提存日期。提存的物品需要验收的，以公证处验收合格的日期为提存日期。提存的有价证券、提单、权利证书或无需验收的物品，以实际交付公证处的日期为提存日期。"《提存公证规则》第17条规定："公证处应当从提存之日起三日内出具提存公证书。提存之债从提存之日即告清偿。"

第二，关于提存法律效果的理解。（1）发生标的物所有权的转移。提存行为本身是一种替代履行的行为。提存视为债务人对债权人进行了合同标的物的交付。因此，在债务人将该标的物交付给提存部门之时，提存物的所有权即从债务人移转到债权人。（2）发生提存范围内债务的履行。提存成立后，并非产生提存抗辩权，而是拟制发生债务清偿的效果。由于实践中可能还存在提存后取回提存物的情形，故取回权的存在，构成影响提存效力的不确定因素。即因提存所当然发生的效果，仅为债权人的提存物领取请求权和提存人的清偿拒绝权（提存抗辩权，要求债权人就提存标的物获取清偿）；仅当取回权消灭后，债务始真正溯及自提存时归于消灭。[①]

---

① 韩世远：《合同法总论》，法律出版社2011年版，第567页。

第五百七十二条 标的物提存后，债务人应当及时通知债权人或者债权人的继承人、遗产管理人、监护人、财产代管人。

【条文主旨】

本条是关于提存后债务人负有通知义务的规定。

【条文理解】

《民法典》出台之前,《民法通则》及其司法解释均不涉及提存通知,《合同法》《提存公证规则》规定了提存通知。

一、提存通知的意义

为特别保护债务人利益，提存制度推定一经提存即发生消灭债务的法律效果，但此后若债权人不知提存已经发生，即使债权人客观上享有领取权，也不能认为债权可以得到实现，或因提存物不符合合同约定、债权人拒绝领取时，虽然已提存也不能因此得出债权已经实现的结论。为平衡债权人利益设置的提存通知有以下两方面的意义：其一，向债权人表明债务人已履行债务，催告债权人领取提存物。提存的功能既在于消灭债务人的债务，同时也为债权人受领给付提供条件。[①] 提存成立的，视为债务人在其提存范围内已经交付标的物，债务消灭，但债权人尚未现实地获得合同利益。提存通知可使债权人知悉标的物被提存的事实，从而及时领取提存物，使债权人实现债权成为可能，也避免了支付更多的费用和承担相应的风险。其二，保障债

① 翟云岭、郭洁:《合同法论》，法律出版社2012年版，第186页。

权人对提存标的物的异议权。提存是债务消灭的一种原因，但这并不意味着债务人一旦将标的物提存即当然地发生债务消灭的法律效果，须存在合法有效的提存原因且提存物须符合合同约定构成，符合约定的履行，而提存部门对提存标的物在质量、数量等方面是否完全符合合同约定无法作实质性审查①，提存通知保障了债权人能够对提存是否符合约定提出异议。

当出现债权人下落不明及其他法定事由，如债权人死亡未确定继承人、遗产管理人，丧失民事行为能力未确定监护人时，债务人进行提存通知有一定困难。考虑到这一情况，在本法出台以前，《合同法》第102条针对因债权人下落不明而无法通知的情形，免除债务人的通知义务。这一规定考虑提存往往基于债权人的过错而产生，有利于保护债务人利益。但是，即使下落不明也并不必然导致无法通知，债权人下落不明满2年的，利害关系人依据本法第40条规定可以向人民法院宣告其失踪，并确定或由人民法院指定财产代管人，由财产代管人管理失踪人的财产，维护其财产权益。此时，债务人应当向财产代管人作出提存通知。另外，提存后标的物领取权虽确定地归于债权人，但债权人的债权并未因此即现实地得到满足，甚至不能因此而处于可得满足的状态。提存通知既可以督促债权人领取提存物，又能保

① 依据《提存公证规则》，公证机关在办理提存公证时，应对提存之债的真实性、合法性、提存标的物与债的标的是否相符等进行审查，在满足提存之债真实、合法、提存标的与债的标的相符等条件时，予以提存。提存标的与债的标的不符或在提存时难以判明两者是否相符的，提存人仍要求提存的，公证处可以予以记载并办理公证。《提存公证规则》第12条规定："公证员应当按《公证程序规则（试行）》第二十三条规定，审查下列内容：（一）本规则第九条所列材料是否齐全，内容是否属实；（二）提存人的行为能力和清偿依据；（三）申请提存之债的真实性、合法性；（四）请求提存的原因和事实是否属实；（五）提存标的物与债的标的的是否相符，是否适宜提存；（六）提存标的物是否需要采取特殊的处理或保管措施。"第13条规定："符合下列条件的，公证处应当予以提存：（一）提存人具有行为能力，意思表示真实；（二）提存之债真实、合法；（三）符合本规则第五条或第六条以及第七条规定条件；（四）提存标的与债的标的相符。提存标的与债的标的不符或在提存时难以判明两者是否相符的，公证处应告知提存人如提存受领人因此原因拒绝受领提存物则不能产生提存的效力。提存人仍要求提存的，公证处可以办理提存公证，并记载上述条件。不符合前两款规定的，公证处应当拒绝办理提存公证，并告知申请人对拒绝公证不服的复议程序。"尽管如此，公证机关无法如合同当事人一样对标的物是否符合约定进行全面审查，加之合同履行的复杂性，可能出现审查错误，导致提存物不符合合同约定的情形。

障债权人的异议权，因此，提存通知义务在任何情况下均不能免除。

二、提存通知的义务主体为债务人

本法关于通知主体的规定沿用了《提存公证规则》的部分内容，但《提存公证规则》第18条还规定了以清偿为目的的提存或提存人通知有困难的，由公证处通知。本法规定由债务人而不是提存部门负通知义务，其合理性在于：（1）履行合同原本是债务人的义务，由债务人进行提存通知是债务人向债权人表明自己已经履行合同义务的具体表现；（2）提存不是向债权人直接清偿，基于债权人往往不知情，而出现提存事由时通知困难为常态，债权人和债务人在交易过程中的相互接触和联系，债务人相对提存部门更有可能确定债权人及其他提存受领人身份、联系方式等信息，由债务人负通知义务更有利于实现提存通知的功能。提存通知的对象不限于债权人，当债权人因死亡、失踪等原因无法对其进行通知时，通知的对象包括其他受领人：（1）债权人死亡的，通知对象为债权人的继承人、遗产管理人；（2）债权人丧失民事行为能力的，通知对象为债权人的监护人；（3）债权人因下落不明达到一定期限被宣告失踪并确定了财产代管人的，通知对象为债权人的财产代管人。

三、提存通知的方式

提存通知既包括直接通知，也包括公告通知。对于因债权人拒绝受领而发生的提存，提存通知没有障碍的情况下，原则上应以直接通知的方式向债权人作出；至于是否必须以书面方式作出，则并没有明确限制，且以受领人收到提存通知为必要。在债权人下落不明尚未宣告失踪、未选任财产代管人，无法进行直接通知时，也应在债权人的国内住所地以公告方式进行通知。债权人死亡一经确定继承人、遗产管理人，或债权人丧失民事行为能力一经确定监护人，又或债权人因下落不明被宣告失踪确定了财产代管人的，提存通知应以直接方式向上述提存受领人作出。

四、提存通知的时间

本法没有对何为及时通知的问题作出规定，《提存公证规则》第18条规定，公证处直接通知的时间为提存之日起7日内，公告通知的时间为提存之日起60日内。是否属于及时通知，应考虑以下因素：第一，债权人死亡的，是否确定了继承人、遗产管理人；债权人丧失民事行为能力的，是否确定了监护人；债权人下落不明的，是否确定了财产代管人。如果继承人、遗产管理人、监护人、财产代管人尚未明确，通知条件尚不具备。第二，区分不同的通知方式，公告通知相对直接通知显然所需时间更长。至于通知的内容，通知是为提存受领人领取提存物提供方便，因此通知应包括提存地点等信息。

【审判实践中应注意的问题】

通知不是提存生效的条件，但债务人没有及时履行提存通知义务，导致债权人遭受损害的，债权人有权请求债务人承担赔偿损失责任，如因迟延通知导致债权人迟延领取而增加的提存费用等。

第五百七十三条 标的物提存后，毁损、灭失的风险由债权人承担。提存期间，标的物的孳息归债权人所有。提存费用由债权人负担。

【条文主旨】

本条是关于提存后提存物风险负担、提存期间孳息归属和提存费用负担的规定。

【条文理解】

一、标的物提存后，毁损、灭失的风险负担

标的物提存后，毁损、灭失的风险负担由债权人承担，《合同法》第103条、《提存公证规则》第27条对此均作出相同规定。标的物毁损、灭失的风险是指标的物提存后至债权人领取提存物前，提存物因不可归责于他人的事由而发生毁损、灭失的损失。风险负担就是由谁承担因此产生的损失。对于标的物提存后风险转移至债权人的原因，存在两种认识。[①]一种观点认为，自《合同法》颁行以来，我国在风险负担转移问题上即采纳交付主义，标的物毁损、灭失的风险在交付前由出卖人承担，交付后由买受人承担。提存既然视为交付，则自然发生标的物风险的转移，这与《合同法》关于买卖合同的风险负担的规定精神也是一致的。另一种观点认为，因提存而转移风险负担的规则，与买卖、承揽合同中因交付而转移风险负担的规则并不相同。后

① 朱广新：《合同法总则》，中国人民大学出版社2012年版，第456~457页；朱广新：《合同法总则研究》（下册），中国人民大学出版社2018年版，第545页。

者是秉持风险由所有人负担原则的结果；前者则是法律予以利益衡量后，基于债权人怠于受领其利益而向其强加的一种不利益。此外，除了不可归责于他人的事由导致标的物毁损、灭失外，标的物也可能因提存部门保管不当或因第三人侵害等可以归责于他人的原因产生毁损、灭失，此时因毁损、灭失产生赔偿请求权，由债权人向负有责任的他人主张赔偿。

二、提存期间孳息的归属

关于孳息归属，标的物经领取后所有权当然发生转移，孳息显然由所有权人享有。但在提存期间，标的物所有权是否已经发生转移存有疑问，由此产生提存期间孳息归属问题。《合同法》《提存公证规则》和本法均规定提存期间孳息归债权人所有。孳息包括天然孳息和法定孳息，收取孳息的义务由提存部门承担。

与风险负担转移、孳息归属相关的另一个重要问题是提存是否发生转移标的物所有权的效力。由于毁损、灭失的风险负担、孳息归属一般应归属所有权人，由此产生本条在解释上是否可以认为提存物交付后产生提存物所有权变动的法律效果。有学者提出，应当区分标的物为货币或者其他可替代物还是特定物来考察标的物所有权转移时间。[①]一般而言，作为种类物的货币，占有即所有，产生的是债的返还请求权，不会产生所有物返还请求权。因此，债务人将价款交付提存部门时，提存部门取得货币所有权，债权人提出领取时，提存部门在扣除相关费用后向债权人交付相同种类、数量的货币即可，债权人从而取得交付货币的所有权。因此，讨论标的物所有权转移的时间是针对特定物而言。根据我国台湾地区的学说，提存不过取得提存物之占有，提存人与债权人之间经由提存所媒介而转移其所有权于债权人。[②]给付物经提存后，其所有权归属于债权人，债权人得随时请求

① 韩世远：《合同法总论》，法律出版社 2008 年版，第 508~509 页。

② 韩世远：《提存论》，载《现代法学》2004 年第 3 期。

提存物之交付。[①]在我国，有学者以《合同法》第103条规定为依据得出提存标的物所有权自提存之时起转移到债权人所有的结论。[②]在办理提存公证的实务中，通说也认为自提存之日提存物所有权即发生转移。例如，根据司法部编写的《公证员办证参考》，“提存的结果将导致提存物所有权的转移。从提存之日起，提存物的所有权即归属债权人”。又比如，根据中国公证员协会组编的《公证员入门》，为清偿债务所作提存的其中一个特征为：“要导致提存标的物的所有权或占有权的转移，从提存之日起，提存标的物即转归债权人。”[③]

三、提存费用的负担

提存是由于债权人的原因导致债务人难以履行债务，如果债权人正常受领给付，就不会发生债务人将标的物提存，也就不会支出提存费用，由债权人负担提存费用公平合理。《提存公证规则》第25条第2款规定：“提存费用包括：提存公证费、公告费、邮电费、保管费、评估鉴定费、代管费、拍卖变卖费、保险费，以及为保管、处理、运输提存标的物所支出的其他费用。”

【审判实践中应注意的问题】

第一，因提存发生的风险负担、孳息归属、费用负担等效力，须以存在合法有效的提存为前提。合法有效的提存，必须以存在有效的合同关系、提存物符合合同约定等作为条件，不满足上述条件的提存，将确定不发生提存的效力。本法的提存制度设计推定一经提存债务即消灭，如嗣后发现提存原因消灭或提存物与合同约定不符、债权人拒绝领取提存物的，债的关系不因提存而消灭，提存效力溯及地不

---

① 梅仲协：《民法要义》，中国政法大学出版社1998年版，第386页。

② 杨立新：《债法总论》，法律出版社2011年版，第239页。

③ 司法部律师公证工作指导司编：《公证员办证参考》，法律出版社2005年版，第278页；中国公证员协会组编：《公证员入门》，法律出版社2007年版，第326页。

能发生。债权人如果不就提存物的瑕疵提出异议，则提存的瑕疵已被补正，提存物受领权溯及于提存时发生。[①]

第二，关于买卖合同因买受人违约导致交付迟延而为提存的场合，标的物毁损、灭失的风险何时转移的问题。对于买卖合同中标的物的风险负担，本法第604条沿用《合同法》第142条的规定，规定因交付发生风险转移。同时，本法第605条沿用《合同法》第143条的规定，规定因买受人的原因致使标的物未按照约定的期限交付的，买受人应当自违反约定时起承担标的物毁损、灭失的风险。因此，在由于债权人违约导致迟延交付而为提存的场合，标的物毁损、灭失的风险转移应适用本法第605条的规定，即自债权人违约时起转移，而不再适用本条提存后风险转移之规定。

① 崔建远：《我国提存制度的完善》，载《政治与法律》2019年第8期。

第五百七十四条　债权人可以随时领取提存物。但是，债权人对债务人负有到期债务的，在债权人未履行债务或者提供担保之前，提存部门根据债务人的要求应当拒绝其领取提存物。

债权人领取提存物的权利，自提存之日起五年内不行使而消灭，提存物扣除提存费用后归国家所有。但是，债权人未履行对债务人的到期债务，或者债权人向提存部门书面表示放弃领取提存物权利的，债务人负担提存费用后有权取回提存物。

【条文主旨】

本条是关于债权人领取提存物的规定。

【条文理解】

提存导致的债务消灭并非是终局性的，如果提存物不符合合同约定，如在数量、质量上存在瑕疵，债权人领取提存物时拒绝受领的，提存自始不发生效力，债权无法得到满足，债权人仍需依据原给付请求权向债务人请求履行，由此产生了提存物领取请求权与基于基础法律关系的原给付请求权的关系问题。

一、提存物领取请求权的性质

关于债权人的提存物领取请求权性质的认识，有以下几种观点：第一，提存物领取权是提存物的返还请求权，本质属于物权请求权，且是一种新发生的请求权，与原给付请求权并存。第二，提存请求权属于债权请求权，是基于提存合同产生的，属于新发生的请求权，与原给付请求权不同。第三，提存物领取请求权属于独立的请求权。在提存期间虽然标的物所有权属于债权人。但由于提存机关对标的物的占有属于有权占有，因此债权人无法行使所有权返还请求权。[①] 提存物领取请求权的性质，与是否承认提存人的取回权、提存物所有权转移时间等因素有关，从本条规定来看，对提存物领取请求权的性质可以从以下两方面认识：

第一，从债权人领取提存物之请求权的发生来看，是基于提存关系而产生的，其发生原因、消灭时效均有特殊规则，不同于原给付请求权。[②] 提存成立后，债权人可以随时向提存部门领取标的物，这不是基于债权人与债务人或者债权人与提存部门之间的合意而发生，而是依据法律规定的提存关系而直接发生。合同关系中的原给付请求权适用普通诉讼时效，而领取提存物之取回权适用不变期间（除斥期间）。可见，两者并不相同。但无论是原给付请求权还是提存物领取请求权，其目的都是为了实现债权，即使存在并存也最终将归于统一，即或者由债务人取回提存物，提存物领取请求权消灭；或者符合提存条件，且不存在取回权或取回权消灭时，债权人通过行使提存物领取请求权实现债权。[③]

第二，从债权人领取提存物之请求权的生效及行使来看，请求权自提存成立时产生，以合法有效的提存为前提，若嗣后发现提存错误或提存不符合合同约定，债权人拒绝受领的，该请求权溯及至提存成立之时自始不存在。同时，从请求权行使过程看，债务人对原给付请求权的抗辩事由，可在债权人行使提存物领取权时由提存部门依据债务人的请求而提出。

二、债权人领取提存物的限制

债权人的领取权受到两方面的限制：一是为保护未获得对待给

① 王利明：《债法总则研究》，中国人民大学出版社 2015 年版，第 721 页。

② 韩世远：《合同法总论》，法律出版社 2008 年版，第 506 页。

③ 张谷：《论提存》，载许章润主编：《清华法学》第 2 辑，清华大学出版社 2003 年版，第 186 页。

付的债务人的利益，如果债权人对债务人负有到期债务的，在债权人履行债务或者提供担保之前，提存部门根据债务人的要求应当拒绝其领取提存物。二是债权人领取提存物的权利，自提存之日起5年内行使。逾期不行使的，该权利消灭，扣除提存费用后提存物归国家所有。

（一）债务人的履行抗辩权

对于在提存中行使债务人在合同履行中的抗辩权，德、日民法均有规定。《德国民法典》第373条规定："如果债务人仅在债权人给付后始负有给付义务时，债务人可以使债权人受理提存物的权利取决于其是否履行对待给付。"《日本民法典》第498条规定："于债务人基于债权人之给付而为清偿场合，债权人如不为其给付，则不得受领提存物。"一般认为，可以用于抗辩债权人领取提存物的到期债务，与债务人提存所履行的对债权人所负债务应是基于同一双务合同发生的。双务合同中，提存是债务人履行行为的替代，债权人则对债务人负有对待给付义务。当债权人行使领取权时，若自己的给付义务已届清偿期，提存部门可以依据债务人的请求拒绝债权人领取，这种拒绝实际是提存部门行使了基础法律关系产生的履行抗辩权。对于债权人而言，这种拒绝是提存部门的权利；对提存人而言，是提存部门应履行的义务。

（二）期间

债权人的提存物领取请求权，自提存之日起5年内不行使而消灭。我国台湾地区"民法"第330条也有类似规定，根据该条规定，"债权人关于提存物之权利，应于提存后十年内行使之，逾期其提存物归属国库。"本法规定的5年期间性质上应为除斥期间而非诉讼时效，有以下几点应当注意：一是期间起算自提存之日；二是债权人的提存物领取请求权期间的起算与权利同时发生，而不论债务人是否履行通知义务，或者债权人是否知晓。一般而言，诉讼时效的起算自权利人知道其权利受到侵害之日，即权利人知道请求权发生之日，受权利人主观认知的影响；最长诉讼时效期间的起算则不论权利人是否知道，自权利实际发生之日起计算。除斥期间的计算，如根据本法第152条规定，撤销权自知道或者应当知道撤销事由之日起算，同时也有最长期限，即自民事法律行为发生之日起5年。债权人的提存物领取请求权只有唯一的起算点，与债权人是否实际知晓无关。经法定的5年期限，债权人的提存物领取请求权将从实体上消灭。同时债务人为消灭债务而提存，债务消灭后债务人的目的达成，在债务人没有取回权或取回权已经消灭的情况下，提存物成为无主物，应适用“无主物归国家所有”的规则①，在扣除提存费用后归国家所有。

三、债务人的取回权

对标的物提存后提存人能否取回提存物这一问题，不同国家和地区有不同规定。法国、德国民法以提存人得取回提存物为原则，我国台湾地区“民法”以不得取回提存物为原则。《法国民法典》第1261条规定：“债务人于债权人未领取提存物以前，得将提存撤回。债务人撤回提存时，其共同债务人或保证人的债务不消灭。”《德国民法典》第376条规定：“债务人有取回提存物的权利。有下列情形时，不得取回：1.债务人向提存所表示放弃取回权；2.债权人向提存所表示受领；3.向提存所出示一份在债权人和债务人之间已宣告提存是合法的确定判决。”我国台湾地区关于提存人的取回权规定在“提存法”中，“提存法”第15条规定：“清偿提存之提存人于提存后，在下列情形之一者，得声请法院提存所返还提存物：1.提存处于错误者；2.提存之原因已消灭者；3.受取权人同意返还者。前项声请，应自提存之翌日起十年内为之，逾期其提存物属于国库。”

在《民法典》出台之前，《合同法》没有关于债务人取回提存物的规定，《提存公证规则》则以禁止取回提存物为原则，允许取回为例外。《提存公证规则》第26条第1、2款规定：“提存人可以凭人民法院生效的判决、裁定或提存之债已经清偿的公证证明取回提存物。”“提存受领人以书面形式向公证处表示抛弃提存受领权的，提存人得取回提存物。”本法规定的取回权吸收了《提存公证规则》的部

① 本法第318条、第1160条均体现这一规则。

分规定，将取回权定位为提存的效力，区分了因提存产生的债务人的取回权与因提存不生效债务人取回标的物的情形。理解本法所规定债务人的取回权，应注意以下几点：

第一，债务人的取回权属于提存法律效力的内容之一，讨论取回权须以存在合法有效的提存为前提。如果提存不生效，便不存在债务人取回权的问题。如果提存物不符合合同约定、债权人拒绝领取提存物，则提存自始无效，此时债务人请求返还提存物属于所有物返还请求权，亦不属于取回权的范畴。与我国台湾地区“民法”规定的取回权相比，本法区分了取回权与债务人在提存原因不存在时基于所有权取回提存物，该两种取回行为所依据的权利基础并不相同。

第二，债务人的取回权适用于提存之日起5年内债权人没有领取提存物，且出现以下两种情况：一是债权人未履行对债务人的到期债务；二是债权人向提存部门书面放弃领取提存物权利。债务人取回提存物的，视为未提存，债务未消灭的效力溯及至提存成立之时，因此，产生的费用由提存人承担。提存人未支付提存费用前，提存部门有权留置价值相当的提存物。

第三，债务人的取回权规定于本条第2款的但书部分，属于经除斥期间债权人不领取的提存物归国家所有的例外规定。因此，当有取回权存在时，即使经过除斥期间也不会发生提存物归国家所有的法律效果。同时，除斥期间尚未经过，债权人未履行对债务人的到期债务的，债务人只能要求提存部门拒绝债权人的领取请求或要求其提供担保，而不得径行要求取回提存物。

【审判实践中应注意的问题】

一、关于提存部门无正当理由拒绝债权人领取提存物的，债权人能否提起民事诉讼的问题

从本法关于提存制度的规定进行观察，提存涉及三方主体：提存

人（债务人）、提存部门、债权人，因而发生提存人与提存部门、提存部门与债权人、提存人与债权人的三方法律关系。[①]提存人与债权人之间的债权债务关系是提存产生的基础，属于纯粹的合同关系，除此以外，双方还因提存产生对领取权的抗辩、取回权等权利义务关系。提存旨在消灭债权人与债务人之间的债的关系，提存部门接受提存标的物并为保管以及将提存物返还债权人是公法上的义务，且债权人与债务人之间的债的关系以提存部门的行为为中介产生消灭效果，故提存具有公法上的法律关系的因素。[②]但提存由三方关系紧密结合而成，因公法关系的存在使得私法关系有所变形。由此，提存制度中的私法规则为特别法。[③]我国的法定提存部门是公证机构，公证机构接受、保管债务人提存的标的物是依据《公证法》的规定而为[④]，如何办理提存由《提存公证规则》加以规范。由于提存部门依债务人申请办理提存、保管提存物以及债权人按照领取程序取回提存物均非基于私法上的合意而产生，故当提存部门拒绝债权人领取提存物时，债权人不能以提存部门为被告提起民事诉讼，只能依据特别法规定寻求解决。《提存公证规则》第28条第1款规定："符合法定或当事人约定的给付条件，公证处拒绝给付的，由其主管的司法行政机关责令限期给付；给当事人造成损失的，公证处负有赔偿责任。"

二、关于提存错误、提存原因消灭时，债务人是否可以取回提存物的问题

提存错误包括债务人错误认识其与债权人之间存在合同关系、将无效合同误认为有效合同等情形；提存原因消灭包括提存后因合同

---

① 史浩明：《论提存》，载《法商研究》2001年第6期。

② 王家福主编：《中国民法学·民法债权》，法律出版社1991年版，第208~209页，转引自崔建远：《我国提存制度的完善》，载《政治与法律》2019年第8期。

③ 崔建远：《我国提存制度的完善》，载《政治与法律》2019年第8期。

④ 《公证法》第12条规定："根据自然人、法人或者其他组织的申请，公证机构可以办理下列事务：（一）法律、行政法规规定由公证机构登记的事务；（二）提存；（三）保管遗嘱、遗产或者其他与公证事项有关的财产、物品、文书；（四）代写与公证事项有关的法律事务文书；（五）提供公证法律咨询。"

解除、撤销等原因导致债权债务关系消灭。我国民法通说认为，提存须有合法原因，否则不发生提存效力，故应认为债的关系自提存时消灭，但在提存出于错误或有提存原因消灭的事实时，应认为提存原因事实不成立或已消灭，提存的效力不发生，提存人对于提存物得主张返还，因而债务亦不消灭。[①]由此，提存发生后，当债务人发现提存错误或者提存原因已经消灭的，应视为提存自始不发生法律效力。由于提存的原因不存在，债务人对于提存物当然可以主张返还，这种返还请求权不同于取回权，而应理解为是因提存不生效，债务人基于对提存物所有权而主张的物权请求权。

① 王家福主编：《中国民法学·民法债权》，法律出版社1991年版，第214页。

第五百七十五条　债权人免除债务人部分或者全部债务的，债权债务部分或者全部终止，但是债务人在合理期限内拒绝的除外。

【条文主旨】

本条是关于债务免除的法律效力的规定。

【条文理解】

本条对《合同法》第105条规定内容作了部分修改，增加了“除外”内容，即“债务人在合理期限内拒绝的除外”。[①] 另为表述准确，将“合同的权利义务”修改为“债权债务”。本条实质上修正了《合同法》第105条关于免除系单方行为的立法构造，较好地兼顾了债务免除效率的需求和尊重债务人意思自治的需要，是一种值得认可的制度构造模式。[②]

一、债务免除法律规范的立法构造模式

债务免除的法律规范构造，根基于债务免除性质的认识。关于免除的法律性质，学理上一直有契约说、单方法律行为说之争。契约说的依据是：（1）债的关系是债权人与债务人之间特定的法律关系，不能仅依一方当事人的意思表示成立；（2）债权人免除债务人的债务是

① 《合同法》第105条规定：债权人免除债务人部分或者全部债务的，合同的权利义务部分或者全部终止。

② 薛军：《合同涉他效力的逻辑基础和模式选择——兼评〈民法典合同编（草案）〉（二审稿）相关规定》，载《法商研究》2019年第3期。

一种恩惠，而恩惠不能滥施于人；（3）债权人免除债务可能有其他动机和目的，为防止债权人滥用免除权损害债务人利益，免除应经债务人同意。而单方法律行为说的依据是：（1）免除使债务人享受利益，因此没有必要征得债务人的同意；（2）如果债务免除一定需要债务人同意，债务人不同意的情形下，等于限制了债权人对权利的处分。我国理论界之所以对债务免除的性质存在争论，主要是受大陆法系国家及地区立法例及学说观点的影响。

一是契约说立法模式。欧洲诸国民法受罗马法的影响，将债务免除规定为契约行为。“自沿革上考察，罗马法上无如今日立法上所认免除之观念，惟与免除相当之债务消灭方法有二，即 acceptilation（免责确认契约），pactum de petendo（侵权不行使契约）。免除的方式有两类：一曰正式免除（即市民法上之免除），二曰略式免除（即裁判官法上之免除）。”[①] 受此传统影响，近代各国立法例多采契约说。例如，《法国民法典》第 1285 条规定：“债权人为连带债务人中一人的利益而以契约约定免除或解除该债务人的债务，亦告解除其他所有连带债务人的债务，但如债权人明示保留其对他连带债务人的权利，不在此限。”第 1287 条规定：“债权人以契约约定免除或解除主债务人的债务，即告解除保证人的担保义务；约定免除或解除保证人的担保义务，并不解除主债务人的债务；约定免除或解除保证人中一人的担保义务，不解除其他保证人应负的义务。”上述规定，明确债务免除以契约方式进行。此外，《法国民法典》中还设有一些解释性规则，进一步诠释债务的免除。[②]《德国民法典》第 397 条规定：“债权人通过合同向债务人免除债务的，债务关系归于消灭；债权人通过与债务

---

① ［意］彼德罗·彭梵得：《罗马法教科书》，黄风译，中国政法大学出版社 1996 年版，第 324 页。

② 《法国民法典》第 1282 条规定：债权人自愿以私人署名的证书原本交还于债务人的，为免除债务的证明；第 1283 条规定：自愿以具有执行力的债务证书公证大字誊本交付于债务人的，推定债务已清偿或已免除，但有相反证据的除外；第 1284 条规定：债权人自愿以私证书或具有执行为的债务证书公证大字誊本交付于连带债务人中之一人的，为其他连带债务人的利益亦有同一效力。参见《法国民法典》，罗结珍译，法律出版社 2005 年版，第 978~979 页。

人订立的合同，承认债务关系不存在的，适用相同的规定。”根据该条规定，一项债权可以免除，并且可以因此而归于消灭，前提条件是在债权人与债务人之间订立合同。法律没有规定债权人单方面放弃自己债权的情况，这是德国学界的通说。[①]

二是单方行为立法模式。《日本民法典》第519条规定：“债权人对债务人作出表示免除意思的，其债权消灭。”即只要债权人对债务人表示其免除债务的意思，则其债权消灭。我国台湾地区“民法”受日本法的影响，其第343条规定，债权人一经向债务人表示免除债务之意思，无容得债务人之同意，即发生消灭债之关系效果。根据该条规定，债务免除应理解为单方行为之一种。

三是修正的单方行为模式。《意大利民法典》对于债务免除采修正的单方行为模式，法典第1236条规定：“债权人免除债务的意思表示的通知送达债务人时，发生债的消灭。但是，被通知的债务人在适当期间内不愿接受该意思表示的不在此限。”学理上解释为，该条规定一方面使得债务免除的效果不取决于债务人的接受，而可以直接发生法律效果；另一方面使得债务人又可以通过行使拒绝权的方式来使得债务免除自始不发生效果。理论界普遍认为，修正的单方行为立法模式值得借鉴。[②]

我国理论界对于《合同法》第105条“债权人免除债务人部分或全部债务的，合同的权利义务部分或者全部终止”之规定，几乎一致认为该条规定的“免除”为单方行为。[③]“从本条规定看，我国合同法规定的免除是单方的法律行为。但合同法也并不排除债权人与债务人订立免除协议，免除债务人的义务。”[④]学者对债务免除采单方行为立

---

① 参见杜景林、卢谌：《德国民法典——全条文注释》（上册），中国政法大学出版社2015年版，第290页。

② 薛军：《合同涉他效力的逻辑基础和模式选择——兼评〈民法典合同编（草案）〉（二审稿）相关规定》，载《法商研究》2019年第3期。

③ 参见崔建远：《合同法学》，法律出版社2015年版，第235页；韩世远：《合同法总论》，法律出版社2011年版，第574页。

④ 胡康生主编：《中华人民共和国合同法释义》，法律出版社2013年版，第196页。

法模式的不足提出质疑。理由是：首先，债务免除行为是一种纯粹由债权人作出的单方法律行为，一旦债权人作出债务免除的意思，对于债务人即产生债务免除的法律效果，债务人只能承受这一法律后果，没有尊重债务人可能有不愿意受人恩惠之意思，因此存在明显缺陷。单方行为说以权利可得抛弃为其逻辑起点，即以对债务人的意思推定为基础，其逻辑必然是完全不需要考虑及债务人的利益、意志，确有不妥。其次，从“权利人可以自由抛弃其权利”这一规则来论证，把债务免除看作是债权人抛弃其债权。该论证混淆了权利人的法律领域与义务人的法律领域的区别。债权人当然可以放弃行使自己的权利，但这并不必然导致债务的免除。严格来讲，债务免除，指的是发生在债务人法律领域的一种变动，它与债权人是否放弃权利并不存在必然联系，如果债务人坚持要履行其债务，而债权人拒绝受领，债务人可以通过提存来实现债的履行效果，对此，债权人不能干预。但对于债权人而言，完全可以通过放弃领取提存物的方法来达到抛弃其债权的效果。在纯粹的单方行为模式下，被免除债务的债务人如果坚持通过提存的方式去履行已免除的债务，这种履行行为可能会受债务人的债权人代位权及撤销权的影响。再次，单方行为的构造并非绝对不可取，而一刀切的合意主义构造也并不一定妥当，尤其是考虑到虽然自己并没有参与，但在绝大多数情况下，债务人是愿意接受由债权人作出的债务免除行为的法律后果，不愿意接受债务免除后果的债务人毕竟是极少数的。为了极其个别的情况，在制度设计上就普遍要求债务人免除必须以债务人同意才发生效力，也难谓妥当。为此，有学者提出关于债务免除的构造，更加合理的选择应该是采取修正的单方行为，也就是说，允许债权人对债务人作出债务免除行为，在没有债务人方面的任何参与的情况下，直接发生效力，但允许债务人通过行使拒绝权，使债务免除的效果溯及既往地不发生效力。在此情况下，债务人免除行为相当于没有发生，即使债权人拒绝受领债务人的履行，而债务人通过提存的方式来履行，相应的提存利益也属于债权人，不会产生债务人的债权人通过代位权或撤销权等方式来介入的可能性。

债务免除的制度构造的调整，是本次《民法典》编纂中值得关注的革新。本条关于债务免除的规定，可谓完美地体现了上文所倡导的修正的单方行为的法律构造模式。通过赋予债务人拒绝权，债务人最终的自主决定权得到了保障，与此同时，单方行为的构造也尊重了在大多数情况下当事人可以推知的意思。该修正模式与德国的立法理由亦有异曲同工之处。无论出于何种原因，若使债务人以此种方式（合同）免去自己所负担义务，则债务人可能会觉得非常不适，也就是债务人本人意欲履行自己的债务，而不打算放弃。尊重债务人人格的法律思考要求，应当顾及债务人的这一意志。事实上，若法律赋予债务人以拒绝接受债务免除的权利，将获得如同《德国民法典》第333条“第三人向允诺人表示拒绝接受由合同所取得的权利的，此项权利视为未被取得”规定的同样的法律后果。实践中，债权人通常会认为，只要自己向债务人作出免除债务之表示，事情即已经得到解决，而不会期待债务人对此作出回答。如果指向订立免除合同之要约已经到达债务人，而债务人对此保持沉默，那么在通常情况下无论如何都应当认为债务人之沉默构成对要约的承诺。[①]

二、债务免除的法律后果

（一）免除使债务消灭

债权人免除部分债务的，债务部分免除，免除部分债务不再履行，但尚未免除的部分仍要履行。免除全部债务的，债务全部消灭，合同的权利义务因此终止。在债务被全部免除的情况下，有债权文书的，债务人可以请求返还。债权人作出债务免除的意思表示应当明确。债权人在作出债务免除的意思表示后不得撤回，自身应受其约束。债务免除成立后，合同的权利义务部分或者全部终止，其无偿性不影响该法律效力。债权人在作出债务免除的意思表示时，应当预想到其法律后果，并谨慎作出。

① 杜景林、卢谌：《德国民法典——全条文注释》（上册），中国政法大学出版社2015年版，第290页。

（二）免除消灭债权和债权的从权利

免除对方债务，也等于放弃了自己的债权，从属于债权的担保权利、利息权利、违约金请求权等也随之消灭。例如，在借款合同中，出借人免除了借款人的清偿义务后，为债务人提供保证的第三人保证责任也丧失了责任基础，作为从债务与主债务一同消灭。

（三）债务免除不得损害第三人的利益

《民法典》第113条规定，民事主体的财产权利受法律平等保护。第538条规定，债务人以放弃其债权、放弃债权担保、无偿转让财产等方式无偿处分财产权益，或者恶意延长其到期债权的履行期限，影响债权人的债权实现的，债权人可以请求人民法院撤销债务人的行为。因此，债权人免除债务人的债务，不得存在损害其他人合法权益的情形。例如，在融资租赁合同中，出资人（即买受人）免除出卖人的交付义务，承租人的利益将受损害，因此，不得免除出卖人的义务。

【审判实践中应注意的问题】

一、债务免除可否附有条件或期限

实践中，存在债权人免除债务人的债务附有条件或期限，对此，有观点认为，债权人在作出免除债务意思表示时，不能附加条件或期限，理由是：如果允许债权人附加条件或期限，无异于允许债权人在无须征得债务人同意的情况下单方为债务人设立负担，对于债务人而言是极不公平的，也不符合法律设立免除制度的本质。[①] 通说认为，无论免除是采契约说还是单方行为说，均认为免除可以附条件或附期限，附生效条件的免除如债权人表示只要债务人在合同履行期归还本金，可以免除利息。附解除条件的免除，如赠与合同中，赠与人表示

① 参见孙应征：《买卖合同法律原理与实证解析》，人民法院出版社2005年版，第213页。

如其经济状况恶化，可不再履行赠与合同。附终止期限的合同，如商家通知买受人，其出售的商品七折优惠到月底终止。我们认为，法律并没有规定债务免除不得附有条件或期限，根据合同意思自治原则，债务免除附有条件或期限并不损害债务人的利益，如果债务人不愿意接受，可以在合理期限内作出拒绝的意思表示。

二、连带债务中的个别债务免除的处理

在连带债务关系中，免除一个债务人的债务相当于免除其他连带债务人的共同债务。《民法典各分编（草案）》（2018 年 8 月 27 日稿）第 311 条第 2 款规定："部分连带债务人的债务被债权人免除的，在该连带债务人所应承担的份额范围内，其他债务人对债权人的债务消灭。"例如，甲乙丙三人为合伙关系，在经营中欠丁 9000 元的债务，债务到期后，丁表示免除丙 3000 元的债务。其后，甲偿还了余下 6000 元的债务，后甲向乙追偿时，见乙无钱，向丙追偿。因为丁免除丙债务时没有作出特别说明，所以就按照三个人均摊债务数额，减去免除的债务 3000 元，每个人应承担 2000 元，也就是说甲可以向丙追偿 2000 元。但是，如果是按份之债，债务人与债权人之间协商好每人偿还多少债务，那么这时债权人免除某特定债务人债务的，就与其他债务人无关。此外，在债权人没有明确表示放弃某部分债权的情况下，亦不构成债务免除，其他债务人仍负有连带责任。

第五百七十六条 债权和债务同归于一人的，债权债务终止，但是损害第三人利益的除外。

【条文主旨】

本条是关于债权债务混同的法律效力的规定。

【条文理解】

本条修改吸收了《合同法》第106条的规定。《合同法》第106条规定："债权和债务同归于一人的，合同的权利义务终止，但涉及第三人利益的除外。"本条将"但涉及第三人利益"修改为"但是损害第三人利益"，主要为了立法表述更准确，因为"涉及第三人利益"，不仅包括损害第二人利益的情形，也包括不损害第三人利益的情形，如果债权债务的混同事实不损害第三人利益，对该混同事实产生债权债务消灭的法律后果应予认可。

一、混同产生的情形

民法上的混同有广义与狭义之分。广义上的混同，是指凡不能并存的两种法律关系同归于一人而使其权利义务归于消灭的事实。实践中，广义上的混同主要有三种情形：一是所有权与他物权归属于一人，他物权因混同而消灭。因为所有权以外的他物权是以所有权的一定权能为内容，为所有权上的负担而限制所有权，故称限制物权或他物权，如果他物权与所有权混同，所有权上的负担即没有继续存在的必要。二是债权与债务同归于一人。债权与债务同归于一人时，自己向自己履行债务，显然没有意义，债权债务关系随之归于消灭。三是主债务与保证债务同归于一人。此项混同与前两种情形的因权利与义务混同有所不同，主债务与保证债务的混同系属于义务与义务归属于一人，由强势义务吸收弱势义务，故称不真正混同，以区别于固有的混同。狭义上的混同，则仅指债权与债务归于一人的情形，即指上述第二种情形。《民法典》第576条规定的混同，即指狭义上的混同。债权债务混同是合同权利义务终止的方式之一，这种方式使合同消灭并非逻辑的结果，而是由于在法律上已经没有必要存续，所以法律规定因混同而消灭合同，效果更符合实践。

狭义上的混同，根据混同事实发生的原因不同，可区分为以下两种类型：

（一）概括承受

概括承受是混同发生的主要原因，主要情形有：（1）企业合并，合并前的两个企业之间的债权债务因同归于合并后的企业而消灭。（2）债权人继承债务人的遗产或债务人继承债权人的遗产而导致债权债务归于同一人。（3）第三人同时继承债权人和债务人的遗产，如儿子甲向父亲乙借钱后，因意外事件二人同时死亡，由甲的儿子丙继承他们二人的财产。

（二）特定承受

特定承受主要包括：（1）债务人受让债权人的债权，如债权人与债务人签订合同后，债权人将合同权利转让给债务人。（2）债权人承受债务人的债务。

二、混同的法律效力

混同作为一种法律事实，因某些客观事实发生而产生债权债务同归于一人之既定效果，本身非行为，不必由当事人为意思表示，如债务人继承债权人的遗产、债权人公司与债务人公司合并、债务人自债权人受让债权等。[①]债权和债务同归于一人，简言之就是该当事人既

① ［日］我妻荣：《债权总论》，岩波书店1964年版，第369页。

是合同的债权人，又是合同的债务人。合同权利义务终止，既包含合同关系的消灭，又包含合同履行的终止。前者是指当事人因该合同所产生的一切权利义务关系完全不复存在，当事人不再履行合同义务，由合同引起的债权债务关系全部溯及既往地归于消灭，亦即绝对消灭。后者是指当事人因该合同所生的合同权利义务归于消灭，并面向将来消灭合同履行的效力。但是，合同履行的终止并不消灭当事人因此所应承担的返还财产、赔偿损失等责任，这里的消灭仅属合同的相对终止。而债权债务混同的前提是债权人和债务人同时存在，当二者合二为一，除非法律法规另有规定或损害第三人利益，债权债务当然消灭。具体而言，债权债务混同的法律后果主要体现在以下三个方面：

（一）合同关系及其他债之关系因混同而绝对消灭

消灭效力不仅及于债权人和债务人的抗辩权，而且还及于合同债权的从权利，如利息债权、违约金债权、担保债权等同时消灭。

（二）损害第三人利益时，债权债务不因混同而消灭

当债权债务同归于一人而合同权利义务关系损害第三人利益，即合同权利系他人权利的标的时，从保护第三人利益出发，债权债务不因混同而消灭。例如，《日本民法典》第520条规定，债权及债务归属于同一人的，其债权消灭，但是该债权为第三人的权利标的的，不在此限。

（三）法律另有规定时，混同也不发生消灭债的效力

对于一些特殊交易情形，相关法律有特别规定不产生债权债务消灭的法律效果。例如，票据转让过程中，按照银行结算办法的规定，商业汇票的收款人、付款人（或承兑人）以及其他票据债务人，在票据未到期前依背书转让的，票据上的债权债务即使同归于一人，票据仍可流通。

【审判实践中应注意的问题】

一、债权债务混同不得损害第三人利益

《民法典》第 132 条规定："民事主体不得滥用民事权利损害国家利益、社会公共利益或者他人合法权益。"在债权债务混同的情形下，如果第三人的权益受到侵害，则不发生债权债务消灭的法律后果。例如，甲以对乙的债权为丙设定权利质权，此后甲乙之间的债权债务即使混同，为了保护质权人的利益，作为权利质权之标的的债权并不消灭。再如，债权人甲请求执行法院扣押债务人乙对第三人丙的债权，此后乙丙之间的债权债务关系虽然发生混同，但为了保护债权人甲的利益，被扣押的债权并不消灭，甲仍然可以继续请求法院就该债权强制执行。

二、具有流通性的证券化债权不因混同而消灭

票据转让过程中，因对受让人无限制，有可能票据再转让到以前的票据债务人（回头背书），如出票人、承兑人或其他票据债务人，此时，票据上的权利义务关系不因混同而消灭。无记名债权、公司债等证券化债权，由于可以作为独立的有价物交易，自然不会因混同而消灭。

三、部分连带债务混同的法律后果

混同原则上使债权债务归于消灭，债权的从属权利或担保物权等也随之消灭。唯须注意，债权与保证债务混同时，保证债务固然归于消灭，主债务仍然继续存在。在连带债务中，部分连带债务人的债务与债权人的债权同归于一人的，其他债务人债务数额也因此发生变化。虽然连带债权的处理参照连带债务的相关规定，但如果部分连带债权人免除债务人债务的，在扣除该连带债权人的份额后，也不影响其他连带债权人的债权。在杨某诉何某、李某、黄某追偿权纠纷一案

中，争议的焦点问题是杨某对合伙债务承担连带责任后，是否因债权债务混同而丧失对其他合伙人对合伙债务的追偿权。法院认为，合伙人对合伙的债务承担连带责任，当合伙人之一成为个人合伙的债权人，从而使其债权及所负之连带债务因发生混同而消灭时，其他合伙人亦同免其责任，该合伙人可就超过自己应当承担的数额向其他合伙人追偿。[①]

四、公司通过股权收购形成母子公司的关系时，母公司与子公司的债权债务是否混同

公司通过股权收购形成母子公司的关系时不能等同于公司合并，前者并不发生公司法人人格消灭的情况，而后者则必然发生公司法人人格消灭的情况。在公司合并的情况下，发生债权债务的承继，而母、子公司均具有独立的法人人格，不能将二者的债权债务混同。

① 参见天津市第二中级人民法院（2015）二中民一终字第1244号民事判决书。

民法典理解与适用丛书

中华人民共和国
民法典合同编
理解与适用

[二]

最高人民法院民法典贯彻实施工作领导小组 主编

人民法院出版社
PEOPLE'S COURT PRESS

CONTENTS **总目录**

绪论：《民法典》编纂概述 …………………… 1

第一分编　通　则

第一章　一般规定 …………………… 17
第二章　合同的订立 …………………… 52
第三章　合同的效力 …………………… 287
第四章　合同的履行 …………………… 338
第五章　合同的保全 …………………… 497
第六章　合同的变更和转让 …………………… 555
第七章　合同的权利义务终止 …………………… 594
第八章　违约责任 …………………… 713

第二分编　典型合同

第九章　买卖合同 …………………… 853
第十章　供用电、水、气、热力合同 …………………… 1136
第十一章　赠与合同 …………………… 1170
第十二章　借款合同 …………………… 1218
第十三章　保证合同 …………………… 1280

第十四章　租赁合同 …………………………… 1407
第十五章　融资租赁合同 ……………………… 1610
第十六章　保理合同 …………………………… 1759
第十七章　承揽合同 …………………………… 1794
第十八章　建设工程合同 ……………………… 1901
第十九章　运输合同 …………………………… 2047
第二十章　技术合同 …………………………… 2228
第二十一章　保管合同 ………………………… 2344
第二十二章　仓储合同 ………………………… 2386
第二十三章　委托合同 ………………………… 2468
第二十四章　物业服务合同 …………………… 2551
第二十五章　行纪合同 ………………………… 2656
第二十六章　中介合同 ………………………… 2706
第二十七章　合伙合同 ………………………… 2732

第三分编　准合同

第二十八章　无因管理 ………………………… 2775
第二十九章　不当得利 ………………………… 2797

后　记 ………………………………………… 2813

目录

CONTENTS

第二册

第八章　违约责任

第五百七十七条

【条文主旨】 …………………………………………………… 713

本条是关于违约责任承担方式的规定。

第五百七十八条

【条文主旨】 …………………………………………………… 722

本条是关于预期违约承担违约责任的规定。

第五百七十九条

【条文主旨】 …………………………………………………… 729

本条是关于不履行金钱债务的违约责任的规定。

第五百八十条

【条文主旨】 …………………………………………………… 736

本条是关于非金钱债务的违约责任和非金钱债务不适用强制履行情形的规定。

第五百八十一条

【条文主旨】 ………………………………………………… 745

本条是关于第三人替代履行的费用承担的规定。

第五百八十二条

【条文主旨】 ………………………………………………… 751

本条是关于瑕疵履行的违约责任方式的规定。

第五百八十三条

【条文主旨】 ………………………………………………… 759

本条是关于继续履行或者采取补救措施后损失赔偿责任的规定。

第五百八十四条

【条文主旨】 ………………………………………………… 763

本条是关于损失赔偿的范围和确认规则的规定。

第五百八十五条

【条文主旨】 ………………………………………………… 775

本条是关于违约金的调整方法的规定。

第五百八十六条

【条文主旨】 ………………………………………………… 788

本条是关于定金合同的成立和定金数额的规定。

第五百八十七条

【条文主旨】 ………………………………………………… 796

本条是关于定金罚则适用的规定。

第五百八十八条

【条文主旨】 ………………………………………………… 803

本条是关于定金与违约金、赔偿损失之间关系的规定。

第五百八十九条

【条文主旨】 …………………………………………………………… 808

本条是关于债权人无正当理由拒绝受领、受领迟延的民事责任的规定。

第五百九十条

【条文主旨】 …………………………………………………………… 817

本条是关于不可抗力法律后果和举证责任分配的规定。

第五百九十一条

【条文主旨】 …………………………………………………………… 828

本条是关于减损规则的规定。

第五百九十二条

【条文主旨】 …………………………………………………………… 834

本条是关于双方违约、过失相抵责任承担的规定。

第五百九十三条

【条文主旨】 …………………………………………………………… 842

本条是关于第三人原因违约责任承担的规定。

第五百九十四条

【条文主旨】 …………………………………………………………… 847

本条是关于国际货物买卖合同和技术进出口合同诉讼时效的规定。

第二分编　典型合同

第九章　买卖合同

第五百九十五条

【条文主旨】 …………………………………………………… 853

本条是关于买卖合同概念的规定。

第五百九十六条

【条文主旨】 …………………………………………………… 857

本条是关于买卖合同内容的提示性规定。

第五百九十七条

【条文主旨】 …………………………………………………… 858

本条是关于出卖人无权处分情形下买卖合同效力、违约责任承担的规定。

第五百九十八条

【条文主旨】 …………………………………………………… 866

本条是关于出卖人主给付义务的规定。

第五百九十九条

【条文主旨】 …………………………………………………… 868

本条是关于出卖人交付有关单证和资料等从给付义务的规定。

第六百条

【条文主旨】 …………………………………………………… 870

本条是关于具有知识产权的标的物买卖中知识产权归属的规定。

第六百零一条

【条文主旨】 ………………………………………………… 872

本条是关于标的物交付期限的规定。

第六百零二条

【条文主旨】 ………………………………………………… 874

本条是关于交付期限没有约定或约定不明情形下交付期限确定规则的规定。

第六百零三条

【条文主旨】 ………………………………………………… 876

本条是关于合同没有约定或约定不明情形下标的物交付地点确定规则的规定。

第六百零四条

【条文主旨】 ………………………………………………… 883

本条是关于标的物风险负担的规定。

第六百零五条

【条文主旨】 ………………………………………………… 903

本条是关于迟延交付标的物风险负担的规定。

第六百零六条

【条文主旨】 ………………………………………………… 904

本条是关于路货买卖中风险负担的规定。

第六百零七条

【条文主旨】 ………………………………………………… 912

本条是关于出卖人依法将标的物交付给第一承运人即为履行交付义务的情况下，标的物风险转移的规定。

第六百零八条

【条文主旨】 …………………………………………… 914

本条是关于买受人未及时受领标的物时风险负担规则的规定。

第六百零九条

【条文主旨】 …………………………………………… 916

本条是关于出卖人交付有关标的物的单证和资料的义务与标的物毁损、灭失风险承担关系的规定。

第六百一十条

【条文主旨】 …………………………………………… 918

本条是关于出卖人根本违约的风险负担的规定。

第六百一十一条

【条文主旨】 …………………………………………… 927

本条是关于买受人承担风险与出卖人违约责任关系的规定。

第六百一十二条

【条文主旨】 …………………………………………… 933

本条是关于出卖人权利瑕疵担保义务的规定。

第六百一十三条

【条文主旨】 …………………………………………… 942

本条是关于出卖人权利瑕疵担保义务免除的规定。

第六百一十四条

【条文主旨】 …………………………………………… 947

本条是关于买受人中止支付价款权的规定。

第六百一十五条

【条文主旨】 …………………………………………… 953

本条是关于标的物应当符合约定质量要求的规定。

第六百一十六条

【条文主旨】 ………………………………………………… 959

本条是关于买卖合同标的物法定质量担保义务的规定。

第六百一十七条

【条文主旨】 ………………………………………………… 962

本条是关于标的物质量不符合要求时，买受人权利的规定。

第六百一十八条

【条文主旨】 ………………………………………………… 967

本条是关于瑕疵担保责任减免的特殊约定效力的规定。

第六百一十九条

【条文主旨】 ………………………………………………… 976

本条是关于标的物包装方式的规定。

第六百二十条

【条文主旨】 ………………………………………………… 979

本条是关于买受人对标的物检验义务的规定。

第六百二十一条

【条文主旨】 ………………………………………………… 982

本条是关于买受人对标的物存在瑕疵时的异议期限及其法律后果的规定。

第六百二十二条

【条文主旨】 ………………………………………………… 990

本条是关于检验期限或质量保证期过短情形的规定。

第六百二十三条

【条文主旨】 ………………………………………………… 998

本条是关于标的物数量和外观瑕疵检验的规定。

第六百二十四条

【条文主旨】 ………………………………………………………… 1001

本条是关于向第三人履行的情形下检验标准的规定。

第六百二十五条

【条文主旨】 ………………………………………………………… 1006

本条是关于出卖人承担旧物回收义务的规定。

第六百二十六条

【条文主旨】 ………………………………………………………… 1009

本条是关于买受人支付价款义务的一般规定。

第六百二十七条

【条文主旨】 ………………………………………………………… 1011

本条是关于买受人支付价款地点的规定。

第六百二十八条

【条文主旨】 ………………………………………………………… 1013

本条是关于买受人支付价款时间的规定。

第六百二十九条

【条文主旨】 ………………………………………………………… 1017

本条是关于出卖人实际交付的标的物多于合同约定时的处理规则的规定。

第六百三十条

【条文主旨】 ………………………………………………………… 1023

本条是关于买卖合同标的物孳息归属的规定。

第六百三十一条

【条文主旨】 ………………………………………………………… 1029

本条是关于作为标的物的主物与从物在解除合同时的效力的规定。

第六百三十二条

【条文主旨】 …………………………………………………………1034

本条是关于标的物为数物时，就其中一物不符合约定而解除合同的规定。

第六百三十三条

【条文主旨】 …………………………………………………………1039

本条是关于分批交付标的物的情况下解除合同的规定。

第六百三十四条

【条文主旨】 …………………………………………………………1044

本条是关于分期付款买卖的规定。

第六百三十五条

【条文主旨】 …………………………………………………………1053

本条是关于凭样品买卖当事人基本权利义务的规定。

第六百三十六条

【条文主旨】 …………………………………………………………1060

本条是关于凭样品买卖特殊责任的规定。

第六百三十七条

【条文主旨】 …………………………………………………………1065

本条是关于试用买卖中试用期限的规定。

第六百三十八条

【条文主旨】 …………………………………………………………1071

本条是关于试用买卖买受人对标的物认可与视为认可的规定。

第六百三十九条

【条文主旨】 …………………………………………………………1078

本条是关于试用期内标的物使用费的规定。

第六百四十条

【条文主旨】……1083

本条是关于试用期内标的物风险负担的规定。

第六百四十一条

【条文主旨】……1089

本条是关于所有权保留制度的原则性规定。

第六百四十二条

【条文主旨】……1099

本条是关于所有权保留中出卖人取回权的规定。

第六百四十三条

【条文主旨】……1108

本条是关于所有权保留中买受人回赎权、出卖人再出卖权以及相关清算的规定。

第六百四十四条

【条文主旨】……1112

本条是关于确定招标投标买卖当事人的权利义务以及招标投标程序等法律依据的规定。

第六百四十五条

【条文主旨】……1118

本条是关于确定拍卖当事人的权利义务以及拍卖程序有关法律依据的规定。

第六百四十六条

【条文主旨】……1125

本条是关于有偿合同法律适用的规定。

第六百四十七条

【条文主旨】……1132

本条是关于互易合同法律适用规则的规定。

第十章　供用电、水、气、热力合同

第六百四十八条

【条文主旨】……………………………………………………1136

本条是关于供用电合同概念及供电人强制缔约义务的规定。

第六百四十九条

【条文主旨】……………………………………………………1142

本条是关于供用电合同主要内容的规定。

第六百五十条

【条文主旨】……………………………………………………1146

本条是关于供用电合同履行地点的规定。

第六百五十一条

【条文主旨】……………………………………………………1149

本条是关于供电人按照国家规定标准和合同的约定安全供电义务的规定。

第六百五十二条

【条文主旨】……………………………………………………1151

本条是关于供电人因故中断供电时通知义务的规定。

第六百五十三条

【条文主旨】……………………………………………………1155

本条是关于因自然灾害等原因断电时供电人的抢修义务的规定。

第六百五十四条

【条文主旨】……………………………………………………1158

本条是关于用电人交付电费的义务和逾期交付电费的违约责任的规定。

第六百五十五条

【条文主旨】 …………………………………………………… 1164

本条是关于用电人安全、节约和计划用电的义务及其损失赔偿责任的规定。

第六百五十六条

【条文主旨】 …………………………………………………… 1168

本条是关于供用水、气、热力合同参照适用供用电合同的规定。

第十一章　赠与合同

第六百五十七条

【条文主旨】 …………………………………………………… 1170

本条是关于赠与合同概念的规定。

第六百五十八条

【条文主旨】 …………………………………………………… 1178

本条是关于赠与合同任意撤销及其限制的规定。

第六百五十九条

【条文主旨】 …………………………………………………… 1185

本条是关于办理赠与财产登记等手续的规定。

第六百六十条

【条文主旨】 …………………………………………………… 1188

本条是关于赠与人财产交付及财产毁损、灭失责任的规定。

第六百六十一条

【条文主旨】 …………………………………………………… 1192

本条是关于附义务赠与的规定。

第六百六十二条

【条文主旨】 ……………………………………………………………1197

本条是关于赠与人对赠与财产瑕疵担保责任的规定。

第六百六十三条

【条文主旨】 ……………………………………………………………1202

本条是关于赠与法定撤销的规定。

第六百六十四条

【条文主旨】 ……………………………………………………………1207

本条是关于赠与人的继承人或者法定代理人撤销权行使的规定。

第六百六十五条

【条文主旨】 ……………………………………………………………1211

本条是关于撤销权行使效力的规定。

第六百六十六条

【条文主旨】 ……………………………………………………………1214

本条是关于赠与人不再履行赠与义务法定情形的规定。

第十二章　借款合同

第六百六十七条

【条文主旨】 ……………………………………………………………1218

本条是关于借款合同概念的规定。

第六百六十八条

【条文主旨】 ……………………………………………………………1225

本条是关于借款合同形式和内容的规定。

第六百六十九条
【条文主旨】……1229
本条是关于借款人应当提供真实情况义务的规定。
第六百七十条
【条文主旨】……1234
本条是关于借款利息不得预先扣除的规定。
第六百七十一条
【条文主旨】……1238
本条是关于贷款人未按照约定提供借款及借款人未按照约定收取借款责任的规定。
第六百七十二条
【条文主旨】……1242
本条是关于贷款人检查监督借款使用情况以及借款人协助贷款人监督的规定。
第六百七十三条
【条文主旨】……1245
本条是关于借款人未按照约定的借款用途使用借款的责任的规定。
第六百七十四条
【条文主旨】……1251
本条是关于借款人支付利息期限的规定。
第六百七十五条
【条文主旨】……1254
本条是关于还款期限的规定。

第六百七十六条

【条文主旨】 ……………………………………………… 1256

本条是关于借款人未按照约定期限返还借款应支付逾期利息的规定。

第六百七十七条

【条文主旨】 ……………………………………………… 1258

本条是关于借款人提前偿还借款的规定。

第六百七十八条

【条文主旨】 ……………………………………………… 1260

本条是关于借款展期的规定。

第六百七十九条

【条文主旨】 ……………………………………………… 1264

本条是关于自然人之间的借款合同成立的规定。

第六百八十条

【条文主旨】 ……………………………………………… 1268

本条是关于禁止高利放贷和利率的有关规定。

第十三章　保证合同

第一节　一般规定

第六百八十一条

【条文主旨】 ……………………………………………… 1280

本条是关于保证合同概念的规定。

第六百八十二条
【条文主旨】 …………………………………………………………… 1285
本条是关于保证合同的从属性以及保证合同无效后如何承担民事责任的规定。
第六百八十三条
【条文主旨】 …………………………………………………………… 1297
本条是关于保证人资格的规定。
第六百八十四条
【条文主旨】 …………………………………………………………… 1304
本条是关于保证合同的内容一般包括哪些条款的规定。
第六百八十五条
【条文主旨】 …………………………………………………………… 1306
本条是关于保证合同订立的具体形式的规定。
第六百八十六条
【条文主旨】 …………………………………………………………… 1311
本条是关于保证的方式及推定保证方式的规定。
第六百八十七条
【条文主旨】 …………………………………………………………… 1314
本条是关于一般保证和先诉抗辩权的规定。
第六百八十八条
【条文主旨】 …………………………………………………………… 1319
本条是关于连带责任保证的规定。
第六百八十九条
【条文主旨】 …………………………………………………………… 1322
本条是关于保证人要求债务人提供反担保的规定。

第六百九十条

【条文主旨】……1330

本条是关于最高额保证的规定。

第二节 保证责任

第六百九十一条

【条文主旨】……1339

本条是关于保证范围的规定。

第六百九十二条

【条文主旨】……1341

本条是关于保证期间的规定。

第六百九十三条

【条文主旨】……1350

本条是关于债权人未依法在保证期间向保证人主张权利，保证人不再承担保证责任的规定。

第六百九十四条

【条文主旨】……1355

本条是关于保证期间与保证债务诉讼时效关系的规定。

第六百九十五条

【条文主旨】……1364

本条是关于主合同变更是否影响保证责任和保证期间的规定。

第六百九十六条

【条文主旨】……1370

本条是关于债权转让对保证人发生何种影响的规定。

第六百九十七条

【条文主旨】……1372

本条是关于债务转移（债务承担）和债务加入对保证人的保证责任发生何种影响的规定。

第六百九十八条

【条文主旨】……1375

本条是关于一般保证的保证人向债权人提供债务人财产信息对保证人发生何种影响的规定。

第六百九十九条

【条文主旨】……1377

本条是关于共同保证中保证人的责任与债权人如何行使权利的规定。

第七百条

【条文主旨】……1388

本条是关于保证人享有对债务人的追偿权及法定代位权（代债权人）的规定。

第七百零一条

【条文主旨】……1398

本条是关于保证人享有的债务人对债权人抗辩权的规定。

第七百零二条

【条文主旨】……1402

本条是关于债务人对债权人享有抵销权或者撤销权的，保证人享有的权利的规定。

第八章 违约责任

第五百七十七条 当事人一方不履行合同义务或者履行合同义务不符合约定的，应当承担继续履行、采取补救措施或者赔偿损失等违约责任。

【条文主旨】

本条是关于违约责任承担方式的规定。

【条文理解】

本条与《合同法》第107条的规定内容相同，未修改。

一、债务与责任之间的关系

债务与责任属于民法学的基本概念范畴。罗马法并未区分债务与责任，而是将二者一并称为法锁（obligation），有时指债权，有时指债务，也有时指债之关系。责任（duty）一词源于法语“devoir”，而“devoir”是从拉丁语中的债务（debitum）演变来的，因而是一个债的潜在概念。[1]“法律责任是与法律义务相关的概念。一个人在法律上要对一定行为负责，或者他为此承担法律责任，意思就是，他做相反行

① ［英］哈特:《法律的概念》，张文显等译，中国大百科全书出版社1996年版，第253页。

为时，他应受到制裁。”[①] 其实，民事责任只是一种特殊的民事义务而已，是一种特别的债。近代民法上的民事责任，本质上是一种特殊的债权债务关系。[②]

我国民法严格区分债务与责任，这从《民法通则》第84条第2款和第106条第1款的规定内容明显地反映出来。[③]《民法典》立法亦采区分原则，其中第176条规定：“民事主体依照法律规定或者按照当事人约定，履行民事义务，承担民事责任。”可见，债务是按照合同约定或者法律的规定，在当事人之间产生的特定的权利和义务关系；而责任则是民事主体不履行合同义务或法定义务由国家强制其继续履行、赔偿损失或承担其他负担。二者的不同在于，债务的产生不包含任何对债务人的强制，当债务人不履行债务时，强制其履行、赔偿损失则属于民事责任问题。当然，在有些场合，责任与债务未作严格区分，甚至相互替代，如合伙人的连带责任、债务清偿责任等。[④]

二、违约责任的性质

《民法典》第179条规定了停止侵害等11种民事责任承担方式，其中包括继续履行、赔偿损失、支付违约金等。《民法典》第577条规定的违约责任方式为“继续履行、采取补救措施或者赔偿损失等”。不言而喻，违约责任显然属于民事责任，具有民事责任的一般属性，包括财产责任性、补偿性和惩罚性。

（一）违约责任的财产责任性

从我国《民法通则》《合同法》至《民法典》，有关违约责任承担方式的规定大致相同，主要包括强制履行、采取补救措施、赔偿损

① ［奥地利］凯尔森：《法与国家的一般理论》，沈宗灵译，中国大百科全书出版社1996年版，第65页。

② 梁慧星：《民法总论》，法律出版社1996年版，第79页。

③ 《民法通则》第84条第2款规定：“债权人有权要求债务人按照合同的约定或者依照法律的规定履行义务。”第106条第1款规定：“公民、法人违反合同或者不履行其他义务的，应当承担民事责任。”

④ 尹田：《民法典总则之理论与立法研究》，法律出版社2010年版，第46页。

失、支付违约金等。因这些违约责任方式均可引起债务人财产上的变化，故可归入财产责任的范畴。当违约方违约时，其相对方可选择主张强制履行，或要求解除合同，由债务人赔偿损失、支付违约金等。违约责任之所以表现为一种财产责任，与合同的基本特性是分不开的。在现代法上，合同是最为常用的财产流转的法律形式，合同关系基本上是财产关系而非人身关系，合同债务几乎均能用货币来衡量计算，即使是行为债务也能转化为金钱债务，例外情形不多。

（二）违约责任的补偿性

违约责任的补偿性，是指违约责任所具有的填补违约相对方损失的法律性质，在违约相对方的损失为财产损失时，违约责任的补偿性通过支付违约金、赔偿金和其他方式而实现，从可能性变为现实性。违约责任承担之后，使违约方的相对方的实际损失得到全部补偿。从公平和等价交换原则看，由于一方当事人的违约行为使另一方当事人遭受损失，违约方也应当以自己的财产赔偿对方全部损失。补偿性原则体现在：一是因违约造成财产损失的情况下，应当以实际损失作为确定赔偿范围的标准，无损失则无赔偿。二是损失赔偿不能超过实际损失。违约责任的补偿性，也就意味着违约方的相对方不能因此获利。①

（三）违约责任的惩罚性

违约责任的惩罚性，是指道德和法律谴责与否定违约方过错责任的法律属性。这种法律属性可以通过高于实际损失数额的赔偿金或违约金来体现，也可以通过低于实际损失数额的赔偿金或违约金来体现，还可以通过强制实际履行同时支付违约金或赔偿金来体现。违约责任惩罚性的目的是促使当事人严格履行合同和适当履行合同义务。违约责任的惩罚性客观地存在于过错违约的场合。②

此外，违约责任除具有民事责任的一般属性外，还具有区别于其他民事责任的法律特征，主要体现在以下五个方面：一是只能发生在

---

① 王利明：《合同法新问题研究》，中国社会科学出版社2011年版，第671~672页。

② 参见崔建远：《合同法学》，法律出版社2015年版，第241页。

特定的合同关系中。如果合同尚未成立或已被解除或被宣告无效等，则不发生违约。二是违约行为的主体必须是合同当事人，这是基于合同相对性原理。若有第三人侵害合同债权，造成合同不能履行的，虽然同样发生了合同不履行的后果，但其所实施的侵害债权的行为性质应属侵权。三是违约行为在性质上违反了合同义务，这既包括合同主要义务，也包括由诚信原则所派生出来的附随义务。四是违约行为在后果上对合同相对人的债权造成侵害，并导致债权人依据合同所享有的债权不能实现或不能完全实现。五是行为人不履行或者不正当履行是由自身原因引起的并且没有法律规定或者约定的免责事由。

三、违约行为的形态

违约是指一方当事人不合理拒绝或者不履行合法和强制性的合同义务，即完全不履行根据合同应负有的义务，通常表现为拒绝履行、不能履行、迟延履行或不完全履行等违约形态。

（一）拒绝履行

债务人拒绝履行合同，既可以通过明示方式，也可以通过默示方式。拒绝履行构成违约责任的要件有：一是存在有效的合同；二是有拒绝履行的意思表示；三是有履行合同的能力；四是违反了合同约定的义务。债务人有权拒绝履行，即享有同时履行抗辩权、先履行抗辩权、不安抗辩权、时效完成抗辩权，以及条件不成就、履行期限尚未届至等，则不构成拒绝履行。有学者认为，违法的拒绝履行是违约责任的构成要件，行使权利的拒绝履行不引起违约责任。[①]

（二）不能履行

不能履行，又称给付不能，是指债务人在客观上已经没有履行能力。不能履行包括事实上的不能履行、法律上的履行不能，还区分为自始不能履行与事后不能履行、全部不能履行与部分不能履行、永久不能履行与一时不能履行。不能履行违约责任的承担，应根据不能履

① 崔建远：《合同法学》，法律出版社 2015 年版，第 254 页。

行的具体情形，采用不同的责任方式。例如，当一时不能履行因债务人在不能履行的暂时障碍消除后仍不履行时，可以构成迟延履行，为违约责任的构成要件。

（三）迟延履行

迟延履行，又称债务人迟延，指债务人能够履行合同，但在履行期限届满前却未及时履行。迟延履行构成要件有：一是存在有效债务；二是能够履行；三是债务已届履行期限；四是债务人未履行。对于迟延履行而言，履行期限具有重要意义，在合同明确规定有履行期限时，债务人在履行期限届满时未履行，即构成迟延履行。一般情况下，在合同未约定明确履行期限时，债权人应先催告债务人履行，债务人未在指定的期限内履行的，才构成迟延履行。

（四）不完全履行

不完全履行，又称不完全给付或不适当履行，与不能履行、迟延履行、拒绝履行相比，不完全履行虽然履行不完全，但尚有可以履行的行为，而不能履行、拒绝履行等则属于无履行的消极状态。关于不完全履行的种类，学说争议较大，一般认为有以下五种情形：（1）履行数量不完全。（2）标的物的品种、规格、型号等不符合合同规定，或者标的物存在瑕疵。（3）加害给付，指履行对债权有积极的侵害，也就是超过履行利益或履行利益以外发生的其他损害的违约形态。（4）履行的方法不完全，如《民法典》第813条规定，承运人未按照约定路线或者通常路线运输增加票款或者运输费用的，旅客、托运人或者收货人可以拒绝支付增加部分的票款或者运输费用。（5）违反附随义务的不完全履行，如《民法典》第776条规定，承揽人发现定作人提供的图纸或者技术要求不合理的，应当及时通知定作人；因定作人怠于答复等原因造成承揽人损失的，应当赔偿损失。

四、违约责任的归责原则

违约责任的归责原则大致经历了从过错责任到无过错责任（严格责任）的演变。在《合同法》颁布前，《经济合同法》第29条第1款规定："由于当事人一方的过错，造成经济合同不能履行或者不能完全履行，由有过错的一方承担违约责任；如属双方过错，根据实际情况，由双方分别承担各应负的违约责任。"该规定显然系采用过错责任原则。学说上分歧较大的是，《民法通则》有关违约责任的规定是采用过错责任原则还是严格责任原则。一种观点认为，《民法通则》第111条未规定当事人承担违约责任需主观上有过错，因此对违约责任规定应理解为严格责任。[①] 另一种观点认为，《民法通则》第106条及第111条虽未出现"过错"字样，但从体系解释来看，仍采用过错责任原则。《民法通则》第106条第1款规定，公民、法人违反合同或者不履行其他义务的应当承担民事责任，第2款明确规定对侵权责任采用过错责任原则，第3款对所有民事责任规定在有特别规定场合可承担无过错责任。如果《民法通则》对违约责任已采用严格责任原则，那么第106条第3款的规定显然是多余的。曾参与起草《民法通则》的王家福教授，在其著作中亦认为过错责任原则是违约责任的归责原则。[②]《合同法》颁布后，因《合同法》第107条既未规定当事人承担违约责任需以主观过错为要件，也未规定"若当事人能够证明自己没有过错则不应承担违约责任"，因此被认为是采取了严格责任原则。[③]

我国《民法典》关于违约责任的一般规定沿用了《合同法》第107条的规定，也是采取严格责任原则。严格责任与过错责任的区别在于两者内涵和外延不同。在外延上，严格责任比过错责任更广，在债务人无过错的场合，依严格责任，仍应承担违约责任，除非存在法律规定免责的情形，如不可抗力造成的合同履行障碍。

---

① 《民法通则》第111条规定："当事人一方不履行合同义务或者履行合同义务不符合约定条件的，另一方有权要求履行或者采取补救措施，并有权要求赔偿损失。"

② 王家福主编：《中国民法学·民法债权》，法律出版社1991年版，第237页。

③ 梁慧星：《从过错责任到严格责任》，载梁慧星主编：《民商法论丛》（第8卷），法律出版社1997年版，第1~7页。

五、违约责任的承担方式

（一）继续履行

继续履行，学说上又称强制履行，指违约方不履行合同时，由国家强制违约方继续履行合同债务，使守约方尽可能地取得约定的标的的违约责任方式。继续履行的方式因债务具体内容的不同而有差异，常见的有给付金钱、财物、土地、房屋、票证等。合同的继续履行与原合同债务履行相比，有以下不同之处：一是履行的时间不一致，继续履行的时间晚于履行原合同债务的时间；二是继续履行与原合同债务履行不同，增加了国家的强制；三是继续履行属于违约责任的方式之一，不再是单纯的合同债务的履行。

（二）采取补救措施

如果债务人交付的标的物或提供的工作成果不符合约定的标准，而债权人仍然需要的，债权人根据标的的性质以及损失的大小，可以合理选择请求债务人承担修理、重作、更换，称为“补救的履行请求”。学理上认为，《民法典》第582条规定的“修理、重作、更换”等违约责任方式，属于《民法典》第577条规定的“采取补救措施”的一个组成部分，并属于继续履行的范畴。

（三）赔偿损失

赔偿损失亦称损害赔偿，我国民法对损害赔偿采金钱赔偿主义。《民法典》第179条规定承担民事责任的方式，其中包括“赔偿损失”。违约损害赔偿系转换的损害赔偿之债，通常认为它与原来的债权或履行请求权具有同一性。损害赔偿是最重要的违约责任形式，并且其他任何责任形式都可以转化为损害赔偿。金钱作为一般等价物，任何损失一般都可以转化为金钱赔偿。特别是在违约责任中，损害赔偿具有根本救济功能，这完全符合民法等价有偿及赔偿的补偿性及金钱的一般性质，并且与当事人订立合同获得经济利益这一主旨相符。因此，作为违约责任的继续履行、采取补救措施等皆可转化为损害赔偿。

【审判实践中应注意的问题】

一、合同履行中，因债权人单方过错使债务人未能履行合同，债务人应否承担违约责任

关于因债权人单方过错致使债务人未能按约履行合同，债务人应否承担违约责任，学理上认为，根据合同分配风险规则，履行障碍的风险由造成障碍者承担，即债权人造成了履行障碍，其过错行为致使债务人履行不了合同，当然应由债权人承担合同未能履行的法律后果。例如，我国《民法典》第832条规定，由于托运人、收货人的过错造成运输过程中货物的毁损、灭失的，承运人不承担赔偿责任。又如，《民法典》第893条规定，寄存人交付的保管物有瑕疵或者根据保管物的性质需要采取特殊保管措施的，寄存人应当将有关情况告知保管人；寄存人未告知，致使保管物受损失的，保管人不承担赔偿责任。寄存人未将有关情况告诉保管人属于有过错的情形，是保管人不负责任的前提。在某旅客诉中国铁路客户服务中心一案中，旅客因遇交通拥堵未能赶上火车，退票未果后诉至法院，称其未按时乘车构成违约，愿意承担票面金额5%的违约责任并要求退票。法院认为，“乘车”对旅客而言是权利，误车不构成违约，也没有违约责任的适用余地。从误车行为的法律性质来看，误车属旅客对自身权利的放弃，尽管在因交通堵塞等原因而造成的误车中，这种放弃是被动的、无奈的。但无论如何，旅客误车实际上发生了承运人运输义务被免除的法律后果。

二、违约过错的判断标准与过错程度的认定

关于过错判断标准存在不同的立法和学说差异。通说认为，过错分为故意和过失，并依据过错注意程度，将过失区分为重大过失、一般过失。故意指当事人明知其行为违反合同而故意为此行为。重大过失是当事人的行为未达到社会的一般要求，未能尽到普通人的注意标

准。一般过失则指当事人的行为未达足够的谨慎和勤勉的注意义务，即未达到较高的注意要求。在具体案件中，判断当事人过错程度时，依照公平原则和诚信原则来确定。例如，在孙某与某服务公司服务合同纠纷案一中，争议焦点在于孙某已交纳预付款的情形下单方终止合同，某服务公司应否退还预付费用及数额的确认。法院认为，在预付式消费中，如果消费者单方终止消费，经营者并无违约或过错行为的，应结合消费者过错程度、经营者已经提供的商品或服务量占约定总量的比例、约定的计价方式等因素综合确定消费者的违约责任。孙某单方放弃服务的过错程度等因素，依照公平原则和诚信原则予以确定，法院据此酌定孙某向某服务公司支付2万元的违约金。在孙某向某服务公司支付的10万元预付款中扣除服务费用3.18万元、违约金2万元后，某服务公司还需返还孙某4.82万元。[①]

① 参见上海市第二中级人民法院（2012）沪二中民一（民）终字第879号民事判决书。

第五百七十八条　当事人一方明确表示或者以自己的行为表明不履行合同义务的，对方可以在履行期限届满前请求其承担违约责任。

【条文主旨】

本条是关于预期违约承担违约责任的规定。

【条文理解】

本条与《合同法》第108条规定内容基本相同，仅将《合同法》第108条"对方可以在履行期限届满之前要求其承担违约责任"中"之"字删除，"要求"修改为"请求"。修改后的表述更加准确，且符合债权系请求权的本质属性。

一、预期违约制度考察

预期违约（anticipatory breach），亦称先期违约，是指合同履行期到来前，一方当事人明确表明其将不履行合同，或者通过其行为表明在合同履行期限到来前不履行合同。预期违约包括明示违约和默示违约两种。所谓明示违约，是指合同履行期限届满前，一方当事人无正当理由明确向对方当事人表示其将不履行合同。所谓默示违约，是指合同履行期限届满前，一方当事人有确凿的证据证明对方当事人在履行期限届满前，将违约或不能履行合同，而对方又不愿提供必要的履行担保的。预期违约的救济手段在功能上可以区分为两种：一是防御性、一时性救济手段，即当事人中止或拒绝履行自己所负合同义务的权利，不安抗辩权属于此种救济；二是进攻性救济手段，包括履约担保请求权、期前合同解除权、期前损害赔偿请求权等，其中合同解除和损害赔偿为终局性救济手段。预期违约与不安抗辩权是根据不履约风险发生情形的不同，所设计出的不同救济手段及救济规则。①大陆法系国家并未规定预期违约制度，而只是规定了不安抗辩权制度，并将其作为与同时履行抗辩权相对应的一项制度加以规定。

（一）英美法系规定的预期违约制度

预期违约制度首创于英美法系国家，最早来源于英国1853年的奥彻斯特诉戴纳特尔一案。此后，英国法院一直遵循这一判例，并在长期审判实践中形成了一整套完善的预期违约制度。②英美法系中的预期违约制度立法以美国《统一商法典》的规定最为典型和完善。该法典在第2-610条对明示预期违约规定：任何一方当事人表示拒不履行尚未到期的合同义务，而这种毁约表示对于另一方而言会发生重大合同价值损害，受害方则可以：（a）在商业合理时间内等待毁约方履约；或（b）根据第2-703条或第2-711条请求任何违约救济，即使他已通知毁约方等待其履约和催其撤回毁约行为；并且（c）在上述任何一种情况下，均可停止自己对合同履行，或根据本篇第2-704条关于卖方权利的规定，将货物特定于合同项下或对半成品货物作救助处理。因此，《统一商法典》不仅肯定了英国判例所确立的明示预期违约的两种救济方法，而且还赋予受害方在明示预期违约情况下，中止履行合同义务并提起违约之诉的权利。对于明示预期违约，英美合同法确定的非预期违约方的救济方法有两种：一是接受明示预期违约，立即解除合同并请求损害赔偿；二是不接受明示预期违约，坚持合同原有效力，等待明示预期违约方撤回毁约表示，以便从合同履行行为中获得更大利益。对于默示预期违约，非预期违约方有三种救济方式：一是请求对方提供能够全面履行合同的充分保证；二是中止履行与其尚未得到约定给付相应的那部分合同义务；三是若默示预期违

① 陈韵希：《合同预期不履行的救济及其法理基础——再论〈合同法〉不安抗辩权和预期违约的界分》，载《比较法研究》2017年第6期。

② 陈小君：《合同法学》，中国政法大学出版社2002年版，第80页。

约方拒绝提供履约担保，非预期违约方可将默示预期违约视为明示预期违约，选择明示预期违约的救济方法进行救济。

（二）《联合国国际货物销售合同公约》对预期违约的救济方式

1980年签订的《联合国国际货物销售合同公约》将预期违约分为预期非根本违约和预期根本违约。该公约对预期非根本违约的救济措施规定了三种：第一，中止履行义务并通知对方当事人。第二，要求对方提供充分的履约担保。在被通知人及时提供充分履约担保的情况下，中止履行一方应恢复履行。第三，卖方阻止交货权。如果卖方在买方预期非根本违约理由明显化以前已将货物发运，其可以阻止将货物交付给买方，即使买方持有有权获得货物的单据。对于预期根本违约，该公约规定的救济措施是解除合同，具体包括：第一，解除合同并请求损害赔偿；第二，在时间许可的情况下，通知对方提供担保。

我国《合同法》采取混合继受的方式，在借鉴大陆法系不安抗辩权的基础上，同时引入了英美法系的预期违约制度，主要体现在《合同法》第94条第2项和第108条的规定中。《合同法》第94条第2项规定，在履行期限届满前，当事人一方明确表示或者以自己的行为表示不履行主要债务，对方可以解除合同；第108条规定，当事人一方明确表示或者以自己的行为表明不履行合同义务的，对方可以在履行期限届满之前要求其承担违约责任。上述条款均规定了明示违约和默示违约两种情形。[①]

二、预期违约与不安抗辩权的关系

《德国民法典》在双务合同中为先为给付义务人的利益而规定了延期的抗辩权，其中第321条规定，“（1）因双务合同而负有先给付义务的人，以在订约后可以辨识，其对待给付的请求权因另外一方当

① 《合同法》第94条第2项规定：“有下列情形之一的，当事人可以解除合同：……（二）在履行期限届满之前，当事人一方明确表示或者以自己的行为表明不履行主要债务；……”第108条规定：“当事人一方明确表示或者以自己的行为表明不履行合同义务的，对方可以在履行期限届满之前要求其承担违约责任。”

事人欠缺给付能力而受到危害为限，可以拒绝自己负担的给付。对待给付得到履行或者为对待给付提供担保的，给付拒绝权归于消灭。（2）先为给付义务人可以指定一个适当的期间；另外一方当事人应当根据自己的选择，在这一期间之内凭受领给付而同时履行对待给付。在期间届满未果之后，先为给付义务人可以解除合同。第323条的规定予以相应适用。”仅在此项先给付义务因完全履行而归于消灭或者给付结果的发生仅由债权人之行为决定时，本规范始丧失效用。若先为给付人行使自己的抗辩权利，则这不具有变更债务关系之内容的效果，先为给付义务之作为先为给付义务，不受影响。[①]

我国民法中的不安抗辩权和预期违约均为预期不履行的救济制度，在适用要件和法律效果上都存在着重叠的可能性，如何梳理二者的关系一直是我国民法学界较为关注的问题。从大陆法系和英美法系对不安抗辩权和预期违约制度法律规定的设计看，二者具有一定的相似性，都是针对合同债务人在合同履行期限届满前拒绝履行合同或者可能不能履行合同，债权人都有权拒绝履行合同义务，都是对合同预期不履行的救济制度。但是，二者不能相互替代，有以下不同点：一是性质不同。预期违约在性质上属于违约责任制度的范畴，而不安抗辩权在性质上属于抗辩制度。二是构成要件不相同。不安抗辩权既适用于债务人客观上欠缺履行能力，也适用于其主观上欠缺履行意愿的情形，而预期违约适用于债务人主观上明确拒绝履行。在不安抗辩权的适用情形中，债务人预期不履行的可能性较大但尚不能确定；而预期违约中，可以确定债务人已经不愿意履行合同。三是救济措施不同。债权人行使不安抗辩权，不能径直解除合同或请求损害赔偿，而仅能在一定条件下中止或拒绝履行自己所负担的合同义务。债权人要使用终局性救济手段，必须先与债务人进行一定的交涉，以确定债务人的履行是否确实无法期待。只有当交涉结果表明债务人确定不会实质性履行合同义务时，债权人才可能解除合同和请求损害赔偿。而

---

① 杜景林、卢谌：《德国民法典——全条文注释》（上册），中国政法大学出版社2015年版，第234页。

预期违约债权人可以径直主张解除合同并要求债务人承担违约责任。由此可见，不安抗辩权和预期违约分别对应着预期不履行的“渐进性”救济和“径直性”救济两套规则。两套规则在适用范围和救济机制上各有特点，各具独立功能，共同构成统一的救济体系。学者普遍认为，我国《民法典》合同编中有必要继续保留不安抗辩和预期违约制度，并分别确定其适用范围和适用条件，以更好地衔接二者之间的关系。

三、“以自己的行为表明不履行合同义务”的理解

《民法典》第578条规定当事人一方“以自己的行为表明不履行合同义务的”，对方可以在履行期限届满之前请求其承担违约责任。对于当事人一方“以自己的行为表明不履行合同义务的”，学理上均解释为“默示”方式，即构成默示预期违约，但是法律上并没有作出明确的界定。从比较法来看，依据美国《统一商法典》第2-609条之规定，如果任何一方有合理理由认为对方不能正常履行时，其可以以书面形式要求对方提供正常履行的适当保证，对方在收到该要求后，如果未能在最长不超过30天的合理期限内提供适当的保证，该行为即构成预期违约。该条实际上是将提供担保作为判断预期违约是否成立的前提条件。因此，有学者建议我国《民法典》立法应借鉴美国《统一商法典》的规定，在债务人“以自己的行为明确表明不履行主要债务”的情形下，应当以违约方不提供担保作为默示预期违约的成立条件，以更好地平衡双方当事人的利益。[①] 事实上，为了做好不安抗辩权制度与预期违约制度的衔接，《民法典》第528条规定，当事人行使不安抗辩权，中止履行后，对方在合理期限内未恢复履行能力并且未提供适当担保的，视为自己的行为表明不履行合同主要义务，中止履行的一方可以解除合同并可以请求对方承担违约责任。由于《民法典》第578条仅规定一方当事人构成预期违约，另一方当事

① 王利明:《民法分则合同编立法研究》，载《中国法学》2017年第2期。

人有权请求在合同履行期限届满前承担违法责任，未明确该权利的行使是否以“未提供担保”为前提条件，在本条的理解适用上，学理和实践中可能会产生争议。我们认为，构成默示违约主要是因为债务人丧失将来履行债务的能力，而且无法提供担保，如果债务人及时恢复了债务履行能力，能够保障债务的履行，则不应构成预期违约。

“以自己的行为表明不履行合同义务的”，在具体个案认定时，应当结合当事人的行为目的、性质、履行能力等综合因素判断。以湖南某公司与某银行营业部、某酒店公司借款担保合同纠纷上诉案为例，一方当事人在还款期限届满前，转移巨额资产，并置换了大量不实资产，这是否属于“以自己的行为表明不履行合同义务”？法院认为，借款人在还款期限届满前将其巨额有效资产转移，置换成了不良、不实资产，最终导致的后果将是银行大部分贷款被悬空，这严重威胁到银行的借款合同目的的实现，构成预期违约，因此银行可以就此提前收回贷款。[①]

【审判实践中应注意的问题】

一、若债务人拒绝履行的意思表示尚不明确，能否适用预期违约条款进行救济

审判实践中应注意，若债务人拒绝履行的意思表示尚不明确，则不能适用预期违约条款进行救济。在债务人欠缺履行意愿却未明确表示拒绝履行的场合，可以考虑适用不安抗辩权，要求对方当事人提供履约担保。中止履行后，对方在合理期限内未提供适当担保的，可视为“以自己的行为表明不履行合同义务”，中止履行的一方可以解除合同并可以请求对方承担违约责任。

① 参见最高人民法院（2004）民二终字第95号民事判决书。

二、债务人已经履行主要义务，能否排除预期违约条款的适用

预期违约责任适用的前提条件是当事人一方明确表示或者以自己的行为表明不履行合同义务。如果一方当事人已经履行合同主要义务，另一方当事人当然不能依据《民法典》第578条的规定，在合同履行期限届满前请求对方承担违约责任。在某投资公司诉某金属工具公司中外合资合同纠纷上诉案中，争议焦点在于当事人能否以对方未全部履行合同为由，主张对方预期违约。法院认为，合资合同一方已将作为出资的设备和房产交合资公司实际使用，只有少部分房产未办理过户手续，其履行了主要义务而不是未履行主要义务，不符合预期违约规定的条件，另一方请求其承担预期违约责任的理由不能成立。[①]

① 参见最高人民法院（2002）民四终字第3号民事判决书。

第五百七十九条　当事人一方未支付价款、报酬、租金、利息，或者不履行其他金钱债务的，对方可以请求其支付。

【条文主旨】

本条是关于不履行金钱债务的违约责任的规定。

【条文理解】

本条是在《合同法》第109条规定的基础上进行的修改完善。①修改的主要内容：一是补充了金钱债务的种类。金钱债务，不仅包括合同价款、劳动报酬，还包括租赁合同中的租金和借款合同中主债务的利息等。《民法典》补充了金钱债务的种类，语言表述更加准确。二是将《合同法》第109条规定的“可以要求其支付价款或者报酬”修改为“可以请求其支付”。主要理由：违约责任是严格责任，根据《民法典》第577条之规定，当事人违约时应当承担继续履行合同的责任，包括金钱债务与非金钱债务的继续履行。债权系请求权的范畴，对于非违约的一方当事人当然可以“请求”对方承担违约责任，而不是可以“要求”对方承担违约责任。故《民法典》对《合同法》条文修改后表述更加准确，逻辑更加严谨。

一、金钱债务履行的特点

（一）原则上不发生履行不能的问题

与其他债的关系不同，由于金钱具有很强的可替代性，因而金钱

① 《合同法》第109条规定：“当事人一方未支付价款或者报酬的，对方可以要求其支付价款或者报酬。”

债务原则上必须实际履行，违约方不得以任何理由针对非违约方的履行请求作出抗辩。《民法典》第 579 条实际上赋予非违约方一种继续履行的请求权，即在金钱债务中，不存在履行不能的问题，债权人可以请求债务人实际履行。

（二）在不可抗力的情形下，一般也不应当免除债务人的金钱债务

一般情况下，如果在债的履行过程中发生不可抗力，导致债务人履行不能，则债务人可以因此免责；而对金钱债务而言，即使发生不可抗力，债务人仍应当按照债的要求履行其债务。因为作为商品的一般等价物，货币是一种纯粹的可代替物，或称为特殊的种类物，不具有任何个性，任何等额的货币价值相等，可以互相代替，具有高度的流通性，这就决定了金钱债务的标的即货币不可能发生不可替代的灭失，也不存在履行在经济上不合理的情况。债务人可能暂时遇到经济困难而不能交付，这也只会导致履行迟延，而不能适用履行不能，从而也不能援引不可抗力免除责任。例如，《新冠肺炎指导意见（二）》第 10 条规定，对因感染新冠肺炎住院治疗或者隔离人员、疫情防控需要隔离观察人员、参加疫情防控工作人员以及受疫情或者疫情防控措施影响暂时失去收入来源的人员所涉住房按揭、信用卡等个人还贷纠纷，人民法院应当结合案件的实际情况，根据公平原则变更还款期限。但是，对于租金而言，则可能因不可抗力的发生承租人有权主张减少或免除租金。例如，《新冠肺炎指导意见（二）》第 6 条规定，承租国有企业房屋以及政府部门、高校、研究院所等行政事业单位房屋用于经营，受疫情或者疫情防控措施影响出现经营困难的服务业小微企业、个体工商户等承租人，请求出租人按照国家有关政策免除一定期限内的租金的，人民法院应予支持。承租非国有房屋用于经营，疫情或者疫情防控措施导致承租人没有营业收入或者营业收入明显减少，继续按照原租赁合同支付租金对其明显不公平，承租人请求减免租金、延长租期或延期支付租金的，人民法院可以引导当事人参照有关租金减免的政策进行调解；调解不成的，应当结合案件的实际情况，根据公平原则变更合同。

（三）可能发生货币贬值的问题

与其他债的履行不同，金钱债务的标的物为货币，货币的币值与经济发展状况密切相关，极易发生波动，因此，金钱债务的履行可能发生货币贬值的问题。当然，为了维护债的关系的稳定性，在货币币值出现波动时，债的关系当事人原则上仍应当按照债的要求履行债务，而不得以货币币值变动为由请求增加或者减少给付数额。同时，按照私法自治原则，当事人可以约定保值条款，即当事人可以约定，在货币币值出现变动时，债的当事人应当适当增加或者减少给付，以维持债的标的的价值。例如，在长期租赁合同中，当事人即可以在合同中约定这种保值条款，按照私法自治原则，此种合同在法律上也是有效的。当然，在例外情况下，即便当事人没有订立保值条款，也应当允许当事人请求增加或者减少给付。例如，在货币币值波动较为剧烈时，按照原定给付履行债务可能显失公平，当事人可以依据情势变更制度请求适当增加或者减少原定给付的数额。

二、利息的种类及特征

利息，是指按原本数额及其存续期间等，以一定比例为金钱或其他替代物为给付的一种法定孳息或利益。

（一）利息的种类

1. 约定利息与法定利息

约定利息，是指因当事人双方的合意而产生的利息。例如，《民法典》第680条第1款与第2款规定："禁止高利放贷，借款的利率不得违反国家有关规定。借款合同对支付利息没有约定的，视为没有利息。"法定利息，是依法律强行性规定而产生的利息。法定利息又可分为以下几种：（1）迟延利息。包括债务人迟延履行到期债务，执行阶段被执行人未按期履行法律文书确定的金钱债务或其他债务，法律规定的迟延利息。（2）垫费利息。我国台湾地区"民法"第176条规定，管理事务利于本人，并不违反本人明示或可得推知之意思者，管理人为本人支出必要或有益之费用，或负担债务，或受损害时，得请求本人偿还其费用及自支出时起之利息。（3）拟制利息，又称假定利息，即为自己利益而使用他人金钱所应支付的利息。（4）附加利息。我国台湾地区“民法”第182条第2款规定，受领人受领时，知无法律上之原因或其后知之者，应将受领时所得之利益，或知无法律上之原因时所现存之利益，附加利息，一并偿还；如有损害，并应赔偿。我国《民法典》第987条也有相似规定，但未明确是否“附加利息”。[①]

2. 单利与复利

单利是指单独计算各期的利息，而不将利息加入原本而再生利息。复利包括两种情况：一种是当事人双方约定履行迟延时，以履行期内本金和利息为原本计算迟延期利息；另外一种是法律明确规定的债务人怠于支付本金和利息而产生的利息，又称法定复利。

（二）利息的特征

利息具有如下特征：（1）利息以本金为产生基础。本金通常为金钱或其他替代物。如果不是替代物，即不可以按比例支付，故利息的形成与继续存在是以主债务也就是本金的存在为前提。（2）利息应按期支付。依据合同约定或法律规定，债务人应当按照使用期间、利率按时支付利息。实践中，利息的支付有的不是严格按照先产生后支付的顺序，而是从本金中预行扣除。我国法律规定禁止预先扣除本金。《合同法》第200条规定，借款的利息不得预先在本金中扣除。利息预先在本金中扣除的，应当按照实际借款数额返还借款并计算利息。《民法典》第670条沿用了该条规定。（3）利息的标的物须为金钱或其他替代物。实践中，实物可以作为利息的标的物。例如，民间借贷中双方当事人约定以粮食为支付利息的标的，借款时债权人与债务人约定以一定数量的粮食作为利息。（4）利息具有较强的期待性。利息由利率的高低和期间的长短来确定，对债权人来说，它是一种期待性比较强的收入。

---

① 《民法典》第987条规定：“得利人知道或者应当知道获得的利益没有法律根据的，受损失的人可以请求得利人返还其获得的利益并依法赔偿损失。”

【审判实践中应注意的问题】

一、债权人主张金钱债务的履行请求权时，特定情形下应考虑合同履行障碍的原因

对于金钱债务，《合同法》及《民法典》均未规定金钱债务强制履行之例外。其主要原因在于，金钱作为一般等价物，通常不可能发生不可替代的灭失，也不存在履行在经济上不合理的情况，因此，金钱债务原则上总能实际履行。但司法实践中，金钱债务是否均可强制履行存在争议。例如，在房屋买卖合同纠纷案件中，买受人签订买卖合同后，购房政策发生变化，买受人丧失购买房屋的资格，并因此拒绝支付房款。有裁判观点认为，出卖人此时不能主张买受人继续履行合同，因为即使买受人支付了房屋价款，也不能取得涉案房屋的所有权，合同目的不能实现。[①]此种情形在德国法上被归于“客观行为基础障碍”的范畴。我国法律上，由于作为合同基础的客观情事的变化导致的合同目的不能实现，为《合同法司法解释（二）》第26条（被《民法典》第533条修改吸收）规定的主要适用情形之一，因而买受人可依“情势变更原则”主张解除合同。[②]又如，在房屋租赁合同纠纷案件中，承租人确实遭受客观困难无力支付租金继续履行合同时，若出租人一味要求承租人持续履约，甚至不惜放任房屋空置，则不仅导致资产的浪费，由此产生的纠纷也将耗费社会公共资源。对此，现实中一种可行的做法是，承租人主动腾出房屋，要求出租人另行招租。承租人的上述行为是为防止出租人损失的进一步扩大，出租人若没有采取适当措施致使损失扩大的，不得就扩大的损失要求赔偿。

---

① 参见辽宁省大连市沙河口区人民法院（2015）沙民初字第3942号民事判决书。

② 蔡睿：《吸收还是摒弃：违约方合同解除权之反思——基于相关裁判案例的实证研究》，载《现代法学》2019年第5期。

二、金钱债务合同履行过程中，当事人达成以物抵债协议，一方当事人能否主张继续履行原金钱债务合同

该问题涉及以物抵债协议的性质及新旧债务之间的关系，还涉及以物抵债协议是在履行期限届满前达成，还是在履行期限届满之后达成。

（一）履行期限届满后达成的以物抵债协议

对于履行期限届满后达成的以物抵债协议是属于诺成合同还是实践合同有两种观点：一种观点认为，以物抵债协议属于传统民法的代物清偿协议，其性质为实践合同，债权人未现实受领抵债物的，以物抵债协议不成立或不生效。另外一种观点则认为，在我国现行法并未规定代物清偿制度，当事人又未明确约定以债权人受领抵债物作为合同成立要件的情况下，应当将以物抵债协议认定为诺成合同，只要双方就以物抵债达成合意，以物抵债协议就成立。对此，《民商审判会议纪要》第 44 条采诺成合同说，明确了当事人在债务履行期限届满后达成以物抵债协议，抵债物尚未交付债权人，债权人请求债务人交付的，以物抵债协议不存在恶意损害第三人利益等虚假诉讼情形，且无其他无效事由的，人民法院应予支持。

关于新旧债的关系，即旧债是否因以物抵债协议的成立而消灭，亦有债务更新说与新债清偿说之争议。债务更新说认为，以物抵债协议在成立新债的同时，旧债及其上的担保也随之消灭。而新债清偿说则认为，以物抵债协议成立后，同时存在新旧两债，债务人不履行以物抵债协议的，债权人既可以请求继续履行以物抵债协议，也可以请求恢复履行旧债。《民商审判会议纪要》第 44 条采新债清偿说。[①] 在某建总公司与内蒙古某房地产公司建设工程施工合同纠纷案中，双方争议的焦点就是案涉以物抵债协议的效力及债权人是否有权选择新旧债务的履行。对于以物抵债协议的效力，法院认为，以物抵债系债务清偿的方式之一，是当事人之间对于如何清偿债务作出的安排，故对以物抵债协

① 最高人民法院民事审判第二庭编著：《〈全国法院民商事审判工作会议纪要〉理解与适用》，人民法院出版社 2019 年版，第 299~300 页。

议的效力、履行等问题的认定，应以尊重当事人的意思自治为基本原则。一般而言，除当事人明确约定外，当事人于债务清偿期限届满后签订的以物抵债协议，并不以债权人现实地受领抵债物，或取得抵债物所有权、使用权等财产权利为成立或生效要件。只要双方当事人的意思表示真实，合同内容不违反法律、行政法规的强制性规定，合同即为有效。对于新旧债务之间的关系，法院认为，当事人于债务清偿期限届满后达成的以物抵债协议可能构成债的更改，即成立新债务，同时消灭旧债务，亦可能属于新债清偿，即成立新债务，与旧债务并存在。基于保护债权的理念，债的更改一般需要有当事人明确消灭旧债的合意，否则，当事人于债务清偿期限届满后达成的以物抵债协议性质上一般应为新债清偿。也就是说，债务清偿期限届满后，债权人与债务人所签订的以物抵债协议，如未约定消灭原有的金钱给付债务，应认为系双方当事人另行增加一种清偿债务的履行方式，而非原金钱给付债务的消灭。[①]

（二）履行期限届满前达成的以物抵债协议

关于在履行期限届满前应否允许当事人签订以物抵债协议，存在不同观点：一种观点认为，基于禁止流质或流押的考虑，不应允许当事人签订此类协议；即便签订了，也应认定无效。另一种观点认为，应当允许当事人签订以物抵债协议，但其性质属于让与担保。还有一种观点认为，当事人在履行期限届满前签订以物抵债，意味着放弃了期限利益，提前进行了清偿。将履行期限届满前签订的以物抵债协议认定为让与担保，拟制色彩过于浓厚而不符合当事人真实的意思表示。《民商审判会议纪要》采让与担保说，第45条规定："当事人在债务履行期限届满前达成以物抵债协议，抵债物尚未交付债权人，债权人请求债务人交付的，因此种情况不同于本纪要第71条规定的让与担保，人民法院应当向其释明，其应当根据原债权债务关系提起诉讼。经释明后当事人仍拒绝变更诉讼请求的，应当驳回其诉讼请求，但不影响其根据原债权债务关系另行提起诉讼。"

① 参见最高人民法院（2016）最高法民终484号民事判决，载《最高人民法院公报》2017年第9期。

第五百八十条　当事人一方不履行非金钱债务或者履行非金钱债务不符合约定的，对方可以请求履行，但是有下列情形之一的除外：

（一）法律上或者事实上不能履行；

（二）债务的标的不适于强制履行或者履行费用过高；

（三）债权人在合理期限内未请求履行。

有前款规定的除外情形之一，致使不能实现合同目的的，人民法院或者仲裁机构可以根据当事人的请求终止合同权利义务关系，但是不影响违约责任的承担。

【条文主旨】

本条是关于非金钱债务的违约责任和非金钱债务不适用强制履行情形的规定。

【条文理解】

本条第1款与《合同法》第110条规定的内容基本相同，第2款则属于新增条款。通说认为，本条是在《民商审判会议纪要》第48条规定基础上进行的修改，目的是解决实践中存在的合同僵局问题，完善合同违约责任制度。①

① 《民商审判会议纪要》第48条规定："违约方不享有单方解除合同的权利。但是，在一些长期性合同如房屋租赁合同履行过程中，双方形成合同僵局，一概不允许违约方通过起诉的方式解除合同，有时对双方都不利。在此前提下，符合下列条件，违约方起诉请求解除合同的，人民法院依法予以支持：（1）违约方不存在恶意违约的情形；（2）违约方继续履行合同，对其显失公平；（3）守约方拒绝解除合同，违反诚实信用原则。人民法院判决解除合同的，违约方本应承担的违约责任不能因解除合同而减少或者免除。"参见最高人民法院民事审判第二庭编著：《〈全国法院民商事审判工作会议纪要〉理解与适用》，人民法院出版社2019年版，第315页。

一、非金钱债务的违约责任

依法成立的合同对双方当事人具有约束力，当事人应当遵循诚信原则，按照合同的约定全面履行自己的义务。《民法典》第577条规定：“当事人一方不履行合同义务或者履行合同义务不符合约定的，应当承担继续履行、采取补救措施或者赔偿损失等违约责任。”从该条规定看，当违约情况发生时，继续履行是违约方承担责任的首选方式。法律之所以这样规定，是由于继续履行比采取补救措施、赔偿损失或者支付违约金更有利于实现合同目的，包括非金钱债务的履行。对于金钱债务，守约方有权要求违约方继续履行，因为金钱债务的特殊性，其继续履行与其他违约责任的承担方式，如支付违约金、赔偿损失并无差别。但是对于非金钱债务，继续履行与其他违约责任的承担方式有明显差别，在特定情形下，对于非违约方的合同继续履行请求权应不予支持。本条规定三种情形下，非金钱债务不适用继续履行。在出现该三种情形，违约方继续履约所需的财力、物力超过合同双方基于合同履行所能获得的利益时，合同已不具备继续履行的条件，为平衡双方当事人利益，可以允许违约方解除合同，但必须由违约方向对方承担赔偿责任，以保证对方的现实既得利益不因合同解除而减少。

二、法律上或者事实上不能履行

法律上不能履行，是指由于法律规定或变化，继续履行已经违法，如出卖禁止流通物。对于继续履行并不违反法律规定的情形，当事人仍然负有继续履行的义务。在某置业公司诉某投资公司建设用地使用权转让合同纠纷案中，争议的焦点是案涉土地使用权转让合同是否存在法律上或事实上不能履行的障碍。法院认为，讼争土地具备了取得国有土地使用权证的一切条件，已经具备实质的转让条件，故土地使用权是可以转让的，只因某投资公司故意拖延办理土地使用权证手续致其未领取土地使用权证，并不影响转让合同的效力。法院最终判决双方继续履行建设用地使用权转让合同。[①]

事实上不能履行，是指基于自然规则而发生的不能履行，如作为合同标的物的特定物灭失。如果合同不能履行不是由于当事人的过错所致（如不可抗力），则当事人不需要承担违约责任，双方当事人均可解除合同。若合同不能履行系一方原因所致，如出卖人转产，标的物因经济纠纷被查封、拍卖，一房数卖（其中一方买房者已办理过户登记）等而导致交付不能，违约方应当承担损害赔偿责任。

三、债务的标的不适于强制履行或者履行费用过高

债务的标的不适于强制履行，指债务的性质不宜直接强制履行。例如，委托合同、技术开发合同、演出合同、出版合同等合同的主给付义务，这类债务通常具有人身依附性，不能够由其他人代替履行，在性质上决定了不适用直接强制履行。又如，在雇佣合同中，在雇佣期内，受雇佣人不再愿意提供劳务，由于该债务的标的是人身性的，雇主无法要求受雇佣人继续履行雇佣合同。如果直接对债务人人身施以强制，将使违约责任恢复其原始的人身责任性质，与现代社会人格尊重、人身自由保护的基本价值相悖。但是，这类债务虽然不宜直接强制执行，却有采取替代履行或者间接强制的余地，而替代履行也应以债务的性质可由他人替代履行为前提。

履行费用，又称履约费用，主要是违约方继续履约的成本。履行费用过高，即指合同虽然可以继续履行，但是债务人履约的成本远远大于其获得的履行利益，或者强制实际履行需要花费很长时间，实际履行不利于社会资源的有效配置，失去了经济上的合理性。例如，为履行合同专门进口一台设备，运输的代价远远超过履行合同产生的利益。由于这样会使债务人为了履行合同付出很高代价，而直接支付违约金对违约方而言负担并非很重，因此，考虑到平衡双方的利害关系，规定了履行费用过高的也不适于强制履行。在李某与方仕公司摊

---

① 案例来源于最高人民法院民事审判第一庭编著:《民事审判指导与参考》2008 年第 2 辑（总第 34 辑），人民法院出版社 2008 年版。

位租赁合同纠纷中，案件争议的焦点是继续履行摊位租赁合同是否属于“履行费用过高”的问题。法院认为，虽然李某与方仕公司的租赁合同尚未到期，但李某在起诉时已将摊位腾空搬出，方仕公司也已将诉争的摊位出租给后承租人，且后承租人已经搬入并开始经营。如果此时要求方仕公司继续履行与李某的租赁合同，不仅必须解除后一个租赁合同，还需要后承租人停止经营、腾空摊位，履行成本较高。同时，在二审判决生效时原租赁合同的剩余租赁期仅剩余6个月，而在当事人申请再审前该租赁合同约定的租赁期限已经届满，继续履行合同十分不经济，甚至已经不可能；法院更不能主动站在当事人立场上，判决双方再续签1年的租赁合同。但作为承租人，李某除了要求继续履行外，还可以要求出租人承担损害赔偿责任，以弥补其遭受的违约损失。另外，在申诉审查期间，李某就方仕公司的违约行为，又另行向法院提起诉讼，要求其赔偿摊位转让费用及剩余租赁期间的经营损失。法院最终裁判驳回李某要求继续履行租赁合同的诉讼请求。[①]

四、债权人在合理期限内未请求履行

未请求履行包括未采取任何主张履行请求权的方式，即没有向法院起诉，也没有直接向债务人主张履行。除《民法典》合同编明文规定不适用强制履行的情形外，学说解释上认为，还有一些情形不适用强制履行，具体包括：（1）法律明文规定不适用强制履行而责令违约方只承担支付违约金或赔偿损失责任。例如货运合同场合，承运人对运输过程中货物承担赔偿责任，而不负强制履行责任。（2）因不可归责于当事人双方的原因致使合同履行困难，如果实际履行则显失公平，即情势变更的情形。（3）对方当事人可以合理地从其他渠道获得替代履行。

这里的“合理期限”是一个不确定的概念，既非诉讼时效，亦非

① 胡昌明：《请求违约方继续履行合同应具备法律和事实上的条件》，载《人民司法·案例》2013年第6期；参见北京市高级人民法院（2012）高民申字第2595号民事判决书。

除斥期间，而属于失权期间，不存在中止、中断的问题。合理期限的长短需要结合这一规则的规范目的具体地加以判断，有的案件可能短些，有的案件可能长些。法律规定该项的立法目的是法律的政策考量，要求督促债权人及时主张权利，行使履行请求权。如果债权人并不积极行使其履行请求权，待一段很长的时间后始主张强制履行，则对于债务人未免不公，从利益衡量的立场出发，对债权人主张强制履行的权利应作适当限制，以尽早结束债务人责任承担方式不确定的状态。规定合理期限使履行请求权并非合同有效存在即当然存在的权利，而是仅在一定期限内存在的权利。

五、违约方起诉解除合同

（一）违约方主张解除合同的理论依据与比较法借鉴

无论是理论界还是审判实践中，对于违约方能否主张解除合同都存有较大争议，以致《民法典（草案）》（送审稿）增加本条第2款时，甚至有学者认为这是“突然袭击”的条款和“一个危险的信号”。一种观点认为，合同解除是非违约方的救济方式之一，只能非违约方才享有解除权，违约方无权解除合同。另一种观点则认为，在合同陷入僵局等特定情况下，应当允许违约方通过起诉的方式由人民法院或仲裁机构决定是否解除合同，以打破合同僵局。《民商审判会议纪要》采第二种观点，并明确规定了适用条件。

通说认为，增加违约方起诉解除合同的主要原因，在于《合同法》第110条存在立法构造上的缺陷。在违约方已经不能履行合同的情况下，违约方虽然可以援引该条来对抗守约方的实际履行主张，但合同关系并不因此消灭，债务在合同预定的期限内始终存在。也就是说，违约方已经履行不能的情况下，其可以根据《合同法》第110条来对抗守约方的继续履行主张，却无法要求终止合同。守约方可以解除合同，但却拒绝行使解除权，违约方想申请终止却无法律依据，形成了合同僵局。在此情形下，赋予违约方解除合同的权利，有利于破解合同僵局，实现实质正义，促进市场经济发展。对于不能履行的交易，以鼓励交易的名义强制履行，并不是鼓励交易的真义，而应当允许违约方起诉请求解除合同。在《民法典》编纂过程中，有学者建议，鉴于学界对违约方申请合同解除制度尚未达成一致，立法机关也可以采取替代性办法，具体来说，借鉴德国法、法国法的规定，在合同不能履行抗辩情形（《民法典》第580条）之后增加一款规定："有上述情形之一的，人民法院或者仲裁机构可以根据当事人的请求确认合同权利义务终止，但不影响违约责任的承担。"①

从比较法角度看，我国《合同法》第110条与《德国民法典》第275条的规定并不相同。《德国民法典》第275条第1款规定：只要给付对于债务人或任何人均为不能，则给付请求权可以被排除；而该法典第326条第1款又明文规定：债务人根据275第1款至第3款无须履行给付的，对待给付义务消灭。因此，通说认为，这是采履行不能情况下合同自动消灭规则。据此，债务人可被免除原给付义务，无须进行原给付，其对待给付也发生消灭。法国民法也有类似规定，《法国民法典》第1218条第2款规定："如果履行障碍仅仅是暂时，债务人可暂时中止其债务的履行，除非由此导致的迟延使债权人有权解除合同。如果该障碍是永久性的，则合同自动解除，双方当事人依照1351条和1351-1条规定的条件不再承担债务。"而第1351条规定："如不可抗力使合同终局性能地不能履行，债务人在履行不能范围内免除债务，除非双方已约定不可抗力风险的负担，或者债权人已催告债务人履行债务。"显然，根据上述规定，合同处于永久履行不能的状态，则合同应"自动"解除，而不需要债务人就此提出请求。可见，在合同出现永久履行不能的情况下，《德国民法典》和《法国民法典》均明确债务关系自动解除，给付义务当然发生消灭。

（二）违约方起诉解除合同的适用条件

参照《民商审判会议纪要》第48条之规定，违约方起诉解除合同需要同时具备三个条件：一是违约方起诉请求解除合同主观上必须

---

① 参见石佳友、高郦梅：《违约方申请合同解除权：争议与回应》，载《比较法研究》2019年第6期。

是非恶意的。规定该条件的目的是防止违约方实施机会主义行为而侵害守约方的利益。违约方在履行困难或履行对其经济上不合理时就选择故意违约，这将引发相关的道德风险，违反了任何人不能从其不法行为中获利的原则。实践中，经常发生因房屋价格上涨，违约方一房数卖、恶意解约的情形。如果任由违约方解除合同，将严重危害交易秩序和交易安全。二是违约方继续履行合同对其显失公平。在形成合同僵局的情形下，法律上允许违约方提起诉讼解除合同，目的是在于纠正利益失衡现象，从而平衡当事人之间的利益关系，最终实现实质正义。因此，在合同僵局的情形下，守约方拒绝解除合同会导致双方当事人利益关系显失公平。如果继续履行合同可以给守约方带来一定的利益，但此种利益与给违约方造成的损失相比明显不对等，尤其是在违约方能够赔偿守约方因合同解除而遭受的损失，当事人之间的利益失衡更加明显时。三是守约方拒绝解除合同违反了诚信原则。实践中，在出现合同僵局时，享有合同解除权的一方当事人拒绝行使解除权，常常是为了向对方索要高价，这就违反了诚信和公平原则。如果任由守约方拒绝解除合同，可能造成双方利益严重失衡。因此，法律上有必要予以纠正。①

（三）违约方起诉解除合同的法律后果

根据本条第2款规定，违约方起诉请求解除合同，并不影响其应承担的违约责任，对守约方的损失应予赔偿。例如，《北京市高级人民法院关于审理房屋租赁合同纠纷案件若干疑难问题的解答》第24条规定，承租人拒绝履行租赁合同给出租人造成损失的，应当承担赔偿损失的违约责任，出租人作为守约方也负有防止损失扩大的义务，具体损失数额由法院根据合同的剩余租期、租赁房屋是否易于再行租赁、出租人另行出租的差价、承租人的过错程度等因素予以酌定，一般以合同约定的3至6个月的租金为宜。在实务中，违约方通过起诉主张解除合同的，法院审查认为符合合同解除条件的，应当进行释

① 参见最高人民法院民事审判第二庭编著：《〈全国法院民商事审判工作会议纪要〉理解与适用》，人民法院出版社2019年版，第317~318页。

明，告知守约方可以直接要求损害赔偿，也可以另行起诉主张损害赔偿。关于损失赔偿范围，应当按照《民法典》第584条的规定，支持守约方向违约方主张可得利益，但也应遵循损失赔偿的可预见性规则、减损规则、违约方过错程度等因素进行综合判断。

【审判实践中应注意的问题】

一、履行费用过高与守约方特别合同目的的保护的关系

履行费用过高的情形是否应当绝对地排斥强制履行责任方式的适用？由于该项没有规定除外情形，理论界和审判实践中均存在争议。有观点认为，单纯以经济上是否合理为判断标准，难免不给人以“经济学帝国主义”的印象。合理与否涉及价值判断，而判断的主体首先是守约方，并要结合守约方订立合同的目的。从这方面说，价值判断的标准是主观性的，在别人看来不合理的甚至是荒谬的事情，可能恰恰是守约方所要追求的事情，守约方如果主张实际履行，自然应当予以保护。我们认为，不应当单纯以“经济合理性”作为判断是否适用强制履行的标准，除经济因素之外，还应当考虑应否惩罚故意违约、应否保护守约方的特别需要等因素，综合判断是否排除强制履行责任的适用。

二、履行费用过高的认定标准

我国《合同法》及其司法解释对履行费用过高的判断标准并没有作出具体规定，实践中应根据个案情况作出裁判。[①] 判断履行费用是否过高，首先应界定履行费用的范围，即比较基准的确定。一般情形

① 参见上海市长宁区人民法院（2004）宁民四终字第470号民事判决书、上海市第一中级人民法院（2010）沪一中民四（商）终字第1191号民事判决书、新疆维吾尔自治区乌鲁木齐市中级人民法院（2015）乌中民四终字第876号民事判决书、浙江省湖州市中级人民法院（2015）浙湖商外初字第16号民事判决书。

下，履行费用应仅限于债务人为克服障碍而需额外支出的不可预期的费用，不包括为履行合同义务而本应承受的负担，因为负担是债务人订约时能够预见的支出，且经由对待给付获得了利益平衡。具体来说，履行费用主要包括运输费用、包装费用、人工费等，在一些特殊的瑕疵履行的案件中包括变更履行方式的支出、拆除已履行设施的费用等，除金钱成本之外还包括时间消耗、劳务支出等。在德国法上，履行费用过高规则中的费用并不限于物质上的费用，也包括与给付之提供有关的可能的无形的不利益，如个人或家庭负担、人的作为和努力、对商誉所造成的损失、可能或已经实际上发生的诉讼费用等。

三、履行费用过高与情势变更制度“履行基础障碍”的区别

《民法典》第533条规定：“合同成立后，合同的基础条件发生了当事人在订立合同时无法预见的、不属于商业风险的重大变化，继续履行合同对于当事人一方明显不公平的，受不利影响的当事人可以与对方重新协商；在合理期限内协商不成的，当事人可以请求人民法院或者仲裁机构变更或者解除合同。人民法院或者仲裁机构应当结合案件的实际情况，根据公平原则变更或者解除合同。”这里的“明显不公平”，指的是对合同“等价关系的破坏”，即使给付与对待给付关系受到影响，债务人的履行成本与通过合同获得的履行利益相较，存在严重失衡，造成合同履行困难。这里“履行基础障碍”与《民法典》第580条第1款第2项规定的“履行费用过高”系不同的概念，二者不可混同；且适用情势变更制度的前提条件“情势”的发生必须不可归责于当事人，如果可归责于当事人则应由其承担风险或违约责任。①

① 参见最高人民法院研究室编著：《最高人民法院关于合同法司法解释（二）理解与适用》，人民法院出版社2009年版，第192页。

第五百八十一条　当事人一方不履行债务或者履行债务不符合约定，根据债务的性质不得强制履行的，对方可以请求其负担由第三人替代履行的费用。

【条文主旨】

本条是关于第三人替代履行的费用承担的规定。

【条文理解】

本条系新增加的条款。我国《民事诉讼法》及相关司法解释从程序法的角度对替代履行制度作出相关规定，并明确替代履行费用由被执行人负担。但从实体法的角度考察，当事人一方不履行债务或履行债务不符合约定，存在第三人替代履行的可能性，所产生的替代履行费用属于守约方因对方违约造成的损失范围，由违约方承担不仅符合民法的公平原则，也有利于促使当事人积极主动履行合同义务。故为了完善违约责任制度，充分保护守约一方的合法权益，《民法典》新增加了本条。在《民法典》的起草过程中，也有学者建议删除本条规定，主要理由是：关于直接强制、间接强制、第三人替代履行等民事执行法的措施，应由程序法去解决，以避免引起混乱。另外，从日本民法最近修改来看，其整体思路也是交由民事诉讼法或强制执行法去解决。[①]

① 周江洪：《关于〈民法典合同编〉（草案）（二次审议稿）的若干修改建议》，载《法治研究》2019年第2期。

一、替代履行的基本规则

在大陆法上，以法国法及日本法为代表，将替代履行纳入强制履行的范畴；而英美法上，同一问题却是从损害赔偿的角度进行规定，称为修复费用，即将替代履行费用作为一种损害，由债务人负责赔偿。我国有学者认为，从债权人角度而言，替代履行最终实现了自己的债权，且法律规定费用由债务人承担，可谓属于强制履行的范畴。从债务人角度而言，尽管负担了相关的费用，但因自己没有实际履行债务，称之损害赔偿自然合适。①我国民事实体法中没有对替代履行制度作出一般性规定，仅是在《合同法》关于租赁合同的规定中有相关立法规定。《合同法》第220条规定出租人应当履行租赁物的维修义务，第221条规定承租人在租赁物需要维修时可以要求出租人在合理期限内维修，出租人未履行维修义务的，承租人可以自行维修，维修费用由出租人负担。《民法典》合同编中也有相关规定。②

对于替代履行的相关规则，主要是程序法规定较为详细。根据我国《民事诉讼法》第252条及《民事诉讼法司法解释》第503条规定，对于判决、裁定或其他法律文书指定的行为，行为义务有两种履行方式：一是强制履行，二是委托他人履行（替代履行）。③理论上一般认为，这两种履行方式分别对应两种不同性质的行为义务——可替代履行的行为义务与不可替代履行的行为义务。可替代履行的行为

---

① 韩世远：《合同法总论》，法律出版社2011年版，第604~605页。

② 参见《民法典》第712条规定："出租人应当履行租赁物的维修义务，但是当事人另有约定的除外。"第713条规定："承租人在租赁物需要维修时可以请求出租人在合理期限内维修。出租人未履行维修义务的，承租人可以自行维修，维修费用由出租人负担。因维修租赁物影响承租人使用的，应当相应减少租金或者延长租期。因承租人的过错致使租赁物需要维修的，出租人不承担前款规定的维修义务。"

③ 参见《民事诉讼法》第252条规定："对判决、裁定和其他法律文书指定的行为，被执行人未按执行通知履行的，人民法院可以强制执行或者委托有关单位或者其他人完成，费用由被执行人承担。"《民事诉讼法司法解释》第503条规定："被执行人不履行生效法律文书确定的行为义务，该义务可由他人完成的，人民法院可以选定代履行人；法律、行政法规对履行该行为义务有资格限制的，应当从有资格的人中选定。必要时，可以通过招标的方式确定代履行人。申请执行人可以在符合条件的人中推荐代履行人，也可以申请自己代为履行，是否准许，由人民法院决定。"

义务，是指由他人代为履行与被执行人自行履行在事实及法律上的效果并无不同。不可替代履行的行为义务，是指就被执行人所负行为义务的性质而言，不能由他人代为履行。此类行为，如债务人不亲自为之，债权人之权利即不能实现或不能获得符合债务本旨之给付或与社会伦常观念相违。[①]可见，是否可以替代履行，区分的标准是行为性质。如果行为在性质上专属于义务人，则为不可替代履行的行为义务；否则，为可替代履行的行为义务。前者如某著名演员的演出义务，后者如拆除障碍物的义务。

理论界关于行为是否可以替代履行的划分标准并不统一，主要有非限定说与限定说两种观点。非限定说认为，行为是否具有可替代性，应以能否满足执行债权为标准判断，如果一项行为由被执行人履行或由其他人履行，对于该债权人的法律价值与经济价值并无不同，该项行为则为可替代行为。该项行为的债务人资格纵然在实际上无法由他人取代，只要能以债务人的代理人资格或机关代表资格而为该项行为，该项行为也属于可替代行为。即凡是事实行为与意思表示行为都是可替代行为，都可以由他人替代债务人完成，如签名行为或签发票据行为。[②]限定说则认为，除了非限定说要求的条件外，一项行为在性质上必须允许他人以自己的地位进行，才能认定该行为的可替代性。如签名行为或债务人承受票据债务的行为，他人都不能以自己地位取代债务人资格，所以都是不可替代行为。[③]区分行为是否可以替代，主要是为了适用不同的执行方法。可替代行为一般采用替代执行方法，不可替代行为的执行一般采用间接执行方法。[④]

---

① 杨与龄编著：《强制执行法论》，中国政法大学出版社2002年版，第564页。

② ［日］山本卓：《注解强制执行法》（4），转引自陈荣宗：《强制执行法》，我国台湾地区三民书局1999年版，第602页。

③ 陈荣宗：《强制执行法》，我国台湾地区三民书局1999年版，第602页。

④ 参见最高人民法院修改后民事诉讼法贯彻实施工作领导小组编著：《最高人民法院民事诉讼司法解释理解与适用》（下），人民法院出版社2015年版，第1332~1333页。

二、域外与我国立法例

关于替代履行的相关规定，我国主要是由程序法作出的，域外立法亦同。《德国民事诉讼法》第887条对“可以代替的作为”进行了详细的规定：“（一）债务人不履行某种作为，而此种作为是第三人可以实行的，第一审受诉法院依申请授权债权人，以债务人的费用，实行之。（二）债权人可以同时申请，判令债务人预付实行该项作为的费用，如实行该项作为支出超额费用，有权再次请求。（三）本条规定不适用对于物之交付或给付的强制执行。”《日本民事执行法》第171条对于替代履行制度有明确而具体的规定。《韩国民事执行法》第260条和《美国联邦民事诉讼规则》第70条也都规定了可替代行为的执行问题。[①] 我国实体法中，《民法典》侵权责任编中规定了环境污染和生态破坏侵权人的替代修复责任。《民法典》第1234条规定：“违反国家规定造成生态环境损害，生态环境能够修复的，国家规定的机关或者法律规定的组织有权请求侵权人在合理期限内承担修复责任。侵权人在期限内未修复的，国家规定的机关或者法律规定的组织可以自行或者委托他人进行修复，所需费用由侵权人负担。”

三、替代履行的行使条件

一般情形下，替代履行的行使条件有两个：一个是债务人不履行行为义务，二是该行为义务可由他人完成。此时，可以选定代履行人，适用本条规定的替代履行。在实践中，常见的可替代履行行为是一些事务性行为，如拆除障碍物等。交付种类物的执行中，购买种类物并予以交付也是一种可替代履行行为。对完成行为的替代履行问题，在申请执行人某集团公司与被执行人某航空公司执行申诉案中，法院认为：在要求被执行人完成行为的执行案件中，法院应根据生效判决确定的履行标准，责令被执行人履行义务。如被执行人不能按判

① 姜大成：《韩国民事执行法》，朴宗根译，法律出版社2010年版，第425页；杨与龄编著：《强制执行法论》，中国政法大学出版社2002年版，第563页。

决确定的标准完成行为，而该行为在性质上可由他主体替代完成的，可依法由其他主体代替被执行人完成，必要时也可交由申请执行人自行完成，费用由被执行人承担。如果执行依据确认双方互负金钱给付义务的，法院也可根据案件具体情况，在不违反公平合理的原则下，将金钱给付义务进行折抵。[①]

【审判实践中应注意的问题】

一、替代履行方式应根据合理原则、具体案件情况确定

实践中，对替代履行方式的选择应遵循公平、合理、经济等原则，而不能任意选择替代履行方式。在董某某诉某国投公司房屋拆迁安置补偿合同纠纷案中，在违约方某国投公司无法履行协议约定的义务情况下，其向守约方提出了替代履行的方式，即向董某某提供与其原约定选择的商铺位置等大体相近的商铺。对该替代履行方式是否合法、合理，当事人存在较大的争议。法院认为，对于违约方提供的替代履行方式是否合法、合理的认定，应在符合法律规定的前提下，尊重守约方的意愿，充分保障合同守约方的权益，且不能加大守约方的实际经济负担。故拆迁方某国投公司应重新与被拆迁方董某某协商安置方案，并支付过渡费至实际交房时止，充分保障合同守约方拆迁人的合法权益。[②]

二、关于替代履行费用的数额确认

审判实践中，对替代履行费用数额的确认，可参照程序法的相关规定。例如，《民事诉讼法司法解释》第504条第1款规定，代履行费用的数额由人民法院根据案件具体情况确定，并由被执行人在指定

① 参见乔宇：《完成行为的替代履行问题》，载《人民司法》2011年第10期；最高人民法院（2010）执监字第183号民事裁定书。

② 参见上海铁路运输法院（2017）沪7101民初250号民事判决书。

期限内预先支付。被执行人未预付的，人民法院可以对该费用强制执行。需要替代履行的行为各不相同，其费用只能由人民法院根据具体案情确定。由于是预先估计，所以只能是大致数额，具体数额须待行为完成后最终确定。由于当事人主张采取了替代履行的方法，违约方履行合同义务转化成了交付代履行费用的义务。为了避免就代履行费用发生争议，可以参考我国台湾地区的做法，在必要时委托第三方对替代履行费用的数额负担进行鉴定。我国台湾地区对于替代履行中的费用也有规定，其“强制执行法”第127条第2项规定：“前项费用，由执行法院酌定数额，命债务人预先支付或命债权人代为预纳，必要时，并得命鉴定人鉴定其数额。”

第五百八十二条 履行不符合约定的，应当按照当事人的约定承担违约责任。对违约责任没有约定或者约定不明确，依据本法第五百一十条的规定仍不能确定的，受损害方根据标的的性质以及损失的大小，可以合理选择请求对方承担修理、重作、更换、退货、减少价款或者报酬等违约责任。

【条文主旨】

本条是关于瑕疵履行的违约责任方式的规定。

【条文理解】

本条对《合同法》第111条的规定进行了修改，删除了限定词"质量"，扩大了适用范围，条文逻辑更加严谨，用语更加规范。因为履行瑕疵，不仅包括标的物的质量存在瑕疵，还包括数量、方法、地点等瑕疵。

一、瑕疵履行

瑕疵履行，是指债务人履行的标的物、履行行为不符合当事人约定或者法律的规定，以至不能实现合同全面履行或者合同目的行为。学理上，瑕疵履行主要原因分为瑕疵给付和加害给付。瑕疵履行在德国民法上称为积极侵害债权，我国台湾地区"民法"则称为不完全给付。瑕疵履行的范围包括时间、数量、标的物、方法、地点、附随义务与当事人约定、法律规定或与实现合同目的不相符合的情形。《民法典》第582条以概括列举的立法方式，赋予守约方更多的救济方式，将采取补救措施的内涵具体化、明确化，受损害方根据标的的性质以及损失的大小，可以合理选择请求对方承担修理、重作、更换、退货、减少价款或者报酬等救济方式。也有观点认为，虽然《民法典》将瑕疵履行扩张为“履行不符合约定”，但其对应的违约救济措施又显过窄，如权利瑕疵时的救济并没有得到体现。[①]

二、修理、重作、更换

修理、重作、更换是违反合同义务应当承担的民事责任形式，也是违反合同后所采取的补救措施。[②]修理包括对产品、工作成果等标的物质量瑕疵的修补，也包括对服务质量瑕疵的改善，是较为普遍的补救方式。在存在严重质量瑕疵，以致不能通过修理达到约定或者法定的质量标准情形下，受损害方可以选择更换或者重作的补救方式。例如，如果修建的房屋不符合质量要求，义务人应当无偿地进行修理；加工制作的产品不符合约定的，虽经修理还不能使用，义务人应当重作。重作，是指在承揽、建设工程等合同中，债务人交付的工作成果不合格，不能修理或修理所需要的费用过高，债务人应债权人的请求而重新制作的补救措施。更换，是指交付的合同标的物不合格，无修理可能，或修理所需要的费用过高，或修理所需要的时间过长，违反债务本旨的情形下，债务人应债权人的请求而另行交付同种类同数量的标的物的补救措施。修理、重作、更换不是恢复原状，如果将损坏的财产修理复原，则承担的是恢复原状的违约责任。

三、退货

退货主要发生在买卖合同、承揽合同领域。《民法典》第 509 条第 1 款规定：“当事人应当按照约定全面履行自己的义务。”第 510 条规定：“合同生效后，当事人就质量、价款或者报酬、履行地点等内

---

① 周江洪：《关于〈民法典合同编〉（草案）（二次审议稿）的若干修改建议》，载《法治研究》2019 年第 2 期。

② 《民法典》第 179 条第 6 项规定：“承担民事责任的方式主要有：……（六）修理、重作、更换；……”

容没有约定或者约定不明确的，可以协议补充；不能达成补充协议的，按照合同相关条款或者交易习惯确定。”根据上述规定，当事人主张退货，应当根据合同性质、合同目的等因素综合判断。在陈某诉重庆某百货公司产品销售者责任纠纷案中，争议的焦点是产品包装标注方式不符合规范性要求应否承担退货责任。法院认为，在产品的销售和购买行为中，产品的销售者和购买者之间为产品买卖合同关系。销售者应当在销售范围内对出售的产品向购买者承担质量担保责任，即销售者售出的产品存在质量问题，销售者应当承担退货、更换等责任。主要情形有：（1）不具备产品应当具备的使用性能而事先未作说明的。即当销售的产品不具备特定用途和使用价值时，销售者应当向购买者事先作出说明，未事先说明的，应承担相应责任，购买者可要求退货。（2）不符合在产品或者其包装上注明采用的产品标准的。即在产品或者其包装上注明了所采用的标准，表明该产品的相关质量指标与产品或其包装上注明采用的产品标准具有一致性。若销售者出售的产品在质量上不符合产品或其包装上注明采用的产品标准，则销售者违反了产品质量担保义务，应承担相应的责任，购买者可要求退货。（3）不符合以产品说明、实物样品等方式表明的质量状况的。销售者所销售的产品质量应当与该产品说明中表明的产品质量相符合；销售者以展示实物样品的方式销售产品的，应当保证购买者据此所购产品的质量与展示实物样品的质量相符。否则，违反销售者对出售产品质量担保的义务，购买者可以此为由要求退货。①

四、减少价款

关于减价权的性质在理论界一直存有形成权与请求权之争。在2012年的《买卖合同司法解释》出台之前，形成权说占据主流观点。该观点认为：买卖物、承揽物等存在瑕疵，买受人或定作人享有请求出卖人或承揽人等减少价款或酬金的权利，此类减价权非请求权，而

① 案例来源：《最高人民法院公报》2017年第8期。

是形成权；受损害方减价的意思表示一到达对方，即发生减价的法律效果，而不需要向法院或仲裁机构提出请求。[①]该观点主要是受一些国家与地区相关规定，尤其是德国民法的影响。《德国民法典》第437条第2款和第441条规定了债务人的减少价金权，该权利被设计为形成权，而不是请求权。《德国民法典》第441条第1款规定："买受人可以以对出卖人的表示减少买卖价款，以代替合同的解除。不适用第323条第5款第2项所规定的排除原因。"根据该条款，减少价款是买受人对出卖人作出表示的，在德国已几乎没有人否认这是将减价救济作为形成权来处理，作为形成权的减价权利被称为减价权。[②]受德国民法影响，《日本民法典》第563条第1款第1项也采"请求减少价金"的表述，日本学者将其解释为形成权。我国台湾地区"民法"第365条规定："买受人因物有瑕疵，而得解除契约或请求减少价金者，其解除权或请求权，于买受人依第三百五十六条规定为通知后六个月内不行使或自物之交付时起经过五年而消灭。前项关于六个月期间之规定，于出卖人故意不告知瑕疵者，不适用之。"该条规定实系主张减少价金，不以出卖人承诺为必要，与同法条规定解除契约之性质同属形成权，该条于二者所规定之6个月行使期间，皆为无时效性质之法定期间。[③]

我国《买卖合同司法解释》第23条第1款规定"标的物质量不符合约定，买受人依照合同法第一百一十一条的规定要求减少价款的，人民法院应予支持……"，第44条规定"买受人……主张出卖人应当采取减少价款等补救措施"，并未规定"买受人可以主张减少价款"，没有认可买受人可以单方面实现价金的减额。因此，理论界普遍认为，《买卖合同司法解释》规定的减价权采请求权模式。但是，

---

① 参见韩世远：《减价责任的逻辑构成》，载《清华法学》2008年第1期；杜景林：《我国合同法上减价制度的不足与完善》，载《法学》2008年第4期；崔建远：《退货、减少价款的定性与定位》，载《法律科学》2012年第4期。

② 参见杜景林、卢谌：《德国民法典评注：总则·债法·物权》，法律出版社2011年版，第225页。

③ 郑玉波：《民法债编各论》（上册），我国台湾地区三民书局1979年版，第53页。

《买卖合同司法解释》起草小组认为，减价权究竟为形成权还是请求权属于理论分歧，对于实务操作而言，因我国并没有减价除斥期间之规定，不存在因减价性质认定的不同而选择诉讼时效或除斥期间的问题。不论减价权为形成权还是请求权，减价具体实施的程序和结果并无不同：当双方当事人意见一致时，减价系由双方自主决定，自意思表示一致时即可实施；当双方意见不一致时，无论减价权是请求权还是形成权，事实上都不能依一方的意思表示当然发生减价的效果，而必须经过人民法院或者仲裁机构的裁判确认之后，才能在当事人之间具体实行。① 此外，也有观点认为，一方面，在我国买卖合同领域的损害赔偿奉行无过错原则，减价难觅特殊的制度功能；另一方面，由于并非建立在解除权行使条件的基础上，减价作为形成权来构造也缺少了关键性条件。因此，形成权说不仅逻辑欠妥，而且易使当事人之间的利益失衡。在解释论上，应重视当事人之间的合意形成和司法机关的介入作用，宜将买受人主张减价的权利打造成为变更合同的请求权。②

根据《民法典》第582条之规定，合同当事人有权请求对方承担“减少价款”的违约责任，此时减价请求实际上是变更合同内容的请求权，如果不能与对方达成减价的合意，只能请求法院或仲裁机构予以调整，或者诉诸违约损害赔偿予以救济。在中山市某物业管理公司诉马某物业服务合同纠纷案中，争议焦点问题是物业公司对安全隐患采取放任态度，业主能否请求减少缴纳物业费。法院认为，对物业管理区域内违反有关治安、环保、物业装饰装修和使用等方面法律、法规规定的行为，物业服务企业应当制止，并及时向有关行政管理部门报告，否则业主有权行使瑕疵履行抗辩权，请求减免服务费用具有相应合理性。综合本案事实，酌定马某尚欠物业服务费用可适当减免20%的幅度，至于其余合理的物业服务费用及对应部分的逾期付款违

---

① 最高人民法院民事审判第二庭编著：《最高人民法院关于买卖合同司法解释理解与适用》，人民法院出版社2012年版，第378页。

② 武腾：《减价实现方式的重思与重构》，载《北方法学》2014年第3期。

约金，马某仍应当支付。[①]

【审判实践中应注意的问题】

一、瑕疵履行补救方式选择权的归属

学理上对于瑕疵履行补救方式选择权的归属一直存有争议，主要包括两个方面的问题：一是同级别内的修理、重作、更换的选择权归属；二是修理、重作、更换与减少价款、退货、赔偿损失等选择权归属。对于修理、重作、更换的选择权，各国立法均明确赋予了守约方。我国《合同法》规定无论是买卖合同还是承揽合同，补救措施的选择权均赋予了买受人或定作人，包括本次《民法典》的立法规定。主要理由：在瑕疵履行的情形下，应当由违约方承担责任，救济方式的选择权赋予受损害方符合违约责任的内在要求。虽然《德国民法典》将选择权赋予了买受人，但同时赋予了出卖人对买受人选择权的抗辩权及其他抗辩事由，还规定了买受人在后续履行的宽限期内一旦作出选择则不得任意更改，以此限制买受人的权利，平衡双方的利益。例如，《德国民法典》第263条2款的规定，“经选择的给付，视为自始惟独负担的给付”。有学者建议，我国应借鉴《德国民法典》关于限制买受人权利的类似规定。我们认为，《民法典》第582条已对受损害方选择权的行使条件作出规定，即“受损害方根据标的的性质以及损失的大小，可以合理选择请求对方承担修理、重作、更换、退货、减少价款或者报酬等违约责任”。“合理选择”，应当根据标的物的性质，在能够保证当事人权利和合同目的圆满实现的前提下，充分发挥物品的经济效益，做到物尽其用。

① 参见广东省中山市中级人民法院（2012）中中法民一终字第835号民事判决书。

二、瑕疵履行补救方式的履行顺序

修理、重作、更换属于受害人要求违约方通过再履行消除标的物质量瑕疵的法律救济方式，这种再履行的救济方式与减价、合同解除、损害赔偿等其他救济方式是何关系，再履行的救济方式是否应优先适用，实践中认识不一致。一种观点认为，在标的物有瑕疵时，首先应当要求再履行，如修理、重作、更换；仅在再履行因给付不能时，始得考虑其他的次级救济，如解除合同、减价、损害赔偿、费用偿还等。若将无瑕疵履行提升为当事人的给付义务，则在交付瑕疵标的物情形，违约方因义务侵害而构成不履行。为此，立法者原则上应当赋予违约相对方优先性的再履行请求权，因为双方当事人都希望首先对瑕疵标的物进行修理或者更换，而不是希望首先对既有的合同关系进行清算了结或者减价，这符合当事人的利益。[①]另一种观点认为，标的物存在瑕疵时，受害人享有主张修理、重作、更换、减价、退货、损害赔偿等不同的救济方式，受害人应首先根据约定主张相应的救济方式；在没有约定时，有权根据实际情况选择适用，修理、重作、更换等再履行请求权并不必然具有优先适用的地位。《买卖合同司法解释》则采用了第二种观点，认为在审判实务中，宜按实定法规则处理，不能认定再履行请求具有优先适用的地位。[②]

对于瑕疵履行的补救责任方式，2002年的德国新债法规定，后续履行请求权的行使必须设定合理的履行期间，一般情况下，在后续履行期间到期后才可以行使退货、减价及损害赔偿等权利。尽管没有明确指出后续履行的优先适用，但从事实上肯定了修理、重作、更换的优先适用，退货、减价、损害赔偿等则作为次级权利。同时，为避免对次级权利的过分限制，尽量平衡双方利益，法律对这种限制进行了相对化的处理，特别是无须设定后续履行宽限期，可以直接退货、减

---

① 杜景林：《买卖法中瑕疵权利的规制问题》，载《法学》2009年第5期。

② 最高人民法院民事审判第二庭编著：《最高人民法院关于买卖合同司法解释理解与适用》，人民法院出版社2012年版，第373页。

价及赔偿损失。[①] 从文义解释上看，我国《民法典》第582条规定的修理、重作、更换、退货、减少价款或报酬等违约责任方式，语句表达上采并列方式，在对违约责任没有约定或者约定不明确，依据第510条的规定仍不确定的情形下，受损害方可以“合理选择”请求对方承担何种违约责任。对于“合理选择”的理解上，还应考虑以下因素：一是在瑕疵履行的情形下，《民法典》第582条所列举的各种责任形式的适用是隐含着梯队等级的。修理、更换、重作是第一阶层的权利，在瑕疵轻微、能够限期补救的情形下应当首先适用，这样不仅节约交易成本，提高交易效率，而且能够更好地平衡双方当事人的利益。而其他权利则为第二阶层，在第一阶层权利不能弥补履行瑕疵时则可被适用。二是从内容看，各种违约责任形式之间彼此并不排斥冲突，在满足相应条件时，可以先后、同时适用。例如，合同解除请求就可以在行使修理、重作、更换的请求权之后行使，减价请求权与损害赔偿请求也不必然存在冲突。但同时也应注意到，个别救济手段因其性质是不相容的，比如退货导致合同解除的情形下，减价请求权就无从适用。三是虽然在瑕疵履行的情形下，受损害方可以合理选择违约补救措施，但是该选择权的行使也应受到一定限制。例如，买卖标的物属于种类物，在给付的标的物有瑕疵的情况下，如果修理的费用超过了标的物本身的价值，则应当允许出卖人主张更换，买受人执意修理便属于不合理的请求。此外，如履行不符合约定是由于设计错误所致，该产品均同样，更换即丧失其意义，如不能修理或不宜修理，则可退货或减价。再如，买卖的标的物已停产，并且发现其不符合约定时市场上也找不到了，则不宜更换；出售特定物，如二手车、独一无二的艺术品的情形下，也不应要求出卖人更换。

① 参见《德国民法典》第440条规定：“除第281条第2款的情形外，即使出卖人依第439条第3款规定拒绝两种事后补充履行方式，或买受人有权采取的事后补充履行方式已失败或对买受人来说是不能合理期待的，也无须指定期间。”

第五百八十三条 当事人一方不履行合同义务或者履行合同义务不符合约定的，在履行义务或者采取补救措施后，对方还有其他损失的，应当赔偿损失。

【条文主旨】

本条是关于继续履行或者采取补救措施后损失赔偿责任的规定。

【条文理解】

本条与《合同法》第112条规定内容相同，未修改。[①]

一、继续履行与损害赔偿的关系

继续履行，学理上又称强制履行，是违约方不履行合同义务或履行合同不符合约定时，守约方有权请求其继续履行合同义务。根据合同严守原则，当事人应依合同约定全面、适当地完成约定的义务。继续履行的违约责任承担方式贯穿于关于违约责任的各条文中，作为承担违约责任的优先选项。其法理基础在于，合同履行是实现当事人订立合同目的的最有效措施，为维护守约方的利益，法律赋予守约方请求继续履行的权利。继续履行强调的是对未履行的合同义务的继续履行，旨在促进当事人实现交易目的，维护交易安全，实质是对有约必守原则的维护、提倡和贯彻，是以司法之力强制推进合同的继续履行。同时，继续履行也体现了民法在保护市场交易秩序中，减少合同

① 《合同法》第112条规定："当事人一方不履行合同义务或者履行合同义务不符合约定的，在履行义务或者采取补救措施后，对方还有其他损失的，应当赔偿损失。"

履行成本、促进交易便宜快捷、节约社会资源的立法考量。

根据《民法典》第579条（《合同法》第109条），金钱债务必须实际履行，除非债权人明确同意采取替代履行方式，否则不能以实物或劳务替代金钱债务的履行，且对金钱债务而言，债务人不存在任何免责事由。金钱债务如发生迟延履行，债权人无须为损害之证明，径得请求依法定利率计算迟延利息。[①]对继续履行的违约责任承担方是否继续履行，一般从以下几个因素考量：存在违约行为；必须有守约方请求违约方继续履行合同债务的行为；必须是违约方能够继续履行合同。

继续履行与损害赔偿的适用关系是理论界一直存有争议的问题。在一方违约后，是否完全赋予守约方救济方式的选择权，还是应当由法律规定一定请求顺序？《合同法》第107条、第109条和第110条原则上保护了债权人的继续履行请求权。此后，又规定了损害赔偿和违约金，但是学者认为，《合同法》并没有对继续履行与损害赔偿的适用关系作出界定，由此引发了争议。有学者认为，考虑到违约责任制度的主要功能是救济而不是惩罚，因此原则上应赋予守约方选择权。[②]但从经济效果上看，此种选择权可能造成财富的损失和浪费，如果继续履行所需要的代价可能较高，而守约方坚持要求违约方继续履行，为了避免守约方滥用补救的选择权，可根据诚信原则对其选择权进行限制；对能够继续履行且继续履行对双方都有利的，则应当优先适用继续履行的责任形式。

对于继续履行与损害赔偿的适用，一般应坚持以下原则：一是继续履行是应当优先保护的履行方式。因为继续履行能够使守约方获得原合同约定的利益，并能防止违约方通过违约从事投机，获取不正当利益。从举证责任来看，守约方主张继续履行的方式可以避免承担对违约损失的举证责任。实践中，一些损失是难以确定的，守约方在举证上存在事实上的难度。二是继续履行后，对守约方的实际损失，应

① 梅忠协：《民法要义》，中国政法大学出版社1998年版，第238页。

② 王利明：《民法分则合同编立法研究》，载《中国法学》2017年第2期。

当按照全面赔偿的原则，实现合同订立时的预期利益。也就是说，继续履行后，可以并用损害赔偿。除非违约方已经赔偿了守约方在合理正常履行状态下所应获得的全部利益，且守约方不宜主张要求继续履行，否则损害赔偿和继续履行是可以并用的。

二、采取补救措施与损害赔偿的关系

根据《民法典》第582条之规定，当事人履行合同义务存在瑕疵时，受损害方可以合理选择请求对方承担修理、重作、更换、退货、减少价款或者报酬等补救措施的违约责任。但是，根据合同完全赔偿原则，在受损害方还有其他损失时，其还有权请求违约方承担损害赔偿责任。以减少价款与损害赔偿为例，减少价款与损害赔偿虽在功能上类似，但二者并非完全相同。对于瑕疵履行所导致的价值降低，债权人既可以选择减少价款，也可以主张损害赔偿作为救济手段，唯一手段采用后，另一手段亦会因达到目的而不能再行主张。但减少价款与损害赔偿的择一适用，仅限于对瑕疵履行所导致的履行价值降低的救济范围，超出此范围并不完全适用。因为减少价款只是解决了原合同关系的均衡问题，而对买受人在对价之外的其他损失却无能为力，当买受人还存在其他损失，比如可得利益的损失、固有利益的损失时，仍可就其他损失请求损害赔偿。例如，《民法典》第800条规定："勘察、设计的质量不符合要求或者未按照期限提交勘察、设计文件拖延工期，造成发包人损失的，勘察人、设计人应当继续完善勘察、设计，减收或者免收勘察、设计费并赔偿损失。"

【审判实践中应注意的问题】

当事人一方违约，承担了继续履行责任或者采取补救措施后，在对方还有其他损失的场合，损害赔偿范围是否包括期待利益，在理论界存有争议。有观点认为，既然违约方已经承担了继续履行责任，继续履行即意味着可得利益的实现，守约方无权要求期待利益赔偿。也

有观点认为，合同继续履行后确实存在期待利益损失，但自一方违约行为发生至双方争讼，再到违约方继续履行合同，该期间因合同未履行所产生的损失，违约方仍应赔偿，这在租赁等继续性合同中体现得尤为明显。在新华百货公司与宁夏大世界公司房屋租赁合同纠纷案中，争议的焦点问题是在判决承租人继续履行出租合同情形下，还应否赔偿出租人租金损失。法院在判决新华百货公司承担继续履行义务的基础上，认为宁夏大世界公司提交的证据虽无法证明损失的具体数额，但"大世界商务广场"项目建成后闲置数年，实际存在损失问题，而租金是双方合同履行后宁夏大世界公司可以获得的利益，且这种利益是双方在订立合同时应当可以预见到的，故根据案件的实际情况酌定新华百货公司赔偿宁夏大世界公司4000万元。[①]

① 参见陈建成、郭翔峰:《非金钱债务继续履行责任的司法适用》，载《法律适用》2018年第10期。

第五百八十四条 **当事人一方不履行合同义务或者履行合同义务不符合约定，造成对方损失的，损失赔偿额应当相当于因违约所造成的损失，包括合同履行后可以获得的利益；但是，不得超过违约一方订立合同时预见到或者应当预见到的因违约可能造成的损失。**

【条文主旨】

本条是关于损失赔偿的范围和确认规则的规定。

【条文理解】

本条是在《合同法》第113条基础上进行的修改，除对《合同法》第113条第1款进行文字修改外，删除第2款。删除第2款的主要理由:《合同法》第113条第2款规定的“经营者对消费者提供商品或者服务有欺诈行为的，依照《中华人民共和国消费者权益保护法》的规定承担损害赔偿责任”，属于惩罚性赔偿问题，对此，《消费者权益保护法》第55条已有明确规定[①]，且《民法典》第179条第2款也规定“法律规定惩罚性赔偿的，依照其规定”。为了逻辑体系的严谨，删除了重复部分。

赔偿损失在民法上包括违约赔偿损失、侵权赔偿损失及其他的赔

---

① 《消费者权益保护法》第55条规定：“经营者提供商品或者服务有欺诈行为的，应当按照消费者的要求增加赔偿其受到的损失，增加赔偿的金额为消费者购买商品的价款或者接受服务的费用的三倍；增加赔偿的金额不足五百元的，为五百元。法律另有规定的，依照其规定。经营者明知商品或者服务存在缺陷，仍然向消费者提供，造成消费者或者其他受害人死亡或者健康严重受损害的，受害人有权要求经营者依照本法第四十九条、第五十一条等法律规定赔偿损失，并有权要求所受损失二倍以下的惩罚性赔偿。”

偿损失。本条规定的赔偿损失仅指违约赔偿损失，是指一方当事人违反合同给另一方当事人造成财产等损失的赔偿。如果违约行为未给守约方造成损失，则不能用赔偿损失的方式追究违约方的民事责任。

赔偿损失的范围可由法律直接规定或由当事人双方约定。在法律没有特殊规定和当事人没有另行约定的情况下，应按完全赔偿原则赔偿全部损失，包括直接损失和间接损失。直接损失指财产上的直接减少。间接损失又称所失利益，是指失去的可以预期取得的利益。对于损失赔偿的范围，《买卖合同司法解释》认为，在我国合同法上，买卖合同当事人之间的利益关系，在交易关系发展的不同阶段，主要会涉及返还利益、信赖利益、固有利益、履行利益以及可得利益等不同的利益类型。[①]

一、返还利益

根据《民法典》第157条、第566条的规定，返还利益主要有两种类型：一种是合同无效、被撤销或确定不发生效力后的财产返还，另一种则是合同解除后的财产返还。

《民法典》第157条规定："民事法律行为无效、被撤销或确定不发生效力后，行为人因该行为取得的财产，应当予以返还；不能返还或者没有必要返还的，应当折价补偿。……"《合同法》第58条亦有相同的规定。这里"返还"或"补偿"，即是返还利益。该条对返还利益的救济，与违约责任的承担无关，系非违约救济手段的组成部分。如果受损失方承担履行的是非金钱债务，民事法律行为（包括合同行为）无效、被撤销或确定不发生效力后，在原物仍然存在且没有被第三人合法取得的情形下，当事人应当承担原物返还责任；如果原物不存在，则承担折价补偿责任。

根据《民法典》566条的规定，合同解除后，尚未履行的，终止履行；已经履行的，根据履行情况和合同性质，当事人可以请求恢

① 最高人民法院民事审判第二庭编著：《最高人民法院关于买卖合同司法解释理解与适用》，人民法院出版社2012年版，第448页。

复原状或者采取其他补救措施，并有权请求赔偿损失。其中“恢复原状”需借助返还财产的方式进行，即第二种类型的返还利益。与第一种类型返还利益不同，这种类型常常涉及违约救济问题。在我国现行民事立法和民法学理论框架内，第二种类型返还利益属于违约救济手段的组成部分。

二、信赖利益

在我国民事立法上，涉及两种类型的信赖利益。第一种类型与《民法典》第 500 条（《合同法》第 42 条）的规定有关，第二种类型则是本条规定的“合同履行后可以获得的利益”。《民法典》第 500 条规定，当事人在订立合同过程中存在假借订立合同，恶意进行磋商，故意隐瞒与订立合同有关的重要事实或者提供虚假情况以及有其他违背诚信原则的行为，造成对方损失的，应当承担赔偿责任。这里所涉及的合同当事人利益，即指信赖利益。信赖利益在学说上又被称为消极利益或消极的契约利益，对信赖利益损失进行赔偿的结果是使当事人达到合同未订立时状态。信赖利益损失的赔偿范围通常包括：缔约费用，如邮寄、差旅等合理支出的费用；准备履行所支出的费用，包括为运送标的物或受领对方给付所支出的合理费用；受害人支出上述费用所失去的利益。

《民法典》第 584 条规定“当事人一方不履行合同义务或者履行合同义务不符合约定的，造成对方损失，损失赔偿额应当相当于因违约所造成的损失，包括合同履行后可以获得的利益”，其中“违约所造成的损失”中，排除“合同履行后可以获得的利益”相对应的损失，即是第二种类型的信赖利益损失。它主要是指合同当事人因信赖对方将全面履行合同而支付对价或费用，因此遭受损失。第一种类型的信赖利益与合同成立或生效有关，第二种类型的信赖利益则与生效合同的当事人相信自己的债权可以得到完全实现有关。两种类型的信赖利益的相同之处在于都是为了“使受害人处于合同从未订立的状态，而不是使其处于合同得到履行的状态”。因此，第二种类型的信赖利益损失尽管发生在合同生效之后，但对其救济旨在使非违约方因信赖合同的履行而支付的各种费用得到返还或赔偿，从而使当事人处于合同从未订立之前的良好状态。当事人在合同缔结以前的状态与现有状态之间的差距，应是信赖利益损失的范围。如果该损失是因违约所造成的，则应由违约方承担赔偿责任。[①]对第二种类型信赖利益损失的赔偿，除了要包括对第一种类型信赖利益损失进行赔偿的所有项目外，还要增加受害人在合同生效后因相信对方会全面履行合同义务而完成己方的履行行为所支出的费用，如工人工资等，以及因此费用支出所遭受的利息损失。

从比较法角度看，《德国民法典》第284条规定了信赖利益的赔偿原则。该条规定，代之替代给付的损害赔偿，债权人可以请求偿还自己因信赖可以获得给付所支出的，并且从正当角度看为可以支出的费用，但即使债务人违反义务，仍然不会达到支出费用之目的的，不在此限。由于受到保护的是债权人对债务人完成给付之信赖，以及在此基础之上债权人的处分行为，故本规范之责任事由为信赖利益之赔偿，从而使责任事由完成了由等价关系推定向信赖落空的转变。此项请求权相近于缔约过失请求权，并且由此可以清楚地认识到本规范之法理和政策的正当化依据。若债权人在先合同阶段支出费用，则此项费用之赔偿原则上不成问题，只是债务人在合同订立之后被赋予丧失了一项请求权而已，而此项请求权在合同订立之前不言而喻地即已经为其所享有。[②]

信赖利益的赔偿，在法律上的限制是信赖利益不得超过履行利益。如果信赖利益超过了履行利益，表明当事人从事了一项亏本的交易，而这种亏本的后果应当由非违约方自己承担，非违约方不应当将自己应当承担的损失转嫁给违约方。[③]美国《合同法重述》第333

① 王利明：《合同法新问题研究》，中国社会科学出版社2011年版，第665~666页。

② 杜景林、卢谌：《德国民法典——全条文注释》，中国政法大学出版社2015年版，第188页。

③ [美] L.L. 富勒、小威廉 R. 帕杜：《合同损害赔偿中的信赖利益》，韩世远译，法律出版社2004年版，第47页。

（A）条规定对信赖利益的补救措施不得超过债务人允诺的整个合同价值。依据在于：一方面，信赖利益是在合同如期履行后所获得的全部利益，保护此利益足以最大限度地维护当事人的利益，超出此保护限度则会使当事人将其交易失败风险转嫁给债务人，使债务人承担不合理的责任；另一方面，信赖利益体现了双方当事人的意思，因而超出期待利益范围来保护信赖利益，并没有充分尊重当事人的意志。[①]

三、固有利益

固有利益，又称维持利益或完全利益，是指债权人享有的不受债务人和其他人侵害的现有财产和人身利益。固有利益损失，即是指因债务人存在加害给付的违约行为，违反保护义务，侵害债权人的人身或财产权益所造成的损失。加害人所应赔偿的，系受害人于其健康或所有权所受的一切损害，此类损害可以远超出履行合同所生利益，却并不以发生以履行利益为限的问题。[②]

《民法典》第186条（《合同法》第122条）规定了固有利益损失的保护，该条规定："因当事人一方的违约行为，损害对方人身权益、财产权益的，受损害方有权选择请求其承担违约责任或者侵权责任。"这里"人身权益、财产权益"，即指当事人的固有利益。与固有利益相对应的违约行为形态是加害给付，与加害给付相近似的违约行为形态是瑕疵给付。二者的区别就与固有利益、履行利益和可得利益的区分有关。瑕疵给付侵害的是债权人的履行利益，致使该给付本身的价值或效用减少乃至丧失，也有可能进一步损及债权人的可得利益，而加害给付所侵害的是债权人的固有利益。

四、履行利益

履行利益，又称积极利益或积极的合同利益，是基于债务人的履

① 林诚二：《民法理论和问题研究》，中国政法大学出版社2000年版，第238页。

② 王泽鉴：《民法学说与判例研究》（第1册），中国政法大学出版社1998年版，第89页。

行行为债权人直接获得的利益。《民法典》第577条规定，当事人一方不履行合同义务或者履行合同义务不符合约定的，应当承担继续履行等违约责任，目的就是为了补救债权人所遭受的履行利益损失。《民法典》第584条规定，当事人一方不履行合同义务或者履行合同义务不符合约定，造成对方损失的，损失赔偿额应当相当于因违约所造成的损失，包括合同履行后可以获得的利益。这里“合同履行后可以获得的利益”，即属于履行利益范畴。

履行利益损失，是在合同有效成立的前提下，因债务人不履行或不完全履行所发生的损失。履行利益赔偿的结果是让债权人处于如同债务被履行的状态，因而继续履行最能保护当事人的履行利益。在不履行的情况下，债权人应该得到的履行利益是债务人应移转的全部价值或应提供的全部服务；在不完全履行的情况下，债权人应该得到的履行利益是债务人应移转的价值或者应提供的服务和其实际移转价值或提供服务之间的差额。例如，在买卖合同中，如果出卖人没有按照合同的约定交付标的物，则买受人有权根据替代购买标的物所支出的一切费用而请求履行利益损失的赔偿。如果出卖人交付的标的物有瑕疵，则出卖人交付标的物的实际价值与出卖人应交付的标的物的价值之间的差价，就是履行利益的损失。由此，履行利益的认定应当考虑价格变化因素的影响。合同标的物的市场价格在不断变化，买受人的履行利益也要随之变化。

五、可得利益

（一）可得利益及其计算方法

依据《民法典》第584条规定，当事人一方不履行合同义务或者履行合同义务不符合约定，造成对方损失的，损失赔偿额应当相当于因违约所造成的损失，包括合同履行后可以获得的利益。这里“合同履行后可以获得的利益”，排除履行利益，就是可得利益。[①] 通说认为，

① 最高人民法院民事审判第二庭编著：《最高人民法院关于买卖合同司法解释理解与适用》，人民法院出版社2012年版，第456页。

可得利益仅限于未来可以得到的利益，不包括履行本身获得的利益，而主要是指获取利润所对应的利益。由于一方违约，受害人不能取得合同规定应交付的财产，造成其生产经营活动中断或从事该活动的基础和条件丧失，从而导致利润损失，这就是一种可得利益损失。[①]可得利益具有如下特点：第一，可得利益是一种未来利益。它在违约行为发生时并没有为合同当事人所实际享有，而必须通过合同的实际履行才能得以实现。第二，可得利益必须具有一定的确定性。在合同法中，任何需要补救的损害都必须具有一定程度的确定性，否则是不能要求赔偿的。[②]

对于可得利益的计算，《民商事合同指导意见》明确指出："根据交易的性质、合同的目的等因素，可得利益损失主要分为生产利益损失、经营利润损失和转售利润损失等类型。生产设备和原材料等买卖合同违约中，因出卖人违约而造成买受人的可得利益损失通常属于生产利润损失。承包经营、租赁经营合同以及提供服务或劳务的合同中，因一方违约造成的可得利益损失通常属于经营利润损失。先后系列买卖合同中，因原合同出卖方违约而造成其后的转售合同出售的可得利益损失通常属于转售利润损失。"

实践中，确定可得利益损失数额主要包括以下五种方法：

一是差额法。差额法又称对比法，即依照通常方法比照受害人相同条件下所获取的利益来确定应赔偿的可得利益损失。差额原则是以合同履行后的状况作为参考，为一种假设的财产状况，在买卖合同计算起来比较方便。例如，在房屋买卖合同纠纷中，一方根本违约导致守约方解除合同，则签订房屋买卖合同之时的购买价格和诉讼时的升值部分价差即为可得利益，可以作为赔偿计算的依据。但在其他可得利益损失类型中，此种计算方法还会受到时间、地点等因素影响。因此，在适用差额原则时，往往需要利用其他方法来对差额原则进行综

① 最高人民法院民事审判第二庭编著：《最高人民法院关于买卖合同司法解释理解与适用》，人民法院出版社2012年版，第456页。

② 王利明：《合同法研究》（第2卷），中国人民大学出版社2003版，第614~616页。

合衡量。

二是约定法。顾名思义，约定法是指当事人直接在合同中约定损失赔偿额的计算方法。《民法典》第585条第1款规定，当事人可以约定一方违约时应当根据违约情况向对方支付一定数额的违约金，也可以约定因违约产生的损失赔偿额的计算方法。约定法是当事人之间事先对可得利益赔偿额计算进行了约定，为可得利益损失赔偿额的确定提供了依据，也是当事人意思自治的体现。实践中应注意，在约定法与差额法计算的损失存在较大差距的情况下，也有基于实际损失进行调整的适用余地。例如，《买卖合同司法解释》第26条规定："买卖合同因违约而解除后，守约方主张继续适用违约金条款的，人民法院应予支持；但约定的违约金过分高于造成的损失的，人民法院可以参照合同法第一百一十四条第二款的规定处理。"此规定体现了以实际损失为原则的赔偿计算方法。

三是类比法。类比法是指比照守约方相同或类似的其他单位在类似条件下所能获取的利益来确定可得利益的赔偿数额。使用类比法，既可以守约方在过去同时期所取得的利润为参考对象，又可以同类合同在同时期内履行所获得的利益为依据，还可以其他人同样的设备投入生产运营所获取的生产利润等作为参照对象。使用此种方法的前提是守约方通常能够获得比较稳定的财产收益。类比法是司法实践中较为常用的一种计算方法。例如，武汉某建筑公司与武汉某置业公司建设工程施工合同纠纷案中，法院就采取了该种方法计算可得利益损失。[①]

四是估算法。估算法是指人民法院难以确定损失数额时，根据案件的实际情况，酌定一个赔偿数额的方法。在某些情况下，也可以受害人请求赔偿的数额为基础，结合违约方提出抗辩所依据的证据，根据公平责任原则确定具体数额。由于可得利益属于合同履行后方可获得的未来利益，在很多情况下难以算出具体数额，而法院又不能拒绝

① 参见最高人民法院（2014）民终字第112号民事判决书。

裁判，因此，往往会综合案件的具体情形，根据合同实际履行情况、当事人过错大小、行业利润等，对可得利益损失酌定一个数额进行赔偿。例如，在青海某水电公司与广东某发电公司买卖合同纠纷案中，争议的焦点是可得利益损失数额的确认问题。法院认为，确定可得利益损失数额依据估算法，可以受损害方请求的数额为基础，结合违约方提出抗辩所依据的证据，依据公平原则确定具体数额。[①]

五是综合衡量法。综合衡量法是实践中采用较多的方法，即根据获利情况、当事人的过错情况及合同履行时的经济形势等因素综合判断。对于综合裁量方法的运用，需要结合上述几种方法，以差额原则为基础，在考虑守约方因违约方违约遭受的实际损失或可能遭受的实际损失为基础进行裁量。还需要注意的是，综合裁量法应是一种补充的计算方法，系无法根据差额法、类比法、约定法、估算法等方法予以计算可得利益损失的情况下所采纳的方法。该方法往往是守约方已经能够证明违约方构成根本违约，但却无法根据上述几种方法证明其遭受的可得利益损失数额的情况下，法官基于内心确信所适用的计算方法。[②]

（二）可得利益赔偿的限制：可预见性规则

《民法典》第584条中“不得超过违约一方订立合同时预见到或者应当预见到的因违约可能造成的损失”，即损失赔偿的可预见性标准，以此限制违约损害赔偿范围。可预见性标准是确定违约损害赔偿责任的构成要件之一，即因果关系要件。法律要求违约当事人仅对其在订约时能够合理预见到的损害承担赔偿责任，从而为因果关系的确定提供了具有可操作性和确定性的依据。1980年《联合国国际货物销售合同公约》第74条规定，赔偿损失“不得超过违反合同一方在订立合同时，依照他当时已知道或理应知道的事实和情况，对违反合同预料到或理应预料到的可能损失”。

① 参见最高人民法院（2013）民终字第37号民事判决书。

② 参见贺小荣主编：《最高人民法院第二巡回法庭法官会议纪要》（第一辑），人民法院出版社2019年版，第23页。

对可预见性标准一般从以下四个方面把握：

1. 可预见的主体

根据《民法典》第584条的规定，预见的主体就是违约方。之所以将预见的主体确定为违约方，是因为可预见性规则限制的是违约方的赔偿责任，而违约方应承担的责任构成其交易条件的一部分，违约方在磋商确定交易条件时，其承受的不利益必然受到其合理预见范围的限制。

2. 预见的时间

根据《民法典》第584条的规定，预见的时间为“订立合同时”，而不是违约时。因为订立合同时，当事人正在磋商确定交易条件，这直接受当事人所掌握的信息影响，而违约方掌握的信息是确定其预见范围的基础。订立合同后违约方获取的信息会扩展其预见的范围，但新获取的信息与交易条件的确定无关，让违约方的责任随订立合同后获取的信息量的增加而扩张，会破坏当事人的利益平衡。例如，旅客称飞机航班延误使其错过投标业务，要求赔偿因未能投标造成的经济损失。对于旅客投标是否耽搁，是航空公司在售票时无法预见的，故此损失不属于可预见的情形。

3. 预见的内容

通说认为，只需要预见到或应当预见到损害的类型，不需要预见到或应当预见到损害的程度，即不需要预见到或应当预见到损害的具体数额。

4. 预见的判断标准

违约方是否预见到或者是否应当预见到，须由受害方承担举证责任。裁判者通常应当依据相对客观的标准进行判断，仅在特定情形下需要依据主观标准进行判断。依据相对客观的标准进行判断，就是指以社会一般人的预见能力为标准进行判断，也就是说以抽象的“理性人”“常人”“善良家父”之类标准进行判断。特定情形下需要依据主观标准进行判断，在具体个案中也需要基于当事人的身份、职业及相互之间的了解情况等，考虑违约方的特殊预见能力。如果违约方的预见能力高于一般人的预见能力，就应当按照其实际的预见能力来确定损害赔偿的范围。不过对于违约方的特殊预见能力仍应由受害方承担举证责任。如果受害方不能举证证明违约方具备高于一般人的预见能力时，则应以社会一般人的预见能力为准。

【审判实践中应注意的问题】

一、可得利益损失数额的确认，还应考虑可预见性规则、减轻损失规则、损益相抵规则、过失相抵规则等综合因素

本条规定中，“合同履行后可以获得的利益”，即属可得利益范畴。《买卖合同司法解释》第29条规定：“买卖合同当事人一方违约造成对方损失，对方主张赔偿可得利益损失的，人民法院应当根据当事人的主张，依据合同法第一百一十三条、第一百一十九条、本解释第三十条、第三十一条等规定进行认定。”也就是说，当事人关于赔偿可得利益损失的主张并不必然获得支持，还要受到可预见性规则、减轻损失规则、过失相抵规则以及损益相抵规则等的限制。以房屋买卖合同为例，房屋买卖合同履行期间，房屋市场价格上涨，出卖人拒不履行交付房屋的合同义务，致买受人的合同目的无法实现，由此造成的房屋市场价格与合同约定价格之间的差价属于买受人的可得利益损失范畴。但是，个案中在确定具体损失数额时，还应考虑可预见性规则、减轻损失规则、损益相抵规则、过失相抵规则，斟酌合同约定、违约原因、时间长短等综合因素，不能简单地以价格之差确定买受人的购房损失数额。

二、可得利益损失赔偿的举证责任

《民事诉讼法》第64条第1款规定：“当事人对自己提出的主张，有责任提供证据证明。”根据该条规定的举证责任规范要求，守约方应当对可得利益损失赔偿请求权产生的法律事实承担举证证明责任，

主要包括：违约方存在违约行为；守约方存在可得利益损失（数额）；所受损失和违约行为之间存在因果关系。实践中，违约方要对应予限制或者减少可得利益损失赔偿数额的抗辩承担举证责任，比如减轻损失规则、损益相抵规则、过失相抵规则、可预见性规则的适用等。对此，《民商事合同指导意见》第 11 条规定："人民法院认定可得利益损失时应当合理分配举证责任。违约方一般应当承担非违约方没有采取合理减损措施而导致损失扩大、非违约方因违约而获得利益以及非违约方亦有过失的举证责任；非违约方应当承担其遭受的可得利益损失总额、必要的交易成本的举证责任。对于可预见的损失，既可以由非违约方举证，也可以由人民法院根据具体情况予以裁量。"

第五百八十五条 当事人可以约定一方违约时应当根据违约情况向对方支付一定数额的违约金，也可以约定因违约产生的损失赔偿额的计算方法。

约定的违约金低于造成的损失的，人民法院或者仲裁机构可以根据当事人的请求予以增加；约定的违约金过分高于造成的损失的，人民法院或者仲裁机构可以根据当事人的请求予以适当减少。

当事人就迟延履行约定违约金的，违约方支付违约金后，还应当履行债务。

【条文主旨】

本条是关于违约金的调整方法的规定。

【条文理解】

本条与《合同法》第114条的规定内容基本相同，但相关表述发生改变，即“当事人可以请求人民法院或者仲裁机构予以增加”修改为“人民法院或者仲裁机构可以根据当事人的请求予以增加”。表述上更加严谨准确。

一、违约金与约定损失赔偿

关于本条规定的“因违约产生的损失赔偿额”是否属于违约金条款，理论学说观点上有争议。通说认为，约定的违约金与约定的损失赔偿额的计算方法系不同责任方式。从历史解释的路径看，在我国《合同法》立法以前，在违约金的分类上，没有“违约金”与“约定因违约产生的损失赔偿的计算方法”这两种类型，也没有将“约定因违约产生的损失赔偿额的计算方法”作为违约金的一种。全国人民代表大会常务委员会法制工作委员会于1995年10月16日提出的《合同法（试拟稿）》，参照《涉外经济合同法》（已失效）第20条的规定，在第69条规定：“违约金视为因违约造成损失的赔偿金。约定的违约金过分高于或者低于因违约造成损失的，当事人可以请求人民法院或仲裁委员会适当减少或增加。”第70条规定：“当事人可以约定赔偿损失的计算方法。按照计算方法得出的赔偿损失额过分高于或者低于因违约造成损失的，当事人可以请求人民法院或仲裁委员会适当减少或者增加。”对于违约金的性质，坚持了否定惩罚性违约金的理念，并规定“当事人既约定违约金，又约定赔偿损失的计算方法的，一方违约后，受损害方只能选择一种承担责任的方式”。[①] 以上考察可见，在几部合同法草案中，“约定因违约产生的损失赔偿额的计算方法”系独立于违约金条文的另外条文，只是到了后来立法机关才将之与违约金条文合并在一个法律条款中，其与当事人约定的违约金分属不同的责任方式。区分约定的违约金与“因违约产生的损失赔偿的计算方法”具有积极价值：一是抽象的计算方法，在数额的结果上，一般不利于守约方，但在易于举证方面则有利于守约方。允许当事人约定违约损害赔偿的计算方法，考验和体现了当事人的智慧和谈判能力。二是在举证责任方面，居于优势地位并熟悉法律的债权人，可以通过约定违约损害赔偿的计算方法，绕开举证责任的风险负担。[②]

约定损失赔偿一般表现为两种形式：一是约定具体赔偿数额，即

① 参见《合同法（试拟稿）》（1996年6月7日）。第81条第2款规定：违约金视为因违约造成损失的赔偿金。约定的违约金过分高于或者低于因违约造成的损失的，当事人可以请求人民法院或仲裁委员会适当减少或增加，违约没有造成损失的，但按照约定支付违约金明显不合理的，当事人可以请求人民法院或仲裁委员会适当减少。第82条规定：当事人可以约定损失赔偿的计算方法。按照计算方法所得的赔偿损失额过分高于或低于因违约造成损失的，当事人可以请求人民法院或仲裁委员会适当减少或者增加。第83条规定：当事人既约定违约金，又约定赔偿损失的计算方法的，一方违约后，受损害方只能选择一种承担责任的方式。梁慧星：《关于中国统一合同法草案第三稿》，载《民法学说判例与立法研究》（二），国家行政学院出版社1999年版，第139页。

② 崔建远：《违约金的边缘问题》，载《江汉论坛》2015年第11期。

赔偿金；二是约定损失赔偿的具体方式或方法。在合同订立时，当事人约定因违约产生的损失赔偿的计算方式，本质上是一个独立的附停止条件的合同条款，其效力高于法定损失赔偿。约定损失赔偿金在性质、功能上与违约金类似。对于二者之间的关系，《合同法司法解释（二）》第28条规定："当事人依照合同法第一百一十四条第二款的规定，请求人民法院增加违约金的，增加后的违约金数额以不超过实际损失额为限。增加违约金以后，当事人又请求对方赔偿损失的，人民法院不予支持。"从该条规定文义内容诠释，如果守约方已经提出增加违约金的，就无权再主张损害赔偿；如果守约方没有要求增加违约金的，可以就不足部分另行主张损害赔偿。但在司法实践中，也有观点认为，既然法律没有规定可以并用，如果违约金不足以弥补当事人的实际损失，可以通过调整违约金数额的方式来救济守约方。从比较法上看，有的国家也采纳了这一立场。例如，在法国法中，除非违约金被明确约定为迟延违约金，否则不得与损害赔偿一并主张。我们认为，如果违约金数额不足以弥补实际损失，通过调整违约金数额的方式不一定妥当。一方面，违约金的调整应当由守约方提出请求，法院不能直接调整；另一方面，调整违约金给法官过大的自由裁量权，而如果违约金与损害赔偿并用，则应以守约方证明自身损害为基础，这需要进行损害的计算，其结果也将更为精确。因此，相比之下，允许违约金与损害赔偿的并用是更为妥当的选择。当然如果当事人在合同中已明确约定，违约金与损害赔偿不得一并主张，则应当尊重当事人的约定，排除二者的并用。

二、违约金的调整

违约金酌减规则是应对违约金数额过高而产生的特殊规则，赋予了法官自由裁量权，法院可以对当事人达成的协议进行干预，这是契约自由的一个例外，其目的在于恢复契约实质自由。为了规范违约金的调整，统一裁判标准，最高人民法院多次出台批复、司法解释。就逾期付款违约金计算标准问题，先后以批复形式作出规定。[①]

《合同法》颁布后，《商品房买卖合同司法解释》中针对商品房买卖合同纠纷中违约金标准作出规定。其中，第16条规定："当事人以约定的违约金过高为由请求减少的，应当以违约金超过造成的损失30%为标准适当减少；当事人以约定的违约金低于造成的损失为由请求增加的，应当以违约造成的损失确定违约金数额。"第17条规定确定商品房买卖合同违约金的参照标准，第18条规定逾期交付房屋权证书的违约金标准。[②]2009年发布的《合同法司法解释（二）》规定了适用范围更广的违约金调整规则。同年，最高人民法院还发布了《民商事合同指导意见》，专门就"依法合理调整违约金的数额，公平解决违约责任问题"提出了比较具体的指导意见。2012年颁布的《买卖合同司法解释》第24条规定了逾期付款违约金的调整规则，第26条则规定了合同解除后的违约金调整的标准。[③]2015年发布的《民间

① 参见：《最高人民法院关于逾期付款违约金应当依据何种标准计算问题的批复》（法复〔1996〕7号）、《最高人民法院关于逾期付款违约金应当按照何种标准计算问题的批复》（法释〔1999〕8号）、《最高人民法院关于修改〈最高人民法院关于逾期付款违约金应当按照何种标准计算问题的批复〉的批复》（法释〔2000〕34号）。

② 《商品房买卖合同司法解释》第17条规定："商品房买卖合同没有约定违约金数额或者损失赔偿额计算方法，违约金数额或者损失赔偿额可以参照以下标准确定：逾期付款的，按照未付购房总款额，参照中国人民银行规定的金融机构计收逾期贷款利息的标准计算。逾期交付使用房屋的，按照逾期交付使用房屋期间有关主管部门公布或者有资格的房地产评估机构评定的同地段同类房屋租金标准确定。"第18条第2款规定："合同没有约定违约金或者损失数额难以确定的，可以按照已付购房款总额，参照中国人民银行规定的金融机构计收逾期贷款利息的标准计算。"

③ 《买卖合同司法解释》第24条第4款规定："买卖合同没有约定逾期付款违约金或者该违约金的计算方法，出卖人以买受人违约为由主张赔偿逾期付款损失的，人民法院可以中国人民银行同期同类人民币贷款基准利率为基础，参照逾期罚息利率标准计算。"第26条规定："买卖合同因违约而解除后，守约方主张继续适用违约金条款的，人民法院应予支持；但约定的违约金过分高于造成的损失的，人民法院可以参照合同法第一百一十四条第二款的规定处理。"

借贷规定》第29条就民间借贷迟延还款的违约金作出了更新规定。[①]

在《民法典》起草过程中，关于违约金的调整标准问题，有观点认为《合同法》就违约金仅规定了一个条文，但是最高人民法院通过司法解释对违约金规定了比较详细的规则，《民法典》合同编应当总结司法解释的经验，将其纳入合同编中。还有观点建议，《民法典》合同编不应当仅将违约金的功能定位为补偿性，而应当结合违约责任的多种功能，对现有的违约金规则进行必要的调整。例如，在迟延履行情形下的违约金支付，不仅是对损失的补偿，在一定程度上也具有惩罚作用。但惩罚性违约金的设定本身应具有惩罚违约方的目的，因此，在违约金酌减规则适用时，应当考虑这一目的，而不能直接适用补偿性违约金酌减的规则。[②]

最高人民法院参与《民法典》起草工作的法官们在讨论时，多数人认为，违约金的调整是司法裁判中的认定问题，且这一标准也缺乏明确依据，不必上升到立法中规定，违约金过高的调整问题直接适用《合同法司法解释（二）》的规定即可。也有观点认为，《民法典》应明确违约金的适用范围和适用标准，主要理由有两点：首先，合同编规定的有名合同大多是商事合同，在商事交易中，违约金过高过低是商事主体参与市场竞争、作出商业决策的条件之一，司法进行干预应当保持克制的尺度；其次，应当确立违约金数额原则上不得调整或慎重调整，建议不以实际损失数额作为参照，而是基于公序良俗原则等。

对于约定损害赔偿的调整问题，有观点认为，根据《合同法》第114条的规定，当事人可以约定损害赔偿的计算方式，但《合同法》

① 《民间借贷规定》第29条规定："借贷双方对逾期利率有约定的，从其约定，但以不超过年利率24%为限。未约定逾期利率或者约定不明的，人民法院可以区分不同情况处理：（一）既未约定借期内的利率，也未约定逾期利率，出借人主张借款人自逾期还款之日起按照年利率6%支付资金占用期间利息的，人民法院应予支持；（二）约定了借期内的利率但未约定逾期利率，出借人主张借款人自逾期还款之日起按照借期内的利率支付资金占用期间利息的，人民法院应予支持。"

② 王利明：《民法分则合同编立法研究》，载《中国法学》2017年第2期。

并没有规定约定损害赔偿的调整制度，这显然属于立法上的疏漏。事实上，约定损害赔偿与违约金制度功能上具有相似性，《民法典》合同编有必要参照违约金调整的规则，规定在当事人约定的损害赔偿低于实际损失或过分高于实际损失时，当事人有权请求予以调整。

我们认为，赔偿性违约金的实质是损害赔偿总额预定，而惩罚性违约金才是真正的违约金。基于违约金酌减规则的规范目的，其适用于惩罚性违约金，而不应适用于赔偿性违约金。认定违约金是否过高还应当结合合同的履行情况、当事人的过错程度以及预期利益等综合因素，根据公平原则和诚信原则予以衡量。[①]

一是应查明实际损失，确定基本标准。《合同法司法解释（二）》第 29 条规定："当事人主张约定的违约金过高请求予以适当减少的，人民法院应当以实际损失为基础，兼顾合同的履行情况、当事人的过错程度以及预期利益等综合因素，根据公平原则和诚实信用原则予以衡量，并作出裁决。当事人约定的违约金超过造成损失的百分之三十的，一般可以认定为合同法第一百一十四条第二款规定的'过分高于造成的损失'。"《商品房买卖合同司法解释》第 16 条规定："当事人以约定的违约金过高为由请求减少的，应当以违约金超过造成的损失 30% 为标准适当减少，……"根据司法解释的规定，超过实际损失的 30% 是认定违约金过高的基本标准。

二是应考虑合同的履行情况。接近履行完毕的合同和尚未履行的合同，违约所造成的结果存在较大区别。例如，标的额为 1 亿元的合同约定的违约金是 3000 万元，如果违约方在履行合同的 95% 之后出现违约，如拖延履行剩余的 5% 的义务，结果并未造成对方的损失或损失非常轻微，但仍然要支付 3000 万元的违约金，这明显不公平。

三是应考虑当事人的过错程度。违约方是恶意违约还是过失违约，直接决定违约金的赔偿性和惩罚性功能的此消彼长。在违约金过高的情形下，惩罚性违约金的目的在于给债务人心理上制造压力，促

① 参见最高人民法院民事审判第二庭编著：《〈全国法院民商事审判工作会议纪要〉理解与适用》，人民法院出版社 2019 年版，第 326~327 页。

使其积极履行债务；在债务不履行的场合下，表现为对过错的惩罚，故债务人的过错自应成为惩罚性违约金的要件。

四是应考虑当事人缔约时对可得利益损失的预见、当事人之间的交涉能力是否平等、是否适用格式合同条款以及是否存在过失相抵、减扣规则以及损益相抵规则等因素，根据诚信原则和公平原则，结合案件的实际情况，进行综合衡量。

五是在调整违约金额时，也应考虑当事人是否为商事主体，该交易是否为商事交易。如果属于商事主体从事的商事交易，则在认定违约金过高过低时，应更为谨慎。

三、迟延履行违约金与实际履行

本条第3款规定了迟延履行违约金与实际履行之间的关系。违约金责任是为了担保债务的履行而存在的，其主要目的在于督促当事人履行债务并制裁违约行为。违约金的支付并没有使守约方获得其基于订立合同所预期的利益，也不可能与其根据合同所应当得到的期待利益一致。因此，违约金的支付并没有使守约方完全获得在实际履行情况下所应当获得的全部利益，违约金的支付不能完全替代实际履行，尤其是在违约金专门为迟延而设定时，在支付违约金以后，即使在客观上能够补偿守约方的损失，也因为此种违约金的重要功能在于制裁迟延行为而不是补偿损失。因此，守约方在获得违约金后仍然可以要求实际履行，以充分保护守约方的利益。不过是否要求实际履行的权利在守约方，也即守约方愿意请求实际履行的，则可以使违约金与实际履行并存，否则违约方只应承担违约金责任。当然也不能就此推定，除专门为迟延履行而设定的违约金以外，对于其他类型的违约金，违约方在支付违约金以后，守约方无权要求履行债务。只要当事人在合同中特别约定该违约金为惩罚性的或者不影响实际履行的，则守约方在对方支付违约金以后还有权请求实际履行。

【审判实践中应注意的问题】

一、违约金过高的举证责任分配

在违约方请求减少过高的违约金时，应当按照“谁主张，谁举证”原则，由违约方承担证明违约金过高的举证责任。但是，鉴于衡量违约金是否过高的最重要标准是违约造成的损失，守约方因更了解违约造成损失的事实和相关证据而具有较强的举证能力，因此，违约方的举证责任也不能绝对化，守约方也要提供相应的证据。实务中，违约方往往以合同不成立、合同未生效、合同无效或者不构成违约进行免责抗辩而未提出违约金调整请求的，人民法院能否就当事人是否需要主张违约金过高问题进行释明。《民商事合同指导意见》第 8 条规定，为减轻当事人诉累，妥当解决违约金纠纷，违约方以合同不成立、合同未生效、合同无效或不构成违约进行免责抗辩而未提出违约金调整请求的，人民法院可以就违约金是否过高的问题进行释明，即假设违约成立，是否认为违约金过高。对于已经向违约方进行释明但违约方坚持不提出调整违约金请求的，人民法院应当遵循合同法意思自治原则，一般不予主动调整。但是按照约定违约金标准判决将严重违反公序良俗原则、诚信原则和公平原则并导致利益严重失衡的，人民法院可以根据《民法典》第 585 条第 2 款的规定进行调整。

二、商事主体在诉讼中自愿给对方出具和解协议并承诺高额违约金后，并未依约履行后续给付义务，是否影响违约金调整规则的适用

当事人在自愿基础上达成的损失赔偿条款，除存在无效或可撤销的情形外，一方当事人以损失赔偿金数额过高或过低为由请求调整的，人民法院应当区分当事人是一般民事主体还是商事主体。商事主体与民事主体在违约金酌减问题上应有所区别，商事主体在诉讼中自愿给对方出具和解协议并承诺高额违约金，但在没有正当理由的情形

下，未依和解协议约定履行后续给付义务，属于主观上具有严重的恶意，此种情形约定的违约金应视为惩罚性违约金，可不予酌减。惩罚性违约金抑或赔偿性违约金之区分应以损失填补为主要标准。[①]

三、一审时当事人未明确提出请求调减违约金，二审上诉提出调减，二审法院应否支持

从审判实践情况看，二审法院应区分一审法院是否向当事人释明作不同处理。在一审诉讼中，如果法院向当事人明确释明是否主张违约金调整，当事人明确表示不要求调整违约金，在一审宣判后该当事人又以合同约定的违约金标准过高为由提出上诉的，二审法院可不予支持。如果一审法院未向当事人作出明确释明，当事人提上诉请求调整的，二审法院可以考虑实际损失、合同的履行情况、当事人的过错程度等因素，根据公平原则和诚信原则，酌定予以调整。

四、违约金责任的构成是否要求违约方具有过错

我国《民法典》对违约责任采纳的系严格责任，违约责任强调的是对因违约行为造成损害的补偿，不必以违约方存在过错为前提。但存在以下例外情形：第一，如果当事人约定违约金的成立以一方当事人过错为要件的，依其约定。第二，在《民法典》合同编分则以及单行法规中特别规定违约责任为过错责任场合，违约金的成立应当要求过错要件。第三，在惩罚性违约金情形下，由于其目的在于给债务人心理上制造压力，促使之积极履行债务，同时，在债务不履行的情况，表现对过错的惩罚，因而要求以债务人的过错作为其承担惩罚性违约金的要件。

从比较法角度观察：在法国和德国，违约金作为一种债务不履行责任，原则上要求债务人具有归责事由（过错）。在日本，归责事由不要说成为通说，学者我妻荣认为："就当事人的普通意思而言，是

---

① 参见李玉林：《约定损失赔偿金的调整应区分不同情形》，载《人民司法·案例》2014年第10期。

想要避免归责事由之有无、损害之有无及其大小等发生纷争，认为作为这种解释是妥当的，这样债权人只要能够证明债务不履行之客观事实的发生，对于因债务人事由引起损害的发生，即使没有证明，也可以请求预定赔偿额。”① 我国台湾地区“民法”学说解释上，认为除当事人另有约定无过失责任外，以因可归责于债务人的事由不为债务履行时，即于债务人给付迟延或因其他可归责于债务人的事由而致给付不能时，债权人始得请求违约金。②

五、当事人提出违约金或赔偿损失的主张，是属诉讼中的抗辩抑或反诉

出卖人履行交付义务后诉请买受人支付价款，买受人认为出卖人违约在先的，可以对方违约为由拒绝履行自己的义务，也可以要求对方承担违约责任。此时，应根据买受人主张的具体内容及相应目的判断买受人的行为是抗辩还是反诉。如果买受人的主张只是表示其不同意支付价款，也不愿意支付违约金或者赔偿损失，其目的在于否定出卖人的支付价款以及违约金请求权，则其主张仅是对请求权的一种防御，故应认为是提出抗辩。如果买受人在诉讼中主张，出卖人违约在先，应承担违约责任、支付违约金或赔偿损失的，则可以看出其目的不仅仅是对出卖人支付价款以及违约责任请求权的一种防御，而是在出卖人请求权范围之外主张积极的权利，实际上提出了新的诉讼请求。由于买受人提出的出卖人支付违约金或赔偿损失的请求与出卖人在本诉中主张的买受人支付价款的请求是基于同一合同，具有牵连性，故可以合并审理。因此，买受人提出支付违约金、赔偿损失的诉讼请求的，应要求其提出反诉并交纳相应的诉讼费用。

六、违约金请求权与损害赔偿请求权的关系

在债务人违约的情况下，根据《民法典》第585条（《合同法》

① ［日］我妻荣：《债权总论》，岩波书店1964年版，第132页。
② 史尚宽：《债务总论》，中国政法大学出版社2001年版，第499页。

第107条、第114条）有可能同时产生违约金请求权与损害赔偿请求权，此时债权人可否同时主张，还是选择其一行使，或先后行使，法律上并无明文规定。在理论界存在不同的观点：一种观点主张，排他性违约金与损害赔偿并非处于债权人可自由选择的地位，而是有违约金约定的必须适用违约金条款。主要理由：第一，作为损害赔偿额预定的违约金，是当事人的特别约定，应当优先适用；第二，违约金条款系双方当事人的合意，而不向违约方请求其承担违约责任转而主张违约损害赔偿乃守约方单方的意思表示，对此若予准许，则意味着单方意思表示优先于双方合意，显非妥当。第三，违约金的特别约定对于当事人而言，还有限定责任的功能，如果允许债权人任意选择，必然会使违约金这一规范的目的落空。也有观点认为，违约金条款并不具有优先于违约损害赔偿适用的理论基础。主要理由：第一，在违约金系针对瑕疵履行、不能履行而约定的情况下，债务人拒绝履行、迟延履行，违约金条款则不存在优先适用的条件。第二，按照罗马法及大陆法系的违约金契约说，违约金责任源自违约金条款这个从契约，只不过以债务人违约为支付条件；违约损害赔偿源自主契约，同样以债务人违约为支付条件。如果认为违约金责任优先于违约损害赔偿责任，意味着断言从契约关系优先于主契约关系，缺乏法律及法理依据。第三，在违约金为损害赔偿额预定的情形下，当事人在合同中约定违约金无非是为了更为简捷迅速地解决纠纷，违约金和法定损害赔偿两种方式在法律地位上没有高下之分。《合同法》第114条第2款允许对约定的违约金数额进行调整，调整参照系当事人的实际损失数额——所受损害与所失利益之和，实际上意味着承认了违约金和损害赔偿在个案中可以相互置换。[①]

学说上多主张区分不同违约金类型分别予以确定。就赔偿性违约金而言，在其与损害赔偿请求权利益指向同一的情况下，债权人不得同时请求损害赔偿；而就惩罚性违约金而言，债权人得一并主张违约

① 崔建远：《违约金的边缘问题》，载《江汉论坛》2015年第11期。

金请求权与损害赔偿请求权。我们认为，法律允许当事人自由约定违约金，但在约定违约金时，债务人往往过于自信或者对于将来的履行情况并未慎重考虑，故在出现违约时，法律不得不对违约金与损害赔偿金的关系予以权衡，并兼顾债务人利益的保护。原则上，在出现违约的情况下，违约金请求权与损害赔偿请求权是可能同时发生效力的。在此前提下，依据两个请求权指向利益是否同一来判断债权人是否得同时主张：若指向利益并非同一，债权人自得同时主张：若指向的利益是同一的，则不能同时主张。在二者指向利益同一情况下，即会产生债权人是否自由选择行使这两个请求权的问题，对此，原则应予允许。但在债权人选择了违约金请求权的情况下，基于不当得利的原理，违约金得计入损害赔偿，作为最低损害赔偿额。损害小于违约金数额的，也不能缩减违约金请求权。损害赔偿请求权并不因债权人选择了违约金而丧失，对于超出违约金的损害，债权人仍得主张赔偿，只是必须对损害赔偿构成进行证明。相反，在债权人首先要求损害赔偿的情况下，违约金的数额超过损害赔偿数额的，债权人仍得请求超出损害部分的违约金数额。基于契约自由，当事人可以约定违约金仅具有履约担保功能，不作为最低损害赔偿额计入损害赔偿请求范围，此时当事人既可主张支付违约金，也可以主张损害赔偿，但违约金请求权应受制于违约金酌减条款。而在当事人约定违约金完全代替损害赔偿的情况下，则其又转化为一种损害赔偿总额的限制性规则。[①]

七、借款合同以外的双务合同违约金是否过高也应严格按照法律和司法解释的规定来确定

根据《民法典》第 585 条第 2 款的文义表述，“违约造成的损失”是法律规定最为明确且最为重要的衡量违约金高低的标准，此为衡量违约金是否过高的基础标准。根据《民法典》第 584 条的规定，当事人一方不履行合同义务或者履行合同义务不符合约定，造成对方损失

① 参见王洪亮：《违约金请求权与损害赔偿请求权的关系》，载《法学》2013 年第 5 期。

的，损失赔偿数额应当相当于因违约所造成的损失，包括合同履行后可以获得的利益；但是，不得超过违约一方订立合同时预见到或者应当预见到的因违约可能造成的损失。审判实践中，法院应当根据上述规定，查明因违约造成的损失。例如钢材买卖合同纠纷中，钢材总价款2000万元，合同约定如卖方逾期交货，每逾期1天，承担60万元的违约责任。后卖方逾期10天。买方起诉请求卖方依约承担600万元的违约责任。卖方请求法院减少违约金。法院按照民间借贷利率24%的标准判决卖方承担480万元的违约责任。法院的判决，尽管予以调减了违约金，但是处理上显然有些简单化。事实上，应查清买方因卖方违约造成的损失，在这个基础上再结合合同履行情况、当事人的过错程度以及预期利益等综合因素加以确定。简单地按照民间借贷利率标准确定违约造成的损失，尽管减轻了查清损失的困难，但也往往不适当地扩大了违约方的违约责任。

第五百八十六条　当事人可以约定一方向对方给付定金作为债权的担保。定金合同自实际交付定金时成立。

定金的数额由当事人约定；但是，不得超过主合同标的额的百分之二十，超过部分不产生定金的效力。实际交付的定金数额多于或者少于约定数额的，视为变更约定的定金数额。

【条文主旨】

本条是关于定金合同的成立和定金数额的规定。

【条文理解】

本条在《合同法》第115条的基础上进行了修改，吸收了《担保法》第91条关于定金“不得超过主合同标的额的百分之二十”限额的规定，以及《担保法司法解释》第119条关于定金数额的确认规则，即“实际交付的定金数额多于或者少于约定数额，视为变更定金合同”。同时，鉴于《民法典》施行后《担保法》将被废止，删除“依照《中华人民共和国担保法》”的表述。①

① 《担保法》第89条规定：“当事人可以约定一方向对方给付定金作为债权的担保。债务人履行债务后，定金应当抵作价款或者收回。给付定金的一方不履行约定的债务的，无权要求返还定金；收受定金的一方不履行约定的债务的，应当双倍返还定金。”第90条规定：“定金应当以书面形式约定。当事人在定金合同中应当约定交付定金的期限。定金合同从实际交付定金之日起生效。”第91条规定：“定金的数额由当事人约定，但不得超过主合同标的额的百分之二十。”《担保法司法解释》第119条规定：“实际交付的定金数额多于或者少于约定数额，视为变更定金合同；收受定金一方提出异议并拒绝接受定金的，定金合同不生效。”《合同法》第115条规定：“当事人可以依照《中华人民共和国担保法》约定一方向对方给付定金作为债权的担保。债务人履行债务后，定金应当抵作价款或者收回。给付定金的一方不履行约定的债务的，无权要求返还定金；收受定金的一方不履行约定的债务的，应当双倍返还定金。”

一、定金的类型

定金，在我国《合同法》《担保法》均有规定，在买卖合同中广泛运用，从大宗商品买卖到日常经济往来，随处可见定金的约定和适用。有学者认为："定金，乃是一缔约人向他缔约人，因缔结契约及确保契约履行所为之给付。"[①] 也有学者认为："定金者，乃以确保契约之履行为目的，由当事人之一方交付他方之金钱或其他代替物也。"[②] 本条规定"当事人可以约定一方向对方支付定金作为债权的担保"。依照上述法律规定及学说观点，定金系作为债之担保而由债务人向债权人作出的给付，且主要适用于合同债务，属于金钱担保的范畴。合同当事人在订立合同时出于不同需要，往往会在约定定金条款时附加相应的条件或限制，其性质和效力不尽相同。学理上将定金分为以下五类：

（一）成约定金

以交付定金作为合同成立要件，自交付定金时起认定合同成立。对于成约定金，《担保法司法解释》第116条规定："当事人约定以交付定金作为主合同成立或者生效要件的，给付定金的一方未支付定金，但主合同已经履行或者已经履行主要部分的，不影响主合同的成立或者生效。"

（二）证约定金

这种定金不是合同的成立要件，仅以证明合同成立为目的。在罗马法中，定金通常有证约定金的性质。德国普通法及近代多数国家的立法多承认这种定金合同的存在。我国现行法对该类定金尚无明文规定，但学说认为，定金的交付一般都标志着合同的存在，故本身具有证明合同成立的作用。

（三）违约定金

以定金担保合同义务的履行，交付定金的当事人若不履行债务，

---

① 黄立：《民法债编总论》，中国政法大学出版社2002年版，第504页。

② 郑玉波：《民法债编总论》，中国政法大学出版社2004年版，第311页。

则需双倍返还定金。《民法典》第587条即是关于违约定金的规定。

（四）立约定金

立约定金指为保证正式缔约而交付的定金。此类定金的效力在于：交付定金的当事人若拒绝立约，则丧失定金；接受定金的当事人若拒绝立约，则应双倍返还定金。

（五）解约定金

按照合同的约定，在定金交付后，交付定金的一方可以丧失定金为代价而解除合同，收受定金的一方可以双倍返还定金为代价而解除合同。例如，《担保法司法解释》第117条规定，定金交付后，交付定金的一方可以按照合同的约定以丧失定金为代价而解除合同，收受定金的一方可以双倍返还定金为代价而解除合同。

我国法律关于定金的规定主要见于《合同法》《担保法》以及其司法解释。《担保法》第89条与《合同法》第115条均对定金作出了概括性规范，虽然没有明确定金的类别，但强调的是定金对于合同债务履行的担保功能，并未强调定金在缔约过程或解除合同时的作用，可见其规定的定金性质更偏重于违约定金。《担保法司法解释》第115条、第116条、第117条分别对立约定金、成约定金和解约定金作出规定，但对于证约定金、违约定金未单独规定，概因证约定金在实践中运用较少，而违约定金已由《担保法》《合同法》相关规定所涵盖，无须再作强调。学理上通常认为，我国现行法律体系中的定金概念系以违约定金为核心，以其他类型的定金为特例。即如果合同当事人约定定金条款时未明确定金性质的，应解释为违约定金；明确约定定金性质或从约定内容能够直接判断出定金性质的，定金性质从其约定。[①]《民法典》第586条的规定亦未区分定金的类型，对定金类型的认定可参照上述规定。

① 最高人民法院民事审判第二庭编著：《最高人民法院关于买卖合同司法解释理解与适用》，人民法院出版社2016年版，第442页。

二、定金合同的性质

（一）定金合同属于金钱担保合同

定金是当事人约定一方向对方给付定金作为债权的担保，合同履行与否与该定金的得失有关，使当事人产生心理压力，从而积极而适当地履行债务，以发挥其担保作用。定金担保，与人的保证和物的担保不同，属于金钱担保。定金合同属于金钱担保合同。审判实践中，关于交付钱款是否具有定金属性以及属于何种类型的定金，产生了大量的诉讼纠纷。《担保法司法解释》第118条规定："当事人交付的留置金、担保金、保证金、订约金、押金或者订金等，没有约定定金性质的，当事人主张定金权利的，人民法院不予支持。"从该条规定看，对当事人未使用"定金"一词的，需要对定金性质作出明确的约定；相反，若当事人已在合同中使用"定金"一词，在适用定金罚则时，对其性质的认定也应严格予以审查。

（二）定金合同为实践合同

合同有诺成合同与实践合同或称要物合同之分。诺成合同经双方当事人意思表示一致即可成立，实践合同或称要物合同则除意思表示一致以外，尚需有物之交付作为特别生效要件。《民法典》第586条第1款明确规定"定金合同自实际交付定金时成立"，与《担保法》第90条中关于"定金合同从实际交付定金之日起生效"的规定一脉相承，延续了定金合同为实践合同或要物合同的立法模式，只不过改"生效"要件为"成立要件"。也有观点认为，定金的实践性是一些司法困境产生的背后原因，大量法院判决从定金的实践性推出不交、少交或者迟延交付的行为不构成违约，当事人规避定金交付义务的行为得到纵容，交易安全无法得到保障。[①]

（三）定金合同为从合同

定金的有效以主合同的有效成立为前提，定金合同是主合同的从

① 李贝：《定金功能多样性与定金制度的立法选择》，载《法商研究》2019年第4期。

合同。在主合同无效时，定金合同亦无效，除非担保合同另有约定。① 这里应是指违约定金的情形。对于成约定金而言，作为主合同成立或生效的要件，其存在并不具备依附于主合同的从属性。主合同一旦成立或生效，成约定金的功能即告实现，立刻发生抵作价款或收回的法律效果，因此，其在消灭上不具有从属性。对于立约定金，也难以认定具有从属性。例如，在张某诉刘某房屋买卖合同纠纷再审案中，争议的焦点问题是买房人交付款项的性质是违约定金，还是立约定金。法院认为，双方当事人是在意向书上约定的定金，定金条款形成的时间以及定金的交付时间均在房屋买卖主合同订立之前，因此，意向书上约定的定金只能担保房屋买卖合同的订立，而不是担保房屋买卖主合同义务的履行。②

三、定金数额限制的正当性

本条第2款是对定金数额的限定。对于定金数额的限定，学说上有两种观点：一种观点认为定金制度违背了私法自治的基本理念，提出废除定金制度。其理由是：定金的数额具有限定性，往往不足以保障全部债权的实现，而且担保既未扩大责任财产范围，也未使责任财产特定化，担保的机能较弱，因而应当在一定程度上否定定金的作用。③ 另外一种观点则认为，定金制度亘古至今长盛不衰自有其存在的正当性，不能因定金数额限制在法定范围之内与其担保的债不相匹配而否认定金制度的实际功效，相反，对定金数额进行限制是非常必要和科学的。其主要理由：权利限制规范的目的就是通过限制具体合同关系中一方当事人的自由来实现正常状态下的互惠，实现一种公正。在定金制度中，双方对自己违约后所承担的责任是可以预见的，

① 《担保法》第5条规定："担保合同是主合同的从合同，主合同无效，担保合同无效。担保合同另有约定的，按照约定。担保合同被确认无效后，债务人、担保人、债权人有过错的，应当根据其过错各自承担相应的民事责任。"

② 参见上海市长宁区人民法院（2012）长民三（民）再重字第2号民事判决书。

③ 刘保玉、吕文江：《债权担保制度研究》，中国民主法制出版社2000年版，第225页。

支付定金的一方用支付一定数额的定金行为表达了自己对履约的诚意，收受定金的一方在接受定金后也承担了一旦违约将双倍返还定金的风险和义务。但这毕竟是在私人关系中加入惩罚的因素，如果允许双方任意约定定金数额，难免出现占优势一方引诱对方违约的情形。因此，法律通过对定金的数额进行限制，将定金的惩罚性限制在一定范围内，能保证双方的公平。而且，定金具有双向惩罚性，当事人也不会合意约定过高的数额，因为任何一方都不想让自己受到过高惩罚。如果预设的数额与实际损害赔偿数额差距过大，则签订定金条款的双方都有负担过分惩罚的风险，最具参考意义的应是违约行为将给对方造成损失的较低赔偿数额的预定，这种预定不是以补偿违约最低损失为出发点，而是使双方都不认为承担过度的违约风险。因此，对违约定金的数额限制具有合理性，并没有削弱或否定定金的惩罚性，也不能得出担保机能较弱的结论；相反，有限度的惩罚恰是民法平等自由基本理念的体现。①

四、“定金”超出主合同标的额20%部分的处理

根据本条第2款规定，超过主合同标的额的20%部分，不属于定金的范畴。但对于超出部分如何处理未作规定。实务中，一般将超出部分作为已给付的合同价款。在某金银精炼公司与农业银行个人业务部代销合同纠纷案中，争议的焦点问题是双方签订的行纪合同约定的定金超出合同总价款20%部分的处理问题。法院认为，当事人可以约定一方向对方给付定金作为债权的担保。债务人履行债务后，定金应当抵作价款或者收回。给付定金的一方不履行约定的债务的，无权要求返还定金；收受定金的一方不履行约定的债务的，应当双倍返还定金。关于定金罚则的规定适用于不履行，也适用于不完全履行。行纪合同约定的定金未超出合同总价款20%的部分视为合法定金，适用定

---

① 参见张忠野：《论私法自治下定金罚责的有限适用》，载《政治与法律》2012年第9期。

金罚则，已超出合同总价款20%的部分视为预付货款。[①]

【审判实践中应注意的问题】

一、定金与押金的关系

定金和押金均属于金钱担保的范畴，都是当事人一方按约定给付相对人的金钱或其他代替物。但二者系不同的担保方式：第一，定金的交付，通常是在合同订立时或履行前，具有预先给付的特点；押金的交付，或与履行主合同同时，或与履行主合同相继进行，不是预付。第二，定金担保的对象是主合同的主给付；押金担保的对象往往是主合同中的从给付。第三，定金的数额低于主合同的标的额，且不得超过法定的比例；押金的数额往往高于或等于被担保的债权额。第四，定金具有在一方违约时丧失或双倍返还的效力；押金没有双倍返还的法律效果。

二、定金与保证金的关系

在建设工程、国有土地使用权出让、租赁、期货交易等合同或法律关系中，经常出现保证金的担保方式，其种类和性质复杂，对合同的担保作用具有不同的功能。学理认为，保证金合同属于非典型合同，或曰无名合同。《担保法司法解释》第118条规定，当事人交付留置金、担保金、订约金、押金或者订金等，但没有约定定金性质的，当事人主张定金权利的，人民法院不予支持。因此，根据《担保法司法解释》的规定，保证金等非典型担保方式不得类推适用定金罚则，除非当事人明确约定了定金罚则的适用效力。实务中，出现的保证金各种各样，对于被排除在定金范围之外的保证金，必须予以类型化，具体确定每种类型的保证金效力。

① 参见最高人民法院（2006）民二终字第226号民事判决书。

三、定金与预付款的关系

定金和预付款虽然都是一方向另一方交付一定的金钱，但二者的法律性质和效力却存在很大差别。预付款属于价金支付债务的一部分，并且是提前履行部分债务，其作用在于使接受预付款的一方获得期限利益，支付预付款只是客观上起到了保障相应债权实现的作用。在襄阳某金属制品公司与襄阳某材料有限公司等定金合同纠纷案中，争议的焦点问题是合同中虽然约定了“定金”，但违约责任中并未约定适用定金罚则的，该“定金”是否属于定金担保问题。法院认为，合同约定将前合同所剩余的预付款作为本合同的“定金”，每批次货款抵扣“定金”，并明确约定了违约责任，而未约定适用定金罚则的，该款项虽名为“定金”，但其不属于定金担保，其法律特性实为预付款。[①]

① 参见最高人民法院（2015）民申字第469号民事裁定书。

第五百八十七条 债务人履行债务的，定金应当抵作价款或者收回。给付定金的一方不履行债务或者履行债务不符合约定，致使不能实现合同目的的，无权请求返还定金；收受定金的一方不履行债务或者履行债务不符合约定，致使不能实现合同目的的，应当双倍返还定金。

【条文主旨】

本条是关于定金罚则适用的规定。

【条文理解】

本条是在《合同法》第115条和《担保法》第89条规定的基础上修改而来，并作相应的文字表述修改。《合同法》第115条规定："当事人可以依照《中华人民共和国担保法》约定一方向对方给付定金作为债权的担保。债务人履行债务后，定金应当抵作价款或者收回。给付定金的一方不履行约定的债务的，无权要求返还定金；收受定金一方不履行约定的债务的，应当双倍返还定金。"《担保法》第89条规定："当事人可以约定一方向对方给付定金作为债权的担保。债务人履行债务后，定金应当抵作价款或者收回。给付定金的一方不履行约定的债务的，无权要求返还定金；收受定金的一方不履行约定的债务的，应当双倍返还定金。"

一、定金罚则的惩罚性功能

定金制度是一项有悠久历史传统的民事法律制度。定金的基本功能是担保，而这种担保功能是通过惩罚性规则，即定金罚则实现的。定金作为一种古老的担保方式，早在公元前6世纪的雅典梭伦改革时期，就已在经济贸易中日趋流行。罗马法对定金制度进一步完善，认为定金（arrae）是“由债务人自己提供的债的担保”，指当事人为了表示愿意订立契约，或者为了证明其契约的成立，或者为保证契约的履行，由一方交给他人一定金额货币或者财物。[①] 近现代以来，定金制度日趋成熟，大陆法系国家民法典均明确了定金的惩罚性规则。例如，《法国民法典》第1590条规定：如以定金预约买卖时，缔约当事人各方得以下列方式解除约定，交付定金者，失去其定金，接受定金者加倍返还定金。[②]《德国民法典》将定金规定在“债的关系法”编中，扩大了定金的适用范围，使之适用几乎所有类型的合同。其第337条“定金的折抵或者返还”中规定：“（1）定金在发生疑义时，应当抵作给付定金一方负担的给付，或者在此举为不能时，应当在合同履行时返还。（2）合同又被废止的，应当返还定金。”第338条“可以归责之给付不能情形的定金”中规定：“给付定金一方负担的给付，因可以归责于自己一方的事由而成为不能的，或者给付定金一方对合同的撤销具有过错的，收受定金一方有权保有定金。收受定金一方请求不履行之损害赔偿的，在发生疑义时，定金应当抵作损害赔偿，或者在此举为不能时，应当在给付损害赔偿时返还。”该条旨在规定定金罚则，即若交付定金一方应当对给付不能负责任或者对合同撤销具有过错时，则接受定金一方有权保有定金，而不问自己一方损害发生之数额。故定金之功能不仅在于订约确认，而且亦在最低程度之损害补偿。若受领人请求不履行之损害赔偿，则定金或者应当折抵，或者应当返还。若当事人在合同上排除将定金抵作给付，则这亦适用于不履行之损害赔偿请求权。[③] 此后，《瑞士债务法》《奥地利民法典》《土耳其债务法》采用

① 周枏：《罗马法原论》，商务印书馆1994年版，第875页。

② 《法国民法典》，罗结珍译，法律出版社2005年版，第1208页。

③ 杜景林、卢谌：《德国民法典——全条文注释》，中国政法大学出版社2015年版，第245~246页。

了德国立法例，将定金规定于债之通则。《俄罗斯联邦民法典》将定金归于债务履行的担保。在最新修订的《意大利民法典》中定金的种类被规定为解约定金与违约定金。[①]从立法例看，惩罚性规定是各国立法的通例，也是定金制度的本质特征。定金作为一种担保方式，其所担保的对象就是合同双方当事人的履行合意，并以适用定金罚则为手段实现担保目的。与其他担保制度相比，定金最重要的法律特征就是担保手段上的惩罚性。该种惩罚性规定对于陌生人社会从事商品交换的缺乏互信的双方而言具有特殊的价值，它可以实现债的担保并督促双方履行合同义务，从而完成交易。如果没有惩罚性规定，定金就失去其本质特征，也就失去了存在的价值。为此，《民法典》第587条规定："……给付定金的一方不履行债务或者履行债务不符合约定，致使不能实现合同目的的，无权请求返还定金；收受定金的一方不履行债务或者履行债务不符合约定，致使不能实现合同目的的，应当双倍返还定金。"这即体现了对违约方的惩罚。

二、定金罚则与合同履行阶段的关系

违约定金通常发生在合同订立之初、尚未实际履行之时，以发挥担保债务履行的功能。而违约行为可能发生在合同履行之前、履行期间以及一方履行完毕等各个阶段。在合同已经成立并生效但尚未开始实际履行时，由于双方的债务履行期限均未届至，只有在一方符合预期违约情形时对方才能主张适用定金罚则，这一阶段的定金适用争议不大。但在买卖合同开始履行后，尤其是买方支付的定金已经按照合同约定抵作价款时，出卖人严重违约，买受人能否主张定金权利？对此，审判实务中存有争议。一种观点认为，定金抵作价款后，其作为定金的性质已经变生了变化，此后发生的违约行

---

① 参见：《瑞士债法典》，吴兆祥等译，法律出版社2002年版，第33页；《俄罗斯联邦民法典》，黄道秀等译，中国大百科全书出版社1999年版，第167~168页；《意大利民法典》，费安玲译，中国政法大学出版社2004年版，第334页。

为不再适用定金罚则。另外一种观点认为，定金作为合同债务履行之担保，其作用应贯穿合同履行的全部阶段，在合同履行完毕之前均可适用，除非当事人明确约定不再作为定金。《买卖合同司法解释》的理解与适用中，赞同第二种观点，理由是：如果认定定金抵作价款后即不能再适用定金罚则，那么对于买受人支付价款义务在先、出卖人交付货物义务在后的买卖合同而言，定金基本上不具有任何约束出卖人的功能，这对买受人显然有失公平，也不符合当事人约定定金作为双方履行合同担保的本意。从文义解释角度分析，《民法典》第587条亦采纳了司法解释的观点，即债务人履行债务后，收受定金的一方不履行债务，或者履行债务不符合约定致使不能实现合同目的的，应双倍返还定金。

三、不完全履行与定金罚则的适用

《担保法司法解释》第120条第1款规定："因当事人一方迟延履行或者其他违约行为，致使合同目的不能实现，可以适用定金罚则。但法律另有规定或者当事人另有约定的除外。"该款明确只有违约行为致使合同主要的、直接目的无法实现，即构成了根本违约时，才能适用定金罚则。对于一方当事人不完全履行合同时，《担保法司法解释》第120条第2款规定："当事人一方不完全履行合同的，应当按照未履行部分所占合同约定内容的比例，适用定金罚则。"即按照比例原则适用定金罚则。有观点认为，定金合同具有不可分性，将定金进行分割，将严重损害定金的担保功能。[①] 也有观点认为，应当根据合同目的能否实现进行区分，当不完全履行部分对合同目的至关重要时，则不完全履行构成了部分根本违约，应当按比例适用定金罚则；当不完全履行未达到根本违约时，不能适用定金罚则。《民法典》第587条规定"履行债务不符合约定"，即包括不完全履行合同的情形，但后一句强调"致使不能实现合同目的"。因此，无论是拒绝履行合

① 郭明瑞：《担保法》，法律出版社2004年版，第329页。

同，还是不完全履行合同的情形，定金罚则的适用条件是“合同目的无法实现”。实践中，不完全履行适用定金罚则应当结合个案与定金制度的目的综合判断。

【审判实践中应注意的问题】

一、当事人能否同时主张定金罚则与合同继续履行

在出现违约的情形下，守约方同时主张定金罚则与合同继续履行，法院能否一并支持？一种观点认为，除非合同有明确约定，否则在判决合同继续履行的同时适用定金罚则是不妥当的。[①] 其理由是：《合同法》第115条的规定，定金罚则适用于债务不履行的情形。《担保法司法解释》第120条第1款规定：“因当事人一方迟延履行或者其他违约行为，致使合同目的不能实现，可以适用定金罚则。但法律另有规定或者当事人另有约定的除外。”从上述规定看，定金罚则适用的前提是根本违约，不适用于合同主要目的未受影响的一般违约情形。如果当事人对继续履行和定金罚则同时提出主张，人民法院应告知其选择其一，并且在当事人拒绝选择时根据案件具体情况作出判断。例如，在买卖合同中，如果仅仅交付了定金，合同并未开始实际履行，违约方拒绝履行合同的，可以适用定金罚则，解除合同；如果合同已开始履行，标的物已经运输在途或者买受人已经支付相当数量的标的物价款，则可以解除合同，排除定金条款的适用。另一种观点认为，《民法典》第577条（《合同法》第107条）规定：“当事人一方不履行合同义务或者履行合同义务不符合约定的，应当承担继续履行、采取补救措施或者赔偿损失等违约责任。”这里的“等违约责任”即包括定金罚则。[②] 我们认为，除非合同有明确约定，否则在判决合同继续履行的同时适用定金罚责是不妥当的。主要理由：根据《民法

---

① 叶金强：《担保法原理》，科学出版社2002年版，第269页。

② 王利明：《违约责任论》，中国政法大学出版社2000年版，第61页。

典》第587条之规定，定金罚则适用的前提是“一方不履行债务或者履行债务不符合约定，致使不能实现合同目的”，即以当事人根本违约为前提条件。在买卖合同中，如果一方当事人未按合同约定支付价款或者交付标的物，相对方主张继续履行，说明合同暂时处于迟延履行状态而合同目的仍然可能实现，尚未达到履行不能的程度。此时，守约方可就其所受损失要求违约方予以赔偿，但不宜适用定金罚则。如果当事人对继续履行和定金罚则同时提出主张，人民法院应告知其选择其一，并在当事人拒绝选择时根据案件具体情况作出判断。例如，如果仅仅交付了定金，合同并未开始实际履行，违约方拒绝履行合同的，可以适用定金罚则，解除合同；如果合同已经开始履行，标的物已经运输在途，则可以判决继续履行合同，排除定金条款的适用。需要注意的是，不适用定金罚则并不意味着违约方对其迟延履行的行为不再承担责任，其违约造成对方损失的，仍应予以赔偿。

二、违约金和解约定金在合同解除时的区别

定金罚则的适用通常是合同解除的后果，导致审判实践中对违约金与解约定金在某些具体情况下难以区分。对于解约定金，定金本身就是合同所附之解除条件，当事人以抛弃定金或双倍返还定金来达到解除合同的目的，此时适用的是约定解除规则；而违约金适用于一方不履行合同义务的情形，其违约行为导致合同目的不能实现，从而令守约方不得不主张解除合同，此时适用的是合同法定解除的规则。也就是说，在明确约定解约定金的情形下，违约方可以主动适用定金罚则，不需要对方同意即可解除合同；相反，在约定违约金的情形下，是否适用定金罚则并进而解除合同的选择权在守约方。

三、双方均有违约行为能否适用定金罚则

定金罚则的目的是促使双方当事人都积极履行合同义务，一旦双方都违约，定金的目的没有实现，自然失去了定金罚则的基础。例如，《匈牙利民法典》规定，合同由于双方均应负责的原因而终止，

定金应予返还。在双方均有违约行为的情况下，无论责任大小，收受定金的一方都应返还定金。我们认为，对双方不履行合同时不适用定金罚则，其违约损失依据双方责任大小，依法适用违约金、赔偿金予以制裁，以维护法律的严肃性。[①]

① 张忠野：《论私法自治下定金罚则的有限适用》，载《政治与法律》2012年第9期。

第五百八十八条　当事人既约定违约金，又约定定金的，一方违约时，对方可以选择适用违约金或者定金条款。

定金不足以弥补一方违约造成的损失的，对方可以请求赔偿超过定金数额的损失。

【条文主旨】

本条是关于定金与违约金、赔偿损失之间关系的规定。

【条文理解】

本条第1款与《合同法》第116条规定内容相同，未修改；第2款是新增加的内容，是在《买卖合同司法解释》第28条的基础上进行的修改完善。[①]《合同法》第116条对于定金和赔偿损失之间的关系未作规定，导致审判实践中裁判尺度不一。为完善定金制度，解决实践中存在争议的问题，本条吸纳了《买卖合同司法解释》关于定金与赔偿损失之间关系的规定。

一、定金与违约金的关系

本条第1款沿用了《合同法》第116条的规定，赋予当事人选择适用违约金或者定金条款的权利，即在一方违约后，守约方享有两项权利，或为违约金请求权，或为根据定金罚则没收已收受的定金或者请求违约方双倍返还已给付的定金。其法理依据是定金和违约金既有

---

① 《买卖合同司法解释》第28条规定："买卖合同约定的定金不足以弥补一方违约造成的损失，对方请求赔偿超过定金部分的损失的，人民法院可以并处，但定金和损失的数额总和不应高于因违约造成的损失。"

相同之处又有不同之处。相同之处在于：都是合同预先约定的、在一方违约的情形下应向对方作出的补偿性给付，二者均以金钱为主要给付方式，皆对合同履行起到一定的保障作用。不同之处在于：定金是由一方预先付给对方的，作为一种法定的担保方式，是物的担保的特定类型；违约金是在违约行为发生以后再行支付的，其保障债权实现的功能较定金有所弱化。正是由于定金和违约金功能上的互通，为避免义务人因其同一行为承受两种不同不利后果，本条第1款规定“当事人既约定违约金，又约定定金的，一方违约时，对方可以选择适用违约金或者定金条款”。

（一）选择权行使的条件

本条第1款（《合同法》第116条）的构成要件包括：当事人约定了违约金，且定金已交付；当事人之间存在有效的赔偿性违约金约定；实际发生的定金合同和违约金约定所针对的是同一违约行为。例如，在山西某钢铁公司与山东某实业公司买卖合同纠纷上诉案中，争议的焦点问题是能否同时适用定金和违约金条款。法院认为，针对同一违约行为，不能同时适用违约金和定金条款。①

（二）选择权行使的时点

选择权的行使以存在选择对象、两项请求权的成立为前提，即“一方违约时，对方可以选择适用违约金或者定金条款”。但是，此规定并不排斥双方事先约定一方违约时仅适用定金罚则或违约金条款。此外，守约方在对方违约后受领了违约金，应构成选择违约金责任的默示意思表示，受领完成时选择权因行使而消灭，则不能再行退回违约金而主张适用定金罚则。②

（三）选择权行使的效果

基于选择性竞合关系，在选择权被行使后，选择权人不得再变更其选择，纵使其所选择之权利后来并未能贯彻其法律效果亦然。③因

① 参见山东省高级人民法院（2011）鲁商终字第197号民事判决书。
② 史尚宽：《债法总论》，中国政法大学出版社2000年版，第271页。
③ 黄茂荣：《法学方法与现代民法》，法律出版社2007年版，第208页。

此，选择权人一旦选择了一项权利，另一项权利即消灭。也有观点认为，本条第1款的规范目的并未封闭违约定金与赔偿性违约金乃至惩罚性违约金并行适用的空间。在违约方以解约定金为据解除合同时，解约定金虽可能与违约金并用，但若违约金指向的是全部履行利益，为避免信赖利益的双重赔偿，赔偿额应以违约金为限。[①]

二、定金、违约金与赔偿损失的关系

根据《民法典》第577条、第584条的规定，当事人一方不履行合同义务或履行合同义务不符合约定的，赔偿损失可以作为其承担违约责任的方式，损失赔偿额应当相当于因违约所造成的损失，包括合同履行后可以获得的利益，但不得超过违约一方订立合同时预见到或者应当预见到的因违约可能造成的损失。而定金的功能同样是对于合同一方因对方违约造成的损失予以弥补，是违约责任的特殊表现形式，其特殊之处应在于权利人主张定金时只需要证明义务人存在违约行为，而无须证明损失是否存在及损失数额，举证的难度小于按损失数额要求赔偿；相对应地，定金的数额在合同订立时即已确定，主张权利的灵活度也比较小。对于定金与赔偿损失之间的关系，《买卖合同司法解释》第28条规定："买卖合同约定的定金不足以弥补一方违约造成的损失，对方请求赔偿超过定金部分的损失的，人民法院可以并处，但定金和损失赔偿的数额总和不应高于因违约造成的损失。"

《买卖合同司法解释》起草小组将定金与赔偿损失之间关系界定为完整的单向补充关系。[②]其理由在于：第一，根据《担保法》第91条的规定，定金的数额不得超过主合同标的额的20%。在规定上限的情况下，定金即使高于一方当事人的损失数额，通常也不会造成另一方当事人无法接受的、过分不公平的结果，且在合理范围内允许当事

① 姚明斌：《论定金与违约金的适用关系——以〈合同法〉第116条的实务疑点为中心》，载《法学》2015年第10期。

② 参见最高人民法院民事审判第二庭编著：《最高人民法院关于买卖合同司法解释理解与适用》，人民法院出版社2016年版，第443页。

人自行约定对违约行为的惩罚，也是合同自由的应有之意，如果再赋予当事人请求酌减的权利，那么当事人对于定金的约定将不具有任何意义。第二，在买卖合同中，定金罚则通常适用于严重违约的情形，买受人拒绝支付货款或者出卖人全部或部分不交付标的物，其后果通常是合同的变更或解除，双方的权利义务需要全面清算，损失数额得以明确，此时定金可以抵偿部分损失，权利人亦可主张赔偿剩余部分损失。而违约金可能适用于各种违约行为，包括合同的主要义务和附随义务；违约行为所导致的损失常常难以准确计算，尤其在合同继续履行场合，举证证明损失更为困难。因此，《合同法》采取调整违约金数额之方式，并未在违约金与赔偿损失之间建立直接联系。但在适用违约金的情形，由于守约方的损失数额大多可以证明，因此允许守约方对超过定金部分的损失直接请求赔偿，不仅将更有利于其债权实现，而且可以避免裁判机构行使裁量权导致当事人权益的不确定性。①

【审判实践中应注意的问题】

实践中，常遇到当事人希望通过约定定金条款一并实现数个目的的情形，此时约定的定金则会有多重性质。例如，在买卖合同中，双方约定合同自交付定金时成立，合同成立时已经交付的定金作为双方合同履行之担保，在出卖人尚未交付标的物时，买受人可以抛弃定金以解除合同。在上述情形下，定金就具备了成约定金、违约定金和解约定金多重性质。对于多重性质的定金，人民法院在处理时应根据个案情况具体分析：第一，如果约定内容包含违约定金的性质，可以适用本条第2款的规定，即“定金不足以弥补一方违约造成的损失的，对方可以请求赔偿超过定金数额的损失。”第二，如果约定内容不包含违约定金的性质，则可依当事人的约定处理。第三，如果合同明确约定当事人可以通过丧失定金或双倍返还定金的方式来达到解除合同

---

① 参见最高人民法院民事审判第二庭编著：《最高人民法院关于买卖合同司法解释理解与适用》，人民法院出版社2016年版，第443页。

等目的的，应尊重当事人的合同约定，使定金发生约定的法律效果，可不再另行计算损失赔偿。但解约定金能否适用还要考虑合同的实际履行情况，如果相对方已经开始履行合同义务，则一方主张适用定金罚则以解除合同通常不应获得支持。

第五百八十九条 债务人按照约定履行债务，债权人无正当理由拒绝受领的，债务人可以请求债权人赔偿增加的费用。

在债权人受领迟延期间，债务人无须支付利息。

【条文主旨】

本条是关于债权人无正当理由拒绝受领、受领迟延的民事责任的规定。

【条文理解】

本条属于新增条款。我国《合同法》没有规定债权人拒绝受领或迟延受领时法律责任的承担。纵观大陆法系国家立法例，多数对债权人无正当理由拒绝受领或受领迟延的责任承担有规定。而且，司法实践中，因债权人拒绝受领或受领迟延产生诉讼纠纷案件数量较多。因此，无论是为完善合同违约责任制度，还是为解决实务问题，《民法典》新增本条规定均具有积极意义。

一、受领迟延的立法规范

当债权人无正当理由不履行受领行为而使债务无法履行时，就涉及债务人如何救济的问题。我国《合同法》未对受领迟延责任作出体系性规定。学界多将债权人不履行受领行为评价为债权人一种履行障碍形态，对该履行障碍形态的责任规范形成了受领迟延构成与受领义务违反构成两种观点。[①]

① 吴逸宁:《民法典编纂视野下的债权人不履行受领行为的责任规范整合》，载《法治研究》2018年第5期。

受领迟延构成观点认为，债权人受领行为本身仅是一种不真正义务，债权人违反该义务通常债务人不得请求履行，并不发生损害赔偿责任，仅需要负担权利或利益的减损或丧失。[①] 该观点系受德国法理论的影响，不真正义务的概念来自德国法，其实质是区别于狭义的义务概念，违反该义务仅使自己处于法律上不利地位。如债权人原则上不承担解除、损害赔偿等债务不履行责任，而是仅负担债务人注意义务的减轻、增加费用的赔偿及向债权人转移风险等不利后果。[②]

受领义务违反构成观点，则是将债权人不履行受领行为纳入“义务违反”的框架内评价，即债权人负有法定或约定的受领义务，违反该义务时，债权人应承担违约责任。[③] 该观点基于法律规定的协作履行原则以及法律要求当事人承担的诚信义务。《合同法》第60条第2款规定了合同履行原则，即当事人应当遵循诚实信用原则，根据合同性质、目的和交易习惯履行通知、协助、保密的义务。“受领义务”即构成“协助”的内容之一，当债权人不履行受领行为时，将其纳入“受领义务违反构成”的责任规范，符合《合同法》的规范体系。

由上述观点可见，债权人无正当理由不履行受领行为时，会产生受领迟延构成与受领义务违反构成两种债权人责任规范的法律评价。前者强调“债权行使”的绝对性，创设债权人承受“不利益负担”的责任原理；后者则依据“协力”构造的债务关系衍生出的“诚信原则”，构筑保障债务人对于实现合同内容之合理期待的责任原理。在我国《民法典》的编纂过程中，学界对合同编中纳入受领迟延构成的责任规范多持肯定态度。梁慧星教授主持的《中国民法典草案建议稿》借鉴《德国民法典》，吸收了受领迟延构成的责任规范。[④]

从比较法的角度看，受领迟延制度区别于传统债务不履行的障碍

---

① 韩世远：《合同法总论》，法律出版社2018年版，第571~572页。

② 参见齐晓坤：《解读德国〈民法典〉中的受领迟延制度》，载《南京大学学报》2010年第2期。

③ 王利明：《违约责任论》，中国政法大学出版社2003年版，第175~176页。

④ 梁慧星：《中国民法典草案建议稿附理由·债权总则编》，法律出版社2013年版，第189~199页。

体系，显示出其独特的法律规范设计。《德国民法典》在债权法总则第293条至第304条、第236条第2款规定了受领迟延制度及其适用的条件、效力，修正“权利定式”带给债务人过度的不利益，内容主要表现为债务人注意义务的减轻、危险的移转、约定利息的停止、孳息返还范围的缩小、债务人享有请求增加费用赔偿、放弃占有、提存、自助买卖的权利，双务合同中，先履行义务的债务人可对抗债权人的履行抗辩权，受领迟延后的对价风险移至债权人。2002年生效的《德国债法现代化法》中关于受领迟延制度的内容基本保持。《德国民法典》中的受领迟延制度源于19世纪的债权“权利定式”的理念。德国法学家蒙森（Mommsen）认为，债务关系中只有债务人承担履行的义务，债权人无须负担受领的义务。债务人迟延履行的行为构成对债权人的请求（债务人）履行权利之侵害，而对于债权人迟延受领的行为，债务人无法享有强制债权人受领的权利。根据债务关系，债权人是否受领债务的履行行为属于其支配的自由。债务人无法诉求债权人受领而产生的不利益只能通过其他手段得到保护。债权人对于债务人仅享有权利的法律关系是债务关系的本质所在。承接蒙森创设的“债权作为支配权可自由行使”的命题，对德国民法受领迟延制度形成奠定理念基础的是科勒（Kohler）的“权利定式”，即规定债权人的受领义务是对债务法理论认识的谬误，债权人并不负担受领义务，受领应当并且只能是权利，而非任何义务。受领和财产自由使用具有相同的法律意义。[①]《德国民法典》在此理念基础上设立了受领迟延制度，该制度的内容对其他大陆法系国家或地区的立法或学说产生了深远的影响。

法国民法学说及判例多采受领为债权人义务说，认为债权人不当拒绝履行系违反《法国民法典》第1146条和第1153条关于债务不履行的规定，应负损害赔偿责任，即以受领义务为债权人的债务，其不当之受领拒绝为债务不履行。法国私法的现代化标志着从传统的个人

① 参见吴逸宁：《民法典编纂视野下的债权人不履行受领行为的责任规范整合》，载《法治研究》2018年第5期。

主义思想向连带精神的转变，而助推器正是诚信原则的广泛适用。以“协力义务”为中心的债务关系中，当事人被要求依据诚信原则履行合同，不仅指债务人，也要求债权人为债务人履行行为负担一切必要的“协力义务”，[①] 符合社会连带责任的价值取向。国际化的立法模式表明债权人承担“协力义务”多以对债务人的期待或者信赖的侵害为判断基准。《国际商事合同通则》（2010版）第5.1.3条确立了双方当事人为他方负担合理期待之“协力义务”。《联合国国际货物销售合同公约》第60条、《欧洲示范民法典草案》第IV.A.-3：104条也确立了买方负担合理期待之协助及物品受领的“协力义务”。

可见，“受领义务违反构成”是以诚信原则为理论依据，强调双方当事人都应承担“协力义务”的现代债务关系中，为保护债务人对于合同内容的合理期待而对债权人课以“债务不履行”的责任规范。该责任规范赋予了债务人更为积极的救济措施，根据合同履行的情况，债务人享有请求履行、损害赔偿、解除合同的权利。

我国《民法典》第589条仅规定了债权人受领迟延时债务人有权请求债权人赔偿增加的费用及受领迟延期间债务人无须支付利息。从条文规范内容，尚难以判断出是采受领迟延构成还是采受领义务违反构成的立法模式。审判实践中，有观点采受领义务违反构成说。在执行申请人周某与被执行人重庆某劳务公司执行案中，争议的焦点问题是债权人是否负有协助履行义务。法院认为，申请人周某无正当理由拒绝受领被执行人重庆某劳务公司返还的钢管、扣件等，被执行人重庆某劳务公司不得请求解除合同或请求申请人周某承担损害赔偿责任，但申请人周某也应承担必要的协助义务，也不得因其自身的受领迟延行为而要求被执行人重庆某劳务公司承担迟延履行的义务。[②]

① 参见吴逸宁：《民法典编纂视野下的债权人不履行受领行为的责任规范整合》，载《法治研究》2018年第5期。

② 参见重庆市江北区人民法院（2013）江民执字第102号民事裁定书。

二、受领迟延的构成

债务履行的实现，不仅需要债务人提供给付行为，同时也需要债权人的受领行为，在有些情形下甚至还需要债权人在履行过程中特定的协力行为。只有债务人具体的提供行为与债权人具体的受领行为相互结合，才能使整个合同的利益得以完整实现。在学理上，受领有事实上的受领与法律上的受领之分。事实上的受领，是指债权人接受债务人履行的事实行为或者事实状态。例如，出卖人送货上门，买受人将货物收下。法律上的受领，则是指债务人所提供的履行符合要求，可以产生清偿的法律后果，而使当事人之间的债权债务关系归于消灭。事实上的受领与法律上的受领并非债权人方面两次受领，而是指仅有一个受领的事实状态，这便是事实上的受领，而其发生受领的法律效果则需要具体分析，即对事实受领进行法律评价，符合债务本旨，发生受领的法律效果，该受领进展为法律上的受领，否则仅是停留在事实受领阶段。

债权人受领迟延的发生，需要同时具备一定的法律要素，才会发生法律意义上的受领迟延。

（一）须有合法债的关系存在

无效合同或者被撤销的合同自始不发生法律效力，合同关系不存在、无效或被撤销，当然不会发生债权人迟延受领问题。

（二）债的性质须是债务人的给付义务需要债权人的协力才能完成

如果债务的履行不以债权人协助为必要，仅有债务人的履行行为即可完成履行，如不作为债务等，则没有发生债权人受领迟延的余地。实践中，更多情形是需要债权人的协助配合。

（三）债务已届履行期限

合同有约定履行期限的，在履行期限到来之前，债务人原则上不得提前履行，若提前履行，债权人有权拒绝，则不构成受领迟延。《民法典》第530条第1款规定："债权人可以拒绝债务人提前履行债务，但是提前履行不损害债权人利益情形除外。"合同未约定履行期限或约定不明确的，根据《民法典》第511条第4项“履行期限不明确的，债务人可以随时履行，债权人也可以随时请求履行，但是应当给对方必要的准备时间”之规定，债务人提出履行，应确立一个合理的履行期限，未提出合理期限而向债权人履行的，债权人可以拒绝受领，不构成受领迟延。

（四）债务人依合同约定提供了适当的给付

《民法典》第509条第1款规定：“当事人应当按照约定全面履行自己的义务。”如果债务人给付的标的物的数量、质量、给付的方式、给付的地点不符合合同约定或法律规定的，债权人有权予以拒绝，并不发生受领迟延的问题。①

（五）债权人受领拒绝

受领拒绝，指对于债务人已提供的给付，债权人拒绝受领，则自债务人提供给付时起债权人负受领迟延责任。受领迟延除客观上表现为债权人未受领债务人的适当给付外，还应当将债权人主观上存在过失作为受领迟延的构成要件。因不可归责于债权人的正当原因造成的受领迟延，债权人不应承担受领迟延的法律责任。《民法典》第590条规定，当事人一方因不可抗力不能履行合同的，根据不可抗力的影响，部分或者全部免除责任。如果债权人迟延受领不以其存在过失为构成要件，则因不可抗力而致使受领迟延也需要承担法律责任，有失法律的公正性。

三、受领迟延的法律后果

德国民法学者认为，迟延受领的后果有：在债权人迟延的情况下，债务人仅对故意和重大过失承担责任；在双务合同的情况下，风险随着受领迟延而转移给债权人，同时，根据《德国民法典》第326条第2款规定仍负有对待给付义务，且根据第323第6款，债权人自

① 参见《民法典》第610条规定：“因标的物不符合质量要求，致使不能实现合同目的的，买受人可以拒绝接受标的物或者解除合同。买受人拒绝接受标的物或者解除合同的，标的物毁损、灭失的风险由出卖人承担。”

己不能解除合同。此外，根据第304条规定，债权人还须赔偿债务人的额外费用。[①]

根据我国《民法典》第589条之规定，受领迟延的法律后果有两个：

（一）债务人有权请求债权人赔偿增加的费用

债权人受领迟延增加的费用，一般包括保管费、运输费、提存费，履行债务所支出的路费、通知费用，对不宜保存的标的物的处理费用等。例如，《民法典》第830条（《合同法》第309条）规定，收货人逾期收货的，应当向承运人支付保管费等费用。但是，债务人对因债权人受领迟延而未能及时给付的标的物，应当妥善保管，避免损失不必要地扩大。否则，债权人对因债务人的原因造成的扩大部分的损失，有权拒绝赔偿。

（二）受领迟延期间，债务人无须支付利息

受领迟延期间，债务人无须支付利息的法理依据在于：首先，受领迟延并不当然消灭债务人的给付义务，债务人仍应按时准备履行，但是债务人已难以再利用该资金取得利益；其次，债务人未及时履行给付义务，是由于债权人的受领迟延所致，由此产生的损失理应由债权人自行承担；最后，《民法典》第674条规定，借款人应当按照约定的期限支付利息。因此，在债权人受领迟延的情形下，债务人对于借款超过约定期限所产生的利息予以停止支付，也符合法律规定。

此外，学理上认为受领迟延的法律后果还有以下情形：债务人原则上仅就故意或重大过失负责；给付风险和对待给付风险转移到债权人一方；债务人可将标的物提存或抛弃；在双务合同情形下债权人不得行使同时履行抗辩权；存在迟延履行违约金的情形下，债权人丧失

① ［德］哈里·韦斯特曼（Harry Westermann）：《德国民法基本概念》，张定军、葛平亮、唐晓琳译，中国人民大学出版社2014年版，第75页。

请求违约金的权利。①

【审判实践中应注意的问题】

一、债权人受领迟延时标的物的保管义务

债权人受领迟延后，不只是债务人履行费用增加的问题，还包括受领迟延后债务人义务的减轻问题。如特定物在受领迟延后因债务人原因灭失毁损时，如何分配此等损害，实践中存有争议。债权人正当地行使拒绝受领权的情形下，如因标的物质量不符合质量要求，致使不能实现合同目的的，债权人可以拒绝接受标的物，标的物毁损、灭失的风险由债务人承担，实践中不存在争议。②但是，根据诚信原则，在标的物退还给债务人之前，债权人应当负有保管义务，其要求程度宜以与保管自己的物品一样的注意义务为标准。如果债权人没有尽到此种保管义务，致使标的物毁损、灭失的，由于债权人具有可归责性，故不属于标的物瑕疵担保责任风险负担的领域，而应当由债权人承担标的物毁损、灭失的赔偿责任，即债权人受领迟延期间，债务人仅对故意或重大过失造成的损害负赔偿责任。

二、债权人受领迟延，债务人可否主张解除合同

《民法典》第563条第1款第3项、第4项规定，当事人一方迟延履行主要债务，经催告后在合理期限内仍未履行，以及当事人一方迟延履行债务致使不能实现合同目的的情形下，当事人可以解除合同。我们认为，根据上述条款规定，如果债权人受领迟延后，经催告后在合理期限内仍未受领，或受领迟延致使合同目的无法实现的情形

① 参见史尚宽：《债法总论》，中国政法大学出版社2000年版，第436~442页；梁慧星：《中国民法典草案建议稿附理由·债权总则编》，法律出版社2013年版，第189~199页。

② 参见《合同法》第148条规定："因标的物质量不符合质量要求，致使不能实现合同目的的，买受人可以拒绝接受标的物或者解除合同。买受人拒绝接受标的物或者解除合同的，标的物毁损、灭失的风险由出卖人承担。"

下，债务人也可以主张解除合同，这样有利于及时解决合同履行争议问题，促使债权人及时受领给付的标的物。例如，《民法典》第778条也秉持了该理念，规定承揽工作需要定作人协助的，定作人有协助义务。定作人不履行协助义务致使承揽工作不能完成的，承揽人可以催告定作人在合理期限内履行义务，并可以顺延履行期限；定作人逾期不履行的，承揽人可以解除合同。

第五百九十条　当事人一方因不可抗力不能履行合同的，根据不可抗力的影响，部分或者全部免除责任，但是法律另有规定的除外。因不可抗力不能履行合同的，应当及时通知对方，以减轻可能给对方造成的损失，并应当在合理期限内提供证明。

当事人迟延履行后发生不可抗力的，不免除其违约责任。

【条文主旨】

本条是关于不可抗力法律后果和举证责任分配的规定。

【条文理解】

本条对《合同法》第117条、第118条两条规定内容进行合并，并删除了与《民法典》第180条规定内容重复部分，即关于不可抗力内涵的相关规定，属于《民法典》编纂中对《合同法》条文的修改完善。[①]

一、不可抗力与合同履行障碍

不可抗力是跨越合同责任和侵权责任的重要概念，大陆法系国家将不可抗力作为解除合同或者免责的法定事由。例如，《法国民法

① 《民法典》第180条规定："因不可抗力不能履行民事义务的，不承担民事责任。法律另有规定的，依照其规定。不可抗力是不能预见，不能避免且不能克服的客观情况。"《合同法》第117条规定："因不可抗力不能履行合同的，根据不可抗力的影响，部分或者全部免除责任，但法律另有规定的除外。当事人迟延履行后发生不可抗力的，不能免除责任。本法所称不可抗力，是指不能预见，不能避免并不能克服的客观情况。"第118条规定："当事人一方因不可抗力不能履行合同的，应及时通知对方，以减轻可能给对方造成的损失，并应当在合理期限内提供证明。"

典》第1148条规定，如债务人系由不可抗力或偶发事故而不履行其给付或作为的债务，或违反约定从事禁止的行为时，不发生损害赔偿责任。《德国民法典》第286条第4款规定，因不可归责于债务人的事由而不能够履行的，债务人不构成迟延。这里不可归责于债务人的事由，包括了不可抗力。不可抗力是正常履行合同的一种障碍。学理上，合同履行障碍包括不可抗力、情势变更、履行迟延、履行不能、拒绝履行、不完全履行、债权人迟延等情形。本条“因不可抗力不能履行合同”中的“不能履行”，非指狭义的作为债务不履行形态而与迟延履行相对称的不能履行，而是广义的不能履行，包括三种类型：一是合同全部不能履行；二是合同部分不能履行；三是合同一时不能履行，或迟延履行。

二、不可抗力的适用规则

（一）不可抗力事件与合同履行障碍之间存在因果关系

不可抗力与履行义务受阻之间存在因果关系，是不可抗力引起预定法律效果的核心。“不可抗力必须是债务履行受阻的最近、唯一和关键原因，不能存在阻断因果关系的其他事由，否则，就不能引起不可抗力规则预定的法律效果。”[①] 在不可抗力规则下，合同解除权人根据不可抗力的影响，通常可部分或者全部免除责任，并非一概完全免责。不可抗力作为免责事由，只是说在不可抗力影响所及范围内不发生责任，在此范围内可以说是完全免责（非严格意义上）；如果不可抗力与债务人的原因共同构成损害发生的原因，则应本着“原因与责任成比例”的精神，部分免除债务人的责任（非严格意义）。[②] 在上海某公司（承租人）诉某仓储公司（出租人）、某工贸公司房屋租赁合同纠纷案中，出租人经授权将他人建造的房屋（未取得房产证）出租，该建筑物遇强降雪倒塌，致使承租人的机器设备受损。法院依职权查明降雪时间段的大约降雪厚度，并查明符合质量标准的建筑物可

① 叶林：《论不可抗力制度》，载《北方法学》2007年第5期。

② 韩世远：《合同法总论》，法律出版社2011年版，第377页。

以承受该厚度积雪，进而证明该建筑物质量不达标。据此，认定出租人主张强降雪系不可抗力的抗辩理由不成立，出租人对承租人承担违约责任，而建筑物的所有权人对承租人承担侵权责任，与出租人之间构成不真正连带责任。

（二）债务人需履行通知义务及提供证据证明

当事人一方因不可抗力不能履行合同的，应当及时通知对方，以减轻可能给对方造成的损失，并应当在合理期限内提供证据证明。对于不可抗力通知义务是属于《民法典》第590条第1款（《合同法》第60条第2款）规定的附随义务，还是不真正义务，理论界存有争议。通说认为，通知对方发生不可抗力事故并提供证据属于附随义务，其根据为诚信原则。无论是附随义务说还是不真正义务说，均认为债务人若未为不可抗力发生及其对合同影响举证证明的，则无权援用不可抗力条款主张免责。此外，债务人在合理期限内未提供证明的，可能导致不可抗力规则不被适用；在合理期限内提供的证明不充分的，可能导致不可抗力规则不被适用，或者受不可抗力不利影响的当事人只能部分免责。对于不可抗力证据证明力充分与否的认定标准，应综合考虑当事人举证的客观可能性、举证难度、举证及时性和全面性，并结合优势证据规则，对于客观上难以充分举证的不可抗力免责争议案件，更多通过确定部分免责；对于个案中影响责任大小的其他因素，裁判者仍可以行使自由裁量权，通过认定免责的不同比例加以考虑。在厦门某物业公司诉杜某物业服务合同纠纷案中，争议的焦点问题是业主虽因不可抗力遭受财产损害，但物业公司未尽防范及提醒义务，应否承担相应的赔偿责任。法院认为，物业公司对小区物业管理区域的安全负有一定的防范义务及风险提醒义务，对于可能造成业主财产损害的安全隐患及风险，应当及时消除或提醒；否则，在业主因不可抗力而遭受财产损害时，物业公司应当承担相应的赔偿责任。但是结合物业管理瑕疵的程度及权利义务相对等的原则，物业赔偿标准不宜过高。[①]

三、不可抗力免责的例外情形

（一）迟延履行后发生的不可抗力

许多国家民法规定，迟延后发生不可抗力事件并不免除违约方的责任。例如，《德国民法典》第 287 条规定："债务人应对迟延期间的任何过失负责。迟延期间因发生意外致给付不能的，债务人应负责，但即使及时给付仍不免发生意外的除外。"本规范系基于下述考虑：应当归责于债务人的给付延迟，自然应当归属于债务人之风险范围，故其应对于延迟的后果承担广泛的责任。[②]《韩国民法典》第 392 条规定："对债务人迟延履行后造成的损失，不论债务人有无过错，债务人仍应当承担赔偿责任，但即使债务人按期履行债务仍无法避免的损失除外。"[③] 本条第 2 款亦有相同的规定，即当事人迟延履行后发生不可抗力的，不能免除其违约责任。在张某诉李某房屋租赁合同纠纷案中，争议的焦点问题是当事人迟延履行交付房屋后发生不可抗力，能否免除违约责任。法院认为，出租人未按约定期限履行交房义务的违约行为发生在"4·20"芦山地震之前，不能免除其违约责任，当合同解除后，出租人应当承担返还承租人房屋租金的责任。[④]

（二）对于金钱债务，一般情形下不适用不可抗力规则主张部分或全部免除合同责任

对于金钱债务而言，货币是一种纯粹的可代替物，不具有任何个性，任何等额的货币价值相等，可以互相代替，具有高度的流通性。这就决定了金钱债务的标的，即货币不可能发生不可替代的灭失，也不存在履行在经济上不合理的情况。债务人可能暂时遇到经济困难而不能交付，这也只会导致履行迟延，而不能适用履行不能，从而也不

① 参见福建省厦门市中级人民法院（2015）厦民终字第 22 号民事判决书。

② 杜景林、卢谌：《德国民法典——全条文注释》（上册），中国政法大学出版社 2015 年版，第 191 页。

③ 《韩国最新民法典》，崔吉子译，北京大学出版社 2010 年版，第 184 页。

④ 参见四川省雅安市雨城区人民法院（2013）雨城民初字第 2057 号民事判决书。

能援引不可抗力免除责任。

从域外法看，日本判例和学说普遍认为，对于非金钱债务的不履行，债务人可以以不可抗力为由进行抗辩。《日本民法典》第419条第3款规定“对于以金钱给付为目的的债务不履行，债务人不得以不可抗力为由进行抗辩”。但2017年修改的《日本民法典》改变了原来的僵硬规定，如第415条第1款规定：“当债务人没有按照债务目的履行以及债务履行不能之时，债权人可以请求由此产生的损害的赔偿。但根据合同和其他债务的发生原因及交易上的社会共通观念，债务不履行是由无法归责于债务人的原因所造成的情况不在此限。”根据此规定，债务人的免责事由为根据合同、其他债务的发生原因及交易上的社会共通观念无法归责于债务人的事由，不可抗力也包含在此事由之中。

（三）法律规定不能免责的其他情形

通常情形下，因不可抗力造成不能履行合同的，部分或者全部免除合同责任，但法律另有规定的除外。这里“法律另有规定”，是指具体什么情况下应承担民事责任、承担责任的程度等要依法律的规定确定。例如，《侵权责任法》第70条规定，民用核设施发生核事故造成他人损害的，只有能够证明损害是因战争等情形或者受害人故意造成的，民用核设施的经营人才不承担责任。因不可抗力的自然灾害造成他人损害的，不免除民用核设施经营人的责任。《民用航空法》第160条规定，民用航空器造成他人损害的，民用航空器经营人只有能够证明损害是武装冲突、骚乱造成的，或者因受害人故意造成的，才能免除其责任。因不可抗力的自然灾害造成他人损害的，不能免除民用航空器经营人的责任。无论因承运人过错而发生的事故，还是与承运人无关的不可抗力，只要造成了旅客人身伤亡，承运人即使无过错，也要承担违约的民事责任。《邮政法》第48条规定，因不可抗力造成的给据邮件损失，邮政企业不承担赔偿责任，但因不可抗力造成的保价的给据邮件的损失除外。

四、不可抗力与情势变更的适用差异

（一）当事人克服或避免义务履行障碍的难度和结果不同

不可抗力造成履行障碍，对当事人合同义务的适当履行造成不能克服与不能规避的障碍，即合同尚未履行的部分无法继续全部或者部分履行。情势变更只是履行困难，继续履行结果上对义务人明显不公平。前者强调克服或者规避履行障碍的难度过高，后者强调继续履行的成本过高。此外，履行障碍的“不能克服与不能规避”有时并非绝对，因此，实务中可能存在不可抗力向情势变更情形的转化，即一般不能克服或者规避的履约障碍，在特定情形下，可能通过支付较大的成本加以克服，使合同得以继续履行。从这个意义上讲，《民法典》第533条删掉《合同法司法解释（二）》规定的以“非不可抗力”原因认定情势变更，更加符合事物发展规律。

（二）免责情况不同

不可抗力属于法定的免责事由，当事人只要举证证明因不可抗力导致合同履行不能，即可获得全部或部分免责，无须法院裁量。而情势变更不是法定的免责事由，处于不利地位的当事人可以请求变更或解除合同，需要法院进行裁量。受有损失的一方可以根据《民法典》第566条（《合同法》第97条）之规定，在合同被解除的同时，根据合同性质和履行情况，要求合同解除请求方承担恢复原状、采取补救措施或者赔偿损失的责任，即对于对方因此遭受的无端损失仍应承担相应的补偿或赔偿责任。

（三）二者解决问题的路径不同

不可抗力从违约角度出发，解决是否承担合同责任的问题；而情势变更从合同效力角度出发，解决合同是否继续履行或变更的问题。情势变更制度下，受不利影响的当事人请求变更合同内容，法官根据公平原则，并结合案件的实际情况确定其主张变更的理由是否成立，在变更幅度考量时，应当以消除明显或者过度的不公平为目的，而非变更至完全公平对等的状态。特别是在非情势变更的正常情形下，如果合同约定的某些内容本身虽并非完全公平对等，但尚不构成显失公平时，不应以适用情势变更制度、遵循公平原则为由，对请求权人借机提出的将合同变更至完全公平对等状态的主张予以全盘支持。

（四）适用程序及违反程序的后果不同

对于情势变更制度，《民法典》第533条规定了双方“在合理期限内协商不成”的适用前置程序。当事人未经上述前置程序向对方直接发起诉讼或者仲裁，如果导致对方损失，对方可以主张其承担赔偿损失的责任，但是对方不能据此要求解除合同，因为该项附随义务的违反一般不会导致对方当事人的合同的目的不能实现。[①] 而不可抗力的适用不存在“当事人协商”的前置程序，但要求当事人履行通知义务提供证据证明。

虽然不可抗力制度与情势变更制度在适用范围、法律效果等方面存在明显的区别，但不可抗力、情势变更两种制度在实践中可能存在交叉重叠，对此应根据各自规则分别进行处理。《民法典》第533条修改了《合同法司法解释（二）》第26条关于情势变更规则的规定，删除“非不可抗力”“不能实现合同目的”等核心要素，[②] 从法律规范内容看，未再限定“订立合同时无法预见的、不属于商业风险的重大变化”，仅属于情势变更的客观情势。从比较法角度，各国基本上不要求必须区别情势事变更与不可抗力，只要发生了某种客观、当事人无法预见的客观情势，比如“非典”、地震、新冠肺炎、限购政策等，并且是当事人在订立合同的时候无法预见的一种客观情况，由于此种情形的发生导致合同订立的基础丧失，若继续履行合同则会使得当事人显失公平。换言之，根本不用确定其到底是情势变更还是不可抗力。所以，英美法只是用履行艰难定义此种情形，只要导致了履行艰

① 林诚二：《民法理论与问题研究》，中国政法大学出版社2000年版，第372页。

② 《民法典》第533条规定：“合同成立后，合同的基础条件发生了当事人在订立合同时无法预见的、不属于商业风险的重大变化，继续履行合同对于当事人一方明显不公平的，受不利影响的当事人可以与对方重新协商；在合理期限内协商不成的，当事人可以请求人民法院或者仲裁机构变更或者解除合同。人民法院或者仲裁机构应当结合案件的实际情况，根据公平原则变更或者解除合同。”

难即可。这种说法也是有道理的，即不需要作情势变更和不可抗力的区分。如果一定要作这种区别，对法官而言反而会构成一种沉重的负担，从而可能导致其难以适用。因此，就情势变更和不可抗力而言，不作区分反而是最好的结果。对于产生情势变更原因究竟归属于不可抗力，还是其他客观原因，并不影响情势变更的成立。只要导致合同履行困难、继续履行合同对当事人显失公平，则不论该客观原因是否构成不可抗力，均可构成情势变更。因此，从法律后果上看，对于造成合同履行困难的客观原因而言，不论其是不可抗力还是其他客观原因，均可能成立情势变更，很难对其进行明确的界分。当然，如果造成合同履行不能的原因是不可抗力，当事人可以主张适用不可抗力规则，如果同时构成情势变更，当事人也可以主张适用情势变更。[①]

【审判实践中应注意的问题】

一、不可抗力条款的类型与审查规则

（一）不可抗力条款的类型

不可抗力条款（Force Majeure Clause），指合同中订明如当事人一方因不可抗力不能履行合同的全部或者部分义务的，免除其全部或部分责任的条款，另一方当事人不得对此要求损害赔偿，故又称免责条款。实务中，主要有四种类型：一是不真正不可抗力条款，指合同约定的免责事由与法律规定的不可抗力事件范围一致，学理上称为不真正不可抗力条款。二是扩张型不可抗力条款，指合同中约定的免责事由超出法律界定的不可抗力事件范围。三是排除型不可抗力条款，指合同中约定任何情形下不能履行合同的一方均不能免除责任。四是限缩型不可抗力条款，指合同中约定的免除事由限减了法律规定的不可抗力事件范围。

① 参见王利明：《民法分则合同编立法研究》，载《中国法学》2017 年第 2 期。

（二）审查规则

不可抗力条款与法律界定的不可抗力在内涵和外延方面完全一致的，不以合同条款论，而应产生法定效果；不可抗力条款超出法律界定的不可抗力部分的，才作为合同条款，其法律效果遵循法律关于合同条款的控制。[①]不可抗力条款内容涉及合同责任的承担，对当事人的权利义务分配影响甚巨，因此对于条款的效力应严格依照法律规定进行审查。一是审查不可抗力条款是否属于格式条款，是否属于《民法典》第497条规定的无效情形。司法实践中，应考虑缔约当事人的地位是否平等、法律风险防范能力是否存在差异等因素，判断是否属于格式条款无效的情形。例如，对于消费者与经营者之间、劳动者与用工者之间在合同中约定不可抗力条款，如果存在加大消费者、劳动者合同责任风险的，则应认定为无效条款。二是对于限缩型不可抗力条款，应审查是否存在《民法典》第506条规定“免责条款无效”的情形，即：“（一）造成对方人身伤害的；（二）因故意或者重大过失造成对方财产损失的。”三是应审查是否存在《民法典》及相关法律规定的无效情形。不可抗力条款内容如果存在《民法典》第154条规定“行为人与相对人恶意串通，损害他人合法权益的民事法律行为无效”的情形，也应认定该条款无效。四是审查不可抗力条款约定的条件是否成就。例如，在某汽车销售公司与某佳莲公司的汽车买卖合同纠纷案中，双方在不可抗力条款中约定：“不可抗力包括但不限于自然原因如海啸地震等的各种灾害……以及由于国家税费调整造成的合同价格变动。综述以上不可抗力事件，使本合同无法履行或无法按期履行，卖方不承担责任。”在合同履行过程中，国家税费调整，引起消费税税率的提高，销售成本也随之提高。某汽车销售公司诉至法院请求解除合同，不再按原合同价格履行合同。法院认为，国家税费调整引起合同价格变动，不应属于不可抗力的范围，但并不导致双方约定内容的无效，该项约定应当视为附条件的免责条款，当合同约定的

① 崔建远：《不可抗力条款及其解释》，载《环球法律评论》2019年第1期。

条件成就时，出卖人对其不履行合同的行为免责。但是，在实务中也应注意，如果不可抗力条款超出法定不可抗力的事由作为解除合同的条件，当事人无过错，此时双方当事人并未对该情况下是否免责进行约定，当然不发生免除当事人责任的效力。但依照双方当事人在形成类似条款时的合意，即双方约定在发生约定不可抗力事由时，当事人有解除权，此类约定应构成合同的约定解除权条款。[①]

二、新冠疫情产生诉讼纠纷是适用不可抗力规则，还是情势变更规则

2003年“非典”期间，最高人民法院出台的《关于在防治传染性非典型肺炎期间依法做好人民法院相关审判、执行工作的通知》(法〔2003〕72号)(已失效)中指出：“由于‘非典’疫情原因，按原合同履行对一方当事人的权益有重大影响的合同纠纷案件，可以根据具体情况，适用公平原则处理。因政府及有关部门为防治‘非典’疫情而采取行政措施直接导致合同不能履行，或者由于‘非典’疫情的影响致使合同当事人根本不能履行而引起的纠纷，按照《中华人民共和国合同法》第一百一十七条、第一百一十八条的规定妥善处理。”理论界和实务部门均认为，根据上述意见规定，因“非典”疫情引起的民商事合同纠纷可能涉及不可抗力、情势变更两项制度。此后，不可抗力、情势变更制度一直是法院处理涉传染病疫情民商事合同纠纷的基本规则框架。

对于新冠疫情及其防控措施是否属于不可抗力事件，学界有争议。一种观点认为，疫情应定性为不可抗力，适用不可抗力的相关法律规定。主要理由：一是对于合同当事人而言，根本无法预见疫情的忽然爆发，也不能避免和克服疫情的影响，疫情本身符合不可抗力的构成要件。二是《最高人民法院关于合同法司法解释（二）理解与适用》中有“对灾难等自然原因造成的情势重大变化，不适用情势变

① 参见北京市第一中级人民法院（2009）一中民终字第7584号民事判决书。

更，此类情况可直接适用不可抗力条款加以解决”等内容，疫情作为自然原因造成的灾难性事件，司法解释一贯定义为不可抗力。目前，全国人大常委会法工委的解答、各级人民法院出台的意见倾向定性为不可抗力，包括疫情及管制措施。[①] 反对者则认为：第一，不可抗力的法律后果为解除合同，给交易造成较大障碍，影响交易安全，尤其是对租赁、仓储、承揽等长期性租赁合同。第二，不可抗力免责的后果，有可能导致利益关系失衡。不可抗力制度固有的局限，在个案中难以达到公平结果。第三，学理上不可抗力事件也可能变更为情势变更的事由，并非合同目的不能实现，而是继续履行合同对一方当事人显失公平。另有观点认为，疫情既可定性为不可抗力，也可定性为情势变更，区分的标准是合同是否陷入部分或全部不能履行、迟延履行的状态，理由是疫情对合同履行影响程度不同，应客观、公平处理个案。反对者则认为：第一，此观点与《合同法司法解释（二）》第26条“情势变更是非不可抗力造成的不属于商业风险的重大变化”的规定相悖，同一疫情有的案件认定构成不可抗力，有的认定为构成情势变更，难免矛盾；第二，判断某一情况是否属于不可抗力，标准是“三不”，以是否完全不能履行判断是否属于不可抗力，有“以果断因”的嫌疑，逻辑上未必周延。

《新冠肺炎指导意见（一）》第3条第1项规定：“……在适用法律时，应当综合考量疫情对不同地区、不同行业、不同案件的影响，准确把握疫情或者疫情防控措施与合同不能履行之间的因果关系和原因力大小……”可见，关于适用不可抗力规则还是情势变更规则，并未限定仅适用某一规则。此后，《新冠肺炎指导意见（二）》《新冠肺炎指导意见（三）》也秉持了该处理原则。

---

① 参见2020年2月10日全国人大常委会法工委发言人、研究室主任臧铁伟的发言：“当前我国发生新冠肺炎疫情，为了保护公众健康，政府也采取了相应的疫情防控措施。对于因此不能履行合同的当事人来说，属于不能预见、不能避免且不能克服的不可抗力。根据合同法的相关规定，因不可抗力不能履行合同的，根据不可抗力的影响，部分或者全部免除责任，但法律另有规定的除外。”

第五百九十一条　当事人一方违约后，对方应当采取适当措施防止损失的扩大；没有采取适当措施致使损失扩大的，不得就扩大的损失请求赔偿。

当事人因防止损失扩大而支出的合理费用，由违约方负担。

【条文主旨】

本条是关于减损规则的规定。

【条文理解】

本条与《合同法》第119条的规定内容基本相同，仅作文字上修改，即将第1款中“要求”改为“请求”、第2款中“承担”改为“负担”，语言表述更加规范严谨。

一、减损规则的由来与理论基础

（一）减损规则的由来

减损规则是从英美普通法上发展出来的。早在1677年英国的Vertue v. Bird一案中已体现该规则：原告依合同要送货至Ipswith一个被告指定的地点，然而原告到达Ipswith时，被告在指定地点这件事上迟延了6个小时。原告送货的马很热，又站在一个不合适的地方，不久后马便死掉了。法院否决了原告对该损害的赔偿请求，理由是“让马站着是原告的蠢行”，因为他“本可以把马从车上解开或是把货物卸在Ipswith的任何地方”。该案经过三百多年的判例法的发展，如今该规则在英美法中已相当成熟。[①]《美国合同法重述》(第2版)第350条规定，不可赔偿的损失是指如果受害方在不承受过度风险、负担的情况下，本可以避免的损失；但只要受害方做了“合理但没有成功的努力来避免损失”，他就不能被剥夺就该损失要求赔偿的权利。[②] 在英美法上，减轻损失规则虽系由合同法发展而来的，但其适用范围并不局限于合同法，对于侵权行为也适用。《国际商事合同通则》第7.4.8条采用了相同的规则，该条规定：“不履行合同一方对于受损害方所蒙受的本来可以采取合理措施减少的那部分损害，不承担责任；受损害方有权对试图减少损害而发生的一切合理费用请求赔偿。”通说认为，我国《民法通则》第114条、《合同法》第119条是对减损规则的规定。[③] 当然，《民法典》第591条是对减损规则作出的明确规定。

（二）减损规则的理论基础

学理上，减损规则的理论基础有三个方面：首先是基于诚信原则。通说认为，减轻损失规则是依据诚信原则而产生的，受损害方未尽到减轻损失义务，已构成对诚信原则的违反。诚信原则所表达的是种公平正义理念，是一种具体化的道德准则，同时又以利益平衡来体现公平的要求。根据该原则，民事活动的参与者应当保持一定的平衡性，并需确保个人的利益与社会的总体利益关系保持一致。其次是基于经济效益基础。从一定程度上说，减损规则实际上能够对社会资源及经济资源的合理配置起到促进作用，保障经济活动的公平公正进行，有效预防因个人得失而对整个社会福利的影响。最后是基于近因理论基础。近因理论主要来源于因果关系，而因果关系又可以详细划分为远因和近因。远因理论对违约行为与损失并不能被很好地界定，而近因理论则能够对违约行为的损失加以确定并进行预防。

---

① 韩世远：《合同法总论》，法律出版社2011年版，第643页。

② 高贺新：《美国法律对期待利益的限制》，载《法制与社会》2009年第7期。

③ 《民法通则》第114条规定：“当事人一方因另一方违反合同受到损失的，应当及时采取措施防止损失的扩大；没有及时采取措施致使损失扩大的，无权就扩大的损失要求赔偿。”

二、减损规则的构成与具体措施

（一）减损规则的构成

减损规则是依据诚信原则而产生的，未尽到减轻损失义务构成对诚信原则的违反。同时，按照过错责任原则的要求，一方在另一方违约后，未能采取合理措施防止损失扩大，其本身也有过错的，过错人应对自己的过错行为所导致的后果负责。减损规则的构成要件有：（1）违约方的违约行为导致了损害的发生，受损害方对损害的发生没有过错。不同于混合过错，一方当事人单方违约并造成了损害。（2）受损害方未采取合理措施造成了损失扩大的后果。违约行为已经发生并造成了损失，而受损害方未能防止损失的进一步扩大。不过在违反减损义务的情况下，受损害方并没有在违约中获得利益。如果违约方的违约行为使受损害方得到了某种利益，如因违约方的违约而使受损害方免除了履行义务并节省了履行费用，这将在确定损害赔偿额时采取损益相抵的规则，扣除受损害方所得的利益，而不适用减损规则。（3）受损害方对损失的扩大有过失。当事人一方违反合同，另一方不能无动于衷，任凭损失扩大。基于民法的诚信原则，受损害方在损害发生后负有减轻损失的义务，应当采取合理、适当的措施防止损失进一步扩大，包括防止损失扩大的积极义务和消极义务。（4）扩大的损失与受损害方未及时采取合理的、适当的措施之间存在因果关系。

（二）减损规则的具体措施

减损规则的措施主要有：（1）停止履行。一旦一方当事人有证据知道对方的对待履行将不会作出，该当事人通常应以停止履行来避免进一步的花费。停止履行是减损规则最基本、最初级的要求，它只是要求受损害方消极地不作为。（2）替代安排。有的情形受损害方不仅应停止履行来避免损失扩大，还应采取合理的断然措施进行适当的替代安排。替代安排也就是要缔结替代合同，基于债权的平等性，缔结替代合同并不要求事先解除原合同。（3）变更合同。为避免或减少违约造成的损失，违约方提出变更，只有相对方接受变更要约时，变更合同才可成为减轻损失的合理措施。

受有损失的一方当事人在采取措施减轻损害的过程中，也要支付一定的费用。根据《民法典》第591条第2款的规定，当事人因防止损失扩大而支出的合理费用由违约方承担。

三、适当措施的判断标准

本条第1款规定“当事人一方违约后，对方应当采取适当措施防止损失的扩大”，这里“采取适当措施”的关键是判断受损害方的行为是否具有“合理性”。

1878年，英国詹姆斯法官对合理性标准有一段经典陈述：“原告有权获得的是对他们因违约而业已实际遭受之损害的全部赔偿，违约人不负担因原告们没作为通情达理之人本应做到事情而造成的额外的费用，原告亦没有任何义务去做任何正常经营过程之外的事情。”减损规则的目的是要促使受损害方采取合理措施减轻损失，避免社会资源的浪费，因而判断受损害方的行为合理性标准有：一是要在其行为时或应为行为时加以判断，而不应以事后的情况来衡量先前的行为是否合理；二是要看受损害方的主观方面而不应拘于行为的客观结果，只要受损害方在当时已尽心尽力了，即使客观上并没有减轻损失甚或增加了损失，仍然可以获得全部赔偿。实践中，对于措施的合理性确定，还应根据具体情况具体分析，尽可能考虑各种因素，而不是单单考虑经济、及时性等因素。

【审判实践中应注意的问题】

一、可避免损失的司法认定

受损害方未采取合理减损措施，在计算具体损害赔偿数额时，可避免的损失数额应予扣减。司法实践中，认定扩大的损失，需要确定受损害方应采取且能够采取减损措施的时间点。该时间点之后损失的产生，在受损害方的控制范围之内，与违约方的违约行为无关，即该损失与受损害方的行为之间存在因果关系。在徐某与杨某租赁合同纠纷一案中，争议的焦点问题是出租人应否承担减损规则的义务。法院认为，承租人杨某自2009年1月10日起即欠付租金，其行为已构成违约，其应承担给付租金并按约支付滞纳金的责任。但在长达两年有余的期间内，出租人徐某明知杨某未生产经营且房租分文未交，仅数次发函催交租金，但直至2012年提起诉讼，始终未采取解除合同、收回房屋、另行出租等措施，其履约行为有违减损规则和诚信原则。[①]

二、减损规则与过失相抵规则

在大陆法系，多将减损规则纳入过失相抵规则。对于我国《民法通则》第114条、《合同法》第119条所规定的减损规则与过失相抵规则之间的关系，有不同的学说观点。观点一认为，应将《民法通则》第114条、《合同法》第119条所规定的减损规则关于受损害方怠于防止损害扩大的过错作为受损害方过失相抵的一种，从而统一适用过失相抵规则。[②]观点二认为，从广义上讲，受损害方没有尽到减轻损害的义务也表明受损害方具有过错，但是，如果从狭义上认为过失相抵仅指当事人双方对损害的发生具有过错，而不包括一方或双方对损害的扩大具有过错，那么减轻损害与过失相抵是不同的。如果认为过失相抵包括对损害扩大的过错，那么受损害方未尽到减轻损害的义务，也属于过失相抵。[③]观点三认为，应区别情况而定，如果违约方过错违约，受损害方未及时采取措施防止损失扩大属于过错行为，那么减损规则可以视为过失相抵规则；如果违约方不履行合同并无过错，即使按法律规定由违约方承担赔偿责任，那么无论受损害方未及

① 参见王勇、李春艳：《租赁合同中减损规则对守约方行为的限制》，载《人民司法》2015年第10期；江苏省扬州市中级人民法院（2013）扬民终字第0437号民事判决书。

② 朱卫国：《过失相抵论》，载梁慧星主编：《民商法论丛》（第4卷），法律出版社1996年版，第420页。

③ 王利明：《违约责任论》，中国人民大学出版社1996年版，第456页。

时采取措施防止损失扩大是否属于过错行为，均不属于过失相抵问题，这时的减损规则就不可视为过失相抵规则。[①]

《民法典》第591条、第592条第2款将减损规则与过失相抵规则作为两个单独的规则分别立法。从法律构造内容看，二者明显存在差异。减损规则是一方当事人在对方违约行为发生后，未能采取适当的措施防止损失的扩大，致使损害扩大，违约方对扩大的损失不承担赔偿责任；而过失相抵规则是合同当事人的违约行为同时发生，或即使存在先后顺序，但其先后顺序不存在逻辑上的联系。而且，两种规则所导致的法律后果也不相同。减损规则系根据当事人是否采取合理的措施来判断责任承担，受损害方不一定承担损失扩大的责任；而过失相抵规则按照双方当事人的过错大小划分责任承担范围，双方均负担责任。

① 崔建远：《合同法学》，法律出版社2015年版，第286页。

第五百九十二条　当事人都违反合同的，应当各自承担相应的责任。

当事人一方违约造成对方损失，对方对损失的发生有过错的，可以减少相应的损失赔偿额。

【条文主旨】

本条是关于双方违约、过失相抵责任承担的规定。

【条文理解】

《合同法》第120条规定："当事人双方都违反合同的，应当各自承担相应的责任。"本条第1款与《合同法》第120条的规定内容基本相同，仅有文字上的修改，删除了"双方"二字。

本条第2款属于新增条款，吸收了《买卖合同司法解释》第30条的规定，确立了过失相抵规则。[①] 增设过失相抵规则主要理由：过失相抵是计算违约损害赔偿范围的重要规则，在大陆法系、英美法系及《国际商事合同通则》等国际交易规则中得到广泛认可。[②]《民法通则》第131条、《侵权责任法》第26条、《合同法司法解释（二）》第

① 《买卖合同司法解释》第30条规定："买卖合同当事人一方违约造成对方损失，对方对损失的发生也有过错，违约方主张扣减相应的损失赔偿额的，人民法院应予支持。"

② 参见《国际商事合同通则》第7.4.7条规定：如果损害部分归咎于受损害方当事人的作为或不作为，或是由该方当事人承担风险的其他事件所导致，在考虑到该方当事人的行为的情况下，损害赔偿的金额应扣除因上述因素导致的损害部分。针对"导致损害的责任划分"，《国际商事合同通则》的注释解释为："根据受损害方当事人行为导致损害的程度，不履行方当事人也会部分免责。对给对方造成的损害的确定很难证实，这很大程度上取决于司法自由裁量权的运用。为了给予法庭一些指导，本条规定法庭应考虑当事人各方各自的行为。一方的过错越严重，导致的损害赔偿责任就越大。"

30条均对此予以规定，但《合同法》与《民法总则》没有规定。此次《民法典》编纂在合同编中增设该制度，弥补了违约损害赔偿范围计算中的规则缺失。

一、双方违约

按照违约的人来区分，违约可分为单方违约和双方违约。一方当事人违约的，称单方违约；双方当事人都违约的，称双方违约。单方违约的，单方承担违约责任。双方都违约是指合同当事人双方都违反了各自的义务，有两个违约行为，并相互造成了损害，双方应各自承担违约责任。双方违约的构成要件有：

（一）双方违约发生在同一双务合同中，都违反合同义务

如果仅是违反了法定义务而不是合同义务，则不构成双方违约。例如，一方违约后，另一方违反了法律规定的减轻损失义务，造成了损失的扩大，由此导致对方责任被减轻或免除，则不构成双方违约。也有观点认为，“都违反合同义务”，不仅包括约定义务，也包括法定义务，即合同履行中的附随义务、后合同义务等。我们认为，我国《民法典》第509条第2款规定的附随义务、第558条规定的后合同义务等法定义务，也是合同义务的一部分，也应包括在“都违反合同义务”内涵之中。①

（二）双方当事人都分别违反各自应负的合同义务，即双方都有违约行为，履行合同不符合合同约定或者履行合同义务不符合约定

在杨某与中国农业银行某支行储蓄存款合同纠纷案中，关于存款人的存款被盗刷后是否存在双方违约的情形，法院认为，真实的银行卡及密码是发生交易的必要条件，存款被盗这一损失的形成就是被伪造的卡和密码这两个共同的原因造成的，银行的机器设备未能识别出被伪造的卡，银行违反了资金的安全保障义务；同时，存款人未妥善

① 《民法典》第509条第2款规定：“当事人应当遵循诚信原则，根据合同性质、目的和交易习惯履行通知、协助、保密等义务。”第558条规定：“债权债务终止后，当事人应当遵循诚信等原则，根据交易习惯履行通知、协助、保密、旧物回收等义务。”

保管银行卡密码以致被泄露，违反了不真正义务。法院因此认定双方对损失的发生均承担责任。[①]该案中，银行的机器未能识别伪造的卡和存款人未妥善保管密码共同导致了双方的损失，双方都应承担因违反各自所负义务的违约责任，最终表现为各方按比例承担责任。

（三）当事人双方无正当理由，既没有抗辩事由，也不存在免责事由

双务合同具有当事人互负义务、有偿合同、合同义务之间有牵连性关系等特征。在合同中，如果当事人不履行合同义务之间具有牵连性、对价性，合同当事人可以享有履行抗辩权，不需要对不履行合同义务的行为承担责任。在西南某医药公司与北京某制药公司合同纠纷案中，争议的焦点问题是当事人的抗辩是正当行使同时履行抗辩权，还是违约行为。法院认为，关于西南某医药公司要求返还“另案判决的就迟延支付该合同价款所支付的违约金”问题，之前案件判决的违约金是北京某制药公司因迟延履行股权转让款和GMP认证证书受让款支付义务而承担的违约责任，其支付义务的前提为西南某医药公司将持有股权转让给北京某制药公司和该公司获得全部GMP证书，上述义务与款项支付构成履行抗辩；而本案诉争的盐酸麻黄碱片批准文号、无证房屋权属证明的两项办理义务与前案中款项支付义务并不形成对应性、牵连性，不属履行抗辩的范畴。另外，西南某医药公司在前案起诉前，已经将包括本案无证房产和药品批准文号在内的合同约定款项支付完毕，更不符合履行抗辩的要求，西南某医药公司仅能在本案就北京某制药公司违约问题进行单独主张。故对于西南某医药公司要求返还“另案判决的就迟延支付该合同价款所支付的违约金”系主张因违约而造成的损害赔偿，是双方违约问题，而非同时履行抗辩权。[②]可见，同时履行抗辩一定与违约行为存在时间节点、义务上的对应性、牵连性，否则应当属于双方违约，各自承担违约责任。

（四）当事人应当各自承担相应的责任

《民法典》第577条规定：“当事人一方不履行合同义务或者履行

① 参见云南省高级人民法院（2015）云民高再终字第64号民事判决书。

② 参见北京市第三中级人民法院（2018）京03民终2128号民事判决书。

合同义务不符合约定的，应当承担继续履行、采取补救措施或者赔偿损失等违约责任。”在当事人双方违约的情形下，相互造成损害，双方向对方承担违约责任。“各自承担相应责任”包括两种情形：一种情况是指双方违反互负义务时，各自向对方承担责任；另一种情况是指仅有一方损害时，则需要按比例承担责任。在维也纳公司与七星公司等租赁合同纠纷上诉案中，争议的焦点问题是在双方违约的情形下，一方的过错明显大于对方，责任如何分配的问题。法院认为，七星公司未依约定的期限向维也纳公司提供酒店必需的消防许可证，最终酒店因消防验收不合格被相关部门罚款与责令停止使用，致使租赁合同的根本目的无法实现，构成根本违约；维也纳公司未依约定的期限足额向七星公司支付房屋租金。双方履行都不符合租赁合同约定，都违反了合同应负的义务。《合同法》第120条规定：“当事人双方都违反合同的，应当各自承担相应的责任。”但如一方的违约明显大于另一方，构成根本性违约，还应承担给对方造成的实际损失。[①]

二、过失相抵

过失相抵，又称与有过失、混合过错，是指合同中作为受损失方的一方对损害的发生也有过错时，应违约方的请求，应当扣减相应的损失赔偿额。[②]

我国民事立法中确立的过失相抵规则主要体现在侵权责任法领域。如《民法通则》第131条规定：“受损失方对于损害的发生也有过错的，可以减轻侵害人的民事责任。”《侵权责任法》第26条规定：“被侵权人对损害的发生也有过错的，可以减轻侵权人的责任。”此外，我国《民用航空法》明确了旅客、货物运输中过失相抵原则的适用，该法第127条规定：“在旅客、行李运输中，经承运人证明，损失是由索赔人的过错造成或者促成的，应当根据造成或者促成此种损

① 参见最高人民法院（2011）民一终字第00018号民事判决书。

② 参见最高人民法院民事审判第二庭编著：《最高人民法院关于买卖合同司法解释理解与适用》，人民法院出版社2016年版，第466页。

失的过错程度，相应免除或者减轻承运人的责任。旅客以外的其他人就旅客死亡或者受伤提出赔偿请求时，经承运人证明，死亡或者受伤是旅客本人的过错造成或者促成的，同样应当根据造成或者促成此种损失的过错的程度，相应免除或者减轻承运人的责任。在货物运输中，经承运人证明，损失是由索赔人或者代行权利人的过错造成或者促成的，应当根据造成或者促成此种损失的过错的程度，相应免除或者减轻承运人的责任。”

《合同法》领域是否存在过失相抵规则，据参加《合同法》立法过程的梁慧星先生考证，1997年9月24日《合同法（征求意见稿）》中，第104条规定减损规则、第105条规定过失相抵规则。但是到了1998年，立法机关从《合同法（草案）》中删除了规定过失相抵的条文。《合同法》第119条仅规定减损规则，未规定过失相抵规则。[①]也有观点认为，我国法律对过失相抵有规定。例如，《民法通则》第114条规定：“当事人一方因另一方违反合同受到损失的，应当及时采取措施防止损失的扩大；没有及时采取措施致使损失扩大的，无权就扩大的损失要求赔偿。”因此，一方当事人违约给另一方当事人造成了损失，另一方当事人有义务采取措施防止损失扩大，倘若没有及时采取措施，即构成过错，无权就扩大的损失要求赔偿，按照过错相抵，免除违约人对扩大损失的赔偿责任。[②]我们认为，该观点混淆了过失相抵与减损规则，《民法通则》第114条是关于减损规则的规定。通说认为，《买卖合同司法解释》第30条是关于过失相抵规则的规定：买卖合同一方当事人违约给对方造成损失，对方对损失的发生也有过错的，违约方主张扣减相应的损失赔偿额，人民法院应予支持。

（一）关于过失相抵规则的理论基础

关于过失相抵的理论依据，存在以下观点：（1）损失分担说。该说认为，过失相抵规则的理论基础在于将损失在受损失方和加害人之间进行合理分担。尽管加害人造成了损害后果，但是由于受损失方

① 参见梁慧星：《合同法的成功与不足》（上），载《中外法学》1999年第2期。

② 胡康生主编：《中华人民共和国合同法释义》，法律出版社2013年版，第208页。

对损害的发生或扩大具有过错，因此基于受损失方的过错，对损失在加害人和受损失方之间进行分配，即受损失方必须分担部分损失。（2）惩罚不当行为说。该说认为，受损失方的过错导致损害的发生或扩大，本身表现为一种不当行为，这种行为本身应当由受损失方承担一定的不利后果。适用过失相抵规则，来减轻或免除行为的责任，应体现对受损失方不当行为的惩罚，从而有利于督促其对自身利益的维护。（3）损害控制说。该说认为，社会生活中的每一个人都应当对自己的权益尽到一定注意义务，如果每一个人都能对自己权益尽到注意义务，就能有效避免损害的发生。通过过失相抵规则，对本身具有过错的受损失方减少或者不予赔偿，就能有效地督促其对自身利益的保护，从而避免损害的发生。（4）保护加害人说。该说认为，过失相抵的法理基础在于从受损失方具有过错的角度保护加害人。因为受损失方具有过错，加害人之非难可能性被降低，或者加害人行为的违法性降低，或者加害人的行为对于损害的发生仅具有部分因果关系。因此，加害人的责任被减轻。（5）危险领域说。该说认为，被害人负有一定的损害责任，乃是基于危险领域的学说，即对于一定的不利益，这种损害的风险应属于谁的影响或活动领域，就由谁负责危险分配的原理。对于自己权利领域内的特别危险，应当由自己来承担。（6）公平原则与诚信原则说。赔偿义务人之过失，既不可亦不可能与赔偿权利人之过失相抵。实则过失相抵系基于公平之原则及诚信原则而来：赔偿义务人之所以应负赔偿责任，系因其对于损害之发生或扩大有过失，若赔偿权利人对于损害之发生或扩大亦有过失，自不应使赔偿义务人负赔偿全部损害之责，否则，即等于将基于自己之过失所引发的损害转嫁于赔偿义务人负担。[①]我们认为，在我国民事立法明确区分公平原则与诚信原则的背景下，认可公平原则是过失相抵规则的正当性依据，更具信服力。

① 曾世雄：《损害赔偿法原理》，中国政法大学出版社2001年版，第259页。

（二）过失相抵的适用条件

过失相抵的适用条件主要有：（1）受损失方因对方违约受有损害。过失相抵要求受损失方必须因对方当事人违约受有损害。此处的损害是指受损失方因对方违约造成的直接损害，如果违约行为发生后并未造成直接损害，而只是由于受损失方的过错导致损失，则不存在适用过失相抵规则的问题。（2）双方均有过错。违约方的违约行为引起了损害的发生，但受损失方的过错也是导致损害发生的原因。只不过在考虑受损失方的过错时，必须明确其非损害发生的唯一原因，也就是说损害的发生是由于违约方的违约行为引起的，受损失方的过错行为只是对损害的发生起到了一定作用。（3）双方过错与损害之间有因果关系。损害的发生是由于违约方的违约行为引起的，但受损失方的过错行为对损害的发生也起到一定的作用。受损失方的行为可以是积极行为，也可以是消极行为，正是由于双方行为的结合才导致最终损害后果的发生。

【审判实践中应注意的问题】

一、如何扣减相应的损失数额

在过失相抵的情形下，如何扣减相应的损失数额，对其标准有不同的见解。第一种观点主张应比较双方原因力的大小来确定。我国台湾地区学者曾世雄认为："实则损害如由加害人之过失与被害人过失共同造成，个人应自负担其过失所造成损害之部分，非如此不足以符合过失相抵之理论根据——公平之原则。决定所造成之损害为大为小者，乃损害原因力之强弱，非过失程度之轻重也，故而，法院酌定减免赔偿金额之标准，应在乎原因力之强弱，过失程度如何，仅供判断原因力强弱之参考。"[①]第二种观点主张比较原因力的强弱加以认定。

① 曾世雄：《损害赔偿法原理》，中国政法大学出版社2001年版，第259页。

第三种观点主张比较原因力的强弱及过失程度加以决定。我国学界通说主张采用类型化的思考方法，区分不同类型案件分别予以确定。我们认为，类型化区别比较客观，但总体上需要结合考虑当事人的过错程度与损害原因力的大小，予以审查判断。

二、过失相抵与双方违约规则的区别

根据《民法典》第592条第2款之规定，过失相抵规则适用的情形通常仅发生一个损害，只是该损害系由违约方的过错和受损失方的过错共同所致，因而违约方得主张扣减相应的损失赔偿额。但在双方违约适用的情形，合同双方当事人都有违约行为，并因此都给对方造成了损害，因而需要相互承担违约损害赔偿责任。

第五百九十三条　当事人一方因第三人的原因造成违约的，应当依法向对方承担违约责任。当事人一方和第三人之间的纠纷，依照法律规定或者按照约定处理。

【条文主旨】

本条是关于第三人原因违约责任承担的规定。

【条文理解】

本条与《合同法》第121条的规定内容基本相同，仅有个别文字修改。

一、合同相对性规则的依据

当事人一方因第三人原因造成违约的，应当依法向对方承担违约责，这体现了合同相对性原则，即合同效力仅及于合同当事人，在一方当事人因第三人原因违约时，因该第三人并非合同当事人，相对方不能要求该第三人承担违约责任，而只能追究违约方的责任。[①]立法者是想通过本条（《合同法》第121条）防止审判实践中轻易将第三人拉进来，作为第三人参加诉讼。法院依职权把一些合同以外的当事人拉进案件，最后纠纷双方没有承担责任，判决由别人承担责任，这种判决违反了合同的相对性，没有合理性。[②]可见，本条立法的用意

① 参见谢怀栻等：《合同法原理》，法律出版社2000年版，第299页；王利明：《合同法研究》，中国人民大学出版社2011年版，第119页。

② 梁慧星：《梁慧星教授谈合同法》，四川省高级人民法院资料［川新出内（98）字第174号］，第150~151页。

在于恪守合同相对性原则。司法实践中，也是将《合同法》第121条（《民法典》第593条）作为合同相对性的法律依据，排除债权人向第三人的直接请求权，[①]或将《合同法》第121条（《民法典》第593条）作为债务人就第三人原因违约承担责任的法律依据，排除债务人将第三人原因作为免责事由的抗辩。[②]合同相对性规则内容丰富，主要包括三个方面：一是主体的相对性，指合同关系在特定主体之间发生，非当事人一方的第三人不享有基于合同的请求权；二是内容的相对性，指合同关系之内容——合同主体所享有的权利或所负担的义务，非当事人一方不得主张权利或负担义务；三是责任的相对性，指违约方自负违约责任，不可推卸或因第三人原因免责，且只能向债权人承担违约责任。可见，本条的规定即为合同相对性关系的体现，规制了合同相对性中的合同责任的相对性。

从《合同法》第121条的立法过程看，历经了《经济合同法》第33条、《民法通则》第116条到《合同法》第121条的立法过程。[③]由于《合同法》未规定第三人积极侵害债权制度，引起学者对我国法律体系中是否承认"第三人积极侵害债权"制度及《合同法》第121条中"第三人原因"是否包括了"第三人积极侵害债权"的探讨和争论。有学者认为，从该条文义解释角度，因第三人违约时，该条只是

---

① 参见北京市第二中级人民法院（2009）二中民终字第22010号民事判决书、山东省青岛市中级人民法院（2010）青民二商终字第141号民事判决书、浙江省金华市中级人民法院（2011）浙金商终字第1236号民事判决书。

② 参见上海市第二中级人民法院（2008）沪二中民一再提字第1号民事判决书、北京市第二中级人民法院（2009）二中民终字第08921号民事判决书、广东省广州市中级人民法院（2010）穗中法民二终字第155号民事判决书。

③《经济合同法》（1981年12月13日第五届全国人民代表大会第四次会议通过）第33条规定："由于上级领导机关或业务主管机关的过错，造成经济合同不能履行或者不能完全履行的，上级领导机关或业务主管机关应承担违约责任。应先由违约方按规定向对方偿付违约金或赔偿金，再由应负责任的上级领导机关或业务主管机关负责处理。"《民法通则》第116条规定："当事人一方由于上级机关的原因，不能履行合同义务的，应当按照合同约定向另一方赔偿损失或者采取其他补救措施，再由上级机关对它因此受到的损失负责处理。"《合同法》学者建议稿第139条规定：合同当事人一方因与自己有法律联系的第三人的过错造成违约的，应当向他方当事人承担违约责任。参见全国人大常委会法制工作委员会民法室编著：《中华人民共和国合同法及其重要草稿介绍》，法律出版社2000年版，第40页。

规定了一方当事人应向非违约方承担责任，并没有说“只能由一方当事人向非违约方承担责任”，并非完全严格的“合同相对性”。因此，该条并未排除非违约相对方向第三人直接求偿的可能，并不构成第三人积极侵害债权、生产者向消费者承担责任等制度障碍。[①]上述学说观点的纷争，也将延续到《民法典》第593条的理解与适用之中。

二、第三人范围及原因确定

因“第三人的原因”文义解释上空间大，加重了债务人的履约负担，理论界对“第三人”的范围进行了探讨。我国学者认为，《合同法》第121条规定的第三人不是一般意义上的第三人，不是合同当事人以外的任何一个第三人，而是指与一方有关系的第三人，通常是一方当事人的雇员、内部员工或原材料供应商、配件供应人、合作伙伴，另外也包括上级领导机关或业务主管机关。[②]主要理由是，该条对第三人没有任何限定，以致与自己毫无任何关系的第三人的过错也要由债务人负责，债务人的负担未免过于沉重，十分不合理。也有观点认为，与合同当事人没有任何法律联系的民事主体的行为导致债务人违约时，也由债务人承担违约责任，缺乏理论支持，有悖于法律公正和效率的理念。因此，应当将《合同法》第121条规定的第三人限定为履行辅助人、上级机关以及与债务人有一定法律关系的第三人，如合伙关系、共有关系、代理关系、共同担保等，但不包括第三人积极侵害债权的情形，认为此时应由责任人直接承担侵权责任。[③]还有观点认为，《合同法》第121条规定第三人是指合同关系以外的任何人。履行辅助人不属于第三人，对其规定见于《合同法》第65条（《民法典》第523条）。二者显著区别在于第三人在履行自己义务，后果归属于自己；而履行辅助人则是在帮助债务人履行，后果归属于

① 周江洪：《〈合同法〉第121条的理解与适用》，载《清华法学》2012年第5期。

② 参见梁慧星：《梁慧星教授谈合同法》，四川省高级人民法院资料［川新出内（98）字第174号］，第150~151页。

③ 张影：《第三人原因违约及其责任承担》，载《北方论丛》2002年第6期。

债务人。[①]

德国民法学者将履行辅助人纳入第三人的范围，认为履行辅助人是一个被债务人请到一个既存的债务关系之中为债务人履行其义务的人，可以是一个员工，也可能是一个独立的行为人（比如一个建筑工程的总承揽人将设备安装工程交给一个独立的工匠来完成）。如果履行辅助人出了问题，真正的债务人对此就如对自己的过错一样承担责任，其注意义务的标准同样是《德国民法典》第276条规定的标准。[②]

从司法实践看，第三人原因造成违约的情形主要有以下七类：（1）政府主管部门的原因，包括：审批部门的审批，如车辆进口审批，规划局的规划验收合格证出具；主管部门行使审批以外的管理职权；规划部门的规划变更、限期整改处理决定、新闻出版局整改等。（2）连环买卖合同关系中的第三人的原因，如买卖合同中的下家供货商的原因。（3）履行辅助人、员工等的原因，如银行卡被复制时的付款行为与开户行之间的关系。（4）民刑交叉案件涉及刑事犯罪的第三人的原因，如储蓄合同纠纷中的银行卡、存折复制人以及将租赁标的物非法质押的犯罪人的原因。（5）因与债务人之间存在纠纷直接扣押标的物的第三人的原因。（6）与债务人存在合作关系或其他合同关系的第三人的原因。（7）不存在合同关系的第三人的原因，如村民围堵致使运输车辆无法安全离开、因村民围堵致使租赁合同无法履行。[③]

三、法律另有规定的情形

违约是由第三人造成的，为因第三人原因造成的违约。因第三人原因造成一方当事人违约的，如第三人迟延交货造成一方当事人迟延履行的，该当事人应当承担违约责任。该当事人承担违约责任后，应当向第三人追偿。第三人原因构成意外事故致使一方当事人违约，且

---

① 王立兵：《关系论视野下第三人违约问题研究——以〈合同法〉第121条为中心》，载《学术交流》2010年第2期。

② ［德］哈里·韦斯特曼（Harry Westermann）：《德国民法基本概念》，张定军、葛平亮、唐晓琳译，中国人民大学出版社2014年版，第81页。

③ 参见周江洪：《〈合同法〉第121条的理解与适用》，载《清华法学》2012年第5期。

第三人无力赔偿的，损失由双方当事人分担。法律规定因第三人原因造成违约第三人直接承担责任的，第三人应当承担责任。例如，《消费者权益保护法》第40条第2款规定："消费者或者其他受害人因商品缺陷造成人身、财产损害的，可以向销售者要求赔偿，也可以向生产者要求赔偿。属于生产者责任的，销售者赔偿后，有权向生产者追偿。属于销售者责任的，生产者赔偿后，有权向销售者追偿。"司法解释对第三人的范围也进行了限制。例如，《最高人民法院关于审理旅游纠纷案件适用法律若干问题的规定》第7条第2款中就第三人行为造成的游客人身、财产损失规定："因第三人的行为造成旅游者人身损害、财产损失，由第三人承担责任；旅游经营者、旅游辅助服务者未尽安全保障义务，旅游者请求其承担相应补充责任的，人民法院应予支持。"

【审判实践中应注意的问题】

如果第三人的原因构成不可抗力事件，能否排除《民法典》第590条规定的适用?《民法典》第590条（《合同法》第117条）规定，当事人一方因不可抗力不能履行合同的，根据不可抗力的影响，部分或者全部免除责任，但是法律另有规定的除外。有观点认为，"《合同法》第121条的规定在文义上也可以被视为第117条规定的例外规定"。国外立法例中也认为，第三人行为也可能具有不可抗力的特征，从而也可能构成不可抗力，进而免除合同当事人的责任。[①]我们认为，第三人原因若符合不可抗力的构成要件，即"不能预见、不能避免且不能克服的客观情况"，则应当适用《民法典》关于不可抗力免责条款规定的适用，进而排除《民法典》第590条规定的适用。

① 参见尹田：《法国现代合同法》，法律出版社2009年版，第373页。

第五百九十四条　因国际货物买卖合同和技术进出口合同争议提起诉讼或者申请仲裁的时效期间为四年。

【条文主旨】

本条是关于国际货物买卖合同和技术进出口合同诉讼时效的规定。

【条文理解】

《合同法》第 129 条规定："因国际货物买卖合同和技术进出口合同争议提起诉讼或者申请仲裁的期限为四年，自当事人知道或者应当知道其权利受到侵害之日起计算。因其他合同争议提起诉讼或者申请仲裁的期限，依照有关法律规定。"本条是在《合同法》第 129 条规定的基础上进行的修改，主要是删除了与《民法典》第 188 条第 2 款重复部分。

诉讼时效，有普通诉讼时效与特殊诉讼时效之分。《民法典》第 188 条第 1 款规定："向人民法院请求保护民事权利的诉讼时效期间为三年。法律另有规定的，依照其规定。""法律另有规定的"即为特殊诉讼时效，包括关于国际货物买卖合同和技术进出口合同诉讼时效期间的规定。

《联合国国际货物买卖时效期限公约》是规定与国际货物买卖合同有关的权利消灭期限的实体法公约，1974 年 6 月 14 日在纽约联合国总部召开的外交会议上通过，确立了关于国际销售合同所引起法律诉讼必须开始的时限的统一规则。

《联合国国际货物买卖时效期限公约》共四部分 46 条，主要内容是对时效期限的定义、期间、起算和计算、停止和延长以及时效期限届满的后果作了具体规定。在《联合国国际货物买卖时效期限公约》通过之前，国际货物买卖中的时效期限各国规定的不一致，从6个月至30年不等，有碍国际贸易的发展。该公约将时效期限统一规定为4年，在4年内买卖双方皆可就国际货物买卖合同的任何争议提起诉讼，仲裁机构和法院不得接受已过时效期限的请求权，也不得对判决予以承认和执行。

《联合国国际货物买卖时效期限公约》还就时效的起算作了详尽的规定，起算日期原则上为自请求权产生之日起计算。但发生下列情况之一，时效期限停止计算，即时效中止：（1）债权人依法向法院起诉或依仲裁协议提交仲裁；（2）债务人死亡或丧失能力；（3）债务人破产或无清偿能力；（4）债务人公司、社团的解散或清算。如果没有中止时效原因出现，时效满4年则期限届满，届满日期如果为节假日，可以顺延。时效期限届满，则债权人的请求权随之消灭。

1974年《联合国国际货物买卖时效期限公约》的适用范围，与1980年《联合国国际货物销售合同公约》的适用范围相吻合，《联合国国际货物买卖时效期限公约》第1条至第6条对此作了明确规定。为使1974年《联合国国际货物买卖时效期限公约》与1980年《联合国国际货物销售合同公约》相配套，在1980年4月的联合国维也纳外交会议上缔结《联合国国际货物销售合同公约》的同时，还通过了《关于修正〈联合国国际货物买卖时效期限公约〉的议定书》。《联合国国际货物买卖时效期限公约》与1980年《关于修正〈联合国国际货物买卖时效期限公约〉的议定书》于1988年8月1日生效，截至2005年上半年，前者有25个参加国，后者有18个参加国。我国并没有参加《联合国国际货物买卖时效期限公约》，但是，我国《合同法》及《民法典》均规定国际货物买卖合同和技术进出口合同争议提诉讼或者申请仲裁的时效期间与《联合国国际货物买卖时效期限公约》规定的4年期间相同。

我国《合同法》规定国际货物买卖合同和技术进出口合同提起诉讼或者申请仲裁的期间为4年的立法理由还在于，此类案件争议一般都比较复杂、涉及标的额也较大，为了更有效地保护当事人的合法权益，法律规定比普通诉讼时效更长的期间。[①]

① 参见胡康生主编:《中华人民共和国合同法释义》，法律出版社2013年版，第221页。

第二分编　典型合同

第九章　买卖合同

第五百九十五条　买卖合同是出卖人转移标的物的所有权于买受人，买受人支付价款的合同。

【条文主旨】

本条是关于买卖合同概念的规定。

【条文理解】

买卖合同是约定出卖人转移买卖标的物的所有权于买受人，买受人支付价款的合同。买卖关系的主体是出卖人和买受人，转移买卖标的物的一方为出卖人，也就是卖方；受领买卖标的物、支付价款的一方是买受人，也就是买方。

一、关于买卖合同的调整范围

买卖合同在各国债法或者合同法中都作为一种最重要的合同加以规定。但是，对于买卖合同所调整的范围，有两种代表性的做法：一是以英美法系国家的买卖法为代表，把买卖合同的调整范围限于有形的动产买卖。如美国《统一商法典》买卖篇的 2–102 条规定，该买卖篇原则上适用于涉及货物的交易。2–105 条将“货物”定义为除作为支付价款之手段的金钱、投资证券和通过法律程序追索金钱或者其他动产的权利以外的所有在特定于买卖合同项下可以移动的物品（包括特别制造的货物）。1873 年的《英国货物买卖法》对货物的定义与美国《统一商法典》相似。1980 年的《联合国国际货物销售合同公约》第 2 条采用排除法，将个人消费品、拍卖、国家强制买卖、股票、投资证券、流通票据以及货币的买卖、船舶、气垫船、飞机买卖和电力买卖以外的动产买卖定义为“国际货物买卖”。由此，有的学者就将这些作为动产的货物买卖称为一般买卖，将一般买卖之外的诸如不动产买卖、无体物的买卖、权利买卖包括证券的买卖等归为特殊买卖。二是以大陆法系的一些国家和地区为代表，将买卖的标的不只限于货物，还包括其他的财产权利。例如，《日本民法典》第 555 条规定，买卖，因当事人相约，一方移转某财产权于相对人，相对人对之支付价金，而发生效力。又如，我国台湾地区“民法”第 345 条的规定，称买卖者，谓当事人约定一方移转财产权于他方，他方支付价金之契约。我国台湾地区的权威学者也在著述中表明，买卖以财产权转移为目的，包括物及权利。

关于财产权利和无体物等能否成为买卖合同的标的，学界存在着不同的观点。狭义观点认为，我国民法理论对于买卖合同的标的物，一般不称财产而称物品，因此，以权利为标的物的合同（如专利权转让合同）和以无体物为标的物的合同（如供电合同）不属于买卖合同的范围。广义观点认为，买卖合同的标的物应当既有财物，也有法律允许转让的权利，如知识产权。在《合同法》的立法过程中，关于买卖合同的调整范围应当如何确定曾经有过讨论。最后确定的立法方案是以有形的动产交易为主，对不动产和知识产权等无形权利，交给其他专门法律解决。因买卖合同作为有偿合同的典型，其他专门法律对于有偿合同有规定的，适用其规定，没有规定的，可以适用《合同法》总则的规定，参照买卖合同的有关规定。《民法典》的编纂坚持了这一立法传统。

二、买卖合同的法律特征与分类

（一）买卖合同的法律特征

买卖合同作为最重要的典型合同，对其法律特征可以从如下六个方面进行把握：

第一，买卖合同是有名合同。买卖合同是《合同法》分则中明确规定的合同，因而属于有名合同。买卖合同是最基本的有名合同。

第二，买卖合同是约定卖方转移财产所有权，买方支付价款的合同。首先，买卖合同是约定卖方转移财产所有权的合同，卖方不仅要将标的物交付给买方，而且要将标的物的所有权转移给买方。转移所有权这一义务使买卖合同与一方也要交付标的物的其他合同，如租赁合同、借用合同、保管合同等区分开来。其次，买卖合同是约定买方应支付价款的合同，并且价款是取得标的物所有权的对价。这又使买卖合同与其他转移财产所有权的合同，如互易合同、赠与合同区别开来。

第三，买卖合同是双务合同。出卖人与买受人互为给付，双方都享有一定的权利，又都负有相应的义务。卖方负有交付标的物并转移其所有权于买方的义务，买方也同时负有向卖方支付价款的义务。一方的义务也正是对方的权利。因此，买卖合同是一种典型的双务合同。

第四，买卖合同是有偿合同。出卖人与买受人有对价关系，卖方取得价款是以转移标的物的所有权为代价的，买方取得标的物的所有权是以给付价款为代价的。买卖合同的任何一方从对方取得物质利益，都需要向对方付出相应的物质利益。因此，买卖合同是典型的有偿合同。

第五，买卖合同多是诺成合同。一般当事人就买卖达成合意，买卖合同即成立，而不以标的物或者价款的现实交付为成立的要件。如《法国民法典》规定，当事人就标的物及其价金相互同意时，即使标的物尚未交付、价金尚未支付，买卖合同也告成立。但是，买卖合同当事人也可以在合同中作出标的物或者价款交付时，买卖合同始为成立的约定。此时的买卖合同即为实践合同或者称要物合同。

第六，买卖合同为要式或者不要式合同。从法律对买卖合同形式的要求区分，既可有要式合同，又可有不要式合同。例如，房屋买卖合同需采用书面形式，是要式合同；即时清结买卖合同法律对合同的形式一般不作要求，为不要式合同。

（二）买卖合同的分类

在学理上，可以从不同的角度对买卖合同进行分类。

按照买卖有无特殊的方式，买卖合同可分为一般买卖和特种买卖。试验买卖、分期付款买卖、凭样品买卖、买回买卖、拍卖、标卖等有特殊方式的买卖为特种买卖，除此之外无特殊方式的买卖为一般买卖。

根据当事人双方的买卖是否以一次完结为标准，买卖合同可分为一时买卖与连续交易买卖。一时买卖是指当事人双方仅进行一次交易即结束双方之间的买卖关系的买卖，即使双方之间有多次交易，每次交易也都是单独的，而无连续性。连续交易的买卖是指当事人双方于一定的期限内，卖方定期或者不定期地供给买方某种物品，买方按照一定标准支付价款的买卖，双方之间的每次交易都是有关联的。

按照是否采用竞争的方法进行买卖，买卖合同可分为自由买卖和竞价买卖。未采用竞争方法买卖的，为自由买卖。采用竞争方法买卖的，为竞价买卖，如拍卖。这些分类方法，有助于我们从不同的角度对买卖合同的具体内容进行更为准确的把握。

【审判实践中应注意的问题】

在判断合同性质和类型时，必须根据当事人在合同中关于双方主要权利义务的约定，判断法律关系的种类及其内容。

第五百九十六条 买卖合同的内容一般包括标的物的名称、数量、质量、价款、履行期限、履行地点和方式、包装方式、检验标准和方法、结算方式、合同使用的文字及其效力等条款。

【条文主旨】

本条是关于买卖合同内容的提示性规定。

【条文理解】

本法第470条第1款规定："合同的内容由当事人约定，一般包括下列条款：（一）当事人的姓名或者名称和住所；（二）标的；（三）数量；（四）质量；（五）价款或者报酬；（六）履行期限、地点和方式；（七）违约责任；（八）解决争议的方法。"本条规定的含义是，在买卖合同中，当事人可以根据具体标的，在本法第470条第1款规定的条款之外，再约定包装方式、检验标准、检验方法、结算方式、合同使用的文字及其效力等条款。本条只是起到一种提示性的作用，一般对于买卖合同的成立及效力和买卖合同当事人的具体权利义务等并无实质性的影响。

第五百九十七条 因出卖人未取得处分权致使标的物所有权不能转移的，买受人可以解除合同并请求出卖人承担违约责任。

法律、行政法规禁止或者限制转让的标的物，依照其规定。

【条文主旨】

本条是关于出卖人无权处分情形下买卖合同效力、违约责任承担的规定。

【条文理解】

无权处分行为是现代社会生活中的常见现象，在买卖交易关系中该问题更为普遍，因此，对买卖合同情形下无权处分行为的效力进行研究和认定，不仅有深刻的理论意义，而且有重大的现实意义。根据买卖合同法理，出卖人负有交付买卖标的物并移转其所有权的义务，因此，原则上出卖人应当对标的物享有所有权或者处分权。然而，出卖人在出卖他人之物时，并无所有权或者处分权，对于该买卖合同及物权变动的效力如何认定，对于买卖合同当事人及标的物所有权人之间的权利义务关系影响甚巨。该问题之解决触及无权处分之效力问题。而无权处分之效力，关涉诸多民法制度及理论，如合同相对性、权利瑕疵担保责任、善意取得制度、物权变动的原因与结果的区分原则、不当得利和给付不能理论等，几乎牵动着整个民法体系，其制度完善的重要性不言而喻。本条是在删去《合同法》第51条关于无权处分规定的基础上，吸收《买卖合同司法解释》第3条的规定，所作的增补规定。在《民法典》的编纂过程中，这一条文如何设计是一个重点研究和讨论的问题。

一、无权处分合同的效力认定

无权处分，是指没有处分权而处分他人财产。无权处分的意义，与民法理论上“负担行为”和“处分行为”的概念密切相关。其中，处分行为是指“直接发生财产权移转或消灭效果的行为”，负担行为是指“发生债法上给付义务效果的财产行为”；负担行为表现为债权行为，而处分行为表现为物权行为和准物权行为。[①]负担行为发生的法律效果是债权的产生和变更，处分行为发生的法律效果是财产权利的产生和变更。区分负担行为与处分行为的主要实际意义是：其一，处分行为之有效以处分人具有处分权为要件；反之，负担行为则不以负担义务者有处分权为必要。其二，处分行为适用优先次序原则；反之，负担行为则无次序关系。[②]

出卖他人之物，可谓无权处分的常见类型。此外，出租他人之物、抵押他人之物等，亦属无权处分，少有争议。关于出卖他人之物情形下无权处分所订立合同的效力，学界主要存在“合同无效说”“效力未定说”“完全有效说”三种观点。

（一）合同无效说

该说以“给付不能理论”为基础，认为在缔结出卖他人之物的合同场合，由于处分人对标的物没有所有权或处分权，因此，属于以“不能履行的给付”为合同标的之情形，应当认定合同无效。例如，《德国民法典》第306条规定：“以不能的给付为标的之契约，无效。”我国台湾地区“民法”第246条与德国民法上述规定基本相同。其立法理由在于：若要使法律行为发生效果，其标的必须是可能实现的。如果标的不可能实现，则即便法律对于当事人的意思给予自治之助力，亦无法促使其达成合同目的。

① 张俊浩主编：《民法学原理》，中国政法大学出版社1997年版，第215~216页。

② 王泽鉴：《民法学说与判例研究》（第5册），中国政法大学出版社1998年版，第47页。

（二）效力未定说

该说是《物权法》颁行之前比较流行的解释。该说认为，无权处分情形下缔结的合同效力处于未定状态。具体而言：（1）明确区分处分行为与负担行为，同时认为，动产的买卖合同双方虽然属于债权关系，但债权的行使或者债务履行的结果，将导致物权的转移变更，因此，动产买卖既包含负担行为也包含处分行为。[①]（2）根据《合同法》第51条之规定，无处分权的人处分他人财产，经权利人追认或者无处分权的人订立合同后取得处分权的，该合同有效。在权利拒绝追认和处分人事后未取得权利的情形下，该合同无效。此外，为保障交易安全，在无权处分合同无效的情形下，判断权利人可否从相对人处取回标的物，应当依据善意取得制度。[②]

（三）完全有效说

该说认为，依据民法理论，法律上的处分包括负担行为和处分行为。《合同法》第51条中"处分"的法律定位应当是处分行为，而不包括负担行为。出卖他人之物合同属于负担行为，该合同之效力，不以处分人对标的物享有所有权或处分权为要件，也不当然地受双方主观上是否善意之影响，该处分合同是确定有效的。[③]依据处分合同，处分人负有变更标的物权利的义务。出卖他人之物的行为，属于处分行为，是《合同法》第51条规定的无权处分行为，该处分行为是效力未定的。若处分人已将标的物权利转移于买受人，则出卖人履行合同的结果就是无权处分行为结果的实现。该处分行为是否有效，取决于权利人是否追认或出卖人是否取得处分权。若权利人予以追认或者处分人取得处分权，则其处分行为自始有效；否则，该处分行为自始无效，处分人因其不能履行合同而承担违约责任。在标的物为动产且已交付于相对人之情形，若相对人为善意，则即使权利人没有追认或者处分人嗣后未能取得处分权，相对人也可以

① 梁慧星：《民法总论》，法律出版社2001年版，第226页。
② 崔建远：《无权处分辨》，载《法学研究》2003年第1期。
③ 韩世远：《无权处分与合同效力》，载《人民法院报》1999年11月23日。

根据善意取得制度而取得标的物的权利。在标的物为不动产且已经变更物权登记的场合，在相对人善意的情形下，即便处分人没有处分权，鉴于不动产登记的公信效力，相对人也可以取得标的物的权利。[①]

我们认为，将《合同法》第51条中的"处分"定位为处分行为，而不包括负担行为，可以使我们廓清当前理论上对该问题中的一些纠缠不清的纷争和误解，更正确地认识债权与物权之区别，有助于妥当地理顺出卖他人之物与无权处分之间的关系。从本条规定的表述来看，立法机关的立场实际上已经采纳了"完全有效说"。其妥当性可以论证如下：

第一，尽管我国学界通说并未完全接受德国法上的物权行为独立性和无因性理论，但是已经接受了处分行为与负担行为的概念。《物权法》第15条关于"当事人之间订立有关设立、变更、转让和消灭不动产物权的合同，除法律另有规定或者合同另有约定外，自合同成立时生效；未办理物权登记的，不影响合同效力"的规定，明确地表明我国立法已经接受"区分物权变动的原因与结果"的原则。因此，在规范无权处分合同的效力时，应特别注意区分负担行为与处分行为，区分物权变动的原因与结果，区分合同的效力与合同的履行，区分买卖合同与无权处分。一言以蔽之，无权处分与合同效力并非必然有相同的结果。

第二，从历史解释的角度观之，立法史上《合同法》各个草案关于无权处分的规定，虽然始终试图解决所有权的安全与交易安全的平衡，但却因在基本前提上没有区分负担行为与处分行为而难以遂愿。《合同法（专家建议稿）》第46条规定："以处分他人财产权利为内容的合同，经权利人追认或者行为人于订约后取得处分权的，合同自始有效。行为人不能取得处分权，权利人又不追认的，无效。但其无效不得对抗善意第三人。"就该条而言，它一方面将合同的效力取决于

① 王闯：《试论出卖他人之物与无权处分——兼释合同法第132条与第51条之间的关系》，载《人民司法》2000年第11期。

合同之外的权利人的同意，另一方面又规定在合同无效时，不能对抗善意第三人（即合同的另一方当事人）。如果合同的无效不能对抗合同的当事人，那么，这种无效的效力又体现在什么地方呢？可见，该条未能很好地解决在合同无效后第三人善意取得的问题，未能较好地保护交易安全。其后，《合同法（征求意见稿）》第 31 条规定："无处分权的人处分财产或者共有人未经过其他共有人同意处分共有财产，善意相对人因交付或者登记已经取得该财产的，合同视为有效，但该财产对处分权人具有特殊作用的除外。"该条规定虽然改变了专家稿的做法，使合同的效力取决于善意相对人是否已经构成善意取得，但如此一来，在无权处分合同的效力待定中，真正权利人的意思已经无足轻重；而且，假如善意取得不成立，真正权利人是否可以行使追认权或者拒绝追认而使合同无效呢？从该条规定中无法得出结论，未能周全地保护所有权安全。最后，《合同法（全民讨论稿）》第 51 条和《合同法》第 51 条规定："无处分权的人处分他人财产，经权利人追认或者无处分权的人订立合同后取得处分权的，该合同有效。"从上述立法过程看，各草案之所以没有妥善地解决所有权安全与交易安全的平衡问题以及合同效力与善意取得问题，是因为这些规定都是建立在这样一个基本前提之上：合同的生效与被处分财产权利的转移是不被分开的。而正是因为合同的效力与被处分财产的权利转移被纠缠在一起，正因为负担行为与处分行为未被区分，所以就有了这个问题难以说清的感觉。①

第三，从比较法的解释观之，1994 年国际统一私法协会制定的《国际商事合同通则》规定："合同订立时一方当事人无权处置与该合同相关联之财产的事实本身，不影响合同的效力。"其理由之一就是：签约人的确经常在合同订立后获得对财产的合法权利或处分权，如果签约人事后未获得这些权利，则可以适用有关不履行的规定，

① 王闯：《试论出卖他人之物与无权处分——兼释合同法第 132 条与第 51 条之间的关系》，载《人民司法》2000 年第 11 期。

使其承担违约责任。[①]《欧洲合同法原则》的规定与《国际商事合同通则》的上述规定基本相同。日本民法并未采纳德国的无权行为无因性理论，出卖他人之物的买卖被作为出卖人承担瑕疵担保责任的典型情形，并未规定合同无效，而是明文规定出卖他人之物的买卖合同有效。即便是法国民法，除了认为出卖他人之物的合同无效外，对其他无权处分的情形，也是承认合同有效。在英美法系中，《英国货物买卖法》第12条规定，除第3款另有规定者外，在任何买卖合同中，出卖人均有一项默示的义务，即保证其有出售该项货物的权利，而且明确规定出卖人对货物权利的默示担保义务属于合同的条件条款。这意味着出卖人在违反权利担保时，买受人有权解除合同。但英国法律规定，当事人可以在合同中将条件条款视为担保条款，在出卖人违反条件条款时，可以不解除合同，而是要求替代履行或主张出卖人承担违约责任。由此可见，出卖人对合同的标的物无权处分，并不导致合同的当然无效，是否解除合同由当事人确定。美国《统一商法典》第2-312条第1款规定："除本条第2款另有规定，买卖合同中包含出卖人的下列担保：a. 所转让的所有权是完好的，并且转让的方式是适当的；并且b. 所交付的货物上不存在任何买受人在订立合同时所不了解的担保权益或留置权。"由于美国法坚持合同的"完整履行原则"，如果货物或交付有任何不符合同之处，在接收货物之前一般买受人享有拒收权。在特定情况下，买受人在接受货物以后，仍然可以撤回对货物的接受。买受人拒收或撤回接受以后，买受人有权解除合同，但应当注意的是，即使在买受人拒收或撤回接受以后，合同并不自然解除，买受人仍然有权要求出卖人交付与合同相符的货物。由此可见，美国《统一商法典》对于出卖人无权处分标的物的行为，并不按无效合同来处理，而是由买受人根据自己的利益选择处理的方式。上述法律的规定及其理由以及英美法的相关规定，可谓出卖他人之物的合同有效论的又一力

① 国际统一私法协会：《国际商事合同通则》，法律出版社1996年版，第53页。

证。在世界发达国家和地区的合同法均一致地认为出卖他人之物的合同有效的情况下，将无权处分合同规定为合同效力待定或无效合同，并无充分的理由。

第四，从审判实践中的情况看，无权处分不影响合同效力已经成为司法实践中的主流认识。《合同法司法解释（二）》第15条规定："出卖人就同一标的物订立多重买卖合同，合同均不具有合同法第五十二条规定的无效情形，买受人因不能按照合同约定取得标的物所有权，请求追究出卖人违约责任的，人民法院应予支持。"由于违约责任是以存在有效合同为前提，该条规定实际上已经承认出卖他人之物的合同有效性，亦即承认了买卖等合同的效力不受处分权有无之影响。《买卖合同司法解释》第3条第1款规定："当事人一方以出卖人在缔约时对标的物没有所有权或者处分权为由主张合同无效的，人民法院不予支持。"从实践效果来看，在无权处分导致标的物所有权不能转移的情况下，使买受人可追究出卖人的违约责任，从而比较周到地保护了善意买受人的权益。

综合以上考虑，《民法典》将《合同法》第51条从总则部分移至本章加以规定，由本条所使用的违约责任一词可以明确得出买卖合同不因出卖人无权处分而无效的结论。但本条第2款同时规定，对于法律、行政法规禁止或者限制转让的标的物，则应当依照法律、行政法规的相关规定认定效力，而不能简单适用第1款的规定。

二、出卖人无权处分之违约救济方式

根据本条规定，出卖人因未取得所有权或者处分权致使标的物所有权不能转移，买受人有权请求解除合同并请求出卖人承担违约责任。由此，买受人的救济方式包括两个方面：解除合同和要求出卖人承担违约责任。应当注意的是，违约救济是一个比违约责任外延更大的概念，损害赔偿虽然可以纳入违约责任范畴，但解除合同则显难谓为违约责任，而属于违约救济之范畴。

【审判实践中应注意的问题】

本条规定从总则部分移至分则部分，并不意味着其适用范围仅限于出卖人无权处分的买卖合同。对于出租他人之物、以他人之物设定权利负担（抵押、质押）等无权处分行为，可以根据本法第646条关于“法律对其他有偿合同有规定的，依照其规定；没有规定的，参照适用买卖合同的有关规定”进行类推适用。

第五百九十八条　出卖人应当履行向买受人交付标的物或者交付提取标的物的单证，并转移标的物所有权的义务。

【条文主旨】

本条是关于出卖人主给付义务的规定。

【条文理解】

买卖合同的买受人的目的就是取得标的物的所有权，所以交付标的物并转移标的物所有权是出卖人最基本的义务，学理上也称之为主给付义务。这在各国或者地区的相关规定中都是一致的，如德国民法与我国台湾地区“民法”对出卖人义务的规定首先就是出卖人负有向买受人交付其物，并使买受人取得该物所有权的义务。《联合国国际货物销售合同公约》第30条也规定：“卖方必须按照合同和本公约的规定，交付货物，移交一切与货物有关的单据并转移货物所有权。”

交付是指标的物占有的转移。民法理论将标的物的交付分为现实交付和拟制交付两种。现实交付，是指出卖人将标的物的占有直接转移于买受人，使标的物处于买受人的实际管领和支配之下。拟制交付（学说上又称之为返还请求权让与或指标交付），是指出卖人将对标的物占有的权利转移于买受人，以替代现实的交付。本法第227条关于“动产物权设立和转让前，第三人占有该动产的，负有交付义务的人可以通过转让请求第三人返还原物的权利代替交付”的规定，即为拟制交付，是指在标的物由第三人占有时，出卖人将对于第三人的请求提取标的物的权利让与买受人，以代替标的物的现实交付。本条所称“提取标的物的单证”，最常见的是仓单、提单等物权凭证，将物权凭证交给买受人能够起到替代现实交付的效果。

如上文所述，买卖合同中买受人的目的是取得标的物的所有权，将标的物的所有权转移给买受人是出卖人的基本义务。出卖人是否适当履行了交付标的物所有权的义务，应当结合本法第 2 编第 1 分编第 2 章第 2 节关于“动产交付”的相关规定加以判断。

【审判实践中应注意的问题】

交付标的物并向买受人移转标的物所有权是出卖人的主给付义务。判断出卖人是否适当履行了这一主给付义务，应当结合本法物权编关于“动产交付”的相关规定加以判断。

第五百九十九条　出卖人应当按照约定或者交易习惯向买受人交付提取标的物单证以外的有关单证和资料。

【条文主旨】

本条是关于出卖人交付有关单证和资料等从给付义务的规定。

【条文理解】

前条规定了出卖人以“交付提取标的物的单证”这一拟制交付的方式履行买卖合同项下的主给付义务，本条则是关于出卖人交付提单、仓单等提取标的物单证以外的有关单证和资料的从给付义务。在现实经济生活中，出卖人在交付仓单、提单等用于提取标的物的单证外，还需要交付其他一些单证和资料，比如商业发票、产品合格证、质量保证书等。本条规定在参考《联合国国际货物销售合同公约》第34条关于“如果卖方有义务移交与货物有关的单据，他必须按照合同所规定的时间、地点和方式移交这些单据”的规定内容基础上，规定了出卖人应当根据买卖合同的约定或者交易习惯向买受人交付相关单证。为了给司法实践提供更为明确的指引，《买卖合同司法解释》第7条规定“提取标的物单证以外的有关单证和资料”主要应当包括保险单、保修单、普通发票、增值税专用发票、产品合格证、质量保证书、质量鉴定书、品质检验证书、产品进出口检疫书、原产地证明书、使用说明书、装箱单等。值得指出的是，前述从给付义务的履行虽然不如主给付义务重要，但对于保障主给付义务的圆满履行却有实益，有时甚至是不可或缺，对于当事人合同目的的实现存在重大影响。《买卖合同司法解释》第25条规定：“出卖人没有履行或者不当履行从给付义务，致使买受人不能实现合同目的，买受人主张解除合同的，人民法院应当根据合同法第九十四条第（四）项的规定，予以支持。”由此可见，如果从给付义务的履行导致当事人不能实现合同目的，守约方可以请求解除合同并要求违约方承担损害赔偿责任。

【审判实践中应注意的问题】

对于本条规定的义务内容及不履行的法律后果，《买卖合同司法解释》第7条、第25条进行了进一步的具体解释。

第六百条　出卖具有知识产权的标的物的，除法律另有规定或者当事人另有约定外，该标的物的知识产权不属于买受人。

【条文主旨】

本条是关于具有知识产权的标的物买卖中知识产权归属的规定。

【条文理解】

在买卖合同中，有些标的物本身可能是一定知识产权的载体，如计算机软件等。本条规定的意旨在于说明作为知识产权的载体的买卖与知识产权买卖的不同。知识产权的买卖是权利买卖的一种。涉及权利主体转变的合同法律关系，在有关法律中一般称为权利转让。在权利转让中，当事人所追求的合同目的与一般的货物买卖是不同的。尽管从根本上说，一般货物买卖也是权利，即货物所有权的转移，但是，货物的所有权是建立在现实的、可见的实物之上，该所有权是一个法律上的抽象概念，当事人所追求的是物的实用性。而权利买卖或者转让则不同，当事人所追求的是权利本身所体现的利益。作为买卖对象的权利，尽管也有一定的载体，但买卖当事人看重的显然不是该载体本身，而是通过它表现的一定技术以及对这一技术享有支配的权利而能带来的利益。因此，如果一个买卖合同的标的物本身体现着一定的知识产权，除非当事人明确表明或者法律有相关规定（如著作权法规定美术作品的展览权随作品原件转移），买卖可以影响知识产权，否则，该标的物所体现的知识产权就不转移于买受人。

【审判实践中应注意的问题】

在审判工作中，对于含高新技术等知识产权内容的商品或货物的买卖合同，要注意根据当事人约定的内容确定合同标的，原则上，商品或货物的买卖不转移知识产权。

第六百零一条　出卖人应当按照约定的时间交付标的物。约定交付期限的，出卖人可以在该交付期限内的任何时间交付。

【条文主旨】

本条是关于标的物交付期限的规定。

【条文理解】

本法第509条第1款规定：“当事人应当按照约定全面履行自己的义务。”据此，当事人按照合同约定的期限交付标的物，是全面履行义务的当然内容和必然要求。对于是否按照约定期限履行的判断，可以区分为两种情况：

第一，合同约定在某确定时间交付。除对交付的时间有精确要求的合同外，一般落实到具体某日即是合理的。出卖人应按约定的时间履行标的物交付义务。迟于此时间，即为迟延交付。早于此时间，即为提前履行，严格意义上也是一种违约。按照本法第530条的规定，买受人可以拒绝出卖人提前履行债务，但提前履行不损害买受人利益的除外；出卖人提前履行债务给买受人增加的费用，由出卖人承担。

第二，合同约定在某一期限内交付。现实生活中大量的合同是约定了一个交付的期限。交付期限指的是一个时间段，这一时间段是某几年、某几月或者某几天都有可能。这种情况下，依照本条规定，出卖人就可以在该交付期限内的任何时间交付，这也是符合当事人意图的。

本条的规定，借鉴了《联合国国际货物销售合同公约》第33条的规定，即：“卖方必须按以下规定的日期交付货物：（1）如果合同规定有日期，或从合同可以确定日期，应在该日期交货；（2）如果合同规定有一段时间，或从合同可以确定一段时间，除非情况表明应由买方选定一个日期外，应在该段时间内任何时候交货；或者（3）在其他情况下，应在订立合同后一段合理时间内交货。”

【审判实践中应注意的问题】

注意根据合同约定，准确界定当事人履行合同的期限。

第六百零二条　当事人没有约定标的物的交付期限或者约定不明确的，适用本法第五百一十条、第五百一十一条第四项的规定。

【条文主旨】

本条是关于交付期限没有约定或约定不明情形下交付期限确定规则的规定。

【条文理解】

从条文本身的内容以及立法的体例安排和立法技术上看，本法第510条与第511条是两个非常重要的条文，对于合同内容的确定和合同的履行具有重要的意义。合同编第2分编各章中经常要引用这两条以确定各种合同约定不明时解决问题的规则。

按照本法第510条规定，合同生效后，当事人就标的物的交付期限没有约定或者约定不明确时，当事人可以协商达成补充协议；不能达成补充协议的，按照合同有关条款或者交易习惯确定。如果这样仍然不能确定，按照本法第511条第4项的规定，出卖人就可以随时履行，买受人也可以随时要求出卖人履行，但应当给对方必要的准备时间。为了使买受人有一个合理的准备接收标的物的时间，如准备仓库等，出卖人应当在交付之前通知买受人。即使法律对此不作规定，这也是出卖人按照诚信的合同原则应当履行的义务，因为通知一下对出卖人来说并不是多大的负担，却可以使买受人免受可能的损害。至于这段准备时间应当多长，则应当根据具体的情况合理地确定，难以一概而论。

【审判实践中应注意的问题】

在合同就交付期限没有约定或者约定不明的情况下，确定交付期限的方法首先应当由当事人协议补充，不能协议补充的，按照合同有关条款或者交易习惯确定；仍不能确定的，应当允许当事人随时（要求）履行。这个顺序有其正当意义，不可无视。

第六百零三条 出卖人应当按照约定的地点交付标的物。

当事人没有约定交付地点或者约定不明确，依据本法第五百一十条的规定仍不能确定的，适用下列规定：

（一）标的物需要运输的，出卖人应当将标的物交付给第一承运人以运交给买受人；

（二）标的物不需要运输，出卖人和买受人订立合同时知道标的物在某一地点的，出卖人应当在该地点交付标的物；不知道标的物在某一地点的，应当在出卖人订立合同时的营业地交付标的物。

【条文主旨】

本条是关于合同没有约定或约定不明情形下标的物交付地点确定规则的规定。

【条文理解】

出卖人在约定的交付地点向买受人交付标的物是其基本合同义务，当事人违反合同约定未在约定地点交付标的物构成违约，应当承担相应的违约责任，这一点无须多加说明。在绝大多数情况下，买卖合同中都会对交付地点作出明确的约定，但在当事人未约定交付地点或约定不明的情况下，在案件审理中如何确定交付地点，是长期困扰审判实践的一个疑难、复杂问题。从审判实践中的情况来看，争议主要集中在两个方面：一是在合同对交付地点没有约定或约定不明的情况下，如何根据合同有关条款或者交易习惯确定交付地点；二是“标的物需要运输”的准确含义应当如何界定，卖方代办运输或买方自行运输是否包括在内。

就买卖合同中双方当事人没有约定履行地点或约定不明的情况下如何确定履行地点的问题，各国立法的规定并不相同。《联合国国际货物销售合同公约》第31条规定："如果卖方没有义务要在任何其他地点交付货物，其交货义务如下：（a）如果销售合同涉及货物的运输，卖方应把货物移交给第一承运人，以运交给买方；（b）在不属于上一款规定的情况下，如果合同指的是特定货物或者从特定存货中提取的或尚待制造或生产的未经特定化的货物，而双方当事人在订立合同时已知道这些货物是在某一特定地点，或将在某一特定地点制造或生产，卖方应在该地点把货物交给买方处置；（c）在其他情况下，卖方应在他订立合同时的营业地把货物交给买方处置。"本条规定主要参考了该公约的规定。

在《民法典》中，第510条、第511条第3项、第603条都涉及交付地点没有约定或约定不明情况下如何确定的内容。这三条法律规定相互之间的关系如何，在案件审理中应当如何适用，是审判实践中首先应当注意的问题。但根据本条规定，在买卖合同对于交付地点没有约定或者约定不明的情况下，只能根据本法第510条和第603条确定交付地点。

本法第510条规定："合同生效后，当事人就质量、价款或者报酬、履行地点等内容没有约定或约定不明确的，可以协议补充；不能达成补充协议的，按照合同有关条款或者交易习惯确定。"据此，在当事人对合同的交付地点没有约定或约定不明且不能达成补充协议的情况下，首先应当根据合同有关条款或者当事人之间的交易习惯确定。在通过前述方法仍然不能确定的情况下，接下来才应该根据本条规定来确定交付地点，这是审判工作中确定买卖合同交付地点时应当遵循的基本规则。

一、根据合同有关条款确定合同履行地点

在根据合同条款确定交付地点方面，主要是根据当事人在买卖合

同中所使用的“代办托运”“送货上门”“买方自提”等日常用语来确定交付地点。

自1985年以来，最高人民法院针对如何确定买卖合同履行地这一个问题，先后下发了《关于国内工矿产品购销合同、农副产品购销合同中的合同履行地如何确定的批复》[法（经）复〔1985〕39号]、《关于如何确定合同履行地问题的批复》（1988年4月22日）、《关于购销合同履行地的特殊约定问题的批复》[法（经）复〔1990〕11号]、《关于适用〈中华人民共和国民事诉讼法〉若干问题的意见》（法发〔1992〕22号）、《关于确定购销合同履行地问题的复函》（法经〔1994〕26号）、《关于购销合同的双方当事人在合同中约定了交货地点，但部分货物没有在约定的交货地点交付，如何确定管辖权的复函》（法经〔1995〕206号）、《关于在确定经济纠纷案件管辖中如何确定购销合同履行地的规定》（法发〔1996〕28号）、《关于适用法发〔1996〕28号司法解释问题的批复》（法释〔1998〕3号）等多个司法解释或规范性文件。在这些规范性文件中所体现的基本法理，实际上就是根据大陆法系关于往取之债、赴偿之债和送交之债的基本分类，并根据中国经济生活中的运输方式作了本土化的努力，对交付地点约定不明情形下的确定方法进行了明确。总结上述规范性文件的基本脉络，对于合同约定卖方送货和买方自提这两种固定地点买卖而言，可以作如下理解：当事人在合同中没有约定交货地点的，采用送货方式，即出卖人自备运输工具或自行委托承运人将货物运至买受人所在地或合同约定地点的，不论运费由谁承担，货物送达地为标的物交付地；采用自提方式，即买受人自备运输工具或自行委托承运人到出卖人所在地或合同约定地点提取货物的，不管运费由谁承担，提货地为合同履行地；在合同履行中，买受人请求出卖人将标的物运送至合同约定的交付地点以外的地点的，交付地点为变更后的地点。

二、货交第一承运人即视为交付

随着社会经济的发展，异地买卖已经成为买卖合同的主要类型。

异地买卖往往涉及货物的运输，在标的物需要运输的情况下，双方当事人在合同中一般都会明确约定由谁办理运输及运输费用由谁负担。在国际贸易中，这种约定往往是以贸易术语或交货条件的方式体现出来。例如在CIF、CFR交货条件下，出卖人必须订立有关的运输合同。从实践中的情况来看，对需要运输的标的物双方当事人没有约定如何运输的情况极为少见。一般来说，在合同没有特别约定由出卖人负责代办运输的情况下，办理货物运输应该是买受人自己的事务。换句话说，出卖人本可不负担代办运输义务，但基于诚信和互助协作的履行规则，本条规定了出卖人负有代办运输的附随义务或协助义务。①

在货物交付给承运人以完成交付的情况下，《联合国国际货物销售合同公约》第32条、第67条、第68条在规定卖方"交付"货物时用的都是英文"hand over"（移交），而在其他条文中规定卖方向买方交付货物时用的是英文"delivery"（交付）一词。"hand over"的含义更为浅显易懂，体现的移交行为更为形象具体，强调的是改变货物的实际占有；而"delivery"所表达的交付则是一个专业术语，具有特定的含义，包括：（1）交付是指出卖人的履行行为要使买受人能够适当地占有货物；（2）货物只有符合合同约定，才能视为出卖人完成了交付义务；（3）如果出卖人交付的货物与合同约定不符，则风险不发生转移，亦即货物的风险负担与交付行为是否合乎合同约定挂钩；（4）货物的损失以及运输的成本和费用，在交付之前由出卖人承担；（5）货物的质量和数量要以风险转移的时间来定，而且在大多数情况下是在交付时确定。1964年《国际货物买卖统一法公约》就是在前述意义上使用"delivery"这一词语的。

由于"delivery"一词的法律构成较为复杂，且与涉及货物运输的国际贸易的惯例和通常做法不相符合，在讨论中各国很难取得一致

① 实际上，确定标的物是否需要运输主要是一个根据客观情况确定的事实问题。如果买卖双方当事人处于异地，或者买受人与标的物所在地不属于同一区域，就可以确定标的物需要运输。如果双方当事人对如何办理运输没有约定，由于出卖人负有移交标的物的义务，循此逻辑延伸，认定出卖人有义务将货物交由承运人以运交买受人也就顺理成章了。

意见。因此,《联合国国际货物销售合同公约》采用了另外一种立法思路，即不再界定“delivery”的含义，而是通过具体行为的描述来规范不同情形下出卖人应当履行的交付义务。如“将货物移交（hand over）给第一承运人”或“交由（place）买方处置”。这种措辞上的变化，体现了一个重要的立法原则：在货交承运人的情况下，风险转移与出卖人履行合同约定的交付（delivery）义务分开处理，风险转移的时间依据出卖人履行具体义务的时间（如货物移交第一承运人的时间、货物交由买方处置的时间）加以判定。也就是说，在货交承运人的情况下，风险转移不再与出卖人交付的货物是否符合合同约定挂钩，如果出卖人已经按规定的时间和地点将货物交由买受人处置，买受人不收取货物将被视为违约行为。“《公约》立法的历史表明，第六十七条第一款目的在于提供各种属于‘装运合同’项下货物风险移转的一般规则，这类交易条件下，卖方只要在其营业地或货物存放地点把货物交给第一承运人运交买方，或者在合同指定的某一特定地点把货物交给承运人运交买方就算完成交货任务。”①

我们认为，在理解本条第2款第1项和第607条第2款所规定的“将标的物交付给第一承运人”时，应当采用比较法解释方法，借鉴《联合国国际货物销售合同公约》的立法思路来解释这里“交付”的含义。也就是说，这里所称的交付，是指出卖人向承运人转移标的物的实际占有的行为。只要出卖人向承运人移交了标的物，风险就相应地发生了转移，不论出卖人所交付的标的物是否符合合同的要求。这种解释也符合国际贸易中的惯例和通常做法。

对需要运输的标的物，如果买卖合同中对交付地点没有约定或约定不明，在具体履行过程中，既可以由买受人自备运输工具或雇佣承运人上门提货，也可以由用出卖人自己的车辆送货上门，或者雇佣独立承运人代为运输。这三种情况下，风险转移的规则是否均可适用本条第2款第1项和第607条第2款的规定，实践中的认识并不一致。

---

① 李巍:《联合国国际货物销售合同公约评释》，法律出版社2002年版，第276页。

从文本来源的角度，本条第2款第1项和第607条第2款的规定显然系借鉴了《联合国国际货物销售合同公约》第67条第1款关于“当买卖合同涉及货物的运输，而出卖人没有义务在某一特定地点交付货物时，风险自货物按照买卖合同交付给第一承运人而运交买受人时转移到买受人承担”的规定，因此，我们在解释本条第2款第1项和第607条第2款中“需要运输”的含义时，应当探究该公约是在何种意义上使用“合同涉及货物的运输”这一表述方式。

张玉卿先生认为，合同涉及货物的运输，就是指销售合同明示或默示地规定了对货物的运输，例如卖方被要求或被授权将货物运交买方。在国际贸易中，除非相邻国家的卖方自行将货物送到买方之处或者买方自行直接到卖方处提货，几乎所有的国际货物买卖都涉及货物的运输。在这种情况下，合同通常通过“装运条款”具体规定货物的运输方式以及买卖双方各自的权利义务。理解《联合国国际货物销售合同公约》的本条规定，主要应当把握“涉及货物的运输”和“承运人”。“运输”（carriage）在国际货物买卖中是指经由某个第三人承担的移动货物的行为，通常排除了合同当事人在缔结合同后将货物从一个地方移动到另一个地方的行为。“涉及”（involve）是指根据合同条款规定的运输安排，不能简单地理解为合同缔结的一个后果。“承运人”（carrier）是独立于买卖双方当事人之外的从事运输业务的第三人，指与货物买卖合同一方当事人签订公路运输、铁路运输、空运、海运或多式联运合同的人。这一理解也符合1978年《联合国海上货物运输公约》(《汉堡规则》）中关于承运人的定义。该公约第1条第1款规定：“‘承运人’是指其本人或以其名义与托运人签订海上货物运输契约的任何人。”《国际贸易术语解释通则指南》指出，“承运人”包括那种不拥有或经营运输设备，但“以合同承运人身份承担运输责任”的企业。以上定义都强调了签订“运输合同”一词，从而当然地排除了卖方用自己的运输工具运送货物的情况。[①] 姜风纹先生亦认为：

① 张玉卿编著：《国际货物买卖统一法——联合国国货物销售合同公约释义》，中国商务出版社2009年版，第425~429页。

"'涉及货物运输'的合同，却不包括要求出卖人用自己的运输工具将货物运交买受人的合同，因为根据《公约》第67条的规定，货物的风险只有在货物被'交付给''承运人'时才转移，而此处，尽管出卖人是运输者，也不是《公约》意义内的'承运人'。因为，根据《公约》的规定，'承运人'，如本章第一节出卖人义务一节所述，是指'签订运输合同或以其名义签订运输合同的人'。这一定义，当然排除了以出卖人自己的运输工具进行的货物运输。而且，当出卖人以自己的运输工具运送货物时，'交付'货物，即转移货物占有这一行为在装、运货物期间并没有发生，货物仍在出卖人手中，因此，当出卖人既是出卖人又是运输者时，风险在出卖人将货物装上自己的运输工具时不转移给买受人。"①

由上可见，对于《联合国国际货物销售合同公约》第67条第1款关于"涉及货物的运输"的规定应当排除出卖人以自己的运输工具送货上门这一点，学界的认识并不存在分歧。因此，我们在解释本条第2款第1项和第607条第2款时，应当将其限定在需要独立于合同当事人之外的承运人进行运输的情形，将买受人自行负责运输和出卖人负责送货上门这两种情况排除在外。

【审判实践中应注意的问题】

交付地点的确定对于买卖合同纠纷案件的审理意义重大，直接影响到案件中履行费用的负担、风险负担、是否违约及违约责任的承担等重大事项的认定和审理。这就要求我们在案件审理中根据法律规定确定交付地点，并在此基础上确定当事人的权利义务。

① 姜凤纹:《国际货物买卖中的统一法律问题》，法律出版社1988年版，第44页。

第六百零四条 标的物毁损、灭失的风险，在标的物交付之前由出卖人承担，交付之后由买受人承担，但是法律另有规定或者当事人另有约定的除外。

【条文主旨】

本条是关于标的物风险负担的规定。

【条文理解】

风险负担制度作为在当事人之间就标的物毁损、灭失的不幸损害进行合理分配的制度，向来都是买卖法中的核心问题。在买卖合同中，风险由谁负担就意味着谁将承担不利的后果，涉及买卖双方当事人最根本的利益，以至于有学者认为，买卖法的目的就在于把基于合同关系所产生的各种损失的风险在当事人之间适当分配。[①] 从立法例来看，各国立法对风险负担制度均有相应规定，本法沿袭了《合同法》的规定，对此予以专门规定。从审判实践的情况来看，在买卖合同纠纷案件中当事人因风险负担问题发生争议的数量不断增多，有加以专门说明的必要。

一、风险负担的概念

对于买卖合同风险负担中"风险"或"危险"的具体含义，大多数国家或地区的立法以及有关国际条约并未予以明确界定。因此，学理上对于何谓"风险"、当事人承担风险损失的具体表现等问题，存

① 冯大同主编：《国际货物买卖法》，对外贸易教育出版社1993年版，第132页。

在不同的理解。

（一）价金风险说

黄茂荣先生认为："在债务关系通常所谓危险指两种情形：一是价金危险，另一是给付危险。所谓给付危险，其法律上之意义为负担此危险者，有义务使约定的给付，无论如何成为可能。且当该给付变为不可能时，不管其不能是否可归责于该负有给付危险之当事人，他皆应负债务不履行的责任。""所谓价金危险，乃指因不可归责于双方当事人之事由，致标的物毁损、灭失时，其价金之危险，由谁负担而言。"[①] 也就是说，给付风险主要解决的是债务不履行的责任问题，而价金风险针对的是标的物毁损、灭失时买受人的对待给付义务（即支付价款）是否仍然存续的问题。

（二）给付风险与价金风险二元说

黄立教授等学者认为，风险负担包括给付风险和价金风险，即包括出卖人是否仍负有给付标的物之义务，以及若出卖人免给付义务时，买受人是否仍负有对待给付（价金）之义务。[②] 给付风险用于解决债务人就债之标的之灭失，有无再为给付之义务；对待给付之风险在于决定一方给付标的物灭失时，如无再为给付之义务，他方有无对待给付之义务。[③]

（三）综合风险说

施米托夫教授认为：如果只把风险视为价金风险，则风险这一法律概念的真正特征就没有揭示出来。在买卖双方都未违反合同的一般情况下，风险似乎仅表现为价金风险；但在一方当事人违反合同的特殊情况下，如出卖人提供了与合同不符的货物，或者买受人未能接收合同项下的货物，情况就不同了。在这些情况下，风险应当由违约方承担。这样，风险就不仅指价金风险，因为违约方如果是买受人，他应支付的就不应是价金，对他采取的一般补救方法都是补偿性的，如

① 黄茂荣：《买卖法》，中国政法大学出版社 2002 年版，第 438~439 页。

② 黄立主编：《民法债编各论》（上），中国政法大学出版社 2003 年版，第 97 页。

③ 黄立：《民法债编总论》，中国政法大学出版社 2002 年版，第 550 页。

损害赔偿金、补偿金或罚金。这里，我们正处于把两个互不相干的概念（即风险转移和承担风险责任的人的金融债务）混淆在一起的极度危险之中。问题的真谛在于："风险"一词仅指承担风险责任的当事人一方必须承担货物损坏或灭失的责任，而不得要求另一方当事人对此承担责任。风险承担者的金钱债务的调整则是基于其他的考虑，但就风险归属而言，无论是由买受人支付价金（价格风险）还是补偿金，都是无关紧要的。"风险"是一个比较广泛的概念，而不仅指价金风险的看法，同许多国家的国内法上的规定是协调一致的。例如，1893年的《英国货物买卖法》(第20条)、1906年的《英国货物买卖统一法》(第22条)、《法国民法典》(第1624条)和《德国民法典》(第446条)。[①]受这种观点影响，国内有学者认为，风险负担的范围包括两个方面：其一，由哪一方（或者双方当事人）承担因标的物毁损灭失造成的实际损失；其二，在承担了这一实际损失之后，是否还需要继续履行合同。对于标的物毁损、灭失的损失的承担，按照所有权责任原则或交付责任原则处理。对于是否继续履行合同（承担违约责任的风险），按照风险发生的具体情况处理。[②]有学者进一步指出，买卖合同标的物毁损、灭失的风险，既包括了导致债务履行不能的风险，又包括了导致债务仅能部分履行或迟延履行的风险，这就使得对债务履行不能的风险的讨论，难以涵括所有类型的对于标的物毁损、灭失的风险的讨论。对买卖合同风险分配问题的探讨，理应将买卖合同标的物毁损、灭失的风险分配问题纳入视野，而不仅仅是考察因标的物毁损、灭失致债务无法履行的风险的分配问题。[③]

在买卖合同领域，长期以来主流民法理论一直认为，风险负担仅

---

① ［英］施米托夫：《国际贸易法文选》，赵秀文译，中国大百科全书出版社1993年版，第324~326页。

② 张新宝、龚赛红编著：《买卖合同·赠与合同》，法律出版社2000年版，第81页；孙美兰：《论国际货物买卖中货物损失风险的转移》，载梁慧星主编：《民商法论丛》(第8卷)，法律出版社1997年版，第657页。

③ 王轶：《论买卖合同标的物毁损、灭失的风险负担》，载《北京科技大学学报（社会科学版）》1999年第4期。

指价金风险的负担，这种看法也可以说是学界的一个理论共识。如梅仲协先生认为："兹之所谓危险之负担，乃指债之关系成立后，因事变致标的物罹于灭失或毁损，此项不利益之结果，应由何方当事人负担而言。质言之，即在此情形，买受人是否尚须负支付价金之义务也。"[①]梁慧星教授也认为："危险负担"，非指自然意义上的危险，而是指"价金损失"。[②]我们认为，风险负担应仅指价金风险，把风险的概念加以扩大，不仅不符合风险的本来含义，在立法例上也缺乏相应的文本支持。

首先，就货物买卖而言，交付货物与支付价款是买卖合同中的基本内容，也是买卖双方互为对应的基本义务，是合同当事人互为对待给付的直接体现。从法律关系的角度，货物与价款本身只是货物买卖合同的标的物，因而货物的毁损灭失风险也就可以说成是价金的风险，这是一个问题的两个方面，只是分别站在出卖人或者买受人这两个不同的角度观察而已。

其次，风险负担制度的目的在于解决标的物毁损灭失后，如何在当事人之间分配由此引起的损失和不利后果，其实质是合同关系中当事人的利益损失如何分配问题；而标的物的毁损、灭失是物权关系范畴，其损失表现为所有权人丧失相应的物权。认为风险负担应当将标的物毁损、灭失的风险纳入视野的观点，混淆了物权关系和债权关系，风险负担应当适用合同法上的规则而不是物权法上的规则。正如史尚宽先生所指出的，物权关系与债之风险本属两回事，一方不能履行，对方应否为对待给付，应由债之关系决定，所有人因标的物毁损、灭失而丧失物权，不得因此就决定对待给付请求权的有无。[③]梅仲协先生亦认为，"在买卖契约，所谓危险负担，并非指物之危险，应由何造当事人担负而言，在此情形，应依一般之原则办理，即物之

① 梅仲协：《民法要义》，中国政法大学出版社 2004 年版，第 340 页。
② 梁慧星：《民法学说判例与立法研究》，法律出版社 2003 年版，第 21 页。
③ 史尚宽：《债法总论》，中国政法大学出版社 2001 年版，第 570 页。

灭失，应由物之所有人，自任其咎也。”①由此可见，标的物毁损、灭失的风险按物权法规则应由物主自担风险，但债法上风险负担制度的存在使得所有权人虽然丧失了物权，却不一定就是最终的利益损失者，其损失完全有可能因为风险移转而转嫁到对方身上。

再次，关于风险负担的范围是否包括继续履行合同问题。我们认为，风险负担和继续履行是两个联系非常紧密的制度。在风险发生后，出卖人和买受人双方是否继续履行合同，可以区分不同情况讨论。如果标的物是种类物且未经特定化，则标的物的毁损、灭失并不免除出卖人的给付义务，出卖人仍得以同种货物继续履行合同。出卖人继续履行合同实质上意味着出卖人丧失原标的物的物权后不能要求对方支付价金，承担了原标的物意外毁损灭失的价金风险。而如果标的物是特定物或特定化了的种类物，则标的物的毁损、灭失将导致风险在双方当事人之间进行分配：若是出卖人承担风险，则特定之物的丧失导致给付不能，出卖人免除再为给付的义务，但同时也无权获得买受人的对待（价金）给付，也就承担了标的物毁损灭失的价金风险；若是买受人承担风险，则特定之物的丧失虽然免除了出卖人的再为给付义务，但并不免除买受人的价金支付义务，因此买受人支付了价金却不能获得标的物，也就承担了标的物的价金风险。

最后，关于风险负担的范围是否应当包括违约风险的问题。一方当事人的违约行为的确对风险负担存在影响，但并不能因此改变风险的性质。风险负担与违约损害赔偿责任实质上是两回事。如当出卖人因可归责于买受人的事由（如迟延受领），在标的物遭受意外毁损或灭失致使给付不能时，仍可请求买受人支付价金；相反，若因可归责于出卖人自己的事由（如迟延履行），在标的物遭受意外毁损或灭失致使给付不能时，则买受人有权选择主张免履行价金给付（对待给付）义务，或请求不履行的损害赔偿。实质上，将风险的概念扩大化，认为违约方承担损害赔偿金、补偿金或罚金亦属于违约方承担的

① 梅仲协：《民法要义》，中国政法大学出版社2004年版，第339~340页。

"风险"范围，不仅把违约责任等同于"风险"，而且如前文所述，也处于把"两个互不相干的概念（即风险移转和承担风险责任的人的金融债务）混淆在一起的极度危险之中"。[①]在比较法上，施米托夫教授的观点也缺乏实证基础，如对德国法的理解方面，权威学者罗伯特·霍恩教授在分析《德国民法典》关于风险负担的相关规定时指出"风险转移意味着有时买受人必须为并未收到的货物付款"[②]，可见罗伯特·霍恩教授是在价金风险的框架下讨论德国的风险负担制度。

综上所述，我们认为，由于买卖合同双方当事人的目的在于获得标的物或价金的所有权，合同的主要义务就是给付标的物或支付价金，因此标的物和价金是合同的利益所在。当标的物因意外事故毁损、灭失后，双方的权利义务也就聚焦在价金的支付与否问题上，因此风险负担的内涵仅限于价金风险，这也是适用风险负担规则的意义所在。

二、买卖合同风险负担的基本规则

风险负担的核心问题是确定风险移转的时间，即风险从何时起由出卖人移转至买受人。风险移转时间的确定不仅涉及标的物毁损、灭失的损失由谁承担的问题，而且还可能涉及向造成损失的第三方的追偿权以及确定当事人向保险人的索赔权问题。因此，确定标的物风险移转的时间有重要的法律意义。从立法例来看，各国立法实践对如何在当事人之间合理地分配风险，可以分为物主自担风险的所有权主义和损益兼归的交付主义两种立法模式。

（一）物主自担风险原则

物主承担风险原则又称所有权主义，是指买卖合同中标的物的风险随着所有权的移转而移转，在标的物所有权移转之前由出卖人承担

① 余延满：《货物所有权的移转与风险负担的比较法研究》，武汉大学出版社2002年版，第243页。

② ［德］罗伯特·霍恩等：《德国民商法导论》，楚建译，中国大百科全书出版社1996年版，第133页。

风险，在标的物所有权移转之后由买受人承担风险，而不论标的物是否已经交付。

物主自担风险原则源于罗马法，体现了罗马法中“天灾归所有人负担”的古老思想，该原则被法国、意大利、瑞士、日本等大陆法系国家和英国等普通法系国家所继受，在世界范围内有着广泛的影响，成为19世纪世界各国和地区的主要风险移转规则。如《法国民法典》第1138条规定：“交付标的物之债，一经缔结契约的诸当事人同意，即告完全成立。交付标的物之债，自该物应当交付之时起，债权人即成为物之所有人，并由其承担物之风险，即使尚未进行物的移交，亦同；但是，债务人如已收到移交催告，不在此限；在此场合，物之风险仍由债务人负担。”[①]1979年《英国货物买卖法》第20条第1款规定：“除非当事人另有协议，在货物上的财产所有权转移给买方之前，货物的风险一直由卖方承担。但是，一旦货物的财产所有权转移给买方，不论货物是否交付，货物的风险均由买方承担。”[②]

有观点认为，罗马法和法国、瑞士、荷兰、西班牙等国家的风险移转采取合同成立主义，并由此认定风险移转存在合同成立主义、所有权主义和交付主义三种立法例。实际上这种理解并不准确。表面上看，风险移转似乎从合同成立时起移转至买方，但由于古罗马、法国、瑞士等国家在物权变动方面采债权意思主义，只要双方意思表示一致合同即告成立，同时所有权亦随之移转，故此时的风险随合同订立移转实际上是随所有权移转而移转，所谓的合同成立主义实属所有权主义，而并不存在独立的、自成一体的所谓合同成立主义。

物主自担风险原则的理论根据在于：

第一，所有权是最完整的物权，只有所有人才对标的物享有占有、使用、收益和处分的权能，才是标的物的最终受益人。按照权利义务对等的原则，既然有权享受利益，就应当承担相应的责任。

第二，转让标的物所有权是买卖合同的主要特征和法律后果，而

---

① 《法国民法典》(下册)，罗结珍译，法律出版社2005年版，第844页。

② 何宝玉:《英国合同法》，中国政法大学出版社1999年版，第758页。

从根本上说，风险或利益都是基于所有权而产生的，是所有权的法律后果，是从属于所有权的东西。当标的物所有权因买卖合同发生转移时，风险自然也应随之转移。

第三，风险转移的直接法律后果最终体现在买方是否仍应按合同规定支付价金的问题上。在买卖合同关系中，买方承担价金支付义务的根据是卖方转移标的物所有权。只有当卖方按合同规定将标的物所有权转移给买受人后，风险责任才由买方负担方为合理。[①] 总之，物主自担风险原则的理论核心即在于"利益之所在，即危险之所在"的法谚，认为所有者作为利益的最终享有者理应承担风险。

物主自担风险原则虽然存在上述合理性，但也存在着一些不能自圆其说之处，与之相关的批评主要围绕着如下三个方面进行：

第一，所有权主义的理论基础存在漏洞。首先，认为只有所有人才对物享有占有、使用、收益和处分权能，才是该物受益人的观点，是仅仅停留在静态的财产关系上讨论问题。现代经济社会的快速发展使得人们越来越关注动态的财产关系，财产所有权与占有、使用、收益等权能分离的情况比比皆是，所有人虽然是财产的最终受益人，但其权利更多的只是一种抽象的所有权，而占有人的使用、收益权能具有更大的现实经济利益，也是标的物的更大利益享有者。这才是风险负担制度所应当重点关注的"利益"问题。其次，风险是与利益相对，而不是与所有权相对。"利益之所在，即风险之所在"，利益享有者才应当是风险的负担者，而利益的享有者并不一定是所有者。

第二，所有权移转时间的确定比较复杂，实践中不易把握。在物主自担风险原则下，风险是随所有权移转而移转的，而所有权移转本身是一个抽象的法律概念，移转标准有待于法律具体明确。目前，各国对于所有权移转的时间确定存在多种规则，各种各样的所有权移转证明在实践中较难把握和区分。而标的物风险的移转确定涉及买卖双方当事人的根本利益，也关乎标的物自身的风险发生、损失减少和举

---

① 孙美兰：《论国际货物买卖中货物损失风险的转移》，载梁慧星主编：《民商法论丛》（第8卷），法律出版社1997年版，第659~660页。

证责任等问题，所以标的物的风险移转时间必须清晰、明确，才有利于风险负担问题的解决。

第三，所有权反映的是静态的物权归属关系，风险移转反映的则是动态的债权债务关系，二者应予以区分。随着商品经济的发展，人们越来越看重物的动态关系，为了使货物不断实现增值，货物总是处于不断的流转之中，标的物发生意外毁损、灭失的可能性也增大。所有权解决的是标的物的归属问题，而风险负担所要解决的则是标的物意外损失的分配问题，这两者的法律性质完全不同。因此，以标的物所有权转移的时间作为风险转移的时间有混淆物权关系与债权关系的理论危险。而且，物主自担风险原则的立法基础是建立在简单的商品经济基础之上，不适应现代交易形式的多样化发展。“天灾归所有人负担”的法律谚语是在一定的经济条件和社会基础上形成和适用的，古代的经济贸易不太发达，以物物交换、现货买卖为主要的交易方式，人们也更多地关注物的静态安全，在物的静态关系中，物的占有、使用、收益、处分均归所有权人，因此物的风险也自然归所有权人负担。而在贸易发达的今天，人们更加注重物在流转中所带来的利益，更加注重对物的实际控制和利用，而现代交易形式的多样化和复杂化发展，也使得所有权主义不能解决一些新型交易形式中的风险负担问题。例如，在期货交易中，采用象征性交货合同，出现了标的物交易单据化倾向。如果按照所有权主义，出卖人会因保留对标的物的处置权而没有转移所有权，从而要负担标的物在交单以前的风险，这显然与当代国际贸易的实际做法格格不入。① 此外，在保留所有权买卖的场合，标的物的所有权与占有亦发生了分离，买受人在占有标的物后就可以进行使用、收益，如果此时仍由出卖人承担标的物的风险，显然对出卖人不公平。

（二）交付转移风险原则

交付转移风险原则，又称交付主义，或债务人主义，是指以标的

① 郭寿康、韩立余：《国际贸易法》，中国人民大学出版社2000年版，第66页。

物的交付作为风险移转的时间标准，在标的物交付于买受人之前由出卖人承担风险，在标的物交付于买受人之后则由买受人承担风险，而不论标的物的所有权是否已经移转。交付主义原则的重要依据在于“占有者承担风险”，即谁占有标的物谁就应当承担标的物意外毁损灭失的风险，确立了风险负担的“实际控制标准”。

交付主义原则由《德国民法典》所创，后被美国、奥地利、希腊、瑞典、俄罗斯及我国台湾地区所采用。《德国民法典》第446条第1款规定：“买卖标的物一经交付，物的意外灭失或者意外毁损的风险即移转于买受人。自交付之时起，物的收益归属于买受人，物的负担也由买受人承担。”我国台湾地区“民法”也借鉴了德国的规定，第373条规定：“买卖货物之利益及危险，自交付时起，均由买受人承受负担，但契约另有订定者，不在此限。”以上规定都确认了风险和利益随交付移转的原则。同时，交付主义也得到了有关国际公约的认可，《联合国国际货物销售合同公约》第67条第1款规定，如果销售合同涉及货物的运输，但卖方没有义务在某一特定地点交付货物，自货物按照销售合同交付给第一承运人以转交给买方时起，风险就移转到买方承担。如果卖方有义务在某一特定地点把货物交给承运人，在货物于该地点交付给承运人之前，风险不移转到买方承担。目前，交付主义成为许多国家和地区确定买卖合同标的物风险移转的标准，是当今的立法潮流。

与物主自担风险原则相比，交付主义原则具有以下优点：

第一，确定了一个判断风险移转的明确标准。依据所有权主义分配风险负担时，首先要确定所有权移转的时间，而所有权的移转需要借助各种外部特征来判断，导致风险移转的时间难以把握，容易引起纠纷。为了维护交易的安全，客观上要求决定风险负担的标准应该是清楚、明确的。采取交付主义，交付本身作为一个现实的、外在的民事行为，其发生的时间和界定是清晰而明确的，可以根据“交付行为”来确定风险移转的时间，以此决定风险移转时间显然更容易操作和满足交易安全性的需要。[①]

第二，有利于控制风险的发生和减少损失。在买卖合同中，卖方交付标的物后，便失去了保护该标的物免遭风险和减少损失的条件；买方实际控制了标的物，更有利于采取措施保护标的物免遭意外损害，而一旦发生风险，也比所有人更便于采取补救措施，从而最大限度地减少标的物的损失。“在无协议或者其他相反规定的情况下，风险由能够对货物提供最安全的保障的一方当事人承担。而占有或控制货物的一方当事人通常处于最能有效地保护货物免受损失的地位。”[②]或者说，亦唯有该物已入于某人之事实管领下，他才有可能对该物所可能发生的一切不测事件，采取必要的防护措施，以免发生损害。[③]

第三，有利于举证责任的分配和求偿权的行使。标的物发生毁损、灭失后，双方当事人必须对损害是否归属于风险、损害的实际大小、是否采取必要减少损害措施等各方面进行举证、质证，因此举证责任的合理分配至关重要。标的物交付后买方即取得标的物的占有和控制，对标的物的状况更加了解，而卖方不再占有标的物，不利于了解标的物的状况和风险发生的具体情况，也很难予以举证。因此，由占有人（买方）承担举证责任更加合理。同时，以交付作为风险负担标准也有利于风险承担者在风险发生后估价损失，向保险人求偿。标的物交付后，由于买方比卖方更有利于掌握标的物毁损、灭失的情况，因此由买方向保险人行使求偿权更为方便、可行。

第四，较好地体现了风险与利益的一致性。关于风险负担移转时间的决定，必须遵守一个原则——“利益之所在，即危险之所在”。买卖标的物必须先置于一个人之事实管领下，他才可能对之使用收益。而谁来用益，就由谁来负担风险，属于自明的道理。[③]在现代社会中，所有权的移转与物的实际交付的不同步性是经常发生的。例如，在保

① 余延满：《货物所有权的移转与风险负担的比较法研究》，武汉大学出版社2002年版，第319页。

② ［英］施米托夫：《国际贸易法文选》，赵秀文选译，中国大百科全书出版社1993年版，第347~348页。

③ 黄茂荣：《买卖法》，中国政法大学出版社2002年版，第442页。

留所有权买卖中，物已交付，但所有权并未移转，出现了所有权的移转与风险的移转相分离的情形。可见，财产所有权的可分性使得标的物可以由所有人以外的人占有、使用和收益。一般情况下，买卖合同中标的物在一方的事实管领之下时，他就享有了对标的物进行使用、收益等现实利益，而“以占有的移转为特征的交付决定着买卖标的物事实管领力的归属，进而决定标的物利益的归属，因此，在买卖标的物的风险负担上采交付主义有助于实践‘利益之所在，即危险之所在’的原则。”①

三、关于我国立法模式的学术讨论

对于我国风险负担制度的立法模式采纳的是物主自担风险原则还是交付转移风险原则，学理上存在不同的解读。

多数学者认为，我国风险负担采取交付主义原则，风险随标的物交付而移转，而与所有权是否移转无关。如王利明先生认为：“标的物的毁损灭失的风险，根据交付作为判断标准，当事人虽然就某些财产的买卖达成了协议，而尚未实际交付，仍不发生所有权的移转，也不发生标的物风险的移转。”②张新宝先生认为，《合同法》规定的是交付主义原则，因为风险负担的移转与所有权是否移转无关，而与交付有关。③但近年来的讨论中也出现了一些不同的认识。有学者认为，我国采取的是物主自担风险的原则，《合同法》在买卖合同标的物的风险转移问题上，事实上采取的是所有权人承担风险的所有权主义，而不是风险随占有转移的交付主义。④还有学者认为，“我国的民事立法就标的物毁损、灭失的风险负担的移转，在当事人未有特别约定时，既与标的物的交付一致，同时又与标的物所有权的移转相一

① 宁红丽、耿艺：《合同法分则中的风险负担制度研究》，载吴汉东主编：《私法研究》（第3卷），中国政法大学出版社2003年版，第465页。

② 王利明：《合同法新问题研究》，中国社会科学出版社2003年版，第783页。

③ 张新宝、龚赛红编著：《买卖合同·赠与合同》，法律出版社2000年版，第86页。

④ 赵家仪、陈华庭：《我国买卖合同中的“交付”与“风险转移”》，载《法商研究》2003年第2期。

致。”[①] 即认为交付移转规则与所有权移转规则没有本质的区别，二者是一致的。

我们认为，主张我国风险负担采所有权主义或认为交付主义与所有权主义无本质区别的观点，对现行法的理解并不正确。

第一，认为我国风险负担采所有权主义的观点，主要是基于“交付包括移转所有权”内涵的错误认识，认为：“我国买卖合同中标的物的风险从交付之时起发生转移，事实上是与所有权相伴随的，即使没有转移实际占有，只要所有权发生了转移，风险就随之转移。”[②] 事实上，交付仅指占有的移转，而不论所有权是否也随着移转。如本法第598条规定：“出卖人应当履行向买受人交付标的物或者交付提取标的物的单证，并转移标的物所有权的义务。”可见，法律明确规定了出卖人负有两项义务，即交付标的物与移转所有权，法律对二者进行了区分也就意味着二者有不同的含义。交付是出卖人将标的物的占有移转给买受人的行为，而所有权移转则是对货物财产权归属的描述。一方将标的物交付给另一方后并不当然意味着货物的所有权也随之移转。例如，不动产买卖中，在不动产已交付但未登记过户的情况下，买受人虽占有标的物却未取得所有权。反之，一方取得标的物的占有也并不当然意味着取得了标的物的所有权。例如，所有权保留买卖中，买受人虽然已现实占有标的物，但在约定条件成就之前并未取得标的物所有权。因此，虽然交付标的物与移转所有权在动产买卖中一般是同时发生的，但作为法律概念，二者应当予以明确区分。

第二，认为我国风险负担采所有权主义或交付主义没有本质区别的观点，主要是缘于对法条的表面化和片面性解释。依据本条规定，我国财产所有权移转以交付为原则，以法律另有规定为例外。至

---

① 王轶：《论买卖合同标的物毁损、灭失的风险负担》，载《北京科技大学学报（社会科学版）》1999年第4期。

② 赵家仪、陈华庭：《我国买卖合同中的“交付”与“风险转移”》，载《法商研究》2003年第2期。

于“法律另有规定”的情形，根据本法物权编的规定，物权变动规则主要包括以下三类：首先，动产物权一般采交付生效主义；其次，不动产物权一般采登记生效主义；最后，特殊情形下的物权变动，如因法律文书或征收决定变动物权、因继承或受遗赠取得物权、因事实行为变动物权等情形。由此可见，所谓“移转财产所有权以交付为原则”仅限于动产所有权的变动，并不适用于不动产所有权的移转以及其他特殊情形。而本条关于标的物风险移转的交付主义原则并没有区分动产和不动产的情形，法律也未对不动产的风险移转规则作出特殊规定。换言之，不论是动产还是不动产，原则上都一并适用交付移转风险规则。因此，认为我国风险移转采交付主义或所有权主义是一致的观点，体系并不周延。

立法史上，在《合同法》起草过程中，确有物主自担风险原则与交付主义原则之争，但最终采纳的是交付主义原则。[①] 风险和利益应该是一致的，谁享有利益就应当由谁承担风险，这是一项公认的市场交易原则。不论是所有权主义还是交付主义，都只是形式而已，在确定风险移转规则时关键是体现“利益之所在，即风险之所在”的价值基础。不管由所有者还是占有者承担风险，关键是确定谁是标的物利益的享有者，由利益享有者承担风险是最公平合理的，也才真正体现风险移转规则的意义。现今大多数国家或地区的立法采纳交付主义立法模式的主要原因，是所有权主义风险移转规则无法合理解决所有权保留买卖中的风险负担问题。在所有权保留买卖中，出卖人对标的物保留所有权的目的是担保债务人的价金支付，而买受人往往在交易时就占有了买卖标的物，即可对标的物进行使用收益。此时如果仍由所有权人承担风险则有失公平，以交付为标准确定风险移转则更具合理性，于是改用了交付主义立法模式。加之现今国际贸易发达，各国所有权移转的标准各不相同，以所有权移转作为风险移转的标准容易引起纠纷，而各国对交付问题容易达成一致，故交付主义越来越多地为

① 胡康生主编：《中华人民共和国合同法释义》，法律出版社 1999 年版，第 224 页。

国际公约或国际惯例所选择。我国确立交付主义风险移转规则顺应了这个国际趋势，值得肯定。

近年来，国内部分学者对于交付主义的风险负担模式展开了立法论层面的检讨，认为应当改采所有人主义，原因有三个方面：

第一，不动产买卖采交付主义对买受人显失公平。有些学者认为不动产应坚持所有权主义，而不适用交付主义。[①] 其理由是：不动产所有权在交付后登记以前的所有权人还是出卖人，如果此时发生风险，买受人不仅无法获得不动产，而且还必须支付不动产价款，由其承担风险有失公平。在极端情况下，如果不动产交付后第二天就毁损、灭失，买受人也要承担不动产毁损、灭失的损失，对其极不公平。我们认为，这一理由并不成立。如果房屋在所有权登记后第二天就毁损、灭失，由买受人承担风险同样令人在感情上难以接受。在这两种情况下，登记为所有权人与未登记为所有权人的买受人所承受的损失其实是一样的。问题的关键在于发生风险是买受人的不幸，而不是对其不公。不能以一个极端的特例就否定交付主义风险移转规则总体的公平合理性。风险移转规则本身是在双方都没有过错的情况下对风险的分摊规则，在选择风险移转规则时自然需要考虑公平价值，平衡双方之间的利益。交付主义的合理性在于占有者即可以享受标的物的利益，故应由其承担风险。

第二，交付主义在不动产“一物二卖”等场合对买受人的利益保护不够充分。有学者提出：不动产在转移登记之前“标的物的所有权仍然属于出卖人，买受人只能进行占有使用，即出卖人将标的物‘一物二卖’，买受人无权利也无办法对此进行限制禁止，因为根据当事人合同产生的权利只是请求权、相对权。除此之外，出卖人对标的物的任何其他处分，如标的物上设置抵押权等负担行为，也会对买受人

① 王雪丹：《对买卖合同风险移转规则的思考——兼论单一采用交付主义原则的不合理》，载《江西师范大学学报（哲学社会科学版）》2004年第3期；王雪琴：《风险负担规则中“交付主义”模式之质疑——以我国物权法与合同法对接为切入点》，载《法商研究》2009年第4期。

的使用收益构成妨碍。由此可见，在目前对买受人的利益还缺少充分妥善的保障的现实状况下，交付之后又让其承担风险责任，将会引起买卖双方之间的利益失去平衡，有违公平原则，也不利于维护交易安全。反之，如采用物主负担风险原则，由出卖人继续承担标的物毁损、灭失的风险，则可以有效地督促其履行合同义务，尽快完成办理登记过户手续，将所有权移转于买受人，最终实现合同目的。"[①] 我们认为，这种看法混淆了价金风险与交易风险，"一物二卖"属于交易风险，是可归责于出卖人的过错行为。对该交易风险，《商品房买卖合同司法解释》第8条已经进行了规范。[②] 对"一房二卖"或出卖后又设定抵押的情况，买受人可以请求解除合同、返还已付购房款及利息、赔偿损失，并可以请求出卖人承担不超过已付购房款一倍的赔偿责任。可见出卖人对"一物二卖"是需要承担高昂违约成本的，这样的法律威慑下出卖人至少不会轻易选择违约。并且，《物权法》创设了预告登记制度，使买受人登记为所有权人的权利进一步获得保障。买受人过户登记在一般情况下是水到渠成的，并非未得到妥善保障。因此，以买受人可能面临不动产"一物二卖"的风险来否定交付主义风险移转规则的合理性是难以成立的。

第三，交付主义不能解释租赁合同的风险负担，应改采所有人主义。有学者认为："占有者并不一定就是利益的享有者。如在租赁合同中，承租人虽占有租赁物，但享受利益者应该说是出租人，否则其不可能出租租赁物。如果依'控制说'或'管理说'，在租赁期间，租赁物毁损、灭失的风险就应由承租人承担；然而，从目前世界各国或地区的有关立法的规定来看，其风险则是由出租人承担的。"[③] 我

① 李灼统：《论买卖合同的风险转移规则》，载《绍兴文理学院学报》第25卷第2期。

② 《商品房买卖合同司法解释》第8条规定："具有下列情形之一，导致商品房买卖合同目的不能实现的，无法取得房屋的买受人可以请求解除合同、返还已付购房款及利息、赔偿损失，并可以请求出卖人承担不超过已付购房款一倍的赔偿责任：（一）商品房买卖合同订立后，出卖人未告知买受人又将该房屋抵押给第三人；（二）商品房买卖合同订立后，出卖人又将该房屋出卖给第三人。"

③ 余延满：《货物所有权的移转与风险负担的比较法研究》，武汉大学出版社2002年版，第323页。

们认为，用租赁合同来说明占有者并不一定就是利益享有者是不妥当的。风险移转规则适用的前提是买卖合同而非租赁合同，租赁合同的性质就是出让标的物的使用权而非所有权，出租人始终享有所有权人的利益，而承租人始终只享有租赁物的使用利益，以租赁合同来论证所有权主义风险移转规则的合理性似有偷换概念之嫌。

从《民法典》的最终规定来看，我国民事立法在风险负担方面坚持了交付转移风险的相关制度，本章对《合同法》的相关条文未作修改。

四、交付转移风险归责的具体适用

本章从第604条至第611条以八个条文专门就标的物的风险负担作出了系统规定。由于标的物的风险既有可能在当事人未违约时发生，也有可能在当事人已违约时发生，而风险发生的外部条件不同，风险负担的规则也相应地存在着差异。从类型化的角度，我们可以从区分未违约与已违约两种不同的情形来把握买卖合同的风险负担规则。

（一）未违约时风险负担的立法规定

（1）标的物毁损、灭失的风险，在标的物交付之前由出卖人承担，交付之后由买受人承担。这是法律对转移风险的原则性规定。法律另有规定或者当事人另有约定的除外。

（2）当事人没有约定交付地点或者约定不明确的，依照有关法律规定标的物需要运输的，出卖人将标的物交付给第一承运人后，标的物毁损、灭失的风险由买受人承担。

（3）出卖人出卖交由承运人运输的在途标的物，除当事人另有约定的以外，毁损、灭失的风险自合同成立时起由买受人承担。

（二）违约时风险负担的立法规定

（1）因买受人的原因致使标的物不能按照约定的期限交付的，买受人应自违反约定之日起承担标的物毁损、灭失的风险。

（2）出卖人按照约定或有关法律规定将标的物置于交付地点，买受人违反约定没有收取的，标的物毁损、灭失的风险自违反约定之日起由买受人承担。

（3）因标的物质量不符合质量要求，致使不能实现合同目的的，买受人可以拒绝接受标的物或者解除合同。买受人拒绝接受标的物或者解除合同的，标的物的毁损、灭失的风险由出卖人承担。

（4）出卖人未按照约定交付有关标的物的单证和资料的，不影响标的物毁损、灭失风险的转移。标的物的毁损、灭失的风险由买受人承担的，不影响因出卖人履行债务不符合约定，买受人要求其承担相应违约责任的权利。

此外，对于不动产买卖的风险负担，《商品房买卖合同司法解释》第11条第2款规定，在商品房买卖合同中，房屋标的物毁损、灭失的风险，在交付使用前由出卖人承担，交付使用后由买受人承担；买受人接到出卖人的书面交房通知，无正当理由拒绝接收的，房屋毁损、灭失的风险自书面交房通知确定的交付使用之日起由买受人承担。

（三）当事人另有约定或法律另有规定的除外

"买卖货物的风险移转应由当事人根据货物状况、运输方式、当事人所处的位置等综合因素确定。任何国内法和国际公约都不可能制定出适用于所有情况的统一的关于风险移转的标准。"①这就要求在风险负担问题上充分尊重当事人的意思自治，关于风险负担的法律规定只能起到弥补当事人意思表示不备的作用。本法第604条特别指明"法律另有规定或当事人另有约定的除外"，可见关于风险负担的规定当属任意法，是任意性规定。任意法是与强行法相对的、根据法律效力的强弱不同对法律所作的分类。凡所规定的事项，因公益之故，须绝对遵守，不许当事人意思选择变更者，为强行法。私法之所以规定强制性规定，主要是出于公共福祉、交易安全、家庭幸福、保障经济上弱者以及照顾无经验者的需要。而凡法律之适用，仅于个人间无特

① 李巍：《联合国国际货物销售合同公约评释》，法律出版社2002年版，第255页。

别约定始可选择适用之法律，为任意法。[①]任意法依其性质，又可分为补充法与解释法。补充法是指补充个人意思表示欠缺之任意法，即法律预作弹性规定，于个人意思表示欠缺时，其规定始被适用，以完成其所发生法律关系之效力。解释法则是指解释个人真意之任意法，即法律预先规定，凡个人之意思内容不明确或不完全，其规定即被适用，借以确定或释明其真意所在，使完成其所发生法律关系之效力。因此，《合同法》关于风险负担的规定不仅是任意法，而且也是补充法。如果当事人在合同中对风险负担的移转有特别约定，即作出与交付主义的风险负担规则相悖的约定，如动产的出卖人与买受人约定“在买受人支付完价款前，一直由出卖人承担风险”，或者约定“买卖合同一订立，买受人就承担风险”等与法律规定的风险转移时点不符的约定，也应当根据本法第604条关于风险负担的规则属于任意性规定解释，认定当事人在买卖合同中关于风险负担的特别约定有效。不过，需要注意的是，此处所言“另有约定”专指买卖合同的双方当事人就“风险负担的移转”另有约定，而不是指就“标的物所有权的移转”另有约定。如果当事人仅就买卖标的物所有权的移转作出特别约定的，并不影响标的物的风险依据该条所定的“交付”标准而移转。

此外，如果法律对买卖合同中标的物的风险负担有特别规定的，则从其规定，兹不赘述。

【审判实践中应注意的问题】

风险负担法律制度主要包括两方面的内容：一是风险负担的归属，即风险从何时起应由合同当事人中的哪一方承担；二是负担风险的当事人应承担何种具体的法律效果。风险负担制度所要解决的核心问题，是因风险引发的损失和不利后果如何在当事人之间进行分配，

① 黄立：《民法总则》，中国政法大学出版社2002年版，第7页。

在审判工作中应当注意把风险负担制度作为一个完整体系加以把握，分析风险移转前后当事人究竟承担了怎样的法律后果，在此基础上确定当事人之间的权利义务关系。

第六百零五条 **因买受人的原因致使标的物未按照约定的期限交付的，买受人应当自违反约定时起承担标的物毁损、灭失的风险。**

【条文主旨】

本条是关于迟延交付标的物风险负担的规定。

【条文理解】

依照前条规定，标的物的风险自交付时起，由出卖人转移至买受人。在合同履行中发生交付迟延的情况下，就要考虑按此规则处理是否会导致对当事人各方的不公平；如果有，就需要作出相应的补充规定。在标的物迟延交付是由买受人过错造成的情况下，如果仍然坚持标的物的风险自交付起转移，则显然对出卖人是不公平的。因为出卖人已经为标的物的交付做好了准备，标的物已处于可交付的状态，而买受人则违反了及时接收标的物的合同义务。因此，本条的规定是合情合理的。《联合国国际货物销售合同公约》第69条也规定，在相关情况下，买方从货物交付给他处置但他不收取货物，即从违反合同时起，承担货物的风险。

【审判实践中应注意的问题】

在判断风险负担时，应当与当事人履行合同是否符合合同约定结合起来。

第六百零六条 出卖人出卖交由承运人运输的在途标的物，除当事人另有约定外，毁损、灭失的风险自合同成立时起由买受人承担。

【条文主旨】

本条是关于路货买卖中风险负担的规定。

【条文理解】

本条规定是《合同法》第144条修改而来。

一、路货买卖概述

路货买卖，又称在途货物的买卖，是指货物已在运输途中，出卖人寻找买受人，出卖在途货物的买卖。在现代贸易实践中，由于货物的购买人大多不是最终的消费者而是中间商，为追求货物流转的速度，中间商在购进货物后将正处于运输途中的货物出售以赚取价差或规避价格风险的贸易业务日益增多。

按照不同的标准，可以将路货买卖进行不同的分类。如从在途货物运输的范围这一角度，路货买卖可以划分为国内路货买卖和国际路货买卖。从路货买卖合同出卖人是否为转卖的角度，路货买卖可以分为两种情况：一种情况是出卖人将自己购买的已处于运输途中的货物转售他人。例如，中国商人甲从美国购进一批小麦，在小麦由美国运往中国的途中，甲将小麦出售给中国商人乙。另一种情况是卖方先把货物装上开往某个目的地的船舶，然后再寻找适当的买主订立买卖合同。从贸易实践中的情况来看，路货买卖多发生于国际货物买卖，以

CIF价格条件下的买受人取得出卖人的单据后进行的转手买卖为典型样态。

一般认为，路货买卖具有以下特点：（1）路货买卖是凭单据的交易。买卖双方只能凭单据判断标的物状况，不大可能知道标的物实际上是否存在损毁或灭失等情况。（2）在路货买卖合同订立时，标的物已经脱离了出卖人的实际控制，标的物在运输途中发生的毁损、灭失与出卖人并没有直接关系。（3）出卖人将标的物交付运输时，通常会对标的物进行投保。出卖人与买受人签订买卖合同后，有关在途标的物的单据以及保险单都会转移给买受人，所以即使标的物发生了毁损、灭失，买受人也可以获得保险利益。由上述特点所决定，在路货买卖中的风险负担规则不同于其他形态的货物买卖。

二、《联合国国际货物销售合同公约》关于路货买卖风险负担规则的规定

《联合国国际货物销售合同公约》第68条规定："对于在运输途中销售的货物，从订立合同时起，风险就移转到买受人承担。但是，如果情况表明有此需要，从货物交付给签发载有运输合同的单据的承运人时起，风险就由买受人承担。尽管如此，如果出卖人在订立合同时已知道或理应知道货物已经遗失或损坏，而他又不将这一事实告知买受人，则这种遗失或损坏应由出卖人承担。"可见，《联合国国际货物销售合同公约》对于路货买卖的风险负担确立了以下规则：（1）从订立合同时起，路货买卖标的物毁损、灭失的风险转移给买受人。这是其原则性规定。（2）如果情况表明有此需要，路货买卖标的物的风险从货物交付给签发载有运输合同的单据的承运人时起转移给买受人。这是其例外性规定。（3）如果出卖人在订立买卖合同时已知道或理应知道货物已发生灭失或损坏，而他又不将这一事实告知买受人，则这种遗失或损坏应由出卖人承担。这是对第二种规则的但书规定。

根据上述规定，在运输途中销售的货物，原则上从订立合同时起风险转移到买方承担。这就是说，当货物在运输途中销售时，如果当

事人没有任何特别约定，就应以签订合同的时间为转移风险的具体时间。但为避免因货损发生的原因不明而带来的货损时间的举证困难，允许当事人将风险转移追溯至货物移交给承运人时转移给买方承担。理解《联合国国际货物销售合同公约》的上述规定，关键在于三个问题：（1）何谓“如果情况表明有此需要”；（2）“载有运输合同的单据”中的“单据”；（3）物的瑕疵与风险负担的关系。

（一）何谓“如果情况表明有此需要”

有的学者认为，这在实践中往往是通例，因为路货买卖基本上是交付单据，即出卖人向买受人交付提货的单据而不是交付标的物。多数情况下，出卖人购买了保险，出卖人在向买受人交付提单的同时也应当交付保险单。在这种情况下，只能由持有保险单的买受人向保险公司行使索赔权。因此，法律规定这种情况“表明有此需要”。[①]有的学者认为，所谓“情况表明有此需要”，就是指有风险提前转移的需要，这种需要通常由以下三个因素确定：第一，在途货物的买卖是凭单据的交易，只能凭单据判断货物的状况，不知道意外事故是否已经发生；第二，货物已经发运，对货物的遗失或损坏，出卖人已无法控制；第三，更主要的是，一旦发生损失，很难确定发生的时间，难以用订立合同的时间来作为风险转移的时间。[②]有学者认为，这里所说的“情况”是指卖方通过交付给买方标准的全套单证（包括运输单证和凭保险人指示赔付的保险单），把运输途中的货物出售给买方，这样卖方把保险单背书转让给买方的事实表明买方是唯一可以凭保险单向保险公司索赔的人，清楚地证明整个运输风险已由买方承担这一意图。很显然在这种“情况”下，不允许当事人另行安排风险转移时间，否则就无此“需要”了。[③]有学者进一步指出，“情况表明有此需要”首先可以从当事人约定的内容进行判断，如果合同明文规定卖方

① 钟建华：《国际货物买卖合同中的法律问题》，人民法院出版社 1995 年版，第 88 页。

② 吴百福：《关于风险转移的规定》，载《国际商务研究》1988 年第 2 期。

③ 苏颖霞、营文中：《路货买卖风险转移比较研究》，载《浙江万里学院学报》2004 年第 3 期。

应当将保险单转让给买方，显然就足以构成风险提前至货交承运人时由买受人负担的含义；除当事人明确约定的外，“情况表明有此需要”也可以从客观发生的事实推断出来，如卖方向买方交付的“载有运输合同的单据”如果包括了保险单据，虽然合同没有明确条文，也可以推断出风险提前至货交承运人时由买受人负担的含义。[①]

（二）关于“载有运输合同的单据”中的“单据”

有学者认为这里的单据只能指提单，因为只有提单中才有合同并入条款；有学者认为应当包括提单、海运单、空运单、铁路运单或其他运单；有学者认为除运输单据外，还应包括凭被保险人指示支付的保险单（卖方为被保险人，将保险单背书给卖方）。[②]我们认为，保险单据是否应当包括在“单据”之内，要视《联合国国际货物销售合同公约》第68条的立法目的而定。保险单据是保险人与被保险人之间权利义务的契约，是被保险人索赔和保险人理赔的依据，是进出口贸易结算的主要单据之一。保险单据可以背书转让。常用的保险单据主要有保险单（insurance policy）、保险凭证（insurance certificate）、预约保单（open policy）。保险单作为保险凭证，体现了保险合同的主要内容。保险公司在出立保险单后，被保险人如需要补充、更改保险内容，保险公司可应被保险人的申请，出具修改保险内容的凭证——批单。该批单必须粘贴在原保险单上，并加盖骑缝章。保险凭证是一种简化的保险合同。保险凭证的内容，除背面未印有详细条款外，正面内容与保险单相同，在法律上与保险单具有同等法律效力。在信用证保险条款中，一般都规定保险单与保险凭证均可接受，但信用证如规定提交保险单，则议付行不接受保险凭证。预约保单是指保险公司与被保险人双方签订的预约保险合同，它规定了总的保险范围、保险期限、保险种类、总保险金额、航程区域、运输工具、保险条件、保险

---

① 张玉卿编著：《国际货物买卖统一法——联合国国际货物销售合同公约释义》，中国商务出版社2009年版，第436页。

② 张玉卿编著：《国际货物买卖统一法——联合国国际货物销售合同公约释义》，中国商务出版社2009年版，第436页。

费率和保险结算办法等。在这个范围内的被保险货物一经起运，保险公司即自动承保。但被保险人在获悉每批货物装运时，应及时将装运通知书送交保险公司，并缴纳保险费，即完成了投保手续。在实际业务中，预约保单适用于进口货物保险，这可以防止漏保或迟保。路货买卖作为凭单据的交易，其最重要的特点是在货权转移的同时也转移了保险赔付请求权，因此，虽然保险单据并非承运人所“签发”，但在解释上将保险单据包括在第68条所称的“单据”范围之内，既符合实践中的做法，也符合第68条的立法本意。

由上可见，《联合国国际货物销售合同公约》作出这种规定是考虑到路货买卖的实际情况的。因为在国际贸易中，如果运输途中出现的货物损害是由于意外事故，如火灾、风暴、火车或飞机失事或者货车碰撞而引起的，则确定损害发生于何时是有可能的；但如果货物损害是由于水渍或高温等不明显的原因所引起的，那么要准确地确定损害发生于何时是很难的，甚至是不可能的。因此，最简便易行的办法就是把“货交承运人”这一时点视为能够知道货物情况如何的时点，将风险转移至买方承担，以便于发现货物灭失或损害时实际占有货物的买方向承运人和保险公司求偿。

（三）关于物的瑕疵与风险负担

虽然在能够获得保险赔付的情况下买受人的利益并不因货物的毁损、灭失而遭受经济上的实质性影响，但是，多数交易中买方的目的是获得货物，而不是取得一纸保险单。退而言之，即使货物毁损后买方可凭保险单据取得相当于货值的补偿，其意义与获得完好的货物仍不能完全相同。为避免这种情况下的买方遭受不公平的损失，《联合国国际货物销售合同公约》规定，卖方若在订立合同之时知道或理应知道货物损害或丢失已经发生，则他有义务将此情况告知买方，由买方决定此时是否仍愿买下这批货物。卖方若不披露这一事实即需承担上述货物损害为买方带来的损失。有学者认为，这一规定是一项但书，根据第68条文字形成的过程以及贸发会秘书处的解释，这项但书仅是对第二句话即“但是，如果情况表明有此需要，从货物交付给签发载有运输合同的单据的承运人时起，风险就由买受人承担”的但书。因为我们不能将货物相符的问题与货损风险转移的问题混为一谈，这两个问题是有严格的含义和区别的。《联合国国际货物销售合同公约》第36条规定卖方对风险转移前的任何货物不符负有责任，包括风险转移后方始显示的问题。如果但书也适用于第一句话，就抹杀了这两个问题之间的区别。由于第68条第二句话存在风险转移的追溯问题，所以才规定了一项但书。即如果卖方在订立合同时已经知道或理应知道货物已经遗失或者损坏，而他又不将这一事实告知买方，则卖方应当承担货物灭失或者损害的风险。因此，这个但书不能适用于第一句话。[①] 有学者认为，这一规定所解决的并不是标的物意外毁损、灭失的风险负担问题，而是出卖人对出卖标的物已有瑕疵的责任问题，因此其所规定的损失是在订立合同以前就已经发生的，在订立合同时即已经存在。但是，由于国际货物买卖的特殊性，运输途中发生的遗失或损坏，货主并不一定能够在转卖时发现。为了实务操作的便捷，将货主（出卖人）未能发现或依据交易习惯、诚信原则不能发现的运输途中已经发生的遗失、损坏作为将来的风险一并转移给买受人。其结果多为保险公司承担赔偿责任，这与先由出卖人承担责任，然后向保险公司索赔的最终结果是一样的。[②] 我们认为，本条规定作为妥协和折中的产物，实际上反映出大陆法系和英美法系这两种不同的法律文化互动。根据1964年《国际货物买卖统一法公约》的规定，对在途货物销售的风险转移时间可以追溯至被移交给承运人时。“这种解决方案意味着一个以订立合同时就已经不存在的货物为标的物的买卖合同是有效的，买方因此必须为订立合同时就可能已经不存在的货物或受损的货物支付货款。”[③] 因此在维也纳外交会议讨论

---

① 张玉卿编著：《国际货物买卖统一法——联合国国际货物销售合同公约释义》，中国商务出版社2009年版，第436~437页。

② 余延满：《货物所有权的移转与风险负担的比较法研究》，武汉大学出版社2002年版，第356~357页。

③ 李慧妮编译：《〈联合国国际货物销售合同公约〉评释》，北京大学出版社2006年版，第230~231页。

时争议巨大，大陆法系国家的代表认为这既不公平，也不合理，因为买方在订立合同之前以及在享有保险利益之前就要对货物的毁损灭失承担风险，实际上意味着买受人对自始不能这一传统上被认为是无效的合同承担付款义务。英美法系国家的代表认为这属于国际上的通行做法，至于保险也可以通过转让解决，如果以合同订立时作为风险转移的时间，在那时来确定货损的情况几乎是不可能的。经过修改，最终形成了目前的条文。根据现在的法条文义，《联合国国际货物销售合同公约》的出发点是，即使货物可能在合同订立前已经灭失了，其后订立的合同还是有效的，合同因此约束着卖方一项自始不能的履约义务，而对买方则是付款义务。但是，这也只有在运输合同单据已经签发的情况下发生，如果没有单据，那么该规则就不适用。[①]

三、以公约的相关内容对本条进行扩张解释

根据前述对《联合国国际货物销售合同公约》内容的解读，可以看出本条规定的内容（《合同法》第 143 条）在文本来源上显然是参考了《联合国国际货物销售合同公约》第 68 条的规定，但在内容上并不完整。由于我国是《联合国国际货物销售合同公约》的缔约方，在国际货物买卖中可以通过适用该公约的规定来弥补国内法的不足，但路货买卖并非仅限于国际货物买卖领域，国内货物买卖中亦不乏路货买卖的情形，故宜借鉴国外的有益经验，完善路货买卖的风险负担规则。基于上述考虑，《买卖合同司法解释》第 13 条规定："出卖人出卖交由承运人运输的在途标的物，在合同成立时知道或应当知道标的物已经毁损、灭失却未告知买受人，买受人主张出卖人负担标的物毁损、灭失风险的，人民法院应予支持。"这种解释性扩张，是在吸收国内学者研究成果的基础上，[②]对本条规定进行了完善。据此，在出

① 李慧妮编译：《〈联合国国际货物销售合同公约〉评释》，北京大学出版社 2006 年版，第 231 页。

② 余延满：《货物所有权的移转与风险负担的比较法研究》，武汉大学出版社 2002 年版，第 358 页；韩世远：《合同法学》，高等教育出版社 2010 年版，第 398 页。

卖人恶意隐瞒风险事实的情况下，买受人可以根据本法第563条第1款第4项和第148条的规定，解除合同，不承担合同成立之前标的物毁损灭失的风险。

【审判实践中应注意的问题】

在确定路货买卖的风险负担规则时，司法解释已经对本条规定进行了直接的扩张解释，在审判工作中应当注意全面把握。

第六百零七条 出卖人按照约定将标的物运送至买受人指定地点并交付给承运人后，标的物毁损、灭失的风险由买受人承担。

当事人没有约定交付地点或者约定不明确，依据本法第六百零三条第二款第一项的规定标的物需要运输的，出卖人将标的物交付给第一承运人后，标的物毁损、灭失的风险由买受人承担。

【条文主旨】

本条是关于出卖人依法将标的物交付给第一承运人即为履行交付义务的情况下，标的物风险转移的规定。

【条文理解】

本条规定是要解决标的物在运输中的风险由谁承担的问题。本法第603条第2款第1项规定，当事人未约定交付地点或者约定不明确，依照本法第510条的规定又不能确定时，如果是标的物需要运输的，出卖人应当将标的物交付给第一承运人以运交给买受人。这项规定实际上确定了在这种情况下，出卖人将标的物交付给第一承运人就是履行了合同的交付义务。而本法规定标的物的风险，交付前由出卖人承担，交付后由买受人承担。因此，规定这种情况下在出卖人将标的物交付给第一承运人后，标的物的风险由买受人承担就是符合逻辑的。

从审判实践看，大量的买卖合同，尤其是国际贸易都涉及货物的运输，而在运输过程中又容易发生各种风险导致标的物的毁损、灭失，所以确定货物运输中的风险由谁承担是一个非常重要并且十分现实的问题。规定此类风险由买方承担的理由是买方所处的地位使他能在目的地及时检验货物，在发现货物受损时便于采取必要的措施，包括减轻损失与向有责任的承运人请求赔偿和向保险人索赔等。某些国际贸易惯例也确定了这样的原则，如采取 FOB、CIF 和 CFR 条件订立买卖合同时，都是由买方承担货物在运输过程中的风险。

【审判实践中应注意的问题】

审判实践中，判断是否适用货交承运人风险转移规则时，应当将本条规定与本法第 603 条的规定结合起来一并考量。

第六百零八条　出卖人按照约定或者依据本法第六百零三条第二款第二项的规定将标的物置于交付地点，买受人违反约定没有收取的，标的物毁损、灭失的风险自违反约定时起由买受人承担。

【条文主旨】

本条是关于买受人未及时受领标的物时风险负担规则的规定。

【条文理解】

本法第603条第2款第2项规定，当事人未约定交付地点或者约定不明确，依据本法第510条的规定仍不能确定的，如果标的物不需要运输，出卖人和买受人订立合同时知道标的物在某一地点，出卖人应当在该地点交付标的物；不知道标的物在某一地点的，应当在出卖人订立合同时的营业地交付标的物。总之，这种情况就是出卖人有义务在某一地点将标的物交付给买受人。在合同约定的交付期限届至时，如果标的物已经特定于合同项下而且出卖人已经完成了必要的交付准备工作，让买受人能够取得标的物，如将标的物适当包装，刷上必要的标志，并向买受人发出通知让其提货等，则标的物就处在了可以交付买受人处置的状态。如果这时买受人违反合同的约定没有收取标的物，那么按照本条的规定，买受人就从违反约定之日起承担标的物毁损、灭失的风险。

【审判实践中应注意的问题】

以本条规定决定风险负担时，其前提是出卖人将货物交付至某一地点构成合同义务的适当履行。

第六百零九条　出卖人按照约定未交付有关标的物的单证和资料的，不影响标的物毁损、灭失风险的转移。

【条文主旨】

本条是关于出卖人交付有关标的物的单证和资料的义务与标的物毁损、灭失风险承担关系的规定。

【条文理解】

本条借鉴了《联合国国际货物销售合同公约》第67条的规定，即“卖方有权保留控制货物处置权的单据，并不影响风险的转移”，主要是解决国际贸易等标的物需要运输，通过交付单据方式进行拟制交付的商业活动中风险负担规则的确定问题。

本法第641条第1款规定：“当事人可以在买卖合同中约定买受人未履行支付价款或者其他义务的，标的物的所有权属于出卖人。”在涉及标的物运输的买卖合同中，出卖人不向买受人移交有关标的物的单证，其性质可以由当事人在合同中约定，当事人可以约定这就是出卖人保留标的物所有权的表示。在合同对此没有约定时，各国解决的办法不尽一致。如英国法律可能就认为这表明卖方保留了所有权，而美国《统一商法典》则认为对卖方这只是作为买方支付价款的担保，但并不影响标的物所有权的转移。然而，按照前面的释义中所述，本法确立的标的物风险转移的原则，除当事人另有约定以外，是以标的物的交付作为标准，而不与标的物的所有权相联系。因此，无论出卖人不交付标的物的单证是否意味着所有权的保留，都不影响标的物的风险从交付时起由出卖人转移给买受人。

【审判实践中应注意的问题】

风险负担的确定以本法的相关规定为基本规则，与货物所有权是否转移至买受人没有直接关联，特别是在国际货物买卖等需要运输的场合。

第六百一十条 因标的物不符合质量要求，致使不能实现合同目的的，买受人可以拒绝接受标的物或者解除合同。买受人拒绝接受标的物或者解除合同的，标的物毁损、灭失的风险由出卖人承担。

【条文主旨】

本条是关于出卖人根本违约的风险负担的规定。

【条文理解】

本条规定主要包括两部分内容：一是出卖人违反质量瑕疵担保义务构成根本违约的责任承担；二是出卖人构成根本违约，标的物毁损、灭失的风险由其负担。

一、出卖人违反质量瑕疵担保义务构成根本违约

（一）出卖人的质量瑕疵担保义务

本条规定构成根本违约的事由是“因标的物不符合质量要求”。此为对出卖人违反质量瑕疵担保义务相关法律后果的规定。

出卖人的质量瑕疵担保义务，又称为物的瑕疵担保责任，是指出卖人应当保证交付买受人的标的物符合法定或约定的品质、价值和效用。买卖合同属于双务有偿合同，出卖人将标的物所有权转移给买受人是其最基本的义务。买受人支付约定的价金的目的是取得符合约定质量要求的标的物，如果标的物存在质量瑕疵，则有违等价有偿原则，不符合合同目的，有损合同正义和有违诚信原则。

关于质量瑕疵担保义务的性质争议颇多，分别有独立责任说、违

约责任说、相对独立说等观点。在我国，通说认为，物的瑕疵担保责任已被统合入违约责任之中，与违约责任并无本质差别，具体理由如下：（1）从立法目的和背景进行考察，在制定《合同法》时，我国《合同法》“买卖合同”一章大量借鉴了1980年《联合国国际货物销售合同公约》的规定，也参考了美国《统一商法典》和1994年国际统一私法协会《国际商事合同通则》等。[①]这些公约和法律均将物的瑕疵担保责任纳入违约责任统一规定。无论是违约责任的产生还是物的瑕疵担保责任，都是由于出卖人违反了买卖合同的主合同义务而产生，两者产生原因相同，并不存在异质性，故从理论构造的角度分析，物的瑕疵担保责任可以纳入违约责任中。从制度构建上分析，《民法典》在作出本条规定的同时，在第617条规定：“出卖人交付的标的物不符合质量要求的，买受人可以依据本法第五百八十二条至第五百八十四条的规定请求承担违约责任。”通过对上述规定进行体系解释，可以认定，在买卖标的物存在质量瑕疵时，可以适用我国关于违约责任的相关规定。（2）相对独立说的合理性与不足。《民法典》“买卖合同”一章虽专门规定了买受人的瑕疵通知义务、质量异议期等制度，但上述规定并不足以否定物的瑕疵担保责任作为违约责任的本质，因为上述制度可理解为是在买卖合同领域立法所作出的、基于平衡出卖人和买受人权利义务关系的特殊制度安排。（3）独立责任说与我国合同法理论及立法存在不适应性。在我国《合同法》的违约责任单轨制之下，并不存在独立的瑕疵担保责任。原因在于：第一，从行为来看，瑕疵担保责任的本质就是债务履行不符合要求；第二，从归责原则来看，我国《合同法》奉行严格责任，与秉持无过错责任原则的瑕疵担保责任一致，并无特殊性；第三，从法律后果来看，瑕疵担保责任的法律后果因《合同法》第155条而准用违约责任的内

① 王利明：《中德买卖合同制度的比较》，载《比较法研究》2001年第1期。

容……[1]

（二）构成根本违约及其法律后果

“不能实现合同目”是构成根本违约的法理基础，本条基于该法理对出卖人违反质量瑕疵担保义务构成根本违约的法律后果进行了规定。关于构成根本违约的法律后果，本条规定“买受人可以拒绝接受标的物或者解除合同”。

构成根本违约属于法定解除事由，故当事人享有法定解除权，有权解除合同。根据《民法典》第565条的规定，合同自享有解除权的合同一方的解除通知到达对方之日解除。

关于“买受人拒绝接受标的物”的理解问题，学者们观点不一。有观点认为，拒绝接受标的物是买受人行使拒绝受领权的表现。当其是终局的状态时，就是合同解除。但买受人拒绝接受标的物的目的有多种。如果目的是为了更换质量合格标的物，或者希望通过修理、重作后获得质量合格的标的物，那么，此处的拒绝接受标的物就不应当解读为解除合同，而是请求承担更换、修理、重作等违约责任。另有观点认为，既然本条规定的是“因标的物不符合质量要求，致使不能实现合同目的”的情形，那么，其就是指在根本违约的情形下，买受人享有合同解除权，基于解除合同的目的，买受人拒绝接受标的物。笔者认为，两种观点分析问题的角度和思考路径存在不同。前者是从尽量促进合同履行、鼓励交易的目的角度进行的分析，后者则是立足于本条规定的是违反质量瑕疵担保义务构成根本违约、产生解除合同这一法律后果角度进行的解读。

二、标的物毁损、灭失的风险由出卖人承担

买卖合同为双务合同，双务合同中的风险应被限定为：标的物因

---

① 韩世远：《出卖人的物的瑕疵担保责任与我国合同法》，载《中国法学》2007年第3期。《合同法》虽将在2021年废止，但上述规定的法理被《民法典》所认同并形成《民法典》的相应条文。

法定免责事由损毁灭失的不利状态。[①] 关于合同解除和风险负担责任，我国采用了二元说，分别对两种制度进行规定。风险负担与违约责任是两个异质的法律制度，两者在立法目的、适用要件、规范内容、法律效果等方面存在不同，但两者也有联系，违约行为作为一种违反合同义务的行为，直接影响到当事人权利的实现，因而也会对风险负担产生影响。[②]

我国《民法典》第604条确定的买卖合同标的物风险负担原则是交付主义原则，但其同时规定，法律另有规定或者当事人另有约定的除外。由于司法实务中买卖合同的履行状态多样，故《民法典》第604条至第610条分别对不同情形下的风险负担进行了规定。本条主要是对构成根本违约解除合同情形下的风险负担作出的规定。

对于违约状态下因发生不可归责事由导致标的物毁灭的风险负担问题，有学者认为："在世界范围内……存在着两种处理模式：一是认为如果卖方或买方有严重违约行为可以阻止风险的移转，即由违约方承担风险；二是即使一方有违约或严重行为，也不影响风险的移转，不过，此时受害方依法享有的各种救济权利不受影响，并认为其典型立法分别为美国《统一商法典》和《联合国国际货物销售合同公约》。"[③] 本条采用了出卖人违反物的瑕疵担保义务构成根本违约影响风险负担的模式。其法理基础是：在物虽交付但买受人依法拒绝受领情形，依据风险负担的交付主义原则，风险自未转移给买受人。在物虽交付、买受人已受领情形，因买受人依法行使法定解除权、买受人受领的合法依据丧失，物应返还给出卖人，在出卖人解除合同时，原来由买受人承担的货物灭失或严重毁损的风险又移转到出卖人这边。[④]

---

① 陈小君、易军：《合同法分则整体式研究》，载梁慧星主编：《民商法论丛》（第21卷），金桥文化出版（香港）有限公司2001年版，第258页。

② 余延满：《货物所有权的移转与风险负担的比较法研究》，武汉大学出版社2002年版，第374页。

③ 王洪亮主编：《合同法难点热点疑点理论研究》，中国人民公安大学出版社2000年版，第328页。

④ 朱岩：《德国新债法条文及官方解释》，法律出版社2003年版，第167~168页。

此系因出卖人违反质量瑕疵担保义务不能实现合同目的而导致的法定解除，出卖人具有过错，故其理应承受合同解除情形下的风险。

对本条规定的理解，应注意三点：一是其适用的范围是因出卖人的根本违约导致合同解除的情形。如出卖人不构成根本违约，合同未解除，买受人接受标的物的，则不适用本条规定。应考虑本条规定与本法第611条规定的衔接问题。如前所述，在标的物存在质量瑕疵，但未达到根本违约程度，买受人接受标的物、通过让出卖人承担减价或修理等违约责任的方式变更合同而不解除合同的情形，倾向观点认为，该情形下关于风险负担的确定不应当适用本条规定，而应适用本法第611条的规定。二是本条规定既适用于买受人拒绝接受标的物、未受领的情形，也适用于已受领但因解除合同而返还标的物的情形。三是无论标的物的毁损、灭失与标的物的瑕疵是否存在因果关系，均可适用本条规定。

【审判实践中应注意的问题】

一、物的瑕疵担保责任与出卖人违反该义务构成根本违约

《民法典》第617条规定，出卖人交付的标的物不符合质量要求的，买受人可以依据本法第582条至第584条的规定请求承担违约责任。《民法典》第582条至第584条规定的违约责任包括请求对方承担修理、重作、更换、退货、减少价款或者报酬、赔偿损失等。关于该三条规定与本条规定的关系问题，笔者认为，如前所述，《民法典》采用违约责任说的立场对合同一方违反物的瑕疵担保责任进行了体系化的规定，瑕疵担保责任纳入违约责任之中；应视出卖人违反物的瑕疵担保责任的具体情形并依据当事人的诉求，确定适用《民法典》第582条至第584条的规定还是本条规定。

在司法实务中，认定出卖人承担物的瑕疵担保责任需具备五个要件。

（一）出卖人交付的标的物不符合质量要求

1. 物的瑕疵界定和分类

出卖人交付的标的物不符合质量要求，是指实际交付的标的物的质量不符合法定或者约定的标准。大陆法系民法理论一般认为，物的瑕疵是指实际交付的标的物不具有应有的品质、性能和价值，其价值和效用存在减损。

关于物的瑕疵的分类，第622条的条文理解中有相关论述，此处不赘述。

2. 如何确定认定标的物质量的标准

一般而言，当事人在合同中有约定的，从其约定。没有约定或者约定不明确的，依据《民法典》第616条的规定，通过以下方式进行确定：一是当事人之间达成补充协议。二是达不成补充协议的，则按照合同相关条款或者交易习惯确定。三是按照前述方式仍然确定不了的，则按照强制性国家标准履行；没有强制性国家标准的，按照推荐性国家标准履行；没有推荐性国家标准的，按照行业标准履行；没有国家标准、行业标准的，按照通常标准或者符合合同目的的特定标准履行。出卖人提供有关标的物质量说明的，交付的标的物应当符合该说明的质量要求。在产品或者其包装上注明采用的产品标准，应符合该标准。《德国民法典》第434条也有类似规定。该条规定："……（1）物在风险转移时具有约定的性质的，无物的瑕疵。未达成关于性质的协议的，物有下列情形时，无物的瑕疵：1. 该物适合于按照合同被作为前提的使用的……2. 该物适用于通常的使用，并且具有同种的物通常具有的、买受人可按物的种类而期待的性质的。"

3. 关于交付的标的物数量不符合合同约定，是否可以认定具有质量瑕疵问题

一般而言，数量不足具有的瑕疵不应认定为物的品质具有瑕疵，但是如果标的物的数量本身与质量相关，数量欠缺将影响到标的物的效能、品质和价值，也可将其纳入本条规定的瑕疵范畴。"如果出卖的标的物不达到特定的数量，就不能符合买卖之目的者，则其数量的

欠缺也可以成为品质问题，从而构成物的瑕疵，如集邮册中的邮票的缺少。”[①]《德国民法典》第434条也有相应的规定，即：“……（3）出卖人交付另外的物或者交付数量过少的，与物的瑕疵相同。”

（二）该瑕疵在合同成立时已存在，且在合同履行时仍未消除

如果瑕疵是在合同履行时已经消除，则交付的标的物不再具有质量瑕疵，出卖人无须承担瑕疵担保责任。

（三）买受人不知道或者不应当知道标的物具有质量瑕疵

在买受人知道或者应当知道标的物具有质量瑕疵的情形，其仍然愿意签订买卖合同，该行为表明其通过利益衡量愿意购买存在质量瑕疵的标的物，不违反公平和诚信原则，故出卖人也无须承担物的瑕疵担保责任。但买受人在缔约时不知道该瑕疵会导致标的物的基本效用显著降低的除外。这里的“标的物的基本效用显著降低”应把握两点：一是该瑕疵导致买受人买受标的物的目的难以实现；二是该瑕疵主要是指标的物影响主要功能方面的瑕疵，因为如果是次要瑕疵，不足以影响买受人的购买目的，故也不属于本处所说的“标的物的基本效用显著降低”。做此理解的理由是，如果买受人不知道或者不应当知道该瑕疵影响到标的物的主要功能而签订买受合同，该事实表明其并未与出卖人之间就购买该具有质量瑕疵的产品真正达成合意，故出卖人仍需承担物的瑕疵担保责任。

（四）买受人需在一定期限内及时履行质量检验和瑕疵通知义务

物的瑕疵担保责任的特殊性在于，其需与质量检验及异议制度相结合适用。买受人在法定时间内对标的物的质量进行检验并向出卖人发出异议通知，是买卖合同中特殊的确定产品质量问题的制度。买受人对买卖合同标的物负有检验和通知义务是从现实交易模式中提升的合理划分买卖合同双方当事人权利义务的一项重要制度，也是其独特性所在。《民法典》第620条至第623条对上述问题进行了规定。

---

① 王泽鉴：《民法学说与判例研究》（第3册），中国政法大学出版社1998年版，第123页。

（五）不以出卖人具有过错作为要件

物的瑕疵担保责任的设立是基于公平原则和诚信原则，并不考虑出卖人是否具有过错。从物的瑕疵担保责任产生之时，其就作为无过错责任存在。通说认为，我国违约责任采纳严格责任归责原则，故其虽与罗马法遵循的理论路径不同，但在认定要件上是相同的，不以出卖人具有过错作为要件。

二、法院查明买受人根据本条规定拒绝出卖人交付标的物的理由不能成立情形下的风险负担问题

笔者认为，该情形下，因买受人对标的物拒绝接受不具有合法理由，故买受人拒绝接受标的物构成买受人受领迟延，买受人应承担违约责任。关于该情形下的风险负担问题，《民法典》第605条规定："因买受人的原因致使标的物未按照约定的期限交付的，买受人应当自违反约定时起承担标的物毁损、灭失的风险。"《民法典》第608条规定："出卖人按照约定或者依据本法第六百零三条第二款第二项的规定将标的物置于交付地点，买受人违反约定没有收取的，标的物毁损、灭失的风险自违反约定时起由买受人承担。"因此，该情形下，买受人还应承担风险负担责任。在出卖人按照约定期限交付而买受人拒绝受领之时，标的物毁损灭失的风险转移给买受人。

三、关于解除通知尚未到达出卖人期间标的物毁损灭失的风险负担问题

司法实务中，存在因标的物存在隐蔽瑕疵，买受人往往在标的物交付之时难以发现瑕疵而接收标的物、在接收后发现的情形。在买受人享有法定解除权且已发出解除通知但解除通知尚未到达出卖人时，由于合同尚未解除，故存在关于标的物风险负担问题能否适用本条规定的情形。《德国民法典》第346条规定："（一）如合同一方当事人在合同中保留了解除权，或其享有法定的解除权，则在合同解除时，当事人应相互返还已受领的给付和取得的收益。……（三）在下列情

形，不负作价偿还的义务：1. 导致解除合同的瑕疵在标的的加工或改造过程中才出现的。2. 债权人对毁损或灭失负有责任，或标的如在债权人处，损害同样也会发生。3. 在法定解除情形，虽然权利人尽到了与处理自己事务相同的注意，仍然不能避免毁损或灭失。所余的得利应予返还。……”依该规定，如果买受人尽到了与处理自己事务相同的注意，仍然不能避免标的物因不可归责于自身的原因发生毁损或灭失的，则其无须承担标的物毁损或灭失的风险。笔者认为，根据本条规定的立法本意，《德国民法典》的上述规定可资借鉴。

第六百一十一条 标的物毁损、灭失的风险由买受人承担的，不影响因出卖人履行义务不符合约定，买受人请求其承担违约责任的权利。

【条文主旨】

本条是关于买受人承担风险与出卖人违约责任关系的规定。

【条文理解】

《合同法》第149条规定："标的物毁损、灭失的风险由买受人承担的，不影响因出卖人履行债务不符合约定，买受人要求其承担违约责任的权利。"本条规定对该规定的实质内容未修改，只是在文字表述上将"债务"改为"义务"，"要求"改为"请求"。

一、本条规定的法理基础

本条规定主要涉及标的物风险负担与违约责任承担的关系问题。风险负担与违约责任是两种不同性质的法律制度，两者有以下不同：

一是两者概念不同。作为法律制度的风险负担，是指在买卖合同订立之后，对由于不可抗力等不可归责于当事人的事由致使标的物毁损灭失的不利状态进行分配的法律机制；违约责任则是对合同主体违约所应承担的不利后果的规定。

二是两者立法目的不同。风险负担意在对标的物因不可归责于合同一方的事由而发生毁损、灭失时的风险进行分配，解决的是标的物的风险负担问题；违约责任则意在解决违约后的责任承担问题，意在惩戒违约者。

三是两者内容不同。风险负担意义上的风险一般包含两种情形：一是指给付风险，二是指价金风险。前者又称为履行风险，系因不可归责于债务人之事由，致其基于契约所负之给付陷于不能者，债权人能否请求债务人重新另为给付而言。[①]后者又称为对价风险，即因不可归责于双方当事人的事由，致标的物毁损灭失时，其价金之危险由谁负担而言。违约责任意义上的风险，主要包括如何明确责任主体、责任范围、责任形式等问题。违约责任中的风险是指由于合同主体一方违约而可能给对方造成损失的风险。

四是两者在当事人的行为与风险产生损失之间是否存在因果关系方面存在不同。在风险所导致的损害结果中，买卖合同当事人的行为与损害结果并不存在因果关系。在违约责任中，违约行为与损害结果之间存在相当因果关系。

当然，风险负担与违约责任也具有一定联系。违约行为影响到当事人权利的实现，也会对风险负担产生影响。例如，《民法典》规定买卖合同标的物风险负担的基本原则是交付主义，《民法典》第610条规定了根本违约导致风险负担转移的情形。

在司法实务中，存在风险负担责任主体与违约责任主体相一致的情形，也存在不一致的情形。相关国际条约也对该问题进行了规定。《联合国国际货物销售合同公约》第70条规定："如果卖方已根本违反合同，第67条、第68条和第69条的规定，不损害买方因此种违反合同而可以采取的各种补救办法。"依此规定，货物的风险依据其第67条至第69条所确立的标准移转于买受人后，买受人仍然保有各种救济权利。

本条规定的是风险负担主体为买受人，违约责任主体为出卖人的情形。

---

① 詹森林：《危险负担移转前，出卖人物之瑕疵担保责任及买受人拒绝受领标的物之权利》，载《台大法学论丛》第22卷第1期。

二、本条理解与适用要点

（一）本条适用于出卖人履行债务不符合约定，虽构成违约但不导致风险负担发生转移的情形

1. 出卖人不完全履行

出卖人不完全履行，是指出卖人虽然以适当履行的意思进行了履行，但不符合法律的规定或合同的约定。不完全履行包括质的不完全履行与量的不完全履行。[①]

关于质的不完全履行的风险负担问题，《民法典》第610条规定了出卖人交付的标的物具有瑕疵达到根本违约的程度导致买受人拒绝接受标的物或者合同解除的，风险由出卖人负担。本条所指的情形是出卖人的违约行为不足以使风险负担发生转移的情形。

《民法典》第604条规定了买卖合同中风险负担的一般原则——交付主义原则，即：标的物毁损、灭失的风险，在标的物交付之前由出卖人承担，交付之后由买受人承担，但是法律另有规定或者当事人另有约定的除外。因为交付形式多样，故《民法典》也作出了不同规定。根据《民法典》第605条至第609条的规定，由买受人承担风险负担责任的情形主要包括以下情形：（1）因买受人的原因致使标的物未按照约定的期限交付的，买受人应当自违反约定时起承担标的物毁损、灭失的风险。（2）出卖人出卖交由承运人运输的在途标的物，除当事人另有约定外，毁损、灭失的风险自合同成立时起由买受人承担。（3）出卖人按照约定将标的物运送至买受人指定地点并交付给承运人后，标的物毁损、灭失的风险由买受人承担，但是当事人另有约定的除外。（4）当事人没有约定交付地点或者约定不明确，依据本法第603条第2款第1项的规定标的物需要运输的，出卖人将标的物交付给第一承运人后，标的物毁损、灭失的风险由买受人承担。（5）出卖人按照约定或者依据本法第603条第2款第2项的规定将标的物置

① 崔建远主编：《合同法》，法律出版社2002年版，第203页。

于交付地点，买受人违反约定没有收取的，标的物毁损、灭失的风险自违反约定时起由买受人承担。（6）出卖人按照约定未交付有关标的物的单证和资料的，不影响标的物毁损、灭失风险的转移。

量的不完全履行包括数量不足情形下的不完全履行和数量过多情况下的不完全履行。《民法典》对该情形下的风险负担问题没有进行特别规定。我们可以根据风险转移的交付主义原则进行确定。对于前者，在买受人可以依据《民法典》第531条的规定行使拒绝受领权的情形下，因标的物并未交付，故标的物毁损灭失的风险应由出卖人负担。买受人虽有拒绝受领权但放弃并接受了标的物，或者不享有拒绝受领权、已受领的情形，则标的物毁损灭失的风险应由买受人负担。但出卖人因量的不完全履行构成违约的，买受人仍享有请求其承担相应违约责任的权利。对于后者，对于超出约定数量的部分，买受人拒收的，因标的物未交付，标的物毁损灭失的风险应由出卖人负担；如买受人以实际接受的行为达成对该标的物数量的合意的，则因标的物已交付，故标的物毁损灭失的风险应由买受人负担。

2. 出卖人履行迟延

出卖人履行迟延也称出卖人交付迟延，是指在履行期限届满时，出卖人没有按期履行构成违约。在学理上，出卖人履行迟延被称为狭义的履行迟延，广义的履行迟延还包括债权人迟延（或称受领迟延）。因本条规定的是出卖人违约情形下的风险负担问题，故本处仅探讨狭义的履行迟延情形下的风险负担问题。

综观世界两大法系国家（地区）立法例，大多规定，在出卖人履行迟延情形，出卖人应承担标的物毁损灭失的风险。例如，《法国民法典》第1138条第2款后段规定："但如交付人迟延交付，物件受损的风险由交付人承担。"债法改革后的《德国民法典》第287条规定："债务人应对迟延期间的任何过失负责。即使在迟延期间发生意外，债务人亦应对给付负责，但即使债务人及时给付仍不免发生意外的除外。"《瑞士债法典》第103条规定："债务人不履行债务的，应当对其迟延履行造成的损害承担赔偿责任，对迟延期间的意外损害亦应承担赔偿责任。债务人能证明其对迟延履行无过错的，或者因发生意外造成标的物无法及时履行而致债权人损害的，债务人不承担责任。”《英国货物买卖法》第20条第2款规定：“由于买受人或者出卖人的过错使货物的交付拖延的，由此产生的如果没有过错就不会发生损失的风险，由有过错的一方当事人承担。”有学者对此进行了分析，“使陷于给付迟延之债务人对迟延后发生于迟延之给付上的一切损害，不论其过咎之有无，甚至不论其因果关系之有无，皆负损害赔偿责任。其特征在于对某种行为（给付迟延）后之‘结果’负责。该结果并不立基于‘该行为’所引起之‘危险’。”[①] 由上述法律规定以及学理分析可见，由出卖人承担履行迟延期间标的物毁损灭失风险的法理基础是因出卖人的过错导致给付迟延。在采取交付主义风险负担模式情形，交付为风险移转的时点。由于标的物并未交付给买受人，买受人自不应承担标的物毁损灭失的风险，除非存在着迟延交付可归责于买受人的情形。我国采交付主义风险负担模式，故在债权人履行迟延构成违约情形，应由债权人承担标的物毁损灭失的风险。但如果是因买受人无正当理由迟延受领导致的标的物毁损灭失的，则风险应由买受人承担，我国《民法典》第605条、第608条对此进行了明文规定。此外，《瑞士债法典》还规定，因发生意外造成标的物无法及时交付而致债权人损害的，债务人不承担责任。《德国民法典》规定，但即使债务人及时交付仍不免发生意外的，不应由出卖人承担风险负担责任。

（二）出卖人虽不承担风险负担责任，但需负违约责任

虽然本条规定，在出卖人违约时，标的物风险的移转与出卖人未违约时相同，但应予明确的是，与出卖人未违约时不同的是，买受人在承担标的物毁损灭失风险的同时享有请求出卖人承担违约责任权利。

① 黄茂荣：《法学方法与现代民法》，中国政法大学出版社2001年版，第96页。

【审判实践中应注意的问题】

第一，正确理解风险负担制度与违约责任的异质性与关联性。在司法实务中，应注意违约责任与风险负担是两个彼此独立却存在关联的法律制度，正确理解两者的异质性与关联性，既不能将两者混为一谈，也不能完全割裂两者的关联性。

第二，应注意本条规定与《民法典》第610条规定的不同。本条规定情形，出卖人的违约行为并不导致风险转移，但在《民法典》第610条规定情形，出卖人的违约行为导致风险转移。

第六百一十二条　出卖人就交付的标的物，负有保证第三人对该标的物不享有任何权利的义务，但是法律另有规定的除外。

【条文主旨】

本条是关于出卖人权利瑕疵担保义务的规定。

【条文理解】

我国《合同法》第150条规定："出卖人就交付的标的物，负有保证第三人不得向买受人主张任何权利的义务，但法律另有规定的除外。"本条规定对《合同法》第150条的规定进行了两处修改：一是将该条规定的"负有保证第三人不得向买受人主张任何权利的义务"改为"负有保证第三人对该标的物不享有任何权利的义务"。二是将"但法律另有规定的除外"改为"但是法律另有规定的除外"。

一、权利瑕疵担保义务的概念和立法目的

权利瑕疵担保义务，是指出卖人负有保证出卖的标的物权利具有完整性，任何第三人对其出卖的标的物不享有任何权利的义务。

债权之标的应合法、确定。当事人签订买卖合同的目的是取得标的物的所有权，因此，如果第三人对出卖的标的物享有其他权利，势必影响买受人合同目的的实现，有违诚信原则。此外，买卖合同属于双务有偿合同，买受人支付相应对价，就应当依法依约获得无权利瑕疵的标的物，否则，其付出代价与取得利益之间不对等，有悖于公平原则的内在要求。权利瑕疵担保制度的设立有助于让出卖人确保买卖标的物能够完全地归属买受人，也可以使买受人不必过分关注标的物所

有权的真实状况，进而促进交易的发展及商品的流转。

二、本条规定的核心要义

关于权利瑕疵担保义务的理解和适用，主要应把握以下四点：

（一）权利瑕疵在合同成立时已存在，且在合同履行时仍未消除

权利瑕疵义务强调出卖人在签订买卖合同时应保证第三人对标的物不享有权利。如果在买卖合同订立后存在权利瑕疵，则是合同履行问题，不能认定出卖人对于合同的订立存在过错，不能认定当事人之间没有对标的物条款真正达成意思一致。若权利瑕疵于嗣后履行之前或当时被消除，则此时买受人已取得完整权利，可以对抗任意的第三人，出卖人自然无须再承担担保责任。[①]在履行之前或者当时出卖人排除标的物存在的权利瑕疵的情形主要包括出卖人在履行前取得了标的物的所有权、担保物权被除去、标的物上原设定租赁权已到期等。

（二）标的物存在权利瑕疵

1. 在订立合同时对标的物不享有所有权

买卖合同是出卖人转移标的物的所有权于买受人，买受人支付价款的合同。《民法典》第 598 条规定，出卖人应当履行向买受人交付标的物或者交付提取标的物的单证，并转移标的物所有权的义务。这是出卖人的基本义务。出卖的标的物应当属于出卖人所有或者出卖人有权处分。出卖人无处分权或无独立处分权均违反了瑕疵担保义务，如出卖人未经共有权人同意出卖共有财产或者出卖人非经授权出卖他人财产等。日本民法对此也有相关规定，如《日本民法典》第 563 条第 1 款规定："因作为买卖标的的权利的一部分属于他人，出卖人不能将其移转于买受人时，买受人可以按其不足部分请求减少价金。"[②]

2. 在订立合同时标的物上有其他权利负担，所有权受到限制

例如，在标的物上设定有抵押权、质押权，标的物处于出租状态等，均属于在标的物上负有权利负担。在标的物上负有权利负担的情

① 郑玉波：《民法债编各论》（上册），我国台湾地区三民书局 1981 年版，第 32 页。
② 渠涛编译：《最新日本民法典》，法律出版社 2006 年版，第 123 页。

形，买受人取得的权利受到影响和限制，影响其受让目的，因此，出卖人应承担权利瑕疵担保责任。

3. 出卖的标的物存在对他人合法权利的侵犯

出卖人应担保出卖的标的物不存在对他人合法权利的侵犯。出卖具有知识产权的标的物的，可能涉及侵犯他人知识产权的问题，此种情形也构成权利瑕疵，各国（地区）一般在特别法中进行规制。《联合国国际货物销售合同公约》第42条对出卖人对标的物的知识产权担保作出了规定。

此外，学者认为，在标的物为权利的情形下，权利虽存在，但如果已经失效，应认定出卖的标的物存在着权利瑕疵。如史尚宽先生认为，债权人或其他权利之出卖人应担保其权利于契约订立时确系真实存在。例如，在有价证券的买卖中，如果证券权利在公示催告程序被宣告无效，则买卖标的物存在瑕疵。我国台湾地区“民法”第350条规定，有价证券之出卖人，并应担保其证券未因公示催告而宣示无效。

应予明确的是，并非只要在买卖合同的标的物上存在权利限制，就应认定存在权利瑕疵、出卖人就应承担权利瑕疵担保责任。有学者对此进行了论述，即：若此类限制并非因出卖人之意愿，而是出于使用之必要或公序良俗要求，则不被认为构成权利瑕疵。例如，相邻权的存在，使得不动产买受人受到一定限制，但买受人不得因此而向出卖人主张权利瑕疵担保责任，盖因此种限制可被认为是合理存在而非作为瑕疵存在。①

（三）出卖人承担权利瑕疵担保义务，不以其主观上有过错为条件

关于权利瑕疵担保责任的性质，学理通说认为，其为法定责任、无过错责任。法定责任是指即使当事人对此没有约定，也依法应承担该权利瑕疵担保责任。这是买卖合同的应有之义，也是保障买受人签订买卖合同的目的实现的根本保障。例如，《法国民法典》第1626条

① 陈添辉：《出卖人权利瑕疵担保责任之研究》，载《台大法学论丛》2012年第41卷特刊。

规定："即使在买卖当时没有关于担保的任何约定，出卖人亦当然对买受人负有担保其卖出物不会全部或部分受到追夺的义务，或者担保买受人不承受在买卖成立时未予申明的有关该物的负担。"[①] 无过错责任是指只要买卖标的物存有权利瑕疵，出卖人即须承担瑕疵担保责任，无论其主观上是否存在过错。原因在于，基于等价有偿的公平原则，买受人支付对价对应的是权利无瑕疵的标的物，如果出卖人可以其无恶意或者重大过失而免除该责任，则违反了公平原则。而且，对于标的物上的瑕疵存在与否，出卖人比买受人更易知晓，规定其承担该无过错责任，有利于其尽到注意义务。

对于买受人而言，其应为善意，买受人应不知或者不应当知道标的物存在权利瑕疵；否则，出卖人不承担权利瑕疵担保责任。本法第613条对此进行了规定。

（四）法律另有规定的情形除外

本条在规定出卖人负有权利瑕疵担保义务的同时，以但书方式对出卖人无须承担权利瑕疵担保义务作出例外规定，即"但是法律另有规定的除外"。由该规定可见，出卖人不需承担权利瑕疵担保义务必须是"法律"另有规定。

三、比较法研究

权利瑕疵担保责任起源于罗马法的追夺担保制度。在罗马法中，买卖是双务合意契约，卖主向买主承诺在接受相应的价款之后向买主永远转让对商品的占有并提供对该占有的保障，或者允诺向后者转移任何权利。

《法国民法典》继受了大部分罗马法追夺担保制度。《法国民法典》在买卖编的出卖人担保义务章节下规定出卖人需向买受人承担担保义务，其中第1625条规定：出卖人应当向买受人提供担保，目的有两个：一是保证买受人对买卖标的物的安全占有；二是保证卖出物

① 《法国民法典民事诉讼法典》，罗结珍译，国际文化出版公司1997年版，第339页。

无隐蔽的瑕疵或者可据以解除合同的瑕疵。[①]尹田教授在《法国物权法》一书中认为，法国民法原则上采用罗马法之追夺占有制度，即出卖人应担保买受人对于买卖标的物之占有，而出卖人负权利瑕疵担保责任之前提要件为追夺占有。

2002年债法改革之后，《德国民法典》第433条规定，出卖人必须使买受人取得无物的瑕疵和权利瑕疵的物。第435条规定，就物而言，第三人不能对买受人主张任何权利，或者只能主张在买卖合同中被接受的权利，该物无权利瑕疵。不存在的权利被登记到土地登记簿中的，与权利瑕疵相同。[②]

美国《统一商法典》第2-312条对权利瑕疵担保义务进行了规定。该条规定，出卖人负有担保所有权完好、转让方式合适及标的物上不存在买受人于合同订立时不知情的负担和限制之义务。

《英国货物买卖法》第12条规定，除第3款另有规定者外，在任何买卖合同中，卖方有一项默示的义务，保证他有出售该项货物的权利。

《联合国国际货物销售合同公约》第41条规定："出卖人不仅要向买受人保证他所交付的货物必须是第三方不能提出任何权利的货物，而且必须是第三方不能提出任何请求的货物。"

【审判实践中应注意的问题】

一、是否允许合同双方以特别约定的方式排除出卖人的权利瑕疵担保义务

私法领域意思自治是基本原则，因此，买受人知道标的物存在权利瑕疵而愿意签订合同，或者虽在订立合同之时不知道或者不应当知道标的物存在权利瑕疵，但仍自愿与出卖人约定即使存在权利瑕疵其

① 《法国民法典》(下册)，罗结珍译，法律出版社2005年版，第1234、1239页。
② 陈卫佐译注：《德国民法典》，法律出版社2004年版，第130、131页。

也愿意购买的，原则上应尊重其自主意思。买受人基于其自主意思作出的自由约定，可以认定为其在权衡标的物可能存在的瑕疵对其合同目的的影响程度、交易对价的公平合理性等因素后对交易风险的公平安排，法律不应过多干预。当然，如果该约定违反了法律行政法规的强行性规定、有损公序良俗的，则应认定无效。例如，在权利人恶意不告知权利瑕疵情形，因其构成欺诈，故债务人据此签订免责特约的，不应认定其效力。一些国家和地区对此进行了规定。《法国民法典》第 1627 条规定，当事人得以特别协议约定，增加或减少此项当然义务之效力；当事人甚至可以约定，出卖人不负任何担保义务。第 1628 条规定，尽管有出卖人不负任何担保义务的约定，但仍应对属于其个人行为引起的担保承担义务，任何相反约定均无效。《德国民法典》第 444 条规定，出卖人恶意不告知瑕疵或者已经承担对物的性质的担保的，即不得援用排除或者限制买受人因瑕疵而享有的权利的协议。我国台湾地区“民法”第 366 条也作出相应规定，以特约免除或限制出卖人关于权利之瑕疵担保义务者，出卖人亦不负责，但出卖人故意不告知其瑕疵者，即有特约，仍属无效。

二、是否只要第三人对标的物提出权利主张即可认定出卖人违反了权利瑕疵担保义务

这涉及第三人是否对标的物享有合法权利和其权利主张能否得到支持问题。这也是本条修改《合同法》相关规定的核心所在。“主张任何权利”与“享有任何权利”的内涵并不相同。第三人主张权利，可能是基于其对标的物享有合法权利而提出的合法主张，也可能是基于其对标的物并不享有合法的权利而提出的非法主张。对于后一种非法主张，虽然第三方的主张最终不能得到支持，但第三方主张权利的行为使买受人受到了干扰，甚至可能产生损失。如果规定“保证第三人不得向买受人主张任何权利的义务”，则在第三人的权利主张不能得到支持的情形下，出卖人仍应对买受人因此而受到的损失承担责任，这加重了出卖人的责任，因为出卖人并不能保证第三人均系依法

依照诚信原则提起权利主张。在司法实务中，如果标的物本身并无权利瑕疵，但由于第三方错误或者恶意主张权利损害买受人权益的，因第三人的权利并非合法权利，故不能认定出卖人违反权利瑕疵担保义务。

三、关于无权处分合同的效力认定

关于该问题，我国理论界和实务界经历了从无效说、效力待定说到现在的有效说的变化过程。《合同法》第51条的规定是争议的起源。[①]根据该条规定，有观点认为，无权处分合同为无效合同；也有观点认为，无权处分合同为效力待定合同。《买卖合同司法解释》第3条采纳了有效说，规定："当事人一方以出卖人在缔约时对标的物没有所有权或者处分权为由主张合同无效的，人民法院不予支持。出卖人因未取得所有权或者处分权致使标的物所有权不能转移，买受人要求出卖人承担违约责任或者要求解除合同并主张损害赔偿的，人民法院应予支持。"《民法典》未保留《合同法》第51条的规定，其第597条采纳了有效说的观点，规定："因出卖人未取得处分权致使标的物所有权不能转移的，买受人可以解除合同并请求出卖人承担违约责任。法律、行政法规禁止或者限制转让的标的物，依照其规定。"合同解除以及承担违约责任是立足于合同生效基础之上的，否则，不存在合同解除和承担违约责任问题。该规定将无权处分合同的效力由效力待定修改为有效，从而有效保障交易安全。[②]

在司法实务中，存在这样的问题：转让方未取得出让国有土地使用权证书或者有批准权的人民政府同意即与受让方订立转让国有土地使用权合同，在起诉前转让方仍未取得出让土地使用权证书或者有批准权的人民政府同意的，如何认定土地使用权转让合同的效力？对该

① 该条规定："无处分权的人处分他人财产，经权利人追认或者无处分权的人订立合同后取得处分权的，该合同有效。"

② 王利明：《彰显时代性：中国民法典的鲜明特色》，载微信公众号"上海法学会"2020年5月28日。

问题，在讨论过程中，曾存在两种争议观点。第一种观点认为，应认定土地使用权转让合同无效。其理由是：土地的买卖是一种特殊买卖，具有行政权确定的效力。根据《国有土地使用权合同司法解释》第 9 条规定："转让方未取得出让土地使用权证书与受让方订立合同转让土地使用权，起诉前转让方已经取得出让土地使用权证书或者有批准权的人民政府同意转让的，应当认定合同有效。"而转让人在签订合同时尚未取得出让土地使用权证书，且起诉前也没有经有批准权的人民政府同意转让涉案土地，故应认定该合同无效。第二种观点认为，合同有效。其理由是：根据《国有土地使用权合同司法解释》第 9 条的规定，并不能当然得出起诉前转让方未取得出让土地使用权证书或未经有批准权人民政府同意转让的情况下合同无效的结论。且随着我国经济社会的发展，为鼓励市场交易，我国在法律制度设计上一般不再轻易否定合同的效力。《物权法》第 15 条规定："当事人之间订立有关设立、变更、转让和消灭不动产物权的合同，除法律另有规定或者合同另有约定外，自合同成立时生效；未办理物权登记的，不影响合同的效力。"《买卖合同司法解释》第 3 条第 1 款规定："当事人一方以出卖人在缔约时对标的物没有所有权或者处分权为由主张合同无效的，人民法院不予支持。"根据以上规定，我国在立法上确立了物权变动的区分原则，即将不动产物权变动的原因与结果予以区分，物权变动的原因为合同，合同的结果为物权变动。以发生物权变动为目的的债权合同，其成立及生效应当依据《合同法》的规定，标的物是否成就、能否交付只是合同履行的结果问题，并非当然是合同的生效要件，不能以合同不能履行或物权没有发生变动反推合同无效。且未取得土地使用权证书的土地使用权转让合同被认定无效，不仅不利于解决当事人之间的争议和维护交易安全，而且还可能助长不诚信行为。土地使用权转让合同系当事人之间的真实意思表示，且无法定无效之情形，应认定有效。此外，《国有土地使用权合同司法解释》先于《物权法》于 2007 年施行，根据新法优于旧法原则，应适用《物权法》及《买卖合同司法解释》来确定合同效力。

笔者认为,《国有土地使用权合同司法解释》第9条规定采纳的是“合同效力待定”观点，其法律依据是《合同法》第51条。关于国有土地使用权转让,《城市房地产管理法》第37条、第38条进行了规定，而非没有进行规定，故关于该转让合同的效力，应适用《城市房地产管理法》和相关司法解释的规定，不能直接援引《买卖合同司法解释》的规定。但应当说,《买卖合同司法解释》第3条第1款规定的法理可供借鉴。而且，如果认为《城市房地产管理法》第37条、第38条的规定不是效力性强制性规定，则不能得出未取得国有土地使用权证书或者未获得政府主管部门批准而签订国有土地使用权转让合同无效的结论。由《物权法》第15条规定可见，我国采取了物权变动区分原则，一般而言，除法律另有规定或者合同另有约定外，物权变动的原因——合同自成立时生效，登记与否是不动产物权变动的效力要件，而非合同的生效要件。土地使用权转让是通过签订合同进行的一种物权变动行为，合同是物权变动的原因行为，属于债权法律关系范畴，其是否成立、生效应依据债权法相关规定判定。处分人是否享有处分权是合同履行问题，而非合同的生效问题。显然，根据《物权法》的该规定，应认定未取得国有土地使用权出让证书的转让人签订的合同有效而非无效。鉴于《物权法》颁布实施在《城市房地产管理法》及和相关司法解释之后，且该法的上述规定有利于尊重当事人意思自治、鼓励交易、维护交易安全，惩罚不诚信方，故认为适用《物权法》的规定更为适宜。相关观点在《民商审判会议纪要》第60条关于“未办理登记的不动产抵押合同的效力”中有体现，该条规定:“不动产抵押合同依法成立，但未办理抵押登记手续，债权人请求抵押人办理抵押登记手续的，人民法院依法予以支持。……”《民法典》第215条规定完全沿用了《物权法》第15条的规定，第597条采纳了有效说的观点，该规定在《民法典》生效后可以直接作为认定该类土地使用权转让合同有效的法律依据。

第六百一十三条　买受人订立合同时知道或者应当知道第三人对买卖的标的物享有权利的，出卖人不承担前条规定的义务。

【条文主旨】

本条是关于出卖人权利瑕疵担保义务免除的规定。

【条文理解】

《合同法》第151条规定："买受人订立合同时知道或者应当知道第三人对买卖的标的物享有权利的，出卖人不承担本法第一百五十条规定的义务。"本条将该条规定的"本法第一百五十条"修改为"前条"，其他内容无变化。

一、法理基础

立法规定出卖人负有权利瑕疵担保义务是为了维护诚信原则和公平原则。如果买受人订立合同时知道或者应当知道第三人对买卖的标的物享有权利，即标的物上具有权利瑕疵而仍然愿意购买的，这表明买受人自愿以约定的价格买受该具有权利瑕疵的标的物，不违反公平原则和诚信原则。买受人于订立合同之时明知权利瑕疵存在而仍旧愿意购买，也属于当事人对自己权利的自由处分。因此，一般而言，出卖人无须再负相应的瑕疵担保义务。大陆法系和英美法系国家以及相关国际公约均有相应规定。如前条释义所述《德国民法典》第433条、美国《统一商法典》第2-312条、《联合国国际货物销售合同公约》第41条等规定。

二、适用本条规定应具备的要件

（一）时间要件

时间要件为“订立合同时”。依照合同法法理和相关法律规定，当事人双方对合同的主要条款达成意思一致的，合同依法成立，依法成立的合同即发生效力，法律另有规定或者当事人另有约定的情形除外。买受人在合同订立时知道或者应当知道标的物存在权利瑕疵，但仍基于自主意志与出卖人签订买卖合同的事实表明买卖双方就买卖案涉标的物达成意思一致。因此，买受人知道或者应当知道标的物存在权利瑕疵的时间点应为订立合同时。

在司法实务中，存在买受人在订立合同之前即知道标的物存在权利瑕疵，一直延续至订立合同之时的情形。该情形当然也属于买受人在订立合同时知道的情形，可以适用本条规定。同时，还存在买受人虽在订立合同时不知道或者不应当知道标的物存在权利瑕疵，但在订立合同后知道标的物存在权利瑕疵而未提出异议仍愿意继续履行合同的情形。在该情形下，出卖人能否免除权利瑕疵担保义务？笔者认为，免除出卖人瑕疵担保义务的判断标准，是买受人的前述行为是否足以认定其作出了同意在这种权利状态下买受具有权利瑕疵的标的物的意思表示，如可认定，则出卖人可以免除权利瑕疵担保责任。《联合国国际货物销售合同公约》第41条有相应规定：“卖方所交付的货物，必须是第三方不能提出任何权利或要求的货物，除非买方同意在这种权利或要求的条件下，收取货物。”

（二）主观要件

主观要件是买受人知道或者应当知道第三人对买卖的标的物享有权利的。

这里的“知道”，既包括出卖人在订立合同时或者订立合同前已告知买受人标的物存在权利瑕疵的情形，也包括买受人通过其他途径知道标的物存在权利瑕疵的情形。

这里的“应当知道”，是指买受人如尽到交易方的一般注意义务，则应当知道标的物存在权利瑕疵，但因未尽到该义务导致其不知道的情形。关于注意义务的判断标准，笔者认为，应采用主客观相结合的标准。理由为：客观标准是以具有正常智识能力的主体应尽到的注意义务为判断标准，主观标准是以买受人自身能力和认识等作为判断标准。单纯的客观标准没有关注买受人个体的特殊性，单纯的主观标准则易使买受人怠于履行注意义务而通常借此免责，因此，采主客观相结合的标准可以兼顾客观性和买受人的个体特性，更具公正性。在“应当知道”的情形，买受人的主观过错程度与明知相同，因此，关于其法律效力也同明知标的物存在权利瑕疵相同。《德国民法典》将“应当知道”解释为“因过失而不知道”，此处的“过失”是指疏于尽交易上必要的注意。

有观点认为，只有在买受人知晓权利瑕疵的危险及可能产生之不利后果时，其善意地位才可被排除，原因在于可能存在去除瑕疵的交易习惯或双方合意。[①]笔者认为，该观点实质涉及买受人订立合同时知道或者应当知道第三人对买卖的标的物享有权利是否要达到买受人应知道该权利瑕疵影响自己合同目的的实现的程度，才能免除出卖人的权利瑕疵担保义务问题。前述观点是持肯定观点。理由为：权利瑕疵义务设定的立法目的是为了保障买受人不受权利瑕疵的损害，以维护公平原则和诚信原则，因此，只有能够认定买受人知道或者应当知道权利瑕疵存在并且会影响其合同目的的实现，但其仍愿意买受该标的物的情形，才不违反该立法目的。比如，尽管买受人知道或者应当知道权利瑕疵存在，但如果其基于双方之间的交易习惯或者在先约定，认为出卖人将去除该权利瑕疵而订立合同的，在出卖人没有在履行期限截至时除去权利瑕疵的情形，属于买受人对权利瑕疵存在的法律后果致其合同目的不能实现没有真正认识，不能认定买受人同意购买出卖人未能除去该权利瑕疵的标的物，故不能免除出卖人的权利瑕疵担保责任。《买卖合同司法解释》第33条的规定可资借鉴，该条规定：

① 陈添辉：《出卖人权利瑕疵担保责任之研究》，载《台大法学论丛》2012年第41卷特刊。

"买受人在缔约时知道或者应当知道标的物质量存在瑕疵，主张出卖人承担瑕疵担保责任的，人民法院不予支持，但买受人在缔约时不知道该瑕疵会导致标的物的基本效用显著降低的除外。"该条规定的法理依据在于，"物的瑕疵担保责任是买卖合同法律关系中出卖人的核心义务之一，不能因为当事人的约定，出卖人的说明或买受人明知而轻易排除。"[①] 尽管该条是对物的瑕疵担保责任的规定，但其法理可以适用于权利瑕疵担保责任的情形。

【审判实践中应注意的问题】

在审判实践中存在的问题是，买受人在订立买卖合同时，是否负有审查标的物是否具有权利瑕疵的注意义务？对于物的瑕疵，《民法典》规定了买受人负有的瑕疵检验义务，但对于权利瑕疵则并无明文规定。这使买卖双方在权利义务方面就出现了一定程度的失衡。但如前所述，对买受人"应当知道"的界定是指买受人应尽到交易方的一般注意义务而未尽到导致其应知而未知的情形。故笔者认为，本条关于买受人"应当知道"的规定，实质是明确了买受人在订立买卖合同时，负有对标的物是否具有权利瑕疵进行审查的注意义务。例如，在转让不动产权利时，因不动产权属以登记作为设立、变更、消灭的法定要件，故买受人负有审查不动产登记簿上相关权属情况的义务。在其应审查而不审查的情形下，应认定其应知而未知。再如，买受人作为专业从事某项交易的从业方，明知有查阅登记簿，甚至进一步调查之交易习惯而不进行审查调查，也应认定为其应知而未知。但在司法实务中，应注意处理好买受人注意义务与出卖人权利瑕疵担保义务的关系。权利瑕疵担保义务是出卖人的主要义务，是法定义务，一般不宜轻易排除，首先应明确出卖人基于瑕疵担保义务，应负有在订立合同时全面准确及时披露标的物权利瑕疵的义务，不能认为买受人存在

① 最高人民法院民事审判第二庭编著：《最高人民法院关于买卖合同司法解释理解与适用》，人民法院出版社 2012 年版，第 495 页。

审查义务就可以当然据此免除出卖人的权利瑕疵担保义务。

关于买受人所尽审查义务的标准问题，有形式审查说和实质审查说两种观点。笔者认为，鉴于出卖人占有标的物，买受人实际上并无过多能力判断第三人是否对标的物享有权利，故对其应尽注意义务的判断标准，倾向认为只要其依法依约和交易习惯尽到了形式审查义务即可，并不要求其进行实质审查。

第六百一十四条　买受人有确切证据证明第三人对标的物享有权利的，可以中止支付相应的价款，但是出卖人提供适当担保的除外。

【条文主旨】

本条是关于买受人中止支付价款权的规定。

【条文理解】

我国《合同法》第152条规定：“买受人有确切证据证明第三人可能就标的物主张权利的，可以中止支付相应的价款，但出卖人提供适当担保的除外。”本条对该条规定进行了修改，主要是将“第三人可能就标的物主张权利的”修改为“第三人对标的物享有权利”。

一、本条规定的法理基础

买卖合同是双务、有偿合同，移转财产所有权与支付价金二者系相互对待给付义务，出卖人担保其交付无瑕疵标的物，买受人担保其全额给付价金。因此，在出卖人交付的标的物存在权利瑕疵危险时，买受人可以中止给付相应价金，这是等价交换原则的体现，也是当事人根据个案情况，行使不安抗辩权等抗辩权的体现。

大陆法系相关国家或者地区对此有相应规定。如《日本民法典》第576条规定，有就买卖标的主张权利者，致买受人有丧失其买受权利之全部或一部之虞时，买受人可以按其危险程度，拒绝支付价款的全部或一部。但是，出卖人已提供相应担保时，不在此限。我国台湾地区“民法”第368条规定，买受人有正当理由恐第三人主张权利致失其因买卖契约所得权利之全部或一部者，得拒绝支付价金的全部或一部，但出卖人已提出相当担保者不在此限。

本条也对此作出规定，赋予买受人拒绝支付价金的权利有利于避免买受人受到标的物存在的权利瑕疵的损害。

二、关于本条适用情形的理解

本条适用的情形是买受人有确切证据证明第三人对标的物享有权利。对该情形的理解应注意两点：

一是买受人有确切证据证明条文所涉事实。质言之，应有确切、充分证据证明第三人对标的物享有权利，该事实能够依法确定。

二是能够证明第三人对标的物享有权利的事实。这里表述为“第三人对标的物享有权利”，较之《合同法》“第三人可能就标的物主张权利”的表述更为准确。“主张权利”可能是合法主张，也可能是非法主张，而在“享有权利”情形下的“主张权利”为合法主张，将危害到买受人的权利。还应注意的是，这里并未表述为第三人基于其享有权利的权利对标的物已经主张权利，因此，只要存在第三人享有权利、可能主张权利危害买受人权利的可能性的，则买受人即可以依据本条规定中止支付相应的价款，但出卖人提供担保的情形除外。例如，如买受人有证据证明出卖人对标的物不享有所有权，则其有权中止支付价款。

三、关于买受人中止支付价款权利的理解

（一）可以中止支付的是“相应的价款”

“相应的价款”，是指与权利瑕疵影响买受人权利实现部分相应的价款，并非指全部买受款。当然，如果权利瑕疵本身影响到买受人全部权利的实现，则该相应的价款应是全部买受款。一般而言，这里所指相应的价款，根据标的物本身是否具有整体性和不可分性，可分为两种情形：第一，如果有权利瑕疵的标的物与其他标的物具有可分性，则影响买受人权利实现的只为该部分有权利瑕疵的标的物对应的

价款。第二，如标的物具有整体性、不可分性，则虽然是部分标的物上存在权利瑕疵，但会影响到买受人全部权利不能实现，则相应的价款为全部价款。

（二）买受人依法依约行使中止支付价款权的，并不构成违约

如前所述，因中止支付相应的价款是买受人的权利，是对权利人的救济方式，故买受人依法依约行使中止支付相应价款权的，并不构成违约。

但应予明确的是，如果虽然买受人有证据证明第三人就标的物实际享有权利情形，但在履行期限届至之前，第三人放弃了权利或者买受人解除了权利负担，标的物不再存在权利瑕疵的，则买受人不能行使中止支付相应价款权。如果第三人放弃权利或者买受人解除权利负担行为是在履行期限届满、买受人行使中止支付价款权之后的，则买受人中止支付价款行为符合本条规定，并不构成违约。如果买受人同意接受逾期交付不具有权利负担的标的物的，则买受人应履行支付相应价款的义务。

（三）出卖人提供适当担保的除外

本条规定了买受人行使中止履行抗辩权的除外事由，即出卖人提供适当的担保。出卖人提供适当的担保，可以避免买受人在支付价款后遭受损害，故在该情形下，买受人的权利能够得到保护，立法遂作出该例外规定。关于担保数额，本条表述为"适当"的担保，即与第三人对标的物享有权利所导致买受人权利受损可能相适应的担保。关于担保的方式，本条没有限制，只要提供的担保能够确保买受人的权利最终不会因标的物存在的权利瑕疵受损即可。

与此相关的问题是，出卖人虽没有提供担保，但承诺解除权利负担的，买受人中止支付价款是否构成违约？笔者认为，该承诺并非本条所规定的担保，不能认定其属于担保排除中止支付价款的情形。应当说，本条规定出卖人提供适当担保的情形除外，是因为提供适当担保的措施足以使买受人免受权利瑕疵的损害。因此，个案中，人民法院可以通过审查出卖人解除权利负担的承诺是否具有确定性、实现的

时间、是否足以使买受人不受到权利瑕疵的损害等事实判定买受人是否可以行使中止履行抗辩权。

【审判实践中应注意的问题】

一、中止支付的价款数额超过法定数额的，应认定买受人未支付超出法定数额之外价款的行为构成违约

在司法实务中，存在虽有证据证明第三人对标的物享有权利，但买受人中止支付价款数额超出了权利瑕疵对应价款数额的问题。在该情形下，应认定买受人违反了本条规定的中止支付“相应”价款的规定，未依约支付超出法定中止支付数额价款的行为构成违约。例如，甲（出卖人）乙（买受人）双方在股权转让合同中约定，股权转让的总对价为7000万元。其中第一期买受人提供300万元资金，待甲完成股权解封后3个工作日内，由甲负责完成将股权转让给乙并办理完毕股权和公司法定代表人的所有工商变更登记手续等工作。出卖人办理股权过户完毕后30日内，买受人向出卖人支付2000万元转让款。转款同时，出卖人承诺将甲和乙公司各100%股权转让至买受人名下。买受人有充分证据证明乙公司以其100%股权作价400万元出质，其认为因存在股权质押，无法实现股权过户，故中止支付第二期转让款2000万元中的1800万元转让款。出卖人认为买受人构成违约，符合双方关于解除合同条件的约定，诉请解除股权转让合同。该案中，标的物股权中的一部分被设定质押，存在权利瑕疵可能危害到买受人权利，故买受人可以在该权利瑕疵范围内中止支付相应价款。但该部分具有权利瑕疵的股权数额只为400万元，而买受人中止支付1800万元，超出了该瑕疵范围，故对于其中止给付1400万元价款的行为应认定构成违约。

二、应注意正确认识买受人的中止支付价款权与权利瑕疵担保责任之间的关系

有观点认为，根据本条规定，权利存在瑕疵时，买受人仅享有的中止支付价款权，无法请求出卖人承担其他违约责任，我国关于权利瑕疵担保责任的规定过于单薄。笔者认为，该观点是不正确的。其涉及中止支付价款权的性质和我国瑕疵担保责任的性质及其类型问题。

中止支付价款权是买受人在发现存在权利瑕疵可能危害到其权利之虞时，对自身权利进行救济的暂时性措施，而非终局性措施。该救济方式的优点是可以为买受人提供更为快捷的保护，但该救济方式并不排斥出卖人承担相应的瑕疵担保责任。如前文所述，在我国，无论是《合同法》还是《民法典》，在关于违约责任与瑕疵担保责任的关系上，均采用了统合说，瑕疵担保责任统合于违约责任之中。因此，根据《民法典》关于权利瑕疵担保责任的体系安排，在出卖人违反了权利瑕疵担保义务的情形，买受人也可以依法依约根据个案情形请求出卖人承担相应的违约责任。

根据《民法典》第582条至第584条的规定，违约责任主要包括继续履行，采取修理、重作、更换等补救措施，减少价款或者报酬，赔偿损失等责任形式。其中，减少价款，一直是瑕疵担保责任传统的救济方式之一。德国、法国、日本等大陆法系国家的民法和我国台湾地区“民法”均对此进行了规定。[①]《德国民法典》第437条规定，瑕疵担保责任包括请求后续履行（排除瑕疵或另行给付）、解除合同、减少价金、损害赔偿等。[②]应当说，使买受人享有减少相应价款权利

① 有学者指出，减价权在德国旧法中是请求权，而在新法中则同合同解除权一般被设计成了形成权，在学理上被解读为部分解除。

② 该条规定：“买卖标的物具有瑕疵（权利瑕疵或物之瑕疵）时，若法律无其他规定，则买受人得于符合下列规定之要件时，行使下列之权利：1.依第439条之规定请求后续履行（排除瑕疵或另行给付）；2.依第440条、第323条及第326条第5款之规定解除合同或依第441条之规定减少价金；3.依第440条、第280条、第281条、第283条及第311条之a请求损害赔偿或依第284条请求偿还徒然支出的费用。”

而不是解除合同符合鼓励交易、保护交易安全的目的的。此外，也可协商确定消除权利瑕疵后继续履行的责任方式，但在该情形下，出卖人应付迟延交付的违约责任。例如，在司法实务中，当事人约定：某公司保证对其所持有公司的股权享有完全的独立权益及拥有合法、有效、完整的处分权，亦未被任何有权机构采取查封等强制性措施；若有第三方对转让股权主张权利，由出卖人负责予以解决；导致延迟交付的，某公司应承担迟延交付的违约责任。根据该约定，出卖人能够解除权利瑕疵的，合同继续履行，但出卖人应承担迟延交付的违约责任。买受人在权利瑕疵解除之前中止给付相应价款的，不构成违约。

综上，在司法实务中，对于当事人应承担何种权利瑕疵担保责任而言，主要应考虑该权利瑕疵是否能够排除、对买受人权利的影响程度（是否影响合同目的实现）等因素，结合买受人的诉求进行确定。

第六百一十五条　出卖人应当按照约定的质量要求交付标的物。出卖人提供有关标的物质量说明的，交付的标的物应当符合该说明的质量要求。

【条文主旨】

本条是关于标的物应当符合约定质量要求的规定。

【条文理解】

本条源自《合同法》第153条，内容无变化。

质量要求是买卖合同的重要条款。出卖人交付的标的物应当符合约定的质量要求，否则买受人可以依照本编第1分编第8章“违约责任”的规定请求出卖人承担违约责任。对该种责任，大陆法系及我国学界一般称之为物的瑕疵担保责任。从买卖合同纠纷案件审理的实际情况来看，标的物的质量是否合格几乎成为每一起案件中当事人争议的焦点问题。但由于我国法律关于物的瑕疵担保责任的规定不够明确，学说上关于瑕疵担保责任的定性与定位甚至是这一制度存在的合理性和必要性有着激烈的争论，司法实践中对于瑕疵担保责任的构成要件、与违约责任的关系、适用边界等问题存在模糊认识，有必要进一步梳理。

一、物的瑕疵担保责任概述

双务合同具有对价有偿性，因此在立法政策上必须实现给付与对待给付之间的均衡保护。一切有偿合同都存在等价关系，即一方取得标的物是给付对价的结果，则按照公平原则的要求，取得价款的一方有义务使对方获得无瑕疵的标的物，以充分满足权利人的要求。为实现这一目的，法律要求当事人诚实履行，实现双方利益，进而保护交易安全，由此产生了瑕疵担保责任制度。一般认为，瑕疵担保责任分为权利瑕疵担保责任和物的瑕疵担保责任两种类型。前者是指出卖人就其所移转的标的物不受他人追夺以及不存在未告知权利负担的责任，本法第612条至第614条对此进行了规定；后者是指出卖人就其所交付的标的物不符合债之本质，欠缺约定或法定品质所须负担的责任，本法第615条至第619条进行了规定，第620条至第624条则对与之相关的标的物检验问题进行了规定。

物的瑕疵担保责任起源于罗马的市政官救济制度。在罗马市民法中，债的客体是特定行为，强调的是履行行为本身而不是给付的标的物，罗马法仅规定了两种债不履行的形态，即履行不能与履行迟延。在贯彻买者当心的原则下，给付瑕疵物不属于债务不履行的范畴，即使交付的标的物存在瑕疵也视为债务已经履行，买主无法获得救济，除非出卖人存在欺诈或者就标的物作出特殊的品质保证，买者才能就瑕疵要求损害赔偿，这一权利被称为买主诉权。由于很多瑕疵在买卖时难以发现，所以对买受人的利益造成了侵害。在公元前2世纪初，为保护买受人的利益，由当时履行市场监督职能的市政官发布告示，规定出卖人对标的物存在的一切瑕疵负有说明义务，否则买受人有权在买卖6个月内提起解约之诉，12个月内提起减价之诉，形成了物的瑕疵担保责任制度的雏形，当时仅适用于特定的奴隶和家畜买卖中的瑕疵。这样便形成了物的瑕疵担保责任与一般履行障碍并行的二元救济体系，即交付有瑕疵的标的物构成物的瑕疵担保责任，针对债务不履行形态的救济措施构成一般履行障碍体系，二者并行存在。

与大陆法系传统上奉行“一般的履行障碍法”与“瑕疵担保责任”二元救济体系并存的做法不同，英美法系基于一个统一的违约概念，认为出卖人交付有瑕疵的物品，即瑕疵履行只是作为违约的一种形态，实行单轨制的法律救济体系。这种体系上的差异主要是由于大陆法系国家的立法模式是演绎式的，讲究逻辑与体系性，并且主要是从权利角度予以规范的。比如德国债法是以给付义务为中心建立起来的，其履行障碍体系分为迟延履行和履行不能，未规定不适当履行，因而用瑕疵担保责任和积极侵害债权予以解决。而普通法系则是归纳式的，不刻意追求逻辑体系的安排，而是注重权利的保护，主要是从权利救济的角度出发，建立统一的违约责任制度，将各种违约形态都纳入违约救济体系之中。

二、物的瑕疵担保责任的构成要件

学界一般认为，物的瑕疵担保责任的构成要件包含如下四个方面：

（一）给付的标的物有瑕疵

此为物的瑕疵担保责任成立之关键。如何理解“瑕疵”，一般认为有两种标准：客观标准和主观标准。按照客观标准，所交付的标的物不符合该种物所应具备的通常性质及客观上应有之特征时，即具有瑕疵。按照主观标准，所交付之标的物不符合当事人约定的品质，致灭失或减少其价值或者效用时，即具有瑕疵。根据本法第509条至第511条之规定，认定物的瑕疵的依据为：合同有关于标的物质量约定的，从约定；如无约定，若出卖人提供标的物的样品或有关标的物质量说明的，以该样品或说明的质量标准为依据；如不存在上述两种标准，但有当事人事后协商标准的，以协商标准为依据；如无协商标准的，按合同的有关条款或交易的习惯所确定的标准；如标准仍不能确定的，按照国家（包括强制性和推荐性）标准、行业标准履行；没有国家标准、行业标准的，按照通常标准或符合合同目的的特定标准履行。

（二）标的物瑕疵在标的物风险转移时存在

买卖标的物的利益及不利益，自交付时起，一般由买受人负担。不管瑕疵是在买卖合同成立时已经存在还是在买卖合同成立后才发生，只要标的物在交付给买受人之时存在瑕疵，出卖人即应承担瑕疵担保责任。之所以如此，是因为买受人在受领货物之后才有检查的可能。同时，在标的物给付之前，出卖人也有充分的机会除去给付标的物上已经存在的瑕疵。

（三）买受人善意且无重大过失

物的瑕疵担保责任是对双方当事人合意基础上的等价有偿关系的保护，如果买受人在与出卖人达成合意时主观明知瑕疵的存在或者当事人特别约定免除出卖人的瑕疵担保责任，则表明出卖人的履行行为是符合双方的合意即符合约定的，不构成不适当履行。如果买受人因为重大过失而忽略了对自己的利益保护，那么由此造成的不利益只能由买受人自己承担，这是关于不真正义务的规定，该买受人的利益不再受物的瑕疵担保责任制度的保护。但是如果出卖人存在故意，则即使买受人存在过失也不影响出卖人物的瑕疵担保责任的承担。因为此种情况下，出卖人的恶意行为较买受人的过失更具有可罚性。本法第618条对此作出了规定。

（四）买受人须履行及时检验并在异议期间内将瑕疵通知出卖人的义务

这也是物的瑕疵担保责任与一般违约责任构成要件的重要差别之处，一般违约责任不需要履行通知义务。根据本法第621条的规定，买受人在合理期限内未通知或者自收到标的物收到之日起2年内未通知出卖人的，视为标的物的数量或者质量符合约定，但是，对标的物有质量保证期的，适用质量保证期，不适用该2年的规定。如果出卖人知道或者应当知道提供的标的物不符合约定的，买受人不受前述通知时间的限制。

三、物的瑕疵担保责任与违约责任的关系定位

围绕物的瑕疵担保责任制度的定性和定位，国内学界存在着统合说和相对独立说两种观点。统合说认为，我国法律奉行的是违约责任“单轨制”，而不是违约责任与瑕疵担保责任并存的“双轨制”，我国立法已经将物的瑕疵担保责任统合进了一般违约救济体系；相对独立说认为，形式上的归并不同于实质上的统合，我国《合同法》并没

有将瑕疵履行与其救济方式（瑕疵担保责任）契合无间地统合入违约责任，二者之间仍存在差异。我们认为，从立法体例安排来看，我国的合同立法以及《民法典》编纂都是将物的瑕疵担保责任统合进了一般违约救济体系，但不可否认，物的瑕疵担保责任有其特殊性质及意义，有必要将物的瑕疵担保责任作为一项相对独立的子制度看待。

物的瑕疵担保责任的特殊性主要体现在买受人的通知义务上，这也是统合说和相对独立说关于物的瑕疵担保责任是否具有相对独立性争议的主要焦点。相对独立说认为，在是否有通知义务、通知义务的异议期间以及由此导致的责任构成要件方面，物的瑕疵担保责任与一般违约责任都有差异。统合说则认为，买受人的通知义务不是物的瑕疵担保责任所特有的，在美国《统一商法典》第2-607条第3款中也规定了买受人的通知义务，本法第621条对于数量异议问题也规定了异议期间。我们认为，首先，从德国和我国的立法来看，标的物数量不符合约定的问题已经被纳入瑕疵担保责任的调整范围，这也是瑕疵担保责任制度发展的总体方向。其次，统合说也主张统合并非彻底否定、根除或者抛弃瑕疵担保责任，而是扬弃瑕疵担保责任，仍然可以利用一些有用的元素，比如瑕疵概念、责任构成上的一些特殊要件等。这在某种程度上意味着统合说仍然承认物的瑕疵担保责任确实有其特殊性。

瑕疵担保责任制度的特殊价值在于衡平买卖双方的利益，更注重使合同有效成立的补偿性救济功能而不强调对违约方的制裁。在存在瑕疵的情况下，为保证合同的公平，授予买受人以补救措施。另一方面，从出卖人的利益出发，限制买受人的权利，促进快速解决由买卖标的物的瑕疵引起的争议。这一制度价值是一般的违约救济方法所不具备的。

综上，我们认为，从买卖合同中物的瑕疵问题发生的频率与覆盖的案件范围来看，其在整个违约责任体系中占有极其重要的地位，并且物的瑕疵担保责任确实有其特殊性，相较其他违约形态产生的责任也具有复杂性，并且很重要的一点是，物的瑕疵担保责任有其独特的制度价值。这些都使得我们有必要在统一违约责任体系下，继续研究和完善瑕疵担保责任制度，以满足司法实践的需求，为权利人提供救济保障。

【审判实践中应注意的问题】

本条规定的瑕疵担保责任是法律直接规定而非当事人约定的一种法定责任，是保护交易安全的必要条件，出卖人承担的是无过错责任。

瑕疵担保是一种明示的担保，明示担保的产生不取决于卖方是否使用“担保”或“保证”这类正式用语，也不取决于卖方是否具有提供担保的特别意图，只要出卖人提供的有关标的物质量的说明，如产品说明书、宣传册、网站上的宣传资料，或者样品、模型等，构成当事人约定的有机组成部分，即应受瑕疵担保责任之约束。

第六百一十六条　当事人对标的物的质量要求没有约定或者约定不明确，依据本法第五百一十条的规定仍不能确定的，适用本法第五百一十一条第一项的规定。

【条文主旨】

本条是关于买卖合同标的物法定质量担保义务的规定。

【条文理解】

本条源自《合同法》第154条，除相关条文序号调整和将“依照”改为“依据”外，内容无变化。

本条主要解决买卖双方如果在合同中对标的物的质量要求没有约定或者约定不明确时怎么办的问题。与合同的其他条款一样，首先要依照本法第510条的规定予以确定；确定不了的，适用本法第511条第1项的规定，即“质量要求不明确的，按照强制性国家标准履行；没有强制性国家标准的，按照推荐性国家标准履行；没有推荐性国家标准的，按照行业标准履行；没有国家标准、行业标准的，按照通常标准或者符合合同目的的特定标准履行。”

此问题是买卖合同法的一个重要问题，大陆法系有关制度称为瑕疵担保制度，英美法系则称为默示担保制度。大陆法要求出卖人保证他所出售的标的物没有质量瑕疵。例如，《德国民法典》和我国台湾地区“民法”都规定，物之出卖人对于买受人应担保其物之危险移转于买受人时无灭失或减少其价值之瑕疵，亦无灭失或减少其通常效用或契约预定效用之瑕疵，但减少之程度无关重要者不得视为瑕疵。出卖人并应担保其物于危险移转时具有其所保证之品质。

英美法系默示担保制度以美国《统一商法典》的规定为典型。默示担保的含义在于，它不是由双方当事人在合同中约定的，而是法律认为应当包括在合同之内的，只要买卖合同双方在合同中没有作出相反的约定，则法律上所规定的默示担保就可以依法适用于他们之间的合同。《联合国国际货物销售合同公约》对出卖人的质量担保义务作了明确的规定，其内容与英美法上默示担保制度相似。第 35 条规定：除双方当事人业已另有协议外，货物除非符合以下规定，否则即为与合同不符：（1）货物适用于同一规格货物通常使用的目的；（2）货物适用于订立合同时曾明示或默示地通知卖方的任何特定目的，除非情况表明买方并不依赖卖方的技能和判断力，或者这种依赖对他是不合理的；（3）货物的质量与卖方向买方提供的货物样品或样式相同；（4）货物按照同类货物通用的方式装箱或包装，如果没有此种通用方式，则按照足以保全和保护货物的方式装箱包装。以上四项义务，是在合同当事人没有其他约定的情况下，由公约加于卖方身上的义务。这些要求反映了买方在正常交易中对所购买的货物所抱有的合理期望。因此，只要双方当事人在合同中没有作出与此相反的约定，公约的这些规定就适用于他们之间的合同。

如前文所述，大陆法系传统上奉行“一般的履行障碍法”与“瑕疵担保责任”二元救济体系并存的做法，其理论认为，违约责任属于过错责任，当事人承担违约责任的前提是他对违约行为有过错；而瑕疵担保责任是无过错责任，只要出卖人不履行瑕疵担保义务，无论其是否有过错，该责任都要承担。因此，就没有必要在违约责任之外再设立瑕疵担保责任。但大陆法系有关出卖人瑕疵担保义务的一些规定还是合理的，可以借鉴。英美法的默示担保制度与本法“买卖合同”一章的思路则基本上是一致的。合同双方当事人明确约定的标的物质量要求，出卖人提供的标的物必须符合，否则构成违约；如果当事人没有约定的，由法律规定出卖人应当履行的义务，这些规定就视为当事人约定的义务，出卖人不履行该义务同样是违约。本条借鉴了以上两种制度的合理规定，主要是以英美法的默示担保制度作为参考。这样既使问题简单化，便于实际操作，又与本法的其他规定相协调，在逻辑关系上是合理的。

【审判实践中应注意的问题】

第一，确定标的物质量标准的顺序。本条为当事人对标的物的质量要求没有约定或者约定不明确的情况提供了解决的顺序，即依照合同内容和法律规定都不能确定标的物质量要求时，应当依次采用下列具体做法确定标的物的质量：第一，签订补充协议；第二，双方当事人不能达成补充协议的，按照合同有关条款或者交易习惯确定；第三，依照上述方式仍不能确定的，按照强制性国家标准、推荐性国家标准、行业标准履行，没有按照强制性国家标准、推荐性国家标准、行业标准的，按照通常标准或者符合合同目的的特定标准履行。

第二，何为"通常标准"或者"特定标准"。本条的规定比较原则，而实际生活中买卖合同的情况纷繁复杂，因此适用时要结合个案进行具体分析，以确定"通常标准"或者"特定标准"的内容，在具体问题的处理过程中体现出法律规定的原则和精神。

第六百一十七条　出卖人交付的标的物不符合质量要求的，买受人可以依据本法第五百八十二条至第五百八十四条的规定请求承担违约责任。

【条文主旨】

本条是关于标的物质量不符合要求时，买受人权利的规定。

【条文理解】

本条源自《合同法》第155条，除相关条文序号调整和将“依照”修改为“依据”，“要求”修改为“请求”之外，内容无其他变化。

本法第582条规定：“履行不符合约定的，应当按照当事人的约定承担违约责任。对违约责任没有约定或者约定不明确，依据本法第五百一十条的规定仍不能确定的，受损害方根据标的物性质以及损失的大小，可以合理选择请求对方承担修理、重作、更换、退货、减少价款或者报酬等违约责任。”第583条、第584条还规定，违约当事人在履行义务或者采取补救措施后，对方还有其他损失的，还应当赔偿相应的损失。买卖合同中买受人对出卖人的质量违约行为，可以根据这些规定请求其承担违约责任。本条所规定的“标的物不符合质量要求”，既包括标的物的质量要求由当事人在买卖合同中明确约定的情形，也包括根据本法第616条的规定确定质量要求的情形。

【审判实践中应注意的问题】

一、注意区分物的瑕疵担保责任与加害瑕疵给付责任

加害给付是指债务人履行债务的行为不符合当事人的约定，除造成履行利益的损失外，同时还造成债权人履行利益之外的人身及财产损害的形态，德国称之为“积极侵害债权”，我国台湾地区称之为“不完全给付”。一般情况下，瑕疵给付将导致瑕疵担保责任的适用，但是如果一方的给付有瑕疵，造成了履行利益以外的损害，即构成加害给付。有学者将因为给付在品质上有瑕疵导致债权人不仅履行利益可能受到侵害而且固有利益也受到侵害的情形称为加害瑕疵给付，认为加害瑕疵给付仅是加害给付中的一种，加害给付还包括违反附随义务的给付和违反保护义务的给付。[①]我们重点讨论与瑕疵担保责任有密切联系的加害瑕疵给付。

加害瑕疵给付是指出卖人违反了瑕疵担保责任，所为的给付有瑕疵，正是由于该瑕疵导致了受害人履行利益以外的人身、财产利益的损失。所以加害瑕疵给付涉及违约责任与侵权责任两方面。对此，当事人应如何承担责任存在着争议。早期一种比较普遍的观点是加害瑕疵给付形成侵权责任与违约责任的竞合，依据《合同法》第122条[②]的规定，债权人可以选择行使对自己最有利的一种请求权，从而达到更好地保护债权人的利益。但是近些年来一些学者对此种做法提出了质疑，认为上述选择权的行使难以完全保护债权人的权利，弥补受害人的损失。我们认为，对瑕疵加害给付应当赋予当事人两方面损害的赔偿救济，以更好地保护当事人的利益。其理由是：（1）不论是违约责任还是侵权责任都是以补偿为原则，即以弥补受害人的损失为原则。在瑕疵加害给付的情形下，一方面，买受人因接受了瑕疵履行遭

---

① 李永军：《合同法》，法律出版社2004年版，第732页。

② 《合同法》第122条规定：“因当事人一方的违约行为，侵害对方人身、财产权益的，受损害方有权选择依照本法要求其承担违约责任或者依照其他法律要求其承担侵权责任。”

受了履行利益的损失；另一方面，还有履行利益以外的固有利益的损失。从弥补损失的角度，如果当事人只能请求赔偿一方面的损失，那就难以达到弥补损失的目的。（2）在加害瑕疵给付中，其实发生的是两个事件，只不过这两个事件之间存在联系。我们以著名的德国病马案为基础推演出几个案例以对该问题进一步阐释：第一种情况，买主买到一匹具有传染病的病马，该病马把买主原有的几匹马传染了疾病，这就是典型的加害瑕疵给付的例子。第二种情况，假设买主买到的具有传染病的病马在传染其他马之前被买主发现，将其与其他马隔离，避免了传染的发生，此时卖主只需向买主承担瑕疵担保责任。第三种情形，假设买主买到一匹具有传染病的病马，买主并不知情，该病马被借用给了第三人丙，致使丙原有的几匹马感染了疾病。那么此时卖主除了承担物的瑕疵担保责任是否还应该承担对第三人造成的损失？我们认为，在卖主存在主观过错的情况下，还是要承担两方面的损失，当然最终获得补偿的主体是双方而不是单方。所以，这两方面的损失应具有相对的独立性。

二、注意区分产品瑕疵担保责任与产品责任

我国《产品质量法》既规定了产品瑕疵担保责任又规定了产品责任。产品瑕疵担保责任是物的瑕疵担保责任的一种，是指出卖人违反担保义务，出售的产品存在瑕疵而应当承担的违约责任。产品责任是指产品存在缺陷给受害人造成人身伤害或产品以外的财产损失由生产者或销售者承担的责任，它是一种特殊的侵权责任。二者的区别主要有以下四个方面：（1）性质不同。前者是一种特殊的违约责任，后者是特殊的侵权责任。这是二者最主要的区别，也是产生其他区别的基础原因。（2）责任的承担主体不同。产品瑕疵担保责任的承担主体是产品的销售者，产品责任的承担主体是产品生产者或销售者。（3）免责事由的不同。产品责任的质量问题比瑕疵产品的质量问题严重，达到了对人身、他人财产构成不合理危险的程度，所以瑕疵产品民事责任可以通过事先约定免除，而缺陷产品责任不能通过事先约定加以排

除或变更。（4）责任的承担方式不同。对瑕疵产品，销售者应当负责修理、更换、退货以及赔偿损失，对缺陷产品造成的损失应当以全面赔偿为原则进行赔偿。

三、注意区分物的瑕疵担保责任与附随义务之违反

附随义务，是指在契约履行过程中，基于诚信原则而使当事人应当负担的以保护他人之人身和财产利益为目的的通知、保密、保护等义务。它是在给付义务之外的对固有利益之保护。我国立法对违反附随义务后应承担何种责任没有作出明确规定。一般认为，违反合同履行中的附随义务构成不适当履行合同，如造成履行利益之外的固有利益的损失时，应当承担损害赔偿责任。王利明教授指出，合同履行中附随义务之违反，产生不完全给付，我国学者称之为“不完全履行”，该种责任属于违约责任，在违反瑕疵告知等附随义务导致债权人人身及财产利益受损的情况下，构成加害给付，违约责任与侵权责任竞合。[①] 在司法实践中，物的瑕疵担保义务与附随义务之违反存在一定的交叉关系，比如出卖人故意隐瞒不告知标的物有瑕疵并且交付有瑕疵的标的物，此时在理论上，买受人既可以要求出卖人承担物的瑕疵担保责任，也可以主张出卖人违反附随义务中的告知义务而应承担违约责任。在这种情况下，买受人该如何行使权利？我们认为，在构成物的瑕疵担保责任的情况下，应优先适用该制度，只有在该制度对权利人的救济不充分时，才可以考虑适用附随义务之违反。因为，物的瑕疵担保责任以违反主给付义务为前提，而附随义务本身的附随性和补充性决定了违反附随义务责任适用的后序性。附随义务是基于诚信原则而产生的，债务人除给付义务外尚应履行其他行为的义务。它是不能独立诉请履行的义务，并且义务的内容往往具有不确定性的特点，不是在债的关系初始就已确定，需要根据债的关系的发展，依据其性质、目的和交易而逐步确定的。可以说附随义务的产生是为了弥

① 王利明：《违约责任论》，中国政法大学出版社1997年版，第259~271页。

补给付义务的不足，当适用给付义务能够保护买卖公平，维护诚信原则时，则不需要适用附随义务。

此外，二者的区别还体现在二者的责任形式不同。根据本法第582条和第563条的规定，物的瑕疵担保义务被违反后，对方可能享有的权利有请求修理、更换、重作、退货或减少价款，请求赔偿损失，宣布解除合同。而违反附随义务尽管本质上仍属于违约责任，但其责任形式主要是赔偿损失，一般认为不发生强制实际履行。债务人不履行给付义务之行为，还可能导致债权人享有合同解除权；但在债务人违反附随义务的情况下，债权人原则上不得解除合同。

通过以上分析可得，物的瑕疵担保责任与附随义务之违反均为违约责任之特则，在二者都成立的情况下优先适用物的瑕疵担保责任。在违反主给付义务时，方构成物的瑕疵担保责任，违反附随义务并不构成物的瑕疵担保责任。比如，种子之出卖人未告知种植之方法、机器之出卖人未告知机器之使用方法，就不能解释为物之瑕疵而要求承担物的瑕疵担保责任，仅能解释为告知义务之违反。

第六百一十八条　**当事人约定减轻或者免除出卖人对标的物瑕疵承担的责任，因出卖人故意或者重大过失不告知买受人标的物瑕疵的，出卖人无权主张减轻或者免除责任。**

【条文主旨】

本条是关于瑕疵担保责任减免的特殊约定效力的规定。

【条文理解】

本条源于《买卖合同司法解释》第32条[①]，是立法对司法解释的吸收和转化。

出卖人担保买卖合同标的物不具瑕疵，是买卖合同应有之义。尽管买卖双方可以特别约定的方式减轻或者免除出卖人的瑕疵担保责任，但在出卖人知道或应当知道标的物存在瑕疵而出于故意或重大过失未告知买受人的场合，人民法院应当否定双方之间减免瑕疵担保责任特殊约定的效力。

一、特殊约定减免瑕疵担保责任的理论与现实基础

根据契约自由原则，合同义务首先来源于合同当事人之间的约定，瑕疵担保义务也不例外。在买卖合同中，无论是权利瑕疵担保义务还是质量瑕疵担保义务，其产生根源都在于买卖双方达成了购买与出售标的物的合意，买受人的缔约目的是取得完整的、可供使用或处

① 《买卖合同司法解释》第32条规定："合同约定减轻或者免除出卖人对标的物的瑕疵担保责任，但出卖人故意或者因重大过失不告知买受人标的物的瑕疵，出卖人主张依约减轻或者免除瑕疵担保责任的，人民法院不予支持。"

分的、符合合同目的之标的物，出卖人的缔约目的是获得出售标的物之价款；任何一方未能达到上述目的，都应视为对方违反合同义务，除非存在法定的免责事由。因此，即使买卖合同中并未对出卖人的瑕疵担保义务作出明示约定，依合同订立之目的解释，也可将出卖人的该项义务认定为合同的默示条款。既然该项义务源于买卖双方之约定，自然也可以通过特别约定予以排除。尤其是作为默示条款解释时，如果存在足以推翻该默示条款的明确意思表示，就应尊重合同当事人的明确意愿。

除由契约自由原则衍生而出，特殊约定免除瑕疵担保责任还可以从公平原则的角度理解。一个具体的买卖合同，没有约定的情形在所不论，对于当事人已经作出的明确约定，应当相信订立合同的当事人是在深思熟虑的基础上作出的决定，标的物是否可能存在瑕疵、瑕疵会在多大程度上影响合同目的的实现、买卖双方应如何分担标的物瑕疵的风险，合同当事人对于这些问题的答案最为了解。但在某些情况下，出卖人限于自身能力、外界条件或标的物自身的特殊性质，可能难以充分全面地认识到标的物的状况，如果买受人对此也表示理解，并且自愿承担标的物存在瑕疵的风险，当然可依双方约定处理。在这样的基础上，买卖双方经过博弈所形成的一致意见可以认为是对双方的权利义务作出公平分配。因此，买卖合同约定免除出卖人瑕疵担保责任的，可以认为是对出卖人承担过重负担的一种调整，是公平合理、诚信原则之体现。

二、约定减免原则的例外：出卖人存在过错

作为一般原则，买卖双方可以约定免除出卖人对标的物的瑕疵担保责任。但这一原则不排除特殊情形下的例外，即出卖人存在主观过错，并且这种过错导致的后果是买受人对于标的物的瑕疵状况不了解，而出卖人恰恰相反，是了解或应当了解的。在这种情况下，买卖双方缔结合同的基础条件有失公平，致使买受人在错误信赖的前提下同意接受标的物，显然对买受人应当享有的权利造成了损害，依诚信

原则，此时出卖人无权提出依约定减轻或免除其瑕疵担保责任。本条规定与本法第506条[①]的内容相一致，是合同法基本原则在买卖合同具体规则中的体现。

出卖人的过错包括故意和重大过失两类。出卖人故意不告知买受人标的物存在瑕疵，意味着出卖人明知标的物存在瑕疵。比如，出卖人生产、制造或者销售假冒伪劣商品，但却告知买受人其出售的商品符合质量标准，构成故意隐瞒标的物质量瑕疵。又如，出卖人将标的物“一物二卖”，或将已设定抵押的标的物再行出卖或设定担保，不告知买受人可能会有第三人对标的物主张权利的事实，构成故意隐瞒标的物权利瑕疵。这些情形下，由于出卖人有明确的瞒骗甚至欺诈买受人之意图，不得依据买卖双方关于免除出卖人瑕疵担保责任的约定主张免责。

与出卖人故意不告知的情形不同，对于重大过失情形下是否应认可免除瑕疵担保责任的特别约定，存在不同意见。反对的观点认为，出卖人故意不告知，导致的是买卖双方对标的物瑕疵状况了解程度不同，违背了诚信原则和公平原则；但出卖人因重大过失而不告知，其自身对于标的物的瑕疵状况往往是“应知而未知”，买卖双方对于标的物瑕疵状况的了解程度是相同的，难以认定出卖人有失诚信。例如，一宗土地的实际权利人委托拍卖人拍卖该宗土地，拍卖公告及竞买合同中载有土地面积，同时约定了该土地以现状拍卖，拍卖人不担保标的物的实际状况及瑕疵。拍得土地的竞买人发现土地面积与竞买合同的记载严重不符，经调查，拍卖人并非故意为之，而是由于疏忽大意，未对土地面积进行实际测量与评估所致。在这种情形下，买受人主张拍卖人在核实拍卖标的物时存在重大过失，免除瑕疵担保责任的约定应归于无效，拍卖人承担违约责任；而拍卖人则抗辩称双方已经明确约定标的物以现状拍卖，免除其瑕疵担保责任，且拍卖人并非存心隐瞒事实，对于标的物瑕疵导致买受人的损失不应承担责任。对

① 《民法典》第506条规定：“合同中的下列免责条款无效：（一）造成对方人身损害的；（二）因故意或者重大过失造成对方财产损失的。”

于这类情形，即使买卖双方对于免除出卖人瑕疵担保责任作出特殊约定，但该特殊约定并不排除双方在合同履行过程中善尽义务、在能力所及的范围内着力保障合同之履行利益。如果将免除责任的特殊约定当作尚方宝剑，则出卖人就有了充足的理由不再关注标的物状况，本来为了平衡买卖双方责任负担而作出的约定又会出现向相反方向失衡之危险。同样以上述拍卖土地的案例为证，如果拍卖人在核实拍卖标的物时存在重大过失，导致竞买人因标的物瑕疵而承受损失，而拍卖人仍能够以双方事先约定免除瑕疵担保责任为由免于承担责任，那么拍卖人将无须调查了解拍卖标的物的任何情形，竞买人只能自行接触和了解标的物，其结果必然是导致交易成本大幅增加以及诚信关系的破坏。需要注意的是，此处的过失应限于重大过失，一般过失则不在此限。

【审判实践中应注意的问题】

一、本条规定与《拍卖法》的衔接

审判实践中表现突出的是在以拍卖形式订立买卖合同时拍卖人瑕疵担保责任的免除问题。在通常的买卖关系中，买卖双方地位虽然也会因市场环境等因素而存在一定差别，但由于标的物是否存在瑕疵对于买受人的利益至关重要，双方谈判能力的差距通常不足以迫使买受人作出免除出卖人瑕疵担保责任的承诺。而在拍卖行业中，一方面，行业惯例对于拍卖的交易模式具有十分重要的影响，按照惯例出卖人是可以要求声明免除瑕疵担保责任的；另一方面，由于拍卖的物品种类繁多、数量巨大，并且是由实际权利人委托拍卖人拍卖，拍卖人难以对全部拍卖品的权利状况和质量性能进行深入全面的了解，而竞拍人也可以通过各种渠道观察了解拍卖品的情况，因此，要求拍卖人完全承担瑕疵担保责任未免过于苛刻，这也是拍卖人可以声明免除瑕疵担保责任的主要理由。《拍卖法》第61条第2款[①]对于拍卖人的瑕疵担保责任免除作出了明确规定。以该规定为依据，实践中绝大多数拍卖人在实施拍卖行为之前都会声明不保证拍卖标的的真伪及品质，以此免除自身的瑕疵担保责任，而竞买人往往在发现拍卖取得的标的物存在瑕疵时对拍卖人的免责声明提出异议，因此引发的纠纷数量较多。在适用本条规定审理与拍卖有关的案件时，应该与《拍卖法》的相关规定综合适用。

在适用《拍卖法》第61条第2款认定拍卖人是否承担瑕疵担保责任时，应根据本条规定考虑拍卖人是否存在故意或者重大过失，并将拍卖人的过错情形作为其承担瑕疵担保责任的前提。在拍卖关系中，拍卖人与委托人之间的关系不同于代理关系，拍卖人行为的法律后果并不归于委托人，而是由拍卖人、委托人和竞买人三方共同达成协议，各自承担相应的义务。从《拍卖法》规定拍卖人承担瑕疵担保责任来看，可以将拍卖人视为买卖合同中的出卖人。《拍卖法》第18条规定："拍卖人有权要求委托人说明拍卖标的的来源和瑕疵。拍卖人应当向竞买人说明拍卖标的的瑕疵。"第27条规定："委托人应当向拍卖人说明拍卖标的的来源和瑕疵。"第61条第1款规定："拍卖人、委托人违反本法第十八条第二款、第二十七条的规定，未说明拍卖标的的瑕疵，给买受人造成损害的，买受人有权向拍卖人要求赔偿；属于委托人责任的，拍卖人有权向委托人追偿。"从上述规定可以看出，在拍卖法律关系中，拍卖人对于拍卖标的物的来源和瑕疵是能够且有义务进行了解的，委托人也有义务向拍卖人告知标的物的瑕疵状况，并且拍卖人应当将标的物存在瑕疵的情形告知竞买人。拍卖人了解、告知标的物瑕疵的义务是始终存在的，不能因其作出了免除瑕疵担保责任的声明就视为免除其告知义务。免责声明适用的情形是：拍卖人已经通过适当程序和方式对标的物进行了解，但委托人蓄意隐瞒标的物的瑕疵状况，致使拍卖人在尽到适当注意义务的前提下

① 《拍卖法》第61条第2款规定："拍卖人、委托人在拍卖前声明不能保证拍卖标的的真伪或者品质的，不承担瑕疵担保责任。"

仍未能了解到标的物存在瑕疵的，可以免于承担瑕疵担保责任。而对于拍卖人知道或应当知道标的物的瑕疵状况，却由于故意或重大过失未告知竞买人的，免责声明应归于无效。

《拍卖法》第61条第2款仅规定了不能保证标的物真伪或者品质之情形，即标的物质量存在瑕疵之情形；而权利瑕疵的情形是否能够类推适用，有待商榷。标的物质量瑕疵，尤其是隐蔽瑕疵，通常需要具备特定技能或通过一定方式检验才能发现，拍卖人限于能力，事先声明不能保证标的物的真伪或品质，符合交易习惯和公平原则。但对于标的物的权属关系以及标的物是否已经设定了其他物权、标的物是否被他人占有等可能会对竞买人行使权利造成障碍的事实，拍卖人应该提前调查核实。拍卖作为一种特殊的买卖方式，面向的竞买人是非特定的、潜在多数的群体，这就要求拍卖具有高于一般买卖关系的公信力，竞买人参加竞买时对于拍卖标的物的权属明晰有一定的心理预期，并且基于这种预期产生合理的信赖。拍卖的规则是“价高者得”，如果竞买人拍得标的物后还要承担不能取得完整所有权的风险，那么对于竞买人来说显然有失公平。实践中，拍卖人常常是在拍卖之前通过宣读拍卖规则或竞买须知的方式作出免除瑕疵担保责任的声明，既未经与竞买人磋商，也未给予竞买人是否同意的选择权。在有些拍卖程序中，拍卖人免除瑕疵担保责任的声明指向并不明确，而是笼统地表述为标的物“现状”，声明“以该拍品现状进行拍卖”或者“对本次拍卖标的不承担瑕疵担保责任”。[①]上述情形均不能认定为拍卖人与竞买人达成了免除权利瑕疵担保责任的约定。只有在拍卖人明确向竞买人告知标的物可能存在的权利负担，并且竞买人明示同意免除其权利瑕疵担保责任时，免责约定才能发生效力。例如，拍卖人因法院强制执行而拍卖一套房产，但拍卖前明确告知竞买人该房产因欠缺部分审批手续而暂时不能履行所有权登记手续，竞买人可以占有、使用该房屋，但无法转让。竞买人经实际查看最终拍得该房屋，并在拍卖合

① 李勇主编：《买卖合同纠纷》，法律出版社2011年版，第252页。

同中明确表示同意免除拍卖人的权利瑕疵担保责任，此时应认定该约定有效。

二、举证责任分配问题

在适用本条规定时，需要查明两个关键事实：（1）减轻或者免除出卖人瑕疵担保责任的约定是否真实存在；（2）出卖人不告知买受人标的物的瑕疵状况是否存在故意或重大过失。在很多案件中，上述两个关键事实难以查明，通常需要运用证据规则在双方当事人之间分配举证责任。

双方当事人对于是否作出了减免出卖人瑕疵担保责任的约定存在争议时，主张存在约定的一方（通常是出卖人）应首先提交相应证据。在以书面形式订立买卖合同时，出卖人举证较为容易；但在口头订立合同的情形，出卖人完成举证常常存在困难。实践中，口头合同通常是由合同以外的第三方提供证人证言来证明存在免责约定。例如，在即时交易的买卖关系中，双方口头约定买受人当场查验标的物，过后发现问题出卖人概不负责，交易当时在场的与交易无关的第三方或双方共同邀请的见证人均可以作为证人证明免责约定的存在。但需要注意的是，在证明买卖双方是否作出减免瑕疵担保责任的特殊约定时，鉴于该约定对于双方权利义务关系的影响重大，人民法院应严格把握特殊约定成立的证明标准。例如，对于口头约定的情形，如果作为证人的第三方与合同一方存在利害关系，其提供的证言通常应不予采信。

双方当事人对于出卖人是否存在故意或重大过失存在争议时，主张出卖人存在过错的买受人应承担举证责任。故意或重大过失均属主观状态，难以提供客观证据直接证明，因此在已知标的物存在瑕疵的情形下，买受人如果能够证明出卖人尽到合理注意义务即可以发现瑕疵或者根据出卖人的能力、经验及行业地位在通常情形下应该发现瑕疵，但出卖人未发现或未告知买受人的，则可以认定出卖人存在过失；至于是否构成重大过失甚至故意，人民法院可以结合出卖人的具体行为及造成的损害后果作出判断。

三、约定减免瑕疵担保责任的形式要求

买卖双方约定免除出卖人的瑕疵担保责任，既可以在书面合同中以具体条文作出明确约定，也可以由一方（通常是出卖人）在要约中明确提出，相对方通过承诺的方式予以确认。通知、声明、说明甚至广告的形式均无不可，只要一方通过上述形式完整表达了免除瑕疵担保责任的意思，并且被对方明确接受，都可认为约定成立。上述方式中，在书面合同中约定免责条款形式上最为完备，但实践中采取这种方式的较为少见，多数免责约定都是以合同一方提出、相对方承诺的方式订立。以书面合同以外的方式约定免除瑕疵担保责任的，人民法院在处理具体案件时要从严把握。一方提出免除其瑕疵担保责任，应当以恰当方式引起相对方注意，凡是利用相对方疏忽大意或不了解情况而诱使其接受的，可以视为未达成约定。

需要注意的是，免除出卖人瑕疵担保责任的约定是对买卖合同权利义务的重大调整，对买卖双方的实体权利义务关系和责任承担具有重要影响，因此无论采取什么方式达成约定，都要以明示的方式表现出来，人民法院在处理具体案件时不能通过默示推定的方式认定买卖双方达成了该约定。例如，买卖合同订立时并未明确约定免除出卖人瑕疵担保责任，在标的物交付时，买受人已经发现存在瑕疵，仍然对标的物予以接受并支付价款，随后要求出卖人因质量瑕疵承担违约责任，此时不能因买受人接受货物并支付价款的行为推定其免除了出卖人的瑕疵担保责任。如果买卖双方未采取书面形式订立上述特殊约定，一方主张存在口头约定但没有确切、充分的证据予以证明的，人民法院也不应支持。

四、约定减免瑕疵担保责任与格式条款

审判实践中发现，对出卖人瑕疵担保责任的免除通常是由出卖人提出，买受人允诺，这一约定的成立往往是出卖人缔约地位较优或谈

判能力较强的体现。例如，拍卖行业规则在拍卖行为中通常都会得到适用，竞买人只要选择参加拍卖就必须接受拍卖规则；或者出卖人在行业中占据垄断地位，买受人不得不接受不利于自己的条款。因此，人民法院在处理这类约定时，需要考虑合同的订立是否存在显失公平的情况，准确分辨交易市场正常运行所导致的买卖双方谈判能力存在差别和一方当事人利用其优势地位迫使对方订立合同两种不同情形，并作出相应处理。实践中上述两种情形有时会难以区分，需要结合案件的具体事实作出判断。在多数情况下，后一种情形会通过格式合同或合同的格式条款表现出来，此时可适用本法第496条至第498条关于格式条款的规定认定其效力。

在适用本法第497条规定认定格式条款效力时，需要注意一个重要问题：以格式条款形式作出免除瑕疵担保责任的特殊约定，显然免除了出卖人的责任而加重了买受人的负担，是否可以因此认为以格式条款形式约定免除瑕疵担保责任的应一概归于无效？我们认为，不能绝对化处理。根据本法第496条第2款之规定，提供格式条款的一方对于免除或限制其责任的条款有提请对方注意之义务。如果出卖人对于免除瑕疵担保责任的条款履行了恰当的提示义务，而相对方仍然同意缔约，人民法院可以认可该约定的效力。因为相对方对于是否订立合同有选择权，接受免责条款无疑是其意思自治之体现。但在相对方无法拒绝缔约时，这种免责条款通常应被认定无效。例如，在拍卖行为中，拍卖规则中的免除拍卖人瑕疵担保责任的声明显然是一种格式条款，但该条款在拍卖前向竞买人宣读或告知后即可发生效力，因为竞买人可以选择不参加拍卖；而在供用水、电、燃气等公共服务合同中，如果约定了免除瑕疵担保责任的条款，使用人则可以主张该条款无效，因为这些公共服务所提供的商品是其生活所必需的，使用人没有拒绝缔约之选择权。

第六百一十九条 出卖人应当按照约定的包装方式交付标的物。对包装方式没有约定或者约定不明确，依据本法第五百一十条的规定仍不能确定的，应当按照通用的方式包装；没有通用方式的，应当采取足以保护标的物且有利于节约资源、保护生态环境的包装方式。

【条文主旨】

本条是关于标的物包装方式的规定。

【条文理解】

本条源自《合同法》第156条，在第156条内容的基础上增加规定了出卖人应当采用绿色包装的要求，即包装方式还应"有利于节约资源、保护生态环境"。

包装方式，是指在交付标的物时对标的物的包装方法，既包括包装物的材料，又包括对标的物进行包装的操作方式。包装方式对于标的物品质的保护具有重要作用，尤其对一些易腐、易碎、易潮、易变质以及如化学物品等特殊性质的标的物来说，更是如此。对有些标的物而言，质量标准的一部分可能就通过包装本身来表现。因此，出卖人必须按照约定的包装方式交付标的物。具体来说，应当按照以下要求确定包装方式：

第一，买卖合同对标的物包装方式有明确约定的，出卖人应当按照约定的包装方式交付标的物。

第二，买卖合同对包装方式没有约定或者约定不明确的，可依照本法第510条解决，即可以协议补充，达成补充协议的，依照补充协议约定的包装方式交付标的物。

第三，不能达成包装方式的补充协议的，应当按照合同相关条款或者交易习惯确定。

第四，按照合同的有关条款或者交易习惯仍不能确定的，应当按照通用的方式包装。通用的方式，一般是指同类标的物通常的包装方式。

第五，该类标的物没有通用的包装方式的，应当采取足以保护标的物且有利于节约资源、保护生态环境的方式包装。足以保护标的物的包装方式，是指能够使标的物在运送、搬运、装卸过程中不致受损坏的包装方式，实践中需根据具体的买卖合同标的物作出判断。

【审判实践中应注意的问题】

应当注意，本条文的要点是增加规定了对出卖人的绿色包装要求，该要求是对本法总则编中的第9条规定的“绿色原则”在买卖合同一章中的具体贯彻落实。近年来，随着电商经济的发展，越来越多的人选择网络买卖商品，这导致大量的商品都需要进行包装，然后通过快递进行运输，进而导致包装纸箱、泡沫箱、塑料袋、胶带等资源被大量利用。同时，收货人收到商品后必将打开包装，如果这些包装不能得到适当地处理或者回收利用，一方面会造成资源的大量浪费，另一方面还会对生态环境造成污染。为了从源头上解决该问题，本条对出卖人应采取的包装方式作出如上要求。出卖人应当适当改变包装方式，比如循环回收、包装简化和减量等。如买卖合同当事人因标的物的包装方式产生争议，人民法院在审理相关案件时应当注意，对于产品如何包装，当事人当然可以约定。没有约定的，应当遵守“绿色原则”。同时，当事人虽然可以约定产品的包装，但该种约定不能违反法律的规定。2020年4月29日修订通过、2020年9月1日起施行的《固体废物污染环境防治法》第68条规定：“产品和包装物的设计、制造，应当遵守国家有关清洁生产的规定。……生产经营者应当遵守限制商品过度包装的强制性标准，避免过度包装。……”以上关于包装物的规定，当然是当事人履行合同中应当遵守的“绿色义务”。人民法院应当通过个案的审理和裁判，彰显出我国《民法典》关于“绿色原则”的要求，为打造资源节约型、环境友好型社会助力。

第六百二十条 买受人收到标的物时应当在约定的检验期限内检验。没有约定检验期限的，应当及时检验。

【条文主旨】

本条是关于买受人对标的物检验义务的规定。

【条文理解】

本条源自《合同法》第157条，仅个别立法用语有变化，即将“期间”修改为“期限”。

买卖合同中，出卖人应当承担瑕疵担保责任，但出卖人交付的标的物是否合乎要求，则需要买受人对标的物进行检验，查明是否与合同的约定相符。从这个角度讲，对标的物进行检验首先是买受人的权利，多国法律都赋予买受人检验标的物的权利。例如，美国《统一商法典》第2-513条规定，除当事人另有约定外，买方在支付货款和接受标的物以前，有权对货物进行检验。检验的时间、地点和方法按照合同约定办理。如合同未作约定，在卖方负责把货物运到目的地的情况下，应在目的地进行检验。在其他情况下，应当在合理的时间、地点，以合理的方式进行检验。如检验表明货物与合同约定相符合，检验的费用由买方承担，反之由卖方承担。如果合同约定采用交货付款或者交单付款等付款条件，则买方需要在检验之前付款。

但是，出卖人对标的物质量瑕疵的担保义务并不是毫无时间限制的，无限期的质量瑕疵担保义务不仅会对出卖人产生不公平的对待，也会妨碍商品的市场流转，影响市场经济的活跃。因此，买受人应当在合理期限内对标的物进行检验。从这个角度讲，对标的物进行检验更是买受人的义务。本条条文将买受人对标的物进行检验表述为“应当”而不是“有权”，说明我国立法持买受人在约定期限、及时检验标的物是其义务的态度。按照本条规定，买受人收到标的物后应当在合同约定的检验期限内检验，没有约定检验期限的，应当及时进行检验。之所以如此规定，是为了便于尽快确定标的物的质量状况，明确责任，及时解决纠纷，以便加速商品的流转。“及时”检验，是指买受人应根据标的物的性质、交易习惯等在合理期限内进行检验，而不能无限期地拖延。否则，就会使合同当事人之间的法律关系长期处于不稳定的状态，不利于维护健康正常的交易秩序。该条规定体现了本法平衡保护买受人与出卖人利益的立法原则。

对于如何理解“约定的检验期限”“及时检验”等，因与本法第621条规定的异议通知、合理期限、法律后果等问题密切相连，一并在第621条条文理解部分阐述。

【审判实践中应注意的问题】

确定当事人所负担的合同义务的属性，在合同纠纷的处理中具有重要意义。从合同义务的分类看，本条规定的买受人的及时检验义务属于法定义务、间接义务（又称不真正义务）。无论当事人是否在合同中作出特别约定，也无论当事人之间是否存在交易习惯，买受人都应当负担此项义务。间接义务是指当事人应当积极维护自身权益的合同义务，而并非向对方承担的义务。间接义务与附随义务不同，二者的区别在于：附随义务是义务人向对方应当承担的义务，权利人有权要求义务人履行附随义务；违反了附随义务，义务人应当承担相应的违约责任。而间接义务的权利人通常不能请求义务人履行，违反间接义务也不发生义务人的损害赔偿责任，仅使负担该义务的一方遭受权利减损或丧失的不利益。正如本法第621条第1款的规定：“……买受人怠于通知的，视为标的物数量或者质量符合约定。”也就是说，尽管买受人违反了其所负担的及时检验义务，并不发生违约责任的承担，而是发生损失自负的法律后果。但应注意，依据本法第621条的规定，如果买受人举证证实出卖人知道或者应当知道交付的标的物不符合约定，即在出卖人故意违反主合同义务的情况下，买受人违反及时检验义务并不必然使其丧失请求出卖人承担质量瑕疵担保责任的权利。

第六百二十一条 当事人约定检验期限的，买受人应当在检验期限内将标的物的数量或者质量不符合约定的情形通知出卖人。买受人怠于通知的，视为标的物的数量或者质量符合约定。

当事人没有约定检验期限的，买受人应当在发现或者应当发现标的物的数量或者质量不符合约定的合理期限内通知出卖人。买受人在合理期限内未通知或者自收到标的物之日起二年内未通知出卖人的，视为标的物的数量或者质量符合约定；但是，对标的物有质量保证期的，适用质量保证期，不适用该二年的规定。

出卖人知道或者应当知道提供的标的物不符合约定的，买受人不受前两款规定的通知时间的限制。

【条文主旨】

本条是关于买受人对标的物存在瑕疵时的异议期限及其法律后果的规定。

【条文理解】

本条源于《合同法》第158条，主要是将“期间”修改为“期限”，“两年”修改为“二年”。

一、关于异议期限的三种适用情形

（一）约定检验期限的异议期限

如果当事人在合同中约定了检验期限，买受人应当在检验期限内将标的物的数量或者质量不符合约定的情况通知出卖人。买受人怠于通知的，视为标的物的数量或者质量符合约定，买受人丧失向出卖人主张违约责任的权利。怠于通知，是指有时间、有能力通知而不通知的情况。买受人签收的送货单、确认单等载明标的物数量、型号、规格的，除有相反证据外，可以认定买受人已对数量和外观瑕疵进行了检验。

（二）未约定检验期限的异议期限

根据本法第620条的规定，买受人在及时检验后有异议的，应当及时提出。何为“及时”，需要确定一个合理的期限。因此，本条第2款规定，买受人应当在发现或者应当发现标的物的数量或者质量不符合约定的“合理期限”内通知出卖人。合理期限是指买受人对标的物进行正常检验以及通知出卖人所必需的时间。它包括两个时间，即发现瑕疵所需时间和进行瑕疵通知所需时间。以买受人检验发现质量存在问题为起点，发现问题的时间就是计算合理期限的起始点。合理期限是一个非常难以确定的期限，法律不可能也不应当具体地规定出来，而是要针对不同的买卖合同、不同的标的物、不同的质量违约情形，靠经验法则来判定。买受人在合理期限内提出异议，出卖人以买受人已经支付价款、确认欠款数额、使用标的物等为由，主张买受人放弃异议的，人民法院不予支持，但当事人另有约定的除外。

由于标的物的某些瑕疵较为隐蔽，买受人难以在短时间内发现，甚至可能是在收到标的物之后的几年才发现。但在市场经济条件下，为便捷和加快商品的流转又要求当事人之间的法律关系不应当过长时间地处于不稳定的状态。从这种考虑出发，本条规定，买受人自标的物收到之日起2年内未通知出卖人的，视为标的物的质量或者数量符合约定。也就是说，在2年内，无论买受人是否发现或者应当发现标的物不符合约定，只要未向出卖人提出异议，就都视为他认可接受了标的物。2年的时间基本上可以适用于绝大多数的买卖合同。但是2年的法定期限并非强行性期限，当事人可以排除其适用。如果合同对标的物的质量保证期作了约定，只要该约定不违反公序良俗和诚信原则，则为当事人对最长异议通知期限的约定，这时就不适用2年的法定期限的规定，以保护买受人的信赖利益。

（三）出卖人知道或者应当知道标的物不符合约定的异议期限

本条规定的目的是促进和加速商品交易，客观上是有利于出卖人的，但如果出卖人故意提供不符合约定的标的物，则构成欺诈。对于实施欺诈行为的人，不应享有法律规定的利益。因此，如果买受人能够证明出卖人知道或者应当知道交付的标的物不符合约定，则不论买受人何时提出异议，出卖人均应承担标的物的瑕疵担保责任。另外，之所以作如此规定，还因为出卖人本身就负有保证其提供的标的物数量和质量符合合同约定的义务，这是出卖人应当承担的主合同义务。在出卖人故意违反主合同义务的情况下，其相应的违约责任不能因为买受人违反及时检验这一合同中的不真正义务而免除，买受人违反及时检验义务并不必然使其丧失请求出卖人承担质量瑕疵担保责任的权利。但出卖人知道或者应当知道提供的标的物存在瑕疵的情形，应当由买受人承担举证责任。本条规定既体现了买受人与出卖人的利益平衡，又体现了对故意违反合同义务的出卖人的制裁。

二、关于本条规定的期限类型、关系及法律适用

（一）关于本条规定期限的类型

关于本条规定期限的类型，学界存在不同认识：一是三分法，即检验期限、质量保证期、合理期限；二是四分法说，即约定期限、合理期限、2 年期限和质量保证期；三是五分法，即约定期限、合理期限、2 年期限、质量保证期、任意期限。我们认为，四分法的划分符合本条规定的精神。按照四分法，瑕疵检验期限的类型包括以下四种：第一种期限，合同约定的质量检验期限（约定期限）。该期限也是买受人提出质量异议的期限，收货人对合同标的物的检验应当在该期限内进行，对合同标的物的质量异议也应当在该期限内提出，检验期限的终点时间也是提出质量异议的最后时间。第二种期限，合理期限。当事人没有约定检验期限的，买受人应当在发现或者应当发现标的物的数量或者质量不符合约定的合理期限内通知出卖人。第三种期限，2 年期限。该 2 年期限属于异议通知的最长时间。第四种期限，

质量保证期（质保期、保质期）。当事人没有约定检验期限，买受人亦未在合理期限内通知或者自标的物收到之日起2年内未通知出卖人的，视为标的物的数量或者质量符合约定，但对标的物有质量保证期的，适用质量保证期，不适用该2年的规定。

（二）关于四种类型期限的关系及适用

1. 检验期限与质量保证期

一般认为，质量保证期是出卖人向买受人承诺标的物符合质量要求或使用性能的期限。通俗地讲，就是指该标的物的正常使用寿命。质量检验期限所解决的是标的物在交付时是否存在质量瑕疵的问题，一般与标的物使用寿命无关。审判实践中对于如何认定检验期限和质量保证期之间的关系，认识上存在分歧。

（1）二者的联系。从本条文义分析，若买卖合同当事人双方约定了检验期限，依当事人约定；若当事人没有约定异议期限，则为买受人收到货物之后的一段合理期限，该期限不能超过收到货物之日起2年。但是，如果合同对标的物的质量保证期作了约定，如某啤酒在标识中注明保质期180天，就应当认为这构成了当事人对最长的异议通知时间的约定，这时就不适用本条“2年”法定期限的规定。由此可见，在当事人对异议期限没有作出约定的情况下，质量保证期可以作为异议期限来看待。

（2）二者的区别。第一，权利内容不同。检验期限内买受人可以针对货物的任何情况提出异议，包括货物的数量、种类、规格、品质，甚至可以针对货物的颜色、形状、包装等，无论这些方面是否与质量相关，只要其与合同约定不符即可。而在质量保证期内，买受人只能针对货物的质量提出异议，诸如数量、包装等与货物品质无关的情况不受质量保证期的保证。第二，责任性质不同。检验期限是出卖人承担违约责任的期限。货物不符合同约定是一种典型的违约情形，如果检验期限内买受人提出的异议成立，则出卖人承担的只能是违约责任。而质量保证期可能是承担违约责任的期限，也有可能是承担侵权责任的期限。因为货物质量出现问题，如果因此而给买受人或者第三方造成损害的话，则买受人既可向出卖人提起违约之诉，也可以提起侵权之诉。第三，期限长短不同。检验期限是由合同双方当事人约定的，取决于当事人合意，只有在当事人没有约定时才适用合理期限或者2年的法律规定，而且无论约定还是法定，该期限一般与货物本身的性质没有必然关联。而质量保证期一般由货物本身的性质决定，不同的货物质量保证期有很大差异。例如，机器设备保质期一般比较长，而食品、化妆品等容易变质的货物则保质期必然较短。第四，期限性质不同。检验期限是除斥期间，如果买受人在该期间没有提出主张则丧失声称货物与合同不符的权利，且该期间不得延长、中断和中止。而质量保证期不具有除斥期间的性质，它只是出卖人承诺的货物质量担保期限，在这个期限之内担保货物不出现质量问题，这个期限与当事人是否丧失实体权利没有直接联系。

2. 质量保证期是质量异议最长合理期限

对本条第2款规定的理解，可分为三个层面：（1）质量保证期与2年最长期限的关系。审判实践中一般认为，质量保证期的约定优于2年期限，因为质量保证期有的长于2年期限，有的短于2年期限。（2）合理期限与2年最长期限的关系。当事人没有约定检验期限的，买受人应当在发现或者应当发现标的物的数量或者质量不符合约定的合理期限内通知出卖人。买受人在合理期限内未通知出卖人的，视为标的物的数量或者质量符合约定。即买受人首先受合理期限的约束，但该合理期限最长不得超过收货之日起2年。另外，合理期限的起始点与2年的起始点不一致，前者以买受人检验发现质量问题为起始点，后者以买受人自标的物收到之日为起始点。（3）合理期限与质量保证期之间的关系。有观点认为，质量保证期应当优于合理期限，只要在质量保证期内提出质量异议即可。我们认为，这种理解不符合立法本意。合理期限与质量保证期的关系，应当和合理期限与“自收到标的物之日起二年内”的关系一样，买受人在合理期限内未通知或者自收到标的物之日起质量保证期内未通知出卖人的，视为标的物的数量或者质量符合约定。而且，质量保证期仅仅解决的是标的物的质量瑕疵问题，因此，对于标的物的数量瑕疵的检验期限，不能适用质量保证期处理。

3. 约定质量保证期场合的检验期限的认定

（1）合同中仅约定质量保证期而未约定检验期限的。在此情形，质量保证期究竟应作为确定最长合理期限的补充，还是作为确定检验期限的补充，审判实践中的认识不一。如果是作为确定最长合理期限的补充，则需要确定合理期限，只是该合理期限最长不能超过质量保证期；如果是作为确定检验期限的补充，则可以直接将质量保证期作为检验期限，无须另行确定合理期限。我们认为，既然质量保证期是出卖人承诺的保持标的物质量的时间，即保证标的物在该期间内不出现质量问题，那么，原则上质量保证期应较检验期限更长。在买卖合同没有约定检验期限的情形，将约定的质量保证期理解为最长合理期限应更为合适，也更符合立法本意，即在当事人对检验期限没有约定但约定有质量保证期时，不能直接将质量保证期认定为检验期限，而是仍要确定合理期限作为检验期限，只是该合理期限最长不得超过质量保证期。还应注意的是，有时在买卖合同中会根据救济方式的不同规定不同的质量保证期。实践中较为常见的是“三包期”，即包退、包换、包修期。一般而言，包退期最短，包换期略长，而包修期最长。既然检验期限是买受人有权提出标的物瑕疵异议的期限，买受人只要在出卖人承诺的最长期限内提出异议即可，也就是以包修期为最长合理期限。至于较短的两个期限，应认定为是对瑕疵救济方式的限定期限，超过该期限所影响到的只是买受人可以获得何种救济，并不影响买受人瑕疵请求权的成立。当然对于瑕疵救济方式的期限限制，也要考虑到合同能否具体履行，对于超过包退和包换期的，如果经过反复修理仍然不能去除瑕疵以致买受人无法实现合同目的，则仍应允许买受人主张更换或者退货的权利。

（2）合同中同时约定质量保证期和检验期限的。在此情形，如果两个期限的约定是一致的，不会存在问题，但如果约定不一致应如何处理，法律并没有作出规定。实践中有观点认为，检验期限是有权提出瑕疵异议的期限，而质量保证期是承诺对质量问题进行处理的期限，显然两者在对标的物质量是否存在瑕疵的确定上具有一定的重合性。因此，在两者约定不一致时，应依约定较长者确定检验期限；如果检验期限的约定短于质量保证期的，应当视为没有约定检验期限。我们认为，处理该问题的前提是厘清质量保证期与检验期限的关系。检验期限是对标的物在交付时存在的瑕疵提出异议的期限。而质量保证期是对标的物在使用过程中出现质量瑕疵承诺予以处理的期限，至于该质量瑕疵是否在交付时就存在，还是在使用过程中产生，则在所不问。超过了检验期限，仅仅是视为标的物在交付时不存在瑕疵，并不妨碍买受人针对使用中出现的质量问题在质量保证期内要求出卖人履行承诺。因此，两种期限应该是并行不悖的。具体而言，检验期限短于质量保证期的，超过检验期限将视为交付的标的物无瑕疵，买受人不再享有瑕疵请求权，但如果没有超过质量保证期的，买受人有权要求出卖人履行承诺。从实践中的情况来看，当事人同时约定检验期限和质量保证期的，基本上都是检验期限短于质量保证期，检验期限长于质量保证期的情形还未看到过。

此外，在许多买卖活动中，当事人会在合同中约定有索赔期限，即买受人在多长时间内有权就标的物瑕疵进行索赔。对于索赔期限和检验期限的关系，我们认为应当区分情形处理：（1）如果合同中没有约定检验期限，但约定有索赔期限的，此时索赔期限可以视为标的物瑕疵的检验期限。（2）如果合同中同时约定有检验期限和索赔期限的，此时原则上应认为索赔期限没有实际意义，因为当事人的权利不可能通过这种期限的约定而取得或丧失。

【审判实践中应注意的问题】

一、如何合理确定买受人通知的合理期限

合理期限是一个原则性的规定，在司法实践中，属于法官行使自

由裁量权的范畴。判断买受人通知是否超过合理期限应当充分考虑到合同的目的、标的物的性质、标的物检验的难度、买受人检验能力等综合因素，以合理推定检验所需要的时间。在此基础上，还要考虑买受人将检验结果通知出卖人所需要的时间，以及买受人从事检验和通知事宜所必要的其他时间。除了上述重要因素之外，还应根据案件具体情况衡量是否存在其他合理因素。而这些因素的考量，必须根据诚信原则来检验是否合理。另外，还应明确适用合理期限的两个起算点：一个是买受人发现标的物数量或质量瑕疵的次日，另一个是买受人应当发现标的物数量或质量瑕疵的次日。应当发现，是指买受人对标的物进行正常的检验，并基于其合理的判断即能发现标的物的瑕疵，而不必凭借特殊的工具、仪器等设备或者有赖于有关专家的专业分析和判断。这个时间点是根据合同的目的、标的物的性质等具体情况作出的法律推定。在无法查明买受人是否发现标的物瑕疵的情形下，应使用合理推定的方法确定检验期限的起算点。

二、关于质量检验期限与质量鉴定程序是否启动的关系

在因标的物质量引发的纠纷中，买受人一般会对标的物提出质量鉴定申请，而出卖人往往会以超过质保期或者法律规定的检验期限作为抗辩理由，拒绝买受人的鉴定申请进而拒绝承担质量瑕疵担保责任。此时，不能仅以买受人违反及时检验义务为由拒绝鉴定，而应当综合考虑全案情形，判断是否启动鉴定程序。对于产品在质保期过后可能无法进行检验，无法确定其交付时是否合格的，应当征询鉴定部门意见，以决定是否启动鉴定程序；对于确实无法检验的，可以买受人未履行及时检验义务为由驳回其相应诉请。

第六百二十二条　当事人约定的检验期限过短，根据标的物的性质和交易习惯，买受人在检验期限内难以完成全面检验的，该期限仅视为买受人对标的物的外观瑕疵提出异议的期限。

约定的检验期限或者质量保证期短于法律、行政法规规定期限的，应当以法律、行政法规规定的期限为准。

【条文主旨】

本条是关于检验期限或质量保证期过短情形的规定。

【条文理解】

本条源于《买卖合同司法解释》第18条[①]，是立法对司法解释的吸收和转化。诚信原则是民法的一项基本原则，民事活动必须遵守。如果买卖合同约定的检验期限明显过短，不利于买受人行使权利的，应依据诚信原则认定约定的检验期限为当事人进行外观瑕疵检验的期限。本条包含两方面的内容：一是规制过短的检验期限，以保护买受人对隐蔽瑕疵提出异议的合法权利；二是在当事人约定与法定权利冲突时，否定当事人之约定，以保护当事人的法定权利不受侵犯。

本法第621条规定的买受人通知义务，并未区分消费合同和商事合同，因而无论买受人是消费者还是商人，都承担标的物不符约定的通知义务；买受人未在约定的检验期限内提出异议的，视为标的物数

① 《买卖合同司法解释》第18条规定："约定的检验期间过短，依照标的物的性质和交易习惯，买受人在检验期间内难以完成全面检验的，人民法院应当认定该期间为买受人对外观瑕疵提出异议的期间，并根据本解释第十七条第一款的规定确定买受人对隐蔽瑕疵提出异议的合理期间。约定的检验期间或者质量保证期间短于法律、行政法规规定的检验期间或者质量保证期间的，人民法院应当以法律、行政法规规定的检验期间或者质量保证期间为准。"

量或质量符合约定。这一规定在实践中出现的问题主要集中在两个方面：一是在双方当事人都是专业商人的商事买卖合同中，经常出现合同约定的检验期限明显过短，以致当事人不可能在该期限内完成检验或者发现瑕疵，如有的当事人在合同中约定的对机器设备的检验期限短于双方约定的安装调试期限。二是在一方当事人为消费者的普通买卖合同中，经营者往往通过格式条款约定了较短的检验期限，消费者无法在该期限内对商品质量是否合格作出判断。尤其是在社会各界关注的毒奶粉、含氯可乐、毒胶囊等公共事件中，即便给予消费者检验期限，大多数情况下消费者也根本没有能力对商品内在质量作出检查鉴定。在前述情况下，如果仍然机械适用法律，以约定的检验期限或合理期限已过为由，认定标的物质量仍然符合约定，显然有违公序良俗。因此，《买卖合同司法解释》立足于我国当时的基本国情，在司法政策上作出针对性的调整，以实现司法过程中的正义价值。本法立法对此进行了吸纳。

一、标的物瑕疵的分类

在国内学界，对于物的瑕疵的分类存在不同观点：第一种观点认为，物的瑕疵是指标的物在形状、质量或效用上存在缺陷，不符合法定、约定或通用的标准。物的瑕疵又分为四类：显而易见或对标的物用途影响不大的，为一般或表面瑕疵；需经科学鉴定或在使用中方能发现的，为隐蔽瑕疵；出卖人明确告知买受人的，为已告知的瑕疵；明知标的物有瑕疵而不告知买受人的，为隐瞒的瑕疵。[①] 这种分类方法实际上存在两个标准：一是发现的难易程度，二是出卖人是否告知。第二种观点认为，以瑕疵是否易于发现为标准，可以将其分为表面瑕疵和隐蔽瑕疵两种。表面瑕疵，顾名思义，是指标的物的外观质量不符合买卖合同的约定或法律的规定，一般存在于物的表面，凭一般买受人的经验而无须专门检验即能发现的瑕疵，通常是指标的物的

① 邹瑜、顾明总主编：《法学大辞典》，中国政法大学出版社1991年版，第1588页。

外观、品种、型号、规格、花色等方面的瑕疵。隐蔽瑕疵，是标的物的内在质量不符合买卖合同的约定或法律的规定，一般存在于标的物的内部，需经使用或者专门检验才能发现的瑕疵。[①]这种分类方法是我国既往司法实践中长期实行的分类方法，其法律根据是《工矿产品购销合同条例》第15条的相关规定。[②]第三种观点认为，根据瑕疵的性质不同，可将瑕疵区分为品质瑕疵、种类瑕疵、数量瑕疵和包装瑕疵。品质瑕疵，即标的物本身有质量问题，不符合买卖合同的约定或法律的规定。种类瑕疵，即标的物并非买卖合同所约定之物，不符合买卖合同的约定或法律的规定。数量瑕疵，即出卖人给付的数量有差错，不符合买卖合同的约定或法律的规定，有多付或少给两种情形。包装瑕疵，即出卖人标的物的外包装存在瑕疵，不符合买卖合同的约定或法律的规定。[③]

我们认为，上述分类方法均有其相应的学理根据和区分之实益。根据司法实践大量沿用表面瑕疵和隐蔽瑕疵这一分类的实际情况，结合本法第621条中关于"标的物的数量或者质量"的表述，可将瑕疵分为数量瑕疵和质量瑕疵，其中质量瑕疵根据检验的难易程度，分为外观瑕疵和隐蔽瑕疵。外观瑕疵一般包括标的物的表面性能和种类瑕疵，即产品的规格、型号、花色、品种等瑕疵，隐蔽瑕疵包括通过通常的检验手段不能知道，需要专门检验或需要安装运转才能发现的

---

① 吴庆宝主编：《合同纠纷裁判标准规范》，人民法院出版社2009年版，第226页。

② 《工矿产品购销合同条例》第15条规定："需方在向供方提出书面异议时，按以下规定办理：一、产品的外观和品种、型号、规格、花色不符合同规定，属供方送货或代运的，需方应在货到后十天内（另有规定或当事人另行商定期限者除外）提出书面异议；需方自提的，应在提货时或者双方商定的期限内提出异议。二、产品内在质量不符合同规定的，不论供方送货、代运或需方自提，需方应在合同规定由供方对质量负责的条件和期限内检验或试验，提出书面异议；某些产品，国家规定有检验或试验期限的，按国家规定办理。三、对某些必须安装运转后才能发现内在质量缺陷的产品，除另有规定或当事人另行商定提出异议的期限外，一般从运转之日起六个月以内提出异议。四、在书面异议中，应说明合同号、运单号、车（船）号，发货和到货日期；说明不符合同规定的产品名称、型号、规格、花色、标志、牌号、批号、合格证（或质量保证书）号、数量、包装、检验方法、检验情况和检验证明；提出不符合同规定的产品的处理意见，以及当事人双方商定的必须说明的事项。"

③ 李浩然：《美国和德国货物买卖品质担保比较研究》，东北财经大学2006年硕士学位论文。

瑕疵。这种分类方法的优点是便于人民法院在审判工作中根据瑕疵程度、发现难度的不同，合理确定当事人的检验要求、发现瑕疵的期限以及质量异议期限。

二、约定检验期限过短的规制思路

外观瑕疵的检验相对容易，而隐蔽瑕疵的检验则需要借助于专业的知识和设备。由此决定，理论上二者的检验期限应当存在差别，数量瑕疵和外观瑕疵的检验时间可以短一些，而隐蔽瑕疵检验需要的时间会长一些。在立法例上，各国和地区对瑕疵异议期限规定的差别主要体现在是否将商事买卖与普通民事买卖加以区别，这一点主要与该国采用的是民商合一还是民商分立的立法体制相关。

在采用民商分立立法体制的国家和地区，一般都区分商人间的买卖和非商人间的买卖，并对商人间的买卖即商事买卖规定通知义务，如《德国商法典》第373条、《日本商法典》第526条。德国曾经有判例对非商人间的消费买卖也类推适用商法关于通知义务的规定，但上诉审判决作出否定适用商法的结论。《德国债法现代化法》讨论草案原本于第441条第1项第2句规定，若买受人未于发现瑕疵后2个月内通知出卖人，买受人因物之瑕疵所生之权利即为消灭。但这一规定饱受批评，最终未成为现行德国民法之规定。[①]由此可见，在德国及日本等民商分立的国家，不符通知义务仅限于商人性质的买受人，作为消费者的买受人并不承担这一义务。之所以将不符通知仅限于商人性质之买受人，是因为在现代经济生活中，产品的制造与销售日益机器化、电气化、复杂化，商品性能以及可能存在的瑕疵越来越难以被一般消费者所了解；再加上消费者对商品的辨认、识别、检查等能力有限，更使其在交易关系中处于弱者和不利地位。有鉴于此，法律为了更好地保护消费者的利益，有特别排除消费者不符通知义务之必要，以避免原本为保护消费者利益之不符违约责任制度反而变成危害

① 黄立主编：《民法债编各论》，中国政法大学出版社2003年版，第78页。

消费者利益之利器。

值得强调的是，尽管采民商合一的《瑞士债法典》未区分商事买卖和消费买卖而一概都要求买受人给予不符通知，但瑞士学说却建议不宜过度严格适用《瑞士债法典》有关买受人对标的物检查义务的规定，以弥补法律规定对消费者保护之欠缺。[①] 我国台湾地区“民法”第356条规定：“买受人应按物之性质，依通常程序，从速检查其所受领之物。如发现有应由出卖人负担保责任之瑕疵时，应即通知出卖人。买受人怠于为前项之通知者，除依通常之检查不能发现之瑕疵外，视为承认其所受领之物。不能即知之瑕疵，至日后发现者，应即通知出卖人，怠于为通知者，视为承认其所受领之物。”对该条规定，学者认为，原则上，买受人未尽从速检查和及时通知义务，视为承认其所受领的标的物，纵使标的物存在瑕疵亦不得对出卖人主张瑕疵担保责任。但这一原则存在例外，亦即依通常之检查不能发现之瑕疵，虽怠于检查或因其检查未发现瑕疵，亦不能视为承认所受领之物。[②] 同时，针对该条未能考虑消费买卖特殊性问题而要求作为消费者之买受人承担不符通知义务，有学者也建议，“就第356条之适用，宜适当斟酌本条第一项‘按物之性质，依通常程序从速检查’之要件”，以资弥补。

由此可见，区分消费买卖和商事买卖，并仅要求商人性质之买受人承担不符通知义务，是民商分立和民商合一国家和地区学界的共同观点。

三、排除适用约定检验期限应当具备法定条件

在私法领域中，充分尊重当事人的意思自治是一项非常重要的基本原则。在合同约定没有违反法律、行政法规强制性规定的情况下，人民法院原则上不得排除当事人合同约定的条款。本法第5条、第6条、第7条规定，民事主体从事民事活动，应当遵循自愿、公平、诚

① 邱聪智：《新订债法各论》，中国人民大学出版社2003年版，第89页。

② 黄立主编：《民法债编各论》，中国政法大学出版社2003年版，第79页。

信原则。根据上述法律规定，民事主体在进行民事活动时意志独立、自由和行为自主，即民事主体在从事民事活动时，以自己的真实意思来充分表达自己的意愿，根据自己的意愿来设立、变更和终止民事法律关系。合同中的条款当事人有权利自由约定，只要不构成本法规定的合同无效和可撤销的情形，法院不应排除适用。由此，对于当事人约定的检验期限，如果排除适用，必须具备充分的理由。根据本条的规定，排除当事人约定的检验期限仅限于根据标的物的性质和交易习惯，买受人在检验期限内难以完成全面检验的情形。在审判实践中，对此应当有较为严格的把握。

具体而言，在审判实践中具体判断当事人约定的检验期限是否过短，主要可以从如下三个方面加以考量：（1）应当根据标的物的性质和交易习惯，在全面考虑案情的情况下，判断约定的检验期限对于隐蔽瑕疵的检验是否过短。（2）买受人是否存在怠于通知的行为。若买受人在异议期内发现隐蔽瑕疵却没有及时通知出卖人的，应当视为标的物质量符合约定。（3）买受人对不能及时检验隐蔽瑕疵是否存在过失。本法第620条规定买受人应当在收货后及时检验标的物，如某电动汽车生产企业本来设置有检验电池电量是否合格的专门检测设备，但直到汽车组装完成并投放市场后才提出所购电池存在电量不足的质量瑕疵，该企业就应为没有及时对电池进行检验承担责任，而不应归咎于检验期限过短。

四、法定检验期限和质量保证期优先适用

关于检验期限和质量保证期，除了当事人的合同约定之外，国家法律、行政法规及部门规章还对一些商品的检验期限和质量保证期作出了规定。例如，对于建设工程的质量保证期，根据国务院《建设工程质量管理条例》第40条的规定，在正常使用条件下，建设工程的最低保修期限为：基础设施工程、房屋建筑的地基基础工程和主体结构工程，为设计文件规定的该工程的合理使用年限；屋面防水工程、有防水要求的卫生间、房间和外墙面的防渗漏为5年；供热与供冷系

统，为2个采暖期、供冷期；电气管线、给排水管道、设备安装和装修工程为2年；其他项目的保修期限由建设单位和施工单位在合同中约定。上述建设项目的质量保证期，自竣工验收合格之日起计算。此外，建筑行业的水泥买卖、混凝土买卖，食品行业生猪肉买卖，进出口行业化妆品业务等，由于涉及社会公共利益，法律、行政法规对上述物品的质量检验期限采取强制性的要求。在审判实践中，对国家有强制性规定的质量检验期限和质量保证期，人民法院应完全按照该规定执行。故本条规定，约定的检验期限或者质量保证期短于法律、行政法规规定期限的，应当以法律、行政法规规定的期限为准。

可能会有争议的是，如果当事人约定的检验期限或者质量保证期长于法律、行政法规规定的期限，长于部分是否有效？对此法律没有规定。我们认为，对于约定的检验期限长于法律、行政法规规定的情形，可以视标的物的性质加以认定。例如，对于随着时间推移，其物理、化学性质会发生改变的标的物，如水泥、化妆品等，应当认定长于法律、行政法规规定的部分无效；但如果标的物属性不会随着时间推移而发生改变的，则不妨承认当事人的约定。对于约定的质量保证期长于法律、行政法规规定的期限的，视为出卖人自愿加重自身义务，亦不妨承认该约定的效力。当然，对上述问题可以在实践中注意探索，以进一步总结经验。

【审判实践中应注意的问题】

审判实践中，应当注意区分普通民事买卖和商事买卖。检验期限制度是商事交易中便捷、效率原则在法律上的典型表现，其适用范围原则上限于具有较高的理性程度和风险防范能力的专业商人。对非商人之间的民事买卖，或者买受人一方为普通消费者的，机械适用检验期限制度会不适当地加重买受人的注意义务，有时候会导致明显不公平的结果。虽然近年来民事买卖当事人或者普通消费者的权益保护意识日渐增强，但相较于商事交易主体所具有的较高理性程度和风险防范能力，还相对较弱。因此，对于民事买卖或者买受人为一般消费者的情形，在当事人约定的检验期限是否公平的认定以及合理期限的确定方面，都应当将其与专业商人之间的买卖区别开来，以契合我国现阶段的国情。

第六百二十三条　当事人对检验期限未作约定，买受人签收的送货单、确认单等载明标的物数量、型号、规格的，推定买受人已经对数量和外观瑕疵进行检验，但是有相关证据足以推翻的除外。

【条文主旨】

本条是关于标的物数量和外观瑕疵检验的规定。

【条文理解】

本条源于《买卖合同司法解释》第 15 条[①]，是立法对司法解释的吸收和转化。

实践中，因标的物数量引发的纠纷案件，多为消费者通过邮购、网购等方式进行的小额买卖，以及在中小型建筑工程上零星采购钢材、水泥、沙石建材等情况。如果当事人签收的送货单、确认单等单据上载明数量的，根据经验法则，应当认定买受人在签收时对数量进行了核点。鉴于标的物的数量、规格、型号等瑕疵当事人尽到一般合理注意义务即可发现，故本条作此规定。适用本条规定，应当注意两个方面的问题：

① 《买卖合同司法解释》第 15 条规定："当事人对标的物的检验期间未作约定，买受人签收的送货单、确认单等载明标的物数量、型号、规格的，人民法院应当根据合同法第一百五十七条的规定，认定买受人已对数量和外观瑕疵进行了检验，但有相反证据足以推翻的除外。"

一、当事人未约定检验期限的，签收载明数量、型号、规格的收货单据即视为对数量和外观瑕疵进行了检验

数量和外观瑕疵的检验无须借助物理、化学、生物等专门的学科知识，仅凭当事人的自身能力即可实现，且从日常生活经验出发，买受人在签收时一般都会对标的物的数量和外观进行核查。从买卖合同纠纷案件审理的实际情况来看，绝大多数的质量争议是买受人在诉讼中以反诉的方式提起的，买受人作为原告单独提起的质量异议之诉占比较少。其中一个非常重要的原因是买受人希望通过质量异议的方式少付货款或者拖延诉讼。当前现实生活中的买卖交易不少采用买方预付定金或部分货款，货到后结清余款的方式进行，但买受人在收到货物后往往不能及时支付剩余款项。在出卖人请求支付时，买受人往往以质量存在瑕疵进行抗辩，迫使出卖人降低价款，或者在诉讼中对没有质量瑕疵或程度轻微并不影响合同目的实现的瑕疵以反诉的方式恶意拖延诉讼，以达到延迟支付价款的目的。在具体工作中，承办法官在接到当事人的反诉状时，经常面临着是否应该受理买受人质量反诉的困惑：若不加区别地一律受理买受人提起的质量瑕疵反诉，势必导致损害出卖人合法债权，助长恶意诉讼之风；但若简单地以诉讼效率为由拒绝受理反诉，亦易导致浪费诉讼资源，不能有效保护买受人合法权益的情形。针对这一实际情况，本条规定了签收即视为检验的一般原则，以过滤掉审判实践中一些无实际意义的反诉案件。

二、有相反证据足以证明当事人未能对数量和外观瑕疵进行检验的除外

近年来，物流业的迅猛发展在某种程度上已经改变了传统的买卖方式，除网络购物等新型交易方式之外，很多大件商品也需要借助于专门的运输业者向买受人交付。物流业的迅猛发展在方便群众生活的同时，也给司法实践提出了新的问题，其中以网络购物中快递公司送货的“先签后验”还是“先验后签”之争最为典型。网络卖家要求消

费者先拆开包装检验货物后再签收，而快递公司要求消费者必须先签收才能拆开包装验收，两者的规定相互冲突。消费者面临的局面是，如果不签收，则无法顺利取货；如果先签收再拆开包装验货，因卖家在快递详情单上明确提醒消费者要先验货后签收，在快递详情单上签收时就等于接受了卖家“先验货后签收”的条款，即“约定了检验期在签收前”，且一旦签收就意味着货物已经过检验并且无质量问题。

2012年5月1日起施行的《快递服务》系列国家标准仍然没有解决好这个问题。如依该标准的界定：“收派员将快件交给收件人时，应告知收件人当面验收快件。快件外包装完好，由收件人确认签字。如果外包装出现明显破损等异常情况的，收派员应告知收件人先验收内件再签收；快递服务组织与寄件人另有约定的除外。对于网络购物、代收货款以及与客户有特殊约定的其他快件，快递服务组织应当按照国家有关规定，与寄件人（商家）签订合同，明确快递服务组织与寄件人（商家）在快件投递时验收环节的权利义务关系，并提供符合合同要求的验收服务；寄件人（商家）应当将验收的具体程序等要求以适当的方式告知收件人，快递服务组织在投递时也可予以提示；验收无异议后，由收件人签字确认。”按照这一标准，在一般情况下，消费者作为收件人在接收邮件时可先验收后签字，但验收指的是查看快件外包装是否完好，并非打开包装查看内件物品。对于网购的快件，消费者能否在收件时验收所购买的标的物数量和外观有无瑕疵，取决于其与网上商家的合同约定：如果约定验视到包装，只能先签后验；如果约定验视到内件，有权先验后签。但这一标准仍然未能解决一个最基本的问题：何谓“验收”？是仅仅看看外包装，还是应该打开看里面？只看外包装显然不能称为验收，这是一个基本的常识。根据本条规定，如果消费者与网络卖家的合同约定先验后签或者虽然消费者与网络卖家合同约定先验后签，但网络卖家与快递公司约定先签后验，那么，即便消费者签收的送货单据上载明了货物数量、种类、规格、型号等，仍然不能作为消费者已经对数量和外观进行验收的证据使用。

第六百二十四条 出卖人依照买受人的指示向第三人交付标的物，出卖人和买受人约定的检验标准与买受人和第三人约定的检验标准不一致的，以出卖人和买受人约定的检验标准为准。

【条文主旨】

本条是关于向第三人履行的情形下检验标准的规定。

【条文理解】

本条源于《买卖合同司法解释》第16条[①]，是立法对司法解释的吸收和转化。

审判实践中，履行检验义务的验货人并非限于买受人及其代理人，在出卖人直接向买卖合同以外第三人履行的场合，如果合同没有明确约定买受人是唯一的验货人，且买受人与第三人之间可能存在特殊约定，即可能面临双重检验标准的问题。对此，本条规定应以出卖人和买受人之间约定的检验标准为准。

一、向第三人履行的合同

向第三人履行的合同又称为为第三人的合同或利他合同。该种合同很常见，例如，养老金保险合同中的投保人与保险人约定，由第三人（受益人）取得请求保险人给付养老金的权利；运输合同中托运人

① 《买卖合同司法解释》第16条规定："出卖人依照买受人的指示向第三人交付标的物，出卖人和买受人之间约定的检验标准与买受人和第三人之间约定的检验标准不一致的，人民法院应当根据合同法第六十四条的规定，以出卖人和买受人之间约定的检验标准为标的物的检验标准。"

与承运人约定，由第三人（收货人）取得请求承运人交付托运货物的权利；货物买卖合同中买受人与出卖人约定，由第三人取得向出卖人请求交付出卖物的权利；房屋买卖合同中双方约定，由出卖人将所出卖的房屋径行转移登记在第三人（如买受人之子女）名下；等等。一般认为，向第三人履行的合同与普通的买卖、赠与合同相比，仅是其合同内容中附加了一项“第三人约款”，以此变更给付义务的方向；除此之外，与普通的合同没有任何差异。“向第三人履行的合同，其结构是基本合同加第三人约款。”[①]此种契约通常表现为当事人在订立该合同时，以一项附加的“第三人约款”使第三人取得该合同设定的权利。在形式上，向第三人履行的合同常表现为某个合同（原因行为）中的一个条款，但其在法律上应被视为相对独立的行为，只不过其必须依赖于原因行为的存在而存在。亦即，在缔结向第三人履行的合同时，必然存在两个法律行为：一是基本行为（原因行为），二是第三人约款（向第三人给付之契约）。例如，当事人双方在买卖合同中约定将标的物交给买受人以外的第三人，或将价款付给出卖人以外的第三人时，买卖合同就是基本行为，而向第三人给付的约定，则为第三人约款。[②]

学理上，根据第三人在合同中的地位，即第三人是否有权直接享有履行请求权的不同，向第三人履行的合同可以分为纯正地向第三人履行合同和不纯正地向第三人履行合同。纯正地向第三人履行合同，是指在第三人约款中含有合同权利直接归属于第三人内容的合同，又称为第三人利益的合同、向第三人给付之契约。不纯正地向第三人履行合同，[③]是指合同当事人仅约定向第三人给付，而不使第三人对于债务人取得直接请求给付的权利，又称为经由被指令人而为交付。[④]因《合同法》第64条对于第三人是否享有直接履行请求权未做涉及，

① 胡康生主编：《中华人民共和国合同法释义》，法律出版社1999年版，第113页。
② 郑玉波：《民法债编总论》，我国台湾地区三民书局1996年版，第391~392页。
③ 郑玉波：《民法债编总论》，我国台湾地区三民书局1996年版，第391~392页。
④ 王泽鉴：《民法物权》（第1册），中国政法大学出版社2001年版，第134~135页。

学界及实务中对于该条规定的合同类型也有上述争议。如纯正说，认为该条所规定的是为第三人利益的合同，该种合同是当事人为第三人设定了合同权利，由第三人取得利益；但该规定存在不足，从立法论角度讲，应当明确规定该第三人对于债务人享有直接的请求权。[①]又如不纯正说，认为《合同法》第64条不是对“为第三人利益订立的合同”所作的规定，而是对合同履行中“经由被指令人而为交付”的规定；[②]或者认为第64条坚持了合同相对性原则，将此类合同的效力仍限制在合同当事人之间，债务人对第三人不负任何直接义务，但债权人可请求债务人向第三人履行。[③]还有综合说，认为《合同法》第64条实际上包括了两种情况：一是涉他合同，是指合同当事人约定由一方向合同关系以外的第三人为给付，该第三人即因此取得直接请求给付权利的合同；二是第三人代债权人接受履行，即债权人和债务人之间约定由债务人向第三人履行债务，第三人代债权人接受履行，第三人并不独立享有合同上的权利和利益，而只是代替债权人接受履行（经由被指令人而为交付）。[④]《民法典》第522条对《合同法》第64条进行了完善，明确“法律规定或者当事人约定第三人可以直接请求债务人向其履行债务，第三人未在合理期限内明确拒绝，债务人未向第三人履行债务或者履行债务不符合约定的，第三人可以请求债务人承担违约责任……”该规定对解决上述争论、充分发挥该规范的制度价值有重要意义。

① 崔建远：《为第三人合同规格论——以我国〈合同法〉第64条的规定为中心》，载《政治与法律》2008年第1期；韩世远：《试论向第三人履行的合同——对我国〈合同法〉第64条的解释》，载《法律科学》2004年第6期；胡康生主编：《中华人民共和国合同法释义》，法律出版社1999年版，第113页。

② 尹田：《论涉他契约》，载《法学研究》2001年第1期。

③ 金强：《第三人利益合同研究》，载《比较法研究》2001年第4期。

④ 王利明：《合同法研究》（第2卷），中国人民大学出版社2003年版，第55页。

二、向第三人履行的质量检验标准

（一）质量瑕疵的判断标准

衡量标的物是否有瑕疵有主观标准和客观标准两种。主观标准，即标的物的质量应符合当事人双方约定的标准，如不符合则视为标的物具有瑕疵。客观标准，即标的物应符合该物所应具备的通常性质及客观上应有之特性，如不符合则视为标的物具有瑕疵。近现代各国民法大部分采用主观标准和客观标准相结合的模式，即首先适用当事人约定的主观标准，当主观标准没有约定或者约定不明确时才适用客观标准。如《德国民法典》第 434 条[①]规定，物在风险转移时具有约定的性质的，无物的瑕疵，即首先适用当事人约定的主观标准认定瑕疵；对于没有达成关于性质协议的，适用签订合同时所预定使用的性质，或者应当适合通常使用目的，且具有同种物通常具有的性质，符合买受人的预期。

《民法典》采取的也是以主观标准为主、客观标准为辅的瑕疵判断标准。《民法典》第 510 条、第 511 条、第 615 条、第 616 条的规定为当事人确立了六个层次的瑕疵确认标准：第一个层次看当事人对标的物质量的约定；第二个层次看样品或有关质量说明；第三个层次看协商标准；第四个层次按合同的有关条款或交易的习惯所确定的标准；第五个层次按照国家、行业标准；第六个层次按照通常标准或符合合同目的的特定标准。

---

① 《德国民法典》第 434 条规定："1. 物在风险转移时具有约定的性质的，无物的瑕疵。未达成关于性质的协议的，物有下列情形时，无物的瑕疵：（1）该物适合于合同所预定的使用的；（2）在其他情况下，该物适合于通常的使用，且具有同种的物通常具有的、买受人能够按物的种类而预期的性质的。根据出卖人、制造者（《产品责任法》第四条第一款和第二款）或出卖人、制造者的辅助人尤其在广告中或在就物的特定性质加以说明时的公开表示，买受人所能够预期的性质也属于第二句第二项所规定的性质，但出卖人不知道该表示，也非应当知道该表示在合同订立时被以同样方式订立，或该表示不能影响购买决定的除外。2. 即使出卖人或其履行辅助人不当地执行所约定的装配，物的瑕疵也存在。另外装配说明书有瑕疵的，被确定要装配的物也有物的瑕疵，但该物已被无瑕疵地装配的除外。3. 出卖人交付另外的物或交付数量过少的，视同物的瑕疵。"

（二）向第三人履行的质量瑕疵之判断标准

从审判实践的情况来看，在纯正地向第三人履行中，债务人多数是债权人履行其与第三人之间对价关系的履行辅助人，当事人之间的争议主要集中在货物是否发生毁损、灭失及相应的风险由谁负担，因为检验标准而发生争议的比较少见。在经由被指令人而为交付的场合，特别是转手买卖或连环购销的情况下，由于存在两个合同（一个是出卖人与买受人之间的买卖合同，另一个是买受人与次买受人之间的买卖合同），如果因两份合同约定的检验标准不一致而引发争议，实务中应注意三个方面：一是严守合同相对性，如果两份合同约定的质量标准不一致，则根据主观标准优先的原则，以各该当事人合同中约定的检验标准为依据，判断质量瑕疵是否存在；二是如果一份合同约定明确，另一份合同约定不明，则应当借助于其他五个层次的标准，合理确定质量瑕疵是否存在；三是买受人不得向出卖人主张其与次买受人之间约定的检验标准来检验标的物。此外，经由被指令人而为交付合同的被指令人，既可以是买卖合同标的物的次买受人，也可以是买受人的履行辅助人（如仓储人），在审判实践中应当注意区分买受人与被指令人之间的法律关系，以正确认定出卖人交付的标的物是否合乎合同约定。

第六百二十五条 依照法律、行政法规的规定或者按照当事人的约定，标的物在有效使用年限届满后应予回收的，出卖人负有自行或者委托第三人对标的物予以回收的义务。

【条文主旨】

本条是关于出卖人承担旧物回收义务的规定。

【条文理解】

本条是新增加的条款，是《民法典》总则编确立的“绿色原则”在合同编的具体贯彻和落实。《民法典》总则编中的第9条规定：“民事主体从事民事活动，应当有利于节约资源、保护生态环境。”该条确立了我国民法基本原则之一的“绿色原则”，是我国《民法典》回应环境问题挑战的一个鲜明标志。确立该原则，既传承了天地人和、人与自然和谐共生的我国优秀传统文化理念，又体现了党的十八大以来的新发展理念，也是对“文明”“和谐”价值观入法的具体落实。

本法合同编作为调整民事交易活动的基本法律，是落实“绿色原则”和建设生态文明制度体系的重要领域，本条规定即是“绿色原则”指导下的具体规则之一。本条规定了买受人在买卖标的物使用年限届满后对出卖人享有回收标的物的请求权，该请求权行使的目的并非仅仅为了买受人的个人利益，更是为了社会的整体利益。有学者从权利划分的角度出发，认为一般情况下，公权是关于社会公益方面的各种权利，私权则是关于私人利益方面的各种权利，依据公法行使公权力造福于公共利益，而依据私法享有私权则为私人创造福利。当人类社会发展到一定阶段，法律为了维护社会的整体利益而创设某种私权，这样的私权不仅仅给私权的享有者带来利益，同时也为大多数人的私权创造了良好的生存环境，从而给整个社会创造了福利。这种私权，不仅承载着社会公共利益，或者更准确地说以承载维护社会公共利益为使命而生，故称之为公益性私权。① 按照上述划分，本条规定创设的买受人请求出卖人回收旧物的权利，即归属于公益性私权。

本法第558条规定："债权债务终止后，当事人应当遵循诚信等原则，根据交易习惯履行通知、协助、保密、旧物回收等义务。"该条明确了旧物回收是合同终止后的附随义务。对合同履行的附随义务作出规定可以在相当大的程度上调整合同当事人的行为，引导当事人作出有利于保护生态环境、节约资源的行为，从而将改变合同履行的社会效果及环境效益，实现民事合同交易活动的绿色化。② 而本条规定更是将附随义务细化为出卖人依法承担旧物回收义务，体现出已在环境立法中确立的生产者延伸责任被《民法典》所吸纳，将生产者责任延伸至产品的整个生命周期，通过旧物回收制度倒逼产品设计选材的优化，引导营利法人承担节约资源、保护生态环境的社会责任。

旧物，包括化工生产中应用的一些贵金属催化剂，在使用一定年限后更换下来，就会成为危险废物。催化剂的使用方可以在购买或租赁催化剂时约定一定年限后的催化剂由卖方回收，以确保危险废物得到合法处置和充分的循环利用，达到保护生态环境与节约资源的双重目的。就日常生活来说，电器、汽车、铅酸蓄电池、包装物等产品的生产者应当履行延伸的生产者责任，如在产品销售合同中即约定生产者对于报废产品的回收义务，从而促进合同当事人旧物回收义务规定的落地实施。

---

① 郑倩：《社会主义核心价值观入法入规的民法路径》，载《求是学刊》2019年第2期。

② 段文晓：《民法典各分编（草案）中"绿色"革新之立法评析》，载《北京政法职业学院学报》2019年第2期。

【审判实践中应注意的问题】

本条为新设条款，在适用时应准确把握其立法意图和宗旨，通过具体案件的处理落实“绿色原则”，彰显社会主义核心价值观。关于适用，本条规定出卖人在两种情形下应承担旧物回收义务：一是当事人作出该种约定，自应遵守；二是法律、行政法规有所规定，如《清洁生产促进法》《固体废物污染环境防治法》《废弃电器电子产品回收处理管理条例》等对于旧物回收义务有具体规定的，人民法院应当作为裁判依据。

第六百二十六条　买受人应当按照约定的数额和支付方式支付价款。对价款的数额和支付方式没有约定或者约定不明确的，适用本法第五百一十条、第五百一十一条第二项和第五项的规定。

【条文主旨】

本条是关于买受人支付价款义务的一般规定。

【条文理解】

本条源于《合同法》第159条，并在其基础上进行了完善。

买卖合同是典型的双务有偿合同，取得标的物所有权是买受人的基本权利，而支付价款则是买受人的主要义务，包括三项内容：支付数额和方式、支付地点与支付时间。本条及第627条、第628条分别对支付数额和方式、地点及时间作出规定。买卖合同对标的物的价款作出约定的，买受人应当依照约定履行义务。如果合同没有直接约定价款的数目，而是约定了一个计算价款的方法，只要该方法清晰明确，则属于对价款支付方式有约定的情形，买受人亦应按此约定履行。

买卖合同当事人未就价款和支付方式作出约定或者约定不明确，并不导致合同不成立，但需要法律规定出解决的原则。比如，买方以传真方式向卖方订购某种型号的机器若干台，要求立即装运，但没有提价格或计价方法。卖方收到传真后，即按其要求将机器装运给买方。像这样的情况如果认定合同未成立，对买卖双方来说就失去了一次交易的机会，扩展到整个市场交易行为，无疑阻碍了商品流转，同时也违背了交易主体的意愿。所以，这样的合同应当认定成立，然后就价款的问题协议补充。不能达成补充协议的，则按照合同有关条款或者交易习惯确定，如标的物的型号、质量等状况就是决定价格多少的重要参照。如果此时仍然不能确定价款怎么办？国外法律在处理上存在着一定的差异。如德国规定，如果未约定价款则依市场价格确定，市场价格为清偿时清偿地的市场价格。英美等国的法律也规定应当按照交货时的合理价格来确定。而《联合国国际货物销售合同公约》第55条规定："如果合同已有效地订立，但没有明示或暗示地规定价格或规定如何确定价格，在没有任何相反表示的情况下，双方当事人应视为已默示地引用订立合同时此种货物在有关贸易的类似情况下销售的通常价格。"本条借鉴了该公约的规定，即：价款不明确的，除依法由政府定价的以外，按照合同订立时履行地的市场价格履行。由法律确定价款是为了弥补当事人订立合同时考虑的不足，而依订立合同时履行地的市场价格确定则合理地反映了当事人的心理状态。

【审判实践中应注意的问题】

买卖合同履行中，可能出现出卖人交付标的物数量多于合同约定数量的情形，对于多交付部分标的物的价款如何确定，《民法典》第629条规定："出卖人多交标的物的，买受人可以接收或者拒绝接收多交的部分。买受人接收多交部分的，按照约定的价格支付价款；买受人拒绝接收多交部分的，应当及时通知出卖人。"从该规定的内容可以看出，对出卖人多交付标的物，法律赋予买受人"接收"或"拒绝接收"的选择权，同时规定了标的物的价款仍然按照合同约定支付，包括本条规定的数额和支付方式以及本法第627条规定的支付地点、第628条规定的支付时间。

第六百二十七条 **买受人应当按照约定的地点支付价款。对支付地点没有约定或者约定不明确，依据本法第五百一十条的规定仍不能确定的，买受人应当在出卖人的营业地支付；但是，约定支付价款以交付标的物或者交付提取标的物单证为条件的，在交付标的物或者交付提取标的物单证的所在地支付。**

【条文主旨】

本条是关于买受人支付价款地点的规定。

【条文理解】

本条源于《合同法》第160条，仅个别立法用语有变化。

价款的支付地点直接涉及支付价款费用的负担，因此，若当事人在合同中明确约定了支付价款的地点，买受人应在约定的地点支付价款。若当事人没有约定或约定不明确时，应按以下做法确定：（1）签订补充协议。（2）双方当事人不能达成补充协议的，按照合同有关条款或者交易习惯确定。（3）依照上述规定仍不能确定的，又区分两种情况：其一，在出卖人的营业地支付，这是价款支付地点确定的一般原则；其二，在交付标的物或者提取标的物单证的所在地支付，这是上述一般原则的例外规则。

本条借鉴了《联合国国际货物销售合同公约》第57条的规定："（1）如果买方没有义务在任何其他特定地点支付价款，他必须在以下地点向卖方支付价款：（a）卖方的营业地；或者（b）如凭移交货物或单据支付价款，则为移交货物或单据的地点。"此外，《日本民法典》第574条也规定："应于买卖标的物交付同时支付价金时，可于其交付处所支付价金。”

在国际货物买卖中，如采用CIF、CFR、FOB等条件成交时，通常都是凭卖方提交的装运单据支付货款。无论采用信用证还是跟单托收的付款方式，都是以卖方提交装运单据作为买方付款的必要条件。所以，交单的地点就是付款的地点。按照国际贸易的通行做法，采用不同的货款支付方式，交单的地点也是不同的。例如，采用跟单托收的支付方式，卖方应当通过托收银行在买方的营业地点向买方交单并凭单收取货款。而采用信用证付款，则卖方是向设在出口地，一般为卖方营业地的议付银行提交有关的单据，并由议付银行凭单付款。

【审判实践中应注意的问题】

需要注意的是，在当事人双方对支付地点没有约定或者约定不明确，而且既未达成补充协议也无法按照合同有关条款或者交易习惯确定的情况下，约定支付价款以交付标的物或者交付提取标的物单证为条件的，买受人只能在交付标的物或者交付提取标的物单证的所在地支付，而不能选择在出卖人的营业地支付。

第六百二十八条 买受人应当按照约定的时间支付价款。对支付时间没有约定或者约定不明确，依据本法第五百一十条的规定仍不能确定的，买受人应当在收到标的物或者提取标的物单证的同时支付。

【条文主旨】

本条是关于买受人支付价款时间的规定。

【条文理解】

本条源于《合同法》第161条，只有个别立法用语有变化。

价款支付的时间蕴涵着一定的期限利益，关系到出卖人能否及时实现自己的利益，同时对于买受人也特别重要，因为此时间是确定买受人是否违约的标准。如果当事人在合同中已经约定了价款支付的时间，买受人有按照约定的时间支付价款的义务。如果当事人没有约定或约定不明确时，应当依次采用下列具体做法确定价款支付的时间：（1）签订补充协议。（2）双方当事人不能达成补充协议的，按照合同有关条款或者交易习惯确定。（3）依照上述规定仍不能确定价款支付时间的，买受人应当在收到标的物或者提取标的物单证的同时支付。这实际上就是以接受标的物的时间作为支付价款的时间，体现了同时履行的原则，有利于保护买受人的利益，这也与我国民间“一手交钱，一手交货”的习惯相符合。

本条借鉴了《联合国国际货物销售合同公约》第58条的规定：“（1）如果买方没有义务在任何其他特定时间支付价款，他必须于卖方按照合同和本公约规定将货物或控制货物处置权的单据交给买方处置时支付价款。卖方可以支付价款作为移交货物或单据的条件。（2）如果合同涉及货物的运输，卖方可以在支付价款后方可把货物或控制货物处置权的单据移交给买方作为发运货物的条件。（3）买方在未有机会检验货物前，无义务支付价款，除非这种机会与双方当事人议定的交货或支付程序相抵触。”此外，《日本民法典》第573条也有相似的规定：“就买卖标的物交付有期限时，推定就价金交付亦附有同一期限。”

【审判实践中应注意的问题】

一、如何审查买受人主张的抗辩权

支付价款是买受人的主要合同义务，但在买卖合同纠纷中，经常出现买受人行使同时履行抗辩权、先履行抗辩权或者不安抗辩权来对抗出卖人关于标的物价款请求权的情形。买受人主张的抗辩权如何审查与是否成立，是审判实践中的难点。

（一）买受人行使同时履行抗辩权的情形

买卖合同约定出卖人交付标的物所有权时，买受人同时支付价款的，应当认定出卖人的交货义务与买受人的付款义务为同时履行的义务，没有先后履行的区分。依照《民法典》第525条的规定，当事人互负债务，没有先后履行顺序的，应当同时履行；一方在对方履行之前有权拒绝其履行请求；一方在对方履行债务不符合约定时，有权拒绝其相应的履行请求。因此，在符合同时履行的条件下，如果出卖人未履行合同主要义务即交付标的物的义务时，买受人可以行使不付款的抗辩权。在买卖合同中，交付标的物和移转所有权是出卖人的主要义务，如果出卖人仅交付标的物而不移转所有权，或者只是移转所有权而未交付标的物，均构成未履行合同主要义务，买受人有权拒绝支付价款。如果出卖人的违约行为在性质上和后果上是轻微的，则买受人不得以此为由拒绝支付价款；如果出卖人部分履行了合同义务，则买受人必须支付该部分价款。如果出卖人违反的不是主要义务，而是因诚信原则产生的附随义务，如通知、协助、保密等，买受人不能在对方已履行主要义务的情况下，拒绝支付价款。

（二）买受人行使先履行抗辩权的情形

根据《民法典》第526条的规定，当事人互负债务，有先后履行顺序的，先履行一方未履行的，后履行一方有权拒绝其履行请求；应当先履行债务一方履行债务不符合约定的，后履行一方有权拒绝其相应的履行请求。因此，如果在买卖合同中，双方当事人约定由出卖人先行向买受人交付标的物，再由买受人于出卖人交付标的物后的一定期限内再支付价款的，则为有先后履行顺序的债务，在出卖人未交付标的物的情况下，买受人可以行使先履行抗辩权而不支付价款。

（三）买受人行使不安抗辩权的情形

如果在买卖合同中，双方约定买受人应当先履行支付价款义务，但买受人有确切证据证明出卖人经营状况严重恶化，转移资产、抽逃资金以逃避债务，丧失商业信誉，或者有丧失或者可能丧失履行能力的其他情形时，买受人可以要求中止履行其支付价款的义务，待出卖人提供合适的担保以后再恢复履行；如果出卖人不能提供合适的担保，则买受人可以解除合同而不支付价款。此即《民法典》第527条、第528条所规定的不安抗辩权的行使。

二、出卖人多交付标的物部分价款的付款时间的确定

如前文所述，对于出卖人多交付标的物的情形，《民法典》第629条赋予买受人"接收"或者"拒绝接收"的选择权，同时规定对于买受人接收多交的部分，按照约定价格支付价款，但并没有对多交付部分价款的付款时间作出规定。对此，应从以下方面予以关注：

首先，关于出卖人多交付标的物的行为性质应如何认定。我们认为，出卖人多交付标的物之行为只是就原合同标的物的数量予以变更的意思表示，而买受人接收出卖人多交付的标的物的行为则视为同意变更买卖标的物数量的意思表示，双方当事人就合同数量的变更达成

了合意，双方应当按变更后的合同内容履行，标的物数量变更而价格未发生变更，所以《民法典》第629条规定买受人应当按照合同约定的价格支付价款。其次，如果双方对多交付标的物的价格及付款时间均作出了新的约定，应当视为双方成立了一个新的买卖合同，买受人应按约定的付款期限支付价款。如果双方没有作出新的约定，合同的其他内容也没有发生变更，则对出卖人多交付标的物价款的付款时间应按以下规则予以确定:（1）按原合同中约定的付款时间履行。如合同中约定的一次性付款时间尚未届至，或者合同中约定的分期付款的最后付款时间尚未届至，应依合同中约定的尚未届至的付款时间确定买受人接收出卖人多交付标的物价款的付款期限。（2）按买受人接收标的物的时间确定付款时间。如原合同中约定的最后付款期限已经届至，买受人客观上已无法按原合同确定的付款期限支付价款，买受人在接收标的物的同时应当支付价款。

三、分期付款的买受人付款期限的确定

分期付款买卖合同，是指双方当事人约定一方先行给付标的物，另一方分期给付价款的买卖合同。在这类合同中，因为出卖人已先行交付了标的物，而买受人按照一定期限分期向出卖人支付价款，出卖人无疑需承担更大的交易风险，所以，对分期付款的买卖合同，在尊重当事人约定的付款期限的前提下，为保护出卖人的合法权益，《民法典》对买受人的付款期限作出了特别的规定。《民法典》第634条第1款规定:“分期付款的买受人未支付到期价款的数额达到全部价款的五分之一，经催告后在合理期限内仍未支付到期价款的，出卖人可以请求买受人支付全部价款或者解除合同。”根据这一规定，对分期付款的买受人付款期限的确定要遵从合同的约定，但是一旦买受人违约“未支付到期价款的数额达到全部价款的五分之一”，则合同中约定的付款期限将丧失法律上的约束力，也即买受人不得再以约定时间对抗出卖人，分期付款的买受人因此丧失其依合同享有的期限利益。此时，应当按照出卖人的要求确定买受人支付全部价款的时间。

第六百二十九条 出卖人多交标的物的，买受人可以接收或者拒绝接收多交的部分。买受人接收多交部分的，按照约定的价格支付价款；买受人拒绝接收多交部分的，应当及时通知出卖人。

【条文主旨】

本条是关于出卖人实际交付的标的物多于合同约定时的处理规则的规定。

【条文理解】

适当履行原则作为合同履行的基本原则，即当事人按照合同约定的标的及其质量、数量，由适当的主体在适当的履行期限、履行地点，以适当的履行方式，全面完成合同义务的履行原则，是当事人在履行合同债务时所应遵循的基本准则。本法第509条第1款规定："当事人应当按照合同约定全面履行自己的义务。"

实践中，由于出卖人的疏忽或希望让买受人多买等原因，在买卖合同实际履行中多交付标的物的情况时有发生。出卖人多交标的物有可能对买受人是有利的，尤其是在物资紧俏、价格走高的情况下。当然在标的物供大于求时，多交的标的物亦可能对买受人不利。无论如何，多交标的物的做法已违反了适当履行原则，本质上属于一种违约行为，但并不构成根本违约（因为在这种情况下，买受人仍有采取补救措施的机会），因此法律没有赋予买受人宣告合同无效的权利，而是赋予其"拒绝接收"或者"接收"标的物的选择权。依照本条规定，买受人可以决定接收所有标的物，对于这部分多交的标的物，应当按照双方约定的标的物价格计算价款。买受人亦可以选择拒绝接收出卖人多交付的部分标的物，但应当及时通知出卖人。对此国际公约和域外法律亦有类似规定。例如，《联合国国际货物销售合同公约》第 52 条第 2 款规定："如果卖方交付的货物数量大于合同规定的数量，买方可以收取也可以拒绝收取多交部分的货物。如果买方收取多交部分货物的全部或一部分，他必须按合同价格付款。"《欧洲示范民法典草案》第 4.1–3：105 条规定："……（2）出卖人超过合同约定数量交付标的物的，买受人可以受领或拒绝该超过部分。（3）买受人受领该超过部分的，则该部分视为依合同约定而提供，买受人应该就该超过部分按照合同价格支付价款。"

一、多交付标的物的概念

多交付标的物是指出卖人交付的标的物超过了当事人合同约定的大小、重量或数量，但如果当事人已在合同中约定了允许存在一定的误差，则误差范围内的交付行为不属于本条规定的不适当履行的情况。在一些情况下，即使当事人在合同中没有约定，原则上也不属于本条意义上的多交付标的物。例如，出卖人交付的标的物符合行业惯例或交易习惯允许的误差幅度，国际惯例在数量方面允许的误差幅度为 5% 或 10%；[①] 又如，《商品房买卖合同司法解释》第 14 条规定："出卖人交付使用的房屋套内建筑面积或者建筑面积与商品房买卖合同约定面积不符，合同有约定的，按照约定处理；合同没有约定或者约定不明确的，按照以下原则处理：（一）面积误差比绝对值在 3% 以内（含 3%），按照合同约定的价格据实结算，买受人请求解除合同的，不予支持；……"

二、买受人的权利与义务

在出卖人交付的标的物多于合同约定时，根据本条的规定，买受

① 张玉卿编著：《国际货物买卖统一法——联合国国际货物销售合同公约释义》，中国商务出版社 2009 年版，第 345 页。

人可以选择接收多交部分的标的物，当然买受人需要因此支付这部分多于合同约定的标的物的价款，该部分价款不以交付时的市场价格为依据，而是按照约定的价格支付价款。

根据本条的规定，买受人还可以在出卖人多交付标的物时，选择拒绝接收该部分标的物，但应当及时通知出卖人。拒绝接收，又称拒绝领受，包括事实上的拒绝领受和法律上的拒绝领受。买受人将交付的标的物接收下来，属于事实上的领受；买受人向出卖人明确表示接受或者支付对价，抑或作出符合交易惯例的行为表示接收多交付标的物的，属于法律上的领受。在英国的买卖法中，也有买方收到货物与接受货物的区别。如果买方接受了货物，即丧失了拒收货物的权利，但如果买方仅仅是收到了货物，则日后如发现货物与合同不符，仍可以拒收货物。如《英国货物买卖法》第35条规定，只有在下列情况下，买方才被认为是接受了货物：（1）如果买方通知卖方，表示他已接受该项货物。（2）如果货物已交给买方，而买方对货物作出了任何与卖方的所有权相抵触的行为。例如，买方以货物所有人的身份对货物作了处分，把货物转卖给第三人或已付诸使用，在这种情况下，买方就将被认为已经接受了货物。（3）如果买方收到货物后把货物留下来，经过合理期限，没有通知卖方拒收此项货物，则买方亦将被认为是接受了货物，从而丧失了拒收货物的权利。[①]《联合国国际货物销售合同公约》也规定了类似的通知义务，第39条第1款规定："买方对货物不符合同，必须在发现或理应发现不符情形后一段合理时间内通知卖方，说明不符合同情形的性质，否则就丧失声称货物不符合同的权利。"对于多交付的标的物，买受人应该采取通知的方式明确告知出卖人拒绝接受，在经过合理期限后的默示行为，推定买受人接受了多交付的标的物。

在实践中，买受人通过检验，发现标的物数量超过合同约定后拒绝领受，使得多交付的标的物不归入买受人的管理范围，或者即使曾

---

① 冯大同主编：《国际商法》，对外贸易教育出版社1991年版，第244页。

一度属于其管领范围，但在拒绝后，再将其排除于管领范围外，从而对该部分标的物不负有保管义务。买受人对多交付的标的物的保管，并非基于合同的约定或者法律的直接规定。本法第509条第2款规定："当事人应当遵循诚信原则，根据合同的性质、目的和交易习惯履行通知、协助、保密等义务。"我国台湾地区"民法"第358条第1款规定："买受人对于由他地送到之物，主张有瑕疵，不愿领受者，如出卖人于受领地无代理人，买受人有暂时为保管之责。"《瑞士民法典》第204条第1款规定："卖方在收货地点没有代理人，买方拒绝接受买方从其他地方发送的货物的，应该暂时保管标的物，无权立即拒收。"在异地交付等出卖人无法及时取走该部分标的物的情况下，从减少出卖人的损失、承担买卖合同附随义务的角度看，买受人虽作出拒绝接收交付的意思表示，但应当在通知期间内履行代为保管并应急处置标的物的义务，以减少出卖人的损失。

三、保管费用的负担

由于本条规定与《合同法》第162条的规定基本一致，《买卖合同司法解释》关于多交付标的物之保管的规定，原则上仍应适用。该解释第6条规定："根据合同法第一百六十二条的规定，买受人拒绝接收多交部分标的物的，可以代为保管多交部分标的物。买受人主张出卖人负担代为保管期间的合理费用的，人民法院应予支持。买受人主张出卖人承担代为保管期间非因买受人故意或者重大过失造成的损失的，人民法院应予支持。"《联合国国际货物销售合同公约》也有类似的规定。第86条第1款规定："如果买方已收到货物，但打算行使合同或本公约规定的任何权利，把货物退回，他必须按情况采取合理措施，以保全货物。他有权保有这些货物，直至卖方把他所付的合理费用偿还给他为止。"第87条规定："有义务采取措施以保全货物的一方当事人，可以把货物寄放在第三方的仓库，由另一方当事人担负费用，但该项费用必须合理。"从诚信原则的角度，《买卖合同司法解释》对多交付标的物如何处置问题作了补充规定。由于买受人已将拒绝接收多交付的标的物采用通知方式告知出卖人，因此该多交付部分的标的物不会因出卖人的交付行为而产生所有权转移和风险转移的法律后果。买受人系受出卖人的委托而代为保管该部分标的物，此时买受人可根据出卖人的指示或要求进行保管，也可采取自己保管或第三人保管的方式，对易腐烂变质等不宜储存的标的物，也可采取应急处置。但无论买受人采取何种方式保管多交付的标的物，均应以善良管理人的态度，采取适当方法妥善保管。

同时，根据《买卖合同司法解释》第6条的规定，买受人代为保管多交付部分标的物的，基于该保管行为的特殊性及“轻微过失免责”之法理，只要买受人没有故意或者重大过失，该标的物在保管期间毁损、灭失的损失应由出卖人自行承担。同时，鉴于多交付标的物属于出卖人的瑕疵履行，系出卖人的违约行为所致，买受人保管出卖人多交付的标的物属于“做好事”，买受人为保管而支出的合理费用应当由出卖人承担。这里的合理费用既包括买受人自行保管此部分货物的实际支出费用，也包括买受人委托第三人代为保管所支出的实际费用。标的物因不宜保存被拍卖、变卖的，拍卖、变卖标的物所得价款应归出卖人所有，但为拍卖、变卖标的物而支付的实际费用，应由出卖人承担。如果买受人因保管行为而有额外的损失，只要买受人对损失的发生已尽到善良管理人的一般注意义务，主观上没有故意或者重大过失的，对该损失也可以要求出卖人承担。

【审判实践中应注意的问题】

一、买受人拒绝接收并通知出卖人

对于多交付的标的物，买受人应该采取通知的方式明确告知出卖人拒绝接收，如果买受人虽然无意接收多交付标的物，但在合理期限内未将此意思通知出卖人，从其默示行为可推定其接收了多交付的标的物，则其应当给付相应的对价。此时，买受人以多交付标的物系违约行为进行抗辩，拒绝给付相应价款的，法院不予支持。

二、交付方式与保管条件

合同当事人当场即时交易时，买受人经检验当即提出标的物数量超出合同约定并对该部分明确拒绝接收时，如出卖人对检验数量不认可，此时买受人无须就超出合同约定部分的标的物承担保管义务。

三、无法分离货物的处理

在出卖人无法将多交付的标的物和其他标的物分离开来时，原则上只有在出卖人多交付标的物的行为构成根本违约时，买受人才能主张解除合同，并拒绝接收所有标的物。否则，买受人只能接收出卖人交付所有标的物。当然，如买受人因接收了包含多交付的标的物在内的所有标的物而遭受了损失，则其有权要求出卖人承担相应的赔偿责任。例如，《商品房买卖合同司法解释》第 14 条第 2 项规定："……面积误差比绝对值超出 3%，买受人请求解除合同、返还已付购房款及利息的，应予支持。买受人同意继续履行合同，房屋实际面积大于合同约定面积的，面积误差比在 3% 以内（含 3%）部分的房价款有买受人按照约定的价格补足，面积误差比超出 3% 部分的房价款由出卖人承担，所有权归买受人；……"

第六百三十条 **标的物在交付之前产生的孳息，归出卖人所有；交付之后产生的孳息，归买受人所有。但是，当事人另有约定的除外。**

【条文主旨】

本条是关于买卖合同标的物孳息归属的规定。

【条文理解】

本法第604条第1款规定："标的物毁损、灭失的风险，在标的物交付之前由出卖人承担，交付之后由买受人承担，但是法律另有规定或者当事人另有约定的除外。"一般认为孳息的归属与标的物所有权的转移以及标的物毁损、灭失的风险负担问题紧密相关[①]，标的物毁损、灭失的风险，自交付时起转移，而孳息的产生与原物占有人的照料关系密切，故本条规定标的物的孳息归属，也自交付时起转移，即交付前产生的孳息归出卖人所有，交付之后产生的孳息归买受人所有。对此，域外亦有类似规定，如《德国民法典》第446条规定："风险转移和负担转移在买卖物交付时，意外灭失和意外毁损的风险转移给买受人。自交付时起，用益归属于买受人，并由买受人承担物的负担。买受人陷于受领迟延的，与交付相同。"[②]本条在《合同法》第163条规定的基础上，进行了承继和补充，增加了但书条款，即对买卖合同标的物的孳息的归属，赋予了当事人自由约定的权利。应该说，本法规定相较之前更符合意思自治作为民法的基本原则，在不影

① 崔建远、韩世远、于敏：《债法》，清华大学出版社2010年版，第430页。

② 《德国民法典》，杜景林、卢谌译，中国政法大学出版社2014年版，第115页。

响第三人权益之时自然应当允许当事人意思自治存在。[①]

一、孳息的界定和归属原则

孳息是指由原物所生的物或收益，即民事主体通过合法的途径而取得的物质利益。[②] 孳息是与原物相对应的概念。[③] 多数国家或者地区的立法一般把孳息分为天然孳息和法定孳息两种（天然孳息通常指物依自然规律产生的收益，如树木的果实、牲畜的幼畜、剪下的羊毛等；法定孳息则是指依民事法律关系产生的收益，如利息、租金等）。例如，《意大利民法典》第820条规定："无论是否需要人的劳动，由物直接产生的收益，如农产品，木柴，动物的幼仔，金属矿、石矿、石灰矿的矿产品是自然孳息。作为他人财产的对价而从原物中提取的收益是法定孳息，包括：本金的利息、永佃土地的租金、终身年金和其他所有定期收益以及租赁契约的租金。"《日本民法典》第88条规定："天然孳息是指依物的用法所收取的出产物。法定孳息是指作为物的使用对价而收取的金钱或其他物。"我国台湾地区"民法"第69条规定："称天然孳息者，谓果实、动物之产物及其他依物之用法所收获之出产物。称法定孳息者，谓利息、租金及其他因法律关系所得之收益。"

关于天然孳息的归属，大陆法系民法普遍采用"原物主义"的立法原则，也被称为"分离主义"，认为天然孳息的归属应根据孳息与原物分离时原物的权利状态确定，以归属于原物所有人为原则。[④] 与大陆法系"原物主义"立法例相对应的是英美法系财产法所采纳的"生产主义"，也即孳息系劳动所得，应归属于投入劳动的人所有。[⑤] 法定孳息的产生是由于一定的法律关系而引起的，这种法律关系往往表现为一种债权关系。因此，法定孳息的归属往往是由当事人约定或

① 张明楷：《刑法学》，法律出版社2011年版，第31~32页。
② 王利明：《物权法研究》（上卷），中国人民大学出版社2016年版，第461页。
③ 陈华彬：《物权法》，法律出版社2004年版，第74页。
④ 李宜琛：《日耳曼法概说》，中国政法大学出版社2003年版，第9页。
⑤ 梅仲协：《民法讲义》，中国政法大学出版社1998年版，第86页。

者依照交易习惯，或者是依照法律规定。

本法第321条规定："天然孳息，由所有权人取得；既有所有权人又有用益物权人的，由用益物权人取得。当事人另有约定的，按照其约定。法定孳息，当事人有约定的，按照约定取得；没有约定或者约定不明确的，按照交易习惯取得。"该规定承继了《物权法》第116条之规定，实际上是采纳了大陆法系"原物主义"的天然孳息归属原则，亦在确保所有权人收益权能实现的同时，注意保护用益物权人的利益。自《物权法》颁布实施以来，学术界对《合同法》第163条与《物权法》第116条是否存在冲突，以及《合同法》第163条是否继续适用多有争论。应该说上述两条规定关于孳息归属问题既有一致之处，也有不同之处。不同之处主要在于：根据《合同法》第163条，买卖合同中的孳息归属与标的物的交付密切相关，有学者称之为"交付主义"。而《物权法》第116条依据孳息类型的不同，对其归属问题的处理也不同：天然孳息，由所有权人取得；既有所有权人又有用益物权人的，由用益物权人取得。法定孳息的归属则依照交易习惯确定。[1] 如今，上述两条均已纳入《民法典》规定之中，根据法律体系解释，应当认为本法第321条属于对孳息归属问题的原则性规定，本条则是对买卖合同中的孳息归属问题的规定。

二、买卖合同法律关系下的孳息归属

如前所述，我国买卖合同孳息归属采"交付主义"规则，邻国日本、韩国亦有类似规定。《日本民法典》第575条系关于孳息的归属及价金利息的支付问题的规定，"买卖标的物在未交付前所生的孳息属于出卖人"。《韩国民法典》第587条规定："订立买卖合同契约之后，交付标的物之前产生的孳息，归属于出卖人。买受人应在受领标的物交付之日起，支付价款。但支付价款附期限的除外。"

本法第209条第1款规定："不动产物权的设立、变更、转让和

① 苏号朋：《合同法教程》，中国人民大学出版社2015年版，第324页。

消灭，经依法登记，发生效力；未经登记，不发生效力，但是法律另有规定的除外。”第 224 条规定：“动产物权的设立和转让，自交付时发生效力，但是法律另有规定的除外。”且《民法典》已删除了《合同法》第 133 条关于标的物的所有权自标的物交付时起转移的规定。根据上述规定，在买卖合同中，标的物的交付并不等于标的物所有权的转移，即依据物权变动理论，动产所有权自交付时起移转，不动产所有权自登记时起移转，法律有规定除外。但依据本法第 595 条的规定，出卖人负有的主给付义务就是转移标的物的所有权。出卖人负有转移标的物所有权的义务，这是买卖合同中出卖人最基本的义务，也是买卖合同与租赁合同、保管合同等其他交付标的物并转移财产权的合同最根本的区别。[①]

在买卖合同履行过程中常常出现孳息归属的问题，如已经交付的母牛产下牛犊、已出售的房屋收取租金等。以下将根据买卖合同标的物的不同性质，就动产买卖合同和不动产买卖合同分别讨论孳息归属和标的物所有权转移之间的关系。

（一）动产买卖合同

因动产买卖标的物的所有权除法律另有规定或合同当事人对所有权有特殊约定的情况，动产所有权从交付时起转移。在实践中，无论是现实交付还是拟制交付，标的物的所有权自标的物交付时起发生转移，故标的物孳息的归属亦可依物之所有权来确定，即所有权转移（交付）前孳息归出卖人，所有权转移（交付）后归买受人。

（二）不动产买卖合同

由于我国法律规定了不动产物权变动以登记为准，不动产买卖中则可能发生因交付行为与所有权登记时间不一致而产生的孳息归属之争。通常情况下，如交付行为与所有权转移同时发生，标的物孳息的归属一般不存争议，交付前孳息归出卖人所有，交付后孳息归买受人所有。但实践中不动产的交付行为与所有权变动的登记行为普遍存在

① 王利明：《合同法研究》（第 3 卷），中国人民大学出版社 2015 年版，第 68 页。

着异时发生的情况，此时则需明晰本法第321条与本条的关系，且范围应仅限于天然孳息。如前述所，买卖合同孳息归属的讨论应是在买卖合同订立后买卖标的物所生的孳息的范畴下进行讨论，根据本法第598条的规定，出卖人应当履行向买受人交付标的物或者交付提取标的物的单证，并转移标的物所有权的义务。由于孳息归属属于合同法领域利益承受之问题，故本条规定的“交付”行为应与本法第604条的风险负担规则的一致，“交付”均不要求所有权移转，只要求客观上转移占有即可。在孳息归属问题上确立的“交付主义”规则以“所有权已经转移或者最终能转移至买受人”为适用前提。[①]

此时，如果不动产已经交付买受人，而尚未办理所有权变更登记的，除非当事人另有约定，不动产交付之后产生的孳息应归买受人所有。如买受人依据买卖合同已实际占有房屋后，将该未办理产权登记的房屋出租给他人获取的租金。另外，如先进行所有权变更登记后交付不动产的，此时仍应以交付标的物的时间作为判断孳息归属的利益分配点，交付前孳息归出卖人，交付后孳息归买受人。当然，如果出卖人为多取得孳息收益，存在故意迟延交付的情形，买受人则可在追究出卖人违约责任的同时，要求其赔偿相应损失。

【审判实践中应注意的问题】

试用买卖、所有权保留合同属于动产买卖中的特殊情况，本法第638条第1款规定：“试用买卖的买受人在试用期内可以购买标的物，也可以拒绝购买。试用期限届满，买受人对是否购买标的物未作表示的，视为购买。”第641条规定：“当事人可以在买卖合同中约定买受人未履行支付价款或者其他义务的，标的物所有权属于出卖人。出卖人对标的物保留的所有权，未经登记，不得对抗善意第三人。”试用买卖的买受人在试用期内可以购买标的物，也可以拒绝购买；而所有

① 彭真明、丁海江：《论所有权保留合同中天然孳息的归属》，载《社会科学》2014年第2期。

权保留买卖中，买受人存在本法第642条规定的情形，造成出卖人损害的，出卖人有权取回标的物。故试用买卖期间的交付行为或所有权保留买卖合同的交付行为与前述“所有权已经转移或者最终能转移至买受人”还存在区别。因此，在前述两种交易模式下，标的物的所有权和使用权已分离，而所有权今后的归属尚存不确定因素的情况下标的物产生的孳息归属应如何认定？

所有权保留合同与试用买卖合同体系上仍属于买卖合同的范畴，其天然孳息归属问题仍适用本条之规定，当事人有约定时从约定；若当事人未约定时，基于买卖双方系根据签订的买卖合同而占有标的物，其占有并非无权占有，未支付对价或履行其他义务只是买受人与出卖人之间形成一种合同之债的关系，故此时出卖人可要求买受人在返还原物的同时承担赔偿损失的违约责任，但不能对标的物的孳息一并主张权利。

第六百三十一条 因标的物的主物不符合约定而解除合同的，解除合同的效力及于从物。因标的物的从物不符合约定被解除的，解除的效力不及于主物。

【条文主旨】

本条是关于作为标的物的主物与从物在解除合同时的效力的规定。

【条文理解】

一般来说，从物附随于主物，从物的归属依主物的归属而定，对主物的处分及于从物，反之，对从物的处分则不及于主物。本条根据主物与从物之间的关联关系，规定因标的物的主物不符合约定而解除合同的，解除合同的效力及于从物；因标的物的从物不符合约定被解除的，解除的效力不及于主物。

一、主物与从物的划分规则

主物和从物通常表示的是两个物之间的相互依存关系。主物与从物的划分规则，是指在两个以上的物发生相互附着或者聚合且在经济上发生密切的关联之后，当物上的权利发生变动时，为确定物的归属所适用的规则。[①] 从物作为主物的附随部分，其主要作用是为了发挥主物的经济效用，而非主物的组成部分。一般通过以下三种方式对主物与从物进行区分和认定：（1）主物与从物之间存在主从关系，但

① 吴高盛主编：《〈中华人民共和国物权法〉解析》，人民法院出版社2007年版，第227页。

从物不是主物的组成部分；如一物已成为另一物的组成部分，独立于另一物时将丧失绝大部分的经济价值的，则不是从物。例如，电视机与遥控器，两者之间很明显能区分出电视机起的是主要作用，系主物；遥控器起辅助电视机使用的次要作用，系从物。实践中需要注意区分的是两个具有同等关系的物，如电灯与灯泡，因两物之间无法分清何者起主要作用、何者起辅助作用，因而不存在主物与从物之分。（2）从物与主物必须同属一人。[①] 实践中，可能存在主物与从物为不同人分别所有的情况，但在处分该主物时，基于物权公示的要求，从法律上也应认定该从物为同一人所有，处分的效力及于从物，除非交易双方对从物作特别约定。（3）从物与主物处于某一特定空间关系中，从物必须有一个和主物相应存在的“空间上的关系”，其作用是为了更好地发挥主物的效用。但两个物之间仅存在一个空间上的接近，而不是物体的集合。

从不同国家和地区的相关规定看，德国民法严格区分“组成部分”和“从物”，主张在法律上从物是可能独立存在的，其所有权并不依附于主物的所有权，只有在从物权属产生疑问时，对主物的权利才扩展至从物。[②]《德国民法典》第 97 条规定：“（1）非为主物成分而供主物为经济目的上的使用，并且与主物有符合此种供用的空间关系的动产，为从物。物在交易上不被视为从物的，非为从物。（2）为他物之经济目的而一时使用一个物的，不创设从物资格。从物与主物的一时分离，不废止从物资格。”[③]《瑞士民法典》第 644 条规定：“主物之处分，除另有约定外，及于从物。从物，指与主物相连接，或者作为主物的适配物，或者以其他方式与主物发生联系，且依当地的通常观念或依主物所有人的明确意思，继续性为主物所有人经营、利用或保存其主物而使用的动产。从物，与主物暂时分离者，不失其从物之性质。”[④] 我国台湾地区

① 王利明：《物权法研究》（上卷），中国人民大学出版社 2018 年版，第 72 页。
② 孙宪忠：《德国当代物权法》，法律出版社 1997 年版，第 18 页。
③《德国民法典》，杜景林、卢谌译，中国政法大学出版社 2014 年版，第 19 页。
④《瑞士民法典》，戴永盛译，中国政法大学出版社 2016 年版，第 222 页。

“民法”第68条规定：“非主物之成分常助主物之效用而且同属一人者，交易上无特别习惯者为从物。主物所有人为主物之处分，当事人若无约定，其效力及于从物。”

主物与从物关系的识别，并非仅是基于单纯的逻辑判断，实践中，法律对于确立主从关系或从随主原则，采取了经济挂帅的思路，以必要的方式、地位与价值更重要的主物共享物权命运，其思想根基是法律秩序应注重多个物之间确定的、紧密的、有重要经济意义的关联性。① 从物随主物一体处分的规范适用范围相当广泛，包括：物权归属规范，如本法第320条关于“主物转让的，从物随主物转让，但是当事人另有约定的除外”的规定；就主物应产生法律效力的法律行为，即本条所规定合同解除、查封等公权行为，如《最高人民法院关于人民法院民事执行中查封、扣押、冻结财产的规定》第22条关于“查封、扣押的效力及于查封、扣押物的从物和天然孳息”的规定。

二、买卖合同的解除对主物与从物的效力

本条规定因标的物的主物不符合约定而解除合同的，解除效力及于从物，反之则不然。其主旨在于离开主物，从物没有单独的实用价值；而离开从物，买受人仍可实现合同目的。我国台湾地区“民法”第362条亦规定：“因主物有瑕疵而解除契约者，其效力及于从物。从物有瑕疵者，买受人仅得就从物之部分为解除。”

实践中，在许多情况下买卖的标的物都包括主物和从物。由于从物附属于主物且其存在是为了更好地发挥主物的经济价值，在合同履行过程中应与主物共同构成同一个标的物，因此，买卖双方合同中约定的标的物数量、质量等条件，不仅适用于主物亦约束从物。出卖人应当按照合同约定向买受人交付主物，从物随主物一并交付。除非合同中对从物的交付有特别约定，否则即使合同未约定从物随主物交付，按照交易习惯或者商业惯例，出卖人也应当在交付主物的同时交

① 常鹏翱：《经济效用与物权归属——论物权法中的从附原则》，载《环球法律评论》2012年第5期。

付从物。因为只有这样，才更符合从附原则旨在维系物的整体功效，买卖的标的物才是完整之物，既有利于保证物的整体效用最大化，也符合买受人购买该标的物的初衷和目的。例如，没有遥控器的电视机将严重影响使用者观看节目操作时的便利度，出卖人不得以买受人购买的是电视机而未强调购买遥控器为由，拒绝交付遥控器。出卖人不按双方约定或者法律规定交付从物的，应当承担违约责任。此外，如出卖人仅按约定交付主物，而没有同时交付附件、辅件、配件或者零部件等从物或者交付的从物质量不合格，造成买受人不能正常使用主物的，出卖人还应当赔偿损失。

买卖合同生效后，因标的物不符合约定而解除合同的现象时常发生，此时就涉及该解除的效力是否及于从物或者主物的问题。在标的物为主物和从物的买卖中，因标的物不符合约定而解除合同的，该解除的效力应按以下两种情况分别对待：

（一）因标的物的主物不符合约定而解除合同的，解除合同的效力及于从物

本法第582条规定："履行不符合约定的……受损害方根据标的的性质以及损失的大小，可以合理选择请求对方承担修理、重作、更换、退货、减少价款或者报酬等违约责任。"第610条规定："因标的物不符合质量要求，致使不能实现合同目的的，买受人可以拒绝接受标的物或者解除合同……"可见，一般的货物瑕疵只能要求违约方承担修理、更换、重作、退货、减少价款或者报酬等违约责任，只有在质量瑕疵严重到影响到了合同目的的实现时，才可以解除合同。主物作为合同约定的主要标的物，出卖人交付的主物是否符合合同约定，对买受人合同目的的实现起着关键作用。由于从物附属于主物并为主物服务，起辅助作用，在主物已不符合合同约定的情况下，从物的辅助价值亦已丧失。如电视机无法开机，即使遥控器能正常使用，出卖人的行为也已构成根本违约。因此，对主物的处分效力及于从物，当因主物不符合约定而解除合同时，解除合同的效力自然应及于从物，即出卖人不再交付从物，或者买受人已接收从物的，应将该物返还给出卖人。

（二）因标的物的从物不符合约定被解除的，解除的效力不及于主物

由于主物在合同标的物中起主要作用，从物不符合约定虽然也会影响标的物的整体性能，但并不导致合同根本违约。因此，对从物的处分效力不及于主物。当从物不符合约定时，买受人仅能就从物部分解除合同，而不能要求解除整个合同，有关主物的交付及相关履约行为仍然有效。当然，在从物瑕疵履行的情况下，出卖人应承担相应的违约责任：（1）买受人有权要求出卖人修理、更换、重作。如果瑕疵物能够修理，损害赔偿额原则上应按照修理该标的物所需要的合理的修理费来确定。即使修理结果不能达到合同所要求的质量，违约方也应当支付已经花费的必要费用。（2）买受人有权要求出卖人减少价款。在因从物不符合约定而被解除时，如从物与主物是以一个总价款购买的，买受人有权请求从总价款中减去与从物价格相当的金额，出卖人应当从总价款中减去该金额，已收价款的，将减去的金额返还给买受人。（3）买受人有权要求出卖人支付违约金。如果当事人约定了违约金条款，买受人也可以请求出卖人支付违约金。（4）损害赔偿。如果标的物导致买受人的损害，则有权要求出卖人承担损害赔偿责任。在买卖合同中，损害赔偿额应与买受人因出卖人违反合同而遭受的包括利润在内的损失额相等，即相当于买受人因对方违约所遭受的损失加上依据合同可预期获得的利润。

【审判实践中应注意的问题】

实践中，如何界定从物对于认定合同效力十分重要，但因其难以类型化，故现行法律未作明确。基于前述对从物要素的分析，可以从物与主物通常以结合、调试等方式有空间联系，但不同于附和、混同、孳息等紧密关系，且从物系持续地服务于主物的经营、使用或保管，即便之后从物与主物暂时分离，也不影响该定性等要素，结合案件实际情况予以认定。从物通常为动产，但亦有不动产的形态，如工厂部分厂房经改造后，作为独立的仓库使用，以服务于工厂的生产经营，即为工厂厂房的从物。

第六百三十二条 标的物为数物，其中一物不符合约定的，买受人可以就该物解除。但是，该物与他物分离使标的物的价值显受损害的，买受人可以就数物解除合同。

【条文主旨】

本条是关于标的物为数物时，就其中一物不符合约定而解除合同的规定。

【条文理解】

买卖的标的物为数物时，其中一物不符合约定使得合同目的不能实现时，买受人可以就该物解除，原则上不及于其他物。但该物与他物分离使标的物的价值显受损害的，当事人可以就数物解除合同。这一规定主要适用于一物的价值与其他物关系密不可分的情形。即如果质量不符合约定的物不宜与他物分离，否则将明显受到损害，那么，合同当事人的任何一方，包括买受人和出卖人，都可以要求解除全部合同。

一、数物的认定

合同条款是合同内容的外在的具体表现，本法第470条第1款规定："合同的内容由当事人约定，一般包括下列条款：……（二）标的；（三）数量；（四）质量……"由此表明，合同条款是合同内容的固定化和表现，是确定合同当事人权利义务的根据。标的是合同权利义务指向的对象，标的常常与物联系在一起，即标的是转移一定的物的所有权或使用权。标的的质量和数量是确定合同标的的具体条件，也是某一标的区别于同类另一标的的具体特征。合同中的质量条款和数量条款直接决定着当事人的订约目的和权利义务关系，数量是确定标的的基本条件，质量则是确定该货物应达到的特定要求。

本条规定的“数物”，是指在形态上能够单独、个别存在的物的集合体，它们虽为同一合同的标的物，但其之间并非紧密不可分，各自未丧失其经济上的独立性。从法律上看，数物不同于原物和孳息的关系，一物并非是另一物的所从出之物；也不同于主物、从物的关系，不适用“从随主”原则，其原因在于数物中各个物的独立性更强，一个物和另一个物的结合并不是为辅助其他物的效用而存在的，因而无论是事实上的数物集合体还是法律上的数物集合体，都可以在交易时从观念上将其与另一物分开，权利人对各个物完全可能单独地支配，在无特别约定的情况下，对一物的处分的效力并不当然及于另一物。例如，合同约定卖方向买方出售大米50袋价款5000元，面粉50袋价款5000元。无论是大米还是面粉，均是可独立区分的标的物。

二、合同解除的条件

因解除有法定解除与约定解除之分，故解除条件也有法定解除条件和约定解除条件的区别，而法定解除条件又分为一般法定解除条件和特别法定解除条件。本法第563条第1款规定：“有下列情形之一的，当事人可以解除合同：（一）因不可抗力致使不能实现合同目的；（二）在履行期限届满之前，当事人一方明确表示或者以自己的行为表明不履行主要债务；（三）当事人一方迟延履行主要债务，经催告后在合理期限内仍未履行；（四）当事人一方迟延履行债务或者有其他违约行为致使不能实现合同目的；（五）法律规定的其他情形。”此处“法律规定的其他情形”：一是指本法本身规定的，但除第563条规定以外的解除条件；二是指本法以外的法律所规定的解除条件。本条规定，即属于前者的情况。

本条规定参考了《德国民法典》和我国台湾地区“民法”的有关内容。我国台湾地区“民法”第363条规定：“为买卖标的之数物中，一物有瑕疵者，买受人仅得就有瑕疵之物为解除。其以总价金将数物同时卖出者，买受人并得请求减少与瑕疵物相当之价额。前项情形，当事人之任何一方，如因有瑕疵之物，与他物分离而显受损害者，得解除全部契约。”

无论是本法第563条之规定还是本条之规定，对于合同的解除均采纳了根本违约的立法宗旨，其意义在于不仅使债权人在另一方根本违约的情况下获得解除合同的补救，而且严格限定解除权的行使，以作为限制合同解除的重要方法。根本违约是指一方违反合同而致另一方损害，导致非违约方缔约目的无法实现。在根本违约的情形下，非违约的一方当事人有权解除合同。[①]《联合国国际货物销售合同公约》第25条规定：“一方当事人违反合同的结果，如使另一方当事人蒙受损害，以至于实际上剥夺了他根据合同规定有权期待得到的东西，即根本违反合同，除非违反合同一方并不预知而且一个同等资格、通情达理的人处于相同情况中也没有理由预知会发生这种结果。”按照《联合国国际货物销售合同公约》第51条的规定，买方只有在完全不交付货物或者不按照合同规定交付货物等于根本违反合同时，才可以宣告整个合同无效。本法第563条确立的根本违约制度实际上确立了法定解除的一般规则，由于违约行为所造成的包括损害结果在内的后果的严重性，致使当事人订立合同的目的无法实现，该合同对于当事人来说已无存在的实质意义，合同即使履行或部分履行，当事人的合同目的仍不能达到。此时法律赋予当事人解除合同的权利，使其有寻求新的合作的机会，避免无谓的精力财力的耗费。因此，根本违约制度系明确了解除合同作为一种特殊的补救方式所适用的条件。[②]

本条规定，标的物为数物，其中一物不符合约定的，买受人可以就该物解除。例如，合同约定卖方向买方出售大米50袋价款5000元，面粉50袋价款5000元。买方发现面粉质量不符合约定，可以就面粉部分解除合同，而只买受大米，且买方可请求减少与面粉相当的

① 王利明：《合同法研究》（第2卷），中国人民大学出版社2015年版，第337~338页。
② 王利明：《合同法研究》（第2卷），中国人民大学出版社2015年版，第342页。

价款。同时，本条还有但书条款，对前段内容作出了例外规定。即数物中不符合约定的该物与他物分离使标的物的价值显受损害的时，当事人有权就数物解除合同。例如，买受人花费数倍高于普通图书的价格购买了一套限量精装版的四大名著用于收藏，付款后发现其中一部仅为普通版本，如此时双方仅就该书解除合同，剩余三册的收藏价值将大打折扣，买受人的合同目的不能实现。在这种情况下，买受人可要求解除整套购书合同。又如，合同约定买卖标的物是古对联一副，其中一联不符合约定的标准，显然只就该一联解除合同对联就失去了悬挂的价值。这种情况下，就应当允许整个解除。

此外，根据本法第526条的规定，在双务合同中，如果一方未履行，另一方有权拒绝履行自己的义务。同时履行抗辩首先适用于一方未履行、拒绝履行的情况。同时，在一方不适当履行的情况下，对方也可援用该抗辩权。买受人对于出卖人负有交付价金的义务，出卖人对于买受人则负有交付标的物及转移所有权的义务。本条规定虽然是对部分履行情形下解除合同的规定，但对同时履行抗辩权的行使也是可以适用的。即一方已受领履行以后，不得以对方没有履行而援用同时履行抗辩权，只能就对方未履行的部分援用同时履行抗辩权。

【审判实践中应注意的问题】

在实践中，经营者经常采取附赠物品的方式吸引消费者，即在经营者和消费者之间的买卖合同建立之后赠与消费者一定的物品。从合同的本质看，附赠式销售所附标的为物时，应视为是单一的买卖合同，附赠行为是单一买卖合同之一部分。例如，买卖的标的为正式房屋，附赠的标的为商铺，双方的基本法律关系为房屋买卖关系，双方所签买卖房屋赠送商铺的合同，性质上应视为单一的买卖合同，所谓赠送商铺无非是促销的一种方式，正式房屋和商铺共同构成买卖合同的标的。由于买受人订立合同的初衷或根本目的并不是为了获得附赠物品，故此时该合同标的物虽然也为数物，但与本条所规定的情况不同。

一般情况下，在买卖合同解除时，其效力应及于赠与标的，这是由二者之间的牵连关系决定的。反之，由于赠与标的与买卖标的之间各自独立，且通常情况下赠品价值较小，因赠与标的发生的争议不应危及买卖关系。当销售者未依约交付赠品或交付赠品不符合约定时，买受者只能要求销售者履行交付义务或承担其他形式的违约责任，而不能要求解除买卖合同。但是，如果赠与标的价值较大，或者与买卖标的在使用上具有密切关系，没有赠与标的，买受人就不会购买主商品或者足以影响主商品的正常使用，买受人则有权要求解除整个买卖合同。

第六百三十三条 出卖人分批交付标的物的，出卖人对其中一批标的物不交付或者交付不符合约定，致使该批标的物不能实现合同目的的，买受人可以就该批标的物解除。

出卖人不交付其中一批标的物或者交付不符合约定，致使之后其他各批标的物的交付不能实现合同目的的，买受人可以就该批以及之后其他各批标的物解除。

买受人如果就其中一批标的物解除，该批标的物与其他各批标的物相互依存的，可以就已经交付和未交付的各批标的物解除。

【条文主旨】

本条是关于分批交付标的物的情况下解除合同的规定。

【条文理解】

在实践中，双方当事人经常会签订分批交付标的物的合同。按照合同约定，出卖人通常需要在约定的一定时间跨度内在某几个特定日期或时间段内分批向买受人交付特定数量的标的物，买受人须按时接收出卖人分批交付的标的物。在分批交付中，如果出现出卖人不交付或者交付不符合约定的情况，买受人有权根据不同情形分别要求解除部分合同或全部合同。

一、针对某一批次的标的物要求解除

本条第1款规定“出卖人分批交付标的物的，出卖人对其中一批标的物不交付或者交付不符合约定，致使该批标的物不能实现合同目

的的，买受人可以就该批标的物解除。”根据本款规定，首先，每批次交付的标的物具有相对的独立性应该是适用本款的一个重要前提条件。买卖合同中规定了货物数量和价款，但各批次交付标的物在数量、型号、价款等方面并不一定完全一致。因此，只有每一批次的标的物具有相对的独立性，才能确定出卖人是否没有履行其在该批次交付行为中的义务。合同双方在每完成一批次标的物的交付后，可依约就该批次交付进行单独的结算，即每一次的交付和付款等权利义务的履行均作为一个独立的合同予以完成。其次，在针对某一批次标的物的履行过程中，出卖人对其中一批标的物不交付或者交付不符合约定的违约行为必须达到构成根本违约的严重程度。如果没有达到这一严重程度的，则不适用本款规定。综上所述，在分批交付合同中，出卖人不履行某一批标的物的交付或者交付的标的物不符合约定的，如果出卖人对该批次的违约行为使该批标的物不能实现合同目的，则一次交付不合格的行为可以单独构成根本违约，买受人有权就此解除合同，但不影响其他批次标的物的，买受人仅可就该批标的物主张解除。从比较法上看，美国《统一商法典》第2-612条对此作出了规定。《联合国国际货物销售合同公约》第73条第1款也有类似规定："对于分批交付货物的合同，如果一方当事人不履行对任何一批货物的义务，便对该批货物构成根本违反合同，则另一方当事人可以宣告合同对该批货物无效。"例如，某肉类加工企业与某酒店订了长期供货合同，该加工企业每周向酒店供应肉类食品，某日交付的食品经后厨检验发现不合格，酒店可以就该批食品解除合同。

二、针对未来待交付标的物要求解除

本条第2款规定："出卖人不交付其中一批标的物或者交付不符合约定，致使之后其他各批标的物的交付不能实现合同目的的，买受人可以就该批以及之后其他各批标的物解除。"本规定源于《联合国国际货物销售合同公约》第73条第2款："如果一方当事人不履行对任何一批货物的义务，使另一方当事人有充分理由断定对今后各批货物将会发生根本违反合同，该另一方当事人可以在一段合理时间内宣告合同今后无效。”适用本款这一规定需注意两点：一是此次出卖人应履行交付义务，其已经存在不交付该批标的物或者交付不符合约定的违约情形。二是买受人有充分的理由断定出卖人此次的违约行为，将导致之后其他各批标的物的交付不能实现合同目的。因此，如果出卖人对某批标的物的根本违约将导致对该批之后各批的根本违约，买受人就有权就该批以及其后的各批标的物解除合同。但此时解除权针对的是该次交付以及以后的交付，而不及于之前已经履行的部分。还要注意的是，某批的根本违约将致使今后各批的根本违约的情况必须是十分明显的，才能适用这一规定。例如，甲超市为了在中秋节来临之前出售某品牌月饼，与乙工厂签订了买卖合同，合同中约定乙在农历八月初一、八月初三、八月初五、八月初十分四次交付120箱月饼，每次30箱。乙方前两次依约交付，第三次交付却至八月十六才完成。由于第三次交货已过中秋节，第四次的标的物交付已不能实现合同目的，买受人可以就第三、第四批的月饼解除合同。

三、买受人解除的一批标的物与其他标的物存在相互依存关系，其解除效力及于整个合同

本条第3款规定：“买受人如果就其中一批标的物解除，该批标的物与其他各批标的物相互依存的，可以就已经交付和未交付的各批标的物解除。”同样，《联合国国际货物销售合同公约》第73条第3款亦有类似规定：“买方宣告合同对任何一批货物的交付为无效时，可以同时宣告合同对已交付的或今后交付的各批货物均为无效，如果各批货物是互相依存的，不能单独用于双方当事人在订立合同时所设想的目的。”本款这一规定，是在上述两个解除条件的基础上，赋予了买受人宣告解除整个合同的权利：第一，在合同履行过程中，出卖人的某一批次标的物的交付行为已经符合本条第1款规定的情形，即其未交付应交付的标的物或者交付不符合约定，致使该批标的物不能实现合同目的的，买受人已就该批标的物解除合同。第二，尽管合同项下的标的物系分批交付的，但其均属于同一个合同，在功能上存在一定的关联性且有着共同的合同目的。该批次违约的标的物与其他各批次已交付或未交付的标的物之间存在相互依存关系，即已经交付的标的物和之后待交付的标的物已不能用于买受人在订立合同时所设定的目的。由于某批标的物与整个合同的其他各批标的物是相互依存、不可分的，某次违约交付将导致整个合同的履行不可能完成或者没有意义。在这种情况下，买受人可以就已经交付和未交付的各批标的物一并主张解除。例如，双方当事人签订了一套大型机械设备的买卖合同，出卖人分批交付设备的不同部件用于组装。其中交付的一组部件不符合约定，所有的部件都不能正常组装，致使该套设备无法使用，即使之前交付的部件合格，买受人也有权解除整个买卖合同。

四、合同目的不能实现的判断

从比较法上看，当事人因不能实现合同目的而解除合同这一制度发端于英国普通法上的根本违约制度。19世纪以来，英国法院开始将合同条款区分为“条件”和“担保”两种类型，其中条件属于合同中重要的、根本性的条款，违反其被作为根本违约，守约方可据此要求解除合同；担保是合同中次要的、附属性条款，违反其并不导致合同解除，守约方只能请求损害赔偿。[①]之后英国法官在实践中又发展出了一种“中间条款”，违反该条款的，守约方能否主张解除合同将取决于违约后果的严重程度。应该说，英国普通法在判断是否构成根本违约的问题上，经历了一个从以所违反的合同条款的性质为依据到以违约后果的严重程度为依据的发展变化过程，目前英国法已主要根据违约及其后果的严重程度判断是否构成根本违约。[②]该根本违约制度被《联合国国际货物销售合同公约》《国际商事合同通则》《欧洲合同法原则》等借鉴和吸收。例如，《联合国国际货物销售合同公约》第25条规定：“一方当事人违反合同的结果，如使另一方当事人蒙受损

① 王利明：《违约责任论》，中国政法大学出版社1996年版，第536页。
② 韩世远：《根本违约论》，载《吉林大学社会科学学报》1999年第4期。

害，以至于实际上剥夺了他根据合同规定有权期待得到的东西，即为根本违反合同，除非违反合同一方并不预知而且一个同等资格、通情达理的人处于相同情况中也没有理由预知会发生这种结果。”

在审判实务中，当事人依据本条规定主张合同解除时，人民法院是否支持，关键取决于对合同目的不能实现这一要件是否具备的判断。合同目的是当事人通过订立和履行合同想要达到的目标和结果，其可分为一般目的和特殊目的。一般目的是通过签订和履行某一类合同所要达到的基本的、共通性的目的和结果，其是特定类型的合同所固有并意欲实现的一般交易目标，任何一个正常交易人依据交易惯例均可事先预判，因此合同订立时无须特别声明。特殊目的则是相对于一般交易目的之外的交易人意欲实现的特殊目的，因其属于当事人根据合同类型和交易惯例无法直接预判得知，故需在订立合同时作出特殊声明才能产生相应的约束力，否则当事人不得以特殊交易目的落空为由主张解除合同。因合同目的不能实现而解除合同适用于迟延履行、不能履行、不适当履行、拒绝履行等各种违约形态。在实践中，判断某一违约行为是否属于合同目的不能实现，需根据违约的具体形态，结合实际情况，通过一定的因素和标准进行认定。在分批交付合同中，某一批交付义务的违反对整个合同的影响程度，直接决定了合同解除的范围。如果是可分合同，某一批交付义务的违反并不影响其他交付义务的履行，则对某一批交付义务的违反一般不构成根本违约。如果合同是不可分的，则某一批交付义务的违反将导致整个合同目的的无法实现。

【审判实践中应注意的问题】

买受人主张出卖人交付的该批标的物违约，且该批标的物与其他各批标的物相互依存的，要求解除整个合同时，需要判断不同批次标的物有着共同的使用目的，且该共同使用目的是在签订合同时由双方共同确定的。如果买受人对购买标的物有着特定的使用目的，他必须明示告知对方，且出卖人必须认同该使用目的。

第六百三十四条　分期付款的买受人未支付到期价款的数额达到全部价款的五分之一，经催告后在合理期限内仍未支付到期价款的，出卖人可以请求买受人支付全部价款或者解除合同。

出卖人解除合同的，可以向买受人请求支付该标的物的使用费。

【条文主旨】

本条是关于分期付款买卖的规定。

【条文理解】

本条规定是以《合同法》第167条规定为基础，吸收多年来理论研究和司法实践中形成的共识，对分期付款买卖作出的规定。

分期付款买卖是一种特殊的买卖形式，是买受人将其应付的总价款按照一定期限分批向出卖人支付的买卖。[①] 分期付款系指买受人将应付的总价款在一定期间内至少分三次向出卖人支付，如果在出卖人将买卖标的物交给买受人之前或同时，买受人已经支付了首期或多期款项，则余下的分期还应该至少为两期。

一、价值分析

分期付款买卖常见于消费领域，在标的物价格较高、一次性付款有困难时，分批陆续支付能减轻买受人在心理上、履行上的负担，变相增加了买受人的购买力，能够促进房产、汽车等昂贵物品的消费，

① 王利明、杨立新、王轶、程啸：《民法学》，法律出版社2014年版，第549页。

带动市场交易的繁荣，促进经济发展。分期付款买卖具备一般买卖形态的基本特征，与一般买卖相比，其最大特点是，出卖人在合同成立或仅收到部分价款时即须交付标的物，剩余价款由买受人在受领标的物后分若干次付清。出卖人未得到全部价金即转移标的物，就存在不能取得全部价金的风险，而为降低这种风险，出卖人往往通过在合同中设定期限利益丧失、合同解除、所有权保留等条款，作为保障收回全部价款或不丧失标的物所有权的措施。在当事人平等自愿的情况下，如此约定无可厚非，但在消费品买卖场合，买受人一般相对弱势，如果这些措施被滥用或启动条件过于宽松，则容易使买受人处于不公平的交易地位，轻易丧失买受物，有损买受人利益。实践中分期付款一般都有金融机构参与，出卖人的价款在订立合同之初即已作为现金流从金融机构收回，分期付款下的法律关系往往是买受人与金融机构之间的关系，此时无须再赋予出卖人过多的权利。这就需要立法作出限制性规定，防止合同条款过分不利于买受人。因此，分期付款买卖制度的立法目的在于对买受人的保护。

但是，保护消费者和买受人并不意味着要过度限制经营者和出卖人的权利。分期付款买卖的本质在于信用融资，实质上是买受人向出卖人融资，出卖人向买受人授信。当买受人达到一定比例或数额的分期付款迟延时，出卖人就面临严重的交易风险，出卖人理应具有脱离该种风险的救济途径，应当允许出卖人有权通过要求全部清偿或解除合同避免风险的实际发生。随着社会实践的发展，分期付款买卖的应用越来越普遍，适用的领域越来越广，当事人选择分期付款不再是因为无法一次性支付标的物的全部价款，而是看重分期付款的信用融资功能。尤其是在消费品之外的商事买卖场合，分期付款买卖为买受人提供了一种融资途径，能带来一定期限的融资，更具特别价值。而这种由期限利益演变成的融资利益，超出了分期付款买卖保护消费者的最初立法目的，此时应该更加关注出卖人承担的风险。在特定的经济发展阶段，当激烈的市场竞争形成买方市场时，这种背景下的交易，买受人相对于出卖人具有更加优势的交易地位，即便有充足的购买力，在能够一次性付款的情况下也会选择提供分期付款方式的出卖人进行交易，最大限度享受期限利益或降低自身风险，甚至有意选择以丧失少量首期付款为代价，在短时间内利用完标的物后恶意违约。因此，也要防止买受人为了扩大自身利益，将交易风险和融资成本过度转嫁到出卖人。这就需要在把握保护消费者这一立法目的的同时，注意平等保护出卖人安全收回剩余价金和买受人有效取得买受物，追求对买卖双方利益保护的平衡。

综上，分期付款买卖制度应在保护出卖人剩余债权与保护买受人合同利益之间进行平衡。

二、立法发展

为兼顾分期付款买卖双方的利益和防止当事人的约定有违基本公平，一些国家和地区制定了专门的分期付款买卖法对此予以规制。我国没有制定专门法，《民法典》实施之前，《合同法》第 167 条规定了分期付款买卖。

我国台湾地区“民法”第 389 条规定，分期付价之买卖，如约定买受人有迟延时，出卖人得即请求支付全部价金者，除买受人迟付之价额已逾全部价金 1/5 外，出卖人仍不得请求支付全部价金。相比于我国台湾地区“民法”及一些国家的相关规定，《合同法》第 167 条未规定“当事人约定”这一条件，未将期限利益丧失或解除合同交由当事人约定，而是由法律直接作出规定，本意是对出卖人行使权利予以限制，但实际的条文表达效果容易被误解为出卖人在何种情况下可以行使对买受人的权利，不易体会出立法保护买受人的本意，甚至被解读为保护出卖人利益的条款。对此，《买卖合同司法解释》第 38 条第 2 款在一定程度上进行了完善，规定分期付款买卖合同的约定违反《合同法》第 167 条第 1 款的规定，损害买受人利益，买受人主张该约定无效的，人民法院应予支持，进一步明确并强化了对分期付款买受人期限利益的保护。

《合同法》第 94 条规定了合同的法定解除，第 167 条又单独规定出卖人的合同解除权，出发点是在一般规定的基础上通过特殊规定进一步加强对买受人的保护。但在条件设置上，容易使人误解为降低了出卖人解除合同的条件，允许出卖人在无须买受人构成《合同法》第94条第4项规定的“致使不能实现合同目的”，也无须履行《合同法》第94条第3项规定的催告义务并等待买受人在合理期限内仍未履行，仅需在买受人未支付的价金达到总价款1/5的条件下，就可以解除合同，甚至被认为是对出卖人利益的特别保护。这导致有学者认为，缺乏催告程序使得分期付款买卖中的买受人处于比普通买卖中的买受人更为不利的法律地位。[①] 此次《民法典》第634条的规定与《民法典》第563条第1款第3项规定“当事人一方迟延履行主要债务，经催告后在合理期限内仍未履行”保持一致，相比《合同法》第167条，增加了出卖人要求提前清偿或解除合同的条件，除了买受人未支付到期价款达到全部价款1/5，还需要向买受人进行催告，并在合理期限内仍未支付到期价款。至此，分期付款买卖中，出卖人向买受人请求支付全部价款或者主张解除合同，就需要具备以下条件：（1）买受人支付迟延；（2）迟延支付价款的金额达到全部价款的1/5；（3）出卖人已向买受人进行了付款催告；（4）买受人在合理期限内仍未支付到期价款。这就使得出卖人行使全款清偿请求权和合同解除权的条件更加严格，有利于维护分期付款买卖合同的继续履行，有利于买受人避免仅因支付能力一时困难便丧失整个合同利益，进一步彰显了对于买受人的保护。

三、经催告后在合理期限内仍未支付到期价款

从维护合同效力和促进合同履行出发，给违约方再次履行合同的机会符合维护交易的价值追求，给予买受人额外的履约机会能够更好发挥保护买受人的作用，使买受人避免在支付能力发生短暂困难时即被剥夺全部合同利益。与《合同法》第167条相比，《民法典》第634

① 宁红丽：《分期付款买卖法律条款的消费者保护构建》，载《华东政法大学学报》2013年第2期。

条的规定增加了“经催告后在合理期限内仍未支付到期价款”，这就使得出卖人向买受人主张支付全部价款或解除合同的条件更加严格：除了买受人未支付到期价款达到全部价款1/5，还需要对买受人进行催告，并在合理期限内仍未收到到期价款。

（一）催告程序

通过催促买受人支付到期价款，并告知如仍不支付到期价款则全部债务到期，同时附加一个合理的补救履行期限，可以清楚提示买受人面临可能丧失全部合同利益的处境，也能保障买受人获得挽救合同利益的最后一次机会。此时允许出卖人要求买受人支付的应当是到期价款，而不能是全部价款，否则就与本条规定的出卖人要求支付全部价款没有区别，无法体现出对买受人保护的层次，设置催告程序也就失去意义。相比于前者，后者对买受人的要求过于严苛，实际上完全剥夺了买受人的期限利益。

（二）合理期限

从买受人角度考虑，在已经存在违约的情况下，要求买受人支付到期价款，需要给予其一个合理期限，这既是诚信原则的要求，也符合本条规定保护买受人利益的立法目的，也能与《民法典》第563条第1款第3项的一般规定保持一致。从出卖人角度考虑，买受人迟延支付分期款项时，出卖人以合理期限催告买受人履行，买受人逾期仍未履行表明其没有履行合同的诚意，或者根本不可能再履行合同。此时，如果仍要出卖人继续等待履行，则对其不公平，也会给其造成更大的损失，因此出卖人有权收回授予买受人的期限利益或彻底终结交易。对于合理期限的长短，应根据合同约定的每期付款的相隔时间、买受人补充履行的难易程度和所需要时间来确定。德国《分期付款买卖法》第4条第2款规定，卖方在请求付清价款或者宣布解除合同之前，应当给予买方不少于14天的履行宽限期；日本《割赋贩卖法》第5条第1款规定了20天的相当期限。

（三）期限利益丧失

合同当事人应当履行生效合同约定的义务，违反生效合同所规定的义务，则应承担违约责任。分期付款买卖中如果买受人未支付到期价款的金额达到全部价款的1/5，则构成违约，应当对出卖人承担违约责任。《民法典》第577条规定："当事人一方不履行合同义务或者履行合同义务不符合约定的，应当承担继续履行、采取补救措施或者赔偿损失等违约责任。"据此，分期付款买卖中出卖人要求买受人支付全部价款，在性质上属于继续履行合同，出卖人要求买受人继续履行买卖合同的全部价款支付义务，此时合同仍然有效，只是合同的履行期限发生了变化，买受人丧失了期限利益，履行期限提前届至，出卖人可以要求买受人支付到期以及未到期的全部价款。出卖人请求支付全部价款的权利与《德国民法典》第498条规定的"经营者终止权"具有类似功能，法律效果仅是使分期付款约定的效力停止，买受人的所有剩余债务加速到期，须提前支付全部未清偿款项，而不同于合同解除，不产生清算的效果。

（四）解除合同

从合同解除制度的目的来看，合同生效后，由于主客观情况的变化，合同的履行成为不必要或者不可能，如果再让合同继续发生法律效力，约束合同当事人，对其中一方甚至各方有害而无益，只有解除合同才能使局面改观。分期付款买卖中，出卖人的合同目的在于获得价款，如果买受人无法支付的到期价款达到一定比例，出卖人即存在合同目的无法实现的风险。在这种情况下，如果经催告后，买受人逾期仍未履行则表明合同几乎丧失继续履行的可能性，出卖人无法实现合同目的的风险进一步放大，为防止给其造成更大的损失，不应苛求出卖人继续等待履行，应当赋予出卖人彻底终结交易以摆脱困境的救济权利。并且，合同无法继续履行的原因在于买受人，故分期付款买卖合同解除后，出卖人有权获得利益补偿，请求买受人支付标的物的使用费。出卖人可以扣留已受领的价款，但超过标的物使用费及标的物受损赔偿额的部分，应返还买受人。对于数额标准，合同当事人有约定的，依约定处理；无约定的，可以参照当地同类标的物的租金标准确定。对于合同中约定的扣留已受领价金条款应当进行公平性审查，约定的扣留数额超出标的物使用费和标的物受损赔偿额之和的，有违公平，对于超出部分法院不应支持。

【审判实践中应注意的问题】

一、分期付款买卖合同效力的判断

《民法典》第634条是为保护买受人的利益而设置，在性质上，一般认为属于强制性规定。按照《买卖合同司法解释》第38条规定精神，分期付款买卖中，出卖人不得与买受人约定“即使买受人未支付的到期价款金额低于全部价款五分之一，或者出卖人未进行催告，或者买受人在合理期限内已支付到期价款的，出卖人也可以要求支付全部价款或解除合同”，否则应认定为损害买受人利益，买受人即可主张约定无效。应注意的是，对于当事人之间的分期付款买卖合同，并非只要合同约定与本条规定不一致，就必然导致约定无效；本条规定设定的出卖人对买受人行使权利的条件是最低限制，如果当事人的约定对保护买受人更加有利，比如约定买受人未支付的到期价款达到全部价款的1/4，则不应视为违反本条规定。

二、分期支付价款的意思表示是否必须在订立买卖合同时作出

对于分期付款买卖的认定，存在不同观点。有观点认为，“分期付款应基于最初的约定，出卖人于契约订立后始表同意分期付款者，非分期付款买卖。”[①] 类似观点还有“分期付款必须是基于合同的约定，如果出卖人于合同订立后始表示同意买受人分期付款的，则不是分期付款买卖，而是对普通买卖合同履行期限的变更。”[②] 另有观点认为，“只要当事人就分期付款买卖达成了合意（包括对于原普通买卖

---

① 史尚宽：《债法各论》，我国台湾地区荣泰印书馆股份有限公司1981年版，第91页。
② 房绍坤：《论分期付款买卖》，载《山东法学》1997年第1期。

变更为分期付款买卖的合意），则应当尊重当事人的意愿，认同其为分期付款买卖。至于合意成就的时间对于合意性质的认定并无特别意义。”① 我们认为，与普通买卖相比，特种买卖的构成需满足特定条件。分期付款是由出卖人向买受人授信，出卖人需要承担更多信用风险，故在实际生活中，与普通买卖中的一次性付款相比，相同标的物在价款分期支付形式下，买受人需要支付的价款高于一次性支付（《德国民法典》第506条第1款规定的“有偿的支付推迟”），或者在价格相同的情况下需要买受人支付占用相应资金而产生的额外利息，买受人多支付的部分与出卖人额外承担的风险相对应，也是买受人获得期限利益的对价。因此，分期付款买卖在订立合同时就应达成分期付款的意思表示，否则不能构成分期付款买卖。

三、关于本条规定的适用是否限于消费品买卖的问题

分期付款买卖最大的特殊性在于分期支付价款而非一次性支付，而在其他方面与普通买卖并无不同。《合同法》《买卖合同司法解释》《民法典》的规定在文义上均不能理解为仅适用于消费品买卖。司法实践中，《合同法》第167条除适用于除消费品买卖纠纷之外，也适用于商事买卖纠纷，还被适用于股权转让纠纷。有的判例认为股权转让纠纷中涉及的提前清偿尾款问题可以适用《合同法》第167条的规定，有的判例认为股权转让纠纷中涉及的解除合同问题不适用《合同法》第167条的规定，引发对于该条适用范围的争议。我们认为，通过对立法目的的考察可知，分期付款买卖的规定一般是针对生活消费，立法意图重在保护消费者。在非消费买卖场合，应考虑合同双方交易地位是否平等、合同是否存在格式条款、格式合同是否是行业普遍交易习惯等因素，确定买受人是否处于弱势地位。如果买受人实际上与消费买卖中的买受人无明显差别，可以适用本条规定予以保护。对于买卖之外的其他交易形式，不能认为有偿转让就是买卖，有些财

① 翟云岭：《分期付款买卖的确定及其基本价值分析》，载《法学论坛》2006年第1期。

产权转让并不是买卖，不能简单套用买卖合同。比如，证券交易就是要适用证券法。买卖合同制度本质上还是对商品、货物买卖的规制，分期付款买卖制度不宜随意扩张适用到其他财产权转让。《合同法》第130条和《民法典》第595条关于买卖合同概念的规定中，标的物应理解为有体物，其他财产权纠纷可以通过适用其他合同类型有关规定来解决。

四、关于出卖人要求支付全部价款与解除合同的选择顺序问题

《合同法》《买卖合同司法解释》《民法典》的规定在文义上未限定出卖人选择的顺序，“可以”与“或者”均表明出卖人对于两种权利有选择权，出卖人可任意选择，既可以要求买受人提前清偿，也可以要求解除合同。如果对出卖人的选择予以顺序限制，则减少了出卖人在买受人明显出现还款风险时的权利救济途径，削弱了分期付款买卖制度应有的保障出卖人应对信用风险的制度功能。因此，应当允许出卖人在加速到期和解除权之间任意选择，由其自主决定是继续履行合同要求提前付清全部价款，还是解除合同收回标的物。当然，在司法实践中，可以根据具体案情，基于诚实信用、维护交易安全等价值衡量，尽量促进合同的履行。对于出卖人作出选择后能否变更的问题，在出卖人选择要求买受人继续支付全部价款的情况下，本质上属于合同的继续履行，如买受人仍然拒绝履行或者无力付款，出卖人可以进一步要求解除合同；在出卖人选择解除合同的情况下，由于合同自通知到达对方时解除，出卖人不得再变更要求买受人支付全部价款。

第六百三十五条　凭样品买卖的当事人应当封存样品，并可以对样品质量予以说明。出卖人交付的标的物应当与样品及其说明的质量相同。

【条文主旨】

本条是关于凭样品买卖当事人基本权利义务的规定。

【条文理解】

样品又称货样，是指当事人选定的用以决定标的物品质的货物，通常是从一批货物中抽取出来，或由生产使用部门加工、设计出来，用于反映和代表整批商品品质的少量的实物。[①] 凭样品买卖又称凭货样买卖、货样买卖、样品买卖，是指当事人双方约定一定的样品，出卖人交付的标的物应与样品具有相同品质的买卖。

凭样品买卖的特殊性体现在以样品来确定买卖的标的物，出卖人交付的标的物须与样品具有相同品质。样品可以由出卖人提供，也可以由买受人提供。样品由出卖人提供的称为卖方样，由买受人提供的称为买方样，由买受人提供、出卖人据此复制加工出一个类似样品由买受人确认，称为回样或确认样。[②]

对于样品的"质量"，应与"品质"作相同理解，并不仅指物品内部材质、成分，还包括物品的外观、颜色、花样、包装等方面。对于样品，也不限于有体物，颜色、图形、规格、材质、结构等，均可

① 王利明、杨立新、王轶、程啸：《民法学》，法律出版社2014年版，第549页。

② 江平主编：《中华人民共和国合同法精解》，中国政法大学出版社1999年版，第137页。

作为样品。

凭样品买卖形态多样，以样品提供方的不同为标准，可分为凭卖方样品买卖、凭买方样品买卖以及凭第三方样品买卖。根据样品的形式不同，可分为全样品买卖、单一样品买卖和复合样品买卖。全样品买卖，即当事人约定以一件样品全面表现标的物的品质，这是最典型、最简单的凭样品买卖。单一样品买卖，指以一件样品的某一方面特征表现标的物的某一方面品质，而样品的其他特征则不作为检验标的物品质的依据。这是实践中最常见的形式，比如，只约定某种颜色为色样，只约定某种款式为款式样。复合样品买卖，指以多件样品各自不同方面的特征共同表现标的物需要达到的品质，比如，标的物的颜色要与A样品相同，款式要与B样品相同，材料要与C样品相同。

一、凭样品买卖的构成

（一）当事人在订约时提示已存在的样品

样品是确定当事人买卖标的物的依据，没有样品就无法确定买卖的标的，所以，样品应是现存的。一般认为，当事人应在订立合同时就提示样品，或一方提示另一方接受，或共同确定，但均应在订立合同的过程中完成。如果在订立合同之后才提供或举示样品，则该合同不属于凭样品买卖合同。即便之后当事人按照凭样品买卖履行了合同，也应视为凭样品买卖合同在提示样品时才成立。此外，样品无须来源于现存的货物中，出卖人交付的标的物只需与样品的品质一致，而无须在提供样品时就存在。凭样品买卖不以标的物符合样品为合同生效要件，交付的标的物是否符合样品是合同履行问题，而不影响合同效力。出卖人交付的标的物如与样品不同，应承担瑕疵担保责任，买受人可以拒绝受领；已经受领的，可以根据不同情况要求修理、更换、退货、赔偿等，但不能据此认定合同未生效。凭样品买卖属诺成合同，因当事人达成合意而成立，样品应当封存，是否交付并不是合同成立或生效的条件。样品由谁提供应由当事人自行约定，可以由买受人提供，也可以由出卖人提供，还可以由第三方提出或者特别制作。如果当事人不是基于看到样品，而是基于一方提供的说明书或产品介绍订立合同，尽管说明或介绍的内容可能成为合同内容，但由于没有依据相关的样品而订约，此种买卖不属于凭样品买卖。

（二）当事人有明确的凭样品买卖意思表示

当事人有明确的凭样品买卖意思表示，一般表现为在合同中明确约定以样品来确定标的物的品质，或者写明“凭样品买卖”等能够表明凭样品买卖的文字。出卖人虽然指示了样品，但双方的真实意思并非凭样品买卖，则不构成凭样品买卖。比如，超市在货架上摆放物品属于要约邀请，这种购物不属于凭样品买卖。当事人达成凭样品买卖的合意或指定样品作为标的物的品质标准，视为出卖人承诺将来交付的标的物的品质与样品一致。

凭样品买卖合同生效，出卖人即应当按照样品的品质标准向买受人交付标的物，否则出卖人即属于未全面履行合同义务，应承担相应违约责任。买受人也可以“严重影响订立合同所期望的经济利益”为由主张解除合同。这是凭样品买卖合同的应有之意和效力所在，当事人无须再就此作出专门约定。

二、样品的封存

样品在合同订立后可能因人为干扰或自身发生变化，影响判断实际交付标的物的品质是否符合合同约定，故本条规定“应当封存”。为检验将来交付的标的物是否与样品质量相同，通常采取封存样品的方式，以待实际交付时进行验证。封存的形式可由当事人自行约定，可以采取贴封条的形式，也可以采取其他形式；可以由当事人一方保存，也可以共同保存，还可以委托共同选定的第三方保管，包括委托公证部门对样品品质、封条状况、存放地点、操作人员、擅自开封后果、开封的条件等细节进行公证，经公证的材料具有更高的证明力。实践中，在封存多份样品的情况下，可能发生数份样品品质不一致的问题。对此，当事人对封存的份数可自由约定，一份或多份均可。对于样品之间的差异也首先遵循当事人约定的处理方法，没有约定的视为合同质量条款约定不明，应当适用《民法典》第510条、第511条的规定处理：（1）当事人可以协议补充，不能达成补充协议的，按照合同相关条款或者交易习惯确定。（2）仍不能确定的，则按照强制性国家标准履行；没有强制性国家标准的，按照推荐性国家标准履行；没有推荐性国家标准的，按照行业标准履行；没有国家标准、行业标准的，按照通常标准或者符合合同目的的特定标准履行。

三、样品质量的说明

样品即便在封存后仍有可能因封存形式、保存条件等发生变化，导致当事人在订立合同时确认的品质标准失去客观性；同时，为避免当事人对以实体呈现的样品品质产生理解分歧，本条规定当事人可以对样品质量予以说明，通过说明将样品品质进行固定。

说明的形式可由当事人自由选择，可以采取文字、图形、数据等方式，实践中以文字最为常见。

对样品进行封存具有强制性，对样品质量进行文字说明具有选择性。在既封存又进行文字说明的情况下，如果实际交付的标的物与样品不符发生纠纷，而样品质量与文字说明不一致，当事人又不能达成一致意见的，可依据《买卖合同司法解释》第40条的规定处理：（1）合同履行时，样品品质较之前订立合同时的样品品质没有变化的，以样品品质作为确认标的物品质的标准；（2）合同履行时，样品品质较之前订立合同时的样品品质发生变化的，以文字说明的品质作为双方确认的品质；（3）当事人对样品品质较之前是否发生变化有争议的，以文字说明的品质为准。

（一）样品与说明一致的理解

凭样品买卖中出卖人的基本义务是交付的标的物与样品及说明的质量相同，否则买受人可以向出卖人主张违约责任。如果出卖人履行交付标的物义务时，封存的样品品质与文字说明一致，则标的物品质只需与二者一致，即可认为出卖人恰当履行了交货义务。标的物与样品的品质一致，应理解为主要品质相同，标的物与样品之间的细微差异应排除在外。即便标的物与样品品质略有差异，也应当结合合同目的和交易习惯进行整体考量，遵循当事人之间的真实意思及诚信原则，对于过小的差异不宜认定为品质不符。但对于差异的程度应严格把握，在合理的误差范围之内，且当事人没有特别要求也不影响实际使用的，才可不予计较。对于实际交付标的物的品质优于样品的情况，不能仅凭标的物某一方面的特性更好就简单认定其品质优于样品，还要看是否符合买受人的期待和信赖，是否仍在买受人愿意接受的范围之内。比如，样品杯子的保温时间是1个小时，实际交付的杯子保温时间是8个小时，这就可能影响实际用途，不一定符合买受人期待的最佳品质。所以，应根据具体情况进行综合审慎考量。

（二）样品与说明不一致的处理

对于出卖人履行交货义务时封存的样品品质与文字说明不一致的情况，既可能是订立合同时就不一致，也可能是订立合同后产生差异。前者的原因可能在于对样品质量的说明与样品实际不符，也可能是因为当事人订立合同时对样品存在误解之后才发现；后者可能是因为样品被封存后又发生了变化。对此，应根据不同情况确定买卖标的物品质的判断标准。

1. 样品品质没有发生变化而与说明不一致

这表明合同订立时样品品质即与说明不一致。（1）凭样品买卖的特殊性主要在于以样品而不是以说明确定标的物的品质，说明只是样品的辅助，二者不一致时应以样品为准。（2）说明是以样品为描述对象，样品是客观存在的，而说明受当事人能力限制，客观与主观不一致，只能是主观存在错误，错误的说明不能反映当事人的真实意思表示，不能作为履行依据。（3）说明形成于样品之后，说明相对于样品而言属于“第二手”信息，距离当事人真实意思更远，不应以其作为履行标准。因此，此时应以样品作为交付标的物的参照标准。

2. 样品品质发生了变化而与说明不一致

这表明订立合同时二者一致，因样品的变化导致了之后的样品品质与说明不符。样品品质发生变化，但说明未发生变化，说明是对样品品质的确认，故应当以未变化的说明作为出卖人履行交付义务的标准。实践中可能存在样品品质与文字说明在订立合同时就不一致，品质发生变化后仍不一致的情况。此时表面上虽然符合样品品质与文字说明不一致，但此种不一致并非因样品变化导致，因此不能简单以文字说明为准。在这种情况下，样品变化并未导致其与文字说明不同，该变化没有实际意义，可以视为样品未变化，而在样品未变化且与文字说明不一致的情况下，仍应当以样品为准，仍然应当以原先样品的品质作为判断标的物品质的标准。此种情况的难点在于，样品已发生了变化，而订立合同时的样品又与文字说明不一致，因此原先样品的品质如何确定比较困难，可结合具体案情根据举证情况分配责任。

3. 是否发生变化应有证据证明

样品是否发生变化，不能仅凭一方当事人的主张，而应当有证据能够证明。（1）当事人对样品是否发生变化意见一致的，根据《民事诉讼证据规定》第3条第1款“在诉讼过程中，一方当事人陈述的于己不利的事实，或者对于于己不利的事实明确表示承认的，另一方当事人无需举证证明”的规定，可以认定样品品质没有发生变化。（2）当事人对样品是否发生变化有争议，如果能够根据当事人举证查明或者通过鉴定、勘验等手段确定的，应以相应结论为依据。（3）如果当事人对样品是否发生变化有争议又无法通过举证或技术手段查明的，依照《买卖合同司法解释》第40条的规定，应当以文字说明为准。

【审判实践中应注意的问题】

当事人对于是否存在凭样品买卖法律关系及标的物与样品品质是否相符存在争议时，应根据当事人不同权利主张内容分配相应举证责任。买受人主张为凭样品买卖的，应由买受人负举证责任；出卖人主张为凭样品买卖的，应由出卖人负举证责任。买受人请求出卖人按照样品交付标的物时，应由买受人证明双方存在凭样品买卖关系。买受人如果认为出卖人所交付的标的物质量不符合样品质量的，则应由买受人负举证责任。出卖人请求买受人支付价款时，买受人以标的物不符合样品品质为由予以抗辩的，出卖人可以通过证明双方之间并非凭样品买卖关系进行对抗。

第六百三十六条　凭样品买卖的买受人不知道样品有隐蔽瑕疵的，即使交付的标的物与样品相同，出卖人交付的标的物的质量仍然应当符合同种物的通常标准。

【条文主旨】

本条是关于凭样品买卖特殊责任的规定。

【条文理解】

买卖合同标的物的瑕疵包括质量瑕疵和权利瑕疵。本条规定的瑕疵是指质量瑕疵，即标的物不符合规定或通用质量要求、影响使用效果等情况。

《民法典》第616条规定了法定质量担保义务，当事人对标的物的质量要求没有约定或者约定不明确，依照本法第510条“……当事人就质量……没有约定或者约定不明确的，可以协议补充；不能达成补充协议的，按照合同相关条款或者交易习惯确定”的规定仍不能确定的，适用本法第511条第1项的规定，即“质量要求不明确的，按照强制性国家标准履行；没有强制性国家标准的，按照推荐性国家标准履行；没有推荐性国家标准的，按照行业标准履行；没有国家标准、行业标准的，按照通常标准或者符合合同目的的特定标准履行。”[①] 据此，在不能明确标的物质量要求的情况下，出卖人应当担保标的物没有质量瑕疵。

① 与《合同法》第62条第1项相比，“按照国家标准、行业标准履行”修改为“按照强制性国家标准履行；没有强制性国家标准的，按照推荐性国家标准履行；没有推荐性国家标准的，按照行业标准履行。”

凭样品买卖中标的物的质量标准是明确的。订立凭样品买卖合同，即视为出卖人承诺以样品为标准交付标的物，出卖人应担保交付的标的物与样品具有同一品质。出卖人交付的标的物符合约定样品的质量标准，即履行了适当交付标的物的合同义务，按照传统理论和一般规定，出卖人无须再对标的物承担质量瑕疵担保责任。质量瑕疵有表面瑕疵和隐蔽瑕疵之分，表面瑕疵仅凭一般经验就可以发现，而隐蔽瑕疵凭一般经验难以发现。随着工业和科技水平的发展，产品越来越复杂，科技含量越来越高，在功能提升的同时，可能存在的品质瑕疵也越来越难以发现。现代民事立法更注重对于消费者的保护，更强调经营者的社会责任，这就需要对出卖人作出更严格的要求。在凭样品买卖中，如果样品存在隐蔽瑕疵，就不能仅要求出卖人交付的标的物与样品相符即可，而应参照适用对质量没有约定或约定不明时的标准，出卖人应当担保标的物没有质量瑕疵。

本条是在《民法典》第635条关于凭样品买卖一般规定的基础上，为保护买受人的利益作出的特别规定。在买受人不知隐蔽瑕疵的情况下，即便交付的标的物与样品相同，出卖人也仍然要承担《民法典》第616条规定的法定质量担保义务，保证标的物的质量应符合同种物的通常标准，即凭样品买卖中的特殊责任。

同种物通常标准，并非简单地指一般所公认的或普遍接受的同种物的中等水平的质量标准，而应当根据合同标的物的不同情况具体分析，可能是国家标准，也可能是行业标准、地方标准或企业标准。[①]

一、特殊责任的构成

（一）样品存在隐蔽瑕疵

隐蔽瑕疵通常是指存在于物品自身而凭普通买受人经验经一般、通常检查不易被发现的品质缺陷。样品的隐蔽瑕疵应于当事人订立合同时即已存在。订立合同后样品出现瑕疵，实际上样品已经发生了变

① 翟云岭：《论凭样品买卖》，载《法学》2004年第1期。

化，此时的样品已非订立合同时的样品，已非当事人合意的体现，自然不能作为交付标的物的标准，也就无须用特殊瑕疵担保责任来规制。隐蔽瑕疵本身的性质应当属于法律允许产品中存在的范畴之内，如果该隐蔽瑕疵违反国家强制性标准或法律法规的强制性规定，则不论买受人是否知晓，均应由法律予以干预，认定合同无效。

（二）买受人不知样品有隐蔽瑕疵

隐蔽瑕疵担保责任的承担以买受人的善意为要件，也即买受人不知道样品的隐蔽瑕疵，如果买受人明知样品存在隐蔽瑕疵仍与出卖人订立合同，则出卖人无须承担交付的标的物应当符合同种物通常标准的义务。隐蔽瑕疵虽不易发现，但并非绝对发现不了。买受人同意以样品品质作为标的物的标准，并不意味着其愿意接受或容忍样品中存在隐蔽瑕疵。如果买受人明知样品有隐蔽瑕疵，而仍与出卖人达成合意，表明买受人的真实意思中包括对该隐蔽瑕疵的接受，仍对出卖人苛以特殊瑕疵担保责任则有失公平。订立合同时不知道，之后又发现的，不影响出卖人特殊瑕疵担保责任的适用。发现后，在交付标的物之前是否告知出卖人，亦不影响。

关于出卖人是否应当知道隐蔽瑕疵的问题，出卖人对于隐蔽瑕疵不知道的，应按照样品标准交付标的物，保证标的物的质量仍然应当符合同种物的通常标准；知道的，构成欺诈，则该合同为可撤销合同。举轻以明重，如买受人不行使撤销权而是选择继续履行合同要求出卖人承担违约责任，则出卖人更应承担特殊瑕疵担保责任，而无权主张合同无效，更无权强制要求买受人行使撤销权。因此，无论出卖人是否知晓隐蔽瑕疵，均不影响其承担特殊瑕疵担保责任。故特殊瑕疵担保责任不以出卖人是否知情为构成要件，不要求出卖人为非恶意。

（三）不要求交付的标的物与样品相符

无论出卖人交付的标的物与有隐蔽瑕疵的样品是否相同，只要标的物存在隐蔽瑕疵，都应承担特殊瑕疵担保责任。本条规定使用“即使”的表述，是一种假设的情况，不要求出卖人交付的标的物必须与样品相同。如果相同，则标的物具有隐蔽瑕疵，出卖人应承担特殊瑕疵担保责任。如果不同但仍有隐蔽瑕疵，不能免除特殊瑕疵担保责任；如果不同但无隐蔽瑕疵，如完全符合买受人的期待品质则不承担责任，如在其他方面与样品存在差异则仍需承担特殊瑕疵担保责任。

二、隐蔽瑕疵的救济途径

在订立凭样品买卖合同时，买受人不知道样品存在隐蔽瑕疵，可依本条规定向出卖人主张承担违约责任。同时，如果该隐蔽瑕疵足以影响其订立合同，则构成重大误解，依照《民法典》第147条规定，基于重大误解实施的民事法律行为，行为人有权请求撤销。对于这两种救济途径，从赋予买受人更大选择余地及更有利于保护买受人的角度考虑，应由买受人自由选择。因《民法典》《合同法》均将因重大误解订立的合同规定为可撤销合同，误解一方拥有行使或不行使撤销权的自由，故凭样品买卖的买受人可视具体情形，通过主张违约责任和行使撤销权，对自身权益进行分层次救济。如买受人认为撤销合同对自己更不利，即可在维持合同继续有效的情况下，向出卖人主张违约责任。

如前文所述，特殊责任的适用不论出卖人是否知道样品存在隐蔽瑕疵。通常情况下，出卖人不知道样品存在隐蔽瑕疵，买受人主张违约责任即可。如果出卖人明知存在瑕疵而故意隐瞒，则构成欺诈，依照《民法典》第148条规定，一方以欺诈手段，使对方在违背真实意思的情况下实施的民事法律行为，受欺诈方有权请求予以撤销。此时，应当允许买受人视自身利益，自由选择主张违约责任或行使撤销合同的权利。即便合同中约定了减轻或者免除出卖人对标的物瑕疵承担的责任，依照《民法典》第618条规定，当事人约定减轻或者免除出卖人对标的物瑕疵承担的责任，因出卖人故意或者重大过失不告知买受人标的物瑕疵的，出卖人无权主张减轻或者免除责任。

【审判实践中应注意的问题】

交易实践中，样品的提供可由当事人自行约定。如买受人提供了样品且其不知样品存在隐蔽瑕疵，出卖人交付的标的物也与样品相符，这种情况下，出卖人是否需要承担隐蔽瑕疵担保义务？有观点认为，出卖人根据买受人提供的样品交付货物，货物与样品一致就满足了质量担保要求。也有观点认为，这种情形下，出卖人仍需承担隐蔽瑕疵担保义务。应当认为，从《民法典》条文的表述来看，本条规定并未限定样品须由出卖人提供，适用中不应随意作出限缩解释。在具体案件纠纷中，如果能够根据举证证明买卖双方对隐蔽瑕疵的认知情况，则应根据法律规定和诚信原则，确定相应责任：如果有证据证明买受人具有足以发现或应当发现隐蔽瑕疵的专业能力，且出卖人确无能力知晓隐蔽瑕疵，出于对买受人专业能力的信赖，依据样品提供了货物，则不应让出卖人承担特殊责任；如果有证据证明出卖人的专业能力足以发现甚至已经发现了隐蔽瑕疵，但未告知买受人，仍然交付了与样品相同的货物，则出卖人应承担特殊责任。在无证据证明双方对隐蔽瑕疵的认知情况下，还是应从保护买受人利益的立法目的出发，依本条规定由出卖人承担特殊责任。

第六百三十七条 试用买卖的当事人可以约定标的物的试用期限。对试用期限没有约定或者约定不明确，依据本法第五百一十条的规定仍不能确定的，由出卖人确定。

【条文主旨】

本条是关于试用买卖中试用期限的规定。

【条文理解】

《民法典》以《合同法》第170条规定为基础对试用买卖作出本条规定。

试用买卖，又称试验买卖、检验买卖，是指当事人双方约定，于合同成立时，出卖人将标的物交付买受人试验或检验，并以买受人在约定期限内对标的物的认可为生效要件的买卖合同。[①]

一、试用买卖合同的性质

在立法上，《合同法》及《民法典》均未对试用买卖的概念作出明确规定。从其他国家与地区相关规定来看，《德国民法典》第454条第1款规定，在试验买卖或检验买卖的情况下，买受人可以随意地认可买卖标的。有疑义时，该买卖合同是以认可为停止条件而订立的。我国台湾地区“民法”第384条规定，试验买卖，为以买受人之承认标的物为停止条件而订立之契约。我国立法未在条文中将试用买卖合同明确规定为附生效条件合同，但立法解释认为试用买卖是一种

① 王利明、杨立新、王轶、程啸：《民法学》，法律出版社2014年版，第549~550页。

附条件的买卖[①]；学理上虽然存在预约合同说[②]、附停止条件合同说、附解除条件合同说、演化合同说[③]等不同观点，但通说为附停止条件合同说。停止条件又称为延缓条件或生效条件，是指限制法律行为效力发生的条件。在附停止条件的法律行为中，法律行为虽然已经成立，但暂时停止发生效力。[④]附停止条件合同说认为，试用买卖合同是一种附生效条件的买卖合同，其所附条件就是买受人对试用标的物的承认或认可，买受人认可标的物，则所附条件成就，合同生效；买受人不认可标的物，则所附条件不成就，合同不生效。

二、试用买卖合同的基本特征

作为特种买卖，试用买卖合同的基本特征在于合同是否生效由买受人是否同意而决定。

（一）合同约定买受人可以试用标的物

一般买卖中，买受人往往需要在取得标的物所有权后才能试用标的物，出卖人没有义务让买受人对标的物进行试用。试用买卖中，买卖双方应当就标的物的试用达成合意，出卖人有义务按照约定提供试用的标的物，使买受人得以对标的物进行试验性、检验性试用。出卖人如未按约定提供试用标的物，买受人可以依约请求出卖人提供标的物以供试用，也可以解除合同。而对于买受人来讲，对标的物进行试用是其权利而非义务，无论出卖人是否实际提供了试用标的物，买受人均可不进行试用。在未经试用的情况下，买受人同样也有权对标的物予以认可或拒绝。

（二）合同以买受人对标的物的认可为生效条件

一般买卖合同在买卖双方达成一致意思表示时即成立，无其他特别约定的，成立后即生效。试用买卖中，买卖双方意思表示一致则合

① 胡康生主编：《中华人民共和国合同法释义》，法律出版社2009年版，第254页。
② 隋彭生：《论试用买卖的预约属性》，载《政治与法律》2010年第4期。
③ 参见包颖杰：《论试用买卖合同》，载《学理论》2010年第19期。
④ 王利明、杨立新、王轶、程啸：《民法学》，法律出版社2014年版，第106页。

同成立，但尚需买受人对标的物的认可合同才能生效。因此，试用买卖合同是附条件合同，以买受人对试用标的物的认可为生效条件。买受人认可标的物，所附条件成就，买卖合同即生效；买受人不认可标的物，则条件不成就，买卖合同不生效。同时，买受人的认可具有任意性，完全由买受人意志决定，不受其他条件限制，即便标的物完全符合购买目的、质量要求，买受人仍然可以拒绝购买。

三、试用期限的确定

试用买卖是为买受人利益而设立，能够确保买受人对于标的物的充分了解，降低买到瑕疵商品甚至假冒伪劣商品的风险，增强交易的安全性。买受人作出的承认或拒绝的意思表示，能够发生使买卖合同生效或解除的效果，故其拥有使买卖关系发生变动的权利。鉴于买受人单方面即可决定试用买卖关系的变动，在买受人作出同意购买或拒绝购买的表示之前，买卖关系仍处于不确定的状态，为促使法律关系尽快明确，维护交易的稳定，买受人决定是否同意购买应受一定时间限制，有必要对试用期限进行明确。试用期限依照以下方式确定：

（1）当事人约定。一般合同所应遵循的自愿原则同样适用于试用买卖合同，故法律规定对于标的物的试用期限未作强制性规制，买卖双方可以自行约定试用期限。

（2）协议补充确定。如果买卖双方对于试用期限没有约定或约定不明确，首先应依照《民法典》第510条规定进行协议补充；不能达成补充协议的，按照合同有关条款或者交易习惯确定。

（3）出卖人确定。买卖双方未就试用期限进行约定，也未能依照《民法典》第510条规定协议补充确定，此时，应由出卖人确定。法律将确定试用期限的最终决定权赋予出卖人，主要是出于平衡买卖双方利益的考虑。试用买卖合同的生效完全由买受人单方对标的物的认可决定，买受人是否认可具有任意性，而在试用期内双方交易尚未完成，出卖人应受合同约束，不得将标的物进行其他处分，标的物所有权未转移的情况下风险仍由出卖人承担，如果买受人长期试用而不表示是否认可，出卖人理应获得终结试用状态的救济权利。

四、试用买卖与相似类型买卖的区分

试用买卖具有特殊性，实践中有些买卖的形式与试用买卖存在一定的相似性，但并非试用买卖。

（一）试用标准买卖

试用标准买卖，是指当标的物经试用或检验符合一定要求、标准时，买受人必须购买的买卖。试用标准买卖中，买受人在合同成立后也可以试用标的物，如果买受人试用标的物达到一定要求、标准时，买受人只能同意购买，不得拒绝。试用标准买卖合同的生效并不完全由买受人单方意志决定，而是以标的物经试用是否达到一定要求为标准，受试用标准的约束，体现了出卖人的意思。因此，试用标准买卖与试用买卖的相似之处在于均可由买受人进行试用，二者本质区别在于合同生效条件不同：试用买卖中以买受人的主观意志为条件，买受人是否同意购买决定合同是否生效；试用标准买卖中以一定客观标准为条件，约定的标准及标的物经试用是否符合该标准决定合同是否生效。

实践中，对于买卖合同中约定的试用条款，应当按照所使用词句的文义，并结合合同的有关条款或者交易习惯及诚信原则，确定买卖双方的真实意思。如果合同中约定了标的物的客观标准，买受人的试用往往只是判断标的物是否符合约定标准的程序，合同是否生效依照标的物是否达到约定标准来确定，并不取决于买受人的意愿，则该合同应为试用标准买卖合同。

（二）第三人试验后买卖

第三人试验后买卖，是指第三人经试验对标的物满意，则买受人购买的买卖。此种买卖中，合同效力完全取决于第三人的认可，第三人对标的物认可前，合同不生效。试用买卖与第三人试验后买卖均为附生效条件合同，但所附条件不同：前者所附条件为买受人对标的物的认可，成就与否完全取决于作为当事人一方的买受人的意愿，在性质上属于随意条件；后者所附条件为第三人的认可，因第三人是否认可不由买卖双方意志决定，故该条件在性质上属于偶成条件，买受人一般无法控制，存在更大的不确定性。在第三人试验后买卖中，如第三人认可标的物而买受人却拒绝购买，则买受人违约。第三人试验后买卖的意义在于买受人购买标的物的目的是为了供第三人使用，买受人与第三人之间一般存在标的物质量标准的相关约定，因此，对于买卖双方之间权利义务的认定往往需要考虑买受人与第三人之间的约定。

（三）保留换货买卖

保留换货买卖，是指在约定期限内买受人可以任意调换标的物的买卖。在该类买卖中，调换不限于同种类物品，也可调换其他种类物品。且不同于普通买卖中物的瑕疵担保，调换完全取决于买受人的意愿，不以标的物存在瑕疵为条件。买受人的权利是任意更换货品，不包括任意退货、退款。试用买卖与保留换货买卖的相似之处在于二者合同成立后均可能因买受人的意志而变动；不同之处在于试用买卖合同是附条件生效合同，可能变化的是合同效力，标的物是确定的；而保留换货买卖合同成立后即已生效，效力是确定的，只是约定保留了买受人的换货权，可能变动的是标的物。

（四）保留退货买卖

保留退货买卖，是指在约定期限内买受人可以任意退还标的物并要求出卖人返还价款的买卖。其最大特点在于买受人有权任意决定是否退货，而不以标的物存在瑕疵为条件，即便标的物没有任何瑕疵，买受人也可以要求退货。试用买卖与保留退货买卖的相似之处在于均属附条件合同，均可依买受人的自由意愿而使合同归于无效。二者的区别在于所附条件的性质不同：试用买卖所附条件属于生效条件或称停止条件，其合同不生效是因为买受人认可这一条件的不成就；保留退货买卖所附条件属于解除条件，其合同成立后本已生效，因买受人行使任意退货权而使合同解除。

（五）凭样品买卖

凭样品买卖，是指出卖人交付的标的物应与双方约定的样品具有相同品质的买卖。其最大特殊性在于标的物的质量以样品为准。试用买卖与凭样品买卖的相似之处仅在于都可能存在买受人试用的情况，二者的区别也比较明显：试用买卖合同为附生效条件的合同，而凭样品买卖合同自成立时一般即生效；试用买卖一般多是特定物的买卖，买受人试用的物即为合同标的物，而凭样品买卖一般均是种类物买卖，封存的物或供试用、检验的物是作为样品而非合同标的物。

（六）送货选购买卖

送货选购买卖，是指出卖人将标的物发送给买受人并由买受人决定是否购买的买卖。其与试用买卖的相似之处在于均由出卖人先行将标的物交付给买受人，并由买受人的意思表示决定买卖是否继续。二者的区别在于出卖人交付行为和买受人意思表示的性质不同：试用买卖的出卖人交付标的物之前合同已经订立，只是尚未生效，提供标的物供买受人试用是合同生效前出卖人的一项义务，买受人同意购买的意思表示是合同的生效条件，一经买受人认可合同即生效；而送货选购买卖中，出卖人交付标的物之前合同尚未成立，送货行为的性质是一个要约，并非出卖人的义务，买受人同意购买的意思表示是一个承诺，同意购买则合同成立。

第六百三十八条　试用买卖的买受人在试用期内可以购买标的物，也可以拒绝购买。试用期限届满，买受人对是否购买标的物未作表示的，视为购买。

试用买卖的买受人在试用期内已经支付部分价款或者对标的物实施出卖、出租、设立担保物权等行为的，视为同意购买。

【条文主旨】

本条是关于试用买卖买受人对标的物认可与视为认可的规定。

【条文理解】

《合同法》第171条对于试用买卖中买受人对标的物的认可作出了规定。《买卖合同司法解释》第41条规定，买受人在试用期内支付部分价款或对标的物实施出卖、出租、设立担保物权等行为视为同意购买。《民法典》在《合同法》基础上吸收司法解释规定，作出本条规定。

作为一种特种买卖，试用买卖的特殊性主要体现在以买受人的同意为合同生效要件。买受人拥有单方决定买卖合同是否生效的权利，能够使法律关系发生、变更或消灭，属形成权。买受人的同意或拒绝具有任意性，故试用买卖中一般不存在“为自己的利益不正当地阻止条件成就”的情形，无论买受人基于何种原因不同意购买，均不应适用《民法典》第159条（《合同法》第45条[1]）的规定，将其视为不

---

① 《合同法》第45条规定：“当事人对合同的效力可以约定附条件。附生效条件的合同，自条件成就时生效。附解除条件的合同，自条件成就时失效。当事人为自己的利益不正当地阻止条件成就的，视为条件已成就；不正当地促成条件成就的，视为条件不成就。”

正当阻止条件成就而推定合同生效。如果买受人根本没有购买的真实意愿，仅为获得免费使用利益或其他目的而试用标的物，则有违诚信原则。

一、明示同意购买

一般情况下，买受人表示同意购买是以明示的方式作出。关于买受人明示同意购买的表达形式，在无特别约定的情况下，可以自由选择口头形式或者书面形式。虽然对于标的物是否予以承认完全由买受人决定，但是考虑到承认在试用买卖中的重要意义，事关买卖双方利益和交易安全，从利益平衡的角度考虑，采取何种明示形式来表达承认不应完全由买受人单方决定。实践中，合同中对于表达同意购买的形式有约定的，应当按约定；没有明确约定的，应根据《民法典》第510条、第511条规定补充确定；仍无法确定的，应允许当事人自由选择。

二、视为同意购买

在特殊情况下，买受人虽未以明示表示同意购买，但其实施的积极行为或消极行为表明了其对标的物的承认，可以视为其具有购买试用标的物的意思，此时应认为买受人已表示同意购买。视为同意购买是一种特殊的意思表示，买受人在试用期满后的默示行为及试用期内的付款行为、非试用行为，本是一种单纯的事实行为，并不表现买受人的内心意思，之所以将该事实行为视为意思表示，是因为从买受人的该类行为可以推知其具有同意购买的真实意愿。同时，该类行为在客观上给出卖人造成一定信赖，考虑到利益平衡，应当保护出卖人的信赖利益，视为买受人具有同意购买的意愿，以使其行为发生买卖合同生效的效果。

（一）默示行为

买受人虽未明确表示同意购买，但在试用期满后，对于出卖人交付转移占有的标的物不予退还，对于该消极默示可以视为购买。因为在试用买卖合同签订后，出卖人具有提供试用标的物的义务，买受人则具有经试用表示是否购买的义务，如果买受人没有及时作出是否购买的表示，就应发生相应的效果，视为购买，由买受人承担相应后果。

对于试用标的物的形式，法律并无强制规定，不要求出卖人必须将标的物转移给买受人占有，买受人既可以在出卖人的场所进行试用，也可以在自己的场所进行试用。在试用标的物未交付买受人占有的情况下，如果仍要求买受人必须在试用期内明确表示拒绝才发生买卖合同不生效的效果，则对买受人有苛求之嫌。鉴于占有行为所具有的实际控制意义，从买卖双方的利益平衡考虑，对本条规定应作限缩理解。在标的物转移给买受人占有的情况下，试用期限届满，买受人对是否购买标的物未作表示的，视为购买；未作表示但退回标的物的行为，应视为拒绝购买。而在未转移占有标的物的情况下，买受人在试用期限届满未作出购买表示的，视为拒绝购买。买受人未试用标的物，且不作任何意思表示，视为拒绝购买。

（二）付款行为

买受人虽未明确表示同意购买，但在试用期内已经支付了一部分价款或全部价款，应认为买受人是以支付价金的形式来表示认可的意思，视为其同意购买试用标的物。在试用买卖中，一般是在买受人表示同意购买导致合同生效后才支付价款，支付价款是买受人的主要合同义务，在未表示同意购买的情况下却支付价款，足以表明其内心具有同意购买的意愿，应视为同意购买。

（三）非试用行为

鉴于在试用期内试用买卖尚未完成，买受人尚未取得标的物的所有权，其试用目的在于了解、检验标的物的品质和性能，试用行为应限于对标的物的检查、试验等必要限度。买受人虽未明确表示同意购买，但在试用期内对标的物实施了出卖、出租、设定担保物权等行为时，出卖、出租、设定担保物权等行为显然超出了试用行为的范畴，买受人实施非试用行为表现出其已将标的物视为己物，故可视为其已同意购买。

三、承认的含义

鉴于买受人即便对标的物满意，依然可以拒绝购买，因此，买受人的承认就可能是单纯对标的物的认可，也可能是对标的物及交易的认可。对于承认的性质和含义，存在不同理论观点和学说。观念通知说认为，承认标的物就是买方对标的物感到满意的一种意思表示，仅为一种买方的观念通知而不是法律行为，仅是一般的事实状态，在法律事实分类上为有相对人之准法律行为，准用法律行为的规定。[①] 法律行为说认为，承认的目的在于使买卖合同生效，所以承认的对象应是买卖合同而非买卖标的物。如承认仅为对标的物的认可，则承认并不导致买卖合同的生效，因在试用买卖中，无论买方对标的物感到满意与否，他都有决定购买或不购买标的物的自由，即使他明确表示该标的物甚好，他也有权拒绝购买该标的物。所以承认应是一种法律行为，是买方确认买卖合同效力的一种法律行为，而不仅仅是一种观点认知。[②] 意思表示说认为，承认的意思表示不是单纯引起条件成就的通知，而是意思表示。[③] 应当认为，在试用买卖的场合下，买受人对标的物的承认不仅是对标的物的满意，也是对买卖合同的认可，不仅仅是一种观点告知，也是一种意思表示，其中包含了同意购买的效果意思。

四、承认的生效和撤销

试用买卖中，买受人同意购买的意思表示属于有相对人的意思表示，必须向出卖人作出，经出卖人受领生效。买受人以非对话方式表示同意购买的，在该意思表示到达出卖人时生效。视为同意的意思表

① 邱聪智：《债法各论》（上册），1996 年自版发行，第 139~140 页。

② 聂孝红：《论试验买卖中买方之承认》，载《辽宁大学学报（哲学社会科学版）》2000 年第 4 期。

③ ［德］迪特尔 · 梅迪库斯：《德国债法分论》，杜景林、卢谌译，法律出版社 2007 年版，第 135 页。

示的生效也应遵循到达主义，在到达相对人时才能生效，这就要求试用买卖中买受人实施的可视为同意的行为应被出卖人知晓，只有在出卖人知道或应当知道的情况下，才能对出卖人产生效力。

买受人作出同意购买的表示如存在重大误解、欺诈、胁迫、显失公平等情形，可依法主张撤销。明示同意购买的意思表示可撤销，视为同意购买的意思表示亦可撤销。如果买受人能够证明其付款行为或非试用行为是基于错误认识或其他法定情形，其内心并无同意购买的真实意愿，则可主张撤销。如果因此造成出卖人受到损失，则买受人应当承担赔偿责任。

五、承认的溯及力

试用买卖中，买受人对标的物的承认使合同发生效力，其承认是否具有溯及力，关系到合同生效的时间以至试用期内标的物的风险承担和利益承受。在一般的附生效条件合同中，生效条件成就没有溯及力，合同自条件成就时才开始发生效力。对于试用买卖，当前理论和实务中的通说认为，买受人对标的物的承认具有溯及力，经买受人承认，买卖合同自成立时生效。[①] 买受人明示同意购买的意思表示具有溯及力，视为同意的意思表示亦然。

【审判实践中应注意的问题】

一、关于试用买卖中买受人付款行为的认定

买受人支付的款项必须是用于标的物的对价，且应为无保留的支付，否则不能视为同意购买。买受人的付款行为能否视为同意购买应当考虑以下因素：（1）付款行为须发生在试用期内。买受人只有在试

① 郑玉波：《民法债编各论》（上册），我国台湾地区三民书局1992年版，第98页；邱聪智：《债法各论》（上册），1996年自版发行，第142页；李国光主编：《合同法解释与适用》，新华出版社1999年版，第771页。

用期内才有同意或拒绝购买的任意权，其无明确意思表示的付款行为才有推定的必要，试用开始之前及试用期结束后，买受人的付款行为无须进行推定。（2）所付款项须用于标的物的价款。试用买卖双方往往会约定试用标的物的费用，此时买受人支付使用费的目的也不具有同意购买的意思表示。（3）买卖双方无其他约定，买受人对所付款项未声明保留。如果买卖双方对标的物价款支付方式有其他明确约定，或者买受人付款时明确所付款项的用途，则不能对付款行为进行推定。试用买卖中往往约定买受人需要交纳试用的保证金或押金等，此时的付款目的在于为试用标的物提供保证，不含有同意购买的意愿。（4）付款行为已使出卖人产生购买的信赖。对于买受人的付款行为，除了根据外在行为探究其真实意愿外，还应从保护出卖人信赖利益的角度进行把握。如果付款行为表现出同意购买的外观，且使得出卖人因此产生了买受人同意购买的合理信赖，即便买受人的付款行为是基于主观错误，也应当视为其具有同意购买的意思表示。

二、关于买受人非试用行为的认定

对买受人的非试用行为是否视为同意购买，核心在于该行为是否超出了试用标的物的必要限度和范围。买卖双方对于试用标的物的方式、过程及范围有约定的，依其约定进行判断；没有约定的，应根据买受人的行为是否超出试用所需程度和范围进行判断。（1）买受人的非试用行为应理解为负担行为，不要求是处分行为，只需使标的物发生债的关系即可，无须产生物权变动的实际后果。（2）除了法律规定明确列举的出卖、出租、设立担保物权，其他诸如出借、赠与等具有类似性质的行为，均非试用所必需，也应作相同解释。（3）出卖人让渡标的物的使用权甚至占有权，承担了一定风险，应当考虑对出卖人信赖利益的保护，如果买受人的行为使得标的物的性状、效用发生了变化、毁损，应当认定为非试用行为。（4）非试用行为仅针对标的物的一部分时，能否视为对全部标的物同意购买，应当结合该部分与标的物整体的关系确定。如果非试用行为所涉部分标的物与标的物整体不可分割，否则会影响标的物其他部分的或整体的性能、效用，则应将部分与整体视为一体，将该非试用行为认定为同意购买所有标的物的意思表示；如果该部分标的物相对独立，与标的物的其他部分均能独立发挥效用，则应将该非试用行为视为仅对所涉部分标的物同意购买。

三、对买受人试用期内期待利益的保护

一般买卖中，合同生效后出卖人又将标的物卖给他人时，买受人可依合同主张违约责任。试用买卖中，在试用期内合同尚未生效时，出卖人如果将标的物卖给他人或者实施设定担保等其他导致买受人无法取得标的物完整所有权的其他行为，鉴于买受人在试用期内可以任意决定合同生效与否，相比一般附条件合同的当事人享有更大的期待利益，因此，应予特别保护。《民法典》第159条规定了不正当阻止条件成就和不正当促成条件成就，未规定附条件法律行为当事人期待利益的保护。出卖人在试用期内对标的物的处分行为，如可能导致买卖合同生效后买受人取得标的物的利益受损的，可认为该处分行为无效。如第三人善意取得标的物所有权的，买受人可以要求出卖人承担损害赔偿责任。

第六百三十九条 试用买卖的当事人对标的物使用费没有约定或者约定不明确的，出卖人无权请求买受人支付。

【条文主旨】

本条是关于试用期内标的物使用费的规定。

【条文理解】

《合同法》中关于试用买卖的规定中未涉及试用期内标的物使用费的问题，《民法典》以《买卖合同司法解释》第 43 条为基础作出本条规定。

一、试用期内的权利义务

附条件的法律行为是指当事人在法律行为中特别规定一定的条件，以条件是否成就来决定法律行为效力的发生或消灭的法律行为。[①]根据《民法典》第 158 条的规定，附生效条件的民事法律行为，自条件成就时生效；附解除条件的民事法律行为，自条件成就时失效。附条件的法律行为成立后，在条件成就之前，该法律行为处于效力不确定状态，只具有形式上的拘束力，即当事人不得单方撤回或随意变更，不得为了自己的利益不正当地阻止或促成条件成就。在条件成就之后，该法律行为才发生或失去效力。附生效条件的合同在所附条件成就后才生效，在条件成就之前，除合同拘束力带来的先合同义务之外，合同当事人之间尚不存在约定的合同权利义务关系。试用买卖合

① 王利明、杨立新、王轶、程啸：《民法学》，法律出版社 2014 年版，第 104 页。

同是附生效条件合同，但作为特种买卖，具有不同于一般附生效条件合同的特性。试用买卖合同以买受人同意购买为生效条件，买受人同意购买前，合同并未生效，当事人之间尚不存在买卖合同的权利义务，但买卖双方之间就标的物的试用存在相应权利义务关系。

（1）出卖人提供试用标的物的义务。试用买卖合同成立后，出卖人即有义务向买受人提供可以试用的标的物。无论买受人是否实际进行试用，出卖人均负有该义务。试用的形式可依约定或便于买受人试用而确定，可以交付转移占有，也可以在出卖人的场所进行。出卖人不予提供的，则买受人有权要求出卖人提供或主张解除合同。

（2）买受人试用标的物的权利。试用买卖合同成立后，买受人有权对标的物进行试用。试用是买受人的权利而非义务，买受人当然可以放弃试用的权利。但买受人的试用行为以检验、试验标的物的性能、功效为限，而不得为超出限度的非试用行为。

（3）买受人同意购买的权利。该权利是买受人单方的、任意的权利，无论买受人是否对标的物进行试用，也无论买受人在试用后对标的物是否满意，均有权同意或拒绝购买。

二、试用关系的清理

上述权利义务不同于生效后的买卖合同主要权利义务，而是买卖双方在试用期内的权利义务。买受人放弃试用或经过试用，如果同意购买标的物，则买卖合同生效，试用期内的法律关系被生效后的法律关系所取代，买卖双方之间产生买卖合同权利义务关系；如果拒绝购买，则买卖合同自始不生效，合同约定的买卖权利义务关系自始不发生，双方之间的试用权利义务也归于消灭，在买受人对标的物试用的情况下，还应就试用期内的权利义务关系进行清理。

（一）买受人应当返还试用标的物

对于交付转移占有的试用标的物，买受人在拒绝购买后，买卖合同不发生效力，标的物所有权仍归出卖人，故应当返还出卖人。

（二）对于试用期内没有约定或者约定不明确的，由出卖人最终决定

标的物的试用期首先依据当事人约定来确定，没有约定或约定不明时，由当事人依据《民法典》第510条规定进行补充协议，仍然不能确定的，由出卖人确定。

（三）对标的物使用费没有约定或者约定不明确的，由出卖人承担

《合同法》中对于试用买卖的规定比较简单，没有明确标的物使用费的负担。对此问题，学理上和实务中认识不一。有观点认为，该费用应由当事人约定，如无约定由买受人负担为宜，因试验系为买受人之利益故也。[①] 也有观点认为，出卖人与买受人之间事先有约定的按照双方的约定处理，如果没有约定，按交易习惯确定使用费用的承担；若是既无约定又没有相应的交易习惯，则使用费用由出卖人承担。原因在于：其一，试用所产生的费用是出卖人应承担的成本中的必要组成部分，而且该费用占成本的比例一般相对较小，出卖人有足够的经济能力承担这一费用。其二，如果由买受人承担试用期内产生的费用，则会产生同分期付款买卖相类似的后果，而试用买卖主要出现在新产品的推介过程中，有偿试用将不利于激发消费者试用新产品的积极性，从而不利于新产品开拓市场销路。[②]《买卖合同司法解释》第43条规定认为，在没有约定使用费或者约定不明确的情形，应解释为买受人不支付使用费。《民法典》吸收了司法解释的规定，规定没有约定或者约定不明确的，出卖人无权请求买受人支付使用费，在立法层面进一步明确了保护买受人利益的目的和倾向。从试用买卖的本质特征来看，合同成立后是否生效完全由买受人单方、任意决定，因此，出卖人在订立合同时就应当对之后存在买受人不购买的可能性有所预期，在缔约之初就应当将因试用而可能发生的费用纳入自己的交易成本；并且，试用期内标的物的所有权不发生转移，在标的物

① 郑玉波：《民法债编各论》（上册），我国台湾地区三民书局1992年版，第94页。

② 吴志忠：《论我国〈合同法〉有关试用买卖规定的完善》，载《暨南学报（哲学社会科学版）》2008年第6期。

毁损、灭失的风险负担也由出卖人承担的情况下，举重以明轻，如无约定或约定不明，试用费用由出卖人承担，更能保持试用买卖制度为保护买受人而设立的价值一致性；此外，相比于买受人，出卖人的经济实力和承受风险能力更强，由其承担使用费能更经济地化解损失和纷争。

本条规定未明确以买受人拒绝购买为前提条件，即便买受人试用后同意购买，也可能发生标的物使用费的问题，在没有约定或约定不明时，当然也应由出卖人承担。

关于适用本条规定之前是否需要依据法律规定[①]对合同内容进行补救，如前所述有观点认为，如果没有约定，按交易习惯确定使用费用的承担；若是既无约定又没有相应的交易习惯，则使用费用由出卖人承担。也有观点认为，当事人没有约定的，应当直接确定为无偿使用，不需要经过《合同法》第61条规定的补缺程序。[②]根据本条规定的条文表述，应当将约定限定为当事人之间明确的、无歧义的约定，而不应包括以合同解释方式确定的当事人意思表示。当事人约定内容含混、模糊、有歧义的，即为约定不明确。与《民法典》第637条关于试用期的规定相比，本条规定没有规定当事人依据《民法典》第510条的规定进行补充协议，因此，在当事人对使用费没有约定或约定不明的情况下，无须进行补充协议即可适用本规定由出卖人承担。

（四）试用标的物在试用期内毁损、灭失的风险由出卖人承担

根据《民法典》第640条规定，标的物在试用期内发生毁损、灭失的，相应损失由出卖人承担。

三、试用买卖制度对买受人利益的保护

试用买卖制度设立的目的主要在于保护买受人的利益。与标的物毁损、灭失造成的损失相比，使用费体现的利益更小，对比《民法典》第639条、第640条的规定，立法将试用买卖期间标的物毁损、

① 《合同法》第61条和《民法典》第510条。

② 隋彭生：《合同法要义》，中国人民大学出版社2011年版，第303页。

灭失的风险直接规定由出卖人承担，而对于标的物使用费首先还是交由当事人意定，只有在没有约定或约定不明的情况下，才由立法介入进行干预。而与试用期限所体现的利益相比，使用费的利益又更大，因此，与《民法典》第637条关于试用期限的确定相比，第640条没有规定在无约定或约定不明时还需依据《民法典》第510条进行补充协议，而是直接规定由出卖人承担。立法对买受人利益的保护力度与利益的重大程度成正比，利益越重大，对于买受人可能造成的损害越大，越是需要立法进行干预。

四、试用期内买受人的注意义务

《民法典》在《合同法》规定的基础上，进一步细化、完善了试用买卖制度的规定，尤其是增加了标的物使用费、试用期内标的物风险负担的规定，明确加强了对买受人利益的保护。但是，买受人在试用期内对于标的物也负有一定注意义务。对于试用期内标的物毁损、灭失形成的损失，买受人是否应当承担损害赔偿责任？因试用期内买卖合同尚未生效，故不能依照合同约定的权利义务确定。对于试用期内双方当事人之间的权利义务关系，《民法典》的规定也并不详尽。在这种情况下，买受人是否承担责任应取决于其在试用期内应承担的注意义务以及是否违反了该注意义务。当然，如买受人仍然同意购买，因其同意具有溯及力，所有权自合同成立时已转移给买受人，故该损失自然由买受人承担，此问题也就无须讨论。实践中一般买受人会拒绝购买，此时，可将试用期内双方权利义务关系视为特殊的无名合同，双方有约定的，从其约定；没有约定的，可参照法律关于最相似合同类型的规定来确定双方权利义务关系及责任承担。例如，试用期内买受人对于标的物的保管所负有的注意义务，可参照法律关于保管合同的规定来确定。

第六百四十条 标的物在试用期内毁损、灭失的风险由出卖人承担。

【条文主旨】

本条是关于试用期内标的物风险负担的规定。

【条文理解】

《合同法》对于试用买卖中试用期内标的物的风险负担没有作出规定,《民法典》根据理论研究的共识和司法实践的需要对此予以明确。

一、试用买卖标的物的所有权转移

对于普通买卖，法律规定的一般规则是，如无其他约定或法律规定，合同成立后即生效，标的物所有权一般自交付时转移[①]，即出卖人交付标的物时发生所有权转移的效果。[②]但在试用买卖中，出卖人将标的物交由买受人试用，其目的和真实意思仅为转移标的物的使用权，在买受人作出同意购买的表示之前，合同未生效，自然不发生所有权转移的效力，标的物仍归出卖人所有。买受人表示同意购买后，合同生效，标的物所有权也发生转移。因买受人同意购买的意思表示具有溯及力，故合同效力溯及至成立时，标的物所有权转移的时点也

① 《合同法》第133条规定:“标的物的所有权自标的物交付时起转移，但法律另有规定或者当事人另有约定的除外。”《民法典》合同编未保留此规定，而保留了《物权法》第23条的规定，在物权编中的第224条规定:“动产物权的设立和转让，自交付时发生效力，但是法律另有规定的除外。”

② 仅以动产为讨论对象，下同。不动产所有权转移除交付还需登记。

溯及至合同成立时。因此，在标的物交付买受人试用的情况下，标的物所有权的转移取决于买受人的同意且具有溯及力；在标的物未交付买受人试用的情况下，标的物所有权仍自实际交付时发生转移。

二、试用买卖标的物的风险负担

买卖合同中标的物的风险是指买卖合同的标的物由于不可归责于买卖合同双方当事人的事由毁损、灭失所造成的损失。风险负担是指该损失由谁来承担。[①]我国民事立法上，在无当事人特别约定及其他法律规定的情况下，动产标的物风险负担的转移与所有权转移一致，均自交付时发生转移。但风险负担与所有权转移并不完全一致，在当事人有特别约定时，如买卖双方约定所有权保留，标的物交付时，所有权并不转移，风险负担仍转移。不动产所有权的转移需要完成交付和登记，风险负担仍自交付时转移。

普通买卖中标的物风险转移适用交付主义原则，该交付属于履行买卖合同的主要义务，交付后买受人即可取得所有权，并可享有收益，符合风险与收益相一致。根据《合同法》第142条和《民法典》第604条的规定，普通买卖中，标的物毁损、灭失的风险，在标的物交付之前由出卖人承担，交付之后由买受人承担，法律另有规定或者当事人另有约定的除外。[②]试用买卖中，合同附有生效条件，标的物的风险转移亦附有条件。试用期内的交付，并非履行买卖合同主要义务的交付，买受人也不因此取得所有权，不能享有收益，只能试用，故不应承担风险，否则有违公平。

（1）在标的物交付买受人试用的情况下，试用期内，虽然发生了标的物的交付，但在买受人作出意思表示之前，合同尚未生效，标的物所有权未转移，标的物毁损、灭失的风险自然也不发生转移。在买受人作出意思表示之后，试用期即结束，如买受人拒绝购买，则合同

---

① 王利明、杨立新、王轶、程啸：《民法学》，法律出版社2014年版，第546页。

② 《合同法》第142条、《民法典》第604条规定了标的物风险负担的一般规则，《合同法》第143~148条、《民法典》第605~610条规定了标的物风险负担的特别情形。

不发生效力，标的物的所有权仍归出卖人，标的物的风险也仍由出卖人承担；如买受人同意购买，则合同生效，标的物所有权发生转移，标的物的风险也相应转移由买受人承担。此时，虽然标的物所有权的转移溯及至合同成立时，但对于风险负担的转移是否发生溯及力存在不同认识。有的观点认为，买受人同意购买，买卖合同的生效时间应溯及至出卖人交付标的物之时，只要买受人认可标的物的，标的物在试用期内发生的意外损失的风险即应由出卖人交付标的物时起转移给买受人，买受人拒绝认可的，在试用期内发生的风险仍由出卖人承担。[①] 也有观点认为，以认可为据探讨交付性质的转变以及风险负担的转移没有意义。买受人经过试用后认可，一经认可，合同生效，试用期结束，尽管合同约定的使用期限尚未完全经过。在认可之前发生标的物毁损灭失，买受人出于自卫均不可能认可。因此，试用期内发生标的物的意外风险，可能的结果只有一种——买受人不认可。[②] 类似观点认为，尽管标的物在承认之前即已经交付，但价金危险还没有在买受人那里，这时如果买卖客体遭受什么不利，买受人将会拒绝自己的承认，于此情形，其无须再行支付价金。[③] 对此，鉴于买受人同意购买标的物的意思表示需要达到出卖人才能发生效力，如果在发出之后到达之前标的物发生毁损或灭失的，则风险负担是否具有溯及力就关系到相应损失应由谁承担，故应予明确。应当认为，在标的物交付试用的情况下，买受人的同意购买不发生风险负担的溯及力，标的物毁损、灭失的风险自买受人认可标的物时转移给买受人承担，试用期内标的物的风险仍由出卖人承担。

（2）在标的物未交付买受人试用的情况下，标的物的风险负担仍应自实际交付时发生转移。

---

① 黄立主编：《民法债编各论》（上），中国政法大学出版社2003年版，第122页。

② 郭明瑞主编：《合同法学》，复旦大学出版社2007年版，第275页。

③ ［德］迪特尔·梅迪库斯：《德国债法分论》，杜景林、卢谌译，法律出版社2007年版，第135页。

三、试用买卖标的物的瑕疵担保责任[①]

物的瑕疵担保在立法上表述为质量担保，一般指出卖人应当保证其所交付的标的物符合合同约定或者法律确定的品质、价值和功能等质量标准。买卖合同的有偿性决定了出卖人应当负有物的瑕疵担保义务。对于标的物的质量标准，根据《民法典》第615条和第616条的规定，当事人有约定的依约确定；没有约定的或者约定不明确的，依照《民法典》第510条规定进行补充协议；不能达成补充协议的，按照合同有关条款或者交易习惯确定；仍不能确定的，适用《民法典》第511条的规定，按照强制性国家标准履行；没有强制性国家标准的，按照推荐性国家标准履行；没有推荐性国家标准的，按照行业标准履行；没有国家标准、行业标准的，按照通常标准或者符合合同目的的特定标准履行。

出卖人交付的标的物不符合质量标准时，违反了对物的瑕疵担保义务，应承担瑕疵担保责任。普通买卖中，买受人在订立合同时知道或应当知道标的物质量不合格的，不得向出卖人主张瑕疵担保责任。相比于普通买卖，试用买卖的买受人在同意购买之前可以进行试用，故试用买卖中的瑕疵担保责任具有特殊性。一方面，虽然买受人可以通过试用对标的物对是否存在瑕疵进行检验，但不能因此认为买受人对标的物的承认表明标的物没有瑕疵，或表明买受人已接受标的物存在的瑕疵；另一方面，买受人经试用通常情况下应当对标的物已有了解，并拥有任意决定是否认可标的物的权利，因此，出卖人的瑕疵担保责任应予一定减轻。对于买方的承认是否意味着免除了卖方瑕疵担保责任这一问题，有观点认为，应根据瑕疵是否明显区别对待：如果标的物的瑕疵是明显的，在正常情况下，买方在试验期内可以发现，即使买方因为过失没有发现，买方的承认也可免除卖方的瑕疵担保责任；如果标的物的瑕疵是隐蔽的，在正常情况下，即使买方没有任何

① 瑕疵担保包括物的瑕疵担保和权利瑕疵担保。试用买卖中对标的物的权利瑕疵担保与普通买卖并无不同，本节仅讨论物的瑕疵担保。

过失也难以发现，买方的承认就不能视为构成对卖方标的物瑕疵担保责任之免除。[①]这种观点具有合理性，但瑕疵是否明显、是否可以被发现与个体能力有关，也涉及举证责任问题。在普通买卖中，买受人知道瑕疵或因重大过失而不知道瑕疵，是出卖人瑕疵担保责任的免责事由，出卖人主张免责的，应对此承担举证责任。试用买卖中，可通过举证责任的分配来减轻出卖人的瑕疵担保责任。有观点认为，通常所能发现的瑕疵，可以举证责任倒置；非属通常试用所能发现的瑕疵，举证责任不能倒置。[②]类似观点认为，如果买受人能够证明标的物的瑕疵经过通常的试用不能发现，即自己对标的物瑕疵无重大过失的，出卖人的瑕疵担保责任成立；否则应认定为买受人有重大过失，或买受人对标的物瑕疵的认可，出卖人瑕疵担保责任不成立。[③]上述观点具有合理性，试用买卖的买受人对标的物经试用予以认可后，又向出卖人主张标的物的瑕疵担保责任的，应由买受人举证证明其不知标的物存在瑕疵，且对不知道该瑕疵不存在重大过失。对于经通常试用能够发现的一般瑕疵，买受人未发现则存在重大过失，应免除出卖人的瑕疵担保责任；对于经通常试用难以发现的特殊瑕疵，买受人未发现并无重大过失，不能免除出卖人的瑕疵担保责任。在买受人未对标的物进行试用的情况下，出卖人主张存在瑕疵担保责任免责事由时，仍应承担举证责任，而不能倒置由买受人承担。

四、试用期内的孳息归属

在普通买卖中，标的物的所有权转移与交付保持一致，标的物孳息归属的一般规则也适用交付原则。《民法典》第630条规定："标的物在交付之前产生的孳息，归出卖人所有；交付之后产生的孳息，归

① 聂孝红：《论试验买卖中买方之承认》，载《辽宁大学学报（哲学社会科学版）》2000年第4期。

② 邱聪智：《债法各论》（上册），1996年自版发行，第144页。

③ 郭明瑞主编：《合同法学》，复旦大学出版社2007年版，第275页。

买受人所有。但是当事人另有约定的除外。”[①] 试用买卖中，试用期内标的物的交付与所有权转移并不一致，故不能仅依交付作为认定标准。孳息的归属应与所有权的转移保持一致，在买受人经试用同意购买的情况下，所有权转移的效力溯及至合同成立时，故标的物在试用期内所产生的孳息应归属于买受人。

① 《合同法》第163条规定：“标的物在交付之前产生的孳息，归出卖人所有，交付之后产生的孳息，归买受人所有。”

第六百四十一条 **当事人可以在买卖合同中约定买受人未履行支付价款或者其他义务的，标的物的所有权属于出卖人。**

出卖人对标的物保留的所有权，未经登记，不得对抗善意第三人。

【条文主旨】

本条是关于所有权保留制度的原则性规定。

【条文理解】

所有权保留，是指在买卖合同中，买受人虽先占有使用标的物，但在双方当事人约定的特定条件成就以前，出卖人对标的物仍然保留所有权，条件成就后，标的物的所有权转移于买受人。该制度对促进交易、分配交易风险等具有积极作用。实践中因所有权保留产生的纠纷较多，分歧也较多，该制度的正确运用对交易双方及第三人的利益均会产生较大影响。

一、其他国家和地区关于所有权保留的规定

买卖合同中的所有权保留条款，是标的物所有权转移问题中的重要内容，在世界范围内得到比较普遍的承认。《德国民法典》第449条对所有权保留作出了规定："（1）动产出卖人将所有权保留到买卖价款支付时为止的，有疑义时，必须认为所有权系以支付全部买卖价款为停止条件而转让的（所有权保留）。（2）仅在出卖人已解除合同时，出卖人才能根据所有权保留而请求返还物。（3）所有权保留的约定使所有权的转移取决于买受人满足第三人的债权，特别是满足与出

卖人相关联的企业的债权的，该约定无效。”关于何谓停止条件，《德国民法典》第 158 条规定：“法律行为系附停止条件而实施的，该停止条件所决定的效力在条件成就时发生。”“停止条件”在我国是一个有颇多译名的民法术语，也有学者译作“延缓条件”“推迟生效条件”，但“停止条件”是较具普遍性的译名。在动产买卖合同系附所有权保留而订立的情形下，动产出卖人将所有权保留到全部买卖价款支付之时，关于所有权转移的法律行为就是附支付全部买卖价款这一停止条件的。在条件成就时，关于所有权转移的法律行为的效力就发生；只要条件不成就，关于所有权转移的法律行为的效力就不发生。受《德国民法典》影响，目前很多国家和地区都以立法的形式或以相关规定确立了所有权保留制度，如《埃及民法典》第 430 条、《希腊民法典》第 532 条、《意大利民法典》第 1523 条至第 1526 条。法国和美国也都承认和采用所有权保留制度。英国在《英国货物买卖法》第 17 条和第 19 条中确定了成文法上的所有权保留制度。我国台湾地区在其“动产担保交易法”第 26 条规定，附条件买卖是买受人先占有动产之标的物，约定至支付一部或全部价金或完成特定条件时，始取得标的物的所有权之交易。此处的“附条件买卖”本质上就是所有权保留制度。“动产担保交易法”第 28 条至第 30 条又对出卖人的权利、买受人的权利、第三人的保护等分别进行了规定。

二、所有权保留制度的功能

所有权保留制度的主要功能在于担保，虽然不排除其具有担保之外的其他功能。说所有权保留具有担保性，仅仅是从其客观功能来定位的，并不是从法律层面上认定其为担保物权，因为理解为担保物权抑或是所有权，对出卖人来说，在买受人破产时区别甚大：如果是担保物权，则出卖人享有别除权；如果是所有权，则出卖人享有取回权。因此，虽然说所有权保留实质上是担保，但在形式上出卖人对标的物享有的是所有权而非担保物权，是自物权而非他物权。

所有权保留制度之所以被广泛采用，是因其具有独特的制度功能。19世纪末期，伴随着工业革命而来的供求膨胀使信用经济勃然兴起，分期付款买卖日益在欧美各国成为流行的交易方式，此时，所有权保留制度因其制度设计所具有的独特功能，作为与分期付款买卖紧密结合的担保方式逐渐得到采用。所有权保留制度对当事人双方均有好处：买受人不履行义务时，出卖人可以取回标的物；买受人则在不必立即支付全部价金的情况下获得对标的物的使用。所有权保留制度主要体现出了权利义务分配的均衡与方便，就均衡的功能来讲，基于买卖合同出卖人和买受人就标的物享有权利和义务，出卖人由于保有标的物之所有权，故在所附条件成就前享有所有人地位，可以在买受人不履行合同义务时径直取回标的物，在标的物辗转他人之手时行使物上追及权，并有权排除第三人对标的物的妨害。买受人因占有标的物而享有使用、收益权，并在特定情况下可以将标的物转移、抵押、出质等。所有权保留的特殊经济功能在于买受人先占有使用标的物，而后再付清价金，实际上是以接受买受人信用的方式来促成融资，这样买方的购买力大大提升，起到了对未来购买力的预支而提前消费的作用，可以刺激消费，活跃市场。因此，所有权保留的主要功能虽在于保障债权，但亦深具社会经济意义，在宏观和微观层面均具有极强的合理性。

三、所有权保留的种类

综观其他国家和地区对所有权保留的规定，根据标的物和债权范围的不同，所有权保留大致可以分为以下四种类型：

一是简单的所有权保留。即双方当事人约定出卖人将标的物交付给买方，买方支付该特定标的物的价款之前，该标的物的所有权仍由出卖人保留。此时，出卖人保留所有权的客体仅限于买受人根据合同所占有的、特定化的标的物，所保障的债权亦以该特定物的价金为限。此为所有权保留最基本的样态。

二是延长的所有权保留。买受人将标的物予以转售以赚取利润，或者将标的物进行加工、混合、附合。在这两种情况下，出卖人为确实保障未获清偿的价金债权，故将所有权保留的对象扩大到买方的转售所得或者添附物，此时出卖人所依凭的就是延长的所有权保留。

三是扩张的所有权保留。该种所有权保留所保障的债权不仅以本合同产生的价金债权为限，而且扩张到出卖人或者其关联方，即出卖人或其关联方因其他合同或基于其他理由所享有的债权均由标的物的所有权进行担保。在这些所有债权清偿前，卖方保留对标的物或其转售所得、添附物的所有权。扩张的所有权保留比延长的所有权保留所担保的债权范围更宽。扩张的所有权保留又可细分为余额结转型所有权保留和康采恩所有权保留：余额结转型所有权保留指标的物不仅要担保这个具体的价金债权，而且还要担保出卖人基于与所有权保留买受人生意联系而产生的所有债权；康采恩所有权保留担保的不仅是出卖人对买受人的债权，而且还包括买受人对其他的与出卖人同属于一个康采恩的其他供应商的债权。[①]

四是混合型的所有权保留。即上述三种所有权保留混合所形成的一种更为复杂的形态。

四、《民法典》之前我国关于所有权保留的规定

《民法通则》第72条规定："财产所有权的取得，不得违反法律规定。按照合同或者其他合法方式取得财产的，财产所有权从财产交付时起转移，法律另有规定或者当事人另有约定的除外。"即在不违反法律法规强制性规定的情况下，当事人可以约定财产交付后所有权不转移，这样所有权的变动就与交付及占有等外观脱钩，所有权的转移可以发生在交付之后若干时间，这就为所有权保留制度预留了空间。《民法通则意见》第84条规定："财产已经交付，但当事人约定财产所有权转移附条件的，在所附条件成就时，财产所有权方为转移。"

《合同法》第133条规定："标的物的所有权自标的物交付时起转

① 李永军：《所有权保留制度的比较法研究——我国立法、司法解释和学理上所有权保留评述》，载《法学论坛》2013年第6期。

移，但法律另有规定或者当事人另有约定的除外。”第134条规定：“当事人可以在买卖合同中约定买受人未履行支付价款或者其他义务的，标的物的所有权属于出卖人。”该条内容和《民法典》第641条第1款的规定完全吻合，无一字之差。《买卖合同司法解释》第6部分用4个条文专门规定了所有权保留制度，其中第34条规定了所有权保留的适用范围，第35条规定了出卖人取回权，第36条规定了出卖人取回权的限制，第37条规定了买受人赎回权、出卖人在出卖权以及相关清算内容。

五、所有权保留的登记

从比较法上来看，各国（地区）关于所有权保留登记的规定并不一致，少数国家（地区）未赋予登记任何法律意义，如在德国民法上，所有权保留条款既不需要进行登记，也无需满足任何形式要件。绝大多数国家（地区）赋予登记一定的法律意义，其又分为登记生效主义和登记对抗主义。个别国家（地区）民法规定登记是所有权保留的生效要件，如《瑞士民法典》第715条规定：“保留让与他人动产的所有权，须在受让人住所所在地的主管官员的登记簿上登记，始生效力。”可见，未经登记，所有权保留在当事人间不生效力，更不能以所有权保留对抗善意第三人。大多数国家（地区）规定登记是所有权保留的对抗要件。如《意大利民法典》第1524条第2款规定：“买卖契约以机械为标的物且价格超过15欧元的，保留所有权可以抗辩第三买受人，但是以保留所有权的约款在对机械物有司法管辖权的法院文书室的专设登记簿上进行了登记，并自第三人处得到机械物时该物尚在实施登记之地为限。”即当事人之间所有权保留的约定，单凭意思表示就可成立，但未经登记不能对抗善意第三人。又如，我国台湾地区“动产担保交易法”对包括所有权保留在内的动产担保采用登记对抗主义的公示制度，其第5条规定：“动产担保交易，应以书面订立契约，非经登记，不得对抗善意第三人。”以美国为首的北美洲立法中，多将所有权保留作为动产担保交易的一种类型，出卖人所保留的所有权是一种担保权益，未经登记不得对抗第三人。在混合继受大陆法和英美法的魁北克民法中，即使不将所有权保留作为一种动产担保形态，但出卖人保有的所有权也只有登记才能对抗第三人。例如《魁北克民法典》第1745条第2项规定："依条例确定的对道路交通工具或其他动产的所有权保留，或对服务或经营企业取得的任何动产的所有权保留，仅在公示后才对当事人有对抗力。"最近的国际公约《移动设备国际利益公约》也将所有权保留交易纳入其调整范围，并受该公约登记规则的约束，亦即未经登记，不得取得公约意义上的优先顺位。由此可见，在所有权保留中，采用登记的方式予以公示也成为法制改革的必然趋势。[①]

我国《民法典》也顺应国际趋势，明确了所有权保留中的登记对抗主义，即"出卖人对标的物保留的所有权，未经登记，不得对抗善意第三人"。主要立法理由在于：如果所有权保留制度中没有登记，缺乏公示，既不利于保护出卖人的利益，也可能对第三人的利益构成侵害。只有建立了登记制度，才能强化对相关当事人的利益保护。具体而言：

第一，对出卖人的保护。所有权保留导致了占有和所有权归属之间的分离，在所有权保留生效之后，由于标的物已经交付，如果买受人将标的物非法转让给第三人，第三人基于善意取得制度便可取得所有权，在这种情况下，必将使出卖人蒙受重大损失。而如果采取登记对抗主义，就可以产生对抗第三人的效力，第三人无法再依据善意取得而获得标的物的所有权。

第二，对第三人的保护。登记的主要意义在于，通过公示使第三人知悉标的物上的权利状态，防止买受人对标的物进行无权处分。尽管善意取得制度可以发挥保护第三人的作用，但其适用必须符合严格的要件。《民法典》第311条规定了善意取得必须同时满意三个要件：（1）受让人受让该不动产或者动产时是善意；（2）以合理的价格转

---

① 王利明：《所有权保留制度若干问题探讨——兼评〈买卖合同司法解释〉相关规定》，载《法学评论》2014年第1期。

让；（3）转让的不动产或者动产依照法律规定应当登记的已经登记，不需要登记的已经交付给受让人。只要第三人取得买受人无权处分的标的物时未满足上述任一要件，其利益难免遭受损害。这无疑会使第三人在交易中无所适从、谨小慎微，这显然不利于交易的进行。通过建立登记制度，可以明确标的物的权属状态，从而避免第三人的权益遭致损害。

第三，对交易效率的维护。如果在任何情形下，出卖人都有登记的义务，可能会影响交易的效率，如对于一般的动产。因此，为了节省交易成本，促进交易进行，在法律上确立登记对抗主义而非登记生效主义，不强制当事人办理登记，而是允许当事人自愿选择是否办理登记。

【审判实践中应注意的问题】

一、出卖人破产时对标的物的处理

出卖人破产时，标的物的所有权虽归属于出卖人，但其已被买受人占有，此时应如何处理标的物的归属？我们认为，所有权保留合同在买受人价金未支付完毕或者其他约定条件未满足前，所有权尚未转移给买受人，所以该合同属于双方均未履行完毕的合同，应适用《企业破产法》第18条的规定，即："人民法院受理破产申请后，管理人对破产申请受理前成立而债务人和对方当事人均未履行完毕的合同有权决定解除或者继续履行，并通知对方当事人。管理人自破产申请受理之日起二个月内未通知对方当事人，或者自收到对方当事人催告之日起三十日内未答复的，视为解除合同。管理人决定继续履行合同的，对方当事人应当履行；但是，对方当事人有权要求管理人提供担保。管理人不提供担保的，视为解除合同。"出卖人的破产管理人决定继续履行合同的，按照该法第42条规定的"因管理人或者债务人请求对方当事人履行双方均未履行完毕的合同所产生的债务"为共益债务，第43条第1款规定的“破产费用和共益债务由债务人财产随时清偿”，在买受人付清全部价款或者履行完其他义务后，管理人应当将该标的物转移给买受人，此时标的物就不再作为破产财产；管理人决定解除合同的，买受人已经支付的价款及所受到的损害应作为破产债权进行申报，而标的物所有权应当归属于出卖人并作为破产财产统一分配。

二、出卖人对标的物再转让时的处理

在所有权保留买卖的买受人未履行完毕支付价款或其他义务之前，虽然标的物由买受人占有，但出卖人仍享有所有权，如果其未经买受人同意而将标的物再行转让，虽然合同有效，但却不能通过现实交付来转移所有权。如果最终买受人履行了约定条件并取得了标的物的所有权，出卖人将构成对第二份买卖合同的买受人违约，买受人可以根据《民法典》第597条的规定请求出卖人承担违约责任：“因出卖人未取得处分权致使标的物所有权不能转移的，买受人可以解除合同并请求出卖人承担违约责任。”

三、所有权保留制度的客体范围

所有权保留是否适用于不动产，《民法典》未予明确。《买卖合同司法解释》第34条明确了所有权保留不适用于不动产，理由在于：（1）是否允许不动产所有权保留很大程度上取决于不动产物权变动模式，《民法典》物权编原则上确立了债权形式主义的不动产物权变动模式，这种变动模式下一般无不动产所有权保留之必要。按照债权形式主义，不动产物权的变动除了需要买卖双方达成合意外，还需要转移所有权的变更登记，只有变更登记完成后所有权才发生转移。而所有权保留制度的目的是在使买受人占有、使用标的物的情形下又保障出卖人债权的充分实现，不动产买卖中，买卖双方订立买卖合同后出卖人将不动产交于买受人使用，在买受人未付清全部价款前双方不办理权属变更登记，该不动产的权属仍属于出卖人。但实际使用人是买受人，这样也能兼顾买受人利用标的物和出卖人价金权利保障的双重目的，而不必一定采取所有权保留方式。当然，可能的诘问是：在未办理变更登记时，买受人已经交付并持续支付价金，如果此时出卖人将不动产"一物二卖"，如何保障和平衡买受人的利益？对此我们认为，买受人利益可以通过《民法典》第221条规定预告登记制度来保障，经过预告登记后，买受人的"期待权"或期待利益可以得到充分保障。待价金全部清偿后，出卖人即应当将不动产变更登记为买受人所有。（2）不动产所有权保留的制度功能可以被现行其他制度所取代。有观点认为，商事实践中如果需要不动产买卖双方立即办理变更登记，那么一旦变更登记后如不采取所有权保留方式，出卖人价金债权将无从保障。对此，有学者认为，不动产物权变更登记对第三人有绝对的效力，一方面以登记而发生所有权转移的效力，另一方面又允许其保留所有权，观念上存在矛盾，且有损登记的公信力。事实上，在不动产转移登记后出卖人要保障其价金债权，完全可以采取不动产抵押的方式来完成，不必一定需要保留所有权。而且，即使要保留所有权，一般认为该保留行为需要进行预告登记，而办理预告登记也并不比办理不动产抵押简单。（3）不动产主要是指土地和房屋，我国土地所有权属于公有，私人间不存在土地所有权买卖，所以就土地所有权买卖设定所有权保留的空间较小。而房屋买卖中，一般均是采用买受人从银行按揭贷款的方式，银行对该房屋享有抵押权。这一制度运作比较顺畅，也没有必要创设房屋所有权保留的方式来保障银行利益。

在学界，不少学者主张所有权保留可以适用于各类财产，主要适用于有形的动产，但也不必绝对禁止所有权保留在不动产中的适用，主要理由包括：第一，所有权保留是出卖人保全自己权利的一种方法，虽然就不动产交易而言，有预告登记等相关制度来保护，但在法律上仍可以给当事人更多的选择，由当事人根据具体的情况采取相应的权利保障措施。尤其是在我国现阶段，当事人在办理预告登记中会遇到多种困难，有必要通过所有权保留的方式保留自己的权利。第二，所有权保留是当事人的合意。基于意思自治原则，当事人完全可以在合同中进行自由约定。在不动产买卖中，所有权保留条款的功能虽可被其他制度替代，但当事人仍应有选择是否进行所有权保留的自由。只要当事人的约定没有损害国家、社会公共利益，法律没有必要予以禁止。第三，在涉及不动产的情形下，如果双方既未登记也未交付，当事人即便约定所有权保留，在性质上也仅具有债权性质；如果双方已经交付不动产但尚未登记，当事人仍可以根据意思自治原则对所有权保留进行约定。第四，所有权保留作为一种非典型担保，禁止在不动产买卖中约定所有权保留，可能不利于发挥所有权保留的担保功能。所有权保留制度在现代社会的适用范围越来越宽泛，其符合了现代市场经济发展的需要。在现代社会，“债权人为担保债权而奋斗”（kampf um sicherheit）。担保越多，对债权人的保障就越充分。在法国，鉴于所有权保留制度在商业生活中发挥着越来越重要的作用，该制度被誉为“担保之王”。只要其能够在不动产交易中发挥担保的功能，就没有必要对其适用加以禁止。[①] 也有学者主张农村集体所有土地上村民的住房如果转让的话，因原则上不需要办理登记，交付就转移房屋所有权，在这种情况下所有权保留是可以适用的。[②]

我们认为，《民法典》没有采纳《买卖合同司法解释》明确排除不动产适用于所有权保留的立法模式，就是为不动产适用于所有权保留预留了空间。

---

① 王利明：《所有权保留制度若干问题探讨——兼评〈买卖合同司法解释〉相关规定》，载《法学评论》2014年第1期。

② 李永军：《所有权保留制度的比较法研究——我国立法、司法解释和学理上所有权保留评述》，载《法学论坛》2013年第6期。

第六百四十二条 当事人约定出卖人保留合同标的物的所有权，在标的物所有权转移前，买受人有下列情形之一，造成出卖人损害的，除当事人另有约定外，出卖人有权取回标的物：

（一）未按照约定支付价款，经催告后在合理期限内仍未支付；

（二）未按照约定完成特定条件；

（三）将标的物出卖、出质或者作出其他不当处分。

出卖人可以与买受人协商取回标的物；协商不成的，可以参照适用担保物权的实现程序。

【条文主旨】

本条是关于所有权保留中出卖人取回权的规定。

【条文理解】

一、所有权保留中所有权的状态

所有权保留制度是通过出卖人保留标的物所有权来保障买受人价款支付义务或其他义务的履行，在买受人未依约履行义务时，传统民法制度赋予出卖人取回权，取回权的行使能够有效解决出卖人相关合同义务的履行保障问题。作为取回权行使的基础的所有权，在出卖人不占有标的物、标的物权利之归属与其占有之外观相分离的状态下，该所有权的性质和效力为何，民法理论和立法实践中均存在分歧和差异。一般认为，《民法典》第641条第1款关于所有权保留的规定系借鉴我国台湾地区“动产担保交易法”中附条件买卖的规定，而我国台湾地区通说认为附条件买卖中的“条件”为对所有权转移所附的停止条件，这显然是采纳了附停止条件所有权转移说。该观点认为，所有权保留在法律性质上为一种附停止条件的所有权转移，在停止条件成就前，所有权不转移给买受人。具体地说，在承认物权行为独立的立法模式下，因物权行为是导致物权发生变动的法律原因，要实现所有权保留给出卖人的目的，就必须设定停止条件对物权行为的效力进行限制，该所有权保留约定就是限制物权变动的停止条件。当事人在买卖合同中已约定保留所有权的，在交付标的物时虽没有再约定所有权保留，解释上仍应当认为转移所有权的物权行为附有停止条件。

二、取回权的法律性质及效果

根据本条，我国所有权保留中的取回权是法定的，即只要交易双方约定了所有权保留条款，即使没有明确约定出卖人享有取回权，只要双方没有明确约定排除取回权的适用，出卖人就可以享有取回权。取回权法定主要是为了平衡保护出卖人和买受人双方的权益：就出卖人一方而言，在所有权保留买卖中由于买受人占有、使用标的物，这就造成所有权人与标的物相分离，一旦买受人不依约支付价款或对标的物进行不当处分，都将危害到出卖人的利益，因此，当买受人存在上述行为时，法律赋予出卖人取回权无疑是最好的手段；就买受人一方而言，取回权的行使关系到买受人的切身利益，由法律对该权利进行原则性规范可以防止买受人利益不当受损。

从法律效果上看，取回权的行使并不导致买卖合同的解除，出卖人行使取回权是为了撤回先行给付以恢复同时履行的状态，并在一定条件下就标的物清偿价款债权，即就物受偿。我国台湾地区学者王泽鉴先生持此观点，他认为，我国台湾地区“动产担保交易法”关于附条件买卖所规定的取回权制度应理解为一种出卖人就标的物求偿价款的特别程序。既然出卖人保留所有权的目的在于担保价款债权，那么出卖人基于保留所有权而取回标的物之目的也是为了满足未清偿的价款债权。就整个取回权制度而论，其内容与强制执行基本上没什么差异。保留所有权出卖人取回标的物类似“强制执行法”规定的查封，买受人回赎标的物类似“强制执行法”规定的撤销查封，另行出卖标的物类似“强制执行法”规定的拍卖程序。“动产担保交易法”第19条第2项与第20条是分别参照“强制执行法”第72条和第74条拟定的，确立相关规定的理由书对此曾有说明。从所有权保留制度的内容与功能而言，“动产担保交易法”关于附条件买卖中出卖人取回权的规定无疑是实现价款债权的程序。[①]出卖人取回标的物的目的，不是要取消与买受人的合同关系，而是为了实现剩余的价金债权，这与取回权行使之后的诸多制度设计相契合，如买受人的回赎权以及标的物再次转卖后所得价款的处理。出卖人在合同履行中已收取的价款无需返还，标的物再次转卖后的所得价款还应先扣除原买受人未支付的价款及必要费用，仍有剩余的，才返还原买受人，不足部分还要由原买受人清偿。

三、取回权的行使条件

《买卖合同司法解释》第35条关于取回权行使条件的规定是完全法定的，即只要符合法定的条件，出卖人即享有取同权，而不论当事人之间曾作何种约定。而《民法典》体现的是当事人约定优先，即出卖人和买受人可以在买卖合同中约定行使取回权的条件，没有约定的才按照法定。除当事人另有约定外，买受人有下列情形之一，出卖人有权取回标的物：

（一）未按照约定支付价款，经催告后在合理期限内仍未支付

《民法典》的这一规定相对于《买卖合同司法解释》第35条的规定，增加了“经催告后在合理期限内仍未支付”这一条件，因此条件更为严格。《买卖合同司法解释》第35条规定只要“未按约定支付价款”即为已足。

① 王泽鉴：《民法学说与判例研究》（第1册），中国政法大学出版社1998年版，第215~220页。

（二）未按照约定完成特定条件

当事人可以约定买受人完成特定条件，如果未完成，出卖人可以行使取回权。有人认为，这是立法上为扩张的所有权保留预留了空间。即当事人约定的“特定条件”不仅限于本合同价金债权的支付，可以扩张到出卖人或其关联方因其他合同或基于其他理由所享有的债权均由标的物的所有权进行担保，在这些债权未按约定获得清偿时，出卖人得行使取回权。

（三）将标的物出卖、出质或者作出其他不当处分

如果所有权保留未登记，买受人将标的物出卖或出质给第三人，第三人善意取得标的物所有权或者质权的，出卖人不得行使取回权。

所谓“其他不当处分”既可以是法律上的不当处分，也可以是事实上的不当处分。例如损害标的物行为、抛弃对标的物的占有、在标的物上设定抵押权等。

出卖人行使取回权的条件除上述三种情形外，尚需给出卖人造成损失，如果买受人擅自出卖标的物所获价款用于清偿对出卖人的欠款，并未给出卖人在成损失，则不能行使取回权。又如买受人擅自将标的物出租给他人而将所得租金用于清偿出卖人欠款，也不属于行使取回权的情形。

出卖人取回权针对的对象，本条直接规定为“标的物”，从解释上该“标的物”应当指原物，似乎未承认延长的所有权保留。当标的物与其他物发生添附时，法国的做法是：“对于被追回之物与出售之物不是同一物，或者物经过加工改造，如在货物上的加工不阻碍对货物的辨认，而且费用不高就不阻碍追回的申请。合并入另一物的物，只要能很容易取出并不引起很大的损害，取回应当是可能的。”[①] 这一立场可资借鉴。

① 沈达明：《法国 / 德国担保法》，中国法制出版社 2000 年版，第 150~151 页。

四、取回权的行使程序

本条第2款规定了两种取回权的行使程序。一是约定的行使程序，即出卖人可以与买受人协商取回标的物，这属于私力救济的方式；二是法定的行使程序，即协商不成的，可以参照适用担保物权的实现程序。所谓“协商不成”包括两种情形：（1）双方就取回权的行使条件是否成就发生争执；（2）双方就是否同意取回标的物发生争执。即买受人不配合出卖人的私力救济时，出卖人可以行使公力救济。

下面重点讨论一下取回权法定的行使程序。出卖人与买受人不能协商取回标的物时，可以参照担保物权的实现程序。担保物权的实现，是指债务履行期间届满债务人未履行债务或者发生当事人约定的实现担保物权的情形时，担保物权人为实现其就担保财产优先受偿的权利而依法将担保财产予以变价。依据我国相关法律的规定，担保物权的实现程序分为两种：其一是约定的实现程序，即担保物权的实现条件成就后，担保物权人和担保人协商实现担保物权，如协商将担保财产折价或拍卖、变卖担保财产；其二是法定的实现程序，即担保物权实现的条件成就后，担保物权人与担保人没能就担保物权的实现问题达成一致，担保物权人或担保人请求法院实现担保物权。《民法典》第642条第2款所规定的“参照适用担保物权的实现程序”，单指法定的实现程序，即公力救济途径。《民法典》第410条第2款规定：“抵押权人与抵押人未就抵押权实现方式达成协议的，抵押权人可以请求人民法院拍卖、变卖抵押财产。”我国《民事诉讼法》设专节在第196条和第197条规定了实现担保物权案件的特别程序。第196条规定：“申请实现担保物权，由担保物权人以及其他有权请求实现担保物权的人依照物权法等法律，向担保财产所在地或者担保物权登记地基层人民法院提出。”第197条规定：“人民法院受理申请后，经审查，符合法律规定的，裁定拍卖、变卖担保财产，当事人依据该裁定可以向人民法院申请执行；不符合法律规定的，裁定驳回申请，当事人可以向人民法院提起诉讼。”《民事诉讼法司法解释》第361条至第374条对担保物权的实现程序进行了细化规定，出卖人在向法院请求取回标的物时也应参照适用。具体而言，出卖人申请取回标的物，应当提交下列材料：（1）申请书。申请书应当记明申请人、被申请人的姓名或者名称、联系方式等基本信息，具体的请求和事实、理由；（2）证明标的物存在的材料，包括买卖合同、所有权保留登记证明等；（3）证明行使取回权条件成就的材料；（4）标的物现状的说明；（5）人民法院认为需要提交的其他材料。人民法院受理申请后，应当在5日内向被申请人送达申请书副本、异议权利告知书等文书。被申请人有异议的，应当在收到人民法院通知后的5日内向人民法院提出，同时说明理由并提供相应的证据材料。出卖人行使取回权案件可以由审判员一人独任审查。担保财产标的额超过基层人民法院管辖范围的，应当组成合议庭进行审查。人民法院审查出卖人行使取回权案件，可以询问申请人、被申请人、利害关系人，必要时可以依职权调查相关事实。人民法院应当就买卖合同的效力、期限、履行情况，标的物的范围、债权范围、债权是否已届清偿期等行使取回权的条件，以及是否损害他人合法权益等内容进行审查。被申请人或者利害关系人提出异议的，人民法院应当一并审查。人民法院审查后，按下列情形分别处理：（1）当事人无实质性争议且取回权行使条件成就的，裁定准许取回标的物；（2）当事人对取回权行使有实质性争议的，裁定驳回申请，并告知申请人向人民法院提起诉讼。人民法院受理申请后，申请人对标的物提出保全申请的，可以按照《民事诉讼法》关于诉讼保全的规定办理。适用特别程序作出的判决、裁定，当事人、利害关系人认为有错误的，可以向作出该判决、裁定的人民法院提出异议。人民法院经审查，异议成立或者部分成立的，作出新的判决、裁定撤销或者改变原判决、裁定；异议不成立的，裁定驳回。对人民法院作出的准许取回标的物的裁定，当事人有异议的，应当自收到裁定之日起15日内提出；利害关系人有异议的，自知道或者应当知道其民事权益受到侵害之日起6个月内提出。

我国台湾地区“动产担保交易法”还规定了出卖人可以自行取回标的物的行使程序，其第30条规定：“第二章第十七条第二项第三项及第十八条至第二十二条，对于附条件买卖之出卖人及买受人准用之。”其第18条规定：“抵押权人依前条第一项规定实行占有抵押物时，应于三日前通知债务人或第三人。前项通知应说明事由并得指定履行契约之期限，如债务人到期仍不履行契约时，抵押权人得出卖占有抵押物，出卖后债务人不得请求回赎。抵押权人不经第一项事先通知，径行占有抵押物时，如债务人或第三人在债权人占有抵押物后之十日期间内履行契约，并负担占有费用者，得回赎抵押物，但抵押物有败坏之虞，或其价值有显著减少，足以妨害抵押权人之权利，或其保管费用过钜者，抵押权人于占有后，得立即出卖。”

【审判实践中应注意的问题】

一、买受人重整期间出卖人取回权的行使

《企业破产法》第75条第1款规定：“在重整期间，对债务人的特定财产享有的担保权暂停行使。但是，担保物有损坏或者价值明显减少的可能，足以危害担保权人权利的，担保权人可以向人民法院请求恢复行使担保权。”这里的“担保权”指担保物权。《民法典》第642条第2款规定所有权保留买卖中取回权的行使“参照适用担保物权的实现程序”，如果买受人处于重整期间，出卖人的行使取回权是否应参照《企业破产法》的上述规定？我们认为应当参照适用，理由为：如果重整期间出卖人仍然有权就债务人占有的标的物行使取回权，将导致重整制度赖以存在的物质基础的丧失，企业的生产经营无法继续，由此造成的损害可能要远远高于出卖人的权利受限而蒙受的不利益。为了企业的复兴和债权人的一般利益，在调和个人利益、整体利益与社会利益的基础上对于取回权的行使作出限制，应当说是公平的。

二、买受人破产时出卖人的取回权问题

所有权保留中的出卖人取回权和破产中的财产权利人取回权，虽然都称为“取回权”，但内涵完全不同，属于不同法域的概念。《企业破产法》上的取回权是指破产管理人占有不属于破产财产的他人财产，财产的权利人得不依破产程序，经破产管理人同意而直接取回的权利。由于所有权保留中的出卖人是标的物所有权人，故当买受人破产时，当然具有取回权，所有权保留是取回权的法定基础，这也是设定所有权保留的重要目的，如果不能取回，出卖人将失去物权上的地位而仅仅以债权人的地位申报债权，损失可能将非常惨重。因此，各国几乎都允许出卖人在符合法定条件的情况下取回。《最高人民法院关于审理企业破产案件若干问题的规定》（法释〔2002〕23 号）第 71 条第 1 款第 7 项规定的“债务人在所有权保留买卖中尚未取得所有权的财产”，不属于破产财产。我国《企业破产法》第 38 条规定：“人民法院受理破产申请后，债务人占有的不属于债务人的财产，该财产的权利人可以通过管理人取回。但是，本法另有规定的除外。”所有权保留合同在买受人价金未支付完毕或者其他约定条件未满足前，所有权尚未转移给买受人，所以该合同属于双方均未履行完毕的合同，因此在具体程序上，应适用《企业破产法》第 18 条的规定，买受人的破产管理人决定继续履行合同的，在向出卖人一次性支付剩余价款或者履行完其他义务后，同时取得标的物所有权，该标的物作为破产财产统一分配；破产管理人决定解除合同的，出卖人有权取回标的物，并返还买受人已支付的价金，并可以就此造成的损失向买受人请求赔偿，该赔偿请求权属于破产债权。

三、分期付款买卖中的解除权与所有权保留中的取回权

《民法典》第 634 条规定：“分期付款的买受人未支付到期价款的数额达到全部价款的五分之一，经催告后在合理期限内仍未支付到期价款的，出卖人可以请求买受人支付全部价款或者解除合同。出卖人

解除合同的，可以向买受人请求支付该标的物的使用费。”该条并非专门针对所有权保留的规定，实践中当事人往往在分期付款买卖中约定所有权保留，但依据《民法典》第642条第1款，即使买受人迟付份额不足总额的1/5，出卖人仍可行使取回权。当买受人迟付份额达到价款总额的1/5时，出卖人既可以解除合同也可以行使取回权。

第六百四十三条 出卖人依据前条第一款的规定取回标的物后，买受人在双方约定或者出卖人指定的合理回赎期限内，消除出卖人取回标的物的事由的，可以请求回赎标的物。

买受人在回赎期限内没有回赎标的物，出卖人可以以合理价格将标的物出卖给第三人，出卖所得价款扣除买受人未支付的价款以及必要费用后仍有剩余的，应当返还买受人；不足部分由买受人清偿。

【条文主旨】

本条是关于所有权保留中买受人回赎权、出卖人再出卖权以及相关清算的规定。

【条文理解】

既然出卖人行使取回权不是解除买卖合同，而是一种出卖人就标的物求偿价款的特别程序，那么取回权行使后的后续制度设计就需围绕如何促进原买卖交易目的的实现而展开，综合平衡出卖人的价金利益和买受人的期待利益。

一、买受人的期待利益

所有权保留买卖中标的物所有权虽由出卖人保留，但买受人并非仅仅享有未来所有权转移受领权，随着价款的支付或其他条件的完成，买受人实际上越来越具有一种对取得标的物所有权的期待利益。德国学者创造了期待权概念，用以描述买受人除了基于买卖合同而产生的债权性质的所有权转移请求权和支付价金义务之外的法律地位，但《德国民法典》并未使用期待权的概念。期待权是否是一种独立的权利，是否具有独立的物权属性，在理论界争论很大，但所有权保留买卖中买受人的期待利益确实应当得到保护。本条规定的出卖人行使取回权后，买受人在一定期间内通过相应行为可以重新获得对标的物的占有，这在一定程度上体现了对期待利益的保护。

二、买受人的回赎权

回赎权是指所有权保留买卖中出卖人对标的物行使取回权后，在一定期限内买受人消除出卖人取回标的物的事由后享有的重新占有标的物的权利。买受人行使回赎权的目的是阻止出卖人为实现债权而对标的物再行出卖，从而使得原买卖交易重新回到正常轨道上来。回赎权行使的结果是买受人继续占有使用标的物。

（一）回赎期限

回赎期限是买受人可以行使回赎权的期限。本条规定的回赎期限包括买卖双方约定的期限和出卖人指定的期限两种。双方约定的期限既可以是当事人事先在买卖合同中约定，也可以是出卖人行使取回权后双方约定的期限；出卖人指定的期限一定要时间合理，一般以不能妨碍买受人回赎标的物为标准。

需要考虑的是，出卖人取回标的物后如果必须立即处置，否则标的物将发生明显减损，且足以损害出卖人权利，此时出卖人是否可以立即处置标的物？本条未予明确。我们认为，在解释上应当准予。因为出卖人再次出卖标的物从根本意义上还是为了实现原买卖合同中的利益，从广义上讲实际上也是原买卖合同利益的替代实现方式。买受人违约已导致出卖人利益受损，出卖人取回标的物后，如果标的物存在上述特殊状况但又不能立即出卖，将使得出卖人利益受到再次损害，这种情形应当避免。所以，这种情况下应当准许出卖人立即出卖标的物。

（二）买受人回赎权的行使与放弃

回赎制度的目的是维护买受人的期待利益，是买受人有机会获得对标的物的重新占有。但是否行使回赎权，还是由买受人经利益衡量后作出决策。

买受人积极行使回赎权的，应作出行为消除出卖人取回标的物的事由，与出卖人行使取回权的事由相对应，具体包括：（1）在买受人未按照约定支付价款导致出卖人取回时，买受人应当履行价金支付义务才能回赎。履行的数额，应当为买受人当期应支付而未支付的部分。（2）买受人未按照约定完成特定条件导致出卖人取回时，买受人应当完成特定条件。这里的特定条件既包括买卖合同中约定的特定条件，也包括出卖人行使取回权后双方重新约定的特定条件。（3）买受人停止对标的物作出的不当处分，包括出卖、出质或者其他不当处分。

买受人放弃回赎权的，可以向出卖人明确作出放弃回赎的意思表示，包括请求出卖人将标的物再次出卖，也可以在回赎期限内不行使回赎权，包括不作任何意思表示。

三、标的物的再次出卖及清算

出卖人行使取回权后，买受人在回赎期限内没有回赎标的物的，出卖人可否继续占有标的物而一直不予再次出卖，《民法典》没有明确规定。我国台湾地区“动产担保交易法”第29条第2款规定在这种情况下原买卖合同“失其效力”，买受人已经部分支付价金的，出卖人无需偿还买受人已支付的价金，同时，买受人也免除继续履行支付价金及对标的物的损害赔偿义务。我们认为，上述做法可资借鉴。

（一）出卖人再次出卖的方式

我国台湾地区“动产担保交易法”规定出卖人再次出卖原则上采取拍卖方式，主要目的是保障价格公平，防止出卖人故意低价出卖标的物从而损害原买受人利益。本条规定没有强制性要求出卖人再次出卖时采取拍卖方式，主要考虑是如果一律要求对标的物进行拍卖，尤其是对于普通动产的拍卖，将大大增加出卖人的负担，而拍卖费用要从出卖所得价款中扣除，这实际上最终也会加重原买受人的负担。在不采取拍卖方式的情况下如何保障原买受人的利益呢？本条规定出卖人必须以“合理价格”出卖标的物。在实务中，如果买受人有证据证明出卖人再次出卖的价格明显低于市场价格的，在出卖所得价款扣除买受人未支付的价款以及必要费用后仍有剩余的情况下，买受人可以请求出卖人返还相应损失；在出卖所得价款不足以覆盖买受人未支付的价款以及必要费用的情况下，买受人可以在向出卖人清偿时扣除该部分价格损失。

（二）再次出卖后的清算

因出卖人行使取回权后原买卖合同并不解除，出卖人再次出卖实际上是“就物求偿”，再次出卖所得价款应扣除买受人未支付的价款以及必要费用，仍有剩余的，因出卖人在原买卖合同中的利益已经实现，故剩余的部分应当返还买受人。相反，再次出卖所得价款如果不足以覆盖买受人未支付的价款以及必要费用，此时因出卖人在原合同中的利益还未完全实现，故出卖人还可以继续请求买受人清偿。

本条中的“必要费用”指因原买卖合同非正常履行必然发生的费用，主要包括取回和保管费用、再交易费用、利息等。取回和保管费用因买受人的违约行为而发生，自然应当由买受人承担；再交易费用指出卖人再次出卖标的物发生的费用，包括中介费、委托评估拍卖费等；利息，包括取回和保管费用的利息、再交易费用的利息、未支付价款的利息。

【审判实践中应注意的问题】

出卖人行使取回权后，买受人在回赎期限内没有回赎标的物的，出卖人可否不再次出卖标的物而采取解除合同的方式留存自己所有的标的物呢？我们认为，本条规定并未排除出卖人行使合同解除权，只要符合《民法典》第562条、第563条规定的解除条件，出卖人就可以主张解除合同，返还买受人已经支付的价款，同时向买受人主张标的物使用费、价值减损费等。

第六百四十四条　招标投标买卖的当事人的权利和义务以及招标投标程序等，依照有关法律、行政法规的规定。

【条文主旨】

本条是关于确定招标投标买卖当事人的权利义务以及招标投标程序等法律依据的规定。

【条文理解】

招标投标是缔结合同的一种特殊程序，通过招标投标方式缔结的买卖合同适用有关法律、行政法规对招投标活动的特殊规定。对招投标买卖行为进行规范的法律和行政法规主要为《招标投标法》和《招标投标法实施条例》。应注意的是，《招标投标法》及其实施条例主要解决招投标缔约涉及的程序性问题，对于买卖合同的成立、效力、实质性条款等实体性问题，仍需依据合同编的相关规定来认定和处理。

一、招标人的权利和义务

根据《招标投标法》的相关规定，招标项目按照国家有关规定需要履行项目审批手续的，应当先履行审批手续。招标人采用公开招标方式的，应当发布招标公告。招标人不得以不合理的条件限制或者排斥潜在投标人，不得对潜在投标人实行歧视待遇。招标人应当采取必要的措施，保证评标在严格保密的情况下进行。在确定中标人前，招标人不得与投标人就投标价格、投标方案等实质性内容进行谈判。招标人不得向他人透露已获取招标文件的潜在投标人的名称、数量以及可能影响公平竞争的有关招标投标的其他情况。

招标人的义务中，要特别重视及时缔约义务和诚信义务。《招标投标法》第46条规定，招标人和中标人应当自中标通知书发出之日起30日内，按照招标文件和中标人的投标文件订立书面合同。招标人和中标人不得再行订立背离合同实质性内容的其他协议。《招标投标法实施条例》第57条规定，招标人和中标人应当依照招标投标法和本条例的规定签订书面合同，合同的标的、价款、质量、履行期限等主要条款应当与招标文件和中标人的投标文件的内容一致。

二、投标人的权利和义务

根据《招标投标法》的相关规定，投标人不得相互串通投标报价，不得排挤其他投标人的公平竞争，损害招标人或者其他投标人的合法权益。投标人不得与招标人串通投标，损害国家利益、社会公共利益或者他人的合法权益。投标人不得以低于成本的报价竞标，也不得以他人名义投标或者以其他方式弄虚作假，骗取中标。中标人应当按照合同约定履行义务，完成中标项目。中标人不得向他人转让中标项目，也不得将中标项目肢解后分别向他人转让。中标人按照合同约定或者经招标人同意，可以将中标项目的部分非主体、非关键性工作分包给他人完成。中标人应当就分包项目向招标人负责，接受分包的人就分包项目承担连带责任。根据《招标投标法实施条例》的相关规定，与招标人存在利害关系可能影响招标公正性的法人、其他组织或者个人，不得参加投标。

三、招标投标违法行为的效力和民事责任

《招标投标法》中关于招投标违法行为以及民事责任的规定主要包括：依法必须进行招标的项目的招标人向他人透露可能影响公平竞争的有关情况并影响中标结果的，中标无效（第52条）；投标人相互串通投标或者与招标人串通投标或者以行贿的手段谋取中标的，中标无效，给他人造成损失的依法承担赔偿责任（第53条）；投标人以他人名义投标或者以其他方式弄虚作假骗取中标的，中标无效，给招标

人造成损失的依法承担赔偿责任（第54条）；中标人将中标项目转让给他人的，将中标项目的部分主体、关键性工作分包给他人的，或者分包人再次分包的，转让、分包无效（第58条）；中标人不履行与招标人订立的合同的，履约保证金不予退还，给招标人造成的损失超过履约保证金数额的还应当对超过部分予以赔偿，没有提交履约保证金的应当对招标人的损失承担赔偿责任（第60条）。

此外，《招标投标法实施条例》第66条规定，招标人超过本条例规定的比例收取投标保证金、履约保证金或者不按照规定退还投标保证金及银行同期存款利息的，给他人造成损失的，依法承担赔偿责任。第77条规定，投标人或者其他利害关系人捏造事实、伪造材料或者以非法手段取得证明材料进行投诉，给他人造成损失的，依法承担赔偿责任。

【审判实践中应注意的问题】

一、招标投标合同的成立和生效时间

《民法典》第483条规定，"承诺生效时合同成立，但是法律另有规定或者当事人另有约定的除外"；第490条规定，"当事人采用合同书形式订立合同的，自当事人均签名、盖章或者按指印时合同成立"。一般认为，中标通知书是招标人作出的承诺，同时《招标投标法》又要求招标人与中标人在中标通知书发出后签订书面合同，这就导致实务中对招标投标合同的成立和生效时间存在着不同的观点。

第一种观点是招标人与中标人签订书面合同时合同成立。招标投标合同作为依法应当采取书面形式签订的合同，应当在双方当事人签字或者盖章即签订书面合同时才成立。此种观点符合现行规定，但无法解释发出中标通知书的效力问题。第二种观点是中标通知书发出后合同成立，签订书面合同后生效。一般认为中标通知书构成承诺，根据"承诺生效时合同成立"的规定，中标通知书发出后承诺生效合同

即成立，但要以签订书面合同作为生效的特别要件。此种观点的问题在于，将合同成立与生效一分为二于法无据。第三种观点认为中标通知书到达中标人时合同不仅成立，也同时生效，即不以签订书面合同作为合同生效条件。此种观点与法律规定存在直接冲突。第四种观点认为合同在签订书面合同时成立，中标通知书发出使招标人、投标人之间成立以签订书面合同为义务的预约合同，一方无正当理由不签订书面合同，应承担预约合同的违约责任。

从司法实践的情况看，第四种观点更具有合理性。首先，这符合《民法典》第490条关于“当事人采用合同书形式订立合同的，自当事人均签名、盖章或者按指印时合同成立”的规定。其次，《买卖合同司法解释》第2条规定：“当事人签订认购书、订购书、预订书、意向书、备忘录等预约合同，约定在将来一定期限内订立买卖合同，一方不履行订立买卖合同的义务，对方请求其承担预约合同违约责任或者要求解除预约合同并主张损害赔偿的，人民法院应予支持。”中标通知书就是招标人确认向中标人购买商品或服务的意向，并约定将来签订书面合同的承诺，与认购书、订购书、意向书等在内容和性质上并无不同。因此，将中标通知书发出定性为成立预约合同，与上述司法解释的精神是一致的。一般而言，预约的违约损失在总体上应相当于本约的缔约过失责任范围，即相当于本约的信赖利益损失。招标人无正当理由不订立书面合同的，中标人有权要求赔偿其受到的损失，包括参加投标所付出的标书费、招标代理服务费、交通差旅费、投标保证金的返还以及由于开具投标保证金所蒙受的损失、投标人为编制投标文件所投入的人力、物力和管理成本等必要费用；中标人无正当理由不订立书面合同的，招标人有权要求其赔偿组织招标所支付的成本和因未签订合同而另行招标需支付的费用等损失。

二、不得再行变更的合同实质性内容

《招标投标法》第46条规定，招标人和中标人不得再行订立背离合同实质性内容的其他协议。哪些属于不得另行变更的合同实质性内容是合同履行中的重要问题。判断哪些条款属于不得变更的合同实质性内容，应主要以是否影响合同双方的实质性权利义务为标准。法律规定招标投标合同不得进行背离实质性内容的变更，主要目的是防止合同双方通过变更合同的方式改变中标结果，保证招投标结果能够落到实处，防止招标人或投标人迫使对方在合同价格等实质性条款上作出让步，或者招标人与中标人串通在中标合同之外另行签订合同，损害国家利益或社会公共利益。因此，对“实质性内容”的认定不宜过于宽泛，要注意与《民法典》第488条规定的“要约内容的实质性变更”进行区分。《招标投标法实施条例》第57条的规定，招标人和中标人应当依照招标投标法和本条例的规定签订书面合同，合同的标的、价款、质量、履行期限等主要条款应当与招标文件和中标人的投标文件的内容一致。根据上述条款，标的、价款、质量和履行期限是影响双方实质性权利义务的关键因素，对上述四项内容进行变更会直接损害招标投标制度的公开、公平和公正，因此将上述四项条款认定为不得再行变更的合同实质性内容符合立法原意。

三、未在中标通知书发出之日起30日内签订合同的法律后果

《招标投标法》第46条规定，招标人和中标人应当自中标通知书发出之日起30日内，按照招标文件和中标人的投标文件订立书面合同。实践中容易发生争议的是两个问题：上述30日期限届满后签订的合同是否有效？30日期限届满能否构成不签合同的正当理由？上述规定的主要价值取向是规范招标投标活动，保证项目质量，维护国家利益与社会公共利益，目的也仅仅是限定一定时间约束当事人尽快订立合同，并未规定在限定时间内未签订书面合同而导致合同无效的法律后果，性质上属于管理型强制性规定。因此，并不能仅因双方当事人根据招标文件和中标人的投标文件内容签订的合同超过了该规定时间即认定合同无效。另一方面，在招投标活动中，签订书面合同的基础是有效的招标文件和中标人的投标文件。只要签约基础仍然存在，招标人与中标人就负有签订书面合同的义务。而在中标通知书发

出后，招投标文件效力主要受投标有效期的约束。因此，只要还在投标有效期内，招投标文件仍有效，即使30日期限已届满，双方仍有义务签订书面合同，拒绝签订的，应承担《招标投标法》第59条规定的法律责任。

四、招标投标合同解除或者终止后是否应当再次招标

经过招标程序签订的合同在履行一部分后，如被解除或终止，剩余的未完成部分是否应当再次招标？对于这一问题，有观点认为招标是法律规定的程序性要求，只要进行了一次招标，就已经履行了必要的程序，对于未完成部分没有必要再进行一次招标。依此所言，实践中就可能出现招标人先进行一次虚假招标，之后以各种理由解除合同，再直接选择其他单位承担项目，从而使招标流于形式的乱象，这与招标投标制度的目的明显相悖。招标不是单纯的程序性要求，其目的是通过招标投标程序进行公开、公平、公正的竞争，以选择最优的供应商。合同解除或者终止后，实际上又回到了原点，有必要再次进行招标，以得到合理的采购结果。因此，在依法必须招标项目中，如果经招标签订的合同没有履行完毕，未完成部分只要达到了《必须招标的工程项目规定》第5条规定的金额标准，就应当针对未完成部分重新组织招标。

第六百四十五条　拍卖的当事人的权利和义务以及拍卖程序等，依照有关法律、行政法规的规定。

【条文主旨】

本条是关于确定拍卖当事人的权利义务以及拍卖程序有关法律依据的规定。

【条文理解】

拍卖是指以公开竞价的形式，将特定物品或者财产权利转让给最高应价者的买卖方式。规范拍卖当事人权利义务的法律主要是《拍卖法》。除《拍卖法》有特殊规定的内容以外，对于买卖合同的成立、效力、实质性条款等问题，仍需依据《民法典》合同编的相关规定来认定和处理。

一、拍卖人的权利义务

《拍卖法》中关于拍卖人权利义务的规定主要包括：拍卖人有权要求委托人说明拍卖标的的来源和瑕疵，拍卖人应当向竞买人说明拍卖标的的瑕疵（第18条）；拍卖人对委托人交付拍卖的物品负有保管义务（第19条）；拍卖人接受委托后，未经委托人同意，不得委托其他拍卖人拍卖（第20条）；拍卖人及其工作人员不得以竞买人的身份参与自己组织的拍卖活动，并不得委托他人代为竞买（第22条）；拍卖人不得在自己组织的拍卖活动中拍卖自己的物品或者财产权利（第23条）；拍卖成交后，拍卖人应当按照约定向委托人交付拍卖标的的价款，并按照约定将拍卖标的移交给买受人（第24条）。

二、委托人的权利义务

《拍卖法》中关于委托人权利义务的规定主要包括：委托人应当向拍卖人说明拍卖标的的来源和瑕疵（第27条）；委托人有权确定拍卖标的的保留价并要求拍卖人保密（第28条）；委托人在拍卖开始前可以撤回拍卖标的，委托人撤回拍卖标的的应当向拍卖人支付约定的费用，未作约定的应当向拍卖人支付为拍卖支出的合理费用（第29条）；委托人不得参与竞买，也不得委托他人代为竞买（第30条）；按照约定由委托人移交拍卖标的的，拍卖成交后，委托人应当将拍卖标的移交给买受人（第31条）。

三、买受人的权利义务

《拍卖法》中关于买受人权利义务的规定主要包括：竞买人一经应价不得撤回（第36条）；竞买人之间、竞买人与拍卖人之间不得恶意串通，损害他人利益（第37条）；买受人应当按照约定支付拍卖标的价款，未按照约定支付价款的承担违约责任，或者由拍卖人征得委托人的同意将拍卖标的再行拍卖，原买受人应当支付第一次拍卖中本人及委托人应当支付的佣金并补足差额（第39条）；买受人未能按照约定取得拍卖标的的有权要求拍卖人或者委托人承担违约责任，买受人未按照约定受领拍卖标的的应当支付由此产生的保管费用（第40条）。

四、违法拍卖的法律责任

《拍卖法》第58条规定，委托人违反该法第6条的规定，委托拍卖其没有所有权或者依法不得处分的物品或者财产权利的，应当依法承担责任。拍卖人明知委托人对拍卖的物品或者财产权利没有所有权或者依法不得处分的，应当承担连带责任。《拍卖法》第61条规定，拍卖人、委托人违反该法第18条第2款、第27条的规定，未说明拍卖标的的瑕疵，给买受人造成损害的，买受人有权向拍卖人要求赔偿；属于委托人责任的，拍卖人有权向委托人追偿。拍卖人、委托人在拍卖前声明不能保证拍卖标的真伪或者品质的，不承担瑕疵担保责任。

【审判实践中应注意的问题】

一、《拍卖法》第40条第1款和第61条第1款的适用关系

《拍卖法》第40条第1款规定，买受人未能按照约定取得拍卖标的的，有权要求拍卖人或者委托人承担违约责任。《拍卖法》第61条第1款规定，拍卖人、委托人违反该法第18条第2款、第27条的规定，未说明拍卖标的的瑕疵，给买受人造成损害的，买受人有权向拍卖人要求赔偿；属于委托人责任的，拍卖人有权向委托人追偿。根据前者，买受人在寻求违约救济时似乎对合同相对人有选择权；根据后者，买受人似乎只与拍卖人存在合同关系，而与拍卖委托人不存在合同关系。由此产生了诸多困惑。在任意拍卖场合，通过拍卖建立的买卖合同究竟是成立在拍卖人与买受人之间，还是委托人与买受人之间，抑或三者之间？拍卖人的法律地位是出卖人，是委托人的直接代理人，还是促成买卖的中介人？应当由谁承担瑕疵担保责任？理论上的困惑导致了实践的混乱。有拍卖人根据纠纷类型的不同对自身法律地位进行“选择”，在买受人因迟延支付价款而需要支付违约金时声称自己作为出卖人有权请求支付违约金，而在涉及是否有拍卖标的瑕疵担保责任时强调自己只是提供中介服务而已，各种不诚信现象由此而生。

从体系解释的角度来看，《拍卖法》第40条第1款应理解为间接代理规则的组成部分，是买受人违约救济的请求权基础。在拍卖人以委托人的名义进行出卖时，根据《民法典》第162条发生直接代理的效果，即买卖合同成立在委托人与买受人之间；在拍卖人以自己的名义进行出卖或者开展名义不明的出卖时，则要依据“知悉”标准进行

区分。根据《民法典》第925条，买受人在订立合同时知道代理关系存在的，该合同直接约束委托人，但有证据证明该合同只约束拍卖人和买受人的除外；根据《民法典》第926条，在买受人不知代理关系时，既可能发生直接代理效果，也可能发生间接代理效果（受托人因委托人的原因对第三人不履行义务时，受托人应披露委托人，第三人可行使合同相对人选择权，选择拍卖人或者委托人作为相对人主张权利）。

《拍卖法》第61条第1款规定，拍卖人、委托人未说明拍卖标的的瑕疵给买受人造成损害的，买受人有权向拍卖人要求赔偿；属于委托人责任的，拍卖人有权向委托人追偿。拍卖人对竞买人的瑕疵说明义务和成功竞买人的佣金支付义务符合中介合同的特征，买受人在拍卖人未履行如实告知义务时可以请求拍卖人返还佣金，并承担损害赔偿责任，该规定可视为《民法典》第962条的特殊规定（中介人故意隐瞒与订立合同有关的重要事实或者提供虚假情况，损害委托人利益的，不得请求支付报酬并应当承担赔偿责任）。拍卖人、委托人违反瑕疵说明义务的行为，分别属于中介人违反如实告知义务、委托人违反善意指示义务，须各自向其合同相对人承担违反中介合同、违反委托合同的损害赔偿责任。

综上，《拍卖法》第40条第1款应解释为买受人主张买卖合同违约救济的请求权基础；第61条第1款应解释为买受人向拍卖人主张中介合同违约救济的请求权基础。据此，拍卖人在充当出卖人时，原则上负有瑕疵担保义务，通过特别约定进行减轻或免除时应受《民法典》第618条的制约；而拍卖人在仅充当中介人时，即使没有特别约定原则上也不须担保买卖合同标的的相关品质。[①]

二、司法网拍中买受人“悔拍”的民事责任

网络司法拍卖，是指人民法院依法通过互联网拍卖平台，以网络

---

① 武腾：《拍卖中的合同关系和代理效果》，载《法学家》2015年第3期。

电子竞价方式公开处置财产的行为，属于线上拍卖和司法拍卖的结合。人民法院以拍卖方式处置财产的应当优先采取网络司法拍卖方式。最高人民法院颁布的《网络司法拍卖规定》中对此进行了详细规定。

法院强制拍卖是带有公权力性质的公法行为，有别于平等民事主体间的任意拍卖。社会公众对于网络司法拍卖的特殊性缺乏正确认识，有人认为网拍类似网购，买受人享有反悔权，还有人认为法院负有瑕疵担保责任，可以随意要求解除合同并赔偿损失。针对实践中随意悔拍的乱象，《网络司法拍卖规定》第24条规定："拍卖成交后买受人悔拍的，交纳的保证金不予退还，依次用于支付拍卖产生的费用损失、弥补重新拍卖价款低于原拍卖价款的差价、冲抵本案被执行人的债务以及与拍卖财产相关的被执行人的债务。"据此，买受人悔拍后保证金不予退还。该规定改变了以前的二次拍卖价与前次拍卖价持平即退还保证金的规定，[①] 体现了对违约行为的惩罚性，但未明确保证金不足以填补差额时是否应当由悔拍人承担填补责任。对此还应进行辨析。

关于"悔拍"的定义，应注意与违约行为进行区分。《民法典》第577条规定，当事人一方不履行合同义务或者履行合同义务不符合约定的，应当承担继续履行、采取补救措施或者赔偿损失等违约责任。据此违约责任为严格责任，不以当事人的过错为要件。而"悔拍"的"悔"字表明其中包含主观过错成分，是因买受人主观原因导致的拒绝履行合同，不同于标的物本身存在瑕疵以及买受人因客观原因无法履约的情形，应区分而论：

第一种情况是标的物存在重大瑕疵或者实物与描述存在重大出

① 《最高人民法院关于人民法院民事执行中拍卖、变卖财产的规定》第25条规定："拍卖成交或者以流拍的财产抵债后，买受人逾期未支付价款或者承受人逾期未补交差价而使拍卖、抵债的目的难以实现的，人民法院可以裁定重新拍卖。重新拍卖时，原买受人不得参加竞买。重新拍卖的价款低于原拍卖价款造成的差价、费用损失及原拍卖中的佣金，由原买受人承担。人民法院可以直接从其预交的保证金中扣除。扣除后保证金有剩余的，应当退还原买受人；保证金数额不足的，可以责令原买受人补交；拒不补交的，强制执行。"

人。《网络司法拍卖规定》第15条规定："被执行人应当提供拍卖财产品质的有关资料和说明。人民法院已按本规定第十三条、第十四条的要求予以公示和特别提示，且在拍卖公告中声明不能保证拍卖财产真伪或者品质的，不承担瑕疵担保责任。"法院在拍卖公告中一般会明确，标的物以实物现状为准，法院不承担拍卖标的物瑕疵保证责任。司法拍卖中不存在承担瑕疵担保责任的主动出卖人，苛求买受人通过拍卖财产的照片、视频或现场查看等方式发现标的物之瑕疵亦不现实。因此，标的物存在重大瑕疵或者实物与描述存在重大出入时，应当允许买受人行使合同解除权，此种情形不属于"悔拍"，亦不适用《网络司法拍卖规定》第24条。

第二种情况是因客观原因发生的违约，包括支付不能和逾期付款。成交后支付不能的，应当适用《拍卖法》第39条，认定合同无效，标的物重新拍卖，违约人承担差额填补责任，当无异议。成交后逾期付款的问题则比较复杂。最高人民法院在《关于竞买人逾期支付价款是否应当重新拍卖的复函》中认为，不应仅因其延迟付款而认定拍卖目的难以实现进而否定拍卖的效力。对该答复应综合把握。一方面，若逾期付款买受人已向执行法院全额支付了拍卖价款，视为执行法院对延期付款行为的默认。如果法院裁定重新拍卖，既会增加拍卖成本，也会降低执行效率。另一方面，司法强制拍卖不同于民事任意拍卖，执行法院不是普通拍卖中的委托人，亦不是被执行人的代言人，不存在任意拍卖中出卖人可以通过意思自治来认可逾期违约效力的情况。基于司法拍卖的公信力以及杜绝执行权"寻租"的风险，应当慎重认定逾期付款的效力。原则上逾期付款应视为本次拍卖无效，法院应当裁定重新拍卖，除非买受人已经向法院支付了全部价款或者执行当事人均认同逾期付款拍卖有效，法院才可据此认定本次拍卖有效并裁定买受人承担逾期付款的违约责任。

第三种情况是存在主观过错（包括故意、重大过失或一般过失），且非因标的物本身瑕疵导致的拒绝支付标的价款，方属于狭义"悔拍"的范畴。对此，应首先适用《网络司法拍卖规定》第24条，交纳的保证金不予退还，依次用于支付拍卖产生的费用损失、弥补重新拍卖的差价、冲抵本案被执行人的债务等；对于保证金不足以填补二次拍卖与前次拍卖差价的部分，应当适用《拍卖法》第39条，由悔拍人承担相应的差额填补责任。这既是违约责任履行利益赔偿原则的体现，也是拍卖问题体系化处理的体现。

第六百四十六条　法律对其他有偿合同有规定的，依照其规定；没有规定的，参照适用买卖合同的有关规定。

【条文主旨】

本条是关于有偿合同法律适用的规定。

【条文理解】

一、有偿合同的特点和类型

有偿合同与无偿合同之分类是以当事人是否因给付而取得对价为标准。双方当事人各因给付而取得对待给付的，为有偿合同；当事人一方只为给付，而未取得对待给付的，为无偿合同。买卖、互易、租赁、雇佣、承揽、行纪等恒为有偿合同；赠与、使用借贷恒为无偿合同；消费借贷、委托、保管、保证等则视当事人是否约定了报酬而定。[①]此两类合同的区分意义甚大：债务人所负的注意义务程度不同（《民法典》第897条、第929条），主体要求不同（《民法典》第19条、第22条），债权人撤销权的构成要件不同（《民法典》第538条、539条），善意取得制度的适用不同（《民法典》第311条），买卖规则的准用亦不同（《民法典》第646条）。[②]

二、有偿合同的法律适用规则

买卖合同规定之所以能被其他有偿合同准用，非因买卖合同的立

① 王泽鉴：《债法原理》（第1册），中国政法大学出版社2001年版，第138页。
② 韩世远：《合同法总论》，法律出版社2004年版，第57~60页。

法层级较高，而在于买卖交易之于市场的普遍性和重要性。“买卖合同的有关规定”是形式意义上的买卖合同规定，还是实质意义上的买卖合同规定？从司法实践的形态看，应采实质意义之理解为宜。因此，凡调整买卖合同的法规、规章以及司法解释、指导性案例等，均应认定为“买卖合同的有关规定”。鉴于有偿合同的类型纷繁复杂，参照适用时应区分不同的合同类型。①

（一）区分一时性合同和继续性合同

买卖合同是一时性合同的典范，租赁、借用、雇佣、委托、保管、合伙、保险等则具有继续性合同的典型特征。此种区分很大程度上决定了这两类合同之间不同的制度构造：如一时性合同的解除可有溯及力，亦可不具溯及力，但继续性合同的解除则无溯及力；继续性合同重视信任关系，若移转其权利义务，常使信任关系受到破坏，故继续性合同中之债权请求权欠缺让与性；继续性合同原则上采取报酬后付原则、原则上不适用同时履行抗辩权等。鉴于继续性合同存在诸多不同于一时性合同的独特之处，其在参照适用买卖合同的相关规定时应仔细甄别。

（二）区分财产性合同和劳务性合同

买卖合同为典型的财产性合同，财产性合同的基本特征在于财产权归属的移转义务，由之延伸出瑕疵担保及危险负担的规范需要，具体以权利瑕疵、物之瑕疵与危险移转三者为要。劳务给付合同则直接以劳务为标的，重点在于他人事务之处理，虽然其间也可能伴随有工作的完成、物的交付或移转，但物之所有权的移转往往为从属性义务，合同规范的主要内容为授权范围、事物处理方式、费用负担、利益归属等。买卖合同以外的有偿合同为财产性合同还是劳务性合同会对本条的适用产生重大影响。

（三）区分转移财产所有权合同和转移财产使用权合同

买卖合同为典型的转移财产所有权合同，不同于转移财产使用权

① 易军：《买卖合同之规定准用于其他有偿合同》，载《法学研究》2016年第1期。

的有偿合同。以租赁为例，虽然无论是买卖还是租赁，债务人都要将标的物的直接占有移转给相对人，但交付于买卖或租赁仍有不同的意义。交付在买卖合同有终结债之关系的作用，但在租赁则仅是租赁关系的开始。买卖合同法采交付主义的一般规则，实践"利益之所在，风险之所在"的观念；然而租赁合同非为变动所有权的合同，出租人将租赁物交付给承租人后仍为租赁物所有人，并不像出卖人于标的物交付后即丧失对标的物的利益，故不应以交付为风险移转时点。买卖以外的有偿合同为转移财产所有权还是转移财产使用权会对本条的适用产生不同影响。

（四）区分诺成性合同和实践性合同

买卖合同为典型的诺成性合同，不同于实践性的有偿合同。以保管合同为例，其不可能适用《民法典》第598条关于出卖人转移标的物所有权之义务的规定，因为保管合同不是移转所有权的合同，且保管物的交付仅为保管合同的成立要件（《民法典》第890条），而非寄存人所应承担的履行义务。保管合同也不可能准用《民法典》第604条有关交付移转风险负担的规则，因为保管物的风险负担应采所有人主义，其风险的负担与保管物占有是否移转无关。买卖以外的有偿合同为诺成性合同还是实践性合同会对本条的适用产生重大影响。

（五）区分有名合同和无名合同

"其他有偿合同"的概念，既包括有名合同，也包括无名合同。买卖外的有偿合同，若为有名合同，因法律对其设有明文可资适用，经本条参照适用买卖合同规定的空间相对狭小；若为无名合同，因法律对之未设明文，经本条参照适用买卖合同规定的几率会更大。同时，由于《民法典》第467条对无名合同的法律适用作出了明确规定，因此，在处理无名有偿合同纠纷时，需协调第467条与本条之间的适用关系。

大体而言，买卖以外的其他有偿合同，若为一时性合同、财产性合同、移转财产所有权合同，则在适用本条时，无需变通适用的可能性较大。反之，若这些合同为继续性合同、劳务性合同、移转财产使用权合同，则在适用本条时，往往需要对被引用的买卖合同规定的构成要件或法律效果加以调整。

【审判实践中应注意的问题】

一、租赁瑕疵责任之准用买卖合同规定

《民法典》合同编对出租人的物之瑕疵责任的构成要件与法律效果规定不完整，可在以下三个方面参照买卖合同中物之瑕疵责任的规定：

第一，承租人是否有检验租赁物并通知出租人的义务？在买卖合同中，依据《民法典》第620条、第621条的规定，买受人应及时检验买卖物是否有瑕疵并于获悉瑕疵时及时通知出卖人。在租赁合同中，承租人亦应践行此项要求。由于合同编的租赁合同章未明定该要件，故依本条可参照适用买卖合同章的相关规定。在买卖中，买受人检验通知义务的履行因存在约定期间、法定期间或质量保证期而有差异，但在租赁中，承租人检验通知义务的履行则应有所调整，即承租人应在租期内为检验通知，其原因在于买卖为一次性合同，而租赁为继续性合同。在后者，承租人既不断支付使用收益的对价，出租人也必须不断为其租赁物所具有的物之瑕疵及权利瑕疵负责。此外，作为参照《民法典》第621条第3款的结果，出租人知道或者应当知道租赁物不符合约定用途的，承租人的检验通知义务应告免除。

第二，承租人缔约时知道或者应当知道租赁物存在瑕疵，能否向出租人主张瑕疵担保责任？合同编租赁合同章对此未设明文，根据本条可参照买卖合同的有关规定，即《买卖合同司法解释》第33条。作为这一参照的结果，承租人在订立租赁合同时明知租赁物质量不合格的，出租人无需承担物之瑕疵责任，但承租人在缔约时不知道该瑕疵会导致标的物的基本效用显著降低的除外。同时，《民法典》第731条规定："租赁物危及承租人的安全或者健康的，即使承租人订立合

同时明知该租赁物质量不合格，承租人仍然可以随时解除合同。”该条鉴于人的安全或健康的特殊重要性，赋予了承租人以任意解除权。综合起来理解，原则上出租人可以承租人缔约时知道或应当知道该瑕疵之存在为由主张免除瑕疵担保责任，但租赁物质量瑕疵危及承租人的安全或健康时承租人可要求解除合同。

第三，当事人以特约免除出租人的瑕疵责任效力如何？出租人知道租赁物有瑕疵而故意或因重大过失不告知承租人该瑕疵，并以合同约定减轻或免除自己的瑕疵责任的，该约定违反诚信原则，应不生效力。合同编租赁合同章对此未设明文，根据本条可参照适用买卖合同的规定，即《民法典》第618条，因出租人故意或者重大过失不告知承租人标的物瑕疵的，即便存在免责特约出租人亦无权主张减轻或免除责任。

二、承揽合同之准用买卖合同规定

第一，关于承揽合同中标的物所有权转移以及风险负担问题。承揽合同中工作物所有权的转移颇为复杂，不能简单地适用买卖合同的规则（动产标的物所有权自标的物交付时起转移）。仅就工作物为动产的情形而论，若由定作人提供材料，则工作物所有权由定作人原始取得；若是由承揽人提供材料，在定作人提供工作基底时，由主物所有权人（即定作人）原始取得合成物所有权；在定作人未提供工作基底时，工作物所有权先归承揽人原始取得，再依买卖的规定移转给定作人。风险负担制度亦是如此。买卖合同实行交付主义的一般规则，而承揽合同有特殊之处。材料风险的负担实行所有人主义，即定作人提供材料的，由定作人承担风险；承揽人提供材料的，则由承揽人承担风险。报酬风险的负担则应视工作成果是否需交付而定：工作成果须交付的，采交付主义，以交付时点作为报酬风险移转的时点；工作成果无需交付的，则以工作完成时间作为报酬风险移转的时间。如承揽人在定作人的墙壁上作画，完成前该墙壁因不可抗力倒塌，承揽人无报酬请求权。

第二，关于承揽合同的瑕疵担保责任。《民法典》第781条仅确立了承揽瑕疵责任的一项构成要件，即“承揽人交付的工作成果不符合质量要求”。单凭本条判断承揽人能否承担瑕疵担保责任并不够，若仅以此为标准则承揽人的责任将太过宽泛。参照买卖合同，还应符合以下要件：第一，工作成果不符合质量要求的判断（《民法典》第615条、第616条）；第二，定作人应及时检验与通知（《民法典》第620条、第621条）；第三，当事人未以特约限制或排除承揽人的瑕疵责任（《民法典》第618条）。

三、股权转让合同之准用买卖合同规定

权利转让合同诸如股权转让、债权转让、收益权转让等能否准用买卖合同的相关规定，历来富有争议。《买卖合同司法解释》第45条规定，法律或者行政法规对债权转让、股权转让等权利转让合同有规定的，依照其规定；没有规定的，人民法院可以根据《合同法》第124条和第174条的规定，参照适用买卖合同的有关规定。因此，权利转让合同原则上可以准用买卖合同之规定。然须注意，买卖合同与权利转让合同之间存在诸多差异，不可不察。下文以股权转让合同为例与买卖合同进行对比说明：

第一，买卖合同针对的是有形的标的物，股权转让合同针对无形的股权。买卖合同旨在物权变动，买受人受领并支配标的物之后，一般即可获得标的物的占有、使用、收益和处分权限，合同价值即告实现；而股权的特质在于人身权利与财产权利的紧密结合，财产性权利紧密依附于人身性权利行使，同时，这种人身性权利又受制于目标公司的团体性约束，诸如表决、分红、转让等均受制于其他股东的意见。不同于买卖合同价值的即时实现，股权转让合同价值的实现有待于公司各方后续的合作和努力。因此，关于标的物买卖的法律规则不能直接套用到股权转让之上。第二，合同编法规制民事主体，股权转让合同则适用于商事主体。从立法精神上，合同编贯彻的“公平”原则与商法贯彻的“效率”原则并不协调；在权利义务关系上，典型买

卖合同对双方权利义务关系的界定较为具体且强硬，缺乏对商主体意思自治的必要尊重，而重视交易安全与效率的商事法律则为当事人的意思自治预留了更多空间。合同编基于公平原则分配当事人之间的权利义务，包括检验义务、瑕疵担保和风险负担等，但对股权转让当事人而言并非最有效率的安排。①

最高人民法院第67号指导性案例的裁判理由即体现了上述精神。股权转让分期付款合同，与一般以消费为目的的分期付款买卖合同有较大区别：一是汤长龙受让股权是为参与公司经营管理并获取经济利益，并非满足生活消费；二是周士海作为有限责任公司的股权出让人，基于其所持股权一直存在于目标公司中的特点，其因分期回收股权转让款而承担的风险，与一般以消费为目的的分期付款买卖中出卖人收回价款的风险并不同等；三是双方解除股权转让合同，也不存在向受让人要求支付标的物使用费的情况。因此，有限责任公司的股权分期支付转让款中发生股权受让人延迟或者拒付等违约情形，股权转让人要求解除双方签订的股权转让合同的，不适用《合同法》第167条关于分期付款买卖中出卖人在买受人未支付到期价款的金额达到合同全部价款的五分之一时即可解除合同的规定。

应当说，无论在理论层面还是实践层面，典型买卖合同的裁判规则均难以解释与容纳股权转让合同，因此法院在股权转让纠纷裁判中准用典型买卖合同规范应慎之又慎。相关案件应优先适用《民法典》合同编、《公司法》及其司法解释等规范体系。若不得不援引买卖合同中的相关规定，诸如瑕疵担保、逾期违约、约定价款不明、无权处分合同效力等，应当对拟类推适用法条的规范构成和制度目的进行审慎分析。

---

① 林斯韦：《股权转让准用买卖合同障碍研究——〈合同法〉的假设、解释与不完备性》，载《中国政法大学学报》2019年第5期。

第六百四十七条　当事人约定易货交易，转移标的物的所有权的，参照适用买卖合同的有关规定。

【条文主旨】

本条是关于互易合同法律适用规则的规定。

【条文理解】

一、互易合同的特点

互易合同是指合同当事人约定互相转移金钱以外的财产所有权的合同。互易合同与一般买卖合同的不同主要在于标的物方面：在一般买卖合同中，一方当事人交付财产，另一方当事人则支付金钱；而在互易合同中，双方当事人都需要转移财产所有权，这就是古老的“以货易货”买卖方式。互易合同具有以下法律特征：第一，互易合同以转让标的物所有权为目的，属于转让标的物所有权的合同。第二，互易合同是双务有偿合同，当事人双方互负对待给付义务，均须直接向对方转移标的物所有权。第三，互易合同的双方当事人地位对等。互易人的任何一方均可视为出卖人或买受人，双方互负对等的权利义务，对于交付的财产相互负瑕疵担保责任。第四，互易合同是诺成合同，互易合同自双方当事人达成互易协议时起即告成立。第五，互易合同一般为不要式合同。但不动产互易应采用书面形式订立，并且应办理登记手续。

二、互易合同的种类

互易合同分为一般互易合同和补足金互易合同，一般互易合同又分为单纯互易合同与价值互易合同。单纯互易合同，是指当事人一物换一物，不考虑两物的价值是否对等而达成的交换协议；价值互易合同，是指当事人达成的以价值相当的物互换的协议，其类似两个买卖，价款相互抵销；补足金互易合同，是指当事人达成的以一物换另一物的同时，一方须向另一方再支付两物之差价的协议。补足金互易合同，原则上宜归类于买卖与互易交叉类型的合同，但如果补足金的给付或标的物的互换，就合同而言极为微不足道，则应径行归类为互易或买卖。例如，购入新车时将旧车折算部分价金而给付其余价金的情形，即为买卖与互易类型结合的合同。[①]

三、互易合同的法律适用规则

互易合同以转移标的物所有权为目的，较之买卖合同，除了是以物易物而非以币易物外，互易合同具有买卖合同的其他特征。因此本条规定，当事人约定易货交易，转移标的物所有权的，参照买卖合同的有关规定。

原则上，大部分买卖合同的规则均可适用于互易合同。但值得注意的是，一方因他方交付的标的物有瑕疵而请求减少价金时，由于双方并无价金的约定，并且单一之物不可分，因此究竟如何准用买卖合同规则减少价金的规定不无疑问。有学说认为，基于互易物的价值均衡关系，首先应估算互易标的物在互易时的客观价值以及有瑕疵互易物的实际价值，其次再以此互易物无瑕疵时与有瑕疵时的价值比例，计算出相对人的互易物应减少的价值；若因互易物不可分仅得计算其应减少的数额，再由瑕疵互易物的给付者以现金补偿。例如，在购入新车时将旧车折算部分价金而给付其他价金时，双方已完成给付，而

---

① 马俊驹、余延满：《民法原论》，法律出版社2010年版，第655~656页。

买受人的旧车有瑕疵，车商选择减少折算价金的，应以约定的折算金额与旧车无瑕疵时应有的价值为比例，计算约定的折算价额所应减少的金额。[①]

【审判实践中应注意的问题】

一、互易合同与其他合同的混合

传统理论认为，可以作为易货交易标的的只能是有形物，无形物及权利等一般不作为易货合同的标的，这与买卖合同一脉相承。当事人双方须向对方给付货币以外的有形财物，即各以一定的实物为代价从对方取得实物。如果一方所负的给付并非属于得为买卖的标的物，如劳务的提供，则并非互易合同。例如，双方约定一方为他方负洗车的劳务，而他方则负给予机动车的义务，此并非互易合同，只能归类为混合合同，分别适用有关劳务和赠与的规定；双方约定互相以劳务交换的情形，既非互易，亦非雇佣，仅得个别就所付出劳务适用雇佣规定。[②]从准用买卖合同的角度看，对互易合同作狭义认定是正确的。互易合同旨在转移标的物所有权，这是互易合同与买卖合同的共同点，也是互易合同得以准用合同编买卖合同章相关规定的基础。

近年来，实践中还出现了以知识产权、土地使用权、合同债权、劳务消费、房改房等为标的的互易合同。此类合同与普通买卖合同之间差异悬殊，应当按照特别法关于知识产权、土地使用权等特殊转让规则和国家政策来进行认定和规范，不能简单参照适用买卖合同的规定。

二、区分易货交易与以物抵债

易货交易与以物抵债表面上可能是类似的，均表现为一方交付标

① 黄立主编：《民法债编各论》（上），中国政法大学出版社2003年版，第149~151页。
② 马俊驹、余延满：《民法原论》，法律出版社2010年版，第655~656页。

的物以实现债务的消灭。两者区别的关键在于：首先，交易目的不同。易货交易与普通货物买卖类似，目的在于转移标的物所有权，互易人得到相对人交付的标的物即为实现合同目的；而以物抵债的目的是在债务人不能履行到期金钱债务时，通过交付债权人认可的实物的方式来消灭债务。其次，合同性质不同。双向的易货交易仅涉及一份互易合同，而以物抵债合同往往是通过一份新的合同来补充或变更原来的债务合同。最后，交易时间不同。易货交易中标的物的双向交付往往是同时进行的，而以物抵债行为的进行往往滞后于原债务产生的时间。虽然易货交易和以物抵债均在消灭“三角债务”和化解债务危机中发挥作用，但二者的法律性质和适用规则截然不同。易货交易原则上参照适用买卖合同的有关规定，以物抵债则适用代物清偿的相关规则，实务中应加以审慎区分。

第十章　供用电、水、气、热力合同

第六百四十八条　供用电合同是供电人向用电人供电，用电人支付电费的合同。

向社会公众供电的供电人，不得拒绝用电人合理的订立合同要求。

【条文主旨】

本条是关于供用电合同概念及供电人强制缔约义务的规定。

【条文理解】

一、关于供用电合同的概念

供用电合同是指一方提供电力资源供另一方使用，另一方使用电力资源并支付对价的合同。

《民法典》合同编及《合同法》将供用电、水、气、热力合同独立于买卖合同，作为单独的一种有名合同来加以规定，主要是因为这类合同在合同性质、合同主体、合同标的物、合同履行方式等方面具有显著特殊性。

（一）供用电合同为双务、有偿、诺成性合同[①]

卖方（供电人）的合同义务是按照国家规定的标准和合同约定，向买方（用电人）转移电力这一财产的所有权，买方（用电人）的合同义务是根据在合同约定时间内，按照合同约定的价款及用电量支付相应费用。买卖合同的有关规则，对于供用电合同有参照适用的效力。供电人与用电人应当根据平等自愿、协商一致的原则，按照国务院制定的电力供应与使用办法签订供用电合同，确定双方的权利和义务。

（二）供用电合同主体是供电人和用电人

供用电合同主体的鲜明特征是：供电主体较为单一，而用电主体极为广泛。作为合同卖方的供电人是指供电企业或依法取得供电营业许可的其他单位。根据国务院“厂网分开”的电力体制改革方案，大用户可以直接向发电企业购电，即除了供电企业外，向用户直接供电并取得供电营业许可的发电企业也可以称为供电人。电力作为现代社会生活生产的必需品，作为合同买方的用电人具有普遍性，既可能是自然人、普通家庭、社会大众，也可能法人、非法人组织。供电主体和用电主体在数量上的巨大差异，导致供电主体不可避免地拥有了垄断地位，因此，法律对于供电人的缔约义务及行使合同解除权作了必要限制，以防止供电人利用垄断地位侵害用电人的合法权利。

（三）供用电合同标的物为电力

根据《民法典》总则编中的第115条规定，物权客体包括物和权利，其中物包括不动产和动产。根据学术界对“物”的定义，物是指除人身体外，能够为人力所支配，独立满足人类社会生活需要的有体物及自然力。[②]电、热、气、声、光等以无形状态表现的自然力或能量虽然没有固定的实体形态，但也属于民法中物的范畴。

（四）供用电合同的履行方式具有特殊性

除了部分充电、储电设备外，对用电人来说，电力无法大量保

① 王利明：《合同法研究》，中国人民大学出版社2015年版，第183页。
② 王泽鉴：《民法总则》，北京大学出版社2009年版，第168页。

存，因此，在供用电合同履行中，供用电合同标的物的交付与标的物的使用同时进行、同时完成。也就是说，只有供电人依据合同约定不断交付电力，用电人才能依据合同约定边占有、边消耗电力；供电人的交付一旦停止，用电方对电能占有和使用也立即停止。与一般的买卖合同相比，供用电合同的履行方式不是一次性的，而是持续的。

二、供用电合同的特征

（一）供用电合同具有公益性

供用电合同属于公共供用合同，供电企业不是纯粹以营利为目的的企业，而是以满足生活消耗、生产经营等社会活动对电力的需求为目的而设立的企业。虽然供电人在供用电合同履行中可能获取利益，但是供用电合同订立的目的并不是为了让供电人盈利，而是主要是为了满足人民生活和生产的基本需求，具有鲜明的公益性。[①] 国家对供用电合同的订立、解除以及电费价格等都有严格限制，供电人不得随意拒绝订立合同、随意中止、解除合同或随意提高电费价格。

（二）供用电合同具有继续性

继续性合同是指合同的履行不是一次性的，而是在一个固定或不固定的时间里持续地进行。这种持续进行可能是连续不断地，也可能是定时或不定时地。继续性合同不存在一个预先确定的给付总量。对于供用电合同来说，继续性主要是指供电人并非一次性地把用电人所需电量全部供给用电人，而是根据用电人定时或不定时的用电需求来供应电力。这主要是由电力不可被用电人大量储存的特性所决定的。供用电合同的继续性表现在合同履行方式上为：用电人可根据自身需求随时提出用电需求，即，用电人具有随时用电的权利；而供电人应当保证根据用电人的需求连续不断地供电，即，供电人有持续供电的义务。

---

① 崔建远主编：《合同法》，法律出版社 2016 年版，第 318 页。

（三）供用电合同兼具买卖合同和公共服务合同性质，一般为格式合同

电力供应是具有社会公共性和公益性的民事活动，供电人与用电人应当根据平等自愿、协商一致的原则签订供用电合同。但由于用电人的广泛性、普遍性、不特定性，要求供电人与每一个用电人分别磋商订立合同，对于供电人来说成本过高。而且由于供电合同的特殊性质，合同主要条款包括供电质量、电费标准等均由国家统一规定，而不是由供电人和用电人自由协商确定。因此，为降低磋商成本，提高交易效率，供电合同一般由供电人按照有关规定进行拟定，用电人有选择订立或不订立合同的权利，但一般不得对合同条款进行变更。

供用电合同一般具备以下条款：（1）供电方式、供电质量和供电时间；（2）用电容量和用电地址、用电性质；（3）计量方式和电价、电费结算方式；（4）供用电设施维护责任的划分；（5）合同的有效期限；（6）违约责任；（7）双方共同认为应当约定的其他条款。供电人在拟定供电合同时应涵盖以上内容。对供用电方式有特殊要求的用电人，经供电人同意，可采用非格式条款订立合同。

三、供电人的强制缔约义务

强制缔约义务是指根据法律规定，在特定民事活动中，对部分民事主体施加的，要求其必须与他人订立合同的义务。在我国，强制缔约义务在公共服务领域中大量存在，比如公共运输服务提供者的强制缔约义务，电信企业的强制缔约义务，电、水、气、热的供应者的强制缔约义务，医疗机构的强制缔约义务以及保险行业的强制缔约义务。公共服务领域内的强制缔约义务主要来源于该公共服务的社会公益性，这些公共服务是一般社会大众进行正常生产生活所必需的，而且这些公共服务的提供者虽然是市场主体，但往往因国家对特定领域的管控而拥有市场垄断地位。社会公众与这些公共服务提供者具有特别的信赖关系。为了保障社会公众从事生产供货基本需求，防止公共服务提供者滥用市场垄断地位随意拒绝缔约，损害社会公共利益，法

律不得不介入原本应由双方自由协商的契约关系中，给公共服务提供者施加必要限制，要求他们不得随意拒绝提供服务。

供电人的强制缔约义务是指供电人不得拒绝用电人通常、合理的用电需求。根据本条规定，向社会公众供电的供电人，不得拒绝用电人合理的订立合同要求。向社会公众供电的供电人是指经国家批准，取得供电营业许可的供电企业。用电人提出用电申请后，供电企业审查用电要求是否合理，对于合理的用电需求，用电人不得拒绝、拖延，应当尽快确定供电方案并以书面形式告知用户，签订供用电合同。

需要注意的是，并非所有供电企业对所有用户都有强制缔约义务，按照《电力法》及《供电营业区划分及管理办法》的规定，供电企业须在批准的供电营业区内向用户供电。供电营业区的设立、变更应考虑电网的结构和供电合理性等因素，由供电企业报经省级政府电力管理部门审查批准。供电企业通常不得超越出核准的供电营业区供电，用户只能向其所处供电营业区内的供电企业要求订立供用电合同，供电营业区之外的供电企业对该供电营业区之内的用户没有强制缔约义务。

【审判实践中应注意的问题】

第一，供用电合同的主体是供电人和用电人。供电人是指供电企业或者依法取得供电营业资格的非法人单位，其他任何单位和个人不得作为供电人。受供电企业委托供电的营业网点、营业所不具有权利能力，不能以自己的名义签订合同，因而不是供电人。[①]

第二，供电人具有强制缔约义务以及供用电合同的继续性合同之属性，并不意味着供电人在任何情况下都要继续履行合同。根据《民法典》第654条及国务院《电力供应与使用条例》的规定，用电人

① 胡康生主编：《中华人民共和国合同法释义》，法律出版社2013年版，第262页。

存在以下情形时，供电人可以中止供电合同：（1）用电人未按照规定期限足额支付电费，自逾期超过30日，经催交仍未交付电费的；（2）违章用电且情节严重的。供电人因用电人逾期不支付电费而中止供电的，应先事先通知用电人。

第三，物业服务人不得以用电人未缴付物业费为由中止供电。在供用电合同中，物业服务人并非合同主体，不享受中止、解除供用电合同的权利，不得以用电人未缴付物业费为由，对供电人和用电人之间的供用电合同进行干涉。对此，《民法典》第944条进行明确规定，物业服务人不得采取停止供电、供水、供热、供燃气等方式催缴物业费。这不仅是因为维护广大人民群众正常基本生活的需要，也是因为物业服务人并非供用电、水、热、气合同的主体，没有中止、解除合同的主体资格。

第六百四十九条 供用电合同的内容一般包括供电的方式、质量、时间，用电容量、地址、性质，计量方式，电价、电费的结算方式，供用电设施的维护责任等条款。

【条文主旨】

本条是关于供用电合同主要内容的规定。

【条文理解】

供用电合同对于明确供用电双方的权利义务具有重要意义。根据本条的规定，供用电合同一般包括以下内容：

一、供电的方式、质量和时间

供电方式，是指供电人以何种方式向用电人供电，包括主供电源、备用电源、保安电源的供电方式以及委托转供电等内容。其中，委托供电是指在公用供电设施未到达的地区，供电企业在与该地区有供电能力的直供用户协商一直后，委托该有供电能力的单位就近供电。非经供电企业委托，任何单位不得擅自向外供电。供电企业从供用电的安全、经济、合理和便于管理出发，依据国家的有关政策和规定、电网的规划、用电需求以及当地供电条件等因素，进行技术经济比较，规划供电方式，并与用户协商确定。

供电质量，是指供电频率、电压和供电可靠性应当符合国家标准及供用电合同约定。用电人对供电质量有特殊要求的，供电人应当根据其必要性和电网的可能，提供相应的电力。供电企业应不断改善供电可靠性，减少设备检修和电力系统事故对用户的停电次数及每次停电持续时间。按照有关行政法规，在电力系统正常状况下，供电人提供电力时供电频率、供电电压应当在法律法规允许的偏差范围内，用电人用电设备、负荷亦应符合相应国家标准，否则，供电企业可中止对其供电。

供电时间，是指电力供应的起止时间。供电时间与供用电合同履行期限不同。供电合同履行期限是供用电合同有效期限，是整个供用电法律关系起止时间。由于供用电合同为继续性合同，一般来说，合同履行期限为长期。供电时间是指为了避免同一时间用电人集中用电，造成高峰时间供电设施因负荷过大而发生断电、停电事故，同时也可以防止低谷负荷过低而造成电力浪费而为用电人设置的使用电力的特定时间。在供电能力显著不足的地区，供电人在统筹用电总体情况下与用电人分别约定具体供电时间，有利于保证合理用电和安全用电。在供电能力充足的地区，供用电合同一般不再对供电时间进行限制，用电人有权根据供用电合同随时使用电力。

二、用电容量、地址和性质

用电容量是指供电人认定的用电人受电设备的总容量。用电地址是指用电人使用电力的地址。用电性质包括用电人行业分类和用电分类，行业分类包括农业、工业、建筑业等七大类和城乡居民生活用电等，用电分类包括大工业用电、非普工业用电、农业生产用电、商业用电、居民生活用电、非居民照明用电等。

三、计量方式

计量方式是指用电人使用电力电量的计算方式，是计算用电人应付电费的依据，应在合同中进行明确约定。按照法律规定，用户应当安装计量检定机构依法认可的用电计量装置，用户使用的电力电量，以用电计量装置的记录为准。用户受电装置的设计、施工安装和运行管理，应当符合国家标准或者电力行业标准。

四、电价、电费的结算方式

电价和电费含义不同。电价是指电力生产企业的上网电价、电网间的互供电价、电网销售电价。电价实行统一定价原则，由电网经营企业提出方案，报国家有关物价部门核准。国家实行分类电价和分时电价。分类标准和分时办法由国务院确定。对同一电网内的同一电压等级、同一用电类别的用户，执行相同的电价标准。供电企业不得超越电价管理权限制定电价或擅自变更电价。

电费是供电人根据用电人所使用的用电量和国家核准的电价计算出的用电人应当支付的费用。用户应当按照国家核准的电价和用电计量装置的记录，按时交纳电费。双方当事人可以在合同中约定电费的结算方式，包括定期结算、预存电费等方式。

五、供用电设施的维护责任

在供用电合同中，供电人和用电人可以协商约定供用电设施的维护责任。如果约定不明或者没有约定，可按照产权分界划分标准确定两方的维护责任，分界点电源侧供电设施属于供电人，由供电人负责运行维护管理，分界点负荷侧供电设施属于用电人，由用电人负责运行维护管理。供电人、用电人分管的供电设施，除另有约定外，未经对方同意，不得操作或更动。

六、其他条款

根据国务院《电力供应与使用条例》，除前述合同内容外，供用电合同还可包括合同的有效期限、违约责任、双方共同认为应当约定的其他条款。

【审判实践中应注意的问题】

本条关于供用电合同内容的规定，并非强制性规定，更非效力性强制性规定。如果供用电合同没有完全具备法律规定的内容，并不必然导致合同不成立或无效。供用电合同生效后，当事人就合同的某些内容没有约定或者约定不明确的，可以协议补充；不能达成补充协议的，按照合同有关条款或者交易习惯确定。

第六百五十条　供用电合同的履行地点，按照当事人约定；当事人没有约定或者约定不明确的，供电设施的产权分界处为履行地点。

【条文主旨】

本条是关于供用电合同履行地点的规定。

【条文理解】

合同履行地点是指合同双方约定或根据法律确定的履行合同义务的地点，合同履行地点直接关系到合同标的物所有权转移及风险转移、合同纠纷诉讼管辖等。

供用电合同履行地点首先应当根据合同双方的约定来确定。合同当事人的约定既包括事前约定，即供用电双方可以在供用电合同中约定该履行地点；也包括事后约定，即合同没有约定合同履行地点或规定不明，在合同生效后，当事人可以协议方式补充约定合同履行地点。既没有事前约定，也没有事后约定，或者有约定但约定不明确的，以供电设施的产权分界处为履行地点。

《民法典》第510条规定，合同生效后，当事人就履行地点等内容没有约定或者约定不明确的，可以协议补充；不能达成补充协议的，按照合同相关条款或者交易习惯确定。第511条第3项规定，当事人就有关合同内容约定不明确，依据前条规定仍不能确定的，适用下列规定：履行地点不明确，给付货币的，在接受货币一方所在地履行；交付不动产的，在不动产所在地履行；其他标的，在履行义务一方所在地履行。按照第511条规定，如果供用电合同双方就履行地没有约定或约定不明，且未能达成补充协议的，则应当以履行义务一方（也即供电企业）所在地为履行地。但考虑到供用电合同标的物的独特属性，电力无法一次性交付，而是通过电力网络连续不断进行交付，为合理确定双方权利义务，根据实际情况，本条规定在供用电双方就合同履行地点没有约定或约定不明，且未能达成补充协议的，以供电设施的产权分界处为履行地点。

供用电合同的履行地点的确定，对于履行供用电合同、确定供电设施的维护管理责任，具有重要作用。供用电双方根据供电设施的产权归属，承担供电设施的安装、维护、检修和管理责任。

【审判实践中应注意的问题】

确认供电设施产权分界处最直接、最有效的依据是供用电合同双方对于供电设施产权分界处或者供电设施产权归属的明确约定或补充约定。实践中，供用电双方往往不重视供用电设施产权归属的约定，供电企业在格式合同中未设置供电设施产权分界处的条款，或者设置了条款但签订合同时未完整填写，或者对产权分界处、产权归属约定不明。比如约定“产权归属依国家有关规定确定”“依法确定产权分界处”，还可能约定供电设施为双方共有或委托供电人一并管理。如何确定供电设施产权分界处是实践中的一个难点。

根据《电力供应与使用条例》的规定，用电计量装置，应当安装在供电设施与受电设施的产权分界处。因此，可以通过用电计量装置的安装地点来推定产权分界处，但这种推定可以由供电人或用电人提供证据予以推翻。有意见认为，用电人为单位时，供电设施的产权分界处通常为该单位变电设备的第一个瓷瓶或开关；在用电人为散户时，供电设施的产权分界处通常为进户墙的第一个接收点。《供电营业规则》中虽没有规定“产权分界处”，但规定了“责任分界点”：（1）公用低压线路供电的，以供电接户线用户端最后支持物为分界点，支持物属供电企业。（2）10千伏及以下公用高压线路供电的，以用户厂界外或配电室前的第一断路器或第一支持物为分界点，第一断路器或第一支持物属供电企业。（3）35千伏及以上公用高压线路供电的，以用户厂界外或用户变电站外第一基电杆为分界点。第一基电杆属供电企业。（4）采用电缆供电的，本着便于维护管理的原则，分界点由供电企业与用户协商确定。（5）产权属于用户且由用户运行维护的线路，以公用线路分支杆或专用线路接引的公用变电站外第一基电杆为分界点，专用线路第一基电杆属用户。（6）在电气上的具体分界点，由供用双方协商确定。在供用电合同对履行地没有约定或约定不明，且双方未能就履行地达成补充协议的情况下，以上规定和观点可为供用电履行地的认定提供参考。

第六百五十一条 供电人应当按照国家规定的供电质量标准和约定安全供电。供电人未按照国家规定的供电质量标准和约定安全供电，造成用电人损失的，应当承担赔偿责任。

【条文主旨】

本条是关于供电人按照国家规定标准和合同的约定安全供电义务的规定。

【条文理解】

供用电合同应该遵循全面履行原则。合同全面履行原则，是指当事人按照合同规定的标的及其质量、数量，在适当时间、地方，以适当方式，及时、全面、正确履行合同义务的原则。在供用电合同中，供电人按照国家规定标准和合同的约定安全供电是合同全面履行原则的必然要求。

供电人应当按照国家规定的供电质量标准和约定安全供电有三方面含义。第一，供电人应当切实执行国家和电力行业制定的有关安全供用电的规程制度和关于供电频率、电压和供电可靠性等供电质量标准的要求，在法律法规允许的偏差范围内履行供电义务，保证供电质量，确保供电可靠性。供电质量标准是衡量供电质量和安全的重要指标，供电人只有按照国家规定的供电质量标准供电，才能保证供电安全，维护用电人的合法权益。第二，供电人应当按照合同对供电时间、地点、方式、数量、质量的约定，及时供电、合格供电。依法成立并生效的合同对合同双方具有法律拘束力，当事人应当遵循诚信原则，诚实履行合同义务，不得擅自变更或者解除合同。第三，供电人应履行保障电力设施安全的义务，同时应加强重要电力用户安全供电管理，对用户提供必要的业务咨询。经检查发现用电设施存在安全隐患的，应当及时告知用户采取有效措施进行治理，存在严重威胁电力系统安全运行和人身安全的隐患时，应当指导其立即消除，以此来保障供电安全。

本条对供电人的赔偿责任作出了规定，供电人未按照国家规定的供电质量标准和约定供电，给用电人造成损失的，应当承担赔偿责任。根据本编中的第 584 条规定，当事人不履行合同义务或者履行合同义务不符合约定，造成对方损失的，损失赔偿额应当相当于因违约所造成的损失，包括合同履行后可以获得的利益；但是，不得超过违约一方订立合同时预见到或者应当预见到的因违约可能造成的损失。供电人就其违约行为赔偿给用电人所造成的损失包括直接损失及合同履行后可以获得的利益，但不得超过供电人订立合同时预见到或者应当预见到的因违反合同可能造成的损失。

【审判实践中应注意的问题】

实践中，供电人不按国家规定的供电质量标准和约定供电，违反安全供电义务，给用电人造成损失的情形比较常见。比如，供电电压不稳导致用电企业无法正常生产，导致利润损失，或者因供电质量不符合国家标准或合同约定而给用电人带来人身损害、财产损失。

根据本编中的第 577 条规定，当事人一方不履行合同义务或者履行合同义务不符合约定的，应当承担继续履行、采取补救措施或者赔偿损失等违约责任；第 583 条规定，当事人一方不履行合同义务或履行合同义务不符合约定的，在履行义务或采取补救措施后，对方还有其他损失的，应当赔偿损失。供电人履行供电义务时不符合合同约定即构成违约，应承担违约责任。违约责任承担方式包括继续履行、支付违约金、赔偿损失等。因此，在供电人存在违约情形时，用电人可要求供电人继续按照国家标准和合同约定履行供电义务，并可要求供电人就供电质量不合格导致的损失进行赔偿。

第六百五十二条 供电人因供电设施计划检修、临时检修、依法限电或者用电人违法用电等原因，需要中断供电时，应当按照国家有关规定事先通知用电人；未事先通知用电人中断供电，造成用电人损失的，应当承担赔偿责任。

【条文主旨】

本条是关于供电人因故中断供电时通知义务的规定。

【条文理解】

一、用电人的容忍义务

供用电合同是持续性合同，在合同履行期限内，供电人应当不间断向用电人提供电力。但是根据合同标的物——电的特殊属性，为了更好地履行供用电合同，基于供用电的网络性特点、科技水平限制等因素，用电人对供电人中断供电承担一定的合理容忍义务，在特殊情况下应当允许供电人中断供电。本条规定的用电人容忍供电中断的情况包括供电设施计划检修、临时检修、依法限电或者用电人违法用电等。

关于本条规定的供电中断具体情形，还可参考《供电监管办法》第13条之规定，即："电力监管机构对供电企业实施停电、限电或者中止供电的情况进行监管。在电力系统正常的情况下，供电企业应当连续向用户供电。需要停电或者限电的，应当符合下列规定：（一）因供电设施计划检修需要停电的，供电企业应当提前7日公告停电区域、停电线路、停电时间；（二）因供电设施临时检修需要停电的，供电企业应当提前24小时公告停电区域、停电线路、停电时间；（三）因电网发生故障或者电力供需紧张等原因需要停电、限电的，供电企业应当按照所在地人民政府批准的有序用电方案或者事故应急处置方案执行。引起停电或者限电的原因消除后，供电企业应当尽快恢复正常供电。供电企业对用户中止供电应当按照国家有关规定执行。供电企业对重要电力用户实施停电、限电、中止供电或者恢复供电，应当按照国家有关规定执行。"

也就是说，为保障一定区域内用电人的共同利益，供电人因供电设施检修而中断供电的，用电人应当予以容忍和配合。[①] 当然，检修的次数应当合理，例如，《供电营业规则》第57条规定："供电企业应不断改善供电可靠性，减少设备检修和电力系统事故对用户的停电次数及每次停电持续时间。供用电设备计划检修应做到统一安排。供用电设备计划检修时，对35千伏及以上电压供电的用户的停电次数，每年不应超过一次；对10千伏供电的用户，每年不应超过三次。"供电人须遵守计划检修次数的限制，避免给用电人带来过多影响。当供电设施和系统发生故障时，为了保证电网安全和用电安全，用电人也要容忍临时的紧急检修、抢修带来的供电中断。在电能不足的情况下，供电人可以对一个地区中的一部分地区、部分用户、用电大户的部分用电设施中断供电，采取依法限电措施合理调控用电总量减少。在用电人存在违章用电、窃电、超计划用电、不安全用电以及其他违反法律、行政法规用电的行为时，为保障公共用电安全，需要对用电人中断供电。

二、供电人的通知义务

用电人对中断供电承受的容忍义务是因为本条规定的断电情形是合理和必要的。其中，最重要的一个前提是供电人履行了通知义务，即本条规定的应当按照国家有关规定事先通知用电人。

"国家有关规定"主要包括以下内容：一是《电力法》第29条规定的因供电设施检修、依法限电或者用户违法用电等原因，需要中断

---

① 崔建远主编：《合同法》，法律出版社2016年版，第320页。

供电时，供电企业应当按照国家有关规定事先通知用户。二是《电力供应与使用条例》第28条的规定，因供电设施计划检修需要停电时，供电企业应当提前7天通知用户或者进行公告；因供电设施临时检修需要停止供电时，供电企业应当提前24小时通知重要用户；因发电、供电系统发生故障需要停电、限电时，供电企业应当按照事先确定的限电序位进行停电或者限电。三是《供电监管办法》第13条之规定，因供电设施计划检修需要停电的，供电企业应当提前7日公告停电区域、停电线路、停电时间；因供电设施临时检修需要停电的，供电企业应当提前24小时公告停电区域、停电线路、停电时间。四是《供电营业规则》第67条和第68条的规定，除因故中止供电外，供电企业需对用户停止供电时，应按下列程序办理停电手续：（1）应将停电的用户、原因、时间报本单位负责人批准。批准权限和程序由省电网经营企业制定。（2）在停电前3至7天内，将停电通知书送达用户，对重要用户的停电，应将停电通知书报送同级电力管理部门；（3）在停电前30分钟，将停电时间再通知用户一次，方可在通知规定时间实施停电。因故需要中止供电时，供电企业应按下列要求事先通知用户或进行公告：（1）因供电设施计划检修需要停电时，应提前7天通知用户或进行公告；（2）因供电设施临时检修需要停止供电时，应当提前24小时通知重要用户或进行公告；（3）供电系统发生故障需要停电、限电或者计划限、停电时，供电企业应按确定的限电序位进行停电或限电。但限电序位应事前公告用户。

上述规定对供电人中断供电的通知时间、通知方式、通知内容、通知对象作了具体规定，可以作为判断供电人是否妥善履行通知义务的标准。当然，如果当事人在供用电合同中对中断供电通知有具体约定的，应当按照约定处理。为避免无限制扩大用电人的容忍义务，当事人的约定应在上述法律法规和部门规章规定的范围内。例如，当事人可以约定快捷、有效的通知方式，但提前通知的时间不应短于上述规定的期限。供电人和用电人之间对供电人是否履行通知义务产生争议时，供电人应对已履行事先通知义务承担证明责任。

三、供电人的损失赔偿责任

用电人对供电人合法合理的中断供电承担容忍义务，供电人无需承担违约责任。但是，供电人未事先通知用电人中断供电，造成用电人损失的，应承担损失赔偿责任。

《民法典》第584条规定："当事人一方不履行合同义务或者履行合同义务不符合约定，造成对方损失的，损失赔偿额应当相当于因违约所造成的损失，包括合同履行后可以获得的利益；但是，不得超过违约一方订立合同时预见到或者应当预见到的因违约可能造成的损失。"第591条规定："当事人一方违约后，对方应当采取适当措施防止损失的扩大；没有采取适当措施致使损失扩大的，不得就扩大的损失请求赔偿。当事人因防止损失扩大而支出的合理费用，由违约方负担。"根据这两条的规定，供电人违约损失赔偿的范围为用电人的可得利益，但是应受可预见规则和减损规则的限制，包括因中断供电带来的机器设备损坏等直接损失，也包括与中断供电具有直接因果关系的其他可得利益损失。[①]

【审判实践中应注意的问题】

在当今社会，电能已经成为不可或缺的生产生活能源。中断供电会给用电人的生产和生活带来较为严重的影响，即使履行了事先通知义务，仍然可能给用电人带来损失，所以中断供电应有合法合理的理由且以必要性为原则。以供电设施计划检修为例：首先，并非所有检修都必然需要中断供电，如果供电人能够在不断电的情况下检修，就不应选择中断供电的方式；其次，如果确实需要中断供电，供电人应在中断供电的时间段等方面做好安排，通过夜间断电等方式尽量减少对用电人的影响。

① 王利明：《合同法研究》（第3卷），中国人民大学出版社2015年版，第193页。

第六百五十三条 **因自然灾害等原因断电，供电人应当按照国家有关规定及时抢修；未及时抢修，造成用电人损失的，应当承担赔偿责任。**

【条文主旨】

本条是关于因自然灾害等原因断电时供电人的抢修义务的规定。

【条文理解】

本条中的“因自然灾害等原因”，主要是指不可抗力的原因。[①]《民法典》第180条规定：“因不可抗力不能履行民事义务的，不承担民事责任。法律另有规定的，依照其规定。不可抗力是不能预见、不能避免且不能克服的客观情况。”第590条规定：“当事人一方因不可抗力不能履行合同的，根据不可抗力的影响，部分或者全部免除责任，但是法律另有规定的除外。因不可抗力不能履行合同的，应当及时通知对方，以减轻可能给对方造成的损失，并应当在合理期限内提供证明。当事人迟延履行后发生不可抗力的，不免除其违约责任。”一般认为，瘟疫、地震、海啸等属于不可抗力，其中，自然灾害是不可抗力的重要组成部分。不可抗力属于合同违约责任的免责事由，因自然灾害等原因造成断电的，供电人不承担违约责任需满足以下条件：第一，发生了不可抗力事由。在供用电合同履行过程中，发生了自然灾害等不可抗力事由。第二，不可抗力事由导致了断电。也即断电与不

① 胡康生主编：《中华人民共和国合同法释义》，法律出版社2013年版，第299页。

可抗力事由存在因果关系。如果虽然发生了不可抗力事由，但是该事由与断电无关或不足以导致断电，则不构成本条中的免责事由。

因自然灾害等原因造成断电的，供电人承担及时抢修的义务。所谓“及时”，要根据具体案件的情况进行判断，判断时可以参照相关法律法规和部门规章的规定。根据《供电监管办法》第14条的规定，供电企业应当建立完善的报修服务制度，公开报修电话，保持电话畅通，24小时受理供电故障报修。供电企业应当迅速组织人员处理供电故障，尽快恢复正常供电。供电企业工作人员到达现场抢修的时限，自接到报修之时起，城区范围不超过60分钟，农村地区不超过120分钟，边远、交通不便地区不超过240分钟。因天气、交通等特殊原因无法在规定时限内到达现场的，应当向用户作出解释。本条规定的是自然灾害等原因造成供电中断的，故存在因天气、交通等特殊原因无法在规定时限内到达现场的情况，但是在相关原因消失或者能够克服后，供电人应及时履行抢修义务。在供电人和用电人就供电人是否及时抢修产生争议时，供电人应对自己已及时抢修负证明责任。

对于供电人未履行及时抢修义务给用电人造成损失的，供电人应予赔偿。本条的损失赔偿范围同本法第652条一样，系供电人未履行及时抢修义务给用电人造成的可得利益的损失，但要受到可预见规则、减损规则等的必要限制。

【审判实践中应注意的问题】

本条规定的系自然灾害等原因造成断电的处理，实践中，需要注意本条与用电人自身过错和第三人过程导致断电时责任承担的不同。《电力法》第60条规定：“因电力运行事故给用户或者第三人造成损害的，电力企业应当依法承担赔偿责任。电力运行事故由下列原因之一造成的，电力企业不承担赔偿责任：（一）不可抗力；（二）用户自身的过错。因用户或者第三人的过错给电力企业或者其他用户造成损害的，该用户或者第三人应当依法承担赔偿责任。”本条规定的自然灾害等原因属于不可抗力的范畴，供电人不承担赔偿责任。同时，因用电人自身过错造成断电等电力运行事故的，属于供电人的免责事由，相应责任由用电人自行承担。

《民法典》第593条规定："当事人一方因第三人的原因造成违约的，应当依法向对方承担违约责任。当事人一方和第三人之间的纠纷，依照法律规定或者按照约定处理。"根据合同的相对性，合同当事人一方因第三人的原因造成违约的，应当由违约方直接向对方承担违约责任，违约方和第三人之间的纠纷另行解决。而根据本条规定，第三人的过错给供电人或者其他用户造成损失的，由第三人直接承担赔偿责任。二者是否存在冲突呢？

事实上，二者调整的是不同领域的责任问题，《电力法》第60条规定的是侵权责任问题，这一点可以从对《电力法》作体系性解释中得出。该法第59条规定："电力企业或者用户违反供用电合同，给对方造成损失的，应当依法承担赔偿责任。电力企业违反本法第二十八条、第二十九条第一款的规定，未保证供电质量或者未事先通知用户中断供电，给用户造成损失的，应当依法承担赔偿责任。"这两条规定分别调整合同和侵权领域的问题，既符合两条规定的文义内涵，也符合立法技术的习惯。且《电力法》第60条的规定与《民法典》第1175条规定的"损害是因第三人造成的，第三人应当承担侵权责任"是一致的，而《民法典》第593条规定的是违约责任的承担问题，二者并不冲突。当然，违约责任和侵权责任存在竞合的问题，可以根据当事人请求权的选择确定法条的适用。

第六百五十四条　用电人应当按照国家有关规定和当事人的约定及时支付电费。用电人逾期不支付电费的，应当按照约定支付违约金。经催告用电人在合理期限内仍不支付电费和违约金的，供电人可以按照国家规定的程序中止供电。

供电人依据前款规定中止供电的，应当事先通知用电人。

【条文主旨】

本条是关于用电人交付电费的义务和逾期交付电费的违约责任的规定。

【条文理解】

《合同法》第182条规定："用电人应当按照国家有关规定和当事人的约定及时交付电费。用电人逾期不交付电费的，应当按照约定支付违约金。经催告用电人在合理期限内仍不交付电费和违约金的，供电人可以按照国家规定的程序中止供电。"本条在该条规定的基础上增加了一款："供电人依据前款规定中止供电的，应当事先通知用电人。"这一款规定完善了供用电合同中止的条件，强化了供电人的事先通知义务，有利于维护用电人的合法权益。

一、用电人支付电费的义务

电费的支付是供用电合同的重要内容，是用电人的主要义务，《电力法》第33条规定，供电企业应当按照国家核准的电价和用电计量装置的记录，向用户计收电费；《电力供应与使用条例》第27条也规定，供电企业应当按照国家核准的电价和用电计量装置的记录，向用户计收电费。用户应当按照国家批准的电价，并按照规定的期限、方式或者合同约定的办法交付电费。据此，双方当事人在供用电合同对电费的抄表周期、抄表日、电费结清日期、支付时间、支付方式等内容作具体明确约定的，用电人应当按照约定履行合同义务，及时、足额支付电费。

本条规定的电费支付包括以下含义：首先，供用电合同中的电价一般按照国家有关规定进行约定。用电涉及公共利益和普遍的民生，国家对电价进行实行统一政策，统一定价原则。《电力法》第35条规定："本法所称电价，是指电力生产企业的上网电价、电网间的互供电价、电网销售电价。电价实行统一政策，统一定价原则，分级管理。"供用电合同一般为供电人提供的格式合同，电价一般按照国家有关规定进行约定。其次，用电人应按照供用电合同约定的标准支付电费。电费的结算标准因用户属于工业用户、居民用户等的类型的不同而有所差异，相同用户因为用电时间、用电量的不同也会产生电费结算标准的差异，用电人应按照合同约定的标准结算并支付相应的电费。最后，用电人应按照合同约定的时间要求支付电费。供用电合同为持续性给付合同，用电人应当按照约定的时间周期结算电费并在规定的时间内支付。

《供电营业规则》第75条规定："城镇居民用电一般应实行一户一表。因特殊原因不能实行一户一表计费时，供电企业可根据其容量按公安门牌或楼门单元、楼层安装共用的计费电能表，居民用户不得拒绝合用。共用计费电能表内的各用户，可自行装设分户电能表，自行分算电费，供电企业在技术上予以指导。"但是，我国现阶段仍存在不同的供电方式，如一户一表供电、单位集体供电等，因此，具体电费的结算方式和支付方式也不同。在单位集体供电模式下，单位集体作为用电方与供电方签订供用电合同，以单位集体的总表计收电费；在实行多户一表的供电模式下，根据楼门单元、楼层安装共用的计费电能表计收电费；在实行一户一表供电模式下，由供电方单户抄表计费。

需要说明的是，支付电费是用电人的主要义务，为履行该义务，用电人应当为供电企业查电人员和抄表收费人员依法履行职责提供方便，也就说，用电人具有配合抄表的义务。《电力法》第33条规定：“供电企业应当按照国家核准的电价和用电计量装置的记录，向用户计收电费。供电企业查电人员和抄表收费人员进入用户，进行用电安全检查或者抄表收费时，应当出示有关证件。用户应当按照国家核准的电价和用电计量装置的记录，按时交纳电费；对供电企业查电人员和抄表收费人员依法履行职责，应当提供方便。”用电人拒不配合供电企业查电人员和抄表收费人员依法履行职责，导致无法核算电费的，根据《供电营业规则》第83条之规定，由于用户的原因未能如期抄录计费电能表读数时，可通知用户待期补抄或暂按前次用电量计收电费，待下次抄表时一并结清；因用户原因连续6个月不能如期抄到计费电能表读数时，供电企业应通知该用户终止供电。

二、逾期支付电费的违约金

关于逾期支付电费的违约金，《电力供应与使用条例》第39条规定，用户逾期未交付电费的，供电企业可以从逾期之日起，每日按照电费总额的1/‰至3/‰加收违约金，具体比例由供用电双方在供用电合同中约定；《供电营业规则》第98条规定：“用户在供电企业规定的期限内未交清电费时，应承担电费滞纳的违约责任。电费违约金从逾期之日起计算至交纳日止。每日电费违约金按下列规定计算：1.居民用户每日按欠费总额的千分之一计算；2.其他用户：（1）当年欠费部分，每日按欠费总额的千分之二计算；（2）跨年度欠费部分，每日按欠费总额的千分之三计算……”

而本条规定，用电人逾期不支付电费的，应当按照约定支付违约金。如何协调本条的规定与上述行政法规及部门规章的关系呢？首先，如果供用电合同对逾期违约金进行了约定，且约定的标准高于行政法规和部门规章规定的标准的，用电人请求调低逾期违约金标准的，人民法院应予支持，可以按照行政法规和部门规章规定的标准进行调整。其次，如果供用电合同对逾期违约金进行了约定，且约定的标准不高于行政法规和部门规章规定的标准的，应当按照当事人的约定处理。再次，如果供用电合同对逾期违约金没有约定的，供电人主张的逾期违约金高于行政法规和部门规章规定的标准，用电人请求调低逾期违约金标准的，可以根据当事人的请求根据行政法规和部门规章规定的标准进行调整。最后，如果供用电合同对逾期违约金没有约定的，供电人主张的逾期违约金不高于行政法规和部门规章规定的标准的，人民法院可以予以支持。

这里需要注意《电力供应与使用条例》这一行政法规的适用。行政法规是人民法院审理案件应当适用的法律渊源，《电力供应与使用条例》对逾期违约金的规定在规范性质上属于管理性强制性规范，是对供电人的行政监管，对人民法院而言，该条例的意图并非要求法院严格按照条例规定的标准进行裁判。供电人一般会在供用电格式合同中按照该条例的规定约定违约金，但是如果供电人约定的标准高于行政法规的标准的，行政法规的标准可以作为衡量违约金是否过高的标准，而如果供电人约定的标准高于行政法规的标准但并不违反效力性强制性规定，且对用电人有利，一般应予准许。

三、供电人中止供电

本条规定的中止供电属于供用电合同的中止履行，供电人中止合同需满足以下条件：

第一，用电人存在逾期不支付电费等违约行为。供用电合同是持续性合同，且涉及基本民生，合同中止的前提是用电人存在逾期不支付电费的违约行为。

第二，供电人须对用电人进行催告。供电人可以按照合同约定的方式催告用电人支付电费和违约金，合同没有约定的，应以能够通知到用电人的方式进行催告。催告时应给用电人必要的支付期限。

第三，用电人经催告后在合理期限内仍不支付电费和违约金。如果用电人经催告后在供电人指定的合理期限内支付了电费和违约金，则不能中止合同。

第四，供电人中止供电的，应当严格按照国家规定的程序办理。此处的“国家规定的程序”，主要是指《供电营业规则》第66条的规定。即，在发供电系统正常情况下，供电企业应连续向用户供应电力，对于拖欠电费经通知催交仍不交者、拒不在限期内交付违约用电引起的费用者，经批准后才可以中止供电。

第五，供电人中止供电的，应当事先通知用电人。虽然用电人违约，但是中止供电对用电人的生产生活影响较大，无论是基于供用电合同的民生属性，还是依据诚信原则，都应当事先通知用电人。

关于催告的合理期限，《电力供应与使用条例》第39条规定：“违反本条例第二十七条规定，逾期未交付电费的，供电企业可以从逾期之日起，每日按照电费总额的1‰至3‰加收违约金，具体比例由供用电双方在供用电合同中约定；自逾期之日起计算超过30日，经催交仍未交付电费的，供电企业可以按照国家规定的程序停止供电。”也就是说，从逾期之日起算，供电人给予用电人的合理催告期限应不少于30天。

【审判实践中应注意的问题】

一、预存电费情况下的合同中止

本条规定针对的是我国传统上实行的“先用电，后付费”的用电方式。近年来，随着IC卡智能型电能表的应用，预付费用电的方式越来越普及，相关法律问题值得关注和研究。

在使用IC卡智能型电能表预付费用电的方式中，用电人持IC卡到供电营业管理部门购买将来一段时间要使用的总电量，供电营业管理部门将用电客户预付的金额折算为使用电量，通过计算机系统把电量输入IC卡中。一旦IC卡预付的电费使用完毕，用电人将被自动中止供电。

实践中，供电人与用电人可能会通过合同的方式约定使用IC卡智能型电能表预付费用电的方式，而事实上，用电人此时并不拖欠供电人的电费和违约金，不符合《电力供应与使用条例》第39条规定的中止供电条件，而且，供电人中止供电系自动断电，未履行通知义务。鉴于预付费用电的方式越来越普及，预付费用电方式已经为大众普遍接受，相关问题有待进一步观察和探究。

二、供用电合同中止和合同解除的区别

《民法典》第563条规定，当事人一方迟延履行主要债务，经催告后在合理期限内仍未履行，另一方当事人可以解除合同。供用电合同中，供电人负有强制性缔约义务，即使用电人存在经催告在合理期限内仍不支付电费和违约金的违约行为，供电人也只能中止合同，而不能解除合同。

关于合同中止的法律效果：如果用电人一直无法支付电费和违约金，供用电合同一直处于中止状态。《供电营业规则》第33条规定："用户连续六个月不用电，也不申请办理暂停用电手续者，供电企业须以销户终止其用电。用户需再用电时，按新装用电办理。"为了维护当事人之间法律关系的稳定，合同事实上不具备恢复履行可能的或者双方均同意终止合同的，可以根据实际情况终止供用电合同。供用电合同中止后，用电人支付电费和违约金的，供应人应当及时恢复供电。

第六百五十五条　用电人应当按照国家有关规定和当事人的约定安全、节约和计划用电。用电人未按照国家有关规定和当事人的约定用电，造成供电人损失的，应当承担赔偿责任。

【条文主旨】

本条是关于用电人安全、节约和计划用电的义务及其损失赔偿责任的规定。

【条文理解】

《合同法》第183条规定："用电人应当按照国家有关规定和当事人的约定安全用电。用电人未按照国家有关规定和当事人的约定安全用电，造成供电人损失的，应当承担损失赔偿责任。"本条除规定用电人安全用电的义务外，还增加规定了用电人的"节约"和"计划"用电的义务。

由于电力系统具有网络性，电力的生产、供应和使用由网络联结，相互影响，并且同时完成，任何一个用户能否安全、合理地使用电力，都将关系到电力的运行安全，关系到千千万万用户的用电安全，关系到整个社会的公共安全，任何一种违章、违约用电行为，都可能造成人身和财产的重大损失。[①]

根据本条的规定，不管当事人是否在供用电合同作出了约定，国家有关安全、节约和计划用电的规定都直接约束合同双方，这是因为供用电合同具有社会公益属性，并不能完全由双方当事人自由

---

① 胡康生主编：《中华人民共和国合同法释义》，法律出版社2013年版，第303页。

约定，体现了法律对合同自治的干预。此处的“国家有关规定”不仅包括法律和行政法规，也应当包括部门规章，具体包括《电力法》《电力供应与使用条例》《电力监管条例》《供电营业规则》《供电监管办法》等一系列法律、行政法规和部门规章。

安全用电是用电人应尽的主要义务之一，安全用电不仅关系到用电人的利益，还关系到供电人和社会公共利益。《电力法》第32条规定：“用户用电不得危害供电、用电安全和扰乱供电、用电秩序。对危害供电、用电安全和扰乱供电、用电秩序的，供电企业有权制止。”具体而言，用电人应遵守《电力供应与使用条例》第30条规定：“用户不得有下列危害供电、用电安全，扰乱正常供电、用电秩序的行为：（一）擅自改变用电类别；（二）擅自超过合同约定的容量用电；（三）擅自超过计划分配的用电指标的；（四）擅自使用已经在供电企业办理暂停使用手续的电力设备，或者擅自启用已经被供电企业查封的电力设备；（五）擅自迁移、更动或者擅自操作供电企业的用电计量装置、电力负荷控制装置、供电设施以及约定由供电企业调度的用户受电设备；（六）未经供电企业许可，擅自引入、供出电源或者将自备电源擅自并网。”

《民法典》第9条规定：“民事主体从事民事活动，应当有利于节约资源、保护生态环境。”节约用电本质上是节约资源、保护生态环境，是贯彻《民法典》绿色原则的重要体现。关于节约和计划用电，也是用电人应尽的行政法上的重要义务，具体包括《电力供应与使用条例》第5条和第29条的规定，供电企业和用户应当遵守国家有关规定，采取有效措施，做好安全用电、节约用电、计划用电工作；供电企业和用户应当制订节约用电计划，推广和采用节约用电的新技术、新材料、新工艺、新设备，降低电能消耗。

用电人违反国家有关规定或者当事人在供用电合同中的约定，未尽到安全、节约或计划用电义务，给造成供电人损失的，应当承担赔偿责任。本条中的用电人赔偿损失的责任需满足以下要件：首先，用电人违反了国家有关安全、节约和计划用电的规定或当事人的约定。这是用电人承担责任的前提，如果用电人未违反国家有关安全、节约和计划用电的规定或当事人的约定，则损失的发生可能系不可抗力等其他因素造成的，用电人不承担责任。其次，用电人的行为与供电人的损失存在因果关系。因果关系是确定用电人承担责任的要件之一，如果用电人违反国家有关安全、节约和计划用电的规定或当事人的约定，但是并没有给供电人造成损失，用电人可能承担其他责任，但无需承担损失赔偿责任。只有供电人的损失与用电人的违约行为存在因果关系的，用电人才承担损失赔偿责任。例如，用电人违反安全用电的规定或约定，引发火灾，造成供电人供电机器设备的损毁，用电人应对供电人的损失承担赔偿责任。

【审判实践中应注意的问题】

《电力法》第65条规定："违反本法第三十二条规定，危害供电、用电安全或者扰乱供电、用电秩序的，由电力管理部门责令改正，给予警告；情节严重或者拒绝改正的，可以中止供电，可以并处五万元以下的罚款。"该条规定主要从行政管理的角度规定了对未尽安全用电义务的用电人的行政处理，包括责令改正、警告、罚款和中止供电等形式。

《民法典》第187条规定："民事主体因同一行为应当承担民事责任、行政责任和刑事责任的，承担行政责任或者刑事责任不影响承担民事责任；民事主体的财产不足以支付的，优先用于承担民事责任。"首先，行政责任和民事责任是性质不同的责任，用电人受到警告或罚款和中止供电的处罚不免除用电人的违约责任。其次，民事责任优先于行政责任，如果用电人的财产不足以支付罚款和承担违约责任的，应优先承担违约责任。最后，虽然本条未明确规定用电人违规违章用电时供电人有权中止供电，但是从违约责任的承担方式看，用电人违反合同约定的安全用电义务用电时，供电人当然可以要求用电人承担中止供电的违约责任方式，这与《电力法》第65条规定的电力管理部门中止供电有同样的效果，区别在于有权利或权力作出中止供电的主体不同，本条中有权主张违约责任的主体为供电人，《电力法》第65条规定的监管主体为电力管理部门。

第六百五十六条　供用水、供用气、供用热力合同，参照适用供用电合同的有关规定。

【条文主旨】

本条是关于供用水、气、热力合同参照适用供用电合同的规定。

【条文理解】

供用电合同是本章主要规定的合同，供用水、供用气、供用热力合同参照适用供用电合同的有关规定。之所以如此处理，一方面是出于立法技术的需要，但更多的是因为这四种合同在属性上的同质和相似。

首先，四种合同的主体具有特殊性。合同的使用方一般并无特殊性，可以是社会不特定的一般社会公众、企事业单位。特殊的是电、水、气和热力产品的提供方，通常只能是依法取得特定营业资格的公共服务企业，未经许可，其他任何单位和个人都不得作为供应方。

其次，四种合同的标的物具有特殊性。电、水、气和热力是人们生产生活的必需品，也是一种特殊的商品。电、水、气、热力的供应和使用具有连续性和长期性，合同标的物在给付时具有网络性的特点，不特定的合同相对人之间存在相互影响。以电为例，它的物理特征、给付方式、计量方式都具有特殊性，不同于一般的有体物。

再次，四种合同都具有浓厚的国家干预色彩。供用电、水、气、热力的合同属于民事合同，是当事人意思自治的产物。但是，当事人的意思自治受到法律的干预，例如，电、水、气和热力的价格通常由国家统一规定。而且，向社会公众提供电、水、气、热力的合同主体具有强制缔约义务，对于使用人合理的订立合同要求，这些公共服务机构不得拒绝，为降低交易成本，双方签署的合同也多为格式合同。

最后，四种合同的价值和目的相同。电、水、气和热力的供给具有公共性，涉及基本民生问题，该类合同的目的不单纯是获取经济利益，更主要是满足人民群众生产生活需要，保障生产活动正常运转，提高人民群众生活水平，合同目的和价值明显区别于一般的合同。

【审判实践中应注意的问题】

除本条的规定，本章供用电、水、气、热力合同共有八条规定，这八条规定供用水、供用气和供用热力合同原则上均可参照适用。但是，参照适用时需充分考虑水、气和热力产品的特殊性和合同的特殊性，避免僵化地参照适用。例如，供用热力合同具有明显的季节性和地域性，供用热力方应当在供热季开始之前完成设备设施检修，这显然与供用电合同不同。

《民法典》第646条规定："法律对其他有偿合同有规定的，依照其规定；没有规定的，参照适用买卖合同的有关规定。"供用水、供用气、供用热力合同，均系有偿合同，甚至可以理解为一种特殊产品的买卖，除了参照适用供用电合同有关的规定，还可以参照适用买卖合同的有关规定。当然，参照适用供用电合同有关的规定和参照适用买卖合同的有关规定是有顺序的，应当优先参照适用供用电合同有关的规定，供用电合同没有相关规定的，可以参照适用买卖合同的有关规定。

第十一章　赠与合同

第六百五十七条　赠与合同是赠与人将自己的财产无偿给予受赠人，受赠人表示接受赠与的合同。

【条文主旨】

本条是关于赠与合同概念的规定。

【条文理解】

一、赠与合同的概念和特征

依据本条的规定，赠与合同系赠与人与受赠人达成的无偿给予受赠人财产的合意，对合同的成立和生效没有其他特殊要求，这与苏联和东欧一些国家将赠与合同作为实践合同不同，而和德国、日本等大陆法系国家的规定基本一致。例如，《德国民法典》第516条规定："某人因一项给予而以自己的财产使他人得利，且双方当事人达成关于无偿地进行给予的合意时，该项给予即为赠与。"[①]《日本民法典》第549条规定："赠与，因当事人一方表示将自己的财产无偿给予他方的意思表示，相对方接受，而发生效力。"[②]根据本条的规定，赠与合同

① 陈卫佐：《德国民法典》，法律出版社2006年版，第181页。
② 渠涛：《最新日本民法》，法律出版社2006年版，第121页。

具有以下法律特征：

（一）赠与合同是双方民事法律行为

根据法律行为成立所需意思表示主体数量的不同，法律行为可以分为单方法律行为、双方法律行为和多方法律行为。赠与合同是双方法律行为的一种，即从赠与人方面说，需作出自愿将其财产无偿给予受赠人的意思表示；从受赠人方面说，需表示愿意接受其财产。亦即双方当事人的意思表示达成一致的，赠与合同这种双方民事法律行为才成立。

（二）赠与合同是单务合同

根据合同义务承担主体的不同，可将合同分为单务合同和双务合同。赠与合同虽系双方法律行为，但属于单务合同。赠与合同的单务性表现为仅赠与人负有义务，即承担无偿将其赠与的财产给予受赠人的义务，而受赠人接受赠与财产属于受赠人的权利，受赠人没有相应的对待给付的义务。即使在附义务的赠与中，所附义务也不构成赠与的对价，不影响赠与合同的单务合同属性的定性。

（三）赠与合同是诺成合同

根据法律行为在意思表示之外是否还需实际交付等行为方能成立为标准，可将法律行为分为要物性法律行为（实践性法律行为）和诺成性法律行为。赠与合同属于诺成合同，理由如下：首先，从文义解释的角度，赠与合同为诺成合同。《民法典》第483条规定："承诺生效时合同成立，但是法律另有规定或者当事人另有约定的除外。"可见，合同的成立以双方当事人意思表示达成一致为原则，要物为例外，对于例外情形应有法律明文规定。而本条规定中并无关于赠与为实践性的要求，故赠与合同应为诺成合同。其次，任意撤销权是合同成立后的撤销权，不是赠与合同实践性的体现。赠与合同赋予赠与人在赠与财产的权利转移之前可以撤销赠与的权利，并非对赠与合同实践性的规定，如果赠与合同是实践性合同，在赠与人将赠与财产的权利转移之前，赠与合同并未成立，撤销赠与无从谈起。最后，赠与合同规定为诺成性合同不损害赠与人的权益。将赠与合同作为实践性合同的观点，主要依据为赠与为单务合同，仅赠与人一方负有义务，将赠与作为诺成性合同对于赠与人有失公允。实际上，赠与作为诺成性合同，能够平衡双方的权利义务关系。诺成合同虽然使赠与人受有一定约束，但为平衡赠与合同双方当事人的权利和义务，法律同时赋予赠与人任意撤销权和法定撤销权，可以保障双方之间的利益基本均衡。

二、赠与合同的标的物

依本条规定，赠与合同是赠与人将自己的财产无偿给予受赠人，受赠人表示接受赠与的合同。关于“财产”的具体范围，有观点认为，赠与的标的物可以是各种法律不禁止的实物、货币和有价证券等物的所有权或准所有权。

本条使用了“财产”而非动产、不动产或者其他表述，所要表达的恰恰是财产权益类型和范围不限于有体物的意思。现代社会中“财产”的范围日益广泛，已经远远超出实物、货币和有价证券等的范围，除移转物的所有权的情形以外，知识产权、股权，甚至是对将来可以取得的某种财产进行赠与的也大量存在。只要不属于法律禁止的财产，应均可成为赠与合同的标的物。故本条规定的财产应包括一切能够带来利益的财产，包括动产、不动产、股权、知识产权、有价票证，等等。该财产范围在《慈善法》中也能得到印证，根据《慈善法》第36条的规定，捐赠财产包括货币、实物、房屋、有价证券、股权、知识产权等有形和无形财产。

三、赠与的分类

（一）一般赠与、公证赠与和具有公益、道德性的赠与

一般赠与是本条规定的一般情形，即未经过公证以及不具有公益、道德性等特殊情形的赠与合同。公证赠与系赠与双方当事人订立赠与协议，并经国家公证机关进行有效证明的赠与合同。公证并不是赠与合同成立并生效的必要条件，但经过公证的赠与不得任意撤销，

这是出于维护国家公证证明行为公信力的需要。具有公益、道德性的赠与是指为了社会公益目的或其他特定目的，无偿地将其财产给予他人的行为，包括具有救灾、扶贫、助残等社会公益、道德义务性质的赠与。

（二）需要办理登记等手续的赠与和不需要办理登记等手续的赠与

根据赠与财产的特征差异，可将赠与分为需要办理登记等手续的赠与和不需要办理登记等手续的赠与，前者的赠与财产系不动产、股权等需要办理登记等手续的财产，后者的赠与财产一般通过交付即可完成财产权利转移，不需要办理登记等手续。

（三）附义务的赠与和不附义务的赠与

根据赠与合同是否附有义务，可将赠与合同分为附义务的赠与和不附义务的赠与。其中，附义务的赠与又称附负担的赠与，是指赠与人在赠与财产时附加了一定的义务。在附义务赠与中，所附义务须具有合法性，不能违反法律强制性规定或者违背公序良俗。

四、赠与和慈善捐赠的区别

根据本条和《慈善法》的相关规定，从受赠人和受益人获得的财产的流程和方式观察，可以将财产赠与和慈善捐赠行为大致分为三种类型：一是赠与人将财产直接赠送给受赠人；二是不具有专职慈善事业主体身份的自然人、法人或非法人组织出于善心等原因，作为特定募捐活动的发起人和组织者，将所募财物转赠给特定受赠人；三是捐赠人将财产交给依法专门从事慈善事业的团体或者机构，再由该组织转赠给救助对象。其中，第三类属于《慈善法》上的捐赠。

赠与和慈善捐赠两者之间有一个共同点是都表现为无偿地转移财产权利，所以不少学者把慈善捐赠看作是赠与合同的一种，但在具体解释上又有一些区别。有的学者认为是附义务的赠与，受赠人有义务将捐赠的财物使用于其指定的目的。[①] 有人认为是特种赠与合同，即

① 史尚宽：《债法各论》，中国政法大学出版社2000年版，第143页。

是《民法典》规定的附道德义务和社会公益的赠与。[①]慈善捐赠和赠与的不同主要体现在：

（一）是否具有社会公益性不同

赠与一般发生在具体当事人之间，其中，如果受赠人属于需要救助的群体，赠与也是赠与人爱心的体现，但是尚不构成公益性。而捐赠是为促进社会公益性目的而进行的，受益人是不特定的多数人，具有明显的公益性。

（二）法律干预程度不同

赠与合同系当事人意思表示一致的协议，是当事人意思自治的产物，法律关于赠与的规定基本是在尊重当事人意愿的基础上对双方利益的适当平衡，法律强制干预程度较低。慈善捐赠则具有社会公益价值，各国一般通过专门立法对慈善事业进行规制，其中有不少规定属于强制性规范，法律干预程度较强。

（三）法律关系主体不同

慈善捐赠和赠与法律关系的主体存在差异，慈善捐赠至少涉及三方当事人即捐赠人、受赠人和受益人，而赠与通常只涉及两方当事人即赠与人和受赠人。捐赠的主体比赠与要更加广泛，法律关系也相对复杂。

（四）财产的归属不同

在赠与中，赠与人将自己的财产给予受赠人、受赠人接受后，财产即归受赠人所有或者受赠人成为财产的权利人。而慈善捐赠中，捐赠人将财产交给慈善组织后，受赠人取得该项财产的处分权，由于慈善组织的公益性，受赠人享有的处分权是受到严格限制的，捐赠财产最终归于受益人。

此外，慈善捐赠中，捐赠人还享有查询、复制其捐赠财产管理使用的有关资料的权利，慈善组织应当及时主动向捐赠人反馈有关情况。

---

① 王柏、张桂龙、赵雷：《合同法理论与审判述要丛书——赠与合同、供用电、水、热力合同》，人民法院出版社2001年版，第88~89页。

因为二者存在上述差异，在法律适用上对二者也应当有所区分。对于慈善捐赠，根据特别法优于一般法的原理，应当优先适用《慈善法》的相关规定,《慈善法》没有规定的，可以适用本章赠与合同的规定。

五、赠与和债务免除的区别

债务免除是债权人免除债务人偿还债务的义务，双方债权债务关系归于消灭的法律行为。债务免除是单方法律行为，在债权人作出免除的意思表示后生效。

债务免除和赠与都使得另一方当事人获得利益，但是二者的区别非常明显：其一，债务免除是单方法律行为，赠与是双方法律行为。赠与人作出意思表示后需要受赠人同意接受赠与，合同才生效；债务免除中，债权人作出单方意思表示后即生效。其二，债权人免除债务后，债权债务关系确定归于消灭，债权人不能撤销债务免除；而赠与合同中，双方达成赠与合意后赠与人还享有任意撤销赠与的权利。

【审判实践中应注意的问题】

一、赠与人将不属于自己的财产赠与他人的处理

由于赠与合同的赠与人是无偿给予他人财产，因此，赠与人须对赠与的财产享有所有权或处分权。赠与人如果将尚未取得所有权或处分权的财产赠与他人，赠与人在订立赠与合同时虽没有取得赠与标的物的所有权或处分权，但在订立赠与合同后取得的，该赠与合同为有效合同。当然，如果赠与人未取得该财产的所有权或处分权，赠与人在赠与财产的权利转移之前撤销赠与的，其撤销赠与的意思表示一经作出，该赠与合同即为撤销。

《民法典》第311条第1款规定：“无处分权人将不动产或者动产转让给受让人的，所有权人有权追回；除法律另有规定外，符合下列

情形的，受让人取得该不动产或者动产的所有权：（一）受让人受让该不动产或者动产时是善意；（二）以合理的价格转让；（三）转让的不动产或者动产依照法律规定应当登记的已经登记，不需要登记的已经交付给受让人。”如果赠与人在订立赠与合同时，对不属于自己的财物进行赠与，而且事后也未取得赠与财物的所有权，赠与人属于无权处分。因为赠与合同具有无偿性，不能满足善意取得“以合理的价格转让”的要件，即使赠与的不动产或者动产依照法律规定应当登记的已经登记或已经交付给受赠人，受赠人一般也无法取得受赠财产。

二、受赠人可否拒绝接受赠与

赠与合同不是单方法律行为，而需要双方意义表示一致，即需要赠与人有赠与的意思表示、受赠人有接受赠与的意思表示。虽然一般来说，赠与是纯获益的，是对受赠人有利的行为，但是赠与合同的达成需要双方的合意，赠与人不能强迫受赠人接受赠与，受赠与人仍有权拒绝接受赠与，而且在一些情形下，受赠人拒绝接受赠与可能是出于名声考虑等合理的理由。

受赠人同意接受赠与的，赠与合同成立并生效。若当赠与人给予财产时，受赠人拒绝收受的，因不能强求受赠人接受赠与，故应认定为受赠人放弃权利，无需承担违约责任。

三、对未成年人赠与效力的认定

根据《民法典》的相关规定，未成年人为不满18周岁的自然人，具体包括三类：第一类是16周岁以上的未成年人，以自己的劳动收入为主要生活来源，该类未成年视为完全行为能力人；第二类是8周岁以上的限制行为能力人，可以独立实施纯获利益的民事法律行为或者与其年龄、智力相适应的民事法律行为；第三类是不满8周岁的无民事行为能力人，由其法定代理人代理实施民事法律行为。

争议不大的是对第一类和第三类未成年的赠与。对于第一类未成年的赠与，该类未成年视为完全行为能力人，赠与合同在该未成年人表示接受赠与后成立并生效。对于第三类未成年人，因其不具备民事行为能力，需其法定代理人代理作出接受赠与的意思表示后赠与合同方才成立并生效。

对于第二类未成年人的赠与需要作进一步具体分析。对于8周岁以上的限制行为能力人，其可以独立实施纯获利益的民事法律行为，赠与合同在该未成年人表示接受赠与后成立并生效。若为附义务的赠与，在赠与财产是可分的情况下，超过所附义务对应的赠与利益部分系纯获利益的民事法律行为，这部分赠与在该未成年人表示接受赠与后成立并生效。与所附义务相对应的赠与利益的效力认定，则须考虑未成年人对该附义务的赠与是否具备认知和判断能力，如果未超出其年龄、智力理解和认知范围，则该未成年人表示接受赠与后赠与合同成立并生效；如果超出其年龄、智力理解和认知范围，则需其法定代理人代理作出接受附义务的赠与的意思表示或者经其法定代理人同意、追认。

四、赠与不得违反公序良俗

《民法典》第8条规定："民事主体从事民事活动，不得违反法律，不得违背公序良俗。"本条也应遵守该条的规定，实践中，对于违背公序良俗的赠与，应认定赠与合同无效。例如，在刘某诉赵某赠与合同纠纷案中，[①]法院认为，赵某婚外与刘某发生两性关系，有悖社会公德，双方基于违反公序良俗的不道德性行为达成了赠与合同，由此产生的债权债务关系不受法律保护，故本案赠与合同因违反了公序良俗而无效。该案依据有关公序良俗的规定将违反公序良俗的赠与合同认定无效，并未违反赠与合同的相关规定精神，恰恰是对赠与合同扶危济困等立法目的和功能的遵从。

---

① 邹旭、葛学波：《婚外情约定补偿金　插足者起诉被驳回》，载《法制日报》2005年8月26日。

第六百五十八条　赠与人在赠与财产的权利转移之前可以撤销赠与。

经过公证的赠与合同或者依法不得撤销的具有救灾、扶贫、助残等公益、道德义务性质的赠与合同，不适用前款规定。

【条文主旨】

本条是关于赠与合同任意撤销及其限制的规定。

【条文理解】

本条与《合同法》第186条规定的差异在于，本条第2款规定：“经过公证的赠与合同或者依法不得撤销的具有救灾、扶贫、助残等公益、道德义务性质的赠与合同，不适用前款规定。”即在具有救灾、扶贫、助残等公益、道德义务性质的赠与合同之前增加了“依法不得撤销的”。

根据《慈善法》第41条第1款和第3条的规定，捐赠人违反捐赠协议逾期未交付捐赠财产，有下列情形的，慈善组织或者其他接受捐赠的人可以要求交付，捐赠人拒不交付的，慈善组织或者其他接受捐赠的人可以申请支付令或提起诉讼：捐赠人通过广播、电视、报刊、互联网等媒体公开承诺捐赠的；扶贫、济困；扶老、救孤、恤病、助残、优抚；救助自然灾害、事故灾害和公共卫生事件等突发事件造成的损害。也就是说，这些情况下，捐赠人、赠与人有交付财产的义务，不得行使任意撤销权。在具体情形上，《慈善法》与《合同法》第186条的规定的差异主要在于“捐赠人通过广播、电视、报刊、互联网等媒体公开承诺捐赠的”，此种情况即是《民法典》规定的“依法不得撤销的”情形。当然，除了该种情形，如将来《慈善法》及相关法律有新的规定，也应涵盖在“依法不得撤销的”的范围内。

一、赠与人任意撤销权

依法成立的合同对双方具有拘束力，而赠与合同具有无偿性和非交易性的特征，赠与人将财产无偿给予受赠人本质上属于一种施惠行为，而且赠与合同是单务合同，受赠人是纯获利益者，赠与人撤销赠与的一般不会损害受赠人的权益，根据权利义务相称的原则，赠与合同对赠与人的约束可以较双务合同相对弱一些，准许赠与人在一定条件下反悔，因此，法律赋予赠与人任意撤销权，以平衡双方的权利义务关系。

关于任意撤销权的概念，观点不一。有观点认为：“赠与合同的任意撤销是指在赠与财产的权利转移之前，得由赠与人依其意思表示任意撤销赠与合同。”[①] 有观点认为：“赠与的任意撤销是指无需具备法定情形，得由赠与人依其意思任意撤销赠与合同。”[②] 还有观点认为：“赠与合同的撤销，是赠与人的一种特殊权利，即赠与人在赠与的财产的权利移转给受赠人之前，可以自由的撤销赠与，而不承担任何责任。”[③]

上述定义并无实质差别，简而言之，任意撤销权是指赠与人在赠与财产的权利转移之前享有撤销赠与的权利。这种撤销权是法律赋予赠与人单方享有的权利，赠与人行使撤销权的时间是在赠与财产权利转移之前，一般为动产标的物交付之前，如果赠与的财产属于不动产、权利等需要办理权利转移登记手续的，则在办理登记手续之前。赠与人行使任意撤销权之后，当事人之间的赠与权利义务关系消灭，赠与人不负有交付赠与财产的义务。根据本条规定，赠与人行使任意撤销权的条件如下：

① 王利明、房绍坤、王轶：《合同法》，中国人民大学出版社2009年版，第316页。
② 崔建远主编：《合同法》，法律出版社2007年版，第401页。
③ 李开国主编：《合同法》，法律出版社2002年版，第350页。

首先，赠与合同已经成立并生效。赠与合同为诺成合同，双方当事人意思表示达成一致合同即成立。如果合同未成立，则撤销赠与无从谈起。

其次，撤销赠与须在赠与财产权利转移之前。这是因为赠与财产权利未转移之前，财产归属于赠与人，撤销赠与对受赠人不会有实际影响，而一旦完成财产权利转移，除非受赠人存在《民法典》第663条的规定（法定撤销权），赠与人不能再撤销赠与，否则有违诚信原则并会对受赠人的权益造成损害。

最后，赠与合同须不属于经过公证的赠与合同或者依法不得撤销的具有救灾、扶贫、助残等公益、道德义务性质的赠与合同。赠与人的任意撤销权并不是无限制的，否则会有损社会和他人利益，故本条第2款规定，经过公证的赠与合同或者依法不得撤销的具有救灾、扶贫、助残等公益、道德义务性质的赠与合同，赠与人不享有任意撤销权。本条第2款规定主要是基于以下理由：公证是依照法定程序对民事法律行为、有法律意义的事实和文书的真实性和合法性予以证明的活动，与未经公证的赠与合同相比，经过公证的赠与合同具有更强的严肃性和法律证明力，当事人进行公证的目的就是强化合同对双方的约束力，故在经过公证的赠与合同中，赠与人不得任意撤销合同。依法不得撤销的具有公益、道德义务性质的赠与的目的是促进救灾、扶贫、助残等社会公共利益的发展，允许赠与人任意撤销会损害公共利益。故对这两类赠与合同不允许任意撤销。

此外，需要注意的是，赠与人单方作出的赠与意思表示经法院生效裁判文书确认后，如受赠人接受赠与，该赠与合同亦不得任意撤销或变更。因为人民法院的裁判文书具有法律效力，当事人不得任意撤销或变更裁判文书的内容，除非该裁判文书因法定事由并经法定程序予以撤销。

二、任意撤销权的性质

任意撤销权是撤销权的一种，在性质上属于形成权。任意撤销权由赠与人行使，根据赠与人单方撤销的意思表示就可以使已经成立的赠与合同恢复到赠与合同订立前的状态，不需要征得受赠人同意或不同意。

正确理解任意撤销权的性质还需要厘清赠与合同任意撤销与法律行为的撤销、撤回以及债权人撤销权的区别。撤回和撤销在民法上是性质不同的两种行为。对于法律行为，一般允许在生效之前撤回。而撤销是针对已生效而有瑕疵法律行为，使之溯及地归于消灭。也即，撤回是指法律行为在发生效力之前予以追回的行为；撤销则是指法律行为在发生效力之后，再予以撤销的行为。根据《民法典》的相关规定，要约的撤销，是在要约生效后使其溯及归于消灭的行为，不以要约有瑕疵为必要；而可撤销法律行为的撤销，是在生效的法律行为有可撤销事由时使其溯及地归于消灭的行为，须以法律行为存在欺诈、胁迫、重大误解等瑕疵为条件。

《民法典》第538条规定："债务人以放弃其债权、放弃债权担保、无偿转让财产等方式无偿处分财产权益，或者恶意延长其到期债权的履行期限，影响债权人的债权实现的，债权人可以请求人民法院撤销债务人的行为。"此条规定的是债权人撤销权，系债权人撤销债务人损害债权行为的权利，债权人只有在法律规定的情形下才享有撤销权。

对于赠与合同的任意撤销权而言，其并不以赠与合同订立上存在欺诈、胁迫、重大误解等的事由为依据，亦非对受赠人损害债权的撤销，赠与人在赠与财产的权利转移之前可以任意撤销赠与，在性质上与可撤销法律行为的撤销不同，属于法律赋予赠与合同中赠与人的特殊撤销权。

【审判实践中应注意的问题】

一、"赠与财产的权利转移之前"的理解

鉴于赠与财产范围的广泛性，实践中要注意把握赠与财产权利转

移这一行使任意撤销权的关键环节。

首先，财产权利转移包括但不限于所有权转移。《民法典》第240条规定："所有权人对自己的不动产或者动产，依法享有占有、使用、收益和处分的权利。"所有权主要是针对动产、不动产等有体物而言的；而股权、知识产权等无形财产，权利人一般是股东、著作权人等，对于股权、知识产权而言财产权利转移是权利的转移而非所有权的转移。所以，财产权利转移并非仅指所有权转移。

其次，财产权利转移不等于交付。在民法中，交付的对象不限于动产，包括动产、不动产等，例如，《民法典》第511条第3项规定："当事人就有关合同内容约定不明确，依据前条规定仍不能确定的，适用下列规定：……（三）履行地点不明确，给付货币的，在接受货币一方所在地履行；交付不动产的，在不动产所在地履行；其他标的，在履行义务一方所在地履行……"在赠与合同中，交付是赠与人将财产的占有转移给受赠人。对于动产而言，交付是所有权变动的依据，动产的交付就意味着财产权利的转移。对于不动产和其他财产权益而言，所有权的转移一般以变更权利登记为要件，交付并不代表所有权的转移，因此，在赠与财产是房屋等不动产时，在交付后、权利登记变更之前，仍属于赠与财产权利转移之前，赠与人可以任意撤销赠与。

二、分批交付的赠与合同中任意撤销权的特殊性

在赠与合同中，可能存在分批交付赠与物的情况，也即在赠与物是可分的情况下，当事人约定分批交付赠与物。例如：赠与人赠与受赠人100吨大米，合同约定分10次交付，每次交付10吨。此类赠与合同任意撤销权的行使具有特殊性，实践中需要加以注意。

根据本条之规定，在赠与财产权利转移之前，赠与人可以撤销赠与，例如在前例中，赠与人在100吨大米转移交付之前，可以撤销赠与合同。但是，如果赠与财产根据双方的约定已经分批部分交付，尚有部分没有交付，又如在前例中，赠与人已经交付了3批30吨大米，

还剩余7批没有交付，此时赠与人能否行使任意撤销权呢？我们认为，此种情况下，赠与人可以行使任意撤销权，但是该撤销权仅是对未交付部分的撤销，不具有溯及力，已交付部分无需返还。

《民法典》第633条规定："出卖人分批交付标的物的，出卖人对其中一批标的物不交付或者交付不符合约定，致使该批标的物不能实现合同目的的，买受人可以就该批标的物解除。出卖人不交付其中一批标的物或者交付不符合约定，致使之后其他各批标的物的交付不能实现合同目的的，买受人可以就该批以及之后其他各批标的物解除。买受人如果就其中一批标的物解除，该批标的物与其他各批标的物相互依存的，可以就已经交付和未交付的各批标的物解除。"这一条是关于买卖合同的规定，这条规定的精神可以为我们解答上述问题提供参考：

第一，赠与合同约定分批交付，当事人分批交付不违反合同约定。第二，赠与人仅交付部分批次赠与物不影响合同目的实现。赠与合同是施惠行为，受赠人是纯获益的，交付多少批次赠与物不致合同目的不能实现。第三，在分批交付的情况下，全部赠与物是可分的，已交付部分的财产权利已经转移，不能再行使任意撤销权。对于未交付部分，财产权利尚未转移，可以行使任意撤销权。赠与人对未交付批次的赠与物的撤销仅对未交付部分有效，已经交付的不受影响。

三、赠与人对任意撤销权的行使后果

赠与人行使任意撤销权对受赠人造成损失的，赠与人是否要承担责任，本条并未明确。我们认为，任意撤销权是法律赋予赠与人的权利，较好地平衡了赠与合同双方当事人之间的权利义务关系，赠与人行使任意撤销权一般不需承担赔偿责任。

当然，权利不得滥用，《民法典》第7条规定："民事主体从事民事活动，应当遵循诚信原则，秉持诚实，恪守承诺。"任意撤回权在行使时也应遵循诚信原则，如果其行使时违背了诚信原则而导致受赠人的损失，在满足一定条件下，也应当承担赔偿责任。例如，赠与

人在赠与合同成立后反复向受赠人保证会交付赠与财产并要求受赠人做好接受财产的准备，受赠人基于信赖为准备接受财产支出了必要费用，赠与人无正当理由撤销赠与的，应当赔偿受赠人的信赖损失。需要指出的是，此种条件必须严格把握，不能随意扩大赠与人在赠与合同中承担的责任。

第六百五十九条　赠与的财产依法需要办理登记或者其他手续的，应当办理有关手续。

【条文主旨】

本条是关于办理赠与财产登记等手续的规定。

【条文理解】

根据合同的一般原理，要约人发出要约后，承诺人作出承诺时合同成立，即合同双方当事人意思表示一致时，合同成立。同时，《民法典》第502条还规定，依法成立的合同，自成立时生效。法律、行政法规规定应当办理批准、登记等手续生效的，依照其规定。也就是说，除了法律、行政法规规定应当办理批准、登记等手续，才能生效的以外，其他合同则自成立时生效。

根据《民法典》第657条的规定，赠与合同自赠与人和受赠人意思表示一致时赠与合同成立，并同时生效，赠与合同的性质完全符合诺成合同的特征，并不以赠与物的交付为条件。

故本条并非系赠与合同实践性的规定，而是关于赠与合同履行的规定。赠与合同中，赠与人须将自己的财产无偿给予受赠人，赠与财产的所有权变更需要办理相应手续的，例如，赠与财产是房屋等以登记为所有权转移要件的不动产时，赠与人应办理权利转移登记手续。此时，赠与合同已经成立并生效，赠与人办理财产权利转移相应手续属于履行合同的行为，并非赠与合同的实践性要求。

具体而言，本条中规定的需要办理登记或者其他手续的财产主要包括以下三类：

第一类是房屋等不动产。根据《民法典》第209条第1款的规定："不动产物权的设立、变更、转让和消灭，经依法登记，发生效力；未经登记，不发生效力，但是法律另有规定的除外。"房屋等不动产以登记为所有权的转移要件，受赠人取得赠与的房屋等不动产需要办理所有权转移登记。

第二类是汽车等特殊动产。根据《民法典》第224条和第225条分别规定："动产物权的设立和转让，自交付时发生效力，但是法律另有规定的除外。""船舶、航空器和机动车等的物权的设立、变更、转让和消灭，未经登记，不得对抗善意第三人。"因此，动产以交付为所有权的转移要件，其中，汽车、船舶等特殊动产需办理登记才能对抗善意第三人。赠与人将特殊动产赠与的，应当变更相关登记手续，为受赠人行使占有、收益、处分等权利提供方便。

第三类是股权等需要办理登记或者其他手续的权利。以有限公司的股权为例，根据《公司法》的相关规定，记载于股东名册的股东可以依股东名册主张行使股东权利，公司应当将股东的姓名向公司登记机关登记，未经登记的不得对抗第三人。股权的取得和变更虽然不以登记为要件，但为确保受赠人作为股东的公示性，仍然需要进行变更登记。

【审判实践中应注意的问题】

一、本条登记的范围不限于所有权转移手续

如前所述，本条规定的是赠与合同的履行问题，不是关于赠与实践性的要求，也不是赠与财产权利转移的规定，在实践中要正确把握。

根据《民法典》及相关法律法规的规定，财产需要办理登记等手续的主要包括两种情形：第一类是财产权利的转移以登记为生效要件，例如，房屋登记，未经登记所有权不发生变更；第二类是财产权

利的转移不以登记为生效要件，登记是出于管理的需要，有的登记后可以对抗善意第三人，例如，机动车的登记。

因为本条规定的是赠与合同的履行，赠与人将财产给予受赠人，应将相关的登记手续一并变更，既包括所有权转移类型的登记，也包括行政管理需要或对抗第三人需要的登记。需要说明的是，对于并非以登记为所有权转移要件的财产，赠与人通过交付等方式将财产给予受赠人后，赠与人即不再享有任意撤销权，此时不应以未办理登记为由准许赠与人行使任意撤销权。

二、赠与人拒不办理登记等手续的可否强制履行

根据赠与合同的类型和登记等手续的性质不同，对于该问题需要具体分析：

首先，根据《民法典》第658条第2款规定，对于经过公证的赠与合同或者依法不得撤销的具有救灾、扶贫、助残等公益、道德义务性质的赠与合同，受赠人有权要求赠与人实际履行合同，包括交付赠与财产、变更所有权转移等的手续、变更对抗第三人的登记等手续。

其次，根据《民法典》第658条第1款的规定，对于一般的赠与合同，在赠与财产转移之前，赠与人享有任意撤销权。本条规定赠与人应当办理财产登记等手续以赠与人不行使任意撤销权为前提，如果赠与人行使任意撤销权，自然无需对赠与财产再办理登记等有关手续。

再次，在一般赠与中，如果赠与人未完成赠与财产的所有权转移手续，也未行使任意撤销权，受赠人申请实际履行的，一般不应支持。因为在赠与财产权利转移前，赠与人随时可以撤销赠与合同，赠与合同并不具备强制执行力。

最后，在一般赠与中，如果赠与人已经完成赠与财产的所有权的转移手续，赠与人不能再任意撤销赠与，受赠人可以对办理对抗第三人的登记等手续申请强制履行。

第六百六十条　经过公证的赠与合同或者依法不得撤销的具有救灾、扶贫、助残等公益、道德义务性质的赠与合同，赠与人不交付赠与财产的，受赠人可以请求交付。

依据前款规定应当交付的赠与财产因赠与人故意或者重大过失致使毁损、灭失的，赠与人应当承担赔偿责任。

【条文主旨】

本条是关于赠与人财产交付及财产毁损、灭失责任的规定。

【条文理解】

本条将《合同法》第188条和第189条的两个规定合并为一条。两条合并为一条后，第189条以第188条为前提，避免了《合同法》第189条与任意撤销权规定存在的不协调问题，即只有在经过公证的赠与合同或者依法不得撤销的具有救灾、扶贫、助残等公益、道德义务性质的赠与合同中，赠与人不享有任意撤销权的情况下，才存在必须交付赠与财产的问题。

也就是说，对于依法不得撤销的具有救灾、扶贫等社会公益、道德义务性质的赠与合同和经过公证的赠与合同，不可任意撤销赠与。如果赠与人不履行合同义务，拒绝交付财产的，受赠人可以请求其实际交付。

对于本条第1款的理解需要注意两个问题：第一，此处的“交付”并非仅仅指动产的交付，还包括不动产的登记等全部财产转移行为。第二，受赠人可以请求交付，当然地包括以仲裁或诉讼的方式强制要求受赠人交付，即赠与人拒绝交付财产的，可能会面临法院的强制执行。

赠与人应当交付的受赠财产因赠与人故意或者重大过失致使毁损、灭失的，实际履行已不可能，此时赠与人应对受赠人承担无法交付财产的违约责任。由于赠与合同是单务性合同，赠与虽为赠与人自愿，但是赠与人在赠与合同中毕竟承受了不利益，为平衡双方的权利义务关系，故只在故意或者重大过失致使赠与财产毁损、灭失的，赠与人才承担赔偿责任。

对于本条第2款的理解需要注意两个问题：一是只有赠与人故意或者重大过失致使赠与财产毁损、灭失的情况下才承担损害赔偿责任，轻微过失、不可抗力等无过失的情况下致使赠与财产毁损、灭失的不承担损害赔偿责任。二是该条款规范的是赠与财产交付之前的损害赔偿责任。根据赠与合同的赠与标的财产和履行情况的不同，赠与财产在赠与合同履行中的状态可以划分为三个阶段，以房屋的赠与为例：第一个阶段为赠与房屋未交付，由赠与人占有和所有，所有权人也登记在赠与人名下；第二个阶段为赠与人将房屋交付受赠人，受赠人占有房屋，但是未变更所有权登记；第三个阶段为房屋为受赠人占有，房屋所有权登记也变更在受赠人名下。本条款规定适用于前两个阶段，即赠与财产权利转移之前的损害赔偿责任，此时的损害赔偿责任属于赠与合同违约责任的范畴。而在赠与财产的权利转移之后，该财产已归受赠人，如果因赠与人的过错致使该财产毁损、灭失，赠与人应承担侵权责任，此时赠与人的过错并不限于故意或重大过失。

【审判实践中应注意的问题】

一、本条规定的赔偿责任的性质和范围

本条在司法中，需要准确认定赠与人损害赔偿责任的性质和范围。在经过公证的赠与合同或者依法不得撤销的具有救灾、扶贫、助残等公益、道德义务性质的赠与合同中，赠与人不享有任意撤销权，

赠与人在交付财产交付前因故意或重大过失导致赠与物毁损、灭失的，依照本条规定应当承担损害赔偿责任。因此时赠与合同已经成立并生效，合同进入履行阶段，而赠与人在交付前因故意或重大过失导致赠与物毁损、灭失导致履行不能是违约行为，所以此处承担的应是违约损害赔偿责任。考虑到赠与合同的无偿性，本条对赠与合同违约责任的规定不同于一般合同的严格责任，赠与人因轻微过失或者无过失导致赠与物毁损灭失时不承担赔偿责任。

为平衡合同双方的权益，本条规定赠与人只在故意和重大过失致使赠与财产毁损、灭失的，赠与人才承担赔偿责任，但未明确规定承担赔偿责任的范围或限额。《民法典》第584条规定："当事人一方不履行合同义务或者履行合同义务不符合约定，造成对方损失的，损失赔偿额应当相当于因违约所造成的损失，包括合同履行后可以获得的利益；但是，不得超过违约一方订立合同时预见到或者应当预见到的因违约可能造成的损失。"一般来说，违约责任承担的是可得利益的赔偿，在赠与合同中，赠与财产为受赠人的可得利益，当赠与财产毁损、灭失的，赠与人的赔偿责任应限于毁损、灭失的赠与财产的价值。

二、本条中两处"财产"的理解

本条第1款和第2款均有"财产"一词，但是二者的范围不是一样的，在实践中需要注意区分。

本条第1款中的"财产"包括全部能够成为赠与合同标的的财产，包括有形财产、无形财产等，在经过公证的赠与合同或者依法不得撤销的具有救灾、扶贫、助残等公益、道德义务性质的赠与合同中，赠与人拒不交付赠与财产的，受赠人可以请求交付。

本条第2款中的"财产"主要指特定化的有形财产，原因如下：一方面，一般只有有形财产才存在"损毁、灭失"的问题，本条款规范的主要为有形财产；另一方面，需为特定化的有形财产，即当赠与财产为种类物时，毁损、灭失的赠与财产需系已经特定化的赠与财产。

三、赠与人迟延交付是否承担责任

根据《民法典》第563条、第585条等的相关规定，在一般合同中，迟延履行义务为违约行为，守约方可以要求违约方支付迟延履行的违约金甚至解除合同。

在经过公证的赠与合同或者依法不得撤销的具有救灾、扶贫、助残等公益、道德义务性质的赠与合同中，赠与人未按照合同约定的期限交付赠与财产，受赠人能否要求赠与人承担迟延交付的责任本条未作规定。我们认为，考虑到赠与合同的单方施惠性，赠与人迟延交付实际上不会给受赠人造成损失，且本条只规定了赠与财产因赠与人故意或者重大过失致使毁损、灭失的赔偿责任，不易扩大赠与人的责任，赠与人对迟延交付的利息等不承担赔偿责任。

第六百六十一条　赠与可以附义务。

赠与附义务的，受赠人应当按照约定履行义务。

【条文主旨】

本条是关于附义务赠与的规定。

【条文理解】

附义务的赠与也称为附负担的赠与，是指受赠人需要履行一定义务的赠与合同。附义务赠与中，所附义务可以是一种作为，也可以是不作为，受赠人履行所附义务的受益人可以是赠与人，也可以是特定的第三人或不特定的社会公众。如果所附义务与赠与人承担赠与财产的义务构成对待给付，合同性质将发生变化，不再是赠与合同，而可能构成买卖或其他法律关系。

一、附义务赠与的法律特征

（一）附义务赠与是一种双方法律行为

附义务赠与作为一种合同，须以双方当事人达成合意为要件。只有当赠与人发出要约表示将自己的财产给予受赠人，并要求受赠人负担一定的义务，受赠人作出承诺表示接受赠与财产，并愿意履行义务时，附义务赠与合同方才成立。

（二）附义务赠与是一种单务、无偿合同

在附义务的赠与合同中，受赠人虽然负担一定的义务，但双方签订合同的主要目的是将赠与财产的权利转移给受赠人。受赠人接受赠与财产所承担的义务，不是其取得赠与财产所付的报酬或对价，与赠与财产不具有对待给付性，不能因为赠与附义务而否认赠与合同的单务性和无偿性。[①]

（三）附义务赠与中受赠人附有一定义务

附义务赠与中所附的义务是赠与合同的一部分，也是影响赠与人作出赠与意思表示的因素之一，不能因赠与合同的单务性而否定受赠人存在一定的履行义务。附义务赠与中所附义务由双方当事人协商确定，一般是在赠与人转移赠与财产权利之后履行所附义务，也可以约定在赠与人转移赠与财产权利之前履行所附义务。

（四）附义务的赠与中赠与人享有法定撤销权

《民法典》第663条第1款规定："受赠人有下列情形之一的，赠与人可以撤销赠与：（一）严重侵害赠与人或者赠与人近亲属的合法权益；（二）对赠与人有扶养义务而不履行；（三）不履行赠与合同约定的义务。"其中，"不履行赠与合同约定的义务"即是附义务合同受赠人不履行所附义务的情形，赠与人享有法定撤销权。

（五）附义务的赠与中赠与人负有瑕疵担保义务

《民法典》第662条第1款规定："赠与的财产有瑕疵的，赠与人不承担责任。附义务的赠与，赠与的财产有瑕疵的，赠与人在附义务的限度内承担与出卖人相同的责任。"在不附义务的赠与中，除特定情形外，赠与人一般不承担瑕疵担保责任。在附义务的赠与中，赠与人在所附义务范围内承担与出卖人相同的瑕疵担保义务。

二、附义务赠与和其他赠与的区别

（一）附义务赠与和附条件赠与的区别

《民法典》第158条规定："民事法律行为可以附条件，但是根据其性质不得附条件的除外。附生效条件的民事法律行为，自条件成就时生效。附解除条件的民事法律行为，自条件成就时失效。"附条件赠与是附条件合同的一种，是当事人在赠与合同中设置一定的条件，

① 郭明瑞、王轶：《合同法新论·分则》，中国政法大学出版社1997年版，第78页。

把条件的成就与否作为赠与财产权利转移或赠与行为效力发生或消灭的前提。[①]在附条件的赠与中，条件的成就与否可以直接决定赠与合同的效力，附生效条件的赠与合同当条件成就时合同才生效；附解除条件的合同，自条件成就时合同失效。在附条件的赠与中，以赠与人死亡为生效条件的赠与也称为死因赠与。而附义务的赠与合同所附义务与赠与合同的法律效力无关，如无其他无效、效力待定、可撤销等事由，附义务的赠与合同成立后即是确定生效的。

（二）附义务赠与和附期限赠与的区别

《民法典》第160条规定："民事法律行为可以附期限，但是根据其性质不得附期限的除外。附生效期限的民事法律行为，自期限届至时生效。附终止期限的民事法律行为，自期限届满时失效。"附期限赠与是当事人为赠与合同设定一定的期限，把期限的届至或届满作为赠与财产权利转移或赠与合同的效力发生或者消灭的依据。[②]在附期限的赠与中，期限的届至或届满可以决定赠与合同的效力。附生效期限的合同，期限截至后合同生效；附失效期限的合同，期限届满后合同失效。而附义务赠与中所附的义务，不影响赠与合同的效力，赠与人不能因为受赠人未履行所附义务而对合同的效力进行抗辩。

（三）附义务赠与和目的赠与的区别

在赠与合同中，目的赠与是较为特殊的一种赠与。目的赠与指的是赠与人为实现一定目的、达到一定结果而进行的赠与。目的赠与系赠与人希望通过赠与达到一定的目的，但在受赠人怠于促成目的实现的情况下，并不能要求受赠人强制履行，而只能在结果不实现时请求受赠人返还赠与利益。例如，以结婚为目的而赠与对方财物属于目的赠与，赠与人不能强制要求受赠人与其结婚，只能在结婚的目的不能实现时请求返还赠与利益。而附义务赠与，当受赠人不履行所附义务时，赠与人可以请求受赠人履行义务。

---

①② 崔建远主编：《合同法》，法律出版社2016年版，第324页。

三、附义务赠与合同的效力

《民法典》第119条规定："依法成立的合同，对当事人具有法律约束力。"合同的效力，是指法律赋予依法成立的合同具有约束当事人的效力。就附义务赠与合同而言，指的是依法成立的附义务赠与合同对于赠与人和受赠人具有的约束力。具体表现在如下三个方面：

（一）受赠人义务的履行

附义务的赠与合同生效后，受赠人应当按照合同约定履行所附义务，受赠人拒不履行的，赠与人可以要求其履行。但是，由于赠与本质上是使受赠人无偿取得利益的一种施惠行为，所附义务不能超过受赠人通过赠与合同获得的利益。

（二）赠与人撤销赠与

根据《民法典》第663条第1款之规定，在附义务赠与合同中，赠与人将赠与财产权利转移给受赠人后，受赠人不履行赠与合同义务的，赠与人可以撤销赠与。赠与人行使法定撤销权，则被撤销的赠与合同溯及地消灭，赠与人有权要求受赠人返还赠与财产。

（二）履行请求权的行使

附义务赠与合同，赠与的财产利益与所附义务不具有对待给付性，以赠与为主，所附义务为辅。如赠与人已经转移赠与财产权利给受赠人，而受赠人不履行义务的，赠与人可以请求受赠人履行其义务。如赠与人未转移赠与财产权利，则不得请求受赠人履行其义务。而且，因为转移赠与财产权利为赠与合同的主要义务，赠与合同所附义务不构成对待给付，赠与人不得主张同时履行抗辩权。

【审判实践中应注意的问题】

一、赠与人在履行义务前可否要求受赠人履行义务

在附义务赠与中，当事人签订附义务赠与的合同目的是转移赠与

财产权利给受赠人，赠与人赠与财产的价值远远大于受赠人的义务，所以一般情况下，赠与人应先履行交付财产的义务，然后要求受赠人履行所附义务。如果赠与人未履行转移财产权利的义务，受赠人可以拒绝履行所附义务。

但是，本条并未规定赠与财产转移与所附义务履行的先后顺序，如果赠与合同明确约定，由受赠人先履行赠与合同所附义务，然后由赠与人履行交付财产的义务，这种约定不违反法律的强制性规定，亦应认定为合法有效。

二、本条中所附义务的审查

赠与合同中，只要双方当事人达成一致，应当允许在合同中附一定的义务。人民法院在审理附义务赠与合同中，要注意审查所附义务的合法性、可执行性，进而作出适当的裁判。

在附义务的赠与合同，如果赠与所附义务违反公序良俗或者法律、行政法规的强制性规定的，所附义务无效。在赠与人已经履行赠与财产权利转移的情况下，当所附义务为赠与的主要目的时，所附义务无效，赠与合同也无效，受赠人应将赠与财产返还赠与人。

根据本条规定，赠与附义务的，受赠人应当按照约定履行义务。如果受赠人不履行义务，赠与人可否诉请法院要求强制执行呢？这要根据所附义务的性质来判断。《民法典》第580条第1款规定：“当事人一方不履行非金钱债务或者履行非金钱债务不符合约定的，对方可以请求履行，但是有下列情形之一的除外：（一）法律上或者事实上不能履行；（二）债务的标的不适于强制履行或者履行费用过高；（三）债权人在合理期限内未请求履行。”如果所附义务具有一定人身属性，例如要求受赠人从事一定的行为，受赠人不履行，即属于债务标的不适宜强制履行的情况，对于赠与人强制履行的请求不应支持。赠与人可以通过行使《民法典》第663条法定撤销权等方式进行救济。

第六百六十二条　赠与的财产有瑕疵的，赠与人不承担责任。附义务的赠与，赠与的财产有瑕疵的，赠与人在附义务的限度内承担与出卖人相同的责任。

赠与人故意不告知瑕疵或者保证无瑕疵，造成受赠人损失的，应当承担赔偿责任。

【条文主旨】

本条是关于赠与人对赠与财产瑕疵担保责任的规定。

【条文理解】

《民法典》的多条规定中使用了“瑕疵”二字，例如第304条、第618条、第622条，等等，但未规定瑕疵的具体含义。学理上认为，瑕疵一般指标的物的本身或权利存在瑕疵，瑕疵担保责任分为物的瑕疵担保责任和权利瑕疵担保责任两种。物的瑕疵是指标的物不符合法定或者约定的质量标准，或者不具备标的物通常事物应具有的功能和效用。[①] 根据《民法典》第622条之规定，当事人约定的检验期间过短，根据标的物的性质和交易习惯，买受人在检验期限内难以完成全面检验的，该期限仅视为买受人对标的物的外观瑕疵提出异议的期限。故，物的瑕疵还包括外观瑕疵。而权利瑕疵是指合同一方当事人应保证其对合同标的物享有合法的权利，第三人不会就该标的向对方当事人提出任何权利要求。根据《民法典》第657条的规定，赠与合同是赠与人将自己的财产无偿给予受赠人，受赠人表示接受赠与的

① 王利明：《合同法研究》（第3卷），中国人民大学出版社2015年版，第210页。

合同。赠与财产限定为赠与人自己的财产，故本条所规范的内容主要是物的瑕疵担保。

关于赠与人的瑕疵担保责任，很多大陆法系国家以及我国台湾地区均有规定。例如，德国规定，赠与人故意隐瞒权利瑕疵或者赠与物的瑕疵，对受赠人因瑕疵所生损害负赔偿责任。日本规定，赠与人对赠与标的物或权利瑕疵或欠缺不负责任，但赠与人知道有瑕疵或欠缺而不告知受赠人者除外。对附负担的赠与，赠与人于该负担限度内，负担出卖人相同的担保责任。我国台湾地区规定，赠与物或权利如有瑕疵，赠与人不负担保责任。但赠与人故意不告知其瑕疵，或保证其无瑕疵的，对于受赠人因瑕疵所生的损害负赔偿的义务。附有负担的赠与，赠与物或权利如有瑕疵，赠与人在受赠人负担的限度内，负与出卖人相同的担保责任。可见，虽然德国、日本和我国台湾地区对赠与人瑕疵担保责任的规定有差异，但都规定故意不告知赠与物的瑕疵给受赠人带来损害的，应承担赔偿责任。

因为赠与合同中受赠人是无偿获益的，一般情况下，赠与人对赠与财产不承担瑕疵担保责任，但是，在附义务的赠与中，由于受赠人在接受赠与财产之外还履行了合同所附义务，并非完全无偿接受赠与，故赠与财产有瑕疵的，赠与人应在附义务的限度内承担与出卖人相同的责任。

在买卖合同的瑕疵担保责任制度中，物的瑕疵担保责任重在强调出卖人对给付标的物品质无瑕疵的担保，出卖人未按约定给付有瑕疵的标的物时，买受人因此取得减价权和约定解除权。在附义务的赠与合同中，若赠与财产质量存在问题，赠与人应在附义务的限度内承担与出卖人相同的责任。当然，如果赠与财产的价值远远超过了赠与合同所附的义务，因超过部分可以看作无偿赠与，对超过的部分，赠与人不承担瑕疵担保责任。

赠与人不承担赠与财产的瑕疵担保责任，须以赠与人主观上无恶意为前提，如果赠与人在交付赠与财产时故意不告知受赠人赠与财产的瑕疵，因其具备主观上的恶意，在此情形下，赠与人应负瑕疵担保责任。[①] 赠与人对赠与财产的瑕疵虽没有故意不告知，但如果保证赠与财产无瑕疵的，也应负瑕疵担保责任。如果因赠与财产的瑕疵，造成受赠人损失的，赠与人应承担损害赔偿责任。当然，赠与人因保证无瑕疵而承担赔偿责任时，应当仅在其所保证的无瑕疵的范围内承担赔偿任，对未保证部分所造成的损失，赠与人不负赔偿责任。实践中，造成受赠人损失的类型主要包括以下四种：

一是赠与财产本身的损失。因赠与财产固有的瑕疵而导致赠与财产本身毁损、灭失的，赠与人应当给予赔偿。赠与人明知赠与财产有瑕疵却故意不告知受赠人或者明确保证无瑕疵，名义上赠与了受赠人财产，受赠人却实际未获得，赠与存在明显的主观过错，受赠人实际未获得财产的，赠与人应予赔偿。

二是受赠人为接受赠与而支出的费用。受赠人为接受赠与一般需要做些必要的准备工作，并为此而支出一定的费用，如交通费、招待费、场地租赁费等。如果因赠与财产的瑕疵导致受赠人接受赠与的目的落空，受赠人有权要求赠与人赔偿因此而支付的费用。

三是赠与财产之外的受赠人自身财产损失。如果赠与财产因瑕疵引起的受赠人原本所有的其他财产的损失，属于赔偿损失的范围。例如，甲将患有传染疾病的1头牛赠与给乙，使得乙原有的10头牛传染得病死亡，乙自身所有10头牛死亡的损失也属于赔偿损失的范围。

四是受赠人的人身损害。由于赠与人故意不告知赠与财产有瑕疵或保证无瑕疵的，致受赠人在使用赠与财产过程中遭受人身死亡、伤残等伤害的，该情况与上述受赠人自身财产损失一样，均属于加害给付，赠与人应承担侵权责任。

本条第2款在适用时，除了要求赠与人故意不告知财产瑕疵或者明确保证赠与财产无瑕疵，即要求赠与人主观上具有恶意或者过失，以及给受赠人在造成了损失两个要件外，还需要注意因果关系要件。受赠人所遭受的损失应系赠与人故意不告知财产瑕疵或者明确保证赠

① 黄立主编：《民法债编各论》（上），中国政法大学出版社2003年版，第177~178页。

与财产无瑕疵造成的，如果不存在因果关系，则赠与人无需承担过赔偿责任。

【审判实践中应注意的问题】

一、赠与人的瑕疵担保免责要件

司法实践中，本条的适用要注意把握好赠与人的免责要件，赠与人对与瑕疵赠与财产有关的损害并不都全部赔偿，其免责要件包括：

第一，赠与人明确告知赠与财产的瑕疵。如果赠人赠与时已经告知受赠人赠与财产存在的瑕疵，对于受赠人使用中赠与物造成的损害，赠与人不承担赔偿责任。

第二，受赠人自身的故意或重大过失。虽然赠与人故意不告知财产瑕疵或者明确保证赠与财产无瑕疵，但是受赠人发现了财产存在的瑕疵，而受赠人故意使用瑕疵产品使自已遭受损害，或者不采取任何防范措施的情况下，应当免除或者减轻赠与人的赔偿责任。

第三，受赠人非正常使用。虽然赠与财产存在瑕疵，但如果受赠人能够以正确的和通常的方式使用赠与财产并不会造成损失，受赠人因非正常使用或者错误使用造成损失的无权请求赔偿。

二、本条规定与产品责任的适用关系

《民法典》第1202条规定："因产品存在缺陷造成他人损害的，生产者应当承担侵权责任。"如赠与的财产为赠与人向生产商采购的产品，对该产品造成受赠人损害的，在具体案件中应充分考虑受赠人损害发生的原因以及赠与人是否存在故意不告知或保证无瑕疵两个因素，确定是否适用产品责任的规定。

首先，如果受赠人的损害不是产品自身缺陷造成的，而是由于不正当使用或者赠与人使用后形成的瑕疵等原因造成的，生产者不承担产品责任。

其次，如果受赠人的损害是产品自身缺陷造成的，赠与人不知道产品存在缺陷，也不存在故意不告知瑕疵或保证无瑕疵的行为，赠与人不承担瑕疵担保责任，受赠人可向生产者主张产品责任。

最后，如果受赠人的损害是产品自身缺陷造成的，赠与人知道产品存在缺陷，但是故意不告知瑕疵或保证无瑕疵的，赠与人应承担瑕疵担保责任，受赠人可以向赠与人主张瑕疵担保责任，也可向生产者主张产品责任。

第六百六十三条 受赠人有下列情形之一的，赠与人可以撤销赠与：

（一）严重侵害赠与人或者赠与人近亲属的合法权益；

（二）对赠与人有扶养义务而不履行；

（三）不履行赠与合同约定的义务。

赠与人的撤销权，自知道或者应当知道撤销事由之日起一年内行使。

【条文主旨】

本条是关于赠与法定撤销的规定。

【条文理解】

赠与合同的法定撤销是指在赠与合同生效后，当发生法定事由时，赠与人、赠与人的继承人或法定代理人撤销赠与的行为。由于赠与合同是无偿、单务合同，赠与人在赠与合同中承受了不利益，受赠人是赠与合同的受益人，基于公平和诚信原则，法律赋予赠与人法定撤销权，规制受赠人的“忘恩负义”行为。

根据赠与合同类型的差异，赠与合同的法定撤销主要适用在以下情形下：第一类是一般赠与的法定撤销，在赠与财产的权利转移之后，赠与人丧失赠与合同任意撤销权，因为特定法定事由的出现，赠与人可享有法定撤销赠与合同的权利。第二类是附义务的赠与的撤销，在赠与财产的权利转移之后，受赠人不履行赠与合同的义务，赠与人可以行使法定撤销权。第三类是对于经过公证的赠与合同或者依法不得撤销的具有救灾、扶贫、助残等公益、道德义务性质的赠与合同的撤销，对于两类特殊赠与，赠与人不享有任意撤销权。但无论赠与财产的权利是否转移，只要有特定法定事由的出现，赠与人均可撤销赠与合同。

赠与合同的法定撤销是对赠与合同任意撤销的补充和完善，两者的共同构成了赠与合同的撤销制度。本条规定了赠与人可以行使法定撤销权的具体事由，即受赠人有下列情形之一的，赠与人可以撤销赠与：

一、严重侵害赠与人或者赠与人近亲属的合法权益

严重侵害赠与人或者赠与人近亲属的合法权益具体包括以下两个条件：一是受赠人的侵权行为达到严重侵害的程度。严重侵害的程度主要从侵害行为后果判断，但是，严重侵害行为无需达到已构成犯罪的程度，只要受赠人的侵权行为严重侵害了赠与人或者赠与人的近亲属的利益，即构成赠与撤销的法定事由。二是受侵害人是赠与人或赠与人的近亲属。近亲属的范围可以适用《民法典》第1045条的规定，即包括赠与人的配偶、子女、父母、兄弟姐妹、祖父母与外祖父母、孙子女、外孙子女，如果受赠人侵害的不是赠与人或赠与人的近亲属，则不构成此事由。例如，在孙某诉言某等赠与合同案中，[①]孙某将房屋赠与女婿言某，在赠与财产权利已经转移的情况下受赠人对赠与人进行拳打脚踢，并因此受到拘留的行政处罚，属于严重侵害赠与人的情况，法院认定赠与人可以撤销赠与。

二、对赠与人有扶养义务而不履行

赠与人有扶养义务而不履行的事由也包括两个条件：一是须受赠人对赠与人负有扶养义务。从赠与人撤销权的立法目的来看，受赠人对赠与人负有的扶养义务，应作广义理解，不仅包括夫妻等同辈之间的照顾义务，还包括对长辈的赡养以及对晚辈的抚养义务；不仅包含

---

① 参见浙江省绍兴市中级人民法院（2008）绍中民一终字第1111号民事判决书。

法定扶养义务，也包含约定扶养义务。二是须受赠人有扶养能力。如果受赠人没有扶养能力，则构成扶养的客观不能，不产生法定撤销赠与的权利。

三、不履行赠与合同约定的义务

不履行合同约定义务事由包括两个条件：一是须为附义务的赠与，即赠与合同附了义务。二是赠与合同成立并生效，附义务的赠与合同不存在无效、被撤销等情况。三是受赠人不履行的义务须为赠与合同中约定的义务。如果受赠与人不履行赠与合同之外的其他义务的，不构成赠与人撤销赠与的原因。

根据本条规定，对于上述三种情形，赠与人应自知道或者应当知道撤销原因之日起1年内行使撤销权。此1年的期限为除斥期间，不发生中止、中断或延长，赠与人超过此1年未行使的，撤销权归于消灭。《民法典》第152条第2款规定："当事人自民事法律行为发生之日起五年内没有行使撤销权的，撤销权消灭。"本条的规定也受该条款的约束，即赠与人应自知道或者应当知道撤销原因之日起1年内行使撤销权，自撤销事由发生之日起5年内没有行使撤销权的，撤销权消灭。

【审判实践中应注意的问题】

一、严重侵害是否要求受赠人主观上为故意

有观点认为，受赠人严重侵害赠与人或赠与人近亲属的，主观上须为故意，因为如果受赠人主观上为过失或重大过失，说明受赠人的主观恶意并不明显，不应构成法定撤销权的理由。

我们认为，本条第1款第1项规定并未限定受赠人须为主观故意，故从文义解释角度，不应对受赠人的主观心态进行限定。从目的解释的角度，受赠人在过失的情况下严重侵害赠与人或赠与人的近亲

属，具有可谴责性，有违赠与人进行施惠行为的初衷，应当允许赠与人行使法定撤销权。

二、附义务赠与的法定撤销的特殊性

撤销权为形成权的一种，一经行使即带来使法律关系消灭的后果。赠与合同的法定撤销权行使的后果是赠与合同自始消灭，双方恢复到赠与合同签订前的状态。

本条规定的法定撤销权未对赠与合同的类型作出限制，也就是说，可以适用于所有的赠与合同类型中，包括附义务的赠与。如果在受赠人履行了所附义务之后出现法定撤销的事由，赠与人行使法定撤销权的，受赠人返还全部赠与利益的同时可以要求赠与人承担履行所附义务的成本和费用。

三、法定撤销与任意撤销的关系

所谓任意撤销权也是赠与人基于法律规定享有的一种特殊解除权，从这个意义上说任意撤销权其实也是一种法定撤销权，但为了明确区分二者，一般对任意解除权不使用法定解除权的称法。

本条未对赠与人行使法定撤销权的合同履行阶段作出规定，赠与人可以在赠与财产转移之前行使，也可以在赠与财产转移之后行使，只要发生了本条规定的法定事由即可。如果赠与人在赠与财产转移之前行使，其在赠与合同范畴内的法律效果与行使任意解除权的效果相同，具体行使哪一个解除权，由赠与人自行决定。

如前文所论，分批交付的赠与合同在任意解除时存在特殊性，即如果已经交付部分批次赠与财产的情况下，任意撤销只对剩余批次的财产发生效力，已经交付的财产不予返还。对于分批交付的赠与合同，在满足法定解除权的事由下，赠与人行使法定解除权的，该解除对已经交付的部分批次财产具有溯及力，赠与人可以要求受赠人予以返还。这种差异主要是由于法定撤销权和任意撤销权的立法目的和解除的理由不同，法定解除权是针对受赠人损害赠与人的利益的行为而设定的，故即使在分批交付赠与财产的赠与中，法定撤销对已交付批次的赠与财产也应当具有溯及力。

需要补充说的是，本条仅仅是针对赠与合同法定解除权的规定，至于受赠人严重侵害赠与人或者赠与人近亲属的合法权益、对赠与人有扶养义务而不履行可能产生的侵权等其他责任并不因为赠与人行使法定解除权而免除，因其不属于赠与合同的范畴，未在本条中规定。

四、本条与《慈善法》相关规定的衔接适用

《慈善法》第42条规定，慈善组织违反捐赠协议约定的用途，滥用捐赠财产的，捐赠人有权要求其改正；拒不改正的，捐赠人可以向民政部门投诉、举报或向人民法院提起诉讼。该条与本条系特别法和一般法的关系，慈善组织违反捐赠协议约定的用途是违反赠与合同约定义务的一种，故此时捐赠人可以根据本条规定行使法定解除权。

第六百六十四条　因受赠人的违法行为致使赠与人死亡或者丧失民事行为能力的，赠与人的继承人或者法定代理人可以撤销赠与。

赠与人的继承人或者法定代理人的撤销权，自知道或者应当知道撤销事由之日起六个月内行使。

【条文主旨】

本条是关于赠与人的继承人或者法定代理人撤销权行使的规定。

【条文理解】

本条是对《民法典》第663条的必要补充，受赠人因违法行为致赠与人死亡或丧失民事行为能力后，赠与人无法行使法定撤销权，只能由赠与人的继承人和法定代理人行使。这里的“违法行为”是指故意或过失违法行为，不包括意外事件和正当防卫等非违法行为；“死亡”包括自然死亡和宣告死亡；“丧失民事行为能力”主要指完全丧失行为能力。当然，如果受赠人的违法行为致使赠与人部分丧失民事行为能力的，在赠与人对赠与合同和法定撤销权尚有判断、辨别能力的情况下，可以由赠与人行使法定撤销权。

依据《民法典》第663条和第664条的规定，赠与人本人行使法定撤销权的期间是自知道或者应当知道撤销原因之日起1年内；在因受赠人的违法行为致使赠与人死亡或者丧失民事行为能力的情况下，其继承人或者法定代理人行使法定撤销权的期间是自知道或者应当知道撤销原因之日起6个月内。

比较上述两个期间可以看出，赠与人本人的权利除斥期间较其继承人和法定代理人要长，这是为敦促赠与人的继承人、法定代理人及时行使权利，更快地维护合同关系和社会秩序的稳定。另外，根据《民法典》第152条第2款“当事人自民事法律行为发生之日起五年内没有行使撤销权的，撤销权消灭”之规定，赠与人的继承人或者法定代理人应自知道或者应当知道撤销原因之日起6个月内行使撤销权，自撤销事由发生之日起5年内没有行使撤销权的，撤销权消灭。

【审判实践中应注意的问题】

一、赠与人的继承人或法定代理人可否行使任意撤销权

《民法典》第658条第1款规定：“赠与人在赠与财产的权利转移之前可以撤销赠与。”根据该条的规定，任意撤销权人的权利人为赠与人本人，赠与人的继承人或法定代理人并非任意撤销权的主体。之所以将任意解除权的权利人限定为赠与人本人，也是为了使得赠与合同的履行与否交由本人决定，让赠与更加符合赠与人的意愿。因为赠与合同极有可能与赠与人的继承人或法定代理人存在利害关系，如赋予赠与人的继承人或法定代理人任意撤销权，赠与人生前作出的意思表示将难以得到遵行。例如，在孙某诉李某山、陈阿婆、孙某红赠与合同纠纷案①中，法院认为，死者生前多次表示将拆迁安置房赠与受赠人，应尊重死者生前的意愿履行赠与合同，虽然赠与财产权利尚未转移，但任意撤销权的主体仅限于赠与人本人，不包括赠与人的继承人和法定代理人，死者的继承人无权行使任意撤销权，应当履行赠与合同，协助受赠人办理财产转移手续。

当然，在财产的权利转移之前，如果受赠人存在本条规定的情形的，赠与人的继承人或法定代理人可以通过行使法定撤销权的方式进

① 陈程、古林：《赠与合同任意撤销权的主体仅限于赠与人本人》，载《人民法院报》2019年11月7日。

行救济。

二、赠与人的继承人或法定代理人行使法定撤销权的范围

本条规定，因受赠人的违法行为致使赠与人死亡或者丧失民事行为能力的，赠与人的继承人或者法定代理人可以行使法定撤销权。如果赠与人非因受赠人的违法行为死亡或丧失民事行为能力，当受赠人存在《民法典》第663条规定法定撤销事由的，赠与人的继承人或者法定代理人可否行使法定撤销权呢？我们认为，需要结合受赠人存在《民法典》第663条规定法定的撤销事由的时间、赠与人死亡或丧失民事行为能力的时间、赠与人死亡或丧失民事行为能力前的意愿等因素来判定。

首先，根据法定撤销权的设置目的，即使赠与人非因受赠人的违法行为死亡或者丧失民事行为能力，当受赠人存在严重侵害赠与人或者赠与人近亲属的合法权益、对赠与人有抚养义务而不履行、不履行赠与合同约定义务等行为的，在符合一定条件下，应当允许赠与人的继承人或者法定代理人行使法定撤销权。

其次，如果法定撤销事由出现时间在赠与人死亡或丧失民事行为能力前，且赠与人已经知悉撤销事由的存在，明确表示对受赠人表示谅解的，应认定其放弃行使法定撤销权，赠与人的继承人或者法定代理人也不得行使。

最后，如果法定撤销事由出现时间在赠与人死亡或丧失民事行为能力后，或者虽然法定撤销事由的出现时间在赠与人死亡或丧失民事行为能力前，但赠与人不知道撤销事由存在的，赠与人的继承人或者法定代理人可以行使法定撤销权。

三、特殊赠与合同中赠与人的继承人或者法定代理人的撤销权的行使

在附条件的赠与合同中，有一种以赠与人死亡作为赠与合同生效的附条件的赠与合同即死因赠与。根据《民法典》第159条之规定：

"附条件的民事法律行为，当事人为自己的利益不正当地阻止条件成就的，视为条件已经成就；不正当地促成条件成就的，视为条件不成就。"因受赠人的违法行为致使赠与人死亡的，系不正当地促成条件成就的，视为条件不成就，故赠与合同不生效，赠与人的继承人或者法定代理人无需行使撤销权。

在持续性赠与合同中，当事人还可能约定一方当事人死亡的，不影响赠与合同的继续履行，赠与人死亡的，从遗产中继续履行赠与义务；受赠人死亡的，由受赠人的继承人继续接受赠与财产。该约定中的赠与人死亡，不应涵盖因受赠人的违法行为致使赠与人死亡的情形，否则将严重违背公平原则和公序良俗原则，也不符合当事人约定的本意。

第六百六十五条 撤销权人撤销赠与的，可以向受赠人请求返还赠与的财产。

【条文主旨】

本条是关于撤销权行使效力的规定。

【条文理解】

撤销权属于形成权，形成权的行使效果是使法律关系产生、变更或消灭，撤销权人撤销赠与使得赠与合同法律关系消灭，合同双方当事人之间的权利义务关系恢复到赠与合同订立前的状态，赠与人可以要求受赠人将赠与财产返还。

本条规定的撤销权人，包括享有撤销权的赠与人本人以及享有撤销权的赠与人的继承人或者法定代理人。在撤销权人并非一人的情况下，如夫妻二人在离婚协议中将共同房屋赠与成年子女，撤销权的行使应由夫妻二人共同行使，未经协商一致，任何一方不得擅自撤销。这是因为离婚财产协议中的赠与条款是夫妻分割共同财产的一种方式，属于共同共有人对共同财产的共同处分行为，根据共同共有的权利行使规则，对于共同财产的处分行为，其中的一个共有人不应享有单独的撤销权利，除非共同共有人共同行使撤销权。

关于本条中赠与人可以请求受赠人返还赠与财产的撤销权，并非指所有的撤销权，主要是特定情况下的任意撤销权和法定撤销权。任意撤销权作用于赠与财产权利转移之前，故行使任意撤销权一般不存在财产问题，只有当赠与人将财产交付受赠人、财产权利尚未发生转移时赠与人行使任意撤销权，才发生财产返还问题。法定撤销权对财产是否交付或者财产权利转移没有要求，故也只有涉及财产返还的法定撤销才是本条规范的范围。本条在司法适用中要正确理解返还财产的范围。

第一，本条规定的“返还财产”不仅仅是转移占有，更多的情况下是指财产权利的转移。如果赠与财产是动产，则应当是将赠与财产交还赠与人；如果赠与财产是不动产，除转移占有外，受赠人还需将所有权登记变更为赠与人；赠与财产是其他财产的，需要办理登记等权利转移手续的，受赠人应予办理。同时，对于机动车、船舶等特殊动产，如果已经登记在受赠人名下的，基于诚信原则和撤销权的行使效果，受赠人也应当变更登记手续。

第二，本条规定的“返还财产”不仅仅包括赠与时给予的财产，还包括财产所生孳息以及财产的替代价值。撤销权人撤销赠与的，赠与财产及赠与财产交付后产生的孳息应一并返还。赠与财产毁损、灭失的，对应的赔偿金、保险金应予返还。例如，赠与财产系上市公司的股权，受赠人取得股权后享受了股份分红，撤销权人行使撤销权的，股权及相应分红均应返还。

【审判实践中应注意的问题】

一、赠与财产毁损灭失、权利转移时的返还责任

在赠与财产属于特定物的情况下，赠与财产交付受赠人后，如果撤销权人行使撤销权时财产已经毁损、灭失，受赠人将面临无法返还的困境。所以本条规定的是撤销权人撤销赠与的，“可以”向受赠人请求返还赠与的财产，而不是只能主张返还赠与财产。赠与财产毁损灭失不能返还或没有必要返还的，应当折价补偿。

在赠与财产是特定物的情况下，赠与财产交付受赠人后，如果撤销权人行使撤销权时赠与财产已经转移给第三人，且不存在恶意串通等导致所有权转移无效情形的，应认定受赠人无法返还财产，可以折

价补偿。

二、赠与财产贬损时的返还责任

如前文所述，对于任意撤销权而言，只有当赠与人将财产交付受赠人、财产权利尚未发生转移时赠与人行使任意撤销权，才发生财产返还问题。对于法定撤销权而言，只有在财产已经交付或者变更权利登记的情况下的法定撤销，才需要返还财产。

在赠与人行使任意撤销权时，如果赠与财产因正常使用自然损耗等原因发生贬损的，受赠人只需返还现有财产，原则上不承担财产的贬损补偿责任。在赠与人行使法定撤销权时，考虑到法定撤销权以受赠人存在较为严重的过错为前提，如果受赠人在发生法定撤销事由后存在故意毁坏财产价值等行为的，对于财产的贬损价值应承担补偿责任。

三、在分期交付赠与合同中任意撤销权与法定撤销权返还财产的范围

撤销权的后果是使已生效的民事法律行为的效力消灭，因此，不论行使的是任意撤销权还是法定撤销权，其一般效果都使双方恢复至合同未订立的状态。但对于前述的分批交付的赠与，行使任意撤销权和法定撤销权对财产返还范围存在差异：对于任意撤销权，在分批交付的赠与中，如果赠与人已履行了部分赠与物的交付义务，而在后一期交付财产之前撤销赠与的，赠与人不得请求受赠人返还已交付的赠与物；对于法定撤销权，其行使则具有溯及力，撤销权人可以请求受赠人返还全部已交付的赠与财产。

第六百六十六条　赠与人的经济状况显著恶化，严重影响其生产经营或者家庭生活的，可以不再履行赠与义务。

【条文主旨】

本条是关于赠与人不再履行赠与义务法定情形的规定。

【条文理解】

本条规定了赠与合同成立后，赠与人经济条件和状况发生了变化，赠与人可以行使不再履行的抗辩权利，也被称为“穷困抗辩权”。赋予赠与人在合同成立后自己陷入经济窘困状况的情况下可以行使穷困抗辩权，符合人伦道德和法律的公平和公正原则。穷困抗辩权在很多国家的赠与合同规范中都有类似规定，例如，《德国民法典》第519条规定，赠与人因考虑到其所负担的其他义务，如不损害与自己身份相当的生计或者法律规定负担的抚养义务，即无能力履行约定的，可以拒绝履行赠与的约定。本条包括以下适用要件：

第一，赠与合同已经成立并生效。合同依法成立并生效这是本条规定适用的前提，至于合同是否已经开始履行则没要求，如果符合本条规定的条件，赠与人可以在受赠人要求履行时行使穷困抗辩。但是，从赠与合同类型上，穷困抗辩权并不是只能适用于经过公证的赠与合同或者依法不得撤销的具有救灾、扶贫等社会公益、道德义务性质的赠与合同，在一般赠与合同中，如果赠与人并不愿意行使任意撤销权，选择行使穷困抗辩权亦无不可。

第二，合同尚未履行完毕即赠与财产权利尚未转移或尚未完全转移。本条规范的赠与合同不仅包括一次性合同，还包括继续性合同，例如，分批交付赠与财产的赠与合同。如果合同已经履行完毕，不存在继续履行的问题。对于已经履行的，赠与人不能要求返还。

第三，赠与人经济状况显著恶化，且达到严重影响其生产经营或者家庭生活的程度。这是本条适用的实质条件，影响生产经营主要是针对公司、企业等市场主体而言的，影响家庭生活主要是针对自然人而言的。如果赠与人经济状况变坏，但不够显著，未达到严重影响其生产经营或者家庭生活的程度则不能行使该抗辩。

第四，受赠人要求赠与人继续履行合同。穷困抗辩是一种抗辩权利，需针对请求权行使，只有在受赠人要求履行合同时赠与人方得行使该抗辩。如果赠与人陷入贫困困境后，受赠人放弃要求履行赠与的请求权，自然无需赠与人再主动主张穷困抗辩权。

穷困抗辩权的理论基础有两个：一是赠与合同的无偿性。赠与合同系一种无偿性合同，是赠与人对受赠人的一种施惠行为，赠与人承受了不利益。如果赠与自身已经不能维持基本的生产生活需要，再让其履行施惠行为，有违法律的公平合理原则。二是情势变更理论。赠与合同建立在赠与人能够维持自身生产生活需要的前提下，当这种合同订立基础发生根本动摇时，应当允许赠与人不再履行赠与合同。需要说明的是，本条中的“不再履行”是抗辩权，而不是解除权或撤销权，且并不能一定具有永久的抗辩效力，当赠与人的经济状况恢复后，受赠人可以请求赠与人继续履行赠与合同。

【审判实践中应注意的问题】

一、穷困抗辩权与法定撤销权的区别

司法实践中，需要注意区分赠与的法定撤销权和穷困抗辩权的区别：

首先，二者的权利性质不同。赠与的法定撤销权系赠与人在法定情形下撤销赠与的权利，是形成权的一种；穷困抗辩权则是法律赋予

赠与人在财产状况显著恶化陷于穷困时享有的一种抗辩权。

其次，二者法律依据不同。法定撤销权的依据是《民法典》第663条的规定有三种情形，赠与合同的法定撤销有溯及效力，即使赠与人已移转移赠与标的物的权利，也可请求受赠人返还。穷困抗辩权依本条仅限于赠与人的经济状况显著恶化，严重影响其生产经营或者家庭生活的情况，而且此种情形必须是在赠与人尚未全部履行赠与义务之时，在赠与合同履行后，即使赠与人陷于穷困，也不能请求受赠人返还其赠与。

最后，二者的目的不同。赠与合同的法定撤销，目的主要是对受赠人的"忘恩负义"行为或不履行义务行为的一种惩罚；而穷困抗辩权是在赠与人自身陷于困境时对双方利益所做的平衡。

二、本条适用中赠与人经济状况显著恶化的把握

赠与人的经济状况显著恶化是本条适用的前提。实践中，要结合具体赠与合同的类型，注意审查赠与人的经济状况显著恶化的时间和原因，作出相应的裁判。

第一，赠与人经济状况显著恶化一般应当发生在赠与合同成立之后。对于一般的赠与合同，如果在赠与合同成立之前，赠与人的经济状况已经显著恶化，赠与人实际上并不具备赠与能力，赠与人可以在赠与财产权利转移前撤销赠与。而对于经过公证的赠与合同或者依法不得撤销的具有救灾、扶贫、助残等公益、道德义务性质的赠与合同，如果在赠与合同成立之前，赠与人的经济状况已经显著恶化，例如，实践中经常发生的一些已经资不抵债的个人或企业为了"博取名声""打广告"而进行公益赠与，此类行为严重违背诚信原则，受赠人可以要求赠与人履行赠与合同，赠与人主张穷困抗辩权的，不应得到支持。

第二，赠与人经济状况显著恶化一般不能是赠与人故意造成的。对于一般的赠与合同，如果在赠与合同成立后、赠与财产权利转移前，或者在分批交付赠与财产的赠与中交付部分批次赠与财产后，赠

与人故意造成自身经济状况恶化的，赠与人可以行使任意撤销权撤销赠与合同，不再履行赠与合同。对于经过公证的赠与合同或者依法不得撤销的具有救灾、扶贫、助残等公益、道德义务性质的赠与合同，如果赠与人故意造成经济状况显著恶化的，例如，企业在公益赠与成立后，恶意转移企业资产，造成企业经济状况显著恶化，此类行为也是对诚信原则的严重违背，受赠人可以要求赠与人履行赠与合同，赠与人主张穷困抗辩权的，也不应得到支持。

三、本条与《慈善法》第41条的关系

《慈善法》第41条规定，捐赠人公开承诺捐赠或者签订书面捐赠协议后经济状况显著恶化，严重影响其生产经营或者家庭生活的，经向公开承诺捐赠地或者书面捐赠协议签订地民政部门报告并向社会公开说明情况后，可以不再履行捐赠义务。

应当说，《慈善法》的该条规定严于本条的规定，根据特别法优先于一般法的原理，慈善捐赠的穷困抗辩适用《慈善法》的相关规定，即先履行向公开承诺捐赠地或者书面捐赠协议签订地民政部门报告并向社会公开说明情况等程序后，才能行使穷困抗辩权。

第十二章　借款合同

第六百六十七条　借款合同是借款人向贷款人借款，到期返还借款并支付利息的合同。

【条文主旨】

本条是关于借款合同概念的规定。

【条文理解】

借款合同是借款人向贷款人借款，借款人到期返还借款，并向贷款人支付利息的合同。借款合同和传统民法借贷合同的概念有所区别。根据传统民法理论，借贷合同一般分为使用借贷和消费借贷，其中使用借贷是指无偿地将物品或者金钱借给一方使用的合同，又称为借用合同。消费借贷是指有偿地将物品或者金钱交给一方使用的合同。借款合同仅指消费借贷中的借钱的内容。

《合同法》中的借款合同主要调整两部分内容：一是金融机构与自然人、法人和非法人组织的借款合同关系；另一部分是自然人之间的借款合同关系，其中以金融机构与自然人、法人和非法人组织之间的合同关系为主。[①]《民法典》合同编中的借款合同调整范围进一步扩

① 胡康生主编：《中华人民共和国合同法释义》，法律出版社1999年版，第293页。

大，传统意义上的民间借贷合同也包括在内。

一、借款合同的特点

借款合同有以下四个特点：

第一，借款合同的标的物为货币，不包括其他消耗物或者不可消耗物。

第二，借款合同一般为有偿合同。金融机构发放的贷款，依照中国人民银行的规定，一般都应当收取一定的利息。对借款人而言，借款合同到期后，不仅应当返还本金，还应当按照约定支付利息。自然人之间的借款合同也可以是有偿的，但约定的利率不得违反国家有关借款利率的规定。

第三，借款合同为双务合同。作为贷款人，应当按照借款合同约定的日期及金额提供借款，否则要向对方支付一定的违约金。借款人要按照合同约定的用途使用借款，到期应当返还本金并支付利息。

第四，金融机构与自然人、法人和非法人组织的借款合同是诺成合同，当事人意思表示一致达成书面协议，合同就成立；自然人之间的借款合同是实践合同，自贷款人提供借款时合同成立。

二、借款合同的分类

根据不同的标准，借款合同可以有以下不同的分类：

第一，借款合同按期限长短划分，可以分为短期借款、中期借款和长期借款。（1）短期借款，是指借款期限在1年以内（含1年）的贷款；（2）中期借款，是指借款期限在1年以上（不含1年）5年以下（含5年）的贷款；（3）长期借款，是指借款期限在5年（不含5年）以上的贷款。

第二，借款合同按有无担保划分，可以分为信用借款和担保借款。（1）信用借款，是指没有担保、仅依据借款人的信用状况发放的贷款；（2）担保借款，是指由借款人或第三人依法提供担保而发放的贷款。担保方式包括保证、抵押、质押等。

【审判实践中应注意的问题】

一、借款事实存在多个证据相互矛盾，人民法院产生合理怀疑的，对于借款关系不予认定

在孙某某诉潘某某民间借贷纠纷案[①]中，贷款人孙某某陈述其向借款人潘某某转账150万元后，于2014年3月底4月初潘某某又向其借132万元。孙某某直接从其朋友洪某处取得现金132万元并用两个黑色旅行袋装着，由其哥哥陪同于次日在潘某某办公室交给潘某某，当时因双方关系较好故未形成收据。后来觉得数额较大，经朋友提醒于2014年8月9日在潘某某办公室形成《借条》及《收据》一份。孙某某陈述潘某某对上述282万元款项未还后，又于8月30日向其借款92万元。孙某某也是从洪某处取走了92万元现金，并用一个黑色旅行袋装着，并于9月初在潘某某办公室由孙某某和其哥哥及其他人交付给了潘某某。孙某某也是拖了段时间于2014年10月12日才让潘某某补写《欠条》及《收款收据》一份。

一审法院认为，孙某某所转账的150万元款项有转账记录予以证实，也能和之后的书证相印证，法院能够认定。对于132万元和92万元真实性，不予认定。一审法院认为：首先，结合孙某某本人的陈述，其之前和潘某某之间没有借款及合作工程，其与潘某某之间的纠纷仅本案纠纷，对本案中150万元或374万元借款未约定任何利息及违约金等情形明显不符合常理。其次，本案中150万元款为转账支付，而对剩余的132万元、92万元则以现金交付同常理不符。最后，结合孙某某的陈述其因被骗而在前款150万元未还时，又借款132万元给潘某某；在282万元借款未还时，仍借给潘某某92万元。上述这些借款的借条及收据等均是事后补签形成的书面材料，与常理不同。

---

① 参见广东省广州市中级人民法院（2017）粤01民终21457号裁判文书。

二审法院要求孙某某所称的哥哥及朋友洪某作为证人出庭作证。在法院指定期限届满后，孙某某没有提供该两人出庭作证。二审法院认为，孙某某主张其向潘某某贷款224万元系以现金方式分两次各交付132万元、92万元，虽然孙某某为此提供了潘某某出具的《借条》《收据》《欠条》《收款收据》《承诺书》等证据，但因存在孙某某所述现金数额较大，交付时没有即时要求潘某某出具收款凭证而是相隔较长时间后才补写，以及在此前潘某某巨额借款150万元未还的情况下，孙某某又连续两次较大数额出借款项给潘某某，按照日常生活经验判断不符合常理，且涉及132万元借款的《借条》和《收据》载明现金交付的数额为282万元，而其中150万元孙某某是转账交付给潘某某的，即该《借条》和《收据》与事实有不符之处。因此，一审法院对孙某某主张其向潘某某提供现金224万元的事实产生合理怀疑，并无不当。一审法院据此要求孙某某通知其所称向其提供现金224万元的朋友洪某及陪同其取款的哥哥出庭作证，以及补充提供现金224万元的提取记录，符合法律规定。孙某某在二审中并没有提出新的事实、证据或者理由，且在法院要求下，仍不提供上述证人出庭作证，更加重了法院对其主张向潘某某提供了现金224万元的事实的合理怀疑。因此，孙某某提出其已向潘某某交付224万元借款的上诉主张不能成立。

二、不存在债权凭证的借贷关系中债权人可通过多个间接证据相互补强证明借贷事实的存在

对于借贷事实是否存在的证明由主张借贷关系成立的一方当事人承担举证责任。即使债权人没有直接债权凭证，但是如果债权人提供的多个间接证据能够相互印证，形成完整无矛盾的证据链条证明借贷事实存在的，人民法院对于借贷法律关系应予确认。

在冯某某诉周某某民间借贷纠纷案[①]中，一审法院查明：冯某某

① 参见广东省广州市中级人民法院（2018）粤01民终2504号裁判文书。

提供证明一张，写明周某某向冯某某借款人民币10万元，两个月归还。冯某某提供了转账凭证证明汇款事实。一审法院认为：周某某对所欠款10万元，应予偿还。周某某不服一审判决，提起上诉称，原审判决有效证据不足以认定诉争借款事实成立，判决不当。冯某某提交的主张诉争借贷的主要证据《证明》只能证明双方存在借贷的要约，只能证明诉争双方具有借贷的意思表示，尚不足以证明诉争借贷事实的成立，冯某某未能在法定举证期限内提供有效证据证明冯某某按该《证明》要求支付诉争款项给周某某，一审判决事实认定错误。二审法院认为，周某某签署《证明》明确表示向冯某某借款10万元，周某某作为具有完全民事行为能力的成年人，完全具备理解上述《证明》内容的能力，应当承担签署上述《证明》所产生的法律后果。冯某某持上述《证明》的原件向法院起诉，要求周某某承担还款责任，并提交了转账凭证以证实其主张，冯某某的证据形成证据链，充分证实双方之间的民间借贷成立以及借款已实际交付，一审法院依上述证据认定双方民间借贷关系成立并判决周某某承担还款责任，并无不当，应予维持。

三、借款人是否为借款的实际使用人不影响其对贷款人还款责任的承担

借款人书面确认偿还借款的，借款人是否为借款的实际使用人以及实际使用人是否承诺偿还均不影响其对贷款人还款责任的承担。

在杨某某诉孟某、柴某某民间借贷纠纷案[①]中，一审法院认定事实：2013年10月22日，孟某与浦发银行签订房屋最高额抵押贷款合同，约定贷款种类为个人综合授信，贷款用途为消费，最高债权额及币种为人民币80万元，债权确定的期间为2013年10月22日至2030年10月22日。自2013年12月12日至2015年10月11日，杨某某代孟某偿还浦发银行贷款共计209000元。2015年11月24日，柴某

① 参见北京市第二中级人民法院（2018）京02民终12670号裁判文书。

某出具字据，内容为“柴某某于本月30日前归还杨某某欠款8万元。本人天通苑房贷款截至10月底也全是杨某某归还的。”截至一审庭审之日，孟某、柴某某尚欠杨某某借款本金209000元未予清偿。一审法院认为：杨某某代孟某偿还浦发银行的贷款，柴某某予以书面确认，杨某某与孟某、柴某某形成民间借贷关系，该民间借贷关系是各方当事人的真实意思表示，并不违反我国现行法律、行政法规的强制性规定，亦不存在其他导致合同无效的情形，应属合法有效，各方当事人均应当按照约定全面履行自己的义务。孟某、柴某某向杨某某借款209000元，应当及时足额偿还。

二审法院认为：根据柴某某向杨某某出具的字据（欠条）、杨某某借记卡账户历史明细清单及当事人在诉讼中的陈述，可以认定杨某某代孟某偿还浦发银行贷款的事实，杨某某与孟某、柴某某之间形成了民间借贷法律关系，该借贷关系不违反法律、行政法规的强制性规定，应认定有效。孟某、柴某某上诉主张，浦发银行的贷款系孟某2实际使用，孟某2承诺偿还，杨某某替孟某2归还了贷款，应向孟某2主张还款。因柴某某已书面确认杨某某代偿的款项由其偿还，故法院对孟某、柴某某的该项上诉主张不予采纳。孟某、柴某某提出欠条是在杨某某威胁、骚扰下迫于无奈所写等上诉主张，因现有证据不足以证实该情况，故法院对孟某、柴某某的上诉主张不予采纳。

四、借贷关系需依据借条、收据、确认书等多项证据予以确认

在周某某与雄风公司、刘某某民间借贷纠纷案[①]中，最高人民法院认为，涉案借款的利息，是否依据利息凭条中双方当事人约定的月息2%计算，应当依诚信原则按照利息凭条的文义、目的和交易习惯确定。2007年11月7日的债务确认书对本金确认为1114万元，对利息的表述为“未算在内”。利息凭条出具的时间为2007年10月24

① 参见最高人民法院（2017）最高法民再388号裁判文书。

日，此外双方再未提及过利率。利息凭条中虽未出现周某某的名字，但该凭条为周某某持有，也未有其他周姓自然人主张过该权利，因此“周总”应当认定为周某某。结合双方之间的经济往来，时任雄风公司法定代表人的刘某某确认债务并不缺乏证据证明。利息凭条与债权确认书是对周某某与雄风公司之间关于借款本金和孳息的约定，上述证据足以认定利息凭条中的借款时间和数额。

第六百六十八条 **借款合同应当采用书面形式，但是自然人之间借款另有约定的除外。**

借款合同的内容一般包括借款种类、币种、用途、数额、利率、期限和还款方式等条款。

【条文主旨】

本条是关于借款合同形式和内容的规定。

【条文理解】

借款是一项重要的民事活动，采用书面形式订立合同，对于明确双方当事人的权利和义务，减少纠纷的发生有着很重要的作用。根据该条规定，对于金融机构的借款，应当采用书面形式。订立借款合同是金融机构贷款业务的必经程序。《商业银行法》第37条规定，商业银行贷款，应当与借款人订立书面合同。自然人之间借款既可以采用书面形式也可以采用口头形式或者其他形式，当事人可以根据合同是否有偿等具体情况选择订立合同的形式。

借款合同的内容主要包括以下七方面：

1. 种类。主要是指金融机构作为贷款人的情况下，针对不同种类的借款实行不同的政策。根据《贷款通则》的规定，按照不同分类标准，贷款种类可以分为：（1）自营贷款、委托贷款和特定贷款。自营贷款，系指贷款人以合法方式筹集的资金自主发放的贷款，其风险由贷款人承担，并由贷款人收回本金和利息。委托贷款，系指由政府部门、企事业单位及个人等委托人提供资金，由贷款人（即受托人）根据委托人确定的贷款对象、用途、金额期限、利率等代为发放、监督使用并协助收回的贷款。贷款人（受托人）只收取手续费，不承担贷款风险。特定贷款，系指国务院批准并对贷款可能造成的损失采取相应补救措施后责成国有独资商业银行发放的贷款。（2）短期贷款、中期贷款和长期贷款。（3）信用贷款、担保贷款和票据贴现。信用贷款，系指以借款人的信誉发放的贷款；担保贷款，系指保证贷款、抵押贷款、质押贷款。

2. 币种。主要是指借款是人民币还是某种外币。

3. 用途。主要是指借款使用的目的。根据我国现行的金融政策，向金融机构的借款应当专款专用，以保证借款在金融机构的监督下及时收回。

4. 数额。是指借款数量的多少。应当包括借款的总金额以及在分批支付借款时，每一次支付借款的金额。

5. 利率。是指借款人和贷款人约定的应当收的利息的数额与所借出资金的比率。

6. 期限。是指合同中约定的借款人能使用借款的时间。当事人一般根据借款人的生产经营周期、还款能力和贷款人的资金供给能力等，约定借款期限。根据《贷款通则》的规定，贷款限期根据借款人的生产经营周期、还款能力和贷款人的资金供给能力由借贷双方共同商议后确定，并在借款合同中载明。自营贷款期限最长一般不超过10年，超过10年的应当报中国人民银行备案。票据贴现期限最长不得超过6个月，贴现期限为从贴现之日起到票据到期日止。不能按期归还贷款的，借款人应当在贷款到期日之前，向贷款人申请贷款展期。是否展期由贷款人决定。申请保证贷款、抵押贷款、质押贷款展期的，还应当由保证人、抵押人、出质人出具同意的书面证明。已有约定的，按照约定执行。短期贷款展期期限累计不得超过原贷款期限；中期贷款展期期限累计不得超过原贷款期限的一半；长期贷款展期期限累计不得超过3年。国家另有规定者除外。借款人未申请展期或申请展期未得到批准，其贷款从到期日次日起，转入逾期贷款账户。

自然人之间借款的期限由当事人自行约定。

7. 还款方式。是指贷款人和借款人约定以什么结算方式偿还借款给贷款人。

以上所列举的借款合同内容一般是借款合同必备的条款，除了以上7项内容外，根据《商业银行法》第37条规定，借款合同一般还约定违约责任条款以及双方认为需要约定的其他事项。

【审判实践中应注意的问题】

一、企业法定代表人以个人名义借款用于企业生产经营的，企业应对借款承担共同还款责任

在叶某诉黄某某、厦门西华公司民间借贷纠纷案[①]中，最高人民法院认为：首先，关于案涉《借款合同》《不可撤销担保函》的效力问题。黄某某于2010年在《借款合同》《不可撤销担保函》上签字以及西华公司在《不可撤销担保函》上签章时，出借人、借款金额、借款期限、利率等主要条款均为空白，叶某未能提供充分证据证明其事后补填的内容系与黄某某、西华公司协商一致后所形成，由此不能认定双方当事人已经达成具体明确的借贷及担保合意。一审判决认定《借款合同》《不可撤销担保函》未成立，对黄某某、西华公司不具有法律约束力，是正确的。叶某关于《借款合同》《不可撤销担保函》已成立并生效的上诉理由不能成立，应予驳回。其次，关于西华公司支付的17436609元是否用于偿还叶某款项的问题。叶某在接受一审法院调查询问时，确认流水账往来明细清单记载的西华公司支付给邱某某、周某某的4笔款项均是西华公司财务人员蔡某某根据叶某指示转账的，且其中付给周某某的3笔款项由叶某亲自操作，一审判决认定邱某某、周某某系受托收款人，17436609元应认定为黄某某对叶某的还款，并无不当。最后，关于西华公司的责任问题。尽管黄某某没

① 参见最高人民法院（2016）最高法民终645号裁判文书。

有与叶某签订民间借贷合同，但双方之间通过借贷及还款的资金往来事实形成了民间借贷合同关系。同时，黄某某亦认可所借款项用于个人独资设立并实际控制的西华公司的生产经营，故本案构成企业法定代表人以个人名义与出借人建立民间借贷合同关系，且所借款项用于企业生产经营的情形，即西华公司系实际用款人及共同借款人，其依法应对黄某某的借款本息承担共同还款责任。

二、借款人否认借据载明欠款金额的，应提供相反证据证明自己主张的金额

在王某1诉王某2民间借贷纠纷案[①]中，一审法院认定：2017年7月8日，王某2向王某1出具借据，载明："今借到人民币现金拾柒万伍仟贰佰元整。"王某2在借款人处签字并按手印。王某2对上述证据真实性认可，但对其中数额有异议。法院认为，王某2与王某1均认可该笔款项属陆续出借，且均发生在2017年，王某2否认借据上金额的真实性，但经法院询问，王某2并不能说清其2017年向王某1的具体借款金额和还款情况，对此，王某2应自行承担不利的法律后果。王某1提交的借据和其关于2017年陆续通过多种方式向王某2出借款项，双方对账后形成借据的陈述，可形成证据链，证明其与王某2之间成立民间借贷法律关系且款项已经实际交付的事实，故王某2应履行还款义务。

① 参见北京市第二中级人民法院（2018）京01民终6227号裁判文书。

第六百六十九条 **订立借款合同，借款人应当按照贷款人的要求提供与借款有关的业务活动和财务状况的真实情况。**

【条文主旨】

本条是关于借款人应当提供真实情况义务的规定。

【条文理解】

为了保证贷款能够及时收回，借款人在申请贷款时，应当按照贷款人的要求提供有关业务活动和财务状况的真实情况。《商业银行法》第35条规定，商业银行贷款，应当对借款人的借款用途、偿还能力、还款方式等情况进行严格审查。商业银行贷款，应当实行审贷分离、分级审批的制度。

借款人提供的情况主要有两个方面：

第一，与借款有关的业务活动情况。如作为法人、非法人组织和个体工商户的借款人是否经市场监管机关核准登记；借款人是自然人的，是否具有完全民事行为能力等。金融机构作为贷款人时，一般还需要借款人提供有关产品和生产经营方面的材料，以便于贷款人确定借款人生产的产品是否具有市场、生产经营是否有效益等。

第二，借款人财务状况。借款人按照贷款人的要求，如实提供所有的开户行、账号及存贷款余额情况，使贷款人全面充分地了解借款人实际账面资金的运作情况，以便贷款人能判断借款人偿还借款的能力。借款人还应当提供会计师事务所审核的上年度财务报告，使贷款人了解即期的生产经营情况和财务状况，从而在总体上把握借款人的经营和资信状况，保障借款的安全。

《贷款通则》作了比较详细的规定。借款人申请贷款，应当同时提供以下一项或多项资料：（1）借款人（及担保人）的基本情况。（2）自然人必须提供有效身份证明和有关资信状况证明。（3）法人、其他组织必须提供有关财务报告，其中年度报告必须经具有法律效力的有关部门或会计（审计）事务所审计，企（事）业法人还应提供贷款卡（号）。（4）抵押物（质物）清单、有处分权人同意抵押证明或保证人同意保证的有关证明文件。（5）贷款人认为需要提供的其他有关资料。接到贷款申请后，贷款人应同时审核以下一项或几项情况：（1）借款人提供的各类信息。（2）借款人的财务状况、现金流量以及历史还款记录等其他非财务因素，评估借款人的还款能力。（3）评估借款人的信用等级。根据借款人的人员素质、经济实力、资金情况、履约记录、经营效益和发展前景等因素，评定借款人的信用等级。评级可由贷款人独立进行，内部掌握，也可由有权部门批准的评估机构进行。（4）担保的质量和法律效力。（5）发放公司贷款时，必须严格审查借款人的资产负债状况以及预测借款人的现金流量。（6）发放项目贷款时，必须评估贷款项目的未来现金流量预测情况和质权、抵押权以及保证或保险等，并严格审查贷款项目的项目建议书和可行性研究报告。（7）发放关联企业贷款时，应统一评估审核所有关联企业的资产负债、财务状况、对外担保以及关联企业之间的互保等情况。

借款人拒绝提供上述信息或者隐瞒真实情况的，贷款人有权拒绝签订借款合同。借款合同成立后，贷款人发现借款人提供的有关情况和资料不真实的，可以请求变更或者撤销借款合同，并要求借款人承担损害赔偿责任。

【审判实践中应注意的问题】

第一，在合同履行过程中未按约提供报表及相关资料，构成违约，符合双方约定的提前归还借款的条件。

在李某某、朱某某与贝某某、东昊公司民间借贷纠纷案[①]中法院查明：2009年12月14日，李某某、朱某某、贝某某及东昊公司签订一份《担保借款合同》，约定：贝某某需向李某某、朱某某提供有关报表和资料；如贝某某不按期还款、提供报表和各项资料等不真实或有其他违约行为，李某某、朱某某有权停止借款，并要求贝某某提前归还已借本金。最高人民法院认为，在本案中，贝某某是否存在违约行为，集中在其是否负有向李某某、朱某某提供相关资料和报表的义务，该项义务应当在何时履行，贝某某是否未履行该项义务的问题上。通过一、二审审理已经查明，贝某某自收到借款起至李某某、朱某某起诉时止，确实未向李某某、朱某某提供过任何资料和报表。双方在合同中也从未就提供资料和报表的时间、方式和条件作出具体约定。正因为如此，当事人双方对合同相关内容的理解产生了分歧。最高人民法院认为，一审法院认定贝某某不提供相关报表和资料的行为构成违约，李某某、朱某某因此有权要求贝某某提前还款有合同依据，是正确的。《合同法》第125条规定："当事人对合同条款的理解有争议的，应当按照合同所使用的词句、合同的有关条款、合同的目的、交易习惯以及诚实信用原则，确定该条款的真实意思……"[②]双方当事人签订的合同为《担保借款合同》，具体到该合同第4条第1款约定的目的，是为了保证款项的出借方李某某、朱某某对款项使用情况的知情权、监督权，以便在发现贝某某擅自改变款项用途或发生其他可能影响出借人权利的情况时，及时采取措施、收回款项及利息。用目的解释的原理可以得知，提供不真实的材料和报表固然会影响出借方对借款人使用款项的监督，而不提供相关材料和报表却会使得出借人无从了解案涉款项的使用情况，不利于其及时行使自己的权利。因此，贝某某在借款两年多的时间里，从未向李某某、朱某某提供相

---

① 参见最高人民法院（2014）民一终字第38号民事判决书。

② 即对应《民法典》合同编中的第466条，该条规定："当事人对合同条款的理解有争议的，应当依据本法第一百四十二条第一款的规定，确定争议条款的含义。合同文本采用两种以上文字订立并约定具有同等效力的，对各文本使用的词句推定具有相同含义。各文本使用的词句不一致的，应当根据合同的相关条款、性质、目的以及诚信原则等予以解释。"

关材料和报表，属于违约。根据合同约定，在贝某某违约的情况下，李某某、朱某某有权要求其提前还款并支付利息。

第二，当事人在借款合同中可以自行根据其意思表示约定借款的用途及目的，但借款合同属于独立的合同，当事人之间因其他法律关系产生的款项纠纷与借款合同是不同的法律关系，不同法律关系中所涉及的款项纠纷不能相互抵销。

在邢某某诉张某某、伟恒集团山西分公司、帝武公司、郡宇公司、郡宇房地产开发公司、金皋公司民间借贷纠纷案[①]中，张某某等六上诉人主张案涉协议名为邢某某个人出借款项，但案涉借款多由坤泽投资公司、恒诚房地产公司实际出资，实为由其控制的坤泽投资公司、恒诚房地产公司与上诉人之间的借款关系，而坤泽投资公司为坤泽地产公司的股东，因此应与坤泽房地产公司和恒诚房地产公司欠付的工程款相抵销。最高人民法院经查，根据《借款确认协议书》中第二部分“借款人收款确认”的约定，出借的方式包括：出借人委托第三方将借款直接打入借款人或借款人指定的第三方账户，或由出借人公司账户打入借款人或借款人指定的第三方账户；出借人支付现金交付借款人用于支付工人工资；出借人按照借款人委托用借款代付借款人的工程款、材料款等相关欠款。可见，由第三人打款或出借人公司账户转入均为出借人履行出借义务的方式，且能够与恒诚房地产公司、坤泽投资公司于2015年9月8日分别出具内容为实际出借人为邢某某个人而非公司的情况说明相对应。同时，张某某于2015年6月18日亦出具说明，认可借款实际出借人为邢某某个人，其同意将所有借款本息偿还给邢某某个人。故张某某等六上诉人关于借款主体并非邢某某的主张不能成立。至于张某某有关邢某某与坤泽投资公司、恒诚房地产公司存在主体混同的主张并未提供证据佐证，法院不予采信。虽然案涉《民间借款及连带担保协议书》《借款确认协议书》《偿还借款协议书》约定了案涉借款是张某某等六上诉人为了保

① 参见最高人民法院（2017）最高法民终559号民事判决书。

证“翰林华府”“坤泽十里城”两个项目如期完工而筹集的资金，借款人还承诺愿意将项目所结工程款直接抵顶和支付借款，但伟恒集团山西分公司、帝武公司与坤泽房地产公司、恒诚房地产公司之间因建设“翰林华府”“坤泽十里城”项目产生的建设工程施工合同法律关系，与案涉借款属不同主体之间的两个法律关系。本案系邢某某基于其与张某某等六上诉人签订的借款协议而提起的民间借贷纠纷，前述建设工程施工合同法律关系并不影响张某某等六上诉人与邢某某之间民间借贷事实的认定，故一审法院认定本案基础法律关系为民间借贷法律关系并作出判决并无不当。张某某等六上诉人上诉称应以工程款冲抵借款，但其关于以工程款抵顶借款方式还款的承诺仅系其作为借款人关于还款来源的单方意思表示，且双方均一致陈述现就对“翰林华府”“坤泽十里城”工程项目结算发生争议，案涉工程款尚未办理结算手续，由此引发的建设工程施工合同纠纷已由山西省高级人民法院立案受理，且尚未审结。故张某某主张以工程款抵销借款的上诉请求不符合债务抵销的法定条件，法院不予支持。

第六百七十条　借款的利息不得预先在本金中扣除。利息预先在本金中扣除的，应当按照实际借款数额返还借款并计算利息。

【条文主旨】

本条是关于借款利息不得预先扣除的规定。

【条文理解】

借款的数额和利息是借款合同需要规定的主要内容，当事人在订立借款合同时一般要对借款数额和利息的多少及支付期限作出明确的约定。一般来说，借款利息是在借款期限届满时或者合同履行期间按照约定分批偿付给贷款人。就利息性质而言，利息是按约定利率计算的孳息，是借款人支配和使用借款本金所承担的成本，是借款人使用该借款本金所创造经济效益一部分利润转移给出借人。如果事先从借款本金中扣除利息，俗称“砍头息”，无疑使借款人利用本金创造经济效益的资金条件受到限制，这对于借款人来说是不公平的。现实中有的贷款人为了确保利息的收回，在提供借款时就将利息从本金中扣除，造成借款人借到的本金实质上为扣除利息后的数额。比如，借款人向贷款人借款500万元，到期应当向贷款人支付的利息为50万元，贷款人在提供借款时就直接将利息扣除，仅向借款人支付450万元借款，但实际上还是将500万元视为本金，并按500万元收取利息。这种做法使贷款人的利息提前收回，减少了贷款的风险，但损害了借款人的合法利益，使借款人实际上得到的借款少于合同约定的借款数额，影响其资金的正常使用，加重了借款人的负担。为了解决借款实践中出现的这个问题，体现合同公平的原则，防止贷款人利用优势地位确定不平等的合同内容，本条明确规定，贷款人在提供借款时不得预先将利息从本金中扣除。如果贷款人违反法律规定，在提供借款时将利息从本金中扣除的，借款人只需按照实际借款数额返还借款并计算利息。《民间借贷规定》第27条规定，借据、收据、欠条等债权凭证载明的借款金额，一般认定为本金。预先在本金中扣除利息的，人民法院应当将实际出借的金额认定为本金。比如，上面例子中的借款人实际只得到了450万元的借款，那么，其借款数额即为450万元，借款人只需在借款期限届满时，向贷款人返还本金450万元并支付按照450万元本金计算的利息。

【审判实践中应注意的问题】

一、借贷双方约定本金中预先扣除部分利息，借款本金应该按照实际借款数额计算

在王某诉成商公司民间借贷纠纷案[①]中，法院查明：2014年2月6日，成商公司与王某签订《借款合同》，约定成商公司因开发项目需要向王某借款3500万元，借款期限从2015年2月7日起至2015年8月6日止，综合费率按3%计算，同时约定成商公司一次性提前支付三个月的综合费315万元，三个月后，每月6日支付综合费105万元。最高人民法院认为，利息预先在本金中扣除的，应当按照实际借款数额返还借款并计算利息。一审判决对当事人在本金中预先扣除利息的行为给予否定性评价，并按照规定认定实际借款数额为3185万元，适用法律正确。

① 参见最高人民法院（2018）最高法民终23号裁判文书。

二、对于规避法律关于“砍头息”规定的行为，司法应给予否定性评价

法律并未禁止提前偿付利息，法律规定“借款利息不得预先在本金中扣除”一般是指交付本金时预先扣除利息。但实务中出现出借款项的次日即付息的情形。我们认为，当事人借款目的是取得利益，包括借款的期限利益，如果次日即支付利息，无疑剥夺了借款人对于部分借款本金的期限利益。此种行为尽管并非在出借款项时直接扣除利息后交付本金，但结合立法目的、利息性质等分析，应该予以否定性评价。

在神州公司与渤海信托金融借款合同纠纷案[①]中，法院查明：2017 年 4 月 28 日，渤海信托作为贷款人与神州公司作为借款人签订了《贷款合同》。5 月 10 日，渤海信托根据《贷款合同》约定，通过银行转账的方式向神州公司发放了 3 亿元贷款。渤海信托与浦发银行深圳分行签订了《信托保管服务标准协议》，2017 年 5 月 11 日神州公司向渤海信托支付利息 2374666.67 元，同日，渤海信托将收到的该款项向浦发银行深圳分行支付了信托保管费。一审法院认为，对于神州公司一次性支付给渤海信托的 2374666.67 元，渤海信托提交证据证明该笔款项系向浦发银行深圳分行支付的信托保管费，且收到该款项的当日即转给了浦发银行，故对神州公司关于将该笔款项从 3 亿元本金中扣除的主张不予支持。最高人民法院认为，虽然《贷款合同》明确约定“借款人已支付的贷款利息不受借款人执行还本计划、借款人提前还款及信托提前终止情形的影响，已收取的上述贷款利息不予退还且不予抵扣”，但根据本案查明的事实，神州公司收到 3 亿元贷款本金后的第二天，即向渤海信托支付了该笔利息，神州公司实际使用的贷款本金是 297625333 元，其对已支付的 2374666.67 元并未享有使用并创造经济效益的期限利益。因此，案涉贷款本金数额的认定，

① 参见最高人民法院（2020）最高法民终 140 号裁判文书。

应从3亿元中扣除该部分款项。本案债务人于次日支付利息的情况虽然不同于《合同法》第200条[①]规定的“利息预先扣除”的情形，但实质上无区别，可视为“非典型”的“利息预先扣除”，也即“非典型”的“砍头息”，应当按照实际借款数额返还借款并计算利息。故神州公司上诉提出的应将该款项从3亿元本金中扣除的主张，应予以支持。

① 即《民法典》合同编中的第670条。

第六百七十一条 贷款人未按照约定的日期、数额提供借款，造成借款人损失的，应当赔偿损失。

借款人未按照约定的日期、数额收取借款的，应当按照约定的日期、数额支付利息。

【条文主旨】

本条是关于贷款人未按照约定提供借款及借款人未按照约定收取借款责任的规定。

【条文理解】

借款合同签订后，贷款人和借款人都应当按照约定履行合同。对于贷款人来说，按照约定的日期、数额向借款人提供借款，是其主要的义务。贷款人由于资金周转或者其他原因，可能不能按照约定的日期提供借款，或者不能按照约定的数额提供借款。贷款人的这种违约行为会损害借款人的合法利益，影响借款人对借款的使用。因为贷款人按照约定的期限提供借款的，借款人就能按原定计划使用借款。贷款人不能在约定的期间内提供借款的，直接影响到借款人的安排，会产生相应的损失，对于借款人产生的损失，贷款人应当赔偿。

对于借款人来说，应当按照约定的日期和数额收取借款。借款人在订立借款合同后，生产经营可能会发生一些变化，或者借款人从其他渠道得到了所需的资金，因而可能会出现借款人在合同约定的收取借款的日期不需要或者暂时不需要借款或者合同约定的借款数额的情况。此时，贷款人对自己的资金已经做出安排，借款人如果未按约定的日期、数额收取借款的，会影响贷款人资金的正常周转，损害贷款人的合法利益。对于贷款人来说，所受到的损失就是利息的损失，因此，本条明确规定借款人未按照约定收取借款的，仍需按照合同约定的借款日期和数额向贷款人支付利息。这样不论借款人是否按照约定的日期及数额收取借款，都必须按照合同约定向贷款人支付利息。

本条是针对金融机构作为贷款人的情况作出的规定。由于自然人之间借款是以贷款人交付借款时合同才成立，所以，自然人之间借款的，不适用本条的规定。

【审判实践中应注意的问题】

本条涉及的不仅是贷款人不按约定的时间、数额放款，还应包括贷款人根本不放款；不仅是借款人不按约定的时间、数额提款，还应包括借款人根本不提款。

在决定赔偿范围时，由于合同关系并非当然消灭，任何一方又不行使解除权的，双方的权利是否继续存在，值得研究。借款人未收取借款的，贷款人应该请求解除合同。现实中，金融机构通常是以转账方式履行金钱提供义务，一旦记入借款人的账户，法律上应视同借款人收取。

一、贷款人根据借款人出具的函件将贷款直接划入第三人账户，贷款人履行了贷款合同的义务，借款人应按照合同约定偿还贷款

在南方公司与光大银行星湖支行借款合同纠纷案[①]中，法院查明：1993年12月31日，光大银行星湖支行与辰山公司签订贷款合同，约定：辰山公司因引进印制绕组电机生产线项目，光大银行星湖支行同意贷给辰山公司外汇390万美元。在此之前，1993年11月25日南方公司出具了一份《不可撤销的经济担保书》，为辰山公司向光大银行

① 参见最高人民法院（2000）经终字第180号裁判文书。

星湖支行的借款提供不可撤销的无条件的担保。1993年12月27日，辰山公司给光大银行星湖支行出具了一份函称："我公司在贵行所贷特种电机生产线外汇叁佰玖拾万美元，为便于资金使用管理，同意由凯杰公司单独办理外汇开户银行，请准予办理为盼。"贷款合同签订后，光大银行星湖支行依据辰山公司出具的上述函件的指定，将款项转至凯杰公司账户，由凯杰公司用于引进印制绕组电机生产线。最高人民法院认为，光大银行星湖支行根据辰山公司1993年12月27日出具的函件将贷款直接划入凯杰公司的账户，并未构成债务转移，光大银行星湖支行履行了贷款合同约定的义务，辰山公司应按照合同约定偿还贷款。南方公司关于光大银行星湖支行将390万美元贷款债务从辰山公司转让给凯杰公司，未经南方公司同意，南方公司依法不应承担保证责任的上诉请求，因没有事实依据，不予支持。

二、贷款人仅提交了向第三人转款的凭证，但无证据证明第三人有权利和义务代借款人收取借款，现借款人没有取得借款，应认定贷款人未履行出借义务

在庄某某与何某某民间借贷纠纷案[①]中，法院查明：2011年9月5日，唐某某（第三人）向庄某某出具借条一张，该借条载明："兹何某某借庄某某现金￥50000.00元整，此款于2011年9月6日归还。借款人：唐某某代何某某，2011.9.5。"庄某某收到借条后，未直接向何某某、唐某某支付5万元借款。2011年9月5日，庄某某向案外人周某某转账支付了5万元。庄某某主张是按照何某某的要求支付给周某某5万元的，请求何某某、唐某某归还其借款本金5万元。何某某对借条的真实性不予认可，称其没有委托唐某某向庄某某借款，且何某某没有在借条上签字，借款5万元没有实际支付，请求驳回庄某某的诉讼请求。周某某称，他和庄某某、何某某都是朋友，何某某欠他5万元，在催收过程中，何某某称让庄某某给他打了5万元，作为还

① 参见四川省成都市青羊区人民法院（2012）青羊民初字第3514号裁判文书。

款，但同时表示无法提交证明他与何某某之间存在债权债务关系的证据，也不能提交收到转款后与何某某办理债务抵销的证据。对此，何某某、唐某某表示不清楚周某某收款一事，何某某与周某某之间没有债权债务，庄某某没有实际支付5万元借款，庄某某出具的证据只能证明其向案外人周某某支付了5万元。法院经审理认为：唐某某以何某某名义向庄某某出具借条，但何某某否认唐某某代为借款一事，且唐某某也认可其没有得到何某某的委托，故唐某某以何某某名义向庄某某出具借条产生的民事责任，应由唐某某承担。庄某某虽提交了唐某某出具的5万元借条，但何某某、唐某某否认收到过借款，庄某某也认可没有直接向何某某或唐某某交付5万元借款。庄某某称其按照何某某的要求已将借款支付给周某某，但何某某、唐某某对委托庄某某向周某某转款一事表示否认。周某某虽承认收到过庄某某代何某某偿还的5万元欠款，但不能提交其与何某某之间存在债权债务关系、何某某让庄某某代为还款以及收款后债务抵销的证据，且何某某否认与周某某之间存在债权债务关系。仅凭周某某证言，不能认定庄某某向周某某支付5万元的行为是庄某某履行本案借款出借义务的行为。故对庄某某的诉讼请求，法院不予支持。

第六百七十二条　贷款人按照约定可以检查、监督借款的使用情况。借款人应当按照约定向贷款人定期提供有关财务会计报表或者其他资料。

【条文主旨】

本条是关于贷款人检查监督借款使用情况以及借款人协助贷款人监督的规定。

【条文理解】

根据《民法典》第669条的规定，借款人应当按照贷款人的要求提供与借款有关的业务活动和财务状况的真实情况。该规定是借款人订立合同时应该履行的义务，其目的是使贷款人能够根据借款人的真实情况决定是否签订合同以及确定借款合同的内容。但借款人的业务活动和财务状况会随着市场供求等因素不断变化，这种变化会直接影响其财务状况。为了保证贷款人按照合同约定收回借款，借款合同成立后，贷款人需要对借款的使用情况行使一定的监督权。金融机构还需要对所提供的借款进行跟踪检查，以防止借款人出现违反合同的行为。因此，本条规定，贷款人和借款人可以在合同中约定，贷款人有权检查、监督贷款的使用情况。这样贷款人就能及时了解借款人的生产经营情况，确定借款人偿还借款的能力是否受到影响。除了贷款人可以依照合同约定主动对借款人进行检查、监督外，借款人还应当按照约定向贷款人定期提供有关的财务会计报表等资料。这些资料包括有关财务及盈利计划，会计、统计报表等。上述资料能真实地反映借款人生产经营及财务资信状况，有助于贷款人正确、全面地作出判断，以保护自己的合法权益。

【审判实践中应注意的问题】

借款人没有按照约定接受贷款人检查、监督借款的使用情况，或者没有按照约定向贷款人定期提供有关财务会计报表或者其他资料，构成违约，应当按照违约的有关规定承担相应的法律后果。

商业银行违反贷后严格检查义务的，并不必然导致保证人保证责任的免除。在甘井子农行与础明公司、冰凌花公司借款合同纠纷案[①]中，最高人民法院认为，相关贷后检查报告为甘井子农行在案涉1800万元借款合同及其保证合同签订并生效后作出，其中关于贷款使用情况的不实描述，并不构成在础明公司提供保证担保之时，甘井子农行知道或者应当知道冰凌花公司欺诈、胁迫础明公司违背真实意思提供保证或者与冰凌花公司串通骗取础明公司提供保证的证明。础明公司未能证明本案存在保证人不承担民事责任的法定情形，对其相关主张最高人民法院不予支持。虽然甘井子农行在贷后检查报告中作出了不符合案涉1800万元贷款实际使用情况的描述，但由于目前我国法律、行政法规中并没有关于商业银行违反贷后严格检查义务的民事责任的相关规定，《商业银行法》《贷款通则》及商业银行内部关于贷后检查的相关规定，均属于要求商业银行加强风险控制的管理性规范，商业银行违反该管理性规范并不必然导致保证人保证责任的免除。故础明公司作为独立商事主体，应当自行承担其对外提供保证所带来的风险和法律后果，就案涉第一笔1800万元贷款的本金及利息对甘井子农行承担连带保证责任。流动资金贷款是借款人用于日常生产经营周转的贷款，可以用来购买原材料、支付工资、清偿债务等。甘井子农行在2003年10月份的贷后检查报告中称，冰凌花公司实际将其中300万元贷款用于偿还其在该行的旧贷利息，亦属于正常使用该流动资金

① 参见最高人民法院（2013）民提字第51号裁判文书。

贷款，并不构成《担保法司法解释》第39条规定的，主合同当事人双方协议以新贷偿还旧贷且保证人不知道或者不应当知道而不承担民事责任的情形。础明公司未提供相关证据证明案涉流动资金贷款被冰凌花公司用于法律、行政法规禁止使用的领域或变更其流动资金贷款的用途，应当承担担保责任。

第六百七十三条 借款人未按照约定的借款用途使用借款的，贷款人可以停止发放借款、提前收回借款或者解除合同。

【条文主旨】

本条是关于借款人未按照约定的借款用途使用借款的责任的规定。

【条文理解】

借款用途与借款人能否按期偿还借款有着直接的关系。借款人擅自改变借款用途，会使当事人共同预期的收益变得不确定，增加了贷款人的风险。金融机构作为贷款人的，有些借款还是依据国家的宏观经济政策、国家的信贷政策和产业政策发放的，具借款用途和国家的经济政策有着直接的关系。如果不按借款用途使用借款，还会造成资金的使用不符合国家政策的情况。我国法律、行政法规中一直将借款用途作为金融机构借款合同的主要内容作出规定。《商业银行法》规定，贷款人贷款应当对借款人的借款用途等情况进行严格审查。借款合同中应当对借款用途作出约定。《贷款通则》规定，对于不按借款合同规定用途使用贷款的，贷款人可以对其部分或者全部贷款加收利息；情节严重的，由贷款人停止支付借款人尚未使用的贷款，并提前收回部分或者全部贷款。本条明确借款人应当按照约定的用途使用借款，同时规定了借款人的违约责任。借款人违反了合同约定的借款用途使用借款的，贷款人可以停止发放未发放部分的借款，同时可以提前收回借款。此外，贷款人还有权解除合同。

自然人之间借款的，对借款用途作出规定的，借款人也应当按照约定的用途使用借款。因改变借款用途对贷款人造成损害的，贷款人可以采取相应的措施来保护自己的权利。

【审判实践中应注意的问题】

一、借款人未按照约定的借款用途使用借款的，贷款人可以停止发放借款，提前收回借款或者解除合同

在某银行诉姚某借款合同纠纷案中，法院查明：2010年12月12日，姚某向某银行借款80万元。当日，当事人双方签订了《抵押担保借款合同》一份，合同约定贷款金额80万元，借款用途为工程款，借款期限24个月，利息按月利率7.8‰计付，按季清息，到期还本，借款由姚某以其周口市北郊乡建设路某商住区土地使用权作抵押；如借款人擅自改变借款用途，贷款人有权提前收回未到期的贷款，姚某每转让一块土地则应归还借款本金20000元等内容。合同签订后，某银行依约支付了80万元给姚某，但姚某擅自改变借款用途，没有按合同约定使用贷款，也没有依约还款付息，至2012年5月13日止，尚欠某银行借款本金761106.97元及利息86092.68元。经调查，姚某开发的北郊乡建设路某商住区内没有规划购物商场，也没有报建，所谓购物商场项目是虚构的。法院认为：双方签订的《抵押担保借款合同》合法有效，姚某擅自改变借款用途，没有按合同约定使用贷款，也没有按合同约定还款付息，属违约行为，应负违约责任。

在某信用社与某贸易公司、某房地产公司借款合同纠纷案中，某贸易公司在取得信用社的贷款后，并未按照借款合同的规定将贷款用于购货，而是借给房地产公司期货部作期货保证金。法院认为，某贸易公司未按合同约定的用途使用贷款属违约行为，应当承担违约使用贷款本金的罚息及实际使用贷款本息的责任，某房地产公司作为借款合同抵押担保人，在贸易公司不能履行债务时，信用社有权依法以抵押物折价或者以拍卖变卖抵押物的价款优先得到偿还。

二、在民间借贷合同中，当事人可以根据意思自治约定借款用途、借款期限及利息等内容

在王某某诉豪骏公司民间借贷纠纷案[①]中，法院查明：2013年11月4日，王某某与豪骏公司签订《协议书》，约定由豪骏公司向王某某借款6000万元，借款期限自2013年11月6日起至2015年5月5日，利息为月息2.5分，即每个月利息是150万元，豪骏公司同意于每月7日前向王某某足额支付当月利息并约定将借款支付到豪骏公司关联公司骏邑公司。若豪骏公司逾期15日仍没有支付利息或偿还本金系根本违约，王某某有权收回部分或全部借款，豪骏公司应按借款总额20%承担违约责任，并按协议约定支付利息。同时，豪骏公司承诺全部借款均用于支付购买临沂经济技术开发区土地的出让金等，禁止用于上述条款规定以外的任何用途。2013年11月6日、11月13日，中友公司、陇能公司受王某某委托通过银行给《协议书》指定的骏邑公司账号分别转账5800万元和200万元。借款到期后，豪骏公司未依约还本付息。豪骏公司辩称《协议书》是伪造的，其中一个理由就是认为借款用途违反行业习惯。最高人民法院认为，豪骏公司没有证据证明民间借贷领域存在该行业习惯。反之，借款人未按照约定的借款用途使用借款的，贷款人可以停止发放借款、提前收回借款或者解除合同。可见，约定借款用途的目的是确保出借资金的安全。就此而言，民间借贷亦应如此。因此，约定借款用途，并不违反民间借贷行业习惯。豪骏公司上诉提交的证据不足以证明案涉款项6000万元不是用于购买临沂市经济技术开发区的某块土地。豪骏公司证明案涉6000万元与临沂市经济技术开发区的某块土地没有联系的依据是，豪骏公司借入案涉借款后闲置4个多月才用于购地不符合常理。但根据日常生活经验，由于各种不可预期因素的影响，借款时间和买地时间不能同步的情形，确有可能发生。故不能因为借款时间和实际买地

① 参见最高人民法院（2016）最高法民终731号裁判文书。

时间存在时间差，就得出《协议书》为事后伪造的结论。

三、借款人改变借款用途，担保人不能因此免除担保责任

在兴豫公司诉郑州合作银行城东路支行、太阳保健品公司借款担保合同纠纷申请再审案中，法院查明：1996 年 12 月 4 日，郑州合作银行城东路支行与太阳保健品公司签订三份借款合同，约定太阳保健品公司借款金额分别为 600 万元、231 万元和 169 万元，月利息为 15‰，期限为 1 年，逾期还款加收 50%的罚息。同日，郑州合作银行城东路支行与兴豫公司签订了关于 1000 万元借款的保证合同，约定：为确保借款合同的履行，兴豫公司愿意为太阳保健品公司所借款项提供连带保证责任。郑州合作银行城东路支行于当日划入太阳保健品公司在该行设立的存款账号 600 万元、231 万元和 169 万元，并在该三份借款收据上加盖了“转讫”章。借款到期后，太阳保健品公司未偿还借款本息，兴豫公司也未履行担保责任。郑州合作银行城东路支行遂向河南省高级人民法院提起诉讼，请求判令太阳保健品公司偿还借款本金、利息和罚息。一、二审法院判决兴豫公司承担担保责任。兴豫公司申请再审称，发现新的证据证明太阳保健品公司并未将 1000 万元贷款用于借款合同约定的目的，其与郑州合作银行城东路支行恶意串通，在划款当日即将 810 万元用于归还其及其关联单位在仁达城市信用社的贷款，骗取申请人为其提供担保，根据《担保法》第 30 条之规定，申请人依法不承担担保责任。

最高人民法院经审查认为，兴豫公司提供的新证据证明的是太阳保健品公司违反借款合同的约定，改变贷款用途，将借款用于归还其及其关联单位在仁达城市信用社的贷款，但不能证明郑州合作银行城东路支行与太阳保健品公司事先恶意串通，骗取兴豫公司提供保证，也不能证明郑州合作银行城东路支行有欺诈、胁迫行为，使兴豫公司在违背真实意思表示情况下提供保证。因此，兴豫公司提供的证据不能证明本案存在《担保法》第 30 条规定的担保人不承担保证责任的情况，应驳回其再审申请。

四、合同中笼统地承诺为“流动资金”借款提供担保而对借款用途加以限制的，不得因借款用途问题而主张免除担保责任

在农行先锋支行与金帆公司、金霞公司借款担保合同纠纷案[①]中，法院查明：2001年12月29日，金帆公司（借款人）与农行先锋支行（贷款人）签订《借款合同》，约定：借款金额人民币4000万元，借款种类为“短期借款”，借款用途为“借新还旧”。2001年12月29日，农行先锋支行（抵押权人）、金帆公司（债务人）、金霞公司（抵押人）签订《最高额抵押合同》，约定：抵押人自愿为债务人在抵押权人处办理约定的各类业务，实际形成的债务的最高余额折合人民币5238万元提供担保。关于“借款用途”的约定，农行先锋支行与金霞公司分别持有的该《借款合同》不一致：农行先锋支行提供的《借款合同》（原件）约定借款用途为“流动资金贷款借新还旧”（手写）；而金霞公司提供的《借款合同》（原件）约定借款用途仅为“流动资金”（手写），并无“贷款借新还旧”字样。

最高人民法院认为，本案当事人分别持有的借款合同中虽然部分内容有出入，但当事人对各自持有的合同本身的真实性不持异议，不妨碍合同成立的事实认定。金霞公司主张免除其担保义务的主要理由是其持有的借款合同中借款用途系“流动资金”贷款，与农行先锋支行持有的借款合同上借款用途为“流动资金贷款借新还旧”不同。企业流动资金系相对固定资产而言的企业资产，包括企业用于支付工资、购买原材料、偿付债务等的现金款项。金霞公司同意为金帆公司“流动资金”借款提供担保，金帆公司将借款用于支付到期债务，并未超出金霞公司的担保范围。金霞公司、金帆公司与农行先锋支行之间在本案合同签订之前已签订过其他的借款抵押合同，金霞公司对于金帆公司在农行先锋支行是否存在尚未偿还的债务是明知或者应当知道的。如果金霞公司不愿意为金帆公司用于偿还债务的借款提供担

① 参见最高人民法院（2007）民二终字第33号裁判文书。

保，应当在合同中明确加以限制。金霞公司在合同中笼统地承诺为金帆公司“流动资金”借款提供担保，未对金帆公司的借款用途加以限制，诉讼中提出不同意借款人将借款用于偿还债务有违诚信原则，法院不予支持。

第六百七十四条　借款人应当按照约定的期限支付利息。对支付利息的期限没有约定或者约定不明确，依据本法第五百一十条的规定仍不能确定，借款期间不满一年的，应当在返还借款时一并支付；借款期间一年以上的，应当在每届满一年时支付，剩余期间不满一年的，应当在返还借款时一并支付。

【条文主旨】

本条是关于借款人支付利息期限的规定。

【条文理解】

向贷款人支付利息是借款人的主要义务，借款人不仅应当按照约定的数额支付利息，而且还应当在约定的期限支付。支付利息期限的方式有多种，当事人既可以约定在借款期限届满时和本金一并支付，也可以约定在借款期间内分批向贷款人支付。

如果当事人对支付利息的期限没有约定，或者约定不明确，根据本条的规定，首先应当依据本法第510条的规定来确定，即当事人可以就支付利息的期限进行协议补充；不能达成补充协议的，按照合同相关条款或者交易习惯确定。如果依据以上原则仍不能确定支付利息的期限，借款人按照以下规定的期限向贷款人支付利息：（1）借款期间在1年以内的，在返还借款时一并支付，即利息在借款合同期限届满时和本金一并支付；（2）借款期间在1年以上的，在每届满1年时支付，剩余期间不满1年的，在返还借款时一并支付。比如，甲向乙银行借款200万元，借款期间为两年半，未约定支付利息的期限。那么，甲应当分三批向乙支付利息，第一次支付利息的时间为借款期间

1年届满时；第二次支付利息的时间为借款期间2年届满时。由于合同履行期间剩下的时间不足1年，所以，第三次支付利息的时间为合同期间届满时和本金一起支付。

【审判实践中应注意的问题】

一、约定“融资费”的借款合同可以认定为是对借款利息的约定

在黄某某、蔡某某、成至公司诉钰传承公司民间借贷纠纷案[①]中，法院查明：自2014年3月7日起，钰传承公司多次向成至公司、黄某某、蔡某某借款。2015年7月24日，各方经对账结算，签订了《借款保证合同》。合同约定：成至公司、黄某某、蔡某某借款给钰传承公司4500万元，该款已在合同签订前全部收到；本合同履行期间，钰传承公司应于每月15日前支付成至公司、黄某某、蔡某某融资费100万元；成至公司、黄某某、蔡某某同意钰传承公司提前和部分提前归还借款本金，归还后按借款余额计算收取融资费。最高人民法院认为，黄某某等三方和钰传承公司均认可，案涉《借款保证合同》是双方经过对账，对先前双方之间多次借款关系的结算确认，该借款保证合同是双方的真实意思表示。虽然该合同中没有“利息”字样出现，但约定了“融资费”以及具体的数额和支付方式，据此可以认定双方实际上对于借款利息是以“融资费”的方式进行了约定。根据该约定，以4500万元为借款本金计算利率为月利率2.22%，该标准超过年利率24%的标准，但未超过年利率36%，一审判决对已归还部分按照双方约定的标准确定利息、对未归还的部分按照24%的标准计算利息，并无不当。

---

① 参见最高人民法院（2018）最高法民终819号裁判文书。

二、借款人逾期偿还贷款本金，其占有、使用资金处于持续状态，应当支付该期间的利息

在长城资产管理公司与乌钢公司借款合同纠纷案中，最高人民法院认为，利息是借款人在占有、使用资金期间，基于合同约定或者法律规定，应当向贷款人支付的孳息。虽然本案所涉债权于2008年4月30日被长城公司呼办转让给林泰公司，后经诉讼，此次转让被生效判决确认无效。但在此期间，乌钢公司并未清偿涉案债权，乌钢公司占有、使用本案债权所涉款项的行为始终处于持续状态，乌钢公司对涉案债权在2008年4月30日以后产生的利息仍负清偿责任。

第六百七十五条 借款人应当按照约定的期限返还借款。对借款期限没有约定或者约定不明确，依据本法第五百一十条的规定仍不能确定的，借款人可以随时返还；贷款人可以催告借款人在合理期限内返还。

【条文主旨】

本条是关于还款期限的规定。

【条文理解】

按照合同约定的期限返还借款是借款人的一项主要义务。在当事人对借款期限没有约定或者约定不明确的情况下，借款人何时返还借款，实践中容易发生纠纷。根据本条的规定，当事人未约定还款期限的，首先应当按照本法第510条的规定来确定，即当事人可以就还款期限进行协议补充；不能达成补充协议的，按照合同相关条款或者交易习惯确定。按照以上规定依然不能确定的，借款人可以随时返还借款；贷款人也有权向借款人发出催告，要求其在合理期限内返还借款。本条对贷款人催告借款人还款的“合理期限”未作出明确的规定，实践中需要考虑贷款人是金融机构还是一般自然人以及借款人的偿付能力等因素。该合理期限由贷款人根据具体情况来确定。在发生纠纷时，法院可以根据具体情况来判定该期限是否合理。

【审判实践中应注意的问题】

一、借条中对借款期限没有约定，贷款人可以催告借款人在合理期限内返还

在贾某某诉方某民间借贷纠纷案[①]中，法院查明：2006年12月31日，方某向贾某某出具借条："今借贾某某人民币五万元整。"法院认为，借款人应当按照约定的期限返还借款。对借款期限没有约定或者约定不明确，借款人可以随时返还；贷款人可以催告借款人在合理期限内返还。自然人之间的借款合同对支付利息没有约定或者约定不明确的，视为不支付利息。在该案中，由于在借条中对借款期限没有约定，贾某某可以催告方某在合理期限内返还，现贾某某以提起诉讼的方式主张方某还款，考虑到应给予方某合理的准备时间，该案的还款期限应以该案开庭时间为宜，现还款期限已经届满，方某至今未偿还借款的行为已构成违约，应立即将所欠款项偿还给贾某某。

二、债务加入中，债权人有权选择向债务加入人或原债务人主张权利

在王某某与博海公司民间借贷纠纷案[②]中，最高人民法院认为，《协议》约定，博海公司承诺愿意代郭某向王某某偿还借款本息，该行为系债的加入。根据法律规定和《协议》约定，郭某并未因此而免除与博海公司共同承担向王某某偿还借款本息的责任。作为债权人，王某某有权选择追偿相对方。博海公司与王某某签订《协议》，系双方当事人的真实意思表示，内容并不违反法律、行政法规的强制规定，应为合法有效合同。

---

① 参见北京市第一中级人民法院（2018）京01民终2785号裁判文书。

② 参见最高人民法院（2017）最高法民终769号裁判文书。

第六百七十六条　借款人未按照约定的期限返还借款的，应当按照约定或者国家有关规定支付逾期利息。

【条文主旨】

本条是关于借款人未按照约定期限返还借款应支付逾期利息的规定。

【条文理解】

借款人的主要义务是还本付息，未按期返还借款的，是一种严重违约行为，借款人应当对其违约行为承担相应的法律责任。1995年中国人民银行发布《关于调整贷款利率后有关计息办法的通知》，对有关逾期贷款问题作出了规定，从1995年7月1日起，所有贷款在逾期期间按日利率万分之四至万分之六计收利息。《贷款通则》中明确规定，贷款人对不能按借款合同的约定期限归还的贷款，应当按规定加罚利息。根据《中国人民银行关于人民币贷款利率有关问题的通知》（银发〔2003〕251号）第3条的规定，逾期贷款（借款人未按合同约定日期还款的借款）罚息利率由现行按日万分之二点一计收利息，改为在借款合同载明的贷款利率水平上加收30%~50%。

本条规定借款人逾期返还借款的，应当按照约定或者国家规定支付逾期利息。根据本条规定，当事人可以在合同中对逾期利息的问题作出约定，这种约定既可以是自然人之间对是否收取逾期利息或者逾期利率为多少的约定，也可以是金融机构与借款人在国家规定的幅度内对逾期利率的确定。如果金融机构贷款时，没有对逾期利率作出约定的，金融机构可以按照国家有关规定的利率向借款人收取逾期利息。

【审判实践中应注意的问题】

逾期贷款利息应按照借款合同载明的贷款利率1.3~1.5倍的罚息利率计收。民间借贷逾期利率、违约金和其他费用总计不得超过年利率的24%。

在克莱斯特公司与盛京银行民主支行借款合同纠纷案[①]中，最高人民法院认为，借款人未按照约定的期限返还借款的，应当按照约定或者国家有关规定支付逾期利息。逾期贷款利息应按照借款合同载明的贷款利率1.3~1.5倍的罚息利率计收。案涉《借款合同》中有关逾期贷款利率及罚息利率为合同执行利率1.5倍的约定，是当事人的真实意思表示，并不违反法律禁止性规定，合法有效。当事人之间关于逾期贷款利率和罚息利率的争议并不影响法院判决按照双方当事人的约定计收利息。

① 参见最高人民法院（2013）民二终字第98号裁判文书。

第六百七十七条　借款人提前返还借款的，除当事人另有约定外，应当按照实际借款的期间计算利息。

【条文主旨】

本条是关于借款人提前偿还借款的规定。

【条文理解】

我国目前借贷双方存在的主要问题是一些借款人到期不能偿还借款。提前返还借款有利于将资金用于短缺项目中，对于贷款人通常并无损害，有利于资金的流转，促进经济建设。所以，司法实践中应当鼓励借款人提前还款，不应当给提前还款的借款人增加过重的负担。从性质上分析，提前偿还借款属于提前履行合同的行为，应当按照《民法典》第530条、第531条的规定处理。第530条规定："债权人可以拒绝债务人提前履行债务，但是提前履行不损害债权人利益的除外。债务人提前履行债务给债权人增加的费用，由债务人负担。"第531条规定："债权人可以拒绝债务人部分履行债务，但是部分履行不损害债权人利益的除外。债务人部分履行债务给债权人增加的费用，由债务人负担。"

在金融借款合同中，一般对偿还借款的期间都有明确的规定，借款人应当按照约定履行合同。但是有的情况下，因生产经营状况或者其他情况发生了变化，借款人在合同履行期间不需要所借的资金，出现借款人提前偿还借款的情况。根据本条规定，对于提前还款应当按照以下原则确定双方的权利和义务：首先，当事人在合同中对提前还款有约定的，按照约定确定是否经贷款人同意及利息如何计算等问题。其次，当事人在合同中对提前还款没有约定的，提前还款不损害贷款人利益的，可以不经贷款人的同意，利息按照实际借款期间计算；提前还款损害贷款人利益的，贷款人有权拒绝借款人提前还款的要求。贷款人同意提前还款的，等于贷款人同意变更合同的履行期，借款人应当按照变更后的期间向贷款人支付利息。

在民间借贷中，根据《民间借贷规定》第32条的规定，借款人可以提前偿还借款，但当事人另有约定的除外。借款人提前偿还借款并主张按照实际借款期间计算利息的，人民法院应予支持。

【审判实践中应注意的问题】

根据《民法典》第675条的规定，对借款期限没有约定或者约定不明确，依据本法第510条的规定仍不能确定的，借款人可以随时返还；贷款人可以催告借款人在合理期限内返还。因此，借款合同如果没有约定还款期限或者约定不明确且无法确定的，不存在提前还款的问题。

借款人提前偿还贷款的，除当事人另有约定以外，应当按照实际借款的期间计算利息。在李某诉江某民间借贷纠纷案中，法院查明，2005年6月20日江某向李某借款30万元。当日江某向李某出具欠条，内容为："今有江某向李某借用现金30万元，借期3年，利息按5年死期还。"此后，江某于2006年年底还款10万元，于2007年11月底前还款10万元，于2008年7月底前还款10万元，未支付过利息。法院认为，因江某存在提前还款的事实，李某主张的利息数额过高，法院判决江某给付李某借款利息人民币24900元。

第六百七十八条　借款人可以在还款期限届满前向贷款人申请展期；贷款人同意的，可以展期。

【条文主旨】

本条是关于借款展期的规定。

【条文理解】

借款展期是指借款人在合同约定的借款期限不能偿还借款，在征得贷款人同意的情况下，延长原借款的期限，使借款人能够继续使用借款。借款展期实际上是对原合同履行期限的变更，因此，应当以贷款人同意为前提。借款人申请展期的，应当在借款到期之前向贷款人提出申请。

根据《贷款通则》第12条的规定，不能按期归还贷款的，借款人应当在贷款到期日之前，向贷款人申请贷款展期。是否展期由贷款人决定。申请保证贷款、抵押贷款、质押贷款展期的，还应当由保证人、抵押人、出质人出具同意的书面证明。已有约定的，按照约定执行。短期贷款展期期限累计不得超过原贷款期限；中期贷款展期期限累计不得超过原贷款期限的一半；长期贷款展期期限累计不得超过3年。国家另有规定的除外。借款人未申请展期或申请展期未得到批准，其贷款从到期日次日起，转入逾期贷款账户。

在《最高人民法院关于展期贷款超过原贷款期限的效力问题的答复》（法函〔2000〕12号）中，最高人民法院指出，展期贷款性质上是对原贷款合同期限的变更。对于展期贷款的期限不符合中国人民银行颁布的《贷款通则》的规定，应否以此认定该展期无效问题，根据我国法律规定，确认合同是否有效应当依据我国的法律和行政法规，只要展期贷款合同是双方当事人在平等、自愿基础上真实的意思表示，并不违背法律和行政法规的禁止性规定，就应当认定有效。

【审判实践中应注意的问题】

一、借款人在还款期限届满前向贷款人申请展期并获得批准，可被认定为贷款展期，约定贷款展期不一定构成贷款展期

在邳州信用社与富伟公司等借款合同纠纷案中，法院查明：1999年8月28日、8月30日，邳州信用社向富伟公司分两次发放贷款各200万元，到期日为2000年4月20日、5月20日。铁富镇政府的下属职能部门财政所为上述贷款提供了担保，并在担保合同中承诺："保证期间自借款之日起至借款到期后二年，如贷款展期后，保证人继续承担保证责任，保证期限延至展期借款到期日之后二年。"因富伟公司未按约履行还款义务，2003年12月12日，邳州信用社与富伟公司签订《协议书》约定："双方同意将上述借款本金及利息延期两年支付，即从2006年1月1日起均按月平均支付，第一年偿付原总额的10%，第二年偿付原总额的20%，第三年偿付30%，第四年偿付40%。"铁富镇政府在该《协议书》上加盖了公章。之后，富伟公司亦未支付本息。邳州信用社于2008年11月诉至法院，请求判令富伟公司偿还贷款本金400万元及利息110万元，铁富镇政府承担连带保证责任。江苏省徐州市中级人民法院经审理认为，我国《合同法》第209条[①]规定，借款人可以在还款期限届满之前向贷款人申请展期。贷款人同意的，可以展期。《贷款通则》第12条进一步明确规定，不能按期归还贷款的，借款

① 对应《民法典》第678条。

人应当在贷款到期日之前，向贷款人申请贷款展期。是否展期由贷款人决定。申请保证贷款、抵押贷款、质押贷款展期的，还应当由保证人、抵押人、出质人出具同意的书面证明。本案中，借款人富伟公司没有在贷款到期之前向贷款人邳州信用社申请贷款展期，保证人也没有出具同意保证贷款展期的书面证明。故本案情形不构成贷款展期。贷款到期后2年内，邳州信用社并没有向铁富镇政府主张担保权利，其以《协议书》要求铁富镇政府承担连带保证责任的主张不能成立。

二、保证人不同意借款展期的展期协议对其不发生效力，但是原保证合同继续有效

在某银行诉王某、周某借款合同纠纷案中，法院查明：王某向某银行贷款6万元，约定借款期限为两年，周某为该笔借款提供连带责任担保，约定保证期间为借款到期之日起2年。借款到期后，王某与某银行签订了借款展期合同，约定将借款展期1年，但保证人周某不同意借款展期，未在展期合同上签字。展期后的还款期限到后，王某仍未偿还借款，某银行遂起诉到法院，要求王某偿还借款，周某承担连带偿还责任。法院认为，银行与王某签订的借款展期协议没有经过周某的同意，因此对周某不发生效力，周某无需对展期后的借款承担保证责任。但根据《担保法司法解释》第30条第2款"债权人与债务人对主合同履行期限作了变动，未经保证人书面同意的，保证期间为原合同约定的或者法律规定的期间"的规定，周某仍应承担原合同约定的借款到期后两年内的保证责任。银行在原合同担保期限内起诉，周某应当承担连带偿还责任，因此，判决周某对王某的借款承担连带偿还责任。

三、未经赋予强制执行效力公证的展期协议不具强制执行力，债权人起诉，法院应予受理

在某农业银行诉某房地产开发公司借款合同纠纷案中，法院认

为，双方当事人虽然在公证机关对《借款合同》和《抵押合同》办理了具有强制执行效力的公证，但此后签订的《展期协议》已经对借款合同的金额、还款期限、利率进行了重新约定，是新的协议，新协议未经过公证机关进行强制执行效力的公证，故《展期协议》不具有强制执行效力，某农业银行向法院起诉，法院应予受理。

第六百七十九条　自然人之间的借款合同，自贷款人提供借款时成立。

【条文主旨】

本条是关于自然人之间的借款合同成立的规定。

【条文理解】

自然人之间的借款合同与金融机构作为主体的借款合同有所区别。其中最主要的就是金融机构的借款合同属于诺成合同，贷款人与借款人达成书面协议，借款合同即为成立。而自然人之间的借款合同是实践合同，该合同仅有双方当事人的合意不能成立，必须要有实际的交付行为，即合同是在贷款人提供借款时成立。因此，无论当事人的合同采取的是口头形式还是书面形式，合同都是在贷款人实际交付贷款时成立。自然人之间借款往往具有互助性质，当事人在借款活动中关注的是借款事实能否被证明，对合同的形式并不注意。大多数情况是一手交钱，另外再写一个借据，形式上比较简单。即使当事人采用了书面形式，贷款人不支付借款的，也不宜要求其必须支付，否则会给贷款人增加过重的责任。根据本条规定，自然人之间借款的，自贷款人交付借款时成立，有利于确定当事人的权利和义务，减少纠纷的发生。

根据《民间借贷规定》第9条的规定，具有下列情形之一，可以视为具备本条关于自然人之间借款合同的生效要件：（1）以现金支付的，自借款人收到借款时；（2）以银行转账、网上电子汇款或者通过网络贷款平台等形式支付的，自资金到达借款人账户时；（3）以票据交付的，自借款人依法取得票据权利时；（4）出借人将特定资金账户支配权授权给借款人的，自借款人取得对该账户实际支配权时；（5）出借人以与借款人约定的其他方式提供借款并实际履行完成时。

需要注意的是，根据《民间借贷规定》第10条的规定，除自然人之间的借款合同外，当事人主张民间借贷合同自合同成立时生效的，人民法院应予支持。但当事人另有约定或者法律、行政法规另有规定的除外。

【审判实践中应注意的问题】

一、自然人之间的借款合同虽然约定了该合同经签字或盖章后发生法律效力，但根据法律规定，自然人之间的借款合同在贷款人实际提供借款时发生法律效力

在孔某某与青春房地产公司、李某某民间借贷纠纷案[①]中，法院查明：2013年3月14日，孔某某与李某某、保证人青春房地产公司等签订《借款合同》，约定：李某某向孔某某借款2000万元，以转账方式支付此款，汇入指定账户。借款人逾期还款的，保证责任延续到借款人还清借款止。借款人李某某及担保人均盖章签字，但出借人孔某某没有签字。同日，孔某某与李某某、抵押人金泰公司签订一份《抵押借款合同》，约定孔某某借给李某某2000万元整，期限自2013年3月14日起至2013年5月13日止，借款实际交付和期限以借据为准。最高人民法院认为，诉争《借款合同》是包含自然人之间的借款合同、保证合同与抵押合同的复合合同。依据《合同法》第210条[②]的规定，自然人之间的借款合同属于实践性合同，只有在贷款人实际提供借款时才发生法律效力。诉争《借款合同》第9条虽然约定了该合同经签字或盖章后发生法律效力，但合同的效力系法律对当事

① 参见最高人民法院（2014）民一终字第278号民事判决书。

② 参见《民法典》第679条。

人之间合意的评价，并非直接源于当事人的意志，而是源于法律的赋予，故已经成立的合同只有具备法定生效要件才能生效。本案孔某某虽未在《借款合同》上签字，但已按《借款合同》的约定履行了出借款项的义务，故应认定孔某某与李某某之间的借款合同关系依法成立并生效。《借款合同》中涉及的保证合同与抵押合同属于诺成性合同，双方当事人意思表示一致合同即告成立，且依法成立的合同，自成立时生效。《借款合同》上列明的保证人及抵押人均在合同上签字盖章，作出了明确的担保意思表示；孔某某作为债权人、被保证人和抵押权人，其以实际行动履行了出借款项的义务，取得了金泰公司提供抵押物的他项权利证书并起诉主张担保债权，其行为足以表明签订《借款合同》是孔某某的真实意思表示，故应认定《借款合同》中的保证合同与抵押合同是各方当事人真实一致的意思表示，保证合同与抵押合同依法成立并生效。

二、借款人之间的内部约定对贷款人并没有约束力，不影响借贷关系的成立，贷款人按照借款人的指示履行出借义务且借款人已经对出借款项进行实际处分后，借款人即负有相应的还款义务

在中龙公司与陈某某民间借贷纠纷案[①]中，法院认为：（1）中龙公司与尤某某、陈某某于2011年9月签订的《借款合同》约定，尤某某、陈某某因业务需要向中龙公司借款，合同还对借款种类、借款用途、借款金额、借款利率、借款期限等进行了约定，该合同由中龙公司盖章，尤某某、陈某某签字。因此，中龙公司与尤某某、陈某某之间已达成借款合意。《借款合同》中尤某某、陈某某均是借款方，他们之间对借款金额约定一定的比例并不影响借款合同的成立以及中龙公司所支付款项的性质。尤某某与陈某某之间签订的《合作协议》，系他们内部之间的另一法律关系，中龙公司并非《合作协议》的一方

① 参见上海市高级人民法院（2017）沪民终335号民事判决书。

当事人，该《合作协议》对中龙公司没有约束力，陈某某以其与尤某某之间存在《合作协议》而否认涉案借款关系的成立，缺乏事实和法律依据。（2）中龙公司和尤某某、陈某某商定借款由中龙公司付至保罗公司，即视为中龙公司已履行合同约定的出借义务，尤某某、陈某某合作通过具备进出口贸易资格的保罗公司向国外采购葡萄酒。中龙公司通过国际信用证方式向保罗公司付款，再由保罗公司将该款项汇至国外葡萄酒供应商，并且尤某某、陈某某在保罗公司付款至国外葡萄酒商的支款凭单上签字确认，事后尤某某、陈某某又在《借款合同》所附《借款清单》上再次签字确认。虽然中龙公司未将款项直接向尤某某、陈某某交付，但其基于合同约定将款项付至保罗公司，且尤某某、陈某某实际亦已对保罗公司账户内所借款项实际控制，并已处分，故应认定中龙公司已向尤某某、陈某某提供了涉案借款，履行了合同约定的放款义务。

第六百八十条 禁止高利放贷，借款的利率不得违反国家有关规定。

借款合同对支付利息没有约定的，视为没有利息。

借款合同对支付利息约定不明确，当事人不能达成补充协议的，按照当地或者当事人的交易方式、交易习惯、市场利率等因素确定利息；自然人之间借款的，视为没有利息。

【条文主旨】

本条是关于禁止高利放贷和利率的有关规定。

【条文理解】

一、禁止高利放贷，借款的利率不得违反国家有关规定

借款利率是指借款人和贷款人约定的应当收取的利息的数额与所借出资金的比率。借款人应当按照合同约定的利率向贷款人支付利息和本金。对于金融借款和民间借贷，目前有不同的规定：

（一）关于金融借款利率的有关规定

目前，贷款市场报价利率已经代替了贷款基准利率。为深化利率市场化改革，提高利率传导效率，推动降低实体经济融资成本，中国人民银行于2019年8月16日就改革完善贷款市场报价利率（LPR）形成机制发布2019年第15号公告。公告指出，自2019年8月20日起，中国人民银行授权全国银行间同业拆借中心于每月20日（遇节假日顺延）9时30分公布贷款市场报价利率，公众可在全国银行间同业拆借中心和中国人民银行网站查询。

根据公告要求，自2019年8月20日起，中国人民银行已经授权全国银行间同业拆借中心于每月20日（遇节假日顺延）9时30分公布贷款市场报价利率（LPR），中国人民银行贷款基准利率这一标准已经取消。因此，自此之后人民法院裁判贷款利息的基本标准应改为全国银行间同业拆借中心公布的贷款市场报价利率。应予注意的是，贷款利率标准尽管发生了变化，但存款基准利率并未发生相应变化，相关标准仍可适用。

根据公告要求，自2019年8月20日起，各银行应在新发放的贷款中主要参考贷款市场报价利率定价，并在浮动利率贷款合同中采用贷款市场报价利率作为定价基准。

（二）关于民间借贷利率的有关规定

《民间借贷规定》第26条规定，借贷双方约定的利率未超过年利率24%，出借人请求借款人按照约定的利率支付利息的，人民法院应予支持。借贷双方约定的利率超过年利率36%，超过部分的利息约定无效。借款人请求出借人返还已支付的超过年利率36%部分的利息的，人民法院应予支持。第31条规定，没有约定利息但借款人自愿支付，或者超过约定的利率自愿支付利息或违约金，且没有损害国家、集体和第三人利益，借款人又以不当得利为由要求出借人返还的，人民法院不予支持，但借款人要求返还超过年利率36%部分的利息除外。对于《民间借贷规定》有关利率的规定，需要随着实践的推进和认识的深化不断加以完善。

二、借款合同对支付利息没有约定的，视为不支付利息

向金融机构借款的，借款人都需要根据借款的期限等情况，向贷款人支付利息，一般不存在对支付利息没有约定的情况，如果确实发生了没有约定支付利息的情况，根据本条的规定，视为不支付利息。自然人之间借款的则不一定都要支付利息，当事人可以约定支付利息，也可以约定不支付利息，当事人对利息没有约定的，视为无息借款，借款人可以不向贷款人支付利息。

三、借款合同对支付利息约定不明确，当事人不能达成补充协议的，按照当地或者当事人的交易方式、交易习惯、市场利率等因素确定利息

金融机构借款的，借款人都需要根据借款的期限等情况，向贷款人支付利息，一般不存在对支付利息约定不明确的情况，如果确实发生了约定不明确的情况，根据本条的规定，当事人可以补充达成协议，不能达成补充协议的，按照当地或者当事人的交易方式、交易习惯、市场利率等因素确定利息。

四、自然人之间借款的，借款合同对支付利息约定不明确，视为没有利息

在易某诉刘某民间借贷纠纷案中，法院查明，2012 年 10 月 1 日，刘某因资金紧张向易某借款 2 万元，约定一周内还款，并出具借条给易某为凭据。期限届满后刘某无还款意思表示，2012 年年底，易某主动找到刘某，要求其偿还借款，刘某以资金未回笼为由，承诺于 2013 年正月底付清，并表示钱不会白用的，但并没有约定利息多少或利息的计算方式。后刘某仍未还款，易某诉至人民法院，请求依法判令刘某偿还借款 2 万元，并支付利息 2000 元。法院认为，自然人之间的借款合同对支付利息约定不明确的，视为不支付利息。故对易某要求刘某支付借款利息的诉请，不予支持。

对于什么情况下应当认定为高利放贷，应当结合国家有关规定加以认定，但目前国家没有统一规定。审判实践中应当密切关注国家有关部门的相关规定，及时调整司法尺度。

【审判实践中应注意的问题】

一、对金融借款变相利息的规范

《民商审判会议纪要》第51条规定，金融借款合同纠纷中，借款人认为金融机构以服务费、咨询费、顾问费、管理费等为名变相收取利息，金融机构或者由其指定的人收取的相关费用不合理的，人民法院可以根据提供服务的实际情况确定借款人应否支付或者酌减相关费用。

对于法人、非法人组织、自然人之间或者相互之间订立的民间借贷合同，《民间借贷规定》第30条规定，出借人与借款人既约定了逾期利率，又约定了违约金或者其他费用，出借人可以选择主张逾期利息、违约金或者其他费用，也可以一并主张，但总计超过年利率24%的部分，人民法院不予支持。一些地方法院也出台办案指南，如《河南省高级人民法院关于严格依法审理民间借贷案件的通知》（豫高法〔2019〕59号）要求，对于各种以“利息”“违约金”“服务费”“中介费”“保证金”“延期费”等突破或变相突破法定利率红线的，依法不予支持。发现交易平台、交易对手、交易模式等以“创新”为名行“高利贷”之实，从事非法金融活动的，应当及时向金融监管部门发送司法建议。

为充分发挥司法的规范、引导作用，促进金融和实体经济实现良性循环，有效降低企业用资成本，对于金融机构的变相利息也应予以规范。实务中，一些金融机构在金融借款合同约定利息外另行收取财务顾问费，包括投资顾问费、咨询费、手续费等，这些费用大多与该笔金融借款直接相关，却不直接表现为利息等直观的融资成本。财务顾问费等费用的收取，或是为规避相关监管规定，或是为了满足金融机构内部收入分配的需求等。从实质上来看，财务顾问费等费用的收取，都是变相增加企业融资成本的行为，这与国家提出的降低实体企业融资成本的精神不相符合。因此，对于金融机构收取的包括财务顾问费在内的相关费用的合规性，一直是监管部门关注的重点之一。监管部门对财务顾问费等费用的收取有明确的监管要求：

一是不得向小微企业收取财务顾问费。依据《国务院关于进一步支持小型微型企业健康发展的意见》(国发〔2012〕14号）及《国务院办公厅关于印发进一步支持小型微型企业健康发展重点工作部门分工方案的通知》(国办函〔2012〕141号）的规定，除银团贷款外，禁止金融机构对小型微型企业贷款收取承诺费、资金管理费。严格限制金融机构向小型微型企业收取财务顾问费、咨询费等费用，清理纠正金融服务不合理收费。

二是财务顾问费等费用的收取必须质价相符。2016年6月5日，《国家发展改革委办公厅关于印发商业银行收费行为执法指南的通知》(发改办价监〔2016〕1408号）对商业银行相关收费进行了规范。财务顾问费大多数情形下均是为了收取而收取，一般只是形式上提供服务，因此，主要违规情形是质价不符。近些年，财务顾问服务领域大量银监罚单的主要处罚依据便是财务顾问服务的质价不符。质价不符，即商业银行收取的财务顾问费等费用与其为付费方提供的服务不对等，包括服务不值所收取的费用，以及只收费不服务等情形。质价不符主要包括以下情形：(1）财务顾问合同约定的服务实际未提供。(2）服务内容无针对性。如提供的服务内容多为银行业务、产品、融资方式介绍，没有结合该企业财务状况、行业特点对融资方式进行比较分析，未提出具有针对性的计划建议；服务报告提供的资讯均为公开渠道可获取的资料，无针对性。(3）财务顾问服务没有实质性内容。如财务分析报告仅是对财务指标进行了分析，未指出财务运行中的问题，未向企业提出改善财务状况的建议和方案，对企业没有实质性帮助；部分服务报告质量较差，服务报告内容多为贷前调查报告内容，且部分服务报告出现大量拼凑和逻辑错误。(4）财务顾问方案大幅雷同。如不同阶段提供的两份方案框架结构基本一致，除个别数据有所修改外，内容大幅雷同；财务分析报告对不同领域的企业所提供的服务内容几乎相同。(5）服务记录造假。如同一客户经理同一时间竟然“分身”为两家企业提供服务；部分财务顾问服务资料后补痕迹明显。

三是财务顾问费等费用不得捆绑贷款强制收取。国家价格监管部门一直反对金融机构将财务顾问费等费用与贷款业务捆绑进行强制收取。

为了积极回应监管部门的监管要求，形成司法和行政的合力，提高整个社会管理水平，在司法审判中，必须对金融机构的变相利息加以规范。也就是，借款人对金融机构的变相利息认为质价不符，要求酌减或者不予支付，法院应当根据借款人提供的证据进行审查，必要时可以依职权进行调查，查清是否存在质价不符或者不应支付的情况。对于金融机构向小微企业收取财务顾问费等费用，应不予支持。对于质价不符的，可以适当调整。

至于金融借款用资总成本（各种服务、咨询、顾问、管理费用加上利息的总和）的上限，《民商审判会议纪要》没有作出规定。但一般来说，金融借款利率应比民间借贷利率低，因此，金融借款的总成本显然应该低于民间借贷利率的上限。

实务中，金融机构往往不直接与借款人签订财务顾问费合同，躲避监管部门的监管，也给法院查清案件事实带来困难。法院在审查时，一般应当通过财务顾问费等的收取节奏与利息收取节奏是否一致，财务顾问费的收取与贷款金额是否存在比例关系，签订财务顾问协议时间、收取融资顾问费时间与贷款发放时间接近等事实判断财务顾问费与贷款业务是否存在关联。经审查，确实没有证据证明案外人收取的财务顾问费与金融借款之间具有关联性，法院就难以支持借款人要求酌减或者抵扣的请求。

在耀华房地产公司、中信银行合肥分行金融借款合同纠纷案中，法院查明：2012年12月3日，耀华房地产公司与东方资产江苏分公司签订《财务顾问协议》，约定东方资产江苏分公司为耀华房地产公司提供经营管理与融资分析咨询服务，东方资产江苏分公司向耀华房地产公司收取财务顾问费。截至2014年3月26日，耀华房地产公司支付财务顾问费共计6400余万元。2012年12月12日，盛阳投资合伙与中信银行合肥分行签订《委托贷款委托合同》，约定盛阳投资合伙委托中信银行合肥分行向耀华房地产公司发放贷款5亿元，期限2年。中信银行合肥分行于2012年12月14日向耀华房地产发放贷款5亿元。中信银行合肥分行向安徽高院起诉，请求耀华房地产公司偿还借款本金5亿元，并支付利息、罚息等，安徽高院支持其诉请。耀华房地产公司向最高人民法院提起上诉，请求改判耀华房地产公司向东方资产江苏分公司支付的6400余万元财务顾问费用于抵扣所欠借款本息。最高人民法院认为：耀华房地产公司在原审中抗辩以及上诉均主张，其向东方资产江苏分公司支付的财务顾问费6403余万元应当冲抵本案5亿元委托贷款的本息，理由是东方资产江苏分公司、中信银行合肥支行除本案委托贷款之外并未提供其他服务，合同约定的财务顾问费实为变相收取的高额利息，应在欠付的贷款利息中予以抵扣。对此问题，最高人民法院认为，耀华房地产公司的主张理据不足，不能成立。

第一，前述合同均为各方商事主体的真实意思表示，不违反法律、行政法规的强制性规定，亦不存在《合同法》第52条规定的导致合同无效的其他情形，均为有效；各方当事人对于合同效力亦不持异议，因此合同应当得到遵守。第二，上述合同约定的部分义务已经得到各方当事人的主动履行，表明各方对于合同约定内容以及合同目的并无认识上的分歧，该种已然形成的交易秩序只要不存在显失公平的情形，应当予以维护。第三，虽然东方资产江苏分公司、中信银行合肥分行不能提供充分证据证明除了本案委托贷款业务之外，还向耀华房地产公司提供了其他服务，但包括耀华房地产公司在内的各方当事人均不否认本案委托贷款业务亦属于双方协议的约定内容，因此耀华房地产公司主张其已支付的财务顾问费应抵扣欠付的贷款利息，理据并不充分。第四，即便从东方资产江苏分公司、中信银行合肥分行收取财务顾问费与本案委托贷款业务相捆绑的事实认为该费用也系委托贷款的融资成本，但《财务顾问协议》约定的基本费用按年利率5.3%计算、特殊费用按年利率3%计算，合计为年利率8.3%，《委托贷款借款合同》约定的年利率为6.5%,《财务顾问服务协议》约定的费用折算为年利率是0.15%，三项合计年利率为14.95%，并不高于法律予以保护的利率水平，因此从平衡债权人利益保护和房地产企业融资成本的角度考量，耀华房地产公司主张该部分费用应当抵扣其欠付贷款利息的上诉理由，亦不能得到支持。

耀华房地产公司不服，认为案涉贷款的实际所有人系东方资产江苏分公司，其向耀华房地产公司收取的6400余万元财务顾问费为变相收取贷款利息，应用于抵扣耀华房地产公司所欠贷款本息，向最高人民法院申请再审。最高人民法院再审认为：从合同约定内容看，东方资产江苏分公司、中信银行合肥分行为耀华房地产公司提供财务顾问服务并收取费用与本案的借款合同非同一法律关系。且在各方当事人签订的所有案涉协议中，并无对上述费用予以扣减的约定。因此，耀华房地产公司没有证据证明其主张的财务顾问费应抵扣本案贷款本金或利息，故原审判决不支持耀华房地产公司的上述主张，并不缺乏证据证明。

二、关于对高利转贷行为的规范

《民商审判会议纪要》第52条规定，民间借贷中，出借人的资金必须是自有资金。出借人套取金融机构信贷资金又高利转贷给借款人的民间借贷行为，既增加了融资成本，又扰乱了信贷秩序，根据《民间借贷规定》第14条第1项的规定，应当认定此类民间借贷行为无效。人民法院在适用该条规定时，应当注意把握以下三点：一是要审查出借人的资金来源。借款人能够举证证明在签订借款合同时出借人尚欠银行贷款未还的，一般可以推定为出借人套取信贷资金，但出借人能够举反证予以推翻的除外；二是从宽认定“高利”转贷行为的标准，只要出借人通过转贷行为牟利的，就可以认定为是“高利”转贷行为；三是对该条规定的“借款人事先知道或者应当知道的”要件，不宜把握过苛。实践中，只要出借人在签订借款合同时存在尚欠银行贷款未还事实的，一般可以认为满足了该条规定的“借款人事先知道或者应当知道”这一要件。

《民间借贷规定》第14条第1项规定：套取金融机构信贷资金又高利转贷给借款人，且借款人事先知道或者应当知道的，人民法院应当认定民间借贷合同无效。为更好地实现金融为实体经济服务，畅通融资渠道，降低融资成本，适用该项规定，需要把握以下四点：

（一）如何理解套取信贷资金

根据《中国人民银行信贷资金管理暂行办法》第3条的规定，信贷资金系指金融机构人民币下列项目的全部或部分：（1）资本，包括核心资本及附属资本。（2）负债，包括各类存款、借入款项及其他负债。（3）资产，包括贷款、投资、其他金融资产及表外资产。《贷款通则》第2章规定贷款种类包括：“信用贷款、担保贷款和票据贴现：信用贷款，系指以借款人的信誉发放的贷款。担保贷款，系指保证贷款、抵押贷款、质押贷款。保证贷款，系指按《中华人民共和国担保法》规定的保证方式以第三人承诺在借款人不能偿还贷款时，按约定承担一般保证责任或者连带责任而发放的贷款。抵押贷款，系指按《中华人民共和国担保法》规定的抵押方式以借款人或第三人的财产作为抵押物发放的贷款。质押贷款，系指按《中华人民共和国担保法》规定的质押方式以借款人或第三人的动产或权利作为质物发放的贷款。票据贴现，系指贷款人以购买借款人未到期商业票据的方式发放的贷款。”可见，信用贷款与信贷资金不是一个概念，信用贷款只是贷款的一种形式，是信贷资金的子概念。

金融机构发放贷款，目的是支持生产、经营，而借款人将之转贷，首先是违背了与银行约定的贷款用途，使信用资金脱离监管或难以监管，资金安全难以保障；其次通过银行管制利率与市场利率的利差牟利，扰乱了国家对资金投向、利率宏观管控等政策导向。《银行业监督管理法》第19条规定，未经国务院银行业监督管理机构批准，任何单位或者个人不得设立银行业金融机构或者从事银行业金融机构的业务活动。将从金融机构取得的资金全部或者部分转贷给他人，以此谋取利差，实际上属于从事银行业务活动。该行为破坏了金融秩序，扩大了金融市场的风险，司法对这种转贷行为应予以否认。《最高人民法院关于进一步加强金融审判工作的若干意见》（法发〔2017〕22号）第9条规定，依法规制国有企业的贷款通道业务，防范无金融资质的国有企业变相从事金融业务。无金融资质的国有企业变相从事金融业务，套取金融机构信贷资金又高利转贷的，应当根据《民间借贷规定》第14条的规定，依法否定其放贷行为的法律效力，并通过向相应的主管部门提出司法建议等方式，遏制国有企业的贷款通道业务，引导其回归实体经济。因此，根据当事人提供的证据，经法院审查，出借人的资金确实来源于银行信贷资金，就应认定民间借贷合同无效。

实务中，借款人能够举证证明在签订借款合同时出借人尚欠银行贷款未还的，一般可以推定为出借人套取信贷资金，但出借人能够举反证予以推翻的除外。这一认定标准比较简单明了。

（二）如何认定高利转贷中的"高利"

相关司法解释规定"高利转贷给借款人"中的"高利"可以理解为转贷利率高于银行贷款利率，至于高出多少，没有要求，只要高出所贷利率，具有牟利性质，其行为就应受到司法的否定性评价。

（三）如何认定借款人对高利转贷行为事先知道或者应当知道

高利转贷行为的危害性在于该行为本身，对于借款人对高利转贷行为事先是否知道或者应当知道，一般不苛以过高要求。实践中，只要借款人举证证明出借人在签订借款合同时存在尚欠银行贷款未还事实的，一般可以认为满足了该条规定的"借款人事先知道或者应当知道"这一要件。

（四）转贷合同无效的法律后果

转贷人与借款人之间签订的转贷合同无效，不导致银行与转贷人之间的金融借款合同无效，转贷人仍然要履行其与银行之间签订的金融借款合同。转贷合同无效，合同中约定的利率条款当然无效，转贷人请求借款人按照合同约定的利率支付利息的，人民法院不应予以支持，但转贷人请求借款人按照银行贷款利率支付资金占用费的，人民法院应予支持。

在朝阳煤炭公司与文某某、刘某某、第三人工商银行邻水县支行合同纠纷案[①]中，法院查明：2015年5月26日，朝阳煤炭公司与文某某、刘某某签订《合作贷款协议》，协议约定：双方进行融资合作，朝阳煤炭公司联系并提供平台向银行申请贷款，贷款过程中产生的评估费、抵押费用由文某某、刘某某承担，文某某、刘某某使用金额为1300万元，双方一致确定文某某、刘某某融资综合成本为年利率13%，贷款银行融资综合成本年利率与本条所确定的融资综合成本年利率的差额，为朝阳煤炭公司可获得的利益。法院认为，《合作贷款协议》约定，由朝阳煤炭公司利用自己的信贷条件向作为金融机构的第三人贷款，并将所取得的贷款中的1300万元转贷给文某某、刘某某使用，同时约定由文某某、刘某某按年利率13%支付融资综合成本，高于该笔银行贷款利率，朝阳煤炭公司将从金融机构取得的资金转贷给他人，以此谋取利差，实际上属于从事银行业务活动，损害了国家对信贷资金的发放及利率管理秩序，违反了《银行业监督管理法》关于未经批准，任何单位或者个人不得从事银行业金融机构的业务活动的禁止性规定，故《合作贷款协议》应认定为无效。关于损失的赔偿，按照朝阳煤炭公司与第三人工商银行邻水县支行约定的贷款利率赔偿，计算方式为：以借款本金为基数，从贷款之日起按照中国人民银行同期贷款基准利率上浮40%计算至借款本金还清之日止。对朝阳煤炭公司主张从贷款之日起按照年利率13%支付利息的请求，法院不予支持。

三、商业银行贷款按照上浮利率收息，符合相关法律、法规的规定

在农行锦兴支行与玥宝公司金融借款合同纠纷案中[②]，法院查明：2007年7月至2008年3月间，锦兴支行与玥宝公司签订5份总计

① 参见四川省邻水县人民法院（2017）川1623民初561号民事判决书。

② 参见最高人民法院（2013）民二终字第57号裁判文书。

8250万元短期流动资金借款合同，对该5笔借款，双方当事人均认可系借新还旧。借款利率为固定利率，在中国人民银行公布的同期人民币贷款基准利率上上浮30%，执行年利率8.541%直至借款到期日。上述5份合同签订后，锦兴支行按约发放了贷款。一审法院认为，因该5份借款合同中约定的利率为在中国人民银行公布的同期人民币贷款利率上上浮了30%，属高息贷款，对玥宝公司显系不公。最高人民法院认为，5份借款合同中约定的利率为在中国人民银行公布的同期人民币贷款利率上上浮30%。中国人民银行发布的《中国人民银行关于调整金融机构存贷款利率的通知》（银发〔2004〕251号）规定，商业银行贷款利率上限放开。因此，商业银行有权自主决定贷款利息的上限。锦兴支行按照合同约定利率收取合同期内利息符合法律、行政法规的规定和当事人约定，原审判决关于玥宝公司承担高息的认定，应予纠正。

第十三章　保证合同

第一节　一般规定

第六百八十一条　保证合同是为保障债权的实现，保证人和债权人约定，当债务人不履行到期债务或者发生当事人约定的情形时，保证人履行债务或者承担责任的合同。

【条文主旨】

本条是关于保证合同概念的规定。

【条文理解】

一、与《担保法》有关条文的对比

《担保法》第6条规定："本法所称保证，是指保证人和债权人约定，当债务人不履行债务时，保证人按照约定履行债务或者承担责任的行为。"

将《民法典》第681条规定与《担保法》第6条规定对比，《民法典》的修改主要体现在：

第一，《担保法》没有规定保证合同的目的，本条增加作了规定，即"为保障债权的实现"。

第二，《担保法》条文中表述的是"不履行债务"，本条在"债

务”前增加了“到期”二字。这只是文字的增加，为的是表述的更准确，没有实质性修改。

第三，保证人应当按照约定履行债务或者承担责任的前提，《担保法》条文中只有“债务人不履行债务”这一情形，本条增加了另外一种情形，即“或者发生当事人约定的情形”。这是实质性修改，应当注意。我们分析，这一修改应当来源于《物权法》第170条的规定，即“担保物权人在债务人不履行到期债务或者发生当事人约定的实现担保物权的情形，依法享有就担保财产优先受偿的权利，但法律另有规定的除外”。《民法典》第386条作了相同的规定，即“担保物权人在债务人不履行到期债务或者发生当事人约定的实现担保物权的情形，依法享有就担保财产优先受偿的权利，但是法律另有规定的除外。”《民法典》第394条也作了同样的规定。

二、本条理解

（一）保证合同的目的是为保障债权的实现

如上所述，本条较《担保法》第6条增加了“为保障债权的实现”之目的。

《担保法》第2条第1款规定：“在借贷、买卖、货物运输、加工承揽等经济活动中，债权人需要以担保方式保障其债权实现的，可以依照本法规定设定担保。”这里规定的债权，虽然前面有列举，但实际上是没有限制的，“债权人需要以担保方式保障其债权实现的”，都可以采用保证等担保方式。因此，在这点上，《民法典》与《担保法》的规定实际上是一致的，没有任何实质修改。

（二）保证合同属于人的担保

担保，分为人的担保和物的担保两种。所谓人的担保，是指民事主体以其自身的信誉、商誉和不特定财产担保履行债务或者承担责任。人的担保是以人的信誉、商誉和不特定财产作担保。保证人在签订合同时是得到债权人信任的。而物的担保要落实到具体的担保物上，债权人相信的不是担保人，而是相信的担保人的具体的物的交换价值。

（三）保证合同是以保证人的不特定财产担保债权人债权的实现

保证合同是以保证人的整个不特定财产作为债权人债权实现的担保，但债权人对保证人的财产不享有优先权，不具有优先性。而在物保中，担保人是以特定的物作为债权实现的担保，债权人享有物的优先权，具有优先性。

（四）保证合同保障债权实现的效果总体上不如物保

初看起来，保证人的所有不特定财产都是其担保债权实现的责任财产，保障力度大，效果好，实则不然。因为保证合同签订后，保证人的责任财产是随时变化的，到承担保证责任时，有可能责任财产根本不能保障债权的实现，除非保证人是实力雄厚的大公司或者巨富。而物保相对来说则比保证效果好，因为设置物保时，物的交换价值是债权人经过充分考虑过的，除非出现物的灭失、毁损、贬值等情况。

（五）保证人必须是主债权债务合同之外的第三人

保证人必须是主债权债务合同之外的第三人，而不能是债务人自己，因为债务人的所有责任财产本来就是债权实现的担保，让债务人作为担保人，没有任何意义。所以，保证人必须是债务人之外的第三人。而物的担保则不同，不管是债务人的物还是第三人的物，债权人相信的是物，而不管物的所有人是谁。

（六）保证人承担保证责任的前提

保证人承担保证责任的前提是，债务人不履行到期债务或者发生当事人约定的情形。其中“发生当事人约定的情形”是《担保法》没有规定的内容，是《民法典》新增加的，体现了《民法典》更加尊重当事人的意思自治。

（七）保证责任的内容是履行债务或者承担责任

履行债务，又称代为履行，是指在债务人没有履行或者没有完全履行主债务时，保证人代替债务人履行。承担责任，又称承担债务不履行责任，是指保证人不能代替债务人履行义务时所应承担的责任。

【审判实践中应注意的问题】

一、《担保法司法解释》第1条在《民法典》施行后其精神是否继续适用

《担保法司法解释》第1条规定："当事人对由民事关系产生的债权，在不违反法律、法规强制性规定的情况下，以担保法规定的方式设定担保的，可以认定为有效。"就保证合同而言，该条规定的精神与《民法典》本条规定的精神是一致的。就审判实践而言，对此没有争议。因此，笔者认为，今后制定适用《民法典》保证合同一章的司法解释时，该内容可以不再规定。

二、《担保法司法解释》第13条在《民法典》施行后其精神是否继续适用

《担保法司法解释》第13条规定："保证合同中约定保证人代为履行非金钱债务的，如果保证人不能实际代为履行，对债权人因此造成的损失，保证人应当承担赔偿责任。"《担保法》和《民法典》本条都规定，保证合同是保证人按照约定代替债务人履行债务或者承担责任的合同。《担保法司法解释》的规定实际上是在解释"承担责任"的含义。根据《担保法司法解释》第13条的规定，"承担责任"的含义，只适用于非金钱债务。如果是金钱债务，保证人代为履行即可。但我们认为，金钱债务也有违约责任的问题。如果主债务人没有承担，保证人也应当承担。这也属于保证人承担责任的范围。我们的理解是，《担保法》和本条规定的保证人"履行债务"，指的是保证人代主债务人履行主合同约定的债务，保证人"承担责任"，指的是主债务人违约后应当承担的责任主债务人自己没有承担，而由保证人代为承担。这样解释，逻辑上更通顺，更符合保证合同的法理。因此，笔者认为，《民法典》施行后，《担保法司法解释》第13条的精神是否继续适用，还有再研究的余地。

三、《担保法司法解释》第14条在《民法典》施行后其精神是否继续适用

《担保法司法解释》第14条规定："不具有完全代偿能力的法人、其他组织或者自然人，以保证人身份订立保证合同后，又以自己没有代偿能力要求免除保证责任的，人民法院不予支持。"根据保证合同的本来含义，其要求保证人应当拥有代主债务人履行债务或者承担责任的实力。但是，保证人是否具有这方面的实力，由债权人自己判断，属于债权人的商业风险。根据《民法典》第683条的规定，法律对保证人资格的限制只是"机关法人不得为保证人""以公益为目的的非营利法人、非法人组织不得为保证人"，其他民事主体都可以作为保证人。因此，一旦签订了保证合同后，保证人本人不能以其没有代偿能力要求免除保证责任，这是由自己对自己的行为负责的原理和合同必须严守的原理确定的。因此，笔者认为，《担保法司法解释》第14条在《民法典》施行后其精神应当继续适用。就审判实践而言，对此没有争议。今后制定适用《民法典》保证合同一章的司法解释时，该内容可以不再规定。

四、保证合同纠纷类案件法律适用难度较大

保证合同纠纷类案件是审判实践中审理难度较大的一类案件，总体来说，比担保物权纠纷类案件审理难度大。因此，保证合同这一章要重点理解一般保证与连带责任保证的联系和区别，最高额保证责任与分别保证的不同点，保证期间的内涵，保证期间与诉讼时效的关系，共同保证中的追偿权，等等。

第六百八十二条 保证合同是主债权债务合同的从合同。主债权债务合同无效的，保证合同无效，但是法律另有规定的除外。

保证合同被确认无效后，债务人、保证人、债权人有过错的，应当根据其过错各自承担相应的民事责任。

【条文主旨】

本条是关于保证合同的从属性以及保证合同无效后如何承担民事责任的规定。

【条文理解】

一、与《担保法》有关条文的对比

《担保法》第5条规定："担保合同是主合同的从合同，主合同无效，担保合同无效。担保合同另有约定的，按照约定。担保合同被确认无效后，债务人、担保人、债权人有过错的，应当根据其过错各自承担相应的民事责任。"

将本条与《担保法》第5条对比，《民法典》的修改主要体现在：

第一，保证合同是主债权债务合同的从合同。将《担保法》第5条第1款第1句中的"担保合同是主合同的从合同"后面的逗号，修改为句号。将《担保法》第5条第1款第1句中的担保合同是主合同的从合同中的"主合同"修改为"主债权债务合同"。

第二，将《担保法》第5条第1款第2句中的"担保合同另有约定的，按照约定"，修改为"但是法律另有规定的除外"。这是本条最大的修改，值得特别注意。

二、本条理解

本条的第一处修改应该来自2007年制定的《物权法》第172条第1款中的规定："担保合同是主债权债务合同的从合同。"该规定结尾用的是句号，而不是逗号。从《担保法》第5条到本条的演变，不仅仅是一个标点符号的变化，而是反映了立法的科学演进。从《担保法》第5条第1款第1句的规定来看，"担保合同是主合同的从合同，主合同无效，担保合同无效"，重点强调的是为什么"主合同无效，担保合同无效"，因为"担保合同是主合同的从合同"。因此，该句的落脚点在于合同效力。据此可以说，《担保法》并没有对保证合同的从属性作出全面规定，只规定了保证合同效力的从属性，因为保证合同效力上的从属性只是保证合同从属性之一，而不是全部。而《民法典》本条则对保证合同的从属性作出了全面规定，即"保证合同是主债权债务合同的从合同。"对此，应予充分注意。

保证合同是主债权债务合同的从合同，保证合同具有从属性，这不仅是学界通说，本条更是对此明文加以规定，足见保证合同从属性的重要性。从属性体现在成立上的从属性、效力上的从属性、范围和强度上的从属性、抗辩上的从属性、移转上的从属性和变更、消灭上的从属性等方面。说"从属性是准确理解保证合同的一把金钥匙"，一点也不为过。这是保证合同最重要的特点。可以说，整个保证合同"大厦"的根基就是其从属性。理解了保证合同的从属性，就理解了保证合同的根本。没有理解这一属性，保证合同的其他很多理论就会是无源之水，无本之木。

本条第1款第2句中规定，"主债权债务合同无效的，保证合同无效"。法律对效力上的从属性作出一如既往、一以贯之的明确规定，足见在保证合同的几个方面的从属性中，效力上的从属性是最重要的特性。

本条的第二处修改特别重要。本条第1款第2句有一个例外规定，即“但是法律另有规定的除外”。我们认为，其来源是2007年制定的《物权法》第172条第1款的规定，即“设立担保物权，应当依照本法和其他法律的规定订立担保合同。担保合同是主债权债务合同的从合同。主债权债务合同无效，担保合同无效，但法律另有规定的除外。”关于该修改如何掌握，我们将在本条“审判实践中应注意的问题”部分进行详细阐释。

关于无效保证合同的责任，《民法典》本条的表述同《担保法》的表述，没有变化，于此不赘。

要完整理解本条，应当树立系统思维的理念。与保证合同有关的规定，是《民法典》关于担保合同的规定。《民法典》第388条规定：“设立担保物权，应当依照本法和其他法律的规定订立担保合同。担保合同包括抵押合同、质押合同和其他具有担保功能的合同。担保合同是主债权债务合同的从合同。主债权债务合同无效的，担保合同无效，但是法律另有规定的除外。担保合同被确认无效后，债务人、担保人、债权人有过错的，应当根据其过错各自承担相应的民事责任。”对比这两条规定，原理完全一样。

【审判实践中应注意的问题】

一、独立保函不是《民法典》第3编第13章中调整的保证合同

对于《担保法》第5条规定的“担保合同另有约定的，按照约定”，全国法院在审判实践中普遍进行了限缩解释，根据约定是否涉外而对其效力作不同处理。保证合同涉外的，合同有效。不涉外的，合同无效。但是，就独立保函类案件，审判实践中分歧较大，核心就是承不承认独立保函的效力。后来，最高人民法院在广泛调研、广泛征求意见的基础上专门就独立保函案件的法律适用制定了《独立保函纠纷规定》，自2016年12月1日起施行。下面我们对《独立保函纠

纷规定》的主要内容进行介绍，目的是着重强调独立保函不是《民法典》第3编第13章中调整的保证合同，以便正确审理独立保函纠纷类案件。

（一）独立保函的概念及特征

《独立保函纠纷规定》第1条第1款规定："本规定所称的独立保函，是银行或非银行金融机构作为开立人，以书面形式向受益人出具的，同意在受益人请求付款并提交符合保函要求的单据时，向其支付特定款项或在保函最高金额内付款的承诺。"根据该规定，独立保函的法律特征如下：

一是独立保函的书面性。书面形式具有警示当事人承担特定义务及放弃特定权利的后果、提供协议成立的清楚证据的功能。无论从各国法律的规定，还是商业实践以及独立保函交易示范规则的规定来看，均要求独立保函必须以书面形式制成，因此，《独立保函纠纷规定》明确独立保函的要式性，必须以书面形式出具。

二是开立人付款义务的单务性、单据性和独立性。独立保函是开立人同意在一定条件下向受益人承担付款责任的单方允诺，受益人对开立人没有对待给付义务，因此，开立人的付款义务具有单务性。开立人的付款义务是附条件的，所附条件是受益人请求付款并提交符合保函要求的单据，即相符交单。只有在相符交单的条件成就时，才产生开立人的付款义务，因此，单据是决定开立人能否付款的唯一依据。这就是开立人付款义务的单据性。该单据性决定了独立保函的独立性。独立保函独立于基础交易法律关系和其他法律关系，开立人仅处理单据，不受基础交易法律关系和独立保函申请法律关系的有效性、修改、转让、履行等情况的影响。

三是开立人抗辩权的单一性。开立人既不享有先诉抗辩权，也不享有基础交易债务人的抗辩权。除法定情形外，开立人只能以受益人提交单据与独立保函文本的规定不符为由提出抗辩，而不能依据独立保函文本以外的基础交易关系或独立保函申请关系进行抗辩。

四是付款金额的确定性。开立人的义务表现为支付确定金额的金钱付款义务。独立保函须载明最高付款金额或可确定的金额，例如某一付款金额加开立人营业记录范围内能够确定的某项指数（如利率、汇率等）。开立人付款金额通过独立保函文本和单据加以确定，无需参考基础交易的情况，因此，开立人的付款金额既可能高于也可能低于基础交易债务人违约所造成的损失。

独立保函的基本运作原理是受益人凭形式化的单据从开立人处获得付款，其后由受益人和债务人另行就基础债权债务关系再作清结，故这种债权保障机制又被称为先付款、后争议机制（pay first，argue later）。

（二）独立保函的性质

独立保函是商业实践逐步发展的产物，仅有少数国家就此专门作出立法规定，主要有两种模式：一种是认定为信用证，放入信用证章节进行调整，如美国《统一商法典》。未实行专门立法的普通法系国家（地区）判例亦采该观点。另一种是认定为一类特殊的担保即独立担保，放入担保法进行调整，如《法国担保法》《澳门商法典》、非洲统一商业法律协会《担保统一法》等。

由于我国对独立保函缺乏相应的立法规定，长期以来司法实践中对于独立保函的性质形成两种意见，分歧较大：一种意见认为，独立保函的性质为独立担保。《担保法》第5条第1款关于“担保合同是主合同的从合同，主合同无效，担保合同无效。担保合同另有约定的，按照约定”的规定，为独立担保预留了空间。因此，独立保函应当适用我国《担保法》的规定。另一种意见认为，独立保函属于非典型担保，与《担保法》规定的保证有本质区别，其性质是以相符交单为条件的付款承诺，与信用证性质相同，应当将独立保函纳入信用证体系加以规定。

《独立保函纠纷规定》采纳了第二种意见。首先，《担保法》规定的保证是在债务人不履行债务时，保证人按照约定履行债务或者承担责任的行为。保证的目的在于担保主债务的履行，为贯彻此目的，《担保法》规定保证的成立、保证范围及强度、保证移转、消灭均从属于主债务，故从属性是保证的基本特性。而独立保函的性质是付款承诺，开立人的义务在于依条件付款，而非在债务人不履行债务时代负履行责任。开立人付款义务的独立性和单据性特点，使得独立保函在效力、履行、付款金额、有效期、转让等方面均排除了对基础交易的从属性，具有依文本自足自洽的特点。因此，独立保函虽然客观上具有担保债权实现的功能，但与《担保法》规定的保证有本质区别，而与信用证性质相同。其次，尽管《担保法》第5条有关于当事人可约定担保合同效力不受主合同效力约束的规定，但并没有确立担保人付款义务独立于主合同的法定担保方式。司法解释必须以现行有效的法律、行政法规为制定依据，在《担保法》未确定独立担保为法定担保方式之前，司法解释不能自行创设独立担保。最后，我国《担保法》规定的保证分为一般保证和连带责任保证，两种保证义务都以主债务人不履行债务为前提。即使在连带责任保证情形下，债权人仍需要证明债务人违约，才能请求保证人履行保证义务。而独立保函的受益人只需提交形式化单据，无需证明债务人未履行到期债务。因此，《担保法》关于保证的规定亦无法适用于独立保函。

《独立保函纠纷规定》将独立保函定性为一类特殊的信用证，参照《最高人民法院关于审理信用证纠纷案件若干问题的规定》的基本思路进行制定，并通过第1条第2款对单据种类的描述，使独立保函区别于《最高人民法院关于审理信用证纠纷案件若干问题的规定》所规定的商业跟单信用证。

《民法典》施行后，其中的保证合同章将完全取代《担保法》中与保证合同有关的内容，但保证合同的从属性并没有改变，因此，《民法典》施行后，《独立保函纠纷规定》与《民法典》担保合同的关系是，符合《独立保函纠纷规定》开立的独立保函，不是主合同的从合同，其效力独立于主合同。

（三）独立保函与保证的区分标准

从审判实践看，金融机构开立的独立保函经常出现条款意思表示前后相互冲突的情形。例如，有的保函既约定适用国际商会《见索即付保函统一规则》，又约定责任性质为连带责任保证，给司法实践中如何对其定性带来较大困难。我们认为，区分一份保函的性质是独立保函还是《民法典》规定的保证，关键在于考察保函文本是否为开立人设定了相符交单情形下的独立付款义务，而不在于是否其使用关于保证责任的个别措辞。保函开立人作为专业金融机构，其理应以条款清晰地表明保函的性质，故因保函条款理解而产生争议时，应作有利于受益人的解释。

《独立保函纠纷规定》第3条第1款规定了三类能够认定开立人具有提供独立保函意思表示的情形，分别为：载明见索即付；约定适用国际商会《见索即付保函统一规则》等独立保函交易示范规则；根据文本内容能够确定开立人付款义务的独立性和跟单性。此外，独立保函必须记载两项要素：一是据以付款的单据；二是最高金额。上述两项要素的缺失意味着开立人要在单据之外确定基础交易的履行情况，独立保函的独立性和跟单性则无从谈起，此时应当认定保函性质为从属性保证。第3条第2款进一步规定了独立保函记载对应的基础交易这一事实本身，并不足以改变开立人付款义务的独立性和跟单性，故不影响独立保函性质的判定。为避免实践中产生法律适用误区，第3条第3款规定，一旦保函的性质被认定为独立保函，则在法律适用方面应当适用独立保函的裁判规则，而不适用《民法典》关于保证的规定。

（四）独立保函具有交易示范规则的性质

为满足独立保函交易当事人的需要，均衡各方利益，国际商会执行理事会于1991年12月批准了《见索即付保函统一规则》（国际商会第458号出版物），2010年7月1日又实施了修订后的《见索即付保函统一规则》（国际商会第758号出版物）。对国际商会《见索即付保函统一规则》的法律效力，存在两种不同的看法：一种意见认为，国际商会《见索即付保函统一规则》是对国际交易中有关独立保函习惯做法的编撰，属于行业普遍适用的国际惯例。《独立保函纠纷规定》应当参照《最高人民法院关于审理信用证纠纷案件若干问题的规定》

将《跟单信用证统一惯例》上升为法源的做法，在当事人没有约定适用时，法院可以作为国际惯例主动予以适用。另一种意见则认为，国际商会《见索即付保函统一规则》是国际商会为了统一独立保函交易而制定的合同示范条款，其效力来自当事人的选择适用，在当事人没有同意适用的情况下，没有强制执行的效力。

《独立保函纠纷规定》采纳第二种观点，于第5条作出了规定，对独立保函交易示范规则采契约条款说，认定其性质为国际民间性商事组织制定的定型化交易规则，因当事人的约定适用而对当事人产生法律拘束力。当事人不仅可以在国际独立保函中约定适用，也可以在国内独立保函中约定适用；既可以约定全部适用，也可约定部分适用，还可以通过独立保函条款修改规则的相关条款。鉴于目前在独立保函领域并未形成经反复适用而得到普遍认可的统一国际惯例，国际商会《见索即付保函统一规则》《国际备用信用证惯例》《跟单信用证统一惯例》均有一定市场，故国际商会《见索即付保函统一规则》尚不具有国际惯例的法律渊源地位，在独立保函没有载明适用何种交易示范规则，开立人和受益人在一审法庭程序辩论终结前也没有达成一致援引的意思表示时，法院不应主动适用。而何谓一致援引，应包括诉讼程序中开立人和受益人达成的书面协议、口头协议或是在诉讼文件中均援引同一交易示范规则的行为所体现的一致意思表示。

（五）当事人可以在国内交易中约定适用独立保函

独立保函项下请求付款的单据简单，付款责任十分严厉，因此，司法实践中一直对国内交易中独立保函的效力问题缺乏定论，有肯定说和否定说两种不同的观点。前者认为，独立保函的商业安排是当事人意思自治的结果，不违反我国法律法规的强制性规定，在国内交易中否定独立保函的效力并没有法律依据。后者认为，独立保函的付款责任异常严厉，存在欺诈和滥用权利的风险，不宜在国内交易中放开，应认定国内交易中的独立保函无效，其性质转换为法律规定的连带责任保证。

《独立保函纠纷规定》采第一种观点，于第23条规定："当事人约定在国内交易中适用独立保函，一方当事人以独立保函不具有涉外因素为由，主张保函独立性的约定无效的，人民法院不予支持。”首次明确统一了国际和国内独立保函的效力认定规则。理由为：其一，认可金融机构开立的国内独立保函的效力，是顺应我国经济发展、完善信用保障制度的现实需要。最高人民法院在制定《担保法司法解释》时，曾讨论过独立保函问题，但最后未作规定，这种谨慎的态度与我国当时的经济发展状况是相适应的。但近年来独立保函业务发展迅速，国内和国际独立保函的业务量已逐渐呈持平状态。如司法解释对国内独立保函不作规定，将造成法律与实践脱节，不利于维护经济秩序和法律秩序。其二，商事司法实践遵循当事人意思自治和市场主体平等保护原则。国内独立保函不违反我国法律法规的强制性规定，现行司法解释也没有否定国内独立保函效力的相关规定，以独立保函不具有涉外因素为由主张保函无效，缺乏法律依据。且国际和国内交易的界限模糊，实践中同一基础交易同时涉及国内独立保函和涉外独立保函的情况大量存在，如实行效力双轨制，会产生当事人权利义务失衡的现象。其三，独立保函制度存在的欺诈及滥用付款请求权风险，应通过提高市场主体的风险认知与防范能力来加以回避。《独立保函纠纷规定》一方面将开立人的范围限于对独立保函风险有成熟认知的金融机构，另一方面通过抗辩权制度和止付程序遏制欺诈风险，为独立保函在国内的运行提供了较为完善的法律框架。

（六）独立保函的独立抽象原则以及独立保函当事人的权利义务

在独立保函法律机理中，独立抽象性原则是基本的法律属性，目的在于保护受益人及时获得付款并避免开立人卷入基础交易纠纷。所谓独立性原则，是指独立保函虽然为保障基础交易的履行而开立，但一经开立，即与基础交易以及申请合同关系相分离，成为完全独立的交易，独立保函的效力和履行依照文本内容自治确定。抽象性原则又称单据性或跟单性原则，指独立保函具有单据化的抽象属性，开立人处理的是单据，其只负责审查单据的表面真实性和相符性，而不论基础交易项下的债务是否未得到履行。独立性和抽象性实质是一个问题的两个方面，是互为条件、相辅相成的。

《独立保函纠纷规定》第6条规定了独立性原则。只要受益人提交的单据与独立保函条款、单据与单据之间在表面上相符，开立人就必须独立承担付款义务，开立人不得利用基础交易或开立申请关系对受益人行使抗辩。需要特别指出的是，根据独立保函所规定的单据付款机制不同，独立保函与基础交易的实质关联以及对受益人的制约程度是有强弱之分的。其中单据条件仅为请求书的独立保函，与基础交易关联性最低，对受益人制约最少，故被业界称为“请即付保函”或“自杀性保函”；单据条件为违约声明、第三方单据例如建筑师或工程师出具的证书、竣工验收证明等的独立保函，与基础交易关联性居中，构成对受益人一定程度的制约；单据条件为法院判决或仲裁裁决的独立保函，与基础交易关联性最强，对受益人制约最大。因此，谈判各方应当根据自身利益和风险衡量，设定不同的付款单据机制。《独立保函纠纷规定》第7条和第8条围绕独立保函的单据性原则，分别规定了表面相符的认定标准、开立人独立审查单据的权利和义务。在单据审查标准方面，采用严格相符原则，但对不足以产生单据及单函之间歧义理解的微小不符点，规定仍构成表面相符。独立保函的独立抽象性原则，切实保障了独立保函项下付款的确定性、快捷性和安全性，为独立保函这项金融创新机制在我国的长远发展夯实了法律基础。①

二、不是独立保函的独立保证，其效力如何，民事责任如何承担

根据《独立保函纠纷规定》的规定，独立保函必须由银行或者非银行金融机构开立。如果独立保证合同不是由银行或者非银行金融机构开立的，那么合同效力如何，合同当事人的民事责任如何承担？对此，2019年11月8日下发的《民商审判会议纪要》第54条规定，从

① 独立保函的所有内容均来自张勇健、沈红雨：《〈关于审理独立保函纠纷案件若干问题的规定〉的理解和适用》，载《人民司法·应用》2017年第1期。

属性是担保的基本属性，但由银行或者非银行金融机构开立的独立保函除外。独立保函纠纷案件依据《独立保函纠纷规定》处理。需要进一步明确的是：凡是由银行或者非银行金融机构开立的符合《独立保函纠纷规定》第1条、第3条规定情形的保函，无论是用于国际商事交易还是用于国内商事交易，均不影响保函的效力。银行或者非银行金融机构之外的当事人开立的独立保函，以及当事人有关排除担保从属性的约定，应当认定无效。但是，根据“无效法律行为的转换”原理，在否定其独立担保效力的同时，应当将其认定为从属性担保。此时，如果主合同有效，则担保合同有效，担保人与主债务人承担连带保证责任。主合同无效，则该所谓的独立担保也随之无效，担保人无过错的，不承担责任；担保人有过错的，其承担民事责任的部分，不应超过债务人不能清偿部分的三分之一。

由于《民法典》规定的保证合同不调整独立保函，因此，保证合同和独立保函应当分别独立存在，并行不悖，互不影响。《民法典》施行后，专门对独立保函的法律适用进行规定的《独立保函纠纷规定》应当继续适用。当然，其中的表述如《担保法》要进行必要的修改。《民商审判会议纪要》的规定与《民法典》和《独立保函纠纷规定》的精神是一致的，应当继续适用。

三、《担保法司法解释》第7条、第8条在《民法典》施行后其精神是否继续适用

《担保法司法解释》第7条规定：“主合同有效而担保合同无效，债权人无过错的，担保人与债务人对主合同债权人的经济损失，承担连带赔偿责任；债权人、担保人有过错的，担保人承担民事责任的部分，不应超过债务人不能清偿部分的二分之一。”第8条规定：“主合同无效而导致担保合同无效，担保人无过错的，担保人不承担民事责任；担保人有过错的，担保人承担民事责任的部分，不应超过债务人不能清偿部分的三分之一。”由于保证合同无效后如何承担责任的规定，《民法典》本条并没有对《担保法》第5条进行修改，而是保

持了一致性，那么根据《担保法》第5条作出的担保法司法解释第7条、第8条理论上就应当继续适用。《担保法司法解释》已经施行近20年，对其第7条、第8条规定的适用情况总体来说没有出现什么大的问题，且有利于限制个别法官滥用自由裁量权。因此，如果没有充分的理由，应该延续既有的规定，保持裁判规则的稳定性和预期。故笔者认为，《民法典》施行后《担保法司法解释》第7条、第8条的精神应当继续适用。

第六百八十三条　机关法人不得为保证人，但是经国务院批准为使用外国政府或者国际经济组织贷款进行转贷的除外。

以公益为目的的非营利法人、非法人组织不得为保证人。

【条文主旨】

本条是关于保证人资格的规定。

【条文理解】

一、与《担保法》有关条文的对比

《担保法》第8条规定："国家机关不得为保证人，但经国务院批准为使用外国政府或者国际经济组织贷款进行转贷的除外。"第9条规定："学校、幼儿园、医院等以公益为目的的事业单位、社会团体不得为保证人。"

将《民法典》本条规定与《担保法》第8条、第9条规定对比，精神一致，只是表述稍有不同，将"国家机关"表述为"机关法人"，将"事业单位、社会团体"修改为"非营利法人、非法人组织"。这些表述是根据《民法典》总则编的规定而作的相应修改。

二、本条理解

关于机关法人，《民法典》第97条规定："有独立经费的机关和承担行政职能的法定机构从成立之日起，具有机关法人资格，可以从事为履行职能所需要的民事活动。"据此，机关法人只能从事为履行职能所需要的民事活动，显然，担保不属于为履行职能所需要的民事活动。因此，本条规定，机关法人不得为保证人。但本条又规定了例外，即经国务院批准为使用外国政府或者国际经济组织贷款进行转贷的除外。这是因为，国家机关不得作保证人是国家机关应当遵守的一项基本准则，但是考虑到在接受外国政府和国际经济组织贷款进行转贷时，有的情况需要国家机关以保证人的身份提供保证。目前，我们国家吸收外国政府和国际经济组织贷款后，即将这些贷款按项目转贷给地方政府或者有关部门特定项目使用。由于这些贷款多用于交通运输、能源、环保、邮电通讯、城建以及农业方面等基础项目，不仅资金需求量大，而且不盈利或者盈利有限，仅靠项目使用单位无法偿还贷款，也没有单位和个人愿意为这些项目作保证人，所以，在使用外国政府和国际经济组织贷款转贷的还款问题上，目前已形成了独特的还款以及担保方式：中央政府将筹借到的外国政府或者国际经济组织贷款转贷给项目使用，同时要求地方政府委托其计划财务管理部门向中央政府提供还款担保，保证向中央政府偿还所用的贷款，中央政府和地方通过这种担保，共同维护国家偿还外债的信誉。所以，在使用国外政府和国际组织贷款的项目时，需要国家机关作保证人。因此，《担保法》在确定国家机关不得作保证人的原则的同时，对使用外国政府或者外国经济组织贷款进行转贷的情况，作了特殊规定，即国家机关经国务院批准为在使用外国政府或者国际经济组织贷款进行转贷的情况下可以作保证人。《民法典》保留了《担保法》的这一规定。国家机关作保证人应当同时符合以下两个条件：首先，接受的贷款应当是外国政府或者国际经济组织提供。只有接受外国政府或者世界银行、亚洲银行、国际货币基金组织等国际组织贷款，在转贷过程中需要国家机关担保的，国家机关才能作保证人。对于商业银行对地方政府的贷款，包括外国银行的商业性贷款，国家机关仍然不得作保证人。其次，需经国务院批准。只有经国务院批准后，国家机关才可以在转贷过程中作保证人。规定需经国务院批准，主要是为了严格控制国家机关作保证人的情况，防止地方政府或者有关部门擅自作保证。审批权由国务院掌握，既能解决特定项目需要国家机关作保证人的情况，也能对此情况加以严格控制。[①]

关于营利法人，《民法典》第76条规定："以取得利润并分配给股东等出资人为目的成立的法人，为营利法人。营利法人包括有限责任公司、股份有限公司和其他企业法人等。"关于非营利法人，《民法典》第87条规定："为公益目的或者其他非营利目的成立，不向出资人、设立人或者会员分配所取得利润的法人，为非营利法人。非营利法人包括事业单位、社会团体、基金会、社会服务机构等。"关于非法人组织，《民法典》第102条规定："非法人组织是不具有法人资格，但是能够依法以自己的名义从事民事活动的组织。非法人组织包括个人独资企业、合伙企业、不具有法人资格的专业服务机构等。"本条第2款规定，以公益为目的的非营利法人、非法人组织不得为保证人，这是因为，保证不属于"公益"，如果以公益为目的的非营利法人、非法人组织从事了保证这类非"公益"的民事活动，则违背了设立这类法人的初衷，故应予禁止。这里强调以公益为目的的非营利法人、非法人组织不得为保证人，那么，根据反面解释规则，下列法人或者非营利法人、非法人组织可以为保证人：（1）营利法人；（2）不以公益为目的的非营利法人；（3）不以公益为目的的特别法人；（4）不以公益为目的的非法人组织。

要准确理解本条，还要树立系统思维的理念。这就要求我们注意到与本条密切相关的本法第399条第3项的规定。该项规定："学校、幼儿园、医疗机构等以公益为目的成立的非营利法人的教育设施、医疗卫生设施和其他公益设施"不得抵押。其精神与本条规定是一致的。《担保法司法解释》第53条规定："学校、幼儿园、医院等以公益为目的的事业单位、社会团体，以其教育设施、医疗卫生设施和其他社会公益设施以外的财产为自身债务设定抵押的，人民法院可以认定抵押有效。"根据该条的规定，以公益为目的的非营利法人、非法人组织可以公益设施以外的财产为自身债务设定抵押，但不得为他人

① 参见全国人大常委会法制工作委员会民法室编著：《中华人民共和国担保法释义》，法律出版社1995年版，第12~13页。

债务设定抵押，其精神与《民法典》本条规定的精神是相符的。如果允许为他人债务设定抵押，与其作为保证人无异。既然本条规定以公益为目的的非营利法人、非法人组织不得为保证人，那么可以得出当然的结论，其不得以公益设施以外的财产为他人设定抵押。

【审判实践中应注意的问题】

一、农村集体经济组织法人、城镇农村的合作经济组织法人、基层群众性自治组织法人这三类特别法人是否可以为保证人

本条规定，机关法人不得为保证人。以公益为目的的非营利法人、非法人组织不得为保证人。那么，根据反面解释规则，农村集体经济组织法人、城镇农村的合作经济组织法人可以作为保证人。那么基层群众性自治组织法人是否可以作为保证人呢？

基层群众性自治组织法人，是指村民委员会、居民委员会。《村民委员会组织法》规定，村民委员会是村民自我管理、自我教育、自我服务的基层群众性自治组织，实行民主选举、民主决策、民主管理、民主监督。村民委员会办理本村的公共事务和公益事业，调解民间纠纷，协助维护社会治安，向人民政府反映村民的意见、要求和提出建议。同时，根据《物权法》等法律的规定，在没有农村集体经济组织的村，村民委员会还可以代行农村集体经济组织的职能。《居民委员会组织法》规定，居民委员会是居民自我管理、自我教育、自我服务的基层群众性自治组织，负责办理本居住地区居民的公共事务和公益事业；调解民间纠纷；协助维护社会治安；协助人民政府或者它的派出机关做好与居民利益有关的公共卫生、计划生育、优抚救济、青少年教育等项工作；向人民政府或者它的派出机关反映居民的意见、要求和提出建议。《居民委员会组织法》还规定，居民委员会应当开展便民利民的社区服务活动，可以兴办有关的服务事业。居民委员会管理本居民委员会的财产，任何部门和单位不得侵犯居民委员

会的财产所有权。可以说，村民委员会和居民委员会都有明确的法律地位，但一直没有法人资格，直到《民法总则》施行才赋予其法人资格。村民委员会、居民委员会法人与其他法人相比，也具有以下特殊性：一是设立特殊。村民委员会、居民委员会都是依据法律直接设立的。村民委员会是各行政村依据《村民委员会组织法》设立的；居民委员会是依据《居民委员会组织法》设立的。二是变更和终止特殊。除非村乡合并或者居民社区的区划发生变化，否则村民委员会和居民委员会不终止。三是行使职能特殊。如前所述，村民委员会和居民委员会主要从事公益事业和提供公共服务，这与营利法人和非营利法人的职能有较大的不同。四是组织机构特殊。村民委员会一般由村主任等村干部组成，居民委员会一般由居委会主任等干部组成，根据《村民委员会组织法》和《居民委员会组织法》，这些成员都是经过公开选举产生。五是责任承担上特殊。根据《居民委员会组织法》的规定，居民委员会办理本居住地区公益事业所需的费用，经居民会议讨论决定，可以根据自愿原则向居民筹集，也可以向本居住地区的受益单位筹集，但是必须经受益单位同意；收支账目应当及时公布，接受居民监督。居民委员会的工作经费和来源，由不设区的市、市辖区的人民政府或者上级人民政府规定并拨付；经居民会议同意，可以从居民委员会的经济收入中给予适当补助。因此，其债务也只能以居民筹集的费用、政府拨付的工作经费和居民委员会的经济收入补助来承担。村民委员会原则上也应当以其办公经费承担债务，该债务是其代表村集体从事经济活动所欠，可以以村集体财产承担，但不得处分村集体所有的土地。[①] 基于村民委员会法人和居民委员会法人的上述特殊性，《民法典》将其作为特别法人加以规定。从上可以看出，居民委员会、村民委员会的职能是公益性的，因此，其没有保证人的资格。

需要注意的是，根据《民法典》第101条的规定，未设立村集

① 贾东明主编：《〈中华人民共和国民法总则〉释解与适用》，人民法院出版社2017年版，第266~268页。

体经济组织的，村民委员会可以依法代行村集体经济组织的职能。此时，村民委员会行使的是村集体经济组织的职能，自然可以作为保证人。

二、自然人、营利法人、不以公益为目的非营利法人、不以公益为目的的非法人组织，可以作为保证人

《民法典》将民事主体分为自然人、法人、非法人组织三类，本条只规定了哪些主体不能作为担保人，那么根据解释的原理，这之外的主体都可以作为担保人。需要指出的是，有保证人的资格，与签订的保证合同是否有效是两回事。保证人的资格，有相应的法律规定，而保证合同的效力，也有相应的合同效力的判断标准，审判实践中不可混淆。

三、《担保法司法解释》第3条在《民法典》施行后其精神是否继续适用

《担保法司法解释》第3条规定："国家机关和以公益为目的的事业单位、社会团体违反法律规定提供担保的，担保合同无效。因此给债权人造成损失的，应当根据担保法第五条第二款的规定处理。"笔者认为，就保证合同的效力而言，该条规定的精神是与《民法典》有关规定相符的。不过需要注意的是，《民法典》对民事主体的分类与《民法总则》施行前的分类不同，因此，该解释的表述如国家机关、事业单位、社会团体，在今后制定《民法典》保证合同一章的司法解释时应当作相应的修改。违反本条签订的保证合同无效，其法律依据是《民法典》第153条第1句的规定，即违反了法律的强制性规定。本条就是《民法典》第153条第1句所说的法律之一。

四、《担保法司法解释》第16条在《民法典》施行后其精神是否继续适用

《担保法司法解释》第16条规定："从事经营活动的事业单位、

社会团体为保证人的，如无其他导致保证合同无效的情况，其所签定的保证合同应当认定为有效。”我们认为，该条规定的精神是与《民法典》有关规定相符的。不过需要注意的是，《民法典》对民事主体的分类与《民法总则》施行前的分类不同，因此，该解释的表述如事业单位、社会团体，在今后制定《民法典》保证合同一章的司法解释时应当作相应的修改。

第六百八十四条 保证合同的内容一般包括被保证的主债权的种类、数额，债务人履行债务的期限，保证的方式、范围和期间等条款。

【条文主旨】

本条是关于保证合同的内容一般包括哪些条款的规定。

【条文理解】

一、与《担保法》有关条文的对比

《担保法》第15条规定："保证合同应当包括以下内容：（一）被保证的主债权种类、数额；（二）债务人履行债务的期限；（三）保证的方式；（四）保证担保的范围；（五）保证的期间；（六）双方认为需要约定的其他事项。保证合同不完全具备前款规定内容的，可以补正。"

将《民法典》本条规定与《担保法》第15条对比，最大的变化就是，《担保法》第15条规定的是保证合同"应当"包括的内容，而本条规定的是保证合同的内容"一般"包括的内容。从立法技术上说，本条显然更科学。

二、本条理解

根据合同成立的原理，一般来说，有了当事人、标的和数量的，一般应当认定合同成立。保证合同也不例外。除了当事人债权种类、价款或者报酬外，其他内容没有，保证合同也成立。保证方式不明确的，按照《民法典》第 686 条第 2 款的规定，按照一般保证承担保证责任。担保的范围不明确的，根据《民法典》第 691 条的规定，保证的范围包括主债权及其利息、违约金、损害赔偿金和实现债权的费用。保证期间不明确的，根据《民法典》第 692 条第 2、3 款的规定，保证期间为主债务履行期限届满之日起 6 个月。债权人与债务人对主债务履行期限没有约定或者约定不明确的，保证期间自债权人请求债务人履行债务的宽限期届满之日起计算。

《民法典》本条之所以还就保证合同的内容一般包括什么作出规定，主要是起引导作用，提示保证合同的双方当事人保证人和债权人对保证合同的内容约定清楚、明确、详细，以免以后发生纠纷。

【审判实践中应注意的问题】

审判实践中应正确认定保证合同是否成立。

根据《民法典》合同编原理，从鼓励交易的合同编精神出发，能够确定合同当事人名称或者姓名，标的和数量的，一般应当认定合同成立，但法律另有规定或者当事人约定的除外。保证合同也不例外。一要看保证合同的双方当事人。二要看保证合同中被担保的债权是什么，即担保的对象，保证合同的标的。三要看保证合同中保证的债权数额。如果没有债权数额，保证合同不成立。实践中，如果保证合同约定保证人为某某合同保证，该合同作为保证合同的附件，那么应当认定保证的债权数额是确定的，只是没有写进保证合同，而是放在附件里。还有一种情况，没有单独的保证合同，保证人的签字或者盖章是在主合同的保证人栏目上，保证合同是否成立？我们认为，保证人在合同的保证人栏目签字或者盖章行为本身，表明其同意对被担保的债权种类和范围进行保证，因此，保证合同是成立的。综上，要注意《民法典》本条的表述是保证合同的内容"一般包括"，而不是"应当包括"，只要保证双方当事人、被保证的主债权种类和债权数额能够确定，保证合同即成立。否则，保证合同不成立。

第六百八十五条 保证合同可以是单独订立的书面合同，也可以是主债权债务合同中的保证条款。

第三人单方以书面形式向债权人作出保证，债权人接收且未提出异议的，保证合同成立。

【条文主旨】

本条是关于保证合同订立的具体形式的规定。

【条文理解】

一、与《担保法》有关条文的对比

《担保法》第13条规定："保证人与债权人应当以书面形式订立保证合同。"

本条规定与《担保法》第13条的规定相比，除强调书面形式外，还增加了两个方面的内容：一是增加了保证合同也可以是主债权债务合同中的保证条款的内容；二是增加了第三人单方以书面形式向债权人作出保证，债权人接收且未提出异议的，保证合同成立的内容。本条第2款规定应当来源于《担保法司法解释》第22条第1款。该款规定："第三人单方以书面形式向债权人出具担保书，债权人接受且未提出异议的，保证合同成立。"

二、本条理解

（一）保证合同必须是书面合同

理解本条第1款，重点是了解保证合同是要式合同，必须具备法律规定的形式，即本条规定的书面形式，口头的保证不能成立保证合同。也就是说，书面形式是保证合同的成立要件，如果没有书面合同，保证合同不成立。之所以作如此的规定，是提醒和警示保证人，一旦在保证合同上签字，或者在主债权债务合同的保证人栏目上签字，就意味着要承担相应的保证责任，促使其谨慎行事。

（二）主债权债务合同中的保证条款也是书面合同的一种

如果没有单独的保证合同，但在主债权债务合同中有保证条款，保证人在主合同上签字的，也应当认为保证人和债权人就主合同约定的债权种类及数额由保证人提供保证的意思表示达成一致，合同成立。这种保证合同的特点是，债权人、债务人、保证人三方同时在主合同上签字。这是《民法典》新增加的内容，反映了客观现实。现实生活中，不仅仅是只有保证人和债权人两方签订的书面合同才是保证合同，才反映保证人的真实意思表示，主债权债务合同中有保证条款的，也能反映保证人的真实意思表示，这种保证合同条款同样是经保证人和债权人同意的，同样有债权种类和债权数额，完全符合保证合同的成立要件。还需要注意的是，本条规定的保证合同条款，既可以是主合同中的某个条款有保证人愿意为主债权担保多少的文字表述，也可以是整个主合同条文没有这样的表述，但在签字栏有"保证人"字样。"保证人"这三个字也可以理解为本条规定的主债权债务合同中的保证条款。

（三）保证人单独向债权人出具保证书也可成立保证合同

保证合同还有一种形式就是：保证人单独向债权人出具保证书。这是《民法典》新增加的内容，需要把握以下要件：

第一，第三人单方以书面形式向债权人作出保证。解释上可以认为这是第三人的要约。要约的发出人是主合同之外的第三人，要约的形式必须是书面形式，要约的内容必须是第三人愿意担保债权人的债权，有具体的债权数额，要约的对象是债权人，即要约向债权人发出，债权人是受要约人。保证书对以上内容必须有清楚明白确定的意思表示。

第二，债权人接收。从要约人的角度看，就是要约人的要约送达到债权人。从债权人的角度看，债权人收到了第三人向其提交的保证书。

第三，债权人未提出异议。解释上可以认为这是债权人的承诺。承诺是受要约人同意的意思表示，应当以明示或默示的方式作出。在有法律规定、当事人约定或者符合当事人之间的交易习惯时，沉默也可以视为意思表示。保证合同属于单务合同，仅有保证人一方负有义务，而合同的另一方当事人债权人并不就保证合同承担义务，保证合同一旦成立，只会给债权人带来保证自己债权实现的实际利益，而没有任何不利后果。因此，在债权人收到保证书后没有明确表示同意与否的情况下，即没有提出异议的情况下，应当认定为是以沉默的方式作出同意的意思表示，从而保证合同得以成立。一旦债务人不履行义务或者发生保证书约定的情形，保证人就应承担其所承诺的保证责任，债权人也有权利要求其履行或者承担责任。这样解释与确定保证制度的目的并不矛盾，有利于保护债权人的利益，同时也不损害保证人的利益，因为这是保证人自主作出的意思表示。当然，如果这种保证书未交给债权人，或者虽然交给了债权人，但债权人明确表示反对，则保证合同因缺乏一方的意思表示而不能成立。本条第 2 款的规定最早可以追溯到 1994 年 4 月 15 日发布的《最高人民法院关于审理经济合同纠纷案件有关保证的若干问题的规定》中第 2 条的规定。该条的内容是："保证人以书面形式向债权人表示，当被保证人不履行债务时，有其代为履行或者承担连带责任并为债权人接受的，保证合同成立。"当然，现在看来，当时的规定还需要完善，如保证合同的被保证人是谁，是否只有连带责任一种情形，等等。但是，不容否认，最高人民法院在审判实践中早就注意到了这个问题。后来的《担保法司法解释》第 22 条第 1 款对此规定得就更科学了。

【审判实践中应注意的问题】

一、《担保法司法解释》第22条第2款在《民法典》施行后其精神是否继续适用

《担保法司法解释》第22条第1款关于“第三人单方以书面形式向债权人出具担保书，债权人接受且未提出异议的，保证合同成立”的规定，已为《民法典》本条第2款采纳。《担保法司法解释》第22条第2款规定：“主合同中虽然没有保证条款，但是，保证人在主合同上以保证人的身份签字或者盖章的，保证合同成立。”该种情形《民法典》本条没有明文规定。本条规定的保证的形式有：（1）保证合同。合同的双方当事人是保证人和债权人。（2）主合同中有保证条款。合同的当事人是三方，即债权人、债务人、保证人。而《担保法司法解释》第22条第2款规定的情形却与《民法典》本条规定的上述两种形式看起来不同，《担保法司法解释》规定的情形是主合同中没有保证条款，但保证人在合同的保证人栏目签字或者盖章。我们认为，从解释的角度，可以将上述情况解释为保证合同条款。从意思表示的角度来看，保证人的该行为也应当认定保证合同成立。主合同有保证人这一栏目，表明债权人有希望他人为其债权提供保证的意思表示，应认定为保证合同签订过程中的要约，保证人在合同上保证栏目签字或者盖章的行为表明其对债权人的要约进行了承诺，其同意对被担保的债权种类和范围进行担保，据此，债权人和保证人的意思表示达成一致，保证合同成立。根据上述分析，笔者认为，《民法典》施行后，《担保法司法解释》第22条第2款的规定仍然应当继续适用。

二、第三人单方以书面形式向债权人作出保证的，债权人的沉默构成承诺

根据要约承诺原理，承诺可以通知的方式作出。承诺不需要通知的，也可以根据交易习惯或者要约的要求作出承诺的行为。根据《民

法典》第140条的规定，沉默也可以构成承诺，但沉默构成承诺的，必须具备以下条件之一：法律上有明确规定、当事人有约定或者符合当事人之间的交易习惯。《民法典》本条就明确规定，第三人单方以书面形式向债权人作出保证的，债权人接受且未提出异议的，保证合同成立。本条即是《民法典》第140条规定的法律之一。

第六百八十六条　保证的方式包括一般保证和连带责任保证。

当事人在保证合同中对保证方式没有约定或者约定不明确的，按照一般保证承担保证责任。

【条文主旨】

本条是关于保证的方式及推定保证方式的规定。

【条文理解】

一、与《担保法》有关条文的对比

《担保法》第16条规定：“保证的方式有：（一）一般保证；（二）连带责任保证。”第19条规定：“当事人对保证方式没有约定或者约定不明确的，按照连带责任保证承担保证责任。”

将本条规定与《担保法》第16条和第19条规定对比，本条最大的变动就是改变了当事人在保证合同中对保证方式没有约定或者约定不明确时如何推定的规定。按照《担保法》第19条的规定，推定为连带责任保证。但按照本条的规定，推定为一般保证。

二、本条理解

（一）保证的方式

关于保证的方式，《担保法》规定“……有：（一）一般保证；（二）连带责任保证。”本条规定将“有”修改为“包括”，相应地去掉了有关序号和标点符号，但实质内容没有修改。鉴于《民法典》第

687条和第688条分别对一般保证和连带责任保证作出了具体、详细的规定，所以这里就不赘述。

（二）保证方式的推定

《担保法》第19条规定的理由是，从保障债权实现的目的出发，保证方式没有约定或者约定不明，保证人按照连带责任方式承担保证责任。这样规定，不仅明确了保证人承担保证责任的方式，而且规定保证人承担较重的责任，有助于加强保证人的责任意识，使保证人明确对保证方式不约定或者约定不明的法律后果，从而对保证方式作出适当选择。[①]

但有学者认为，此种规定是值得商榷的，主要原因在于：第一，不符合保证制度的发展趋势。从保证制度的历史发展来看，罗马法上保证人的责任主要限于连带责任，以后逐渐承认保证人可享有"顺序利益"，即债权人需首先就主债务人的财产执行，不能实现其债权时，才能请求保证人履行，从而确定了保证人负第二顺序责任的原则。近代以来，虽然各国对"顺序利益"的理解各不相同，但总的来说，保证人负第二顺序的责任已经成为各国立法所普遍承认的责任形式。同时，从各国的立法来看，保证人所负担的责任存在不断减轻的趋势。我国应当借鉴比较法的经验，在当事人没有约定或者约定不明时，规定保证人承担一般保证责任，允许其主张先诉抗辩权。第二，不符合保证制度的主旨。因为保证人在订立保证合同时，可能并没有承担连带保证责任的意思，如果仅仅因为当事人约定不明确或者没有约定，就在法律上推定其承担连带保证责任，可能有违当事人的真实意愿。第三，不利于发挥保证的作用。"保"字由"人"和"呆"两部分组成，这实际上也意味着保证通常不是首选的担保方式，它主要是基于信任关系而产生的。保证本身具有单务性，保证人为他人提供担保，并未享受相应的利益，因而如果广泛采纳连带责任保证的方式，将会过分强化保证人责任，加重保证人的风险，从而会使交易主体畏于提

① 全国人大常委会法制工作委员会民法室编著：《中华人民共和国担保法释义》，法律出版社1995年版，第25页。

供保证，进而影响保证制度担保功能与融资功能的有效发挥。第四，有违民法的平等和公平原则。在连带保证的情形，如果债务人不履行债务或者发生约定的情形，保证人要与债务人承担连带履行债务或者承担责任，在主债务人有足够的财产而不履行债务时，仍由保证人代其履行或者承担责任，显然有失公平；而且保证合同具有无偿性和单务性，保证人仅对债权人单方面负担债务，而无法从债权人处获得某种利益，保证人所负担的义务应较债务人为轻才较为合理。所以，连带责任保证应当基于保证人的意思而成立，如果法律将连带责任保证规定为一般原则，造成利益享有与责任承担在更大范围内脱节，有违分配正义的价值观念。①

我们认为,《担保法》的规定在当时虽然具有一定的道理，但相比较而言，上述学者的观点更符合担保法理。我们完全同意上述学者的观点，概括起来,《民法典》对《担保法》第19条的规定进行颠覆性修改，主要理由就是：该修改完全符合保证制度的主旨；该修改贯彻民法的公平原则；该修改有利于发挥保证的作用；该修改符合保证制度的发展趋势，使保证合同制度在这点上与国际接轨，体现先进性。

【审判实践中应注意的问题】

根据本条第2款的规定，当事人在保证合同中对保证方式没有约定或者约定不明确的，按照一般保证承担保证责任。该规定完全改变了《担保法》第19条的规定，审判实践中应予注意。

① 王利明:《合同法研究》(第4卷)，中国人民大学出版社2018年版，第263~264页。

第六百八十七条 当事人在保证合同中约定，债务人不能履行债务时，由保证人承担保证责任的，为一般保证。

一般保证的保证人在主合同纠纷未经审判或者仲裁，并就债务人财产依法强制执行仍不能履行债务前，有权拒绝向债权人承担保证责任，但是有下列情形之一的除外：

（一）债务人下落不明，且无财产可供执行；

（二）人民法院已经受理债务人破产案件；

（三）债权人有证据证明债务人的财产不足以履行全部债务或者丧失履行债务能力；

（四）保证人书面表示放弃本款规定的权利。

【条文主旨】

本条是关于一般保证和先诉抗辩权的规定。

【条文理解】

一、与《担保法》有关条文的对比

《担保法》第17条规定："当事人在保证合同中约定，债务人不能履行债务时，由保证人承担保证责任的，为一般保证。""一般保证的保证人在主合同纠纷未经审判或者仲裁，并就债务人财产依法强制执行仍不能履行债务前，对债权人可以拒绝承担保证责任。""有下列情形之一的，保证人不得行使前款规定的权利：（一）债务人住所变更，致使债权人要求其履行债务发生重大困难的；（二）人民法院受理债务人破产案件，中止执行程序的；（三）保证人以书面形式放弃前款规定的权利的。"

（一）实质变化

将本条与《担保法》第17条相对比，实质修改的地方有：

1.保证人不得行使先诉抗辩权的情形，将《担保法》第17条第3款的第一种情形"债务人住所变更，致使债权人要求其履行债务发生重大困难的"修改为"债务人下落不明，且无财产可供执行"。该修改应当来源于《担保法司法解释》第25条的规定。该条规定："担保法第十七条第三款第（一）项规定的债权人要求债务人履行债务发生的重大困难情形，包括债务人下落不明、移居境外，且无财产可供执行。"在此情形下，保证人不能行使先诉抗辩权，因为债务人下落不明，且无财产可供执行这一事实，表明保证人行使先诉抗辩权的前提条件不具备了。行使先诉抗辩权的前提条件是债务人还有财产可供执行。在债务人下落不明，且无财产可供执行的情况下，保证人应当按照保证合同的约定履行义务或者承担责任。

2.保证人不得行使先诉抗辩权的情形，本条增加《担保法》第17条第3款没有规定的一种情形"债权人有证据证明债务人的财产不足以履行全部债务或者丧失履行债务能力"。一般保证的保证人享有先诉抗辩的权利，原理是债务人是第一债务人，保证人是第二债务人。在第一债务人还有财产履行主合同义务的情况下，应当要求第一债务人履行债务或者承担责任。只有在第一债务人的财产不足以履行债务的情况下，才能要求保证人履行保证义务。在第一债务人的财产不足以履行全部义务的情况下，保证人的义务是补充义务，限于第一债务人没有履行的部分。在第一债务人丧失履行债务能力的情况下，保证人的义务就是代替第一债务人履行义务。

（二）表述变化

本条与《担保法》第17条表述不一致的地方有：

1.对于先诉抗辩权，《担保法》第17条的表述为："一般保证的保证人在主合同纠纷未经审判或者仲裁，并就债务人财产依法强制执行仍不能履行债务前，对债权人可以拒绝承担保证责任。"而本条表述为："一般保证的保证人在主合同纠纷未经审判或者仲裁，并就债务人财产依法强制执行仍不能履行债务前，有权拒绝向债权人承担保证责任"。根据《民法典》第693条第1款关于"一般保证的债权人未在保证期间对债务人提起诉讼或者申请仲裁的，保证人不再承担保证责任"的规定，应当认为本条的表述与《担保法》第17条第2款的规定，实质是一样的。

2. 保证人不得行使先诉抗辩权的情形，《担保法》第17条第3款第2项的表述为"人民法院受理债务人破产案件，中止执行程序的"。本条的表述是"人民法院已经受理债务人破产案件"。本条的表述更为科学，因为一旦人民法院受理债务人破产案件，为防止偏颇清偿，必须中止执行程序。因此，两个表述的实质没有区别。

3. 保证人不得行使先诉抗辩权的情形，《担保法》第17条第3款第3项的表述为"保证人以书面形式放弃前款规定的权利的"。本条的表述是"保证人书面表示放弃本款规定的权利"。这是文字修改，两个表述的实质没有区别。

二、一般保证

所谓一般保证，是指当事人在保证合同中约定，债务人不能履行债务时，由保证人承担保证责任的保证。要准确理解一般保证的含义，一定要和《民法典》第688条规定的连带责任保证联系起来，特别是理解与连带责任保证的区别。对此，我们将在第688条的理解部分阐述。

三、先诉抗辩权

所谓先诉抗辩权，是指在主合同纠纷未经审判或者仲裁，并就债务人财产依法强制执行仍不能履行债务前，保证人对债权人可以拒绝承担保证责任。其原理是，保证合同是主债权债务合同的从合同，是对主债权进行的担保。主债务是主债务人自己的债务，是主债务人本来应当自己履行的债务，该债务是第一位债务，是原生债务，是本来债务，因此，该债务首先应当由主债务人自己履行。只有在主债务人不履行到期债务或者发生当事人约定的情形时，保证人才应当履行债务或者承担责任。除非保证人明确表明放弃该权利即首先应当由债务人履行的权利，即承担连带责任，否则保证人只承担第二位的保证责任。因此，法律赋予一般保证人先诉抗辩权。

但是，如果有证据证明债务人本身没有财产或财产不足以履行全部债务或者丧失履行能力，从实质效果考虑，这时应剥夺一般保证人的先诉抗辩权。如果在上述情况下还要给予一般保证人先诉抗辩权，则只是考虑了形式正义，而忽视了实质公平。因此，本条第2款规定了四种例外情形，其前三种都是基于上述原理规定的：（1）债务人下落不明，且无财产可供执行；（2）人民法院受理债务人破产案件；（3）债权人有证据证明债务人的财产不足以履行全部债务或者丧失履行债务能力。

至于本条第2款规定的第四种例外情形，原理就是一般保证人本人书面放弃了先诉抗辩权。在此情况下，当事人自愿处分自己的民事权利，法律自无不允许的道理。

【审判实践中应注意的问题】

一、先诉抗辩权的例外

就一般保证而言，本条就先诉抗辩权规定了四种例外情形，其中第三种情形是《担保法》没有明确列举规定而《民法典》新增加的，需要重点掌握。债权人只要有证据证明债务人的财产不足以履行全部债务或者丧失履行债务能力，保证人就不能行使先诉抗辩权。

对于其中的第四种情形，即保证人书面放弃本款规定的权利，其构成要件是：

（1）放弃的主体。放弃先诉抗辩权的主体是保证人自己，而不是其他人代替保证人作出放弃的意思表示，否则就不能认为是保证人放弃先诉抗辩权。

（2）放弃的形式。因为保证合同是要式合同，其成立必须采取书面形式，因此，保证人放弃先诉抗辩权时，也必须采用与成立一样的方式，即必须采用书面形式；否则应当认为没有放弃的意思表示，放弃的意思表示不存在。

（3）放弃的内容。保证人放弃的是“先诉抗辩权”，而不是其他权利。对放弃的先诉抗辩权的内容，一定要有清楚、明确的表述，否则不能认为放弃的是先诉抗辩权。

（4）放弃的保证方式。既然是保证人放弃先诉抗辩权，那么放弃之前的保证人一定是一般保证人，否则就不存在放弃的问题。因为连带责任保证人没有先诉抗辩权，所以放弃无从谈起。

二、《担保法司法解释》第125条在《民法典》施行后其精神是否继续适用

《担保法司法解释》第125条规定：“一般保证的债权人向债务人和保证人一并提起诉讼的，人民法院可以将债务人和保证人列为共同被告参加诉讼。但是，应当在判决书中明确在对债务人财产依法强制执行后仍不能履行债务时，由保证人承担保证责任。”我们认为，即使是一般保证的保证人享有先诉抗辩权，债权人也可以向债务人和一般保证的保证人提起诉讼。一般保证的保证人享有先诉抗辩权的本意不是债权人只能先起诉债务人，在主合同纠纷未经审判或者仲裁，并就债务人财产依法强制执行仍不能履行债务前，不能一并起诉保证人，而只是保证人承担保证责任的时间是在对债务人财产依法强制执行后仍不能履行债务时。因此，该条解释在《民法典》施行后其精神应当继续适用。

第六百八十八条 当事人在保证合同中约定保证人和债务人对债务承担连带责任的，为连带责任保证。

连带责任保证的债务人不履行到期债务或者发生当事人约定的情形时，债权人可以请求债务人履行债务，也可以请求保证人在其保证范围内承担保证责任。

【条文主旨】

本条是关于连带责任保证的规定。

【条文理解】

一、与《担保法》有关条文的对比

《担保法》第18条规定："当事人在保证合同中约定保证人与债务人对债务承担连带责任的，为连带责任保证。连带责任保证的债务人在主合同规定的债务履行期届满没有履行债务的，债权人可以要求债务人履行债务，也可以要求保证人在其保证范围内承担保证责任。"

将本条规定与《担保法》第18条规定对比，修改之处有：

1. 第1款的"保证人与债务人"，修改为"保证人和债务人"。这纯粹是文字修改。

2. 第2款的"债务人在主合同规定的债务履行期届满没有履行债务的"，修改为"债务人不履行到期债务"。这也是纯粹的文字修改，修改后文字更简洁，但实质内容没有改变。

3. 债权人行使权利的前提条件增加规定了一种情形，即"发生当事人约定的情形”。这是实质修改。

通过以上对比，本条对《担保法》第 18 条的实质修改是在债权人行使权利的前提条件中增加规定了一种情形，即“发生当事人约定的情形”。不过，该内容在《民法典》第 681 条已有规定。其余修改都只是文字表述的修改，不是内容的实质修改。

二、本条理解

所谓连带责任保证，是指当事人在保证合同中约定保证人和债务人对债务承担连带责任。连带责任保证与一般保证都属于保证的具体形态，两者具有诸多的共同之处，如都适用从属性规则等。但是，二者之间存在如下区别：

第一，有无先诉抗辩权不同。这是最根本的区别。这是理解一般保证与连带责任保证的关键。在连带责任保证中，保证人不享有先诉抗辩权，保证人与债务人之间负共同连带责任。因此，在主合同履行期限届满债务人没有清偿主债务或者发生当事人约定的情形时，债权人既可以要求债务人承担责任，也可以要求保证人承担责任。但在一般保证中，保证人享有先诉抗辩权，其在债权人就债务人的财产依法强制执行仍不能履行债务前，有权拒绝承担保证责任。

第二，设立的方式不同。根据《民法典》本条和第 686 条第 2 款的规定，如果当事人要设立连带责任保证，只能通过明确约定的书面方式。在当事人没有约定保证方式或者对保证方式约定不明的情形，不能成立连带责任保证，只能认定为一般保证。需要注意的是，《民法典》第 686 条第 2 款改变了《担保法》第 19 条的规定。《担保法》第 19 条规定，在当事人没有约定保证方式或者对保证方式约定不明的情形，成立连带责任保证。

第三，当事人法律地位不同。按照债务人承担责任的先后次序的不同，民事责任可以分为第一位的责任和第二位的责任。第一位的责任又称为首要责任、本位责任，是指先于他人承担的责任；第二位的责任，又称为次要责任，是指在向第一位的责任人行使权利无果后才可以主张的责任。连带责任保证人的地位更类似于债务人，因为债权人在主合同债权到期或者发生当事人约定的情形时，可以直接向连带责任保证人主张债务的履行或者要求其承担责任，而无须先向债务人主张。而在一般保证中，保证人承担的是第二位的责任。只有当债权人已就债务人的财产为强制执行但仍不能满足其债权时，债权人才能请求一般保证人承担保证责任。

【审判实践中应注意的问题】

一、关于连带责任保证与一般保证的区别

这是整个保证合同一章中最核心的内容之一，在本条的理解部分已经阐述，于此不赘。

二、关于本条第2款增加规定的内容

本条第2款就债权人行使权利的前提条件除“债务人不履行到期债务”外，增加规定了一种情形，即“发生当事人约定的情形”。这是实质修改，审判实践中应予注意。

第六百八十九条　保证人可以要求债务人提供反担保。

【条文主旨】

本条是关于保证人要求债务人提供反担保的规定。

【条文理解】

一、与《担保法》有关条文的对比

《担保法》第4条规定："第三人为债务人向债权人提供担保时，可以要求债务人提供反担保。反担保适用本法担保的规定。"

将本条与《担保法》第4条的规定相对比，发现本条与《担保法》第4条的规定只有文字表述上的修改，但实质内容没有变化。

二、反担保的概念和特征

所谓反担保，是指债务人或者第三人向担保人作出保证或者设定物的担保，在担保人因履行债务或者承担责任而遭受损失时，向担保人作出清偿。反担保是与本担保相对应的概念。在反担保中，与反担保相对应并作为设定反担保前提的担保称为本担保。本担保中的担保人称为本担保人，而反担保中的担保人称为反担保人。关于反担保，《民法典》还有一处有规定，即物权编中的第387条第2款："第三人为债务人向债权人提供担保的，可以要求债务人提供反担保。反担保适用本法和其他法律的规定。"可见，反担保要适用《民法典》物权编和其他法律的规定。

反担保的主要功能是为了保障担保人追偿权的实现。担保人为债务人承担担保责任之后，其对债务人享有追偿权，为了保障这种追偿权的实现，就有必要设立反担保。反担保可以适用于各种担保形式，不管是人的保证还是物的担保，担保人都可以要求债务人提供反担保。反担保与本担保并不存在本质的差异，其担保的类型、设立条件、效力等方面基本上是相同的。因此，比较法上一般未对反担保作出特别规定。为了保障反担保的正确适用，《担保法》《物权法》都对反担保作出了规定。《民法典》延续这一做法，对此仍加以规定。

反担保和本担保也存在一定区别，主要表现在：

一方面，设立目的不同。反担保的设立是为了使担保人的追偿权得以实现，其宗旨在于保障担保人的追偿权。而本担保的设立是为了担保主债权的实现。

另一方面，适用范围不同。本担保的适用范围要远远大于反担保的适用范围。但《民法典》第387条第2款关于反担保的适用范围没有作出明确规定，《担保法司法解释》限定为保证、抵押或者质押。这就是说，在留置等法定担保物权中，不可能产生反担保，而只能在约定担保中才能产生。关于留置是否可以适用反担保，学界存在不同的观点。否定说认为，留置权是依据法律规定而直接产生的，所以，不可能产生反担保的问题。肯定说认为，虽然留置权本身是法定的，但反担保可以是约定的，因此，在留置的情况下，也可以设立反担保。通说认为，在留置等法定担保物权中，不可能产生反担保，其只能在约定担保中产生。由于留置权属于法定担保物权，它是因为特定事实的出现而产生的，当事人无法预见其担保责任的承担，所以也不可能以约定反担保的方式对其追偿权的实现作出事先的安排。此外，反担保所担保的是担保人的追偿权，而留置权中的留置物往往是债务人的，一般不存在追偿的问题，自无反担保的必要。[①]《担保法司法解释》第2条规定，反担保可以适用于保证、抵押和质押，但并没有规定可以适用于留置。显然，我国司法实践是不允许以留置作为反担保

① 王利明：《物权法研究》（下卷），中国人民大学出版社2018年版，第389页。

的方式的。

三、反担保的成立条件

（一）反担保以本担保的存在为前提

此处所说的本担保，是指由债务人以外的当事人为本债权债务合同的债权提供的担保。之所以要以本担保的存在为前提，是因为反担保设立的目的就是保障本担保人追偿权的实现，如果没有本担保，就不存在反担保。

反担保与本担保的关系是十分复杂的。由于反担保设立的目的就是为了保障本担保人追偿权的实现，因此，本担保是反担保存在的前提和基础。本担保不成立，反担保也不成立。但有学者认为，对于反担保的性质应当具体分析。一般情况下，反担保责任是以本担保责任的承担为前提，如果本担保无效，就不发生本担保责任的承担，也就不产生追偿权，在此情况下，反担保人自然也无须承担担保责任。从这个意义上说，反担保依附于本担保。但反担保毕竟是一种独立的法律关系，它与本担保是两个不同的法律关系。具体表现在：一方面，法律关系的当事人不同。本担保关系发生在担保人和担保权人之间，而反担保关系发生在担保人和反担保人之间；反担保关系只限于反担保人和本担保人两方之间，并不是在债务人、反担保人和本担保人之间存在三方法律关系。另一方面，担保的范围不同。本担保担保的主要是主债权等权利的实现，反担保人担保的是担保人的追偿权，只要本担保人承担了一定的责任，反担保人就要对这种责任的承担负担担保责任。而本担保人承担的责任既包括履行责任，也包括赔偿责任，在合同无效后，本担保人的履行责任已不复存在，但并不免除其应负的赔偿责任，在此情况下，反担保责任也不应当免除。正是从这个意义上说，反担保的责任又有一定的独立性，不完全依附于本担保。

（二）提供反担保的主体不限于债务人，还包括债务人以外的其他人

债务人充当反担保人时，只能提供物的担保，不能将保证作为反

担保的形式，因为此时债务人本身不能作为保证人，其以保证作为反担保形式作为反担保人毫无实际意义，因为债务人本来就应当以其责任财产对担保人承担责任。如果反担保人是债务人以外的其他人，则其不仅可以提供物的担保，也可以提供人的保证。在原担保关系中是担保人的，在反担保关系中就成为被担保人。如果原担保人是债务人以外的其他人，在反担保中，他们将成为被担保人。

反担保既可以设立人的保证，也可以设立物的担保；既可以产生合同关系，也可以产生物权关系。不管是何种形式，都可以由当事人作出选择。根据反担保所采取的形式，反担保可以分为三种类型：（1）求偿保证。它是指担保人在作出担保之后，担保人与反担保人之间约定，由反担保人以自己的财产和信誉确保担保人对债务人追偿权的实现。此种担保中的反担保人只能是债务人以外的第三人。（2）求偿抵押。它是指债务人或者债务人以外的第三人以其财产作抵押，确保担保人追偿权实现的一种反担保。（3）求偿质押。它是指债务人或者债务人以外的第三人以自己的财产提供质押，以确保担保人追偿权的实现。无论采取何种方式，都是为了保障追偿权的实现。当然，如果当事人没有特别约定追偿权的范围，则应当认为与追偿权的行使有关的所支出的所有费用都属于反担保所担保的范围。

（三）反担保的请求人为提供担保的第三人

因为第三人为债务人提供担保以后，可能因债务人的财产状况不佳而无法实现追偿权，因而才有必要要求债务人提供反担保。[①]

（四）反担保必须采取书面形式

根据《民法典》的规定，本担保都要求采取书面形式，因反担保性质上仍然是担保，因此反担保也应当采取书面形式。

① 关于反担保的原理，引自王利明：《物权法研究》（下卷），中国人民大学出版社 2018 年版，第 388~392 页。

【审判实践中应注意的问题】

一、反担保适用《民法典》关于担保的规定

虽然本条没有对反担保的法律适用作出规定，但《民法典》物权编中的第387条第2款作了这样的规定。相同的制度，相同的法理，应当适用相同的法律规定。既然《民法典》物权编对反担保的法律适用作出了规定，保证合同中的反担保当然也应当参照适用。

二、在为保证人设立的反担保领域，《担保法司法解释》第2条在《民法典》施行后其精神是否继续适用

《担保法司法解释》第2条规定："反担保人可以是债务人，也可以是债务人之外的其他人。反担保方式可以是债务人提供的抵押或者质押，也可以是其他人提供的保证、抵押或者质押。"《民法典》本条规定的"债务人提供反担保"，既可以是债务人自己提供，也可以是债务人委托他人提供。因此，笔者认为，司法解释该规定的精神应当继续适用。不过，从另一方面看，这是不言自明的，所以，今后最高人民法院在制定有关担保的司法解释时，该内容可以不再规定。

三、《担保法司法解释》第9条在《民法典》施行后其精神是否继续适用

《担保法司法解释》第9条规定："担保人因无效担保合同向债权人承担赔偿责任后，可以向债务人追偿，或者在承担赔偿责任的范围内，要求有过错的反担保人承担赔偿责任。担保人可以根据承担赔偿责任的事实对债务人或者反担保人另行提起诉讼。"该条是对担保人在担保合同无效情况下承担的责任如何向债务人或者反担保人追偿的规定。

担保人在担保合同有效时承担责任后可以向债务人追偿。有反担保人的，担保人还可以要求反担保人承担反担保责任。但是在担保合

同无效的情况下，担保人承担的是民事赔偿责任，担保人在承担责任后是否可以向债务人追偿或是自行承担？有反担保人的，反担保人如何承担责任？该条司法解释认为，无效担保的担保人在因过错承担了民事赔偿责任后，担保人可以向债务人进行追偿或者要求反担保人分担责任。该司法解释起草者的理由在于，无论是有效担保还是无效担保，债务人均为最终责任人，有其他责任人的，如反担保人的，担保人的责任还可以向反担保人分化。无效担保的担保人所承担的责任，性质上属于缔约过失责任，担保人承担责任是因为其有过错。《担保法司法解释》第9条规定担保人可以向债务人追偿，开了“过错责任仍得追偿”的先河。对此，司法解释起草过程中也存在争论。主要的反对意见是：过错责任是当事人因其自身的过错而承担的责任，责任应当由其本人消化，不应再向他人追偿。只有代为履行、债务代偿，才存在向最终义务人追偿的问题。承认过错责任可以追偿，不符合过错责任的理论。这种主张有一定的道理，但是《担保法司法解释》没有采纳这种意见。这是因为，担保人承担的责任是原属于债务人的责任，债务人是最终责任人。担保人因其允诺承担责任，责任与权利通常不成比例，即便在担保无效时，无效担保人的责任也很可观。如果不允许担保人向债务人追偿，不符合公平原则的要求。作为缔约过失责任的一种，担保人的过错是决定其在担保无效时继续承担责任的根据，但这种根据只是确定一定的代偿责任的根据，担保人承担的责任仍有代偿责任的性质，因此在理论上也可以自足。

担保人向债务人的追偿，由于债务人是最终义务人，所有追偿是无条件的。追偿的范围则以担保人已经承担的责任范围为限。至于担保人要求反担保人分担责任的问题，则较为复杂。首先需要确定的是反担保人在什么情况下应当分担担保人的责任，也就是反担保人责任的构成要件；其次是需要确定反担保人分担责任的份额，也就是反担保人的责任范围。根据《担保法司法解释》第9条规定，反担保责任的构成要件是由于反担保人有过错和担保人实际承担了责任两项。反担保合同是担保合同的从合同，担保合同无效，反担保合同也无效，所以，担保人承担的责任是缔约过失责任，反担保人承担的责任也只能是缔约过失责任，反担保人也只在有过错时才有责任。换言之，反担保人如果没有过错，即便担保人有过错，反担保人也不承担责任。至于反担保人的过错情形，应当和担保人的过错情形相同：反担保人明知主合同无效仍为之提供担保或者反担保人明知主合同无效仍促使主合同成立或者为主合同的签订作中介等。

担保人相对于反担保人来说，属于债权人，反担保人应当向担保人负责。担保人实际承担了责任是反担保人承担责任的前提和范围。至于反担保人的责任范围，《担保法司法解释》规定以担保人的责任范围为限。该司法解释起草者认为，在这个限度内，反担保人具体承担多大的责任，则视案件的实际情况决定。但担保人承担的责任不宜全部由反担保人承担，因为在无效担保的情况下，担保人和反担保人均因自身过错承担责任，从这个角度出发，反担保人分担担保人所承担的责任比较公平。比如，担保人承担债务人未能清偿部分的1/3，反担保人承担担保人所承担的1/3部分的一半比较适合。[①]

《担保法司法解释》第9条第2款规定，无论是担保人向债务人追偿，还是担保人向反担保人要求分担责任，在诉讼程序上，担保人应当“另行提起诉讼”。这是因为，在债权人、债务人、担保人的案件中，不解决担保人向债务人或者反担保人要求追偿或者分担责任的问题，担保人向债务人提出追偿或者反担保人分担责任的诉讼请求也不构成反诉。

我们认为，《担保法司法解释》第9条立足于反担保合同是担保合同的从合同这一基本法理，结论是成立的。因此，《民法典》施行后，《担保法司法解释》第9条的精神应当继续适用。

---

① 李国光等：《最高人民法院〈关于适用《中华人民共和国担保法》若干问题的解释〉理解与适用》，吉林人民出版社2000年版，第76~78页。

四、反担保如果约定合同的效力与担保合同无关，其效力如何，民事责任如何承担

有一种观点认为，当事人可以在反担保合同中约定，反担保合同的效力可以独立于本担保合同的效力，此种约定也是有效的。[①]因为反担保的目的是保障本担保人的追偿权，只要本担保人有损失，反担保人就负责赔偿，而不管本担保合同的效力如何。也就是说，反担保人承担责任的前提是本担保人的损失，而与本担保合同的效力无关，反担保合同不是本合同的从合同。可见，反担保合同的效力与本担保合同的效力无关。另一种观点则认为，反担保合同是担保合同的从合同，这一性质无法改变，《民法典》第682条对此有明确规定。我们认为，反担保如果约定合同的效力与担保合同无关，该合同效力要看该反担保是否是银行或者非银行金融机构出具的独立保函，如果是，那么根据《独立保函纠纷规定》规定，该合同效力是独立存在的，该约定有效。相反，反担保合同仍然要受合同从属性原则的制约，主合同无效，反担保合同无效。合同无效后的民事责任承担，请参看本书对《民法典》第682条的有关解释与说明。

五、反担保责任何时产生

关于反担保责任何时产生的问题，这首先要看反担保合同的约定，只要约定不违反法律、行政法规的效力性强制性规定，就是有效的，就得依照约定。但无论反担保合同如何约定，反担保责任产生的前提有一点是可以肯定的，就是担保人一定已经依约代替主债务人履行了合同或者承担了责任，其才能请求反担保人承担反担保责任。

---

① 李国光主编：《担保法新释新解与适用》，新华出版社2001年版，第36~37页。

第六百九十条 保证人与债权人可以协商订立最高额保证的合同，约定在最高债权额限度内就一定期间连续发生的债权提供保证。

最高额保证除适用本章规定外，参照适用本法第二编最高额抵押权的有关规定。

【条文主旨】

本条是关于最高额保证的规定。

【条文理解】

一、与《担保法》有关条文的对比

《担保法》第14条规定："保证人与债权人可以就单个主合同分别订立保证合同，也可以协议在最高债权额限度内就一定期间连续发生的借款合同或者某项商品交易合同订立一个保证合同。"将本条规定与《担保法》第14条对比，变化如下：

1. 删去"保证人与债权人可以就单个主合同分别订立保证合同"的规定，因为这是显而易见，不言自明的。

2. 最高额保证合同不限于《担保法》第14条规定的就一定期间连续发生的"借款合同或者某项商品交易合同"，本条修改为"债权"，也即在一定期间连续发生的债权，不管合同性质，都可以订立最高额保证合同。

3. 本条增加规定第2款，即最高额保证除适用本章规定外，"参照适用本法第二编最高额抵押权的有关规定"。这样规定，我们认为，一是为最高额保证的法律适用指明了方向；二是从立法技术考虑，节约文字，否则会造成大量的重复。最高额保证的合同与最高额抵押权合同，基本原理都一样，这里没有必要重复规定。

二、最高额保证合同的概念和特点

最高额保证合同，是指保证人在最高债权额限度内为一定期间连续发生的债权提供的保证担保合同。为方便系列、连续发生的交易，法律应当允许保证人与债权人协议在最高债权额限度内就一定期间连续发生的债权订立一个保证合同。

最高额保证合同不同于普通保证合同。普通保证合同是指保证人与债权人约定，由保证人对实际发生的债权作担保。而最高额保证是指保证人与债权人约定，在最高债权额限度内由保证人对未来连续发生的债权作担保。与普通保证合同相比，最高额保证合同的主要特点在于：

第一，最高额保证合同是为“将来”发生的债权作担保。在普通保证合同的情况下，必须先有债权，然后才能设定保证合同，亦即保证合同的设定是以债权的存在为前提的，保证合同是为了担保已经存在的债权而设立的，债权不存在，普通保证合同也就无从设立。但在最高额保证合同设立时，主合同债权数额不确定。也就是说，当事人可以约定为未来一定期间内连续发生的债权提供保证。最高额保证合同就是针对将来发生的多个主债权而设定的保证合同，这就要求最高额保证合同先于实际发生的主合同债权而设立，而不以债权的实际存在为前提。由于最高额保证合同是为将来一定期间内连续发生的债权提供保证，因而，当事人在最高额保证合同中对此应作出明确的约定，如无特别约定，一般只能认定为普通保证合同，而不能随意认定为最高额保证合同。当然，如果双方当事人要将最高额保证合同设立之前已经存在的债权纳入最高额保证合同所担保的债权范围之内，从有利于债权人权益保障和意思自治的角度出发，应当承认该合同的效力。

第二，最高额保证合同所担保的债权数额在最高额限度内是“不确定的”。普通保证合同所担保的债权数额都是确定的，这不仅表现为债权类型是确定的，而且债权的数额也是确定的。但最高额保证合同所担保的未来债权数额则是不确定的。就最高额保证合同而言，通常情况下，必须到决算期时，才能确定保证合同所担保的实际债权数额。当然，最高额保证合同所担保的债权数额具有最高限额，只要在最高限额的范围内，将来所发生的所有债权都是保证人应当担保的债权。

第三，最高额保证合同是对“将来一定期间连续发生的债权”作担保；普通保证合同是对已经存在的债权作担保，通常这些债权为一个独立的债权。而对最高额保证合同而言，是对将来一定期限内连续发生的债权作担保，它适用于连续发生的数个债权债务法律关系，而不适用于仅发生了一个独立债权债务关系的情形。由于最高额保证合同是为未来连续发生的债权提供担保，因而，在最高额保证合同所担保的债权被确定之前，这些在约定的期限内连续发生的债权数额仍处于变动的状态。从保证合同生效之时起至被担保的债权确定之时止，仍有可能发生一部分旧债权消灭、一部分新债权产生的情况，债权数额总是处于一种不断变动的过程之中。

第四，最高额保证合同所担保的债权数额具有“最高债权额限度”。在最高额保证合同中，都存在“最高债权额限度”的约定。所谓“最高债权额限度”，是指最高额保证合同的当事人约定的所担保的债权的最高限额。如果保证合同约定保证人对一定期间内发生的债务承担保证责任，却没有约定最高限额的，这就不属于最高额保证合同。如果没有最高限额的约定，就属于连续保证，而不是最高额保证。最高限额的意义在于，其是对保证责任的最高限制。由于在设定最高额保证合同时，所担保的债权尚未完全确定，而保证人的责任财产是有限的，不可能对将来发生的无穷债权都提供有效保证，否则将会给保证人造成极大的负担。因而，应当对未来一定期间连续发生的债权设定最高限额，使保证人仅在该最高限额内负担保证责任。在最高额保证合同中，最高债权额限度就是保证人承担保证责任的最大限额。如果实际发生的债权数额低于最高限额的，则保证人仅对实际发生的债权数额承担保证责任。如果实际发生的债权数额高于最高限额的，保证人则仅以最高额为限承担保证责任。

根据承担保证责任方式的不同，最高额保证合同又可以分为两种：一是一般最高额保证合同，它是指当事人在保证合同中约定，当债务人不能履行债务时，由保证人于最高债权额限度内承担一般保证责任的保证；二是连带最高额保证合同，它是指当事人在保证合同中约定，债务人没有履行债务或者发生约定的情形时，保证人在最高债权额限度内，应当与债务人负连带责任的保证合同。区分这两种最高额保证合同形式的意义在于确定最高额保证人是否享有先诉抗辩权。也就是说，在一般最高额保证合同中，保证人享有先诉抗辩权，只有在债权人向债务人主张履行债务且经强制执行仍得不到实现的情况下，才需要承担保证责任；然而，连带最高额保证合同中的保证人不享有先诉抗辩权，债权人可以在债权期限届满后直接向其主张债务的履行。

三、最高额保证合同所保证的债权范围和特点

最高额保证合同所保证的债权范围包括主债权、利息、违约金、损害赔偿金等。由于在设立最高额保证合同时，债权尚未实际发生，因而，最高额保证所保证的债权范围具有特殊性，主要表现在：

第一，在订立合同时，主债权尚未发生，需要在合同订立之后的一定期限内才能确定。现实生活中发生的多数最高额保证合同都是这种情况。对于最高额保证合同设定之前已经发生的债权，是否可以设立最高额保证合同？我们认为，只要当事人同意，完全可以作为最高额保证合同保证的债权。因为在设立最高额保证合同时，其所保证的债权就是不特定的，既然双方当事人同意将先前已经存在的债权纳入其中，且不损害公共利益和第三人利益，法律自无不允许的道理。当然，在将其纳入最高额保证合同之后，不得超过约定的债权最高

限额。

第二，双方当事人既应明确约定保证债权的最高债权额限度，还应约定债权的类型和具体范围等内容。只有依据一定的合同关系而发生的债权，才能被纳入最高额保证的范围。申言之，对未来的主债权的确定方法，双方应在合同中事先约定，否则极易发生纠纷。特别是在保证因商品交易而发生的债权时，应当明确规定因何种商品进行连续交易而发生的债权额进行保证。否则，应推定双方同意就各种商品交易所发生的债权进行保证。

四、最高额保证合同所保证的债权的确定

（一）决算期

所谓决算期，是指债权人与保证人在最高额保证合同中约定的确定保证的最高额债权数额的时间，它是当事人约定的据以将最高额保证的连续发生的债权数额特定化的期日，是最终确定最高额保证所担保的债权的实际数额的日期。一旦该决算期到来，已经发生的债权就应到该日截止，这样来计算保证人应当承担的债权总额。也就是说，一旦决算期到来，则不特定的债权就已经特定，只要未超过最高限额，则对于所有在该期限前已经发生的债权，保证人都应承担保证责任。

（二）合同未约定决算期

在最高额保证合同中，如果当事人对所保证的债权的存续期间有约定的，即约定保证人对在何种期限内连续发生的债权承担保证责任，则保证人应当在约定的最高限额内、对该期限内连续发生的债权的清偿承担保证责任。如果最高额保证合同中没有约定决算期，为平衡当事人之间的利益，应当赋予保证人随时终止保证合同的权利，保证人可以随时书面通知债权人终止保证合同，但保证人对于通知到债权人前所发生的债权，应当承担保证责任。这种情况现实生活中应当比较少见。

（三）债权未到清偿期

首先需要强调的是，本条规定对所有债权均可设立最高额保证合同，而不限于《担保法》第14条规定的就一定期间连续发生的“借款合同或者某项商品交易合同”。在最高额保证合同所约定的期间内，债权人与债务人之间可以连续发生多笔债权。在决算期到来之后，如果债权都已届清偿期而债务人未清偿的，债权人自然可以要求保证人承担责任。但如果其中有一笔或者数笔债务未届清偿期，债权人可否要求保证人承担责任？我们认为，在此情况下，债权人不能要求保证人承担保证责任，而只能在每一笔债务都到期后才能请求保证人承担责任。理由在于：所谓最高额保证所担保的债权的确定，是指因法定的事由或者约定债权确定期限届满，而使最高额保证所担保的债权特定化。决算期的目的在于确定最高额保证中担保债权的范围，但决算期届满只是使债权额得以确定，并不意味着债权就应当清偿，也不意味着保证人必须立即承担保证责任。在决算期内发生的债权，只要在最高限额内，保证人都应承担保证责任。但在此情形下，债权人能否向保证人实际主张保证责任的承担，应取决于各笔债权的清偿期是否届至。决算期到来后，对于清偿期仍未届满的债权，由于主债务履行期尚未届满，债权人不得向保证人主张承担保证责任。[①]

【审判实践中应注意的问题】

一、《担保法司法解释》第23条在《民法典》施行后其精神是否继续适用

《担保法司法解释》第23条规定：“最高额保证合同的不特定债权确定后，保证人应当对在最高债权额限度内就一定期间连续发生的债权余额承担保证责任。”笔者认为，该条规定符合最高额保证合同

① 本部分最高额保证合同的基本原理，引自王利明：《合同法研究》（第4卷），中国人民大学出版社2018年版，第324~330页。

的法理，在《民法典》施行后其精神应当继续适用。理由在于：第一，最高额保证合同债权额的确定应当以决算期为准。该条予以了明确。第二，最高额保证合同债权额为决算期的债权余额。由于最高额保证是对一定期间内连续发生的不特定债权承担保证责任，在此段期间内可能发生多笔债权，多笔债权的总额可能是相当大的。但在确定债权额时，不应将各笔债权实际发生的总额作为最终的债权额，而只应将决算期时的债权余额作为债权额。第三，最高额保证合同的保证人仅应当在其承诺的范围内承担责任。决算期的债权余额范围，并不当然等于保证人应当承担保证责任的范围。在有些情况下，债权余额可能超过保证人在最高额保证合同中所承诺的范围，但保证人仅应当在自己承诺的范围内承担保证责任。[①]

二、《担保法司法解释》第37条在《民法典》施行后其精神是否继续适用[②]

《担保法司法解释》第37条规定："最高额保证合同对保证期间没有约定或者约定不明的，如最高额保证合同约定有保证人清偿债务期限的，保证期间为清偿期限届满之日起六个月。没有约定债务清偿期限的，保证期间自最高额保证终止之日或自债权人收到保证人终止保证合同的书面通知到达之日起六个月。"依据该条规定，最高额保证中保证期间与一般保证中的保证期间相同，即当事人对保证期间有约定的，依照其约定；没有约定或者约定不明的，适用法定的6个月的保证期间。该条规定的"约定有保证人清偿债务期限的"，实际上明确了法定保证期间的起算点，保证期间为该起算点之日起6个月。当事人没有约定债务清偿期限的，保证期间自最高额保证终止之日或者自债权人收到保证人终止保证合同的书面通知到达之日起6个月。当事人没有约定债务清偿期限的，保证人可以随时书面通知债权人终

① 李国光等：《最高人民法院〈关于适用《中华人民共和国担保法》若干问题的解释〉理解与适用》，吉林人民出版社2000年版，第123页。

② 就这一问题，本书《民法典》第692条的"条文理解"部分作了详细解读。

止最高额保证合同。

根据本条第2款的规定，最高额保证要适用《民法典》保证合同一章的规定。该章第692条规定：“保证期间是确定保证人承担保证责任的期间，不发生中止、中断和延长。债权人与保证人可以约定保证期间，但是约定的保证期间早于主债务履行期限或者与主债务履行期限同时届满的，视为没有约定；没有约定或者约定不明确的，保证期间为主债务履行期限届满之日起六个月。债权人与债务人对主债务履行期限没有约定或者约定不明确的，保证期间自债权人请求债务人履行债务的宽限期届满之日起计算。”依据该条规定，保证期间保证合同有约定的，从约定。没有约定或者约定不明的，保证期间“为主债务履行期限届满之日起六个月”。《担保法司法解释》第37条前句规定：“最高额保证合同对保证期间没有约定或者约定不明的，如最高额保证合同约定有保证人清偿债务期限的，保证期间为清偿期限届满之日起六个月。”我们认为，根据《民法典》第692条的规定，最高额保证合同约定有保证人清偿债务期限的，该期限应当是保证期间，不属于《担保法司法解释》第37条规定的对保证期间没有约定或者约定不明。因为保证期间是保证责任的存续期间，保证人清偿债务的期限当然是保证责任的期间。据此，笔者认为，《担保法司法解释》第37条前句规定与《民法典》第692条的规定矛盾，《民法典》施行后不应再适用。

《担保法司法解释》第37条后句规定，最高额保证合同“没有约定债务清偿期限的，保证期间自最高额保证终止之日或自债权人收到保证人终止保证合同的书面通知到达之日起六个月”。该规定与最高额保证合同确定决算期的原理相同，在《民法典》施行后其精神应当继续适用。

三、注意参照适用本法第二编最高额抵押权的有关规定

本条第1款规定了最高额保证合同的定义，鉴于最高额保证合同与最高额抵押权的原理相同，基于立法技术的考虑，本条第2款专门

规定，最高额保证除适用本章规定外，参照适用本法第二编最高额抵押权的有关规定。例如，最高额抵押权中关于债权确定的规定，就要参照适用。《民法典》物权编中的第423条规定如下：“有下列情形之一的，抵押权人的债权确定：（一）约定的债权确定期间届满；（二）没有约定债权确定期间或者约定不明确，抵押权人或者抵押人自最高额抵押权设立之日起满二年后请求确定债权；（三）新的债权不可能发生；（四）抵押权人知道或者应当知道抵押财产被查封、扣押；（五）债务人、抵押人被宣告破产或者解散清算；（六）法律规定债权确定的其他情形。”对于该条如何理解与适用，请参看本丛书物权编对该条的说明。

特别需要说明的是，《民法典》第424条规定：“最高额抵押权除适用本节规定外，适用本章第一节的有关规定。”实际上，不仅如此，最高额保证的法律适用包括七个方面的含义：第一，适用《民法典》合同编第2分编“典型合同”第13章“保证合同”第1节“一般规定”的内容。第二，适用合同编第1分编“通则”的规定。第三，适用总则编的有关规定。第四，适用物权编第4分编“担保物权”第17章第2节“最高抵押权”的规定。第五，适用物权编第4分编“担保物权”第17章第1节“一般抵押权”的规定。第六，适用物权编第4分编“担保物权”第16章的“一般规定”的规定。第七，适用物权编第1分编“通则”的规定。对此，应当引起重视。不过，审判实践中，最高额抵押的法律适用经常用到的是第一、第四、第五方面的内容。

第二节 保证责任

第六百九十一条 保证的范围包括主债权及其利息、违约金、损害赔偿金和实现债权的费用。当事人另有约定的，按照其约定。

【条文主旨】

本条是关于保证范围的规定。

【条文理解】

一、与《担保法》有关条文的对比

《担保法》第21条规定："保证担保的范围包括主债权及利息、违约金、损害赔偿金和实现债权的费用。保证合同另有约定的，按照约定。当事人对保证担保的范围没有约定或者约定不明确的，保证人应当对全部债务承担责任。"

将本条与《担保法》第21条规定对比，本条仅对《担保法》第21条作了些文字修改，如将"保证担保的范围"修改为"保证的范围"，将"利息"修改为"其利息"，将"保证合同另有约定的"修改为"当事人另有约定的"，将"按照约定"修改为"按照其约定"。

本条删去了《担保法》第21条第2款规定，但该款的规定仍然应当适用，这是一个基本原理。换言之，没有这一款规定，也能得出这样的结论。所以，从立法的科学性来看，《担保法》第21条第2款

可以删去。

二、本条理解

本条规定属于补充性任意规定。所谓补充性任意规定，是指当事人可以通过约定而改变法律的规定，但是在当事人没有约定或者约定不明确时，通过法律的规定来确定当事人之间的权利义务关系内容。[①]因此，保证合同没有约定，或者虽有约定，但约定不明的，保证的范围包括主债权及其利息、违约金、损害赔偿金和实现债权的费用。保证合同另有约定的，按照该约定处理。

【审判实践中应注意的问题】

关于实现债权的费用的问题。

在保证人和债权人签订保证合同时，实现债权的费用是不确定的。发生纠纷后，对此把握的标准应当是：该费用要合理。不合理的实现债权的费用，当然不应支持。比如，债权人请律师的费用，该律师费就应当合理。对此费用，实践中标准不一。我们认为，可以参照有权部门制定的律师收费标准，根据律师的工作量等因素酌定。

① 王轶：《论合同法上的任意性规范》，载《社会科学战线》2006年第5期。

第六百九十二条 保证期间是确定保证人承担保证责任的期间，不发生中止、中断和延长。

债权人与保证人可以约定保证期间，但是约定的保证期间早于主债务履行期限或者与主债务履行期限同时届满的，视为没有约定；没有约定或者约定不明确的，保证期间为主债务履行期限届满之日起六个月。

债权人与债务人对主债务履行期限没有约定或者约定不明确的，保证期间自债权人请求债务人履行债务的宽限期届满之日起计算。

【条文主旨】

本条是关于保证期间的规定。

【条文理解】

一、本条规定的来源及其变化

本条第1款是新增加的条文，《担保法》对此没有规定。“不发生中止、中断和延长”的规定应当来源于《担保法司法解释》第31条“保证期间不因任何事由发生中断、中止、延长的法律后果”。

本条第2款前句是新增加的条文，《担保法》对此没有规定。该句应当来源于《担保法司法解释》第32条的规定：“保证合同约定的保证期间早于或者等于主债务履行期限的，视为没有约定，保证期间为主债务履行期届满之日起六个月。保证合同约定保证人承担保证责任直至主债务本息还清时为止等类似内容的，视为约定不明，保证期间为主债务履行期届满之日起二年。”但是，应当注意的是，本条第2款后句与《担保法司法解释》第32条第2款“视为约定不明，保证期间为主债务履行期届满之日起二年”不同。本条规定，无论是保证合同没有规定，还是虽然有规定但约定不明，保证期间均为主债务履行期限届满之日起6个月。由“二年”变成了“六个月”。这是一个重大变化。本条第2款后句规定的内容与《担保法》第25条第1款“一般保证的保证人与债权人未约定保证期间的，保证期间为主债务履行期届满之日起六个月”和第26条第1款“连带责任保证的保证人与债权人未约定保证期间的，债权人有权自主债务履行期届满之日起六个月内要求保证人承担保证责任”的规定大体一致，但在保证期间“没有约定”的基础上又增加了一种情形，即保证期间“约定不明确的”。

本条第3款是新增加的条文，《担保法》对此没有规定。《担保法司法解释》第33条规定：“主合同对主债务履行期限没有约定或者约定不明的，保证期间自债权人要求债务人履行义务的宽限期届满之日起计算。”本条第3款应当来自该司法解释条文。

二、本条理解

在保证纠纷案件的审理中，保证期间的法律适用是一难点，下面作出分析：

（一）保证期间的概念和特征

保证期间，又称“保证责任的存续期间”“承担保证责任的期间”，是指在保证合同的当事人之间约定，或者依法律规定，保证人在此期限内才承担保证责任，超过该期限，保证人不再承担保证责任的期间。准确地说，保证期间是保证合同约定或者法律规定的保证债务的履行期限。确定保证期间的意义在于：一是保护保证人的合同权利。由于保证合同是单务合同，保证人没有权利，只有义务，因此，债权人只能根据保证合同约定的期限要求保证人履行保证债务，超过该期限，承担保证债务已经不是保证人的合同义务了，所以，保证人不再承担保证责任。二是督促债权人及时行使权利。既然保证合同约定保证人只在保证期间内履行保证义务，那么债权人就应当及时行使权利，请求保证人在保证期间内履行义务。保证期间一旦经过，保证人就不再承担保证责任。

具体而言，保证期间具有如下特征：

第一，保证期间是只有在该期间内债权人向债务人（一般保证）或者保证人（连带责任保证）依法主张了权利，保证人才承担保证责任的期间。超过该期限，保证人不再承担保证责任。就一般的合同而言，在合同约定的履行期之后，只要没有经过诉讼时效期间，债权人都有权请求债务人履行债务，债务人不得据此抗辩。但与一般合同不同的是，在保证合同约定的保证人履行债务的期限内，债权人必须向债务人或者保证人依法主张权利，否则保证人不再承担保证责任。这是保证期间的最大特点。

第二，保证期间由当事人约定或者法律规定。保证期间与一般合同的履行期一样，当然可以由当事人约定。当事人没有约定或者约定不明确的，可依法律的规定作出认定，如本条第2款规定，没有约定或者约定不明确的，保证期间为主债务履行期限届满之日起6个月。关于6个月的法律规定，我们认为，主要考虑是保证合同具有单务性、无偿性，为倾斜保护保证人的权利，法律规定了较短的保证期间，这样可以避免保证人承担过重的责任。

第三，保证期间是保证合同的组成部分。就像一般合同条款都包含履行期限一样，保证合同也不例外。一般合同如果没有约定履行期，那么根据法律的规定可以推定履行期。保证期间与一般合同的履行期功能完全相同，因此，当然是保证合同的组成部分。

（二）保证期间的性质

《担保法司法解释》起草者认为，保证期间的性质属于除斥期间。[①] 但有学者认为，保证期间不能等同于除斥期间。一方面，从规范性质来看，除斥期间属于法律的强制性规定，不得由当事人改变。

---

① 李国光等：《最高人民法院〈关于适用《中华人民共和国担保法》若干问题的解释〉理解与适用》，吉林人民出版社2000年版，第141~142页。

而保证期间以约定为原则，法定为例外，是可以由当事人自由约定的。同时，在合同有效期内，当事人也可以对保证期间进行变更。另一方面，从适用对象来看，除斥期间的适用对象主要为形成权。因为形成权将会根据一方的意志而产生法律关系发生、变更和消灭的效果，所以，通过除斥期间对形成权进行限制，从而使其在较短的时间内消灭该形成权，以维护社会秩序的稳定性。而保证期间主要适用于请求权，即适用于债权人请求保证人承担保证责任的权利。[①]我们赞同上述学者的观点。同时，我们认为，保证期间也不是诉讼时效期间，这不仅因为保证期间不发生中止、中断和延长，而且保证期间经过，保证人不再承担保证责任，保证人的实体责任消灭。这与诉讼时效制度不同，因为诉讼时效期间经过，债务人有抗辩不履行的权利，但实体债务仍然存在，只是过了诉讼时效期间，成了自然债务。

关于保证期间的性质，有学者认为，保证期间是决定债权人能否取得可以要求保证人代债务人向其履行或者进行赔偿责任承担的债权请求权的期间，是决定债权人能不能够取得相应权利的期间，可称之为或有期间。保证期间是典型的或有期间，买卖合同中买受人对出卖人交付的标的物质量、数量是否合格进行检验后，及时提出异议的异议期间也是或有期间。[②]我们认为，可以不对保证期间的性质进行归类，其既不属于除斥期间，也不属于诉讼时效期间，而是《民法典》规定的一种特殊期间。现有的理论一般认为，就民法上的期间而言，要么是诉讼时效期间，要么是除斥期间，必须二选一，不存在除此之外的其他性质。现在看来，还存在这样的特殊期间，只是理论上对其名称还没有形成共识。

（三）保证期间的类型

保证期间的类型，可以分为约定的保证期间和法定的保证期间。债权人与保证人可以约定保证期间，但是约定的保证期间早于主债务履行期限或者与主债务履行期限同时届满的，视为没有约定。

---

① 王利明：《合同法研究》（第4卷），中国人民大学出版社2018年版，第306页。

② 王轶：《民法典之“变”》，载《东方法学》2020年第4期（民法典专刊）。

法定的保证期间，是指债权人与保证人没有约定或者约定不明确的，保证期间为主债务履行期限届满之日起6个月。也就是说，根据《民法典》的规定，我国的法定保证期间有：（1）一般保证中的保证期间。根据本条第2款的规定，为6个月。（2）连带责任保证的保证期间。根据本条第2款的规定，也是6个月。

需要注意的是，《担保法司法解释》第32条第2款规定："保证合同约定保证人承担保证责任直至主债务本息还清时为止等类似内容的，视为约定不明，保证期间为主债务履行期届满之日起二年。"该规定的"二年"，与本条冲突，在《民法典》施行后不应再继续适用。

（四）保证期间的起算点

保证期间的起算点，是指保证期间从何时开始起算。从原理来看，保证合同的当事人可以约定。但从审理案件了解的情况来看，很少有当事人对此进行约定。当事人没有约定，应当从主债务人履行期限届满之日开始起算。因为从主债务履行期限届满之日，主债务人没有履行或者没有完全履行主债务的，根据保证的从属性特点，保证人的保证责任即开始发生。所以说，保证期间的起算点是和保证责任同时发生的。问题在于，如果主合同对主债务履行期限没有约定或者约定不明的，保证期间如何起算？依据《民法典》第511条第4项的规定，主合同履行期限不明确的，债务人可以随时履行，债权人也可以随时请求履行，但是应当给对方必要的准备时间，即给予宽限期。在宽限期届满之后，如果主债务人仍未清偿主债务的，则应承担违约责任，此时保证人也应当承担保证责任了，因此，宽限期届满之日，开始计算保证期间。这就是本条第3款这样规定的原理。该款应当来源于《担保法司法解释》第33条的规定："主合同对主债务履行期限没有约定或者约定不明的，保证期间自债权人要求债务人履行义务的宽限期届满之日起计算。"

（五）保证期间不发生中止、中断和延长的问题

《担保法》第25条第2款规定："在合同约定的保证期间和前款规定的保证期间，债权人未对债务人提起诉讼或者申请仲裁的，保证

人免除保证责任；债权人已提起诉讼或者申请仲裁的，保证期间适用诉讼时效中断的规定。”该款关于诉讼时效中断的规定，混淆了保证期间和诉讼时效的关系。因为债权人在保证期间内提起诉讼或者申请仲裁的，保证期间制度的使命就已经完成，不存在中断的问题。《担保法》第25条第2款是就一般保证作出的规定。就一般保证而言，债权人在保证期间届满前对债务人提起诉讼或者申请仲裁的，从保证人拒绝承担保证责任的权利消灭之日起，开始计算保证债务的诉讼时效，保证期间本身不发生中断的问题，也不发生中止和延长的问题。因此，这次《民法典》编纂时，纠正了这一错误，规定保证期间不发生中止、中断和延长的问题。

（六）保证期间届满的法律效果

保证期间届满的法律效果，是指在保证期间内，如果债权人没有依法主张权利，将导致保证责任消灭，债权人无权请求保证人承担保证责任。债权人主张权利的方式因一般保证和连带责任保证的区别而不同。对于一般保证而言，由于保证人依法享有先诉抗辩权，法律将债权人在保证期间内对债务人提起诉讼或者申请仲裁作为要求保证人承担保证责任的法定方式。如果债权人没有在保证期间内对债务人提起诉讼或者申请仲裁，则保证人的保证责任免除。而对于连带责任保证而言，债权人未在保证期间内向保证人主张承担保证责任的，保证人不再承担保证责任。

【审判实践中应注意的问题】

一、《担保法司法解释》第32条第2款关于“二年”的规定在《民法典》施行后是否继续适用

《担保法司法解释》第32条第2款规定：“保证合同约定保证人承担保证责任直至主债务本息还清时为止等类似内容的，视为约定不明，保证期间为主债务履行期届满之日起二年。”而本条规定：“没有

约定或者约定不明确的，保证期间为主债务履行期限届满之日起六个月。”因此，《民法典》施行后，《担保法司法解释》第32条第2款关于“二年”的规定不再适用。实际上，早已有学者对《担保法司法解释》这一条款规定的合理性提出质疑，认为当事人对于保证期间约定不明与没有约定应当等同视之，此时的保证期间应当同样为6个月，才能保持法律内部的一致性。①

二、《担保法司法解释》第32条第2款关于“保证合同约定保证人承担保证责任直至主债务本息还清时为止等类似内容的，视为约定不明”的规定在《民法典》施行后是否继续适用

审判实务中，有的保证合同约定保证人负有“持续不断地”“连续地”“永久性”“永远地”“直至主债务本息还清为止”等类似承担保证责任的规定，是否有效？

由于保证合同具有从属性、单务性、无偿性，债务人是本位的义务履行人，保证人是第二位的义务履行人，因此，此种无期限的保证，不适当地加重了保证人的责任。为平衡当事人的利益，应视为约定不明确，保证期间为主债务履行期限届满之日起6个月。有鉴于此，笔者认为，《担保法司法解释》第32条第2款关于“保证合同约定保证人承担保证责任直至主债务本息还清时为止等类似内容的，视为约定不明”的规定在《民法典》施行后应当继续适用。

三、《最高人民法院关于人民法院应当如何认定保证人在保证期间届满后又在催款通知书上签字问题的批复》② 在《民法典》施行后是否继续适用

该批复原文如下：

云南、河北、四川省高级人民法院：

云高法〔2003〕69号《关于保证人超过保证期间后又在催款通

① 王利明：《合同法研究》(第4卷)，中国人民大学出版社2018年版，第308页。

② 法释〔2004〕4号，2004年4月14日发布。

知书上签字应如何认定性质和责任的请示》、〔2003〕冀民二请字第1号《关于如何认定已过了保证期间的保证人在中国长城资产管理公司〈债权转移确认通知书〉上盖章的民事责任的请示》和川高法〔2003〕266号《关于保证期届满后保证人与债务人同日在催款通知书上签字或者盖章的法律效力问题的请示》收悉。经研究，答复如下：

根据《中华人民共和国担保法》的规定，保证期间届满债权人未依法向保证人主张保证责任的，保证责任消灭。保证责任消灭后，债权人书面通知保证人要求承担保证责任或者清偿债务，保证人在催款通知书上签字的，人民法院不得认定保证人继续承担保证责任。但是，该催款通知书内容符合合同法和担保法有关担保合同成立的规定，并经保证人签字认可，能够认定成立新的保证合同的，人民法院应当认定保证人按照新保证合同承担责任。

该批复包含两部分内容：一是保证期间届满“保证责任消灭”，即保证人的保证责任实体上已经没有了，保证人“仅在催款通知书上签字的，人民法院不得认定保证人继续承担保证责任”，否定了保证人在催款通知书上签字作为保证人继续承担保证责任的方式；二是保证期间届满后保证人也可能承担保证责任，只要“该催款通知书内容符合合同法和担保法有关担保合同成立的规定……能够认定成立新的保证合同”。认定保证人承担保证责任，应当要求以“明示方式”愿意承担，不能搞“推定愿意”或者“默示愿意”，批复的内容支持了该原则；催款通知书一般只有债权人主张债权、催促债务人履行债务的意思表示，通常不包含“符合合同法和担保法有关担保合同成立的”内容，因此在催款通知书上签字能够“成立新的保证合同的”特殊情况极难出现。因此，综合以上分析，具体适用最高人民法院法释〔2004〕4号批复可以形成以下认识：

第一，保证期间届满后保证人在催款通知书上签字，原则上不承担保证责任。

第二，债权人的催款通知书内容符合《民法典》有关保证合同成立的规定，明确提出了新的保证要约，保证人签字的，成立新的保证合同，保证人按照新的保证合同承担保证责任。

第三，债权人的催款通知书中明确要求保证人继续承担保证责任，保证人签字的，保证人不得反悔，应当承担保证责任。①

笔者认为，法释〔2004〕4号批复的精神与《民法典》的精神是完全吻合的，该精神在《民法典》施行后应当继续适用。

四、法院应当对保证期间是否届满主动进行审查

保证期间届满后，将导致保证责任消灭。在此情形下，尽管主债务依然存在，但债权人只能向主债务人请求清偿债务，而不能请求保证人承担保证责任。由此可见，保证期间和时效的区别在于，保证期间的届满会导致保证责任本身的消灭，而不像时效那样仅仅导致保证人抗辩权的产生。无论是一般保证，还是连带责任保证，保证期间的经过都发生保证责任消灭的法律后果。对于诉讼时效期间，由于义务人的实体义务仍然存在，其只是享有履行抗辩权，因此，人民法院不能主动审查。但对于保证期间，由于法律明确规定其届满的后果是保证责任消灭，所以，人民法院应当主动审查。

① 参见曹士兵：《中国担保制度与担保方法》，中国法制出版社2017年版，第165页。

第六百九十三条 一般保证的债权人未在保证期间对债务人提起诉讼或者申请仲裁的，保证人不再承担保证责任。

连带责任保证的债权人未在保证期间请求保证人承担保证责任的，保证人不再承担保证责任。

【条文主旨】

本条是关于债权人未依法在保证期间向保证人主张权利，保证人不再承担保证责任的规定。

【条文理解】

一、与《担保法》有关条文的对比

《担保法》第25条第2款规定："在合同约定的保证期间和前款规定的保证期间，债权人未对债务人提起诉讼或者申请仲裁的，保证人免除保证责任；债权人已提起诉讼或者申请仲裁的，保证期间适用诉讼时效中断的规定。"第26条第2款规定："在合同约定的保证期间和前款规定的保证期间，债权人未要求保证人承担保证责任的，保证人免除保证责任。"

将本条与《担保法》上述两条款相比，修改的地方是删除了《担保法》第25条第2款后句的内容，其余内容主要作了些文字修改，没有作实质性改动。

二、本条理解

本条删去《担保法》第25条第2款后句的原因是，原条文混淆了保证期间和诉讼时效的关系。二者的关系正确的理解应该是：债权人在保证期间内依法向主债务人（一般保证）主张权利或者向保证人（连带责任保证）主张保证责任的，保证期间的使命完成。就一般保证而言，债权人在保证期间对债务人提起诉讼或者申请仲裁的，从保证人拒绝承担保证责任的权利消灭之日起，开始计算保证债务的诉讼时效，而不是《担保法》规定的保证期间适用诉讼时效中断的规定。就连带保证而言，债权人在保证期间请求保证人承担保证责任的，开始计算保证债务的诉讼时效。

保证期间是法定的或者约定的保证责任的存续期间。就一般保证而言，债权人应当在保证期间对债务人提起诉讼或者申请仲裁。就连带责任保证而言，债权人应当在保证期间请求保证人承担保证责任。保证期间届满，债权人未依法向主债务人（一般保证）主张权利或者向保证人（连带责任保证）主张保证责任的，保证人的保证责任归于消灭。这就是保证期间与保证责任的关系。

【审判实践中应注意的问题】

一、一般保证的债权人和连带责任保证的债权人行使权利的方式对保证人承担保证责任的影响

注意债权人行使权利的对象不同。对于一般保证而言，由于保证人享有先诉抗辩权，债权人必须在保证期间内通过对债务人提起诉讼或者申请仲裁的方式行使，否则，保证责任消灭，保证人不再承担保证责任。此时，如果债权人没有在保证期间内以对债务人提起诉讼或者申请仲裁的方式主张权利，而只是向债务人主张权利，因其行使权利的方式不符合《民法典》第693条第1款的规定，保证人的保证责任消灭。有疑问的是，一般保证的债权人虽然未在保证期间内对债务人提起诉讼或者申请仲裁，但却在保证期间内向保证人主张了权利，保证人的保证责任是否消灭？我们认为，此时保证人应当行使先诉抗

辩权。如果先诉抗辩权成立，那么保证人不再承担保证责任。因为根据《民法典》第693条的规定，在保证期间内，只要一般保证的债权人未对债务人提起诉讼或者申请仲裁，保证人就不再承担保证责任，没有任何例外情况；如果先诉抗辩权不成立，即债权人有证据证明债务人或者保证人符合《民法典》第687条第2款规定的四种情形之一的，保证人的保证责任不消灭，但保证期间使命完成，从债权人主张权利之日起，开始计算保证债务的诉讼时效。

而连带责任保证则不同，由于连带责任保证的保证人不享有先诉抗辩权，所以，债权人只有在保证期间内对保证人主张承担保证责任的，保证人才应承担保证责任。否则，保证责任消灭，保证人不再承担保证责任。

二、连带责任保证的债权人在保证期间届满前向保证人提起诉讼或者申请仲裁请求其承担保证责任后，又撤回起诉或者撤回仲裁申请的，能否认定债权人在保证期间内向保证人主张了权利

第一种观点认为，只要债权人在保证期间届满前向保证人提起诉讼或者申请仲裁，即使之后撤回起诉或者撤回仲裁申请，都应认定债权人在保证期间内向保证人主张了权利。

第二种观点认为，根据撤回起诉视为没有起诉的原理，不论起诉状副本或者仲裁申请书副本是否发送保证人，均应认定债权人在保证期间没有向保证人主张权利。

第三种观点认为，应分别情形处理：如果人民法院将起诉状副本或者仲裁机构将仲裁申请书副本发送保证人的，则应当认定债权人在保证期间对保证人主张了权利；如果人民法院没有将起诉状副本或者仲裁机构没有将仲裁申请书副本发送保证人的，则应当认定债权人在保证期间内没有对保证人主张权利。

笔者认为，《民法典》第694条第2款规定，连带责任保证的债权人在保证期间届满前“请求保证人”承担保证责任的，从债权人请求保证人承担保证责任之日起，开始计算保证债务的诉讼时效。该

条强调的是“请求保证人”承担保证责任，而没有规定具体的请求方式。2002年《最高人民法院对〈关于担保期间债权人向保证人主张权利的方式及程序问题的请示〉的答复》（〔2002〕民二他字第32号）对类似问题规定：“本院2002年8月1日下发的《关于处理担保法生效前发生保证行为的保证期间问题的通知》第一条规定的‘向保证人主张权利’和第二条规定的‘向保证人主张债权’，其主张权利的方式可以包括‘提起诉讼’和‘送达清收债权通知书’等。”据此，向法院起诉也是“请求保证人”承担保证责任的一种方式。但是，《民法典》本条规定的“请求保证人承担保证责任”，其本来的含义应当包括债权人请求的意思表示到达保证人，或者人民法院或者仲裁机构将起诉状或者仲裁文书的副本发送保证人。也就是说，“请求保证人承担保证责任”的意思表示一定要到达保证人。再鉴于连带责任保证的债权人一旦在保证期间届满前“请求”保证人承担保证责任，保证期间的作用就已完成，诉讼时效制度开始发生作用，即保证债务的诉讼时效开始起算，故笔者倾向于第三种观点。前两种观点都有失偏颇。

第二种观点的问题在于，如果在债权人起诉的情况下，法院没有在立案之日起5日内将起诉状副本发送保证人，此时债权人撤诉，如果保证期间经过，会不会引起国家赔偿的问题，因为是法院的原因没有发送保证人，导致保证期间经过。笔者认为，债权人为了让保证人承担保证责任，完全可以在保证期间内自行通知保证人。债权人在起诉后又撤诉的，其撤诉后也可以自行通知保证人。债权人向法院起诉的目的并不是让法院通知保证人，而是请求人民法院对该纠纷进行审理。通知保证人的义务是债权人自身的义务，不能转移。债权人起诉后，法院将起诉状副本发送保证人的行为，并不能解释为是债权人将通知的义务转移给了法院。笔者认为，法院的发送行为与债权人的通知义务没有任何关系，法院的发送行为是职务行为。因此，如果法院没有依法发送，但债权人自身可以通知保证人，而因没有通知导致保证期间经过，其要求法院承担国家赔偿的请求，不能得到支持。

三、一般保证的债权人在保证期间届满前对债务人提起诉讼或者申请仲裁，后又撤回起诉或者撤回仲裁申请的，保证人的保证责任是否消灭

根据前述理由，笔者认为，如果人民法院将起诉状副本或者仲裁机构将仲裁申请书副本发送债务人的，则应当认定债权人在保证期间内对债务人依法主张了权利，保证人的保证责任不消灭；如果人民法院没有将起诉状副本或者仲裁机构没有将仲裁申请书副本发送债务人的，则应当认定债权人在保证期间没有依法对债务人主张权利，保证人的保证责任消灭。需要说明的是，假设文书副本未发债务人，但债权人撤回起诉或者撤回仲裁申请的行为本身，应当认定为债权人未在保证期间对债务人提起诉讼或者申请仲裁，与法院或者仲裁机构未依法发送文书副本无关。

第六百九十四条　一般保证的债权人在保证期间届满前对债务人提起诉讼或者申请仲裁的，从保证人拒绝承担保证责任的权利消灭之日起，开始计算保证债务的诉讼时效。

连带责任保证的债权人在保证期间届满前请求保证人承担保证责任的，从债权人请求保证人承担保证责任之日起，开始计算保证债务的诉讼时效。

【条文主旨】

本条是关于保证期间与保证债务诉讼时效关系的规定。

【条文理解】

一、本条规定的来源

本条是《民法典》新增加的规定，《担保法》对此没有作出明确规定。本条规定应当来源于《担保法司法解释》第 34 条的规定："一般保证的债权人在保证期间届满前对债务人提起诉讼或者申请仲裁的，从判决或者仲裁裁决生效之日起，开始计算保证合同的诉讼时效。连带责任保证的债权人在保证期间届满前要求保证人承担保证责任的，从债权人要求保证人承担保证责任之日起，开始计算保证合同的诉讼时效。"但本条第 1 款与《担保法司法解释》第 34 条第 1 款在保证债务的诉讼时效的起算点上规定不一致，对此，我们在本条后面的阐释中会作出说明。

二、本条理解

保证期间与保证债务诉讼时效的关系是审判实践中的难点，甚至《担保法》第25条第2款也混淆了二者的关系，因此，下面我们先对保证债务的诉讼时效有关问题进行阐释，再谈保证期间与保证债务诉讼时效的关系。

（一）保证债务诉讼时效的概念和特征

保证债务的诉讼时效，是指当债权人请求保证人履行保证债务，若法定的时效期间经过，债权人即丧失获得胜诉判决的权利。由于本条没有对保证债务的诉讼时效作出特别规定，所以保证债务适用一般诉讼时效，时效期间为3年。在《民法典》中确定保证债务的诉讼时效的意义在于：债权人在保证期间内向主债务人或者保证人主张权利后，保证期间的使命即已经完成，保证人不能主张保证期间抗辩，但在此情况下，保证债务也不能一直存续，否则将使保证人承担过重的责任，因此，法律上确认保证债务应当适用单独的诉讼时效。从法理上而言，保证期间是债权人选择是否要求保证人承担保证责任的期间，如果债权人要求保证人承担保证责任，则会导致保证之债的出现，保证之债与普通的债务无异，理应存在时效问题。[①]

债权人在保证期间内根据《民法典》规定的方式向债务人或者保证人主张权利的，保证期间制度的使命完成，诉讼时效制度开始发挥作用。这样，保证人享有两次法定期间的保护，一次是保证期间，一次是诉讼时效。[②] 如果债权人未在保证期间内依法向债务人或者保证人主张权利，保证人不再承担保证责任；如果债权人依法向债务人或者保证人主张了权利，但在诉讼时效内未向保证人要求其承担保证责任，诉讼时效期间经过，保证人因时效的经过而实际上可以提出时效抗辩，不再承担保证责任。需要指出的是，就一般保证而言，债权人在保证期间届满前对债务人提起诉讼或者申请仲裁的，保证期间制度

① 王利明：《合同法研究》（第4卷），中国人民大学出版社2018年版，第311页。
② 曹士兵：《中国担保制度与担保方法》，中国法制出版社2017年版，第163页。

的使命完成，但保证债务的诉讼时效并不从提起诉讼或者申请仲裁之日起算，而是从保证人拒绝承担保证责任的权利消灭之日才开始计算，在“保证期间”与“诉讼时效”之间有一个空档期。也就是说，保证期间制度的使命完成时，诉讼时效期间并没有马上起算。而连带责任保证则不同，一旦债权人在保证期间届满前请求保证人承担保证责任的，保证期间制度的使命完成，诉讼时效制度的使命立即产生作用即开始起算，中间并没有空档期。一般保证和连带责任保证之间的区别，应予注意。

保证期间与保证合同诉讼时效虽然都是权利行使的期限，但二者存在如下区别：

第一，是否可以由当事人自由约定不同。保证期间既可以是约定的，也可以是法定的，如果当事人约定了保证期间，则保证期间为该约定期间，将优先于法定期间而适用；而诉讼时效期间是法定的，在规范性质上属于强制性规范，不允许当事人自由约定。当事人另行作出约定的，无效。

第二，法定期间长短不同。诉讼时效期间一般是3年，而法定保证期间是6个月，当然当事人也可以自由约定保证期间。但保证期间约定过长，对保证人不利。法定保证期间短于诉讼时效期间，主要理由是保证合同具有无偿性、单务性，保证人的保证责任较重，将法定的保证期间规定得短一点，有利于倾斜保护保证人的权利。因为一旦债权人怠于行使权利，则保证人将不再承担保证责任。

第三，法定期限是否可以变更不同。诉讼时效可能出现中止、中断和延长的情形；而保证期间则是不变期间，不发生中止、中断和延长。

第四，起算点不同。依据本法第692条第2款的规定，无论是一般保证，还是连带责任保证，法定保证期间都是自主债务履行期限届满之日起开始计算。但保证债务的诉讼时效期间起算点则与此不同。一般保证之债要求债权人在保证期间届满前对债务人提起诉讼或者申请仲裁，保证之债的诉讼时效从保证人拒绝承担保证责任的权利消灭之日起算。连带责任保证要求债权人在保证期间届满前请求保证人承担保证责任，保证之债的诉讼时效从债权人请求保证人承担保证责任之日起算。

第五，期间届满的后果不同。保证期间届满，债权人未在该期间内依法主张权利，保证责任本身消灭；而诉讼时效期间届满，如果债权人向保证人提出承担保证责任的请求，保证人有权提出时效抗辩，但保证责任本身并不消灭。

（二）保证债务诉讼时效的起算

第一，一般保证的诉讼时效的起算。《担保法》对此没有规定。《担保法司法解释》第34条第1款规定："一般保证的债权人在保证期间届满前对债务人提起诉讼或者申请仲裁的，从判决或者仲裁裁决生效之日起，开始计算保证合同的诉讼时效。"对此，有学者认为，判决或者仲裁裁决生效以后，主债务人是否有足够的责任财产可供执行，尚不确定，这就相当于在实质上使保证合同诉讼时效起算点提前，与先诉抗辩权制度存在一定的冲突。[①] 看来《民法典》采纳了这一正确意见，在本条第1款规定："一般保证的债权人在保证期间届满前对债务人提起诉讼或者申请仲裁的，从保证人拒绝承担保证责任的权利消灭之日起，开始计算保证债务的诉讼时效。"从保证人拒绝承担保证责任的权利消灭之日起开始计算保证债务的诉讼时效，与先诉抗辩权制度完全吻合。保证人拒绝承担保证责任的权利消灭之日，是指债权人经过诉讼或者仲裁，并就债务人财产依法强制执行仍不能获得债权实现之日。为便于操作，最高人民法院今后在制定司法解释时宜将"保证人拒绝承担保证责任的权利消灭之日"解释为：债权人持生效法律文书向人民法院申请执行，自人民法院自收到申请执行书之日起6个月届满之日。这里的6个月来源于《民事诉讼法》第226条的规定。

第二，连带责任保证的诉讼时效的起算。《担保法》对此没有规

① 王利明：《合同法研究》（第4卷），中国人民大学出版社2018年版，第313页。

定。《担保法司法解释》第34条第2款规定："连带责任保证的债权人在保证期间届满前要求保证人承担保证责任的，从债权人要求保证人承担保证责任之日起，开始计算保证合同的诉讼时效。"这是因为，与一般保证不同，在连带责任保证中，如果债务履行期限届满、主债务人没有清偿债务的，保证人没有先诉抗辩权，债权人可以直接请求保证人承担保证责任。所以，在连带责任保证中，一旦债权人在保证期间内请求保证人承担保证责任，保证期间便完成其历史使命，失去作用，保证合同的诉讼时效期间开始起算。

（三）保证债务的诉讼时效届满的效果

根据诉讼时效届满的原理，保证债务的诉讼时效届满的效果是，一旦保证人提出诉讼时效抗辩，则债权人不能获得胜诉判决，但保证人的实体债务还存在。当然，保证人可以抛弃该时效利益。

（四）保证期间与保证债务诉讼时效的关系

二者的关系是：在保证期间内，债权人必须依法主张权利。主张权利的，诉讼时效依据《民法典》第694条的规定开始起算；没有主张权利的，保证人不再承担保证责任，不存在适用诉讼时效的问题。

这里的债权人必须依法主张权利，是指在一般保证场合，债权人必须在保证期间届满前向主债务人提起诉讼或者申请仲裁，并就债务人的财产依法申请执行；在连带责任保证场合，债权人必须在保证期间内向保证人主张权利。

【审判实践中应注意的问题】

一、《担保法司法解释》第34条第1款在《民法典》施行后其精神是否继续适用

《担保法司法解释》第34条第1款规定："一般保证的债权人在保证期间届满前对债务人提起诉讼或者申请仲裁的，从判决或者仲裁裁决生效之日起，开始计算保证合同的诉讼时效。"由于该款规定的

一般保证的保证合同诉讼时效的起算点“从判决或者仲裁裁决生效之日起”与本条第1款的规定矛盾，故《担保法司法解释》第34条第1款规定在《民法典》施行后不再继续适用。

二、《担保法司法解释》第34条第2款在《民法典》施行后其精神是否继续适用

《担保法司法解释》第34条第2款规定：“连带责任保证的债权人在保证期间届满前要求保证人承担保证责任的，从债权人要求保证人承担保证责任之日起，开始计算保证合同的诉讼时效。”由于该款规定已经被本条采纳，故《民法典》施行后，适用《民法典》本条规定即可。

三、《担保法司法解释》第35条在《民法典》施行后其精神是否继续适用

《担保法司法解释》第35条规定：“保证人对已经超过诉讼时效期间的债务承担保证责任或者提供保证的，又以超过诉讼时效为由抗辩的，人民法院不予支持。”该司法解释的起草者认为，司法解释这样规定，是基于放弃诉讼时效抗辩的理论。根据该理论，债权在诉讼时效期间届满后，债务人即因此产生一个对债权人的抗辩权，债务人遂不受法院的强制执行。但如果债务人放弃该抗辩权的，法律不予干涉，此时已经经过诉讼时效期间的债权因债务人放弃抗辩权而得以行使。一般而言，债务人履行债务或者以书面方式承诺履行债务是债务人放弃时效抗辩权的两种形式，法律予以认可。《德国民法典》就采这种主张。《担保法司法解释》所规定的“保证人对已经超过诉讼时效期间的债务承担保证责任或者提供保证的”，性质即属于债务人（即保证人）履行债务或者以书面承诺履行债务，视为债务人（保证人）放弃诉讼时效期间届满产生的抗辩权。此后债务人（保证人）再

行提出抗辩的，人民法院将不予支持。[①] 我们认为，由于此精神完全符合放弃诉讼时效抗辩的理论，《民法典》施行后应继续适用。

四、《担保法司法解释》第36条第1款在《民法典》施行后其精神是否应当继续适用

《担保法司法解释》第36条第1款规定："一般保证中，主债务诉讼时效中断，保证债务诉讼时效中断；连带责任保证中，主债务诉讼时效中断，保证债务诉讼时效不中断。"该司法解释的起草者认为，由于在一般保证中存在先诉抗辩权的问题，因此，主债务诉讼时效中断，保证债务的诉讼时效就应当中断。如果此时保证债务的诉讼时效不中断，就可能出现保证债务的诉讼时效期间经过的后果。如果出现这种后果，对债权人来说显然是不公平的。由于在连带责任保证中保证人不存在先诉抗辩权的问题，债权人可以单独起诉保证人，所以，在连带保证中，主债务诉讼时效中断，保证债务的诉讼时效不中断。[②] 我们认为，就一般保证而言，主债务的诉讼时效中断，保证债务的诉讼时效还没有发生，所以不存在主债务诉讼时效中断、保证债务诉讼时效中断的问题。就连带保证而言，根据《民法典》第694条第2款的规定，应当得出如下结论：主债务诉讼时效中断，保证债务诉讼时效不中断。《担保法司法解释》第36条第1款规定的前句在《民法典》施行后不应当继续适用，后句应当继续适用。

五、《担保法司法解释》第36条第2款在《民法典》施行后其精神是否继续适用

《担保法司法解释》第36条第2款规定："一般保证和连带责任保证中，主债务诉讼时效中止的，保证债务的诉讼时效同时中止。"

① 李国光等：《最高人民法院〈关于适用《中华人民共和国担保法》若干问题的解释〉理解与适用》，吉林人民出版社2000年版，第152页。

② 李国光等：《最高人民法院〈关于适用《中华人民共和国担保法》若干问题的解释〉理解与适用》，吉林人民出版社2000年版，第154页。

起草者认为，诉讼时效的中止是因非当事人所能控制的客观原因而产生，因此，无论对于主债务还是保证债务均应一律对待，主债务诉讼时效中止，保证债务的诉讼时效也应当同时中止。[①]我们认为，保证债务的诉讼时效是与主债务诉讼时效相互独立的制度，应当适用自己独立的诉讼时效包括中止制度。因此，《担保法司法解释》第36条第2款规定的精神在《民法典》施行后是否继续，还值得研究。

六、主合同无效，保证合同无效，债权人是否可以在任何时候提起保证合同无效之诉

第一种观点认为，既然保证合同无效，对于无效合同，不适用诉讼时效制度规定，那么债权人在任何时候都可以提起保证合同无效之诉。

第二种观点认为，债权人应当在保证期间内依法定的方式向债务人或者保证人主张权利。一般保证从保证人拒绝承担保证责任的权利消灭之日起，开始计算保证债务的诉讼时效；连带责任保证从债权人在保证期间内请求保证人承担保证责任之日起，开始计算保证债务的诉讼时效。债权人只能按照上述规定提起保证合同无效之诉，否则，得不到人民法院的支持。

笔者认为，第二种观点符合《民法典》规定的精神。根据《民法典》的规定，保证人受保证期间和诉讼时效制度的双重保护。就保证期间的保护而言，法律要求债权人必须在保证期间内依据《民法典》第693条规定的方式主张权利。债权人如果没有按照《民法典》第693条规定的方式主张权利，则保证人不再承担保证责任。就诉讼时效期间的保护而言，在债权人按照《民法典》第693条规定的方式主张了权利的情况下，保证人还要受诉讼时效制度的保护。如果债权人没有按照《民法典》第694条的规定在保证债务的诉讼时效期间内主张权利，保证人有权就保证债务援引时效抗辩而不承担保证责任。据

① 李国光等：《最高人民法院〈关于适用《中华人民共和国担保法》若干问题的解释〉理解与适用》，吉林人民出版社2000年版，第155页。

此，一旦债权人在保证期间内依法向保证人主张了权利，那么诉讼时效制度开始发挥作用，无论保证合同是否有效。换言之，债权人只能按照上述规定提起保证合同无效之诉，否则，得不到人民法院的支持。

第六百九十五条 债权人和债务人未经保证人书面同意，协商变更主债权债务合同内容，减轻债务的，保证人仍对变更后的债务承担保证责任；加重债务的，保证人对加重的部分不承担保证责任。

债权人和债务人变更主债权债务合同的履行期限，未经保证人书面同意的，保证期间不受影响。

【条文主旨】

本条是关于主合同变更是否影响保证责任和保证期间的规定。

【条文理解】

一、与《担保法》有关规定的对比

《担保法》第 24 条规定："债权人与债务人协议变更主合同的，应当取得保证人书面同意，未经保证人书面同意的，保证人不再承担保证责任。保证合同另有约定的，按照约定。"本条规定完全颠覆了上述规定。

二、本条理解

对《担保法》第 24 条的规定，有学者认为，其在一定程度上有利于保护保证人的利益，并有利于防止债务人与债权人合谋损害保证人的利益。该规定也体现了保证的从属性，因为主合同是保证人承担保证责任的前提和基础，当主合同发生变更，特别是当主合同发生实质性变更时，原债权债务关系消灭，新的债权债务关系产生，保证责任随原债权债务关系消灭而消灭，保证人不再承担保证责任。但该规定对协议变更情况不作任何区分，显然是不妥当的。其原因在于：第一，市场情况千变万化，在主合同订立后，债务人确有可能变更主合同的内容。如果任何变更都不允许，从而导致保证人责任免除，则对于债权人和债务人的合同自由作了不必要的限制。第二，一些合同的变更对于保证人而言可能是有利的。例如，如果当事人协商减少债务数额，可能会减轻保证人的保证责任。因此，在主合同当事人变更合同的情形，未经保证人书面同意一概认定保证人不再承担保证责任，显然是不妥当的。该规定没有考虑合同变更对保证责任的影响，或者说没有从合同变更对保证责任的影响这一出发点考虑问题，从而丧失了合理性。第三，从比较法上看，一般也区分主债权债务关系变更的情形，而分别规定其对保证责任的影响。例如，《德国民法典》第767条规定："保证人的义务以主债务的现状为标准。特别是在主债务因主债务人的过失或迟延而变更时，亦适用之。保证人的义务不因主债务人在其承担保证后所为的法律行为而扩大。"因此，对于合同的变更，应当区分不同的情形。如果主合同变更减轻了债务人的债务，无论保证人是否同意，保证人仍应当承担保证责任，但只需对变更后的合同债务承担保证责任。如果主合同变更加重了债务人的债务，但此种变更得到保证人同意的，保证人应当对变更后的合同债务承担保证责任。如果合同仅是发生了部分转让，即使保证人未作出同意的表示，其仍应对未转让的部分债务承担保证责任。[①]

《担保法司法解释》第30条规定："保证期间，债权人与债务人对主合同数量、价款、币种、利率等内容作了变动，未经保证人同意的，如果减轻债务人的债务的，保证人仍应当对变更后的合同承担保证责任；如果加重债务人的债务的，保证人对加重的部分不承担保证责任。债权人与债务人对主合同履行期限作了变动，未经保证人书面同意的，保证期间为原合同约定的或者法律规定的期间……"根据该

① 王利明：《合同法研究》（第4卷），中国人民大学出版社2018年版，第300~301页。

司法解释的起草者的解释，起草者关注的是主合同发生变化对保证人所承担保证责任的影响，重点在于是否加重了保证人的责任，是否超出了保证人所承诺的范围。[①] 如果没有加重保证人的责任，没有超出保证人所承诺的范围，则保证人仍然应当承担保证责任。本条的规定应当来自《担保法司法解释》第30条的规定。

【审判实践中应注意的问题】

《担保法司法解释》第39条在《民法典》施行后其精神是否继续适用

《担保法司法解释》第39条规定："主合同当事人双方协议以新贷偿还旧贷，除保证人知道或者应当知道的外，保证人不承担民事责任。新贷与旧贷系同一保证人的，不适用前款的规定。"债权人与债务人协商贷出新的贷款以偿还旧的贷款，此时的后一个贷款合同是否有效？为后一个借款合同所签订的保证合同是否有效？保证人应当承担什么样的责任？《担保法司法解释》的起草者认为，本条司法解释就是为了解决这些审判实践中经常遇到的问题而制定的。实践中，一些金融机构为了消灭逾期贷款，采取了各种各样的清收活动。但是，某些逾期贷款由于种种原因，并不能立即偿还，如果采取对贷款展期的方式处理，该笔款项最初的贷出时间仍然是较早的，能够直接表现出来其属于陈年贷款，因此，许多金融机构采取了以新贷还旧贷的方式来处理这类问题。所谓以新贷还旧贷，是指债权人与债务人在旧的贷款尚未清偿的情况下，再次签订贷款合同，以新贷出的款项清偿部分或者全部旧的贷款。在以新贷还旧贷的情况下，产生了以下两个法律问题：

① 李国光等：《最高人民法院〈关于适用《中华人民共和国担保法》若干问题的解释〉理解与适用》，吉林人民出版社2000年版，第138页。

（一）新的贷款合同的效力

一种意见认为，债权人与债务人协商签订后一份贷款合同，其目的是清偿旧的欠款，实际上后一个贷款合同根本没有履行。双方当事人签订此类合同，完全是为了规避有关法规和规章的规定。因此，对后一个贷款合同应当认定为无效。主合同无效，为后一个贷款合同所签订的保证合同也应当认定无效。由于主合同双方恶意串通采取欺诈手段，转移债务风险，坑害保证人，保证合同无效后，保证人不承担任何责任。另一种意见认为，从实践中的情况看，签订新的贷款合同，以新贷出的款项清偿旧贷，虽然这一做法不是很合适，但这种形式被一些金融机构普遍采用，如果一律认定无效，就要恢复到合同订立前的状况，后贷所贷出的款项就要返还，而实际上这些款项已经清偿了前一贷款合同，特别是前贷与后贷的数额不完全一致的情况下，以无效方式处理这类问题，将使法律关系更为复杂，增加了处理难度；从实际效果上看，对于债务人来说，借了新债而偿还了旧债，对其实际利益没有不利影响；从法律上看，以这种方式借新还旧是当事人之间的真实意思的体现，且法律、行政法规中并没有禁止性的规定，认定后一贷款合同无效没有法律依据。上述司法解释的起草者基本同意后一种意见。

（二）关于保证人在新贷、旧贷中的保证承担责任

在认定此种以新贷还旧贷的行为有效的前提下，由于前一个贷款合同的欠款已经由新贷出的款项偿还，对前一份贷款合同进行担保的保证人，由于主合同已经履行完毕，其保证责任自然消灭。因此，这里所要解决的仅是后一份贷款合同的保证人的责任问题，大体上有以下三种情况：

第一，前一份贷款合同没有保证人，而后一份贷款合同有保证人。

第二，前后两份合同都有保证人，但分别是不同的保证人。

第三，前后两份贷款合同均为一个保证人担保。

一般来说，保证合同是保证人在全面衡量债务人的履行能力及主

合同内容的情况下，方与债权人订立的。当债务人与债权人协议以新贷偿还旧贷时，由于新贷出的款项直接归还了旧贷，前一份贷款合同履行完毕，新的贷款合同产生。在前述第一种情况下，前一份贷款合同没有保证人，而后一份贷款合同有保证人，从最终结果上看对债务人没有什么影响，对债权人来说，则由原来的无担保贷款变成了有担保贷款。对保证人来说，等于直接承担了已经不能归还贷款的保证责任。在前述第二种情况下，前后两份贷款合同分别由不同的保证人担保，前一份贷款合同因新贷偿还了旧贷而履行完毕，前一保证人的责任自然消灭，从结果上来看等于新的保证人承担了原来保证人的责任。因此，在上述两种情况下，如果不事先将此情况告知后一贷款保证人，则显系主合同双方当事人恶意串通欺骗保证人，保证人不应承担任何责任。当然，在保证人明知或者应当知道以新贷还旧贷，而仍自愿为其担保时，其中则并无欺诈因素在内，保证人自然应当依约承担保证责任。

在前后两份贷款合同均系同一保证人担保时，则不论保证人是否知道或者应当知道，保证人均应承担对后一份贷款合同的保证责任。这是因为，同一保证人先后承担了两份贷款合同的担保责任。在以新贷偿还旧贷的场合下，由于新贷偿还了旧贷，致使原来的贷款合同履行完毕，从而也消灭了保证人对前一份贷款合同的保证责任，由其继续承担对后一份贷款合同的保证责任，也应当是公平的。实践中，经常有保证人以主合同双方当事人没有经过保证人的同意，改变了后一贷款合同的贷款用途，将本应用于流动资金等用途的新贷款偿还了旧贷款，损害了保证人的利益为由，主张免除自己的保证责任。这种抗辩是不成立的。这是因为，如果主合同双方当事人没有“改变”贷款用途将新贷用于归还旧贷，而是按主合同约定将新贷出的款项用作流动资金，一旦债务人不能偿还，则保证人也要对后一份贷款合同承担保证责任。又由于旧贷尚没有清偿，保证人还需对前一贷款合同承担保证责任。在这种情况下，保证人要对前后两份贷款合同承担保证责任。从以上分析可以看出，在前后两份贷款合同均由同一保证人担保时，主合同双方当事人改变贷款用途，实质上并没有加重保证人的风险责任，因此，无论保证人是否明知或者应当知道，其均应对后一份贷款合同承担保证责任。[①]

我们完全同意该条司法解释的起草理由，没有更多补充的内容。由于以新贷偿还旧贷这一问题仅发生在金融借款合同中，作为一个问题并不具有典型性，不宜在《民法典》中规定。所以，虽然《民法典》对此没有规定，但审判实践中这类问题比较常见，《担保法司法解释》第39条规定在《民法典》施行后其精神仍然应当适用。

① 李国光等：《最高人民法院〈关于适用《中华人民共和国担保法》若干问题的解释〉理解与适用》，吉林人民出版社2000年版，第163~167页。

第六百九十六条 债权人转让全部或者部分债权，未通知保证人的，该转让对保证人不发生效力。

保证人与债权人约定禁止债权转让，债权人未经保证人书面同意转让债权的，保证人对受让人不再承担保证责任。

【条文主旨】

本条是关于债权转让对保证人发生何种影响的规定。

【条文理解】

一、与《担保法》有关条文的对比

《担保法》第22条规定："保证期间，债权人依法将主债权转让给第三人的，保证人在原保证担保的范围内继续承担保证责任。保证合同另有约定的，按照约定。"《担保法司法解释》第28条规定："保证期间，债权人依法将主债权转让给第三人的，保证债权同时转让，保证人在原保证担保的范围内对受让人承担保证责任。但是保证人与债权人事先约定仅对特定的债权人承担保证责任或者禁止债权转让的，保证人不再承担保证责任。"

本条规定从实质内容来看，并没有对《担保法》第22条作修改。本条第2款则吸收了《担保法司法解释》第28条第2句的规定，将保证人与债权人的特别约定明确列举出来。

二、本条理解

在保证合同关系中，保证人是债务人，主合同关系中的债权人是保证合同的债权人。《合同法》第80条第1款规定："债权人转让权利的，应当通知债务人。未经通知，该转让对债务人不发生效力。"《民法典》第546条第1款规定："债权人转让债权，未通知债务人的，该转让对债务人不发生效力。"对比这两个条文，《民法典》第546条第1款将《合同法》第80条第1款中的"权利"表述为"债权"，其余表述虽有改动，但实质内容没有修改。本条规定实际上是落实《民法典》第546条第1款的规定，即债权转让如果要对债务人发生效力，必须履行通知债务人的义务，而在保证法律关系中，保证人就是债务人。

本条第2款规定是第1款规定的例外，原理是充分尊重当事人的意愿，尊重当事人的意思自由。既然保证人与债权人约定仅对特定的债权人承担保证责任或者禁止债权转让，那么债权人就应当尊重这一约定，遵守这一约定。如果债权人违反该约定，未经保证人书面同意转让全部或者部分债权的，其构成违约，保证人依约当然应当免除其相应的保证责任。

【审判实践中应注意的问题】

在本条第2款规定的情况下，即使债权人通知了保证人，保证人也免除保证责任。

第六百九十七条 债权人未经保证人书面同意，允许债务人转移全部或者部分债务，保证人对未经其同意转移的债务不再承担保证责任，但是债权人和保证人另有约定的除外。

第三人加入债务的，保证人的保证责任不受影响。

【条文主旨】

本条是关于债务转移（债务承担）和债务加入对保证人的保证责任发生何种影响的规定。

【条文理解】

一、与《担保法》有关条文的对比

《担保法》第23条规定："保证期间，债权人许可债务人转让债务的，应当取得保证人书面同意，保证人对未经其同意转让的债务，不再承担保证责任。"《担保法司法解释》第29条规定："保证期间，债权人许可债务人转让部分债务未经保证人书面同意的，保证人对未经其同意转让部分的债务，不再承担保证责任。但是，保证人仍应当对未转让部分的债务承担保证责任。"

将本条第1款规定与前述《担保法》和《担保法司法解释》的规定相比，其实质内容没有修改。

本条第2款是新增加的内容。

二、本条理解

债务转移，又称债务承担，是指在不改变债务内容的情况下移转债务，由第三人承担原债务人的全部债务或者部分债务。传统民法理论认为，债务承担可以分为并存的债务承担和免责的债务承担：所谓免责的债务承担，是指第三人代替原债务人成为新债务人，即原债务人的全部债务转让给新债务人，原债务人免除其全部债务；所谓并存的债务承担，即第三人成为连带责任人，与原债务人共同承担债务。本条规定的原理在于：一方面，保证人承担保证责任一般以债务人不履行债务或者发生约定的情形为前提，因此，债务人的财产状况直接关系到保证人应否承担保证责任以及清偿后的追偿权能否实现的问题。在主债务转让的情形，新的债务人是否具有清偿能力将直接影响保证人保证责任的承担。即便新的债务人具有清偿能力，如果其不履行债务，甚至逃避债务，保证人仍应承担保证责任。另一方面，保证人一般是基于其与债务人之间的人身信赖关系而提供保证担保的，保证人是基于对原债务人的信任而提供担保，但其与新债务人之间通常并不存在信任关系。因此，债务人转让债务应当获得保证人的书面同意。书面同意实际上表明保证人认可了该债务转让行为，并表明其愿意对该债务的受让人承担保证责任。如果债务人转让债务未经保证人书面同意，则保证人对转让的部分不再承担保证责任。[①]本条第1款的含义是免责的债务承担。这里的免责的债务承担，既包括全面免责，也包括部分免责。传统民法理论指的是全部免责。

并存的债务承担，又可称为第三人加入债务。由于第三人加入债务，原债务人还是当然的债务人，因此，保证人的权益不仅没有受到任何损害，反而因第三人加入债务有可能增加债务人的履约财产，最终使保证人的责任减轻。即使加入的第三人没有任何财产，也不会给保证人带来不利影响。因此，本条规定：第三人加入债务的，保证人的保证责任不受影响。

---

① 王利明：《合同法研究》（第4卷），中国人民大学出版社2018年版，第299~300页。

【审判实践中应注意的问题】

《民法典》第697条强调保证人书面同意，就强调该行为为要式法律行为。因此，保证人口头同意的，不能认为保证人已经同意债务人部分或者全部转让债务。

注意本条第1款的例外规定，即“但是债权人和保证人另有约定的除外”。换言之，如果债权人和保证人的书面合同约定，保证期间，债权人许可债务人转让债务的，可以不用取得保证人书面同意。虽然本条这样规定，但实践中应该鲜有这样的例外约定，因为这实际上意味着保证人几乎要承担全部保证责任，而且很可能出现主合同的债务人没有任何履约能力的情形。

第六百九十八条　一般保证的保证人在主债务履行期限届满后，向债权人提供债务人可供执行财产的真实情况，债权人放弃或者怠于行使权利致使该财产不能被执行的，保证人在其提供可供执行财产的价值范围内不再承担保证责任。

【条文主旨】

本条是关于一般保证的保证人向债权人提供债务人财产信息对保证人发生何种影响的规定。

【条文理解】

本条是新增加的内容，《担保法》对此没有规定。

《担保法司法解释》第24条规定："一般保证的保证人在主债权履行期间届满后，向债权人提供了债务人可供执行财产的真实情况的，债权人放弃或者怠于行使权利致使该财产不能被执行，保证人可以请求人民法院在其提供可供执行财产的实际价值范围内免除保证责任。"本条规定应当来源于该规定。其实质内容没有变化，只是表述略有不同。

《担保法司法解释》起草者解释制定该条规定的理由认为，在债务人不履行债务的情况下，如果债权人要求一般保证人履行保证债务，保证人可以先诉抗辩权进行抗辩。但是，由先诉抗辩权的性质所决定，其只是一种延期的抗辩权，而并非免责抗辩权。如果在对债务人起诉或者执行后，仍不能清偿全部债务，债权人有权要求保证人承担保证责任。因此，保证人在一定条件下要考虑以适当的方法进行自我救济。在主合同履行期届满后，保证人发现债务人尚有可供执行的财产，并向债权人提供了真实情况，此时如果债权人积极行使权利，通过诉讼或者其他途径控制债务人的财产，不仅能使自己的债权得到保障，而且也免除了保证人日后可能承担的责任。但是，如果债权人放弃或者怠于行使权利，致使该项财产流失而不能再被用来强制执行以清偿其债权，势必加重保证人的风险。在这种情况下，如果保证人要求在该项财产价值范围内免除保证责任，应该说是合理的，人民法院应当予以支持。这样，保证人的延期履行抗辩权就演变成了一种新的免责抗辩权。[①]我们同意该规定的制定理由。

保证人向债权人提供主债务人可供执行财产的时间，应当在主债务履行期限届满后。在主债务履行期间，原则上保证人不能干涉债务人的履行行为，只有在主债务履行期限届满后，主债务人没有全部或者部分履行债务，致使保证人有承担保证责任之虞时，保证人才能行使救济权，目的是使保证人自己免于承担保证责任，毕竟主合同的债务是主债务人的，主债务人是本位的第一债务人，保证人是第二位的补充债务人。

如果有证据证明，一般保证的保证人在主债务履行期限届满后，向债权人提供债务人可供执行财产的真实情况，但是债权人放弃或者怠于行使权利致使该财产不能被执行的，保证人在其提供可供执行财产的价值范围内免除保证责任。

【审判实践中应注意的问题】

适用本条主要还是事实的认定问题。比如，保证人在主债务履行期届满后向债权人提供债务人可供执行财产的真实情况，这需要有证据证明。最强有力的证据是提供公证文书。当然也可以提供其他证据，形成证据链，达到人民法院能够确信的程度。

---

① 李国光等：《最高人民法院〈关于适用《中华人民共和国担保法》若干问题的解释〉理解与适用》，吉林人民出版社 2000 年版，第 126 页。

第六百九十九条 同一债务有两个以上保证人的，保证人应当按照保证合同约定的保证份额，承担保证责任；没有约定保证份额的，债权人可以请求任何一个保证人在其保证范围内承担保证责任。

【条文主旨】

本条是关于共同保证中保证人的责任与债权人如何行使权利的规定。

【条文理解】

一、与《担保法》有关条文的对比

《担保法》第12条规定："同一债务有两个以上保证人的，保证人应当按照保证合同约定的保证份额，承担保证责任。没有约定保证份额的，保证人承担连带责任，债权人可以要求任何一个保证人承担全部保证责任，保证人都负有担保全部债权实现的义务。已经承担保证责任的保证人，有权向债务人追偿，或者要求承担连带责任的其他保证人清偿其应当承担的份额。"

将本条规定与《担保法》第12条对比，本条规定的是《担保法》第12条第1、2句规定的内容。变化的是，《担保法》第12条第2句规定，没有约定保证份额的，保证人承担连带责任，债权人可以要求任何一个保证人承担"全部"保证责任，本条则规定，没有约定保证份额的，债权人可以请求任何一个保证人"在其保证范围内"承担保证责任。《担保法》第12条关于"没有约定保证份额的，保证人承担连带责任”的表述，本条没有明文规定。此外，将《担保法》第 12 条的用语“要求”改为“请求”。

二、共同保证的概念和特征

共同保证，是指两个或两个以上的保证人为同一债权人的同一债权向债权人所提供的担保。共同保证的特征如下：

1. 保证人的人数是两人以上

与单个保证只有一个保证人不同，共同保证形式上的主要特点是保证人为两人以上。只要数个保证人均有为同一债权人的同一债权提供保证的意思即可构成共同保证，而并不要求数个保证人必须形成提供共同保证的合意。例如，某个保证人在为他人提供保证时，并不知道其他保证人也已经为该债权人提供保证，但这并不影响共同保证的成立。此点非常重要。《担保法司法解释》第 19 条规定的“两个以上保证人对同一债务同时或者分别提供保证时”就是此意。

2. 两个以上的保证人必须是为同一债权人的同一债权提供保证

一方面，共同保证所保证的债权必须具有同一性，如果两个以上的保证人虽为同一债权人提供担保，但保证的债权不同，则仍然属于分别的保证，属于个别保证，单个保证。所以，即使债权人是同一人，但各个保证人所担保的债权并非同一债权，也不构成共同保证。另一方面，共同保证强调债权的同一性，就债务人而言，既可以是单个的债务人，也可以是数个债务人，但债权应当是同一债权。可见，共同保证不同于个别保证的另一个特点在于其共同性，即两个以上的保证人共同为同一债权提供保证。

3. 共同保证人的责任形式有两种，既按份责任与连带责任

共同保证既可以是按份共同保证，也可以是连带共同保证。保证人采取何种方式提供共同保证，完全由共同保证人与债权人进行约定。没有约定保证份额的，债权人可以请求任何一个保证人在其保证范围内承担保证责任，这时的责任形式就是连带共同保证。

三、共同保证的两种形式

依据本条的规定，共同保证可以分为按份共同保证和连带共同保证。如果各个保证人与债权人之间没有特别约定保证份额的，则应当推定该保证为连带共同保证。

（一）按份共同保证

所谓按份共同保证，是指保证人与债权人在保证合同中约定了各个保证人所承担的保证份额，债权人只能在约定的份额限度内向各个保证人请求承担保证责任的共同保证。依据本条的规定，如果各共同保证人与债权人之间已特别约定了保证的份额，则各共同保证人应依据约定的份额承担保证责任。按份共同保证的特征如下：

第一，各个保证人与债权人之间就保证份额作出了明确的书面约定。书面约定的形式不限，既可以在同一份保证合同中与债权人约定，也可以分别签订合同与债权人约定。约定一定要明确，即约定的内容、约定的意思表示一定要清楚、明白，解释上不能有歧义。该保证合同一旦成立，则债权人将不享有对各保证人的连带债权，只能请求各个保证人就其保证份额承担责任，而不能请求各保证人承担全部保证责任。按份共同保证不同于连带共同保证，其中最主要的区别就在于各个保证人之间是否与债权人就保证份额作出约定。根据合同的相对性原理，连带共同保证的保证人以其相互之间约定各自承担的份额对抗债权人的，则该约定仅在各个保证人内部责任分担方面具有意义，而不能以此对抗债权人的请求权。

第二，各个保证人的保证责任限于约定的份额。正是因为各个保证人与债权人就保证份额事先作出了明确的约定，所以，保证人只需要在约定份额内承担保证责任，对于约定份额之外的保证责任，保证人可以拒绝履行。

第三，在按份共同保证中，如果保证人按照保证合同约定的保证份额承担保证责任后，依据《民法典》第700条的规定，在其履行保证责任的范围内可以对债务人行使追偿权。这主要是因为，保证人所承担的保证责任虽然也是对自己所负担的保证债务的履行，但在根本上是代替债务人履行债务或者承担责任，所以，在按份共同保证人承担保证责任后，在其履行保证责任的范围内有权向债务人追偿。

（二）连带共同保证

1. 连带共同保证的概念

所谓连带共同保证，是指各共同保证人与债权人之间并未就保证责任的份额作出约定，各个保证人对全部债务代为履行或者承担连带清偿责任的共同保证，具体特征如下：

第一，连带共同保证既可以依据当事人的约定产生，也可以基于法律的规定推定产生。所谓约定，是指各保证人通过书面合同的形式约定均对全部债务负担清偿责任。所谓推定，根据本条的规定，两个以上的保证人没有约定保证份额的，则推定各保证人之间承担连带共同保证责任。

第二，连带共同保证中的“连带”，是指各个保证人之间的“连带”，而非保证人与债务人之间的“连带”。这与连带责任保证不同。连带责任保证是保证人与债务人之间“连带”，共同对债权人负连带保证责任；连带共同保证中“连带”的内容是保证人共同对债权人负连带保证责任。因此，债权人可以请求任何一个保证人在其保证范围内承担保证责任。很多人经常混淆连带共同保证与连带责任保证，对此应予特别留意。实际上，就按份共同保证或者连带共同保证再结合保证人为一般保证或者连带保证责任，最基本的组合如下：（1）保证人是一般保证，共同保证人是按份共同保证；（2）保证人是一般保证，共同保证人是连带共同保证；（3）保证人是连带责任保证，共同保证人是按份共同保证；（4）保证人是连带责任保证，共同保证人是连带共同保证。如果共同保证人中既有一般保证，又有连带责任保证，既有按份共同保证，又有连带共同保证，那组合的形式更多。当然，现实生活中主要还是上述的4种基本排列组合。

第三，各共同保证人必须是为同一债权人的同一债权负担连带共同保证责任。如果各保证人就同一债权人的不同债权签订保证合同，这仍然属于个别保证、分别保证、单独保证，而不属于共同保证。只有各保证人为同一债权人的同一债权签订的保证合同，才属于连带共同保证。

2. 按份共同保证与连带共同保证的区别

按份共同保证与连带共同保证都是共同保证的形式，都涉及在保证人为两人以上的情况下，保证人相互之间所应承担的责任份额，但二者有明显区别，主观表现在：

第一，所承担的责任份额不同。这是二者最主要的区别之一。在按份共同保证中，各共同保证人仅需在约定的份额内承担各自的保证责任，债权人也只能在其与各个保证人约定的保证份额内请求各个保证人承担保证责任。而在连带共同保证中，各共同保证人在其保证范围内对债权人承担连带保证责任。其保证范围，既可以是全部债权，也可以是部分债权。债权人可以请求任何一个保证人在其保证范围内承担保证责任。

第二，对其他保证人是否享有追偿权不同。传统民法理论认为，这也是二者最主要的区别之一。在连带共同保证中，债权人有权请求全部或者部分保证人在其保证责任范围内承担保证责任，如果部分保证人承担债务超过了自己份额的，则其有权就超出部分在其他保证人未履行的份额范围内向其追偿。而在按份共同保证中，债权人仅有权请求保证人在约定保证份额内承担保证责任。承担了自己约定保证份额的保证人，即使其他保证人没有在其约定保证份额内承担责任，也不能对其行使追偿权。换言之，在按份共同保证中，各保证人之间没有追偿权。需要指出的是，上述区别是传统教科书的观点，是基于《担保法》第12条关于共同保证人之间可以相互追偿的规定。但是，《民法典》第700条删除了《担保法》第12条的上述规定。《民法典》关于共同保证人之间是否享有追偿权的观点并不明确，因此，这一区别是否还是按份共同保证与连带共同保证的不同点，有待《民法典》关于共同保证人之间是否享有追偿权的观点明确。对此，本书将在第700条的有关部分阐述。

第三，对责任份额是否需要作出明确约定不同。依据本条的规定，当事人必须就保证责任的份额作出明确约定才能成立按份共同保证，否则应推定成立连带共同保证，因此，连带共同保证的成立既可以基于当事人的约定，也可以基于法律的规定推定。实践中，数个保证人对同一债权人的同一债权同时或先后提供保证时，各保证人与债权人之间没有约定保证份额，依据本条的规定，应当认定为连带共同保证。

需要指出的是，在共同保证中，根据当事人之间的协议，有的保证人为一般保证人，有的保证人为连带责任保证人，保证人承担保证责任方式的不同并不影响共同保证种类的划分。按份共同保证的保证人既可以是一般保证人，也可以是连带责任保证人。连带共同保证的保证人也是如此，即使当一般保证人与连带责任保证人作为共同保证人时，债权人仍然有权不要求连带责任保证人负责，而仅要求一般保证人承担保证责任，但此时一般保证人仍然享有先诉抗辩权。①

四、共同保证在保证人与债权人之间的效力

共同保证通常分为两种不同的关系，即对外关系和对内关系。对外关系主要是指共同保证人作为一个整体与债权人之间的关系，共同保证人所提供的保证既可以是按份共同保证，也可以是连带共同保证；而对内关系则是指数个共同保证人之间因保证责任的份额及追偿等形成的法律关系。本条调整的是对外关系。

在按份共同保证中，各保证人以其与债权人之间约定的份额承担保证责任。在连带共同保证中，各个保证人都应当向债权人连带地在其保证范围内承担保证责任。债权人有权请求任何一个保证人承担保证责任，可以要求一个或数个保证人在其保证范围内承担保证责任。

---

① 王利明：《合同法研究》（第4卷），中国人民大学出版社2018年版，第322页。

【审判实践中应注意的问题】

一、《担保法司法解释》第19条在《民法典》施行后其精神是否还继续适用

《担保法司法解释》第19条规定："两个以上保证人对同一债务同时或者分别提供保证时，各保证人与债权人没有约定保证份额的，应当认定为连带共同保证。连带共同保证的保证人以其相互之间约定各自承担的份额对抗债权人的，人民法院不予支持。"我们认为，该条第1句规定的内容符合连带共同保证法理，强调保证合同的签订无论是同时，还是分别，都构成连带保证。也就是说，即使保证人之间没有意思联络，仍然成立共同保证。鉴于该内容本条没有明确表示出来，但与《民法典》本条规定的精神相符，因此，笔者认为，该内容在《民法典》施行后其精神应当继续适用。

《担保法司法解释》第19条第2句"连带共同保证的保证人以其相互之间约定各自承担的份额对抗债权人的，人民法院不予支持"完全符合合同相对性原理，其精神在《民法典》施行应当继续适用。

二、《担保法司法解释》第20条第1款在《民法典》施行后其精神是否应当继续适用

《担保法司法解释》第20条第1款规定："连带共同保证的债务人在主合同规定的债务履行期届满没有履行债务的，债权人可以要求债务人履行债务，也可以要求任何一个保证人承担全部保证责任。"我们认为，该条规定没有考虑到连带共同保证中保证人是一般保证的情形，因为在一般保证中，各个保证人享有先诉抗辩权。所以，笔者认为，该款在《民法典》施行后其精神不应继续适用。初步考虑，可以在该句规定后加一但书："但保证人为一般保证的，除《民法典》第687条第2款规定的四种情形外，在就债务人的财产依法强制执行仍不能履行债务前，其有权拒绝承担保证责任。"

三、共同保证中应当区分一般保证与连带责任保证

在保证人与债权人的关系是连带共同保证关系的情况下，还应当注意各保证人的保证方式，即是一般保证还是连带责任保证。如果是一般保证，那么各保证人享有先诉抗辩权。如果是连带保证，则各保证人不享有先诉抗辩权。连带保证中的债权人既可以要求债务人承担义务，也可以请求保证人承担保证责任，还可以同时请求债务人和保证人承担连带责任。

四、连带共同保证和按份共同保证的混合

如果数个共同保证人与债权人特别约定，由某一部分共同保证人对全部债务负保证责任，另一部共同分保证人仅对部分债务负保证责任，则构成了连带共同保证和按份共同保证的混合。例如，保证合同当事人约定，保证人甲与保证人乙对全部贷款债权 1 亿元提供保证，而保证人丙与债权人约定仅对其中 5000 万元的债权提供保证。在此情况下，则要区分各保证人是一般保证还是连带责任保证而确定债权人的权利。保证人是一般保证的情形，如果债务人到期不能履行债务，各共同保证人享有先诉抗辩权。在先诉抗辩权消灭的情况下，债权人同时享有如下请求权：一是直接请求甲或乙对 1 亿元债务负连带清偿责任。如果甲或乙未能清偿全部债务，则债权人仍有权请求丙在 5000 万元的范围内承担清偿责任。二是直接请求丙承担 5000 万元的清偿责任。三是直接请求甲、乙对 1 亿元债务负连带清偿责任，请求丙对其中的 5000 万元债务承担清偿责任，对于剩余 5000 万元债务，债权人可以请求甲、乙承担连带清偿责任。如果是连带责任共同保证，各保证人不享有先诉抗辩权，债权人享有的请求权同上。

五、在按份共同保证中，保证人承担的保证责任超出约定保证份额的，应如何处理

如果保证人承担的保证责任超出约定保证份额的，则债权人构成

不当得利，保证人有权向债权人请求返还超出约定份额的部分；但是，如果有证据足以认定保证人是代主债务人或者其他保证人清偿，则该清偿有效，主债务人与其他保证人的责任在该超出的份额内免除，此时，保证人与主债务人或者其他保证人之间成立无因管理，该保证人有权依据无因管理的规定向主债务人或者其他保证人追偿。

六、各个保证人与债权人约定就部分债权负担连带责任保证，是否是本条规定的连带共同保证

连带共同保证中，各个保证人并不一定就全部主债务负担连带共同保证，如果各个保证人与债权人约定就主债务人的部分债务负担连带共同保证，也可成立连带共同保证。如主债务数额为10万元，而各个保证人与债权人约定仅就其中的5万元承担连带共同保证，此时仍成立连带共同保证。在此需要讨论的是，如果各个保证人均约定负担部分保证责任，但各个保证人的保证份额之间存在一定交叉，此时，各个保证人就其各自的保证份额所共同担保的部分，是否成立连带共同保证？例如，甲、乙、丙三人作为保证人与债权人约定，甲负1万元的保证份额，乙负2万元的保证份额，丙负3万元的保证份额，就1万元的相同部分是否可以承担连带责任（假设实际债务总额为4万元）？从上例可见，数个保证人就主债务的某一部分都提供了保证，这与各个保证人之间就保证份额的约定并不相同。史尚宽先生认为，如就同一债务为保证，各保证人的保证之数额虽有不同，于其相同数额之部分，成立连带责任之共同保证。这一观点确有一定的道理，虽然各个保证人的保证份额不同，但是，毕竟他们都对特定数额的债权承担了保证责任，所以，就共同担保的部分应成立连带共同保证。[①]

① 本节内容引自王利明：《合同法研究》（第4卷），中国人民大学出版社2018年版，第319页。

七、各个保证人与债权人约定承担按份共同保证责任，但没有约定各个保证人之间的份额的，保证人承担责任的性质

对此问题的答案，涉及如何正确理解本条规定的问题。本条规定，同一债务有两个以上保证人的，保证人应当按照保证合同约定的保证份额，承担保证责任；没有约定保证份额的，债权人可以请求任何一个保证人在其保证范围内承担保证责任。据此，虽然各保证人与债权人明确约定承担按份保证责任，但并没有约定明确的保证份额，能不能理解为各保证人对债务的保证份额平均分配呢？这是不是其真实意思表示呢？一种观点认为，按份共同保证和连带共同保证的约定，主要考虑保证人和债权人之间的约定，而不考虑保证人之间的内部约定，因为保证合同只是在债权人和保证人之间订立，所以按份共同保证抑或连带共同保证的确定也应当依据保证合同来进行，责任性质应当认定为按份共同保证。另一种观点则认为，共同保证的责任形式取决于各个保证人与债权人之间的约定，各个保证人之间的责任份额约定属于内部责任分担的范畴，不应当影响外部保证责任的承担。因此，即使债权人和保证人之间约定了承担按份保证责任，法律上也应当推定保证人对全部债务承担连带共同保证责任。上述观点有一定道理，但我们认为，解释合同条文的含义，首先应当看其文义。既然多个保证人和债权人在保证合同中约定，各保证人承担"按份保证责任"，虽然没有明确各个保证人承担的具体份额，但我们认为实际上是明确的，即各保证人平均分配，如有2个保证人，每个保证人的保证份额就是二分之一，如果有3个保证人，每个保证人的保证份额就是三分之一，以此类推。这样理解，也符合一般人的观念。我们认为，本条中的"保证份额"，不一定非得明确写明是多少具体数字，还是几分之几。"按份共同保证"这一表述，如果没有具体约定，解释为平均分担，符合签约当事人预期。因此，这样约定，不属于本条规定"没有约定保证份额"的情形。特别需要注意的是，签约时，债权人也应当很清楚"按份共同保证"的具体含义。总之，我们认为，

这样解释，更符合签约当事人双方的真实意思表示，也很好地平衡了各保证人和债权人之间的利益，较之解释为各保证人承担连带共同保证责任，无论是从意思表示的解释规则，还是利益衡量上，似都更好。

第七百条　保证人承担保证责任后，除当事人另有约定外，有权在其承担保证责任的范围内向债务人追偿，享有债权人对债务人的权利，但是不得损害债权人的利益。

【条文主旨】

本条是关于保证人享有对债务人的追偿权及法定代位权（代债权人）的规定。

【条文理解】

一、与《担保法》有关条文的对比

《担保法》第12条规定："同一债务有两个以上保证人的，保证人应当按照保证合同约定的保证份额，承担保证责任。没有约定保证份额的，保证人承担连带责任，债权人可以要求任何一个保证人承担全部保证责任，保证人都负有担保全部债权实现的义务。已经承担保证责任的保证人，有权向债务人追偿，或者要求承担连带责任的其他保证人清偿其应当承担的份额。"

将本条规定与《担保法》第12条对比可以发现，本条规定的是《担保法》第12条第3句前半句的内容，但后半句"或者要求承担连带责任的其他保证人清偿其应当承担的份额"的内容没有规定。

《担保法司法解释》第20条规定："连带共同保证的债务人在主合同规定的债务履行期届满没有履行债务的，债权人可以要求债务人履行债务，也可以要求任何一个保证人承担全部保证责任。连带共同保证的保证人承担保证责任后，向债务人不能追偿的部分，由各连带保证人按其内部约定的比例分担。没有约定的，平均分担。”

本条采纳了该解释的第1款，但第2款规定的内容没有采纳。

《担保法司法解释》第43条规定：“保证人自行履行保证责任时，其实际清偿额大于主债权范围的，保证人只能在主债权范围内对债务人行使追偿权。”

本条的规定是“在其承担保证责任的范围内向债务人追偿”，实质内容与该解释有很大区别，后文会详述。

二、保证人行使对债务人的追偿权的条件

所谓保证人对债务人的追偿权，是指保证人履行全部或者部分保证责任后，有权向主债务人请求偿还。其原理是，虽然保证人向债权人承担保证责任是其依保证合同所应承担的义务，但是保证人对债权人承担保证责任毕竟是代主债务人履行债务，保证人是为了主债务人的利益而遭受的损失，从公平和等价交换原则出发，应当赋予保证人向主债务人追偿的权利。保证人要行使追偿权，应当具备以下条件：

第一，保证人已向债权人承担了全部或者部分保证责任。也就是说，保证人已经因此产生了损失。

第二，债务人因保证人承担保证责任而全部或者部分免责。换言之，保证人必须是履行了主债务人的全部或者部分债务，其结果是导致债务人的债务全部消灭或者部分减少。

第三，保证人未放弃追偿权。追偿权是保证人的权利，保证人当然可以放弃。因此，在保证人代主债务人履行全部或者部分义务后，只要其没有明确放弃追偿的权利，保证人都当然享有该权利。实践中，保证人放弃追偿权的情况十分罕见。

第四，保证人的追偿权的范围只能在其承担保证责任的范围内。《担保法司法解释》第43条规定：“保证人自行履行保证责任时，其实际清偿额大于主债权范围的，保证人只能在主债权范围内对债务人行使追偿权。”依据这一规定，保证人行使追偿权的范围应当以主债权为限，只能在主债权的范围内主张追偿权，即使实际清偿额大于主

债权，保证人也只能在主债权的范围内行使追偿权。在许多情况下，保证人承担保证责任的范围可能大于主债权，因为保证人除清偿主债权外，还需要就利息、违约金、损害赔偿金等承担保证责任。正如有学者指出的那样，《担保法司法解释》限制了保证人追偿权的范围，这一规定在一定程度上有利于保护债务人，但该规定不当加重了保证人的负担。[①]本条改变了《担保法司法解释》第43条的规定，不以主债权为限，只要是保证人承担的是债务人本应履行的债务，其对债务人都应享有追偿权。

第五，保证人的履行行为无过错。在委托关系中，受托人在办理委托事务时，因自己的过错给委托人造成的损失应负赔偿责任。同时，如因受托人自己的过错造成自己损失的，不能请求委托人承担责任。具体到保证人接受委托担任保证人，在其履行保证义务过程中的过错主要表现在：因故意或者过失而未能行使主债务人的抗辩权而造成不应有的履行（如主债务本身不成立）或者超过应有范围的履行（如主债务人本无违约，但保证人却支付了违约金）。这种过失的结果，是使这些费用不能构成必要费用的支出，保证人对此无追偿权。[②]

三、按份共同保证与连带共同保证在对债务人行使追偿权方面的区别

在共同保证的情形下，保证人所享有的对债务人的追偿权因按份共同保证与连带共同保证而有所区别：

第一，按份共同保证。它是指数个保证人按照保证合同所约定的保证份额分别承担保证责任的保证。在按份共同保证中，保证人之间的责任范围已有明确的约定，因此，各保证人只能在约定的范围内分别对债务人行使追偿权。其行使追偿权的范围要受到双重的限制：一是约定的保证份额的限制。换言之，共同保证人与债权人在保证合同

① 王利明：《合同法研究》（第4卷），中国人民大学出版社2018年版，第290页。

② 李国光等：《最高人民法院〈关于适用《中华人民共和国担保法》若干问题的解释〉理解与适用》，吉林人民出版社2000年版，第175页。

中约定，各个保证人分别仅对主债务人的债务承担一定份额内的保证责任。据此，各个保证人只需对约定的份额承担保证责任，其追偿权的范围也应以约定的保证份额为限。如果主债权人请求保证人承担的保证责任份额超出约定的份额，对于超出约定份额的部分，保证人不能依据保证合同对主债务人行使追偿权。二是保证人实际承担的保证责任范围的限制。保证人追偿权的范围除受到约定保证份额的限制外，还应受到其实际承担的保证责任范围的限制，保证人超出该范围行使追偿权的，债务人有权拒绝。此外，按份共同保证人相互之间没有追偿权，其只能向主债务人追偿。

第二，连带共同保证。它是指数个保证人连带地对同一债务负担保证责任的保证。连带共同保证的保证人可以向主债务人追偿，但能否向其他共同保证人追偿，我们将在本条的“审判实践中应注意的问题”部分探讨。当然，保证人的追偿权同样应当以其实际承担的保证责任的范围为限。

四、如何理解本条规定的“享有债权人对债务人的权利”

保证人承担保证责任后，有权在其承担保证责任的范围内向债务人追偿，“享有债权人对债务人的权利”，该权利学理上称为“法定代位权”。保证人承担保证责任后，对债务人享有追偿权。同时，被清偿的债权本应归于消灭，但法律拟制债权继续存在，承担保证责任的保证人取得法定代位权，其唯一的目的在于保障保证人向债务人追偿。这种权利虽被称为“法定代位权”，但其实质是债权的法定转移，是依据清偿代位而获得的。因此，追偿权是法定代位权产生的前提和基础，决定了后者是否成立。换言之，法定代位权从属于追偿权，其目的是强化追偿权，追偿权不存在，则法定代位权也不产生；追偿权实现后，被移转的债权也告消灭。这也是比较法上往往先规定追偿权，后规定法定代位权的原因。可见，正因为两者的目的相同，故其构成要件完全一致。[①]这些权利包括但不限于债权人对债务人享有的抵押权、支付本息请求权、支付违约金请求权。

五、如何理解本条规定的保证人行使追偿权的“不得损害债权人的利益”

假设甲欠乙1000万元到期未还，丙、丁是连带共同保证人。现丙承担了600万元保证债务。按照《民法典》的规定，丙既可以要求债务人甲偿还600万元，也可以要求丁偿还丙多承担的100万元，但丙所获得的清偿不能超过600万元。但问题是，如果在甲只有400万元的情况下，这400万元是应该归还乙的欠款，还是满足丙的追偿权？根据保证原理，丙是代甲清偿乙的债务，因此，在甲仅有400万元的时候，甲应当履行主债务，向乙清偿400万元债权，而不能向丙支付。这就是本条规定的“不得损害债权人的利益”的含义。这种情况下丙不能要求甲支付，是因为如果向甲支付，就会损害债权人乙的利益，因为甲、丙对于乙来说，都是债务人。既然是债务人，那么就应当首先偿还债务，满足债权人的债权。只有在满足了债权人的债权的情况下，保证人才能对主债务人行使追偿权。在债权人、债务人、保证人这三者的关系中，债务人和保证人的关系属于内部关系，债务人、保证人与债权人的关系属于外部关系。在内部关系与外部关系相冲突的情况下，要优先满足外部关系。这是基本原理。只有在外部关系满足以后，才能处理内部关系。此外，丙对甲的权利性质是代位权，债权人乙因丙的履行，其债权600万元获得清偿，而这600万元本来是债务人的债务，因此，丙当然取得债权人的权利，可以向甲追偿。但该代位权的行使，不得损害债权人乙的权利。对债权人乙来说，债务人甲和保证人丙、丁都是其债务人，甲、丙、丁都负有保证债权人乙债权实现的义务，不能因为保证人行使代位权而损害债权人乙的权利。

---

① 参见谢鸿飞：《连带债务人追偿权与法定代位权的适用关系——以民法典第519条为分析对象》，载《东方法学》第4期（民法典专刊）。

六、如何理解本条规定的“除当事人另有约定外”

保证人承担保证责任后，其当然享有债权人对债务人的权利，有权在其承担保证责任的范围内向债务人追偿。但实践中也有这样的极特殊情况，即保证人和债务人签订的委托保证合同约定，即使保证人承担了保证责任，其也不能向债务人追偿。这种情况多发生在签订委托保证合同之前，债务人对保证人享有相应的债权，基于商业安排，这时保证人承担保证责任，相当于抵销了其欠债务人的债务。因为这是当事人自愿的商业安排，不涉及公序良俗，所以应当承认其效力，排除本条规定的适用，即在当事人另有约定的情况下，保证人承担保证责任后，其不享有债权人对债务人的权利，无权在其承担保证责任的范围内向债务人追偿。

【审判实践中应注意的问题】

一、关于连带共同保证人对其他共同保证人是否享有追偿权的问题

根据《民法典》的规定，按份共同保证，保证人承担责任后，对其他保证人没有追偿权。那么在连带共同保证中，承担了保证责任的保证人是否对其他共同保证人享有追偿权呢？在《担保法》第12条规定可以追偿的情况下，本条对此没有明文规定，那么对该问题应当如何理解呢？

赞同说认为，保证合同是《民法典》合同法编规定的有名合同，其要受该编合同通则的调整。换言之，就上述问题，《民法典》合同编通则分编的规定当然应当适用。《民法典》第519条规定：“连带责任人之间的份额难以确定的，视为份额相同。实际承担债务超过自己份额的连带债务人，有权就超出部分在其他连带债务人未履行的份额范围内向其追偿，并相应地享有债权人的权利，但是不得损害债权人

的利益。其他连带债务人对债权人的抗辩，可以向该债务人主张。被追偿的连带债务人不能履行其应分担份额的，其他连带债务人应当在相应范围内按比例分担。”赞同说认为，根据该条的规定，共同保证人相互之间有追偿权。

反对说则认为，除非共同保证人相互之间有约定，否则相互之间没有追偿权。理由在于：第一，《民法典》第392条没有规定混合担保的担保人相互之间有追偿权，由于共同保证的原理与混合担保的原理相同，故共同保证也应当作相同的解释，共同保证人之间没有追偿权。与《物权法》第176条相比，《民法典》第392条没有作任何修改，而全国人大常委会法工委起草物权法的同志认为，除有约定外，担保人之间不能相互追偿，主要理由有：在各担保人之间没有共同担保意思的情况下，相互求偿缺乏法理依据，也有违担保人为债务人提供担保的初衷；担保人相互求偿后，还可以向最终的责任人债务人求偿，程序上费时费力，不经济；每个担保人在设定担保时，都应该明白自己面临的风险，即在承担了担保责任后，只能向债务人追偿，如果债务人没有清偿能力，自己就会受到损失。为避免出现此种风险，担保人就应当慎重提供担保，或者对担保作出特别约定；如果允许担保人之间相互求偿，其份额如何确定，是一个相当复杂的计算问题，可操作性不强。[①]第二，《民法典》第700条删除了《担保法》第12条关于共同保证人相互之间可以追偿的规定。这更进一步说明了立法机关关于担保人相互之间不得追偿的观点是一以贯之的，除非保证人之间另有约定。

笔者认为，赞同说的观点正确与否姑且不论，但其论理似有需要完善之处。虽然《民法典》第519条对连带债务人的追偿权作出了规定，但该条规定的连带债务人享有追偿权的前提是“实际承担债务超过自己份额”。在两个以上的保证人同时为债务人的某一债务提供保证，且没有约定保证份额的情况下，如果各共同保证人没有约定相互

① 胡康生主编：《中华人民共和国物权法释义》，法律出版社2007年版，第381~382页。

可以追偿，那么每个保证人都不存在“实际承担债务超过自己份额”的情形，因为债权人可以请求任何一个保证人在其保证范围内承担保证责任。在两个以上的保证人先后为同一债务人的同一债务提供保证，无论各保证人是否知道还有其他保证人为该债务提供了保证，每个保证人也不存在“实际承担债务超过自己份额”的情况。由于各保证人不存在“实际承担债务超过自己份额”的前提，如果我们对《民法典》第519条的规定理解正确的话，应得不出各保证人相互之间有追偿权的结论。

关于共同保证人之间是否享有追偿权的问题，由于《担保法》第12条规定“已经承担保证责任的保证人，有权向债务人追偿，或者要求承担连带责任的其他保证人清偿其应当承担的份额”，所以以前在谈到这个问题时，往往直接引用该条规定，至于为什么共同保证人之间享有追偿权，论述反而少了，这也是这个问题许多人没有进行深入研究的一个重要原因。

我们认为，这个问题非常重大，从《民法典》现有条文来看，似得不出明确的结论。我们的倾向性观点是：共同保证人之间关于追偿权如无约定，应无追偿权。主要理由是：第一，《担保法》第12条规定了共同保证人之间有追偿权，但《民法典》却将该内容删去了，解释上认为立法者对此持否定立场，应是妥当的。第二，《民法典》第392条与《物权法》第176条规定的内容除一处“要求”改为“请求”的文字修改外，其余内容完全相同，甚至文字表述都完全一样，而全国人大常委会法工委民法室的同志对《物权法》第176条的解释很清楚，如无约定，担保人之间没有追偿权。担保人之间与共同保证人之间的关系非常类似，根据类似问题类似处理的原理，共同保证人之间也应解释为如无约定相互之间没有追偿权。第三，《民商审判会议纪要》第56条关于混合担保中担保人之间的追偿权的规定中，持否定立场。第四，《物权法》第176条否定担保人相互之间有追偿权的前述四点理由，于此不赘。第五，复杂问题简单处理，便于裁判者操作，也为当事人确立了简便易行的规则。当然，此问题切实可行统一裁判尺度的方法还需制定司法解释，由司法解释来决定采取何种观点。

关于共同保证中保证人之间有无追偿权，有学者指出：在共同保证关系中，各个保证人之间的内部关系不是一般关系而是特殊关系，并且是具有内在联系的共同关系，因各个保证人负有履行外部关系中对债权人所负债务的义务，客观上使得该内部关系规则必须衡平各个保证人之间的利益，故保证人相互间享有追偿权，是必须的、合理的。共同抵押关系的情形和道理与之大体相同，但抵押物的牵连毕竟有别于保证人及其责任财产的关联，故共同抵押人之间是否享有追偿权，并不像共同保证关系中那样势所必然，而是取决于若干因素，如当事人的约定，法律及判例到底采取分割主义、分配主义、价额比例分担主义、优先负担主义、调整主义、非调整主义中的哪一种，只是《担保法司法解释》第75条第3款简单化地承认追偿权罢了。但不管怎样说，共同保证人相互间享有追偿权、共同抵押的场合抵押物的所有权人之间可以享有追偿权，有着深层的原则理念、制度机理、利益衡量的支撑，确属合理且必要。[①] 该学者的观点，可供读者研究此问题时参考。

二、《担保法司法解释》第20条第1款在《民法典》施行后其精神是否继续适用

《担保法司法解释》第20条第1款规定："连带共同保证的债务人在主合同规定的债务履行期届满没有履行债务的，债权人可以要求债务人履行债务，也可以要求任何一个保证人承担全部保证责任。"我们认为，该规定混淆了"连带共同保证"与"连带责任保证"。这样的表述是连带责任保证的表述。就连带共同保证而言，共同保证人既可能是一般保证人，也可能是连带责任保证人。《担保法司法解释》该款的表述只能针对连带责任保证的共同保证人，而对一般保证的共

① 崔建远：《混合共同担保人相互间无追偿权论》，载《法学研究》2020年第1期。

同保证人是不适用的。因此，笔者认为，该款的精神在《民法典》施行后不应继续适用。

三、《担保法司法解释》第20条第2款在《民法典》施行后其精神是否继续适用

《担保法司法解释》第20条第2款规定："连带共同保证的保证人承担保证责任后，向债务人不能追偿的部分，由各连带保证人按其内部约定的比例分担。没有约定的，平均分担。"这是对连带责任保证追偿权的规定。该规定是对《担保法》第12条的解释。

由于我们倾向认为共同保证人之间如无约定，相互之间则无追偿权，故我们认为，该解释第一句的精神与《民法典》是一致的，即看共同保证人之间有无约定。但第二句"没有约定的，平均分担"的规定与《民法典》本条规定的精神不一致，《民法典》施行后适用《民法典》规定的要求，应不予适用。

四、保证人因自己过错支付给债权人的赔偿款，其不享有向债务人追偿的权利

如保证人因自己的过错未能行使主债务应有的抗辩权而造成的不应有的履行，或者超过不应有的范围，或者因自己的过错未能行使债务人依法享有的抵销权和撤销权造成的履行，根据自己责任原则，保证人不享有对债务人的追偿权。

第七百零一条 保证人可以主张债务人对债权人的抗辩。债务人放弃抗辩的，保证人仍有权向债权人主张抗辩。

【条文主旨】

本条是关于保证人享有的债务人对债权人抗辩权的规定。

【条文理解】

一、与《担保法》有关条文的对比

《担保法》第20条规定："一般保证和连带责任保证的保证人享有债务人的抗辩权。债务人放弃对债务的抗辩权的，保证人仍有权抗辩。抗辩权是指债权人行使债权时，债务人根据法定事由，对抗债权人行使请求权的权利。"

将本条规定与《担保法》第20条对比，发现本条对《担保法》第20条没有作实质性修改，只是文字表述有所改动，更精炼。

二、本条理解

本条规定的原理来自保证合同的从属性。保证合同是主合同的从合同。主合同的债务人是主合同债务的本位义务人，保证合同是在主债务人不履行义务或者发生约定的情形时，保证人才代替主债务人履行债务或者承担责任。因此，主债务人享有的对抗债权人的权利，保证人都应当享有。即使主债务人放弃对债权人的抗辩的，保证人仍有权利抗辩。这样规定，不会对债权人的债权产生任何损害，而同时还保护了保证人的应有权利，防止债权人和债务人恶意串通损害保证人的利益。

本条规定，债务人放弃抗辩的，保证人仍有权向债权人主张抗辩。那么该规定还能体现保证合同的从属性吗？债务人放弃对债权人抗辩的，根据保证合同的从属性原理，能否得出保证人就不得再行使对债权人的抗辩权这一结论？我们认为，债务人放弃对债权人抗辩的，这本身就是一种反常的行为，是对自己权利的漠视，更多的可能是与债权人恶意串通，损害保证人的权利。因为债务人本来可以进行抗辩，减少自己的债务，而自己却不抗辩，这显然不是一个正常人所应该做的。由于该放弃行为会损害保证人的权利，所以本条规定，债务人放弃抗辩的，保证人仍有权向债权人主张抗辩。这并不违背保证合同的从属性，而恰恰是从本质上贯彻了保证合同的从属性。因为债务人放弃抗辩的，表明其本来的债务是可以因抗辩而减少的，该减少的债务数额，根据保证合同的从属性，对于保证人而言就是减少了保证责任。为了达到这一效果，必须赋予保证人一种权利，就是即使债务人放弃对债权人抗辩的，保证人也享有该抗辩权。可见，这一规定表面上或者形式上看是违反了保证合同的从属性，而从内容或者实质看，恰恰贯彻了保证合同的从属性原理特征。还要看到，这些抗辩权既是主债务人享有的抗辩权，也是法律赋予保证人的抗辩权，主债务人放弃此类抗辩权不应当对保证人的抗辩权产生影响。同时，保证人只有通过行使债务人的抗辩权，才能依法保护自己的合法权益。

本条没有保留《担保法》第20条第2款的规定，即没有保留抗辩权的定义。我们认为，本条没有规定抗辩权的定义，审判实践中也不会引起歧义。根据保证合同从属性原理，凡是债务人所享有的抗辩权，保证人都能主张，这些抗辩权包括：主合同未生效的抗辩、主合同无效的抗辩、主合同已经终止的抗辩、主债权已过诉讼时效的抗辩、抵销权抗辩、撤销权抗辩、同时履行抗辩、不安抗辩、先履行抗辩，等等。

【审判实践中应注意的问题】

一、债务人不放弃抗辩权，但保证人没有行使抗辩权而擅自清偿债务的，保证人是否还享有对债务人的追偿权

当债务人不放弃抗辩权，但保证人没有行使抗辩权而擅自清偿债务的，此时，保证人即可能丧失对债务人的追偿权。当然，人民法院应当审查债务人不放弃抗辩权的事实是否有相应的证据支持。同时还应审查，即使行使了抗辩权，对原债务能够减少多少。经审理查明，债务人虽然没有放弃抗辩权，但该抗辩权在法律上不成立的，保证人的清偿应当认定为还是债务人应当承担的债务，这时，保证人享有对债务人的追偿权。相反，如果债务人行使了抗辩权，而且该抗辩权在法律上是成立的，那么保证人擅自对债权人所作出的清偿，就不应当是代债务人履行债务或者承担责任。此时，保证人的清偿对债务人就不产生效力，其对债务人就没有追偿权。

二、各种抗辩权的构成要件

对于主合同未生效的抗辩，人民法院应当审查主合同是否未生效；对于主合同无效的抗辩，人民法院应当审查主债务人或者保证人提出的合同无效的事由能否成立；对于主合同已经终止的抗辩，人民法院应当审查终止的事由是否成立。对于主债权已过诉讼时效的抗辩，人民法院应当审查诉讼时效期间是否已经经过；对于抵销权抗辩，人民法院应当审查抵销权成立的要件是否具备；对于撤销权抗辩，人民法院应当审查是否符合行使撤销权的法定情形；对于同时履行抗辩、不安抗辩、先履行抗辩，人民法院应当审查其抗辩是否符合民法典的相关规定。

总之，审理这类案件时，人民法院应当依据《民法典》相对应的规定，结合双方当事人提交的证据，依法认定。

三、当事人约定的保证期间超过诉讼时效期间，债权人在主债务的诉讼时效期间经过后没有向主债务人主张权利，但在保证期间请求保证人承担保证责任的，人民法院应否支持

我们认为，首先，保证期间可以约定。当事人约定的保证期间超过诉讼时效期间的，该约定有效。其次，根据担保合同的从属性原理，保证人可以主张债务人对债权人的抗辩。债务人放弃抗辩的，保证人仍有权主张抗辩。据此，只要保证人提出主债务的时效抗辩，其就不应承担保证责任。

第七百零二条 债务人对债权人享有抵销权或者撤销权的，保证人可以在相应范围内拒绝承担保证责任。

【条文主旨】

本条是关于债务人对债权人享有抵销权或者撤销权的，保证人享有的权利的规定。

【条文理解】

本条是《民法典》新增的规定。

《民法典》关于抵销的直接规定有两个条文。《民法典》第568条规定："当事人互负债务，该债务的标的物种类、品质相同的，任何一方可以将自己的债务与对方的到期债务抵销；但是，根据债务性质、按照当事人约定或者依照法律规定不得抵销的除外。当事人主张抵销的，应当通知对方。通知自到达对方时生效。抵销不得附条件或者附期限。"第569条规定："当事人互负债务，标的物种类、品质不相同的，经协商一致，也可以抵销。"

所谓抵销，是指二人互负相同种类债务，各使双方债务在对等额内相互消灭的法律制度。抵销作为合同消灭的一种原因，为罗马法以来各国立法所普遍承认。在抵销中，提出抵销的一方所享有的债权，成为主动债权；被抵销的债权，称为被动债权。抵销依其产生的依据不同，可分为合意抵销和法定抵销。所谓合意抵销，是根据合同当事人双方的约定所发生的抵销，它是当事人意思自由的体现，只要双方的合意不违背法律的禁止性规定，都应予准许；所谓法定抵销，则是指在符合法律明确规定的构成要件的情况下，依当事人一方的意思表示而发生的抵销。两种抵销都会导致债权债务的消灭。从法律上来看，抵销具有如下功能：

第一，消灭债权债务的功能。在交易过程中，如果双方当事人互负债务，在其履行的标的相同时，如果一定要求双方互相清偿，则会产生如下问题：一是双方都要支付相应的履行费用；二是任何一方都有可能因履行不能而产生纠纷；三是即便双方都能履行，在履行过程中也可能因发生履行迟延、履行不适当的行为而产生纠纷。通过抵销的方法，免除双方互相履行的劳力、时间和费用，消灭债权债务，从而有利于降低交易费用，从经济效率上说，抵销是一种十分有效的增进效率的方法。

第二，简化法律关系的功能。在抵销的情况下，当事人不必分别履行，就可以直接终止债权债务关系。这就可以使法律关系简化，避免当事人分别计算债务的麻烦，减少交易费用。所以，不能将抵销与清偿完全等同，更不能将抵销视为清偿的一种方法。

第三，担保的功能。抵销不仅具有节省不必要的劳务费用、促进债权尽量满足的作用，有时还可发挥重要的担保功能；而清偿则往往不具有这方面的功能。抵销具有担保功能，因为在双方当事人互负债务时，如果当事人一方只行使自己的债权，而不履行自己的债务，那么，对方当事人就不能确保自己债权的实现，特别是在一方当事人财产状况恶化不能履行债务时，对方当事人行使抵销权就免去了自己的债务，实现了自己的债权。在这种情况下，抵销实际上就起到了担保的作用，从而避免债权无法受偿的风险。①

关于抵销的其他法律问题，请详见本书对《民法典》第568条和第569条的解释。

《民法典》第538条规定："债务人以放弃其债权、放弃债权担保、无偿转让财产等方式无偿处分财产权益，或者恶意延长其到期债权的履行期限，影响债权人的债权实现的，债权人可以请求人民法院

① 关于抵销的原理，引自王利明：《合同法研究》(第2卷)，中国人民大学出版社2018年版，第269~272页。

撤销债务人的行为。”第 539 条规定：“债务人以明显不合理的低价转让财产、以明显不合理的高价受让他人财产或者为他人的债务提供担保，影响债权人的债权实现，债务人的相对人知道或者应当知道该情形的，债权人可以请求人民法院撤销债务人的行为。”第 540 条规定：“撤销权的行使范围以债权人的债权为限。债权人行使撤销权的必要费用，由债务人负担。”第 541 条规定：“撤销权自债权人知道或者应当知道撤销事由之日起一年内行使。自债务人的行为发生之日起五年内没有行使撤销权的，该撤销权消灭。”第 542 条规定：“债务人影响债权人的债权实现的行为被撤销的，自始没有法律约束力。”

根据《民法典》第 538 条和第 539 条的规定，所谓撤销权，是指债务人以放弃其债权、放弃债权担保、无偿转让财产等方式无偿处分财产权益，或者恶意延长其到期债权的履行期限，或者以明显不合理的低价转让财产、以明显不合理的高价受让他人财产或者为他人的债务提供担保，影响债权人的债权实现，债权人可以请求人民法院撤销债务人的行为。

在民法上为什么要规定撤销权制度？撤销权具有平衡双方当事人利益的作用，法律赋予债权人撤销权的主要目的是保障合同债权，即在债务人实施不当减少其责任财产的行为时，债权人可以通过行使撤销权，以恢复债务人的责任财产，从而保全其合同债权。债务的切实履行和债权的实现，乃是市场经济有序化的表现。只有充分保障债权人利益，督促债务人切实履行义务，才能逐渐形成良好的信用制度和商业道德，并使合同关系产生应有的拘束力，交易的秩序才能形成。尽管保护债权人利益需要通过《民法典》《公司法》《破产法》《票据法》等多个法律来共同完成，但是在《民法典》中，建立合同保全制度对于防止债务人实施各种不正当的行为逃避债务、切实保障债权人的债权具有重要意义。当然，撤销权制度毕竟突破了合同相对性原则，因此，法律也对债权人撤销权的行使条件作出了严格限定，即只有符合法定条件时，债权人才能行使撤销权。这也在一定程度上兼顾了债务人的利益，防止债权人不当干预债务人的私人事务。[①]

关于撤销权的其他法律问题，请详见本书对《民法典》第538条至542条的解释。

根据本条的规定，债务人对债权人享有抵销权或者撤销权的，保证人可以在相应范围内拒绝承担保证责任。那么本条规定的原理是什么呢？我们认为，其原理是，保证人只应对主债务人应当承担的主债务承担保证责任，这是由保证的从属性决定的。债务人对债权人享有抵销权的，无论是法定抵销权，还是约定抵销权，债务人的债务在抵销权范围内相应减少。债务人的主债务减少，保证人的保证责任当然应当随之减少。债务人享有的撤销权也是一样。还有一个原理就是，保证人享有债务人对债权人的抗辩权，即使债务人放弃抗辩权的，保证人仍然享有。

【审判实践中应注意的问题】

一、不论是一般保证，还是连带责任保证，保证人都享有债务人享有的抵销权和撤销权

保证合同是从合同，保证人承担的责任不能超过主债务人。如果主债务人对债权人享有抵销权或者撤销权，当然主债务人的债务会相应减少。与之相应，保证人承担保证责任的范围也应当减少。这里的保证人，既包括一般保证人，也包括连带责任保证人，在此二者不应有区分。从文义解释的角度看，本条规定的是所有的保证人，而没有区分是一般保证人还是连带责任保证人。

① 关于撤销权制度的原理，引自王利明：《合同法研究》（第2卷），中国人民大学出版社2018年版，第122页。

二、对债权人享有的抵销权或者撤销权，保证人负有举证责任

债权人对保证人提起诉讼后，如果债务人对债权人享有抵销权或者撤销权的，保证人应当举出这方面的证据，法院再依据证据规则审查是否成立。成立的，支持；不成立的，不支持。

三、因债务人原因，抵销权或者撤销权没有依法行使的，保证人承担责任后，还能否向债务人追偿

对于债务人本来应当依法行使的抵销权或者撤销权，如果因为债务人的过错没有行使，债务人本来可以相应减少的债务而实际并没有减少的，保证人承担保证责任后，当然应当享有追偿权，因为抵销权或者撤销权对应的债务，本来就应当减少。减少后，保证人的保证责任也就在相应范围内减少。对于相应没有减少的债务，由于是债务人的过错造成的，保证人对此没有过错，故保证人享有追偿权。

四、因保证人原因，抵销权或者撤销权没有依法行使的，保证人承担责任后，还能否向债务人追偿

根据上面的论述，如果抵销权或者撤销权没有依法行使是保证人的原因造成的，债务人对此没有过错，对于与抵销权或者撤销权的债务范围相对应的债务，保证人承担保证责任后，不应当向债务人追偿。因为保证人向债务人追偿缺乏法理依据，这完全是因为保证人自己原因造成的，根据自己责任原则，当然应当由保证人自己承担。

五、抵销权或者撤销权没有依法行使，保证人和债务人都有过错，保证人承担责任后，还能否向债务人追偿

根据过错责任原则，对于与保证人过错相对应的那一部分债务，保证人无追偿权。

民法典理解与适用丛书

中华人民共和国
民法典合同编
理解与适用

[三]

最高人民法院民法典贯彻实施工作领导小组 主编

人民法院出版社
PEOPLE'S COURT PRESS

CONTENTS **总目录**

绪论：《民法典》编纂概述 …………………… 1

第一分编　通　则

第一章　一般规定 …………………… 17
第二章　合同的订立 …………………… 52
第三章　合同的效力 …………………… 287
第四章　合同的履行 …………………… 338
第五章　合同的保全 …………………… 497
第六章　合同的变更和转让 …………………… 555
第七章　合同的权利义务终止 …………………… 594
第八章　违约责任 …………………… 713

第二分编　典型合同

第九章　买卖合同 …………………… 853
第十章　供用电、水、气、热力合同 ……… 1136
第十一章　赠与合同 …………………… 1170
第十二章　借款合同 …………………… 1218
第十三章　保证合同 …………………… 1280

第十四章　租赁合同 …………………… 1407
第十五章　融资租赁合同 ………………… 1610
第十六章　保理合同 …………………… 1759
第十七章　承揽合同 …………………… 1794
第十八章　建设工程合同 ………………… 1901
第十九章　运输合同 …………………… 2047
第二十章　技术合同 …………………… 2228
第二十一章　保管合同 ………………… 2344
第二十二章　仓储合同 ………………… 2386
第二十三章　委托合同 ………………… 2468
第二十四章　物业服务合同 …………… 2551
第二十五章　行纪合同 ………………… 2656
第二十六章　中介合同 ………………… 2706
第二十七章　合伙合同 ………………… 2732

第三分编　准合同

第二十八章　无因管理 ………………… 2775
第二十九章　不当得利 ………………… 2797

后　记 ……………………………………… 2813

目录

CONTENTS

第三册

第十四章　租赁合同

第七百零三条

【条文主旨】 …………………………………………………… 1407

本条是关于租赁合同的概念的规定。

第七百零四条

【条文主旨】 …………………………………………………… 1414

本条是关于租赁合同的主要内容的规定。

第七百零五条

【条文主旨】 …………………………………………………… 1421

本条是关于租赁期限的最高限制的规定。

第七百零六条

【条文主旨】 …………………………………………………… 1427

本条是关于租赁合同的登记备案手续不影响合同效力的规定。

第七百零七条

【条文主旨】 …………………………………………………… 1435

本条是关于租赁合同形式及其与合同期限的关系的规定。

第七百零八条

【条文主旨】 …………………………………………………… 1441

本条是关于出租人交付租赁物的义务和对租赁物的瑕疵担保责任的规定。

第七百零九条

【条文主旨】 …………………………………………………… 1447

本条是关于承租人按照约定方法或者按照租赁物的性质使用租赁物的义务的规定。

第七百一十条

【条文主旨】 …………………………………………………… 1453

本条是关于《民法典》第 709 条承租人义务的延伸规定。

第七百一十一条

【条文主旨】 …………………………………………………… 1459

本条是关于承租人没有履行按约定方法使用租赁物的义务的法律后果的规定。

第七百一十二条

【条文主旨】 …………………………………………………… 1465

本条是关于出租人的维修义务的规定。

第七百一十三条

【条文主旨】 …………………………………………………… 1471

本条是关于出租人履行租赁物维修义务的规定。

第七百一十四条

【条文主旨】 …………………………………………………… 1478

本条是关于承租人保管租赁物义务的规定。

第七百一十五条

【条文主旨】……………………………………………… 1484

本条是关于承租人对租赁物进行改善或者增设他物的规定。

第七百一十六条

【条文主旨】……………………………………………… 1490

本条是关于租赁物转租的规定。

第七百一十七条

【条文主旨】……………………………………………… 1498

本条是关于超期转租的规定。

第七百一十八条

【条文主旨】……………………………………………… 1504

本条是关于出租人同意转租意思表示推定的规定。

第七百一十九条

【条文主旨】……………………………………………… 1510

本条是关于次承租人代偿请求权及追偿权的规定。

第七百二十条

【条文主旨】……………………………………………… 1517

本条是关于承租人对租赁物占有、收益权利的规定。

第七百二十一条

【条文主旨】……………………………………………… 1523

本条是关于承租人租金支付期限的规定。

第七百二十二条

【条文主旨】……………………………………………… 1529

本条是关于承租人欠付租金情形下出租人行使合同解除权的规定。

第七百二十三条
【条文主旨】 …………………………………………………… 1536
本条是关于出租人权利瑕疵担保责任的规定。
第七百二十四条
【条文主旨】 …………………………………………………… 1543
本条是关于非因承租人原因致使租赁物无法使用时承租人解除权的规定。
第七百二十五条
【条文主旨】 …………………………………………………… 1548
本条是关于租赁物所有权发生变动时租赁合同效力的规定。
第七百二十六条
【条文主旨】 …………………………………………………… 1554
本条是关于房屋承租人优先购买权的规定。
第七百二十七条
【条文主旨】 …………………………………………………… 1563
本条是关于出租人委托拍卖租赁房屋时承租人优先购买权保护的规定。
第七百二十八条
【条文主旨】 …………………………………………………… 1567
本条是关于出租人妨害承租人优先购买权行使的法律后果的规定。
第七百二十九条
【条文主旨】 …………………………………………………… 1571
本条是关于租赁物毁损、灭失时承租人的权利规定。

第七百三十条

【条文主旨】……………………………………………1577

本条是关于租期不明的租赁合同的形式推定及法律后果的规定。

第七百三十一条

【条文主旨】……………………………………………1584

本条是关于租赁物瑕疵担保责任的规定。

第七百三十二条

【条文主旨】……………………………………………1589

本条是关于承租人死亡后，共同居住人和共同经营人继受租赁合同的规定。

第七百三十三条

【条文主旨】……………………………………………1596

本条是关于租赁合同终止后租赁物返还的规定。

第七百三十四条

【条文主旨】……………………………………………1602

本条是关于租赁合同续租和承租人优先承租权的规定。

第十五章　融资租赁合同

第七百三十五条

【条文主旨】……………………………………………1610

本条是关于融资租赁合同法律概念的规定。

第七百三十六条

【条文主旨】……………………………………………1618

本条是关于融资租赁合同内容和形式的规定。

第七百三十七条
【条文主旨】 ……………………………………………………… 1621
本条是关于无效融资租赁合同的规定。
第七百三十八条
【条文主旨】 ……………………………………………………… 1627
本条是关于租赁物经营行政许可不影响合同效力的规定。
第七百三十九条
【条文主旨】 ……………………………………………………… 1633
本条是关于出卖人与承租人在与融资租赁相关的买卖合同中权利义务的规定。
第七百四十条
【条文主旨】 ……………………………………………………… 1635
本条是关于承租人拒绝受领标的物法定情形的规定。
第七百四十一条
【条文主旨】 ……………………………………………………… 1641
本条是关于承租人可以直接向出卖人行使索赔权的规定。
第七百四十二条
【条文主旨】 ……………………………………………………… 1646
本条是关于承租人向出卖人行使索赔权是否影响其继续履行融资租赁合同项下支付租金的义务的规定。
第七百四十三条
【条文主旨】 ……………………………………………………… 1651
本条是关于出租人妨碍索赔的责任承担的规定。
第七百四十四条
【条文主旨】 ……………………………………………………… 1655
本条是关于出租人未经承租人同意不得擅自变更买卖合同内容的规定。

第七百四十五条
【条文主旨】……1658
本条是关于出租人对租赁物物权效力的规定。
第七百四十六条
【条文主旨】……1668
本条是关于融资租赁合同租金确定的规定。
第七百四十七条
【条文主旨】……1672
本条是关于出租人承担租赁物瑕疵担保责任的规定。
第七百四十八条
【条文主旨】……1681
本条是关于出租人负有保证承租人平静占有、使用租赁物的义务以及违反该义务的情形的规定。
第七百四十九条
【条文主旨】……1686
本条是关于出租人侵权责任免除的规定。
第七百五十条
【条文主旨】……1691
本条是关于融资租赁合同中承租人妥善保管、使用租赁物的义务以及维修义务的规定。
第七百五十一条
【条文主旨】……1694
本条是关于融资租赁合同履行期间租赁物损毁、灭失之风险负担的一般规定。

第七百五十二条

【条文主旨】 …………………………………………………… 1700

本条是关于承租人支付租金义务及其拒付租金时出租人权利救济方式的规定。

第七百五十三条

【条文主旨】 …………………………………………………… 1706

本条是关于承租人实施无权处分租赁物的行为构成违约，出租人可以解除融资租赁合同的规定。

第七百五十四条

【条文主旨】 …………………………………………………… 1713

本条是关于出租人和承租人均可解除融资租赁合同的情形的规定。

第七百五十五条

【条文主旨】 …………………………………………………… 1720

本条是关于融资租赁合同因买卖合同解除、被确认无效或被撤销而解除的，承租人如何向出租人承担赔偿责任的规定。

第七百五十六条

【条文主旨】 …………………………………………………… 1726

本条是关于融资租赁合同因租赁物意外毁损、灭失而解除时的法律后果的规定。

第七百五十七条

【条文主旨】 …………………………………………………… 1733

本条是关于租赁期限届满租赁物归属的规定。

第七百五十八条

【条文主旨】 …………………………………………………………… 1739

本条是关于承租人请求部分返还租赁物价值及租赁物无法返还时如何处理的规定。

第七百五十九条

【条文主旨】 …………………………………………………………… 1746

本条是关于根据当事人约定象征性对价推定租赁期限届满后租赁物归属的规定。

第七百六十条

【条文主旨】 …………………………………………………………… 1753

本条是关于融资租赁合同无效时租赁物归属的规定。

第十六章　保理合同

第七百六十一条

【条文主旨】 …………………………………………………………… 1759

本条是关于保理合同概念的规定。

第七百六十二条

【条文主旨】 …………………………………………………………… 1769

本条是关于保理合同内容和形式的规定。

第七百六十三条

【条文主旨】 …………………………………………………………… 1772

本条是关于应收账款债权人与债务人之间通谋虚伪表示不得对抗保理人的规定。

第七百六十四条

【条文主旨】 …………………………………………………………… 1777

本条是关于保理人可以向应收账款债务人发出通知的规定。

第七百六十五条
【条文主旨】……1779
本条是关于基础合同变更或终止不得对抗保理人的规定。
第七百六十六条
【条文主旨】……1781
本条是关于有追索权保理中保理人行使请求权的规定。
第七百六十七条
【条文主旨】……1786
本条是关于无追索权保理业务中保理人权利范围的规定。
第七百六十八条
【条文主旨】……1788
本条是关于应收账款多重让与情形下保理人权利顺位的规定。
第七百六十九条
【条文主旨】……1793
本条是关于保理合同准用债权转让的技术性规定。
第十七章　承揽合同
第七百七十条
【条文主旨】……1794
本条是关于承揽合同的概念和主要种类的规定。
第七百七十一条
【条文主旨】……1808
本条是关于承揽合同的内容的规定。

第七百七十二条
【条文主旨】……1813
本条是关于承揽的主要工作完成主体要求及责任承担的规定。
第七百七十三条
【条文主旨】……1816
本条是关于承揽的辅助工作完成主体要求及责任承担的规定。
第七百七十四条
【条文主旨】……1821
本条是关于承揽人提供材料时所负义务的规定。
第七百七十五条
【条文主旨】……1828
本条是关于定作人提供材料及双方所负义务的规定。
第七百七十六条
【条文主旨】……1834
本条是关于定作人提供的图纸或者技术要求不合理时双方义务的规定。
第七百七十七条
【条文主旨】……1839
本条是关于定作人中途变更工作要求的法律责任的规定。
第七百七十八条
【条文主旨】……1845
本条是关于定作人的协助义务的规定。
第七百七十九条
【条文主旨】……1850
本条是关于定作人对承揽工作监督检验的规定。

第七百八十条
【条文主旨】……1855
本条是关于承揽合同工作成果交付及验收的规定。
第七百八十一条
【条文主旨】……1863
本条是关于承揽人质量瑕疵责任的规定。
第七百八十二条
【条文主旨】……1869
本条是关于定作人向承揽人支付报酬期限的规定。
第七百八十三条
【条文主旨】……1873
本条是关于承揽人留置权及同时履行抗辩权的规定。
第七百八十四条
【条文主旨】……1880
本条是关于承揽人保管义务的规定。
第七百八十五条
【条文主旨】……1884
本条是关于承揽人保密义务的规定。
第七百八十六条
【条文主旨】……1890
本条是关于共同承揽人承担责任的规定。
第七百八十七条
【条文主旨】……1893
本条是关于定作人解除权的规定。

第十八章　建设工程合同

第七百八十八条

【条文主旨】……1901

本条是关于建设工程合同概念和种类的规定。

第七百八十九条

【条文主旨】……1906

本条是关于建设工程合同形式的规定。

第七百九十条

【条文主旨】……1911

本条是关于建设工程招标投标原则的规定。

第七百九十一条

【条文主旨】……1924

本条是关于建设工程合同发包、承包和分包的规定。

第七百九十二条

【条文主旨】……1934

本条是关于国家重大建设工程合同订立的规定。

第七百九十三条

【条文主旨】……1937

本条是关于建设工程施工合同无效的处理的规定。

第七百九十四条

【条文主旨】……1953

本条是关于勘察、设计合同内容的规定。

第七百九十五条

【条文主旨】……1958

本条是关于建设工程施工合同内容的规定。

第七百九十六条
【条文主旨】……1970
本条是关于建设工程监理的规定。
第七百九十七条
【条文主旨】……1974
本条是关于发包人检查权的规定。
第七百九十八条
【条文主旨】……1976
本条是关于发包人对隐蔽工程的检查责任的规定。
第七百九十九条
【条文主旨】……1982
本条是关于建设工程竣工验收和竣工验收法律后果的规定。
第八百条
【条文主旨】……1989
本条是关于勘察人、设计人违约责任的规定。
第八百零一条
【条文主旨】……1995
本条是关于施工人质量责任的规定。
第八百零二条
【条文主旨】……2007
本条是关于承包人加害给付责任的规定。
第八百零三条
【条文主旨】……2014
本条是关于发包人未按照约定的时间和要求提供原材料、设备、场地、资金、技术资料所应承担的违约责任的规定。

第八百零四条

【条文主旨】 ······ 2021

本条是关于发包人造成建设工程中途停建、缓建所应承担的违约责任的规定。

第八百零五条

【条文主旨】 ······ 2024

本条是关于因发包人原因导致勘察、设计工作增加所应承担的责任的规定。

第八百零六条

【条文主旨】 ······ 2028

本条是关于发包人和承包人解除权以及建设工程施工合同解除后的法律后果的规定。

第八百零七条

【条文主旨】 ······ 2034

本条是关于建设工程价款优先受偿权的规定。

第八百零八条

【条文主旨】 ······ 2044

本条是关于建设工程合同可以适用《民法典》关于承揽合同规定的规定。

第十四章 租赁合同

第七百零三条 租赁合同是出租人将租赁物交付承租人使用、收益，承租人支付租金的合同。

【条文主旨】

本条是关于租赁合同的概念的规定。

【条文理解】

根据本条规定，租赁合同是出租人将租赁物交付承租人使用、收益，承租人支付租金的合同。下文将根据本条规定对租赁合同的特征和分类作阐述。

一、租赁合同的特征

（一）租赁合同是转移财产使用权的合同

租赁合同中，将租赁物租出的一方称出租人，使用租赁物并支付租金的一方称承租人。承租人订立租赁合同以其使用、收益租赁物为直接目的，但承租人所取得的、出租人所转移的仅仅是对租赁物的使用权和部分收益权，而不是租赁物的所有权。把握这一特点的意义有三点：一是认清租赁合同与买卖合同、赠与合同的本质区别。买卖合同与赠与合同都是以转移标的物所有权为基本特征，买受人或者受赠人订立合同的目的都是获得标的物的所有权。二是租赁合同仅仅转让租赁物的使用权和部分收益权，出租人不一定非得就是租赁物的所有权人。只要有权将租赁物的使用权和收益权转让给承租人，均可成为出租人。例如，依据《城镇国有土地使用权出让和转让暂行条例》等规定，土地使用权人可以作为出租人将其土地使用权出租给他人。又如，承租人经出租人同意可以将租赁物转租。三是租赁合同只是将租赁物的使用权转让给承租人，而租赁物的所有权或处分权仍属于出租人。在租赁的有效期内，承租人可以对租赁物占有、使用、收益，而不能任意处分租赁物。当租赁合同期满，承租人要将租赁物返还出租人。

（二）承租人取得租赁物的使用权以支付租金为代价

在租赁合同中，出租人和承租人均享有权利并承担义务，二者之间存在对价关系。出租人应当将租赁物交付承租人，并保证租赁物符合约定的使用状态。承租人负有妥善保管租赁物并按约定向出租人支付租金的义务。任何一方当事人在享有权利的同时都是以履行一定义务为代价的。承租人使用租赁物是为了满足自己的生产或生活需要，出租人出租租赁物是为了使租赁物的价值得以实现，取得一定的收益。承租人要取得租赁物的使用权、收益权不是无偿的，而是要向出租人支付租金。租金是承租人为使用、收益租赁物而支付的对价。支付租金是租赁合同的本质特征。这一特征能够将租赁合同与借用合同、借款合同及赠与合同区别开来。借用合同的借用人虽然取得了借用物的使用权，但借用是无偿的，不需付出任何代价。租赁合同与借款合同都是有偿合同，但借款人支付的是利息。利息不同于租金，租金可以由双方当事人约定，利息在很多情况下是法定的，当事人只能在法定范围内约定具体的利率，即使是自然人之间的借款利息也有一个上限要求，不能放高利贷。租金的确定往往与借款合同的利率直接相关，而利率的确定与租金的确定并无直接关系。承租人支付租金使租赁合同区别于赠与合同，赠与合同在通常情况下一般是单务合同，赠与人向受赠人赠与财物并不以对方承担一定义务为条件。

（三）租赁合同的标的物是有体物、非消耗物

租赁物，亦称租赁财产，是租赁合同的标的物。租赁物必须是有形的财产，这是租赁合同的特征之一。租赁物可以是动产，如机动车、机械设备等，也可以是不动产，如房屋、土地等。但无论是动产还是不动产，它们都是有形的，都是能以一定的物质形式表现出来的。无形的财产不能作为租赁的标的物。这是与租赁合同中承租人占有、使用租赁物的特征紧密联系的。非消耗物是指能够多次使用而不改变其形态和基本价值的物。一次性使用的物品或很快就消耗掉的物品不能作为租赁物，如粮食、燃料等，因为这些物品一经使用，就已丧失其自身的价值，甚至物本身已经消失了，根本不可能再要求出租人返还。因此，消耗物不能作为租赁合同的标的物。

租赁物应为有体物，在理解土地使用权租赁时，应当注意的是，出租人转移的权利为对土地的使用权。在我国现阶段，既存在土地租赁，也存在土地使用权租赁。虽然前者只存在于土地的一级市场，后者只存在于土地的二级市场，但都是由出租人转移对土地的使用权。

（四）租赁合同具有临时性或者非永续性

租赁合同是出租人将其财产的使用收益在一定期限内转让给承租人，因为不是所有权的转移，因此，承租人不可能对租赁物永久地使用，物的使用价值也是有一定期限的。租赁期限若过长，就会使出租人的权利客观上被虚置，有悖于物尽其用的精神。有鉴于此，许多国家法律一般都对租赁期限的最长时间有所限制。我国《民法典》规定，租赁期限最长不能超过20年。租赁合同根据租赁标的的不同可分为动产租赁和不动产租赁，不动产租赁在我国主要指房屋租赁。根据租赁合同是否约定期限可分为定期租赁和不定期租赁。定期租赁关系到租金的交付日期、租赁物的返还的日期、合同终止的时间等问题。不定期租赁赋予合同当事人随时解除合同的权利。

但值得注意的是，租赁合同当事人的义务通常并非一次给付即可完成，合同内容是在一段时间内继续地实现的，因而租赁合同是继续性合同。不过，继续性所描述的是债务的履行是持续不断的或者反

复进行的状态，而非永久性是指租赁合同不宜永久存续，二者完全不同。

二、租赁合同的分类

根据不同的标准，可以对租赁合同作不同的分类。不同的分类有不同的法律意义。与审判直接相关的分类，包括以下两种：

（一）以租赁物的种类、性质为区分标准

依据租赁物的种类、性质为区分标准，租赁合同可以分为动产租赁合同、不动产租赁合同与权利租赁合同。以动产作为租赁物的合同，称为动产租赁合同或者简称为动产租赁；以不动产为租赁物的合同，称为不动产租赁合同或者简称为不动产租赁。在我国，不动产通常指房屋、土地（包括国有土地与集体土地）以及其他不动产。以权利作为租赁物的租赁合同，称为权利租赁合同或者简称为权利租赁，如建设用地使用权租赁合同、土地承包经营权租赁合同等。

这种分类的意义在于，法律法规以及部门规章等法律文件对不动产租赁一般有登记、备案等特殊要求，而动产租赁一般没有登记或者备案的要求。而权利租赁，首先适用相关的法律与法规、规章涉及权利租赁的特殊规定；法律、法规与规章没有特殊要求的，可以准用民法中有关租赁合同的要求。所以学说中将权利租赁称为准租赁。

（二）以是否约定固定期限为区分标准

以是否约定固定期限为标准，租赁合同可以分为定期租赁合同与不定期租赁合同。当事人在合同中没有约定明确的租赁期限的合同称为不定期租赁合同，约定了明确的租赁期限的合同称为定期租赁合同。当事人虽然约定了明确的租赁期限但未采用书面形式，若期限在6个月以上的租赁合同，仍为不定期租赁合同；租赁期限届满，承租人继续使用租赁物，出租人未表示异议的，原租赁合同继续有效，但转变为不定期租赁合同。

这种分类的意义在于明确两种合同成立条件不同、合同效力不同、终止事由不同。譬如，不定期租赁合同，除非法律另有规定外，任何

一方可随时终止合同，只不过出租人必须在合理期间内通知承租人。

【审判实践中应注意的问题】

租赁合同是人们在经济生活和日常生活中经常使用的一种合同。通过租赁，可以在自然人、法人之间调剂余缺，充分发挥物的使用功能，最大限度地利用其价值，同时满足承租人与出租人双方的利益。租赁合同纠纷，特别是房屋租赁合同纠纷，是人民法院审理的民事案件中比较常见的一类合同纠纷。

一、《民法典》“租赁合同”一章的适用范围

尽管前面介绍租赁合同的分类中，将租赁合同分为动产租赁、不动产租赁和权利租赁，但这是就整个法律体系而作的分类。

目前在我国的经济生活中，有些交易行为，如土地使用权的出让和转让、农村土地承包经营权、土地使用权的租赁、企业承包租赁经营等形式，是否适用本法关于租赁合同的规定加以调整，在起草1999年《合同法》的过程中有不同意见。有意见认为，上述几种经营形式从实质上讲是租赁，应该由租赁合同调整；也有意见认为，要根据不同情况来分析，土地使用权的出让和转让，农村土地承包经营权更多的是对土地使用权的取得，土地使用权的使用年限最高可达到70年，土地承包经营权30年不变，它是一种用益物权，各国一般都将这种土地使用权通过《物权法》来调整。现行《土地管理法》只就集体经营性建设用地的出租问题有明确规定，对于国有土地使用权的出租问题，在目前全国人大及其常委会制定的法律中还没有具体规定，只是在法规以及规章层次的规范文件中所有涉及，其目的是便于各级政府进一步盘活存量用地，还有待于在实践中不断总结经验。《民法典》的出台仍未完全解决上述分歧。企业租赁经营合同与本章规定的租赁合同有着巨大的差异。按照1990年修订的《全民所有制小型工业企业租赁经营暂行条例》的规定，这种差异主要表现在：企业租赁的当

事人一方是企业的所有人或管理人，另一方则是本企业的职工，他们之间本来就存在内部管理的关系；合同订立是以公开招标的形式进行的，有时还得由有关部门批准；租赁的标的是整个企业，而不是某一特定的财产，是人财物、产供销、资金、技术、经营等多种因素的综合体，承租人获得的不仅是对财产的使用权，而是一种经营权；承租人须以自己的财产向企业提供担保；按照合同的约定，租赁合同终止时企业的价值必须大于租赁时的价值。

在司法实践中，人民法院在审理建设用地使用权租赁合同、土地承包经营权租赁合同以及企业经营租赁合同等纠纷案件时，首先应当适用《土地管理法》等特殊领域的法律规定。在此基础上，才能根据案件的具体情况准用本章的规定。毕竟本章的不少规定适用于所有类型的租赁合同。例如，除当事人另有约定外，在租赁期间因占有、使用租赁物获得的收益，归承租人所有等。

二、关于租赁权的物权化的理解与把握

相对于一般债的属性，租赁合同及租赁权具有独特的性质。这种独特性质主要表现在租赁的人格性与租赁权的物权化两方面。

承租人比较长的时间内占有、使用和部分收益租赁物，故承租人的人格优劣直接影响到承租人是否尽责地保管租赁物、符合租赁物自身的性能使用租赁物以及合同期满是否及时返还租赁物。这些事项直接影响出租人的权利。租赁合同对承租人人格性的要求直接来源于租赁本身的特性。基于租赁的人格性，承租人的人格性直接影响租赁合同的成立。所以租赁合同以当事人之间的信赖关系为基础。实务中，时常发生的承租人对租赁物不当使用（如房屋群租等）现象就是出租人未注意到租赁的人格性。为防止对承租人的人格判断不足，出租人往往只能采取收取押金等手段作为预防措施。

相比租赁的人格性，审判实践中更值得注意的是租赁权的物权化特性。租赁权，有广义与狭义之别。广义的租赁权，包括租赁物的交付请求权和租赁物用益权。租赁物的交付请求权是指承租人基于租赁

合同请求出租人交付租赁物的权利。该权利为一般债权，可适用《民法典》中有关债权的规定。租赁物用益权是指对租赁物的占有、使用和部分收益的权利。这是通常意义上的租赁权，也是狭义的租赁权。所谓租赁权的物权化仅是指狭义租赁权的物权化。

租赁权的物权化表明租赁权不是物权。租赁权如果被法律赋予物权的全部效力，就成为真正意义的物权，而非物权化。从效力上分析，物权具有排他效力、优先效力、追及效力和物权请求权。租赁权欠缺物权的许多效力，不具有物权的本质。我国民法对于承租人直接支配租赁物的事实并未按照物权关系设计，而是将租赁权在总体上作为债权，在个别方面赋予物权的效力，使租赁权物权化了。这种设计的原因在于债权能够满足承租人的需求。为防止出租人出卖住房等可能损害承租人的生存权，特设买卖不破租赁的原则；为防止第三人不法侵害，承租人依法能够行使占有人的自力救济权、物上请求权。租赁权被赋予物权的效力较多，其物权化就强；反之，则弱。较强的物权化，表现为租赁权的对抗力、排除力、处分力和永续性。所谓对抗力，是指在租赁关系存续期间，承租人对取得租赁物所有权或者其他物权的人，可以主张其租赁权，继续对租赁物行使占有、使用权和部分收益权；所谓排除力，是指对不法侵害的第三人，承租人可以基于租赁权本身主张妨害排除请求权；所谓处分力，是指租赁权人具有让与租赁权与转租的权能；所谓永续性是指租赁权没有存续期限或者存续期限较长。这些特性在《民法典》租赁合同一章中都有相应条款的规定，如第725条赋予了租赁权的对抗力、第716条第1款明确了承租人无自由处分租赁权的权能、第705条明确了租赁权不可能永续存在、第723条明确了租赁权不具有物权的排除力。当然，虽然法律未赋予租赁权以排除力，但承租人可以援引《民法典》中有关占有保护的规定，行使占有的物上请求权。另外，侵害租赁权依法可以成立损害赔偿请求权，依据《民法典》中“侵权责任”的相关规定予以处理。

第七百零四条 租赁合同的内容一般包括租赁物的名称、数量、用途、租赁期限、租金及其支付期限和方式、租赁物维修等条款。

【条文主旨】

本条是关于租赁合同的主要内容的规定。

【条文理解】

本条属于指导性条款，也称任意性条款，是指在一般情况下，租赁合同应当具备的主要条款。由于租赁合同的标的物不同或者租赁期限、租赁方式不同，合同的内容当然不尽相同，但一些主要条款都是应该具备的。不过值得注意的是，在订立合同的过程中，如果一方当事人坚持合同的订立以对特定事项达成协议为条件，则在该特定事项达成协议前，合同不成立；如果出租人与承租人双方在订立合同时，有意将某一项内容留待进一步商定，则尽管该条款未确定，也不妨碍合同的成立。

《民法典》第470条第1款规定："合同的内容由当事人约定，一般包括下列条款：（一）当事人的姓名或者名称和住所；（二）标的；（三）数量；（四）质量；（五）价款或者报酬；（六）履行期限、地点和方式；（七）违约责任；（八）解决争议的方法。"本条就是结合租赁合同的特点对《民法典》第470条的具体化。租赁合同的主要条款包括如下事项：

一、有关租赁物的条款

租赁物是租赁合同的标的物。当事人订立租赁合同的目的就是要使用租赁物或者从他人使用租赁物中获取一定的利益。因此，租赁物是租赁合同的主要条款，不可或缺。租赁合同中租赁物的条款应当包括以下几个方面的内容：

（一）租赁物的名称

租赁物应以明确的语言加以确定，如租赁房屋，必须约定清楚是住宅还是商业用房，而且必须明确具体的位置。所谓具体的位置，既包括具体的门牌号，也包括具体一栋建筑物内具体哪一间或者若干间。对租赁物本身的要求，租赁物应是有体物，非消耗物；应是流通物而不是禁止流通物。禁止流通物不能作为租赁物。如法律禁止普通民事主体制造、买卖、销售武器弹药，普通民事主体也不能出租武器弹药。租赁物可以是种类物，也可以是特定物，对于种类物，一旦承租人对其选择完毕就已特定化，出租人就应当交付特定化了的租赁物。譬如，承租人租赁汽车时，选择了品牌、型号、颜色、新旧程度甚至车牌号时，出租人就应当交付相应的车辆。租赁物的约定是否明确关系到租赁物的交付、合同期限届满承租人返还租赁物、第三人对租赁物主张权利等一系列的问题。

（二）租赁物的数量

数量单位根据租赁物的具体特性确定。租赁合同中只有明确了数量，出租人才能准确地履行交付租赁物的义务。同时，数量条款是租赁期限届满时，承租人返还租赁物时的依据。标的物数量是合同成立不可缺少的条款之一。

（三）租赁物的用途

任何租赁物都具有相应的使用价值并决定其用途。租赁物的用途关系到承租人如何使用租赁物，因为承租人负有按照约定使用租赁物的义务，租赁物的用途就必须约定清楚，否则当租赁物损坏时，出租人就难以行使其请求权。租赁物的用途应当根据租赁物本身的性质特征来确定，还必须遵守相关法律的强制性规定，并非完全由当事人自由约定。例如，用于载货的汽车不能用于载人。又如，商业办公用房，只能用于商业或者办公，不能改成住宅；相反，普通住宅只能居住，不能用于商业目的；即使居住房屋，相应面积的房屋供多少人居住在租赁合同中应当约定清楚。租赁物的用途往往与租金直接相关联。例如，出租汽车就不能超过车辆允许的乘载量，而且乘客越多租金通常越高。约定租赁物的用途也可以明确承租人对租赁物使用过程中的消耗的责任归属问题。

二、有关租赁期限的条款

租赁期限直接影响承租人使用租赁物的时间长短、支付租金的时间、交还租赁物的时间等。如果合同当事人对支付租金的期限没有约定，可根据租赁期限来确定支付租金的期限。租赁期限的长短由当事人自行约定，但不能超过本章规定的最高期限。

租赁期限可以年、月、日、小时计算，要根据承租人的需要来确定。如果当事人对租赁期限没有约定或者约定不明确的，可按照《民法典》第510条与第511条等规定予以处理。

三、有关租金的条款

出租人出租租赁物的目的就是收取租金，租金同租赁物一样是租赁合同中必不可少的条款，支付租金是承租人的主要义务，收取租金是出租人的主要权利。租金的多少、租金支付的方式，是人民币支付还是以外汇支付，是现金支付还是银行卡支付、票据支付或者电子支付，是由承租人向出租人直接支付还是授权支付，是按月支付还是按年支付，是一次支付还是分次支付，是预先支付还是事后支付，等等，这些问题都应当在订立合同时约定明确，以避免事后发生争议。同时，这些约定也是合同当事人履行义务和行使权利的依据。

四、有关租赁物维修的条款

承租人租赁的目的是使用与收益，这就要求租赁物的状态必须符合使用的目的，同时，在使用租赁物时必然会有正常的消耗，这就有一个对租赁物的维修问题。对租赁物的维修义务应当由出租人承担，这是出租人在租赁合同中的主要义务。但并不排除在有些租赁合同中承租人负有维修义务。一般有三种情况：一是有些租赁合同，法律直接规定承租人负有维修义务。例如，《海商法》规定，光船租赁由承租人负责维修、保养。有时为了能够对租赁物及时、更好地进行维护，保持其正常的使用功能，合同双方可以约定，维修义务由承租人承担。二是根据商业习惯，租赁物的维修义务由承租人负责。例如，在汽车租赁中，一般都是由承租人负责汽车的维修。三是根据民间习俗，如在我国一些地方的房屋租赁中就有“大修为主，小修为客”的说法和习惯。

除了上述条款外，当事人还可以根据需要订立其他条款，如违约责任、解决争议的方式以及解除合同的条件等，都是合同中的重要的条款。

【审判实践中应注意的问题】

一、严格依照租赁合同条款确定当事人权利义务并处理可能出现的纠纷

合同条款是合同中经双方当事人协商一致、约定双方当事人权利义务的具体条文。合同的条款载明了合同的内容。合同当事人的权利义务，除法律另有特别规定外，主要由合同的条款确定。合同条款是否齐备、清晰、准确，决定合同是否成立、应否生效以及可否顺利履行，进而决定当事人订立合同的目的能否实现。因此，合同条款非常重要。本条规定了租赁合同的主要条款。但是，并不意味着当事人订

立的租赁合同中缺少了本条规定的任何一项就会导致合同的不成立或者无效。本条明确租赁合同的主要条款，具有提示性与示范性。合同的主要条款或者合同的内容由当事人根据具体情形依法约定，一般包括这些条款，但不限于这些条款。《合同法司法解释（二）》第1条规定："当事人对合同是否成立存在争议，人民法院能够确定当事人名称或者姓名、标的和数量的，一般应当认定合同成立。但法律另有规定或者当事人另有约定的除外。对合同欠缺的前款规定以外的其他内容，当事人达不成协议的，人民法院依照合同法第六十一条、第六十二条、第一百二十五条等有关规定予以确定。"依照这一司法解释，租赁合同最主要的内容，除了当事人名称或者姓名外，就是租赁物的名称与数量等，其他内容均可以由当事人协商补充或者根据法律解释规则予以确定；也可以根据当事人实际履行情况予以确定。譬如，房屋租赁合同中缺少租金条款，可以根据相同地段、相同用途、类似状况的房屋的市场租金行情予以确定，也可参照政府或者行业指导价确定；又如，缺少租赁期限条款，可视为不定期租赁合同，但最长期限不超过20年。

二、准确把握租赁合同条款与租赁合同示范文本的关系

《民法典》第470条第2款规定："当事人可以参照各类合同的示范文本订立合同。"1999年《合同法》有完全相同的规定。但是，法律未明确由谁制定合同示范文本，亦未明确合同示范文本的作用。租赁合同示范文本通常针对常见多发的租赁关系，如房屋租赁、汽车租赁、通用机器设备租赁等。实务中，几乎所有大中城市的房屋管理部门与市场监督管理部门单独或者联合推出了房屋租赁等合同示范文本。当然有些租赁合同文本是由行业组织牵头拟订。各种示范文本只是为当事人订立租赁合同提供参照，提示当事人在订立合同时以更加明确、更加规范的条款作出意思表示，尽量避免合同文本中缺款少项，从而避免或者减少不必要的争议与纠纷。毕竟并不是所有的当事人都具有订立合同的知识与经验。即使是学习过法律知识的人，对实

践中具体问题的预判与处理方案，往往未必百分之百的妥当。而且通常情况下，处于相对弱势地位的当事人依据政府主管部门或者行业组织牵头起草的示范文本提出主张，能够相对容易地得到对方当事人的认可。例如，房屋租赁合同示范文本中有关违约责任的约定对出租人与承租人而言，不仅平等而且能够相互制衡，而由处于优势的当事人起草的文本往往从自己利益出发而较少考虑对方当事人。当然，当事人是否参照合同示范文本完全可以自主抉择。另外，一些小众的租赁合同往往并无相应的示范文本。人民法院或者仲裁机构不会因当事人未采用示范文本而认定合同不成立或者不生效。

三、充分注意乡村房屋与国家福利政策房屋作为租赁物的特别规定

本章适用房屋作为租赁物的租赁合同时，应当结合《房屋租赁合同司法解释》第1条的规定。首先，依照该条规定，该项司法解释只适用于租赁物为城市、镇规划区内的房屋即城镇房屋。也就是说，本章规定一般情况下只适用于城镇房屋作为租赁物的租赁合同。其次，除法律另有规定外，乡、村庄规划区内的房屋租赁合同纠纷案件，可以参照该司法解释处理。乡村规划区的房屋所占土地性质是农村集体所有制土地，乡村规划区内的房屋归集体经济组织及其成员所有，与城镇规划内的房屋在性质上和法律适用上存在很大的差异。乡村规划内的房屋的转让受到国家法律与政策的严格限制，城市居民不允许购买。租赁市场则有所不同，非本集体经济组织成员租赁乡村规划内的房屋，不改变房屋及土地的所有制性质，因而可以参照该司法解释处理乡村规划内的房屋租赁合同纠纷案件。然而，若通过房屋租赁合同变相改变集体所有制土地性质、土地用途及宅基地法律及政策规定的，则不能简单地适用《民法典》“租赁合同”一章及相关司法解释的规定。最后，当事人依照国家福利政策租赁公有住房、廉租住房、经济适用住房产生的纠纷案件，不适用该解释，也不适用《民法典》“租赁合同”一章的规定。依据原建设部发布的《城市公有住房管理

规定》及原建设部等部门联合发布的《廉租住房保障办法》《经济适用住房管理办法》的规定，公有住房、廉租住房、经济适用住房具有政府福利性与保障性，通常由政府投资或者给予补贴，承租人必须具备特定的条件（如廉租住房只出租给城市低收入住房困难家庭），不是所有的民事主体都可以成为承租人。因此，依照国家福利政策订立的租赁合同，出租人与承租人之间不属于平等的民事法律关系。

第七百零五条 **租赁期限不得超过二十年。超过二十年的，超过部分无效。**

租赁期限届满，当事人可以续订租赁合同；但是，约定的租赁期限自续订之日起不得超过二十年。

【条文主旨】

本条是关于租赁期限的最高限制的规定。

【条文理解】

根据本条的规定，出租人与承租人每次签订的租赁合同约定的租赁期限最长不得超过20年。超过20年的，超过部分无效。

租赁合同以承租人使用、收益租赁物为直接目的，承租人所取得的、出租人所移转的，仅仅是对租赁物的使用权和部分收益权，而不是移转租赁物的所有权。承租人与出租人形成租赁关系，是通过获得租赁物的使用权而满足自己一定时期生活或生产经营的需要。基于此点，承租人并不想长期占用租赁物。如果承租人的目的是长期甚至永久获得标的物的使用权，完全可以与标的物的所有人通过买卖或者其他方式形成买卖关系或者其他能够实现所有权移转目的的法律关系。同时，租赁与借用的本质区别是，租赁并非无代价，承租人获得租赁物的使用权是以支付租金为对价的。租金的构成，通常与租赁期限长短直接关联，租赁期限越长，租金总额越高。进一步分析，承租人获得租赁物是为了解决短期内生活或者生产经营所需，一旦承租人实现对特定租赁物的使用收益的目的后，继续占有租赁物有违其初衷。为了减少不必要负担或者租金支出，承租人的租赁目的实现后，将及时把租赁物返还给出租人。基于对上述原因的分析，租赁合同不可能不约定承租人对租赁物的使用期限。

未见法律对租赁关系规定最短期限。只要能够实现承租人使用租赁物的目的并且不违背出租人意愿，无论期限多短，法律皆概不干预。然而，不少国家和地区的法律对最长的租赁期限有限制性规定。通常情况下，当事人在确定租赁期限长短时，总是要根据租赁物的性质和承租人的使用目的由双方协商。在动产租赁关系中，租赁期限通常是比较短的，满足承租人使用目的即可。例如，租赁汽车，按照现行国家有关规定，汽车的使用寿命因其用途差异而有所不同，小型出租车报废年限为 8 年而且不得延期，故双方当事人不可能就此约定一个租赁期为 10 年以上的租赁合同。租赁期限较长的多是不动产租赁，包括房屋租赁和土地使用权租赁。在房屋租赁中，用于承租人居住需要和用于商业性租赁有所不同。一般而言，用于居住租赁的承租人希望租期相对长一些，不仅使租赁关系相对稳定，而且租金相对平稳。当然，并非房屋租赁期限就一定长，有时当事人可能只租住一天，甚至一小时或者若干小时。商业租赁中，一般根据承租人的经营需要决定。在订立合同时房屋租价比较低的情况下，承租人就希望租赁期限长一些，租金能够固定下来；在房屋租价偏高的时候，出租人就希望租期长一些，这样就能保证其得到更多的租金。在市场交易中，如果出租人与承租人不能寻找一个公平的交叉点时，法律总是要在双方利益博弈中找出平衡点。这也是法律规定最高租赁期限的一个原因。

客观情况总是在不断变化，特别是不动产，其价格可能会因一个国家一定时期的经济形势变化而大起大落。而不动产的价格或者市场交换价值，直接决定租金的高低。另外，一个地区的人口流动情况同样影响租金的变化。人口向内流动频繁，一般情况下，房屋租赁需求旺盛，租金有增长的空间；人口向外流动频繁，至少房屋租赁市场不活跃甚至慢慢萎缩，租金下降的可能性大。例如，我国一些资源枯竭城市，人口向外流动性大，房屋空置率高，租赁房屋的人越来越少。因而过长的租赁期并不利于双方当事人合同目的的实现。

租赁合同最长期限，除了各国的立法政策外，在一定程度上与经济发展周期存在着关联。按照经济学常识，所谓经济周期，也称商业周期或景气周期，一般是经济活动沿着经济发展的总体趋势所经历的有规律的扩张与收缩，通常表现为繁荣、衰退、萧条与复苏四个阶段。经济周期有短周期、中周期与长周期之分。不同周期的时间长短，不同的经济学家认识不同。英国经济学家阿瑟·刘易斯认为，标准的周期持续时间为9年左右。尽管对经济周期的认识存在争议，但这一判断，比较符合实际情况，得到更多人的认同。确定租赁合同最长期限为20年，相当于两个经济发展周期，大约经历经济周期的四个发展阶段两遍。

很多国家或地区的法律都对租赁合同的最长期限作出限制，但规定并不完全相同。例如，《日本民法典》规定，租赁契约的存续期间不得超过20年，如果当事人约定的租赁期间超过20年的，缩短为20年。《意大利民法典》规定，租赁不得超过30年，如果约定的租赁期间超过30年或者永久的，则将被减至30年。《德国民法典》第544条规定租赁合同期限超过30年的，30年后，合同的任何一方当事人均可以在遵守法定期限的情况下，发出预告解约通知，但合同期限为出租人或者承租人的终生的，不得发出预告解约通知。[①]我国台湾地区“民法”规定，租赁契约之期限不得逾20年，逾20年者，缩短为20年。不过，1994年《俄罗斯联邦民法典》第683条对住房租赁合同期限的规定比较特殊：住房租赁合同的期限以不得超过5年的期限签订，如果合同中未规定期限的，合同视为以5年为期签订。[②]也就是说，住房租赁合同最长期限只有5年。不知当年《俄罗斯联邦民法典》规定5年为住房租赁合同的最长期限的历史背景，但或许与《俄罗斯联邦民法典》制定时，俄罗斯社会刚刚经历过剧烈的社会变动有关。

我国民法借鉴了上述规定，并且考虑到我国正处在一个市场经济

---

① 《德国民法典》，北京大学出版社2017年版，第478页。

② 参见《俄罗斯联邦民法典》，中国大百科全书出版社1999年版，第284页。

的建立和完善过程之中，经济发展非常迅速，其他社会因素的变化也很快。为了更有效地保护租赁合同双方当事人的权益，对租赁期限的最高期限有所限制很有必要。自 1978 年以来，中国社会与经济突飞猛进地向前发展，特别是 1992 年 10 月，中共十四大正式提出“我国经济体制改革的目标是建立社会主义市场经济体制”。市场经济的发展有其内在的发展规律，与计划经济有着巨大的区别。2017 年 10 月，中共十九大提出要加快完善社会主义市场经济体制。社会主义市场经济体制的完善主要表现为产权制度和要素市场化配置更加完善，更加符合经济发展规律。在这样的大的背景下，租赁市场的各种要素在经济发展周期内相对稳定。因此，本法作出了租赁合同的期限最长不得超过 20 年的规定。

实际上本条规定的 20 年并不是一个绝对的最高限值。道理极其简单，如果租赁合同双方当事人在 20 年期满时，仍然希望保持租赁关系，有两条途径可以选择：一是并不终止原有的租赁合同，承租人仍然使用租赁物，出租人也不提出任何异议。这时法律规定视为原租赁合同继续有效，但租赁期限为不定期，即双方当事人又形成了一个不定期租赁的关系。在履行过程中，如果一方当事人想解除合同随时都可以为之。法理上，这种情况被称为合同的“法定更新”。二是双方当事人根据原合同确定的内容再续签一个租赁合同。如果需要较长的租期，当事人仍然可以再订一个租期为 20 年的合同，这种情况被称为“约定更新”。无论当事人选择哪种办法，都符合法律规定，都是当事人享有的订立合同自由权利的具体表现。

【审判实践中应注意的问题】

一、对“超过二十年的，超过部分无效”的理解

“超过二十年的，超过部分无效”，这是对租赁合同部分无效的规定。一份租赁合同中，如果只是租赁期限超过 20 年，不存在其他导

致合同无效的事由，则只是租赁合同中有关租赁期限超过20年的部分不对双方当事人产生法律约束力，而且是自合同生效之日起超过20年的部分不对双方当事人产生效力。也就是说，20年的租赁期限届满时，出租人有权要求承租人返还租赁物，如果承租人继续使用租赁物，出租人有权提出异议；承租人有权不再交纳租金并退还租赁物。当然，依据诚信原则，出租人不再与承租人维持租赁关系时，应当在合理的时间通知承租人。值得注意的是，超过20年租赁期限的合同，当事人继续保持租赁关系的，为不定期租赁，而不是定期租赁合同。

二、当事人同时签订两份租赁期限前后衔接且超过20年的租赁合同的效力问题

本条规定租赁期限不得超过20年，当然是指当事人签订的每一份租赁合同中约定的期限不得超过20年。如果当事人在签订租赁期限为20年的合同时，同时预先签订一份履行时间为20年之后的租赁合同，后一份租赁合同的租赁期限可以是1年至20年，但后一份合同的履行期限与前一份合同的期限前后衔接，这样后一合同是否有效？例如，2019年12月31日当事人双方签订租赁期限为20年的合同且租赁期限从2020年1月1日起算，同一天双方当事人又签订另一份租赁合同，租赁期限为5年，后一份合同的履行时间从2040年1月1日起算，虽然后一份合同的签订时间可能预先标明为2039年12月31日，也可能还是写明2019年12月31日。从表面看，两份合同各自独立，而且至少在订立时，两份合同均是当事人的真实意思表示。那么后一份合同是否有效？我们倾向于认为后一份合同应当认定为无效。因为，双方当事人通过同时签订两份租赁合同规避了本条有关租赁期限不得超过20年的规定，规避法律强制性规定的合同应为无效。

三、超过 20 年租赁期限的合同应当指条款齐备的合同，特别应包含租金的约定

如果形式上约定的租赁期限超过 20 年，但租金等重要事项约定为每年商定，则此种合同的性质构成预约，其租赁期限不宜认定为超过 20 年。租金条款是租赁合同中最为核心的条款，如果租金条款难以按照合同履行规则及合同解释规则确定，则缺乏租金条款的租赁合同应当认定为未成立。

四、本条与土地或者土地使用权出租期限规定的关系

《城镇国有土地使用权出让和转让暂行条例》第 28 条规定土地使用权可以依法出租，《土地管理法》第 63 条第 2 款规定集体经营性建设用地可以依法出租。这两种租赁的期限必须遵守国家有关特别规定。这种特别规定包括两方面：土地使用权的出租不得超过土地使用权出让年限；集体经营性建设用地的租赁期限，按照《土地管理法》第 63 条第 4 款的规定，必须遵守国务院制定的具体办法。从法理上分析，这两种租赁的期限争议问题，首先适用国务院的具体规定；如果国务院的具体规定未涉及的情况下，可以参照《民法典》的规定。

第七百零六条 当事人未依照法律、行政法规规定办理租赁合同登记备案手续的，不影响合同的效力。

【条文主旨】

本条是关于租赁合同的登记备案手续不影响合同效力的规定。

【条文理解】

根据本条规定，即使法律、行政法规要求当事人办理租赁合同的登记备案手续，但租赁合同的效力不受当事人是否办理登记备案手续的影响。

与《合同法》相比，本条是新增加的规定。本条应是对司法实践经验的认可与提炼。《房屋租赁合同司法解释》第4条规定："当事人以房屋租赁合同未按照法律、行政法规规定办理登记备案手续为由，请求确认合同无效的，人民法院不予支持。当事人约定以办理登记备案手续为房屋租赁合同生效条件的，从其约定。但当事人一方已经履行主要义务，对方接受的除外。"

一、对现行登记备案制度的基本理解

依照《现代汉语词典》的解释，登记备案是指"向主管机关报告事由，存案以备考查"。虽然现行不少法律都规定了登记备案制度，并且将登记备案实质上作为具有中国特色的行政管理手段，但均未明确登记备案的具体含义。我国现行法律规定的登记备案制度涉及法人组织体备案、行业主体备案、行政管理备案、司法执行监督备案、立法监督备案以及政党组织备案等诸多方面。例如，《立法法》第5章

就叫“适用与备案审查”，将登记备案确定为立法程序上的法律制度。国务院在1990年制定的《法规规章备案条例》明确将备案登记作为行政监督、审查的管理方式。在公法规范领域中，登记备案制度有利于维护法制的统一，促进社会和谐稳定。即使具有中国特色的社会主义法律体系已趋向健全、完善，登记备案对于实现法治建设仍然具有重要意义。然而，现行法律规定的登记备案制度主要是作为公法上行政监管的方式，立法设计上并非主要针对私法领域。

1994年7月5日公布、1995年1月1日起施行的《城市房地产管理法》是第一部规定合同登记备案的法律。该法第45条第2款规定：“商品房预售人应当按照国家有关规定将预售合同报县级以上人民政府房产管理部门和土地管理部门登记备案。”第54条规定：“房屋租赁，出租人和承租人应当签订书面租赁合同，约定租赁期限、租赁用途、租赁价格、修缮责任等条款，以及双方的其他权利和义务，并向房产管理部门登记备案。”《城市房地产管理法》是迄今为止明确规定租赁合同应当登记备案的唯一法律，虽然该法进行了三次修订，但有关房屋租赁的规定未发生变化，只是在2019年第三次修订时将相关条文序号由第53条变为第54条。根据《城市房地产管理法》的规定，1995年5月9日建设部发布了《城市房屋租赁管理办法》。住房和城乡建设部于2010年12月1日发布了新的《商品房屋租赁管理办法》，取代了原建设部发布的《商品房屋租赁管理办法》，但延续了原办法中规定的房屋租赁合同登记备案制度。新办法第14条第1款规定：“房屋租赁合同订立后三十日内，房屋租赁当事人应当到租赁房屋所在地直辖市、市、县人民政府建设（房地产）主管部门办理房屋租赁登记备案。”该办法还规定，建设（房地产）主管部门应当向提交材料符合要求的租赁当事人开具房屋租赁登记备案证明。这样就产生了未按要求进行登记备案并取得备案证明的租赁合同是否生效的问题。在《房屋租赁合同司法解释》于2009年9月1日施行之前的司法实践中，出现过因出租人未按照《城市房屋租赁管理办法》的规定办理登记备案手续而认定房屋租赁合同因违反法律的强制性规定而无效的判决。

自《城市房地产管理法》实施之后，在民事领域陆续出台了要求就合同进行登记备案的法律规定，所涉及的合同包括劳动合同、专利实施许可合同、技术进出口合同以及土地承包经营权流转合同等。而且现行法律中对各种应当登记备案的合同等民事法律行为有不同的要求，房屋预售合同及房屋租赁合同、劳动合同及技术进出口合同等只要求登记备案，而专利实施许可合同以及私募基金登记备案后，还要求予以公告公示；土地承包经营权流转合同以及公司股东的登记备案只明确未经登记备案的，不得对抗善意第三人。在立法设计上，现行的法律规范未明确登记备案的概念及性质，更没有形成统一的登记备案制度。民事立法中的登记备案制度，零星地散布于《合同法》《公司法》《物权法》以及《继承法》等，涉及范围广泛，未形成统一的登记备案概念，更未在立法层面明确登记备案的性质及其法律效力。从这些散见于不同法律规定中的登记备案制度可以看出，国家希望通过登记备案制度所具有的行政监督的公法功能干预当事人之间的私法自治关系，从而在一定程度上弥补市场不确定的弱点。现行登记备案制度的初衷似乎只是为了便于行政审批与行政征收，方便政府的行政管理。这种背景下的登记备案制度，并不能实现维持市场交易安全以及平衡当事人之间利益关系的最终目的。例如，《城市房地产管理法》及《商品房屋租赁管理办法》规定实行房屋租赁合同备案登记的目的，是“为加强商品房屋租赁管理，规范商品房屋租赁行为，维护商品房屋租赁双方当事人的合法权益”。事实上，登记备案只是房屋租赁合同订立的程序性要求，可由租赁合同当事人自行选择。《商品房屋租赁管理办法》规定不登记备案的，由建设（房地产）主管部门责令限期改正，逾期不改正的，可以处以相应的罚款。现实生活中，政府有关主管部门是否有足够的力量对不登记备案的情形“责令限期改正”值得怀疑，而且对逾期不改正的，给予罚款欠缺上位法的依据。之所以现实的登记备案出现这种尴尬境地，就是因为现行法律中对登记备案制度定位模糊，未能正确明晰登记备案的民事属性。民事法律行为的登记备案应当定位于：特定的民事主体请求特定登记部门或组织将合同及其他有关重要信息或者事项记载于登记簿之中予以公示而告之公众，从而使已备案登记的事项能够产生对抗第三人的法律效力，而不是以是否向特定国家机关登记备案决定国家应否认定特定民事法律行为的效力。

二、对合同效力的一般理解

《民法典》第143条规定："具备下列条件的民事法律行为有效：（一）行为人具有相应的民事行为能力；（二）意思表示真实；（三）不违反法律、行政法规的强制性规定，不违背公序良俗。"《合同法司法解释（二）》明确规定："合同法第五十二条第（五）项规定的'强制性规定'，是指效力性强制性规定。"可见，该司法解释同样适用于《民法典》第143条有关"强制性规定"的理解。尽管何为"效力性强制性规定"仍存在理解的分歧，但可从规定的形式与实质两方面予以判断。所谓形式判断，是指从形式判断某项强制性规定是否"禁止任何人在任何时间、在任何地点以任何方式从事某种交易行为"，如果是，则属于效力性强制性规定，否则就是管理性强制性规定。按照这种理解，效力性强制性规定就是禁止交易行为本身，其目的是在于禁绝此类交易行为的存在，而管理性强制性规定并非禁止某类交易行为，也就是说，某类交易行为仍属法律允许，但禁止当事人在未取得交易资格时或者禁止当事人在某一时间或者某一地点以某种方式从事此类交易行为。所谓实质判断，是指运用文意解释、体系解释及目的解释方法确定强制性规定的规范目的。如果目的在于直接维护或者保护国家利益或者社会公共利益，则该强制性规定属于效力性强制性规定；如果目的在于直接维持特定的管理秩序，并不直接涉及国家利益或者社会公共利益的维护，则该强制性规定属于管理性强制性规定。

《民法典》第502条第1款、第2款规定："依法成立的合同，自成立时生效，但是法律另有规定或者当事人另有约定的除外。依照法律、行政法规的规定，合同应当办理批准等手续的，依照其规定。未办理批准等手续影响合同生效的，不影响合同中履行报批等义务条款以及相关条款的效力。应当办理申请批准等手续的当事人未履行义务的，对方可以请求其承担违反该义务的责任。”按照这一规定，登记备案对合同效力的影响，应当以法律和行政法规将登记备案作为合同生效条件为前提，法律和行政法规未规定登记备案手续后生效的，当事人未办理登记备案手续的不影响合同效力。同时，本法第502条规定在合同编之“通则”分编中，而“租赁合同”中的第706条在“典型合同”分编中，第706条与第502条的关系属于“特别规定”与“一般规定”的关系。因此，判断与认定租赁合同的效力首先应当适用第706条，即：无论法律、行政法规就办理租赁合同登记备案手续对合同效力的关系如何规定，按照《民法典》第706条的规定，并不仅因当事人未办理登记备案手续而影响租赁合同的效力。

合同效力直接决定合同当事人权利义务，是合同能否顺利履行的前提和基础，直接决定当事人的合同目的能否实现。我国法律一直对合同效力予以高度关注，而且对合同效力的规定经历了从严到从宽的立法过程。20世纪80年代制定的《经济合同法》《涉外经济合同法》与《技术合同法》规定合同无效的原因十分宽泛。无效合同包括违反法律和国家政策、计划的合同；采取欺诈、胁迫等手段所签订的合同；代理人超越代理权限签订的合同或者以被代理人的名义同自己或者同自己所代理的其他人签订的合同；违反国家利益或者社会公共利益所签订的合同等。随着我国改革开放的深入，立法者和司法实务工作者逐渐认识到，无效合同过于泛滥，增加不必要的社会成本，造成社会财富无谓浪费，很不利于促进市场交易。因此，1999年《合同法》出台后，民事立法对于无效合同的范围不断予以调整，大大地缩小了合同无效制度的适用，而且从有效、无效二分结构逐渐调整为有效、无效、可撤销和效力待定的模式。在不断调整和进化的过程中，不断完善合同效力制度，历经合同有效、无效、可撤销、效力待定和未生效并存的合同效力模式的发展变化。立法和实践中，合同无效制度的适用范围逐步缩小，对合同主体资质要求逐步放宽，违反强制性规范对于合同效力的影响不断减轻，承认合同相对无效的情形，对合同的形式要件的要求进一步宽松。现行法律和行政法规将批准作为合同生效的规定只适用于极小的范围，将登记备案作为合同生效的规定目前仅见于《证券投资基金法》第60条，该条第1款规定："投资人交纳认购的基金份额的款项时，基金合同成立；基金管理人依照本法第五十八条的规定向国务院证券监督管理机构办理基金备案手续，基金合同生效。"

三、对房屋租赁合同登记备案效力的基本理解

《民法典》"租赁合同"一章适用范围前已述及，包括动产租赁、不动产租赁与特定条件下的权利租赁。目前，法律与行政法规只要求房屋租赁合同进行登记备案。《民用航空法》在"民用航空器权利"一章有专节规定"民用航空器租赁"，其中第33条规定："民用航空器的融资租赁和租赁期限为六个月以上的其他租赁，承租人应当就其对民用航空器的占有权向国务院民用航空主管部门办理登记；未经登记的，不得对抗第三人。"不过，这里规定的"登记"仅是承租人就其对民用航空器的占有权向国家民用航空主管部门办理登记，且规定未登记的，不得对抗第三人。《民用航空法》未规定民用航空器的租赁合同以登记备案作为生效要件。这一规定符合登记备案的民事属性，值得其他规定登记备案的法律参照与借鉴。

我国对于房屋租赁合同采取登记备案制度的做法由来已久。早在1983年国务院颁布的《城市私有房屋管理条例》就有房屋租赁合同登记备案的规定。之后，许多省市制定了该条例的实施细则或者实施办法等文件，明确规定了城市私有房屋租赁合同必须到房屋所在地房管机关登记或者备案。《城市房地产管理法》以法律的形式要求房屋租赁合同进行备案。法律、规章明确要求城市房屋租赁合同签订后，房屋出租人应当到房地产管理部门办理登记备案，由房地产管理部门审查合格后发放房屋租赁证明。房屋租赁登记备案是随着我国商品经济

的发展和房地产业的兴起而逐步建立起来的。伴随我国改革开放的深入，特别是城乡人口的大规模流动，房屋租赁市场日益活跃，租赁市场秩序出现了一系列问题。例如，不具备出租条件的房屋被出租、转租，产生各种矛盾纠纷；房屋租赁税费流失；一些出租房屋成为少数违法犯罪的窝点。为了解决房屋租赁市场中出现的问题，立法者试图通过房屋租赁的登记备案制度，由房屋主管部门审查出租房屋的权属状况、租赁当事人真实详细身份，避免承租人因权属争议等问题遭受损失；通过房屋租赁登记备案建立完整动态的房屋租赁档案体系，加强对流动人员的管理，维持社会治安的稳定；以房屋租赁登记备案作为房屋租赁税费的收缴提供依据。房屋租赁登记备案制度的建立，其实质是房地产主管部门对房屋租赁合同是否体现自愿、平等、互利和诚信原则，是否明确租赁双方的权利义务的具体审查，是对房屋租赁合同合法性的事后确认，从而达到对房屋租赁市场实行监督管理并打击租赁市场的违法现象。从上述内容可知，我国房屋租赁合同登记备案制度建立的初衷是出于行政管理的需要。同时，从《城市房地产管理法》的规定看，该法并未将房屋租赁合同登记备案作为生效要件。虽然2010年12月1日住房和城乡建设部发布的《商品房屋租赁管理办法》第23条规定房屋出租人未进行房屋租赁合同登记备案的，要承担相应的法律责任，但依据《合同法司法解释（一）》第4条“合同法实施以后，人民法院确认合同无效，应当以全国人大及其常委会制定的法律和国务院制定的行政法规为依据，不得以地方性法规、行政规章为依据”之规定，人民法院不能以《商品房屋租赁管理办法》作为认定房屋租赁合同效力的依据。

【审判实践中应注意的问题】

一、本条规定的精神可准用于其他民事合同

本条是整部《民法典》中唯一直接明确登记备案不影响合同效力

的条文，是国家最高立法机关以基本法的形式对实践中长久形成的合同登记备案制度功能的澄清。故如果法律、行政法规中未明确规定未登记备案的合同不生效，则应当认为民事合同仅因未登记备案不影响合同效力。

二、登记与备案的关系

本条使用了“登记备案”的表述。从法理上分析，登记与备案是两种形式，应当注意“登记”与“登记备案”的不同。“登记”的目的可能是“备案”，也可能是其他目的，如不动产的登记直接与法律效力相关。“登记备案”与“备案”含义基本相同。依据《民法典》的规定，登记与备案相联系，即登记是备案的一个环节，登记的目的是为了备案，故登记与备案构成一个整体。

三、登记、备案、鉴证、公证、审批与合同效力的关系

登记、备案与鉴证、公证、审批，皆可归于属于广义的合同管理。只不过公证与鉴证在性质上更接近于中介组织提供的服务，其目的在于强化合同的证据效力。登记、备案与审批在形式上有相似之处，都由行政主管机关或者特定组织进行，都能够体现出某种行政管理职能。依照《民法典》第502条的规定，除法律、行政法规另有规定外，未经批准的合同属于未生效合同。不过，应当注意的是，已获批准的合同也不一定就必然有效，但确定不能获得批准的合同属于确定不生效，其后果类似于无效。总之，登记备案与公证、鉴定并不影响合同的效力，而需审批的合同在获得批准前属于未生效，不宜简单地将未审批的合同等同于无效。

第七百零七条 租赁期限六个月以上的，应当采用书面形式。当事人未采用书面形式，无法确定租赁期限的，视为不定期租赁。

【条文主旨】

本条是关于租赁合同形式及其与合同期限的关系的规定。

【条文理解】

根据本条规定，租赁期限6个月以上的租赁合同应当采用书面形式。当事人未采用书面形式且无法确定租赁期限的合同，视为不定期合同。

一、合同形式是当事人表达意思的外在方式，法律根据交易安全与便捷原则要求当事人采用何种合同形式

合同的形式，也称合同的方式，是当事人合意的表现形式，是合同内容的外部表现，是合同内容的载体。从合同法的历史发展看，在合同的形式上明显地表现出从重形式到重意思的变化规律。毕竟在交易安全允许的前提下，不断发展变化的社会经济越来越强烈地要求交易更加便捷。当然，重意思不等于否定形式，因为法律难以评价纯粹内心的意思。意思只有以一定的形式表现出来，能被人们把握和认知时，法律才能予以准确评价。所以，在任何时代，合同的形式不可或缺。现代民法兼顾交易安全与交易便捷两项价值，已经不同程度地将要式合同的运用范围加以扩大，强调一些重要合同以及关系复杂的合同的书面形式。格式合同的广泛运用就是一个很好的例证。除不公正

的条款外，经过法律规制的格式合同，使当事人特别是消费者不必就交易条件讨价还价，促使缔约快捷与方便，提高社会生产的效率。

《民法典》第135条规定："民事法律行为可以采用书面形式、口头形式或者其他形式；法律、行政法规规定或者当事人约定采用特定形式的，应当采用特定形式。"《民法典》第469条第1款进一步规定："当事人订立合同，可以采用书面形式、口头形式或者其他形式。"故当事人订立合同可以采用书面形式、口头形式和其他形式。法律并未特别要求当事人采用何种形式订立合同才能使合同生效，但是法律、行政法规规定采用书面形式或者当事人约定采用书面形式的，应当采用书面形式。《民法典》中许多条款明确规定重要的民事法律行为或合同应当采用书面形式。除《民法典》外，其他法律和行政法规也有要求当事人订立合同采用书面形式。如《信托法》第8条规定："设立信托，应当采取书面形式。书面形式包括信托合同、遗嘱或者法律、行政法规规定的其他书面文件等。"

二、对合同书面形式的基本理解

书面形式是指以文字或者数据电文等表现当事人订立合同的形式。合同书以及任何记载当事人的要约、承诺和权利义务内容的文件，都是合同书面形式的具体表现。《民法典》第469条第2款和第3款分别规定："书面形式是合同书、信件、电报、电传、传真等可以有形地表现所载内容的形式。""以电子数据交换、电子邮件等方式能够有形地表现所载内容，并可以随时调取查用的数据电文，视为书面形式。"《民法典》第469条对数据电文的要求比《合同法》第11条对数据电文的要求更加合理，即：数据电文不仅能够有形地表现所载内容，而且能够随时调取查用。这样的规定是吸收了《电子签名法》的立法经验。该法第4条规定："能够有形地表现所载内容，并可以随时调取查用的数据电文，视为符合法律、法规要求的书面形式。"故当事人以数据电文签订租赁合同还必须遵照《电子签名法》的规定。

三、租赁合同的形式要求

对租赁合同形式的要求与立法政策及对合同形式认识相关。不同国家和地区的法律对此问题的规定并不完全一致。《日本民法典》对租赁合同的形式未作要求。该法债权编“契约”一章中，设有“租赁”专节，但无任何条文涉及合同形式。《德国民法典》第585条之一规定：“农地收益租赁契约，其期限逾两年而未以书面制定者，视为不定期限。”[①] 即：期限超过2年的土地用益租赁合同，需采用书面形式。未遵守此形式规定订立的合同，视为不定期租赁。《俄罗斯联邦民法典》第674条规定：“住房租赁合同以书面形式签订。”而《法国民法典》第1714条规定：“租赁得以书面或口头为之，但涉及农产租赁时，适用土地租赁与雇佣佃农之特别规则者，不在此限。”该法第1715条进一步规定：“非以书面所为的租赁尚未开始执行，而当事人一方否认租赁存在时，不问其租金如何低微，即使他方认为其已交纳定金，有关是否有此租赁的证据，均不以证人证明之。”[②]

我国《民法典》规定，租赁合同当事人订立合同时可以采用书面形式、口头形式或者其他形式。租赁合同应当采用什么形式订立由租赁合同的基本特征决定。如前所述，租赁合同是转让租赁物使用权的合同，出租人转让租赁物的使用权就负有将租赁物交付承租人使用的义务，同时承租人负有在租赁期间届满时返还租赁物的义务，返还的租赁物要符合原状。承租人在使用租赁物时应当按照约定使用，如果对租赁物造成损害要视不同情况承担相应的责任。在租赁合同中，采用口头形式订立合同有一定的便利性，如在一些临时使用租赁物的交易中，市民在路边租用共享单车、顾客在商场租用储物柜、游客在公园里租用游船等，这种临时性使用时间很短，涉及的租金少、时间短、内容单一，就不必非要采用书面形式订立合同。但是租赁合同毕

① 参见我国台湾地区台湾大学法律学院、台大法学基金会编译：《德国民法典》，北京大学出版社2017年版，第547页。

② 参见《法国民法典》，罗结珍译，法律出版社2005年版，第1287页。

竟是出租人所有的或可支配的财产交付于承租人手中，承租人对其占有、使用，对出租人来说有丧失租赁物的风险，如果没有采用书面形式订立合同，一旦发生争议，“口说无凭”，出租人的权利很难得到保护。

租赁合同的形式与租赁期限直接关联。为了既便利交易又保证交易安全，本条对租赁合同的形式作了如下三个层次的规定：

第一，租赁期限不满6个月的租赁合同，既可以采用口头形式，也可以采用书面形式。这是因为租赁期限较短的合同中，当事人双方权利义务清晰，而且承租人使用租赁物后变化不会大，租金相对较少且可能一次付清，租赁关系结束得快，证据不易失散，一旦发生纠纷容易分清责任。因此，不必要求当事人非以书面形式订立合同。不过，应当注意的是，租赁期限长短与租赁物价值并无直接关系，但租赁物（如大型机器设备、精密仪器等）价值巨大时，无论租赁期限长短，当事人通常都会以书面形式订立合同，而且也应当以书面形式明确双方的权利义务关系。

第二，租赁期限在6个月以上的应当采用书面形式。书面形式可以是在《民法典》第469条规定的任何书面形式。以租赁期限长短来划分是否应当采用书面形式是考虑到租期长短与合同当事人双方的利益有巨大的关系，因为租期长的合同往往是租赁物价值较高、租金较多，对租赁物的使用消耗也多一些，如果以书面形式将双方的权利义务规定清楚，既有利于双方当事人履行自己的合同义务，而且在将来发生争议时有据可查，易于解决纠纷，从而有利于保护当事人的合法权益。

第三，租赁期限6个月以上的，当事人没有采用书面形式，无法确定租赁期限或者双方又对租赁期限有争议的，如果双方已经履行合同的主要义务，或者虽然没有没有履行主要义务，但当事人对其他问题没有争议，只是对租赁期限有争议的，依本条规定，视为不定期租赁。这两种情形下，租赁合同还是有效的，双方当事人随时可以解除合同。

【审判实践中应注意的问题】

一、本条对租赁合同的形式要求更加灵活，与《合同法》的规定稍有不同

《合同法》第 215 条规定："租赁期限六个月以上的，应当采用书面形式。当事人未采用书面形式的，视为不定期租赁。"本条在此基础上增加了"无法确定租赁期限的"条件。这一规定更加合理。毕竟所谓不定期租赁合同是指租赁期限不确定，但如果当事人能够通过其他方式确定租赁期限的，就不应当视为不定期租赁。例如，住房租赁合同中，承租人一次性交付了 1 年或者 1 年以上的租金，而且出租人也接受了租金，即使双方未以书面形式订立合同，亦不宜视为不定期租赁。本条中的"无法确定"，从反面解释，是指除了书面形式外，还可以通过口头形式或者其他形式确定租赁期限。所谓口头形式，是指双方当事人口头上均认可 6 个月以上的租赁期限。不过，口头形式并不意味着不产生任何文字的凭证，如承租人通过电子支付手段向出租人交付租金等。所谓其他形式，通常是指推定形式，即当事人未采用语言、文字表达其意思，仅用行为甚至沉默向对方发出要约，对方接受该要约，作出一定的或者指定的行为作为承诺。人民法院在审理涉及租赁合同纠纷案件时，能够仅从双方当事人从事的民事法律行为推定双方具有订立合同意愿的，就可以认定为《民法典》规定的订立合同的"其他形式"。

二、本条只是就租赁合同形式所作的一般性规定，法律、行政法规另有规定的，应当遵照其规定

《城市房地产管理法》第 54 条规定："房屋租赁，出租人和承租人应当签订书面租赁合同，约定租赁期限、租赁用途、租赁价格、修缮责任等条款，以及双方的其他权利和义务，并向房产管理部门登记备案。"根据这一规定，凡是房屋租赁合同，无论租赁期限是否超

过6个月，都应当以书面形式订立。之所以如此规定，一方面是因为房屋租赁合同涉及承租人的居住权问题，关系到老百姓的安居乐业与社会秩序的和谐；另一方面是为了落实《城市房地产管理法》对房产交易的管理要求。除《城市房地产管理法》外，其他法律也有规定。如《民用航空法》第26条规定“民用航空器租赁合同，包括融资租赁合同和其他租赁合同，应当以书面形式订立”，《海商法》第128条规定“船舶租用合同，包括定期租船合同和光船租赁合同，均应当书面订立”，等等。另外，根据《政府采购法》第2条与第44条的规定，政府以租赁形式有偿取得货物、工程和服务时，应当采用书面合同形式。一些行政法规对合同的书面形式也有具体要求。例如，《全民所有制小型工业企业租赁经营暂行条例》第17条规定：“租赁经营合同应当采用书面形式。……”《城镇国有土地使用权出让和转让暂行条例》虽未直接规定土地使用权租赁合同必须采用书面形式，但该条例从管理的角度规定了租赁必须登记，而不采用书面形式是无法登记的。

三、书面租赁合同有利于确定履行合同的承租人

由于城市化进程加快，大量人口涌入城市，城市房屋租赁市场异常火爆，一些出租人为了追求高租金收入，“一房数租”的现象随之出现。在这种情形下，同一出租房屋上存在两份或者两份以上的房屋租赁合同且承租人均主张履行合同时，如何确定承租人，《房屋租赁合同司法解释》第6条第1款规定：“出租人就同一房屋订立数份租赁合同，在合同均有效的情况下，承租人均主张履行合同的，人民法院按照下列顺序确定履行合同的承租人：（一）已经合法占有租赁房屋的；（二）已经办理登记备案手续的；（三）合同成立在先的。”如果当事人不以书面形式订立房屋租赁合同，承租人就难以证明自己合法占有租赁房屋、难以备案，甚至难以证明合同的成立。

第七百零八条　出租人应当按照约定将租赁物交付承租人，并在租赁期限内保持租赁物符合约定的用途。

【条文主旨】

本条是关于出租人交付租赁物的义务和对租赁物的瑕疵担保责任的规定。

【条文理解】

本条明确了出租人的两项基本义务：一是向承租人交付租赁物的义务；二是对租赁物的瑕疵担保责任。这两项义务是出租人的最主要义务，其他义务如维修义务、出卖租赁物的通知义务等皆是前述两项基本义务派生出来的。

一、出租人交付租赁物的义务

（一）出租人按照合同约定交付租赁物

本条规定，出租人应当按照约定将租赁物交付承租人。所谓交付租赁物，是指出租人将租赁物转移占有至承租人。因为承租人要取得租赁物的使用权就必须占有租赁物，占有是使用的前提。因此，承租人有权要求出租人按照约定向其交付租赁物。《民法典》第226条规定："动产物权设立和转让前，权利人已经占有该动产的，物权自民事法律行为生效时发生效力。"故租赁合同成立前，租赁物已经由承租人直接占有的，租赁合同成立之时即为交付之时。承租人自此即可直接使用、收益租赁物。租赁合同成立时，承租人尚未占有租赁物的，出租人应当将租赁物的占有移转于承租人。

所谓按照约定交付租赁物，包括按照合同载明的租赁物的名称、数量、交付方式、时间和地点向承租人交付租赁物。出租人交付的租赁物必须符合约定的使用目的。除非当事人另有约定或者法律另有规定外，如果租赁物分主物和从物时，在交付主物的同时应将从物一并交付承租人。例如，交付的租赁物为汽车时，在交付汽车的同时应将汽车钥匙一并交给承租人。实际上，交付汽车钥匙往往又是交付汽车的表现。毕竟承租人只能通过汽车钥匙打开车门、启动发动机并将汽车开走。交付的地点可以是承租人所在地，也可以是出租人所在地，也可以是双方当事人约定的特定地点。这由租赁合同的性质及其履行地点决定，如租赁汽车，交付地点既可以是出租汽车公司停放汽车的地点，也可以是承租人所在地，或者承租人需要开始使用汽车的地点，如火车站、飞机场等。又如施工企业租用挖掘机，出租人可将挖掘机送到施工现场，也可以由承租人到挖掘机停放地点将挖掘机运走。值得注意的是，出租人未按照约定的时间交付租赁物，构成迟延履行，或者构成不能履行，除存在免责事由外，应负违约责任。出租人虽然按时交付了租赁物，但所交付的租赁物不适合约定的使用、收益的目的，造成承租人的租赁目的不能实现，构成不完全履行，或者构成不能履行，除非存在免责事由，应当承担违约责任或者瑕疵担保责任。

（二）保持租赁物适合于约定的使用、收益的状态

租赁合同系继续性合同，承租人在租赁合同存续期间，有权连续地占有、使用与收益租赁物。因而出租人将符合约定的租赁物交付给承租人之后，不仅必须消极地容忍且不妨碍承租人使用与收益，而且还必须积极地于租赁合同存续期间保持租赁物适合于承租人使用与收益，使承租人对租赁物能够圆满地使用与收益。如果在租赁期间，租赁物被毁损，出租人应当负责维修，以恢复承租人的使用与收益。值得注意的是，租赁物被第三人不法侵占、损害等，造成承租人无法正常使用与收益时，出租人与承租人均负有排除妨碍的义务。首先，《民法典》第 462 条第 1 款规定："占有的不动产或者动产被侵占的，

占有人有权请求返还原物；对妨害占有的行为，占有人有权请求排除妨碍或者消除危险；因侵占或者妨害造成损害的，占有人有权请求损害赔偿。”依此规定，承租人基于占有而享有请求不法侵占、损害租赁物的第三人除去妨害。不过，出租人除去该妨害的义务不因承租人去除妨碍请求权而免除。其次，承租人将租赁物转租，次承租人在转租合同终止后不返还租赁物的，出租人有除去妨害的义务。转租，包括经出租人同意的转租与出租人不同意的转租。出租人不同意的转租，承租人构成违约，转租的结果完全由承租人自行承担，包括除去对租赁物的妨害。出租人同意转租的，依照《民法典》第716条的规定，承租人与出租人之间的租赁合同继续有效，在承租人丧失对租赁的占有的情况下，出租人应当承担排除妨害的义务。

二、出租人对租赁物的瑕疵担保责任

租赁合同为双务、有偿合同，原则上可以准用《民法典》中有关买卖瑕疵担保责任的规定。瑕疵担保责任是买卖合同中的一个重要的法定责任，它是指出卖人就出卖的标的物的瑕疵应承担的责任，包括物的瑕疵担保和权利的瑕疵担保。租赁合同虽然有自己的特殊性，但与买卖合同相比，两类合同的标的物都是特定的物，有一定的共性。因此，对租赁物的要求同样适用物的瑕疵担保责任和权利的瑕疵担保责任。

（一）关于权利瑕疵担保问题

租赁合同中的权利瑕疵担保，是指出租人应当担保第三人就租赁物不得对承租人主张足以妨害使用与收益的权利。第三人主张的权利，包括所有权、用益物权与担保物权。只有第三人主张的权利足以部分或者全部妨害承租人使用、收益租赁物时，才产生权利瑕疵担保问题。譬如，第三人就租赁物主张所有权，但若第三人主张的所有权是在租赁合同成立之后取得的，依照《民法典》第725条“租赁物在承租人依据租赁合同占有期限内发生所有权变动的，不影响租赁合同的效力”之规定，不影响承租人对租赁物的使用与收益，当然不构成权利瑕疵问题。但是如果出租人擅自将第三人所有的房屋出租，该第三人主张房屋所有权，承租人无权对抗，就产生了出租人权利瑕疵担保责任问题。又譬如，第三人就租赁物设立、行使担保物权如质权、留置权，需要移转占有，显然妨害承租人使用、收益租赁物，自然产生权利瑕疵担保责任问题。抵押权的设立不需要移转占有，抵押权的行使结果是受让人继受取得抵押物的所有权，依照《民法典》第405条的规定，承租人使用与收益租赁物不会受到妨害，不产生权利瑕疵担保问题。但是，抵押权设立后抵押物出租的，《民法典》中删除了《物权法》第190条中"抵押权设立后抵押财产出租的，该租赁关系不得对抗已登记的抵押权"的内容，表明承租人使用、收益租赁物不受抵押关系的影响。毕竟抵押权人享有的权利只是优先受偿的权利。《民法典》删除《物权法》的前述内容，与《民法典》确立的"买卖不破租赁"原则一致。

第三人就租赁物主张权利，妨害承租人完全不能使用、收益租赁物与部分不能使用、收益租赁物，法律后果应予以区分：全部不能的，承租人可不支付租金；部分不能的，承租人可少付租金。按照《民法典》第724条的规定，"租赁物权属有争议""因出租人原因致使租赁物无法使用的"，承租人可以解除合同。

比照《民法典》第613条有关买受人订立合同时知道或者应当知道第三人对买卖的标的物享有权利的，出卖人不承担瑕疵担保责任的规定，承租人知道或者应当知道第三人对租赁物享有所有权、用益物权或者担保物权，将影响承租人使用、收益租赁物却依然订立租赁合同的，应当视为自愿承担第三人届时就租赁物主张权利的风险，出租人不承担权利瑕疵担保责任。但此种情形下，不表明租赁合同不能终止或者解除，更不表明承租人必须支付租金。否则，显失公平。

（二）关于物的效用的瑕疵担保问题

由于租赁合同转移的是租赁物的使用权，而承租人租赁财产是为了使用和收益，因此，在租赁合同中的物的瑕疵担保责任主要是物的效用的瑕疵担保，即出租人应保证租赁物具备应有的使用价值。例如，汽车能够正常上路行驶，无论载人或者运货，都能保证安全要求；房屋，无论是商业用房还是住宅，都能够正常地办公或者居住，具备水、电等基本功能；等等。一般来讲，承租人订立合同时，知道租赁物有瑕疵的，出租人不负瑕疵担保责任，承租人无权要求出租人进行维修，减少租金或解除合同。但在特殊情况下，即使承租人知道租赁物有瑕疵，出租人也要负有瑕疵担保责任，即《民法典》第731条的规定，租赁物危及承租人的安全或者健康的，即使承租人订立合同时明知该租赁物质量不合格，承租人仍然可以随时解除合同。

【审判实践中应注意的问题】

一、房屋出租人交付房屋的特殊问题

（一）房屋出租人不能依照合同约定交付房屋的，应当承担违约责任

《房屋租赁合同司法解释》第6条规定："出租人就同一房屋订立数份租赁合同，在合同均有效的情况下，承租人均主张履行合同的，人民法院按照下列顺序确定履行合同的承租人：（一）已经合法占有租赁房屋的；（二）已经办理登记备案手续的；（三）合同成立在先的。""不能取得租赁房屋的承租人请求解除合同、赔偿损失的，依照合同法的有关规定处理。"

（二）租赁关系中同时履行抗辩权及先履行抗辩权的适用

承租人占有、使用、收益租赁物是租赁的本质所在。承租人租赁目的的实现，有赖于出租人依约交付租赁物，并随时保持租赁物适合于承租人使用与收益的状态。租赁关系这一特征表明出租人交付租赁物是主给付义务，与承租人支付租金的义务形成对价关系。因而承租人享有同时履行抗辩权与先履行抗辩权。不过，应当注意的是，出租人交付了适合承租人使用与收益的租赁物，但若出租人未能履行合同约定的从义务时，承租人不享有履行抗辩权拒付租金。譬如，租赁合同约定，出租人在合同签订后10日内向承租人出示租赁物所有权证

明，出租人于此期间出示了其法定代表人对该租赁房屋的所有权证或者出示了合法有效的房屋买卖合同并声明所有权证在办理之中。这两种情形下，承租人若不予认可，可否援引《民法典》第256条有关先履行抗辩权规定拒付租金？由于出租人对租赁房屋拥有所有权的义务并非主给付义务，而是从给付义务，该项义务与承租人支付租金的义务的关系不形成对价关系，也不符合从给付与主给付义务之间均可成立先履行抗辩权或者同时抗辩权的情形，所以在前述两种情形下，能够保证承租人使用与收益租赁房屋，承租人拒付租金的请求不应得到法院的支持。

二、瑕疵担保责任的效力

第一，出租人对租赁物的瑕疵担保责任在合同履行的两个阶段都有要求：一是在租赁物交付时保证交付的租赁物符合约定的用途，具有品质完整的使用价值，使承租人能够正常使用和收益。二是在租赁期间内保持租赁物符合约定的用途。在租赁期间如果租赁物本身出现问题，承租人请求出租人进行维修时，出租人应对其及时进行维修，以保证承租人的正常使用。出租人如不能及时予以维修，承租人可以自行维修，维修的费用应由出租人负担。因维修租赁物影响承租人使用时，承租人有权请求减少租金或延长租期。出租人所负物的瑕疵担保责任贯穿于租赁关系存续期间，这与租赁合同的继续性特点相关。这一点，与买卖合同中出卖人的物的瑕疵担保责任期间是不同的。

第二，法律关于权利瑕疵担保的规定，并非强制性规定，当事人可以通过约定加以排除。不过，如果当事人约定免除或者限制出租人的权利瑕疵担保责任，在出租人故意或者因重大过失不告知承租人权利瑕疵的情况，租赁合同有关免除或者限制出租人瑕疵担保责任的条款应当认定无效。

第七百零九条　承租人应当按照约定的方法使用租赁物。对租赁物的使用方法没有约定或者约定不明确，依据本法第五百一十条的规定仍不能确定的，应当根据租赁物的性质使用。

【条文主旨】

本条是关于承租人按照约定方法或者按照租赁物的性质使用租赁物的义务的规定。

【条文理解】

一、按照约定或者租赁物的性质使用租赁物是承租人的义务

根据本条的规定，承租人应当按照约定的方法使用租赁物。故承租人按约定使用租赁物是承租人的一项义务。承租人通过租赁关系占有租赁物的目的就是使用并从使用租赁物中获得收益。使用租赁物是承租人在租赁合同中的一项基本权利，但由于承租人只是获得租赁物的使用权和收益权，而并没有所有权，最终还是要将租赁物返还给出租人的，这样承租人就有一个保证租赁物自始至终符合其本身的品质和效用的义务。同时，任何物都是经过使用有正常消耗的，不断折旧，最后丧失其价值。只是不同的物其使用方法不同，其折旧率也不同，例如，经济学中，产品折旧法中的一个方法就是“产量法”，即根据资产的产出量分配其成本的方法。而产出量可以用机器小时或者产量来衡量。以出租汽车为例，汽车的行驶里程、行驶时间直接影响汽车的折旧。如果出租人约定一辆汽车基于特定用途每天只能行驶一定的里程，一旦承租人大大超过约定的里程使用，汽车就会加速汽车

的折旧，提前结束汽车的使用寿命。因此，承租人使用租赁物应当按照约定的方法使用。

一些国家或地区的民法对承租人的该项义务有相应规定。例如，《法国民法典》第1728条规定："承租人负有两项主要义务：1.应当以善良家父的注意并且按照租赁契约规定的目的使用出租物，或者在没有协议约定的情况下，按照具体情形推定的目的，使用出租物；2.按照约定的期限支付租金。"[①] 该法第1729条还规定："如承租人将租赁物用于租约规定的目的以外的其他用途，或者由此给出租人造成损失，出租人得视情形，请求解除租约。"[②] 依照这两条的规定，承租人应依照租赁契约规定的目的使用租赁物；在契约无规定时，依照当时情况所推定的目的使用之；如承租人使用租赁物于非约定的目的，或者使用的方法可能对于出租人发生损害时，出租人得斟酌情形，请求解除契约。我国台湾地区"民法"规定，承租人应依约定方法为租赁物之使用、收益，无约定方法者，应以依租赁物之性质而定之方法为之。承租人违反前项规定为租赁物之使用、收益，经出租人阻止而继续为之者，出租人得终止契约。

二、承租人按照约定或者租赁物性质使用租赁物的前提条件

承租人合理使用租赁物必须具备以下列条件：

（一）租赁物已由出租人按约定交付承租人，承租人对租赁物已实际占有，因此取得了对该租赁物的使用权

特别值得注意的是，承租人对租赁物的实际占有，表现为承租人对租赁物具有事实上的管领力，即对租赁物具有实际控制和支配能力。空间、时间和法律上的结合是判断事实管领力的标准：空间上的结合表明租赁物在承租人的控制下，时间上的结合要求这种控制有一定的连续性，法律上的结合强调承租人的控制效力。

① 《法国民法典》，罗结珍译，法律出版社2005年版，第1301页。
② 《法国民法典》，罗结珍译，法律出版社2005年版，第1305页。

（二）出租人交付的租赁物符合约定中的质量、数量、用途的要求，没有瑕疵

如前所述，租赁物既没有物的瑕疵，也没有权利上的瑕疵。出租人交付符合约定的租赁物是承租人依法使用的基础与前提。如出租人交付的租赁物本身质量就有问题，即使承租人按照约定使用也会损坏该租赁物，就不能要求承租人对此负责。

（三）双方当事人能够约定租赁物的使用方法或者根据租赁物的性质可以确定其使用方法

依照本条规定，承租人不得滥用租赁物。那么，就应当具备判断承租人是否滥用的标准，即双方当事人明确约定了使用方法或者根据租赁物的性质能够确定合理而科学的使用方法。如果难以确定租赁物的使用方法，就无法要求承租人履行相应的义务。

三、承租人合理使用租赁物的具体要求

对租赁物的使用方法没有约定或者约定不明确，按照合同有关条款、合同性质、合同目的或者交易习惯仍不能确定的，应当根据租赁物的性质使用，否则构成滥用。

（一）按照约定的方法使用租赁物

租赁物作为市场交换的对象，肯定具有满足人们某种需要的效用。有效发挥这种效用的方式就是使用方法。通常情况下，出租人与承租人都能够知晓租赁物的使用方法，如普通客运小汽车的功能就是载人而非载物。之所以在租赁合同约定使用方法，就是为了保证租赁物合理使用，充分发挥其应有的效用与功能，尽可能延长租赁物的使用寿命，同时保证租赁物效用的发挥与出租人收取的租金保持合理的比例关系。凡是过度使用租赁物，通常租金较高；合理使用租赁物，租金相对较低。租赁物的使用方法有时还会影响其他人的权利。例如，出租人与承租人共同使用一套房屋，则承租人对房屋的使用人数及使用时间、对房屋设备的使用频率等，就会影响出租人对房屋的正常使用。

实务中，一般情况下，租赁合同对租赁物使用方法的约定表现为对租赁物用途的约定，而且相对原则。特殊情况下，租赁合同当事人会根据租赁物的形状、构造、类别、关系、功能对使用方法作出极为明确的要求。这既是为了租赁物的合理使用，也是为了保证承租人的安全。例如，租用深海潜水器就涉及非常复杂的使用要求，否则不但可能损坏潜水器本身，还可能影响潜水器使用者的生命安全。租赁合同中约定租赁物用途的，承租人必须按约定的用途使用租赁物。如合同约定租赁房屋为居住的，承租人就应自己和亲属居住，而不能将该房屋用于商业性目的，如开饭店、开商场。约定租赁物使用方法的，如施工企业租赁塔吊设备，就要按约定的使用方法进行。

（二）合理确定租赁物的使用方法

如果合同中没有约定使用方法，也没有约定租赁物的用途时，承租人不能擅自任性使用，而是应当遵循合同履行中的补缺规则，即：与出租人就租赁物的使用方法协议补充；不能达成补充协议的，按照合同有关条款或者交易习惯确定。假若依合同履行补缺规则仍然不能确定租赁物的使用方法，就应当按照租赁物的性质使用。所谓租赁物的性质是指租赁物本身的属性，如汽车是用作交通运输的，就不能作为居住场所；挖掘机是用来挖土石的，就不能作为交通工具进行客运。本条所指租赁物的性质，并非指租赁物的物理性质或者化学性质，而是指租赁物本身固有或者通常的用途。例如，《俄罗斯联邦民法典》第615条规定：“承租人有义务按照租赁合同规定的条件使用出租财产，而当合同对使用条件无规定时，根据财产的用途使用之。”租赁物作为市场上的商品，而且作为有体物，无论是动产或者不动产，其核心用途通常在其被加工、制作、建造并出售时即已经确定，通常不会引起争议。

【审判实践中应注意的问题】

一、确定租赁物的用途得考虑具体情形

任何租赁物通常情形下具有多方面的用途。即使某一租赁物在其被加工、制作、建造并出售时，其核心的用途是确定的，但不可否认的是，仍然存在其他用途。例如，房屋作为建筑物，一般指上有屋顶，周围有墙，能防风避雨，御寒保温，供人们适于在其中工作、生活、学习和储藏物资，并具有固定基础且有一定层高的相对永久性场所，其用途广泛，可用于居住、商业、文化、国家管理、军事或者宗教场所等。然而，房屋作为租赁物，国家对于居住类与商业类房屋有不同的要求。房屋的用途在设计与建筑时即已经确定。房屋建成后，无论是居住房屋改为商业用途还是商业用房改为居住，均需要取得国家有关部门的批准。毕竟房屋的用途涉及国家或者地区土地利用总体规划和城市规划。不过值得注意的是，承租人偶尔改变了租赁物的用途但不影响租赁物的基本性质或正常使用，不宜认定违反合同约定的使用方法。譬如，房客在多余的房间里为自家食用种植少量的水培蔬菜，不能认定为改变了房屋居住功能。

实践中，经常产生的问题是，房屋租赁合同中对居住人数与居住人身份约定的合理性。除非租赁合同明确约定了居住人数及其身份（如学生或者单身），例如房主明确要求房屋只出租给不带孩子的夫妻，否则如果一对夫妻租住房屋时，其子女或者照看子女的人一同居住不构成违反约定使用房屋的行为。有的房主还要求房客不得饲养宠物。只要明确记载在租赁合同之中，当事人就应当遵守。

二、承租人未依约使用租赁物应当承担相应的法律责任

承租人如果违反了按约定使用租赁物的义务就要承担相应的违约责任。这种责任包括三方面：一是损害赔偿责任。如果租赁物因承租人的违约行为受到损害，承租人当然就要对出租人赔偿相应的损失。

二是支付违约金。如果合同中约定只要承租人未按约定使用租赁物就须向出租人支付违约金，则承租人存在违约时，即使未造成租赁物的损害，仍要向出租人支付违约金。三是解除合同。租赁合同中还可以约定，承租人未按照约定或者租赁物的性质使用租赁物，出租人可以解除合同。当然，出租人解除合同必须符合法律的规定，要么双方约定的解除条件成就，要么合同解除的法定条件成就。如果承租人未按照约定的方法使用租赁物，既未对租赁物造成损害，也不影响出租人合同目的的实现，则出租人解除合同的请求，不应得到支持。

三、法律及国家政策对土地使用权作为租赁物的特别规定

前已述及，租赁合同包括动产租赁合同、不动产租赁合同与权利租赁合同三类。目前权利租赁只限于土地承包经营权与建设用地使用权。土地承包经营权与建设用地使用权的出租在《民法典》中未有明确具体规定，但依据其他法律及国家政策（如国办发〔2019〕34号文件）可以作为租赁物。不过，应当注意的是，权利作为租赁物，其使用方法并不完全由当事人自行约定，而是必须遵守相关法律与国家政策的相关规定。虽然现行法律及国家政策的相关规定比较原则而且不成系统，但对土地用途的规定是明确的，当事人不得自行改变，承租人更不得根据自己的意愿予以改变。例如《农村土地承包法》第38条规定，通过家庭承包取得的土地承包经营权可以依法采取转包、出租、互换、转让或者其他方式流转，但“不得改变土地所有权的性质和土地的农业用途”。也就是说，承租人通过租赁取得土地承包经营权的，承租人只能在土地上从事农业生产，而不能从事其他行业。《国务院办公厅关于完善建设用地使用权转让、出租、抵押二级市场的指导意见》（国办发〔2019〕34号）中明确“以出让、租赁、作价出资或入股等有偿方式取得的建设用地使用权出租或转租的，不得违反法律法规和有偿使用合同的相关约定”。依此规定，承租人取得建设用地使用权以后，如何使用租赁的土地，并非由当事人在租赁合同约定，而是得依照法律规定及建设用地使用权合同的约定。

第七百一十条 承租人按照约定的方法或者根据租赁物的性质使用租赁物，致使租赁物受到损耗的，不承担赔偿责任。

【条文主旨】

本条是关于《民法典》第709条承租人义务的延伸规定。

【条文理解】

依照本条规定，承租人正常使用租赁物致使租赁物损耗的，不承担赔偿责任。本条在理解和适用中应注意以下几个方面：

一、合理使用租赁物是承租人应有权利

租赁合同是出租人将租赁物交付承租人使用、收益，承租人支付租金的合同。出租人获得租金的对价就是让渡租赁物使用权与收益权给承租人。获得租赁物的使用权与收益权是承租人订立合同的根本目的。按照《民法典》第709条的规定，承租人必须按照约定的方法或者根据租赁物的性质使用与收益租赁物。这就要求当事人在订立租赁合同时或者在合同成立后尽量将租赁物的使用方法明确下来，以规范承租人对租赁物的使用。如此，既可明确双方的权利义务，也能够在纠纷产生时公平合理地解决矛盾。

二、使用租赁物必然导致租赁物的损耗

前已述及，租赁物包括法律允许流通的动产、不动产。无论是动产还是不动产，其作为租赁物被承租人使用时，必然产生一定的损耗。权利作为租赁物，被承租人行使时，不产生有体物看得见的损

耗，但影响出租人在租赁期限内对特定民事权利的行使。本条规定的损耗从字面上分析，虽指有体物的损耗，但其精神适用于权利租赁。

何谓损耗？本法未予明确定义，依《现代汉语词典》[①]解释，是指损失消耗，或者指物体由于自然原因（如物理变化和化学变化）或运输而造成的消耗损失。本条中所谓租赁物的损耗，是指因承租人对租赁物的使用导致以下情形的发生：（1）租赁物为动产或者不动产时，租赁物的功能效用降低或者使用寿命的减少；（2）租赁标的为特定民事权利时，是指对出租人享有的特定民事权利的限制或者行使权利期限的减少。本书只探讨第一种情形。严格来讲，权利租赁应当属于准租赁，适用本条规定精神即可正常处理当事人之间的争议。

租赁物因被使用而产生损耗是必然现象。法律允许的市场流通物，无论是动产还是不动产，只要被使用，必然产生损耗。我们以常见租赁物汽车为例予以说明。以目前的技术水平生产的任何汽车都具有固定的使用寿命，即一辆汽车从出厂到投入运行开始（严格地讲，从生产线下线即开始），在使用过程中，由于零部件的老化、磨损以及其他方面的损耗，使汽车的性能逐渐降低，各种消耗增加，直至不能再继续使用为止的连续行驶里程或者连续使用时间。当汽车的使用寿命到来时，继续使用，必然使其动力性和经济性大幅下降，极有可能产生严重的排放公害及噪声公害，甚至可能产生重大的交通事故。汽车寿命结束过程就是汽车的损耗过程。

租赁物的损耗分为合理损耗与不合理损耗。所谓合理损耗，也称正常损耗，是指租赁物的正常磨损、挥发、氧化或者其他功能的退化或者降低情形。与合理损耗相对应的便是不合理损耗，不合理损耗本质上属于《民法典》第711条规定的损失问题。如何判断损耗合理还是不合理，可以根据以下标准：一是当事人的约定。如果当事人在租赁合同中对判断租赁物损耗有较为明确的约定，则依该约定。例如，当事人约定一辆汽车在正常的道路上一天行驶300公里。如果承租人

① 中国社会科学院研究所词典编辑室编：《现代汉语词典》，商务印书馆2016年版，第1255页。

驾驶出租车辆一天的行驶里程大大超过300公里或者在非正常的道路上（如河滩、陡峭的山坡等）行驶所产生的损耗就是不合理的损耗。又如，合同约定一套120平方米的房屋入住的人员不得超过5人，但承租人却安排10人居住，则10人居住的损耗就属于不合理损耗。二是由租赁物自身性质决定。正如租赁物的性质可以决定承租人的使用方法一样，租赁物的性质同样可以决定租赁物的损耗是否合理。通常而言，按照租赁物的性质使用租赁物，产生的损耗就应是合理的；反之，则极可能是不合理的。最为明显的例子是客运的汽车只能载客而不宜载货物，如果客运汽车运输货物所产生的损耗就不合理。

三、承租人承担合理损耗的赔偿责任不符合损害赔偿责任的构成要件

损害赔偿责任包括违约损害赔偿责任与侵权损害赔偿责任。通说认为，违约损害赔偿责任的构成要件包括：违约行为、受害人遭受损害、违约行为与损害之间存在因果关系、违约人没有免责事由。关于违约行为，通常包括以下形态：一是不能履行，又称给付不能，是指债务人在客观上没有履行能力，包括全部不能履行与部分不能履行；二是迟延履行，也称债务人迟延，又称逾期履行，是指债务人能够履行，但在履行期限届满时未履行的情形；三是不完全履行，又称不完全给付或者不适当履行，是指债务人虽然履行了债务，但其履行不符合债务的本来目的；四是拒绝履行，是指债务人向债权人表示不履行合同，一般为明示，也可以是默示。关于损害，理论上对损害的理解有不同学说，通称损失，即指受害人因特定事实所丧失的利益，没有损害就没有赔偿。关于因果关系，法律上对因果关系的认识比较复杂，通常包括责任成立的因果关系与责任范围的因果关系两方面的内容，同时因果关系不仅包括直接因果关系，也包括相当因果关系。关于免责事由，法律上理解相对简单，通常指不可抗力、货物（商品）本身的自然性质、货物（商品）的合理损耗以及出租人自身对损害的过错等。

从上述对违约损害赔偿责任构成要件的分析可知：租赁合同关系中，承租人合理使用租赁物，即承租人按照合同约定的方法或者租赁物的性质使用租赁物，可以确定承租人不存在违约行为。在此情形下，即便因承租人对租赁物的使用致使租赁物受到损耗，即此种损耗与承租人的使用之间存在因果关系，但此种损耗仍属于合理损耗。简而言之，让承租人承担租赁物损耗的损害赔偿责任，不符合法律规定的损害赔偿责任的构成要件。也就是说，租赁物的损耗非因承租人滥用所致，不可归责于承租人。

四、租赁物的合理损耗是租赁物被使用的正常结果

承租人按照约定的方法或者租赁物的性质使用租赁物，租赁物因使用受到损耗属于正常情形。因为任何适合出租的物品一旦被使用，其价值必然会逐渐变小，其功能必然会逐渐降低。任何物品因被使用而产生一定的磨损或者损耗是一种不可避免的客观现象。现代工业制成品，即使不是一次性消耗品，都存在使用寿命，而且一旦生产出来，无论是否投入使用，随着时间的流逝，其寿命就会逐渐缩短，直至结束，即丧失全部功能。出租人在出租其物品时，在合同中明确租赁物的使用方法，或者要求承租人按照租赁物的性质使用租赁物，只不过是尽量延缓租赁物使用寿命的结束，使损耗度维持在合理的范围之内。

五、租金包含租赁物损耗的价值

出租人计算租金有多种考虑，其中最基本的考虑就是租赁物损耗。出租人通过计算租赁物的损耗而确定租赁物的折旧率。出租人在订立租赁合同时已经将租赁物折旧的价值计入了租金之中。承租人交付租金并合理使用租赁物时，若要求承租人对租赁物的正常损耗承担损害赔偿责任，有失公平。

虽然不是每个国家或者地区的法律都明确规定承租人合理使用租赁物对租赁物的损耗不承担损害赔偿责任，但有些国家的法律与我国

一样，对此问题作出明确的法律规定以避免不必要的争议与分歧，以促进租赁经济的正常发展。例如，《德国民法典》第538条规定：使用承租人就租用物依约定方法使用而生之变更或者毁损者，不负责任。有的国家的法律按照违约损害赔偿及侵权损害赔偿的一般规定处理此类问题。如《俄罗斯联邦民法典》第1064条在“负担损害赔偿责任的一般根据”规定：“致害人如能证明损害并非因其过错所致，免负赔偿责任。”

【审判实践中应注意的问题】

一、全面把握本条中“使用”概念的含义

本条中的“使用”，既包括承租人以积极的行为发挥租赁物的效用，使租赁物为承租人某种目的服务，也包括承租人以消极的行为占有租赁物的状态。实际上，承租人对租赁物的“使用”是指，包括对租赁物的合法占有、直接控制并依据租赁物的性能或者用途，在不毁损租赁物本体或者变更其性质的情况下，对租赁物加以利用，从而满足承租人生产或者生活需求的行为或者状态。按照经济学理论，“使用”在于实现租赁物（市场经济条件下表现为商品）使用价值的手段。譬如，承租人驾驶汽车，让汽车行驶一定的里程或者时间，当然是使用；出租人交付汽车且承租人开走之后，即使承租人将汽车停放在停车场，仅仅对汽车处于占有的状态，亦属于本条中的“使用”。又如，房屋等不动产作为租赁物时，只要处于承租人的实际管领之下，即可认定为承租人在“使用”，即使承租人在特定的时间内使房屋处于空闲状态。

二、租赁物“损耗”是否正常可以通过承租人是否“合理使用”予以判断

前已述及，承租人使用并从中获得收益是其主要权利，但承租人

必须按照约定的方法或者租赁物的性质使用租赁物，即“合理使用”。承租人因合理使用租赁物并致使租赁物损耗，不承担损害赔偿责任。因而，在处理因租赁物损耗引起的纠纷中，必须把握承租人“合理使用”与租赁物“损耗”之间的关系。也就是说，只有承租人合理使用租赁物导致的损耗，承租人才不承担赔偿责任。由于市场经济条件下租赁物多种多样，而且租赁物的“损耗”与使用租赁物的技术与工艺直接相关，亦与承租人主观状态相关，故判断“合理使用”与“损耗”之间的关系，难以总结出如同数学公式般的标准模式，既要考虑损耗的客观后果，更要衡量承租人是否“合理使用”租赁物。以建筑市场常见的租赁物塔吊为例予以说明。塔吊，是建筑工地上最常用的一种起重设备，又名塔式起重机，通过标准节接高，用来起吊施工用的钢筋等原材料。第一项有关建筑用塔机专利颁发于1900年。现在新产品层出不穷，在生产效能、操作简便、保养容易与运行可靠等方面均有大幅提高。但是，塔吊的操作有非常详细的规程：不得使用超年限产品；使用前，应检查结构部件与外观状况并进行空载运转；操作控制器必须依次逐步进行，严禁越档；设备运行中，注意机械是否异常；操作人员必须持证上岗，严禁违章；坚持“十不吊”（即斜不吊、超载不吊、散装物装得过满或者捆扎不牢不吊、吊物边缘无防护物不吊、吊物站人不吊、指挥信号不明不吊、埋在地下构件不吊、安全装置失灵不吊、光线过暗不吊、六级以上强风不吊）。遵循了上述各种要求的情况下，仍然致使塔吊损耗，如金属构件老化等，就属于正常状况。

第七百一十一条　承租人未按照约定的方法或者未根据租赁物的性质使用租赁物，致使租赁物受到损失的，出租人可以解除合同并请求赔偿损失。

【条文主旨】

本条是关于承租人没有履行按约定方法使用租赁物的义务的法律后果的规定。

【条文理解】

本条是与《民法典》第710条相对应的规定，前条是承租人按照约定或者租赁物的性质使用租赁物致使租赁物受到正常损耗的，承租人不承担责任，本条所要明确的问题是，承租人违反约定的方法使用租赁物的责任。本条在理解和适用中，应注意以下几个方面：

一、承租人违反合理使用租赁物义务致使租赁物受到损失应负赔偿责任

租赁合同中，承租人最基本的义务是向出租人支付租金。除此之外，承租人还应当履行下列义务：按照约定方法或者租赁物性质使用租赁物；保持租赁物的原状；保管租赁物及与之相关的附随义务（如租赁物需要维修时负有通知出租人的义务等）、租赁关系终止时向出租人返还租赁物。这些义务虽然不是承租人的主要义务或者基本义务，但属于承租人必须履行的义务，否则就应当承担相应的赔偿责任。《民法典》对承租人的义务及其责任都有明确的规定。本条规定了承租人未合理使用租赁物致使租赁物受到损失的赔偿责任。

二、根据承租人是否合理使用租赁物判断出租人的损失

前已述及，损耗是指合理使用租赁物的必然结果，但如果承租人没有按照约定方法或者租赁物的性质使用租赁物，使租赁物减少了价值，必然造成出租人相应的损失。损耗是合理的、正常的；损失是非正常的，是由于违约行为造成的。损耗是对租赁物而言，损失是对出租人而言。例如，承租人租赁了某一机械设备，按合同约定，该设备在连续使用了 6 个小时后，必须停机休息 2 小时，但承租人为了赶工程进度，或者为了谋取不正当的利益，连续使用机械设备 10 个小时，最后该机械设备因使用过度而损坏。这就是因承租人的违约行为造成的出租人的损失，而不是损耗。因为如果按照合同的约定使用 6 小时，该机械设备是不会发生损坏后果的。

如何区分损失与损耗呢？法律没有统一的规定，毕竟租赁物多种多样。通常情况下，损耗的产生不影响租赁物继续发挥其效用，而损失的产生则可能让租赁物大大降低或者完全丧失其应有的效用。当租赁物的效用完全丧失时，可能是租赁物的使用寿命正常结束，也可能是租赁物的使用寿命提前结束，即损坏了。此时就必须判断承租人是否按照约定的方法或者租赁物的性质使用租赁物，研究承租人的“使用”与出租人损失之间的因果关系。如果承租人按照约定的方法或者租赁物的性质使用租赁物，即使租赁物寿命结束，仍然属于损耗；否则，租赁物的损坏就是出租人的损失，而且这种损失是承租人的行为所致，承租人应当承担相应的责任。

试举一例予以说明。某公司（出租人）与某建筑队（承租人）签订了一份吊车出租合同。合同中约定，吊车负荷为 2 吨，每小时租金 10 元，共租用 1000 小时，租金总额 1 万元，出租人保证吊车质量，出现故障时及时排除，因故障造成承租人损失，由出租人赔偿。1990 年 7 月 18 日，吊车在工作中突然倾倒，造成直接损失 1.5 万元。双方协商未果，诉至法院。承租人声称吊车质量有问题，倾倒前的一个月时间内吊车出现大小故障 8 起，停工 9 天。出租人予以否认，辩称出

租前从未有用户反映质量问题，本次安装调试后，试运行两天，设备运行正常，吊车倾倒应是操作不当所致。后经调查，本次吊车倾倒是因为承租人强行超负荷起吊3吨预制板造成的，其直接后果是吊车臂架摔毁、电机烧毁。故修复费用应完全由承租人负责，而且承租人还应补交所欠的24小时租金。

三、承租人未合理使用租赁物时出租人的救济手段

本条规定承租人未合理使用租赁物的行为是一种违反约定义务的行为，因其违约行为造成的损害，承租人应当承担损害赔偿责任。本条规定符合违约损害赔偿责任的构成要件。对此各国民法都是这样规定的。如《德国民法典》第541条规定，“使用承租人不顾使用出租人之催告，继续以背于约定方法使用有租赁物者，使用出租人得诉请其停止使用”。各国民法都赋予了出租人解除合同的权利。因为承租人不按约定的方法使用租赁物，是一种根本违约的行为，毕竟该项义务是承租人的一项基本义务，使用租赁物又是承租人的一项基本权利，权利与义务是相对应的，当事人享有什么权利同时就相应承担一定的义务。当然，不是每一个国家的法律都在租赁合同相关部分作出如此明确的规定，有的国家只是通过“契约”总则部分推理出出租人享有相应的权利。如《日本民法典》第541条规定，“当事人一方不履行其债务时，相对人可以定相当期间，催告其履行。于该期间仍不履行时，相对人可以解除契约”。

本条规定了出租人对承租人的违约行为的救济手段，包括解除合同并请求赔偿损失。“出租人可以解除合同并请求赔偿损失”的表述赋予出租人自主决定的权利。如果出租人还愿意使该租赁合同继续下去，并且承租人的违约行为对租赁物造成的损失并不大，可以采取措施予以挽回，那么出租人可以先阻止承租人的违约行为，承租人予以及时改正的，又对损失进行了及时补救的，出租人也可以不解除合同。但已经造成的损失，承租人应当赔偿。如果承租人经出租人劝阻仍我行我素、不加改正的，出租人可以单方解除合同，对承租人给出

租人造成的损失，出租人可以请求其损害赔偿。

【审判实践中应注意的问题】

一、承租人不当使用租赁物的责任为违约损害赔偿责任

《民法典》第577条规定："当事人一方不履行合同义务或者履行合同义务不符合约定的，应当承担继续履行、采取补救措施或者赔偿损失等违约责任。"故承租人根据本条应当承担的责任属违约责任。在处理相关纠纷时，我们应当严格按照违约责任的构成要件分析、判断承租人的责任，即承租人有违约行为、出租人有损失，而且出租人的损失与承租人的违约行为之间存在因果关系。

值得注意的是，承租人不当使用租赁物的责任与其主观上是否存在过错无关。依据《民法典》合同编的规定可知，违约责任的归责原则通常为严格责任，不考虑违约人主观过错状态。只有少数条文涉及过错责任，如供电人的责任、承租人的保管责任、承揽人的责任、保管人的责任以及建设工程承包人的责任等。我们可以将本条与《民法典》第714条对比，即承租人不当使用租赁物的责任与承租人的保管责任不同，前者为严格责任，后者为过错责任。《民法典》第714条规定："承租人应当妥善保管租赁物，因保管不善造成租赁物毁损、灭失的，应当承担赔偿责任。"所谓"妥善保管"即与承租人主观状态密切相关。

试举例说明。原告将其房屋租赁给被告使用，租房合同第2条、第5条约定，被告在租住期间应爱护原告的财产，保持墙体、地面、楼梯等处的清洁，不得随地吐痰，不得损坏门窗玻璃及附属设施，否则照原样赔偿；被告公司租住人员上下楼梯需穿软底拖鞋，避免磨坏楼梯瓷砖。但被告公司工作人员未能遵守约定，造成原告房屋墙壁、地面、房门、天花板、吊扇等多处污染，产生了未清理的生活垃圾，房门、楼梯砖、灯具、插座、门玻璃等多处损坏。原告多次要求被告

修理，但被告至租期结束也未能修理。被告在租赁期满后未与原告对房屋进行交接。后原告诉至法院，要求被告给付修复费用4281元、赔偿房租损失等。被告抗辩认为房屋损坏系使用过程中的自然损坏，因未能提供证据证明自己的主张。法院审理后认为，本案中原告与被告之间的租房合同合法有效，被告应当赔偿因其违约给原告造成的各项损失。法院根据原告的陈述及其提供的租房合同、照片、短信、证人证言、收据、销货清单，支持了原告主张材料费、房屋维修人工费、房屋卫生清理人工费等房屋修复费用。

二、承租人不当使用租赁房屋的特例

《房屋租赁合同司法解释》第7条规定："承租人擅自变动房屋建筑主体和承重结构或者扩建，在出租人要求的合理期限内仍不予恢复原状，出租人请求解除合同并要求赔偿损失的，人民法院依照合同法第二百一十九条的规定处理。"本条司法解释实际上将承租人擅自改善租赁物或者增设他物认定为严重的不当使用，应当承担相应的责任。

房屋租赁合同中，房屋就是租赁物。租赁房屋的性质如何理解，法律并无明确规定。笔者认为，不应理解为房屋所有权的性质，与私人所有、集体所有或者国家所有并无直接关系，也不是指个人居住或经营性质，而是应理解为房屋建造时政府有关部门批复同意的规划用途，即住宅、工业用房、商业用房、科教文卫用房或者办公用房等。毕竟法条中"租赁物的性质"与"使用"相关，而不是指其他。《房屋租赁合同司法解释》第7条将承租人不合理使用租赁房屋中最严重的情形作为出租人解除合同的法定事由。一是擅自变动房屋建筑主体和承重结构。房屋建筑主体和承重结构是指在建筑中，由若干构件连接而成的能够起承受作用的平面或者空间体系。主体和承重结构要具备足够的强度、刚度、稳定性，用以承重建筑物上的各种荷载，是建筑物最重要的组成部分，不得擅自变动，否则就可能对人身和财产安全构成巨大威胁。《建设工程质量管理条例》第15条第2款规定：

“房屋建筑使用者在装修过程中，不得擅自变动房屋建筑主体和承重结构。”该条例第69条第1款还规定：“房屋建筑使用者在装修过程中擅自变动房屋建筑主体和承重结构的，责令改正，处5万元以上10万元以下的罚款。”二是承租人不得擅自扩建。所谓扩建是指在原有基础上加以扩充的建设项目，就建筑物而言，通常是指向上加高、加层或者向下挖掘地下空间。无论向上还是向下扩建，都可能极大地影响建筑物的主体结构和承重结构，从而影响人身安全和财产安全。在城镇规划区内扩建建筑物，必须首先向政府房产管理部门提出申请，在获得扩建批准文件后，再向规划部门提出申请。因此，未经出租人同意并办理相关建设批准扩建手续，扩建后的建筑物部分必然属于违章建筑，不但可能造成出租房屋损坏，还可能增加出租人其他不必要的负担。当然，我们应当把擅自变动房屋建筑主体和承重结构或者扩建与必要的房屋装修区别开来。对此，作为部门规章的《商品房屋租赁管理办法》有相应规定。人民法院在处理争议时，可以参考其中的规定。

第七百一十二条 出租人应当履行租赁物的维修义务，但是当事人另有约定的除外。

【条文主旨】

本条是关于出租人的维修义务的规定。

【条文理解】

一、租赁物维修义务的性质

维修义务是指在租赁物出现不符合约定的使用状态时，出租人须对该租赁物进行修理和维护，以保证承租人能够正常使用该租赁物。维修义务也包括对租赁物的正常保养。出租人的维修义务是从出租人对物的瑕疵担保责任中派生的义务。

承租人使用租赁物就是要使租赁物发挥其效用，以满足自己的需要，这就要求租赁物本身应保持一个良好的状态，具备它本身的性能，能够发挥它本身的效能。故当该租赁物出现妨碍使用的情况时，就要对其进行维修。

维修，是保持租赁物适合于使用、收益状态的一种具体方式，也可以理解为是出租人的一项权利。作为租赁物的所有权人或者他物权人，当然有权利对其物加以保存与修缮。对有瑕疵的租赁物进行维修，是出租人对自己财产负责的体现，可延长租赁物的使用期，故出租人有权对租赁物进行正常的养护和维修，以维护自己的利益。

出租人的维修义务是需要通过承租人的协助甚至主动配合来履行的。当租赁物出现质量问题时，承租人应及时通知出租人，以便使租赁物得到及时维修。当出租人对租赁物进行正常维修时，承租人不能拒绝出租人维修租赁物的要求，而应当积极配合出租人并为其提供必要的条件。例如，在房屋租赁中，出租人在雨季前对房屋进行维修，以保证在雨季到来时不致漏水，承租人就应当积极协助出租人。当租赁物出现质量问题时，承租人如果有可能或在有条件的情况下，应当采取必要的措施防止租赁物的进一步被损坏等，承租人的这些义务虽然法律上并没有规定，但根据《合同法》的诚信原则，这些附随义务也是当事人应当遵守的。

虽然出租人在租赁物存在瑕疵或者毁坏时负担维修义务属合理结论，但许多国家或者地区的法律并不采取强制性规定的模式，而是允许当事人作出相反的约定或者尊重交易习惯。从本质上分析，在市场经济条件下，租赁是市场交易的一种表现形式。租赁物的维修义务由出租人负担还是由承租人负担，只不过表现为维修费用由谁承担而已。这可以从《民法典》第713条“出租人未履行维修义务的，承租人可以自行维修，维修费用由出租人负担。因维修租赁物影响承租人使用的，应当相应减少租金或者延长租期”之规定得到印证。

多数国家法律明确规定，出租人负有维修义务。如《日本民法典》第606条规定，“出租人对租赁物的使用及收益，负必要的修缮义务”。有时，我们在一些书籍看到这样的表述，“各国法律都把对租赁物的维修义务归于出租人一方”。这种表述只是对各国法律都规定出租人负有租赁物瑕疵担保责任的另一种理解，并不表明实然法有相应的条文。

二、出租人维修义务的构成要件

出租人尽维修义务并不是绝对的、无限的，它应具备以下条件：

（一）限于租赁物本身的瑕疵

出租人只对租赁物自身的瑕疵负担维修的义务。如果承租人因自己的行为导致租赁物出现瑕疵，出租人没有维修义务。

（二）租赁物有维修的必要

有维修的必要是指租赁物已出现影响正常使用、发挥效用的情况，不进行维修就不能使用，出租人应对租赁物进行及时的维修，以保证其正常使用。《民法典》第713条规定：“承租人在租赁物需要维修时可以请求出租人在合理期限内维修。”这里所谓“需要维修”，是指租赁物发生了毁损等情形，致使承租人对租赁物不能为使用、收益或者不能圆满地为使用、收益。如房屋遇雨渗漏等。当然，并非租赁物发生了与交付时不同的变化，承租人便可要求出租人维修。只要不妨碍承租人合理使用，包括租赁物达到合同约定的条件及符合社会上一般人的认识时，就没有维修的必要。如房屋内墙颜色变暗但不影响承租人居住、配套家具式样不再时尚等，就无维修或者更换的必要。

（三）有维修的可能

有维修的可能是指租赁物损坏后能够将其修好以恢复或达到损坏前的状态。维修是否可能，不能仅从物理或者技术是否可能作为判断标准，而应以社会一般观念或者经济成本角度加以考虑。因而不能维修包括多种状态：事实上不能维修；虽可维修但难以让租赁物恢复至约定的使用、收益状态；维修的成本过大，或者维修的效果不足弥补维修的费用；维修无异于新造或者重大改造，即实质上属重置。

在非因承租人的原因导致租赁物部分或者全部毁损灭失，无维修可能的情况下，承租人可以要求减少租金或者不付租金；因租赁物部分或者全部毁损灭失，致使合同目的不能实现，可以解除合同。

（四）有维修的正当理由

出租人的维修义务，一般是在承租人按约定正常使用租赁物的情况下出现的租赁物的损耗，或者是由租赁物的性质所要求的对租赁物的正常的维护，如果是因为承租人的保管使用不善，造成租赁物损坏时，出租人不负有维修的义务。如承租人租赁一架塔吊，因自己安装不符合要求或者违规使用而产生问题，导致塔吊损坏而不能使用，就要由承租人自己负责重新安装或者修理。在此情况下，承租人仍应按照约定支付租金，也不能要求解除合同。

三、承租人负责维修的情形

法律虽然规定了在一般情况下出租人负有维修义务，但并非在所有的情况下维修的义务都由出租人承担。排除出租人维修义务的情况有以下几种：

（一）法律、行政法规规定，由承租人承担维修义务的

如我国《海商法》第147条规定，“在光船租赁期间，承租人负责船舶的保养、维修”。有的国家的法律规定，在房屋租赁中，有些小的维修义务由承租人承担，如《法国民法典》第1754条规定：“除有相反约定外，承租人应当对租赁物进行的修缮或零星维修，依当地习惯，主要包括下列各项：壁炉的炉膛、炉背、炉框及壁炉的台面；套房或其他居住场所墙壁下段一公尺高的灰泥粉饰；室内的铺面地板砖或铺石有破碎时，对此种铺面地板砖或铺石的修整；门窗上的玻璃，但如因冰雹或其他承租人不负责任的特殊事故或不可抗力致碎者，不在此限；门、窗、隔板或店铺的门板、挂钩、插销与门锁。”《意大利民法典》规定，由房客负担的小修缮是属于因使用所引起的损坏。《民法典》第750条第2款规定：“承租人应当履行占有租赁物期间的维修义务。”虽然此条只适用融资租赁合同，但表明法律对租赁物的维修义务可以有不同的规定。

（二）双方约定维修义务由承租人负担

当事人约定由承租人负责维修有其他意义。由于承租人直接占有租赁物，由承租人在力所能及的范围内维修租赁物，既可省去承租人通知的责任，也可免去互相推诿的麻烦。

实务中，存在售后回租。在此种法律关系中，承租人的维修能力远高于出租人。所谓售后回租，是指将自己制造或建造或者购买的资产出售，又向买受人租回使用。采用这种租赁方式，可使承租人迅速回收租赁物的资金成本，加速资金周转。此种情形下，承租人对租赁物的管理与维修能力远远高于出租人。从经济学角度考虑，将租金数额的确定与维修关联起来，根据租赁合同双方当事人具体情况确定哪

一方负担维修义务，比法律统一强制性规定更加合理。这是本条中“但当事人另有约定的除外”的立法初衷。

（三）依当地生活习惯或商业习惯

如在汽车租赁中对汽车的维修义务一般都由承租人负担。再如我国一些地方民间实行的房屋租赁“大修为主，小修为客”的习俗。

【审判实践中应注意的问题】

一、正确认识出租人不履行维修义务的法律后果

（一）租赁物交付时存在物的瑕疵

由于出租人交付租赁物时必须保证租赁物处于适合使用、收益的状态，如果交付时存在瑕疵，实际上出租人构成不完全履行。在这种情形下，承租人可以催告出租人进行维修；出租人在合理期限内仍未消除物的瑕疵时，出租人构成迟延履行。此时，承租人可以自行维修，但维修费用由出租人承担；因维修租赁物影响承租人使用的，承租人有权要求减少租金或者延长租赁期限。承租人还可以要求出租人承担违约责任，或者主张解除合同。

值得注意的是，出租人交付租赁物时，承租人有验收的权利义务。一般而言，如果出租人不知租赁物存在瑕疵的情况下，承租人怠于验收，或者虽经验收但怠于提出异议的，要承担不利的法律后果，即维修义务视为尚未届期，出租人不承担债务不履行的后果。当然，例外的是，按照《民法典》第731条的规定，如果租赁物危及承租人的人身安全或者健康的，承租人即使于订立合同时明知租赁物质量不合格，也可随时解除合同。

（二）租赁物交付后出现物的瑕疵的情形

租赁物交付后，出租人不履行维修义务时，承租人有如下权利：第一，承租人的通知与催告。租赁关系存续期间，租赁物需要维修时，承租人应当通知出租人予以维修。如果承租人不通知，则出租人

难以知晓。而且从法律条文表述看，承租人履行通知义务即催告后，才有自行维修的权利，才能够要求出租人负担维修费用。第二，承租人的自行维修权、解除权。承租人未通知维修或者出租人在承租人通知后未在合理的期限内维修，承租人可自行维修。承租人不得未经催告而自行维修。理论上，出租人对租赁物最为了解，其维修最符合租赁物的性能和用途。如果出租人不履行维修义务，承租人可以解除租赁合同。第三，出租人不履行维修义务，承租人有权要求减少租金或者延长租赁期限。如果因租赁物的瑕疵导致承租人收益额减少，则承租人可以拒付相应的租金。

二、应当注意租赁物毁损的原因与维修义务的关系

本条规定“出租人应当履行租赁物的维修义务”是不是意味着不问租赁物毁损原因，出租人均应承担此项义务？从字面上分析，似乎答案是肯定的。法律之所以规定出租人负有维修义务，是因为出租人负有物的瑕疵担保义务。然而，出租人负责对租赁物进行维修的前提是承租人按照约定的方法或者租赁物的性质使用租赁物。如果因承租人的原因导致租赁物毁损，由出租人承担维修责任有失公平。实际上，回答这个问题，要注意分清维修义务、维修费用的负担与损害赔偿责任之间的关系。在租赁合同存续期间，租赁物出现瑕疵，首先应当分清原因。承租人负有保持租赁物现状的义务，如果因承租人不当使用造成租赁物毁损，则即使由出租人承担维修义务，但所有的维修费用都应由承租人承担；若因此而造成出租人损失，承租人还应当承担损害赔偿责任。另外，如果承租人不当使用租赁物，致使租赁物损失的，出租人不但不负责维修，还可以解除合同并要求承租人赔偿损失。

第七百一十三条 承租人在租赁物需要维修时可以请求出租人在合理期限内维修。出租人未履行维修义务的，承租人可以自行维修，维修费用由出租人负担。因维修租赁物影响承租人使用的，应当相应减少租金或者延长租期。

因承租人的过错致使租赁物需要维修的，出租人不承担前款规定的维修义务。

【条文主旨】

本条是关于出租人履行租赁物维修义务的规定。

【条文理解】

对租赁物进行维修，是租赁期间经常会发生的问题。依照本法前条规定，当事人对由谁承担租赁物的维修义务没有约定或者约定不明的，应由出租人承担对租赁物的维修义务。根据本条规定，正确理解出租人对租赁物的维修义务，应当注意以下两个方面：

一、出租人履行维修义务的条件

（一）租赁物有维修的必要

为对租赁物进行必要维护，或在租赁物发生故障、损坏时，出租人可以主动提出，或者应承租人的要求对租赁物进行维修，以保障租赁物符合合同约定的使用、收益状态。在承租人提出对租赁物进行维修的要求时，出租人应当在合理期限内完成对租赁物的维修。但这并不意味着，对于租赁物存在的任何不适于利用的状态，出租人都应当进行维修，只有在租赁物具有维修的必要时，出租人才应当进行维修。[①] 至于何为具有维修的"必要"？通常认为，当事人在订立租赁合同时，可以通过订立维修条款，对租赁物需要维修的具体情况作出明确约定，当租赁物出现维修条款所约定的情形时，应当认为租赁物已经具有维修的必要；如果租赁合同没有作出约定的，应当综合标的物的性质、双方缔约目的以及交易观念等因素，来考察租赁物是否具有维修的必要。

（二）租赁物有维修的可能

出租人履行租赁物维修义务，还要求租赁物尚有维修的可能。维修不能，通常包括事实上的不能与经济上的不能。前者是指租赁物的损坏已经达到客观上不能修复的程度，在技术上或物理上已不可能实现修缮，如承租人承租的房屋已经倒塌；后者是指维修租赁物在事实上虽然可能，但在经济和交易上耗费过巨，或者维修所获效果不足以弥补修缮费用，均不宜再期待出租人维修。无论是事实上的不能还是经济上的不能，对出租人而言，皆不再发生租赁物的维修义务，而涉及是否负有替换、新造或者重建义务的问题。

租赁物维修不能还可分为全部不能与部分不能两种情况。当维修全部不能时，出租人显无维修义务；而当维修部分不能时，若租赁关系仍然存续，则就剩余部分，出租人仍负有维修义务。这是因为，出租人对租赁物的维修义务，派生于出租人对租赁物的瑕疵担保责任，如出租人继续将租赁物之剩余部分租予承租人，则出租人应持续不断维护剩余部分之安全，并采取必要之修缮措施，以维护承租人之生命财产安全。[②]

（三）租赁物的损坏不能归责于承租人

在承租人对租赁物的损害具有过错的情况下，出租人是否仍应承担租赁物的维修义务，实践中存有争议。一种观点认为，即便是因承租人的侵权行为导致租赁物的毁损，出租人仍然负有维修义务。这是因为，承租人对租赁物瑕疵的产生，应当承担损害赔偿责任，但与出

① 参见吴启宾：《租赁法论》，我国台湾地区五南图书出版公司 1990 年版，第 34 页。

② 参见黄立主编：《民法债编各论》（上），中国政法大学出版社 2003 年版，第 209 页。

租人的维修义务并不具有同一性质，结合我国《合同法》第220条对双方当事人约定维修义务所作之例外规定，此时仍由出租人承担租赁物的维修义务，更加符合法的体系解释。[①]另一种观点认为，在因承租人的过错导致租赁物发生损坏的情况下，承租人的赔偿责任可以表现为对租赁物的维修。[②]我们认为，在租赁物的损害明确是由承租人原因所造成的情况下，通常应由承租人承担侵权责任，如果由此产生的损害赔偿已足以修缮租赁物，出租人并无履行维修义务的必要，可直接适用恢复原状的方式回复租赁物的适用状态。此时，仍要求出租人承担维修义务，则不仅对出租人不公平，还因租赁物并不在出租人的直接控制下，容易引发道德风险。因此，出租人对租赁物的维修义务，得因承租人对租赁物损坏存在过错得以免除。

在租赁物的损坏不可归责于双方当事人，或者是因可归责于双方当事人的事由所致的情况下，出租人又应当如何承担维修义务？从比较法的角度看，通说认为，在租赁关系存续期间，出租人一般性地负有用益状态维持义务，只要因租赁物有瑕疵致该义务难以为继，出租人即应加以消除，修缮义务为用益状态维持义务的具体化呈现，其发生自不应以瑕疵的产生是否可归责于双方当事人为断。《德国民法典》规定，使用租赁的承租人可以请求除去以后出现的瑕疵，与出租人是否对这些瑕疵具有过错无关。[③]《日本民法典》规定，租赁物需要修缮的状况不必是因归责于出租人的事由而产生，也可以是因天灾、不可抗力而产生，[④]但即使是天灾地变等不可抗力，出租人仍负有修缮义务。[⑤]由此，租赁物的毁损是因不可归责于双方或因可归责于双方

---

① 参见［日］我妻荣：《债法各论》（中卷二），周江洪译，中国法制出版社2008年版，第444页。

② 参见邓基联主编：《房屋租赁合同纠纷》，法律出版社2010年版，第3页。

③ 参见［德］迪特尔·梅迪库斯：《德国债法分论》，杜景林、卢谌译，法律出版社2007年版，第169页。

④ 参见［日］我妻荣：《债法各论》（中卷一），徐进、李又又译，中国法制出版2008年版，第210页。

⑤ 参见［日］星野英一：《日本民法概论Ⅳ契约》，姚荣涛译，我国台湾地区五南图书出版公司1998年版，第184页。

当事人的事由所致的情况下，租赁物的维修义务原则上仍由出租人承担，但可结合承租人的过错程度，根据过失相抵的原理，减轻或者免除出租人的维修义务。[①]

（四）承租人履行必要的协助义务

通常情况下，租期内的租赁物往往由承租人实际占有使用，因此在出租人履行维修义务时，需要承租人履行必要的协助义务。根据诚信原则，当出租人提出对租赁物进行正常维护时，除非有正当理由，承租人不能拒绝出租人维修租赁物的要求，并且应当积极配合，为其提供必要的条件；当租赁物出现毁损并不为出租人所知时，承租人应及时通知出租人，以便租赁物能够得到及时维修。同时，承租人还负有采取必要的措施，防止租赁物的损坏进一步扩大的义务。若承租人没有履行必要的协助义务，可能会引发相应的损害赔偿责任。

（五）出租人应在合理期限内履行维修义务

之所以为出租人履行租赁物的维修义务确定合理期限，一方面，是因为维修期限的长短直接影响承租人对租赁物的使用；另一方面，是因为出租人可能因缺乏维修的能力，确实需要必要的时间完成租赁物的维修。至于何为“合理”期限，应当首先以双方当事人协商确定的期间为准，如双方无法就确定合理期限协商一致的，可以综合考虑以下因素：一是租赁物的损坏程度，即维修租赁物的困难程度；二是承租人需要维修的紧急状态，在何种程度上影响承租人使用租赁物；三是出租人的维修能力，涉及出租人的个人技能或者经济状况；四是出租人的维修方式，例如作为租赁物的商品尚在保修期内，应考虑原厂返修导致维修期间较长的问题。

二、出租人违反履行维修义务的法律后果

（一）承租人可以自行维修租赁物

承租人向出租人提出维修要求后，出租人未在合理期限内履行维

① 参见宁红丽：《租赁物维修义务的法律构造——基于对我国司法案例的分析》，载《清华法学》2013 年第 5 期。

修义务的，承租人可以自行维修。对于何为“出租人未履行维修义务”，应作扩大解释，以租赁物是否已经回复到合同约定的承租人可以有效利用的状态为标准，而不仅包括出租人拒绝维修、迟延维修等情况，也不要求出租人对此存有过错。同时，对于承租人“自行”维修，也应作扩大解释，并不要求必须为承租人独立完成，而应当包括承租人借助第三人维修租赁物的情形。因承租人自行维修的行为在客观上是代替出租人履行义务，由此产生的维修费用，应当由出租人负担。出租人负担维修费用的具体方式，既可表现为由出租人直接支付维修费用，也可在承租人预先垫付费用的情况下，从租金中予以扣减。

但是，承租人自行维修的行为，并不能理解为承租人享有自行维修的权利，而应当理解为，在出租人未履行维修义务时，承租人基于诚信原则，所负有防止损失扩大的义务，自行维修显然是防止损失扩大最为直接有效的方式。因此，在出租人未履行维修义务时，承租人应当自行维修，如承租人因过错未履行自行维修的义务，亦应对由此产生的扩大的损失承担责任。

（二）承租人可以主张减少租金或者延长租期

租赁物损坏期间，承租人按照合同约定利用租赁物的主合同权利必定遭受影响。不论是出租人积极履行对租赁物的维修义务而对租赁物进行维修，还是在出租人未履行维修义务时由承租人对租赁物自行维修，承租人对租赁物的使用障碍，皆与出租人未适当履行租赁物用益状态提供与维持的主合同义务直接相关，出租人应当对此承担责任。因此，承租人有权要求出租人就其因租赁物的损坏，对其使用租赁物所受影响的具体程度，相应地减少租金或者延长租赁期间。具体是采取减少租金还是延长租期的方式，可由当事人双方协商确定；如双方不能就此达成协商的，因出租人承担维修义务，在不影响出租人、第三人合法权益的情况下，综合加以确定。

【审判实践中应注意的问题】

一、出租人违反维修义务应当承担赔偿责任的具体范围

在租赁物损坏的情况下，基于出租人提供符合合同约定租赁物的义务，出租人负有维修义务。但维修义务的发生并不意味着出租人违约，仅在出租人违反维修义务的情况下，出租人应当承担违约责任。

实践中，因出租人违反维修义务，承租人可能产生两方面的损失：一是租赁物本身因损坏而无法正常使用的租期损失，如承租人租用A物30天，但因A物中途发生损坏，承租人实际正常使用A物仅20天，不能正常使用的10天即为承租人的损失；二是因无法正常使用租赁物，导致承租人收入减少或费用增加，如租用的机器设备发生故障，导致无法生产，妨碍承租人履行与第三人的合同。此时，应当允许承租人援引本条规定，就租赁物因维修而无法正常使用产生的损失，向出租人主张减少租金或者延长租期。而就因无法使用租赁物引发的其他损失，因本条未作明确规定，我们认为，应当依照违约责任的相关规定，由出租人负责赔偿承租人在履行维修义务或者采取补救措施后仍然存在的其他损失。至于赔偿损失的具体数额，如果租赁合同中已有约定，应当按照约定执行；如租赁合同没有作出约定，出租人应当赔偿的数额应相当于承租人因违约所造成的损失，包括合同的履行利益，但不得超过出租人在订立合同时已经预见或者应当预见的范围。

二、承租人自行维修的合理费用应由出租人负担

出租人怠于履行维修义务，承租人为防止损失扩大，可以自行维修租赁物，由出租人负担相应费用。审判实务中，经常出现因出租人对承租人自行维修的花费不予认可，从而引发纠纷的情形。尽管承租人自行维修租赁物，保持租赁物的良好状态，实质上也是符合出租人利益的行为，但是对于承租人自行维修的费用，仍应以合理为限。具

体而言，人民法院在认定承租人自行维修的费用是否合理的过程中，应在公平原则的指导下，以是否必要、是否为必然发生的费用为首要标准，结合承租人对租赁物维修的紧急程度以及维修能减少的损失程度，加以综合判断。如承租人自行维修的费用明显过高，可以根据出租人的请求作出适当调整。

三、出租人违反维修义务，承租人可以主张解除合同或者拒绝支付租金

租赁合同中，出租人通过让渡租赁物的使用权获取租金收益。因此，提供与维持租赁物的用益状态是出租人的主要义务，对租赁物进行使用、收益是承租人的主要权利。租赁物发生损坏后，出租人没有正当理由，在承租人通知的合理期限内未履行维修义务，导致承租人使用租赁物的主要合同目的不能实现的，构成根本性违约，承租人可以主张解除合同，并请求出租人承担损害赔偿责任，人民法院应当支持。

租赁合同中，承租人的主要义务为支付租金，与出租人提供符合合同约定租赁物的主义务而言，两者具有对应关系。因此，当出租人违反维修义务，未能维持租赁物处于适用状态的，承租人可行使同时履行抗辩权，拒绝向出租人支付租金，而不构成违约。当然，承租人行使同时履行抗辩权仍应符合诚信原则，对于租赁物轻微损坏但不影响承租人对租赁物的主要使用目的的，承租人不得以出租人未及时修缮为由，拒绝支付租金。

第七百一十四条 承租人应当妥善保管租赁物，因保管不善造成租赁物毁损、灭失的，应当承担赔偿责任。

【条文主旨】

本条是关于承租人保管租赁物义务的规定。

【条文理解】

作为租赁合同的标的物，租赁物在租赁期限内存在并保持完好，是承租人能够正常使用、收益，实现自己订立租赁合同目的的条件，也是出租人在租赁期限届满，能够依法收回租赁物的前提。因此，在租赁期间限内，不仅出租人负有租赁物的维修义务，承租人占有租赁物的，亦负有保管租赁物的义务。

根据本条规定，关于如何理解承租人保管租赁物的义务，应当包括以下几个方面：

一、承租人应当妥善保管租赁物

（一）妥善保管租赁物的认定

所谓“妥善”保管租赁物，是指承租人应按照合同约定或者依据租赁物的性质，采用适当的方式保存、管理租赁物，以避免租赁物发生损坏、灭失，或维持租赁物一直处于良好的状态。

首先，妥善保管义务要求承租人依双方合同约定的方法来保管租赁物。如果双方合同对承租人应当如何保管租赁物的具体方式已经作出明确约定的，只要约定的内容不违反法律规定，承租人应当依约履行。如租赁合同对此未作明确规定的，但能够结合合同相关条款确定租赁物的保管方法的，承租人应据此方法保管租赁物。否则，承租人应当依据租赁物的性质妥善保管租赁物。此时，在具体履行租赁物的保管义务时，承租人应选择以适当的方式管理租赁物，或将租赁物置于适当的地点进行保存，以避免租赁物遭受损毁或灭失的危险为标准。

其次，当法律、法规明确规定承租人对租赁物应当履行特别保管责任的，承租人应当依照规定履行特别保管责任，否则不能认为承租人已尽到妥善保管租赁物的义务。例如，为加强房屋租赁消防安全管理，维护房屋租赁各方合法权益，确保人民群众生命财产安全，按照各地消防条例、房屋租赁管理规定等消防安全规定，通常要求在房屋租赁合同中订立消防安全条款。租赁合同双方应当按照规定对消防安全责任作出约定，由占有使用租赁物的承租人实际履行。

最后，在租赁期间，承租人应结合租赁物的使用状况，对租赁物进行必要的维护。除合同另有约定外，承租人不得擅自对租赁物进行拆毁、改装或作其他改变，应尽量保持租赁物处于出租人交付时的原状；如果租赁物有收益能力的，承租人还应尽力保持其收益能力不受不合理减损。在出租人对租赁物进行日常维护时，承租人不得拒绝。承租人不得擅自将租赁物交给他人保管，在不便或不具备妥善保管租赁物的能力时，承租人可以委托第三人完成，但因第三人保管租赁物属于代替承租人履行保管义务，因此而产生的费用，应当由承租人负担，因此导致租赁物发生损毁或者灭失的，应由承租人承担相应责任。

（二）承租人应履行必要的通知义务

基于承租人对租赁物的实际占有和使用，承租人履行妥善保管租赁物的义务，还要求在出现以下情形时，除非出租人对相关事项已经知晓，应由承租人履行以下必要的通知义务：一是在租赁物有维修、防止损害的必要时。出租人对租赁物负有修缮义务，承担物的瑕疵担保责任，在租赁物出现维修的必要，以及租赁物存在损毁、灭失的风险时，承租人应当及时通知出租人。有无修理、防止损害的必要，应以是否会损害承租人、出租人及第三人的利益作为判定的标准。此时，尽管租赁物的现实损害尚不致影响承租人的使用收益，但如不及时处置会损害出租人利益的，承租人应当履行通知义务。二是在第三人就租赁物主张权利时。因出租人对租赁物负有权利瑕疵担保责任，在第三人针对租赁物主张权利时，承租人应通知出租人，便于出租人能够及时采取措施。三是其他依诚信原则而应当进行通知的。如在上述情形发生时，承租人没有及时通知出租人，应当认为承租人违反妥善保管租赁物的义务，应由承租人依照过错程度承担相应的责任。

二、承租人对租赁物保管不善的，应当承担赔偿责任

（一）承租人对租赁物保管不善的过错责任

与妥善保管租赁物相对应，对租赁物保管不善，是承租人承担损害赔偿责任的基础。但对何为“保管不善”，法律并无明确规定，学界亦存在不同的理解。有观点认为，“保管不善”并非一个明确的法律概念，其本身的语义也比较模糊，没有标明是以承租人主观上具有过错，还是租赁物客观上发生损害结果，来认定承租人是否对租赁物保管不善，属于法律上的漏洞。[①]也有观点认为，对于是否应当区分承租人的故意、重大过失和一般过失，从而确定不同的责任，法律并没有特别的规定。因此，只要承租人违反妥善保管义务导致租赁物的毁损、灭失，不考虑承租人的过错程度，都应使之承担完全的赔偿责任。[②]

我们认为，从客观来上讲，无论承租人的保管义务是来源于双方租赁合同的明确约定，还是法律具体的规定，甚至是依诚信原则而负有，只要这一义务没有适当履行，均构成债务的不履行，均应由承租人承担违约责任。通常来讲，依照合同法所确立的关于违约责任的适用严格责任的一般归责原理，合同作为双方当事人一致达成的意思表示，具有经法律所确认的拘束力，一方不履行时追究其违约责任，不

① 参见易军、宁红丽：《合同法分则制度研究》，人民法院出版社2003年版，第16页。
② 参见王利明：《合同法研究》（第3卷），中国人民大学出版社2012年版，第317页。

过是执行当事人自己的意愿和约定。因此，违约责任与一般侵权行为相比较，应该更为严格。但是，合同法并不排除在例外情形下，就违约责任采取过错的归责原则。其中，承租人对因保管不善导致租赁物损毁、灭失而承担的过错责任即为著例。[①] 因租赁合同是典型的有偿合同，承租人负担妥善保管租赁物的义务，要求承租人尽到善良管理人的注意义务，勤勉谨慎地作出行为。承租人因欠缺某种法律上的注意而未履行妥善保管义务的，除非存在法律规定的例外情形，承租人仅对抽象轻过失承担责任。[②]

（二）赔偿损失的具体适用

除非承租人已尽到一个普通人依一般交易观念所应尽的注意，仍然导致了租赁物毁损、灭失，承租人仍需就租赁物的损毁、灭失向出租人承担损害赔偿责任。至于租赁物的毁损、灭失是由承租人本人还是第三人造成的，在所不论。此时，承租人承担赔偿损失责任是为了弥补出租人因其未妥善履行保管义务而遭受的全部损失，赔偿的范围应当依据可预见规则，即不能超出双方订立合同时，承租人能够预见或者应当预见租赁物损毁、灭失情况下可能造成的损失。

如承租人虽未妥善保管租赁物，但未履行保管义务具有不可归责于承租人的其他事由的，承租人可以依据过失相抵的规则，请求免除或减轻赔偿责任；如是因出租人的原因，导致租赁物的损失扩大的，承租人可依减损规则，请求由出租人自行承担部分损失。承租人就租赁物的损毁、灭失没有过错或者具有其他免责事由提出抗辩的，应当承担举证责任。对于承租人应当履行通知义务的，应由其举证已适当地履行，否则出租人的责任相应得以免除。

另外，就承租人而言，因其过失行为，导致租赁物毁损的，除违反契约义务之外，同时侵害了出租人的所有权，承租人对租赁物亦负

① 韩世远：《合同法总论》，法律出版社2012年版，第589页。

② 例如，在我国台湾地区“民法”中，就存有承租人具有抽象轻过失为违反保管义务责任的典型立法例，详见我国台湾地区“民法”第432条规定。我国部分地区法院出台的司法业务文件也体现了这一标准，详见上海市高级人民法院民一庭《城镇房屋租赁合同纠纷办案要件指南》第8条的规定。

有不侵害之义务。[①] 在承租人保管租赁物的过程中，因过失致租赁物毁损时，发生违约责任与侵权责任的竞合，出租人可选择其一向承租人主张赔偿。

【审判实践中应注意的问题】

租赁关系终止后，对租赁物的保管义务应如何负担

租赁合同关系的终止可能基于多种原因，或者是因租赁期限届满，或者是因一方行使解除权，抑或是因有其他导致租赁合同关系终止的原因发生。但无论基于何种原因，租赁合同关系终止，承租人合法占有租赁物的依据已经消失，应向出租人返还租赁物，出租人亦可以向承租人要求返还。按照相关法律规定，在租赁期限届满的情况下，承租人继续使用租赁物的，出租人如未提出异议，应当认为双方原租赁合同继续有效。因此，对承租人而言，与出租人的租赁合同关系终止后，应当及时返还租赁物，否则仍应承担妥善保管租赁物的义务。

承租人返还租赁物，应当结合租赁物的性质，以完成向出租人交付租赁物为标准。而承租人交付租赁物时，无论租赁物是动产还是不动产，均可以出租人知晓其不再继续使用租赁物为标准，并不一定要求租赁物已经现实地处于出租人本人的控制之下。具体而言，不再继续使用租赁物要求承租人不得再因租赁物而获益，出租人知晓要求承租人应当履行必要的通知义务。例如，房屋租赁合同关系结束后，承租人搬出承租房屋，通知出租人已经搬离的事项，即可认为承租人不再继续使用租赁房屋，双方租赁合同关系已经终止。如果承租人能够证明不再继续使用租赁物的准确时间点，承租人返还租赁物的具体时间应以该时间点为准，如果承租人不能证明不再继续使用租赁物的具

① 参见王泽鉴：《民法学说与判例研究》（第1册），北京大学出版社2009年版，第207页。

体时间，应当依返还租赁物的通知到达出租人，确定一个合理的时间。承租人返还租赁物，还应当“及时”。至于是否及时可依双方事前约定或者事后协商，也可依据租赁物性质确定，如果承租人没有及时返还租赁物的，应当承担妥善保管租赁物的义务。

据此，实践中，如出租人能够证明承租人在租赁关系终止后拒绝返还租赁物或者没有及时返还租赁物的，仍应由承租人对租赁物的毁损、灭失承担责任。

第七百一十五条 承租人经出租人同意，可以对租赁物进行改善或者增设他物。

承租人未经出租人同意，对租赁物进行改善或者增设他物的，出租人可以请求承租人恢复原状或者赔偿损失。

【条文主旨】

本条是关于承租人对租赁物进行改善或者增设他物的规定。

【条文理解】

所谓对租赁物进行改善，是指在不对租赁物作根本改变的情况下，通过改良租赁物的部分性能，使其状况变得更加完善；所谓对租赁物增设他物，是指在原有的租赁物上添加他物。无论是对租赁物进行改善，还是对租赁物增设他物，都是对租赁物作出改变，承租人对租赁物进行改善或者增设他物，无论出于什么目的，均可能导致租赁物经济价值或者使用价值发生变化，进而对出租人的权益产生影响。而在租赁关系存续期间，租赁物由承租人占有、使用，在出租人的控制之外，承租人可能随时对租赁物进行改善或者增设他物。因此，有必要对承租人改善租赁物或者在租赁物上增设他物的行为予以规范。

正确理解与适用本条规定，应当注意以下几个方面：

一、承租人对租赁物进行改善或者增设他物的，应当征得出租人的同意

（一）出租人同意的法律效果

从本质上来讲，租赁合同是出租人向承租人让渡租赁物的使用权

以获取租金，但保留对租赁物的所有权的合同形式。因此，出租人负有向承租人提供符合合同约定的租赁物，并履行维持租赁物一直处于适用状态的义务；而承租人负有合理使用租赁物，以及在租赁关系终止后，及时向承租人返还租赁物的义务。承租人返还租赁物时，应当尽量维持租赁物在出租人向其提供租赁物时的状态，否则对租赁物价值、效能的不当减损，应当承担赔偿责任。但是，承租人对租赁物进行改善或者增设他物，通常是为了使租赁物更加充分有效地发挥作用，承租人对租赁物进行改善或者增设他物后，租赁物的价值和效能并不一定遭到减损，反而有可能得到增强，出租人基于对租赁物享有所有权，亦可能会因此受益。因此，对于承租人对租赁物进行改善或者增设他物的行为，法律不宜绝对禁止。但是，承租人对租赁物进行改善或者增设他物的，应当征得出租人的同意。

出租人同意承租人对租赁物进行改善或者增设他物行为的，因承租人的行为符合出租人的意愿，自然就应接受承租人返还时租赁形态或者价值发生改变的后果，即便承租人对租赁物进行改善或者增设他物最终给租赁物造成客观上的损害，出租人亦不得由此主张由承租人承担违约责任。

（二）出租人同意的具体形式

因合同关系奉行意思自治原则，行为人得依其意思形成私法上之权利义务关系。承租人对租赁物进行改善或者增设他物，亦可由双方在租赁合同中作出明确约定，该约定应当视为出租人已经同意承租人对租赁物进行改善或者增设他物。如租赁合同就承租人对租赁物进行改善或者增设他物作出约定的，双方均应当按照合同约定履行，否则应当承担违约责任。

租赁合同对承租人改善或增设他物未作约定的，承租人征得出租人的同意时，应当就改善或者增设他物的情况向出租人作出通知，该通知既可以采取口头的形式，也可以采取书面的形式，但无论通过哪种形式，应以出租人知晓相关内容为准。出租人收到通知后，应当及时回复承租人，是否同意承租人对租赁物进行改善或者增设他物。通常来讲，出租人只有以明示的方式回复同意承租人对租赁物进行改善或者增设他物的，方才发生法律效力，出租人单纯的沉默或者不作为，不能认为出租人已经同意。因此，出租人收到承租人的通知之后，在合理期限内没有作出回复的，应视为出租人不同意承租人对租赁物进行改善或者增设他物。但是，法律并不排除在符合某些特定的情形下，出租人可以默示的方式表示同意。例如，依照租赁物性质，承租人必须对租赁物进行改善或者增设他物才能实现合同目的的，出租人虽未明示同意，亦可由承租人对租赁物的合理使用加以解释，出租人不得以未明确同意承租人加以改造主张由其承担责任。

二、承租人擅自改善租赁物的，出租人可以请求恢复原状或者赔偿损失

（一）恢复原状或者赔偿损失的请求权基础

如租赁合同双方未能就租赁物的改善或者增设他物达成一致，承租人擅自对租赁物进行改善或者增设他物的，因该行为属于典型的事实行为，虽不要求承租人具有形成私法效果的意思，但因该行为具有私法上的意义，仍由法律赋予一定的民事法律效果。

一般认为，未经出租人同意的情况下，承租人对租赁物进行改善或者增设他物，一方面，违反租赁合同对承租人应当合理使用并妥善保管租赁物的义务，构成违约行为，应当承担继续履行、采取补救措施或者赔偿损失等违约责任；另一方面，承租人的上述行为也可能同时侵害出租人的所有权，构成侵权行为，应当承担停止侵害、返还财产、恢复原状或者赔偿损失等侵权责任，发生违约责任和侵权责任的竞合。由于违约责任与侵权责任的差异核心在于，前者是法律强制执行当事人自我设定的义务，强迫当事人忠于自己的意志，其合法性在现代几乎不言自明，义务边界相对清晰，而后者在于维护社会生活中的底线权益，强迫义务人忠于法律与社会共同体规范，义务边界因时

循势而异。[①] 因此，在两种责任竞合的情况下，同一种损害被两种法律规范基于不同的规范目的评价，其法律效果多有不同，在实体法上的责任成立与责任承担、程序法上的诉讼管辖与举证责任等方面都有差异。从比较法的角度而言，各国均未以立法的方式明确如何处理违约责任与侵权责任的竞合，而是由学说或者判例解决。此时，应当允许出租人自行权衡利弊，择一提出主张。

（二）恢复原状或者赔偿损失的具体适用

所谓的恢复原状，在普通法表述为“restitution”，德国民法表述为“naturalersatz”“naturalrestitution”，我国台湾地区“民法”表述为“回复原状”。恢复原状被分别使用在若干种民法制度里，其含义不尽一致。[②] 广义上的恢复原状，是指将双方的法律关系回复到双方订立合同时的状态，就财产关系的回复而言，广义的恢复原状包括实物形态的恢复原状和价值形态的恢复原状。赔偿损失，则是指以支付金钱的方式弥补财产损害的民事责任形式。由此可见，广义的恢复原状包括应当包括赔偿损失的责任形式。从文义解释的角度，本条规定出租人可以请求承租人承担恢复原状或者赔偿损失的民事责任，也昧着出租人应当在二者中作出选择。因此，关于恢复原状与赔偿损失的责任，两者不能同时并用。

承租人擅自对租赁进行改善或者增设他物，除了损害出租人对租赁物享有的固有利益外，还有可能同时损害出租人的履行利益。固有利益具有相对独立性，是合同法和侵权法共同保护的对象，但履行利益仅受合同法保护。但是，债权法领域，并不排除适用恢复原状的民事责任，出租人主张恢复原状不仅可以要求承租人修复租赁物的物理损害，还应具备弥补出租人因此所受其他经济损失的功能。因赔偿损失的民事责任，不仅适用于违约责任，也适用于侵权行为及其他一些民事违法行为所造成的损失，无论出租人选择行使何种请求权，均可

---

① 参见谢鸿飞：《违约责任与侵权责任竞合理论的再构成》，载《环球法律评论》2014年第6期。

② 参见崔建远：《关于恢复原状、返还财产的辨析》，载《当代法学》2005年第1期。

请求由承租人赔偿损失，并且无论出租人主张恢复原状或者赔偿损失，均应以完全弥补出租人由承租人擅自对租赁物进行改善或者增设他物而导致的全部损失为标准。

另外，因赔偿损失通常仅指通过支付金钱方式弥补损失，为体现恢复原状与赔偿损失的功能区分，从弥补固定损害的角度，对恢复原状应首先作出“原物返还”的理解。当原物返还无法实现，或者实现所需的价值过高时，亦应允许责任人以提供替代物品或者折价补偿的方式承担责任。当出租人提出恢复原状的主张时，应当首先考虑承租人所进行改善或者增设的具体情况，能否由承租人取回或者取回的代价是否过高，优先实现租赁物的原物返还，之后再考虑替代履行、折价补偿以及损害赔偿的责任承担方式。

【审判实践中应注意的问题】

一、承租人对租赁物进行改善或者增设他物时的费用负担

承租人对租赁物进行改善或者在租赁物上增设他物时，所产生费用通常由承租人先行垫付。按照意思自治原则，改善或者增设费用最终由谁负担，可由租赁合同双方进行约定或者协商，但在双方对此没有约定或者约定不明，又不能通过协商达成一致的情况下，实践中容易引发争议。

我们认为，如果承租人没有经过出租人同意，就擅自对租赁物进行改善或者增设他物的，因承租人对该费用的支出存在过错，并不具备向出租人提出主张的基础。但是，如果承租人对租赁物的改善或者增设他物，已经征得出租人同意的，关于租赁物改善或者增设他物所支付的费用负担，可以比照添附行为，适用如下规则：租赁关系存续期间，作为实际占有、使用租赁物的主体，承租人垫付费用后，可以继续利用租赁物，在双方租赁关系终止时，应当依公平原则，根据当时租赁物的价值状况，判令由出租人与承租人双方合理分担相应费

用。具体而言，经改善或者增设他物后，租赁物的价值低于原租赁物价值的，应由承租人自行负担相关费用；经改善或者增设他物后，租赁物的价值高于原租赁物价值的，添附部分的价值可作为不当得利处理，添附部分归属于出租人所有的，可判令由出租人对承租人作出适当补偿，在将添附部分的现有价值与改善租赁物所支出的费用相比较后，以较低者为准。

二、承租人擅自改善租赁物的，出租人主张由承租人承担恢复原状或赔偿损失责任的，能否同时主张由承租人支付违约金

租赁合同约定了违约金条款的，承租人违反合同约定，擅自对租赁物进行改善或者增设他物时，出租人可以依照租赁合同约定主张由承租人支付违约金。但是，对于出租人是否可以在主张由承租人承担恢复原状或者赔偿损失的责任的同时，又请求由承租人按照合同约定支付违约金，实践中存在争议。我们认为，如果出租人选择以承租人擅自改善租赁物的行为侵害其对租赁物的权益为由提起诉讼的，出租人可以请求承租人恢复原状或者赔偿损失，但因侵权责任并不保护履行利益，出租人不得又依合同中的违约金条款主张承租人支付违约金，对此主张人民法院不应予以支持。如果出租人以承租人对租赁物的改善或者增设他物行为违反租赁合同约定提起诉讼，请求承租人恢复原状或者赔偿损失的，因我国法律并未明确禁止对民事责任的合并适用，人民法院应基于恢复原状、赔偿损失与支付违约金的产生基础和各自的功能加以分析。因恢复原状、赔偿损失的功能在于使受损的物回复到受损前的状态，而违约金属于违反约定义务应承担的民事责任，并以有约定为适用前提，并且违约金除了有填补损失的功能，还有惩罚违约行为的功能。因此，双方约定违约金的金额可以适当高于出租人的损失，高出损失的部分体现的就是违约金的惩罚功能，在不重复适用的情况下，对于履行惩罚性功能的部分违约金，人民法院应予支持。

第七百一十六条　承租人经出租人同意，可以将租赁物转租给第三人。承租人转租的，承租人与出租人之间的租赁合同继续有效；第三人造成租赁物损失的，承租人应当赔偿损失。

承租人未经出租人同意转租的，出租人可以解除合同。

【条文主旨】

本条是关于租赁物转租的规定。

【条文理解】

所谓转租，是指承租人在租赁期间将租赁物交付给第三人使用、收益，第三人向承租人支付租金的行为。[①]转租行为中，原租赁合同关系中的承租人为转租人，第三人为次承租人，因转租的客体仍然是租赁物的使用收益权，并非物的所有权，承租人通过出让租赁物的使用收益权获取租金收益，转租具备出让使用收益权及有偿性两个特征。因此，其内在法律特征与租赁关系是一致的。转租是租赁交易市场中常见的交易方式，有利于交易流转，可以有效提高租赁物使用效率，因此不宜绝对禁止。但是，因承租人在租赁期间实际占有租赁物，租赁物的转租可能损害出租人的利益，应对承租人的转租行为加以规制。

本条规定确立了转租的基本规则，对承租人行使转租权的前提条件、租赁合同的效力、擅自转租的法律后果作出规范。根据本条规定，租赁物的转租包括如下几个方面：

---

① 参见吴高盛主编：《〈中华人民共和国合同法〉释义及实用指南》，中国民主法制出版社 2014 年版，第 358 页。

一、承租人转租的，应当征得出租人的同意

（一）比较法上的分析

租赁合同中，针对承租人是否可以对租赁物自由转租的问题，各国（地区）规定不同，主要存在三种立法模式：一是自由主义立法模式。因承租人对转租的租赁物享有合法使用、收益权，转租行为也并非物权行为，转租行为既不会导致出租人的物权变动，也未损害出租人收取租金的权利。因此，除非出租人明示不同意转租，承租人可以自由将租赁物转租给第三人，而无需征求出租方同意。[①] 二是限制主义立法模式。因未经同意的转租行为损害了出租人的权利及出租人与承租人之间的信赖关系，因此未经出租人同意不得擅自转租。德国、日本等许多大陆法系国家采取了此种模式。[②] 三是区别主义立法模式。该模式主张针对不同种类的租赁物分别适用不同规则，对动产租赁适用限制主义，不允许自由转租；对不动产租赁则适用自由主义，允许承租人自由转租。采取该模式的国家或地区主要有意大利、我国台湾地区等，其理由主要是，因动产流动性较强，如果允许自由转租，租赁物容易脱离出租人控制，大大增加出租人的风险；而不动产由于具有不可移动的特性，便于出租人控制风险。[③]

我们认为，首先，在转租的情形下，虽然承租人并不脱离租赁关系，但出租人可能因此丧失对租赁物的控制，也难以了解第三人对租赁物的使用状况。因此，擅自转租可能导致对原出租人利益的损害。尤其是在租金持续上涨的情况下，承租人可能为了获得利益而进行转租，这就使得出租人无法实际控制租赁物。其次，按照租赁合同，承租人只是获得了对租赁物的使用权，但在转租的情形，承租人的获利并非源于对租赁物的使用，而是通过转租这种交易行为而获利，这显

① 参见《法国民法典》第1717条第1款规定。

② 参见《德国民法典》第549条第1款规定。

③ 参见苏号鹏：《转租的法律结构分析——兼评〈合同法〉第224条之不足》，载《浙江社会科学》2007年第2期。

然不符合当事人订立合同的目的，承租人擅自转租的行为应当视为未遵守租赁合同目的的行为。此外，在特定的情形下，承租人的转租行为还可能与出租人的租赁交易形成竞争关系。再次，租赁虽然属于债权关系，但出租人和承租人之间也存在人身信赖关系，出租人往往是经过选择而允许特定的人租赁其物，擅自转租就破坏了此种信赖关系，使得原租赁关系存在的基础受到影响。最后，我国对房屋的租赁采取备案的制度，如果允许随意转租，则将导致国家无法对房屋租赁状况进行管理和监控，将会导致租赁市场的混乱和无序。[①]因此，我国对转租行为采取限制主义立法模式，不允许承租人在未经出租人同意的情况下转租租赁物，并通过赋予出租人解除权的方式保护出租人利益，在保护出租人利益的方式上更接近《日本民法典》的规定。

（二）出租人同意的具体形式

承租人将租赁物转租给第三人的，应当经过出租人的同意。出租人的同意，既可以是事前同意，也可以是事后追认。出租人与承租人可以在订立租赁合同时，通过约定明确承租人享有转租的权利，如果双方的租赁合同对承租人转租已经作出明确约定，应当视为出租人同意转租。如果双方的租赁合同对转租没有作出明确约定，承租人将租赁物转租的，既可以在承租人实施转租行为前取得出租人同意，也可以由承租人在转租后取得出租人的追认。此时，承租人应当将转租的事项通知出租人，由出租人作出是否同意的意思表示。

通常认为，出租人同意的意思表示既可以采取明示的方式，也可以采取默示的方式。出租人明示的同意，是指出租人以口头或书面的形式明确表达同意转租的意见。出租人采取口头方式，以对话形式表示同意的情况下，既可以是由出租人直接向承租人以口头或电话方式直接表示同意，也可以是由居间人或第三人转达同意转租的意思表示。默示的表示行为是指行为人没有作出明确的表示，但是可以根据法律规定进行推知。[②]默示意思表示与沉默亦有不同，单纯的沉默或

① 参见王利明主编：《判解研究》（第65辑），人民法院出版社2014年版，第6~7页。
② 参见陈卫佐：《德国民法总论》，法律出版社2007年版，第157页。

不行动本身并不构成意思表示，只有在有法律规定、当事人约定或者符合当事人之间的交易习惯时，才可以视为意思表示；而在默示的意思表示情形下，表意人仍然作出了一定的表意行为，只不过未以口头或者书面形式明确表达意思表示的内容。[①]例如，承租人在租赁期间告知出租人意图转租，出租人虽未直接回复，但接受了第三人直接给付的租金且没有向承租人提出异议，表明出租人以默示的表示方式同意承租人转租。

二、合法转租的法律后果

（一）原租赁合同继续有效

在转租行为发生前，出租人与承租人发生单一的租赁关系，而在承租人将租赁物转租给第三人后，出现了新的租赁关系，使得基于同一租赁物上出现了两份租赁合同，即租赁合同与转租合同；三方主体，即出租人、承租人、次承租人；三方法律关系，即出租人与承租人、承租人（转租人）与次承租人，以及出租人与次承租人之间的法律关系。租赁合同与转租合同并存时，虽然存在多个主体和多重法律关系，但在合同相对性原则的作用下，原租赁合同关系的效力不受影响。

关于合同相对性的含义，王泽鉴认为："债权人得向债务人请求给付，债务人之给付义务及债权人之权利，乃同一法律上给付关系之两面。此种仅特定债权人得向特定义务人请求给付之法律关系，学说上称之为债权之相对性（relativitaet des forderungsrechts），与物权所具有的得对抗一切不特定人之绝对性（absolutheit）不同。"[②]也就是说，合同在特定的合同当事人之间发生法律拘束力，只有合同当事人一方能基于合同向对方提出请求或提起诉讼，而不能向与其无合同关系的第三人提出合同上的请求，合同当事人也不能擅自为第三人设定

① 参见王利明：《民法总则研究》，中国人民大学出版社2018年版，第521页。

② 王泽鉴：《民法学说与判例研究》（第4册），中国政法大学出版社2005年版，第109页。

合同上的义务，合同债权也主要受合同法的保护。[①]

合同相对性原则包括三个方面内容，一是主体的相对性，指合同关系只能发生在特定的主体之间，一方合同当事人只能够向另一方当事人基于合同提出请求或提起诉讼。二是内容的相对性，指除法律、合同另有规定以外，只有合同当事人才能享有某个合同所约定的权利，并承担该合同约定的义务，合同当事人以外的任何第三人不能主张合同上的权利。三是违约责任的相对性，指违约责任只能在特定的具有合同关系的当事人之间发生，合同关系以外的人不负违约责任，合同当事人也不对其承担违约责任。因此，在租赁合同中，承租人将租赁物进行转租的，出租人和承租人为租赁合同的权利义务主体，双方的法律地位并不因转租行为的加入而发生任何变化，双方租赁合同内容亦不因转租合同的加入而发生任何变化，除非经出租人与承租人协商变更合同内容，转租行为并不增加或减少租赁合同中出租人与承租人的权利义务。例如，租赁合同约定租金一次性支付，转租合同约定按月支付，次承租人迟延履行不影响出租人要求承租人按租赁合同约定给付租金，承租人迟延履行承担的违约责任依据租赁合同确定，不因次承租人的迟延而免除其违约责任。

（二）承租人应对第三人的过错承担损害赔偿责任

在转租情况下，出租人与第三人之间并未建立信赖关系，第三人的选择是基于承租人的信赖，由第三人直接向出租人承担责任不利于出租人的保护。因此，基于合同的相对性，在因第三人的行为造成租赁物损失的情况下，应由承租人向出租人承担违约责任，对第三人原因造成租赁物的损失承担赔偿责任。

关于租赁物的损失，不仅包括租赁物的自身价值贬损还应当包括出租人因此而减少的租金损失。承租人基于租赁合同关系承担违约责任，应赔偿出租人因租赁物毁损而造成的全部损失，不仅包括租赁物的物质损害而导致的价值贬损的损失，还包括出租人因租赁物受损后

---

① 参见王利明：《合同法研究》（第1卷），中国人民大学出版社2015年版，第132页。

进行修缮期间的租金的损失，这部分租金损失包含了出租人基于租赁合同产生的可期待利益。但是如果第三人行为导致租赁物灭失或丧失全部使用收益功能且无法修缮，则租赁合同在事实上无法履行，客观上只能解除租赁合同，承租人应当赔偿租赁物的财产损失以及出租人合同项下的可期待利益，可期待利益就是出租人出租行为带来的实际收益并非租金，需要扣除租赁物因出租因导致价值贬损的成本等。承租人向出租人履行赔偿责任后，可以依照转租合同向第三人主张追偿，由第三人承担相应的违约责任。

三、承租人擅自转租的，出租人可以解除合同

（一）出租人解除合同的正当性分析

承租人未取得出租人同意，将租赁物转租给第三人的，称为擅自转租。在承租人擅自转租的情况下，出租人可以行使合同解除权，解除其与承租人的租赁合同。

通常而言，只有在合同当事人根本违约导致合同目的不能实现的情况下，守约方才可以行使合同解除权。但在某些特定情形下，应当赋予合同一方解除合同的权利。首先，我国《民法典》合同编采纳的是限制主义立法模式，反对承租人未经出租人同意的转租行为，这是法律规定的承租人的法定义务。从租赁合同权利义务看，承租人转租并不免除其支付租金的义务，表面上并未损害出租人收取租金的权利，但实际上擅自转租行为严重破坏出租人信赖利益，出租人基于对承租人的信赖将租赁物置于承租人控制之下，而第三人的加入，使出租人丧失了对租赁物使用收益人的选择权利，将租赁物置于更高的风险中，因此承租人事实上违背了诚信原则以及实质上损害了出租人选任租赁物使用收益对象的基本权利，从权责适当的角度看，赋予出租人解除权是恰当的。其次，在一般违约情况下，违约责任承担方式包括继续履行、采取补救措施、赔偿损失、支付违约金或适用定金罚则，如果出租人不享有解除权，则如何救济出租人，出租人将租赁物出租给承租人或获取租金，收取租金是出租人主要的权利，而转租并

未没有损害其收取租金的权利，同时租赁物损害情况下，承租人也应当承担违约责任。因此针对承租人的擅自转租行为，一般违约下的违约责任并不适合保护出租人的信赖利益。故在承租人擅自转租情况下，出租人享有合同解除权是适宜的。

（二）出租人解除合同的法律后果

根据合同的相对性，出租人行使解除权时，通知承租人即可，而无需通知第三人。第三人并非合同相对方，只要出租人解除合同的意思表示到达承租人即可，何时到达或是否到达第三人均不影响出租人行使解除权的效力。出租人解除合同意思表示到达承租人即发生法律效力，如果承租人不同意解除合同，可以由承租人向法院或仲裁机构起诉要求继续履行租赁合同，而第三人无权针对出租人解除合同向法院或仲裁机构起诉。

但是出租人的解除权并非毫无限制，合同解除权的行使通常受除斥期间的限制。对于擅自转租，出租人在知道或者应当知道承租人转租，但是在6个月内未提出异议的，视为出租人同意转租。此外，出租人的解除权具有法定性，是法律赋予的出租人的权利，如果出租人与承租人在订立租赁合同时，通过协商一致排除了出租人的解除权，应当视为出租人同意转租。

【审判实践中应注意的问题】

出租人行使解除权后，对承租人擅自转租期间收取的租金差价应当如何处理

实践中，承租人进行转租时，经常会与第三人约定高于原租赁合同的租金价格。在征得出租人同意的转租合同中，承租人收取租金具有合法性，该差价自然可以由承租人保留。但在承租人擅自转租的合同中，承租人转租不具有合法性，出租人可以解除合同。然而，在合同解除前，承租人在擅自转租期间，已经收取第三人的租金差价应如

何处理，实务中存在不同意见。一种意见认为，由于承租人取得该差价没有合法理由，该租金差价构成不当得利，应当返还第三人。另一种意见认为，承租人与出租人之间的转租合同有效，承租人收取租金有合同依据，并非不当得利。

我们认为，承租人擅自转租情况下，承租人虽不具有将租赁物进行转租的处分权，但其与第三人订立转租合同的效力应当适用无权处分的处理规则，转租合同的效力并不因此受到影响。因承租人的擅自转租，导致出租人解除合同的，承租人仍应当依照转租合同向第三人承担交付租赁物的义务，否则应当承担违约责任。因擅自转租的合同效力不受影响，承租人作为转租合同中的出租人，承租人收取租金具有合同依据，并不构成不当得利，不应返还给第三人。但是，因承租人擅自转租的行为属于非法处分租赁物，该差价可以作为对出租人损失的补偿，归出租人所有。

第七百一十七条　承租人经出租人同意将租赁物转租给第三人，转租期限超过承租人剩余租赁期限的，超过部分的约定对出租人不具有法律约束力，但是出租人与承租人另有约定的除外。

【条文主旨】

本条是关于超期转租的规定。

【条文理解】

依照本法第716条规定，经出租人同意的情况下，承租人可以将租赁物进行转租，并负有向第三人交付租赁物的义务。由于承租人的转租行为依附于原租赁合同，承租人经出租人同意将租赁物进行转租的，仍应受原租赁合同关于租赁期限的限制。但在实践中，因为种种原因，转租合同约定的租赁期限超出原租赁合同剩余租赁期限的情形并不鲜见。因此，本条规定对承租人超期转租作出规范，并应作出如下理解：

一、超期转租的认定

（一）租赁期限的确定

租赁期限，也称租期，是指租赁合同关系中，当事人权利、义务存续的期限。租赁合同中，租赁期限对出租人和承租人非常重要，在租赁期限内，出租人负有向承租人交付租赁物的义务，享有收取租金的权利，承租人享有合法使用租赁物的权利，负有支付租金的义务。租赁期限届满后，除非法律另有规定，出租人与承租人的租赁合同因到期而终止，双方的租赁合同关系归于消灭。因此，租赁期限是租赁合同主要条款，应当由出租人和承租人作出约定。

因我国法律对于租赁合同约定租赁期限的方式并未作出明确规定，依照意思自治的原则，租赁合同的当事人可以自行约定租赁期限的确定方式。实践中，租赁合同双方用于约定租赁期限的确定方式千差万别，并不统一，以房屋租赁为例，当事人对租期的确定既可以采取使用具体的 × 年 × 月 × 日等时间点的方式，也可以采取年、月、周等期间的方式，甚至可以约定以符合一个确定的条件作为确定租赁期限的方式。

由此，以租赁合同是否能够明确租赁期限为标准，可将租赁合同分为定期租赁合同和不定期租赁合同。所谓定期租赁合同，是指有确定租期的租赁合同，或者在租赁合同中虽未约定明确的租期，但在事后可以达成协议确定租期，以及可以通过合同的相关条款、使用租赁物的目的、交易习惯等确定租期的租赁合同。[①]所谓不定期租赁合同，是指没有约定租期或者对租期约定不明，并且在事后也不能够通过协商确定租期的租赁合同。定期租赁合同和不定期租赁合同的区别并不是绝对的，不定期租赁合同在一定条件下，可以转化为定期租赁合同。但是，在不定期租赁合同中，因租赁合同的期限是不确定的，何时终止取决于当事人一方或双方的意思表示，出租人或承租人均可以随时解除租赁合同，因此在不定期租赁合同中，承租人返还租赁物的时间并不确定。当然，在不定期租赁合同中，无论由谁提出解除合同，均应在解除前提前通知对方并为对方留出合理的期限以准备履行。[②]

（二）转租超期的确定

承租人经过出租人同意的，可以将租赁物转租给第三人。由此，在转租行为下，产生出租人和承租人之间的租赁合同、承租人与第三人之间的租赁合同双重法律关系。实践中，在承租人的转租行为中，

① 参见乔燕主编：《租赁合同》，人民法院出版社2000年版，第20页。

② 参见王利明：《合同法分则研究》（上卷），中国人民大学出版社2012年版，第251页。

应如何确定承租人是否属于超期转租，仍然存在争议。

首先，超期转租不同于擅自转租。擅自转租中，承租人未经出租人的同意，就将租赁物转租给第三人，严重侵犯出租人的合法权益，应当承担相应的责任。而在超期转租情况下，承租人就转租事项已经征得出租人的同意，承租人的转租行为已经得到了出租人的认可，只是转租合同约定的租赁期限超出原租赁合同的租赁期限。因此，在承租人擅自将租赁物进行转租的情况下，并不发生超期转租的问题。

其次，有观点认为，承租人是否将租赁物超期转租给第三人，涉及将转租合同约定的租赁期限与原租赁合同的租赁期限作出比较，因此，只有在原租赁合同与转租合同的租赁期限均已明确具体的情况下，才能以推论确定转租期限是否超过原租赁合同的剩余期限。而对于原租赁合同或者转租合同任何属于正在履行过程中的不定期租赁合同的，由于租赁期限并不确定，缺乏比较时间节点的前提条件，并不涉及超期转租的问题。我们认为，因为在不定期租赁合同中，出租人可能随时提出解除合同，在出租人提出解除合同时，不定期租赁合同构成向定期租赁合同的转化，如果承租人与第三人约定的租赁期限超出了出租人解除合同提供的合理期限的，仍有可能发生超期转租的问题。

二、超期转租的法律后果

（一）超期部分对出租人不具有法律约束力

虽然承租人的转租行为已经征得出租人同意，但根据合同的相对性原则，转租合同关系的主体是承租人与第三人，承租人与第三人之间所约定的租赁期限仅在承租人与第三人之间产生约束力，出租人并非转租合同相对方，转租合同约定的内容不能对出租人产生约束力，出租人不受转租合同约定的限制。对于超出原租赁合同所约定的租赁期限的部分，双方并未达成一致意思表示，承租人在实质上并没有得到出租人同意，仍具有擅自转租的性质，除非出租人与承租人另有约定，否则原租赁合同的期限不受转租合同期限的影响。

另外，因承租人对租赁物享有的权利义务来源于其与出租人的租赁合同，承租人与第三人订立的转租合同关系亦必然依附于原租赁合同关系。当出租人与承租人之间的原租赁合同所约定的租赁期限届满时，除非法律另有规定或者双方另有约定，承租人不具有使用、收益租赁物的合同权利。因此，在原租赁期限届满时，出租人可以享有取回出租物的权利，租赁期限届满时出租人可行使取回权，超期转租的约定对出租人并无约束力。

（二）租赁合同双方可通过约定由出租人对超期转租承担权利义务

基于当事人意思自治原则，在不违反法律的情况下，租赁合同的出租人和承租人可以对变更租赁期限作出约定。具体而言，只要双方达成一致，既可以约定延长租赁期限，也可以约定缩短租赁期限。约定变更之后，应以重新确定的租赁期限为准。同时，双方可以对变更租赁期限的方式作出约定，既可以约定以条件的实现为租赁期限的确定标准，也可以约定以确定的期限到达作为租赁期限的确定标准。再次，双方可以采取不同的方式对租赁期限的变更作出约定，既可以采取事前约定的方式，也可以采取出租人事后追认的方式。

例如，出租人与承租人在租赁合同中明确约定，在租赁合同到期后，可依承租人选择是否延长租赁合同，赋予承租人选择权。或者，在不定期租赁合同中，租赁合同可以直接约定，出租人同意在租赁期限届满后，可以由承租人继续承租至转租期限届满。但是，对于双方已就租赁期限的变更达成合意的事实，应由承租人承担举证责任。承租人不能证明的，如果有其他证据能够证明，租赁期限延长应当是确定的，或者可以通过合同有关条款、合同性质、合同目的或者交易习惯能够确定的，可以认为双方已就租赁期限的变更达成一致。

值得注意的是，租赁合同双方约定变更尤其是延长租赁期限的，应当是明确的租赁期限，不能是含糊不清的，否则出租人与承租人约定不明可能导致租赁合同成为不定期租赁合同，在租赁合同解除前，无法确定转租是否超期，不能解决超期转租对出租人的约束力问题。

因变更后的租赁期限与原租赁合同不可分割，原租赁合同中出租人同意承租人转租的，对于变更后的租赁期限仍然有效。如果双方在新的租赁期限中没有约定是否转租，则可以依据原合同同意转租的意思表示推定出租人同意转租。但是，如果出租人明确表示不同意在新的租赁期限内由承租人转租，对于原合同租赁期限中的转租行为不具有溯及力。

【审判实践中应注意的问题】

一、承租人超期转租时，对于超期部分履行不能的，应当由承租人向第三人承担违约责任

出租人不是超期租赁合同相对方，从合同相对性出发，超期转租合同对出租人没有合同约束力。由此，对于超期部分履行不能的，承租人应如何对第三人承担责任，实践中仍有争议。

基于超期部分的转租合同效力，存在无效说、效力待定说、有效说三种观点。其中，无效说认为，转租行为是承租人对租赁物的一种处置行为，超期转租行为中，超期的部分未得到出租人的同意，属于违法处分，超期部分的转租合同应当无效。[①] 效力待定说，以无效说为基础，但亦认为经出租人追认的情况下，超期部分的转租合同应当认定为有效。我们认为，我国法律虽不认可物权的无因性，但是因转租合同具有不可分性，人为地将转租合同依据租赁期限分为有效和无效的两个部分并不符合法理。同时，因合同无效是国家对当事人自治最为严格的否定，只有在违反了法律、行政法规的强制性规定或公序良俗的情况下才应认定合同无效。在此角度下，承租人与第三人之间的超期约定并不一定是故意违反法律造成的，不一定对公共利益造成影响，因此不属于当然无效的情况，并且，直接认定转租合同超期部分无效，侵害了承租人与第三人合同自治权利。更为重要的是，从利

① 参见《房屋租赁合同司法解释》第15条规定。

益保护角度方面看，承认超期转租合同效力并不一定损害出租人利益，反而认定超期转租合同无效不利于对善意第三人的权利保护。因此，应当认可超期转租部分的合同效力，在超期部分不能履行时，由承租人向第三人承担违约责任。

二、房屋租赁合同中，应如何确定超期转租期间的房屋使用费

房屋租赁合同中，租赁期限届满后，出租人明确表示不再续签租赁合同的情况下，租赁合同双方权利义务即告终止。此时，承租人负有向出租人返还租赁房屋的义务，出租人亦得就租赁物产生原物返还请求权。如因承租人超期转租，导致出租人未能及时收回房屋的，出租人不能按照合同约定收取超期转租期间的租金，但可以收取房屋使用费的形式主张损害赔偿。

在物权人的对物支配权受到侵害时，返还原物请求权是恢复其原有权利状态的基本手段，充分体现了物权的归一力和追及力。因此，出租人主张返还时，既可以向承租人主张，也可以向第三人主张。

如果第三人已经按照转租合同约定向承租人支付了转租合同租金，出租人仍然有权利要求第三人支付使用费，而针对第三人多支付的使用费，如该第三人对承租人超期转租不知情的，则有权向承租人追偿。

关于使用费的具体标准问题。因为租赁合同约定的租金价格不再具有约束力，仅能作为确定使用费的参考，可以判令由承租人或者第三人按照市场价格支付使用费。

第七百一十八条　出租人知道或者应当知道承租人转租，但是在六个月内未提出异议的，视为出租人同意转租。

【条文主旨】

本条是关于出租人同意转租意思表示推定的规定。

【条文理解】

一、本条规定的背景

该条是此次《民法典》编纂过程中新增加的规定，其来源是《房屋租赁合同司法解释》第16条第1款："出租人知道或者应当知道承租人转租，但在六个月内未提出异议，其以承租人未经同意为由请求解除合同或者认定转租合同无效的，人民法院不予支持。"

转租作为经济生活中的一种常见现象，出租人、承租人和次承租人之间法律关系认定和权利义务框定非常重要。《合同法》对租赁合同仅在第224条就转租行为进行了粗略规定，明确了承租人经出租人同意可以转租，以及未经出租人同意的转租行为可以成就出租人合同解除权。即对转租行为采取了类似限制主义的立法模式，在经出租人同意这一限制条件下，承租人可以对租赁物进行转租。但对未经出租人同意的转租合同的法律效力，由于法律未作出明确规定，很长时间内都成为司法实践和法学理论的争议热点。总的来看，对未经出租人同意的转租合同效力，可以区分为有效说、效力待定说和无效说。按照有效说的观点，承租人对外签订的转租合同，无论是否经出租人同意，均应被视为旨在确立债权债务关系的负担行为，即使承租人的转租行为未获得出租人同意，与买卖他人之物的合同类似，转租合同并不因承租人“无权转租”而产生效力障碍。效力待定说认为，承租人在未取得出租人同意的情况下对外转租的行为构成无权处分，按照《合同法》第51条的规定，应当认为转租合同效力待定，如果承租人嗣后取得出租人同意或者取得租赁物所有权，则转租合同因获得合法权源而得以生效。无效说认为，租赁权并非物权或准物权，因此转租合同的效力并不涉及“无权处分”的问题，租赁合同因涉及出租人对承租人的选择，且允许承租人自由转租，还可能对租赁物及出租人租金权益造成损害，因而应当通过否定承租人未经出租人同意的转租合同效力予以限制。

由于租赁合同和转租合同是确定各方权利义务的基本依据，合同效力即成为司法实践中厘清当事人请求权基础的前提。由2009年颁布实施的《房屋租赁合同司法解释》第16条第1款可见，对未经出租人同意的转租合同效力，司法解释采纳了无效说的观点。由于经济生活中，大量转租合同因没有取得明确的出租人同意证明而面临被认定无效的巨大风险，如何认定“出租人同意转租”自然就会成为案件审理的争议焦点和难点。为此，司法解释同时明确了出租人同意可被推定，即出租人知道或者应当知道承租人转租，但在6个月内未提出异议的情形，可被推定为“出租人同意承租人转租”，从而使转租合同获得合法效力，并且否定出租人以承租人未经其同意转租而主张解除租赁合同的权利。司法解释确定的该条裁判规则，旨在平衡出租人、承租人和次承租人利益，维护交易安全和交易秩序。在《民法典》合同编的起草过程中，该条司法解释规则被调整吸纳到租赁合同的规定之中。

二、出租人同意与转租合同的效力

《民法典》的本条规定与司法解释上述条款相比，除了按照立法规范调整了规范表达方式之外，最重要的区别在于，《民法典》的规定并未涉及转租合同的法律效力，而仅就出租人同意转租的意思表示推定规则进行了规定。由此产生的问题是：出租人未明确同意承租人转租，根据本条规定亦不能推定出租人同意转租的情况下，承租人与次承租人签订的转租合同是否有效？

从《民法典》租赁合同的其他规定看，仅在第716条第2款规定了“承租人未经出租人同意转租的，出租人可以解除合同”，对转租合同的法律效力，依旧没有给出直接而明确的规定。对于未取得出租人同意的转租合同的法律效力的认定，需遵从《民法典》确立的合同效力认定标准以及生效司法解释的规定予以认定。从《民法典》删除《合同法》第51条规定，并在第597条规定了未取得出卖物处分权的买卖合同并非无效合同的情况下，我们认为，无论承租人是否取得出租人同意，其对外签订的转租合同均不应因出租人未同意而成为转租合同的效力障碍。而从司法解释的适用看，《房屋租赁合同司法解释》明确的制定依据《民法通则》《物权法》《合同法》，在《民法典》实施后均被废止，因而司法解释亦应被重新修订颁布。前述司法解释中关于未经出租人同意的转租合同效力的规定，不能当然继续作为否认转租合同效力的法律依据。

三、出租人同意的意思表示推定

意思表示包含内心意思和对外表示两个方面，根据表示方式的不同，可以将意思表示的对外表达分为明示和默示两种方式。前者通常以口头或者书面方式表达，而后者则主要通过特定行为来推知行为人内心意思。

《民法通则意见》第66条规定：“一方当事人向对方当事人提出民事权利的要求，对方未用语言或者文字明确表示意见，但其行为表明已接受的，可以认定为默示。不作为的默示只有在法律有规定或者当事人双方有约定的情况下，才可以视为意思表示。”《合同法》第10条第1款以及《合同法司法解释（二）》第2条的规定，亦表明当事人的民事行为可以被推定为双方有订立合同的意愿，并据此成立合同。但应当注意的是，当事人的“默示”与“沉默”并不能完全等同。当事人单纯不作为，原则上并不能认为其具有某种意思表示。根据《民法典》第140条的规定，“行为人可以明示或者默示作出意思表示。沉默只有在有法律规定、当事人约定或者符合当事人之间的交易习惯时，才可以视为意思表示。”本条可以认为是对出租人在知道或者应当知道承租人转租情况下的“沉默”，明确规定了应被视为出租人同意的意思表示。根据该规定，出租人知道或者应当知道承租人转租，但是在6个月内未提出异议的行为，被视为出租人同意转租，即“出租人同意转租”是通过出租人未就转租事实提出异议的行为而被视为具有同意转租的意思表示。

四、6个月异议期的性质

从异议期的规定目的看，主要是为了在维护交易秩序安全稳定和保护出租人权益之间寻求平衡，从现实交易情况特别是《房屋租赁合同司法解释》自2009年颁布实施以来的司法实践情况看，6个月的异议期是较为合适的。

关于6个月异议期的性质。《民法典》第716条第2款规定了承租人未经出租人同意转租情形下出租人的合同权，而根据本条的规定，一旦6个月异议期经过，出租人未就承租人转租行为提出异议，就会被推定为同意转租，从而丧失根据上述法律规定条款获得的合同解除权，因此应当认为本条规定的6个月的异议期属于除斥期间，不能适用《民法典》总则编第9章中关于诉讼时效中止、中断以及延长等规定。

【审判实践中应注意的问题】

一、出租人知道或者应当知道承租人转租的认定

对于出租人是否知道转租事实，本条法律规定采取了通常的主客观相结合的判断标准，即出租人确实知道，或者按照通常认知标准出

租人应当知道转租事实的存在。在审判实践中，对出租人是否知道或者应当知道的事实，往往会产生争议，在事实认定时，应当注意准确分配当事人的举证责任。结合案件当事人的主张，通常承租人或者次承租人主张出租人虽然没有明示同意转租，但因其知道或者应当知道转租事实且未在法律规定的异议期内提出异议，从而应当认定出租人同意转租时，应当就该“出租人知道或者应当知道”的事实主张承担举证证明责任，提供相应证据证明出租人通过收取租金、张贴通知、物业管理等方式，实际了解转租事实。需要注意的是，出租人了解次承租人实际使用租赁物的事实，与了解次承租人自承租人处转租的事实之间仍存在一定差异，当然，这一差异在商业租赁合同的履行中，可能通过商业常识得到相当程度的弥合，在民事租赁合同中，则存在更大的不确定性，应当予以注意。明确由哪一方当事人承担出租人知道或者应当知道转租事实的举证证明责任，在审判实践中的重要意义在于，当双方当事人的举证使法官对出租人是否知道这一事实的认定产生困难，即待证事实陷于真伪不明时，应当由哪一方当事人承担举证不能的不利后果。

二、出租人提出异议的认定

本条对出租人异议的具体方式未作出明确规定。从经济生活的实际情况看，出租人可能以口头或者书面的方式提出异议，亦可能以直接向法院或者仲裁机构起诉、申请仲裁等争议解决方式提出异议。我们认为，在法律未明确限定的情况下，以上异议方式均可产生相应的法律效果。同前述问题一样，在审判实践中，同样是一个事实认定问题。出租人主张已经就不同意转租提出过异议的，应当就该事实承担相应的举证证明责任，并在不能确证该等事实的情况下，承担相应的不利后果，即被认定为未就此等转租行为提出过异议。

三、出租人同意作为意思表示的推定

在理解和适用该条规定时，应当坚持对“视为出租人同意”系意思表示推定的立法原意。至于该推定能否被推翻，理解上可能存在不同认识。我们认为，无论认为该推定是否属于可以被推翻的推定，在审判实践中，认定出租人“应当知道”和“提出异议”将是至关重要的。简言之，即使该推定理论上可以被推翻，但出租人不能举证证明其沉默行为存在其他意思表示的可能时，推翻这一意思表示推定的现实可能性也很渺茫。而对主张出租人应当知道转租事实的当事人来说，不能举证证明这一事实，亦面临不能推定出租人同意的较大风险。

作为对出租人沉默行为所表达意思表示的推定规则，本条在理解和适用时可能还会面临是否适用意思表示错误规范的问题。不过，由于出租人无论是否同意，都不产生缔结或解除合同的法律效果，结合本法第716条的规定，该同意与否的认定，通常仅在承租人是否构成违约的认定上，成为承租人或次承租人可以援引的防御性规范。而从本条规范性质的角度进一步讨论，则应当认为，该条规定属于补充性规范，即在当事人之间不存在特约的情况下适用，而如果当事人之间就此事项存在特约，还应坚持尊重当事人特约优先原则。比如出租人与承租人明确约定排除出租人沉默行为被推定为同意转租的意思表示，而约定出租人同意必须通过书面形式表达时，不宜轻易否定该约定对当事人的拘束力。

第七百一十九条 承租人拖欠租金的，次承租人可以代承租人支付其欠付的租金和违约金，但是转租合同对出租人不具有法律约束力的除外。

次承租人代为支付的租金和违约金，可以充抵次承租人应当向承租人支付的租金；超出其应付的租金数额的，可以向承租人追偿。

【条文主旨】

本条是关于次承租人代偿请求权及追偿权的规定。

【条文理解】

一、本条规定的背景

该条是此次《民法典》编纂过程中新增加的一条法律规定，其来源是《房屋租赁合同司法解释》第17条，“因承租人拖欠租金，出租人请求解除合同时，次承租人请求代承租人支付欠付的租金和违约金以抗辩出租人合同解除权的，人民法院应予支持。但转租合同无效的除外。次承租人代为支付的租金和违约金超出其应付的租金数额，可以折抵租金或者向承租人追偿”。

在承租人将租赁物转租的情况下，次承租人作为实际占有使用租赁物的当事人，与出租人之间并不存在直接的合同关系，当承租人未按租赁合同约定按时足额向出租人支付租金时，根据《民法典》第722条的规定，出租人可以在经催告无果的情况下解除租赁合同，而一旦租赁合同被解除，次承租人即面临无法继续使用租赁物的风险，除非其与出租人另行达成新的租赁合同。在出租人、承租人和次承租人三方关系中，次承租人作为租赁物的实际占有使用人，受限于租赁合同和转租合同的独立性和相对性，难以直接对抗出租人，在法律关系上处于相对弱势的地位。

《房屋租赁合同司法解释》第17条明确了次承租人享有代偿请求权，即次承租人可以代承租人向出租人支付欠付租金及违约金，从而抗辩出租人因承租人欠付租金而提出的解除合同的诉讼请求。该条规定第二款同时明确，次承租人代为支付的租金和违约金可以用来折抵其应向承租人支付的租金，并对超出其应付租金范畴的代偿款项，对承租人享有追偿权。在民法典合同编的起草过程中，该条司法解释规则被调整吸纳到租赁合同的规定之中。

二、不同类型转租的法律关系

日常经济生活中的"转租"，从法律关系的角度看可以具体区分为两种不同类型：一是租赁物的转租，二是租赁权的转让。前者是承租人与次承租人签订转租合同，在租赁物上为次承租人再行设定新的租赁权；后者则是承租人与新的承租人签订转租合同，将与出租人之间租赁合同项下的租赁权转让给新的承租人，从而退出原有租赁合同关系。后一类"转租"实际上是租赁合同项下承租人权利义务的概括性转移，应当适用《民法典》合同编第6章"合同的变更和转让"的相关规则确定各方权利义务。在租赁权有效转让的情况下，出租人和新的承租人之间成立租赁合同关系，该合同关系与其他租赁合同关系并无二致，并非本条规定射程。而前一类"转租"情形下，出租人和承租人、承租人和次承租人之间分别成立两组独立的租赁合同关系，三方当事人均处在租赁物占有使用及租金支付的权利义务关系之中，具有适用三方关系法律规则的特殊性和必要性。由于本条规定采取"次承租人可以代承租人支付其欠付的租金和违约金"的措辞，亦应当认为，本条规定仅适用于上述租赁物转租情形。

三、转租情形下的三方权利义务

在前文所述本条规定所涉转租情形下，出租人、承租人和次承租人之间的权利义务关系设定，各国及地区法律规定和理解有所不同。日本民法支持出租人对次承租人直接主张租金，次承租人可以因向出租人支付租金免除对承租人的租金支付义务，但不得以租金先付对抗出租人。[①]而依《瑞士债务法》，出租人仅就次承租人未按合同约定使用租赁物所负义务，与承租人成立连带债权，可以直接向次承租人主张权利，而就租金支付，出租人不得直接向次承租人请求。德国民法解释论亦采同一立场观点。法国民法亦不认可出租人对次承租人享有直接的租金请求权，但可以通过代位权行使直诉次承租人。我国台湾地区“民法”的解释论观点认为，出租人对次承租人不具有租金支付请求权，但在承租人不支付租金使得出租人得终止租赁合同时，次承租人作为租赁物的使用人，可谓与该债务清偿“有利害关系”，因而次承租人可以依据我国台湾地区“民法”第311条第2项“第三人之清偿，债务人有异议时，债权人得拒绝其清偿。但第三人就债之履行有利害关系者，债权人不得拒绝”之规定，主张代位清偿之权利。[②]从本条法律规定的立法背景看，作为其规定来源的司法解释亦采纳出租人对次承租人不享有直接的租金支付请求权的观点，唯为保护次承租人实际居住使用租赁物——房屋涉及基本生存权利益，特明确次承租人可以请求代为支付欠付租金及违约金以对抗出租人因承租人欠付租金而成就的合同解除权，从而使次承租人免于丧失对租赁物继续占有、使用的合法权源。

四、次承租人的代偿请求权

对本条法律规定的“次承租人可以代承租人支付其欠付的租金和

① 参见［日］我妻荣：《民法讲义债权各论中》（卷一），徐进、李又又译，中国法制出版社2008年版，第227页。

② 参见史尚宽：《债法各论》，中国政法大学出版社2000年版，第185~186页。

违约金”的理解，首先需要明确该规定的规范定位。结合上述司法解释规定背景可以看出，本条第1款的适用场景应为出租人因承租人欠付租金构成违约而主张行使合同解除权的情形下，此时次承租人虽非租赁合同当事人，但作为实际占有使用租赁物的一方，可以第三人的身份参与到诉讼之中，提出代承租人支付欠付款项的主张，从而对抗出租人的合同解除权行使。因而应当认为本款规定从性质上属于抗辩规范群。

由于次承租人并非租赁合同当事人，替代承租人向出租人支付租赁合同项下款项，系代为履行承租人合同义务。《民法典》第523条规定了当事人约定前提下的第三人履行，本条规定可以理解为法律规定的第三人向债权人履行债务，并可以产生债务人清偿债务之法律效果。在租赁合同项下，出租人的主要权利是收取租金，支付租金作为金钱债务履行，由债务人之外的第三人履行，通常并不会对债权人造成损失。如果租赁合同因承租人拒绝履行租金支付义务而被解除，将使转租合同无法继续履行，直接对次承租人占有使用租赁物的利益产生影响，因而赋予次承租人租金代偿权具有合理性，可以实现稳定交易关系，保护无过错次承租人权益的立法价值，亦符合民法典第三人履行的基本原则。

五、转租合同对出租人不具有法律约束力的理解

按照《房屋租赁合同司法解释》第17条的规定，次承租人的租金代偿请求权行使存在例外情形，即“转租合同无效的除外”。民法典本条对次承租人代偿请求权亦规定了例外情形，即“转租合同对出租人不具有法律约束力的除外”。我们认为，虽然本条规定将原司法解释规定的“转租合同无效”的表述，调整为“转租合同对出租人不具有法律约束力”，但其规定指向并未发生根本变化，仍应理解为主要指转租合同违法无效的情形。这是因为，严格来说，无论转租合同是否合法有效，通常都不会对出租人直接产生法律约束力，除非如前所述，本条规定的“转租”指向或者包含租赁权转让的情形。但在租

赁权转让的情形下，次承租人取代承租人直接进入与出租人的租赁合同关系中，其对出租人负有租金支付义务，出租人对其享有租金支付请求权自不待言，无从谈及“代承租人支付其欠付的租金和违约金”，因而我们认为，本条规定应考虑租赁物的转租情形。而在租赁物转租的情况下，转租合同无论效力如何，由于出租人并非转租合同的当事人（否则该合同即并非典型意义的“转租合同”），转租合同自然无论如何都不能对出租人直接产生法律约束力。

对于转租合同违法无效情形下，否定次承租人代偿请求权的原因，主要是此时次承租人并不享有基于合法有效转租合同的应受保护之利益，比如对法律政策明令禁止转租的政策性、保障性房屋的转租合同，应根据《民法典》第153条之规定认定无效，次承租人自始不能取得对该转租合同项下房屋合法占有、使用权，因而亦无必要进一步赋予其租金代偿权以对抗出租人的合同解除权。

六、次承租人对承租人的追偿权

次承租人向出租人支付承租人欠付的租金及违约金，系代为履行承租人债务，次承租人并非租赁合同项下的债务人，应认为其可基于本条法律规定和代偿事实，获得对承租人的追偿权。而在转租合同项下，次承租人负有向承租人支付租金的合同债务，根据《民法典》第568条的规定，上述债权债务应可抵销。在次承租人实际代为支付的租金及违约金数额，超出其应向承租人支付租金数额的情况下，次承租人享有追偿权的债权数额超出其应付租金的债务数额，所余债权次承租人自然仍应享有向承租人追偿的权利。

【审判实践中应注意的问题】

一、出租人可否依据本条规定直接向次承租人主张租金及违约金

如前所述，作为本条法律规定来源的司法解释制定初衷，是为了调和次承租人与出租人、承租人之间的权利义务平衡，尽量维护租赁关系稳定。从司法解释的理解适用来看，亦将其定位为次承租人的代偿请求权。[①]而对出租人而言，是否可以援引本条规范，直接向次承租人请求支付承租人拖欠的租金及违约金。我们认为，由于出租人和次承租人之间不存在直接的合同关系，在转租合同有效的情况下，出租人直接向次承租人要求支付租金的请求权基础通常并不具备。唯承租人怠于履行对次承租人的债权请求权，符合法律规定的代位权行使条件时，出租人可据此获得向次承租人主张权利的法律依据。在转租合同无效的情况下，次承租人占有使用租赁物的权利基础并不具备，出租人可以根据《民法典》第235条之规定请求次承租人返还租赁物，并在符合法律规定的情况下，主张不当得利返还或侵权损失赔偿。

二、次承租人行使代偿请求权的方式

按照《房屋租赁合同司法解释》第16条第2款的规定："因租赁合同产生的纠纷案件，人民法院可以通知次承租人作为第三人参加诉讼。"由于次承租人并非租赁合同当事人，出租人因承租人欠付租金主张解除合同而提起的诉讼，可能不会将次承租人列为当事人。此时，为查明案件事实并保证次承租人代偿请求权的行使，人民法院可以通知次承租人作为第三人参加诉讼。

---

① 参见最高人民法院民事审判第一庭编著:《最高人民法院关于审理城镇房屋租赁合同纠纷案件司法解释的理解与适用》，人民法院出版社2009年版，第221页。

三、次承租人追偿权的行使

由于租赁合同和转租合同约定的租金计算和支付方式、时间、标准的不同，以及承租人、次承租人实际履行情况的不同，决定了次承租人对承租人的应付租金数额、期限和承租人对出租人应付租金的数额、期限可能并不相同。次承租人向出租人代偿时，系以承租人应付租金及欠付租金违约金的标准计算，次承租人因此取得对承租人的追偿权，而次承租人应付租金的数额可能大于或小于追偿权数额，履行期也可能早于或晚于追偿权形成时间。对于追偿权形成时，次承租人租金支付履行期尚未届至的情形，应当认为次承租人可以直接向承租人主张全额追偿。而如果此时租金支付履行期已经届至，则次承租人可以通知承租人主张折抵应付租金。在次承租人应付租金数额小于其实际代偿数额的情况下，就差额部分，次承租人可以直接向承租人主张清偿，或者通过争议解决方式解决。而就次承租人应付租金超出实际代偿数额的部分，次承租人仍应依约履行，否则可能面临对承租人欠付租金的违约风险。

第七百二十条 在租赁期限内因占有、使用租赁物获得的收益，归承租人所有，但是当事人另有约定的除外。

【条文主旨】

本条是关于承租人对租赁物占有、收益权利的规定。

【条文理解】

一、本条规定的背景

该条规定来源于《合同法》第225条的规定，在编入《民法典》时对规定内容未作调整。

学理上对租赁可以进一步细分为使用租赁、收益租赁和使用收益租赁三种。使用是依照物的使用方法，不改变其性质、不毁损其形体而对之加以利用。收益是指收取物的天然孳息和法定孳息。[①] 生活中最为常见的租赁是使用收益租赁，因此立法也将此类租赁作为制定相应规则的基本模板。

本条规定中的收益应当理解为承租人因占有、使用租赁物而获得的利益，主要包括因占有租赁物而产生的收益和因使用租赁物而产生的收益。承租人通过合法转租收取的超出其应向出租人交付的租金之外的租金差额即属此类收益。承租人使用经营租赁物租用获得的收益，比如使用租赁设备生产的产品、驾驶租赁汽车从事货物运输获得的收益等，虽然其中包含了租赁物使用收益之外的其他价值，但此类

① 参见林诚二：《民法债编各论》（上），中国人民大学出版社2007年版，第229~230页。

收益作为承租人所有财产的合法性中，应理解为包含了租赁物的占有使用收益。

按照本条的规定，除当事人在租赁合同中另有约定之外，租赁期间承租人占有、使用租赁物获得的收益归承租人所有。这一规定内容系由租赁合同性质决定的。租赁合同是出租人将租赁物交付承租人占有、使用、收益，承租人支付租金作为对价的合同。承租人对租赁物的占有、使用以支付租金作为对价，就租赁物的占有、使用而获得的收益，承租人应当享有相应的财产权利。

在经济生活中，租赁物占有使用收益的归属问题，在涉及矿山等能够产出出产物的租赁合同中较为重要。按照《德国民法典》第956条第1款第1项的规定，如果租赁物的占有已移转于承租人，则应当认为承租人在物的出产物或者其他组成部分与租赁物分离时，取得其所有权，在其他情况下，则在实施占有时取得所有权。

二、本条规范性质

按照本条规定，租赁合同期限内占有、使用租赁物获得的收益归承租人所有，具有“除外”条款，即“当事人另有约定的除外”。这一“但书”内容表明，本条规定系补充性规定，而非强制性规定。换言之，出租人和承租人之间完全可以自由约定租赁期间占有、使用租赁物而获得的收益的归属，法律对此不作强制性要求。仅在出租人与承租人未就租赁合同期限内占有、使用租赁物获得收益的归属未作约定的情况下，适用本条规定认定该等收益应归承租人所有。

需要注意的是，当事人另行约定的权利义务内容，可能会影响合同性质的认定。比如双方签订租赁合同，约定出租人将机器设备和厂房出租给承租人使用，并向承租人提供生产原料，承租人利用租赁设备生产的产品归出租人所有，出租人对外售出产品后，按照一定标准向承租人返还提成，并与承租人应当支付的租金进行抵扣结算。在该合同中，双方虽然约定合同为“租赁合同”，但其权利义务安排却与租赁合同中承租人支付租金获得租赁物占有使用收益权的安排不尽相同，当承租人并不需要真正支付租金，且能从出租人处收取提成时，双方之间的法律关系可能更接近承包合同的安排，而当出租人能否获得租金以及租金数额与承租人的生产行为和出租人的销售行为紧密联系在一起，双方能否从经营中获利以及获利多少均不确定时，双方的法律关系则更接近合伙等合作经营合同。

三、当事人另行约定收益归属的效力

基于合同相对性理论，当事人在合同中作出的权利义务约定原则上仅对合同当事人具有法律约束力。当出租人与承租人约定，承租人因占有、使用租赁物获得收益并不归属或者不完全归属于承租人时，在涉及第三人权益时，还应准确理解该约定的效力边界。比如承租人在经出租人同意的情况下转租租赁物，获得超额租金收入，按照本条规定，在出租人与承租人之间不存在特别约定的情况下，应归属于承租人所有。如果承租人与出租人约定，出租人同意承租人转租的前提是出租人有权获得一定比例超额租金时，应当认为该约定在出租人与承租人之间具有法律约束力，承租人应当将收取的超额租金按比例支付给出租人。同时，该约定应当认为只为出租人设定了向承租人要求支付部分超额租金的请求权基础，而不能据此认为出租人可以直接向次承租人请求支付超额租金部分。当该收益并非货币形式，而是以动产或不动产形式出现时，在确定财产权利归属特别是与第三人发生关系时，还应考虑物权编的相应规定，准确理解适用。

承租人占有、使用租赁物的收益归属问题，从另一角度看还涉及第三人侵害该权益时的权利行使问题。当第三人侵害承租人该项财产权利时，根据《民法典》第1165条第1款的规定："行为人因过错侵害他人民事权益造成损害的，应当承担侵权责任。"此时需明确，出租人抑或承租人是否可以主张该侵权责任，以及其主张权利的具体依据是什么。比如出租人与承租人约定，承租人租赁出租人的车辆运送快递，除每月支付一笔固定租金外，出租人还有权获得承租人收取运费的10%。在一次运送过程中，该车辆被盗，三天后被承租人寻回，车辆完好无损。承租人认为其可以向盗取车辆的人主张三天的运费损失，因为他已经承接了这些天的订单，因无法完成运输，不仅不能获得运费收入，还需向交运人支付违约金。而此时出租人能否依据与承租人之间“有权获得承租人收取运费的10%”的约定，直接向盗取车辆的人主张损失赔偿。我们认为，在上例中，虽然出租人与承租人约定承租人使用租赁物收益的一部分归属于出租人，但承租人获取该收益的方式，是通过对外签订并履行运输合同获取运费，该合同独立于租赁合同。当发生第三人侵权，造成承租人无法完成运输合同订单并产生包括运费收入损失等实际损失的情况下，如果认为承租人作为受权利侵害的人可以向第三人主张损失赔偿，[①] 则亦应将请求权主体限定为承租人，出租人并非运输合同的当事人，难以就该合同签订履行损失对第三人直接主张权利，其与承租人之间的约定，仅能在该运费收益实际产生的前提下，在二者之间具有法律效力。当然，如果盗窃车辆的人对车辆本身造成毁损，出租人基于所有权人之身份可以径行向其主张侵害财产的损失赔偿，此侵权责任不同于彼侵权责任。

【审判实践中应注意的问题】

合同约定的租赁期之外的占有使用收益的归属如何认定

按照本条规定，在出租人与承租人之间不存在特别约定的情况下，租赁期间因占有、使用租赁物获得的收益，归承租人所有。而当租赁合同约定的租赁期间届满后，如果承租人继续占有使用租赁物，该部分收益的归属又应如何认定？

根据《民法典》第734条第1款的规定：“租赁期限届满，承租

① 该问题还涉及纯粹经济损失赔偿。

人继续使用租赁物，出租人没有提出异议的，原租赁合同继续有效，但是租赁期限为不定期。”如果租赁合同约定的租赁期届满后，对承租人继续占有使用租赁物的行为，出租人并未提出异议的，应当认为原租赁合同继续有效，但该租赁合同期限转为不定期，按照《民法典》第730条的规定：“当事人可以随时解除合同，但是应当在合理期限之前通知对方。”[①]在任何一方未通知解除租赁合同的情况下，承租人应当继续按照合同约定支付租金，而相应地，租赁期内的占有使用收益也应继续归于承租人。如果出租人和承租人之间对此收益归属存在特约，亦应继续遵从该约定确定收益归属。如果租赁期间届满后，出租人已经明确拒绝续租，要求承租人返还租赁物的，按照上述法律规定，则不应认为原租赁合同继续有效，超出租赁期外的租赁物收益，则不应再被认定为归属于承租人，或者应继续按照租赁合同约定的收益分配方案确定归属。出租人作为租赁物的所有权人或者享有相应占有、使用、收益及出租处分权利的人，享有超出租赁合同约定期限之外的租赁物收益权。不仅如此，承租人拒绝返还租赁物，还可能面临违约责任承担风险。需要明确的是，当这部分责任以租赁物“占用费”的形式由承租人承担时，是否可以相应认为，承租人因支付了“占用费”而可以获得相应占用期间的租赁物收益呢？我们认为，难以得出这样的结论。当租赁合同到期终止时，无论基于《民法典》第733条的规定，还是租赁合同通常约定，承租人均应向出租人返还租赁物。如果承租人拒不归还，出租人向承租人主张权利的基础，自然包括上述法律规定或合同约定。此外，租赁合同到期终止后，承租人继续占有使用租赁物已经丧失了合同基础，根据《民法典》第235条的规定：“无权占有不动产或者动产的，权利人可以请求返还原物。”出租人亦可以据此向承租人要求返还租赁物，并对承租人继续占有、使用租赁物给出租人造成的损

① 按照《民法典》第707条和第730条的规定，还存在未以书面形式签订的租赁合同无法确定租赁期限，以及当事人对租赁期限没有约定或者约定不明确，根据第510条规定仍不能确定租赁期限，从而应当认定为不定期租赁合同的情形。

失，主张侵权损失赔偿。承租人此时支付的"占用费"，即为比照合同约定的租金标准或者市场行情确定的出租人财产损失赔偿。承租人并不能基于该侵权损失赔偿获得超出合同约定租赁期间继续占有、使用租赁物的权利基础，自然亦不能因此取得该期间产生的租赁物收益。

第七百二十一条 **承租人应当按照约定的期限支付租金。对支付租金的期限没有约定或者约定不明确，依据本法第五百一十条的规定仍不能确定，租赁期限不满一年的，应当在租赁期限届满时支付；租赁期限一年以上的，应当在每届满一年时支付，剩余期限不满一年的，应当在租赁期限届满时支付。**

【条文主旨】

本条是关于承租人租金支付期限的规定。

【条文理解】

一、本条规定的背景

该条规定来源于《合同法》第226条的规定，在编入民法典时对规定内容未作调整。

租金支付义务是承租人在租赁合同项下的主要合同义务。从比较法的视角看，“租金”并非仅限于金钱形式。《日本民法典》规定，租金不限于金钱，特别是农地租赁中，支付收获物及其他作物的非常多。[①] 我国台湾地区“民法”第421条第2项规定：“前项租金，得以金钱或租赁物之孳息充之”，亦明确租金并不限于金钱。我国《合同法》对租金的具体形式未作出明确规定，在理解上应当认为，没有理由禁止当事人之间约定以金钱之外的其他物作为租金。《民法典》在租赁合同一章中涉及租金的条文，基本延续了《合同法》的规定内

① 参见［日］我妻荣：《民法讲义债权各论中（卷一）》，徐进、李又又译，中国法制出版社2008年版，第187页。

容，并未明确规定租金的支付形式。但《民法典》对违约责任的规定中，在第579条规定了“当事人一方未支付价款、报酬、租金、利息，或者不履行其他金钱债务的，对方可以请求其支付”。该规定来源于《合同法》第109条，“当事人一方未支付价款或者报酬的，对方可以要求其支付价款或者报酬”，学理上通常将此条规定定义为“金钱债务继续履行”之规定。《民法典》第579条更是明确将租金列举为金钱债务的一种，表明从立法者角度看，似乎并未将非金钱形式的租金作为法律规定的租金支付形式予以考虑。当然，无论租金系以金钱形式支付抑或以租赁物出产物等形式支付，通常均属于种类物之债，因而并无陷于《民法典》第580条非金钱之债不能继续履行之虞。债务履行须有明确的履行期限，租金之债自然也不例外。无论何种形式支付的租金，在当事人未约定支付期限或者对租金支付期限约定不明时，应当按照本条规定确定租金债务的履行期限，并据此认定承租人是否陷于迟延履行，进而可以对出租人主张行使因承租人迟延支付租金而成就之合同解除权之请求正当与否作出准确判断。

二、本条规范性质

本条规定第一句“承租人应当按照约定的期限支付租金”，实际上是《民法典》第509条第1款“当事人应当按照约定全面履行自己的义务”的具体化规定。按照约定期限足额支付租金，是租赁合同项下承租人的主要义务，承租人自然应当依约履行，否则即可能陷于债务迟延履行之违约。

本条第二句承接第一句，主要规定如何确定“约定的期限”问题。在当事人明确约定了支付租金期限的情况下，该履行期限的确定通常不存在困难。但实践中，租赁合同存在未约定支付租金期限以及虽然进行了约定但约定不明的情形。对于此类情形，第二句前半句作转引型规定，强调应首先按照《民法典》第510条的规定确定租金支付期限。根据该条规定，“合同生效后，当事人就质量、价款或者报酬、履行地点等内容没有约定或者约定不明确的，可以协议补充；不能达成补充协议的，按照合同相关条款或者交易习惯确定。”即当事人可以选择签订补充协议的方式用以明确支付租金期限，在双方不能达成补充协议的情况下，应诉诸合同解释，通过合同相关条款准确解读当事人意思表示。在通过合同解释亦不能明确的情况下，则应根据交易习惯予以确定。在上述方式仍不能确定租金支付期限时，则应按照本条第二句后半句规定确定租金支付期限，具体而言分为三个层次：一是租赁期限不满一年的，承租人应当在租赁期限届满时支付；二是租赁期限一年以上的，承租人应当在每届满一年时支付；三是租赁期限一年以上，承租人按照每届满一年支付一次租金方式支付后，剩余期限不满一年的，则应当在租赁期限届满时支付。本条规定的上述逻辑层次表明，在规范性质上其应归属于任意性、补充性规范，仅在当事人没有明确约定或者约定不明确的情况下，作为法定支付期限予以适用，当事人完全可以在租赁合同中对租金支付期限作出与本条规定不同之约定。

三、依据《民法典》第510条规定确定租金支付期限

按照本条规定，在当事人未约定租金支付期限或者约定不明的情况下，首先应诉诸《民法典》第510条规定以确定租金支付期限。而根据该条规定，确定租金支付期限的方法应遵循以下认定方法：

（一）审查是否存在补充协议

《民法典》第510条的前半句明确了，“合同生效后，当事人就质量、价款或者报酬、履行地点等内容没有约定或者约定不明确的，可以协议补充”。因此，司法实践中首先应当审查当事人在租赁合同之外，是否达成了涉及租金支付期限的补充协议。而根据本法第469条第1款和第707条的规定，租赁合同签订形式并非仅限于书面形式，因而作为租赁合同补充协议，亦并非须以书面形式签订，唯于诉讼中，对未以书面形式订立的补充协议，主张协议存在的一方应负举证证明责任。

（二）依合同解释方法确定

《民法典》第510条规定的后半句明确，“不能达成补充协议的，按照合同相关条款或者交易习惯确定”，即可以通过合同解释方法分析确定当事人之真实意思，从而确定租金支付期限。合同解释方法，通常认为包括文义解释、目的解释、体系解释等。所谓文义解释是指按照合同条文的语言表达方式对合同进行解释。合同是由文字或语句表现出来的意思表示一致的行为，可以通过对语句或文字进行惯常的逻辑意义分析，解释合同中的内容。目的解释是针对当事人签订合同的目的对合同进行解释，侧重于考察合同订立时当事人的主观状态，探究合同签订时当事人的目的取向。体系解释是将合同的各个部分看作是一个逻辑协调的整体，通过对其中各个部分作用的分析及相互逻辑关系，判断合同条款中包含的当事人真实意思表示。比如通过承租人违约责任条款，可以推知，何种情况下承租人未支付租金构成违约，进而反推出承租人依约支付租金的期限。

（三）依交易习惯确定

《民法典》第510条后半句还规定，不能达成补充协议的，按照交易习惯确定相应合同内容。交易习惯是指在交易行为地或者某一领域、某一行业内通常采用的并为交易对方订立合同时知道或者应当知道的做法，亦可以指合同当事人之间经常使用的习惯做法。

比如日本民法认为，后付租金为一般习惯，动产、建筑物、宅基地通常在每月末支付租金，其他土地通常为每年末支付，具有收获季节时，则在该季节后立即支付，较为符合日本的习惯。[①] 作为有长期合作关系的出租人和承租人之间，如果曾经的租赁合同均约定每月月底支付当月应付租金，则可以认为该租金支付方式和期限构成双方之间租赁交易习惯，在后续没有明确约定租金支付期限的租赁合同履行时，仍应推定双方同意按照之前的交易习惯履行，除非该交易习惯被双方明确予以排除。

---

① 参见［日］我妻荣：《民法讲义债权各论中》（卷一），徐进、李又又译，中国法制出版社2008年版，第234页。

【审判实践中应注意的问题】

一、承租人未按约支付租金的诉讼时效期间如何起算

承租人应当支付租金的期限与承租人欠付租金的诉讼时效期间计算密切相关。对租赁合同，当事人可自行约定租金一次性支付或者分期支付。一次性支付租金的，出租人对承租人欠付租金诉讼时效起算点不存在疑问，而对当事人约定分期支付或者根据本条规定确定承租人应当分期支付租金的情形，出租人主张欠付租金之债的诉讼时效期间则应如何计算，则可能产生不同认识。根据《民法典》第189条的规定："当事人约定同一债务分期履行的，诉讼时效期间自最后一期履行期限届满之日起计算。"即如果将同一租赁合同项下的租金支付之债，整体视为"同一债务"，则应从最后一期租金的支付期限届满之日起开始计算全部欠付租金的诉讼时效期间。而如果认为每一期租金均成立一个独立的债权请求权，则应当认为每一期租金请求权的诉讼时效期间均应分别计算，即每期租金请求权诉讼时效应自该租金支付期限届满之时开始计算。

分期履行之债可以具体区分为两类，一类是定期给付之债，主要是指继续性合同履行过程中随着合同履行而持续定期发生的债务，如租金、工资、水电费等。由于定期给付之债是在合同履行过程中不断产生的，具有双务性，因此每一期债务具有独立性，即每一期债权债务对应相应的给付和对待给付。而另一类是分期给付之债，即某一债务发生后，当事人约定分期分批予以履行，其特点是债务在法律行为发生时即合同成立生效时便已确定，而并非在合同履行过程中不断产生，此类债务虽然也表现为分期履行，但每一期债务履行并不能对应债权人相应的对待给付，因而债务具有同一性和整体性，彼此之间并不能独立成立债权请求权。

由此可见，分期支付的租金，不属于《民法典》第189条规定的"当事人约定同一债务分期履行的"分期给付之债，而应认为属于定

期给付之债，即每一期租金支付均可成立独立请求权，因而不应认为出租人对承租人应当分期支付的租金，在整个租赁合同约定的最后一期租金支付期限届满之日方才起算，而应认为每一期租金均应自其支付期限届满时即开始起算诉讼时效期间。

二、租金支付的推定

我国台湾地区“民法”有定期给付之债的推定清偿规则，其“民法”第325条第1款即规定：“关于利息或其他定期给付，如债权人给与受领一期给付之证书，未为他期之保留者，推定其以前各期之给付已为清偿。”学者认为，该规定于租金这一定期给付之债同样适用。[①]《民法典》对定期给付之债的清偿未明确规定可适用推定。在承租人欠付两期以上租金的情况下，其仅清偿其中部分租金，且债权人予以受领的，应当如何解读当事人的真实意思，在司法实践中，需诉诸证据规则予以解决。

① 参见史尚宽：《债法各论》，中国政法大学出版社2000年版，第199页。

第七百二十二条 **承租人无正当理由未支付或者迟延支付租金的，出租人可以请求承租人在合理期限内支付；承租人逾期不支付的，出租人可以解除合同。**

【条文主旨】

本条是关于承租人欠付租金情形下出租人行使合同解除权的规定。

【条文理解】

一、本条规定的背景

该条规定来源于《合同法》第227条的规定，在编入《民法典》时对规定内容基本未做修改，仅就个别文字和标点进行了调整。《合同法》第227条规定："承租人无正当理由未支付或者迟延支付租金的，出租人可以要求承租人在合理期限内支付。承租人逾期不支付的，出租人可以解除合同。"《民法典》本条将出租人可以"要求"承租人在合理期限内支付，修改为"请求"，并将承租人逾期不支付之前的句号修改为分号。前者是对法律用语的规范化，后者则从逻辑上进一步明确了出租人催告承租人支付租金与出租人解除租赁合同之间的关系。总体而言，《民法典》的修改并未改变《合同法》该条规定的规范原意，仅从文字表达上使之更为精准规范。

租金支付义务是承租人在租赁合同项下的主要合同义务，相应地，收取租金亦是出租人在租赁合同项下的主要权利。特别是作为商事租赁合同，出租人出租租赁物以收取租金，是其商业经营的主要收入来源。作为合同主权利义务，租金的迟延支付必然对双方当事人均产生相应法律效果。根据《民法典》第579条的规定，“当事人一方未支付价款、报酬、租金、利息，或者不履行其他金钱债务的，对方可以请求其支付”，承租人无正当理由未支付或者迟延支付租金构成违约，出租人可以请求承租人支付。而根据《民法典》第563条第1款第3项的规定，当事人一方迟延履行主要债务，经催告后在合理期限内仍未履行的，当事人可以解除合同。即承租人迟延支付租金的违约行为亦可在一定条件下成就出租人的合同解除权。

二、本条规范性质

本条系对出租人合同解除权行使条件和行使方式的具体规定。在理解本条规定时，首先应厘清其与民法典合同编通则相关规定的关系。

（一）与《民法典》第577条、第579条的关系

《民法典》第577条规定：“当事人一方不履行合同义务或者履行合同义务不符合约定的，应当承担继续履行、采取补救措施或者赔偿损失等违约责任。”承租人无正当理由未支付或者迟延支付租金，属于“不履行合同义务或者履行合同义务不符合约定”的情形，构成违约，根据该条规定，承租人应当承担继续履行的违约责任。而《民法典》第579条更是直接明确了租金作为金钱债务，相较于第580条规定的非金钱债务的继续履行责任，原则上均可以适用继续履行违约责任形式，而并不存在除外情形。本条规定作为《民法典》合同编中租赁合同违约责任及合同权利义务终止的特殊规定，前半句规定实际上是重复并强调了承租人租金支付违约情形下的继续履行责任。但与上述合同编通则规定的继续履行违约责任不同的是，作为承租人，按照约定的时间、方式和数额等支付租金，属于承租人的合同义务，当其未按约履行时，出租人要求承租人依约支付租金，应当认为是对合同约定义务的履行，抑或是要求承租人承担逾期履行违约责任，学理上可能存在不同观点。如果出租人要求承租人“依约支付租金”，则不

应就该支付义务之履行，苛求出租人给予承租人额外履行宽限期之法定义务。因此，从这一角度看，不能将本条规定的前半句单独割裂开来，作为出租人请求承租人支付租金这一继续履行违约责任的请求权主要规范。在出租人未主张行使合同解除权，而仅要求承租人支付欠付租金的情况下，不能适用本条规定，认为出租人须给予承租人超出合同约定或者依《民法典》第721条规定确定的租金支付期限之外的“合理期限”。

（二）与第563条的关系

《民法典》第563条系《民法典》合同编通则部分对合同法定解除权的规定。根据该条第1款第3项之规定，“当事人一方迟延履行主要债务，经催告后在合理期限内仍未履行”的，当事人可以解除合同。本条规定在承租人无正当理由未支付或者迟延支付租金的情况下，虽然租金支付义务系承租人在租赁合同项下的主要义务，但出租人并不可直接主张解除合同，而是仍需给予承租人一定合理期限履行支付义务，仅在承租人逾期仍不支付的情况下，出租人方可解除合同。因此，《民法典》第722条规定应视为对合同编通则中因迟延履行债务经债权人催告后仍未履行之合同法定解除权规定的具体化，亦应视为租赁合同法定解除权的特别规定。在出租人以承租人欠付租金为由主张解除合同时，《民法典》第722条规定作为特别规定，遵“特别优于一般”之法律适用原则，应当作为出租人解除权行使的主要规范依据。

三、出租人请求承租人在合理期限内支付

在承租人欠付租金的情况下，出租人行使合同解除权，须先给予承租人一定的履行宽限期。对比《民法典》第563条第1款第3项之规定，《民法典》第722条规定没有明确出租人在此情形下的催告义务。但我们认为，《民法典》第722条前半句规定的“出租人可以请求承租人在合理期限内支付”，应理解为出租人通过向承租人请求支付并给予履行宽限期的方式来实现第563条第1款第3项规定之“催

告”。因此，本条中的“可以”不应理解为出租人亦可以选择不经向承租人发出催告通知，即可径行行使合同解除权。从出租人因承租人欠付租金而主张解除合同的角度看，将该“可以请求”理解为“须首先请求”更为妥帖。

本条规定的“合理期限”应为多长，在司法实践中应当具体结合租赁合同内容予以确定，主要应当考虑租赁期间和租金支付期限两方面的因素。简言之，对于租赁期间较长的租赁合同，其租赁状态的稳定性追求相对更高，宜给予承租人相对较长的宽限期；对租金支付频次较高的租赁合同，应认为出租人对租金现金流的追求较为突出，宜给予承租人相对较短的宽限期。至于欠付租金数额是否应当纳入履行宽限期长短的考量范畴，有观点认为租金数额较大的，应当给予承租人相对更长的宽限期。我们认为，因为租金数额、支付期限、支付方式等，在各方订立租赁合同时即已确定，从理性交易人的角度出发，应当认为当事人约定的租金支付期限、频次及方式等，已经考虑了租金数额之因素，而出租人依据本条规定向承租人主张支付租金的前提，是承租人未按照合同约定支付或者迟延支付租金，已经陷于违约，此时再给予承租人一定的履行宽限期，似不宜将租金数额大小单独作为影响宽限期长短的考量因素。

四、承租人逾期仍不支付时出租人可以解除合同

在出租人按照本条规定前半句催告承租人履行租金支付义务，而承租人逾期仍未支付时，出租人可以根据本条规定行使合同解除权。对本条规定后半句的理解和适用，我们认为应主要注意以下几点：

（一）承租人逾期不支付

本条仅在后半句规定了“承租人逾期不支付的，出租人可以解除合同”，但并未明确承租人“不支付”的具体内容，即承租人虽然支付了部分欠付租金，但仍有部分租金欠付的情形，是否属于本条规定的“逾期不支付”。我们认为，如前所述，本条规定系对《民法典》第563条第1款第3项规定的合同法定解除权的特别规定，因而

对该条规定的理解与适用存疑时，还应通过合同编通则的一般规定予以解释。本法第563条规定，“当事人一方迟延履行主要债务，经催告后在合理期限内仍未履行”作为合同解除权行使的构成要件，应认为债务人不仅需陷于履行迟延，而且经催告并赋予其合理履行宽限期后仍未履行，亦应具备未履行的债务系合同“主要债务”之要件。因此，一方面，在出租人催告前，承租人未履行之租金支付义务，应属于本法规定的“主要债务”。债务是否“主要”，存在“质”与“量”两方面的考量。从“质”的角度看，是指该债务内容和性质是否属于当事人合同项下所负主要债务，从合同义务通常不被认为属于“主要债务”。承租人的租金支付之债，显然应当认为属于租赁合同中承租人的“主要债务”。从“量”的角度看，主要应当考虑租金欠付数额及比例。由于租赁合同属于典型的继续性合同，长期租赁合同分期支付的租金，从债务性质上应当认为属于定期给付之债，即随着合同履行而持续定期发生的债务，每一期债权债务对应相应的给付与对待给付。因而承租人虽然仅欠付一期租金，且该期租金可能对整个租赁合同约定的租赁期间而言所占比例并不高，但仍可能构成“迟延履行主要债务”。如果承租人欠付的租金仅是当期应付租金的一小部分，则对其是否构成“迟延履行主要债务”的认定需十分谨慎。另一方面，在出租人催告承租人支付之后，如果承租人仅支付了欠付租金的一部分，仍存在部分欠付租金的，是否可以认为符合本条规定的合同解除权行使条件，可能存在不同观点。对于欠付租金数额比例与合同解除权之间的关联关系，我国台湾地区“民法”及相关规定对特定租赁物的租赁合同解除进行了限制性规定，比如房屋迟延支付的租金总额需达到两期租金额；基地和耕地租用则须欠付租金达两年以上，出租人方可主张终止租赁契约。[①] 我们认为，按照比例原则，在出租人催告后承租人支付了部分欠付租金，但仍存在部分欠付租金的情形，亦应考虑欠付数额和欠付比例，而不宜一概认为经催告后承租人仍未完全

① 参见史尚宽:《债法分论》，中国政法大学出版社2000年版，第200页。

履行的情形，均可成就出租人的合同解除权。

（二）出租人行使解除权的方式

由于租赁合同一章并未就承租人行使法定合同解除权的具体方式予以规定，在出租人根据本条规定主张解除合同时，应当按照《民法典》合同编通则部分的规定行使权利。根据本法第565条第1款的规定："当事人一方依法主张解除合同的，应当通知对方。合同自通知到达对方时解除；通知载明债务人在一定期限内不履行债务则合同自动解除，债务人在该期限内未履行债务的，合同自通知载明的期限届满时解除。对方对解除合同有异议的，任何一方当事人均可以请求人民法院或者仲裁机构确认解除行为的效力。"出租人应当向承租人送达解除合同的通知。由于合同解除权的权利性质为形成权，故该通知到达承租人人时应认为租赁合同即告解除。而结合本条前半句及第565条的规定，出租人亦可将该解除通知与催告履行通知合二为一，即在请求承租人在合理期限内支付欠付租金的通知中，载明在合理期限内承租人如果仍不履行租金支付义务，则租赁合同自动解除，并可在承租人未能在该期限内履行租金支付义务的情况下，取得合同自通知载明的期限届满时解除之法律效果。根据《民法典》第565条第2款的规定，出租人还可直接以提起诉讼或者申请仲裁的方式依法主张解除合同，此种情形下，人民法院或者仲裁机构确认出租人解除合同主张的，合同自起诉状副本或者仲裁申请书副本送达对方时解除。

【审判实践中应注意的问题】

一、出租人与承租人就欠付租金情形下的合同解除另有约定的应从其约定

本条系租赁合同法定解除权规定，而根据《民法典》第562条第2款的规定："当事人可以约定一方解除合同的事由。解除合同的事由发生时，解除权人可以解除合同。"因此，在租赁合同就承租人欠付

租金情形下，出租人合同解除权另有约定时，则本条规定的解除权行使条件不再适用。比如双方约定承租人一旦欠付租金则出租人可不为催告径行解除合同的，该约定应认定为合法有效，此时不应认为出租人直接主张解除合同时解除权尚未成就。

二、承租人于履行宽限期内明确拒绝支付租金的，出租人无需等待宽限期届满

虽然本条规定“承租人逾期不支付的，出租人可以解除合同”，但并不意味着出租人必须等待履行宽限期届满方可行使合同解除权。如果在此宽限期届满前，承租人已经明确拒绝支付租金，根据本法第563条第1款第2项“在履行期限届满前，当事人一方明确表示或者以自己的行为表明不履行主要债务”，当事人可以解除合同的规定，应当认为出租人于承租人明确拒绝之时即已取得合同解除权，而无需再等待该宽限期届满。

第七百二十三条 因第三人主张权利，致使承租人不能对租赁物使用、收益的，承租人可以请求减少租金或者不支付租金。

第三人主张权利的，承租人应当及时通知出租人。

【条文主旨】

本条是关于出租人权利瑕疵担保责任的规定。

【条文理解】

一、出租人权利瑕疵担保责任概述

权利瑕疵担保责任也称追夺担保责任，指第三人基于所有权、用益物权、抵押权，将交付的标的物从买受人手中追夺出时，出卖人对买受人应负的担保责任，买受人享有担保诉权。[①] 权利瑕疵担保责任与物的瑕疵担保责任共同构成瑕疵担保责任的完整内容，广泛适用于各类双务有偿合同之中。由于买卖合同是双务有偿合同最为典型的形式，各国普遍将瑕疵担保责任规则置于买卖合同中进行规定，对于其他合同的瑕疵担保责任的制度规定，通常准用买卖合同的规则。

租赁合同亦属于双务有偿合同，同样适用瑕疵担保责任规则。在租赁合同关系中，承租人与出租人订立租赁合同的目的是对租赁物使用、收益，如果第三人对租赁物主张权利，承租人订立租赁合同的目的就难以实现。因此，出租人有义务保证租赁物在租赁期间不被第三人追索，从而使承租人安全、有效地使用租赁物。所谓出租人的权利

① 参见崔建远：《新合同法原理与案例评释》，吉林大学出版社 1999 年版，第 939 页。

瑕疵担保，是指出租人担保承租人按照合同约定对租赁物使用、收益的权利，不因任何第三人对租赁物主张权利而受影响。所谓出租人的权利瑕疵担保责任，是指第三人对租赁物主张权利时，出租人所应承担的责任。通常，第三人主张权利将妨害承租人使用收益权的行使，故出租人负有担保承租人取得完整使用收益权的义务，当出租人无法将租赁物使用收益权完整地授予承租人时，即生“权利瑕疵”的问题，此时出租人应负权利瑕疵担保责任。相应地，出租人违反上述义务时，承租人可以根据权利瑕疵担保责任的规定行使权利。

与其他双务有偿合同一致，出租人的瑕疵担保责任也适用严格责任原则。在订立租赁合同时，承租人通常认为自己所给付的租金与出租人所提供的租赁物，至少具有价值相当的等价关系，租赁合同才能订立。如果出租人交付的租赁物存在瑕疵，则双方之间的给付即失去对价均衡，出租人应承担瑕疵担保责任，以回复到双方当事人对价均衡的状态。故为保护承租人的权益，允许承租人请求出租人排除瑕疵或减少租金，以回复租赁标的物与租金间的等价关系。

租赁合同的标的物存在权利瑕疵，是出租人权利瑕疵担保责任成立的基础。所谓租赁标的物的权利瑕疵，指第三人对租赁标的物有合法的权利主张，一旦出现第三人主张权利，即意味着标的物可能存在影响合同利益正常实现的情况，需及早处理以避免损失的扩大。如果承租人因第三人主张权利而受有损失，即可依据出租人权利瑕疵担保责任主张权利。权利瑕疵包括权利无缺之瑕疵和权利存在之瑕疵两类。权利无缺瑕疵是指权利本身存在但有所欠缺的情形。一般可以包括以下两种类型：其一，权利不属于出租人，而全部或者部分属于第三人的情形。例如，出租人将其无权处分的标的物租赁给承租人，权利人就标的物主张权利时，承租人对标的物的使用收益可能受到影响，由此产生出租人应当对承租人承担瑕疵担保责任。再如，未经其他共有人全体同意出租共有物的情形亦属此类。其二，出租人对租赁标的物的权利受到第三人权利限制，即租赁标的物之上负担着第三人的合法权利的情形。例如，出租人与第三人就房屋设定抵押后，又将房屋租赁给承租人，第三人作为抵押权人主张实现抵押权时，则会对承租人对租赁房屋使用收益产生影响，由此产生出租人的权利瑕疵担保责任。权利存在之瑕疵涉及权利本体是否存在问题，发生于标的物为权利的场合，标的物为有体物时不涉及权利存在之瑕疵问题。就租赁合同而言，标的物多为有体物，债权、知识产权等权利一般不会成为租赁合同的客体，故一般不涉及权利存在之瑕疵问题。但作为租赁标的物的动产为涉及专利权的产品，而该产品侵害他人专利权时，则也可能产生权利瑕疵担保责任。

在以买卖合同等非继续性合同中，权利瑕疵应当发生在标的物交付之前。租赁合同为继续性合同，在租赁合同存续过程中，出租人负有保证其所提供的租赁物能够被承租人根据合同约定使用收益的义务。在租赁合同存续期间的任一个时点，因第三人就租赁物主张权利，影响承租人对于租赁物的使用收益，都可能构成权利瑕疵。一般认为，只要交付前租赁标的物已经存在权利瑕疵，第三人在租赁期间主张权利，导致承租人在租赁期间不能对租赁物实现正常使用收益时，出租人应承担瑕疵担保责任。租赁合同中的权利瑕疵的判断时点与买卖合同存在较明显差别，有必要根据继续性合同的特点进行适当地调整。我国台湾地区通说认为，权利瑕疵于合同成立时已存在者，出租人应负担保之责；权利瑕疵发生在合同成立后、租赁物交付前者，出租人亦应负担保责任。[①] 至于权利瑕疵系在租赁物交付后始发生者，通说认为，因承租人受承租人优先购买权和买卖不破租赁条款的保护，其用益之权利不致受影响，故出租人不负权利瑕疵担保之责。基于此，租赁合同出租人权利瑕疵保责任产生的时间不限于合同成立前，租赁物权利瑕疵只要在交付前即已存在，出租人即负有担保之责，发生权利瑕疵之法律效果。换言之，瑕疵无需局限于租赁合同成立时已经存在。

---

① 参见黄茂荣：《债法各论》（第 1 册），中国政法大学出版社 2004 年版，第 43 页。黄立主编：《民法债编各论》（上册），我国台湾地区元照出版社 2002 年版，第 327 页。

二、出租人权利瑕疵担保责任的构成

出租人权利瑕疵担保责任的构成，一般应满足如下要件：

（一）须有第三人主张权利

第三人主张权利是出租人权利瑕疵担保责任的前提。如果第三人没有就租赁标的物主张权利，即使租赁物上存在第三人权利，也不会产生瑕疵担保责任问题。

第三人主张权利的基础，法律并未作特别的规定或限制。第三人可以基于所有权，也可以基于他物权或者债权就租赁标的物主张权利。例如，房屋所有人将房屋出租给承租人，承租人未经出租人同意擅自转租的，房屋所有人可以基于所有权主张转租合同无效、解除租赁合同以及返还房屋。又如，房屋所有人将设立抵押的房屋出租，抵押权人主张实现抵押权时，其请求权基础为担保物权，相对于租赁合同当事人而言，抵押权人即属主张权利的第三人。再如，租赁合同中约定承租人可以对租赁标的物转租收益，但承租人与次承租人的租赁合同中并无类似约定。在次承租人擅自转租情况下，承租人亦可基于其租赁权就租赁标的物主张权利。

（二）须承租人因第三人主张权利而不能对租赁物使用、收益

在租赁合同关系中，即使租赁物在交付与承租人时即存在瑕疵，但第三人并未就租赁物主张权利，或者虽主张权利但未影响租赁合同的履行，未对承租人就租赁物的使用收益产生影响，则权利瑕疵担保责任也就失去基础。反之，出租人关于租赁物上的权利瑕疵，只要不对承租人的使用收益造成不利影响，出租人即不需要承担瑕疵担保责任。故权利固有瑕疵且未除去，唯该瑕疵之存在并不致妨碍承租人之使用收益者，仍无权利瑕疵担保可言。[1] 例如，出租人将设立抵押的房屋出租与承租人，在房屋租赁期间，抵押权人未行使抵押权，即无第三人主张权利的情形发生，则承租人对房屋使用收益的权利未受到

---

① 参见黄立主编:《民法债编各论》(上册)，我国台湾地区元照出版社2002年版，第328页。

影响。即使租赁合同终止前租赁物上的抵押一直没有消灭，也不因为这种权利上的瑕疵而当然发生出租人权利瑕疵担保责任。只有抵押权在租赁合同期间被抵押权人行使，主张通过处分抵押物来实现抵押权时，才可能会影响承租人对租赁物的使用收益，而只有这种实现抵押权的行为影响到承租人对租赁物的使用收益时，才产生出租人瑕疵担保责任问题。

"不能对租赁物使用收益"与"第三人主张权利"之间具有因果关系，是这一要件成立的重要支点。"第三人主张权利"是因，"不能对租赁物使用收益"为果。即"不能对租赁物使用收益"是因"第三人主张权利"所导致的。以前述房屋在出租之前设立抵押权情形为例，在租赁合同期限届满前，抵押权人作为第三人虽主张实现抵押权，但与作为出租人的债务人协商就抵押物折价抵偿部分债权而取得租赁物所有权，且同意继续承继原租赁合同的，承租人对租赁物的使用收益未受到影响，虽有"第三人主张权利"发生，但未发生"不能对租赁物使用收益"的结果，自然不产生出租人权利瑕疵担保责任。反之，"不能对租赁物使用收益"是由于自然灾害等不可抗力原因，或者因第三人侵权行为所致，由于不存在"第三人主张权利"的法定原因，亦无出租人瑕疵担保责任适用的余地。

（三）须承租人为善意

所谓承租人为善意，是指承租人在租赁合同订立时，对租赁标的物上存在的权利瑕疵不知情。所谓"知"，系指明知之情况，过失不在此限，且限于"契约成立时"知之者。[①] 承租人在合同签订时不知道标的物存在权利瑕疵，即可推定承租人主观为善意，如承租人嗣后才知道瑕疵存在的，除隐藏瑕疵无法发生在租赁合同成立时即可知悉外，出租人仍须负权利瑕疵担保责任。通常情况下，租赁合同双方对租赁标的物的现实状况有充分了解，如果承租人明知租赁物存在权利瑕疵仍然承租的，视为承租人已放弃主张权利瑕疵担保责任的权利，

① 参见林诚二：《民法债编各论》（上册），中国人民大学出版社2007年版，第84页。

这种情况下，可以免除出租人权利瑕疵担保责任。

承租人主观上善意，意味着其主观上不存在过失。即承租人对于其不知租赁物上权利瑕疵的事实无可归咎之处。对于善意的判断，以一般注意义务为基准，可以根据普通人通常的社会经验、知识和技能，结合租赁物的性质，租赁合同订立过程以及出租人的行为等因素，综合审查判断承租人是否尽到合理及必要的审慎。如果承租人尽到一般注意义务，仍然无法获知租赁物上的权利瑕疵的，则可以推定承租人有善意。当然，如果承租人为相关领域的专业人士，则注意义务的标准可以相应提高。

判断承租人是否为善意的时点，在合同订立时。承租人在合同订立不知租赁物上存在权利瑕疵，在合同订立后获知的，仍然不影响对其主观善意的认定。

三、出租人权利瑕疵担保的责任方式

根据本条规定，因第三人主张权利，致使承租人不能对租赁物使用、收益的，承租人可以请求减少租金或者不支付租金。这意味着出租人权利瑕疵担保责任的方式为出租人减少收取租金或者不收取租金，即承租人取得减少或者不支付租金的权利。在租赁物因第三人主张权利而导致承租人不能使用收益或者不能完全使用收益时，减少支付租金、不支付租金，是承租人减少损失的基本方式，也是平衡双方当事人利益的必要措施。如果承租人已经预先支付了租金，则根据本条规定，可以主张退还自其不能对租赁物使用收益之日起的全部或者部分租金。

对于出租人权利瑕疵担保责任，本条虽然只规定了承租人取得减少租金的权利，但并不意味着排斥其他合同责任方式。如果承租人因第三人主张权利而遭受其他损失，可以依照合同法上的其他规定主张损害赔偿；如果承租人合同目的无法实现，亦可以主张解除租赁合同。

四、承租人的通知义务

本条第2款规定了承租人的通知义务。即在发生第三人就租赁物主张权利，妨害承租人对租赁物的使用收益时，承租人应当及时通知出租人，以使出租人及时做好准备，进行必要的防御以及寻求相应的救济。承租人的通知义务，有利于尽快排除对租赁物使用、收益的影响，维护租赁合同双方当事人的利益。

承租人的通知义务，在性质上属于不真正义务。承租人未履行通知义务的，不发生对出租人的损害赔偿责任，出租人也不能要求此种义务的强制履行。但违反此种义务，承租人会产生利益减损或者权利丧失的风险，可能因为未履行及时通知义务而发生丧失请求出租人承担权利瑕疵担保责任的后果。

【审判实践中应注意的问题】

第一，第三人主张权利与承租人不能对租赁物使用收益之间具有因果关系，是承租人瑕疵担保责任成立的重要标准。对于第三人虽主张权利但对于承租人使用收益租赁物未产生现实影响，或者承租人无法使用收益租赁物系基于不可抗力、他人侵权行为所致的情形，均不产生出租人权利瑕疵担保责任问题。

第二，减少或者不支付租金，是出租人权利瑕疵担保责任发生时承租人的基本救济方式，也是出租人的基本责任方式。这种责任方式并不排斥损害赔偿、解除合同等其他合同责任方式。承租人可以同时主张解除租赁合同、减少或者不支付租赁物不能使用收益期间的租金以及赔偿相应损失。

第七百二十四条 有下列情形之一，非因承租人原因致使租赁物无法使用的，承租人可以解除合同：

（一）租赁物被司法机关或者行政机关依法查封、扣押；

（二）租赁物权属有争议；

（三）租赁物具有违反法律、行政法规关于使用条件的强制性规定情形。

【条文主旨】

本条是关于非因承租人原因致使租赁物无法使用时承租人解除权的规定。

【条文理解】

非因承租人原因致使承租人无法对租赁物使用、收益，既可能是由于租赁物存在瑕疵，也可能基于出租人的行为。根据本条所列举的情形，有关租赁物瑕疵致使不能对租赁物使用、收益的，既包括租赁物存在权利瑕疵而引发第三人行使权利的场合，如租赁物权属争议一般在第三人向出租人就租赁物权属主张权利时产生；也包括租赁物存在物的瑕疵的情形，如租赁物违反法律、行政法规关于使用条件的强制性规定的情形。除租赁物本身存在权利瑕疵的情形之外，因出租人的违法、侵权行为也可能导致租赁物被限制使用的情形，如出租人涉嫌犯罪可能引发侦查机关对租赁物的查封，出租人违反市场监管行为可能引发行政机关对租赁物的查封。本条列举的三种情形，可能存在交叉的情况，如租赁房屋违反《建筑法》《消防法》等法律关于房屋使用条件的强制性规定，可能导致房屋被有权机关查封，而第三人通过诉讼主张权利时，人民法院亦会根据其申请对租赁物进行查封。

依本条规定，承租人享有解除权，须符合如下条件：

一、存在本条规定的三种情形之一

（一）租赁物被司法机关或者行政机关依法查封、扣押

查封和扣押均是司法机关或行政机关强制封存当事人的财产，限制其处分的一种执行措施。我国台湾地区的相关法律规定："已查封之不动产，执行法院允许债务人于必要范围内管理或使用"；对于动产虽未设特别规定，但根据台湾地区相关部门的解释，认定在不违背查封之目的的范围内，可以管理使用。我国《民事诉讼法》对司法机关的查封并无类似明文规定，但在民事执行实践中普遍认可上述做法。执行实务中，有俗称的"死封"和"活封"之分。"死封"是指被执行人在财产被查封后不仅其处分权受到限制，而且丧失了使用、管理权，只有妥善保管的义务。而"活封"则相反，被执行人在财产被查封后，仍享有对该财产的使用、管理和收益权。在不减损查封标的物价值、不对将来可能发生的强制执行行为造成妨害的情况下，人民法院通常采取"活封"的做法，允许查封标的物的所有人、管理人、使用人继续占有、使用。特别是在2020年1月发布的《最高人民法院关于在执行工作中进一步强化善意文明执行理念的意见》，提出"灵活采取查封措施。对能'活封'的财产，尽量不进行'死封'，使查封财产能够物尽其用，避免社会资源浪费。查封被执行企业厂房、机器设备等生产资料的，被执行人继续使用对该财产价值无重大影响的，可以允许其使用"，进一步明确了人民法院查封行为应遵循的善意、文明的理念，明确了查封行为的实施方式。民事审判、执行实践中，对于查封时未出租的房屋，由于房屋所有人行使出租权通常会影响强制执行程序中被查封房屋的拍卖、成交等，为了保证执行的效果，被执行人未经人民法院准许不得擅自出租。但是对于查封前已经出租的房屋，在"活封"情况下，承租人的租赁权不受影响，有权对租赁房屋继续使用、收益，而且根据"买卖不破租赁"原则，即使

被查封的房屋被拍卖，亦不影响承租人的租赁权。

行政机关对于财产的保全措施，有“先行登记保存”“查封”和“扣押”等形式。“先行登记保存”是行政机关收集证据的一种方式，是指行政机关执法人员在执行公务进行监督检查时，在证据可能灭失或以后难以取得的情况下，对相关物品和其他相关资料予以清点并登记造册的一种证据保全措施，可以原地保存，也可以异地保存。“查封”是针对有证据证明可能危害人体健康的物品采取的强制措施，或是指行政机关对行政相对人的财产贴上封条就地封存，查封期间限制财产权的使用，被查封人不得处分其财产。“扣押”是行政机关将行政相对人的有关财产置于自己的控制之下，限制行政相对人对其财产的继续占有和处分的一种强制措施。在涉及行政机关的查封问题时，要注意区分“先行登记保存”“查封”和“扣押”三种不同情况。本项规定的行政机关的查封，应当严格遵循其概念的本来内容，不宜作扩大解释和适用。

（二）租赁物权属有争议

租赁物权属有争议，实质上属于租赁物存在权利瑕疵的情形。租赁物权属存在争议，多因租赁物所有权争议而产生。租赁物所有权发生争议，涉及出租人将他人所有之物出租，关系到租赁合同的有效性问题，很有可能对承租人的使用、收益产生不利影响，妨害租赁合同目的实现。因此，租赁物权属争议属于承租人享有解除权的法定事由。国有土地使用权等用益物权，在涉及租赁关系时与所有权相类似，发生权属争议时，亦属于本项规定情形。

（三）租赁物具有违反法律、行政法规关于使用条件强制性规定情形

对于一些法律、行政法规关于使用条件有强制性要求的租赁物，由于不符合或者违反法律、行政法规的规定使用，可能面临行政处罚乃至追究刑事责任的后果，因此，亦属于承租人有解除权的情形。如，根据《消防法》第15条的规定，“公众聚集场所在投入使用、营业前，建设单位或者使用单位应当向场所所在地的县级以上地方人民政府消防救援机构申请消防安全检查……未经消防安全检查或者经检

查不符合消防安全要求的，不得投入使用、营业”。出租人如将未经消防安全检查或者检查不符合消防安全要求的房屋出租给他人经营，则承租人在满足其他要件后即有合同解除权。

二、须非因承租人原因致使租赁物无法使用

在租赁物存在前述三种情形时，承租人取得合同解除权，还须满足两个方面的要求，即租赁物无法使用，以及租赁物无法使用并不是其自身原因所致。承租人订立租赁合同的目的在于对租赁物的使用、收益，如果不能实现使用、收益，则其订立合同的目的不能实现，合同对承租人而言失去存在的必要。如果不能对租赁物使用、收益是由于出租人原因所致，赋予承租人合同解除权既合乎逻辑，也有其必要性与合理性。非因承租人原因致使租赁物无法使用、收益，既包括因出租人的行为致使解除合同的事由发生的情形，如他人行使权利追夺于租赁物，即出租人承担权利瑕疵担保责任的情形，或者出租人实施违法行为致使租赁物被查封或者禁止使用的情形；也包括在前述事由发生后，因出租人未及时采取措施，而导致租赁物无法使用的情形，如租赁物被行政机关查封后，出租人未及时接受处罚进行整改，致使承租人无法继续使用租赁物。无论是因出租人的行为致使前述三种解除合同的事由发生，进而造成承租人不能使用租赁物，还是事由发生后因出租人的原因导致出现本来可以避免的后果发生，承租人均有解除合同的权利。

【审判实践中应注意的问题】

第一，对于本条规定的承租人合同解除权的要件应作完整理解，既要审查租赁物是否存在本条规定的三种情形，也要审查是否系承租人的原因致使租赁物无法使用。这两个方面的条件中，非因承租人原因和法定事由是前提性条件，租赁物无法使用是结果性条件。通过两个方面相结合，判断承租人合同解除权能否成立。

第二，根据本条规定，满足前述两方面条件，承租人取得合同解除权，自无疑义。但这种情况下，出租人请求解除合同是否应当支持？审判实践中，符合本条规定的三种情形，且非因承租人原因致使租赁物无法使用时，如果承租人不要求解除合同、继续支付租金，通常出租人不会请求解除租赁合同。本条规定的重点在于赋予承租人在三种情形下的合同解除权，并不涉及出租人的解除权。但实践中也不能绝对排除此三种情形下，出租人出于免受行政处罚等原因而要求解除合同的情况，此种出租人通过解除合同自我纠正的情形，人民法院可以根据具体情况予以支持的。当然，支持出租人解除合同的请求，并不影响承租人主张损害赔偿的权利。

第三，实践中，租赁物被司法机关或者行政机关查封、扣押，可能由于出租人的原因，也可能是由于承租人的原因。由于出租人的原因致使租赁物被查封的，承租人在请求解除的合同的同时，可以请求出租人赔偿损失。如果租赁物被查封系因承租人的原因所致，出租人因此而遭受损失的，可以反诉或者另行起诉请求承租人赔偿损失。

第四，应注意租赁物权属有争议时租赁合同效力的认定。审判实践中，承租人因租赁物权属有争议而请求解除合同时，涉及租赁合同的效力认定问题。一般而言，在租赁物权属发生争议时，意味着出租人可能并非租赁物的真正权利人。在租赁物权属确定之前，有关承租人解除合同的案件审理通常应当中止，待租赁物权属纠纷的终审判决生效后，根据其审理结果确定本案租赁合同的效力。如果出租人被生效判决确认为租赁物的权利人，则租赁合同有效；如果出租人被确认不是租赁物的权利人，则可能因其无权处分租赁物而导致租赁合同无效。在租赁合同无效的情况下，承租人解除合同的请求当然不能得到支持，其可以基于合同无效的规则主张损失赔偿等其他救济方式。

第七百二十五条　租赁物在承租人按照租赁合同占有期限内发生所有权变动的，不影响租赁合同的效力。

【条文主旨】

本条是关于租赁物所有权发生变动时租赁合同效力的规定。

【条文理解】

本条通常也被理解为“买卖不破租赁”原则的规定。“买卖不破租赁”是传统民法上的重要制度。出租人与承租人订立的租赁合同生效后，虽然出租人将租赁物交付承租人使用、收益，但租赁物的所有权仍然属于出租人，出租人对租赁物仍然享有处分权，可以将其对租赁物的所有权转移给他人。租赁物一旦发生所有权的变动，就租赁物不仅存在出租人与承租人的关系，还涉及承租人与租赁物受让人之间的关系。为维护租赁关系的稳定，大陆法系国家和地区民法在有关租赁关系的法律规范中普遍承认“买卖不破租赁”的原则，即在租赁合同的有效期内，出租人将租赁物的所有权转让给第三人时，承租人的权利不因租赁物所有权的转移而消灭或者受到妨碍。本条吸收自《合同法》第229条，内容上无变化，仅在表述上略有调整，一般认为，本条是对“买卖不破租赁”原则的承认和肯定。

“买卖不破租赁”源自德国法。罗马法上采取的是“买卖破除租赁”规则，该规则后被欧洲罗马普通法所继受，但在18世纪不断遭到自然法学家的质疑。因受罗马法传统的影响，《德国民法典》曾在第一草案中采“买卖破除租赁”规则。由于当时特定的社会背景，第一草案的规定引发了系列公共抗议事件。第二草案制定委员会迫于社会舆论压力转采“买卖不破租赁”规则。德国法传统由此确立。[①]买卖不破租赁制度建立的初衷在于保护弱势承租人阶层之生存利益，“因为居住为人生之基本需要，屋价高昂，购买不易，承租人多属经济上弱者，实有特别保护之必要”。[②]如果所有权的受让人可不受租赁契约约束，事实上相当于赋予让与人即出租人片面享有租赁契约终止权，也使得听由让与人与受让人共同侵害承租人之债权，对财产秩序将产生破坏。[③]有鉴于此，之后的大陆法系国家和地区大多沿袭这一规则。

在承认“买卖不破租赁”的原则之下，各国和地区立法上的规定却不尽相同。概言之，大致可以区分为两种情况。一种以德国、法国、日本和瑞士为代表，仅就不动产租赁规定“买卖不破租赁”规则。其中，以德国、法国为代表的国家，采取不以登记为不动产租赁公示要件的立法模式。如《德国民法典》第 566 条第 1 款规定：“出租的住房在交给承租人后，被出租人让与给第三人的，取得人即代替出租人，加入在出租人的所有权存续期间由使用租赁关系产生的权利义务”。《法国民法典》第 1743 条也没有规定不动产租赁的登记要件。而以日本、瑞士为代表的国家，采取以登记为不动产租赁发生对抗力要件的规定，如《日本民法典》第 605 条规定：“不动产租赁实行登记后，对以后就该不动产取得物权者，亦发生效力”。《瑞士债务法》第 259 条第 2 款及第 260 条亦有类似的规定。另一种，则是以我国台湾地区为代表，不区分动产租赁和不动产租赁，一并适用“买卖不破租赁”的规定。我国台湾地区“民法”第 425 条规定：“出租人于租赁物交付后，承租人占有中，纵将其所有权让与第三人，其租赁契

---

① 黄凤龙：《“买卖不破租赁”与承租人保护——以对〈合同法〉第 229 条的理解为中心》，载《中外法学》2013 年第 3 期。

② 王泽鉴：《民法学说与判例研究》（第 6 册），中国政法大学出版社 2005 年版，第 177 页。

③ 陈鸣：《“买卖不破租赁”的司法续造及其局限性——兼论〈民法典·合同编〉中租赁合同对抗规则的重构》，载《西部法学评论》2017 年第 1 期。

约，对于受让人，仍继续存在”。[①] 本条规定未区分租赁物为动产与不动产，与我国台湾地区相近似。

我国民事审判实践长期以来一直将“买卖不破租赁”作为处理涉及租赁关系案件的基本规则。《民法通则意见》第119条第2款规定，“私有房屋在租赁期内，因买卖、赠与或者继承发生房屋产权转移的，原租赁合同对承租人和新房主继续有效”。根据《担保法司法解释》的规定，抵押人将已出租的财产抵押的，抵押权实现后，租赁合同在有效期内对抵押物的受让人继续有效；抵押人将已抵押的财产出租的，抵押权实现后，租赁合同对受让人不具有约束力。《房屋租赁合同司法解释》第20条也明确规定：“租赁房屋在租赁期间发生所有权变动，承租人请求房屋受让人继续履行租赁合同的，人民法院应予支持”。

一般认为，租赁权是物权化的债权，承租人行使租赁权主要体现在对租赁物的使用、收益，故对人的依赖较弱而对物的依存较强，出租人为谁对于承租人使用租赁物并不具有特别意义。从保护承租人利益和维护交易秩序出发，我国通说从“法定契约承受”观点出发，对“买卖不破租赁”进行解释。在发生租赁期间转移租赁物所有权即所谓“先租后卖”时，受让人在受让该租赁物的所有权时就与承租人产生了租赁合同关系而成为一个新的出租人，继承原出租人的权利和义务，即买受人承受原租赁合同成为原租赁合同的当事人，而原出租人则脱离租赁合同。[②] 故“不影响租赁合同的效力”指向原先存在于出租人和承租人间的租赁合同，与所有权发生变更后存在于买受人和承租人之间的租赁合同保持债的同一性，合同效力不受影响。[③]

根据本条规定，我国《民法典》上的“买卖不破租赁”原则，包

---

① 戚兆岳：《买卖不破租赁与〈合同法〉的完善——我国〈合同法〉第229条立法评析》，载《法学杂志》2005年第3期。

② 参见胡康生主编：《中华人民共和国合同法释义》，法律出版社2009年版，第339页。

③ 黄凤龙：《“买卖不破租赁”与承租人保护——以对〈合同法〉第229条的理解为中心》，载《中外法学》2013年第3期。

括以下三个方面：

第一，租赁物发生了所有权的变动。所谓租赁物发生了所有权的变动，是指对租赁物享有所有权的人，通过某种方式，如将租赁物出售、赠与、继承、互换、用作设立企业的出资等，将对租赁物的所有权转移给承租人以外的第三人享有，自己不再享有所有权。例如，租赁的房屋本属出租人所有，但出租人出于某种原因将租赁房屋卖给了他人。在买卖合同生效后，租赁房屋不再属出租人所有，而归属于购买房屋的人所有。“买卖不破租赁”中的“买卖”应当作扩张解释，不仅包括买卖这种典型的转移租赁物所有权的形式，也包括赠与、出资等其他导致所有权变动的行为。

第二，租赁物所有权的变动应当在租赁期间内发生。所谓租赁期间，是指租赁合同的有效期内。只有在租赁期间发生的所有权变动，才符合“买卖不破租赁”规则的要求。如果在订立租赁合同之前，租赁物就发生了所有权的变动，则该租赁合同因无所有权之人的无权处分而可能导致无效；如果在租赁关系结束后，租赁物发生了所有权的变动，则因原承租人对该租赁物不再享有权利而对原租赁关系、原承租人不产生任何影响。

第三，租赁物所有权的变动不影响租赁合同的效力。所谓租赁合同的效力，是指在租赁物上设定的租赁合同对该租赁物出租人和承租人的法律约束力。租赁物所有权的变动不影响租赁合同的效力，意味着租赁物所有权发生变动后，原出租人与承租人订立的租赁合同并不因此而终止，就租赁物所订立的租赁合同仍然延续其法律拘束力，只不过由于租赁物所有人发生变动，由新的所有人取代原所有人居于出租人的地位，继续享有租赁合同规定的权利，履行租赁合同规定的义务，而原出租人的权利义务相应地由租赁物的新所有人承继。新所有人不得以租赁物已不属于原出租人所有为由，终止租赁合同的权利义务，或者阻碍承租人行使租赁合同规定的权利。

【审判实践中当注意的问题】

第一，关于承租人能否因租赁物所有权变动而解除合同问题。一般而言，由于租赁法律关系中，承租人的利益主要体现在对租赁物的使用、收益，故其对租赁物的依存程度远高于对出租人的依赖，合同对方当事人主体变更并不会对承租人利益产生直接影响。审判实践中，因租赁物所有权变动引起的租赁合同纠纷，多发生在租赁物新的所有人不愿意继续履行租赁合同场合，《房屋租赁合同司法解释》亦从承租人请求继续履行合同角度进行规定。但实践中存在承租人以租赁物所有权变动为由主张解除租赁合同的情形，也有学者认为，承租人在租赁物所有权变动时有终止合同的权利。[①] 对此，我们认为应当慎重对待。法律并未禁止出租人在租赁期间内转让租赁物，在合同未限制租赁物转让或者将其作为违约事由进行约定的情况下，出租人转让租赁物的行为本身并不构成违约，而租赁物所有权变动本身并不直接影响承租人对租赁期使用、收益的合同目的实现。承租人以租赁物所有权变动为由主张解除合同的，不应支持。

第二，关于预收租金的处理。在租赁合同履行中，经常发生出租人预先收取租金的情形。“须注意的是，实际上常有承租人不知租赁物所有权之让与第三人，而继续向原出租人支付租金。此外，承租人预付租金者，亦有之。于诸情形，为保护承租人，应适用第299条（我国台湾地区“民法”）规定，原出租人或受让人未将租赁物让与事由通知承租人者，承租人对原出租人支付租金（或预付租金），对受让人仍生效力”。[②] 我国台湾地区“民法”第299条第1款规定，“债务人于受通知时，所得对抗让与人之事由，皆得以之对抗受让人”。据此，就承租人而言，其得以预先支付租金对抗受让人之租金请求权。同理，依我国《合同法》第82条规定，承租人亦得以其预先支

---

① 参见王利明：《合同法研究》（第4卷），中国人民大学出版社2013年版，第145页。

② 王泽鉴：《民法学说与判例研究》（第6册），中国政法大学出版社2005年版，第160页。

付租金（清偿）对抗新所有权人之租金请求权。[①] 在租赁物所有权发生变动时，新的所有人基于租赁物所有权变动承继租赁合同的权利义务，从而取得收取租金的权利。在所有权变动之前原所有人预先收取的租金，新的所有人可以基于物上请求权或者不当得利返还请求权，请求原所有人返还。承租人不负有就已经预先交付的租金再次向新所有人给付的义务。

第三，关于订立虚假租赁合同损害租赁物受让人利益，或者规避人民法院强制执行问题。近年来的审判实践中，出租人利用长期租赁合同预先一次性收取租金的约定损害租赁物受让人利益、规避人民法院强制执行的情形时有发生，给社会经济秩序和人民法院执行工作造成很大干扰。租赁合同为继续性合同，租赁物的价值随着租金的持续给付而逐渐析出，尽管预先支付一定期间的租金是租赁市场的交易习惯，但一次性给付超长期租金不仅导致租赁物长期使用价值和收益功能削弱甚至丧失，也与交易习惯不相符。这种情况的发生，往往与出租人和承租人之间恶意串通相关联。人民法院在审判执行工作中，对于这种虚假租赁合同，可以从合同是否超长期限、租金是否预先一次性支付、是否存在倒签合同时间，以及合同主体是否存在特定利益关系等方面综合审查判断。

---

① 陈鸣：《买卖不破租赁规则的法律效果——以契约地位承受模式为前提》，载《法学研究》2014年第5期。

第七百二十六条 出租人出卖租赁房屋的，应当在出卖之前的合理期限内通知承租人，承租人享有以同等条件优先购买的权利；但是，房屋按份共有人行使优先购买权或者出租人将房屋出卖给近亲属的除外。

出租人履行通知义务后，承租人在十五日内未明确表示购买的，视为承租人放弃优先购买权。

【条文主旨】

本条是关于房屋承租人优先购买权的规定。

【条文理解】

本条是在《合同法》第230条规定的基础上，总结、吸收审判实践经验而形成。其中，“出租人出卖租赁房屋的，应当在出卖之前的合理期限内通知承租人，承租人享有以同等条件优先购买的权利”系《合同法》第230条的原文，优先购买权的除外情形和承租人放弃优先购买权的内容源自《房屋租赁合同司法解释》第24条的规定。

一、概述

所谓房屋承租人优先购买权指在房屋租赁关系中，承租人依照法律规定所享有的、当出租人将租赁房屋转让给第三人时，在同等条件下优先于当事人而购买房屋的权利。优先购买权起源于拜占庭时期罗马法关于租佃关系的规则，其精神被法国民法、德国民法继受并加以完善，遂成为各国民法所普遍接受的一项制度。承租人优先购买权是对作为房屋所有人的出租人处分权的一种限制，“它打破了民法上平等赋权的原则，表现为一种民事特权”。[①]法律确立承租人优先购买权，一方面体现了对租赁关系中相对弱势一方的承租人的保护，另一方面也体现了维护因承租人使用收益租赁房屋而形成稳定的生产生活秩序的必要。我国对房屋承租人优先购买权的承认和保护由来已久。最高人民法院在《民法通则意见》第118条即规定“出租人出卖出租房屋，应提前三个月通知承租人。承租人在同等条件下，享有优先购买权”。这一规则被《合同法》第230条和《房屋租赁合同司法解释》加以总结、完善，最终被《民法典》所确认。

关于承租人优先购买权的性质，多数观点认为应为形成权。形成权的典型特征，在于法律赋予权利主体以单方面干预存在相对人的法律关系的权利，由于形成权的相对人必须接受权利主体行使形成权行为的事实，因而形成权的行使必须单纯明确，否则将使法律关系复杂化且限于不稳定状态，严重影响相对人的利益。出租人将房屋出卖给第三人的事实，是形成权得以产生的条件，即所谓“形成原因”，而以同等条件购买则是法律对承租人行使优先购买权所规定的限制性条件。优先购买权可以依一方当事人的意思，形成义务人出卖给第三人同样条件为内容的契约，而无需义务人的承诺，只是这种形成权附有停止条件，只有在义务人出卖标的物于第三人的时候，才能够行使[②]。因此，优先购买权具有作为请求出租人给付不动产的手段的机能。形成权使得权利人在不必得到相对人同意的情况下侵入相对人的权利范围，这就打破了合同的各种事项必须得到相对人同意的原则。所以，形成权的“单方形成之力”与相对人的“忍让”或者“受拘束性”是相一致的；相对人必须容忍权利人形成的意思，容忍后者侵入其权利范围，并且容许这个针对自己的形成权生效。[③]

---

① 杜婉纯：《房屋承租人优先购买权的限制》，载《东南大学学报（哲学社会科学版）》2007年第9卷增刊。

② 王丽莎：《承租人优先购买权的损害赔偿研究》，载《河北法学》2010年第5期。

③ ［德］卡尔·拉伦茨、曼弗瑞德·沃尔夫：《德国法中的形成权》，孙宪忠译，载《环球法律评论》2006年第4期。

二、承租人优先购买权行使条件

根据本条规定，承租人行使优先购买权，须满足如下条件：

（一）须有出租人出卖租赁房屋的行为

出租人存在出卖房屋的行为，是承租人优先购买权人得以取得和行使的基础。这一承租人优先购买权的基础性条件，包括以下几个方面的内容：

首先，出租人出卖租赁房屋的行为需发生在租赁期间内。租赁期间开始之前或者届满之后出租人出卖租赁房屋，与承租人无关，自然也不存在优先购买权问题。

其次，出租人的行为系出卖租赁房屋，即以出租人收取购房款为对价转移房屋所有权而非赠与等无偿行为，或继承，或者以公益为目的而由政府实施的征收、征用行为。

最后，须出卖租赁房屋的行为现实发生。

如何判断出租人出卖租赁房屋的行为？实践中存在三种不同的认识：第一种观点认为，应当以出租人将房屋的所有权转移给第三人为判断标准；第二种观点认为，应根据第三人与出租人房屋买卖合同是否成立来判断；第三种观点认为，应当以出租人向第三人发出出卖租赁房屋的要约来判断是否存在出卖房屋的行为。通常而言，与其他买卖合同订立的过程相同，出租人出卖房屋亦存在与第三人就房屋买卖条件磋商的过程。在这一过程中，无论出卖人或是购买人发出的要约均可在到达前撤回，出卖或者购买房屋的条件均无法确定。即使要约到达对方，在获得承诺之前，双方也尚未就买卖房屋的条件达成一致，出租人的出卖行为并未完成。因此，以出租人发出要约来判断是否存在出卖房屋的行为，逻辑上存在缺陷。房屋所有权转移，并非购买行为，而是履行房屋买卖合同的行为，将出卖房屋行为理解为房屋所有权转移，不合逻辑。另外，这种理解可能导致出租人与第三人故意不办理所有权转移登记，承租人即无法满足优先购买权行使条件的局面，不具合理性。作为优先购买权的基础性条件，出租人出卖房屋的行为，所对应的是承租人购买房屋所需的同等条件，只要“同等条件”内容能够确定，优先购买权就有了行使的基础。同等条件的确定，系通过与出租人和第三人之间买卖房屋的条件相比较而得出。出租人与第三人之间买卖房屋的合同成立，出卖房屋的条件即已确定，同等条件的判断也就有了比较的基础。因此，出卖租赁房屋的行为以出租人与第三人买卖房屋合同成立为判断依据，符合逻辑也更具有合理性。

（二）承租人须以同等条件购买

承租人以同等条件购买租赁房屋，是其优先购买权得以取得和行使的实质要件，也是法律对承租人行使优先购买权所规定的限制性条件。“优先购买权制度是以利益衡量为原则而成立的一种制度，‘同等条件’的行使要件是其主要的利益衡量机制，是对承租人行使优先购买权的限制。作出这种限制尊重了作为出卖人的所有权，不至于因优先购买权的行使，使出卖人的利益遭受损失；同时，在确立优先购买权以后也并没有剥夺其他人的购买机会，因为其他买受人仍然可以参与购买，如果优先购买权人不能提供同等条件，则按价高者得的市场原则决定租赁房屋的归属，不违反公平竞争的原则”。①

同等条件以出租人与第三人之间买卖合同约定的条件为对应标准。优先购买权中所谓的优先，系相对于出卖人与第三人之间的买卖合同而言，没有出卖人与第三人之间的有效买卖合同，所谓优先也就无从谈起。故同等条件，指向的是出卖人与第三人之间买卖合同中约定的相同条件。②

有关同等条件的判断，理论上存在不同观点。从同等条件范围角度而言，有绝对同等说和相对同等说。绝对同等说认为，承租人购买租赁房屋的条件约定与第三人合同约定的条件完全一致；相对同等说认为，不需要购买条件完全相同，只要价格、支付方式等主要合同条

① 范李瑛：《房屋承租人优先购买权的几个问题》，载《法学论坛》2007年第4期。

② 冉克平：《论房屋承租人的优先购买权——兼评最高人民法院〈房屋租赁合同司法解释〉第21~24条》，载《法学评论》2010年第4期。

件相同即可构成同等条件。从同等条件内容角度而言，有观点认为，同等条件主要是指价格的同一，如果出租人基于某种特殊原因给予了其他买受人一种较为优惠的价格，而这些特殊原因能以金钱计算，则应折合金钱加入价格中；如果不能以金钱计算，那么应以市场价格确定同等条件；[①] 另有观点认为，同等条件即为同等价格，如果法律法规有另行规定的，同等条件还包括法律法规规定的限制条件。当事人原来在合同中有明确约定的条件，可以成为同等条件的组成部分，但约定不得违反法律规定。[②] 由于法律对承租人行使优先购买权规定的“同等条件”购买的限制性条件，“目的是为了平衡出租人的处分权与承租人的优先购买权之间的关系，从而使出租人的利益不致遭受损害。因此，从维护出租人的利益出发，相对同等条件说更为合理”。[③] 而同等条件首先应该指价格条件相同，其次应当适当考虑支付方式。在价格条件和支付方式相同的情况下，对于其他交易条件是否需要完全相同，要看该条件是否影响到出租人的利益，如果没有影响，则应当认定为同等条件。[④]

（三）承租人在收到通知的15日内作出购买的意思表示

根据本条规定，“出租人出卖租赁房屋的，应当在出卖之前的合理期限内通知承租人”，这意味着通知系出租人的义务，并非承租人取得、行使优先购买权的条件。通知的目的在于使承租人知晓出租人出卖房屋的事实，以便其充分考虑是否行使优先购买权及为行使权利进行必要的准备。就通知内容而言，应当根据优先购买权行使的“同等条件”的要求，包括出租人与第三人合同的价格条件、支付方式以及影响交易达成特别是出租人利益的其他条件。有关出租人履行通知义务的期限，《民法通则意见》第118条规定，“出租人出卖出租房屋，应提前三个月通知承租人”。考虑到3个月的时间过长，不利于

---

① 蔡福华：《民事优先权新论》，人民法院出版社2002年版，第90页。

② 范李瑛：《房屋承租人优先购买权的几个问题》，载《法学论坛》2007年第4期。

③ 冉克平：《论房屋承租人的优先购买权——兼评最高人民法院〈房屋租赁合同司法解释〉第21~24条》，载《法学评论》2010年第4期。

④ 王利明：《物权法研究》（上），中国人民大学出版社2007年版，第747~748页。

出租人利益的保护和经济效率的提升，《合同法》规定为合理期限，根据租赁房屋的具体情况、交易习惯等因素综合确定期限内容。出租人未履行通知义务，或者未在合理期限内履行通知义务，并不当然导致承租人不能行使优先购买权。出租人虽未通知，但承租人得知出租人出卖房屋情况的，仍然可以行使优先购买权。出租人未履行通知义务本身，也并不对应民事责任，但因其未履行通知义务导致承租人未能行使优先购买权的，出租人应当承担损害赔偿责任。正如王泽鉴所言，“出租人出卖土地，未经通知承租人即移转土地所有权于买受人者，并非系出租人违反其应承租人请求订立契约之债务不履行，而是违反通知义务，侵害形成权，致其不能行使，故应负损害赔偿责任”。①

承租人在收到出租人通知后，应当在15日内作出购买的意思表示。此处的15日期间性质系除斥期间，不适用中止、中断及延长的规定。15日期间届满，承租人未作出购买的意思表示的，则丧失优先购买权。故该15日期间可以理解为优先购买权行使的时间条件。承租人放弃优先购买权，可以明示，也可以默示。明示表现为出租人向承租人作出出卖房屋的意思表示后，或者承租人知道房屋出卖事实的，承租人明确表示不予购买；默示可以表现为出租人向承租人作出出卖房屋的意思表示后，承租人在规定的期限内没有买受租赁房屋的意思表示，从而构成法律意义上的放弃，产生丧失优先购买权的法律后果。

三、承租人优先购买权的除外情形

（一）房屋按份共有人行使优先购买权

根据《物权法》第101条的规定，按份共有人可以转让其享有的共有的不动产或者动产份额。其他共有人在同等条件下享有优先购买的权利。此即按份共有人优先购买权在法律上的依据在租赁房屋为数

① 王泽鉴：《民法学说与判例研究》，中国政法大学出版社2005年版，第619页。

人共有的情况下，出卖租赁房屋时，可能发生承租人优先购买权与按份共有人优先购买权的冲突。

按份共有人转让其享有的共同财产份额，未必涉及共有物的整体。如果共有人仅就其所享有的共有房屋份额转让，由于承租人优先购买权指向的是作为租赁标的物的房屋，其不能就共有房屋份额主张优先购买权。就共有房屋转让而言，既可能基于共有人一致同意，也可能根据《物权法》第97条的规定“处分共有的不动产或者动产以及对共有的不动产或者动产作重大修缮的，应当经占份额三分之二以上的按份共有人或者全体共同共有人同意，但共有人之间另有约定的除外”，“多数决原则”发生。在基于“多数决原则”转让共有房屋时，为防止多数份额共有人利用优势地位损害少数共有人利益，赋予不同意转让的少数共有人享有优先购买权是必要的。即使是同意转让的共有人，出于摆脱与他人共有、独自取得房屋所有权的需要，从尊重共有人对共有物的特殊地位、充分发挥物尽其用的效能考虑，也应当承认其优先购买权。“法律既然允许部分共有人得径行出卖共有物，理应使其他共有人享有优先购买权，方足适当平衡当事人之利益。惟部分共有人出卖共有物，实质上殆系出卖自己之应有部分及他人之应有部分，故其他共有人主张承购共有物时，实与购买处分者之应有部分无异，亦享有优先承购权”。[①]

共有人优先购买权与承租人优先购买权性质不同。共有人优先购买权源于物权法的规定，是基于共有的物权关系而发生，属于物权法上的优先购买权，具有物权效力。承租人优先购买权则以租赁合同关系为基础，是承租人基于合同法的规定而享有的权利，尽管租赁权是一种物权化的债权，但其本质上仍然是债权，承租人的优先购买权属于债权效力的优先购买权。基于物权优先于债权的原则，共有人优先购买权自然优先于承租人的优先购买权。基于共有人的优先购买权的物权效力，共有人不仅有优先取得共有物的权利，而且其优先购买权

① 王泽鉴:《民法学说与判例研究》(第3册)，中国政法大学出版社1998年版，第348页。

可以对抗第三人。未保障其优先购买权的行为，构成对物权的侵害，应当归于无效。承租人的优先购买权由于仅具有债权效力，不能对抗第三人。在出卖人履行与第三人订立的房屋买卖合同时，承租人不能主张买卖行为无效，而只能主张赔偿损失。

共有人优先购买权效力优于承租人优先购买权，体现了立法所追求的保障共有物利用效能的全面发挥和共有人生产生活关系稳定，促进共有人对共有物的完整、稳定的占有和充分利用的价值取向。因此，在房屋共有人行使优先购买权时，承租人优先购买权不能行使。

（二）出租人将房屋出卖给近亲属

出租人向与其有法律上特定身份关系的第三人出卖特定财产的，可以阻却承租人优先购买权的行使。这种特定身份关系即法律所规定的近亲属关系。出租人将租赁物出卖给近亲属，不仅有经济利益上的考虑，往往也会有情感因素掺杂其中，带有浓厚的身份属性和感情色彩。尤其是近亲属之间具有紧密的人身联系，在进行经济活动中，不能等同于一般的民事主体之间的简单的经济关系，而倡导和保护这种关系的稳定性及利益的共享性，有利于保护近亲属的合法权利，促进社会的和谐稳定。

有关近亲属的范围，根据最高人民法院的司法解释规定，包括配偶、父母、子女、兄弟姐妹、祖父母、外祖父母、孙子女、外孙子女。《民法典》在总结、吸收审判实践经验的同时，根据我国计划生育政策实施而产生的社会现实情况，将共同生活的公婆、岳父母、儿媳、女婿视为近亲属。在出租人将租赁房屋出卖给上述近亲属时，承租人不能行使优先购买权。

【审判实践中应注意的问题】

第一，出租人出卖租赁房屋，是承租人优先购买权得以取得和行使的基础性条件。出租人是否存在出卖租赁房屋的行为，应当以出租人就租赁房屋与第三人订立买卖合同为判断依据。

第二，作为承租人优先购买权的实质要件，同等条件的判断以出租人与第三人买卖合同约定的条件为标准。其中，购买价格和支付方式是最主要的合同条件，在价格条件和支付方式相同的情况下，对于其他交易条件是否需要完全相同，要看该条件是否影响到出租人的利益，没有影响的不作为同等条件的对照标准。在出租人就租赁房屋分别与多人订立内容不同的买卖合同时，应以其中最有利于买方的合同条件作为承租人行使优先购买权的“同等条件”。

第三，与存在房屋共有人优先购买权的情形不同，出租人向近亲属转让房屋是阻却出租人优先购买权的除外情形中的特殊事由。出租人向近亲属出卖房屋，往往基于近亲属这种特殊关系，离开这种关系，出租人未必愿意出售，或者以相同的价格等条件出售。因此，即使出租人与其近亲属之间的出售价格低于市场价格，也属于基于特殊关系所作出的特殊处分，与一般的市场交易行为不能等同视之。这种亲属关系非金钱所能衡量，承租人也不得要求以价金代替。承租人不得主张行使优先购买权。

第七百二十七条 出租人委托拍卖人拍卖租赁房屋的，应当在拍卖五日前通知承租人。承租人未参加拍卖的，视为放弃优先购买权。

【条文主旨】

本条是关于出租人委托拍卖租赁房屋时承租人优先购买权保护的规定。

【条文理解】

拍卖是特殊方式的买卖，根据《拍卖法》第3条的规定，拍卖是指以公开竞价的形式，将特定物品或者财产权利转让给最高应价者的买卖方式。通常，在接受出卖人的委托后，拍卖人预先公告拍卖的标的物、日期、地点等，拍卖时由买受人争出高价作买受的意思表示，即为要约；出卖人从众多竞买人要约中选择出价最高者，以落槌或其他惯用方法作卖定意思表示，即为承诺，买卖合同也即告成立。拍卖对于实现拍卖物价值和资源利用最大化、促进公平交易具有积极意义，实践中尤其对于一些大宗物品和特殊物品买卖而言，拍卖已经成为一种经常性的买卖方式。

以拍卖方式出卖租赁房屋的，承租人是否有优先购买权，理论上存在争议。肯定的观点认为，拍卖本身并未超出买卖的范畴，不能因为其买卖方式特殊而否定承租人的优先购买权。承租人优先购买权是在同等条件下的优先权，拍卖时承租人行使优先购买权的前提恰恰是要等待最高竞买者确定的价格条件，二者并非不相容关系。为防止出租人规避承租人优先购买权的行使而以拍卖方式出卖租赁房屋，致使承租人优先购买权落空，承认以拍卖方式出卖租赁房屋时承租人的优先购买权是必要的。[①]反对的观点不认可拍卖时承租人的优先购买权。在拍卖场合，若优先购买权亦得行使，则竞买者势必锐减，卖价难免偏低，不利于债权人及物之所有人，亦不免造成偏惠优先购买权人之结果，有损拍卖之效力。[②]

我国民事审判实践长期以来认可和保护拍卖时承租人的优先购买权。《房屋租赁合同司法解释》第23条规定，“出租人委托拍卖人拍卖租赁房屋，应当在拍卖5日前通知承租人。承租人未参加拍卖的，人民法院应当认定承租人放弃优先购买权”。本条规定是对这一审判实践经验的肯定。

根据本条规定，出租人以拍卖方式出卖租赁房屋的，负有在拍卖五日前通知承租人的义务。通知的目的在于使承租人知晓租赁房屋拍卖的情况，以便于承租人决定是否参与拍卖过程、行使其优先购买权。其一，就通知主体而言，应为负有义务的出租人。有观点认为，发布拍卖公告的行为，可以理解为对承租人的通知行为。但拍卖公告是由接受拍卖委托的拍卖人所发布，其目的在于保证拍卖行为的公正、公开，以及吸引更多的竞买人参与拍卖竞买活动，与针对承租人的通知行为在目的、内容等方面完全不同，故不能讲拍卖公告视为对承租人的通知行为。当然，出租人可以委托拍卖人代其履行对承租人的通知义务。但即使如此，作为代理人的拍卖人亦须对承租人进行专门的通知，而不能简单地以拍卖公告替代。其二，有关通知的方式，法律没有作出特别规定。出租人可以采取书面通知的方式，也可以通过电子邮件、微信信息等电子数据或者其他能够使承租人收悉的适当方式完成通知行为。其三，通知的内容，应当包括房屋拍卖的时间、地点，以及拍卖保证金数额、交纳拍卖款的期限等拍卖公告的内容，

---

① 王丽莎:《出租房屋拍卖中承租人优先购买权探讨》，载《民商法争鸣》2011年第1期。

② 王泽鉴:《民法学说与判例研究》(第3册)，中国政法大学出版社1998年版，第511页。

以便于优先购买权人决定是否参与竞买。对于承租人不参与竞买的将丧失其优先购买权的法律后果，由于系根据法律规定而产生，不属于必须告知的事项。其四，出租人须于拍卖的五日前履行通知义务。五日系法律为出租人履行通知义务所设定的期间，应当适用到达主义法理，即出租人的通知应当在拍卖五日之前到达承租人。无论通知义务人何时、以何种方式发出通知，必须保证承租人在拍卖行为开始的5日前收到该通知，否则，不发生通知法律效力。

以拍卖方式出卖租赁房屋，应当遵守《拍卖法》所规定的拍卖程序。承租人参加拍卖，亦须按照拍卖通知或者拍卖公告的要求，与其他竞买人一样进行竞买登记、交纳竞买保证金，在拍卖日到场参加竞拍。在竞拍过程，拍卖师在竞拍前，应当先行告知优先购买权行使规则，在最高、最后一位竞价者，倒数到最后一位数时，无人竞价，拍卖师应询问参与竞拍的优先购买权人是否行使优先购买权，在规则给定的最后考虑时间内，倒数到最后一位数时，如果不做举牌表示，落锤的法律效果是，竞价人竞得标的物，优先购买权人放弃优先购买权；反之，如果优先购买权人举牌，落锤的法律效果是，优先购买权人行使优先购买权，取得要约地位，这样，接下来的竞价在优先购买权人和最后竞价人之间展开。在优先购买权人取得要约地位（竞价地位）时，拍卖师重新倒计数，如果最后竞价人再度举牌叫价，对新的价格（要约），拍卖师倒计数，如果优先购买权人不举牌时，落锤的法律效果即为竞价人与出卖人之间成立标的物买卖合同；如果举牌，优先购买权人取得要约地位，如此反复，直到有一位不举牌为止。[①]

承租人经通知未参加竞买的，产生被视为放弃优先购买权的法律后果。这里的未参加竞买，包括经通知未到场，也包括未按规定登记竞买、交纳竞买保证金等情形。

① 陈界融：《承租人优先购买权法律性质研究》，载《北京航空航天大学学报（社会科学版）》2013年第2期。

【审判实践中应注意的问题】

第一，出租人拍卖租赁房屋的，负有将拍卖的有关事项提前通知承租人的义务。这种义务是程序性的，出租人只要按照法律规定的时间、要求适当地履行了通知义务，即无需对承租人是否实现优先购买权承担责任。至于承租人在竞买租赁房屋过程中发生的争议，如对拍卖程序是否合法、规范，以及是否侵害其优先购买权等，均不属于出租人的责任范围。

第二，出租人通知承租人的时间，应当采到达主义原则，即在拍卖五日之前通知到达承租人，以保障承租人有必要的时间考虑和准备是否参与竞买、行使优先购买权。

第三，经通知，承租人未参加拍卖，包括承租人未出席，也包括未进行竞买登记、未交纳竞买保证金等未有效参加拍卖活动的情形，均产生视为放弃优先购买权的法律后果。

第七百二十八条 **出租人未通知承租人或者有其他妨害承租人行使优先购买权情形的，承租人可以请求出租人承担赔偿责任。但是，出租人与第三人订立的房屋买卖合同的效力不受影响。**

【条文主旨】

本条是关于出租人妨害承租人优先购买权行使的法律后果的规定。

【条文理解】

本条源于《房屋租赁合同司法解释》第21条的规定，是对审判实践经验和司法解释成果的总结和吸收。

有关出租人妨害承租人优先购买权行使的法律后果，审判实践中经历了认识不断深入的演变过程。《民法通则意见》第118条规定："出租人出卖出租房屋，应提前三个月通知承租人。承租人在同等条件下，享有优先购买权；出租人未按此规定出卖房屋的，承租人可以请求人民法院宣告该房屋买卖无效。"而在《房屋租赁合同司法解释》中，第21条规定："出租人出卖租赁房屋未在合理期限内通知承租人或者存在其他侵害承租人优先购买权情形，承租人请求出租人承担赔偿责任的，人民法院应予支持，但请求确认出租人与第三人签订的房屋买卖合同无效的，人民法院不予支持。"这种变化，与对承租人优先购买权性质和效力的认识直接相关。优先购买权在性质上有物权优先购买权和债权优先购买权之分。物权性质的优先购买权针对不动产而设立，具有对抗第三人的效力，其实质在于通过物权优先购买权的行使为将来以物权变动为内容的形成权行使提供物权性质的担保。[①]物权性质的优先购买权以登记为优先购买权公示的方法，基于公示产生对抗第三人的效力。债权性质的优先购买权是基于合同约定或者法律规定对出卖人处分权的限制，使得权利人在同等条件下取得优先缔结合同的权利。债权优先购买权不具有对抗第三人的效力，亦不限于以不动产为买卖标的物的情形。租赁权为债权，尽管具有一定的物权化特征，但不改变其作为债权的本质。在我国，基于房屋租赁而产生的承租人优先购买权法律并没有规定其公示的方法，《商品房屋租赁管理办法》规定的租赁登记只是出于管理的需要，并没有物权公示的效果，而承租人优先购买权本身作为对民事主体意思自治的干预，体现的是公共政策考虑，也并不符合市场化的要求。因此，有必要在承租人优先购买权保护与尊重当事人意志、民事主体平等以及市场化配置资源之间寻求适当的平衡。从法律逻辑出发，综合各种因素，审判实践中的认识从《民法通则意见》中承认承租人优先购买权具有对抗第三人的效力，转变为《房屋租赁合同司法解释》中不再承认对当事人的对抗效力，体现了对承租人优先购买权为债权性质的优先购买权的认识。本条延续《房屋租赁合同司法解释》的规定，也体现了立法对承租人优先购买权为债权性质的观点的认可。

根据本条规定，出租人妨害承租人行使优先购买权，是针对承租人优先购买权的侵权行为，应当承担损害赔偿责任。具体而言，可以从以下几个方面理解：

一、出租人实施妨害承租人优先购买权行使的行为，是损害赔偿责任成立的基础

出租人妨害承租人行使优先购买权，多体现为将租赁房屋出卖给第三人时未履行对承租人的通知义务。具体而言，可以包括未通知、未于合理期限通知以及未完全通知等情形。根据《民法典》第726条

① 黄其毅：《承租人优先购买权与损害赔偿研究》，载《东南大学学报（哲学社会科学版）》2018年第20卷增刊。

的规定，出租人出卖租赁房屋的，应当在出卖之前的合理期限内通知承租人。合理期限的确定，应当与租赁房屋价值、交易习惯等相匹配，以使承租人有较为充足的时间考虑，即准备行使优先购买权。如果出租人未按照合理期限的要求履行通知义务，如要求承租人即刻答复的，属于对承租人优先购买权行使的妨害。未完全通知，是指出租人虽然在合理期限内将房屋出卖的情况通知了承租人，但通知内容不完整、不准确，尤其是作为合同主要内容的价格条件及支付方式等，未如实、完整地通知承租人，可能对承租人是否行使优先购买权产生影响。此外，出租人的妨害行为，亦包括与第三人恶意串通、订立阴阳合同、迫使承租人放弃优先购买权等。审判实践中，根据具体情况，结合出租人行为的目的、内容等进行综合判断。

出租人实施妨害承租人优先购买权的行为，未必就能取得妨害权利行使的后果。例如，出租人虽未将出卖房屋的事实通知承租人，但承租人通过其他渠道得知该事实的，仍然可以行使优先购买权，而损害赔偿责任，则以优先购买权行使受到现实的妨害而无法实现为基础。故从这个意义上，出租人在与行使优先购买权的承租人订立合同后，将房屋过户给此前订立合同的第三人的行为，亦属于对承租人优先购买权的妨害行为，亦应当承担损害赔偿责任。

二、出租人损害赔偿责任的内容

因出租人的妨害行为导致承租人未能行使其优先购买权，使得承租人丧失了以与第三人同等的条件购买租赁房屋的机会，出租人应当对由此给承租人造成的损失予以赔偿。“机会损失实际上是指一个人获取某种利益或维持某种有利地位机会的丧失而导致的损失，在此种情况下，如果被告实施侵权行为并使他人的此种机会丧失，即应对他人因此而遭受的损害承担责任”。[①]

出租人因其妨害行为致使承租人不能行使优先购买权，系对财产

① 张民安：《现代法国侵权责任制度研究》，法律出版社2003年版，第60页。

权利的侵害，使财产权的客体遭到破坏，其使用价值和价值的贬损、减少或者完全丧失，或者破坏了财产权人对财产权客体的支配关系，使财产权人的财产利益受到损失，从而导致权利人拥有的财产价值的减少和可得财产利益的丧失。[①]财产损害赔偿以全部赔偿为原则，赔偿范围既包括因侵权行为导致的财产价值的减少，也包括可得利益的丧失。即根据差额说，损害赔偿的范围应当为房屋目前的市场价值减去合同中约定的房屋售价之差与承租人另找新房等必要花费之和。具体而言，包括两方面内容：其一，包括承租人在优先购买权受到侵害后，不能享有直接从先买权人转为所有人可带来的便利而必须支付的额外费用，包括另行寻找、购买或租赁房屋而支出的必要费用；其二，承租人优先购买权实现的可得利益损失，即由于房屋市场价格的变化，在出租人侵害承租人优先购买权时，因市场价格上涨而致使承租人如替代购买类似房屋而多支付的费用。这一部分费用实际上是正常履约状态下本可以避免的损失，或者说是当事人正常预期不必支付的费用，故亦在期待利益的范围之内。[②]

【审判实践中应注意的问题】

第一，承租人以其优先购买权被侵害为由，主张出租人与第三人之间买卖租赁房屋的合同无效的，人民法院应当驳回其诉讼请求。基于债权优先权的性质，承租人优先购买权不具有对抗第三人的效力。承租人优先购买权被侵害的，可以主张损害赔偿，而无权主张出租人与当事人之间房屋买卖合同无效，其关于买卖合同无效的诉讼请求不能得到支持。

第二，出租人对承租人优先购买权未能行使的损害赔偿责任，以其存在妨害行为为基础。但并非出租人实施妨害行为当然导致其承担责任。承租人的优先购买权行使没有受到妨害行为影响的，出租人不承担责任。

---

① 杨立新：《侵权法论》，人民法院出版社2005年版，第756页。

② 王丽莎：《承租人优先购买权的损害赔偿研究》，载《河北法学》2010年第5期。

第七百二十九条　因不可归责于承租人的事由，致使租赁物部分或者全部毁损、灭失的，承租人可以请求减少租金或者不支付租金；因租赁物部分或者全部毁损、灭失，致使不能实现合同目的的，承租人可以解除合同。

【条文主旨】

本条是关于租赁物毁损、灭失时承租人的权利规定。

【条文理解】

实践中，租赁物发生损毁、灭失的情况下，并不一定导致出租人承担违约责任，而是相应地产生出租人的维修或者更换义务。但在租赁物的毁坏或灭失，导致承租人无法正常使用租赁物的情形下，应由出租人承担违约责任，以保护承租人的合同权利。根据本条规定，应当注意以下几个方面：

一、出租人承担违约责任的条件

（一）租赁物发生毁损、灭失

所谓租赁物毁损，是指租赁物部分毁坏、损伤。租赁物灭失，是指租赁物客体上不复存在。从物的形态上看，租赁物的损毁、灭失既可以是客观上有形物的损坏、灭失，也可以是有形物体所搭载的无形的数据电文等无形物的损坏、灭失。例如，租赁搭载特定数据库的电子软硬件设备，无论日常电子软件还是硬件的损毁和灭失都可以导致承租人的使用、收益权利受到损害，因此损毁和灭失租赁物不限于有形物，判断标准是租赁物毁损、灭失是否在客观结果上损害了承租人使用、收益权。

在租赁物是可分物时，因部分是指整体中的局部，全部是各个部分的整体集合，租赁物可能发生部分毁损、灭失的风险。[①]可分物，是指根据物的性质和特点可以进行分割，而且在分割以后不损害物的用途和价值的物。不可分物是因其性质不能分割或者分割后会改变性质或降低其价值的物。物的是否可分，应当结合物的具体情况加以判断，不能绝对化。例如，租赁物是一批自行车，每辆自行车都是相对独立的，是可分的，其中部分自行车被火烧毁，在整个租赁合同中是部分损毁，但对于其中每个可分的租赁物而言，又是全部灭失了。

（二）租赁物毁损、灭失影响承租人利用租赁物

租赁物在毁损与灭失因客观形态不同，造成租赁物的损害程度不同。通常来讲，租赁物灭失的损害程度高于租赁物毁损。但是，租赁物客体形态的毁损、灭失与租赁物使用、收益目的能否实现并无必然关联。因租赁合同的本质是出让租赁物的使用、收益权，租赁物的毁损并不必然导致承租人的使用、收益权受损。因此，租赁物损毁、灭失的情况下，并不一定导致出租人违约，而应产生出租人的维修或者更换义务，在评判毁损、灭失程度以及采取合理救济措施等方面均应以租赁物的使用、收益价值考量，不能以租赁物现实客观状态为依据。例如，承租车辆被第三人剐蹭，导致油漆脱落的情况下，虽然车辆因第三人侵权导致毁坏，但实际上并不一定影响承租人的使用权，除非车辆的外观属于承租人租赁车辆的重要目的，否则承租人有对租赁物瑕疵的合理限度的容忍义务。

至于是否达到妨碍承租人利用租赁物的程度，要结合租赁物特征、毁损程度、使用目的、租赁合同的特别约定等情况综合判断。例如，在租赁车辆过程中，因不可抗力发生了车身外观损伤，对于接待迎宾使用用途的车辆则可能导致合同目的无法实现，而对于一般家庭自驾旅游使用则不影响其合同目的实现以及使用、收益权利的实现。

① 参见王利明：《民法总则研究》，中国人民大学出版社 2012 年版，第 410 页。

（三）租赁物的毁损、灭失不可归责于承租人

依照租赁合同的性质，出租人应在租赁期限内向承租人提供符合租赁用途的租赁物，并保证租赁物在租赁期限内持续处于可以使用、收益的状态。但是，因承租人实际占有、使用租赁物，承租人亦负有妥善保管租赁物的义务。因此，对于租赁物损毁、灭失的情况下，应当如何分担责任，应以双方对租赁物的毁损、灭失是否具有过错以及过错程度为准。

具体而言，租赁物毁损、灭失是由于出租人过错导致的，出租人除应承担租赁物本身的损失外，必然还应对承租人履行合同的障碍承担违约责任。在租赁物的毁损、灭失是由承租人的过错或者是由于双方的过错造成时，应由双方依照对租赁物的毁损、灭失的过错程度，减轻或者免除出租人的违约责任。

值得注意的是，在租赁物的损毁和灭失非因双方过错造成的情况下，应当如何确定租赁物毁损、灭失的违约责任？我们认为，应当结合租赁物的风险负担规则加以确定。从比较法的角度来看，《法国民法典》第1732条规定："承租人对于承租期间发生的灭失或毁损，应负赔偿的责任；但如承租人能证明灭失或毁损的发生非出于其过失者，不在此限。"而《德国民法典》第582条第1款中规定："承租人以估计价值接受有附属物的土地，并负有义务，在用益租赁终止时返还估计价值的，承租人承担附属物意外灭失和意外毁损的风险。"我们认为，因租赁是负担行为而非物权行为，并不产生物权变动效力，承租人通过支付租金取得租赁物一定时间的使用、收益权，其权利价值远低于物权的权利价值。在租赁关系中，移转的是标的物的使用权，承租人只是取得了对标的物的占有、使用权，其从标的物中享有的利益是有限的。[①]同时，承租人支付租金对价，出租人作为债务人，具有向承租人提供无瑕疵的租赁物的义务，因此租赁物发生毁损、灭失时，则意味着出租人未尽到该义务，应由出租人承担责任。此外，

① 参见黄茂荣：《买卖法》，中国政法大学出版社2002年版，第446页。

物权人还可以通过选择购买保险等方式转移风险，而承租人基于有限的使用权利无法转移风险。

二、出租人承担违约责任的方式

（一）承租人可以减少或不支付租金

租金是承租人因对出租人提供的租赁物进行使用、收益而支付的对价。出租人违反物的瑕疵担保义务时，根据权利义务相对等的原则，承租人有权减少租金或不支付租金。其中，减少租金是指承租人得以免除在一定期限内支付部分租金的义务，不支付租金是承租人得以免除全部的支付租金义务。

具体而言，承租人减少或不支付租金的数额，与租赁物使用、收益权利受损程度紧密相关。例如，租赁物毁损一半，另一半依然具有使用、收益价值，承租人可以主张减少一半租金。如果在一定期间内，租赁物丧失了全部的使用、收益价值，承租人有权不支付对应期间的租金。

减少或不支付租金的期间，应当从租赁物毁损、灭失事实发生时至租赁物被维修完毕或出租人提供合理的替代租赁物为止。如果租赁物的毁损是可以被修缮的，出租人有权对租赁物进行修缮并恢复租赁物的使用、收益功能，承租人应遵循诚信原则，为出租人修缮租赁物提供必要的条件。租赁物经修缮恢复全部功能，则承租人丧失抗辩权基础，无权抗辩减少或不支付租金。但是，租赁物经修缮后不能完全恢复租赁物完整的使用、收益功能，仅能恢复部分功能，则承租人仍有权继续提出减少租金的抗辩。

租赁物未发生毁损、灭失或已修缮完毕的期间，承租人应当按照合同约定给付租金，如承租人迟延给付租金，应按照合同约定标准支付迟延履行违约金或依法赔偿出租人损失。

（二）承租人可以主张解除合同

租赁物发生部分或全部毁损、灭失，导致合同目的无法实现时，承租人可以解除租赁合同。租赁合同目的不能实现，是指标的物毁损、灭失导致当事人订立租赁合同时所追求的目的不能实现。承租人行使解除权时首先要依据租赁合同约定、交易习惯等内容确定合同目的，以及租赁物毁损、灭失对合同目的是否具有实质性影响。承租人通过租赁合同获取的是在租赁期限内对租赁物的使用、收益权利，判断租赁合同目的不能实现，应当符合以下情形：其一，租赁物的使用收益目的在客观上不具备实现的可能。例如，特定的租赁物已经完全灭失，可以认定合同目的不能实现；在经过修缮不能恢复功能、出租人经催告拒不维修或提供替代租赁物情况下，租赁合同目的无法实现，承租人可解除合同；如果租赁物发生毁损、灭失，但出租人可以通过修缮恢复租赁物的使用、收益功能或者提供同等替代品履行租赁合同，则不构成合同目的不能实现；其二，租赁期限对合同目的具有实质性影响，租赁物仅在特定期限具有使用价值，而修缮替换的时间超过特定使用期限或严重减少在特定期限的使用导致合同目的无法实现，承租人则可以解除合同。例如，春节期间使用的节庆花灯仅在特定时间具有使用价值。如果租赁不能实现使用、收益目的只是暂时的、可消除的，出于维护交易稳定，从诚信原则和物尽其用原则角度出发，承租人则无权解除合同，只能要求减少或不支付租金。在合同目的确定无法实现情况下，承租人才享有解除权。

不同于承租人行使的减少或不支付租金的抗辩权，合同解除权是形成权，于承租人解除合同的意思表示达到出租人发生法律效力。解除通知在到达出租人时发生法律效力，对解除合同有异议的，任何一方当事人均可以请求人民法院或者仲裁机构确认解除行为的效力。合同解除权只有在租赁期间内行使才具有行使的价值和意义，承租人行使解除权前租赁合同已经到期，则承租人无需实行解除权，提出减少或不支付租金的抗辩即可。

【审判实践中应注意的问题】

实践中，因租赁物种类、特性千差万别，准确把握减少租金的标准是租赁合同纠纷中的难点。我们认为，处理此类问题应当准确把握以下几个原则：第一，协商原则，减价数额是当事人私权处分范围，鼓励合同双方对减少价格进行协商。第二，使用、收益价值比例原则，参考租赁物部分毁损、灭失时造成使用、收益价值减少作为减少租金的依据，如果租赁物是可分物，则可以依据损坏比例（与使用收益减少比例一致）确定，但是如果租赁物价值是不可分的，毁损后仍具有一定使用、收益价值，则考虑承租人收益使用、价值减损的比例确定减少租金数额。当租赁物部分毁损但导致租赁物丧失全部使用、收益价值时，则承租人可不支付租金。第三，市场价指导原则，租赁是市场化交易行为，在具备条件时参考市场价格确定。第四，防止损失扩大原则，承租人在租赁期间内有义务对租赁物的毁损、灭失进行及时报告、采取必要合理措施防止损失扩大，对于承租人怠于履行义务，放纵损失扩大的，损失应由承租人自行承担，对于扩大损失部分不再予以减免租金。

第七百三十条　当事人对租赁期限没有约定或者约定不明确，依据本法第五百一十条的规定仍不能确定的，视为不定期租赁；当事人可以随时解除合同，但是应当在合理期限之前通知对方。

【条文主旨】

本条是关于租期不明的租赁合同的形式推定及法律后果的规定。

【条文理解】

租赁期限是租赁合同当事人权利、义务的存续期限，是租赁合同的主要条款。依照意思自治的原则，租赁合同的当事人可以自行约定租赁期限的确定方式，但因租赁期限的约定方式千差万别，加上当事人基于信赖或者其他原因，往往发生租期不明的情形，需要法律加以规制。

根据本条规定，双方对租赁期限约定不明的情况，应当适用如下规则：

一、租赁期限推定规则

（一）租期推定规则的适用前提

租赁期限是租赁合同的主要内容，是租赁合同当事人权利、义务的存续期限，关系到租赁物的使用时间和交还时间，尤其是交还时间引起的租赁物的返还、租赁物的使用费支付标准等问题，是引发租赁合同纠纷的重要问题。

从本质上讲，租赁合同内容体现了出租人与承租人经协商一致后的意思表示，根据合同自治原则，合同内容的约定属私权范畴，当事人具有自由处分的权利。因此，在双方当事人对于租赁期限的约定并不明确的情况下，首先应当探究当事人真实意思表示，来确定租赁期限，尊重当事人意思自治。

没有约定租赁期限，通常租赁合同双方虽就成立租赁合同关系达成一致，但对租赁合同关系何时终止的问题尚未达成任何合意。例如，因出租人与承租人系亲友关系，出租人与承租人在协商租赁事宜时，约定租期后续再商量，但实际并未商谈。租赁期限约定不明，是指出租人与承租人关于租赁期限有协商过程，但由于双方认识错误等原因，导致未达成明确的协商结果。租期约定不明，又可以分为事实上的约定不明和举证上的约定不明。所谓事实上的约定不明，是指事实上出租人与承租人对租赁期限没有约定或者约定不明确。举证上的约定不明，是指双方对于是否约定以及约定内容各执一词，一方当事人未能提供确切证据证实的约定不明。对于前者而言，可以直接适用推定规则确定租赁期限，而对于后者，应从双方协商的过程、内容等多方面考察，结合当事人证据判断双方是否约定不明。

（二）租期推定规则的主要依据

在租期不明的情况下，可以通过由双方继续协商或者对租期意思进行解释的方式来进一步确定租赁期限。两种方式存在明显的适用顺序，因协商方式更能体现私行为中的意思自治原则，双方协商是第一位救济措施。租赁期限的确定是私行为，不涉及公共利益，因此协商原则贯穿于租赁期限、争议发生，甚至诉讼阶段的全过程。但是，协商方式仍受到一定限制，如因租赁期限最长不能超过20年，超过部分应为无效。在承租人超期转租的情况下，超期部分对出租人无约束力。

双方无法达成协商的，可以适用意思表示解释的方法。不同于双方协商的方式，行使意思表示解释权的主体是人民法院或仲裁机构，并非任何机构都可以享有，因此只有在仲裁或诉讼阶段才有条件对当事人意思表示进行解释，体现法官或仲裁员运用自由裁量权根据合同有关条款、合同性质、合同目的或者交易习惯确定的意思表示的过程，当事人本人或第三人的单方解释并不具有法律上的约束力，对推定意思表示内容没有实质意义。

人民法院或者仲裁机构在行使裁量权对意思表示作出解释时，需遵循意思自治和诚信的基本原则。首先，在出租人与承租人关于租赁期限的合同条款存在模棱两可、模糊不清的情况下，如出租人主张在甲时间到期，而承租人主张乙时间到期，则在确定租赁期限问题时，应当以甲或乙时间到期择一选择，一般不确定争议以外的时间点，这是因为租赁合同是当事人私权范畴，推定当事人意思表示，落脚点仍然是意思表示，应以当事人主张的意思表示为限。其次，诚信原则是市场经济的商业准则，也是信用经济的基础，作为基础的商业规则，在维护交易安全性、公平性发挥着积极作用。因此，诚信原则适用于填补合同漏洞，弥补当事人在租赁合同中对合同条款没有约定或者约定不明确的漏洞。同时，诚用信用原则是一项重要的衡平法，法官在处理民事纠纷过程中，可以根据诚实信用原则，对当事人之间的利益冲突进行妥当的衡量，以确定其利益取舍和排序。[①] 平等主体之间的交易关系，都是各个交易主体因追求各不相同的经济利益而产生的，而各方当事人之间的利益常常会发生各种冲突或矛盾，这就需要借助诚信原则来加以平衡。[②]

具体而言，因内在意思表示通过外观意思表示行为予以体现，在探究当事人真实意思表示要通过结合租赁合同条款、双方协商过程、租赁物处分行为等外在民事行为来判断当事人内心真实意思表示，不考虑当事人潜藏的没有体现于民事行为的内心意思表示。人民法院或者仲裁机构解释的对象只能是表示出来的、确定的意思，而非深藏于内心的意思，此种意思是无法解释的，因为内在的意思无法作为法律

① 参见王利明：《民法总则研究》，中国人民大学出版社2012年版，第131页。

② 参见何孝元：《诚实信用原则与衡平法》，我国台湾地区三民书局1977年版，第6页。

认识的对象。[①]因此，在租期不明情况下，解释当事人意思表示应当考察包括合同有关条款、合同性质、合同目的、交易习惯在内的四个方面内容。

其中，合同有关条款，是指与意思表示有关的合同条款的文意，也就是对合同条款进行文义解释，是指在当事人就意思表示本身的用语发生争议以后，对于有关的用语本身，以一个普通人的合理理解为标准来进行解释，采用合理人的通常文义解释标准是解释当事人意思表示的首要方法。[②]租赁合同的性质，是指租赁合同是出租人出让租赁物的使用、收益权，承租人向出租人支付的合同；而租赁合同目的，是指租赁合同的承租人订立合同是为了通过支付对价获取租赁物的使用、收益权，而出租人的目的是为了获取租金。租赁合同的性质和目的与解释当事人意思表示有着密切的关联性。租赁合同中，交易习惯也是辅助判断租赁期限的重要内容，交易习惯既可以是出租人与承租人长期租赁行为中而形成的固定租期模式，也可以是特定区域或特定租赁物的租赁行业中出租人与承租人的惯常采用的租赁期限。此时，针对租赁期限的交易习惯，不同于常识性知识，应由当事人在一定范围内承担举证责任。需要注意的是，在适用交易习惯规则时，还要以当事人对交易习惯的主张为前提，而不应当在当事人没有主张的情况下直接适用交易规则。

如果合同有关条款、合同性质、合同目的或交易习惯几个因素在解释租赁期限问题上发生冲突时，应当针对租赁期限进行整体解释。所谓整体解释，是指将表达当事人意思的各项合同条款、信件、文件等作为一个完整的整体，根据各方面的相互关联性、争议的条款与当事人真实意思表示的关系、在意思表示中所处的地位等各种因素，来

① 参见［德］迪特尔·梅迪库斯：《德国民法总论》，邵建东译，法律出版社2000年版，第232页。

② See Rechard Bork，Allgemeiner Teil des B ü rgerlichen Gesetzbuchs，2 Auf. Rn. 545ff，S.203ff.

确定所争议的意思表示的含义。[①]整体解释要求意思表示解释不能局限于意思表示的字面含义，也不应当仅仅考虑一方面的因素，而是将各种因素综合考虑，从整体出发来准确地理解当事人真实意思表示。

二、推定不能的法律后果

（一）视为不定期租赁合同

推定规则的重要意义是通过双方协商和意思表示的解释确定租赁期限，避免出租人和承租人处于租赁期限不确定的状态。不定期租赁合同中双方权利义务处于不安定状态，影响了承租人对租赁物的投入改造的积极性，限制了租赁物长期规划使用，不利于维护市场交易的稳定性。但在穷尽救济途径仍不能确定租赁期限的情况下，则只能认定为不定期租赁合同。因此，所谓不定期租赁合同，是指没有约定租期或者租期约定不明，而且事后也不能够确定租期的租赁合同。不定期合同与定期合同最显著的区别是二者的法律效果不同：定期租赁合同中，期限届满时承租人必须交还租赁物，否则构成违约，任何一方均受租赁期限的限制，不得随意解除合同；而不定期租赁合同因为租期尚未确定，所以交还租赁物的时间也不能确定，法律规定通过赋予当事人任意解除权，并对对方的损害作出赔偿的方式，规范出租人和承租人在不定期租赁合同中的权利义务，敦促租赁合同双方及时确定租赁期限的作用。

（二）出租人与承租人可以随时解除合同

无法通过推定规则确定租赁期限的租赁合同，应当视为不定期租赁合同，此时，出租人与承租人享有任意解除权。与约定解除权、一般法定解除权相比较，不定期租赁合同中，当事人的任意解除权具有如下特征：一是法定性。由于任意解除合同的权利来源于法律直接赋予，租赁关系的双方无需在租赁合同中作出约定，也不能以约定排除对方的任意解除权，如果双方约定限制解除权，则不宜再认定构成不

---

① See Robert Hornament，Einf ü hurng in die Rechtswissenschaft und Rechetsphilosophie，4.Auflage，2007，Rn 180f.，S.123.

定期租赁合同。二是任意性。一方面，在行使解除权的主体上没有限制，出租人与承租人均可；另一方面，当事人行使解除权不以一方违约为前提条件，一般解除权行使主体限于守约方，而本条规定出租人和承租人只需在主观上有解除合同的意思表示，客观上合理行使即可。

不定期租赁合同中，当事人行使任意解除权的，应当在合理期限内通知对方，否则不能发生解除合同的后果。现实生活中，因租赁物的种类、特性及使用目的千差万别，因此无法确定统一标准，通常采用“合理期限”的概念。具体而言，关于合理期限的标准，需要在个案中具体分析。实务中，应注重从以下几个方面加以综合考虑：第一，租赁物的性质。一方面是租赁物的客观的自然属性，涉及租赁物是否易于保存，正常使用年限；另一方面是租赁物的市场属性，租赁物在交易市场上是否有替代物以及获取替代物的难易程度这些都与合理期限的确定密切相关。第二，租赁物的使用目的。租赁物是用于临时性或周期性的生产生活使用，还是用于长期的固定生产经营使用，这是出租人与承租人在订立合同时确定的使用用途和签约动机。第三，交易习惯。交易方式的不同也会对合理期限的认定产生影响，交易习惯或惯例是一定地区、特定人群在完成某一类的交易时形成的常见做法，只要是了解或熟知该交易的人，都掌握的规则，该规则可以视为当地的一种习惯法，用以判断和确定期限是否合理，这种方式符合客观实际状况，且没有加重行为人认知交易规则的义务。另外，一方当事人主张解除合同的，应当通知对方，合同自通知到达对方时解除。

【审判实践中应注意的问题】

在不定期租赁合同关系中，法律规定出租人与承租人均可随时解除合同。有观点认为，基于一方行使任意解除权解除合同是依据其单方意思表示产生的结果，合同解除后，另一方有权要求对方赔偿合同解除而遭受的实际损失。我们认为，因缺少租期的约束，不定期租赁合同的出租人和承租人在各自出租和使用、收益租赁物时均承担着同等的市场交易风险，租金上涨时，出租人倾向于解除租赁合同或抬高租金，承租人的商业成本提高；反之亦然。因此在事实上，出租人与承租人面临着相同的商业风险，并且在不定期租赁合同中，出租人与承租人解除租赁是为实现对租赁期限的确定，并非基于另一方的违约行为，因此并不能因解除行为而产生损害赔偿责任，仅在一方未在合理期限内行使解除权，或者未尽到通知等附随义务的情况下承担赔偿责任。

第七百三十一条 租赁物危及承租人的安全或者健康的，即使承租人订立合同时明知该租赁物质量不合格，承租人仍然可以随时解除合同。

【条文主旨】

本条是关于租赁物瑕疵担保责任的规定。

【条文理解】

瑕疵担保责任是租赁合同中出租人的重要义务。在租赁物存在危及承租人的人身安全或者健康的质量瑕疵情况下，出租人应对租赁物的质量瑕疵承担责任，承租人可以随时解除合同的权利，体现了民法中人格权优先保护的原则。正确理解本条规定，应当注意以下几个方面：

一、出租人违反瑕疵担保责任时，承租人享有合同解除权

（一）租赁物瑕疵担保责任的主要内容

租赁合同是出租人出让租赁物的使用、收益权，承租人支付租金的合同。出租人的核心义务是向承租人提供符合租赁用途，具有使用、收益价值的租赁物。出租人承担的瑕疵担保责任包括质量瑕疵担保责任和权利瑕疵担保责任两方面。其中，质量瑕疵担保责任，是指出租人应担保所交付的租赁物能够为承租人依约正常使用、收益。

物的质量瑕疵分为缺陷和瑕疵，前者是指物品存在危及人身、财产安全的不合理的危险；后者是物品具有除危及人身、财产安全的缺陷以外的其他质量瑕疵。据此，针对租赁物是否存在危及安全健康的

质量瑕疵，可以将租赁物的质量瑕疵分为一般质量瑕疵和缺陷瑕疵。两者最主要的区别是，一般质量瑕疵仅造成租赁物使用收益价值的减损，即履行合同带来的财产价值的损失；而缺陷瑕疵，除财产利益损失外，还可能损害承租人以安全健康为内容的人格权。前者可以采用修缮、减少或不支付租金、解除合同的方式弥补承租人的损失，采取救济措施与租赁物无法实现的使用收益价值相称；而后者，承租人可以随时行使解除合同的权利。

（二）承租人解除权的依据

在租赁物具有质量瑕疵时，无论质量缺陷是明显的还是隐藏的，甚至是在当下科学技术水平所不能发现的，[①] 只要能够证明缺陷瑕疵确定存在，承租人就应当承担瑕疵担保责任。尤其是在租赁物具有危及承租人的安全或者健康的缺陷时，承租人可以请求解除合同，这体现民法对人格权优先保护的原则。人格权优先保护原则，是指在财产权与人格权发生冲突时，应当优先保护人格权。这是因为财产虽然也有助于实现个人人格，但发挥的作用是间接性的，而保护人格权是实现个人人格的直接途径。按照人本主义的要求，民法应当充分体现对人的关怀，在财产权与人格权发生冲突时，应当确立人格权的高位阶性和保护的优先性。人格权分为物质性人格权和精神性人格权。物质性人格权，是指以有形的人的物质载体体现的生命、身体和健康权；而精神性人格权，是指基于自由、尊严而产生的无形人格权益。通常来讲，在涉及人格权的保护时，针对物质性人格权和精神性人格权采取不同的保护方式。租赁物危及承租人的“安全或者健康”，涵盖了人的生命权、身体权和健康权在内的物质性人格权。

“危及”这一概念，是指存在现实的、紧迫的、不可避免地会在将来发生危险和威胁。通常情况下，我们的理解“危及”是针对尚未发生的危险和威胁，如果租赁物已经发生了安全危险并在事实上损害

---

① 又被称为物的发展风险。在产品质量法领域，物的发展风险适用免责规则，如果产品具有缺陷是科技发展必然存在的风险，产品提供者因不能预见而免责。但是，当发展风险的存在危及对方的安全或者健康时，对方仍然享有解除合同的权利。

了健康安全，则承租人当然有权解除合同。对于尚未发生的危险，为平衡保护交易安全的利益与尊重人的生命健康价值利益分歧，承租人应当举证证明危害安全健康的危险是必然发生的。具体而言，在判断是否达到“危及”程度时，要以对安全危险认识的合理人标准为判断准则，以一般具有常识的人或具有同等专业知识的承租人认为租赁物是否存在威胁人的健康和安全的隐患为标准，而出租人的主观认识不能作为判断是否构成危及的标准。

值得注意的是，本条规定的承租人可以解除合同，是否意味着租赁物缺陷只能对承租人本人发生危及安全或者健康的风险？我们认为，现实中，关于租赁物的使用情况非常复杂，存在转租、再转租、合伙使用等多种情形，并且无论租赁物是动产还是不动产，承租人并不一定是实际占有、使用租赁物的主体。既然租赁物缺陷担保责任的出发点是保护人格权，那么在人格价值人人平等的观念下，任何占有、使用租赁物的主体的人格权都应获得平等保护，只要存在危及安全和健康的缺陷，承租人都可以随时解除租赁合同。但是，因为租赁合同的主体仅为出租人和承租人，从租赁合同关系出发，仅有出租人和承租人享有合同权利义务关系，因此只能由承租人主张解除合同。

二、承租人解除权的行使

（一）承租人可以随时解除合同

针对租赁物的缺陷瑕疵，承租人可以随时解除合同，承租人的解除权具有法定性和任意性。法定性是指该权利来源系法律直接赋予承租人，无需出租人与承租人在合同中约定，且租赁合同也不能排除承租人的解除权，如果租赁合同约定限制安全瑕疵下的承租人合同解除权，则该部分约定应为无效。任意性是指承租人在发现租赁物具有危及安全健康的情况下，承租人可在租赁期限届满前的任意时间行使解除权。

因解除权的行使，导致既存的合同关系终止，若发生恢复原状的法律效果，则现有的法律秩序会遭到破坏。允许享有解除权的一方在过长的期限内解除合同，会使合同关系长期处于不安定状态，为了维护交易的公平性并兼顾稳定性，因此法律经常通过为解除权设立除斥期间，来限制当事人任意解除合同。但是，在保护承租人人格权的立法宗旨下，承租人的解除权不应当受到除斥期间的限制，承租人有权在知晓租赁物具有危及健康安全的情况后随时提出解除合同。承租人行使合同解除权无需以在合理期限内行使为前提，解除权的任意性体现于随时地、不加任何限制地行使解除权，为物质性人格权提供最大限度的保护。

（二）承租人事先知情不影响行使解除权

通常来讲，承租人明知租赁物存在质量瑕疵或权利瑕疵的情况下，仍与出租人签订租赁合同的，视为承租人自担风险，在租赁合同生效之后，承租人无权要求出租人对瑕疵进行维修、减少租金或者解除租赁关系。风险自担原则的出发点是尊重当事人意思自治和维护交易安全。但是，在租赁物存在危及安全健康的情况下，风险自担原则不能限制承租人的合同解除权，强调了解除权的任意性。即使在订立租赁合同当时，承租人明知租赁物存在危及安全健康的情形，承租人仍有权利在租赁合同期间的任意时间点解除租赁合同。规定的出发点仍然是最大限度地保护人格权，人格权利益高于保护当事人意思自治和维护交易安全的财产利益。

【审判实践中应注意的问题】

一、承租人解除合同后，应如何主张由此造成的损失

出租人具有对租赁物的质量瑕疵担保义务，出租人有义务向承租人提供安全的租赁物，由于租赁物具有危及安全健康的重大瑕疵情况，出租人违反租赁物的瑕疵担保义务，出于优先保护人格权的角度，承租人可以主张解除合同。

但是，租赁合同解除后，关于承租人因合同解除受到的损失，是

否可以主张由出租方承担赔偿责任的问题。我们认为，仍与承租人对于租赁物存在危及承租人安全或者健康的缺陷是否知情，以及租赁物的缺陷是否属于发展风险等内容密切相关。因承租人主张损害赔偿属于财产权保护的范畴，不能适用人格权优先保护的原则。因此，受到承租人风险自担，以及瑕疵具有发展风险性质等因素的影响。例如，如果承租人在订立合同时知晓租赁物存在危及安全健康的风险，则承租人在解除合同后无权要求出租人赔偿未履行部分的可期待利益的损失。

二、租赁物缺陷导致的人身损害赔偿应如何主张

按照租赁合同的性质，出租人有义务向承租人提供可以安全使用、收益的租赁物，当出租人提供的租赁物存在安全质量缺陷时，出租人对承租人承担违约责任。如果租赁物安全质量瑕疵造成承租人或使用人的人身损害，承租人可以选择依据合同要求出租人承担违约责任或侵权责任，在这里构成合同关系和侵权关系的竞合。对与出租人没有租赁合同关系的使用人，出租人作为物权人，应对租赁物造成的人身损害承担侵权责任。第三人因租赁物的缺陷导致人身损害的，该第三人可要求出租人承担侵权责任。例如，在转租情形下，租赁物致害的次承租人可以向物的所有权人主张侵权责任或向与其建立租赁合同关系的出租人主张违约。

第七百三十二条　承租人在房屋租赁期限内死亡的，与其生前共同居住的人或者共同经营人可以按照原租赁合同租赁该房屋。

【条文主旨】

本条是关于承租人死亡后，共同居住人和共同经营人继受租赁合同的规定。

【条文理解】

房屋，既可以用作生活资料，用于人们的生活居住，满足居有定所的需求；又可以用作生产资料，为生产经营活动提供必要的场所，促进社会经济发展，是现代社会最重要的资产之一。房屋租赁合同中，承租人死亡的，共同居住人和共同经营人虽不是租赁合同相对方，不能直接承担合同权利义务，但为了保护承租人的共同居住人和共同经营人经营权的合法权益，法律应对共同居住人和共同经营人继受租赁合同的权利作出规定。对出租人来讲，由承租人的共同居住人或者共同经营人继受租赁合同权利义务，也有利于维护租赁合同关系的稳定性，可以有效保障出租人的租赁权，从某种意义上讲，赋予共同居住人和共同经营人继受租赁合同的权利，也可以增进社会效益。

正确理解本条规定，应当注意以下几个方面：

一、共同居住人和共同经营人继受租赁合同的条件

（一）仅限于房屋租赁法律关系

从租赁物标的上分类，租赁合同可以分为动产租赁和不动产租

赁。不动产租赁是指以不动产作为租赁物的租赁合同，包括房屋租赁、建设用地使用权租赁、土地承包经营权租赁、宅基地租赁等。其中，房屋租赁合同是不动产租赁合同中的重要类型。

依据合同相对性，房屋租赁合同的承租人死亡后，租赁合同已经没有存续的必要，租赁合同应当终止，合同权利义务归于消灭。但是，在房屋承租人存在共同居住人和共同经营人的情况下，应当保护共同居住人和共同经营人的居住权。所谓的居住权，是指对他人所有的住房及其附属设施占有、使用的权利。相较于其他财产，个人对房屋的居住权，关乎人的基本生存需求，体现了人格权优先保护的理念。对于经营人来讲，除了个人居住的权利外，因承租的房屋往往被当作经营的场所，为保障经营的稳定性，应当赋予共同经营人居住的权利。

但是，房屋的居住权必须产生于合法有效的不动产租赁法律关系。在违法的租赁合同中，承租人的租赁权或者出租人的出租权具有瑕疵，甚至可能由此不能对双方产生约束力，共同居住人或者共同经营人亦缺乏居住权产生的合法依据。因此，房屋租赁合同的标的物是未取得建设工程规划许可或未按照建设工程规划许可证的规定建设的房屋，或未经批准或者未按照批准内容建设的临时建筑时，因出租人和承租人之间的租赁合同无效，不发生共同居住人和共同经营人的居住权问题。

（二）承租人死亡

在民法意义上，自然人的死亡既可以是自然死亡，也可以是宣告死亡。承租人在自然死亡后，共同居住人或共同经营人自然享有居住权。同样，在自然人宣告死亡后，由于被宣告死亡的自然人的人格权归于消灭，宣告死亡的法律后果与自然死亡具有一致性，唯一的差别仅在于宣告死亡的自然人具有恢复人格的可能性。因此，无论承租人是自然死亡还是宣告死亡，其共同居住人和共同经营人都可对租赁物享有居住权。[1]

（三）租赁期限尚未届满

前文已述，共同居住人和共同经营人的居住权，以租赁合同的有效为基础，以租赁权存在为前提。在租赁合同签订后，共同居住人和共同经营人对于租赁期限届满后，承租人可能丧失承租权存在预期，其居住权也应受到租赁期限的限制。租赁期限是出租人与承租人权利义务存续的期间，共同居住人和共同经营人的居住权源于承租人的承租权。因此，在租赁期限届满后，承租人死亡的，共同居住人和共同经营人不再享有房屋的居住权。

另外，在房屋租赁合同为不定期租赁合同时，出租人有权随时行使合同解除权以摆脱合同的约束。因此，在承租人死亡后，如果出租人解除不定期租赁合同的，承租人的共同居住人或共同经营人亦不再享有租赁房屋的居住权。如果出租人在承租人死亡后，对其共同居住人或者共同经营人继续使用房屋并未提出异议的，可以认为是出租人与承租人的共同居住人或者共同经营人重新订立了租赁合同关系。

二、共同居住人与共同经营人的范围

（一）共同居住人

所谓共同居住人，是指在承租人生前与其共同生活、居住于租赁房屋的人，且其共同生活、居住状态应持续至承租人死亡时。首先，我国民法规定的民事主体虽包括自然人、法人、非法人组织三类，但在保护共同居住人的生存权的立法目的下，承租人的共同居住人应当限定为自然人。其次，承租人的共同居住人应当是以生活的目的，而存在与承租人共同“居住”的事实，而非是与承租人具有可以继承的“身份”关系。共同居住人基于与承租人共同居住的事实，享有继受租赁合同权利义务的法定权利，这就使得共同居住人的范围应较继承的范围更加广泛，既可以是承租人的亲属、也可以是具有其他社会关

① 参见最高人民法院民事审判第一庭编著：《关于审理城镇房屋租赁合同纠纷案件司法解释的理解与适用》，人民法院出版社2009年版，第248页。

系的人，例如未婚而同居者。应当注意的是，虽然亲属关系身份不是共同居住人的必要条件，但亲属关系对证明共同居住事实往往是有利的，而不具备亲属身份的人证明共同居住的事实状态需要更多证据证实，例如通过缴纳水、电或物业费的凭证或所在社区的证明等证据综合判断。

因此，为避免出租人负担过重，亦有必要对共同居住人的范围进行限定。具体而言，共同居住人应当符合以下两方面的条件：一是房屋对共同居住人具有必要性。以保障基本生活为目的情况下突破合同相对性，应在认定标准上更为严格。房屋应当是共同居住人生活的必要场所，保障其基本生活的必要条件，如果所租赁的房屋对共同居住人来说不是其唯一经常住所，则不应当认定为共同居住人。二是共同居住人具有使用房屋的持续性。共同居住人应当具有与承租人长期共同居住的意思，在承租房屋居住的行为是持续和稳定的，并非临时性借住或者短租，居住时间的长短通常可以作为判断是否构成共同居住人的标准之一。一般而言，与承租人共同居住期限较短的人，不宜认定为共同居住的人，因为其与承租人共同居住的时间较短，可以认为尚未形成稳定的共同生活利益关系。[①] 共同居住人的共同居住状态还应当持续至承租人死亡时，如果共同居住人开始与承租人共同居住，后搬离了承租房屋，则不能认定其还具有共同居住人身份。例如，承租人与共同居住人原是夫妻关系，但两人离婚后，一方搬离了承租房屋，则搬离的一方不再具有共同居住人的身份。一旦共同居住人搬离了租赁房屋，则表明其有其他居住场所，而租赁的房屋不再是其维持生活的必要条件，也就不再享有租赁权。

（二）共同经营人

共同居住人基于生活上的居住事实，在承租人死亡以后，享有继受租赁合同的权利。那么对于非基于生活，而是基于共同经营目的的，对承租人租赁的房屋存在居住事实的共同经营人，是否享有继受

① 参见王利明：《合同法分则研究》（下），中国人民大学出版社 2012 年版，第 301 页。

租赁合同的权益，实践中存在争议。有观点认为，共同经营人对房屋的居住并非出于生活的目的，不能受到生存权的保护，因此不应赋予继受租赁合同的权利。我们认为，承租人将租赁房屋用于生产经营的情况下，往往会将租赁房屋登记为营业场所，因工商登记制度的公示公信力，变更登记需要履行一系列的手续，并且在承租人死亡后，共同经营人的经营活动并不一定终止，变更经营场所对于企业开展经营活动将会造成重大的不利影响。因此，为维护经营活动的稳定性，应当保护因经营而居住在租赁房屋中的共同经营人的合法权益，依法赋予其继受租赁合同的权利。

对于共同经营人的具体范围应当如何认定，实践中亦存有争议。有观点认为，应将共同经营人的范围限定为个人合伙以及个体工商户。其主要理由是，按照我国民法的相关规定，个人合伙以及个体工商户属于人合性质的民事主体，从财产利用和法律责任承担方式上看，与自然人个人财产的利用和责任承担方式一致，体现出连带责任的承担方式。我们认为，承租人的共同经营人，应与双方共同经营的模式加以区别。承租人承租房屋后，自然可以与共同经营人采取不同的经营模式，既可以包括个人合伙或者个体工商户，也可以包括法人或者非法人组织。但是，就共同经营人的范围来讲，也不应当仅限于自然人或者自然人的合伙。主要理由是：首先，虽无论是基于共同生活还是共同经营的目的，在租赁房屋“居住”，都是保护共同居住人或者共同经营人对于租赁房屋居住权利的基础，如果不构成对房屋的居住，生存权或者经营权的保护缺乏依据。但是，居住的事实并不一定表现为物理上的使用，一旦共同经营人在与承租人进行合作的过程中，对外将租赁房屋确定为双方共同经营的场所，就应该认可共同经营人对租赁物房屋具有居住的事实。其次，承租人的共同经营人为法人的，虽然债务承担上受法人财产制度的限制，但是在与承租人共同经营的场合，法人财产亦只是双方合作时，其作为共同经营人承担无限责任的限度。再次，我国法律并不禁止，法人或者非法人组织与自然人共同经营。

三、共同居住人与共同经营人继受权的行使

（一）继受权的行使方式

共同居住人或共同经营人决定继受租赁合同的，应在承租人死亡后的合理期间内，将决定继受合同的事实以适当的方式通知出租人。由于共同居住人或共同经营人的继受权具有法定性，在其继受合同的意思表示到达出租人时，即发生合同继受的法律效力，出租人收到通知后，不能拒绝共同居住人或共同经营人继受合同的要求，也无需另行签订书面合同。如果承租人对于共同居住人或共同经营人身份有异议的，出租人有权提出异议，或者向人民法院或仲裁机构起诉请求确认。

共同居住人或共同经营人决定不继受租赁合同的，可以放弃行使继受权。除可以通知的方式告知出租人不予继受合同的形式外，通常认为，如果共同居住人或共同经营人未在合理期间通知出租人同意继受租赁合同的意思的，也应当是视为共同居住人或共同经营人放弃继受租赁合同。

（二）继受权的行使限制

共同居住人或共同经营人行使合同继受权的，应当受到一定的限制。

第一，共同居住人或共同经营人继受合同的，亦应当按照合同条件继续履行租赁合同。承租人死亡后，其共同居住人或共同经营人依法产生继受租赁合同的权利。也就是说，承租人的共同居住人以及共同经营人有权取得承租人身份，享有承租人基于租赁合同享有的租赁权，继受承租人在剩余租赁期限内的权利义务。因共同居住人或共同经营人的权利义务依附于承租人在租赁合同项下的权利义务，不能超出租赁合同所确定的权利义务的范围，共同居住人或共同经营人应当按照原租赁合同确定的条件继续履行租赁合同。除非经过出租人的同意，无权变更租赁合同内容。如果共同居住人或共同经营人变更租赁合同的条款（如租金、租赁期限等）承租房屋，则视为新的租赁合同

要约，出租人有权拒绝其继续承租。

第二，共同居住人或共同经营人的继受权不能转由第三人行使。基于保护特定主体权益的立法目的，法律赋予承租人的共同居住人和共同经营人在承租人死亡之后，享有继受租赁合同的权利。但是，正是基于合同继受权的法定性，继受主体的范围受到严格限制。共同居住人或共同经营人决定不行使继受权的，因承租人的死亡，租赁合同关系应当终止，而不能依照共同居住人或共同经营人的决定转由第三人行使。

【审判实践中应注意的问题】

共同居住人或共同经营人继受租赁合同虽与继承关系存在本质差别，但是由于共同居住人或共同经营人对合同的继受属于权利义务的概括继受，在继受租赁合同后，共同居住人或共同经营人处于承租人的法律地位，承担承租人的权利义务。对于原承租人生前履行合同的行为，亦对继受合同的共同居住人或共同经营人发生直接法律效力，应由共同居住人或共同经营人承担相应法律后果。如出租人对承租人违约的，共同居住人或共同经营人得以依照租赁合同约定主张由出租人承担违约责任。如承租人生前在履行租赁合同时，具有违约行为的，出租人亦可主张由共同居住人或共同经营人承担相应的违约责任。

第七百三十三条 租赁期限届满，承租人应当返还租赁物。返还的租赁物应当符合按照约定或者根据租赁物的性质使用后的状态。

【条文主旨】

本条是关于租赁合同终止后租赁物返还的规定。

【条文理解】

一、本条规定的背景

该条规定来源于《合同法》第235条的规定，在编入《民法典》时对规定内容基本未做修改，仅就个别文字进行了调整。《合同法》第235条规定："租赁期间届满，承租人应当返还租赁物。返还的租赁物应当符合按照约定或者租赁物的性质使用后的状态。"《民法典》本条第二句在"或者"之后增加了"根据"二字，并未改变《合同法》该条规定的规范原意，仅从文字表达上使之更为精准规范。

《民法典》合同编通则部分，未就合同因债务清偿终止后的权利义务等作出专门规定。典型合同如买卖合同，债权债务人均如约履行合同后，该合同即因债权债务均得到履行而终止，双方自不存在需要继续支付或返还等问题。而租赁合同终止后，承租人继续占有、使用租赁物之法律基础即告不存，必然需要就租赁物之返还等向出租人为合同终止后的清结。本条作为租赁合同一章的具体规定，对转移标的物占有但并非转让标的物所有权的继续性合同终止后标的物返还问题，具有普适性。

二、本条规范性质

《民法典》第235条规定，“无权占有不动产或者动产的，权利人可以请求返还原物”。出租人作为租赁物权利人，在租赁合同到期终止的情况下，依据《民法典》物权编规定，自可请求承租人返还租赁物，因此时租赁期限届满，租赁合同到期终止，承租人继续占有该租赁物已构成“无权占有”。同时，从合同法的角度看，如前所述，虽然《民法典》合同编通则未就合同到期终止后可能涉及的标的物返还问题作出规定，但承租人基于租赁合同而取得占有的租赁物，在租赁合同到期终止后，自应返还出租人。在租赁合同中，通常亦会就合同到期终止或解除后，承租人负有租赁物返还义务作出明确约定。该合同约定和物权编的规定，亦可作为出租人请求承租人返还租赁物的请求权基础。本条作为《民法典》中租赁合同的具体规定，就租赁期限届满后的租赁物返还作出明确规定，亦可直接作为出租人请求承租人返还租赁物的请求权基础。本条第二句对返还租赁物的状态予以明确规定，在法律适用上，主要是作为承租人是否于返还原物之外另负赔偿责任之规范依据。

三、租赁期限届满，承租人应当返还租赁物

在理解本条第一句规定时，除应当看到其明确了租赁合同约定的租赁期限届满后，承租人应当返还租赁物这一出租人返还请求权外，还应当看到，该句亦表明承租人逾期未返还时，可能还需就逾期占用租赁物承担相应民事责任。因为此时，承租人对租赁物的继续占有、使用已经沦为无权占有，承租人没有合法理由占有、使用租赁物，根据《民法典》第985条的规定，出租人作为受损失的人可以请求得利人即承租人返还获得的利益。在租赁合同关系中，承租人获得了财产性利益，该部分利益即应视为前述法律规定的得利人获得的利益。

需要说明的是，出租人在租赁期间届满后，依据《民法典》第235条规定请求承租人返还租赁物，或者依据本条规定请求承租人返

还租赁物，在请求权基础规范上应认为构成竞合，出租人选择何者作为其诉讼主张的依据，并无限制。亦有观点认为，本条第一句规定可以视为第 235 条物权请求权的再现，因而二者实为同一请求权基础。

四、租赁合同解除时的租赁物返还问题

契约之解除与契约之终止在理论上存在不同。前者使契约之效力溯及消灭，从而使契约被视为始未成立，按照作为契约解除效力之理论通说的直接效果说，契约解除后，未履行之债归于消灭，已给付者则发生恢复原状请求权。① 契约之终止是使契约之效力向将来消灭，因而不产生不当得利返还之请求权，不发生恢复原状之义务。② 理论上认为，继续性合同应采契约终止而非契约解除，从而避免当事人在契约效力消灭时就难以实现原物返还的部分产生过重的清算负担，仅就未来尚未履行之债权债务产生消灭之法律效果，双方均无需再负对待给付义务。租赁合同作为典型的继续性合同，理论上应采合同终止制度。我国台湾地区实务观点认为，租赁契约无解除问题，因租赁契约一经合法成立，除有终止原因外，不能以解除之意思表示使之消灭。但也有学者认为，租赁契约成立生效后、双方尚未开始履行前，应当允许当事人解除契约。③ 从我国立法沿革来看，惯采不区分继续性合同与非继续性合同，统一适用合同解除之规定。所证可见《民法典》合同编第 7 章“合同的权利义务终止”，并未区分继续性合同和非继续性合同分别规定合同解除和合同终止制度，而是延续了《合同法》统一使用“合同解除”规定不同债务类型合同解除与终止的规范习惯。根据《民法典》第 557 条第 2 款的规定，“合同解除的，该合同的权利义务关系终止”，即合同解除作为合同权利义务终止的一种具体情形，与该条第一款规定的债务清偿、免除、抵销等使债权债务归于消灭的情形并列。因此，租赁合同无论系因如约履行使得债权

---

① 参见史尚宽:《债法总论》，中国政法大学出版社 2000 年版，第 524~527 页。
② 参见史尚宽:《债法总论》，中国政法大学出版社 2000 年版，第 572 页。
③ 参见林诚二:《民法债编各论》(上)，中国人民大学出版社 2007 年版，第 325 页。

债务得以清偿，抑或因当事人协商一致或一方行使合同解除权而告解除，均产生第557条规定的“债权债务终止”之法律效果。因此，租赁合同解除的情况下，同样产生承租人应向出租人返还租赁物的问题，唯在双方尚需清算违约责任之外，对于租赁物上附合之物的处理，存在与合同到期终止的不同之处。[①]

五、返还租赁物状态问题

根据《民法典》第709条和第714条的规定，承租人在租赁合同项下负有对租赁物的保管义务，该保管义务除了静态意义上善良管理人的注意义务，还包括动态意义上按照约定的方法使用租赁物的义务。虽然按照本法第712条的规定，除当事人另有约定外，出租人应当履行租赁物的维修义务。但理论上认为，租赁物具有生产力的情况下，比如农地、林地等，承租人应负有保持租赁物生产力的义务，承租人违反该项义务造成租赁物毁损灭失的，应对出租人负损害赔偿责任。[②]

按照本条第二句规定，“返还的租赁物应当符合按照约定或者根据租赁物的性质使用后的状态”。租赁物经承租人使用后，其物的状态及价值可能出现两方面的变化：一是经损耗造成价值贬损；二是经生产、添附等价值增加。当然，承租人使用不当造成租赁物损坏的情形，亦可以造成租赁物价值贬损，此种情形依租赁合同约定，通过违约责任的承担予以解决，或者通过侵权责任的承担予以解决。对于承租人正常使用或者因自然损耗造成的价值贬损，根据租赁合同约定的租赁物使用方法、使用方式，以及租赁物性质，均应认为属于本条规

① 《房屋租赁合同司法解释》第11条规定，承租人经出租人同意装饰装修，合同解除时，双方对已形成附合的装饰装修物的处理没有约定的，人民法院按照下列情形分别处理：（一）因出租人违约导致合同解除，承租人请求出租人赔偿剩余租赁期内装饰装修残值损失的，应予支持；（二）因承租人违约导致合同解除，承租人请求出租人赔偿剩余租赁期内装饰装修残值损失的，不予支持。但出租人同意利用的，应在利用价值范围内予以适当补偿；（三）因双方违约导致合同解除，剩余租赁期内的装饰装修残值损失，由双方根据各自的过错承担相应的责任；（四）因不可归责于双方的事由导致合同解除的，剩余租赁期内的装饰装修残值损失，由双方按照公平原则分担。法律另有规定的，适用其规定。

② 参见史尚宽：《债法分论》，中国政法大学出版社2000年版，第190~191页。

定的适法状态，承租人无需对此承担额外的补偿或损失赔偿责任。而对于因承租人的生产、添附等使用而使租赁物价值增加的情形则略显复杂。就承租人以包括生产在内的方式使用租赁物而获得的增值部分，根据《民法典》第720条的规定，应当归属于承租人，承租人自可在返还租赁物时将该部分增值予以保留。[①]就承租人为保持租赁物的生产力而支出的有益费用，在出租人知情且未表示反对的情况下，也应认为承租人可以请求出租人以租赁关系终止时的现存价值为限偿还其费用。[②]对于承租人在租赁期间对租赁物进行改善、增设等情况的处理，则首先应当区分出租人是否同意该改善、增设而分别予以讨论。

根据《民法典》第715条的规定，“承租人经出租人同意，可以对租赁物进行改善或者增设他物。承租人未经出租人同意，对租赁物进行改善或者增设他物的，出租人可以请求承租人恢复原状或者赔偿损失”。对出租人同意承租人进行改善、增设的，该条法律规定没有明确租赁合同到期终止后，改善、增设部分应如何处理。《房屋租赁合同司法解释》第12条对此类情形进行了规定：“承租人经出租人同意装饰装修，租赁期间届满时，承租人请求出租人补偿附合装饰装修费用的，不予支持。但当事人另有约定的除外。”从理论上分析，承租人于租赁物上所为装饰装修，租赁期限届满时，如可以与租赁物分离，承租人自可取回装饰装修物，但如果已构成事实上的附合而难以在不损坏租赁物的前提下分离的，应认为构成民法上的“添附”。按照添附制度的一般理论，房屋出租人作为不动产所有人可以取得添附于其上的动产即装饰装修物的所有权，而由此给被添附动产所有人即承租人造成的利益损失，依不当得利之债的请求权基础，承租人应得向出租人要求予以折价补偿。但按照《房屋租赁合同司法解释》并未采纳上述意见，一方面是因为当时的立法并未明确规定在他人之物上

① 《民法典》第720条规定，在租赁期限内因占有、使用租赁物获得的收益，归承租人所有，但是当事人另有约定的除外。

② 参见史尚宽：《债法分论》，中国政法大学出版社2000年版，第239~240页。

附合动产构成添附，另一方面认为，承租人的装饰装修行为系为其使用而为的添附，无论从继续使用还是装修残值角度看，都未必使出租人受益，而承租人在租赁期限届满的情况下，亦不能一概视为受有损失。[①] 因此对此情形下承租人要求出租人补偿附合装饰装修费用的请求，持不应予以支持的司法态度。对未经出租人同意的装饰装修，根据《民法典》第715条第2款的规定，承租人负有恢复租赁物原状以及对出租人损失予以赔偿之责任，其显然不能因此侵害出租人租赁物权利的行为，取得请求出租人支付相应费用或补偿的权利。

【审判实践中应注意的问题】

一、出租人请求承租人返还租赁物的诉讼时效问题

根据《民法典》第196条第2项的规定，不动产物权和登记的动产物权的权利人请求返还财产，不适用诉讼时效的规定。因而经济生活中常见的租赁物返还，基本上均不适用诉讼时效之规定，可免罹于诉讼时效期间。对于未登记的动产作为租赁物的情形，根据上述法律规定，似不应理解为亦不适用诉讼时效规定，出租人主张该等返还租赁物权利时，仍需考虑诉讼时效期间是否届满的问题。

二、承租人、出租人向对方请求费用补偿或损失赔偿的诉讼时效问题

如前所述，在租赁合同终止时，根据租赁物的具体情况，还可能存在承租人得向出租人主张取回应归属于承租人的产出物、维护租赁物生产能力的合理费用，以及出租人向承租人主张租赁物损失赔偿等情形。该等请求权均为普通债权请求权，应当适用诉讼时效制度，准确认定权利人的主张是否已罹于诉讼时效期间。

---

① 参见最高人民法院民事审判第一庭编著：《最高人民法院关于审理城镇房屋租赁合同纠纷案件司法解释的理解与适用》，人民法院出版社2009年版，第152页、第157页。

第七百三十四条 租赁期限届满，承租人继续使用租赁物，出租人没有提出异议的，原租赁合同继续有效，但是租赁期限为不定期。

租赁期限届满，房屋承租人享有以同等条件优先承租的权利。

【条文主旨】

本条是关于租赁合同续租和承租人优先承租权的规定。

【条文理解】

一、本条规定的背景

本条第1款规定来源于《合同法》第236条的规定，在编入《民法典》时对规定的具体内容未作修改，仅对个别字词予以调整。本条第2款规定为此次《民法典》编纂中的新增条款。

本条规定涉及租赁合同约定的租赁期间届满后，出租人和承租人之间租赁关系延续的两个方面：原租赁合同关系的继续；房屋承租人的优先承租权。二者均旨在稳定既有租赁关系和租赁物使用状态。这主要是考虑到，租赁合同中涉及房屋、耕地等租赁物占有使用的，关系承租人基本生存保障，需对租赁关系的稳定和承租人保护给予特别关注。在我国，由于耕地、林地等租赁法律关系适用《农村土地承包法》等特别法律规定，因而《民法典》中仅需对房屋的租赁关系给予特别关照。当房屋系政策性、保障性住房时，承租人一方的基本生存权应当得到更多保护，原则上应允许继续符合保障对象条件的承租人，持续占有、使用租赁的住房。即使房屋承租人并非基于生活需要承租租赁物，比如租赁底商用于经营门店，经营的稳定性亦具有重要价值。承租人使用租赁物进行生产经营，在固定区域内形成经营品牌、口碑效益实属不易，经营场所即成为该品牌经营的重要因素，也往往是承租人的营利保障。

在经济生活中，租赁期间届满后，承租人继续占有、使用租赁物的情形并不少见，此种情况下，原租赁关系被视为不定期延长，在罗马法上称为默许续租。这一制度规定，在大陆法国家和地区普遍得到承认。《德国民法典》第545条（旧法第568条）规定，“租赁期间届满后承租人继续使用租赁物的，出租人或者承租人未在二个星期内向对方作出相反的意思表示时，租赁关系视为不定期继续。对承租人，继续期限自继续使用租赁物时开始，对出租人，继续期限自知悉使用时开始”。《日本民法典》第619条规定，“租赁期间届满后，承租人继续进行承租物的使用及收益，出租人知之而不述异议时，推定为以与前租赁合同同样的条件，继为租赁”。我国台湾地区“民法”第451条规定，“租赁期限届满后，承租人仍为租赁物之使用收益，而出租人不即表示反对之意思者，视为以不定期限继续契约”。如前所述，我国《合同法》也明确了类似规定，即本条第1款之规定。在《民法典》中继续明确租赁合同到期后虽未经续订，但就承租人继续占有、使用租赁物、出租人未提出异议的情形，使租赁合同关系继续有效，并赋予承租人在租赁期限届满后，享有同等承租条件下的优先承租权，能够实现法政策的上述基本价值导向，维护既存财产占有关系，降低交易成本，亦有利于减少租赁市场中因规则不明带来的相关纠纷。

二、本条规范性质

本条第1款系对租赁期限届满后，承租人继续使用租赁物，出租人没有提出异议情形下，双方之间推定续订租赁关系的规定。由于按照该款规定，出租人与承租人之间的租赁合同关系被认定为继续有效，但租赁期限转为不定期，即双方之间仅租赁期限的约定与原租赁合同约定存在不同，租赁合同其他条款均应被视为继续有效，对双方均有拘束力。出租人和承租人均不能直接依据该款规定，取得对对方当事人的请求权，因而该款规定不能作为请求权基础规范的主要规范。

本条第 2 款明确租赁期限届满，房屋承租人享有以同等条件优先承租的权利，从规范性质上看，系对房屋承租人的赋权性规范，即通过该款法律规定，为房屋承租人创设了优先承租权这一法定权利。

三、租赁期限届满后租赁关系的继续

对租赁期限届满后的继续租赁，民法理论上有谓之租赁期限的更新。更新后的租赁合同，租金及其他合同条款被视为不变，仅租赁期限视为未定期。

根据本条第 1 款的规定，出租人与承租人就继续双方之间的租赁合同关系，并未以口头或者书面形式作出明确意思表示，但在延续双方之前租赁合同关系的合意达成上，出租人和承租人的意思表示方式并不相同。承租人系以“继续使用租赁物”这一积极行为，作出同意继续承租租赁物之意思表示，承租人的继续使用行为是意思实现，成立可推断的意思表示，即从其在租赁期限届满后继续占有使用租赁物的行为，推断出其具有与出租人延续原租赁合同之意思。作为出租人，“没有提出异议”在事实上应属于“沉默”，是否能够产生意思表示的法律效果，仍要寻求明确依据。根据《民法典》第 140 条的规定，“行为人可以明示或者默示作出意思表示。沉默只有在有法律规定、当事人约定或者符合当事人之间的交易习惯时，才可以视为意思表示”。由此可以认为，出租人没有就承租人继续占有、使用租赁物的行为提出异议的沉默行为，因本条第 1 款的法律规定，可以获得被推定为出租人同意延续与承租人之间原租赁合同意思表示的法律效果，进而应认为双方就延续租赁合同关系达成一致意思表示，租赁合同关系得以延续。

由于该等意思表示由法律规定推断得来，推断的内涵和外延亦应遵从法律规定。按照本条第 1 款的后半句，双方同意延续原租赁合同内容的意思表示推断，排除了租赁期间的约定。这一规定从民法典规定体系上理解具有合理性。根据《民法典》第 707 条第二句的规定，“当事人未采用书面形式，无法确定租赁期限的，视为不定期租赁”。本法第 730 条第一句规定，“当事人对租赁期限没有约定或者约定不明确，依据本法第五百一十条的规定仍不能确定的，视为不定期租赁”。即均明确了没有书面形式作出明确约定、无法确定租赁期限的租赁合同，应视为不定期租赁合同。在出租人与承租人未另行达成续租合同或者新的租赁合同的情况下，法律规定通过双方的积极和消极行为可以推断双方具有延续租赁合同关系的意思，而在双方就此达成合意的情况下，租赁期限约定不明并不影响租赁合同关系的继续有效，将法律规定的意思表示推断，仅限于合同关系而未进一步延伸至租赁期限，应视为立法平衡的选择。此时应认为双方未就新的租赁期间达成明确约定，租赁合同期限转为不定期，根据《民法典》第 730 条第二句的规定，任何一方均可以在给予对方合理期限且未解除通知的前提下，随时解除合同。

四、房屋承租人的优先承租权

就承租人的优先承租权，我国台湾地区相关规定中有所体现，“收回自耕之耕地再出租时，原承租人有优先承租之权。自收回自耕之日起未满一年而再出租时，原承租人得以原租用条件承租”。[①] 由于耕地相关法律关系由《农村土地承包法》等特别法予以调整，《民法典》典型合同中的租赁合同规定，并不涉及此类标的物的租赁法律关系。本条第 2 款规定的承租人优先承租权，限于“房屋承租人”，即该项权利仅对特定标的物的承租人赋权。

承租人的优先承租权是此次《民法典》编纂中新增的规定，司法实践中的理解适用问题尚未能得到检视。比照承租人优先购买权，我

① 参见林诚二：《民法债编各论》（上），中国人民大学出版社 2007 年版，第 333 页。

们认为，在理解与适用该款规定时，主要应关注以下几方面问题。

一是该权利性质。承租人优先购买权的权利性质历来存在争议，主要观点可以归纳为请求权、形成权或附停止条件形成权、物权性权利等。对承租人优先购买权的权利性质，《房屋租赁合同司法解释》中的条文虽然涉及这一权利保护和权利行使问题，但未就此作出明确表态，从理解上倾向于认为该权利并为强制缔约请求权而非形成权或物权性权利。[①] 承租人的优先承租权是否在权利性质上亦可界定为请求权，尚未见定论。我们认为，从更好保护承租人权利的角度看，为实现这一立法目的和立法价值，宜将该权利界定为附条件形成权，即在法律规定条件成就时，承租人单方作出的缔约意思表示即可在出租人和承租人之间成立租赁合同关系。

二是权利行使条件。从该款规定看，承租人优先承租权存在两方面的条件：一是租赁期限届满；二是以同等条件承租。前者需要讨论的是，租赁期限届满应当理解为单纯的期限届满，还是在期限届满之外还需要满足出租人存在相应条件下的出租意愿。如果仅系前者，实际上该“条件”已转化为“期限”。我们认为，除国家政策性、保障性住房外，出租人对拥有所有权的房屋是否出租拥有自主决定的权利，因而不应认为只要前一租赁合同期限届满出租人须继续将租赁物予以出租。后者需要讨论的是，“同等条件”应当如何认定。结合《最高人民法院关于适用〈中华人民共和国公司法〉若干问题的规定（四）》和《最高人民法院关于适用〈中华人民共和国物权法〉若干问题的解释（一）》对股东优先购买权和共有人优先购买权法律规定“同等条件”的解释，合同价格、价款履行方式及租赁期限和租金支付期限等均具有重要意义，应当综合作为认定“同等条件”的考量因

① 参见最高人民法院民事审判第一庭编著：《最高人民法院关于审理城镇房屋租赁合同纠纷案件司法解释的理解与适用》，人民法院出版社 2009 年版，第 287 页。

素。[①]此外，租赁合同的特殊性决定了，还应考虑租赁物的用法和用途。不同于前述几种买卖合同，获得支付对价系出让人的核心利益，出租人作为租赁物的所有权人或处分权人，因租赁物的用法和用途直接关系物的价值维持和租金价格，通常对租赁物的使用具有更高关注度，因此该因素亦应纳入租赁条件予以考量。

三是行使方式。房屋承租人优先承租权的具体行使方式亦与其权利定性密切相关。如果按照司法解释起草人对承租人优先购买权的权利定性，认为该权利系强制缔约请求权，则必然要求承租人向出租人发出缔约请求方可实现。如果认为该权利系附条件形成权，则在条件成就时，承租人向出租人发出同意缔约之意思表示，即可认为租赁合同缔结。无论如何定性，承租人获知出租人继续出租的意愿和租赁条件，均是承租人主张优先承租权的前提。因此应当认为，出租人在租赁期限届满并有意愿继续出租房屋时，应当通过适当方式将此信息通知承租人，并给予承租人合理时间作出决定。

此外，承租人优先承租权是否应设有时限，本款规定未予明确。如果租赁合同期限届满后，出租人未立即与他人缔结新的租赁合同，而是将房屋收回自用或予以空置，此后再行出租时，承租人是否仍享有优先承租权则不无疑问。我们认为，为保护承租人优先承租权实现，不应认为租赁合同期限届满后，出租人收回房屋自用或空置后，在与他人签订租赁合同时，承租人即丧失优先承租权，否则该款规定权利很容易被架空而难以实现。但如果对权利不设任何时限，则显然会对出租人自由缔约的权利造成不当限制，而且一旦房屋使用状态被长时间中断，旨在维持承租人继续使用租赁物的立法价值即不复存在，因而应就该权利行使期限进行相应限制。但该限制宜交立法或司法解释进行。

---

① 《最高人民法院关于适用〈中华人民共和国公司法〉若干问题的规定（四）》第18条规定，人民法院在判断是否符合《公司法》第71条第3款及本规定所称的"同等条件"时，应当考虑转让股权的数量、价格、支付方式及期限等因素。《最高人民法院关于适用〈中华人民共和国物权法〉若干问题的解释（一）》第10条规定，《物权法》第101条所称的"同等条件"，应当综合共有份额的转让价格、价款履行方式及期限等因素确定。

【审判实践中应注意的问题】

一、本条第1款规定可否约定排除

我们认为，本条第1款规定应视为对出租人、承租人意思表示的推定，在理解适用该款规定时应坚持该立法原意。从本条规范性质的角度应当认为，该款规定属于补充性规范，即在当事人之间不存在特约的情况下适用。如果当事人之间就此事项存在特约，还应坚持尊重当事人特约优先原则。比如，出租人与承租人明确约定排除出租人沉默行为被推定为同意续租的意思表示，而约定出租人同意必须通过书面形式表达时，不宜轻易否定该约定对当事人的拘束力。

二、出租人可否就根据本条第1款规定推定的意思表示主张撤销

作为对出租人沉默行为所表达意思的推定规则，本条第1款规定在理解和适用时可能会面临是否适用意思表示错误规范的问题。按照目前的理论通说认为，关于欺诈、胁迫、错误的意思表示瑕疵规则同样适用于沉默意思表示，即沉默者可以以受到欺诈、胁迫或者发生错误为由撤销意思表示。但就规则具体适用范围和程度是否应不同于通常意义上的意思表示，理论上存在不同观点。[①]具体到本款规定情形，如果出租人主张对沉默的意义认识错误，比如不清楚其不提出异议则在法律上推定其同意续租，从而要求撤销意思表示的，不应得到支持。

三、本条第1款规定推定的意思表示是否可以被推翻

从理论上看，意思表示推定还可再区分为可推翻的意思表示推定和不可推翻的意思表示推定。前者是允许以相反证据对推论结果加以

① 参见杨代雄：《意思表示理论中的沉默与拟制》，载《比较法研究》2016年第6期。

反驳的推定，后者则不能用证据加以反驳，是一种绝对推论，因而被认为是一种实体法规则。我们倾向于认为，本款所规定的意思表示推定应属于前者，即在当事人可以提供证据证明其继续使用租赁物或未提出异议之沉默行为，并非意在表达续租的意思表示，而是基于其他原因时，不应认为推定的意思表示不可被推翻。唯需注意的是，从举证证明责任的角度看，此时提出新的表意基础事实或者新的表意内容主张的一方，将会承担对该主张举证不能的最终风险，而且结合当事人提出推翻推定的具体事由，还需分辨其与前述意思表示瑕疵规则之间的关系。

四、承租人优先承租权的救济

出租人违反本条第2款规定，未以合理方式通知承租人，或者未给予承租人合理期限以决定是否继续承租，直接与第三人签订租赁合同，侵害承租人的优先承租权时，承租人应如何实现权利救济。我们认为，对此可考虑参照《房屋租赁合同司法解释》第21条的规定[①]，对承租人因此向出租人主张赔偿其遭受损失的，可以予以支持，但对承租人因此要求确认出租人与第三人签订的租赁合同无效的，一般不应予以支持，除非承租人可以证明出租人与第三人之间存在《民法典》第154条规定的情形。

① 《房屋租赁合同司法解释》第21条规定，出租人出卖租赁房屋未在合理期限内通知承租人或者存在其他侵害承租人优先购买权情形，承租人请求出租人承担赔偿责任的，人民法院应予支持。但请求确认出租人与第三人签订的房屋买卖合同无效的，人民法院不予支持。

第十五章　融资租赁合同

第七百三十五条　融资租赁合同是出租人根据承租人对出卖人、租赁物的选择，向出卖人购买租赁物，提供给承租人使用，承租人支付租金的合同。

【条文主旨】

本条是关于融资租赁合同法律概念的规定。

【条文理解】

融资租赁最早产生于20世纪50年代的美国，因其所具有独特的融资和融物双重属性，迅速成为与实体经济联系最为密切的金融交易模式，在支持工业企业设备更新、促进农业经济的规模化、推动航运业发展以及解决小微企业融资难等方面，都发挥了不可替代的重要作用。我国从20世纪80年代开始引入融资租赁交易模式，融资租赁在我国呈持续高速发展态势，不仅新设的融资租赁公司数量持续快速增长，融资租赁业务总量和纠纷数量也呈高速增长态势。

在法律规则方面，1996年最高人民法院制定发布了《最高人民法院关于审理融资租赁合同纠纷案件若干问题的规定》，在立法尚付阙如的情况下，有效解决了实务之需。1999年《合同法》制定时，对该规定的相关内容予以吸收，并在第十四章专章规定了融资租赁合同，成为审理融资租赁合同纠纷案件的主要法律依据。2014年3月，《融资租赁合同司法解释》正式施行，主要针对融资租赁经营实践和审判实务中反映突出、争议较多的法律问题作出了规定。本次民法典编纂，在交易和司法实践基础上，又对融资租赁合同部分进行了必要补充，并吸收了《融资租赁合同司法解释》的许多内容，必将进一步规范和引领我国融资租赁行业的持续健康发展。《民法典》本条规定对融资租赁合同的定义，延续了《合同法》第237条的规定。正确理解本条内容，需重点把握以下几个方面：

一、关于融资租赁合同的定义和特征

《民法典》第735条保留了《合同法》第237条对融资租赁合同的定义，即融资租赁合同是出租人根据承租人对出卖人、租赁物的选择，向出卖人购买租赁物，提供给承租人使用，承租人支付租金的合同，该定义是从权利义务关系的角度作出的规定。根据此规定，在融资租赁合同中，虽然缔约方是出租人和承租人，但合同的履行却涉及三方主体，即出租人、承租人和出卖人。其中，出租人的主要义务是根据承租人对出卖人、租赁物的选择，向出卖人购买租赁物，提供给承租人使用；承租人的义务是支付租金。由此，融资租赁合同具有以下法律特征：

（一）涉及三方主体与两个合同

虽然融资租赁合同的缔约方仅包括出租人和承租人两方当事人，但融资租赁合同的履行通常涉及三个主体，即出租人、承租人和出卖人；涉及两个合同，即除涉及出租人与承租人之间的融资租赁合同外，同时还涉及出租人和出卖人之间的买卖合同。出卖人虽然不是融资租赁合同的缔约方，但融资租赁合同的履行却有赖于出卖人基于买卖合同的交货义务的履行。

（二）出租人根据承租人对出卖人、租赁物的选择购买租赁物

这是融资租赁合同区别于租赁合同的主要特点。租赁合同的出租人是以自己现有的租赁物出租，或者是依自己的意愿购买租赁物用于出租，而融资租赁合同是出租人根据承租人的要求，先购买后出租，

为租而买。

（三）承租人以支付租金的方式，取得对租赁物的占有和使用

从性质上来看，租金不仅是租赁物占用、使用的对价，而且是租赁物购买价格分期负担的对价；从数量上看，租金的价值不仅包括了租赁物的购买价格，还包括了购买价款的利息以及出租人的合理利润。

（四）租赁物具有非典型担保功能

租赁期间，出租人对租赁物有所有权，但此时出租人的所有权仅具担保功能，系出租人收取租赁物的物权保障，租赁物的占有、使用功能均为承租人所享有，出租人不得任意收回或者转让租赁物。

（五）合同期满后租赁物可归承租人所有

租赁期满，承租人和出租人可以根据融资租赁合同的约定，对租赁物的归属作出由出租人收回租赁物、所有权自动转移以及承租人以支付象征性价款留购的不同安排。

二、关于融资租赁合同的性质

融资租赁从诞生之日起，就与买卖、租赁、贷款、担保制度关系密切，既有类似之处，也有各自特点。从大陆法系国家的民法理论来看，要将融资租赁交易模式通过传统民法理论作出合理解释，并非易事。核心问题在于是将融资租赁交易归入到已有的有名合同当中，还是从融资租赁合同的特殊性出发，确立新的独立的融资租赁合同制度。有关融资租赁合同性质问题存有争议，主要有两方面的原因：一是融资租赁交易本身的特点，由于融资租赁合同兼具融资与融物的双重属性，其权利义务关系与租赁合同、保留所有权的分期付款买卖合同、抵押担保合同确实存有一定的相似性；二是在我国金融业管制较严、市场主体获取商业银行贷款普遍较难的背景下，确有一部分市场主体，希望借道融资租赁，以实现贷款融资的目的，对一些地方政府而言，也有缓解资金压力，拓宽融资渠道的需求，而对于掌握资金资源的融资租赁公司而言，则有扩大规模、增进营利的冲动，其结果

是，部分融资租赁业务也被做成了变相贷款的通道，由此产生了融资租赁合同形式与市场主体贷款融资之实的分离。

经过半个多世纪的争论，目前，主导性观点认为，融资租赁是一种特殊的法律关系，已有的法律规范界定不能解决其特殊问题。从我国立法例上看，合同法专章就融资租赁合同作出规定，本次民法典编纂也将融资租赁合同作为一种独立的有名合同予以专章规定。无疑，我国立法对融资租赁合同的性质实际采用的是独立合同说，承认融资租赁合同具有独立性。

三、关于融资租赁合同与其他合同的区别

（一）与租赁合同的区别

与融资租赁合同相比较，《民法典》合同编第14章规定的租赁合同又被称为普通租赁或者一般租赁、经营性租赁。二者主要区别如下：一是租赁物的来源不同。在租赁合同中，租赁物一般系由出租人自有，或根据出租人的自身意愿购买并拥有；而在融资租赁合同中，租赁物虽由出租人出资购买，但多由承租人选定，系根据承租人的意愿购买。二是合同是否有继续性存在差异。租赁合同具有继续性特征，融资租赁合同不具有继续性合同的特征。三是租金的对价基础不同。在租赁合同中，租金是承租人占有、使用租赁物的对价；而在融资租赁合同中，租金大多覆盖了租赁物的购买价格，相当于租赁物所有权的对价。四是解约限制不同。在租赁合同中，承租人可以随时解除合同；但在融资租赁合同中，因租赁物系由承租人选定，一旦承租人解约，租赁物的收回对出租人大多没有更多实质上的经济意义，故一般均禁止承租人中途解约。五是租赁物的瑕疵担保责任和维修义务承担主体不同。在租赁合同中，租赁物的瑕疵担保责任及维修义务由出租人承担；而在融资租赁合同中，出租人承担的功能以融资为主，租赁物系由承租人选定，因此，出租人一般不承担租赁物的瑕疵担保责任和维修义务。

（二）与借款合同的区别

就融资租赁合同与无担保的借款合同相比较而言，前者有租赁物的存在，后者无租赁物的存在；前者有租赁物的所有权转移，后者只有货币的借入与偿还关系；前者一般涉及出租人、承租人和出卖人三方当事人，后者仅涉及借款人与贷款人两方当事人。就融资租赁合同与有物权担保的借款合同而言，前者享有租金债权的出租人拥有对租赁物的所有权，后者借款合同的贷款人仅拥有对标的物的抵押权或者质押权；前者合同期满，租赁物的归属可以有返还、留购或者直接让渡的方式，后者借款人在合同约定的期限内未按期偿还借款的，债权人可就担保物行使优先受偿权。

（三）与保留所有权的分期付款买卖合同的区别

分期付款买卖合同属于买卖合同的一种，出卖人让渡所有权，买受人支付价款，本质上是所有权的交易。融资租赁合同中，出租人对租赁物的所有权是名义上的所有权，出租人从始至终可能都无需占有、使用、支配租赁物，租赁物对出租人而言主要承担担保租金债权实现的功能。承租人支付的租金形式上是租赁物使用的对价，实质上不仅包括租赁物本身的购买价格，还包括出租人提供资金融通作用所支出的必要费用及其正常利润。分期付款的买卖合同到期后，买受人取得所有权；但在融资租赁合同中，租赁物的归属因对承租人的选择权的约定而有所不同，可有直接归承租人、出租人收回租赁物或者承租人以象征性价款留购三种形式。

【审判实践中应注意的问题】

人民法院在审判实践适用本条规定时，应当注意以下问题：

一、关于认定融资租赁法律关系的司法考量因素

《民法典》本条规定从融资租赁合同当事人的权利义务的角度，对融资租赁合同作出了规定，本身并未明确租赁物的性质、租金构成

等因素。但司法实践中，对一些标的物较为特殊的合同以及租金与租赁物价值差距过大的合同是否属于融资租赁合同，存有争议。为此，《融资租赁合同司法解释》第1条第1款规定，人民法院应当根据《合同法》第237条的规定，结合标的物的性质、价值、租金的构成以及当事人的合同权利和义务，对是否构成融资租赁法律关系作出认定。据此，人民法院审理融资租赁合同纠纷时，不能脱离租赁物的性质、租金等因素。比如，仅就租赁本身而言，权利能否成为租赁的对象，不仅在民商法理论上存有商榷的余地，在权利租赁的实际权利义务关系上，实际上也无法适用取回权、瑕疵担保等融资租赁合同的法律规范。因此，人民法院在认定是否构成融资租赁合同关系时，不仅应当审查合同中双方当事人的权利义务关系，还要综合考虑标的物的性质、价值及租金构成等相关因素，注意区分融资租赁合同关系与借款合同关系、融资租赁合同关系与一般的租赁合同关系，以及融资租赁合同关系与分期付款买卖合同等类似合同关系的区别。

二、关于名实不副的融资租赁合同效力认定问题

《融资租赁合同司法解释》第1条第2款规定，对名为融资租赁合同，但实际不构成融资租赁法律关系的，人民法院应按照其实际构成的法律关系处理。因此，对于名实不副的融资租赁合同，不应一律认定合同无效。其实际构成的合同是否有效，一是要审查现行法律对其实际构成的合同关系的效力是否有特殊规定，案涉合同是否符合相关的法律规定；二是要审查其实质构成的合同关系是否具备《合同法》第52条规定的合同无效的法定情形。如果合同既不属于融资租赁合同，也不属于《合同法》所规定的有名合同，从维护交易安全、促进交易形成的角度来说，人民法院也不应简单认定无效，如不属于《合同法》第52条规定的合同无效的情形，可认定为无名合同，并按照合同的约定，确定双方当事人之间的权利义务关系。

三、关于售后回租的合同效力问题

全国人大常委会2019年12月向社会公开征求意见的《民法典草案》，在本条中曾设置有第2款，内容为：承租人将其自有物出卖给出租人，再通过融资租赁合同将租赁物从出租人处租回的，承租人和出卖人系同一人不影响融资租赁合同的成立。但在2020年5月提交十三届全国人大三次会议审议的《民法典（草案）》中，删除了以上售后回租的条款。由此，一直存有争议的采售后回租模式的融资租赁合同效力问题，再次引发关注。

售后回租，又称回租赁，是指承租人为了实现融资的目的，将其自有物的所有权转让给出租人，再从出租人处租回该物使用，并按期向出租人支付租金的交易方式。司法实践中，因售后回租交易的出卖人与承租人归于一体，与传统融资租赁交易的三方当事人存在一定区别，而体现出与抵押借款相类似的特征。反对观点认为，回租赁与融资租赁性质完全不同，它是承租人将自己拥有所有权的物通过一个买卖合同卖给出租人（大多是形式上的），再通过一个租赁合同租回（大多也是形式上的），从出租人处得到出卖款，用于他处，故其本质上就是抵押贷款，是以融资租赁合同为表现形式的抵押借款，其完全不具备融资租赁的融物法律特征。对此，也有观点认为，回租赁业务同样分为融资性租赁（出租人的初始投资回报 = 本金 + 利息）和经营性租赁（出租人的初始投资 = 部分本金 + 利息 + 资产余值或其他收益）两种。国外成熟市场的大概比例是融资性回租赁约占20%，经营性回租赁约占80%，承租人选择回租赁模式的首要原因，是标的物的资产风险转移，通过只支付部分本金和利息同时留给出租人从资产和其他方面获得收益，次要原因是融资。中国市场因为承租人采取融资租赁的目的主要是资金融通（因为信贷供给不足，期限不合理），加上规模性租赁公司为了保持盈利不得不靠不断扩大资产规模（倾向于做大单业务，而大单资产数量较少），因此通过回租赁可以快速扩大业务，导致出现了80% ：20%的倒挂现象。随着中国用户越来越成熟，以及二手市场的发展，这种趋势一定改变。因此，对于回租赁，我们需要抑制的是融资性回租赁，而不应排斥经营性回租赁，因为经营性回租赁不是抵押贷款。

对此，《融资租赁合同司法解释》第2条作出了明确的规定，人民法院不应仅以承租人和出卖人系同一人为由认定不构成融资租赁法律关系。需要指出的说，尽管真实的售后回租交易依法可以构成融资租赁，但在一些交易中，当事人以售后回租为名订立合同，交易实质却不符合《合同法》第237条规定的出租人与承租人之间的权利义务关系，存在以售后回租的形式规避相关法律及政策的情形。如，没有真实、明确的租赁物，售后回租合同中对租赁物低值高买，租赁物上设有权利负担，致使出租人无法取得所有权或无法实现租赁物的担保功能，出租人没有完成取得租赁物所有权的相关手续等。上述情形可能会对融资租赁法律关系的认定及合同效力产生不同程度的影响。因此，认定售后回租合同的合同效力，也应当以认定构成融资租赁合同关系为前提。就个案中售后回租合同的性质问题，也应当综合标的物的性质、价值以及租金的构成、当事人之间的权利义务关系等因素认定。

第七百三十六条 融资租赁合同的内容一般包括租赁物的名称、数量、规格、技术性能、检验方法，租赁期限，租金构成及其支付期限和方式、币种，租赁期限届满租赁物的归属等条款。

融资租赁合同应当采用书面形式。

【条文主旨】

本条是关于融资租赁合同内容和形式的规定。

【条文理解】

一、关于融资租赁合同的内容

所谓合同内容，是指合同中双方当事人经过协商一致，约定双方之间权利义务的具体合同条款。合同条款是合同内容的具体表现形式，合同当事人之间的权利义务，主要是通过合同条款来体现和表达。因此，合同条款在明确当事人之间的权利义务关系，处理当事人之间发生的合同纠纷中，具有十分重要的意义。一般而言，合同作为当事人之间的交易合意，内容由当事人在法律允许的范围内自主约定。融资租赁合同既涉及出租人、承租人、出卖人三方主体的各自权利义务，法律关系较为复杂，因此，本条以法律形式规定融资租赁合同在订立时至少应当包括以下内容：

（一）租赁物名称、数量、规格、技术性能、检验方法等

合同约定以上内容，有利于出租人能够按照承租人的要求购买租赁物，也使承租人能够检查、验证出租人购买的租赁物以及出卖人供应的租赁物是否符合合同约定要求。

（二）租赁期限，租金构成及其支付期限和方式、币种等

合同约定以上内容，对于依法确定出租人和承租人之间的权利义务，意义重大。

（三）租赁期限届满租赁物的归属

在租赁期限，租赁物的所有权归出租人享有。租赁期限届满后，与一般租赁合同不同，融资租赁交易模式可以允许租赁物归出租人或者承租人所有，亦可约定由承租人按一定价款留购。鉴于此，当事人订立融资租赁合同时，应当明确约定租赁期限届满租赁物的归属问题。

二、关于订立融资租赁合同的形式

所谓合同形式，是指当事人之间就设立、变更、终止民事权利义务关系达成一致意见的表现形式。合同形式既是合同内容的外部表现，也是合同内容的一种载体。合同作为一种民事法律行为，与其他民事法律行为一样，需要一定的形式来表现。根据法律规定，合同可以采取书面形式、口头形式或者其他形式等三种方式予以订立。根据本条规定，融资租赁合同应当采用书面形式，而不能采取口头或者其他形式。

书面形式订立合同，主要是指采取合同书、信件和数据电文（包括电报、电传、传真、电子数据交换和电子邮件）等可以有形地表现所载合同内容的形式。通俗地讲，书面形式就是通过文字方式表示当事人之间设立、变更、终止民事权利义务关系的合同形式。书面形式的合同，具有明显的特点，即有文字记载。这一特点决定了书面形式的合同，如果事后发生争议，就可以有据可查，容易分清是非与责任，有利于纠纷的处理。就合同立法与司法实务来看，重大的、关系复杂的合同，应当尽量采用书面形式，以明确当事人之间的权利义务关系。由于融资租赁合同的法律关系比较复杂，融资金额一般较大，履行期一般较长，为了便于当事人正确履行合同，便于合同的监督、检查和管理，有利于仲裁机构和人民法院裁决和审理合同纠纷，本条

规定融资租赁合同应当采取书面形式订立。

【审判实践中应注意的问题】

根据《民法典》合同编通则部分的有关规定，因融资租赁合同应当采用书面形式订立，融资租赁合同自双方当事人在合同书上签字或者盖章时成立；当事人采用信件、数据电文等形式订立合同，并要求在合同成立之前签订确认书的，合同自签订确认书时成立。已成立的融资租赁合同，无需办理批准、登记等手续的，自合同成立时生效；依法应当办理批准、登记等手续的，自批准、登记时生效。

第七百三十七条　当事人以虚构租赁物方式订立的融资租赁合同无效。

【条文主旨】

本条是关于无效融资租赁合同的规定。

【条文理解】

本条是《民法典》融资租赁合同章的新增条文。根据本条规定，确定的租赁物是开展融资租赁业务必须具备的要件，虚构租赁物的，融资租赁合同无效。融资租赁是一种特殊的交易制度，其核心是租赁物。出租人出租租赁物，必须将确定的租赁物交付给承租人，使承租人通过对租赁物的管理和使用，而发挥租赁物的经济功能，最终实现融资和融物的制度功能。融资租赁法律关系的产生、当事人之间的权利义务都与租赁物密切相关。因此，本次《民法典》专门规定，当事人以虚构租赁物方式订立的融资租赁合同无效。近年来，在不少租赁公司的经营业务中，出现了以房地产项目、城市地下管网，乃至城市道路作为租赁物的“融资租赁合同”，有的合同则以权利作为“租赁物”。正确理解租赁物的确定性要件，需重点把握以下几个方面：

一、把租赁物的确定性作为融资租赁必备要件是国际通行做法

域外立法虽着眼于从权利义务的角度界定融资租赁关系，但不少域外立法例同时也对租赁物的范围作出了限制。如美国《统一商法典》同时规定，融资租赁中的货物，是指符合合同要求的一切可移动

的物，或不动产附着物，但不包括货币、资料、票据、账簿、动产契据、一般无体物，以及包含未分离的石油、天然气在内的矿产等。换言之，就融资租赁合同的标的物而言，仅限于有体物，包括不动产附着物，但不包括无体物。《俄罗斯联邦融资租赁法》第3条规定，租赁物为任何可用于经营活动的非消耗物，包括公司和其他资产、建筑物、在建物、设备、交通工具和其他不动产和动产，都可以作为租赁物。土地和其他自然遗产以及根据联邦法律禁止自由流通或限制流通的物不得作为租赁物。国际统一私法协会《国际融资租赁公约》调整的融资租赁关系的标的物仅限于成套设备、资本货物及其他设备。国际统一私法协会《租赁示范法》第1条规定，租赁物是指所有承租人用于生产、贸易及经营活动的财产，包括不动产、资本资产、设备、未来资产，特制资产、植物和活的以及未出生的动物。这一术语不包含货币或有价证券，动产不因附着于不动产或成为不动产的一部分而不再是租赁物。

即使在未就融资租赁的租赁物作出限定的国家，其租赁物也主要集中于设备，房地产融资租赁、权利融资租赁业务较少，或者被归入其他法律关系。如，在日本，不动产作为租赁物在法律上并没有障碍，但由于不动产租赁的交易风险和法人所得税较高，实际交易量很小。20世纪80年代，很多租赁公司从事房地产租赁，及至20世纪90年代泡沫经济破裂后，这些租赁公司大多数都已倒闭。在西班牙，租赁物包括动产和不动产。据西班牙租赁协会2004年的统计，运输工具，主要是大型运输工具占28%；房地产占21%；汽车，主要是企业用或者专业车辆占14%；计算机占2%；其他占4%。

二、我国融资租赁行业监管部门对租赁物范围也有明确要求

2014年，中国银监会修订的《金融租赁公司管理办法》第4条规定："适用于融资租赁交易的租赁物为固定资产"，将租赁物限定为固定资产；商务部、国家税务总局下发的《关于从事融资租赁业务有关问题的通知》第3条规定，试点企业从事融资租赁的租赁物的范围包

括“各种先进或适用的生产、通信、医疗、环保、科研等设备，工程机械及交通运输工具（包括飞机、轮船、汽车等）”，也对租赁物的范围作出了一定的限制。

【审判实践中应注意的问题】

人民法院在审判实践中适用本条规定时，应当注意以下问题：

一、关于以房地产等不动产作为租赁物的融资租赁合同性质认定

对以房地产为租赁物的“融资租赁合同”的合同性质认定问题，争议较大。反对观点认为，以房地产等不动产作为租赁物的融资租赁合同无效。理由是：（1）实质法律关系与融资租赁不符。房地产融资租赁合同中，承租人不是房地产的使用人，而是房地产的开发商、建设者，与融资租赁合同中承租人系租赁物的使用人有显著不同，房地产融资租赁的本质是房地产抵押借贷。（2）房地产项目的融资租赁与融资租赁的功能相背离。从融资租赁合同的产生及功能上来看，融资租赁的标的物主要是企业的生产经营设备。因此，融资租赁也被作为金融资本支持实体经济的重要法律工具。但在我国的实践中，出现了大量以房地产作为租赁物的融资租赁合同，作为租赁物的房地产不是企业厂房，而是开发商开发的房地产楼盘或者地方政府的保障房。认定此类租赁构成融资租赁，实际等于架空了国家的房地产调控政策，也有违金融资本支持实体经济的宏观政策。（3）融资租赁合同的法律规则不适用于房地产融资租赁合同纠纷。一般而言，融资租赁的租金设定与设备的折旧具有对应关系，租期届满，设备大多只剩残值。而房地产项目到期后，租赁物不是剩余残值，而是体现为大幅度增值，因此，相关融资租赁合同法律规则中有关租金设定、租赁物的残值计算、租赁物清算等规则均不适用于房地产融资租赁。（4）从立法上来看，国际统一私法协会《国际融资租赁公约》对租赁物范围表述为

“工厂、资本货物或其他设备（设备）”，并未包括不动产。

支持观点则认为，以房地产等不动产作为租赁物的合同合法有效，应当认定构成融资租赁合同关系。其理由是：（1）作为监管机构的银监会、商务部均未限制房地产租赁，国外立法及国际公约也无禁止房地产租赁的立法例；（2）房地产融资租赁因其租赁物登记公示制度健全，是最安全的租赁物，也是融资租赁公司主要的业务和利润来源，如果认定房地产融资租赁无效，将带来巨大的金融风险；（3）《财政部、国家税务总局关于房产税、城镇土地使用税有关问题的通知》（财税〔2009〕128 号）的第 3 条专门规定了融资租赁房产的房产税问题，明确了房产可作融资租赁；（4）从国际立法趋势看，国际统一私法协会《租赁示范法》第 2 条规定，租赁物是指承租人所有用于经营活动的财产，包括不动产、资本货物、设备、未来财产，特定的产成品、厂房和役畜（包括未出生的役畜），也将不动产包括在内。

我们认为，对此类合同是否构成融资租赁合同关系，仍应从《民法典》第 735 条和第 737 条的规定和个案情况来认定。具体如下：

第一，对租赁物包括企业厂房、设备在内的融资租赁合同，我们倾向于认定构成融资租赁合同关系。理由是，此类租赁物符合银监会及商务部有关租赁物为固定资产的规定，体现出融资与融物相结合的融资租赁特征，也符合通过融资租赁支持实体经济的产业政策。从权利义务关系的设定上来看，将企业的厂房、设备的所有权转移给出租人，并在此基础上建立的融资租赁合同关系符合《民法典》第 735 条有关融资租赁合同的权利义务关系的规定。就商业地产而言，其承租人为融资需要，以融资租赁合同的方式取得商业地产的使用权，并实际占有、使用租赁物，出租人作为租赁物的所有权人，在其物权担保得到保障的前提下，提供融资便利，并不违反法律法规的强制性规定，也并非政府房地产调控政策的调整对象和目标，故也不应以其租赁物为不动产而否定融资租赁合同的性质和效力。

第二，对于以在建住宅商品房项目作为租赁物，以房地产开发商作为承租人、租赁公司作为出租人的“融资租赁合同”，倾向于认定不构成融资租赁合同关系。主要理由是：（1）房地产在建项目尚不具备法律上的所有权，故出租人并未实际取得房地产项目的所有权，此与租赁期间出租人享有对租赁物的所有权的特征相背离；（2）房地产开发商作为承租人，并非租赁物的实际使用人，其租赁在建房地产项目，也并非为使用租赁物，而是通过房地产项目来取得贷款融资；（3）在建房地产并不属于实质意义上的固定资产。我们也注意到，有的租赁公司和开发商为了避免交纳房地产过户的大量税费，而采取了不过户的操作方式，对未过户的，因与出租人对租赁物享有所有权的法律关系不符，我们倾向于明确认定此类房地产融资租赁不构成融资租赁合同关系。

第三，对以城市的市区道路、保障房等限制流通物作为租赁物的“融资租赁合同”，不应认定构成融资租赁关系。融资租赁交易的特点系以购买租赁物、保留租赁物所有权的方式为租金债权提供担保，因限制流通物无法变价抵偿，不具有担保功能，故不适宜作为融资租赁交易的租赁物。实务中，存在以城市的市区道路、保障房等限制流通物作为租赁物的情形，实际上是变相扩大了政府债务的风险，租赁物本身并不具有担保功能，出租人无法取得租赁物的所有权，承租人也不能实际占有、使用租赁物，故此种交易不应当认定为融资租赁合同关系。

二、关于以权利作为租赁物的融资租赁合同性质认定

实践中，以权利作为融资租赁标的的，主要包括两类：一是收费权，如高速公路的收费权；二是专利权、商标权等知识产权。我们认为，以收费权、商标权、专利权为租赁物的“融资租赁合同”，一般不构成融资租赁合同关系，应按照其实际构成的法律关系确定合同的性质、效力及当事人之间的权利义务，理由在于：（1）权利不属于物，租赁物的实质是使用物，但对此类标的物而言，承租人根本无法使用这样的“物”，这已违背了基本的民法权利体系；（2）有关租赁物的折旧、残值的计算和折抵规则均无法适用于此类合同；（3）既有监管规定将租赁物限定为固定资产，即显著排除了权利；（4）从发展

的角度看，租赁物的范围也是一个发展的过程。从最开始的有形物，到今天出现在美国市场的无形物，进而有关物的权利，也都在成为租赁交易的载体，但不以物为载体的各种租赁形式，不属于租赁的研究范畴，只是该载体所属领域对租赁概念的借用；（5）从法律关系的本质来看，收费权的融资租赁实质上是收费权的质押，专利权、商标权的融资租赁多为知识产权的质押或者许可使用。

三、关于以单纯的软件作为租赁物的融资租赁合同性质认定

从融资租赁的实践上看，可以把软件的租赁交易分为两种类型：一种为无实物载体的独立的软件租赁；另一种为依附于设备之上的软件租赁。软件产品的知识产权与物权相比，具有无形性、专有性和可复制性的特征。知识产权的客体是无形财产，而不是物。计算机软件固然要表现为一定的“形”或“体”，但应当把作为著作权客体的软件与作为物权客体的软件产品载体即存储介质的原件及其复制件相区分。根据《著作权法》的规定，对软件存储介质的原件或其复制件享有所有权不等于对软件的著作权。

从本源上来说，所有权属于物权的一种，物权的客体一般是指有体物，根据《民法典》关于融资租赁合同的定义，出租人应当对租赁物享有所有权，但在租赁物为软件的情况下，出租人是否对软件享有所有权，此问题本身便与软件的权利属性相矛盾。我们认为，独立的计算机软件的融资租赁在法律关系上，实际上也是软件的许可使用，以独立的软件为标的物的融资租赁合同与正常的租赁交易有着明显的区别，软件价值也不能起到担保使用费得到清偿的功能。因此，单纯的软件作为租赁标的物的，不应认定构成融资租赁合同关系。

第七百三十八条 依照法律、行政法规的规定，对于租赁物的经营使用应当取得行政许可的，出租人未取得行政许可不影响融资租赁合同的效力。

【条文主旨】

本条是关于租赁物经营行政许可不影响合同效力的规定。

【条文理解】

对于出租人是否应取得租赁物经营使用的行政许可问题，目前的规定主要存在于医疗器械融资租赁领域。根据国务院2000年1月4日发布《医疗器械监督管理条例》的规定，对医疗器械经营企业，实行经营行政许可。未取得《医疗器械经营企业许可证》的，工商行政管理部门不得发给营业执照。在该《条例》具体实施过程中，就医疗器械出租人是否需取得《医疗器械经营企业许可证》问题，国家食品药品监督管理局于2005年发布的《关于租赁医疗器械有关问题的批复》和《关于融资租赁医疗器械监管问题的答复意见》中明确表示，融资租赁公司开展的融资租赁医疗器械行为属经营医疗器械行为的范畴，出租人需取得医疗器械经营许可，方可从事医疗器械融资租赁。

对于上述做法，融资租赁业界和许多学者普遍表示反对，认为这不仅不利于我国医疗卫生事业的健康发展，也严重侵害了租赁公司依法从事融资租赁业务的合法权益，并大大限制了行业的发展，影响了政府依法执政的形象。实务中，已出现有些承租人将《关于融资租赁医疗器械监管问题的答复意见》作为不还租金的借口。有些租赁公司为了避免麻烦，申请领取了《医疗器械经营企业许可证》，但实际上这些租赁公司既没有《医疗器械监督管理条例》要求的相应的经营场地及环境，也没有相应的质量检验人员或技术培训、维修等售后服务能力，这样的变通使监管与实际情况相背离，凸显尴尬。另一方面，按照当前的监管规定，如果出租人未取得《医疗器械经营企业许可证》开展租赁活动，可查处出租人无证经营的行为，但是对承租人也就是医疗机构却没有任何处罚，致使医疗机构对于医疗器械质量把关不严，法律和责任意识淡化。在租赁活动中，部分医疗机构只把目光投向能取得的利益，对租赁过程中应取得的资质、应担负的责任不闻不问，甚至为了规避检查，故意不使用“租赁”“出租”等字眼，只用“投资”或“招商”等用语搪塞，对医疗器械的所有权不作描述，给相关的监管工作带来很大障碍。

本条规定着眼于上述融资租赁实务问题，吸收了《融资租赁合同司法解释》第3条的内容，在立法上有效解决了行政许可与融资租赁合同效力的关系，具有强烈的立法时代性和发展性特征。正确理解本条规定，需注意以下几个方面：

一、观点之争

对于租赁物经营使用应取得而未取得行政许可对合同效力的影响问题，主要有三种观点：

观点之一：应将合同效力与行政审批脱钩，不论是承租人还是出租人有无获得行政许可，都不影响融资租赁合同效力。出租人与承租人之间主要是债权债务关系，对于承租人是否取得行政许可，也不应作为影响融资租赁合同效力的因素。一方面，融资租赁的本质属性在于其融资性，是一种金融业务，出租人提供的是资金产品，而非经营租赁物。出租人不参与设备选择使用，也不参与承租人的具体经营管理，不参加对租赁物的经营使用活动。因此，要求租赁公司取得《医疗器械经营许可证》等行政许可是不合理的。其他如水运、航空等法律（如《海商法》《民用航空法》）等也没有对融资租赁公司开展船舶、飞机租赁有特殊资质要求。另一方面，也没有必要关注承租人是否取得对租赁物经营使用的行政许可。实践中，承租人并非均在签订融资租赁合同之前即取得了有关行政许可，很多都是事后取得；如果对出租人课以审查承租人经营资质的义务，将给出租人在业务经营中增加不合理的负担，将不利于整个行业的发展；租赁物的经营使用需要取得行政许可是对承租人具体经营使用租赁物的监管，属于承租人取得租赁物后是否合法使用的问题，故不应当影响融资租赁合同的效力。

观点之二：出租人不需要具有租赁物经营许可，但要求承租人必须具有租赁物的经营许可。如出租人明知承租人应取得而未取得该项行政许可，则应认定融资租赁合同无效。现行规定要求租赁物涉及医疗设备时，要求融资租赁公司与承租人同样要取得相应的经营使用行政许可，加重了融资租赁公司的负担。设备的实际使用人是承租人，取得相应行政许可是承租人而非出租人的义务，只要承租人取得相应的资质即可。对于因承租人未取得该项行政许可，对融资租赁合同效力的影响也应作出明确。如果承租人和出租人都没有租赁物经营许可而继续认定合同有效，将架空法律、行政法规设立行政许可的立法目的。

观点之三：对承租人未取得相应行政许可的融资租赁合同应认定无效，但将承租人取得租赁物经营使用行政许可的时间应限制在一审诉讼前。主要理由是，在最高人民法院已经出台的相关解释中，对合同效力的补正均采取限制补正时限的做法，以避免法律关系长期处于不稳定的做法。对此，有关司法解释一般将合同效力的补正限制在一审诉讼前（如买卖未取得预售许可的商品房买卖合同的效力补正、转让划拨土地使用权的合同效力补正），有利于避免法律关系在进入法院诉讼后仍处于不稳定状态。

二、选择理由

我们认为，租赁物经营使用的行政许可约束的是承租人利用租赁物开展的经营行为，并不涉及出租人与承租人之间的合同效力问题。

对于根据法律、行政法规的规定经营使用租赁物应当取得行政许可的融资租赁合同，其合同效力与租赁物的经营使用是否取得行政许可没有必然联，主要理由如下：

第一，融资租赁是以融物的形式达到融资目的的业务。融资租赁涉及两个合同、三方当事人，三方当事人相关权利义务分别体现在两个合同当中。租赁公司根据承租人对租赁设备和供货人的选择提供资金取得租赁设备的所有权，并出租给承租人使用。租赁设备的生产、规格、型号、质量标准、价格、交付、安装、调试、质量检验、技术培训、维修保养、售后服务等都主要发生在承租人和出卖人之间，租赁公司不承担除提供融资和保证平静占有之外的更多的义务，即租赁公司不经手租赁物的经营使用，仅仅是为了实现收取租金的目的而将租赁物的所有权保留在手中，以加强对债权的保障。因此，法律、行政法规对租赁物经营使用要求取得行政许可的规定，主要是对租赁物出卖人、承租人而言的，而不是出租人的义务。从此点看，在没有其他影响合同效力要素存在的情况下，如仅以出租人未取得行政许可为由，认定融资合同无效，是不符合融资租赁法律关系特点的。

具体到医疗器械融资租赁领域，《医疗器械监督管理条例》对医疗器械经营企业在医疗器械售前的存放环境、质量检验、技术培训和售后跟踪服务等方面有着特定的要求，从保证医疗器械的安全、有效，保障人体健康和生命安全的角度来看，这些规定有其必要性和合理性，但按照我国目前的交易习惯，这些责任应由医疗器械的生产厂家、销售商和具体操作使用者来承担。商务部在2005年发布的《外商投资租赁业管理办法》中对融资租赁公司的业务范围给予界定，其中明确将医疗设备列为租赁财产的范畴，租赁公司从事医疗设备的融资租赁，同从事其他设备的融资租赁一样，不需要经过特别审批、取得特殊的资质。融资租赁公司在开展飞机、轮船、车辆以及食品生产设备等的融资租赁业务时，其相应行业的行政管理部门，也仅仅是要求出卖人或承租人具备经营资质，并未对融资租赁公司提出办理经营资质的要求。《合同法》《医疗器械监督管理条例》等法律法规既未禁止融资租赁公司从事医疗设备的融资租赁业务，也未明确规定融资租赁公司从事医疗设备的融资租赁业务时需要先行办理《医疗器械经营许可证》方可从事经营活动。在司法审判中，如仅以出租人未取得行政许可为由，认定融资合同无效亦缺乏法律依据。

第二，从行政许可与合同效力的关系来看，未经行政许可也并非当然导致合同无效。在处理行政许可与合同效力关系上，应坚持的基本立场是，行政许可是对合同自由原则的限制，在市场经济条件下，应当选择对当事人合同自由干预最小的方式。正如我国台湾地区学者苏永钦所言："市场经济既是建立在理性经济人的假设上，支撑市场经济的民法就只有信任自治一途，也就是说，听由交易者间以相互约束的契约来实现利益交换，国家以公权力作为契约的后盾。只有在契约内容已制造高度的外部成本——违反伦理或法令时，国家才会否定其效力，对于契约的履行、修改、责任追究，国家也都不主动介入。"从通说来看，法学理论界和实务界无论是站在立法论还是解释论立场，均倾向于认为，对于依法需经行政审批才生效的整体合同，未经审批也不必然导致无效。从维护私法自治和交易安全的精神出发，多主张将行政许可与合同效力相分离。将租赁物经营使用行政行可与融资租赁合同的效力脱钩，与行政许可及合同效力关系立法理论及通说亦相契合。

【审判实践中应注意的问题】

人民法院在审判实践中适用本条规定时，应当注意以下问题：

一、关于承租人未取得行政许可是否影响合同效力问题

按照本条规定，在无其他影响合同效力的要素存在的情况下，人民法院不应仅以出租人未取得行政许可而认定融资租赁合同无效。但从反面也可能被理解为，如果承租人未取得行政许可，则可认定合同无效。我们认为，这样的反面理解是不妥当的。无论从法理上解释，还是从促进融资租赁行业发展来看，亦不能仅以承租人对租赁物的经

营使用未取得行政许可而认定合同无效。租赁物的经营使用需要取得行政许可是对承租人具体经营使用租赁物的监管，属于承租人取得租赁物后是否合法使用的问题，不应当影响融资租赁合同的效力。在一些情况下，承租人取得相应行政许可要以其取得租赁物为前提，为避免承租人事后未取得许可而影响出租人合法权益并因此产生大量纠纷，将合同效力与行政许可完全脱钩是妥当的。需要指出的是，尽管承租人是否取得行政许可不影响合同效力，但并不意味着承租人完全不用承担其他法律责任。对于未经行政许可而经营使用特定租赁物的，有关行政机关仍可依据法律、法规追究承租人的行政责任，情节恶劣的，甚至可以依法追究刑事责任。

二、关于项目许可是否影响合同效力问题

1996年公布、现已废止的《最高人民法院关于审理融资租赁合同纠纷案件若干问题的规定》第5条规定："融资租赁合同所涉及的项目应当报经有关部门批准而未经批准的，应认定融资租赁合同不生效"。对此，《融资租赁合同司法解释》对此条并未作保留规定。那么，本条是否适用于使用融资租赁设备的整体项目需要取得行政许可的情形，还是仅适用于经营使用租赁物行为本身需要取得行政许可的情形？例如，承租人为建设电厂，以融资租赁方式购买发电设备，但发电项目的审批可能要数年的时间，并且有可能最终未获得审批，如因此而导致融资租赁合同无效，将大大增加租赁公司的经营风险，而且在售后回租模式下，承租人将审批过的已经建成的项目出售给出租人取得资金，然后从出租人处租回使用该项目。但是承租人拿着出售资产的资金投入到其他在建的、与租赁项目无关的、未经国家有关部门审批的项目中，完全可以规避项目报批义务。对此，我们认为，本条仅适用于经营使用租赁物行为本身需要取得许可的情形，而使用租赁物从事的工程或项目是否需要取得许可，亦不影响融资租赁合同的效力。因此，对于使用融资租赁设备的整体项目需要取得行政许可的情形，不适用本条的规定。

第七百三十九条　出租人根据承租人对出卖人、租赁物的选择订立的买卖合同，出卖人应当按照约定向承租人交付标的物，承租人享有与受领标的物有关的买受人的权利。

【条文主旨】

本条是关于出卖人与承租人在与融资租赁相关的买卖合同中权利义务的规定。

【条文理解】

典型的融资租赁交易包括三方当事人和两个合同，即出租人与承租人之间的融资租赁合同和出租人与出卖人之间的买卖合同。其中，买卖合同系为融资租赁合同而订立，融资租赁合同是买卖合同订立的前提。但根据法律规定，融资租赁合同仅指出租人与承租人之间的融资租赁合同，而未囊括出租人与出卖人之间的买卖合同，因此，在融资租赁交易中如何确定出卖人与承租人之间权利义务，成为立法必须解决的现实问题。正确理解本条规定，需重点把握以下方面：

一、有限突破买卖合同相对性的必要性

本条规定既是突破买卖合同相对性原则的一个重要体现，也是融资租赁合同与一般租赁合同的一个重要区别。在一般租赁合同中，出租人是将自己现有的物或者根据自己的意愿购买的标的物出租给承租人，承租人与出卖人之间无直接的法律关系，出租人承担租赁物的瑕疵担保责任。在融资租赁合同中，租赁物即是买卖合同的标的物，两个合同有密切联系。融资租赁合同最重要的法律特征就是融资与融物

相结合，融资为融物服务。买卖合同是出租人根据承租人对出卖人和租赁物的选择订立的，作为买受人的出租人只承担支付货款的义务，而承租人是租赁物的实际占有、使用和收益人，且更为了解租赁物及出卖人。出租人实质上是为承租人购买租赁物提供资金，真正的买卖双方实际上是承租人和出卖人，故出卖人应直接向承租人履行买卖合同项下包括交付租赁物在内的相关义务，这充分体现了融资租赁交易的融资性特征。从鼓励和促进交易的角度，虽然承租人不是买卖合同的当事人，法律直接规定承租人对出卖人享有与受领标的物有关的买受人的权利，显得尤为必要。

需要进一步指出的是，在融资租赁合同中，出租人一般不承担租赁物的瑕疵担保责任，也不承担租赁物迟延交付的责任。出卖人不仅应向承租人直接交付标的物，而且应承担租赁物的瑕疵担保责任。这是因为，租赁物本身存有质量问题，根本原因是出卖人没有按照合同的约定履行交付符合合同约定的质量标准的租赁物。

二、关于承租人对出卖人的权利范围

根据本条的规定，承租人可以向出卖人主张的权利范围，包括两个方面：

第一，出卖人应当按照约定向承租人交付标的物。出卖人应当按照买卖合同规定的数量、规格、技术性能以及履行期限、履行地点和履行方式等，向承租人直接交付标的物，并应当承担标的物的瑕疵担保责任。出租人对租赁物的质量、数量等问题一般不承担责任，对出卖人迟延交付标的物的，也不承担违约责任。

第二，承租人享有与受领标的物有关的买受人的权利。即出租人在买卖合同中享有的买受人的权利，只要是与受领标的物有关，承租人都享有。例如，承租人有权获得按照约定或者交易习惯，由出卖人应当向买受人交付提取标的物单证以外的有关单证和资料；因标的物不符合质量要求，致使不能实现合同目的的，承租人可以拒绝接受标的物；出卖人多交标的物的，承租人可以接收或者拒绝接收多交的部分，但应及时通知出卖人。

第七百四十条 出卖人违反向承租人交付标的物的义务，有下列情形之一的，承租人可以拒绝受领出卖人向其交付的标的物：

（一）标的物严重不符合约定；

（二）未按照约定交付标的物，经承租人或者出租人催告后在合理期限内仍未交付。

承租人拒绝受领标的物的，应当及时通知出租人。

【条文主旨】

本条是关于承租人拒绝受领标的物法定情形的规定。

【条文理解】

在融资租赁交易实践中，通常情况下，出卖人直接向承租人交付标的物，承租人按合同约定受领标的物，除非另有约定，出租人一般不承担交付和受领标的物的义务。由于合同法的融资租赁合同章仅规定承租人享有受领租赁物的权利，而未对承租人在何种情况下可以拒绝受领租赁物直接作出明确的规定，且承租人的受领义务跨越融资租赁合同与买卖合同两个合同，故在司法实践中，对承租人拒绝受领的条件、方式及效力问题，常存有争议。民法典在编纂过程中，吸收了《融资租赁合同司法解释》第5条的内容，通过本条规定明确了承租人拒绝受领标的物法定情形。正确理解本条规定，需重点把握以下方面：

一、承租人拒绝受领标的物的常见原因类型

引发承租人拒绝受领标的物的原因，通常包括以下几种情况：

（一）标的物存在质量瑕疵

如标的物可能确实存在一定质量瑕疵，与合同约定不完全相符，但质量瑕疵是否足以产生承租人拒绝受领的法律后果，各方认识不一。通常情况下，承租人对质量和技术标准的要求往往比较严格，而出卖人通常倾向于相对较低的标准。

（二）出卖人未按合同约定交付租赁物

比如，在交付方式上与合同约定不符，在交付时间、交付地点和交付的手段及形式上没有完全遵守合同约定，以至于出现延期交付、部分交付或其他不符合合同约定的情况，进而影响承租人正常使用标的物，并可能造成一定的损失，由此引发纠纷。

（三）在承租人拒绝受领标的物的法律后果上存有争议

出租人与承租人通常会围绕承租人拒绝受领标的物后是否还要继续履行融资租赁合同项下包括支付租金在内的主要义务的问题上产生纠纷。承租人认为标的物不符合约定，融资租赁合同目的无法实现，不应继续履行支付租金等义务；出租人则认为标的物不符合约定的责任不在自己而在出卖人，且出租人已经履行了支付价款购买标的物的主要义务，承租人作为标的物和出卖人的选定人，理应承担选择的风险，同时因承租人享受买卖合同项下买受人的权利，可以直接向出卖人提出索赔，但索赔的结果不应影响承租人对出租人履行支付租金的义务。此外，也不排除承租人因其他原因，不想再继续履行融资租赁合同的义务，又不想承担违约责任，便以标的物存在质量问题或交付方式上存在问题为借口，试图逃避违约责任。

二、承租人拒绝受领标的物的法理基础

受领标的物，既是承租人的权利，也是承租人的义务。作为义务，承租人应当按照合同约定的时间、地点、验收方法接收标的物；

作为权利，承租人有权接收标的物，出卖人不得拒绝将标的物交付给承租人。无正当理由不接受标的物的，应当承担相应的迟延履行责任或违约责任。承租人享有受领和拒绝受领标的物的权利，源自承租人在受领标的物方面，取得了买卖合同项下与出租人同样的买受人地位，相当于成为买卖合同的当事人之一。

由此，承租人拒绝受领标的物的法理基础，在于出卖人履行标的物的交付义务不符合买卖合同的约定。出卖人应当按照买卖合同的约定全面履行交付义务，其履行瑕疵主要表现为两个方面：一是物本身存在瑕疵，不符合合同约定；二是交付时间不符合约定，影响了承租人按期取得、使用标的物。

就标的物的瑕疵而言，因融资租赁交易涉及两个合同、三方利益，如果仅有微小的质量瑕疵，即允许承租人拒绝受领标的物，进而导致买卖合同与融资租赁合同的解除，在事实上也不利于融资租赁合同的正常履行。因此，有必要对承租人拒绝受领标的物的条件作出必要的限定。如果标的物的质量问题严重，不符合合同约定的技术标准、有重大缺陷或瑕疵以至于承租人无法正常使用的，将导致承租人无法实现合同目的。此时，应当允许承租人拒绝受领标的物，并通过融资租赁合同或者买卖合同向出卖人或出租人主张进一步的合同救济。

就逾期交付而言，可能存在出卖人迟延交付或者未交付的情形。融资租赁合同的标的物，多为大型机械设备或者交通运输工具，其运输、安装、检验乃至进口报关手续等相对更为复杂，故出卖人逾期交付的情形比较常见。如仅因非出卖人的过错导致标的物交付的短暂迟延，又未影响承租人正常使用的，即允许承租人拒绝受领标的物，对出卖人的要求显然过于苛刻，也不利于整个融资租赁交易的正常履行。因此，有必要对逾期交付的情形作出适当限制。

需要说明的是，虽然在融资租赁交易中，承租人享有买卖合同项下与出租人同样的买受人地位，出卖人也向承租人直接承担买卖合同项下的全部义务，但出租人毕竟是标的物名义上的所有权人以及买卖合同的当事人之一，如果买卖合同出现问题，出租人应当享有知情权，因为这涉及出租人的切身利益，出租人是重要的利益相关人。如果由于标的物交付不成而影响合同正常履行，则出租人也会受到承租人拒绝履行合同义务的影响。故承租人拒绝受领标的物后，应当立即通知出租人。如果没有及时通知出租人而造成损失的，承租人应当承担相应的责任。

三、承租人拒绝受领标的物的具体认定标准

如前所述，承租人拒绝受领标的物的条件主要包括两个方面：一是标的物本身的质量问题；二是交付方式存在问题。这两方面都可能存在不符合或不完全符合合同约定的情况，关键是不符合达到什么程度可以被拒绝受领。有观点认为，只要标的物本身质量或交付方式存在任何不符合合同约定的情形，承租人均有权利拒绝受领标的物，如同买卖合同标的物一样，只要存在任何质量方面的瑕疵，则买受人有权拒绝受领或要求换货、退货并赔偿损失等。也有观点认为，只有当标的物不符合合同约定已达非常严重的程度，或标的物的交付方式与合同约定的方式有很大差距，以至于承租人无法正常占有和使用标的物并从中受益，从而导致融资租赁合同目的无法实现的情况下，承租人才可以拒绝受领标的物，并向出卖人提出索赔。

我们认为，融资租赁是一项以融物为依托的融资行为，具有较强的融资性特征，且一般资金量较大，租期也较长，通常都在几年甚至十几年，涉及的标的物通常也都是用于生产经营的大型机器设备，其中很多都是专门按承租人的要求定制的特种设备，这与一般买卖行为中的普通标的物有很大不同，与传统一般融资在资金量、租赁期间和标的物特性等方面也有较大差异，二者不可同日而语。出租人按照承租人的要求，与承租人选定的出卖人签订了标的物的买卖合同，并支付了购买标的物的价款，应当被视为已经履行了融资租赁合同项下的主要义务。从尽可能维护交易稳定性的角度出发，应尽量努力促使合同能够继续履行，对承租人拒绝受领标的物的条件不宜放得过宽。同

时，也应给予出租人或出卖人合理的补救机会，允许其在合理期限内对不符合约定的标的物进行维修、调试、更换或重新生产等，以达到合同要求，符合承租人的使用标准。从实际出发，在承租人拒绝受领标的物的判定条件上，应以是否能够实现承租人的使用目的为标准。

【审判实践中应注意的问题】

人民法院在审判实践适用本条规定时，应当注意以下问题：

一、关于承租人不当拒绝受领标的物对出租人损失赔偿问题

承租人接受标的物，是其履行融资租赁合同中的标的物受领义务的要求；承租人拒绝受领标的物，势必对融资租赁合同及买卖合同的履行产生影响，从而直接影响到出租人的利益。由于在实践中出租人多不参加标的物的实际交付，如承租人未及时告知其拒绝受领标的物的事实，可能导致出租人的损失。根据诚信履约和全面履行的合同法的一般履行原则，承租人应当将拒绝受领标的物的事实及时告知出租人。如果承租人没有及时通知出租人而造成损失的，承租人应当承担相应赔偿责任。根据《融资租赁合同司法解释》第 5 条第 3 款的规定，承租人拒绝受领租赁物，未及时通知出租人，或者无正当理由拒绝受领租赁物，造成出租人损失，出租人向承租人主张损害赔偿的，人民法院应予支持。

二、注重审查承租人正当拒绝受领标的物系出卖人还是出租人原因引发

承租人拒绝受领标的物符合本条规定的，人民法院予以支持。与此同时，人民法院在审判过程中应着重查明承租人正当拒绝受领标的物，是由出租人还是因为出卖人的原因引发。区分出租人原因和出卖人原因，对于后续矛盾纠纷的法律处理具有重要意义。如果是因出租人没有履行支付价款购买标的物的义务而造成出卖人没有交付，则由

出租人承担责任；如果是出卖人的责任造成标的物严重不符合合同约定或交付方式不符合约定的，则出卖人承担违约责任，出租人不承担责任，承租人直接向出卖人索赔，且索赔结果不影响承租人履行支付租金的义务。

另外，考虑到融资租赁交易涉及的资金量大、租赁期间长，标的物通常为大型机器设备，甚至是专门为承租人定制的特种设备等因素，人民法院从尽可能维护融资租赁交易稳定性及融资租赁合同正常履行的角度出发，依法认定承租人拒绝受领标的物是否符合法定条件，允许出卖人或出租人合理期限内采取必要的补救措施，避免因一些程度较轻的违约行为导致承租人拒绝受领标的物并引发更多纠纷。

第七百四十一条 出租人、出卖人、承租人可以约定，出卖人不履行买卖合同义务的，由承租人行使索赔的权利。承租人行使索赔权利的，出租人应当协助。

【条文主旨】

本条是关于承租人可以直接向出卖人行使索赔权的规定。

【条文理解】

所谓索赔权，是指当义务人不履行义务而给权利人造成损失时，权利人依法享有向义务人索赔因此而造成的损失的权利。在典型的融资租赁交易关系中，存在着承租人、出租人、出卖人三方当事人。当出租人根据承租人的指定，出资向出卖人购买租赁物后，租赁物的所有权即转移给出租人，出租人作为买受人应当享有因出卖人违反合同规定而造成损失时要求出卖人赔偿的权利。但由于融资租赁合同的特殊性，在买卖合同中，作为买受人的出租人的主要义务就是支付价款，由于租赁物是由承租人指定购买的，对其性能和生产要求等，出租人往往缺乏了解，很难对出卖人提供的租赁物做检验和判断。同时，租赁物的使用权也属于承租人，为了保证租赁物符合要求，便于解决其在使用中出现的问题，出租人往往将选择由谁来提供何种品质、规格的租赁物的决定权赋予承租人，并由承租人负责收货验收，发现质量技术问题时，由承租人直接与出卖人交涉，即出租人将索赔权转让给承租人。对由于出卖人的过错，如租赁物质量不合格或者迟延供货等原因所造成的损失，承租人可以直接向出卖人行使索赔权而得到赔偿。承租人行使索赔权，不仅可以保证买卖合同的标的物符合承租人的要求，也便于合同纠纷的解决。正确理解本条规定，需重点把握以下方面：

一、关于承租人向出卖人直接行使索赔权的法定条件

在一般的买卖合同中，出卖人不履行合同义务时，是由买受人享有和行使索赔权。但融资租赁合同所涉及的买卖合同，不同于一般的买卖合同。虽然承租人不是买卖合同的当事人，但在出卖人不履行合同义务时，由承租人行使索赔权，承租人直接向出卖人追索因此而受到的损失，既可以简化法律关系，又可以降低索赔成本。但是，承租人毕竟不是买卖合同的当事人，承租人直接行使索赔权，根据本条规定，需取得出租人、出卖人的一致同意。主要理由在于，承租人行使买卖合同中的索赔权，是基于出租人在买卖合同中的权利让渡而来，所以，承租人行使索赔权，首先需要经出租人同意，使出租人将其索赔权转让给承租人。同时，承租人索赔权行使的对象是出卖人，出卖人要向其并不负有合同义务的人承担因不履行合同义务而产生的责任，必须基于自愿。所以，承租人行使索赔权，还需要经出卖人同意。只有在出租人、出卖人一致同意的情况下，承租人才能够行使索赔权。

另外，根据本条规定，出租人对承租人行使索赔权负有法定协助义务。由于承租人并非买卖合同的当事人，对出租人与出卖人订立买卖合同的情况、履行的条件等并不一定完全掌握。为保证承租人能够顺利行使索赔权，保证其因出卖人不履行买卖合同义务而受到的损失能够得到赔偿，本条要求出租人协助承租人行使索赔权。

二、承租人向出卖人行使索赔权的主要情形

出卖人交付的租赁物本身不符合合同约定时，承租人根据索赔权可以向出卖人提出如下主张：

（一）修理、更换

当出卖人交付的租赁物不能正常使用时，根据租赁物的具体情

况，承租人可以请求出卖人负责修理或者另行交付无瑕疵的租赁物，并承担因修理、调换而支付的实际费用。

（二）折价补偿

如果出卖人交付的租赁物虽不符合合同约定，但不影响使用，而承租人也愿意继续使用的，要求出卖人折价用以抵偿部分租金。

（三）支付违约金

在出卖人交付的租赁物不符合合同约定时，承租人可以请求出卖人支付约定的或者法定违约金。在违约金不足以抵偿损失时，承租人还可以要求出卖人支付损害赔偿金。

（四）解除合同并赔偿损失

当出卖人交付的租赁物由于质量问题无法使用时，承租人可以要求解除其与出租人之间的融资租赁合同，进而导致买卖合同的解除。

出卖人未交付或者迟延交付租赁物的，承租人可以请求出卖人继续履行交付义务，并请求支付违约金，或者同时要求赔偿损失。

三、关于出租人瑕疵担保免责规则

在传统的租赁合同中，出租人与买卖合同中的出卖人一样负有质量瑕疵担保责任，须使租赁物符合合同约定的质量要求，而在融资租赁合同中，一般都明确规定，出卖人交付租赁物的规格、式样、性能等不符合合同约定或者不符合使用目的时，出租人不承担责任，由承租人直接向出卖人索赔，并承担索赔不成时的损害后果。此即所谓出租人瑕疵担保的免责特约。这种约定既符合融资租赁交易的理论和实践，同时也不违背现行法律的规定，主要原因如下：

第一，虽然根据传统的民法理论，所有权人应对其货物承担质量瑕疵担保责任，但民法对瑕疵担保责任的规定为任意性规范，允许合同双方当事人以特约予以变更。因此，出租人与承租人在合同中约定免除出租人的质量瑕疵担保责任是有效的。

第二，融资租赁的经济意义在于出租人以融物的方式向承租人提供融资，具有金融性质。出租人的主要义务就是支付购买租赁物的价款，其权利是通过收取租金从而收回投资，并取得利润。除此之外，几乎所有涉及租赁物本身的权利义务或风险责任均应由承租人承担，出租人只拥有名义上的所有权，不承担包括租赁物质量瑕疵担保责任在内的任何实体义务和责任。

第三，在融资租赁合同中，通常情况下，承租人基于自己的知识和经验独立选定租赁物的制造商、租赁物的种类、数量、规格等，由出租人按照承租人指定的条件出资购买租赁物。承租人作为买卖合同标的物的选择权人，自然应对行使选择权的不利后果承担责任。

第四，作为出租人的融资租赁公司，其职能仅在向承租人提供融资购买租赁物，不可能对所有承租人选定的租赁物都有充分的了解。如果由出租人承担风险责任，必然导致出租人聘请专家检验等额外服务，这就意味着增加费用，而所增加的费用最后必然通过租金的形式转嫁给承租人负担。作为租赁物的实际控制和使用人，承租人具有相关专业技能。为避免增加成本，减少承租人的负担，由承租人承担租赁物质量瑕疵责任是合理的。

第五，融资租赁合同一般在规定出租人瑕疵担保免责的同时，往往约定有索赔权转让条款，即在租赁物实际使用中，如发生质量问题，承租人可以向出卖人提出赔偿请求。这就保证了出租人和承租人之间权利义务的平衡。也只有这样，融资租赁交易才是公平的。因出卖人的责任，导致交付租赁物不符合合同约定，包括物的质量瑕疵、迟延履行等出卖人违约的情形所造成的损失，承租人一般可以通过行使买卖合同中的索赔权，得以补偿。

需要指出的是，出租人对租赁物的质量瑕疵担保免责也有例外。当承租人依赖出租人的技能和判断选择租赁物，或者出租人干预选择租赁物时，如出租人代替承租人选择出卖人和租赁物，或者出租人擅自变更承租人已选定的出卖人和租赁物的，出租人应承担全部或者部分租赁物的质量瑕疵担保责任。此外，在以下几种特殊情况下，租赁物的质量瑕疵担保责任也应由出租人负担：（1）出租人明知租赁物有瑕疵而未告知承租人，或者因重大过失不知道租赁物有瑕疵的;(2)出租人与出卖人有密切关系的，如厂商租赁，即由设备制造商出资设立的融资租赁公司，专门负责母公司产品的融资租赁业务;(3)承租人无法或者不能直接向出卖人索赔的。例如，在跨境融资租赁中，如果出卖人在境外不受本国法律约束，而根据其所在国的法律规定，可能有理由拒绝承租人直接向其索赔的要求，此时只能由作为合同买受人的出租人行使索赔权。

第七百四十二条 承租人对出卖人行使索赔权利，不影响其履行支付租金的义务。但是，承租人依赖出租人的技能确定租赁物或者出租人干预选择租赁物的，承租人可以请求减免相应租金。

【条文主旨】

本条是关于承租人向出卖人行使索赔权是否影响其继续履行融资租赁合同项下支付租金的义务的规定。

【条文理解】

根据合同相对性法理，买卖合同的履行存在瑕疵不能直接影响融资租赁合同的履行，并且融资租赁的特征决定了出租人的本质义务是为承租人提供融资，在承租人选定出卖人、租赁物的前提下，履行买卖合同的风险也应由承租人承担。但在承租人依赖出租人的技能确定租赁物或者出租人干预选择租赁物时，出卖人及租赁物的选择、买卖合同的订立均与出租人的确定及干预相关，由买卖合同的履行障碍而产生的风险及索赔，不单是由承租人的意志及行为所引发，此时，是否影响融资租赁合同项下的租金支付义务应当结合买卖合同履行障碍产生的原因来确定。正确理解本条规定，需重点把握以下方面：

一、关于承租人向出卖人行使索赔权时拒绝向出租人支付租金的主要理由

承租人拒付租金的主要理由大致有以下两个方面：

一是认为出租人有义务提供符合合同约定的租赁物供承租人占有

和使用。如果租赁物存在质量瑕疵或者在交付方式上不符合约定以至于影响承租人的占有和使用以及获取正当收益，导致融资租赁合同目的无法完全实现，出租人也应当承担相应责任，故拒绝履行融资租赁合同项下包括支付租金在内的主要义务，或以此为由要求出租人折减租金。

二是认为出租人影响或干预了承租人对租赁物及出卖人的选择。如出租人或自身具备一定专业技能，或与某些设备供应商长期合作而熟悉这些制造商的情况，或出租人本身即为某厂商设立的租赁公司，此时出租人可能会向承租人推荐某些出卖人，或提供某些出卖人和租赁物的信息，供承租人选择。承租人认为此时即为出租人凭借其专业技能影响或干预其对租赁物及出卖人的选择，在行使索赔权时要求出租人承担相应的连带责任，应当减免、抵扣租金，由此引发矛盾纠纷。

此外，在承租人向出卖人直接行使索赔权时通常还会产生一些问题。例如，出卖人拒绝接受承租人直接向其行使索赔权。通常这种情况多为出卖人不知道出租人购买合同标的物的目的是出租给承租人占有和使用，也不知道与买卖合同相联系的融资租赁合同的存在，因此按照一般合同相对性的原则，认为只有作为合同相对人即标的物买受人的出租人才有权向其提出索赔。当然也不排除出卖人知道承租人的存在，但由于其他原因，不希望由承租人直接向其行使索赔权的情况，故以此为借口拒绝接受承租人的直接索赔。又如，在承租人行使索赔权时出租人没有提供必要的协助。出租人认为在融资租赁中，租赁物和出卖人均系承租人选择或认可，只要出租人履行了合同约定的支付价款购买租赁物的主要义务后，就不再承担租赁物的瑕疵担保责任。承租人因租赁物本身存在的问题向出卖人直接行使索赔权与出租人无关，承租人索赔的结果也不应影响融资租赁合同的正常履行。

二、关于承租人行使索赔权不影响其履行融资租赁合同项下租金支付义务的法理分析

有观点认为，承租人向出卖人行使索赔权，索赔的结果可以对承

租人履行融资租赁合同项下支付租金的义务构成影响，即承租人有权停止支付租金或要求以索赔结果折抵租金等。根据国际统一私法协会《国际融资租赁公约》第12条第2款的规定：承租人应有权提留根据租赁协议应付的租金，直至出租人对其违约作出补救，提供符合租赁协议规定的设备，或者承租人丧失了拒收设备的权利。持这一观点的主要理由是：承租人直接向出卖人行使索赔权时，通常是由于租赁物本身存在严重的质量瑕疵问题，或交付方式不符合合同约定等违约行为，致使承租人无法正常占有和使用租赁物并从中获取收益，进而无法实现融资租赁合同的目的。承租人与出租人签订融资租赁合同的主要目的是取得租赁物并用于生产经营，无论是出租人还是出卖人的过失导致租赁物本身存在质量瑕疵或交付方式不符合合同约定，造成承租人不能够正常使用的，承租人有权以融资租赁合同目的无法实现为由，停止或不完全履行融资租赁合同项下包括支付租金在内的主要义务，直至获得相应的救济为止。

应当承认，这种观点具有一定代表性，特别是在融资租赁业进入我国发展的初期，由于我国企业多处于承租人地位，而融资租赁公司多为中外合资或外商独资企业，从更加倾向于维护承租人利益的角度出发，这种观点有其合理性。但随着融资租赁业在我国快速发展，各方面对融资租赁特殊性质的认识不断深化，各界逐渐意识到，融资租赁最核心的要素即是承租人（而非出租人）选择租赁物及出卖人，出租人是根据承租人对租赁物和出卖人的选择或认可，与出卖人签订租赁物买卖合同，从出卖人处购买租赁物并出租给承租人使用。出租人在融资租赁交易中承担最主要的义务，就是支付价款以购得租赁物，而与租赁物本身有关的一切风险与收益全部转归承租人承担和享有。在融资租赁中，出租人不承担包括租赁物的瑕疵担保责任在内的与租赁物有关的一切责任，这已经成为业界的普遍共识，也是融资租赁区别于其他租赁形式的典型特征之一。基于此，融资租赁合同具有不可解约性，且融资租赁合同项下的主要义务具有独立性，不受其他违约及救济措施的影响，这一点也已经为各方面所普遍接受和认同。

综合考虑各方面情况，我们认为，融资租赁合同项下的主要义务具有独立性，目前，这一观点也得到了立法机关的认可。出租人不承担与租赁物有关的一切风险，而由承租人承担，只要出租人履行了支付价款购买租赁物的义务并且不存在其他严重违约行为（包括平静占有、担保责任等），承租人就应当履行融资租赁合同项下的各项义务。对于非因出租人的因素造成租赁物本身存在质量问题或交付方式不符合合同约定等，承租人可以向出卖人直接行使索赔权，但索赔的结果不应影响承租人继续履行融资租赁合同项下包括支付租金在内的主要义务，由此造成承租人的损失应由出卖人负责赔偿。这样规定，更符合融资租赁的本质特征。

【审判实践中应注意的问题】

人民法院在审判实践适用本条规定时，应当注意以下问题：

一、关于承租人行使索赔权的同时可主张减免租金的例外情形

根据本条规定，承租人对出卖人行使索赔权，不影响其履行融资租赁合同项下支付租金的义务，但承租人依赖出租人的技能确定租赁物、出租人干预选择租赁物的除外。对如何认定承租人系依赖出租人的技能取得租赁物，或者出租人干预选择租赁物，应当依据《融资租赁合同司法解释》第18条、第19条的规定认定。根据该司法解释第18条的规定，出租人有下列情形之一，导致承租人对出卖人索赔逾期或者索赔失败，承租人要求出租人承担相应责任的，人民法院应予支持：（1）明知租赁物有质量瑕疵而不告知承租人的；（2）承租人行使索赔权时，未及时提供必要协助的；（3）怠于行使融资租赁合同中约定的只能由出租人行使对出卖人的索赔权的；（4）怠于行使买卖合同中约定的只能由出租人行使对出卖人的索赔权的。根据该司法解释第19条第1款的规定，租赁物不符合融资租赁合同的约定且出租人实施

了下列行为之一，承租人要求出租人承担相应赔偿责任的，人民法院应予支持：（1）出租人在承租人选择出卖人、租赁物时，对租赁物的选定起决定作用的；（2）出租人干预或者要求承租人按照出租人意愿选择出卖人或者租赁物的；（3）出租人擅自变更承租人已经选定的出卖人或者租赁物的。

人民法院在审理此类案件中，要注意区分出租人的行为是否对承租人的选择造成了实质性影响。所谓构成实质性影响，通常可包括以下情形：（1）出租人指定租赁物或出卖人；（2）出租人给出一定的选择范围，指定几家制造商或几种产品供承租人选择；（3）出租人将承租人的选择与租金等合同条款挂钩，如承租人只有在出租人推荐的范围内选择才可获得相应的优惠条件。若承租人能够举证证明出租人存在这些行为，则可以认为出租人对承租人选择出卖人构成了实质性影响。

二、关于承租人未能获得租赁物的权利救济

因出卖人违约，导致承租人未能及时受领符合合同约定的租赁物，承租人固然可以通过向出卖人行使索赔权的方式，得到相应的救济，但如果出卖人根本违约，提供的租赁物无法使用，或者无法提供符合合同约定的租赁物，可能导致承租人经营使用租赁物的合同目的无法实现。在此情形下，如出租人不解除融资租赁合同，可能出现的情形是，一方面承租人未取得租赁物，另一方面，承租人仍然要承担融资租赁合同项下的租金给付义务，可能造成承租人过重的负担。为平衡承租人的利益，《融资租赁合同司法解释》中为承租人设计了两项救济途径：一是根据该司法解释第11条第1项规定，将买卖合同解除作为可以解除融资租赁合同的情形之一，承租人可以在出卖人严重违约的情况下，代替出租人主动解除终止买卖合同关系，并据此解除融资租赁合同；二是根据该司法解释第11条第3项的规定，因出卖人的原因导致融资租赁合同目的不能实现的，赋予承租人解除融资租赁合同的权利。

第七百四十三条 出租人有下列情形之一，致使承租人对出卖人行使索赔权利失败的，承租人有权请求出租人承担相应的责任：

（一）明知租赁物有质量瑕疵而不告知承租人；

（二）承租人行使索赔权利时，未及时提供必要协助。

出租人怠于行使只能由其对出卖人行使的索赔权利，造成承租人损失的，承租人有权请求出租人承担赔偿责任。

【条文主旨】

本条是关于出租人妨碍索赔的责任承担的规定。

【条文理解】

融资租赁交易中的索赔权是指出卖人不履行合同义务或者履行合同义务不符合约定时，权利人所享有的向出卖人进行索赔的权利。根据《民法典》第741条的规定，承租人在经出租人、出卖人一致同意的前提下，可以向出卖人直接行使索赔权。也就是说，对于买卖合同项下租赁物不符合约定的索赔权人，可能存在出租人和承租人两个权利主体。本条对于出租人妨碍索赔的责任承担问题，实际上就是从承租人和出租人两个权利主体分别加以规定的，其中，第1款是基于承租人为索赔权利主体时，出租人妨碍索赔具体认定；第2款是基于出租人为索赔权利主体时，出租人怠于行使索赔权的责任承担。正确理解本条规定，需重点把握以下方面：

一、关于出租人妨碍索赔责任的法理基础

根据《民法典》第741条的规定，在承租人可以向出卖人直接行使索赔权时，出租人负有协助义务。协助义务在法律性质上多属于附随义务。附随义务有广义和狭义的区分。广义的附随义务既包含合同履行过程中附随义务，也包含先合同义务和后合同义务。附随义务并非基于法律的规定或者当事人的约定，而是依诚信原则，由社会一般交易观念产生。《合同法》第60条第2款对附随义务作出了一般性规定："当事人应当遵循诚实信用原则，根据合同的性质、目的和交易习惯履行通知、协助、保密等义务"。从附随义务的功能来看，附随义务或为促进主给付义务，或为维护对方当事人的利益。在索赔权转让之后，出租人在承租人索赔过程中，应当依据诚信原则负担协助、通知等义务。根据本条第1款的规定，出租人基于融资租赁合同对承租人的合同附随义务，不仅包括索赔协助义务，也包括租赁物质量瑕疵的通知义务。

对于出租人协助义务的内涵，国际统一私法协会《租赁示范法（草案）》第30条c款将其界定为为协助承租人而需要采取的一切商业上的合理措施。这些合理措施通常应当包括但不限于以下措施："一是帮助寻找出卖人；二是帮助寻找证据；三是诉讼过程中的协助义务。"协助义务的内容应当根据案件所涉融资租赁的特点依诚信原则和交易习惯予以确定。就通知义务的内涵而言，应当将其界定为出租人应将其所知悉的对合同履行以及承租人利益可能产生重大影响的情况及时、恰当地通知承租人。出租人在明知租赁物有质量瑕疵的情况下而不及时通知承租人，明显违背了出租人依据诚信原则所应负担的通知义务。此处出租人所负担的通知义务并不考虑租赁物是由承租人直接受领还是由出租人受领后又转移给承租人。只要出租人明知租赁物存在质量瑕疵，即使其未受领租赁物，也应当将其知悉的情况及时通知承租人。需要说明的是，本条使用的"明知"并不包含应当知道，否则实际上增加了出租人的默示担保义务，而融资租赁中出租人

在不明知的情况下并不负担此项义务。

二、关于出租人怠于索赔的赔偿责任性质

根据本条第2款的规定，出租人怠于行使只能由其对出卖人行使的索赔权利，造成承租人损失的，承租人有权请求出租人承担赔偿责任。显然，出租人怠于向出卖人索赔的前提是，承租人无法根据《民法典》第741条的规定，直接向出卖人行使索赔权。所谓只能由出租人向出卖人行使索赔权的情形，主要包括根据融资租赁合同中约定的只能由出租人行使对出卖人索赔权和根据买卖合同的约定索赔权只能由出租人行使两种情形。在这两种情形下，承租人并不享有索赔权，因而出租人没有妨碍承租人索赔的可能。出租人在此种情况下向承租人承担责任的基础，实际上并非基于出租人违反附随义务，而是基于承租人在此种情形下不享有索赔权，无法直接向出卖人索赔，只能依据融资租赁合同，要求出租人承担租赁物质量瑕疵担保责任。

在合同法理论体系中，物的质量瑕疵与权利瑕疵作为两个并存的概念，同属于标的物瑕疵的范畴，具有紧密的联系。我国《合同法》第150条对标的物权利瑕疵担保作出了规定，出卖人就交付的标的物，负有保证第三人不得向买受人主张任何权利的义务，但法律另有规定的除外。这种情形，按照传统的大陆法系民法理论，属于债务不履行的情形之一，出卖人应承担相应的违约责任。因此，在法定责任说的框架下，物的质量瑕疵与权利瑕疵分属两套不同的责任制度和救济体系，两者从归责原则到救济方式都截然不同。对于违约责任说，两种瑕疵均构成出卖人的违约，可以适用共同的规则。

我国司法实践虽采违约责任说，将物的瑕疵担保责任置于违约责任制度中进行阐释，但物的瑕疵担保责任是在统一的违约责任体系下的一项相对独立的子制度。权利瑕疵和物本身的瑕疵所导致的两类违约责任的构成要件尚有差异。比如违反物的瑕疵担保义务场合，买受人有瑕疵检验通知义务，并受瑕疵检验期间的限制，由于检验的内容是标的物的数量或者质量是否符合约定，没有涉及是否存在权利瑕

疵，故应当认为《合同法》第157条和第158条并不适用于权利瑕疵担保义务。另外，在法律效果方面，规定“减少价款或者报酬”的《合同法》第111条所适用的对象是“质量不符合约定的”，并不适用于权利瑕疵。因此，我国《合同法》不仅通过不同的法律条文分别界定了权利瑕疵担保义务与物的瑕疵担保义务，而且在构成要件及法律效果方面均没有像修正后的《德国民法典》那样“同一规制”，故在我国法上区分权利瑕疵与物的瑕疵，仍具有实际意义。

在融资租赁法律关系中，一般而言，出租人应当将其根据买卖合同享有的租赁物瑕疵索赔等请求权转让给承租人，从而使承租人能够直接向出卖人行使索赔权。从这个角度来讲，出租人负有向承租人转让租赁物瑕疵索赔请求权的义务。基于这些原因，各国法律、判例以及理论对于在融资租赁合同法律关系中确立出租人瑕疵担保免责规则，即出租人对于出卖人交付的租赁物没有达到约定或法定的品质不承担责任，形成了共识。当然，瑕疵担保免责规则并非意味着出租人在任何情况下都能援引该规则而不受限制，各国法律在规定该规则的同时通常都会有了限制性规定。本条第2款实际即是融资租赁出租人承担租赁物瑕疵担保责任的规定。

第七百四十四条　出租人根据承租人对出卖人、租赁物的选择订立的买卖合同，未经承租人同意，出租人不得变更与承租人有关的合同内容。

【条文主旨】

本条是关于出租人未经承租人同意不得擅自变更买卖合同内容的规定。

【条文理解】

出租人购买租赁物，是融资租赁关系得以成立的前提条件。而出租人与出卖人订立的买卖合同，与一般的买卖合同不同，出租人需要根据承租人对出卖人、租赁物的选择购买租赁物，也就是说，买卖合同的条件是由承租人确定，而不是由出租人自主决定的。出租人不仅在订立买卖合同时，应当按照承租人对租赁物名称、数量、规格、技术性能等要求，与承租人选择的出卖人订立，而且在买卖合同订立以后，也不得擅自变更与承租人有关的合同内容。根据本条的规定，出租人不得擅自变更买卖合同内容，包括以下两个方面：

一、未经承租人同意，出租人不得变更有关的合同内容

对于一般的买卖合同，只要出卖人和买受人双方协商一致，就可以变更合同的内容，包括标的、数量、质量、价款、履行期限、履行地点、履行方式、包装方式、检验标准和方法、结算方式、违约责任等。但对于融资租赁合同，由于出租人购买租赁物的目的是供承租人使用，如果买卖合同的有关内容不符合承租人的要求，承租人订立融

资租赁合同的目的就可能难以实现。因此，出租人变更有关合同内容，不仅应当与出卖人协商一致，而且应当征得承租人同意。没有征求承租人意见或者虽然征求了承租人的意见，但承租人表示不同意的，即使出租人与出卖人一致同意，出租人也不得变更相关内容。

二、出租人变更合同内容需经承租人同意的，是与承租人有关的内容

买卖合同的内容，有的与承租人有关，有的则与承租人无关，如价款的支付时间、支付方式等。只有与承租人有关的买卖合同的内容，如标的、数量、质量、标的物交付期限、标的物交付地点、包装方式等变更时，才会对承租人使用租赁物产生影响，应当经承租人同意。与承租人无关的买卖合同的内容变更时，因其并不会对承租人产生影响，就无需承租人同意。

【审判实践中应注意的问题】

人民法院在审判实践适用本条规定时，对于出租人未经承租人同意擅自变更与承租人有关的买卖合同内容所产生的法律后果，应当注意以下问题：

一、违约责任承担请求权

租赁物不符合约定给承租人造成损失的，承租人在满足法定条件的情况下，有权直接向出卖人索赔。在出租人干预承租人选择出卖人、租赁物的情况下，承租人既有向出卖人索赔的权利，也有向出租人索赔的权利，出租人和出卖人依照《合同法》第155条和第111条的规定承担违约责任。在租赁物的质量瑕疵不足以构成根本违约，合同目的仍能实现的，除当事人约定可以解除合同的，承租人不能行使解除权，但可以根据《合同法》第111条的规定，要求出卖人或出租人承担违约责任。

二、合同解除权

从合同相对性的理论以及融资租赁风险负担的特殊性出发，买卖合同的履行存在瑕疵不能直接影响融资租赁合同的履行，即使租赁物存在瑕疵，通常情况下，承租人仍应向出租人支付租金。为平衡各方当事人利益，应给予承租人以解除融资租赁合同的方式进行救济的权利，避免因出租人不解除买卖合同，导致承租人非因自身过错仍要持续负担融资租赁合同义务的情形。根据《融资租赁合同司法解释》第11条第3项的规定，因出卖人的原因致使融资租赁合同的目的不能实现的，出租人或者承租人均可解除融资租赁合同。《融资租赁合同司法解释》第13条规定因出租人的原因致使承租人无法占有、使用租赁物，承租人请求解除融资租赁合同的，人民法院应予支持。在租赁物存在瑕疵，致使融资租赁合同目的不能实现时，构成根本违约，承租人有权援引上述两条规定，行使合同解除权。

三、特定条件下的租金拒付权

根据《民法典》第742条的规定，承租人对出卖人行使索赔权，仍应履行融资租赁合同项下向出租人支付租金的义务，但如果承租人主要依赖出租人的技能确定租赁物或者经出租人干预选择租赁物的，损失主要由出租人的原因导致，承租人无过错，为避免损失扩大，承租人有权拒绝履行支付租金的义务。

四、承租人拒绝受领标的物

根据法律规定，因标的物质量不符合质量要求，致使不能实现合同目的的，买受人可以拒绝接受标的物或者解除合同。买受人拒绝接受标的物或者解除合同的，标的物毁损、灭失的风险由出卖人承担。根据《民法典》第740条的规定，标的物严重不符合约定的，承租人有权拒绝受领标的物，但应当及时通知出租人。因此，在标的物存在严重瑕疵时，承租人还享有拒绝受领标的物的权利。承租人已经受领的，依法仍有权要求出卖人或出租人承担违约责任。

第七百四十五条 出租人对租赁物享有的所有权，未经登记，不得对抗善意第三人。

【条文主旨】

本条是关于出租人对租赁物物权效力的规定。

【条文理解】

在融资租赁合同法律关系中，出租人享有租赁物的所有权，承租人在租赁期间对租赁物进行占有和使用。因此，融资租赁交易客观上造成了租赁物所有者和占有者的分离。在实践中，存在着承租人私自转让租赁物或在租赁物上设立他物权，导致第三人的物权与出租人所有权冲突的问题。《民法典》第224条规定："动产物权的设立和转让，自交付时发生效力，但是法律另有规定的除外。"第225条规定："船舶、航空器和机动车等的物权的设立、变更、转让和消灭，未经登记，不得对抗善意第三人。"根据上述规定，无论是普通动产还是船舶、航空器和机动车等特殊动产，其设立和转让，公示要件均为占有。对于特殊动产，登记只是作为对抗要件。尤其对于普通的动产租赁物，在承租人占有租赁物的情形下，在客观上形成其享有物权的假象，由于目前没有法定的登记机关和公示程序，根据《民法典》第311条的规定，出租人的所有权与第三人的物权相比较明显处于劣势，这成为出租人的重大经营风险，在司法实务中引发很多因承租人无权处分租赁物而致出租人与善意第三人之间的权利冲突问题。此外，对于一些特殊的租赁物，如在工程机械行业中使用的卫星定位设备对相关设备进行远程管理、控制已经成为行业惯例。出租人与承租人在融资租赁合同中约定，设备的所有权归出租人，出租人有权在承租人不按约履行支付租金义务时对设备进行锁机操作，由于出租人的锁机导致设备的实际使用人损失，又引发是否构成侵权的争议。另外，在司法实务中，还存在着基于属地化车辆挂牌及使用、客户经营需要、方便处理交通事故、年检等事务的考虑，尽管出租人和承租人在融资租赁合同中约定车辆的所有权在租赁期间归属于出租人，但出租车辆却登记在承租人名下，导致承租人的其他债权人将该租赁物作为承租人的财产申请强制执行问题的出现。因此，正确理解本条规定，重点需对承租人或者实际使用人无权处分租赁物的效力问题加以研究。

一、关于租赁物善意取得的构成要件认定

通说认为，善意取得制度的规定，对于维护善意第三人利益、交易活动的动态安全和稳定社会经济秩序具有重要意义，立法以对善意第三人信赖的保护体现了社会对秩序价值的维护。详言之，在正常情况下，权利的外观和权利的真实状况是相符合的，人们根据权利外观推知权利的真实状况并据此进行交易。如果要求人们在进行每一笔交易时都探求权利的真实状况，花费大量交易费用，则将影响交易效率，不符合社会化大生产的要求。但善意取得是对原所有权人所有权的否定，且是在原权利人并无转让其财产的真实意思表示下的否定，因此，善意取得事实上是对原权利人财产安全的一种侵害，从整个社会角度看，这种侵害是为了保护交易安全所代表的社会利益而对物的个人权利的一种限制，但该限制应当适度，要平衡保护原权利人的利益和第三人的利益。正因为此，《民法典》第311条既规定了物的所有权人可以在他人无权处分时行使追及权，追回自己所有的物，但同时也规定在符合一定条件下，善意第三人取得物的所有权。在融资租赁特殊的法律关系中，因租赁物的所有权与使用权相分离，法律对出租人和受让方的利益平衡保护问题，就更显得尤为重要，核心问题是如何处理作为租赁物非所有权人的承租人或者实际使用人无权处分租赁物行为的效力问题。

《民法典》第311条规定："无处分权人将不动产或者动产转让给受让人的，所有权人有权追回；除法律另有规定外，符合下列情形的，受让人取得该不动产或者动产的所有权：（一）受让人受让该不动产或者动产时是善意；（二）以合理的价格转让；（三）转让的不动产或者动产依照法律规定应当登记的已经登记，不需要登记的已经交付给受让人。受让人依照前款规定取得不动产或者动产的所有权的，原所有权人有权向无处分权人请求赔偿损失。当事人善意取得其他物权的，参照适用前两款规定。"根据上述规定，承租人或者实际使用人无权处分租赁物，第三人构成善意取得，需具备三个条件，即：受让人善意；以合理的价格转让；不动产登记或者动产交付。结合融资租赁交易实际，租赁物善意取得构成要件可以从以下几点把握：

（一）关于"善意"要件的认定

依据民法原理，"善意"是指第三人"不知情"，即不知道并且不应该知道处分人对财产没有处分权。"善意"与"恶意"相对，"恶意"是指第三人知道或者应该知道处分人对财产没有处分权。"不知道"涉及第三人在交易时的主观认知状态。"不应当知道"是法律对第三人不知情的原因的评价，在实践中经常可以转化为第三人是否尽到必要注意义务的问题。第三人在交易时，负有审查出卖人是否享有处分租赁物权利的义务。还应注意的是，认定"善意"的时点应为受让人"受让时"。

（二）关于"以合理的价格转让"要件的认定

构成该要件应具备两个条件：一是支付了交易价格；二是以合理的价格转让。善意取得制度的立法目的是保护善意买受人避免因善意遭受损失以维护财产交易的动的安全，因此，在善意买受人支付了合理对价的情形下，如果不保护其所有权则会造成其因善意信赖出卖人为合法权利人而产生损失，故应以合法支付合理对价作为认定善意取得的条件。

（三）关于"不动产登记或者动产交付"要件的认定

善意取得制度的理论根基在于物权变动的公示、公信原则。公示即权利人通过某种手段向特定或不特定人公开、显示其权利的法律事实。公示具有对物权的表征作用。与公示联系在一起的是公信制度。登记具有的公信力主要包括两个方面：一是登记记载的权利人，在法律上只能推定其为真正的权利人；二是任何人因为相信登记记载的权利而与权利人从事了移转该权利的交易，该项交易应当受到保护。一般而言，物权的公示方法即不动产登记和动产占有。不动产登记和动产占有的公信力存在重大差别：对于不动产，只要受让人信赖了登记，就是善意的，除非其明知登记错误，否则无需考虑交易环境等因素；而对于动产，由于占有的公信力较低，受让人就不能仅仅凭借占有的事实当然地相信处分人具有处分权，因而在判断受让人是否具有信赖利益时，还必须考虑其他一系列因素，比如价格的高低、交易的具体环境、交易的场所等。对于融资租赁而言，由于租赁物被承租人占有，占有这一公示方式在融资租赁交易中的公信力较低，故出租人需要寻求另一种具有较强公信力的公示方式。登记在司法上的功能为公示融资租赁物的权利状态，其具有向社会上不特定人进行公示的公信力，且易于查询和了解。因此，采取登记的方式对出租人的权利进行公示，有利于保护出租人的权利。融资租赁登记的主要功能在于公示租赁物上的权属状况。租赁物上的所有权优先于债权，在制度设计上应建立登记制度以适度保护其他债权人，以使其在交易之初即可判断承租人的责任财产范围，避免误认承租人所占有的财产均属于责任财产的范围，而承担未能预见的风险。依据法律和司法解释的规定，融资租赁登记采用的是登记对抗主义。所谓登记对抗主义，是指出租人所有权依当事人间的合意即设定，但未经登记，不得对抗善意第三人。质言之，对抗主义模式下的融资租赁登记，其功能如动产担保交易登记制度，不在于设定权利，而在于公示标的物上的权利状况及确定竞存权利之前的优先顺位。对于第三人而言，未经登记者并非无效，只是当事人不能主张对其有效。此时，若承租人或者实际使用人将标的物转移，对于善意取得租赁物的第三人，出租人无权追偿，而只能由承租人或者实际使用人赔偿。由于登记的目的是向公众提供信息，故在融资租赁交易中采用登记这一公示方式，在程序和制度的设计上，应注意把握有利于公众进行查询这一标准。

二、关于依法不构成善意取得的情形

根据《融资租赁合同司法解释》第9条的规定，以下情形融资租赁租赁物不适用善意取得：

第一，出租人已在租赁物的显著位置作出标识，第三人在与承租人交易时知道或者应当知道该物为租赁物的。主要理由是，由于存在着显著标识，故第三人能从租赁物的外观判断出租赁物非承租人所有，由此认定第三人不构成善意。对于此情形，应注意把握以下两点：（1）出租人已在租赁物的显著位置作出标识。在司法实务中，出租人可以采用在租赁物的主体部位安装标明出租人名称的铭牌等方式进行标识。（2）该标识的存在使第三人在与承租人交易时知道或者应当知道承租人并非租赁物所有权人。另外，还需注意两点：一是其时间点是第三人在与承租人进行交易时；二是第三人的主观心理状态是“知道”或者“应当知道”该物为租赁物。“知道”是指明确知道。“应当知道”是指由于相关标识的存在，第三人在尽到合理注意义务的情形下应当知道该租赁物的实际权属。

第二，出租人授权承租人将租赁物抵押给出租人并在登记机关依法办理抵押权登记的。关于出租人出租后又要求将租赁物抵押给自己的合法性问题，有观点认为，所有权人不能接受自己的财产设定抵押。也有观点认为，《担保法司法解释》第77条规定：“同一财产向两个以上债权人抵押的，顺序在先的抵押权与该财产的所有权归属一人时，该财产的所有权人可以以其抵押权对抗顺序在后的抵押权。”该规定肯定了抵押权人和所有权人同一的情形，因此，这种做法有合法性依据，《融资租赁合同司法解释》也采取了肯定观点。基于普通动产作为融资租赁物没有登记这一公示制度的缺失，为保护出租人的权利，我们倾向认为，此种做法虽与物权法的基本理论有所差别，但确实是在无法定租赁物登记机关的前提下，出租人保障其对租赁物的所有权的一种有效实现方式。但应当认识到，在全国范围内建立一个统一规范的租赁物登记平台，解决融资租赁企业对租赁物进行物权登记和公示的各种困难，同时也能让善意第三人在交易时快速、便捷地查询租赁物件的真实状态，促进交易安全才是切实解决问题之道。

第三，第三人与承租人交易时，未按照法律、行政法规、行业或者地区主管部门的规定在相应机构进行融资租赁交易查询的。作此规定源于理论和现实所需。尽管法律规定了善意取得制度保护善意第三人的信赖利益，以维护交易安全，但应予强调的是，其仅是对"善意第三人"进行保护，而非对所有第三人进行保护，其法理基础在于：我们对"善意"的理解和认定，不能违背公平这一法律的首要价值。在商事交易中，作为具有一定识别能力、分析能力、判断能力的主体，买受人应尽一般的注意义务。在对融资租赁物进行交易过程中，买受人应对租赁物的权属状况尽到具有普通知识能力的人的注意义务。在法律、行政法规、行业或地区主管部门的规定要求交易方应对交易物的相关信息进行查询，但买受人未按照前述要求进行融资租赁交易查询的，应认定其未尽到注意义务，不构成善意。该规定也是对现实做法的认可及指引。目前，我国已有的融资租赁交易登记查询系统有两个，一是由中国人民银行批准建设的，由中国人民银行征信中心开发运行的融资租赁登记公示系统，于2009年7月20日上线运行，在中登网的动产融资（权属）统一登记平台的框架下提供融资租赁登记、查询和证明验证服务，为租赁公司提供租赁登记服务。二是由商务部开发建设的融资租赁业务登记系统，2013年10月就开始运行，主要针对非金融系的租赁公司，商务部要求其监管的内资试点租赁公司及外资系的租赁公司必须在其系统上对租赁业务及租赁物进行登记。从目前运营的效果看，中国人民银行征信中心的融资租赁登记系统承担了主要的租赁物登记查询功能，已经受到租赁公司及商业银行的认可。因可能成为租赁物抵押人、受让人的多为商业银行，因此，此系统的登记查询已经成为租赁公司保障其租赁物物权的重要支撑，缺陷是尚无法律规定及司法解释的支持。商务部的融资租赁业务管理系统对其所属的租赁公司有强制性要求，但并不具有要求第三人进行查询的约束力。从适应社会经济发展需要、弥补立法不足、满足行业急需、引导市场行为的角度出发，对征信中心的融资租赁登记予以认可，有利于加强对租赁物的物权保护，从而促进整个融资租赁行业的健康发展。根据《商业银行法》第 36 条，商业银行对抵押财产进行查询审核的规定，2011 年天津市金融办等机构出台相关规定，要求相关机构要在融资租赁登记系统查询。因此，在法律、行政法规、行业或者地区主管部门要求第三人在相应机构进行融资租赁查询，而第三人未进行查询，则可以认定第三人不构成善意。

第四，出租人有证据证明第三人知道或者应当知道交易标的物为租赁物的其他情形。就融资租赁的善意取得而言，我们在判断受让人是否具有善意时，应结合租赁物自身的特点以及其是否具有外观权利表征的客观情况，分析受让人是否尽到注意义务，是否具有善意。在实务中，有观点认为，第三人与承租人交易时，承租人未提供租赁物发票、合格证等单证原件的，也应属于善意取得的例外情形。理由为：在实践中，出租人一般会保留租赁物发票、合格证等单证的原件，以明确租赁物的所有权仍归出租人享有。第三人与承租人交易时，应负有合理的注意义务，如果在承租人未提供租赁物的发票、合格证等单证原件的情况下，第三人仍受让租赁物的，则不应认定第三人善意取得租赁物的所有权。

【审判实践中应注意的问题】

人民法院在审判实践中适用本条时，应当注意以下问题：

一、关于是否构成善意取得的证明责任的分配

对于善意取得的举证责任，多数民法学者认为，就善意要件的认定应当采取推定的方法，即推定受让人为善意，而由主张其为非善意的原权利人就受让人的恶意或者重大过失负举证责任。也有学者认

为，善意要件应由主张善意取得的受让人（第三人）负担证明责任。我们认为，《民法典》第311条是将善意取得作为无权处分法律效果的例外情形加以规定的，简言之，法律首先肯定原所有权人享有追回权；其次，将善意取得作为例外情形进行规定。因此，在规范意图上，立法实质是在所有权保护与交易安全保护这两种利益当中寻求平衡。在举证责任的分配上，我们也应根据“谁主张谁举证”这一举证责任分配的一般原则，结合该立法目的进行确定。根据《融资租赁合同司法解释》第9条第4项关于“出租人有证据证明第三人知道或者应当知道交易标的物为租赁物的其他情形”的规定可见，司法解释将“第三人非善意”的举证责任分配给了出租人。

二、租赁物登记在承租人名下，出租人作为抵押权人进行权属登记的，出租人能否以其已进行抵押登记，对抗承租人的债权人

在司法实务中，存在这样的情形：出租人和承租人虽在融资租赁合同中约定，在融资租赁期间，租赁物的所有权归属于出租人，但因便于管理、理赔、年检等客观原因的存在，租赁物登记在了承租人名下。为了防止承租人恶意转让设备，出租人又与承租人约定，将租赁物抵押给出租人，并在承租人所在地的车管所等登记部门办理抵押登记。后承租人的债权人持法院生效裁判文书申请对登记在承租人名下的租赁物进行强制执行，出租人则以其为真正的权利人为由向法院提出案外人执行异议。关于法院应否支持出租人的执行异议，存在两种争议观点。第一种观点认为，不应支持出租人的执行异议。理由为：《合同法》第242条规定：“出租人享有租赁物的所有权。承租人破产的，租赁物不属于破产财产。”《民法典》第224条规定：“动产物权的设立和转让，自交付时发生效力，但是法律另有规定的除外。”第225条规定：“船舶、航空器和机动车等的物权的设立、变更、转让和消灭，未经登记，不得对抗善意第三人。”这里的善意第三人，不仅包括对租赁物存在竞存权利的物权人，也应包括债权人。交付本身为动产物权的公示要件，在承租人占有且登记在承租人名下时，基于登记的公示力和公信力，承租人的债权人有理由相信承租人为租赁物的所有权人。尽管出租人进行了抵押权登记，但抵押权登记并非所有权登记，不能对抗承租人的债权人，除非承租人的债权人知道或者应当知道租赁物实质归属于出租人所有。当然，在出租人已经作为抵押权人登记的情形下，由于抵押权具有物权的追及性，故出租人仍然可以对该租赁物行使抵押权，保护自己的权利。第二种观点认为，出租人的执行异议应予支持。理由为：依据《民法典》第 224 条、第 225 条的规定，对于动产，采取了登记对抗主义模式，即未经登记，不得对抗善意第三人。登记本身不具有设权效力，只是具有彰示权利的效力。因此，尽管租赁物登记在承租人名下，但由于当事人的真实意思是约定出租人享有所有权，且出租人进行了抵押权登记以彰显其权利人身份，故应该根据案件的真实情况认定权利的归属。而且，这里的第三人是强制执行程序中的第三人（承租人的债权人），在该第三人并非承租人交易相对人的情形下，出租人可以基于其真正权利人的身份并办理了抵押登记为由对抗该债权人。

我们认为，以上问题的实质在于租赁物的实际所有权人能否对抗名义所有权人的债权人对该租赁物的申请司法强制执行效力。上述两种不同的法律适用选择，实际上也是对商事外观主义原则适用范围的争论。一般而言，商事外观主义是指在商事交易中，即使公示于外的事实与实际情形不符，只要第三人对公示在外的事实主观信赖合理，则该第三人据以作出的民事法律行为效力受法律的优先保护。商事外观主义作为商法的基本原则之一，其实际上是一项在特定场合下权衡实际权利人与外部第三人之间利益冲突所应遵循的法律选择适用准则，通常不能直接作为案件处理依据。外观主义原则的目的在于减少交易成本，维护交易安全，为此不得不将实际权利人的利益置于可能遭受风险的境地，可能导致一个无过错的当事人的利益遭受损失，应当谨慎使用商事外观主义原则，其适用范围应局限于就相关标的从事交易的第三人。基于以上考虑，《民商审判会议纪要》明确规定：“从现行法律规则看，外观主义是为保护交易安全设置的例外规定，一般适用于因合理信赖权利外观或意思表示外观的交易行为。实际权利人与名义权利人的关系，应注重财产的实质归属，而不单纯地取决于公示外观。总之，审判实务中要准确把握外观主义的适用边界，避免泛化和滥用。”根据上述纪要精神，我们认为，对此出租人的上述执行异议，依法应予支持。

三、出租人在租赁物的显著位置曾作出标识，但在承租人或者租赁物的实际使用者与第三人为交易时，该标识已经不存在的，是否可以认定第三人构成善意取得

一般而言，在交易之时，如果该标识仍然存在，则第三人可以通过上述权利表征知晓真正的权利人为出租人。因此，《融资租赁合同司法解释》第9条第1项规定的“出租人已在租赁物的显著位置作出标识”，指的是在交易之时该标识仍然存在。在交易之时，该标识不存在的，推定第三人具有善意。但如果上述标识是承租人或者实际使用人恶意去除，且第三人知道或者应当知道该恶意去除情形的，则不能认定第三人为善意，不能适用善意取得制度。另外，第三人在标识存在之时知道该标的物的实际归属，且知道标识虽不存在，其所有权并未改变的，也不能认定其具有善意。

第七百四十六条 融资租赁合同的租金，除当事人另有约定外，应当根据购买租赁物的大部分或者全部成本以及出租人的合理利润确定。

【条文主旨】

本条是关于融资租赁合同租金确定的规定。

【条文理解】

租金是融资租赁合同中一项核心内容。由于融资租赁的当事人均以营利为目的，而租金又直接影响到利润，所以，如何确定租金，对出租人和承租人都十分重要。当事人在订立融资租赁合同时，一般来说，会将设备购置成本、融资成本、手续费、利润以及出租人为设备投保的保险费计入租金，当然也可以经协商一致，以其他方式确定租金。根据本条的规定，除当事人另有约定的以外，融资租赁合同租金的构成，包括以下两个方面：

第一，购买租赁物的成本。融资租赁交易并非仅为购买一个环节，整个交易环节产生的必要费用都应当计入，包括租金的资金成本、租赁物的运输、检验、税费、人工成本等必要费用，也应当计入。具体而言，购买租赁物的成本包括出租人在买卖合同中支付给出卖人的价款、为运输租赁物支付的运输费、为租赁物投保支付的保险费、支付的租赁物的调试安装费、为购买租赁物向银行贷款而支付的利息，以及为经营融资租赁所支付的业务人员工资、办公费、差旅费等。购买租赁物的成本是构成租金的主要部分，因为出租人购买租赁物所花费的成本，将从租金中得到补偿。购买租赁物的成本，可以全部计入租金，也可以大部分计入租金。在具体的融资租赁合同中，需要当事人根据各自的经营状况、财务状况等，经过协商一致，确定是将购买租赁成本的大部分还是全部计入租金。

据测算，融资租赁公司的利润来源主要包括：（1）利差，约为2%，通常来说，向用户收取的租金利率高于银行贷款利率2%左右；（2）手续费，约为合同金额的1%~1.5%；（3）租前息，对在正式计算租金前占用出租人的资金（如开信用证所占资金）而计收的利息；（4）供应商的回扣，约6%，假设一个项目为三年，则平摊到每年为2%，由供应商实现了设备销售而向租赁公司支付。根据以上计算，融资租赁公司的表面利润率（总资产收益率）一般为3%~4%，等等。

第二，出租人的合理利润。所谓出租人的利润，是指出租人履行融资租赁合同所得的盈利。人们从事经济活动的目的，是要获取利润，出租人从事融资租赁活动也不例外。因此，利润也是构成租金的一个重要部分。同时，计入租金的利润，应当是合理的利润，这样才能保证融资租赁活动正常进行。否则，过高利润的计入会产生过高的租金，将使承租人难以承受；过低利润的计入会产生过低的租金，将使出租人难以为继。

【审判实践中应注意的问题】

人民法院在审判实践中适用本条时，应当注意以下问题：

一、关于租金与融资租赁合同法律关系的认定

在《融资租赁合同司法解释》起草过程中，我们曾单独将租金过高作为认定不构成融资租赁合同关系的情形之一，但考虑到过高的比例无法具体确定，可能会给司法认定的标准带来一定的不确定性。如果仅以银行利息的标准作为租金高低的认定标准，显然对租赁行业的专业服务、实际经营成本顾及不够。从征求意见的反馈情况来看，有部分租赁行业的人士认为，《合同法》立法时未将租金作为定义因素，

故司法解释也不应将租金纳入融资租赁合同性质的认定标准。但从融资租赁合同的法律特征和行业共识来看，租金因素不仅是融资租赁合同区别于普通租赁合同的重要特征，也是真实的融资租赁合同中最重要的合同条款，是租赁公司确定营利标准的重要考量因素。而且，《民法典》第735条有关融资合同的定义虽然未明示租金系融资租赁合同的定义要素，但本条亦规定，融资租赁合同的租金，除当事人另有约定的外，应当根据购买租赁物的大部分或者全部成本以及出租人的合理利润确定。

《融资租赁合同司法解释》第1条将租金构成作为融资租赁合同关系的认定因素，主要是考虑到在正常的融资租赁合同中，租金由出租人的资金成本加上费用及利润构成，但有的融资租赁合同约定的租金显著高于前述计算方式的数倍甚至数十倍，实际上也是以融资租赁合同为掩盖的借贷合同。对此，也不宜认定为融资租赁合同关系。司法解释将标的物的价值与租金的构成并列，同时作为融资租赁合同认定的因素，主要是两种情况：一种情况是标的物本身价值极低，如一台报废的机器，乃至一块普通的砖头；另一种情况是标的物本身也具有一定的经济价值，但其与租金总额的摊比，脱离了出租人正常的租金构成的范围，此时也应综合考虑当事人之间的权利义务关系的约定、租金构成的因素，来认定是否构成融资租赁合同关系。

二、关于融资租赁租金的司法保护上限

融资租赁具有典型的融资属性，如何确定融资租赁租金的司法保护上限，是司法实务的常见问题。为此，2016年9月，《最高人民法院关于依法审理和执行民事商事案件保障民间投资健康发展的通知》规定："依法审理涉及非公有制经济主体的金融借款、融资租赁、民间借贷等案件，依法支持非公有制经济主体多渠道融资。根据物权法定原则的最新发展，正确认定新型担保合同的法律效力，助力提升非公有制经济主体的融资担保能力。正确理解和适用《民间借贷规定》，在统一规范的金融体制改革范围内，依法保护民间金融创新，促进民

间资本的市场化有序流动，缓解中小微企业融资困难的问题。严格执行借贷利率的司法保护标准，对商业银行、典当公司、小额贷款公司等以利息以外的不合理收费变相收取的高息不予支持。”由此，对于融资租赁租金的司法保护标准，最高人民法院第一次明确了可以参考民间借贷的利息标准。2017年8月，《最高人民法院关于进一步加强金融审判工作的若干意见》第2条规定：“严格依法规制高利贷，有效降低实体经济的融资成本。金融借款合同的借款人以贷款人同时主张的利息、复利、罚息、违约金和其他费用过高，显著背离实际损失为由，请求对总计超过年利率24%的部分予以调减的，应予支持，以有效降低实体经济的融资成本。规范和引导民间融资秩序，依法否定民间借贷纠纷案件中预扣本金或者利息、变相高息等规避民间借贷利率司法保护上限的合同条款效力。”第4条规定：“规范和促进直接服务实体经济的融资方式，拓宽金融对接实体经济的渠道。依法保护融资租赁、保理等金融资本与实体经济相结合的融资模式，支持和保障金融资本服务实体经济。对名为融资租赁合同、保理合同，实为借款合同的，应当按照实际构成的借款合同关系确定各方的权利义务，防范当事人以预扣租金、保证金等方式变相抬高实体经济融资成本。”结合以上两条意见内容，对于融租租赁公司收取的租金以及复利、罚息、违约金和其他费用总计超过承租人融资数额年利率24%的部分，人民法院应当依法不予支持。

第七百四十七条 租赁物不符合约定或者不符合使用目的的，出租人不承担责任。但是，承租人依赖出租人的技能确定租赁物或者出租人干预选择租赁物的除外。

【条文主旨】

本条是关于出租人承担租赁物瑕疵担保责任的规定。

【条文理解】

由于融资租赁交易中租赁物是由承租人选择的，出租人在融资租赁交易中仅承担融资的功能，因此，出租人对租赁物的瑕疵担保免责是融资租赁合同的一个重要特征。但也有例外，根据《民法典》第744条、第747条的规定，如承租人依赖出租人的技能、出租人干预选择以及出租人变更与承租人有关的合同内容的，则应当对租赁物的瑕疵承担担保责任。

一、买卖合同中出卖人的瑕疵担保责任

在买卖合同中，出卖人一方承担的瑕疵担保责任源于其瑕疵担保义务。出卖人对标的物的瑕疵担保义务，是指出卖人应承担其给付的标的物以及标的物的权利不存在未告知的瑕疵，出卖人不履行告知的义务而应承担的责任。瑕疵包括权利瑕疵和物的瑕疵两种，故出卖人的瑕疵担保义务包括权利瑕疵担保义务和物的瑕疵担保义务，相应地，出卖人的瑕疵担保责任包括权利瑕疵担保责任和物的瑕疵担保责任两种。物的瑕疵担保责任是指出卖人就其交付的标的物欠缺约定或法定品质所须负担的责任。

在买卖合同订立及履行过程中，因标的物瑕疵而承担的责任是出卖人的一项重要责任，围绕买卖合同关系而设计的一系列法律规范，包括标的物的交付、质量检验等，均与标的物瑕疵存在密切联系。因此，与瑕疵担保有关的问题，一直以来都是合同法范围内理论研究和司法实践共同关注的焦点。关于物的瑕疵担保责任，《民法典》第617条规定，出卖人交付的标的物不符合质量要求的，买受人可以依据本法第582条至第584条的规定请求承担违约责任。《民法典》第582条规定，履行不符合约定的，应当按照当事人的约定承担违约责任。对违约责任没有约定或者约定不明确，依据《民法典》第510条的规定仍不能确定的，受损害方根据标的的性质以及损失的大小，可以合理选择请求对方承担修理、重作、更换、退货、减少价款或者报酬等违约责任。《民法典》第618条至第624条又分别对瑕疵担保责任减免特约的效力、包装方式、检验期间、检验期间或质量保证期间过短、数量和外观瑕疵检验、向第三人履行的检验标准等问题作出了规定。

虽然关于物的瑕疵担保责任的性质在理论上有不同的学说，但《民法典》第617条、第582条明确使用了“违约责任”的概念，这表明在立法上我国肯认了物的瑕疵担保责任在性质上属于违约责任。当然，物的瑕疵担保责任与其他违约形态产生的责任相比更具复杂性，在相当程度上体现出物的瑕疵担保责任具有其独特的制度价值。虽然我国立法将物的瑕疵担保责任统合进了一般违约救济体系，但并不妨碍我们在统一的违约责任体系下，将物的瑕疵担保责任作为一项相对独立的子制度看待，以满足司法实践的需求，为权利人提供救济保障。[①]

二、一般租赁合同中租赁物的瑕疵担保责任

租赁合同与买卖合同均为有偿合同，其合同标的都是特定物，但由于租赁合同转移的是租赁物的使用权，因此，租赁物的瑕疵担保主

① 最高人民法院民二庭编著：《最高人民法院关于融资租赁合同司法解释理解与适用》，人民法院出版社2016年版，第275页。

要是要担保租赁物处于使用及收益状态。《民法典》第 708 条规定，出租人应当按照约定将租赁物交付承租人，并在租赁期间保持租赁物符合约定的用途。根据该条规定，出租人对租赁物承担瑕疵担保责任，以使租赁物在交付时及在租赁期间处于适于使用及收益状态。出租人瑕疵担保责任不同于出卖人瑕疵担保责任，具有持续性，该持续性决定了出租人的瑕疵担保责任将持续整个租赁关系期间。

出租人违反瑕疵担保义务时，承租人享有以下权利：一是减少租金或不支付租金的权利。《民法典》第 723 条对此作出了规定。二是要求维修的权利。《民法典》第 712 条、第 713 条均对此作出了规定。三是合同解除权。《民法典》724 条、第 729 条、第 731 条对此作出了规定。四是要求出租人承担责任的其他方式。如果承租人不能通过租赁合同一章的规定获得救济，可以依据《民法典》第 582 条、第 583 条、第 584 条以及买卖合同一章的规定合理选择要求出租人承担责任的方式。

三、融资租赁出租人瑕疵担保免责规则

在一般租赁合同中，出租人与买卖合同中的出卖人一样负有物的瑕疵担保责任，须使租赁物在租赁期间处于适于使用及收益状态。而在融资租赁合同中，一般都确立了出租人瑕疵担保免责规则，这符合融资租赁交易的理论与实践，主要理由如下：一是融资租赁的经济意义在于出租人向承租人提供融资，出租人的主要义务是支付购买租赁物的货款，其权利是收取租金从而收回投资，并取得利润。出租人只拥有名义上的所有权，除此之外，几乎所有关于购买租赁物的风险均由承租人承受，出租人不应承担包括物的瑕疵担保责任在内的实体义务和责任。二是在典型的融资租赁合同中，通常情况下承租人完全基于自己的知识和经验选定出卖人和租赁物，由出租人按照承租人的指定出资购买租赁物。承租人作为租赁物的选择人，自然应当对行使选择权的后果承担责任。三是作为出租人的租赁公司，其机能仅在向承租人提供融资购买租赁物，其对租赁物没有真正的需求，不可能对所

有承租人选定的租赁物都有充分的了解，也不具备判断租赁物瑕疵的能力。如果由出租人承担风险责任，必然导致出租人聘请专业机构检验，这意味着增加交易费用。而增加的费用最后必然通过租金的形式由承租人负担。而作为租赁物的最终用户，承租人对租赁物一般具有专门的知识，在租赁期间一直占有和使用租赁物，与租赁物有密切的关系，对租赁物瑕疵更能够发现和处理，相对于出租人而言，承租人在租赁物占有和使用方面利益远远大于出租人。为避免增加成本，减少承租人负担，应由承租人负担物的瑕疵担保责任。四是作为对价，融资租赁合同一般在规定出租人瑕疵担保免责的同时，往往订有索赔权转让条款，即在租赁物实际使用中，如发生质量问题，承租人可以向出卖人提出赔偿请求，这也保证了承租人和出租人之间权利义务的平衡。

基于上述原因，各国法律、判例以及理论对于在融资租赁合同法律关系中确立出租人瑕疵担保免责规则，形成了共识。如国际统一私法协会《国际融资租赁公约》第8条第1款规定："除本公约或租赁协议另有约定外，出租人不应对承租人承担设备方面的任何责任，除非承租人由于依赖出租人的技能和判断以及出租人干预选择供应商或设备规格而受到损失。"国际统一私法协会《租赁示范法》第13条"接受"部分规定：融资租赁中，如果租赁物不符合供货合同的约定，承租人有权就其损害向供货人主张赔偿。第17条"可接受性和适用性的保证"部分规定：融资租赁中，供货人保证租赁物至少达到租约所述交易中可以接受的标准，并适于所述租赁物的一般使用目的，依据第7条第2款的规定，该保证义务仅对供货人具有执行性。德国也以判例的形式确定出租人不应承担租赁物质量、数量瑕疵责任。[①]我国《民法典》也确认了融资租赁合同法律关系中出租人瑕疵担保免责规则，其第747条前半句规定："租赁物不符合约定或者不符合使用目的的，出租人不承担责任。"应当指出的是，本条规定的出租人瑕

---

① 胡晓媛：《融资租赁出租人风险承担及其控制》，载《法学》2011年第1期。

疵担保免责规则仅针对物的瑕疵担保，不包括租赁物的权利瑕疵担保，在租赁物存在权利瑕疵发生纠纷时，应依据《民法典》第748条进行处理。

四、出租人对租赁物瑕疵承担责任的例外情形

基于融资租赁合同独有的特性，租赁物不符合约定或不符合使用目的时，出租人免责是通常情形，而承担瑕疵担保责任是例外情形，《民法典》第747条规定，承租人依赖出租人的技能确定租赁物或者出租人干预选择租赁物的，应当对租赁物的瑕疵承担担保责任。在审判实践中，关于何为承租人依赖出租人的技能及出租人干预选择，实际上是一个事实认定问题，需结合具体案情综合予以判断，因此争议较大。在融资租赁行业实践中，不少租赁公司利用自身对特定行业的专精，以更低的报价为承租人购买特定的设备，这对承租人与出租人是双赢的结果。但如果因租赁公司提供选择信息就认定属于承租人依赖出租人技能、出租人干预租赁物的选择，由此而要求租赁公司承担瑕疵担保责任，往往导致租赁公司不愿提供更专业的服务，进而影响租赁行业的发展，最终也将影响承租人选购专业设备的成本和能力，从而提高交易成本。因此，进一步明确法定情形的判断标准，提高可操作性，以便统一裁判尺度，《融资租赁合同司法解释》第19条对《合同法》规定的出租人承担瑕疵担保责任的例外情形予以进一步明晰，具体列举了三种情形，值得我们参考。

（一）出租人在承租人选择出卖人、租赁物时，对租赁物的选定起决定作用的

单纯提供设备名录、出卖人名录，并不构成出承租人依赖出租人的技能确定租赁物或者出租人干预选择租赁物。比如，出租人应承租人要求，为其提供多家供货商名录，但未对相关信息进行筛选或者未给承租人选定出卖人、供应商提供意见，承租人从中决定一家，则不属于出租人起决定作用。但如果出租人在有多家供应商的情况下，仅向承租人提供一家供货商名录及信息并强烈推荐某租赁物，而承租人

最后选定了出租人推荐的租赁物，则属于出租人起决定作用。而在有些情况下，承租人需要某种特殊设备，而生产该种设备的企业只有一家，此时，出租人向承租人提供该唯一生产商的名录和信息，则不属于出租人起决定作用，因为在承租人决定租赁该设备时，由于其生产厂家只有一家，实际上已经确定只能由该生产商供货，并不存在出租人决定的问题。

值得注意的是，厂商租赁这一特殊的融资租赁形式。厂商租赁是厂商与厂商租赁公司、银行结成战略合作，以融资租赁的方式为购买其产品的客户进行融资，并进行后续设备资产管理的营销模式。对比西方发达国家的融资租赁公司构成，厂商租赁公司早已成为重要的融资租赁经营主体。发达国家的机械制造厂商普遍设立有附属的租赁公司，经营本企业生产设备的融资租赁业务。厂商租赁已成为制造商拓展客户、回笼货款的重要促销渠道。2014年3月13日，中国银行业监督管理委员会颁布了新的《金融租赁公司管理办法》，其中第8条规定金融租赁公司的发起人包括在中国境内注册的、主营业务为制造适合融资租赁交易产品的大型企业；第10条规定了在中国境内注册的、主营业务为制造适合融资租赁交易产品的大型企业作为金融租赁公司发起人应当具备的条件；第12条规定了在中国境内注册的、主营业务为制造适合融资租赁交易产品的大型企业作为金融租赁公司发起人的，其出资比例不低于拟设金融租赁公司全部股本的30%；第16条规定金融租赁公司发起人应当在金融租赁公司章程中约定，在金融租赁公司出现支付困难时，给予流动性支持；当经营损失侵蚀资本时，及时补足资本金。《金融租赁公司管理办法》对金融租赁公司的关联交易并不禁止，只是限定一定的条件，如第43条规定金融租赁公司应当建立严格的关联交易管理制度，其关联交易应当按照商业原则，以不优于非关联方同类交易的条件进行；第45条规定金融租赁公司的重大关联交易应当经董事会批准，重大关联交易是指金融租赁公司与一个关联方之间单笔交易金额占金融租赁公司资本净额5%以上，或金融租赁公司与一个关联方发生交易后金融租赁公司与该关联方的交易余额占金融租赁公司资本净额10%以上的交易；第48条对单一股东关联度作出了规定，即金融租赁公司对单一股东及其全部关联方的融资余额不得超过该股东在金融租赁公司的出资额，且应同时满足本办法对单一客户关联度的规定。单一客户关联度是指金融租赁公司对一个关联方的全部融资租赁业务余额不得超过资本净额的30%。上述规定表明，在融资租赁公司为厂商租赁型的租赁公司时，出卖人可以是其主营业务为制造适合融资租赁交易产品的股东，承租人选择了某家厂商型租赁公司往往就意味着选择了出卖人，这是由厂商租赁的特定模式决定的。在这种情况下，虽然出卖人确定，但如果出租人未对租赁物的选择起决定作用，要求其必然地承担瑕疵担保责任，有违公平原则，也在相当程度上制约了厂商租赁的发展。[①] 基于以上考虑，《融资租赁合同司法解释》在第一种情形中未将选定出卖人列入，只限定为租赁物。

（二）出租人干预或者要求承租人按照出租人意愿选择出卖人或者租赁物的

此种情况下，出租人主动对租赁物的选择进行干预，不再属于不作为的情形，与第一种情形承租人依赖出租人进行选择的意愿较明显相比，此种情形下，出租人干预承租人选择的程度和意愿更为强烈和明显。比如，某出租公司在合同中明确要求承租人必须选择其列出的供货商，或者在承租人已经选定了供货商的情况下，仍强烈推荐其他供货商并要求承租人接受。又如出租人将承租人的选择与租金等合同条款挂钩，承租人只有在出租人推荐的范围内选择才可获得相应的优惠条件等。出租人瑕疵担保责任免责的基础发生变化，出租人应当对自己的行为承担责任。

（三）出租人擅自变更承租人已经选定的出卖人或者标的物的

依据《民法典》第744条的规定，出租人根据承租人对出卖人、租赁物的选择订立的买卖合同，未经承租人同意，出租人不得变更与

① 最高人民法院民二庭编著：《最高人民法院关于融资租赁合同司法解释理解与适用》，人民法院出版社2016年版，第280页。

承租人有关的合同内容。《民法典》第740条规定，标的物严重不符合约定的，承租人可以拒绝受领出卖人向其交付的标的物。出租人擅自变更承租人已经选定的租赁物，导致租赁物严重不符合约定的，承租人有权拒绝受领。承租人已经受领的，由于出租人实际上剥夺了承租人的选择权，因此应当对租赁物承担瑕疵担保责任。

【审判实践中应注意的问题】

一、对于"承租人依赖出租人的技能确定租赁物或者出租人干预选择租赁物"事实的举证责任分配

在融资租赁合同中，出租人瑕疵担保免责是原则，承担瑕疵担保责任是例外。承租人依赖出租人的技能确定租赁物或者出租人干预选择租赁物的事实，多为承租人在要求出租人承担瑕疵担保责任时提出，按照谁主张谁举证的原则，既然承租人主张出租人承担瑕疵担保责任，就应当由承租人举证证明存在该项事实，在无证据证明出租人存在上述行为的情况下，出租人应当免责，只有在承租人有证据证明上述事实存在的情况下，才能要求出租人承担瑕疵担保责任。《融资租赁合同司法解释》第19条第2款明确规定上述事实的证明责任由承租人承担，符合民事诉讼法关于举证责任分配的原理，在实践中应予肯定。

二、出租人物的瑕疵担保责任的承担方式

融资租赁合同法律关系中，在出租人符合承担瑕疵担保责任的条件时，可能会产生下列法律后果：（1）一般违约责任的承担。《民法典》第741条规定，出租人、出卖人、承租人可以约定，出卖人不履行买卖合同义务的，由承租人行使索赔的权利。因此，在租赁物不符合约定或者不符合使用目的，且承租人依赖出租人的技能确定租赁物或者出租人干预选择租赁物的情况下，承租人可以按照约定直接向出

卖人索赔，但并不妨碍出租人应承担的违约责任，承租人既有向出卖人索赔的权利，也有像出租人索赔的权利，出租人和出卖人应当依据《民法典》第617条、第582条至第584条的规定，承担修理、重作、更换、退货、减少价款或者报酬、赔偿损失等一般违约责任。（2）融资租赁合同的解除。《民法典》第754条规定，因出卖人的原因致使融资租赁合同的目的不能实现的，出租人或者承租人可以解除融资租赁合同。因此，在出卖人交付的标的物存在瑕疵致使融资租赁合同目的不能实现时，承租人可依据上述规定行使合同解除权。（3）减免相应租金。《民法典》第742条规定，承租人对出卖人行使索赔权利，不影响其履行支付租金的义务。但是，承租人依赖出租人的技能确定租赁物或者出租人干预选择租赁物的，承租人可以请求减免相应租金。（4）承租人拒绝受领标的物。《民法典》第740条规定，标的物严重不符合约定的，承租人可以拒绝受领出卖人向其交付的标的物。

第七百四十八条 出租人应当保证承租人对租赁物的占有和使用。

出租人有下列情形之一的，承租人有权请求其赔偿损失：

（一）无正当理由收回租赁物；

（二）无正当理由妨碍、干扰承租人对租赁物的占有和使用；

（三）因出租人的原因致使第三人对租赁物主张权利；

（四）不当影响承租人对租赁物占有和使用的其他情形。

【条文主旨】

本条是关于出租人负有保证承租人平静占有、使用租赁物的义务以及违反该义务的情形的规定。

【条文理解】

一、法理基础及我国相关规定

承租人订立融资租赁合同的主要目的在于融通资金，在不需要一次性支付所有价金的情况下实现对租赁物的利用。承租人通过对租赁物的占有、使用实现自己的利益，离开对租赁物的占有、使用，承租人无法达到融资的最终目的，并且承租人为此向出租人支付了对价，因此基于承租人订立合同的目的以及等价有偿原则，出租人负有保证承租人对租赁物平静占有和使用的义务，此即承租人的平静占有理论。从承租人的角度来说，在租赁期间内，承租人占有租赁物，享有充分、完全的使用权，以及获得因使用而产生的收益的权利，承租人的这种权利不仅可以对抗出租人的所有权，而且可以对抗租赁物上的他物权。从出租人的角度来说，出租人不得妨碍承租人依法定和合同约定所拥有的权利，无论出租人转让其合同中的权利义务，还是将租赁物出售、抵押，都必须以保证承租人对租赁物的正常使用为前提。出租人违反上述义务的，应向承租人承担违约责任。《民用航空法》第28条规定："融资租赁期间，出租人依法享有民用航空器所有权，承租人依法享有民用航空器的占有、使用、收益权。"第29条规定："融资租赁期间，出租人不得干扰承租人依法占有、使用民用航空器；承租人应当适当地保管民用航空器，使之处于原交付时的状态，但是合理损耗和经出租人同意的对民用航空器的改变除外。"《合同法》第245条规定："出租人应当保证承租人对租赁物的占有和使用。"但实践中，对哪些情形构成出租人干扰承租人占有、使用租赁物，各地掌握标准不一，为统一裁判尺度，《融资租赁合同司法解释》第17条细化了相关规定："出租人有下列情形之一，影响承租人对租赁物的占有和使用，承租人依照合同法第二百四十五条的规定，要求出租人赔偿相应损失的，人民法院应予支持：（一）无正当理由收回租赁物；（二）无正当理由妨碍、干扰承租人对租赁物的占有和使用；（三）因出租人的原因导致第三人对租赁物主张权利；（四）不当影响承租人对租赁物占有、使用的其他情形。"《民法典》吸收借鉴了上述司法解释的规定，形成现第748条的内容。

二、其他国家和地区以及国际公约的规定

美国《统一商法典》有关融资租赁的部分规定：在融资租赁交易中，承租人依据租赁而取得租赁物的占有权和使用权，出租人、制造商、供货人均应承诺并保证承租人对租赁物的使用权不受侵犯。我国澳门特别行政区有关融资租赁的法律规定：融资租赁的承租人对租赁物享有使用及收益的权利，有权提起占有之诉，即使针对出租人亦然；融资租赁的出租人有义务根据约定之条款及条件交付租赁物，并有权利在不影响承租人正常业务之情况下检查租赁物。《俄罗斯联邦融资租赁法》规定：占有和使用租赁物的权利应当全部移转给承租

人，但租赁合同另有约定的除外。

国际统一私法协会《国际融资租赁公约》第8条第2款、第3款和第4款详细规定了出租人的平静占有担保义务，其中第2款规定："出租人保证承租人的平静占有将不受享有优先所有权或权利或者要求优先所有权或权利并根据法院授权行为的人的侵扰，只要这种所有权、权利或要求不是由于承租人的作为或不作为所致。"第3款规定："如果该所有权、权利或要求是因为出租人的故意或严重过失的作为或不作为导致的，各当事人不得减损或变更前款中规定的效力。"第4款规定："第2款和第3款的规定不应影响国际私法规则确定的适用法律所规定的出租人对平静占有的强制性的更广泛的保证义务。"国际统一私法协会《租赁示范法》第16条（平静占有的担保义务）规定：融资租赁中，出租人担保承租人对租赁物的平静占有不受享有优先地位或权利，或要求优先地位或权利且依法院授权行动的人的侵扰，无论这种地位、权利或要求是出自出租人的疏忽、故意行为还是遗漏。

三、出租人不当影响承租人对租赁物占有和使用的几种情形

《民法典》第748条第2款分4项规定了出租人不当影响承租人对租赁物占有和使用的情形，其中第1项和第2项从出租人行为的角度进行规范，第3项从权利的角度进行规范，第4项是兜底条款。

第1项"无正当理由收回租赁物"。出租人对租赁物的收回权的行使并非持积极态度，较之收回租赁物，出租人更希望在合同正常履行的状态下收取租金。但在承租人严重违约等情形发生时，收回租赁物是对出租人合法权益的有力保障措施。因此，出租人依法定或约定收回租赁物时，属于"有正当理由"，承租人不得以妨碍租赁物的占有、使用为由，拒绝承租人正当行使收回权。

第2项"无正当理由妨碍、干扰承租人对租赁物的占有和使用"。"无正当理由"系排除出租人对租赁物的正常检查、维护等有正当理由的情形。融资租赁关系中，承租人占有使用租赁物，出租人为了维

护自身物权和交易安全，一般要求保有随时查验租赁物的权利，而承租人为减少干扰，对出租人的查验要求持消极态度。本条以正当性为标准支持出租人的正常查验权利，如定期检查租赁物状况、存放地点、租赁物标识等权利，以保护出租人交易安全，同时减少出租人对租赁物的不必要干扰，以维护承租人的合法权益。

第3项“因出租人的原因导致第三人对租赁物主张权利”。出租人对租赁物负有权利瑕疵担保责任，出租人在将租赁物出租给承租人之前，必须保证对租赁物享有完整、合法的所有权，不存在权利上的瑕疵，有义务排除第三人对于租赁物的权利主张。出租人转让租赁物所有权的，融资租赁合同对新的所有权人继续有效，新所有权人不得解除合同，收回租赁物，此即“买卖不破租赁原则”。出租人将租赁物设定抵押时，出租人的抵押行为不得影响承租人对租赁物的占有、使用和收益。在租赁期间，承租人如果受到对租赁物享有合法权利的人的侵扰，出租人应承担违约责任。

第4项“不当影响承租人对租赁物占有和使用的其他情形”。前3项对出租人可能不当影响承租人对租赁物占有和使用的情形进行了列举式规定，除此之外，在实践中出租人可能还会有其他不当干扰承租人对租赁物占有使用的情形，为更好地保护承租人的利益免受不当侵害，本项作出了兜底性的规定。

【审判实践中应注意的问题】

关于出租人收回权的正当行使

出租人有正当理由收回租赁物的，承租人不得以影响其占有使用为由予以拒绝。根据《民法典》的规定，出租人正当行使收回权主要有以下情形:《民法典》第752条规定，承租人未按照约定支付租金，经催告后在合理期限内仍不支付租金的，出租人可以解除合同，收回租赁物;《民法典》第753条规定，承租人未经出租人同意，将租赁物转让、抵押、质押、投资入股或者以其他方式处分的，出租人可以解除融资租赁合同；《民法典》第754条规定，出租人与出卖人订立的买卖合同解除、被确认无效或者被撤销，且未能重新订立买卖合同，或因出卖人的原因致使融资租赁合同的目的不能实现的，出租人或者承租人可以解除融资租赁合同。在当事人依据《民法典》第753条、第754条解除融资租赁合同的情况下，出租人可以依法行使租赁物收回权。

第七百四十九条　承租人占有租赁物期间，租赁物造成第三人人身损害或者财产损失的，出租人不承担责任。

【条文主旨】

本条是关于出租人侵权责任免除的规定。

【条文理解】

所谓出租人侵权责任的免除，是指承租人占有租赁物期间，租赁物造成第三人的人身伤害或者财产损害的，融资租赁合同的出租人免除损害赔偿责任的制度。主要理由在于：因融资租赁的租赁物是由承租人选定并直接交付给承租人占有、使用的，出租人在融资租赁中的主要功能和职责为融资，承租人支付的租金形式上是租赁物使用的对价，实质上不仅包括租赁物本身的购买价格，还包括出租人提供资金融通作用所支付的必要费用及其正常利润。租赁物对出租人而言主要承担担保租金债权实现的功能，出租人并不承担对租赁物的管控义务。出租人免除损害赔偿责任，在实践中这种侵权责任通常包括四种情形：产品责任；机动车交通事故责任；高度危险责任；建筑物和物件损害责任。

一、产品责任

产品责任是指产品生产者、销售者因生产、销售缺陷产品致使他人遭受人身损害、财产损失或有致使他人遭受人身损害、财产损失之虞而应承担的赔偿损失、消除危险、停止侵害等责任的特殊侵权责任。《产品质量法》第46条对产品缺陷作了界定："本法所称缺陷，是指产品存在危及人身、他人财产安全的不合理危险；产品有保障人体健康、人身、财产安全的国家标准、行业标准的，是指不符合该标准。”

产品侵权法律关系义务主体主要包括生产者和销售者。生产者包括：成品生产者；零部件生产者、原材料生产者；准生产者，即对他人制造的产品像自己制造的产品一样进行销售或者以其他形式经营，视为生产者。因产品存在缺陷造成他人损害的，生产者应当承担侵权责任，即生产者对产品责任承担无过错责任。销售者是指生产者外的产品经销商，产品责任中的销售者应满足的条件是：第一，以经营该产品为业的人，如私车转让人不是销售者；第二，此种经营应是长期的，而不是临时或偶尔的；第三，不要求该致害产品是其主营业务或唯一的营业。至于销售者的范围，根据产品提供货经营方式，主要包括批发商、零售商、出租人、行纪人等。[①] 因销售者的过错使产品存在缺陷，造成他人损害的，销售者应当承担侵权责任。在产品侵权责任中，生产者和销售者之间的责任属于不真正连带责任，因产品存在缺陷造成损害的，被侵权人可以向产品的生产者请求赔偿，也可以向产品的销售者请求赔偿。产品缺陷由生产者造成的，销售者赔偿后，有权向生产者追偿。因销售者的过错使产品存在缺陷的，生产者赔偿后，有权向销售者追偿。因运输者、仓储者等第三人的过错使产品存在缺陷，造成他人损害的，产品的生产者、销售者赔偿后，有权向第三人追偿。

关于产品侵权的责任方式，根据《产品质量法》第44条，以及《民法典》第1205条、第1206条、第1207条的规定，主要有损害赔偿、停止侵害、排除妨碍、消除危险、停止销售、警示和召回、惩罚性赔偿等。

承租人占有租赁物期间，租赁物因存在缺陷造成第三人的人身损害或者财产损失的，一般情况下融资租赁合同中的出租人不承担产品

① 杨立新：《侵权责任法》，法律出版社2012年版，第357页。

责任。

二、机动车交通事故责任

机动车交通事故责任是指由于道路交通事故而发生的责任人对受害人应当承担的侵权赔偿责任。机动车是指以动力装置驱动或者牵引，上道路行驶的供人员乘用或者用于运送物品以及进行工程专项作业的轮式车辆。交通事故是指车辆在道路上因过错或者意外造成的人员伤亡或者财产损失的事件。

《民法典》第1209条规定："因租赁、借用等情形机动车所有人、管理人与使用人不是同一人时，发生交通事故造成损害，属于该机动车一方责任的，由机动车使用人承担赔偿责任；机动车所有人、管理人对损害的发生有过错的，承担相应的赔偿责任。"作为机动车出租人的所有人，将机动车出租后，就丧失了对该机动车是否会给他人带来损害的直接控制力。机动车承租人作为机动车的使用人，具有直接的运行支配力并享有运行利益，成为承担责任的主体。因此，发生交通事故造成损害，属于该机动车一方责任的，由机动车使用人承担赔偿责任。所谓机动车所有人、管理人对损害的发生有过错，《最高人民法院关于审理道路交通事故损害赔偿案件适用法律若干问题的解释》第1条作出了专门规定："机动车发生交通事故造成损害，机动车所有人或者管理人有下列情形之一，人民法院应当认定其对损害的发生有过错，并适用侵权责任法第四十九条的规定确定其相应的赔偿责任：（一）知道或者应当知道机动车存在缺陷，且该缺陷是交通事故发生原因之一的；（二）知道或者应当知道驾驶人无驾驶资格或者未取得相应驾驶资格的；（三）知道或者应当知道驾驶人因饮酒、服用国家管制的精神药品或者麻醉药品，或者患有妨碍安全驾驶机动车的疾病等依法不能驾驶机动车的；（四）其它应当认定机动车所有人或者管理人有过错的。"这是关于机动车一般租赁合同中作为所有人的出租人的过错的规定。在机动车融资租赁合同中，机动车和出卖人一般都是承租人选择的，出租人只是负责购买机动车并提供给承租人使用，承租人在使用机动车的过程中发生交通事故造成损害的，很难得出出租人对该损害的发生存在过错的结论，因此在机动车融资租赁的承租人占有机动车期间，机动车造成第三人的人身损害或者财产损失的，出租人不承担责任。

三、高度危险责任

高度危险责任，是指因从事高度危险作业或者保有高度危险物品致人损害而承担的特殊侵权责任。高度危险责任的责任主体是相关的经营者或者占有人、使用人。当融资租赁物是高度危险作业的设备或高度危险物品时，该设备或物品的经营者、占有人、使用人应当对损害后果承担侵权责任。因承租人保有租赁物，对租赁物的运行拥有支配权，并享有运行利益，当然应承担侵权责任。而出租人并未实际占有租赁物，对租赁物的运行没有支配权，同时，出租人收取的租金与租赁物的使用收益并非对价关系，不存在租赁物的运行利益。因此，对融资租赁物是高度危险作业的设备或高度危险物品造成第三人的人身损害或者财产损失，出租人不承担责任。

四、建筑物和物件损害责任

建筑物和物件损害责任是指建筑物、构筑物或者其他设施及其搁置物、悬挂物、堆放物、妨碍通行物和林木等由于存在缺陷或者疏于管理、维护，造成他人损害，侵权人应当承担的特殊侵权责任。建筑物和物件损害责任的承担主体一般是建筑物和物件的所有人、管理人或者使用人，理论依据是他们对致害物享有支配权，在事实上具有支配致害物的权利，或者说其对致害物的危险具有控制力。当建筑物和物件的所有人直接占有、管理该物时，该物致人损害，该所有人应当承担侵权责任；建筑物和物件由非所有人管理、使用时，其赔偿责任主体不再是所有人，而是管理人或使用人。如果融资租赁物是建筑物或物件时，因倒塌、脱落、坠落等致人损害时，由于作为所有人的出租人并不占有、管理、支配致害物，因此其对建筑物或物件造成第三人的人身损害或者财产损失，不承担责任。

【审判实践中应注意的问题】

出租人物的瑕疵担保责任与产品责任

在融资租赁合同中，一般都确立了出租人物的瑕疵担保免责规则，但在承租人依赖出租人的技能确定租赁物、出租人干预选择租赁物以及出租人变更与承租人有关的合同内容的情况下，出租人应当对租赁物的瑕疵承担担保责任。如果租赁物系承租人依赖出租人的技能确定、出租人干预选择或者出租人变更与承租人有关的合同内容的情况下确定的，在承租人占有租赁物期间，该租赁物因存在缺陷造成第三人的人身损害或者财产损失的，出租人是否对第三人承担产品责任呢？我们认为，根据《民法典》第1202条、第1203条的规定，在产品责任中，产品的生产者、销售者为直接责任主体，有过错的运输者、仓储者等第三人为间接责任主体。在上述主体中，融资租赁合同的出租人不会是产品的生产者、运输者、仓储者，在通常情况下，也不能认定出租人是产品的销售者，因此即使在出租人对承租人承担物的瑕疵担保责任的情况下，出租人一般也不会对第三人承担产品责任。

第七百五十条　承租人应当妥善保管、使用租赁物。

承租人应当履行占有租赁物期间的维修义务。

【条文主旨】

本条是关于融资租赁合同中承租人妥善保管、使用租赁物的义务以及维修义务的规定。

【条文理解】

一、承租人妥善保管、使用租赁物的义务

承租人妥善保管、使用租赁物的义务表现为以下几点：第一，按照约定的方式或者租赁物性质的要求妥善保管租赁物。例如，租赁物为机器设备的应将其放置在厂房里，而不应露天摆放。又如，租赁物为电子设备的，应避免将其置于过热或过潮的环境中。第二，按照约定的方式或者租赁物性质的要求妥善使用租赁物。租赁物存在潜在的侵权风险时，承租人负有相应的预防损害发生的义务，承租人占有租赁物期间，租赁物造成第三人的人身伤害或者财产损害的，出租人不承担责任。第三，若承租人未尽到妥善保管和使用租赁物的义务，导致了租赁物的过度损耗，则在计算折旧价值时应当考虑在内。

二、承租人占有租赁物期间的维修义务

承租人占有租赁物期间，应当依照租赁物的性质及使用状况进行相应维护。很多租赁物均需经常进行保养维护，否则难以保证正常运转。例如，汽车应当经常加机油并进行保养，才能保证正常使用；机

器设备应当经常加润滑油以及更换零部件，才能保证正常使用。因租赁物正常维护而发生的费用有两类：一是为维护物的使用收益能力所支付的费用，如机器设备上的润滑油，汽车使用的汽油、机油等；二是因租赁物根本修缮而发生的费用，如房屋的维修费用、汽车换胎的费用、机器设备更换零部件的费用等。对于普通租赁合同，前一种费用一般由承租人自行负担，后一种费用由出租人负担；而在融资租赁合同中，承租人应当履行占有租赁物期间的全部维修义务，并承担由此发生的所有费用。

【审判实践中应注意的问题】

融资租赁合同与普通租赁合同中承租人妥善保管使用租赁物的义务以及维修义务之程度存在差异。对租赁合同而言，承租人在使用完毕后，最终要将租赁物返还给出租人。返还时的租赁物原则上应当符合租赁物在使用前的状态或者性能，为此承租人应当妥善保管租赁物，尽到善良管理人的注意义务。《民法典》第709条至第711条规定了承租人按照约定的方法或者根据租赁物的性质使用租赁物的义务，第712条、第713条规定了租赁物维修义务如何负担，第714条规定了承租人妥善保管租赁物的义务，因保管不善造成租赁物损毁灭失的应当承担赔偿责任。反观之，融资租赁合同兼具买卖、租赁、担保多种功能，融资租赁的租赁物是由承租人选定并直接交付给承租人占有、使用的，租金是融资的对价，并非传统意义上的设备租赁使用费。融资租赁合同中租赁物毁损、灭失的风险亦归承租人负担，因此较之普通租赁合同其妥善保管义务以及维修义务应相应减轻，承租人并不会因未履行妥善保管和使用义务而当然承担责任。

此外，还应区分合同期满后标的物归出租人所有还是承租人所有。融资租赁合同中约定合同期满后标的物归出租人所有的，其实质法律关系更类似于租赁合同，保管、使用及维修义务等可参照租赁合同的规定，“承租人未按照约定的方法或者根据租赁物的性质使用租赁物，致使租赁物受到损失的，出租人可以解除合同并请求赔偿损失”。约定合同期满后标的物归承租人所有的，其实质法律关系更类似融资合同或者所有权保留买卖，承租人所负担的妥善保管使用及维修义务比较宽松，除非因合同解除等原因需要计算折旧价值，一般无需就租赁物损耗对出租人承担赔偿责任。

第七百五十一条 承租人占有租赁物期间，租赁物毁损、灭失的，出租人有权请求承租人继续支付租金，但是法律另有规定或者当事人另有约定的除外。

【条文主旨】

本条是关于融资租赁合同履行期间租赁物损毁、灭失之风险负担的一般规定。

【条文理解】

一、风险负担的一般规则

物的风险由所有权人承担，此系买卖合同及普通租赁合同的一般原则。例如，在租赁合同中，承租人系租用出租人的租赁物，租金是承租人占有使用租赁物的对价，因此根据《民法典》第714条、第729条之规定，租赁物的风险系由租赁物的所有权人即出租人承担，承租人因过错造成标的物损毁、灭失时才承担相应责任。但就融资租赁交易而言，其兼具融资与融物双重属性，包括买卖合同与融资租赁合同两个合同，有出卖人、出租人和承租人三方当事人，因此融资租赁合同的风险负担问题具有特殊性。在融资租赁合同中，出租人实质上系代承租人购买租赁物，租金一般系由租赁物的大部分或者全部购置成本加上出租人的合理利润构成。因此，租金不是承租人占有、使用租赁物的对价，而是出租人提供相应数额的资金融通的对价。出租人虽享有租赁物的所有权，但并不实际享有占有、使用租赁物，所有权仅具有担保租金债权实现的权能。故区别于普通租赁，融资租赁合同中的租赁物风险一般由承租人承担，此亦为域外立法之通例。

《民法典》中关于融资租赁合同标的物毁损、灭失的风险负担之规定，包括第751条、第754条、756条、第758条第2款。本条为融资租赁风险负担的一般规则，承租人占有租赁物期间，租赁物毁损、灭失的风险由承租人承担，出租人要求承租人继续支付租金的，人民法院应予支持，但当事人另有约定或者法律另有规定的除外。关于本条的理解，应当注意以下几点：第一，在租赁物风险承担的时间点确定上，以承租人占有租赁物作为风险负担的起算点。从合同法的角度来看，风险负担原则上应当考虑融资租赁合同与买卖合同的衔接，按照买卖合同的规则，通常以物的转移占有作为风险负担的转移时点，故租赁物交付前的物的风险系由出卖人承担，租赁物交付后则由承租人承担。第二，在法律后果方面，出租人有权请求承租人继续支付租金。即承租人占有租赁物期间租赁物毁损、灭失的，承租人应继续履行合同义务，出租人有权获得履行利益（即租金），但不得超过承租人订立合同时预见或者应当预见的因违反合同可能造成的损失。第三，租赁物损毁、灭失的发生无需区分承租人是否存在主观过错。因承租人原因导致租赁物毁损灭失时，承租人承担继续履行合同的责任，赔偿出租人的履行利益；非因承租人原因导致租赁物毁损灭失的，在当事人未选择解除合同的前提下，承租人仍然负有继续给付租金的义务。

二、“法律另有规定除外”的理解

考虑到融资租赁合同的履行期限通常较长，承租人无过错时因风险负担规则而承担全部合同义务，可能会对承租人造成过重的经济负担。如租赁物意外毁损、灭失且不能修复或选定替代物，致使融资租赁合同履行不能的，承租人或出租人可以要求解除合同，承租人以补偿出租人损失来代替履行合同义务，承租人的责任可以获得相应减轻。由此，出租人与承租人之间的利益得以相对平衡。[①]

根据《民法典》第754条的规定，租赁物因不可归责于当事人的原因毁损、灭失，且不能修复或者确定替代物，出租人或者承租人可以请求解除融资租赁合同。从法条结构上看，第751条规定的是合同履行过程中的风险负担规则，第754条规定的则是合同解除的事由。从内容上来说，第751条适用的条件是融资租赁合同尚未解除，出租人仍可以融资租赁合同为据，诉请承租人按期支付租金。若无过错承租人选择解除合同，则应另行选择适用规范。

应注意的是，承租人主张解除融资租赁合同，并不等于完全免除承租人的民事责任。《民法典》第756条规定，融资租赁合同因租赁物交付承租人后意外毁损、灭失等不可归责于当事人的原因解除的，出租人可以请求承租人按照租赁物折旧情况给予补偿。该条规定的“解除”应当区分两种情形：如果构成不可抗力，当事人可以行使法定解除权；如果未达到不可抗力的标准，当事人可依据第754条请求解除合同。合同解除后承租人负担的不再是全部租金的支付义务，而是结合租赁物的折旧情况给予出租人以相应的补偿款。由此确定的规则既不同于承租人承担租赁物的风险（支付全部租金），也不同于出租人承担租赁物的风险（免除承租人的剩余租金支付义务），而是参照有关不可抗力导致的合同责任相应减免，对承租人应付租金总额给予一定的减免，由出租人和承租人分摊损失。此种情形下，承租人并无过错，其承担的法律责任应有别于因承租人违约致使租赁物毁损、灭失的情形，因此是给予“补偿”而非“赔偿”。补偿以出租人对合同未履行部分的实际损失为限，对合同未履行部分所包含的出租人的经营利润不再予以保护。

① 雷继平、原爽、李志刚：《交易实践与司法回应：融资租赁合同若干法律问题——〈最高人民法院关于审理融资租赁合同纠纷案件适用法律问题的解释〉解读》，载《法律适用》2014年第4期。

三、“当事人另有约定除外”的理解

出租人在融资租赁中的主要职责为融资，不承担对租赁物的管控义务。因此融资租赁合同中租赁物的风险由承租人负担，是各国融资租赁立法及有关公约的一致做法，也符合一般经济理性的逻辑。但合同法本身是任意法，本条设定的风险负担规则亦属可排除适用的任意性规则。出租人与承租人可以通过合同的约定排除该条的适用，包括对风险转移时间、风险负担主体、主观过错程度作出另外的约定。

【审判实践中应注意的问题】

一、融资租赁合同与买卖合同的风险负担规则比较

典型的融资租赁交易包括三方当事人和两个合同，即出租人与承租人之间的融资租赁合同和出租人与出卖人之间的买卖合同。虽然根据《民法典》第735条的规定，融资租赁合同仅指出租人与承租人之间的融资租赁合同，而未囊括出租人与出卖人之间的买卖合同，但不可否认的是，融资租赁交易中租赁合同和买卖合同存在非常密切的关系。先签订的买卖合同是确定租赁物的依据，后签订的融资租赁合同是买卖合同成立的前提，两者在订立、生效、履行过程中相互影响，出卖人、出租人（买受人）、承租人三方的权利义务甚至可以在一个合同中作出安排。鉴于三方当事人的权利、义务与风险负担规则相互缠绕、密不可分，有必要就融资租赁合同与买卖合同的风险负担规则作一比较。

《民法典》关于买卖合同风险负担的规则集中在第604条至第610条。其中第604条规定了一般规则，即标的物毁损、灭失的风险在标的物交付之前由出卖人承担，交付之后由买受人承担，但法律另有规定或当事人另有约定的除外。《民法典》中关于融资租赁合同标的物毁损、灭失的风险负担之规定，包括第751条、754条、756条和第

758条第2款。融资租赁合同与买卖合同的风险负担规则一般是不冲突的。比如，在融资租赁交易实践中，出租人与承租人通常会约定，租赁物的风险自起租日起转移，但该约定并不会必然加重出租人的风险。实务中，租赁物通常由出卖人直接交付给承租人。在租赁物交付之前，租赁物的风险系由买卖合同调整，由买卖合同中的出卖人承担租赁物的风险；交付后，租赁物的风险由出卖人转移给了承租人，出租人始终未承担租赁物的风险。但也存在特殊情形，以售后回租为例，承租人为了实现其融资目的，将其自有物的所有权转让给出租人，再从出租人处租回，此种交易模式不影响融资租赁关系的认定。其实质法律关系类似抵押贷款，租赁物的灭失风险自始至终由承租人（出卖人）负担。

《民法典》第646条规定，法律对其他有偿合同有规定的，依照其规定；没有规定的，参照适用买卖合同的有关规定。依据此条，融资租赁合同对于风险负担的特殊情形没有规定时，能否适用买卖合同的相关规定呢?《民法典》第605条至第610条分别规定了因买受人的原因迟延交付、出卖在途标的物、货交承运人、买受人违约未收取标的物、出卖人按照约定未交付有关单证和资料的、因标的物不符合质量要求致使不能实现合同目的买受人拒绝接受标的物或者解除合同时特殊的风险负担规则。融资租赁交易中的买卖合同本质上系出租人受承租人的委托所订立，承租人是买卖合同中买受人的权利的实际承受主体，故承租人应当享有买卖合同中有关买受人的权利。因此，上述风险负担规则均可适用于融资租赁合同中出卖人与承租人之间。

二、区分租赁期限届满后租赁物归出租人所有还是承租人所有

在确定合理补偿时应当注意，当事人约定租赁期限届满租赁物归出租人所有，与当事人约定租赁期限届满租赁物归承租人所有的情形有所不同。租赁期限届满租赁物归承租人所有是融资租赁交易的典型模式，此时租金的计算考虑到了租赁物的购置成本以及预期利润，实

质法律关系类似保留所有权的分期买卖。融资租赁合同在租赁物交付承租人后因意外毁损、灭失等不可归责于当事人的原因解除的，应当按照《民法典》第756条之规定，出租人可以请求承租人按照租赁物折旧情况给予补偿。若当事人约定租赁期限届满租赁物归出租人所有，此种融资租赁模式更类似普通租赁合同。此时租金的计算并未充分考虑购买租赁物的全部成本，合同解除后依第756条之规定按照租赁物折旧情况确定补偿额可能有失公平，出租人可诉请承租人给予更为合理的补偿。具体而言，应当适用《民法典》第758条第2款之规定："当事人约定租赁期限届满租赁物归出租人所有，因租赁物毁损、灭失或者附和、混合于他物致使承租人不能返还的，出租人有权请求承租人给予合理补偿。"

第七百五十二条 承租人应当按照约定支付租金。承租人经催告后在合理期限内仍不支付租金的，出租人可以请求支付全部租金；也可以解除合同，收回租赁物。

【条文主旨】

本条是关于承租人支付租金义务及其拒付租金时出租人权利救济方式的规定。

【条文理解】

一、条文解读

《民法典》第735条规定："融资租赁合同是出租人根据承租人对出卖人、租赁物的选择，向出卖人购买租赁物，提供给承租人使用，承租人支付租金的合同。"根据这一规定，在租赁期限，承租人应当按照合同约定向出租人支付租金，这是承租人的基本义务。本条亦明确规定承租人有按照约定支付租金的义务。在合同履行过程中，承租人违反前述义务，如未按约定而迟付、少付或拒付租金时，出租人可以进行催告，要求承租人支付已到期的欠付租金。承租人在合理期限内仍不支付租金的，出租人可以采取以下两种救济措施：第一，要求承租人支付全部租金。此种情形属于租金加速到期，合同并未解除，承租人在租赁期限届满前仍享有占有、使用租赁物的权利；第二，解除合同，收回租赁物。因为出租人通常对租赁物享有所有权，这一所有权具有担保其租金债权的功能，所以当承租人违约、出租人解除合同时，出租人可以收回租赁物。

二、理论基础与法理分析

（一）租金是融资的对价——区分融资租赁中的货币价值流与实物价值流

《民法典》第746条规定，“融资租赁合同的租金，除当事人另有约定外，应当根据购买租赁物的大部分或者全部成本以及出租人的合理利润确定”。就融资租赁合同履行而言，履行期伊始，出租人享有租赁物的实物价值，而因为出租人已经代替承租人预付了购买价款，承租人享有租赁物的货币价值；在合同履行期满，出租人通过收取全部租金回收了租赁物的全部货币价值，承租人获得了租赁物的全部实物价值（通过折旧，转移到其产品中去）。由此可见，融资租赁合同履行的过程，实际上是租赁物的货币价值流与实物价值流在承租人和出租人之间对流的过程。在合同履行期间，无论出租人还是承租人，都不可能同时占有租赁物的全部货币价值与实物价值；就租赁物的功能来看，合同履行期间，出租人虽然享有租赁物的所有权，但却不能占用、使用租赁物，其对出租人的意义仅限于担保租金债权的实现。[①]

（二）承租人期限利益的丧失

在融资租赁关系中，出租人出资购得租赁物，出租给承租人，承租人分期支付租金，在此种交易方式中，承租人短期资金压力得到缓解，获得对其而言非常重要的期限利益。本条规定承租人经催告后在合理期限内仍不支付租金的，出租人可以请求承租人支付全部租金，其中的“全部租金”是指融资租赁合同中所约定的全部已到期而承租人未支付的租金，以及其他依约定尚未到期的租金。出租人要求承租人给付属于逾期付款的已到期租金当无疑义，而要求给付未到期租金，则涉及剥夺承租人期限利益的问题。因此，在融资租赁合同中约定的承租人不支付租金或者有其他违约行为时，出租人有权要求承租人付清全部租金，也常被称为期限利益丧失约款。出租人之所以要在

---

① 李志刚：《融资租赁合同欠租纠纷的司法救济》，载《法律与新金融》2015年第1期。

合同中规定期限利益丧失约款，是因为在融资租赁合同中，租赁物是根据承租人的特殊需要，由承租人选定，出租人向承租人指定的供货商出资购买的。此类租赁物专用性较强，在承租人不支付租金时，出租人即使收回租赁物，通常也难以通过重新转让或出租租赁物来弥补损失，其所投资金也往往难以收回。同时，在融资租赁交易中，出租人与承租人互负的主要合同义务并非同时履行，而是有先后履行顺序的——出租人履行支付租赁物价款、购置租赁物并交付承租人的义务在先，承租人履行支付租金义务在后，如果承租人不履行缴纳租金的主要合同义务，必将使出租人的利益落空。通常，承租人迟延支付某期到期租金时，很有可能也无力再支付剩余未到期的租金，此时出租人如果不能及时地一次性主张全部租金或者不能收回租赁物，将很有可能使自身的损失持续扩大而最终无法获得救济。因此，在承租人违约不支付租金时，出租人有权要求承租人支付全部租金，这是及时救济守约出租人利益的需要。当然，如果计算出租人的实际损失，应当考虑到未到期租金的贴现值，即根据一定的利率标准，予以折算。但根据本条规定，出租人可以要求承租人支付合同约定的全部租金，即使该数额必然超过全部租金的贴现值，其实质就是使承租人因其违约行为而丧失其未到期租金的期限利益，从而体现对承租人违约行为的惩罚性，以引导承租人依约履行合同义务。

（三）融资租赁合同的不可解约性

融资租赁合同的不可解约性，又称“中途解约禁止”。由于融资租赁交易具有融资性、周期长、利益重大、交易复杂等特点，融资租赁合同的解除与一般合同的解除相比有着更为严格的条件。融资租赁合同中一般都有类似“除合同约定条款外，未经对方书面同意，任何一方不得中途变更合同内容或解除合同”的约定，即所谓的“中途解约禁止条款”。融资租赁合同之所以规定这样的条款是因为单方中途解约会对另一方当事人造成较大损失。具言之，对于出租人而言，购买租赁物需要大量资金，大多数情况下这些资金绝大部分来自从第三方处的融资，如果允许承租人单方中途解约，则出租人很难收回投入的各项资金，并需偿付融资本息，而且即使承租人将租赁物返还给出租人，在一定期间内也很难将退回的租赁物出租给新的承租人或转让，出租人将蒙受极大的损失；对于承租人而言，承租人在租赁过程中已经投入了相当的资金，比如为了使用租赁物，承租人往往需要进行一定的配套设备的投入，若允许出租人单方任意解除合同，将使承租人已投入的资金无法收回而蒙受损失。①

鉴于此，无论国外立法还是融资租赁实践均对中途解约进行了严格的限制。但是，中途解约禁止并非融资租赁合同不适用解除制度，在出现法定或约定的特殊情况下，应当允许当事人基于一方或双方的意思使合同归于消灭。

（四）因承租人未按照合同约定的期限和数额支付租金，出租人请求解除合同需要履行催告程序

《民法典》第562条第2款规定："当事人可以约定一方解除合同的事由。解除合同的事由发生时，解除权人可以解除合同。"该规定并未对约定解除权设置催告程序，但按照本条关于融资租赁合同之特殊规定，在融资租赁合同的承租人未按照合同约定的期限和数额支付租金，出租人请求解除合同时，仍然需要履行催告程序。这样的制度安排主要基于以下理由：首先，融资租赁合同具有不可解约性，守约方在合同解除之前为违约方提供一个补救的机会为立法与司法惯例。比如国际统一私法协会《国际融资租赁公约》第13条第5款规定：在违约可以补救的情况下，除非出租人已经通知承租人给予承租人一个对违约作出补救的合理机会，否则出租人不得行使其加速收取租金或者终止租赁协议的权利。其次，催告程序设置虽然为出租人增加了一定负担，但并未损害出租人的实质利益。融资租赁物通常是承租人选定并供其使用的，对出租人并无直接的实物利用价值，出租人此项交易的主要目的是收取租金，因此解除合同、收回租赁物并非出租人的最优选择。如果出租人催告后，承租人在合理期限内履行了支付租

① 余宏雷：《论融资租赁合同的中途解约》，载《法学》1996年第10期。

金的义务，则合同得以继续履行，各方的交易目的更能充分实现；如承租人在合理期限内仍未履行义务，出租人解除合同的权利不受任何影响。第三，在承租人未按约定的期限和数额支付租金成就了当事人约定的融资租赁合同解除条件时，在适用《民法典》合同编通则部分的相关规定时，存在第 562 条第 2 款与第 563 条第 3 项的竞合，承租人未按约定的期限和数额支付租金，即使将其约定为解除条件，其本质也可视为迟延履行，适用《民法典》第 563 条第 3 项的规定解释在解除权行使前设置催告程序亦具有法律依据。

【审判实践中应注意的问题】

一、支付全部租金与解除合同、收回租赁物两种救济途径出租人只能择一行使

在融资租赁合同履行过程中，当承租人违约不支付租金时，出租人可以请求承租人支付全部租金，也可以解除合同、收回租赁物，一般认为这两种权利不能同时行使，原因如下：（1）从理论上讲，支付全部租金的性质是合同加速到期，合同本身并未解除，承租人在租赁期届满前仍享有占有、使用租赁物的权利，合同处于继续履行的状态，而解除合同、收回租赁物的性质是合同权利义务的终止。因此，同时主张继续履行合同和解除合同存在逻辑矛盾。（2）从出租人和承租人的利益平衡角度讲，若准许出租人同时行使支付全部租金与解除合同、取回租赁物两种请求权，将导致出租人获得远高于合同正常履行情况下所获利益，对承租人则有失公平。（3）现实中存在当事人约定当承租人不支付租金时出租人可以同时要求支付全部租金和收回租赁物的情形，实质相当于出租人以支付全部租金形式主张惩罚性违约金，而且也存在一些支持出租人按约同时行使两种救济途径的案例，但基于合同正义及损害填平原则，不宜放任当事人以意思自治为由约

定远超过损害的违约责任。[①]（4）支付全部租金与解除合同、取回租赁物出租人只能选择其一行使的规则，已得到国际立法的广泛认可。比如《国际融资租赁公约》第13条就有相关规定。

在司法实践中，如果出租人既诉请支付全部未付租金，又请求解除合同、收回租赁物的，人民法院应告知其作出选择，如出租人拒绝作出选择，属于无明确的诉讼请求，应当驳回起诉。如出租人作出选择后，有明确的诉讼请求再行起诉的，人民法院应予受理。

如果出租人先诉请支付全部租金，法院作出支持判决后，承租人未予执行，出租人另行诉请解除合同、收回租赁物，对于第二个诉讼，人民法院应予以受理。因为前后两个诉请不属于基于同一事实同一法律关系提出的同一诉讼请求，不构成重复诉讼。在此前提下，如果出租人在两个诉讼中均取得了胜诉判决，则需避免承租人被双重执行。因为第二份判决，即出租人诉请解除合同、取回租赁物的判决，应当对在先判决（承租人给付全部租金的判决）及承租人未履行该判决义务的事实作出认定，故基于新的事实而产生的新的判决，其效力在法理上实际已代替了既有判决。[②]

二、正确把握催告相关问题

首先，从《民法典》第563条第3项的用语“经催告后在合理期限内仍未履行”和本条的用语“经催告后在合理期限内仍不支付租金”来看，并未要求出租人在催告之时必须规定“合理期限”，该合理期限在具体诉讼中可以由法官根据客观情况加以判定。其次，催告的形式为不要式，除非当事人之间有特别约定，书面通知或者口头通知均可，只要出租人能在纠纷中举证证明其履行了催告义务即可。最后，出租人未经催告即起诉请求解除合同的，人民法院不宜仅以解除权未成就为由直接驳回其诉讼请求，而是可将起诉状送达承租人的时间作为出租人的催告时间，并为承租人确定合理的履行期限。

① 蔡志萍、张昕：《船舶融资租赁纠纷法律适用问题研究》，载《中国海商法研究》2014年第2期。

② 李志刚：《融资租赁合同欠租纠纷的司法救济》，载《法律与新金融》2015年第1期。

第七百五十三条　承租人未经出租人同意，将租赁物转让、抵押、质押、投资入股或者以其他方式处分的，出租人可以解除融资租赁合同。

【条文主旨】

本条是关于承租人实施无权处分租赁物的行为构成违约，出租人可以解除融资租赁合同的规定。

【条文理解】

一、条文解读

在融资租赁交易中，合同客体租赁物的所有权在租赁期限归属于出租人。但是，在租赁期限租赁物由承租人实际占有和使用，一旦承租人将租赁物转让、抵押、质押、投资入股或者以其他方式处分，将会对出租人的租赁物所有权和租金债权的实现均构成严重威胁，甚至可能发生受让人根据善意取得制度取得租赁物所有权的情况，如此，出租人租金债权的物权保障也消失殆尽。因此，承租人实施擅自处分租赁物是严重的违约行为，立法赋予出租人在此时解除合同的权利。

本条采取了概括式和列举式相结合的方法，对承租人擅自处分租赁物的方式进行了规定，即转让、抵押、质押、投资入股或者以其他方式处分。

需要注意的一点是，在司法实务中擅自处分租赁物的主体不限于承租人，还包括租赁物的实际使用人。原因在于：尽管融资租赁合同的签订者是出租人和承租人，但由于存在承租人将租赁物交给其他人使用的情形，所以，除存在承租人对租赁物的无权处分外，也存在着租赁物的实际使用人对租赁物的无权处分。无论何种情况，出租人都可以主张解除合同。

二、理论基础与法理分析

（一）关于合同的解除

合同的解除，是指在合同履行过程中，对于特定的情形，例如，合同约定的给付因可归责于一方当事人的事由而致履行不能或给付迟延，进而导致合同目的不能实现，法律规定或双方约定给予对方当事人以选择终结契约履行的权利。[①] 因违约行为而引发的合同解除被认为是一种救济措施，并且由于这一救济措施会导致双方当事人的合同权利义务发生颠覆性的变化，可谓是根本性的、最为严厉的违约救济方式，所以它也受到法律的明确限制。

依合同解除条件及发生原因，可以将合同解除分为以下三类：（1）法定解除，是指当法定解除事由发生时，合同当事人根据法律的直接规定行使解除合同的权利，从而导致合同解除；（2）约定解除，是指合同当事人约定某种情形发生时，赋予一方或双方当事人以解除合同的权利，而当该情形实际发生时，当事人因行使约定解除权而导致的合同解除；（3）协议解除，是指合同当事人缔结合同后，又经协商一致解除合同。需要注意的是，法定解除、约定解除和协议解除的区别在于合同解除的条件和原因，而非合同解除的方式。无论是哪一种解除情形，均可能通过诉讼的方式进行，也可能通过双方当事人自行和解的方式完成。本条规定针对的是融资租赁合同承租人擅自处分租赁物导致合同解除的情形，由于需要考虑违约的严重程度以及合同的具体约定，法定解除、约定解除均有可能，二者在具体的解约条件上存在一定差别，司法实践中应引起注意。

① 参见黄立：《民法债编总论》，中国政法大学出版社2002年版，第517页。

（二）关于无权处分

无权处分，是指行为人没有处分权，却以自己的名义实施的对他人财产的法律上的处分行为。无权处分问题被学界喻为“法学上的精灵”“法律思维的宝藏”[①]，因为，无权处分行为违反了法律关于禁止处分的规定，并可能会损害真正权利人的利益。[②]同时，由于行为人在实施无权处分行为时，一般会与相对人订立合同，故而无权处分行为还涉及对相对人的保护和交易安全等问题。在诸多问题中，最为核心的问题是无权处分合同的效力问题。对这一问题，学界存在“合同无效说”“效力待定说”和“完全有效说”三种观点，并先后在立法和司法实践中得以体现。《民法典》合同编删除《合同法》第51条，这一规定曾是“效力待定说”的重要依据，可见“完全有效说”确实是一种新的发展趋势。

“完全有效说”在区分负担行为与处分行为的基础上，认为应将《合同法》中的“处分”定义为处分行为，而非负担行为。转移标的物的所有权属于处分行为，而出卖他人之物的合同属于负担行为，该合同之效力不以处分人对标的物享有所有权或处分权为要件，也不当然地受双方主观上是否善意之影响，该处分合同是确定有效的。[③]换言之，根据“完全有效说”，无权处分的合同应当认定有效。支持无权处分合同有效的主要理由有：第一，可以与善意取得制度相衔接，有利于保护善意买受人的利益，保护交易安全；第二，按“效力待定说”，在无权处分人将财产处分给他人不符合善意取得的构成要件时，如果真正权利人拒绝追认，则合同无效，买受人只能请求出卖人承担缔约过失责任，按照“完全有效说”，此种情形下买受人可以主张出卖人承担违约责任，请求赔偿其履行利益损失，从而更有利于保护买受人的利益；第三，即便承认无权处分合同有效，并不当然损害实际

① 王泽鉴：《民法学说与判例研究》（第5册），中国政法大学出版社1998年版，第87页。

② 王泽鉴：《民法学说与判例研究》（第4册），中国政法大学出版社1998年版，第136页。

③ 韩世远：《无权处分与合同效力》，载《人民法院报》1999年11月23日。

权利人的利益，因为根据负担行为和处分行为区分的原理，无权处分人对受让人负担交付标的物并移转标的物所有权的义务，并不当然导致标的物所有权发生变动；第四，可以满足市场主体的现实需要，鼓励对未来获得的财产进行交易。现代社会中的商业交易并非全部建立在对已经获得所有权的标的物的处分之上，在相当多的商业交易中，当事人采取订购的方式，约定买卖将来取得所有权的物。在类似交易中肯定合同的效力有利于保护当事人的利益并约束其行为，可以鼓励商人根据市场行情尽早地安排其交易行为。

融资租赁合同租赁期限届满前，租赁物由承租人占有、使用，并且实践中为了便于承租人账务处理或获得一定的税收优惠，出租人购买租赁物时往往由出卖人出具以承租人为购买人的税务发票，甚至为了便于对租赁物的管理、理赔、年检等，将一些融资租赁资产登记在承租人名下。在此情况下，承租人可能凭借其对租赁物的实际控制和相关证明材料，在未经出租人同意的情况下，将租赁物转让、抵押、质押、投资入股或者以其他方式处分。由于融资租赁合同租赁期限届满前，租赁物归出租人所有，承租人的上述行为显然构成无权处分。根据"完全有效说"的观点和《买卖合同司法解释》第3条[①]的规定，承租人擅自出卖租赁物的合同有效。此外，由于承租人无权处分租赁物不限于买卖一种形式，还存在抵押、质押、投资入股或者以其他方式处分，根据《民法典》第646条[②]、《买卖合同司法解释》第45条规定的"参照适用"规则，融资租赁合同履行过程中承租人的上述其他无权处分行为亦应认定为有效。诉讼中出租人若主张因承租人无权处分租赁物而使其与第三人订立的合同无效，则不能得到法院支持。

---

① 《买卖合同司法解释》第3条规定："当事人一方以出卖人在缔约时对标的物没有所有权或者处分权为由主张合同无效的，人民法院不予支持。出卖人因未取得所有权或者处分权致使标的物所有权不能转移，买受人要求出卖人承担违约责任或者要求解除合同并主张损害赔偿的，人民法院应予支持。"

② 《民法典》第646条规定："法律对其他有偿合同有规定的，依照其规定；没有规定的，参照适用买卖合同的有关规定。"

（三）关于善意取得

根据《民法典》第311条[①]规定的善意取得制度，承租人无权处分租赁物时，第三人构成善意取得需要具备三个要件，即：（1）受让人善意；（2）交易价格合理；（3）不动产登记或者动产交付。融资租赁承租人无权处分租赁物时，相对人亦可能据此善意取得租赁物的所有权。

前已述及，融资租赁关系中租赁物被承租人长期占有、使用，脱离所有权人监管，出租人随时面临承租人可能擅自处分租赁物的风险。《民法典》第745条规定："出租人对租赁物享有的所有权，未经登记，不得对抗善意第三人。"这是平衡善意第三人和所有权人利益的规定，从所有权人的角度看，它赋予了出租人对善意第三人的抗辩权，即融资租赁出租人可以其租赁物所有权登记为由主张第三人不构成善意取得。这里需区分三种情况：首先，如果租赁物是不动产，如企业厂房，其所有权公示方式为登记，承租人占有、使用租赁物不影响租赁物所有权在法律上的归属；其次，如果租赁物是有明确登记机关的特殊动产，如船舶、航空器和机动车等，其在行政管理上需要进行登记，未进行登记不得对抗善意第三人，其物权变动仍然需要通过占有的方式实现，故第三人若要对交易安全产生合理信赖，就有必要对交易相对人是否同时是特殊动产的占有人及物权登记人两方面进行审查，否则其主观状态就难以被认定为"善意"；[②]最后，对大量没有所有权登记机关的机械设备及其他无所有权登记机关的动产而言，如前所述，我国已有两个融资租赁交易登记查询系统，根据《融资租赁

① 《民法典》第311条规定："无处分权人将不动产或者动产转让给受让人的，所有权人有权追回；除法律另有规定外，符合下列情形的，受让人取得该不动产或者动产的所有权：（一）受让人受让该不动产或者动产时是善意；（二）以合理的价格转让；（三）转让的不动产或者动产依照法律规定应当登记的已经登记，不需要登记的已经交付给受让人。受让人依照前款规定取得不动产或者动产的所有权的，原所有权人有权向无处分权人请求损害赔偿。当事人善意取得其他物权的，参照适用前两款规定。"

② 姚辉：《物权法与法官裁判思维的相关问题》，载法信网，http：//www.faxin.cn/lib/lfsf/SfContent.aspx?gid=H5621&libid=&userinput=%E7%89%A9%E6%9D%83%E6%B3%95%E4%B8%8E%E6%B3%95%E5%AE%98%E8%A3%81%E5%88%A4%E6%80%9D%E7%BB%B4%E7%9A%84%E7%9B%B8%E5%85%B3%E9%97%AE%E9%A2%98，2020年2月18日访问。

合同司法解释》第9条之规定，在承租人对外转让租赁物时，如果第三人未按照法律、行政法规、行业或者地区主管部门的规定在相应机构进行融资租赁交易查询，出租人主张第三人物权权利不成立的，人民法院予以支持。

【审判实践中应注意的问题】

一、注意本条规定与相关条文的衔接

出租人依据本条主张解除融资租赁合同，可能同时提出承租人与相对人的合同无效或取回租赁物等主张。此时，可能需要追加相对人为诉讼第三人，并结合《民法典》第311条、第745条，《融资租赁合同司法解释》第9条、第22条等相关规定，对第三人是否构成善意取得进行判断，综合运用相关法条做出裁判。

二、承租人擅自转租的，出租人是否可以解除合同

本条在吸收《融资租赁合同司法解释》第12条第1项的规定时，删除了“转租”这一处分方式，这是否意味着承租人擅自转租的行为不是出租人法定解除合同的理由？我们认为，这表现出立法者对承租人转租行为的违约严重性持谨慎态度。

首先，出租人保有租赁物的所有权是其实现租金债权的担保手段，其缔结融资租赁合同的主要目的还在于获取约定的租金，而承租人擅自处分租赁物的行为并不当然导致出租人的租金债权无法实现，[①]尤其是转租行为，一般而言，次承租人缴纳的租金数额都会高于承租人的租金数额，承租人应更具清偿租金债务的能力。其次，转租行为未直接侵犯出租人的所有权或其在租赁物上的担保利益。本条列举的转让、投资入股行为是直接处分租赁物所有权的行为，抵押、质押是

① 王叶刚：《融资租赁承租人擅自处分租赁物时出租人法定解除权反思》，载《法学》2016年第8期。

设立担保物权的行为，这些行为与转租行为的违约严重性明显有所差异。再次，在融资租赁期限承租人享有占有、使用租赁物的权利，如果实践中承租人不实际占有、使用租赁物，而是由他人占有、使用也是市场资源配置的结果，在承租人没有其他严重违约行为的情形下，仅因为擅自转租租赁物，出租人就可以单方解除融资租赁合同并取回对其没有太大使用价值的租赁物，不利于租赁物效用的充分发挥。最后，理论上融资租赁合同具有不可解约性，应该审慎设置当事人的法定解除权。因此，我们认为，在现有法律规定的情况下，如果当事人没有明确约定，不宜仅因承租人擅自转租就支持出租人解除合同的请求。

第七百五十四条　有下列情形之一的，出租人或者承租人可以解除融资租赁合同：

（一）出租人与出卖人订立的买卖合同解除、被确认无效或者被撤销，且未能重新订立买卖合同；

（二）租赁物因不可归责于当事人的原因毁损、灭失，且不能修复或者确定替代物；

（三）因出卖人的原因致使融资租赁合同的目的不能实现。

【条文主旨】

本条是关于出租人和承租人均可解除融资租赁合同的情形的规定。

【条文理解】

一、条文解读

本条是基于《民法典》第563条法定解除的情形针对融资租赁合同作出的特别规定。作为合同双方均可解约的情形，本条规定以融资租赁合同客观上的履行不能作为解除的前提。第1、2项两种情形均以承租人无法继续占有、使用租赁物为合同解除的条件，至于合同解除后的返还及赔偿责任则可以依照双方的过错由人民法院作出裁决。第3项情形将出卖人的原因纳入了出租人和承租人双方均可解约的情形，理由有二：一是这将导致融资租赁的合同目的无法实现，客观履行不能；二是在因出卖人的原因导致融资租赁合同无法继续履行时，如果出租人不解除买卖合同，而承租人又没有以解除融资租赁合同的方式进行救济的权利，则可能导致承租人非因自身过错仍要持续负担融资租赁合同义务的情形，如此对承租人而言显然是不公平的。

二、理论基础与法理分析

（一）合同履行不能与解除合同

合同目的需要通过合同的履行来实现。“履行是指债务人按照债的约定和法律的规定全面而适当地履行其债务，以使债权人实现其债权。”[①]然而，在合同履行过程中常常会出现导致合同无法顺利履行的障碍，比如不可抗力、情势变更、履行不能、不完全履行、履行迟延、拒绝履行、债权人迟延等。王泽鉴认为“给付不能是契约法上核心问题之一”[②]。履行不能是指债务人在客观上已经没有履行能力，或者法律禁止债务的履行。[③]

通说认为，依据不同的标准，履行不能可以分为自始不能与嗣后不能、客观不能与主观不能、永久不能与一时不能、全部不能与一部不能、法律上的不能与事实上的不能。[④]我国民法立法上采取的是法律上的不能与事实上的不能的分类方法。

根据《民法典》第580条第1项的规定，法律上或者事实上不能履行免除履行不能方的履行义务，意即无论是法律上还是事实上的原因导致的履行不能，债务人无需给付。按照学理分析，债务人无需给付时，对待请求权亦归于消灭，合同解除成为必然。立法上，《民法典》并未直接将履行不能规定为合同法定解除的条件，合同陷入履行不能时，当事人得援引《民法典》第563条之规定行使法定解除权：若因不可抗力致合同履行不能，当事人可以依据该条第1项“因不可抗力致使不能实现合同目的”之规定解除合同；在其他合同履行不能的情形下，当事人可依据该条第4项“有其他违约行为致使不能实现

① 佟柔：《中国民法》，法律出版社1990年版，第138页。

② 王泽鉴：《民法学说与判例研究》（第1册），中国政法大学出版社1998年版，第415页。

③ 崔建远主编：《合同法》，法律出版社2000年版，第23页。

④ 韩世远：《履行障碍法的体系》，法律出版社2006年版，第83～85页。

合同目的”之规定解除合同。

关于履行不能的救济问题。当事人一方法律上或者事实上履行不能，根据《民法典》第580条第1项的规定，属于“强制履行”的除外情形，有的称之为“免除继续履行的责任”，[①]对于属于因不可抗力致使合同履行不能的，适用《民法典》第590条的规定，根据不可抗力的影响，部分或者全部免除履行不能方的责任；对于非因不可抗力致使合同履行不能的，履行不能方均构成违约，应承担相应的违约责任。[②]

（二）融资租赁合同履行不能

有学者认为，融资租赁合同包括两个过程——买卖和租赁，涉及三方当事人——出卖人、出租人（买受人）和承租人。[③]它既不同于买卖合同，亦不同于传统的租赁合同，是一种独立的合同形式。[④]我们对此持不同意见，原因在于：（1）根据《民法典》第735条[⑤]之文意，不能得出融资租赁合同包括三方当事人的结论。该条文中出现了出卖人，但并不能说明出卖人即融资租赁合同的当事人，而仅仅表明融资租赁交易中租赁物的来源，体现了交易中的“融资”特色。[⑥]（2）根据《民法典》关于融资租赁合同内容的规定，不能得出融资租赁合同包括买卖合同的结论。《民法典》第763条第1款的规定[⑦]中并

① 王利明：《合同法新问题研究》，中国社会科学出版社2003年版，第762页。

② 《民法典》第577条规定：“当事人一方不履行合同义务或者履行合同义务不符合约定的，应当承担继续履行、采取补救措施或者赔偿损失等违约责任。”这个条文中并没有出现“但当事人能够证明自己没有过错的除外”的字样，通说认为违约责任的归责原则为严格责任原则。参见梁慧星：《从过错责任到严格责任》，载《民商法论丛》（第8卷），法律出版社1999年版，第1~7页。

③ 陈小君：《合同法学》，高等教育出版社2004年版，第329页。

④ 江平主编：《中华人民共和国合同法精解》，中国政法大学出版社1999年版，第181页。

⑤ 《民法典》第735条规定：“融资租赁合同是出租人根据承租人对出卖人、租赁物的选择，向出卖人购买租赁物，提供给承租人使用，承租人支付租金的合同。”

⑥ 胡康生：《中华人民共和国合同法释义》，法律出版社1999年版，第350页。

⑦ 《民法典》第736条第1款规定：“融资租赁合同的内容一般包括租赁物的名称、数量、规格、技术性能、检验方法，租赁期限，租金构成及其支付期限和方式、币种、租赁期限届满租赁物的归属等条款。”

不包括出租人与出卖人之间买卖交易的内容。（3）前述观点在逻辑上难以自圆其说。如果融资租赁合同由买卖合同和融资租赁合同构成，那么，前后两个“融资租赁合同”有何区别？有学者改称融资租赁合同由买卖合同和租赁合同构成，这里的“租赁合同”与《民法典》合同编第14章所规定的租赁合同如何区分？我们认为，前述观点混淆了融资租赁交易与融资租赁合同的概念，是融资租赁交易，而非融资租赁合同，包括买卖合同和融资租赁合同；对于融资租赁交易中的买卖合同与融资租赁合同的关系，可以借助大陆法系民法中合同联立的理论进行解释。合同联立是指数个合同不失其个性而相结合，① 如机械设备的买卖，附带技术秘密的转让。融资租赁交易中的买卖合同与融资租赁合同之间既具有紧密联系，又相互独立。融资租赁合同当事人为出租人、承租人，不包括出卖人。

1. 买卖合同解除、被确认无效或者被撤销所致履行不能

根据《民法典》第566条第1款②和第157条③的规定，对于买卖合同而言，无论是合同解除，还是被确认无效或者被撤销，必然产生买受人不能取得买卖标的物或返还买卖标的物的法律效果。在融资租赁法律关系中，出租人（买受人）因为买卖合同解除、被确认无效或者被撤销而不能向承租人提供租赁物或者不能保证承租人对租赁物的占有、使用，又不能重新订立买卖合同进行补救并向承租人交付租赁物时，融资租赁合同会陷入履行不能。

2. 租赁物意外毁损、灭失所致履行不能

融资租赁交易中，出卖人、租赁物的选择和租赁物的具体要求一般都由承租人决定，租赁物的瑕疵担保责任由出卖人承担，在出卖人

---

① 史尚宽：《债法总论》，中国政法大学出版社2000年版，第11页。

② 《民法典》第566条第1款规定：“合同解除后，尚未履行的，终止履行；已经履行的，根据履行情况和合同性质，当事人可以请求恢复原状或者采取其他补救措施，并有权请求赔偿损失。”

③ 《民法典》第157条规定：“民事法律行为无效、被撤销或者确定不发生效力后，行为人因该行为取得的财产，应当予以返还；不能返还或者没有必要返还的，应当折价补偿。有过错的一方应当赔偿对方由此所受到的损失；各方都有过错的，应当各自承担相应的责任。法律另有规定的，依照其规定。”

交付的标的物存在瑕疵时，承租人直接向出卖人索赔，因此，在融资租赁合同实践中，一般都有免除出租人风险负担责任的特别约定。根据《民法典》第750条[①]、第751条[②]的规定，当租赁物意外毁损、灭失时，承租人有义务进行修复或者确定替代物，以保证融资租赁合同的顺利履行。若承租人未能修复或者确定替代物进行补救时，融资租赁合同亦陷入履行不能。

3. 出卖人原因所致履行不能

如前文所述，虽然出卖人不是融资租赁合同的当事人，但是出卖人通常承担直接向承租人交付租赁物的义务，买卖合同和融资租赁合同具有密切联系，当出卖人因自身原因导致买卖合同履行不能，比如预期违约、拒绝履行，也必将影响融资租赁合同的顺利履行，甚至使其陷入履行不能。

【审判实践中应注意的问题】

一、正确把握出租人和承租人均可解约的条件

人民法院在适用本条认定出租人和承租人的解约权时，需要正确把握融资租赁合同的“不可解约性”。第一，本条对出租人和承租人均可解约的情形进行了明确限定，如对于出租人与出卖人订立的买卖合同解除、被确认无效或者被撤销附加了“未能重新订立买卖合同”这一条件；对租赁物意外毁损、灭失附加了“不能修复或者确定替代物”这一条件，“未能”“不能”强调的是未重新订立买卖合同、未修复或者确定替代物的客观事实，不强调形成这一客观事实的主客观原因。第二，如果当事人在融资租赁合同中约定了买卖合同解除、被

① 《民法典》第750条规定：“承租人应当妥善保管、使用租赁物。承租人应当履行占有租赁物期间的维修义务。”

② 《民法典》第751条规定：“承租人占有租赁物期间，租赁物毁损、灭失的，出租人有权请求承租人继续支付租金，但是法律另有规定或者当事人另有约定的除外。”

确认无效或者被撤销后重新订立买卖合同的期限，以及租赁物意外毁损、灭失后修复或者确定替代物的期限，那么，在该约定期限届满前不产生解除权；融资租赁合同对前述期限未作约定的，应参照适用《民法典》第563条第3项关于“当事人一方迟延履行主要债务，经催告后在合理期限内仍未履行”的规定，确定解除权产生的时间。第三，如果在诉讼期间，出租人与出卖人重新订立了买卖合同，租赁物得以修复或者确定了替代物，且融资租赁合同的履行不存在其他障碍的，则不应判令解除融资租赁合同。

二、正确把握出租人和承租人均可解约的方式

解除权属于形成权，根据《民法典》第565条第1款之规定，解除合同应当以通知的方式进行，合同自通知到达对方时解除。即一方当事人依法单方通知解除合同的，无需对方当事人同意即可产生解除合同的效果。出租人或承租人依照本条和《民法典》第565条第1款之规定解除融资租赁合同亦可以采取通知的方式。对于通知的具体形式，《民法典》未作明确要求，故为不要式，“当事人可以采用书面形式，也可以通过口头形式，甚至是默示方式，均可产生通知解除合同的效果。”[①] 在学说解释上，可以构成解除合同意思表示的情形还包括：提起解除合同并请求恢复原状或损害赔偿的诉讼、对对方的履行请求之诉提出抗辩等。[②] 实践中，当事人虽未明确提出“解除合同”这样的术语，但通过其实际告知相对人的内容可推定其有明确的解除合同的意思的，也可视情况认定其进行了通知。最高人民法院在佛山市顺德区胜电厂有限公司与广东南华石油有限公司、广东省石油企业集团燃料油有限公司买卖合同纠纷一案的判决书中指出：“只要解除权人通过一定的形式向对方当事人表达了解除合同的意思且该意思表示为

---

① 孙增芹、吴兆祥：《关于合同解除的几个问题》，载《人民司法·应用》2008年第21期。

② ［日］我妻荣：《债权各论》(上卷)，日本岩波书店1954年版，第184页；［日］三宅正男：《契约法（总论）》，日本青林书院1978年版，第219页。

对方所知悉，即可发生解除合同的效力，并不一定非要采取书面文字通知的方式，更不需要被通知人的同意。”[①]

解除权之行使，只需向他方当事人以意思表示为之，不必请求法院为宣告解除之形成判决。[②]根据《民法典》第565条第1款之规定，在单方通知解除，合同解除的时间是“通知到达对方时”。“法院的判决在合同解除纠纷中的作用，仅仅是确认当事人有无解除合同的权利，以及当事人是否已经合法解除了合同，而不是代替当事人作出解除合同的决定，或者决定当事人之间的合同应当自何时起解除。”[③]如果解除权人根据《民法典》第565条之规定通知解除合同后，仍起诉请求解除合同的，法院宜在判决说理部分确认合同已于解除通知送达当事人之日解除，进而对合同解除后的法律后果作出裁判。

另需注意，根据《民法典》第565条第2款“当事人一方未通知对方，直接以提起诉讼或者申请仲裁的方式依法主张解除合同，人民法院或者仲裁机构确认该主张的，合同自起诉状副本或者仲裁申请书副本送达对方时解除”的规定，当事人直接向人民法院起诉或向仲裁机构申请解除合同的，不以先行通知合同相对人解除合同为必要前提。

---

① 最高人民法院（2006）民二终字第200号民事判决，参见最高人民法院民二庭编：《最高人民法院商事审判指导案例·合同卷》，中国法制出版社2011年版，第514页。

② 黄立：《民法债编总论》，中国政法大学出版社2002年版，第526页。

③ 薛文成：《论合同及合同解除权的行使》，载《东方法学》2008年第1期。

第七百五十五条 融资租赁合同因买卖合同解除、被确认无效或者被撤销而解除，出卖人、租赁物系由承租人选择的，出租人有权请求承租人赔偿相应损失；但是，因出租人原因致使买卖合同解除、被确认无效或者被撤销的除外。

出租人的损失已经在买卖合同解除、被确认无效或者被撤销时获得赔偿的，承租人不再承担相应的赔偿责任。

【条文主旨】

本条是关于融资租赁合同因买卖合同解除、被确认无效或被撤销而解除的，承租人如何向出租人承担赔偿责任的规定。

【条文理解】

一、条文解读

根据《民法典》第754条第1项规定，买卖合同解除、被确认无效或者被撤销，且未能重新订立买卖合同的，承租人和出租人均具有融资租赁合同的解除权。因买卖合同解除、被确认无效或者被撤销导致融资租赁合同陷入履行障碍而解除的，属于因融资租赁合同当事人以外的原因导致合同解除，承租人虽在融资租赁合同关系中无违约行为，但由于买卖合同的出卖人、租赁物通常系由承租人选择，承租人需对其选择的后果负责，即对由此而给出租人造成的损失承担赔偿责任。需要注意的是，如果承租人是依赖出租人的技能来确定租赁物或者出租人干预选择租赁物的，或者买卖合同是因为出租人的原因而解除、被确认无效或者被撤销的，承租人此时对融资租赁合同因买卖合同解除、被确认无效或者被撤销而解除使得出租人遭受的损失，不再承担赔偿责任，出租人应自行承担相应的后果。

由于融资租赁交易中买卖合同与融资租赁合同联系紧密，融资租赁合同解除对出租人造成的损失与买卖合同解除、被确认无效或者被撤销对买受人（出租人）造成的损失往往存在交叉重合，为了避免出租人（买卖合同的买受人）在不同法律关系中重复受偿，本条规定如果出租人在买卖合同关系中已经获得赔偿，承租人不再承担相应的赔偿责任，即需在融资租赁合同的索赔中扣减出租人在买卖合同关系中已经获得赔偿的部分。

二、理论基础与法理分析

（一）买卖合同效力瑕疵可能导致融资租赁合同因合同目的无法实现而解除

在融资租赁交易中，融资租赁合同与买卖合同既相互独立，又紧密联系。出租人在融资租赁关系中的主要义务是支付购买租赁物的价款，并通过向承租人收取租金等以实现交易收益。承租人在融资租赁关系中主要是以支付租金和相关费用为代价，获得对租赁物的占有、使用和收益。按照融资租赁交易惯例及《民法典》第739条之规定，出租人一般不负有直接向承租人交付租赁物的义务，而是由出卖人按照买卖合同的约定向承租人交付租赁物，承租人享有与受领标的物有关的买受人的权利。当出租人完成支付租赁物价款这一主要合同义务后，如果买卖合同解除、被确认无效或者被撤销，必将影响承租人对租赁物的占有、使用及收益，从而影响承租人订立融资租赁合同目的的实现。

此种情形下，是否允许当事人解除融资租赁合同，立法上有两种模式：一是严格遵守融资租赁合同“中途解约禁止”的特性，规定当事人不得解除融资租赁合同，承租人仍需继续支付租金，但可以向出卖人主张损害赔偿[①]；二是以合同目的落空为由，赋予融资租赁合同当事人解除权，出租人因合同解除而遭受的损失，可以向承租人主张损失赔偿。我国《民法典》第754条和本条规定采纳了第二种模式。

需要注意的是，根据《民法典》第157条、第566条之规定，买卖合同解除、被确认无效或被撤销，买受人（出租人）并非必须返还租赁物，当没有必要返还原物或返还原物会造成物的价值显著降低时，当事人可以通过折价补偿等方式来代替对租赁物的返还。如果当事人之间达成了折价补偿协议，承租人即可继续占有和使用租赁物，出租人亦可依约继续收取租金及其他费用，其融资租赁合同目的均未落空，当事人此时就不再享有融资租赁合同的法定解除权。

（二）由承租人对出租人损失承担赔偿责任的法理基础

根据《融资租赁合同司法解释》第16条第1款之规定，融资租赁合同因买卖合同解除、被确认无效或者被撤销而解除时，如果融资租赁合同中约定此时需由承租人对出租人承担损失赔偿责任，那么应当尊重当事人意思自治。

《民法典》此条规定不涉及上述司法解释中当事人在融资租赁合同中对承租人对出租人的损失赔偿责任有明确约定的情形，而是仅规定了该条司法解释规定的另外一种情形，即只要出卖人及租赁物系由承租人选择的，承租人便需对出租人承担损失赔偿责任，除非是因出租人的原因而使买卖合同解除、被确认无效或被撤销。《民法典》此条规定和之前出台的上述司法解释之所以作出这样的制度安排，原因如下：

当出卖人、租赁物系由承租人选择时，承租人具有买卖交易对象的选择权，出租人是根据承租人的选择和指定才同出卖人签订买卖合同的，而且通常情况下出租人并不关注租赁物的使用价值，其对供货人的资质、租赁物的性能等并不关心，承租人是出租人所买卖标的物

① 比如国际统一私法协会起草的《租赁示范法草案》初稿第23条第1项b规定："融资租赁中，承租人不得因另一个当事人的根本违约而终止租赁合同，但是有权行使当事人约定的和法律规定的其他救济权。"

的直接受领人和使用人，导致买卖合同效力瑕疵的各种因素事关承租人对租赁物能否顺利占有、使用，因此承租人应该对出卖人、租赁物的选择承担与其合同目的相适应的注意义务。如果因出卖人、租赁物的原因给出租人带来损失，承租人应承担责任，这是权责一致原则的应有之义，反之则对出租人有失公平。

同时，从宏观经济的角度看，融资租赁交易疏通经济“微循环”，促进了市场投资、设备的流通，有利于资源的合理配置。从交易内部主体角度看，融资租赁交易顺利实现，可以达到三方共赢的效果：对于出卖人而言，成功交易意味着其产品商业价值的实现，有利于获得收益、回收资金、扩大再生产；对于承租人而言，减轻资金压力，提前获得租赁物的使用价值，获得期限利益；对于出租人而言，获得租金对价，实现经济利益。不过，分析融资租赁常规交易流程不难发现：出租人（买受人）是融资租赁关系和买卖关系相互联系的纽带，是促成整个交易的关键方。因为通常情况下，在交易伊始，买受人（出租人）以自有资金或再融资资金一次性支付购买租赁物的价款，而这一行为往往已同时将买卖合同与融资租赁合同中己方的主要义务履行完毕，之后其租金债权的回收往往要经历一个相对漫长的过程，也就面临更大的风险。出租人之所以愿意承担风险参与融资租赁交易，主要是因为其有理由对获得租金收益产生合理的期待，法律也应对此提供充分的保障，确保出租人这种合理期待能够得以实现。因此，出租人履行了支付价款的合同义务后，因租赁物本身或非因自身原因造成的买卖合同履行障碍所产生的商业风险，不应再由出租人承担。否则，将会使出租人在融资租赁交易中承担的义务和面临的风险过大，使其减弱甚至丧失参与融资租赁交易的积极性，久而久之对融资租赁行业，乃至实体经济、宏观经济的发展都是十分有害的。因此，融资租赁合同因买卖合同解除、被确认无效或者被撤销而解除的，只要没有可归责于出租人的原因，即使承租人并未违约，出租人亦有权要求获得相应的损失赔偿，这样的制度安排体现了融资租赁立法充分保障出租人合理期待的价值取向。

同时，本条第2款其实也对承租人的上述责任范围作了限定，体现了公平原则。此外，承租人即便承担了本条规定的对出租人的赔偿责任，其损失也可以通过向出卖人索赔而得到弥补，因为法律、司法解释已经赋予承租人索赔补救措施。如《民法典》第741条和《融资租赁合同司法解释》第24条赋予了承租人对出卖人的索赔权，即在出卖人违约或过错导致买卖合同无效、被撤销或解除的情况下，承租人可以直接向出卖人索赔，以维护自身利益。换言之，法律和司法解释规定了承租人保障和救济自身权益的路径，融资租赁合同当事人之间的利益不会因本条规定而失衡。

（三）承租人损害赔偿责任的减免

出租人如果事先已和承租人、出卖人约定将买卖合同中的索赔权转让给承租人行使，则由于出卖人原因导致买卖合同解除、被认定无效或被撤销给出租人（买受人）造成的损失，出租人只能对承租人主张赔偿，而不能再向出卖人索赔，故不存在从出卖人和承租人处同时获得赔偿的可能性，就不存在承租人责任减免的问题。

之所以产生承租人赔偿责任减免的问题，是因为在出租人未将买卖合同中的索赔权转让给承租人行使的情况下，因出卖人原因导致买卖合同解除、被认定无效或被撤销，继而造成融资租赁合同解除的，出租人同时享有两项请求权：一是可在买卖合同关系中对出卖人主张的损失赔偿请求权；二是可在融资租赁合同关系中对承租人主张的损失赔偿请求权。此时，出卖人的债务和承租人的债务构成不真正连带债务，二者对出租人的损失发生并不存在共同目的，出租人可以同时或分别要求出卖人和承租人赔偿其损失，出卖人或承租人中的任何一方承担了赔偿责任后，另一债务人的赔偿责任应相应减免。

【审判实践中应注意的问题】

司法实践中应当注意，出租人基于融资租赁合同因买卖合同解除、被确认无效或者被撤销而解除向承租人主张损失赔偿的前提是，出租人自身对买卖合同的解除、被认定无效或被撤销不具有可归责事由，否则便有“自身过错，别人买单”之嫌，有失公允。例如，在出租人不履行或延迟履行支付标的物价款义务而导致买卖合同被解除的情形下，在因出租人单方或与出卖人的共同过错而导致买卖合同无效或被撤销的情形下，出租人需要根据自身过错自行承担不利后果。又比如，在承租人系依赖出租人的技能确定租赁物的情形下，在出租人干预承租人选择出卖人、租赁物的情形下，出租人即不能再依据本条规定对承租人享有求偿权。

同时，人民法院在此类案件审理过程中，要注意查明是否需要扣减承租人的损失赔偿金额。如果买受人（出租人）因为买卖合同解除、被确认无效或被撤销而遭受的损失，已经通过买卖合同纠纷的救济从出卖人处得到补偿，则该部分受偿金额应当在其以此条规定为依据向承租人求偿时予以抵扣，避免出租人就同一损失获得双重赔偿，否则即不符合填平出租人损失的立法本意。

当然，如果各方当事人已经明确约定，融资租赁合同因买卖合同解除、被确认无效或者被撤销而解除时，由承租人对出租人承担损失赔偿责任，则人民法院应当尊重当事人的交易安排，依照当事人诉请和《融资租赁合同司法解释》第16条第1款之规定，判如所请。

第七百五十六条 融资租赁合同因租赁物交付承租人后意外毁损、灭失等不可归责于当事人的原因解除的，出租人可以请求承租人按照租赁物折旧情况给予补偿。

【条文主旨】

本条是关于融资租赁合同因租赁物意外毁损、灭失而解除时的法律后果的规定。

【条文理解】

一、条文解读

根据《民法典》第754条第2项的规定，租赁物因不可归责于当事人的原因毁损、灭失，且不能修复或者确定替代物的，出租人或者承租人均可以解除融资租赁合同。在融资租赁合同解除后，对于租赁物损毁、灭失必然会产生的相应损失，法律必须设定相应的制度规则予以分配。根据本条规定，租赁物意外毁损灭失的，承租人需承担返还不能时的代物清偿义务，即按照租赁物折旧情况对出租人给予补偿。

二、理论基础与法理分析

（一）标的物意外损毁、灭失与民事责任免除

从西方法制史来看，不可抗力制度肇始于罗马法。在罗马法上，因不可归责于债务人的事由而发生的损害被称为事变。事变可分为两种类型：轻微事变和不可抗力。债务人对因事变产生的损失以不承担

责任为一般原则，但当事人可以约定对轻微事变仍应负责。[①] 我国沿袭了大陆法系的传统，学理上普遍认可当事人对因事变而导致的履行障碍一般不承担赔偿责任，但在立法上，我国并没有完整地继受罗马法上的事变概念，而仅规定了不可抗力。具体而言，《民法典》第590条第1款规定，当事人一方因不可抗力不能履行合同的，根据不可抗力的影响，部分或者全部免除责任，但是法律另有规定的除外。此外，在免责的一般原则之下，法律还规定了例外情况，比如《民法典》第590条第2款规定："当事人迟延履行后发生不可抗力的，不免除其违约责任"，这是因为当事人的迟延履行与不可抗力造成的损失有关，需要承担相应的责任。当然，也有一些特别法规定，对于不可抗力造成的损失，需要由相关的主体承担赔偿责任。

对于不可抗力发生时当事人可以免于承担赔偿责任的理由，存在不同的学理解释，包括客观说、主观说和折中说。其中，折中说逻辑体系更加周严。具体而言，折中说从因果关系和可归责性两个角度进行分析：在过错责任场合，对不可抗力造成的损失之所以免责，一是由于债务人不具有过错，二是由于因果关系的中断；在无过错责任场合，因果关系中断否定了违约责任的构成。[②] 不可抗力免责制度有利于保护无过错当事人的利益，还可以促使当事人交易时充分预测风险，从而达到合理规避风险、鼓励交易的目的。[③]

融资租赁交易中，租赁物交付承租人后发生意外损毁、灭失，如果构成不可抗力，原则上适用免责规则。但不可抗力的法律效果也有诸多形态，有的涉及合同存废，有的涉及标的物或价款给付，有的涉及风险负担。[④] 租赁物由于不可归责于当事人的事由而损毁、灭失必然会产生相应的损失，该项客观存在的损失如何负担，法律必须设定相应的制度规则予以调整分配，这就涉及租赁物的风险负担问题。

---

① 周枏：《罗马法原论》（下册），商务印书馆1996年版，第649页。

② 韩世远：《合同法总论》，法律出版社2008年版，第325页。

③ 刘凯湘、张海霞：《论不可抗力》，载《法学研究》2000年第6期。

④ 叶林：《论不可抗力制度》，载《北方法学》2007年第5期。

（二）风险负担制度概说

民商法上的风险又称危险，是指在双务合同的当事人一方的债务因不可归责于双方当事人之事由而不能履行，由此所产生的损害状态。[①] 对风险所针对的对象有三种理解：一是物上风险，指标的物可能遭受的损失，用于解决物本身的损失应由何方承担的问题；二是给付上的风险，用于解决当债务人给付不能时，债权人能否请求债务人重新另为给付的问题；三是对待给付上的风险，即双务合同中的价金风险，用于解决债务人给付不能时，若其无另为给付之义务，相对人还有无对待给付价金义务的问题。大陆法系主流学术观点认为，风险负担的内涵是指价金风险。以买卖合同为例，买卖标的是种类物时，在其特定化之前灭失的，根据“种类物不灭”的原则，出卖人（债务人）的给付义务不能免除；买卖标的是特定物时，损毁、灭失而致出卖人履行不能的，给付义务可以免除。[②] 如此一来，合同法中的风险负担问题，争议就集中于标的物意外损毁、灭失而致标的物给付不能时，买受人是否应支付价金上了，所以风险负担问题也就集中在了价金风险如何负担上。

风险负担，是指因不可归责于双务合同双方当事人的嗣后不能履行所产生的损失后果之负担。[③] 风险负担规则的首要价值，就是预先设定风险分配模式，对标的物因意外毁损、灭失造成的损失和不利后果在当事人之间进行合理分配，以提供救济途径，维护交易安全，实现交易公平。[④] 因风险负担模式在立法上存在所有权人主义、债务人主义、债权人主义以及交付主义等不同类型，故价金风险的承担人也有所不同。[⑤]

① 参见崔建远：《关于制定合同法的若干建议》，载《法学前沿》第2辑。

② 如《德国民法典》第275条第1款规定：“以给付对于债务人或任何人是不可能的为限，给付请求权被排除。”

③ 刘贵祥：《合同履行与风险负担制度》，载《法律适用》2000年第9期。

④ 邓志伟、张平：《风险负担规则与合同解除制度的竞合》，载《上海政法管理干部学院学报》2012年第4期。

⑤ 周江洪：《风险负担规则与合同解除》，载《法学研究》2010年第1期。

就融资租赁交易而言，由于融资租赁合同履行期限比较长，租赁物遭遇不可归责于当事人的事由而毁损、灭失的可能性更大，风险损失如何分担便成为立法无法回避的现实问题。国外融资租赁行业规范一般认可出租人在租赁期限不承担与租赁物有关的风险责任，即便是不可归因于当事人的不可抗力造成的损失也包括在内，即所谓出租人的“风险负担免责特约”。比如国际统一私法协会《租赁示范法》第11条规定，融资租赁中，租赁开始，租赁物的灭失风险由承租人承担。其主要依据有：（1）民法关于风险负担的规定属于任意性规定，允许当事人以事先约定的方式排除其适用；（2）融资租赁具有融资性质，其经济实质是出租人对承租人提供的一种资金融通服务，从这个角度看，在出租人支付租赁物购买款项后，其给付义务已经履行完毕，而承租人的租金债务是其融资的对价，并非租赁物成本加利润的摊销，作为金钱债务不得以不可抗力作为免责事由；（3）租赁物一般直接由出卖人交付给承租人，而现实中还存在回租的交易方式，即使承租人无过失，其对租赁物的设置场所及保管状态往往对风险事故的发生有很大影响，所以由具有现实的支配权、对租赁物使用和收益的承租人一方负担风险损失更为合理。《民法典》第751条规定，承租人占有租赁物期间，租赁物毁损、灭失的，出租人有权请求承租人继续支付租金；《融资租赁合同司法解释》第7条规定，承租人占有租赁物期间，租赁物毁损、灭失的风险由承租人承担。这些都体现了我国法律和司法解释对融资租赁行业规范和交易惯例中出租人风险负担免责规则的认可。

（三）风险负担与合同解除之规范竞合

《民法典》第754条规定了租赁物意外损毁、灭失时的合同解除权，《民法典》第751条及《融资租赁合同司法解释》第7条规定了租赁物意外毁损、灭失时的风险负担规则，这样的立法安排意味着融资租赁合同的标的物意外损毁、灭失导致合同目的无法实现时，就会出现风险负担规则与合同解除制度的规范竞合现象。[①] 当二者竞合时，应当适用何种规则处理纠纷则取决于当事人的选择。

一种情形是，租赁物因不可归责于双方的原因毁损灭失时，出租人请求承租人继续支付剩余租赁期限的租金，承租人如不主张解除合同，则适用风险负担规则，由承租人继续履行按期支付租金的合同义务，承租人仍享有其期限利益，此时融资租赁合同继续有效。

另一种情形是，租赁物意外损毁、灭失导致合同目的不能实现，当事人主张解除合同，此时风险负担规则和合同解除规则即发生竞合，也就出现了是否需要平衡出租人可以获得多大范围的损害补偿的问题。

适用风险负担规则时，由于租赁物在承租人占有、使用期间的风险通常由承租人负担，那么租赁物毁损、灭失时，承租人需承受继续支付剩余租金的价金风险。剩余租金通常涵盖了租赁物的价值、其他费用和出租人从事融资租赁业务的利润。

适用合同解除制度时，因为融资租赁合同为持续性合同，已经过去的租赁期限承租人占有和使用了租赁物，合同解除通常是向后进行，已经履行的租赁期限不再返还和恢复原状。此外，因为此处讨论的情形，当事人对租赁物毁损、灭失均不具有可归责性，因此不存在违约损失赔偿责任，因租赁物返还不能，承租人需要折价补偿，即承担代物返还义务，补偿数额中不包括租赁物本身价值以外的其他费用和经营利润。这也是合同解除制度与风险负担规则法律后果的不同之处。

风险负担规则对特殊情形下的风险如何负担作出规定，本身体现了风险与利益相一致的原则，有利于市场参与主体客观判断自身在交易中面临的风险，及早作出投保等补救安排。合同解除制度规定了在合同陷入履行不能等情形下，如何进行合同关系的清理。二者都具有

---

① 所谓规范竞合，是指同一事实符合数个规范之要件，致使该数个规范都可以适用的现象。参见王泽鉴：《民法学说与判例研究》（第 1 册），中国政法大学出版社 1998 年版，第 371 页。

制度合理性，而在具体适用于处理融资租赁交易主体间的关系时，立法者在该条规定中更加关注了交易主体的利益平衡问题。如果融资租赁合同因为租赁物的毁损、灭失而被解除，承租人事实上已经丧失了剩余租金的期限利益，如果对承租人并无归责事由，且双方当事人无特殊约定，却仅仅因为风险负担规则让承租人承担包括出租人正常交易可以获得的利润在内的全部租金，对承租人未免过于严苛。如果此时适用合同解除制度，承租人承担的是返还租赁物的责任，在返还不能时，根据合同解除时租赁物的折旧状态进行折价补偿，而出租人在剩余租赁期内的利润损失则由出租人合理分担，有利于兼顾双方的利益，避免了利益失衡。即此时如果当事人行使解除权，适用合同解除制度更能体现公平原则，也更具有合理性。

【审判实践中应注意的问题】

一、注意本条与《民法典》第751条、第754条的协调适用

本条与《民法典》第751条、第754条均涉及承租人占有、使用租赁物期间租赁物毁损、灭失的问题，审判实践中应当注意这些条款的协调适用。

当租赁物因不可归责于当事人的事由而损毁、灭失时，如果出租人主张承租人支付全部租金，而承租人主张解除合同、免除租金支付义务，人民法院应当首先审查融资租赁合同是否具备解除条件，如果具备，则应优先适用合同解除制度，判令合同解除；合同解除后出租人的补偿问题则根据本条规定进行处理。

当然，如果此时承租人权衡利弊，决定放弃行使合同解除权，而出租人亦愿意依据《民法典》第751条之规定请求承租人继续支付租金，除非法律另有规定或者当事人另有约定，人民法院应当支持出租人的诉请，由承租人继续享受按期支付租金的期限利益，而非一次性向出租人支付折价补偿款。

二、注意折价补偿所依据的租赁物价值的计算时点

如果当事人在租赁物已经毁损、灭失一段时间以后，且在解除权行使期间内主张解除融资租赁合同的，由于租赁物损毁、灭失与合同实际解除存在着时间差，租赁物的价值可能存在不同时间点的波动问题，需要确定以租赁物在哪个时点的价值作为计算依据。因为租赁物的折价补偿是因融资租赁合同解除而租赁物返还不能才产生的，当事人不行使解除权就不存在折价补偿的前提，因此应该按合同解除时租赁物的折旧率、市场价格等因素来计算租赁物的价值。

三、注意折价补偿时扣除租赁物在租赁期限届满时的残值

审判实践中需要注意，租赁期限届满后租赁物残值损失的负担问题，应依当事人约定期满租赁物归属的不同而作出不同的清算。[①] 如果融资租赁合同事先约定租赁期限届满后租赁物的残值属于承租人所有，则承租人有权在向出租人支付的补偿金额中扣除应属于自己的租赁物的残值；反之则不予扣除。

① 周江红：《融资租赁合同解除与风险负担规则并存模式之评析》，载《晋阳学刊》2015 年第 1 期。

第七百五十七条 出租人和承租人可以约定租赁期限届满租赁物的归属；对租赁物的归属没有约定或者约定不明确，依据本法第五百一十条的规定仍不能确定的，租赁物的所有权归出租人。

【条文主旨】

本条是关于租赁期限届满租赁物归属的规定。

【条文理解】

一、条文解读

在普通租赁关系中，出租人是租赁物的所有权人，承租人占有、使用租赁物，租赁期限届满时承租人的一项主要义务就是将租赁物返还给所有权人。在融资租赁中，出租人保有租赁物的所有权主要的作用是担保租金债权的实现，当租赁期限届满时，出租人购买租赁物的成本、利润大多已收回，此时租赁物的归属问题，首先应当尊重当事人的意思自治。但如果当事人对租赁期限届满时租赁物的归属没有约定或者约定不明时，就产生了合同漏洞填补的问题，需要运用合同漏洞填补规则处理，即按照《民法典》第510条的规定，可先由双方当事人协议补充明确租赁物归属；不能达成补充协议的，按照融资租赁合同相关条款或者交易习惯确定租赁物归属。如果合同双方当事人既不能就租赁物的归属达成补充协议，又不能根据合同有关条款或者交易习惯确定租赁物归属时，租赁物的所有权归出租人享有。这是因为，在租赁期限出租人是租赁物的所有权人，当融资租赁期限届满时，租赁物本身仍然具有残值，如果承租人未支付名义货价（租赁物残值），即使名义货价数额很小，承租人也不能取得租赁物所有权，租赁物所有权仍归出租人享有。

二、理论基础与法理分析

（一）关于合同解释

合同漏洞填补是一种特殊的合同解释方法。合同解释是指对合同及其相关资料的含义所作出的分析和说明。[①]合同之所以需要解释，一方面是因为现实交易的复杂性，合同当事人在对未来交易进行安排时不可能对所有情况都事先预见，所以约定会存在不明确的问题或有疏漏之处；另一方面是因为文字表达的局限性，可能产生歧义或不同的理解，从而引发争议。合同解释的对象包括两个方面：其一是对合同成立和生效的判断，比如对当事人是否完成要约与承诺的过程、是否就主要条款达成合意、是否因实际履行完成了合意等；其二是对合同的内容加以明确，比如对合同中不明确、含混不清的用语进行解释，明确当事人的真实意思，从而解决纠纷，使合同得到正确履行。[②]《民法典》第510条、第511条、第466条、第142条就包含了合同漏洞填补和合同条款解释的规定。无论是合同漏洞填补还是阐释性的合同解释都属于广义的合同解释的范畴。

合同解释存在三种理论。一是意思主义，此种观点认为，合同解释的目的仅在于发现和探求合同当事人的真实意思，而为了准确查明当事人的真实意思，应该考虑订立合同过程中的相关资料、当事人的来往过程，不能仅局限于文字。[③]意思主义侧重于保护表意人的利益，不利于保护相对人的信赖利益和交易安全，近几十年其重要性也受到质疑，我国台湾学者王泽鉴认为该规则主要应适用于对没有相对人的

① 崔建远主编：《合同法》，法律出版社2000年版，第324页。

② 参见王利明：《合同法研究》（第1卷），中国人民大学出版社2015年版，第430~433页。

③ 参见余延满：《合同法原论》，武汉大学出版社1999年版，第142页。

意思表示的解释。[①] 二是表示主义，该种观点认为，进行合同解释时要采取客观立场，在意思表示与内心意思不一致时，应该以外部表示为准，因为合意不是一种内心状态，而是一种行为，这种行为是从行动里推断出来的。[②] 三是折中主义，这种观点结合了意思主义和表示主义，认为一般情况下合同解释应该探求当事人的真实意思，但如果相对人具有合理的信赖，应以当事人的表示为准进行解释。从理论发展趋势来看，合同解释的理论正从主观标准向客观标准转化，主要表现在两个方面，一是解释的客观化，即通过当事人客观的外部表现和其他客观环境等因素来解释当事人的真意；二是解释的诚信化，即依据诚实信用原则来解释合同。[③]《民法典》第142条规定："有相对人的意思表示的解释，应当按照所使用的词句，结合相关条款、行为的性质和目的、习惯以及诚信原则，确定意思表示的含义。无相对人的意思表示的解释，不能完全拘泥于所使用的词句，而应当结合相关条款、行为的性质和目的、习惯以及诚信原则，确定行为人的真实意思。"上述规定体现了我国合同解释折中主义的立场和客观标准化的发展趋势。

（二）关于合同漏洞填补

合同漏洞填补的前提是存在合同漏洞并因此引发争议。合同漏洞是指合同关于某事项应当约定而未约定的不圆满现象。[④] 合同漏洞填补就是依据一定规则，甄别、确定并填补合同漏洞，使合同完整化。根据意思自治原则，承认当事人就合同漏洞达成的补充协议应无异议，而且这是最优先和最有效的漏洞填补方式。当事人无法达成协议时，就需要裁判者负责补充合同漏洞。在我国，学理上认为，此时裁判者应该先依据法律规定补充漏洞，即寻觅合适的，或者说相应的强制性规定、任意性规定、倡导性规定以及交易习惯，作为补充合同

---

① 参见王泽鉴：《民法总则》，中国政法大学出版社2001年版，第407页。

② 王家福等：《合同法》，中国社会科学出版社1986年版，第65页。

③ 参见王利明：《合同法研究》（第1卷），中国人民大学出版社2015年版，第447页。

④ 参见王泽鉴：《债法原理》，北京大学出版社2009年版，第170页。

漏洞的依据，最后用诚实信用、公平二原则整体权衡和审视。[①]如果无法律规定，则需要裁判者依推定的当事人意图补充合同漏洞。所谓推定当事人意图，不是推定当事人的真实意图，而是假设以一个客观理性的第三人在涉案合同情景中处于当事人的地位时，应该具有的期望，或者从事通常交易所意欲或接受的合同条款。[②]

在填补合同漏洞时，需要特别注意的是交易习惯在补充合同漏洞中的地位和作用。当习惯具备长期性、恒定性、内心确信性、可证明性以及具体行为规则属性，且不违反法律强制性规定和公序良俗时，就能被接受为习惯法，成为民法的渊源。[③]《民法典》第10条规定："处理民事纠纷，应当依照法律；法律没有规定的，可以适用习惯，但是不得违背公序良俗。"该条规定将"习惯"作为正式的法律渊源。《民法典》第510条则确立了"交易习惯"解释的原则，将习惯引入意思表示的解释。[④]交易习惯是指在当时、当地或者某一个行业、某一类交易关系中，为人们所普遍采纳的、且不违反公序良俗的习惯做法。[⑤]参照《合同法司法解释（二）》第7条的规定可知，在不违反法律、行政法规强制性规定的前提下，交易习惯可以包括两类情形，一是在交易行为当地或者某一领域、某一行业通常采用并为交易对方订立合同时所知道或者应当知道的做法；二是当事人双方经常使用的习惯做法，即双方当事人之间多次或重复进行某种交易，在系列交易中形成的习惯虽然在成文的合同中未加以明确规定，但因为已经使当事人产生合理信赖，故应自动纳入合同中成为补充合同漏洞的条款。

在融资租赁合同中，出租人和承租人对租赁期限届满后租赁物归属事项没有约定或约定不明时，不影响合同的成立和生效，但产生了漏洞填补的问题。需要依据《民法典》第510条规定的合同漏洞填补规则确定租赁物归属。比如在海南省海口市中级人民法院审理的大

① 崔建远：《论合同漏洞及其补充》，载《中外法学》2018年第6期。
② 王越宏、李媛：《论合同漏洞的补充》，载《中国法学》2001年第5期。
③ 王利明：《论习惯作为民法渊源》，载《法学》2016年第11期。
④ 陈彦晶：《商事习惯之司法功能》，载《清华法学》2018年第1期。
⑤ 王利明：《合同法研究》（第1卷），中国人民大学出版社2015年版，第452页。

业国际租赁有限公司诉南海中南动力机械有限公司等融资租赁纠纷案[①]中，法院认为原告与被告虽然在融资租赁合同中约定："本合同期满后，若中南公司已完全履行了本合同中的责任，则中南公司有权以《租赁合同附表》中规定的留购价格（1000 元人民币）留购租赁物件……"，但"本案被告并没有完全履行该融资租赁合同，故双方该项约定应属'约定不明确'。由于本案的融资租赁为回租式融资租赁，租赁物件原属中南公司所有，故本院依照融资租赁的交易习惯，确定该租赁物件，在中南公司向原告付清所欠租金、逾期利息及合同约定的留购价款 1000 元人民币后，归中南公司所有。"本案中合同双方约定租赁期限届满后承租人可以行使留购权及其前置条件，但由于该前置条件未成就，故在没有其他约定情况下，法院认为双方对租赁期限届满租赁物归属约定不明，并依交易习惯（也可解释为依据合同有关条款）判决本案租赁物在承租人向出租人付清欠款和留购款后归承租人所有。当然，按照本条法律规定，如不能根据融资租赁合同有关条款、合同性质、合同目的或者交易习惯确定租赁物归属时，租赁物的所有权归出租人享有。

【审判实践中应注意的问题】

一、注意本条规定与相关条文的衔接

第一，当事人虽未在租赁合同中明确约定租赁期限届满租赁物的归属，但约定租赁期限届满，承租人仅需向出租人支付象征性价款的，应该适用《民法典》第 759 条，视为约定的租金义务履行完毕后租赁物的所有权归承租人。第二，本条规定的是合同正常履行情况下，租赁期限届满时租赁物归属的合同漏洞填补和处理问题，如果融资租赁合同被解除或被认定无效，则分别适用合同解除规则或《民法

① 该案判决书文号：海口市中级人民法院（2000）海中法经初字第 53 号民事判决书。

典》第760条的规定，而不适用本条规定。

二、交易习惯的举证责任问题

参照原《合同法司法解释（二）》第7条第2款之规定，“对于交易习惯，由提出主张的一方当事人承担举证责任”，如果在融资租赁合同纠纷中，当事人依据本条和《民法典》第510条主张依据交易习惯判决租赁物归属的，由提出主张一方当事人承担举证责任，如针对《合同法司法解释（二）》第7条第1款规定的两类交易习惯，证明地方习惯或行业习惯的存在，且对方当事人在订立合同时知道或者应当知道该习惯；或证明在诉讼之前合同双方已经通过经常使用建立了其所主张的习惯做法。

第七百五十八条 当事人约定租赁期限届满租赁物归承租人所有，承租人已经支付大部分租金，但是无力支付剩余租金，出租人因此解除合同收回租赁物，收回的租赁物的价值超过承租人欠付的租金以及其他费用的，承租人可以请求相应返还。

当事人约定租赁期限届满租赁物归出租人所有，因租赁物毁损、灭失或者附合、混合于他物致使承租人不能返还的，出租人有权请求承租人给予合理补偿。

【条文主旨】

本条是关于承租人请求部分返还租赁物价值及租赁物无法返还时如何处理的规定。

【条文理解】

一、条文解读

当事人在融资租赁合同中约定租赁期限届满租赁物归承租人所有可以视为附期限的合同条款，而且还隐含了合同顺利履行的前提条件。如果在合同履行过程中，承租人已经支付大部分租金，无力支付剩余租金，则可能产生《民法典》第752条规定的情形，经出租人催告后，承租人在合理期限内仍不支付租金的，出租人有权解除合同。此系因承租人违约而导致的合同解除，作为租赁物的所有权人，出租人可以收回租赁物，还可以请求承租人赔偿损失。但如果以承租人欠付的租金以及其他费用计算损害赔偿数额，在当事人约定租赁期限届满租赁物归承租人所有、出租人收回的租赁物的价值超过前述损失数额时，就会产生出租人所获利益超出合同正常履行时其可获得利益的情形，违反了损失填平原则。因此，本条规定在这种情况下，承租人可以请求相应返还收回租赁物的价值超出欠付的租金以及其他费用的部分。

当事人约定租赁期限届满租赁物归出租人所有的，合同到期后承租人应将租赁物返还给出租人。但实践中由于融资租赁合同履行期限较长，租赁物存在意外毁损、灭失的风险，或者某些租赁物需要安装、附着于土地或其他设备上才能使用，而且还可能产生该租赁物无法拆卸的情况，由此造成在租赁期限届满后租赁物无法返还。对于这种承租人主观上没有过错、由于客观原因导致租赁物无法返还的情形，出租人可以要求承租人对租赁物残值进行补偿。需要注意的是，如果因承租人的过错造成租赁物毁损、灭失的，出租人可依违约责任要求承租人赔偿损失，本条规定不适用。

二、理论基础与法理分析

（一）解除合同与违约损害赔偿

解除合同与损害赔偿能否并存，各国有不同的实践。根据我国《民法典》第566条的规定，合同解除后，已经履行的，根据履行情况和合同性质，当事人可以请求恢复原状或者采取其他补救措施，并有权请求赔偿损失。可见，我国立法采取合同解除与损害赔偿并存主义。合同解除与损害赔偿的功能和效果存在差异，解除合同旨在排除双方当事人的原给付义务而非消灭整个的合同关系，而损害赔偿旨在弥补当事人的损失，如期待利益赔偿旨在使债权人处于对方如约履行的状态。[①]

那么当解除权人既解除合同又请求损害赔偿时，该损害赔偿的范围如何界定？学理上有两种观点。一是履行利益说，[②] 该观点认为在合

① 张金海：《论合同解除与违约损害赔偿的关系》，载《华东政法大学学报》2012年第4期。

② 参见李永军：《合同法》，法律出版社2010年版，第553页。

同解除之前，因违约方不履行债务的损害赔偿责任已经存在，也不因合同解除而免除，所以合同解除和债务不履行的损害赔偿可以并存。二是信赖利益说，[①]该观点认为合同因解除而消灭，一方当事人不得再基于债务不履行主张损害赔偿责任，而且如果支持非违约方主张履行利益赔偿，会与合同解除的溯及力相矛盾，[②]因此只能主张赔偿因相信合同有效存在而实际上不存在所导致的信赖利益损失。根据我国《民法典》第584条的规定[③]，违约损害赔偿的范围包括实际损失和可得利益，且以违约一方订立合同时预见或应当预见的因违约可能造成的损失为界限。

违约损害赔偿应该坚持完全赔偿原则。所谓完全赔偿原则是相对于超额赔偿而言的，是指因为违约方的违约使受害人遭受的全部损失都应当由违约方负赔偿责任。[④]同时，我国民法的"可预见性规则"是在"因果关系"规则之外附加的要件，是对完全赔偿责任的限制，[⑤]与此类似的，为了避免违约方承担过分的赔偿责任，可得利益赔偿还要受到"损益相抵"规则的限制。所谓损益相抵，是指受害人基于损失发生的同一原因而获得利益时，在其应得的损害赔偿中应该扣除其所获得的利益部分。

在融资租赁合同履行过程中，当承租人无力支付剩余租金构成违约时，出租人有权解除合同，收回租赁物，并要求承租人赔偿损失。在融资租赁实践中，损害赔偿金是以相当于欠付的租金以及其他费用计算的。这样出租人不仅收回了租赁物，而且可以获得一笔相当于欠付的租金以及其他费用的损害赔偿金。在融资租赁合同完全履行时，

---

① 参见崔建远主编：《合同法》，法律出版社2010年版，第263页；韩世远：《合同法总论》，法律出版社2011年版，第540页。

② 参见蔡立东：《论合同解除制度的重构》，载《法制与社会发展》2001年第5期。

③《民法典》第584条规定："当事人一方不履行合同义务或者履行合同义务不符合约定，造成对方损失的，损失赔偿额应当相当于因违约所造成的损失，包括合同履行后可以获得的利益；但是，不得超过违约一方订立合同时预见到或者应当预见到的因违约可能造成的损失。"

④ 参见王利明：《合同法研究》（第2卷），中国人民大学出版社2015年版，第634~648页。

⑤ 郝丽燕：《违约可得利益损失赔偿的确定标准》，载《环球法律评论》2016年第2期。

出租人仅可取得全部租金、费用及期满后租赁物的残值。由此出租人中途解约取得的利益，超过了合同履行利益，这不仅对承租人不公平，而且还会引发道德风险。基于上述理论和现实原因，本条规定当事人约定租赁期限届满租赁物归承租人所有，承租人已经支付大部分租金，但无力支付剩余租金，出租人因此解除合同收回租赁物的，收回的租赁物的价值超过承租人欠付的租金以及其他费用的，承租人可以请求部分返还。

（二）承租人占有租赁物及其无法返还租赁物时的补偿义务

占有制度的主要意义在于维护物的秩序而非法律秩序，即维护现有的物的占有状态，禁止他人以私力加以破坏，从而维护社会的安宁与和平。[①] 对于占有的性质，不同国家的立法例有不同认识，德国和多数国家民法认为占有属于事实，而少数国家如日本民法认为占有属于权利，称为占有权。[②] 我国《民法典》物权编第 20 章是关于占有的规定，但并未对占有作出明确定义，从其规定内容看，系采多数国家立法例，认为占有是一种事实状态。以占有是否具有法律上的原因为标准可将其分为有权占有和无权占有。一般认为，以无权占有人是否误信其为有权占有为标准，无权占有还可再分为善意占有和恶意占有，存在误信的是善意占有，不存在误信的是恶意占有。[③] 我国《民法典》第 459 条、第 461 条对恶意占有人损失赔偿责任作了规定。

在融资租赁法律关系中，承租人基于合同约定对租赁物享有占有、使用、收益的权利，其占有及返还租赁物的行为既受到与占有相关的法律规定制约，同时也与出租人构成合同法上的权利义务关系。承租人基于融资租赁合同而占有租赁物，构成有权占有，无论承租人对租赁物的使用、维护等行为是否恰当，对租赁物毁损、灭失是否具有过错，均不能被认定为恶意占有人，故不适用《民法典》第 459 条、第 461 条关于恶意占有人赔偿损失的相关规定。而依照《民

① 梁慧星：《中国物权法草案建议稿》，社会科学文献出版社 2000 年版，第 787 页。

② 陈华彬：《民法物权论》，中国法制出版社 2010 年版，第 537 页。

③ 王泽鉴的《民法物权 2 用益物权 · 占有》和陈华彬的《民法物权论》等均采此观点。

法典》第458条之规定，基于合同关系等产生的占有的相关事项，合同约定优先于物权编有关规定。因此，如果融资租赁合同对租赁物毁损、灭失或者附合、混合于他物导致无法返还的情形作出了约定，应当从其约定；如果合同未就无法返还的后果作出约定，但约定了租赁期届满后租赁物归出租人所有，在租赁物无法返还的情形下，出租人可以要求承租人给予合理补偿。

【审判实践中应注意的问题】

人民法院在审判实践中适用本条时，应当注意以下几个问题：

一、注意与相关条文的衔接

（一）本条第一款与相关条文的衔接

《融资租赁合同司法解释》第22条规定："出租人依照本解释第十二条的规定请求解除融资租赁合同，同时请求收回租赁物并赔偿损失的，人民法院应予支持。前款规定的损失赔偿范围为承租人全部未付租金及其他费用与收回租赁物价值的差额。合同约定租赁期间届满后租赁物归出租人所有的，损失赔偿范围还应包括融资租赁合同到期后租赁物的残值。"由于该解释第12条第1、2项的内容已经被《民法典》相关条文吸收，所以在合同双方约定融资租赁合同到期后租赁物归承租人所有的，当承租人无力支付剩余租金时，出租人同时要求解除合同和损害赔偿的，需要对出租人因收回租赁物的所得，与出租人此时剩余的租金等债权（即承租人欠付的租金以及其他费用）作比较。也就是说，出租人因收回租赁物的所得，不直接归出租人所有，只有出租人收回租赁物的所得等于出租人剩余租金等债权时，租赁物的价值才归出租人所有；超出剩余租金及其他费用的，是出租人获得的超额赔偿利益，应返还给承租人；不足部分仍应由承租人清偿。如果合同约定租赁期限届满后租赁物归出租人所有，那么融资租赁合同到期后租赁物的残值也要计入承租人对出租人的损失赔偿范围。

（二）本条第2款与其他涉及租赁物毁损、灭失情形法条的衔接

本条与《民法典》第751条、第754条第2项、第756条、第757条规定相结合，构成如下规则：在融资租赁合同履行期间，承租人占有租赁物，如果租赁物意外毁损、灭失，出租人、承租人均有权解除融资租赁合同，一方或者双方选择解除合同的，出租人可以要求承租人按照租赁物折旧情况给予补偿；如果双方均未主张解除合同，除法律另有规定或者当事人另有约定外，出租人可以要求承租人继续支付租金，合同继续履行；如果依约定或法律规定租赁期限届满后租赁物属于出租人的，承租人在租赁期限届满后应向出租人支付合理补偿。

二、注意区分本条第1款和第2款的适用前提

本条第1款的适用前提是当事人约定租赁期限届满租赁物归承租人所有，第2款的适用前提是租赁期限届满后租赁物归出租人。《民法典》第757条规定："出租人和承租人可以约定租赁期限届满租赁物的归属；对租赁物的归属没有约定或者约定不明确，依据本法第五百一十条的规定仍不能确定的，租赁物的所有权归出租人。"因此，当事人虽对租赁物归属没有约定或者约定不明，根据上述规定可以认定租赁物所有权归出租人的，应当属于本条第2款的适用范围。

三、无法返还原物的消耗品不能作为融资租赁交易之标的物

近年来，我国融资租赁行业发展迅速，融资租赁标的物范围也不断扩展，实践中，高速公路收费权、专利权等都成为了融资租赁的标的物。与此同时，实践中有些交易虽名为融资租赁，实为借贷，这在一定程度上对金融秩序造成扰乱和冲击。例如，在上海市第一中级人民法院审理的甲租赁公司诉乙餐饮管理公司等融资租赁合同纠纷案中，合同双方约定由甲租赁公司购买"装修材料"出租给乙餐饮管理公司，后因乙餐饮管理公司未按约定支付租金，甲租赁公司遂起诉要求解除租赁合同，乙餐饮管理公司支付欠付租金和违约金。法院

经审理认为，“融资租赁是融资与融物的结合，如果缺失‘融物’要素，则不称其为融资租赁。融资租赁法律关系，系以融资为目的之租赁，其法律属性仍系租赁法律关系之一种。在租赁法律关系中，承租人合同主要义务之一为依约返还租赁物，故依融资租赁合同的法律性质，其标的物应具备适于租赁的特性，即合同期限届满时，具有返还原物的可能性。若按标的物的特性，正常使用情况下，其在期限届满时已经无返还可能性的，则此种消耗品不能作为融资租赁交易之标的物。”[①] 在该案中，甲租赁公司也未能提供充分证据证明“装修材料一批”确实存在，故法院认定双方间交易名为融资租赁，实为借款。也就是说，即使本条第2款规定了租赁物因附合、混合无法返还时出租人的救济途径，实务中仍需注意此种救济并不能使无法返还原物的消耗品等成为融资租赁交易之标的物。

① 详见上海市第一中级人民法院（2014）沪一中民六（商）终字第469号判决书。本案为2014年度“上海法院金融商事审判十大典型案例”之一。

第七百五十九条 当事人约定租赁期限届满，承租人仅需向出租人支付象征性价款的，视为约定的租金义务履行完毕后租赁物的所有权归承租人。

【条文主旨】

本条是关于根据当事人约定象征性对价推定租赁期限届满后租赁物归属的规定。

【条文理解】

一、条文解读

在传统租赁关系中，租赁物所有权归出租人所有，租金债权的实现完全不会动摇出租人的所有权，而融资租赁合同的特殊之处在于出租人的所有权在很大程度上只是发挥担保功能的所有权，出租人更关心的是其全部租金债权的实现。因此，在实务中，大多数融资租赁合同当事人都约定租赁期满后，承租人只需支付象征性的留购款即可获得租赁物的所有权，象征性对价的做法根源于英美法系的对价制度，这样的约定也反映了出租人对获得租赁物的使用价值不感兴趣，而是希望将其转让给承租人。故本条规定如当事人约定租赁期限届满，承租人仅需向出租人支付象征性价款的，则视为约定的租金义务履行完毕后租赁物的所有权归承租人。

二、理论基础与法理分析

（一）融资租赁出租人所有权的特殊性

融资租赁和传统租赁类似之处在于二者都包括出租人提供租赁物给承租人使用，承租人支付租金的法律关系内容。但就租金而言，融资租赁的租金是融资的对价，而传统租赁的租金是租赁物占有、使用的对价。实质上，融资租赁的合同履行过程就是租赁物的货币价值与实物价值在承租人和出租人之间对流的过程。[①] 在合同履行期伊始，出租人出资购买租赁物，以货币换得租赁物的所有权，即实物价值，继而出租给承租人，承租人免于一次性支付购买款项，获得期限利益，即租赁物的货币价值；在合同履行中，承租人按约定定期支付租金，其中包含租赁物的货币价值，故而出租人逐渐回收租赁物的货币价值，在此过程中，承租人拥有对租赁物占有、使用、收益的权利，即获得了租赁物的实物价值；在合同履行期届满时，出租人回收了约定的所有租金，其总额一般由租赁物的购买价款及相关费用与利润构成，承租人则通过使用租赁物获得了租赁物全部的实物价值。

由于存在实物价值和货币价值双向流动的过程，无论融资租赁出租人还是承租人，都不可能同时占有租赁物的全部货币价值与实物价值。融资租赁出租人对租赁物的所有权与传统租赁出租人的所有权相比也存在鲜明的区别，主要表现在以下几个方面：（1）所有权产生的目的不同，融资租赁出租人购买租赁物最主要的目的是要出租给特定的承租人，传统租赁出租人的租赁物一般为出租人的既有之物，其获得租赁物所有权不以出租给特定承租人为目的，甚至在获得所有权之时根本没有出租目的；（2）所有权产生的方式不同，融资租赁的租赁物及其出卖人一般都由承租人指定，而传统租赁所有权人取得租赁物所有权无论是原始取得还是继受取得均不受第三人的限制；（3）所有权的功能不同，融资租赁出租人的所有权主要功能是担保租金债权的

---

① 李志刚：《融资租赁合同欠租纠纷的司法救济》，载《法律与新金融》2015年第1期。

实现，出租人甚至自始至终都不占有租赁物，一般在买卖合同中直接约定由出卖人直接将租赁物交付给承租人，传统租赁出租人的所有权是最全面支配权，在租赁期限出租人让渡了占有、使用等权能，但出租人对租赁物仍具有最终的支配权；（4）所有权风险负担不同，学理通说认为，租赁期限承租人占有租赁物，租赁物意外毁损、灭失的风险，在融资租赁中由承租人承担，而传统租赁中由出租人承担；（5）权利行使的状态不同，融资租赁出租人的所有权主要处于一种消极状态，即仅在承租人处于严重违约或者破产的情形下，其所有权才能真正行使，[①] 租赁期限出租人不能转让租赁物，传统租赁出租人可以在履行通知义务后出卖、拍卖房屋，处分权能更加积极。正是由于融资租赁出租人所有权的上述特征，有学者认为在融资租赁交易中，出租人虽然保有租赁物的所有权，但其几乎放弃了所有权所具有的一切功能，使之成为一种“名义上的所有权”，或者说仅具有担保功能的所有权。[②]

这样一种仅具有担保功能的所有权，在其担保的债权全部得以实现时，是否还当然存在？对这个问题的回答就反映在融资租赁合同履行期届满后，出租人是否当然享有租赁物的所有权。《民法典》第757条规定：“出租人和承租人可以约定租赁期限届满租赁物的归属。对租赁物的归属没有约定或者约定不明确，依据本法第五百一十条的规定仍不能确定的，租赁物的所有权归出租人。”可见，融资租赁期限届满后租赁物的归属主要由合同当事人约定，没有约定或约定不明也不必然归属于出租人，按照合同漏洞填补规则，仍然优先由当事人补充协议约定，不能达成补充协议的，按照合同有关条款或者交易习惯确定，以上填补方式均失灵时才判定租赁物的所有权归出租人。

（二）对价制度

对价是英美合同法中独特的制度。具有“对价”含义的

① 王叶刚：《融资租赁出租人擅自处分租赁物时出租人法定解除权反思》，载《法学》2016年第8期。

② 参见王利明：《合同法研究》（第3卷），中国人民大学出版社2012年版，第372页。

“consideration”一词最早于1504年出现于土地用益法（Law of Uses of Land）领域的“白金汉郡公爵案”（The Duke of Buckingham's Case）。[①] 在该案中，双方当事人的律师就公爵作出的承诺是否具有交易或对价（bargain or consideration）展开辩论，并将之作为公爵可撤销其承诺与否的依据，为后世土地用益法中的衡平对价原则和一般对价原则开启了先河。英美普通法院在15、16世纪发展出来的违诺赔偿之诉中，确立了对价原则，对价也成为一个统一而成熟的技术性标准词语。[②]《元照英美法词典》给出的对价定义是：“合同成立的诱因；致使缔约方缔结合同的原因、动机、代价或强迫性的影响力；一方当事人获得的权利、利益、利润或好处，或另一方当事人所遭受的损失或承担的义务。这是有效合同存在并对当事人有法律约束力的基本且必须的要素。”

英美各国法律认为，“没有对价的承诺只是一件礼物，而为对价所做出的许诺则构成一项合同”。[③] 英国学者Treitel认为，“对价只是当事人愿意受约束意图的证据，并且书面也完全可以起到此种同样的证据作用”。[④] 美国学者Randy Barnett等人认为，“对价是像盖印一样的形式，用以确定受约束的意图”。[⑤] 根据《美国合同法重述（第2版）》对价之意义，系指合乎法律规定的交换要素，其重点在于：（1）受允诺人承诺或履行了其在法律上原无义务作为或不作为，即受允诺人受到损害；（2）允诺人以其允诺交换磋商（bargain for）受诺人之作为或不作为。可见，对价的功能主要有以下三方面：第一，证据功能，即对价存在与否可以供法院判断双方当事人是有意愿缔结一项

① SIMPSON A.: The History of Common Law of Contract: The Rise of the Action of Assumpsit, Clarendon Press, 1975, p.340~341. 转引自刘承韪：《英美合同法中对价原则之功能分析》，载《中外法学》2006年第5期。

② 刘承韪：《英美合同法中对价原则之功能分析》，载《中外法学》2006年第5期。

③ 参见董安生等编译：《英国商法》，法律出版社1991年版，第20页。转引自吴在勤：《论英美合同法中的对价》，载《法学评论》1992年第3期。

④ TREITEL G: The Law of Contract, Sweet&Maxwell, 1995, p.63.

⑤ BARNETT.R, BECKER.M: Beyond Reliance, Promissory Estoppel, Contract Formalities, and Misrepresentations, 15 Hofstra L. Rev p.443, p.450~451.

有约束力的契约，还是只约定了无强制履行力的恩惠；第二，对合同双方的警示作用，因为受允诺人承诺或履行了非法定义务的对价，使受允诺人和允诺人都可以谨慎为之或接受，起到履约的警示作用；第三，政策功能，对经深思熟虑而为之的交易行为，法律不干涉，以确保交易之确定性。

英美普通法将对价分为三类：一是待支付的对价，指双方当事人允诺在将来支付的对价；二是已支付对价，指当事人中的一方已全部完成了依据合同他所承担的义务，只剩下对方尚未履行其义务；三是过去完成的对价，指一方在对方作出许诺之前已全部履行完毕的对价。按照对价原则理论，前两种对价是有效对价，而过去完成的对价不能作为对方后来作出这项允诺的对价，所以是无效的对价。[①]

融资租赁期限届满，承租人一般可以有三种选择：留购、续租或退租。留购是指租期届满，承租人支付给出租人一笔双方商定的租赁物残值（名义货价），取得租赁物的所有权。实践中，大多数融资租赁交易均把承租人留购租赁物作为交易的必要条件。融资租赁合同当事人在合同中约定租赁期限届满后承租人可以支付象征性价款留购租赁物，例如一元钱，这类约定在融资租赁合同中十分常见，其根源就在于上述英美法系的对价制度，虽然该对价履行的时间在融资租赁合同到期后，是一种待支付的对价，在合同订立时尚未履行，但并不影响该约定的约束力，或言之，融资租赁合同当事人约定承租人支付象征性对价是为了确保合同约定内容有效成立。也就是说，在约定象征性留购价款的融资租赁合同中，双方订立合同时对租赁期限届满后租赁物的归属已经达成了共识，遵从当事人真实意思，应确认这种情形下双方明确约定了租赁期限届满后租赁物归属于承租人。

① 参见吴在勤：《论英美合同法中的对价》，载《法学评论》1992年第3期。

【审判实践中应注意的问题】

人民法院在审判实践中适用本条时，应当注意以下两个问题：

一、注意本条与《民法典》第757条、第758条等条文的协调适用

本条规定了当事人约定租赁期限届满承租人仅需向出租人支付象征性价款的，视为约定的租金义务履行完毕后租赁物的所有权归承租人，所以如果合同中有上述约定，当事人不能再以合同没有明确约定租赁期限届满租赁物归属而主张适用《民法典》第757条之规定。

此外，当事人约定租赁期限届满，承租人仅需向出租人支付象征性价款的，可以适用第758条第1款的规定。在适用该款规定时，即使承租人需支付的留购款是象征性的，也应计入承租人欠付的租金以及其他费用。例如，在北京市第二中级人民法院审理的吉运集团股份有限公司与济宁广盛通新型建材有限公司融资租赁合同纠纷上诉案中，合同双方在合同中约定，承租人付清全部租金及其他款项，并向出租人支付租赁物残值1元后租赁物归属于承租人。法院经审理查明广盛通公司欠付的全部租金为115500元，涉案车辆被收回时的价值为345300元，扣除广盛通公司欠付的租金及合同约定的残值1元后的剩余费用为229799元，依据上述法律规定，吉运集团应将该款项返还给广盛通公司。

二、如果当事人约定承租人可以选择仅需向出租人支付象征性价款或选择不支付价款而放弃租赁物的，不能视为赁期间届满后租赁物的所有权归承租人

实践中，当事人在融资租赁合同里约定租赁期限届满后承租人可以支付象征性的价款留购租赁物，也可以选择不支付价款而放弃租赁物，这类约定实际上是将是否要取得租赁物所有权的选择权赋予了承租人，而且行使选择权的时间点为租赁期限届满之时。换言之，在融

资租赁合同订立时以及合同履行期间承租人无权行使选择权，也无法确定租赁期限届满后租赁物的归属，应当属于当事人对租赁物归属约定不明确的情形。如双方就租赁期限届满后租赁物的归属发生纠纷，需适用《民法典》第757条之规定来确定。

第七百六十条　融资租赁合同无效，当事人就该情形下租赁物的归属有约定的，按照其约定；没有约定或者约定不明确的，租赁物应当返还出租人。但是，因承租人原因致使合同无效，出租人不请求返还或者返还后会显著降低租赁物效用的，租赁物的所有权归承租人，由承租人给予出租人合理补偿。

【条文主旨】

本条是关于融资租赁合同无效时租赁物归属的规定。

【条文理解】

一、条文解读

通常情形下，合同被认定为无效后，应当依据《民法典》第 157 条的规定，由因无效民事法律行为取得财产的行为人返还财产。但由于融资租赁合同具有其特殊性，合同被认定无效后租赁物的归属应当综合考量当事人的意愿、导致合同无效的原因以及租赁物能否物尽其用等因素。根据本条的规定，融资租赁合同无效时，应按以下顺序确定租赁物的归属：（1）充分尊重当事人意思自治，允许当事人事前或事后对合同无效后租赁物归属作出约定或进行协商；（2）按照《民法典》关于合同无效后返还财产的规定，当事人之间无约定且协商不成的，租赁物原则上应返还给出租人；（3）尊重融资租赁合同特性，综合考虑合同无效的可归责性及物尽其用的原则等因素。如因承租人原因导致合同无效，出租人不要求返还租赁物的，或者将租赁物返还给出租人会显著降低租赁物使用价值的，人民法院可以判决租赁物所有权属于承租人，并根据合同履行情况和租金支付情况由承租人对租赁物进行折价补偿。

二、理论基础与法理分析

（一）融资租赁合同无效的情形

无效合同是指合同虽然已经成立，但因其违反了法律、行政法规的强制性规定或者违背公序良俗等情形而不发生法律效力的合同。无效合同本质特征是其违法性，是法律对当事人达成的合意所进行的一种价值判断，是对当事人合同自由的干预。[①]融资租赁合同是有名合同，根据《民法典》合同编通则部分的规定，在合同编对融资租赁合同的效力没有规定的，适用《民法典》第1编第6章的有关规定。综合上述法律和现行司法解释的规定，融资租赁合同无效情形主要有以下几种：

1. 以虚构租赁物方式订立融资租赁合同

《民法典》第737条明确规定："当事人以虚构租赁物方式订立的融资租赁合同无效。"这是在《民法典（草案）》提请全国人民代表大会审议后作出修改的重要内容，体现了立法者力促融资租赁交易回归本源的重要目的。

2. 融资租赁合同违反法律、行政法规的强制性规定

《民法典》第153条第1款规定："违反法律、行政法规的强制性规定的民事法律行为无效。但是，该强制性规定不导致该民事法律行为无效的除外。"强制性规定是相对于任意性规定而言的，它是法律基于对国家利益和社会公共利益的考量，对合同自由所做的一种限制。但是如果强制性规定本身并不导致民事法律行为无效时，民事法律行为并不无效。从学理上分析，这里的"强制性规定"是指效力性强制性规定。对于如何识别效力性强制性规定，应当采用正反两个标准，在肯定性识别上，首先的判断标准是该强制性规定是否明确规定

① 参见王利明：《合同法研究》（第1卷），中国人民大学出版社2015年版，第608~609页。

了违反的后果是合同无效，如果规定了违反的后果是合同无效，该规定属于效力性强制性规定。其次，法律、行政法规虽然没有规定违反将导致合同无效的，但如使合同继续有效将损害国家利益和社会公共利益的，也应当认定该规定是效力性强制性规定。[①] 比如在纽科租赁公司与北京巨港织袜有限公司等融资租赁合同纠纷案[②]中，承租人巨港公司将处于海关监管下的货物未经许可转让给出租人纽科租赁公司的行为违反了《海关法》的有关规定，该回租式融资租赁合同当属无效。

3. 融资租赁合同违背公序良俗

《民法典》第153条第2款规定："违背公序良俗的民事法律行为无效。"公序良俗是公共秩序和善良风俗的合称。史尚宽认为，"公共秩序，谓为社会之存在及其发展所必要之一般的秩序，而个人之言论、出版、信仰、营业之自由，乃至私有财产、继承制度，皆属于公共秩序。"[③] 善良风俗是指"社会存在及其发展所必须之一般道德"。[④] 公序良俗属于不确定概念，所以学说上一般采取类型化的研究方法，通过对案例的分析提炼，总结出不同的违反公序良俗的行为类型。比如危害国家政治、经济、社会、财政、税收、金融秩序，违反公平竞争、限制经济自由行为等。融资租赁合同内容如违反公序良俗，应认定为无效。需要注意的是，强制性规范往往也涉及公序良俗，在具体适用时，应该先考察是否存在违反强制性规定的情形，而不是先确定行为是否违反公序良俗，这是因为强制性规范都是具体的规则，先对照考察具体规范可以避免向一般条款逃逸。[⑤]

4. 融资租赁合同当事人恶意串通，损害他人合法权益

《民法典》第154条规定："行为人与相对人恶意串通，损害他

---

① 最高人民法院研究室编著：《最高人民法院关于合同法司法解释（二）理解与适用》，人民法院出版社2009年版，第112页。

② 参见北大法宝网，法宝引证码CLI.C.240300。

③ 史尚宽：《民法总论》，中国政法大学出版社2000年版，第334~335页。

④ 史尚宽：《民法总论》，中国政法大学出版社2000年版，第335页。

⑤ 参见刘贵祥：《合同效力研究》，人民法院出版社2012年版，第72页。

人合法权益的民事法律行为无效。”这一合同无效的原因由主观和客观两个因素构成，主观因素是双方当事人出于恶意，且相互串通，具有共同的意思联络，希望通过订立合同实施某种行为损害他人合法权益。它可以表现为双方当事人事先达成协议，也可以是一方当事人作出意思表示，对方当事人明知其目的而用默示的方式接受。它可以是双方当事人相互配合，也可以是双方共同行为。客观因素是合同损害他人的合法权益。需注意融资租赁法律关系是三方当事人、两个合同，我们认为，由于融资租赁合同的独立性，在融资租赁法律关系中，如果出租人与承租人两方恶意串通，通过订立合同的方式损害出卖人利益的，应认定融资租赁合同无效。

需要说明的是，《合同法》第52条第1项规定的，一方以欺诈、胁迫的手段订立合同，损害国家利益的合同无效，即按照是否损害国家利益的标准将欺诈、胁迫的法律后果区分为无效和可撤销，与《民法通则》的有关规定相比有进步意义，但这样的规定却与传统民法理论及世界各国立法例不符，在实践中也难以把握，甚至容易导致裁判者滥用自由裁量权随意判定民事法律行为无效的情形，反而损害特定情形下受欺诈、胁迫人对民事法律行为效力的自主选择权，因此不宜采纳。

（二）融资租赁合同无效时租赁物的归属及补偿问题

《民法典》第157条规定：“民事法律行为无效、被撤销或者确定不发生效力后，行为人因该行为取得的财产，应当予以返还；不能返还或者没有必要返还的，应当折价补偿。有过错的一方应当赔偿对方由此所受到的损失；各方都有过错的，应当各自承担相应的责任。法律另有规定的，依照其规定。”根据该条规定，合同无效的后果有二：一是返还财产或折价补偿；二是赔偿损失。民事法律行为无效后，意味着民事法律行为的目的不能实现，应当恢复到民事法律行为成立或实施之前的状态，就如同这一行为未曾发生一样，这就是法律规定返还财产的目的。因此，无论合同双方是否存在过错，都负有返还财产的义务。

关于合同无效后返还财产请求权的性质，理论上有两种观点：（1）不当得利说，该学说认为原因契约的无效已使合同丧失拘束力，一方当事人取得标的物所有权就构成不当得利，另一方可据此请求返还；（2）所有物返还说，该学说认为财产的转移须有合法原因，依无效合同所取得的财产，因缺乏合法的原因，并不发生所有权的转移，给付人主张返还原物是基于物权请求权。基于不同请求权基础的财产返还，在返还范围、是否考虑过错、保护方法等方面存在差异，所以合同无效后返还财产请求权应分具体情况确定。[①]

本条规定处理的是融资租赁合同被认定无效后租赁物归属的问题。首先，基于意思自治原则，允许融资租赁合同当事人在事前或事后对合同无效后租赁物归属作出约定或进行协商确定，如果当事人事前在合同中对此进行约定的，只要该条款本身不具有违法性，则不因合同无效而不具法律效力，因为根据《民法典》第507条的规定，有关解决争议方法的条款具有独立性。如果合同双方没有约定或约定不明，出租人请求返还原物的请求权在性质上属于物权请求权；在无法返还原物或者其他需要折价补偿的情形下，出租人享有的请求权属于不当得利返还请求权。

依据本条规定，因承租人原因致使合同无效，出租人不请求返还或者返还后会显著降低租赁物效用的情况下，人民法院可以判决租赁物所有权属于承租人，并根据合同履行情况和租金支付情况由承租人对租赁物进行折价补偿。《民法典》第157条规定的民事法律行为无效、被撤销或者确定不发生效力后的返还财产，在已经履行的双务合同中，必然存在当事人之间相互返还的情形。据此，融资租赁合同被确认无效后，出租人应当将租金返还给承租人，承租人在前述法定情形下可以不返还租赁物，但要就租赁物向出租人进行折价补偿，此时就存在相互交付的问题。为了高效解决纠纷，人民法院可以根据合同实际履行情况进行抵扣，减少当事人解纷成本。

① 王利明：《合同法研究》（第1卷），中国人民大学出版社2015年版，第726~727页。

【审判实践中应注意的问题】

人民法院在审判实践中适用本条规定时，应当注意，名为融资租赁合同，实为其他法律关系的合同被认定无效后，可能不存在本条所规定的租赁物的返还问题。

实务中当事人基于种种考虑，通常会签订名为融资租赁合同，实为其他法律关系的合同。根据《民法典》第146条之规定，行为人与相对人以虚假的意思表示实施的民事法律行为无效。以虚假的意思表示隐藏的民事法律行为的效力，依照有关法律规定处理。人民法院对名为融资租赁合同，实为其他法律关系的合同，应当按照当事人间的真实意思去认定合同的效力。该类合同如果被认定无效后，因为其并不属于融资租赁合同，因此，不应适用包括本条在内的融资租赁合同的相关规则。比如在最高人民法院审理的柳林县浩博煤焦有限责任公司等与兴业金融租赁有限责任公司等融资租赁合同纠纷上诉案[①]中，法院认为根据案涉《融资租赁合同》关于当事人权利义务的约定及查明的其他事实，无证据证明案涉特定租赁物实际存在，案涉《融资租赁合同》名为融资租赁合同，实为借款合同，也就不存在租赁物的返还问题。

---

① 该案判决书文号：最高人民法院（2016）最高法民终286号。

第十六章 保理合同

第七百六十一条 保理合同是应收账款债权人将现有的或者将有的应收账款转让给保理人，保理人提供资金融通、应收账款管理或者催收、应收账款债务人付款担保等服务的合同。

【条文主旨】

本条是关于保理合同概念的规定。

【条文理解】

从语义学的角度考证，保理业务是从英文“factoring”一词翻译而来，作为专业从事应收账款管理商行为的保理人则是从“factor”一词翻译而来。在《简明牛津词典》中，将“factor”解释为“以折扣方式买生产商的发票并负责在到期后催收的公司（a company that buys a manufacturer’s invoices at a discount and takes responsibility for collecting the payment due on them）”。保理业务一般被理解为以现金方式买入一段时期内卖方对买方的应收账款，进行管理和催收，并承担买方无法给付货款风险的一种营业方式，其本质是为赊销贸易的当事人尤其是卖方提供融资的一种经营活动。从业务的起源来看，保理业务最早可追溯至5000多年前古巴比伦时期的美索不达米亚平原，那时的人们使用贸易赊账产生的欠款换取金银，这种行为称之为“保理”。但学者一般公认，现代意义上的保理业务发端于欧美，是由19世纪美国近代商务代理活动中代理商为买卖合同特别是国际货物买卖提供融资的商业活动演变而来，在其发展历史中，保理的融资功能及其相关的弥补现金流缺口、改善财务报表、促进信用销售等核心价值在实务中逐渐被越来越多的企业接受。在这项业务向亚洲国家和地区传播的过程中，由于各使用中文地区关于保理服务内容侧重不一及运作程序存在一定差异，因此有关“保理”一词的中文译名也略有不同，给各地业务开展造成了一定程度的混乱。如在新加坡，“保理”被译为“客账融资”或音译成“发达令”；在我国香港特别行政区一般把“保理”译成“销售保管服务”；在我国台湾地区则将其译为“应收账款管理服务”“应收账款承购业务”和“账务代理”，等等。在20世纪90年代前后，我国商业银行引进保理之初，“保理”曾被称为“客账受让”“代理融通”“应收账款权益售卖”与“销售包理”“包理”和“保付代理”等。1991年4月底，应国际保理人联合会（Factors Chain International，FCI）邀请，中国对外经济贸易部计算中心（现商务部国际贸易经济合作研究院）和中国银行组织联合考察组，赴荷兰、德国和英国考察国际保理业务。经考察组集体研究决定，正式向FCI发函确认将“factoring”一词的中文译名确定为“保理”，从此中文“保理”一词被国内统一使用。

从实践中的情况来看，我国的保理业务开展呈现出银行保理业务和商业保理业务并存的二元化特征。其中，银行保理业务以1993年中国银行加入国际保理人联合会为标志，正式揭开了中国银行保理业务发展的序幕，其后，交通银行、光大银行、中信银行、建设银行、浦发银行等商业银行先后入会并开办保理业务。经过20多年的发展，银行保理业务作为应收账款融资的主要手段，在盘活企业存量资产、解决中小企业融资难等问题上发挥了日益重要的作用。相比之下，我国的商业保理业务虽然直至2012年6月才在原主管部门商务部（现已转由中国银保监会负责监管）开展试点工作，但呈现出发展迅猛的特点。据统计，商业保理业务自2012年开始实现高速增长，2017年业务量已达1万亿元人民币。截至2018年6月末，全国注册商业保理公司达10780家，覆盖全国除海南以外的30个省（市、区）。总体上看，我国的保理业务虽然发展时间不长，但得益于国民经济的高速发展，保理业务的总量已经跻身于世界前列。2019年6月，国际保理人联合会第51届年会发布了《2018全球保理年鉴》，介绍了世界各国及地区的保理行业发展情况。2018年，全球保理业务总量达到27670.67亿欧元，较2017年增长约6.5%；中国保理业务量继续保持世界第一，达4115.37亿欧元，同比增长1.4%。[①]

随着保理业务的迅速开展，法律适用问题开始提上议事日程。从理论上来说，保理业务所涉及的债权转让、账款催收、管理服务、还款担保等商业活动在现行法上已经有合同法、担保法等法律制度提供支持，应该不会产生法律适用的困惑，问题的根源来自国际条约和国际惯例与国内法的协调。在我国保理业务发展之初，境内开展保理业务的中国银行等金融机构已经加入总部设在荷兰阿姆斯特丹的国际保理人联合会，并接受该组织制定的《国际保理通则》（General Rules for International Factoring，GRIF）、《仲裁规则》（Rules of Arbitration）、《保理电子数据交换准则》（The Interfactor Edirules）等行业规范和国际惯例。此外，国际统一私法协会（The International Institute for the Unification of Private Laws，UNIDROIT）制定的《国际保理公约》（The Convention on International Factoring，IFC）于1995年5月1日生效，我国已于当年的外交会议上签字。与此同时，为了促进应收款转让的法律现代化，并保护现有的转让惯例和发展新的惯例，建立并采用一套有关应收款转让的统一规则，将有助于以更低的成本获得资本和信贷，从而促进国际贸易的发展，联合国国际贸易法委员会（UNCITRAL）经过长达六年的研究和讨论，其主持制定的《国际贸易中的应收账款转让公约》（Convention on the Assignment of Receivables in International Trade，ARC）已经于2001年12月经大会讨论通过。

① 《2019国际保理和供应链金融大会在FCI第51届年会"中国之夜"活动上正式启动》，https：//baijiahao.baidu.com/s？id=1636221008422788399&wfr=spider&for=pc，2020年5月27日访问。

我国虽然尚未签字加入，但该公约中的一些规则，比如允许未来应收账款的转让，以及受让人的收益优先权原则都是对《国际保理公约》的突破和创新，较以前的规定更有利于国际保理业务的发展，也对我国的实践产生了一定的影响。体现在商业实践中，商业银行和保理公司所使用的保理合同文本大多沿袭了前述条约和惯例中所使用的概念和术语，而这些概念和术语与我国本土法律制度存在着较大的差异，如何将其纳入我国固有法律制度并进行恰当的制度定位，就成为困惑业界的问题。从案件审理的情况来看，各地法院在案件管辖、当事人、保理合同的效力、应收账款转让、保理人的权利救济、债务人的抗辩权和抵销权、登记公示和权利冲突等法律适用问题仍存在不同的看法。针对这些实践中的问题，北京、天津、江苏、深圳等地人民法院纷纷开展调研，就保理合同纠纷案件的审理提出系统的指导意见，但实践效果并不能令人满意。因此，在本次《民法典》编纂的过程中，最高人民法院会同有关方面，积极推动将保理合同纳入合同编分则，以专章的形式加以专门规范。

在立法的过程中，首先面临的一个问题是如何给保理合同下一个比较准确的定义。从典型保理业务的开展情况来看，保理业务涉及两个合同关系、三方当事人：两个合同关系是指债权转让关系以及融资借款等服务合同关系，三方当事人则是指保理人、应收账款债权人和债务人。保理人之所以介入应收账款债权人和债务人之间的法律关系，是为了向应收账款债权人提供融资服务、协助账款催收，以及提供其他服务。本条规范主要是从保理人与应收账款债权人之间权利义务关系的角度，对保理合同进行界定。根据本条规定，保理合同是应收账款债权人将现有的或者将有的应收账款转让给保理人，保理人提供资金融通、应收账款管理或者催收、应收账款债务人付款担保等服务的合同。

一、可转让的应收账款债权范围包括现有的和将有的债权两个方面

《民法典》在物权编第18章第2节“权利质权”和合同编第16章“保理合同”中均规定了“现有的或者将有的”应收账款可以质押和转让，但对其概念并未作出明确的界定。应收账款本来是一个会计学意义上的概念，立法虽然并未明确其定义，但此前一些部门规章中对其进行了定义，这些定义对理解何为应收账款具有重要的参考意义。

2019年9月，中国人民银行发布的《应收账款质押登记办法》（中国人民银行令〔2019〕第4号）第2条第1款规定：“本办法所称应收账款是指权利人因提供一定的货物、服务或设施而获得的要求义务人付款的权利以及依法享有的其他付款请求权，包括现有的和未来的金钱债权，但不包括因票据或其他有价证券而产生的付款请求权，以及法律、行政法规禁止转让的付款请求权”。该条第2款还以列举的方式，进一步对应收账款的范围进行了说明，即销售、出租产生的债权，包括销售货物，供应水、电、气、暖，知识产权的许可使用，出租动产或不动产等；提供医疗、教育、旅游等服务或劳务产生的债权；能源、交通运输、水利、环境保护、市政工程等基础设施和公用事业项目收益权；提供贷款或其他信用活动产生的债权；其他以合同为基础的具有金钱给付内容的债权。

与质权项下应收账款范围的宽泛列举不同，在保理业务规范方面，中国银监会限缩了保理项下应收账款的范围。《商业银行保理业务管理暂行办法》（中国银行监督管理委员会令2014年第5号）第8条将应收账款定义为“企业因提供商品、服务或者出租资产而形成的金钱债权及其产生的收益，但不包括因票据或其他有价证券而产生的付款请求权”。这一定义方式，一方面将未来应收账款排除在了保理业务范围之外，另一方面将应收账款的基础法律关系限定为“提供商品、服务或者出租资产”。由此，在立法的过程中，保理业务所转让

的应收账款债权是否包括将来债权，成为一个需要研究的问题。

有意见认为，作为贸易融资的规则，保理立法必须与国际接轨，借鉴相关国际条约和国际惯例的做法，将来应收账款纳入保理业务范围。国际统一私法协会《国际保理公约》第5条规定，保理合同约定：（1）若现在或将来发生的多数应收账款，在契约缔结或债权具体发生时，可以被确认为转让合同之标的的，则关于该等应收账款转让之约定，即不因未区分各笔应收账款而无效；（2）前款关于将来应收账款转让之约定，保理人于该等应收账款在将来发生时即取得该应收账款，无需再履行让与行为。联合国国际贸易法委员会《国际贸易中的应收账款转让公约》第8条规定，（1）应收账款符合下列条件之一的，其转让对于转让人与受让人之间、对于债务人或对于竞合求偿人而言并非无效，而且也不得以该转让系一项以上应收账款、将来应收账款或应收账款组成部分或其未分割权益的转让为由而否定一个受让人权利的优先权：①应收账款被单独列明作为与该转让相关的应收账款；②应收账款由任何其他方式列明，但条件是在转让时，或就将来应收账款而言在原始合同订立时，可被认明是与该转让相关的应收账款。（2）除非另有约定，一项或多项未来应收账款的转让无需就该等应收账款转让逐项办理新的转移手续即可具有效力。由此可见，在上述国际公约中，均承认将来债权是可以被让与的，只要合同的相关描述能够使该账款于将来实际发生时可以被确定为让与目标，就能够成为保理合同的标的，而且保理合同中关于应收账款转让的约定可以作为受让人取得该债权的直接依据，无需在债权具体发生时，另行做成让与行为。此外，从同为大陆法系的德国和日本等国的学说来看，近年来，认可将来应收账款可以作为债权转让标的学说主张也日渐成为主流。考虑到上述情况，立法机关采纳了这一主张，就本条规定而言，现有的或者将有的应收账款，均可以作为保理合同中债权转让的标的。

与买卖合同等典型合同区分负担行为和处分行为不同的是，民法理论一般将债权转让看作是“准物权行为”，因为债权转让的客体——债权是对债务人所主张的权利，原则上不影响其他人的权益，故与其他有体物的物权变动必须经由交付或登记等公示要件以保护交易之安全有所不同，如果债权在性质上适于转让，则只要转让人与受让人之间的转让合同发生效力，在当事人之间就发生债权移转之效果，转让人应将证明债权文件及主张债权之必要事项告知受让人。债务人虽然并非债权转让合同关系的当事人，但是其履行债务的给付之对象将会因债权转让而发生变化，为了避免债务人因债权转让而遭受损失，债权人必须将债权转让的事实通知债务人，债权转让才会对债务人发生效力。另外，无论债权转让合同是否实际履行，债务人在接到债权转让通知之后，若债务人信赖转让通知而对受让人给付，纵使实际上债权并未转让，债务人亦可以对抗受让人之事由对抗转让人。我们认为，前述传统理论，只能用于解释既有债权转让的权利变动时点，并不能解释将来债权转让的权利变动时点。为因应经济生活的需要，就将来债权转让的权利变动时点，有民法学者提出了债权发生时受让人即可以直接取得债权的观点，但更多的学者认为债权发生时先由转让人取得，并在一瞬间移转于受让人。[①]我们认为，在将来债权转让的情况下，无论保理人是直接取得还是间接取得，理论上都是在债权发生的一瞬间，无需另行进行让与的意思表示，保理人均可立即取得债权，因此，两种观点的区别，在实践中意义不大。真正的问题是：应收账款债权人与应收账款债务人之间的基础合同外观仍然显示应收账款债权人为债权人，保理人能否以理论上取得债权的事实对抗应收账款债权人的债权人，如果不能对抗，应该如何赋予债权转让有对世的效果？这一问题，需要借助于《民法典》第768条进行体系解释。

二、保理人提供的服务范围

根据本条规定，作为债权转让的对价，保理人向应收账款债权人

① 刘绍猷：《“将来之债权”的让与》，载《法学丛刊》1974年第1期。

提供的服务包括资金融通、应收账款管理或者催收、应收账款债务人付款担保等。分述如下：

（一）资金融通服务

从保理业务发展过程来看，提供资金融通是保理业务得以发展盛行的最为关键的因素。现代保理业务是由美国保理人对纺织行业提供融资开始发展起来的，欧洲各国在 20 世纪 60 年代前后金融紧缩时期之所以引进保理业务，看重的就是这一商业活动的融资功能。在保理中，根据保理人是否预先付款，分为预付保理与到期保理两种商业形态。预付保理（advance factoring）是指保理人在受让债权人转让的应收账款时，支付一定比例的预付融资，剩余款项于按期从债务人处收回后支付，或者由于债务人发生信用风险，保理人在一定期限内向债权人支付余款的保理。到期保理（maturity factoring）又称定期保理，是指保理人在受让债权人转让的应收账款时，不向债权人提供融资，而是在按期收到债务人付款后，向债权人支付账款，或者由于债务人发生信用风险，保理人在一定期限内作出担保付款的保理。一般认为，到期保理属于无融资功能的无追索权保理。在贸易活动中，预付保理更多地受到青睐，主要是因为应收账款债务人（买方）大多尽量延后给付货款之时点，以争取运用资金之机会，以至于卖方给予买方一定期间（三至六个月不等）的账期成为不成文的商业惯例，这就意味着应收账款债权人（卖方）从投入成本至回收资金的营业期限相对延长，对于资金本不充分的中小企业而言，资金回收缓慢必然导致经营风险提高，预付型保理业务所提供的融资功能即可为应收账款债权人解决这一问题。在预付保理业务中，保理人受让应收账款债权人的应收账款、预先扣除应收账款业务佣金、征信调查费及垫款利息后，向应收账款债权人拨付大部分一定比例的债权额度，应收账款债权人无需等待延期付款的账期即可预先取得资金，继续投入生产经营活动。借助预付保理业务，还可以实现降低资产负债率、提高应收账款周转率、美化应收账款债权人财务报表等目标，有利于应收账款债权人从其他途径获得融资。

（二）应收账款管理或者催收服务

这一服务功能，主要是指保理人为应收账款债权人提供之应收账款账目簿记及债权催收等服务。在现代经济活动中，应收账款债权人与应收账款债务人之间就货物之销售或劳务之提供往往并非只以单一合同进行一次性的交易，往往是以一份框架合同约定进行长时间继续性的货物买卖或劳务供给，应收账款债权人根据每一份具体合同中供给货物或劳务的数量，取得陆续实际发生的债权。在这种情况之下，如果由应收账款债权人就这些陆续发生、届期之债权进行管理与催收，将会付出增设人员或管理部门等经营管理成本。而利用保理人提供的记账与催收服务，应收账款债权人只需将应收账款转让给保理人，并支付一定比例的手续费，以较小的代价实现服务外包，将所节省的时间和资金专心致力于产品的生产与销售上，增加市场之竞争力。

（三）应收账款债务人付款担保

所谓付款担保功能，是指保理人向应收账款债权人买进应收账款后，由保理人承担应收账款债务人债务不履行之风险。也就是说，在债权存在的前提下，保理人必须承担应收账款债务人给付迟延、丧失支付能力或单纯无支付意愿所生之不利益，不得再转向应收账款债权人请求。值得强调的是，保理业务中所称的应收账款债务人付款担保，是专指无追索权保理业务而言的。按照保理人在债务人破产、无理拖欠或无法偿付应收账款时，是否可以向债权人反转让应收账款、要求债权人回购应收账款或归还融资这一标准，可以将保理业务分为有追索权保理和无追索权保理。有追索权保理又称回购型保理，是指在应收账款到期无法从债务人处收回时，保理人可以向债权人反转让应收账款、要求债权人回购应收账款或归还融资的保理业务。无追索权保理又称买断型保理，是指应收账款在无商业纠纷等情况下无法得到清偿的，由保理人承担应收账款的坏账风险。在无追索权保理业务中，保理人所承担的风险范围仅限于应收账款债务人因信用丧失（credit failure）、财务周转困难（financial inability）或单纯无支付意愿等情况导致之债务不履行，而不包括因货物销售或劳务提供契约之履行发生纠纷（dispute）致应收账款债务人不为给付之情况。因此，为避免因应收账款债权人与应收账款债务人之间的合同纠纷损害保理人的利益，保理合同中通常会约定应收账款债权人保证其所转让的债权合法有效，且不存在留置权、抵销权等抗辩事由，若因可归责于应收账款债权人的事由导致应收账款债务人解除合同或合法拒绝付款时，保理人亦可向应收账款债权人请求返还预付之款项。

在《民法典（草案）》征求意见的过程中，对于本条所采取的定义方式，有学者提出了不同观点，认为本条的规范方式容易使人误以为保理合同必须一并具备法条所列举的所有服务功能，并建议将本条修改为“保理合同是应收账款债权人将应收账款转让给保理人，保理人提供融资、应收账款管理、应收账款催收、应收账款债务人付款担保中至少一项服务的合同”。[①] 这一建议有其合理性的一面。

【审判实践中应注意的问题】

审判实践中，应当注意两个问题：一是债权转让的权利变动时点。债权转让作为准物权行为，除当事人另有约定外，现有债权在当事人意思表示一致时即可发生权利变动的后果，将来债权在实际发生之时即可发生权利变动的后果。二是保理合同的效力认定。虽然本条规定以列举的方式规定了保理人向应收账款债权人提供资金融通、应收账款管理或者催收、应收账款债务人付款担保等服务，但这些服务内容是选择性、提示性的规定，不能因为保理人没有同时提供这些服务内容就认定保理合同无效，原则上，在赊销贸易背景下，只要有债权转让和资金融通，就可以认定保理合同依法成立。

① 徐同远：《论民法典中保理合同典型义务条款的设计》，载《内蒙古社会科学（汉文版）》2019 年第 4 期；李宇：《保理合同立法论》，载《法学》2019 年第 12 期。

第七百六十二条 保理合同的内容一般包括业务类型、服务范围、服务期限、基础交易合同情况、应收账款信息、保理融资款或者服务报酬及其支付方式等条款。

保理合同应当采用书面形式。

【条文主旨】

本条是关于保理合同内容和形式的规定。

【条文理解】

本条第 1 款对保理合同的主要内容做了提示性的列举，一般包括业务类型、服务范围、服务期限、基础交易合同情况、应收账款信息、保理融资款或者服务报酬及其支付方式等条款。从实践中的情况来看，除以上内容外，保理合同通常还会约定担保（如回购条款、抵押、质押、保证条款等）、违约责任、争议解决等内容。

本条第 2 款规定，保理合同应当采用书面形式，这主要是从纠纷发生时便于举证的角度所作出的规定。根据《民法典》第 469 条第 2 款、第 3 款的规定，书面形式是合同书、信件、电报、电传、传真等可以有形地表现所载内容的形式。以电子数据交换、电子邮件等方式能够有形地表现所载内容，并可以随时调取查用的数据电文，视为书面形式。

将保理人提供的服务内容进行选择性、提示性的列举的规范方式，具有以下几方面的优势：

首先，将保理人提供的服务内容进行选择性、提示性的列举的规范方式，符合国际条约和国际惯例中的做法。国际统一私法协会《国际保理公约》第一条中对保理合同作出的定义是:“保理合同是指一方当事人(供应商)与另一方当事人(保理人)之间所订立的合同,根据该合同:(1)供应商可以或将要向保理人转让由供应商与其客户(债务人)订立的货物销售合同所产生的应收账款,但主要供债务人个人、家人或家庭使用的货物销售所产生的应收账款除外。(2)保理人应履行至少两项下述职能:为供应商融通资金,包括贷款和预付款;管理与应收账款有关的账户(销售分户账);代收应收账款;对债务人的拖欠提供坏账担保。”国际保理人联合会在其2013年7月修订的最新版《国际保理通则》中规定:保理合同系指一项契约,据此,供应商可能或将要向一家保理人转让应收账款,不论其目的是否为了获得融资,至少要满足以下职能之一:(1)销售分户账管理;(2)账款催收;(3)坏账担保。

其次,将保理人提供的服务内容进行选择性、提示性的列举的规范方式,符合我国此前国内部门立法的实际情况。《商业银行保理业务管理暂行办法》第6条规定:“保理业务是以债权人转让其应收账款为前提,集应收账款催收、管理、坏账担保及融资于一体的综合性金融服务。债权人将其应收账款转让给商业银行,由商业银行向其提供下列服务中至少一项的,即为保理业务:(一)应收账款催收:商业银行根据应收账款账期,主动或应债权人要求,采取电话、函件、上门等方式或运用法律手段等对债务人进行催收。(二)应收账款管理:商业银行根据债权人的要求,定期或不定期向其提供关于应收账款的回收情况、逾期账款情况、对账单等财务和统计报表,协助其进行应收账款管理。(三)坏账担保:商业银行与债权人签订保理协议后,为债务人核定信用额度,并在核准额度内,对债权人无商业纠纷的应收账款,提供约定的付款担保。(四)保理融资:以应收账款合法、有效转让为前提的银行融资服务。”中国银行业协会保理专业委员会《中国银行业保理业务规范》(银协发〔2016〕127号)第4条将保理业务定义为“保理业务是一项以债权人转让其应收账款为前提,集融资、应收账款催收、管理及坏账担保于一体的综合性金融服务。

债权人将其应收账款转让给银行，不论是否融资，由银行向其提供下列服务中的至少一项：1. 应收账款催收：银行根据应收账款账期，主动或应债权人要求，采取电话、函件、上门催款直至法律手段等对债务人进行催收。2. 应收账款管理：银行根据债权人的要求，定期或不定期向其提供关于应收账款的回收情况、逾期账款情况、对账单等各种财务和统计报表，协助其进行应收账款管理。3. 坏账担保：债权人与银行签订保理协议后，由银行为债务人核定信用额度，并在核准额度内，对债务人无商业纠纷的应收账款，提供约定的付款担保。”

最后，将保理人提供的服务内容进行选择性、提示性的列举的规范方式，更符合保理业务的本质特点。如前所述，在到期保理业务中，保理人并不提供资金融通服务，在有追索权保理业务中，保理人并不承担应收账款债务人付款担保的商业风险。由此可见，虽然本条规定列举了保理人向应收账款债权人提供的服务包括资金融通、应收账款管理或者催收、应收账款债务人付款担保等服务，但并不能得出所有保理业务均应当具有上述服务功能。特别是在本法第 766 条明确规定了有追索权保理合同的情况下，更应当做这样的理解。

【审判实践中应注意的问题】

审判工作中应当注意，当事人之间叙做保理业务，除保理合同之外，还有很多往来的信函、传真等，都有可能构成保理合同的组成部分，应当将其作为一个整体加以把握。

第七百六十三条　应收账款债权人与债务人虚构应收账款作为转让标的，与保理人订立保理合同的，应收账款债务人不得以应收账款不存在为由对抗保理人，但是保理人明知虚构的除外。

【条文主旨】

本条是关于应收账款债权人与债务人之间通谋虚伪表示不得对抗保理人的规定。

【条文理解】

从案件审理的情况看，在保理合同订立之前，保理人一般都会对应收账款债务人进行尽职调查以核实应收账款的真实性，债务人在征询函或其他文书上确认该应收账款真实存在，保理人据此签订保理合同以及应收账款转移文件等文件，但当保理人向债务人主张权利时，债务人往往以基础交易合同不实或应收账款虚假、已消灭等为由抗辩，且从查明的事实来看，该应收账款大多不实。由此，在应收账款不实的情况下，债务人是否应当向保理人承担责任，其责任性质、范围应当如何确定，成为当事人之间争议的焦点问题。

一般而言，债权让与和所有权让与在本质上都属于权利移转范畴，转让人都负有瑕疵担保义务。《国际贸易中的应收账款转让公约》第12条规定，除非让与人和受让人另外约定，让与人在订立转让合同时保证：（1）让与人有权转让该应收账款；（2）在此之前让与人未将应收账款转让给其他受让人。由此可见，应收账款债权人在保理业务中所承担的瑕疵担保义务，其内容包括应当保证其所转让的应收账款是真实合法有效的，并且不存在权利瑕疵，即品质担保义务和权利担保义务。权利瑕疵担保义务是指应收账款债权人将应收账款转让给保理人之时，须保证保理人为应收账款唯一合法权利人，并且保证保理人独占地、完整地享有基于该转让应收账款的所有权利，对其他人对应收账款权利具有排他性。品质瑕疵担保责任是应收账款债权人所必须承担的担保责任，主要指应当保证应收账款本身是合法、真实、有效的，即应收账款债权人应当保证其债权是在实际发生、真实有效的交易中产生的，也是担保责任成立中的必要要件，同时要保证对合同义务的履行应符合基础合同的条款。如果基础合同内容为销售货物或提供服务，则需要这些内容符合应收账款债权人和债务人之间的合同要求。在保理业务实践中，当债务人因应收账款债权人所提供的货物或者服务存在瑕疵而拒付到期债务时，此应收账款即为不合格账款。债权人对此账款需要承担品质瑕疵担保的责任，应收账款债权人不仅依法应当对保理人承担违约责任，而且保理合同也往往约定保理人对应收账款债权人享有追索权。对于应收账款债权人的责任性质、责任形式及责任范围，审判实践中的认识是比较一致的。

审判实践中有歧义的是，在这种情况下债务人承担责任的理论路径应当如何证成。第一种观点认为，债务人虚构应收账款的，无论基于故意还是过失，保理人有权根据侵权责任法的一般规定请求债务人就让与人不能清偿的部分承担赔偿责任。[①] 第二种观点认为，债务人对应收账款债权数额、还款期限以及基础合同、交付凭证、发票等内容一并进行确认的，或者保理合同中对应收账款性质、状态等内容的具体表述已作为债权转让通知或者应收账款确认书附件的，根据诚信原则，可以作为债务人对基础合同项下的应收账款不持异议的有效证据，但债务人能够提供其他证据足以推翻的除外。债务人仅以应收账

① 参见江苏省高级人民法院民二庭课题组：《国内保理纠纷相关审判实务问题研究》，《法律适用》2015年第10期。在有的案例中，让与人的员工私自伪造公章、合同等材料，虚构应收账款以骗取保理银行融资款（非职务行为），债务人在未经核实的情况下即在应收账款转让通知书上盖章确认，法院判定债务人对保理银行的债权未受偿损失承担赔偿责任。参见上海公路桥梁（集团）有限公司与北京银行股份有限公司上海分行财产损害赔偿纠纷案，上海市第二中级人民法院（2015）沪二中民六（商）终字第386号民事判决书。

款不存在或者基础合同未履行为由提出抗辩的，不予支持。[①]第三种意见认为，根据民法基本原理，双方当事人通谋所为的虚伪意思表示，在当事人之间发生绝对无效的法律后果。但在虚伪表示的当事人与第三人之间，则应视该第三人是否知道或应当知道该虚伪意思表示而发生不同的法律后果，在保理人善意无过失的情况下，应收账款债务人应当依其承诺的数额向保理人承担责任，而不得以应收账款虚假的理由对抗保理人。[②]

以上三种观点，在案件处理结果方面并无实质性的不同，都能实现应收账款债务人向保理人承担责任的结果。但着眼于法律责任的构成，我们认为，第一种观点将保理人的请求权基础确定为过错责任的一般规则（《侵权责任法》第6条第1款），在法律方法上有“向一般条款逃逸”的嫌疑。第二种观点着眼于诚信原则，以事前放弃抗辩的拟制作为解决问题的裁判路径，并不能实现对保理人充分保护的法律效果。第三种观点着眼于外观主义下的善意保护，以保理人是否有理由相信债权真实存在的外观入手，以信赖利益保护这一角度切入，在理论逻辑上有其优势，但不足之处是缺乏制定法上的依据。从本条规定的表述来看，立法机关采纳的是第三种观点，在理解本条规定时，应当注意以下两个方面的问题：

一、应收账款债权人与债务人之间通谋虚伪表示的效果必须是达到了制造本不存在的权利外观的程度

审判实践中较为一致的认识是，外观主义是为保护交易安全设置的例外规定，一般适用于因合理信赖权利外观或意思表示外观的交易

① 参见《天津市高级人民法院关于审理保理合同纠纷案件若干问题的审判委员会纪要（二）》（津高法〔2015〕146号）第3条。

② 参见中铁物资集团新疆有限公司与中国工商银行股份有限公司乌鲁木齐钢城支行等合同纠纷案，最高人民法院（2014）民二终字第271号民事判决书；珠海华润银行股份有限公司与江西省电力燃料有限公司、原审第三人广州大优煤炭销售有限公司保理合同纠纷一案，最高人民法院（2017）最高法民再164号民事判决书。

行为。[1]在应收账款债权人和债务人虚假制造债权外观时，保理人是否受到外观主义的保护，事关交易安全的维护。在《民法典》的编纂过程中，总则编在草案阶段曾经规定了“通谋虚伪表示无效不得对抗善意第三人”，但在最后审议阶段删除，将这一问题留待《民法典》分则编纂时个别解决。但从学说和实务的情况来看，“通谋虚伪表示无效不得对抗善意第三人”作为民法基本原理，并无分歧认识，这也是本条立法的法理依据。本条前句关于“应收账款债权人与债务人虚构应收账款作为转让标的，与保理人订立保理合同的”之规定，在理解上应当界定为虚构债权转让标的与保理合同的订立存在因果关系。在比较法上，与本条规定较为接近的，是《德国民法典》第405条，该条规定：“债务人已出具债务证明文书，且债权系在出示该文书的情况下让与的，债务人不得对新债权人主张债务关系的缔结或承认是虚假的，或主张已与原债权人约定排除债权让与，但新债权人在让与时知道或应当知道上述事实的除外”。由此可见，在德国法上，应收账款债务人不得对抗新债权人的前提条件，是新债权人受让债权以债务人确认债权作为前提。也就是说，债务人就权利存在制造了一个外观，保理人必须对此产生信赖并据此签订保理合同，才能符合本条的适用前提。

二、对保理人是否善意的判断标准有别于通常的善意无过失标准

关于善意无过失的标准，《民法典》第171条、第504条在规范表见代理和表见代表时，所使用的判断标准是相对人是否“知道或者应当知道”。“知道”，是指事实上的知道；“应当知道”，是指推定的知道。就债权虚假能否对抗新债权人这一问题，德国法所采取的规范方法是如果新债权人在债权让与时知道或应当知道虚假事实的，债务人可以对抗新债权人的权利主张。在我国此前的司法实践中，对于保

① 《民商审判会议纪要》(法发〔2019〕第254号)。

理人的信赖保护，也是限定在善意无过失的情形，即要求保理人就基础债权的真实性进行了必要的调查和核实，尽到了审慎的注意义务，有理由相信应收账款债权真实存在。[①]但本条规定将债务人的抗辩事由限定在"保理人明知虚构的"情形，排除了保理人"应当知道应收账款虚假"这一抗辩事由。在《民法典（草案）》征求意见的过程中，有学者指出，将债务人的抗辩事由限定在保理人明知虚构这一场合，而不包括"应知"的情形，意味着保理人无需经必要的调查核实即可"认假为真"，给予保理人如此之强的保护有所失衡。[②]

我们理解，在这样的背景下，本条规定仍然将债务人的抗辩事由限定在保理人明知的场合，并非立法机关的疏漏，而是一种刻意选择的规范立场，意在使与应收账款债权人通谋造假的债务人承担不利益的后果。但是，如果在案件审理中，保理人没有就应收账款的真实性进行任何尽职调查，或者案件事实表明，应收账款的虚假性是如此明显，保理人只要稍加核实就不可能不知道，在这些情形中，是否需要给予保理人以如此程度的信赖保护，并非没有讨论的空间。

【审判实践中应注意的问题】

在审判实践中应当注意两个方面的问题：一是虚构债权转让标的的行为必须与保理合同的订立存在因果关系。也就是说，应收账款债权人与债务人虚构应收账款作为转让标的的行为所制造的权利外观，必须使保理人产生了相应的信赖，并据此签订保理合同。如果案件事实表明，保理合同的签订与应收账款是否真实没有关系，则不能适用本条规定。二是只有在保理人"明知"应收账款虚假的情况下，债务人才能够以应收账款虚假为由对抗保理人。这一规范立场与既往的学说和司法实践存在明显不同，应当给予足够的重视。

---

① 珠海华润银行股份有限公司与江西省电力燃料有限公司、原审第三人广州大优煤炭销售有限公司保理合同纠纷一案，最高人民法院（2017）最高法民再164号民事判决书。

② 李宇：《保理合同立法论》，载《法学》2019年第12期。

第七百六十四条　保理人向应收账款债务人发出应收账款转让通知的，应当表明保理人身份并附有必要凭证。

【条文主旨】

本条是关于保理人可以向应收账款债务人发出通知的规定。

【条文理解】

在此前的审判实践中，对于债权转让应当由谁发出通知才构成一个适格的通知存在争议，一种观点认为，从立法关于“债权人转让权利的，应当通知债务人”的表述结构来看，通知义务主体无疑应当是债权人，由受让人通知增加了债务人的审核负担，不应予以支持。另一种观点认为，债权让与的通知只是满足债务人的知情权，以防其不知情而向让与人不当履行，只要债务人知晓债权让与的事实，债权让与即应对其发生效力，而不应将通知的主体限定在让与人。我国台湾地区“民法”第297条规定：“债权之让与非经让与人或受让人通知债务人，对于债务人不生效力。但法律另有规定者，不在此限。受让人将让与人所立之让与字据提示于债务人者，与通知有同一之效力”。参考这一规定，《民法典》第546条在沿袭了《合同法》第80条规定的基础上，在保理合同章增加关于保理人通知债务人的规定，在承认其通知效力的同时，规定保理人应当表明保理人身份并附有必要凭证以供债务人审核，以此保护债务人的利益。需要注意的是，本条规定与本法第546条的规定，规范立场有所不同，是否意味着由保理人进行通知，似乎是针对保理业务所作出的特别规定，容易产生解释上的困难。

【审判实践中应注意的问题】

将债权转让的事实通知债务人，既是对债务人的约束，也是对债务人的保护，防止其因错误清偿而蒙受不利的后果，这一通知义务，既可以由转让人履行，也可以由保理人履行，但由保理人履行的，必须表明身份并提供相关的凭证，简单地通知并不符合法律规定，也不宜认定产生约束债务人的效果。

第七百六十五条　应收账款债务人接到应收账款转让通知后，应收账款债权人与债务人无正当理由协商变更或者终止基础交易合同，对保理人产生不利影响的，对保理人不发生效力。

【条文主旨】

本条是关于基础合同变更或终止不得对抗保理人的规定。

【条文理解】

保理业务实践中，在应收账款转让后，供应商（债权人）和客户之间在具体履行合同时，难免会遇到变更价款、增加或减少供货数量、退换货等具体问题，由此产生基础合同变更对保理人的效力问题。本条规定的内容，借鉴了联合国国际贸易法委员会《国际贸易中的应收账款转让公约》第20条的规定，该条规定："在让与通知之前，应收账款转让人与债务人间对原始契约的修改，对受让人是有效的；但是让与通知后的修改，原则上不对受让人生效，除非得到受让人之同意，或受让人尚未将应收账款的对价给付让与人之前，一个通情达理的受让人通常会同意该修改的情况"。这种规范方法，一方面，赋予应收账款债权人和债务人修改基础合同的自由，以便应付不断变动的商业形势的变化；另一方面，保护保理人，使得保理人免受应收账款债权人和债务人对基础合同的不当变更而影响其合法权利。这一规范背后的基本法理，与本法第763条相同，均是为了保护保理人的合理信赖利益。在理解本条规定时，重点在于把握基础合同的变更或者终止是否属于"无正当理由"，这虽然是一个事实判断问题，但其基础是价值判断。实践中曾经发生过这样的案例，应收账款债权人和债务人在保理合同签订后，自行协议变更付款条件或期限，将债务人的付款期限延长或者附加不合理的条件，这些缺乏正当理由的变更，均不能对抗保理人，债务人仍应按照保理合同签订时的基础合同约定向保理人履行债务。

【审判实践中应注意的问题】

审判实践中应当注意，判断应收账款债务人履行债务的条件和期限，应当以保理合同签订并将应收账款转让的通知到达债务人之时的合同文本为基本依据，债权人和债务人嗣后无正当理由协商变更或者终止基础交易合同的，对保理人不生效力，债务人仍应按照原定条件或期限对保理人履行债务。

第七百六十六条 **当事人约定有追索权保理的，保理人可以向应收账款债权人主张返还保理融资款本息或者回购应收账款债权，也可以向应收账款债务人主张应收账款债权。保理人向应收账款债务人主张应收账款债权，在扣除保理融资款本息和相关费用后有剩余的，剩余部分应当返还给应收账款债权人。**

【条文主旨】

本条是关于有追索权保理中保理人行使请求权的规定。

【条文理解】

根据不同的分类标准，可以将保理业务进行不同的分类，如按照基础交易的性质和债权人债务人所在地的不同，分为国际保理和国内保理；按照是否将应收账款转让的事实通知债务人的不同，分为公开型保理和隐蔽型保理；按照参与保理服务的保理机构个数，可分为单保理和双保理；按照保理人在债务人破产、无理拖欠或无法偿付应收账款时，是否可以向债权人反转让应收账款、要求债权人回购应收账款或归还融资的不同，分为有追索权保理和无追索权保理。从保理业务实践的角度来看，有追索权保理和无追索权保理的分类最为重要，虽然在国际上无追索权保理业务占主流，但在我国的保理业务结构中，却是有追索权保理业务占据主导地位。由于在这两种类型的保理业务中，保理人对应收账款债权人的权利存在着明显的差别。故本次立法以专门的条文对两种保理业务类型中保理人的权利进行提示性的规定，分述如下：

一、有追索权保理中保理人对应收账款债权人、债务人的权利及范围

在国内此前的规范性文件中，有追索权保理又称回购型保理，是指在应收账款到期无法从债务人处收回时，商业银行可以向债权人反转让应收账款、要求债权人回购应收账款或归还融资。无追索权保理又称买断型保理，是指应收账款在无商业纠纷等情况下无法得到清偿的，由商业银行承担应收账款的坏账风险。[①] 这一分类标准的实质，是以保理人是否承担应收账款不能收回的商业风险为判断标准：保理人不承担应收账款不能收回风险的，是有追索权保理；保理人承担应收账款不能收回风险的，是无追索权保理。

保理业务的主要特点是，保理人通过受让债权而取得对债务人的直接请求权，保理融资的第一还款来源为债务人对应收账款的支付。[②] 因此，保理人向应收账款债务人主张归还应收账款，是基于债权转让合同的约定和将债权转让通知债务人的事实所产生的合法权利，自不待言。如果应收账款债务人拒绝履行还款义务，则在有追索权的保理中，保理人当然有权要求应收账款债权人归还融资本息。由于在有追索权保理中，保理人并不承担该应收账款不能收回的商业风险，其受让应收账款的目的是为了收回应收账款债务人对其所欠的债务，故保理人应受清算义务的约束乃是顺理成章，所以本条规定，保理人向应收账款债务人主张应收账款债权，在扣除保理融资款本息和相关费用后有剩余的，剩余部分应当返还给应收账款债权人，以防止保理人获取不当得利。从审判实践中的情况来看，在有追索权保理业务中，保理人所能得到清偿的最高限额，是以其融资款本息和合同约定的相关

① 参见：《商业银行保理业务管理暂行办法》第10条；《中国银行业保理业务规范》第6条。

② 《中国银行业保理业务规范》第5条。

费用为限，已经成为主流的裁判观点。[①]

二、保理人同时向应收账款债权人和债务人主张权利的处理

本条规定就保理人权利所采取的“可以……也可以”的规范方式，是否意味着保理人只能择一向应收账款债权人或者债务人行使权利，学界的看法是否定的。但对于在有追索权保理业务中，应收账款债权人和债务人是否应当向保理人承担连带责任，则存在着不同的看法。从案件审理的情况看，在绝大多数情况下，保理人在提起诉讼时，均是将应收账款债权人和债务人列为共同被告。在这些案件中，如果合同约定应收账款债权人和债务人承担连带责任，则法院均为尊重合同约定。在合同没有约定的情况下，裁判路径存在着分歧：一种裁判路径是按照让与担保的法律构成，将应收账款债权人作为第一顺位的责任人，应收账款债务人与其共同承担连带责任。另一种裁判路径则是立足于间接给付的基本法理，将应收账款债务人作为第一顺位的责任人，判令应收账款债权人在债务人不能清偿的范围内承担补充责任。[②]从立法过程中的讨论情况来看，不少学者主张本条规定实际上采纳了让与担保的法律构成，认为间接给付的裁判路径缺乏足够的法理支撑。[③]虽然从实践效果来看，让与担保和间接给付的裁判路径在最终结果上并无实质的不同，但其论证逻辑存在着差异。

关于有追索权和无追索权的保理业务的法律关系性质，大陆法系国家和地区在学理上的认识基本一致，对有追索权的保理，一般将其作为消费借贷关系；对无追索权的保理，一般将其理解为真正的债权让与。在德国学者迪特尔·梅迪库斯看来，无追索权保理属于纯正的

---

① 如在（2017）最高法民再164号一案中，最高人民法院认为，保理人珠海华润银行实际向广州大优公司（应收账款债权人）发放的借款本金为3680万元，故珠海华润银行在本案中对江西燃料公司（应收账款债务人）所能主张的权利范围，依法应当限缩至3680万元借款本金及其利息的范围之内，没有支持珠海华润银行要求江西燃料公司向其支付应付账款本金人民币46115344.70元及其利息的诉讼请求。

② 珠海华润银行股份有限公司与江西省电力燃料有限公司、原审第三人广州大优煤炭销售有限公司保理合同纠纷一案，最高人民法院（2017）最高法民再164号民事判决书。

③ 李宇：《保理合同立法论》，载《法学》2019年第12期。

保理，而有追索权的保理属于不纯正的保理。从法律的角度观察，纯正的保理初看类同于债权的买卖，并且很多人也持这种观点。但是，也可以将纯正的保理视作通说上的非真正借贷，即理解为与雇佣服务相结合的借贷。这一点从当事人的利益关系及其对保理人负担的对待给付的结算中可以厘清。纯正保理中的借贷在任何情况下都会以让与之债权予以返还，该债权对于保理商而言是一种代物清偿（《德国民法典》第 364 条第 1 项）。而对于非纯正保理而言，保理商所受让的债权只是用于清偿债务（《德国民法典》第 364 条第 2 项）：若债权人的债权不能得到清偿，则允许其主张对客户的借贷请求权。[①] 我国台湾地区学者黄立等人也认为，对于债权之受让人不承担未受清偿风险的保理合同，在性质上属于不真正之债权让与契约，在法律性质上，德国学者多数认为属于借贷，至于让与之债权，性质上属于新债清偿，[②] 受让人有权（故具担保功能）且有义务（故具清偿功能）先对第三债务人求偿；不获清偿时，受让人始得对让与人求偿。对于债权受让人承担未受清偿风险的保理合同，性质上属于真正的债权让与，保理人在第三债务人不能清偿债务的情况下，不能向让与人求偿。[③]

间接给付，学说上又称新债清偿、为清偿之给付。以史尚宽为代表的传统民法理论认为，因新债务之履行，旧债务始行消灭，故为清偿之给付，不过有确保力，而没有消灭力。新旧债务虽然并存，然依诚信原则，债权人应当先就新债务请求履行，如新债务无效或被撤销或因实行无果时，始应就旧债务请求履行。盖此甚符合当事人通常之意思也。债务人为满足债权人，对于债权人让与自己对第三人之债权，亦不成立代物清偿之推定。依当事人之意思，通常应认为，为清偿之方法而为让与。依诚信原则，债权人应先就让与之债权为收取，于收取无结果或无望之时，始应向债务人请求。[④]

---

① ［德］迪特尔·梅迪库斯：《德国债法分论》，法律出版社 2007 年版，第 488 页。

② 我国台湾地区“民法”第 320 条规定：“因清偿债务而对于债权人负担新债务者，除当事人另有意思表示外，若新债务不履行时，其旧债务仍不消灭。”

③ 黄立：《民法债编各论》（上），中国政法大学出版社 2002 年版，第 32 页。

④ 史尚宽：《债法总论》，中国政法大学出版社 2000 年版，第 821 页。

按照上述逻辑，在有追索权保理业务中，由于保理人并不承担债务人于清偿期届满后无支付能力的风险，保理人在债务人陷于无支付能力时得向原债权人请求补偿或追偿，实际上相当于是借款人履行返还借款义务的担保手段。正因为如此，最高人民法院在（2017）最高法民再164号一案中，在原有债务和受让债权的数额不一致的情况下应当如何确定清偿义务范围和顺序这一问题还没有先例判决可以遵循的情况下，根据上述基本法理，认定追索权的功能相当于应收账款债权人为债务人的债务清偿能力提供了担保，这一担保的功能与放弃先诉抗辩权的一般保证相当，参照《担保法》关于一般保证的法律规定，由应收账款债务人就其所负债务承担第一顺位的清偿责任，对其不能清偿的部分，由应收账款债权人承担补充赔偿责任，法理依据是充分的。这种顺位的排序，不仅在法理上有据可循，也符合“保理融资的第一还款来源为债务人对应收账款的支付”这一行业共识。

【审判实践中应注意的问题】

审判实践中应当注意如下问题：一是在有追索权的保理中，保理人到期未获清偿后，既可以向应收账款债权人主张权利，也可以向应收账款债务人主张权利，但无论向谁主张，其权利上限均以合同约定的融资款本息和相关费用为限，这一点区别于无追索权保理；二是保理人同时向应收账款债权人和债务人主张权利的，如果合同约定承担连带责任，则可按合同约定处理，如果合同未作约定，则应按照间接给付的法理，判令应收账款债务人承担第一顺位的还款责任，应收账款债权人承担补充责任。

第七百六十七条　当事人约定无追索权保理的，保理人应当向应收账款债务人主张应收账款债权，保理人取得超过保理融资款本息和相关费用的部分，无需向应收账款债权人返还。

【条文主旨】

本条是关于无追索权保理业务中保理人权利范围的规定。

【条文理解】

无追索权保理业务，又称买断型保理，是指应收账款在无商业纠纷等情况下无法得到清偿的，由保理人承担应收账款的坏账风险。本法第761条所称的“应收账款债务人付款担保”，就是专指无追索权保理人承担应收账款债务人债务不履行风险的情形。与保理人承担应收账款债务人因信用丧失、财务周转困难或单纯无支付意愿等情况导致之债务不履行等商业风险相对应，因应收账款设定保理时打折等因素导致保理人实际获得的清偿超过其融资本息和必要费用的部分，应当归保理人所有。在立法的过程中，就赋予无追索权保理人取得超过融资款本息和相关费用部分应收账款的权利是否会导致保理人获取不当得利，曾经有过讨论。后经研究认为，无追索权保理业务属于真正债权让与，保理人真正承担了债权不能实现的风险，即便保理人实际获得的清偿超过保理融资款本息和相关费用，亦不构成不当得利。

【审判实践中应注意的问题】

审判工作中应当注意，无追索权保理业务中保理人受让债权后，取得应收账款债权人对该债权的全部权利，也承担债权不能实现的全部风险。在债权不能实现时，其无权要求应收账款债权人承担责任，在债权能够实现时，其有权获得清偿的范围与保理融资款的本息和费用并不存在必然联系，这一点与有追索权保理业务存在明显区别。

第七百六十八条 应收账款债权人就同一应收账款订立多个保理合同，致使多个保理人主张权利的，已经登记的先于未登记的取得应收账款；均已经登记的，按照登记时间的先后顺序取得应收账款；均未登记的，由最先到达应收账款债务人的转让通知中载明的保理人取得应收账款；既未登记也未通知的，按照保理融资款或者服务报酬的比例取得应收账款。

【条文主旨】

本条是关于应收账款多重让与情形下保理人权利顺位的规定。

【条文理解】

应收账款转让合同作为涉他合同，民法理论对其合同效力的分析一般区分为债权转让在转让人和受让人之间的效力、对债务人的效力，以及对于应收账款债权人的债权人等第三人的效力这三个方面。根据《民法典》第502条、第545条和第546条的规定，债权转让合同自成立时生效，在通知债务人后对债务人发生效力。但对于债权转让合同是否具有对抗第三人的效力，既往的立法没有明文规定。如果将债权转让合同的效力仅限于转让人、保理人（受让人）和债务人之间，则三方当事人均不能基于债权转让的事实对抗第三人，转让人的其他债权人仍然可以将该债权作为转让人的责任财产申请法院加以查封、冻结，这种理解明显不利于保护债权受让人的利益。反之，如果承认债权转让合同具有对抗第三人的效力，但由于债权转让并没有公示外观，对于转让人的其他债权人而言，很难防止转让人利用债权转让的方式逃避债务。

从域外立法的情况来看，各国对这一问题的规范方法不尽相同。德国民法对债权转让的效力采取意思主义，只要当事人意思表示一致，就发生债权转让的效力，并可以据此对抗第三人。在债权多重让与的情况下，德国民法以债权转让合同签订的先后顺序作为判断标准，只要受让人能够举证其系债权的第一受让人，就可以对抗转让人的其他债权人。法国民法虽然对债权转让也采取意思主义的立场，但对于多重让与情形下的受让人之间的权利顺位，则是以通知到达债务人的先后顺序作为判断标准。区别于德国和法国，美国法则是以登记先后顺序作为判断标准。日本民法虽然采取了法国民法以通知先后作为判断标准的规范路径，但为了更好地确定通知的先后顺序，日本制定了《债权让渡特例法》，规定债权转让双方都可以向登记机关办理转让登记，使得债权转让因登记而对第三人发生效力。联合国国际贸易法委员会在起草和制定《国际贸易中的应收账款转让公约》的过程中，由于各国对于应收账款转让中目标债权上权利冲突的实体法规则存在不同的做法，在无法取得一致意见的情况下，公约以统一冲突法规则的方式，于第30条规定就此问题适用转让人所在地的法律为准据法，但同时在附件中设计了以登记先后为准、以合同签订时间先后为准、以转让通知送达债务人先后为准等三套判断标准，供各缔约国自由选择。

为解决债权转让，特别是在债权多重让与情形下对抗第三人的效力问题，本条规定在参考《国际贸易中的应收账款转让公约》的相关规定，并遵循《物权法》第199条的立法传统的基础上，对这一问题加以明确。具体分为如下几个方面：

一、在应收账款多重让与的情况下，已登记的保理人先于未登记的保理人受偿

登记优先主义以对应收账款转让进行登记的时间来确定优先权，登记在先的保理人享有优先顺位权，这一原则主要为美国法所采用。《国际贸易中的应收账款转让公约》附件规定了登记优先主义的备选

方案，该附件第 1 条规定："转让人将同一应收账款先后转让给若干个受让人，这些受让人之间对该应收账款的权利的优先顺序应根据登记有关转让数据的先后次序决定，而应收账款的转移时间并不是决定因素"。从我国实践中的情况来看，主张借鉴登记优先规则的呼声一直存在，并为此进行了积极的努力。中国人民银行征信中心自 2007 年便开始向社会提供应收账款转让登记服务，且从 2012 年开始与天津市政府有关部门共同推动司法机关明确应收账款转让登记的法律效力。2014 年，天津市高级人民法院以审判纪要的方式对应收账款转让登记的效力进行了有限度的承认，规定："天津市金融工作局、中国人民银行天津分行、天津市商务委员会联合发布的《关于做好应收账款质押及转让业务登记查询工作的通知》中所列主体受让应收账款时，应当登录中国人民银行征信中心动产融资统一登记平台，对应收账款的权属状况进行查询，未经查询的，不构成善意。该通知中所列主体办理应收账款质押、转让业务时，应当对应收账款的权属状况在中国人民银行征信中心动产融资统一登记平台予以登记公示，未经登记的，不能对抗善意保理商"。在保理行业的呼吁和推动下，2019 年修订的《应收账款质押登记办法》第 34 条规定："权利人在登记公示系统办理以融资为目的的应收账款转让登记，参照本办法的规定"，为应收账款转让办理登记提供了制度依据。嗣后，中国人民银行征信中心相应修改了《动产融资统一登记平台操作规则》，将应收账款转让登记纳入其登记业务类型，发起登记的当事人应按照交易相关的动产权属的性质选择相应的业务类型进行登记。尽管如此，由于这一登记并无法律、行政法规层面的依据，审判实践中对这一登记能否发生对抗效力，存在着不同的认识，本条规定专门对此加以明确。

二、应收账款转让均已登记的，按登记先后顺序受偿

对均已登记的权利之间的顺位问题，《物权法》第 199 条采取"顺序相同的，按照债权比例清偿"的做法，这一做法在纸质登记的情形下有其必要，但随着计算机技术的发展，实践中已经不可能出现

登记顺序相同的情形，故在均已登记的情况下，按照“时间在先、权利优先”的基本法理对优先顺序加以明确，属于不言自明的道理，没有必要再规定“顺序相同”的情况。

三、应收账款转让均未登记的，按照债权转让通知到达债务人的先后顺序受偿

通知优先规则的核心要义，是在同一债权发生多重让与的情况，以第一时间通知债务人的保理人获得清偿优先权，法国、日本、英国采用的都是这个规则。在没有应收账款登记制度的时期，这个清偿顺序在很长的一段历史时期内都是英美法的主流观点，其合理性在于债权属于无形财产，对债权的实际拥有是不可能的，通知被看作是相当于实际拥有的最近似的做法。《国际贸易中的应收账款转让公约》附件中也规定了“以转让通知时间为准的优先权规则”，公约第9条规定：“在从同一让与人处受让同一应收账款的数个受让人之间，受让人对应收账款权利的优先性由债务人收到各个转让通知的顺序来决定。但是，如果受让人在转让合同订立时已知悉先前的转让，那么受让人不得以通知债务人的方式获得优先于先前转让的权利。”

根据通知优先规则，在应收账款多重让与的情况下，在时间上最先通知债务人的保理人拥有优先权，而通知时间先后的标准则以债务人收到通知的时间为准，如果债务人在同一天收到两份通知，那么以寄出通知的时间先后为标准来确定优先权。值得注意的是，在暗保理业务中，绝对采用通知优先的规则使得保理人几乎不可能获得优先权。相比之下，公约第9条后半段的规定，以在后保理人主观上是否知道有在先保理业务发生作为例外情况加以规定，对于平衡保护暗保理业务中在先保理人的利益，有其积极意义。本条规定虽然没有规定受让在前、通知在后，甚至是没有通知的保理人对受让在后但通知在先的保理人的抗辩权，但借鉴公约第9条的规定对此进行解释性补充，并不存在逻辑上的困难。

四、应收账款转让既未登记也未通知的，按照保理融资款或者服务报酬的比例取得应收账款

本条规定沿袭未登记抵押权“按照债权比例清偿”(《物权法》第199条第3项、《民法典》第414条第1款第3项）的立法传统，规定了既未登记也未通知情形下多重让与的清偿方法，即按照应收账款比例受偿。在此前的司法实践中，有地方法院认为，债权转让既未办理登记手续也未向债务人发出转让通知书的，按照发放保理融资款的先后顺序确定。[①]在征求意见的过程中，不少学者提出了不同的看法，认为此种规定彻底无视当事人意思，不能明确债权归属，尤其无法解决受让人被强制执行或破产时的权属争执，更徒滋“债权是否归数受让人共有”之困扰。[②]

【审判实践中应注意的问题】

审判实践中应当注意，应收账款转让合同的效力，应当从债权转让在转让人和受让人之间的效力、对债务人的效力，以及对于应收账款债权人的其他债权人等第三人的效力这三个方面进行分析，本条规定仅是针对以同一应收账款叙做多重保理业务时保理人的权利顺位的特别规定，不可产生混淆。

① 深圳前海合作区人民法院《关于审理前海蛇口自贸区内保理合同纠纷案件的裁判指引（试行）》第38条第3项。

② 李宇：《保理合同立法论》，载《法学》2019年第12期。

第七百六十九条 本章没有规定的，适用本编第六章债权转让的有关规定。

【条文主旨】

本条是关于保理合同准用债权转让的技术性规定。

【条文理解】

保理业务的核心是应收账款的转让，本次《民法典》编纂以专章的形式将保理合同典型化的同时，还对合同编第6章“合同的变更和转让部分”对债权转让制度进行了完善，如《民法典》第545条第2款增加了关于“当事人约定金钱债权不得转让的，不得对抗第三人”的规定，专门解决保理业务中关于约定禁止转让的应收账款能否转让这一长期困扰保理行业和司法实践的问题。此外，针对债权让与增加的履行费用承担、从权利的取得、抵销权等问题作出了增加或者修正性的规定，这些制度安排都与保理业务的开展息息相关，应作一体化的理解。

【审判实践中应注意的问题】

在依法确定保理合同当事人权利义务时，除了适用本章规定之外，还应当注意《民法典》合同编第6章关于债权转让的相关规定，以及第一分编关于合同的成立与生效、合同的履行、违约责任等规定。

第十七章　承揽合同

第七百七十条　承揽合同是承揽人按照定作人的要求完成工作，交付工作成果，定作人支付报酬的合同。

承揽包括加工、定作、修理、复制、测试、检验等工作。

【条文主旨】

本条是关于承揽合同的概念和主要种类的规定。

【条文理解】

一、承揽合同的概念和法律特征

承揽合同是承揽人按照定作人的要求完成特定的工作，并将工作成果交付给定作人，定作人接受该工作成果并按照约定向承揽人给付报酬的合同。承揽合同的主体是承揽人和定作人。承揽人是指承揽合同中完成特定工作，交付工作成果并收取相应报酬的人。定作人是指承揽合同中提出工作要求，接受工作成果并支付相应报酬的人。随着科技的进步和发展，社会分工的进一步细化，承揽合同在人们的生产、生活和经济活动中也发挥着越来越重要的作用。承揽合同属于诺成、有偿、双务、非要式合同，具有以下法律特征：

（一）承揽合同是以完成一定工作并交付工作成果为目的

承揽合同中，定作人的目的是获取一定的工作成果，并不仅仅是获得承揽人所提供的劳务本身。承揽人仅提供劳务不意味着义务的完成，必须交付特定的工作成果，将其劳务凝结为一定的工作成果、一定的物，并将之交付给定作人，承揽合同目的才能真正实现。这一特征决定了承揽与雇佣、服务等单纯提供劳务的合同相区别。

（二）承揽合同的标的具有特定性

承揽合同的标的是指应定作人要求，由承揽人所完成的工作成果。该工作成果在合同订立时是不存在的，而必须通过承揽人的承揽行为来完成。无论定作物的最终成果以何种形式体现，都是为了满足定作人的特殊要求，满足定作人在合同订立时的合同目的。进一步理解标的特定性：一是工作要求通常具有特定性，因是按照定作人的要求来完成工作成果，该工作成果有赖于特定承揽人的设备、技能、劳力等完成；二是工作成果属于定作人所有，在提供劳务形成工作成果之后，承揽人通过交付将工作成果所有权归于定作人。如果承揽人完成一定的工作成果，目的是自己取得所有权，性质上不属于承揽合同。

（三）承揽合同具有一定的人身属性

承揽合同中，定作人选择与某一承揽人订立合同，是基于对特定承揽人设备、技能、劳力等的信赖。因而，一方面，承揽人一般必须凭借自身的设备、技能、劳力等完成工作成果并对此承担风险。如果定作人丧失了对承揽人的此种信赖，定作人对承揽合同享有任意解除权。另一方面，承揽人对承揽的工作具有独立性，承揽人以自己的设备、技能、劳力等完成工作，不受定作人指挥或管理，但承揽人不得擅自将承揽的工作交给第三人完成，即使经过定作人同意将承揽的工作的一部分转由第三人完成的，承揽人对第三人的工作也向定作人承担责任。承揽人不能完成定作人所指定的工作成果，就不能向定作人索取报酬。

（四）承揽合同属于诺成、有偿、双务、不要式合同

因双方当事人意思表示一致即可成立，故为诺成合同；无需采用特定形式，因此为不要式合同；合同成立后，承揽人负有按照定作人

的要求完成工作，交付工作成果的义务，而定作人则负有给付报酬的义务，且该两项义务立于对价关系，故为双务合同。同时，承揽人交付工作成果，定作人必须为工作成果支付报酬，因此，承揽合同必须是有偿的。如果约定为无偿，则合同不是承揽合同，有可能属于以劳务为内容的赠与合同或无偿委托合同。

二、承揽合同的种类

依据承揽工作具体内容的不同，承揽合同可以分为各种具体的合同种类。根据本条的规定，承揽合同的种类，主要包括以下六种：

（一）加工合同

加工合同，是指承揽人按照定作人的具体要求，将定作人提供的原材料或半成品，以自己的技能、设备、劳力等，加工制作出成品，定作人接受该成品并支付报酬的合同。加工是承揽的典型形态，是很常见的一种，也称来料加工。比如，服装厂用顾客提供的布料为顾客加工成衣服。通常情况下，加工的标的仅限于动产，一般都是利用他人的动产进行改造而加工成新的动产。特殊情况下，也可能利用他人的动产加工形成不动产。例如，利用他人的建筑材料建成房屋，此种情况亦可属于加工。因为加工的标的仍然是动产，只不过加工成果为不动产而已。但我国《合同法》中将建设工程合同独立出来，所以，此种类型的加工通常应当包括在建设工程合同中。

（二）定作合同

定作合同，是指承揽人按照定作人的具体要求，使用自己的原材料，以自己的技能、设备、劳力等，制作出特定成品，定作人接受该成品并支付报酬的合同，俗称包工包料。例如，服装厂为顾客制作衣物，尽管是由定作人选料，但定作人是在服装厂所有的材料中选取，此种情况下服装厂完成衣物即属于定作。定作和加工的区别就在于原材料的提供者不同。

（三）修理合同

修理合同，是指承揽人按照定作人的要求，将定作人损坏或者发生故障的物品，以自己的技能、设备、劳力等，予以修复并归还给定作人，定作人接受该工作成果并支付报酬的合同。实际生活中，如修理汽车、手表、电器、自行车、鞋等均属于修理合同。

（四）复制合同

复制合同，是指承揽人按照定作人的要求，将定作人提供的样品，以自己的技能、设备、劳力等，重新依样制作成一份或若干份，定作人接受该复制品并支付报酬的合同。复制的方式有多种，可以是翻印、翻拍、翻录，也可以是某种物品的复制，如对文稿的复印、对画稿的临摹、对雕像的模仿塑造，对文物的复制等。

（五）测试合同

测试合同，是指承揽人按照定作人的要求，以自己的技能、设备、劳力等，对定作人指定项目进行测试，并将测试结果交付定作人，定作人接受该工作成果并支付报酬的合同。例如，对房屋抗震性能的测试、对汽车防撞功能的测试等。

（六）检验合同

检验合同，是指承揽人按照定作人的要求，以自己的技能、设备、劳力等，对定作人指定项目进行检验，并将检验结论交付定作人，定作人接受该工作成果并支付报酬的合同。例如，检验某种食品是否符合食品安全标准、检验某种机器设备的运行是否达到一定的技术指标等。

以上六种是日常生产生活中常见的承揽合同种类，但本法所调整的范围不仅限于此。承揽合同在现实经济生活中的适用极为广泛，只要符合本条第1款所定义的合同行为，如印刷、洗染、打字、翻译、拍照、冲卷扩印、广告制作、测绘、鉴定等都应归于承揽合同范畴。

【审判实践中应注意的问题】

因合同定性发生纠纷，一般来说，承揽合同与其他合同是容易区别的，但因法律特征的相似性，承揽与雇佣、承揽与买卖等法律行为在司法实践中是不易区分的。

一、承揽合同与雇佣合同的异同和区分标准

（一）异同

承揽合同和雇佣合同同属劳务供给合同，合同目的的实现均有赖于劳务的供给，且其性质均属诺成、不要式、双务、有偿的合同。实务中，两类合同不易区分。但对雇佣关系和承揽关系的不同认定，不仅会直接导致相应案件中的责任承担者不同，也会直接影响因赔偿义务人的赔偿能力而决定对受害人的损害赔偿能否快速实现。对于劳务者对外实施侵权的情形，如果认定雇佣关系，依据雇主责任理论，应由雇主对外承担责任；认定为承揽关系，原则上则应由承揽人对外承担独立责任，定作人仅在其定作、指示或者选任有过失时，才对因承揽人在完成工作过程中的侵权行为而遭受损害的受害人承担相应的赔偿责任。对于劳务者在工作中因他人的侵权行为而遭受损害的，若认定雇佣关系，雇主也应当承担对雇员的损害赔偿责任；若认定为承揽关系，原则上应由承揽人承担自己的损害。

举例说明：余某自2010年起开始受雇于燕某，二人通过驾驶燕某所有的挖掘机给他人挖土装车获得报酬，一般均由燕某负责在路边拉活，与客户谈好价钱后将挖掘机租给对方使用，并配备司机余某进行作业，完成任务后由燕某与客户现金结账。每月燕某支付余某3500元。2013年6月，王某在其宅基地上建一处民宅，需要一台挖掘机装载渣土，经协商，燕某将挖掘机出租给王某，并配备司机余某，约定1小时100元，油钱由燕某出，若车坏由燕某修，干完结账。某日晚8点，余某进场施工，向米某驾驶的渣土车上装渣土，燕某亦在现场指挥。直到第二日凌晨1时许，已经装了七八车渣土。装载完毕后，余某驾驶挖掘机欲退出施工场地，适逢米某站在渣土车上平整渣土，其间米某被挖掘机的铲斗撞倒，从渣土车上摔下受伤。事发后，米某被送往医院进行救治。出院后，米某起诉燕某和王某共同赔偿医药费、误工费、护理费、住院伙食补助费、营养费、残疾赔偿金、被抚

养人生活费、交通费、精神损害抚慰金、鉴定费等费用。

该案例的重点在于界定燕某、王某与司机余某之间的法律关系，从而正确理解承揽合同与雇佣合同之间的异同。实际生活中，案例中“一人车出租”的现象很常见，往往涉及多方主体，涉及租赁、雇佣、承揽、承发包、义务帮工等多类法律关系。由于法律意识的欠缺，各方在建立法律关系时一般均为口头约定，并无书面协议，约定内容亦不规范。一旦发生事故，因人员伤亡、标的物损坏提起诉讼，往往难以确定赔偿主体。

1. 燕某与司机余某之间形成雇佣关系

立法层面，《最高人民法院关于审理人身损害赔偿案件适用法律若干问题的解释》第9条确立了雇主替代责任制度，《侵权责任法》第35条是对该制度的进一步完善和发展。随着社会不断发展进步，雇主替代责任已成为现代侵权责任法中的一项重要制度。其法理基础是，一方面，雇主与雇员之间具有特定人身、利益关系，雇员系雇主挑选，其行为受雇主意志的支配和约束，雇员从事雇佣活动的行为实际上是雇主行为的延伸，直接为雇主创造经济利益和其他物质利益。雇员在雇佣活动中产生的风险也应当由雇主承担，这与现代民法中利益、风险、责任一致的原则相符。另一方面，从充分保护受害人利益的角度而言，让雇主承担责任，可以使受害人更加及时、充分地获得救济，也可督促雇主尽到遴选雇员的责任和监督职责，避免损害的频发，有利于社会安定。对于雇佣关系来说，雇员在某种程度上隶属于雇主，缺少承揽人的独立性，这一点是雇佣合同与承揽合同最重要的区别。

案例中，燕某与余某之间虽未签订书面劳务合同，但从双方口头约定的内容来看，余某系燕某所雇司机，负责驾驶燕某所有的挖掘机在现场施工，燕某每月给付3500元，可视为双方已经达成口头劳务合同；从人身依附性来看，雇佣法律关系强调的是双方具有特定的人身关系。雇员在受雇期间，根据雇主的意志完成工作，受其监督、服从指示，雇主可以随时干预雇员的工作。余某所使用的作业设备由燕某提供，具体施工的地点、方式、时间均由燕某通过接活予以确定，余某对于工作如何安排并无自主权。从报酬给付情况来看，燕某指示余某到现场施工，余某所获报酬由燕某按月支付。由此可见，燕某与余某之间单独存在明确特定的利益关系，余某为燕某操作挖掘机创造经济利益，燕某向余某支付报酬，余某所进行的施工作业系在燕某监督和约束下的一种从属劳动，二人之间形成雇佣关系。

2. 燕某与王某之间形成承揽关系

承揽合同，属于完成工作、交付成果的合同类型，其标的即当事人权利义务指向的是工作成果，是承揽人按照定作人要求完成并交付的工作成果，而非工作过程或劳务、智力的支出过程，亦非对具体标的物的占有、使用、收益等。案例中，虽然燕某与王某未签订书面合同，但从双方之间的约定及实际履行情况来看，符合承揽合同的法律关系。一是燕某根据王某的要求，按照一定标准将王某所建民宅工地内的渣土装载到渣土车上，在此过程中，对王某来说，燕某以其自带设备、技术和劳力完成王某要求的工作并交付工作成果，司机余某仅对燕某负责，且"油钱自己出、车坏了自己修"，这些情节均符合承揽合同法律关系中的典型特征。虽然施工期间，燕某与其司机余某不可避免地也受现场协调指挥之影响，但仅是为了按照承揽合同完成某项工作，双方所在意的仍然是工作的结果。

综上，两类合同的主要区别如下：（1）承揽合同关注完成一定工作并交付工作成果，提供劳务本身仅为一种手段或过程；雇佣合同只关注提供劳务过程，劳务提供本身即为合同的标的。（2）承揽合同中，承揽人提供劳务，须有结果（工作成果）才有权请求定作人支付报酬，仅有提供劳务的事实尚不得请求报酬；雇佣合同中，受雇人只要依约提供了劳务，即可请求支付报酬，劳务有无结果不影响报酬请求权。这个差别使得承揽人负担的风险要大于受雇人负担的风险。（3）承揽人提供劳务时原则上不受定作人的指挥监督，具有一定的独立性，故其从事承揽事项时侵害他人的权益，定作人原则上不负损害赔偿责任；雇佣关系中，受雇者提供劳务原则上须接受雇主的指挥监督，不具有独立性，故其执行职务时侵害了第三人的权益，一般情况下是由雇主承担侵权责任。（4）承揽关系，法律有条件地允许第三人代承揽人完成辅助工作，甚至主要工作；雇佣关系，受雇者提供劳务以亲自实施为必要。

（二）区分标准

理论上，雇佣合同和承揽合同的区别点是容易总结的，但实际生活的复杂性，根据当事人双方的约定或履行行为仍然不容易区分是雇佣关系还是承揽关系，司法实践中应如何应对呢？

例如，甲雇请无高处作业资质的乙为其提供保洁服务。双方口头约定：乙负责甲美容院房间内的清洁整理并擦拭一至三楼门窗玻璃，劳务费为1000元，两天内完工。乙在擦拭三楼窗户时，未采取防护措施，不慎坠落楼下，为治疗花费了10万元。

又如，李某驾驶自己所有的货车为宋某进行货物运输，宋某每月支付李某基本工资2000元，并约定如果宋某当月要求李某完成的运输量过大，应当额外支付李某500元。某日，宋某安排李某驾驶该车前往A地送水果，在送水果的途中李某驾驶的车辆发生交通事故，致第三人谢某受损害。

以上两个案例就存在较大争议，无论用法律规定还是理论标准，均不能简单区分是雇佣还是承揽。对于前者，实际生活中较为常见，想要在合同类型上作出区分是颇有难度的，从双方约定看不出是针对提供劳务本身，还是要求此种劳务须具有完成特定结果。对于后者，合同约定内容较为复杂，有些内容倾向于认定雇佣关系，有些内容倾向于认定承揽关系，合同内容与法律相关规定并不能一一对应。因此，有必要对两类合同的区分标准作出归纳。

1. 有约定的从约定

此处所谓约定，不仅仅是指合同名称的约定，更重要的是关于合同内容的约定。对于自己的行为，任何个体都享有在法律的框架下自主决定的权利，法律制度的核心任务是确保个体的自由和自主决定权得以实现。民法中的私法自治，重要意义在于承认民事主体基于自由意志作出的意思表示具有法律上的约束力，并对在此基础上形成的私法关系提供法律上的保护，不受不当干涉和强制。因此，如果当事人明确将合同作了定性，如约定了合同名称，或在合同条款中明确使用“雇佣”或“承揽”等字眼，原则上应当从约定。但如果约定的合同名称或用语与合同所确立的权利义务不符，且双方当事人对此存在争议的，应当以合同内容为准。如果当事人订立合同时没有关于合同类型的约定，但事后能够通过协商确定合同类型的，应当遵从当事人的合意。

2. 无约定的依一定的标准

如果当事人既无关于合同类型的约定，也无法在产生纠纷之后经协商一致确定合同类型，应当结合交易习惯、工作性质、控制程度、工作工具、技能要求、工作时间、付酬方式等一系列标准综合判断。

这里，提供美国一些州法院在实践中区分雇佣关系和承揽关系的标准的做法，以期对司法实践具有借鉴意义。主要包括以下几个方面：（1）用人者对劳务工作细节的控制力。用人者的此种控制力越强，越倾向于认定雇佣关系，反之，则更倾向于认定承揽关系。（2）提供劳务者的工作，是否基于严格的职业限制或特定业务。前者倾向于认定雇佣关系，后者倾向于认定承揽关系。（3）劳务工作所需求何种程度的工作技能。提供劳务者欠缺独立工作技能，且在很大程度上需要用人者的帮助，则倾向于认定雇佣关系，反之，提供劳务者独立工作技能越强，越倾向于认定承揽关系。（4）提供劳务者是否为劳务活动提供工作工具、工作地点等。如果提供劳务者从事劳务工作利用的是用人者提供的工作地点、工具等，通常倾向于认定雇佣关系，反之，如果提供劳务者从事劳务工作利用的是自己提供的工作地点、工具等，则倾向于认定承揽关系。（5）劳务工作有无时间长度限定。如果提供劳务者完成劳务工作并不限于确定的时长，则倾向于认定雇佣关系；如果提供劳务者完成工作限于事先约定的确定时长，则更倾向于认定承揽关系。（6）付酬标准是依据工作时间还是工作成果。如果提供劳务者获得酬劳的依据是其工作时间，通常倾向于认定雇佣关系，如果提供劳务者获得酬劳的依据是特定的工作成果，则更倾向于认定承揽关系。（7）提供劳务者是否根据用人者通常的业务范围例行公事地完成其工作。如果是，通常倾向于认定雇佣关系，反之，则倾向于认定承揽关系。

总之，从我国社会生活实际出发，人民法院可以综合分析下列因素，结合案件具体情况予以认定：（1）当事人之间是否存在控制、支配和从属关系；（2）是否由一方指定工作场所、提供劳动工具或设备、限定工作时间；（3）是定期给付劳动报酬还是一次性结算劳动报酬；（4）是继续性提供劳务，还是一次性提供劳动成果；（5）当事人一方所提供的劳动是其独立的业务或者经营活动，还是构成合同相对方的业务或者经营活动的组成部分。上述标准之（1）理论上被称为控制标准，（4）被称为契约形态标准，（5）被称为组织标准。如当事人之间存在控制、支配和从属关系，由一方指定工作场所，提供劳动工具或设备，限定工作时间，定期给付劳动报酬，所提供的劳动是接受劳务一方生产经营活动的组成部分的，可以认定为雇佣。反之，则应当认定为承揽。

通过以上标准，在甲雇佣乙提供保洁服务的案例中，从劳动工具的提供、高空擦玻璃工作性质的特定、甲对工作细节控制弱、按照工作成果支付报酬、对完成工作有确定时长要求几方面分析，可以看出，几个标准均指向承揽关系。故该合同应属承揽合同。在李某为宋某运货的案例中，宋某定期支付李某报酬，李某虽是使用自己的车辆进行工作，但对于货物运输工作的完成，送什么货、工作地点等，李某独立性不强，其所提供的劳动是宋某生产经营活动的组成部分。因此该合同认定为雇佣合同更为适当。

二、承揽合同与买卖合同的区分

《民事诉讼法》规定，因合同纠纷提起的诉讼，由被告所在地或者合同履行地人民法院管辖。买卖合同的履行地为标的物的交付地，承揽合同的履行地为标的物的生产制作地，通常为承揽人住所地。由于决定买卖合同和承揽合同履行地的标准不同，合同的定性会影响案件的管辖，当事人往往主张有利于自己管辖的合同性质。因此在司法实践中，承揽合同与买卖合同是引起管辖权异议和管辖权争议最多的案件类型之一。确定合同的性质还会影响法律的适用，如承揽合同的定作人有合同的任意解除权，而买卖合同的买方则不享有。承揽合同的承揽人未经定作人同意不得将主要任务转交第三人完成，而买卖合同的出卖人无需自己生产制作标的物。由于定性决定当事人的权利义务，因而实践中对某一合同的定性，当事人也常各执己见。

尤其是定作合同与预先定货的买卖合同难以区分。所谓定作合同，是指承揽人按照定作人的要求以自己的物料制成成品或半成品并交付给定作人的合同。而预先定货的买卖合同是买方在标的物生产出来之前与卖方签订合同待卖方将标的物生产出来之后再交给买方的合同。两种合同的共同点如下：（1）合同都是在标的物生产出来之前签订；（2）标的物都是按照一方的要求生产；（3）标的物所需的原料都由生产方自备。正是由于二者存在这些共同点，实践中很难把二者区分开。

例如，某油脂生产公司甲公司与某设备制造公司乙公司签订一份《合同书》，约定甲公司购买乙公司粮油生产设备一套，设备由乙公司运送到甲公司工地，并负责安装、调试。合同对设备的质量标准和产量等也作了约定。乙公司将设备运至甲公司的工地，进行了安装调试，因设备质量问题双方产生纠纷。甲公司拖欠乙公司部分设备款至今未付。在本案例中，双方签订的合同是属于原材料由承揽人提供的承揽合同，还是买卖合同，从形式上看是不好区分的，两者都发生标的物的转移，容易混淆。

然而，承揽合同与买卖合同毕竟是性质不同的两类合同，双方当事人的权利义务内容均有不同。两者的主要区别在于以下几个方面：

（一）签订合同的目的不同

买卖合同在订立时是以发生标的物所有权的转移为目的，而承揽合同在订立时是以获得特定的工作成果为目的。在买卖合同中，出卖人的主要义务是转移标的物所有权；而在承揽合同中，承揽人的主要义务是按照定作人的要求进行制作加工、完成并交付特定工作成果，转移标的物所有权只是完成工作成果后的一种从属义务。

（二）标的物是否具有特定性

买卖合同的标的物一般是种类物，具有通用性，一般有国家或行业标准；而承揽合同的标的物则是按照定作人的特殊要求、为满足定作人的特殊需要专门制作的，往往具有特殊用途，具有特定性，通常只能为定作人所使用，不能在市场上流通，即使能够在市场上买卖，也会失去其应有的价值。

（三）承揽合同具有较强的人身性

在承揽合同中，定作人为了获得特定的工作成果，往往会对承揽人的资质能力、技术水平、设备条件非常关心。除非当事人另有约定，承揽人应当以自己的设备、技术和劳力，完成主要工作。承揽人将其承揽的主要工作交由第三人完成的，应当就该第三人完成的工作成果向定作人负责；未经定作人同意的，定作人可以解除合同，而买卖合同则无此种要求，买受人主要关注的是取得标的物的所有权，对标的物的制作人、制作条件、制作过程并不关心。

（四）定作人对产品生产过程有一定的控制力

承揽人负有接受定作人监督检查的义务，承揽人提供材料的，承揽人应当按照约定选用材料，并接受定作人检验。买卖合同一般无此种要求，买受人一般只需对交付的标的物是否符合其质量要求进行检验，而不具有对产品生产过程进行监督检查的权利。

（五）承揽人对承揽工作承担保密义务

承揽人应当按照定作人的要求保守秘密，未经定作人许可，不得留存复制品或者技术资料。买卖合同一般并不包含此种规定。

（六）合同价款的性质不同

买卖合同中约定的价款是标的物本身的价值，而承揽合同中约定的价款是对承揽人完成特定工作成果后支付的劳动报酬。

实践中，区分定作合同和买卖合同并不容易，应结合以上几个方面综合认定。

另外，还应当注意以下情形：

第一，合同名称与内容不一致的情形。由于当事人对合同性质并不十分了解，往往以买卖合同、购销合同或者采购合同的名称签订实质内容为承揽关系的合同。此时应根据《最高人民法院关于经济合同的名称与内容不一致时如何确定管辖权问题的批复》（法复〔1996〕16号）来具体判断，如果合同约定的权利义务内容与名称不一致的，应当以该合同约定的权利义务内容确定合同的性质，从而确定合同的履行地和法院的管辖权。

第二，根据合同约定的权利义务内容难以区分合同性质情形。（1）关于定作物是特定物问题，不仅定作合同有图纸、规格与型号问题，即使买卖合同也同样具有这方面的要求，否则合同标的物就无法确定，另外买卖合同的履行过程也是标的物的特定化过程。所谓满足定作人"特殊要求"问题，实难把握，因为"特殊"是相对的，只要与别人的要求不同，都可以说是"特殊要求"。所谓标的物不是承揽方"常规"生产的产品问题，也不好把握，"常规"既有相对性问题，也存在举证困难问题。（2）关于标的物是专用产品问题，其实定作合同的标的物也并非全是专用产品。如某人定作西服，除非该人是特体，否则他解除合同后，该套西服仍可卖给他人。另外，买卖合同的标的物也并非全都是通用产品，专用产品比比皆是。此时，判断某一合同是承揽合同还是买卖合同，就要从合同的目的上进行判断。如果合同所使用的概念是"买卖合同"或相类似概念，如"购销合同"，则应将合同定性为买卖合同。反之，如果使用的是"承揽合同"或类似的概念"定作合同"等，则应将合同定性为承揽合同。之所以在此情况下不以合同的权利义务内容定性，是因为从权利义务上不能作出判断，无法探知当事人的内心真实意思，而合同所使用的概念才是当事人真实意思的流露。但如果从合同内容能够区分，则应依合同内容认定合同性质。如果合同名称和条款所使用的概念前后不一致，则以出现频率较高的概念定性。此时不是简单地以合同的条款否定合同的名称，因为此时条款的价值也在于概念，其效力并不优越于名称所使用的概念。如果从合同所使用的概念上仍不能确定合同的性质，法官则应结合案件各方面的事实，探求当事人的真意，根据双方之间的交易习惯，从而作出判断。

综上，在甲公司购买乙公司粮油生产设备案例中，根据双方当事人签订的《合同书》，乙公司按照甲公司的特定要求，为其设计、制造、安装、调试三个车间生产线，该合同属于完成特定工作成果的合同，合同订立是以获得特定的工作成果为目的，符合承揽合同的法律特征。

第七百七十一条　承揽合同的内容一般包括承揽的标的、数量、质量、报酬，承揽方式，材料的提供，履行期限，验收标准和方法等条款。

【条文主旨】

本条是关于承揽合同的内容的规定。

【条文理解】

合同的内容，是指合同的主要条款。本条规定了承揽合同应包括的一般条款，没有标明是必须具备的条款。也就是说，承揽合同不是一定要具备这些条款，当事人在订立合同时可以根据合同性质和双方的需要对上述规定的条款进行增减。

根据本条规定，承揽合同应具备以下主要条款：

标的条款。承揽的标的，是指承揽合同确定的权利义务所指向的对象，具体说，即承揽人按照定作人要求所应完成的工作成果。由于承揽的标的关系到承揽人如何具体履行合同，所以，承揽合同的标的是合同的必要条款，当事人必须在合同中明确标的的名称或者工作所针对的具体事项，使标的特定化，以明确双方当事人权利义务的对象。如果双方当事人未约定承揽标的或者约定不明确的，承揽合同中权利义务无所指向，承揽合同不成立。

数量条款。承揽的数量，是指承揽人应当完成的工作量。数量也是承揽合同的必备条款之一，当事人未明确标的数量的，承揽合同不成立。当事人在承揽合同中约定订立数量条款时，一般应确定双方认可的计算方法、计量单位，还可以规定合理的磅差或者尾差等。

质量条款。承揽的质量，是指承揽人完成工作成果的标准程度。当事人应在承揽合同中明确工作成果的质量要求和技术标准，质量条款应当规范、详细，包括技术指标、规格、性能、型号、款式等都要明确。质量要求，可以以样货标准确定，可以以标准市货确定，可以约定特定标准，可以以货物平均品质为根据确定，可以以说明书的标准确定。

报酬条款。承揽的报酬，是指承揽人按要求完成工作并交付定作人工作成果后，定作人应支付给承揽人的酬金。报酬是承揽合同中的主要条款，当事人在订立合同时应当明确报酬。当事人可以约定报酬的具体数额，也可以约定报酬的计算方法。

承揽方式条款。承揽方式，是指承揽人为完成定作人所要求工作而采取的具体方式。如双方约定是以手工方式还是以机器生产方式等。

材料的提供条款。材料的提供，是指完成承揽工作所需材料提供的相关内容，包括由哪一方当事人提供材料，材料的规格、数量、质量，材料提供的时间、地点、方式等。

履行期限条款。履行期限，是指双方当事人履行各自义务的时间，对承揽人而言，是指承揽人完成工作、交付工作成果的时间；对定作人而言，是指定作人支付报酬或者其他价款的时间。

验收标准条款。验收标准，是指定作人对承揽人提交的材料、工作成果质量进行检验收取的标准。验收标准，关系到当事人订立承揽合同目的的实现。

验收方法条款。验收方法，是指定作人对承揽人提交的材料、工作成果质量进行检验收取的方法。验收方法，关系到材料、工作成果是否符合约定质量。

【审判实践中应注意的问题】

承揽合同的一般条款，对当事人来说属于提示性条款，当事人可以有选择地将上述内容订入合同，也可以在上述条款之外拟定认为必要的内容。同时，承揽合同是诺成、非要式合同，订立合同可采取口头形式、书面形式或其他形式。因此，在诉讼中很容易出现合同中未约定某些条款，或约定不明的情形。

一、报酬条款约定不明的处理原则

如果在合同生效后，当事人就报酬没有约定或者约定不明确的，当事人可以协议补充；不能达成补充协议的，按照合同有关条款或者交易习惯确定；仍不能确定的，按照订立合同时履行地的市场价格履行，有政府定价的，按政府定价履行。

二、履行期限条款约定不明的处理原则

承揽合同通常规定当事人履行义务的期限包括三个方面：一是履行义务的开始期限，即承揽人着手工作的期限；二是履行义务的中间期限，即局部完成任务或部分交付工作成果的期限；三是履行义务的终了期限，即全部完成任务或最后交付工作成果的期限。在具体的承揽合同中，关于承揽人交付成果的时间，尤其是像建设工程、船舶的制造合同等，一般应规定明确的交付时间，但如果没有明确规定的，应该根据工作的性质和交易习惯来确定履行期限。例如，要求别人代为打印书稿，则应该在书稿打印完成之时，作为履行交付的期限；要求他人粉刷楼体及墙壁，不需要特别交付，以完成工作成果的时间为交付时间。关于交付工作成果日期的计算，如果没有约定的，承揽人自备运输工具送交定作物的，以定作人接收的戳记日期为准；委托运输部门运输的，以发运定作物时承运部门签发戳记的日期为准；自提定作物的，以承揽人通知的提取日期为准，但承揽人在发出提取定作物的通知中，必须留给定作人以必要的途中时间。关于根据合同性质或者交易习惯仍不能确定支付报酬期限的，承揽人交付工作成果的时间为定作人支付报酬的时间；由定作人支付材料费或者其他费用的期限，当事人未约定或者约定不明确的，以支付报酬的时间为支付材料

费或者其他费用的时间。

三、材料提供条款约定不明的处理原则

材料是指完成承揽工作所需的原料。当事人可以在合同中约定由承揽人或者由定作人提供材料，由承揽人提供材料的，承揽人应当按照约定的规格、数量和质量选用材料，并接受定作人的检验；由定作人提供材料的，也应当在合同中明确规定材料的规格、数量、质量以及原材料的正常损耗定额、供料日期、供料方式等，承揽人应对定作人提供的材料及时检验，若不符合约定要求的，应及时通知定作人更换、补齐或者采取其他补救措施。承揽人对定作人提供的材料不得擅自更换，不得更换不需要修理的零部件。如果合同中未约定由哪一方提供材料或者约定不明的，当事人可以补充协议；不能达成补充协议的，按照合同有关条款或者交易习惯确定，仍不能确定的，一般由承揽人提供，承揽人根据定作人对工作的要求和合同性质，合理地按质按量选用材料，定作人应当支付材料费。在确定材料提供方的基础上，如果未明确材料提供的时间，由承揽人提供材料的，承揽人根据履行期限合理地准备材料；如果由定作人提供材料的，承揽人可以根据履行期限，要求定作人及时提供。交付材料地点不明确的，一般在承揽人工作地点交付。材料数量不明确的，由当事人根据承揽工作的要求合理提供。材料质量不明确的，由当事人根据承揽工作的性质确定。

四、验收标准和方法条款约定不明的处理原则

承揽人如约履行合同后，在交付其完成的工作成果时，定作人都要进行验收，原则上验收标准和方法在合同中必须明确、具体地规定。定作人验收前，承揽人应当向定作人提交必需的技术资料和由有关质量证明。对某些定作物或项目在短期内检验难以发现存在质量缺陷的，双方还可以在合同中约定一定的保质期限，除因定作人使用和保管不当等情形之外，由承揽人负责修复或退换。如果对验收标准和

方法未约定或者约定不明确的，可以通过合同的相关条款或者交易习惯予以确定。如既不能通过当事人协商达成补充协议，又不能按照合同的有关条款或者交易习惯确定，可以按照同类产品或者同类服务的市场通常质量标准和方法验收。

第七百七十二条 **承揽人应当以自己的设备、技术和劳力，完成主要工作，但是当事人另有约定的除外。**

承揽人将其承揽的主要工作交由第三人完成的，应当就该第三人完成的工作成果向定作人负责；未经定作人同意的，定作人也可以解除合同。

【条文主旨】

本条是关于承揽的主要工作完成主体要求及责任承担的规定。

【条文理解】

承揽合同的本质特点决定了该合同是建立在定作人对承揽人的工作能力和条件完全信任的基础上，承揽人设备、技术和劳力是决定其工作能力的重要因素，也是定作人选择该承揽人完成工作的决定性因素。因此承揽人应当以自己的设备、技术和劳力，完成主要工作。根据本条的规定，对于承揽人完成承揽主要工作的义务，应当从两方面进行理解：

一、承揽人亲自完成主要工作是法定义务

第一，承揽人应当以自己的设备、技术和劳力完成主要工作。这里的“设备”，是指承揽人进行工作所使用的工具；“技术”，是指承揽人进行工作所需的技能，包括专业知识、经验等；“劳力”，是指承揽人完成工作需要付出的劳动力。“主要工作”，是指工作的主要部分，首先是指对定作物的质量起决定性作用的部分；如果定作物为一般人均可完成的工作，质量要求在承揽工作中不起决定性作用，主要

部分应理解为数量上的大部分。

第二，承揽人应当以自己的设备、技术和劳力完成主要工作，是法律的原则性要求，即原则上承揽人都应当独立完成主要工作。这是基于承揽合同的法律特征，承揽合同中的承揽人，是定作人的特别选择，承揽合同的标的具有特定性，是按照定作人特定要求，承揽人通过自己与众不同的劳动技能而完成的。否则，定作人就可以从市场上任意购买其所需的标的物，而不必通过订立承揽合同来获取工作成果。

第三，基于民法上意思自治基本原则，承揽关系尊重当事人的约定。在当事人协商一致情况下，不仅承揽的主要工作，而且承揽的所有工作，都可以由承揽人完成；承揽人也可以将承揽的主要工作交由第三人完成，例如，对于送修的汽车，修理厂可与车主协商并经车主同意后，可将汽车送到另一修理厂修理。

二、承揽人违反主要工作亲自完成义务的法律责任

承揽人承担亲自完成主要工作义务的情形有两种：一是承揽合同中已明确约定，承揽人需亲自完成主要工作；二是承揽合同中对此未作明确约定，承揽人也应亲自完成主要工作。在此两种情形下，承揽人若未亲自为这一义务，即构成违约，此时，定作人可以选择两种方式要求承揽人承担合同责任。一种是通知承揽人解除合同，法律赋予定作人解除合同选择权，是基于承揽合同是基于定作人对承揽人有特别的人身信任，如果该承揽人不亲自履行合同，就无法实现定作人订约的目的，那么因解除合同给定作人造成损失的，定作人也可以要求承揽人承担损害赔偿责任。如甲向知名服装公司乙公司定作一批西装，乙公司在未经甲同意情况下，将该批服装交由其他服装公司制作，虽然完成服装的质量与乙公司的无太大差别，但甲订约目的之一是乙公司的知名度，因此甲以该批服装非乙公司完成为由，可以解除该承揽合同。另一种是定作人可以要求承揽人对第三人完成的工作成果承担相关责任。定作人已知主要工作是承揽人交由第三人完成，但

未要求解除合同，则视为定作人同意承揽人将主要工作交由第三人完成的行为。但承揽合同的当事人仍然是定作人与承揽人，定作人与第三人不存在承揽合同关系，根据合同相对性原则，承揽合同的义务人依然是承揽人，承揽人应当对义务履行的情况向定作人负责，应就第三人完成的工作成果向定作人负责。例如，第三人未按照约定时间完成工作的，承揽人应当向定作人承担违约责任；交付的工作成果不符合约定的质量的，承揽人应当按照定作人的要求重作、修理、更换或者赔偿损失等；交付的工作成果不符合约定的数量的，承揽人应当按照定作人的要求在合理的期限内补齐，并赔偿定作人因此受到的损失。

【审判实践中应注意的问题】

学理上将本条规定的承揽形式也称作原承揽，与之相应，《民法典》第773条规定的承揽形式为次承揽，学理上作出原承揽和次承揽这样一种分类方法，通过对两种承揽类型的比较，对于审判实践中承揽性质的认定具有一定的指导意义。

有关原承揽的法律特征和法律责任在上述条文理解中作了一些分析，有关实务中应注意的问题将在第773条作统一阐述。

第七百七十三条　承揽人可以将其承揽的辅助工作交由第三人完成。承揽人将其承揽的辅助工作交由第三人完成的，应当就该第三人完成的工作成果向定作人负责。

【条文主旨】

本条是关于承揽的辅助工作完成主体要求及责任承担的规定。

【条文理解】

本条中的“辅助工作”，是相对于前一条规定中“主要工作”而言的，是指承揽工作中主要工作之外的部分，凡主要工作以外的工作，都可以被认为是辅助工作。

根据前条规定，承揽的主要工作原则上应当由承揽人亲自完成，因主要工作关系到定作人订立承揽合同目的的实现，可以是对工作成果的质量起决定性作用的部分，也可以是占工作成果大部分数量的工作。但辅助工作与主要工作不同，对定作人实现其订立承揽合同的目的不会产生决定性影响，因此不必要求一定要由承揽人亲自完成。

本条规定内容，可以从以下两个方面进行理解：

一、完成承揽的辅助工作的主体要求

一是承揽人。承揽人在亲自完成主要工作的同时，也可以完成全部或者部分辅助工作。

二是第三人。辅助工作对工作成果的整体质量没有太大的影响，所以，承揽人可以将其承揽工作中的辅助工作交由第三人完成，并无

需经定作人同意。虽然承揽人可以根据工作需要，自行决定将辅助工作交由第三人完成，但是承揽人应当根据诚信原则，认真考察第三人的工作能力，合理地选择第三人。确定第三人后，如果第三人同意完成该部分工作的，承揽人应当将定作人对工作的要求或者是合同中的质量、数量、交付期限的约定如实告知第三人，第三人应当根据承揽人提供的情况，保质保量地按时完成工作。承揽人应当保证第三人完成的工作成果符合定作人的要求。

二、承揽的辅助工作交由第三人完成的责任承担

承揽人将辅助工作交由第三人完成，实际是将其部分合同义务交由第三人履行，但承揽人仍是承揽合同的当事人，承揽人仍然应当对自己所负义务承担责任，因此，承揽人应当就该第三人完成的工作成果向定作人负责，也就是说，承揽人对其所承揽工作的完成应承担全部的责任，第三人完成的工作如果不符合定作人的要求，承揽人应当向定作人承担违约责任。如第三人未及时完成工作致使工作成果迟延交付的，承揽人应当承担迟延交付的违约责任；第三人完成的工作质量不符合要求的，承揽人应当负责重作、修理、退换，并赔偿因此给定作人造成的损失；第三人完成的工作数量不足的，由承揽人负责补齐，并赔偿因此给定作人造成的损失。由于第三人的工作给定作人造成其他损失的，也应由承揽人承担损害赔偿责任。

从尊重当事人意思自治出发，当事人也可以就辅助工作进行约定，一般有三种情况。一是承揽合同约定了承揽工作必须全部由承揽人独自完成的，承揽人便不得将辅助工作交由第三人完成。二是承揽合同约定承揽人可以将辅助工作交由第三人完成，承揽人仅对其完成的主要工作负责，由第三人对其完成的辅助工作负责。履行合同过程中，承揽人将辅助工作交由第三人完成的，应当通知定作人并取得定作人同意。当第三人工作不符合约定的，定作人只能要求第三人承担违约责任，承揽人根据约定对此可不承担责任。三是承揽合同中约定，承揽人将辅助工作交由第三人完成，承揽人与第三人对由第三人

完成的辅助工作向定作人承担连带责任。承揽人在将辅助工作交由第三人完成时，应当与第三人约定，就该辅助工作向定作人承担连带责任。承揽人与第三人未作此约定的，承揽人应当对第三人的工作向定作人承担责任。

【审判实践中应注意的问题】

一、关于原承揽和次承揽的区别

所谓次承揽合同，简称次承揽，也叫再承揽，是指承揽合同中的承揽人自己为定作人，让他人承揽原应由自己所承揽工作的全部或者一部分并支付报酬的承揽合同。次承揽类似于租赁合同的转租、承包合同的转包行为。相对于次承揽合同而言，承揽人与定作人签订的承揽合同叫做原承揽合同。原承揽合同中，承揽人独立完成工作，并不转包给他人。根据本法第772条和第773条规定，要求承揽人独立完成承揽工作，但并不禁止转承揽。经过定作人的同意，承揽人可以将其承揽的主要工作转交给第三人，或者承揽人自行决定将承揽的辅助工作交给第三人完成。在此情况下，就形成了次承揽。关于这两种承揽，应当注意区别以下几方面：第一，本法第772条第1款关于“承揽人应当以自己的设备、技术和劳力，完成主要工作，但是当事人另有约定的除外”的规定，表明承揽是以承揽人亲自完成为原则，以当事人另有约定为例外。说明原承揽是承揽活动的常态，次承揽属于特殊情形。通常情况下，定作人都是基于对特定承揽人的信任订立合同的，自然也应当由承揽人亲自完成工作。第二，原承揽是承揽人和定作人之间的协议。而次承揽原则上限于辅助工作的完成，此时，不需要定作人的同意；但如果对主要工作发生次承揽，则必须经过定作人的同意。第三，根据本法第772条第2款关于“承揽人将其承揽的主要工作交由第三人完成的，应当就该第三人完成的工作成果向定作人负责；未经定作人同意的，定作人也可以解除合同”的规定，即宣示了原承揽与次承揽为两个独立的合同，次承揽合同的成立与否、效力如何，与原承揽合同无关。如次承揽合同不成立或无效，不影响原承揽合同的效力。承揽合同的当事人包括定作人和承揽人双方。次承揽合同的当事人则是承揽人和次承揽人，基于合同的相对性，次承揽人与原定作人之间不发生权利义务关系，原定作人无权请求次承揽人完成一定的工作并交付工作成果，次承揽人对原定作人也无报酬请求权。应当注意，次承揽在最终利益归属上仍然是完成定作人的工作，因而次承揽工作的完成需要定作人协助的，定作人有配合和协助义务。

二、关于承揽合同中主要工作与辅助工作的区分

承揽关系中，无论承揽人将承揽工作的全部或一部分交由第三人完成的工作是主要工作还是辅助工作，承揽人均需就该第三人完成的工作成果向定作人负责。但同时规定，对于主要工作发生次承揽，必须经过定作人的同意；对于辅助工作发生次承揽，则不需要定作人的同意。根据本法合同编关于合同的变更和转让的规定，债务人转移债务的，应当经债权人同意，但根据本条规定，承揽人将辅助工作交由第三人完成的，可以不必征得定作人同意，这样的规定符合承揽工作的一般交易习惯。但如何准确界定“主要工作”和“辅助工作”，在审判实务中有一定难度。一般来说，主要工作，是指完成承揽合同约定任务中的主体性的、基础性的或者说大部分的工作。如果对定作物技术要求高的，主要工作是指有决定作用的工作部分或者核心工作。根据合同性质不同，它有时指承揽工作的核心部分，如定作汽车，制造发动机为主要工作；有时指承揽工作中完成难度较大的部分，如定作电脑，制作主板为主要工作。如果对定作物的技术要求不高，主要工作应是指数量上的大部分，如定作一批信封，印刷大部分信封为主要工作。总体来说，从第772条关于“承揽人应当以自己的设备、技术和劳力，完成主要工作，但是当事人另有约定的除外”的规定来看，承揽工作中主要部分直接与承揽人的设备、技术、能力相关。辅

助工作是相对于主要工作而言的，一般而言，辅助工作只是对主要工作起协助和完善性质的工作，其并不构成承揽工作的主要内容，但是可以协助承揽工作的完成。例如，定作玉饰的承揽合同，将玉石进行雕刻制成定作人要求式样的首饰，是主要工作，切割大块玉石、雕刻完成后抛光是辅助工作。例如，订制服装合同，量体裁剪和整体缝制是承揽人的主要工作，锁边、缝扣子、熨烫就是其辅助性工作。

第七百七十四条 **承揽人提供材料的，应当按照约定选用材料，并接受定作人检验。**

【条文主旨】

本条是关于承揽人提供材料时所负义务的规定。

【条文理解】

材料，一般是指人类用于制造物品、器件、构件、机器或其他产品的物质。承揽合同中的材料，则是指承揽人完成承揽工作所需的原材料。作为一大类合同的总称，承揽合同是承揽人按照定作人的要求完成工作并交付工作成果，由定作人支付报酬的合同类型。因此承揽合同中，材料的选定直接关系到承揽合同能否顺利履行，对承揽合同双方的权利义务影响巨大，应由法律加以规制。但在承揽合同中，究竟应当由哪一方提供材料，我国法律并未作出明确规定，在承揽人提供材料时，考虑到材料的使用直接关系到定作人收取工作成果的数量与质量，但定作人并不直接控制材料的选用的情况下，本法对承揽人提供材料时所负的主要义务作出了明确规定。

正确理解本条规定，应当注意以下几个方面：

一、承揽人提供材料的依据

承揽工作一般包括加工、定作、修理、复制、测试、检验等工作。通常认为，加工是指由定作人提供材料，而定作是指由承揽人提供材料，而修理、复制、测试、检验等，既可由定作人提供材料，也可由承揽人提供材料。但这些规则并不具有强制性，根据意思自治的原则，承揽合同双方可以自行约定由哪一方提供材料，如果当事人未作约定或者约定不明，又不能达成补充协议的，可以按照承揽合同的有关条款或者双方交易习惯加以确定。

如通过以上方式仍不能确定由谁提供材料的，应当由哪一方提供材料，学界存在不同观点。一种观点认为，双方无法确定由哪一方提供材料的，一般应由承揽人提供。这是因为，承揽法律关系的本质是合同关系，合同约定的承揽工作是由承揽人实际完成，由承揽人提供材料，更便于承揽人完成工作任务，更加符合合同法追求效率和鼓励交易的价值取向。从比较法的角度看，如意大利、瑞士、葡萄牙等诸多国家民法均采取由承揽人提供材料的立法模式。另一种观点认为，在当事人没有明确约定的情况下，应当由定作人提供材料。这是因为，在承揽合同中，承揽人是按照定作人的要求完成工作并交付工作成果，承揽人所提供的主要是一种服务，在当事人没有约定时，定作人有义务提供材料，这与其最后获得工作成果的所有权保持一致。并且，由定作人提供材料，可以更加有效地区分承揽合同与买卖合同，避免因工作成果的归属引发纠纷。在比较法上，奥地利民法也采取此种立法模式。[①]

我们认为，依照本法相关规定，“材料的提供”属于承揽合同的主要条款，合同的主要条款是合同必须具备的条款，由法律规定的合同主要条款，不仅决定合同类型，还确定着当事人各方权利、义务的质与量。[②]双方在订立合同时未就哪一方提供材料作出明确约定的，事后亦不能达成补充协议的，可能导致承揽合同不成立，应当视为缔约中的过失。因为承揽人是按照定作人的要求完成承揽工作，使用什么材料完成工作也应由符合定作人的要求，定作人应当对确定材料符合合同要求承担义务。如果双方未就材料的提供达成约定，定作人应负主要过错。因此，如果确实无法通过合同或者交易习惯确定由谁提供材料的，应当由定作人提供材料。换言之，承揽人提供材料的，应

① 参见《奥地利民法典》第1166条的规定。

② 参见崔建远：《合同法总论》（上卷），中国人民大学出版社2011年版，第219页。

当符合双方约定，或者符合交易习惯，否则应当由定作人提供材料。

二、承揽人应按照约定选用材料

承揽人应按照合同约定选用材料，是指承揽人有义务确保其选用的材料，符合适当履行承揽合同的要求，使完成后的工作成果符合承揽合同的约定。对于承揽人是否按照合同约定选用材料，应从承揽人提供材料的方式和性质加以确定。

（一）承揽人提供材料的方式

如果依据合同约定或者交易习惯，由承揽人提供材料的，承揽人提供材料的具体方式，可能会对其履行承揽合同，顺利完成承揽工作造成影响，建议承揽合同双方对承揽人提供材料的方式作出明确。

承揽人提供材料的方式主要包括其提供材料的时间、地点、数量等，为明确承揽人提供材料的方式，承揽合同双方可就承揽人提供材料的时间、地点、数量作出明确约定，承揽人应当按照约定的时间、地点和数量提供完成承揽工作的材料。

如果双方对提供材料的时间、地点、数量没有作出明确约定或者约定不明的，可由承揽人区分不同情况分别自行加以处理：如关于材料提供时间不明确的，承揽人应在合同履行期限内，依照承揽工作性质合理地准备材料；如关于交付材料地点不明确的，一般是在承揽人的工作地点交付；如关于提供材料数量不明确的，由承揽人根据通常情况下完成该类工作成果所需的工作量，合理地确定材料的数量。

承揽人没有合法事由，未按双方合同约定或者依据合同能够确定的合理方式提供材料，给定作人造成损失的，应当承担赔偿责任。

（二）承揽人提供材料的性质

在确定材料由承揽人提供的基础上，因承揽人提供材料的性质与承揽工作成果的数量和质量直接相关，承揽合同双方还应对材料本身的性质作出明确，具体包括材料的规格、型号、品牌、质量要求等。具体可由双方作出约定，如果双方对约定的内容理解不一致的，应当依照合同订立时双方的真实意思表示。如果双方没有约定或者约定不明确的，承揽人提供材料时，应当按照根据定作人对工作成果的质量要求选用材料。定作人对工作成果的质量未有特别要求的，承揽人应当根据价款数额的大小以及工作性质，合理确定质量标准，合理选用材料。根据以上条件仍不能确定材料质量的，承揽人应当按照通常标准准备材料。

关于选用材料违反质量标准的责任而言，依比较法的观点，多数国家认为，承揽人对选用的材料应当承担类似于物的瑕疵担保责任。虽然物的瑕疵担保责任多用于描述交付的工作成果，但日本等国家的审判实践中，也有直接以承揽人没有实施某工法（即提供服务）直接作为瑕疵担保中的瑕疵看待。承揽人以次充好或者故意隐瞒材料瑕疵而造成工作成果质量不符合约定的，应当承担违约责任，定作人有权要求重作、修理、减少价款。如果因承揽人提供材料导致定作人订立承揽合同的目的落空的，定作人可以请求解除合同。

三、承揽人选定的材料应当接受定作人的检验

承揽人提供材料时，对于承揽人自行选定的材料，应当接受定作人的检验。承揽人将其选定的材料交由定作人检验，目的是为了检查承揽人提供的材料是否符合合同对于材料质量、外观、强度等方面的要求，是否能够满足承揽人顺利完成合同约定的承揽工作。因此，将选定的材料交由定作人检验，是承揽人应当履行的法定义务，即便双方的承揽合同对于定作人的检验并未作出约定，亦不能免除承揽人将材料提交定作人检验的义务。

（一）承揽人提交检验的程序

承揽人应在承揽工作开始前，将其准备好的材料交由定作人检验。所谓的承揽工作开始前，是指承揽人使用该材料具体完成合同所约定的承揽工作之前，如承揽人未在承揽工作开始前将准备好的材料提交定作人检验，对于已完工的部分，定作人又无法对材料进行补充检验的，除非承揽人能够提供证据证明其使用材料符合合同约定，否则应当视为承揽人提供的这部分材料没有通过检验，不符合约定的标

准，承揽人应当承担相应责任。除非合同已有明确约定，承揽人并不必要同时提供完成承揽工作的所有材料供定作人检验，承揽人可以在开始完成该部分工作内容前，将完成该部分承揽工作所需的材料提供给定作人检验。

承揽人提交检验的，应在选定材料后及时通知定作人，并应当同时提供与材料相关的发票等凭证或者规格、型号、数量和质量等说明文件，便于定作人对比了解相关信息。定作人接到通知之后，应当认真查看承揽人提供的材料以及有关文件，及时检验承揽人选定的材料。因定作人未及时检验导致工期延误的，承揽人可以要求顺延工期，如造成承揽人的其他损失的，承揽人还可以要求定作人赔偿。定作人在接到通知后，可以自行对承揽人提供的材料进行检验，也可以交由第三方完成检验，但均应在合理时间内完成。如定作人在合理期限内未完成对材料的检验的，应当视为承揽人提供的材料符合要求，定作人不得再对该材料提出质量方面的异议。定作人完成检验后，应当将检验情况及时告知承揽人，或者根据承揽人的要求以书面形式确认。

（二）材料经定作人检验的法律后果

通常情况下，定作人经检验，认为承揽人选用的材料符合约定的，则承揽人使用该材料完成定作人所要求的工作后，对因材料造成工作成果不符合承揽合同约定的，承揽人不再承担责任；定作人检验后，认为承揽人选用的材料不符合约定的，应由承揽人根据不符合的具体情况，采取补齐数量、更换材料等措施，以达到约定的要求。承揽人经补齐或者更换后，仍需将补齐或者更换后的材料再次提交定作人进行检验。如果承揽人选用的材料经检验不合格，而导致工期延误或造成定作人其他损失的，承揽人应当对延误的工期负责，并承担相应的赔偿责任。

承揽人应当以定作人确认后的材料完成承揽工作。经定作人检验后的材料，承揽人不得随意更换，如确有必要更换的，应当向定作人说明，由定作人确认是否对替换的材料重新进行检验。如果承揽人对于更换材料存在过错的，应对由此造成工期延误以及定作人的其他损失承担赔偿责任。

【审判实践中应注意的问题】

一、由承揽人提供材料时，相关费用应如何负担

实践中，因合同约定或者交易习惯，可由承揽人提供材料，但如双方对于承揽人提供材料中的费用负担没有作出约定的，容易引发纠纷。依照承揽合同的性质，承揽人以自己的风险独立完成承揽工作，不仅向定作人提供完成承揽工作的劳务，还一并提供工作的成果，以获得合同约定的报酬，如果承揽人承担较多的义务，通常也会体现为约定较高的报酬。因此，承揽人提供材料时，购买材料的费用，通常应由承揽人承担。同时，因定作人对材料作出检验，对因检验材料而发生的合理范围内的费用，应当由定作人自行承担。但是，定作人对材料进行检验，客观上具有协助承揽人完成提供材料的义务的效果，如因为承揽人的过错，导致定作人支出不必要的费用，定作人可以主张由承揽人承担赔偿责任或者减少支付报酬。

二、承揽人提供材料时，应如何负担材料灭失的风险

定作中的物的所有权的归属，是由谁承担灭失风险的依据。在承揽合同中，承揽人必须按照定作人的要求完成承揽工作，定作人订立合同的目的是取得承揽人完成的工作成果。也就是说，定作人需要的不是承揽人的单纯劳务，而是劳务及其物化的成果，不论是体力劳动成果还是脑力劳动成果，无论是物还是其他财产，必然具有特定性，是按照定作人的要求制作的。如在承揽合同履行过程中，承揽人虽提供了劳务，但尚未交付劳动成果，定作中的物发生了灭失，应当由谁承担风险，实践中存在一定争议。一种观点认为，定作中的物尚未完成交付，在此情况下，定作人的合同目的尚未实现，难以判定已经符

合定作人的要求、工作成果一定能够被定作人接收，无法确认属于定作人所有。另一种观点认为，承揽合同的性质决定了承揽人是按照定作人的要求完成承揽工作，即便工作成果尚未交付，定作中的物也可能已经具备特定的属性，一方面承揽人已经提供了劳务，另一方面该物对包括承揽人在内的其他人来讲，并不一定具有相应的价值，由承揽人承担风险显然违反公平原则。我们认为，定作物的加工制作是一个从无到有的过程，不应简单认定承揽工作一开始，定作中的物即为特定物，而应以其基本成型为基点，认定是否具有特定性。在承揽人提供材料时，如果承揽工作尚未进展到定作物基本成型的阶段，应当由承揽人自行承担材料灭失的风险。反之，如果定作物已经基本成型，应由定作人承担定作中的物的风险。

第七百七十五条 定作人提供材料的，应当按照约定提供材料。承揽人对定作人提供的材料应当及时检验，发现不符合约定时，应当及时通知定作人更换、补齐或者采取其他补救措施。

承揽人不得擅自更换定作人提供的材料，不得更换不需要修理的零部件。

【条文主旨】

本条是关于定作人提供材料及双方所负义务的规定。

【条文理解】

根据本法前条规定，承揽合同中，根据双方合同约定或依交易习惯，可以由承揽人提供材料，否则应由定作人提供材料。定作人提供材料时，实际完成承揽工作的承揽人对定作人能否及时提供材料以及定作人提供材料的质量，不能直接加以控制。同时，因定作人并不直接参与承揽工作，无法随时掌握承揽工作进度及相关情况。因此，定作人提供材料对于承揽人能否按照约定完成承揽工作产生直接影响，法律有必要对定作人提供材料时，双方所负的义务作出明确的规定。

本条规定定作人提供材料时，承揽人合同双方的权利义务主要包括以下几个方面：

一、定作人应按照约定提供材料

相较于承揽人提供材料时按照约定提供材料的义务，定作人按照约定提供材料的义务，不仅要求定作人选用的材料符合适当履行承揽合同对材料质量的要求，能够保证承揽人完成承揽工作后的成果符合合同约定，还包括定作人应当按照合同约定的时间、地点和数量履行提供材料的义务。

（一）定作人应当按照约定选用材料

如果承揽合同中对材料的类型、规格、型号以及品牌等已经作出约定的，定作人应当按照合同约定将材料提供给承揽人。如果合同对材料的类型、规格、型号以及品牌等没有作出约定，按照承揽合同的性质，承揽人完成承揽工作是按照定作人的要求，因此定作人在选用材料时，应当按照合同中对定作物的要求选用材料，确定材料的种类、规格、型号以及品牌。

（二）定作人应当及时向承揽人提供材料

通常来讲，承揽合同中，定作人仅对工作成果提出要求，由承揽人实际完成承揽工作，因定作人并不参与承揽工作，往往不能及时掌握承揽工作的进度。如果合同中对于定作人提供材料的时间、地点作出具体约定的，定作人只需要按照约定提供材料即可；如果承揽合同对于定作人提供材料的时间、地点、方式没有约定的，双方可以根据情况作出补充约定，或者依据承揽工作性质确定定作人应如何提供材料。如果仍然不能确定定作人提供材料的时间等，可以由承揽人根据工作进度需要材料的具体时间和数量，向定作人发出通知，定作人收到通知之后，应当在合理的期限内，按照承揽人通知的内容提供材料。

（三）定作人未按约定提供材料的法律后果

定作人没有按照约定选用材料，或者没有及时向承揽人提供材料，导致承揽人不能按期完成承揽工作的，承揽人可以要求延长工期。如果承揽人因此受有其他损失的，还应由定作人承担赔偿责任。除非合同另有约定或者不符合双方交易习惯，定作人应当在承揽人指定的地点，并且通常是承揽人完成承揽工作的地点，向承揽人提供材料。定作人未能在指定地点向承揽人提供材料的，对于承揽人由此发生的额外费用，应当承担赔偿责任。

二、承揽人应及时对定作人提供的材料作出检验

（一）承揽人应及时对材料作出检验

从比较法的角度，即便诸多国家的民法并未规定承揽人检验材料的义务，但是也通过规定承揽人的通知义务来体现承揽人的检验义务。[①]因此，定作人向承揽人提供材料的，承揽人及时检验材料多为承揽人的法定义务。所谓承揽人应当及时检验定作人提供的材料，是指承揽人在定作人提供材料后，应当及时对该材料的规格、型号、数量、质量等进行检查验证，以确定其是否符合约定的要求。承揽人经检验，认为定作人提供的材料符合约定的，承揽人用此材料完成定作人所要求的工作后，定作人不对因材料造成的工作成果不符合约定承担责任。承揽人检验后，认为定作人提供的材料不符合约定的，可以拒绝接受，但应当通知定作人更换符合约定规格、型号、质量等的材料，补齐不足的数量，或者采取其他补救措施，以达到约定的要求。

（二）承揽人检验材料后的通知义务

首先，承揽人完成检验后，无论定作人提供的材料是否符合约定，都应当及时通知定作人，对定作人提供的材料的具体情况，以定作人确实能够收到的方式，向定作人发出通知，作出说明。如果承揽人没有通知定作人，应当视为定作人提供的材料符合约定，由此造成工作成果不符合约定的，应由承揽人承担责任。其次，要求承揽人应将定作人提供的材料的情况及时告知定作人，如果定作人提供的材料存在瑕疵，但承揽人及时通知定作人相关情况的，承揽人还有权请求赔偿其已经投入的劳务以及其他的费用。如因承揽人没有及时告知定作人的原因，导致定作人没有补齐或者采取其他补救措施，使得承揽工作不能按照约定的时间完成的，应由承揽人承担违约责任。

① 参见《瑞士债务法》第376条的规定。

三、承揽人应当合理使用定作人提供的材料完成承揽工作

（一）不得擅自更换定作人提供的材料

定作人提供材料时，承揽人不得擅自更换定作人提供的材料。所谓更换材料，是指对材料进行替换，不仅包括用合格的材料替换掉不合格的材料，也包括用他人的材料替换定作人提供的材料。首先，承揽人不得擅自更换定作人提供的材料，要求承揽人应当使用定作人所提供的符合约定的材料完成承揽工作，不能随意另行选用其他材料完成承揽工作。其次，承揽人不得擅自更换定作人提供的材料，要求承揽人在定作人提供的材料不符合约定时，应当及时通知定作人，由定作人决定更换、补齐或者采取其他补救措施，承揽人不得自作主张更换材料，完成承揽工作。承揽人擅自更换定作人提供的材料，导致承揽工作成果不符合合同约定的，应当承担相应的违约责任。

（二）承揽人不得更换不需要修理的零部件

承揽合同中，如果承揽工作的内容是对定作物进行修理、更换损坏的零部件的，承揽人不得更换不需要修理的零部件，只能按照约定更换已经损坏、确需修理的零部件，否则应由承揽人承担违约责任。

同时，在某些情况下，因为定作人提供材料的，并不仅限于提供用于加工、定作的原材料，还可能是用于完成修理、复制、测试、检验的成品材料。如果定作人提供的成品材料包含零部件的，承揽人应对材料的外观和性能进行检验，如承揽人经检验发现提供材料中，因零部件的瑕疵导致材料的外观或者性能发生改变，可能导致承揽工作不能顺利进行的，承揽人应当依据诚信原则的要求，及时通知定作人，由定作人决定自行更换或者委托承揽人加以更换。如果定作人委托承揽人更换的，承揽人应当按照定作人的要求或者以中等品质以上的零部件进行更换。

【审判实践中应注意的问题】

一、承揽人没有发现定作人提供的材料存在隐蔽瑕疵，由此导致定作物不符合合同约定的，承揽人应否承担责任

由定作人提供材料时，定作人应当按照约定提供材料，承揽人应当履行对材料进行检验的义务。如果承揽人经检验，发现定作人提供的材料不符合约定，应当及时通知定作人进行更换、补齐或者采取另行购买、委托加工等补救措施。但是，如承揽人进行检验时，没有发现定作人提供的材料存在瑕疵，由此导致承揽工作成果不符合合同约定，应当如何确定责任，法律并未明确规定，实践中容易引发争议。

有观点认为，按照承揽合同的性质，定作人与承揽人订立合同，是基于对承揽人能够通过自己的劳务或者技能满足定作人的要求而产生的信赖。因此，即便是由定作人提供材料时，承揽人仍负使用符合约定材料完成承揽工作的义务，如果承揽人没有发现，直接使用有瑕疵的材料完成承揽任务的，应当承担违约责任。也有观点认为，定作人提供材料时，相较于承揽人的检验义务，材料的提供应属于更为主要的合同义务。并且，承揽人完成承揽工作是基于定作人的要求，定作人对于自己提供的材料是否存有瑕疵应当更加清楚。我们认为，定作人提供材料时，承揽人负有的检验义务，仅要求承揽人尽到善良管理人的注意义务，对于材料不符合合同约定应当承担过错责任。如定作人提供的材料具有显而易见的瑕疵的，考虑到承揽人的特殊技能和资质等情况，承揽人应对其过错承担责任；如定作人提供材料具有隐蔽的瑕疵，将发现瑕疵的义务转移给承揽人负担，不符合公平原则，承揽人没有发现的，不应认为承揽人存在过错，仍然有权依照约定获得报酬。

二、承揽人未妥善保管定作人提供的材料导致材料灭失的，应当如何承担赔偿责任

从比较法上看，大多数国家对定作人提供材料时，承揽人负有妥

善保管材料的义务作出了明确规定，但也有部分国家采取由诚信原则对承揽人的保管义务作出规范的立法模式。有观点认为，这是因为材料自交付时起，即由承揽人控制，其风险负担应移转给承揽人。由于该材料自交付时归承揽人所有，按照天灾归所有权人负担的理论，也能得出风险由承揽人负担的结论。[①]我们认为，定作人向承揽人提供的材料，是承揽人按照合同约定完成承揽工作的基础，由定作人享有所有权，一旦定作人向承揽人提供材料，该材料便由承揽人实际占有和使用，因此，由承揽人负担妥善保管定作人提供材料的义务，也属依承揽合同性质而应有之义。因此，对于定作人提供的设备、包装物和其他物品在内的材料，承揽人应当采取适当的方式加以保存，或者采取符合材料性质的方式管理材料，承揽人因保管不善导致材料毁损和灭失的，应当对其过错导致定作人的损失承担赔偿责任。如因承揽人对材料保管不善，导致承揽工作没有按期完成或者影响工作成果数量和质量的，承揽人还应当承担违约责任。

三、承揽人过度消耗材料的，应当如何承担责任

定作人已经按照约定提供材料的，承揽人应当合理使用定作人提供的材料。在完成承揽工作时，承揽人应尽量避免材料的损失和浪费，依照承揽合同约定或者符合承揽工作的性质的方式，严格控制材料的损耗量。承揽人完成承揽工作时，存在过度消耗材料情形的，定作人可以在补足之后，主张由承揽人承担额外发生的材料费用，或者要求由承揽人按照定作人提出的条件自行补足。如果材料的过度消耗导致完成承揽工作必须额外支出过高的费用，或者严重影响工期的，定作人可以主张解除合同。

---

① 参见崔建远：《承揽合同四论》，载《河南政法管理干部学院学报》2010年第2期。

第七百七十六条　承揽人发现定作人提供的图纸或者技术要求不合理的，应当及时通知定作人。因定作人怠于答复等原因造成承揽人损失的，应当赔偿损失。

【条文主旨】

本条是关于定作人提供的图纸或者技术要求不合理时双方义务的规定。

【条文理解】

根据承揽合同的性质，承揽人应当按照定作人的要求完成承揽工作。实践中，定作人提出要求的方式，既包括要求承揽人按照其提供的图纸完成工作，也包括要求承揽人按照其提出的技术要求完成工作。通常情况下，承揽人应当严格按照定作人提供的图纸或者提出的技术要求完成工作。但是，因定作人并不实际完成承揽工作，也不一定具备完成承揽工作所需的技能，经常存在定作人提供的图纸或者技术要求不合理的情况，对承揽合同双方的权利义务产生影响，法律有必要对此情形加以规范。

根据本条的规定，定作人提供的图纸或者技术要求不合理时，双方所负义务应包括以下几个方面：

一、承揽人应将图纸和技术要求不合理的情况及时通知定作人

（一）图纸和技术要求不合理的定义

定作人提供的图纸或者技术要求“不合理”，既可以指定作人提

供的图纸或者技术要求不符合合同约定，如承揽人按照定作人提供的图纸或者提出的技术要求，将无法按照约定完成承揽工作或者导致完成工作的成果不符合合同约定；也可能是指承揽人按照定作人提供的图纸或者提出的技术要求完成承揽工作，将会造成材料的浪费，导致定作物的价格过分高于完成同类定作物的通常价格。

（二）承揽人应当履行必要的通知义务

定作人向承揽人提供图纸或者提出技术要求后，承揽人应对定作人提供的图纸或者技术要求进行审核。承揽人经审核，发现定作人提供的图纸或者技术要求不合理的，应当毫不延误地、以定作人确定能够收到的方式通知定作人。一方面，只有承揽人及时履行通知义务，定作人才能及时采取措施，修正或者更改不合理的图纸或者技术要求，保证承揽人顺利完成承揽工作；另一方面，承揽人及时通知定作人，有利于承揽人按时交付工作成果，还可以避免因工期延误等造成的承揽合同双方产生的其他损失，避免发生纠纷。因此，在定作人提供的图纸和技术要求不合理的情况下，承揽人必须履行相应的通知义务。承揽人发现定作人提供的图纸或者提出的技术要求不合理，而向定作人发出通知的，应当详细列明该图纸或者技术要求不合理的具体状况，并在其能够遇见到的范围内，说明不合理的状况可能引发的后果，以便定作人有针对性地作出决策，及时答复承揽人，保障承揽合同顺利履行。

（三）承揽人未及时通知定作人的法律后果

承揽人向定作人作出通知时，既可以采取口头形式，也可以采取书面形式。通常情况下，承揽人应结合定作人所提供的联系方式，选取最为迅速的方式通知定作人。如因承揽人选择通知方式不当造成不必要的延误的，承揽人应当承担相应责任。

如果承揽人发现定作人提供的图纸或者技术要求存在不合理的情况，但没有及时通知定作人，致使工期延误的，承揽人应当承担迟延履行的责任。由此给定作人造成其他损失的，承揽人还应当承担相应的赔偿责任。但是，定作人对于未收到承揽人的通知存在过错的，例如，定作人提供给承揽人的电话或者地址存在错误，导致承揽人无法将相关通知送达定作人的，也应当按照过错程度，对由此导致的工期延误等损失承担相应责任。

二、定作人应及时答复承揽人

（一）定作人答复的主要内容

定作人在接到承揽人就其所提供的图纸或者提出的技术要求不合理的通知之后，应当及时答复承揽人。定作人的及时答复义务包括两个方面：一是定作人应及时答复承揽人对图纸或者技术要求进行复核的结果；二是定作人认为图纸或者技术要求确实不合理的，应当及时提供修改后的图纸和技术要求。

具体而言，定作人在收到承揽人提出对图纸或者技术要求不合理的通知后，应当对图纸或者技术要求进行复核。定作人经审核，认为图纸或者技术要求没有不合理的，可以在合理时间内将该结果以适当的方式，或者按照承揽人通知要求的方式答复承揽人，并可以告知承揽人继续按照该图纸或者技术要求完成承揽工作。如定作人坚持按照原图纸或者技术要求，要求承揽人继续完成承揽工作的，承揽人可就由此导致工作成果不符合合同约定的后果，免于承担相应的责任，也可以主张解除合同。如定作人经审核认为图纸或者技术要求确实不合理的，应当及时对图纸或者技术要求作出修改，并尽快将修改后的图纸或者技术要求提供承揽人，以便承揽人继续完成承揽工作。

（二）定作人未及时答复的法律后果

定作人收到承揽人关于定作人未及时答复承揽人所提出有关图纸或者技术要求是否合理的通知，承揽人可以向其提出催告，在经承揽人催告后的合理期限内，定作人仍未作出答复或者提出修改的，承揽人有权解除合同，并要求定作人赔偿其因此所受的损失。如定作人认可其提供的图纸或者技术要求不合理，但没有及时答复承揽人并采取修改等措施的，承揽人除有权要求顺延工期外，还可以要求定作人赔偿由此导致的误工及其他损失。

承揽人向定作人作出通知后，应当暂停完成承揽工作，等待定作人的答复和指示。在未获得定作人答复的情况下，如果承揽人继续按照原定作人提供的图纸或者技术要求完成承揽工作，或者自行提出图纸和技术要求完成承揽工作的，应由承揽人对由此导致已完成部分工作成果不符合合同约定承担相应责任。

【审判实践中应注意的问题】

审判实践中应注意，定作人提供的图纸或者技术要求不合理的，如何计算承揽工期顺延的具体期限的问题。

承揽合同中，承揽人应当按照定作人提供的图纸或者技术要求完成承揽工作，当承揽人发现定作人提供的图纸或者提出的技术要求不合理时，应当通知由定作人对不合理的图纸或者技术要求进行修改。定作人在对图纸或者技术要求进行修改的期间，承揽人缺少完成承揽工作的依据，必然会导致工期延长。因图纸或者技术要求不合理，是由定作人的过错造成的，由此产生的工期损失，理应由定作人承担，承揽人履行承揽合同的期限应当相应顺延。

但是，关于应当如何计算承揽人工期顺延的具体期限，实践中容易引发争议。有观点认为，应从定作人确认图纸或者技术要求不合理的通知到达承揽人起，至定作人将修改后的图纸或者技术资料提供给承揽人为止，算作工期顺延的具体期限。也就是说，只有定作人实际对图纸作出修改的期限可以从承揽合同规定的履行期间内扣除。主要理由是，虽然承揽人是以定作人提供的图纸或者技术要求不合理为由停止工作，但是在定作人确定图纸或者技术要求是否合理之前，图纸和技术要求不合理仍然只是承揽人的个人主张。并且，在暂停工作的期间，承揽人可以完成其他工作，如果直接扣除工期，承揽人可能由此获得额外的利益，引发道德风险。

我们认为，应当允许承揽人自发出图纸或者技术要求不合理的通知到达定作人时起，即开始起算工期顺延的时间，即便最后定作人确认图纸符合要求，承揽人暂停完成承揽工作也可解释为为防止损失扩大的具体措施，承揽人具有正当理由暂停完成承揽工作。毕竟提供符合合同约定的图纸和技术要求是定作人应负的主要义务，如果图纸和技术要求具有不合理的可能性，应由定作人承担主要责任。如果按照定作人确认图纸或者技术要求不合理时开始起算工期顺延的期限，还有可能因定作人收到承揽人通知后，怠于履行回复义务，而导致承揽人合法权益无法得到保障。

第七百七十七条　定作人中途变更承揽工作的要求，造成承揽人损失的，应当赔偿损失。

【条文主旨】

本条是关于定作人中途变更工作要求的法律责任的规定。

【条文理解】

基于承揽合同，定作人可以实现通过要求承揽人完成一定工作，取得符合具有特定性定作物的合同目的。承揽合同中的承揽人，要完全按照定作人的要求，提供自己的设备以及工作技能，完成符合定作人特殊需求的定作物。因此，定作人完全可能随时因为自身对定作物的需求发生变化，变更对承揽人提出的工作要求，导致双方的权利义务发生变更，为保障承揽人的合法权益，法律有必要对定作人中途变更承揽工作要求的法律责任作出规定。

正确理解本条规定，应当注意以下几个方面：

一、定作人可以中途变更承揽工作要求

（一）定作人单方变更工作要求的法理依据

合同是当事人之间设立、变更、终止民事法律关系的协议，是当事人意思表示一致的产物。所谓的合同变更，指不改变合同的主体而仅改变合同内容的情形，如改变合同履行期限、地点、标的物、价款等。合同变更既可以基于法律规定，也可以基于当事人的法律行为，无论是合同一方变更还是双方协议变更合同的问题，实质上都是指当

事人基于法律行为变更合同。[①] 通常情况下，按照合同自由原则的要求，民事法律行为从成立时起具有法律约束力，行为人非依法律规定或者取得对方同意，不得擅自变更或者解除。合同履行过程中一方提出变更合同条款的主张，应通知相对方并获得其同意，否则不产生变更的法律效力，当事人仍应按照原合同履行。但是，基于合同性质以及其他因素的考虑，我国《合同法》亦允许合同一方不必征得相对方的同意即可单方变更合同，且变更后的合同对合同双方发生法律效力。但是，为维持合同双方的利益平衡，依单方行为发生合同变更的情形下，提出变更的一方往往要承担相应的法律责任或者其他不利后果。从承揽合同的定义可知，承揽合同是为了满足定作人的特殊要求而订立的合同。承揽人只有严格按照合同要求完成承揽工作，并提供符合定作人需要的工作成果，才算适当履行承揽合同的约定，才有可能实现定作人的合同目的。因此，承揽合同的性质，决定了承揽人必须以定作人的要求作为完成承揽工作的主要依据，如果法律禁止定作人单方变更合同内容，可能导致定作人订立承揽合同的目的落空。从这个意义上讲，定作人单方变更合同是法律根据承揽合同性质，授权定作人可以单方变更承揽合同内容的法律行为。

（二）定作人中途变更工作要求的具体条件

因合同变更蕴含着原合同关系的成立且有效的前提，如果原合同关系不存在，合同的变更就会丧失赖以存在的基础。因此，所谓定作人中途变更工作要求，是指自承揽合同生效后，至承揽合同履行完毕前，定作人对承揽合同中所约定的承揽人应当完成承揽工作的要求，进行变动、更改。承揽合同成立以前以及承揽合同终止后，定作人也不能提出对承揽合同进行变更。

依合同法的基本原理，合同变更并非消灭原合同、设立新合同，而仅是在原合同继续存续的基础上对原合同某些权利义务的内容作出修改。因此，定作人对承揽合同作出变更必须是非要素的变更，否则

① 参见韩世远：《合同法总论》，法律出版社 2011 年版，第 453 页。

可能导致新的合同产生，甚至改变原承揽合同的性质。定作人对定作物的特殊要求，通常由定作人通过提供图纸、提出技术要求或者通过对承揽工作数量、质量作出特别约定来体现的。正是由于定作人对承揽工作质量、数量、规格、形状等的要求，使得承揽合同的标的物具有特定性，同市场上的其他物产生区别。因此，定作人中途变更合同应仅限于对承揽工作要求作出变更。

二、定作人中途变更工作要求的法律后果

（一）定作人应当及时通知承揽人

合同发生变更的情况下，无论是以当事人的法律行为变更，还是依法律规定或者裁判发生变更，合同双方应及时了解变更后的合同内容，以便继续履行合同。但是，合同发生变更的原因不同，当事人双方对于如何了解变更后的合同内容，承担不同义务。在合同变更是依据一方当事人单方法律行为发生的情形下，该方当事人应当履行必要的通知义务，这既是合同自由原则的重要保障，也是诚信原则的基本要求。因此，定作人中途变更承揽工作要求的，应当及时以承揽人确实能够收到的方式，通知承揽人工作要求发生变更的具体情况。

首先，定作人应当履行及时通知承揽人的义务。如果定作人作出变更工作要求的决定，但没有及时通知承揽人，承揽人没有及时按照新的工作要求完成承揽工作，仍然按照原合同要求完成承揽工作的，不应视为违约，而应由定作人自行承担已完工部分的损失，如果由此导致承揽人发生其他误工损失的，定作人还应当承担赔偿责任。其次，定作人应当履行全面告知承揽人的义务，确保承揽人已经详细了解承揽工作要求变更的具体情况。如果承揽人对工作要求发生变更的具体情况存有疑问，可以随时提出，由定作人作出指示，定作人不得拒绝，而应当作出明确指示，定作人没有作出明确指示前，承揽人有权暂停完成承揽工作。

（二）承揽人应按照变更后的要求继续完成承揽工作

合同变更的效力在于使原合同的内容发生变化，而原合同并未消

灭，仅在被变更部分效力发生变化。原合同未变更的部分依然有效，被变更的部分不再有效，而是代由变更后的部分发生效力。换言之，合同效力的一般规定适用于原合同未变更的部分以及变更后的部分，任何一方对于原合同未变更部分以及变更后部分的违反均构成违约。承揽人收到定作人中途变更工作要求的通知后，应当按照变更后的要求完成承揽工作任务，否则应当承担违约责任。但是，根据合同效力产生的一般法理，合同变更仅对未来产生效力，不溯及原合同生效后至变更前的期间。如变更前一方已经作出履行，除非当事人另有约定外，另一方无法要求返还。承揽合同中，如果定作人中途变更对于承揽工作的要求，例如修改图纸、提出新的技术要求等，则承揽人的前期准备工作和已经完成的部分工作，包括准备的材料、已完成工作的质量，即便已经不符合定作人变更后的工作要求，承揽人也无需承担违约责任。

另外，定作人中途变更工作要求的，承揽人发现定作人所提供的更改后的图纸或者技术要求不合理的，仍然应当及时通知定作人。定作人接到通知后，也应当及时答复承揽人并提出修改意见。定作人不予修改的，因变更后的合同已经发生法律效力，原合同中被变更的部分已经失效，承揽人也不能按照原合同要求履行。如在承揽人催告后的合理期间内，定作人仍未提出修改意见的，承揽人可以请求解除合同。

（三）定作人应对造成承揽人的损失承担赔偿责任

根据承揽合同的性质，定作人中途变更承揽工作要求并不构成违约。但是，定作人中途变更工作的要求，可能在客观上增加承揽人的工作负担，甚至给承揽人造成损失，定作人应当承担相应责任。

承揽合同标的具有特定性，决定了承揽人必须严格按照定作人对数量、质量的要求，或者严格遵照定作人提供的图纸、提出的技术要求完成工作。在定作人中途变更承揽工作要求的情况下，承揽人按照变更前要求已完工部分所支付的费用以及付出的劳动虽不符合变更后的合同要求，但承揽人对此亦无过错。同时，为了按照定作人变更后的工作要求完成承揽工作，承揽人可能需要付出劳动和支付额外的费用，亦应认定为定作人中途变更工作要求导致的损失，应当由定作人承担相应的赔偿责任，更加符合公平原则。

具体而言，如果承揽人已经按照原合同要求完成了部分工作，定作人应当支付该部分工作的报酬。如果按照合同约定或者交易习惯，确定由承揽人提供材料的，承揽人为完成已完成部分工作所耗费的材料价款和保管费用，是否应当由定作人承担，应当依据合同约定的报酬是否已经包括相应费用来具体确定：如果报酬已经包括此类费用的，定作人无需另行支付，如果约定的报酬中没有包括此类费用的，定作人除需支付已经发生的费用之外，还应按照变更后的工作要求，承担新增材料的相关费用。

对于变更后的承揽工作，应当结合已完成部分工作适用于变更后承揽工作的具体情况，相应地顺延承揽人完成承揽工作的工期。如果因为工期顺延导致承揽人发生误工损失的，亦应由定作人作出赔偿。

【审判实践中应注意的问题】

一、定作人中途变更工作要求的，双方可依合同变更情况对报酬作出调整

因定作人中途变更合同，对承揽工作提出新的要求，一方面有可能对承揽人完成工作的质量要求更高，难度要求更大；另一方面也有可能使变更后的承揽工作难度变小、要求变低。因此，定作人中途变更工作要求时，有可能由定作人提出减少报酬，或者由承揽人提出增加报酬的主张。此时，从合同法的原理上讲，因为定作人中途变更工作要求，承揽合同中的要约发生变化，承揽人对原合同的承诺失去效力，原合同约定的报酬也应当相应地发生变化。因中途变更工作要求属于定作人的单方行为，如果双方未能就变更后的报酬达成一致意见，应当依据公平原则重新确定报酬。实践中，如果承揽工作难度增

加，应允许承揽人提出由定作人相应增加报酬的主张；如果承揽工作难度明显降低，亦应酌情降低承揽工作报酬。如果一方不同意对报酬作出调整，另一方也可以请求解除合同。

二、定作人中途变更工作要求的，承揽人可以请求解除合同

通常来讲，依照承揽合同性质，定作人可以中途变更工作要求，而不构成违约。对承揽人来讲，一旦定作人将变更工作要求的通知送达承揽人，承揽人应当按照变更后的要求完成承揽工作，但这并不妨碍在一定条件下，承揽人可以提出解除合同。除承揽人认为定作人变更后的工作要求不合理，且定作人坚持不作修改的，承揽人可以请求解除合同以外，如果定作人变更后的工作要求已经超出了承揽人原合同所需的工作技能或资质要求，导致承揽人无法完成承揽工作的，承揽人亦可主张解除合同。

第七百七十八条 承揽工作需要定作人协助的，定作人有协助的义务。定作人不履行协助义务致使承揽工作不能完成的，承揽人可以催告定作人在合理期限内履行义务，并可以顺延履行期限；定作人逾期不履行的，承揽人可以解除合同。

【条文主旨】

本条是关于定作人的协助义务的规定。

【条文理解】

根据承揽合同的性质，完成承揽工作是承揽人应负的主要合同义务。但在承揽合同的履行过程中，定作人的协助是承揽人适当履行合同的保障，在定作人负有协助义务的场合，定作人未适当履行协助义务，有可能妨碍承揽人顺利完成承揽工作，甚至可能导致承揽合同无法履行，双方当事人订立合同的目的落空。因此有必要对定作人的协助义务作出规范。

正确理解本条规定，应当注意以下几个方面：

一、定作人应当协助承揽人完成承揽工作

（一）定作人负有法定的协助义务

合同是引发债权债务关系最主要、最普通的根据，合同关系属于典型的债的关系。债权的本质体现为一种利益、一种自由，但在许多场合，债务人如欲完成履行，仍需要债权人的受领与协助。这种受领、协助义务对于实现合同之债的最终目的，限制债权的滥用，平衡当事人的利益关系，是非常有必要的。因此，有学说认为，在债之关

系上，债权人与债务人面向给付的实现之共同目的，形成了应予协助的有机体。[①]尽管在普通合同中，基于诚信原则，合同当事人也负有履行中的协助义务，但这些义务并非由法律特别规定，而在承揽合同中，因为承揽合同的当事人的人身信赖关系较一般合同更为浓厚，承揽人在完成工作的过程中，需要定作人的协助才能顺利地完成工作。因此，世界各国或者各地区民法典中普遍都特别规定了定作人负有协助义务。例如《德国民法典》第642条规定："（1）工作需要定作人的行为始能完成者，承揽人在定作人因不为其行为致验收迟延时，得请求相当的损害赔偿。（2）损害赔偿额一方面按照迟延的期间和报酬额确定，另一方面按照承揽人因迟延而节省的费用或因其将劳动移作他用而取得的收益而确定。"《俄罗斯联邦民法典》第718条规定："（1）定作人应在承揽合同规定的情况下，按承揽合同规定的范围和方式对承揽人完成工作给予协助。定作人不履行该项义务时，承揽人有权要求赔偿造成的损失，包括因停工而引起的额外费用，或者有权要求变更完成工作的期限，或者要求增加合同中规定的工作价款。（2）因定作人的行为或者过失致使已经不可能按照承揽合同完成工作时，承揽人对已经完成的工作部分仍有权请求按照合同规定的价款向其给付报酬。"第719条规定："（1）定作人违反承揽合同中应履行的义务，包括不提供材料、设备、技术文件书或者应改制的物，从而阻碍承揽人履行合同，以及存在明显能证明在规定期限内有不履行上述义务的情况时，承揽人有权不开工，并对已经开始的工作有权中止。（2）如果承揽合同无另行规定，出现本条第一款所指的情况时，承揽人有权拒绝履行合同并要求赔偿损失。"我国台湾地区"民法"第507条规定："工作需定作人之行为始能完成者，而定作人不为其行为时，承揽人得定相当期限，催告定作人为之。定作人不于前项期限内为其行为者，承揽人得解除契约。"根据以上规定，即便合同没有约定，承揽工作需要定作人协助的，定作人负有协助的义务，定作人不得以

① 参见［日］后藤卷则：《契约的缔结·履行和协力义务》，载《民商法杂志》1992年第106卷。

合同没有约定为由，拒绝在必要时履行协助义务。

（二）定作人协助义务的主要内容

定作人的协助义务主要来源于三个方面，一是来源于承揽合同明确约定，二是来源于承揽工作的性质，三是来源于交易习惯或者诚信原则的要求。由此，根据承揽合同的性质，定作人应负的协助义务也应包括三方面的主要内容。首先，依合同约定或者交易习惯，应由定作人在合同履行期间向承揽人提供完成工作的场地、提供完成承揽工作所必需的图纸、技术信息等工作条件的，定作人应当提供。其次，依承揽合同性质，应由定作人及时向承揽人提供完成工作的材料，或者维持承揽人可供工作状态的情形下，定作人应当及时提供，否则构成违约。最后，依照诚信原则，应由定作人按照承揽人的通知，履行及时更换、补齐有瑕疵的材料或修改不合理的技术资料、图表设计等时，定作人应当及时答复并采取相应补救措施。总而言之，无论是依据合同约定、工作性质、交易习惯还是根据诚信原则的要求，定作人履行协助义务都具有必要性，协助义务的目的是帮助承揽人适当履行承揽工作。

二、定作人违反协助义务的法律后果

（一）定作人协助义务的法律性质

定作人协助义务的性质，是违反该义务时，定作人应当承担法律后果的依据。定作人协助义务是否属于真正的法律义务，理论界一直存有争论。一种观点认为，定作人的协助义务并非真正的法律义务，而是法律的特别规定。持有该观点的学者进一步认为，一般而言，义务的违反构成给付迟延，承揽人可以请求强制执行，但在某些定作人负有协助义务的场合，承揽人实际上不能请求强制执行。另外，在定作人只存在受领迟延时，不能成为承揽人解除合同的理由。[①] 我们认为，判定定作人的协助义务的性质，应以违反义务的法律后果作为主

① 参见郑玉波：《民法债编各论》（上），我国台湾地区三民书局1986年版，第387页。

要标准。如果定作人违反协助义务只是导致本属于自己利益丧失，且相对方不能诉请强制执行，难以认定为真正的义务。但是，依我国法律规定，在定作人不履行协助义务时，承揽人除可以解除合同，并请求损害赔偿，因此，定作人的协助义务属于法律上的义务，定作人不履行协助义务的，应当构成违约，承揽人可以主张由定作人承担违约责任。

（二）承揽人可以主张顺延履行期限

因定作人未履行协助义务，导致承揽工作不能如期完成的情况下，承揽人可以顺延履行期限。承揽人不能按期完成承揽工作所产生的工期损失，是定作人违反协助义务引发的直接后果，只要定作人存在怠于履行协助义务的事实，导致承揽人不能如期完成承揽工作，而承揽人对此亦不存在过错的，即可主张顺延履行期限。因此，承揽人因定作人违反协助义务请求顺延履行期限的，并不以履行催告行为为前提。并且，承揽人顺延承揽工作的履行期限的，并不能免除定作人应当履行的协助义务，如果定作人仍未履行协助义务的，承揽人可同时请求定作人实际履行。

（三）承揽人可在一定条件下主张解除合同

通常而言，基于合同神圣和合同严守的原则，强调合同的法律约束力，要求当事人依约履行合同义务，不得擅自变更或解除合同。但是，合同成立后，因主客观情况的变化，使得合同履行成为不必要或者不可能时，或当事人一方或者双方的合同目的不能实现时，固守合同的约束力不仅对当事人双方没有好处，对于整体社会也没有任何增益。由此，法律创设合同解除制度。[①]具体到承揽合同中，定作人违反协助义务的，也应当允许承揽人解除合同。考虑到定作人的协助义务并非承揽合同的主要义务，定作人违反协助义务尚不构成根本性违约，承揽人行使解除权，必须符合一定的条件。首先，按照承揽合同的性质，定作人违反协助义务，需要达到导致承揽人无法完成承揽工作的程度，承揽人的合同目的可能落空时，承揽人方可主张解除合

① 韩世远：《合同法总论》，法律出版社 2011 年版，第 507 页。

同。如果定作人不履行协助义务并没有导致工作不能完成，没有影响到承揽人完成工作，承揽人不能解除合同。其次，定作人怠于履行协助义务的，承揽人必须履行催告义务，督促定作人履行。未经催告程序，承揽人不能直接解除合同，经承揽人催告以后，定作人在合理期限内仍未履行协助义务的，承揽人得以解除合同。至于如何确定定作人是否未在“合理期限”内履行，通常要根据一般人履行同样协助义务所需要的时间来综合加以判断。最后，承揽人解除合同的，还应当通知定作人，自解除合同的通知到达定作人时，方可发生合同解除的效力。

依照合同解除的法律后果，双方尚未履行的，应当终止履行；已经履行的，依照履行情况和合同性质，当事人可以要求恢复原状、采取其他补救措施，并有权要求赔偿损失。承揽合同解除后，对于合同尚未完成的承揽工作，承揽人可以终止履行。对于已经完成的部分工作，能够恢复原状的，可以恢复原状，不能恢复原状的，定作人应当支付已完工部分的报酬。

【审判实践中应注意的问题】

定作人违反协助义务尚不符合解除条件的，应当如何承担赔偿责任的问题。如果定作人不履行协助义务，经承揽人催告后，定作人仍未在合理期限内履行协助义务，但定作人的协助义务的内容不能导致承揽人无法完成承揽工作，承揽人请求解除合同的主张虽不能得到支持，但亦可要求定作人赔偿其因此遭受的损失。

如果因此导致工作成果交付的期限拖延的，定作人应当承担迟延履行的责任。实践中，定作人违反协助义务的，无论有无过错，只要导致承揽人无法按期完成承揽工作的，承揽人均可请求顺延工期。如承揽人因定作人不履行协助义务，产生其他损失的，承揽人可以一并主张由定作人赔偿损失。赔偿损失的具体数额，一方面按照延迟的期间和报酬额确定，另一方面按照承揽人因延迟而节省的费用或者因其将劳动移作他用而取得的收益加以确定。

第七百七十九条　承揽人在工作期间，应当接受定作人必要的监督检验。定作人不得因监督检验妨碍承揽人的正常工作。

【条文主旨】

本条是关于定作人对承揽工作监督检验的规定。

【条文理解】

依照承揽合同的性质，承揽人应当以自己的设备、技术和劳力完成承揽工作，并向定作人交付工作成果。承揽人在工作期间，虽需符合定作人提出的工作要求，但无需接受定作人在工作方式等方面的具体指示。但是，因承揽工作的成果最终由定作人收取，而定作人并不负责承揽工作，对工作过程不具有控制权，为保证承揽人按照约定完成承揽工作，防止或者及时消除承揽工作中的瑕疵，定作人有必要对承揽工作进行监督检验。从承揽人角度看，经过定作人的监督检验，能够有效保证承揽人完成承揽工作符合定作人要求，避免返工或者发生纠纷。因此，法律就定作人对承揽工作的监督检验加以规范，对于承揽合同的双方均为有利。

根据本条规定，定作人对承揽工作的监督检验，应当包括以下三方面的内容：

一、定作人有权对承揽工作进行必要的监督检验

（一）承揽人不得以合同未作约定为由拒绝接收定作人的监督检验

所谓定作人对承揽工作的监督检验，是指定作人在承揽人工作期间，对承揽人的工作（如工程进度等）进行必要的检验、监督，对材

料的使用是否符合图纸或技术的要求等进行必要的检验。承揽人应当接受定作人对承揽工作所进行的必要的监督检验，这是法律规定承揽人必须履行的义务，即便双方承揽合同中没有作出约定，承揽人也不得拒绝。承揽人接受监督检验时，应当为定作人的监督检验提供方便和条件，并应当如实向定作人反映工作情况，不得故意隐瞒工作中存在的问题。对于定作人提出的合理建议和指示，应当及时采纳，改进自己的工作。

（二）定作人可在整个承揽工作期间进行监督检验

承揽合同区别于买卖合同的重要标准，在于双方订立承揽合同的目的，是由承揽人按照定作人的要求完成承揽工作并交付工作成果，并非仅为了工作成果的所有权。这一方面表现为当事人双方在订立承揽合同时，应在承揽合同的条款中具体体现出定作人对于承揽工作过程和工作成果的要求；另一方面表现为承揽人在完成承揽工作过程中应当接受定作人的监督检验。具体而言，从承揽工作开始起，承揽合同标的的特定性就已经开始显现，承揽人就应当按照定作人的要求完成工作，定作人不能只针对工作成果进行验收；在承揽工作完成之后，定作人很难再对工作成果完成过程中所出现的问题进行检验，极有可能导致工作成果不符合约定或者不符合定作人要求，存在瑕疵，因不符合约定引发的责任也难以厘清。为了保证承揽人按照约定完成承揽工作，防止或者及时消除承揽工作中的瑕疵，保障工作成果符合约定，定作人应对整个承揽工作期间进行监督检验。

二、定作人的监督检验不得妨碍承揽人的正常工作

（一）定作人的监督检验应当具有必要性

定作人的监督检验具有“必要”性，所谓必要，是指为了实现合同目的而必需的监督检验，“必要的监督检验”，应当依据合同的性质和工作的难度等因素具体确定。具体而言，如果合同对定作人监督检验的范围已经作出约定，定作人应按照约定的内容按时进行检验；如果合同中未约定检验范围的，定作人应当根据承揽工作的性质，对承

揽工作质量进行检验，如承揽人是否使用符合约定的材料、承揽人是否按照定作人提供的图纸或者技术要求工作。如果定作人发现承揽人的工作不符合约定，可以要求承揽人返工、修理或者更换。

（二）定作人的监督检验应当具有合理性

定作人进行监督检验的目的，是为了保证承揽工作按照约定完成。定作人有权对承揽工作进行监督检验，但根据公平原则，定作人监督检验行为不得给承揽人带来不合理的负担，不得影响承揽人正常的工作秩序，否则反而会影响承揽工作的完成。具体而言，承揽合同中约定监督检验的时间、方式或者内容的，定作人应当按照约定的时间、方式及内容进行检验。合同对监督检验未作约定的，定作人在监督检验承揽工作前应当与承揽人协商确定监督检验的方式、时间和内容；双方不能达成协议的，定作人在检验前，应当通知承揽人检验的时间和内容，以便于承揽人对监督检验作出准备，并对承揽工作作出适当安排。定作人通知的监督检验行为妨碍承揽人正常工作的，承揽人可以拒绝定作人的监督检验。[①]

三、定作人监督检验的法律后果

定作人在监督检验过程中，发现承揽人完成承揽工作已经或者有可能不符合合同约定的，应当及时通知承揽人。承揽人接到通知后，应当区别不同情况加以处置，如认可完成承揽工作确实存在瑕疵的，应当按照定作人的意见及时纠正工作瑕疵，并将相关情况告知定作人；如对定作人的检验结果不予认可，或者认为定作人的意见不具有合理性的，应及时向定作人提出，如定作人坚持要求承揽人按照其意见完成承揽工作的，承揽人应当按照定作人的要求执行，但对由此导致工作成果不符合约定的，承揽人不再承担责任。如因定作人不合理的监督检验活动给承揽人的正常工作造成妨碍的，定作人应承担排除妨碍的责任；如果定作人的监督检验行为给承揽人造成损失的，还应

---

① 参见魏耀荣等：《中华人民共和国合同法释论（分则）》，中国法制出版社2000年版，第228页。

由定作人承担损害赔偿责任。

对定作人来讲，如双方承揽合同约定承揽工作是按照进度完成，承揽人每完成一个工作进度时，均应当按照约定提请定作人进行监督检验，定作人也必须按照合同约定对承揽工作的进度进行检验，否则延误下一阶段工作进展的，定作人应当承担责任。定作人进行检验后，发现承揽人完成承揽工作存在瑕疵，不符合合同约定的检验标准的，定作人可以拒绝支付报酬；如果该瑕疵不能得到纠正，定作人还可以主张解除合同，并由承揽人赔偿损失。另外，对于因监督检验获得承揽人的工作秘密，定作人应当负有保密义务，不得非法使用和传播。

【审判实践中应注意的问题】

一、承揽人将部分承揽工作交由第三人完成的，应对第三人完成的承揽工作进行监督检验

承揽合同具有较强的人身属性，承揽人应当按照约定亲自完成承揽合同的主要工作，但在承揽合同没有明确禁止的情况下，承揽人可以将部分承揽工作交由第三人完成。在第三人完成承揽工作的过程中，应由承揽人具体完成定期检查监督的义务，确保第三人完成承揽工作符合合同约定，否则应由承揽人对第三人完成的工作向定作人负责。如果第三人完成承揽工作不符合合同约定的，承揽人应当承担违约责任。

二、定作人未能发现承揽人工作中的瑕疵，导致工作成果不符合合同约定的，能否主张由承揽人赔偿

实践中，因缺乏专业的技术或者能力，或者因为其他原因，虽然承揽人完成承揽工作不符合要求，但定作人在监督检验过程中未能发现，导致工作成果不符合合同约定的情形并不鲜见。在此情形下，定作人是否应当承担责任，实践中存在争议。一种观点认为，监督检验

是法律赋予定作人的一项权利，定作人可以自主决定是否行使。因工作成果不符合约定是因承揽人工作瑕疵造成的，是承揽人未适当履行合同才导致了损害的发生，定作人未能发现并不导致损害赔偿请求权的丧失。另一种观点认为，承揽合同中，承揽人是按照定作人的要求完成承揽工作，因定作人未能妥善履行监督检验的义务，导致承揽人的不当履行行为没有及时被发现，承揽人无法及时纠正工作瑕疵，定作人因此丧失损害赔偿请求权。我们认为，定作人对承揽工作的监督检验，并不能绝对地被理解为是定作人的权利或是承揽人的义务，对承揽合同双方来讲，都是既包括权利，也包括义务的法律行为。定作人进行监督检验的目的是为了防止承揽工作的瑕疵，但如果承揽工作中的瑕疵过于隐蔽，已经超出了定作人在监督检验过程中应当尽到的注意义务，要求定作人必须发现难免过于苛刻。何况按照要求完成承揽工作，本身又是承揽人的主要合同义务。因此，除非定作人对未发现承揽工作瑕疵存在过错的情况下，定作人不应对此承担责任。承揽人完成承揽工作不符合要求的，仍然应当承担违约责任。

三、定作人因监督检验产生的费用或者损失应依过错程度由合同双方分担

因为定作人的监督检验权利是由法律明确规定，除非承揽合同作出明确约定，或者承揽人对于定作人的监督检验不予配合，导致产生了额外费用，否则定作人无论是自行进行监督检验还是委托第三人进行监督检验，均应由定作人自行承担相应费用。另外，定作人在进行监督检验过程中存在过错，导致自身或者他人的人身或者财产损失，除非承揽人亦有过错，否则也应由定作人自行承担。例如，因定作人未按承揽人安排，擅自接触加工设备导致自身发生人身损害时，因定作人存在明显过错，应由其自行承担损害后果，承揽人仅在未尽到安全管理义务等过错的情况下，才需与定作人按比例承担赔偿责任。[①]

① 参见四川省隆昌县人民法院（2014）隆昌民初字第1388号民事判决书。

第七百八十条　承揽人完成工作的，应当向定作人交付工作成果，并提交必要的技术资料和有关质量证明。定作人应当验收该工作成果。

【条文主旨】

本条是关于承揽合同工作成果交付及验收的规定。

【条文理解】

承揽合同是承揽人按照定作人的要求完成工作，交付工作成果，定作人支付报酬的合同。承揽合同的标的物即为承揽人完成的特定的工作成果。承揽合同工作成果的特征主要体现在两方面：其一，工作成果具有特定性。工作成果是承揽人按照定作人的要求为其量身定制，区别于种类物。其二，工作成果是承揽人物化的劳动成果，体现了承揽人的劳动价值。承揽合同的合同目的即体现在承揽人根据定作人的要求完成特定的工作成果，定作人按照约定支付报酬。工作成果的交付及验收，是连接这两大合同义务的纽带。因此，法律规定了承揽人在完成工作成果后，应当向定作人交付；定作人对于承揽人完成的工作成果，应当检验其是否符合合同约定，进而决定是否支付承揽报酬。

一、承揽人的交付义务

（一）交付义务的内容

本条规定的承揽人履行交付义务包括交付工作成果及与工作成果相关的必要的技术资料和质量证明。一般情况下，承揽人交付的工作成果应当是已完工且符合合同约定的工作成果；必要的技术资料包括图纸、技术数据、使用说明书等；有关的质量证明包括有关单位出具的质量合格证书、鉴定报告以及其他能够证明工作成果质量的材料等。

（二）承揽人交付义务的性质

承揽人交付工作成果是主给付义务，提供必要的技术资料和有关质量证明，是从给付义务。

根据合同法原理，以债务对债权实现所具有的不同作用为依据，合同义务分为主给付义务、从给付义务和附随义务。主给付义务是债所固有、必备的并决定债的类型的基本义务，也称为“主债务”；从给付义务是债所确定的不具有独立意义、从属和辅助主给付义务的义务，也称为“从债务”；附随义务是在债的发展过程中，依据诚信原则产生的照顾、告知、保护、协助、保密、忠实、注意等义务的总称。[①] 主给付义务、从给付义务以及附随义务相互之间区别如下：

1. 主给付义务与从给付义务

二者均对应为合同的履行利益，主要区别在于，主给付义务决定合同的性质和基本类型，从给付义务不能单独决定合同的类型，而是辅助主给付义务更好地实现合同目的。

2. 主给付义务与附随义务

其一，义务来源不同。主给付义务产生于法律的直接规定或者当事人之间的合同约定，附随义务产生于诚信原则。其二，主给付义务在合同成立之初就已经确定，而附随义务具有不确定性，附随义务随着合同关系的发展而变化。其三，对合同目的的实现的影响力不同。主给付义务与缔约目的直接相关，对应为合同的履行利益，违反主给付义务构成根本违约，而附随义务除了对应合同的履行利益，还旨在保障合同当事人的固有利益不因合同受到损害，违反附随义务，只有导致合同目的不能实现的情况下才构成根本违约。其四，主给付义务

① 参见刘心稳：《债权法总论》，中国政法大学出版社 2015 年版，第 133 页。

具有独立性，而附随义务不具有独立性。

3. 从给付义务与附随义务

二者均起源于诚信原则，目的均为促进合同目的更好地实现。二者的主要区别在于：其一，从给付义务主要体现为合同的履行利益，而附随义务除了体现为合同的履行以外，还体现为保护性义务，即保护性的附随义务强调合同当事人不应因合同的履行利益而使得固有利益受到损害。其二，违约的救济方式不同，违反从给付义务可以请求继续履行，而违反附随义务，通常仅发生替代性的损害赔偿。①

从上述区分情况来看，本条规定中，根据定作人的要求完成工作成果，是承揽合同中定作人订立承揽合同的最主要目的。因此，承揽人依约向定作人交付已完工的工作成果是承揽人的主给付义务。由于工作成果是承揽人按照定作人的要求完成的特定工作成果，为便于定作人验证及使用，承揽人向定作人交付工作成果的同时，还应当提交必要的技术资料和有关质量证明，法律的这一规定是为了更好地实现承揽合同的合同目的，这体现了合同的履行利益，因此，交付必要技术资料和相关质量证明是承揽人的从给付义务。

（三）承揽人违反交付义务的法律后果

关于承揽人迟延交付工作成果应如何承担违约责任。承揽人迟延交付工作成果违反合同主要义务，定作人可以请求继续履行、赔偿损失等违约责任，对此并无争议。实践中，争议较大的问题是承揽人出现上述违约情形时，定作人可否依据本法第563条第1款第3项、第4项的规定，即当事人一方迟延履行主要债务，经催告后在合理期限内仍然未履行或者迟延履行致使不能实现合同目的，当事人可以解除合同”的相关规定解除合同。《瑞士债务法》并未对承揽人迟延履行作出直接规定，我国台湾地区“民法”规定，在债务人迟延交付标的物的情况下，定作人行使解除权要区分具体情形并受到一定限制。我国也有学者认为，若承揽人已完成大部分工作，仅是交付工作成果迟

① 参见最高人民法院编写组编：《买卖合同司法解释适用解答》，人民法院出版社2012年版，第194~195页。

延，且迟延时间不太久，单次定期催告无果后解除可能使已完成的大部分工作丧失价值，对相关债务人失之过苛，不合经济效益原则。[①]对此，我国有学者指出，应区分承揽是否为定期行为提供不同的解决方案，如当事人特别约定承揽人应在特定期限完成工作或交付工作成果的，则定作人可以解除合同，并可以请求承揽人承担损害赔偿责任；如承揽合同并非绝对定期行为，而定作人工作已经完成，定作人可以请求减少报酬或者请求承揽人赔偿因迟延交付所造成的损失。[②]基于承揽合同具有一定的特殊性，我们认为，为平衡保护承揽人与定作人的利益，实践中适用本法第563条第1款第3项、第4项的规定认定合同的法定解除条件是否成就时，应当综合考虑承揽工作成果的完成情况、承揽人迟延交付工作成果的原因、损害后果、承揽合同缔约目的能否实现等多重因素，从严掌握。

承揽人未提交有关技术资料和质量证明的，违反合同从给付义务，定作人可以请求承揽人履行相应的交付义务，承揽人违反此项义务造成损失的，定作人有权向承揽人请求赔偿损失。

（四）风险转移

依据本法第604条规定，交付是买卖合同标的风险转移的重要时间节点。货物交付之前，标的物损毁、灭失的风险由出卖人负担，货物交付之后，标的物损毁、灭失的风险由买受人负担。在承揽合同中，工作成果风险转移参照买卖合同相关规定，故承揽人交付时间关系到工作成果风险转移时点的确定，即，承揽人交付之前，工作成果损毁、灭失的风险由承揽人负担，承揽人交付之后，工作成果损毁、灭失的风险由定作人负担。具体来说，承揽人完成工作成果后，应当按照合同约定的时间将该工作成果交付定作人。合同约定由定作人自提的，承揽人应当在完成工作成果后，通知定作人提货。承揽人通知定作人提货的日期为交付日期，工作成果损毁灭失的风险自承揽人通

① 参见崔建远：《合同一般法定解除条件探微》，载《法律科学》2011年第6期。

② 参见宁红丽：《〈民法典草案〉承揽合同章评析与完善》，载《经贸法律评论》2020年第1期。

知定作人提货之日起转移。合同约定由承揽人运送至定作人处的，定作人实际接收货物之日为交付之日，定作人自实际接收货物之日承担工作成果损毁、灭失的风险。如合同约定由第三方运输的，第三方接收该工作成果之日为交付之日，工作成果损毁、灭失的风险自第三方接收工作成果之日转移。根据承揽合同性质工作成果无需现实交付的，自承揽人完成该工作成果之日为工作成果交付之日，工作成果风险自承揽人完工之日即发生转移。承揽人向定作人交付工作成果，定作人无正当理由拒绝接收的，承揽人可以催告定作人接收该工作成果并进行验收，定作人超过合理期限不予接收的，承揽人可以依法将工作成果提存或留置，定作人拒绝接收工作成果的，应承担该工作成果损毁、灭失的风险。

二、定作人的验收义务

（一）验收的含义

关于定作人验收的含义存在不同观点。有的观点认为，应当区分验收和受领，验收仅指定作人对承揽人交付的工作成果进行数量、质量的检验。[①] 有的观点认为，验收包括检验和受领双重含义，即验收虽然包括接受的含义，同时还有确认工作成果是否符合合同约定的意思，只有经验收合格的工作物，定作人才需要接受。[②] 全国人大法工委编写的合同法释义认为，验收一般包括三个步骤：一是确认交付时间和地点；二是查点工作成果的数量；三是查验工作成果的质量以及有关技术资料和质量证明。[③] 由此可见，从立法本意来看，验收不包括受领的意思，仅指定作人接收工作成果及对工作成果进行数量和质量的检验。

定作人对标的物进行验收，还意味着定作人要配合承揽人完成验

① 参见崔建远：《合同法》，北京大学出版社2013年版，第563页。

② 参见王利明：《合同法研究》（上卷），中国人民大学出版社2012年版，第377页。

③ 参见胡康生主编：《中华人民共和国合同法释义》，法律出版社2013年版，第425页。

收前后准备工作，比如工作成果需要由承揽人运送的，定作人应当为承揽人交付创造条件，提供方便；如工作成果需由定作人自提的，定作人应当依约及时提取。如根据工作成果实际情况无需承揽人实际交付的，定作人应当及时对承揽人完成的工作进行确认和评价。

（二）验收的类型

1. 根据工作成果的完成情况，分为整体验收和部分验收

整体验收是指对符合承揽合同约定的全部已完工作进行的验收，一般发生在承揽合同正常履行的情况下，承揽人完成工作成果后，认为其已完成的全部工作成果符合验收条件向定作人申请的验收。部分验收是指工作成果虽然没有达到合同约定的完工标准，但因双方当事人的约定或者因合同解除，为了结算承揽报酬对已完成的工作成果部分进行的验收。比如，依据本法 782 条部分交付工作成果的，依据本法第 787 条定作人行使任意解除权的，就承揽人已完工部分进行报酬结算一般需要进行验收。在上述情况下，工作成果并未完全完工，但支付报酬一般需要以验收为前提。

2. 根据验收方式的不同，分为现实验收和拟制验收

现实验收包括定作人以签署验收记录或者虽然未签署书面文件，但定作人以实际支付报酬、使用工作成果方式对承揽人完成的工作成果表示认可。拟制验收是指，当事人约定在承揽人交付工作成果后一段时期内定作人应签署验收文件，如在该约定期间定作人未签署验收文件亦未对工作成果提出异议的则视为已验收。在当事人约定的上述条件成就后，产生验收的法律效果。

（三）验收的法律效果

经过验收，承揽人交付的工作成果合格的，定作人应当受领该工作成果，并依约支付报酬；如承揽人交付的工作成果经验收不合格的，定作人可以拒绝受领，但应及时通知承揽人进行修理、重作或者请求减少酬金、赔偿损失。在验收时，如果双方当事人对工作成果是否符合合同约定存在争议，可以申请鉴定。定作人未及时检验，或者在检验发现问题后怠于通知，在其收到工作成果 2 年内未通知承揽人

的，视为工作成果符合定作人要求。

【审判实践中应注意的问题】

一、加工承揽合同中，承揽人交付时间应如何认定

加工承揽合同中，双方当事人对承揽人交付工作成果、必要技术资料和相关质量证明的时间有约定的，依据双方当事人约定确定；双方对上述事项无约定或者约定不明的，依据本法第510条、511条第5项确定，即当事人能够达成补充协议的，依据双方的补充协议确定，不能够达成补充协议的，按照合同相关条款或者交易习惯确定，根据上述规则仍不能确定的，应由人民法院综合案件基本情况，从有利于实现合同目的的角度出发，在承揽人完成工作成果后的合理期间内，认定承揽人交付工作成果的时间。原则上必要的技术资料和相关质量证明应随工作成果一并交付。根据承揽合同性质，工作成果无需现实交付的，承揽人完成工作成果的时间，即为交付时间。

二、定作人对工作成果进行预验收后，如发现工作成果不符合合同约定，定作人可否拒绝受领并请求解除合同

对于生产工艺较为复杂的加工承揽合同，双方当事人通常会约定预验收程序。预验收并非正式验收，定作人对工作成果进行预验收后，如发现工作成果不符合合同约定，应及时通知承揽人进行后续整改。在当事人并未有特别约定的情况下，定作人以工作成果预验收不符合合同约定为由拒绝继续履行合同，一般不应予以支持。

三、定作人怠于履行工作成果验收及质量瑕疵通知义务，承揽人应否承担质量瑕疵担保责任

定作人未验收工作成果即接收使用，其后又以工作成果质量不符合合同约定为由主张权利，不应予以支持，但工作成果存在根本质量

问题除外。

定作人对工作成果进行验收后发现存在质量问题，应当及时通知承揽人。定作人怠于履行通知义务的，参照本法第621条规定处理，即当事人约定检验期限的，定作人应当在检验期限内将不符合约定的情形通知承揽人。定作人怠于通知的，视为工作成果符合约定；当事人没有约定检验期限的，定作人应当在发现或者应当发现工作成果不符合约定的合理期限内通知承揽人。定作人在合理期限内未通知或者自收到工作成果之日起2年内未通知承揽人的，视为工作成果的数量或者质量符合约定；但是，对工作成果有质量保证期的，适用质量保证期，不适用该2年的规定。承揽人知道或者应当知道工作成果不符合约定的，定作人不受第621条前两款规定的通知时间的限制。

第七百八十一条 承揽人交付的工作成果不符合质量要求的，定作人可以合理选择请求承揽人承担修理、重作、减少报酬、赔偿损失等违约责任。

【条文主旨】

本条是关于承揽人质量瑕疵责任的规定。

【条文理解】

本条规定确定了承揽人对其完成的工作成果应承担质量瑕疵担保责任。质量瑕疵担保责任是违反质量瑕疵担保义务时产生的责任。所谓瑕疵担保义务，是指有偿合同中的债务人对其所作出的给付负有担保其权利完整和标的物质量合格的义务。[①] 瑕疵担保义务分为两种类型，即权利的瑕疵担保义务和质量瑕疵担保义务。所谓权利瑕疵担保，是指债务人应担保债权人取得权利，不致因第三人主张权利丧失其标的物；质量瑕疵担保义务则是指债务人应担保其给付标的物在质量方面符合法律规定和合同的约定，以保障债权人合同目的的圆满实现。[②] 瑕疵担保责任则是债务人违反瑕疵担保义务而应当承担的违约责任。一般认为，除劳动合同之外，其他有偿合同的当事人都负有瑕疵担保责任，只不过瑕疵担保责任在买卖合同中表现得最为典型，因而各国一般将其规定在买卖合同中，对其他类型的合同参照适用。[③] 在承揽合同中，按照合同约定完成工作成果是承揽人的主要合同义

① 参见崔建远：《合同责任研究》，吉林人民出版社1992年版，第269页。
② 参见王家福主编：《民法债权》，法律出版社1991年版，第629~630页。
③ 参见崔建远：《合同法》，北京大学出版社2013年版，第386页。

务，承揽人就其完成的工作成果负有质量瑕疵担保义务，否则应承担相应的违约责任。

一、承揽人瑕疵担保责任的构成要件

第一，承揽人交付的工作成果不符合质量要求。承揽合同中，就质量要求有明确约定的，承揽人完成的工作成果应符合合同约定的质量要求。如果合同没有特别约定质量标准和要求，则应当符合工作成果的通常效用。凡是不符合合同约定的质量要求或者通常效用的，承揽人构成违约。比如，承揽人没有按照定作人指定的材料加工，将定作人提供的材料偷换，或者不按照合同约定的技术要求、技术条件和图纸进行工作，违反规定的技术规程等。但是，无论是何种形态，最终都应当表现为交付的工作成果不符合质量要求和通用效用。所以，判断承揽人是否应当承担瑕疵履行的责任，关键是要明确工作成果是否符合合同约定的质量要求或者通常效用。

第二，工作成果经验收不合格。承揽人完成了工作成果之后，应当由定作人验收。只有经过验收合格，才属于履行了合同义务。定作人验收是明确工作成果是否符合质量要求的重要环节。如果经验收确定不符合约定的，定作人应当及时通知承揽人。定作人在承揽人提出验收的要求后，在合理期限内没有验收，或者超出合理期限内没有提出异议，视为工作成果合格。

第三，承揽人具有过错。大陆法系大多数国家或地区的法律认为，承揽人就损害承担的赔偿责任，为过错责任。也就是说，如果承揽人完成的工作成果不合格是因为定作人的原因造成的，承揽人不承担质量瑕疵责任。我国也有学者认为，承揽人承担的质量瑕疵责任是一种无过错责任。虽然《民法典》合同编通则分编确立了违约责任以严格责任为归责原则，但就承揽合同而言，并非完全不考虑承揽人的过错。尽管承揽合同所确定的债务属于结果性债务，但在确定责任时仍需考虑不能实现特定给付结果的原因。如果确实是因为定作人的原因造成的，承揽人则不应当承担责任。

二、承揽人承担瑕疵责任的形式

依据本条规定，在承揽人完成的工作成果不符合质量要求的情况下，定作人可以合理选择请求承揽人承担修理、重作、减少报酬、赔偿损失等违约责任。

（一）修理、重作

所谓修理，通常也称为修复，是指在交付工作成果不符合质量要求时，承揽人以自己的费用修理该工作成果。修理是一种对原工作成果进行改造，消除缺陷的行为。所谓重作，就是指承揽人重新完成新的工作成果以替代原工作成果。修理与重作本质上是一种继续履行的违约责任承担方式。从承揽合同来看，修理、重作作为一种承揽人承担违约责任的方式，相较于其他违约责任的承担方式而言成本较低，也更加符合定作人订立承揽合同目的，因此，本条规定将修理、重作作为承揽人质量瑕疵责任之首。

关于修理、重作的决定权在于承揽人还是定作人，各个国家和地区法律规定并不完全一致。根据《德国民法典》第635条第1款的规定，定作人请求事后补充履行的，承揽人可以根据自己的选择，或者除去瑕疵，或者完成新的工作。在承揽合同的情形下，事后补充履行的意思是：或者除去瑕疵，或者完成新的工作。在这两种事后补充履行中，承揽人有选择权。[①]也就是说，在德国对于不符合质量要求的工作成果，定作人请求继续履行的，对于继续履行的方式是修理还是重作，承揽人是选择权人。本条规定承揽人交付的工作成果不符合质量要求的，定作人可以合理选择请求承揽人修理、重作，根据本法规定，对于修理或是重作的选择权在于定作人而非承揽人。

（二）减少报酬

所谓减少报酬，是指就承揽人交付的工作成果不符合质量要求，

---

① 参见陈卫佐译注：《德国民法典》，法律出版社2015年版，第252页。

定作人接受该工作成果，并就该工作成果不符合质量要求的情况请求相应减少报酬的支付。减少报酬请求权的行使条件是否必须以承揽人先行修补、重作不能（包括修补、重作费用过高而不宜采取此种违约责任承担方式的情况）为前提？减少报酬与解除合同请求权的关系如何？根据《德国民法典》第636条和第638条的规定，如果承揽人完成的工作成果有瑕疵的，定作人应当首先催告承揽人修理、重作，只有在催告无效或者承揽人拒绝事后补充履行，或者事后补充履行已失败或对定作人来说是不合理期待的，定作人可以不需要催告而直接请求减少报酬。我国台湾地区"民法"规定："只有当承揽人未于定作人所定期限内修补瑕疵、承揽人因修补费用过高拒绝修补或者根据工作成果特性不宜修补的，定作人可以选择减少酬金。"可见，德国和我国台湾地区关于定作人减少报酬的请求权的行使，一般都要求以承揽人先行修补、重作为前提。关于减少报酬与解除合同二者的关系，一般认为，减少报酬与解除合同均为定作人的形成权，定作人可以择一行使，二者的区别在于，如果承揽人完成工作成果的瑕疵轻微未达到根本违约的程度，定作人无权解除合同，但可以选择减少报酬。

（三）赔偿损失

赔偿损失是指承揽人因为交付不合格的工作成果，造成定作人的损失，应当赔偿。关于承揽人请求赔偿损失的范围，《德国民法典》认为，定作人可以就因质量瑕疵本身的损失、承揽人因承担修理、重作的违约责任而延迟给付造成的损失以及质量瑕疵造成定作人的固有利益的损失（加害给付）请求承揽人赔偿。我国台湾地区"民法"则认为，定作人仅能就已完成的工作成果给定作人造成的履行利益的损失请求承揽人赔偿，对于加害给付赔偿请求，不属于承揽人瑕疵责任范畴。根据本法第583条规定："当事人一方不履行合同义务或者履行合同义务不符合约定的，在履行义务或者采取补救措施后，对方还有其他损失的，应当赔偿损失。"因此，从体系解释上看，本条所规定的赔偿损失的范围，既包括合同履行利益的损失，也包括因加害给付造成的损失。

关于承担修理、重作、减少报酬、赔偿损失等违约责任的先后顺位问题，大陆法系国家或地区一般都规定，修理（重作）为第一顺序的救济措施，减少报酬和解除合同仅仅为修补请求权未能实现的备位权利。[①] 但从本法规定来看，并未对承揽人承担上述诸项违约责任的顺序作出明确的规定，据此，定作人可根据实际情况，选择对己方最为有利的权利救济途径。

【审判实践中应注意的问题】

一、定作人请求承揽人对不符合质量要求的工作成果进行修理或者重作，承揽人以工作成果的性质等不宜修理重作，或者修理重作费用过高的理由进行抗辩的，应如何处理

在承揽合同中，定作人作为原告就存在质量瑕疵的工作成果请求承揽人承担修理、重作等以继续履行为特征的违约责任的，如承揽人有证据证明符合本法第580条规定的非金钱债务不适宜继续履行的情形，人民法院可向定作人释明变更诉讼请求，即可向承揽人主张减少报酬或者赔偿损失。原告变更诉讼请求的，人民法院应围绕变更后的诉讼请求进行审理；原告不变更诉讼请求的，人民法院应当判决驳回诉讼请求。人民法院判决驳回诉讼请求后，定作人就承揽人瑕疵担保责任可以依法另行提起诉讼。

二、定作人请求承揽人承担修理、重作等违约责任，承揽人无正当理由拒绝修理、重作的，定作人可否自行修补并就产生的损失向承揽人追偿

承揽人完成工作成果存在质量瑕疵，定作人请求承揽人修理、重

① 参见宁红丽：《论承揽人瑕疵责任的形式及其顺位》，载《法商研究》2013年第6期。

作的，承揽人无正当理由拒绝修理、重作，定作人可以自行修补或者委托第三人修补。在这种情况下，定作人为此支出的合理必要的费用，属于因承揽人瑕疵交付产生的损失，定作人有权向承揽人主张赔偿。

第七百八十二条　定作人应当按照约定的期限支付报酬。对支付报酬的期限没有约定或者约定不明确，依据本法第五百一十条的规定仍不能确定的，定作人应当在承揽人交付工作成果时支付；工作成果部分交付的，定作人应当相应支付。

【条文主旨】

本条是关于定作人向承揽人支付报酬期限的规定。

【条文理解】

一、承揽人报酬的含义

承揽合同报酬有广义和狭义的理解。广义的报酬即指合同价款，一般包括承揽人以特定工具和技能完成工作任务的报酬、承揽人提供材料时的材料费以及定作人提供材料时因迟延受领工作成果的保管费。狭义的报酬仅指承揽人的工作报酬。从本法前后条文来看，本法第783条明确区分了承揽人的报酬和材料费等价款，本条规定的报酬，应为狭义的理解，仅指承揽人以特定工具和技能完成工作任务的报酬，而不包括承揽人提供材料时的材料费以及定作人提供材料时因迟延受领工作成果的保管费。虽然本规定中的报酬不包括承揽人提供材料时的材料费以及定作人提供材料时因延迟受领工作成果的保管费，但上述款项系承揽合同中合同价款的组成部分，支付合同价款属于定作人应履行的主要合同义务，故承揽人提供材料时的材料费以及定作人提供材料时因延迟受领工作成果的保管费支付期限适用本条规定。

二、定作人支付报酬的期限

向承揽人支付报酬是定作人的主要合同义务。定作人支付报酬的前提是承揽人交付的工作成果符合合同约定，对于不符合合同约定的工作成果，定作人可以不支付报酬或者相应减少报酬。

（一）定作人按照约定期限支付报酬

承揽合同对定作人支付报酬的期限有约定的，定作人应当依约向承揽人支付；如果承揽合同对支付报酬的期限没有约定或者约定不明确，依照本法第510条的规定，当事人可以以补充协议方式约定报酬支付期限，定作人应按照补充协议约定向承揽人支付报酬。

（二）定作人按照合同有关条款或者交易习惯确定的期限向承揽人支付报酬

如承揽合同对于支付报酬的期限没有约定或者约定不明，且双方当事人不能达成补充协议的，定作人支付报酬的期限，应当依据合同有关条款或者交易习惯确定。

（三）定作人在承揽人交付工作成果时支付报酬

由于承揽合同是承揽人根据定作人要求完成一定的工作成果，只有承揽人完成特定的工作成果并向定作人交付，承揽人才履行了合同义务。因此，除非当事人有特别的约定，否则在承揽人没有履行义务之前，为公平起见，定作人有权暂不支付报酬。在比较法上，一般认为，除非当事人已经就报酬的支付达成协议，否则定作人可以在工作完成且工作成果交付之时支付报酬。本法与通说一致，如果承揽合同对报酬支付期限未约定，且双方不能够达成补充协议，依据合同条款或者交易习惯仍然不能确定的，定作人应当在承揽人交付工作成果的同时向承揽人支付报酬。（1）工作成果无需交付的。根据承揽合同的性质，工作成果无需实际交付的，承揽人完成工作时即视为交付，定作人应在承揽人完成工作时支付报酬。（2）工作成果需要实际交付的。根据承揽合同约定交付方式的不同，定作人支付报酬的时间有所不同：如工作成果交付方式为定作人自提，承揽人通知定作人提货的，承揽人通知定作人提货的日期为交付日期，定作人应当在该日期支付报酬；如工作成果由承揽人运送，承揽人将工作成果运送到合同约定地点或者定作人指定地点并通知定作人验收，定作人实际接收的日期为交付日期，定作人在接收工作成果时支付报酬；如工作成果由第三方代为运送的，承揽人将工作成果送交第三方运输并通知定作人，第三方接收工作成果的日期为交付日期，定作人在收到承揽人的通知后应支付报酬。如果承揽合同中未约定交付内容或约定不明，依据本法第510条的规定仍不能确定的，承揽人应当在完成工作成果时及时通知定作人取货，承揽人应根据工作成果具体情况，为定作人预留合理取货时间，承揽人确定的合理取货时间为交付时间，定作人在收到取货通知时向承揽人支付报酬。

（四）工作成果部分交付

根据承揽合同的性质和双方约定的情况，有的工作成果并非一次性整体交付，而是分批分期交付。如果工作成果是分批分期交付，在双方无特别约定的情况下，定作人相应地亦可分批分期支付报酬。

【审判实践中应注意的问题】

一、当事人在承揽合同中约定，以将来某种事实的发生或者不发生作为承揽合同支付报酬的时间，定作人支付报酬的期限应如何认定

条件是将来可能发生或者不发生的某种事实，条件具有不确定性，当事人在合同中约定的条件既可能成就，也可能不成就，故当事人在承揽合同中约定，以将来某种事实的发生或者不发生作为承揽合同支付报酬的时间，视为双方对支付报酬期限约定不明，当事人无法达成补充协议，且依据交易习惯仍然无法确定的，承揽人交付工作成果时，定作人应当向承揽人支付报酬。

二、定作人以承揽人完成的工作成果不符合约定为由主张不支付或减少支付报酬，人民法院应如何处理

承揽合同中，定作人履行支付报酬的合同义务的前提是承揽人完成的工作成果符合合同约定。定作人以承揽人的工作成果不符合合同约定为由主张不支付或者减少支付报酬的，根据民事诉讼“谁主张，谁举证”的原则，应由定作人就承揽人的工作成果不符合数量、质量等不符合合同约定承担举证证明责任，否则，定作人应承担举证不能的不利后果，即承担向承揽人支付报酬并赔偿损失的违约责任。

第七百八十三条 定作人未向承揽人支付报酬或者材料费等价款的，承揽人对完成的工作成果享有留置权或者有权拒绝交付，但是当事人另有约定的除外。

【条文主旨】

本条是关于承揽人留置权及同时履行抗辩权的规定。

【条文理解】

本条规定对《合同法》第264条进行了修订，主要体现在：定作人未向承揽人支付报酬或者材料费等价款的，承揽人除依照原规定对其完成的工作成果享有留置权之外，还有权拒绝交付。增加规定的承揽人拒绝交付工作成果的权利，是承揽人的同时履行抗辩权。据此，本条规定赋予承揽人在定作人拒绝履行支付承揽合同价款时，有权选择对工作成果进行留置或者行使同时履行抗辩权，充分赋予当事人自由选择权，是民法对当事人自由意志的尊重，体现了时代的进步。

一、承揽人的留置权

（一）留置权的涵义

我国法律关于留置权范围的规定，先后经历了较大的变化。《担保法》第84条第1、2款规定："因保管合同、运输合同、加工承揽合同发生的债权，债务人不履行债务的，债权人有留置权。法律规定可以留置的其他合同，适用前款规定。"其后制定的《物权法》第230条至第232条对留置权范围进行了修改，主要体现在以下几个方面：一是留置权的适用范围，从保管、运输、承揽合同扩充到所有合同；

二是设置限定条件，即要求债权人就其占有的动产行使留置权，必须具备该动产与债权属于同一法律关系这一前提条件。三是新设更加宽松的商事留置规则，商事留置不受上述第二点条件限制。本法关于留置权的规定，沿用了《物权法》的相关规定。据此，所谓留置权，是指在债权债务关系中，债权人依法事先合法占有了债务人的动产，在债务人不履行到期债务时，债权人有权依法留置该动产，并可以将该留置的动产折价或者以拍卖、变卖所获得的价款优先受偿。留置他人财产的债权人是留置权人，被留置财产的人是债务人，留置的财产称为留置物。[①] 在我国法律规定中，留置权的功能具有双层含义，第一层含义是迟延抗辩功能，迟延抗辩又称为留置抗辩，是指针对债务人的返还请求权的抗辩，当事人在同一法律关系中互为清偿债务与返还标的物的对待给付之时，债务人未清偿债务，债权人得以拒绝返还标的物进行抗辩，以督促债务人积极履行债务。第二层含义是物的担保功能。留置权是一种法定的担保物权，并非依据当事人合意产生。留置权具有担保物权的优先受偿效力，在债务人不履行到期债务时，留置权人有权从留置物的拍卖、变卖或折价所得的价款中优先受偿。

（二）承揽人留置权的内容

承揽人的留置权是留置权的一种典型形态。承揽人就工作成果享有留置权，原因在于承揽人提供劳务完成工作成果创造了价值，工作成果中凝结了承揽人的劳动价值，因此，承揽人对工作成果的报酬请求权相较于其他债权人对定作人的债权而言，具有一定的特殊性，故应当赋予承揽人就其完成的工作成果享有优先受偿权。承揽人的留置权是法律规定的优先权，其产生、内容必须由法律明确规定，具体来说，承揽人留置权的法定性体现在以下几个方面。一是除非承揽人和定作人明确约定排除留置权，否则承揽人依法就其完成的工作成果享有留置权。二是留置期限的法定性。如果承揽人完成工作成果后，定作人未依约履行付款义务，承揽人有权留置工作成果，在双方就留置

① 参见王利明：《物权法研究》（下卷），中国人民大学出版社 2013 年版，第 1388 页。

工作成果后的债务履行期限不能达成一致或者约定不明的情况下，承揽人可以要求定作人在2个月内支付报酬以及相应价款。三是法律效果的法定性，定作人超过留置期限逾期仍不履行的，承揽人可以与定作人协议将留置的工作成果折价，也可以依法拍卖、变卖该工作成果，以所得价款优先受偿。四是留置权实现范围的法定性。留置权优先受偿的范围包括定作人未付的报酬及利息、承揽人提供材料的费用、工作成果的保管费、合同中约定的违约金以及承揽人的其他损失等。工作成果折价或者拍卖、变卖后，其价款超过定作人应付款项的，归定作人所有，不足部分由定作人清偿。五是承揽人作为留置权人权利义务的法定性。留置期间，承揽人有权收取该工作成果产生的孳息，但同时负有妥善保管留置物的义务，因承揽人保管不善导致工作工作成果损毁、灭失的，承揽人应承担赔偿责任。

（三）承揽人留置权的特征

承揽人留置权作为一种法定担保物权，既具有一般的担保物权的特征，又具有其独特性，承揽人留置权的特征主要表现在以下几个方面。一是承揽人留置的工作成果必须是动产。关于留置权的标的，各国及地区规定不尽相同。比如《瑞士民法典》中，动产和有价证券可以作为留置权的标的；《日本民法典》中，除了动产和有价证券外，不动产也可以作为留置权的标的。我国台湾地区“民法”规定，留置权的标的是动产。本法第447条第1款规定：“债务人不履行到期债务，债权人可以留置已经合法占有的债务人的动产，并有权就该动产优先受偿。”可见，根据我国《民法典》的规定，留置权仅适用于动产而不适用于不动产。承揽人留置权适用于留置权的一般规定，仅适用于动产留置，主要是考虑到承揽人留置权系因加工承揽行为产生，其债权价值与不动产本身的价值相比，不动产价值远高于债权价值，如果允许加工承揽费用的偿付对不动产进行留置不利于平衡保护双方当事人的权利。另外，在作为承揽合同特殊形态的建设工程施工合同法律关系中，法律已经规定承包人实现其工程价款请求权可享有建设工程价款优先受偿权，建设工程价款优先受偿权作为一种法定优先权，很大程度上填补了此类债权在不动产领域不能实现的漏洞。二是承揽人必须合法占有工作成果。承揽人留置工作成果的前提是承揽人依据承揽合同合法占有定作人的动产，如果承揽人已经将工作成果交付给定作人，也就是说该工作成果已经由定作人占有，承揽人则无法实现留置权。如果定作人同承揽人订立有数个承揽合同，定作人未支付其中一个合同报酬的，承揽人只能留置定作人未付报酬的那个合同的工作成果。如承揽人占有定作人的其他财产，当定作人无正当理由不支付报酬、材料费等费用的，承揽人不能留置该其他财产。三是承揽人的留置权不能直接通过占有实现。占有工作成果是承揽人行使留置权的前提条件，但承揽人就实现其酬金、材料费等债权的清偿，不能直接通过占有工作成果一次实现。承揽人在定作人不支付相关费用时，首先应当留置工作成果，督促定作人尽快完成支付。只有当定作人在留置期间仍然不能支付上述费用时，留置权人才可依法以留置物折价或拍卖、变卖的价款优先受偿，从而实现其留置权。留置权属于法定担保物权，如承揽人在得知定作人不能支付报酬、材料费等费用后，与定作人协商直接将工作成果抵偿加工承揽费用，不符合法律规定的留置权实现方式，故而无效。四是承揽人留置权优先于在该留置物上同时设定的抵押权或质权。比如，机动车所有人将其已经设定抵押的机动车送去维修，因无力支付维修费用，机动车修理人可依法行使留置权，并在维修费用范围内享有优先于抵押权人受偿的权利。

二、承揽人的同时履行抗辩权

在研究留置权制度时，有的学者提出，通过比较法研究，关于留置权制度的设置存在两种模式，一种是债权性留置权，另一种是物权性留置权。[①]法国、德国采取债权留置权制度。比如，《法国民法典》规定的留置权实际上是双务合同中同时履行抗辩权；德国民法认为，留置权为债权人在相对人未给付时，于一定条件下得拒绝自己对

① 参见房绍坤：《论留置权》，载《法学评论》1992年第5期。

于相对人应为之给付的拒绝履行给付权。日本、瑞士及我国台湾地区采物权留置权制度，日本民法认为，留置权是一种独立的担保物权；瑞士民法认为留置权是动产担保的一种法定形式；我国台湾地区“民法”规定，留置权具有担保物权性质。此外，在英美法系中存在的普通法上的留置权、衡平法上的留置权、海事留置权等，均具有物权性质。一般来说，在民商分立的国家，大多在民法典中规定了债权性留置权，商法典则规定物权性留置权；在民商合一的国家，大多在其民法典中仅规定物权性留置权，而少有债权性留置权的规定。①

我国理论和实务界的主流观点认为，留置权具有物权性质，是一种法定担保物权，故在《民法通则》《担保法》《物权法》的制定过程中，立法对上述意见予以采纳并在《民法典》的编纂过程中将上述精神一以贯之，本条规定的承揽人留置权是一种法定担保物权。从实际效果来看，尽管物权救济模式比债权救济模式对于债权人而言具有更强的保障力，但不能否认的是，承揽人在完成工作成果后，依据承揽合同就其完成的工作成果有权向定作人主张债权，承揽人作为债权人，有权选择债权救济方式，《合同法》规定的承揽人享有留置权，是一种物权救济方式，但并未就承揽人可以主张债权救济进行明确，某种程度上具有一定缺陷。为此，为了弥补承揽人作为债权人合同救济权利的缺陷，尊重和保障承揽人的自主选择权，本法对《合同法》第264条进行修订，具体来说，就是明确规定了在定作人未向承揽人支付报酬或者材料费等价款的情况下，承揽人可以自由选择对完成的工作成果行使留置权或者拒绝交付工作成果。承揽人享有留置权为物权救济不再赘述，承揽人拒绝交付工作成果这一行为，应理解为承揽人向定作人主张同时履行抗辩权。

本法第525条规定了合同当事人同时履行抗辩权规则。所谓同时履行抗辩权，是指在双务合同中，双方当事人就履行各自义务并无先后履行顺序，双方应当同时履行义务。一方当事人如有证据证明另一

① 参见董学立：《论我国留置权的范围》，载《山东大学学报》2004年第4期。

方当事人在同时履行的时间不能履行或者不能适当履行，到履行期时其享有不履行或者不全部履行己方义务的权利。在承揽合同中，除非当事人有特别约定，否则承揽人交付标的物和定作人支付报酬、材料费这两项对待给付义务并无先后履行顺序，故承揽人在定作人无故不支付合同价款的情况下，有权向定作人主张同时履行抗辩权，拒绝交付工作成果。

应当注意的是，承揽人拒绝交付工作成果，与承揽人行使留置权拒绝返还工作成果，对于定作人而言，在实际效果上并无区别，但承揽人行使这两项权利的基础不同。其区别主要在于：一是性质不同。留置权属于物权，承揽人拒绝返还工作成果是基于法定担保物权的内容，具有对抗第三人的效力；而同时履行抗辩权是双务合同的一种效力，只能对合同对方当事人，即定作人行使，不能对抗第三人。二是发生原因不同。留置权直接依据法律的规定发生；而同时履行抗辩权则是双务合同中的一种权利救济方式，是合同权利的具体内容。三是所保护的债权不同。留置权所保护的债权，与留置的标的物具有同一法律关系；同时履行抗辩权所保护的债权，必须基于同一双务合同，且双方当事人之间需有对待给付。四是法律后果不同。留置权的效力在于对抗定作人的标的物返还请求权，定作人不履行到期债务时，经过法律规定的程序，承揽人可以留置财产折价或者直接拍卖、变卖留置财产并就其价金优先受偿；而同时履行抗辩权的效力在于对抗定作人的债务履行请求权，对方当事人履行前，自己可以拒绝其享有的履行请求，但没有实现债权的效力。五是消灭的原因不同。承揽人自承揽人对留置财产丧失占有或者接受定作人另行提供担保的，留置权消灭；而在承揽人行使同时履行抗辩权的场合，只要定作人债务未履行该权利便不会消灭。

【审判实践中应注意的问题】

一、承揽人完成的工作成果被作为定作人的财产查封、扣押，承揽人提起案外人执行异议之诉的，应如何处理

人民法院在执行过程中，将承揽人完成工作成果作为定作人财产查封、扣押，承揽人以其对该工作成果享有优先权提起案外人执行异议之诉，人民法院不予受理。承揽人可以依据《民事诉讼法司法解释》第508条的规定直接参与执行分配，主张优先受偿权。

二、承揽人留置期间，留置物损毁、灭失或者被征收的，承揽人请求行使物上代位权的，应否支持

留置权属于法定担保物权，具有物上代位的法律效力。承揽人留置期间，留置物因损毁、灭失或者被征收的，承揽人有权依据本法第390条之规定，就因此获得的保险金、赔偿金或者补偿金等主张优先受偿权。

三、承揽人明知定作人无权处分却仍然对工作成果进行加工承揽的，承揽人就完成的工作成果是否有权主张留置权或者同时履行抗辩权

承揽人明知定作人无权处分仍与定作人签订承揽合同侵害所有权人利益构成恶意串通的，承揽合同无效，承揽人不得依据无效的合同向定作人主张同时履行抗辩权。同时，主合同无效，担保物权无效，承揽人对工作成果亦无权行使留置权。

第七百八十四条　承揽人应当妥善保管定作人提供的材料以及完成的工作成果，因保管不善造成毁损、灭失的，应当承担赔偿责任。

【条文主旨】

本条是关于承揽人保管义务的规定。

【条文理解】

承揽人的保管义务是指承揽人在承揽工作中负有保管定作人提供的材料及在承揽工作完成后保管工作成果的义务。承揽合同中，加工承揽材料既可以由承揽人提供，也可以由定作人提供，如材料系由定作人提供的，承揽人负有妥善保管材料的义务；无论材料是否由定作人提供，在工作成果完成后交付前，承揽人亦负有妥善保管工作成果的义务。本条规定承揽人对定作人提供的材料和工作成果负有法定保管义务的原因在于，对于材料而言，材料是完成工作成果的必要基础，如果材料是由定作人提供，在承揽合同履行过程中，材料将处于承揽人占有和控制，如材料损毁、灭失，将直接影响承揽合同合同目的的实现；而如果材料是由承揽人提供，材料损毁、灭失的应由承揽人自行解决，由此导致承揽合同目的不能实现的，由承揽人承担违约责任，故在材料是由承揽人提供的情况下，不涉及材料保管问题。对于工作成果而言，工作成果在承揽人完成后交付前，亦是由承揽人占有控制，因此承揽人对已完工未交付的工作成果，应当履行妥善保管义务。

理解承揽人的保管义务应注意以下几个方面的问题：

一、关于材料的范围

材料既包括组成工作成果的原材料、零部件、工具设备等有形物，也包括完成工作成果所必需的图纸、设计方案、技术资料等无形物。

二、承揽人违反保管义务承担责任的归责原则

合同责任的归责原则问题，是合同法的一大核心问题，也是中外合同法所关注和探讨的重点问题。关于合同责任应适用何种归责原则，大致存在以下四种观点：第一种观点认为，合同法违约责任应采严格责任说，即合同当事人只要违反合同约定就应承担责任，不问违约方是否具有错过。第二种观点认为应采过错责任说。这就是说，当事人是否应当承担违约责任，要考虑其是否具有过错。第三种观点认为，合同责任应采过错推定责任说，应由违反合同义务一方对其不存在过错承担举证证明责任，如其不能证明自身没有过错的，应承担违约责任。第二种观点和第三种观点本质均为过错责任，只不过在举证责任的划分上有所区别。第四种观点认为应采混合责任说，即过错责任和严格责任并行的二元模式。从比较法来看，英国秉持合同责任为严格责任的立场；德国的违约责任主要以过错原则为主，当法律有规定或者当事人另有约定的情况下，则应较过错原则采更严格或者更宽松的标准。法国对于违约责任的归责原则采取多元机制，即违反了方式性的债务，应承担过错责任；违反结果性义务，应承担严格责任，不可抗力是免责事由；违反担保性义务，承担严格责任，但不能因不可抗力而免责。

我国1981年颁布的《经济合同法》是中华人民共和国成立后最早以立法形式规定了违约责任归责原则的法律。该法第32条规定："由于当事人一方的过错，造成经济合同不能履行或不能完全履行，由有过错的一方承担违约责任；如属双方的过错，根据实际情况由双方分别承担各自应负的违约责任。"由此可见，我国合同法关于违约

责任的归责原则最早确立的是过错责任原则。但是，随后于1985年颁布的《涉外经济合同法》、1986年颁布的《民法通则》以及1987年颁布的《技术合同法》却未明确将过错作为违约责任归责原则的考量因素，因此，有的学者认为，这三部法律实际上确立了严格责任的违约责任归责原则。[①]但是，亦有学者认为，在1999年《合同法》颁布之前，我国契约领域在立法上采行的是过错责任原则。[②]在《合同法》制定过程中，围绕着合同责任的归责原则曾产生激烈争论，最终《合同法》第107条规定："当事人一方不履行合同义务或者履行合同义务不符合约定的，应当承担继续履行、采取补救措施或者赔偿损失等违约责任。"据此，理论和实务界主流观点认为，我国《合同法》的上述规定，确立了严格责任作为违约责任的一般归责原则，本法第577条的规定亦延续了《合同法》第107条的规定。

本条规定系承袭《合同法》第265条而来。本条规定承揽人应当妥善保管定作人提供的材料以及完成的工作成果，因保管不善造成毁损、灭失的，应当承担赔偿责任。需要注意的是，本条所涉及的妥善保管，是指承揽人应当按照约定或者在没有约定的情况下，根据材料、工作成果的特性按照行业通常惯例做法，尽到与承揽人专业能力相匹配的注意义务，对材料和工作成果进行保存、管理，防止材料和工作成果毁损、灭失。立法机关认为，如果因材料、工作成果自身性质造成的自然损耗、定作人隐瞒材料瑕疵或者因不可抗力而发生材料、工作成果损毁、灭失的，承揽人在尽到妥善保管义务的前提下，不承担损害赔偿责任。[③]据此，应当认为，承揽人对定作人提供的材料及工作成果因尽到妥善保管的义务而不承担上述物品损毁灭失的赔偿责任，体现的是一种过错责任。相对于合同归责原则的一般规定，

---

① 参见梁慧星：《从过错责任到严格责任》，载梁慧星主编：《民商法论丛》第8卷，法律出版社1997年版。

② 参见胡海涛：《我国〈合同法〉违约归责原则的变迁及经济学检讨》，载《河北师范大学学报》2006年第3期。

③ 参见胡康生主编：《中华人民共和国合同法释义》，法律出版社2013年版，第434页。

承揽合同归责原则属于特别法，根据特别法优于一般法的原则，对于承揽合同中承揽人违反保管义务承担责任的归责原则，应适用本条规定，即采取过错责任原则。

【审判实践中应注意的问题】

承揽合同履行过程中，定作人提供的材料或工作成果在交付前灭失，定作人请求承揽人承担赔偿责任，举证责任应如何分配。

承揽合同履行过程中，在工作成果交付前，定作人提供的材料及工作成果均由承揽人占有、管理，定作人对上述物品的保管情况难以掌握，在此期间上述物品损毁、灭失的，应由承揽人对其尽到妥善保管义务承担举证证明责任，如承揽人不能证明其已尽到妥善保管义务的，依据本规定应向定作人承担相应的赔偿责任。

第七百八十五条　承揽人应当按照定作人的要求保守秘密，未经定作人许可，不得留存复制品或者技术资料。

【条文主旨】

本条是关于承揽人保密义务的规定。

【条文理解】

一、承揽人保密义务的概念与性质

根据本条规定，承揽人保密义务是指，承揽人在完成承揽工作的过程中，对因履行承揽合同知悉的事项，承揽人应按照定作人要求保守秘密，不得向第三人泄露或不当使用。承揽人的保密义务属于承揽合同的附随义务。合同的附随义务，是合同当事人在合同履行过程中，除了履行合同约定的义务，同时负有不损害对方当事人固有利益以及促进合同目的更好实现的义务，具体包括履行通知、减损、协助、保密等义务。合同附随义务是根据诚信原则产生的，具有不确定性，随着合同实际履行情况不断发生变化。合同的附随义务属于法定义务，无论当事人在合同中是否约定了附随义务，本着诚信原则，合同当事人都应履行附随义务。承揽合同中，因承揽人应根据定作人的指示要求完成一定的工作成果，承揽人基于承揽工作的需要将会获得相应的图纸、技术资料、样品等，有可能涉及定作人的商业秘密。承揽人因为交易行为获得了对方当事人的商业秘密，基于诚信原则，承揽人有义务按照定作人的要求保守秘密。

二、承办人履行保密义务的主要内容

承揽人的保密义务是基于诚信原则而产生，承揽人履行保密义务不局限于合同履行阶段，而是贯穿于合同缔约履行及合同终止的全过程。具体包括：（1）合同缔约阶段的保密义务。依据本法第501条的规定，当事人在订立承揽合同过程中知悉的商业秘密或者其他应当保密的信息，无论合同是否成立，不得泄露或者不正当地使用。（2）履约阶段的保密义务。依据本规定，承揽人在履行合同中知悉的秘密信息，负有按照定作人要求保密的义务。（3）合同终止后的保密义务。承揽合同履行完毕或者解除后，承揽人除了不得泄露或不正当使用商业秘密外，还应当将涉及保密信息的图纸、技术资料、样品等一并返还定作人，承揽人不得私自复制、留存。

三、承揽人违反保密义务的责任构成要件

（一）承揽人违反保密义务给定作人造成损失

我国主流观点认为，附随义务以保护合同的给付利益或是固有利益为目的。比如，通知、协助等义务体现的是合同给付利益，保密、安全保障则体现为当事人固有利益的保护。其一，承揽人的保密义务在于保护定作人的合法权益，即定作人不能因承揽合同的履行而导致其固有利益受到损害，从这一点来看，承揽人违反保密义务承担责任应当以定作人固有利益受到损害为前提。其二，承揽人的保密义务属于承揽人的法定义务，承揽人违反保密义务构成违约。合同违约责任的承担以损失填补为主要原则，因此除非当事人另有约定，承揽人只有在违反保密义务给定作人造成损失的情况下才需要承担赔偿责任。其三，本法第501条规定："当事人在订立合同过程中知悉的商业秘密或者其他应当保密的信息，无论合同是否成立，不得泄露或者不正当地使用；泄露、不正当地使用该商业秘密或者信息，造成对方损失的，应当承担赔偿责任。"上述规定是附随义务的一般规定，明确规定了合同当事人违反附随义务造成对方损失的，应当承担赔偿责任。

在本法并未对承揽人违反保密义务作出特别规定的情况下，应适用合同编通则部分的一般规定。其四，根据我国《合同法》的立法精神，损失的产生是承揽人违反保密义务的责任构成要件。全国人大常委会法制工作委员会编写的合同法释义一书中，在《合同法》第266条释义里明确指出，承揽人未尽保密义务，泄露秘密，给定作人造成损失的，承揽人承担损害赔偿责任。①《民法典》合同编编纂过程中，并未对《合同法》第266条进行修改，可见立法精神是延续的。

（二）违反保密附随义务赔偿责任的归责原则

我国民事责任归责原则有三种：一是过错责任原则；二是无过错责任（严格责任）原则；三是公平责任原则。《合同法》以无过错责任（严格责任）为原则。对于合同当事人违反保密义务这一附随义务，应适用何种归责原则，理论和实践存在争议。一种观点认为，应适用无过错责任原则。理由是保密附随义务属于合同法定义务，具有可预见性，要求合同当事人履行保密义务，不会因此加重违约方的注意义务，故此，应适用合同违约责任的一般规则，即无过错责任。另一种观点则认为，违反先合同保密义务或后合同保密义务，应适用过错责任原则，而在合同履行中违反保密义务应适用无过错责任原则。理由是先合同阶段，合同尚未成立，而后合同阶段，合同履行完毕，在这两个阶段不存在所谓的违约问题，应适用过错责任原则。合同履行中违反义务，实际上就是违约行为，应适用一般违约责任的归责原则。②

我们倾向于认为，第二种观点较为合理。合同的成立、履行及终止是一个动态发展的过程，附随义务在各个阶段均可能发生并随着合同的动态发展而变化。附随义务产生的阶段不同，违反附随义务导致的法律责任的性质亦不相同。根据本法第501条规定，在缔约阶段

① 参见胡康生主编：《中华人民共和国合同法释义》，法律出版社2013年版，第436页。

② 参见方龙华、吴根发：《论合同法上的保密附随义务》，载《法律适用》2001年第10期。

违反附随义务成立缔约过失责任。所谓缔约过失责任是指在合同订立过程中，一方当事人因故意或过失违反依诚信原则导致对方信赖利益损失时所应承担的民事赔偿责任。缔约过失责任是一种过错责任。因此，在缔约阶段违反保密义务给对方造成损失的，应适用过错责任归责原则。违反合同履行阶段的附随义务的法律责任，根据附随义务的类型不同有所区分。如果违反的是以保护履行利益为目的的附随义务，则本质上属于违约责任，应适用无过错归责原则；如果违反的是以保护合同当事人固有利益为目的的附随义务，构成违约责任和侵权责任的竞合，当事人有权自主选择权利救济途径。如当事人选择合同救济，适用无过错归责原则，如当事人选择侵权救济，适用过错责任的归责原则。合同权利义务关系终止后的附随义务又称为后合同义务。合同当事人之间权利义务关系虽然终止，但根据诚信原则，由交易产生的信赖利益向后延伸。违反此类附随义务赔偿责任的法律性质如何认定，存在不同观点：一种观点认为，违反后合同义务产生的责任在性质上属缔约过失责任；第二种观点认为，违反后合同义务产生的责任主要表现为损害赔偿责任，因而属侵权责任；还有一种观点认为，违反后合同义务应承担债务不履行的民事责任。[①] 上述三种观点均有一定缺陷，违反后合同义务显然不属于侵权责任，而是一种法定的合同责任，后合同并非缔约过失义务，亦非合同义务。后合同义务是根据诚信原则和交易习惯，要求当事人在合同权利义务终止后仍然具有诚实、守信、善意的心理状态，不损人利己，不规避法律，在民事活动中维持双方的利益平衡，这对当事人而言是一种更高的要求。由此可见，在合同权利义务关系终止后违反保密义务以过错责任为归责原则，较为合理。

四、承揽人违反保密义务的法律后果

本规定主要是侧重于承揽合同成立后承揽人应承担的保密义务。

---

① 参见李敏：《合同法中的附随义务探讨》，载《甘肃政法学院学报》2005年第5期。

定作人可以与承揽人在承揽合同中约定保密的内容，也可以在合同履行过程中对承揽人提出具体保密要求。承揽人在工作中，应当按照定作人要求保密，不得将保密信息泄露给他人，也不得不正当利用使用保密信息。不正当使用包括以自身名义申请专利、超出合同约定数量加工生产同类工作成果并投放市场经营、仿制已申请专利的工作成果并投放市场经营等。承揽工作完成或承揽合同解除后，承揽人应及时将定作人提供的图纸、技术资料等返还定作人。承揽人违反本法规定的保密义务，是违反合同履行过程中附随义务和后合同义务，定作人就承揽人违反保密义务给定作人造成的损失，可以请求承揽人承担赔偿责任。

【审判实践中应注意的问题】

一、承揽人违反保密义务给定作人造成损失，其以定作人未对其提出明确保密要求为由主张免除责任的，人民法院不予支持

承揽人的保密义务系法定义务，如定作人与承揽人在承揽合同中并未就保密内容进行明确约定或者约定不明，定作人亦未就保密内容向承揽人提出具体要求的，根据诚信原则，承揽人仍然负有相应的保密义务。承揽人是否违反保密义务，应结合承揽合同的具体内容、交易习惯等认定，承揽人违反保密义务给定作人造成损失的，应依法承担赔偿责任。

二、如定作人已经公开秘密，承揽人应否承担保密义务

如定作人已经公开秘密，承揽人可以不再承担保密义务，但仍负有不得不正当利用、使用承揽人保密信息的义务，承揽人不正当利用、使用保密信息损害定作人权益的，定作人依法可向承揽人主张赔偿。

三、如完成承揽工作的图纸、技术资料等系承揽人设计提供，承揽人是否应承担保密义务

如完成承揽工作的图纸、技术资料等系承揽人设计、提供，就该部分内容应否保密，应依据当事人的约定确定。如当事人对此并无约定或者约定不明的，应依据本法第510条、第511条关于合同约定不明时合同履行的规则确定。依据本法上述规定仍不能确定的，如该工作成果系定作人特殊需求，且图纸、技术资料等设计研究成本主要由定作人负担，一般应当认为承揽人对图纸、技术资料等仍负有保密义务。

第七百八十六条 共同承揽人对定作人承担连带责任，但是当事人另有约定的除外。

【条文主旨】

本条是关于共同承揽人承担责任的规定。

【条文理解】

共同承揽是指由两个或者两个以上承揽人共同与定作人订立合同，共同完成承揽工作，就工作成果共同向定作人负责的一种承揽方式，共同完成承揽工作的人就是共同承揽人。在大陆法系，以债的主体数量划分，可将债分为单一之债和多数人之债。顾名思义，单一之债是当事人双方均为一人的债，多数人之债是债权人、债务人中至少有一方当事人为两人或两人以上的债。在多数人之债中，根据分类标准的不同，可以将债划分为可分之债与不可分之债、连带之债与按份之债两组类型。可分之债与不可分之债是根据债的标的是否具有可分性作出的划分，而连带之债与按份之债是以债的主体之间的相互关系作为分类标准的。共同承揽本质上是多数人之债，即至少是作为承揽人一方的主体为二人以上。共同承揽中，数个承揽人有可能各自完成一定的工作，其履行承揽义务是相对独立和能够区分的；也有可能是彼此配合紧密，不能完全将各自义务独立区分的。也就是说，根据承揽合同标的的特性，共同承揽有可能是可分之债，也有可能是不可分之债。无论是某一特定的共同承揽是可分之债还是不可分之债，根据本条规定，共同承揽人对定作人都承担连带责任，这是一种法定责任。法律规定共同承揽人承担法定连带责任的原因在于，定作人获得工作成果依赖于每一个共同承揽人履行相应的义务，只要其中任何一个共同承揽人没有适当履行义务，都有可能影响承揽合同目的的实现。因此，为促进承揽合同目的的实现，保护债权人的合法权益，法律直接规定了共同承揽人之间的责任为连带责任。

共同承揽人承担连带责任区分外部关系和内部关系。在外部关系上，每一个共同承揽人就完成的工作成果均应作为一个整体向定作人负责，共同承揽人都有义务为全体承揽人清偿债务。如果交付的工作成果不符合要求，定作人可以请求共同承揽中的任何一人或全部承揽人承担违约责任，共同承揽人不得以其在内部关系中的份额或其他约定对抗定作人的请求权。同时，定作人对某一或特定范围的共同承揽人减轻、免除的责任的，对全体承揽人均发生法律效力，某一承揽人履行了承揽义务的，对全体共同承揽人产生债务清偿的法律效果；在内部关系上，如其中一个共同承揽人承担责任后，对于超出其约定或者过错程度的责任部分，该承担责任的共同承揽人有权向其他相关共同承揽人追偿。

民法以尊重当事人意思自治为核心，本条同时规定了当事人之间的特别约定可以作为法定连带责任的除外情形。如果定作人和共同承揽人之间约定共同承揽人承担按份责任或者仅由特定承揽人承担责任的，则适用当事人之间的特别约定；如果当事人没有就共同承揽人应如何承担责任进行约定或者约定不明的，则由共同承揽人承担连带责任。

【审判实践中应注意的问题】

一、承揽人将自己承揽的工作交由第三人实际完成的，当事人之间的权利义务关系应如何认定

承揽人将自己承揽的工作交由第三人实际完成称为转承揽。在转承揽法律关系中，定作人和第三人之间并无直接的合同关系，当工作

成果不符合合同约定或者法律规定时，定作人不得直接向第三人主张权利，定作人在请求承揽人承担相应责任后，承揽人就因第三人原因造成的损失，可以依法向第三人请求赔偿。反之，第三人的支付报酬请求权等，亦不得直接向定作人主张。

二、共同承揽合同当事人向法院提起诉讼，各方诉讼地位应如何列明

定作人作为原告起诉请求共同承揽人承担连带责任的，应将所有共同承揽人列为共同被告，经人民法院释明，定作人仍仅向一人或其中数人主张权利，人民法院应将其余共同承揽人追加为共同被告；定作人作为原告起诉请求共同承揽人承担按份责任或单独承担责任的，人民法院可根据案件具体情况将定作人未起诉的其他共同承揽人追加为共同被告或第三人。

共同承揽人作为原告起诉请求定作人承担责任的，共同承揽人应为共同原告。某一个或数个共同承揽人首先向人民法院提起诉讼的，人民法院应当通知其他未起诉的共同承揽人。未起诉的共同承揽人明确表示放弃实体权利的，可不予追加；既不愿意参加诉讼，又不放弃实体权利的，仍应追加为共同原告。

第七百八十七条 定作人在承揽人完成工作前可以随时解除合同，造成承揽人损失的，应当赔偿损失。

【条文主旨】

本条是关于定作人解除权的规定。

【条文理解】

本法虽规定定作人可以中途变更工作要求，但亦规定定作人的变更行为并不导致承揽合同双方权利义务的终止，我国《合同法》亦严格限制合同双方行使解除权，以防止解除权被滥用，进而保障交易的稳定性。但是，对于某些基于双方信赖而订立的特定合同，法律允许一方或者双方行使任意解除权。其中，承揽合同即为著例，如果定作人已经丧失对承揽人的信赖，或者认为已无继续履行承揽合同的必要，定作人可以随时解除承揽合同。

具体而言，根据本条规定，定作人的解除权应当包括以下几个方面内容：

一、定作人有权随时解除承揽合同

（一）合同解除的定义和类型

所谓合同的解除，是指合同生效以后至合同债务按照约定履行完毕前，以当事人双方或者一方的意思表示而使合同权利义务终止、合同关系消灭的制度。该定义下，合同的解除包括三种情形：第一种是经当事人协商一致解除；第二种是当事人约定的一方解除合同的条件成就时，由约定解除合同的一方解除；第三种是法律规定的情形出现时，由当事人解除。由此可知，我国《合同法》对合同解除采广义的理解，将合意解除和单方行使解除权两种情形均包括在内。但实际上，合意解除不以解除权的存在为必要，与单方行使解除权解除合同存在区别，因一方的意思表示且不必对方承诺而使合同消解、清算的场合，以该方具有解除权为必要。[①]

所谓的解除权，是指可以依意思表示使合同权利义务终止、合同关系消灭的权利。依据解除权发生根据的差异，合同解除可以分为约定解除和法定解除两类。根据意思自治原则，当事人可以对解除权作出约定。而法律规定的当事人享有解除权的情形包括：因不可抗力致使不能实现合同目的；在履行期限届满之前，当事人一方明确表示或者以自己的行为表明不履行主要债务；当事人一方迟延履行主要债务，经催告后在合理期限内仍未履行；当事人一方迟延履行债务或者有其他违约行为致使不能实现合同目的；法律规定的其他情形。

（二）定作人享有任意解除权的正当性分析

所谓随时解除权，也叫任意解除权，是指合同一方或双方可以不需要任何理由无条件地解除已经成立的合同。任意解除权亦有法定和约定之分，由法律直接规定的为法定任意解除权，由合同当事人约定的为约定任意解除权。在承揽合同中，定作人除了享有本法总则编规定的解除权外，还享有随时解除合同的权利，这是承揽合同的一大特点，也是由于承揽合同性质所决定的。因承揽合同是定作人为了满足其特殊需求而订立的，承揽人根据定作人的指示进行工作，如果定作人于合同成立后由于主客观原因的变化不再需要承揽人完成工作，应当允许定作人解除合同，并由定作人赔偿承揽人的损失。这样处理，既可以保护定作人的利益，避免社会资源的浪费，也不会给承揽人造成不利。由于这一特定理由只发生在定作人这一边，因此也就仅有定作人任意解除权的规定，而无承揽人任意解除权的规定。[②]

---

① 参见韩世远：《合同法总论》，法律出版社 2011 年版，第 503 页。

② 参见吴奕锋：《论不定期继续性合同随时终止制度——兼评〈民法典合同编（二审稿）〉的规定》，载《中外法学》2019 年第 2 期。

合同在成立并生效以后，对双方当事人产生拘束力，既要求双方严守合同，依约履行，亦要求双方不得随意终止合同的效力。合同严守体现了合同法对秩序价值的追求，构成了对合同自由加以限制的正当且充分的理由，有利于合同关系的稳定性。而合同的任意解除制度，允许不再需要合同履行结果的一方放弃或中止尚未履行或正在履行过程中的服务，既避免了合同双方更多的时间、精力或金钱的无谓付出，又避免了社会资源的白白浪费，[①]体现了合同法对自由与效率的价值追求。从自由价值角度而言，尽管现代各国合同法对合同自由进行了诸多限制，但合同自由在合同法中的基础和核心地位并没有改变，没有正当且充分的理由，不得主张对合同自由加以限制，是合同法最基本的原则，自由价值亦是合同法最基础的价值取向。[②]在承揽合同等合同类型中，信赖构成了合同成立的重要基础，应当允许合同双方在丧失信赖基础的情形下解除合同，恢复和尊重了当事人“自己决定自己”的自由。在承揽合同等合同类型中，自由价值要胜于为严守合同而机械地维持合同关系的所谓秩序价值。从效率价值角度而言，合同作为市场经济中资源配置的最主要的手段，理当以增进资源配置的效率为第一要务；而合同法在弥补当事人意思不足的同时，更应创设好的制度以确保合同履行的结果有利于增进效率而不是相反。承揽合同双方的信赖基础丧失后，承揽工作的进程和结果往往会受到影响，在解除合同对秩序的影响不大时，法律应鼓励资源从效率低的领域中退出，向效率高的领域流动。从比较法的角度看，许多国家的民法中也都赋予了定作人随时解除合同的权利。如《日本民法典》第641条规定，在承揽人未完成工作时期，定作人无论何时都得请求赔偿损害而解除契约。《德国民法典》第649条也规定，承揽人未完成工作前，定作人得随时告知解除契约。

---

① 参见蔡恒、骆电：《我国〈合同法〉上任意解除权的理解与适用》，载《法律适用》2014年第12期。

② 参见王轶：《民法价值判断问题的实体性论证规则》，载《中国社会科学》2004年第6期。

二、定作人解除权的行使条件

（一）定作人应在承揽工作完成前解除合同

法律行为自由系存在于一个由国家法律所给定的范围之内，定作人的解除权也应受到一定的限制。[①] 因此，定作人享有任意解除权，并不意味着定作人的解约权不受任何限制，当事人应当在法律规定或者当事人约定的解除权行使期限内行使解除权，期限届满当事人不行使的，该权利就消灭；法律没有规定或者当事人没有约定解除权行使期限，经对方催告后在合理期限内不行使的，该权利也消灭。为实现双方利益的平衡，定作人解约权应在时间上受到限制，定作人应当在合同有效期内提出解除合同，即定作人的解约权仅存续于承揽人完成工作成果之前。如果承揽人已按约完成工作，除承揽人存在违约行为、导致合同目的无法实现外，定作人必须接受工作成果，而不得再任意解约。[②] 这是因为，承揽工作完成后，承揽合同的性质已与特定物买卖合同无异，定作人享有任意解除权的基础，即定作人对承揽人强烈的信赖关系，已不复存在。

（二）定作人解除合同应当通知承揽人

当事人享有任意解除权时，可以随时主张解除合同。我国《合同法》规定，一方当事人主张解除合同的，应当通知对方，合同自通知到达对方时解除。对方有异议的，可以请求人民法院或者仲裁机构确认解除合同的效力。根据该条规定，当事人履行通知义务，意味着解除权人不必与对方协商，也不必经对方同意，只要解除合同的通知到达对方时，合同便告解除，合同的权利义务关系便告终止。值得注意的是，即便是定作人享有任意解除权的情况下，定作人解除合同也需符合一定条件，在对方提出异议时，通知能否直接产生解除合同的效

① 参见［德］迪特尔·施瓦布：《民法导论》，郑冲译，法律出版社2007年版，第298页。

② 参见姚建军：《承揽合同中定作人解约权问题探析》，载《人民法院报》2012年5月16日。

力，实务中存在争议。有观点认为，一方当事人通知解除合同，对方可以提出异议，在法院确认合同解除前，合同尚不能解除。也有观点认为，当事人的解除权属于形成权的性质，对方当事人对解除权的行使有异议的，可以请求人民法院或者仲裁机构确认解除合同的效力，该诉讼在性质上属于确认之诉，合同解除的效力仍然是以解除的通知到达对方时解除，而非认为在法院判决前合同不能解除。[①]

因此，定作人解除合同的，应当通知承揽人，承揽合同自通知到达承揽人时解除，合同的权利义务终止。定作人通知承揽人的，可以采取口头的形式，也可以采取书面的形式，以承揽人能够确定收到和了解定作人解除合同的意思表示为标准。

（三）定作人应当赔偿因其解除合同给承揽人造成的损失

在任意解除权制度中，一方虽具有得以从合同中任意解脱的正当性理由，但并不能一概地取消相对方基于合同原本可以获得利益的正当性，因此需要以损害赔偿的方式对相对方的利益予以平衡。[②]特别是在无法证明信赖丧失，“解除”一方可能打着解除合同的旗号故意毁约的情形下，应当认定为拒绝履行，赔偿对方履行利益。即便是有理由解除，也应按合同类型，具体确定信赖利益或履行利益赔偿。这就使得任意解除权总是与损害赔偿制度相联结，若因合同解除给对方造成损失的，除不可归责于当事人的事由外，应当赔偿损失。

因在承揽合同生效后，承揽人就会按照约定开始完成承揽工作，在定作人解除承揽合同时，承揽人可能已经为完成承揽工作进行了准备，支付了相关费用，并可能正在进行承揽工作，付出了劳动。此时定作人解除合同，必然给承揽人造成损失。为保证公平，定作人解除合同的，应当承担赔偿承揽人因此所受损失的责任。具体包括承揽人为完成承揽工作而购买材料等所支付的价款、承揽人已完成工作部分所应获得的报酬以及承揽人所受的其他损失。

① 参见［日］小口彦太、［中］韩世远等：《中国合同法研究：中日民事法学之对话》，人民法院出版社2019年版，第339页。

② 参见崔建远：《债权：借鉴与发展》，中国人民大学出版社2014年版，第677页。

三、定作人解除合同的法律后果

依照法律规定，合同解除的法律后果是，合同义务尚未履行的，终止履行；已经履行的，根据履行情况和合同性质，当事人可以要求恢复原状、采取其他补救措施，并有权要求赔偿损失，对方对损失存在过错的，应当按照过错程度承担相应的责任。

承揽合同中，定作人解除合同的，合同解除后，承揽人应当将已完成的部分工作交付定作人。定作人提供原材料有剩余的，也应当返还定作人。定作人按合同约定预先支付报酬的，承揽人在扣除已完成部分的报酬后，应当将剩余价款返还定作人。对于承揽人而言，如果为了加快工作进度，擅自开始完成承揽工作，在接到定作人解除合同的通知后，没有采取适当措施致使损失扩大的，不得就扩大的损失要求赔偿，并应依照过错程度自行承担相应损失。[①]

【审判实践中应注意的问题】

一、定作人的任意解除权是否可以通过约定放弃

尽管立法基于自由与效率价值的考量，规定了定作人享有任意解除权，但任意解除权的存在确实影响了合同当事人对合同稳定的预期，增加了合同履行不确定性。为规避或减少这种不确定性风险，司法实践中经常遇到通过约定以使定作人放弃任意解除权的案例。有观点认为，定作人的任意解约权作为一种民事权利，可由定作人选择是否行使解约权，或依据意思自治原则对其解约权作出限制。[②]也有观点认为，定作人的任意解除权是否可以放弃需要结合承揽合同是否有偿加以区分。从比较法的角度，大陆法系主要国家和地区的立法例对

① 参见中铁武桥重工股份有限公司诉挪威 NRS AS 公司等加工承揽合同纠纷一案，河南省高级人民法院（2006）豫法民三终字第 36 号民事判决书。

② 参见刘伟军：《船舶建造合同法律性质之实证研究》，载《政法论丛》2015 年第 3 期。

此规定亦不统一。德国的学理界和实务界观点比较一致，认为可以通过明示或默示方式抛弃法定的任意解除权，但在认定默示方式抛弃法定任意解除权时比较慎重，要根据具体情形确定。但德国实务上也有排除法定任意解除权适用的情形，如在定作人知悉承揽人急于希望有一个代表性的作品，或为积累一定的经验，而使承揽人在价格上对定作人特别优惠的情形，依德国民法关于诚信原则的规定，排除了定作人法定任意解除权的适用。在日本，多数说认为抛弃法定任意解除权的约定无效；而在法国，有效说居多数；在我国台湾地区，实务上赞成无效说。

我们认为，承揽合同双方不能通过约定排除定作人的任意解除权。首先，合同法上的赋权性规范都应归入强制性规范，任意解除权规定是法律的强制性规范，不可以通过约定改变。其次，前文已述，定作人享有任意解除权的正当性是基于承揽合同的性质，而非是否有偿，除非特别法规定对定作人的任意解除权加以限制，否则，不应认为定作人的任意解除权可以通过约定加以放弃。

二、建设工程施工合同的发包人是否享有任意解除权

建设工程合同的标的虽具有特殊性，但因其符合承揽合同构成要件，在本质上属于承揽合同性质，《民法典》合同编典型合同分编亦规定，在没有特别规定的情况下，建设工程合同适用承揽合同相关规定。对于建设工程施工合同的发包人是否享有定作人的任意解除权问题，实践中存有争议。有观点认为，承揽合同中关于定作人的任意解除权是建立在民事主体之间的信赖关系之上，因建设工程施工合同具有商事合同性质，应对合同中的商主体限制行使任意解除权。[①] 有观点认为，商事合同中，因解除合同导致对方的损失同民事合同一样可以通过合同解除后的赔偿损失责任得到弥补，在本质上二者并没有不同，可以通过赔偿范围予以调整。因此，不应否定建设工程施工合同

① 参见赵一瑾：《商事合同解除权的特殊限制》，载《国家检察官学院学报》2016年第2期。

的发包人享有定作人的任意解除权。我们认为，在建设工程施工合同中，仅以合同性质否定发包人的任意解除权理由并不充分。但是，因建设工程施工合同标的额通常较高，而且除了合同双方一致意思表示之外，建设工程施工合同的成立和生效还需受到招投标制度和资质管理制度的规范，因此应当对建设工程施工合同发包人的任意解除权作出适当限制。例如，有司法文件提出，除非合同另有约定，发包人以定作人的任意解除权为依据主张随时解除施工合同的，人民法院不予支持。[①]

三、定作人行使任意解除权的赔偿损失范围

我国法律虽然规定了行使法定任意解除权后要赔偿损失，但赔偿损失的范围没有规定。因此，关于定作人解除合同后赔偿损失范围的问题，实践中存有较大争议。一种观点认为因为任意解除权的相对方并没有过错，在赋予一方任意解除权的同时，理应对给相对方造成的损失予以补偿。因此，从利益平衡的角度考虑，应赔偿履行利益。另一种观点认为，履行利益只有在违约情形下才可适用，合同解除的赔偿不能等同于违约赔偿。

我们认为，权利意味着自由，意味着权利方不应因权利的行使而在法律上承担与义务的违反一样的法律后果。因此，要求行使解除权的权利方与违反合同义务的违约方一样赔偿全部履行利益损失不合法理，也会让任意解除权的赋予变得没有意义。对于定作人解除合同的赔偿范围，实际上应当参照合同解除的法律后果，结合合同的履行情况加以区别对待。

① 参见《广东省高级人民法院关于审理建设工程合同纠纷案件疑难问题的解答》第4条规定。

第十八章 建设工程合同

第七百八十八条 建设工程合同是承包人进行工程建设，发包人支付价款的合同。

建设工程合同包括工程勘察、设计、施工合同。

【条文主旨】

本条是关于建设工程合同概念和种类的规定。

【条文理解】

本条沿袭了《合同法》第269条的规定。

一、建设工程合同的概念

根据本条规定，可以明确建设工程合同是发包人为完成工程建设任务与承包人订立的关于承包人进行工程建设、发包人接受工程并支付价款的合同。

（一）建设工程合同的当事人为发包人和承包人

发包人一般是投资建设工程的单位，通常也称作"业主"。但在一些特殊建设工程合同中，发包人不是建设单位，如国家重大项目建设工程合同中，发包人往往是专门成立的项目法人。此外，建设工程实行总承包的，总承包单位经发包人同意，在法律规定的范围内对部分工程项目进行分包的，工程总承包单位即成为分包工程的发包人。

建设工程的承包人是实施建设工程的勘察、设计、施工等业务的单位，包括对建设工程实行总承包的单位和承包分包工程的单位。

（二）建设工程合同的客体是工程

这里的工程是指土木建筑工程和建筑业范围内的线路、管道、设备安装工程的新建、扩建、改建及大型的建筑装修装饰活动，涉及房屋、铁路、公路、机场、港口、桥梁、矿井、水库、电站、通讯线路等。

（三）合同当事人基本义务

承包人的基本义务是按质、按期地完成工程建设任务，包括勘察、设计和施工。发包人的基本义务就是按照合同约定按时支付工程价款，包括工程预付款、进度款和结算款。

二、建设工程合同的特征

建设工程合同是一种特殊的承揽合同，它除具有承揽合同的一般法律特征之外，还具有以下特征：

（一）合同主体须具有特殊资质

承揽合同中，法律对合同主体没有限制，定作人和承揽人既可以是自然人，也可以是法人或非法人组织。但是，由于建设工程合同的标的为建设工程项目，与国家利益及社会公共利益直接相关，作为从事工程建设的承包人需要掌握相关的专业技术，因此，法律对建设工程合同的主体提出了更严格的要求，必须是具有一定资质的法人。《建筑法》规定，从事建筑活动的建筑施工企业、勘察单位、设计单位，在取得相应等级的资质后，方可在其资质等级许可的范围内从事建筑活动。因此，承包人只有具备从事工程建设的相应资质等级，才能承包相应的工程建设，订立相关的建设工程合同。自然人个人不具有承包人的资格，不能签订建设工程合同。

（二）合同具有计划性和程序性要求

建设工程投资数额巨大，与国民经济许多部门和行业联系紧密，与国家的产业政策、投资政策、金融政策也存在密切关系，很大程度上影响国家经济的健康和谐发展，而且建设工程涉及对土地、能源等自然资源的开发利用，影响到自然环境、生态环境，因此，国家通过一系列行政许可制度对建设工程全程进行一定的计划干预，包括工程项目的立项、用地规划许可、工程规划许可等。国家重大建设工程还要在事先进行可行性研究，对工程的投资规模、建设效益进行论证分析，并编制可行性研究报告，申请立项；立项批准后，根据立项作出投资计划并报国家有关部门进行批准；投资计划批准后，有关建设单位根据工程的可行性研究报告和国家批准的投资计划，遵照国家规定的程序进行发包，与承包人订立建设工程合同。

建设工程合同有严格的程序要求。建设工程从立项到完工，需要经历一个很长的周期，工程各个阶段之间具有严密的程序要求，只有在完成前一程序的基础上才能进入下一道程序。这是由工程建设的客观规律决定的。违反这一规律，将会在工程质量、施工安全等方面造成严重后果。因此，法律规定建设工程未经立项，不能订立勘查、设计合同；没有完成勘查、设计工作的，不能订立施工合同。

（三）合同的签订及履行受到国家的监督管理

建设工程合同涉及国家和社会公共利益，事关人民群众的生命财产安全，国家对其从签订到履行制定了一系列的监督和管理制度。例如，《招标投标法》规定，对于大型基础设施、公用事业等关系社会公共利益、公众安全的项目，包括项目的勘察、设计、施工、监理以及与工程建设有关的重要设备、材料等的采购，必须通过招标投标的方式选定承包人，订立建设工程合同。《城乡规划法》规定，建设单位必须在建设工程获得立项批准后、发包前，向建设行政主管部门或其授权的部门办理工程报建手续；未办理工程报建手续的工程，不得发包签订工程合同。《建筑法》规定，建筑工程开工前，除个别工程外，建设单位应当按照国家有关规定向工程所在地县级以上人民政府建设行政主管部门申请领取施工许可证，未领取施工许可证的，不得开工。

（四）合同为要式合同

《民法典》第469条第1款规定："当事人订立合同，可以采用书面形式、口头形式或者其他形式。"合同当事人可以根据需要选择采用何种形式订立合同，但建设工程合同因其特殊性，《民法典》第789条规定应当采用书面形式（相关内容在该条的理解与适用中阐述，此处不赘言）。

三、建设工程合同的分类

工程建设包括勘察、设计和施工等一系列过程，因此建设工程合同可以根据工程进程分为工程勘察合同、工程设计合同、工程施工合同。

勘察合同，是指发包人与勘察人就完成建设工程地理、地质状况的调查研究工作而达成的协议。勘察工作是一项专业性很强的工作，所以一般应当由专门的地质工程单位完成。勘察合同是反映并调整发包人与勘察人之间关系的依据。

设计合同实际上包括两个阶段的合同：一是初步设计合同，即在建设工程立项阶段承包人为项目决策提供可行性资料的设计而与发包人签订的合同。二是施工设计合同，是指发包人与承包人就具体施工设计达成的协议。

施工合同主要包括建筑和安装两方面内容，这里的建筑是指对工程进行营造的行为，安装主要是指与工程有关的线路、管道、设备等设施的装配。

在工程建设过程中，国家推行建设工程监理制度，开发建设单位与监理单位就工程监理订立的建设工程监理合同与建设工程勘察、设计、施工合同具有密切关联性，但其本质上属于委托合同。

【审判实践中应注意的问题】

审判实务中，需要注意区分承揽合同与建设工程合同。这关系到

《民法典》建设工程合同部分的调整范围问题，也是正确认定和处理建设工程合同纠纷的前提。法律对于承揽合同的主体没有资质要求和特殊规定，但是对于建设工程合同的承包人则要求必须是具有一定资质的法人，自然人和非法人组织都不能作为承包人与发包人订立建设工程合同，其违反法律规定与发包人订立建设工程合同的，不仅合同应当被认定为无效合同，而且要依法承担相应的法律责任。

建设工程合同具备承揽合同的一般特征，即它的标的是完成一定工作成果，并具备诺成、双务、有偿的特性。但是，与承揽合同相比，建设工程合同的标的不是一般的定作物，而是建设工程项目，这些工程项目耗资大、履行期长，并且有严格的质量要求。对于一些投资小、技术简单，对承包人主体资格没有特殊要求的工程，不应认定其属于需要建设工程合同法律制度调整的范围，而宜按照承揽合同处理。区分承揽合同和建设工程合同的关键是对建设工程的范围界定，审判实践中，可以根据投资数额、技术难度、工程用途、发包人情况等因素综合判断。一般来说，居民为自己居住而建造住宅、修缮房屋、家庭装修装饰，企业建设临时简易房屋建筑等，都属于承揽事项，不属于建设工程范围。

第七百八十九条　建设工程合同应当采用书面形式。

【条文主旨】

本条是关于建设工程合同形式的规定。

【条文理解】

本条沿袭了《合同法》第270条的规定。

《民法典》第469条规定，当事人订立合同，可以采用书面形式、口头形式或者其他形式。书面形式是合同书、信件等可以有形地表现所载内容的形式。以电报、电传、传真、电子数据交换、电子邮件等方式能够有形地表现所载内容，并可以随时调取查用的数据电文，视为书面形式。依据该条规定，合同包括书面形式、口头形式以及其他形式。口头合同具有形式简便、交易迅捷等特点，日常生活中大量存在，如消费者在市场购物时与商店营业员之间产生的货物买卖合同关系，就是典型的口头合同。但是，口头合同一旦发生纠纷，当事人往往对合同的内容各执一词，且因为没有必要的凭证，导致举证困难，难以分清责任。建设工程合同标的额大、履行周期长，而且履行过程中情况复杂，容易出现变化，法律规定应当采用书面形式，一方面，可以通过书面形式详细明确约定各方的权利义务，促使当事人严格履行合同，防止发生纠纷；另一方面，即使发生纠纷，也可以依据合同约定，分清各方的法律责任。书面形式包括合同书、信件等文字形式，也包括以电报、电传、传真、电子数据交换、电子邮件等电子数据形式，但必须可以有形地表现所载内容，能够随时调查取用。

实践中，较大工程建设多采用合同书的形式订立合同。鉴于建设工程涉及公众安全，为了维护公共利益，同时也为了规范建筑市场秩序，保障建设工程合同当事人合法权益，国家相关部门相继发布了建设工程合同示范文本，向全国建筑行业推荐使用，并根据建筑业的发展变化而不断进行修订。这里简要介绍一下最新的《建设工程施工合同（示范文本）》（GF-2017-0201）的主要内容。

《建设工程施工合同（示范文本）》（GF-2017-0201）是2017年9月住房和城乡建设部、国家工商行政管理总局制定和发布的，适用于房屋建筑工程、土木工程、线路管道和设备安装工程、装修工程等建设工程的施工承发包活动，为非强制性使用文本。合同当事人可结合建设工程具体情况，根据示范文本订立合同。示范文本由合同协议书、通用合同条款和专用合同条款三部分组成。合同协议书部分主要包括：工程概况、合同工期、质量标准、签约合同价和合同价格形式、项目经理、合同文件构成、承诺以及合同生效条件等涉及合同当事人基本的合同权利义务的内容。通用合同条款是根据《建筑法》等法律法规的规定，就工程建设的实施及相关事项，对合同当事人的权利义务作出的原则性约定。通用条款共计20条，包括：一般约定、发包人、承包人、监理人、工程质量、安全文明施工与环境保护、工期和进度、材料与设备、试验与检验、变更、价格调整、合同价格、计量与支付、验收和工程试车、竣工结算、缺陷责任与保修、违约、不可抗力、保险、索赔和争议解决。专用合同条款是对通用合同条款原则性约定的细化、完善、补充、修改或另行约定的条款。合同当事人可以根据不同建设工程的特点及具体情况，通过谈判、协商来对专用合同条款进行约定。

建设工程合同因履行周期长且履行过程中易出现情况变化，当事人在合同履行过程中往往会以补充协议等合同性文件的形式对合同进行修改或补充。因此，建设工程施工合同除了合同书及其附件外，还包括当事人之间形成的其他合同性文件。《建设工程施工合同（示范文本）》（GF-2017-0201）合同协议书部分明确："本协议书与下列文件一起构成合同文件：（1）中标通知书（如果有）；（2）投标函及其附录（如果有）;（3）专用合同条款及其附件;（4）通用合同条款;（5）技术标准和要求;（6）图纸;（7）已标价工程量清单或预算书;（8）其他合同文件。在合同订立及履行过程中形成的与合同有关的文件均构成合同文件组成部分。上述各项合同文件包括合同当事人就该项合同文件所作出的补充和修改，属于同一类内容的文件，应以最新签署的为准。专用合同条款及其附件须经合同当事人签字或盖章。”《建设工程施工合同（示范文本）》（GF-2017-0201）通用合同条款1.1词语定义与解释重申合同协议书中有关“合同文件构成”：“合同：是指根据法律规定和合同当事人约定具有约束力的文件，构成合同的文件包括合同协议书、中标通知书（如果有）、投标函及其附录（如果有）、专用合同条款及其附件、通用合同条款、技术标准和要求、图纸、已标价工程量清单或预算书以及其他合同文件。”同时通用合同条款1.5合同文件的优先顺序规定：“组成合同的各项文件应互相解释，互为说明。除专用合同条款另有约定外，解释合同文件的优先顺序如下:（1）合同协议书;（2）中标通知书（如果有）;（3）投标函及其附录（如果有）;（4）专用合同条款及其附件;（5）通用合同条款;（6）技术标准和要求;（7）图纸;（8）已标价工程量清单或预算书;（9）其他合同文件。上述各项合同文件包括合同当事人就该项合同文件所作出的补充和修改，属于同一类内容的文件，应以最新签署的为准。在合同订立及履行过程中形成的与合同有关的文件均构成合同文件组成部分，并根据其性质确定优先解释顺序。”

【审判实践中应注意的问题】

审判实践中，适用本条需要注意两个方面的问题。

一是对于建设工程施工合同履行过程中形成的签证、会议纪要、往来信函的效力认定问题。建设工程合同特别是施工合同的履行周期长、情况复杂，因此，在履行的过程中往往要根据施工的具体情况对施工计划、工程量、双方的权利义务等通过一定的形式予以确认，主要包括签证、会议纪要、承发包双方的往来函件等。对于这些在合同履行过程中形成的文件，应当根据合同约定和法律规定来认定其效力。符合合同约定和法律规定的文件，对合同当事人具有约束力，属于建设工程合同的组成部分。

签证是建设工程施工合同双方对合同履行中具体工程量、工程施工事务协商确认的文件。通常情况下，双方当事人在建设工程合同中都会对工程签证的人员、范围和程序作出明确的约定。由于签证是施工过程中的工作联系单据，尽管在法律上其属于合同文件，但在形式上其与建设工程合同签字、盖章的严格形式不同，它往往是承发包双方派驻工地的负责人或其他工作人员个人签署。因此，在审判实务中，当双方当事人对于签证的效力产生争议时，查明签署人是否具有授权或相应职权，直接影响签证效力的认定。对于一些在签署人、范围和程序上不完全符合合同约定的签证，笔者认为，不应一概否认其效力，应当本着实事求是的原则，根据双方当事人举证质证情况，综合审查判断签署人是否有权签署、签证所载明的内容是否真实合法有效，以平衡双方当事人利益，确保案件处理的法律效果和社会效果相统一。

会议纪要是指施工过程中，发包人、承包人和监理工程师定期或不定期地对工程施工相关事项进行会谈协商形成的会谈记录或决议。会议纪要经各方有权代表签署的，对当事人具有拘束力。

往来信函通常是承发包双方在建设工程合同履行过程中向对方发出就工程建设的相关事项作出安排、予以确认或要求对方作出安排、予以确认的函件。双方意思表示达成一致的函件对双方具有约束力；单方作出安排或确认的函件，无相反证据推翻的，对作出方具有法律约束力。

需要指出的是，在通过招标投标方式订立的建设工程施工合同履行过程中，当事人不得通过签证、会议纪要和往来函件等形式改变中标合同的实质性内容，否则不具有法律效力。具体理由在关于工程招投标的条文的理解与适用中阐述，此处不赘言。

二是对于未签订书面形式合同的已施工建设工程纠纷的处理。尽管法律明确规定建设工程合同应当以书面形式订立，但实践中仍有一些标的额不大、工程量相对较小的工程特别是转包、分包的工程，当事人没有签订书面合同的情况。对于没有签订书面合同的工程，发生纠纷诉至法院的，如何处理，实践中存在不同做法。有的按照合同不成立，对已施工的工程按照市场造价标准进行鉴定，扣除利润后折价由建设方返还施工方。笔者认为，根据《民法典》第490条第2款关于“法律、行政法规规定或者当事人约定合同应当采用书面形式订立，当事人未采用书面形式但是一方已经履行主要义务，对方接受时，该合同成立”的规定，对已施工的工程，认定合同已成立，对施工的工程质量合格的，如合同有效且能够根据当事人举证确定双方对工程价款有约定的，则按照当事人约定支付工程价款；如合同无效，则参照当事人约定，折价返还施工方；如当事人不能举证证明双方对工程价款达成一致的，按照市场造价进行鉴定确定支付工程价款或折价返还的金额。已施工的工程质量不合格且无法修复或修复后仍不合格的，施工方主张支付工程价款的，不予支持。

第七百九十条　建设工程的招标投标活动，应当依照有关法律的规定公开、公平、公正进行。

【条文主旨】

本条是关于建设工程招标投标原则的规定。

【条文理解】

本条沿袭了《合同法》第271条的规定。

一、招标投标是订立建设工程合同的基本方式

招标投标是一种竞争性的交易方式，通常适用于重要货物和服务的买卖，以及工程建设的承发包。建设工程招标投标，是指建设工程的发包人作为招标方或者委托中介机构，采用适当的方式，发布拟建工程的有关信息，如工程的内容和主要的技术条件，对承包人的资质要求等，但不标明工程的造价，表明发包人将选择符合条件的承包人与之订立建设工程合同的意向，由符合投标条件、有意向承包该工程项目的相关建筑单位作为投标方，各自向招标方提出自己的工程报价和其他承包条件，参加投标竞争，经招标方对各投标方的报价和其他条件进行审查比较后，从中择优选定中标者，并与之签订建设工程合同的活动。采用招标投标方式进行建设工程的发包与承包，具有显著的优越性，从发包人的角度来说，可以综合比较各投标竞争者的报价和其他条件，从中选择技术力量强、质量有保障、具有良好信誉且报价相对较低的投标人作为承包人，与之签订建设工程合同，从而在保证工程质量、工期的前提下，降低工程成本，提高投资效益；从承包

人的角度来说，通过招标投标方式承包工程，可以获得一个公平竞争的环境。此外，严格依照法律规定进行招标投标活动，可以防范建设工程领域发生行贿受贿等腐败行为。正因为招标投标具有明显的优越性，符合市场竞争的要求，我国相关法律将其作为建设工程发包与承包活动的基本方式加以规定。《建筑法》第 19 条规定："建筑工程依法实行招标发包，对不适于招标发包的可以直接发包。"《招标投标法》第 3 条规定，大型基础设施、公用事业等关系社会公共利益、公众安全的项目，全部或者部分使用国有资金投资或者国家融资的项目，使用国际组织或者外国政府贷款、援助资金的项目的勘察、设计、施工、监理以及与工程建设有关的重要设备、材料等的采购，必须进行招标。

二、招标投标行为的法律性质

（一）招标行为的法律性质是要约邀请

招标人发布招标通告，或者发布邀请书的直接目的在于邀请投标人投标。一方面，其邀请的对象不特定；另一方面，其发布招标通告后，并不当然要订立合同，还可以修改招标公告和招标文件。《招标投标法》第 23 条规定："招标人对已发出的招标文件进行必要的澄清或者修改的，应当在招标文件要求提交投标文件截止时间至少十五日前，以书面形式通知所有招标文件收受人。该澄清或者修改的内容为招标文件的组成部分。"由此，依据合同订立的一般原理，招标行为在法律上应当属于要约邀请。本法第 473 条对此亦予以明确。

（二）投标行为的法律性质是要约

作为要约的投标行为具有法律约束力，表现在投标是一次性的，同一投标人不能就同一投标进行一次以上的投标。各个投标人对自己的报价负责；在投标文件发出后的投标有效期限内，投标人不得随意修改投标文件的内容和撤回投标文件。投标文件中包含有将来订立合同的具体条款，只要招标人承诺（宣布中标）就可签合同。

（三）确定中标人行为的法律性质是承诺

招标人一旦宣布确定中标人，就构成对中标人的承诺。承诺作出后，招标人和中标人各自都有权利要求对方签订合同，也有义务与对方签订合同。《招标投标法》第45条规定："中标人确定后，招标人应当向中标人发出中标通知书，并同时将中标结果通知所有未中标的投标人。中标通知书对招标人和中标人具有法律效力。中标通知书发出后，招标人改变中标结果的，或者中标人放弃中标项目的，应当依法承担法律责任。"《招标投标法》第46条第1款规定："招标人和中标人应当自中标通知书发出之日起三十日内，按照招标文件和中标人的投标文件订立书面合同。招标人和中标人不得再行订立背离合同实质性内容的其他协议。"

三、招标投标活动应当严格依照法律规定进行

建设工程招标投标活动不仅应当依照法律规定的招标投标程序进行，而且对法律规定的属于必须招标的工程项目，必须通过招标投标的方式订立合同。《招标投标法》对必须招标的工程范围有明确规定。该法第3条第1款规定："在中华人民共和国境内进行下列工程建设项目包括项目的勘察、设计、施工、监理以及与工程建设有关的重要设备、材料等的采购，必须进行招标：（一）大型基础设施、公用事业等关系社会公共利益、公众安全的项目；（二）全部或者部分使用国有资金投资或者国家融资的项目；（三）使用国际组织或者外国政府贷款、援助资金的项目。"第3条第2款和第3款分别规定："前款所列项目的具体范围和规模标准，由国务院发展计划部门会同国务院有关部门制订，报国务院批准。""法律或者国务院对必须进行招标的其他项目的范围有规定的，依照其规定。"依照前述规定，2018年3月27日，经国务院批准，国家发展和改革委员会发布了最新的《必须招标的工程项目规定》（发改委16号令）。该规定第2条规定："全部或者部分使用国有资金投资或者国家融资的项目包括：（一）使用预算资金200万元人民币以上，并且该资金占投资额10%以上的项

目；（二）使用国有企业事业单位资金，并且该资金占控股或者主导地位的项目。”第3条规定：“使用国际组织或者外国政府贷款、援助资金的项目包括：（一）使用世界银行、亚洲开发银行等国际组织贷款、援助资金的项目；（二）使用外国政府及其机构贷款、援助资金的项目。”第4条规定：“不属于本规定第二条、第三条规定情形的大型基础设施、公用事业等关系社会公共利益、公众安全的项目，必须招标的具体范围由国务院发展改革部门会同国务院有关部门按照确有必要、严格限定的原则制订，报国务院批准。”第5条规定：“本规定第二条至第四条规定范围内的项目，其勘察、设计、施工、监理以及与工程建设有关的重要设备、材料等的采购达到下列标准之一的，必须招标：（一）施工单项合同估算价在400万元人民币以上；（二）重要设备、材料等货物的采购，单项合同估算价在200万元人民币以上；（三）勘察、设计、监理等服务的采购，单项合同估算价在100万元人民币以上。同一项目中可以合并进行的勘察、设计、施工、监理以及与工程建设有关的重要设备、材料等的采购，合同估算价合计达到前款规定标准的，必须招标。”2018年6月6日，经国务院批准，国家发改委印发了《必须招标的基础设施和公用事业项目范围规定》，其第2条规定：“不属于《必须招标的工程项目规定》第二条、第三条规定情形的大型基础设施、公用事业等关系社会公共利益、公众安全的项目，必须招标的具体范围包括：（一）煤炭、石油、天然气、电力、新能源等能源基础设施项目；（二）铁路、公路、管道、水运，以及公共航空和A1级通用机场等交通运输基础设施项目；（三）电信枢纽、通信信息网络等通信基础设施项目；（四）防洪、灌溉、排涝、引（供）水等水利基础设施项目；（五）城市轨道交通等城建项目。”

建设工程招标投标活动不仅应当遵守法律关于招标投标的规定，还必须遵守其他相关法律规定，如《民法典》有关民事主体、民事法律行为等基本民事制度的规定，《建筑法》关于规范建筑企业资质的规定，《城乡规划法》有关建设工程规划许可的规定等。违反上述法律的效力性强制性规定进行招标投标而订立的建设工程施工合同，如不具有承建招标工程资质的建筑企业订立的合同，没有办理建设工程规划许可证的合同，都属于无效合同。

四、招标投标活动应当遵循公开、公平和公正的原则

公开包括信息公开和程序公开。信息公开是指招标方应当通过新闻媒体或者以其他适当形式，发布建设工程招标信息，并在公开提供的招标文件中，载明招标工程的主要技术要求以及投标人的资格要求等内容，使所有符合条件的承包商都能有机会参与投标竞争。程序公开是指招标投标的所有程序和时间节点等，包括领取招标文件的时间、地点，投标的截止日期，开标的时间、地点以及评标与定标的标准、方法等，都应当公开透明，以便各方面监督，防止“暗箱操作”。公平是指招标方平等地对待每一个投标人，投标方也要以正当手段进行竞争，不得采取向招标方及其工作人员行贿、提供回扣等不正当竞争手段。公正是指招标方在招标过程中要严格按照公开的招标文件和程序办事，严格按照既定的标准评标和定标，不能厚此薄彼，搞差别待遇。

【审判实践中应注意的问题】

审判实践中，适用本条需要注意以下几个问题：

一、必须进行招标而未招标或者中标无效的建设工程施工合同无效

法律规定的必须进行招标的工程项目，前文已阐述，此处不赘言。中标无效的情形，依据《招标投标法》第 50 条、52 条、53 条、54 条、55 条、57 条的规定，主要有以下六种：（1）招标代理机构违反法律规定，泄露应当保密的与招标投标活动有关的情况和资料的，或者与招标人、投标人串通损害国家利益、社会公共利益或者他人合法权益的；（2）依法必须进行招标的项目的招标人向他人透露已获取招标文件的潜在投标人的名称、数量或者可能影响公平竞争的有关招标投标的其他情况的，或者泄露标底的；（3）投标人相互串通投标或者与招标人串通投标的，投标人以向招标人或者评标委员会成员行贿的手段谋取中标的；（4）投标人以他人名义投标或者以其他方式弄虚作假，骗取中标的；（5）依法必须进行招标的项目，招标人与投标人就投标价格、投标方案等实质性内容进行谈判的；（6）招标人在评标委员会依法推荐的中标候选人以外确定中标人的，依法必须进行招标的项目在所有投标被评标委员会否决后自行确定中标人的等。

对于必须招标而未招标以及中标无效的建设工程施工合同，因其违反了法律的效力性强制性规定，损害了招标投标市场秩序，依法应当认定无效。《建设工程施工合同司法解释》第1条规定，建设工程必须进行招标而未招标或者中标无效的，建设工程施工合同无效。在合同无效的情况下，当事人不仅要依法承担合同无效的民事法律责任，而且要承担相应的行政法律责任。构成刑事犯罪的，有关机关还要依法追究相关人员的刑事责任。

二、中标通知书发出后一方当事人不与另一方当事人签订书面建设工程合同应当依法承担相应责任

《招标投标法》第46条第1款规定："招标人和中标人应当自中标通知书发出之日起三十日内，按照招标文件和中标人的投标文件订立书面合同。"依据前述分析，招标、投标和确定中标的行为在法律上分属于要约邀请、要约和承诺。那么，《招标投标法》第46条第1款规定的订立书面合同与招标投标、确定中标行为之间究竟是何关系呢？依据合同订立的一般理论，合同当事人"相互意思表示一致"，即当事人对合同内容达成一致意见，形成合意，合同成立。《民法典》第483条规定："承诺生效时合同成立，但是法律另有规定或者当事人另有约定的除外。"第484条规定："以通知方式作出的承诺，生效的时间适用本法第一百三十七条的规定。承诺不需要通知的，根据交易习惯或者要约的要求作出承诺的行为时生效。"据此以及前述关

于招标投标行为法律性质的分析，中标通知书到达投标人时，建设工程施工合同似乎已经成立。那么《招标投标法》第46条第1款中的“订立书面合同”的含义又应当如何理解呢？对此，理论界、实务界主要有两种理解。第一种观点，中标通知书到达投标人后，招标投标行为完成，建设工程合同成立，《招标投标法》第46条第1款规定的“订立书面合同”是对合同的进一步完善和细化。理由主要是：通过招标投标方式订立的建设工程合同，招投标文件是建设工程合同订立的主要依据，也是合同的组成部分，当事人之后签订的书面合同及合同性文件的实质性内容应当与招标投标文件相一致。但是，这并不禁止当事人在招标投标之后可以通过签订合同书及其他合同性文件的方式，根据具体情况对招标投标文件予以细化和完善。事实上，从招标投标活动到合同订立有一个过程，在招投标文件中未预见的事项，可能会在签订合同时提及。考虑到建设工程本身的特点，在合同签订阶段，当事人按照招标投标文件规定的主要内容，针对建设工程的施工组织、技术创新、安全质量管理、争议处理方式等业务性、技术性事项，予以细化和完善是可以的。只要双方当事人意思表示真实，协商一致，不违背国家法律、行政法规的强制性规定，在法律上也是有效的。《招标投标法》第46条第1款规定的“书面合同”是为顺应建设工程备案制度的要求以及为了合同当事人在手续履行中的便捷而规定，不影响建设工程合同的成立时间。第二种观点，《招标投标法》第46条第1款规定的“订立书面合同”是建设工程本约合同，中标通知书到达中标人，招标投标活动完成，招标人与投标人之间成立预约合同。预约合同对当事人具有约束力，依据该条法律规定，当事人必须按照招标文件和中标人的投标文件订立书面合同，不得再行订立背离合同实质性内容的其他协议。理由主要是：《合同法》第32条第1款规定：“当事人采用合同书形式订立合同的，自双方当事人签字或者盖章时合同成立。”《招标投标法》于1999年8月30日通过时，《合同法》已经于1999年3月15日由全国人民代表大会通过并公布。结合《合同法》与《招标投标法》的规定，《招标投标法》第46条第 1 款中的“书面合同”应当是指《合同法》第 32 条规定的“合同书”。尽管《招标投标法》的实施时间较《合同法》的实施晚 3 个月，但《招标投标法》的起草与通过不可能不注意到该法与《合同法》的衔接。因而《招标投标法》第 46 条第 1 款有关“订立书面合同”的规定不是有意违背《合同法》规定的合同订立与生效制度。另外，自 1991 年起至 2017 年，住房城乡建设部与原国家工商行政管理总局共同发布了四次《建设工程施工合同（示范文本）》，指导建设工程施工合同双方当事人在招标投标程序结束后订立书面的建设工程施工合同。这印证了建设工程施工合同至少在行业习惯中以“合同书”形式出现。当然，如果《招标投标法》以后修改为招标人的中标通知书在合理时间到达投标人时建设工程施工合同成立，则另当别论。在这种情形下，有关行政主管部门就不必发布建设工程施工合同示范文本，而是发布招标文件与投标文件甚至中标通知书的示范文本。由此可以推出，建设工程本约合同应当依据《合同法》第 32 条规定，自双方当事人签字或者盖章时合同成立；中标通知书到达投标人，招标投标活动完成，当事人之间成立预约合同。

以上两种理解，站在不同角度，都有一定道理。对上述问题，目前并无明确的法律规定。但是不管如何理解，招标人发出中标通知书后，一方不与对方签订合同的，应当依法承担相应的法律责任，包括两个方面：一是《招标投标法》第 59 条规定的责任。该条规定：“招标人与中标人不按照招标文件和中标人的投标文件订立合同的，或者招标人、中标人订立背离合同实质性内容的协议的，责令改正；可以处中标项目金额千分之五以上千分之十以下的罚款。”二是民事责任。如果招标人发出中标通知书后不与中标人签订合同，应当退还投标保证金及赔偿投标人的其他实际损失；如果中标人不与招标人签订合同的，应当承担招标人重新招标所遭受的实际损失的责任；如果双方对中标通知书发出后，一方不与对方签订书面合同的责任有约定，按照约定依法处理。

三、当事人另行签订的背离中标合同实质性内容的合同无效

当事人背离中标合同实质性内容另签协议，既损害正常的招标投标程序，也可能损害中标人的合法权益。《建设工程施工合同司法解释》第21条规定："当事人就同一建设工程另行订立的建设工程施工合同与经过备案的中标合同实质性内容不一致的，应当以备案的中标合同作为结算工程价款的根据。"《建设工程施工合同司法解释（二）》第1条规定："招标人和中标人另行签订的建设工程施工合同约定的工程范围、建设工期、工程质量、工程价款等实质性内容，与中标合同不一致，一方当事人请求按照中标合同确定权利义务的，人民法院应予支持。招标人和中标人在中标合同之外就明显高于市场价格购买承建房产、无偿建设住房配套设施、让利、向建设单位捐赠财物等另行签订合同，变相降低工程价款，一方当事人以该合同背离中标合同实质性内容为由请求确认无效的，人民法院应予支持。"审判实务中，我们通常把中标合同称为"白合同"，把当事人另行订立的与中标合同实质性内容不一致的合同称为"黑合同"。准确理解和适用上述两条司法解释规定，需要把握以下几点：

（1）"白合同"有效。"白合同"有效是认定"黑合同"无效的前提。如果"白合同"无效，就不能简单地以"白合同"作为计算工程价款的依据，而必须根据当事人的真实意思、实际履行情况等因素判断当事人双方实际履行的系哪一份合同，并依此合同进行结算。"白合同"有效是指招标投标程序合法且中标有效。"白合同"通常情况下应是有效的，但也存在无效的情形，《招标投标法》规定了六种中标无效的情形。对此，前文已述，此处不赘言。

（2）"白合同"必须是中标合同，与是否备案无关。《建设工程施工合同司法解释》第21条规定的是"备案的中标合同"，《建设工程施工合同司法解释（二）》第1条规定的是"中标合同"，二者之间存在明显差别。《建筑法》《招标投标法》等法律未规定建设工程施工合同的备案制度。2001年6月1日原建设部发布的《房屋建筑和

市政基础设施工程招标投标管理办法》第 47 条第 1 款规定:“……订立书面合同后 7 日内,中标人应当将合同送工程所在地的县级以上地方人民政府建设行政主管部门备案。”这一行政规章应当是建设工程施工合同备案制度的依据。或许在当时的情况下,备案制度有其意义,但随着市场机制的发展与行政管理措施的完善,建设工程合同备案制已没有存在的基础。2018 年 5 月 14 日发布的《国务院办公厅关于开展工程建设项目审批制度改革试点的通知》(国办发〔2018〕33 号)在“精简审批环节”中有关“精减审批事项和条件”部分,明确规定在试点地区“取消施工合同备案、建筑节能设计审查备案等事项”。2018 年 9 月 28 日公布的《住房城乡建设部关于修改〈房屋建筑和市政基础设施工程招标投标管理办法〉的决定》正式取消了建设工程施工合同强制备案制度。此后,无论是依法必须进行招标投标的工程项目还是其他的工程项目,当事人通过招标投标的方式进行发包与承包,并根据招标投标结果签订建设工程施工合同即可,无需再向建设行政主管部门备案。在备案制不存在的情形下,所谓“白合同”仅指招标人即发包人与中标人即承包人依据招标文件、投标文件等签订的建设工程施工合同。

(3)“黑合同”必须是对中标合同的实质性背离。实践中,必须正确把握“实质性背离”与合同变更之间的关系。建筑工程是一项复杂的系统工程,“白合同”签订之后,由于履行期限长、变化大,随着施工进度的深入,发包方与承包方之间就工程中出现的具体问题进行补充、变更是正常和普遍的。如果“黑合同”的内容,与“白合同”不一致并未构成对“白合同”实质性内容的违反或者背离,属于合同变更,是合同自由原则的体现。

(4)双方当事人已经结算完毕,一方当事人如无证据证明结算协议或者结算行为存在胁迫等情形而要求依据司法解释关于“黑白合同”的规定,推翻结算协议,则有违诚信原则,不应予以支持。

(5)当事人另行签订的建设工程施工合同无论是在中标合同之前还是在中标合同之后签订,均不得背离中标合同的实质性内容。不过，应当特别注意的是，不能简单地以当事人在招标投标之前签订过具备施工合同实质要件的意向书、补充协议、承诺书、会议纪要、备忘录等即认定当事人存在串通招投标行为，从而否定中标合同的效力。中标合同是否无效，取决于双方当事人在招标投标过程中是否存在导致招标投标无效的情形。

（6）中标合同既包括《招标投标法》第46条第1款的“书面合同”即合同书，也包括合同书中约定作为合同组成部分的招标投标文件、其他相关合同性文件等。对此，《建设工程施工合同（示范文本）》（GF-2017-0201）合同协议书部分有明确约定。前文已阐明，此处不赘言。

四、非必须招标的建设工程招标后也应当以中标合同作为结算工程价款依据

《建设工程施工合同司法解释（二）》第9条规定：“发包人将依法不属于必须招标的建设工程进行招标后，与承包人另行订立的建设工程施工合同背离中标合同的实质性内容，当事人请求以中标合同作为结算建设工程价款依据的，人民法院应予支持，但发包人与承包人因客观情况发生了在招标投标时难以预见的变化而另行订立建设工程施工合同的除外。”非必须招标工程项目是指必须招标的工程项目范围之外的工程项目。招标投标是市场经济条件下的一种交易模式，市场主体将非必须招标工程项目通过招标投标程序订立合同并不为法律所禁止，市场主体可以自愿选择是否通过招标的方式来进行交易。但是，一旦选择了招标投标方式，就必须遵守《招标投标法》及相关法规的要求，依法合规地开展各项活动。发包人与承包人对于非必须招标工程项目在招投标合同之外又另行签订合同，通常有两个方面原因。一是建设单位强迫施工单位压价、垫资、压缩工期或者另行将工程肢解分包，而建设工程施工合同长期以来采用备案制度，如果将上述条款写入合同则无法通过备案，发包人、施工人于是通过另行签订合同以规避行政管理部门的监管；二是客观情况或工程实际情

况发生了较大变化，当事人通过协商对中标合同予以变更。对于第一种情况，为了规避监管而签订“黑白合同”，显然违背了《招标投标法》规定的原则和程序，损害了其他投标人利益以及招标投标秩序，因此，不应予以准许，应当按照中标合同结算工程价款。对于第二种情况，发包人、承包人订立中标合同后，因客观情况发生了在招标投标时难以预见的变化而另行订立合同的，可以按照另行订立的合同结算工程价款。客观情况发生难以预见的变化主要包括以下几种情况：（1）招标投标后建设工程的原材料、工程设备价格变化超出了正常的市场价格涨跌幅度；（2）招标投标后人工单价发生了重大变化，超过当地相关部门规定的涨跌幅度或当事人约定的涨跌幅度；（3）建设工程的规划、设计发生了重大变化。

五、当事人签订的建设工程施工合同与招标投标文件不一致时工程价款结算应当依照招标投标文件

《建设工程施工合同司法解释（二）》第 10 条规定：“当事人签订的建设工程施工合同与招标文件、投标文件、中标通知书载明的工程范围、建设工期、工程质量、工程价款不一致，一方当事人请求将招标文件、投标文件、中标通知书作为结算工程价款的依据的，人民法院应予支持。”该条司法解释制定的主要依据是《招标投标法》第 46 条第 1 款的规定，“招标人和中标人应当自中标通知书发出之日起三十日内，按照招标文件和中标人的投标文件订立书面合同。招标人和中标人不得再行订立背离合同实质性内容的其他协议。”依据该条规定，招标人、中标人应当按照招标文件和投标文件签订书面合同，当事人签订的书面合同与招投标文件载明的工程价款、建设工期、工程质量、工程范围等实质性内容不一致，且无正当理由的，不一致的相关条款应属无效，应当将招投标文件作为结算工程价款的根据。因为，招标投标活动是法律规定的一项严肃的市场交易方式，如果允许招标人与中标人在中标后签订的合同的实质性条款包括工期、工程范围、工程质量、工程价款等可以背离招投标文件，则招标投标就失去

了其作为竞争性交易方式的意义，招标投标法律制度规定同样也失去了意义。因此，为维护招标投标秩序的严肃性，让所有投标人都能公平公正地参与竞争，必须赋予招标投标文件高于当事人签订的合同书的法律约束力。

审判实践中适用上述司法解释规定，需要注意以下三点：一是依照招投标文件结算工程价款的前提是招投标活动合法有效。如果招标投标无效，则招投标文件以及当事人订立的合同均应被认定无效。在此情况下，应当按照《民法典》第793条关于无效建设工程施工合同的规定来处理，即工程质量合格的，可以参照合同关于工程价款的约定对承包人进行折价补偿。招投标文件和当事人订立的合同约定不一致的，应当按照《建设工程施工合同司法解释（二）》第11条“当事人就同一建设工程订立的数份建设工程施工合同均无效，但建设工程质量合格，一方当事人请求参照实际履行的合同结算建设工程价款的，人民法院应予支持。实际履行的合同难以确定，当事人请求参照最后签订的合同结算建设工程价款的，人民法院应予支持”的规定处理。二是中标通知书发出后，招标人、中标人因在工程实施的细节方面没有达成一致或者其他原因最终没有签订书面合同，要区分不同情况，分别处理。第一，当事人未签订书面合同，但中标人已经实际进场施工，招标人亦接受的，招投标文件的内容对于当事人具有约束力。故当事人请求将招投标文件作为结算工程价款依据的，人民法院应予支持。第二，如果当事人因为在工程实施细节方面没有达成一致或者一方当事人悔标而不愿意签订建设工程施工合同，那么当事人尚未开始履行招投标文件确定的权利义务内容，对此则不存在结算工程价款的问题。至于当事人未签订书面合同的后果，应根据《招标投标法》及招投标文件的约定进行处理。三是当事人在合同中约定了合同协议书的效力优先于招投标文件的，如果合同协议书在实质性条款方面与招投标文件不一致，那么这些条款因为违反了《招标投标法》的规定也应属于无效，不能产生约束当事人的法律效力，仍然应当以招投标文件作为结算工程价款的依据。

第七百九十一条 发包人可以与总承包人订立建设工程合同，也可以分别与勘察人、设计人、施工人订立勘察、设计、施工承包合同。发包人不得将应当由一个承包人完成的建设工程支解成若干部分发包给数个承包人。

总承包人或者勘察、设计、施工承包人经发包人同意，可以将自己承包的部分工作交由第三人完成。第三人就其完成的工作成果与总承包人或者勘察、设计、施工承包人向发包人承担连带责任。承包人不得将其承包的全部建设工程转包给第三人或者将其承包的全部建设工程支解以后以分包的名义分别转包给第三人。

禁止承包人将工程分包给不具备相应资质条件的单位。禁止分包单位将其承包的工程再分包。建设工程主体结构的施工必须由承包人自行完成。

【条文主旨】

本条是关于建设工程合同发包、承包和分包的规定。

【条文理解】

本条基本沿袭了《合同法》第272条的规定，仅将第1款中的“肢解”改为“支解”，“几个”改为“数个”。

一、承包合同的类型

建设工程合同根据签约主体和承包人承包的工作内容分类，可以分为总承包合同、单项工程承包合同、分包合同。

总承包合同是发包人就建设工程的勘察、设计、施工等工程建设的全部任务一并发包给一个具备相应的总承包资质条件的承包人，而与其订立的建设工程合同。建设工程的总承包，又称为“交钥匙承包”，由总承包人负责工程的全部建设工作，直至工程竣工，向发包人交付经验收合格的建设工程。工程总承包是国内外建设活动中多有使用的发承包方式，它有利于充分发挥那些在工程建设方面具有较强的技术力量、丰富的经验和组织管理能力的大承包商的专业优势，综合协调工程建设中的各种关系，强化对工程建设的统一指挥和组织管理，保证工程质量和进度，提高投资效益。在建设工程的发承包中采用总承包方式，对那些缺乏工程建设方面的专门技术力量，难以对建设项目实施具体的组织管理的建设单位来说，更具有明显的优越性，也符合社会化大生产专业分工的要求。

单项工程承包合同，是相对总承包合同而言的，也称承包合同，是指发包人将建设工程中的勘察、设计、施工等不同工作任务，分别发包给勘察人、设计人、施工人而签订的承包合同。这种发包方式有利于吸引较多的承包商参与各项工程建设业务的投标竞争，使发包人有更大的选择余地；也有利于发包人对建设工程的各环节、各阶段实施直接的监督管理。

分包合同是指工程总承包人、勘察承包人、设计承包人、施工承包人承包建设工程后，将其承包的某一部分工程或某几部分工程，再发包给其他承包人而签订的合同。建设工程的工程量通常都比较大，工期相对较长，允许工程分包，一是可以弥补一些承包人在设备、资金等方面的不足；二是对承包人来说，可以分散风险，降低成本；三是对专业性较强的工程建设任务，承包人可以借助技术实力雄厚的分包商来保证工程质量。

二、工程分包的特别规定

工程分包应当符合以下条件：（1）分包人应当具有承担相应分包工程建设的资质。总承包人与勘察、设计、施工承包人不能将工程分包给不具有相应资质条件的单位或个人。根据我国有关法律的规定，从事建设活动的勘察人、设计人和施工人必须具备以下资质条件：①有符合国家规定的注册资本；②有与其从事的建设活动相适应的具有法定执业资格的专业技术人员；③有从事相关建设活动所应有的技术装备；④法律、行政法规规定的其他条件。从事工程建设活动的勘察人、设计人和施工人，按照其拥有的注册资本、专业技术人员、技术装备和已完成的建设工程业绩等资质条件，划分为不同的资质等级，经资质审查合格，取得相应等级的资质证书后，方可在其资质等级许可的范围内从事建设活动。承包人在将工程分包时，应当审查分包人是否具备承包该部分工程建设的资质条件。（2）分包工程必须经过发包人的同意。发包人与承包人可以在承包合同中约定哪些工程可以分包，也可以在合同签订后另行明确。该规定可以防止总承包人和勘察人、设计人、施工承包人擅自将应当由自己完成的工程分包出去或者将工程分包给发包人所不信任的第三人。（3）工程建设项目只能实行一次分包，分包单位不得将其承包的工程再分包。分包单位承包的工程通常都是专业技术相对较强的某一方面工作任务，如允许再分包，一方面，不利于施工计划安排和现场管理，导致施工秩序混乱，出了问题，难以分清责任；另一方面，因层层分割利润，可能导致再分包的承包人为了降低施工成本、获取最大利润而偷工减料，从而难以保证工程质量。（4）建设工程主体结构的施工必须由承包人自行完成，不得进行分包。建设工程的主体结构是工程的核心和关键，主体结构部分质量合格是保证工程整体质量的基础，主体结构部分通常也是工程投入最多、施工技术难度最大的部分，因此，法律规定承包人不得将工程主体结构部分分包给第三人施工。

分包人就其分包的工程与总承包人或者勘察人、设计人、施工承包人向发包人承担连带责任。在承包与分包相结合的承包形式中，存在承包合同与分包合同两个不同的合同关系。承包合同是发包人与总承包人或者勘察人、设计人、施工承包人之间订立的合同，总承包人与勘察、设计、施工承包人应当就承包合同的履行向发包人承担全部的责任，即使总承包人与勘察人、设计人、施工承包人根据合同约定或者发包人的同意将承包合同范围内的部分建设项目分包给他人，总承包人及勘察人、设计人、施工承包人也要对分包的工程向发包人负责。分包合同是承包合同中的总承包人或者勘察人、设计人、施工承包人与分包人之间订立的合同，通常来说，分包人仅就分包合同的履行向总承包人或勘察人、设计人、施工承包人负责，并不直接向发包人承担责任，但为了维护发包人的利益，保证工程的质量，本条适当地加重了分包人的责任，即分包人就其完成的工作成果与总承包人或者勘察、设计、施工承包人向发包人承担连带责任。因分包的工程出现问题，发包人既可以要求总承包人和勘察人、设计人、施工承包人承担责任，也可以直接要求分包人承担责任。

三、严禁对建设工程进行支解发包、转包（支解分包）

其一，支解发包是指发包人将应当由一个承包人完成的建设工程支解成若干部分发包给几个承包人的情形。建设工程的发包是采取总承包方式还是单项工程承包方式，可以由发包人根据实际情况自行确定。但是不论发包人采取何种方式与承包人签订合同，都应当遵守本条的规定，不得将建设工程支解发包，即不得将应当由一个承包人完成的建设工程支解成若干部分发包给几个承包人。因为如果允许发包人将应当由一个承包单位整体承包的工程，支解成若干部分，分别发包给几个承包单位，将会使得整个工程建设在管理和技术上缺乏应有的统筹协调，往往造成施工现场秩序的混乱、责任不清，严重影响工程建设质量，出了问题也很难找到责任者。如何确定建设工程是否应当由一个承包人完成，应按工程性质和技术联系来判断，如对一幢房屋的供水管线，发包人就不应将其分成若干部分发包给几个承包单位。对一幢房屋中的供水管线和空调设备的安装，尽管都属于同一建筑的设备安装，但因各有较强的专业性，发包人可以将其分别发包给不同的承包人。

其二，转包是指建设工程的承包人将其承包的建设工程倒手转让给第三人的行为。支解分包是转包的一种方式，是指承包人将其承包的工程划分成若干部分，分别转给他人的行为。转包与分包的根本区别在于：转包行为中，原承包人将其工程全部转给他人，自己并不实际履行合同约定的义务；而在分包行为中，承包人只是将其承包工程的某一部分或几部分再分包给第三人，承包人仍然要完成工程的部分建设任务，包括工程主体结构部分。法律之所以规定承包人不得将其承包的全部建设工程转包给第三人或者将其承包的全部建设工程支解以后以分包的名义分别转包给第三人，是因为：（1）转包行为具有很大的危害性。实践中，一些单位将其承包的工程压价转包给他人，从中牟取不正当利益，形成"层层转包、层层扒皮"的现象，导致严重偷工减料；一些建设工程转包后由一些不具备相应资质条件的包工队施工，留下严重的工程质量隐患，甚至造成重大质量事故。（2）承包人擅自将其承包的工程项目转包，破坏了合同关系应有的稳定性和严肃性。在建设工程合同订立过程中，发包人往往经过慎重选择，确定与其所信任并具有相应资质条件的承包人订立合同，承包人将其所承包的工程转包给他人，擅自变更合同，违背了发包人的意志，损害发包人的利益，这是法律所不允许的。（3）禁止建设工程的转包，在国际上也是通例，不少国家都对建设工程的转包作了禁止性规定。如日本和韩国都规定，除经发包人书面同意外，建筑业从业者不得以任何形式将其承包的建筑工程一并转包给他人。因此，本条关于禁止转包的规定，既符合我国的实际情况，也与国际通行做法相一致。

【审判实践中应注意的问题】

审判实践中适用该条，应当注意以下几个问题：

一、转包、违法分包的建设工程合同无效

本条规定禁止总承包人与勘察、设计、施工承包人转包、违法分包建设工程，该规定属于效力性强制性规定，对于当事人违反本条

规定，非法转包、违法分包而签订的建设工程合同，应当依法认定无效。《建设工程施工合同司法解释》对此也有明确规定。该解释第4条规定，承包人非法转包、违法分包建设工程的行为无效。

二、具有劳务作业法定资质的主体签订的劳务分包合同有效

劳务分包，又称劳务作业分包，是指施工总承包企业或者专业承包企业即劳务作业发包人将其承包工程的劳务作业发包给劳务承包企业即劳务作业承包人完成的行为。劳务作业分包人既可以是总承包人、承包人，也可以是专业分包的承包人，劳务作业分包无需经过发包人或者总承包人、承包人的同意。住房和城乡建设部《建筑业企业资质管理规定》第5条规定："建筑业企业资质分为施工总承包资质、专业承包资质、施工劳务资质三个序列。施工总承包资质、专业承包资质按照工程性质和技术特点分别划分为若干资质类别，各资质类别按照规定的条件划分为若干资质等级。施工劳务资质不分类别与等级。"由此可见，劳务作业分包人也必须具备相应资质才能与总承包人、专业承包人订立劳务分包合同。劳务分包既不是转包，也不是分包。转包是将全部建设工程转由第三人施工建设，分包是将建设工程的某一部分施工项目有限制地交由第三人施工建设，劳务分包则是将建设工程中的劳务部分转由第三人完成。转包和将工程支解分包为法律所禁止，分包工程在不违反法律法规禁止性规定的情况下是允许的，劳务分包则不为法律禁止，分包人不能将建设工程二次分包，但可以将劳务部分交由第三人完成，劳务分包的承包人亦不能将其作业内容再次交由其他人完成。劳务分包承包人按照劳务分包合同的约定就劳务分包作业对劳务分包的发包人负责，劳务分包的发包人和承包人对工程的劳务作业部分向总承包人及建设单位承担连带责任。总之，劳务分包合同属于建设工程施工合同，但其与转包和专业工程分包合同明显不同。为了防止审判实务中将劳务分包当作非法转包或违法分包来对待，《建设工程施工合同司法解释》对此作了明确规定，该解释第7条规定："具有劳务作业法定资质的承包人与总承包人、

分包人签订的劳务分包合同，当事人以转包建设工程违反法律规定为由请求确认无效的，不予支持。”

三、发包人可以总承包人、分包人、实际施工人为共同被告提起工程质量诉讼

《建设工程施工合同司法解释》第25条规定：“因建设工程质量发生争议的，发包人可以总承包人、分包人和实际施工人为共同被告提起诉讼。”这里的“实际施工人”是指转包和违法分包的承包人，是为了区别总承包人、承包人、分包人等作为合法合同主体的施工人而设的特定概念。该条司法解释虽然是从程序法的角度规定发包人因工程质量提起诉讼可以总承包人、分包人、实际施工人为共同被告，但其实质还是由发包人与总承包人、分包人、实际施工人之间的实体法律关系所决定，即总承包人、分包人、实际施工人应就其施工部分工程质量对发包人承担连带责任。总承包人、分包人对发包人就其施工的工程质量承担连带责任是法律明确规定的，除了本条规定（《民法典》实施前为《合同法》第272条规定）外，《建筑法》《招标投标法》《建设工程质量管理条例》也有相同的规定。实际施工人就其施工的工程与总承包人、分包人就其施工的部分工程质量对发包人承担连带责任的法理基础是转包、违法分包合同无效，双方应当根据过错对合同无效导致的损失承担赔偿责任。《合同法》第58条规定：“合同无效或者被撤销后，因该合同取得的财产，应当予以返还；不能返还或者没有必要返还的，应当折价补偿，有过错的一方应当赔偿对方因此所受到的损失，双方都有过错的，应当各自承担相应的责任。”此次《民法典》编纂，吸收了《合同法》第58条规定的内容。《民法典》第157条规定：“民事法律行为无效、被撤销或者确定不发生效力后，行为人因该行为取得的财产，应当予以返还；不能返还或者没有必要返还的，应当折价补偿。有过错的一方应当赔偿对方由此所受到的损失；各方都有过错的，应当各自承担相应的责任。法律另有规定的，依照其规定。”总承包人对签订转包和违法分包合同在主观上

存在过错，而实际施工人（转包的承包人和违法分包的承包人）明知违法还与总承包人订立合同，在主观上同样存在过错，故依据《民法典》第157条规定，实际施工人应就其施工部分工程质量与总承包人共同向发包人承担过错赔偿责任。《建筑法》对此也有明确规定。《建筑法》第67条规定，承包单位对因转包工程或者违法分包的工程不符合规定的质量标准造成的损失，与接受转包或者分包的单位承担连带赔偿责任。应当注意的是，因为总承包人和分包人之间的分包合同具有合法性，故二者就分包工程出现质量问题，对发包人承担的连带责任，在法律性质上属于违约责任；总承包人与实际施工人之间的转包合同或分包合同是违法的，故二者就转包工程或者违法分包工程对发包人承担的是连带赔偿责任，在法律性质上属于侵权责任。

四、实际施工人可以突破合同相对性向发包人主张权利

在转包和违法分包的情况下，存在三方当事人，两个法律关系。一是承包人与发包人之间的建设工程施工合同关系；二是承包人作为转包人或者违法分包人与转包或者违法分包中的承包人之间的转包和违法分包关系。通常来说，合同具有相对性，实际施工人不能突破合同相对性向发包人主张权利。但是，实践中转包或违法分包的承包人即实际施工人向转包人、违法分包人主张权利时往往因多种原因（包括发包人的原因或转包人、违法分包人自身原因）受阻，其权利往往不能及时实现，而实际施工人主张权利渠道不畅又会直接导致建筑工人的工资不能得到及时发放。为了保护处于弱势地位的建筑工人的权益，最高人民法院在2004年出台的《建设工程施工合同司法解释》中突破了合同相对性，规定了实际施工人可以直接向发包人主张权利。该解释第26条规定："实际施工人以转包人、违法分包人为被告起诉的，人民法院应当依法受理。实际施工人以发包人为被告主张权利的，人民法院可以追加转包人或者违法分包人为本案当事人。发包人只在欠付工程价款范围内对实际施工人承担责任。"总的来说，该条司法解释规定对于保护建筑工人权利，解决曾经普遍存在的建筑行

业拖欠农民工工资问题，发挥了十分重要的作用，在审判实践中取得了良好的法律效果和社会效果。但是，适用当中也出现了一定的问题，主要是有的法院并未查明发包人欠付承包人的工程价款情况，直接判决发包人在欠付工程款范围内承担责任，导致执行中发包人向实际施工人承担责任的范围无法确定。为了解决这一问题，2018年出台的《建设工程施工合同司法解释（二）》对《建设工程施工合同司法解释》第26条的规定进行了修正。《建设工程施工合同司法解释（二）》第24条规定："实际施工人以发包人为被告主张权利的，人民法院应当追加转包人或者违法分包人为本案第三人，在查明发包人欠付转包人或者违法分包人建设工程价款的数额后，判决发包人在欠付建设工程价款范围内对实际施工人承担责任。"《建设工程施工合同司法解释（二）》第24条规定与《建设工程施工合同司法解释》第26条规定的不同之处在于：一是将"人民法院可以追加转包人或者违法分包人为本案当事人"改为"人民法院应当追加转包人或者违法分包人为本案第三人"；二是增加判决发包人在欠付建设工程价款范围内对实际施工人承担责任的条件，即应当查明发包人欠付转包人或者违法分包人建设工程价款的数额。审判实务中判决发包人对实际施工人承担责任，要注意两个前提条件：一是实际施工人对转包人或者违法分包人享有债权。该债权可能是因转包合同或者违法分包合同无效引起的折价补偿请求权，也可能是赔偿损失请求权。二是承包人与实际施工人完成的建设工程质量应当经验收合格。实际施工人向发包人主张权利，源自于承包人对发包人享有的债权，该债权在承包合同有效的情况下是工程款请求权，在承包合同无效情况下是参照合同约定的工程价款的折价补偿请求权。如果承包人与实际施工人完成的建设工程质量不合格，则承包人对发包人不享有工程款请求权或折价补偿请求权，实际施工人也就不能向发包人主张权利。

实际施工人除可依据上述司法解释规定突破合同相对性向发包人主张权利，还可以依据《民法典》第535条第1款"因债务人怠于行使其债权或者与该债权有关的从权利，影响债权人的到期债权实现的，债权人可以向人民法院请求以自己的名义代位行使债务人对相对人的权利，但是该权利专属于债务人自身的除外”的规定（源于《合同法》第73条规定），突破合同相对性向发包人主张权利。对此，《建设工程施工合同司法解释（二）》也有明确规定，该解释第25条规定：“实际施工人根据合同法第七十三条规定，以转包人或者违法分包人怠于向发包人行使到期债权，对其造成损害为由，提起代位权诉讼的，人民法院应予支持。”依据上述法律和司法解释规定，实际施工人以行使代位权方式向发包人主张权利需要具备以下几个条件：第一，实际施工人完成的建设工程质量合格。如果实际施工人完成的建设工程质量不合格，其对转包人、违法分包人就不享有合法债权，其自然就不能行使代位权。第二，转包人或者违法分包人怠于向发包人行使其到期债权，对实际施工人造成损害。具体为：一是转包人或者违法分包人对实际施工人的债务已经到期。二是转包人或者违法分包人不向实际施工人履行该到期债务。三是转包人或者违法分包人对发包人享有具有金钱给付内容的债权。该债权包括转包人、违法分包人对发包人享有的建设工程价款债权，也包括其他债权。四是转包人或者违法分包人对发包人享有的具有金钱给付内容的债权已经到期。如果转包人或者违法分包人对发包人的债权未到期，发包人可以此为由提出抗辩，对抗实际施工人的代位权。五是转包人或者违法分包人不以诉讼方式或者仲裁方式向发包人主张已到期的具有金钱给付内容的债权。六是转包人或者违法分包人怠于向发包人主张已到期的具有金钱给付内容的债权，致使实际施工人的到期债权未能实现。第三，转包人或者违法分包人的债权不是专属于其自身的债权。

第七百九十二条 国家重大建设工程合同，应当按照国家规定的程序和国家批准的投资计划、可行性研究报告等文件订立。

【条文主旨】

本条是关于国家重大建设工程合同订立的规定。

【条文理解】

本条沿袭了《合同法》第273条规定。

一、国家对建设工程合同实行严格的监督和管理

建设工程合同因涉及基本建设规划，其标的物为不动产的工程，承包人所完成的工作成果不仅具有不可移动性，而且须长期存在和发挥效用，事关国计民生，因此，国家对其实行严格的监督和管理。《城乡建设规划法》《建筑法》《招标投标法》《建设工程质量管理条例》等法律和行政法规，对建设工程合同从订立到履行作出了一系列的监督和管理的规定。通常情况下，订立建设工程合同首先要立项，即由有关业务主管部门和建设单位提出项目建议书，进行可行性研究，编制可行性研究报告，选定工程地址；可行性研究报告被批准后，才能根据可行性研究报告签订勘察、设计合同；只有在勘察设计合同履行后，才能根据批准的初步设计、技术设计、施工图纸和总概算等签订施工合同；依法必须招标的项目还必须通过招标的方式订立建设工程合同；建设工程必须经竣工验收合格后才能交付使用，质量必须符合国家规定的标准；等等。

二、国家重大建设工程合同必须按照国家规定的程序和国家批准的文件订立

依据《国家重大建设项目招标投标监督暂行办法》第3条的规定，国家重大建设项目是指国家出资融资的，经国家发展和改革委员会审批或审核后报国务院审批的建设项目。国家重大建设项目与国家重点投资项目既有联系，也有区别。一般来说，列入国家重点投资计划而且投资额巨大，建设周期特别长，由中央政府全部投资或者参与投资的工程项目，属于国家重大建设项目，如三峡工程。有些虽然未列入国家重点投资计划，投资额不算巨大，但影响很大的工程项目，也是属于国家重大建设工程项目，如国家大剧院工程。也有些工程，虽然属于地方政府投资，但投资巨大、影响广泛，其投资计划是经过国务院批准的，也属于国家重大建设工程项目，如北京市政府投资的亚运工程。

本条对国家重大建设工程项目合同订立提出了严格要求，即应当根据国家规定的程序和国家批准的投资计划、可行性研究报告等文件订立。实践中，国家重大建设工程项目应当事先进行可行性研究，对工程的投资规模、建设效益进行论证分析，并编制可行性研究报告，然后申请立项。立项批准后，再根据立项进行投资计划并报国家发展和改革委员会审批或审核后报国务院审批，投资计划批准后，有关建设单位根据工程的可行性研究报告和国家批准的投资计划，遵照《建筑法》《招标投标法》等有关法律、行政法规规定的重大工程建设项目订立程序进行发包，与承包人订立建设工程合同。国家重大建设项目必须招标的范围和规模标准按2018年3月27日国家发展和改革委员会发布的《必须招标的工程项目规定》（发改委16号令）和2018年6月6日国务院批准国家发展和改革委员会印发的《必须招标的基础设施和公用事业项目范围规定》（发改法规〔2018〕843号）确定。依法必须招标的国家重大建设项目，必须在报送可行性研究报告或者资金申请报告中增加有关招标内容，具体按《建设项目可行性研究报告增加招标内容以及核准招标事项暂行规定》（2001年国家发展计划

委员会令第9号）执行。招标人自行招标的，必须符合《工程建设项目自行招标试行办法》（2000年国家发展计划委员会令第5号，2000年7月1日发布，2013年23号令修订）有关规定。国家重大建设项目招标公告的发布，按《招标公告发布暂行办法》（2000年国家发展计划委员会令第4号）执行。依法必须招标项目的招标公告必须在指定媒介发布，招标公告的发布应当充分公开，任何单位和个人不得非法限制招标公告的发布地点和发布范围。招标公告应当载明招标人的名称和地址、招标项目的性质、数量、实施地点和时间、投标截止日期以及获取招标文件的办法等事项。开标应当在招标文件规定的时间、地点公开进行。开标后应当按照《评标委员会和评标方法暂行规定》（2001年国家发展计划委、经贸委、建设部、铁道部、交通部、信息产业部、水利部令第12号），遵循公平、公正、科学、择优的原则，根据招标文件规定的评标标准和方法，对投标文件进行系统地评审和比较，确定中标候选单位。中标候选单位必须具备能够建设该重大工程项目的相应资质。发包人在具有相同资质条件的投标者中，择优选择中标者。发包人应当同中标者订立建设工程承包合同。国家重大工程建设项目一般都属于国家强制监理的建设工程，因此发包人应当委托具有相应资质条件的工程监理单位对工程建设进行监理。发包人应当与其委托的工程监理单位订立书面的委托监理合同。

【审判实践中应注意的问题】

国家重大建设工程项目关系国计民生，关乎国家投资资金安全，故审判实践中，应严格按照《建筑法》《招标投标法》等相关法律、行政法规的规定，审查合同效力。对依法应认定无效的合同，要在认定合同无效的同时，按照《民法典》第793条关于处理无效建设工程施工合同的规定作出适当处理。同时，对于案件审理中发现的违法违规行为，要及时通过司法建议等方式，建议政府相关部门依法查处，相关单位及时纠正，保障国家重大建设工程项目顺利进行，维护国家投资资金安全。

第七百九十三条　建设工程施工合同无效，但是建设工程经验收合格的，可以参照合同关于工程价款的约定折价补偿承包人。

建设工程施工合同无效，且建设工程经验收不合格的，按照以下情形处理：

（一）修复后的建设工程经验收合格的，发包人可以请求承包人承担修复费用；

（二）修复后的建设工程经验收不合格的，承包人无权请求参照合同关于工程价款的约定折价补偿。

发包人对因建设工程不合格造成的损失有过错的，应当承担相应的责任。

【条文主旨】

本条是关于建设工程施工合同无效的处理的规定。

【条文理解】

本条是此次《民法典》编纂新增条文。

《民法典》第157条规定："民事法律行为无效、被撤销或者确定不发生效力后，行为人因该行为取得的财产，应当予以返还；不能返还或者没有必要返还的，应当折价补偿。有过错的一方应当赔偿对方由此所受到的损失；各方都有过错的，应当各自承担相应的责任。……"建设工程施工合同的履行与一般合同相比，具有明显的特殊性，工程的施工过程就是承包人将劳务及建筑材料物化为建设工程的过程。基于这一特殊性，建设工程施工合同无效，发包人取得的财产形式上是承包人建设的工程，实际上是承包人对工程建设投入的劳务及建筑材料，无法适用无效恢复原状的返还原则，只能采取折价补偿的方式处理。本条第 1 款规定了建设工程施工合同无效，工程经验收合格的处理规则，即可以参照合同关于工程价款的约定折价补偿承包人；第 2 款、第 3 款规定了建设工程施工合同无效，工程经验收不合格的处理规则。建设工程施工合同无效，建设工程经竣工验收不合格的，一般包括两种情况，一种是建设工程质量虽然不合格，但经过修复，可以使缺陷得到弥补，符合国家或者行业强制性质量标准。这种情况下，发包人仍然可以接受建设工程，并在修复后继续利用建设工程。发包人可以要求承包人承担修复费用。承包人自然也可以请求参照合同约定折价补偿。另一种情况是，建设工程的质量缺陷无法通过修复予以弥补，建设工程丧失利用价值。对于没有利用价值的建设工程，只能毁掉重新进行建设，承包人自然没有请求折价补偿的权利。对于因工程不合格而造成的损失，依法应按照过错原则承担。因向发包人交付质量合格的工程，是承包人的主要合同义务，故通常情况下，造成质量不合格的原因是承包人的过错，但实践中也经常出现工程质量缺陷是由于发包人原因导致的情况，如提供的图纸不符合规范，提供的施工材料达不到应有的质量标准等。所以，对于工程质量不合格的问题，应分清原因，按照过错程度，由过错方依法承担相应责任。这样处理，符合公平原则和按照过错承担无效合同赔偿责任的原则。

本条来源于《建设工程施工合同司法解释》第 2 条、第 3 条的规定。《建设工程施工合同司法解释》第 2 条规定："建设工程施工合同无效，但建设工程经竣工验收合格，承包人请求参照合同约定支付工程价款的，应予支持。"第 3 条规定："建设工程施工合同无效，且建设工程经竣工验收不合格的，按照以下情形分别处理：（一）修复后的建设工程经竣工验收合格，发包人请求承包人承担修复费用的，应予支持；（二）修复后的建设工程经竣工验收不合格，承包人请求支付工程价款的，不予支持。因建设工程不合格造成的损失，发包人有过错的，也应承担相应的民事责任。”

《建设工程施工合同司法解释》出台于2004年10月，施行于2005年1月1日。最高人民法院在制定《建设工程施工合同司法解释》征求意见的过程中，对于无效建设工程施工合同的处理如何适用法律，社会各界存在不同观点。（1）关于工程经验收合格后，合同是否应当认定有效。一种观点认为，工程质量是建设工程的生命线，保证工程质量是《建筑法》等行政法立法的主要目的，建筑物的质量标准高于建设工程施工合同的效力标准，故建设工程经验收合格的，建设工程施工合同不宜认定无效。反对的观点认为，虽然在建设工程施工合同当中，工程质量是处于核心地位，并被《合同法》及《建筑法》等相关法律规范所保护，但是，法律并没有明确规定，在建设工程施工合同当中，以工程质量是否经验收合格作为合同是否有效的必备要件。仅从《建筑法》的立法目的考虑，将工程质量是否经验收合格作为建设工程施工合同是否有效的唯一必备条件，与《合同法》的规定不符，且容易造成在结果上鼓励建筑市场中不规范经营行为的发生，不利于规范建筑市场秩序。因此，建筑工程质量是否经验收合格只能涉及承发包双方如何结算工程款的问题，而不能因此导致合同效力的变化。（2）关于合同无效的折价补偿问题。对于合同无效，工程经竣工验收合格，发包人按照何种标准对承包人予以折价补偿问题。征求意见中也出现了几种意见。第一种意见认为，建设工程施工合同无效，建设工程验收合格的，发包人应当返还承包人建设工程的造价成本；造价成本与合同价款的差价为损失，按照过错原则承担责任。理由是当事人不能依据无效合同取得利益，发包人只能按照建设工程的造价成本对承包人予以折价补偿。造价成本与合同约定价款的差价作为损失，由双方按照过错责任分担。这样才符合无效合同的特征及无效合同与有效合同的本质区别。对于“造价成本”如何计算，也存在几种观点：第一种观点认为，造价成本按照当年适用的工程定额标准由鉴定机构计算。理由是在国家没有对建筑工程的造价成本规定计算标准的情况下，建设部及各地建筑行政主管部门颁发的建筑工程定额标准，属于行业标准，应当参照执行。第二种观点认为，造价成本按照建设行政主管部门发布的市场价格信息计算。理由是建设行政主管部门就计算工程造价成本制订的定额标准往往跟不上市场价格的变化，而建设行政主管部门发布的市场价格信息，更贴近市场价格，更接近建筑工程的实际造价成本，有利于保护当事人的利益。第三种观点认为，造价成本为合同约定的工程款中的直接费与间接费，不包含利润和税金，利润和税金为损失。理由是合同无效，承包方不应依据无效合同取得利益，故而其不应取得合同约定的工程款中的利润。税金是履行合同应当缴纳的，无效合同的不得履行性，导致承包人不应取得发包人支付的税金。第二种意见认为：建设工程施工合同确认无效后，建设工程验收合格的，承包人请求参照合同约定支付工程价款的，人民法院应当支持。此种观点的主要理由是，建筑工程经验收合格后，区分合同效力的意义已不存在，参照合同约定支付工程款，有利于平衡双方当事人之间的利益关系，且不影响建筑工程质量，社会效果较好。

在广泛听取社会各界意见后，最高人民法院最终在《建设工程施工合同司法解释》中规定：建设工程施工合同无效，建设工程经验收合格的，可以按照有效处理，发包人参照合同约定支付工程款。主要是基于以下两个方面的考虑：一是就建设工程施工合同而言，工程质量是建筑工程的生命，《建筑法》及相关行政法规，均将保证工程质量作为立法的出发点和主要目的。《建筑法》及《建筑工程质量管理条例》规定，未经验收或者验收不合格的建设工程，不得交付使用。在建设工程经竣工验收合格后，无效合同与有效合同在《建筑法》制定的根本目的上已无很大的区别，参照合同约定支付工程款，虽然与法理和现行法律有关无效合同的处理原则明显相悖，但这种处理方式有利于保障工程质量。二是建筑市场中关于工程价款的计算标准较多，计算方法复杂多样，撇开合同关于工程价款的约定，很难确定一个公平公正的折价补偿标准。按照工程定额或者建设行政主管部门发布的市场价格信息作为计价标准计算工程的造价成本，都需要委托鉴定，势必增加当事人的诉讼成本，扩大当事人的损失，延长案件审理期限，不利于对当事人合法权益的保护，案件审判的法律效果与社会效果不能得到有机的统一。同时，我国建筑市场属于发包人市场，发包人在签订合同时往往把工程款压得低于当年适用的工程定额标准和政府公布的市场价格信息标准，如果合同无效按照上述两种标准折价补偿，就可能诱使承包人恶意主张合同无效，以达到获取高于合同约定工程款的目的。同样道理，如果合同无效，承包人只能主张合同约定中的直接费和间接费，不能主张利润及税金，也不合理。建设工程的价值是建设工程的整体价值，也即建设工程的完整造价。如果合同无效，承包人只能主张合同约定价款中的直接费和间接费，则承包人融入建筑工程产品当中的利润及税金就被发包人获得。发包人依据无效合同取得了承包人应当得到的利润，这与无效合同的处理原则不符，其利益向一方当事人倾斜，不能很好地平衡当事人之间的利益关系，容易导致矛盾激化。参照合同关于工程价款的约定来折价补偿承包人，可以平衡承包人和发包人之间的利益关系，便捷、合理地解决纠纷，也有利于规范建筑市场秩序，保护建筑工人的合法权益，维护社会稳定。

对于合同无效、工程经验收不合格的建设工程施工合同纠纷如何处理，最高人民法院在制定《建设工程施工合同司法解释》征求意见的过程中，也收到了不同的意见。一种意见认为，按照《建筑法》和《合同法》的规定，建筑工程经验收合格后，方可交付使用。对于未经验收合格的工程，不得交付使用。因竣工验收不合格的工程，无法交付，发包人无法使用，导致合同目的无法实现，发包人可以不支付工程价款。按照这种意见来处理案件，可能造成的后果是，发包人不用支付对价即可以接受建设工程，如果建设工程具有利用价值，发包人依据无效合同取得利益，而承包人不能依据其投入得到相应的报酬，双方的利益不平衡，损害了承包人利益，不符合民法的公平原则，容易激化矛盾。且由于发包人不用支出即可取得建设工程，易导致发包人对已取得的建设工程产品价值不珍惜，轻易决定对接受的建设工程铲除重新进行建设。如果工程经过修复可以达到验收条件，具有使用价值，轻易铲除也会造成社会资源的浪费。另一种意见认为，不论工程是否验收合格，按照无效合同的处理原则，工程都要交付发包人，故而发包人应当就接受的工程支付承包人工程款。这种意见导致如果工程确实无法修复，不再具有使用价值，损失就完全由发包人承担，不符合公平原则。

在充分研究各种意见之后，最高人民法院最终在《建设工程施工合同司法解释》当中规定，以建设工程修复后是否经竣工验收合格作为承包人请求支付工程款的前提条件，建设工程修复后经竣工验收合格的，承包人可以请求发包人参照合同约定支付工程价款；发包人请求承包人承担修复费用的，应予支持。建设工程无法修复或者修复后经竣工验收仍不合格的，承包人请求支付工程款的，不予支持。这样规定，具有充分的法律依据。《合同法》第262条规定："承揽人交付的工作成果不符合质量要求的，定作人可以要求承揽人承担修理、重作、减少报酬、赔偿损失等违约责任。"《建设工程质量管理条例》第32条规定："施工单位对施工中出现质量问题的建设工程或者经竣工验收不合格的建设工程，应当负责返修。"根据上述法律规定可以得出，建设工程经验收不合格的，承包人应当承担返修义务，返修费用由承包人自行承担。如果承包人拒绝承担返修义务或者基于双方丧失合作基础的情况，发包人与承包人均同意由第三人进行建设工程的修复工作时，发包人可以要求承包人承担修复费用。这种做法可以避免社会资源的浪费，平衡当事人之间的利益，使案件的审判结果达到较好的社会效果。修复后的建设工程经竣工验收仍然不合格的，建设工程已经失去价值，只能铲掉重新进行建设，承包人要求支付工程款的，不应予以支持。这样的规定，可以严格制裁违法行为，保证工程质量，促进建筑业市场的健康有序发展。

《建设工程施工合同司法解释》自2005年1月1日实施以来，至今已15年，人民法院依据上述两条司法解释规定审判了大量无效建设工程施工合同纠纷案件，取得了良好的法律效果和社会效果。建设工程施工合同无效，只要工程质量合格，承包人可以请求参照合同约定支付工程价款的观点已成为建筑领域的一项基本规则，为社会各界所接受。实践证明，上述两条司法解释的规定是符合建筑市场实际的。正是基于这样的背景，此次《民法典》编纂，吸收了上述两条司法解释的规定，合成本条规定。需要注意的是，本条对《建设工程施工合同司法解释》第2条、第3条的规定作了改变。一是将“建设工程经竣工验收合格”改成了“建设工程经验收合格”，删除了“竣工”二字。之所以这样规定，是因为实践中有很多工程未完成建设，合同双方即发生纠纷诉至法院，对于建设工程合同无效的，法院显然不能再判决当事人继续履行合同，也不能因为工程未经竣工验收而对承包人折价补偿的诉讼请求不予支持，只能按照上述两条司法解释的规定处理，即已完工部分工程质量合格或经修复合格的情况下，发包人应当参照合同关于工程价款的约定折价补偿承包人。二是将“参照合同约定支付工程价款”改成了“参照合同关于工程价款的约定折价补偿”。这样修改更符合合同无效的处理原则。建设工程施工合同无效，从合同理论上来说，承包人无权请求发包人支付工程价款，只能请求折价补偿。该折价补偿虽然是参照合同关于工程价款的约定，在数额上与合同对价即工程价款一样，但在法律性质上则有着根本区别。《建设工程施工合同司法解释》关于“参照合同约定支付工程价款”的规定，从理论上来说，是将无效合同按照有效合同来对待和处理。

【审判实践中应注意的问题】

审判实践中，准确适用本条，需要注意以下几个问题：

一、准确认定建设工程施工合同无效的情形

无效合同是指虽然已经成立，但因其在内容上违反了法律、行政法规的强制性规定和社会公共利益而无法律效力的合同。《民法典》第153条规定：“违反法律、行政法规的强制性规定的民事法律行为

无效。但是，该强制性规定不导致该民事法律行为无效的除外。违背公序良俗的民事法律行为无效。”建设工程施工合同效力是关系诉讼时效、工程价款结算原则、违约责任、质量保证等与承、发包双方当事人利益密切相关的重大问题，是法院在审理建设工程施工合同纠纷案件中必须审查的问题，无论当事人在诉讼中是否对建设工程施工合同的效力提出主张或抗辩，人民法院都应当主动审查其效力。

由于建设工程的专业性和复杂性，为保证建筑工程的质量和安全，保护国家利益、社会公共利益和当事人合法权益，《建筑法》《招标投标法》等多部法律、行政法规都对建设工程合同进行规制，其中包含了大量的强制性规定。但是，建设工程施工合同当事人违反法律、行政法规强制性规定的，并不必然导致合同无效，只有违反了效力性强制性规定的，才会导致合同无效。为了在审判实务中准确把握和认定建设工程施工合同效力，最高人民法院在《建设工程施工合同司法解释》《建设工程施工合同司法解释（二）》中列举了建设工程施工合同无效的情形，包括以下几种：（1）因违反招标投标领域法律、行政法规导致合同无效。具体为：①建设工程属于依法必须进行招标投标的项目，未进行招标的；②必须进行招标而中标无效的。（2）因违反建筑领域资质管理规定而无效。具体为：①承包人未取得建筑施工企业资质或者超越资质等级的，但是超越资质等级的承包人在工程竣工前取得相应资质等级的除外；②没有资质的实际施工人借用有资质的建筑施工企业名义的，即通常所说的“挂靠”。（3）因非法转包或支解发包、违法分包而无效。具体为：①承包人承揽工程后非法转包工程的；②承包人承揽工程后违法分包工程的。（4）因违反工程建设审批手续而无效。即未取得建设工程规划审批手续而签订的建设工程施工合同无效，但是发包人在起诉前取得的除外。

除了上述司法解释规定的建设工程施工合同无效的情形，审判实践中还要注意两种合同无效的情形：一是根据《招标投标法》第 41 条第 2 项规定，中标价低于建设工程成本的中标合同无效。二是根据《第八次全国法院民事商事审判工作会议（民事部分）纪要》第 30 条的规定，当事人违反工程建设强制性标准，任意压缩合理工期、降低工程质量标准的，应认定无效。

应当说明的是，上述情形并未穷尽建设工程施工合同无效的情形。实践中，在上述情形之外，如果建设工程施工合同违反了法律、行政法规的效力性强制性规范，也应当认定合同无效。此外，依据《民法典》第153条、第154条、第146条规定，建设工程施工合同违背公序良俗的，双方当事人恶意串通、损害他人合法权益的，双方当事人意思表示虚假的，均应认定为无效合同。

二、严格把握工程质量是否合格这个标准

依据本条规定，建设工程施工合同无效的法律后果是折价补偿和按照过错赔偿损失。“折价补偿”首先应确定履行无效合同，建造的建筑产品是否有价值，然后才存在补偿问题；没有价值就不补偿，只能按过错赔偿损失。是否有价值的衡量标准，应根据《民法典》第799条的规定，建设工程经验收合格后，方可交付使用；未经验收或者验收不合格的，不得交付使用。《建筑法》第61条第2款对此也有规定。建设工程竣工验收不合格就无法交付使用，建设工程的价值就体现不出来，无法折价补偿，故人民法院在案件审理中，应把工程质量是否验收合格作为重点予以审查。通常来说，建设工程须经工程建设单位（发包人）、勘察单位、设计单位、施工单位（承包人）、监理单位共同竣工验收合格，但工程的备案和交付使用应经建设行政主管部门的质量监督机构认可，从目前对于建设工程质量的评定来看，建设行政主管部门作出的认可具有权威性，应在案件审理中予以认定。审判实践中，对于未经验收的工程以及质量产生争议的工程，可以通过司法鉴定方式查清并认定工程质量是否合格。

三、准确认定不合格工程是否能够修复

在审判实践中，承发包双方因为纠纷的产生，矛盾加大，对于建设工程经竣工验收不合格的，经常出现承包人不愿继续承担建设工程

的修复义务，进行修复工作，发包人也不愿承包人再继续进行建设工程的修复工作。如果双方均同意不再由承包人进行修复工作，如何对工程质量进行认定，并对案件作出处理？笔者认为，在承、发包双方均同意不再由承包人继续建设工程的修复工作的，首先要看建设工程存在的质量缺陷是否可以通过修复解决。对于建设工程存在的质量缺陷是否能够修复，先看当事人对这一问题的态度，如果双方当事人从建筑业的国家质量要求及行业质量要求的角度，均认可建筑工程存在的质量缺陷可以修复，那么，人民法院可以根据法律规定，对此予以认定，按照发包人支付承包人工程价款、承包人负担工程的修复费用的方式来处理。如果双方对建筑工程存在的质量缺陷是否能够修复有不同的意见，且难以达成共识，则要充分考虑到建筑工程质量问题的专业性，委托专业部门进行质量鉴定，以鉴定的结果作为人民法院认定的依据。

四、关于建设工程施工合同无效造成的损失赔偿问题

依据《民法典》第157条规定，合同被依法确认无效后，当事人除了承担返还财产或者折价补偿的责任以外，有过错的一方还应当赔偿对方由此所受到的损失；各方都有过错的，应当各自承担相应的责任。为了依法妥善处理建设工程施工合同无效引发的损害赔偿问题，统一裁判尺度，最高人民法院在《建设工程施工合同司法解释（二）》中对合同无效引发的损害赔偿的举证责任及损失认定作出了明确规定。该解释第3条规定："建设工程施工合同无效，一方当事人请求对方赔偿损失的，应当就对方过错、损失大小、过错与损失之间的因果关系承担举证责任。损失大小无法确定，一方当事人请求参照合同约定的质量标准、建设工期、工程价款支付时间等内容确定损失大小的，人民法院可以结合双方过错程度、过错与损失之间的因果关系等因素作出裁判。"审判实务中适用该条司法解释规定，需要注意以下几点：

（一）准确把握合同无效引发的损害赔偿责任的性质和构成要件

关于合同无效引发的损害赔偿责任的性质，通说认为，系缔约过失责任，而非违约责任或者侵权责任。一方当事人要求对方赔偿因合同无效造成的损失，应当满足以下构成要件：

1. 有损害事实存在或者有损失发生

合同无效后的赔偿责任属于缔约过失责任，而缔约过失行为所造成的损失一般都是信赖利益的损失，即当事人因信赖合同有效而遭受的实际损失，不包括可得利益损失。因为无效合同的处理以恢复原状为原则，不应当赔偿期待利益，且可得利益损失较难确定，如纳入损失赔偿范围，易导致利益失衡。实际损失也不包括工程欠款利息。承包人向发包人请求支付的拖欠工程价款的利息在性质上属于法定孳息，与工程价款具有附随性，与合同效力无关，与是否支付工程款有关。因此，利息不属于损失赔偿范围，当然不属于“实际损失”，不适用过错赔偿责任。

2. 当事人具有过错

这是当事人因合同无效承担赔偿损失责任的实质构成要件，只有当事人具有过错，才能承担相应的民事法律责任。就建设工程施工合同来说，当事人的过错一般应根据造成合同无效的原因予以认定，在审查上未尽到合理注意义务的各方均有过错。如无资质或者超越资质承揽建设工程订立的无效合同，过错一方主要是承包人，发包方出于过失（如对资质疏于审查，对工程没有及时跟进监督）也存在一定过错；又如法律规定必须招标的建设工程未招标订立的无效合同，过错一方主要是发包人，承包方承担次要过错责任；再如未办理建设用地规划许可手续的，发包人应承担主要责任，承包人负次要责任；等等。

3. 过错与损失之间具有因果关系

合同无效赔偿中的因果关系是指一方当事人的违法行为与另一方当事人的损害结果之间具有必然的因果联系。就建设工程合同无效而言，对于合同无效造成的损失，必须是因导致合同无效的发包人或者承包人的违法行为造成，即损失与导致合同无效的行为二者之间具有因果关系。只有当二者间存在因果关系时，行为人才应承担相应的民事责任。依据过错责任原则，在确定赔偿责任时，应以过错作为确定责任的要件和确定责任范围的依据，即在确定责任的大小时，要考虑行为人的主观过错程度。实践中，确定损失与过错之间的因果关系，对过错范围的认定，既包括当事人对无效合同的订立存在过错，也包括在履行合同过程中当事人对诚信原则存在违反的过错。

（二）损失大小可参照合同约定的方式确定

建设工程施工合同无效，无过错方当事人有权就其实际损失要求过错方进行赔偿，但由于有些情况下对于实际损失难以举证，如果严格按照举证不能的规则处理，则对遭受损失一方当事人不公平，容易导致利益失衡。因此，根据公平原则，从平衡合同双方当事人的利益角度出发，在施工合同无效且当事人双方在合同中对损失赔偿标准有明确约定的前提下，并基于无效施工合同参照合同约定支付工程价款的处理规则，在司法实践中原则上也可以参照合同约定来确定赔偿损失的数额，即在当事人无法举证证明实际损失的情况下，应当允许当事人请求参照合同约定的质量标准、建设工期、工程价款支付时间等内容来确定损失大小。这样处理并非是将无效合同当作有效处理，而是寻找一种符合建设工程施工合同特点的损失赔偿的计算方式。这主要考虑到建设工程施工合同无效的事由大多数是违反了国家对于建筑行业和建筑市场关于招投标、资质等行政管理的强制性规定，而双方当事人在签订施工合同时，关于工程计价、计量、工程款支付比例、支付时间、工程质量、工期、结算程序、质保金的扣留等约定内容，均是当事人的真实意思表示，是双方签约时对施工合同中最核心内容慎重考虑后作出的决定，不应因合同违反国家行政管理相关规定无效而全部不予适用。同时，参照合同约定内容来确定实际损失大小，可以避免发生当事人因合同无效而获得比合同有效额外的利益。

（三）准确把握当事人请求赔偿的损失范围

承包人因合同无效向发包人主张损失赔偿的范围包括：（1）实

际支出损失。包括办理招标投标手续支出的费用、合同备案支出的费用、订立合同支出的费用、除工程价款之外的因履行合同支出的费用等实际损失和费用等。(2)停工、窝工损失。因发包人原因导致承包人停工、窝工的，承包人有权主张停工、窝工损失的情形主要包括发包人没有及时检查隐蔽工程，未按照约定的时间和要求提供原材料、设备、场地、资金、技术资料，不履行告知变更后的施工方案、施工技术交底、完善施工条件等协作义务等。当然，发包人出现上述情形，承包人也应依照法律规定，注意采取适当措施，自行做好人员、机械的撤离等工作，防止停工、窝工损失扩大。对因承包人原因导致的损失扩大部分，承包人无权要求赔偿。此外，对于多种原因造成工程停工、窝工，难以分清双方当事人在造成停工、窝工方面责任大小的，可根据双方在合同履行中的过错程度以及各自所受损失的情况确定停工、窝工损失。这样，既符合公平原则，也符合双方当事人履行合同的实际情况。

发包人因合同无效向承包人主张损失赔偿的范围包括：(1)实际支出的费用。主要包括发包人因办理招标投标手续支出的费用、合同备案支出的费用、订立合同支出的费用、准备或者实际履行合同支出的费用等实际支出损失。(2)工期延误所造成的损失。建设工程施工合同被认定为无效，合同约定的工期条款、违约条款等均为无效，但这并不意味着承包人不再承担工期延误责任。实践中，对于合同无效，通常发包人和承包人均存在过错，如果因合同无效而使得承包人免除了工期延误赔偿责任，将导致发包人和承包人之间的利益失衡。故承包人逾期竣工给发包人造成的损失，应当基于公平原则和诚信原则，对发包人主张的工期延误损失进行补偿，补偿的范围仅包括实际发生的损失，对于尚未确定或尚未发生的损失，发包人可在损失确定或发生后再另行主张。在发包方损失确实存在且又难以举证的情形下，可以参照无效合同中约定的逾期竣工违约责任条款来确定发包方损失，并结合双方过错情况，确定损失责任分担。(3)工程质量导致的损失。因施工人原因导致工程质量损失的，发包人有权向承包人主张损失赔偿责任。如果发包人对质量不合格也存在过错的，发包人也应承担一定责任。发包人与承包人对工程质量均有责任的，由双方按过错程度来承担责任。需要注意的是，合同无效与工程质量不一定存在因果关系，即导致合同无效的原因并不一定导致工程质量问题的产生。在处理时，应注意区分合同无效的原因以及工程质量问题产生的原因，分清发包人与承包人的责任，妥善处理双方纠纷。（4）其他人身财产损失。主要是《民法典》第 802 条规定的损失，即因承包人的原因致使建设工程在合理使用期限内造成人身损害和财产损失的，发包人有权要求承包人承担赔偿责任。

五、挂靠人与被挂靠人对因出借资质造成的损失向发包人承担连带赔偿责任

没有建筑施工资质的单位和个人（挂靠人）借用有资质的建筑企业（被挂靠人）名义签订的建设工程施工合同无效。在此种合同无效的情形下，发包人要求赔偿合同无效所导致的损失，应当向谁主张，由谁承担责任，如何承担责任，现行立法没有作出明确规定，理论界争论较大，各地法院对此的认识和做法也不尽相同。一种观点认为，挂靠人和被挂靠人应承担连带责任。另一种观点认为，应区分合同相对人是否对挂靠事实明知而适用不同的责任类型。如果合同相对人对于挂靠事实不明知，由挂靠人和被挂靠人承担连带责任；如果合同相对人对于挂靠事实明知，首先由挂靠人承担责任，被挂靠人承担补充责任。为了解决这一问题，最高人民法院在《建设工程施工合同司法解释（二）》中作出了明确规定。该解释第 4 条规定："缺乏资质的单位或者个人借用有资质的建筑施工企业名义签订建设工程施工合同，发包人请求出借方与借用方对建设工程质量不合格等因出借资质造成的损失承担连带赔偿责任的，人民法院应予支持。"审判实务中，理解和适用该条司法解释规定，需要把握以下几点：

（一）挂靠人与被挂靠人承担连带赔偿责任的性质是侵权责任

《建筑法》第 66 条规定，建筑施工企业转让、出借资质证书或

者以其他方式允许他人以本企业的名义承揽工程的，对因该项承揽工程不符合规定的质量标准造成的损失，建筑施工企业与使用本企业名义的单位或者个人承担连带赔偿责任。《建设工程施工合同司法解释》第25条规定："因建设工程质量发生争议的，发包人可以以总承包人、分包人和实际施工人为共同被告提起诉讼。"挂靠人与被挂靠人就质量问题对发包人承担连带赔偿责任，该责任的性质是共同侵权责任，而非违约责任，亦非缔约过失责任。因为，挂靠人借用资质签订的建设工程施工合同违反法律的禁止性规定，自始无效，在合同无效的情况下不存在违约责任。同时，质量问题所造成的损失并非发生在合同缔结阶段，且借用资质的挂靠人不是建设工程施工合同的当事人，合同当事人只有发包人和被挂靠人，因此挂靠人和被挂靠人承担连带赔偿责任的法理基础显然也不是缔约过失责任。

在借用资质合同无效的情形下，发包人主张质量以外因合同无效导致的损失，挂靠人与被挂靠人承担责任的性质仍然属于共同侵权责任，因为挂靠人借用资质导致施工合同无效给发包人造成损失，可以归属于被挂靠人与挂靠人共同对发包人实施侵权行为造成损害的情形。根据《侵权责任法》第8条"二人以上共同实施侵权行为，造成他人损害的，应当承担连带责任"的规定，挂靠人与被挂靠人应当就其共同侵权行为对发包人承担连带赔偿责任。具体来讲，在借用资质的法律关系中，挂靠人与被挂靠人的行为符合共同侵权行为的构成要件:（1）出借资质的被挂靠人向借用资质的实际施工人实施了借用资质的违法行为。（2）挂靠人与被挂靠人在主观上存在过错，挂靠人没有相应施工资质借用他人资质，被挂靠人为了追逐利益，违法同意他人借用其资质承包工程。挂靠人与被挂靠人均明知行为非法，因此都存在主观过错。（3）被挂靠人与挂靠人的借用资质行为与给发包人造成的损失之间存在法律上的因果关系。

（二）发包人对损失与借用资质之间的因果关系负有举证责任

根据"谁主张，谁举证"的证据规则，发包人要求挂靠人与被挂靠人赔偿因借用资质而产生的损失，其应当承担举证责任，证明包括工程质量在内的损失是因挂靠人借用资质所造成，而非其他原因所致。其中对于工程质量举证难度较小，因《建筑法》第66条已明确规定，建筑施工企业出借资质的，对因该项承揽工程不符合规定的质量标准造成的损失，建筑施工企业与使用本企业名义的单位或者个人承担连带责任。对于其他损失，发包人如果要求挂靠人与被挂靠人承担连带赔偿责任，则必须举证证明该损失是因借用资质而产生，二者存在因果关系，否则，发包人的主张不应予以支持，因为尽管挂靠行为为法律所禁止，但不能无故扩大挂靠人与被挂靠人的责任。司法实践中，发包人只需要证明损失的存在以及挂靠人借用资质的事实即完成初步证明责任，如果挂靠人否认损失的产生与借用资质有关，则举证责任发生转移，应由挂靠人证明损失是由其他原因产生，而非借用资质。

（三）发包人“明知”挂靠人借用资质的，也应承担相应责任

发包人“明知”挂靠人借用资质的情形主要有两种：一种是订立合同时已明知；另一种是订立合同后得知的。对于第一种情形，发包人订立合同时即知道借用资质挂靠施工，有些还是故意参与的，则其对于挂靠行为无效的法律后果是明知的，因其追求或者放任合同无效的后果发生而具有过错，应对因合同无效产生的损失承担相应责任。当然，发包人“明知”的过错应仅及于承担合同无效的相应责任，不应扩展至其后因挂靠人或被挂靠人合同履行不当的责任。对于第二种情形，发包人在订立合同后才知道挂靠的，此时发包人应当意识到挂靠行为的违法后果会导致合同无效。基于诚信原则，发包人应当在知道挂靠后，采取适当措施避免因无效合同造成的损失扩大，合同尚未履行或者尚未履行完毕的，一般应当采取措施终止履行；合同已经履行的，应当采取合理的清算措施。因此，发包人订立合同后知道挂靠人借用资质，未采取合理措施避免损失扩大的，应就扩大的损失承担相应责任。

第七百九十四条 勘察、设计合同的内容一般包括提交有关基础资料和概预算等文件的期限、质量要求、费用以及其他协作条件等条款。

【条文主旨】

本条是关于勘察、设计合同内容的规定。

【条文理解】

本条基本沿袭了《合同法》第274条规定，有少量改动，在“合同的内容”后增加了“一般”；将“基础资料和文件（包括概预算）”改为“基础资料和概预算等文件”。

一、勘察设计合同的概念

勘察是指勘察人对工程的地理状况进行调查研究，包括对工程进行测量，对工程建设地址的地质、水文进行调查等工作。设计是指设计人对工程结构进行设计、工程价款进行概预算。勘察、设计合同是指勘察人、设计人完成工程勘察设计任务，发包人支付勘察设计费用，明确发包人与勘察、设计人之间权利义务关系的协议。

二、勘察设计合同当事人主要义务

勘察设计合同发包人的主要义务包括：（1）支付勘察、设计费，即向勘察人、设计人支付勘察、设计工作的报酬。这是发包人在勘察、设计合同中的主要义务。因此，双方当事人在勘察、设计合同中应当明确勘察、设计费用的数额或者计算方法，勘察、设计费用的支付方式、地点、期限等内容。（2）提交有关勘察或者设计基础资料和文件。勘察或者设计的基础资料是指勘察人、设计人进行勘察、设计工作所依据的基础文件和情况。勘察基础资料包括可行性报告，工程需要勘察的地点、内容，勘察技术要求及附图等。设计的基础资料包括工程的选址报告等勘察资料以及原料（或者经过批准的资源报告），燃料、水、电、运输等方面的协议文件，需要经过科研取得的技术资料。为了保证勘察设计工作的顺利进行，合同中应当明确提交有关基础资料的期限。

勘察设计人的主要义务是：按照确定的质量要求进行勘察、设计，按时提交符合质量要求的勘察、设计文件（包括概预算）。勘察文件一般包括对工程选址的测量数据、地质数据和水文数据等。勘察文件往往是进行工程设计的一个基础资料，勘察文件的交付影响设计工作的进度。因此，当事人应当在勘察合同中明确勘察文件的交付期限。设计文件主要包括建设设计图纸及说明，材料设备清单和工程的概预算等。设计文件是工程建设的依据，工程必须按照设计文件进行施工。因此，设计文件的交付期限直接影响工程建设的期限，当事人在设计合同中应当明确设计文件的交付期限。勘察设计质量要求是勘察设计人工作的主要依据，也是确定勘察人、设计人工作责任的重要依据。因此，当事人应当在合同中明确勘察设计成果的质量要求。

为了保证勘察、设计工作顺利完成，双方当事人还应当履行相互协助的义务，为对方完成合同义务或实现合同目的提供协作条件。发包人的主要协作义务是在勘察、设计人员入场工作时，为勘察设计人员提供必要的工作条件和生活条件，以保证其正常开展工作。勘察设计人的主要协作义务是配合工程建设的施工，进行设计交底，解决施工中的有关设计问题，负责设计变更和修改预算以及工程验收等。对于大中型工业项目和复杂的民用工程应当派员现场设计，并参加隐蔽工程的验收等。

【审判实践中应注意的问题】

一、依法准确认定勘察设计合同无效情形

主要包括三种情形：

一是没有资质、借用资质或超越资质等级的单位签订的勘察、设计合同无效。建设工程勘察、设计工作是建设工程质量的源头。一个建设项目，如果勘察、设计不合格，不可能最终建成安全合格的工程。因此，国家对建设工程勘察、设计工作实行严格的资质管理制度。《建设工程勘察设计管理条例》（2000年9月25日国务院令第293号公布，2017年10月7日国务院令第662号修改）第7条规定："国家对从事建设工程勘察、设计活动的单位，实行资质管理制度。具体办法由国务院建设行政主管部门商国务院有关部门制定。"2007年6月26日原建设部发布的《建设工程勘察设计资质管理规定》（建设部令第160号）第3条规定："从事建设工程勘察、工程设计活动的企业，应当按照其拥有的注册资本、专业技术人员、技术装备和勘察设计业绩等条件申请资质，经审查合格，取得建设工程勘察、工程设计资质证书后，方可在资质许可的范围内从事建设工程勘察、工程设计活动。"第5条规定："工程勘察资质分为工程勘察综合资质、工程勘察专业资质、工程勘察劳务资质。工程勘察综合资质只设甲级；工程勘察专业资质设甲级、乙级，根据工程性质和技术特点，部分专业可以设丙级；工程勘察劳务资质不分等级。取得工程勘察综合资质的企业，可以承接各专业（海洋工程勘察除外）、各等级工程勘察业务；取得工程勘察专业资质的企业，可以承接相应等级相应专业的工程勘察业务；取得工程勘察劳务资质的企业，可以承接岩土工程治理、工程钻探、凿井等工程勘察劳务业务。"第6条规定："工程设计资质分为工程设计综合资质、工程设计行业资质、工程设计专业资质和工程设计专项资质。工程设计综合资质只设甲级；工程设计行业资质、工程设计专业资质、工程设计专项资质设甲级、乙级。根据工程

性质和技术特点，个别行业、专业、专项资质可以设丙级，建筑工程专业资质可以设丁级。取得工程设计综合资质的企业，可以承接各行业、各等级的建设工程设计业务；取得工程设计行业资质的企业，可以承接相应行业相应等级的工程设计业务及本行业范围内同级别的相应专业、专项（设计施工一体化资质除外）工程设计业务；取得工程设计专业资质的企业，可以承接本专业相应等级的专业工程设计业务及同级别的相应专项工程设计业务（设计施工一体化资质除外）；取得工程设计专项资质的企业，可以承接本专项相应等级的专项工程设计业务。”同时，相关法规严格禁止没有资质、借用资质或超越资质等级开展勘察、设计工作。《建设工程勘察设计管理条例》第 8 条规定：“建设工程勘察、设计单位应当在其资质等级许可的范围内承揽建设工程勘察、设计业务。禁止建设工程勘察、设计单位超越其资质等级许可的范围或者以其他建设工程勘察、设计单位的名义承揽建设工程勘察、设计业务。禁止建设工程勘察、设计单位允许其他单位或者个人以本单位的名义承揽建设工程勘察、设计业务。”第 17 条规定：“发包方不得将建设工程勘察、设计业务发包给不具有相应勘察、设计资质等级的建设工程勘察、设计单位。”第 21 条规定：“承包方必须在建设工程勘察、设计资质证书规定的资质等级和业务范围内承揽建设工程的勘察、设计业务。”上述法规的强制性规定属于效力性强制性规定，违反这些规定，没有资质、借用资质或超越资质等级而订立的勘察、设计合同无效。

二是依法应当招标而未招标或者中标无效的勘察、设计合同无效。《建设工程勘察设计管理条例》第 13 条规定：“建设工程勘察、设计应当依照《中华人民共和国招标投标法》的规定，实行招标发包。”必须招标投标的勘察、设计工程建设项目依据《招标投标法》第 3 条和《必须招标的工程项目规定》（国家发展和改革委员会 2018 年 16 号令）《必须招标的基础设施和公用事业项目范围规定》（国家发展和改革委员会发改法规〔2018〕843 号）规定。关于依法应当招标而未招标及中标无效的勘察、设计合同无效的法理依据，与依法应当招标而未招标及中标无效的施工合同一样，具体可参见本书关于《民法典》第790条的理解与适用部分，此处不赘述。

三是转包或违法分包的勘察、设计合同无效。此点在本书关于《民法典》第791条的理解与适用部分已有阐述，此处不赘言。

二、建设工程勘察、设计合同约定的质量要求必须符合国家强制性标准

《建筑法》第52条规定："建筑工程勘察、设计、施工的质量必须符合国家有关建筑工程安全标准的要求，具体管理办法由国务院规定。有关建筑工程安全的国家标准不能适应确保建筑安全的要求时，应当及时修订。"第54条规定："建设单位不得以任何理由，要求建筑设计单位或者建筑施工企业在工程设计或者施工作业中，违反法律、行政法规和建筑工程质量、安全标准，降低工程质量。建筑设计单位和建筑施工企业对建设单位违反前款规定提出的降低工程质量的要求，应当予以拒绝。"第56条规定："建筑工程的勘察、设计单位必须对其勘察、设计的质量负责。勘察、设计文件应当符合有关法律、行政法规的规定和建筑工程质量、安全标准，建筑工程勘察、设计技术规范以及合同的约定。设计文件选用的建筑材料、建筑构配件和设备，应当注明其规格、型号、性能等技术指标，其质量要求必须符合国家规定的标准。"由此可见，为了保证建设工程质量，维护人民生命财产安全，国家对建设工程勘察、设计质量实行严格管控。审判实务中，对于勘察、设计合同约定的质量要求违反国家规定标准的，应当依法认定无效，并作出适当处理。

第七百九十五条 施工合同的内容一般包括工程范围、建设工期、中间交工工程的开工和竣工时间、工程质量、工程造价、技术资料交付时间、材料和设备供应责任、拨款和结算、竣工验收、质量保修范围和质量保证期、相互协作等条款。

【条文主旨】

本条是关于建设工程施工合同内容的规定。

【条文理解】

本条除了在“施工合同的内容”后增加“一般”和删除了“相互协作”前的“双方”外，基本沿袭了《合同法》第275条规定。

本条为了规范施工合同，根据工程施工的一般特点，规定了施工合同中一些主要内容，即工程范围、建设工期、中间交工工程的开工和竣工时间、工程质量、工程造价、技术资料交付时间、材料和设备供应责任、拨款和结算、竣工验收、质量保证期、互相协作等条款。

工程范围是指施工的界区，是施工人进行施工的工作范围。工程范围是施工合同的必备条款。

建设工期是指施工人完成施工任务的期限。每个工程根据性质的不同，所需要的建设工期也各不相同。建设工期能否合理确定往往会影响到工程质量的好坏。实践中，有的发包人由于种种原因，常常要求缩短工期，施工人为了赶进度，只好偷工减料，仓促施工，结果导致严重的工程质量问题。因此，为了保证工程质量，双方当事人应当在施工合同中确定合理的建设工期。

中间交工工程是指施工过程中的阶段性工程。为了保证工程各阶段的交接，顺利完成工程建设，当事人应当在合同中明确中间交工工程的开工和竣工时间。

工程质量是指工程的等级要求，是施工合同中的核心内容。工程质量往往通过设计图纸和施工说明书、施工技术标准加以确定。工程质量条款是明确施工人施工要求，确定施工人责任的依据，是施工合同的必备条款。工程质量必须符合国家有关建设工程安全标准的要求，发包人不得以任何理由，要求施工人在施工中违反法律、行政法规以及建设工程质量、安全标准，降低工程质量。

工程造价是指对建设工程进行施工所需的费用，包括材料费、施工成本等费用。工程造价应当根据工程范围、质量要求，结合工程的概预算，合理地确定。实践中，有的发包人为了获得更多的利益，采取最低价中标，在合同约定的工程造价之外要求承包人作出价格让步等方式，压低工程造价；有的施工人为了盈利，往往偷工减料，以次充好，结果导致工程质量不合格，甚至造成严重的工程质量事故。因此，为了保证工程质量，双方当事人应当合理确定工程造价。

技术资料主要是指勘察、设计文件以及其他施工人据以施工所必需的基础资料。技术资料的交付是否及时往往影响到施工进度，因此，当事人应当在施工合同中明确技术资料的交付时间。

材料和设备供应责任是指工程建设所必需的原材料以及设备由哪一方当事人提供。材料一般包括水泥、砖瓦石料、钢筋、木料、玻璃等建筑材料和构配件。设备一般包括供水、供电管线和设备、消防设施、空调设备等。在实践中，有的由发包人负责提供，有的由施工人负责采购。材料和设备的供应责任应当由双方当事人在合同中作出明确约定。如果合同约定由承包人（施工人）负责采购建筑材料、构配件和设备的，发包人有权对施工人提供的材料和设备进行检验，发现材料不合格的，有权要求施工人调换。如果合同约定由发包人负责提供建筑材料、构配件和设备的，承包人负有检测和保管义务，检测和保管费用由发包人承担。检测不符合质量标准的，承包人有权要求发包人调换，由此影响施工进度的，承包人有权申请工期顺延，要求赔偿停工、窝工等损失。

拨款是指工程款的拨付；结算是指工程交工后，计算工程的实际造价以及与已拨付工程款之间的差额。拨款和结算条款是施工人请求发包人支付工程款和报酬的依据，双方当事人应当在合同中明确约定。

竣工验收是工程交付使用前的必经程序，也是发包人支付价款的前提。竣工验收条款一般包括验收的范围和内容、验收的标准和依据、验收人员的组成、验收方式和日期等内容。建设工程竣工后，发包人应当根据施工图纸及说明书、国家颁发的施工验收规范和质量检验标准及时进行验收。

建设工程的保修范围包括地基基础工程、主体结构工程、屋面防水工程和其他工程，以及电气管线、上下水管线的安装工程，供热、供冷工程等项目。质量保证期是指工程各部分正常使用的期限。质量保证期应当与工程的性质相适应，当事人应当按照保证工程合理寿命年限内的正常使用，维护使用者合法权益的原则确定质量保证期，但不得低于国家规定的最低保证期限。

相互协作条款一般包括双方当事人在施工前的准备工作，施工人及时向发包人提出开工通知书、施工进度报告书、对发包人的监督检查提供必要的协助等。双方当事人的协作是施工过程的重要组成部分，是工程顺利施工的重要保证，因此，通常情况下当事人在施工合同中也应当对此予以明确。

【审判实践中应注意的问题】

一、注意本条规定的合同主要内容与合同主要条款、合同实质性内容的区别

《民法典》第470条规定：“合同的内容由当事人约定，一般包括下列条款：（一）当事人的姓名或者名称和住所；（二）标的；

（三）数量；（四）质量；（五）价款或者报酬；（六）履行期限、地点和方式；（七）违约责任；（八）解决争议的方法。当事人可以参照各类合同的示范文本订立合同。”本条系根据第470条规定，结合建设工程施工的特点，而规定的供建设工程施工合同当事人选择的建议条款。本条是典型的任意性规范，所规定的有关技术资料交付时间、材料和设备供应责任、拨款和结算、竣工验收、质量保修范围和质量保证期、相互协作等内容，均可由发包人与承包人根据实际情况协商确定，并非所有的建设工程施工合同都必须对这些内容约定清楚。

本条规定的条款与建设工程施工合同的主要条款存在区别。合同的主要条款有的是由法律直接规定的，如借款合同中有关借款币种的条款；有的是由合同的性质决定的，如买卖合同标的物价款的条款；有的则是由当事人的约定而产生，如演出合同中的演员条款。法律规定或者合同性质决定的主要条款决定着合同的类型，并确定当事人各方权利义务的质与量。由当事人约定而形成的主要条款，一般不能决定合同的类型。《合同法司法解释（二）》（法释〔2009〕5号）第1条规定：“当事人对合同是否成立存在争议，人民法院能够确定当事人名称或者姓名、标的和数量的，一般应当认定合同成立。但法律另有规定或者当事人另有约定的除外。”依此解释，除法律另有规定或者当事人另有约定外，合同的主要条款包括合同主体即当事人名称或者姓名、标的和数量三方面的条款。通常情况下，当事人达成的任何协议只要包括这三方面的内容，即可认定合同成立。合同具备主要条款而欠缺其他内容的，当事人可以协商补充，也可以依照《合同法》的规定或者解释规则予以补充。

本条所规定的建设工程施工合同的内容与《招标投标法》第46条第1款规定的合同“实质性内容”既有联系，也有区别。本条所规定的内容既包括合同“实质性内容”，但也不都是合同“实质性内容”。《招标投标法》第46条第1款对合同“实质性内容”的界定是为了保证招标人能够通过招标投标程序确定理想的中标人，也是为了保证竞标人之间存在一个公开、公正、公平的竞争环境。故判断“实质性内容”的标准主要看是否对招标人与中标人的权利义务产生较大影响，是否影响招投标秩序，是否影响竞标人公平公正地参与竞标。具体包括：

（1）工程范围。工程范围并不仅仅指建筑物或者构筑物的结构与面积等，更主要是指是否包括土建、设备安装、装饰装修等。不同的工程范围对施工人的技术水平和管理水平要求不同，而且施工人投入的设备、人力等也不相同。工程范围直接决定施工人获得利润的多寡，增加或者减少工程范围直接影响施工人的利益。工程范围通常情形下由招标人即发包人确定，而不是由投标人即施工人确定。

（2）建设工期。建设工期是施工人完成施工工程的时间或者期限。工期通常与工程范围直接相关。在同样的施工力量和施工技术条件下，工程范围越广，工程量越大，施工的周期也越长。

（3）工程价款。支付工程价款是发包人最主要的义务，收取工程价款是承包人最主要的权利。在工程范围与工程质量、工期不变的情况下，工程价款的高低往往是发包人与承包人决定是否选择对方订立合同的最主要考虑因素。

（4）工程质量。建设工程质量是指依照国家现行有效的法律、法规、技术标准、设计文件和合同约定，对工程的安全、适用、经济、环保、美观等特性的综合要求。建设工程的质量，不但关系到生产经营活动的正常运行，也关系到人民群众的生命财产安全。

（5）其他实质性内容。除了建设工程范围、建设工期、工程质量和工程价款外，在特定建设工程及当事人情形下，其他的可能限制或者排除其他竞标人的条件的合同内容也构成《招标投标法》第46条第1款规定的合同“实质性内容”。

二、关于工程质量、施工材料和设备的质量要求低于国家有关建设工程安全强制性标准的约定无效

《建筑法》第52条规定：“建筑工程勘察、设计、施工的质量必须符合国家有关建筑工程安全标准的要求，具体管理办法由国务院

规定。有关建筑工程安全的国家标准不能适应确保建筑安全的要求时，应当及时修订。”第54条规定：“建设单位不得以任何理由，要求建筑设计单位或者建筑施工企业在工程设计或者施工作业中，违反法律、行政法规和建筑工程质量、安全标准，降低工程质量。建筑设计单位和建筑施工企业对建设单位违反前款规定提出的降低工程质量的要求，应当予以拒绝。”第58条规定：“建筑施工企业对工程的施工质量负责。建筑施工企业必须按照工程设计图纸和施工技术标准施工，不得偷工减料。工程设计的修改由原设计单位负责，建筑施工企业不得擅自修改工程设计。”第59条规定：“建筑施工企业必须按照工程设计要求、施工技术标准和合同的约定，对建筑材料、建筑构配件和设备进行检验，不合格的不得使用。”由此可见，为了保证建设工程质量，维护人民群众生命财产安全，我国对建设工程采取严格的质量管控。发包人与承包人不得在施工合同中违反法律、行政法规和建设工程质量、安全标准，作出降低工程质量的约定，不得约定使用不符合安全和质量要求的建筑材料和设备。审判实务中，如果施工合同关于工程质量、施工材料的约定不符合国家规定的标准，应当依法认定无效。对无效导致的损失，由有过错的一方承担；双方都有过错的，根据过错大小分担。

三、关于变更工程的结算问题

通常情况下，当事人在建设工程施工合同中都会对工程造价作出明确约定，但是建设工程施工具有周期长、容易出现变化等特点，施工过程中可能因设计或计划变动，导致工程量或者工程质量标准发生了与合同约定不一样的情况，出现工程变更。对于变更部分工程的价款结算，如果合同未作约定或约定不明，当事人经协商又难以达成一致意见的，应当按照《建设工程施工合同司法解释》第16条的规定处理。该条司法解释规定：“当事人对建设工程的计价标准或者计价方法有约定的，按照约定结算工程价款。因设计变更导致建设工程的工程量或者质量标准发生变化，当事人对该部分工程价款不能协商一致的，可以参照签订建设工程施工合同时当地建设行政主管部门发布的计价方法或者计价标准结算工程价款。建设工程施工合同有效，但建设工程经竣工验收不合格的，工程价款结算参照本解释第三条规定处理。”依据该条司法解释规定，对于变更工程价款的结算，应当按以下步骤进行：首先，如果当事人对变更工程的计价标准或计价方法事先有约定的，应当按照约定结算；其次，如果当事人事先没有约定，事后对变更工程价款无法协商一致的，可以参照签订原建设工程施工合同时当地建设行政主管部门发布的计价标准或者计价方法进行结算；最后，变更工程价款结算支付以工程质量合格为前提。如果工程质量不合格，应当参照《建设工程施工合同司法解释》第3条“建设工程施工合同无效，且建设工程经竣工验收不合格的，按照以下情形分别处理：（一）修复后的建设工程经竣工验收合格，发包人请求承包人承担修复费用的，应予支持；（二）修复后的建设工程经竣工验收不合格，承包人请求支付工程价款的，不予支持。因建设工程不合格造成的损失，发包人有过错的，也应承担相应的民事责任”的规定处理，即修复后经验收合格的，发包人应当支付工程价款，同时有权要求承包人承担修复费用；修复后经验收仍不合格的，承包人无权请求支付工程款。

四、注意本条规定的质量保证期与缺陷责任期的区别

本条规定的质量保证期除当事人在合同中有特别约定外，通常是指工程的保修期限。保修期是承包人按照合同约定对工程承担保修责任的期限，缺陷责任期是扣留工程质量保证金的期限，二者都是为了保证工程质量而设定，既有联系，又有区别。区别主要体现在两个方面：一是承担的义务及后果不同。缺陷是指建设工程质量不符合工程建设强制性标准、相关文件以及承包合同的约定。缺陷责任期内，由承包人原因造成的缺陷，承包人负责维修，并承担鉴定及维修费用；如承包人未履行缺陷修复义务，则发包人可以按照合同约定扣除工程质量保证金，并由承包人承担相应的违约责任。缺陷责任期届满，发

包人应当返还工程质量保证金。保修期内，承包人承担的是对建设工程的保修义务，保修义务属于法定义务，不能通过合同约定予以排除。发包人返还工程质量保证金后，承包人仍应按合同约定的各部分工程的保修年限承担保修责任。承包人不承担保修义务，发包人可自行委托他人修复并要求承包人承担修复费用。二是期限不同。对于缺陷责任期，《建设工程质量保证金管理办法》第2条第3款规定："缺陷责任期一般为1年，最长不超过2年，由发、承包双方在合同中约定。"对于起算时点，应当自工程通过竣工验收之日起算，由于发包人原因导致工程无法按规定期限进行竣工验收的，在承包人提交竣工验收报告90天后，开始计算缺陷责任期。对于保修期，《建设工程质量管理条例》第40条规定："在正常使用条件下，建设工程的最低保修期限为：（一）基础设施工程、房屋建筑的地基基础工程和主体结构工程，为设计文件规定的该工程的合理使用年限；（二）屋面防水工程、有防水要求的卫生间、房间和外墙面的防渗漏，为5年；（三）供热与供冷系统，为2个采暖期、供冷期；（四）电气管线、给排水管道、设备安装和装修工程，为2年。其他项目的保修期限由发包方与承包方约定。建设工程的保修期，自竣工验收合格之日起计算。"

五、关于按竣工结算文件认定工程价款问题

为了防止发包人拖延结算，建设工程施工合同当事人通常会在合同中约定发包人收到竣工结算文件后，在28天或者其他约定的期限内不予答复，视为认可竣工结算文件。《建设工程施工合同（示范文本）》（GF–2017–0201）中也有此类条款。对此种约定如何理解和适用，实践中常产生争议。为此，《建设工程施工合同司法解释》第20条规定："当事人约定，发包人收到竣工结算文件后，在约定期限内不予答复，视为认可竣工结算文件的，按照约定处理。承包人请求按照竣工结算文件结算工程价款的，应予支持。"审判实务中适用此条司法解释规定，应当严格把握适用的条件：第一，合同必须明确约定

逾期不答复视为认可结算文件。如果合同没有作出此种约定或者约定不明确，则不能适用该条规定。第二，承包人向发包人递交了结算文件。结算文件递交的方式必须是书面的，递交结算文件不适用留置递交的方式。如果承包人不能举出证据证明自己已经向发包人递交了结算报告，则不能产生将承包人作出的结算报告作为结算依据的法律后果。第三，发包人在约定限期内未予答复。如果发包人对承包人递交的结算报告，明确提出了异议，则不能视为其已认可。

六、关于迟延支付工程款利息的计付问题

支付工程价款是发包人的主要合同义务，获得工程价款是承包人的主要合同权利。因此，承发包双方通常都会在建设工程施工合同中对工程款的支付时间、支付比例等作出明确约定。合同履行中，如果发包人未按合同约定支付工程款，就会产生迟延支付利息问题。对于利息的计付时间、标准等问题，当事人在诉讼中经常发生争议。审判实践中，对利息的认定和裁判，应注意把握以下几点：

（一）迟延支付工程款利息属于法定孳息

关于利息的法律性质，国内外学者多有论述。日本学者近江幸治认为，金钱所产生的利息，在法学上也是法定孳息。[①]我国台湾地区学者史尚宽认为，所谓法定孳息，指因法律关系所得之收益；[②]因履行迟延所得请求之迟延利息，亦不失为孳息。[③]我国学者梁慧星认为，法定孳息是指物依法律关系而产生的收益，包括利息、租金等；[④]法定孳息由他人使用原物而产生，一般由有收取权利之人按权利存续期间的日数而取得，权利存续一日，即取得一日之利息，权利消灭，收取

① ［日］近江幸治：《民法讲义Ⅰ 民法总则》，渠涛等译，北京大学出版社 2015 年版，第 146 页。

② 史尚宽：《民法总则》，中国政法大学出版社 2000 年版，第 273 页。

③ 史尚宽：《民法总则》，中国政法大学出版社 2000 年版，第 274 页。

④ 梁慧星主持：《中国民法典草案建议稿附理由（总则编）》，法律出版社 2004 年版，第 124 页。

孳息之权利也随之消灭。[①] 王利明认为，利息属于法定孳息，是基于一定的法律关系而产生的收益。[②]

对于迟延支付工程款利息的法律性质，我国法律未作明确规定。学术界主要有两种观点。一种观点认为，迟延支付工程款利息的性质是损失。其主要理由是，支付迟延支付工程款利息是发包人承担违约责任的方式，以发包人欠付工程款即存在违约事实为前提，故其承担的利息应定性为违约责任，即违约方应当赔偿守约方的损失。另一种观点认为，迟延支付工程款利息的性质是法定孳息，是基于一定的法律关系即当事人之间存在应当支付工程款债权债务关系而产生的收益。综合比较以上观点，笔者倾向于将建设工程施工合同纠纷案件中所涉的迟延支付工程款利息的性质界定为法定孳息。主要有以下几点理由：第一，迟延支付工程款利息与其对应的工程款本金之间具有附随性。利息的计算以欠付工程款本金为基数，以应当支付工程款本金发生的时点为起算时点，以支付工程款本金消灭时点为计算终点。第二，将迟延支付工程款利息界定为法定孳息有利于保护承包人权益，平衡承发包双方利益。在当前建筑市场处于卖方市场的形势下，承包人在建设工程施工合同履行的过程中，经常性地面临着发包人迟延支付工程款的情况，资金投入的压力很大、成本也很高，如果将迟延支付工程款利息界定为因发包人违约所遭受的损失，则势必会受到合同效力的影响，因合同无效而不能得到或不能全部得到法院裁判的保护和支持，导致承包人投入与收益不对等，不利于保护承包人的合法权益。尤其是在当前审判实践中建设工程施工合同大量无效的情况下，更容易导致承发包双方利益失衡。第三，将建设工程施工合同纠纷案件所涉利息界定为法定孳息有利于维护建筑市场秩序，促进建筑市场健康发展。建设工程施工合同纠纷案件中，工程款一般数额较大，动辄上千万元。如将迟延支付工程款利息作为损失来对待，在合同无效

---

① 最高人民法院物权法研究小组编著：《〈中华人民共和国物权法〉条文理解与适用》，人民法院出版社2007年版，第347页。

② 王利明：《债法总则》，中国人民大学出版社2016年版，第55页。

情形下，法院裁判往往会将当事人关于利息计付标准的约定也认定为无效，按中国人民银行同期同类贷款利率计算利息。在当前市场利率远高于银行贷款利率的形势下，将会纵容、甚至驱使发包人故意订立无效的建设工程施工合同，在诉讼中恶意主张合同无效，恶意拖欠工程款，占用承包人资金，谋取不正当利益。这不仅不符合当事人订立合同时的真实意愿，有违诚信原则，而且严重损害建筑市场秩序，不利于建筑市场的健康发展。

（二）在建设工程施工合同有效情形下，应当按照《建设工程施工合同司法解释》第17条、第18条的规定，对迟延支付工程款利息计付标准及起始时间作出认定

《建设工程施工合同司法解释》第17条规定："当事人对欠付工程价款利息计付标准有约定的，按照约定处理；没有约定的，按照中国人民银行发布的同期同类贷款利率计息。"第18条规定："利息从应付工程价款之日计付。当事人对付款时间没有约定或者约定不明的，下列时间视为应付款时间：（一）建设工程已实际交付的，为交付之日；（二）建设工程没有交付的，为提交竣工结算文件之日；（三）建设工程未交付，工程价款也未结算的，为当事人起诉之日。"当然，当事人约定的利息标准过高的，对过高的部分不应予以支持。对于利息计算标准的上限，可参照《民间借贷规定》规定的最高利率。

（三）在建设工程施工合同无效的情形下，欠付工程款利息可参照合同约定计付

关于在合同无效情形下，当事人在合同中关于迟延支付工程款利息计付标准的约定能否适用问题，存在不同观点。有观点认为，既然合同无效，合同关于利息计付标准的约定也归于无效，利息应当按照中国人民银行发布的同期同类贷款利率计付。笔者认为，废弃合同关于利息计付标准的约定，按中国人民银行同期同类贷款利率对利息进行裁判不妥，应当参照合同约定标准裁判。一方面，合同关于利息计付标准的约定系当事人在签订合同时经审慎考虑后作出的意思表示，

故参照合同约定计付欠付工程款利息，并不违背当事人真实意愿。另一方面，当前市场利率明显高于银行贷款利率，如在合同无效情况下按银行贷款利率对利息进行裁判，显然对承包人不公平，而且容易导致发包人恶意主张合同无效等问题。当然，利息作为法定孳息，其计算标准应当符合相关法律法规的规定。当合同约定的利率标准过高，超过了法律法规规定的范围，超过部分同样无法得到支持。此外，利息作为法定孳息，不属于《建设工程施工合同司法解释（二）》第3条第1款规定的实际"损失"范畴，不适用过错赔偿责任原则。

第七百九十六条 建设工程实行监理的，发包人应当与监理人采用书面形式订立委托监理合同。发包人与监理人的权利和义务以及法律责任，应当依照本编委托合同以及其他有关法律、行政法规的规定。

【条文主旨】

本条是关于建设工程监理的规定。

【条文理解】

本条除将“本法”改为“本编”外，沿袭了《合同法》第276条规定。

一、建设工程监理的概念及意义

本条所称的建设工程监理，是指由具有法定资质条件的工程监理单位，根据发包人的委托，依照法律、行政法规及有关的建设工程技术标准、设计文件和建设工程合同，对承包人在施工质量、建设工期和建设资金使用等方面，代表发包人对工程建设过程实施监督的专门活动。作为建设工程的发包人，为了取得好的投资效益，保证工程质量，合理控制工期，需要对承包人的工程建设活动实施必要的监督，但多数发包人并不擅长工程建设的组织管理和技术监督。由具有工程建设方面专业知识和实践经验的人员组成的专业化的工程监理单位，接受发包人的委托，代表发包人对工程的质量、工期和投资使用情况进行监督，不仅有利于维护发包人的利益，保证工程质量，而且有利于协调发包人与承包人之间的关系，规范建设市场秩序。建设工程的监理制度在国际上已有较长的发展历史，是建设领域的一项国际惯例。我国改革开放以后，参照国际惯例，逐步建立发展起了自己的建设工程监理制度。

建设工程监理是建设项目的发包人为了保证工程质量、控制工程造价和工期，以维护自身利益而采取的措施，因此对建设工程是否实行监理，原则上应由发包人自行决定。但是对于使用国家财政资金或者其他公共资金建设的工程项目，为了加强对项目建设的监督，保证投资效益，维护国家利益，国家规定了实行强制监理的建设工程范围。属于实行强制监理的工程，发包人必须依法委托工程监理单位实施监理，对于其他建设工程，则由发包人自行决定是否实行工程监理。对需要实行工程监理的，发包人应当委托具有相应资质条件的工程监理人进行监理。

二、建设工程监理合同的订立及履行

依据本条规定，发包人与其委托的工程监理人应当订立书面委托监理合同。委托监理合同是工程监理人对工程建设实施监督的依据，在性质上属于委托合同。发包人与监理人的权利和义务关系以及法律责任，应当依照《民法典》关于委托合同的规定以及《建筑法》等法律、行政法规的有关规定。

实行工程监理的建设工程，在进行工程监理前，发包人应当将委托的监理人的名称、资质等级、监理人员、监理内容及监理权限，书面通知被监理的建设工程承包人。建设工程监理人应当依照法律、行政法规及有关的技术标准、设计文件和建设工程合同，对承包人在工程建设质量、建设工期和建设资金使用等方面，代表发包人对工程建设进行监督。工程监理人员发现工程设计不符合建设工程质量标准或者合同约定的质量要求的，应当报告发包人要求设计人改正；工程监理人员认为工程施工不符合工程设计要求、施工技术标准和合同约定的，有权要求施工人改正。工程监理人在监理过程中，应当客观、公正地执行监理任务，不得与承包人串通，为承包人谋取非法利益。

【审判实践中应注意的问题】

一、准确认定建设工程监理合同无效情形

主要有两种情形：一是没有资质、借用资质或者超越资质等级的工程监理合同。《建筑法》第 13 条规定："从事建筑活动的建筑施工企业、勘察单位、设计单位和工程监理单位，按照其拥有的注册资本、专业技术人员、技术装备和已完成的建筑工程业绩等资质条件，划分为不同的资质等级，经资质审查合格，取得相应等级的资质证书后，方可在其资质等级许可的范围内从事建筑活动。"第 31 条规定："实行监理的建筑工程，由建设单位委托具有相应资质条件的工程监理单位监理。……"第 34 条规定："工程监理单位应当在其资质等级许可的监理范围内，承担工程监理业务……工程监理单位不得转让工程监理业务。"《工程监理企业资质管理规定》（2007 年 6 月 26 日建设部令 158 号）第 16 条规定，工程监理企业不得超越本企业资质等级或以其他企业名义承揽监理业务；不得允许其他单位或个人以本企业的名义承揽工程。依据上述规定，没有资质、借用资质或者超越资质等级的监理合同无效。相关法理依据与没有资质、借用资质或者超越资质等级的建设工程施工合同类同，参见本书关于《民法典》第 793 条理解和适用部分，此处不赘言。二是依法必须招标而未招标或者中标无效的工程监理合同。《招标投标法》第 3 条和《必须招标的工程项目规定》（国家发展和改革委员会 2018 年 16 号令）《必须招标的基础设施和公用事业项目范围规定》（国家发展和改革委员会发改法规〔2018〕843 号）对必须招标的建设工程监理项目作出了明确规定。对于违反上述规定，必须通过招标方式订立合同而未招标的工程监理合同，或者属于《招标投标法》规定的中标无效的工程监理合同，应当依法认定无效。相关法理依据可参见本书关于《民法典》第 790 条理解与适用部分，此处不赘言。

二、工程监理人不当履行职责给发包人造成损失的应承担赔偿责任

工程监理人不按照委托监理合同的约定履行监理义务，对应当监督检查的项目不检查或者不按照法律、行政法规和有关技术标准、设计文件以及建设工程合同规定的要求和检查方法进行检查，给发包人造成损失的，应当承担相应的赔偿责任。实践中，出现工程建设质量不合格的情况，通常既与承包人不按照要求施工有关，也与监理人不按照合同约定履行监理义务有关，在这种情况下造成发包人损失的，承包人与监理人都应当承担各自的赔偿责任。对于工程监理人与承包人串通，为承包人谋取非法利益，给发包人造成损失的，工程监理人应当与承包人承担连带赔偿责任。

第七百九十七条 发包人在不妨碍承包人正常作业的情况下，可以随时对作业进度、质量进行检查。

【条文主旨】

本条是关于发包人检查权的规定。

【条文理解】

本条沿袭了《合同法》第277条规定。

一、发包人对施工作业享有检查权

发包人对施工作业的检查权源于其合同主要权利即有权取得质量合格的建设工程。该项对施工作业的检查权也是为了提高工程的建设水平、保证施工进度和质量、充分发挥投资效益、保障建设工程承包合同的顺利实施而应当赋予发包人的权利。

发包人对施工作业的检查权一般通过两种方式行使。一是委派具体管理人员作为工地代表行使。发包人委派工地代表后，应当及时通知承包人。派驻的工地代表负责对工程进度、工程质量进行监督检查，办理中间交工工程验收手续以及其他应当由发包人解决的事宜。二是发包人委托监理人行使检查权。国家规定强制监理的工程，发包人应当委托监理人对工程实施监理。不属于强制监理的工程，发包人也可以自愿委托监理人对工程进行监理。监理人必须具有相应工程监理资质，应当依照法律、行政法规及有关的技术标准、设计文件和建设工程施工合同的约定，对承包人在施工质量、建设工期和建设资金使用等方面，代表发包人对承包人的建设工作实施监督。

根据本条的规定，发包人可以随时对工程作业的进度和质量进行检查。工地代表、监理人在检查过程中发现工程设计不符合建设工程质量要求的，应当报告发包人要求设计人改正。如果发现工程的施工不符合工程设计要求、施工技术标准和合同约定的，工地代表和监理人有权要求承包人改正。承包人应当接受发包人的检查，为工地代表和监理人的工作提供方便和协助，并应发包人的要求，及时向发包人提供月份作业计划、月份施工统计报表、施工进度报告表、工程事故报告等文件。如果承包人的勘察、设计、施工等工作不符合工程质量要求，发包人或工地代表、监理人提出改正要求的，承包人应当立即改正，不得拒绝。

二、发包人应当合理行使检查权

发包人对承包人的施工作业进度、质量享有检查权，但该权利应当合理行使，不得滥用。因此，本条规定了发包人行使检查权的前提条件，即“在不妨碍承包人正常作业的情况下”，有权对承包人的施工作业进行检查。这也是平等对待双方当事人，平衡双方当事人利益，保障工程建设顺利进行，而对发包人的检查权作出的必要限制。

【审判实践中应注意的问题】

审判实践中，适用该条规定，需要注意两个问题：一是本条规定的发包人的检查权与法律规定或者合同约定的发包人对隐蔽工程的检查权、施工节点的检查权并不相同。本条规定的检查权是一般意义上的检查权，是纯粹的权利，只要不妨碍正常施工，可以随时行使。法律规定或合同约定的发包人对隐蔽工程在隐蔽以前的检查权、对施工节点的检查权，既是权利，也是义务，如果发包人不及时行使这些权利、履行义务，导致承包人无法继续施工的，承包人有权要求顺延工期，赔偿造成的损失。二是如果因为发包人或者工地代表、监理人不当行使本条规定的检查权，致使承包人无法进行正常作业的，承包人有权要求顺延工期。造成停工、返工、窝工等损失的，承包人有权要求发包人承担损害赔偿责任。

第七百九十八条　隐蔽工程在隐蔽以前，承包人应当通知发包人检查。发包人没有及时检查的，承包人可以顺延工程日期，并有权请求赔偿停工、窝工等损失。

【条文主旨】

本条是关于发包人对隐蔽工程的检查责任的规定。

【条文理解】

隐蔽工程是指建筑物、构筑物在施工期间将建筑材料或构配件埋于物体之中后被覆盖外表看不见的实物。关于隐蔽工程的内涵、外延，目前尚无专门规定。相关规定散见于《合同法》《建设工程质量管理条例》等法律法规中。《建筑工程施工质量验收统一标准》《混凝土结构工程施工质量验收规范》等规范性文件列出了一些具体的验收表格。关于隐蔽工程验收的技术标准和具体流程，目前没有专门的文件或规范进行汇总，而是散落在各专业专项工程的技术标准当中，例如钢筋工程验收遵守钢筋工程验收标准等。不同类型的建设工程，隐蔽工程的范围不同。以常见的房屋建设工程为例，隐蔽工程一般包括地基工程、给排水工程、电气管线工程、地板基层、护墙基层、门窗套基层、吊顶基层、强电线缆、网络综合布线线缆，例如网线、电话线、监控线、电梯通话线等。由于隐蔽工程在隐蔽后，还会进行其他工程施工。如果隐蔽工程在隐蔽之后，已经进行其他工程施工，发包人和承包人就隐蔽工程是否存在偷工减料、发生质量等问题发生争议，很难通过现场勘察进行核实。即使申请鉴定，鉴定机构往往也只能破坏性勘察，才能得出鉴定意见。这必然会对建设工程造成巨大损害。为避免资源的浪费和当事人损失，保证工程的质量、确保建设工程施工顺利进行，承包人在隐蔽工程隐蔽以前，应当通知发包人检查，发包人检查合格的，方可对隐蔽工程进行隐蔽。

实践中，隐蔽工程的检查一般由监理单位进行。隐蔽工程的检查程序由双方当事人约定。如果当事人没有明确约定，隐蔽工程检查一般包括以下几个步骤：一是由承包人应当对工程隐蔽部位进行自检，并经自检确认是否具备覆盖条件。二是工程隐蔽部位经承包人自检确认具备覆盖条件的，承包人应在共同检查前48小时书面通知监理人或者发包人检查，通知中应载明隐蔽检查的内容、时间和地点，并应附有自检记录和必要的检查资料。三是监理人或者发包人应按时到场并对隐蔽工程及其施工工艺、材料和工程设备进行检查。经监理人或者发包人检查确认质量符合隐蔽要求，并在验收记录上签字。四是如果隐蔽工程经监理人或者发包人检查质量不合格，承包人应在监理人或者发包人指定的时间对隐蔽工程进行修复，并由监理人或者发包人重新检查，由此增加的费用和延误的工期由承包人负责。五是在隐蔽工程经监理人或者发包人验收合格后，承包人才能对隐蔽工程进行隐蔽，并继续下一步工程施工。如果建设工程施工合同未约定由监理人负责隐蔽工程检查，承包人就应当通知发包人到场对隐蔽工程进行检查。此外，建设工程质量监督机构也应参与隐蔽工程检查。对此，《建设工程质量管理条例》第30条规定："施工单位必须建立、健全施工质量的检验制度，严格工序管理，作好隐蔽工程的质量检查和记录。隐蔽工程在隐蔽前，施工单位应当通知建设单位和建设工程质量监督机构。"当前，隐蔽工程质量成为建设工程质量的薄弱环节，加强隐蔽工程质量验收成为行政监管的重点。2019年9月15日，国务院办公厅转发住房城乡建设部《关于完善质量保障体系提升建筑工程品质的指导意见》。该意见规定，落实施工单位要"建立质量责任标识制度，对关键工序、关键部位隐蔽工程实施举牌验收。"部分地方根据该意见精神，已经要求验收人员举"过程质量责任标识牌"与实体相应部位"合影"，以落实质量责任。这也有利于人民法院查明隐蔽工程质量问题。

承包人通知发包人对隐蔽工程进行检查后，如果发包人没有及时检查，承包人无法获得隐蔽工程的验收合格的记录，就无法对隐蔽工程进行隐蔽，并进行下一步施工。这会打乱承包人的施工计划、影响施工进度，对承包人造成损失。由于发包人对于未及时检查隐蔽工程存在过错，应当对因此造成的不利后果承担责任。这里的不利后果主要有两点：一是影响工期进度。对此，承包人有权请求进行相应的工程顺延，顺延工程的时间长度应当与发包人未及时检查隐蔽工程造成的工程延误相一致。二是造成承包人损失。按照正常的施工进度，如果发包人及时对隐蔽工程进行检查，承包人就会继续下一步的隐蔽施工和其他工程施工，并在发包人检查前在人员、机械、材料等方面做好施工准备。一旦施工进度因发包人迟延检查隐蔽工程而被打乱，必然会给承包人造成停工、窝工等损失。对于因发包人原因造成的损失，发包人应当向承包人承担赔偿责任。

【审判实践中应注意的问题】

一、准确把握发包人对隐蔽工程进行检查的合理时间

本条规定，发包人在接到承包人通知后，没有及时检查的，应当承担工程日期顺延和赔偿承包人停工、窝工等损失的法律后果。如何确定发包人是否及时对隐蔽工程进行了检查，是认定工期是否能够顺延以及发包人是否应当赔偿损失的关键。对于发包人对隐蔽工程进行检查的合理时间，当事人有约定的，从其约定。没有约定的，应当结合行业习惯作出判断。目前，实践中发包人和承包人签订建设工程施工合同，多采用住建部和国家工商总局共同制定的《建设工程施工合同（示范文本）》（GF–2017–0201）。该示范文本第5.3.2项第3段规定："除专用合同条款另有约定外，监理人不能按时进行检查的，应在检查前24小时向承包人提交书面延期要求，但延期不能超过48小

时，由此导致工期延误的，工期应予以顺延。……”如果当事人之间采用该示范文本，则可依据合同约定确定发包人对隐蔽工程进行检查的合理时间。如果当事人未采用该示范文本，鉴于该示范文本是监管部门依据实践情况制定，在实践中广泛使用，也可以将上述规定视为行业习惯，作为认定发包人对隐蔽工程进行检查的合理时间的参照。

二、发包人未对隐蔽工程进行及时检查的，可否视为隐蔽工程质量合格

实践中，发包人或者监理人在接到承包人的通知后，未及时对隐蔽工程进行检查，或者检查之后拒绝在验收材料上签字，但亦未指出隐蔽工程存在质量问题，需要修复，如果承包人不对隐蔽工程进行覆盖就不能进行下一步施工，导致工程停工。在这种情况下，部分承包人会选择继续进行施工。对此，《建设工程施工合同（示范文本）》（GF-2017-0201）第5.3.2项第3段规定：“……监理人未按时进行检查，也未提出延期要求的，视为隐蔽工程检查合格，承包人可自行完成覆盖工作，并作相应记录报送监理人，监理人应签字确认。监理人事后对检查记录有疑问的，可按第5.3.3项〔重新检查〕的约定重新检查。”第5.3.3项规定：“承包人覆盖工程隐蔽部位后，发包人或监理人对质量有疑问的，可要求承包人对已覆盖的部位进行钻孔探测或揭开重新检查，承包人应遵照执行，并在检查后重新覆盖恢复原状。经检查证明工程质量符合合同要求的，由发包人承担由此增加的费用和（或）延误的工期，并支付承包人合理的利润；经检查证明工程质量不符合合同要求的，由此增加的费用和（或）延误的工期由承包人承担。”如果当事人采用了这一示范文本，可按当事人约定处理。即使当事人未采用这一示范文本，发包人也应当对自己未及时检查隐蔽工程的行为承担责任。这种情况下，如果发包人对隐蔽工程质量提出异议，应当承担相应的举证责任。但承包人应当对其完成了通知义务以及发包人未及时对隐蔽工程进行检查承担举证责任。如果发包人提交的证据足以证明隐蔽工程质量不合格，承包人应当承担修复责任，

但因破坏性鉴定、检查导致的损失，发包人也应依据其过错，承担相应的责任。

三、承包人擅自对隐蔽工程进行隐蔽的责任

依据本条规定，发包人承担责任的前提是，承包人在隐蔽工程在隐蔽以前通知发包人检查。如果承包人未履行通知义务，或者不能证明其履行了通知义务，应当由承包人承担不利的后果。一是工期不能顺延。工期对于发包人具有重要意义，是否延误工期也是司法实践中争议较多的问题。如果工期不能顺延，承包人因自己的原因导致隐蔽工程不能及时检查，影响施工进度，进而导致整个工程工期延误的，应当承担违约责任。二是由承包人自行承担由此造成的停工、窝工等损失。三是承担因隐蔽工程质量检查、鉴定造成的损失。对此，《建设工程施工合同（示范文本）》（GF–2017–0201）第 5.3.4 项规定："承包人未通知监理人到场检查，私自将工程隐蔽部位覆盖的，监理人有权指示承包人钻孔探测或揭开检查，无论工程隐蔽部位质量是否合格，由此增加的费用和（或）延误的工期均由承包人承担。"至于通知的方式，可口头，可书面，但从事后举证需要的角度看，承包人最好通过书面方式进行通知。如果当事人就通知方式作了约定的，承包人应按约定方式进行通知。

四、停工和窝工损失赔偿责任的认定

停工与窝工是不同的概念。停工是指工程施工停止。窝工是指承包人所安排的工人、机械超过了实际施工需要，导致工人、机械的效用不能有效发挥。实践中，造成停工、窝工的原因主要来自于三个方面。一是由于承包人原因造成停工、窝工。如承包人设备、人员、物资、材料等不到位导致停工、窝工；承包人管理不当，造成重大安全事故，导致停工、窝工；承包人不按发包人指令或者设计图纸施工，导致停工、窝工；承包人施工工程质量不合格，导致停工、窝工；等等。二是由于发包人原因造成停工、窝工。如发包人变更设计导致停

工、窝工；在建设工程施工合同约定发包人提供建筑材料的情况下，发包人迟延提供建筑材料导致停工、窝工；发包人在建设项目土地征用、拆迁安置、拆迁补偿等方面的原因导致工程建设受阻，导致的停工、窝工；承包人进场后发现施工场地不符合约定的进场条件，导致的停工、窝工；承包人因执行发包人、监理人的指令，导致的停工、窝工；发包人迟延支付工程价款，导致的停工、窝工；发包人在收到承包人通知后，未及时对隐蔽工程进行检查，导致的停工、窝工；等等。三是因非可归责于双方当事人的原因造成停工、窝工。如不可抗力等。原则上，由承包人原因导致的停工、窝工，应当由承包人承担相应的停工、窝工损失，工期延误责任由承包人承担。由发包人原因导致的停工、窝工，应当由发包人承担相应的停工、窝工损失，工期延误责任由发包人承担。双方均有过错的，应由双方根据各自过错承担责任。《民法典》第590条规定："当事人一方因不可抗力不能履行合同的，根据不可抗力的影响，部分或者全部免除责任，但是法律另有规定的除外。因不可抗力不能履行合同的，应当及时通知对方，以减轻可能给对方造成的损失，并应当在合理期限内提供证明。当事人迟延履行后发生不可抗力的，不免除其违约责任。"因不可抗力导致的停工、窝工，根据不可抗力影响，应当部分或者全部免除当事人的责任。由此引起或将引起工期延误的，应当顺延工期。由此导致承包人停工的费用损失应由发包人和承包人根据公平原则合理分担。原则上，承包人在停工期间按照发包人要求照管、清理和修复工程的费用应由发包人承担。关于停工、窝工的赔偿标准，如果当事人有索赔签证的，按签证办理；如果没有索赔签证，但建设工程施工合同对赔偿标准有约定的，按合同约定办理；如果既无索赔签证，建设工程施工合同也没有约定的，可按定额标准，根据停工、窝工的时间计算停工、窝工造成的人工费、机械费、管理费、材料费等费用。

第七百九十九条 建设工程竣工后，发包人应当根据施工图纸及说明书、国家颁发的施工验收规范和质量检验标准及时进行验收。验收合格的，发包人应当按照约定支付价款，并接收该建设工程。

建设工程竣工经验收合格后，方可交付使用；未经验收或者验收不合格的，不得交付使用。

【条文主旨】

本条是关于建设工程竣工验收和竣工验收法律后果的规定。

【条文理解】

在建设工程施工合同中，承包人的基本义务是向发包人交付质量合格的建设工程。发包人的基本义务是向承包人支付建设工程价款。二者之间构成对待给付。承包人所施工的建设工程竣工后，质量是否合格，是否符合发包人设计要求，需要发包人组织监理人、承包人、勘察单位、设计单位共同进行竣工验收。建设工程经共同验收合格后，承包人才能向发包人交付建设工程。发包人才应向承包人支付全部建设工程价款。如果承包人施工的工程质量不合格，一方面，其不能将不合格建设工程交付给发包人使用；另一方面，其不能请求发包人支付建设工程价款。

建设工程施工合同最大的特点在于其标的物具有外部性。外部性是经济学上的概念，是指经济主体的行为对第三人或社会带来收益但受益人无需支付对价，或者会给第三人或社会带来损害却无需向其支付对价。如果商品具有外部性，就无法通过价格机制实现其最优产量。外部性分为正外部性和负外部性。正外部性是指经济主体的行为使他人或者社会受益，而受益者无需支付对价。如果商品具有正的外部性，生产者所投入的成本不能通过市场机制获得全部回报，会导致供给不足。负外部性是指经济主体的行为使他人或社会的利益受到损害，但行为人却不必为此承担成本。较为典型的负外部性行为是企业污染行为。企业为减少生产成本拒不采用符合环保标准的生产工艺，以达到降低生产成本、提高利润的目的，其在生产过程中排放污染物，由社会承担了一部分生产成本，对社会产生了负的外部性。负外部性导致部分生产成本被第三人或者社会承担，也不能使商品在社会福利最大化的条件下进行生产。建筑市场上行为人的外部性主要体现为负外部性。建设工程作为建设工程施工合同的标的物，并不由施工人使用，很多情况下也不由发包人最终使用。建设工程质量直接影响的通常是广大人民群众的人身安全和财产利益。但建设工程的最终使用人往往不是建设工程施工合同的当事人，不能参与合同的订立，也无权监督合同的履行。而且建筑工程的使用期限很长，即使存在工程质量问题在短期内也未必会被发现。这也会增加建设工程施工合同当事人的道德风险。即建设工程施工合同的当事人可能会为自身当前利益而甘冒风险，降低建设工程的质量。一旦商品具有外部性，该商品所在的市场就会失灵，市场失灵本质上是契约机制失灵。在理想的市场模型中，市场主体基于契约自由进行市场竞争，不仅能在契约当事人之间实现帕累托最优，也能在整个市场中实现帕累托最优，契约自由和意思自治是实现当事人利益最大化和社会福利最大化的重要手段。但在一个存在外部性的市场中，生产者面对的需求曲线和成本曲线与整个市场的需求曲线和成本曲线并不一致，生产成本不能通过价格机制有效作用于供求，当事人利益最大化的行为并不能带来社会福利的最大化。市场失灵的领域往往也是合同法和契约自由受到限制的领域。建设工程施工合同中强制性规定较多，主要原因就在于建设工程具有外部性，涉及众多群众的利益、涉及社会公共利益。依据本条规定，建设工程竣工验收合格是交付使用的前提，未经验收合格就不能交付使用。在建设工程经验收不合格或者非因发包人原因未验收合格的情况下，由于发包人不能使用建设工程，其合同目的不能实现，亦有权拒绝向承包人支付建设工程价款。

【审判实践中应注意的问题】

一、发包人未及时对建设工程进行竣工验收的法律后果

司法实践中，不少建设工程施工合同纠纷进入司法程序后，建设工程还没有竣工验收。系因哪方当事人的原因未进行竣工验收，通常是当事人争议的焦点。竣工验收的程序和时间由当事人在建设工程施工合同中约定。建设工程竣工验收一般包括竣工预验收和验收两个阶段。发包人、监理人和承包人参加建设工程竣工预验收。实践中，建设工程竣工后，监理工程师按照承包人自检验收合格后提交的单位工程竣工预验收申请表，审查资料并进行现场检查。如果经检查建设工程存在问题，项目监理单位应当就存在的问题提出书面意见，并签发监理工程师通知书，要求承包人限期整改。承包人整改完毕后，编制《建设工程竣工验收报告》，交监理工程师检查，由项目总监签署意见后，提交建设单位。正式的建设工程竣工验收由建设单位负责组织实施，由监理单位、勘察单位、设计单位、施工单位参加。其中，承包人需提交建设工程竣工验收报告、工程技术资料；监理单位需提交工程质量评估报告；勘察单位和设计单位需要提交质量检查报告；发包人需取得规划、公安消防、环保、燃气工程等专项验收合格文件。如果建设工程未取得这些专项验收合格证明文件，也不能进行竣工验收。如《城乡规划法》第 45 条第 1 款规定："县级以上地方人民政府城乡规划主管部门按照国务院规定对建设工程是否符合规划条件予以核实。未经核实或者经核实不符合规划条件的，建设单位不得组织竣工验收。"验收的依据主要是施工图纸及说明书、国家颁发的施工验收规范和质量检验标准。建设工程质量既应达到当事人约定的质量标

准，也应当达到国家规定的质量标准。

承包人申请竣工验收需要具备以下条件：一是发包人同意的甩项工作和缺陷修补工作外，合同范围内的全部工程以及有关工作，包括合同要求的试验、试运行以及检验均已完成，并符合合同要求；二是已按合同约定编制了甩项工作和缺陷修补工作清单以及相应的施工计划；三是已按合同约定的内容和份数备齐竣工资料。关于发包人组织竣工验收的时间，建设工程施工合同有约定的，从约定；建设工程施工合同没有约定的，可参照住建部和国家工商总局《建设工程施工合同（示范文本）》（GF-2017-0201）的规定。该示范文本第13.2.2项规定："承包人向监理人报送竣工验收申请报告，监理人应在收到竣工验收申请报告后14天内完成审查并报送发包人。""监理人审查后认为已具备竣工验收条件的，应将竣工验收申请报告提交发包人，发包人应在收到经监理人审核的竣工验收申请报告后28天内审批完毕并组织监理人、承包人、设计人等相关单位完成竣工验收。竣工验收合格的，发包人应在验收合格后14天内向承包人签发工程接收证书。发包人无正当理由逾期不颁发工程接收证书的，自验收合格后第15天起视为已颁发工程接收证书。"如果发包人未及时组织相关单位对建设工程进行竣工验收，因此导致的损失，应当由发包人承担。

二、发包人擅自使用未经竣工验收的建设工程的法律后果

司法实践中，承包人起诉请求发包人支付建设工程价款的，发包人多会以建设工程质量不合格为由进行抗辩。但实践中也存在发包人不诚信拖延支付工程款的情况。尤其是发包人利用其在建筑市场上的优势地位，在建设工程施工合同约定的付款方式上取得有利地位，让承包人部分甚至全部垫资施工，或者不按建设工程施工合同约定的时间支付建设工程价款，导致承包人完成全部工程施工任务后，不能按时取得建设工程价款。个别发包人通过拖延或者拒绝对建设工程进行竣工验收的方式，以达到迟延付款或者少付不付工程款的目的，另一方面又占有使用建设工程。在司法实践中，个别发包人占有使用已完

工建设工程长达数年甚至十年以上，却以各种理由拖延竣工验收，也不向承包人支付其欠付的工程款。承包人起诉请求发包人支付工程款后，发包人又以建设工程质量不合格为由提出抗辩。有的发包人还就建设工程质量问题申请鉴定。由于发包人在使用已完工工程时往往已经对工程进行了装饰装修，有的发包人在使用过程中对建设工程还进行了改建，因此即使存在建设工程质量不合格的情况，也很难确定是何种原因导致，应由哪方当事人承担责任。造成这一困境的主要原因是发包人在建设工程未经竣工验收的情况下擅自使用该建设工程。对此，《建设工程施工合同司法解释》第 13 条规定："建设工程未经竣工验收，发包人擅自使用后，又以使用部分质量不符合约定为由主张权利的，不予支持；但是承包人应当在建设工程的合理使用寿命内对地基基础工程和主体结构质量承担民事责任。"适用《建设工程施工合同司法解释》第 13 条规定也需满足较为严格的条件。首先，建设工程未经竣工验收，发包人擅自使用了建设工程的，才不能以使用部分质量不符合约定为由主张权利。如果不存在建设工程未经竣工验收，发包人擅自使用的事实，就不能适用该条规定。其次，建设工程未经竣工验收，发包人擅自使用了建设工程后，只是对其所使用部分，不能以工程质量不符合约定为由主张权利。对于发包人未使用部分，不适用该条规定。再次，发包人擅自使用建设工程之前，并无证据证明建设工程存在质量问题。如果在发包人擅自使用建设工程之前，就已经发现建设工程质量问题，发包人要求承包人修复，承包人未予修复，发包人另行联系第三方修复后才使用建设工程的，就不能适用该条规定。在这种情况下，发包人有权请求承包人赔偿其为修复而支出的合理费用。最后，虽然发包人在建设工程未经竣工验收的情况下就擅自使用，但是如果建设工程的地基基础工程和主体结构质量在合理使用寿命内出现质量问题的，发包人仍然有权请求承包人承担相应的民事责任。一方面，地基基础工程和主体结构质量影响到建设工程的安全使用，承包人对此所应承担的瑕疵担保责任应当更重。另一方面，发包人擅自使用未经验收合格的建设工程通常不会对地基基础工程和主体结构质量造成影响。导致这两项工程质量问题的责任比较容易划分。如果建设工程未经竣工验收，承包人就交付给发包人使用，使用过程中因建设工程质量原因造成第三人损害的，因发包人和承包人均具有过错，双方均应依据其过错承担赔偿责任。

三、建设工程价款的支付是否必须以建设工程质量合格为前提

发包人与承包人订立建设工程施工合同的目的是获得质量合格的建设工程。如果承包人施工的建设工程质量不合格，发包人的合同目的就不能实现。根据《民法典》第563条第1款第4项规定，如果承包人的违约行为致使发包人不能实现合同目的，发包人可以解除合同。根据《民法典》第610条的规定，“因标的物不符合质量要求，致使不能实现合同目的的，买受人可以拒绝接受标的物或者解除合同。买受人拒绝接受标的物或者解除合同的，标的物毁损、灭失的风险由出卖人承担。”同时，《民法典》第646条规定：“法律对其他有偿合同有规定的，依照其规定；没有规定的，参照适用买卖合同的有关规定。”建设工程施工合同属于有偿合同，可参照适用《民法典》关于买卖合同的约定。对于有偿合同而言，提供商品和服务一方当事人提供符合合同约定的质量标准或者要求的物品或者服务，是接受商品或服务一方当事人支付价款的对价。在建设工程施工合同中，承包人交付质量合格的建设工程是发包人支付工程款的对价。如果承包人交付的建设工程质量不合格，发包人的合同目的不能实现，则有权拒付工程款。建设工程质量合格的判断标准，既可以是发包人根据施工图纸及说明书、国家颁发的施工验收规范和质量检验标准对建设工程验收合格，也可以是纠纷发生后由鉴定机构出具质量合格的鉴定意见。

无论建设工程施工合同是否有效，建设工程质量合格都是承包人请求发包人依照建设工程施工合同约定或者参照建设工程施工合同约定支付建设工程价款的前提条件。《建设工程施工合同司法解释》第

16条第3款规定："建设工程施工合同有效，但建设工程经竣工验收不合格的，工程价款结算参照本解释第三条规定处理。"根据该条规定，建设工程施工合同有效，发包人和承包人均应当按照合同约定履行义务。如果承包人所施工的工程经竣工验收不合格，应当依照《建设工程施工合同司法解释》第3条规定，有修复可能的，应当由承包人进行修复。建设工程经修复后验收合格的，承包人有权请求发包人支付建设工程价款，但应当由承包人承担修复费用。修复后的建设工程经竣工验收仍然不合格的，承包人就无权请求发包人支付工程价款。另外，《民法典》第793条第1款规定："建设工程施工合同无效，但是建设工程经验收合格的，可以参照合同关于工程价款的约定折价补偿承包人。"因此，在建设工程施工合同无效的情况下，承包人请求发包人参照建设工程施工合同的约定支付工程价款的基本前提一定是其所施工的建设工程质量合格。

建设工程施工合同被解除后，如果承包人已经完成的全部或者部分建设工程质量合格的，承包人也有权请求发包人支付建设工程价款。对此，《民法典》第806条第3款规定："合同解除后，已经完成的建设工程质量合格的，发包人应当按照约定支付相应的工程价款；已经完成的建设工程质量不合格的，参照本法第七百九十三条的规定处理。"

第八百条 **勘察、设计的质量不符合要求或者未按照期限提交勘察、设计文件拖延工期，造成发包人损失的，勘察人、设计人应当继续完善勘察、设计，减收或者免收勘察、设计费并赔偿损失。**

【条文主旨】

本条是关于勘察人、设计人违约责任的规定。

【条文理解】

建设工程勘察，是指根据建设工程的要求，查明、分析、评价建设场地的地质地理环境特征和岩土工程条件，编制建设工程勘察文件的活动。建设工程设计，是指根据建设工程的要求，对建设工程所需的技术、经济、资源、环境等条件进行综合分析、论证，编制建设工程设计文件的活动。在建设工程勘察合同中，勘察人的主要义务是根据建设工程的要求，查明、分析、评价建设场地的地质地理环境特征和岩土工程条件，编制建设工程勘察文件。在建设工程设计合同中，设计人的义务是根据建设工程的要求，对建设工程所需的技术、经济、资源、环境等条件进行综合分析、论证，编制建设工程设计文件。如果勘察人、设计人违反合同约定，迟延交付提交勘察、设计文件或者提交的勘察、设计文件质量不合格，导致发包人损失，就应当承担违约责任。

《民法典》第577条规定："当事人一方不履行合同义务或者履行合同义务不符合约定的，应当承担继续履行、采取补救措施或者赔偿损失等违约责任。"第582条规定："履行不符合约定的，应当按照当事人的约定承担违约责任。对违约责任没有约定或者约定不明确，依据本法第五百一十条的规定仍不能确定的，受损害方根据标的的性质以及损失的大小，可以合理选择请求对方承担修理、重作、更换、退货、减少价款或者报酬等违约责任。”依据该规定，违约责任的承担方式包括继续履行、采取修理、重作、更换补救措施、退货、减少价款或者赔偿损失等形式。就建设工程勘察、设计合同而言，如果勘察人、设计人迟延履行提交勘察报告或者设计报告，发包人有权请求其勘察人、设计人继续履行，并赔偿发包人因此而受到的损失。实践中，发包人因勘察人、设计人迟延提交勘察报告、设计报告导致的损失主要是工期延后带来的损失。《民法典》第563条规定，当事人一方迟延履行主要债务，经催告后在合理期限内仍未履行，或者当事人一方迟延履行债务致使不能实现合同目的，相对人有权解除合同。如果勘察人、设计人提交的勘察报告或者设计报告质量不符合要求，发包人有权请求勘察人、设计人重新进行勘察、设计，重新提交质量合格的勘察报告、设计报告。勘察人、设计人提交的勘察、设计报告质量不合格导致建设工程施工延后的，应当承担赔偿责任。如果勘察人、设计人提交的勘察报告或者设计报告质量不符合要求，发包人、监理人、施工人未及时发现，导致建设工程质量不合格的，也应赔偿因此导致的拆除、维修、返工等损失以及工期延后导致的损失，有权少付或者拒付勘察费、设计费。如果勘察人、设计人提交的勘察报告或者设计报告质量不符合要求，导致工程质量安全事故或其他事故的，勘察人、设计人应当采取补救措施，通过所投工程勘察或者设计责任保险向发包人承担赔偿责任，或者根据损失大小向发包人支付赔偿金。

【审判实践中应注意的问题】

一、建设工程勘察人、设计人违约行为的认定

本条规定了勘察人、设计人两种违约行为，一是勘察人、设计人迟延履行；二是勘察人、设计人瑕疵履行。迟延履行较容易判断，只要勘察人、设计人未在合同约定的期限内提交勘察报告或者设计报告的，即属于违约行为。瑕疵履行则应当依据当事人合同约定和相关法律法规规章的规定作出认定。在建设工程合同纠纷立法和司法中，保护建设工程质量是首要的价值取向。如果勘察人、设计人提交的勘察报告、设计报告质量不合格，必然会影响建设工程质量。这不仅会对发包人造成损害，也会对公众以及社会公共利益造成损害。由于建设工程具有外部性、公共性，对建设工程勘察、设计的技术要求较高，因此，关于建设工程勘察、设计的强制性规定、技术规范，勘察人、设计人在作出勘察报告、设计报告时必须遵守这些规定。对此，《建设工程勘察设计管理条例》第 5 条第 2 款规定："建设工程勘察、设计单位必须依法进行建设工程勘察、设计，严格执行工程建设强制性标准，并对建设工程勘察、设计的质量负责。"程序是建设工程勘察、设计质量的保障。勘察人、设计人在勘察、设计中应当遵守国家规定的建设工程勘察、设计程序。对此，《建设工程勘察设计管理条例》第 22 条规定："建设工程勘察、设计的发包方与承包方，应当执行国家规定的建设工程勘察、设计程序。"

由于建设工程勘察、设计质量与勘察人、设计人的专业能力密切相关，国家对勘察人、设计人实现资质管理制度。《建设工程勘察设计管理条例》第 8 条规定："建设工程勘察、设计单位应当在其资质等级许可的范围内承揽建设工程勘察、设计业务。禁止建设工程勘察、设计单位超越其资质等级许可的范围或者以其他建设工程勘察、设计单位的名义承揽建设工程勘察、设计业务。禁止建设工程勘察、设计单位允许其他单位或者个人以本单位的名义承揽建设工程勘

察、设计业务。”第9条规定：“国家对从事建设工程勘察、设计活动的专业技术人员，实行执业资格注册管理制度。未经注册的建设工程勘察、设计人员，不得以注册执业人员的名义从事建设工程勘察、设计活动。”第10条规定：“建设工程勘察、设计注册执业人员和其他专业技术人员只能受聘于一个建设工程勘察、设计单位；未受聘于建设工程勘察、设计单位的，不得从事建设工程的勘察、设计活动。”第21条规定：“承包方必须在建设工程勘察、设计资质证书规定的资质等级和业务范围内承揽建设工程的勘察、设计业务。”根据上述规定，勘察人、设计人承揽建设工程勘察、设计业务的，必须具备相应的资质。勘察人、设计人不具备勘察、设计资质而承揽建设工程勘察、设计业务，超越资质承揽建设工程勘察、设计业务以及自然人承揽建设工程勘察、设计业务都属于违规行为。如果勘察人、设计人伪造、借用建设工程勘察、设计资质承揽建设工程勘察、设计业务，就应当承担违约责任。实践中，存在缺乏相应资质的单位或者个人以修改勘察报告、设计报告的名义，承揽建设工程勘察、设计业务。《建设工程勘察设计管理条例》第28条第1款规定：“建设单位、施工单位、监理单位不得修改建设工程勘察、设计文件；确需修改建设工程勘察、设计文件的，应当由原建设工程勘察、设计单位修改。经原建设工程勘察、设计单位书面同意，建设单位也可以委托其他具有相应资质的建设工程勘察、设计单位修改。修改单位对修改的勘察、设计文件承担相应责任。”故勘察人、设计人修改建设工程勘察、设计报告的，也应当具备同等的资质。对于违规行为的效力，不应予以认可。《建设工程勘察设计管理条例》第17条规定：“发包方不得将建设工程勘察、设计业务发包给不具有相应勘察、设计资质等级的建设工程勘察、设计单位。”如果发包人知道或者应当知道勘察人、设计人缺乏资质或者超越资质承揽建设工程勘察、设计业务，仍与其签订建设工程勘察、设计合同，由此造成的损失，发包人也应当承担相应的责任。

关于勘察、设计的质量要求，《建设工程勘察设计管理条例》第

26条规定："编制建设工程勘察文件，应当真实、准确，满足建设工程规划、选址、设计、岩土治理和施工的需要。编制方案设计文件，应当满足编制初步设计文件和控制概算的需要。编制初步设计文件，应当满足编制施工招标文件、主要设备材料订货和编制施工图设计文件的需要。编制施工图设计文件，应当满足设备材料采购、非标准设备制作和施工的需要，并注明建设工程合理使用年限。"第27条规定："设计文件中选用的材料、构配件、设备，应当注明其规格、型号、性能等技术指标，其质量要求必须符合国家规定的标准。除有特殊要求的建筑材料、专用设备和工艺生产线等外，设计单位不得指定生产厂、供应商。"

建设工程所使用的技术、材料对于工程质量有重大影响。勘察、设计文件中规定采用的技术、材料应当符合国家技术标准。对于新技术、新材料的采用，《建设工程勘察设计管理条例》第29条规定："建设工程勘察、设计文件中规定采用的新技术、新材料，可能影响建设工程质量和安全，又没有国家技术标准的，应当由国家认可的检测机构进行试验、论证，出具检测报告，并经国务院有关部门或者省、自治区、直辖市人民政府有关部门组织的建设工程技术专家委员会审定后，方可使用。"

二、勘察、设计文件的修改

勘察、设计文件的制作具有很强的专业性。勘察、设计文件的质量直接影响建设工程的质量。因此，勘察、设计文件的修改必须征得原勘察、设计单位的同意，或者由其他具有相应资质的勘察、设计单位进行修改，发包人、施工人、监理人不得擅自修改建设工程勘察、设计文件。如果发包人、施工人、监理人在施工过程中，发现建设工程勘察、设计文件不符合工程建设强制性标准、合同约定的质量要求，应当向建设工程勘察人、设计人提出意见，由其对建设工程勘察、设计文件进行补充、修改。对于发包人、施工人、监理人的修改意见，勘察人、设计人认为不符合国家强制性标准的，不应采纳。如果勘察、设计质量问题系由发包人、施工人、监理人修改导致或者由发包人另行委托其他勘察人、设计人修改导致，则应由修改人承担责任。

三、勘察人、设计人的协助义务

建设工程勘察、设计、施工是工程建设的不同阶段，前一阶段对后一阶段会发生影响，各阶段需要相互配合、协调。因此，勘察人、设计人在提交符合要求的勘察报告、设计报告后，其已经履行了主要义务，但其义务并非到此结束。《建设工程勘察设计管理条例》第30条规定："建设工程勘察、设计单位应当在建设工程施工前，向施工单位和监理单位说明建设工程勘察、设计意图，解释建设工程勘察、设计文件。建设工程勘察、设计单位应当及时解决施工中出现的勘察、设计问题。"在建设工程施工之前，勘察人、设计人负有向施工人和监理人释明的义务，即说明建设工程勘察、设计意图，解释建设工程勘察、设计文件，以便于施工人按设计图纸进行施工，确保工程质量。在建设工程施工过程中，发包人、监理人、施工人如果对勘察材料、设计材料有疑问，勘察人、设计人应负责解答。对于勘察材料、设计材料中存在的问题，勘察人、设计人应负责解决。

第八百零一条 因施工人的原因致使建设工程质量不符合约定的，发包人有权请求施工人在合理期限内无偿修理或者返工、改建。经过修理或者返工、改建后，造成逾期交付的，施工人应当承担违约责任。

【条文主旨】

本条是关于施工人质量责任的规定。

【条文理解】

向发包人交付质量合格的建设工程，是承包人的主要义务。保障建设工程质量，也是建筑施工企业的法定义务。《建筑法》第58条规定："建筑施工企业对工程的施工质量负责。建筑施工企业必须按照工程设计图纸和施工技术标准施工，不得偷工减料。工程设计的修改由原设计单位负责，建筑施工企业不得擅自修改工程设计。"第60条规定："建筑物在合理使用寿命内，必须确保地基基础工程和主体结构的质量。建筑工程竣工时，屋顶、墙面不得留有渗漏、开裂等质量缺陷；对已发现的质量缺陷，建筑施工企业应当修复。"如果系因施工人原因导致建设工程质量不符合约定，施工人应当承担违约责任。施工人承担责任的方式主要包括两个方面：一是施工人接到发包人的通知后在合理期限内无偿修理或者返工、改建。施工人不仅应当自行承担修理或者返工、改建的费用，还应当确保建设工程质量在其修理或者返工、改建后符合合同约定。二是如果在施工人修理或者返工、改建后，导致建设工程迟延交付，施工人还应当承担迟延交付的违约责任。实践中，迟延交付建设工程的责任主要表现为违约金责任或者赔偿损失责任。

影响建设工程质量的原因是多方面的，主要包括勘察人、设计人原因，发包人原因以及施工人原因。发包人将勘察材料、设计材料提交给施工人后，施工人应当根据勘察和设计材料进行施工。如果施工人未按勘察和设计材料进行施工，导致建设工程质量不符合约定，施工人应当承担责任。如果施工人按勘察和设计材料进行施工，但由于勘察和设计材料质量存在问题，导致建设工程质量不合格，则应当由发包人自行承担责任。发包人也有权请求勘察人、设计人承担违约责任。如果是发包人原因导致建设工程质量不合格，则应当由发包人承担责任。实践中，发包人导致质量不合格的原因除其提交的勘察、设计等技术材料不合格外，还包括其提供的原材料或者按其指定和要求购买的材料、设备质量不合格，其所指定的分承包人缺乏建设工程施工资质，支解发包工程，将建设工程发包给不具备资质的单位或者个人，不合理地压缩工期等。如果建设工程质量问题系由施工人原因导致，则由施工人承担责任。实践中，施工人导致建设工程质量问题的原因主要包括，施工人未按照工程设计图纸和施工技术标准施工，施工人提供的材料质量不合格，施工人缺乏建筑工程施工资质，管理不规范，偷工减料等。

【审判实践中应注意的问题】

一、正确理解施工人的含义

本章中，对于建设工程承包合同的承包方，《民法典》使用了承包人、总承包人、勘察人、设计人、施工人、分包单位等概念，在司法实践中，经常遇到的与承包方和施工主体相关的概念还包括分包人、分承包人、转包人、转承包人以及实际施工人等。在司法实践中，对于这些概念有必要厘清。承包人是广义概念，泛指一切建设工程承包合同的承包方，包括总承包人、勘察人、设计人、施工人。总承包人是与发包人签订建设工程总承包合同，对工程勘察、设计、施工进行总承包的承包人。勘察人、设计人、施工人是分别与发包人签订勘察、设计、施工承包合同，分别就建设工程的勘察、设计、施工进行承包的承包人。分包单位不同于分包人，而属于分承包人。在分包合同中，承包人将其承包的部分工程分包给分包单位。承包人属于分包人，分包单位属于分承包人。在转包合同中，承包人将其承包的全部工程转包给第三人。承包人是转包人，第三人是转承包人。实际施工人这一概念首先在《建设工程施工合同司法解释》中使用，之后在司法实践中广泛使用，主要包括违反分包的分承包人、转承包人以及借用他人的建筑工程施工资质与发包人签订建设工程施工合同的缺乏资质的单位或者个人。本条中的施工人是较为狭义的概念，是指与发包人签订建设工程施工合同的承包人。实际施工人中，违法分承包人、转承包人与发包人之间均非建设工程施工合同关系，违法分承包人、转承包人不应向发包人承担违约责任。

二、正确把握建设工程质量的责任主体

本条规定仅就施工人对建设工程质量的责任作了规定。实践中的情况较为复杂，存在分包、违法分包、转包、借用资质签订建设工程施工合同等情形。对于建设工程质量的责任主体，应当区分不同情形予以确定。

第一，在建设工程实行总承包的情况下，总承包单位应当对全部建设工程质量负责。对此，《建设工程质量管理条例》第26条第3款规定："建设工程实行总承包的，总承包单位应当对全部建设工程质量负责；建设工程勘察、设计、施工、设备采购的一项或者多项实行总承包的，总承包单位应当对其承包的建设工程或者采购的设备的质量负责。"

第二，在合法分包的情况下，分包人（与发包人签订建设工程施工合同的承包人）和分承包人都应当对分包工程质量承担责任。《建筑法》第55条规定："建筑工程实行总承包的，工程质量由工程总承

包单位负责，总承包单位将建筑工程分包给其他单位的，应当对分包工程的质量与分包单位承担连带责任。分包单位应当接受总承包单位的质量管理。”即在分包的情况下，分包单位即分承包人作为施工人，应当对分包工程质量问题承担责任，而总承包单位对分承包人负有质量管理的义务，其对分包工程的质量应当与分承包人承担连带责任。

第三，在违法分包的情况下，分包人和分承包人都应当对分包工程质量承担责任。《建筑法》第55条只是规定，分包人应当对分包工程的质量与分承包人承担连带责任。从文义上看，该条规定未区分合法分包和违法分包。但无论如何理解，违法分包的情况下，分包人和分承包人都应当对分包工程质量承担责任。首先，如果从广义上理解，《建筑法》第55条所规定的分包既包括合法分包，也包括违法分包，则违法分包合同的分包人和分承包人都应当对分包工程质量承担连带责任。其次，如果从狭义上理解，《建筑法》第55条所规定的分包只包括合法分包，不包括违法分包，则依据举轻以明重的原则，既然合法分包合同的分包人和分承包人都应当对分包工程质量承担连带责任，违法分包合同的分包人和分承包人更应当对分包工程质量承担连带责任。结合《建筑法》第67条规定，从体系解释的角度看，《建筑法》第55条所规定的分包似应只包含合法分包。对于违法分包，应依据《建筑法》第67条规定处理。再次，无论是在合法分包还是违法分包的情况下，分包人和分承包人都是广义上的施工人，都应当对其所施工的工程质量承担责任。最后，《建筑法》第67条规定，承包单位将承包的工程违反该法规定进行分包的，对因违法分包的工程不符合规定的质量标准造成的损失，与接受分包的单位承担连带赔偿责任。该条所规定的连带责任系承包人与实际施工人对建设工程质量承担连带赔偿责任的一种表现。

第四，在转包的情况下，转包人与转承包人应当对建设工程质量承担连带责任。转包人将其所承包的工程转包给第三人，不仅违反法律规定，而且会损害发包人的利益。发包人在与转包人签订建设工程施工合同时，对于其所发包的工程将由第三方施工的事实并不知情。

转包人将其所承包的工程转包给第三人，既违反了法律的规定，也违反了建设工程施工合同的约定。而转包人和转承包人均知道或者应当知道其转包行为属于违法和违反约定的行为，在主观上均具有过错。《建筑法》第67条也规定："承包单位将承包的工程转包的，或者违反本法规定进行分包的，责令改正，没收违法所得，并处罚款，可以责令停业整顿，降低资质等级；情节严重的，吊销资质证书。承包单位有前款规定的违法行为的，对因转包工程或者违法分包的工程不符合规定的质量标准造成的损失，与接受转包或者分包的单位承担连带赔偿责任。"

第五，在缺乏资质的单位或者个人借用资质签订建设工程施工合同的情况下，出借资质一方应当与借用资质一方对建设工程质量承担连带责任。《建设工程施工合同司法解释（二）》第4条规定："缺乏资质的单位或者个人借用有资质的建筑施工企业名义签订建设工程施工合同，发包人请求出借方与借用方对建设工程质量不合格等因出借资质造成的损失承担连带赔偿责任的，人民法院应予支持。"

第六，在确定建设工程质量的责任主体时，还应当注意区分责任单位的内部责任和对外承担责任问题。《建设工程质量管理条例》第26条第1款和第2款规定："施工单位对建设工程的施工质量负责。施工单位应当建立质量责任制，确定工程项目的项目经理、技术负责人和施工管理负责人。"在外部责任上，施工单位，无论是建设工程施工合同约定的承包人还是转承包人、分承包人、借用资质签订建设工程施工合同的单位或者个人，应当对建设工程质量承担责任。施工单位承担责任后，如果其项目经理、技术负责人和施工管理负责人违反单位内部管理规定，应对建设工程质量不合格承担责任的，施工单位可向其追责。在转包、分包和借用资质签订建设工程施工合同的情况下，应当先由转包人和转承包人、分包人和分承包人、出借资质的建筑企业和借用资质的单位或者个人先对外承担连带责任。在对外承担责任后，根据转包人和转承包人、分包人和分承包人、出借资质的建筑企业和借用资质的单位或者个人的过错，一方对外承担的责任超出其责任范围的，可以向另一方追偿。

三、建设工程质量问题的救济方式

关于建设工程质量问题的救济方式，本条主要规定了两种方式：一是对质量不符合约定的建设工程无偿进行修理或者返工、改建；二是如果在施工人修理或者返工、改建后，导致建设工程迟延交付，施工人还应当承担迟延交付的违约责任。实践中，对建设工程质量不合格的救济主要包括以下几种方式：

第一，对质量不合格部分的建设工程进行修复。承包人对质量不合格的建设工程进行修复的前提是建设工程有修复的可能。如果建设工程的基础工程、主体工程存在严重质量缺陷，无修复可能的，则无需再由承包人进行修复。这种情况下，发包人可以拒付或者少付工程款，并要求承包人赔偿损失。如果建设工程经修复后质量合格，承包人就有权请求发包人依照或者参照建设工程施工合同的约定支付建设工程价款。由于修复造成的工期延误，发包人有权请求承包人依其过错承担赔偿责任。如果承包人拒绝对质量不合格的建设工程进行修复或者建设工程经修复后质量仍不合格，发包人则有权拒付或者少付工程款，并要求承包人赔偿损失。修复的方式包括修理、返工或者改建等方式，目的是要使建设工程达到合同约定或者国家规定的质量标准。

第二，发包人有权解除建设工程施工合同。通常在两种情况下发包人享有解除建设工程施工合同的权利。一是建设工程质量严重不合格，已无修复可能，发包人的合同目的确定不能实现。本法第 563 条规定，如果当事人一方迟延履行债务或者有其他违约行为致使不能实现合同目的，相对人有权解除合同。二是承包人已经完成的建设工程质量不合格，并拒绝修复。由于承包人拒绝修复质量不合格的建设工程，发包人请求承包人交付质量合格的建设工程在事实上不可能，因此《建设工程施工合同司法解释》第 8 条规定，在这种情况下，发包人请求解除建设工程施工合同的，应予支持。

第三，发包人有权拒付或者少付建设工程价款。建设工程质量不合格，应当由承包人承担修理、返工或者改建责任，使之达到约定或者法律规定的质量标准。但是，如果建设工程存在严重质量问题，无修复可能的，发包人有权拒付建设工程价款；如果承包人明确表示拒绝修理、返工或者改建，或者经承包人修理、返工或者改建后建设工程质量仍不合格，发包人有权请求减少支付工程价款。除非建设工程存在严重质量问题，即使进行修复也不能安全使用，发包人不应拒付全部工程款。根据建设工程质量问题的严重程度和修复费用不同，发包人减少支付建设工程价款的数额也不同。发包人减少支付工程价款的数额应当相当于发包人另行委托第三人进行修复所需支付的合理价款数额。

第四，发包人有权扣除建设工程质量保证金。根据《建设工程质量保证金管理暂行办法》第2条规定，建设工程质量保证金是指发包人与承包人在建设工程承包合同中约定，从应付的工程款中预留，用以保证承包人在缺陷责任期内对建设工程出现的缺陷进行维修的资金。建设工程缺陷是指建设工程质量不符合工程建设强制性标准、设计文件，以及承包合同的约定。缺陷责任期一般为1年，最长不超过2年，由发包人和承包人双方在合同中约定。有的建设工程质量问题显而易见，有的建设工程质量问题则是潜在的，在发包人使用过程中才会发现。即使建设工程经竣工验收合格，发包人在缺陷责任期内发现问题，而该问题系由承包人原因造成，则承包人应负责维修，并承担鉴定及维修费用。如承包人拒不维修或不承担维修费用，或者建设工程虽经维修，但质量仍不合格。发包人就有权依据合同约定从建设工程质量保证金中扣除。

第五，发包人有权请求承包人承担保修责任。如果建设工程质量问题在竣工验收、缺陷责任期内都未出现或者发现，但在保修期限内发现了，承包人也应当承担保修义务。建设工程承包单位在向建设单位提交工程竣工验收报告时，应当向建设单位出具质量保修书。质量保修书中应当明确建设工程的保修范围、保修期限和保修责任等。建设工程的保修范围应当包括地基基础工程、主体结构工程、屋面防水工程和其他土建工程，以及电气管线、上下水管线的安装工程，供热、供冷系统工程等项目；保修的期限应当按照保证建筑物合理寿命年限内正常使用、维护使用者合法权益的原则确定。根据《建设工程质量管理条例》第40条规定："在正常使用条件下，建设工程的最低保修期限为：（一）基础设施工程、房屋建筑的地基基础工程和主体结构工程，为设计文件规定的该工程的合理使用年限；（二）屋面防水工程、有防水要求的卫生间、房间和外墙面的防渗漏，为5年；（三）供热与供冷系统，为2个采暖期、供冷期；（四）电气管线、给排水管道、设备安装和装修工程，为2年。"建设工程的保修期，自竣工验收合格之日起计算。建设工程在保修范围和保修期限内发生质量问题的，施工单位应当履行保修义务，并对造成的损失承担赔偿责任。

第六，发包人有权请求承包人赔偿损失。民事责任中，赔偿损失具有兜底作用。如果其他民事责任不适合，或者承包人在承担其他民事责任后，发包人仍有损失的，发包人还有权请求承包人承担赔偿损失的责任。例如，在缺陷责任期内，由承包人原因造成质量缺陷，但承包人拒不维修或不承担维修费用，或者建设工程虽经维修但质量仍不合格，发包人所支出的维修费用超出保证金的，发包人可按合同约定向承包人进行索赔。即使承包人维修并承担相应费用后，也不免除其对发包人损失的赔偿责任。在保修期内发现建设工程存在质量问题的，承包人履行保修义务后，如果对发包人造成了损失，如因维修而导致发包人不能正常营业，承包人也应对发包人的损失承担赔偿责任。承包人不仅要为其瑕疵给付承担赔偿责任，还要为其加害给付承担赔偿责任。因承包人的原因致使建设工程质量不合格，导致建设工程在合理使用期限内造成人身和财产损害的，承包人应当承担损害赔偿责任。

四、建设工程质量不合格的举证责任

建筑工程质量不仅应当符合建设工程施工合同的约定，还必须达到国家规定的强制性标准。施工人承担违约责任的前提是建设工程质量不合格或者不符合合同约定。按“谁主张，谁举证”的原则，如果发包人主张建设工程质量不合格或者不符合合同约定，应当承担举证责任。但是，在建设工程施工合同关系中，承包人具有向发包人交付质量符合约定或者法律规定的建设工程的义务。故承包人应当对其交付的建设工程质量合格承担举证责任。依据当事人约定和法律规定，承包人在向发包人交付建设工程之前，应当先由发包人进行验收。司法审判中，需要根据具体情况对建设工程质量不合格的举证责任进行分配。一是当事人诉至法院时，建设工程尚未竣工验收，亦未交付发包人使用。尚未竣工验收的原因可能主要是建设工程还未到双方当事人约定的竣工验收的时间；或者建设工程虽已经具备双方当事人约定的竣工验收的条件，或者已经到了应当竣工验收的时间，但因一方当事人不配合或者双方当事人难以就竣工验收问题进行有效沟通而不能按时进行竣工验收。在这种情形下，应当根据当事人过错认定过错方应向相对人承担相应的民事责任。如果建设工程还未到双方当事人约定的竣工验收的时间，发包人主张建设工程质量不合格或者不符合约定，则应当承担举证责任。二是当事人诉至法院时，建设工程虽未竣工验收，但已经交付发包人使用。在这种情形下，根据《建设工程施工合同司法解释》第13条关于“建设工程未经竣工验收，发包人擅自使用后，又以使用部分质量不符合约定为由主张权利的，不予支持；但是承包人应当在建设工程的合理使用寿命内对地基基础工程和主体结构质量承担民事责任”的规定，除地基基础工程和主体结构质量问题外，发包人原则上不能以使用部分质量不符合约定为由主张权利。同时，由于发包人未进行竣工验收擅自使用建设工程，违反相关法律规定，如果其主张建设工程的地基基础工程和主体结构质量不合格或者不符合合同约定，应当承担举证责任。三是当事人诉至法院

时，建设工程已经竣工验收，但发包人主张建设工程还存在部分质量问题，影响工程的正常使用，应由发包人承担举证责任。四是当事人诉至法院时，建设工程已经竣工验收，但发包人主张其只是在名义上对建设工程进行了验收，目的是为了及时使用或办理相关手续，但未对建设工程进行实质上的竣工验收。此情形下，发包人应当对建设工程质量不合格承担举证责任。需要注意的是，虽然发包人已经作出了建设工程经竣工验收合格的意思表示，但如果其表示与真实意思不一致，或者表示与客观事实不一致，在当事人对建设工程质量合格提出异议的情况下，仍应当对建设工程质量问题进行查明。建设工程质量是否合格，不仅关系到发包人的利益还关系到不特定或者众多群众的利益，涉及社会公共利益。建设工程经发包人竣工验收合格的事实，只是对建设工程质量的初步证明，不是唯一证明，也不是最终证明。五是当事人诉至法院时，建设工程尚未完工，因双方当事人发生纠纷，承包人已经停止施工。在这种情形下，由于建设工程未竣工，发包人不可能进行竣工验收，原则上应当由承包人对其已施工工程质量合格承担举证责任。但实践中，并不是发包人一旦提出建设工程存在质量问题，就需要承包人申请鉴定机构对建设工程质量进行鉴定，以证明其所施工工程的质量合格。按照“谁主张，谁举证”的原则，如果发包人主张建设工程质量存在问题，应当对建设工程质量存在问题提出初步证据，例如，建设工程存在渗水、地基下沉、墙面或者地面出现裂缝等表面瑕疵，或者经鉴定机构或者专业机构现场勘验，提出建材不符合约定或者法律规定的质量标准、施工工艺不符合约定的专业意见等。在这种情况下，承包人应当提出证据证明其施工的建设工程质量合格的事实。

五、关于建设工程质量问题是否必须进行鉴定

司法审判实践中，在处理涉及建设工程质量是否合格、是否符合合同约定的问题时，通常会涉及是否应对建设工程质量进行鉴定的问题。实践中有一种不正确的观点，认为建设工程质量问题属于专业问

题，必须经过鉴定机构出具鉴定意见才能认定。建设工程质量问题一般可分为两种类型。一种是表面即可见的质量问题，一种是表面不可见的潜在的质量问题。对于前者，并不一定要经过鉴定才能对建设工程质量是否合格作出认定。例如，承包人完成建设工程施工后，发包人在对建设工程进行竣工验收时发现存在地下室渗水等质量问题，请求承包人进行维修，承包人就应当进行维修。再如，承包人在主体工程施工完毕后，由于发包人不能按时支付工程款，工程停工。之后，双方协议解除建设工程施工合同。由于建设工程尚未完工，发包人未进行竣工验收，但在移交未完工工程时，发包人发现墙体、屋顶存在明显裂痕，要求承包人进行修复，承包人未予修复，直接起诉请求发包人支付建设工程价款。发包人以建设工程质量不合格进行抗辩。这种情况下，就不宜再要求发包人对建设工程质量进行鉴定。发包人提供的照片、录像以及人民法院到现场勘察等方式都可以发现建设工程的质量问题。实践中，处理建设工程纠纷案件，应当避免以鉴代审的不良倾向。

实践中的以鉴代审问题主要体现在两个方面：一是凡是涉及建设工程价款或者质量问题，都要求当事人申请鉴定；二是只要鉴定机构出具了鉴定意见，就一律按鉴定意见处理，对于双方争议事项不作分析判断。鉴定机构出具的鉴定意见只是帮助法官对专业问题作出判断的参考意见。有的情况下，无需专业意见法官就可以作出判断，则不必要求当事人申请鉴定。有的情况下，是否采纳鉴定意见，采纳鉴定意见中的哪些部分，需要法院根据当事人举证、质证、辩论的情况以及鉴定人员出庭接受询问的情况作出判断。

六、施工人在合理期限内未予修理或者返工、改建的法律后果

因施工人的原因致使建设工程质量不符合约定的，发包人有权请求施工人在合理期限内无偿修理或者返工、改建。如果施工人在接到发包人的通知后，在合理期限内未对不符合合同约定部分无偿进行修

理或者返工、改建，将会产生以下法律后果：第一，如果建设工程质量不符合约定的情形较为严重，严重影响发包人对建设工程的正常使用，根据《民法典》第563条的规定，发包人可解除建设工程施工合同；第二，发包人可以建设工程质量不符合约定为由，扣减相应的建设工程价款；第三，发包人可据此在合理范围内拒绝返还施工人的工程质量保证金；第四，发包人可委托第三人修复，并请求施工人承担合理的修复费用。

第八百零二条 因承包人的原因致使建设工程在合理使用期限内造成人身损害和财产损失的，承包人应当承担赔偿责任。

【条文主旨】

本条是关于承包人加害给付责任的规定。

【条文理解】

建设工程质量不仅关系到发包人的利益，还关系到广大消费者，使用人以及不特定公众的利益。因此，无论是发包人还是承包人，都应当遵守法律的强制性规定以及相关技术规范，以确保建设工程质量。无论是发包人原因还是承包人原因，致使建设工程质量不合格，或者设计上存在缺陷，在合理使用期限内造成他人人身损害和财产损失，都应当承担赔偿责任。这里的损害不仅指对发包人或者发包人的工作人员造成的人身损害和财产损失，也包括对第三人造成的人身损害和财产损失。①

① 有观点认为，本条规定的责任限于违约责任，只是关于承包人对发包人责任的规定，承包人对第三人的侵权责任应当依据《民法典》第1252条规定处理。但是，如果将本条规定仅适用于承包人对发包人的责任，将会带来三方面问题。一是《民法典》第1252条仅规定了建筑物、构筑物或者其他设施倒塌造成他人损害的侵权责任，实践中承包人的质量责任范围很广泛，例如电梯质量问题、水电气线路质量问题、外立面或玻璃幕墙掉落问题等对第三人造成的损害，承包人是否应当承担责任，需要明确。二是《民法典》第1252条没有规定承包人承担质量责任的期限，如果建设工程已经超出了设计使用年限，发包人或者所有权人继续使用，建筑物、构筑物或者其他设施倒塌造成他人损害的，仍由建设单位与施工单位承担连带责任，缺乏法理基础。三是本条规定的责任主体是承包人，《民法典》规定的承包人范围较为广泛，而《民法典》第1252条规定的是建设单位与施工单位的责任，对勘察单位和设计单位的质量责任未作明确规定。有观点认为，本条涉及的是承包人的侵权责任，不应当放在《民法典》的合同编。笔者认为，不宜将本条所规定的责任仅限定于承包人对发包人的责任，或者仅理解为侵权责任。本条规定的责任应当既包括承包人对发包人的违约责任，也包括承包人对第三人的侵权责任，是关于承包人对建设工程承担质量责任时间限制的规定。这样理解，更利于厘清承包人对建设工程的质量责任，也不影响《民法典》的逻辑体系。

通常情况下，如果建设工程已经交付使用，发包人或者建设工程新的买受人或者承租人，在使用建设工程的过程中，因建设工程质量原因造成他人损害的，发包人、所有权人或者出租人没有尽到安全保护义务，则会承担赔偿责任。承包人虽然已经履行完毕建设工程施工合同，与受到损害的第三人之间也没有合同关系或者基于缔约行为等产生的安全保护义务，但其对于建设工程的质量负有责任。如果由于承包人的原因致使建设工程在合理使用期限内发现质量缺陷，造成他人人身损害和财产损失，因承包人具有过错，也应当承担赔偿责任。本条所规定的承包人是广义上的承包人，包括总承包人、分承包人、勘察人、设计人和施工人。本条所规定的人身损害和财产损失，既不限于发包人的人身损害和财产损失，也包括建设工程承包合同之外的第三人所受到的人身损害和财产损失。同时，只有建设工程在合理使用期限内造成他人人身损害和财产损失时，承包人才应当承担赔偿损失责任。如果建设工程已经超过合理使用期限，应当拆除，发包人、所有权人或者承租人仍然继续使用，由此造成的损失就不应当由承包人负责赔偿。

【审判实践中应注意的问题】

一、注意区分瑕疵给付责任和加害给付责任

债之履行，应当及时、全面、适当，否则即为不完全履行。所谓及时，是按合同约定的时间履行。所谓全面，既包括量的方面也包括质的方面。量的方面不完全履行主要是部分履行。质的方面不完全履行主要是标的不符合质量要求或合同约定或者法律规定的其他要求。不完全履行不能达到彻底消灭债务之目的，或者即使能消灭原生债务也会引发派生债务，引起新的法律责任。对于量方面的不完全履行，我国《民法典》第509条第1款规定："当事人应该按照约定全面履行自己的义务。"部分履行违反了全面履行原则，不能导致债之

全部消灭。《民法典》第531条第1款规定，债权人原则上对于债务人部分履行债务享有拒绝的权利，但部分履行不损害债权人的利益的，则债权人不得拒绝。同时，根据该条第2款规定，债权人虽不得拒绝无害于债权的部分履行，但可向债务人请求因此而增加的费用。概言之，《民法典》对于量上的部分履行的态度是，原则上债务人得全面履行给付义务，即使债务人部分履行，也不能损害债权人之利益或增加其负担。在质的方面，不完全履行包括瑕疵履行和加害履行两个方面。瑕疵履行是指债务人虽为给付，但给付存在瑕疵。典型的瑕疵履行就是标的物质量不合格。对于瑕疵履行，债务人可补正的，得补正；不能补正的，无权要求相对人支付价款。不能补正或虽能补正但仍损害相对人权益的，还应当赔偿相对人因此遭受的损失。加害履行是指债务人所为给付不仅存在瑕疵，而且该瑕疵造成了债权人其他权益的损害。对于加害履行，债权人不仅可就不完全履行要求债务人承担补正、赔偿等民事责任，还可就所受其他损害要求债务人承担赔偿责任。如果承包人所交付的建设工程质量不合格，则属于不完全履行，应当首先通过维修等方式予以补正。如果建设工程质量不合格的问题无法补正，或者虽经补正仍不合格，承包人不仅无权请求发包人支付建设工程价款，还需要赔偿发包人因此而遭受的损失。对此问题，《民法典》第801条规定："因施工人的原因致使建设工程质量不符合约定的，发包人有权请求施工人在合理期限内无偿修理或者返工、改建。经过修理或者返工、改建后，造成逾期交付的，施工人应当承担违约责任。"《建设工程施工合同司法解释》第3条规定："建设工程施工合同无效，且建设工程经竣工验收不合格的，按照以下情形分别处理：（一）修复后的建设工程经竣工验收合格，发包人请求承包人承担修复费用的，应予支持；（二）修复后的建设工程经竣工验收不合格，承包人请求支付工程价款的，不予支持。因建设工程不合格造成的损失，发包人有过错的，也应承担相应的民事责任。"因承包人的原因致使建设工程在合理使用期限内造成人身损害和财产损失，属于加害给付。除了要依据建设工程施工合同向发包人承担违约责任外，还应当依据其过错承担侵权责任。如果因建设工程质量不合格导致第三人人身或者财产权利受到损害，发包人承担赔偿责任后，有权向承包人追偿。

二、合理期限的认定

无论哪种建设工程，都有一定的使用年限。承包人只在合理使用期限内，对建设工程质量负责。超出合理使用期限后，因建设工程质量问题造成的损失，则不应由承包人承担责任。某一建设工程的使用年限可以由双方当事人约定。如果当事人对此没有约定，可以根据国家相关规定作出认定。实践中，涉及建设工程质量的期间主要有两个，一个是保修期，另一个缺陷责任期。不少人不清楚保修期与缺陷责任期的区别。实际上二者是不同的概念，对应的是不同的责任，该两个期限届满的法律后果也不相同。《建设工程施工合同（示范文本）》（GF–2017–0201）第二部分通用合同条款第 1.1.4.4 项规定："缺陷责任期：是指承包人按照合同约定承担缺陷修复义务，且发包人预留质量保证金（已缴纳履约保证金的除外）的期限，自工程实际竣工日期起计算。"第 1.1.4.5 项规定："保修期：是指承包人按照合同约定对工程承担保修责任的期限，从工程竣工验收合格之日起计算。"保修期对应的是承包人的保修责任，保修期届满，承包人不再承担保修义务。缺陷责任期对应的是瑕疵担保责任，缺陷责任期届满，发包人应当向承包人退还建设工程质量保证金，但如果缺陷责任期已经届满但保修期还没有届满，承包人仍需要承担保修责任。对同一建设工程，无论是依据法律规定还是当事人约定，通常只有一个缺陷责任期，但对于同一建设工程中的不同分部工程，保修期却并不相同。

关于缺陷责任期和缺陷排除责任，《建设工程质量保证金管理暂行办法》第 2 条规定："缺陷责任期一般为 1 年，最长不超过 2 年，由发、承包双方在合同中约定。"第 9 条规定："缺陷责任期内，由承包人原因造成的缺陷，承包人应负责维修，并承担鉴定及维修费用。如承包人不维修也不承担费用，发包人可按合同约定从保证金或银行保函中扣除，费用超出保证金额的，发包人可按合同约定向承包人进行索赔。承包人维修并承担相应费用后，不免除对工程的损失赔偿责任。由他人原因造成的缺陷，发包人负责组织维修，承包人不承担费用，且发包人不得从保证金中扣除费用。”《建设工程施工合同司法解释（二）》第8条规定：“有下列情形之一，承包人请求发包人返还工程质量保证金的，人民法院应予支持：（一）当事人约定的工程质量保证金返还期限届满。（二）当事人未约定工程质量保证金返还期限的，自建设工程通过竣工验收之日起满二年。（三）因发包人原因建设工程未按约定期限进行竣工验收的，自承包人提交工程竣工验收报告九十日后起当事人约定的工程质量保证金返还期限届满；当事人未约定工程质量保证金返还期限的，自承包人提交工程竣工验收报告九十日后起满二年。发包人返还工程质量保证金后，不影响承包人根据合同约定或者法律规定履行工程保修义务。”可见缺陷责任期时间较短，国家限定了缺陷责任期的上限。缺陷责任期届满，发包人应当向承包人返还建设工程质量保证金，但承包人仍应当承担保修责任。即，承包人对建设工程质量的责任并不因缺陷责任期的届满而免除。

关于保修期和保修责任，《建筑法》第60条规定：“建筑物在合理使用寿命内，必须确保地基基础工程和主体结构的质量。建筑工程竣工时，屋顶、墙面不得留有渗漏、开裂等质量缺陷；对已发现的质量缺陷，建筑施工企业应当修复。”第62条规定：“建筑工程实行质量保修制度。建筑工程的保修范围应当包括地基基础工程、主体结构工程、屋面防水工程和其他土建工程，以及电气管线、上下水管线的安装工程，供热、供冷系统工程等项目；保修的期限应当按照保证建筑物合理寿命年限内正常使用，维护使用者合法权益的原则确定。具体的保修范围和最低保修期限由国务院规定。”《建设工程质量管理条例》第32条规定：“施工单位对施工中出现质量问题的建设工程或者竣工验收不合格的建设工程，应当负责返修。”第39条规定：“建设工程实行质量保修制度。建设工程承包单位在向建设单位提交工程竣工验收报告时，应当向建设单位出具质量保修书。质量保修书中应当明确建设工程的保修范围、保修期限和保修责任等。”第41条规定：“建设工程在保修范围和保修期限内发生质量问题的，施工单位应当履行保修义务，并对造成的损失承担赔偿责任。”第40条规定：“在正常使用条件下，建设工程的最低保修期限为：（一）基础设施工程、房屋建筑的地基基础工程和主体结构工程，为设计文件规定的该工程的合理使用年限；（二）屋面防水工程、有防水要求的卫生间、房建和外墙面的防渗漏，为5年；（三）供热与供冷系统，为2个采暖期、供冷期；（四）电气管线、给排水管道、设备安装和装修工程，为2年；其他项目的保修期限由发包方与承包方约定。建设工程的保修期，自竣工验收合格之日起计算。”根据以上规定，建设工程的不同部分，保修期往往不同。保修期的长短由当事人在保修书或者合同书中约定，但国家限定了保修期的下限。保修期届满，承包人不再承担保修责任，即不再就建设工程质量向发包人承担责任。如果当事人对建设工程的合理使用期限有明确约定，可按照其约定认定本条中的合理期限。如果当事人对建设工程使用的合理期限没有约定，可以参照保修期来确定。但建设工程的合理使用期限不应低于《建设工程质量管理条例》第40条规定的建设工程的最低保修期限。

建设工程的合理使用期限不同于建设工程所占用土地的土地使用年限。《城镇国有土地使用权出让和转让暂行条例》第12条规定：“土地使用权出让最高年限按下列用途确定：（一）居住用地七十年；（二）工业用地五十年；（三）教育、科技、文化、卫生、体育用地五十年；（四）商业、旅游、娱乐用地四十年；（五）综合或者其他用地五十年。”一方面，建设工程不同部分的合理使用年限并不相同；另一方面，即使建设用地使用年限届满还可以续期，建设工程的合理使用时间也可以长于其所占用土地的使用期限。

三、注意区分承包人对发包人的责任和承包人、发包人对第三人的责任

本条规定承包人对因其原因致使建设工程在合理使用期限内造成

人身损害和财产损失的，应当承担赔偿责任，并未限定只对发包人承担赔偿责任。勘察人提交的勘察材料、设计人提交的设计材料或者施工人的施工存在问题，导致建设工程在合理使用期限内造成人身损害和财产损失，既可能是对发包人一方造成损害，也可能是对第三人造成损害。如果是对发包人造成损害，承包人固然应当承担赔偿责任。如果是对第三人造成损害，发包人基于安全保护义务等原因，也可能会对第三人承担赔偿责任。这种情况下，受害人既可以请求承包人承担赔偿责任，也可以请求发包人承担赔偿责任。发包人承担责任后，可向承包人追偿。

四、超过合理期限或者设计使用年限后，承包人不应再对建设工程承担质量责任

《民法典》第1252条规定："建筑物、构筑物或者其他设施倒塌、塌陷造成他人损害的，由建设单位与施工单位承担连带责任，但是建设单位与施工单位能够证明不存在质量缺陷的除外。建设单位、施工单位赔偿后，有其他责任人的，有权向其他责任人追偿。因所有人、管理人、使用人或者第三人的原因，建筑物、构筑物或者其他设施倒塌、塌陷造成他人损害的，由所有人、管理人、使用人或者第三人承担侵权责任。"如果建筑物、构筑物或者其他设施超出了建设工程施工合同约定的使用年限或者合理的使用年限，所有人仍然继续使用，建筑物、构筑物或者其他设施倒塌造成他人损害，是否还应当由承包人承担责任呢？任何建设工程从勘察、设计到施工，都是按一定的技术要求和质量标准进行。在特定的社会经济条件下，建设工程都有一定的使用年限。而且，建设工程造价和成本，也会影响建设工程的使用年限。如果建设工程合同约定了建设工程的设计使用年限，超出该年限后，承包人就不应再对建设工程承担质量责任。如果建设工程合同未约定建设工程的设计使用年限，超出建设工程合理使用期限后，承包人也不应再对建设工程承担质量责任。

第八百零三条　发包人未按照约定的时间和要求提供原材料、设备、场地、资金、技术资料的，承包人可以顺延工程日期，并有权请求赔偿停工、窝工等损失。

【条文主旨】

本条是关于发包人未按照约定的时间和要求提供原材料、设备、场地、资金、技术资料所应承担的违约责任的规定。

【条文理解】

建设工程施工合同中，发包人的主要义务是支付建设工程价款，但是根据建设工程施工合同的约定，如果发包人还承担提供原材料、设备、场地、资金、技术资料等义务的，发包应当依约履行义务。如果发包人违反约定，未按照约定的时间和要求提供原材料、设备、场地、资金、技术资料的，可能影响承包人正常的施工进度，导致建设工程延期竣工。这种情况下，承包人可以请求顺延工程日期。这种情况下，承包人还有可能面临停工、窝工等情况，造成损失。承包人亦有权请求发包人赔偿停工、窝工等损失。

建设工程施工合同的特点是履行期限长、涉及事项多、影响因素多，发包人和承包人均承担相应的各种义务。对发包人而言，除应当支付建设工程价款外，在建设工程施工合同履行的不同阶段，都应承担相应的协助义务，以便于承包人顺利完成建设工程施工任务。这类协助义务既可能来源于双方约定，也可能来自于法律规定或者诚信原则。《民法典》第509条第1款、第2款规定：“当事人应当按照约定全面履行自己的义务。当事人应当遵循诚信原则，根据合同的性质、目的和交易习惯履行通知、协助、保密等义务。”建设工程施工合同中，发包人的协助义务主要包括提供施工图纸等技术资料、办理相应审批手续、提供适于施工的施工场地、防止承包人施工受到干扰等。

发包人应当按照约定的时间和标准提供建材、设备。实践中，建设工程施工合同可能约定“甲供材”，也可能约定“乙供材”。在当事人约定“甲供材”的情况下，发包人应当承担按时提供合格材料的义务。如果当事人对建筑材料质量有明确约定的，发包人应当提供符合合同约定质量标准的建筑材料。如果当事人对建筑材料质量没有明确约定，发包人提供的建筑材料也应当符合国家强制性标准。建筑材料对于建设工程质量有直接影响，无论建设工程施工合同约定是“甲供材”还是“乙供材”，无论是在勘察设计阶段还是施工阶段，建筑材料都应符合国家规定的质量标准。《建筑法》第56条规定：“建筑工程的勘察、设计单位必须对其勘察、设计的质量负责。勘察、设计文件应当符合有关法律、行政法规的规定和建筑工程质量、安全标准、建筑工程勘察、设计技术规范以及合同的约定。设计文件选用的建筑材料、建筑构配件和设备，应当注明其规格、型号、性能等技术指标，其质量要求必须符合国家规定的标准。”第59条规定：“建筑施工企业必须按照工程设计要求、施工技术标准和合同的约定，对建筑材料、建筑构配件和设备进行检验，不合格的不得使用。”《建设工程质量管理条例》第29条规定：“施工单位必须按照工程设计要求、施工技术标准和合同约定，对建筑材料、建筑构配件、设备和商品混凝土进行检验，检验应当有书面记录和专人签字；未经检验或者检验不合格的，不得使用。”在当事人约定“甲供材”的情况下，发包人提供建筑材料不符合约定主要有两种情况，一是迟延提供建筑材料，二是提供的建筑材料不符合约定或者法律规定。提供合格的建筑材料，既是履行合同的要求，也是遵守法律的要求。《建设工程质量管理条例》第14条第1款规定：“按照合同约定，由建设单位采购建筑材料、建筑构配件和设备的，建设单位应当保证建筑材料、建筑构配件和设备符合设计文件和合同要求。”根据《建设工程施工合同司法解释》第 12 条的规定，如果发包人提供的设计有缺陷或者提供或者指定购买的建筑材料、建筑构配件、设备不符合强制性标准，造成建设工程质量缺陷，应当承担过错责任。即使当事人约定“乙供材”，发包人也不得明示或者暗示承包人使用不合格的建筑材料、建筑构配件和设备。关于使用合格建筑材料的规定属于效力性强制性规定，当事人约定使用的建筑材料不符合国家强制性标准的，该约定不发生效力。为了防止道德风险，确保建筑材料的质量，法律还禁止发包人在建设工程施工合同约定“乙供材”的情况下，发包人指定建筑材料供应方。《建筑法》第 25 条规定：“按照合同约定，建筑材料、建筑构配件和设备由工程承包单位采购的，发包单位不得指定承包单位购入用于工程的建筑材料、建筑构配件和设备或者指定生产厂、供应商。”对于监理人、设计人，法律也禁止其指定建筑材料的供应方。《建筑法》第 34 条规定：“工程监理单位与被监理工程的承包单位以及建筑材料、建筑构配件和设备供应单位不得有隶属关系或者其他利害关系。”第 57 条规定：“建筑设计单位对设计文件选用的建筑材料、建筑构配件和设备，不得指定生产厂、供应商。”在建设工程施工合同约定发包人提供设备的情况下，发包人也应当按约定的时间和标准提供设备。

发包人应当提供符合约定和施工要求的场地。提供符合约定要求或者施工要求的场地，是发包人的重要义务。发包人提供施工场地应当符合两方面要求：一是软件方面的要求。即发包人应当确保其对建设场地享有土地使用权，且该使用权不负有负担，确保在场地上不存在拆迁、土地使用权权属等纠纷，不会因为纠纷而影响正常施工。二是硬件方面的要求。通常而言，施工场地要符合施工人进场条件，例如，施工场地平整，没有尚未拆迁完的房屋等建筑物，施工场地围护准备，在现场建筑红线范围内新建、改建临时围墙，能够实行全封闭管理，施工现场临时道路和临时材料堆场、材料加工场、办公室、生活区等场地硬化处理，施工所需办公室、会议室、职工宿舍、食堂、餐厅、浴室、厕所、配电间、门卫室等生活、办公临时设施的搭建，职工食堂、餐厅、浴室、厕所等生活设施的建设，施工场地内水电管线实行敷设，排水畅通，现场给、排水及临时用电保障，等等。建设工程施工合同对上述场地要求有约定的，发包人应当提供符合约定和施工要求的场地。

发包人应当按约定的时间和数额支付资金。建设工程施工合同中，发包人的主要义务是支付工程款。司法审判实践中，当事人争议最多的就是工程款的数额和支付时间问题。实践中，当事人约定的工程款支付方式最常见的是按工程进度支付工程款。等到建设工程竣工验收合格后，发包人再支付扣除质保金后的工程款。如果发包人不按时支付进度款，承包人就只能垫资施工。但建筑业是劳动密集型行业，建筑企业往往无力进行垫资施工，发包人迟延支付工程款往往会导致工期延误以及停工、窝工现象。对此，应当由发包人承担违约责任。

发包人应当按约定提供技术资料。建设工程施工合同履行过程中，发包人需要提供的技术资料主要是勘察、设计资料。如果建设工程施工合同约定承包人按发包人要求采购建筑材料、使用机械设备的，发包人还应当提供建筑材料、机械设备的技术指标。实践中，对于发包人提交的勘察、设计等资料，如果承包人有异议或者有疑问，发包人应当协调勘察人、设计人予以解释说明。如果发包人变更设计的，也应当及时提供变更后的设计资料。

【审判实践中应注意的问题】

一、当事人关于垫资施工的约定原则上应认定为有效

实践中，由于承包人处于相对弱势地位，发包人要求承包人垫资施工的情况较多。垫资施工的形式较多，有的承包人垫付全部工程款施工，有的承包人是垫付部分工程款施工。目前实践中的垫资施工主要包括以下几种形式：一是全额垫资施工，即发包人工程建设过程中不向承包人支付任何工程价款，而要等待工程项目建设完毕经竣工验

收合格后，发包人才向承包人按照约定支付工程价款。当前建筑市场上出现了BT建设模式，意为“建设—移交”，通常指政府利用非政府资金来进行基础非经营性设施建设项目的一种融资模式。一些市场化的主体也用BT建设模式开展融资和工程建设。本质上看，BT建设模式就是承包人全额垫资建设。二是通过按工程进度付款的方式垫资。按工程施工进度支付工程款是实践中常见的工程支付方式。最常见的是承包人施工到一定进度后，由发包人或者监理人对工程量和工程款进行审核，并向承包人支付相应的工程款。如果发包人不预付该部分工程款，承包人在获得工程进度款之前，就需要垫资进行施工。此外，有的建设工程施工合同还约定，承包人施工到一定进度后，发包人只支付一定比例的工程进度款，未支付部分就需要承包人垫资。三是有的建设工程施工合同约定，承包人要向发包人支付保证金，等到建设工程竣工验收合格后才返还，该保证金实际上也是一种垫资，同时也有履约担保的功能。

关于垫资施工协议的效力，实践中曾存在争议。原建设部、原国家计委等部委多次就施工企业垫资施工问题进行规范。1996年6月4日，原建设部、财政部、原国家计委颁布了《关于严格禁止在工程建设中带资承包的通知》。该通知第4条规定：“任何建设单位都不得以要求施工单位带资承包作为招标投标条件，更不得强行要求施工单位将此类内容写入工程承包合同。”第5条规定：“施工单位不得以带资承包作为竞争手段承揽工程，也不得用拖欠建材和设备生产厂家货款的方法转稼由此造成的资金缺口。”在司法实践中，该通知常作为否定垫资施工协议效力的依据。1999年10月1日，《合同法》颁布实施。《合同法》第44条规定，依法成立的合同，自成立时生效。法律、行政法规规定应当办理批准、登记等手续生效的，依照其规定。自此，司法实践的价值取向更偏向鼓励交易、维护交易安全，并将导致合同无效的法律依据限定于法律和行政法规。部门规章、地方性法规和规章以及其他规范性文件不再作为认定合同无效的依据。《合同法司法解释（一）》第4条规定：“合同法实施以后，人民法院确认合同无效，应当以全国人大及其常委会制定的法律和国务院制定的行政法规为依据，不得以地方性法规、行政规章为依据。”《合同法司法解释（二）》第14条规定：“合同法第五十二条第五项规定的‘强制性规定’，是指效力性强制性规定。”《关于严格禁止在工程建设中带资承包的通知》不属于法律、行政法规，而是部委规范性文件，不属于效力性强制性规定，根据《合同法》和《合同法司法解释（一）》的规定，该通知不应作为认定合同无效的法律依据。但司法实践中也有观点认为，垫资施工包含有发包人向承包人融资的协议，而当时企业之间的借贷为法律所禁止，该行为属于变相发放借款，扰乱了金融市场秩序和建筑市场秩序，故应当认定为无效。《建设工程施工合同司法解释》第6条规定：“当事人对垫资和垫资利息有约定，承包人请求按照约定返还垫资及其利息的，应予支持，但是约定的利息计算标准高于中国人民银行发布的同期同类贷款利率的部分除外。当事人对垫资没有约定的，按照工程欠款处理。当事人对垫资利息没有约定，承包人请求支付利息的，不予支持。”该规定体现了鼓励交易、尊重市场和维护公平的价值取向。在建筑市场上，承包人处于弱势地位，迫于无奈才允诺垫资施工，如果认定垫资施工合同无效，反而不能获得约定的利息，对其不公平。而且，市场有客观规律，并非司法不保护垫资施工，垫资施工现象就能够消除。权衡利弊，司法最终选择保护承包人的利息利益。依据《建设工程施工合同司法解释》第6条规定，司法实践多倾向于认为发包人与承包人关于垫资施工的合同有效。《民间借贷规定》第11条规定：“法人之间、其他组织之间以及它们相互之间为生产、经营需要订立的民间借贷合同，除存在合同法第五十二条、本规定第十四条规定的情形外，当事人主张民间借贷合同有效的，人民法院应予支持。”根据该条规定，企业间为生产经营需要开展的民间借贷行为合法有效。据此，认可垫资施工协议效力已无法律和法理上的障碍。2019年7月，国务院《政府投资条例》施行。该条例第22条规定：“政府投资项目所需资金应当按照国家有关规定确保落实到位。政府投资项目不得由施工单位垫资建设。”这一规定可以理解为管理性强制性规定，不属于效力性强制性规定，不宜据此认定垫资施工合同无效。因为，该规定的目的是要维护施工单位的利益，如果认定垫资施工合同无效，不保护施工人在合同项下的利息利益，反而会损害施工单位的利益。

二、发包人违约的情况下，应注意保护承包人的合同解除权

本条规定只规定了在发包人违约的情况下，承包人享有顺延工程日期以及请求赔偿停工、窝工等损失的权利。根据《民法典》第563条规定，如果发包人迟延履行主要债务，经催告后在合理期限内仍未履行，或者迟延履行债务或者有其他违约行为致使承包人不能实现合同目的，承包人有权解除合同。《建设工程施工合同司法解释》第9条规定："发包人具有下列情形之一，致使承包人无法施工，且在催告的合理期限内仍未履行相应义务，承包人请求解除建设工程施工合同的，应予支持：（一）未按约定支付工程价款的；（二）提供的主要建筑材料、建筑构配件和设备不符合强制性标准的；（三）不履行合同约定的协助义务的。"因此，在发包人违约的情况下，人民法院还应当依法保护承包人的合同解除权。

第八百零四条 因发包人的原因致使工程中途停建、缓建的，发包人应当采取措施弥补或者减少损失，赔偿承包人因此造成的停工、窝工、倒运、机械设备调迁、材料和构件积压等损失和实际费用。

【条文主旨】

本条是关于发包人造成建设工程中途停建、缓建所应承担的违约责任的规定。

【条文理解】

建设工程施工合同是双务合同。承包人对建设工程施工的顺利进行，依赖于发包人按时支付工程款，及时提供符合合同约定和法律规定的建设工程资料，并提供相应的协助义务。如果发包人未依约履行其义务，就会影响建设工程进度，导致建设工程中途停建、缓建。由此导致的工期延误等损失，应当由发包人自己承担。由此导致承包人停工、窝工、倒运、机械设备调迁、材料和构件积压等损失，应当由发包人赔偿。

建设工程停建、缓建，包括永久停建、暂时停建以及延缓建设进度等情况。如果因发包人的原因致使工程中途停建，之后发包人并未克服不利因素，则可能导致建设工程施工合同终止，建设工程永久停建。如果因发包人的原因致使工程中途停建，之后发包人克服了不利因素，或者双方当事人协商解决了纠纷，承包人可继续施工。发包人的违约等行为还可能导致建设工程施工进度延缓，虽然建设工程没有完全停工，但部分工程停工，施工进度延后。在第一种情况下，涉及合同解除或者终止后的合同清算问题。在后两种情况下，涉及工期顺延和发包人赔偿承包人停工、窝工、倒运、机械设备调迁、材料和构件积压等损失的问题。

【审判实践中应注意的问题】

一、建设工程施工合同终止的，发包人应当支付建设工程价款

因发包人的原因致使工程中途停建之后，发包人并未克服不利因素，且双方当事人亦不能就工程复工达成一致意见的，会导致建设工程施工合同解除，建设工程永久停建，形成“半拉子”工程。建设工程施工合同尚未解除，由于双方当事人不能就复工达成一致意见，承包人已经撤场，复工已无可能，都会涉及已完成工程的价款结算问题。这种情况下，如果承包人已经完成的建设工程质量合格，发包人应当向承包人支付工程款。

二、发包人违约延误工期的，承包人有权请求顺延工期

工期问题也是司法审判实践中经常遇到的问题。关于工期顺延，或由当事人事前约定，或者嗣后就工程顺延事宜达成一致协议，或者由法律规定。依据《民法典》第803条规定，发包人未按照约定的时间和要求提供原材料、设备、场地、资金、技术资料的，承包人可以顺延工程日期。如果因发包人的其他原因致使工程中途暂停、暂缓建设，暂停、暂缓建设的期间应当从建设工程施工合同约定的工期中扣除，或者对建设工程工期进行相应顺延。承包人主张工期顺延的，应当就工期被延误、发包人存在违约行为以及工期延误与发包人违约行为之间的因果关系承担举证责任。司法实践中，建设工程施工合同履行期限长、影响因素多，承包人在举证证明工期延误与发包人违约行为之间的因果关系时，通常会面临较大困难。尤其是在多因一果的情

况下，人民法院应当结合各方当事人过错、违约行为以及客观原因对工期延误造成的影响，综合作出认定。

三、承包人应对其所遭受的损失承担举证责任

因发包人的原因致使工程中途停建、缓建的，承包人有权请求发包人赔偿因此造成的停工、窝工、倒运、机械设备调迁、材料和构件积压等损失。按照“谁主张，谁举证”的原则，承包人应当对其所遭受的损失承担举证责任。实践中，认定损失的方式主要有四种：一种是根据建设工程施工合同中的索赔签证认定损失数额；二是由鉴定机构根据建设工程施工合同的履行情况进行鉴定；三是根据建设工程施工合同约定的标准进行计算；四是参照合同履行地的市场价格和实际损失数额进行估算。此外，如果发包人未采取合理措施弥补或者减少损失，对该部分损失也应当由发包人承担。

第八百零五条 因发包人变更计划，提供的资料不准确，或者未按照期限提供必需的勘察、设计工作条件而造成勘察、设计的返工、停工或者修改设计，发包人应当按照勘察人、设计人实际消耗的工作量增付费用。

【条文主旨】

本条是关于因发包人原因导致勘察、设计工作增加所应承担的责任的规定。

【条文理解】

在建设工程勘察、设计合同中，发包人的主要义务是支付合同价款及费用。与建设工程施工合同一样，发包人除承担主要的付款义务外，还应当依据合同约定、法律规定或者行业惯例提供其他辅助义务。如果发包人违反其义务，导致勘察、设计的返工、停工或者修改设计，增加勘察人、设计人的工作量，发包人应当根据勘察人、设计人增加工作量而增付费用。如果发包人变更计划，导致勘察、设计的返工、停工或者修改设计，亦应就勘察人、设计人增加工作量而增付费用。

发包人应当依照合同约定提供勘察、设计所需要的资料。为了确保勘察、设计的正常开展，确保勘察安全和勘察、设计质量，发包人应当提交勘察、设计所需要的材料。实践中，发包人应提供的开展工程勘察工作所需要的图纸及技术资料包括：总平面图、地形图、已有水准点和坐标控制点等。发包人还应为勘察人提供作业场地内地下埋藏物，包括地下管线、地下构筑物等的资料、图纸，没有资料、图纸的地区，发包人应委托专业机构查清地下埋藏物。发包人一般应向设计人提交的资料详见下表。发包人不仅应及时提交资料，还应当确保资料的真实性、准确性和完整性。对于按照法律规定确需在工程设计开始后方能提供的设计资料，发包人应及时地在相应工程设计文件提交给发包人前的合理期限内提供，合理期限应以不影响设计人的正常设计为限。如果发包人提交文件和资料超过约定期限的，勘察人、设计人有权按合同约定相应顺延交付工程勘察、设计文件的时间，如果超出合同约定的时间较长，设计人有权重新确定提交工程勘察、设计文件的时间。建设工程勘察、设计资料逾期提供导致增加了设计工作量的，设计人可以要求发包人另行支付相应的勘察、设计费用，并相应延长勘察、设计周期。

发包人向设计人提交的有关资料及文件一览表

序号	资料及文件名称	份数	提交日期	有关事宜
1	项目立项报告和审批文件	各1	初步设计开始3天前	
2	发包人要求即设计任务书（含对工艺、土建、设备等专业的具体要求）	1	初步设计开始3天前	
3	厂址选择报告、土地使用协议、建筑红线图、建筑钉桩图	各1	初步设计开始3天前	
4	当地规划部门的规划意见书	1	初步设计开始3天前	
5	自然资源、气象条件、地形地貌、水文及工程详细地质勘察报告	各1	初步设计开始3天前	
6	各阶段主管部门的审批意见	各1	下一个阶段设计开始3天前提供上一个阶段审批意见	
7	初步设计确认单（含非标准设备设计图开工令）	1	施工图设计开始3天前	
8	非标准设备设计确认单（含施工图设计开工令）	1	施工图设计开始3天前	
9	工程所在地地形图（1/500）电子版及区域位置图	1	施工图设计开始3天前	
10	交通、原料、外部供水、排水、供电、电信等位置、标高、坐标、管径或能力等资料	1	初步设计开始3天前	

续表

序号	资料及文件名称	份数	提交日期	有关事宜
11	其他设计资料	1	各设计阶段设计开始3天前	
12	竣工验收报告	1	工程竣工验收通过后5天内	

发包人应当依照合同约定提供勘察、设计所需要的条件。为确保勘察、设计工作的正常进行，发包人应当提交的条件包括以下几方面：一是硬件条件，包括勘察人、设计人开展勘察、设计工作所需要的工作条件和生活条件。例如，为勘察人安全生产提供条件并支付安全生产防护费用，为勘察人提供具备条件的作业场地及进场通道，包括土地征用、障碍物清除、场地平整、提供水电接口和青苗赔偿等，并承担相关费用。发包人应为设计人派赴现场的工作人员提供工作、生活及交通等方面的便利条件。二是软件条件，即为勘察人、设计人开展勘察、设计工作营造一个良好的环境。发包人应当负责工程勘察、设计的所有外部关系的协调，为设计人履行合同提供必要的外部条件。三是合规条件，发包人应按照合同约定和按照法律规定履行项目审批手续。如果发包人未按合同约定及时为勘察人、设计人开展勘察、设计工作创造相应的条件，就应当承担违约责任。

【审判实践中应注意的问题】

司法审判实践中，需要注意准确把握发包人应当承担的违约责任。本条规定明确了发包人三种违约行为，一是变更计划，二是提供的资料不准确，三是未按照期限提供必需的勘察、设计工作条件。实践中，发包人迟延提供资料，拒不提供必需的勘察、设计工作条件，迟延或者未依约定提供勘察人员、设计人员的生活条件，未按照法律规定履行项目审批手续等违约行为也较为常见。发包人上述违约行为造成勘察、设计的返工、停工或者修改设计的，发包人也应当按照勘察人、设计人实际消耗的工作量增付费用。本条只规定了发包人按照勘察人、设计人实际消耗的工作量增付费用的责任。如果发包人的违约行为造成勘察人、设计人财产损失或者人身损害的，发包人应当赔偿损失。发包人的行为影响工期的，勘察人、设计人有权请求发包人延长工期。

第八百零六条 承包人将建设工程转包、违法分包的，发包人可以解除合同。

发包人提供的主要建筑材料、建筑构配件和设备不符合强制性标准或者不履行协助义务，致使承包人无法施工，经催告后在合理期限内仍未履行相应义务的，承包人可以解除合同。

合同解除后，已经完成的建设工程质量合格的，发包人应当按照约定支付相应的工程价款；已经完成的建设工程质量不合格的，参照本法第七百九十三条的规定处理。

【条文主旨】

本条是关于发包人和承包人解除权以及建设工程施工合同解除后的法律后果的规定。

【条文理解】

《民法典》第119条规定："依法成立的合同，对当事人具有法律约束力。"第136条规定："民事法律行为自成立时生效，但是法律另有规定或者当事人另有约定的除外。行为人非依法律规定或者未经对方同意，不得擅自变更或者解除民事法律行为。"建设工程施工合同成立生效后，双方当事人都应当依据约定严格遵守合同、积极履行合同，除非当事人依法解除合同。当事人有权协商一致解除合同或者通过行使解除权解除合同。合同当事人的解除权包括法定解除权和约定解除权。约定解除权由当事人在合同中约定。法定解除权由《民法典》等法律规定。关于合同解除，《民法典》第562条规定："当事人协商一致，可以解除合同。当事人可以约定一方解除合同的事由。解除合同的事由发生时，解除权人可以解除合同。”第563条规定：“有下列情形之一的，当事人可以解除合同：（一）因不可抗力致使不能实现合同目的；（二）在履行期限届满前，当事人一方明确表示或者以自己的行为表明不履行主要债务；（三）当事人一方迟延履行主要债务，经催告后在合理期限内仍未履行；（四）当事人一方迟延履行债务或者有其他违约行为致使不能实现合同目的；（五）法律规定的其他情形。以持续履行的债务为内容的不定期合同，当事人可以随时解除合同，但是应当在合理期限之前通知对方。”根据该条规定，导致当事人享有法定解除权的原因有二：一是不可抗力，二是另一方当事人违约。不可抗力必须要达到不能实现当事人的合同目的程度，当事人才能解除合同。关于合同相对人违约，本法第563条主要规定了拒绝履行、迟延履行和其他违约行为三种情形。一方当事人明确表示或者通过行为表示拒绝履行合同义务的，相对人享有解除合同的权利。一方当事人迟延履行并不必然导致相对人享有法定解除权，只有当迟延履行经催告后在合理期限内仍未履行或者致使不能实现合同目的的情况下，合同相对人才享有解除权。对于其他违约行为，只有在达到致使不能实现合同目的的程度时，合同相对人才有权请求解除合同。实践中，争议较多的是当事人在什么情况下享有依法请求解除合同的权利。

建设工程施工对承包人的资质要求高，转包和违法分包不仅会拉长利益链条、层层剥利，导致实际用于工程建设的工程款低于建设工程施工合同约定的工程款，而且会导致由不具有建筑施工资质的施工人进行工程施工，既损害建筑市场秩序，又影响建设工程质量安全，损害发包人的利益。因此，多部法律、行政法规和部门规章都禁止承包人转包和违法分包。建设工程施工合同实际也属于一种承揽合同。承揽合同是承揽人按照定作人的要求完成工作，交付工作成果，定作人给付报酬的合同。故承揽合同的特点在于，承揽人是否能够按合同约定交付工作成果，与承揽人自身的能力、条件、设备等密切相关。定作人向承揽人支付的对价，与相应的工作成果和承揽人的劳动均成立对待给付关系。因为承揽人的劳动会直接影响其所交付的劳动成果。因此，无论是承揽合同还是建设工程施工合同，定作人或者发包人支付的价款，是要求承揽人或者承包人亲自完成相应的工作成果，未经定作人或者发包人同意，承揽人或者承包人无权将工作交由他人完成。《民法典》第772条规定："承揽人应当以自己的设备、技术和劳力，完成主要工作，但是当事人另有约定的除外。承揽人将其承揽的主要工作交由第三人完成的，应当就该第三人完成的工作成果向定作人负责；未经定作人同意的，定作人也可以解除合同。"因此，在承包人将建设工程转包、违法分包的情况下，发包人亦享有解除建设工程施工合同的权利。

建设工程施工合同中，发包人的主要义务是支付建设工程价款。多数建设工程施工合同约定发包人按承包人施工进度支付工程款。如果发包人迟延履行支付工程进度款的主要义务，不仅损害承包人利益，而且会导致承包人无法继续履行建设工程施工合同。除支付建设工程价款外，发包人还应依据合同约定、法律规定履行其他义务。例如，在当事人约定"甲供材"的情况下，发包人还具有提供合格材料的义务。如果当事人对建筑材料质量有明确约定的，发包人应当提供符合合同约定质量标准的建筑材料。如果当事人对建筑材料质量没有明确约定，发包人提供的建筑材料也应当符合强制性标准。此外，建设工程施工合同的特点是履行期限长、涉及事项多、影响因素多，发包人和承包人均承担相应的各种义务。对发包人而言，在建设工程施工合同履行的不同阶段，都应承担相应的协助义务，以便于承包人顺利完成建设工程施工任务。这类协助义务既可能来源于双方约定，也可能来自于法律规定或者诚信原则。《民法典》第509条第1款、第2款规定："当事人应当按照约定全面履行自己的义务。当事人应当遵循诚信原则，根据合同的性质、目的和交易习惯履行通知、协助、保密等义务。"第778条规定："承揽工作需要定作人协助的，定作人有协助的义务。定作人不履行协助义务致使承揽工作不能完成的，承揽人可以催告定作人在合理期限内履行义务，并可以顺延履行期限；定作人逾期不履行的，承揽人可以解除合同。”根据《民法典》第808条规定，建设工程施工合同可适用该法关于承揽合同的规定。实践中，发包人的协助义务主要包括提供施工图纸、办理相应审批手续、提供适于施工的施工场地、防止承包人施工受到干扰等义务。对此《建设工程施工合同司法解释》第9条规定：“发包人具有下列情形之一，致使承包人无法施工，经催告后在合理期限内仍未履行相应义务，承包人请求解除建设工程施工合同的，应予支持：（一）未按约定支付工程价款的；（二）提供的主要建筑材料、建筑构配件和设备不符合强制性标准的；（三）不履行合同约定的协助义务的。”本条第2款吸纳了《建设工程施工合同司法解释》第9条第2项和第3项规定，明确发包人提供的主要建筑材料、建筑构配件和设备不符合强制性标准或者不履行协助义务，致使承包人无法施工，经催告后在合理期限内仍未履行相应义务的，承包人可以解除合同。

【审判实践中应注意的问题】

一、准确把握建设工程施工合同当事人在何种情况下享有解除合同的权利

关于发包人的解除权，《建设工程施工合同司法解释》第8条规定：“承包人具有下列情形之一，发包人请求解除建设工程施工合同的，应予支持：（一）明确表示或者以行为表明不履行合同主要义务的；（二）合同约定的期限内没有完工，且在发包人催告的合理期限内仍未完工的；（三）已经完成的建设工程质量不合格，并拒绝修复的；（四）将承包的建设工程非法转包、违法分包的。”该条规定第1项规定的是承包人拒绝履行的情况。第2项规定的是承包人迟延履行，且经发包人催告后在合理期限内仍未履行的情况。需要注意的是，承包人在建设工程施工合同项下负有多种义务，本项规定的是承包人迟延履行其主要义务，即完成工程施工的任务。承包人迟延履行

其他义务，尤其是从义务或者附随义务的，并不当然导致发包人享有合同解除权。第 3 项规定的是不完全履行，包括瑕疵给付和加害给付两种情形。向发包人移交工程质量合格的建设工程是承包人的主要义务。如果承包人施工的建设工程质量不合格，承包人应当承担修复义务。如果承包人拒绝修复，将导致发包人在建设工程施工合同项下的目的不能实现，故发包人享有解除建设工程施工合同的权利。第 4 项规定的是承包人将建设工程非法转包、违法分包的情形。关于承包人的解除权，除《民法典》本条第 2 款规定的两种情形外，《建设工程施工合同司法解释》第 9 条还规定了一种情形，即发包人未按约定支付工程价款，致使承包人无法施工，经催告后在合理期限内仍未履行相应义务，承包人有权请求解除建设工程施工合同。

二、准确把握通知解除行为的效力

关于合同解除权的行使，实践中争议较大的是一方当事人通知合同相对人解除合同后，相对人未在约定或者法定时间内提出异议并起诉的，是否还有权主张解除行为无效。《合同法司法解释（二）》第 24 条规定："当事人对合同法第九十六条、第九十九条规定的合同解除或者债务抵销虽有异议，但在约定的异议期限届满后才提出异议并向人民法院起诉的，人民法院不予支持；当事人没有约定异议期间，在解除合同或者债务抵销通知到达之日起三个月以后才向人民法院起诉的，人民法院不予支持。"有的发包人或者承包人依据合同约定和法律规定并不享有解除合同的权利，但仍通知相对人解除建设工程施工合同，相对人未在约定或者法律规定期限内起诉，请求人民法院确定解除合同的效力。双方发生争议后，一方当事人主张对方按合同约定履行义务，相对人却主张建设工程施工合同已经解除，而且以当事人未在约定或者法定的异议期限届满内提出异议并向人民法院起诉为由，主张解除合同的异议不成立。这种情况下，一定要区分当事人是有权解除还是无权解除合同。关于合同解除，《合同法司法解释（二）》第 24 条规定指向的是《合同法》第 96 条。《合同法》第 96 条规定："当事人一方依照本法第九十三条第二款、第九十四条的规定主张解除合同的，应当通知对方。合同自通知到达对方时解除。对方有异议的，可以请求人民法院或者仲裁机构确认解除合同的效力。"《合同法》第93条第2款是关于约定解除权的规定，第94条是关于法定解除权的规定。故无论当事人一方是依照《合同法》第93条第2款还是依照第94条的规定主张解除合同，都是在依法行使解除权。如果发包人或者承包人不享有约定或者法定的解除权，仍通知相对人解除建设工程施工合同，相对人就解除人解除合同的行为提出异议或者起诉的，不受《合同法司法解释（二）》第24条的影响。这种情况下，如果人民法院查明解除人不享有合同解除权，就不应仅依据《合同法司法解释（二）》第24条规定，认可其解除行为的效力。

第八百零七条 发包人未按照约定支付价款的，承包人可以催告发包人在合理期限内支付价款。发包人逾期不支付的，除根据建设工程的性质不宜折价、拍卖外，承包人可以与发包人协议将该工程折价，也可以请求人民法院将该工程依法拍卖。建设工程的价款就该工程折价或者拍卖的价款优先受偿。

【条文主旨】

本条是关于建设工程价款优先受偿权的规定。

【条文理解】

《合同法》第286条就规定了建设工程价款优先受偿权制度。本条规定基本保留了《合同法》的规定，只是将“按照”改为“根据”；将“不宜折价、拍卖的以外”改为“不宜折价、拍卖外”；将“申请”改为“请求”。这项制度赋予建设工程价款债权就该工程折价或者拍卖的价款优先受偿的权利，目的是对农民工等建筑工人的工资权益予以优先保护，但此项保护并非直接指向建筑工人的工资权益，而是以保护承包人的建设工程价款债权为媒介，间接保护建筑工人的权益。关于建设工程价款优先受偿权的性质，实践和理论上存在争议，主要有以下三种观点：第一种观点是留置权说。该观点认为，建设工程价款优先受偿权为留置权。建设工程合同在性质上属于承揽合同，根据《民法典》第808条规定，建设工程施工合同可适用关于承揽合同的规定。《民法典》第783条规定：“定作人未向承揽人支付报酬或者材料费等价款的，承揽人对完成的工作成果享有留置权或者有权拒绝交付，但是当事人另有约定的除外。”本条规定实际扩大了留置财产的范围，建设工程合同的债权人对不动产同样可以行使留置权。但留置权说存在弊端，这与留置权的行使对象为动产[①]相悖。而且，留置权的存续以留置人占有留置物为条件，实践中，很多承包人在未取得建设工程价款的情况下已经丧失了对建设工程的占有。如果将建设工程价款优先受偿权作为留置权，在承包人失去对建设工程的占有的情况下就得不到保护，对承包人亦不公平。第二种观点是法定抵押权说。有人认为，从《合同法》立法过程可知，《合同法》第286条从设计、起草、讨论、修改、审议直至最后通过，始终是指法定抵押权。法定抵押权说在理论上和实践中拥有较多支持者。这一观点的弊端在于与物权法定原则存在矛盾，而且设立于不动产之上的抵押权，于登记后才成立，但建设工程价款优先受偿权无需登记。有观点认为，建设工程价款优先受偿权作为法定抵押权，为维护交易安全和第三人利益，应当建立建设工程价款优先受偿权登记制度，但现行法律未对建设工程价款优先受偿权作出规定。第三种观点是优先权说。该观点认为，建设工程价款优先受偿权属于优先权，符合优先权特点。首先，建设工程价款优先受偿权只要符合本条规定的条件即成立，既不需要以承包人占有建设工程为要件，也不需要登记；其次，我国其他法律也规定有各种类型的优先权；再次，《最高人民法院关于建设工程价款优先受偿权问题的批复》使用了“建设工程承包人行使优先权”的表述，说明司法实践认可建设工程价款优先受偿权为一种优先权。从比较法的角度看，《法国民法典》第2095条规定：“优先权是指，依据债权的性质，给予某一债权人先于其他债权人，甚至先于抵押权人，受清偿的权利。”《法国民法典》第2103条就建设工程的优先权作了规定。《日本民法典》则规定了先取特权，本质上也是一种优先权。《意大利民法典》也规定了优先权。我国《企业破产法》《民事诉讼法》《民用航空法》《海商法》等法律也规定了优先权。这种权利系

① 《民法典》第447条规定：“债务人不履行到期债务，债权人可以留置已经合法占有的债务人的动产，并有权就该动产优先受偿。前款规定的债权人为留置权人，占有的动产为留置财产。”

立法者基于特定政策考量，为追求实质公平而赋予了特定民事主体权利优先保护的法律效力。笔者认为第三种观点具有合理性。

【审判实践中应注意的问题】

一、注意准确把握建设工程价款优先受偿权的权利主体

从本条文义上理解，承包人享有建设工程价款优先受偿权。根据《民法典》规定，建设工程的承包人包括勘察人、设计人和施工人。由于我国建筑市场不规范，存在转包、违法分包、支解发包、借用建筑工程施工资质签订建设工程施工合同等情况。因此，建筑市场存在多种施工，包括直接与发包人订立建设工程施工合同的承包人、转包合同和分包合同的承包人、借用资质和出借资质的承包人等。实践中，对于哪些承包人享有建设工程价款优先受偿权的问题，争议较大。第一，建设工程的勘察人和设计人不享有建设工程价款优先受偿权。建设工程价款优先受偿权制度的初衷是保护农民工等建筑工人的工资权益。建设工程是农民工等建筑工人劳动物化的成果，因此，应当对建筑工人的物化劳动予以特别优先保护。农民工等建筑工人主要受雇于建设工程施工合同的承包人。因此，原则上建设工程的勘察人和设计人不享有建设工程价款优先受偿权。第二，转包合同和分包合同的承包人不享有建设工程价款优先受偿权。关于建设工程价款优先受偿权的主体，《建设工程施工合同司法解释（二）》第17条规定："与发包人订立建设工程施工合同的承包人，根据合同法第二百八十六条规定，请求其承建工程的价款就工程折价或者拍卖的价款优先受偿的，人民法院应予支持。"本条规定的本意是，与发包人没有建设工程施工合同关系的实际施工人不享有建设工程价款优先受偿权。这是基于平衡保护农民利益和保护交易安全及其他当事人利益的考虑。第三，不仅实际施工人不能享有建设工程价款优先受偿权，合法分包合同的承包人与发包人之间也不存在建设工程施工合同关系，

合法分包合同的承包人也不享有建设工程价款优先受偿权。因此，转包合同和分包合同的承包人均不应享有建设工程价款优先受偿权。第四，支解发包情况下，承包非主体工程的承包人不享有建设工程价款优先受偿权。在支解发包的情况下，存在多个承包人，且承包人均与发包人签订了建设工程施工合同。在支解发包合同中，不仅发包人有过错，承包人也有过错。在存在多个承包人的情况下，如果每个承包人都享有建设工程价款优先受偿权，将会对工程的施工、利用以及交易安全造成较大的损害，尤其是承包非主体工程的承包人，其可能因为一小部分分项工程的价款而对全部建设工程行使建设工程价款优先受偿权，对施工秩序和交易秩序的影响都非常大。因此，综合当事人过错、各方当事人利益和建设工程施工的客观情况，在支解发包的情况下，笔者认为，应当将建设工程价款优先受偿权的权利人限定为承包主体工程的承包人。第五，与代建人签订建设工程施工合同的承包人享有建设工程价款优先受偿权。第六，借用资质签订建设工程施工合同的情况下，缺乏资质的单位或者个人是否享有建设工程价款优先受偿权的问题，实践中存在争议。对这一问题，有两点需要注意：一是享有建设工程价款优先受偿权的主体原则上应当是一人而不宜为多人；二是在处理出借资质的建筑企业、借用资质的单位或者个人、发包人三方之间的关系时，应当考虑《民法典》第146条规定，以各方当事人的真实意思为基础确定各自法律关系。

二、准确把握建设工程价款优先受偿权的优先效力

实践中，围绕同一建设工程存在多种权利，涉及多个权利主体，这些权利在实现时存在冲突，某一权利实现后，其他权利的部分或者全部就可能落空。因此，在各权利中，如何确定权利效力的位阶具有重要意义。建设工程价款优先受偿权的效力层级直接决定了其在实践中实现的可能性。对于这一问题，《最高人民法院关于建设工程价款优先受偿权问题的批复》（法释〔2002〕16号）作了规定。该批复为："上海市高级人民法院：你院沪高法〔2001〕14号《关于合同法第二

百八十六条理解与适用问题的请示》收悉。经研究，答复如下：一、人民法院在审理房地产纠纷案件和办理执行案件中，应当依照《中华人民共和国合同法》第二百八十六条的规定，认定建筑工程的承包人的优先受偿权优于抵押权和其他债权。二、消费者交付购买商品房的全部或者大部分款项后，承包人就该商品房享有的工程价款优先受偿权不得对抗买受人。三、建筑工程价款包括承包人为建设工程应当支付的工作人员报酬、材料款等实际支出的费用，不包括承包人因发包人违约所造成的损失。四、建设工程承包人行使优先权的期限为6个月，自建设工程竣工之日或者建设工程合同约定的竣工之日起计算。五、本批复第一条至第三条自公布之日起施行，第四条自公布之日起6个月后施行。此复。”根据这一批复，围绕同一建设工程的各项权利可作如下排序：第一位的是交付购买商品房的全部或者大部分款项的消费者对建设单位（卖房人）所享有的交付房屋和转移房屋所有权的给付请求权；第二位是承包人享有的建设工程价款优先受偿权；第三位的是抵押权人对建设工程所享有的抵押权；第四位的是发包人其他债权人所享有的普通债权。批复虽未写明，但还有一项权利排在第五位，即发包人对建设工程所享有的所有权。这一批复对司法实践有重大影响，成为处理就同一建设工程上多种权利冲突的主要依据。

三、装饰装修工程的承包人享有建设工程价款优先受偿权

装饰装修工程承包人所享有的工程款中也包含农民工等建筑工人的工资利益，依法理也应当享有建设工程价款优先受偿权。对此问题,《最高人民法院关于装饰装修工程款是否享有合同法第二百八十六条规定的优先受偿权的函复》为：“福建省高级人民法院：你院闽高法〔2004〕143号《关于福州市康辉装修工程有限公司与福州天胜房地产开发有限公司、福州绿叶房产代理有限公司装修工程承包合同纠纷一案的请示》收悉。经研究，答复如下：装饰装修工程属于建设工程，可以适用《中华人民共和国合同法》第二百八十六条关于优先受偿权的规定，但装饰装修工程的发包人不是该建筑物的所有权人或

者承包人与该建筑物的所有权人之间没有合同关系的除外。享有优先权的承包人只能在建筑物因装饰装修而增加价值的范围内优先受偿。此复。"《建设工程施工合同司法解释（二）》吸纳了上述批复的内容，该解释第18条规定："装饰装修工程的承包人，请求装饰装修工程价款就该装饰装修工程折价或者拍卖的价款优先受偿的，人民法院应予支持，但装饰装修工程的发包人不是该建筑物的所有权人的除外。"

四、准确把握承包人行使建设工程价款优先受偿权的条件

依据本条规定，建设工程的价款就建设工程折价或者拍卖的价款优先受偿需要具备以下条件：一是发包人未按照建设工程施工合同约定支付建设工程价款；二是发包人经承包人催告后，在合理期限内仍未支付建设工程价款；三是建设工程依其性质，宜折价、拍卖；四是承包人与发包人协议将该工程折价，或者请求人民法院将该工程依法拍卖。在满足上述四个条件后，承包人就可以要求其对发包人享有的建设工程价款债权就该工程折价或者拍卖的价款优先受偿。实践中，承包人并非严格按照上述程序或者条件行使建设工程价款优先受偿权，通常在请求发包人支付欠付工程款时，一并主张享有或者行使建设工程价款优先受偿权。对此，司法实践一般予以认可。此外，司法审判中还应注意以下问题：第一，承包人行使建设工程价款优先受偿权应当以建设工程质量合格为条件。如果承包人施工完成的建设工程质量不合格，导致发包人合同目的不能实现，就无权请求发包人依照约定支付建设工程价款。而且，质量不合格的建设工程一般也不适于折价或者拍卖。第二，承包人行使建设工程价款优先受偿权无须以建设工程施工合同有效为条件。关于承包人行使建设工程价款优先受偿权是否必须以建设工程施工合同有效为前提的问题，《建设工程施工合同司法解释（二）》第19条规定："建设工程质量合格，承包人请求其承建工程的价款就工程折价或者拍卖的价款优先受偿的，人民法院应予支持。"本条解释的本义是，承包人享有建设工程价款优先受偿权必须以建设工程质量合格为前提，无需以建设工程施工合同有效

为前提。第三，承包人行使建设工程价款优先受偿权无需以建设工程竣工为条件。建设工程价款优先受偿权不是合同权利而是法定权利，其成立不以登记或当事人达成一致意见为条件，而是以法律规定的构成要件成就为条件。对此，《建设工程施工合同司法解释（二）》第20条规定："未竣工的建设工程质量合格，承包人请求其承建工程的价款就其承建工程部分折价或者拍卖的价款优先受偿的，人民法院应予支持。"第四，承包人行使建设工程价款优先受偿权须以建设工程宜折价、拍卖为条件。

五、准确把握建设工程价款优先受偿的范围

从本条规定的文义上理解，只要是建设工程施工合同所约定的价款，均可就建设工程折价或者拍卖的价款优先受偿。关于建设工程价款的范围，原住建部、财政部印发的《建筑安装工程费用项目组成》第1条第1款规定："建筑安装工程费用项目按费用构成要素组成划分为人工费、材料费、施工机具使用费、企业管理费、利润、规费和税金。"原建设部《建设工程施工发包与承包价格管理暂行规定》第5条规定："工程价格由成本（直接成本、间接成本）、利润（酬金）和税金构成。"二者虽然表述不同，但内涵基本一致。在确定建设工程价款优先受偿的范围时，应当依照上述规定确定。关于建设工程价款优先受偿的范围问题，最高人民法院已经在对下级法院的批复中作出过答复。2002年6月20日，最高人民法院发布了《最高人民法院关于建设工程价款优先受偿权问题的批复》。对于建设工程价款优先受偿的范围问题，该批复第3条规定，建筑工程价款包括承包人为建设工程应当支付的工作人员报酬、材料款等实际支出的费用，不包括承包人因发包人违约所造成的损失。该条批复将建设工程价款限定为承包人为建设工程应当支付的工作人员报酬、材料款等实际支出的费用，目的是回归《合同法》第286条设立建设工程价款优先受偿权制度的本意，也有利于进一步平衡各方当事人的权益。从价值取向和法理基础而言，该批复第3条规定是适当的，但其也存在不足，即缺乏

可操作性，没有考虑诉讼成本。从建设工程施工合同司法实践来看，要从建设工程价款中计算承包人为建设工程应当支付的工作人员报酬、材料款等实际支出的费用，缺乏可操作性，即使可能，成本也太高。因此，本条批复在司法实践中适用的效果并不太理想。对此《建设工程施工合同司法解释（二）》第21条规定："承包人建设工程价款优先受偿的范围依照国务院有关行政主管部门关于建设工程价款范围的规定确定。承包人就逾期支付建设工程价款的利息、违约金、损害赔偿金等主张优先受偿的，人民法院不予支持。"本条解释将承包人利润予以优先保护，目的是减少当事人诉累，便于纠纷处理，而将利息排除在建设工程价款优先受偿权保护之外，是基于利益平衡的考虑。

六、准确把握建设工程价款优先受偿权的除斥期间

《最高人民法院关于建设工程价款优先受偿权问题的批复》第4条规定，行使建设工程价款优先受偿权的期间自建设工程竣工之日或者建设工程合同约定的竣工之日起计算6个月。该条规定在实践中适用的效果并不理想，主要原因是没有考虑到从建设工程竣工到验收合格再到完成建设工程价款结算需要一定时间。实践中建设工程竣工验收和工程价款结算都是争议较大的问题，所耗费的时间也较长。这也导致上述规定缺乏可操作性，可能会导致承包人的建设工程价款优先受偿权实质上落空。在履行建设工程合同过程中，建设工程竣工后，还需要发包人组织各方当事人进行验收，如果验收不合格，则需由承包人对不合格工程进行修复。如果建设工程经竣工验收合格或者修复后经验收合格，则需要发包人与承包人进行结算。结算的方式既可以是双方依据合同约定和实际施工情况进行对账，也可能是依合同约定由相关审计单位进行审计，或者由发包人和承包人共同委托的专业机构或者人员就建设工程价款出具咨询意见，作为双方结算的依据。只有在确定建设工程价款数额之后，承包人才能行使建设工程价款优先受偿权。对此，《建设工程施工合同司法解释（二）》第22条规定：

"承包人行使建设工程价款优先受偿权的期限为六个月，自发包人应当给付建设工程价款之日起算。"

七、准确把握建设工程价款优先受偿权的行使方式

关于承包人应当以何种方式行使建设工程价款优先受偿权的问题，实践中存在争议，主要有以下几种观点：第一种观点认为，承包人应当通过诉讼的方式行使建设工程价款优先受偿权。主要理由是，承包人是否享有建设工程价款优先受偿权、在多大范围内行使建设工程价款优先受偿权、行使权利时是否超出了规定的除斥期间等问题都应当由人民法院作出认定。如果承包人不通过诉讼的方式行使建设工程价款优先受偿权，上述争议无法解决。第二种观点认为，诉讼不是承包人行使建设工程价款优先受偿权的唯一方式。承包人不仅可以通过诉讼的方式行使建设工程价款优先受偿权，还可以通过与发包人协商折价的方式行使建设工程价款优先受偿权。《合同法》第286条规定："发包人未按照约定支付价款的，承包人可以催告发包人在合理期限内支付价款。发包人逾期不支付的，除按照建设工程的性质不宜折价、拍卖的以外，承包人可以与发包人协议将该工程折价，也可以申请人民法院将该工程依法拍卖。建设工程的价款就该工程折价或者拍卖的价款优先受偿。"依据该条规定，承包人行使建设工程价款优先受偿权的方式有二：一是与发包人协议将该工程折价，二是申请人民法院将该工程依法拍卖。将承包人行使建设工程价款优先受偿权的方式限定为诉讼方式，与《合同法》第286条规定不符。第三种观点认为，承包人不应当以诉讼的方式行使建设工程价款优先受偿权。根据《合同法》第286条规定，承包人可以与发包人协议将该工程折价，也可以申请人民法院将该工程依法拍卖，其建设工程的价款债权可就该工程折价或者拍卖的价款优先受偿。该条所规定的申请人民法院将该工程依法拍卖不属于普通的民事诉讼，而是一种特殊救济程序，类似于申请人民法院强制执行公证债权文书一样，属于非诉程序。上述观点中，第二种观点具有合理性。第一种观点与《合同法》

第286条规定不符，缺乏法律依据。第三种观点过于机械，也没有诉讼法上的依据。实践中的情况更加复杂，承包人行使建设工程价款优先受偿权的方式也更加多样。只要承包人并非怠于行使建设工程价款优先受偿权，原则上都应予保护。

八、准确把握承包人承诺放弃建设工程价款优先受偿权行为的效力

建设工程价款优先受偿权是较为特殊的民事权利。关于建设工程价款优先受偿是否可由承包人承诺放弃的问题，实践中存在争议。一方面，依民法法理，如果不违反法律的禁止性规定和社会公序良俗，民事主体有权自由处分其财产权利，包括放弃财产权利或者限制该财产权利。如果民事主体放弃或者限制财产权利的行为损害第三人利益的，对第三人不发生效力；另一方面，建设工程价款优先受偿权属于法定权利，本条规定赋予承包人此项权利，目的是为保护建筑工人的利益。因此，承包人对该项权利的处分不能违背本条的立法宗旨，不能损害农民工等建筑工人的权益。对此，《建设工程施工合同司法解释（二）》第23条规定："发包人与承包人约定放弃或者限制建设工程价款优先受偿权，损害建筑工人利益，发包人根据该约定主张承包人不享有建设工程价款优先受偿权的，人民法院不予支持。"

第八百零八条 本章没有规定的，适用承揽合同的有关规定。

【条文主旨】

本条是关于建设工程合同可以适用《民法典》关于承揽合同规定的规定。

【条文理解】

建设工程合同实际也属于一种承揽合同。承揽合同是承揽人按照定作人的要求完成工作，交付工作成果，定作人给付报酬的合同。故承揽合同的特点在于，承揽人是否能够按合同约定交付工作成果，与承揽人自身的能力、条件、设备等密切相关。定作人向承揽人支付的对价，与相应的工作成果和承揽人的劳动均成立对待给付关系。因为承揽人的劳动会直接影响其所交付的劳动成果。因此，无论是承揽合同还是建设工程施工合同，定作人或者发包人支付的价款，是要求承揽人或者承包人亲自完成相应的工作成果，未经定作人或者发包人同意，承揽人或者承包人无权将工作交由他人完成。《民法典》第772条规定："承揽人应当以自己的设备、技术和劳力，完成主要工作，但是当事人另有约定的除外。承揽人将其承揽的主要工作交由第三人完成的，应当就该第三人完成的工作成果向定作人负责；未经定作人同意的，定作人也可以解除合同。"第773条规定："承揽人可以将其承揽的辅助工作交由第三人完成。承揽人将其承揽的辅助工作交由第三人完成的，应当就该第三人完成的工作成果向定作人负责。"这些规定，以及《民法典》合同编第17章关于承揽合同的其他规定，原则上适用于建设工程合同纠纷，除非第18章对建设工程合同有不同规定。

【审判实践中应注意的问题】

司法审判实践中，需要注意，并非《民法典》关于承揽合同的约定都适用于建设工程合同。《民法典》第783条规定："定作人未向承揽人支付报酬或者材料费等价款的，承揽人对完成的工作成果享有留置权或者有权拒绝交付，但是当事人另有约定的除外。"建设工程合同中，承包人依据《民法典》第807条规定，享有建设工程价款优先受偿权，对建设工程不享有留置权。第787条规定："定作人在承揽人完成工作前可以随时解除合同，造成承揽人损失的，应当赔偿损失。"建设工程合同中，发包人原则上不享有在承包人完成工作前随时解除合同的权利。

民法典理解与适用丛书

中华人民共和国
民法典合同编
理解与适用

[四]

最高人民法院民法典贯彻实施工作领导小组 主编

人民法院出版社
PEOPLE'S COURT PRESS

CONTENTS 总目录

绪论：《民法典》编纂概述 ………………………… 1

第一分编　通　则

第一章　一般规定 ………………………… 17
第二章　合同的订立 ………………………… 52
第三章　合同的效力 ………………………… 287
第四章　合同的履行 ………………………… 338
第五章　合同的保全 ………………………… 497
第六章　合同的变更和转让 ………………………… 555
第七章　合同的权利义务终止 ………………………… 594
第八章　违约责任 ………………………… 713

第二分编　典型合同

第九章　买卖合同 ………………………… 853
第十章　供用电、水、气、热力合同 ……… 1136
第十一章　赠与合同 ………………………… 1170
第十二章　借款合同 ………………………… 1218
第十三章　保证合同 ………………………… 1280

第十四章　租赁合同 …………………………… 1407
第十五章　融资租赁合同 ……………………… 1610
第十六章　保理合同 …………………………… 1759
第十七章　承揽合同 …………………………… 1794
第十八章　建设工程合同 ……………………… 1901
第十九章　运输合同 …………………………… 2047
第二十章　技术合同 …………………………… 2228
第二十一章　保管合同 ………………………… 2344
第二十二章　仓储合同 ………………………… 2386
第二十三章　委托合同 ………………………… 2468
第二十四章　物业服务合同 …………………… 2551
第二十五章　行纪合同 ………………………… 2656
第二十六章　中介合同 ………………………… 2706
第二十七章　合伙合同 ………………………… 2732

第三分编　准合同

第二十八章　无因管理 ………………………… 2775
第二十九章　不当得利 ………………………… 2797

后　记 …………………………………………… 2813

目录

CONTENTS

第四册

第十九章　运输合同

第一节　一般规定

第八百零九条

【条文主旨】……2047

本条是关于运输合同概念的规定。

第八百一十条

【条文主旨】……2059

本条是关于公共运输的承运人不得拒绝通常、合理运输要求的规定。

第八百一十一条

【条文主旨】……2066

本条是关于承运人应当按照约定或者合理时间安全运输的规定。

第八百一十二条

【条文主旨】…………………………………………………………2072

本条是关于承运人按照约定或者通常运输路线进行运输的规定。

第八百一十三条

【条文主旨】…………………………………………………………2076

本条是关于旅客、托运人或者收货人支付票款或者运输费用的规定。

第二节　客运合同

第八百一十四条

【条文主旨】…………………………………………………………2087

本条是关于客运合同的成立时间的规定。

第八百一十五条

【条文主旨】…………………………………………………………2091

本条是关于旅客按照有效客票乘坐义务以及客票丢失挂失补办的规定。

第八百一十六条

【条文主旨】…………………………………………………………2094

本条是关于旅客办理退票或者变更乘运手续的规定。

第八百一十七条

【条文主旨】…………………………………………………………2097

本条是关于旅客应当按照约定限量限类随身携带行李的规定。

第八百一十八条

【条文主旨】…………………………………………………………2099

本条是关于旅客不得携带危险物品或者违禁物品的规定。

第八百一十九条
【条文主旨】……2102
本条是关于承运人安全运输义务与向旅客告知重要事项义务以及旅客协助配合义务的规定。
第八百二十条
【条文主旨】……2104
本条是关于客运承运人基本义务以及迟延运输后的补救措施、责任承担的规定。
第八百二十一条
【条文主旨】……2110
本条是关于承运人改变服务标准后其相关义务的规定。
第八百二十二条
【条文主旨】……2114
本条是关于承运人应当对患有急病、分娩、遇险的旅客尽救助义务的规定。
第八百二十三条
【条文主旨】……2117
本条是关于承运人对旅客人身伤亡应负责任以及免责事由的规定。
第八百二十四条
【条文主旨】……2122
本条是关于承运人对旅客随身携带物品、托运行李毁损、灭失如何承担责任的规定。

第三节　货运合同

第八百二十五条

【条文主旨】……2127

本条是关于托运人如实申报与货物运输有关情况义务的规定。

第八百二十六条

【条文主旨】……2131

本条是关于托运人提交与货物运输有关文件义务的规定。

第八百二十七条

【条文主旨】……2134

本条是关于托运人应当对货物履行妥善包装义务的规定。

第八百二十八条

【条文主旨】……2138

本条是关于托运人托运危险货物的义务的特殊规定。

第八百二十九条

【条文主旨】……2142

本条是关于托运人在货物运输途中行使变更履行运输合同权利的规定。

第八百三十条

【条文主旨】……2148

本条是关于收货人提货义务的规定。

第八百三十一条

【条文主旨】……2150

本条是关于收货人检验货物的规定。

第八百三十二条

【条文主旨】……2156

本条是关于承运人承担赔偿责任及免责事项的规定。

第八百三十三条

【条文主旨】……2162

本条是关于确定货损赔偿数额的规定。

第八百三十四条

【条文主旨】……2166

本条是关于单式联运承运人责任承担问题的规定。

第八百三十五条

【条文主旨】……2172

本条是关于货物在运输过程中因不可抗力灭失时承运人丧失运费请求权的规定。

第八百三十六条

【条文主旨】……2175

本条是关于承运人留置权的规定。

第八百三十七条

【条文主旨】……2181

本条是关于承运人提存权的规定。

第四节　多式联运合同

第八百三十八条

【条文主旨】……2187

本条是关于多式联运经营人权利义务的原则性规定。

第八百三十九条

【条文主旨】……2197

本条是关于多式联运经营人对全程运输负责的规定。

第八百四十条

【条文主旨】……2203

本条是关于多式联运经营人签发多式联运单据义务的规定。

第八百四十一条

【条文主旨】……2211

本条是关于托运人赔偿责任的规定。

第八百四十二条

【条文主旨】……2215

本条是关于多式联运经营人责任制度的规定。

第二十章　技术合同

第一节　一般规定

第八百四十三条

【条文主旨】……2228

本条是关于技术合同概念的规定。

第八百四十四条

【条文主旨】……2231

本条是关于订立技术合同应当遵循的原则的规定。

第八百四十五条

【条文主旨】……2233

本条是关于技术合同条款内容的规定。

第八百四十六条

【条文主旨】……2236

本条是关于技术合同价款、报酬和使用费支付方式的规定。

第八百四十七条

【条文主旨】 ……………………………………………………2239

本条是关于职务技术成果及职务技术成果财产权归属的规定。

第八百四十八条

【条文主旨】 ……………………………………………………2244

本条是关于非职务技术成果财产权归属的规定。

第八百四十九条

【条文主旨】 ……………………………………………………2246

本条是关于技术成果人身权的规定。

第八百五十条

【条文主旨】 ……………………………………………………2248

本条是关于无效技术合同的规定。

第二节　技术开发合同

第八百五十一条

【条文主旨】 ……………………………………………………2252

本条是关于技术开发合同概念和种类的规定。

第八百五十二条

【条文主旨】 ……………………………………………………2255

本条是关于委托开发合同的委托人主要义务的规定。

第八百五十三条

【条文主旨】 ……………………………………………………2258

本条是关于委托开发合同的研究开发人主要义务的规定。

第八百五十四条

【条文主旨】 ……………………………………………………2260

本条是关于委托开发合同当事人违约责任的规定。

第八百五十五条
【条文主旨】 …………………………………………………… 2262
本条是关于合作开发合同各方当事人主要义务的规定。

第八百五十六条
【条文主旨】 …………………………………………………… 2264
本条是关于合作开发合同当事人违约责任的规定。

第八百五十七条
【条文主旨】 …………………………………………………… 2266
本条是关于解除技术开发合同条件的规定。

第八百五十八条
【条文主旨】 …………………………………………………… 2268
本条是关于技术开发合同风险责任及通知义务的规定。

第八百五十九条
【条文主旨】 …………………………………………………… 2270
本条是关于履行委托开发合同完成的技术成果的归属和分享的规定。

第八百六十条
【条文主旨】 …………………………………………………… 2272
本条是关于履行合作开发合同完成的技术成果的归属和分享的规定。

第八百六十一条
【条文主旨】 …………………………………………………… 2275
本条是关于履行技术开发合同产生的技术秘密的归属和分享的规定。

第三节 技术转让合同和技术许可合同

第八百六十二条

【条文主旨】 ………………………………………………………… 2279

本条是关于技术转让合同与技术许可合同概念的规定。

第八百六十三条

【条文主旨】 ………………………………………………………… 2281

本条是关于技术转让合同与技术许可合同范围的规定。

第八百六十四条

【条文主旨】 ………………………………………………………… 2284

本条是关于技术转让合同和技术许可合同限制性条款的规定。

第八百六十五条

【条文主旨】 ………………………………………………………… 2286

本条是关于专利实施许可合同有效期限的规定。

第八百六十六条

【条文主旨】 ………………………………………………………… 2288

本条是关于专利实施许可合同许可人主要义务的规定。

第八百六十七条

【条文主旨】 ………………………………………………………… 2290

本条是关于专利实施许可合同被许可人主要义务的规定。

第八百六十八条

【条文主旨】 ………………………………………………………… 2291

本条是关于技术秘密转让合同让与人和技术秘密使用许可合同许可人主要义务的规定。

第八百六十九条
【条文主旨】 …………………………………………………………2293
本条是关于技术秘密转让合同受让人和技术秘密使用许可合同被许可人主要义务的规定。
第八百七十条
【条文主旨】 …………………………………………………………2294
本条是关于技术转让合同让与人和技术许可合同许可人保证义务的规定。
第八百七十一条
【条文主旨】 …………………………………………………………2296
本条是关于技术转让合同受让人和技术许可合同被许可人保密义务的规定。
第八百七十二条
【条文主旨】 …………………………………………………………2298
本条是关于技术许可合同许可人和技术转让合同让与人违约责任的规定。
第八百七十三条
【条文主旨】 …………………………………………………………2300
本条是关于技术许可合同被许可人和技术转让合同受让人违约责任的规定。
第八百七十四条
【条文主旨】 …………………………………………………………2302
本条是关于技术转让合同让与人和技术许可合同许可人侵权责任的规定。
第八百七十五条
【条文主旨】 …………………………………………………………2304
本条是关于技术合同中后续改进技术成果分享办法的规定。

第八百七十六条

【条文主旨】 …………………………………………………………2305

本条是关于特殊技术标的转让和许可的法律适用规定。

第八百七十七条

【条文主旨】 …………………………………………………………2306

本条是关于法律适用关系的规定。

第四节 技术咨询合同和技术服务合同

第八百七十八条

【条文主旨】 …………………………………………………………2307

本条是关于技术咨询合同和技术服务合同概念的规定。

第八百七十九条

第八百八十条

第八百八十一条

【条文主旨】 …………………………………………………………2315

此三条是关于技术咨询合同的委托人、受托人的主要义务以及关于违约责任、风险负担的规定。

第八百八十二条

第八百八十三条

第八百八十四条

【条文主旨】 …………………………………………………………2328

此三条是关于技术服务合同委托人与受托人的合同义务及违约责任的规定。

第八百八十五条

【条文主旨】 …………………………………………………… 2337

本条是关于技术咨询合同、技术服务合同履行过程中完成的新技术成果归属的规定。

第八百八十六条

【条文主旨】 …………………………………………………… 2341

本条是关于技术咨询合同和技术服务合同受托人开展工作所支出费用如何负担的规定。

第八百八十七条

【条文主旨】 …………………………………………………… 2342

本条是关于技术中介合同、技术培训合同参照适用其他法律、行政法规的规定。

第二十一章　保管合同

第八百八十八条

【条文主旨】 …………………………………………………… 2344

本条是关于保管合同的一般规定。

第八百八十九条

【条文主旨】 …………………………………………………… 2353

本条是关于寄存人支付保管报酬的规定。

第八百九十条

【条文主旨】 …………………………………………………… 2355

本条是关于保管合同成立时间的规定。

第八百九十一条

【条文主旨】 …………………………………………………… 2357

本条是关于保管人交付保管凭证的规定。

第八百九十二条

【条文主旨】……2359

本条是关于保管人妥善保管保管物义务的规定。

第八百九十三条

【条文主旨】……2362

本条是关于寄存人告知义务的规定。

第八百九十四条

【条文主旨】……2364

本条是关于保管人亲自保管保管物义务的规定。

第八百九十五条

【条文主旨】……2367

本条是关于保管人不得使用或者许可第三人使用保管物义务的规定。

第八百九十六条

【条文主旨】……2369

本条是关于保管人返还保管物的义务及危险通知义务的规定。

第八百九十七条

【条文主旨】……2371

本条是关于保管物在毁损、灭失的情况下，保管人责任的规定。

第八百九十八条

【条文主旨】……2373

本条是关于寄存贵重物品及责任的规定。

第八百九十九条

【条文主旨】……2375

本条是关于保管期限的规定。

第九百条

【条文主旨】……2377

本条是关于保管人返还保管物及其孳息的规定。

第九百零一条

【条文主旨】……2379

本条是关于货币保管返还问题的规定。

第九百零二条

【条文主旨】……2382

本条是关于保管费支付期限的规定。

第九百零三条

【条文主旨】……2384

本条是关于保管人留置权的规定。

第二十二章　仓储合同

第九百零四条

【条文主旨】……2386

本条是关于仓储合同概念的规定。

第九百零五条

【条文主旨】……2390

本条是关于仓储合同何时成立的规定。

第九百零六条

【条文主旨】……2395

本条是关于储存危险物品和易变质物品的规定。

第九百零七条

【条文主旨】……2399

本条是关于仓储物验收的规定。

第九百零八条

【条文主旨】 ……2402

本条是关于保管人给付仓单、入库单义务的规定。

第九百零九条

【条文主旨】 ……2405

本条是关于仓单记载事项的规定。

第九百一十条

【条文主旨】 ……2410

本条是关于仓单性质及仓单转让的规定。

第九百一十一条

【条文主旨】 ……2418

本条是关于保管人容忍存货人或者仓单持有人检查权的规定。

第九百一十二条

【条文主旨】 ……2421

本条是关于保管人的异状通知义务的规定。

第九百一十三条

【条文主旨】 ……2426

本条是关于保管人对有变质或者其他损坏的仓储物处理的规定。

第九百一十四条

【条文主旨】 ……2431

本条是关于未明确约定储存期限情况下仓储物提取时间的规定。

第九百一十五条

【条文主旨】 ……2436

本条是关于储存期限届满提取仓储物的规定。

第九百一十六条

【条文主旨】……2441

本条是关于保管人提存权的规定。

第九百一十七条

【条文主旨】……2450

本条是关于保管人承担赔偿责任的规定。

第九百一十八条

【条文主旨】……2457

本条是关于仓储合同补充适用保管合同的法律规定。

第二十三章　委托合同

第九百一十九条

【条文主旨】……2468

本条是关于委托合同概念的规定。

第九百二十条

【条文主旨】……2476

本条是关于委托权限的规定。

第九百二十一条

【条文主旨】……2478

本条是关于委托人应当预付费用、偿还费用并支付利息的规定。

第九百二十二条

【条文主旨】……2483

本条是关于受托人应当按照委托人的指示处理委托事务及变更指示的规定。

第九百二十三条

【条文主旨】 ……………………………………………………2486

本条是关于受托人应当亲自处理委托事务以及转委托的规定。

第九百二十四条

【条文主旨】 ……………………………………………………2492

本条是关于受托人报告义务的规定。

第九百二十五条

【条文主旨】 ……………………………………………………2495

本条是关于隐名代理的规定。

第九百二十六条

【条文主旨】 ……………………………………………………2504

本条是关于间接代理的规定。

第九百二十七条

【条文主旨】 ……………………………………………………2512

本条是关于受托人转移利益的规定。

第九百二十八条

【条文主旨】 ……………………………………………………2514

本条是关于委托人支付报酬的规定。

第九百二十九条

【条文主旨】 ……………………………………………………2517

本条是关于受托人因过错致委托人损失的责任的规定。

第九百三十条

【条文主旨】 ……………………………………………………2520

本条是关于委托人对受托人损失承担责任的规定。

第九百三十一条

【条文主旨】……2522

本条是关于另行委托的规定。

第九百三十二条

【条文主旨】……2524

本条是关于共同委托的规定。

第九百三十三条

【条文主旨】……2526

本条是关于委托合同任意解除权及解除后的损失赔偿的规定。

第九百三十四条

【条文主旨】……2535

本条是关于委托合同因法定事由终止的规定。

第九百三十五条

【条文主旨】……2540

本条是关于受托人应继续处理委托事务的义务的规定。

第九百三十六条

【条文主旨】……2545

本条是关于受托人的继承人、遗产管理人、法定代理人或者清算人应履行的义务的规定。

第二十四章　物业服务合同

第九百三十七条

【条文主旨】……2551

本条是关于物业服务合同的定义和物业服务人范围的规定。

第九百三十八条

【条文主旨】 ······2558

本条是关于物业服务合同的内容和形式的规定。

第九百三十九条

【条文主旨】 ······2565

本条是关于合法有效的物业服务合同对所有业主均具有法律上约束力的规定。

第九百四十条

【条文主旨】 ······2571

本条是关于前期物业服务合同法定终止的规定。

第九百四十一条

【条文主旨】 ······2578

本条是关于物业服务人转委托专项服务事项的规定。

第九百四十二条

【条文主旨】 ······2585

本条是关于物业服务人应履行义务的内容以及对于违法行为所负的义务的规定。

第九百四十三条

【条文主旨】 ······2594

本条是关于物业服务人对于物业服务事项、收费标准、维修资金以及共有部分的经营与收益情况的强制公开义务和强制报告义务的规定。

第九百四十四条

【条文主旨】 ······2600

本条是关于业主支付物业费的义务以及业主欠费时物业服务人救济途径的规定。

第九百四十五条

【条文主旨】 ······ 2610

本条是关于业主在装饰装修房屋时以及转让、出租物业专有部分、设立居住权或者依法改变共有部分用途时的告知义务的规定。

第九百四十六条

【条文主旨】 ······ 2619

本条是关于业主单方解除权的规定。

第九百四十七条

【条文主旨】 ······ 2626

本条是关于续聘物业服务人的规定。

第九百四十八条

【条文主旨】 ······ 2632

本条是关于不定期物业服务合同的规定。

第九百四十九条

【条文主旨】 ······ 2639

本条是关于物业服务合同终止后物业服务人交接义务及其责任的规定。

第九百五十条

【条文主旨】 ······ 2648

本条是关于物业服务合同终止后新物业服务人或业主接管前，原物业服务人继续处理物业服务事项义务的规定。

第二十五章 行纪合同

第九百五十一条

【条文主旨】 ……………………………………………………2656

本条是关于行纪合同概念的规定。

第九百五十二条

【条文主旨】 ……………………………………………………2666

本条是关于行纪费用支出由行纪人负担的规定。

第九百五十三条

【条文主旨】 ……………………………………………………2670

本条是关于行纪人保管委托物义务的规定。

第九百五十四条

【条文主旨】 ……………………………………………………2675

本条是关于行纪人处分委托物的规定。

第九百五十五条

【条文主旨】 ……………………………………………………2679

本条是关于行纪人应当按照委托人指定价格买卖的规定。

第九百五十六条

【条文主旨】 ……………………………………………………2684

本条是关于行纪人介入权的规定。

第九百五十七条

【条文主旨】 ……………………………………………………2689

本条是关于行纪人行使提存权的规定。

第九百五十八条

【条文主旨】 ……………………………………………………2692

本条是关于行纪人直接履行义务的规定。

第九百五十九条
【条文主旨】……2695
本条是关于委托人向行纪人支付报酬义务的规定。
第九百六十条
【条文主旨】……2701
本条是关于行纪合同可以参照适用委托合同的规定。

第二十六章　中介合同

第九百六十一条
【条文主旨】……2706
本条是关于中介合同概念的规定。
第九百六十二条
【条文主旨】……2712
本条是关于中介人义务的规定。
第九百六十三条
【条文主旨】……2716
本条是关于中介报酬的支付和中介活动费用的承担等问题的规定。
第九百六十四条
【条文主旨】……2720
本条是关于中介人可要求委托人支付从事中介活动支出的必要费用的规定。
第九百六十五条
【条文主旨】……2723
本条是关于委托人接受中介服务后绕开中介人直接与（合同）相对人订立合同（即“跳单”）的规定。

第九百六十六条

【条文主旨】 ……………………………………………2728

本条是关于中介合同准用委托合同的技术性的规定。

第二十七章　合伙合同

第九百六十七条

【条文主旨】 ……………………………………………2732

本条是关于合伙合同概念的规定。

第九百六十八条

【条文主旨】 ……………………………………………2738

本条是关于合伙人出资义务的规定。

第九百六十九条

【条文主旨】 ……………………………………………2741

本条是关于合伙财产的规定。

第九百七十条

【条文主旨】 ……………………………………………2744

本条是关于合伙事务执行的规定。

第九百七十一条

【条文主旨】 ……………………………………………2748

本条是关于合伙人不得因执行合伙事务请求支付报酬的规定。

第九百七十二条

【条文主旨】 ……………………………………………2750

本条是关于合伙利润分配和亏损分担的规定。

第九百七十三条

【条文主旨】 ……………………………………………………… 2753

本条是关于合伙债务承担的规定。

第九百七十四条

【条文主旨】 ……………………………………………………… 2759

本条是关于合伙财产份额转让的规定。

第九百七十五条

【条文主旨】 ……………………………………………………… 2762

本条是关于合伙人的债权人行使代位权限制性的规定。

第九百七十六条

【条文主旨】 ……………………………………………………… 2764

本条是关于不定期合伙的规定。

第九百七十七条

【条文主旨】 ……………………………………………………… 2767

本条是关于合伙合同终止的规定。

第九百七十八条

【条文主旨】 ……………………………………………………… 2770

本条是关于合伙合同终止后剩余财产分配的规定。

第三分编　准合同

第二十八章　无因管理

第九百七十九条

【条文主旨】 ……………………………………………………… 2775

本条是关于无因管理构成要件及法律效果的规定。

第九百八十条

【条文主旨】……2782

本条是关于不属于无因管理而受益人享有管理利益的法律适用的规定。

第九百八十一条

【条文主旨】……2785

本条是关于管理人适当管理、继续管理义务的规定。

第九百八十二条

【条文主旨】……2790

本条是关于管理人通知义务的规定。

第九百八十三条

【条文主旨】……2792

本条是关于管理人在完成管理行为后向受益人报告及交付财产义务的规定。

第九百八十四条

【条文主旨】……2794

本条是关于无因管理与委托合同衔接的规定。

第二十九章　不当得利

第九百八十五条

【条文主旨】……2797

本条是关于不当得利构成要件、法律效果及除外情形的规定。

第九百八十六条

【条文主旨】……2806

本条是关于善意得利人不承担返还利益义务情形的规定。

第九百八十七条

【条文主旨】 …………………………………………………………2808

本条是关于恶意得利人返还利益并依法赔偿损失的规定。

第九百八十八条

【条文主旨】 …………………………………………………………2811

本条是关于三人关系不当得利中第三人返还义务的规定。

后　记……………………………………………………………………2813

第十九章 运输合同

第一节 一般规定

第八百零九条 运输合同是承运人将旅客或者货物从起运地点运输到约定地点，旅客、托运人或者收货人支付票款或者运输费用的合同。

【条文主旨】

本条是关于运输合同概念的规定。

【条文理解】

运输是国内国际人员和物资交流的重要纽带，运输自古代从买卖商人自我运输中独立成业去承揽他人委托的运送业务时起，即必须通过订立和履行运输合同来实现运输营业，运输合同自然是国际国内民事交往中一种历史悠久的典型合同。随着运输业的发展，运输合同的种类也日益繁多。以运输对象为标准划分，运输合同可以分为旅客运输合同和货物运输合同两大类；[①] 以运输方式或者运输工具为标准划分，运输合同可以分为公路运输合同、铁路运输合同、航空运输合同、（内陆）水路运输合同、海上运输合同、管道运输合同等；以承

① 铁路、航空、海上等旅客运输中的行李运输一般由旅客运输合同及其法律规范调整。

运人或者实际承运人多少为标准，运输合同可以划分为单一的运输合同、联合运输合同（含单一运输方式的联运合同和多式联运合同）；以运输路线是否在一国之内为标准划分，运输合同还可以划分为国内运输合同和国际运输合同。我国根据不同运输方式相应专门制定颁布一些单行法并缔结或者参加了若干国际条约，如制定《铁路法》《海商法》《民用航空法》等法律及其相关行政法规，加入1999年《统一国际航空运输某些规则的公约》（简称《蒙特利尔公约》，又称新《华沙公约》）和《1974年海上旅客及其行李运输雅典公约》（简称《1974年雅典公约》）等，这些单行国内法和国际公约均有专门的运输合同规范。《合同法》第17章规定运输合同，现编纂纳入《民法典》第3编（合同）第2分编（典型合同）第19章。《民法典》专章规定运输合同，主要作用有三：一是从法律体系上对运输合同作出一般规定，为该类运输合同订立和履行提供基本行为规范，也为各类运输合同纠纷的处理提供基本裁判规则；二是对《铁路法》《海商法》《民用航空法》三大运输单行法的适用进行必要补充；三是对没有专门单行法调整的公路运输合同、国内水路货物运输合同（主要包括内河运输合同、沿海货物运输合同）[①]和不含海运的多式联运合同等其他运输合同作出基本规范。对于运输合同法律规范，我们一方面应当从国内国际运输法律体系出发加强宏观把握和具体认知，另一方面应当从《民法典》的逻辑性和科学性出发加强概括统筹和准确阐释，尽可能增强有关规律性认识。

一、运输合同定义中包含的主合同义务（运输旅客或者货物行为与运费给付）是识别运输合同的关键

本条关于运输合同的定义与《合同法》第288条的规定完全一致，在《民法典》编纂中对原条文没有作任何修改。法律规定各类典型合同，其划分的基本依据就是主合同义务，运输合同的主合同义务

① 《海商法》第2条第2款规定该法第4章海上货物运输合同的规定不适用于中华人民共和国港口之间的海上货物运输。

就是运输旅客或者货物行为和运费（运输费用）给付。所谓运输旅客或者货物，包含“运输”行为和“旅客或者货物”对象两个方面的必要内容，需要使用运载工具将旅客或者货物从一地运往另一地实现地理上的位移。如果某项行为不使用运载工具或者位移对象不是旅客或者货物，则并非典型运输合同法律规范所指运输行为，例如信件邮寄、电信电话传送等不属于运输合同法律规范调整范围。但是，邮政部门委托第三人使用运载工具运送邮件实现特定位移时，双方原则上仍可成立运输合同。同时，应当注意有的单行法在适用上有特别规定，例如《民用航空法》第106条第2款规定该法第9章（公共航空运输）不适用于使用民用航空器办理的邮件运输；《蒙特利尔公约》第2条第2款、第3款规定，在邮件运输中，承运人仅根据适用于承运人和邮政当局之间关系的规则，对有关的邮政当局承担责任；除该条第2款规定外，该公约的规定不适用于邮件运输。从运输对象看，货物运输一般应为有用并适于保管之物并须在运送人保管之下运输，如果委托他人搬运物品抛弃，虽存在位移但其对象并非货物也无需受托人承担运输合同下的保管义务，则可能构成承揽或者雇佣等其他性质的行为。从运输合同项下另一主给付义务看，如果雇主让雇员运输货物，因从事运输的雇员所得报酬为工资而非运费，双方仍为雇佣关系而不另行成立运输合同。如果一方委托另一方安排运输，受托人另行委托承运人运输且由该承运人与委托人达成运输合同，该受托人通过赚取运费差价方式（先向委托人收取全部运费，然后扣除部分差价，将剩余运费转付承运人）取酬，从委托人与该受托人实际履行行为看，双方之间的合同为委托合同，而非运输合同。

二、运输合同除法律另有规定外，一般为非要式合同、诺成合同、双务有偿合同

《民法典》没有专门规定运输合同必须采用书面等特定形式，《铁路法》第11条第2款虽然明确规定“旅客车票、行李票、包裹票和货物运单是合同或者合同的组成部分”，但毕竟没有硬性规定合同形式。《民用航空法》第 111 条第 1 款和第 2 款、第 112 条第 2 款和第 3 款、第 113 条分别规定："客票是航空旅客运输合同订立和运输合同条件的初步证据""旅客未能出示客票、客票不符合规定或者客票遗失，不影响运输合同的存在或者有效""行李票是行李托运和运输合同条件的初步证据""旅客未能出示行李票、行李票不符合规定或者行李票遗失，不影响运输合同的存在或者有效""托运人未能出示航空货运单、航空货运单不符合规定或者航空货运单遗失，不影响运输合同的存在或者有效。"《海商法》第 43 条规定："承运人或者托运人可以要求书面确认海上货物运输合同的成立。但是，航次租船合同应当书面订立。电报、电传和传真具有书面效力。"从上述法律规定看，除国际航次租船合同为要式（书面）合同外，[①] 其他运输合同为非要式。运输合同具有诺成性，原则上双方达成合意即成立合同，无需以交付标的物为成立要件。托运单、运单、提单的签发和客票、行李票的交付均是运输合同成立的证据，而不是成立要件，更不是表明运输合同为实践合同。《民法典》第 814 条规定"客运合同自承运人向旅客出具客票时成立"，其含义仍是交付客票可以证明合同成立，而不是以交付客票作为合同成立要件，双方实际上自就购票乘车事项达成一致时合同即成立，实践中高铁等部分运输合同中如果乘客不需要，则承运人可以不交付客票，仅通过电子数据信息确认付款订票信息即可。运输合同的双务有偿性，体现为一方履行运输义务，另一方履行支付运费和票款的给付义务，这体现在《民法典》第 811 条、第 812 条、第 813 条、第 814 条等法条中。但是，按规定免费运输未达一定身高或者年龄的儿童等情形属于例外。

三、运输合同相关法律体系相当庞杂，对国内水运、国际海运、航空等运输资质和运输安全技术有强制性规定

交通运输业是国家基础行业，关乎公共安全，国家制定大量法

① 《海商法》第 4 章不适用于中华人民共和国港口之间的海上货物运输合同，故该法第四章规定的航次租船合同实际上为国际航次租船合同。

律、行政法规和部门规章，对铁路、水运、航空等运输资质和运输安全技术进行强制性规范。根据《民用航空法》第92条的规定，国家对企业从事公共航空运输实行经营许可证管理；根据《国内水路运输管理条例》第8条的规定以及交通运输部《国内水路运输管理规定》的有关规定，国家对国内水路运输业务也实行经营许可证管理。在《民法典》颁布施行之前，人民法院对于没有取得国内水路运输经营资质的承运人签订的国内水路运输合同，根据《合同法》第52条第5项的规定认定合同无效，《最高人民法院关于国内水路货物运输纠纷案件法律问题的指导意见》（法发〔2012〕28号）第3条对此予以明确。《民用航空法》《海上交通安全法》《海商法》等法律和行政法规、部门规章对航空器和船舶的适航性均作了具体规定，还有交通运输主管部门就道路、水路、海运、航空运输危险货物制定颁布了大量的规定。这些关于运输资质和运输安全的法律、行政法规和部门规章以及我国参加或者缔结的有关国际条约和规则（如《1974年国际海上人命安全公约》《国际海运危险货物规则》等）对于各类运输合同的订立、效力与履行均会有不同程度的影响。在法律适用上，应当根据上位法优先于下位法、特别法优先于一般法、新法优先于旧法以及国际条约在涉外纠纷中优先适用等规则，正确适用。

四、运输合同法律规范具有突破合同相对性，在主体和诉因（请求权基础）方面扩张适用于非合同关系的例外特性

就《民法典》第19章而言，该章规范基本上严守合同相对性，原则上将运输合同的主体限于承运人与旅客、托运人，仅在第834条中突破合同相对性规定同一运输方式联运（相继运输）中损失发生区段的“该区段的承运人”承担连带责任，也不将托运人以外的收货人作为运输合同一方当事人，同时也严格限于合同关系。但是，《民用航空法》和《海商法》均规定（缔约）承运人和实际承运人责任，并将承运人和实际承运人赔偿责任限制规定适用于其受雇人和代理人（限于其行为在受雇或者受委托的范围之内）。《海商法》第58条（学

理上称为“喜马拉雅条款”[①]）还明确规定，就海上货物运输合同所涉及的货物灭失、损坏或者迟延交付对承运人提起的任何诉讼，不论海事请求人是否合同的一方，也不论是根据合同或者是根据侵权行为提起的，均适用该法第4章关于承运人的抗辩理由和限制赔偿责任的规定。这是因为运输合同下容易形成违约责任和侵权责任竞合情形，在允许当事人自由选择诉因的前提下，如果不特别规定运输合同中的限制性规定也适用于侵权之诉，则运输合同法律规范容易落空而失去其规范作用，也影响当事人之间法律后果的稳定性和可预见性。《民用航空法》第131条也同样规定，有关航空运输中发生的损失的诉讼，不论其根据如何，只能依照该法规定的条件和赔偿责任限额提出。现今有关航空和海运的国际条约均有“喜马拉雅条款”。在外国立法例中，类似规定并不少见，例如《德国商法典》第四章“货运营业”第一节“一般规定”中第434条规定为“合同外请求权”，该条第1款

① “喜马拉雅条款”起源于海运承运人针对1955年英国上议院就Aldler诉Dickson（the Himalayas）一案判决所制定的合同条款。在该案中“喜马拉雅”邮轮上受伤的乘客Aldler直接起诉船长及水手长，以规避其与承运人在合同中所约定的承运人抗辩理由，由于英国法允许乘客绕开承运人直接对承运人雇员提起侵权之诉，且没有任何合同条款可以保护承运人的雇员，该乘客最终获得胜诉判决。之后，海运承运人为针对该类判决，制定旨在用于保护受其委托装卸作业的人、其受雇人或者代理人的格式条款。“喜马拉雅条款”的主要内容有两点：一是将承运人的抗辩事由和责任限制拓展适用于其受雇人、代理人和“独立合同人”（Independent Contractor，为英美法中的概念，大致相当于大陆法系中的承揽人或者受托人，后来国际和国内立法吸收采纳该条款时普遍剔除了“独立合同人”）；二是将承运人的抗辩事由和责任限制拓展适用于侵权之诉等非合同之诉。该条款首次被海运国际公约吸收见于1968年《海牙－维斯比规则》第4条（《维斯比规则》第3条），之后相继见于1987年《汉堡规则》第7条（对非合同索赔的适用），《鹿特丹规则》第19条（海运履约方的赔偿责任）。在航空运输公约方面，“喜马拉雅条款”可见于1961年《统一非缔约承运人所办国际航空运输某些规则以补充华沙公约的公约》（《瓜达拉哈拉公约》，1964年5月1日生效）第5条（部分吸收“喜马拉雅条款”）、1999年《统一国际航空运输某些规则的公约》（《蒙特利尔公约》）第30条。同时，有些国家的国内运输法也相继吸收“喜马拉雅条款”，如1990年《韩国商法典》第189条第2至第4款、日本1992年修改的《国际海上货物运输法》第20条之二第2款、瑞典1994年《海商法》第282条。另外，我们应当注意到各国基本法律制度以及有关法律概念内涵不同，英美法中民事“代理”（agency）可以针对事实行为（如受承运人委托从事货物装卸，相当于中国法下的事实行为，英美法中并无民事法律行为概念），而中国法下的民事代理仅能针对民事法律行为（如签订合同）及其密切相关的事实行为、准法律行为、程序行为等，中国法中承运人的受雇人、代理人在受雇、受委托范围内给运输合同相对方造成的损失原则上由承运人本人负责，其受雇人、代理人一般无需对运输合同相对方承担责任，“喜马拉雅条款”在中国法下对承运人的受雇人、代理人未必有适用空间，但对统一违约和侵权之诉的赔偿责任有规范意义。

规定，对于托运人或受货人因货物灭失或毁损或因超过交货期间而对承运人享有的合同外的请求权，也适用在该节中和在货运合同中规定的责任免除和责任限制。[①]

五、货物运输合同主体（当事人）和利害关系人的法律地位及相互间法律关系较为复杂

《民法典》第19章中的货物运输合同的主体相对单一即订立合同的双方——承运人与托运人。[②] 在《民法典》中，收货人作为合同利害关系人，不是合同（权利义务）主体；但在《海商法》等运输单行法中，收货人基于法律的直接规定有条件地成为运输合同当事人。[③] 在《铁路法》《海商法》《民用航空法》中，有关主体制度相对复杂。一是不同运输法中承运人的含义不完全相同。《民用航空法》规定的"承运人"内涵最广泛，包括"缔约承运人"和"实际承运人"，该

---

① 《德国商法典》，杜景林、卢谌译，中国政法大学出版社2000年版，第198页。笔者注：该《德国商法典》中文译本有关条款中"受货人"为我国法律和实践中所述"收货人"，译者翻译为"受货人"可能是从民法债权人"受领"给付的观念出发而作的翻译，属于翻译习惯问题。

② 例外情形是《民法典》第834条涉及同一运输方式联运中损失发生区段的"该区段的承运人""该区段的承运人"与托运人并无合同关系，该托运人系指与承运人订立合同的相对方，而不是与"该区段的承运人"订立合同的相对方即前述承运人。

③ 《海商法》第78条第1款规定："承运人同收货人、提单持有人之间的权利、义务关系，依据提单的规定确定。"通说认为依据该条规定认定持有提单的收货人与承运人之间形成以提单所证明的运输合同关系，该运输合同关系的产生是基于法律的直接规定，而不是根据合同关系的概括转让或者合同订立，该运输合同源于但又不同于承运人与托运人订立的运输合同。然而，承运人与托运人之间约定的权利义务关系与承运人与托运人之间法定的权利义务关系在很大程度上同一，理论上认为收货人取得权利后，托运人权利处于休止状态。关于托运人与收货人的权利协调问题，除航空运输的国际公约和国内法作出明确规定外，其他运输单行法缺乏相关规定。1999年《统一国际航空运输某些规则的公约》(《蒙特利尔公约》) 第12条第4款规定："收货人的权利根据第13条规定开始时，托运人的权利即告终止。但是，收货人拒绝接受货物，或无法同收货人联系的，托运人就恢复他对货物的处置权。"(《蒙特利尔公约》作为新《华沙公约》，与原《华沙公约》的该条款相比，措辞上略有调整，《蒙特利尔公约》将《华沙公约》原条款中"收货人拒绝接受货运单或货物"，修改为"收货人拒绝接受货物")。该公约第13条第1款规定收货人权利开始的条件是"收货人于货物到达目的地，并在缴付应付款项和履行运输条件后"。《民用航空法》第119条第4款作出与《华沙公约》第12条第4款基本相同的规定。参照国际立法例，收货人如果不向承运人提示运输单证主张提取货物，收货人与承运人之间仍不能成立以运输单证为证明的运输合同关系或者法定的权利义务关系。对此，本书在《民法典》第813条释义中运费"支付主体"部分进一步作出阐释。

"缔约承运人"即相当于《民法典》中的"承运人"。[①]《海商法》规定了（契约）承运人与实际承运人概念。上述运输单行法中的广义"承运人"与《民法典》规定的"承运人"和"区段的承运人"在内涵和权利义务方面各有异同，可以根据有关法条规定予以辨析，这里不具体展开。二是《海商法》还特别规定两类托运人（契约托运人与实际托运人），其中契约托运人相当于《民法典》中的托运人。三是收货人的请求权问题亟待明确。在运输合同项下，收货人是否享有提取货物和货损赔偿的请求权，《合同法》没有明确规定，在《民法典》编纂过程中，最高人民法院课题组曾经提出两种完善立法的建议：第一种是在第19章运输合同中增加关于收货人请求权的规定；第二种是在《民法典》合同编之合同的履行章关于由债务人向第三人履行债务的违约责任的规定中增加关于第三人请求权的规定。最终，《民法典》编纂采纳了上述第二种建议，《民法典》第522条在《合同法》第64条的基础上增加第2款规定"法律规定或者当事人约定第三人可以直接请求债务人向其履行债务，第三人未在合理期限内明确拒绝，债务人未向第三人履行债务或者履行债务不符合约定的，第三人可以请求债务人承担违约责任；债务人对债权人的抗辩，可以向第三人主张"。该条款是运输合同项下作为第三人的收货人（这里所述收货人一般限于托运人与收货人不为同一人的情形）向承运人主张请求权的基本法律依据，收货人主张请求权的条件首先是要有法定依据或者约定依据。在法定依据方面，根据《铁路法》第16条、第21条、第22条的规定，铁路运输合同项下的收货人有权请求提取货物，在主张提货情形下还可以就货物损失请求承运人依法承担赔偿责任；[②]根据《民用

① 《蒙特利尔公约》和《民用航空法》还规定了"连续承运人"，该"连续承运人"是航空运输合同的缔约一方，应当属于缔约承运人而不属于实际承运人。

② 《最高人民法院关于新疆梧桐塑料厂与乌鲁木齐铁路分局铁路货物运输合同赔偿纠纷一案的请示的答复》(〔2001〕民监他字第19号）指出："根据《铁路法》第十一条、二十一条、二十二条，并参照《合同法》第三百零八条、三百零九条、三百一十条等相关规定，铁路货物运输合同是托运人与铁路承运人签订的明确相互之间权利义务关系的协议。货物运抵到站后，承运人因交付货物与收货人发生权利义务关系，对发生的货物损失，收货人有权依据运输合同向承运人提出赔偿请求。在货物交付前，承运人与收货人之间不存在权利义务关系。"

航空法》第120条、第134条、第136条的规定，航空货物运输合同项下的收货人原则上也具有向承运人主张提取货物和赔偿货损的法定请求权；根据《海商法》第71条、第78条第1款的规定，作为提单持有人的收货人有权请求承运人交付货物或者赔偿货损。根据现行法律规定，铁路运输、航空运输下的收货人和国际海运中作为提单持有人的收货人对承运人请求权具有明确法律依据；对于公路运输、国内水路运输（含国内沿海运输和内陆水路运输）、未签发提单的国际海上运输和其他方式的货物运输而言，其收货人是否具有对承运人的请求权，主要取决于运输合同当事人（托运人与承运人）是否约定收货人可以直接请求承运人履行交付货物或者赔偿货损等债务，同时还有赖于对合同的合理解释。《民法典》颁布后，结合各运输单行法和我国缔结或者参加的有关国际条约（如《华沙条约》），厘清各类运输合同主体及其利害关系人的概念和权利义务关系，至关重要。

【审判实践中应注意的问题】

根据运输合同及其相关纠纷的审判实践，以下两方面的问题值得注意：

一、注意根据货物运输所处相关贸易链条，依法厘清并正确处理运输合同法律关系与物权等其他法律关系

在货物贸易特别是国际货物贸易中，存在买卖、运输、结算、保险等四个相关的交易环节，既相对独立，又相互影响。人民法院审理运输合同纠纷案件时应当侧重运输合同的相对独立性，但在审理运输相关纠纷案件时就应当注意全面审视并正确处理债权与物权等不同法律问题。就一般单纯的运输合同纠纷而言，运输合同法律规范重在关注货物的占有状况，而并不如买卖合同那样关注货物所有状况，在运输合同项下发生货损，承运人原则上应当依法向托运人赔偿交付或者应当交付时货物到达地的市场价格损失，而对货物为谁所有则在所不

问。这是一条较为普遍的国际国内运输法规则，人民法院原则上不宜深究托运人或者收货人货物的来源或者其所代表（代理）的利益主体，更不宜深究托运人或者收货人是否向其所代表（代理）的利益主体赔偿货物损失。1999 年《蒙特利尔公约》第 14 条规定：“托运人或收货人在履行运输合同规定的义务的条件下，不论为本人或者他人的利益，可以分别以本人的名义分别行使第 12 条和第 13 条赋予的所有权利”（该条与 1929 年《华沙公约》第 14 条的规定相同）。《民用航空法》第 121 条作出与《蒙特利尔公约》第 14 条基本相同的规定。《德国商法典》第 421 条在规定托运人、收货人的赔偿请求权时明确强调“对于受货人或托运人是以自己的利益行为，或是以他人的利益行为，在所不问”[①]。

然而，复杂多样的交易实践会引起与运输相关的物权或者债权纠纷，此时人民法院应当注意根据纠纷的性质全面准确分析认定有关权利义务关系，而不宜一味拘泥于运输合同的相对独立性。例如，运输合同双方当事人之外的某货主，以其为货物的真正所有权人，向法院起诉运输合同的收货人和承运人，请求承运人向其交付尚由承运人掌管的案涉货物。法院经审理，可以认定该货主为货物真正权利人，运输合同项下的收货人主张其善意取得货物不能成立且无阻却该货主主张货物权利的正当事由，承运人的运输费用也已获清偿，在此情况下，有一种意见主张承运人只能按照合同的相对性向收货人交付货物而不能向该货主交付货物，笔者不赞同这种意见。如果当事人没有诉诸公力救济，则承运人以合同相对性拒绝该货主的提货请求并无不当；但当事人一旦诉诸公力救济则可能迥然不同，因为法院已经查明事实并依法确认货主的所有权及其追及效力（这是承运人所无法自行认定的事实与法律问题），将物权的追及效力与运输合同相对性结合

---

① 《德国商法典》，杜景林、卢谌译，中国政法大学出版社 2000 年版，第 194 页。笔者注：该《德国商法典》中文译本有关条款中“受货人”为我国法律和实践中所述“收货人”，译者翻译为“受货人”可能是从民法债权人“受领”给付的观念出发而作的翻译，属于翻译习惯问题。

起来看，承运人应当向收货人交付货物，而货主有权向收货人取回货物，最终可以直接判决支持货主请求承运人交付货物。从根本上看，该案看似与运输合同相关，实质上则属物权纠纷，审理的重点在于物权及其追及效力的认定。单纯的运输合同纠纷原则上应严守合同相对性，但与运输相关的物权纠纷则不然。在整个贸易链条中，无论与运输合同相关纠纷复杂程度如何，厘清各种法律关系，准确定性，具有根本意义。案件的定性会从案件审理的逻辑推理起点开始影响案件的审理方向、过程与结果。

二、注意审慎认定部分运输合同中收货人的请求权

如上所述，《民法典》在本章运输合同中没有规定收货人的请求权，认定收货人请求权的法律依据是法典第522条第2款。《民法典》第522条第2款没有直接概括性地规定为第三人的合同中第三人的请求权，而是有所限定，限定条件为“法律规定或者当事人约定”。实践中有些为第三人的合同（如国内水路货物运输、未签发提单的国际海上运输、公路运输等），法律没有规定第三人的请求权，而当事人往往不约定或者不明确约定第三人可以直接请求债务人向其履行债务，这其中可能会存在人们的生活期待与法条规定之间的差距。根据域外法的经验，在为第三人的合同对第三人是否直接取得请求权没有约定或者约定不明时，可以根据合同的性质、目的或者交易习惯等具体情事予以认定。例如，《德国民法典》第328条第2款规定：“第三人是否取得权利，第三人之权利是否立即或仅在一定条件下发生，或契约当事人是否保留无需第三人同意撤销或变更第三人权利之权利，无特别规定时，应按具体情事，即如从契约目的认定之。”对于在《民法典》的体系和语境中，是否允许法官在法律没有规定且合同没有约定或者约定不明时，根据合同的性质等具体情事认定第三人是否取得请求权的问题，笔者的建设性意见是原则上允许，但应谨慎为之。无论法律适用抑或合同条款的援引，首当其冲的工作就是解释问题（法律解释和合同条款解释）。包括法律漏洞填补在内的各种法

律解释方法和包括合同漏洞填补在内的合同解释规则（《民法典》第142条规定的意思表示解释规则）对于各法条和各合同均是一体适用的，故原则上不排除法律漏洞填补方法和合同漏洞填补规则在涉他合同方面的适用，上述域外法经验值得我们借鉴。体察从《合同法》第64条到《民法典》第522条的沿袭发展，比较德法等国民法典类似规定，综观立法演变前后的有关著述观点，从中可以明显感受到《民法典》第522条第2款的规定明显有别于那种不将第三人请求权作为该类合同的构成要素却直接纳入应有之义的域外立法例和有关著述，《民法典》规定第三人请求权的审慎立场由此可见一斑，相应地在实践中根据合同的性质等具体情事认定第三人取得请求权理当“谨慎为之”。对于某些常规类型的涉他合同中的第三人请求权，法律没有规定，而实践中当事人普遍不专门约定或者约定不明，根据合同的性质等具体情事认定第三人取得请求权最稳妥的方法，就是由最高人民法院针对某类涉他合同充分调研论证，在征求立法机关和社会各方面意见后，作出司法解释，类型化地确认第三人请求权；其次的方法就是发布指导性案例和其他规范性文件。个案的直接认定虽难说不可，但需格外审慎，至少要小心求证并充分论理。

在程序上，对于某类运输合同项下收货人的请求权，法律没有明确规定，特定运输合同又没有明确约定的，收货人起诉承运人请求交付货物或者赔偿货损，人民法院可以根据《民事诉讼法》第56条第2款的规定通知托运人作为第三人参加诉讼，以便审理有关权利义务关系，准确认定收货人是否具有请求权，避免裁判结果损害托运人的民事权益。

第八百一十条　从事公共运输的承运人不得拒绝旅客、托运人通常、合理的运输要求。

【条文主旨】

本条是关于公共运输的承运人不得拒绝通常、合理运输要求的规定。

【条文理解】

本条规定与《合同法》第289条的规定完全一致,《民法典》编纂时没有对《合同法》原条文作任何改动。理解该条规定涉及两个关键词“公共运输”和“通常、合理的运输要求”含义的界定。同时,需要研究承运人违反该条义务的法律后果。

一、关于公共运输的认定

本条对公共运输没有具体定义,仅从字面上将公共运输解释为向不特定的公众提供服务的运输,尚不足以达致其本意。所谓“法律概念为目的而生”,[①] 公共运输的内涵,需要根据立法主旨,结合有关法律、行政法规、部门规章、地方性法规、国家政策等,并考察具体运输行业的市场开放性与竞争性等实际,进行判定。法律规定公共运输承运人强制缔约义务的目的,主要是保护与处于优势地位承运人相对的社会公众(主要是旅客)的利益,维护正常运输秩序,满足人们正当出行需求。公共运输一般首先具备公益性即公用事业性,其次具备

① 黄茂荣:《法学方法与现代民法》,中国政法大学出版社2001年版,第45页。

一定垄断性，由此形成广大社会公众日常普遍的生活生产需求与承运人在缔约上的强势地位。现今可以明确的公共运输有城市客运服务出租车运输、道路公共汽车运输、城市地铁运输、公共航空运输、铁路公共旅客与货物运输等。

（一）公共运输的最显著特征是公益性即公用事业性

公共运输是与供电、供水、供煤气、供热、电信、医疗等具有公用事业性质的服务行业相类似的行业，这些行业与人们的日常生活息息相关，其营业必须向社会公众开放才能保障社会正常运转。为了保护普遍的社会公众利益和维护公共秩序，法律有必要对经营这些公益性行业的企业或者个人的缔约自由进行必要限制，规定其负有接受相对人的要约而订立合同的义务，非有正当理由不得拒绝作出承诺。除了法律规定外，对于出租车司机除规定例外情形外不得拒绝载客或者中途停止客运服务，许多地方性法规均有具体明确规范。

（二）公共运输的另一特征是垄断性即非竞争性

由于公共运输涉及公共安全，有关法律和行政法规基本上具有严格的资质要求和营运准予条件，特定公共运输未经许可不得营运，由此公共运输承运人在很大程度上形成由其或者其特定群体专门经营的垄断状态，如果不对其课以强制缔约义务，势必会对社会公众的出行带来各种难以预料的不便。公共运输垄断性的另一个表现则是，交易定型化、价格固定化、合同格式化，如班机和班车一般事先制定并公开固定路线、固定时间和固定价格，并采用统一车票、运单，并印制、公示标准运输条款，特定时期不排除政府对公共运输给予财政补贴以保障其正常营运。有的运输虽然具有固定路线、固定时间，也公布其价格，但并没有垄断性，具有较强商业竞争性。例如，国际班轮运输无论在世界某一区域还是整个世界范围内均具有较强的竞争性，并不具有垄断性，托运人或其货运代理人在运输服务上也具有较大的选择余地，可以选择不同的班轮公司或者不同的船舶承运，也可以选择不同的航线、不同的运输方式实现同一运输目的；国际班轮运输业务经营者可以在其运价本载明的运价之外，与货主另行商定运价，也可以在遵守报备制度的前提下随行就市；尽管经营国际班轮运输应当遵守法定的市场准入条件，但国际班轮运价不具有公共运输价格受严格管制的特征，国际海上集装箱班轮运输是服务于国际贸易的商事经营活动，不属于公用事业，不具有公益性特征。[①]

二、关于通常、合理的运输要求的认定

就法条涵摄范围而言，本条并没有限定公共运输的承运人的该项强制义务系限于缔约时还是贯穿从缔约到履约全过程，因此，本条承运人强制义务既适用于缔约阶段（称为强制缔约义务），还可以拓展至运输过程中（形成强制履约义务），以前很多人仅仅将本条（即《合同法》第289条）解释为关于公共运输的承运人强制缔约义务的规定，未免稍显狭窄。如果在运输过程中，托运人、旅客对公共运输的承运人提出不合理要求，则承运人也可以依据本条规定予以拒绝。由此，全面把握本条适用范围，对于合理平衡运输合同双方的利益具有重要意义。

对于运输要求之“通常、合理”，这是一个富有弹性的表述，如何正确理解，首先需要根据不同情形从抽象概念到具体内容进行展开落实，其次可以从正反两面对比分析，尽可能获得更多确定性的具体认识。从正反两面看“通常、合理”，其要点可以大致梳理如下：第一，其判断标准是一般旅客或者托运人的需求观念，而不是依单个旅客或者托运人的要求。如高铁等按票乘坐的运输中被他人霸占座位的旅客可以要求承运人进行处置，提供该座位或者同等座位，但旅客在通常情况下要求承运人帮助调换座位则未必合理。第二，对于具体要

① 最高人民法院公报案例“马士基（中国）航运有限公司及其厦门分公司与厦门瀛海实业发展有限公司、中国厦门外轮代理有限公司国际海上货运代理经营权损害赔偿纠纷再审案”的判决［（2010）民提字第213号民事判决，载《最高人民法院公报》2011年第10期］指出：“公共运输履行着为社会公众提供运输服务的社会职能，具有公益性、垄断性等特征；国际海上集装箱班轮运输是服务于国际贸易的商事经营活动，不属于公用事业，不具有公益性，也不具有垄断性，故不属于公共运输；托运人或者其货运代理人请求从事国际海上集装箱班轮运输的承运人承担强制缔约义务，没有法律依据，应予驳回。”

求，需要具备可以满足的一般客观条件或者经济上的合理性抑或社会观念上的可接受性。如运输工具已满载，承运人可以拒绝旅客乘坐或者托运人托运要求；又如长途运输中旅客要求承运人提供饮用水则属合理，但对于短途运输而言该要求则未必合理。第三，承运人没有法定阻却事由。没有不可抗力导致不能正常运输，有关运输要求不违法违规。如出租车司机可以拒绝个别乘客为赶乘飞机、参加考试等自身紧急需求而提出超速行驶的要求；承运人可以拒绝旅客携带超大超长超重物品上车。第四，"通常、合理"有一个随经济社会发展而逐步发展的过程。如20世纪90年代以前，相当多的公交、铁路等公共运输不提供空调，而现在公共运输承运人在炎热时节普遍提供空调。第五，"通常、合理"意味公共运输的承运人不得对同等座位、舱位、价位的旅客或者托运人实行差别待遇，但按不同等级运输的旅客或者托运人适用不同等级标准则不在此限。

同时，我们还需要研究涉及不同价值取向的社会热点问题，如某些公共运输的承运人将某些或者某类人事先列为拒绝售票乘坐的"黑名单"，承运人是否违反本条规定的强制缔约义务呢？这需要研究承运人将特定人列为"黑名单"是否具有法律依据以及有关法律依据所体现的法益。例如，航空公司拒绝人民法院公布的失信被执行人（"老赖"）的机票订购要求，则属合法，不应视为违反强制缔约义务。因为根据《民事诉讼法》第111条第1款第6项、第114条的规定，拒不履行人民法院已经发生法律效力的判决、裁定属于妨害民事诉讼的行为，有义务协助执行的单位应当按人民法院的通知予以协助。根据《民事诉讼法》的有关规定，最高人民法院制定了《关于公布失信被执行人名单信息的若干规定》《关于限制被执行人高消费的若干规定》，明确规定被采取限制消费措施的被执行人（自然人）不得选择乘坐飞机、列车软卧、轮船二等以上舱位以及G字头动车组列车全部座位、其他动车组列车一等以上座位。上述法律和司法解释体现一种更高的法益，不仅旨在最大限度保护申请执行人的合法权益，还有利于推动社会信用机制建设。有关失信被执行人如果选择上述被限制消费的公共运输，可以认定其要求不属于本条规定的“通常、合理的运输要求”（至少对失信被执行人而言，该种消费已不合理），根据本条规定承运人可以予以拒绝；根据《民事诉讼法》及其司法解释的有关规定，承运人也应当拒绝，承运人予以拒绝既是民事权利也是协助执行义务。对于公共运输的承运人将某些或者某类人列为“黑名单”的其他情形，应当根据其是否具有充分法律依据，认定其是否可以拒绝有关旅客、托运人所称“通常、合理的运输要求”。

三、关于公共运输的承运人违反强制义务的法律后果

本条规定公共运输的承运人的强制义务，但没有专门规定其违反该条义务的法律责任，也没有规定受损害的对方可以诉诸何种救济，这需要从《民法典》的体系中去探究。从整个民事法律责任体系去探讨，承运人在缔约阶段违反强制缔约义务可能承担强制缔约责任、缔约过失赔偿责任或者侵权责任；在履约阶段违反强制义务可能承担违约责任，也可能承担侵权责任（同时形成违约责任与侵权责任竞合）。

（一）承运人违反强制缔约义务的法律后果

在缔约环节，承运人违反强制缔约义务可能承担三种责任：

第一是强制缔约责任。如果旅客、托运人客观上仍有可能与承运人订立合同，且请求法院判令承运人与其订立运输合同，则法院根据本条规定可以判如所请。这就是直接源于本条规定的强制缔约责任。

第二是缔约过失赔偿责任。承运人违反法定缔约义务，在理论上可以构成缔约过失责任。在法条依据上，《民法典》规定缔约过失责任的两个法条（第500条和第501条）均没有关于违反法定强制缔约义务的措辞，在法律解释上可以将违反法定强制缔约义务的行为纳入《民法典》第500条第3项“有其他违背诚信原则的行为”。因为旅客、托运人基于对法律具体规定权威性的信赖提出缔约意向，由此在其与承运人之间产生法定信赖关系，这种基于法律具体规定产生的信赖关系比其他根据抽象诚信原则所产生的信赖关系更值得法律保护，直接违反法定义务当然是一种不诚信行为，甚至其违法性比其他一般

不诚信行为更直白或者更严重，诚信原则作为现代民法帝王条款可以涵盖当事人违反法定强制缔约义务的情形。赔偿应当以受损害的当事人的损失为限。理论上，缔约过失赔偿责任为信赖利益的赔偿，承运人应当赔偿旅客、托运人因合同不成立所遭受的不利益。

第三是侵权责任。如上所述，缔约过失赔偿的损失为信赖利益，可能并不足以弥补受损害人的全部损失，因此，不排除受损害人提出侵权责任赔偿请求。除考察特定情形是否具备侵权责任的一般构成要件（行为即作为或者不作为、过错、损害、行为与损害之间的因果关系）外，首先应当研究承运人违反强制缔约义务所损害的权益是否属于侵权责任法律规定所保护的民事权益。《民法典》侵权责任编第 1164 条规定“本编调整因侵害民事权益产生的民事关系”，但没有如《侵权责任法》第 2 条第 2 款那样具体规定由《侵权责任法》所保护的民事权益的范围。根据民事责任体系的分工设置，《侵权责任法》不调整违约责任，合同债权原则上不属于《侵权责任法》的保护范围。除法律明确规定的其他民事权利（即有名的“权利”）外，在侵权责任法上对无具体名称称谓的“权益”的保护一般应当符合有关法律规定的目的。从本条规定承运人强制缔约义务的立法目的看，为充分保护有关法益，原则上可以认为承运人违反该项法定义务可能构成侵权责任。

（二）承运人违反强制履约义务的法律后果

承运人在履约阶段违反强制履约义务，应当承担违约责任，这是毋庸置疑的。鉴于货物运输合同，如同买卖合同、保管合同、仓储合同、租赁合同、委托合同等其他合同涉及对标的物的处置，旅客运输合同涉及人身权利的保护，运输合同在履行中容易形成违约责任与侵权责任竞合情形，其前提是承运人违反法定义务造成托运人、旅客损失也同时能够依法构成侵权责任。原则上，单纯合同履行利益损失未必可以纳入侵权责任保护范围，如运输迟延引起的经济损失，但承运人违反法定义务使货物灭失损坏或者使乘客遭受人身伤亡损害，明显也属于《侵权责任法》保护范围，可能构成侵权与违约责任竞合。如上所述，判断承运人违反法定义务造成相对方损失是否同时成立侵权责任，首先看该类损害是否同时也属于《侵权责任法》保护范围，其次再看侵权责任的四个构成要件是否具备。

【审判实践中应注意的问题】

第一，本条关于公共运输承运人强制性义务的规定，在适用范围上可以涵盖缔约和履约阶段，不能将本条仅仅解释为强制义务规定而只适用于缔约阶段。本条可以适用于履约阶段，旅客、托运人据此可以请求公共运输承运人满足运输过程中通常、合理的运输要求。

第二，适用本条需要准确理解其主体要件中一个关键词“公共运输”的含义，注意公共运输与非公共运输的区别。“公共运输”首要特征是其公益性即公用事业性。本条中从事公共运输的承运人，与海商法理论和实践中源自英美法的一个概念“公共承运人”，在用语源流和制度演变上均不相干，在司法实践不能混用或者套用，应当注意前者突出服务职能的公用事业性，后者强调运输条件的共同性。在国际上视为“公共承运人”的国际集装箱班轮运输，因不具有公益性和垄断性，而具有完全商业性和高度市场竞争性，并不属于本条规定的“从事公共运输的承运人”。

第三，适用本条要正确界定旅客、托运人的“通常、合理的运输要求”的范围。一是要根据有关运输方式的法律、法规的要求、社会一般概念和运输中的具体情形，合理判断。二是针对公共运输承运人将某些旅客、托运人列为拒载“黑名单”等问题，涉及承运人拒载是否另有法律依据。如果承运人拒载另有法律依据且其法律依据与本条主旨无违，可以认定承运人拒载合理，有关旅客、托运人要求运输则不合理。

第八百一十一条　承运人应当在约定期限或者合理期限内将旅客、货物安全运输到约定地点。

【条文主旨】

本条是关于承运人应当按照约定或者合理时间安全运输的规定。

【条文理解】

本条规定与《合同法》第290条的规定基本一致，仅在具体措辞上将原条文中“约定期间”和“合理期间”修改为“约定期限”和“合同期限”，作了更为准确的文字性修改，并没有改变原条款的含义。本条规定承运人的一项主合同义务即运输义务，涉及最基本的三点要求：一是时间要求；二是安全要求；三是目的地要求。这三点是运输合同最基本的主要条款，是运输合同双方通常首先明确约定的三项基本内容，因为这三点与旅客或者托运人事先出行、备货安排、承运人计划并组织运输、运输费用的确定、旅客或者托运人对特定运输目的的合理期待均息息相关，如果这三点内容不明确则运输无法实施。运输合同一般会对此三点内容作出约定，承运人应当依约履行运输义务，否则将会承担违约责任。

一、关于运输期限

本条要求承运人应当在约定期限或者合理期限内完成运输，本条规定的运输期限可以理解为运到期限，具体可分为约定期限与合理期限。

（一）关于约定期限与合理期限

1. 关于约定期限

运输合同约定方式有多种，有的合同直接约定运到日期（如约定货物应在某年某月某日运到目的地），有的约定运输所需时间（如约定装车、装船、装机等完毕后 × 天运到），还有的约定运输速度从而计算运到期限（如约定承运人应以每日或者每小时 × 公里或者海里的平均速度运输）。凡是能够按照运输合同的有关约定可以计算确定运到期限的，均属于合同有约定期限的情形，而不应按合理期限认定承运人是否运输迟延。

2. 关于合理期限

合同没有约定运输期限的，承运人应当在合理时间完成运输。如何认定合理期限，是一个事实问题，需要根据运输方式或者运输工具、运输路线、运输工具一般安全运输速度、特定货物本身对运输期限的正常要求等具体情形具体确定。根据同类运输的一般运到期限确定争议运输的合理期限，一般相对客观合理。这个问题在运输日益发达的今天对于当事人或者法院均不是难题。

（二）关于承运人违反运输期限要求的责任

法律规定承运人应当在约定期限或者合理期限完成运输，是根据运输的基本需求而要求承运人承担速遣义务。速遣义务的主要内涵，是要求承运人采用适当速度、选择适当的运输路线、运用良好运输技能在尽可能短的时间内将旅客或者货物运送至目的地。本条没有规定承运人违反速遣义务的责任，在《民法典》层面应当适用运输合同章有关损害赔偿和合同编中违约责任章的规定。如果合同约定逾期运到违约金（如一般约定按逾期天数乘以一定金额计算），则承运人应当根据法律关于违约金的规定向托运人或者旅客承担支付违约金的责任；如果承运人逾期运到给旅客或者托运人造成实际损失，而约定违约金又不足以弥补该损失的，旅客或者托运人还可以请求承运人赔偿不足部分。

在运输单行法层面，《铁路法》《民用航空法》《海商法》均对承运人速遣义务（运输期限）及其违约责任作出特别规定，这些特别规定应当优先于《民法典》适用。《铁路法》第16条规定：“铁路运输企业应当按照合同约定的期限或者国务院铁路主管部门规定的期限，将货物、包裹、行李运到目的站；逾期运到的，铁路运输企业应当支付违约金。铁路运输企业逾期三十日仍未将货物、包裹、行李交付收货人或者旅客的，托运人、收货人或者旅客有权按货物、包裹、行李灭失向铁路运输企业要求赔偿。”《民用航空法》第126条规定：“旅客、行李或者货物在航空运输中因延误造成的损失，承运人应当承担责任；但是，承运人证明本人或者其受雇人、代理人为了避免损失的发生，已经采取一切必要措施或者不可能采取此种措施的，不承担责任。”根据《海商法》第50条的立法本意，国际海上货物运输承运人仅对合同明确约定运到交付时间情形下因承运人不可免责过失造成的迟延交付经济损失负赔偿责任，对于合同没有明确约定交付时间的则承运人一般不按合理期限承担赔偿迟延交付经济损失的责任。根据《海商法》第50条第4款的规定，承运人未能在约定时间届满60日内交付货物，有权对货物灭失提出赔偿请求的人可以认为货物已经灭失。总体上看，承运人承担违反速遣义务的责任，在《民法典》下属于严格责任，在《民用航空法》下为推定过错责任（与《蒙特利尔公约》相同），在《海商法》下为不完全过错责任（承运人并未对其所有过错均承担责任，对法定驾驶过失等部分可免责的过错不承担责任）。

《民法典》没有特别规定承运人有关迟延运输的免责事由，根据《民法典》规定的一般免责事由（不可抗力和紧急避险）和《民法典》第832条关于承运人对货物“毁损、灭失”免责事由（不可抗力、货物本身的自然性质或者合理损耗以及托运人、收货人过错），在《民法典》下承运人免除迟延运到责任的事由包括不可抗力、非承运人原因引起险情的紧急避险、托运人或者收货人的责任；《民用航空法》第126条专门规定迟延损失赔偿免责事由；《海商法》第51条第1款针对货物“灭失或者损坏”规定的12项免责事由可以扩张解释适用于迟延交付损失，《海商法》第49条第2款规定的合理绕航也可能成为承运人的有关免责事由。上述有关运输单行法有特别规定的，应当优先于《民法典》适用，《民用航空法》《海商法》规定的承运人免除迟延运到责任的事由涵盖并大于《民法典》规定的有关免责事由。

二、关于运输安全

本条原则上规定承运人应当保证旅客或者货物安全。古人云“行船走马三分命”“乘船走马，去死一分”，交通运输自古具有危险性。尽管随着现代科技和经济发展，运输安全性有极大提高，但有些运输如航空运输和海上运输仍是高风险行业，交通运输直接关系人民的生命和财产安全。除有关民事基本法外，公路、铁路、航空、水运、海运等各运输单行法及其行政法规大量专门规定运输资质、运输安全技术要求、运输安全执法监管，有关交通运输主管部门还制定颁布大量有关运输安全的部门规章和部门规范性文件，我国还参加或者缔结大量涉及运输安全的国际条约和国际规则，运输法律法规相当浩繁，首要目的就是为了保障“安全第一”。强调运输安全是运输行业的基本要求，也是运输立法的根本宗旨。安全运输就是承运人要确保其运输的旅客和货物以及所使用的运输工具和设备完好无损。《民法典》的本条对此作出强调，有关运输单行法如《铁路法》第10条、《民用航空法》第124条、《海商法》第46条和第114条等均对运输安全作出具体规定。

然而，“安全第一”毕竟不是“安全绝对”。世界上的安全基本上均是相对的，而绝对的安全很可能是没有的。如果人们对运输安全过高要求甚至要求近乎绝对的安全，恐怕就没有多少人愿意从事运输行业。我们应当注意到，旅客和货物偶尔经受运输风险，而专业承运人则常年饱经运输风险（包括自身生命危险和运输工具毁损风险），法律必须对运输安全及其责任作出适当要求，以合理平衡各方利益，适度分摊运输风险，积极鼓励人们从事运输业，促进运输业健康发展。为此，《民法典》第823条和第832条、《铁路法》第18条、《民用航空法》第125条、《海商法》第51条和第115条等均规定承运人的免责事由，同时，该三大运输单行法还规定了承运人不能免责情况下的赔偿责任范围、赔偿责任限额。法律关于承运人免责事由、赔偿范围、赔偿限额等三个层面的规定，就是承运人抗辩寻求法律保护的“三道防线”。这方面在《海商法》中体现得十分明显，这是该法适应海上风险特殊性所作的特殊制度安排。

三、关于运输目的地

本条原则性规定承运人应当将旅客、货物运到约定地点。运输合同的标的不是旅客或者货物，而是运输行为即实现旅客或者货物的位移，将旅客或者货物运至约定地点就是运输合同的两大目的之一（另一大目的是承运人赚取运费）。如果承运人不能按合同约定的目的地运输，将旅客或者货物运至合同约定以外的其他地点，承运人原则上应当承担违约责任。承运人的有关违约责任包括继续履行或者赔偿损失，即继续采取措施将旅客、货物转运或者续运至约定目的地，或者承担旅客、托运人自行安排运输至约定目的地的费用。

如果合同约定或者法律另行规定在特定情形下承运人可以运送至约定目的地邻近地点的，则从其约定或者规定。例如，《海商法》第91条规定：“因不可抗力或者其他不能归责于承运人和托运人的原因致使船舶不能在合同约定的目的港卸货的，除合同另有约定外，船长有权将货物在目的港邻近的安全港口或者地点卸载，视为已经履行合同。船长决定将货物卸载的，应当及时通知托运人或者收货人，并考虑托运人或者收货人的利益。”

【审判实践中应注意的问题】

第一，在法律适用上，在铁路、航空、海上旅客运输和国际海上货物运输等有运输单行法规定的领域，应当优先适用《铁路法》《民用航空法》《海商法》等运输单行法和我国参加或者缔结的《蒙特利尔公约》等运输公约，并准确理解各单行法特别规定的立法意图（如《海商法》第50条关于超出“明确约定的时间”迟延交付责任的规定）。

第二，对于运输期限的认定，首先应当注意“约定期限”与“合理期限”的区分；其次要注意准确确定计算运输期限的起止点，除合同当事人另有明确约定外，一般承运之日或者装上运输工具（车、船、飞机等）完毕之日为运输期限的起算点，目的地卸货或者交付之日为截止点，具体认定上要根据具体运输方式的法律法规以及该运输方式的特性、行业惯例或者普遍做法合理确定。

第三，对于运输安全的要求，有关单行法及其相关法规或者部门规范性文件均有大量专业技术和监管规范，审理运输合同纠纷时注意适用或者参照适用；同时，还要根据有关单行法特别规定的精神，适度平衡运输各方的利益与风险。

第八百一十二条　承运人应当按照约定的或者通常的运输路线将旅客、货物运输到约定地点。

【条文主旨】

本条是关于承运人按照约定或者通常运输路线进行运输的规定。

【条文理解】

本条关于运输线路的规定，与《合同法》第291条的规定相同，《民法典》编纂中未对该条作任何改动。对本条可以从以下三个方面进行理解。

一、立法规定运输路线的意义

根据本条规定，承运人在运输线路方面负有一项基本义务，其应当按照习惯的或者通常的路线进行运输，不得无故绕线、绕道（绕路）或者绕航。法律之所以在关于运输合同的一般规定中强调运输路线问题，其原因是运输路线在运输合同履行中具有重要意义。

第一，运输路线是影响运输安全的重要风险因素。运输路线首先是影响运输风险的重要因素，不同运输路线的安全技术性能状况、交通通畅程度、沿途服务配套设施、沿线人文环境以及国际运输沿线政治、军事、宗教等错综复杂的各种因素，均不同程度影响运输安全；航海和航空运输线路一般均是经过检测和多次试航试飞甚至长年累月航行实践证明是相当安全的路线，如果承运人擅自超出通常路线运输势必突增风险。运输路线决定运输风险，可能进而影响运价和保险费率，甚至影响交通工具和货物运输保险合同的效力，运输路线和区域是船舶等交通工具及其所载货物的运输保险合同载明的重要事项，有的保险合同约定运输工具超出运输线路或者保险区域，保险人可以解除合同并拒绝保险赔付，运输线路在国际货物贸易、运输、保险中均有重要影响。

第二，运输线路是影响运输费用（票价或者运费）的重要经济因素。按照不同运输线路运输的里程和运输成本可能不同，承运人计收运输费用会有所不同。但是，实务中有的承运人招揽客货时按照预定或者通常路线约定运输费用，缔约后实际按照低成本路线运输从而赚取更多利润，这明显有悖诚信原则。本条强调承运人应当按照约定或者通常线路运输，有利于维护交易公平和市场诚信。

第三，运输线路是影响运到期限的重要效率因素。运输线路无疑是影响达到时间的重要因素之一，尽管有的运输合同没有明确约定运抵期限，但是旅客、托运人基于约定或者通常运输线路仍可以对运抵期限有合理预期，承运人擅自调整运输线路可能直接影响旅客、托运人的合同预期与合同目的。

第四，运输线路也可能是影响旅客出行愉悦的重要精神因素。旅客选择约定特定运输线路，可能青睐沿途自然风光、人文风情等，承运人擅自调整运输路线直接影响旅客出行感受。

总之，运输线路对旅客、托运人的权益有重要影响，法律将按照约定或者通常线路运输规定为承运人的一项基本义务是必要的。

二、约定的或者通常的运输路线的含义

约定的运输线路一般根据运输合同当事人的具体约定确定，有关约定可能在正式运输合同文本中载明，也可能体现在托运单、订舱回单等双方要约与承诺的缔约文件中。“通常的运输路线”一般是指行业习惯约定俗成的运输路线或者能够进行较为安全、便捷、经济运输的合理运输路线。这里“通常”一词包含社会公众对运输的正常期待，即安全、便捷、经济。地理上最短线路未必就是合理运输路线，

特别是航空和航海沿线地理、气候或者天气状况以及导航、通信、气象和地面监视设备、补给或者避险设施、航行障碍物等因素均对运输路线的合理选择有重要影响。

在三大运输单行法中，《铁路法》《民用航空法》对合同义务中的运输线路问题基本上没有作出特别规定。《海商法》第49条规定："承运人应当按照约定的或者习惯的或者地理上的航线将货物运往卸货港。船舶在海上为救助或者企图救助人命或者财产而发生的绕航或者其他合理绕航，不属于违反前款规定的行为。"在《海商法》的规定下，船舶偏离约定的或者习惯的或者地理上的航线航行，则承运人原则上违反不得进行不合理绕航的义务，但在以下四种情形下，船舶绕航为合理绕航，承运人并不违反上述义务：一是按照运输合同列明可以绕航的具体事由而绕航；二是根据上述法条规定，救助或者企图救助海上人命或者财产；三是在运输中遇到危险，为了船舶、货物的安全，船舶进行绕航，即使这种危险是因船舶开航前承运人没有谨慎处理使船舶适航所致，这种必要的绕航也是合理的；四是因不可抗力导致承运人不能按照既定航线运输而绕航。根据《海商法》第91条的规定，除合同另有约定外，船长有权将货物在目的港邻近的安全港口或者地点卸载。衡量绕航是否合理，有时需要考察承运人决定绕航的目的。如果承运人偏离运输路线是为了承运人和货物的共同利益或者社会公共利益，该绕航为合理绕航；如果承运人仅仅为了自身利益和便利而绕航，该绕航一般就是不合理绕航，至少可以首先推定该绕航不合理，由承运人说明并举证证明其绕航的合理性，承运人不能证成其绕航合理性的，法院最终应当认定其绕航不合理。国际海上货物运输承运人可以偏离既定运输线路而合理绕航的上述四种情形，对于其他运输方式的承运人合理绕行具有一定的参考借鉴意义，特别是其中第一种和第四种情形在一般合同法原则下认定承运人不承担违反《民法典》本条规定的责任也是有依据的。为避免争议，建议当事人在运输合同中明确约定可以绕线、绕路或者绕航的具体情形为宜。

三、承运人没有按约定的或者通常的运输路线运输的违约责任

承运人违反本条规定的义务应当承担违约责任。本条没有专门规定具体违约责任，承运人应当根据本章关于运输合同项下损害赔偿的规定和合同编关于违约责任的规定承担违约责任；《海商法》等特别法有规定的，应当优先适用特别法的规定。承运人违反本条规定义务，所可能造成的主要仍是两大损害：一是旅客人身伤亡损害和货物灭失或者损坏；二是迟延运到引起的经济损失。原则上，承运人违反本条规定义务的损害赔偿责任，与其运输合同下的其他违约责任并无本质不同，有关差别可能主要表现为违约严重程度不同，该问题需要在个案中具体分析。

【审判实践中应注意的问题】

第一，对于承运人在运输路线方面的义务，《海商法》有特别规定，国际海上货物运输合同项下有关纠纷应当适用该法；其他运输方式的特别法没有规定的，适用本条规定。

第二，对于承运人违反本条规定义务绕线、绕道（绕路）、绕航的违约后果的严重性，在我国法中需要具体分析，未必会导致诸如英美海商法与合同法下根本违约的严重程度（导致合同解除和承运人丧失赔偿责任限制的权利）。但是，承运人违反本条可能造成较大损失，如导致运输工具和货物运输保险合同解除而使得有关保险落空，在此情况下承运人应当自担其运输工具的损失并承担赔偿有关货物损失的责任，其中有关货物损失可能包括保险合同项下承保风险所造成的损失而在运输合同下可以免责的损失（如地震、海啸等部分不可抗力造成的损失）。

第八百一十三条 旅客、托运人或者收货人应当支付票款或者运输费用。承运人未按照约定路线或者通常路线运输增加票款或者运输费用的，旅客、托运人或者收货人可以拒绝支付增加部分的票款或者运输费用。

【条文主旨】

本条是关于旅客、托运人或者收货人支付票款或者运输费用的规定。

【条文理解】

本条与《合同法》第292条的规定相同，在《民法典》编纂过程中未作任何改动。对本条可以从票款或者运输费用的支付主体、支付时间和支付数额三个方面进行理解。

一、关于支付主体

支付票款或者运输费用是旅客、托运人或者收货人的主要义务。在旅客运输合同中，一般缔约和履约实践做法是“先买票后乘坐”，旅客支付票款的义务一般是在购买运输票证时履行，旅客没有支付票款一般不能取得运输票证，首先导致承运人不愿缔约，所以旅客运输合同一般是在缔约时旅客即履行了支付票款的义务。当然，对于出租车载客等实行运到后付款的运输，乘车旅客仍是支付运输费用的主体，这一点并无疑义。

对于货物运输合同项下运输费用支付的主体，本条规定为“托运人或者收货人”，对其究竟如何理解。“托运人或者收货人”作为运输费用支付的主体究竟是共同的，还是二选一，如何具体确定。总体而言，除非合同另有不同约定，托运人作为运输费用支付主体是原则性的、无条件的，而收货人作为运输费用支付主体则是例外的或者有条件的。货物运输合同是托运人与承运人签订的，运输基于托运人的委托和约定而发生，托运人作为合同一方当事人自然是完全的运输费用支付义务主体；而收货人（这里所指收货人一般是不同于托运人的其他人）系因托运人指定而在目的地接收货物交付的人，其原本不是运输合同当事人而是运输合同的利害关系人，[①] 收货人原则上不是运输费用支付的义务主体，即使实践中收货人实际支付了运输费用，也未必就意味收货人在运输合同项下本身有义务支付（不排除有关买卖合同中约定作为买方的收货人有支付运费的义务）。在一般货物运输合同下，即使运输合同约定由收货人支付运费，因收货人没有参与运输合同的订立，该约定属于托运人与承运人之间的约定，根据合同相对性原则，该约定并不能当然约束收货人；如果收货人拒绝提货，承运人不能基于上述运输合同的约定向收货人主张运输费用，承运人只能向托运人主张运输费用。在收货人主张提货情况下，无论运输合同是否约定运输费用由收货人支付，如果没有人支付运输费用，承运人可以行使抗辩权或者留置权拒绝交付货物，这时往往由需要提取货物的收货人支付运费，但这可能是收货人的权宜之计，并非可以说明收货人就是运输合同项下运输费用支付的义务主体，收货人是运输费用的实际支付主体不等于其是费用支付的义务主体。如果货物运输合同特别约定运输费用由承运人在目的地向收货人收取，而承运人在目的地交付货物时并没有向收货人收取，之后却请求托运人支付运费，这属于承运人违约（能够向收货人收取而未向收货人收取）所致，托运人可以相应提出抗辩。《民法典》第830条规定的“收货人逾期提货的，应当向承运人支付保管费等费用”，其中，“逾期提货”不同于拒绝提

① 国际海上货物运输中持有提单的收货人基于法律特别规定而与承运人形成以提单为证明的运输合同关系，有些特定运输的收货人基于法律的规定有条件地成为运输合同的当事人，这算是收货人为运输合同利害关系人（非运输合同当事人）基本法律地位的例外。

货，这里“逾期提货”应指收货人实际提取货物但逾期而已，并不包括收货人拒绝提取货物的情形，故收货人拒绝提取货物，承运人要求其承担保管费和运费并无法律依据。

有关运输单行法对收货人支付运费的条件均作出专门规定。《铁路法》第21条规定：“货物、包裹、行李到站后，收货人或者旅客应当按照国务院铁路主管部门规定的期限及时领取，并支付托运人未付或者少付的运费和其他费用；逾期领取的，收货人或者旅客应当按照规定交付保管费。”《铁路法》第22条第1款规定：“自铁路运输企业发出领取货物通知之日起满三十日仍无人领取的货物，或者收货人书面通知铁路运输企业拒绝领取的货物，铁路运输企业应当通知托运人，托运人自接到通知之日起满三十日未作答复的，由铁路运输企业变卖；所得价款在扣除保管等费用后尚有余款的，应当退还托运人，无法退还、自变卖之日起一百八十日内托运人又未领回的，上缴国库。”《最高人民法院关于新疆梧桐塑料厂与乌鲁木齐铁路分局铁路货物运输合同赔偿纠纷一案的请示的答复》（〔2001〕民监他字第19号）指出：“根据《铁路法》第十一条、二十一条、二十二条，并参照《合同法》第三百零八条、三百零九条、三百一十条等相关规定，铁路货物运输合同是托运人与铁路承运人签订的明确相互之间权利义务关系的协议。货物运抵到站后，承运人因交付货物与收货人发生权利义务关系，对发生的货物损失，收货人有权依据运输合同向承运人提出赔偿请求。在货物交付前，承运人与收货人之间不存在权利义务关系。……”根据该答复意见，铁路运输的收货人不主张提取货物，承运人则无权请求收货人支付运费。《民用航空法》第120条第1款规定：“除本法第一百一十九条所列情形外，收货人于货物到达目的地点，并在缴付应付款项和履行航空货运单上所列运输条件后，有权要求承运人移交航空货运单并交付货物。”《海商法》第69条规定：“托运人应当按照约定向承运人支付运费。托运人与承运人可以约定运费由收货人支付；但是，此项约定应当在运输单证中载明。”尽管上述三大运输单行法均规定了收货人支付运输费用的条件，在收货人一直拒绝提取货物情况下，货物无人提取，承运人原则上请求托运人支付运费，而无权请求运输合同当事人之外的收货人支付；但是，如果收货人已经出面向承运人主张货物，事后又不提取货物，承运人可以请求收货人支付货物在迟延提取期间的合理保管费用，还可按照收货人提示的运输单证中关于由收货人支付运费等记载请求收货人支付运费。理论上，对于收货人承担支付运输费用义务的法律依据，有一种"独立的无名契约说"认为："谓运送人以运费及其他费用之支付，应与运送物之交付交换为要约，受货人未为保留而受取托运单及运送物，可认为默示的承诺"。[①]《德国商法典》第420条第2款、第3款、第4款规定："……（2）主张其依第1项第1款的权利的受货人，应在由运单得出的数额范围内，支付尚负担的运费。未签发或未向受货人提示运单，或不能由运单得出应支付的运费的数额的，受货人应支付与托运人约定的运费，但以此种运费非为不适当为限。（3）此外，主张其依第1项第1款的权利的受货人，应支付滞期费或第420条第3项的报酬，但因超过装货时间的滞期费和第420条第3项的报酬，只有在于货物交付时向其通知负担的数额的情形，才应予以支付。（4）托运人仍负有支付依合同负担的数额的义务。"[②]英国《1992年海上货物运输法》对于收货人或者提单持有人与承运人权利义务上强调"相互性原则"，根据该法第3.（1）条款的规定，收货人或者提单持有人只有作出行使权利的行为（要求提货、提货、索赔），才如同成为运输合同一方当事人一样承担合同责任。据此，在英国法下如果收货人或者提单持有人不向承运人主张运输合同下的权利，则不承担向承运人支付运费等运输合同项下的义务。英国立法之所以强调"相互性原则"，主要在于保护提单流转中的中间商和作为质权人的银行，避免他们单纯因中间受让提单（除非需要行使担保等权利，一般并无意主张货物权利）而不合理地遭受来自承运人巨额索赔的风险（如此

① 史尚宽：《债法各论》，中国政法大学出版社2000年版，第613页。

② 《德国商法典》，杜景林、卢谌译，中国政法大学出版社2000年版，第193页。

会严重打击银行意欲资助国际贸易的兴趣)。[1]总之，在收货人承担支付运费义务的条件上，以德国为代表的大陆法系和以英国为代表的英美法系的立法立场的基本趋同：承运人请求收货人支付运输费用，原则上应以收货人主张提取货物为前提。据此，如果收货人一直拒绝向承运人主张提取货物，承运人向收货人主张运输费用则缺乏法律和法理依据。这一点值得我国立法和司法借鉴，其中的基本法理就是权利义务的一致性和尊重当事人（特别是收货人）意思自治，[2]立法主旨在于促进提单等运输单证流转和便于贸易融资。

二、关于支付时间

对于客运合同项下旅客应当何时支付票款，《民法典》第815条规定“旅客不支付票款的，承运人可以拒绝运输”，对于凭客票乘坐的客运合同，旅客支付票款的时间在运输开始前，旅客一般在购买票证时已支付。但是，当事人另有约定或者另有交易习惯，如出租车运输等不凭票证乘坐的客运业务，运输费用应当在运输行为基本完成使得旅客处于随时离开运输工具时支付。对于货物运输合同项下，托运人或者收货人应当在何时支付运输费用，《民法典》没有专门规定，

① 杨良宜、杨大明：《提单与其他付运单证》，大连海事大学出版社2016年版，第419~420页。

② 运输合同在民法体系中属于涉他合同中的为第三人的合同，收货人为该合同中的第三人。根据涉他合同法理，涉他合同作为合同相对性原则之例外，但并未突破意思自治之原则，意思自治原则仍是处理涉他合同的根本出发点。涉他合同中的第三人不是合同当事人，关键在于其对合同的订立未作出意思表示。根据意思自治原则，只有在合同中表达自己意志的人，才能受合同约束，成为合同当事人。涉他合同将第三人纳入其中是合同双方当事人的一致意思，并没有超出合同双方当事人意思自治的射程。涉他合同尊重第三人的意志，主要表现在涉他合同之“法锁”仅对第三人实行“愿者上钩”，第三人自愿“上钩”(受领给付或者实际履行）后才对其产生相应法效果；涉他合同原则上不得为第三人设定义务，且允许第三人拒绝受领约定给付。但为第三人的合同可使第三人单纯获得利益，也可使第三人负担为一定给付之债为付款（如附负担之赠与、约定收货人支付运费等)，第三人如不欲享受附有对待给付之利益，可以拒绝受领而不负其责；第三人之权利，依为第三人合同而成立，因第三人表示享受其利益之意思而确定。收货人作为运输合同中的第三人，其在合同项下权利义务关系的确定，原则上就在其主张提取货物等运输合同项下权利时确定。但是，《海商法》中提单持有人作为收货人主张货物权利时须一并承担某些相关合同义务，实际上该提单持有人基于法律的规定已经有条件地转化为合同当事人。

主要依赖运输合同当事人的约定；如果合同当事人没有约定，应当根据《民法典》第511条的规定确定支付时间；如果根据该规定仍不能确定，按照《民法典》第525条关于双方合同的同时履行规则，确定托运人或者收货人在承运人未完成运输时有权拒绝承运人关于支付运输费用的履行要求，即运输费用原则上应当在运输完成时支付。在学理上，运输以工作完成为目的，除合同当事人另有约定外，运输费用请求权应当在运输行为基本完成使得运输的货物处于准备交付状态时产生，即实行"到付运费"。

在实际中，按运费支付时间可以分为"运费预付"和"运费到付"。运费预付的约定有多种，一般有约定货物装运完毕时或者装运完毕时多少天内支付，也有约定货物装运后至运输单证签发前支付，也有约定运输单证签发后多少天内支付等。"运费到付"就是托运人或者收货人在货物运抵目的地后才支付运费，这也是运输合同没有特别约定时的一般法律原则。鉴于"运费预付"约定属于改变一般法律原则的约定，类似约定必须明确。例如，对于某一从英国伦敦到葡萄牙里斯本的运输，运输合同条款约定"运费在伦敦支付"，该条款被英国法官解释为这是关于运费支付地点的约定而非关于支付时间的约定。[①]同时，应当注意，"运费预付"或者"运费到付"仅是关于运费支付时间的约定，并不直接涉及运费支付主体的问题，不能由此推断运费是否由收货人支付。尽管国际海上运输和贸易中"运费预付"往往由托运人实际支付，而"运费到付"往往由收货人实际支付，但仍不能据此判断收货人是否为运输合同项下支付运费的义务人。

运费支付时间的约定涉及运费风险的承担。承运人倾向在运输合同中约定"运费预付"，目的是希望通过该约定不承担运费（收取）风险。但是，《民法典》第835条规定："货物在运输过程中因不可抗力灭失，未收取运费的，承运人不得请求支付运费；已经收取运费的，托运人可以请求返还。……"该条规定属于运费风险的规

① Mashiter V. Buller (1807) 1 Camp 84, see John F Wilson, Carriage of Goods by Sea (Seventh Edition), p292, Pearson Education Limited, 2010.

定。按照举重以明轻的法律解释方法，如果货物灭失是由于承运人应当负责的原因所致，承运人也无权取得运费，也应当向托运人退还已收取的预付运费。如此一来，在《民法典》中，如果货物在运输过程中灭失，承运人仍有权取得运费的情形，基本上限于货物本身性质或者固有瑕疵以及托运人、收货人过错导致货物灭失的情形。在基本概念上，运费预付或者运费已付不等于（承运人）运费赚取或者运费请求权最终成立。在国际海上货物运输中，承运人为尽可能不承担运费风险，往往在航次租船合同或者提单格式条款中载明“不折减退还运费”条款，具体约定“运费一旦支付视为承运人赚取；即使航次没有完成，运费不调整也不退还”或者约定“无论船舶、货物灭失与否，运费不退还”。这种约定在《民法典》下的效力如何，首先应当明确《民法典》第835条规定的性质，《民法典》是否允许当事人作出与该条不同的约定。如上所述，既然该条是关于运费风险的约定，而法律对有关风险问题一般允许当事人自由约定，故有关运费风险也应当允许当事人自由约定。其次，应当区分有关运输合同是否为格式合同。如果运输合同为双方当事人自由协商订立的合同（如航次租船合同），则“不折减退还运费”条款原则上有效；如果运输合同为承运人单方提供的格式合同（如提单），则该条款会被认定存在《民法典》第497条第2项规定的格式条款无效的情形即“提供格式条款一方不合理地免除或者减轻其责任、加重对方责任、限制对方主要权利”，因而无效。因为如果格式条款约定托运人或者收货人在货物灭失情况下还要支付运费，这相当于托运人或者收货人的合同目的完全落空后还要遭受货物和运费双重损失，而承运人却没有完成约定义务而照样收取运费，这显然是一种合同双方权益严重失衡的结果，该类格式条款约定应当属于上述法定无效情形。需要指出的问题是，如果“不折减退还运费”非格式条款被认定有效，托运人实际预付运费后，货物因不可抗力或者承运人应负责原因导致货物灭失，托运人可以以合同目的无法实现为由主张解除合同，但因运输合同为连续性合同，连续性合同解除一般不溯及缔约时，仅向解除以后发生效力，托运人主张合同解除往往对于承运人赚取运费的法律效果并无影响。

三、关于支付数额

有关票款或者运输费用的数额，主要根据运输合同双方当事人的约定确定。在客运合同项下，运输费用基本为当事人约定的票款。在货物运输合同项下，根据《民法典》第836条、第829条和第830条的规定，运输费用共有三项即运费、保管费、其他运输费用，其中运费为运输合同约定的费用；保管费和其他运输费用为法定费用，但也不排除当事人在运输合同中具体约定。运费的约定有包干运费，也有按照货物的数目、重量或者以其他方式注明的数量乘以约定费率计算的；如果约定按货物数量和费率计算，一般推定运单或提单等运输单证记载的货物数量正确，但承运人在运输单证中保留其无适当手段检查核实单证记载准确性的，允许承运人举证推翻该记载。

本条规定旅客、托运人或者收货人应当向承运人支付票款或者运输费用，同时强调承运人未按照约定路线或者通常运输路线运输而增加票款或者运输费用的，旅客、托运人或者收货人可以拒绝支付增加部分的票款或者运输费用。这是法律针对实际中承运人因自身过错或者原因擅自调整运输线路而要求增加费用的情形，对旅客、托运人或者收货人作出的保护性规定。对于客运合同，《民法典》第821条还规定："承运人擅自降低服务标准的，应当根据旅客的请求退票或者减收票款；提高服务标准的，不得加收票款。"

应当注意到，《民法典》以及三大运输单行法对货物运输中运费支付规则的规定相对单薄，没有规定运费何时支付以及什么条件下支付等基本规则，仅规定货物不可抗力灭失情况下承运人不得收取运费，没有规定货物部分灭失或者货物损坏情况下运费如何支付以及运费请求能否与货物损失索赔请求抵销等具体问题。根据诚信和公平原则，借鉴英美判例等域外法经验，这里总体上对运费支付规则补充提出以下建设性意见：（1）运费是承运人完成运输行为的报酬，除合同另有有效约定外，托运人或者收货人应当支付运费的时点是承运人完成运输将货物置于准备交付状态之时，承运人满足此种条件后方有权取得运费。（2）除法律另有规定或者合同另有约定外，货物灭失或者收货人不能在目的地提取货物（承运人依法在目的地附近安全地点卸货除外），承运人无权请求托运人或者收货人支付运费；货物部分灭失，承运人可以按照可交付货物的数量占全部运输货物的比例主张运费。（3）货物仅发生损坏而没有灭失的，托运人或者收货人提取货物时原则上仍应当全额支付运费，在实体法上一般不得以其拟请求赔偿货损而声称与运费债务抵销为由主张拒绝支付全部或者部分运费，①这在英国判例法中被称为“运费不可触动”原则。托运人或者收货人支付运费后可以将运费纳入货损索赔中请求承运人赔偿。但是，借鉴英国判例法经验，当货物严重毁损以致货物质量或者性质发生根本改变，可能导致托运人或者收货人以承运人根本不能交付约定的运输货物为由拒绝支付运费（英国判例支持托运人或者收货人的该种抗辩）。例如，特定托运人托运的水泥在运输中遭水湿结块成为混凝土，托运人或者收货人可以以承运人交付的货物是混凝土而不是水泥为由拒绝支付运费。又假设一艘船舶运载浓硫酸，途中货舱不断进水，硫酸也逐渐被稀释，如果在船舶抵目的港交付货物时，硫酸被轻微稀释，则托运人或者收货人不得拒绝支付运费，因为被稀释的硫酸在性质上仍是硫酸；但如果船舱大量进水导致船舱所剩硫酸稀少，以致船舱装载的物质变成“被硫酸污染的水”而不是“被水稀释的硫酸”，此时托运人或者收货人可以拒绝支付运费，因为其会抗辩其所要提取的货物是硫酸而不是水，既然承运人不能交付托运的硫酸，托运人或者收

① 最高人民法院曾经在1992年针对上海市高级人民法院〔1990〕沪高经上字第38号请示，作出《关于托运人主张货损货差而拒付运费应否支付滞纳金的答复》（1992年2月12日，法函〔1992〕16号），内容如下：“一、在水路货物运输合同中，支付运费是托运人的法定义务，该义务不因发生货损货差而消灭。托运人主张的货损货差赔偿可通过索赔解决，若擅自拒付运费则应按法律规定支付滞纳金。二、托运人主张的货损货差赔偿一经认定，赔偿数额应包括货损货差本额及其利息。”根据该答复函的精神，托运人不得以货损为由拒绝或者迟延支付运费。这是实体法规则。但在诉讼程序上，不排除托运人拖延支付运费，然后在承运人提起的运费诉讼中提起货损索赔（反诉）或者选择诉讼抵销（单纯的抵销抗辩），这在程序法上属于被告的两种选择。有关程序问题，可参见江伟、肖建国主编：《民事诉讼法》，中国人民大学出版社2018年版，第39~40页。

货人当然可以不支付运费。当然，也不排除在运输实践中会出现货损严重导致托运人或者收货人提取货物失去经济价值而弃货的情形，在该情形下如果托运人或者收货人以不能实现运输合同目的为由而主张解除合同成立，则会影响承运人收取运费。总之，在《民法典》运输合同一章和各运输单行法对运费支付缺乏具体规定时，需要根据诚信和公平等法律原则和《民法典》合同编中的通则部分的基本规定，结合个案案情进行具体分析，逐步在司法实践中检验并完善运费支付规则。

【审判实践中应注意的问题】

第一，关于运费费用支付问题，《铁路法》《民用航空法》《海商法》等运输单行法有专门规定的，优先适用其规定。

第二，关于运费风险承担问题，《民法典》和《海商法》均涉及。《海商法》第90条仅涉及船舶在装货港开航前运输合同因不可抗力和不可归责于合同双方当事人原因而解除的情形。国际海上货物运输途中因货物灭失等原因引起的运费风险问题，仍应适用《民法典》的有关规定。那么《海商法》第51条关于承运人免责的十二项事由是关于承运人对货物灭失或者损坏免责的规定，是否均可适用于承运人承担运费风险的问题呢？笔者认为，这是两码事，承运人对货物损失免责，不能当然作为其不承担运输风险的理由；根据《民法典》第835条的立法本意，托运人已经因货物灭失而遭受损失，如果其还要负担运费，就意味其要承担双重损失，从公平和诚信角度，不能当然支持承运人在主张其对货物损失免责的同时又主张不承担运费风险，除非合同另有有效约定或者货物灭失原因和承运人不承担运费风险的事由均为不可抗力、货物本身的自然性质或者合理损耗以及托运人、收货人过错等。

第三，关于收货人支付运费的数额问题。如果收货人持有的运单或者提单等运输单证中没有记载具体运费数额或者据以确定运费的方法，原则上收货人应当按照托运人与承运人约定的运输费用数额支付，但是如果托运人与承运人在运输合同中约定的运输费用数额过高且收货人事先并不知情，根据公平和诚信原则，收货人应付的运输费用应当以合理为限，具体标准一般可参照同类货物在同期同类运输（含运输方式和运输线路等）中的运价水平酌定。

第二节　客运合同

第八百一十四条　客运合同自承运人向旅客出具客票时成立，但是当事人另有约定或者另有交易习惯的除外。

【条文主旨】

本条是关于客运合同的成立时间的规定。

【条文理解】

与《合同法》第293条相比，《民法典》将“交付”客票改为“出具”客票。

客运合同是一种典型的民事合同，其订立和成立与其他民事合同的订立和成立既有相同的地方，也有如下区别。具体体现如下：

一、合同行为主体方面

在客运合同中，从事公共运输的承运人一般具有独占的地位，制作并发布标准合同，其相对方是不特定的社会公众，原则上任何人都可以按承运人发布的标准合同确立合同关系。但是，客运领域存在一定的特殊性：旅客运输供求关系中，存在运输能力与运量之间的冲突。在运输能力大于运量时，从事公共运输的承运人不应拒绝也不会拒绝旅客。但如果运输能力小于运量时，承运人就可能无法满足所有旅客的要求。实践中，比如在班轮旅客运输中，承运人通常在营业地或者报纸上公告航次和舱位数量，承运人在此运量范围内才受约束。

二、合同的内容方面

承运人公布的客票、价目表和班次时刻表等往往直接或者间接构成运输合同内容，但是否构成运输合同内容，须以合同是否成立为界限。在旅客购票之前，承运人公布的内容在性质上仅在于说明承运人的运输能力、运输安排、价格等实际情况，属于对承运人法定资格、经营范围、经营行为能力的公示。此时，这些内容尚不构成具体运输合同的内容。只有在旅客向承运人支付购票款，取得客票之后，运输合同才成立，上述内容才成为运输合同的内容。

三、合同的成立时间方面

一般而言，旅客取得客票时，客运合同即告成立。合同成立同时意味着旅客已经履行了其合同主要义务，即支付了购票款。但是，在国际旅客运输合同中，由于涉及法律适用的问题。通常情形下，客票就是旅客运输合同成立的凭证，即承运人向旅客签发的客票就证明了承运人与旅客之间订立了运输合同。因此，旅客取得客票的时间就是客运合同成立的时间。但在当事人另有约定的情况下，客运合同的成立时间可以与客票取得时间不一致。比如，在航空运输合同中，旅客与承运人约定运输合同从旅客登机时成立，则航空运输合同成立时间就是旅客登上飞机的时刻。随着电子商务的发展，承运人无需按照传统的窗口购票的方式向旅客交付客票，可以充分利用网络向旅客显示订票成功。因此，本条对《合同法》第293条条文进行细微修改，将“交付”客票改为“出具”客票。但运输合同的成立时间也可以不在承运人出具客票时成立，比较典型的情形是出租车、网约车运输中，按照交易习惯，在旅客登上出租车或者网约车司机接单时即告运输合同成立。

【审判实践中应注意的问题】

一、关于水路旅客运输合同的法律适用

在我国，客运合同主要包括公路旅客运输合同、水路旅客运输合同、航空旅客运输合同、铁路旅客运输合同。实践中，特别需要关注水路旅客运输合同的法律适用问题。

水路旅客运输合同，是指承运人以适合运送旅客的船舶经水路将旅客及其自带行李从一港运送至另一港，由旅客支付票款的合同。[①]海上旅客运输合同，是指承运人以适合运送旅客的船舶经海路将旅客及其行李从一港运送至另一港，由旅客支付票款的合同。[②]水路旅客运输合同比海上旅客运输合同范围更广。但交通运输部制定的《水路旅客运输规则》仅调整中华人民共和国沿海、江河、湖泊以及其他通航水域发生的旅客运输合同。海上旅客运输，顾名思义，是指经海路从事的旅客运输，包括江海之间、海江之间的直达运输。《海商法》第五章海上旅客运输合同，既调整国内沿海旅客运输合同，也调整国际海上旅客运输合同。

根据法律效力层次的特殊原则，关于海上旅客运输合同，《海商法》优先于《民法典》适用。由于我国是《1974年雅典公约》缔约国，当该公约与《海商法》有不同规定的，应优先适用公约规定。除了沿海旅客运输合同之外，其他水路旅客运输合同应适用《民法典》合同编运输合同章本节的有关规定。《水路旅客运输规则》系部门规章，人民法院可在当事人明确约定适用的情况下，将其作为合同条款适用，但不得违反法律的强制性规定。

二、关于航空运输合同订立

航空运输分为国内航空运输和国际航空运输。国内航空运输，是指根据当事人订立的航空运输合同，运输的出发地点、约定的经停地

---

① 《水路旅客运输规则》第5条第1项。

② 《海商法》第107条。

点和目的地点均在中华人民共和国境内的运输；国际航空运输，是指根据当事人订立的航空运输合同，无论运输有无间断或者有无转运，运输的出发地点、目的地点或者约定的经停地点之一不在中华人民共和国境内的运输。[①] 航空运输合同各方认为几个连续的航空运输承运人办理的运输是一项单一业务活动的，无论其形式是以一个合同订立或者数个合同订立，应当视为一项不可分割的运输。[②] 客票是航空旅客运输合同订立和运输合同条件的初步证据。[③] 值得注意的是，根据1999年《统一国际航空运输某些规则的公约》(《蒙特利尔公约》) 第1条第2项规定，"国际运输" 系指根据当事人的约定，不论在运输中有无间断或者转运，其出发地点和目的地点是在两个当事国的领土内，或者在一个当事国的领土内，而在另一国的领土内有一个约定的经停地点的任何运输，即使该国为非当事国。就该公约而言，在一个当事国的领土内两个地点之间的运输，而在另一国的领土内没有约定的经停地点的，不是国际运输。该公约第1条第3项规定，运输合同各方认为几个连续的承运人履行的运输是一项单一的业务活动的，无论其形式是以一个合同订立或者一系列合同订立，就该公约而言，应当视为一项不可分割的运输，并不仅因其中一个合同或者一系列合同完全在同一国领土内履行而丧失其国际性质。在现行的航空运输公约体制下，客票构成运输合同订立与条件的表面证据。

三、关于实名制购票问题

近年来，随着信息化建设的推进，客票实名制进一步被推广，比如，《铁路旅客车票实名制管理办法》《水路旅客运输实名制管理规定》。今后，越来越多的运输领域将实现客票的电子化，旅客凭相应的电子客票信息就可乘坐交通工具。在这样的背景下，旅客运输合同成立的时间就应当以承运人发出电子客票信息为准。

---

① 《民用航空法》第107条。

② 《民用航空法》第108条。

③ 《民用航空法》第111条第1款。

第八百一十五条 旅客应当按照有效客票记载的时间、班次和座位号乘坐。旅客无票乘坐、超程乘坐、越级乘坐或者持不符合减价条件的优惠客票乘坐的，应当补交票款，承运人可以按照规定加收票款；旅客不支付票款的，承运人可以拒绝运输。

实名制客运合同的旅客丢失客票的，可以请求承运人挂失补办，承运人不得再次收取票款和其他不合理费用。

【条文主旨】

本条是关于旅客按照有效客票乘坐义务以及客票丢失挂失补办的规定。

【条文理解】

与《合同法》第294条关于“旅客应当持有效客票乘运”的规定相比，本条第1款进一步明确了“旅客应当按照有效客票记载的时间、班次和座位号乘坐”内容；第2款系新增加条款。

通常情形中，客票是客运合同的证明，旅客持有的客票就表明其与承运人之间存在运输合同关系，旅客凭客票就可以要求承运人履行运输义务。同时，旅客也负有按照有效客票记载的时间、班次和座位号乘坐的义务，不得无票乘坐、超程乘坐、越级乘坐或者持不符合减价条件的优惠客票乘坐。其中，超程乘坐是指旅客自行乘坐的到达地超过了客票指定的目的地。越级乘坐是指旅客自行乘坐超过客票指定的等级席位。比如，航空旅客运输合同中，旅客购买的是经济舱的客票，但其在飞机上自行占据公务舱的席位。

针对旅客无票乘坐、超程乘坐、越级乘坐或者持不符合减价条件的优惠客票乘坐的行为，相关法律等作出了明确规定。比如，在水路旅客运输合同中，乘船人无票在船上主动要求补票，承运人应向其补收自乘船港（不能证实时，自客船始发港）至到达港的全部票价款，并核收补票手续费；在途中，承运人查出无票或持用失效船票或伪造、涂改船票者，除向乘船人补收自乘船港（不能证实时，自客船始发港）至到达港的全部票价款外，应另加收相同区段最低等级票价的100%的票款，并核收补票手续费。[①] 在到达港，承运人查出无票或持用失效船票或伪造、涂改船票者，应向乘船人补收自客船始发港至到达港最低等级票价的400%的票款，并核收补票手续费。[②] 在铁路旅客运输合同中，旅客乘车应当持有效车票。对无票乘车或者持失效车票乘车的，应当补收票款，并按照规定加收票款；拒不交付的，铁路运输企业可以责令其下车。[③]

近年来，全国陆续发生多起旅客遗失纸质火车票，而要求铁路部门办理补票的案件。对此，本条第2款增加规定了承运人挂失补办的义务。旅客凭购票身份信息、购票成功电子信息等，有权请求承运人挂失补办，承运人不得再次收取票款和其他不合理费用。比如，在水路旅客运输合同中，乘船人遗失船票的，经核实其身份信息后，水路旅客运输经营者或者其委托的船票销售单位应当免费为其补办船票。[④]

【审判实践中应注意的问题】

根据本条规定，承运人对旅客无票乘坐、超程乘坐、越级乘坐或者持不符合减价条件的优惠客票乘坐行为的处理，分为两个层次：第一，旅客无票乘坐、超程乘坐、越级乘坐或者持不符合减价条件的优惠客票乘坐的，应当向承运人补交票款。补足票款属于旅客的义

① 《水路旅客运输规则》第40条。
② 《水路旅客运输规则》第41条。
③ 《铁路法》第14条。
④ 《水路旅客运输实名制管理规定》第5条第3款。

务，收取相应票款是承运人的权利。因此，承运人是否按规定向旅客追收相应票款，由承运人自行决定。第二，如果旅客不按规定补足票款的，承运人有权拒绝运输。所谓拒绝运输，是指承运人有权在适当的地点令旅客离开运输工具。同时，在旅客拒不补足票款，承运人令旅客在适当地点离开运输工具后，承运人仍有权向旅客追收相应票款。比如，根据《海商法》第112条的规定，旅客无票乘船、越级乘船或者超程乘船，应当按照规定补足票款，承运人可以按照规定加收票款；拒不交付的，船长有权在适当地点令其离船，承运人有权向其追偿。

第八百一十六条 旅客因自己的原因不能按照客票记载的时间乘坐的，应当在约定的期限内办理退票或者变更手续；逾期办理的，承运人可以不退票款，并不再承担运输义务。

【条文主旨】

本条是关于旅客办理退票或者变更乘运手续的规定。

【条文理解】

与《合同法》第295条相比，《民法典》将“约定的时间”改为“约定的期限”，条文意思没有发生变化。

客票是客运合同的凭证，在客票上一般都载明了车次、船次、航次、运输开始的时间、客位的席位登记以及票价等内容。承运人应当按照客票载明的时间进行承运，且要保证旅客在客票载明的时间内到达目的地。同时，旅客也应当在客票载明的时间内乘坐。如果旅客因自己的原因不能按照客票记载的时间乘坐的，旅客有权要求解除运输合同或者变更运输合同。旅客解除运输合同，通过办理退票手续行使。旅客变更运输合同的，可以要求改签，即变更乘坐时间或到达地点。旅客在约定的期限内不办理退票或者变更手续（俗称改签），逾期后承运人可以不退购票款，并且也不再承担运输旅客的义务。比如，在铁路旅客运输合同中，关于车票改签问题。（1）旅客不能按票面指定的乘车站、日期、车次乘车时，应当在票面指定的开车时间前到车站办理一次提前或推迟乘车签证手续。特殊情况经购票地车站或票面乘车站站长同意的，可在开车后2小时内办理；持动车组列车车票的旅客改乘当日其他动车组列车时不受开车后2小时内限制。团体旅客不应晚于开车前48小时。（2）在车站售票预售期内且有运输能力的前提下，车站应予办理，收回原车票，换发新车票，并在新车票票面注明“始发改签”字样（特殊情况在购票地车站或票面乘车站开车后改签的注明“开车后改签不予退票”字样）；原车票已托运行李的，在新车票背面注明“原票已托运行李”字样并加盖站名戳。①为了让更多的旅客最大限度利用车票资源，减少占票浪费运力，同时也便于已持有车票旅客的行程调整，在其他列车有余票时，可以改签发到城市相同的车票。具体是，开车前48小时（不含）以上，可改签预售期内的其他列车；开车前48小时以内，可改签开车前的其他列车，也可改签开车后至票面日期当日24：00之间的其他列车，不办理票面日期次日及以后的改签；开车之后，旅客仍可改签当日其他列车，但只能在票面发站办理改签。②关于退票问题。（1）旅客要求退票时，应当在票面指定的开车时间前到车站办理，退还全部票价，核收退票费。特殊情况经购票地车站或票面乘车站站长同意的，可在开车后2小时内办理。团体旅客不应晚于开车前48小时。（2）旅客开始旅行后不能退票。但如因伤、病不能继续旅行时，经站、车证实，可退还已收票价与已乘区间票价差额，核收退票费。已乘区间不足起码里程时，按起码里程计算；同行人同样办理。（3）因特殊情况经购票地车站或票面乘车站站长同意在开车后2小时内改签的车票不退。（4）退票费如下核收：票面乘车站开车时间前48小时以上的按票价5%计，24小时以上、不足48小时的按票价10%计，不足24小时的按票价20%计。上述计算的尾数以5角为单位，尾数小于2.5角的舍去、2.5角以上且小于7.5角的计为5角、7.5角以上的计为1元。③为了方便旅客行程的调整，客票预售期延长至60天后，对开车前15天（不含）以上退票的，不收取退票费。④

---

① 《中国铁路总公司关于车票改签、退票有关事项的通知》（铁总运〔2013〕102号）。

② 《中国铁路总公司关于进一步优化改签、退票规则的通知》（2014年11月30日）。

③ 《中国铁路总公司关于车票改签、退票有关事项的通知》（铁总运〔2013〕102号）。

④ 《中国铁路总公司关于进一步优化改签、退票规则的通知》（2014年11月30日）。

【审判实践中应注意的问题】

本条规定仅适用于因旅客自己的原因不能按照客票载明的时间乘坐运输工具的情形。如果旅客不能按照客票的时间乘坐运输工具，系因承运人的原因所造成的，承运人应当根据旅客的要求，安排改乘其他班次或者办理退票。

第八百一十七条 旅客随身携带行李应当符合约定的限量和品类要求；超过限量或者违反品类要求携带行李的，应当办理托运手续。

【条文主旨】

本条是关于旅客应当按照约定限量限类随身携带行李的规定。

【条文理解】

与《合同法》第296条相比，本条增加了旅客行李携带行李应当符合“品类要求”的规定，并强调“随身携带行李”。

客运合同中，承运人的主要义务是将旅客从起运地运至目的地，而不是专门为了运输行李。但是，为了旅客乘坐途中的方便，承运人或者有关部门一般也允许旅客随身携带一定数量的行李。特别是在海上旅客运输合同中，运输合同标的包括旅客、自带行李与托运行李。因此，承运人应免费为旅客运送一定数量的行李，并对旅客的托运行李负有妥善保管的义务。[①]

【审判实践中应注意的问题】

旅客具体在乘坐过程中可以随身携带的行李种类以及具体数量，则由运输合同或者相关管理规定予以明确。比如，在航空旅客运输合同中，航空承运人和入港机场都会规定旅客可携带登机的行李物品种

① 司玉琢主编：《海商法》，法律出版社2012年版，第224页。

类，易燃易爆物品都在禁止随身携带行李之列。航空承运人还会根据旅客所购客票的不同席别，规定可携带登机相应重量的行李。因此，旅客负有按照规定或者约定限量限类携带行李，不得擅自携带或者在行李中夹带危险物品或者违禁物品的义务。如果旅客随身携带行李超出规定的物品尺寸、物品范围或者超重的，承运人有权要求旅客办理托运手续。如果旅客拒不办理托运手续，坚持随身携带的，承运人可以拒绝运输。

第八百一十八条　旅客不得随身携带或者在行李中夹带易燃、易爆、有毒、有腐蚀性、有放射性以及可能危及运输工具上人身和财产安全的危险物品或者违禁物品。

旅客违反前款规定的，承运人可以将危险物品或者违禁物品卸下、销毁或者送交有关部门。旅客坚持携带或者夹带危险物品或者违禁物品的，承运人应当拒绝运输。

【条文主旨】

本条是关于旅客不得携带危险物品或者违禁物品的规定。

【条文理解】

与《合同法》第297条相比，本条将“危险物品或者其他违禁物品”的表述改为“危险物品或者违禁物品”。

按照《合同法》第297条规定，危险物品属于违禁物品。本条将危险物品与违禁物品进行了区分。在旅客运输过程中，安全运输是第一要务。实践中，因旅客随身携带或者在行李中夹带违禁物品或者易燃、易爆、有毒、腐蚀性等危险物品而导致出现严重后果的事件时有发生。特别是在铁路旅客运输过程中，因旅客随身携带危险物品而造成人身伤害和财产损害的事件屡屡见诸报端。因此，相关法律明确规定，托运、承运货物、包裹、行李，必须遵守国家关于禁止或者限制运输物品的规定。[①]（1）关于危险物品。本条所规定的危险物品是指危及人身安全和财产安全的物品，具体所指的就是本条所列举的易

① 《铁路法》第28条。

燃、易爆、有毒、有腐蚀性、有放射性等物品，比如，烟花爆竹、雷管、炸药。（2）关于违禁物品。本条所规定的违禁物品是指有可能对国家利益和社会公共利益造成影响的物品，比如，枪支、毒品等。本条规定了旅客不得携带违禁物品或者危险物品的义务，在性质上属于强制性义务，旅客不得违反。

旅客在登上运输工具之前，承运人一般都要对旅客进行安全检查，防止旅客将危险物品或者违禁物品带上运输工具。如果旅客已将危险物品或者违禁物品带上运输工具，依据本条第2款规定，承运人一经发现，有权将违禁物品卸下、销毁或者送交有关部门。比如，在海上旅客运输中，旅客随身携带烟花爆竹登船，在航行途中被承运人发现的，为了航行安全，承运人有权将烟花爆竹就地销毁或者在适当地点交给岸上有关部门处理。

本条第2款同时规定，如果旅客坚持携带或者夹带危险物品或者违禁物品的，承运人应当拒绝运输。要特别注意的是，此时承运人必须拒绝运送旅客，这是承运人的一项强制性义务，体现了《民法典》严格保护人身与财产安全的立法精神。

【审判实践中应注意的问题】

在旅客运输过程中，承运人发现旅客已将危险物品或者违禁物品带上运输工具，承运人将危险物品或者违禁物品卸下、销毁或者送交有关部门的情况下，承运人可以不负赔偿责任。例如，在海上旅客运输合同中，旅客不得随身携带或者在行李中夹带违禁品或者易燃、易爆、有毒、有腐蚀性、有放射性以及有可能危及船上人身和财产安全的其他危险品。承运人可以在任何时间、任何地点将旅客违反前款规定随身携带或者在行李中夹带的违禁品、危险品卸下、销毁或者使之不能为害，或者送交有关部门，而不负赔偿责任。[①]

① 《海商法》第113条第1款、第2款。

如果旅客由于违反本条第1款规定携带危险物品或者违禁物品等上运输工具，对其他旅客的人身、财产或者承运人的财产造成损害的，旅客还应当承担赔偿责任。

第八百一十九条　承运人应当严格履行安全运输义务，及时告知旅客安全运输应当注意的事项。旅客对承运人为安全运输所作的合理安排应当积极协助和配合。

【条文主旨】

本条是关于承运人安全运输义务与向旅客告知重要事项义务以及旅客协助配合义务的规定。

【条文理解】

与《合同法》第298条相比，本条作了较大修改，特别是增加了旅客的协助和配合义务。

近年来，旅客“霸座”、强抢方向盘、未到站或者坐过站强行要求下车等事件时有发生，严重影响公共交通安全与文明秩序。而现有的维护“车厢”秩序的制度，主要是承运人单方拟定的格式合同或运输主管部门制定的规章制度，约束力有限。对此，在《民法典》征求意见过程中，最高人民法院建议在运输合同章客运合同一节中，增加旅客的协助配合义务，要求旅客对承运人为安全运输所作的合理安排应当积极协助和配合。本条采纳了这一建议。

本条首先规定了承运人应当严格履行安全运输的义务，及时告知旅客安全运输应当注意的事项。比如，在航空旅客运输过程中，飞机起飞前，乘务人员都会配合安全提示视频现场演示安全带的系扣要求、氧气面罩的使用方法、紧急出口的使用情形与方法等。此外，本条还规定了旅客乘坐交通工具的协助和配合义务。比如，公交车旅客因未注意到站信息已坐过站而要求司机临时停车，司机有权拒绝未到站停车，旅客应当服从司乘人员的安排，不得无理要求司机未到站停车。

【审判实践中应注意的问题】

本条规定了承运人应当向旅客及时告知安全运输应当注意的事项。保证运输安全是承运人的最大的义务。旅客作为个体，对运输中的安全乘运知识可能了解不多，为了让旅客安全乘坐，安全抵达目的地，作为具有这方面专业知识的承运人就应当及时告知安全运输应当注意的事项。如果因承运人的过错未及时告知旅客安全运输应当注意的事项，导致旅客的人身损害或者财产损失的，承运人应当承担赔偿责任。

本条同时明确了旅客对承运人为安全运输所作的合理安排应当积极协助和配合。这划清了旅客乘坐交通工具的法律底线、责任底线，明确了“霸座”、抢方向盘、强行要求上下车等不安全、不文明行为的法律性质，增强了乘坐交通工具规则的权威性、严肃性、制约性。实践中，如果再出现旅客“霸座”等行为时，承运人就有了更有力的法律武器，比如，可以变更或者解除运输合同、拒绝提供客运服务，或者要求旅客承担赔礼道歉、赔偿损失、消除影响等民事责任。

第八百二十条　承运人应当按照有效客票记载的时间、班次和座位号运输旅客。承运人迟延运输或者有其他不能正常运输情形的，应当及时告知和提醒旅客，采取必要的安置措施，并根据旅客的要求安排改乘其他班次或者退票；由此造成旅客损失的，承运人应当承担赔偿责任，但是不可归责于承运人的除外。

【条文主旨】

本条是关于客运承运人基本义务以及迟延运输后的补救措施、责任承担的规定。

【条文理解】

与《合同法》第299条相比，《民法典》就承运人迟延运输问题增加了三项表述：第一，承运人应当按照有效客票的记载乘坐，增加了“有效”这一表述；第二，承运人迟延运输的，应当履行告知和提醒义务；第三，由此造成旅客损失的，承运人应当承担赔偿责任，但是不可归责于承运人的除外。

本条所规定的内容，体现的是合同法中的一项基本原则，即合约必须信守。为了交易的便捷和效率，客运合同关于合同的形式、履行方式等方面，一般采取运输票证如火车票、机票、汽车票、船票等形式。一张有效的客票，是承运人与旅客之间成立包含有主要运输合同条件的客运合同的初步证据，客票上记载的运输时间、班次、座位号构成客运合同的主要内容。承运人和旅客都应依据客票载明的事项行事。

一般合同的履行不以出示合同为前提，但对于以票证形式构建的客运合同，旅客在登上交通运输工具时应该出示客票，交承运人或承运人的代理人查验。例如，《民用航空法》第109条规定，旅客乘坐民用航空器，应当交验有效客票。但是，因客票仅是旅客和承运人之间成立运输合同的证明，如果旅客未能出示客票，或者客票不符合规定或者客票遗失，并不影响运输合同的存在或者有效。在旅客提供的其他证据能证明其已与承运人之间成立客运合同的情况下，承运人不能仅以旅客不能提交客票，或者提交的客票不合规范为由拒绝运输。另外，随着人员流动的日益频繁以及技术的发展，旅客出示客票、承运人查验客票的具体方式已经发生了一定的改变。例如，在中国境内的航空运输领域，旅客仅凭身份证件即可领取直接登机的凭证，无需出示客票。在绝大多数高铁站点，旅客仅凭身份证件即可直接登车。表面上旅客出示的、承运人查验的是身份证件而非客票，但因为运输合同中的关键内容都可以通过身份证件在一定的电子系统中予以验证，因此，对身份证件的出示和查验本质上仍包含着客票的出示和查验。

关于运输时间。旅客应按照载明的运输开始的时间乘坐，《民法典》第816条已规定，旅客因自己的原因不能按照客票记载的时间乘坐的，应当在约定的期限内办理退票或者变更手续；逾期办理的，承运人可以不退票款，并不再承担运输义务。本条规定的是承运人应按照载明的运输时间发运旅客并到达目的地，这是承运人应遵守的一项基本义务。如果承运人提前发运，提前发运属于未在约定时间履行合同，承运人构成违约，因提前发运导致旅客未能乘坐的，旅客有权要求承运人安排改乘其他班次或者退票，并有权就遭受的损失请求承运人承担责任。较为常见、较为复杂的是承运人未按约定的运输时间运输即承运人迟延运输的责任问题。一般而言，大体分为两种情况：如果迟延运输系因承运人自身的原因，应回归到合同法的一般原理，承运人应承担相应的赔偿责任；如果迟延运输系不可抗力因素造成，则承运人应免除相应的责任。

关于承运人履行告知和提醒义务，系诚信原则在客运合同领域的体现。诚信原则是私法领域，尤其是民法债权理论中的“帝王条款”及“最高行为准则”。诚信履行原则下导出的合同履行的附随义务，是指合同关系发展过程中，以及合同关系终止后的一定时期，当事人依诚信原则所应负担的给付义务以外的义务。本法第509条对此作了明确规定。依据该条的规定，当事人应当按照约定全面履行自己的义务。当事人应当遵循诚信原则，根据合同的性质、目的和交易习惯履行通知、协助、保密等义务。在客运合同履行过程中，不论是因承运人自身的原因，还是不可抗力因素所致，承运人迟延运输的，应及时、充分地履行告知和提醒义务，以方便旅客根据具体情况，及时对行程作出相应调整和安排。如果旅客放弃行程的，承运人应履行退票义务。旅客选择继续行程，要求安排改乘其他班次的，在情况允许的情况下，承运人应及时、尽力予以协助。旅客选择继续等待乘坐该次运输工具的，如果等待超出一定期限，根据运输方式的不同，承运人应协调的事项的内容可能也不尽相同。

关于违约责任。本条较《合同法》第299条增设了有关承运人因迟延运输对旅客造成损失时，承运人的责任承担的内容。该规定贯彻了合约必须信守的基本原则，进一步将客运合同下承运人应承担的责任具体化。无论是根据《合同法》还是《民法典》的相关规定，违约责任主要分为继续履行、采取补救措施和赔偿损失三种。而根据《合同法》第299条之规定，在承运人违约的情况下，其所承担的责任为“根据旅客的要求安排改乘其他班次或者退票”。《民法典》进一步明确了承运人赔偿责任的承担，也规定了免除责任承担的情形，使得客运合同下承运人的责任承担的体系更加完善。同时，该条也与我国作为缔约国的《蒙特利尔公约》等国际公约的相关内容基本保持一致。《蒙特利尔公约》第19条规定“旅客、行李或者货物在航空运输中因延误引起的损失，承运人应当承担责任。但是，承运人证明本人及其受雇人和代理人为了避免损失的发生，已经采取一切可合理要求的措施或者不可能采取此种措施的，承运人不对因延误引起的损失承担责任”，尽可能体现了对旅客的保护。事实上，早在2015年，最高人民法院即发布了第51号指导案例阿卜杜勒·瓦希德诉中国东方航空股份有限公司航空旅客运输合同纠纷案（以下简称51号指导案例），在该案例中，人民法院便依据相关公约作出裁判，明确了承运人赔偿责任。

【审判实践中应注意的问题】

在审判实践中，因承运人迟延运输造成的纠纷较为多见，尤其是航空旅客运输、海上旅客运输这种易受天气和其他不可抗力因素影响较大的客运方式，常常就承运人是否应承担责任，以及如何承担责任引发争议。

一、对承运人迟延运输情形下相关责任的认定

作为一般原则，在约定时间或合理时间内将旅客运送到目的地，是承运人应当履行的一项基本义务，当承运人发生迟延运输时，便构成违反该条规定的初步证据。相较《合同法》第299条的措辞，《民法典》本条强调了客票须为“有效客票”。因为随着客运业的快速发展和交易手段的便捷化，目前存在旅客多次改签客票的情况。审判实践中，可能出现多份客票引发的事实认定方面的问题，对此应加以留意。判断承运人是否未按约定的时间、班次、座位履行运输合同时，应以最终有效的客票为标准，依据最终有效的客票上记载的内容进行判断。

但在审判实践中也应注意，《民法典》的相关规定是一般规定，对于特别法另外有专门规定的，应依据特别法的规定。在责任认定上，本条根据迟延运输的具体情况对承运人设置了不同类型的责任。在承运人迟延运输的审判实践中，离不开对迟延运输归责的判断并以可否归责于承运人分为两类。

根据本条规定，无论迟延运输是否归责于承运人，只要发生迟延运输的情况承运人都负有告知和提醒义务，采取必要的安置措施，并

根据旅客的要求安排改乘其他班次或者退票。在告知和提醒义务的判定上，审判实践应着重对承运人的告知和提醒是否及时、全面作出审查。因为在客运情况变迁时，旅客会根据自身情况作出不同的选择，因而承运人应当提供及时与全面的信息供旅客作出综合考量，从而防止合同履行过程中产生不必要的损失，这也在51号指导案例中有所体现。而在旅客获取信息后，承运人也负有安排改乘或提供退票的义务。与之类似，《铁路法》第12条也规定，因铁路运输企业的责任造成旅客不能按车票载明的日期、车次乘车的，铁路运输企业应当按照旅客的要求，退还全部票款或者安排改乘到达相同目的站的其他列车。因此，在审判实践中，应看到该规定既体现了在迟延运输情况下，要求承运人采取补救措施或继续履行的责任；也强调了承运人作为公共服务行业应履行更为全面的法律义务和社会责任，突出了对旅客的保护。

本条承运人的赔偿责任问题，在审判实践中首先需要判断迟延运输造成的损失是否归责于承运人。以航空运输为例，如果迟延运输是由于天气原因、航空管制等不能预见、不可抗拒的因素以及因旅客自身原因导致的，则承运人无需承担赔偿责任。但值得注意的是，在承运人援引不可抗力等因素作出抗辩时，人民法院应当在本条的基础上全面结合《民法典》第590条等其他条款予以审查，从而有效判定承运人是否可以减轻或免除责任。反之，如果迟延运输是由于承运人班次调配、工作协调等自身原因造成的，旅客因此遭受的损失也应由承运人承担。

二、赔偿责任形式与金额

在赔偿责任承担形式上，迟延运输本质上是在运输合同下的违约责任，出现承运人迟延运输的情形造成旅客损失时，损害赔偿是承运人承担责任的基本方式。在赔偿金额的确定上，依据损失填平的一般法理，承运人所做赔偿应弥补乘客所遭受的损失。但是，在很多运输领域，都存在限制承运人赔偿责任的做法。例如《海商法》第57条等条款就针对承运人迟延交付承担的赔偿存在限额，而《蒙特利尔公约》第22条也规定承运人在金钱赔偿上是存在责任限额的。因此，在审判实践中，如何判定承运人金钱赔偿金额需要人民法院根据个案案情并综合考虑国内法以及我国缔结的国际公约予以妥善认定。

第八百二十一条　承运人擅自降低服务标准的，应当根据旅客的请求退票或者减收票款；提高服务标准的，不得加收票款。

【条文主旨】

本条是关于承运人改变服务标准后其相关义务的规定。

【条文理解】

与《合同法》第300条相比，本条主要删除了“变更运输工具”的限定，扩大了降低服务标准的范围。

本条所规定的内容，体现着这样一条基本原则，即在合同法律关系中，一方的行为导致对方获利的，其不得以对方因此获利为由额外向对方主张相应的对价。相反，一方的行为导致对方利益受损的，其则负有补偿对方相应损失的义务。虽然承运人单方面提高了乘客的服务标准，但该提高的部分并非乘客同意支付额外价款购买的事项，应解释为承运人自愿负担相应的义务，承运人没有就提升服务的部分要求乘客额外支付对价的权利。如果承运人擅自降低服务标准，则承运人构成未完全履行其约定的义务，应向旅客承担相应的责任。究其本质，该条的核心仍是合约必须信守。

关于承运人擅自降低服务标准的问题。本条强调了承运人应当完全履行客运合同约定，为旅客提供符合其要求的客运服务。随着客运服务业的发展和人民生活水平的不断提高，承运人也根据旅客的不同需求提供了多层次的服务模式。而旅客也会根据其自身情况，选择不同层次的服务标准并承担相应的对价。因此，在客运合同的履行过程中，承运人除了满足旅客按时到站的基本要求外，还负有对满足不同旅客多样化服务需求的合同义务。因此，当承运人与旅客达成客运合同，承诺旅客在支付相应票款的基础上为其提供符合票价的服务后，如果承运人未经旅客同意擅自降低服务标准时，其便违反了合同的约定，构成违约并应承担旅客退票或减收票款的责任。

关于承运人提高服务标准的问题。如果承运人未经旅客统一提高了服务标准，虽然此时旅客所获得的服务质量得到提升，其承运人为提升服务所做的额外投入属于承运人自愿负担的行为，其并未征得旅客的同意，而且旅客可能并不需要提升后的服务，无论是从尊重合同约定的角度，还是尊重旅客选择权的角度，承运人均无权向旅客加收票款。

另外，本条是在《合同法》第300条的基础上作出的修订。从字面来看，《合同法》第300条对承运人降低服务标准的原因作了限制性规定，强调只有因运输工具变更导致的服务标准降低，才会引发承运人责任的承担。实践中看来，这一限制不尽合理。例如，花费较高价格购买飞机头等舱而最终只能乘坐经济舱，或者购买高铁商务座或一等座后，只能乘坐二等座等等，都与运输工具的变更无关，而舱位或座位等级的下降对支付了较高费用的旅客而言，其体验差别较为明显，如果严格按照《合同法》第300条的规定，承运人若提出此种情形不构成降低服务标准，会给审判实践带来一定的困扰。《民法典》删除了这一限制性规定，以结果为导向强调只要承运人擅自降低服务标准便应承担相应的责任，体现了《民法典》对保护旅客权益的价值取向，贯彻了自愿、公平、诚信等民法基本原则；另一方面，其也体现出对客运行业发展水平提高的现实呼应。随着人民生活水平的不断提高，其对客运服务质量也有了更高的需求。过去改变客运服务标准的方式主要体现在变更运输工具，但目前除了变更运输工具外诸如飞机或高铁在舱位舒适度、服务质量、餐饮标准、候机候车环境等方面都存在差别。因此，本条将上述可能降低服务标准的情况统一涵盖，从而充分保障了旅客的权益。同时，本条将《合同法》第300条规定的“要求”变为“请求”，进一步体现该权利为合同当事人的私权，而“要求”之措辞更多体现出一种居高临下，不能最精准地反映出该项主张私权的性质。

【审判实践中应注意的问题】

一、承运人履约情况认定

一般而言，服务标准作为客运合同的具体内容，对其判定应当按照承运人与旅客直接有效的合同文本加以确定。但是，由于目前旅客运输合同均采用票证的方式，除了座次等级是否符合标准容易识别外，其他服务内容，例如餐食标准、客舱清洁标准等，票证式合同不可能详细逐条载明。根据本条的规定，在审判实践中应着重把握对“承运人擅自降低服务标准”的审查与把握。首先，要明确“服务标准”，无论是承运人提高或是降低服务标准，都应当对“服务标准”作出明确的认定。何谓降低服务标准，更多是一个事实问题。不同乘客对服务的体验个体差异较大，“众口难调”是客观现实，在判断是否存在降低服务标准的问题时，应综合考察当事双方缔约目的和意思表示之真意，以及特定交通运输工具对应的一般行业准则，以“合理”为最主要的判断原则。个别旅客对服务标准畸高的主张，或个别承运人对服务要求过低的主张，都不应作为参照和认定的标准。

要把握降低服务标准系承运人擅自作出这一要素。如果在特殊情况下，承运人虽降低了服务标准，但对旅客履行了充分的告知义务并获得了旅客的同意，可视为双方对原约定的内容变更达成了合意。此时如旅客以没有经过其同意，承运人违反了客运合同为由，请求承运人进行损害赔偿，此时的审查重点应该是承运人与旅客之间就变更事项的磋商过程，以就双方是否就变更事项达成了合意进行认定。如果相关证据表明旅客已获知相关情况并同意承运人降低服务标准，则承运人便无需承担相应的责任。反之，如果未经旅客同意降低了服务标准，则承运人应按照本条规定履行相应义务。

另外，由于本条已经对《合同法》第300条作出修订，因此在《民法典》生效后相关案件的审判中，不应仅审查承运人降低服务标准是否是由于变更运输工具所致。人民法院应当从降低服务标准的结果为导向，综合审查承运人的行为是否构成违约，只要存在降低服务标准的情况无其他合理理由，承运人便应承担相应责任。

二、旅客的请求权的行使

根据本条之规定，在承运人擅自变动服务标准的情况下法律赋予了旅客下述请求权。

其一，在承运人擅自降低服务标准的情况下，该条赋予了旅客请求退票和减收票价的选择权。旅客要求退票的，承运人应当退还旅客的全部票款；旅客要求减收票款的，承运人应当按照一定的比例相应减收票款。前者是《合同法》下旅客享有的客运合同解除权，旅客以选择退票的方式行使合同解除权后，承运人应返还其票款。但在现实交易中，往往是旅客在已经开始接受承运人服务后发现服务标准降低，由此法律也赋予了旅客选择减收票价的权利。而在审判实践中，往往当事人也会对减价幅度与接受承运人相应服务是否匹配存在争议，需要根据相关事实，参考行业内同样情况下的合理标准，依据比例原则公平合理地确定减价幅度。

其二，在承运人提高服务标准的情况下，旅客享有拒绝加付票款的权利。例如在航空服务业中，常常存在为购买经济舱的旅客升至商务舱的“升舱”服务，而在这一过程中，虽然承运人提高了旅客的服务标准，但是承运人提高服务标准的行为是一种对乘客单向施惠、自己主动单向承担义务的行为，旅客并无同意之义务。

第八百二十二条　承运人在运输过程中，应当尽力救助患有急病、分娩、遇险的旅客。

【条文主旨】

本条是关于承运人应当对患有急病、分娩、遇险的旅客尽救助义务的规定。

【条文理解】

和《合同法》第301条相比，本条规定内容无变化。客运合同履行过程中，对旅客的救助义务是客运合同下承运人应承担的重要法定义务，根据本条，承运人在运输过程中，应当尽力救助患有急病、分娩、遇险的旅客。虽然旅客的这些情况大多不是由承运人的原因造成的，但是作为承运人，如果其有能力协助对旅客的急病、分娩或危险状况采取救助措施，而对旅客的安危采取放任不作为的态度，可以认定承运人未尽到法定义务，承运人要依法承担相应责任。

首先，应准确理解承运人这一义务的责任期间，只有在运输过程中发生该条规定的紧急情形的，才发生承运人是否需要承担责任的问题。一般情况下，运输过程中是指旅客从登上运输工具开始，直至到达目的地离开运输工具为止的这段期间。如果旅客仅仅是到达了运输工具发运的场站，例如机场、车站，尚未登上运输工具，运输过程尚未开始，而且机场、车站对于处理急病、分娩、遇险等紧急状况的客观条件明显较运输途中的交通工具的客观条件更优，此时对承运人课以救助义务反而不符合旅客的最大利益。旅客到达目的地离开交通工具后，客运合同履行即告完毕，承运人的合同义务终止。同理，目的地场站处理紧急情况的客观条件也明显优于交通工具，继续对承运人课以该义务亦不合理。

其次，关于承运人履行此项义务的边界。本条规定，承运人应对患有急病、分娩、遇险的旅客尽救助义务。条文中规定的“急病、分娩、遇险”均属于突发的紧急状况，运输过程中，虽然有些承运人对其工作人员做过简单培训，工作人员可能具有一定的急救知识、险情处理知识，但此种知识可能完全无法解决急病、分娩、遇险的相关状况。即使交通工具上恰好有旅客是专业的医疗人员或专业险情救助人员，但受场地、设备、手段的限制，也不一定能处理好这些紧急情况，将此种情况作为承运人的义务并不现实。因此，法条使用的是“尽力救助”之表述。使用“尽力”的措辞，表明承运人承担的并非绝对义务，并非承运人只要未能妥善处理紧急情况即应承担违约责任，而是要结合当时的客观情况，对承运人是否在力所能及的范围内进行了协助工作进行审理和认定。

【审判实践中应注意的问题】

在审判实践中，对该条的适用应根据个案着重注意以下几个方面的问题。

第一，关于“尽力”之主观状态的认定。“尽力”是一种对主观状态的描述，对承运人是否尽力进行具体分析时，须避免空泛地对承运人的主观状况进行判断，而应充分考察外在的客观的情况，即对主观状态的判断标准尽量客观化。一方面，如果客观条件确实超出了承运人救助能力，例如，虽然承运人通过广播在旅客中寻找到了相关的专业人员，但必须使用专业的设备才能完成救助任务，而运输工具正行驶在路途之中，较长时间无法停靠相关场站，此种超出承运人客观条件情形下发生旅客身体损害的，不宜轻易认定承运人违反尽力救助义务；另一方面，如果承运人对处于紧急状况的旅客不管不顾，例如，不进行基本的广播以便从乘客中寻找专业人士，或者虽然中途某站点不属于计划停靠的站点但紧急临时停靠并不存在大的障碍，此时承运人仍拒不停靠等，均可以认定承运人主观上存在疏忽大意或消极懈怠，从而构成违反“尽力”协助之义务，承运人需要承担相应的责任。

第二，承担义务的主体认定。在义务主体认定上，承运人是承担救助义务的主要主体。同时，尽管本条是在客运合同项下针对承运人应履行救助义务作出的规定，但在客运过程当中除了承运人外，相关配套设施的工作人员例如机场、火车站等单位，虽然并非客运合同相对人，但在旅客面对法定风险时，存在承运人和场站之间的工作衔接问题。如果在衔接过程中出现失误，导致旅客人身损害的，则需要判断承担责任的主体。如果旅客人身损害是因场站人员的工作失误产生，则可能应由场站承担相应的责任。如果可归因于承运人，则应由承运人承担。如果场站、承运人甚至乘客自身均存在过错，则可能发生各方按比例承担责任的问题。

第三，关于“急病、分娩、遇险”的界定。旅客是否处于急病或分娩期间，何谓遇险，均属于事实认定问题。对该事实的准确认定，直接关系到承运人的责任承担问题。是否处于“急病、分娩”期间，均可能需要借助专业医学知识才能作出准确判断。而旅客是否处于“遇险”状况，不排除一定情况下也需要借助专业知识进行判断。相应地，诉讼中借助专家证人、专业机构的鉴定意见，对某些案件的审理就显得很有必要。另外，还需要注意因果关系的认定问题，即承运人未尽力救助的行为与旅客人身损害后果之间应当存在因果关系。一般情况下，如果旅客举证证明承运人存在未尽力救助的行为，则未尽力救助与旅客的人身损害后果之间即存在具有因果关系的初步证据，推翻该初步证据的举证责任转移至承运人，如果承运人能举证证明，特别是能通过专业鉴定意见证明两者之间不存在因果关系的情况下，承运人是否应承担相应责任，需要结合案件具体情况作更为细致和谨慎的考虑。

第八百二十三条　承运人应当对运输过程中旅客的伤亡承担赔偿责任；但是，伤亡是旅客自身健康原因造成的或者承运人证明伤亡是旅客故意、重大过失造成的除外。

前款规定适用于按照规定免票、持优待票或者经承运人许可搭乘的无票旅客。

【条文主旨】

本条是关于承运人对旅客人身伤亡应负责任以及免责事由的规定。

【条文理解】

与《合同法》第302条相比，本条规定内容无实质性变化，仅删去了“损害”，将“但”改为“但是”，形式上分为两款。

运输过程中旅客发生伤亡的，承运人是否以及应如何承担赔偿责任，首先要解决承运人的归责原则问题。根据本条规定的内容，对运输过程中旅客的伤亡，承运人应当承害赔偿责任，这是承运人是否承担责任在归责方面的基本原则。伤亡是因旅客自身健康原因造成，或者是因旅客故意、重大过失造成，承运人无需承担责任，则是该原则之外的例外情形。总体上看，该条采取的是严格责任。承运人对旅客在运输过程中的伤亡承担严格责任，其他专门法律和相关国际公约中也采取相同立场。例如，《铁路法》第58条规定：“因铁路行车事故及其他铁路运营事故造成人身伤亡的，铁路运输企业应当承担赔偿责任；如果人身伤亡是因不可抗力或者由于受害人自身的原因造成的，铁路运输企业不承担赔偿责任。”《民用航空法》第124条规定：“因发生在民用航空器或者在旅客上、下民用航空器过程中的事件，造成旅客人身伤亡的，承运人应当承担责任；但是，旅客的人身伤亡完全是由于旅客本人的健康状况造成的，承运人不承担责任。”而我国缔结的《蒙特利尔公约》第17条第1款也规定：“对于因旅客死亡或者身体伤害而产生的损失，只要造成死亡或者伤害的事故是在航空器上或者在上、下航空器的任何操作过程中发生的，承运人就应当承担责任。”

在对旅客权益进行保护的同时，本条也注意到了平衡对承运人利益的保护。根据本条的规定，承运人在两种情况下可以免除责任：一是伤亡是旅客自身健康原因造成的。例如，旅客在运输途中突发心脏病、脑溢血等急性疾病而死亡。此时，本条在适用时与本法第822条发生关联，需要将承运人在当时能够达到的条件下是否已经尽了最大的努力给予救助一并纳入考虑。如果承运人已经尽力救助，囿于客观条件旅客仍然因为抢救无效而死亡的，承运人无需承担责任。二是伤亡是旅客故意、重大过失造成的。例如，旅客从火车上跳窗自杀，或者存在重大过失而造成自身身体受损，承运人也不应当承担赔偿责任。虽然旅客发生人身损害的结果系因旅客自身的故意或重大过失所致，承运人仍应负有尽力救助的义务。另外需要注意的是，这里强调的是故意和重大过失，如果旅客对伤亡结果是一般的过失，承运人仍应当负赔偿责任。

根据本条第2款，按照规定可予免票、持优待票或者经承运人许可搭乘的无票旅客，也应当适用于第1款的规定。该规定凸显出在旅客人身安全保护领域，承运人的责任承担并不以金钱为对价。即使旅客依法未支付或者经承运人准许依约定未支付，或仅部分支付票款，在旅客的保障安全义务上承运人应一视同仁，具体到责任承担上，承运人对该部分旅客的赔偿责任与支付完全票款的旅客的赔偿责任并无区别。

【审判实践中应注意的问题】

适用本条规定时，需考虑本条与第822条的衔接，如果存在需要对乘客进行救助的情形，本条与第822条往往需结合适用。

一、无过错责任的认定

在审判实践中，本条的适用核心在于如何把握无过错责任的认定。总体而言，突出对旅客生命健康的保护是适用本条时应采取的基本立场。而在免责情形的审查上，则需要正确把握举证责任的分配。由于该条总体上对承运人采用无过错责任，因此，乘客人身损害如系乘客故意或重大过失造成，本条明确规定了应由承运人对此事实承担举证责任。至于相关伤亡是旅客自身健康原因，举证责任应如何分配，应注意到，旅客因自身健康原因导致伤亡，对于旅客而言是一个消极的事实，不宜一律将该消极事实的举证责任分配给旅客，应以由承运人承担举证责任为一般原则。如果承运人有证据证明旅客明显持有相关证据而拒不提交，则可以将相关举证责任分配给旅客。

虽然存在违约责任与侵权责任竞合的理论和明确法条规定，但应注意到，一方面，本条规定的责任仍是基于客运合同的违约责任，在具体案件的处理上，对于原告抛开合同约定，一律简单以侵权起诉承运人的，应严格加以掌握。原因在于，当事人对各自的权利义务、风险承担等问题，通过合同条款已经进行了合理安排，运输行业具有较高的风险，法律也直接对承运人的法定责任承担问题进行了明确规定。合同的约定、法律对当事人意思自治从保护旅客角度进行的干涉，已经较好地平衡了各方的风险和利益，当事人可通过合同的约定、依照法律的规定合理行事，这正是合同法价值的所在。如果允许合同中的一方抛开既有的安排，过于随意地选择以侵权提起诉讼，当事人基于合同约定和法律规定而设计的旨在平衡双方利益和风险的框架可以随意被打破，如放任此种情形发生，合同法存在的价值将大打折扣。事实上，最高人民法院在相关指导案例、相关判决中已经多次表明了这一立场，即当事人双方存在合同关系的，应尽量选择提起违约之诉，对合同关系下选择提起侵权之诉的，应严格加以把握；另一方面，对于乘客选择以侵权起诉承运人的，亦不应一律禁止。对于承运人所提供的运输服务确实存在“瑕疵给付”甚至“加害给付”导致乘客伤亡，旅客或其近亲属提起侵权之诉的，应予以支持。

另外，承运人为降低风险，多通过购买保险等方式分担责任，由此也将保险人纳入相关案件中。在被告主体认定上，客运合同纠纷中只要确定承运人的赔偿数额，保险公司就应按照该数额在保险限额内承担赔偿责任，其实际上是最终责任承担人。因此在客运合同纠纷中，尤其是存在交强险等强制类保险的情况下，直接将保险公司列为共同被告参加诉讼，可以更好地保障客运合同中受害旅客的权利。如果存在第三人侵权，承运人在向乘客承担了赔偿责任后，其有权以已支付给旅客的赔偿额作为其损失的依据，向实施侵权行为的第三人追偿。

二、赔偿金额的确定

相关赔偿主要以金钱赔偿为主。在赔偿金额的具体认定上，应注意一般法和特别法的相互关系。一些运输领域的特别法在赔偿金额上多对最高赔偿额进行了限制。例如，《海商法》第117条就规定：“承运人在每次海上旅客运输中的赔偿责任限额……旅客人身伤亡的，每名旅客不超过46666计算单位。”《民用航空法》第129条也规定：“对每名旅客的赔偿责任限额为16600计算单位；但是，旅客可以同承运人书面约定高于本项规定的赔偿责任限额。”而从相关国际立法来看《蒙特利尔公约》第21条就以限额的方式分层次加以规定，其强调如果损害赔偿每名旅客不超过113000特别提款权的损害赔偿，承运人不得免除或者限制其责任。如果损害赔偿每名旅客超过113000特别提款权的部分，承运人证明有下列情形的，不应当承担责任：损失不是由于承运人或者其受雇人、代理人的过失或者其他不当作为、不作为造成的；或者损失完全是由第三人的过失或者其他不当作为、不作为造成的。而在具体审判实践中，要着重把握相关证据规则，着力还原涉案事实并充分考虑法律的规范目的和社会效果。赔偿数额应根据双方举证，并充分考虑相关费用发生的合理性、关联性与必要性，本着完全赔偿原则、合理预见原则、减轻损害原则相结合的处理原则确定。

第八百二十四条　在运输过程中旅客随身携带物品毁损、灭失，承运人有过错的，应当承担赔偿责任。

旅客托运的行李毁损、灭失的，适用货物运输的有关规定。

【条文主旨】

本条是关于承运人对旅客随身携带物品、托运行李毁损、灭失如何承担责任的规定。

【条文理解】

在承运人履行客运合同的过程中，除了需要保证旅客人身安全意外，对旅客随身携带的物品、托运的行李负有相应的安全运送至目的地的义务。一方面，虽然交通工具不同于开放的公共空间，物理空间上具有一定的密闭性，但乘坐交通工具的众多旅客也构成了特定的公共空间。对于随身携带的物品，旅客自身即具有较强的看管和保护的义务，如果因自身原因造成随身携带物品毁损、灭失的，一般应由旅客自己承担责任；另一方面，交通工具毕竟是由承运人工作人员占有和管理，相比之下，承运人通过其工作人员掌控、支配交通工具的能力优于乘客，承运人也有义务注意看管和保护这些行李物品的安全。

在行李安全和损害赔偿问题上，本条的规定不同于第823条。关于归责原则，对于旅客随身携带的物品的毁损、灭失，承运人承担的是过错责任。所谓过错责任，主要是指以行为人是否具有过错而作为判断其是否对损害结果承担责任的一种归责原则。根据本条，在运输过程中旅客随身携带的物品毁损、灭失，承运人有过错的，应当承担损害赔偿责任，如果承运人不存在过错，则承运人无需担责。因此，如果旅客主张由承运人就其随身携带的物品之毁损、灭失承担赔偿责任，需要证明承运人有过错。事实上，相比于作为一般法的《民法典》的这一规定，涉及不同交通运输方式的单行法中对旅客随身携带物品的毁损灭失的归责原则，采取的都是过错责任原则。例如《海商法》第115条规定："经承运人证明，旅客的人身伤亡或者行李的灭失、损坏，是由于旅客本人的过失或者旅客和承运人的共同过失造成的，可以免除或者相应减轻承运人的赔偿责任。经承运人证明，旅客的人身伤亡或者行李的灭失、损坏，是由于旅客本人的故意造成的，或者旅客的人身伤亡是由于旅客本人健康状况造成的，承运人不负赔偿责任。"《民用航空法》和《铁路法》也分别针对航空和铁路运输的特殊性，在过错责任原则的基础上作出相应规定。《蒙特利尔公约》第17条第2款也规定："关于非托运行李，包括个人物件，承运人对因其过错或者其受雇人或者代理人的过错造成的损失承担责任。"

关于本条第2款规定的旅客托运行李毁损、灭失的处理原则。不同于第1款关于旅客随身携带物品的损毁、灭失问题，行李托运办妥后，旅客将其对行李的占有、支配暂时移转给了承运人，旅客已经脱离了对行李的占有和支配，对托运行李的运输本质上属于货物运输，所以本条直接规定托运行李按照货物运输的有关规定处理。具体内容详见本章第三节有关货物运输合同的规定。

另外，本条是在《合同法》第303条的基础上修订而来，其主要差别在于将原条文中的"自带物品"修订为"随身携带物品"，凸显出本条在该问题上更为体系化和精细化的规定。一方面，"随身携带"较"自带"更强调相关物品对旅客的依附性，突出了旅客在运输过程中对其的占有以及应负有的保护与看管责任；另一方面，根据《民法典》第817条的规定，"旅客随身携带行李应当符合约定的限量和品类要求；超过限量或者违反品类要求携带行李的，应当办理托运手续"。因此并非旅客自带的所有物品都属于本条所保护的物品，如果其不符合随身携带物品约定的限量和品类的要求，且旅客未按照要求进行托运的，则相关物品毁损或灭失无论承运人过错与否都不承担责任。

【审判实践中应注意的问题】

由于本条之规定强调了在随身携带物品安全保障方面，承运人与旅客均负有相应的责任与义务，因而在司法实践中人民法院需要厘清双方在客运合同下的权利义务的边界，正确划分各方的责任。

一、告知义务

在司法实践中，本条的适用往往与承运人的告知义务相联系，大量的纠纷来自承运人未履行告知义务造成旅客随时携带物品的毁损、灭失，从而导致承运人承担了相应的责任。因为告知义务是承运人运送义务的附随义务，承运人应当在约定期间内按照约定路线将旅客及其行李安全地送达目的地，这是承运人的主要义务。为完成这一义务，承运人必须履行将重要事项告知旅客的义务，否则，旅客因未被告知而无法作出理想的选择时，旅客的人身或财产安全或将处于不利境地。所以，告知义务对承运人正确、全面、适当履行运输合同是十分重要的。只要有碍安全运输之合同目的实现的，承运人对根据运输特点应当预见的情况，均应向对方履行好告知义务。例如，承运人在旅客运输过程中应就相应安全注意事项对旅客作一般性告知，在必要情形下，承运人可以针对特定旅客作必要的提醒。

当然，除了承运人应当履行告知义务外，在某些情况下旅客也应行使告知义务，而相关问题的处理既涉及本条第1款的过错责任，也涉及第2款援引的运输合同的法律关系调整。例如针对旅客携带的贵重物品，客运合同中，由于贵重物品价值高，承运人承运所承担的赔偿风险增加，旅客应自行携带，如果确因客观原因要交付托运，亦应当向承运人声明，并征得承运人同意，此时承运人可视情况决定是否托运或是否收取一定的费用。因此，为有效平衡承运人与旅客的权利义务关系，在审判实践中也要关注到在告知义务下双方是否都认真履行了合同义务，不能仅将告知义务负担于承运人身上，加重承运人的法律责任。

二、责任的认定

首先，关于承运人主观过错的认定，应当首先按照法律及相关司法解释的规定正确分配涉案双方的举证责任，再结合案件的具体事实明确相关证据的证明力。在举证责任的分配方面，如果旅客随身携带的物品发生灭失或毁损，旅客首先应就物品遗失或毁损的事实、承运人存在过错、该事实发生在运输期间等进行初步的举证。如果旅客无法就该事实举证，或者所提交的证据证明力过于薄弱，暂不发生举证责任转移至承运人的后果。只要承运人就前述事实提交了相关证据，即使尚不能达到充分的地步，但可初步证明承运人运输期间存在过错导致旅客随身携带的物品灭失、毁损的，此时即应将反驳旅客主张的举证责任转移至承运人。如果是托运的行李在运输过程中发生灭失或毁损，因托运的行李系在承运人的掌管之下，承运人应承担严格责任而非过错责任。相比随身携带的物品的灭失毁损而言，在托运行李的情形下，旅客的举证责任相对容易。承运人签发给旅客的托运行李的票证即可证明行李已经交付承运人，如果到达目的地后承运人无法将行李返还占有给旅客，承运人即需承担违约责任，除非存在法定或约定的免责事由。

其次，关于随身携带的物品的灭失毁损后，不同的交通运输方式对于确定最终的责任承担，也是一个酌情考虑的因素。例如，旅客乘坐的是出租车，出租车上下旅客频繁，人员流动性大，出租车的空间更多具有公共场合的特征，旅客因个人原因将随身携带的物品遗失在出租车上并最终导致物品丢失，旅客如不能举证证明系出租车驾驶人员或其他工作人员占有，因无法排除物品已为其他旅客捡拾，很难认定承运人承担责任。旅客作为具有完全民事行为能力的成年人，应自行对其随身携带的贵重物品负保管责任。相比之下，如果特定运输工具乘客流动性较小，旅客随身携带的物品遗失后可通过一定途径溯源，承运人应提供一定的协助，通过询问相关工作人员以及调取视频资料等尽力协助查找。此应属于承运人的附随义务。

三、赔偿金额

承运人应承担赔偿责任时，应注意一般法与特别法的相互关系。特别法有特殊规定的，应依据特殊规定。事实上，为平衡承运人与旅客的利益，国内外相关立法对旅客行李的赔偿设置了一定的限额。例如，《海商法》第117条明确规定，旅客自带行李灭失或者损坏的，每名旅客不超过833计算单位；旅客车辆包括该车辆所载行李灭失或者损坏的，每一车辆不超过3333计算单位。而《民用航空法》第129条则规定，对每名旅客随身携带的物品的赔偿责任限额为332计算单位。在相关国际条约的规定中，《蒙特利尔公约》第19条也以限额的方式针对不同类型的物品毁损、灭失作出了规定。

第三节 货运合同

第八百二十五条 托运人办理货物运输，应当向承运人准确表明收货人的姓名、名称或者凭指示的收货人，货物的名称、性质、重量、数量，收货地点等有关货物运输的必要情况。

因托运人申报不实或者遗漏重要情况，造成承运人损失的，托运人应当承担赔偿责任。

【条文主旨】

本条是关于托运人如实申报与货物运输有关情况义务的规定。

【条文理解】

本条规定与《合同法》第304条相比，本条无实质性变化，仅在第1款中将“表明收货人的名称或者姓名”改为“表明收货人的姓名”；在第2款中删去了“损害”。

如实申报有关货物情况是承运人准确、安全地将货物运至目的地并交给收货人的前提。承运人通常也是凭借托运人填写的内容来了解货物的情况，制作运输单证，对运输途中的货物采取相应的措施，并根据托运人提供的收货人的名称或者地址，向收货人交货。如果托运人不向承运人准确、全面地表明这些运输中必要的信息，可能对承运人造成损失。为了避免这种情况的出现，本条强调了托运人在办理货物运输时，应当向承运人告知有关货物运输的必要的情况。

三大运输单行法对托运人的这项义务也分别作了规定。《民用航空法》第117条规定："托运人应当对航空货运单上所填关于货物的说明和声明的正确性负责。因航空货运单上所填的说明和声明不符合规定、不正确或者不完全，给承运人或者承运人对之负责的其他人造成损失的，托运人应当承担赔偿责任。"《铁路法》第19条规定："托运人应当如实填报托运单，铁路运输企业有权对填报的货物和包裹的品名、重量、数量进行检查。经检查，申报与实际不符的，检查费用由托运人承担；申报与实际相符的，检查费用由铁路运输企业承担，因检查对货物和包裹中的物品造成的损坏由铁路运输企业赔偿。托运人因申报不实而少交的运费和其他费用应当补交，铁路运输企业按照国务院铁路主管部门的规定加收运费和其他费用。"《海商法》第66条第1款规定："托运人托运货物，应当妥善包装，并向承运人保证，货物装船时所提供的货物的品名、标志、包数或者件数、重量或者体积的正确性；由于包装不良或者上述资料不正确，对承运人造成损失的，托运人应当负赔偿责任。"

一、如何理解本条中托运人告知义务的内容

依照本条规定，托运人的告知义务主要包括：

第一，收货人的姓名、名称以及凭指示的收货人。通常情况下，如果收货人是自然人，托运人应当告知收货人的姓名；如果收货人是法人或者非法人组织，托运人则应当告知收货人的名称。国内运输中，托运人通常会告知收货人或经办人联系方式。准确告知收货人的信息，不仅有助于承运人明确货物的交付对象，也有利于维护托运人自身的利益。"凭指示的收货人"常见于国际货物运输中，托运人在货交承运人时尚未确定具体的收货人，承运人签发运输单证时写明"凭指示交付"字样，并在到达目的港后，凭托运人或者有关方的指示向收货人交付货物。

第二，货物的名称、性质、重量和数量。承运人收取运费、装载、积载、运输、保管、照料、卸载货物的方式等都依赖于托运人所表明的货物的情况。托运人告知货物的具体情况，是托运人诚实履行

合同的要求，以便于承运人采取恰当的措施，避免货物在运输过程中发生意外。

第三，收货地点等其他有关货物运输的必要情况。托运人只有告知收货地点，承运人才能明确货物运输的目的地，也便于承运人采取适当的运输方式，安排恰当的运输时间和计划，保证货物如期运至。所谓其他有关货物运输的必要情况，包括任何与货物运输有关的必要情况，如收货地点、包装要求、收货时间等或者当事人约定的其他情况。

二、如何理解申报不实或者遗漏重要情况

托运人应当对货物运输的必要情况的真实性负责。托运人申报不实或者遗漏重要情况，属于履约中的过失，包括托运人申报的情况不真实和怠于告知两种，对于由此而发生的损害，托运人应当根据《民法典》的规定承担责任。例如托运人在普通货物中夹带危险货物等原因引发事故，以致运输工具、相关设备或波及其他货物的损坏、污染、腐蚀，或造成人身伤亡的；将易燃、易爆物申报为普通货物，招致爆炸、燃烧的；将收货人的姓名或名称、目的地告诉错误，致使运输路线安排不当，导致增加费用的。这些情况下，应当由托运人负责赔偿。托运人此项告知义务为法律规定的义务，托运人只有证明自己无过失或者证明承运人在接受托运时已经知悉有关货物运输的必要情况，才可以免除赔偿责任。此外，如果因为托运人违反告知义务使自己遭受损失，承运人能够证明托运人对损失的发生是有过错的，根据本法第832条规定，承运人可以免除赔偿责任。

【审判实践中应注意的问题】

第一，关于申报内容的范围，并非货物运输的所有情况都属申报之列。除了货物的名称、性质、重量、数量及收货地点之外，难以穷尽“有关货物运输的必要情况”的所有内容，此时应以“必要”为原

则，即关系运输的安全、顺利、快捷的内容方为必要。判断何为“必要情况”是一个事实问题，要根据每次运输的具体情况确定。

第二，申报过错与损害具有因果关系是托运人承担本条规定的赔偿责任的要件之一。审判实践中，应特别注意审查申报过错与损害结果是否存在因果关系。有时，损害的原因不仅有托运人申报过错，还掺杂着承运人的过错，两种过错混合在一起，需要特别注意区分审查。

第八百二十六条 **货物运输需要办理审批、检验等手续的，托运人应当将办理完有关手续的文件提交承运人。**

【条文主旨】

本条是关于托运人提交与货物运输有关文件义务的规定。

【条文理解】

本条规定与《合同法》第305条的规定完全一致，《民法典》编纂时没有对《合同法》原条文作任何改动。

货物的运输往往会涉及各种手续，特别是国际货物运输合同，通常涉及出口货物的报关以及检疫、检验等手续。例如，托运人向国外托运货物，且该出口货物属于《商检机构实施检验的进出口商品种类表》的范围的，在办理托运过程中，应当按照《进出口商品检验法》的规定[①]，在商检机构规定的地点和期限内，向商检机构报检。商检机构检验完毕后，向托运人出具检验证单。海关凭商检机构签发的检验证书、放行单或者报关单上加盖的印章验收。再例如，如果托运人托运的货物是动物或者动物产品，根据《动物防疫法》的规定[②]，应当由动物防疫监督机构进行检疫，托运人应当向承运人提供相关的检疫合格证明。货物运输中所涉及的各种手续是运输所必需的，如果没

① 《进出口商品检验法》第15条规定："本法规定必须经商检机构检验的出口商品的发货人或者其代理人，应当在商检机构规定的地点和期限内，向商检机构报检。商检机构应当在国家商检部门统一规定的期限内检验完毕，并出具检验证单。"

② 《动物防疫法》第44条规定："经铁路、公路、水路、航空运输动物和动物产品的，托运人托运时应当提供检疫证明；没有检疫证明的，承运人不得承运。运载工具在装载前和卸载后应当及时清洗、消毒。"

有这些手续，承运人不能进行正常运输。在运输前，承运人一般都要求托运人办理这些手续，并且应当将办理完这些手续的文件提交给承运人。

有关运输单行法基本上都强调了托运人的这项义务。《民用航空法》第123条规定："托运人应当提供必需的资料和文件，以便在货物交付收货人前完成法律、行政法规规定的有关手续；因没有此种资料、文件，或者此种资料、文件不充足或者不符合规定造成的损失，除由于承运人或者其受雇人、代理人的过错造成的外，托运人应当对承运人承担责任。除法律、行政法规另有规定外，承运人没有对前款规定的资料或者文件进行检查的义务。"《海商法》第67条规定："托运人应当及时向港口、海关、检疫、检验和其他主管机关办理货物运输所需要的各项手续，并将已办理各项手续的单证送交承运人；因办理各项手续的有关单证送交不及时、不完备或者不正确，使承运人的利益受到损害的，托运人应当负赔偿责任。"

以公路货物运输合同为例，货物根据其对运输、装卸、保管是否有特殊要求分为普通货物和特种货物。对运输、装卸、保管没有特殊要求的货物为普通货物；对运输、装卸、保管有特殊要求的货物为特种货物，包括长大笨重货物、危险货物、贵重货物、鲜活货物。特种货物的运输需要特定部门的批准。对于长大笨重货物、危险品和国家限运以及需要办理检疫、商检等手续的货物，在交运前，托运人应当向承运人提供有关机关的准运证明，按照批准货物的品名、规格、数量、起讫站办理托运手续。承运人承运上述货物时，也应当按有关规定，查验托运人提供的该项证明，并根据承运货物的特点，提供与之相适应的运输工具、技术条件等。托运人对其提供的证明文件的真实性负责。托运人未按规定提供证明文件，承运人有权拒绝运输。

【审判实践中应注意的问题】

第一，本条中仅对托运人应当办理的手续列举了审批、检验两种，但是按照和运输相关的法律法规规定以及货物运输的实际情况，托运人在货物运输前应当办理的手续不限于这两种，例如，申报所运输物品的详细情况，动植物检疫、港口准入等。对于某些危险物品的运输，还需要办理危险运输许可证等准运手续。

第二，办理有关审批、检验等手续，并将办理完毕有关手续的文件提供给承运人，是托运人为确保货物适于运输所做的准备，在准备工作完成以前，承运人的运输义务并未开始。因此，托运人一般应当在承运人进行货物运输前向承运人及时提供这些手续，对于托运人没有向承运人提供这些手续或者提供的手续不完备或者没有及时提供这些手续，给承运人造成损失的，托运人应当赔偿损失。

第八百二十七条　托运人应当按照约定的方式包装货物。对包装方式没有约定或者约定不明确的，适用本法第六百一十九条的规定。

托运人违反前款规定的，承运人可以拒绝运输。

【条文主旨】

本条是关于托运人应当对货物履行妥善包装义务的规定。

【条文理解】

本条规定与《合同法》第306条的规定基本一致，《民法典》编纂时除将《合同法》原条文中“适用本法第一百五十六条”根据编纂后的条文序号相应调整为“适用本法第六百一十九条”外，对《合同法》原条文没有作其他改动。

运输中涉及多个环节，例如运输、搬运装卸等，货物包装是否符合运输的需要，直接关系到货物的安全运输。妥善包装货物是托运人的一项重要义务。对于危险货物的包装，本法第828条作了专门规定。

我国有关运输单行法也具体规定了托运人的包装义务。《铁路法》第20条第1款规定：“托运货物需要包装的，托运人应当按照国家包装标准或者行业包装标准包装；没有国家包装标准或者行业包装标准的，应当妥善包装，使货物在运输途中不因包装原因而受损坏。”《海商法》第66条第1款规定：“托运人托运货物，应当妥善包装，并向承运人保证，货物装船时所提供的货物的品名、标志、包数或者件数、重量或者体积的正确性；由于包装不良或者上述资料不正确，对承运人造成损失的，托运人应当负赔偿责任。”

一、如何理解本条中包装

本条所指的包装是指运输包装，即为了保证货物运输安全（包括货物和运输工具的安全）而进行的包装。运输包装与货物作为产品的包装是不同的。产品包装除了为产品的安全（包括运输安全）的目的以外，还有其商业目的。而运输包装主要考虑安全问题。有些产品包装本身就符合运输包装的要求，故产品包装与运输包装是相同的。有些产品包装并不能满足运输安全的要求，需要另行进行运输包装。托运人对货物运输包装负责，不仅只是对包装的形式负责，还应包括包装的材料和包装方法。如同样是箱形包装形式，但采用纸质箱与采用木质箱的包装效果完全不一样。有的运输包装，不仅是包装形式和包装材料问题，还涉及包装方法，才能满足安全运输的要求。如是整体包装还是分散包装，是原样包装还是将货物进行必要的处理以后再包装（如液化、气化或者固化等）等，需要根据运输的具体情况决定。因此，托运人只有在包装形式、包装材料和包装方法三个方面都满足了运输安全的要求，符合了运输合同的规定，才能视为完全履行运输包装的义务。此外，对于需要随附备用包装的货物运输，托运人应提供足量的备用包装，交承运人随货免费运输。提供足够的备用包装也是托运人运输包装义务的内容。

二、包装方式没有约定或者约定不明确时的处理

运输合同对运输包装方式没有约定或约定不明的，适用《民法典》第 619 条关于“对包装方式没有约定或者约定不明确，依据本法第五百一十条的规定仍不能确定的，应当按照通用的方式包装；没有通用方式的，应当采取足以保护标的物且有利于节约资源、保护生态环境的包装方式”的规定处理。具体处理方式依次如下：第一，依据《民法典》第 510 条的规定确定标的物的包装方式。当事人对包装方式没有约定或约定不明确的，可以依次采取下列方式确定。首先，

签订补充协议。即当事人就包装方式通过协商达成合意，这是当事人意思自治的体现，是对原合同的补充，以此确定的包装方式是以当事人明确的意思表示为基础的。其次，当事人不能达成补充协议的，按照合同相关条款或交易习惯确定。如果合同对包装方式没有约定或约定不明确，而当事人又不能就包装方式达成补充协议的，则产生了对合同的解释问题。《民法典》为此提供了具体的解释规则，即可根据合同的有关条款，按照合同上下文的关系来确定包装方式，或根据某一交易的习惯、惯例来确定包装方式。第二，依据上述规则仍不能确定包装方式的，就应当按照通用的方式包装。所谓按照通用的方式包装，主要是指按照某种运输工具运输某种货物的惯常方式包装。第三，没有通用的包装方式的，应在足以保证运输，搬移装卸和货物完好的原则下进行货物包装，保证货物在运输过程中不致发生损坏、散失、渗漏。

三、如何理解承运人可以拒绝运输

如果托运人不按上述方式进行包装的，视为托运人违反该义务，承运人可以拒绝运输，也可以请求托运人按要求重新包装，如果在起运点装货时，就发现货物的包装不牢固，承运人可以要求托运人加固包装。托运人应当对货物包装进行加固或者重新包装。托运人拒绝加固或重新包装或者无法进行加固或重新包装的，承运人可以拒绝承运。如果是在运输途中发现的，承运人可以通知托运人处理或者自行采取补救措施，所产生的费用和造成的损失由托运人负责。如果不宜再继续运输的，承运人可以中止运输。因货物包装不良造成货物损失的，承运人不负赔偿责任。因货物包装不良造成运输工具、其他货物损害的，托运人应当承担赔偿责任。

【审判实践中应注意的问题】

第一，从本条规定并不能当然得出承运人负有检查货物包装是否适于运输的义务。从承运人对运输所负合理谨慎义务看，承运人对货物外部包装一般应当有基本了解，查看货物包装是否适于特定运输，但对于货物内部包装，特别是在集装箱货物运输中，承运人未必具有部分或者全部检查的条件或者机会。有些货物在运输途中因包装不足而发生货损主要是内包装不当（如玻璃制品内包装间隔与衬垫不足、托运人装载集装箱内机械设备绑扎与衬垫不当等），承运人一般并无在接收和装载货物过程中逐一检查的条件或者机会，因而对该类货损不负责任。

第二，货物由托运人自行包装的，因包装本身原因发生货物毁损、灭失的，托运人应当自行负责，这也是承运人的免责事由。但是若承运人按照运输合同约定对货物进行包装或者参与货物包装，事后货物因包装不合格而发生损失，承运人亦应对此承担全部或者部分赔偿责任。

第八百二十八条 托运人托运易燃、易爆、有毒、有腐蚀性、有放射性等危险物品的，应当按照国家有关危险物品运输的规定对危险物品妥善包装，做出危险物品标志和标签，并将有关危险物品的名称、性质和防范措施的书面材料提交承运人。

托运人违反前款规定的，承运人可以拒绝运输，也可以采取相应措施以避免损失的发生，因此产生的费用由托运人负担。

【条文主旨】

本条是关于托运人托运危险货物的义务的特殊规定。

【条文理解】

本条对《合同法》第307条原条文没有作实质性改动，仅在第1款中将“作出”改为“做出”，将“危险物”改为“危险物品”；在第2款中将“承担”改为“负担”。

危险物品与一般物品的包装有很大区别。托运一般物品，当事人可以约定货物的包装方式和包装方法，但托运危险物品，由于危险物品对货物、运输工具、人身安全、环境的潜在威胁极大，稍有不慎就会发生损害，因此，托运人应当按照有关危险物品运输的规定妥善处理，此为法律强制性规定，不允许当事人约定加以排除。

我国三大运输单行法也对运输危险货物作出了规定。《民用航空法》第101条规定：“公共运输企业运输危险品，应当遵守国家有关规定。禁止以非危险品品名托运危险品。禁止旅客随身携带危险品乘坐民用航空器。除因执行公务并按照国家规定经过批准外，禁止旅客携带枪支、管制刀具乘坐民用航空器。禁止违反国务院民用航空主管部门的规定将危险品作为行李托运。危险品品名由国务院民用航空主管部门规定并公布。”《铁路法》第28条规定：“托运、承运货物、包裹、行李，必须遵守国家关于禁止或者限制运输物品的规定。”《海商法》第68条第1款规定：“托运人托运危险货物，应当依照有关海上危险货物运输的规定，妥善包装，作出危险品标志和标签，并将其正式名称和性质以及应当采取的预防危害措施书面通知承运人；托运人未通知或者通知有误的，承运人可以在任何时间、任何地点根据情况需要将货物卸下、销毁或者使之不能为害，而不负赔偿责任。托运人对承运人因运输此类货物所受到的损害，应当负赔偿责任。”

一、如何理解托运人对托运危险物品的妥善处理

（一）托运人应当对危险物品进行妥善包装

对于危险物品的妥善包装，应当按照有关危险物品运输的标准进行。在国际层面，海上危险货物运输的包装还应当符合有关我国缔结或者参加的有关海事国际公约（如1974年《国际海上人命安全公约》及其议定书等）以及联合国海事组织所颁布的危险品运输规则的有关规定（如《国际海运危险货物规则》《国际海运固体散装货物的规则》）。在认定货物是否属于危险品时，除了危险货物一览表中列明的包装危险货物，还应包括未列明但经评估具有安全危险的其他包装货物。

在国内层面，类似规定主要体现在国务院的行政法规和省交通运输主管部门的部门规章中。如交通运输部发布的《铁路危险货物运输安全监督管理规定》第13条规定：“运输危险货物包装应当符合下列要求：（一）包装物、容器、衬垫物的材质以及包装型式、规格、方法和单件质量（重量），应当与所包装的危险货物的性质和用途相适应；（二）包装能够抗御运输、储存和装卸过程中正常的冲击、振动、堆码和挤压，并便于装卸和搬运；（三）包装外表面应当牢固、清晰地标明危险货物包装标志和包装储运图示标志；（四）法律、行政法规、安全技术规范和标准规定的其他条件。”海上危险货物运输的包

装还应当符合有关我国缔结或者参加的有关海事国际公约（如 1974 年《国际海上人命安全公约》及其议定书等）以及联合国海事组织所颁布的危险品运输规则的有关规定（如《国际海运危险货物规则》）。

（二）托运人应当在危险品上做出标志和标签

例如在易爆的物品上标上“危险物品，请注意”的标签；在易燃的物品上贴上“火”的标志。在危险物品上做出标志和标签的目的是为了便于人们识别、提醒人们注意，也是为了承运人进行安全运输。例如《民用航空危险品运输管理规定》第 43 条规定：“托运人应当根据《技术细则》的规定对航空运输的危险品进行分类、识别、包装、标签和标记，提交正确填制的危险品运输文件。”原铁道部发布的《铁路危险货物运输管理规则》第 17 条规定：“每件货物的包装应牢固、清晰地标明规定的危险货物包装标志和包装储运图示标志，并有与货物运单相同的危险货物品名。”

（三）托运人应当将有关危险物品的名称、性质和防范措施的书面材料提交承运人

承运人运输危险物品，必须依法采取特别措施加以防范，所以托运人应当将有关情况和材料提交给承运人，以便承运人采取相应的措施运输危险物品。例如交通运输部发布的《民用航空危险品运输管理规定》第 49 条规定：“托运人将危险品的包装件或者集合包装件提交航空运输前，应当按照本规定和《技术细则》的规定，保证该危险品不是航空运输禁运的危险品，并正确地进行分类、包装、加标记、贴标签、提供真实准确的危险品运输相关文件。托运国家法律、法规限制运输的危险品，应当符合相关法律、法规的要求。”交通运输部发布的《道路危险货物运输管理规定》第 30 条规定：“危险货物托运人应当严格按照国家有关规定妥善包装并在外包装设置标志，并向承运人说明危险货物的品名、数量、危害、应急措施等情况。需要添加抑制剂或者稳定剂的，托运人应当按照规定添加，并告知承运人相关注意事项。危险货物托运人托运危险化学品的，还应当提交与托运的危险化学品完全一致的安全技术说明书和安全标签。”

二、如何理解承运人拒绝运输和采取相应措施以避免损失的发生

如果托运人没有对危险物品妥善进行包装或者没有对危险作出标志和标签或者没有将有关危险物品的名称、性质和防范措施的书面材料及时提交承运人的，承运人可以拒绝运输；如果是在运输过程中发现了托运人托运的是危险物品的，承运人也可以采取各种措施避免损失的发生，这些措施包括承运人可以在任何地点、任何时间根据情况将货物卸下、销毁或者使之不能为害。承运人采取的措施对托运人造成损失的，承运人可以不负赔偿责任。如果给承运人造成损失的，托运人应当向承运人负赔偿责任，同时承运人因为采取措施而产生的各种费用也应当由托运人负担。

【审判实践中应注意的问题】

托运人对所托运货物为危险物品并不知情时，是否仍要承担本条规定的义务和责任？我们认为，作为托运人，其应负有对货物情况了解的义务。托运人在办理托运前应当尽可能全面、详细地了解货物的情况。由于缺乏知识导致对货物情况缺乏了解所带来的风险，由托运人承担更为合理。同时，相对承运人而言，托运人更有条件和机会了解货物的情况，故让托运人对危险物品承担更重的责任是公平的。

第八百二十九条　在承运人将货物交付收货人之前，托运人可以要求承运人中止运输、返还货物、变更到达地或者将货物交给其他收货人，但是应当赔偿承运人因此受到的损失。

【条文主旨】

本条是关于托运人在货物运输途中行使变更履行运输合同权利的规定。

【条文理解】

与《合同法》第308条相比，本条未对原条文作实质性改动，仅将“但”改为“但是”。

在货物运输合同关系中，从接受托运人交付的货物到将货物运输到目的地，承运人的义务并未履行完毕，只有将货物交付给收货人，其运输义务才告终结。承运人运输的目的在于收取运费，如果托运人赔偿承运人因变更、解除合同产生的损失，对于承运人并无不利。货物运输合同通常与货物买卖合同紧密联系，因买卖合同的变更或解除、买方违约或信用状况降低以及市场价格波动等，均可能引起货物运输合同的变更或解除。因客观情况变化，原定运输工作已无按原计划完成的必要，允许托运人行使变更和解除合同的权利，可以避免托运人遭受无谓的损失，从而有效保护托运人的利益，同时也有利于节省运输费用。从货运合同成立之日起到承运人将货物交付收货人之前，托运人均可以要求变更货运合同。

我国的运输单行法对托运人变更或者解除合同的权利作了非同一般民事合同的规定，主要体现在托运人可以在开航、起飞前或者在合同履行完毕前要求解除或者变更合同。

《海商法》第89条规定："船舶在装货港开航前，托运人可以要求解除合同。但是，除合同另有约定外，托运人应当向承运人支付约定运费的一半；货物已经装船的，并应当负担装货、卸货和其他与此有关的费用。"此处措辞"可以要求"，实际上相当于"有权要求"，只不过"可以要求"包含托运人有选择权，其也可以不要求，但托运人一旦选择要求解除合同，该解除权为单方任意解除，托运人通知承运人解除合同时即发生合同解除效果，承运人是否同意原则上并不影响合同解除。需要特别注意的是，该条规定属于任意性规定，只有在合同没有特别约定的情况下，方可适用。但是，国际海上货物运输中，如果承运人向托运人签发了提单，且托运人已经将提单转让第三人，由于提单具有可以转让权利凭证的性质，提单持有人从托运人处直接或者间接受让提单后取得可以请求承运人凭提单交付货物的权利，此时托运人就没有权利单方变更或解除合同。

《民用航空法》第119条第1款、第2款规定："托运人在履行航空货物运输合同规定的义务的条件下，有权在出发地机场或者目的地机场将货物提回，或者在途中经停时中止运输，或者在目的地点或者途中要求将货物交给非航空货运单上指定的收货人，或者要求将货物运回出发地机场；但是，托运人不得因行使此种权利而使承运人或者其他托运人遭受损失，并应当偿付由此产生的费用。托运人的指示不能执行的，承运人应当立即通知托运人。"该条与本条基本内容大致相同，但增加了"托运人的指示不能执行的，承运人应当立即通知托运人"等内容。

一、如何理解托运人的单方变更合同的权利

所谓托运人的单方变更，是指在货物运输合同成立后至货物交付收货人之前，托运人均可以不经过承运人同意而单方变更合同，承运人也不必过问托运人变更或者解除合同的原因，除非有违反货物流向、违反运输限制等正当理由外，承运人无权拒绝变更。托运人变更

合同的权利基于法律的规定，而非当事人的约定，属于《民法典》第563条第1款第5项“法律规定的其他情形”。从性质上讲，托运人变更合同的权利属于形成权。所谓形成权，就是仅依当事人一方的意思表示即可导致权利、义务关系发生、变更或者消灭的法律后果的权利。因此，托运人不需要与承运人协商，不需要取得承运人同意，可以单方面决定变更运输合同。当然，托运人不得滥用合同变更权。例如，在铁路货物运输中，不允许托运人两次或两次以上变更到达站，不允许变更运输的一批货物中的一部分，不能使变更后的运输期限大于货物的容许运输期限等。

按照本条规定，托运人是权利主体，只有托运人有权向承运人提出变更的请求。《民法典》中规定的托运人系指与承运人签订运输合同的人，即相当于《海商法》中的缔约托运人（该法第42条第3项第1目规定的托运人），而不包括该法中的实际托运人（该法第42条第3项第2目规定的托运人），故该实际托运人原则上不能当然作为《民法典》规定的托运人要求行使《民法典》规定的托运人变更或者解除权。实际托运人仅是将货物交给承运人运输的人，其与承运人事前并无运输合同关系。变更和解除合同以存在合同关系为前提，只有缔约托运人有权行使合同变更或者解除权。但是，如果实际托运人在办理托运手续后，取得承运人签发的提单且为提单上载明的托运人，则其与承运人之间形成以提单为证明的运输合同关系，此时其向承运人主张变更或者解除以提单为证明的运输合同，具有法律和法理依据；如果实际托运人虽然取得承运人签发的提单，但其不是提单上记载的托运人，又不能成为提单持有人，其与承运人之间不能形成以提单为证明的运输合同，其向承运人主张变更运输合同，则未必具有法律和法理依据，这是一个值得进一步研究的问题。

二、如何理解变更合同的内容

托运人由于自身的原因或者客观原因，可以要求承运人变更货运合同的内容。变更的事项可以是：（1）中止运输，即暂时停止货物的运输，等一定的事由发生或者消除后再继续运输；（2）返还货物，即承运人将货物运回起运地并交还托运人，这一般会导致货运合同的终止；（3）变更到达地，即变更货运合同中约定的运输所要到达的地点，也就是变更交付货物的地点；（4）变更收货人，即要求承运人将货物交给其他收货人。

三、如何理解承运人因此受到的损失

货物运输合同的变更必然导致当事人权利义务的变化，因托运人要求中止运输、返还货物、变更到达地或者将货物交给其他收货人，对于已经履行完毕部分的运输服务，承运人有权按照比例收取运费，也有权收取因此而增加的运费。

【审判实践中应注意的问题】

第一，托运人的这种单方变更权只能在运输合同成立后终止前这段时间内行使，也就是在承运人将货物交付给收货人之前行使，如果货物已经交付给收货人，合同已经履行完毕，则托运人这种单方变更权利即告终止。但是收货人拒绝接受货物的，或者承运人无法同收货人联系的，托运人可以行使这种权利。需要注意的是，如果承运人签发了可转让运输单据的（例如指示提单），单据持有人在持有全套运输单据时也可以行使类似本条托运人的权利，但不属于本条的调整范围。

第二，如果托运人的指示不能执行的，承运人应当立即通知托运人。

第三，如果托运人提出变更运输合同在客观上不可能或者经济上不合理、运输实践中不可行，承运人及时拒绝的，人民法院应当以诚信原则和公平原则为指导，全面正确适用包括诚信原则、公平原则和本条具体规定在内的有关法律规范，公平合理确定各方当事人之间权利义务关系；当根据某条具体规定初步推理的结果明显有失公平时，

法官应当考虑以诚信、公平等基本法律原则为指导进行法律漏洞填补和利益均衡，取得圆满法律效果。

【案例链接】

2014年6月，隆达公司由宁波港出口一批不锈钢无缝产品至斯里兰卡科伦坡港，货物报关价值为366918.97美元。隆达公司通过货代向马士基公司订舱，货物于同年6月28日装船出运，出运时隆达公司要求做电放处理。同年7月9日，隆达公司通过货代向马士基公司发邮件称货物运错目的地，要求改港或者退运。马士基公司于同日回复，因货物距抵达目的港不足2天，无法安排改港，如需退运则需与目的港确认后回复。次日，隆达公司的货代询问货物退运是否可以原船带回，马士基公司于当日回复“原船退回不具有操作性，货物在目的港卸货后，需要由现在的收货人在目的港清关后，再向当地海关申请退运。海关批准后，才可以安排退运事宜。”货物于同年7月12日到达目的港。2015年5月19日，隆达公司向马士基公司发邮件表示已按马士基公司要求申请退运。马士基公司告知隆达公司涉案货物已被拍卖。

隆达公司向宁波海事法院起诉，请求马士基公司赔偿货物损失366918.97美元及利息。一审法院判决驳回隆达公司的诉讼请求。隆达公司提出上诉。二审法院判决马士基公司赔偿隆达公司货物损失183459.49美元及其利息。马士基公司申请再审，最高人民法院判决：撤销二审判决；维持一审判决。

根据《海商法》第89条的规定，船舶在装货港开航前，托运人可以要求解除合同。本案中，隆达公司在涉案货物海上运输途中请求承运人进行退运或者改港，因《海商法》未就航程中托运人要求变更运输合同的权利进行规定，故本案可适用《合同法》第308条关于托运人要求变更运输合同权利的规定。在海上货物运输合同下，托运人并非可以无限制地行使请求变更的权利，如果变更运输合同难以实现或者将严重影响承运人正常营运，承运人可以拒绝托运人改港或者退运的要求，但应当及时通知托运人不能执行的原因。涉案货物采用的是国际班轮运输，载货船舶除运载隆达公司托运的4个集装箱外，还运载了其他货主托运的众多货物。隆达公司提出退运或者改港要求时航程已过大半，距离到达目的港只有两三天的时间，改港或退运不具有操作性。货物运至目的港后，因无人提货，马士基公司将货物卸载至目的港码头符合《海商法》第86条的规定。马士基公司于2014年7月9日通过邮件回复隆达公司距抵达目的港不足2日。隆达公司已了解货物到港的大体时间并明知涉案货物在目的港无人提货，但在长达8个月的时间里未采取措施处理涉案货物致其被海关拍卖。依据《海商法》第86条的规定，马士基公司卸货后所产生的费用和风险应由收货人承担，马士基公司作为承运人无需承担相应的风险。

该案例入选了最高人民法院第21批指导性案例，对于司法实践中如何准确适用本条规定具有重要的指导意义。

第八百三十条 货物运输到达后，承运人知道收货人的，应当及时通知收货人，收货人应当及时提货。收货人逾期提货的，应当向承运人支付保管费等费用。

【条文主旨】

本条是关于收货人提货义务的规定。

【条文理解】

本条规定与《合同法》第309条的规定完全一致，《民法典》编纂时没有对《合同法》原条文作任何改动。

一、如何理解承运人应当及时通知收货人

在货物运输中，收货人一般不能准确知道到货时间，承运人有义务及时通知收货人。有关运输单行法中也规定了承运人的通知义务，如《民用航空法》第120条第2款规定："除另有约定外，承运人应当在货物到达后立即通知收货人。"当然，承运人只有在知道或应当知道收货人的通讯地址或联系方式的情况下，方负有通知义务，如果因为托运人或收货人的原因，如托运人在运单上填写的收货人名称、地址不准确，或收货人更换了地址或联系方式而未告知承运人的，承运人应当联系托运人要求作出指示，托运人没有作指示的，承运人免除上述通知义务。

二、如何理解收货人应当及时提货

提货，即提取货物，既是收货人的权利，又是收货人的义务。作

为权利来说，承运人在货物运达目的地之后，如果其知道收货人，应当及时通知收货人，收货人有权领取货物。当然，收货人可以放弃货物的接收，但在此情形下，为保护承运人的利益，应当认为货物毁损、灭失的风险已经发生转移。在托运人与收货人不一致的情况下，一旦合同约定第三人为收货人，则当承运人将货物运送到目的地后，收货人就有权请求承运人交付货物。收货人虽然享有权利，但是其也可以放弃，一旦放弃其权利，该权利就转归托运人享有。如《民用航空法》第119条第4款规定："收货人的权利依照本法第一百二十条规定开始时，托运人的权利即告终止；但是，收货人拒绝接受航空货运单或者货物，或者承运人无法同收货人联系的，托运人恢复其对货物的处置权。"

作为义务来说，如果收货人不能及时领取货物，会因占用承运人的仓库、设备、运输工具以及人力等而影响到承运人的利益。因此，当收货人收到接货通知并办理了相应的交接手续，支付必要的费用后，收货人应及时提货。《铁路法》第21条规定："货物、包裹、行李到站后，收货人或者旅客应当按照国务院铁路主管部门规定的期限及时领取，并支付托运人未付或者少付的运费和其他费用；逾期领取的，收货人或者旅客应当按照规定交付保管费。"

三、如何理解本条中应当向承运人支付保管费等费用

收货人逾期提货的，应当向承运人支付保管费等费用。如果因为逾期提货给承运人造成损失的，收货人应当承担责任。逾期保管应为代收货人保管，费用自应由收货人支付，另外承运人应以善良管理人之注意妥善保管货物，若对货物置之不理，发生损害的，承运人应负赔偿责任，因为承运人只有在交付货物后才完成该义务。如果在逾期期间，货物发生不可抗力而毁损灭失的，承运人不负赔偿责任；逾期期间承运人保管不善造成货损的，承运人仍应当承担相应赔偿责任。

第八百三十一条　收货人提货时应当按照约定的期限检验货物。对检验货物的期限没有约定或者约定不明确，依据本法第五百一十条的规定仍不能确定的，应当在合理期限内检验货物。收货人在约定的期限或者合理期限内对货物的数量、毁损等未提出异议的，视为承运人已经按照运输单证的记载交付的初步证据。

【条文主旨】

本条是关于收货人检验货物的规定。

【条文理解】

本条系对《合同法》第310条的吸收，仅将《合同法》第310条中“依照本法第六十一条的规定仍不能确定的”修改为“依据本法第五百一十条的规定仍不能确定的”，而《民法典》第510条与《合同法》第61条内容基本一致，仅是《民法典》第510条将《合同法》第61条的“有关”改为“相关”。因此，《民法典》第831条对《合同法》第310条予以保留。

一、检验货物既是收货人的一项权利，也是收货人的一项义务

货运合同由托运人与承运人双方订立，托运人与承运人为合同的当事人，但托运人既可以为自己的利益托运货物，也可以为第三人的利益托运货物。托运人既可以自己为收货人，也可以指定第三人为收货人。在第三人为收货人的情况下，收货人虽不是订立合同的当事人，但却是合同的利害关系人。货运合同往往涉及第三人，属于为第

三人利益订立的合同。[①]

收货人在货运合同中享有的权利，主要包括提取货物的权利、请求赔偿的权利等。检验货物既是收货人享有的一项权利，也是收货人的一项合同义务。运输合同受时间、环境等因素的影响，货物经过运输后，质量和数量都有可能发生变化。通过检验，可以查明交付的货物是否完好。故从权利角度而言，收货人有权在约定或者合理的期限内检验货物，提出对货物的异议，保障收货人对货物享有的利益不受损失。从义务角度而言，本条使用了“应当”一词，规定收货人提货时应当按照约定的期限检验货物。收货人及时验货，可以尽快地确定货物的质量和数量情况，如果货物符合合同要求，承运人就完成了运输行为。如果货物存在问题，例如短少、灭失等，收货人应当向承运人提出异议，有利于承运人及时收集证据，以便查清货损原因。收货人不及时验收货物或虽然验收了但没有及时提出异议的，要根据本条承受不利的法律后果。

二、验货时间的确定规则

本条规定的主要内容是收货人检验货物的期限问题，规定了不同情况下验货时间的确定规则。

首先，法律有规定的，从其规定。如《民用航空法》第134条第2款规定：“托运行李或者货物发生损失的，旅客或者收货人应当在发现损失后向承运人提出异议。托运行李发生损失的，至迟应当自收到托运行李之日起七日内提出；货物发生损失的，至迟应当自收到货物之日起十四日内提出。托运行李或者货物发生延误的，至迟应当自托运行李或者货物交付旅客或者收货人处置之日起二十一日内提出。”第3款接着规定：“任何异议均应当在前款规定的期间内写在运输凭证上或者另以书面提出。”未规定当事人可以通过协议变更上述期间。《海商法》第81条规定：“承运人向收货人交付货物时，收货人未将

---

① 崔建远主编：《合同法》，法律出版社2016年版，第388页。

货物灭失或者损坏的情况书面通知承运人的，此项交付视为承运人已经按照运输单证的记载交付以及货物状况良好的初步证据。货物灭失或者损坏的情况非显而易见的，在货物交付的次日起连续七日内，集装箱货物交付的次日起连续十五日内，收货人未提交书面通知的，适用前款规定。货物交付时，收货人已经会同承运人对货物进行联合检查或者检验的，无需就所查明的灭失或者损坏的情况提交书面通知。”

其次，按照运输合同当事人约定的期限检验货物。如果运输合同当事人对验货时间有明确并有效的约定，应优先适用约定条款，按照双方的约定进行验货。

再次，如果对检验货物的时间没有约定或者约定不明确的，依照《民法典》第510条确定。《民法典》第510条规定：“合同生效后，当事人就质量、价款或者报酬、履行地点等内容没有约定或者约定不明确的，可以协议补充；不能达成补充协议的，按照合同相关条款或者交易习惯确定。”所以，在当事人对相关事项没有约定或约定不明的情况下，可以采取下列补救措施：一是当事人可以另行订立补充协议。二是不能达成补充协议的，可以通过合同的相关条款或者交易习惯确定。交易习惯的认定标准，应适用《合同法司法解释（二）》第7条规定的标准：（1）在交易行为当地或者某一领域、某一行业通常采用并为交易对方订立合同时所知道或者应当知道的做法；（2）当事人双方经常使用的习惯做法。对于交易习惯，由提出主张的一方当事人承担举证责任。

最后，由审判机关或仲裁机构确定收货人检验货物的日期是否合理。如果按照《民法典》第510条的规定仍然不能确定验货时间的，则收货人应当在“合理期限”内检验货物。所谓合理期限，应依具体情况，平衡承托双方的利益而定。验收期太短，会影响收货人的权益，验收期太长，又会增加承运人的负担，使承运人的权利义务长期处于不确定状态。本条中的“合理期限”是属于弹性规定，作为一个事实问题，需要法官或仲裁员根据运输合同履行的实际情况和一般交易习惯，依照公平原则与诚信原则，进行适当裁量。通常而言，应当考虑以下几个因素：货物的种类、数量、性质，交付方式，瑕疵的性质，检验方法和难易程度，收货人所处的具体环境、自身技能以及其他合理因素，也要考虑收货人的主观态度，对检验货物是否存在故意拖延或消极作为的情况。应当指出，上述因素只是一些较为重要的因素，在案件审理中法官可以根据案件的具体情况衡量是否还存在其他合理因素。诚信原则集中体现了合同法的精神和价值判断，人民法院考量这些因素时，应该根据诚信原则来确定是否合理。

三、未及时提出异议的法律后果

对于收货人未在约定的期限内或者未在合理期限内对货物的数量、毁损等提出异议的法律后果，在《合同法》的立法过程中，存在两种不同意见。一种意见认为，收货人未在约定的期限内或未在合理的期限内对货物的数量、毁损等提出异议的，应当视为承运人交付的货物与运输单证上记载的完全一样，承运人不承担责任。另一种意见认为，收货人未在约定的期限内或者合理的期限内对货物的毁损、数量等提出异议的，只能视为承运人已经按照运输单证的记载交付的初步证据。本条基本采纳了第二种意见，也与相关国际货物运输公约的规定相一致[①]。《民用航空法》第134条规定，旅客或者收货人收受托运人或者货物而未提出异议的，为托运行李或者货物已经完好交付并与运输凭证相符合的初步证据。《海商法》第81条第1款规定，收货人未将货物灭失或者损坏的情况书面通知承运人的，此项交付视为承运人已经按照运输单证的记载交付经及货物状况良好的初步证据。本条中强调的"初步证据"，意味着收货人即使未在约定或者合理的期

① 《联合国国际货物多式联运公约》第24条第1款规定："除非收货人不迟于在货物交给他的次一工作日，将说明此种灭失或损坏的一般性质的灭失或损坏书面通知送交多式联运经营人，否则，此种货物的交付即为多式联运经营人交付多式联运单据所载明的货物的初步证据。"《国际公路货物运输公约》第30条第1款规定："如果收货人接管货物时未与承运人及时检验货物状况或如有明显的灭失或损坏，在不迟于交货的时候，如灭失或损坏不明显，在交货后七日内（星期日和例假日除外）未向承运人提出保留说明灭失或损坏的一般性质，则接收货物的事实应作为他收到运单上所载明的货物的初步证据……"

限内提出异议，如果今后能提供证据证明货物的毁损、灭失是发生在运输期间的，承运人仍应当赔偿。①

一般而言，在运输合同纠纷中，对货物交付时的状况存在争议时，应由负有交付义务的当事人即承运人承担举证责任。如果收货人在法律规定、合同约定或合理期限内对货物进行验收，对数量、品质提出异议，则应由承运人举证证明损失并非发生在其责任期间，或存在其他免责事由，否则承运人应承担赔偿责任，但如收货人未及时进行检验并提出异议，则视为承运人交付货物的初步证据，即视为承运人已经完成初步举证，可以推定货物交付时符合合同约定。只有在收货人举证证明损失确实发生在承运人责任期间，才可能要求承运人承担赔偿责任。

《合同法》买卖合同一章也有标的物检验期限的规定，未在合理期限对货物质量数量提出异议的法律后果，与运输合同采取了不同的规定。《合同法》第 158 条第 1 款规定："当事人约定检验期间的，买受人应当在检验期间内将标的物的数量或者质量不符合约定的情形通知出卖人。买受人怠于通知的，视为标的物的数量或者质量符合约定。"第 2 款进一步规定："当事人没有约定检验期间的，买受人应当在发现或者应当发现标的物的数量或者质量不符合约定的合理期间内通知出卖人。买受人在合理期间内未通知或者自标的物收到之日起两年内未通知出卖人的，视为标的物的数量或者质量符合约定，但对标的物有质量保证期的，适用质量保证期，不适用该两年的规定。"即买方无权再向卖方主张数量、质量瑕疵担保责任。

本条对运输合同收货人迟延检验货物法律后果的规定，采取的不是权利消灭说，而是举证责任转移说。本条中强调的初步证据，意味着收货人即使未在约定或者合理的期限内提出异议，但以后他仍可以提出据此进行异议和索赔的相反的证据，一旦有证据证明货物的毁损、灭失是发生在运输期间的，承运人仍应当赔偿。②

① 胡康生主编：《中华人民共和国合同法释义》，法律出版社 2009 年版，第 517 页。
② 胡康生主编：《中华人民共和国合同法释义》，法律出版社 2009 年版，第 517 页。

【审判实践中应注意的问题】

注意检验与异议的区别。本条规定，收货人应当在约定的期限或合理的期限内对货物的数量、毁损提出异议，此期限与验收期限基本一致，因为收货人验收的过程也是发现货物是否有问题从而提出异议之过程。但异议期有时会延长一些，如在约定验收期最后一天发现瑕疵，收货人有权在第二天提出异议。[①]

【案例链接】

（2019）川民申5072号案中，涉案运输合同未对检验货物的期限进行约定。再审审查法院认为，若案涉货物在交付时存在外观瑕疵，收货人依交易习惯应当在签收货物时就货物是否存在外观瑕疵进行检验；若案涉货物在交付时存在隐蔽瑕疵，则收货人应当在合理期限内检验货物。承运人于2016年7月27日将案涉货物交付运输合同指定的收货人签收，收货人并未就货物存在外观瑕疵提出异议。2016年7月29日收货人反映案涉货物存在外包装有水印、脚印以及检查实物有异物及划痕等情形，从其反映的内容并结合案涉货物的包装方式看，属在收货现场即能判断的外观瑕疵，故收货人在收货第三天才对货物外观瑕疵提出异议，其主张依据不足。

---

① 江平主编：《中华人民共和国合同法精解》，中国政法大学出版社1999年版，第249页。

第八百三十二条　承运人对运输过程中货物的毁损、灭失承担赔偿责任。但是，承运人证明货物的毁损、灭失是因不可抗力、货物本身的自然性质或者合理损耗以及托运人、收货人的过错造成的，不承担赔偿责任。

【条文主旨】

本条是关于承运人承担赔偿责任及免责事项的规定。

【条文理解】

本条系对《合同法》第311条的吸收，稍作修改。第一处修改将原条文的“损害赔偿责任”改为“赔偿责任”，并把其后的逗号改成了句号。第二处修改将原条文的“但”改为“但是,”。以上修改主要为了法条用语更为准确，表达更为流畅，立法原理没有改变。

一、承运人的责任基础

《民法典》第577条规定：“当事人一方不履行合同义务或者履行合同义务不符合约定的，应当承担继续履行、采取补救措施或者赔偿损失等违约责任。”该条文吸收了《合同法》第107条的规定，一般认为该条采取的无过错责任原则承继自罗马法传统的严格责任。[①]但在合同法领域，过错责任原则并没有被无过错责任原则完全取代。如供电人责任、承租人的保管责任、承揽人责任、建设工程合同中承包人的过错责任、寄存人未履行告知义务的责任、保管人责任等均为过

① 黄立主编：《民法债编各论》(下)，中国政法大学出版社2003年版，第677页。

错责任。

根据本条规定，承运人的主要义务在于将货物按约定安全运送至目的地。如果货物在运输过程中发生毁损、灭失，承运人应当承担赔偿责任，不能主张自己无过错而免责。承运人承担的是严格责任，只要货物发生毁损、灭失，承运人均应负责，除非存在本条规定的免责事由。责任基础关系到举证责任的分配。根据本条规定，只有当承运人能够举证证明货物货损灭失是因为本条规定的免责事由造成的，才能免除其赔偿责任。承运人不仅要举证证明存在免责事由的事实，还要证明这些事实与货物灭失、毁损之间存在因果关系，只有二者同时具备，才能产生免责的法律后果。

二、承运人的责任期间

承运人的责任期间，是指承运人对货物应负责的期间。承运人仅对货物在其责任期间内发生的毁损、灭失承担责任。本条对承运人责任期间的表述是"运输过程中"，与《铁路法》《海商法》的相关表述略有不同。《铁路法》第17条规定的是"自接受承运时起到交付时止"。《海商法》第46条第1款规定："承运人对集装箱装运的货物的责任期间，是指从装货港接收货物时起至卸货港交付货物时止，货物处于承运人掌管之下的全部期间。承运人对非集装箱装运的货物的责任期间，是指从货物装上船时起至卸下船时止，货物处于承运人掌管之下的全部期间。……"本条中的"运输过程中"，也应理解为从承运人在起运地点接受货物起到承运人在目的地交付货物止，承运人掌管货物的全部期间。

三、承运人的免责事由

货运合同中，在法律规定有免责事由的情况下，承运人对货损不承担赔偿责任。如果合同约定免除或者限制承运人责任，其也可能不承担违约责任或只需承担部分违约责任。本法货运合同承运人的法定免责事由有：

（一）不可抗力

《民法典》第180条规定："因不可抗力不能履行民事义务的，不承担民事责任。法律另有规定的，依照其规定。不可抗力是不能预见、不能避免且不能克服的客观情况。"该条规定的客观情况包括自然因素和社会因素，这些因素应具有客观外在性，是债务人自身原因之外的事件。有观点将台风、地震等自然灾害直接界定为不可抗力，而忽略了从事件的客观特征与债务人的主观行为两方面进行综合判断。例如，承运船舶遭遇台风导致货损时，应结合台风预报是否及时、承运人是否采取了适当的避台措施等因素综合判断。

（二）货物本身的自然性质或者合理损耗

货物本身的自然性质、货物的合理损耗所造成的损失，超过了承运人正常管货义务所能避免的范围，出于平衡承运人与货主之间的利益，可以免除承运人赔偿责任。货物本身的自然性质，主要是指货物的物理属性和化学属性，例如运输的货物是气体，而气体的自然属性就是易挥发，由此导致货物短少系自然性质导致的损失。

（三）托运人、收货人的过错

托运人、收货人制造了履行障碍，因其过错导致承运人不能履行合同，由托运人或收货人自行承担责任，托运人、收货人的过错成为承运人的免责事由。根据本章规定，托运人、收货人的过错主要指以下几种情况：（1）由于托运人对货物包装的缺陷，而承运人在验收货物时又无从发现；（2）托运人自己装上运输工具的货物，加固材料不符合规定的条件或者违反装载规定，交付货物时，承运人无法从外部发现的；（3）收货人负责卸货造成的损失；（4）托运人应当如实申报，而没有如实申报，导致承运人没有采取相应的保护措施造成的损失。

货运合同当事人还可以约定免责事由。在货物运输实践中，很多情况下承托双方并未特别签订书面运输合同，纠纷发生后，承运人往往依据托运单、运单等运输单证中记载的赔偿标准或赔偿限额提出免于赔偿或限制赔偿责任的抗辩。在大多数情况下，前述运输单证中记载的条款都属于当事人之间运输合同的一部分，属于《民法典》第496条规定的格式条款，应根据《民法典》该条有关格式条款成立及效力的规定以及《民法典》第498条规定的解释规则，判断有关约定是否构成对货损赔偿额的约定并约束当事人。实务中应避免以下几点认识误区：一是以不利解释原则为由，不加区分地否定提供条款一方依据格式条款提出的一切抗辩；二是格式条款只要免除或减轻了承运人的责任就无效，而不考虑承运人是否尽到提示说明义务，免除与减轻责任的内容是否合理。

四、承运人的赔偿范围

承运人负赔偿责任的事项包括货物的毁损、灭失。货物的毁损是指货物在运输过程中发生数量上的损失或质量上的损失。运输过程不能简单理解为货物从起运地到目的地的运输过程，还包括装卸等环节。货物落水、受潮、水湿、浪损、污染、变质、变形、毁坏、感染、碰撞破裂以及大宗散装货物超过正常途耗的减量都属于货损。货物的灭失是指不能将货物交托运人或收货人的一切情形，既包括货物物理上的消灭，也包括被盗等丧失占有的情形及错误交付货物导致收货人提取不到货物。

承运人对收货人或托运人承担赔偿责任的情形并不仅仅限于本条规定的毁损、灭失两种情况。我国台湾地区"民法"第634条就规定："运送人对于运送物之丧失、毁损或迟到，应负责任。但运送人能证明其丧失、毁损或迟到，系因不可抗力，或因运送物之性质，或因托运人或受货人之过失而致者，不在此限。"[①]未能按照约定时间完成运输义务，也可能给货方造成损失。本条虽然没有规定迟延交付的赔偿责任，但如承运人违反《民法典》第811条的规定，未在约定期限或者合理期限内将旅客、货物安全运输到约定地点，给货方造成损失的，也应承担相应的赔偿责任。

---

① 黄立主编：《民法债编各论》(下)，中国政法大学出版社2003年版，第667页。

【审判实践中应注意的问题】

一、特别法应优先适用

《海商法》第51条规定："在责任期间货物发生的灭失或者损坏是由于下列原因之一造成的，承运人不负赔偿责任：（一）船长、船员、引航员或者承运人的其他受雇人在驾驶船舶或者管理船舶中的过失；（二）火灾，但是由于承运人本人的过失所造成的除外；（三）天灾，海上或者其他可航水域的危险或者意外事故；（四）战争或者武装冲突；（五）政府或者主管部门的行为、检疫限制或者司法扣押；（六）罢工、停工或者劳动受到限制；（七）在海上救助或者企图救助人命或者财产；（八）托运人、货物所有人或者他们的代理人的行为；（九）货物的自然特性或者固有缺陷；（十）货物包装不良或者标志欠缺、不清；（十一）经谨慎处理仍未发现的船舶潜在缺陷；（十二）非由于承运人或者承运人的受雇人、代理人的过失造成的其他原因。"上述十二项免责事由中，只有部分可以归入本条规定的三类免责事由。除此之外，《海商法》第52条还规定了运输活动物的特殊风险免责，第53条还有关于舱面货免责的规定。实务中应注意区分不同运输方式，正确适用法律。

二、托运人投保货物运输险，不能免除承运人的赔偿责任

如果托运人在托运货物时办理了货物运输保险，在发生货物的毁损、灭失等保险事故时，保险公司应根据保险合同赔偿损失。保险人给付保险赔偿金后取得代位求偿权，可以向承运人追偿。收货人或者托运人可以直接要求承运人赔偿，或者在保险公司赔偿不足时，要求承运人承担赔偿责任。

【案例链接】

福建省高级人民法院（2007）闽民终字第170号案件中，法院认为，船长及船员在突发恶劣气象和海况时采取了合理的避风避浪及救济措施，事故和损害发生符合“不能预见、不能避免并不能克服”的情形，应认定构成不可抗力，承运人可以免除责任。

太原铁路运输法院（2019）晋7102民初24号案件中，法院认为，承运人作为专门从事运输服务行业的主体，有能力对运输途径地区的天气状况作出预判，其未尽注意义务的行为不构成不可抗力的免责事由。暴雨事件发生后，承运人不能按约送达货物的，其应该在合同约定的运输周期内及时通知托运人，其迟延告知行为也不能作为免除违约责任的事由。暴雨和限行不可抗力事件发生在承运人迟延履行后的，不能免除责任。

第八百三十三条 货物的毁损、灭失的赔偿额，当事人有约定的，按照其约定；没有约定或者约定不明确，依据本法第五百一十条的规定仍不能确定的，按照交付或者应当交付时货物到达地的市场价格计算。法律、行政法规对赔偿额的计算方法和赔偿限额另有规定的，依照其规定。

【条文主旨】

本条是关于确定货损赔偿数额的规定。

【条文理解】

本条系对《合同法》第312条的吸收。本条规定了在货物发生毁损、灭失的情况下，应当按照以下三个规则确定货物的赔偿额：

一、当事人约定

当事人有约定的按照其约定，这是合同自由的体现，也是《民法典》合同编通则部分关于违约责任的相关规定在货物运输合同中的具体体现。《民法典》第582条规定：“履行不符合约定的，应当按照当事人的约定承担违约责任。对违约责任没有约定或者约定不明确，依据本法第五百一十条的规定仍不能确定的，受损害方根据标的的性质以及损失的大小，可以合理选择请求对方承担修理、重作、更换、退货、减少价款或者报酬等违约责任。”当事人在合同中可以约定总的赔偿数额，也可以约定赔偿额的计算方法。

当事人办理保价运输实际上也是对赔偿额的一种约定。所谓保价运输就是承运人处理托运人、收货人提出赔偿要求的一种方式，即托运人在办理托运货物手续时或者与承运人签订合同时，向承运人要求进行保价运输，声明货物的价格，并支付保价费。一般情况下，保价额相当于货物的价值。托运人办理保价运输的，承运人应当按照实际损失进行赔偿，但最高不超过保价额。实际损失低于保价额的，按照实际损失进行赔偿。如《铁路法》第17条规定，托运人根据自愿申请办理保价运输的，按照实际损失赔偿，但最高不超过保价额。

承托双方在订立合同时没有就货物毁损、灭失的赔偿额作出约定但在损失发生后甚至纠纷发生后达成一致意见的，仍应视为存在约定，应按照当事人的约定确定赔偿额。

二、当事人没有约定的情形

（一）依据《民法典》第510条确定

如果当事人对货物的毁损、灭失的赔偿额，没有约定或者约定不明确，依照《民法典》第510条确定。该条规定："合同生效后，当事人就质量、价款或者报酬、履行地点等内容没有约定或者约定不明确的，可以协议补充；不能达成补充协议的，按照合同相关条款或者交易习惯确定。"在当事人约定不明的情况下，可以采取下列补救措施：一是协议补充确定。即当事人可以另行订立补充协议，对货物毁损、灭失的赔偿额或计算方法等补充作出明确约定；二是不能达成补充协议的，可以通过合同的相关条款或者交易习惯确定。

交易习惯是当事人之间的习惯性做法，与习惯法是不同的概念。习惯法是指与我国现行法律、法规不相抵触且不违背公序良俗原则的习惯，经国家认可或司法机关引用成为我国民法的渊源。而交易习惯是当事人所熟悉或常用的交易方式，用交易习惯弥补当事人之间未明确约定的事项，是将当事人之间的习惯做法作为其共同的意思表示。当事人应就其主张的交易习惯承担举证责任，证明习惯是客观存在的。交易习惯应是未经当事人约定排除适用的，也不得违背法律规定。具体到本条中，交易习惯应是当事人之间形成的对于同类物品进行赔偿的方法或数额的惯常做法。关于"交易习惯"的适用范围、判断标准、举证责任等问题，《合同法司法解释（二）》作出了进一步规定。

（二）按照到达地市场价格计算

依据本法第510条的规定仍不能确定的，按照交付或者应当交付时货物到达地的市场价格计算。以交付时或者应当交付时货物到达地的市场价格来计算货物的赔偿额，目的在于使托运人或者收货人获得假如货物安全及时到达并按合同交付时所获得的利益，有利于保护托运人或者收货人的利益。根据《联合国国际货物销售合同公约》第54条的规定，货物的市场价格是指此种货物在有关贸易的类似情况下销售的通常价格。商品的定价因时间、地点或交易市场的不同而不同。例如，同一种苹果在期货市场和现货市场的定价不同，在网上和超市的销售价格不同，去年和今年的价格也会不同。确定具体货物的市场价格，应该是确定时间、确定地点和确定市场的价格。根据本条规定，货物的价格应该是该货物交付或者应当交付时货物到达地的与合同约定相应市场的价格。如果货物在达到地非常稀缺，未形成市场价格，可以根据货物的评估价格或者依据成本加乘一定的利润率，根据具体情况酌定该货物价格。

按照市场价格计算货物毁损、灭失的赔偿额时，对于货物投保的，保险费用也属于损失的范畴。具体的计算方法，应结合具体案件具体分析，如有的货损金额可以按照市场价格估算货物如未毁损的全部价值再减去货物残值。有的货损金额可以按照货物的修复费用计算。

三、其他特别规定

《海商法》第55条规定："货物灭失的赔偿额，按照货物的实际价值计算；货物损坏的赔偿额，按照货物受损前后实际价值的差额或者货物的修复费用计算。货物的实际价值，按照货物装船时的价值加保险费加运费计算。前款规定的货物实际价值，赔偿时应当减去因货物灭失或者损坏而少付或者免付的有关费用。"《铁路法》第17条第

1 款第 2 项规定："未按照保价运输承运的，按照实际损失赔偿，但最高不超过国务院铁路主管部门规定的赔偿限额；如果损失是由于铁路运输企业的故意或重大过失造成的，不适用赔偿限额的规定，按照实际损失赔偿。"

【审判实践中应注意的问题】

一、其他赔偿损失范围

违约赔偿具有损失填补性，即通过赔偿损失，由违反合同义务的一方当事人，对因其违约行为给对方当事人所造成的损失进行补偿，填补对方当事人的损失。运输货物发生毁损或灭失，还可能导致货方额外支出检验费用、受损货物的分拣、处置费用等。这些额外支出也是由于承运人的违约行为导致的直接损失，可以要求承运人予以赔偿。不能以本条有关按照市场价格计算的规定，得出承运人仅就货物价值损失承担赔偿责任的结论。

二、相关费用的扣除

《海商法》第 55 条前两款规定："货物灭失的赔偿额，按照货物的实际价值计算；货物损坏的赔偿额，按照货物受损前后实际价值的差额或者货物的修复费用计算。货物的实际价值，按照货物装船时的价值加保险费加运费计算。"该条第 3 款同时规定："前款规定的货物实际价值，赔偿时应当减去因货物灭失或者损坏而少付或者免付的有关费用。"本条虽然没有前述第 3 款减去相关费用的规定，但也应作出相应扣减，以便合理认定损失数额。

第八百三十四条　两个以上承运人以同一运输方式联运的，与托运人订立合同的承运人应当对全程运输承担责任；损失发生在某一运输区段的，与托运人订立合同的承运人和该区段的承运人承担连带责任。

【条文主旨】

本条是关于单式联运承运人责任承担问题的规定。

【条文理解】

本条系对《合同法》第313条的吸收，基本未作修改，仅将“对全程运输承担责任”后的句号改成了分号，旨在使法条表达更为准确。

一、本条调整范围

就本条规定的货物运输，学理上有相继运输、连续运输①、单式联运②等归纳，我们认为单式联运最能反映此种运输方式的特点。所谓联运，是指两个以上的承运人以同一或者多样的运输方式从事运输活动。……联运合同有多个承运人，这是联运与普通运输的主要区别之一。③联运的主要特征在于货物需要在不同运输工具之间进行转移，其中，两个以上承运人以同一种运输方式从事的运输活动即为本条规定的单式联运，例如水水联运。在运输活动中，普遍存在的转车、转

① 胡康生主编：《中华人民共和国合同法释义》，法律出版社2009年版，第522页。
② 崔建远：《合同法》，北京大学出版社2016年版，第591页。
③ 王利明：《合同法研究》，中国人民大学出版社2012年版，第554页。

机、转船就是典型的单式联运，其主要特征就是“一票到底”，托运人只要与第一承运人签订运输合同，就可以享受全程所有区段的运输。[①] 单式联运中，与托运人订立运输合同对全程负责的承运人，可以称之为“全程承运人”或“订约承运人”；接受全程承运人委托，从事具体区段运输的承运人，可以称之为“区段承运人”。

我国台湾地区“民法”第637条规定：“运送物由数运送人相继运送者，除其中有能证明无第六百三十五条所规定之责任者外，对于运送物之丧失、毁损或迟到，应连带负责。”其中的“相继运送”未区分运输方式，责任承担也与《民法典》本条的规定不同。我国台湾地区有学者把“相继运送”从学理上分为三种[②]：一是部分运送，数承运人各自独立承担整体运送的其中一部分，此时各承运人各就其分担部分订立运送合同；二是转托运送，第一运送人承担全部运送，为实行自己所承受运送义务，以自己名义，与第二人以下承运人订立运送合同；三是共同运送，即数人共同与托运人订立一运送合同，而于内部划分分担区域，相继为运送。

与以上运输方式相比，单式联运最突出的特点是各部分的运输方式相同，而以上运输方式并不要求各部分的运输方式相同。抛开运输方式不论，单从各方当事人订立合同的方式来看，单式联运由一名承运人与托运人订立货运合同，该订约承运人对全程运输承担责任。从事具体区段运输的承运人系基于订约承运人的委托，并不与托运人订立合同。以上运输方式中，部分运送存在多份合同，每一部分的承运人均与托运人或托运人委托的代理人订立合同。共同运送仅需签订一份合同，即各承运人共同与托运人订立一份运输合同，在合同内部划分运输责任区间。单式联运不同于以上两种运送方式。对照本条的规定，单式联运比较接近于转托运送，属于转托运送中各部分运输方式相同的一种运输。

---

① 胡康生主编：《中华人民共和国合同法释义》，法律出版社2009年版。

② 参见黄立主编：《民法债编各论》（下），中国政法大学出版社2003年版，第691~692页；史尚宽：《债法各论》，姚欢庆校勘，中国政法大学出版社2000年版，第642~643页。

《民法典》合同编运输合同一章，联运合同的形式除单式联运外，还有多式联运合同。《海商法》中也规定了多式联运合同。单式联运与多式联运的区别在于单式联运各区段运输方式相同，承托双方权利义务适用的法律制度相同；多式联运各区段运输方式不同，不同区段当事人权利义务可能适用不同的法律制度。多式联运中，不同运输方式中有一种是海上运输方式的，应该适用《海商法》，否则适用本法。《海商法》没有就海上单式联运进行特别规定，海上单式联运可适用本条的规定。

二、承运人责任

关于单式联运承运人的责任承担问题，有的国际货物运输公约采取了所有承运人对收货人承担连带责任的方案。比如《国际公路货物运输合同公约》第 34 条[①]。也有国际货物运输公约采取分段责任制，如《统一国际航空运输某些规则的公约》(1999 年《蒙特利尔公约》) 第 36 条[②]。《民法典》采取了不同的规定，既坚守合同相对性，规定与托运人订立合同的承运人应当对全程运输承担责任，同时规定损失发生在某一运输区段的，与托运人订立合同的承运人和该区段的承运人承担连带责任。按照本条的规定，对运输货物毁损、灭失的赔偿责任承担问题，主要有两种情形：

一是与托运人订立合同的承运人应当对全程运输承担责任。即不论损失发生在哪个区段，全程承运人均应向托运人承担责任。在多个承运人联运的情况下，由于货物损毁、灭失发生在哪个运输区段是无法事先预知的，基于合同相对性原则，也是为了保护托运人的利益，

---

① 《国际公路货物运输合同公约》第 34 条规定："如受单一合同所制约的运输是由连续公路承运人履行，则其每一承运人为全部营运负责。鉴于其接受货物和运单，第二承运人和每个连续承运人即成为在运单条款中运输合同的当事人一方。"

② 《统一国际航空运输某些规则的公约》(1999 年《蒙特利尔公约》) 第 36 条第 1、2 款规定："由几个连续承运人履行的并属于第一条第三款规定的运输……除明文约定第一承运人对全程运输承担责任外，旅客或者任何行使其索赔权利的人，只能对发生事故或者延误时履行该运输的承运人提起诉讼。"该条第 3 款也仅规定特殊情况下"第一承运人"与"最后区段承运人"承担连带责任。

法律规定与托运人签订合同的承运人对运输的全程承担责任。

二是损失发生在某一运输区段的，与托运人订立合同的全程承运人和该区段的承运人承担连带责任，此项规定有别于传统责任分担理论。实践中，托运人很少会和各区段的承运人共同签订货运合同，最常见的单式联运还是托运人仅和一名承运人订立货运合同。本条突破了合同相对性原则，规定全程承运人和区段承运人承担连带责任，无疑更好地保护了货方的利益。同时，区段承运人往往是赔偿责任的最终承担者，规定其承担连带责任也有助于一次性解决纠纷，提高运输合同纠纷解决的效率。全程承运人承担责任后，可向负有责任的区段承运人进行追偿。

值得注意的是，除非当事人之间就承担连带责任有明确的约定或者法律规定应承担连带责任，否则法院不得判决当事人之间承担连带责任。《民法典》第834条规定的是全程承运人与货损发生区段的承运人承担连带责任，而非各区段承运人之间承担连带责任。即使两个或者多个区段承运人对货损都应承担赔偿责任，也不必然得出他们之间应当承担连带责任的结论。

三、货损发生区段的举证责任

区段承运人承担连带责任的事实前提是，损失发生在其承运的区段。因此损失发生在哪个区段的事实，对区段承运人是否承担连带责任问题十分重要。当损失发生区段难以准确判断时，举证责任分配就会对责任承担产生巨大影响。

对损失发生区段这一事实的举证责任如何分配，实践中存在争议。一种意见认为，作为履行运输义务的一方，应就履行情况的事实承担举证责任，如不能举证证明其交付的货物与接受的货物一致，则应认定损失发生在其承运的区段；托运人将货物交付全程承运人后即丧失对货物的掌控，不具备收集相关证据的能力，要求其承担举证责任不利于查明案件事实。因此，应由区段承运人举证证明损失并非发生于其承运的区段，否则其应当承担责任。另一种意见则认为，"谁主张，谁举证”是举证责任分配的一般原则，举证责任倒置需要有法律的明确规定。如果无法证明货损发生在某个区段，托运人仅能主张合同承运人承担赔偿责任。合同承运人承担责任后，可依据相关内部协议进行追偿。因此，托运人要求区段承运人与合同承运人就货损承担连带赔偿责任，应举证证明货损发生在该区段。

我们认为，两种意见应综合起来考量。一方面，在法律没有特别规定的情况下，仍应坚持适用“谁主张，谁举证”的举证责任分配原则。托运人或收货人主张区段承运人承担连带责任的，应初步举证证明货损发生在相应区段；另一方面，考虑到托运人不具备搜集相关证据的能力，对托运人举证的要求不能过高。在托运人举出初步证据可以证明货损发生在相应区段的情况下，即可认定托运人尽到了初步举证责任。相关区段的承运人欲不承担责任，需举证证明损失没有发生在其负责区段，也即其交付给收货人或下一区段承运人的货物与其从上一区段承运人处接收的货物相一致。

【审判实践中应注意的问题】

第一，法律对单式联运承运人责任有特别规定的，应依特别规定处理。如《民用航空法》第136条与《蒙特利尔公约》相一致，规定：由几个航空承运人办理的连续运输，接受旅客、行李或者货物的每一个承运人应当受本法规定的约束，并就其根据合同办理的运输区段作为运输合同的订约一方。除合同明文约定第一承运人应当对全程运输承担责任外，旅客或者其继承人只能对发生事故或者延误的运输区段的承运人提起诉讼。

第二，本条中的区段承运人有别于海商法意义下的实际承运人。我国《海商法》参照《汉堡规则》的规定，引入了实际承运人的概念。依据《海商法》第42条第2款的规定，实际承运人指接受承运人委托，从事货物运输或者部分运输的人，包括接受转委托从事此项运输的其他人。实际承运人主要出现在下述情况中：一是与托运人签订海上货物运输合同的承运人并非未实际运送货物，订约承运人又委托其他承运人实际运送货物。实际运送货物的为实际承运人。二是在直达运输下，由于意外而安排转船时，转船运输人为实际承运人。三是在海上联运的情况下，二程船的承运人为实际承运人。单式联运中，多个承运人均为实际承运人，其中第一承运人与托运人签订运输合同，第一承运人和其他承运人相继将货物运输到目的地，货物须在同种多个交通工具之间转移。因此，单式联运的区段承运人均有别于以上前两种情况下的实际承运人。仅在以上第三种情况海上单式联运下，区段承运人与《海商法》的实际承运人相同。

第八百三十五条 货物在运输过程中因不可抗力灭失，未收取运费的，承运人不得请求支付运费；已经收取运费的，托运人可以请求返还。法律另有规定的，依照其规定。

【条文主旨】

本条是关于货物在运输过程中因不可抗力灭失时承运人丧失运费请求权的规定。

【条文理解】

本条系对《合同法》第314条的吸收，除个别用字、标点符号修改外，如将“要求”改为“请求”，将“已”改为“已经”，本条最大的变化系增加了一句“法律另有规定的，依照其规定”。

货物毁损、灭失的原因有很多种，在大多数情况下，承运人并不丧失运费请求权。

第一，货物毁损、灭失系由承运人的过错造成的。这种情况下，货方可以向承运人索赔弥补己方损失，承运人并不因此丧失运费请求权。最高人民法院曾经在1992年针对上海市高级人民法院〔1990〕沪高经上字第38号请示，作出《关于托运人主张货损货差而拒付运费应否支付滞纳金的答复》(1992年2月12日，法函〔1992〕16号)，内容如下：“一、在水路货物运输合同中，支付运费是托运人的法定义务，该义务不因发生货损货差而消灭。托运人主张的货损货差赔偿可通过索赔解决，若擅自拒付运费则应按法律规定支付滞纳金。二、托运人主张的货损货差赔偿一经认定，赔偿数额应包括货损货差本额及其利息。”根据该答复函的精神，托运人不得仅以货损为由拒绝或者迟延支付运费。

第二，货物的毁损、灭失系由货物本身的自然性质或者合理损耗以及托运人、收货人的过错造成的。此种情况下，承运人依据《民法典》第832条，不承担损害赔偿责任，但其可否请求货方支付运费？货运合同为双务合同，因货物自身原因及对方当事人的过错所造成的损失应对方当事人自行负责。如果没有这种情况，承运人本可以完成运送，并请求支付全部运费。货运合同没能适当履行是因为货物自身原因或托运人、收货人的原因，承运人仍可依据货运合同请求支付全部运费。

第三，货物的毁损、灭失系因不可抗力导致的。根据该条规定，货物在运输过程中因不可抗力灭失的，承运人丧失运费请求权。对于已经收取的运费，托运人也可以请求返还。即便货物灭失前已开展了部分运送任务，也不可收取部分运费。这是基于货运合同各方当事人之间利益平衡的考量。一方面，承运人已经在运输过程中投入了人力和物力成本；另一方面，托运人或者收货人也在客观上遭受了损失。这种情况下，法律究竟侧重于保护哪一方的利益，在立法过程中还是有争议的。有一种观点认为，承运人已经收取运费的，就没有必要再返还了。另有一种观点认为，运费是运输目的完成后的回报，既然货物没有运送到目的地，无论出于什么原因，承运人都不应当收取运费，已经收取的，承运人应该返还。在《合同法》立法过程中，考虑到避免使托运人承担货物灭失和运费的双重风险，因此，比较偏重于保护托运人的利益。① 因为货物因不可抗力而灭失，承运人不负担赔偿责任，且托运人亦没有过错，若再让托运人负担运费，显示公平。为平衡双方当事人的利益，本条规定货物在运输过程中因不可抗力灭失，承运人丧失运费请求权。即便已收取运费，托运人可以请求返还。值得注意的是，本条中的灭失不仅包括货物全部灭失，也包括部分灭失。当货物因不可抗力部分灭失时，承运人对灭失部分货物

① 吴高盛主编：《〈中华人民共和国合同法〉释义及实用指南》，中国民主法制出版社2013年版，第503页。

对应的运费，也不得请求货方支付，已经收取的，托运人可以请求返还该部分的运费。承运人对未灭失部分的货物，仍然可以主张运费请求权。

在《民法典（草案）》审议的过程中，有人大代表提出，货运合同中，存在预付运费概不退还的国际惯例，希望本条规定能与国际惯例相协调。国际惯例一般被认为是在世界范围内普遍认同、普遍遵循的习惯性做法，分为成文和不成文的国际惯例。目前，尚无成文国际惯例确定预付运费不退的做法。预付运费不退多为船公司秉持的态度，体现于货运合同中。预付运费不退系属于一些船公司的交易习惯还是普遍适用的国际惯例仍有待商榷。但为了避免冲突，本条增加了一句“法律另有规定的，依照其规定”，将特殊情况留给诸如《海商法》等特别法进行规范，确保了《民法典》的权威性和准确性。

【审判实践中应注意的问题】

审判实践中，应注意本条的适用范围仅限于货物灭失的情况。实践中存在一些其他情况导致双方当事人对运费问题产生争议。如托运人请求中止、变更、解除合同而致运送义务未完成的情况，不适用本条的规定。该种情况运费该如何收取应视当事人之间的约定和《民法典》的相关规定。一般而言，因托运人请求中止、变更、解除合同而致运送义务未完成的，因运送义务未完成系由托运人的原因造成，在合同当事人没有特别约定的情况下，承运人可就已完成的部分按比例收取运费。

第八百三十六条　托运人或者收货人不支付运费、保管费或者其他费用的，承运人对相应的运输货物享有留置权，但是当事人另有约定的除外。

【条文主旨】

本条是关于承运人留置权的规定。

【条文理解】

本条系对《合同法》第315条的吸收，将条文的“以及其他运输费用”修改为“或者其他费用”。此处修改因运输费用范围较窄，改为费用，扩大了承运人留置权担保主债权的范围，有利于保护承运人的权利，与《海商法》第87条的规定更为接近。

一、承运人留置权是一种法定担保物权

留置权是一种担保物权，担保的是债权人债权的实现。留置权的主要效力为占有、扣留他人的动产，通过对债务人造成心理压力，促使其清偿债务。

留置权是一项法定的担保物权，其成立具有严格的限制。首先，须债权已届清偿期，定有期限的债务，为期限届至之时；未定期限的债务，为债权人请求清偿之时。[①] 其次，须债权人占有属于债务人的动产。占有，并不限于直接占有，间接占有、利用占有辅助人而为的占有、与第三人共同占有，均无不可。债权人须合法地获得动产的占

① ［日］林良平编集：《注释民法（8）》，有斐阁1965年版，第34~35页。

有，不得以侵权的方式获得占有。[①] 再次，须债权的发生与该动产属于同一法律关系。凡债权的发生与动产存在牵连关系的，均认为具有同一法律关系。凡债权由动产而生，或债权与动产的返还请求权系基于同一法律关系或同一生活关系而生时，即有牵连关系。[②] 最后，法律规定或者当事人约定不得留置的动产，不得留置。

承运人留置权是留置权的一种，符合留置权的一般特征，如法定性、从属性、以合法占有留置物为前提等。《民法典》第 4 编第 19 章对留置权的产生条件、内容、优先顺位、行使方式等内容作出了规定。《民法典》合同编就承运人留置权的条件作出特别规定，当事人之间围绕货物留置产生的权利义务关系，除本条作出的特别规定外，应适用《民法典》物权编以及有关留置的其他法律规定处理。

二、承运人留置权的特殊性

（一）不区分运费支付义务人是托运人还是收货人

也就是说，不论是托运人还是收货人欠付运输费用，承运人均可享有对运输货物的留置权。

（二）担保的债权限于本次运输产生的运费、保管费或其他费用

为防止承运人滥用留置权，承运人所占有的货物仅限于担保与该货物因同一合同关系而发生的运输费用。至于本条中的“其他费用”应如何理解，《海商法》第 87 条的规定中包括运费、共同海损分摊、滞期费和承运人为货物垫付的必要费用以及应当向承运人支付的其他费用。我们认为，只要是承运人履行运输合同约定的合同义务或虽然没有明确约定，但属于履行随附义务产生的合理费用，均属于承运人留置权担保的范围。

（三）只要是发生运输费用的运输货物均可留置，留置物的权属状况不影响承运人行使留置权

首先，《民法典》合同编中规定的留置权，有别于物权编中规定

① 梁慧星、陈华彬：《物权法》，法律出版社 2016 年版，第 338 页。
② ［日］林良平编集：《注释民法（8）》，有斐阁 1965 年版，第 22~23 页。

的留置权。《民法典》物权编规定了一般留置权，即债务人不履行到期债务，债权人可以留置已经合法占有的债务人的动产，并有权就该动产优先受偿。该规定将留置物限定在债务人的动产，学界一般认为债务人的动产意味着该动产属于债务人的责任财产范围。合同编的留置权较物权编规定的一般留置权有所不同。如保管合同中，《民法典》规定，保管人对保管物享有留置权，保管物的所有权人在所不问。行纪合同中，《民法典》规定，行纪人对委托物享有留置权，委托物的所有权人亦在所不问。承运人留置权也是属于《民法典》合同编项下的留置权。货方不支付相关费用的，承运人可以留置对应的运输货物，货物系托运人、收货人所有或者合法占有的在所不问。其次，《民法典》合同编的承运人留置权也有别于《海商法》中的承运人留置权。《海商法》第87条规定："应当向承运人支付的运费、共同海损分摊、滞期费和承运人为货物垫付的必要费用以及应当向承运人支付的其他费用没有付清，又没有提供适当担保的，承运人可以在合理的限度内留置其货物。"《海商法》规定的承运人留置权，将留置的货物限定在应当向承运人支付相关费用没有付清又没有提供适当担保的民事主体所有的货物。而《民法典》货运合同项下的承运人留置权，允许承运人留置货物的范围更广，相较于《海商法》，更有利于保护承运人的权益。

三、承运人享有货物留置权的条件

如前所述，承运人留置权不仅受合同编本条的调整，本条没有规定的，应当符合《民法典》有关留置权的相关规定内容。

（一）承运人的债权已届清偿期

只有托运人或者收货人不依约定支付运费、保管费以及其他费用时，承运人才能行使留置权。如果托运人或者收货人支付运费、保管费以及其他费用的期限尚未届满或者付款条件尚未成就，承运人不得行使留置权，这是留置权从属性的要求。如果托运人或收货人已经就欠付的其他费用提供了可靠担保的，承运人也不得行使留置权。承运人留置权属于一种法定担保物权，如果货方为支付其他费用另行提供了相当的担保，该担保就构成了承运人留置权的替代，承运人的其他费用得到了充分的保障，承运人留置权应当消灭。导致承运人留置权消灭的担保应该是被承运人接受的，与其他费用相当的新的担保。

（二）承运人需合法占有运输货物

根据《民法典》第447条第1款的规定，“债务人不履行到期债务，债权人可以留置已经合法占有的债务人的动产，并有权就该动产优先受偿。”本条虽然没有合法占有的规定，但留置权人合法占有留置财产，是留置的前提之一。留置权产生的条件是承运人对货物的合法占有，这种占有应当为持续不间断的占有，否则，留置权就会因占有的丧失而消灭。货物交付后，承运人无法就货物再行使留置权。在承运人非依自己的意愿暂时丧失对留置货物占有的情况下，承运人如果通过返还原物之诉等方式令非法占有人返还留置货物，承运人可重新获得留置权。

（三）留置的货物须与被担保的债权具有牵连关系

《民法典》第448条规定：“债权人留置的动产，应当与债权属于同一法律关系，但是企业之间留置的除外。”依此规定，我国民法上留置权中的牵连关系应认为是债权和动产的留置因同一合同关系而发生。在货运合同中，该条将债权和留置物的范围都作了明确限定，以确保债权与留置物具有牵连关系。货运合同中的留置权，债权仅限于运费、保管费等费用，允许承运人留置的物品仅为产生相关费用相应的运输货物。托运人、收货人基于其他运输合同产生的运费，不能依据本条规定行使留置权。

（四）留置运输货物的价值应与欠付的运输费用相当

《海商法》第87条中规定“承运人可以在合理的限度内留置其货物”。《民法典》第836条没有规定“合理的限度”，但其中“相应的运输货物”即包含合理限度的要求。留置权的目的是担保留置权人实现债权，因此，留置财产的价值也应以留置权人的债权数额及行使留置权的合理费用为限。《民法典》第450条即规定：“留置财产为可分物的，留置财产的价值应当相当于债务的金额。”因此，《民法典》第836条中“相应的运输货物”就是和运费、保管费以及其他费用价值相当的货物，不能在价值上超出过多。对于可分的货物，承运人留置的货物应当合理和适当。留置货物的价值应包括未支付的运费、保管费以及其他费用，加上可能因诉讼产生的费用，而不能留置过多的货物。留置货物本身当然为留置权标的物的范围，除此之外，还可以包括留置物的从物。但是，承运人就留置物的从物享有留置权，需以承运人同时占有该从物为前提。债权人有收取留置物所生孳息的权利。留置物的孳息，为留置权的效力所及；代位物，留置权灭失所得受的保险金、赔偿金或补偿金，也为留置权的效力之所及。[①]

（五）当事人约定不得留置的货物，不得留置

承运人行使留置权不需得到托运人或者收货人的同意，但当事人另有约定不得留置的除外。当事人可以在合同中约定即使在运费、保管费以及其他费用没有付清的情况下，承运人也不能留置货物。当然，这种约定不能导致合同双方当事人的利益显著失衡。

【审判实践中应注意的问题】

一、注意本条承运人留置权和企业间商事留置的区别

《民法典》第448条规定：“债权人留置的动产，应当与债权属于同一法律关系，但是企业之间留置的除外。”考虑到在商业实践中，企业之间相互交易频繁，追求交易效率，讲究商业信用，如果严格要求留置动产必须与债权属于同一法律关系，则有悖于交易迅捷和交易安全原则。[②]企业之间留置的商事留置权，无须要求留置物与债权属于同一法律关系。承运人基于其他法律关于产生的债权也可能主张留

① 梁慧星、陈华彬：《物权法》，法律出版社2016年版，第342页。

② 全国人大常委会法制工作委员会民法室：《〈中华人民共和国物权法〉条文说明、立法理由及相关规定》，北京大学出版社2007年版，第415页。

置运输货物，但必须证明该货物属于债务人的责任财产或者系债务人合法占有的财产。债务人的责任财产，系指债务人得以之清偿债务的财产，是财产持有人或占有人有权处分的财产。

二、法律规定不得留置的运输货物，承运人也不得留置

《民法典》第449条规定："法律规定或者当事人约定不得留置的动产，不得留置。"《民法典》第836条虽然仅规定了"当事人另有约定的除外"，如果运输货物属于法律规定不得留置的动产，承运人也不得留置。主要包括以下两种情形：一是法律直接规定不得留置的情况，如《海关法》第37条第1款规定："海关监管的货物，未经海关许可，不得开拆、提取、交付、发运、调换、改装、抵押、质押、留置、转让、更换标记、移作他用或者进行其他处置。"二是对于禁止流通物，如武器、弹药等，不得留置。[①]

① 最高人民法院物权法研究小组编著：《〈中华人民共和国物权法〉条文理解与适用》，人民法院出版社2007年版，第679页。

第八百三十七条　收货人不明或者收货人无正当理由拒绝受领货物的，承运人依法可以提存货物。

【条文主旨】

本条是关于承运人提存权的规定。

【条文理解】

本条系对《合同法》第316条的吸收，条文中将《合同法》第316条中“依照本法第一百零一条的规定”删去。删去后的条文更加简洁，但大意不变。

一、承运人货物提存权的功能

提存是由于债权人的原因而无法向其交付合同标的物时，债务人将标的物提交给提存机关而消灭合同关系的一项制度。广义的提存包括清偿提存、担保提存、执行提存、报关提存等，合同编包括本条中的提存仅指清偿提存，“作为清偿代用的提存，是提存人（债务人）通过将标的物提存，达到使合同权利义务终止效果的提存。”[①] 合同债务的履行往往需要债权人的协助或配合，如果债权人无正当理由而拒绝受领或者不能受领，虽然可以令债权人承担延迟受领的责任，但是债务人因无法履行合同，导致合同关系难以消灭，债务人无法摆脱合同约束，需随时处于准备履行的状态，这对债务人有失公平。提存的效力在于消灭债务人与债权人之间的合同关系。提存期间，标的

① 韩世远：《合同法总论》，法律出版社2011年版，第648~649页。

物的毁损灭失风险由债权人承担，相关的收益和费用也由债权人享有或负担。债务人支付利息及收取孳息的义务因提存而免除。债务人因提存了合同标的物视为履行了合同义务，得以从合同的约束中脱身。可以说，提存制度就是为了保护债务人的利益，令其可以在无法依约履行合同的情况下尽早结束合同关系而创设的一项制度。

提存人是对提存受领人负有清偿义务的人，包括债务人及其代理人，负责清偿债务的第三人等。《民法典》第570条规定了合法的提存原因，主要包括：债权人无正当理由拒绝受领；债权人下落不明；债权人死亡未确定继承人、遗产管理人，或者丧失民事行为能力未确定监护人；法律规定的其他情形。提存的标的，应为债务人依合同的规定应当给付的标的物，且适合于提存。对于标的物不适合提存，如易于腐烂的食品，或者提存费用过高的，债务人可以申请提存部门拍卖或者变卖标的物，提存所得价款。

在运输合同法律制度中，提存制度的功能尤为突出。它有助于承运人在货运合同履行受阻时，及时完成合同履行，终止合同关系，免受因长期保管货物而影响继续开展新的运输业务，是商事法律效力原则的具体体现。

《民法典》合同编通则分编以及典型合同分编保留了《合同法》关于提存的内容，从第570条至第574条对提存的适用范围、方式、法律后果等内容作出了规定。第837条是提存制度在货物运输合同领域的具体化，对承运人可以提存货物原因进一步作出具体规定。

二、承运人提存的发生原因

《民法典》第570条第1款规定："有下列情形之一，难以履行债务的，债务人可以将标的物提存：（一）债权人无正当理由拒绝受领；（二）债权人下落不明；（三）债权人死亡未确定继承人、遗产管理人，或者丧失民事行为能力未确定监护人；（四）法律规定的其他情形。"第837条规定的提存条件是"收货人不明或者收货人无正当理由拒绝受领货物"。

“收货人不明”在实践中主要包括以下三种情形：第一，不知道收货人。比如提单运输中，指示提单与不记名提单均不记载收货人，托运人背书转让后也难以确定最终收货人，就可能发生承运人甚至托运人也不知道收货人的情形。第二，收货人下落不明。承运人虽然知道收货人的姓名或名称，但无法取得联系通知其提取货物。第三，货物权属出现争议，出现两个以上收货人向承运人主张交付货物，承运人难以确定交付对象的情况。在收货人不明的情况下，承运人有依诚信原则进行调查的义务。如果经适当调查就能知悉收货人的情况，则承运人应当继续向收货人履行交付货物的义务。如果调查收货人特别困难，需要很长时间或者花费过大或者根本无从查起，此种情况构成收货人不明。

收货人拒绝受领货物应理解为拒绝在约定或合理的提货时间内提取货物，既包括拒绝提取货物，也包括不合理拖延提货时间的情形。收货人拒绝受领货物的原因，可能是因为买卖合同履行受阻，如买方违约而作为运输合同托运人的卖方没有及时找到新的买方；也可能因为运输合同履行受阻，收货人认为运输延迟导致货物失去商业价值，比如中秋节之后才运到的月饼；也可能是由于目的地海关、防疫政策变化导致收货人无法进口清关而放弃提取货物。

收货人拒绝受领又无正当理由，承运人才可以提存。如果收货人拒绝受领理由正当，譬如货物提前到达约定目的地，承运人通知收货人提前提取货物，或承运人通知的交付地点与运输合同约定不符的，因为与约定的交付时间地点不符，可能导致收货人承担额外的费用与风险，收货人拒绝受理货物具有正当理由，承运人不能提存。至于收货人能否以货物毁损或运输迟延为由拒绝受领货物，存在一定的争议。我们认为，及时提货是收货人的主要义务之一，如果收货人不及时提货，可能导致承运人的义务不能解除，且运输工具被长时间占用，货物在交付之前存在风险等情况，不利于促进交易、实现运输合同目的。法律对货物毁损或运输迟延的法律后果已经作出明确规定，一般情况下，收货人不宜以此为由拒绝履行提货义务，除非合同另有约定或者导致收货人的合同目的无法实现。

收货人明确拒绝受领货物时，承运人是否仍应待约定的交付期限届满后才有权提存货物？仅从文义上看，似乎只要“收货人无正当理由拒绝受领”，承运人即可提存货物，没有交付期限届满的限制。但有观点认为，从债务人提存以债权人受领迟延为前提的角度，履行期届至前，原则上债权人并不陷于受领迟延，亦不应允许债务人期前提存。即使债权人期前拒绝受领，债务人亦须等到履行期届至后才能提存。[①]

三、货物的提存

承运人提存货物主要涉及提存部门与提存方式两方面的问题。

（一）关于提存部门

提存在债务人（即提存人）、债权人之外，还要有提存部门的参与。《民法典》第571条第1款规定：“债务人将标的物或者将标的物依法拍卖、变卖所得价款交付提存部门时，提存成立。”不论是之前的《担保法》《合同法》还是现在的《民法典》，都没有对何谓“提存部门”作出明确规定，但在我们掌握的有限资料中，有观点认为我国的提存部门就是公证机关，其依据是《公证法》第2条及司法部制定的《提存公证规则》。比如韩世远教授认为，提存部门为国家设立的接受并保管提存物，并应债权人的请求而将提存物发还债权人的机构。在我国，提存被作为一种公证业务而由债务履行地的公证处管辖（参照《提存公证规则》第4条第1款）。[②]我们则赞同另一种观点：关于提存机关，法律并未有统一规定，但凡业务及条件上适于办理提存事务的单位，均可依法院指定，成为提存机关。[③]根据《公证法》第12条第2项规定，根据自然人、法人或者其他组织的申请，公证

---

① 韩世远：《提存论》，载《现代法学》2004年第3期。

② 韩世远：《合同法总论》，法律出版社2011年版，第656页。

③ 李国光、高圣平主编：《担保法及配套规定新释新解》，人民法院出版社2006年版，第706页。

机构可以办理提存事务，《提存公证规则》对公证机关办理提存事务的管辖、程序作出进一步规定，但不能由此得出只有公证机关才能作为提存部门的结论。

承运人在行使提存权利时，也负有审慎选择提存部门的义务，为稳妥起见，向货物交付地的公证机关申请办理提存是一个可行的方案。依据《提存公证规则》办理提存事宜，首先由承运人提出提存申请，然后据提存机关指定，向保管人交付提存物，在收到提存申请及提存物后，提存机关应向提存人授予提存证书。

（二）关于提存方式

因货物的不同，提存可以分为实物提存与变价提存两种方式。《民法典》第570条第2款规定："标的物不适于提存或者提存费用过高的，债务人依法可以拍卖或者变卖标的物，提存所得的价款。"由此可见，承运人提存运输货物的，应以实物提存为原则，以变价提存为补充，只有当运输货物"不适于提存或者提存费用过高"，方可依法"拍卖或者变卖标的物，提存所得的价款"。

所谓不适于提存，是指货物易于腐烂变质难以保存或属于季节性商品不及时变现会严重影响其市场价格；提存费用过高是指货物的保管维护费用过高，超出货物价值。拍卖、变卖应依法进行，可在提存前进行，也可在提存后进行。拍卖或变卖进行后，承运人得从中扣除运费、保管费及其他费用，因为承运人有费用及运费请求权。如果有剩余价款的，承运人可提存也可以将其交给有权接受之人。承运人在提存或拍卖、变卖货物后，应将该情形立即通知托运人，但不能通知的除外。如承运人怠于通知而给托运人或收货人造成损害的，应予赔偿。[①]

① 江平主编：《中华人民共和国合同法精解》，中国政法大学出版社1999年版，第255页。

【审判实践中应注意的问题】

对目的地无人提货问题，有的特别法作了特殊规定。如《铁路法》将这种情况的货物当作无主物来处理。《铁路法》第22条第1款规定："自铁路运输企业发出领取通知之日起满30日仍无人领取的货物，或者收货人书面通知铁路运输企业拒绝领取的货物，铁路运输企业应当通知托运人，托运人自接到通知之日起满30日未作答复的，由铁路运输企业变卖；所得价款在扣除保管费用后尚有余款的，应当退还托运人，无法退还、自变卖之日起180日内托运人又未领回的，上缴国库。"《海商法》对于卸货港无人提货的情况也作了特殊规定。《海商法》第86条规定："在卸货港无人提取货物或者收货人迟延、拒绝提取货物的，船长可以将货物卸在仓库或者其他适当场所，由此产生的费用和风险由收货人承担。"在特别法有特殊规定的情况下，应优先适用特别法的规定。

第四节 多式联运合同

第八百三十八条 多式联运经营人负责履行或者组织履行多式联运合同，对全程运输享有承运人的权利，承担承运人的义务。

【条文主旨】

本条是关于多式联运经营人权利义务的原则性规定。

【条文理解】

本条与《合同法》第317条的规定相同，在《民法典》编纂过程中未作任何改动。

一、多式联运国际立法基本情况

多式联运，在美国被称为“Intermodal Transport”，在世界其他国家被称为“Combined Transport”或“Multimodal Transport”，是相对于传统的单一运输（Unimodal Transport）而言的。作为一种货物运输组织方式，多式联运存在已久，早期主要是通过铁路与公路等运输方式的衔接转运的协作，提升运输效率。20世纪50年代，集装箱的广泛应用极大促进了多式联运的发展。多式联运充分利用各种运输方式的特点，将多环节、多区段、跨地区乃至跨国界的运输过程有机组织，使它们紧密衔接、相互协作、相互配合，最大化提高运输效能。

托运人与多式联运经营人通过签订一份运输合同，实现货物经两种以上不同运输方式进行运转，改变了传统的单一运输方式。在国际统一私法协会（UNIDROIT）、国际商会（ICC）、国际海事委员会（CMI）、联合国贸易和发展会议（UNCTAD）等国际组织的积极努力下，先后形成了多个关于多式联运的草案，例如1965年《多种方式联合运输公约（草案）》、1967年《热那亚草案》、1967年《东京规则草案》、1970年《罗马草案》、1971年《TMC公约（草案）》（TMC为法文，即Transport combiné de Marchandises的缩写，也称《国际货物联运公约草案》）。遗憾的是，这些努力都没能形成最终的国际公约，但也极大地丰富了国际社会对国际货物多式联运的认识与理解。

由于推动国际立法存在困难，为统一国际多式联运单证的使用，国际商会于1973年起草了《多式联运单证统一规则》（Uniform Rules for a Combined Transport Document），并在该规则中提出了网状责任制。该规则不是国际公约，仅属于自主性的民间规则，当事人自愿选择并入合同后即具有法律效力，在很大程度上起到了填补相关法律制度空白的作用。虽然其已被1991年联合国贸易和发展会议和国际商会联合起草的新规则所代替，但实务中也仍然使用。

1972年，联合国经济和社会理事会要求联合国贸易和发展会议设立一个政府间筹备小组，专门负责研究起草国际多式联运公约草案。从1973年10月至1979年3月，经过多次正式会议和工作会议，工作小组完成了公约草案建议稿。1980年5月24日，经参加会议的84个联合国贸易和发展会议成员国的全体代表表决，大会一致通过了《联合国国际货物多式联运公约》（United Nations Convention on International Multimodal Transport of Goods）。该公约采用了统一责任制，遭到多式联运经营人的强烈反对，至今未生效，但在国际、区际和国内层面的多式联运立法中发挥着示范法的角色，迄今仍有重要参考价值。

为弥补《联合国国际货物多式联运公约》一直未生效产生的国际立法空白，联合国贸易和发展会议与国际商会密切合作，在1973年《多式联运单证统一规则》基础上起草了1991年《联合国贸易和发展会议/国际商会多式联运单证规则》(UNCTAD/ICC Rules for Multimodal Transport Documents)(以下简称《多式联运单证规则》)。该规则同样属于由当事人自愿选择适用的民间规则，一经并入合同，仅在不违反国际公约和国家法律强制性规定的范围内有效。

鉴于海运在多式联运中所发挥的重要作用，考虑到1924年《关于统一提单若干法律规定的国际公约》(International Convention for the Unification of Certain Rules of Law Relating to Bill of Lading)(简称《海牙规则》)、1968年《关于修订〈关于统一提单若干法律规定的国际公约〉的议定书》(Protocol to Amend the International Convention for the Unification of Certain Rules of Law Relating to Bill of Lading)(简称《维斯比规则》)、1978年《联合国海上货物运输公约》(United Nations Convention on the Carriage of Goods by Sea，1978)(简称《汉堡规则》)都无法满足含海运在内的"门到门"运输的需要，国际社会意识到需要制定一部可以调整含海运在内"门到门"运输的国际公约。在2008年12月11日联合国大会第63届会议第67次全体会议上，审议通过了《联合国全程或部分海上国际货物运输合同公约》(United Nations Convention on Contracts for the International Carriage of Goods Wholly or Partly by Sea)(简称《鹿特丹规则》)，将适用范围扩大到"门到门"，调整含海运在内的国际多式联运合同，被称为"海运+"(Maritime plus)。该公约至今尚未生效。

二、多式联运合同的定义

本法没有定义多式联运合同。参照《海商法》第 102 条[①]及相关国际立法，可以将多式联运合同定义如下：多式联运经营人以两种以上不同的运输方式，负责将货物从接收地运至目的地交付收货人，并收取全程运费的合同。关于运输方式，国际上通常分为航空、公路、铁路、海上、内河等运输方式。我们认为，由于我国多式联运法律制度采用了"网状责任制"，在界定运输方式时，除了考虑运输工具之外，还应考虑该运输方式所适用的法律规则。例如，国际海上货物运输和沿海货物运输虽然都以船舶作为运输工具，均属于海上货物运输，但《海商法》第 4 章仅调整国际海上货物运输，不调整沿海货物运输，二者适用不同的法律规则，国际海上货物运输与沿海货物运输应被视为不同的运输方式。且长期以来，我国沿海与内河货物运输适用同样的法律规则，因此，沿海与内河可被视为同一运输方式，或统一简称为国内水路货物运输，与《海商法》调整的国际海上货物运输相区别。综上，根据我国目前立法现状，运输方式可分为航空运输、铁路运输、公路运输、国际海上运输、国内水路运输。

三、本节的适用范围

在起草《合同法》关于多式联运条文时，立法者充分借鉴吸收了《海商法》第 4 章第 8 节"多式联运合同的特别规定"的内容，但两部法律的适用范围却存在根本的区别。《海商法》第 102 条第 1 款规定："本法所称的多式联运合同，是指多式联运经营人以两种以上的不同运输方式，其中一种是海上货物运输方式，负责将货物从接收

① 《海商法》第 102 条第 1 款规定："本法所称多式联运合同，是指多式联运经营人以两种以上的不同运输方式，其中一种是海上运输方式，负责将货物从接收地运至目的地交付收货人，并收取全程运费的合同。"

地运至目的地交付收货人，并收取全程运费的合同。”这意味着《海商法》第4章第8节仅调整含海上货物运输在内的多式联运合同。同时，根据该法第2条的规定，第4章调整的海上货物运输必须是国际海上货物运输，不适用于中国港口之间的海上货物运输。因此，《海商法》第4章第8节仅适用于包含国际海上运输在内的多式联运合同。而《民法典》本节涵盖所有运输方式在内的多式联运合同，涉及含国际海上运输在内的多式联运合同时，优先适用《海商法》。例如，铁路、公路、国际海上货物运输组成的多式联运合同由《海商法》调整；铁路、公路、中国港口之间的国内水路货物运输组成的多式联运合同则由本节进行调整。当一份多式联运合同同时包括国际海上货物运输和国内水路货物运输时，优先适用《海商法》的有关规定。

四、多式联运合同的主体

多式联运合同当事人包括多式联运经营人、托运人，收货人属于利害关系人。多式联运经营人是指与托运人订立多式联运合同，负责履行或组织履行多式联运，并以承运人身份承担完成运输合同责任的人。托运人是指与多式联运经营人签订多式联运合同的人。收货人是指有权根据多式联运合同提取货物的人。

由于涉及多个运输区段，多式联运经营人一般难以独自完成全程运输，其通常需要负责组织多个运输区段承运人以完成全程运输。区段承运人，是指与多式联运经营人签订区段运输合同，完成区段运输的人。区段承运人不是多式联运合同当事人。特别需要强调的是，多式联运经营人与区段承运人签订区段运输合同时，是以自己的名义，而不是作为托运人的代理人。在区段运输合同中，多式联运经营人为托运人，区段承运人为承运人。多式联运合同与区段运输合同属于不同的合同，在实务中必须区别对待，不能混淆。

对于托运人而言，多式联运合同具有以下优点：一是托运人只需要与多式联运经营人签订一份合同，而不需要与各区段承运人分别签订合同；二是托运人只需要向多式联运经营人一次性支付全程运费，而不需要承担各运输区段衔接期间产生的仓储等费用；三是多式联运过程中可能出现多份运输单证，但托运人有权要求多式联运经营人签发一份运输单证，更加符合信用证项下的单证要求；四是由于确定损失发生的具体运输区段非常专业复杂，一旦出现货物灭失、损坏或迟延交付，托运人只需向多式联运经营人提出索赔，而不需要向区段承运人进行索赔。

五、多式联运经营人的法律地位

多式联运经营人负责履行或者组织履行多式联运合同，负责将货物运至目的地并交付给收货人，对托运人承担承运人的义务和责任。多式联运经营人的责任期间，自接收货物时起至交付货物时止。货物在运输途中发生灭失、损坏或迟延交付，多式联运经营人应向托运人或收货人承担赔偿责任。

多式联运经营人在实践中完成所有区段运输任务的情况非常少见，多式联运经营人通常需要扮演多重角色。一方面，其与托运人订立多式联运合同，负责全程运输，收取全程运费；另一方面，其与各运输区段承运人分别订立运输合同，向各运输区段承运人支付区段运费，由区段承运人完成区段运输任务，此时，多式联运经营人扮演着多式联运“组织者”的角色。依照本条规定，多式联运经营人负责多式联运合同的履行，无论多式联运经营人是自己履行合同，还是组织各运输区段承运人履行合同，托运人都仅与多式联运经营人直接发生运输合同关系。因各区段承运人、多式联运经营人的受雇人、代理人或者为多式联运经营人履行多式联运合同而提供服务的人的原因导致多式联运合同不能履行或者不能完全履行的，也应当视为多式联运经营人违约，由其承担法律责任。

多式联运经营人也享有承运人的权利，包括可向托运人或者收货人收取全程运费、对货物行使留置权等。因托运人原因致使多式联运经营人遭受损失时，多式联运经营人可以向托运人索赔。

【审判实践中应注意的问题】

一、关于含沿海、内河多式联运合同的法律适用

我国多式联运立法比较分散，含国际海上货物运输的多式联运合同适用《海商法》第4章第8节的有关规定，其余运输方式组成的多式联运合同均适用《民法典》本章的有关规定。例如，多式联运合同由航空、铁路、公路、内河运输组成，则应适用本节有关规定。

二、多式联运合同与货运代理合同的区别

货运代理合同，是指货运代理企业接受货方委托，以委托人名义办理货物运输并收取代理佣金作为报酬的合同。在国内运输市场，很多货运代理企业参与多式联运业务，很多合同名为“货运代理合同”或“物流服务合同”，但实质上属于多式联运合同的范畴，在司法实践中引发了很多纠纷。当合同的名称与内容不一致时，人民法院应当根据当事人权利义务关系及合同履行的实际情况，正确界定合同性质，以审查认定的法律关系对案件进行处理。很多合同名为货运代理合同，但合同约定货运代理企业负责全程货物运输，此时应当将合同定性为运输合同。有的合同对当事人的权利义务约定不清晰，需要根据合同的实际履行情况确定合同的性质。对多式联运合同而言，组织全程运输是非常重要的特征，如果货运代理企业自己委托区段承运人从事区段运输，并由自己向区段承运人支付区段运输运费，再向货方收取全程运费，则其应当被认定为多式联运经营人。

三、多式联运合同与单式联运合同的区别

本法第834条规定了同一运输方式联运合同，我们简称为单式联运合同或连续运输合同，例如铁路联运、航空联运、水水联运。多式联运合同则由两种以上运输方式组成，例如水铁联。关于运输方式，不能仅凭运输工具进行界定，还要考虑区分调整具体运输工具的不同法律制度。如前所述，两段分别由相同类型运输工具完成的运输不一定属于同一运输方式，需要考虑所适用的法律规则是否相同。例如，在我国现行法律框架中，国际海上货物运输与国内水路货物运输均系广义的水上货物运输，运输工具均为船舶，但二者适用不同的法律制度，属于不同的运输方式，应纳入多式联运的范畴。国内沿海货物运输与内河货物运输组成的联运，则属于同一运输方式组成的单式联运。

【案例链接】

一、上海某某国际货运有限公司诉宁波某某国际贸易有限公司国际多式联运合同纠纷案

【裁判要点】

本案系国际多式联运合同纠纷。原告接受被告委托，向被告发出含有海空多式联运内容的空运单传真件，双方对空运单记载内容均未表示异议。原告涉讼后提供了盖有承运人代理印章的空运单，主张其为被告货运代理人，与事实不符，法院不予认可。庭审查明的事实显示，被告当时收到原告空运单传真件上无声明其为承运人代理人的印章。原告提示被告付款项目为海空联运费而非代理费和代垫运费。原告以自己的名义委托中某某公司实际承运，因而应认定原被告双方建

立的是国际多式联运合同关系，而非货运代理关系。依照法律规定，原告作为多式联运经营人，对多式联运承运的货物应当承担自接受货物时起至交付货物时止的全部责任。

二、霸州市某某志兴制管有限公司诉天津市某某货运代理有限公司多式联运合同纠纷案

【裁判要点】

从涉案货物运输过程中被告的行为分析，被告在接受原告委托后，以自己的名义向某某海运公司订舱，并组织车队把货物运到港口集港，经由海运运到目的港后，再组织陆路运输交付收货人，系履行承运人的相关义务。而依《水路运输服务业管理规定》第3条“本规定所称水路运输服务业，是指接受旅客、托运人、收货人以及承运人的委托，以委托人的名义，为委托人办理旅客或者货物运输、港口作业以及其他相关业务手续并收取费用的行业，分为船舶代理业和客货运输代理业”之规定，货运代理行为是以委托人的名义办理相关手续。本案被告是以自己的名义向实际承运人订舱，显然不符合《水路运输服务业管理规定》中货运代理的规定。综上，法院认为，被告作为全程货物运输的组织者，组织履行了涉案货物运输的陆运与海运部分，所从事的行为是一种多式联运经营行为，被告应认定为多式联运经营人，双方之间应为多式联运合同法律关系，而非货运代理合同关系。

三、中国某某财产保险股份有限公司武汉市某某支公司诉长锦某某株式会社、武汉某某国际航运实业有限公司多式联运合同纠纷案

【裁判要点】

根据提单记载，涉案货物运输装货港为中国武汉，目的港为韩国

釜山，内河区段运输由内河船舶“长航集运 8302”轮承运。根据《海商法》第 102 条第 1 款的规定：“本法所称多式联运合同，是指多式联运经营人以两种以上的不同运输方式，其中一种是海上运输方式，负责将货物从接收地运至目的地交付收货人，并收取全程运费的合同。”因涉案货物运输包括内河货物运输和海上货物运输两种运输方式，同需要转船，非江海直达，故本案系内河运输与海上运输相结合的多式联运合同纠纷。

第八百三十九条 **多式联运经营人可以与参加多式联运的各区段承运人就多式联运合同的各区段运输约定相互之间的责任；但是，该约定不影响多式联运经营人对全程运输承担的义务。**

【条文主旨】

本条是关于多式联运经营人对全程运输负责的规定。

【条文理解】

本条与《合同法》第 318 条的规定相同，在《民法典》编纂过程中几乎未作改动。

对于托运人而言，选择多式联运合同的主要优势是仅需与多式联运经营人签订一份全程运输合同，而不需要分别与各区段承运人就区段运输签订单独的运输合同。实务中，多式联运经营人自己独立完成全程各区段运输的情况并不多见，很多货运代理公司或无船承运人（Non-vessel Operating Common Carrier，NVOCC）[①] 扮演了多式联运经

① 无船承运人介于货主和船东之间，业务范围类似“集中托运（consolidation）”，即将不同货主的货物集中起来订舱，通常装于一个集装箱内，与远洋承运人签订运输合同，将货物交给船方。根据交通运输部发布实施的《货物多式联运术语》的规定，无船承运人是指不拥有运输工具，但以承运人的身份发布自己的运价，接受托运人的委托，签发自己的提单或其他运输单证，收取运费，并通过与有船承运人签订运输合同，承担承运人责任，完成国际海上货物运输经营活动的经营者。

营人的角色。[①]为完成多式联运合同下的义务，多式联运经营人通常需要组织和安排全程运输，与承担各区段运输任务的承运人分别签订区段运输合同，约定相互之间的权利义务和责任。因此，多式联运这种运输模式衍生出多个相互独立的运输合同，主要包括多式联运合同和区段运输合同。本条主要涉及两个方面的问题：

一、多式联运经营人对全程运输负责

虽然多式联运经营人可以与区段承运人就特定区段运输约定相互之间的权利义务和责任，但该约定不影响多式联运经营人对全程运输负责。此种责任是一种强制性的责任，不允许通过合同约定予以排除或限制。对于托运人而言，如果货物在多式联运经营人责任期间发生灭失、损坏，无论发生在哪一区段或者发生损失的区段无法确定，都有权依据多式联运合同直接向多式联运经营人请求赔偿，多式联运经营人不能依据其与区段承运人之间区段运输合同的条款进行抗辩。这是合同相对性原则的体现。

二、多式联运经营人有权向区段承运人进行追偿

多式联运经营人与区段承运人之间的区段运输合同虽然是其履行多式联运合同的组成部分，与多式联运合同有着密切关系，但两者在性质和合同主体上是不同的，相互独立。多式联运经营人与各区段承运人之间的合同，旨在调整多式联运经营人与各区段承运人之间的权

① 2016年交通运输部等十八个部门《关于进一步鼓励开展多式联运工作的通知》第1条第1项规定："已依法获得铁路、道路、水路、航空货物运输以及无车承运、无船承运、邮政快递业务经营资质或者国际货运代理备案的企业，可独立开展与其主营业务相关的多式联运经营活动或者联合其他具有相关资质的企业组织开展多式联运经营活动，不得对其增设新的行政审批事项。"2017年4月1日，交通运输部发布实施的《货物多式联运术语》第6.2条规定："无车承运人（non-truck operating carrier）是指不拥有货运车辆，但以承运人的身份接受托运人的委托，并与实际承运人签订运输合同，承担承运人责任的经营者。"第6.3条规定："无船承运人（non-vessel operating common carrier，NVOCC）是指不拥有运输工具，但以承运人的身份发布自己的运价，接受托运人的委托，签发自己的提单或其他运输单证，收取运费，并通过与有船承运人签订运输合同，承担承运人责任，完成国际海上货物运输经营活动的经营者。"可见，我国对多式联运经营人主体的多样性是予以肯定的。

利义务关系。由于多式联运经营人对全程运输负责，在向托运人或收货人承担赔偿责任之后，如果能够确定货物损失发生的运输区段，多式联运经营人有权根据区段运输合同向区段承运人进行追偿。

【审判实践中应注意的问题】

一、举证责任

若货物发生毁损、灭失或迟延交付，货方需要举证货物的毁损、灭失或迟延交付发生在多式联运经营人接收货物至交付货物期间，而没有义务证明货物毁损、灭失发生在某一运输区段。如果多式联运经营人能够证明货物毁损、灭失发生在某一运输区段的，关于多式联运经营人的赔偿责任和责任限额，则可适用调整该区段运输的法律。如果多式联运经营人不能证明货物毁损、灭失发生在某一运输区段的，则适用本章的有关规定。由于涉及确定货物毁损、灭失的原因以及日后的追偿，多式联运经营人通常会积极举证证明损失发生的运输区段。

如果多式联运经营人明知货损发生的运输区段，为了减少向托运人赔付的金额而故意隐瞒该事实，并且私下与区段承运人达成赔付协议，即使托运人已经按照货物损失发生区段无法确定时情形获得部分赔偿，一旦托运人有证据证明多式联运经营人有故意隐瞒的情形，仍然有权要求赔偿差额部分的损失。诉讼时效可按照其知道或者应当知道权利受到损害之日起算。

虽然本法没有规定托运人或收货人有权直接向区段承运人进行索赔，但法律对此并没有禁止。如果托运人或收货人能够证明货损发生的具体运输区段，其也可以提起侵权之诉，向该区段承运人进行索赔，按照侵权责任构成要件进行举证。

二、多式联运经营人与区段承运人是否承担连带责任

《鹿特丹规则》旨在调整包含海运在内的多式联运合同，其规定的海运履约方包含海运区段承运人。该公约第20条规定，对于货物的灭失、损坏或者迟延交付，承运人和一个或数个海运履约方均负有赔偿责任的，其赔偿责任为连带责任。当货物损失发生在海运承运人责任期间时，该公约赋予了货方对海运区段承运人的直接履行请求权和损失赔偿请求权，有权要求海运区段承运人与多式联运经营人承担连带责任，以加强对货方权利的保障。根据《海商法》第42条的规定，实际承运人是指接受承运人的委托，从事货物全部或部分运输的人，包括接受转委托从事此项运输的其他人。第63条同时规定，承运人与实际承运人都负有赔偿责任的，应当在此项责任范围内负连带责任。

表面上看，多式联运中的区段承运人非常符合上述实际承运人的定义。实践中，当能够确定损失发生的运输区段时，货方为了得到充分的赔偿，常将多式联运经营人视为合同承运人，将区段承运人视为实际承运人，要求人民法院判决二者承担连带责任。由于《海商法》第4章规定的实际承运人制度源于《汉堡规则》，该概念应严格限制适用于提单所证明的海上货物运输合同范围内，若直接将多式联运合同中的区段承运人视为实际承运人，并要求其与多式联运经营人承担连带责任，则缺乏明确的法律依据。司法实践中存在将多式联运经营人与区段承运人列为共同被告，并判决承担连带责任的做法，虽然有利于减少当事人的诉累，但仍需要深入研究，慎重区别对待，必要时可由最高人民法院通过指导性案例或司法解释予以明确。司法实践中，有的人民法院直接适用《合同法》第313条（《民法典》第834条）有关调整单式联运合同的规定，判决多式联运经营人与区段承运人承担连带责任，属于适用法律不当，应当引起重视。

【案例链接】

一、河北某某国际货运股份有限公司、广州某某货运有限公司多式联运合同纠纷案

【裁判要点】

根据河北某某国际货运股份有限公司与上海某钢签订的海运运输承运服务合同的约定，河北某某国际货运股份有限公司组织履行多式联运合同，尽管货物的实际运输交由唐山某某物流有限公司、广州某某货运有限公司等具体负责，但这并不影响河北某某国际货运股份有限公司作为多式联运经营人的法律地位。河北某某国际货运股份有限公司可以与参与多式联运的各区段承运人就多式联运合同的各区段运输约定相互之间的责任，但该约定不影响河北某某国际货运股份有限公司对全程运输承担的义务。在海运运输承运服务合同中有约定“其他经查证非河北某某国际货运股份有限公司责任造成的损失”，河北某某国际货运股份有限公司不承担赔偿责任。本案货损是拖挂车（粤A）的支撑架断裂造成，河北某某国际货运股份有限公司并未向法庭举证证明其谨慎选任了陆路运输的承运人，并对该承运人进行了合乎安全运输规范的指导或管理，因此作为组织履行多式联运合同的经营人，河北某某国际货运股份有限公司对本案货损的发生，基于未谨慎选任陆路承运人的过错而负有不可推卸的法律责任。河北某某国际货运股份有限公司关于其并非货损的直接责任方、不应承担赔偿责任的抗辩理由，不符合法律关于多式联运经营人的规定，其抗辩理由不成立。

二、东方某某货柜航运有限公司诉中国外运某某集团公司苏州公司国际多式联运合同陆路运输段货物损害追偿纠纷案

【裁判要点】

涉案货物从美国运至中国吴江，经过了海运和陆路运输，运输方

式属于国际多式联运。东方某某货柜航运有限公司是多式联运的全程承运人，也即多式联运经营人，其与中国外运某某集团公司苏州公司之间的传真事涉运费等运输合同的主要内容，双方订立的合同应属国际多式联运的陆路运输合同，合同有效成立，中国外运某某集团公司苏州公司应按约全面适当地履行运输义务。涉案两个集装箱货物的损坏发生在上海至吴江的陆路运输区段，故中国外运某某集团公司苏州公司应对货物在其责任期间内的损失承担赔偿责任。买方也即收货人华某公司与人保某某公司之间的保险合同依法成立有效，货损属于货物运输保险单下的保险事故范畴，保险公司对涉案货损进行赔付符合情理和法律规定。东方某某货柜航运有限公司作为多式联运全程承运人对保险公司承担赔偿责任后，有权就其所受的损失向作为陆路运输承运人的中外运进行追偿。

第八百四十条　多式联运经营人收到托运人交付的货物时，应当签发多式联运单据。按照托运人的要求，多式联运单据可以是可转让单据，也可以是不可转让单据。

【条文主旨】

本条是关于多式联运经营人签发多式联运单据义务的规定。

【条文理解】

本条与《合同法》第319条的规定相同，在《民法典》编纂过程中未作任何改动。

一、多式联运单据的定义

本法没有定义多式联运单据。根据我国多式联运立法现状，结合业务实践，在合理借鉴《联合国国际货物多式联运公约》和1991年《多式联运单证规则》的基础上，可以将多式联运单据定义如下：证明多式联运合同和多式联运经营人接收货物，以及保证按照该合同条款交付货物的单据。该单据包括多式联运经营人与托运人确认的取代纸张单据的电子数据交换信息。

1973年《多式联运单证统一规则》使用“Combined Transport Document（CTD）”一词涵盖实务中的多式联运单据。1991年《多式联运单证规则》与1980年《联合国国际货物多式联运公约》一致，均采用“Multimodal Transport Documents（MTD）”的说法。实践中，这两种表述方式均被使用。《跟单信用证统一惯例》（UCP400）时期将运输单据分为三种，即一般性运输单据、海运单据、快递收据和邮政收据，对于多式联运单据的名称，其采纳了 CTD 一词。UCP500 对运输单据重新分类，包括七种，即海运 / 远洋提单、不可转让海运单、租船合约提单、多式联运单据、空运单据、公路铁路内河运输单据、快递收据以及邮政收据，其使用 MTD 这一表述来概括实务中的多式联运单据。2007 年的 UCP600 对运输单据的分类基本继承了 UCP500，没有实质性变化，只是在条款顺序及名称上略有调整，其提出了“涵盖两种以上运输方式的运输单据”这一说法①，与作为专用名称的 CTD 与 MTD 相区别。该名称由多式运输单据（MTD）更名而来，着重强调其功能，一并涵盖了同为多种方式运输单据的联合运输单据（CTD）。UCP600 对运输单据的规定注重功能，而非名称。换句话说，只要提交的运输单据符合 UCP600 第 19 条的规定，即已满足此类运输单据的功能，此时不管其名称为何，均可接受。②

由于多式联运大多包括海运方式，并以之作为主要运输方式，所以多式联运单据的常见名称有：多式联运提单（Multimodal Transport B/L，简称 MTB/L），例如 BIMCO 根据 1991 年《多式联运单证规则》制定的“Multidoc1995”多式联运提单；联合运输提单（Combined Transport B/L，简称 CTB/L）；联合运输不可转让海运单（Combined Transport Non-negotiable Seaway Bill）等。

实践中，多式联运单据通常为格式文本，系多式联运经营人单方拟定，大多参照 1973 年《多式联运单证统一规则》或 1991 年《多式联运单证规则》等自主性规则制定。一般而言，多式联运单据的正面记载事项与海运提单相似，主要包括以下内容③：（1）货物品类、标志、危险特征的声明、包数或者件数、重量；（2）货物的外表状况；（3）多式联运经营人的名称与主要营业地；（4）托运人名称；（5）收货人的名称；（6）通知方名称；（7）多式联运经营人接收货物的时

---

① 英文表述为：A transport document covering at least two different modes of transport（multimodal or combined transport document）。

② 林建煌：《品读 UCP600 跟单信用证统一惯例》，厦门大学出版社 2015 年版，第 338 页。

③ 可参考 1980 年《联合国国际货物多式联运公约》第 8 条规定。

间、地点；（8）装船港；（9）卸船港；（10）交货地点；（11）交货日期或者期间；（12）多式联运单据可转让或者不可转让的声明；（13）多式联运单据签发的时间、地点；（14）多式联运经营人或其授权人的签字；（15）运费支付。多式联运单据背面通常包括适用范围、定义、诉讼时效、管辖权及法律适用、单据签发、承运人责任、货方责任、运费及留置权等主要条款。大部分多式联运单据均规定既适用于多式联运合同，也适用于单一运输方式合同。

二、多式联运单据的签发

本条规定了多式联运经营人签发提单的义务。多式联运经营人在收到托运人交付的货物时，应当签发多式联运单据。多式联运单据可以由多式联运经营人签发，也可以由其授权的人签发。

多式联运经营人知道或者有合理的根据怀疑多式联运单据所列的货物品类、标志、包数或者数量、重量等没有准确地表明实际接管货物的状况，或者无适当方法进行核对的，多式联运经营人应在多式联运单据上作出保留，注明不符合之处及怀疑根据或无适当核对方法。多式联运单据一经签发，如果多式联运经营人未对货物的表明状况加以批注，则如同清洁的海运提单一样，视为货物的表面状况良好。多式联运单据是多式联运经营人按照记载接收货物的初步证据。但多式联运单据转让给第三人且该第三人对多式联运单据记载内容有合理信赖的，多式联运经营人提出的相反证据将不予接受。

同时，要注意区分多式联运单据和区段运输单据。多式联运单据系多式联运经营人签发给托运人的单据，区段运输单据则是区段承运人签发给多式联运经营人的单据。本条仅涉及多式联运经营人向托运人签发的多式联运单据。

三、多式联运单据的类型

多式联运单据包括可转让单据和不可转让单据。签发何种类型的多式联运单据，由托运人根据贸易合同的需要进行选择，多式联运经营人应当按照托运人的要求相应签发。多式联运单据的类型决定着单据转让及货物交付所适用的规则。

《海商法》第4章第8节没有规定多式联运单据，本条也没有对多式联运单据作详细规定，关于多式联运单据的使用规则，包括单据转让及货物交付，需要依据单据背面通常记载的相关条款进行确定。例如，Multidoc1995背面条款第8条参照1991年《多式联运单证规则》规定了签发可转让单据下的交货方式。

四、多式联运单据的功能

关于多式联运单据的功能，本法没有规定，可以比照《海商法》关于提单功能的规定加以理解。

（一）运输合同的证明

多式联运单据最基本的功能是反映运输合同，即作为确定当事人存在多式联运合同关系的证明。作为运输合同的证明，可以从以下几个方面来理解。第一，就多式联运经营人与托运人之间的关系而言，多式联运单据签发之前，托运人已向承运人提出了托运要求，多式联运经营人一经接受，双方之间达成了关于多式联运的一致意思表示，合同即成立。在多式联运经营人与托运人之间，多式联运单据仅是多式联运合同的证明，而不是多式联运合同本身。多式联运经营人依据多式联运合同的约定接收了货物或者将货物装上运输工具，并应托运人的要求签发多式联运单据，是履行多式联运合同中的环节之一。第二，实践中存在着不单独签订多式联运合同的情形，此时多式联运单据尽管不是多式联运合同本身，也不一定是唯一的合同文本，但其是最为重要的合同文本。根据前述多式联运单据的内容，多式联运单据可以表明托运人与多式联运经营人存在合同关系，托运人可据此主张合同上的权利。多式联运经营人也可根据多式联运单据条款确定自己的权利、义务和责任。作为重要的运输合同文本，多式联运单据的转让意味着多式联运合同的转让，但托运人与多式联运经营人之间的合同全部条款并不当然随着多式联运单据的转让而转让。也就是说，在多式联运单据转让的情况下，可能会出现双重法律关系并存的情况：一是多式联运单据持有人因受让多式联运单据而与多式联运经营人之间发生的运输关系；二是托运人与多式联运经营人之间在多式联运单据之外的相关约定，并不当然随着多式联运单据的转让而转让。换言之，多式联运单据的转移或转让并不当然解除托运人在与多式联运经营人达成的多式联运合同中应承担的责任，此点在司法实践中具有重要意义。

（二）货物收据

在托运人提交货物之后，多式联运经营人签发多式联运单据，可以证明其收到货物。多式联运单据关于货物状况的记载具有证据效力，但对托运人和收货人的法律后果有所不同。对于托运人而言，单据的记载仅是初步证据，如果多式联运经营人有其他证据证明其接收的货物与单据记载不同，可以否定单据的证据效力。但对于收货人而言，单据的记载具有绝对的证据效力，此时多式联运经营人提出的与单据记载的相反证据将不予接受。

（三）交付货物的依据

除了以上两个功能之外，多式联运单据是多式联运经营人交付货物的依据。多式联运经营人需要根据多式联运单据的类型来确定货物的交付方式，以完成其在运输合同项下的最后义务。

《联合国国际货物多式联运公约》与1991年《多式联运单证规则》对多式联运单据都作了详细规定。关于不可转让单据，《联合国国际货物多式联运公约》和1991年《多式联运单证规则》基本一致。多式联运经营人签发了不可转让多式联运单据的，应当在单据中记载“收货人”，并将货物交付给单据所指明的记名收货人或经收货人正式指定的其他人。多式联运经营人无须凭单交货，收货人证明其身份后，便有权提取货物。

关于可转让的多式联运单据，1980年《联合国国际货物多式联运公约》第6条规定，多式联运单证以可转让的方式签发时，单据转让及货物交付应遵循以下规则：（1）应当列明按指示或向持有人交付；

（2）如果列明按指示交付，经背书后转让；（3）如果列明向持票人交付，无须背书即可转让。该条同时规定，只有提交可转让多式联运单证，并在必要时经正式背书，才能向多式联运经营人要求交付货物。相比之下，1991年《多式联运单证规则》对于可转让运输单证，除了规定“向持单人交付”和“按指示交付”之外，还规定了“向记名人交付”的情形。对于多式联运单证以可转让方式“向持单人交付”签发的，则应向提交一份正本单证的人交付货物；对于多式联运单证以可转让方式“按指示交付”签发的，则应向提交一份经背书的单证的人交付货物；对于多式联运单证以可转让方式“向记名人交付”签发的，则应向提交一份正本单证和本人身份证明的人交付货物。需要注意的是，1991年《多式联运单证规则》规定的可转让方式“向记名人交付”签发的运输单证，从交付货物的程序上看，类似于《海商法》第79条规定的“记名提单”，但区别在于《海商法》规定的记名提单是不可转让的。当签发一份以上可转让多式联运单据正本时，应当注明正本份数，收货人只有提交可转让多式联运单据时才能提取货物，多式联运经营人按其中一份正本交货后，即履行了交货人的义务；如果签发副本，则应当注明“不可转让副本”字样。

（四）物权凭证

人们目前普遍认为海运提单具有物权凭证（document of title）的功能，[①] 意味着提单代表着货物，持有提单代表占有货物。赋予提单这种功能，源于贸易实践的需求。关于多式联运单据是否具有物权凭证的功能，理论与实务界存在争议。由于多式联运单据的可转让性质都是基于合同约定，业界对其是否具有物权凭证的功能尚未达成共识，将其作为物权凭证的依据不足。

在国际信用证业务中，UCP600对国际银行业务中的跟单信用证所涉及的多式联运单据（第19条），以及空运单（第23条），公路、铁路、内陆水运（第24条）等运输单据的签发、认定、提交等审核

① 在国内对于将“document of title”翻译成为“物权凭证”存在争议。

标准都作了相应规定。但该惯例只是信用证结算实务的指导性文件，企业能否成功开立信用证还取决于银行对风险的评估。根据相关规则，空运单、公路运单、铁路运单、内陆水运单都不具有物权凭证属性，属于不可转让的运输单证。在这些单证项下，一般是向记名收货人交付货物，收货人只需证明身份即可直接提货。银行是否接受以多式联运单据作为议付单据，取决于申请人的需求以及申请人的资信水平。实务中，银行在信用证业务中对这类单证的风险评级高于海运提单，以海运提单作为议付单证的信用证申请更易获得银行批准。

已有专家提议，需要通过国际规则和国内立法对多式联运提单的物权凭证功能作出明确规定，提高银行对多式联运单据的接受度和认可度。目前，联合国国际贸易法委员会（UNCITRAL）正在着手研究相关问题。

【审判实践中应注意的问题】

一、法律适用

《海商法》与本法均未明确规定多式联运单据的使用规则。对于多式联运单据的转让和签发多式联运单据时多式联运经营人交付货物的问题，应当根据多式联运单据背面条款进行判断。在国内多式联运实践中，多式联运经营人经常签发运单作为多式联运单据，应被视为“不可转让单据”。

二、多式联运经营人的识别

实践中，可以根据多式联运单据的记载识别多式联运经营人。如果多式联运单据有抬头的，抬头记名的人即为多式联运经营人。通常也可以根据单证右下角记载进行判断。很多情况下，由代理人签发多式联运单据，此时代理人的行为应被视为代表多式联运经营人签发多式联运单据。

三、未签发多式联运单据时的货物交付问题

在运输合同中，承运人应当按照托运人的指示交付货物。承运人接收货物后，应当按照托运人的要求签发运输单证，并根据单证的类型交付货物，其实承运人也是在遵守托运人关于货物交付的指令。如果承运人没有签发运输单证的，应当按照托运人的指示交付货物。该原则同样适用于多式联运合同。

第八百四十一条　因托运人托运货物时的过错造成多式联运经营人损失的，即使托运人已经转让多式联运单据，托运人仍然应当承担赔偿责任。

【条文主旨】

本条是关于托运人赔偿责任的规定。

【条文理解】

本条与《合同法》第320条的规定相同，在《民法典》编纂过程中将“损害赔偿责任”改为“赔偿责任”，其他未作实质性改动。

一、多式联运合同中托运人的义务

本节没有规定托运人在履行多式联运合同中的义务，对此可适用本章第3节关于托运人义务的相关规定。根据本法，托运人有如下义务：（1）托运人办理货物运输时，应当向多式联运经营人准确表明收货人的姓名或者名称或者凭指示的收货人，货物的名称、性质、重量、数量，以及收货地点等有关货物运输的必要情况；（2）托运人托运货物，应当妥善包装；（3）货物运输需要办理审批、检验等手续的，托运人应当将办理完的有关手续提交多式联运经营人；（4）托运人托运危险物品的，应当按照国家有关危险物品运输的相关规定，妥善包装，作出危险品标志和标签，并将其正式名称、性质以及应采取的预防措施告知多式联运经营人；（5）托运人应当按照约定向多式联运经营人支付运费。

二、托运人的责任基础

按照本条的规定，因托运人托运货物时的过错造成多式联运经营人损失的，托运人应当承担赔偿责任。托运人承担赔偿责任的前提是存有过错。所谓过错，是指托运人通过某些形式表现出来的在法律或者道德上应当受到非难的状态。这种应当受到非难的状态可以由故意引起，也可以由过失引起。[①] 例如，托运人交付货物时包装不当或填写多式联运单据时，故意或过失地提供不真实的资料，给多式联运经营人造成损失。托运人故意违反法律法规中关于安全运输标准的规定，将危险物品当做普通物品运输等，而未如实向多式联运经营人申报，造成其他货物或运输工具的损失。

三、多式联运单据转让后托运人的责任

多式联运单据分为可转让单据和不可转让单据。在不可转让单据下，托运人托运货物时因过错造成多式联运经营人损失的，由托运人承担赔偿责任没有争议。但是，在多式联运经营人签发了可转让单据，并且托运人已经将该单据转让的情况下，究竟是托运人承担赔偿责任，还是单据的受让人承担赔偿责任，存在一定的争议。一种观点认为，多式联运单据转让后，托运人对货物已不享有所有权，原则上应由所有权人赔偿对多式联运经营人或运输区段承运人造成的损害。另有观点认为，在多式联运中，托运人完全有可能在托运货物造成多式联运经营人或区段运输承运人损失之前已经将多式联运单据转让。如果仅因多式联运单据已经转让，而将因托运人的过错产生的责任归于所有权人或收货人，不符合公平原则的精神。[②]

按照本条规定，即使托运人已经转让多式联运单据，但因托运人托运货物时的过错给多式联运经营人造成损失的，托运人仍然应当承

① 吴高盛主编：《〈中华人民共和国合同法〉释义及实用指南》，中国民主法制出版社2014年版，第510页。

② 王利明：《合同法分则研究（上卷）》，中国人民大学出版社2013年版，第490页。

担赔偿责任。本条规定充分借鉴了1980年《联合国国际货物多式联运公约》和1991年《多式联运单证规则》的相关规定，进一步强化了托运人在托运货物时的义务，有利于实现货物的安全高效运输。需要注意的是，由于托运人托运货物的过错导致多式联运经营人承运的其他货物遭受损失时，多式联运经营人仍然应当向其他货主承担赔偿责任。同时，因托运人受雇人或者代理人在受雇或受委托范围行事时的过错给多式联运经营人造成损失的，托运人应当向多式联运经营人承担赔偿责任。

【审判实践中应注意的问题】

一、法律适用

与本法第842条不同，托运人的赔偿责任不适用网状责任制。多式联运合同适用本法规定时，无论因托运人过错导致多式联运经营人的损失发生在哪一个运输区段，多式联运经营人都有权依据本法规定向托运人主张权利、要求索赔。

二、针对托运人的诉讼时效

多式联运经营人基于本条规定，针对托运人的请求权，应适用本法第188条3年的诉讼时效，从其知道或应当知道其权利受侵害之日起算。根据字面解释，托运人向多式联运经营人承担赔偿责任的前提有两个：一是托运人托运货物时的过错；二是造成多式联运经营人损失。如果多式联运经营人同时是某一运输区段的承运人，由于托运人过错造成其损失的，多式联运经营人可以直接向托运人索赔。由于多式联运经营人往往不承担全部运输任务，相关损失可能发生于某一运输区段，例如造成区段承运人运输工具的损失。此时，多式联运经营人只有向区段承运人承担赔偿责任之后，其损失才真正发生。司法实践中，多式联运经营人主张从经生效判决或仲裁裁决认定其承担赔偿责任之日起算诉讼时效的，人民法院应当予以支持。

三、区段承运人针对托运人的诉讼

因托运人托运货物时的过错造成区段承运人损失的，区段承运人可以依据区段运输合同向多式联运经营人索赔。至于区段承运人能否直接向托运人索赔，本法没有涉及。根据侵权法一般原理，区段承运人有权以侵权为由直接向托运人索赔。

第八百四十二条 货物的毁损、灭失发生于多式联运的某一运输区段的，多式联运经营人的赔偿责任和责任限额，适用调整该区段运输方式的有关法律规定；货物毁损、灭失发生的运输区段不能确定的，依照本章规定承担赔偿责任。

【条文主旨】

本条是关于多式联运经营人责任制度的规定。

【条文理解】

与《合同法》第321条相比，本条将“损害赔偿责任”改为“赔偿责任”，其他未作实质性修改。

一、多式联运经营人责任制度的国际立法模式

多式联运由不同的运输方式所组成，完成多式联运需要经过多个运输区段，各运输区段适用不同法律制度，调整多式联运的法律制度较单一运输方式更加复杂，目前尚无一部生效的国际公约。在漫长的国际多式联运立法发展过程中，关于多式联运经营人的责任制度主要表现为两种模式：一是网状责任制（Network System）；二是统一责任制（Uniform Liability System）。这两种责任制度各有利弊 。

为促进多式联运立法的发展，在这两种责任制度的基础上，又演变为“经修正的网状责任制”和“经修正的统一责任制”。通常认为，1991年《多式联运单证规则》是“经修正的网状责任制”的代表，1980年《联合国国际货物多式联运公约》则采用了“经修正的统一责任制”模式。除此之外，旨在调整含海运在内多式联运合同的

《鹿特丹规则》在网状责任制的基础上，采用了“有限网状责任制”(Limited Network System)。

（一）网状责任制与统一责任制

网状责任制中，多式联运经营人的赔偿责任和责任限额适用货物的灭失、损坏或迟延交付发生的运输区段所适用的法律。统一责任制不考虑货物灭失、损坏或迟延交付发生的具体运输区段，多式联运经营人按照法律规定适用统一的赔偿责任与责任限额。就法律适用的确定性而言，统一责任制比网状责任制更加具有优势。但就法律后果来看，网状责任制比统一责任制更加科学合理，主要表现在多式联运经营人对货方的赔付及向区段承运人追偿方面。由于多式联运经营人在对货主承担赔偿责任之后，需要向履行区段运输的承运人进行追偿，网状责任制可以确保多式联运经营人对外承担的赔偿责任可以得到充分追偿。但适用统一责任制时，多式联运统一责任制度与调整区段运输责任制度可能存在差异，导致多式联运经营人对外承担的赔偿责任可能无法完全通过追偿得到弥补，这是多式联运经营人所难以接受的。例如，在一起含海运的多式联运合同纠纷中，货物灭失发生在海运阶段（假设适用《维斯比规则》），由于货物价值较高，多式联运经营人可以享受单位赔偿责任限额。适用1991年《多式联运单证规则》时，多式联运经营人可以主张适用《维斯比规则》，按照666.67计算单位/件或2计算单位/公斤计算赔偿限额。多式联运经营人向货方赔偿之后，可以向海运区段承运人进行追偿，并同样适用《维斯比规则》，从而确保多式联运经营人对外赔付金额与其向区段承运人追偿金额保持一致。如果适用1980年《联合国国际货物多式联运公约》，结果则大不相同。多式联运经营人根据公约只能按照920计算单位/件或2.75计算单位/公斤对货方主张单位责任限额，但当多式联运经营人向海运区段承运人进行追偿时，海运承运人则可以按照666.67计算单位/件或2计算单位/公斤进行抗辩。很明显，1980年《联合国国际货物多式联运公约》与《维斯比规则》之间存在单位责任限额的差额，导致多式联运经营人承担相应的差额损失。这也是1980年《联合国国际货物多式联运公约》遭到多式联运经营人反对并导致失败的重要原因。

（二）经修正的网状责任制与经修正的统一责任制

适用网状责任制的重要前提是能够确定货物灭失、损坏或迟延交付发生的运输区段。当无法确定货损发生的运输区段时，我们称之为“隐蔽损失”（concealed damage），网状责任制则无法适用。为了解决这个问题，立法直接规定适用相关法律制度；或者适用多式联运过程中某一运输区段的法律，通常情形下该运输区段相比而言存在较高的运输风险（例如海运）。例如《海商法》第106条规定：“货物的灭失或者损坏发生的运输区段不能确定的，多式联运经营人应当依照本章关于承运人赔偿责任和责任限额的规定负赔偿责任。”我们通常将这种立法模式称为“经修正的网状责任制”，解决无法确定货损发生的运输区段时的法律适用问题。

沿袭《汉堡规则》倾向于保护货方利益的立法理念，1980年《联合国国际货物多式联运公约》在责任限额方面采用“经修正的统一责任制”。按照多式联运合同是否含海运或内河区段运输，该公约分别规定了多式联运经营人责任限额，含海运或内河运输区段多式联运经营人责任限额为920计算单位/件或2.75计算单位/公斤，不含海运或内河运输区段的多式联运经营人责任限额为8.33计算单位/公斤。该公约同时规定，如果可适用于发生货损运输区段的法律或国际公约所规定的赔偿责任限额标准高于公约规定，则可适用于该区段运输的法律或国际公约优先适用。例如，如果涉及铁路、公路和航空在内的多式联运合同中，货损发生在航空运输阶段（适用《蒙特利尔公约》），则多式联运经营人责任限额适用《蒙特利尔公约》规定，即17计算单位/公斤。这种立法模式也被称为“经修正的统一责任制”。

（三）整体评价

虽然我们习惯于将1991年《多式联运单证规则》界定为“经修正的网状责任制”，将1980年《联合国国际货物多式联运公约》称为“经修正的统一责任制”，但这种界定并非完全准确。事实上，这两部国际立法均区分了多式联运经营人赔偿责任与责任限额两项内容，作了更为复杂的规定，属于网状责任制与统一责任制的深度融合。

就多式联运经营人赔偿责任而言，两部立法均借鉴《汉堡规则》中承运人过错推定责任（presumed fault or neglect）制度。即如果造成货物灭失、损坏或迟延交付的事故发生在多式联运经营人掌管货物期间，则多式联运经营人对相关损失承担赔偿责任；除非多式联运经营人能够证明其本人、受雇人或代理人，为避免事故的发生及其后果已采取一切所能合理要求的措施时，才能免除其赔偿责任。这一原则在1980年《联合国国际货物多式联运公约》下统一适用，而不考虑货损发生的运输区段。由于海运在多式联运中所占比例很高，统一责任制导致多式联运经营人无法从海运承运人处得到全部追偿，这一立法模式遭到了多式联运经营人的强烈反对，也客观上导致该公约不能被广泛接受。1991年《多式联运单证规则》则采取了更加灵活的立法模式，虽然该规则规定了多式联运经营人过错推定归责原则，但在充分考虑海运及内河运输的特殊风险的情况下，规定如果货损发生在海运或内河运输区段，多式联运经营人可以享受航海过失免责及火灾免责抗辩等情形。这种立法模式更加灵活，更符合实际情况，受到国际社会的普遍欢迎。目前，很多国家借鉴了1991年《多式联运单证规则》的立法理念。

综上，关于多式联运经营人赔偿责任，1980年《联合国国际货物多式联运公约》采用了统一责任制；1991年《多式联运单证规则》则在区分是否含海运、内河运输区段的基础上采用了特殊网状责任制。关于多式联运经营人责任限额，1980年《联合国国际货物多式联运公约》在区分是否含海运、内河运输区段的基础上，充分考虑货方利益，采用了特殊网状责任制。1991年《多式联运单证规则》则完全采用网状责任制。

二、本条采取的立法模式

与1980年《联合国国际货物多式联运公约》与1991年《多式联

运单证规则》相比较，我国《海商法》与本法关于多式联运经营人责任制度，没有区分多式联运经营人的赔偿责任与责任限额，采用了更为开放的“经修正的网状责任制”。

如果能够确定货物的毁损、灭失发生在某一运输区段的，多式联运经营人的赔偿责任与责任限额，均适用调整该区段运输方式的有关法律规定。如果货物损失发生在多个运输区段，而且能够区分各自损失，可以根据损失分别适用不同区段的法律。

如果货物毁损、灭失发生的运输区段不能确定的，多式联运经营人依照本章规定适用严格责任，只能依据本法第832条规定主张免责抗辩。由于本章未规定承运人责任限额，多式联运经营人应承担完全赔偿责任。确定损失发生的运输区段具有很强的专业性，是适用网状责任制的关键。关于货物损失发生的运输区段不能确定的情形，大致可以分为以下几类：一是无法确定损失发生的运输区段，特别在集装箱运输中，区段承运人之间货物交接不可能开箱检验，导致有些损失难以确定发生在某一运输区段。二是损失的形成是一个逐步发展的过程，涉及多个运输环节，导致无法确定损失发生的具体运输区段。

三、关于赔偿责任的法律适用

关于多式联运经营人赔偿责任，本条与1991年《多式联运单证规则》存在着细微的区别。如果能够确定货物损失发生的运输区段的，根据本条规定，多式联运经营人的赔偿责任适用调整该区段运输方式的法律。1991年《多式联运单证规则》规定多式联运经营人的责任基础是推定过错，如果能够确定货物损失发生在海上或内河运输区段的，多式联运经营人可以享受航海过失及火灾免责抗辩；如果货物损失发生在其他运输区段（铁路、航空、公路）的，多式联运经营人赔偿责任仍然适用推定过错责任制，而不适用调整该区段运输方式法律下承运人的赔偿责任制度。

如果货物损失发生的运输区段不能确定的，1991年《多式联运单证规则》不考虑运输区段的组成，多式联运经营人的责任基础仍然适用推定过错。根据我国法律，此时需要区分多式联运是否包含国际海上货物运输。如果含国际海上货物运输，货物损失发生的运输区段不能确定的，多式联运经营人赔偿责任应适用《海商法》第 4 章的有关规定。如果不含国际海上货物运输，货物损失发生的运输区段不能确定的，多式联运经营人赔偿责任应适用本法本章的有关规定。

由此可见，关于多式联运经营人的赔偿责任，本法采取了完全的网状责任制，1991 年《多式联运单证规则》则采用了“有限的网状责任制”。

四、关于责任限额的法律适用

关于多式联运经营人的责任限额，1991 年《多式联运单证规则》与本条均采用了网状责任制。如果货物损失发生在某一运输区段的，多式联运经营人责任限额适用该区段的法律。

如果货物损失发生的运输区段不能确定的，1991 年《多式联运单证规则》需要考虑运输区段是否包含海上或内河运输；如果包括海上或内河运输，多式联运经营人责任限额为 666.67 计算单位 / 件或 2 计算单位 / 公斤；如果不包括海上或内河运输，多式联运经营人责任限额为 8.33 计算单位 / 公斤。如果适用我国法律，当货物损失发生的运输区段不能确定且运输区段包括国际海上货物运输时，则适用《海商法》第 4 章的有关规定，多式联运经营人责任限额为 666.67 计算单位 / 件或 2 计算单位 / 公斤；如果不包括国际海上运输区段（即使包括沿海或内河运输），则适用本节有关规定，多式联运经营人没有责任限额，承担完全赔偿责任。

但需要注意的是，1991 年《多式联运单证规则》还明确规定了多式联运经营人限制赔偿责任权利丧失的条件，即如经证明货物的灭失、损坏或延迟交付是由于多式联运经营人本人故意造成，或者知道可能造成而毫不在意的行为或不为所引起的，则多式联运经营人就无权享受赔偿责任限制的利益。依据体系解释原则，多式联运经营人责任限额适用网状责任制，但其丧失赔偿责任限制的条件却是统一的。

本章没有赋予承运人在货运合同中享有赔偿责任限制的权利，当然也没有规定承运人丧失赔偿责任限制的条件，如果货物损失发生在某一运输区段的，调整该区段运输的法律赋予承运人赔偿责任限制的，多式联运经营人享有的责任限额及丧失责任限制的条件均应适用调整该运输区段的法律。

五、关于诉讼时效

（一）国际立法

多式联运合同诉讼时效问题是国际多式联运立法的难点，主要涉及多式联运经营人向负有责任的区段承运人追偿的问题。1980年《联合国国际货物多式联运公约》采用的是“经修正的统一责任制”，规定诉讼时效为2年。为了给多式联运经营人向区段承运人追偿留下充足的时间，防止超过诉讼时效，公约同时规定货方如果向多式联运经营人索赔，必须在货物交付或应当交付之日起6个月内，向多式联运经营人提出说明索赔的性质和主要事项的书面索赔通知，否则诉讼时效届满。这个规定非常合理，有利于多式联运经营人及时收集证据，查清货损损失发生的区段及原因，并及时向区段承运人进行追偿。

1991年《多式联运单证规则》规定针对多式联运经营人的诉讼时效为9个月，其目的就是为了确保多式联运经营人在收到货主对其索赔的通知后，能够及时向区段承运人进行追偿，防止超过追偿阶段的诉讼时效。一些多式联运提单背面条款也约定，针对多式联运经营人的诉讼时效为9个月。在禁止协议约定诉讼时效的国家，例如我国，类似条款的法律效力值得商榷。

对于该问题解决比较理想的方案是《鹿特丹规则》第26条的规定。其采用了“有限网状责任制”，如果货物灭失、损坏或迟延交付发生在非海运阶段，且调整该区段国际公约就承运人赔偿责任、责任限额与诉讼时效作了具体规定的，则关于承运人的赔偿责任、责任限额与诉讼时效可适用调整该区段运输国际公约的规定[①]。同时，其第64条规定了追偿时效，解决承运人对外承担赔偿责任后行使追偿权时的诉讼时效问题。

（二）在我国的争论

针对多式联运经营人的诉讼时效，在我国司法实践中也存在较大的争议。一种观点认为，诉讼时效属于广义的多式联运经营人赔偿责任的范围，同样适用本条的规定。而且，根据《涉外民事关系法律适用法》第7条的规定，诉讼时效适用相关涉外民事关系应当适用的法律。该规定进一步说明，针对多式联运经营人的诉讼时效，应当适用调整多式联运经营人责任制度的法律。因此，如果能够确定货损发生的运输区段的，针对多式联运经营人的诉讼时效应适用调整该运输区段的法律规定。[②]如果不能确定货损发生的运输区段的，应适用本章关于诉讼时效的规定，即为3年。另一种观点则认为，按照严格的文义解释，本条仅规定适用于多式联运经营人赔偿责任与责任限额，没有明确包括诉讼时效。[③]针对多式联运经营人的诉讼时效应适用本法关于一般运输合同诉讼时效的规定，为3年。而且，多式联运涉及多个运输方式所适用的法律，法律制度上的衔接造成各种法律上的风险，其中就包括多式联运经营人向区段承运人追偿的问题，多式联运经营人应当尽可能通过事先的合同安排予以解决。

第一种观点类似于网状责任制，第二种观点类似于统一责任制，

---

① 需要注意的是，《鹿特丹规则》为了加强法律适用的确定性，排除了国内法的适用，故该条也被称为“有限网状责任”。

② 参见广东省高级人民法院（2017）粤民终14号民事判决书。该案涉及含国际海上运输在内的国际多式联运合同，关于诉讼时效，该判决主要理由如下：本案运输发生货损的期间在陆路运输期间，根据《海商法》第105条的规定，本案诉讼时效适用调整陆路运输区段运输方式的《民法通则》第135条的规定，诉讼时效为2年。

③ 参见最高人民法院（2018）最高法民再196号民事判决书。该案涉及含国际海上运输在内的国际多式联运合同，货物损失发生在墨西哥陆路运输区段，关于诉讼时效，该判决主要理由如下：《海商法》没有规定有关多式联运合同的请求权的诉讼时效，本案多式联运合同项下货损赔偿请求权的诉讼时效期间，应当依据中华人民共和国在案涉运输行为发生当时所施行的法律规定即《民法通则》第135条关于2年的诉讼时效。因此，判决书没有支持当事人关于诉讼时效适用案涉货损区段法律的主张。

两种观点各有道理，但也都存在不足。如果适用第二种观点，在本法框架下，针对多式联运经营人的诉讼时效为3年，但调整多式联运经营人与区段承运人之间关于区段运输合同法律规定的诉讼时效不一定为3年，如《民用航空法》中针对承运人的诉讼时效为2年，沿海内河运输中针对承运人的诉讼时效为1年，可能出现托运人向多式联运经营人索赔后，多式联运经营人向区段承运人追偿时已经超过诉讼时效。基于这种分析，第一种观点似乎更加科学，可以最大限度地保持货方对多式联运经营人的诉讼时效与多式联运经营人向区段承运人的追偿诉讼时效相一致。但第一种观点也存在漏洞，如果托运人在时效的最后一天向多式联运经营人提起诉讼，多式联运经营人再向区段承运人追偿，仍然可能超过诉讼时效。由于存在立法不足，针对多式联运人诉讼时效的问题，今后由最高人民法院通过案例指导或司法解释予以明确为宜。

【审判实践中应注意的问题】

一、本节与《海商法》第4章第8节之间的关系

在起草合同编多式联运条文过程中，立法者充分借鉴了《海商法》第4章第8节的规定，但二者之间仍然属于传统意义上一般法与特别法的关系。本节第840条关于多式联运单据，第841条关于多式联运单据转让后托运人的责任，也可适用于含国际海上运输在内的多式联运合同。

二、具有涉外因素的多式联运合同的法律适用问题

关于本条是否构成国际私法下的冲突规范，存在一定的争议。客观上讲，国际立法者创设网状责任制的初衷，也似乎不是将其作为国际私法意义上的冲突规范。多式联运经营人网状责任制既包括纯粹国内运输，也包括具有涉外因素的国际运输。在后一种情形下，网状责

任制确实有某些冲突规范的特征，但其所指向适用法律的确定性明显不如冲突规范更加清晰明确。无论如何，这个问题具有进一步讨论的价值。

在审理具有涉外因素的多式联运合同纠纷时，准确确定调整多式联运合同的准据法至关重要。1980 年《联合国国际货物多式联运公约》第 2 条规定："本公约强制适用于多式联运经营人接管货物的地点或交付货物的地点位于缔约国的多式联运合同。"而《海商法》第 4 章第 8 节及本节均没有规定强制适用范围。根据国际私法的原理，对于具有涉外因素的多式联运合同准据法的确定，仍应坚持意思自治原则，当事人可以协议选择多式联运合同适用的法律；当事人没有选择的，适用最密切联系原则确定相关准据法。

如果案涉多式联运合同适用中华人民共和国法律，确定具体调整某一运输区段的准据法同样适用上述原则。当货物灭失或者损坏发生在国外某一运输区段时，不能直接适用我国关于调整该区段运输方式的法律。如果合同明确约定了调整该运输区段的法律，应依据合同约定确定准据法；如果没有明确约定的，应该适用与区段运输有最密切联系的国家的法律。

三、调整区段运输国际公约在我国法院的适用

如果能够确定损失发生的具体的运输区段，关于多式联运经营人的赔偿责任和责任限额，适用于调整该区段运输方式的有关法律规定。在国内多式联运合同中，确定调整区段运输方式的法律相对比较容易，铁路运输区段适用《铁路法》，航空运输区段适用《民用航空法》，国内水路运输区段和公路运输区段适用本章规定。对于具有涉外因素的多式联运合同，情况则相对复杂。关于调整区段运输方式的法律，应当作广义解释，既包括某一国家的国内法，也包括相关国际公约。当损失发生的运输区段属于相关国际货物运输公约的调整范围时，公约能否被适用还要取决于法院地所在国家是否为公约缔约国。如果我国是该公约的缔约国，我国法院应适用该公约的相关规定；如

果我国不是该公约的缔约国，我国法院则没有义务直接适用该国际公约，仍然需要确定某一国内法作为准据法；如果根据该国法律，相关国际公约在该国优先于国内法适用，人民法院可以将该公约视为国内法的组成部分，从而适用该公约；否则人民法院不能直接适用公约。如果合同中明确约定适用该区段国际公约的，即使我国不是该公约缔约国，根据《涉外民事关系法律适用法司法解释（一）》第9条的规定，[①] 人民法院可以根据该公约的内容确定当事人的权利义务关系。

四、多式联运经营人是否承担迟延交付的责任

与1980年《联合国国际货物多式联运公约》和1991年《多式联运单证规则》不同，本条没有明确规定多式联运经营人应对迟延交付承担责任。对于承运人及时运送货物或旅客的义务问题，本法第811条规定了承运人应当在约定的时间或者合理期限内将旅客、货物安全运输到约定地点，因此没有理由排除多式联运经营人承担迟延交付的责任。关于多式联运经营人迟延交付责任，应当参照本条规定适用。需要注意的是，与《海商法》《民用航空法》及很多国际运输公约不同，本法未赋予承运人在迟延交付时享受责任限制的权利。

【案例链接】

一、阳光某某保险股份有限公司航运保险运营中心与上海某某新良物流有限公司等多式联运合同纠纷

【裁判要点】

本案是一起承运人负责货物从堆场接收起至收货人指定地点交货

① 《涉外民事关系法律适用法司法解释（一）》第9条规定：“当事人在合同中援引尚未对中华人民共和国生效的国际条约的，人民法院可以根据该国际条约的内容确定当事人之间的权利义务，但违反中华人民共和国社会公共利益或中华人民共和国法律、行政法规强制性规定的除外。”

的货物运输货损纠纷，运输包括如皋港到云浮港的国内沿海运输和云浮港至收货人指定地点的公路运输，故属于多式联运合同纠纷。因如皋港和云浮港均属于中华人民共和国港口，不适用《海商法》第4章关于多式联运合同的规定，而应受《合同法》调整。

二、深圳市某某通物流发展有限公司与深圳市某某物流有限公司多式联运合同纠纷案

【裁判要点】

本案所涉货物多式联运是从中国宁波至俄罗斯马哈奇卡拉，本案具有涉外因素。原、被告未就解决争议所适用的法律达成一致，根据《海商法》第269条规定应适用与合同有最密切联系的国家的法律。本案货物运输的始发地及双方当事人的住所地均在中华人民共和国境内，中华人民共和国法律与本案多式联运合同具有最密切联系，因此，应适用中华人民共和国法律解决本案纠纷。

三、三井某某海上火灾保险株式会社诉中远某某集装箱运输有限公司国际多式联运合同纠纷案

【裁判要点】

三井某某海上火灾保险株式会社注册成立于日本，本案运输目的地为斯洛伐克，事故发生地位于希腊，案件争议属于涉外民事法律关系下的纠纷，当事人可以选择解决纠纷适用的法律。庭审中，双方当事人达成一致，对于涉案货物铁路运输区段的责任认定、责任承担方式等选择适用希腊法律，其余争议问题选择适用中华人民共和国法律，法院对此选择予以尊重。希腊是《国际铁路运输公约》（Convention concerning International Carriage by Rail）的成员国，《国际铁路货物运输合同统一规则》（Uniform Rules concerning the Contract of International Carriage of Goods by Rail）是《国际铁路运输公约》的附件B。希腊在批准加入该公约时未作任何保留声明，公约在希腊优先于其国内法适用。根据《国际铁路运输公约》第23.2条，若货物的

灭失、损坏或迟延交付是由于承运人无法避免并且无法阻止其发生的原因所造成的，承运人无需承担赔偿责任。

四、再审申请人新加坡某某海运股份有限公司与被申请人第一某某保险股份有限公司、一审被告某某海运股份有限公司国际货物多式联运合同纠纷案

【裁判要点】

《海商法》第269条规定："合同当事人可以选择合同适用的法律，法律另有规定的除外。合同当事人没有选择的，适用与合同有最密切联系的国家的法律。"各方当事人对于一、二审法院整体上适用中华人民共和国法律审理本案纠纷并无异议，并在再审中一致表示同意，但对于认定新加坡某某公司的赔偿责任和责任限额以及有关诉讼时效是否应当适用墨西哥法律有争议。《海商法》第105条规定："货物的灭失或者损坏发生于多式联运的某一运输区段的，多式联运经营人的赔偿责任和责任限额，适用调整该区段运输方式的有关法律规定。"多式联运经营人新加坡某某公司的赔偿责任和责任限额应适用墨西哥调整当地公路运输的民商事法律。虽然相关国际规则和《海商法》规定多式联运经营人"网状责任制"具有其规范目标，但"网状责任制"在其具体条文中均没有得到全面贯彻，主要限于赔偿责任、责任限额，而不涉及诉讼时效。尽管全面推行多式联运经营人"网状责任制"有其合理性，但鉴于《海商法》第105条规定的多式联运经营人"网状责任制"有其明确适用事项（赔偿责任和责任限额），在案件审理中尚不宜将该"网状责任制"扩大解释适用于诉讼时效。

第二十章　技术合同

第一节　一般规定

第八百四十三条　技术合同是当事人就技术开发、转让、许可、咨询或者服务订立的确立相互之间权利和义务的合同。

【条文主旨】

本条是关于技术合同概念的规定。

【条文理解】

技术合同是当事人就技术开发、转让、许可、咨询或者服务订立的确立相互之间权利和义务的合同。本条规定同时适用于国内技术合同以及涉外技术合同。

【审判实践中应注意的问题】

一、关于技术合同的认定

技术合同是当事人就技术开发、转让、许可、咨询或者服务订立的确立相互之间权利和义务的合同。根据技术合同的标的不同，技术合同分为技术开发合同、技术转让合同、技术许可合同、技术咨询和技术服务合同。理解技术合同，需要把握以下三个问题：

第一，技术合同的当事人具有广泛性与特定性。《民法典》合同编通则并未限制合同当事人资格，自然人、法人、非法人组织均无不可。但是技术合同当事人，通常至少一方是能够利用自己的技术力量从事技术开发、技术转让、技术许可、技术服务或咨询的组织或个人，否则合同将履行不能。

第二，技术合同的履行具有特殊性。技术合同履行因常涉及与技术有关的其他权利归属，如专利权、专利申请权、技术秘密权等，故技术合同既受债法之约束，又受知识产权制度之规范。

第三，技术合同的标的具有无形性。其是权利人享有使用权、转让权的技术成果，该技术成果必须是利用科学技术知识、信息和经验作出的产品、工艺、材料及其改进等技术方案。如果该技术方案已公开，属于社会公知的技术，那么一般来说就不应作为技术开发、转让和许可合同的标的。

此外，还要注意技术合同与其他合同的区别和法律适用。特别是除单一的技术合同外，许多技术合同往往与联营合同、经销合同、包销合同或者类似的条文混合在一起。对于这种混合性的合同，应当根据当事人争议的焦点确定纠纷的性质，并判断是否适用技术合同的有关法律规定。

二、关于技术合同的效力问题

技术合同效力的认定中，不宜单纯以主体问题认定合同无效。《技术合同司法解释》第 7 条规定亦强调，对不具有民事主体资格的科研组织签订的技术合同，重点在于责任承担的判断，不能简单以主体不适格而将合同确认无效。其中“不具有民事主体资格的科研组织”，包括法人或者其他组织设立的从事技术研究开发、转让等活动的课题组、工作室等，这些科研组织并非法人或自然人，亦非个人合伙等其他组织。但对于课题组等以设立人或者其他人的名义订立技术合同的情形，应当依据《民法典》合同编通则关于合同的效力相关规定认定合同效力。

技术合同效力的认定中，需要区分技术合同的订立行为与履行行为的法律效力。基于技术的开发、转让、实施等而订立技术合同的订立行为与合同生效后技术产品的生产、技术服务的提供等履行行为具有不同的法律意义，订立行为一般不属于行政审批或者许可的对象，而履行行为却可能需要行政许可方能实施。故技术合同的生效并不代表着后续的履行行为当然合法有效，在合同履行过程中，因未办理生产审批或者未获行政许可等不影响技术合同效力。

对于当事人以欺诈手段就已有成果签订技术开发合同的情形，应当根据《民法典》民事法律行为的效力相关规定处理。

三、关于技术合同的解除

在技术合同履行过程中，当事人往往会因履约瑕疵或者违约行为而提出解除合同。从《民法典》合同编的立法精神看，应当尽可能维持合同的效力，促使当事人依约履行合同，实现技术交易的目的，但同时也要保证当事人在不能够实现合同目的时能够及时行使解除权，尽快稳定交易关系。例如，《技术合同司法解释》第15条对迟延履行技术合同主要债务的催告解除期限问题作了规定。技术合同当事人一方迟延履行主要债务，经催告后在30日内仍未履行，另一方依据《民法典》合同编相关规定主张解除合同的，人民法院应当予以支持。《技术合同司法解释》将“合理期限”明确界定为30日，保证了相关法律制度的预见性和司法实践的操作性，有利于促进社会交易频率的加快和促使当事人及时行使权利以尽快稳定交易关系。

第八百四十四条 **订立技术合同，应当有利于知识产权的保护和科学技术的进步，促进科学技术成果的研发、转化、应用和推广。**

【条文主旨】

本条是关于订立技术合同应当遵循的原则的规定。

【条文理解】

本条规定之目的，在于鼓励和引导当事人正确运用技术合同这一有效的法律形式，在科研和生产之间架起一座桥梁，促进新技术的研发，促使技术成果尽快向生产领域转移、推广，形成新的生产力。当事人订立技术合同应遵循三项原则。首先，应当遵循平等、自愿、公平、诚信、遵守法律的基本原则。其次，应当遵循有利于知识产权保护的原则。技术合同作为知识产权合同中的重要组成部分，保护知识产权为订立技术合同的应有之义。最后，应当遵循促进科学技术的进步，加速科学技术成果的研发、转化、应用和推广的原则。技术合同是推动技术研发、技术成果商品化的法律形式。订立、履行技术合同的目的，是通过技术创新，实现技术成果的商业化应用，创造更大的经济效益和社会效益。因此，当事人在订立技术合同时，应当从保护知识产权、推动科学技术进步与经济发展出发，妥善确定权利义务，努力研究开发新技术、新产品、新工艺、新材料及其系统，促进先进科技成果在生产实践中获得应用与推广，使科学技术更好地为社会主义现代化建设服务。

【审判实践中应注意的问题】

审判实践中，应正确理解技术成果与知识产权两者之间的关系。两者既有交叉而又不能等同，许多技术成果享有知识产权，但并不要求技术成果必须能够或者已经取得知识产权，已经进入公有领域的技术成果在一定条件下也可以成为技术合同的交易内容，如技术服务合同的标的技术就可能是公知技术。享有知识产权的智力成果内容也不一定必然可以作为技术合同的标的内容，如就一般作品（不包括计算机软件）和商标等的创作和许可、转让等达成的协议，虽属于知识产权合同，但不是技术合同。

第八百四十五条 技术合同的内容一般包括项目的名称，标的的内容、范围和要求，履行的计划、地点和方式，技术信息和资料的保密，技术成果的归属和收益的分配办法，验收标准和方法，名词和术语的解释等条款。

与履行合同有关的技术背景资料、可行性论证和技术评价报告、项目任务书和计划书、技术标准、技术规范、原始设计和工艺文件，以及其他技术文档，按照当事人的约定可以作为合同的组成部分。

技术合同涉及专利的，应当注明发明创造的名称、专利申请人和专利权人、申请日期、申请号、专利号以及专利权的有效期限。

【条文主旨】

本条是关于技术合同条款内容的规定。

【条文理解】

订立技术合同的当事人应当在平等、自愿、公平、诚信的基础上，协商确定合同内容。合同条款是当事人权利和义务的体现，也是当事人履行合同、判明违约责任的主要依据。虽然技术合同条款一般无须法律明确规定，由合同双方当事人协商约定即可，但鉴于我国相关法律普及程度不高，且技术合同的内容较为复杂、专业，故有必要通过法律的具体规定，指导当事人订立技术合同。根据本条规定，技术合同的条款一般应当包括：

第一，项目的名称。一般指技术合同标的涉及项目的名称，当事人应当准确、明确约定项目名称。

第二，标的的内容、范围和要求。合同标的，是合同法律关系的客体，是合同当事人双方权利和义务共同指向的对象。当事人在订立技术合同时，不仅要明确技术合同标的，而且要根据不同标的的要求，明确该标的的技术范围和技术指标要求。

第三，履行的计划、地点和方式。履行的计划是指当事人对合同履行的具体时间、进度等的安排与计划。履行的地点是指合同的履行地。履行的方式是指当事人采用什么样的方式和手段履行合同规定的义务，根据合同的内容不同而有所不同。当事人对履行方式的约定应具体且明确。

第四，技术信息和资料的保密。有些技术合同涉及国家安全或者当事人的重大利益，需要对合同涉及的技术情报和资料加以保密。因此，双方当事人应当在技术合同中对保密事项、保密范围、保密措施、保密期限以及违反保密义务应承担的责任等加以规定。

第五，技术成果的归属和收益的分配办法。技术合同履行的结果可能创造出一项或几项技术成果，当事人应当在合同中约定其所有权和使用权的归属、分享以及由此产生的利益分成办法。

第六，验收标准和方法。技术合同的履行是否符合合同的约定，需要验收后予以确定。因此，当事人应当在合同中约定技术合同的验收项目、验收标准及验收办法。

第七，名词和术语的解释。技术合同的内容具有很强的专业性，在合同文本中要使用一些专业名词术语和简化符号。为防止因理解不同而发生争议，对关键性术语和简化符号，需经双方协商作出明确无疑义的解释。

【审判实践中应注意的问题】

在审判实践中要注意以下两个问题：

第一，本条规定的技术合同应当具备的条款是指导性条款，不要求订立技术合同的当事人必须采用，也不限制当事人在合同中约定其他权利义务，如当事人可以约定对技术合同的担保等。与履行合同有关的技术背景资料、可行性论证和技术评价报告、项目任务书和计划书、技术标准、技术规范、原始设计和工艺文件以及其他技术文档，按照当事人的约定可以作为合同的组成部分。

第二，技术合同涉及专利的，还应当遵守《专利法》的有关规定。合同中应当注明发明创造的名称、专利申请人和专利权人、申请日期、申请号、专利号以及专利权的有效期限，以便于受让人向有关机关查询以及专利管理机关的管理，防止假冒专利的欺骗活动。

审判实践中，技术成果出资或者约定权属比例引发的纠纷近年来时有发生，《技术合同司法解释》第 16 条第 1 款在原则上确认了技术出资就是以技术的整体权利投入受资体，但同时规定“技术成果价值与该技术成果所占出资额比例明显不合理、损害出资人利益的除外”。这里的但书主要是指出资额过分低于技术成果本身的价值。在这种情况下，一般应当认定技术成果出资人投入的只是技术成果的使用权，而非所有权，或者经当事人协议可以变更增加其出资额。

就如何理解和处置当事人约定技术成果权属比例或者使用权比例的问题，《技术合同司法解释》第 16 条第 2 款规定，当事人对技术成果的权属约定有比例的，视为共同所有，其权利使用和利益分配按共有技术成果的有关规定处理；当事人对技术成果的使用权约定有比例的，视为当事人对实施该项技术成果所获收益的分配比例。因为技术成果作为无形财产，不可能在权属上实现按份共有，但在利益分配上当事人关于比例约定的意思表示是可以实现的。

第八百四十六条 技术合同价款、报酬或者使用费的支付方式由当事人约定，可以采取一次总算、一次总付或者一次总算、分期支付，也可以采取提成支付或者提成支付附加预付入门费的方式。

约定提成支付的，可以按照产品价格、实施专利和使用技术秘密后新增的产值、利润或者产品销售额的一定比例提成，也可以按照约定的其他方式计算。提成支付的比例可以采取固定比例、逐年递增比例或者逐年递减比例。

约定提成支付的，当事人可以约定查阅有关会计账目的办法。

【条文主旨】

本条是关于技术合同价款、报酬和使用费支付方式的规定。

【条文理解】

价款、报酬和使用费是当事人获取、使用技术所应支付的对价。上述对价是技术作为无形财产的价值表现形式。获取、使用技术的对价往往由市场决定，在技术合同中具体表现为当事人通过协商确定相关价款、报酬和使用费。当事人可以根据技术成果的研发成本、先进性、实施转化和应用的程度，当事人享有的权益和承担的责任以及技术成果的经济效益等协商约定。价款、报酬和使用费中包含非技术性款项的，应当分项计算。

当事人可以在技术合同中约定采取如下方式支付价款、报酬和使用费：

第一，一次总算、一次总付。这种方式是技术合同的一方当事人在合同成立后，将合同约定的全部价款、报酬或者使用费向另一方当事人一次付清。

第二，一次总算、分期支付。这种方式是技术合同的当事人将技术合同的价款、报酬或者使用费在合同中一次算清，一方当事人在合同成立后，分几次付清合同约定的价款、报酬或者使用费。

第三，提成支付。这种方式是技术合同的一方当事人在接受技术成果或者其他智力劳动标的后，从付诸实施所获得的收益中，按照约定的比例提取部分收入交付另一方当事人作为技术合同的价款、报酬或者使用费。当事人约定提成支付的，可以按照产品价格、实施专利和使用技术秘密后新增的产值、利润或者产品销售额的一定比例提成，也可以按照约定的其他方式计算。提成支付的比例可以采取固定比例、逐年递增比例或者逐年递减比例。由于这种支付方式存在计算、监督、检查复杂等问题，因此，当事人可以在合同中约定查阅有关会计账目的办法。

第四，提成支付附加预付入门费。这种方式是指接受技术的一方当事人在合同成立后或者在取得技术成果后先向另一方当事人支付部分价款、报酬或者使用费（称为入门费或初付费），其余部分按照合同约定的比例提成，并按照合同约定的时间支付。

【审判实践中应注意的问题】

关于技术合同价款约定不明如何确定合同价款的问题，可以依据《技术合同司法解释》第14条的规定，区别技术开发、转让、许可与技术咨询、服务的合同性质予以认定。

首先，对于技术开发、转让和许可合同，可以根据标的技术的研发成本、先进性、实施转化和应用的程度，当事人享有的权益和承担的责任，以及技术成果的经济效益等合理确定合同价款。其次，对技术咨询和服务合同而言，可以根据有关咨询服务工作的技术含量、质量和数量，以及已经产生和预期产生的经济效益等合理确定合同价款。上述考量因素表述的前后顺序体现了重要性的区别，在技术含量、质量和数量因素中，应重点考虑技术含量因素。《技术合同司法解释》第14条第2款关于技术合同价款中应当分项计算技术性和非技术性款项的规定，主要是为了避免在计算合同价款时因混同而忽略技术本身的价值和价格。

第八百四十七条　职务技术成果的使用权、转让权属于法人或者非法人组织的，法人或者非法人组织可以就该项职务技术成果订立技术合同。法人或者非法人组织订立技术合同转让职务技术成果时，职务技术成果的完成人享有以同等条件优先受让的权利。

职务技术成果是执行法人或者非法人组织的工作任务，或者主要是利用法人或者非法人组织的物质技术条件所完成的技术成果。

【条文主旨】

本条是关于职务技术成果及职务技术成果财产权归属的规定。

【条文理解】

技术成果，是指利用科学技术知识、信息和经验作出的涉及产品、工艺、材料及其改进等的技术方案。技术成果所产生的权益属于知识产权，包括人身权和财产权。人身权，是指与人身相联系或者密不可分的没有直接财产内容的权利。财产权则是人身权的对称，指具有经济利益的权利。

技术成果的财产权，即使用和转让技术成果的权利。明确技术成果财产权的归属，需要区分职务技术成果与非职务技术成果。

根据完成技术成果个人的研究开发活动、岗位职责及法人或者非法人组织的物质技术投入的关系，可以将技术成果划分为职务技术成果和非职务技术成果。

职务技术成果是执行法人或者非法人组织的工作任务或者主要是

利用法人或者非法人组织的物质技术条件所完成的技术成果。依据这一规定，确认职务技术成果的标准有两条：一是执行法人或者非法人组织的工作任务；二是主要是利用法人或者非法人组织的物质技术条件。

执行法人或者非法人组织的任务，主要是指承担法人或者非法人组织的科学研究和技术开发课题或者履行本岗位的职责。确认技术成果是否是职务技术成果，并不要求同时具备上述两个条件，只要具备一个条件就可以认定是职务技术成果。利用法人或者非法人组织的物质技术条件，是指利用法人或非法人组织提供的资金、设备、器材、未公开的技术情报和资料。但是利用法人或者非法人组织提供的物质技术条件，按照事先约定，返还资金或交纳使用费的不在此限。调动工作的人员既执行了原法人或者非法人组织的任务，又利用了所在法人或者非法人组织的物质技术条件所完成的技术成果，由其原法人或者非法人组织和所在法人或者非法人组织合理分享。

职务技术成果的使用权、转让权属于法人或者非法人组织，法人或者非法人组织可以就该项职务技术成果订立技术合同。个人未经法人或者非法人组织同意，擅自以生产经营为目的使用、转让法人或者非法人组织的职务技术成果，是侵犯法人或者非法人组织技术成果权益的侵权行为。

此外，法人或者非法人组织订立技术合同转让职务技术成果时，职务技术成果的完成人享有以同等条件优先受让的权利。

【审判实践中应注意的问题】

实践中，由于对职务技术成果与非职务技术成果的确认直接关系到保护单位的技术权益与鼓励发明人的发明创造积极性的平衡问题，故因此发生的纠纷较多。认定职务技术成果时，要注意当事人之间须存在双重法律关系，即劳动关系和职务发明创造关系。劳动法律关系是职务发明创造法律关系的基础和前提，但劳动法律关系独立存在，不论是当前存在或者曾经存在，不论是长期或临时，也不论是全职还是兼职。如果当事人之间不存在劳动雇佣关系，而属于委托开发等其他法律关系时，就不是认定职务技术成果的问题，而是其他的技术成果权属争议。“法人或者非法人组织”与“职务技术成果的完成人”，准确地讲分别就是指雇主与雇员。根据《民法典》对合同主体的界定，自然人也可以作为技术合同的主体。自然人，包括个体工商户、农村承包经营户也可以成为雇主，即成为职务技术成果的权利主体。

对职务技术成果与非职务技术成果的界定，首先，要根据意思自治原则，尊重当事人的约定，以约定优先。《技术合同司法解释》依据合同自由原则，在第2条第2款规定：“法人或者其他组织与其职工就职工在职期间或者离职以后所完成的技术成果的权益有约定的，人民法院应当依约定确认。”雇主与雇员不管以何种形式约定技术成果的权益，只要该约定本身不能依据《民法典》相关规定被认定为无效或者可撤销或可变更，法院都应当从其约定判定权利归属。即使是职务技术成果，只要当事人有效约定权属归完成人，法院就应当尊重。

其次，要准确界定个人完成的技术成果是否属于本条第2款规定的“执行法人或者非法人组织的工作任务”或“主要利用法人或者非法人组织的物质技术条件”。对于“执行法人或者非法人组织的工作任务”，一个基本前提是要体现单位的意志，故可区分在职和离职两种情况进行界定。

针对在职人员所完成的技术成果应当认定为职务技术成果的情形分两种：第一种情形是“履行法人或者非法人组织的岗位职责”。其中的岗位职责，是指根据法人或者非法人组织的规定，职工所在岗位的工作任务和责任范围，并非指本单位内的各种工作岗位。如果职工的岗位职责与某项技术成果的研究开发没有直接关系，在其完成本职工作的情况下，利用专业知识、经验和信息完成的该项技术成果就不属于履行岗位职责。第二种情形是指完成法人或者非法人组织“交付的其他技术开发任务”。所谓交付技术开发任务，一般是指通过任务书、项目计划、工作决定等书面或者实际行动等作为方式就解决特定技术问题或者研发特定技术所作出的明确意思表示，并有具体的工作目标和要求。有关技术问题或者完成的技术成果一般会与单位的经营范围或工作业务有关，但并不要求职工完成的职务技术成果必须是与单位业务有关的技术内容。因为从鼓励科技创新的角度，任何单位和个人均可以自主决定开发任何领域的新技术。至于在本单位内非本职岗位完成的技术成果，只要是属于完成单位交付任务或者属于主要利用本单位物质技术条件，不论年限长短，当事人没有特别约定的，就应当认定为职务技术成果；如果不属于完成单位交付任务，也不属于主要利用本单位物质技术条件，则应当认定为非职务技术成果。

针对离职人员所完成的技术成果应当认定为职务技术成果的情形，《技术合同司法解释》第1条第2项规定，“离职后一年内继续从事与其原所在法人或者其他组织的岗位职责或者交付的任务有关的技术开发工作，但法律、行政法规另有规定的除外。”这里的“离职”应当理解为包括退职、退休、停薪留职、开除或者辞退等各种原因离开原单位的情形；“有关的技术开发工作”应当理解为，与职工在职时所具体从事的科学研究项目或技术开发课题直接相关或者是其合理的延续，不能简单地以技术领域是否相同或相近来认定是否“有关”；但书条款主要是考虑涉及《植物新品种保护条例实施细则（农业部分）》《植物新品种保护条例实施细则（林业部分）》均对离职以后的期限规定为3年，因为植物新品种的培育周期确实要比一般技术成果更长，虽然这些细则本身不是行政法规，但是属于执行行政法规的具体行政规章，人民法院可以参照适用。

最后，在“主要利用法人或者非法人组织的物质技术条件”的问题上，应侧重考虑技术成果的技术性贡献因素，弱化物质贡献因素。因为只有人的智力创造才是形成技术成果的最关键的因素，也是知识产权法应当首先保护的对象。至于物质性因素，虽然是基础性的，但往往可以通过返还资金等经济手段予以补偿。根据《技术合同司法解释》第4条的规定，只有在职工不仅是“全部或者大部分利用”了单位物质条件，而且只有当“这些物质条件对形成该技术成果具有实质性影响”时，方可被认定为职务技术成果。

另外，在职务技术成果的界定问题上，《专利法》所称的职务发明创造属于本条规定的职务技术成果，仅限于专利和专利申请这两种技术成果。

第八百四十八条 非职务技术成果的使用权、转让权属于完成技术成果的个人，完成技术成果的个人可以就该项非职务技术成果订立技术合同。

【条文主旨】

本条是关于非职务技术成果财产权归属的规定。

【条文理解】

未执行法人或者非法人组织的工作任务，也未利用法人或者非法人组织的物质技术条件所完成的技术成果，是非职务技术成果。非职务技术成果的财产权即非职务技术成果的使用权、转让权属于完成技术成果的个人。完成技术成果的个人有权就该项非职务技术订立技术合同，有权获得因使用或者转让该项技术成果所取得的收益。法人或者非法人组织擅自以生产经营目的使用或者转让属于个人的非职务技术成果，是侵犯个人合法权益的行为。

【审判实践中应注意的问题】

非职务技术成果是指完成技术成果的个人自行研究开发的，不属于执行法人或者非法人组织的工作任务，也不是主要利用法人或者非法人组织的物质技术条件所完成的技术成果。在实践中要注意以下几个问题：

第一，该技术成果不是完成人在所在单位或其他组织承担的科学研究和技术开发课题，也不是该完成人的岗位职责，而是完成人自行研究开发的。对此应注意，不能以是否在业务时间进行科学研究作为区分标准。

第二，完成该技术成果的资料、材料、设备等物质条件主要不是由本单位提供的，项目研究开发的全过程没有采用法人或其他组织未公开的技术情报和技术资料。如果实际利用本法人或其他组织的物质技术条件与完成该技术成果所需的物资技术条件相比，所占比例较小，或者虽然利用了单位的物资技术条件，但按照事先约定，返还资金或者缴纳使用费的，都不属于“主要利用法人或者非法人组织的物资技术条件。”

第三，非职务技术成果的使用权、转让权属于完成技术成果的个人。完成技术成果的个人是指对技术成果单独作出或者共同作出创造性贡献的人，不包括为完成成果仅提供了资金、设备、材料、试验条件的人员，也不包括进行组织管理工作的人员，以及协助绘制图纸、整理资料、翻译文献等辅助服务人员。完成技术成果的人可以是一个或者多个自然人。

第四，职工利用专业知识在本职岗位上获得的技术、知识、经验、信息作出的本职岗位职责以外的技术成果属于非职务技术成果。

根据《技术合同司法解释》第6条的规定，完成技术成果的“个人”，包括对技术成果单独或者共同作出创造性贡献的人，也即技术成果的发明人或者设计人。人民法院在对创造性贡献进行认定时，应当分解所涉及技术成果的实质性技术构成。提出实质性技术构成并由此实现技术方案的人，是作出创造性贡献的人。

第八百四十九条　完成技术成果的个人享有在有关技术成果文件上写明自己是技术成果完成者的权利和取得荣誉证书、奖励的权利。

【条文主旨】

本条是关于技术成果人身权的规定。

【条文理解】

人身权分为人格权和身份权两个方面。人格权是民事主体享有的生命权、身体权、健康权、姓名权、名称权、肖像权、名誉权、荣誉权、隐私权等权利。身份权是基于血缘关系或者某种法律事实而产生的权利，如家庭关系中的亲权、监护权、作品的发表权、署名权等。技术成果的人身权，即在有关技术成果文件上写明自己是技术成果完成者以及取得荣誉证书、奖励的权利。这一权利与完成技术成果的完成者人身紧密相连，因此，这一权利应当属于对完成该项技术成果作出了创造贡献的个人，其他任何人无权分享。

【审判实践中应注意的问题】

技术成果的精神权利指科学技术成果的完成者对发明、科技成果等归谁所有的权利，此种权利不可转让、不可剥夺。它包括在有关技术成果文件上写明自己是技术成果完成者的权利（署名权）和取得荣誉证书、奖励的权利。在审判实践中需要注意以下五个问题：

第一，技术成果包括职务技术成果和非职务技术成果。因此，在技术成果的经济性权利归属于单位的情况下，即使有人买断了非职务技术成果的经济性权利，也不能剥夺完成该技术成果人员的人身权。

第二，完成技术成果的个人是指对技术成果单独作出或者共同作出创造性贡献的人，不包括仅提供资金、设备、材料、试验条件的人员，进行组织管理的人员，协助绘制图纸、整理资料、翻译文献等辅助服务人员。

第三，技术成果文件是指专利申请书、科学技术奖励申报书、科技成果登记书等确认技术成果完成者身份和授予荣誉的证书和文件。

第四，此处所称的奖励是指有关专门机关对完成技术成果的人员给予的一种物质上的鼓励。

第五，技术成果完成人在成果文件上行使署名权和获得荣誉权是法律赋予的权利，受法律保护。如果该项权利受到非法侵害，权利人可以请求人民法院或者有关主管部门予以保护。

第八百五十条　非法垄断技术或者侵害他人技术成果的技术合同无效。

【条文主旨】

本条是关于无效技术合同的规定。

【条文理解】

合同的无效，是指合同虽然已经成立，但因其违反法律、行政法规的强制性的规定或违背公序良俗而被确认为不具有法律效力。本条根据技术合同的特点规定了技术合同无效的两种情形，即非法垄断技术与侵害他人技术成果的技术合同无效。

非法垄断技术，是指合同的一方当事人通过合同条款限制另一方当事人在合同标的技术的基础上进行新的研究开发，限制另一方当事人从其他渠道吸收技术，或者阻碍另一方根据市场的需求，按照合理的方式充分实施专利和使用技术秘密。侵害他人技术成果，指侵害另一方或者第三方的专利权、专利申请权、专利实施权、技术秘密使用权和转让权以及其他科技成果权的行为。

无效的技术合同，从订立时起就没有法律约束力。但是，技术合同的部分无效，不影响其余部分的效力。技术合同被确认为无效后，对合同无效负有责任的一方应当赔偿因合同无效给另一方造成的损失，当事人双方对合同无效均负有责任的，各自承担相应的责任。技术合同无效的法律后果，具体依照《民法典》合同编关于合同无效的有关规定办理。

【审判实践中应注意的问题】

如何在技术合同中防止滥用知识产权和交易优势地位问题值得予以特别关注。除了本条的规定，本法第864条亦规定，技术转让合同和技术许可合同可以约定实施专利或者使用技术秘密的范围，但是不得限制技术竞争和技术发展。秉承这一立法精神，《技术合同司法解释》第10条根据TRIPS协议和《对外贸易法》，参照相关条例，并参考国外的一些立法例和判例，列举了本条规定的“非法垄断技术”这一技术合同特殊无效事由的几种具体情形，即限制技术研发和限制使用或不对等交换改进技术、限制技术来源、限制技术实施、搭售、限购和不争义务。从竞争法意义上讲，这几种情形实质上都是限制竞争或者说是反竞争行为。另外，除《技术合同司法解释》第10条的列举之外，具体到个案中仍可能出现可以“非法垄断技术”来认定合同无效或者部分无效的具体事由。比如，技术秘密转让合同中约定禁止受让人在合同终止后继续使用受让技术的条款，导致受让人在合同终止后不能使用自己作出的与受让技术无法分离的有价值的技术改进或者发展，该禁用条款就可以被认定无效。当然，在此情况下，该禁用条款的无效并不影响让与人要求受让人为继续使用其让与的技术秘密支付合理使用费的权利。

实践中，在适用本条认定技术合同无效时需要注意以下四点：一是侵害他人技术成果包括侵害他人对该技术成果所享有的实施权和侵害他人其他科技成果权等。二是专利实施许可合同的被许可人和技术秘密转让合同取得使用权的受让人（即技术秘密许可使用合同的被许可人），将合同标的技术向他人转让而订立的合同，如果没有技术成果权利人授权或者追认，对其不发生效力，但是在前合同当事人之间涉及的是侵权与违约的竞合问题，他们之间的争议和责任承担应当依据受损害方的选择来进行处理。三是涉及处分共有技术成果问题时，除了符合本法第861条和《技术合同司法解释》第20条、第21条规定的技术成果的共有人可以作出普通实施许可以外，任何共有人擅自处分技术成果，包括未经其他共有人同意，转让或者以任一方式许可他人使用专利或者技术秘密等技术成果，均属于侵害共有人技术成果权益，对其他共有人不发生效力。四是依据本法第503条关于无权处分的规定，即无权代理人以被代理人的名义订立合同，被代理人已经开始履行合同义务或者接受相对人履行的，视为对合同的追认。侵害他人技术成果的技术合同，经权利人追认或事后授权的，对权利人发生效力。

关于侵害技术秘密的技术合同无效后的法律后果，《技术合同司法解释》第12条第1款规定："根据合同法第三百九十二条的规定，侵害他人技术秘密的技术合同被确认无效后，除法律、行政法规另有规定的以外，善意取得该技术秘密的一方当事人可以在其取得时的范围内继续使用该技术秘密，但应当向权利人支付合理的使用费并承担保密义务。"《技术合同司法解释》在要求"善意取得"的同时，进一步限定仅"可以在取得时的范围内继续使用"，还明确了"承担保密义务"的要求，第2款进一步明确了构成共同侵权情形并应当承担连带赔偿、保密和停止使用的责任。所谓善意取得，一般可以理解为不知道其取得的技术秘密属他人专有并已为此支付了合理对价。所谓"不知道"是指实际不知道并且没有合理的理由知道，主观上存有疏忽大意等过失或者未尽谨慎行事的义务等，不属于善意。对此问题，需要综合考虑以下三个方面的因素进行个案判断：一是使用者购买相关技术时所支付的价款是否为合理价格；二是从使用者受让相关技术的购买渠道和销售商的情况来予以认定；三是使用者对相关技术的认知能力。

关于善意第三人使用费的确定，原则上应当首先由使用人与权利人协议确定，协议不成，任一方均可请求司法裁决；在当事人协议确定或者司法裁决确定使用费之前，使用人可以不停止使用。使用人继续使用技术秘密但又拒不支付使用费的情形，是指使用人明确表示拒不付费的情形和经双方协议或者人民法院裁决确定使用费的数额或标准后拒不履行的情形。使用人明确表示拒不付费的或者不履行双方达成的使用费协议的，权利人可请求判令支付已使用期间的使用费，并可请求判令停止使用；使用人不执行法院对使用费的裁决的，权利人可以在申请强制执行已使用期间的使用费的同时，请求判令停止使用。亦即，善意第三人并不能因其善意取得而获得绝对的使用权，而属于有条件的使用权。

实践中，法院认定善意第三人使用费时，应参考以下因素，即《技术合同司法解释》第13条第2款的规定："人民法院在确定使用费时，可以根据权利人通常对外许可该技术秘密的使用费或者使用人取得该技术秘密所支付的使用费，并考虑该技术秘密的研究开发成本、成果转化和应用程度以及使用人的使用规模、经济效益等因素合理确定。"一般可以是两种办法：一是以权利人通常对外许可使用该技术秘密的许可费为基础，综合考虑使用人的使用规模和经济效益等合理确定；二是以使用人取得该技术秘密所付费用为基础，综合考虑技术秘密研发成本、成果转化和应用程度、使用人的使用规模和经济效益等合理确定。人民法院在处理善意第三人使用费纠纷时，一般应当根据权利人的请求，对已使用期间的费用和以后使用的付费标准一并作出裁决，以避免产生新的纠纷，防止诉累。

此外，在实践操作中，为避免使用人双向付费，对于使用人已向无效合同的让与人支付的费用中已由让与人作为侵权损害的赔偿直接给付权利人的部分，在计算使用人向权利人支付的使用费时应当相应扣除。同时，对于履行技术转让合同侵害他人权益的责任承担问题，应当依法准确界定。本法第870条规定，技术转让合同的让与人应当保证自己是所提供的技术的合法拥有者。本法第874条规定，受让人或者被许可人按照约定实施专利、使用技术秘密侵害他人合法权益的，由让与人或者许可人承担责任，但当事人另有约定的除外。

第二节　技术开发合同

第八百五十一条　技术开发合同是当事人之间就新技术、新产品、新工艺、新品种或者新材料及其系统的研究开发所订立的合同。

技术开发合同包括委托开发合同和合作开发合同。

技术开发合同应当采用书面形式。

当事人之间就具有实用价值的科技成果实施转化订立的合同，参照适用技术开发合同的有关规定。

【条文主旨】

本条是关于技术开发合同概念和种类的规定。

【条文理解】

一、技术开发合同的概念

技术开发合同是当事人之间就新技术、新产品、新工艺、新品种或者新材料及其系统的研究开发所订立的合同。新技术、新产品、新工艺、新品种或者新材料及其系统，一般指当事人在订立技术合同时尚未掌握的产品、工艺、品种、材料及其系统等技术方案，但在技术上没有创新的现有产品改型、工艺变更、材料配方调整以及技术成果的检验、测试和使用的除外。订立技术开发合同，应当有必要的研究开发经费、基础设施、技术情报资料等条件。当事人在订立合同前应当进行必要的、全面细致的可行性论证，广泛收集有关的技术信息，选择适当的研究开发方案，尽量避免重复研究和开发。就列入国家计划的科技项目订立技术开发合同，必须符合计划和项目任务书的要求；就其他项目订立的技术开发合同，应当符合有关技术政策。技术开发合同的内容由双方当事人在平等、自愿的基础上协商确定。

技术开发合同的内容通常应当具备下列条款：

一般包括项目的名称、内容、范围和要求，履行的计划、地点和方式，技术信息和资料的保密，技术成果的归属和收益的分配办法，验收标准和方法，名词和术语的解释等条款。

与履行合同有关的技术背景资料、可行性论证和技术评价报告、项目任务书和计划书、技术标准、技术规范、原始设计和工艺文件以及其他技术文档，按照当事人的约定可以作为合同的组成部分。

技术合同涉及专利的，应当注明发明创造的名称、专利申请人和专利权人、申请日期、申请号、专利号以及专利权的有效期限。

列入国家计划的科技项目订立的合同，应当附具计划书、任务书以及主管机关的批准文件。

与其他合同相比，技术开发合同所涉内容多且复杂，并且技术开发是一项研究性、探索性活动，履行周期长，风险责任大，涉及研究开发行为及研究开发行为的对象。基于上述原因，本条规定当事人订立技术开发合同应当采用书面形式。

二、技术开发合同的种类

技术开发合同包括委托开发合同和合作开发合同。委托开发合同，是指当事人一方委托另一方进行研究开发所订立的合同，即委托人向研究开发人提供研究开发经费和报酬，研究开发人完成研究开发工作并向委托人交付研究成果。委托开发合同的特征是研究开发人以自己的名义、技术和劳务独立完成研究开发工作，委托人不得非法干涉。合作开发合同，是指当事人各方就共同进行研究开发所订立的合同。即当事人各方共同投资、共同参与研究开发活动、共同承担研究开发风险、共享研究开发成果。合作开发合同的各方以共同参加研究开发中的工作为前提，可以共同进行全部研究开发工作，也可以约定分工，分别承担相应的部分。当事人一方仅提供资金、设备、材料等物质条件或者承担辅助协作事项，由另一方进行研究开发合作的合同，是委托开发合同。随着当事人就科技成果转化订立的合同逐渐增多，为适应技术创新和科技产业化的需要，故规定“当事人之间就具有实用价值的科技成果实施转化订立的合同，参照技术开发合同的规定。”

【审判实践中应注意的问题】

“当事人之间就具有实用价值的科技成果实施转化订立的合同”是指当事人之间就具有实用价值但尚未实现工业化应用的科技成果包括阶段性技术成果，以实现该科技成果工业化应用为目标，约定后续试验、开发和应用等内容的合同。这类合同依法要参照技术开发合同的规定，但有其自身的特点，实践中也比较多见，且人们已经普遍接受了这种称谓。技术转化合同标的技术中的起始技术包括但不限于阶段性技术成果，合同目的在于实现该技术的工业化应用，合同主要内容是约定有关后续试验、开发和应用等。工业化也称商品化、产业化，是指能够利用该技术制造出产品并能够用于工业上的规模化使用（如批量生产）。阶段性技术成果，一般是指完成小试或者中试、尚未达到可以直接用于工业化使用的技术成果，它在一定条件下重复实验可以得到预期的效果。技术转化合同与技术转让合同的区别主要在于，技术转化一般是对阶段性技术成果等约定由研究开发人继续参与后续开发并实现工业化应用，而技术转让中让与人一般不再参加后续研究开发但不排除负有提供后续技术指导和服务的义务。

第八百五十二条　委托开发合同的委托人应当按照约定支付研究开发经费和报酬，提供技术资料，提出研究开发要求，完成协作事项，接受研究开发成果。

【条文主旨】

本条是关于委托开发合同的委托人主要义务的规定。

【条文理解】

委托开发合同委托人的主要义务包括以下三个方面：

第一，按照合同的约定，支付研究开发经费和报酬。研究开发经费，是指完成技术研发所需要的费用成本。除合同另有约定，委托人应当提供全部研究开发工作所需要的经费，包括购买研究必需的设备仪器、研究资料、试验材料、能源、试制、安装以及情报资料等项费用。研究开发经费是履行委托开发合同所必需的费用，支付方式可灵活约定，但不得影响研究开发工作的正常进行。当事人应当在合同中约定研究开发经费的支付或结算方式。合同约定按照实际发生费用支付的，因秉承多退少补的原则，当研究开发经费不足时，委托人应当补充支付；当研究开发经费剩余时，研究开发人应当如数返还。如果合同中约定研究开发经费包干使用，那么结余经费应当归研究开发人所有，不足的经费由研究开发人自行解决。如果合同中没有约定研究开发经费结算办法，可以按照包干使用的办法处理使用研究开发经费。委托人向研究开发人支付的报酬，是指研究开发成果的使用费和研究开发人员的科研补贴。与研究开发经费不同，它是研究开发人获得的劳动收入。合同约定研究开发经费的一定比例作为使用费和科研补贴的，可以不单列报酬。

第二，按照合同的约定，提供技术资料、提出研究开发要求完成协作事项。委托开发工作是研究开发人根据委托人的要求进行的，委托人应就研发活动提出具体的研究开发要求。只有委托人提供完备的技术资料以及研究开发人所要求的必要的技术背景资料，明确研发需求，并作好必要的协助工作，研究开发人的研究开发才能更好地满足委托人的要求，更好地实现合同目的。但上述义务中委托人为研究开发人提供有关资料，完成协作工作，只是为研究开发工作提供的辅助性协助，不能因此认为是参加了开发研究，而将委托开发合同变为合作开发合同。在研究开发过程中，委托人还应当应研究开发人的要求，补充必要的背景资料，确认委托研究开发要求，但不得超过履行合同所需要的范围。

第三，按期接受研究开发成果。委托开发合同履行后，委托人按期接受研究开发成果，不仅是委托人的权利，亦是其应尽的义务。当事人可以在合同中约定委托人接受研究开发成果的方式、时间或者期限等，以便于合同及时履行。

【审判实践中应注意的问题】

关于委托人的义务，在实践中应注意以下五个问题：

第一，当事人应当在合同中约定研究开发经费的结算办法。合同约定按照实际支付的，研究开发经费不足时，委托人应当补充支付；研究开发经费剩余时，研究开发人应当如数返还。如合同中约定研究开发经费包干使用或者没有研究开发经费结算办法，对不足的费用委托人无补充的义务，对结余的费用委托人也无权要求返还。

第二，在委托开发合同中，如果当事人没有单独约定报酬的，应当认定为研究开发经费中包括了报酬部分。

第三，委托人不依合同约定及时提供技术资料完成协作事项或者履行有重大缺陷的，导致开发工作停滞、延误、失败的，应当承担违约责任。

第四，委托人不及时接受研究开发人交付的已完成的成果时，应承担违约责任并支付保管费用。经研究开发人催告并经过一合理期限委托人仍拒绝接受的，研究开发人有权处分研究开发成果，从所得收益中扣除约定的报酬、违约金和保管费；如所得收益不足以抵偿上述款项，研究开发人有权请求委托人赔偿损失。

第五，委托人由于经济能力限制只能承担部分研究开发费用，研究开发人自己承担其余部分经费的情况是存在的，双方的利益关系往往通过调整技术成果的分享来解决。这在法律上应当允许，而且不改变技术开发合同的性质。

第八百五十三条 委托开发合同的研究开发人应当按照约定制定和实施研究开发计划，合理使用研究开发经费，按期完成研究开发工作，交付研究开发成果，提供有关的技术资料和必要的技术指导，帮助委托人掌握研究开发成果。

【条文主旨】

本条是关于委托开发合同的研究开发人主要义务的规定。

【条文理解】

委托开发合同研究开发人的主要义务包括以下三点：

一、按照约定制定和实施研究开发计划

委托开发合同是委托人委托研究开发人进行研究开发的一种合同。为保证研究开发成果符合委托人的要求，研究开发人应当进行必要的可行性论证，并根据合同的要求，选择适当的研究开发方案，制定切实可行的计划，并积极组织实施。

二、合理使用研究开发经费

研究开发经费是专为研究开发工作使用的，开发人应当按照合同的约定，本着专款专用的原则，根据开发项目的实际需要，合理有效地使用委托人支付的研究开发经费，不得擅自挪作他用。委托人有权检查研究开发经费的使用情况，但不能妨碍研究开发人的正常工作。当事人可以在合同中约定研究开发经费使用、检查等有关事项。

三、按期完成研究开发工作，交付研究开发成果，提供有关的技术资料和必要的技术指导，帮助委托人掌握研究开发成果

研究开发人应当按照合同的约定，按期完成研究开发工作，并及时将研究开发成果交付委托人。研究开发人可以采用下列一种或者几种方式提交研究开发成果，但其数量不能超过合理的范围：（1）产品设计、工艺规程、材料配方和其他图纸、论文、报告等技术文件；（2）磁带、磁盘、计算机软件；（3）动物或者植物的新品种、微生物菌种；（4）样品、样机；（5）成套技术设备。

研究开发人按照合同约定，完成研究开发工作并交付工作成果时，还应当向委托人提供有关的技术资料，并给予必要的技术指导，帮助委托人掌握该技术成果，使之尽快在生产实践中应用。研究开发人在向委托人交付研究开发成果前，不得将研究开发成果转让给第三人。

【审判实践中应注意的问题】

在实践中值得注意的是，委托开发合同的研究开发人不得就同一研究开发课题先后同两个以上的委托人分别订立委托开发合同，重复收取研究开发费用。

第八百五十四条　委托开发合同的当事人违反约定造成研究开发工作停滞、延误或者失败的，应当承担违约责任。

【条文主旨】

本条是关于委托开发合同当事人违约责任的规定。

【条文理解】

委托开发合同当事人的违约责任包括委托人和研究开发人的违约责任。

委托人违反约定造成研究开发工作停滞、延误或者失败的，应当承担违约责任；委托人迟延支付研究开发经费，造成研究开发工作停滞、延误的，研究开发人不承担责任。委托人逾期不支付研究开发经费或者报酬的，研究开发人有权解除合同，委托人应当返还技术资料，支付应付的报酬，并赔偿因此给研究开发人造成的损失。委托人未按照合同约定提供技术资料、提出研究开发要求和完成协作事项或者所提供的技术资料、提出研究开发要求和完成协作事项有重大缺陷，导致研究开发工作停滞、延误或者失败的，委托人应当承担违约责任。委托人逾期不提供技术资料不完成协作事项，拒绝提出研究开发需求的，研究开发人有权解除合同，委托人应当赔偿因此给研究开发人造成的损失。委托人逾期不接受研究开发成果的，研究开发人有权处分研究开发成果，所获得的收益在扣除约定的报酬、违约金和保管费后，退还委托人；所得收益不足以抵偿有关报酬、违约金和保管费的，有权请求委托人赔偿损失。

研究开发人违反约定，造成研究开发工作停滞、延误或者失败的，应当承担违约责任：（1）研究开发人未按计划实施研究开发工作的，委托人有权要求其实施研究开发计划并采取补救措施。研究开发人逾期不实施研究开发计划的，委托人有权解除合同。研究开发人应当返还研究开发经费，赔偿因此给委托人造成的损失。（2）研究开发人将研究开发经费用于履行合同以外的目的的，委托人有权制止并要求其退还相应的经费用于研究开发工作，因此造成研究开发工作停滞、延误或者失败的，研究开发人应当支付违约金或者赔偿损失。经委托人催告后，研究开发人逾期未将经费用于研究开发工作的，委托人有权解除合同。研究开发人应当返还研究开发经费，赔偿因此给委托人造成的损失。（3）由于研究开发人的过错，造成研究开发成果不符合合同约定条件的，研究开发人应当支付违约金或者赔偿损失；造成研究开发工作失败的，研究开发人应当返还部分或者全部研究开发经费，支付违约金或者赔偿损失。

【审判实践中应注意的问题】

委托人违反约定造成研究开发工作停滞、延误或者失败的，应当承担违约责任。停滞是指研究开发工作由于欠缺某些条件无法继续进行；延误是指研究开发工作不能依合同约定期限进行或完成；失败是指研究开发工作由于欠缺条件不可能再进行下去，即使再进行下去也无法实现开发目的。它与由风险导致的失败不同，后者是意外情况，非因当事人的行为而导致。

研究开发人违约后，应当允许和鼓励其采取补救措施，继续履行合同。这种情形在实践中非常常见，这是由委托开发合同的特性造成的。委托人订立合同的目的是为了获得一项新的技术成果，而这有待于研究开发人实际从事这项开发工作。如果研究开发人违约后直接采用解除合同或支付违约金或赔偿金的方式，不但委托人的损失无法估计，而且将导致合同的目的落空。

第八百五十五条 合作开发合同的当事人应当按照约定进行投资，包括以技术进行投资，分工参与研究开发工作，协作配合研究开发工作。

【条文主旨】

本条是关于合作开发合同各方当事人主要义务的规定。

【条文理解】

合作开发合同是指当事人各方就共同进行新技术、新产品、新工艺和新材料及其系统研究开发所订立的合同。

在合作开发合同中，当事人各方的主要义务有三项：

第一，按照合同的约定进行投资，包括以技术进行投资。共同投资是合作开发合同的重要特征，也是合作开发合同各方当事人的主要义务。合同当事人各方应当依照合同的约定投资。本条所指的投资，是指合作开发合同当事人以资金、设备、材料、场地、试验条件、技术情报资料、专利权、技术秘密成果等方式对研究开发项目所作的投入。采取资金以外的形式进行投资的，应当折算成相应的金额，明确当事人在投资中所占的比例。当事人出资方式中以技术（包括专利技术和技术秘密）作为出资的，应注意两个问题：一是在合同中应写明，如果发生知识产权纠纷，由以技术作为出资的一方承担全部责任；二是确定作为出资的技术的合理价格，一般由中介机构评估，当然也可由当事人自由约定。

第二，按照合同约定的分工参与研究开发工作。本条所称分工参与研究开发工作，是指按照约定的计划和分工共同或者分别承担设计、工艺、试验、试制等工作。合作开发合同的各方当事人虽然都要出钱，进行投资，但各方还必须出人直接参与研究开发工作。所以参与研究开发工作是合作开发合同的特征。当事人一方提供资金、设备、材料等物质条件，承担辅助协作事项，另一方进行研究开发工作的合同，不属于合作开发合同，应当按委托开发合同处理。

第三，协作配合研究开发工作。合作开发是以双方的共同投资和共同劳动为基础的，各方在合作研究中的配合是取得研究开发成果的关键。因此，合作各方可以在合同中约定成立由双方代表组成的指导机构，对研究开发工作中的重大问题进行决策、协调和组织研究开发活动，保证研究开发工作的顺利进行。

第八百五十六条 合作开发合同的当事人违反约定造成研究开发工作停滞、延误或者失败的，应当承担违约责任。

【条文主旨】

本条是关于合作开发合同当事人违约责任的规定。

【条文理解】

根据本条规定，如果合作开发合同的当事人一方逾期不进行投资或者不履行其他约定的义务，另一方或者其他各方当事人有权解除合同。违约的当事人一方应当承担不利后果，并赔偿因此给另一方或者其他各方造成的损失。

【审判实践中应注意的问题】

合作开发合同当事人违约责任的构成要件有：一是有违约行为。合作开发合同当事人的违约行为包括不按照约定投资、不按照约定分工参与研究开发工作、不按照约定协作配合研究开发工作等行为；二是有研究开发工作停滞、延误或者失败的事实；三是违约行为与损害事实之间有直接的因果关系。

在实践中要注意以下三个问题：

第一，当事人在履行合同过程中，违反合同的个别规定，但情节轻微或及时纠正，并未对研究开发工作造成消极影响的，不构成违约责任。

第二，对于不履行投资义务的当事人，其他合同当事人可以请求其履行投资义务，以使开发工作顺利进行，因此造成开发工作停滞、延误或者失败的，应支付违约金或者赔偿损失。如果当事人逾期不进行投资的，当事人一方应当赔偿因此给对方造成的损失，并可拒绝其继续参加合作开发工作，但其对开发中已花费的费用应依合同约定的比例分摊。若第三人对投入合作的技术提出侵权请求的，首先应由合作开发方共同对外承担责任，然后再向以技术出资的一方追偿；该技术被禁止使用的，该当事人应重新出资或者承担违约责任，支付违约金，因此造成损失的，还应赔偿其他当事人的损失。

第三，对于合同一方不正确履行合同的约定分工或不正确地协作配合研究开发工作的，其他当事人可以要求该当事人采取补救措施继续履行合同，如果其仍不履行的，其他当事人可以拒绝其继续参加研究开发工作，该当事人还应赔偿其他当事人遭受的损失。退出研究开发工作的人或者合同当事人都对投入合同中的技术秘密、技术情报资料或者开发出的技术秘密负有保密义务，违反该义务应当赔偿其他合同当事人的损失。

第八百五十七条　作为技术开发合同标的的技术已经由他人公开，致使技术开发合同的履行没有意义的，当事人可以解除合同。

【条文主旨】

本条是关于解除技术开发合同条件的规定。

【条文理解】

合同的解除，是指合同有效成立后，当具备合同解除条件时，因当事人一方或者双方的意思表示而使合同关系消灭的一种行为。

本条根据技术开发合同的特点，规定了技术开发合同可以解除的一种情形，即作为技术开发合同标的的技术已经由他人公开，致使履行技术开发合同没有意义，当事人可以解除合同。若合同目的已然不能实现，自然没有继续保存合同关系的必要。

【审判实践中应注意的问题】

在实践中，要注意以下四个问题：

第一，只要同时具备以下两个条件，技术开发合同当事人就可以解除合同，只需通知对方并说明实际情况，提供必要的证明，不需征得对方的同意。首先，作为技术开发合同标的的技术已经由他人公开。技术标的的公开一般有以下情形：（1）他人已经将该技术标的申请专利，并履行了专利登记手续。（2）该技术标的已经由他人研究成功或者从国外引进并可在技术市场上作为商品进行转让。（3）该技术标的已经在公开发行的技术文献上披露或在展览会上或以其他方式向社会公布，任何人可以从公共情报源取得。其次，上述事由已经使得技术开发合同的履行没有意义。所谓没有意义，是指技术合同如果履行完毕，对债权人已经失去意义。

第二，当事人应当按照约定承担因解除合同产生的赔偿责任。没有约定或者约定不明确的，由有过错的一方承担，双方均没有过错的，由当事人合理分担。

第三，在合作开发合同中，合作开发的各方当事人有义务将自已知道技术开发的标的已经公开的情况及时通知另一方当事人，以减少或避免不必要的损失。

第四，依据合同编的相关规定，技术合同还可因当事人协商一致、不可抗力、一方违约、研究开发中的技术风险导致失败等原因而解除。

第八百五十八条 技术开发合同履行过程中，因出现无法克服的技术困难，致使研究开发失败或者部分失败的，该风险由当事人约定；没有约定或者约定不明确，依据本法第五百一十条的规定仍不能确定的，风险由当事人合理分担。

当事人一方发现前款规定的可能致使研究开发失败或者部分失败的情形时，应当及时通知另一方并采取适当措施减少损失；没有及时通知并采取适当措施，致使损失扩大的，应当就扩大的损失承担责任。

【条文主旨】

本条是关于技术开发合同风险责任及通知义务的规定。

【条文理解】

一、关于技术合同开发的风险

技术开发具有较高的不确定性，存在着开发不成功的风险。技术开发合同的风险，是指在研究开发过程中，当事人一方或者各方已尽力履行合同，但仍因科技知识、认识水平或试验条件等客观因素的限制，出现无法克服的技术困难，致使研究开发全部或者部分失败，无法实现合同约定的预期目的。一项技术开发的失败或者部分失败属于风险，应当具备以下各项条件：（1）所开发技术本身在国际和国内现有技术水平下具有足够的难度；（2）研究开发人尽了主观努力；（3）该领域专家认为研究开发失败属于合理的失败。

二、风险承担与通知义务

技术开发的风险一旦出现，将使技术开发合同无法履行，给当事人造成损失。因此，当事人应当在订立合同时明确约定风险责任的承担。如果当事人没有约定或者约定不明确，风险发生后，当事人可以协议补充风险责任的约定。当事人不能达成补充协议的，可以按照合同的有关条款或者交易习惯确定，仍不能确定，风险责任由当事人合理分担。在研究开发过程中，当事人一方发现可能导致研究开发失败或者部分失败的情况时，应当及时通知另一方并采取适当措施减少损失。及时通知并采取适当措施是技术开发合同当事人的义务。如果当事人未能及时通知对方当事人，也未能及时采取措施来制止损失的扩大，应当就扩大的损失承担责任。

【审判实践中应注意的问题】

减损义务是英美法上的概念，是指一方当事人违约后，另一方应当及时采取措施防止损失的扩大，否则无权就扩大的损失要求赔偿，这种防止损失扩大的义务称为减损义务。

减损义务虽由债务人的违约行为所引起，但究属债权人对自己权利或者事务的疏怠，因而其结果不可归责于债务人，而应当由债权人自己承担，故债权人无权就因未尽减损义务而扩大的损失部分请求违约方承担责任。《民法典》第591条第2款还规定了当事人因防止损失扩大支出的合理费用由违约方负担，这是因为采取防止损失扩大而导致的费用的支出是由违约方的违约行为引起的，所以让违约方承担这部分费用是合理的。

在实践中，值得注意的是，如果当事人虽已采取措施，但措施不当，因此扩大损失的，当事人也不能就扩大部分的损失请求赔偿。同时，合理费用中不应包括对当事人劳务的报酬。

第八百五十九条 委托开发完成的发明创造，除法律另有规定或者当事人另有约定外，申请专利的权利属于研究开发人。研究开发人取得专利权的，委托人可以依法实施该专利。

研究开发人转让专利申请权的，委托人享有以同等条件优先受让的权利。

【条文主旨】

本条是关于履行委托开发合同完成的技术成果的归属和分享的规定。

【条文理解】

委托开发合同的当事人可以在合同中约定委托开发完成的发明创造的权利归属。如果法律并无相关规定且当事人在合同中没有约定或者约定不明确，那么，委托开发完成的发明创造，申请专利的权利属于研究开发人，但研究开发人取得专利权的，委托人可以依法实施该专利。研究开发人转让专利申请权的，委托人可以优先受让该专利申请权。

【审判实践中应注意的问题】

委托开发的技术成果的取得，一方面是由于委托人提供了研究开发经费和大量技术资料等物资条件，另一方面也是由于研究开发人付出了大量的创造性的脑力劳动实现的，因此委托人和研究开发人都对此作出了贡献，都应该对此成果分享权利。

在实践中，要注意以下四个问题：

第一，分享和约定的只是财产性权利，对于精神性权利，如署名权，归研究开发人。

第二，当事人无约定时，将申请专利的权利赋予了研究开发人。同时，委托人享有以下权利：（1）研究开发人取得专利权的，委托人可以依法实施该项专利。该项许可不能撤销，也不能像许可使用合同定有期限。（2）研究开发人转让专利申请权的，委托人可以优先受让该专利申请权。专利申请权转让是指转让人将其就特定的发明创造的申请权转让给受让人，受让人支付约定价款作为对价。优先受让是指在同等条件下，委托人比其他人可以优先获得该专利申请权。（3）委托人在发明创造没有获得批准前，也可以对该发明创造享有实施权，但是应该履行保密义务。

第三，在专利申请权和专利权属于研究开发人的情况下，委托人虽然可以免费使用专利技术，但无权转让。

第四，委托开发合同的当事人也可以在合同中约定委托开发完成的发明创造的权利归属，这是合同自由原则的体现。

第八百六十条 合作开发完成的发明创造，申请专利的权利属于合作开发的当事人共有；当事人一方转让其共有的专利申请权的，其他各方享有以同等条件优先受让的权利。但是，当事人另有约定的除外。

合作开发的当事人一方声明放弃其共有的专利申请权的，除当事人另有约定外，可以由另一方单独申请或者由其他各方共同申请。申请人取得专利权的，放弃专利申请权的一方可以免费实施该专利。

合作开发的当事人一方不同意申请专利的，另一方或者其他各方不得申请专利。

【条文主旨】

本条是关于履行合作开发合同完成的技术成果的归属和分享的规定。

【条文理解】

合作开发完成的发明创造，申请专利的权利属于合作开发的当事人共有。当事人一方不同意申请专利的，另一方或者其他各方不得申请专利。当事人一方转让其共有的专利申请权的，其他各方可以优先受让其共有的专利申请权。但是，技术开发合同的当事人可对上述事项另行约定。当事人一方声明放弃其共有的专利申请权，除当事人另有约定的，可以由另一方单独申请或者由其他各方共同申请。申请人取得专利的，放弃专利申请权的一方可以免费实施该专利。

【审判实践中应注意的问题】

合作开发完成的发明创造，申请专利的权利属于合作开发的当事人共有，当事人另有约定的除外。根据具体情况，在实践中，要注意以下几个问题：

第一，一方转让其共有的专利申请权时，其他各方在同等条件下可以优先受让其共有的专利申请权，当事人另有约定的除外。该优先权的基础在于各方依合同的约定投入了资金并具体完成了研究开发任务。优先权的含义是在同等条件下，合作开发合同当事人比其他人有优先受让的权利。

第二，当事人一方声明放弃其共有的专利申请权，可以由另一方单独申请或者由其他各方共同申请。专利申请权是财产性权利，因此可以放弃。基于共同共有关系，其他共有人取得了全部专利申请权。

第三，申请人取得专利的，放弃专利申请权的一方可以免费实施该专利，但其不能转让或者许可他人实施。这种免费实施的权利，并不意味着放弃该专利申请权的一方还是共有专利权人。

第四，当事人一方不同意申请专利的，另一方或者其他各方不得申请专利。

第五，实践中，合作开发合同当事人也可约定技术成果的归属，有以下几种情形：（1）约定研究成果的专利申请权为一方所有，但享有专利申请权的一方对另一方作出适当补偿。（2）约定向合同外第三方转让研究成果时，应经合作开发合同当事人协商一致，由此获得的利益由各方共享。（3）在某种情况下，当事人各方还可以在合同中约定对技术成果的分享份额以及各自享有的专利申请权。（4）约定由当事人一方享有对合作开发成果的独占使用权或转让权，但取得这一权利的当事人对其他各方当事人支付约定的价金。此外，根据《技术合同司法解释》第 16 条第 1 款的规定，技术出资就是以技术的整体权利投入受资体，但“技术成果价值与该技术成果所占出资额比例明显不合理、损害出资人利益的除外”。这里的但书主要是指出资额过分低于技术成果本身的价值。在这种情况下，一般应当认定技术成果出资人投入的只是技术成果的使用权而非所有权，或者经当事人协议可以变更增加其出资额。

关于如何理解和处置当事人约定技术成果权属比例或者使用权比例的问题，考虑到技术成果作为无形财产，在客观上无法实现权属的按份共有，但在利益分配上当事人关于比例约定的意思表示是可以实现的，故可依据《技术合同司法解释》第16条第2款规定予以处理。

第八百六十一条 委托开发或者合作开发完成的技术秘密成果的使用权、转让权以及收益的分配办法，由当事人约定；没有约定或者约定不明确，依据本法第五百一十条的规定仍不能确定的，在没有相同技术方案被授予专利权前，当事人均有使用和转让的权利。但是，委托开发的研究开发人不得在向委托人交付研究开发成果之前，将研究开发成果转让给第三人。

【条文主旨】

本条是关于履行技术开发合同产生的技术秘密的归属和分享的规定。

【条文理解】

技术秘密，是指不为公众知悉、具有商业价值并经权利人采取保密措施的技术信息。技术秘密包括各种设计资料、图纸、工艺流程以及材料配方等技术资料，也包括专家、技术人员、工人掌握的不成文的经验知识和技巧。本条所称的技术秘密成果的使用权、转让权和收益的分配，是指当事人依据法律规定或者合同约定所取得的使用、转让技术秘密成果和获取收益的权利。使用权是指以生产经营为目的的自己使用或者许可他人使用技术秘密成果的权利；转让权是指向他人让与技术秘密成果的权利；收益的分配是指获取收益的权利。

委托开发或者合作开发合同的当事人可以在合同中约定，因履行技术开发合同产生的技术秘密的使用权、转让权的归属以及收益的分配办法。如果当事人没有约定或者约定不明确，可以协议补充；不能达成补充协议的，按照合同的有关条款或者交易习惯确定；仍不能确定的，在没有相同技术方案被授予专利前，当事人各方对技术秘密都有使用和转让的权利，但委托开发的研究开发人在向委托人交付研究开发成果前，不得擅自将研究开发成果转让给第三人。

【审判实践中应注意的问题】

在实践中，对于技术秘密的归属和分享要注意以下几个问题：

第一，当事人没有约定或约定不明确的，依据本法第510条规定确定，仍不能确定的，如果没有相同技术方案被授予专利，双方均可不经对方同意而自己使用或以普通许可的方式许可他人使用，并独占由此所获收益。

第二，合作开发合同中，如果约定研究开发成果归一方所有时，该当事人可约定将由此获得的收益适当补偿其他各方当事人；如果约定向第三方转让该技术秘密的，须各方协商一致，由此取得的收益由各方合理分享。

第三，委托开发的研究开发方在向委托方交付研究开发成果前，不得擅自将研究开发成果转让给第三人。如果涉及技术成果的保密问题，当事人应当遵守合同约定的保密义务和使用范围。即使合同终止后，也不影响保密约定的效力，但约定保密事项已经由第三人公开的情形则除外。

此外，实践中对如何理解“当事人均有使用和转让的权利”，曾经争议很大。第一种意见认为，在有关成果的使用权、转让权不能明确界定的情况下，该成果应属当事人共有。根据财产共有理论，共有人不能擅自处分共有财产，但考虑到技术可以同时为多主体使用的特点，应当将“当事人均有使用和转让的权利”限定为当事人均有不经对方同意而自己使用或者以普通使用许可的方式许可他人使用技术秘密并独占由此所获利益的权利。第二种意见认为，只要不是将整体权利让与他人，就应当允许。第三种意见认为，无须争议使用权和转让权的具体内涵，法律未限制共有人转让，则双方均可转让，因为技术秘密可以同时为多个主体拥有的性质允许存在多次转让。《技术合同司法解释》第20条最后基本采纳了第一种意见。因为在同一研究开发项目中形成同一技术秘密只能有一项转让权，不可能有两项或两项以上的所有权性质的权利，不可能由当事人作超过一次以上的转让；对同一开发项目产生的同一技术秘密虽然可以同时存在多个使用权，但即使是许可他人使用，如果是独占或者排他许可，也必然会与其他共有人行使同样的权利发生冲突。为了避免权利冲突，必须将这种权利限于自己使用和发放普通实施许可。当然这种普通许可的次数并无限制，可以是一个以上的普通许可，共有人在这一点上也是享有平等交易机会的。第二种意见虽然考虑到了整体让与不符合财产共有理论，但并未解决因发放独占或排他许可证可能产生的权利冲突问题。第三种意见虽然注意到了技术秘密占有的特殊性，但将第三人独立开发而拥有同样的技术秘密与从同一权利来源受让取得技术秘密相混淆，同样不能避免共有人之间的权利冲突。《技术合同司法解释》相对从宽解释了因委托开发或者合作开发而享有技术成果实施权的当事人的权利，规定了可以视为"自己实施"的情形。

《技术合同司法解释》第21条规定，技术开发合同当事人依照法律的规定或者约定，有自行实施专利或使用技术秘密成果的权利，但因其不具备独立实施专利或者使用技术秘密的条件，以一个普通许可方式许可他人实施或者使用的，可以准许。这主要是考虑技术开发市场中确有一些当事人虽享有实施权却不具备自己独立实施的条件，导致当事人之间利益失衡，也影响到技术的转化、应用和推广，故将发放一个普通实施许可视为是当事人自己实施。实践中需要注意以下四点：一是这种权利是针对因委托开发或者合作开发而直接对技术成果的产生作出贡献的当事人。二是"以一个普通许可方式许可他人实施或者使用"，应当理解为在本质上是除自己之外仅有一个主体进行或者参与实施，即许可一个法人、其他组织或者自然人实施，或者与一个法人、其他组织或者自然人合作实施或者通过技术入股与之联营实施，不能是超过一个以上许可证的实施。就同一标的技术与两个或者两个以上法人、其他组织或者自然人分别合作实施或者入股联营的，不属于“以一个普通许可方式许可他人实施或者使用”。三是技术开发合同当事人依法或者依约对开发完成的技术成果所获得的专利权为共有时，对实施该专利的方式和利益分配办法约定不明也不能补充协议的，当事人均可以自己实施专利。四是参照《技术合同司法解释》第20条规定精神，当事人对自己实施或者视为自己实施所获利益享有独占权。

基于基本相同的考虑，同时也为了防止受让人垄断技术和滥用权利，保障让与人保留的自己实施权的实现，《技术合同司法解释》第27条对排他实施许可合同让与人的“自己实施”也作出了与《技术合同司法解释》第21条大致相同的规定。对于专利实施许可合同受让人或者技术秘密转让合同取得使用权的受让人，未经许可人同意，不仅无权擅自再许可他人实施，即使是与他人合作实施、使用或者入股联营的，也都会构成本法第873条规定的擅自许可行为。因为作为被许可人，其在受让技术时就应当预见到自己能否独立实施。

第三节 技术转让合同和技术许可合同

第八百六十二条 技术转让合同是合法拥有技术的权利人，将现有特定的专利、专利申请、技术秘密的相关权利让与他人所订立的合同。

技术许可合同是合法拥有技术的权利人，将现有特定的专利、技术秘密的相关权利许可他人实施、使用所订立的合同。

技术转让合同和技术许可合同中关于提供实施技术的专用设备、原材料或者提供有关的技术咨询、技术服务的约定，属于合同的组成部分。

【条文主旨】

本条是关于技术转让合同与技术许可合同概念的规定。

【条文理解】

技术转让，就是某一主体将其所有或者掌握的技术让与另一主体使用的行为。技术转让是技术成果进入市场，实现技术成果商品化的重要方式。技术许可，是指技术所有人或被授权人将其所有或者享有转让权的技术，许可其他主体实施的行为。

合法拥有技术的权利人，有权将其所有的技术进行转让或者许可使用，专利申请的相关权利只可转让，不得许可。技术转让合同和技术许可合同中关于提供实施技术的专用设备、原材料或者提供有关的技术咨询、技术服务的约定，属于合同的组成部分。

【审判实践中应注意的问题】

订立专利权转让合同或者专利申请权转让合同前，让与人自己已经实施发明创造，在合同生效后，受让人要求让与人停止实施的，人民法院应当予以支持，但当事人另有约定的除外。

让与人与受让人订立的专利权、专利申请权转让合同，不影响在合同成立前让与人与他人订立的相关专利实施许可合同或者技术秘密转让合同的效力。

根据《技术合同司法解释》第24条第2款规定，专利权、专利申请权转让合同不影响在先的专利实施许可合同和技术秘密转让合同的效力。对该款规定，应当理解为原合同约定的专利权人的权利和义务仍由权属转让合同的让与人承受，有关当事人之间的权利义务依照合同变更与转让的相关规定确定。关于专利权、专利申请权转让合同的生效问题，要注意《专利法》第10条第3款规定的“专利申请权或者专利权的转让自登记之日起生效”不属于本法第502条第2款和《合同法司法解释（一）》第9条第1款关于法律、行政法规规定合同应当办理批准手续，或者办理批准、登记等手续才生效的情形，该登记行为只是权利转让的生效要件，而不是合同的生效要件。需要注意的是，与一般技术合同一样，这两类合同成立即生效。

第八百六十三条 技术转让合同包括专利权转让、专利申请权转让、技术秘密转让等合同。

技术许可合同包括专利实施许可、技术秘密使用许可等合同。

技术转让合同和技术许可合同应当采用书面形式。

【条文主旨】

本条是关于技术转让合同与技术许可合同范围的规定。

【条文理解】

一、技术转让合同种类

本条所称的技术转让合同包括专利权转让、专利申请权转让、技术秘密转让等合同。

（一）专利权转让合同

专利权是依法授权的发明人或其权利受让人对其发明创造在一定年限内享有的独占权或专用权。专利权转让合同，是指专利权人作为让与人将其专利的所有权让与受让人，受让人支付约定价款所订立的合同。

（二）专利申请权转让合同

专利申请权是发明人或者设计人对其专利技术享有的一定专属权利，这种专属权利像专利权一样，可以转让。发明人或设计人在就其发明创造成果申请专利前，可以通过订立专利申请权转让合同，将其申请专利的权利转让给受让人。专利申请权转让合同，是指让与人将其就特定的发明创造申请专利的权利移交给受让人，受让人支付约定价款所订立的合同。

（三）技术秘密转让合同

技术秘密，是指不为公众所知悉具有商业价值并经权利人采取保密措施的技术信息，包括未申请专利的技术、未授予专利权的技术等。技术秘密转让合同，是指让与人将拥有的技术秘密成果提供给受让人，受让人支付约定价款所订立的合同。

需要注意的是，技术转让合同应当以转让特定和现有的专利权、专利申请权、技术秘密为内容，不包括尚待研究开发的技术成果或者不涉及与专利或者技术秘密相关的知识、经验和信息订立的合同。

二、技术许可合同种类

本条所称的技术许可合同，包括专利实施许可、技术秘密使用许可等合同。

（一）专利实施许可合同

专利实施许可合同，是指专利权人或者其授权的人作为许可人许可被许可人在约定的范围内实施专利，被许可人支付约定使用费所订立的合同。《专利法》第12条规定："任何单位或者个人实施他人专利的，应当与专利权人订立实施许可合同，向专利权人支付专利使用费。被许可人无权允许合同规定以外的任何单位或者个人实施专利。"专利实施许可合同转让的是专利使用权，转让后，被许可人有权在约定的范围内使用专利。

（二）技术秘密使用许可合同

技术秘密使用许可合同，是指许可人将拥有的技术秘密成果许可他人使用，由被许可人支付约定使用许可费所订立的合同。

鉴于技术转让合同和技术许可合同所涉内容复杂，涉及转让技术的范围、转让的对象、受让人或被许可人使用转让技术的范围和方式、技术的保密、使用费的支付，以及对使用技术产生的新的技术成果的归属等，技术转让、技术许可合同涉及专利的，还要明确专利申请日、申请号、专利号和专利权的有效期限，因此，当事人应当采用书面形式订立技术转让合同。

【审判实践中应注意的问题】

本条所涉及的技术让与人与许可人是指合法拥有技术的权利人，包括技术的所有人和其他有权对外转让技术的人（即权利人特别授权的人）。技术转让加专用设备、原材料供应的合同和技术转让加技术咨询服务的合同实践中一般均按技术转让合同处理，也就是说，这些合同在定性上不属于买卖合同或技术咨询、服务合同。

在实践中要注意，专利权转让合同和专利申请权转让合同受《专利法》调整，须履行以下程序：专利权或专利申请权转让应该向国务院专利行政部门登记和公告，未登记公告的，对合同外的第三人不产生约束力；中国的单位或个人向外国人转让专利申请权或专利权的，必须依照有关法律、行政法规的规定办理手续。

此外，《技术合同司法解释》第22条第3款规定："当事人以技术入股方式订立联营合同，但技术入股人不参与联营体的经营管理，并且以保底条款形式约定联营体或者联营对方支付其技术价款或者使用费的，视为技术转让合同。"

第八百六十四条　技术转让合同和技术许可合同可以约定实施专利或者使用技术秘密的范围，但是不得限制技术竞争和技术发展。

【条文主旨】

本条是关于技术转让合同和技术许可合同限制性条款的规定。

【条文理解】

任何技术，只要是能够促进经济建设和社会发展，都可以依法转让或许可使用。但属于国家机密的技术，其转让或许可应当经主管部门批准；涉及国家安全和社会公共利益的，由有关部门指定单位实施的技术、国家实行许可证制度的技术，其转让或许可应当符合主管部门的规定；违反法律和社会公共利益的技术，不得转让、许可。

技术转让合同和技术许可合同可以约定让与人和受让人、许可人与被许可人实施专利或者使用技术的范围。实施专利或者使用技术的范围，是指实施专利的期限、实施专利或者使用技术秘密的地区和方式。但是，技术转让合同和技术许可合同的当事人不得以合同条款限制技术竞争和技术发展，包括：（1）不得通过合同条款限制另一方在合同标的技术的基础上进行新的研究开发；（2）不得通过合同条款限制另一方从其他渠道吸收技术，或者阻碍另一方根据市场的需求，按照合同的方式充分实施专利和使用技术秘密。

【审判实践中应注意的问题】

本条所称的“实施专利或者使用技术秘密的范围”，包括实施专利或者使用技术秘密的期限、地域、方式以及接触技术秘密的人员等。当事人对实施专利或者使用技术秘密的期限没有约定或者约定不明确的，受让人和被许可人实施专利或者使用技术秘密不受期限限制。

在专利实施许可的情况下，合同应当明确被许可人取得的是普通使用权、排他使用权，还是独占使用权。如若是普通使用权，则许可人不仅可以自己使用，还可转让于第三人；若为独占使用权，则许可人不能自己使用，也不能再许可第三人使用。

除了确定技术许可合同的性质外，合同中还可以规定许可人对被许可人实施专利技术和使用技术秘密的若干限制。这类限制主要包括以下三个方面：

第一，期间范围。专利实施许可的期限不得超过整个专利权存续期（或称专利权有效期）。

第一，使用地区范围。技术许可人可以在合同中规定被许可人使用合同标的的地区，即在其取得专利权的国家境内实施专利技术或在合同中约定被许可人使用专有技术的地理范围，其中包括与实施专利技术和技术秘密相联系的产品制造、使用和销售的地区。

第三，实施方式的范围。当合同标的的实施表现为某种特定的工艺技术（方法），并且该技术可以用于多种用途和目的时，许可人可以在合同中规定被许可人只能将其用于一种或几种目的和用途。

第八百六十五条 专利实施许可合同仅在该专利权的存续期限内有效。专利权有效期限届满或者专利权被宣告无效的，专利权人不得就该专利与他人订立专利实施许可合同。

【条文主旨】

本条是关于专利实施许可合同有效期限的规定。

【条文理解】

专利实施许可合同只在该项专利权的存续期间内有效。根据《专利法》的规定，发明专利权的期限为20年，实用新型专利权和外观设计专利权的期限为10年，均自申请之日起计算。在专利权有效期限终止或者专利权宣布无效后，专利权人不得就该项专利与他人订立专利实施许可合同。

专利实施许可合同的许可人应当在合同有效期内维持专利的有效性。在合同有效期内，专利权被终止的，合同同时终止。

【审判实践中应注意的问题】

专利实施许可合同只在专利有效期内有效，因为一旦专利权被宣布无效或有效期届满，转让人对该“专有技术”已不再享有专利权，合同自无存在之必要。这时“专有技术”变成了公有技术，社会公众可自由使用该技术。

在实践中，要注意以下三个问题：

第一，专利实施许可合同的许可人应当在合同有效期内维持专利的有效性，所以如果专利实施许可合同期限超过该专利权的存续期间的，专利权存续期间届满后，专利实施许可合同自动终止；专利权有效期届满或专利权被宣布无效的，专利权人由于不再享有专利权，因而不得就该专利与他人订立专利实施许可合同。

第二，在合同有效期内，专利权被终止的，合同同时终止。专利权被宣告无效后，对已经履行的专利实施许可合同不具追溯力，即许可人不退还许可使用费，因为被许可人已通过实施“专利技术”获利。但是，专利权人不向被许可人返还专利使用费明显违背公平原则的，专利权人应向被许可人返还全部或部分专利使用费。

第三，专利权人未按时缴纳年费以及缴纳年费数额不足的，在专利局通知补缴的6个月内未补缴，因而专利权终止的，专利权实施许可合同也因此终止，给被许可人造成损失的，专利权人应赔偿损失。

第八百六十六条　专利实施许可合同的许可人应当按照约定许可被许可人实施专利，交付实施专利有关的技术资料，提供必要的技术指导。

【条文主旨】

本条是关于专利实施许可合同许可人主要义务的规定。

【条文理解】

专利实施许可合同许可人的主要义务是：第一，按照约定许可被许可人实施专利。如果是排他实施许可合同，许可人不得在已经许可被许可人实施专利的范围内，就同一专利与第三人订立专利实施许可合同。独占实施许可合同的许可人不得在已经许可被许可人实施专利的范围内实施该专利。第二，向被许可人交付实施专利有关的技术资料，依合同约定提供必要的技术指导。当相关技术资料涉及某些许可人的技术秘密时，双方还可订立技术秘密转让或许可合同，也可以订立专利技术和技术秘密的混合性技术转让或许可合同。

【审判实践中应注意的问题】

专利实施许可包括以下方式：一是独占实施许可，是指许可人在约定许可实施专利的范围内，将该专利仅许可一个被许可人实施，许可人依约定不得实施该专利。二是排他实施许可，是指许可人在约定许可实施专利的范围内，将该专利仅许可一个被许可人实施，但许可人依约定可以自行实施该专利。排他实施许可合同许可人不具备独立实施其专利的条件，以一个普通许可的方式许可他人实施专利的，人民法院可以认定为许可人自己实施专利，但当事人另有约定的除外。三是普通实施许可，是指许可人在约定许可实施专利的范围内许可他人实施该专利，并且可以自行实施该专利。四是当事人对专利实施许可方式没有约定或者约定不明确的，认定为普通实施许可。专利实施许可合同约定许可人可以再许可他人实施专利的，认定该再许可为普通实施许可，但当事人另有约定的除外。

第八百六十七条　专利实施许可合同的被许可人应当按照约定实施专利，不得许可约定以外的第三人实施该专利，并按照约定支付使用费。

【条文主旨】

本条是关于专利实施许可合同被许可人主要义务的规定。

【条文理解】

专利实施许可合同被许可人的主要义务是：第一，依照合同的约定，支付实施许可专利的使用费。第二，依照合同约定的范围、方式、期限等实施专利技术，不得超出许可范围实施专利。第三，未经许可人同意，不得许可合同约定以外的第三人实施该项专利技术。

【审判实践中应注意的问题】

在专利实施许可合同中，关于被许可人的义务要注意以下两个问题：

第一，在交叉专利实施许可合同中，由于合同各方当事人既是许可人又是被许可人，因此双方的义务依照本法第867条、第868条执行。交叉专利实施许可合同，是指当事人之间以专利技术作为合同标的进行对等交换的协议。

第二，被许可人根据国家专利行政部门实施强制许可的决定而订立的专利实施许可合同，应当积极履行上述义务，但无权许可他人实施。当事人对费用无法协商一致的，由国家专利行政部门裁决。

第八百六十八条　技术秘密转让合同的让与人和技术秘密使用许可合同的许可人应当按照约定提供技术资料，进行技术指导，保证技术的实用性、可靠性，承担保密义务。

前款规定的保密义务，不限制许可人申请专利，但是当事人另有约定的除外。

【条文主旨】

本条是关于技术秘密转让合同让与人和技术秘密使用许可合同许可人主要义务的规定。

【条文理解】

技术秘密转让合同让与人和技术秘密使用许可合同许可人的主要义务是：第一，按照合同的约定提供技术资料，进行技术指导，保证技术的实用性、可靠性。作为技术转让合同标的的技术秘密，应当是成熟的能够应用于生产实践的适用性技术。所谓技术的成熟性是指该技术是在充分的研究开发基础上完成的，已经具备了商品化开发的可能性。法律对其予以专门规定的原因在于技术秘密不像专利技术那样已经受到专利机关及社会公众的审查，其实用性与可靠性更让人怀疑，故而让让与人和许可人承担了这一保证义务。除非明确约定让与人和许可人保证受让人和被许可人达到约定的经济效益指标，让与人和许可人不对受让人和被许可人实施技术秘密后的经济效益承担责任。在转让阶段性技术成果时，让与人应保证在一定条件下重复实验可以得到预期的效果，并在合同中载明后续开发的责任。若合同中约定受让人和被许可人取得的技术须经受让人和被许可人小试、中试、工业性试验后才能投入批量生产的，受让人和被许可人未经小试、中试、工业性试验直接投入批量生产所发生的损失，让与人和许可人不承担责任。第二，让与人和许可人应承担合同约定的保密义务。技术秘密转让合同当事人都负有按照合同约定彼此承担保守技术秘密的义务，泄露技术秘密，使受让人和被许可人遭受损失的，受让人和被许可人有权解除合同，让与人和许可人应当支付违约金或者赔偿损失。

【审判实践中应注意的问题】

关于技术秘密使用许可合同许可人的保密义务与申请专利的权利的协调问题，考虑到当事人在订约时应当知道对任何技术秘密，权利人均应有权也有可能申请专利，并且从鼓励技术的公开和推广利用的角度出发，应以让与人有权申请专利为原则，有明确约定为例外的除外。需要注意的是，上述原则及例外仅针对技术秘密使用许可合同，在技术秘密转让的情形，让与人可能需要继续承担保密义务，但已不存在其可以再申请专利的可能。

此外，人民法院不得以当事人就已经申请专利但尚未授权的技术订立专利实施许可合同为由，认定合同无效。因为这只是同一技术在专利申请过程中不同阶段的法律称谓不同而已，一般并不会因此影响被许可人的实际实施和合同利益。但如果许可人确实存在欺诈行为导致被许可人违背真实意思时，则被许可人作为受损害方可以请求变更或者撤销合同。

第八百六十九条 技术秘密转让合同的受让人和技术秘密使用许可合同的被许可人应当按照约定使用技术，支付转让费、使用费，承担保密义务。

【条文主旨】

本条是关于技术秘密转让合同受让人和技术秘密使用许可合同被许可人主要义务的规定。

【条文理解】

技术秘密转让合同受让人和技术秘密使用许可合同的被许可人的主要义务是：

第一，受让人和被许可人应根据合同的约定，按照约定的时间、地域、方式范围使用技术。

第二，受让人和被许可人应按照合同约定支付转让费和使用费。关于转让费、使用费的数额，当事人可协商约定。在支付方式上，当事人可以采用一次总算方式，或提成支付方式，或一次总算与提成支付相结合的方式。

第三，受让人和被许可人应按照约定承担保密义务。技术秘密成果一旦公开，也就不称其为技术秘密成果了。受让人和被许可人应当按照合同约定采取保密措施，不得将技术秘密故意或过失地泄露、为公众所知，不得将技术秘密让与第三人。受让人和被许可人应当积极履行上述保密义务，维护让与人、许可人和自己的合法权益。如果第三人从受让人和被许可人处窃取或者获得了技术秘密，除非能证明他已采取了足够的保密措施而不能阻止，受让人和被许可人应对让与人和许可人承担泄密责任。

第八百七十条 技术转让合同的让与人和技术许可合同的许可人应当保证自己是所提供的技术的合法拥有者，并保证所提供的技术完整、无误、有效，能够达到约定的目标。

【条文主旨】

本条是关于技术转让合同让与人和技术许可合同许可人保证义务的规定。

【条文理解】

技术转让合同中让与人和技术许可合同中许可人的保证义务主要包括以下三点：

第一，保证自己是所提供技术的合法拥有者是技术转让合同让与人和技术许可合同许可人的基本义务。让与人、许可人应当保证自己是所提供技术的合法拥有者，或者保证自己有权转让或者有权许可、使用、实施该项技术。

第二，保证所提供的技术完整、无误，与合同约定完全一致，并不存在缺陷。在专利权转让合同、专利实施许可合同中，让与人和许可人应保证专利权不存在以下缺陷：（1）该专利权受物权或质押权的约束；（2）该专利权的实施受到另外一个现存的专利权的限制；（3）有专有先用权的存在；（4）有强制实施许可的存在；（5）属于在有利于其他竞争者的情况下发放的专利实施许可；（6）有被政府采取“计划许可”的情况。由于专利侵权之诉使专利权保护范围受到限制，如合同订立后专利权被宣告无效，也属于技术成果不完整。当然在不同性质的合同中，如独占实施许可与普通实施许可，许可人的保证程度是不同的。

第三，保证自己所提供的技术的有效性。专利权转让合同的转让人和专利实施许可合同的许可人应保证：（1）在申请专利之前，自己没有使用或没有以任何方式公开过此项发明，该专利的有效性不会由于专利权人自己的行为遭到否定；（2）不存在冒充他人的专利号或谎称其专利为专利局批准的事实，该专利确实属于转让人和许可人自己的劳动所得；（3）该专利在其本国范围内具有新颖性；（4）在实施许可的行为被指控为侵犯他人专利权的情况下，应起诉和排除他人干扰，使受让人、被许可人实施技术标的权利得以行使；（5）当专利权为他人所侵害时，让与人和许可人有义务对他人提出诉讼或应诉；让与人和许可人须交纳专利申请费、申请维持费、审查费、专利年金。在专有技术转让中要保证技术秘密处于事实上的独占状态。

第八百七十一条 技术转让合同的受让人和技术许可合同的被许可人应当按照约定的范围和期限，对让与人、许可人提供的技术中尚未公开的秘密部分，承担保密义务。

【条文主旨】

本条是关于技术转让合同受让人和技术许可合同被许可人保密义务的规定。

【条文理解】

技术转让合同的让与人和技术许可合同的许可人对受让人和被许可人转让的技术，有的是处于保密状态的技术，有的技术虽已公开，但是相关的背景材料、技术参数等未曾公开，这些技术及相关材料有可能涉及国家利益或者让与人和许可人的重大经济利益。因此，受让人、被许可人对让与人、许可人提供或者传授的技术和有关技术资料，应当按照合同约定的范围和期限承担保密义务。

【审判实践中应注意的问题】

在实践中，关于技术保密义务要注意以下三个问题：

第一，在技术合同谈判初期，合同双方当事人首先应当对谈判初期阶段有关技术情报的提供、保密以及违反保密义务时的违约责任等问题作出规定。首先，合同当事人可约定双方应当对谈判阶段获悉的技术情报和技术秘密承担保密义务；其次，即使最终双方未能达成协议、签订合同，双方（尤其是作为受让人和被许可人的一方）亦必须对从谈判中获悉的技术情报承担保密义务。

第二，双方可以约定受让人、被许可人必须对依合同获得的专有技术或为实施专利技术而附带的（未公开的）技术资料承担保密的义务。

第三，在不少技术转让合同和技术许可合同中，当事人为了防止在合同中止或履行完毕之后，对方当事人把仍处于保密状态的技术予以公开，往往不仅把保密的期限规定为合同的整个有效期，而且还把该保密义务的效力延长到合同本身终止后的若干年。合同尽管已经终结，但合同中的保密条款却仍然有效，一方当事人仍可依据此条款对违反保密义务的另一方起诉和要求赔偿。

第八百七十二条　许可人未按照约定许可技术的，应当返还部分或者全部使用费，并应当承担违约责任；实施专利或者使用技术秘密超越约定的范围的，违反约定擅自许可第三人实施该项专利或者使用该项技术秘密的，应当停止违约行为，承担违约责任；违反约定的保密义务的，应当承担违约责任。

让与人承担违约责任的，参照适用前款规定。

【条文主旨】

本条是关于技术许可合同许可人和技术转让合同让与人违约责任的规定。

【条文理解】

第一，违反专利权转让合同的责任。让与人不履行合同义务，迟延办理专利权移交手续，未提供有关的技术资料，转让的专利不是让与人合法拥有的专利或者违反保密义务的，应当返还部分或者全部使用费，并且应当承担违约责任。

第二，违反专利申请权转让合同的责任。让与人不履行合同义务，迟延提供技术情报和资料的，或者所提供的技术情报和资料没有达到使该领域一般专业技术人员能够实施发明创造的程度的，应当承担违约责任。违反保密义务的，应当承担违约责任。

第三，违反专利实施许可合同的责任。许可人未按照约定许可专利技术，应当返还部分或者全部使用费，并且承担违约责任；使用专利技术超越约定的范围，违反约定擅自许可第三人使用该项专利技术，应当停止违约行为，承担违约责任；违反保密义务的，承担违约责任；承担被许可人按照约定使用专利技术侵害他人合法权益的责任。

第四，违反技术秘密转让合同和使用许可合同的责任。让与人未按照合同约定转让、许可技术秘密的，应当返还部分或者全部使用费，并且承担违约责任；使用技术秘密超越合同约定的范围，违反约定擅自许可第三人使用该项技术秘密，应当停止违约行为，承担违约责任；技术秘密成果达不到合同约定的技术指标，承担违约责任；违反保密义务，泄露技术秘密，使受让人遭受损失的，承担违约责任；承担受让人按照约定使用技术秘密侵害他人合法权益的责任。

【审判实践中应注意的问题】

除当事人另有约定的以外，排他实施许可合同让与人不具备独立实施其专利的条件，与一个法人、其他组织或者自然人合作实施该专利，或者通过技术入股实施该专利，可视为让与人自己实施专利。但让与人就同一专利与两个或者两个以上法人、其他组织或者自然人分别合作实施或者入股联营的，应当认为属于本法第872条规定的违反约定擅自许可第三人实施专利的行为。

第八百七十三条 被许可人未按照约定支付使用费的，应当补交使用费并按照约定支付违约金；不补交使用费或者支付违约金的，应当停止实施专利或者使用技术秘密，交还技术资料，承担违约责任；实施专利或者使用技术秘密超越约定的范围的，未经许可人同意擅自许可第三人实施该专利或者使用该技术秘密的，应当停止违约行为，承担违约责任；违反约定的保密义务的，应当承担违约责任。

受让人承担违约责任的，参照适用前款规定。

【条文主旨】

本条是关于技术许可合同被许可人和技术转让合同受让人违约责任的规定。

【条文理解】

第一，违反专利权转让合同的责任。受让人未按照约定支付转让费，应当补交并按照约定支付违约金，不补交转让费或者支付违约金的，应当停止实施专利，交还技术资料，承担违约责任。违反保密义务的，承担违约责任。

第二，违反专利申请权转让合同的责任。受让人不履行合同，迟延支付转让费的，承担违约责任。未按照约定支付转让费，应当补交并承担违约责任；不补交转让费或者不支付违约金的，应当交还技术资料，并承担违约责任。违反保密义务的，承担违约责任。

第三，违反专利实施许可合同的责任。被许可人未按照约定支付使用费，应当补交使用费并按照约定支付违约金；不补交使用费或者支付违约金的，应当停止使用专利技术，交还技术资料，承担违约责任；使用专利技术超越约定范围，未经许可人同意擅自许可第三人使用该专利技术的，应当停止违约行为，承担违约责任。违反保密义务的，应当承担违约责任。

第四，违反技术秘密转让合同和使用许可合同的责任。受让人不按照合同约定支付转让费、许可费的，应当补交转让费、许可费并按照约定支付违约金；不补交转让费、许可费或者支付违约金的，应当停止使用技术秘密，交还技术资料，承担违约责任；使用技术秘密超越约定的范围，未经让与人同意擅自许可第三人实施使用该技术秘密的，应当停止违约行为，承担违约责任。违反保密义务，泄露技术秘密，给让与人造成损失的，应当承担违约责任。

【审判实践中应注意的问题】

除当事人另有约定的以外，专利实施许可合同的被许可人或者通过技术秘密转让合同取得使用权的受让人，对被许可的专利或受让的技术秘密，无权擅自再许可他人实施，即使是与他人合作实施、使用或者入股联营的，也会构成《民法典》第873条规定的擅自许可行为。因为作为被许可人、受让人，其在受让技术时就应当预见到自己能否独立实施。

第八百七十四条 受让人或者被许可人按照约定实施专利、使用技术秘密侵害他人合法权益的，由让与人或者许可人承担责任，但是当事人另有约定的除外。

【条文主旨】

本条是关于技术转让合同让与人和技术许可合同许可人侵权责任的规定。

【条文理解】

技术转让合同和技术许可合同的实质是推动科学技术知识、信息和生产实践经验在不同法律关系主体之间的传递和扩展。这种传递和扩展同时也是技术权益的转移，即采用合同形式把专利权、专利申请权、专利使用权和技术秘密的使用权转移给受让人和被许可人。让与人转让的和许可人许可的是某一项技术成果，不是利用公知的技术知识为对方提供咨询服务，因此，让与人和许可人有义务保证受让人和被许可人按照合同约定实施专利、使用技术秘密不会导致侵害他人的合法权益。如果受让人和被许可人按照合同约定实施专利、使用技术秘密引起侵害他人合法权益的，该侵权责任由让与人和许可人承担，但是合同当事人另有约定的除外。

【审判实践中应注意的问题】

技术转让合同中让与人和技术许可合同中许可人的侵权责任实际上是对让与人与许可人保证责任的延伸。一般来说，受让人和被许可人按照合同约定使用专有技术或实施专利之所以引起侵权，就在于让与人和许可人违反了保证义务的缘故，当然并不排除当事人的特别约定，有特别约定的，依约定处理。

由让与人和许可人承担责任应具备以下三个条件：

第一，受让人和被许可人严格按照合同约定使用专利或专有技术，不存在超过约定范围使用合同标的技术的行为。

第二，受让人和被许可人不存在故意，即受让人和被许可人并不知道自己实施的技术成果是侵犯他人合法权益的。如果受让人和被许可人明知该技术成果让与人和许可人不能合法拥有，则让与人、许可人与受让人、被许可人构成了侵权法上的共同侵权行为人，对此应负连带责任。

第三，受让人和被许可人使用合同标的技术的行为事实上构成了侵权，举证责任应由提出侵权赔偿请求的人负担。

由让与人和许可人承担责任，指在实施许可合同的标的行为被指控为侵犯他人合法权益的情况下，让与人和许可人应承担应诉责任，负担诉讼费用，赔偿因使用行为给他人造成的损失。至于让与人、许可人与受让人、被许可人之间的责任问题，则可依有关法律规定及合同约定加以处理。

第八百七十五条 当事人可以按照互利的原则，在合同中约定实施专利、使用技术秘密后续改进的技术成果的分享办法；没有约定或者约定不明确，依据本法第五百一十条的规定仍不能确定的，一方后续改进的技术成果，其他各方无权分享。

【条文主旨】

本条是关于技术合同中后续改进技术成果分享办法的规定。

【条文理解】

本条所称的后续改进，是指在合同有效期内，一方或双方对作为合同标的的专利技术或者技术秘密成果所作的革新和改良。技术合同的订立和履行，不仅实现了现有技术的转移、推广和应用，也是当事人进行改良、革新和进行新的研究开发的基础。合同订立后，当事人一方或者双方在合同标的技术的基础上作出创新和改良是常见现象。这种创新和改良推动了科学技术迅速发展。

本条规定合同的当事人双方可以按照互利的原则，在合同中约定实施专利、使用技术秘密后续改进的技术成果的分享办法。没有约定或者约定不明确，当事人可以协议补充，不能达成补充协议的，按照合同有关条款或者交易习惯确定。按照合同有关条款或者交易习惯仍不能确定的，一方后续改进技术的技术成果，其他各方无权分享。

第八百七十六条 集成电路布图设计专有权、植物新品种权、计算机软件著作权等其他知识产权的转让和许可，参照适用本节的有关规定。

【条文主旨】

本条是关于特殊技术标的转让和许可的法律适用规定。

【条文理解】

除专利和技术秘密以外，其他知识产权类型，如集成电路布图设计专有权、植物新品种权、计算机软件著作权等，亦属于技术成果范畴，并且不排除将来再出现新的可以作为技术成果的知识产权类型。此类新型技术成果的转让与许可，参照适用本节的有关规定。

第八百七十七条 法律、行政法规对技术进出口合同或者专利、专利申请合同另有规定的，依照其规定。

【条文主旨】

本条是关于法律适用关系的规定。

【条文理解】

技术进出口合同是指我国境内的自然人、法人或者非法人组织从国外引进或者向国外输出技术与技术输出国或者技术引进国的当事人订立的合同。

当前我国企业和其他经济组织、事业单位从国外引进技术、向国外输出技术所借助的法律形式是订立技术进出口合同。订立技术进出口合同，虽然是市场主体的自主行为，但对涉及产业发展或者国计民生的重大技术进出口合同，还要经有关主管部门审批。技术进出口虽然实质上是技术转让，但考虑到其特殊性，应遵循特别法优于一般法的原则。因此，本条规定，法律、行政法规对技术进出口合同另有规定的，依照其规定。

专利权转让、专利申请权转让涉及专利问题，因此，当事人订立专利权转让合同或者专利申请权转让合同，法律、行政法规另有规定的，依照其规定。

第四节 技术咨询合同和技术服务合同

第八百七十八条 技术咨询合同是当事人一方以技术知识为对方就特定技术项目提供可行性论证、技术预测、专题技术调查、分析评价报告等所订立的合同。

技术服务合同是当事人一方以技术知识为对方解决特定技术问题所订立的合同，不包括承揽合同和建设工程合同。

【条文主旨】

本条是关于技术咨询合同和技术服务合同概念的规定。

【条文理解】

一、技术咨询合同

（一）技术咨询合同的概念

技术咨询合同是指一方当事人运用其掌握的科学知识和技术手段为另一方就特定技术项目提供可行性论证、技术预测、专题技术调查、分析评价报告等所订立的合同。这里的“特定技术项目”包括有关科学技术与经济社会协调发展的软科学研究项目，促进科技进步和管理现代化、提高经济效益和社会效益等运用科学知识和技术手段进行调查、分析、论证、评价、预测的专业性技术项目。本条在《合同法》第356条第1款基础上修改，在技术咨询合同概念中增加了“当事人一方以技术知识为对方”的表述，将原来的开放式列举性规定修改为定义性规定，强调了技术咨询合同的技术性特点，同时与技术服务合同的相关表述相一致。

（二）技术咨询合同的特点

技术咨询合同具有以下三个主要特点：

第一，合同的标的为特定技术项目的咨询课题。特定技术项目主要分为三类：（1）有关科学技术与经济社会协调发展的软科学研究项目。例如，科学发展战略和规划的研究、技术政策和技术路线选择的研究等。"软科学"并非是一个精确的概念，其是相对于"硬科学"而言的。人们通常把研究物质性质及其运动规律的学科，如数学、物理学、化学、天文学、生物学等自然科学和技术科学称为"硬科学"。与之相对，人们把以阐明现代社会负责的技术问题为目标，运用现代科学技术知识和手段，研究社会、经济、科技协调发展，为决策科学化和管理现代化服务的综合性科学称为"软科学"。（2）运用科学知识和技术手段促进科技进步和管理现代化、提高经济效益和社会效益的专业性技术项目。例如，重大工程项目、研究开发项目、科技成果转化项目、重要技术改造和科技成果推广项目等的可行性分析；技术成果、重大工程和特定技术系统的技术评估；特定技术领域、行业、专业技术发展的技术预测；就区域、产业科技开发与创新及特定技术项目进行的技术调查、分析与论证；技术产品、服务、工艺分析和技术方案的比较与选择；专用设施、设备、仪器、装置及技术系统的技术性能分析等。（3）其他专业技术项目。例如，科技评估和技术查新项目等。

第二，合同的履行内容为运用科学知识和技术手段进行的分析、论证、评价和预测。运用科学知识和技术手段进行的分析、论证、评价和预测是技术咨询合同的核心特征，并非利用科学知识和技术手段，而是利用非科技类的专门知识进行分析论证的，不属于技术咨询。例如，就经济分析、法律咨询、社会发展项目的论证、评价和调查所订立的合同，就购买设备、仪器、原材料、配套产品等提供商业信息所订立的合同，均不属于技术咨询合同。

第三，合同的工作成果是为委托方提供科技咨询报告和意见。咨询课题的目的是通过咨询为研究和决策提供参考，并非是为解决特定、具体的技术问题，这是其区别于技术服务合同的重要特征。因此，当事人一方委托另一方就解决特定技术问题提出实施方案、进行实施指导所订立的合同，是技术服务合同而不是技术咨询合同，不适用有关技术咨询合同的规定。

（三）技术咨询合同的内容

技术咨询合同一般包括下列条款：（1）项目名称；（2）咨询的内容、形式和要求；（3）履行期限、地点和方式；（4）委托方的协作事项；（5）技术情报和资料的保密；（6）验收、评价方法；（7）报酬及其支付方式；（8）违约金或者损失赔偿额的计算方法；（9）争议的解决办法等。

二、技术服务合同

（一）技术服务合同的概念

技术服务合同是指当事人一方运用其掌握的专业技术知识、经验和信息为另一方解决特定技术问题所订立的合同。这里的“特定技术问题”是指需要运用科学技术知识解决专业技术工作中有关改进产品结构、改良工艺流程、提高产品质量、降低产品成本、节约资源能耗、保护资源环境、实现安全操作、提高经济效益和社会效益等问题。技术服务合同大致分为两类：一类是技术辅助合同，即一般性的提供技术服务的合同；另一类是传授或者传递技术信息的合同，包括技术培训合同和技术中介合同。除法律或者行政法规另有规定以外，技术培训合同和技术中介合同可以适用有关技术服务合同的规定。

（二）技术服务合同的特点

技术服务合同具有以下四个主要特点：

第一，合同的标的为运用专业技术知识、经验和信息解决特定技术问题的服务性项目。作为技术服务合同标的的专业技术项目应该有明确的技术问题和解决难度，需要运用专业技术知识、经验和信息才能解决。如果特定技术项目缺乏明确的技术问题和解决难度，仅仅是以常规手段或者属于当事人一般日常经营业务范围的，通常不属于技术服务合同。例如，以常规手段或者为生产经营目的进行一般加工、定作、修理、修缮、广告、印刷、测绘、标准化测试等订立的加工承揽合同和建设工程的勘察、设计、安装、施工、监理合同，不属于技术服务合同。但是，以非常规技术手段，解决复杂、特殊技术问题而单独订立的合同除外。此外，虽有技术解决难度但已经成为当事人日常经营业务范围的，也不属于技术服务合同。例如，就描晒复印图纸、翻译资料、摄影摄像等所订立的合同，计量检定单位就强制性计量检定所订立的合同，理化测试分析单位就仪器设备的购售、租赁及用户服务所订立的合同，一般不认为是技术服务合同。

第二，合同的履行内容为改进产品结构、改良工艺流程、提高产品质量、降低产品成本、节约资源能耗、保护资源环境、实现安全操作、提高经济效益和社会效益等专业技术工作。技术服务合同内容极为广泛，可以分为如下类型：（1）产品设计服务，包括关键零部件、国产化配套件、专用工模量具及工装设计和具有特殊技术要求的非标准设备的设计，以及其他改进产品结构的设计；（2）工艺服务，包括有特殊技术要求的工艺编制、新产品试制中的工艺技术指导，以及其他工艺流程的改进设计；（3）测试分析服务，包括有特殊技术要求的技术成果测试分析，新产品、新材料、植物新品种性能的测试分析，以及其他非标准化的测试分析；（4）计算机技术应用服务，包括计算机硬件、软件、嵌入式系统、计算机网络技术的应用服务，计算机辅助设计系统（CAD）和计算机集成制造系统（CIMS）的推广、应用和技术指导等；（5））新型或者复杂生产线的调试及技术指导；（6）特定技术项目的信息加工、分析和检索；（7）农业的产前、产中、产后技术服务，包括为技术成果推广，以及为提高农业产量、品质、发展新品种、降低消耗、提高经济效益和社会效益的有关技术服务；（8）为特殊产品技术标准的制订；（9）对动植物细胞植入特定基因、进行基因重组；（10）对重大事故进行定性定量技术分析；（11）为重大科技成果进行定性定量技术鉴定或者评价等。

第三，合同的工作成果有具体的质量和数量指标。技术服务合同要解决明确的、具有难度的技术问题，提出解决该问题的技术方案，因而合同中通常需要约定解决问题所达到的质量和数量指标要求。

第四，合同所针对的技术知识的传递不涉及专利、技术秘密成果及其他知识产权的权属转移。技术服务合同中，当事人一方运用专业技术知识、经验和信息解决明确的、具有解决难度的技术问题，但不涉及专有技术的权属转移，这是其与技术转让合同和技术许可合同的重要区别。

（三）技术服务合同的内容

技术服务合同一般包括下列条款：（1）项目名称；（2）服务内容、方式和要求；（3）履行期限、地点和方式；（4）工作条件和协作事项；（5）验收标准和方式；（6）报酬及其支付方式；（7）违约金或者赔偿损失额的计算方法；（8）争议的解决办法；等等。

【审判实践应当注意的问题】

第一，技术咨询合同、技术服务合同与技术转让合同、技术许可合同、技术开发合同的界限。不同类型的技术合同，其权利义务关系有着较大区别。特别是，在合同缺乏明确规定的情况下，不同类型的技术合同将适用不同的法律规定，对当事人的利益有着重要影响。因此，实践中区别不同类型的技术合同非常重要。下面以表格形式列出技术咨询、服务、转让、许可、开发等合同的主要区别（见下表）。

技术咨询、服务、转让、许可、开发等合同的主要区别对比表

区别项＼合同类型	技术咨询合同	技术服务合同	技术转让、许可合同	技术开发合同
合同标的	特定技术项目的咨询课题	运用专业技术知识、经验和信息解决特定技术问题的服务性项目	订立合同时已经存在的、非公知性技术成果，包括专利申请、技术秘密及其他知识产权成果	订立合同时尚未掌握的技术方案
履行内容	运用科学知识和技术手段进行的分析、论证、评价和预测	解决具有明确技术问题和解决难度的技术服务性项目	转让排他性权利、许可非公知技术	根据目标开发具有创新性内容的技术成果
工作成果	为委托方提供科技咨询报告和意见，通常不涉及特定技术问题的解决或者实施方案	提出符合具体质量和数量指标的技术解决或者实施方案	仅有转让或者许可的技术成果，无新产生的技术成果	产生具有技术创新性内容的技术成果
权属问题	不涉及技术成果权属转移	不涉及技术成果权属转移	涉及非公知技术成果权属转移（继受取得）	涉及最终开发成果的权利归属（原始取得）

此外，在技术转让合同或者技术许可合同中，为了实施所转让、许可的技术，作为技术力量相对薄弱一方的受让人、被许可人通常需要让与人或者许可人提供必要的协助，因而在合同中经常约定让与人或者许可人向受让人、被许可人提供必要的技术咨询或者技术服务。对于这种具有附随义务性质的技术咨询和技术服务，是技术转让和技术许可过程所必然伴随的内容，应当作为技术转让合同或者技术许可合同的组成部分看待，而不作为单独的技术咨询合同或者技术服务合同处理。对此，《民法典》对第862条作了明确规定，技术转让合同或者技术许可合同中关于提供实施技术的专用设备、原材料或者提供有关的技术咨询、技术服务的约定，属于合同的组成部分。[①]

第二，技术转让、许可合同与技术服务合同法律行为的转换适用

① 这一规定系《民法典》新增内容，借鉴了《技术合同司法解释》第22条第2款的规定。

问题。技术转让、许可合同的标的通常应该是订立合同时已经存在的、非公知性技术成果，包括专利、专利申请、技术秘密及其他非公知的、应受法律保护的技术成果，而不能是已经进入公有领域、任何人均可自由利用的公知技术。正是因为技术转让、许可合同标的的这种非公知性、相对创新性，技术转让合同或者技术许可合同才会经常约定让与人或者许可人向受让人、被许可人提供必要的技术咨询或者技术服务。但是，由于技术发展或者信息公开、认知局限或者其他原因，技术转让合同或者技术许可合同所针对的合同标的技术可能在合同签订时已经进入公共领域，或者在履行过程中进入公共领域。此时，虽然技术转让合同或者技术许可合同已经名不符实，但是根据合同中有关提供必要技术咨询或者技术服务的约定，让与人或者许可人可能已经向受让人、被许可人提供了相应的技术咨询或者技术服务，进行了技术指导、技术培训、技术传授，且实际上解决了受让人、被许可人所面临的特定技术问题。在此情况下，虽然原技术转让合同或者技术许可合同法律关系已经不复有效，但是如果一律按照无效处理，对于让与方或者许可方可能不尽公平，因为让与方或者许可方在合同履行中已经付出了智力劳动，提供了对于受让方或者被许可方此前未知的技术知识、信息和经验，解决了受让方或者被许可方的技术问题，创造了一定的经济效益。因此，在司法实践中，对于此类实际上不符合技术转让合同或者技术许可合同条件的法律行为，如果其满足技术服务合同的相关条件，可以转换适用技术服务合同处理。这种法律行为效力转换适用有利于保护当事人的真实意思表示，实现私法自治，有利于保护无过错当事人的民事权利，保护交易安全，使案件处理结果更符合公平正义之法律理念。[①]为此，根据法律行为效力转换理论，《技术合同司法解释》对技术转让、许可合同与技术服务合

① 《德国民法典》第140条对无效法律行为的效力转换进行了定义性规定："如果人们可以认为当事人在知道无效的情况下会希望另一法律行为生效，则可以进行转换，也即该另一个法律行为生效。"参见［德］维尔纳·弗卢梅：《法律行为论》，迟颖译，法律出版社2012年版，第703页。

同法律行为的转换适用作了明确规定。《技术合同司法解释》第 34 条规定："当事人一方以技术转让的名义提供已进入公有领域的技术，或者在技术转让合同履行过程中合同标的技术进入公有领域，但是技术提供方进行技术指导、传授技术知识，为对方解决特定技术问题符合约定条件的，按照技术服务合同处理，约定的技术转让费可以视为提供技术服务的报酬和费用，但是法律、行政法规另有规定的除外。依照前款规定，技术转让费视为提供技术服务的报酬和费用明显不合理的，人民法院可以根据当事人的请求合理确定。"当然，这种转换适用在实践中需要严格把握适用条件。通常认为，只有在同时满足下列条件下，才能转换适用：（1）当事人之间签订的合同使用了技术转让合同或者技术许可合同的名义；（2）作为合同标的的技术成果已进入公有领域，或者在技术转让合同履行过程中进入公有领域；（3）让与人或者许可人对于作为合同标的的技术成果进入公有领域没有过错；（4）让与人或者许可人进行技术指导、传授技术知识，为对方解决特定技术问题符合约定条件；（5）约定的技术转让费可以视为提供技术服务的报酬和费用。但是，法律、行政法规另有规定的，不得转换适用技术服务合同。此外，如果技术转让费视为提供技术服务的报酬和费用明显不合理的，人民法院可以根据当事人的请求合理确定。

第八百七十九条 技术咨询合同的委托人应当按照约定阐明咨询的问题，提供技术背景材料及有关技术资料，接受受托人的工作成果，支付报酬。

第八百八十条 技术咨询合同的受托人应当按照约定的期限完成咨询报告或者解答问题，提出的咨询报告应当达到约定的要求。

第八百八十一条 技术咨询合同的委托人未按照约定提供必要的资料，影响工作进度和质量，不接受或者逾期接受工作成果的，支付的报酬不得追回，未支付的报酬应当支付。

技术咨询合同的受托人未按期提出咨询报告或者提出的咨询报告不符合约定的，应当承担减收或者免收报酬等违约责任。

技术咨询合同的委托人按照受托人符合约定要求的咨询报告和意见作出决策所造成的损失，由委托人承担，但是当事人另有约定的除外。

【条文主旨】

此三条是关于技术咨询合同的委托人、受托人的主要义务以及关于违约责任、风险负担的规定。

【条文理解】

如前文所述，技术咨询合同是受托人就特定技术项目以自己掌握的技术知识向委托人提供可行性论证、技术预测、专题技术调查、分析评价报告等咨询服务所订立的技术合同。在这里，特定技术项目不限于自然科学，也包括社会科学。根据《技术合同司法解释》第30

条规定，特定技术项目包括有关科学技术与经济社会协调发展的软科学研究项目和促进科技进步和管理现代化、提高经济效益和社会效益的技术项目以及其他专业性技术项目。简而言之，技术咨询就是有问有答，委托人提出问题，受托人提供专业意见的过程。在这个过程中，需要委托人和受托人充分的配合，才能达到技术咨询的目的和效果。委托人作为服务的提出方和咨询工作成果的接收方，需要履行相应的义务。

一、委托人的义务

（一）委托人应该按照合同约定阐明咨询的问题，提供技术背景材料及有关技术资料

在订立技术咨询合同过程中，首先需要明确的是技术咨询的内容，即委托人需要咨询的问题。委托人作为服务需求方，应该针对特定项目阐明自己所咨询的问题，明确自己的服务需求，即明确自己所需要咨询的问题，以便受托人有针对性地解答问题，提供咨询服务。委托人需要咨询的问题是技术咨询合同的主要合同标的，其不仅涉及受托人的工作内容和范围，也影响到报酬的确定。因为咨询服务报酬的确定与受托人的工作量密切相关，而咨询问题的多少和复杂程度，直接决定了服务方的工作量。

委托人明确了自己的需求和问题后，还需要全面、完整地向受托人披露咨询问题所涉及的技术背景资料、技术资料。受托人需要依赖这些背景资料进行分析和论证，来解答委托人咨询的问题。委托人提供的技术背景资料的准确性和完整性将直接决定了受托人工作成果的质量（咨询意见的全面性、准确性）。委托人需要对这些资料的准确性和完整性承担责任，因委托人提供的资料存在缺陷，导致受托人提供的工作成果存在错误的，应该由委托人承担责任。商业实践中，如果委托人提交的资料不全、信息不全、数据欠缺，受托人可以要求委托人补充提交，委托人应及时补充有关资料。如果合同有约定，委托人还应为受托人进行现场调查、测试、分析等工作提供便利。

由于每个特定项目的具体情况不同，如何阐明咨询的问题、如何提供技术资料，需要双方在合同中进行约定，如提供的方式、提供的期限、提供的范围和内容等，需要在合同中予以细化，委托人应该按照合同约定进行提供。

（二）委托人应该接受受托人的工作成果和支付报酬

委托人对于受托人提交的工作成果应该及时进行接收和验收，这也是委托人的义务之一。通常情况下，工作成果的提交与报酬的支付密切相关，受托人提交工作成果并验收合格后，才能收到全部报酬。如果委托人拒不接受工作成果，会影响到受托人报酬的收取。因此，合同中对于委托人接受工作成果的安排更多的是要求委托人限期接收并验收工作成果，逾期视同委托人接收并验收合格，委托人应履行支付报酬义务。

报酬的支付是技术咨询合同的主要条款，也是委托人的主要义务。委托人应该按照合同约定支付报酬。报酬的支付通常涉及支付的金额、支付的方式。支付的金额可以约定固定金额，也可以按照受托方工作成果给委托人带来的经济效益的固定比例进行分成。

需要指出的是，本法第879条规定的是技术咨询合同的委托人的主要义务，商业实践中，委托人与受托人之间签订的合同还会约定委托人的其他义务。如约定：应受托人的要求，对受托人提供的技术资料予以保密。合同是当事人之间自己订立的“法律”，对于双方具有约束力，委托人应该予以履行。

二、受托人的义务

在技术咨询服务中，受托人的主要义务就是针对特定项目，及时解答委托人提出的问题或者提供合格的咨询报告。

（一）受托人应该按照约定期限提供咨询服务

通常情况下，委托人在进行咨询时，均希望受托人尽快提供咨询意见，甚至是当场解答。简单的技术咨询，受托人可以做到现场听取情况介绍，现场解答，但是大多数情况下，受托人需要对背景技术资料进行研究、对数据进行核实验证甚至需要进行一些调查研究，才能完成分析论证并撰写报告。因此，委托人和受托人会根据具体情况约定受托人在一定期限内完成服务。

受托人完成服务的期限起算日期可以约定自合同签订之日或者收到首付款之日开始起算，但涉及委托人需要提交背景材料、技术资料的，合理的起算期限应该自受托人收到委托人提交的资料之日开始起算。如果资料存在错误和缺陷，需要委托人补充提交的，此间耽误的期限可以相应地从服务期限中扣除。

约定完成服务的期限对于受托人具有约束力，如果受托人不能按期限提交工作成果，则需要承担延迟提交的法律责任。

关于期限的约定，原则上应该参照本法关于期间[①]的一些规定。例如：按照公历年、月、日、小时计算；按照年、月、日计算期间的，开始的当日不计入，自下一日开始计算；按照小时计算期间的，自法律规定或者当事人约定的时间开始计算；按照年、月计算期间的，到期月的对应日为期间的最后一日；没有对应日的，月末日为期间的最后一日；期间的最后一日是法定休假日的，以法定休假日结束的次日为期间的最后一日；期间的最后一日的截止时间为24时；有业务时间的，停止业务活动的时间为截止时间。

（二）受托人应该按照约定完成咨询报告或者解答问题

受托人向委托人提供技术咨询服务时，提交工作成果的形式根据不同的项目可以约定不同的形式。

对于一般性的咨询，可以通过解答问题的方式提供服务。解答问题可以是现场口头解答或者通过书面方式解答，书面方式可以约定为纸质的也可以约定为电子的。

对于复杂的技术咨询，如提供可行性论证、技术预测、专题技术调查、分析评价报告等，则需要提交书面的报告文件，并针对委托人的需求附有分析意见或者结论性意见。

---

① 《民法典》总则编第10章第200条、第201条、第202条、第203条、第204条规定。

需要指出的是，本法第880条规定的受托人按照约定期限完成咨询报告的义务应该是指受托人向委托人提交了咨询报告，如果受托人撰写完咨询报告但未提交给委托人的，不属于完成义务。实务中，受托人在提交咨询报告时应取得委托人的回执或者获得相应的提交证据，证明其已经履行完成咨询报告的义务，否则一旦发生争议，受托人无法证明其已经按照合同约定的期限完成咨询报告，受托人需要承担不利的法律后果。

（三）受托人提出的咨询报告应当达到约定的要求

技术咨询服务是针对特定项目根据委托人的要求，由受托人提供的咨询服务。受托人提交的咨询报告应该符合合同约定要求，否则构成服务质量不合格，需要承担相应的违约责任。

通常情况下，受托人应该按照合同约定提交约定主题的报告。例如，环境评价分析报告、接入系统设计报告、建设工程造价咨询报告等。受托人应该按照合同约定正确地立题、对委托人提供的或者自己调查取得的信息资料进行全面分析、利用自己的技术知识和人才优势进行归纳总结、形成有针对性意见和结论的专项咨询报告。

由于不同的项目不同的行业对于咨询报告的要求存在差异，因此，委托人和受托人在订立合同时应该对咨询报告的要求进行细化，明确验收标准和验收确认程序，防止发生因约定不清导致的纠纷和争议。

（四）受托人的其他义务

本法第880条规定的是技术咨询合同受托人的主要义务，通常情况下，受托人在履行合同过程中还需要按照约定承担如下义务：（1）发现委托人提供的技术资料有明显错误和缺陷的，应当及时通知委托人补充、修改；（2）根据合同约定或者委托人的要求，对委托人提供的技术资料予以保密的义务；只有在合同没有约定的情况下，可以引用、发表和向第三人提供；（3）根据合同约定，承担调查研究、分析论证、试验测定的经费；（4）根据合同约定，在合同有效期内，就同类技术项目与委托人的竞争者订立技术咨询合同的，应当征得委托人的同意。

三、违约责任及风险负担

合同订立后，对于当事人具有约束力，本法第509条规定，当事人应当按照约定全面履行自己的义务。当事人应当遵循诚信原则，根据合同的性质、目的和交易习惯履行通知、协助、保密等义务。当事人未能按照合同约定履行自己义务的，应当承担相应的法律后果。本法第881条规定了技术咨询合同双方当事人未按照合同约定履行自己义务的法律后果，还对委托人使用咨询报告和意见所做决策的风险责任承担进行了规定。

（一）委托人的违约责任

本法第879条规定了委托人的主要义务，即委托人应当按照约定阐明咨询的问题，提供技术背景材料及有关技术资料；接受受托人的工作成果，支付报酬。如果委托人怠于履行自己的义务，导致合同无法顺利履行或者根本不能履行时，势必给受托人造成损失，因此其应该承担相应的法律责任。

在技术咨询合同履行过程中，合同履行的首个环节就是委托人提供必要的资料，这是受托人履行己方义务的前置条件。如果委托人未按照约定的期限提供必要的资料，或者所提供资料有严重缺陷，势必影响受托人的工作进度和咨询报告的质量。此种情况下，委托人不得要求受托人返还已经支付的报酬，或者拒绝支付未付的报酬。

在实践中，技术咨询合同中委托人的行为违反合同约定的义务，根据具体情况分别处理：（1）委托人未按照约定向受托人阐明咨询问题、提供必要的背景资料、技术资料，影响受托人工作进度及工作成果质量的，所付的报酬不得追回，未付的报酬应当如数支付给受托人。（2）委托人超过约定期限迟延提供合同约定的资料或者有严重缺陷或错误，影响受托人工作进度和工作成果质量的，应当向受托人全额支付报酬，并应按照合同约定支付违约金或者赔偿受托人的损失。（3）委托人接到受托人要求补充提交或者补正不符合合同约定的资料的通知后，未按照约定期限或者未在合理期限内进行提交或者补正的，委托人应该赔偿由此给受托人造成的损失。

通常情况下，由于委托人逾期不履行自己的前置义务，不提供必要的技术资料，将会导致受托人无法开展工作，合同的履行处于停滞状态。此时，受托人有权按照本法第563条①之规定解除合同。合同解除后，委托人应当支付违约金或赔偿损失。

实务中，委托人还存在本条规定之外的其他违约行为的，也应承担相应的违约责任。例如：委托人未能按照合同约定期限向受托人支付报酬的，应当如数支付，并向受托人支付延迟付款的违约金；委托人未能按照合同约定期限接受工作成果的，应向受托人赔偿由此给受托人造成的一切损失；未经受托人同意，超出合同约定范围使用受托人咨询报告和意见或者擅自向第三方披露的，应向受托人支付违约金或赔偿损失；未按照合同约定履行保密义务的，应支付违约金或者赔偿损失。

（二）受托人的违约责任

本法第880条规定了技术咨询合同受托人的主要义务，即受托人应当按照约定的期限完成咨询报告或者解答问题，提出的咨询报告应当达到约定的要求。本法第881条第2款针对受托人如下两种主要违约行为的违约责任进行了规定：（1）受托人未按期提出咨询报告和意见的，应当减收或者免收报酬，并承担违约责任。提交报告的期限对于委托人至关重要，任何项目的实施均是严格限定期限的，项目的延期势必增加委托人的项目实施成本。因此，受托人未按期提出咨询报告或者意见，不仅违反了合同约定，也给委托人造成一定的损失。根据本法第881条第2款规定，此种情况下，应该根据给委托人项目的

① 《民法典》第563条规定："有下列情形之一的，当事人可以解除合同：（一）因不可抗力致使不能实现合同目的；（二）在履行期限届满前，当事人一方明确表示或者以自己的行为表明不履行主要债务；（三）当事人一方迟延履行主要债务，经催告后在合理期限内仍未履行；（四）当事人一方迟延履行债务或者有其他违约行为致使不能实现合同目的；（五）法律规定的其他情形。以持续履行的债务为内容的不定期合同，当事人可以随时解除合同，但是应当在合理期限之前通知对方。"

实施造成的影响或者按照合同约定，受托人免收或者减收报酬。这里的“提出的咨询报告”应该指的是向委托人提交咨询报告，送达委托人，而不是仅在自己内部完成工作报告、提出解答意见。实践中，受托人在接到委托人提交的技术资料后，不进行调查论证，不组织专家评审，超过约定期限不提交咨询报告，委托人有权依法解除合同，合同解除后，受托人应当返还委托人已支付的报酬，并承担违约责任。（2）受托人提出的咨询报告和意见不符合合同约定条件的，应当减收或者免收报酬，并承担违约责任。受托人提交的咨询报告和意见不符合合同约定条件，意味着提供的服务质量不达标，无法满足委托人的服务需求，合同的目的无法实现。此种情况势必会给委托人造成时间或者金钱上的损失，受托人应当根据情况减收或者免收报酬。实践中，合同明确约定咨询报告需要满足的条件的，应该按照约定条件提交。如果受托人所提交的咨询报告和意见缺乏专业性、水平低劣、存在明显错误，对委托人没有任何参考价值的，应当免收报酬，并承担违约责任。当事人可以在技术咨询合同中约定对咨询报告和意见的验收或者评价办法。合同没有约定的，按照合乎实用的一般要求组织本领域的技术专家进行鉴定。咨询报告和意见经验收合格的，应该全额支付报酬，合同即告终止。本法第 881 条第 2 款规定的是受托人违反主要义务的违约责任，实务中，受托人还存在本条规定之外的其他违约行为，也应承担相应的违约责任。例如，受托人违反合同约定的保密义务，未经委托人同意擅自向第三方披露委托人保密信息的，应向委托人支付违约金或者赔偿损失。

（三）技术咨询合同涉及的决策风险责任

在技术咨询合同下，委托人对于受托人提出的咨询报告或者意见的使用存在一定的风险。委托人采纳和实施了受托人作出的符合合同约定条件的特定项目的可行性报告、技术分析评价意见报告后，可能会出现不良后果，这就是技术咨询合同涉及的决策风险。对于这种风险责任如何进行分担，原则上是否采纳以及如何采纳受托人作出的咨询报告或者意见，由委托人自行决策。受托人对委托人实施咨询报告或意见所受到的损失，不负赔偿责任，除非合同另有约定。这是由于以下两个方面原因：（1）技术咨询结果本身具有可选择性和风险性。技术咨询是对各种技术方案进行分析研究后作出的选择，受托人按照合同约定给出的意见不一定是完全可靠的，同时委托人提供的资料的全面性和准确性也会影响咨询意见的可靠性，因此，受托人提出的咨询报告具有不确定性和可选择性。另外，技术咨询合同为一种“适当完成一定行为之债”，如果债务人的活动是严格按照合同进行的，那么他就不应对能否得到预期的结果负责。因此，如果受托人按照合同约定提出了咨询报告和意见，那么就不应对委托人在实施咨询意见中能否得到预期的结果负责。（2）在技术咨询合同履行过程中，受托人的义务仅仅是向委托人提出自己的各种意见。这是受托人根据自己掌握的技术知识、信息和经验对技术项目进行的分析、论证和预测，并不是直接可以付诸实施的技术成果，仅供委托人决策时参考。对咨询报告意见如何实施的决策属于委托人，因此，委托人有义务自行承担在实施咨询报告意见中出现的风险，也符合权利义务相一致的原则。基于上述原因，本法第 881 条第 3 款规定了技术咨询合同的委托人按照受托人符合约定要求的咨询报告和意见作出决策所造成的损失，由委托人承担，但是当事人另有约定的除外。

需要注意的是，根据本法第 881 条规定，有两种情况需要作例外处理，由受托人承担相应责任：一是受托人提交的咨询报告不符合合同约定，受托人提供的咨询报告和意见没有科学依据，或者有明显的缺陷甚至错误，应当承担违反合同的违约责任；二是依据自愿原则，合同明确约定由受托人承担风险责任的，由受托人承担。

技术合同纠纷中风险责任的处理通常有三种原则：自愿原则、依法原则和公平原则。其中：自愿原则是指“法律允许技术合同双方当事人通过协议就履行合同过程中承担风险的界限、风险损失的分担事项进行约定。当事人有约定的，按照当事人的约定来确定合同各方当事人所应承担的风险责任”。[①]

按照自愿原则，如果合同中明确约定受托人对于委托人实施咨询报告意见产生的不良后果承担责任，则应该按照约定由受托人承担。这样规定充分尊重当事人合同意思自治，受托人愿意承担技术风险责任，法律并不禁止。当然，在合同订立过程中，受托人会根据特定项目的具体情况、咨询报告风险的程度、获得报酬的多少以及对咨询意见的自信程度等因素，承诺其承担咨询报告风险的全部或部分责任。

【审判实践中应注意的问题】

对于技术咨询合同的审理，人民法院应该首先尊重当事人双方的合同约定，按照合同约定对双方的责任进行确定和评判，如果合同中没有约定或者约定不清的，则本法第 881 条可以作为划分合同双方责任的原则。人民法院在审理技术咨询合同中，遇到约定不明或者没有约定的情况，应该按照本法第 510 条和第 511 条的规定予以确定。

一、对于合同价款和报酬支付约定不明的处理原则

根据《技术合同司法解释》第 14 条第 1 款的规定，对技术咨询合同的价款、报酬和使用费，当事人没有约定或者约定不明确的，人民法院可以按照以下原则处理：根据有关咨询服务工作的技术含量、质量和数量，以及已经产生和预期产生的经济效益等合理确定。技术合同价款、报酬、使用费中包含非技术性款项的，应当分项计算。在确定报酬时，除了考量受托人的工作量外，还应考虑受托人工作成果的质量和技术含量，同时还应考察咨询意见给委托人带来的经济效益等因素进行综合分析判断，不能单纯看工作量。由于技术咨询的质量和效果取决于受托人的技术水平、技术经验和知识广度，水平高的技术人员无须耗费较多的工作量即可给出中肯精准的意见并带来较好的

① 福建省三明市中级人民法院经济庭：《技术合同纠纷中风险责任的认定和处理》，载《法律适用》1993 年第 12 期。

技术效果，水平低的人员即使耗费了很多的时间给出的意见也许技术效果不佳，因此，需要分析工作成果的技术含量和给委托人带来的经济效益。

二、对于委托人提交材料存在缺陷的处理

技术咨询合同的履行依赖于委托人提供的针对特定技术项目的背景资料、技术资料。在商业实践中，会发生委托人提交的材料存在不完整、不准确甚至错误等缺陷，此时如何确定双方的义务和划分责任？根据《技术合同会议纪要》第73条规定："技术咨询合同受托人发现委托人提供的资料、数据等有明显错误和缺陷的，应当及时通知委托人。委托人应当及时答复并在约定的期限内予以补正。受托人发现前款所述问题不及时通知委托人的，视为其认可委托人提供的技术资料、数据等符合约定的条件。"该原则要求委托人和受托人在履行技术咨询合同过程中采取积极主动和及时配合的态度，任何一方无故拖延均应承担相应的后果。受托人发现委托人提交的资料存在错误和缺陷的，应及时通知委托人；如果不及时通知委托人的，视同认可委托人提交的资料符合约定条件，此种情况下，受托人如果没有按期提交工作成果，不得再以委托人提交的资料有缺陷为由进行抗辩，受托人应该自行承担法律责任。委托人接到受托人补正资料的通知后，应该按照约定的期限予以补正；委托人不补正或者未按约定期限补正导致受托人无法完成或者按期提交工作成果的，受托人不承担法律责任。

三、受托人提供服务所产生的费用承担的问题

在技术咨询服务合同中，对于报酬的约定比较清楚。但是对于受托人在履行合同过程中发生的费用，例如，差旅费、调查费、试验费、专家论证费，常常没有约定或者约定不明。出现这种情况后，人民法院如何处理？

根据《技术合同会议纪要》第31条规定，当事人对技术咨询合

同受托人进行调查研究、分析论证、试验测定等所需费用的负担没有约定或者约定不明确的，由受托人承担。《技术合同会议纪要》第71条也规定，除当事人另有约定的以外，技术咨询合同受托人进行调查研究、分析论证、试验测定等所需费用，由受托人自己负担。

之所以规定由受托人承担，主要是基于技术咨询合同的性质确定。“技术咨询合同的标的大多较为抽象、宏观，可能是‘务虚的’泛泛而论，可能是远景展望，当然也不排除较为具体、特定的专题技术调查、分析、评价。”[①] 对于前者而言，受托人投入的主要是自己的知识和智力，其收取报酬已经回报了其成本投入。对于后者而言，进行具体的专题技术调查、分析验证，受托人作为专业人士应该了解咨询服务的手段、方式并预估到相关费用成本的发生，合同没有约定或者约定不明的责任在于受托人，此种情况下判定由受托人负担符合公平原则。

四、受托人保密义务

本法第845条规定，技术合同的内容一般包括项目的名称、内容、范围和要求，履行的计划、地点和方式，技术情报和资料的保密，技术成果的归属和收益的分配办法，验收标准和方法，名词和术语的解释等条款。因此，技术情报和资料的保密也是技术咨询合同的内容之一。在技术咨询合同中，向受托人“提供技术背景材料及有关技术资料”是委托人的主要义务。对于这些资料是否需要保密，需要根据合同约定和实际情况确定。实务中并不是所有资料都需要保密的，有的是因为这些资料本身就处于公有领域，属于公知信息；有的是没有保密的价值，不需要保密。因此，对于受托人的保密义务，是一种明示的义务，不是默示义务，需要合同有明确的约定或者委托人提出明确的要求。

如果当事人在合同中约定了保密义务，则受托人应该根据合同约

① 崔建远：《技术合同的立法论》，载《广东社会科学》2018年第1期。

定或者委托人的要求，对委托人提供的技术资料予以保密的义务；只有在合同没有约定的情况下，可以引用、发表和向第三人提供。

如果当事人对技术咨询合同委托人提供的技术资料或者受托人提出的咨询报告和意见未约定保密义务，当事人一方引用、发表或者向第三人提供的，不认定为违约行为，但侵害对方当事人对此享有的合法权益的，应当依法承担民事责任[①]。

五、关于迟延履行主要债务合同解除的处理

在技术咨询合同纠纷中，经常会涉及委托人或者受托人未能按照合理期限提供技术资料或者提出咨询报告情况，此种情况下会面临合同另一方能否解除合同以及合理期限如何确定的问题。

《技术合同司法解释》第15条规定，技术合同当事人一方迟延履行主要债务，经催告后在30日内仍未履行，另一方依据《合同法》第94条第3项[②]的规定主张解除合同的，人民法院应当予以支持。

当事人在催告通知中附有履行期限且该期限超过30日的，人民法院应当认定该履行期限为《合同法》第94条第3项规定的合理期限。

---

① 《技术合同司法解释》第31条第2款。

② 《合同法》第94条对应本法第563条。《合同法》第94条规定："有下列情形之一的，当事人可以解除合同：……（三）当事人一方迟延履行主要债务，经催告后在合理期限内仍未履行……"

第八百八十二条 技术服务合同的委托人应当按照约定提供工作条件，完成配合事项，接受工作成果并支付报酬。

第八百八十三条 技术服务合同的受托人应当按照约定完成服务项目，解决技术问题，保证工作质量，并传授解决技术问题的知识。

第八百八十四条 技术服务合同的委托人不履行合同义务或者履行合同义务不符合约定，影响工作进度和质量，不接受或者逾期接受工作成果的，支付的报酬不得追回，未支付的报酬应当支付。

技术服务合同的受托人未按照约定完成服务工作的，应当承担免收报酬等违约责任。

【条文主旨】

此三条是关于技术服务合同委托人与受托人的合同义务及违约责任的规定。

【条文理解】

技术服务合同在《技术合同法》《合同法》《民法典》中均作为有名合同作出详细规定，且自 1987 年至今，其主要内容并未发生实质性变化，体现出技术服务合同法律制度的稳定性比较好。本法第 882 条、第 883 条、第 884 条分别规定了技术服务合同委托人的合同义务、受托人的合同义务以及合同双方不履行合同义务时应承担的违约责任，构成关于技术服务合同的比较完备的履约制度体系。这三条法律条文脱胎于《技术合同法》，《合同法》稍作修改继续沿用，《民法典》则未作改动即纳入。

技术服务合同具有明显的服务合同的特点。在《合同法》中，明确以服务合同命名的有名合同，仅技术服务合同一种，《民法典》中也只有两种（另一种为新增的物业服务合同）。当然从广义上讲，服务合同的范围非常广，不一定要有服务合同之名而关键在于有服务合同之实，凡是合同的标的为一定的服务或劳务的提供，均可认为属于服务合同范畴。比如，保管合同、委托合同、中介合同等。服务合同均不涉及有形物或无形财产的转移问题，而仅涉及人的行为作为服务向对方提供。因此，理解技术服务合同，须首先对服务合同的特点予以把握。服务合同的关键特点是交易对象为无形的服务，不同于物的买卖，也不同于无形财产（主要是知识产权）的转让或许可使用。合同为民事主体特别是市场主体之间进行交易的工具，履行合同义务的过程即为市场交易的过程，交易结束合同即履行完毕，《民法典》设定的权利义务，主要是为保障交易的安全，并且法定的权利义务只是"最低配置"和"缺省设置"，合同当事人完全可以根据交易需要以及自主意思自行设定权利义务。作为合同标的的服务种类在生产、生活中难以穷尽列举，只要不违反法律强制性规定，任何技术服务均可作为技术服务合同的交易标的。

技术服务在社会经济生活中非常常见，其合同交易标的与一般的服务合同区别在于具有一定的技术性，涉及技术问题、技术知识的运用等，而其他特点并不多。常见的技术服务有技术指导、技术测试、技术鉴定、技术信息检索分析、专业设备安装调试等，技术培训、技术中介实际上也可归类于技术服务。技术服务通常为生产经营中辅助性、协助性的技术活动，有的情况下是其他种类技术合同如技术开发合同的关联合同，技术服务所涉技术风险相对较小。技术服务合同所涉及的技术比较宽泛，既可以是专利、技术秘密等享有知识产权保护的技术，也可以是公知的、处于公用领域的技术，且一般并不会涉及新的技术知识的产生，一般情况是掌握特定技术知识的受托人为不掌握此种技术知识的委托人解决技术问题、传授技术知识，双方往往并不处在同一市场领域，即委托人一般对技术服务合同涉及的技术（即使是公知技术）并不熟悉，合同双方对于技术知识存在明显的信息不对称，有可能因此而产生关于技术服务质量等的纠纷。技术服务合同关系中，受托人提供给委托人的是纯服务，不存在物的交付或知识产权的许可等问题，因此，一般并不会涉及物权变动、知识产权变动或转移等问题，但一旦发生纠纷，往往也会涉及技术事实的查明。

一、关于委托人的合同义务

合同的权利义务在合同关系各方之间具有相对性，一方的义务一般即为另一相对方的权利。技术服务合同关系中，委托人的合同义务是按照约定提供工作条件，完成配合事项，接受工作成果并支付报酬。这一关于委托人合同义务的表述在《技术合同法》《合同法》《民法典》一脉相承，未有更改，可见其经受住时间和实践的检验。委托人的合同义务中，接受工作成果并支付报酬较好理解，提供工作条件、完成配合事项则具有技术服务合同的特点。委托人提出技术服务的需求，意味着其在生产经营中遇到了其自身难以解决、难以克服的技术问题，其将技术问题总结、整理好之后将其写入技术服务合同，受托人仅针对此合同约定的技术问题提供技术服务并解决该特定的技术问题。技术问题一般涉及工艺流程、机械设备、产品结构等，受托人须前往委托人的生产经营场所，进驻现场发现、识别并解决技术问题。因此，委托人必须提供工作条件、完成配合事项。比如，要提供相应的产品、拆卸相应的设备。即使涉及技术秘密等委托人一般不对外公开的场景、信息，此时也应向受托人开放，工作条件、配合事项应在解决技术问题必要范围之内，否则解决技术问题无从谈起，至于如何保密则属于另一层面的问题。当然，此处的提供工作条件、完成配合事项，应当与提供技术服务、解决技术问题直接相关，应由受托人自行承担的差旅费等费用，除非合同明确约定，否则仍应由受托人自行负担。

二、关于受托人的合同义务

技术服务合同关系中，受托人的合同义务是按约完成服务项目，解决技术问题，保证工作质量，传授解决技术问题的知识。这一关于受托人合同义务的表述在《技术合同法》《合同法》《民法典》也保持了一致。技术服务合同属于服务合同，其一大特点在于服务提供方只完成合同约定的服务行为，一般来说只要解决了合同涉及的特定的技术问题，即认为技术服务项目已经完成。所谓"技术问题"，是指需要运用科学技术知识解决专业技术工作中的有关改进产品结构、改良工艺流程、提高产品质量、降低产品成本、节约资源能耗、保护资源环境、实现安全操作、提高经济效益和社会效益等问题。除当事人另有约定的以外，技术服务合同受托人完成服务项目、解决技术问题所需的费用由受托人自行负担。关于工作质量，一般以受托人实际解决合同涉及的委托人的特定技术问题为评判标准，合同如未明确约定验收标准，则可适用国家标准、行业标准、地方标准及企业标准（包括受托人自己的相关技术标准）。关于传授解决技术问题的知识，因委托人发生技术问题具有反复性，而其原先并不掌握相关技术知识，因此，受托人作为能够解决技术问题的一方，有义务将相关的知识传授给委托方以备未来之需，传授方式如交付技术说明书、委托人员工跟随学习等。

技术服务合同受托人如发现委托人提供的资料、数据、样品、材料、场地等工作条件不符合约定，应及时通知委托人。委托人应当及时答复并在约定的期限内予以补正，如未补正，发生的损失由委托人承担。受托人发现前述问题不及时通知委托人的，视为其认可委托人提供的技术资料、数据等工作条件符合合同约定的条件。受托人在履约期间，发现继续工作对材料、样品或者设备等有损坏危险时，应当中止工作，并及时通知委托人或者提出建议。委托人应当在约定的期限内作出答复。受托人不中止工作或者不及时通知委托人并且未采取适当措施的，或者委托人未按期答复的，对因此发生的危险后果承担相应责任。如果提供技术服务须经有关部门审批或领取许可证，但合同对此没有约定或约定不明且无法达成补充协议，则应由提供服务过程中实施技术的一方负责办理，一般而言实施技术的一方为受托人。受托人在提供技术服务过程中，不可避免地会接触到委托人的生产经营活动及其中的技术信息，如果涉及技术秘密或其他商业秘密，受托人对此应具有保密义务。如技术服务合同发生无效或撤销，受托人应将自委托人处获取的技术资料予以返还或承担保密义务。

三、关于违约责任

技术服务合同一旦发生纠纷，案件一般涉及合同履行是否符合约定，因此，是否存在违约行为的事实查明是此类案件审理的主要争议问题。争议焦点多集中于技术服务质量是否符合约定、合同是否应当解除以及法律责任的承担。一般而言，委托人并不熟悉技术问题，在双方的信息不对称格局中处于不利地位，界定双方责任的关键是判断受托方提供的技术服务是否符合合同约定。在判断过程中，通常会涉及比较复杂的技术问题，难以直接作出认定，需要借助合同履行过程中的一些技术资料，结合合同条款的约定，判断违约责任的主体。

关于当事人是否履行了合同约定的阶段性义务，亦是技术合同案件中争议较大的问题。其中，又以如何判断是否构成情势变更以及民事责任的承担为难点。虽然《民法典》及有关司法解释并未明确规定政府政策调整等情况属于情势变更的情形，但如果确因政策调整，导致不能继续履行合同或者不能实现合同目的，应属于合同当事人意志之外的客观情况发生重大变化的情形，属于《民法典》规定的情势变更，合同履行方的相应行为不构成违约。

合同解除问题在技术服务合同纠纷中也较为突出，主要表现为法定解除权的行使是否符合法律规定。合同法定解除权制度作为《民法典》中的制度，必然以维护意思自治、鼓励市场交易、稳定市场秩序、实现资源的有效配置和价值取向为依归，对合同法定解除权的适用条件予以严格限定。

技术服务合同履行中，当事人一方在技术上发生的能够及时纠正的差错，或者为适应情况变化所作的必要技术调整，不影响合同目的实现的，不应认为是违约行为，但因此发生的额外费用由其自行承担。因未依据诚信原则根据合同的性质、目的和交易习惯履行通知、协助等义务而造成对方当事人损失的，则应当承担相应的违约责任。

为提供技术服务而交付的技术载体和内容等与合同约定不一致的，应当及时更正、补充，不按时更正、补充的和因更正、补充有关技术载体和内容等给合同相对方造成损失或者增加额外负担的，应当承担相应的违约责任，但一方所作技术改进使合同的履行产生了比原合同更为积极或者有利效果的除外。

对委托人而言，其不履行合同义务或者履行合同义务不符合约定，影响工作进度和质量，不接受或者逾期接受工作成果的，支付的报酬不得追回，未支付的报酬应当支付，即受托人已完成合同义务的，委托人违约后仍应承担继续履行的责任。对于受托人而言，其未按照约定完成服务工作的，应当承担免收报酬等违约责任。但违约责任并不限于此。不管是委托人还是受托人，因其履约过程中的行为造成对方损失的，应承担赔偿责任。合同方也可以在技术服务合同中约定违约金。

总之，违约责任的确定，应依据诚信原则，考虑技术服务合同具体的履约情况，综合考虑合同文本约定、市场惯例等因素，在维持合同各方权利义务平衡的基础上分配责任。

【审判实践中应注意的问题】

一、技术服务合同的识别

合同案件的审理中，确定合同的性质是审理案件的基础。实践中合同极为复杂，区分存在一定难度，应全面考虑、综合分析合同的有关约定以及当事人的履约行为，正确确定当事人所争议的合同条款的真实含义。按照合同所使用的语词、合同的有关条款、合同的目的、交易习惯以及诚信原则，确定当事人所争议的合同条款的真实意思，从而正确认定涉案合同性质。由于技术合同纠纷一般由中级以上人民法院以及由各地方高级人民法院指定的基层人民法院管辖，如果技术服务合同识别不准确，将可能导致技术服务合同纠纷由上述法院以外的法院管辖，或上述法院的专门审判部门管辖了不该由其管辖的案件，导致审判秩序出现紊乱，并进而影响审判质量和效率。判断某一合同关系是否属于技术服务合同关系，关键不在于当事人自行确定的合同名称，而在于其合同内容是否以技术服务为主要交易标的。如合同以技术服务为其主要交易标的，一旦发生纠纷，其审理重点和难点一般在于技术问题，这也是对技术合同管辖法院具有一定要求的原因（一般由法院的知识产权审判庭审理）。应将技术服务合同与一般的提供劳务的服务合同相区分，也要与提供其他种类服务的服务合同相区分，区分的关键即在于技术服务合同与技术问题、技术手段、技术能力的关联性，以及如发生纠纷案件将存在技术事实的查明问题。如一项合虽同冠之以技术服务合同之名，但实际履行与技术毫无关联，则应认为此合同并非技术服务合同。具体如何判断识别，可参照科技部于 2001 年 7 月 18 日发布的《技术合同认定规则》。

二、注意与其他技术合同的区分

技术合同种类较多，技术开发、技术转让、技术许可、技术咨询等合同，与技术服务合同的权利义务、审理重点会有所不同。技术开发、技术转让等可能会涉及技术方案的权属问题，技术开发更涉及探索未知技术领域可能存在投资风险，而技术服务合同一般并不会涉及权属问题和风险负担问题。与技术咨询相比，咨询表现为分析问题、提供建议、传递信息等决策顾问服务，委托人是否采纳咨询建议完全取决于其自己的决定，如最终发生决策风险，除非咨询意见存在可归责的不当，一般并不涉及受托人的责任问题。但在技术服务合同关系中，受托人要实际提供技术服务以解决技术问题，技术服务是否符合合同约定，往往由最终的技术实施的结果予以评判，受托人对此承担一定的责任，如技术实施的效果不佳，将涉及技术服务合同的履行是否符合合同约定的问题。技术转让合同中约定让与人向受让人提供实施技术的专用设备、原材料或者提供有关的技术咨询技术服务的，这类约定属于技术转让合同的组成部分，因这类约定发生纠纷的按照技术转让合同处理。当事人一方以技术转让的名义提供已进入公用领域的技术，或者在技术转让合同履行过程中合同标的技术进入公用领域，但是技术提供方进行技术指导、传授技术知识，为对方解决特定技术问题符合约定条件的，按照技术服务合同处理，约定的技术转让费可以视为提供技术服务的报酬和费用，但技术转让费视为提供技术服务的报酬和费用明显不合理的，人民法院可以根据当事人的请求合理确定。

三、关于合同效力

提供技术服务依法须经有关部门审批或者取得行政许可，而未经审批或者许可的，不影响当事人订立的技术服务合同的效力，合同当事一方据此主张合同无效的，法院不应支持。如技术服务合同发生无效或被撤销的情形，受托人已经履行或者部分履行了约定的义务，且造成合同无效或者被撤销的过错在对方的，对其已履行部分应当收取的服务报酬，人民法院可以认定为因对方原因导致合同无效或者被撤销给其造成的损失。

四、合同主要内容无约定的处理

技术服务合同对价款、报酬等无约定、约定不明且合同当事人难以达成补充协议的，应根据技术服务工作的数量、质量、技术含量以及预期可产生的经济效益和社会效益合理确定，法院对此有一定的裁量权，其中包含非技术性款项的，应分别计算。对合同履行地点无约定、约定不明且合同方难以达成补充协议的，以委托人所在地为履行地，但涉及给付价款、报酬等款项的，以接收给付一方所在地为履行地。如合同对技术服务的标准没有约定或约定不明且难以达成补充协议，则依次适用国家标准、行业标准、地方标准、企业标准，无标准可参照的，须符合行业合乎实用的一般技术要求。合同中对于效果、效益的一般性的预测、分析，不视为合同约定的技术标准，不作为判断履约行为是否符合合同约定的依据，除非合同另有明确约定。

第八百八十五条 技术咨询合同、技术服务合同履行过程中，受托人利用委托人提供的技术资料和工作条件完成的新的技术成果，属于受托人。委托人利用受托人的工作成果完成的新的技术成果，属于委托人。当事人另有约定的，按照其约定。

【条文主旨】

本条是关于技术咨询合同、技术服务合同履行过程中完成的新技术成果归属的规定。

【条文理解】

在技术咨询合同、技术服务合同履行过程中，受托人在依据合同约定完成技术咨询或者技术服务的同时，可能会基于委托人提供的技术资料、工作条件进行新的研究开发或者对原有的技术方案进行改进，委托人也可能会在受托人交付工作成果基础上进行后续的开发完善，由此形成的新技术成果如何确定权益归属，本条进行了明确，即合同有约定的，优先根据合同约定确定新技术成果的归属；如果合同没有约定，则归新技术成果的完成人享有。正确理解和适用本条规定，需要注意把握以下几点：

一、正确区分职务技术成果和非职务技术成果

职务技术成果是执行法人或者非法人组织的工作任务，或者主要是利用法人或者非法人组织的物质技术条件所完成的技术成果。鉴于职务技术成果的归属如果没有约定，应当归法人或者非法人组织享有，与本条规定存在明显差异，故在适用本条规定确定技术成果归属

时，应当首先明确当事人之间是否存在劳动或者雇佣关系，争议的技术成果是否属于职务技术成果。实践中经常出现的技术顾问、兼职顾问等，其与服务对象之间是否存在雇佣关系，直接影响相关技术成果权属的认定。需要强调的是，职务技术成果并不要求当事人之间必须存在劳动合同，即使是临时工作单位或者兼职从事技术咨询、技术服务，形成的技术成果也可能属于职务技术成果，关键看当事人之间是否形成了相对稳定的雇佣关系。例如，《专利法实施细则》第12条即规定，《专利法》所称的本单位，包括临时工作单位。《民法典》第885条规定适用的技术咨询合同或者技术服务合同，是当事人一方以技术知识为对方就特定技术项目提供可行性论证、技术预测、专题技术调查、分析评价报告等或者为对方解决特定技术问题所订立的合同。合同当事人之间不存在雇佣或者隶属关系，技术咨询或服务的内容具有特定性和具体性，合同履行过程中形成的技术成果并不属于职务技术成果。因此，适用本条时应当首先明确新技术成果系无雇佣关系的民事主体之间因技术咨询、技术服务等交易行为引发的技术成果权益争议。

二、新技术成果与合同的履行应具有实质性关联

如前文所述，技术成果是指利用科学技术知识、信息和经验作出的涉及产品、工艺、材料及其改进等的技术方案，包括专利、专利申请、技术秘密、计算机软件、集成电路布图设计、植物新品种等。在适用时应当注意新的技术成果是指在原有技术方案基础上作出了实质性改变的技术方案，既包括在原有技术方案基础上的改进，也包括完全独立的技术方案。首先，本条适用的对象应当具有技术性，是具有技术内容的成果，不包括商标、不具有技术性的作品等非技术性成果。其次，技术成果应当是与原有成果有实质性区别的新技术方案，完成人在原有技术方案或者原有工作成果基础上投入了新的实质性智力创造性贡献。在原有技术方案基础上，如果仅仅提出修改意见、非实质性的改进等，都不能称为新的技术方案。最后，新技术成果应当

与合同的履行有实质性关联，即利用了委托人提供的技术资料和工作条件或者利用了受托人提供的工作成果，是在合同履行内容基础上的再改进或者再创新。委托人提供的技术资料一般是指委托人为履行技术咨询、技术服务合同向受托人提供的尚未公开的技术成果、技术信息等。工作条件包括委托人提供的设备、器材、原材料等，这些条件对于新成果的形成起到了实质性影响。如果新技术成果系受托人在合同履行之外独立完成，并未利用委托人提供的相关技术资料或者工作条件，即使该技术成果系合同履行过程中完成的，且与合同内容有关联，也不属于本条适用的对象。

三、新技术成果权属优先根据合同约定确定

技术成果相关的权益本质上属于民事权益，而民事权益的归属可以由当事人自由约定。本条规定充分体现了尊重合同当事人意思自治的原则，如果当事人对于技术咨询、技术服务过程中新完成的技术成果存在权属方面的约定，应当优先按照当事人的约定确定权属。当事人可以在协商一致的基础上对新技术成果权益进行自由约定，既可以将受托人完成的新技术成果约定归委托人享有，也可以约定共有，还可以约定技术成果归一方当事人所有时，另一方当事人有使用该技术成果的权利。当然，在具体适用时，应当首先判断权属约定条款的效力，只要该约定本身不存在无效、可撤销或者可变更的情形，人民法院都应根据当事人的约定确定新技术成果的权益归属或者使用方式。此外，技术成果权益通常不仅包括财产性权益，还包括人身性权益，例如，技术成果完成人享有署名权、获得荣誉的权利。本条所指的“约定”，一般仅指技术成果相关的财产性权益可以由当事人约定，人身性权益通常不能基于当事人的约定发生转移。例如，当事人将新的技术成果申请专利时，如果合同约定受托人完成的新技术成果归委托人享有，虽然申请专利以及获得专利授权时的专利权人为委托人，但发明人仍是受托人，委托人不应侵害新技术成果完成人的署名权。

四、完成人应当对技术成果作出实质性贡献

在技术咨询、技术服务合同履行过程中，如果新的技术成果系受托人或者委托人在已有技术资料、工作成果基础上完全独立研发完成，另一方并未进行任何的参与，此时根据本条规定确定新技术成果的权属并无争议。但实践中，委托人或者受托人在研发新技术成果过程中，往往会存在沟通交流，甚至会参与到对方当事人的研发活动中，此种情形下如何确定新技术成果的权益归属，容易产生一定的争议，其关键在于准确界定新技术成果的完成人。一般而言，新技术成果的完成人应当是对技术成果的主要内容作出实质性贡献的人。在对创造性贡献进行认定时，应当分解所涉技术成果的实质性技术构成。提出实质性技术构成并由此实现技术方案的人，是对技术成果作出创造性贡献的人。仅仅提供资金、设备、材料、试验条件，进行组织管理或者对技术成果的改进完善提出修改建议等，通常并不属于技术成果的完成人。因此，在确定新技术成果完成人时，应当准确查明当事人是否实质性参与了技术成果的研发，进而对技术成果作出了实质性贡献。如果一方当事人实质性参与了对方当事人的研发活动，对技术成果的形成作出了实质性贡献，双方当事人可能构成合作研发，在没有约定的情况下，参与研发的当事人均系技术成果的完成人，技术成果应当归参与研发的当事人共有。此时不应简单地依据本条规定将技术成果确定归委托人或者受托人一方所有。

第八百八十六条　技术咨询合同和技术服务合同对受托人正常开展工作所需费用的负担没有约定或者约定不明确的，由受托人负担。

【条文主旨】

本条是关于技术咨询合同和技术服务合同受托人开展工作所支出费用如何负担的规定。

【条文理解】

在技术咨询合同和技术服务合同履行过程中，受托人为完成合同约定的事项往往需要支出一定的费用。例如，开展调查研究、分析论证、试验测定等都需要支付相关的费用。这些费用应当由谁负担，实践中容易产生争议。为此，应当区分技术咨询合同和技术服务合同中受托人完成合同事项获得的报酬和所支付费用的区别。如果受托人正常履行技术咨询合同和技术服务合同，完成合同约定的技术咨询或技术服务，委托人应当向受托人支付报酬。这是技术咨询合同和技术服务合同委托人的主要义务。如果没有特别约定，委托人支付的报酬通常已经包含了受托人开展技术咨询、技术服务所需要支付的相关费用。因此，如果技术咨询合同和技术服务合同没有特别约定委托人在报酬之外需要另行支付受托人开展工作所需的费用，那么该费用应由受托人负担。

第八百八十七条 法律、行政法规对技术中介合同、技术培训合同另有规定的，依照其规定。

【条文主旨】

本条是关于技术中介合同、技术培训合同参照适用其他法律、行政法规的规定。

【条文理解】

技术中介合同是指当事人一方以知识、技术、经验和信息为另一方与第三人订立技术合同进行联系、介绍以及对履行合同提供专门服务所订立的合同。技术培训合同是指当事人一方委托另一方对指定的学员进行特定项目的专业技术训练和技术指导所订立的合同，不包括职业培训、文化学习和按照行业、法人或者其他组织的计划进行的职工业余教育。《民法典》对技术中介合同、技术培训合同未进行具体规定，如果法律、行政法规另有规定，应当依照法律、行政法规的规定。实践中，技术中介合同、技术培训合同的争议主要集中于合同报酬以及相关费用的争议。为此，应当注意把握以下四个方面的内容：

第一，当事人对技术培训必需的场地、设施和试验条件等工作条件的提供和管理责任没有约定或者约定不明确的，由委托人负责提供和管理。技术培训合同委托人派出的学员不符合约定条件，影响培训质量的，由委托人按照约定支付报酬。受托人配备的教员不符合约定条件，影响培训质量，或者受托人未按照计划和项目进行培训，导致不能实现约定培训目标的，应当减收或者免收报酬。受托人发现学员不符合约定条件或者委托人发现教员不符合约定条件，未在合理期限内通知对方，或者接到通知的一方未在合理期限内按约定改派的，应当由负有履行义务的当事人承担相应的民事责任。

第二，中介人从事中介活动的费用，是指中介人在委托人和第三人订立技术合同前，进行联系、介绍活动所支出的通信、交通和必要的调查研究等费用。中介人的报酬，是指中介人为委托人与第三人订立技术合同以及对履行该合同提供服务应当得到的收益。当事人对中介人从事中介活动的费用负担没有约定或者约定不明确的，由中介人承担。当事人约定该费用由委托人承担但未约定具体数额或者计算方法的，由委托人支付中介人从事中介活动支出的必要费用。当事人对中介人的报酬数额没有约定或者约定不明确的，应当根据中介人所进行的劳务合理确定，并由委托人承担。仅在委托人与第三人订立的技术合同中约定中介条款，但未约定给付中介人报酬或者约定不明确的，应当支付的报酬由委托人和第三人平均承担。

第三，中介人未促成委托人与第三人之间的技术合同成立的，其要求支付报酬的请求，人民法院不予支持；其要求委托人支付其从事中介活动必要费用的请求，应当予以支持，但当事人另有约定的除外。中介人隐瞒与订立技术合同有关的重要事实或者提供虚假情况，侵害委托人利益的，应当根据情况免收报酬并承担赔偿责任。

第四，中介人对造成委托人与第三人之间技术合同的无效或者被撤销没有过错，并且该技术合同的无效或者被撤销不影响有关中介条款或者技术中介合同继续有效，中介人要求委托人给付从事中介活动的费用和报酬的，人民法院应当予以支持。中介人收取从事中介活动的费用和报酬不应当被视为委托人与第三人之间的技术合同纠纷中一方当事人的损失。

第二十一章　保管合同

第八百八十八条　保管合同是保管人保管寄存人交付的保管物，并返还该物的合同。

寄存人到保管人处从事购物、就餐、住宿等活动，将物品存放在指定场所的，视为保管，但是当事人另有约定或者另有交易习惯的除外。

【条文主旨】

本条是关于保管合同的一般规定。

【条文理解】

本条在沿用《合同法》第365条规定的基础上，增加法定保管制度的规定。

一、保管合同的概念

保管合同又称寄托合同、寄存合同，是指保管人保管寄存人交付的保管物，并返还该物的合同。保管合同是保管人有偿或无偿地为寄存人保管物品，并在约定期限内或应寄存人的请求，返还保管物品的合同。寄存人只转移保管物的占有给保管人，而不转移使用和收益权，即保管人只有权占有保管物，而不能使用保管物。

第一，保管合同以物的保管为目的，保管人为寄存人提供保管服务。保管合同的履行，仅转移保管物的占有，而对保管物的所有权、使用权不产生影响。

第二，保管合同是实践合同。就保管而言，当事人双方意思表示达成一致，合同还不能成立，还必须有寄存人将保管物交付保管人的事实，合同才生效。

第三，保管合同既可以是单务、无偿、不要式合同，也可以是双务、有偿、要式合同。

二、保管合同与仓储合同的区别

根据《民法典》第904条的规定，仓储合同是保管人储存存货人交付的仓储物、存货人支付仓储费的合同。仓储合同是一种特殊的保管合同，它具有保管合同的基本特征。例如，仓储和保管的货物所有权不发生转移，只是货物的占有权暂时转移，而货物的所有权或其他权利仍属于存货人所有。同时，仓储合同又具有自己的特殊特征：第一，保管合同为实践合同（有约定的除外），即保管合同自保管物交付时生效。而仓储合同为诺成合同。仓储合同自保管人和存货人意思表示一致时成立。第二，在保管合同中，寄存人交付标的物的行为并非合同的债务。寄存人的义务为支付保管费、告知保管物瑕疵等。而在仓储合同中，存货人交付标的物的行为属于合同债务。第三，保管合同在当事人没有约定或约定不明确的情况下，保管是无偿的。而仓储合同是有偿合同。第四，保管合同可以出具保管凭证，也可以根据交易习惯不出具保管凭证。而仓储合同必须出具仓单。除此之外，仓储合同的保管人，必须具有依法取得从事仓储保管业务的经营资格。总之，仓储合同是一种特殊的商事保管合同。因此，根据《民法典》第918条的规定，仓储合同中没有规定的，适用保管合同的有关规定。

三、保管标的物

保管合同的标的物是否限于动产，各国和地区立法有两种趋势：

第一种是以德国、意大利为代表的，在民法中明确规定寄托物以动产为限。如《意大利民法典》第1766条的规定：寄托是一方接受他方的某个动产，负责保管并返还的契约。第二种是以日本和我国台湾地区为代表，对寄托下的定义中没有明确寄托物是动产还是不动产。如《日本民法典》第657条规定：寄托，因当事人一方约定为相对人保管而受取某物，而发生效力。有观点认为，日本民法一般寄托中的标的物，既包括动产，也包括不动产，这是日本法的一个特点。[①]我国《合同法》对于保管标的物是否限于动产并没有作出明确限制，《民法典》继续沿用《合同法》的规定没有变动。而现实中，保管不动产的情形也是可能出现的，如保管房屋、果园等。另外，保管物并不以寄存人对保管物享有所有权为限，只要寄存人交付合法占有的保管物，保管合同应当有效。

四、法定保管

（一）法定保管的司法实践

在以往的司法实践中，保管合同是实践合同，但对于购物、就餐、住宿活动为消费者提供的寄存服务的合同性质存在不同认识。例如，对于经营场所为消费者提供的自助寄存柜的性质，有法院认为这种在经营场所形成的不是保管合同关系，而是借用合同关系。在李杏英诉上海大润发超市存包损害赔偿案中，法院就认为，在超市寄存柜寄存物品的法律性质上，原、被告之间不存在保管合同成立的必备要件——保管物转移占有的事实。因此，双方当事人就使用自助寄存柜

① 郭明瑞、王轶：《合同法新论·分则》，中国政法大学出版社1997年版。

形成的不是保管合同关系，而是借用合同关系。[①] 对于消费者请求酒店对停靠在酒店停车场的丢失的汽车予以赔偿，也很难得到支持。例如，某某保险股份有限公司南京分公司诉中国某某木业有限公司某某园宾馆等案。该案的二审裁判认为，保险公司依照《消费者权益保护法》第18条的规定要求某某宾馆对车辆承担保管义务的请求不能成立。该条规定指的是经营者提供的服务本身造成消费者财产损害的情况，而非第三者的非法行为损害消费者权益的情形；该条款也未明确经营者对车辆负有保管义务，而法定义务应为法律规定的明确义务；经营者的法定保管义务应为对旅客、顾客随身通常携带的物品负看管责任，不应对旅客、顾客偶尔携带的，为一般人通常不予携带物品的毁损、灭失负赔偿责任。若将该法定责任延及车辆，则大大加重了经营者的责任，有悖于诚信原则。在《民法典》公布前，也有案例认为酒店没有做到一般注意义务，应当就保管导致标的物毁损、灭失承担赔偿责任。法院认为：原告入住被告宾馆，双方形成旅店服务合同关系。《消费者权益保护法》第7条规定："消费者在购买、使用商品和接受服务时享有人身、财产安全不受损害的权利。消费者有权要求

① 参见李杏英诉上海大润发超市存包损害赔偿案。上海市第二中级人民法院认为：《合同法》第365条规定："保管合同是保管人保管寄存人交付的保管物，并返还该物的合同。"第367条规定："保管合同自保管物交付时成立，但当事人另有约定的除外。"依照上述法律规定，保管合同是实践合同，即保管合同的成立，不仅须有当事人双方对保管寄存物品达成的一致意思表示，而且须寄存人向保管人移转寄存物的占有。大润发超市作为一家大型超市，为前来购物的消费者提供了人工寄存和自助寄存柜寄存两种存包方式。在大润发超市的自助寄存柜上，印制着"操作步骤"和"寄包须知"。通过"寄包须知"中关于"本商场实行自助寄包，责任自负""现金及贵重物品不得寄存"的内容，大润发超市已经把只愿将自助寄存柜提供给消费者使用，不愿对柜内寄存的物品承担保管责任的意思明白表示给消费者。原告李杏英看到自助寄存柜上的明示后，仍不用人工寄存而选用责任自负的自助寄存，说明李杏英不愿将自己的物品交付给大润发超市保管，而只愿使用该超市的自助寄存柜暂时存放。因此，双方当事人没有达成保管合同的意思表示。另外，李杏英按照自助寄存柜的操作步骤，通过"投入硬币、退还硬币、吐出密码条、箱门自动打开、存放物品、关闭箱门"等人机对话方式，直接取得对自助寄存柜的使用权，实现了存放物品的目的。这一过程中，李杏英的物品没有转移给大润发超市占有，大润发超市也没有收到李杏英交付保管的物品。李杏英只是借助使用自助寄存柜继续实现对自己物品的控制和占有，而大润发超市由于没有收到交付的物品，也无法履行保管职责。他们之间不存在保管合同成立的必备要件——保管物转移占有的事实。因此，双方当事人就使用自助寄存柜形成的不是保管合同关系，而是借用合同关系。载《最高人民法院公报》2002年第6期。

经营者提供的商品和服务，符合保障人身、财产安全的要求。”该案被告有专门用于停放车辆的半封闭场所，原告交纳了住宿费用，并在该宾馆保安人员的引导下将轿车停放在停车场，锁好车辆后，才到其住宿的房间休息，故被告对原告的车辆具有保管义务。被告未对车主发放停车卡，也未对进出宾馆停车场的车辆进行检查，使出入该宾馆的车辆失去检查和防范，因此，被告应对原告丢失的车辆承担赔偿责任。①

（二）国外的立法情况

法定保管在一些国家的民法和商法中都有规定。例如，《德国民法典》《日本商法典》《意大利民法典》等在关于保管合同或寄存合同的法律条文中规定了旅店、饭店、商场等店所营业人对其接收的顾客所寄托物品发生失窃、损毁等情况所承担的赔偿责任。如《日本商法典》规定：商人在其营业范围内受寄托时，也应以善良管理人的注意进行管理。我国《民法典》借鉴了国外民法，对法定保管作了相应规定，主要目的在于保护作为顾客的消费者的利益，提高相关服务行业的服务质量。从国外立法来看，法定保管合同是指依法律规定而直接成立的保管合同，该合同非依双方当事人意思而成立，而是在具备法定要件时，当事人一方即应承担保管责任。承担法定保管责任的一方，往往是以营业为目的的经营者，法律规定这些经营者对顾客所携带物品毁损灭失承担损害赔偿责任。至于承担法定保管责任的经营者范围，各国立法规定也不一致。依罗马法与德国普通法，饮食店、浴池主人及马厩主人和船舶所有人对客人携带之行李、牲畜等负法定保管责任。依现行《法国民法典》，虽认定旅店主人有此责任，但饮食店、马厩主人、备有家具房间之出租人、卧车公司、船舶所有人对客人携带物品之毁损灭失均不负特殊责任。为均衡双方当事人利益，各国立法对经营者所承担的保管责任常予以下限制：第一，物体之毁损灭失由于不可抗力或因其性质或者客人自己或伴侣随从或来宾之故

① 《宾馆对旅客未通知宾馆进行看管自行停放的车辆不负有保管义务》，载法信网，http://www.faxin.cn/lib/cpal/AlyzContent.aspx?isAlyz=1&gid=C1351823&libid=0201。

意、过失造成的，经营者不承担责任。第二，对于金钱、有价证券、珠宝或其他贵重物品，顾客未声明且未交付保管物保管的，经营者不负责任。第三，客人在物品毁损灭失后应立即通知经营者；怠于通知的，丧失赔偿请求权。经营者承担法定保管责任，其免责事由仅以以上列举为限。经营者以告示限制或免除其法定责任的，该告示无效。

（三）法定保管的适用条件

法定保管是指直接依据法律的规定，而非基于当事人的约定而成立的保管。本条第2款是关于法定保管的规定。关于法定保管的适用条件，主要包括以下内容：

第一，寄存人需是在保管人处从事购物、就餐、住宿等活动。本条对于是否实际购物、就餐、住宿等活动并没有明确规定。我们认为，如果按照合同约定或者交易习惯能够确定的，应当首先按照合同约定或交易习惯确定。依上述标准仍不能确定的，也应当适用法定保管的规定，如去超市没有买到东西但寄存在超市的物品遗失也应当适用。

第二，寄存人将物品存在指定场所。一是说明负有保管义务的人对寄存人的物品的保管有管理的意思表示；二是寄存人按照保管人的要求将物品存放在指定场所，即与保管人就保管物品的存放达成了合意。至于保管场所是室外的还是室内的，保管场所有人看管还是自助寄存的，应当在所不问，只要是保管人指定的场所即可。

本款最后规定“当事人另有约定或者另有交易习惯的除外”，实际上是允许当事人对保管合同按照约定或按照交易习惯处理。

【审判实践中应注意的问题】

第一，法定保管合同和《消费者权益保护法》第11条、《民法典》第1198条的关系。本条第2款规定的法定保管合同和《消费者权益保护法》中消费者在购买商品、接受服务时享有人身、财产不受损害的权利以及《民法典》侵权责任编中的安全保障义务相比，又有哪些不同之处呢?《消费者权益保护法》第7条第1款规定:“消费者在购买使用商品和接受服务时享有人身、财产不受损害的权利。”《民法典》侵权责任编中的安全保障义务是法律在综合考虑了在调整商业活动的秩序中设立这种义务的社会经济价值即道德需要后，依据诚信及公平原则确立的法定义务。根据《民法典》侵权责任编第1198条的规定，具体是指经营者在经营场所对消费者、潜在的消费者或者其他进入服务场所的人的人身、财产安全依法承担的安全保障义务。安全保障义务更注重对人身安全的保障。而法定保管更多的是关注对财产的保管和保护。就保护对象而言,《消费者权益保护法》保护的是购买商品和接受服务的消费者。而《民法典》侵权责任编中的安全保障义务，强调的是经营场所、公共场所的经营者、管理者或者群众性活动的组织者，未尽到安全保障义务造成他人损害应当承担责任，不仅包括切实的消费者，对于潜在的消费者也是保护的。法定保管则强调寄存人到保管人处从事购物、就餐、住宿等活动，将物品存放在保管人处就视为保管。这里的寄存人应当限定在保管人处从事购物、就餐、住宿等活动的人。人民法院在适用时要注意区分。

第二，自助寄存类保管对于经营者向消费者提供随身携带物品的存放，由消费者自行封存并掌管开启钥匙，由此形成的是一种交易习惯下的自助寄存类保管合同，这类特殊保管关系与普通保管合同关系在特征、权利义务内容及处理上均应有所不同。正确认识两者的差别，对正确处理这种特殊保管关系具有重要意义。首先，普通保管合同关系下，保管标的物明确，且要求寄存人向保管人交付保管物，并由保管人给付保管凭证。它以完全转移保管物的占有于保管人，由其直接实施、控制监管行为并承担原物返还责任为特征。而自助寄存类的特殊保管关系，以经营者仅向消费者提供具有一定封管条件的存物空间，由消费者自行存放随身携带的物品并自行封存、自我掌管开启钥匙和自行取物，经营者并不占有存放物，但负责监控存物处外部环境，存放物暂时脱离消费者占有、控制为特征。其次，在自助寄存类合同中，经营者的义务是保证所提供的存物条件具备通常的保险功能，并对存物处的外部环境尽到经营者应尽到的注意义务。一般来说，经营者提供的锁具能较容易被其他钥匙开启，应是在提供的服务物品上存在瑕疵，不符合一般安全存放的要求；对存物处的外部环境，经营者应以经营者的专业注意义务予以负责，如必须有专人监管、查看取物号牌等。否则，如果其外部环境的监管措施不符合保障消费者存放的物品的安全要求的，将被认定为未尽到其专业注意义务。在自助寄存类合同中，对于消费者来说，由于不发生物品的实际交付问题，是消费者自存自封的，故与经营者发生存放物品灭失、损害纠纷时，消费者应负存放何物的举证责任，且应承担存放的货币、有价证券或者其他贵重物品的毁损、灭失以一般物品得到赔偿的风险责任，特别是在经营者另有关于贵重物品应另行寄存的告示情况下更是如此。这是因为，按照这种交易习惯，人们通常会以与其交易相适应的谨慎小心从事，具有相应的风险及其防范意识。法律上在规范某种法律关系及其当事人的行为时，不可能超出客观实际而苛求一方。因此，对于这种自助寄存类的保管合同，原告主张寄存的贵重物品丢失的，一般司法审判实践中采用了推定规则。例如，原告主张在游泳馆寄存柜里寄存的手机丢失，原告证明手机丢失但手机套还在寄存柜里。法院运用“日常生活经验法则”即可推定：人们通常不会仅带一个手机套，手机套是为保护手机所用的，主、从物之间通常有一个依存关系，可表现为一种日常生活惯性。所以，根据原告已证明的手机套的事实，可直接推定其在游泳的情况下，会将手机一并存放的事实。当然，对此是允许对方当事人提供相反证据予以推翻的。[①]

第三，关于法定保管的费用和责任问题，本条第2款没有明确作出规定，“寄存人到保管人处从事购物、就餐、住宿等活动，将物品存放指定场所的，视为保管”，根据本法第889条规定，寄存人应当按照约定向保管人支付保管费。当事人对保管费没有约定或者约定不明确，依据本法第510条的规定仍不能确定的，视为无偿保管。就保

① 《宾馆对旅客未通知宾馆进行看管自行停放的车辆不负有保管义务》，载法信网，http：//www.faxin.cn/lib/cpal/AlyzContent.aspx ? isAlyz=1&gid=C1275185&libid=0201。

管责任而言，本法第 897 条也根据保管是否有偿作出不同规定：“保管期内，因保管人保管不善造成保管物毁损、灭失的，保管人应当承担责任。但是，无偿保管人证明自己没有故意或者重大过失的，不承担赔偿责任。”但是，对于提供免费保管服务的经营者，消费者按照经营者指定场所寄存物品损毁、灭失的责任，是按照有偿保管还是按照无偿保管承担责任，实践中有很大争议。有意见认为，就法定保管合同关系而言，到宾馆住宿，将车辆停在宾馆停车场，实质上是宾馆和旅客之间形成了一种有偿保管关系。宾馆之所以未收取保管费，是因为旅客是该宾馆的顾客，已与宾馆形成了旅游服务合同关系，停车费用隐性地包含在住宿费用内。在该合同关系中，宾馆的义务是提供适于住宿和符合保障顾客人身、财产安全要求的服务，那么，车辆作为旅客的财产，宾馆理应保证好它们的安全，这也是诚信基本原则的体现。对此，我们认为，这种观点是可取的。但是，对于没有真正消费的消费者又无偿寄存在经营者指定场所的物品的，认定为有偿保管关系略有牵强。对于法定保管责任承担问题，还有待司法解释进一步明确。

第八百八十九条 寄存人应当按照约定向保管人支付保管费。

当事人对保管费没有约定或者约定不明确，依据本法第五百一十条的规定仍不能确定的，视为无偿保管。

【条文主旨】

本条是关于寄存人支付保管报酬的规定。

【条文理解】

本条是沿用《合同法》第366条的规定，只有个别文字修改。

根据是否支付报酬，可将保管合同分为有偿保管合同和无偿保管合同。除当事人约定外，保管合同为无偿合同。

有偿保管，是指保管人和寄存人双方约定应予支付保管费的保管。无偿保管，是寄存人无须支付保管费的保管。无偿的认定，主要看当事人的约定，但当事人对保管费没有约定或者约定不明确，依据本法第510条规定仍无法确定的，视为无偿保管。对于有偿保管和无偿保管，除支付费用方面的差别以外，两者的责任承担也不同。根据本法第897条规定，保管期内，因保管人保管不善造成保管物毁损、灭失的，保管人应当承担赔偿责任。但是，无偿保管人证明自己没有故意或者重大过失的，不承担赔偿责任。

当寄存人和保管人没有就是否支付报酬作出约定，或者约定不明确的，双方可以协议补充，不能达成补充协议的，按照合同有关条款或者交易习惯确定。按照合同有关条款或者交易习惯确定，要考虑的问题主要有以下两项：一是根据保管人是否从事保管这个职业进行判断。如果双方没有约定报酬或者约定不明确，但是能够确定保管人就是从事保管职业的，如保管人是小件寄存的业主，依此应当推定该合同是有偿合同。二是依其他情形应当推定保管是有偿的。如就保管物的性质、保管的时间、地点和方式而言，一般人的判断都是有偿的，则应推定保管是有偿的。如果推定保管是有偿的，寄存人应当向保管人支付报酬。

根据本条规定，寄存人应当按照约定向保管人支付保管费。对于有偿保管，寄存人应当按照与保管人约定的期限及金额支付保管费。寄存人未按照约定支付保管费的，根据本法第903条规定，保管人对保管物享有留置权。

【审判实践中应注意的问题】

质权人在不能对质押财产妥善保管时，可以委托专门的保管人保管，发生的保管费用由质权人承担。质权人因保管质押财产支出的必要费用应由出质人承担，这与保管费用有区别。必要费用是指维持质押财产价值必须支出的费用，如质押财产的定期保养费、修缮费、动物饲养费等。保管费用是因质权人不能尽妥善保管质押财产的义务而发生的费用，属于额外费用，应由质权人承担。尽管本条规定了质押财产的提存制度，但因我国提存制度尚未健全，对质押财产提存难度较大，成本也较高，因此，在质权人不能妥善保管质押财产时，将质押财产委托保管是较为现实的方法。

第八百九十条　保管合同自保管物交付时成立，但是当事人另有约定的除外。

【条文主旨】

本条是关于保管合同成立时间的规定。

【条文理解】

本条沿用《合同法》第367条的规定，没有作出修改。

保管合同是实践合同。诺成合同与实践合同是合同法理论的传统分类。诺成合同是指双方当事人意思表示一致即可成立的合同。而实践合同，又称要物式合同，是指除当事人双方意思表示一致外，还需交付标的物才能成立的合同。诺成合同与实践合同的主要区别，首先在于二者的成立时间不同。本法第471条、481条、483条规定，当事人订立合同，可以采取要约、承诺方式或者其他方式。承诺通知到达要约人时生效，承诺生效时合同成立。诺成合同即承诺生效时合同成立，一般是指承诺通知到达要约人时合同成立；而实践合同是指双方当事人意思表示一致后，即承诺生效后，交付标的物时合同成立。根据本法第502条规定，依法成立的合同，自成立时生效。其次，诺成合同和实践合同产生的法律后果不同。在诺成合同中，如不交付标的物则会构成违约责任。而在实践合同中，如果不交付标的物则合同无法成立，也就不存在违约问题，如果要追究责任的话也只是缔约过失责任。就保管合同而言，当事人仅达成保管意思表示，事后寄存人不想寄存保管物的，尽管双方当事人就此签订保管合同，除当事人另有约定外，合同没有成立，寄存人也不能请求保管人承担违约责任。

【审判实践中应注意的问题】

合同成立是指合同关系事实上已经存在，合同内容已经固定，缔约阶段已经完成的一种合同状态。合同生效是指成立的合同能够发生当事人所期望发生的效果的一种合同状态。合同能否成立属于事实判断问题，合同能否生效属于价值判断与利益衡量问题。合同的成立要件可以区分为一般成立要件和特别成立要件：一般成立要件，是指一切合同成立所共同具备的要件，一般以意思表示一致为核心要件。特别成立要件，是指按照法律规定或者当事人特别约定，合同成立应特别具备的条件，如要式行为方式的履行，要物行为物的交付等。保管合同是实践合同，以要物的交付为成立要件。如上文所述，合同成立区分一般成立要件和特别成立要件，标的物的交付只是实践合同成立要件之一。也就是说，保管合同成立，除标的物交付外，还需满足合同成立的其他要件。此处规定的交付标的物是保管合同的成立要件，而非合同的生效要件。

第八百九十一条 寄存人向保管人交付保管物的，保管人应当出具保管凭证，但是另有交易习惯的除外。

【条文主旨】

本条是关于保管人交付保管凭证的规定。

【条文理解】

本条沿用《合同法》第368条的规定，只进行了个别文字修改。

保管凭证，是指由保管人出具的用于证明确实存在保管关系的单据，它表明保管人已经收到了保管物。保管凭证既是保管合同成立的一种证据，又是保管物验收凭证。保管凭证最主要的作用在于证明保管物已经交付，保管合同成立。同时，保管凭证又是当事人义务履行的依据和发生纠纷时裁判的依据。根据本条规定，寄存人向保管人交付保管物时，保管人应当同时给付保管凭证。但给付保管凭证不是合同成立的要件，也并非保管人必须履行的一项义务。如果根据交易习惯，保管人不给付保管凭证的，则按照交易习惯处理。

【审判实践中应注意的问题】

保管凭证虽然也是保管人在收到保管物后给寄存人开具的单据，但与仓储合同中保管人收到仓储物后开给存货人的仓单不同。根据本编第22章仓储合同的规定，仓单是保管人收到仓储物后向存货人开付的提取储物的凭证。除作为已收取仓储物的凭证和提取仓储物的凭证外，仓单还可以通过背书，转让仓单项下的所有权，或者用于出质。根据本法第910条规定，存货人在仓单上背书并经保管人签字或者盖章，转让仓单发生效力。存货人以仓单出质应当与质权人签订质押合同，在仓单上背书并经保管人签名或者盖章，将仓单交付质权人后，质押合同生效。而相对于保管合同而言，保管凭证并没有被赋予更多的含义，只是保管人交付给寄存人的凭证，法律也没有明确保管凭证是寄存人提取保管物的凭证。但对于保管人和寄存人而言，保管凭证也是保管人收到保管物、寄存人提取保管物的重要证据。

第八百九十二条 保管人应当妥善保管保管物。

当事人可以约定保管场所或者方法。除紧急情况或者为维护寄存人利益外，不得擅自改变保管场所或者方法。

【条文主旨】

本条是关于保管人妥善保管保管物义务的规定。

【条文理解】

本条沿用《合同法》第 369 条的规定，只对个别文字进行了修改。

依据本条第 1 款规定，保管人应当妥善保管保管物。保管合同只是转移物的占有而不转移物的所有权，因此，保管人负有返还保管物的义务。保管合同的目的是为寄存人保管保管物，即维持保管物的现状并予以返还。保管人为完好返还保管物以实现合同目的，妥善保管保管物是其首要义务。

依据本条第 2 款规定，当事人可以约定保管物的保管场所或者方法。当事人对保管场所和方法没有约定的，保管人应当依据保管物的性质、合同目的以及诚信原则，妥善保管保管物。当事人约定了保管物的保管场所或者方法的，除紧急情况或者为维护寄存人利益外，不得擅自改变保管场所或者方法。紧急情况下，如保管物因第三人的原因或者自然原因，可能发生毁损、灭失危险时，保管人可以为寄存人的利益，改变约定的保管场所或者方法。当保管物面临毁损、灭失危险时，保管人改变约定的保管场所或者方法的，是否应当及时通知寄存人？本法第 896 条第 2 款规定："第三人对保管人提起诉讼或者对保管物申请扣押的，保管人应当及时通知寄存人。”但对于保管物面临毁损、灭失危险或者为维护寄存人利益，保管人须改变保管场所或办法的，没有规定必须及时通知寄存人。我们认为，根据本条规定，保管人有妥善保管保管物的义务，且除紧急情况或者为维护寄存人利益外，不得擅自改变保管场所或者方法。“不得擅自”应当理解为若要变更是为寄存人的利益或得到寄存人的允许。若为寄存人的利益变更通知寄存人后未得到允许导致保管物毁损、灭失的，不构成保管人保管不善。寄存人因此请求保管人就保管物毁损、灭失赔偿损失的，人民法院不应支持。

【审判实践中应注意的问题】

本条第 2 款是对保管人不得擅自改变保管场所的规定。如果寄存人改变保管场所导致保管物毁损、灭失的，保管人是否应当就保管物承担赔偿责任呢？例如，原告甲到被告乙开放的游泳馆游泳过程中，看到乙提供的 240 号衣物柜已被他人使用，未与被告工作人员联系即使用了 233 号衣物柜，用明锁上锁，导致寄存的衣物及个人物品丢失的，被告乙是否应当承担赔偿责任？对此，法院认为，原告购买了游泳券游泳，被告按照交易习惯提供了存放衣物的衣物柜及锁具，双方形成了保管合同关系，被告对原告存放的物品负有保管义务。现被告不能证明明锁被换其没有过错，且其不能证明明锁的其他钥匙已被销毁的主张，故被告对原告保管物丢失应承担次要损害赔偿责任。原告领取的钥匙为 240 号，而其实际使用了 233 号衣物柜，暗锁未使用，致使被告提供的保管措施未能全面实施，故其对保管物丢失应承担主要责任。原告未将其携带的手机作为贵重物品向保管人员声明，该物品丢失后，保管人可按一般物品予以赔偿。[1] 本案的裁判在《民法典》

① 《宾馆对旅客未通知宾馆进行看管自行停放的车辆不负有保管义务》，载法信网，http：//www.faxin.cn/lib/cpal/AlyzContent.aspx ？ isAlyz=1&gid=C1275185&libid=0201。

实施后仍有一定意义。根据本法第888条第2款规定："寄存人到保管人处从事购物、就餐、住宿等活动，将物品存放在指定场所的，视为保管，但是当事人另有约定或者另有交易习惯的除外。"本案中，寄存人并没有按照保管人的指定将保管物存放在"指定场所"，法院判决其对保管物的丢失承担主要责任是正确的。

第八百九十三条　寄存人交付的保管物有瑕疵或者根据保管物的性质需要采取特殊保管措施的，寄存人应当将有关情况告知保管人。寄存人未告知，致使保管物受损失的，保管人不承担赔偿责任；保管人因此受损失的，除保管人知道或者应当知道且未采取补救措施外，寄存人应当承担赔偿责任。

【条文主旨】

本条是关于寄存人告知义务的规定。

【条文理解】

本条沿用《合同法》第370条的规定，只作了文字修改。

一、特殊物品寄存人的告知义务

寄存人对保管人负有告知的义务：

第一，保管物有瑕疵的，需要告知。一般是指保管物品本身存有破坏性或者毁坏性缺陷的情形。

第二，根据保管物的性质，需要告知。一般是指保管物属于易燃、易爆、有毒、有腐蚀性、有放射性等危险物品或者易变质物品需要采取特殊保管措施的情形。

除此之外，依据本法第898条规定，寄存人寄存货币、有价证券或者其他贵重物品的，应当向保管人声明，由保管人验收或者封存。

二、不告知义务的法律后果

第一，寄存人违反告知义务的，致使保管物遭受损失的，保管人不承担赔偿责任。由于保管物本身的性质或者瑕疵使保管人的人身、财产遭受损失的，除保管人知道或应当知道而未采取补救措施外，寄存人还应当承担赔偿责任。

第二，寄存人于合同生效时不知道保管物属于上述两种情形，或者知道后及时采取补救措施的，寄存人对保管物的损害不承担损害赔偿责任。

第三，保管人在接受寄存人交付的保管物时或者在保管期间，寄存人违反了告知义务而没有告知，保管人发现了保管物存在瑕疵、不合理的危险或者易变质等情况的，应当将发现的情况及时通知寄存人。此时，保管人可以根据本法第892条规定，因紧急情况或者为维护寄存人利益，改变保管场所或者保管方法，或者通知寄存人并要求寄存人取回保管物。

第四，对于因保管物的性质或者瑕疵而给第三人造成损害的，寄存人也应当负侵权赔偿责任。

第八百九十四条 保管人不得将保管物转交第三人保管，但是当事人另有约定的除外。

保管人违反前款规定，将保管物转交第三人保管，造成保管物损失的，应当承担赔偿责任。

【条文主旨】

本条是关于保管人亲自保管保管物义务的规定。

【条文理解】

本条沿用《合同法》第371条的规定，只作了个别文字修改。

保管人负有亲自保管保管物的义务。寄存人往往是出于对保管人的信任而与保管人签订保管合同。在保管合同履行过程中，按照诚信原则，保管人应当自己保管保管物，不得将保管物转交第三人保管。无论是有偿保管还是无偿保管，寄存人将保管物交由保管人保管，都是寄存人基于对保管人的信任。因此，保管人不得滥用这种信任将保管物转交他人保管。当然，双方当事人可以对能否将保管物转交第三人保管作出约定。保管人违反规定将保管物转交第三人保管造成保管物损失的，应当承担赔偿责任。

一、亲自保管的含义

保管人负有亲自保管保管物的义务，这里的亲自保管是保管人独立地履行保管义务。当然，亲自保管并不妨碍辅助人辅助保管人对保管物进行保管。如果是辅助人在辅助保管过程中造成保管物损失的，应当由保管人承担违约责任。

二、亲自保管的例外

本法允许对亲自保管作出例外约定。大陆法系立法一般还规定免除保管人亲自保管义务的情形，如我国台湾地区“民法”第592条规定：“受寄人应保管寄托物。但经寄托人之同意或另有习惯或有不得已之事由者，得使第三人代为保管。”不得已之事由是指因天灾或其他不可归责于保管人的原因而致使保管人无法保管保管物的情形。

三、违法转保管的法律效果

根据本条第2款规定，保管人违反前款规定，将保管物转交第三人保管，对保管物造成损失的，应当承担损害赔偿责任。此时，次保管人造成保管物毁损、灭失的，保管人对保管物的损失承担的是过错责任还是无过错责任？对此，本法并没有区分有偿保管还是无偿保管。我们认为，对于有偿保管转保管的，保管人的责任应当是无过错责任，无论此保管人对保管物的毁损、灭失是否有过错，保管人均应承担赔偿责任。对于无偿保管人转保管的，能够证明自己没有故意或者重大过失是否还应承担赔偿责任？根据本法第897条规定，无偿保管人证明自己没有故意或者重大过失的，不承担赔偿责任。我们认为，对于无偿保管人明知可能会导致保管物毁损、灭失仍然转保管的，如果保管人难以自证对此没有故意或者重大过失，应当承担赔偿责任。保管人违反约定转保管的，根据本法第899条规定，寄存人可以随时领取保管物。除此之外，寄存人也可以解除合同。

【审判实践中应注意的问题】

如果保管协议中允许保管人将保管物交由第三人保管，保管人是否对保管物的毁损、灭失承担责任？《民法典》对此没有规定。从其他各国的立法来看，如《德国民法典》规定，“经同意存放于第三人处的，保管人仅就存放时可归责于自己的过失负责。”有学者提出，保管人仅对第三人的选任与指示上的过失承担责任。理由是保管合同在性质上可以参照委托合同中转委托的处理，即本法第 923 条规定的“受托人应当亲自处理委托事务。经委托人同意，受托人可以转委托。转委托经同意或者追认的，委托人可以就委托事务直接指示转委托的第三人，受托人仅就第三人的选任及其对第三人的指示承担责任。转委托未经同意或者追认的，受托人应当对转托的第三人的行为承担责任；但是在紧急情况下受托人为了维护委托人的利益需要转委托第三人的除外。”

第八百九十五条　保管人不得使用或者许可第三人使用保管物，但是当事人另有约定的除外。

【条文主旨】

本条是关于保管人不得使用或者许可第三人使用保管物义务的规定。

【条文理解】

本条沿用《合同法》第372条的规定，只作了个别文字修改。

保管合同的目的是由保管人保管保管物，这种保管不包含对保管物的利用或改良行为，所以非经寄存人同意，保管人不得擅自使用或者许可他人使用保管物。

一、保管人不享有使用权和收益权

保管合同中，寄存人只转移保管物的占有给保管人，而不转移使用权和收益权，即保管人只有权占有保管物，而不能使用或许可他人使用保管物。保管合同生效后，保管人应当履行妥善保管保管物的义务，即保管人应当对保管物尽相当的注意，而不致使保管物因自己的保管不善而毁损、灭失。保管人不得擅自改变保管场所或者保管方法。如果当事人没有在合同中预先约定保管人可以使用保管物，或者保管人未经寄存人同意而擅自使用或者许可第三人使用保管物，造成保管物损坏的，保管人应当承担损害赔偿责任。保管人未经寄存人同意使用了保管物，但未造成保管物毁损、灭失的，我们认为，保管人与寄存人形成了借用的法律关系，保管人可以给予寄存人一定补偿。

二、保管人享有使用权的例外情形

本法第 901 条规定："保管人保管货币的，可以返还相同种类、数量的货币；保管其他可替代物的，可以按照约定返还相同种类、品质、数量的物品。"该条规定了消费保管制度。对于消费保管而言，由于保管物是货币或可替代物，保管人可以使用保管物。对于保管货币，保管人使用后要返还相同种类、数量的货币；对于其他可替代物，如果保管人要使用该保管物，必须与寄存人有事先约定，并按照约定返还相同种类、品质、数量的物品。

第八百九十六条 第三人对保管物主张权利的，除依法对保管物采取保全或者执行措施外，保管人应当履行向寄存人返还保管物的义务。

第三人对保管人提起诉讼或者对保管物申请扣押的，保管人应当及时通知寄存人。

【条文主旨】

本条是关于保管人返还保管物的义务及危险通知义务的规定。

【条文理解】

本条沿用《合同法》第373条的规定，只作了个别文字修改。

一、妥善保管和返还原保管物是保管合同中保管人的基本义务

根据本法第899条规定，无论是否约定保管期限，寄存人享有随时领取保管物的权利，保管人应寄存人的请求随时负有返还保管物的义务。保管人返还保管物的另一层含义，还包括保管人应当返还原物的义务。除按照本法第901条规定，保管人保管货币的，可以返还相同种类、数量的货币，或保管人与寄存人约定保管其他可替代物的，可以返还相同种类、品质、数量的物品外，保管人返还的必须是寄存人交付给保管人的保管物，不能是其他物或其他相同替代物。

二、保管人危险通知义务

保管人负有返还保管物的义务，但由于第三人对保管物主张权

利，导致保管人履行返还义务发生危险的，保管人应当及时通知寄存人。第三人对保管物主张权利，既包括向保管人主张权利，也包括向寄存人主张权利。除非人民法院对保管物采取保全或执行措施，否则无论哪种情形，保管人都应当向寄存人履行返还保管物的义务。第三人对保管人提起诉讼或者对保管物申请扣押的，保管人应当及时通知寄存人。

【审判实践中应注意的问题】

关于人民法院对保管物采取保全措施或执行措施时，保管费用的问题，2019年最高人民法院发布第23批第121号指导性案例。该指导性案例的裁判要点指出：财产保全执行案件的保全标的物系非金钱动产且被他人保管，该保管人依人民法院通知应当协助执行。当保管合同或者租赁合同到期后未续签，且被保全人不支付保管、租赁费用的，协助执行人无继续无偿保管的义务。保全标的物价值足以支付保管费用的，人民法院可以维持查封直至案件作出生效法律文书，执行保全标的物所得价款应当优先支付保管人的保管费用；保全标的物价值不足以支付保管费用，申请保全人支付保管费用的，可以继续采取查封措施，不支付保管费用的，可以处置保全标的物并继续保全变价款。人民法院在审理案件过程中应注意参照执行。

第八百九十七条 保管期内，因保管人保管不善造成保管物毁损、灭失的，保管人应当承担赔偿责任。但是，无偿保管人证明自己没有故意或者重大过失的，不承担赔偿责任。

【条文主旨】

本条是关于保管物在毁损、灭失的情况下，保管人责任的规定。

【条文理解】

本条沿用《合同法》第374条的规定，只作个别文字修改。

保管人负有妥善保管保管物的义务。保管期内，因保管人保管不善造成保管物毁损、灭失的，保管人应当承担赔偿责任。保管责任因保管是否有偿也有所区分。

一、有偿保管的赔偿责任

保管合同中保管人必须对保管标的物尽到一定程度的注意义务。一定程度的注意义务最低也是尽同处理自己事务相同的注意义务。某种注意义务的违反就是相应的过失程度的构成。《德国民法典》、《瑞士民法典》、《法国民法典》、我国台湾地区“民法”、《俄罗斯联邦民法典》关于保管之违约责任皆是过失责任原则。《英国民法典》中，“对注意义务之违反，也就是违约发生之时。”保管人保管义务包括保管人的合理的注意义务、正确合适的保管场所的提供、合理的保管方法、亲自保管、保管物使用的禁止，等等。那么，本条中的“保管不善”的含义，即是对相应要求的违反，违反之则要承担责任，也就是过错归责原则。而在保管人故意造成保管物的毁损灭失的情况下，肯定是要承担责任的。根据本法第 893 条规定，保管人的免责情形主要是保管物的毁损、灭失是由于保管物自身的性质或者包装不符合约定造成的，寄存人在寄存时并未履行告知义务，保管人不承担责任。保管物因寄存人的过错。如对保管物包装不良，未对保管物的性质等需特殊保管措施导致保管物毁损、灭失的，保管人不承担赔偿责任。

二、无偿保管的赔偿责任

无偿保管的，保管人对其故意或者重大过失造成保管物毁损、灭失的情形承担损害赔偿责任。无偿保管情形下，保管人要对自己没有故意或重大过失承担证明责任。保管人存在一般过失的不承担赔偿责任。

【审判实践中应注意的问题】

《民法总则》公布实施之前，对于保管合同适用的是特殊短期诉讼时效。《民法通则》第 136 条规定："下列的诉讼时效期间为一年：（一）身体受到伤害要求赔偿的；（二）出售质量不合格的商品未声明的；（三）延付或者拒付租金的；（四）寄存财物被丢失或者损毁的。"依据该条规定，保管合同的诉讼时效为一年。《民法总则》实施后，删去了关于短期诉讼时效的规定，统一诉讼时效期间为 3 年。《民法总则》第 188 条规定："向人民法院请求保护民事权利的诉讼时效期间为三年。法律另有规定的，依照其规定。诉讼时效期间自权利人知道或者应当知道权利受到损害以及义务人之日起计算。法律另有规定的，依照其规定。但是自权利受到损害之日起超过二十年的，人民法院不予保护；有特殊情况的，人民法院可以根据权利人的申请决定延长。"也就是说，除法律另有规定诉讼时效外，法律保护民事权利的诉讼时效期间是 3 年。保管合同不再是 1 年短期诉讼时效，而是 3 年诉讼时效。

第八百九十八条 寄存人寄存货币、有价证券或者其他贵重物品的，应当向保管人声明，由保管人验收或者封存；寄存人未声明的，该物品毁损、灭失后，保管人可以按照一般物品予以赔偿。

【条文主旨】

本条是关于寄存贵重物品及责任的规定。

【条文理解】

本条沿用《合同法》第375条的规定。

寄存人就保管物属于特殊物品的应当有告知保管人的义务。寄存人就货币、有价证券或者珠宝等贵重物品进行寄存的，应当向保管人声明。声明的内容包括保管物的种类、性质、价值或数量。保管人在验收后进行保管，或者以封存的方式进行保管。由于保管物是贵重物品，保管物遗失毁损将造成损失价值巨大，保管人须采取特别措施谨慎保管。保管物声明由双方进行核对，以预防事后发生纠纷。

寄存人未声明保管物为货币、有价证券或者其他贵重物品的，或是将贵重物品与一般物品一起交付给保管人，并未经保管人验收或者封存的，如果货币、有价证券或者其他贵重物品与一般物品一并毁损、灭失，保管人不承担货币、有价证券或者其他贵重物品毁损、灭失的损害赔偿责任，但应当按照一般物品予以赔偿。

【审判实践中应注意的问题】

实践中要注意本条与本法第901条的区别。本法第901条规定，保管人保管货币的，可以返还相同种类、数量的货币。而第898条规定的寄存货币不属于消费保管，而是要求保管人返还原物的合同。如客人将金钱交由旅店保管，旅店之主人验收后予以封存，并负返还原物的义务。寄存货币、有价证券、珠宝等贵重物品而形成的保管合同与商业银行的保管箱业务或者饭店提供的保管箱服务不同。

第八百九十九条 寄存人可以随时领取保管物。

当事人对保管期限没有约定或者约定不明确的，保管人可以随时请求寄存人领取保管物；约定保管期限的，保管人无特别事由，不得请求寄存人提前领取保管物。

【条文主旨】

本条是关于保管期限的规定。

【条文理解】

本条沿用《合同法》第376条的规定，只作了个别文字修改。

不论保管合同是否约定了保管期限，有偿还是无偿，以及是当事人约定的保管还是依据本法第888条确定的法定保管，寄存人都可以随时领取保管物。寄存人享有随时领取保管物的权利，相应地，保管人负有应寄存人请求随时返还保管物的义务。保管合同如果是有偿的且双方约定了保管期限，寄存人仍然可以随时领取保管物。如果寄存人提前领取保管物给保管人造成损失的，寄存人应当赔偿提前领取保管物给保管人造成的损失。当事人未约定保管期限的或约定不明确的，保管合同自然可以随时终止。寄存人可以随时领取保管物，保管人也可以随时请求寄存人领取保管物。当事人约定保管期限的，保管人无特别事由，不得请求寄存人提前领取保管物。对“特别事由”，本法并没有进一步规定，应理解为保管人不能再履行妥善保管义务或继续由保管人保管将不能实现保管合同目的的事由，既可以是保管人主观上已不具备保管能力，也可以是保管人周围环境已不具备保管条件等事由。例如，保管人重病、丧失民事行为能力或因战争、洪水等不可抗力原因无法保管，等等。

【审判实践中应注意的问题】

对于发生了特别事由，保管人要求寄存人提前领取保管物给寄存人造成损失的，是否应当承担赔偿责任问题，本法没有规定，有待司法实践中进一步研究确定。我们认为，对于保管费用，保管人应当返还未履行保管期限的保管费用。对于没有特别事由的，未履行期限的保管费用，应当返还；对寄存人造成其他损失，保管人应当承担赔偿责任，如运输保管物的费用。

第九百条　保管期限届满或者寄存人提前领取保管物的，保管人应当将原物及其孳息归还寄存人。

【条文主旨】

本条是关于保管人返还保管物及其孳息的规定。

【条文理解】

本条沿用《合同法》第377条的规定，只有个别文字修改。

根据本法的规定，保管合同当事人约定保管期限的，保管期限届满或寄存人提前领取保管物的，保管人应当返还保管物及保管物产生的孳息。双方当事人未约定保管期限或约定不明确的，寄存人要求领取保管物的，保管人亦应返还保管物及其孳息。

一、关于返还时间

寄存人可以随时主张保管人返还保管物。双方当事人对保管期限有明确约定的，寄存人也可以随时提出返还保管物的要求。保管期限届满时，保管人应当返还保管物；保管期限届满前，除非有特殊事由，保管人不得提前要求寄存人领取保管物。双方当事人对保管期限没有约定或约定不明确的，保管人可以随时请求寄存人领取保管物。

二、关于返还范围

保管人返还保管物时，应当返还保管物的原物。除本法另有规定外，此原物应为寄存人交付保管人保管时的标的物，包括种类物和特定物。保管物如有孳息的，包括天然孳息和法定孳息，保管人应一并返还。保管合同中，保管人不享有使用权与收益权，保管物的收益权应归寄存人所有，孳息作为原物的生产物理应在返还原物时一并返还给寄存人。保管人因保管不善导致保管物损毁、灭失的，保管物为特定物的，保管人应当赔偿损失；保管物为种类物的，保管人可以相同质量、数量的替代物补齐返还。

三、关于返还场所

当事人没有就返还场所特殊约定的，通常情况下应当在寄存人交付保管物的场所返还。若当事人没有约定或约定不明确的，根据本法第 511 条的有关规定，属于履行地点不明确的情形，应当在负有履行义务一方的场所履行，即在保管人所在地履行。如果保管物是不动产的，返还的场所应当是不动产所在地。

第九百零一条　**保管人保管货币的，可以返还相同种类、数量的货币；保管其他可替代物的，可以按照约定返还相同种类、品质、数量的物品。**

【条文主旨】

本条是关于货币保管返还问题的规定。

【条文理解】

本条沿用《合同法》第378条的规定。

对于货币保管，一般认为属于消费保管。消费保管也称为不规则保管，是指保管物为可替代物时，如约定将保管物的所有权移转于保管人，保管期限届满由保管人以同种类、品质、数量的物返还的保管。与一般保管相比，消费保管也以保管寄存物为目的，也属实践合同，并以保管物交付保管人为其成立要件。然而，消费保管与通常的保管相比，具备以下特征：

第一，消费保管合同的保管物必须为可替代物，即种类物。根据物是否具有独立的特征，或者是否被权利人指定而特定化，物可分为特定物和种类物。种类物是指具有共同特征，用品种、质量、规格或通过度、量、衡加以确定的物。特定物是与种类物相对的法律概念，是指具有独立特征或被权利人指定，不能以他物替代的物，包括独一无二的物和从一类物中指定而特定化的物。消费保管合同的保管物只能是种类物，而不能是特定物。寄存人就特定物寄存，保管人只能返还原物。并不是所有种类物的寄存都属于消费保管合同。例如，本法第898条规定的寄存货币的情形，就属于返还原货币的保管合同，而不属于消费保管合同。消费保管合同必须是当事人约定将保管物的所有权移转于保管人，保管人在接受保管物后享有占有、使用、收益和处分的权利。而普通保管合同，保管人只是在保管期间占有保管物，原则上不能使用保管物。这是消费保管合同与普通保管合同的重要区别之一。

第二，消费保管须转移保管物所有权于保管人，保管人取得保管物所有权并得消费该物，当保管物因不可抗力毁损灭失时，由保管人承担风险。一般而言，消费保管中，在保管合同成立之时，保管物的所有权即发生转移。当然，当事人也可约定，保管合同成立时，寄存人保留所有权，嗣后得由保管人任意或待一定事实发生取得保管物所有权。而在普通保管中，保管人应当返还保管原物，即使当事人特别约定保管人取得寄存物所有权如信托之移转，保管人仍应返还保管原物的，仍属普通保管而非消费保管。

第三，消费保管人仅须以同种类、品质、数量的物返还即可。根据本法规定，保管货币的，可以返还相同种类、数量的货币；保管其他可替代物的，可以按照约定返还相同种类、品质、数量的物品。

第四，约定保管期限的消费保管合同中寄存人不可随时领取保管物。在消费保管中，为兼顾保管人的利益，当事人若约定保管期限的，寄存人除非有不得已事由，不得提前请求返还；而在通常保管中，不管是否约定保管期限，寄存人可随时请求返还。不过，本法对此并没有规定。

第五，消费保管在保管人破产时不享有取回权。关于保管人破产后，寄存人是否有取回权问题，一些国家的民法典对消费保管和一般保管有不同规定。对于消费保管而言，保管物归于保管人，寄存人无取回权；但在通常保管中，寄存人可取回其保管物。

【审判实践中应注意的问题】

寄存货币的消费保管合同与储蓄合同非常相似。有些学者认为，储蓄合同就是消费保管合同。但二者是不同的。寄存货币的消费保管合同的目的侧重于为寄存人保管货币，一般不向寄存人支付利息。而储蓄合同中的存款人的目的除保管货币外，还有获取利息的目的。在我国，储蓄合同已成为一种独立的有名合同，因此归入消费保管合同实无必要，而且不利于保护存款人的利益和金融业务的需要。寄存货币的消费保管合同与民间借贷也有着本质上的区别。民间借贷合同是从借款人借款的角度来规定双方的权利义务关系，而寄存货币的消费保管主要是从寄存人寄存货币的角度来规定双方的权利义务关系。所以，二者不能用同一种法律规范来调整。

第九百零二条 有偿的保管合同，寄存人应当按照约定的期限向保管人支付保管费。

当事人对支付期限没有约定或者约定不明确，依据本法第五百一十条的规定仍不能确定的，应当在领取保管物的同时支付。

【条文主旨】

本条是关于保管费支付期限的规定。

【条文理解】

本法沿用《合同法》第379条的规定。

有偿的保管合同，寄存人应当按照约定的期限向保管人支付保管费。

一、支付保管费的时间

支付保管费是有偿保管合同中寄存人的义务。保管合同是有偿的情形下，寄存人向保管人支付报酬是寄存人的基本义务。当事人对保管费支付期限有约定的，寄存人应当按照约定的期限支付保管费。当事人对支付期限没有约定或者约定不明确的，依据本法第510条的规定仍不能确定的，即按照合同有关条款或者交易习惯仍不能确定的，应当在领取保管物的同时支付。对于有偿保管合同中约定分期支付保管费的，应当在每期届满时支付保管费。我国台湾地区“民法”与《德国民法典》都对此作了规定。

二、保管费与保管必要费用

保管费是保管人保管保管物应当得到的报酬。保管必要费用是指保管人在履行保管义务中为保管支出的必要费用，如修缮费、饲养费、治疗费以及设置保管场所，雇佣看管人和保管人为抢救保管物所支出的费用。保管费只存在于有偿保管合同中，而保管必要费用不因保管合同有偿与否而有所差别。无偿保管中，如果保管人支出了保管必要费用的，可以请求寄存人支付。当然，就有偿保管而言，大多数情形下保管人与寄存人就保管费与保管必要费用会进行约定，保管人将保管必要费用计算在保管费中，而不另行要求寄存人单独支付保管必要费用。

【审判实践中应注意的问题】

对于保管费用支付期限约定不明时的处理。当事人对支付期限没有约定或者约定不明确的，依据本法第510条的规定仍不能确定的，即按照合同有关条款、合同性质、合同目的或者交易习惯仍不能确定的，应当在领取保管物的同时支付。对于有偿保管合同中约定分期支付保管费用，应当在每期届满时支付保管费。对于保管物提前返还的，保管费如何支付的问题，本法没有作出规定。对此我们认为，在当事人没有约定的情况下，保管人可以按已经保管的期间请求支付保管费用。

第九百零三条　寄存人未按照约定支付保管费或者其他费用的，保管人对保管物享有留置权，但是当事人另有约定的除外。

【条文主旨】

本条是关于保管人留置权的规定。

【条文理解】

本条沿用了《合同法》第380条的规定，只有个别文字修改。

寄存人根据合同约定向保管人支付保管费用是有偿保管合同中寄存人的义务。本条规定寄存人除支付保管费外，还应按照合同约定支付“其他费用”。

“其他费用”是指保管人为保管保管物而实际支出的必要费用。无论是有偿保管合同还是无偿保管合同，一般有以下几种情况：第一，当事人约定是有偿保管，保管人为保管保管物而实际支出的其他费用已经包括于保管费之内。第二，当事人约定是无偿保管，但可以约定寄存人应当支付为保管而支出的实际费用。如有此约定，寄存人应依约定行事。即使无此约定，按照公平原则，寄存人也应当支付保管人为保管而支出的实际费用。

寄存人违反约定不支付保管费报酬以及其他费用的，根据本条规定，保管人对保管物享有留置权，即以该财产折价或者以拍卖、变卖该财产的价款优先受偿的权利。本法第453条第1款规定：“留置权人与债务人应当约定留置财产后的债务履行期限；没有约定或者约定不明确的，留置权人应当给债务人六十日以上履行债务的期限，但是鲜活易腐等不易保管的动产除外。债务人逾期未履行的，留置权人可以与债务人协议以留置财产折价，也可以就拍卖、变卖留置财产所得的价款优先受偿。”依据该规定，保管人在留置保管物后，应当给予寄存人不少于60日的期限履行债务。如果寄存人逾期仍不履行债务，可以处理留置的财产。而且在这段时间内，保管人仍负有妥善保管留置物的义务，如果保管不善致使留置物毁损、灭失的，保管人应当承担民事责任。当然，根据本法第455条的规定，留置物折价或者拍卖、变卖后，其价款超过债权数额的部分归债务人所有，不足部分由债务人清偿。保管合同中，保管人对留置物处置的，扣除保管费及必要费用后，应当将剩余款项返还寄存人，如有不足的，仍由寄存人继续清偿。

【审判实践中应注意的问题】

根据本条规定，寄存人未支持保管费用或其他费用的，寄存人对保管物享有留置权。留置期间，根据《民法典》第451条的规定，留置权人负有妥善保管留置财产的义务；因保管不善使留置财产毁损、灭失的，应当承担赔偿责任。同时根据第452条的规定，留置人权有权收取留置财产的孳息。

第二十二章　仓储合同

第九百零四条　仓储合同是保管人储存存货人交付的仓储物，存货人支付仓储费的合同。

【条文主旨】

本条是关于仓储合同概念的规定。

【条文理解】

仓储合同，是指当事人双方约定由保管人（又称仓管人或仓库营业人）为存货人保管储存的货物，存货人支付仓储费的合同。

仓储业是随着国际贸易和商品经济的发展，从保管业中发展壮大而来的特殊行业。仓储业能为大宗货物提供便利安全、价格合理的保管服务。因此，对仓储合同不再作为一般的保管合同来对待，而是作为一种独立的有名合同在《民法典》合同编中加以规定。可以理解为仓储合同是一种特殊的保管合同，它具有保管合同的基本特征，同时又具有自己的特殊特征。仓储合同具有以下特征：

第一，保管人必须是具有仓库营业资质的人，即具有仓储设施、仓储设备、专门从事仓储保管业务的人。这是仓储合同在主体上的重要特征，即仓储合同的主体具有特殊性。从事仓库营业的人必须具有仓库营业人的资格，取得工商行政管理机关核准的专门或者兼营仓储保管业务的营业许可，办理了仓储营业登记。

第二，仓储合同的对象仅为动产，不动产不能成为仓储合同的对象。

第三，仓储合同为诺成合同，仓储合同自保管人和存货人意思表示一致时成立。而保管合同为实践合同。这是仓储合同和保管合同的重要区别之一。

第四，仓储合同为不要式合同，可以是书面形式、口头形式或者其他形式。书面形式是指合同书、信件等可以有形地表现所载内容的形式。以电报、电传、电子数据交换、电子邮件等方式，能够有形地表现所载内容，并可以随时调取查用的数据电文，视为书面形式。虽然仓储合同的保管人于接受储存的货物时应当给付存货人仓单或其他凭证，在某些情况下，仓单即为合同，但仓单并非合同的成立要件。所以，仓储合同应为不要式合同，而没有必要规定为要式合同。

第五，仓储合同为双务、有偿合同。保管人提供储存、保管的义务，存货人承担支付仓储费的义务。双方的义务具有对应性和对价性，因而为双务、有偿合同。

第六，仓单、入库单是仓储合同的重要特征。

【审判实践中应注意的问题】

一、注意区分仓储合同和保管合同

仓储合同和保管合同虽然都是保管人为他人保管存放物品的合同，但两者在法律意义上有着重要不同之处，主要区别在于：（1）合同成立条件不同。仓储合同是诺成合同，而保管合同是实践合同。（2）合同是否有偿不同。仓储合同都是有偿合同，保管人提供仓储服务，具有营利性质；保管合同则存在有偿和无偿两种情形。（3）保管人的资格要求不同。仓储合同要求保管人是仓库营业人，必须是经工商行政管理机关核准登记的专营或兼营仓储业务的法人组织或其他经济组织、个体工商户等。而保管合同对保管人资格无特别要求。在签订仓储合同之前，一定要查明保管人是否具有从事仓储的资格，并且是否在其营业执照上写明。（4）不交付保管物是否构成违约不同。对仓储合同而言，双方当事人达成合意后，存货人不将货物交付给保管人或保管人无正当理由拒绝接收保管货物都构成违约；而在保管合同中，当事人虽然达成保管物品的一致意思，但此后寄存人没有将物品交给保管人保管，或者保管人对寄存人交来寄存的物品不接收，都不构成违约。

二、注意区分普通仓储合同和港口货物仓储合同

区分一份仓储合同是普通仓储合同还是港口货物仓储合同，其标准和依据并不是看仓储地点是否在港区内，而应看该仓储行为是否属于港口作业的组成部分，是否属于货物港口作业的作业环节。如果属于，则应认定为港口货物仓储合同；如果不属于，则应认定为普通仓储合同。合同性质的准确认定涉及案件的管辖权的确立。根据《民事诉讼法》第33条第2项的规定，因港口作业中发生纠纷提起的诉讼，由港口所在地人民法院专属管辖。《最高人民法院关于海事法院受理案件范围的规定》第32项又进一步明确了港口货物堆存、保管、仓储合同纠纷属于海商合同纠纷，归海事法院管辖。此项规定是对《民事诉讼法》第33条第2项的具体细化，而非是对《民事诉讼法》的突破。在《民事诉讼法》第33条第2项的统摄之下来理解此项规定，可知此项规定中所述“港口货物堆存、保管、仓储”必然不能超出“港口作业”之范畴。此外，原交通部出台的《港口货物作业规则》第3条第1项规定：港口货物作业合同是指港口经营人在港口对水路运输货物进行装卸、驳运、储存、装拆集装箱等作业，作业委托人支付作业费用的合同。虽然该规则目前已被废止，但在并无替代法规出台的情况下，该规则对于我们理解港口货物作业的内涵仍有指导意义。根据该规则可知，港口作业过程实际包括装卸、储存、驳运等诸多环节，货物的港口作业可能包括这些环节中的一个或者多个。在把握港口货物仓储合同关系时，应将其置于整个港口货物作业全过程

中去考量。港口货物仓储合同是依附于港口货物作业合同项下的仓储合同，其前端承接水路货物的运输、卸货，后端连接货物的交付或转运，是整个港口作业过程的一个环节，与其他诸环节紧密联系，形成前后相连的链条。故两者的区别如下：第一，从合同目的或合同的作用角度来看，普通仓储合同的签订目的、作用是储存货物，是独立于港口货物作业之外的；而港口货物仓储合同虽然名为仓储，但其实其目的并不在于储存货物，而在于交付收货人。港口货物仓储不过是在货物到港后、交付收货人前的短暂过渡，港口货物仓储合同的当事各方签订仓储合同的目的不是储存货物，而是临时性的中转堆存，完成货物交付。换句话说，普通仓储合同中，货物入库为安，合同目的即实现；而港口货物仓储合同中，货物虽然形式上也许存放于仓库中，但实际上货物并未入库为安，而是临时存放于港口，等待交付收货人。第二，从合同的主体角度来看，普通仓储合同主体是货物所有权人与保管人，保管人按照存货人的要求储存货物，按照存货人的指示出货；而港口货物仓储合同的主体是港口经营人与货物所有权人、收货人，港口经营人按照货物所有权人的指示将到港货物交予收货人。根据《港口经营管理规定》，港口经营，是指港口经营人在港口区域内为船舶、旅客和货物提供港口设施或者服务的活动，其中包括货物仓储。从事港口经营，应当申请取得港口经营许可。根据上述规定可知，只有取得港口经营许可证，才具备港口经营人资格，才有权在港口区域内从事包括货物仓储活动在内的港口作业，才能成为港口货物仓储合同中的合同当事人。因此，在一个仓储合同关系中，即使保管人仓库位于港区内，亦不可就此机械认定该合同为港口货物仓储合同，而应从上述两方面进行评估。如果保管人无港口经营许可证，那么，其根本不具有从事港口货物作业的资质，不能成为港口货物仓储合同的当事人，其所签订的仓储合同自然也只能是普通仓储合同，而不可能是港口货物仓储合同。

第九百零五条　仓储合同自保管人和存货人意思表示一致时成立。

【条文主旨】

本条是关于仓储合同何时成立的规定。

【条文理解】

关于仓储合同何时成立、生效的问题，需要考虑以下几点：

第一，合同成立的概念。合同的成立，是指合同符合一定的形式要件和实质要件，而被法律所认可而客观存在。合同的成立，意味着合同客观上存在，受法律保护，对当事人具有法律约束力，但并不意味着合同已经产生了何种法律效果。合同的法律效果属于合同生效的问题。合同成立必须至少符合两个要件：一是存在双方当事人；二是双方当事人对合同的内容达成合意，即双方当事人意思表示必须一致。对于某些合同来说，除了上述两个要件以外，还需要某些特殊的要件的达成，才能使合同成立。例如，有些合同必须采用固定的书面形式等；再如，在实践类合同中，必须标的物实际交付时，合同才能够成立。

第二，合同生效的概念。合同的生效，是指合同达到一定的条件后，产生了当事人希望在法律上追求的效果。也就是说，生效的合同意味着其具有了法律上的拘束力。合同生效的前提是合同依法成立，但合同成立并不等于合同同时生效。依照《民法典》第502条的规定，依法成立的合同，自成立时生效，但是法律另有规定或者当事人另有约定的除外。下列情况除外：一是附条件和附期限的合同；二是法律法规规定应当办理批准或者登记手续的；三是当事人约定需要达到特定形式才生效的。

第三，仓储合同的成立与生效。仓储合同是诺成合同，又称为不要物合同，即保管人和存货人双方当事人意思表示一致就可以成立、生效的合同。因此，依照本条规定，仓储合同自成立时生效。这里需要注意的是，仓储合同和保管合同虽然具有很多类似之处，但是二者在成立问题上是不一致的。保管合同是一种典型的实践合同，又称为要物合同。保管合同除双方当事人达成合意外，还必须由寄存人交付保管物，合同从保管物交付起成立。这是仓储合同与保管合同的重要区别之一。也有不同观点主张仓储合同为实践合同。这种观点不利于交易安全和稳定。因为仓储合同为双务、有偿合同。无论是保管人还是存货人，都有追求商业利润的需要，尤其是保管人，其是以替他人存储、保管货物为业。保管人接受仓储物予以储存，存货人支付仓储费，双方是一种商业交易行为，如果规定仓储合同为实践合同，则不利于这种交易的安全和稳定。

仓储合同为不要式合同，可以是书面形式、口头形式或者其他形式。无论采用何种形式，只要符合本法合同编通则中关于合同成立的要求，合同即告成立，无须以交付仓储物作为合同成立的要件。保管人和存货人意思表示一致即受合同约束，任何一方不按照合同约定履行义务，都要承担违约责任。虽然仓储合同的保管人在接受储存的货物时应当给付存货人仓单或其他凭证，在某些情况下，仓单即为合同，但仓单并非合同的成立要件。

根据《民法典》关于民事活动遵循的基本原则的规定，订立仓储合同需遵循以下原则：

第一，平等原则。首先，仓储合同当事人的法律地位平等。当事人双方法律地位平等是合同订立的基础，平等原则是任何合同行为都需要遵循的原则。在法律上，合同当事人是平等主体，没有高低之分，也没有命令者与被命令者、管理者与被管理者，不论企业的所有制性质，不区分单位的经济实力强弱。其次，仓储合同当事人双方权利义务对等。双方的权利义务是相应的。最后，仓储合同当事人必须就合同条款充分协商，取得意思表示的一致，合同才能成立。仓储合同是保管人和存货人在互利互惠的基础上充分表达各自意见，并就合同条款的内容达成一致意见后达成的协议。任何一方不得把自己的意志强加给另一方，更不得以强迫命令、胁迫等手段签订合同。

第二，等价有偿原则。仓储合同是双务合同，合同双方都要承担相应的合同义务，享受相应的合同利益。保管人的利益体现在收取仓储费和劳务费两方面。在仓储过程中，保管人劳动、资源投入的多少，决定了保管人能获得多少报酬。等价有偿的原则也体现在当事人双方合同权利和义务对等，公平合理，强调一方给付与对方给付之间的等值性。

第三，自愿原则。自愿原则是民事活动的基本特征，意味着仓储合同当事人即保管人和存货人自愿进行交易，即保管人储存存货人交付的仓储物，存货人支付仓储费。保管人根据自己的知识、认识和判断，以及了解的市场环境去自主选择是否接收存货人的货物并签订仓储合同，取得仓储费来获取利益。生效的仓储合同是指保管人和存货人双方根据自身的需要和条件，通过协商，在整体上接受仓储合同约定的货物、时间和保管费用时所订的合同。任何一方当事人采取胁迫、欺诈等手段订立的合同都将是可撤销合同。根据《民法典》第148条的规定，“一方以欺诈手段，使对方在违背真实意思的情况下实施的民事法律行为，受欺诈方有权请求人民法院或者仲裁机构予以撤销。”也就是说，存货人没有履行告知义务，充分告知仓储物的性质和风险而订立的仓储合同是可撤销合同，受欺诈方可以请求人民法院或者仲裁机构予以撤销。若仓储合同未经双方当事人协商一致，将来在合同履行中容易发生严重的争议，甚至会导致合同无法履行。

第四，公平原则。首先，在仓储合同订立时，要根据公平原则确定双方的权利义务，不得胁迫、欺诈另一方。其次，根据公平原则确立风险的合理分配。最后，根据公平原则确定违约责任。例如，根据《民法典》第917条规定，储存期间，因保管不善造成仓储物毁损、灭失的，保管人应当承担赔偿责任。因仓储物的性质、包装不符合约定或者超过有效储存期造成仓储物变质、损坏的，保管人不承担赔偿责任。

第五，合法和不损害社会公共利益。当事人在订立合同时要严格遵守相关法律法规，不得发生侵犯国家主权、危害环境、超越经营权、侵害他人所有权等违法行为。合同主体在合同行为中不得有扰乱社会经济秩序、妨碍人民生活、违背社会公序良俗的行为。

【审判实践中应注意的问题】

在仓储合同关系下，对保管人违反仓储合同约定私自放货的违约行为，仓储物的所有人如何进行权利救济？实际货权人（存货人或者仓单持有人）可基于仓储合同向保管人主张经济损失。即当外贸代理人对外签订贸易合同，并与仓储保管人签订货物卸船后的仓储合同，货物被保管人私自放货，实际货权人因未能自下家收回货款，从而导致货、款两空。此时，实际货权人向保管人索赔货款损失，需证明实际货权人与保管人存在仓储合同关系，以及实际货权人遭受了实际损失。根据《民法典》的相关规定，仓储合同的存货人或仓单持有人有权请求保管人交付仓储物。据此，保管人在未出具仓单的情况下私自放货，实际货权人主张其承担赔偿责任，需证明自己为仓储合同的存货人。仓储合同的存货人首先应是仓储合同的当事人，是保管人的权利义务的相对方，因而只有在证明实际货权人与保管人存在仓储合同关系时，实际货权人方能成为存货人，要求保管人交付仓储物或赔偿货款损失。实际货权人与保管人签订有仓储合同的情况下，实际货权人较易证明其与保管人间存在仓储合同关系，反之需要证明其与保管人之间存在事实上的仓储合同关系。根据《合同法司法解释（二）》第2条规定，当事人未以书面形式或者口头形式订立合同，但双方从事的民事行为能够推定双方有订立合同的意愿是认定双方具有合同关系的关键。笔者认为，可通过以下方面确定实际货权人与保管人是否存在订立仓储合同的意愿：一是入库前实际货权人或其代理人是否就仓储数量、入库时间、仓储费率、签订仓储合同等与保管人进行了协商；二是仓储物由谁交付给保管人；三是由谁实际承担了仓储费；四是买卖合同约定的提货地点及由哪一方负责仓储。

第九百零六条 储存易燃、易爆、有毒、有腐蚀性、有放射性等危险物品或者易变质物品的，存货人应当说明该物品的性质，提供有关资料。

存货人违反前款规定的，保管人可以拒收仓储物，也可以采取相应措施以避免损失的发生，因此产生的费用由存货人负担。

保管人储存易燃、易爆、有毒、有腐蚀性、有放射性等危险物品的，应当具备相应的保管条件。

【条文主旨】

本条是关于储存危险物品和易变质物品的规定。

【条文理解】

本条第1款规定了存货人的告知义务，即存货人储存易燃、易爆、有毒、有腐蚀性、有放射性等危险物品或者易变质物品，应当向保管人说明该物的性质。说明，应当是在合同订立时予以说明，并在合同中注明。这里之所以作这样的规定，主要有两点考虑：一是易燃、易爆、有毒、有腐蚀性、有放射性的物品都属于具有高度危险性的物品，需要特殊的存储条件和存储方式。如果存货人不履行告知义务，保管人在不知情的情况下，很可能就会采取一般的存储设施和条件，这会给环境安全留下极大的隐患。二是易变质物品也需要采取特殊的存储条件，存货人如果能够提前告知，则有利于保管人更好地履行合同和实现合同的目的。三是这是当事人签订合同时诚信原则的必然要求和重要体现。如果存货人在订立合同时明确告知所要存储物品的性质和特征，特别是明确提出存储的物品具有高度危险性时，那么，保管人就可以根据自身的保管条件和技术能力，确定是否签订仓储合同。如果不能保管的，则可以拒收仓储物或者解除合同。按照本条第1款的规定，存货人应当在合同订立时说明物品性质和情况，对于高度危险物品，还应当提供有关的资料，以便保管人进一步了解该危险物品的性质，为储存该危险物品作必要的准备。

本条第2款规定了存货人没有说明所储存的货物是危险物品或易变质物品，也没有提供有关资料，保管人在入库验收时，发现是危险物品或易变质物品的，保管人可以拒收仓储物。保管人在接收仓储物后发现是危险物品或者易变质物品的，除及时通知存货人外，也可以采取相应措施，以避免损害的产生，因此产生的费用由存货人承担。例如，将危险物品搬出仓库转移至安全地带，由此产生的费用由存货人承担。如果存货人没有对危险物品的性质作出说明并提供有关资料，以致给保管人的财产或者其他存货人的货物造成损失的，存货人应当承担损害赔偿责任。如果存货人未说明所存货物是易变质物品而导致该物品变质损坏的，保管人不承担赔偿责任。

本条第3款规定，保管人储存易燃、易爆、有毒、有腐蚀性、有放射性等危险物品的，应当具备相应的保管条件。如果保管人不具备相应的保管条件就对上述危险物品予以储存，对自身造成的损害，存货人不负赔偿责任。由此可见，保管人保管危险物品应尽到极高的注意义务。

【审判实践中应注意的问题】

在订立仓储合同时，应当明确仓储物的性质和种类。若仓储物为危险物品或者易变质物品，双方应约定其特别的储存方式和要求以及应急措施，并且列明存货人应当提交的有关文件。保管人还有权要求存货人给予其他合理协助。另外，保管人在与存货人缔约时，如果发现仓储物属于不易保管的货物，应与存货人共同协商仓储物的保管方法、保管条件。对于自己不具备保管条件的储货要约，应及时予以拒绝。在保管易变质或危险物品时，保管人应依据事先约定的保管方法和注意事项，尽到比管理一般物品更多的注意义务。在发生不利于保管物品或自身财产安全的突发事件时，保管人应及时通知存货人，并依照事先的约定共同协商处置或采取其他应急措施。例如，2013 年，A 科技有限公司（以下简称 A 公司）与 B 物流有限公司（以下简称 B 公司）签订《仓储合同》，约定 A 公司委托 B 公司保管电子元器件。2015 年 12 月 22 日 19 时 27 分许，B 公司仓库内发生火灾，期间 A 公司存储在该仓库内的货物被烧毁。根据消防大队出具的《火灾事故认定书》，起火原因不排除北面仓储区内存放的电池自燃引起火灾。事故发生后，双方无法就事故赔偿达成一致意见，A 公司遂将 B 公司诉至法院。一审法院经审理后认为，B 公司对涉案火灾事故中 A 公司存储的货物受损存在重大过失，应当承担 A 公司货物受损的赔偿责任。理由如下：一方面，B 公司作为专业的仓储管理公司，将案外第三人存储在仓库内的易燃电池与 A 公司的手机触摸屏混合存放，且未采取有效的隔离措施，既违背了基本常识，也违反了《合同法》第 383 条第 3 款“保管人储存易燃、易爆、有毒、有腐蚀性、有放射性等危险物品的，应当具备相应的保管条件”的规定，存在重大过失；另一方面，B 公司既未提供证据证实已投入使用的失火仓库通过了消防验收，也未证明失火仓库具备必要的消防设施，且消防设施能正常运转并发挥应有的消防功能，对此 B 公司应承担举证不能的法律后果。综上，B 公司未尽到妥善保管仓储物的义务，存在重大过失，根据双方合同约定和法律规定，应当就 A 公司货物损失承担赔偿责任。若是案外第三人电池的原因引起火灾，B 公司可在承担赔偿责任后向案外第三人追偿，但不能以此推诿自己的民事责任。关于这一争议焦点，二审法院在裁判书中作出如下补充说理：B 公司自认，依据《危险货物分类的国家标准》（GB 6944—2012），锂电池被划分为第 9 类杂项危险物质和物品。B 公司作为专业从事仓储业务的公司，其对不同货物的保管条件应当具有专业的辨别能力。而本案中，B 公司对涉案锂电池的存放并未采取必要的分类隔离。因此，B 公司以法律法规对第 9

类危险物质和物品的保管条件没有强制性规定为由，抗辩其作为仓储公司对危险物质和物品的保管尽到了应尽的必要注意义务，对该主张法院不予采纳。B 公司自始未向法院提交充分证据证明涉案失火仓库通过了消防验收，B 公司以案外人的邮件证明消防验收的审核通过，并不能减轻或免除其对仓储合同相对方的过错责任。一审法院认定 B 公司未尽到妥善保管仓储物的义务，存在重大过失，并无不妥，予以维持。

第九百零七条 保管人应当按照约定对入库仓储物进行验收。保管人验收时发现入库仓储物与约定不符合的，应当及时通知存货人。保管人验收后，发生仓储物的品种、数量、质量不符合约定的，保管人应当承担赔偿责任。

【条文主旨】

本条是关于仓储物验收的规定。

【条文理解】

保管人和存货人应当在合同中对入库货物的验收问题作出约定。验收问题的主要内容有三项：一是验收项目，二是验收方法，三是验收期限。仓储合同生效后，接受并验收仓储物就成为保管人的基本义务。保管人拒绝按照合同约定接受仓储物的，应负违约责任。

保管人应当按照约定对入库仓储物进行验收。对仓储物进行验收，是为了划分对仓储物出现的瑕疵的责任承担。若经验收后，保管人认可仓储物符合约定的，则其后仓储物出现的各种瑕疵和风险都由保管人承担，主要是赔偿损失责任；若在验收时发现仓储物与约定不符合，存在瑕疵的，对此瑕疵，保管人无义务承担赔偿责任。

第一，保管人的正常验收项目为货物的品名、规格、数量、外包装状况以及无须开箱拆捆直观可见可辨的质量情况。包装内的货物品名、规格、数量，外包装或货物上无标记的，以供货方提供的验收资料为准。散装货物按照国家有关规定或合同规定验收。保管方一般无开拆包装进行检查的义务。

第二，验收方法有全部验收和按比例验收。保管人采取何种方式进行验收，有约定的从约定，没有约定的可依据交易习惯来确定。如果仍无法确定验收方式，则保管人可以选择逐件验收，也可以选择抽样检查。保管人没有按照合同约定的验收项目、方法和验收期限进行验收，或验收不准确，由此造成的损失由保管人负责。

第三，验收期限自货物和验收资料全部送达保管人之日起，至验收报告送出之日止。保管人应当按照合同约定的验收项目、验收方法和验收期限进行验收。

第四，保管人验收时发现入库的仓储物与约定不符的，如发现入库的仓储物的品名、规格、数量、外包装状况与合同中的约定不一致的，应当及时通知存货人。由存货人作出解释，或者修改合同，或者将不符合约定的货物予以退回。

第五，保管人验收后发生仓储物的品种、数量、质量不符合约定的，保管人应当承担损害赔偿责任。

【审判实践中应注意的问题】

保管人对入库仓储物进行验收，既是一项合同义务，也是保管人的一项权利，如果保管人对入库仓储物不予验收，则可以视为保管人对其权利的一种放弃，在相关法律实践中，保管人是否对入库仓储物进行验收是确定保管人应否承担赔偿责任的重要依据。在理解本条保管人的赔偿责任时，验收后发生的仓储物的品种、数量不符合约定的，保管人应当承担损害赔偿责任较为明确。关于仓储物质量不符合约定问题的赔偿责任，要注意两点：（1）对于仓储物的质量不符合约定。对不同条件、不同性质的仓储物的质量，可以按照交易习惯和当事人的特别约定来确定质量问题。（2）如果约定不明确，发生质量问题是否由保管人承担赔偿责任还需进行个案判断。对于包装不符合约定等造成灭失、损坏的，保管人不负赔偿责任。例如，2017 年 10 月，A 与 B 公司法定代表人口头协商，由 B 公司在其冷藏保鲜库给 A 储存一批红提，存期至 2018 年 3 月 21 日。A 分两次将 362 箱红提存入 B

公司冷藏保鲜库，并由B公司的库管称重验收入库存放。从同年11月1日起，A开始陆续销售库存红提，同年12月，库存红提出现腐烂、脱落、长毛，至2018年1月27日，因质量出现问题，A销售未果。2018年3月21日，B公司员工电话告知A未果后，遂向A发出书面催款函，催促A交纳库存费用并腾空库存红提，被A拒绝。双方的争议焦点在于，在约定的期限内仓储物的变质，由哪方承担赔偿责任。A认为，是由于B公司保管不善造成A仓储的红提腐烂变质，B公司应当承担主要赔偿责任。而B公司抗辩称，A的仓储物本身为劣质产品，故不应当由其承担赔偿责任。在本案例中，双方虽然只是口头约定，但已经形成了事实上的仓储合同关系。保管人B公司作为专业仓储企业，在接收存货人A的红提入库时，应当对红提质量进行验收。关于验收方式，双方没有明确约定，但B公司的库管已对A的红提称重验收。在验收时，B公司对其所称不适宜库存的劣质红提有权拒绝入库。而事实上，其同意接收并保管A的红提，就应视为已经对货物验收合格，其对A存放的货物负有妥善保管的义务。现仓储红提在B公司冷藏保鲜库储存期间发生腐烂变质，对此，B公司应当承担相应的违约损害赔偿责任，故B公司认为A仓储红提本身就存在质量问题不应承担赔偿责任的抗辩不能成立。

此外，保管人在接收货物时，应注意验收存货人交付的存储物，查看其是否符合约定的性质、状态是否完好，还应注意接收该仓储物之前的货物保管或者运输方式。如果此前的保管或运输方式可能存在导致货物毁损的隐患，应将该运输或保管方式记录并让存货人确认，以避免以后发生争议时难以确定责任的承担者。

第九百零八条　存货人交付仓储物的，保管人应当出具仓单、入库单等凭证。

【条文主旨】

本条是关于保管人给付仓单、入库单义务的规定。

【条文理解】

仓单是保管人收到仓储物并完成验收等相应的手续后，给存货人签发的提取仓储物的凭证，以便存货人取回或处分其仓储物。

仓单的作用表现在以下四点：

第一，仓单可以证明保管人已收到仓储物，以及保管人和存货人之间仓储关系的存在。在存货人充分履行了其告知义务的前提下，仓单代表保管人已经收到仓储货物且属于仓储合同规定的合格标的物。

第二，仓单是有价证券的一种，其性质为记名的物权证券，存货人在仓单上背书并经保管人签字或者盖章，可以转让提取仓储物的权利。仓单可以出质。

第三，仓单是仓单持有人提取仓储物的物权凭证。存货人或者仓单持有人应当凭仓单、入库单提取仓储物。仓单是存储货物的所有权凭证，是保管人签发的具有法律效力的文书，强调了保管人对于存货人对货物权利的确认。仓单是针对存货人签发的，意味着对于保管人而言，谁拥有仓单，谁就拥有对仓储货物的所有权，可以在仓储合同期限届满时向保管人主张提取或者处分。根据仓储合同约定的货物所有人向保管人进行的货物转移行为并不涉及仓储标的物的财产所有权的转移，存货人仍然具备自由处置仓储物的权利。

第四，仓单交付的过程中伴随着相关法律权利义务关系和风险的转移。

仓单作为一种有价证券，有的国家的立法采用“两券主义”，即保管人在收到仓储物后应同时填发两张仓单，一为提取仓单，用于提取仓储物和通过背书转让仓储物之用；另一为出质仓单，以供仓储物出质之用。我国《民法典》合同编采用“一券主义”，即保管人只填发一张仓单。该仓单除作为已收取仓储物的凭证和提取仓储物的凭证外，可以通过背书转让仓单项下货物的所有权，也可以用于出质。依照《民法典》第440条规定，仓单可以出质。《民法典》第441条规定，以仓单出质的，质权自权利凭证交付质权人时设立。即质权自仓单交付质权人时设立。《民法典》第442条规定，仓单的兑现日期或者提货日期先于主债权到期的，质权人可以兑现或者提货，并与出质人协议将兑现的价款或者提取的货物提前清偿债务或者提存。

【审判实践中应注意的问题】

当与保管人订立仓储合同的存货人（合同存货人）与实际向保管人交付标的物的存货人（实际货权人）不一致时，实际货权人是否有提货权？在一般的仓储合同关系中，提货权并不等同于货权，也即提货人并不要求是货物所有人。根据本条的规定，仓储合同中货物的交付方式为存货人或仓单持有人凭仓单提货。在签发仓单而成立事实仓储合同关系的情形，如在原告杭某湾化纤有限公司（以下简称杭某湾公司）诉被告中某天津港石化仓储有限公司（以下简称中某仓储公司）、第三人任丘东某石油化工有限公司（以下简称东某公司）港口货物仓储合同纠纷案［（2017）津民终357号案］中，一审法院对此的观点是：“中某仓储公司就涉案货物的仓储未出具仓单，不存在仓单持有人，杭某湾公司、中化某储公司之间不具有港口仓储合同关系，杭某湾公司亦不是存货人，因此，中某仓储公司对杭某湾公司不负有交付涉案货物的义务。”可见，对于未签发仓单的事实仓储合同关系，保管人应当向存货人交货。笔者认为，之所以不要求提货权人是所有权人，是因为仓储合同的订立并不基于所有权的独特权能，即处分权。只要存货人合法占有货物，并且有权将货物的占有转移，仓储合同即具有其法律基础，仓储合同标的的实质只是保管人通过占有货物以实现储存、保管之缔约目的，并不涉及处分权的行使。但是，《民法典》第22章仓储合同中未要求保管人识别存货人为合法占有人。这是取决于仓储合同诺成性的特点以及占有的合法性推定。

仓单是提货权凭证，但对于未签发仓单的情形，且相关合同中未约定提货权归属时，根据前文所述，存货人即为提货权人。《民法典》第904条规定："仓储合同是保管人储存存货人交付的仓储物，存货人支付仓储费的合同。"可见，《民法典》意义上的存货人有两个构成要素：一是向保管人交付仓储物，二是支付仓储费。从这一角度讲，相较于合同存货人，实际存货人与保管人之间的事实仓储合同关系更为法律认可，也即实际存货人享有提货权。但值得注意的是，对于未与保管人订立仓储合同且未支付仓储费，而仅提交货物的实际存货人来说，由于不满足存货人的构成要件，是否仍然有权提货值得讨论。在仓储合同纠纷［（2017）津民终357号案］中，东某公司与中某仓储公司订立港口仓储合同并交纳了包括仓储费在内的港口费用，而杭某湾公司的外贸代理人中某材公司将货物交付中某仓储公司。从该案两审法院的观点看，判断仓储合同能否成立要看是否有订立仓储合同的意思表示，而有书面合同并且支付了仓储费，相较于仅提供了货物的行为更符合存货人的定义，而交付给中某仓储公司货物的行为被视为杭某湾公司与东某公司买卖合同的履行行为。

第九百零九条 保管人应当在仓单上签名或者盖章。仓单包括下列事项：

（一）存货人的姓名或者名称和住所；

（二）仓储物的品种、数量、质量、包装及其件数和标记；

（三）仓储物的损耗标准；

（四）储存场所；

（五）储存期限；

（六）仓储费；

（七）仓储物已经办理保险的，其保险金额、期间以及保险人的名称；

（八）填发人、填发地和填发日期。

【条文主旨】

本条是关于仓单记载事项的规定。

【条文理解】

本法第908条规定，存货人交付仓储物的，保管人应当出具仓单、入库单等凭证。就出具仓单而言，其记载事项应该包括哪些内容，《合同法》第386条进行了规定。本条延续了《合同法》的规定，将“储存期间”修改为“储存期限”，“签字”修改为“签名”。根据本条规定，保管人应当在仓单上签名或者盖章。

一、仓单包括的内容

仓单是提取仓储物的凭证，是一种要式和文义证券，因此，各国法律多对仓单应记载的事项有所要求。本条规定了仓单包括的内容。

第一，存货人的名称或者姓名和住所。仓单是记名证券，因此应当记载存货人的名称或姓名和住所。

第二，仓储物的品种、数量、质量、包装、件数和标记。仓单中有关仓储物的标识情况事项必须记载，因为这些事项与当事人的权利义务直接相关，是在提取仓储物时确定保管人履行义务是否有过错的直接证据。有关仓储物的事项包括仓储物的品种、数量、质量、包装、件数和标记等。这些事项应当记载准确、详细，以防止发生争议，或者在发生争议时作为证据采用。

第三，仓储物的损耗标准。仓储物在储存过程中，由于自然因素和货物本身的自然性质可能发生损耗，如干燥、风化、挥发等引起的仓储物数量减少，对此保管人免于保管不善的责任。因此，在仓单中应当明确规定仓储物的损耗标准，以免在返还仓储物时发生纠纷。

第四，储存场所。储存场所是存放仓储物的地方。仓单上应当明确载明储存场所，以便存货人或仓单持有人能够及时、准确地提取仓储物；同时，也便于确定债务的履行地点。储存场所对于存货人或者仓单持有人的利益保护也很重要。仓储合同针对动产，动产往往以占有推定其为所有人；但是，对以保管和仓储为业的保管人来说，动产的占有并不表征占有人的所有权。由此，与保管人交易时，交易对象负担的义务更重。

第五，储存期限。储存期限是保管人为存货人储存货物起始和终止时间。储存期限在仓储合同中十分重要，它不仅是保管人履行保管义务的起止时间，也是存货人或仓单持有人提取仓储物的时间界限。因此，仓单上应当明确储存期限。储存期限和合同履行期间存在一定程度的重合，但是二者的性质存在区别，发挥的功能不同。《合同法》上原规定为“储存期间”，本法修改为现有规定，以突出合同义务的期限性质。

第六，仓储费。仓储费是保管人为存货人提供仓储保管服务而获得的报酬。仓储合同是有偿合同，仓单上应当载明仓储费的有关事项，如数额、支付方式、支付地点、支付时间等。

第七，仓储物已经办理保险的，其保险金额、期间以及保险人的名称。如果存货人在交付仓储物时，已经就仓储物办理了财产保险，则应当将保险的有关情况告知保管人，由保管人在仓单上记载保险金额、保险期间以及保险公司的名称。

第八，填发人、填发地点和填发时间。保管人在填发仓单时，应当将自己的名称或姓名以及填发仓单的地点和时间记载于仓单上，以便确定当事人的权利义务。

二、仓单的要式证券属性

仓储合同为典型的商事合同，仓单系具有高度流通性的证券。因此，要求仓单必须符合一定的形式，这是国际上的通行做法。[①]比如，《德国商法典》[②]第4编第6章仓库营业第475c条第1款规定："关于交付货物的义务，在仓库营业人获得货物之后，可以由其签发仓单。仓单应包含下列事项：（1）签发仓单的地点和日期；（2）寄托人的名称和地址；（3）仓库营业人的名称和地址；（4）寄托的地点和日期；（5）货物种类的通常名称和包装的种类；对于危险货物，载明其依危险货物规定的名称或其他公认的名称；（6）货物的数量、标志和编号；（7）货物的毛重或以其他方式注明的数量；（8）在混合储藏的情形，对此的记载。"《德国商法典》中明确使用"应"这一词语来界定其所规定的若干记载事项为法定记载事项。而美国《统一商法典》更是明确指出，如果保管人因未列明仓单法定记载事项，给存货人造成损失的，应承担赔偿责任，以表明其所规定的记载事项为法定记载事项。

本条规定"仓单包括下列事项"，对于本条规定的仓单包括的八项内容是否属于要式证券的要求，则不无探讨余地。而这八项仓单包

---

① Coulter，G Onumal. The Role of Warehouse Receipt Systems in Enhanced Commodity Marketing and Rural Livelihoods in Africa. *Food Policy*，2002（27）.

②《德国商法典》，杜景林、卢谌译，中国政法大学出版社2000年版。

括内容属于法定记载事项，还是属于指引性记载事项，从本条规定来看显然无法得出结论。本条规定的“仓单包括下例事项”，这些事项是否均为绝对必要记载项，如果缺少其中的一项是否使仓单无效？对此问题，不无争议。

日本旧时判例及部分学者认为，如果仓单缺少法定事项的任何一项，就足以使仓单无效。之后的日本判例和学说则认为，只要仓单记载了寄托物的个性及数量即为已足，其他事项的欠缺不影响仓单的效力。判例认为，如果认为缺少法定事项中的任何一项记载事项，均使仓单无效的话，则不利于交易安全。我国台湾地区有学者认为，除有关保管期间和有关寄托物保险的事项外，其他事项均为绝对必要记载事项，欠缺其一，仓单无效。这些事项包括寄托人的姓名及地址，保管之场所，受寄托物品的种类、品质、数量及其标记之种类、个数及记号，保管费。但也有学者认为，法律中没有关于欠缺应记载事项使仓单为无效的明文规定，应认为除保管人的署名及足以表示仓储物的性质和交付场所的事项为绝对必要记载事项之外，其他均为可记载事项。关于法定记载以外的事项的记载，只要不违背仓单的本质，应认为有效。

在《合同法》实施后，我国学者对《合同法》规定的仓单记载事项的理解也不一致。有意见认为，《合同法》所规定的仓单记载事项应为指导性事项，而非法定必要事项。所以，只要仓单缺乏的事项不足以影响权利义务的确定和仓储物的一致性，就应认定为有效，反之认定为无效。在仓单的记载事项中，除第1项和第2项为绝对必要记载事项外，其他记载事项的欠缺均不影响仓单的效力。也有意见认为，仓单的绝对必要记载事项包括以下五项：存货人的名称和住所，仓储物的品种、数量、质量、包装、件数和标记，储存场所，仓储费，填发人、填发地和填发日期。

我们认为，鉴于目前我国签发仓单的实务中，多是签发固定格式的仓单，欠缺记载事项引发的争议在实务中较少，也未引起理论层面的争议，故对该问题的审理，需要在实务产生争议后进一步深入研究。当然，就实务处理而言，仓单如果不能标识仓储物的物权特性，自然不能发生物权上的效力，以仓单为交易对象的当事人需要承担由此产生的风险。如果仓单并未进入到流通领域，也未引起第三人交易上的信赖，而仅限于存货人和保管人之间的仓储合同履行范围内，则可以根据仓储合同的约定以及合同履行情况确认其效力。故虽然欠缺相应记载事项的仓单不能产生物权上的效力，但是其一定程度上仍然能够发生证明一定事实的证据效力。

第九百一十条　仓单是提取仓储物的凭证。存货人或者仓单持有人在仓单上背书并经保管人签名或者盖章的，可以转让提取仓储物的权利。

【条文主旨】

本条是关于仓单性质及仓单转让的规定。

【条文理解】

本条规定源于《合同法》第387条的规定，在本法起草过程中，并未产生争议，直接承继了《合同法》的规定。

仓单是经济生活中经常使用的一种有价证券。仓单持有人凭仓单可以提取仓储物，也可以依法设立质权，这表明仓单是具有物权表征性的凭证。在仓单签发之后，持有人在仓单上背书并经保管人签名或者盖章可以转让，也可以以仓单设定质权，由此仓单具有很强的流通性。虽然本条规定的内容并不复杂，但是其内涵却极为丰富。对本条的解释适用不仅对仓储业的发展具有重要的意义，对促进企业的资金融通和国家经济的发展也具有重要的意义。

一、提取仓储物的凭证

本条首先规定，仓单是提取仓储物的凭证，这说明仓单作为一种有价证券[①]，具有表征特定仓储物的权利。

① 胡康生主编：《中华人民共和国合同法释义》，法律出版社2013年版，第607页。

（一）仓单的物权证券特性

我国理论界对于仓单系属物权性有价证券还是债权性有价证券，有不同观点。[①]

1. 关于仓单性质的不同观点

物权性有价证券说认为，仓单的证券权利内容系属物权性质，“仓单是提取仓储物的凭证”，“存货人取得仓单后，就意味着存货人取得了仓储物的所有权。转移仓单即意味着仓储物的所有权亦随之转移。”[②]债权性有价证券说认为，仓单的证券权利内容系属债权性质，存货人与保管人根据仓单上所记载的权利义务内容行事，存货人凭仓单具有对于仓储物的提货请求权，而保管人只认单不认人，完全凭仓单上记载内容履行义务。“双方的权利均依照仓单上的文义记载，仓单这种文义性的效力即属于债权性效力。”[③]随着讨论的不断深入，学界对于仓单性质，还有“债权性物权证券”和“物权性债权证券”说。甚至有学者还指出，仓单既是物权证券，又是债权证券，“其物权凭证性质与债权凭证性质归根结底宜论作法政策上的考量”[④]。也有观点认为，仓单背书转让需要保管人签名或者盖章这一规定阻断了仓单的完全物权证券效力，阻碍了仓单的高效流通，使得仓单最终只能属于“不完全的物权证券”。[⑤]

2. 仓单属性的现实规定

（1）仓单是提取仓储物的物权性有价证券。存货人取得仓单后，就意味着取得了代表仓储物所有权的凭证；存货人转移仓单，该仓单代表的仓储物所有权也随之转移；受让人取得了仓单，即意味着取得

---

① 胡铁红、杨巍：《仓单物权凭证与债权凭证的双重效力分析》，载《人民司法·案例》2009年第18期；吴才毓：《仓单凭证性质考》，载《福建法学》2014年第4期。

② 房绍坤：《仓单若干问题探讨》，载《求是学刊》2001年第1期。

③ 刘琳琳、王越：《论提单、仓单的“债权证券”性质》，载《求索》2012年第1期。

④ 吴才毓：《仓单凭证性质考》，载《福建法学》2014年第4期。

⑤ 刘琳琳、王越：《论提单、仓单的“债权证券”性质》，载《求索》2012年第1期。

了仓储物的所有权。[①]而以仓单出质，即以仓单所代表的仓储物出质。（2）仓单流通上的特殊要求。本条规定，仓单的转让规定有别于其他物权性有价证券，除需在仓单上背书以外，还需要经保管人签名或者盖章。按照立法精神，法律之所以有如此限制的原因在于，仓储物交付给保管人后，所有权依然属于存货人，此时所有和占有已经分离，保管人只认仓单不认人，仓单才是唯一提取仓储物的凭证，如此限制可防止仓单持有人通过非法途径获得仓单，侵犯存货人的所有权，[②]此规定同时亦有使保管人免于承担不应有责任的意义。

（二）仓单的其他证券特性

1. 记名指示证券

比较法上，仓单区分为以下几种：（1）记名仓单，要求保管人将货物"交付给特定人"；（2）不记名仓单，要求保管人将货物"交付给持票人"；（3）指示仓单，要求保管人将货物"交付给特定人或其指定人"。本法关于仓单记载事项的内容并未明确所"包括"事项的性质。但是，就本条所规定的"仓单上背书并经保管人签名或者盖章"的要求来看，我国仓单具有记名指示证券的特性。[③]

2. 背书证券

背书证券是指有价证券可以通过背书这种方式以达到转让的目的。本条规定"存货人或者仓单持有人在仓单上背书并经保管人签名或者盖章的，可以转让提取仓储物的权利。"由此可知，仓单的背书证券性质是无可非议的。但与其他背书证券不同的是，本条还要求"经保管人签名或者盖章"。而对于有合法背书，但未经保管人签名或者盖章的仓单的效力，需要进一步深入探讨。

3. 文义证券

仓单为文义证券，一经填发而流通，其善意受让人之利益，应受

---

① 吴才毓：《仓单凭证性质考》，载《福建法学》2014 年第 4 期；房绍坤、赵志毅：《论仓单质押》，载《法制与社会发展》2001 年第 4 期；霍冰：《仓单质押法律问题浅析》，载《金融与法》2005 年第 11 期。

② 胡康生主编：《中华人民共和国合同法释义》，法律出版社 2013 年版，第 608 页。

③ 胡康生主编：《中华人民共和国合同法释义》，法律出版社 2013 年版，第 606 页。

保障，此乃交易安全之基本原则。[①]故仓单的正当持有人和保管人之间的法律关系，以仓单为准。[②]当然，对于并未产生交易信赖的保管人与存货人之间的权利义务，需要依据双方当事人之间的证据加以证明。如《德国商法典》第475d条第3款规定："寄托人和仓库营业人之间的法律关系，仍以仓储合同的规定为准。"[③]

4. 无因证券

有因证券是指作成证券的原因是证券所记载权利存在及行使的要件；反之，作成证券的原因并非证券所记载权利存在及行使的要件，即是无因证券。学界对于仓单属于有因证券还是无因证券观点不一。仓单究竟系有因证券，还是无因证券，需要在立法精神之下进一步考量。比较法上理论较多认为，在仓单涉及交易安全保护时，应强调仓单的无因性；即使保管人开具空单，出于交易安全保障的考虑，保管人不能以空单为由对仓单持有人提出抗辩。[④]比如，如果仓单持有人以该仓单出质，并交付了该仓单，在债务人不履行义务时，债权人可以对该仓单之物权主张优先受偿权。而由于系空单，在此情况下，保管人仍然需要在该仓单对应的物权价值范围内承担责任。

5. 缴回证券

缴回证券是指，当证券权利人凭证券行使权利时，必须将证券交还给义务人，否则证券义务人有权拒绝履行证券所记载的义务。本条规定，仓单是提取仓储物的凭证，故当存货人或其他仓单持有人持有仓单向开具仓单的保管人提出提取货物的物上请求权时，保管人必须收回该仓单，或者在该仓单上标注作废或批注注销，才能将仓储物返还仓单持有人。虽然本条并未对仓单的该性质加以规定，但是出于交易安全的考虑，应作此当然解释。

① 林诚二：《民法债编各论》（中），中国人民大学出版社2002年版，第283页。

② 《德国商法典》第4编第6章仓库营业中的第475d条第1款，杜景林、卢谌译，中国政法大学出版社2000年版。

③ 《德国商法典》第475c条，杜景林、卢谌译，中国政法大学出版社2000年版。

④ 林诚二：《民法债编各论》（中），中国人民大学出版社2002年版，第283页。

二、仓单转让的要件

仓单的转让发生提取仓储物权利的转让，实际上发生物权变动的效力。因此，自物权变动出发，需要符合一定的要件。本条规定，存货人或者仓单持有人在仓单上背书并经保管人签名或者盖章的，可以转让提取仓储物的权利。因此，就仓单的转让而言，除了必须就仓单转让达成合意外，还应当满足以下要件：

（一）仓单已签发

本法规定，存货人交付仓储物的，保管人应当给付仓单或入货单。仓单未签发或未交付存货人，自然不能转让。而就已经签发的仓单来说，对仓单效力会产生以下两方面影响：一是欠缺相关记载事项的仓单效力问题。本法仅规定仓单的包括事项，对于仓单的应记载事项及缺乏相关事项的效力则欠缺规定。虽然 2013 年 12 月 31 日国家标准委批准的《仓单要素与格式规范》（GB/T 30332—2013）目前已经实施，该规范也提供了不可转让的普通仓单和可流转的仓单的应该记载要素，但该标准对于所签发仓单的效力能否发挥作用，还有待有关部门从仓储行业出发的角度进一步明确。二是未收到仓储物而签发仓单的效力问题，即签发空单的问题，该问题需要深入研究。

（二）仓单的转让背书

仓单转让中的背书，让与仓单权利的人为背书人，受让仓单权利的人为被背书人。关于仓单转让背书的记载事项、方式、效力等，本法以及之前的《合同法》均无明确规定，这有待相关部门进一步予以规范。

《德国商法典》第 365 条第 1 款规定，关于背书的方式，准用票据法的相关规定。鉴于关于仓单的背书方式，目前我国法律无明文规定，也可考虑借鉴《票据法》关于汇票背书的要求。首先，在仓单背书的格式上，可以类推适用我国《票据法》第 27 条、第 28 条及相关法规的规定，即背书的记载和签章应当记载于仓单背面，当仓单背面不能满足背书人记载事项的需要时，背书人可以加附粘单附于仓单上，并于粘单上背书，但粘单上的第一记载人应当在仓单和粘单的粘接处签章。其次，应要求背书连续。我国《票据法》第31条第1款规定："以背书转让的汇票，背书应当连续，持票人以背书的连续，证明其汇票权利；非经背书转让，而以其他合法方式取得汇票的，依法举证，证明其汇票权利。"该条第2款规定："前款所称背书连续，是指在票据转让中，转让汇票的背书人与受让汇票的被背书人在汇票上的签章依次前后衔接。"按此规定，持票人持有背书连续即保管人签章连续的票据，不仅具有合法持票人资格，而且享有票据权利。除非票据上其他绝对记载事项不符合法定要求，或者持票人存在恶意和重大过失，都应当承认持票人可以持票行使票据权利，而无须提供另外的证明。

（三）保管人的签名或者盖章

仓单转让时，除了让与人的背书外，还需要保管人的签名或者盖章。仓单代表仓储物，持有仓单即代表了具有仓单项下仓储物的所有权，转让仓单代表了仓单项下仓储物的所有权的转让。所以，转让仓单即是转让了仓单所体现的物上请求权。就返还请求权的让与来说，原则上并无须要返还义务人同意为必要。当然，在现行法律明确规定要求签章的情况下，此种返还请求权的让与需要遵守法律的规定。在要求背书连续的同时，还要求保管人签名或者盖章的连续。

（四）仓单的交付

仓单转让的交付，不同于仓单制作后的交付，是指仓单转让时，仓单持有人将仓单交给受让人，以实现仓单转移占有的行为。有效的仓单转让行为，除了需要仓单持有人背书转让之外，还应将仓单交付给相对持有人。虽然我国法律对此无明文规定，但仓单的交付乃仓单转让的应有之意。

三、仓单转让的效力

仓单转让发生提取仓储物权利的转移。这实际上发生本法指示交付的效力，即："动产物权设立和转让前，第三人依法占有该动产的，负有交付义务的人可以通过转让请求第三人返还原物的权利代替交付。”通过仓单的转让，还赋予仓单在物权上的排他性，即只有通过转让仓单才可处分仓储物，不以仓单转让的方式转让物权则构成无权处分，不可以对抗仓单持有人。这也就是说，仓储物物权变动的效力与仓单转让的效力保持一致，即由仓储物的直接交付转化成仓单背书转让。

对于未经保管人签名或盖章，究竟对仓单转让的效力产生何种影响，尚需要结合实践中的纠纷进一步深入思考。我们倾向于认为，考虑到对于保管人利益的保护，未经保管人签章的仓单转让自然可以在转让人与受让人之间发生转让的效力，但是保管人对于存货人基于仓储合同所享有的抗辩可以对抗仓单的受让人。如果仓单转让经过保管人的签章，则存货人所享有的抗辩应该受到切断，不能对抗之后仓单受让人，即使该后手转让并未获得保管人的签章。

【审判实践中应注意的问题】

本条规定在实务中产生的解释空间很大，也容易引发纠纷，这涉及对仓单背书转让的理解。

一、空单转让实践中保管人对存货人的抗辩能否对抗仓单持有人

在保管人签发空单时，保管人和所谓的“存货人”很难对之不知，二者往往有共同的意思。对于保管人签发的空单，仓单持有人背书转让给受让人的，受让人在持有仓单请求提取仓储物时，保管人能否以仓单系空单，保管人与“存货人”之间并无真实的交易关系对抗仓单受让人，对此不无讨论余地。

对此，从交易安全的角度考虑，如果仓单受让人系善意且无过失，则签发空单的保管人不能以此对抗仓单受让人。对于仓单受让人的善意无过失的判断，在仓单受让时已经保管人签名或盖章，则可以

推定受让人系善意无过失。

二、质权设立时空单对质权人的对抗问题

与仓单转让的要求不同，以仓单出质的质权设立要件不同。本法规定，当事人以仓单出质的，应当订立书面质权合同，质权自权利凭证交付质权人时设立。因此，在质权设立时并不需要保管人的签章。由此，在判断质权人设立质权的善意时，并不需要考察质权人是否有审查保管人签章的义务。由此，为了保护交易安全，在仓单设立后，即使仓单系空单，保管人亦不能以此对抗质权人的权利行使。这也是比较法上对于仓单流通性的通行做法，本法涉及质权行使时自然也需要作此解释。例如，乙欲向丙银行借款1000万元。为担保该借款。甲保管人与乙“存货人”通过签发空单的方式向乙交付仓单。该仓单载明乙在甲处仓储4万吨玉米。事实上，该玉米并未交付甲保管人保管。乙以该仓单为其向丙银行借款设立质权。在乙未偿还借款时，丙银行起诉以在甲处的仓单所代表的玉米所有权拍卖款优先受偿。此种情况，甲仓储人不能以该仓单系空单为由提出抗辩，主张免责。

当然，上述对质权人的保护，实质上系贯彻仓单的流通证券属性。由此，当事人完全可以仓单出质的方式来实现仓单的高效流通，促进交易，因此引发仓单出质取代仓单转让的做法，进而导致保管人在签发空单时需要承担更高的责任。这恰恰可以发挥仓单在促进资金融通中的功能要求，有利于促进仓储业的健康发展，从而能够起到禁止保管人签发空单的不当行为。

第九百一十一条　保管人根据存货人或者仓单持有人的要求，应当同意其检查仓储物或者提取样品。

【条文主旨】

本条是关于保管人容忍存货人或者仓单持有人检查权的规定。

【条文理解】

本条规定源于《合同法》第388条规定："保管人根据存货人或者仓单持有人的要求，应当同意其检查仓储物或者提取样品。"本条完全延续了《合同法》的上述规定。

在仓储合同履行过程中，存货人将仓储物交由保管人保管，失去了对仓储物的直接占有和控制，由此其很难准确知悉仓储物的具体情况。存货人基于对其所有物的考虑和关心，往往需要了解仓储物在仓库储存的情况，为此需要对仓储物进行检查，以保障其合法利益。对于存货人的该种要求，应允许存货人入库检查仓储物或者提取样品。在仓储合同履行过程中，仓单是提取仓储物的凭证，是一种表征仓储物所有权的有价证券。存货人或者仓单持有人可以背书转让的方式转让仓单项下仓储物的所有权；也可以仓单设定质权，而以仓单设立质权其背后的权源则是仓单所表征的仓储物。无论是仓单经背书并经保管人签名或者盖章而转让，或者以仓单出质，转让合同当事人或者质押合同当事人均可能有检查仓储物或者提取仓储物样品的需要，在此情况下，如果不允许仓单持有人或者存货人检查仓储物或者提取样品，则不利于提高交易效率，有碍交易的开展。因此，对于存货人或者仓单持有人要求检查仓储物或者提取样品的，保管人应该容忍此种检查权。

一、检查权的行使主体

本条规定，保管人应当允许存货人或者仓单持有人检查或者提取样品，因此，本条检查权的行使主体包括存货人和仓单持有人。存货人往往为仓储合同的当事人，其自然有权以合同当事人的身份行使检查权或者提取样品。仓单持有人作为仓储物的权利人，其也有权行使本条规定的权利。[①]

二、容忍义务的形式

本条确立了保管人的两项容忍义务：一是允许存货人或者仓单持有人检查仓储物。至于存货人或仓单持有人可以进行何种程度的检查，则应根据仓储物的状况及交易习惯决定。二是允许存货人或者仓单持有人提取样品。提取样品主要是为了检查，也有可能为了交易的需要。

至于存货人或者仓单持有人行使检查权的具体形式，本条规定为在提出要求后，由保管人同意。自此规定的文义可以解释出来，检查仓储物或者提取样品系一种权利。至于权利行使的方式，则需要由权利人基于诚信原则行使，也需要遵守当事人的交易习惯。比如，检查仓储物时，应限于检查其品质、数量，而不允许改变仓储物的仓储方式和场所。又如，提取样品，数量不应过多，以供检查的必要为限。

三、容忍义务的性质

就这里的容忍义务而言，系保管人的不作为义务，性质上属于从给付义务。[②]保管人违反该义务，应负担债务不履行的责任。就存货人或仓单持有人而言，在保管人不履行该义务时，可以请求保管人履行该义务，以满足其给付上的利益。

---

① 林诚二:《民法债编各论》(中)，中国人民大学出版社 2002 年版，第 293 页。
② 林诚二:《民法债编各论》(中)，中国人民大学出版社 2002 年版，第 293 页。

除非当事人另有约定，保管人不负担协力义务。当然，在实践中，也存在保管人受存货人或仓单持有人委托进行检查或者提取样品的，此种情况下双方成立新的委托合同关系。

至于因为检查货物或者提取货物给保管人增加的保管成本，在当事人没有合同约定的情况下，则应由存货人或者仓单持有人负担。

【审判实践中应注意的问题】

实践中，在转让仓储物或者以仓储物设质的过程中，受让人或者债权人往往需要了解该仓储物的状况，就此需要由保管人出具仓储物现状的证明。对此，保管人虽然并无负担出具仓储物现状证明的义务，但是，在保管人基于受让人或者债权人的要求出具仓储物现状证明的，应适用委托合同的相关规定处理。即使保管人在受让人或者债权人委托出具仓储物现状证明时并未收取费用，但是根据本法关于“无偿的委托合同，因受托人的故意或者重大过失给委托人造成损失的，委托人可以要求赔偿损失”的规定，也可能需要承担相应的赔偿责任。

第九百一十二条 **保管人发现入库仓储物有变质或者其他损坏的，应当及时通知存货人或者仓单持有人。**

【条文主旨】

本条是关于保管人的异状通知义务的规定。

【条文理解】

本条规定源于《合同法》第389条的规定。本条在起草过程中并未引起争论，因此《合同法》的规定被全部保留下来，只有个别文字修改。

保管人接受了仓储物之后，并不意味着保管人需要承担对仓储物毁损灭失的全部责任。相较于保管合同，仓储合同为典型的商事合同。仓储合同是保管人储存存货人交付的仓储物，存货人支付仓储费的合同。因此，就仓储合同保管人的义务来说，主要在于提供储存保管行为。在该储存保管行为中，保管人是否需要负担对该仓储物品的管理行为，则视当事人的约定而定。而在当事人没有约定的情况下，原则上保管人不负担对仓储物的管理和保养义务，即只要保管人提供的仓库符合合同约定、实施的保管行为符合仓库经营规范，则对于仓储物因自身性质发生的变质、损坏不负担损害赔偿责任。但是，这并不表示保管人不负担任何义务。基于诚信原则，保管人还需要负担相应的附随义务。本条就是基于附随义务的角度，要求保管人发现仓储物有变质、损坏情形的，应负担向存货人或仓单持有人的通知义务。

一、保管人的异状通知义务

基于仓储合同的特性，对于保管期内由于仓储物的性质、包装不符合约定或者超过有效储存期造成仓储物变质、损坏的，保管人不承担赔偿责任。但在仓储物由保管人实际控制的情况下，即使对于上述原因引起的仓储物变质、损坏，或者有变质、损害危险的，保管人并非不需要负担任何义务。

比较法上，如果在仓储物储存过程中，保管人发现仓储物有变质或其他损坏，或有发生此种变质或损坏的危险时，应及时通知存货人或仓单持有人，使存货人或仓单持有人能够尽早采取相应措施，避免发生更大的损失。此种义务被称为异状通知义务。从各国的法律规定来看，基本上都对此作了规定。例如，《德国商法典》第471条规定，在受领后，货物发生变质或货物可能发生变质，仓库营业人应不迟延地向存货人，或在签发仓单时向最后的、为其所知悉的仓单的正当持有人进行通知并征求处置指示。

根据《民法典》第912条的规定，异状通知义务主要适用于以下两种情况：一是发现入库仓储物有变质的情况。例如，发现仓储物出现异状，发生数量或价值减少。二是发现入库仓储物有其他损坏的情况。例如，保管人发现货物包装破损造成仓储物的毁坏，此时也应当及时通知存货人。

虽然本条规定的异状通知义务限于“发现入库仓储物有变质或者其他损坏的”情形，但是借鉴比较法上的做法以及实践中出于对存货人或仓单持有人保护的需要，对于入库仓储物有发生变质或损坏的危险时，也应要求保管人履行异状通知义务。当然，对于此种发生变质或损坏的危险的原因需要非由于保管不善所导致。此外，当出现第三人对仓储物主张权利或仓储物被扣押时，由于可能影响到存货人的权利，保管人也应立即通知存货人或仓单持有人。

二、异状通知义务的性质和内容

仓储合同的保管人负担的主合同义务为保管仓储物。本条规定的异状通知义务的发生具有不确定性，因此不能称为给付义务。就性质上，本条规定的保管人的异状通知义务应属于保管人应负担的附随义务。

（一）附随义务的基本内涵

附随义务，是指法律无明文规定，当事人亦无明确约定，为保护对方利益和稳定交易秩序，当事人依诚信原则所应负担的义务。在合同履行过程中，为辅助实现债权人之给付利益或周全保护债权人之人身或其财产利益，债务人遵循诚信原则，根据合同的性质、目的和交易习惯而履行的通知、协助、保密、保护等给付义务以外之义务。虽然对于附随义务，当事人不能起诉请求履行，但是违反此种义务引起损害赔偿责任。本法第509条第2款规定："当事人应当遵循诚信原则，根据合同的性质、目的和交易习惯履行通知、协助、保密等义务。"就附随义务的内容来看，较多发生的是以下三个方面义务：通知义务、协助义务与保密义务。本条规定的通知义务即为附随义务的内容之一。鉴于保密义务并未在仓储合同章中予以规定，故不作专门阐述。

（二）通知义务

又称告知义务，是指债务人负有对与债权人利益有关的事项加以通告，以使其知晓的义务。合同的履行及合同目的的实现，需要当事人通力配合，其中很多情形均需要双方互通信息。许多通知义务的确定，并非合同的主给付义务，而是依据诚信原则所确定，并予以法定化。我国合同法体系中关于通知义务有很多规定，比如，出租人出卖已经租赁房屋的，应当在出卖之前的合理期限内通知承租人；货物运输到达后，承运人知道收货人的，应当及时通知收货人等。本条规定的通知义务就是仓储合同中予以法定的一种附随义务。

（三）通知的内容

在存货人或者仓单持有人将仓储物交由保管人保管的情况下，存货人往往对于仓储物的实际情况并不知悉，由此需要保管人负担通知义务。同样，存货人或者仓单持有人往往距离较远，有的存货人或仓单持有人甚至还缺乏管理、保存仓储物的经验。因此，在仓储物出现变质或者损坏时，如果保管人不及时通知，可能会导致存货人或仓单持有人无法对仓储物及时进行处置，导致其损害的进一步扩大。比较法上，在通知义务的履行同时，还赋予了保管人请求存货人或仓单持有人发出指示的通知内容。在此请求指示中，可以请求存货人赋予对仓储物进行处置的权利。请求的具体处置方法，需要保管人根据保管标的物的情况进行请示。比如，在发现储存的大豆可能变质的情况下，可以请求对大豆进行通风、烘干，再包装，甚至可以对之实施销售等处分行为。

我国现行法律并没有规定保管人有请求处置的内容，故可以由当事人在签订仓储合同中通过约定来填补该法律漏洞。

三、保管人是否有紧急处置权

根据《欧洲合同法原则》4:105 条，为了防止保管标的物发生变质、腐烂、贬值等不必要的价值贬损，保管人有采取合同预防措施的义务。《民法典》第 912 条并没有规定保管人的紧急处置权。基于诚信原则，在仓储物有变质或者损坏危险的，也应要求报告人负担该紧急处置权的义务，这是合同履行过程中基于诚信原则所应赋予合同当事人的协助义务。

协助义务又称为协作义务，指合同当事人应互为对方行使合同权利、履行合同义务提供照顾和便利，促使合同的圆满实现。协作义务要求，在履约中，当事人应当顾及另一方及其标的物的状况，最大限度地运用其能力和一切可以运用的手段实现对方的正当愿望，以利于合同的适当履行。合同关系终止后，当事人应当协助对方处理与合同相关的事务。如承揽工作需要定作人协助的，定作人有协助的义务。

保管人发现仓储物有变质或者损坏的，在无法通知到存货人或者仓单持有人，或者存货人或者仓单持有人怠于对仓储物进行处置的，为了避免存货人或者仓单持有人利益的进一步受损，应要求保管人负担协助对仓储物进行处置的义务。

鉴于本法并未规定保管人在发现仓储物变质或者损坏情形的紧急处置权，故为避免存货人或仓单持有人的利益受损，一方面，应鼓励当事人在签订仓储合同中加以约定；另一方面，应鼓励保管人在履行通知义务的同时，请求存货人或仓单持有人赋予保管人行使紧急处置权。当然，在未获得存货人或仓单持有人赋予紧急处置权的情形下，保管人为了存货人或仓单持有人实施紧急处置权的，则可考虑无因管理制度的适用。

【审判实践中应注意的问题】

附随义务与给付义务的区别标准在于能否独立以诉讼请求履行为判断标准。能够独立以诉讼请求的为给付义务，不能够以诉讼请求的为附随义务。与从给付义务是可以请求履行的性质不同，虽然权利人不能请求履行附随义务，但是如果义务人违反附随义务，则对权利人能发生损害赔偿的请求权。因此，保管人对仓储物发现变质或者损坏的情形，违反通知义务的，应对违反该义务引起的损害承担损害赔偿责任。

违反附随义务使当事人依合同可实现的利益落空，造成损害，因此，义务违反人应承担该损害的赔偿责任。就保管人违反通知义务的情形，在提取仓储物时，如果保管人不能交付未变质或未损坏的仓储物，则对于该变质和损坏造成的仓储物的贬值损失需要承担损害赔偿责任。对于保管人未及时通知的，则对于怠于通知引发的损失也应承担损害赔偿责任。当然，这涉及怠于通知的认定问题，在产生纠纷时需要裁判人员根据案件的具体情况判断。

第九百一十三条 保管人发现入库仓储物有变质或者其他损坏，危及其他仓储物的安全和正常保管的，应当催告存货人或者仓单持有人作出必要的处置。因情况紧急，保管人可以作出必要的处置；但是，事后应当将该情况及时通知存货人或者仓单持有人。

【条文主旨】

本条是关于保管人对有变质或者其他损坏的仓储物处理的规定。

【条文理解】

本条来源于《合同法》第390条规定，在起草过程中并没有引起过多讨论。《合同法》第390条的规定被承继过来，只有个别文字修改。

仓储合同是保管人储存存货人交付的仓储物，存货人支付仓储费的合同。妥善保管仓储物是保管人的主合同义务。因此，保管人要取得相应仓储业务的资质，有储存相应物品的仓库和技术人员，在储存过程中要按照仓储物的性质和储存要求提供专业化的仓储业务。对于保管人未尽善良管理人义务而引起的仓储物品的毁损、灭失，保管人需要承担损害赔偿责任。对因仓储物的性质、包装不符合约定或者超过有效储存期造成仓储物变质、损坏的，保管人不承担赔偿责任。但是，在仓储实践中，仓库中往往储存不同存货人的物品。由于某一存货人的物品发生变质、损坏的，可能会对相邻储存的仓储物带来损害。而就仓储合同履行来说，保管人对于其他仓储物则负担善良管理人的义务，对由于其他变质、损坏仓储物导致的损坏，保管人难以证明其履行了善良管理人的义务。为避免此种风险发生，保管人自然需要采取措施，避免该种损害的发生。上一条规定了保管人负担及时通知的附随义务，本条则规定如果上述变质、损坏危及其他仓储物安全和正常保管情形的处理。

一、对其他仓储物的安全和正常保管的义务

在仓储业务中，某一仓库混合储存多个存货人物品的情形较为普遍。因此，在某一存货人的仓储物出现变质或者损坏的情形，可能影响到周围仓储物的正常储存，导致本不会发生变质或者损坏的仓储物出现变质或者损坏。比如，在储存多个仓储人交付的向日葵葵花籽的实践中，由于某一存货人的葵花籽受潮发生霉变，导致周围其他存货人的葵花籽受潮霉变的情形发生过。对于入库时包装符合约定且性质符合存储要求的存货人来说，由于其他仓储物导致的损坏，显然不能归结到本法第917条所规定的保管人免责的情形。由此，对于由于第三人原因导致的债务不履行的，仍然应由保管人承担债务不履行的责任。

保管人为了避免承担上述赔偿的责任，在某一存货人的仓储物变质、损坏，可能危及其他存货人仓储物安全和正常保管的，应积极采取措施避免其他存货人仓储物变质或者损坏。在此情况下，其需要要求出现变质或者损坏情形仓储物的存货人或者仓单持有人及时采取处置措施，以避免仓储物对其他仓储物造成损害。在仓储物出现变质或者损坏情形下，往往非存货人或仓单持有人所能知悉，由此只有保管人履行催告义务，其才能及时采取处置措施，避免损害的发生。

二、催告义务

本条第一句规定："保管人发现入库仓储物有变质或者其他损坏，危及其他仓储物的安全和正常保管的，应当催告存货人或者仓单持有人作出必要的处置。"根据该规定，在保管人发现仓储物有变质或者

损坏、具有危及其他仓储物安全和正常保管情形的，负有催告存货人或者仓单持有人作出必要处置的义务。

承担该项义务的条件是：第一，保管人对入库仓储物发现有变质或者其他损坏情况。第二，该种情况危及其他仓储物的安全和正常保管。如果只是轻微的变质或者损坏，在保管人能够处理的情况下，无须通知存货人或者仓单持有人。但是，当变质或毁损的情况较为严重时，就必须及时通知存货人或者仓单持有人，因为此时可能对其权利构成较大的影响。第三，应当催告存货人或者仓单持有人作出必要的处置。这就是说，催告必须是针对存货人或者仓单持有人，对其他人的催告不构成有效的催告。而且，催告的内容是要求存货人或者仓单持有人对于货物出现变质或毁损的情况作出处置或者要求处置的指示。

存货人或者仓单持有人在接到保管人的通知或催告后，应当及时对变质的仓储物进行处置。这是存货人或者仓单持有人应尽的义务。如果存货人或者仓单持有人不尽到此义务，由此给其他仓储物或者保管人的财产造成损害的，存货人或者仓单持有人应当承担赔偿责任。[①]

三、紧急处置权

如果因为情况紧急，保管人来不及通知存货人或者仓单持有人，保管人如何处理？本条第二句进一步规定："因情况紧急，保管人可以作出必要的处置；但是，事后应当将该情况及时通知存货人或者仓单持有人。"可见，在保管人对入库仓储物发现有变质或者其他损坏，危及其他仓储物的安全和正常保管的，一般都应当适用催告程序，即催告存货人或者仓单持有人作出必要的处置。但在紧急情况下，法律为保护存货人或者仓单持有人的利益，赋予保管人在紧急情况下对仓储物的处置权。

所谓情况紧急，应理解为保管人无法催告存货人或者仓单持有人，

---

① 胡康生主编：《中华人民共和国合同法释义》，法律出版社 2013 年版，第 610 页。

或者虽然催告存货人或者存单持有人，但是存货人或者仓单持有人并没有及时采取必要的处置措施，有可能使得危及其他仓储物的安全和正常保管转化为现实损害。在此情况下，保管人必须立即采取措施以避免其他仓储物的损坏。例如，由于入库仓储物的包装不善导致其内部发生霉变，此种霉变有可能对周边存放的同类物品产生传染性损害，但保管人在与存货人联系后，被告知该批货物已经基于背书转让的形式转让给仓单持有人，但是其并不知悉谁是最后一手仓单持有人，由此无法联系到仓单持有人，更无法进行催告；在此情况下，保管人可以不经过对仓单持有人的催告，径行将霉变仓储物转移仓储场所。此种方式当然还包括避免变质或者其他损坏仓储物损失进一步扩大的措施。对仓储物作出必要的处置后，保管人应当将该情况及时通知存货人或者仓单持有人。

保管人对变质货物的紧急处置权，类似于对危险货物的紧急处置权。无论是危险货物还是变质货物，都是在危及其他仓储物的安全和正常保管、保管人已经来不及通知存货人或者仓单持有人进行处置的情况下，或者存货人或者仓单持有人对保管人的通知置之不理的情况下，保管人才可以对该仓储物进行紧急处置，并且在事后应当将该情况及时通知存货人或者仓单持有人。因此，保管人的紧急处置权不是随意行使的，而是为了其他仓储物的安全和正常的保管秩序，在不得已的情况下行使的。

【审判实践中应注意的问题】

一、变质或损坏仓储物造成其他仓储物损害的责任承担

在实践中，对于变质仓储物或者损坏仓储物造成的其他仓储物品的损害，对于保管人而言，其可能属于保管不善，由此其自然需要依据本法第917条对存货人或仓单持有人承担赔偿责任。至于该赔偿系由于其他仓储物的变质或者损坏的原因导致，则不能作为其免责的

抗辩。因此，只要能够认定保管人在保管仓储物上存在保管不善的情形，就应由其承担赔偿责任。如果由于变质仓储物或者损坏仓储物造成的损害，是否发生追偿权的问题，则需要根据当事人之间的约定和案件具体情形加以判断。

二、紧急处置发生费用的负担

本法第906条规定，存货人储存危险货物没有向保管人说明并提供有关资料，保管人接收后发现的，可以对该仓储物进行紧急处置，由此产生的费用由存货人承担。但是，对于本条规定的保管人紧急处置变质或损坏的仓储物，由此产生的费用，应该由存货人或仓单持有人负担，还是由保管人负担，则不无探讨余地。

对此，有观点认为，在合同当事人没有约定的情况下，则应类推本法第906条规定，由存货人或者仓单持有人负担。[①] 我们认为，在结论上这种处理方式是正当的。同时，我们认为，在此情况下，应适用无因管理的相关规定处理。鉴于采取处置措施避免造成损失的义务应属于存货人或仓单持有人，而保管人原则上并无此义务；而在保管人不负担此义务的情况下，实施了处置措施，发生相关费用，自然应由管理受益人负担。

① 胡康生主编：《中华人民共和国合同法释义》，法律出版社2013年版，第611页。

第九百一十四条　当事人对储存期限没有约定或者约定不明确的，存货人或者仓单持有人可以随时提取仓储物，保管人也可以随时请求存货人或者仓单持有人提取仓储物，但是应当给予必要的准备时间。

【条文主旨】

本条是关于未明确约定储存期限情况下仓储物提取时间的规定。

【条文理解】

通常来说，保管合同和仓储合同一样，均是以物品的保管为合同标的。在合同履行过程中，二者均不发生物的所有权变动，只是发生对物的占有的变化。因此，对于存货人来说，其对于保管物或者仓储物的权利仍然是物权，而非债权。就此而言，其可以随时请求返还保管物或仓储物，这是作为保管合同或仓储合同的共同原则。即使当事人没有对储存期限作出明确约定，也不影响保管人负有此种义务。就仓储物的返还来说，如果合同约定存储期间，存货人或仓单持有人提前提取仓储物的，不能请求减收仓储费。如果合同没有约定储存期间，则存货人可以随时提取仓储物；基于公平原则，保管人也可以随时要求存货人或仓单持有人提取仓储物。对此，《合同法》第391条规定："当事人对储存期间没有约定或者约定不明确的，存货人或者仓单持有人可以随时提取仓储物，保管人也可以随时要求存货人或者仓单持有人提取仓储物，但应当给予必要的准备时间。"本条延续了《合同法》的上述规定，在《民法典》起草过程中几无争议，三次审议稿中均是一致意见，仅在表述上有三处修改：一是将“储存期间”修改为“储存期限”；二是将“要求”修改为“请求”；三是将“但”修改为“但是”。

一、《合同法》总则确定的补充解释原则

对于合同来说，履行期限具有重要的作用。本法对于未定履行期限合同债务之履行期限的确定有着较为详细的规定。

本法合同编中的第510条（《合同法》第61条）对于合同约定不明的补救和处理作出了规定。该条规定，合同没有约定或约定不明，首先应诉诸当事人的协议补充，这是私法自治的基本要求；若不能达成补充协议，则就合同有关条款、合同目的及交易习惯等进行合同的补充解释。合同的补充解释，系根据现有的事实对当事人的意思进行假设，得出“当事人在通常交易中所意欲或接受的意思表示”。假设的当事人意思虽然属于规范性判断，但其不得违背当事人明示或可得而知的意思。并且在一般情形下，“假设的当事人意思”或多或少地会与当事人的真实意思重合。因此，合同的补充解释虽带有规范性要素，但是不能背离当事人意思自治的框架。

而本法合同编中的第511条（《合同法》第62条）则是法律为弥补当事人意思自治中的疏漏，通过对市场交易中典型交易行为的类型化总结，归纳出相对合理的处理方法，为当事人提供参考，必要时填补当事人意思自治的疏漏。

在此之外，在合同编各个有名合同中还针对当事人缔约中的约定不明情形予以法定补充。本条属于“法定”的补充范畴。至于本条的处理规则与本法合同编总则所确定的补充解释规则的适用问题，不无探讨空间。

二、储存期限与履行期限的差别

有理论将本条规定的储存期限等同于合同的履行期限。对此，二者虽然在时间跨度上存在一定程度的重合，但系不同的期间制度。以

下围绕案例展开分析：甲公司与乙公司签订仓储合同，约定甲公司将于2020年3月自海外购买的一批铁矿石储存于乙公司的货仓。具体入库的时间以货轮到达某港之日起。就上述合同约定的期间来看，究竟何时货轮到达某港，何时货物入库，均不确定。显然案例所涉及期限的解释，并非提取仓储物的时间问题，而是确定合同的履行期限问题。由此，则有履行期限的解释适用空间。履行期限解决的是当事人履约是否构成迟延的问题。履行期限，就债权人而言，系其可向债务人请求给付的时期；就债务人而言，是其应履行债务的时期，又称清偿期。履行期限是一个时间点，到了该时间点，就可以说债务“到期”；到期不履行，且无正当理由的，便可以说是履行迟延。对于继续性债务，当然也有履行迟延问题。相应地，作为判断标准之一，其履行期限也只应理解为一个时间点。

而对于本条规定的储存期限而言，其并非确定合同义务开始的期间，而是确定继续性债务的持续时间。以下面的案例展开：丙公司与丁公司签订仓储合同，约定丙公司将一批煤炭共计40万吨储存于丁公司的货场，由丁公司负责保管。双方约定，2020年4月2日煤炭入库，每日储存费每吨0.6元。此案例的约定，是实践中经常采用的仓储合同模式。其中，合同的履行期限是确定的，即2020年4月2日煤炭入库。如果自此日开始，保管人未提供符合储存条件的场所供存储煤炭使用，则构成违约；如果存储人未运送货物入库，按照仓储合同为诺成合同的约定也应负担自此日开始的仓储费支付义务。因此，就本仓储合同的履行期限而言，不需要解释。但是，本条所需要处理的是当事人未约定仓储的储存期限的处理。本条所确立的合同解释对象为储存期限约定不明的处理。就本条的文义来看，其以当事人已经实际履行了仓储合同的保管义务为前提，只不过对于具体保管仓储物的持续时间没有明确约定，由此需要对之确定解释规则。

三、本条的解释适用

在上述分析基础上，虽然在涉及履行期限的补充解释上，根据本法第511条规定，也可能适用与本条解释的同样处理规则，但是，本条并非履行期限的法定补充解释规则，而是继续性履行合同特殊行为债务的履行期限的解释问题。由此，在解释适用上，首先需要遵循本法第510条所确定的探究当事人真实意思的规则，只有在根据该条无法确定当事人真实意思的情况下，才可以适用本条的法定补充解释规则。因此，根据本法第510条规定，在储存期限没有约定的情况下，当事人可以通过补充协议来补充约定；在无法补充协议约定的情况下，则可以按照合同相关条款和交易习惯确定。比如，戊公司与己公司签订仓储合同，约定自2月起，戊公司自某国进口大豆储存于己公司的仓库中，每吨每月存储费为3元。合同还约定每半年为一个储存周期。就本案而言，虽然合同并未明确储存期限，但是就该合同约定的每半年为一个储存周期而言，可以认定每批大豆的储存周期为半年。

四、应当给予必要的准备时间

本条规定"应当给予必要的准备时间"的确定，应当首先根据诚信原则予以处理，其次还要根据仓储合同的履行特点予以确定。

仓储合同作为商事合同的一种，多为商业运营中的货物存储，往往短时间内难以完成提取或者处置，由此在确定"必要的准备时间"时应该考虑该因素。我国台湾地区"民法"规定，未约定保管期间者，自保管时经过6个月，保管人才可以随时请求提取仓储物，但应于1个月前通知。这种处理符合仓储合同为商事合同的特点。在我国未来出台仓储业行政法规或者部门规章时，可以考虑此种处置方法。

【审判实践中应注意的问题】

一、关于仓储费的支付问题

本条规定了储存期限未确定情况下的解释确定问题，与之相对应的则是仓储费的支付问题。对此，在储存期限未确定的情况下，本条确立了存货人或仓单持有人可以随时提取仓储物，保管人可以随时请求提取仓储物。因此，从保管人实际履行保管义务的期间来说，应以存货人或仓单持有人实际提取仓储物之日为其履行义务的截止期间。与此对应，则保管人有权收取的仓储费也应截止到该日期。

二、关于储存期限届满默示更新的准用

本法第915条规定，存货人或者仓单持有人逾期提取的，应当加收仓储费。对于储存期限届满后，当事人以实际履行行为继续履行仓储合同的意思表示，为当事人默示的以履行行为更新了原来的仓储合同。就此而言，原来合同的条件适用于更新后的仓储合同，但是就更新之后的合同来说，则视为不定期合同。在此情况下，当事人可以依据本条的规定处理。

第九百一十五条　储存期限届满，存货人或者仓单持有人应当凭仓单、入库单等提取仓储物。存货人或者仓单持有人逾期提取的，应当加收仓储费；提前提取的，不减收仓储费。

【条文主旨】

本条是关于储存期限届满提取仓储物的规定。

【条文理解】

本条基本延续《合同法》第392条的规定，在《民法典》起草过程中并未引起过多讨论。一审稿的本条内容和《合同法》第392条规定一致。三审稿后在提取仓储物的凭证上增加了可以凭入库单提取仓储物的规定。本条作此修改主要理由在于，仓储实践中，仓储合同履行过程中，在仓储物入库后，保管人一般会签发仓单；但是对于一些保管人来说，其也有仅签发入库单、不签发仓单的做法。由此，在仅仅签发入库单的情况下，显然提取凭证不可能是仓单，而应该是入库单。本条同时将"储存期间"修改为"储存期限"。理由和理解适用前文已经阐述，本条不赘述。

本法第904条规定，仓储合同是保管人储存存货人交付的仓储物，存货人支付仓储费的合同。第909条规定，保管人应当在仓单上签名或者盖章。仓单必须记载的事项包括储存期限。因此，就仓储合同保管人的保管义务来说，其仅在储存期限负担保管义务。

一、储存期限

仓储合同为双务、有偿、诺成合同，各方当事人均享有权利、负担义务。合同标的为保管人在特定的期间为存货人提供货物保管的行为义务。仓储合同为继续性履行合同。对于继续性履行合同来说，期限是确定当事人负担行为义务的重要因素。

储存期限为保管人履行保管存货义务的期间，是继续性履行合同所特有的义务持续期间。该期限与债法上的履行期间有区别。在该保管义务期间内，保管人负担按照合同约定对仓储物实施持续不间断保管的义务。而自此期间届满，保管人与存货人之间的权利义务原则上自然终止。由此，在该储存期限届满之后，存货人或者仓单持有人应当凭仓单提取仓储物。

在储存期限届满之前，保管人负担保管义务，其不得请求存货人或者仓单持有人提前提取仓储物，否则即构成违约。当然，在法律有特别规定的情况下，可以有例外的处理。比如，本法第913条规定，保管人发现入库仓储物有变质或者其他损坏，危及其他仓储物的安全和正常保管的，应当催告存货人或者仓单持有人作出必要的处置。这里的处置就包含了请求存货人或仓单持有人提前提取仓储物的权利。具体的分析，见本书关于第913条规定的理解与适用。

二、提取仓储物的权利和义务

在仓储法律关系中，保管人需要负担对仓储物的保管义务。就多数仓储类型而言，该储存期限的仓储物的所有权仍然保留于存货人或者仓单持有人；储存期限届满后，存货人或者仓单持有人自然有权请求保管人返还仓储物及其孳息。

（一）提取仓储物的权利

在仓储合同约定的储存期限届满后，仓储物的存货人或者仓单持有人有权请求提取仓储物。这是基于储存期限届满后，其系仓储物的权利人，自然有权请求对仓储物实施直接占有。因此，就仓储物的提取权利来说，原则上系物权的行使。即使第三人对该仓储物主张权利，除非该仓储物被依法采取保全或者执行措施外，则该提取仓储物的权利可以对抗第三人所主张的权利。这也是基于仓储合同的特性所决定的。

（二）提取仓储物的义务

当然，鉴于在储存期限届满之后，虽然存货人或仓单持有人有权持仓单提取仓储物，但是该提取仓储物的权利同时也构成其义务。就仓储合同的履行来说，保管人系以其场所、条件和方法为仓储物提供保管。因此，往往需要存货人将其物品运送至仓储处，并由仓储人根据法律规定和合同约定对仓储物进行验收。在储存期限届满之后，存货人或仓单持有人则需要及时提取仓储物，否则由于其迟延提取仓储物会影响保管人对仓库的进一步使用和收益。因此，虽然储存期限届满后保管人有义务向存货人或仓单持有人返还仓储物，但是鉴于此种义务的履行需要存货人或仓单持有人实施提取仓储物的行为来完成，故对于提取仓储物这一行为来说，也系存货人或仓单持有人的义务。因此，本条规定了存货人或仓单持有人应当提取仓储物，这是从义务角度来规定的。如果存货人或仓单持有人不提取仓储物，则有本条和第916条的适用。

（三）提取仓储物的凭证

第一，仓储物的提取原则上实行见单放物。根据本法第908条规定，在仓储物入库后，仓储人应该向存货人出具仓单或入库单。因此，在存货人或仓单持有人请求提取仓储物时，应凭该入库凭据提取仓储物。

第二，在签发入库单和仓单的情况下，应凭借仓单提取仓储物。由于我国目前仓储实践中签发入库凭据的做法并不规范，也不统一，因此，可能存在签发入库单和签发仓单混用的情形。由此，在出现二者的混用且对合同之外的第三人产生影响时，应要求仓单的效力高于入库单的效力。而在保管人同时签发入库单和仓单的情形，则应要求提取人凭仓单提取仓储物；对于凭借入库单申请提取仓储物的，保管人有权拒绝。

三、逾期提取仓储物的处理

仓储合同约定的仓储期限届满，原则上合同权利义务终止。由此，需要存货人或者仓单持有人持仓单提取仓储物。但是，在储存期限届满当事人继续履行合同的场合，保管人继续履行保管义务的，则推定当事人双方均同意以前一仓储合同的条件继续履行合同。这是持续性债务关系的默示更新。更新后的关系，如果当事人在原合同中未约定，则债务更新的条件与前一关系相同。但是，就更新之后的仓储合同的期限而言，则成为未定期限的仓储合同。存货人或者仓单持有人逾期提取仓储物的，保管人不选择本法催告提取仓储物并提存仓储物的，则视为默示同意对仓储期限的延长。在此情况下，保管人有权对其继续实施保管仓储物的行为加收仓储费。至于加收仓储费的计算标准，则可以适用原仓储合同的约定计算标准和方式。

基于当事人对原仓储合同的默示更新，原仓储合同已经终止，新的仓储合同则视为不定期的仓储合同。对此，当事人可以依据本法第914条关于“当事人对储存期限没有约定或者约定不明确的，存货人或者仓单持有人可以随时提取仓储物，保管人也可以随时请求存货人或者仓单持有人提取仓储物，但是应当给予必要的准备时间”的规则处理。

四、提前提取仓储物的处理

在仓储合同所约定的储存期限届满前，原则上保管人无权要求存货人或仓单持有人提取仓储物，否则即构成合同不履行，应承担合同不履行的责任。但是，如果存货人或仓单持有人提前提取仓储物，则对应保管人的合同义务获得相应减轻，由此根据权利义务相一致原则，应减少仓储费。但是，考虑到仓储合同订立过程中，对保管人而言其已经为保管行为做了履行准备，且合同履行过程中已经占有了其仓储条件，故此种情况下为保护保管人对于合同履行完毕之后所获得收益的预期，也为避免当事人清算的繁琐，法律规定仓储人此种情况下无须减收仓储费。当然，由于存货人或仓单持有人提前提取仓储物且不减收仓储费，对于保管人而言并无不利益，相反节省了保管人的保管支出，故此种情况下存货人或仓单持有人不构成违约。

【审判实践中应注意的问题】

第一，对于以仓储为业的保管人来说，其所保管的物品往往并非其所有的物品。依据仓储的原理，保管人对仓储物实施的占有，仅仅是基于保管行为而取得的他主占有，其并非保管物的所有权人。对保管人与第三人针对仓储物所进行的交易而言，对于第三人的合理信赖和善意的要求则更高，一定程度上甚至影响到第三人能否构成善意取得的问题。

第二，对于提取仓储物的凭证，本条规定了凭仓单或入库单的提取方式。鉴于仓单系一种具有物权性的凭证，具有流通性，因此，在基于仓单产生的权利和基于入库单所产生的权利产生冲突时，在未涉及仓储合同当事人之外的第三人时，可以依据真实的存储关系处理；而在涉及仓储合同当事人之外的第三人时，则原则上应尊重仓单的物权属性，优先保护仓单所涉及的权利或者利益。

第九百一十六条 储存期限届满，存货人或者仓单持有人不提取仓储物的，保管人可以催告其在合理期限内提取；逾期不提取的，保管人可以提存仓储物。

【条文主旨】

本条是关于保管人提存权的规定。

【条文理解】

本条来源于《合同法》第393条的规定，在本法起草过程中并未引起讨论。《合同法》的规定被承继过来，未进行修改。在最终通过时，将“储存期间”修改为“储存期限”。

保管人作为保管方必须认真履行法定的和合同约定的保管义务，保管人在履行义务的同时也享有一定的权利，两者对于存货人和保管人本身都具有至关重要的作用。本法第913条规定：“保管人发现入库仓储物有变质或者其他损坏，危及其他仓储物的安全和正常保管的，应当催告存货人或者仓单持有人作出必要的处置。因情况紧急，保管人可以作出必要的处置；但是，事后应当将该情况及时通知存货人或者仓单持有人。”本法第914条规定了储存期限届满后仓储合同默示更新的内容。但是，在实务中，可能出现仓储物被债权人申请查封，导致其价值受到影响，从而继续依据默示更新原则处理存货人或仓单持有人到期不提取仓储物的费用收取问题，会使得保管人的仓储费受到影响的情形。因此，本条规定了储存期限届满保管人的催告义务，以及保管人在紧急情况下对仓储物的提存权。本条规定的保管人提存权在实务中几乎为一个休眠的条文。在我国民事法律进入民法典时代后，随着我国仓储业的迅速发展，本条发挥功能的空间需要进一步加大，由此深入研究本条的功能和具体适用是下一步需要重点关注的问题。

一、清偿提存

就提存的功能而言，主要有清偿提存和担保提存两种。前者发挥债务人通过提存实现履行合同义务的功能，后者发挥通过提存确保债务能够履行的功能。本条规定为清偿提存，故这里主要研究清偿提存的相关问题。

（一）比较法上清偿提存的法律性质

德国法上，提存成立的要件、提存的法律效力由《德国民法典》调整，如何提存则由《德国提存法》规制。根据《德国提存法》规定，提存被设定为公法关系，有管辖权者为初级法院和司法金库（《德国提存法》第1条）。在德国法上，清偿提存能产生债务清偿的法律效力。①

日本民法通说认为，清偿提存实质上系为债权人利益而采取的寄托制度。该寄托只是一种形式，其实质系债务人清偿债务。因此，清偿提存系清偿的代用制度，但在形式上则表现为债权人的利益而采取的寄托。②

我国台湾地区“民法”的通说认为，提存系私法上的寄托合同，并具有利益第三人合同的性质。③在寄托合同关系上，提存为清偿人以给付物交付提存部门，经提存部门允为保管而成立的寄托合同。在利益第三人合同上，因清偿人为提存后，债权人即可直接向提存部门

---

① 参见［德］迪特尔·梅迪库斯：《德国债法总论》，杜景林、卢谌译，法律出版社2004年版，第200页。

② 参见［日］於保不二雄：《日本民法债权总论》，庄胜荣校订，我国台湾地区五南图书出版有限公司1998年版，第382页。

③ 戴修瓒：《民法债编总论》（下册），我国台湾地区三民书局1978年版，第500页；郑玉波：《民法债编总论》，中国政法大学出版社2004年版，第501页。

请求给付，所以，提存有为第三人利益的寄托合同的性质。[①]

（二）我国民事提存制度的发展略考

我国在20世纪50年代曾实行过提存制度，但不久便销声匿迹。通常认为《经济合同法》第19条第4款关于“定作方超过领取期限6个月不领取定作物的，承揽方有权将定作物变卖，所得价款在扣除报酬、保管费用后，用定作方的名义存入银行”的规定，是我国立法上最早关于提存的规定。

我国《民法通则》对提存未作规定。但是，《民法通则意见》第104条对提存作出了概括性的规定，即“债权人无正当理由拒绝债务人履行义务，债务人对将履行的标的物向有关部门提存，应当认定债务已经履行”，该规定将提存规定为债的消灭原因之一，即清偿提存。《合同法》第91条明确规定提存为合同权利义务关系终止的事由之一，并以第101~104条规定了提存的原因、风险负担、法律后果等问题，为提存提供了基本的规范。《民法典》第570条至第574条在吸收《合同法》的提存制度基础上，对提存制度进行了完善，主要增加规定了提存人的取回权制度。

就提存工作的实务规定来看，《提存公证规则》从公证机构如何办理提存事务的角度，规定了提存的原因、条件、程序和法律效力等问题。《公证法》明确规定了提存为公证机构的一项公证事务，由此公证机构成了我国唯一一个法律明确规定有权实施法律规定的提存功能的机构。[②]

（三）我国清偿提存的法律性质

清偿提存涉及三方当事人，即提存人（债务人）、提存部门和债权人，因而发生提存人与提存部门、提存部门与债权人、提存人与债权人的三方法律关系。提存人与债权人之间的关系为私法上的法律关

① 参见孙森焱：《民法债编总论》（下册），法律出版社2006年版，第888页。

② 无论清偿提存，还是担保提存，对于债务履行均能发挥重要的作用。因此，从理论上说，提存事务本应如火如荼发展。但是，提存业务的现状却并非如此，全国各地公证机构办理的提存事务数量不多，对于债务履行的促进没有发挥很好的作用。参见张平：《提存的法律性质和提存制度的发展》，载《中国公证》2018年第12期。

系，提存的目的在于消灭既存于债务人与债权人之间的债的关系。至于提存机构接受提存标的物并为保管以及将提存物发还债权人，系公法上的行为，还是私法上的行为，需要进一步加以探讨。但是，就提存机构保存提存物而言，应依据私法上的保管合同关系处理，并具有利益第三人合同的性质。提存人相当于寄存人，提存部门为保管人，债权人为享受该合同上利益的第三人。[①] 在提存产生的法律效果上，如提存一经完成，提存人便退出法律关系，其所负担的合同义务消灭，产生清偿的法律效果。[②]

（四）清偿提存的原因

关于提存的原因，我国《合同法》规定有债权人无正当理由拒绝受领、债权人下落不明、债权人死亡未确定继承人或者丧失民事行为能力未确定监护人三大类，外加“其他情形”这个“兜底性原因”（第101条）。《民法典》基本延续上述规定，只是第3项原因有所改变。与本条适用有重要关联的是“债权人无正当理由拒绝受领”的原因。对于该原因来说，需要符合三个构成要件。

第一，债务内容的实现以债权人的受领或其他协助为条件，此为债务履行的必要。很多债务履行需要债权人的积极配合，债务人才能够完成。在仓储合同约定的履行期限届满后，存货人或者提单持有人需要持提单提货，否则将使得保管人完成保管义务交付仓储物的义务不可能，还可能使得保管人无法履行与其他合同当事人约定的仓储义务。于此场合，提存制度为债务人提供从债务中解放出来的途径，使得债务人免去迟延履行所发生的负担或不利益。在债务的履行需要债权人协助或配合而债权人不予协助或配合时，债务人的履行就未能终结，因此，如果债务人仍受债务约束、承担由迟延履行产生的责任以及损失，则显然是不公正的。[③] 在此情况下，提存制度在仓储合同履

① 崔建远：《我国提存制度的完善》，载《政治与法律》2019年第8期。

② 崔建远：《我国提存制度的完善》，载《政治与法律》2019年第8期。

③ 参见：[日]於保不二雄：《日本民法债权总论》，庄胜荣校订，我国台湾地区五南图书出版有限公司1998年版，第111页。

行期限届满后能够发挥重要功能。

第二，债务人依债务本旨提供履行。债务人依债务本旨提供履行，这既可以表现为债务人现实地提出了给付，在个别情况下也可以表现为以言词提出给付。如果债务人未提出给付，则不构成提存原因。对于仓储合同而言，其需要存货人积极实施提取仓储物的行为。因此，原则上，只要合同履行期限届满，则存货人或提单持有人即应提取仓储物。在债务履行期限届满后，则已经构成受领迟延。给付提出后，债权人如不受领，从给付提出之时起债权人负迟延责任。因此，减轻债务人的注意义务，所增加的费用也由债权人负担，风险亦转归债权人。

第三，债权人受领拒绝或受领不能。实务中还存在债权人受领不能的情形，对此，亦应类推适用债权人无正当理由拒绝受领、债务人可提存的规定。

二、对仓储物的提存

合同当事人应当遵守诚信的原则，根据合同的性质、目的和交易习惯履行通知、协助、保密等义务。仓储合同的存货人同样应当协助、配合保管人履行义务，如果存货人没有正当理由拒绝受领而使保管人不能履行义务，仓储合同的权利义务就不能消灭，保管人可能就要无限期等待下去，并且不得不随时准备返还仓储物，这对保管人显然不公平。保管人不能因为存货人或仓单持有人不提取仓储物而增加自己保管仓储物的责任。因此，为维护保管人的利益，本条规定了保管人对仓储物的提存权："储存期限届满，存货人或者仓单持有人不提取仓储物的，保管人可以催告其在合理期限内提取，逾期不提取的，保管人可以提存仓储物。"从提存制度的功能来看，在由于存货人或仓单持有人的原因而无法向其交付仓储物时，债务人将该标的物提存，能够发生消灭债务的功能。根据本条规定，保管人行使提存权要具备一定的条件。

（一）必须是存货人或仓单持有人不提取仓储物

储存期限届满，意味着保管人储存保管行为的给付已经完成，存货人或仓单持有人在此时应当提取仓储物，协助保管人完成返还仓储物的义务。但是，在实践中，由于仓单具有高度的流通性，常常出现仓单经多手流转后，最终持有人是谁，保管人并不知悉的情形。因此，在仓单持有人并不提取仓储物的情况下，保管人也无从请求其及时提取仓储物。除了上述原因之外，还存在保管人因仓单持有人拒绝受领仓储物、仓单持有人下落不明、仓单持有人死亡未确定继承人、仓单持有人丧失民事行为能力未确定监护人等原因，不按时提取仓储物导致保管人无法履行返还义务的现象。因此，为了维护保管人的利益，有必要赋予保管人提存仓储物的权利。

（二）必须是储存期限届满

在有储存期限的仓储合同中，存货人有期限利益在其中。因此，非出现法定事由或者约定事由，保管人不能请求存货人提前提取仓储物。同理，在储存期限届满后，存货人或仓单持有人应当及时提取仓储物，不能无端加重保管人的保管责任。存货人或者仓单持有人的任何延迟受领意味着拒绝受领。因此，存货人或者仓单持有人理所当然应于储存期限届满时提取仓储物。如果仓单上未明确记载储存期限的，保管人可以随时请求存货人在合理期间内提取仓储物，存货人在合理期间不提取的，保管人同样可以行使提存权。

（三）必须催告存货人或仓单持有人在合理的期限内提取

催告是保管人提存仓储物的必要条件。催告的内容应该包括告知存货人或者仓单持有人仓储物储存期限已经届满的事实，同时催促及时提取或者采取处置措施。只有经过催告而仍不提取仓储物，保管人才可以提存仓储物。如果没有经过催告，或者催告后存货人或者仓单持有人在合理期限内提取仓储物的，保管人不得提存仓储物。在此情形下，保管人只能按照逾期提货而要求存货人或者仓单持有人增加给付仓储费。

至于本条规定的合理期限，需要根据仓储物的性质、数量、储存场所、债权人提取的难度等，遵循诚信原则加以确定。

（四）提存须依法定程序

一般来说，首先，应由保管人向提存机构提交提存申请书。在申请书上应当载明提存的理由，标的物名称、种类、数量，以及存货人或提单所有人的姓名、住所等内容。其次，保管人应提交仓单副联、仓储合同副本等文件，以证明保管人与存货人或仓单持有人的仓储合同关系。最后，保管人还应当提供证据证明自己催告存货人或仓单持有人提货而对方没有提货，该批货物无法交付的情形。提存机构对申请提存的材料进行审查，认为符合提存条件后，应对仓储物实施提存行为。提存后，提存人应向保管人出具提存证书，该证书的效力等同于清偿受领证书。

上述条件必须同时具备。

（五）提存后保管人的通知义务

本法第572条规定，标的物提存后，债务人应当及时通知债权人或者债权人的继承人、遗产管理人、监护人、财产代管人。虽然第916条并没有规定保管人提存后的通知义务，但是鉴于本法提存制度作为提存的基本法律制度，应适用于本法所规定的提存业务，故保管人在提存后应根据该条规定履行及时通知义务。在提存后，保管人应及时通知存货人或者仓单持有人。

提存之后产生提存机构和存货人或仓单持有人之间的法律关系。比较法上多准用保管合同的规定处理。在我国的法律实践中也可以此处理。

三、提存的法律效力

本条仅仅规定保管人有权提存，对于提存后的法律效力则没有规定。因此，需要结合本法的相关规定确定提存后的法律效力。

（一）发生债务清偿的效力和仓储物风险转移的效力

本法第557条规定，债务人依法将标的物提存，债权债务终止。第571条第2款规定，提存成立的，视为债务人在其提存范围内已经交付标的物。因此，在保管人将仓储物交给有关提存机关提存，从提存有效成立之日起，存货人或仓单持有人与保管人之间的权利义务关系归于消灭，视为保管人已经交付了仓储物，使保管人免于债务不履行的责任。本法第573条则进一步规定，标的物提存后，毁损、灭失的风险由债权人承担。因此，在保管人提存仓储物后，标的物毁损、灭失的风险应由存货人或仓单持有人承担。

（二）存货人或仓单持有人与提存机构产生法律关系

保管人应当在仓储物提存后通知存货人或者仓单持有人可以随时向提存机构领取货物。在提存成立后，存货人或者仓单持有人与提存机构发生新的权利义务关系。存货人或仓单持有人享有对提存标的物请求领取的权利，同时又有支付提存所需的必要保管费用的义务。

（三）保管人的取回权

根据本法第574条第2款规定，债权人领取提存物的权利，自提存之日起5年内不行使而消灭，提存物扣除提存费用后归国家所有。该款还规定，债权人未履行对债务人的到期债务，或者债权人向提存部门书面放弃领取提存物权利的，债务人负担提存费用后有权取回提存物。关于提存人取回权的规定，是本法在《合同法》规定基础上新增加的内容。根据该条规定，如果提存之后5年内，存货人或仓单持有人未主张提存物的权利，或者书面放弃领取提存物权利的，且存货人或仓单持有人对保管人负有债务的，则保管人在负担提存费用后，有权取回提存物。

【审判实践中应注意的问题】

提存作为审判实践中债务人消灭债务、免于承担债务不履行责任、转移风险的方式，虽然现行合同法体系有明确规定，但是在实践中发挥的作用有限。就仓储合同关系而言，在现行我国立法确定提存机构为公证机构的情况下，公证机构较之于仓储经营人而言，往往并不具有专业的仓储能力。而就仓储物的提存而言，其系由仓储经营人和提存机构之间形成保管关系。因此，仓储物的提存，交由非专业从事仓储的公证机构来实施，显然会对“仓储物”带来保管上的毁损、灭失风险，也可能不具备仓储条件，就此而言，原则上仓储物应归属于不适于提存的情形。由此，根据本法第570条第2款规定：“标的物不适于提存或者提存费用过高的，债务人依法可以拍卖或者变卖标的物，提存所得的价款。”在存货人或仓单持有人经催告后不提取标的物的，则原则上应适用拍卖或者变卖标的物以提存价款的提存方式。对此，需要有关司法机关在出台司法解释时深入研究，或者由提存机构在总结实践经验基础上进行积极探索。

第九百一十七条 储存期内，因保管不善造成仓储物毁损、灭失的，保管人应当承担赔偿责任。因仓储物本身的自然性质、包装不符合约定或者超过有效储存期造成仓储物变质、损坏的，保管人不承担赔偿责任。

【条文主旨】

本条是关于保管人承担赔偿责任的规定。

【条文理解】

本条与《合同法》第394条相比较有三点修改：一是将“储存期间”修改为“储存期内”；二是将“损害赔偿责任”修改为“赔偿责任”（这两处修改并未改变本条规定的实质含义）；三是将“因仓储物的性质、包装不符合约定或者超过有效储存期造成仓储物变质、损坏的”修改为“因仓储物本身的自然性质、包装不符合约定或者超过有效储存期造成仓储物变质、损坏的”。

仓储保管合同中，保管人并不享有保管物的所有权，因此，在仓储期限届满之后，应当负有返还仓储物及其孳息的义务。由于仓储系保管人的专业行为，因此对于仓储物储存期内因保管不善造成的仓储物毁损、灭失，保管人应当承担赔偿责任。在现代仓储实践中，合理化储存是仓储业的重要问题之一，从法律制度角度研究仓储问题也是如此。合理化储存在法律上即为保管人尽妥善保管义务，使存货人实现物之储存与保管目的的储存方式。

适用本条要求保管人承担赔偿责任，应当符合以下条件：第一，保管人有保管不善的行为。保管不善，就是指保管人没有尽到善良管理人应尽的义务来保管仓储物。例如，保管人没有提供相应的保管设备、没有针对特殊保管物采取特殊的保管措施等。第二，因保管不善造成仓储物毁损、灭失。保管人保管不善的行为直接导致了仓储物的毁损、灭失，两者之间存在因果联系。如果仓储物的毁损、灭失是其他原因造成的，则保管人不负责任。如仓储物超过有效储存期，仓储物的包装不符合约定。第三，保管人不具有法定或约定的免责事由。因此，理解本条首先需要明确保管人的妥善保管保管物的义务，只有在保管人违反该义务造成保管物毁损、灭失时，保管人承担赔偿责任。进一步，如果由于因仓储物本身的自然性质、包装不符合约定或者超过有效储存期造成仓储物变质、损坏的，保管人不承担赔偿责任，这是法定的免责事由。

一、妥善保管的义务

本条规定“储存期内，因保管不善造成仓储物毁损、灭失的”，蕴含的前提为保管人违反了妥善保管义务造成仓储物毁损、灭失。虽然本章并未规定保管人负有妥善保管仓储物的义务，但是依据本章第918条关于“本章没有规定，适用保管合同的有关规定”，在适用“保管人应当妥善保管保管物”时，首先需要研究保管人妥善保管保管物义务的内涵。

（一）保管人具备必要的仓储条件

具备法定的资格和保管条件，是保管人履行其妥善保管义务的前提。仓储合同和保管合同的区别就在于在仓储合同中，保管人必须是具备仓储设备，并专门从事保管业务的人。其不仅需要具备从事仓储业务的资格，而且要有一定的仓储场所和仓储设备，适合于保管仓储物。在大陆法系的一些国家中，仓储人提供的场所如果不适合标的物的存放，则被认为具有过错。例如，在法国法上，如果保管场所不适合物的保管，保管人无法证明是因寄存人的过失而造成保管物毁损、灭失，保管人应就保管物的毁损、灭失负责。对于储存有特殊要求的物品的，则需要具备储存该特殊物品的条件。如本法第906条第3款

（《合同法》第383条第3款）规定："保管人储存易燃、易爆、有毒、有腐蚀性、有放射性等危险物品的，应当具备相应的保管条件。"这就要求，对于危险物品的保管，法律规定了特别的保管条件，应当符合法律规定的条件。

（二）亲自实施保管行为

在一般的保管合同中，法律都要求保管人应当亲自保管，不得擅自将保管物交给第三人。在仓储合同中，存货人之所以选择特定的保管人进行保管，是基于对保管人的设备、技能和专业经验的信赖，因此更加注重保管人的主体情况，更加需要保管人亲自保管。[①]将仓储物交由第三人保管，可能会加大仓储物毁损、灭失的风险，同时也可能导致保险公司拒绝赔付，从而不利于维护存货人的利益。

鉴于保管人所签发的仓单还具有物权凭证的属性，故在以仓储营业的仓库中存储的动产物品，往往不能基于占有即所有的原则推定为保管人所有，对此交易相对人原则上应知悉；而一旦保管人将仓储物交由非仓库保管，则可能发生动产占有即所有的权利外观，从而对存货人产生重大的权利失去风险。因此，未经存货人的同意，保管人不得将仓储物转交他人保管。任意更换保管人，就有可能使得存货人的这种信赖落空，从而有损存货人的利益。

（三）妥善保管：善良管理人义务

在仓储合同中，对仓储物的保管的方式、方法、人员等，大多由法律法规或合同约定，这构成了对其营业资格的特定要求。因此，虽然原则上保管人需要负担善良管理人的注意义务，但是此种注意义务应与其营业所需要的注意义务保持一致。对此，需要专门探讨。

二、仓储营业人的善良管理人注意义务

债务人所应尽的注意，民法理论根据程度的不同确立了三种不同的注意义务：一为普通人的注意义务。欠缺普通人的注意，构成重

① 林诚二：《民法债编各论（中）》，中国人民大学出版社2002年版，第291页、第293页。

大过失。二为与处理自己事务为同一的注意义务。违反此种注意义务，即为具体轻过失，也称主观的轻过失。三为善良管理人的注意义务。违反此种义务即为抽象轻过失，也称客观的轻过失。近代民法倾向以债务人对抽象轻过失负责为原则。对此，虽然可以准用保管合同的规定，要求保管人负担善良管理人的注意义务，而当其违反善良管理人的义务时，则需要承担违反妥善管理义务的责任。但是需要注意的是，由于仓储营业人系以保管物品为营业，故相对于保管合同的保管人而言，其所负担的注意义务应更高，而不能等同于保管人的注意义务。对此，（2017）最高法民再112号民事判决认为，根据当事人约定的动产质押监管协议，质押监管人除一般监管义务外还应对质物负有谨慎、妥善管理的义务，应尽最大可能确保质物安全、完好。监管人未履行义务导致质物丢失的，应承担质物损失的赔偿责任。就此而言，考察仓储营业人的善良管理义务，需要根据仓储行业的管理水平来确定，一定程度上该管理水平更类似于专业管理的义务。比如，《国家粮油仓库管理办法》第10条规定："粮油仓储单位应当及时对入库粮油进行整理，使其达到储存安全的要求，并按照不同品种、性质、生产年份、等级、安全水分、食用和非食用等进行分类存放。粮油入库（仓）应当准确计量，并制作计量凭证。"显然，这种要求与一般保管合同有区别，仓储更强调该类仓储的专业性。因此，储存油类，需要防止油品泄露；储存粮食，需要确保粮食具有通风、防潮的条件。而根据《国家粮油仓库管理办法》第7条规定，在仓储营业人储存粮油时，不具备相应储存场所和条件的，则应认为其违反了善良管理人的义务。

三、保管人承担赔偿责任的归责原则

我国合同法体系对违约责任采纳以严格责任为主的归责原则。对于本条规定的"因保管不善"造成保管物毁损、灭失的，究竟属于严格责任，还是属于过错责任，不无探讨余地。

本书认为，鉴于本条规定保管人承担赔偿责任的要件之一为"保

管人因保管不善”，则对于该保管不善应定位于过错责任。主要理由有以下几个方面：其一，从本条的文义来看，只有保管人在履行保管义务时存在保管不善导致标的物毁损、灭失时，才需要承担赔偿责任。而未规定在保管人保管期内，只要发生保管物毁损、灭失，保管人即需要承担责任的严格责任原理。其二，本条同时规定，因仓储物本身的自然性质、包装不符合约定或者超过有效储存期造成仓储物变质、损坏的，保管人不承担赔偿责任，从反面说明如果仓储物变质、损坏的原因非保管人的原因造成的，则保管人不需要负担责任，佐证本条保管人的过错责任性质。其三，本条规定的责任规范为赔偿责任，而按照赔偿以“过错”为责任基础的原则，除非法律特别规定损害赔偿为严格责任的情形外，其他的损害赔偿责任原则上应为过错责任原则。其四，与比较法上的仓储业实践保持一致。比较法上，对于仓储营业人，多要求其履行善良管理人的义务。当然，比较法上需要由仓储营业人证明其履行了善良管理人的义务。例如，《日本商法典》要求，仓储营业人必须以善良管理人的注意来保管接受寄托的物品，如果仓储营业人不能证明自己或自己的雇佣人对寄托物的保管履行了必要的注意义务，就必须对寄托物的灭失或毁损负损害赔偿责任。其五，我国实践中对于仓储营业人的损害赔偿责任也多认同为过错责任。在作为人民法院典型案例的扬州市燃料总公司诉江苏省邳州市汽车运输公司偿还结欠的中转、仓储的煤炭纠纷案中，法院认为：“储存期间，因保管人保管不善造成仓储物毁损、灭失的，保管人应当承担损害赔偿责任。仓储合同关系合法有效，仓储合同双方当事人确定保管人过错导致仓储物毁损、灭失的，存货人要求保管人承担赔偿责任的，人民法院应予支持。”[①]

① 法信网：http：//wenshu.faxin.cn/wenshu/page/detail.html？uniqid=C662254&type= case_gist&token=xHBM%2bsqOh47G4iMLKk6IG6og6u8DJmAJl9gOHwEJxO%2f%2fC4mle4e9Vg%3d%3d&backurl=http：//www.faxin.cn/，2020年4月20日访问。

四、保管人的免责事由

本条确立了法定的免责事由，主要包括两种具体情形：一是因仓储物本身的自然性质、包装不符合约定造成仓储物变质、损坏。例如，存货人交付的货物本身是不符合约定的、腐烂变质的货物，即使采取了必要的、合理的措施，也无法避免其变质。因此，对于该批货物在保管期内由于自身性质原因导致的腐烂变质，保管人不应当承担责任。二是保管物超过有效储存期造成仓储物变质、损坏。货物本身可能有其特定的储存期，如果存货人超过该期限储存货物，则应当自行承受货物超过储存期的损失。此外，如果发生不可抗力（如地震、海啸等）导致仓储物的毁损、灭失，以及因存货人的行为导致仓储物毁损、灭失（如存货人未告知保管货物的特殊性而导致损失）等，保管人也不承担责任。

【审判实践中应注意的问题】

一、本条的证明责任

虽然将本条保管人的赔偿责任定位于过错责任，但是，上文已经提及，鉴于仓储人以保管物为营业，故相较于保管合同的保管人而言，应更强调其保管物上的专业要求。因此，根据《民事诉讼法》第64条规定和《民事诉讼法司法解释》第91条的规定，在出现保管物毁损、灭失情形时，应由保管人提供证据证明，其履行了妥善保管义务，仍然不能避免毁损、灭失的发生；或者由其提供证据证明，存在本条由于仓储物本身的自然性质、包装不符合约定或者超过有效储存期，造成仓储物变质、损坏。对此，保管人不承担赔偿责任。

二、保管人的善良管理人义务：专业注意义务

在一般保管合同中，区分有偿无偿而确定不同的注意程度。对于

有偿的保管合同，其注意义务的标准也是善良管理人的注意义务标准。在大陆法系的民商分立国家，保管合同中保管人的注意义务认定采普通民事主体的标准，而仓储合同中保管人的注意义务认定则采商人的标准，因此，仓储合同中保管人的注意义务标准更高。我国《民法典》虽然采民商合一的立场，但是，毕竟仓储合同中的保管人所从事的保管活动具有专业性，而且，仓储合同中存货人要支付仓储费，仓储费的标准往往要高于一般保管中的保管费，所以，仓储合同中保管人应尽的注意义务显然应当超出一般人的标准。在具体认定仓储合同中保管人的注意义务时，应当在善良管理人的基础上再加上行业通常水平的标准，即判断保管人是否尽到了仓储行业的注意义务，要以该行业的一般水平来加以判断。如果未尽到本行业的善良管理人的保管义务，则应承担相应的责任。

三、保管人防止损害发生和扩大的减损义务

在任何情况下，保管物遭受损害之后，无论引发损害的原因是保管人或是第三人，保管人都应当尽量避免损害的扩大。即保管人应采取合理措施，避免和减少各种不必要的损害，无论此种损害是由保管人或保管人的雇员，或是第三人还是其他外在的原因所造成。

第九百一十八条 本章没有规定的，适用保管合同的有关规定。

【条文主旨】

本条是关于仓储合同补充适用保管合同的法律规定。

【条文理解】

从仓储制度产生和发展的历史来看，仓储制度是由于其经营规则中的个性成分越来越多，而逐渐从一般保管中分离出来的制度。仓储制度的目的依然在于对仓储物的保管，只不过仓储是更为专业的物的堆积保管。在《合同法》出台之前，我国关于仓储行为使用的概念基本是“仓储保管”，且在当时对仓储行为规范的《经济合同法》和《仓储保管合同实施细则》中，均以“仓储保管”的名称对之进行规范。这说明，就仓储合同保管物品这个义务特征来说，其和保管合同基本上是一致的。围绕保管义务的履行，可以认为保管合同系关于保管行为的一般性规定，而仓储合同是一类特殊的保管合同，因此在法律适用上，则有一般原则和特殊规范的适用问题。我国《合同法》第395条规定，对于仓储合同章未加规定的，可以适用保管合同章的有关规定。本条承继了《合同法》的上述规定。因此，对于仓储合同没有规定的规定，可以适用保管合同的有关规定。本条主要规定保管合同对仓储合同的补充适用问题，因此，需要在对保管合同和仓储合同进行比较的基础上加以适用。

一、保管合同与仓储合同的比较

与保管合同为民事合同不同，仓储合同自其诞生之日，即为商人之间交易交往所采用的合同形式，因此，其更加强调合同的商事特性，更加注重商事规则的适用。

保管合同，又称寄托合同、寄存合同，是指双方当事人约定一方当事人保管另一方当事人交付的物品，并返还该物的合同。《民法典》第888条延续了《合同法》第365条关于保管合同的概念的规定："保管合同是保管人保管寄存人交付的保管物，并返还该物的合同。"其中，保管物品的一方称为保管人或受寄托人，其所保管的物品为保管物；交付物品保管的一方称为寄存人或寄托人。保管合同为实践、不要式、双务合同，以无偿为原则，以特殊约定为例外。仓储合同是保管人储存存货人交付的仓储物，存货人支付仓储费的合同。仓储合同在性质上属于商事合同，保管人须为有仓储设备并专门从事仓储保管业务的营业人。仓储合同为诺成、双务、有偿、不要式合同。

（一）保管合同与仓储合同的相同之处

第一，二者的合同目的相同。二者的特征性目的都是为他人物品提供保管行为并予以返还。就此而言，在保管期间或者储存期间届满，保管人都应当妥善保管保管物。

第二，二者均为不要式合同。保管合同为不要式合同，以寄存人对保管物的实际交付为成立要件，并不要求当事人必须采取特定形式。有观点认为，仓储合同为要式合同，必须采取书面形式。但是，鉴于我国现行法律并未规定仓储合同应采用特定形式，且《民法典》第905条规定仓储合同自保管人和存货人意思表示一致时成立，这说明仓储合同为不要式合同。至于仓储合同的保管人在接受储存的货物时应当给付存货人仓单或其他凭证，这仅仅是确认存货人享有权利的凭证，而非要求仓储合同必须采取特定的形式。

第三，二者均为双务合同。双务合同与单务合同区分的标准在于合同的双方当事人在享有合同权利的同时，是否需要负担一定的义务。即使是在无偿的保管合同中，寄存人仍须负担支付保管人为保管所支出的必要费用的义务，寄存人还负担及时领取保管物的义务。因此，保管合同是双务合同。仓储合同的当事人双方于合同成立后互负给付义务，保管人须提供仓储服务，存货人须给付报酬和其他费用，双方的义务具有对应性。所以，仓储合同为双务合同。

第四，二者均需移转标的物的占有。在保管合同中，移转标的物的占有是合同的成立要件；不移转标的物的占有，则保管人无法履行保管义务。在仓储合同中，存货人亦得向保管人移转标的物的占有，否则，保管人无法履行其保管义务。

第五，二者都要求保管人给付保管凭证。在保管合同中，除非当事人另有约定，寄存人向保管人交付保管物时，保管人应当向寄存人出具保管凭证，该保管凭证是证明保管关系存在的凭证。在仓储合同中，存货人交付仓储物的，保管人应当给付仓单或入库单，这是仓储合同保管人的一项合同义务。

第六，寄存人或存货人就保管物的瑕疵或特殊性质有说明义务。根据本法第893条（《合同法》第370条）规定，在保管合同中，寄存人交付的保管物有瑕疵或者按照保管物的性质需要特殊保管措施的，寄存人应当将有关情况告知保管人。根据本法第906条（《合同法》第383条）规定，在仓储合同中，储存易燃、易爆、有毒、有腐蚀性、有放射性等危险物品或者易变质物品，存货人应当说明该物品的性质，并提供有关资料。

第七，当寄存人或存货人不支付报酬或必要费用时，保管人有留置保管物的权利。根据留置权的规定，在债权人基于债务牵连关系占有债务人的动产时，债权人可以留置债务人的财产。因此，根据留置权成立的要件，寄存人未按照约定支付保管费以及其他费用的，保管人对保管物享有留置权，但当事人另有约定的除外（本法第903条，《合同法》第380条）。上述留置权的适用原理也适用于仓储合同。当然，根据本法第918条规定，有关仓储合同的法律条款中没有规定的，适用保管合同的有关规定。因此，对于保管人的留置权，保管合同的规定自适用于仓储合同。

第八，保管人得亲自履行保管义务和不得使用或许可第三人使用保管物的不作为义务。本法第894条规定保管人不得将保管物转交第三人保管，但当事人另有约定的除外（《合同法》第371条）；本法第895条规定保管人也不得使用或者许可第三人使用保管物，但当事人另有约定的除外（《合同法》第372条）。仓储合同作为典型的商事合同，更加注重保管人的资质，因此，仓储合同的保管人更应遵守以上保管人义务的规定。

第九，保管人在特定情形下的通知义务。在保管合同中，在出现寄存人寄存的保管物因查封扣押等原因导致权利可能受损，或者自然原因可能会发生变质或者损害（或危险）的情形时，保管人应当及时通知寄存人。在仓储合同中，在储存的仓储物出现危险或发现有变质或者其他损坏，危及其他仓储物的安全和正常保管时，保管人有义务及时通知存货人或仓单持有人，催告其采取必要的措施或作出必要的处置。

第十，保管人的返还义务是相同的。在保管合同期限届满或终止时，保管人应及时返还保管物。合同没有规定保管期限的，保管人可以随时返还，寄存人也可以随时要求返还。在寄存人要求返还或保管人要求返还保管物时，应当将原物和孳息一并返还。在仓储合同中，对储存期限没有约定或者约定不明确的，存货人或仓单持有人可以随时提取仓储物；保管人也可以随时请求存货人或仓单持有人提取仓储物，但应当给予必要的准备时间。储存期限届满，存货人或者仓单持有人应当凭仓单提取仓储物。

第十一，保管人承担责任的归则原则相同。在这两类合同中，保管人承担责任的基础都是保管人存在过错，但是因保管合同的有偿无偿，保管人承担责任的条件有所不同。当保管合同是无偿合同时，保管人仅就故意或重大过失造成保管物毁损、灭失的，承担赔偿责任；而当保管合同是有偿合同时，保管人对于因一般过失造成保管物毁损、灭失的，也应当承担赔偿责任。在仓储合同约定的储存期内，因保管人保管不善造成仓储物毁损、灭失的，保管人应当承担赔偿责任（本法第917条，《合同法》第394条）。在仓储合同履行中，保管人应当尽到善良管理人的义务。

（二）保管合同与仓储合同的区别

虽然保管合同与仓储合同有上述的相同之处，但是二者作为不同的有名合同，其自然存在差异。而仓储合同独立于保管合同的差异，恰是仓储合同之所以能够独立为一类有名合同的原因。

第一，二者对保管人的资质要求不同。保管合同作为民事合同，立法对保管人的资质条件并无特殊要求。而仓储合同作为典型的商事合同，作为保管存货的保管人，其以仓储物为营业，因此只能是仓库营业人。与国际上各国对仓储业的高度重视不同，目前我国尚无统一的仓储业管理办法。就实践中的仓库营业经营主体来看，既可以是法人，也可以是个体工商户、合伙或其他组织。但无论何种主体从事仓储业，均必须具备一定的资格，即具有仓储设备和专门从事仓储保管业务；对于储存易燃、易爆、有毒、有腐蚀性、有放射性等危险物品的，则应当取得相应的资质，具备相应的储存条件。

第二，保管合同原则上是无偿合同，而仓储合同是有偿合同。在我国，保管合同是社会成员相互之间提供帮助或服务部门为公民提供服务的一种形式，以无偿为原则；但当事人也可以约定保管为有偿合同（本法第889条，《合同法》第366条）。而仓储经营人作为商人，营利性是其营业的要求。仓储经营人为存货人提供仓储物的储存和保管服务，要有相应的对价，存货人必须为仓储经营人的上述行为支付报酬即仓储费。仓储营业的营利性决定了仓储合同的有偿性。本法第904条规定："仓储合同是保管人储存存货人交付的仓储物，存货人支付仓储费的合同。"

第三，二者的成立生效要件不同。保管合同是实践合同，其成立不仅须有当事人双方的意思表示一致，而且须有寄存人将保管物交付给保管人占有的行为。寄存人交付保管物的行为是保管合同的成立要件，这在我国《合同法》第367条中予以规定，本法第890条则延续了该条的规定。上文已经说到，鉴于仓储经营人为商人，营利为其经营目的，故应将仓储合同定位于诺成合同，而不能定位于要物合同；只要合同双方当事人的意思表示一致，该仓储合同即告成立并生效（《合同法》第382条，本法第905条延续该规定）。

第四，保管人有无验收义务不同。在保管合同中，保管人对即将交付给其保管的物品没有验收义务。比如，在寄存业务中，保管人只需要完好将寄存物品返还即可，至于寄存物品所包括的物品腐烂则往往不需要保管人承担责任。而在仓储合同中，保管人应当按照约定对入库仓储物进行验收。保管人验收时发现入库仓储物与约定不符的，应当及时通知存货人。保管人验收后，发生仓储物的品种、数量、质量不符合约定的，保管人应当承担赔偿责任（本法第890条，《合同法》第384条）。在保管人未对仓储物进行验收即签发仓单的情况下，则推定仓单所载明的货物真实存在，不存在品种、质量和数量瑕疵。当然，在存货人有故意或者重大过失的情况，则需要依据相关法律规定处理。

第五，仓储合同的保管人有容忍义务，保管合同的保管人则无。仓储合同的保管人的容忍义务是指保管人根据存货人或仓单持有人的要求，应当同意其检查仓储物或者提取样品。在存货人或仓单持有人请求对仓储物为一定的保存行为时，保管人除非有正当理由，应予准许。保管合同则无该规定。

第六，二者对存货人逾期提取保管物的处理不同。在仓储合同中，存货人或者仓单持有人逾期提取仓储物的，应当加收仓储费；提前提取的，不减收仓储费。储存期限届满，存货人或者仓单持有人不提取仓储物的，保管人可以催告其在合理期限内提取，逾期不提取的，保管人可以提存仓储物。保管合同则没有该规定。

第七，在保管凭证的流通上二者存在区别。仓单除了是证明当事人之间保管关系存在的凭证外，还是存货人或仓单持有人提取货物的物权凭证，并可以背书转让。因此，仓单具有很强的流通性，且可以成为担保物权的标的。保管合同的保管凭证则不具有流通性，其不可以成为担保物权的标的。

二、保管合同对仓储合同的补充适用

本条延续了《合同法》第395条的规定。根据本条规定，对于保管合同的一般性规定，在仓储合同缺乏规定时，可以补充适用于仓储合同中。

（一）保管人得亲自履行保管义务和不得使用或许可第三人使用保管物的不作为义务

本法第894条规定："保管人不得将保管物转交第三人保管，但是当事人另有约定的除外。保管人违反前款规定，将保管物转交第三人保管，造成保管物损失的，应当承担赔偿责任。"本法第895条规定："保管人不得使用或者许可第三人使用保管物，但是当事人另有约定的除外。"

仓储合同作为商事合同，应由仓储经营人来履行仓储行为的义务。因此，存货人多注重仓储经营人的主体资格、仓储场所和方法、经验。自此角度而言，应更加注重存货人对仓储经营人主体的选择。另外，还需要注意的是，仓储物品多为大宗交易的动产，基于该动产的流动性，如果允许保管人将保管义务委托第三人履行或者交由第三人使用该仓储的物品，则将给存货人带来重大的交易风险。例如，在储存粮食的储存行为中，存货人合同约定应将粮食储存于专业经营的粮库；如果保管人将粮食转存到普通商业主体的仓库中，则可能由于保管人不具有保管粮食的特定粮库条件而使得粮食出现变质的情形。更为重要的是，在粮食作为一种普通动产的情况下，如果交由非仓储主体保管，则在由非仓储主体占有时可能产生被作为非仓储主体的财产而被查封、扣押、处分的重大风险。由此，在合同未约定的情况下，应该严厉禁止保管人将合同义务交由第三人履行或者许可第三人使用保管物。

（二）保管人按照约定在保管场所或者使用约定方法保管的义务

本法第892条规定，保管人应当妥善保管保管物。当事人可以约定保管场所或者方法。除紧急情况或者为维护寄存人利益外，不得擅自改变保管场所或者方法。保管合同如此规定的目的在于保护寄存人的利益，避免给寄存人带来不利。仓储合同作为商事合同，如果改变场所或者方法，除了可能导致仓储物变质、损坏，还可能给存货人增加交易成本、带来提取货物的不利，引发纠纷。

另外，如果保管人将本应储存在其仓库的物品储存在第三人的普通场所，除了可能由于储存场所条件不够给标的物带来毁损灭失的风险加大之外，还可能直接影响到该存货的所有权归属所带来的风险。例如，在非仓库场所储存的物品，其占有人可能将该物品对外出售，这对于买受人来说，较容易受到善意取得的保护。但是，如果在以仓储为营业的仓库储存，则对于交易相对人来说，其需要考察交易对象是否有提取该货物的仓单物权凭证。在交易相对人未尽到该核实义务时，对其善意的考量则较其他占有的考察更为复杂。具体而言，仓储业作为商业经营的业务，仓库经营人原则上需要根据存货人的要求保管物品，以确保该物品与仓单所标识的物品相符。因此，在以仓库为经营业的仓储经营业务中，根据仓单的签发和仓储合同的约定，往往可以确定特定仓库中的物品的所有权归属。但是，如果保管人违反将物品特别存储的约定，将作为普通动产的物品与其他保管人的物品共同混合存放，则一定程度上很难对仓储标的物特定，由此带来的交易风险则增大。

对于仓储合同的保管人来说，违约擅自改变仓储的保管场所和方法，均构成合同的不履行；而根据该合同不履行的程度，存货人则可以行使相应的救济权利。

（三）保管费用的支付期限

本法第902条规定，有偿的保管合同，寄存人应当按照约定的期限向保管人支付保管费。当事人对支付期限没有约定或者约定不明确，依据本法第510条的规定仍不能确定的，应当在领取保管物的同时支付。仓储合同作为特殊的商事性的保管合同类型，其以有偿为其特征。因此，上述保管合同关于保管费的规定，自有补充适用的空间。因此，如果存货人和保管人有约定保管费支付期限的，则应按照合同约定；如果当事人对支付期限没有约定或者约定不明确，依据本法第510条的规定仍不能确定的，应当在领取仓储物的同时支付。

（四）保管人的留置权

本法第903条规定，寄存人未按照约定支付保管费以及其他费用的，保管人对保管物享有留置权，但是当事人另有约定的除外（《合同法》第380条）。该留置权的规定系基于债权债务的牵连关系，在《合同法》中所作的规定。对该留置权的适用，可根据本法关于留置权的相关规定适用。因此，即使没有保管合同的留置规定，根据留置权的规定，也可得出该结论。当然，根据本法“有关仓储合同的法律条款中没有规定的，适用保管合同的有关规定”的规定，自可以将保管合同的留置规定适用于仓储合同中。因此，二者的保管人在一定条件下都对保管物享有留置权。当然，需要注意的是，本条留置权可以针对存货人提取仓储物时行使，也可以针对仓单持有人提取仓储物时行使。

【审判实践中应注意的问题】

一、仓单背书转让的受让人不能对抗保管人的留置权

需要注意的是，仓储合同不同于保管合同之处之一是，仓储合同当事人可以通过仓单背书转让的方式转让提取仓储物的权利。根据仓储合同的约定，保管人对存货人有请求支付仓储费的权利，由此，在存货人为债务人的情况下，可根据本法规定，债权人有权留置所占有的债务人的财产。在仓单背书转让的情况下，仓储物的所有权已经产生变动，由此，如果根据本法物权编的规定，保管人只能留置与其有合同关系的债务人的资产，则不可以留置已经转移到第三人那里的仓储物，这样的结论显然是不合理的。因此，根据本条规定，可以适用保管合同保管人可以留置保管物的规定。保管人也可以留置已经发生

物权变动的仓储物，这是适用本条能够得出的结论。

二、保管人检验义务的履行

根据本法第907条规定，保管人应当按照约定对入库仓储物进行验收。保管人验收时发现入库仓储物与约定不符合的，应当及时通知存货人。保管人验收后，发生仓储物的品种、数量、质量不符合约定的，保管人应当承担赔偿责任。本条虽然约定了保管人的验收义务及瑕疵通知义务，但是在法律适用上，本条的验收并没有具体明确验收的时间以及保管人违反瑕疵通知义务的规定。由此，本法买卖合同章关于质量检验的相关规定具有一定的参考适用价值。

第一，验收期限的准用。本法第621条关于买卖合同的货物检验期限规定有准用的价值。即在保管人对仓储物进行验收时，如果当事人约定验收期限的，则保管人应当在验收期限内将标的物的数量或者质量不符合约定的情形通知存货人。当事人没有约定检验期限的，保管人应当在发现或者应当发现标的物的数量或者质量不符合约定的合理期间内通知存货人。

第二，违反瑕疵通知义务的法律后果。如果保管人怠于通知的，视为标的物的数量或者质量符合保管合同的约定。

第三，货物质量推定符合约定原则。本法第623条规定："当事人对检验期限未作约定，买受人签收的送货单、确认单等载明标的物数量、型号、规格的，推定买受人已经对数量和外观瑕疵进行检验，但是有相关证据足以推翻的除外。"这对于仓储合同也具有借鉴价值。即如果保管人已经向存货人签发了仓储物入库单，或者签发了仓单，则该入库单或者仓单所载明的仓储物数量、型号、规格均应推定已经验收。

三、保管合同不适用于仓储合同的规定

根据本法第890条规定，保管合同为要物合同，因此，合同以交付保管物始成立。能否根据本条规定，补充适用于仓储合同？对此，

答案是否定的。本法第904条规定，仓储合同是保管人储存存货人交付的仓储物，存货人支付仓储费的合同。本法第905条规定，仓储合同自保管人和存货人意思表示一致时成立。这说明本法关于仓储合同的规定已经明确其为诺成合同，而非要物合同。因此，根据特殊规定和一般规定的适用原则，应优先适用仓储合同为诺成合同的规定。保管合同关于保管合同为实践（要物）合同的规定，则不能补充适用于仓储合同。

第二十三章　委托合同

第九百一十九条　委托合同是委托人和受托人约定，由受托人处理委托人事务的合同。

【条文主旨】

本条是关于委托合同概念的规定。

【条文理解】

委托合同又称委任合同，是指当事人双方约定一方委托他人处理事务，他人同意为其处理事务的协议。其中，委托他人为自己处理事务的人称为委托人，接受委托的人称为受托人。

委托合同一章基本保留了《合同法》第21章的内容，除个别条文修改外，并未作大幅调整，但要注意本法关于委托类合同体例编排和适用规则发生了一些变化。行纪、中介衍生于委托，委托合同、行纪合同、中介合同均属委托类合同。在体例编排上，《合同法》将这三类合同并列规定，同时明确了行纪、中介可参照适用委托合同的有关规定。而《民法典》与《合同法》稍微不同，在委托合同之后、行纪合同之前增加了物业服务合同一章。之所以如此编排，是因为物业服务合同也具有委托合同的特性。《民法典（草案）》（第一审议稿）曾有关于物业服务合同可参照适用委托合同的有关规定。后来，考虑到物业服务合同尽管具有委托合同的特性，也具有承揽合同的特性，属于混合型合同，不宜笼统规定物业服务合同参照适用委托合同的有关规定，因此删去了《民法典（草案）》第733条关于“参照适用”的规定。但基于种种考虑，立法编排并未进行调整。这种立法过程值得我们在审理物业服务合同纠纷时予以考量。另外，在委托类合同中，还有一个立法变化：将行纪合同、中介合同对委托合同规定的“适用”调整为“参照适用”。以行纪合同为例，《合同法》第423条规定：“本章没有规定的，适用委托合同的有关规定。”而《民法典》第960条规定：“本章没有规定的，参照适用委托合同的有关规定。”之所以对适用规则进行调整，是因为尽管行纪、中介衍生于委托，但二者作为独立的合同类型，有着各自特殊性，且实践中发现行纪合同、中介合同中没有规定的并非一律都能适用委托合同的相关规定，有调整之必要。具体内容详见《民法典》第960条释义。

要正确理解和适用委托合同规定，必须准确把握其特征：

第一，委托合同的标的是劳务。委托合同是由受托人处理委托人事务的合同，本质上是一种提供劳务的合同。理论上，提供劳务的合同又可划分为行为之债和结果之债。委托合同属于行为之债的范畴，受托人只需按照委托人的指示，以达到一定目的之方向提供劳务，除当事人有明确约定外，并不负有必须完成某种工作成果或者将委托事务办理成功的义务。另外，从劳务的效果归属上，受托人在委托权限内办理受托事务等同于委托人自己的行为，受托人只为委托人的利益谨慎、勤勉地提供劳务，而劳务的效果由委托人承受。

第二，委托合同具有人身信赖性。一般认为，信赖关系是委托类合同特别是委托合同得以成立的前提条件之一。委托人之所以选任受托人为自己处理事务，并承担受托人处理委托事务之后果，是基于对受托人的办事能力和人品信誉的了解，充分相信受托人能够处理好委托事务。受托人之所以接受委托，也是基于对委托人的信任，愿意为委托人服务并相信自己能够处理好委托事项。一定意义上说，相互信任是维系委托关系的基石。若任何一方不再信任对方，可以行使任意解除权（《民法典》第933条），终止委托关系。当然，这种信赖关系并不限于熟人之间的信任，还包括对专业主体资质或者能力的信任。特别是随着商品经济的不断发展，有偿委托关系日益增多，专业服务行业日益成熟，当事人之间建立委托关系，更多出于追求利益最大化的考量，信赖关系更突出表现为委托人对专门从事某项劳务服务的机构或者人员专业资质和能力的信任。

第三，委托合同可以有偿，也可以无偿。在起草《合同法》时，立法机关认为，委托合同是否有偿，应以当事人双方根据委托事务的性质与难易程度协商决定，法律不作强制规定，委托合同可以无偿，也可以有偿。在起草《民法典》过程中，依旧秉持此种态度。在条文设计上，一方面，并未将“报酬”规定在委托合同的定义中，这与行纪合同（有偿）和中介合同（有偿）的概念有明显区别，体现了委托合同可为无偿合同；另一方面，在第 928 条中规定了委托人应当按照约定支付报酬，体现了委托合同亦可为有偿合同。同时，在第 929 条和第 933 条明确规定了有偿委托合同和无偿委托合同的相关内容。按照本法立法设计，如果双方当事人对报酬无约定且按照交易习惯不需支付报酬的，应认定为无偿委托合同；双方当事人约定报酬或者按照交易习惯应当支付报酬的，应认定为有偿委托合同。值得注意的是，“费用”与“报酬”是不同的，一般而言，报酬的支付与事务的处理具有对价关系，是否约定报酬是判定委托合同是否有偿的关键。但费用是受托人处理委托事务所要正常支出的，与事务的处理并非对价关系，故委托人预付费用并不影响合同有偿或无偿的性质。区分无偿委托合同和有偿委托合同的法律意义在于：一是受托人在处理委托事务时所负注意义务的程度不同；二是一方在行使任意解除权时赔偿损失的范围不同。与《民法典》规定不同的是，罗马法以及《德国民法典》（第 662 条）中的委任合同以无偿为特征，以区别于雇佣、承揽。《法国民法典》（第 1986 条）、《瑞士债法》（第 394 条）、《日本民法典》（第 648 条）均将委托合同界定为“以无偿为原则，以有偿为例外”。

第四，委托合同为诺成、不要式和双务合同。当事人双方意思表示一致，委托合同即可成立，并不以物之交付或者行为之履行为要件，故委托合同为诺成合同而非实践合同。判断合同是否属于要式合同，关键看条文对合同的成立是否明确规定了特定形式，而本章并未对委托合同成立作特殊规定，故委托合同系非要式合同，可通过口头约定成立。关于委托合同是单务合同还是双务合同，存在一定争议。目前实务界通说认为，委托合同系双务合同。但也有观点认为，关于委托合同之单务或双务性应根据无偿或有偿性来具体确定，有偿委托合同为双务合同，无偿委托合同为单务合同。[①]从《民法典》规定看，无论委托合同是否有偿，委托人均负有向受托人预付处理委托事务费用的义务，受托人均负有向委托人报告委托事务、亲自处理委托事务、转交委托事务所取得财产等义务。因此，委托合同应为双务合同。

本条中还有一个核心概念——“事务”。委托事务的范围，直接决定了委托合同的适用范围，必须准确把握。当前，关于“事务”范围的规定，主要有两种立法例：一是将事务限定于法律行为，将非法律行为事务的委托规定为“准委任”，《日本民法典》采此立法例[②]。二是不限定事务的范围，事务既包括法律行为，也包括准法律行为和事实行为。《德国民法典》采此立法例。本法同于后者，没有将事务限定于法律行为，而是采广义范畴。但这并不意味着所有事务均可委托。一般而言，法律特别规定或者依事务性质不得他人代为处理的事务，受托人不得处理。这主要体现在如下三个方面：一是法律明确规定不得委托他人办理的事务，如设立遗嘱、进行结婚登记等。二是具有较强人身属性的事务，如履行演出合同等。三是违背公序良俗或法律所禁止的事务，如贩卖毒品、行凶杀人等。由于委托事务之禁止与代理之禁止存在交叉，为便于理解，可参考本书关于代理部分的相关

① 史尚宽：《债法各论》，中国政法大学出版社2000年版，第385页；林诚二：《民法债编各论》，中国人民大学出版社2007年版，第164页；邱聪智：《新债法各论》，中国人民大学出版社2006年版，第145页。

② 《日本民法典》第643条规定：“委任因一方当事人委托相对人为法律行为，相对人对此承诺而发生效力。”第656条规定：“本节的规定，准用于非法律行为的事务的委托。”

内容。

准确理解委托合同，还需要厘清其与《民法典》第163条委托代理的区别。首先，委托合同是委托人与受托人的双方合意，属债法范畴，强调当事人之间的内部关系；委托代理是代理人基于被代理人的委托授权以被代理人的名义为法律行为，属代理制度范畴，强调代理人与第三人和本人的三方关系。其次，有委托合同，未必有委托代理权。委托合同是委托代理权产生的基础法律关系，但仅有委托合同，并不一定产生委托代理权。原因有两个：（1）委托事务不仅包括法律行为，还包括事实行为，当委托事务为事实行为时，不会产生委托代理权；（2）即使委托的事务是法律行为，要想产生委托代理权，还需有代理权的授予。代理权的授予是产生委托代理权的直接原因，它与委托合同等基础法律关系密切相关，但并非履行委托合同的附属性法律效果[①]，而是被代理人的单方法律行为，不需要代理人作出同意的意思表示即可产生委托代理权。最后，有委托代理权，未必有委托合同。委托代理权来源于代理权的授予，这种授予可能是基于委托法律关系，也可能是基于其他基础法律关系（如合伙），甚至也可能没有基础合同而只有代理权之授予。

【审判实践中应注意的问题】

委托合同纠纷是实践中较为多发的纠纷类型，近年来，案件量有逐年上升的趋势。实务中，在认定合同性质时，要注意以下几个

① 在罗马法以及《法国民法典》中，委任与代理是混为一体的，代理被视为委任合同的履行，代理人所为法律行为之效力归属于本人，被视为委任合同的附属性法律效果。1866年，德国学者拉邦德（Laband）在《代理权授予及其基础关系之区别》一文中，从实证法上的“经理权”出发，对委任和代理权授予的差异性进行了阐述，倡导对委任与代理进行分离，被誉为“法学上的发现”。受此理论影响，大陆法系开始了有别于罗马法和《法国民法典》的立法设计。1896年颁布的《德国民法典》首创了代理制度，将代理作为一种抽象的单方法律行为，置于总则部分“法律行为”章节，实现了委任与代理在法律制度层面的分化。随后，1896年《日本民法典》、1911年《瑞士债务法》、1942年《意大利民法典》等均将二者进行了区分，将代理置于民法总则或合同法总则，而将委任置于合同法分则。我国《民法典》从之。

问题：

一、注意委托合同与承揽合同的正确区分

委托合同与承揽合同都是提供劳务的合同，委托合同中的受托人和承揽合同的承揽人都是按照他人的要求完成一定任务。二者非常相似，有的观点认为，承揽亦是一种委托。实践中，区分委托合同和承揽合同，着重关注如下区别：第一，合同标的不同。委托合同中受托人的义务是处理委托人的事务，注重的是处理事务的过程而非为结果。而承揽合同注重的是工作成果，如果承揽人不能依约提交工作成果，一般要承担违约责任。第二，是否有偿不同。委托合同可以是有偿合同，也可以是无偿合同，根据双方当事人约定或依交易习惯确定是否有偿。而承揽合同一般为双务、有偿合同，定作人获得工作成果需要支付报酬。第三，风险承担不同。委托合同中受托人办理委托事务的风险与责任由委托人承担。而承揽合同中，承揽过程中由承揽人占有承揽标的并承担相应的责任与风险，承揽人通过交付工作成果获得报酬，转移风险负担。第四，合同解除权不同。委托合同中，委托人和受托人双方均可以随时解除合同。而承揽合同中，只有定作人可随时解除合同。

二、注意委托合同和行纪合同的正确区分

委托合同与行纪合同均属委托类合同，行纪衍生于委托，因此，正确分清二者界限尤为重要，否则容易导致错误适用。两者的相同点主要体现在：都是以提供劳务作为合同标的；都是以当事人双方的信任为基础；都是以处理一定事务为目的。两者的主要区别在于：第一，主体的资质要求不同。委托合同对合同双方当事人没有特殊要求，当事人不必是专门从事贸易活动的，可以是一般的自然人，也可以是法人或者非法人组织；而行纪人一般是专门经营为他人从事贸易活动的人，应当取得从事某种行纪行为的特定资质，其开业和经营原则上需要经过国家有关部门的审批或者登记。第二，适用范围存在不

同。委托合同的适用范围较宽，既可以适用于贸易等法律行为，也可以适用于事实行为；而行纪合同适用范围较窄，主要适用于贸易等法律行为。第三，处理事务的名义不同。委托合同的受托人处理事务既可以用委托人名义，也可以用自己的名义；而行纪合同的受托人只能以自己的名义处理委托事务。第四，处理事务的法律关系不同。在委托合同中，受托人大多以委托人的名义与第三人订立合同，该合同可以对委托人直接发生效力；而行纪人接受委托人的委托后，以自己的名义与相对人订立买卖等合同，与行纪合同是相互独立的两个合同，委托人与第三人之间不发生直接的法律关系。第五，是否有偿不同。委托合同既可以是有偿合同，也可以是无偿合同，是否有偿由当事人自行约定或者按照交易习惯确定；而行纪合同是有偿合同。第六，处理委托事务的费用负担不同。在委托合同中，受托人处理委托事务的费用由委托人负担，而且委托人还应当预付该费用；而行纪合同中，处理委托事务支出的费用由行纪人负担，除非当事人另有约定。

三、注意委托合同与中介合同的正确区分

和行纪一样，中介也衍生于委托。实务中，对二者区分要把握以下几点：第一，合同主体资质不同。委托合同对合同双方的资质没有要求。法律虽然对自然人之间的中介主体也并无特别要求，但对特殊的交易要求中介人必须具有相应的能力、知识或资格，有的还需要获得相应的行政许可。第二，法律地位不同。委托合同中的受托人在处理委托事务时，有权在委托权限范围内独立进行意思表示，不管受托人以谁的名义，均系受托人直接和第三人签订合同。而中介合同中，中介人只能如实传达双方的意思表示，中介人不介入委托人与第三人所签订的合同关系之中，只处于一个中介服务人的“中间人”地位。第三，委托内容不同。委托合同中，委托内容包括法律事务，也包括经济事务和单纯的事实行为；而中介合同中，中介人的服务内容包括为委托人报告订约机会或提供媒介服务。第四，费用收取不同。委托合同可以有偿，也可以无偿，受托人为处理委托事务而支付的合理费

用须由委托人承担。而中介合同一般为有偿合同，中介人的中介行为没有取得成功的，中介人不能取得约定或规定的报酬，但可以要求委托人支付从事中介活动支出的必要费用。

四、准确界定其他“委托”合同的性质

关于行纪、中介等委托类合同参照适用委托合同的规定，前文已经提到，不再赘述。司法实践中，存在很多名称中包含“委托”的无名合同，在定性时要注意，并非凡是包含“委托”二字的合同都是委托合同，必须根据合同双方当事人所约定的权利义务内容来确定。例如，当事人就商铺、产权式酒店等订立的委托经营合同，不应一概定性为委托合同。如果“委托”合同明确约定委托人将商铺、房屋交由受托人经营，经营收益和风险均由受托人承担，受托人支付固定金额的“租金”或“投资回报”的，应认定为租赁合同；如果“委托”合同约定委托人将商铺、房屋交予受托人经营，经营收益和风险均由委托人承担，委托人支付一定的报酬给受托人的，则可以认定为委托合同。当然，还有很多“委托”合同，既包含委托合同性质，又兼具买卖、建筑工程等合同性质，属混合合同。

第九百二十条 委托人可以特别委托受托人处理一项或者数项事务，也可以概括委托受托人处理一切事务。

【条文主旨】

本条是关于委托权限的规定。

【条文理解】

根据委托事务范围的不同，可将委托分为特别委托和概括委托。依照本条规定，特别委托是指双方当事人约定受托人为委托人处理一项或者数项事务的委托。一般而言，涉及处分委托人重大利益的，如不动产处分、赠与、诉讼和解、撤诉、提起上诉等行为，一般需要特别委托，以防止受托人权限过大而损害委托人的利益。概括委托，是指委托人将其一切事务委托给受托人处理。所谓"一切事务"并非委托人的全部事务，而是与委托事务相关的一切可能发生的事项，这些事项的具体内容的授权和处理不须委托人的另行同意或指示。概括委托是一种较为笼统的事务委托，特别委托与概括委托的区别不在于委托事项的件数或个数，而在于委托事务的具体化程度。采取何种委托形式，当事人可根据需要、委托事务的性质以及双方的信赖程度、合作时间的长短等确定。

【审判实践中应注意的问题】

一、委托事项对委托合同效力的影响

委托合同约定的委托事项应当具有合法性，当委托事项涉嫌违法时，即使双方当事人对委托事项没有争议，人民法院也应依职权审查。委托事项种类繁多，人民法院在对委托事项进行合法性审查时，应当综合委托合同的内容和目的审查委托事项是否违反法律、行政法规的效力性强制性规定，是否违背公序良俗。对于委托事项超过公司、企业经营范围的，不影响委托合同效力，但违反国家限制经营、特许经营以及法律、行政法规禁止经营规定的除外。

二、委托合同对事务处理权限约定的对外效力

根据合同的相对性，委托合同对事务处理权限的约定只对双方当事人有约束力。但当事人违反事务处理权限时，对外效力如何呢？当事人对事务处理权限的违反有两种情形：一是双方约定委托人将委托事务全权交由受托人处理，委托人自愿限制或放弃其自身处理委托事务（法律行为）的权利，如委托人未遵守约定，自行处理委托事务（法律行为），则该处理行为有效，亦不构成无权处分，但该处理行为导致受托人利益受到损害的，可以追究委托人违约责任。二是双方约定了受托人处理事务的权限但并未授予受托人代理权。受托人在尚未取得代理权的情况下，以自己名义与第三人签署合同，该合同有效，但效果不及于委托人；以委托人的名义签订合同，合同效力按照无权代理的相关规定认定。

第九百二十一条 委托人应当预付处理委托事务的费用。受托人为处理委托事务垫付的必要费用，委托人应当偿还该费用并支付利息。

【条文主旨】

本条是关于委托人应当预付费用、偿还费用并支付利息的规定。

【条文理解】

本条对《合同法》第398条的个别文字进行了修改，将“委托人应当偿还该费用及其利息”修改为“委托人应当偿还该费用并支付利息”。利息作为孳息，用“支付”更为准确。

以义务发生的根据不同，可将合同义务划分为约定义务和法定义务，其中，约定义务是合同当事人根据意思自治原则协商确定由一方承担的义务；法定义务是不管当事人在合同中是否约定，均对合同当事人产生约束力的义务。

在委托合同中，当事人可自由约定双方的权利义务关系，只要不违反法律、行政法规的强制性规定，不违背公序良俗，不损害国家和公共利益，当事人约定的义务即为有效。同时，本编通则分编规定了所有合同当事人均需遵守的义务，例如通知、协助、保密等附随义务，并在典型合同中规定了委托合同这一有名合同，针对该类合同的特征在法律层面给当事人设定了义务，这些法定义务均直接约束委托合同的双方当事人。在委托合同中，委托人和受托人均存在法定义务。就委托人而言，其法定义务主要包括预付和偿还委托费用的义务、承受委托法律效果的义务、不得擅自重复委托的义务、对意外风险所致损害的赔偿义务等；而就受托人而言，其法定义务主要包括依委托人的指示处理委托事务的义务、亲自处理委托事务的义务、报告义务、披露义务、转交财产的义务以及基于诚信原则产生的信义、保密义务等。

本条为委托人设定了义务，明确了费用的负担规则。法律不苛求受托人在执行委托事务时遭受财产上的牺牲，故委托人在委托合同中有负担费用之义务，具体而言：一是预付费用的义务；二是偿还必要费用并支付利息的义务。正确理解本条，重点关注以下三点：

第一，委托人预付处理委托事务的费用。正如前文所述，费用不同于报酬。费用是处理委托事务过程中需要支出的正常花费，比如，差旅费用、有关财产的运输费用、仓储费用、交通费用、邮寄费用以及物的消耗等。费用的支出系为了委托人的利益。无论委托合同是否有偿，委托人都负有预先支付费用的义务。对于预付费用的金额，可由双方协商确定，也可由委托人根据事务办理需要预估确定。委托事务办理过程中，受托人发现预付费用不足以支付办理委托事宜所需的，受托人可以要求委托人补足。受托人在不遭受财产之损失的同时，亦不能通过费用而获益，故事务处理完毕后，如果预付的费用没有用完，受托人应将之返还委托人。

第二，委托人偿还必要费用的义务。由于受托人处理委托事务的费用应当由委托人预付，受托人不负有垫付之义务，故对于受托人垫付的费用，委托人应当偿还。关于必要费用，应按照如下标准判定：（1）密切关联性。受托人垫付的费用应当与所处理的委托事务密切相关，与委托事务无关的费用支出，属于受托人自己的消费，应予以排除。（2）支出合理性。受托人所垫付的费用是处理委托事务所必需支出的，否则会导致委托事务无法顺利进行。（3）适当性。受托人对于垫付的费用应尽到善良管理人的义务，采用适当的方式处理事务。一般而言，在有可供选择的处理方式时，尽量选择经济性方式；但因事态紧急，需要临时选择费用较高的方式时，如该费用支出与所获利益相适当，则属必要；如该费用的支出远超所获利益，则属非必要，应当按照通常费用来认定必要费用，对于超出的部分，委托人不负偿还义务。

第三，委托人支付利息的义务。由于受托人无垫付费用的义务，故受托人垫付费用后，委托人应当支付受托人自垫付之日起所垫付费用的利息。支付的利息如何计算？笔者认为，当事人双方在委托合同中对利率有约定且合法的，应按约定计算；没有约定或者约定不明确的，应当按照法定利率计算。

在世界范围内，各国和有关地区的民事法律规范基本上都规定了委任人的预付义务和偿还垫付义务，如《德国民法典》第669条规定："委托人应当根据请求向受托人预付执行委托所必需的费用。"第670条规定："受托人以执行委托为目的而支出其得依情事认为必要的费用的，委托人负有偿还义务。"《日本民法典》第649条和第650条第1款、我国台湾地区"民法"第545条和第546条也作了类似规定，同时还对利息支付义务予以明确。上述立法例有两个共同特点：一是都规定了受托人的预付请求权，即：委托人应当根据请求向受托人预付执行委托所必需的费用。这种立法设计与本条不一致，本条侧重为委托人设定义务，至于委托人是主动支付费用，还是根据受托人之请求支付费用，不作限定。二是没有规定"当事人另有约定的除外"。不仅仅是采委任"无偿"的德国，即使是"可约定有偿"的日本和我国台湾地区，亦没给当事人意思自治留下空间。这与本条的精神一致。之所以强调这一点，是因为本法在征求意见过程中，有观点认为，本条应该修改为："委托人应当预付处理委托事务的费用。受托人为处理委托事务垫付的必要费用，委托人应当偿还该费用并支付利息。但当事人另有约定的除外。"修改的因素主要考虑有二：（1）基于合同自由原则以及对当事人意思自治的尊重，可以用但书的形式规定在当事人另有约定时费用安排的例外；（2）在有偿委托合同中，受托人因委托合同受有利益，双方可以约定，不预付费用而通过报酬的方式支付给受托人。但立法机关最终还是保留了《合同法》的规定，未作修改。

【审判实践中应注意的问题】

一、关于另行约定费用负担的效力

实践中，很多有偿委托合同对处理委托事务的费用另行进行了约定，甚至还有当事人约定有“风险性受托”条款（如律师事务所的风险代理），由受托人承担“处理委托事务的费用”，如果实现预期效果，则获得高额报酬。对于上述当事人另行约定费用负担的合同条款，是否有效呢？

笔者认为，本条中“委托人应当预付处理委托事务的费用”不应理解为效力性强制规范。一方面，该规定虽有“应当”二字，但并无强制之意图，其目的主要是使委托人负有预付义务，确保受托人之财产不因处理委托事务而受损，而并非要影响委托合同效力；另一方面，当事人双方关于处分自身合法权益的约定，并不损害第三人及社会公共利益，无须对当事人之约定作否定性评价。肯定这种约定的法律效果，既是尊重当事人意思自治的体现，也回应了社会现实需要，对于促进我国经济发展和优化营商环境具有重大意义。

二、受托人挪用费用是否构成不适当履行

对于委托人预先支付的费用，受托人在处理委托事务过程中，可能并未全部用于所处理的事务，对于受托人将这笔预付费用挪作他用的行为，是否构成不适当履行呢？以民福公司与住总公司一般委托合同纠纷上诉案[①]为例，委托人住总公司预付给受托人处理委托事务的费用9000余万元，在诉讼中，住总公司主张，民福公司仅将住总公司支付的上述费用中的一小部分用于住总公司项目，其余部分用于支

① 参见最高人民法院（2011）民一终字第72号民事判决书。

付民福公司自己开发的土地项目及运营经费，该事实是导致合同解除的原因。对于这个问题，笔者认为，委托合同是否适当履行应当以受托人是否完成委托事务来进行判断，委托人所支付的费用是否全部用于办理委托事务，不能作为判断合同是否适当履行的标准。除非合同中明确约定委托人支付的费用必须用于某一用途，或者该费用的挪用将客观影响委托事务进展甚至导致委托事务无法完成，否则委托人以受托人挪用费用为由主张法定解除，不予支持。

第九百二十二条　受托人应当按照委托人的指示处理委托事务。需要变更委托人指示的，应当经委托人同意；因情况紧急，难以和委托人取得联系的，受托人应当妥善处理委托事务，但是事后应当将该情况及时报告委托人。

【条文主旨】

本条是关于受托人应当按照委托人的指示处理委托事务及变更指示的规定。

【条文理解】

本条与《合同法》第399条相比，仅作为一处文字修改，即：将“但”修改为“但是”。

所谓指示，是委托人就事务处理的方法、形式、时间、地点或过程等，对受托人所为的表示，其性质为意思通知，而非意思表示。[①]受托人办理的系委托人的事务，在委托人有明确指示的情况下，受托人应当遵循委托方的意愿办理委托事宜。委托人关于处理委托事务的指示，可以在委托合同订立时作出，也可以在委托事务处理过程中作出。委托人可根据情况随时变更指示，对于委托人就同一事项有不同指示的，应当遵循就近原则，以最后一次指示为准。

但在委托事务的处理中，存在着一种紧张关系：一方面，委托人为事务处理效果的承受者，委托人的指示必须得到执行，这是受托人的首要义务；另一方面，受托人在执行委托事务时为了委托人之利

① 邱聪智：《新订债法各论》，中国人民大学出版社2006年版，第158页。

益，需要具有一定的独立性，即“思考性遵从”。如何协调这种紧张关系，以实现委托事务的妥善处理，这正是本条所要解决的问题。

准确理解本条，关键要把握变更指示。本条中的变更指示，蕴含了两个层次：一是指示的变更；二是指示的背离（即受托人自行变更）。按照本条规定，委托人的指示存在不利于委托事务的妥善办理或因与实际情况不符而无法实施等情形，受托人需要变更委托人指示的，应当及时和委托人沟通联系，在经委托人同意后方可变更指示。也就是说，即使委托人的指示明显有损于委托人的利益，受托人也应当获得委托人的同意方可变更指示，旨在防范受托人按照自己的意思任意行事。只有特殊情况下，受托人方可背离指示（自行变更指示）：（1）情况紧急。处理委托事务过程中，客观情况发生突变，如按照委托人指示已难以妥善处理委托事务，且有损害委托人利益之虞。（2）难以和委托人取得联系。受托人受制于客观条件，不能联系或者联系不上委托人。（3）得推定符合委托人本意。即：如果委托人知道该紧急情况，亦会同意如此变更。如不能推定符合委托人本意，则受托人不得自行变更指示，否则应承担违约责任。举例说明：甲委托乙赴某地采购柑橘，并明确指示：“无论如何，必须采购该地的柑橘。”而乙到该地后发现，恰逢该地遭受虫灾，柑橘收成不好，而附近其他地方有较好的柑橘，且价格相当，因无法和甲取得联系，故乙背离指示而采购了附近其他地方的柑橘。其实，甲在委托乙处理该事务时早已得知该地遭受虫灾，购买柑橘主要是为实现变相救灾之目的。虽然乙对委托事务的处理是为了甲的经济利益，但甲有明确指示，如背离该指示，不能推定符合委托人本意，故乙违反了按照指示处理委托事务的义务，不能实现妥善处理事务之目的。只有满足上述三个条件，法律才允许受托人自行变更指示。但事后受托人应当将自行变更指示的情况以及整个委托所产生的效果及时报告委托人，否则委托人有权拒绝承受委托后果。

关于变更指示，不同国家和地区的规定不尽相同。如《德国民法典》第665条规定：“受任人依情形可以认为，委任人在知悉事实情况时将会承认背离的，受任人有权背离委任人的指示。受任人应当在背离之前，向委任人做出通知，并且在拖延不会引致危险时，等待其决定。”《瑞士民法典》第397条规定：“委任人就委任事务之处理有指示者，受任人应服从指示，除依情事，有变更指示之必要，但因客观障碍难以取得委任人同意，且可推定委任人若知有此情事亦允许变更其指示外，受托人不得变更委任人的指示。受任人在不具备前款要件的情况下变更指示，致委任人损害者，仅在受任人承担因此而发生的损害时，始得视为受任人已履行委任契约。”我国台湾地区“民法”第535条和第536条也规定了受任人之依从指示义务以及变更指示之限制。上述内容都对变更指示进行了严格限定，特别是在受托人自行变更指示时，都设定了一个条件，即：推定委托人若知有此情事亦允许变更其指示。本条虽未明确规定这个条件，但受托人“应当妥善处理委托事务”中含有此意。

第九百二十三条　受托人应当亲自处理委托事务。经委托人同意，受托人可以转委托。转委托经同意或者追认的，委托人可以就委托事务直接指示转委托的第三人，受托人仅就第三人的选任及其对第三人的指示承担责任。转委托未经同意或者追认的，受托人应当对转委托的第三人的行为承担责任；但是，在紧急情况下受托人为了维护委托人的利益需要转委托第三人的除外。

【条文主旨】

本条是关于受托人应当亲自处理委托事务以及转委托的规定。

【条文理解】

本条对《合同法》第400条进行了如下修改：一是增加了委托人对受托人转委托追认的内容，即：将“转委托经同意的”修改为“转委托经同意或者追认的”；将“转委托未经同意的”修改为“转委托未经同意或者追认的”。二是在最后一句中增加了“第三人”的表述。本条所作修改对照了《民法典》第169条复代理的规定，在赋予委托人追认权的同时，还对个别文字进行修改，使条文前后呼应，表述更加精准。

前文所述，委托合同具有人身信赖性，委托人选择受托人是以对其能力和信誉的信赖为前提，受托人接受委托亦是基于对委托人的了解和为委托人办理委托事务的意愿。这种人身属性就要求受托人应当亲自办理委托事务，不得擅自将自己受托的事务转委托给他人办理。因此，本条设定了受托人负有亲自办理委托事务的义务。实践中，受托人可能基于客观情况变化，或者自身能力缺乏，为妥善处理委托事务、保护委托人利益，有转委托之必要，法律亦允许转委托，但必须符合法定条件。转委托是受托人亲自处理委托事务的例外情况。

转委托涉及多重法律关系，而且还与复代理制度关联，相对较复杂，应正确理解和把握。转委托是指受托人将委托事务的全部或者一部分转委托给第三人处理，法律效果仍归属委托人的情形。在转委托情况下，一般存在两个法律关系：一是委托人与受托人之间的委托合同关系（原委托），另一个是受托人与第三人之间的委托合同关系（转委托）。其中，由受托人选定的第三人称为次受托人。一般而言，转委托具有以下法律特征：第一，受托人以自己的名义选定第三人。转委托是受托人以自己的名义与第三人签订的委托合同，如果是委托人以自己的名义选定第三人，就不构成转委托，而构成重复委托。但受托人将委托事务转委托给第三人后，仍具有受托人身份，并未脱离原委托合同关系，次受托人也不是原委托合同关系的受托人。第二，次受托人的权限不能超过受托人的权限。转委托权是受托人在符合法律规定条件下选择第三人作为次受托人的权利，次受托人处理委托事务的权限直接来源于受托人所享有的委托权限，因此，次受托人的权限不能超过受托人的权限。第三，受托人和次受托人并不是共同受托人。共同委托是指委托人委托两个或者两个以上的受托人共同处理委托事务的委托。转委托是为维护委托人的利益需要由受托人委任第三人处理委托事务，由第三人办理委托事项并直接对委托人负责。因次受托人由受托人以自己名义选任，且次受托人的权限等于或小于受托人的权限，故转委托不同于共同委托。

由于转委托是受托人亲自处理委托事务之例外，依照本条规定，受托人只有符合如下情形之一，方可转委托：第一，委托人同意或者追认。法律之所以限制转委托，是为防止受托人损害委托人利益。如果委托人事先同意受托人转委托，或者事后对受托人转委托行为予以追认，这是当事人意思自治范畴，法律应予尊重，故无禁止之必要。第二，在紧急情况下转委托可以不经委托人同意，但必须是为了维护委托人的利益。何为“紧急情况”？一般认为，由于急病、通讯联络中断等特殊原因，受托人自己不能办理委托事项，又不能与委托人及时取得联系，如不及时转委托他人处理，会给委托人的利益造成损失或扩大损失的，可以认为是“紧急情况”。值得注意的是，在紧急情况下的转委托，委托人事后是否追认，并不影响转委托的效力。

经委托人同意、追认或者紧急情况下的转委托，具有如下法律效果：一是受托人与委托人之间的原委托合同仍然有效，不受转委托合同关系的影响，受托人仍然受原委托合同约束；二是委托人可以就委托事务直接指示次受托人；三是次受托人处理委托事务的效果归属于委托人；四是在转委托事务范围内，受托人仅就次受托人的选任及其对次受托人的指示承担责任，不再承担其他责任。如：受托人选任不适格的次受托人或者对次受托人的指示不当，致委托人损害时，受托人应负损害赔偿责任。

未经委托人同意、追认或者非紧急情况下，受托人擅自转委托的（违法转委托），不能发生转委托之归属效果，受托人应当对次受托人的行为承担责任。在这种情形下，应着重注意以下三点：第一，在委托人与受托人之间，因受托人违反了亲自处理委托事务的义务，构成违约行为，委托人有权解除其与受托人之间的委托合同。一旦解除，次受托人不得再行处理委托事务。但在解除之前，委托人无权阻止次受托人处理事务。[①]第二，在受托人与次受托人之间，转委托合同效力并不受委托人是否同意或者追认的影响，而应按照《民法典》总则编第 6 章第 3 节和合同编第 3 章的规定予以认定，只要不存在影响合同效力情形的，一般认定为有效。第三，受托人对次受托人的行为承担责任。这里的责任，不仅包括因对次受托人的选任不当及其指示不当所造成委托人损害的责任，还包括次受托人在处理委托事务过程中所产生的其他责任。

从世界范围看，关于转委托的规定不尽相同。《德国民法典》第

---

① 崔建远主编：《合同法》，法律出版社 2016 年版，第 444 页；邱聪智：《新订债法各论》（中），姚志明校订，中国人民大学出版社 2006 年版，第 164 页；刘春堂：《民法债编各论》（中），我国台湾地区三民书局 2007 年版，第 162 页。

664条规定了委任的不可转移性以及对辅助人的责任。德国法上的委任系无偿，委任人与受任人之间存在特别的“人身信赖”，因此在将第三人纳入法律关系时，持严格甚至保守的态度。如果受任人在执行委任过程中利用第三人之辅助，则辅助人在执行委任时所为瑕疵给付，受任人必须负责任。2017年，《日本民法典》修订后，在第644条“之二”增加了转委托的规定：“（一）受任人非经委托人许可或者非有不得已的事由，不得选任复受任人。（二）对于授予代理权的委任，受任人选任有代理权的复受任人时，复受任人在其权限范围内，对委任人享有与受任人同样的权利，负担同样的义务。”我国台湾地区“民法”将“习惯”也作为允许转委托的条件，即：经委任人之同意或另有习惯或有不得已之事由者，得使第三人代为处理。

【审判实践中应注意的问题】

一、注意转委托与复代理、无权代理相关规定的衔接适用

首先需要明确的是，委托和代理虽然相互联系，甚至有时相伴而生，但二者实属不同范畴，一定要注意区分。委托合同的功能是通过债的关系为合同双方设定权利义务，一般只束缚委托人和受托人，而不涉及第三人，受托人因处理事务与第三人发生法律关系不在委托合同约束范围之内。而代理的功能是使代理人与第三人进行交往活动的结果直接归属于被代理人，强调的效果归属，而代理人与被代理人之间并不发生债的关系。

在转委托的过程中，当委托事务是法律行为时，转委托、复代理、无权代理经常交织在一起。因此，在适用法律时要注意本条与《民法典》第169条（复代理）和第171条（无权代理）的衔接适用问题。一般而言，对于委托事务是法律行为的转委托与复代理发生的条件一致。经委托人同意或者追认的转委托，一般伴随着委托人对转委托代理的同意或者追认。从合同层面，构成有效转委托；从代理层

面，构成第169条的复代理。此时，次受托人以委托人名义所为法律行为，为有权代理，代理的效果归属委托人（被代理人）。如果是负担行为，则次受托人以委托人名义与相对人签订的债权合同，直接约束委托人与相对人。对于委托人不同意受托人转委托或者对转委托不予追认的，则在代理层面，委托人（被代理人）对受托人（代理人）授予次受托人（复代理人）代理权亦持否定态度，因此，并不构成复代理。在次受托人没有代理权的情况下，以委托人（被代理人）的名义与相对人所签订的合同，按照第171条之规定，在委托人（被代理人）追认前，除表见代理外，对被代理人不发生代理之效果，即：与相对人签订的合同并不约束委托人（被代理人）。相对人可以催告委托人（被代理人）自收到通知之日起30日内予以追认。委托人（被代理人）未作表示的，视为拒绝追认。但委托人（被代理人）虽然未作表示，已经开始履行合同义务或者接受相对人履行的，根据本法第503条之规定，视为对合同的追认。在委托人（被代理人）拒绝追认的情况下，善意相对人有权按照第171条之规定，请求无权代理的次受托人履行债务或者就其受到的损害请求次受托人赔偿。

而在委托人、受托人与次受托人之间的内部关系上，应当按照原委托合同和转委托合同的约定来分别进行处理，委托人与次受托人之间不产生直接的合同权利义务关系。即使是经委托人同意的转委托，虽然次受托人进行外部行为的法律后果应由委托人承担，但次受托人参与该法律行为的原因在于其与受托人之间的转委托关系，除委托人直接指示次受托人的情形外，次受托人并不直接向委托人负责，而是向受托人负责。而受托人作为原委托合同和转委托合同的共同主体，既应对自己向次受托人所作的指示向委托人负责，亦应对自己的指示向次受托人负责，即承担指示所产生的法律后果。

二、转委托中的"追认"并不是对合同效力的追认

在民法中，追认指的是对效力不完备行为的追认，《德国民法典》

把法律行为实施前就已表示的“同意”（Zustimmung）称为“允许”（Einwilligung），而事后追加的同意称为“追认”（Genehmigung）。[①]一般认为，追认是追认权人使效力未定的法律行为发生法律效力的单方法律行为，有追认权的当事人在作出是否追认的意思表示后，不需要相对人作出同意或者不同意的意思表示，即可使效力待定的法律行为确定有效或者无效，因此，追认权应属于形成权。

但是本条中的“追认”以及《民法典》第171条（复代理）中的“追认”，并不是对法律行为效力的追认，而只是对事务处理权转移的同意以及愿意接受相关法律效果的追认。在转委托法律关系中，委托人不追认只是次受托人处理事务的行为对委托人而言不发生法律效力，次受托人的行为责任由受托人承担，但并不影响转委托合同在受托人和次受托人之间的效力。如果委托人追认，表明委托人愿意接受转委托的法律效果，委托人可以就委托事务直接指示次受托人。

把握这一点非常重要，特别是在货运代理行业中，转委托现象非常普遍。如何认定转委托的效力是司法实践中较为常见的问题。司法实践中，有的观点认为未经同意或者追认的转委托合同为无效合同，这不利于保护受托人或者次受托人的利益。作为一种行业需要，有必要承认转委托存在的客观性和合理性。同时，也必须充分保护委托人（货主）的合法权利，使得各方利益的保护力度实现均衡。因此，除非委托人（货主）明确表示同意转委托或者对转委托予以追认，否则转委托对其不产生效力，应作为独立的法律关系处理。

---

① ［德］卡尔·拉伦茨：《德国民法通论》（下册），王晓华、邵建东等译，法律出版社2003年版，第673页。

第九百二十四条 受托人应当按照委托人的要求，报告委托事务的处理情况。委托合同终止时，受托人应当报告委托事务的结果。

【条文主旨】

本条是关于受托人报告义务的规定。

【条文理解】

本条规定的是受托人的报告义务。为了维护委托人的合法利益，受托人在办理委托事务的过程中，应当按照委托人的要求，及时向委托人报告委托事务处理的进展情况、存在的问题和可能的结果，并接受委托人的指示和合理建议。受托人在办理完毕委托事务时，还应当向委托人全面报告委托事务的办理经过和结果，并提交必要的书面材料和相关证明。

具体而言，受托人的报告义务可以分为三类：第一类是在委托事务办理过程中，受托人要根据委托人的要求和指示，随时向委托人报告受托事项的阶段性办理进度；第二类是委托人虽然未指示受托人报告事项办理情况，但依据形势确有报告必要时，如处理事务遭遇困难或发生无法预料的情况等影响委托事务办理的重大事项，受托人也要及时报告；第三类是受托人应于委托合同终止时向委托人报告委任事项处理的情况，详细报告办理委托事宜的过程和结果。受托人因不及时告知委托人情况使委托人利益受有损失的，委托人可要求受托人承担责任。受托人的报告可以口头形式，也可以书面形式，当事人双方有约定的，从其约定。

关于受托人的报告义务，德国、日本以及我国台湾地区都进行了规定，但侧重有所不同。如《德国民法典》第666条规定："受任人有义务向委任人告知必要的情况，依请求告知事务进行的状况以及在委任事务处理完毕之后提出报告。"从上述规定可见，德国对报告义务区分了层次，首先明确不论委托人是否有请求，受任人都有告知必要情况的义务；而对于事务进行的状况，要按照委托人的请求予以报告或答复。与之相比，《日本民法典》的规定有所不同，该法第645条规定："委托人请求时，受任人须随时报告委托事务的处理情况。委托终止后，须毫不迟延地报告其经过或者结果。"可见，日本更侧重委托人请求报告时受托人才有报告义务，但对委托终止后报告义务的及时履行作出了强调。我国台湾地区"民法"则强调受托人的报告义务，而不论委托人是否有请求，我国台湾地区"民法"第540条规定"受任人应将委任事务进行之状况，报告委任人，委任关系终止时，应明确报告其颠末"，这与《法国民法典》第1993条规定的精神一致。

【审判实践中应注意的问题】

实践中，适用本条要注意的是受托人报告义务的法定性，受托人未尽到报告义务的，委托人可以解除委托合同或要求受托人承担违约责任。

一、报告义务的法定性

受托人履行报告义务是委托人获取事项办理情况、据以指示处理委托事务的主要方式，受托人的报告义务是法律规定的法定义务，受托人不能以委托合同没有约定为由不履行报告义务。当然，当事人在订立委托合同时，可以就报告事项的内容、时间、方式作出更加明确具体的约定，这不违背报告义务的法定性。

如果双方当事人对报告事项的内容、时间、方式作出了具体约定，委托人可否在约定之外另行向受托人要求履行报告义务呢？依照本条规定，委托人可以随时要求受托人报告委托事务的处理情况，并且受托人要在委托合同终止时报告委托事务的结果。合同虽然已有明确约定，但并不意味着委托人放弃了法律规定的权利，当然，委托人要求受托人履行报告义务时应尽量不影响受托人办理委托事务。

二、受托人未尽报告义务的责任

本条未规定受托人未尽到报告义务的处理。首先，对于受托人未尽到报告义务尚不足以构成根本违约，但委托人对受托人未尽报告义务不满意的，可以行使任意解除权。其次，受托人未尽到报告义务构成根本违约的，委托人可以行使法定解除权；给委托人造成损失的，可以要求受托人赔偿。最后，报告义务属于受托人的法定义务，也是委托合同中受托人的一项主要给付义务，受托人未尽到报告义务在性质上应认定为违反合同主要义务的违约责任，而非违反附随义务产生的责任。当然，对受托人该违约责任的救济，以赔偿损失为主，因为受托人的报告义务具有人身上的不可替代性，不宜强制要求实际履行。

第九百二十五条 **受托人以自己的名义，在委托人的授权范围内与第三人订立的合同，第三人在订立合同时知道受托人与委托人之间的代理关系的，该合同直接约束委托人和第三人；但是，有确切证据证明该合同只约束受托人和第三人的除外。**

【条文主旨】

本条是关于隐名代理的规定。

【条文理解】

本条保留了《合同法》第402条的内容[①]，但却经历了一个相当激烈的争论过程。由于本条规范的是委托人与受托人及第三人之间的外部关系，突破了委托合同的相对性，与仅规范委托人和受托人内部关系的条款有着明显不同；且在效果归属上，本条又与《民法典》第162条极为相似，均发生代理归属效果。因此，在《民法总则》和《民法典》编纂过程中，关于本条的规范定位和体例编排，观点不一。

一、关于本条的规范定位和体例编排

关于规范定位，有观点认为本条确立的是间接代理制度，[②]有观点

① 20世纪90年代，《合同法》之所以规定第402条和第403条，根源于当时对外贸易的现实需要。当时，我国在改革开放过程中，因外贸经营权以及其他原因，出现了受托人以自己的名义从事贸易代理活动。根据代理制度的原理，适应经济贸易中有关代理的不同要求，兼顾委托人、受托人以及第三人的合法权益，《合同法》借鉴《国际货物销售代理公约》等有关规定，规定了第402条和第403条。参见胡康生主编：《中华人民共和国合同法释义》，法律出版社2013年版，第623页。

② 王利明：《合同法研究》（第3卷），中国人民大学出版社2015年版，第716页。

认为本条是对英美法隐名代理制度的借鉴，[①]也有观点认为本条是直接或者公开代理的特殊形态，还有观点认为本条既不属于间接代理，也不属于隐名代理，在比较法上没有先例[②]。关于体例编排，有观点认为本条与大陆法系的意思表示理论并不冲突，体系上应置于总则的代理部分；有观点认为，本条应继续保留在合同分则中，没有抽象到要在总则中去规定的必要。规范定位是决定体例编排的重要因素，为更好理解本条文，我们先简要介绍一下隐名代理和间接代理。

隐名代理和显名代理相对应。显名代理是指代理人明确地以被代理人的名义实施民事法律行为，该民事法律行为的效力直接对被代理人发生。隐名代理是指代理人以自己的名义实施民事法律行为，但其代理人身份为相对人知悉，在这种情况下，也发生代理的效果，即该民事法律行为的效力直接对被代理人发生。在英美法系，隐名代理和显名代理属于公开代理的范畴，但对此理论界也有不同的认识。在大陆法系，一般坚持代理的“显名主义”原则，有的国家也规定了隐名代理。如《德国民法典》第164条第1款规定，此项表示是否明示以被代理人的名义进行，或者依情形，此项表示是否应当以被代理人的名义进行，并无不同。《日本民法典》第100条规定，代理人未表示为本人而为的意思表示，视为为自己而为。但相对人明知或者可知代理人为本人而为的，准用前一款（代理）的规定。一般认为，大陆法系的隐名代理和显名代理都属于直接代理范畴。

间接代理与直接代理相对应。关于间接代理，也存在争议。有观点认为，所谓间接代理是指代理人以自己的名义从事法律行为，并符合《合同法》关于间接代理构成要件的规定。直接代理是指代理人以被代理人的名义并为了被代理人的利益同第三人为法律行为。[③]也有观点认为，所谓间接代理是两大法系的学者为了进行比较法分析而创

---

① 江平：《中华人民共和国合同法精解》，中国政法大学出版社1999年版，第344页。

② 方新军：《民法典编纂视野下合同法第402条、第403条的存废》，载《法学研究》2019年第1期。

③ 王利明：《合同法研究》（第3卷），中国人民大学出版社2015年版，第716页；崔建远主编：《合同法》，法律出版社2016年版，第447页。

造出来的学理概念，其实大陆法系在立法上并不存在间接代理，大陆法系所谓的间接代理就是行纪，涉及两个合同（行纪合同与行纪实行合同）、三方当事人（委托人、行纪人、第三人），行纪人以自己的名义进行法律行为并承担法律效果，原则上委托人与第三人之间不发生法律关系。①

关于本条的规范定位到底为何？笔者认为，尽管本条和本法第926条最早源于《国际货物销售代理公约》等有关规定，但从代理归属效果看，本条具备代理权要素且客观上充足了代理公开要素，与第162条（显名代理）的代理归属效果相同，唯一区别在于是以代理人名义还是以被代理人名义，因此本条属于直接代理中的隐名代理。对此，立法机关在《民法总则》的制定过程中，也持此态度。立法机关认为，《合同法》第402条实际上规定的是隐名代理，②属于直接代理，而不是间接代理。在间接代理中，代理人以自己的名义来实施民事法律行为，该行为的效力直接在代理人和相对人之间发生，然后再由代理人将取得的权利义务转移给被代理人，因而间接代理不会在被代理人和相对人之间直接设定任何权利义务关系。实际上，间接代理并非真正的代理，不会产生代理的三方关系。《合同法》所规定的行纪就是典型的间接代理。只有在特殊情况下基于法律的特别规定才会发生代理的部分效力（如《合同法》第403条）③。《民商审判会议纪要》第2条（关于《民法总则》与《合同法》的关系及其适用）中，对此问题也有提及，认为本条是属于隐名代理，第926条属于间接代理。

在体例编排上，在《民法总则》制定过程中，关于本条和本法第926条（《合同法》第403条）置于何处的问题，引发了一番争论。有的意见认为，在《民法总则》中仅规定显名代理即可，隐名代理和间接代理应当在《合同法》中作规定；有的意见建议，在《民法总则》

① 方新军：《民法典编纂视野下合同法第402条、第403条的存废》，载《法学研究》2019年第1期。

② 李适时主编：《中华人民共和国民法总则释义》，法律出版社2017年版，第507页。

③ 李适时主编：《中华人民共和国民法总则释义》，法律出版社2017年版，第507页。

中规定显名代理和隐名代理；有的意见建议，《合同法》第403条规定的特殊情形的间接代理也应当在《民法总则》中规定。从《民法总则草案》前面三个审议稿中，我们可以看到，立法机关采纳了第二种意见，对显名代理和隐名代理都作了规定。其中，关于隐名代理的内容规定在《民法总则草案（一审稿）》第142条："代理人在代理权限内以自己的名义与第三人实施民事法律行为，第三人知道代理人与被代理人之间的代理关系的，该民事法律行为直接约束被代理人和第三人，但是有确切证据证明该民事法律行为只约束代理人和第三人的除外。"可见，隐名代理系从《合同法》第402条直接改造而成，将之从《合同法》中拿出，置于《民法总则》部分。但在审议的过程中，体例编排又发生了变化。第十二届全国人民代表大会第五次会议审议《民法总则》时，有的意见提出，隐名代理也没有必要规定在总则中，在《合同法》中规定即可。因此，最后通过的《民法总则》中删除了隐名代理的规定。[①] 这也正是本条没有列入本法总则编，而置于合同编委托合同中的原因。

二、关于本条的适用

根据合同相对性，委托合同对第三人没有约束力，而受托人以自己名义与第三人签订的合同，一般对委托人亦无约束力。但根据本条规定，虽然受托人以自己名义与第三人签订合同，符合下列条件的，该合同直接约束委托人和第三人。

（一）在委托人的授权范围内

受托人必须在委托人授权范围内为法律行为，如果没有获得授权或者超越授权范围，则不符合本条的构成要件。需要注意的是，这里的授权范围，并非合同层面的委托范围或者受托范围，而是代理层面的代理权限范围。实务中，特别是在撰写裁判文书时，要予以注意。

① 李适时主编：《中华人民共和国民法总则释义》，法律出版社2017年版，第508页。

（二）第三人在订立合同时知道代理关系

受托人与第三人签订的合同要约束委托人和第三人，核心要素是第三人知道受托人背后的代理关系。这里的“知道”，应该是“明知”，而不包括“应当知道”。理由如下：首先，“应当知道”属于推定，在隐名代理中，法律不应加重第三人的注意义务。其次，《合同法》第402条在制定之初，继受了《国际货物销售代理公约》第12条和《国际商事合同通则》（PICC）第2.2.3条，但在“知道”的范围上，并未全盘接受上述条文中“相对人知道或者应当知道”的内容，而是限定为“知道”，可见，立法机关有意排除了“应当知道”这一情形。再次，限定第三人“知道”的范围，尽可能控制隐名代理适用范围，防止滥用。关于第三人“知道”的范围和程度，详见下文。另外，在“知道”的时间上，必须是第三人在订立合同时就知道。“订立合同时”，既包括订立合同当时才知道，比如委托人参加了受托人与第三人之间订立合同的过程；也包括订立合同之前就知道，比如多次连续交易中，第三人在订立后面的合同时已经知道了相关代理关系。如果是订立合同的当时不知道，事后才知道，则不适用本条的规定。

（三）没有确切证据证明该合同只约束受托人和第三人

该条件为消极要件，如果有证据证明该合同只约束受托人和第三人，则不允许其他人介入合同的履行和后果承担，此时该合同就只能约束受托人和第三人，而不能直接约束委托人和第三人。关于“有确切证据证明该合同只约束受托人和第三人”的情形，一般认为，主要包括以下情形：第一，受托人和第三人的合同中明确约定，该合同仅约束受托人和该第三人。第二，受托人和第三人的合同中虽然没有明确约定，但依据合同相关条款和相关事实，可以确定当事人仅希望在受托人和第三人之间产生法律拘束力。如在厦门航空开发股份有限公司与北京南钢金易贸易有限公司及第三人厦门市东方龙金属材料有限公司买卖合同纠纷案[①]中，受托人厦门航空公司与第三人北京南钢公司之间购销合同中关于履行地点和履行方式的特别约定以及第三人北京南钢公司知道委托人东方龙公司为该笔交易向厦航开发公司融资的事实，属于本条规定中的“确切证据”。另外，实践中因委托合同产生的法律关系，往往不仅仅涉及委托关系，还可能涉及买卖、借贷以及担保等多重法律关系。如存在多重法律关系时，不能简单适用本条但书前的规定，而应综合考虑全部案情，谨慎权衡，准确认定相关法律关系或者约定是否已经构成“有确切证据证明该合同只约束受托人和第三人”。第三，委托人与受托人明确约定“在发生受托人与第三人之间的纠纷时，由受托人先行承担责任”，且第三人知悉此约定的。本条中“有确切证据证明该合同只约束受托人和第三人的”，与第926条第1款的“但书”内容不同的，第926条侧重于对第三人的保护，而本条并不限于受托人与第三人受合同约束的约定，还包括委托人对代理效果的事先拒绝。

【审判实践中应注意的问题】

在司法实践中，本条和本法第926条被错误适用的情况比较多，应予高度关注。如有的法院在裁判文书中，将本条与本法总则编第162条（显名代理）作为法律依据同时援引，或者将本条与本法第926条（间接代理）同时援引，这些做法都是错误的。尽管本条与本法第162条、第926条均具有关联性，但适用的前提明显不同，不能针对同一事实同时援引上述条文。另外，在适用时还应注意如下问题。

一、隐名代理、间接代理与行纪的衔接适用

由于理论界和实务界对本条和本法第926条的性质认识不一，导

① 参见最高人民法院（2014）民申字第2225号民事裁定书。

致司法审判中对这两条的理解和适用也出现了不一致。但不论从哪种理论体系对二者进行界定，在适用时还是要从条文本身的规范要件以及在《民法典》体系中的功能等角度去把握。

要充分认识《民法典》这种编排的意义。本条（隐名代理）和第 926 条（间接代理）在规范层面具有非此即彼的关联性，即：当第三人在订立合同时知道受托人与委托人之间存在代理关系的，适用本条；第三人不知道代理关系的，适用第 926 条。正是因为这种关联性，这两条一并置于委托合同一章，不仅有利于法的实施，也便于法官找法。

隐名代理和间接代理之间区分度相对较高，难点在于二者与行纪合同之间的区分和衔接适用。三者有很多相似之处：都是受托人以自己的名义进行活动，都存在内外两个合同关系，尤其是对内都是受委托人之委托，在委托人的授权范围内从事一定的行为。但也存在诸多不同：第一，是否需要具备一定的资质条件。行纪人应当取得从事某种行纪行为的特定资质，其经营大多需要经过有关部门的审批或者登记。而隐名代理和间接代理人没有这种资格限制。第二，委托人是否可以直接与第三人发生法律关系不同。隐名代理和间接代理中，委托人可以突破合同相对性，向第三人直接主张权利。而行纪合同中，行纪人以自己的名义与第三人订立合同，行纪人直接享有合同的权利并履行合同的义务，委托人除非接受行纪人的债权让与，否则不会与第三人之间发生直接的法律关系。第三，介入权的性质不同。隐名代理和间接代理中，委托人的介入权是一种形成权，能够直接与第三人发生法律关系。而行纪人的介入权，是指行纪人自己可以作为买受人或者出卖人，直接与委托人发生交易关系，并非形成权。

在三者的规则适用上，尽管本法第 960 条规定了行纪合同参照适用委托合同的有关规定，但参照适用的前提是行纪合同没有相应规定，由于本法第 958 条已经规定了行纪人与第三人订立合同的权利义务，故行纪合同不能适用本条和第 926 条的规定。另外，第 926 条作为间接代理的特殊情形，只有在不适用行纪合同时方能适用。

二、第三人“知道”的范围和程度

在实践中，对“知道受托人与委托人之间的代理关系”应如何认定？即：第三人对代理关系知悉的程度和范围究竟为何？对此问题，争议较大。有观点认为，应当对“知道”作如下限定性的解释：首先，除知道存在代理关系外，还应当知道具体的被代理人，以区别于行纪。其次，应当知道委托授权的内容和期限，确保受托人没有超出委托授权范围。① 有观点认为，按照文义解释，本条所表述的是知道代理关系，这意味着第三人要知道代理事实，至于具体的被代理人，则无须构成第三人必须知道的内容；另外，由于本条将代理人在授权范围内与第三人订立合同作为其适用的构成要件之一，故在解释上可以认为第三人知道的内容不包括授权的内容和权限。② 上述观点之所以差异如此巨大，是因为各自理论对本条的规范定位不同。前一种观点对本条的规范定位是间接代理，因此，为了防止与行纪之间发生混淆，故秉持了“严格标准”；而后一种观点对本条的规范定位是“代理人未公开代理但相对人知情”，强调的是从客观的相对人立场认为受托人具有代理意思。两种观点尽管不同，但在自身理论体系都能自洽。但笔者认为，从司法实践的角度而言，第三人“知道”的范围和程度主要为：第一，第三人要明确知道受托人与委托人之间的代理关系。注意这里是“代理关系”，不是“委托合同关系”。而且有的情况，被代理人和代理人之间可能没有委托合同，而只是代理权的单方授予。第二，第三人要明确知道被代理人姓名或者名称。因为本条与本法第162条均为直接代理，主要区别在于是否以被代理人名义。只有第三人明知被代理人，才能表明第三人有与委托人缔约的内心意思，在受托人以自己名义订立合同的情形下充足隐名代理的要件。第三，不要求第三人必须知道代理的具体内容和权限。首先，从规范要件看，本条中的“在委托人的授权范围内与第三人订立的合同”要件

---

① 王利明：《合同法研究》（第3卷），中国人民大学出版社2015年版，第717~718页。

② 朱虎：《代理公开的例外类型和效果》，载《法学研究》2019年第4期。

是约束受托人的，并不属于“第三人知道”的要件构成；其次，从注意义务看，如果要求第三人必须知道代理的内容和权限，对于第三人提出了过高的注意义务，实践中也难以操作。因此，不要求第三人对此项内容明知。对于第三人知道代理事实，不知道受托人无代理权限的，可以适用本法第171条的规定。对于受托人的行为未被追认，善意第三人也可以依据其与受托人订立的有效合同请求受托人履行债务。但在表见代理问题上，要相对慎重，因为受托人以自己的名义订立合同，并非以被代理人的名义订立合同，所以构成表见代理难度较大。对于不构成表见代理，第三人可依照其与受托人之间的合同向受托人主张权利。

三、第三人知道受托人与委托人之间的代理关系的证明责任

此处讨论的证明责任是在穷尽全案证据仍真伪不明时由哪一方承担举证不能的不利后果。《民事诉讼法司法解释》第91条规定：“人民法院应当按照下列原则确定举证证明责任的承担，但法律另有规定的除外：（一）主张法律关系存在的当事人，应当对产生该法律关系的基本事实承担举证证明责任；（二）主张法律关系变更、消灭或者权利受到妨害的当事人，应当对该法律关系的变更、消灭或者权利受到妨害的基本事实承担举证证明责任。”根据该规定，证明责任分配具有法定性，在理论上采纳法律要件分类说中的规范说，当事人要对对己方有利的主张承担证明责任。[①] 如果委托人主张第三人知道受托人与委托人之间的代理关系，要求该合同对其产生约束力，欲直接向第三人主张合同权利义务，那么应当由委托人证明在合同订立时三人知道受托人与委托人之间的代理关系，否则由委托人承担证明不能的不利后果。如果第三人主张合同直接约束其和委托人，欲向委托人主张合同权利义务，那么应由第三人证明其在合同订立时其知道受托人与委托人之间的代理关系。

① 最高人民法院修改后民事诉讼法贯彻实施工作领导小组编著：《最高人民法院民事诉讼法司法解释理解与适用》，人民法院出版社2015年版，第314~316页。

第九百二十六条 受托人以自己的名义与第三人订立合同时，第三人不知道受托人与委托人之间的代理关系的，受托人因第三人的原因对委托人不履行义务，受托人应当向委托人披露第三人，委托人因此可以行使受托人对第三人的权利。但是，第三人与受托人订立合同时如果知道该委托人就不会订立合同的除外。

受托人因委托人的原因对第三人不履行义务，受托人应当向第三人披露委托人，第三人因此可以选择受托人或者委托人作为相对人主张其权利，但是第三人不得变更选定的相对人。

委托人行使受托人对第三人的权利的，第三人可以向委托人主张其对受托人的抗辩。第三人选定委托人作为其相对人的，委托人可以向第三人主张其对受托人的抗辩以及受托人对第三人的抗辩。

【条文主旨】

本条是关于间接代理的规定。

【条文理解】

本条保留了《合同法》第403条的内容[①]，关于规范定位和体例编

① 20世纪90年代，《合同法》之所以规定第402条和第403条，根源于当时对外贸易的现实需要。当时，我国在改革开放过程中，因外贸经营权以及其他原因，出现了受托人以自己的名义从事贸易代理活动。根据代理制度的原理，适应经济贸易中有关代理的不同要求，兼顾委托人、受托人以及第三人的合法权益，《合同法》借鉴《国际货物销售代理公约》等有关规定，规定了第402条和第403条。参见胡康生主编：《中华人民共和国合同法释义》，法律出版社2013年版，第623页。

排，在上一条的理解中已经涉及，不再赘述。间接代理并非真正的代理，不会产生代理的三方关系，例如行纪。但在特殊情况下，为了交易活动的便捷，减少纠纷，间接代理可以发生直接代理的部分效力，这也正是本条所规定的情形。需要注意的是，本条是间接代理的特殊情形，适用范围要严格把握，不能过于宽泛，否则将对行纪制度造成破坏性冲击。

一、委托人介入权及行使条件

所谓介入权，是指在受托人与第三人的合同关系中，当满足特定条件时，委托人可以取代受托人的地位，介入到原本是受托人与第三人合同关系的权利。一般而言，受托人以自己的名义与第三人订立合同，如果第三人不知道受托人与委托人之间的代理关系的，受托人与第三人之间的合同成立并生效，且根据合同相对性原理，合同只约束受托人和第三人，法律效果也直接归属于受托人与第三人。但在符合本条所规定情形时，委托人可以介入受托人与第三人之间的合同，从而突破了合同的相对性。这种允许委托人介入的理论主要借鉴了英美法系代理制度中的等同论。等同论是英美法系代理制度得以建立的逻辑基础，等同论不分离委托代理与代理授权，也不区分委托人与受托人之间的内部关系，以及受托人（代理人）与第三方的外部关系，而是将受托人的行为视为委托人的行为。在该理论下，受托人的行为效果等同于委托人本人亲自实施的行为，委托人和受托人是一体的，受托人的行为后果由委托人承担。且在第三人原因不履行合同义务的情况下，守约方的利益应当优先得到保护，故应当允许守约的委托人介入。

根据本条规定，委托人行使介入权应满足如下条件：第一，受托人以自己的名义与第三人订立合同。第二，第三人在订立合同时，不知道受托人与委托人之间有代理关系。要注意，这是区分本条和本法第925条的关键。如果第三人在订立合同时，就知道受托人与委托人之间代理关系的，则直接适用本法第925条之规定，合同直接约束委托人和第三人，不存在委托人介入权问题。第三，受托人因第三人的原因对委托人不履行义务。这是委托人行使介入权的必要性标准。如果合同履行顺利，委托人没有必要介入合同，只有因第三人的原因致使合同义务没有履行，委托人才有介入的必要。需注意，受托人不能向委托人履行义务系因第三人原因，而非受托人自身原因。如果是受托人自身原因，则委托人只能依据其与受托人之间的委托合同向受托人请求，而不能向第三人提出请求。例如，第三人已经依约向受托人完成交付货物的义务，但由于受托人保管不善，导致部分货物灭失，则委托人的介入权无法发生。第四，受托人已经向委托人披露了第三人。受托人的披露义务是委托人行使介入权的前提。因为委托人在介入前不是合同的当事人，往往无从知道合同的第三人为谁，只有在受托人披露了第三人，委托人才具备行使介入权的条件。

需要说明的是，无论对委托人还第三人，受托人的披露义务均非法定的强制性义务，受托人不履行披露义务，并不会承担相应的法律责任。实践中，一些受托人特别是商事受托人，真实的交易人或交易对手属于其商业秘密；有些交易，委托人或第三人基于各种原因不愿出现在交易中，强制要求受托人披露可能会给当事人利益带来较大损害。故对于受托人不披露的，不得强制披露。当然，受托人拒绝披露，将造成委托人介入权和受托人选择权无法行使，为保护委托人和第三人的利益，委托人和第三人可向受托人主张相关合同责任。

本条第1款还规定了委托人行使介入权的例外情形，即：第三人与受托人订立合同时如果知道该委托人就不会订立合同的。之所以设定这一限制，主要在于保护第三人的利益，其理论前提是委托人的介入不得明显违背第三人的意愿。第三人作为合同一方当事人，订立合同时的意思表示蕴含了自身预期，法律应对这种意思表示或者预期予以充分尊重，优先维持受托人与第三人之间合同关系的稳定性和预见性。因此，对于“但书”部分所包含的情形，应予扩大解释。具体而言，如下几种情形均属于“如果知道该委托人就不会订立合同”的情形：第一，受托人与第三人的合同中明确约定排除其他人的介入。第二，合同中虽然没有明确约定排除其他人介入，但合同相关条款有默示排除的意思。如：合同中约定的履行对象或者履行方式，只能对受托人为之或者由受托人为之。第三，第三人纯粹是出于对受托人的资信状况、能力等因素的信赖或者考虑到受托人的个人因素而订立合同，如果受托人不作为合同主体，第三人将不会订立该合同。在此要注意，这里强调的是合同的整体利益，而并非部分利益。对于实践中第三人在订立合同时给予受托人的一些优惠或者让利，并不构成合同整体利益的不可让渡性。第四，尽管不符合上述几种情形，但第三人在与受托人订立合同之前，已有明确拒绝与委托人订立合同之事实。

另外，委托人的介入权和第三人的选择权一样，属于形成权，是一种权利。介入权，委托人可以行使，亦可不行使，主要基于委托人对自身利益的权衡。对于委托人行使介入权的，不需要第三人同意。委托人介入后，合同将直接约束委托人和第三人，受托人退出委托合同当事人的地位，委托人承受受托人的合同权利和义务。需要注意的是，委托人的介入权与行纪人的介入权不是同一概念，具体区别详见本编行纪合同的内容。

二、第三人选择权及行使条件

选择权是指受托人因委托人的原因对第三人不履行义务，在受托人披露委托人后，第三人可选择要求委托人履行合同债务，也可选择要求受托人履行合同债务。赋予第三人选择的理论依据一方面是借鉴英美法系代理制度的等同理论，另一方面也是平衡委托人、受托人和第三人利益所需。

根据本条第2款规定，第三人行使选择权需满足如下条件：第一，受托人以自己的名义与第三人订立合同。第二，第三人不知道受托人与委托人之间的代理关系。这两个条件与委托人行使介入权的条件一致。第三，受托人因委托人的原因对第三人不履行义务。如果不是委托人的原因对第三人不履行义务，而是因受托人原因对第三人不履行义务，则第三人只能依据合同的相对性向受托人主张，不得行使选择权。第四，受托人向第三人披露了委托人。受托人向第三人披露委托人是第三人行使选择权的前提条件，否则，第三人只能向受托人主张责任，即披露委托人后第三人才具备在受托人和委托人之间行使选择权的现实可能。

值得注意的是，选择权属于形成权，第三人行使选择权后，合同将直接约束第三人和第三人选择的委托人或受托人，未被选择的委托人或受托人不再是委托合同的当事人。对于选择的相对人，第三人不得变更，即使相对人不能履行合同，只能算作正常的商业风险，由第三人自己承担，不得转嫁。实践中，第三人的选择权可以通过诉讼或者其他方式行使。对于通过诉讼行使的，如果第三人以委托人和受托人中的一人为被告提起诉讼，则意味着第三人已经行使了选择权。无论判决结果对第三人是否有利，第三人不能再以另一方为被告提起诉讼。

三、委托人和第三人的抗辩

根据本条的规定，委托人介入情况下第三人对委托人行使抗辩的范围与第三人行使选择权选定委托人的情况下，委托人对第三人行使抗辩的范围有所差异，即第三人选择委托人时，委托人对第三人不但可以主张受托人对第三人的抗辩，还可以主张其对受托人的抗辩。之所以出现这种差异，主要在于受托人以自己名义签署合同，委托人介入合同后，可以视为取代了受托人的合同地位，第三人对受托人的抗辩可以向委托人主张。而在第三人行使选择权选定委托人的情况下，因为委托人和受托人之间还存在委托合同，基于委托合同存在的抗辩也得向第三人主张。

具体而言，第三人的抗辩权主要包括两个方面：一是第三人对委托人介入权的抗辩，主要依据是本条第1款的但书规定。二是第三人基于与受托人之间的合同所享有的对合同的成立、效力以及合同的履行等抗辩权。委托人的抗辩权也包括两个方面：一是委托人基于委托合同而产生的对受托人抗辩权。比如，委托人已经履行了相应义务，但由于受托人的行为致使未及时向第三人履行。值得注意的是，对于委托人与受托人内部关于“在发生受托人与第三人之间的纠纷时，由受托人先行承担责任”的约定，是否构成对第三人选择权的有效抗辩呢？笔者认为，在委托人不履行义务的情况下，为保护第三人利益，对于当事人排斥第三人选择权的内部约定，不得对抗第三人，否则在间接代理中，第三人的选择权将被架空。二是委托人代替受托人的地位后所取得的受托人对第三人的抗辩权。

本条中的抗辩涵盖可以对抗对方请求的全部正当理由，可以是一种客观的抗辩事实，也可以是一种抗辩权，前者如合同不成立、违约事实不存在、时效届满等，后者如同时履行抗辩权、先诉抗辩权、不安抗辩权等。

【审判实践中应注意的问题】

一、行使介入权和选择权时可否要求受托人一并承担连带责任

笔者认为，委托人行使介入权和第三人选择权时不能要求受托人一并承担连带责任。理由如下：一方面，本条虽然在满足一定条件下突破了合同的相对性，但并未扩展合同的主体范围。介入权和选择权在性质上为形成权，行使的结果是直接约束委托人和第三人、第三人和第三人选定的委托人或受托人，剩余的一方即受托人和未被选择的委托人或受托人不再承担本合同的权利义务，不能要求他们承担连带责任。另一方面，根据《民法典》第178条第3款的规定：“连带责任，由法律规定或者当事人约定。”本条未规定连带责任的适用，受托人以自已的名义和第三人签署合同，也不会约定连带责任问题，故要求受托人一并承担连带责任缺乏依据。

二、委托人行使介入权应审查的几个问题

在案件审理中，对于委托人有效行使介入权的判定，除前文所述的要件外，还要重点审查以下两个问题：

第一，介入人和所谓受托人之间是否存在委托授权。非合同主体要想依据本条的规定介入受托人与第三人之间的合同关系，前提必须是介入人与所谓受托人之间存在真实的委托授权，否则无法产生本条所规定的间接代理效果。仅凭介入人和所谓受托人双方对委托关系的承认，不足以证明委托授权既已存在之事实。按照“谁主张，谁举证”的原则，介入人应对此负证明责任，无法证明存在委托授权的，不能适用本条的规定。

第二，委托人以债权转让方式是否构成介入权的有效行使。介入权的行使必须以明示的方式向第三人主张。司法实践中，存在委托人以债权转让的方式将介入权交由受托人行使的情况。如在上海闽路润贸易有限公司与上海钢翼贸易有限公司买卖合同纠纷一案中，[①]受托人闽路润公司基于委托人兴盟公司委托与第三人钢翼公司订立《购销合同》，在合同履行过程中向委托人兴盟公司披露了第三人钢翼公司。在介入条件成就后，委托人兴盟公司致函受托人闽路润公司，同意将《购销合同》项下的全部债权转让给受托人闽路润公司，由受托人闽路润公司向第三人钢翼公司主张违约责任。对于此行为，委托人兴盟公司认为，受托人闽路润公司所行使的权利，是基于兴盟公司的债权让与产生的，故行使的是兴盟公司的权利，应视为兴盟公司行使了介入权。审理中查明，在受托人闽路润公司向第三人钢翼公司主张权利之前，委托人兴盟公司并未向第三人钢翼公司主张权利。因此，应认为委托人兴盟公司并未行使介入权。由于并未行使介入权，委托人兴盟公司并未成为《购销合同》的主体，不享有《购销合同》项下的权利，无权将基于《购销合同》产生的债权进行转让，故委托人兴

① 参见最高人民法院（2015）民申字第956号民事裁定书。

盟公司与受托人闽路润公司之间的债权转让无法实际发生。通过此案可见，委托人介入权的行使必须向第三人明确主张，并标明委托人身份，仅靠以债权转让的形式让受托人向第三人主张，不构成介入权的有效行使。

第九百二十七条　受托人处理委托事务取得的财产，应当转交给委托人。

【条文主旨】

本条是关于受托人转移利益的规定。

【条文理解】

受托人因处理委托事务而取得的财产，应归属于委托人，受托人有义务转交。受托人违反此项义务的，委托人可以追究其违约责任。

关于交付的内容，不同国家和地区的规定不尽相同。如《德国民法典》第667条规定："受任人有义务将自己为处理委任事务而获得的以及自己因处理事务而取得的一切，交付给委任人。"《日本民法典》则规定，受任人处理委托事务所收取的金钱及其他物，包括孳息以及权利，都须交付委托人。我国台湾地区"民法"的规定基本同于日本的规定。

【审判实践中应注意的问题】

实践中，受托人处理委托事务所取得的权益范围较广，不仅包括有形的金钱、物品等，还包括无形的财产性权利。因此，在适用本条时，要对"财产"作广义解释，即：一切能够带来利益的财产，包括动产、不动产、股权、知识产权、有价票证等。但也要注意边界，本条强调的积极利益，对于受托人所受损失，并不属于本条调整的范围，应适用本法第930条的规定。取得财产性权利的，由于很多权利需要登记明确归属，若受托人办理委托事务中取得了权利并暂时登记在自己名下，受托人需办理变更手续使委托人成为真正的权利主体。具体转移或者交付的方式、时间等事项，可由当事人约定为之。

另外，本条的规定不仅适用于受托人，也适用于转委托的次受托人。

第九百二十八条 受托人完成委托事务的，委托人应当按照约定向其支付报酬。

因不可归责于受托人的事由，委托合同解除或者委托事务不能完成的，委托人应当向受托人支付相应的报酬。当事人另有约定的，按照其约定。

【条文主旨】

本条是关于委托人支付报酬的规定。

【条文理解】

本条对《合同法》第405条进行了两处修改：一是将“委托人应当向其支付报酬”修改为“委托人应当按照约定向其支付报酬”；二是在条文体例上，将原来的一款分成两款。一般认为，《合同法》第405条确立了委托合同“以有偿为原则，以无偿为例外”的规则，即：在当事人无约定时，一般为有偿合同，只有约定无偿时，方为无偿合同。本条对《合同法》第405条进行了完善，对规则予以调整，简单可以描述为：在当事人无约定时，一般为无偿合同；有约定时，一般为有偿合同。这样的调整，使得委托合同的报酬规则更加符合实际，便于操作。

具体而言，根据本条和本法总则编第10条之规定，委托合同是否有偿，按照如下方式确定：首先，合同对报酬有约定的，为有偿合同。其次，合同虽无约定但按照交易习惯应当支付报酬的，亦为有偿合同。根据本法第10条规定，习惯是法律渊源和适用依据，虽然委托合同没有约定报酬，而根据交易习惯委托人应当支付报酬的，委托人也应支付。把习惯均作为判定依据，既符合《民法典》总则编的精神，也符合委托行业的现实需要。再次，合同无约定也无交易习惯的，为无偿合同。受托人可以请求委托人支付处理委托事务费用，但不享有报酬请求权。

结合上述内容，在理解本条时要注意以下三点：第一，对于受托人完成委托事务的，如果合同对报酬有明确约定或者明确约定为无偿的，则委托人应当按照约定向受托人支付或者不支付报酬。第二，对于受托人完成委托事务的，如果合同对报酬没有约定，但依据交易习惯应当支付报酬的，委托人亦应当支付报酬。第三，因不可归责于受托人的事由，委托合同解除或者委托事务不能完成的，委托人应当向受托人支付相应的报酬。此处所称的“不可归责于受托人的事由”包括两个方面的情况：一是委托人的原因。由于委托人的原因使得受托人依法解除合同或者无法履行合同。二是客观原因。如发生不可抗力、委托人死亡、破产等使得合同解除或者无法履行合同。但当事人另有约定的，按照其约定。比如，当事人在合同中约定不论合同是否完成，都支付全部报酬；或者当事人约定无偿的，委托人不需要支付相应的报酬；等等。需要注意的是，当事人的约定优先于习惯，如果当事人已经约定为无偿的，不得再以交易习惯认定报酬。

关于委托合同是否有偿的问题，规定不一。如罗马法以及《德国民法典》第662条中的委任合同均为无偿，以区别于雇佣、承揽。而《法国民法典》第1986条、《瑞士债法》第394条、《日本民法典》第648条以及我国台湾地区“民法”中的委托合同均以无偿为原则，以有偿为例外。

【审判实践中应注意的问题】

一、委托报酬约定不明的处理

实践中，委托合同就报酬问题除了有约定和无约定两种情况外，还有约定不明的情形。委托合同对是否支付委托报酬约定不明的，委托人与受托人进行协议补充，不能达成补充协议的，人民法院按照合同有关条款或者交易习惯仍无法确定的，可以认定为无偿的委托合同，委托人无须支付报酬。

委托合同明确约定了支付委托报酬，但对委托报酬的数额或标准没有约定或约定不明的，委托人和受托人应当进行协议补充，不能达成补充协议的，人民法院通过合同有关条款或者交易习惯仍无法确定的，可以在遵循公平原则、诚信原则的基础上，酌情确定委托报酬。

二、委托合同解除或者委托事务不能完成情况下的委托报酬支付

根据本条规定，因不可归责于受托人的事由，委托合同解除或者委托事务不能完成的，委托人应当向受托人支付相应的报酬。关于支付“相应报酬”有两种理解，一种认为系支付已完成的委托事务对应的报酬，例如，我国台湾地区“民法”第548条规定：“委任关系因非可归责于受任人之事由，于事务处理未完毕前已终止者，受任人得就其已处理之部分，请求报酬。”另一种认为委托人应当根据受托人处理委托事务所付出的工作时间的长短或者所提供事务的大小，给付受托人相应的报酬。[①]笔者认为，这两种认定标准都具有合理性，但实践中应当根据委托合同解除或者委托事务不能完成的原因进行裁量。如果是基于委托人原因致使委托事务长时间不能完成或者影响委托事务进度，在委托人不构成违约的情况下，除考虑委托事务已完成的进度外，还要充分考量受托人处理委托事务所付出的工作时长短或者所提供劳务的多少，依据公平原则，数额可以超出已完成委托事务所对应的报酬，以实现对无过错方的保护。

① 胡康生主编：《中华人民共和国合同法释义》，法律出版社2013年版，第627页。

第九百二十九条　有偿的委托合同，因受托人的过错造成委托人损失的，委托人可以请求赔偿损失。无偿的委托合同，因受托人的故意或者重大过失造成委托人损失的，委托人可以请求赔偿损失。

受托人超越权限造成委托人损失的，应当赔偿损失。

【条文主旨】

本条是关于受托人因过错致委托人损失的责任的规定。

【条文理解】

本条基本沿用了《合同法》第406条的规定，只是对个别文字顺序进行了调整，内容没有实质变化。

本条是委托合同中受托人向委托人承担赔偿责任的一般性规定。在判断受托人在处理委托事务过程中是否应当向委托人赔偿损失的依据。本条第1款对有偿委托合同、无偿委托合同中受托人应负赔偿责任的过错要件予以区分，第2款单独规定了受托人超越权限造成委托人损失应负赔偿责任的情形。

受托人在处理委托事务过程中，应当勤勉注意，避免给委托人利益造成损失。对于因受托人的过错致委托人受损时，受托人应当承担赔偿责任。在构成受托人赔偿责任的过错要件方面，依受托人的注意义务而定，根据委托合同是否有偿，有所不同。委托合同中的注意义务是指，受托人在处理委托事务过程中，应当对委托事务的处理过程、结果以及对委托人利益的影响，给予一定程度的注意，以免产生不利于委托人的后果。具体而言：第一，在无偿委托合同中，委托人单方面获益而受托人未获报酬；因此，对受托人的注意义务不能提出过高要求，尽到一般注意义务即可，同时，只有当受托人故意或者重大过失造成委托人损失时，才负有赔偿责任。所谓故意，是指受托人明知或者应当知道损害可能发生，但却促使或者放纵该损害的发生。所谓重大过失，是指受托人在其注意义务范围内，能够预见而没有预见，或者已经预见但轻信可以避免从而导致损害的发生。比如，甲无偿委托乙办理汇款、取款事务，乙取款后恰遭遇抢劫，将其钱款全部劫走。因抢劫案件既不具有规律性，也不具有普遍性，乙没有“应当预见”的义务，属一般过失而非重大过失，故乙对钱款被抢的损失对甲不负赔偿责任。第二，在有偿委托合同中，因委托人支付了报酬，应当加重受托人的注意义务，此时受托人应尽善良管理人的注意义务，只要受托人因过错（即使是轻过失）造成委托人损失的，均应承担赔偿责任。

本条第2款规定了受托人超越权限造成委托人损失的赔偿责任。关于受托人超越权限，应当承担过错责任还是严格责任呢？笔者认为，应为严格责任。第一，从文义解释上，第2款并没有像第1款那样强调责任的成立以受托人的过错为要件，而是强调只要受托人超越权限造成损害，即应承担赔偿责任。第二，本法中的合同责任以严格责任为原则，除非在具体情形中对过错责任进行明确规定，否则一般解释为严格责任。因此，第2款应理解为不管受托人对其超越权限是否有过错，也不论委托合同是否有偿，受托人均应对委托人负赔偿责任。

正如前文所述，本条是关于受托人承担赔偿责任的一般性规定。对于本章规定的受托人具体赔偿情形，如受托人擅自转委托给委托人造成损害的、受托人因对次受托人选任和指示不当给委托人造成损害的，共同委托中受托人致委托人损害的以及其他情形，均可适用。

【审判实践中应注意的问题】

实践中，经常会遇到通过微信等通信工具委托他人代购彩票而引发的纠纷。国家发行的彩票，设置的奖项数额较大或者巨大。如果受托人没有按照委托人指示购买彩票或者没有按照指定的号码购买彩票，一旦委托人指示的号码中奖，极易引发赔偿纠纷。在审理此类案件中，应当注意代购彩票与处理其他委托事务的区别。彩票合同属于射幸合同，彩票购买人在购买彩票时合同的效果尚未确定，只存在中奖的可能性，而无法断定能否中奖。是否中奖属于当事人无法预料、不能控制的因素。在无偿的委托合同中，受托人如未按照委托人指示购买彩票，因所购彩票是否能够中奖均无法预见，故对于委托人的损失，受托人并不存在主观上的故意或重大过失，因此，即使委托人所选号码中奖，受托人对其损失亦不承担赔偿责任。但如果代购彩票合同为有偿委托合同，赔偿责任和赔偿数额应根据案件具体情况予以认定。但需要注意的是，彩票号码在委托当时并不表征财产权益，委托人所受损失并非一般意义上的可期待利益损失，不宜将此种原本不确定的损失风险强加给受托人。如果受托人代购彩票中巨额奖项后却向委托人谎称没有购买或者丢失的，委托人有证据证明的，可以主张返还；受托人的行为构成犯罪，应依法追究刑事责任。

第九百三十条 受托人处理委托事务时，因不可归责于自己的事由受到损失的，可以向委托人请求赔偿损失。

【条文主旨】

本条是关于委托人对受托人损失承担责任的规定。

【条文理解】

本条对《合同法》第407条进行了个别文字调整，实质内容没有变化。

受托人系为委托人之利益处理委托事务，因处理事务所受利益以及不可归责于受托人事由的损害，按照利益风险一致的原则，均应当由委托人负担。因此，本条规定了委托人的损害赔偿责任。即：受托人在处理委托事务过程中，因不可归责于自己的事由，自己的财产或者人身遭受损害的，委托人负有损害赔偿的责任。损失的类型一般有以下四种：

一是因委托人的过错造成的损失。如果是因为委托人在受托人处置事务的过程中指示不当、重复委托或其他过错而使受托人遭受利益损害的，委托人应承担赔偿责任。例如，委托人明知委托事务办理中存在安全隐患而不告知，致使受托人遭受人身损害的损失。

二是因委托人行使任意解除权造成的损失。虽然委托人享有任意解除权，可以随时无理由的解除委托合同，在受托人没有违反合同义务的情形下也即没有可归责于受托人的事由，即使委托人对解除合同并无过错，给受托人造成损失的也应赔偿。当然，委托人的赔偿范围根据委托合同的有偿还是无偿而有所差异。

三是第三人的原因造成的损失。如果受托人在事务处置过程中遭受的损失是因第三人的行为所致，受托人可以向要求该第三人进行赔偿；但如果该第三人身份不明或没有能力承担赔偿责任，受托人有权向委托人要求赔偿。委托人承担此种责任无须以其自身对损害的发生具有过错为要件，类似于雇主对雇员的严格责任，委托人承担责任后有权向第三人追偿。

四是其他不可归责于受托人的事由造成的损失。若受托人在事务处理过程中遭受的损害系因不可归责于委托人和受托人的事由造成的，如不可抗力、意外事件等，因为委托人是委托合同的受益人，根据事由的不同，受托人可以要求委托人对自己的损失承担责任。委托人承担此种责任亦无须以其自身对损害的发生具有过错为要件。

【审判实践中应注意的问题】

本条适用中应注意受托人可以向委托人请求赔偿损失的范围。此处的损失既包括财产损失或其他权益损失，也包括处理委托事务所产生的部分债务。有的债务可归入到费用的范畴，如为处理事务所发生的一些合同之债；有的债务不能归入费用范畴，比如在处理委托事务中，因不可归责于受托人但却侵害他人权益所产生的侵权之债，应纳入损失的范围，由委托人承担。

第九百三十一条 委托人经受托人同意，可以在受托人之外委托第三人处理委托事务。因此造成受托人损失的，受托人可以向委托人请求赔偿损失。

【条文主旨】

本条是关于另行委托的规定。

【条文理解】

本条对《合同法》第408条进行了个别文字修改，实质内容并无变化。

另行委托又称为重复委托，是指委托人将同一委托事务先后委托给两个受托人。委托合同是建立在双方相互信任的基础上，具有较强的人身性质，合同的订立和履行不仅需要委托人和受托人之间的信任和合作，在重复委托下，还需要多个受托人之间的信任和合作，如果委托人擅自重复委托，可能导致多个受托人之间对委托事务的处理发生冲突，因此，委托人重复委托的，需要经受托人同意。委托人重复委托给受托人造成损失的，受托人可以向委托人请求赔偿损失。例如，独家委托合同的委托人另行委托第三人完成委托事务，造成受托人报酬的损失。一般而言，在无偿委托合同中，重复委托通常不会发生损害，故无赔偿责任。

【审判实践中应注意的问题】

一、重复委托与转委托、共同委托的区别

实践中要注意区分重复委托与转委托、共同委托的区别，准确适用法律。委托合同是建立在委托人对于受托人的特殊信赖基础上的，因此，受托人负有亲自处理委托事务的义务，此规定是为了使受托方不辜负委托人信任从而保护委托人的利益。转委托是受托方经委托人同意或事后追认，将委托事务交由第三人办理，使第三人处于受托人的地位并直接与委托人产生委托关系的行为。在转委托关系中，由受托人挑选的第三人被称为次受托人，次委托人的事务处理权限不得大于受托人的权限。而共同委托是委托人委托两个以上受托人共同处理同一委托事务。概言之，重复委托是委托人分别委托两个以上受托人处理同一委托事务，转委托是受托人将同一委托事务转委托给次受托人，共同委托是委托人将同一委托事务委托给两个以上受托人共同处理。

二、委托人未经受托人同意的重复委托的处理

本条规定的是经受托人同意情况下重复委托的损害赔偿责任。如果委托人未经受托人同意，能否重复委托，重复委托是否要担责呢？笔者认为，本条虽然规定委托人经受托人同意可以重复委托第三人，但并不是强制性规范，更非效力性规范，不能得出未经受托人同意委托人不得重复委托的推论。委托合同是设立债权法律关系的法律行为，不具有排他性，委托人仍然可以重复委托。但是，未经受托人同意而将同一事务委托他人的，将会影响受托人对委托事务的处理及合同义务的履行，可能会造成受托人更大的经济损失。对此损失，委托人亦负有赔偿义务。

第九百三十二条 两个以上的受托人共同处理委托事务的，对委托人承担连带责任。

【条文主旨】

本条是关于共同委托的规定。

【条文理解】

共同委托是指委托人委托两个以上的受托人处理委托事务。共同委托具有以下特点：第一，受托人必须为两个以上，只有一个受托人的不是共同委托。第二，基于同一合同关系成立，受托人处理的是相同委托事务。如果处理的是委托人的不同委托事务，也不构成共同委托。第三，受托人共同处理事务。共同处理是指数个受托人享有共同的权利义务，处理委托事务原则上只有经全体受托人的同意方可进行。第四，受托人共同向委托人负责，不管是单一受托人的行为还是受托人一致决定的行为，无论各受托人内部是否约定了对委托事务的管理权限，受托人对委托人共同承担连带责任。

共同受托中存在多个受托人，各受托人对委托事务享有共同的权利义务和平等的处理权。当不同受托人对委托事务处理发生分歧时，应当向委托人报告并寻求委托人的指示。如果委托合同对于各受托人的委托事务范围和处理权限作出明确划分的，并不构成“共同处理委托事务”，各受托人应根据各自过错对委托人承担相应责任。

【审判实践中应注意的问题】

本条未规定数个共同委托人对委托人承担连带责任后的内部责任划分问题。对此问题，笔者认为，数个共同委托人对委托人承担连带责任后，如果共同委托人之间对内部责任承担有约定的或者能够达成协议，应当按照约定处理。如果没有约定且不能达成协议，可以根据双方的过错程度确定各自的责任分担比例，无过错的一方不承担责任。

第九百三十三条 委托人或者受托人可以随时解除委托合同。因解除合同造成对方损失的，除不可归责于该当事人的事由外，无偿委托合同的解除方应当赔偿因解除时间不当造成的直接损失，有偿委托合同的解除方应当赔偿对方的直接损失和合同履行后可以获得的利益。

【条文主旨】

本条是关于委托合同任意解除权及解除后的损失赔偿的规定。

【条文理解】

本条对应的是《合同法》第410条。可以说，《合同法》第410条、《合同法》第402条（隐名代理）、《合同法》第403条（间接代理）是委托合同章争议最大的三个条文。相比较而言，隐名代理和间接代理适用的范围相对较窄，而本条关于任意解除权的适用范围非常广泛，但凡涉及委托合同解除的，一般都会涉及对本条文的理解与适用。由于《合同法》第410条对于赔偿损失的规定过于模糊，在学术界引发了广泛争议，相当数量的理论文章针对该条展开讨论，甚至提出修改建议。同样，该条对实务界的影响也非常大。任意解除权是否能约定排除？损失范围是否包括可得利益损失？对于上述问题，认识不一，裁判尺度也不一，最典型的就是"上海盘起案"①，进一步加剧了对该条的争议。基于上述背景和司法实践需求，本条在《合同法》第410条的基础上，进一步细化了任意解除权行使后的赔偿范围，将

① 参见最高人民法院（2005）民二终字第143号民事判决书。

第410条中的“应当赔偿损失”修改为“无偿委托合同的解除方应当赔偿因解除时间不当造成的直接损失，有偿委托合同的解除方应当赔偿对方的直接损失和合同履行后可以获得的利益”，使得损失范围予以清晰界定，意义十分重大。

一、关于委托合同任意解除权的基本问题

本条规定，委托人或者受托人可以随时解除委托合同。这里的“可以随时解除”，即是所谓的任意解除权。任意解除权制度来源于大陆法系，一般认为，之所以规定任意解除权主要基于如下因素：第一，基于人身信赖性之考量。这种信赖关系并不限于熟人之间的信任，还包括对专业主体资质和能力的信任。一旦信赖的基础丧失，如果仍然坚持将委托人和受托人捆绑在委托合同关系中，则必然会对委托事务的履行造成不利影响，合同目的实现也存在较大的不确定性，故有必要赋予委托合同当事人随时解除合同的权利，以使当事人在信赖基础丧失时可通过任意解除权从委托合同关系中解脱出来。第二，基于履行具有较大不确定性之考量。委托合同有的是一时性合同，但以继续性合同居多。在继续性合同中，双方当事人在订立合同之时对合同内容存在较大的不确定性，需基于双方的信赖在合同履行过程中通过不断地沟通与协商对合同内容才能够进一步的确定，这不同于租赁等相对稳定的继续性合同。在合同履行过程中，随时可能产生超过当事人预见或者不符合当事人签订合同意图的情况，双方可能由此需要承担其无法预见、无法控制的义务和责任，其已超出了“契约严守”所要求的合同义务范围，此时理应赋予合同当事人任意解除权。除上述两个考量因素外，有观点认为，赋予双方当事人任意解除权，对于委托人来说，还可能是基于委托人收回事务处理之考量，或者基于事务处理本身对于委托人已无利益可言；而对于受托人而言，既可能是涉及无偿委托的义务弱化问题，也可能涉及行为义务之不可强制

问题，其利益考量并不相同。[①]

本编中，合同的解除包括约定解除和法定解除。其中，法定解除包括一般法定解除和特殊法定解除，本条规定的委托合同的任意解除权就属于一种特殊的法定解除权。对比约定解除权和一般法定解除权，委托合同的任意解除权具有如下特征：第一，双方当事人均可随时行使。在约定解除的合同中，只能按照合同约定的主体来行使解除权；在一般的法定解除中，只有出现本法第563条所规定情形时才能行使，一般由守约方来行使。而委托合同任意解除权的行使主体具有“任意性”，无论在无偿合同还是在有偿合同中，委托人或者受托人均可以行使，且可随时行使。关于任意解除权是否应有限制的问题，我们在下文中予以讨论。第二，无须提供证明事由。当事人行使一般法定解除权，守约方需要提供相关证据证明存在法定解除事由。而委托合同任意解除权则完全不需要这些前提性事由，也不需要证明。只要双方当事人不想维持委托关系，便可直接解除合同。第三，行使一方可能需赔偿对方损失。在一般的法定解除中，合同解除后要根据合同双方的违约情况来承担赔偿责任，违约方需要对守约方进行赔偿，或者两者都违约的情况下分别承担相应责任。而委托合同的任意解除权一般不存在违约责任适用之余地，一方行使任意解除权解除合同，给对方造成损失的，由行使解除权一方向对方进行赔偿。

二、关于委托合同任意解除权的两个核心问题

一直以来，关于委托合同的任意解除权，学术界和实务界共同关心的问题有两个：一是任意解除权能否予以限制；二是任意解除权行使后的损失赔偿范围。对于这两个核心问题，本条现已明确。

（一）任意解除权能否予以限制

《合同法》颁布后，伴随着我国市场经济的发展和服务机构的专

① 周江洪：《委托合同任意解除的损害赔偿》，载《法学研究》2017年第3期。

业化、职业化，关于对有偿委托合同任意解除权进行适当限制的呼声也越来越高。一般认为，大陆法系的任意解除权制度是建立在无偿委任合同基础上的，特别是《德国民法典》仅承认委任的无偿性，而将有偿的部分划至雇佣或者承揽中。基于此，该法典第671条规定，委任人可以随时撤回委任，受任人可以随时终止委任。《日本民法典》中的委任系以“无偿为原则，有偿为例外”，尽管在立法层面没有对任意解除权予以限制，但是随着经济发展，在判例中逐步发展出以“受托人利益”规则和“不得已事由”规则为核心的解除权限制模式。我国既规定了无偿合同，又规定了有偿合同。对于无偿委托合同，人身信赖属性较强，不能限制任意解除权的行使，并无争议；但在有偿委托合同中，有观点认为，当事人双方之间不仅具有人身信赖关系，还具有利益关系，且当前我国有偿商业委托合同日益增多，为防止一方当事人恶意解除委托合同致对方利益受损，应当允许当事人通过特别约定的形式对任意解除权予以适当限制。在限制的程度上，有的观点认为，在有偿委托合同中，当事人约定对任意解除权予以限制的，一方违反约定行使任意解除权的行为无效，不发生任意解除之效果，合同应继续履行，以充分保障契约自由和意思自治。也有观点主张，当事人约定对任意解除权予以限制的，解除行为依旧有效，但发生违约之效果。上述观点在一些司法裁判中均有体现。

在此次《民法典》编纂过程中，关于本条文的修改建议也非常多。有的部门建议，应当在本条中增加“在有偿的委托合同中，当事人约定不得随时解除委托合同的除外”；也有的部门建议将任意解除权的内容修改为“无偿的委托合同，委托人或者受托人可以随时解除合同。有偿的委托合同，委托人或者受托人解除合同的，应在合理期限内通知对方”。还有的部门建议将任意解除权的内容限定在无偿合同中，即“无偿委托合同的委托人或者受托人可以随时解除委托合同”，而不再赋予有偿委托合同任意解除权。立法机关在综合了各方意见后，在本条中依旧沿用了《合同法》第410条的规定“委托人或者受托人可以随时解除委托合同”，但在后面明确了不同情形下的损失赔偿范围。通过这种“变”与“不变”的对比，笔者认为，立法机关在此问题上的态度是明确的，即：对委托合同任意解除权的行使不作限制，双方均可随时解除合同；对于行使任意解除权的，通过加大赔偿责任的方式予以规制。关于这个问题，司法实践中应予高度关注。

（二）任意解除权行使后的损失赔偿范围

委托合同的解除仅向未来发生效力。在委托合同解除前，受托人已经处理了一部分事务，因处理这部分事务所支付的费用，依照本法第 921 条的规定主张；对于已完成部分事务的报酬，受托人依照第 928 条的规定主张。本条中任意解除权的行使并不影响该部分费用和报酬。

本法第 584 条规定：“当事人一方不履行合同义务或者履行合同义务不符合约定，造成对方损失的，损失赔偿额应当相当于因违约所造成的损失，包括合同履行后可以获得的利益；但是，不得超过违约一方订立合同时预见到或者应当预见到的因违约可能造成的损失。”根据该规定，合同损失包括实际损失和可得利益损失。实际损失是指当事人信赖合同能够履行并得到履行利益所提前支出的费用或财产因违约遭受的损失。可得利益是指如果合同按照约定履行当事人原本应当得到的经济利益。对实际损失的赔偿是为了使得合同相对方恢复到缔约前的经济状态，对可得利益损失的赔偿是为了使当事人达到合同如约履行后本应该达到的状态。

从权利性质上说，任意解除权是形成权，一般而言，行使任意解除权而解除合同不构成违约。关于委托合同任意解除后的损失赔偿范围，由于《合同法》第 410 条未明确具体范围，导致司法裁判尺度不一。如在“上海盘起案”中，法院认为，当事人基于解除委托合同而承担的赔偿责任，不同于基于故意违约而应承担的责任，前者的责任范围仅限于给对方造成的直接损失，不包括对方的预期利益。而在最高人民法院（2015）民一终字第 226 号案件中，法院认为，损失赔偿的范围不仅包括直接损失，还包括可得利益的损失。

针对上述问题，本条规定，因解除合同造成对方损失的，除不可归责于该当事人的事由外，无偿委托合同的解除方应当赔偿因解除时间不当造成的直接损失，有偿委托合同的解除方应当赔偿对方的直接损失和合同履行后可以获得的利益。本条对可得利益的明确，有效解决了实践中认识不统一问题，更好地保护了受损方的合法权益。人民法院在计算和认定可得利益损失时，应当运用可预见规则、减损规则、损益相抵规则以及过失相抵规则等综合予以判定。具体可参考本法第584条的条文理解。

【审判实践中应注意的问题】

一、关于对任意解除权进行限制的约定条款的效力问题

实践中，为了防止委托人行使任意解除权带来的不确定风险，双方在签订合同时可能会对任意解除权予以限制，如约定“不得中途单方面解除合同”。那么，如何认定这种约定的效力呢？该约定能否排除任意解除权行使的效力呢？司法审判中，对此有不同认识。有观点认为，该约定无效。有的观点认为，该约定不能排除任意解除权的行使，但可以据此追究解约方的违约责任。如陈某与李某委托合同纠纷一案[①]，法院认为委托合同的“任意解除权”系法定权利，但对任意解除权的限制条款并不产生丧失单方解除权的法律后果。虽然“不可撤销”为双方当事人对不得解除委托合同的特别约定，但基于委托合同的人身属性，“不得单方撤销”委托的约定亦不适于强制履行，违反该特别约定的一方只需要承担相应的违约责任。也有观点认为，当事人约定有效，一方违反约定行使任意解除权的行为无效，不发生任意解除之效果。如在和信致远公司与金利公司委托合同纠纷一案[②]中，法院认为，金利公司、和信致远公司在合同中预先对合同任意解除权

① 参见北京市第一中级人民法院（2017）京01民终4548号裁判文书。

② 参见最高人民法院（2015）民一终字第226号民事判决书。

进行了限制，即均不得中途单方面解除合同。该约定内容为合同的组成部分，未违反法律的相关规定，该条款有效，对双方当事人具有法律约束力，在无法定解除事由的情况下，金利公司向和信致远公司发出的《解除合同通知书》无效。

关于对任意解除权进行限制的约定条款的效力判定，应当注意两方面因素：首先，从立法本意看，任意解除权是法律赋予委托合同双方当事人的权利，是随时可以行使的。即使有约定，当事人亦可随时行使，约定并不能阻却任意解除权的行使。其次，从社会实践看，在有偿合同中特别是商事合同中，约定限制任意解除权的现象比较常见，存在市场需求，如果一律认定无效，可能不利于保护被解除方的合法权益。笔者认为，这个问题比较复杂，需要进一步研究探索。但有一点可以肯定，关于限制任意解除权的约定并不能真正阻却任意解除权的行使，此类约定亦不适于强制履行，对于一方当事人主张任意解除权的，应当认定行使任意解除权的行为有效，而不能否定行使效果。对于解除方违反约定行使任意解除权的行为，可作为当事人违约的一种情形，追究解除方的违约责任。对于这个问题，有待通过司法解释或者指导性案例等形式予以进一步明确。

需要说明的是，由于本条已经明确规定了："有偿委托合同的解除方应当赔偿对方的直接损失和合同履行后可以获得的利益"，所以，在一定程度上会弱化对此问题的讨论。因为在当事人双方约定限制任意解除权的情况下，不论该约定是否有效，解除方因任意解除行为给另一方当事人造成损失的，另一方当事人不仅可以要求解除方赔偿直接损失，还能主张可得利益损失，基本上能够实现对解约方任意解除的制约。

二、任意解除权的性质和行使方式

作为法定解除权的一种，任意解除权属于形成权当无异议。解除权的行使方式包括单纯形成权和形成诉权，前者无须权利人以诉讼的方式行使，通过单方意思表示即可引起法律关系变动；而后者只能通过诉讼或仲裁的方式提出，经法院或仲裁机构确认权利人享有形成权后才能引起法律关系的变动。

一般而言，解除权既可以在诉讼程序外以单方意思表示的方式行使，也可以通过提起诉讼或者仲裁的方式行使。在委托合同中委托人或受托人可随时行使任意解除权解除委托关系，不需要取得对方的同意，即使对方不同意解除委托关系也发生解除的效力。但是对方有异议的，也可以提起诉讼，请求人民法院对是否已解除予以确认。

三、正确认识委托合同任意解除权与其他解除权的关系

如前文所述，合同的解除包括约定解除、一般的法定解除和特殊的法定解除，委托合同的任意解除权属于一种特殊的法定解除权。实践中，可依如下原则进行把握几类解除权的关系。

首先，上述几类解除权可以在委托合同中并存。委托合同的任意解除权，并不排斥其他解除权的行使。如合同订立时约定了解除条件的，仍可在条件成就时解除合同。合同履行过程中，当事人也可协商解除委托合同。在符合本编规定的一般法定解除事由时，当事人也可以依据一般法定解除权解除合同。

其次，同时满足多个解除权要件的，由当事人选择行使。解除权是否行使是当事人的权利，在当事人拥有多个解除权的情况下，选择行使哪一个解除权是当事人的权利，人民法院不应主动为当事人作出选择。

最后，当事人选择的解除权不成立，但是该当事人享有其他解除权的，考虑到解除权的行使效果和目的相同，可以向当事人释明，在当事人调整解除权依据和理由后，还应给予另一方当事人充分的答辩机会，然后作出具体裁判。

值得注意的是，任意解除权只能适用于单纯的委托合同关系，如果合同中除了委托关系还有其他法律关系，不是单纯的委托性质，则合同当事人不能行使任意解除权。如在最高人民法院（2013）民申字第1413号案件中，申请再审人天长公司与被申请人中宇公司签订

《代理销售合同》，约定天长公司委托中宇公司对外销售房屋，同时剩余未销出房屋由天长公司购买，人民法院认为其虽有诸多条款为委托合同性质，但其实质规定含有包销成分，不能认定为单纯的委托关系，也不适用委托合同的任意解除权。

第九百三十四条　委托人死亡、终止或者受托人死亡、丧失民事行为能力、终止的，委托合同终止；但是，当事人另有约定或者根据委托事务的性质不宜终止的除外。

【条文主旨】

本条是关于委托合同因法定事由终止的规定。

【条文理解】

所谓委托合同因法定事由终止，是指委托合同当事人双方在合同关系成立生效以后，因本条规定的法律事实的出现，使合同确立的权利义务关系消灭的情形。相较于《合同法》第411条规定，本条删除了“委托人……丧失民事行为能力……委托合同终止”的规定，这无疑是立法的一大进步，也是民法典立法科学化、体系化的一大表现。与《合同法》第411条规定相一致，我国台湾地区“民法”第550条“委任关系，因当事人一方死亡、破产或丧失行为能力而消灭”的规定长期以来受到批评，原因在于，即使是完全行为能力人，尚因力所不及需通过委托他人处理委托事务，何况限制或无行为能力人。委托人丧失行为能力或成为限制行为能力人，更加迫切地需要他人辅助完成委托事务，此时若委托合同终止，对于委托人有百弊而无一利。正因如此，日本民法即未将委托人丧失民事行为能力作为委托合同终止事由。《日本民法典》第653条规定：“委托因委托人或受托人死亡或破产而终止。受托人受禁治产宣告时，亦同。”委托人民事行为能力之有无并非委托合同必需的要素，此次民法典编纂对此作了修正。

本条规定主要包括两方面内容：

一、委托合同终止的法律事实

委托人死亡、终止或者受托人死亡、丧失民事行为能力、终止，是委托合同终止的法定事由。委托合同是以双方“信任”作为基础，属于人格专属的法律关系。委托人或者受托人一方死亡、终止，意味着委托合同另一方当事人对死亡或终止一方的人身信任的物质基础不复存在。而受托人丧失行为能力，即成为无民事行为能力人，则无法正确按照委托人的指示去管理或者处置受托事务，自然也丧失了委托人对其的信任基础。此等法律事实出现，委托合同终止。具体又包括：

（一）委托人死亡

作为委托人的自然人死亡的，委托合同终止。《民法典》第13条规定：“自然人从出生时起到死亡时止，具有民事权利能力，依法享有民事权利，承担民事义务。”自然人的死亡包括自然死亡（或称生理死亡）和宣告死亡。死亡是一种法律事件，是引起法律上的权利义务关系变动的重要法律事实。作为委托人的自然人生理死亡，委托合同自然终止，此问题并无争议。当作为委托人的自然人被宣告死亡，委托合同是否终止，又分为两种情况：其一，委托人被宣告死亡且在客观上确实已经死亡，此情形与委托人未经宣告死亡而自然死亡的效果完全一致，委托合同应当终止。其二，当委托人被宣告死亡但客观上并未死亡的，此情形下委托合同应否终止？笔者认为，此时委托合同也应当终止。理由是：宣告死亡虽然只是对自然人死亡状态的一种拟制，但该制度的目的是及时了结下落不明人与他人的财产和人身关系，使处于不确定状态的法律关系确定和稳定下来；自然人一旦被宣布死亡，将产生消灭既有财产和人身关系的效力，且这种效力及于包括申请人在内的其他任何人，自然也包括委托合同的相对人；虽然《民法典》第49条规定：“自然人被宣告死亡但是并未死亡的，不影响该自然人在被宣告死亡期间实施的民事法律行为的效力。”但该规定评判的是自然人被宣告死亡期间实施法律行为的效力，并不涵涉对自然人被宣告死亡前所实施的法律行为效力的评判。申言之，对于委托人在被宣告死亡前订立的委托合同，自该委托人被宣告死亡的判决作出之时，即发生终止的法律效果；但对于委托人在宣告死亡期间与他人重新订立的委托合同，根据本法第49条规定，其效力不受宣告死亡的影响。如果委托人在宣告死亡期间向受托人表示继续履行原来的委托合同，原委托合同也不自然恢复效力，该意思表示宜视为一个新的要约，如果受托人愿意继续接受委托的，宜视为双方达成新的委托合同，如果受托人拒绝接受委托，委托合同不能成立。

（二）委托人终止

作为委托人的社会组织终止，委托合同也终止。根据《民法典》的规定，社会组织包括法人和非法人组织。关于法人的终止，本法总则编中的第68条规定："有下列原因之一并依法完成清算、注销登记的，法人终止：（一）法人解散；（二）法人被宣告破产；（三）法律规定的其他原因。法人终止，法律、行政法规规定须经有关机关批准的，依照其规定。"第73条规定："法人被宣告破产的，依法进行破产清算并完成法人注销登记时，法人终止。"因此，当出现解散事由、宣告破产、法律规定的其他原因，并依法完成清算、注销登记时，法人才终止。关于非法人组织的终止，《民法典》无专门条文规定，但根据本法总则编中的第108条规定，非法人组织除适用总则编第4章规定外，参照适用总则编第3章第1节的有关规定。因此，非法人组织的终止，如果法律未明确规定，准用前述法人终止的有关规定。

（三）受托人死亡、丧失民事行为能力、终止

受托人死亡或者终止的情形，与上述委托人死亡或终止情形相同，不再赘述。需要注意的是，此处增加了受托人"丧失民事行为能力"的规定。所谓丧失民事行为能力，是指一个完全行为能力人由于事故或疾病等原因，变成了限制行为能力人或者无民事行为能力人。因此，严格讲"丧失民事行为能力"包括"部分丧失民事行为能力"和"完全丧失民事行为能力"，前者对应的是限制民事行为能力人，后者对应的是无民事行为能力人。但根据文义及体系解释，此处

的“受托人丧失民事行为能力”应理解为受托人因故变为“无民事行为能力人”，而不应包括受托人因故变为“限制民事行为能力人”，理由是：从文义和汉语表达习惯看，自然人“丧失民事行为能力”文义是清楚明确的，即该自然人失去民事行为能力，变为无行为能力人。同时，我们注意到，《民法典》条文既有“该成年人丧失或者部分丧失民事行为能力”的表述，也有“代理人丧失民事行为能力”等表述，可见立法者是注意到“丧失民事行为能力”和“部分丧失行为能力”在语义上的区分的，而非立法疏漏。另外，根据《民法典》第22条规定，限制行为能力人可以独立实施纯获利益的民事法律行为或者与其智力、精神健康状况相适应的民事法律行为。当受托人从完全行为能力人变成限制行为能力人，但其受托的事务属于纯获利法律行为或者与其智力、精神健康状况相适应，且委托人也愿意继续委托时，法律自应尊重当事人意思自治，委托合同无须终止。

此外，当受托人被宣告死亡时，原则上委托合同终止；对于受托人实际并未死亡而且宣告死亡期间持续地从事受托事务时的效力，笔者认为，除非符合本条但书规定或者本法第935条、第936条规定的情形，委托合同也应终止。理由是：委托合同具有人身属性，受托人被宣告死亡，委托合同的基础丧失，自应终止；即使受托人并未实际死亡，但其于下落不明满4年或者因意外事故后满2年的时间里，未与委托人取得联系，实际上也违反了本法第924条规定的受托人报告义务，受托人于宣告死亡期间持续从事受托事务，却不及时报告，难以认定其行为系出于委托人利益考量之目的。

二、当事人另有约定或者根据委托事务的性质不宜终止的除外

根据本条但书规定，当事人另有约定或者根据委托事务的性质不宜终止的，即使出现委托人死亡、终止或者受托人死亡、丧失民事行为能力、终止的事由，委托合同也不应当然终止。一是合同另有约定。当事人可以在合同中约定即使委托人一方死亡、宣告破产等，委

托合同仍不终止。例如，甲基于对乙的高度信任委托乙照料一只名犬，约定即使甲死亡委托也不终止，直到甲的儿子从国外学成归来再将名犬交由甲的儿子照料。甲在其子回国前因病死亡，该委托合同不应终止。二是本法也规定了根据委托事务的性质不宜终止的情形。根据本法第935条规定，因委托人死亡或者宣告破产、解散，致使委托合同终止将损害委托人利益的，在委托人的继承人、遗产管理人或者清算人承受委托事务之前，受托人应当继续处理委托事务。根据本法第936条规定，因受托人死亡、丧失民事行为能力或者被宣告破产、解散，致使委托合同终止的，受托人的继承人、遗产管理人、法定代理人或者清算人应当及时通知委托人。因委托合同终止将损害委托人利益的，在委托人作出善后处理之前，受托人的继承人、遗产管理人、法定代理人或者清算人应当采取必要措施。

【审判实践中应注意的问题】

实践中有的委托人与受托人订立委托合同后死亡，受托人以委托人名义提起诉讼。根据《民事诉讼法》第48条、第119条的规定，已经死亡的自然人不具有原告资格，如果该自然人的继承人未依据《民事诉讼法司法解释》第55条规定参加诉讼，该委托合同应当终止，该案也应当驳回起诉。但当委托人的继承人作为当事人承担诉讼时，委托合同是否属于本条但书规定的根据委托事务的性质不宜终止的情形，实践中有争议。笔者认为，根据委托合同的人身信赖之基本特征，委托人死亡，其继承人与受托人之间不当然具有该种人身信任关系，该情况不属于本条但书规定的情形，合同自委托人死亡时终止。

第九百三十五条 因委托人死亡或者被宣告破产、解散，致使委托合同终止将损害委托人利益的，在委托人的继承人、遗产管理人或者清算人承受委托事务之前，受托人应当继续处理委托事务。

【条文主旨】

本条是关于受托人应继续处理委托事务的义务的规定。

【条文理解】

根据《民法典》第934条的规定，在委托人死亡或者终止的情形下，委托合同原则上应当终止，但如果依据本条规定终止委托合同将损害委托人利益时，受托人应当继续处理委托事务，直到委托人的继承人、法定代理人或者清算人承受委托事务为止。

一、合同终止的法定事由

本条规定的委托终止的事由是：委托人死亡或者被宣告破产、解散。

（一）作为委托人的自然人死亡

自然人无论是自然死亡还是被宣告死亡，其订立的委托合同原则上均应终止。具体情况与本法第934条所述相同，不再赘述。

（二）作为委托人的法人和非法人组织被宣告破产、解散

社会组织的终止和被宣告破产、解散是不同的概念。《民法典》第68条规定："有下列原因之一并依法完成清算、注销登记的，法人终止：（一）法人解散；（二）法人被宣告破产；（三）法律规定的其

他原因。法人终止，法律、行政法规规定须经有关机关批准的，依照其规定。”第72条第3款规定：“清算结束并完成法人注销登记时，法人终止；依法不需要办理法人登记的，清算结束时，法人终止。”第73条规定：“法人被宣告破产的，依法进行破产清算并完成法人注销登记时，法人终止。”结合《民法典》总则编中的第108条“非法人组织除适用本章规定外，参照适用本编第3章第1节的有关规定”的规定，法人和非法人组织因出现解散、宣告破产等事由而进入清算程序，直至完成清算并进行注销登记后，法人和非法人组织才终止。当法人和非法人组织处于清算阶段，但尚未完成注销登记的，其签订的委托合同是否终止，需具体分析。《民法典》第72条第1款规定：“清算期间法人存续，但是不得从事与清算无关的活动。”根据该款规定，清算期间的法人，仅得从事与清算有关的活动。因此，法人作为委托人就清算事宜订立的委托合同，当然有效，如法人可以与律师事务所、会计事务所订立委托合同，由后者担任破产管理人等。但此时法人与其他主体订立的与清算工作无关的委托合同，原则上应当终止。因为根据第72条第1款规定，此时的法人既无法作为委托人与他人就清算无关业务进行交易，实际上也无法作为受托人为他人管理与清算事宜无关的事务。

二、如果终止委托合同将损害委托人的利益，则不应终止委托合同的效力

委托合同是一种典型的以当事人特定的社会技能提供劳务以完成一定任务的合同，其目的是处理或者管理委托人的事务。因此，保护委托人合法利益是委托合同制度的重要立法目的。当委托合同终止将损害委托人利益的，立法也应予以权衡和周全。尤其是出现委托人死亡或者终止这种非基于当事人意思自治的客观事实时，通过立法对双方当事人利益予以平衡，则更有必要。例如，甲委托乙从事某项投资，并约定将该项目投资专项用于甲之子在外国留学的费用，该投资项目经前期大量工作已初步取得效益，后甲因病亡故，如猝然终止委

托合同，则对甲十分不利。依据本条规定，此时受托人仍应以委托人名义履行合同，直到委托人的继承人、遗产管理人或者清算人承受委托事务。

三、在委托人的继承人、遗产管理人或者清算人承受委托事务之前，受托人负有继续处理委托事项的义务

（一）关于遗产管理人、清算人

与《合同法》第413条规定的通知义务主体“受托人的继承人、法定代理人或者清算组织应当及时通知委托人”相比，本条增加了遗产管理人、并将原来的“清算组织”改为“清算人”。关于遗产管理人，主要原因是《继承法》第16条第1款、第24条、《最高人民法院关于贯彻执行〈中华人民共和国继承法〉若干问题的意见》规定了遗嘱执行人、遗产保管人制度。但随着社会经济的发展，人们所拥有的财产的种类、形式以及因交易给财产带来的风险也越来越多，《民法典》适应社会发展，针对遗产管理的启动和终止、管理费用和报酬等规定了遗产管理人制度，本条也相应作了增加。关于清算人，我国法律规定比较散乱，如《公司法》《农民专业合作社法》称为“清算组”，《民法通则》《合同法》称为“清算组织”，《合伙企业法》《个人独资企业法》称为“清算人”，《外商投资企业清算办法》称为“清算委员会”。虽然这些主体称谓不统一，但无论是“清算组”“清算组织”“清算人”“清算委员会”，其实质意义上这些称谓的内涵基本相同，指代的是同一个法律群体，都是指清算事务的实际执行人，即具体执行清算事务的主体。此次《民法典》使用了“清算人”这一概念，纵观《民法典》全文，也只有在本条及第936条两个条文中使用了“清算人”这一概念，故在此特别介绍。需要注意的是，“清算人”是与“清算义务人”完全不同的一个法律概念，后者是指基于其与公司之间存在的特定法律关系而在公司解散时对公司负有依法组织清算义务，并在公司未及时清算给相关权利人造成损害时依法承担相应责任的民事主体。在我国，清算义务人主要包括有限责任公司的股东、

股份有限公司的董事和控股股东。

（二）受托人负有继续处理委托事项的义务

当事人的义务有约定义务和法定义务的区分。本条规定受托人继续处理委托事务的义务，属于法定义务。也即此义务是特定情形下法律加之于受托人的特殊义务。委托合同具有较强的人身依附性，当事人之间的信任关系是合同订立的前提和基础。实践中，委托人往往出于对受托人的道德品质、职业操守、业务技术等方面的高度信任而订立合同。委托人因出现死亡、终止等危难情势，委托人的继承人等承受委托事务亦需时日准备，此时课以受托人继续履行合同义务，既是出于保护委托人利益之需要，也是民法诚信原则和受托人善良管理人义务的具体体现。如甲基于对乙养貂技术的高度信任，委托乙为其貂场提供技术指导，甲因车祸去世，其子丙欲接手貂场，但苦于养貂专业技术人员稀缺，一时难以招到技术人员，此情势下，乙应当继续履行技术指导义务。

应当注意的是，受托人继续履行委托合同义务的时间节点是“继承人、遗产管理人或者清算人承受委托事务之前”，一旦继承人、遗产管理人或者清算人承受委托事务，委托人利益得以周全，除非当事人另有约定，受托人无义务继续处理委托事务。如前述案例中，一旦丙招聘到技术人员，甲的技术指导义务即终止，委托合同也终止。

四、受托人的报酬、必要费用及利息请求权

委托合同一般是无偿合同，但法律并不禁止有偿委托合同，当事人可以在委托合同中约定报酬。本法第928条第1款规定：“受托人完成委托事务的，委托人应当按照约定向其支付报酬。”因此，在本条规定的情形下，受托人继续处理委托事务后，合同约定报酬的，可以向委托人的继承人、遗产管理人或者清算人主张。同时，无论委托合同是有偿还是无偿，根据本法第921条规定，如果受托人继续履行委托事务需要费用，可以请求委托人的继承人、遗产管理人或者清算人预付该费用；如果受托人为处理委托事务已经垫付必要费用，可

以请求委托人的继承人、遗产管理人或者清算人偿还该费用并支付利息。

【审判实践中应注意的问题】

关于损害委托人近亲属利益是否属于本条规定的“损害委托人利益”。如前述案例中，甲委托乙从事某项交易，约定将受益用于甲之子留学经费，甲死亡，如果合同终止，则甲之子在国外留学生活费用无所着落，于此情况，是否属于损害委托人甲的利益。笔者认为，委托人近亲属利益，尤其是与委托人共同生活的未成年子女或者需要委托人抚养的无独立收入来源的人的利益，与委托人利益具有高度一致性。于此情形，应当认定属于损害委托人利益，受托人应当继续履行受托事务。

第九百三十六条　因受托人死亡、丧失民事行为能力或者被宣告破产、解散，致使委托合同终止的，受托人的继承人、遗产管理人、法定代理人或者清算人应当及时通知委托人。因委托合同终止将损害委托人利益的，在委托人作出善后处理之前，受托人的继承人、遗产管理人、法定代理人或者清算人应当采取必要措施。

【条文主旨】

本条是关于受托人的继承人、遗产管理人、法定代理人或者清算人应履行的义务的规定。

【条文理解】

本条规定的是受托人死亡、丧失民事行为能力或者终止，致使委托合同终止时，受托人的继承人、遗产管理人、法定代理人或者清算人的两项义务，即及时通知义务和采取必要措施义务。本条之所以如此规定，主要考虑的是受托人死亡或者丧失民事行为能力之后，受托人财产或基于合同等产生的权利义务，需由继承人继承或者由丧失民事行为能力人的法定代理人来处理，在法人或非法人组织解散或破产后，按照相关法律的规定，还要由清算组织接管，对其财产进行清理、保管、估价、处理和分配。于委托法律关系情形下，受托人权利义务的继受人或清算人应当将有关情况及时通知委托人，并应采取必要措施防止委托人利益受损。

一、及时通知义务

根据本条规定，因受托人死亡、丧失民事行为能力或者终止，致使委托合同终止的，受托人的继承人、遗产管理人、法定代理人或者清算人应当及时通知委托人。

（一）通知义务的性质

根据本条的规定，通知义务是受托人出现死亡、丧失民事行为能力、终止等事由导致合同终止后，相关主体应当履行的义务。所以，通知义务本质上不是合同义务，而是基于法律规定的后合同义务，是委托合同的附随义务的具体形态之一。

（二）通知义务的主体

本条规定的通知义务主体是受托人的继承人、遗产管理人、法定代理人或者清算人。具体而言，当作为受托人的自然人死亡或称为无行为能力人，其继承人、遗产管理人或法定代理人是通知义务的主体，应当就受托人死亡或丧失行为能力的事由通知委托人。当作为受托人的法人出现应当终止的事由，其清算人应当及时通知委托人。

（三）通知义务的内容

所谓通知义务的内容，是指义务主体应当将何种法律事件或法律事实通知委托人。根据本条，相关通知义务主体应当将受托人死亡、丧失行为能力或者终止的事实及时通知委托人。至于委托合同约定的委托事务处理进度等情况是否属于通知内容，笔者认为，根据本法第924条规定，受托人有如实报告义务，即受托人应当按照委托人的要求，报告委托事务的处理情况。委托合同终止时，受托人应当报告委托事务的结果。但如实报告义务并不能当然及于受托人的继承人等本条规定的通知义务主体。根据本条规定的通知义务的性质及立法上保护委托人及时知情并据此处理善后事宜之立法目的，此时受托人的继承人等义务主体只要将受托人死亡、丧失民事行为能力或者终止等客观是否告知委托人即可，无须报告委托事务履行的具体情况。

（四）违反通知义务的责任

如果本条规定的继承人等通知义务主体怠于履行通知义务，给委托人造成损失的，通知义务主体应当承担相应责任。如甲委托乙就其资金投资某种理财产品，前期收益颇丰，因甲对乙非常信任，很少过问具体情况，后乙因车祸死亡，其子丙明知甲委托理财一事，确因故长达数月未通知甲，后因发生“非典”疫情，投资市场暴跌，甲的理财产品遭受严重损失。于此情况下丙应承担一定责任。本法第929条第1款规定：“有偿的委托合同，因受托人的过错造成委托人损失的，委托人可以请求赔偿损失。无偿的委托合同，因受托人的故意或者重大过失造成委托人损失的，委托人可以请求赔偿损失。”本文认为，本条中通知义务人的责任，可参照第929条关于受托人责任的规定，并结合委托合同具体约定、受托人继承人等主体的主观态度、专业技术、认知能力等具体情况，综合予以认定，但无论如何，受托人继承人等主体承担的责任不应比同等情形下受托人需承担的责任还要重。

二、采取必要措施的义务

因委托合同终止将损害委托人利益的，在委托人作出善后处理之前，受托人的继承人、法定代理人或者清算组织应当采取必要措施。采取必要措施义务，性质上也属于后合同义务，主体也与前述本条通知义务主体相同，不赘述。需要注意的是必要措施义务的内容、限制及违反该义务的后果等。

（一）关于必要措施

此处所谓“必要措施”，是指受托人的继承人、法定代理人或者清算组织为防止委托人利益受损采取的合乎委托合同目的的相应措施。此必要措施应作广义解释，既包括消极的保存行为，如保管好委托事务有关的票据单证和资料及委托事务的财产等；也包括积极的对委托事务的处理行为，如前述委托理财中，基于对市场风险等专业判断及时采取止损措施等。

（二）采取必要措施义务的限制

由于采取必要措施义务在性质上属于后合同义务，而且其义务主体是受托人的继承人、遗产管理人、法定代理人或者清算人，也即其义务主体并非委托合同的一方当事人。某种意义上，这种法定的义务已经超越了合同相对性，故对于这种义务，除非当事人有特别约定，法律应当考虑设置该种义务的必要性、适当性、合理性等因素。基于此，本条也对采取必要措施义务进行了限制：一是目的性限制，即采取必要措施必须是出于防止委托人利益受损，唯有如此，采取必要措施才有正当性和合目的性，否则，便无必要采取措施，更遑论“必要措施”；二是必要性限制，即采取措施不但要出于保护委托人利益之目的，而且该种措施也是必要的，而非过度的和非必要的；三是时间限制，委托人的继承人等主体介入委托事务的时间起于受托人死亡、丧失民事行为能力或者终止事由出现之时，止于委托人作出善后处理之时。但是，对此条的理解，也不应太过于机械，如受托人已处于弥留昏迷之际，如不对委托事务采取必要措施，委托人利益将遭受巨大损失，此时受托人的继承人为保护委托人利益受损，果断采取措施，也可参照为本条规定处理。

（三）违反采取必要措施义务的责任

所谓违反采取必要措施义务，既包括应当采取必要措施时而未采取，如委托合同约定，受托人继承人明知台风预警时未将受托之货物妥善保管，致使货物灭失；也包括采取了不当或不必要措施的情形，如委托合同约定当名贵宠物犬出现严重腹泻精神萎靡等症状时，应当送宠物医院等专业机构处理，受托人继承人因家事繁忙，仅采取自行喂食腹泻药物措施，最终导致该宠物犬病情加重而死亡。至于继承人等义务主体应当承担何种责任，法律未明确规定。但是如果本条规定的继承人等义务主体非基于善意，即不是为了防止委托合同终止给委托人造成损害而继续处理委托事务，而是在没有必要甚至会给委托人的利益造成损害而继续处理委托事务情形下，如果不承担相应责任，不但不符合诚信、公平等民法原则，也与本条保护委托人利益的初衷不符。本文认为，于此情形下，如果受托人的继承人等义务主体因不当采取措施产生委托费用及报酬的不当增加的，无权向委托人主张；如果因受托人的继承人等主体非基于善意不当采取措施，给委托人造成损失的，还应参照本法第929条规定的原则，并结合委托合同具体约定、受托人继承人等主体的主观态度、专业技术、认知能力等具体情况，综合予以认定。但无论如何，受托人继承人等主体承担的责任也不应比同等情形下受托人需承担的责任还要重。

【审判实践中应注意的问题】

实践中，有人认为，在受托人被宣告破产或解散而进入清算程序之后，注销登记之前，此时法人尚未终止，受托人的清算人即负有本条规定的通知义务及采取必要措施义务。笔者赞同此种观点。一是从本条关于及时通知义务的规定看，如果受托人清算已经完成并因注销登记而终止，其财产已经分配完毕，如果此时清算人才通知委托人，则委托人的权利无法在清算程序中处理和保障，此种情形下的“通知”显然不符合“及时”的要求。也与本条保护委托人利益、破产法等法律清算程序关于清结债务人权利义务关系的立法目的相背离。二是从本条关于采取必要措施义务的规定看，采取必要措施的条件是，委托合同终止于将来有可能发生损害委托人利益之虞，而不用等损害结果已经现实发生。在受托人进入破产清算或解散清算程序之后，其行为能力受到极大限制，被清算人不能从事与清算事务无关的受托事务管理工作，于此情形下，不及时采取必要措施将极有可能使委托人利益受损。因此，受托人破产或被结算清算之时，其清算人便应及时将该情况通知委托人，委托人利益有受损之虞时，即应采取必要措施，而不应等受托人完成注销登记、已经终止之时才履行本条规定的及时通知和采取必要措施义务。

在受托人破产的情况下，清算人对委托合同采取相应措施而产生债权的处理问题。首先，根据本法第934条规定，当事人另有约定或者根据委托事务的性质委托合同不宜终止的，受托人的清算人可以决定继续履行合同，由此对委托人产生的债权（包括必要费用及利息请求权、有偿委托合同情形下的报酬请求权），依法可以向委托人要求全额清偿。其次，除当事人另有约定或者根据委托事务的性质不宜终止外，委托合同终止。此时，受托人的清算人采取必要措施而对委托人产生的债权（包括必要费用及利息请求权、有偿委托合同情形下的报酬请求权），也可向委托人请求清偿，并根据《企业破产法》相关规定纳入受托人的破产财产。

第二十四章 物业服务合同

第九百三十七条 物业服务合同是物业服务人在物业服务区域内，为业主提供建筑物及其附属设施的维修养护、环境卫生和相关秩序的管理维护等物业服务，业主支付物业费的合同。

物业服务人包括物业服务企业和其他管理人。

【条文主旨】

本条是关于物业服务合同的定义和物业服务人范围的规定。

【条文理解】

1999年颁布的《合同法》分则所规定的15种典型合同类型中并未包括物业服务合同。随着我国城市建设和房地产业的高速发展，物业服务行业迅速发展。《物业管理条例》对物业服务合同相关规则作出规定，但该条例的效力层次相对较低。《民法典》合同编回应我国现实需要，积极总结既有立法、司法实践经验，针对物业服务领域的突出问题，在典型合同中增加了物业服务合同，为物业服务合同提供了民事基本法的依据。

一、物业服务人的服务事项和业主的缴费义务

物业服务合同的内容是物业服务人提供约定的服务，业主支付约定的物业管理费即报酬。业主在物业服务关系中处于主导地位，是

权利主体。物业服务人的管理权来源于业主将管理业务全部或部分委托给物业服务人进行管理。物业管理的目的是实现全体业主的最大利益。

（一）业主是建筑物区分所有权的权利主体

业主对其专有部分享有所有权，对共有部分享有共有和共同管理的权利。共同管理权源于共有权，业主不能放弃。物业小区集居住、服务、管理功能为一体，为提高居住品质，由业主组成管理团体进行自治管理和委托物业服务人从事专业管理系必然选择。业主有参加物业管理的权利，包括有权选聘或解聘物业服务企业、决定房屋维修基金的使用、对收费使用情况进行监督等。同时，业主亦有合理使用房屋和公共设施、维护物业的效用和价值的义务。

（二）物业服务具有管理的性质

《物业管理条例》第2条规定："本条例所称物业管理，是指业主通过选聘物业服务企业，由业主和物业服务企业按照物业服务合同约定，对房屋及配套的设施设备和相关场地进行维修、养护、管理，维护物业管理区域内的环境卫生和相关秩序的活动。"由于物业服务的内容涉及对物和秩序的管理，物业服务合同最初被称为物业管理合同，2007年《物权法》颁布，其条文规定中使用了"物业服务"的法律概念。实践中，"物业服务合同"的概念逐渐被接受。物业服务人的职能是对物业实施服务和管理，该职能系从业主受让取得。

物业服务人在物业区域内实施物的管理和人的管理。前者系对建筑物和附属设施的维修养护、环境卫生的管理维护，包括物业共用部位的维护与管理、物业共用设备设施及其运行的维护和管理、环境卫生绿化管理服务、专项维修资金的代管服务、物业档案资料的管理等。后者在于规范物业管理区域内的秩序，对区分所有权人进行社区服务管理，对业主和相关人员的行为进行管理，防止对建筑物不当装修、妨碍业主生活秩序等，避免危害公共安全、卫生和安宁。物业服务人还可提供专项服务和特约服务等，属于多功能全方位的服务管理。

（三）业主有支付物业费的义务

物业服务人与业主之间是服务与被服务的关系。物业服务人提供的服务是有偿的，其服务管理经费除自筹以外，还包括收取的服务管理费等。物业服务合同由业主委员会与物业服务人签订，业主委员会由全体业主选举产生，其签订物业服务合同也是根据业主大会的决议，即业主委员会是代表全体业主订立合同。全体业主承担业主委员会签订物业服务合同的法律后果，负有交纳物业费的义务。《物业管理条例》第7条规定，业主应当按时交纳物业费。根据国家发展和改革委员会、建设部颁布的《物业服务收费管理办法》，物业服务收费是物业企业按物业服务合同约定，对房屋及配套设施设备和相关场地进行维修、养护、管理，维护相关区域内的环境卫生和秩序，向业主所收取的费用。物业服务收费应当区分不同物业的性质和特点分别实行政府指导价和市场调节价。物业服务收费实行政府指导价的，有定价权限的人民政府价格主管部门应当会同房地产行政主管部门根据物业管理服务等级标准等因素，制定相应的基准价及其浮动幅度，并定期公布。具体收费标准由业主与物业管理企业根据规定的基准价和浮动幅度在物业服务合同中约定。实行市场调节价的物业服务收费，由业主与物业管理企业在物业服务合同中约定。物业管理企业实行明码标价。①

二、物业服务人

物业服务人包括物业服务企业和其他管理人。

（一）物业服务企业

物业服务企业，是指符合法律规定，依法向业主提供物业服务的民事主体（市场主体）。我国法律要求物业服务企业必须是法人。《物业管理条例》第32条第1款规定："从事物业管理活动的企业应当具有独立的法人资格。"物业服务企业为物业服务区域内的公共事务提

① 《物业服务收费管理办法》第2条、第6条、第7条、第8条。

供综合性、专业性且具有公益性的管理和服务，应当具有独立承担法律责任的能力。

（二）其他管理人

其他管理人，是指物业服务企业以外的根据业主委托管理建筑区划内的建筑物及其附属设施的组织或者自然人，主要包括管理单位住宅的房管机构，以及其他组织、自然人等。《物权法》[①]将其他管理人与物业服务企业并列为物业服务的主体，赋予了相同的权利义务。聘请其他管理人对物业进行管理，是业主自治管理的一种实现形式。

物业管理实为私权处分行为，遵循私法意思自治原则，即业主既可委托专业的物业服务企业对物业实施管理，也可对物业实施自我管理。《物业管理条例》对物业管理仅推行由物业公司进行管理的单一管理模式，此模式的优势是可对整个小区实行集中统一管理，专业化程度较高，管理效果相对较好；其主要弊端是管理费用较高，一些中低收入居民难以承受。因此，现实中实行物业公司管理与业主自营式管理并用的物管新体制。所谓业主自营式物业管理就是住宅小区的物业管理，不聘请专门物业管理公司负责，而由业主自己管理。各类非物业服务企业的管理人在物业服务过程中的权利义务与物业服务企业一致。[②]

三、物业服务合同的性质

对于物业服务合同性质，学理上有不同观点，概括起来主要有委托合同说、服务合同说、混合合同说、雇佣说、承揽说等。依据《物权法》第 81 条（《民法典》第 284 条）的规定，业主“可以委托物业

① 《民法典》第 278 条（《物权法》第 76 条）规定的业主共同决定的事项有：选聘和解聘物业服务企业或者其他管理人；《民法典》第 284 条（《物权法》第 81 条）规定，业主可以自行管理建筑物及其附属设施，也可以委托物业服务企业或者其他管理人管理。对建设单位聘请的物业服务企业或者其他管理人，业主有权依法更换。《民法典》第 285 条（《物权法》第 82 条）规定，物业服务企业或者其他管理人根据业主的委托管理建筑区划内的建筑物及其附属设施，接受业主的监督。

② 最高人民法院民事审判第一庭编著：《最高人民法院建筑物区分所有权、物业服务司法解释理解与适用》，人民法院出版社 2017 年版，第 357~358 页。

服务企业或者其他管理人管理”建筑物及其附属设施等物业，物业服务合同在性质上与有偿委托合同较为接近。全体业主类似于委托人，而物业服务人类似于受托人，物业服务人受业主的委托提供劳务，即对物业小区进行物业管理。物业服务合同当事人享有任意解除权，即在合同约定的期限届满前，当事人可以根据单方意志解除合同。[①]委托合同以信赖关系为前提，物业服务人与业主之间也有较强的信赖关系。

物业服务合同与委托合同亦有较为明显的区别：一是处理事务的方式不同。委托合同的受托人应按照委托人的授权和指示处理委托事务。物业服务的内容具有较强的专业性，物业服务人在物业服务活动中的自主性较强，无须在处理每项事务时都要按照业主的指示，只要其提供的物业服务符合合同约定的标准和要求即可。业主对物业服务人开展物业管理服务有监督权，但不需要对具体事务作出指示。二是受托人行为时的名义和后果不同。受托人既可以以自己的名义从事委托活动，也可以委托人的名义从事委托活动。受托人在委托范围内实施委托行为产生的法律后果，由委托人承担。且受托人处理事务时，因不可归责于自己的事由受到损失的，可以向委托人要求赔偿。而在物业服务合同中，物业服务人以自己的名义提供物业服务，法律后果由物业服务人承担。[②]物业服务人因履行合同受到损失，如果不能归责于业主，物业服务人自行承担。三是归责原则不同。有偿委托合同的受托人处理事务时，因过错给委托人造成损失的，受托人应当承担赔偿责任。物业服务合同采无过错责任原则，物业服务人提供的物业服务不符合合同所要求的质量或者标准，应当承担法律责任。[③]

此外，物业服务合同的主体包括单个业主、业主大会、业主委员

① 《民法典》第946条规定：“业主依照法定程序共同决定解聘物业服务人的，可以解除物业服务合同。决定解聘的，应当提前六十日书面通知物业服务人，但是合同对通知期限另有约定的除外。依据前款规定解除合同造成物业服务人损失的，除不可归责于业主的事由外，业主应当赔偿损失。”

② 王利明：《物业服务合同立法若干问题探讨》，载《财经法学》2018年第3期。

③ 赵惠：《析物业服务合同的性质及其解除》，载《法律适用》2010年第11期。

会，具有复杂性；物业服务合同系要式合同，即采用书面形式；物业管理和服务事项具有很强的专业性和综合性，受政府行政主管部门的监督指导。因此，物业服务合同的性质具有独特性，系一种新型、独立的典型合同。

【审判实践中应注意的问题】

一、区分物业服务人的物业服务义务与其他主体的义务

司法实践中，物业服务人与业主产生纠纷多是因为业主认为物业服务人未提供符合物业服务合同约定的服务。由于物业服务事项内容庞杂，与其他主体的义务存在交叉，在确定物业服务人的责任时，应注意具体问题具体分析。第一，区分物业服务人的义务和其他主体的义务。有些与物业有关的事项应由其他责任人负责，例如业主专有部分的房屋质量问题一般应由开发商负责。另如，业主的财物被盗、毁损，应由侵权人承担赔偿责任。如果物业服务人未能尽到安保义务，例如未能建立健全的安保制度，配备的保安人员不足，或者保安人员怠于职守，未按照要求进行巡逻，则物业服务人根据其行为与损害后果的因果关系承担相应责任。如果物业服务人提供的安保义务并无瑕疵，业主要求减免物业费，赔偿财物损失难以获得支持。第二，区分物业服务人的义务和业主的义务。物业服务人对公共设施有维护保养义务，但是对于重大维修，应由业主负责。[①] 以电梯为例，电梯是特种设备，一般由生产厂家定期维修、养护。物业服务人亦应及时巡查，发现电梯故障，联系厂家维修、养护。如果物业服务人未及时发现问题，则属于违约行为。如果电梯应予以更换，费用应自业主交纳的专项维修资金中支出。因业主不同意支出费用更换电梯给业主带来

---

① 《物业服务收费管理办法》第 11 条第 3 款规定："物业共用部位、共用设施设备的大修、中修和更新、改造费用，应当通过专项维修资金予以列支，不得计入物业服务支出或者物业服务成本。"

的不便，不属于物业服务人的责任。业主以此为由主张拒缴物业费的，法院不应支持。

二、物业服务费的缴纳主体是业主

物业服务合同涉及全体业主的共有部分以及共同利益，其受益主体是全体业主，业主是物业服务合同项下权利义务的实际享有者和承担者。由于业主是一个群体，因此业主大会选聘物业服务人采多数决，每个业主有表决权，最后根据法律规定的多数意见确定物业服务人。业主委员会代表业主大会执行业主大会的决议，与物业服务人签订物业服务合同，但是业主委员会并非物业合同约定的物业费交付义务人，该义务的承担者是业主。因此，如果物业服务人对业主委员会提起诉讼，主张物业费，人民法院不应支持。物业服务人向拖欠物业费的业主主张权利，业主以自己非合同当事人进行抗辩的，人民法院不予支持。

三、业主自行管理情况下，业主委员会可以起诉业主支付物业费

在业主委托物业服务人管理情况下，业主委员会不是物业服务提供者，其不能起诉业主主张物业管理费。在业主自行管理情况下，则有所不同。有些小区因规模小，未聘请专门的物业公司，而是采取业主自行管理的方式。小区成立业主委员会，设立物业管理办公室，并在相关行政主管部门备案。业主应按照业主委员会确定的收费标准及收费时间交纳物业服务费用。如果小区业主委员会依法成立，代表全体业主行使物业管理职责，则有权起诉违反管理规约，拖欠物业费的业主。业主以业主委员会无权主张物业管理服务费为由，主张业主委员会起诉主体不适格，法院不应予以支持。

第九百三十八条 物业服务合同的内容一般包括服务事项、服务质量、服务费用的标准和收取办法、维修资金的使用、服务用房的管理和使用、服务期限、服务交接等条款。

物业服务人公开作出的有利于业主的服务承诺，为物业服务合同的组成部分。

物业服务合同应当采用书面形式。

【条文主旨】

本条是关于物业服务合同的内容和形式的规定。

【条文理解】

物业服务合同是确立业主与物业服务人双方主体享有的权利和承担的义务的依据。物业服务合同是双务合同，其标的是给付，一方得以要求另一方为或者不为一定行为。在法律关系客体方面应当符合双务合同的给付的要求，即任何一方都应按照合同约定为或者不为一定行为。一方不按照合同适当履行，应承担违约责任。

一、物业服务合同具有强制性内容

物业服务合同是由业主和物业服务人在平等的基础上自愿协商的结果，但是由于物业服务关系到业主的居住权利、生活质量，具有公共服务特征，而双方签订合同的能力不平衡，物业服务人专门从事物业管理，专业能力较强，业主相对而言，并不专业，物业服务合同中存在强制性的规定。当事人在合同中的约定不应违反强制性规定。即便当事人在合同中未作约定，也对物业服务合同关系的当事人有拘束力。我国《物权法》《物业管理条例》等法律法规为业主行使权利提供了法律保障，例如：前期物业服务合同的强制效力、一个物业服务区域只允许一个物业服务人从业、国家对服务价格提供指导等。国家对物业服务特殊性所作的社会政策考量，为解决物业管理的公共服务性与众多业主个体分散性和意志多样性的矛盾，在立法上所作的特殊规制，系对私权内容的适度干预。[①] 物业管理中的环境管理、消防管理、治安管理和车辆管理等事项均受行政主管部门的监督指导。物业服务企业的强制性义务有：不得将义务全部转委托；不得挪用专项维修基金；不得擅自利用共用部位、共用设施进行经营等。业主的强制性义务有：使用物业不得损害业主的共同利益；缴纳管理费及专项维修基金；业主对物业装饰装修和使用等不得违反有关法律、法规的规定等。[②]

二、物业服务合同主要内容

物业服务合同是确立物业服务合同当事人的权利和义务的重要依据。物业服务合同属于复合型合同，涉及的服务领域较多。行政主管部门会颁布物业服务合同的示范文本。物业服务合同应有下列内容：

服务事项。即物业服务人具体管理事项，包括房屋的使用、维修、养护；消防、电梯、机电设备、道路、停车场等公共设施的使用、维修、养护和管理；清洁卫生；公共秩序；房地产主管部门规定或物业服务合同规定的其他物业服务事项。对于超出物业服务范围的事项，物业服务人可能需要另行收费。

服务质量。即物业服务需要达到的标准。中国物业管理协会颁布了《普通住宅物业管理服务等级标准（试行）》，为物业服务合同双方当事人确定物业服务等级、约定物业服务项目、内容与标准以及测算物业服务价格提供了参考依据。该标准确定了三个等级标准，当事

① 曾祥生：《物业服务合同性质辨析——兼谈无名合同有名化问题》，载《南昌大学学报（人文社会科学版）》2007年第3期。

② 庄昕：《论物业服务合同的强制性义务》，载《法制博览》2015年第33期。

人可以进行选择，如果有超过或低于标准的特别约定可以自行协商确定。

服务费用的标准和收取办法。物业服务费用是物业服务人提供的服务的对价，可以采取包干制或者酬金制。包干制是指由业主向物业管理企业支付固定物业服务费用，盈余或者亏损均由物业管理企业享有或者承担的物业服务计费方式。酬金制是指在预收的物业服务资金中按约定比例或者约定数额提取酬金支付给物业管理企业，其余全部用于物业服务合同约定的支出，结余或者不足均由业主享有或者承担的物业服务计费方式。[①]服务费用与服务质量、服务事项相对应。服务费用包括的服务事项越多，等级标准越高，费用也就相对越高。

维修资金的使用。根据《住宅专项维修资金管理办法》第22条、第23条规定，需要使用住宅专项维修资金的，物业服务人提出使用建议和使用方案[②]，经符合规定比例的业主讨论通过后，使用专项维修资金。物业服务合同当事人可就专项资金申请使用的具体程序作出约定，如约定申请使用专项维修资金，物业服务人应如何提出建议，业主应在多长时间内表决通过，如果物业服务人未及时提出建议、方案，或者业主未在约定的时间进行表决讨论，各自应承担何种责任。

服务用房的管理和使用。物业管理用房是指物业服务人为管理整个小区的物业而使用的房屋。依据《民法典》第274条（《物权法》第73条）规定，物业管理用房属于全体业主共有。物业管理用房是向小区提供物业服务所必需的。《物业管理条例》第38条规定："物业管理用房的所有权依法属于业主。未经业主大会同意，物业服务企业不得改变物业管理用房的用途。"依据该规定，物业服务人应当将

① 《物业服务收费管理办法》第1条、第9条。

② 《住宅专项维修资金管理办法》第22条规定："住宅专项维修资金划转业主大会管理前，需要使用住宅专项维修资金的，按照以下程序办理：（一）物业服务企业根据维修和更新、改造项目提出使用建议；没有物业服务企业的，由相关业主提出使用建议……"第23条规定："住宅专项维修资金划转业主大会管理后，需要使用住宅专项维修资金的，按照以下程序办理：（一）物业服务企业提出使用方案，使用方案应当包括拟维修和更新、改造的项目、费用预算、列支范围、发生危及房屋安全等紧急情况以及其他需临时使用住宅专项维修资金的情况的处置办法等……"

物业管理用房用于物业管理，而不得擅自改变物业管理用房的用途，但经过业主大会同意的除外。[①]

服务期限。即物业服务合同的起止时间。服务期限届满，物业服务合同终止，合同当事人不需要行使解除权。服务期限未届满，业主或者物业服务人提前解除合同均需符合法律规定的解除条件，否则应承担赔偿损失等责任。

服务交接。物业服务合同开始履行和终止后，都涉及交接问题，当事人应对期限、方式、交接材料等予以约定。例如，约定物业服务人在合同终止后应向业委会移交公共部位和物业管理资料的期限和方式，明确需要移交的部位和资料目录，进行财务交接等。

当事人还可就选聘专营公司承担专项服务管理等事项进行约定。物业服务人根据服务管理项目的需要，可将清扫垃圾等专项工作转包给清洁公司、聘请保安公司承担小区治安管理工作等。

三、物业服务人公开作出的有利于业主的服务承诺

物业服务人公开作出的有利于业主的服务承诺应作为物业服务合同的组成部分。物业服务人公开作出的服务承诺系业主选聘物业服务人的重要依据，也是业主维护其权益的根据。该规定合理地扩充了物业服务人义务的依据范围，增加了物业服务合同的内容。

物业服务人的服务承诺，是物业服务人从有利于业主及房屋实际使用人，提高服务管理和社区生活品质及自律行为的角度考虑，作出的单方意思表示。物业服务人的服务承诺，作为物业服务合同的组成部分，应具备下列条件：（1）承诺内容是物业服务人的真实意思表示，清楚明确；（2）承诺的内容是公开作出的或在小区内进行了公示；（3）承诺对业主有利；（4）承诺内容不违背法律、法规等相关规定。服务承诺符合上述条件的，即可认定为物业服务合同的组成部分，物业服务人即应依照服务承诺履行服务义务，否则，应承担违约

① 王利明：《物业服务合同立法若干问题探讨》，载《财经法学》2018年第3期。

责任。此规定符合诚信原则。[①]

四、物业服务合同的形式

《民法典》第469条规定："当事人订立合同，可以采用书面形式、口头形式或者其他形式。书面形式是合同书、信件、电报、电传、传真等可以有形地表现所载内容的形式。以电子数据交换、电子邮件等方式能够有形地表现所载内容，并可以随时调取查用的数据电文，视为书面形式。"书面形式的优点是合同有据可查，发生纠纷时容易举证，便于分清责任。[②]物业服务合同属于要式合同，即依据法律或当事人要求必须具备一定形式的合同。物业服务合同主要表现为合同书的形式，合同书应记载当事人的名称，权利义务，当事人在合同上签字、盖章、或者按指印。物业服务合同可以采用电子合同的形式，电子签名的形式应符合《电子签名法》的规定。物业服务合同履行时间长，权利义务复杂，采取书面形式有利于明确双方的权利义务，便于合同的履行和纠纷解决。物业服务合同采取书面形式也便于在行政主管部门备案。[③]

【审判实践中应注意的问题】

一、未采用书面形式的物业服务合同

《民法典》第490条第2款规定："法律、行政法规规定或者当事人约定合同应当采用书面形式订立，当事人未采用书面形式但是一方

① 最高人民法院民事审判第一庭编著：《最高人民法院建筑物区分所有权、物业服务司法解释理解与适用》，人民法院出版社2017年版，第279~280页。

② 崔建远主编：《合同法》，法律出版社2016年版，第58页。

③ 《北京市物业管理条例》（2020）第63条第3款、第4款规定："物业服务合同签订或者变更之日起十五日内，物业服务人应当将物业服务合同报街道办事处、乡镇人民政府、区住房和城乡建设或者房屋主管部门备案。市住房和城乡建设主管部门应当会同有关部门、协会制定物业服务合同示范文本，并向社会公布。"

已经履行主要义务，对方接受时，该合同成立。”如果物业服务人履行了主要义务，业主已经接受，虽然未签订书面合同，仍然认定合同成立。

二、服务细则对物业服务合同当事人有约束力

《物业服务纠纷司法解释》第3条第2款规定：“物业服务企业公开作出的服务承诺及制定的服务细则，应当认定为物业服务合同的组成部分。”服务细则是物业服务人依据《物业管理条例》等规定，为了更好地为业主服务及规范物业服务人的服务管理行为而作出的规定。

服务细则是对物业服务合同内容的补充。一般物业服务合同是格式合同，其约定的内容，是服务管理的主要内容和双方当事人的基本权利与义务，而服务细则是物业服务管理内容的具体实施细则。如，对物业服务管理区域的物业服务资金预收标准的具体规定；物业服务资金提取酬金的具体方式；业主应于什么时间交纳物业服务费用或物业服务费的收取数额；停车收费的收取方式；以及物业服务人、业主的具体权利与义务；等等。服务细则经业主与物业服务人认可，并经公示，可认定为物业服务合同的组成部分，对业主与物业服务人具有约束力。[①]

三、物业服务人可依据管理规约要求业主承担义务

业主对其专有部分的所有权负担了限制，如所有权人不得随意变更专有部分的使用目的，基于相邻关系，所有人还需负担容忍和协作义务。建筑物区分所有人行使区分所有权不能损害其他共有人的利益。业主管理规约是由全体业主通过业主大会就物业的管理、使用、维护与所有关系等各方面事项所制定的规则，也即业主间达成的有关如何管理、使用和维护共有财产以及规范其相互之间关系的协议。

① 最高人民法院民事审判第一庭编著：《最高人民法院建筑物区分所有权、物业服务司法解释理解与适用》，人民法院出版社2017年版，第279~280页。

《物业管理条例》第 17 条规定："管理规约应当对有关物业的使用、维护、管理、业主的共同利益，业主应当履行的义务，违反管理规约应当承担的责任等事项依法作出约定。管理规约应当尊重社会公德，不得违反法律、法规或者损害社会公共利益。管理规约对全体业主具有约束力。"管理规约系业主行为的基本准则，也是物业服务人维护秩序的重要依据。

《物业服务纠纷司法解释》第 4 条规定："业主违反物业服务合同或者法律、法规、管理规约，实施妨害物业服务与管理的行为，物业服务企业请求业主承担恢复原状、停止侵害、排除妨害等相应民事责任的，人民法院应予支持。"对业主违反管理规约的行为，相关业主、使用人，业主委员会或物业服务企业有权加以制止，也可以向人民法院提起诉讼。另外，业主违反管理规约的行为同时也违背相关行政法规，如环保、卫生、绿化、消防等强制规范，可由业主委员会或物业服务企业报有关行政管理部门处理，业主须依法承担行政责任。物业服务人可以依据管理规约制止业主的不当行为，例如建筑物顶楼的业主在楼顶建设阳光房，一层业主利用楼前公共绿地种植蔬菜，均影响到其他业主的权益，物业服务人可以制止上述行为，或者报行政管理部门处理。

第九百三十九条　建设单位依法与物业服务人订立的前期物业服务合同，以及业主委员会与业主大会依法选聘的物业服务人订立的物业服务合同，对业主具有法律约束力。

【条文主旨】

本条是关于合法有效的物业服务合同对所有业主均具有法律上约束力的规定。

【条文理解】

本条吸收了《物业服务纠纷司法解释》第1条规定，建设单位依法与物业服务企业签订的前期物业服务合同，以及业主委员会与业主大会依法选聘的物业服务企业签订的物业服务合同，对业主具有约束力。业主以其并非合同当事人为由提出抗辩的，人民法院不予支持。

一、前期物业服务合同和物业服务合同的异同

物业服务合同可以分成两类，即前期物业服务合同和普通物业服务合同。《物业管理条例》第21条规定："在业主、业主大会选聘物业服务企业之前，建设单位选聘物业服务企业的，应当签订书面的前期物业服务合同。"前期物业服务合同是指在物业服务区域内的业主、业主大会选聘物业服务人之前，由房地产建设单位与物业服务人签订的合同。普通物业服务合同，是指业主委员会根据业主大会的决议，与物业服务人签订的物业服务合同。

两种物业服务合同的主要区别是：第一，合同签订主体不同。前期物业服务合同的相对方是建设单位，普通物业服务合同的相对方是

业主委员会。因此，普通物业服务合同更能够充分体现业主的意志。第二，合同的内容不同。前期物业服务合同侧重于对建筑物建成初期的养护、安全保障以及配合建设单位为将入住的业主提供服务等，另外包括管理遗留的扫尾工程、空置房出租或者看管、协助办理业主入住等事项。普通物业服务合同侧重于对建筑规划内建筑物的维护、环境及居住条件的保障等，目的系为业主正常的日常起居生活提供服务。第三，存在阶段不同。前期物业服务合同仅存在于项目建成初期，业主入住人数较少，尚未成立业主大会及业主委员会的阶段。普通物业服务合同存在于符合法律规定条件的业主大会及业主委员会已经产生，多数业主已经入住，建设单位基本撤出的后期阶段。第四，合同终止方式不同。前期物业服务合同当事人虽然能够约定服务期限，但是业主委员会与业主大会选聘的物业服务人签订的物业服务合同生效之时，前期物业服务合同即应终止。普通物业服务合同的期限则由双方当事人协商确定。

两类合同的关联性表现在：首先，两类合同都是双务、有偿、诺成、要式合同。其次，两类合同客体一致，均是物业管理服务活动，物业服务人对相关建筑物和设施进行管理，提供环境卫生、停车管理及保安等相关服务。再次，两类合同存在时间具有衔接性。前期物业服务合同在前，普通物业服务合同在后。最后，两类合同对业主均有约束力。

二、物业服务合同对业主的约束力

（一）物业服务合同对业主具有约束力的法理依据

依法成立的物业服务合同对业主具有法律约束力，业主的行为受合同条款的规范和调整。前期物业服务合同与普通物业服务合同对业主具有约束力的法理依据不完全相同。

1. 前期物业服务合同对业主具有约束力的依据

第一，业主与建设单位之间有关于受前期物业服务合同约束的合意。实践中，前期物业服务合同签订的方式主要有两种：一种是物业服务人与建设单位签订物业服务合同，业主不是合同签订主体；另一种方式是购房者在与开发商签订购房合同时，也以自己的名义与物业服务人签订前期物业管理合同。根据《物业管理条例》第25条规定："建设单位与物业买受人签订的买卖合同应当包含前期物业服务合同约定的内容"。无论以何种方式签订前期物业服务合同，物业服务人均系建设单位选定，而非业主选定。建设单位同物业买受人签订房产买卖合同之时，包含了双方之间转让前期物业服务合同的合意。因此，由建设单位作为合同当事人签订的前期物业服务合同对后来的业主产生拘束力，根源在于其他业主对房地产建设单位所签订的前期物业服务合同的概括承受。①

第二，业主因购买房产成为建筑区分所有权人，享有共同管理物业的权利并承担义务。物业管理是区分所有人对区分建筑物中的共有部分的自治管理。房产出售时，建设单位将已经签订的前期物业服务合同作为购房合同的附件，或者在商品房预售合同中列明前期物业服务的情况。业主购买了建筑物的专有部分，就自动加入对共有部分的共有关系，承受共有物的负担以及物上的债权债务，成为前期物业服务合同的一方当事人。建设单位仍是尚未出售部分房产的所有权人，与业主就共有部分形成共有关系。前期物业服务合同中对物业服务费用一般约定：房屋出售前，物业管理费由建设单位缴纳，出售后，出售部分的物业管理费由买受人即业主缴纳。业主在承担缴纳物业费义务的同时也获得了监督物业服务人提供的服务质量等权利。

2. 依法成立的普通物业服务合同对业主具有法律约束力的依据

《物业管理条例》第15条规定由业主委员会代表业主与业主大会选聘的物业服务企业签订物业服务合同。业主委员会根据业主大会决定与相关物业服务人签订物业服务合同，对业主应当具有法律上的约束力，是由业主大会和业主委员会作为自我管理机制的权力机关和执行机关的法律地位决定的。《民法典》第278条（《物权法》第76

① 最高人民法院民事审判第一庭编著：《最高人民法院建筑物区分所有权、物业服务司法解释理解与适用》，人民法院出版社2017年版，第255页。

条）第4项规定，业主有权“选聘和解聘物业服务企业或者其他管理人”。《民法典》第280条（《物权法》第78条）第1款关于业主大会、业主委员会决定的效力问题作出明确规定，即业主大会或者业主委员会的决定，对业主具有法律约束力。业主委员会基于执行业主大会决定而与物业服务人签订合同，是其作为业主自我管理机制执行机关的行为，所产生的一切后果，应由业主承担。对业主具有约束力的业主大会或者业主委员会的决定，必须是依法设立的业主大会依据法定程序做出的，并且符合法律、法规及规章且不违背社会道德，不损害国家、公共和他人利益的决定。[①] 根据《民法典》第280条（《物权法》第78条）第2款，业主大会或者业主委员会作出的决定侵害业主合法权益的，受侵害的业主可以请求人民法院予以撤销。

从上述分析可以看出两类物业服务合同对业主具有拘束力的原因并不完全相同，前期物业服务合同系建设单位将合同的权利义务转移给业主，业主因购买房产，概括受让前期物业服务合同的权利义务。业主对前期物业服务人无决定权；后者系因全体业主自我管理机关决定签订物业服务合同，物业服务人的选聘体现了业主的意志。

（二）物业服务合同对业主有约束力的具体表现

物业服务合同中，通常包括物业服务人、业主委员会、业主三方当事人，各自受物业服务合同的约束，享有相应的权利，承担相应的义务。业主受物业服务合同约束的具体表现是根据物业服务合同，享有权利并承担义务。（1）业主的主要合同权利是享受物业服务人提供的物业服务，并对物业服务人进行监督。具体而言，其权利有：实际接受并享受物业服务人提供的服务；通过参加业主大会或者业主代表大会，对物业服务人的工作进行评估审查，就物业服务的有关问题向物业服务人提出意见和建议，解聘物业服务人；等等。（2）业主受物业服务合同约束，需要交纳物业服务费用，以及根据诚信原则协助物业服务人进行物业服务。其合同义务主要表现为：遵守物业服务制

① 最高人民法院民事审判第一庭编著：《最高人民法院建筑物区分所有权、物业服务司法解释理解与适用》，人民法院出版社2017年版，第256页。

度和服务规约；按照约定的方式、期限交纳物业服务费用；装饰装修房屋时需遵守相关规定；转让房屋时应事先通知物业服务人，便于物业服务人的管理；必要时对物业服务人履行合同的行为给予协助和配合，因物业服务给业主带来的暂时不便，业主有容忍义务；等等。[①]

【审判实践中应注意的问题】

一、业主不能以未同意选聘物业服务人为由主张物业服务合同无效

根据《民法典》第278条第2款，业主大会决定选聘和解聘物业服务人应当由专有部分面积占比2/3以上的业主且人数占比2/3以上的业主参与表决，经参与表决专有部分面积过半数的业主且参与表决人数过半数的业主同意。如果业主大会经合法召集，符合法律规定的表决程序及比例，且未侵害业主的合法权益，业主仅以其本人未同意选聘物业服务人为由，主张物业服务合同无效，不能成立。

二、区分房屋买卖合同与前期物业服务合同项下的权利义务

业主系因购买房产，而承接前期物业服务合同中的权利义务。房屋买卖关系中建设单位与业主关于物业服务的约定与前期物业服务合同并不能完全衔接。例如建设单位在出售房产时承诺赠送物业费，该承诺对物业服务人是否有拘束力，取决于物业服务人是否认可。即如果物业服务人认可授权建设单位作出该承诺，则业主可以不向物业服务人交纳物业费。如果物业服务人未同意，建设单位作出的该承诺对物业服务人没有拘束力。业主以此为由不交物业费，法院不应予以支持。不过，业主交纳物业服务费后，可依据建设单位的承诺向建设单位主张权利。另外，《物业管理条例》第25条规定："建设单位与物

---

① 最高人民法院民事审判第一庭编著：《最高人民法院建筑物区分所有权、物业服务司法解释理解与适用》，人民法院出版社2017年版，第256~257页。

业买受人签订的买卖合同应当包含前期物业服务合同约定的内容。”如果业主与建设单位签订买卖合同时，其中未包含前期物业服务合同约定的内容，侵犯了业主的知情权，但是由于业主已经成为物业服务区域内的建筑物区分所有权人，并接受了物业服务，业主并不能主张不受前期物业服务合同的约束。

第九百四十条 **建设单位依法与物业服务人订立的前期物业服务合同约定的服务期限届满前，业主委员会或者业主与新物业服务人订立的物业服务合同生效的，前期物业服务合同终止。**

【条文主旨】

本条是关于前期物业服务合同法定终止的规定。

【条文理解】

一、条文的基本含义

前期物业服务合同的终止，是指前期物业服务合同的当事人在具有法律效力的合同未全部履行之前，终止该合同的效力。《物业管理条例》第26条规定："前期物业服务合同可以约定期限；但是，期限未满、业主委员会与物业服务企业签订的物业服务合同生效的，前期物业服务合同终止。"本条采纳了上述规定。

合同解除是合同权利义务终止的重要方式。《民法典》关于合同解除的规定同样适用于前期物业服务合同。前期物业服务合同可约定解除，有两种方式，一是在前期物业服务合同中约定解除条件，当解除条件成就时，解除权人可以解除前期物业服务合同；二是前期物业服务合同履行过程中经合同当事人协商一致，可以解除前期物业服务合同。前期物业服务合同可法定解除，通常是指在不可抗力、对方预期违约不履行主要合同义务、迟延履行主要合同义务、根本违约不能实现合同目的等情形下，当事人行使解除权解除合同。前期物业服务合同的终止具有特殊性。业主委员会与物业服务人签订的物业服务合同生效的，前期物业服务合同终止。即业主委员会通过缔结物业服务合同解除前期物业服务合同，可视为前期物业服务合同的法定解除情形。①

前期物业服务合同在期限未满时，如果业主成立业主大会，选聘物业服务人，签订普通物业服务合同，前期物业服务合同终止，终止时间以业主委员会与物业服务人签订的物业服务合同生效时间为准。应该注意的是业主大会选聘物业服务人后，并不能直接产生前期物业服务合同终止的效力。业主委员会根据业主大会决定与物业服务人签订的物业服务合同生效后，前期物业服务合同才终止。

该条规定的前期物业合同终止，与业主行使任意解除权解除物业服务合同不同。《民法典》第946条规定："业主依照法定程序共同决定解聘物业服务人的，可以解除物业服务合同。决定解聘的，应当提前六十日书面通知物业服务人，但是合同对通知期限另有约定的除外。依照前款规定解除合同造成物业服务人损失的，除不可归责于业主的事由外，业主应当赔偿损失。"即便物业服务人未构成根本违约，业主可以经法定程序共同决定解除物业服务合同，但是业主应当根据法律规定赔偿物业服务人损失。前期物业服务合同不需适用该规定，业主一旦经法定程序选聘新的物业服务人，物业服务合同生效，前期物业服务合同即终止，业主不需要赔偿前期物业服务人损失。

二、该规定的主要法律依据和考虑因素

第一，从法律规定角度分析。业主可以自行管理建筑物及其附属设施，也可以委托物业服务企业或者其他管理人管理。《民法典》第284条第2款（《物权法》第81条第2款）规定："对建设单位聘请的物业服务企业或者其他管理人，业主有权依法更换。"业主作为建筑物所有人对物业服务人有最终决定权。业主按照《民法典》物权编的规定，选择自行管理物业或者委托其他管理人管理物业后，如果前期

① 赵惠：《析物业服务合同的性质及其解除》，载《法律适用》2010年第11期。

物业管理合同不能终止，将会出现前期物业服务人的管理与业主或者其他管理人的管理相互冲突的情形，导致业主“自行管理不能”。因此规定，业主委员会或者业主与新物业服务人订立的物业服务合同生效的，前期物业服务合同终止，以免妨碍业主行使自治管理权。

第二，从前期物业服务合同签订的背景和实践中产生的问题分析。物业管理区域内的物业一般分期分批售出，在建设单位已出售的物业尚未过半数时，业主入住率尚未达到法规、条例规定的成立业主自治组织（业主大会、业主委员会）的标准，难以成立业主大会。物业需要维护和保养，需由相关当事人出面选聘物业服务企业，委托其做好前期物业服务。在物业全部或大部分未售出之前，建设单位是最大的产权人，建设单位有维护物业保值增值的动力，会选择适当的物业服务企业。

实践中，前期物业服务合同产生较多问题。首先，建设单位常常委托与其有关联关系的物业服务企业，如独资子公司进行管理，建设单位对物业服务企业的服务质量不能形成有效监督。其次，建设单位持有物业所有权的最终目的是将其出售，有时前期物业服务合同期限未到，建设单位已将物业全部或部分售出，与小区的物业管理不再有直接利益关系，而作为购房者的业主才是与物业管理具有切身利害关系的主体。建设单位在签订前期物业服务合同时考虑的因素与业主并不完全一致。前期物业合同主要侧重于对建筑物建成初期的养护、安全保障以及配合建设单位为业主入住提供服务。在业主与建设单位签订商品房预售合同的同时，前期物业管理合同作为其附件，一并被固定下来。购房者并没有机会和物业服务人当面协商，物业服务合同不能反映业主的意志。业主常常认为物业服务人服务质量与收费不匹配，从而产生冲突。规定前期物业合同终止的效力，能够促使前期物业服务人提高物业服务质量。如果前期物业服务人服务质量高，物业费价格合理，业主也会继续与其签订物业服务合同。

三、业主不能组建业主大会或者业主委员会的替代方式

前期物业服务合同的终止取决于业主委员会或者业主与新物业服务人签订物业服务合同的时间，受业主大会及业主委员会成立时间的影响。《民法典》和《物业管理条例》对首次业主大会的召开条件和时间并没有规定，住房和城乡建设部《业主大会和业主委员会指导规则》对业主大会的成立条件及程序作出规定，物业管理区域内，已经交付的专有部分面积超过建筑物总面积 50% 时，就应筹备召开首次业主大会。各省、直辖市的物业管理条例，对首次业主大会成立的条件和程序会作出规定，通常根据房产建筑面积出售比例，房产交付时间等予以确定。①

受业主入住状况及房屋工程质量等各种因素的影响，业主大会、业主委员会成立的时间以及全体业主选聘物业服务企业的时间具有不确定性。从行业实践看，前期物业服务合同的期限普遍超过 2 年。在小区业主大会召开之前，如果开发商对物业服务人不能形成有效监督，业主又不能解聘物业服务人，可能产生物业服务质量下降等现象。因此，一些地方性规章为解决业主大会和业主委员会不能及时成立的问题，采取了一些变通方式。例如，《深圳经济特区物业管理条例》（2020 年 3 月 1 日起实施）第 49 条规定，建设单位选聘物业服务企业提供前期物业服务，其合同期限由建设单位和物业服务企业约定，最长期限不超过 2 年。同时，该条例规定，前期物业服务合同期届满，尚未成立业主大会，物业服务企业按照原合同继续提供服务的，经物业管理区域占业主总人数 50% 以上的业主或者占全体业主所持投票权数 50% 以上的业主联名书面提出更换物业服务企业，可以由街道办事处通过招投标方式选取物业服务企业提供物业服务。即对于

① 《上海市住宅物业管理规定》（2019）第 13 条第 2 款规定："一个物业管理区域内，房屋出售并交付使用的建筑面积达到百分之五十以上，或者首套房屋出售并交付使用已满两年的，应当召开首次业主大会会议，成立业主大会。但只有一个业主的，或者业主人数较少且经全体业主一致同意，决定不成立业主大会的，由业主共同履行业主大会、业主委员会职责。"

前期物业服务合同履行期满届满后选聘物业服务企业工作，《深圳经济特区物业管理条例》给出了更加灵活的方式，业主可以联名申请更换物业服务人，由街道办事处通过招投标方式选聘物业服务企业。

另外，《北京市物业管理条例》（2020）规定，在业主大会或者业主委员会未能组建的情况下，可以组建物业管理委员会，作为临时机构，承担业主大会或者业主委员会的职责，组织业主共同决定物业管理事项。物业管理委员会由居民委员会、村民委员会、业主、物业使用人代表等 7 人以上单数组成，其中业主代表不少于物业管理委员会委员人数的二分之一。① 物业管理委员会可以履行业主委员会与物业服务人的职责，与新的物业服务人签订物业服务合同，从而终止前期物业服务合同。

【审判实践中应注意的问题】

一、业主大会决定自行管理物业的，前期物业服务合同亦应终止

《民法典》第 284 条（《物权法》第 81 条）规定："业主可以自行管理建筑物及其附属设施，也可以委托物业服务企业或者其他管理人管理。对建设单位聘请的物业服务企业或者其他管理人，业主有权依法更换。" 如果业主大会决定自行管理物业，前期物业服务合同亦应终止。

二、前期物业服务合同期限届满时，如果业主委员会与物业服务人签订的物业服务合同尚未生效，前期物业服务合同应继续履行

前期物业服务合同约定的期限届满，如果业主委员会与物业服务

① 《北京市物业管理条例》（2020）第 52 条至第 60 条。

人签订的物业服务合同尚未生效，此时将会出现前期物业服务人的管理义务结束，又没有新的物业服务人接替的情况。根据《民法典》第950条规定："物业服务合同终止后，在业主或者业主大会选聘的新物业服务人或者决定自行管理的业主接管之前，原物业服务人应当继续处理物业服务事项，并可以请求业主支付该期间的物业费。"前期物业服务合同履行期限虽已届满，业主大会尚未成立，或者尚未选聘新物业服务人的，物业服务人仍应继续处理物业服务事项，并可以请求业主支付该期间的物业费。

三、房产出售后，建设单位不能自行决定解聘前期物业服务人

从建筑物区分所有权的角度来看，物业销售后，建设单位的物业所有权以建筑物区分所有权的形式转移给业主。建设单位与其他业主共享管理权。因此，物业开始销售后，前期物业合同的解除权只能由建设单位与业主共同协商行使，建设单位不能擅自解除前期物业服务合同。如果建设单位随意解除合同，必然会造成物业管理的无序或不稳定，损害全体业主利益的。如果确实需要重新选聘物业服务人，可以通过召开业主大会，选举产生业主委员会，授权业主委员会进行。因此，除非建设单位与业主签订的房屋买卖合同中授权建设单位代为行使解聘、选聘物业服务人的权利，否则应由全体业主按照法定程序表决是否更换物业服务人，以保护业主的建筑物区分所有权及成员权。

四、前期物业服务人拒绝退出，不能主张物业服务合同终止后的物业费

《物业服务纠纷司法解释》第10条第2款规定："物业服务企业拒绝退出、移交，并以存在事实上的物业服务关系为由，请求业主支付物业服务合同权利义务终止后的物业费的，人民法院不予支持。"《民法典》第949条规定："物业服务合同终止的，原物业服务人应当

在约定期限或者合理期限内退出物业服务区域，将物业服务用房、相关设施、物业服务所必需的相关资料等交还给业主委员会、决定自行管理的业主或者其指定的人，配合新物业服务人做好交接工作，并如实告知物业的使用和管理状况。原物业服务人违反前款规定的，不得请求业主支付物业服务合同终止后的物业费；造成业主损失的，应当赔偿损失。”根据上述规定，前期物业服务人拒绝退出，不得请求业主支付物业服务合同终止后的物业费。

实践中，有些前期物业服务人以无因管理为由主张物业费，笔者认为，《民法典》第979条规定：“管理人没有法定的或者约定的义务，为避免他人利益受损失而管理他人事务的，可以请求受益人偿还因管理事务而支出的必要费用；管理人因管理事务受到损失的，可以请求受益人给予适当补偿。管理事务不符合受益人真实意思的，管理人不享有欠款规定的权利；但是，受益人的真实意思违反法律或者违背公序良俗的除外。”成立无因管理，有两个前提：一是没有法定或约定的义务，二是为他人管理。为他人管理，不仅仅需有为他人进行管理或服务的客观行为，更要有为他人管理的主观意思，也就是管理事务系有利于本人且并不违反本人明示或可得推知的意思。前期物业服务人拒不退出，违反业主的意思，不属于无因管理行为，无权以此为由主张物业服务费。

第九百四十一条 物业服务人将物业服务区域内的部分专项服务事项委托给专业性服务组织或者其他第三人的，应当就该部分专项服务事项向业主负责。

物业服务人不得将其应当提供的全部物业服务转委托给第三人，或者将全部物业服务支解后分别转委托给第三人。

【条文主旨】

本条是关于物业服务人转委托专项服务事项的规定。

【条文理解】

一、关于本条的制定背景

物业服务是一项长期、复杂的专业性工作，涉及小区建筑物及相关设施的维修保养、卫生、环保、安全、秩序的维护等诸多事项。业主对于如此繁复、专业、长期的工作，无论是在专业知识、技能还是在时间上都无法完成。现代物业管理行业的产生就与物业服务的高度复杂化、高度专业性有密不可分的关系，正是因为业主不能或难以胜任相关的物业服务工作，才将工作委托给物业服务人，由物业服务人这一专业性机构来完成。而随着物业管理行业的发展，也随着现代社区、物业格局的巨大变化和市场分工的精细化，物业服务人越来越难以独立完成所要提供的各项服务，其同样需要将自身所要提供的各项服务予以细化、拆分进而外包出去。物业服务人将其服务进行外包，有多方面的优势：其一是由专业化公司完成相关物业服务，效率高、质量好，符合效益原则；其二是在外包专项服务事项时，可以充分发挥市场的竞争作用，采用招标、报价等多种竞争方式，在提高服务质量的同时降低服务成本，符合经济原则；其三是通过服务外包，物业服务人指示第三方完成相应的物业服务，而不必通过招聘员工的方式直接完成，管理成本和用工风险也进一步降低，可以将主要精力集中于业务管理流程的合理设计和有效监控，可以更加有效地提高服务质量。

对于物业服务外包问题，市场实践中得到大量运用，但与此同时也产生了不少问题。一是部分物业服务人缺乏物业服务观念和法律意识，将专项服务事项外包以后撒手不管，当第三方不履行合同义务时，不积极主动协调解决，也不承担责任，这当然是不符合物业服务合同约定和法律规定的。对此种现象，《民法典》在本条中对于物业服务人将专项服务事项外包时的法律责任予以明确规定，即物业服务人将专项服务事项委托第三方的，应当就该专项服务事项对业主承担责任。物业服务外包中产生的另外一个较为严重的问题是部分物业公司承接到物业管理项目后，基本上完全不履行物业服务义务，将所有的物业服务项目转包给第三方或者全部支解后分包给不同的第三方，自身只是从中赚取相应的管理费，甚至有的第三方又将专项服务事项再次转包或分包给其他人，造成物业服务质量下降甚至不能如约为业主提供物业服务。上述问题都是本次《民法典》编纂过程中要解决的问题。

二、关于部分专项服务事项的转委托

物业服务人根据合同约定或者法律规定可将相关服务项目委托给第三方，这些服务项目主要是一些专业性较强的服务项目或者已经形成较为成熟的市场化服务的项目。物业服务人可以委托给第三方的专项服务事项一般包括：物业区域治安维护和消防安全；物业服务区域的保洁、垃圾清运；建筑物及其附属物以及物业服务区域内设施、设备的维修、养护；物业服务区域绿化、养护等。而对于物业接待、咨询、收费以及日常维修、水、电、气、热等常规服务项目，一般应作为物业服务人的核心服务项目加以保留。当然，哪些项目委托第三方服务取决于物业公司自身的经营决策以及为业主提供优质服务的目的加以考虑。

关于本条规定的“专业性服务组织或者其他第三人”的理解。物业服务种类繁多，对于部分专项服务工作，由于工作难度大、技术含量高，必须依赖于专业性服务组织的资质、经验、技能、工具等多种因素才能完成，此类专业性服务组织一般包括专业性保安公司、保洁公司、园林绿化公司以及其他设施、设备的专业服务商。根据实践中物业管理难易程度以及物业管理现状，物业服务人还可以将这些事项交由专业性服务组织之外的第三人加以完成，第三人可以是企业、也可以是其他组织、合伙、自然人等主体。

关于部分专项服务事项转委托的法理分析。通常情况下，物业服务人应当完整、充分履行物业服务合同，这是合同履行原则的应有之义。对于物业服务合同来说，其合同性质带有多种有名合同的特征。在《民法典》将物业服务合同纳入有名合同之前，物业服务合同的性质究竟是委托合同、行纪合同还是信托合同，无论是在理论界还是在实践界都存有巨大争议。但可以成为共识的是，物业服务合同具有委托合同的特征，在业主和物业服务人的部分权利义务安排上，可以参照《合同法》关于委托合同的有关规定。1999 年施行的《合同法》第 400 条规定，受托人应当亲自处理委托事务；《民法典》第 923 条也有这样的规定。业主作为委托人，物业服务人作为受托人，由业主支付物业费，物业服务人提供合同约定的物业服务，这样的法律逻辑似乎是顺理成章的。当然，仔细对比二者的特征，物业服务合同与委托合同存在诸多不同，对此，本书已在前述条文关于物业服务合同性质的分析中进行了阐释，此处不再赘述。此处要强调的问题是，物业服务人对外委托专项事务时是否可以适用委托合同的相关规定呢？根据《民法典》第 923 条规定，转委托经同意或者追认的，委托人可以就委托事务直接指示转委托的第三人，受托人仅就第三人的选任及其对第三人的指示承担责任。转委托未经同意或者追认的，受托人应当对转委托的第三人的行为承担责任；但是，在紧急情况下受托人为了维护委托人的利益需要转委托第三人的除外。由前所述，由于社会分工的发展，对于相当多的专业性事务物业服务人不可能也没有必要亲力亲为，而是将专业事项转委托给第三方来完成。通常在物业服务合同当中，物业服务人将部分专项服务事项委托第三人都会有明确约定，因此，可以认为物业服务人对外转委托专项事务系经过业主的同意，具有法律效力。按照《民法典》关于委托合同的约定，委托人同意受托人转委托的，委托人可以就委托事务直接指示第三人，是否意味着业主可以就专项工作指示第三人呢？笔者认为，由于专项事务往往是专业程度非常高的工作，物业服务人尚且要依赖专业服务组织来完成工作，对于业主而言，要就专项事务直接指示第三人存在很大的难度，基本不可能完成。从这一点上讲，物业服务合同表面上有委托的性质，但在具体的事务执行上不能简单类比适用委托合同的规定。《民法典》此次将物业服务合同有名化，虽然没有明确界定合同的性质，但其对于物业服务人委托专项事务的法律后果是明确的，即物业服务人对外委托专项事务时应当向业主负责，也即物业服务人仍然是业主的相对方，业主如果有相关的诉求仍然应当通过物业服务人来实现。《民法典》这样的制度架构是符合我国物业服务实践的，对于业主而言，没有可能也没有必要在物业服务人对外委托时向与自己没有合同关系的第三方主张权利，物业服务人始终是合同相对方，其义务不会因存在委托关系而发生变化。

三、关于物业服务人将服务事项全部转委托的禁止性要求

《民法典》关于物业服务人不得全部转委托或支解后转委托的规定所用的规范性术语是“不得”，“不得”对于民事基本法律来说是强制性规定、禁止性规定。物业服务人将全部服务事项转包意味着其缺乏实质上提供物业服务的意愿和能力，而只是将获取物业管理项目作为其赚取分包利润的工具，这无论是对于物业服务市场还是对于业主，损害都是巨大的。《物业管理条例》第39条在规定物业服务人可

以对外委托专业服务业务的同时，也规定物业服务企业不得将物业管理区域内的全部物业管理一并委托给他人。《物业服务纠纷司法解释》第2条对此种情况从合同效力方面予以明确否定，即物业服务企业将服务区域内的全部物业服务业务一并委托他人而签订委托合同的，如业主委员会或业主请求确认合同无效的，人民法院应予支持。这说明，行政机关、司法机关对于物业服务人对外委托的态度是明确的，可以对外委托，但必须严格遵守对外委托的红线——不得将全部物业服务一并委托，这对于维护物业服务市场秩序和业主权益意义重大。

【审判实践中应注意的问题】

一、物业服务人将部分物业服务外包后对业主所应承担的责任

首先，物业服务人外包服务项目是其履行合同义务的手段，物业服务人的合同义务并不会因为存在服务外包而有所减损，物业服务人仍然必须按照合同约定完整、充分提供其服务，即物业服务人的合同义务依然存在，其不能以服务外包为由或按照法律规定的委托合同相关规定豁免自己的义务，这是《民法典》规定的其应向业主负责的含义之一。其次，如果第三方未能完成专项物业服务工作，则应视为物业服务人未能完成物业服务，应由物业服务人负责，物业服务人应当按照合同约定对业主承担相应的违约责任。

二、物业服务外包后业主主张权利的途径

物业服务外包后，如业主未能享受到相应的物业服务，应首先通过与物业服务人协商解决，要求其按照合同约定提供相应的物业服务，物业服务人不能以其将服务外包为由拒绝提供或要求业主向第三方主张。那么，业主是否能够直接绕过物业服务人向第三方主张权利或提起诉讼呢？对此，笔者认为，在存在物业外包的情况下，第三方

与业主之间并不存在直接的法律关系，提起诉讼缺乏法律依据。较为妥当的做法是直接向物业服务人主张权利或提起诉讼，这样做无论是法理上还是具体的法律规定上都不存在障碍。至于业主能否对物业服务人和第三方同时提起诉讼，应当慎重研究。物业服务合同由于其权利义务安排的复杂导致其与委托合同及诸多有名合同存在千丝万缕的联系，在存在外包的情况下，如果允许业主对第三方享有权利，则无异于认可物业服务合同可以参照适用《民法典》第926条关于委托合同的规定，会导致物业服务合同法律关系的紊乱以及物业服务人的责任意识的缺失。

三、物业服务人将其全部物业服务转委托的认定及法律后果

现代物业管理实践中，物业服务外包是被允许甚至是应当提倡的经营管理方式。与此同时，《民法典》为物业服务人划定了服务外包的红线，即不得将全部物业服务转委托。那么物业服务全部转委托的界限在哪里？物业服务人如果将物业区域内主要物业服务事项如车辆管理、保安、保洁、绿化、维修养护等均转委托给了第三人，自身仅保留少量管理人员，是否可以认定为将全部物业服务转委托从而违反了法律规定？对此，笔者认为，物业服务人是否存在将全部物业服务转委托的行为，关键在于物业服务人委托专业服务的同时是否存在对物业进行实质的、有效的管理，包括物业管理区域内是否派驻有自身的管理团队，在物业分包之外是否还在从事一定的物业服务工作以及是否对于业主的诉求存在直接的回应。《民法典》及相关法规、司法解释之所以禁止全部物业服务的转委托，原因在于全部的转包导致物业服务人丧失提供有效服务的能力及承担责任的能力。在存在多项服务外包的情况下，如果物业服务人依然能够保证物业服务区域内物业服务的正常提供，并且以自己的行为表明愿意承担相应责任，那么就不宜认定物业服务人存在全部转委托的行为。毕竟《民法典》将《物业管理条例》的禁止全部转委托规定纳入其中，提高了法规规范的效力等级，加之相关司法解释的规定，如果仅以物业服务人存在多项服

务外包业务即认定其将全部物业服务转委托，则会导致合同无效的法律后果。由于《民法典》的法律位阶较高，加之是民事基本法律，违反此条规定将导致物业服务人对外委托合同的自始无效，绝对无效，有可能导致物业服务供应链体系的断裂，最终损害的是全体业主的利益。因此，司法实践中对于物业服务人是否构成将全部物业服务转委托的认定必须慎重。

第九百四十二条　物业服务人应当按照约定和物业的使用性质，妥善维修、养护、清洁、绿化和经营管理物业服务区域内的业主共有部分，维护物业服务区域内的基本秩序，采取合理措施保护业主的人身、财产安全。

对物业服务区域内违反有关治安、环保、消防等法律法规的行为，物业服务人应当及时采取合理措施制止、向有关行政主管部门报告并协助处理。

【条文主旨】

本条是关于物业服务人应履行义务的内容以及对于违法行为所负的义务的规定。

【条文理解】

一、关于物业服务人服务义务的来源

（一）合同约定的主要服务义务

物业服务合同的核心内容之一是物业服务人为业主提供相应的物业服务，这是物业管理制度所要达到的目标，也是社会分工高度发达之后的必然。物业服务人提供的服务也是其按照法律规定和合同约定完成合同义务的过程，其完成合同义务的全面性、完整性直接决定了业主的满意程度和物业服务制度能否顺畅运行。长期以来，对于物业服务人提供的物业服务内容，《物业管理条例》及许多省市的法规规定均比较粗略，只有比较原则性、概括性的规定，具体内容均交由业主与物业服务人在合同中具体约定。如《物业管理条例》第2条在物

业管理的概念中对物业服务人的义务概括为“对房屋及配套的设施设备和相关场地进行维修、养护、管理，维护物业管理区域内的环境卫生和相关秩序的活动”，第35条规定“物业服务企业应当按照物业服务合同的约定，提供相应的服务”，规定比较抽象和原则，不便于操作。也有的地方对于物业服务人应当完成的服务事项有比较详细的规定，在实践中进行了较好的探索，如《上海市住宅物业管理规定》第44条规定：“物业服务企业应当按照物业服务合同的约定，提供相应的服务。物业服务合同可以约定下列服务事项：（一）物业共用部位、共用设施设备的使用管理和维护；（二）共有绿化的维护；（三）共有区域的保洁；（四）共有区域的秩序维护；（五）车辆的停放管理；（六）物业使用中对禁止性行为的管理措施；（七）物业维修、更新、改造和养护费用的账务管理；（八）物业档案资料的保管；（九）业主大会或者业主委托的其他物业服务事项。”但受制于业主一方的弱势地位和物业管理的专业性，在物业服务合同中很难将物业服务人应当完成的所有义务纳入其中，导致双方出现纠纷时物业服务人往往以合同没有明确约定为由逃避责任，业主的权益无法得到充分保障。《民法典》此次将物业服务的主要内容予以明确，从立法层面将物业服务人的合同义务上升为法律义务，对于增强物业服务人责任意识，提高物业服务人的服务水平，具有积极意义。

此外，应当注意的是，根据《民法典》第938条规定，物业服务人公开作出的有利于业主的服务承诺，为物业服务合同的组成部分。本书在第938条中已经阐述了物业服务人服务承诺应纳入物业服务合同的法理依据，此处不再赘述。对于物业服务人公开的服务承诺，如果明确具体，物业服务人通过投标文件、公示栏、电子邮件等形式表明自己愿意受到约束，则该承诺同样应当作为物业服务人的义务来源。

（二）根据物业使用性质派生的服务义务

物业服务的内容事无巨细、纷繁芜杂，由业主与物业服务人在合同中约定物业服务的内容对于明确双方的权利义务、规范物业服务人的服务项目当然更为有利，但现实生活的千变万化导致合同不可能对于物业服务人的服务义务进行精细化的描述，故而物业服务人必须秉持服务精神，尽心尽责处理好物业服务区域内物业共有部分的各项事务。物业也是一个比较宽泛的概念，有住宅、商业、公益等多种物业，根据物业性质的不同，业主所需的物业服务也就不同，很难套用一种约定或规则来规定物业服务人应提供的物业服务。按照本条的表述，除约定之外，物业服务人应当按照物业的使用性质妥善提供服务。那么，何为物业的使用性质？一般而言，物业可以分为商业物业、住宅物业、工业物业、市政物业、公益物业和其他物业等。商业物业是指那些通过商贸经营可以获得盈利性回报的物业，进一步可以分为商服物业和办公物业。住宅物业是指具备生活居住功能的建筑物业，包括住宅小区、住宅楼、公寓、别墅以及其配套的设施和场所；工业物业是指用于工业生产、研究和发展的厂房、仓库及其配套建筑和设施；市政物业主要是指道路、车站、桥梁、隧道、机场、加油站、广场、公园等特殊物业；公益物业则一般包括学校、医院、图书馆以及其他公益项目所使用的物业。目前，在这些不同性质的物业当中，住宅物业和商业物业是比较多见的物业形式。这些物业由于业主人数众多，物业体量巨大，一般交由专业物业管理公司进行管理，对于此类性质的物业服务应当适用《民法典》关于根据物业使用性质提供物业服务的规定。而对于工业、市政、公益等物业形式，业主数量相对较少或者比较单一，有的业主选择自行进行管理，也有的通过物业公司进行管理。

二、物业服务人服务义务的具体内容

由于物业形式的多种多样，《民法典》并没有采取列举式的方式规定物业服务人的服务义务，而是用一个条款的篇幅精炼地概括了物业服务人的服务内容，这相较于《物业管理条例》原则性的规定是一个比较大的进步。本条规定物业服务应当妥善维修、养护、清洁、绿化和经营管理物业服务区域内的业主共有部分，维护物业服务区域内的基本秩序，采取合理措施保护业主的人身、财产安全。这与本法第937条规定的物业服务人为业主提供建筑物及其附属设施的维修养护、环境卫生和相关秩序的管理维护的内容是一致的，只是在表述上略有不同。仔细分析，物业服务人的服务义务可以分为下述六个方面：

（一）维修养护义务

维修养护义务应当是物业服务人的第一义务。物业存在和发展的基础是建筑物及其附属设施，如果缺乏维修养护导致物业不能正常实现其功能，物业的价值将会大打折扣，这也正是物业服务的价值所在。对于维修养护义务，《物业管理条例》在第2条中的表述为“对房屋及配套的设施设备和相关场地进行维修、养护、管理”。对于维修养护的范围，《民法典》限定为“业主共有部分”，《物业管理条例》限定为“房屋及其配套的设施设备和相关场地”，两者的范围有所区别，前者主要是指共有设施、场地，而后者则未加区分。从现代物业发展实践来看，维修养护义务一般是指共有部分的公共服务。按照建设部、国家工商行政管理局1997年《物业管理委托合同示范文本》的内容，维修养护义务主要包括：房屋建筑共用部位的维修、养护和管理，包括：楼盖、屋顶、外墙面、承重结构、楼梯间、走廊通道、门厅等；共有设施、设备的维修、养护、运行和管理、包括：共用的上下水管道、落水管、垃圾道、烟囱、共用照明、天线、中央空调、暖气干线、供暖锅炉房、高压水泵房、楼内消防设施设备、电梯等；市政公用设施和附属建筑物、构筑物的维修、养护和管理，包括道路、室外上下水管道、化粪池、沟渠、池、井、自行车棚、停车场等。物业服务人应当根据设施设备的实际情况进行日常养护，防止设施设备老化损坏。同时应当定期对物业共有部门进行检查检修，及早发现问题并加以解决，确保物业的正常使用。

（二）环境管理义务

物业区域内优美的环境同样是物业不可缺少的组成部分，中国特色社会主义进入新时代，人民群众对美好生活的需要与日俱增，环境卫生品质要求的提升是美好生活的重要方面。物业服务人的环境管理义务主要包括清洁、绿化以及其他环境管理义务。清洁义务要求物业服务人必须防止物业服务区域内的各种污染，做好清洁保洁工作、硬化路面，及时清运垃圾、保持排水排污系统畅通，限制装修及其他施工的工作时间，保证物业服务区域内建筑小品、附属设施与物业总体风格相协调。同时物业服务人还必须对公用绿地、花木进行有效的养护，确保物业环境整洁、优美。

（三）经营管理义务

对于物业服务区域内的营业场所，物业服务人有责任根据物业的整体布置，依照便民、利民原则，充分发挥物业效益，促进经营物业保值增值。

（四）秩序维护义务

秩序是指物业服务区域正常运转的良好状态，包括道路秩序、停车管理、废品回收、社区活动等。物业管理活动是主动服务创造价值的过程，物业服务人在完成基本服务的同时，应当以创造良好秩序为引领，最大程度保障物业运转高效、和谐。

（五）安全保护义务

安全保护义务是物业服务人通过各项措施，保证业主和物业使用人的人身、财产安全。如配备安防设施、聘请安保人员、制定安全管理制度等，在出现安全事件时能够及时采取应急措施避免损失扩大，及时向有关部门报告并协助做好善后工作。在《民法典》第一次草案公布时，条文使用的表述是“采取合理措施保障业主的人身、财产安全”，后来的草案将“保障”调整为“保护”，从语义上讲，保障更多强调事前预防、物质装备保障，而保护则强调物业服务人应当积极主动作为，在遇到安全事件时挺身而出，这个词的调整充分体现了《民法典》以人为本的原则。

（六）制止违法行为、向有关机关报告并协助处理的义务

本条文第2款是关于物业服务人对于相关违法行为所负的义务，这个问题也是实践中的难点和热点问题。物业服务人接受业主授权对物业进行管理，必然要有一定的管理权限，否则相关工作将无法开

展。有的物业服务人特别是开发商引进的物业公司缺乏服务意识，以物业的管理者自居，动辄对业主进行罚款甚至使用暴力，网络上频繁出现小区保安殴打业主的新闻与此种物业服务观念不无关系。而有的物业服务人则畏首畏尾，不敢管、不想管，对于物业服务区域内的违法行为听之任之，缺乏主动担当的意识。不少物业服务区域内都存在拾荒、碾轧绿地、私搭乱建等违反治安、环保等法律法规的行为，但是物业服务人以自己不是执法单位、没有执法权为由逃避责任，甚至连起码的协调、劝阻等工作都不予进行，助长了违法行为的气焰，同时也造成业主利益受损。本条第2款条文明确在出现违反治安、环保等法律法规的行为时，物业服务人负有义务采取合理措施予以制止，同时可以向有关行政主管部门报告并协助处理。这表明对违法行为的制止是物业服务人的义务，而非可为可不为。物业服务人作为物业区域内秩序的重要维护者，对于物业区域内的基本秩序、安全秩序都负有责无旁贷的责任。本条款的规定，对于敢于担当的物业服务人而言是一把“尚方宝剑”，物业服务人行使管理权限有了明确的法律依据；对于那些无所作为的物业服务人而言，本条款的规定也能督促其依法履行合同义务。

总的来说，《民法典》对于物业服务人的核心义务内容规定是比较全面的，虽然还比较原则，但随着法典的实施及物业管理实践的发展，《物业管理条例》及各个地方的物业管理法规必将对此作出进一步的详细规定，物业服务的内容必将更加丰富，我国的物业管理体系也必将更加完善，业主也会享受到更加优质、全面的物业服务。

【审判实践中应注意的问题】

一、对当事人在物业服务合同当中排除物业服务人义务的约定的认定

物业服务合同是业主与物业服务人就物业服务事项达成的协议，

业主与物业服务人是平等的民事主体，双方达成的协议是平等主体之间的民事协议。一般而言，当事人可以根据实际情况，合理确定双方之间的权利义务关系。那么，当事人能否在物业服务合同中对于本条规定的物业服务人的服务义务予以排除或者限缩呢？笔者认为，答案是否定的。主要从以下三个方面考量：第一，本条规定的物业服务人的服务义务是其基本服务义务，物业服务人的维修养护、清洁绿化、安全保障等义务构成了所有物业服务的基础，如果允许当事人在合同中对上述义务予以排除，则正常的物业服务将无法开展，业主享有的物业服务也是不完整的。第二，通常情况下，物业服务合同特别是前期物业服务合同文是本由物业服务人提供，物业服务人如果利用其优势地位或专业知识信息的不对称将合同中自己的相关服务业务排除，根据《民法典》第497条规定，提供格式条款一方不合理免除其责任条款的，该格式条款无效。第三，本条规定的物业服务人的基本义务属于其法定服务义务、强制服务，无论当事人是否在合同中约定，物业服务人均应依法履行，即使其排除或者限缩相关内容也不能免除其义务，且排除其义务的行为属违法行为，亦属无效。

二、关于物业服务人的服务义务的范围

物业服务的持续性、综合性、复杂性决定了法律不可能将物业服务人所有应当承担的义务一一列举，而只能采用列举的方式加上概括式、原则性的规定。此外，不同的物业、不同的业主群体、不同的时期，业主需要的物业服务也是不同的，业主和物业服务人完全可以根据需求和能力通过合意确定物业服务的内容。比如，物业服务人可以根据约定独自或与第三方合作为业主提供丰富多彩的文化生活活动、健康的社交活动、医疗咨询服务、法律咨询服务等其他便民生活服务。应当认为，本条规定的物业服务只是最基础的物业服务，属于物业服务的标配，物业服务不可能也不应当仅局限于本条规定的内容。当然，物业服务人按照约定提供相应物业服务必须遵守相关法律规定，不得从事违法行为。

三、对物业服务区域内违反治安、环保等法律法规的行为的认定

根据《治安管理处罚法》第2条的规定，凡扰乱公共秩序，妨害公共安全，侵犯人身权利、财产权利，妨害社会管理，具有社会危害性，尚不够刑事处罚的，由公安机关给予治安管理处罚，即上述行为可以认定为违反治安法律法规的行为。根据该法规定，违反治安法律法规的行为是比较多样的，如扰乱机关、团体、企事业单位的秩序，违法生产销售危险品，大量存放有毒有害物质，侵害共有部位或公共空间，殴打他人、非法限制他人人身自由、侮辱他人，虐待家庭成员，盗窃、骗取、抢夺少量财物，哄抢、敲诈勒索，无证驾驶、酒后驾车，赌博，传播违法信息等。对于上述物业服务区域内的违法行为，物业服务人必须挺身而出，对相关违法行为予以制止，这是其法定义务，而不能以自己没有执法权、没有管理权为由不予理会。

关于物业服务区域内违反环保法规的行为，根据《环境保护法》等法律及相关法规的规定，主要包括：对于园林绿化景观及其设施的损坏行为，乱倒污水及排放其他垃圾或污染物，滥捕滥杀鸟类，制造影响他人正常生活休息的噪音，商业门店的标牌、设施缺乏秩序，照明、灯光或其他装饰光源照度过高、色彩过乱，造成光污染或安全隐患，等等。对上述行为，物业服务人应当及时予以制止，营造物业区内的良好秩序。

四、物业服务人对违法行为可以采取的合理措施

物业服务人在物业服务区域的管理义务不同于行政机关的执法权，属于业主与物业服务人的约定管理权限，既应当有一定的权威，也应当有一定界限。对于物业服务区域内违反治安、环保等法律法规的行为，物业服务人可以采取的措施包括：首先是履行告知义务，可以通过物业服务合同、物业公示栏、广播、标语等形式进行广泛而深入的宣传，告知业主及物业使用人在物业服务区域内应当遵守的法律

法规、制度和义务，告知业主及物业使用人一旦出现违法行为，物业服务人将会采取的措施，使业主及物业使用人有一定心理预期，尽量提前预防违法事件的发生。其次，物业服务人应当切实履行制止义务，对于物业服务区域内发生的违法行为应当通过劝告、阻拦、批评教育等方式制止相关违法行为，既要有理有据有力，也要讲求方式方法，不能采取过激、容易激化矛盾的手段。最后，物业服务人对于一些可能无法制止甚至有可能进一步激化的违法行为，应当及时履行向有关行政机关的报告义务，并履行必要的协助义务。总之，物业服务人作为业主的“管家”，要成为业主的服务者、守护者，既要有一定的权威，又要有一定的克制，对于违反法规行为，要有起码的作为，但在采取的措施上又要合法、适当、有效。

第九百四十三条 物业服务人应当定期将服务的事项、负责人员、质量要求、收费项目、收费标准、履行情况，以及维修资金使用情况、业主共有部分的经营与收益情况等以合理方式向业主公开并向业主大会、业主委员会报告。

【条文主旨】

本条是关于物业服务人对于物业服务事项、收费标准、维修资金以及共有部分的经营与收益情况的强制公开义务和强制报告义务的规定。

【条文理解】

一、本条的制定背景

我国物业管理制度的基本框架是由业主交纳物业费，物业服务人提供物业服务，物业费是物业服务人开展服务工作以及获得合理报酬的基础。然而，长期以来，业主交纳完物业费之后，物业费的去向、用途、收支、标准等问题始终处于不明朗的状态。物业费并不属于物业服务人的私有财产，物业服务人虽然可以从中获得一定比例的报酬，但物业费主要还是应当用于物业服务，该部分资金应当属于全体业主。物业服务人对于物业费如何使用享有自主决定权利，但同时应该肯定业主对于物业费的使用状况享有监督和提出合理化建议的权利。《民法典》编纂之前，也有部门规章对此作出明确规定。国家发展和改革委员会2003年制定的《物业服务收费管理办法》第12条第2款、第3款即明确规定，物业管理企业应当向业主大会或者全体业主公布物业服务资金年度预决算并每年不少于一次公布物业服务资金的收支情况。业主或者业主大会对公布的物业服务资金年度预决算和物业服务资金的收支情况提出质询时，物业管理企业应当及时答复。但现实情况是，很多物业服务人在收取物业费之后以物业费的使用属于其商业秘密为由拒绝业主监督、拒绝公开，导致物业费及物业服务项目、收费标准、履行情况很不透明。业主认为交纳了物业费却没有享受到相应的物业服务，拒绝再支付物业费，由此产生很多纠纷。关于维修资金的问题，建筑物及其附属设施的维修资金由业主共同决定进行筹集和使用，亦属于业主共有。《民法典》第281条规定，维修资金的筹集、使用情况应当公布。由于多数物业的业主缺乏对维修资金的管理、使用能力，维修资金由业主委员会代管或由物业服务人向有关部门申请后由物业服务人使用，维修资金是否按照规定的用途使用，有无节余等的情况也存在不公开、不透明的问题。《民法典》第282条规定，建设单位、物业服务企业或者其他管理人等利用业主的共有部分产生的收入，在扣除合理成本之后，属于业主共有。共有部分的经营管理也存在同样的问题，业主对共有部分享有共有和共同管理权利，但经营与管理往往由物业服务人掌握，甚至规模较大的物业，普通业主对于共有部分的基本情况都缺乏了解，更不用说共有部分经营与收益情况了。《民法典》规定了物业服务人服务信息、维修资金、共有部分经营收益的强制公开和强制报告制度，对于规范物业服务人对资金的使用、提高资金使用效益、增强业主认同感具有重要意义。

二、关于公开的内容

对于物业服务人应当公开的内容，《民法典（草案）》最初的条款与审议通过的条款在文字表述上存在一定差别，从中也能反映出社会各界在立法内容上的巨大争议以及立法者的精益求精。草案最初条文规定："物业服务人应当及时将服务项目及负责人员、服务质量要求、服务收费项目、服务收费计算标准、服务履行情况、维修资金管理与使用情况、业主共有部分的经营与收益情况、服务项目收支情况和预算方案等事项以合理方式向业主公开或者向业主大会、业主委员会报告。”重要差别之一在于表决通过的条款将“服务项目”调整为“服务事项”，相比之下后者涵盖的内容丰富了许多。如果是公开“服务项目”，则物业服务人只需公开大概的服务类型，但调整为“服务事项”，则物业服务应当尽量将公开的信息明细化、具体化，这无疑是有利于规范物业服务人信息公开的。另外，表决通过的条文将“维修资金管理与使用情况”调整为“维修资金使用情况”，这是因为维修资金一般由房地产行政主管部门代管或交由业主委员会管理，物业服务人并无管理权，调整后条文更加准确、严谨。

具体而言，物业服务人应当公开的内容包括：（1）服务的事项，即物业服务人完成的具体工作内容，包括维修养护、清洁卫生、秩序维护、安全保障等工作事项；（2）负责人员，即物业服务人完成的具体工作内容所对应的管理或实施人员，主要指对工作负直接领导和指挥责任的人员；（3）质量要求，即物业服务质量所要达到的标准，服务质量决定了物业服务人完成工作的成本，由物业服务人公开质量要求，对于强化物业服务人责任意识也有一定的约束作用；（4）收费项目，即物业服务人完成的服务事项中属于收费的项目应当列明；（5）履行情况，即物业服务履行情况，包括收支情况都属于履行情况的内容，物业服务人应当对服务的履行情况进行公开；（6）维修资金使用情况，维修资金属于业主共有，专项用于物业保修期满后物业共用部位、共用设施设备的维修和更新、改造，不得挪作他用，物业服务人根据合同约定受托办理维修资金提取及使用的，必须公开维修资金的使用情况；（7）共有部分的经营与收益情况，根据《物业管理条例》的规定，利用物业共用部位、共用设施设备进行经营的，应当在征得相关业主、业主大会、物业服务企业的同意后，按照规定办理有关手续，业主所得收益应当主要用于补充专项维修资金，也可以按照业主大会的决定使用。共有部分的收益同样属于业主共有，主要用于维修资金，业主同样有权知悉相关情况，物业服务人受托进行管理使用的，应当予以公开。

物业服务人在公开物业服务相关情况时，除了遵守《民法典》的规定，还必须遵守地方法规和规章的细化规定。

三、公开方式及对象

《民法典》规定物业服务应当以合理方式向业主公开，公开的对象是业主，重点是合理的公开方式的确定。关于何谓合理方式，考虑到业主的多样性、分散性的特点，物业服务应当采取有利于业主获取信息的灵活的方式予以公开，包括在物业小区单元门口、电梯间、服务中心、公告栏等显著位置以电子屏幕、展板、粘贴纸等形式公开，也可以借助现代科技通过微信群、公众号、网站、手机APP、智能机器人等方式向业主公开。公开的方式并不要求物业服务穷尽所有的公开方式，但要尽可能保证业主的知情权。

四、公开时间

关于公开的时间问题，《民法典》草案之前规定物业服务人应当及时向业主公开，最终条文修改为“定期”，相较之下，“及时”的弹性更大，约束力偏弱，而“定期”则确立了稳定的公开制度，有利于督促物业服务人按时公开。至于“定期”的间隔，应按照《物业服务收费管理办法》第12条规定，对于物业服务资金收支情况等业主高度关心的事项，每年不少于一次公开，同时必须遵守各个地方行政主管部门的规定，如北京市《物业管理办法》第23条第2款规定，物业服务企业应当于每年第一季度公示上一年度物业服务合同履行情况、物业服务项目收支情况、本年度物业服务项目收支预算。此外，当事人在物业服务合同中还可以对物业服务人的公开间隔作出进一步约定。

五、物业服务人的报告义务与公开义务的关系

物业服务人的公开义务与向业主大会、业主委员会的报告义务是

并列的，必须一并履行，公开义务的履行不能豁免报告义务。需要注意的，物业服务人在向业主大会、业主委员会报告物业服务的相关情况时，公开的相关情况则应当是报告的基础。报告的方式一般应当采用书面方式，业主大会召开期间应当向业主大会进行报告，其他期间应当提交业主委员会。

【审判实践中应注意的问题】

一、物业服务人未履行定期公开义务和报告义务应承担的责任

对于物业服务人未履行定期公开和报告义务所应承担的责任问题。首先，应当认为物业服务承担的该义务因《民法典》的明确规定而上升为法定义务，而非约定义务，对该义务，物业服务人必须履行，否则即属违法行为。物业服务未履行的，业主、业主委员会均可向督促其及时履行，经督促后仍未履行的，可向有关行政主管机关报告，由行政主管机关根据地方法规或规章给予相应的处罚。其次，虽然物业服务人的公开和报告义务属法定义务，业主和物业服务人仍然可以在物业服务合同中约定物业服务人未履行义务的违约责任，包括继续履行、承担违约金等。因此，物业服务人违反该项义务既有可能承担行政管理责任，也有可能根据合同约定承担相应的违约责任。

二、业主能否起诉物业服务人要求其履行公开和报告义务

根据该条规定，物业服务人履行公开义务的对象是业主，履行报告义务的对象是业主大会及业主委员会。业主作为权利方向物业服务人主张其公开相关情况，物业服务人应当公开。同时，物业服务人报告义务的对象是业主大会及业主委员会，而非单独的业主个体。因此，如业主认为物业服务人未及时履行公开义务的，可以起诉物业服务人要求其及时履行。如果业主起诉要求物业服务人向其履行报告义

务或者向业主大会、业主委员会履行报告义务，因接受报告义务的主体是作为业主团体及其执行机关的业主大会、业主委员会而非个别业主，则应存在起诉主体不适格的问题。业主如认为物业服务人未履行报告义务的，可行使监督权利，或向业主委员会、业主大会反映情况，要求业主委员会、业主大会向物业服务人主张权利。

第九百四十四条 业主应当按照约定向物业服务人支付物业费。物业服务人已经按照约定和有关规定提供服务的，业主不得以未接受或者无需接受相关物业服务为由拒绝支付物业费。

业主违反约定逾期不支付物业费的，物业服务人可以催告其在合理期限内支付；合理期限届满仍不支付的，物业服务人可以提起诉讼或者申请仲裁。

物业服务人不得采取停止供电、供水、供热、供燃气等方式催交物业费。

【条文主旨】

本条是关于业主支付物业费的义务以及业主欠费时物业服务人救济途径的规定。

【条文理解】

一、条文制定过程中的相关变化

在《民法典》合同编最初的草案稿中，使用了“业主应当按照约定向物业服务支付报酬”的表述，最终的条文则使用的是“业主应当按照约定向物业服务人支付物业费”。所谓报酬一般是指从事某项工作所得到的收益或回报。在我国，业主因物业服务人提供服务而支付的费用除了物业服务人的报酬之外，还包括物业管理费用支出，包括业主共有部分的维护、保养、清洁、卫生、秩序管理等费用。因此，使用“报酬”一词不足以涵盖业主所支付费用的全部内容，《民法典》后期的草案稿及最终条文均使用“物业费”这一表述。在2003年制定的《物业管理条例》中没有物业费这个概念，使用的是“物业服务费用”的表述，与之相关的《物业服务收费管理办法》《物业服务收费明码标价规定》也均使用了“物业服务费用”这一概念。在实践中还存在“物业管理费”等表述，实际上上述概念在内涵上是一致的。2007年《物权法》第83条规定使用了“物业费”这一概念后，从法律层面已经确立了“物业费”这一概念。《物业服务纠纷司法解释》中也大量使用了“物业费”的概念。这是因为物业管理在我国经过几十年的发展，物业费已经成为日常生活及行业实践中的常见用语，内涵日益清晰，采用“物业费”这一概念符合广大人民的用语习惯，便于理解使用。此外，《民法典》使用了业主“支付”物业费这一表述结构，而在《物业管理条例》及相关规范性文件中，使用的是“交纳”物业服务费用，“交纳”一词带有一定程度上的强制性，存在不可协商的特征，如交纳诉讼费用、交纳会费、交纳党费等，而物业费是按照物业服务合同所确定的费用，使用“支付”体现了合同主体之间平等性，更为准确。《民法典》最终文本中，本条增加了第3款关于物业服务人不得采取停止供电、供水、供热、供燃气等方式催交物业费的禁止性规定，对于物业服务人更具有约束力。

二、由业主负有向物业服务人支付物业费的义务

物业费是业主对于物业服务人按照合同约定提供建筑物及其附属设施的维修养护、环境卫生和相关秩序的管理维护等物业服务所支付的对价。根据《物业服务收费管理办法》第9条规定，业主与物业管理企业可以采取包干制或者酬金制等形式约定物业服务费用。包干制是指由业主向物业管理企业支付固定物业服务费用，盈余或者亏损均由物业管理企业享有或者承担的物业服务计费方式。酬金制是指在预收的物业服务资金中按约定比例或者约定数额提取酬金支付给物业管理企业，其余全部用于物业服务合同约定的支出，结余或者不足均由业主享有或者承担的物业服务计费方式。在物业管理实践中，采用包干制的物业费支付形式较多。无论采用包干制或酬金制，物业费除了

包含物业服务人从事管理维护工作的成本外，其实都包含有物业服务人的税费、利润，只不过二者的结算方式有所不同。根据《物业服务收费管理办法》第11条规定，物业服务成本或者物业服务支出构成一般包括以下部分:（1）管理服务人员的工资、社会保险和按规定提取的福利费等;（2）物业共用部位、共用设施设备的日常运行、维护费用;（3）物业管理区域清洁卫生费用;（4）物业管理区域绿化养护费用;（5）物业管理区域秩序维护费用;（6）办公费用;（7）物业管理企业固定资产折旧;（8）物业共用部位、共用设施设备及公众责任保险费用;（9）经业主同意的其他费用。从物业费用的构成来看，物业费用主要是用于业主共有部分的维修、保养及秩序的管理维护。

根据《民法典》第283条规定，建筑物及其附属设施的费用分摊、收益分配等事项，有约定的，按照约定；没有约定或者约定不明确的，按照业主专有部分面积所占比例确定。该条规定的建筑物及其附属设施的费用分摊实际上与物业费的含义基本一致，实行的是约定基础上的法定分摊制度。结合本条规定来看，业主按照约定支付物业费，属于履行合同义务。但同时需要注意的，建筑物区分所有权是业主的专有权、共有权和成员权的混合权利状态，业主基于区分所有权支付分摊费用即物业费同样是法定义务，只是支付物业费的方式、计算标准可以由合同约定，或者按照业主专有部分面积加以确定。因此，可以认为，业主支付物业费是法定义务基础上的合同义务。关于物业费的支付对象，本条规定业主应当向物业服务人支付物业费。实践中前期物业服务合同一般由建设单位与物业服务人签订，普通物业服务合同一般由业主委员会与物业服务人签订，业主均不是物业服务合同的直接签订主体。在此情况下，由业主向物业服务人直接支付物业费而不是由合同签订主体支付物业费一定程度上超越了合同的相对性，也造成部分业主以自己不是合同相对人为拒绝支付物业的纠纷。但是，我国在几十年的物业管理实践中已经形成了由业主直接向物业服务人支付物业费的惯例，且基于我国目前多数业主大会、业主委员会缺乏有效运作的实际情况，由业主直接对物业服务人提供的服务进行监督评判并支付物业费符合业主基本的消费心理。这样的立法例与域外多数国家和地区有所不同，域外多数立法例承认业主团体或管理团体的法人地位，赋予其民事主体资格，而我国业主大会、业主委员会的法律地位仍然处于不明朗的状态。特别是业主委员会能否作为诉讼主体参加诉讼却一直饱受争议，本次《民法典》的编纂对此亦未作明确规定，仍然是将业主与物业服务人作为对立的双方。这样的制度设计当然是基于现实的考虑，有利于发挥业主对物业服务人的监督作用，但随之而来的问题就是物业费的筹集依赖于业主的自觉和主动，而由于不同业主的认识和评判标准有所不同以及物业服务人服务水平的参差不齐，当不特定的业主与作为管理者或服务者的物业服务人发生关系时，必然会产生一定的矛盾，最直接的问题就是物业费问题。有业主认为其享有权利的仅是其专有部分，至于共有部分是否需要维护管理与其无关，没有接受也不需要接受物业服务；也有业主认为，即使物业服务人提供了服务，但其房屋一直空置并未占用公共资源不需要支付物业费。业主存在拒绝支付物业费的理由固然与其对物业费的性质及功能存在认识上的偏差，也与我国建筑物区分所有制度的设计存在较大的关系。

单独的业主个体不能组成也不能代表业主群体，不能单独委托物业服务人，委托物业服务人进行管理是出于业主群体的整体意思，物业服务合同实质应当是业主群体与物业服务人之间的合意与安排。按照我国现有制度，业主的意思应当由业主大会代表全体业主作出决定，业主委员会负责执行，即业主群体的整体意思及行为能力应当由业主大会或业主委员会代表，业主个体加入到业主群体后其个体享有业主群体的成员性权利，与之相对应的就是支付物业费的义务，也是业主享有业主团体成员权的基础性义务。当然，在我国的制度建构下，享有业主团体成员权的个体义务流变为业主直接向物业服务人支付物业费的义务，这是我国区分所有制度的一个特点。建筑物区分所有权制度下，业主的专有部分可以相对独立，但与共有部分不可分离，相互依存，对专有部分享有所有权的同时必须履行作为业主团体成员的义务。《民法典》第273条规定，业主对建筑物专有部分以外的共有部分，享有权利，承担义务；不得以放弃权利为由不履行义务。从该条规定的内容看，业主对共有部分享有的权利是法定的，义务也是法定的。物业服务人提供的服务是业主应当享有的法定权利，当然支付物业费也是其法定义务，不得单独排除。正是从这个意义上讲，本条后半段规定，物业服务人已经按照约定和有关规定提供服务的，业主不得以未接受或者无须接受相关物业服务为由拒绝支付物业费。

三、业主因其他事由是否可以享有抗辩权

实践中，业主因对物业服务人产生不满拒绝支付物业费的现象大量存在。而物业服务人提起诉讼追索物业费时，业主往往以未接受或无需接受物业服务或物业服务人提供的物业服务不符合约定、未尽到安全保障义务、非合同当事人为由提出抗辩。对于前者，前述已经作了分析，在物业服务人如约提供了物业服务时，业主的抗辩是不能成立的，法律已有明确规定。问题在于，如果物业服务人提供的服务不符合约定和有关规定，特别是在存在瑕疵的情况下，业主是否享有拒绝支付物业费的抗辩权？本条并没有规定在其他情况下业主是否享有抗辩权。《物业服务纠纷司法解释》第3条规定，如果物业服务企业不履行或者不完全履行物业服务合同约定的或者法律、法规规定以及相关行业规范确定的维修、养护、管理和维护义务，业主请求物业服务企业承担继续履行、采取补救措施或者赔偿损失等违约责任的，人民法院应予支持。根据此条规定，物业服务人提供服务不符合要求的应当承担相应的责任，对于是否可以减免物业费则未有明确规定。在业主提供的证据确实能够证明物业服务人没有提供符合约定的服务的情况下，司法实践中，有的判决对业主要求减免物业费的诉讼请求予以支持。笔者认为，在物业服务人提供的物业服务不符合约定的情况下，业主的抗辩能否得到支持有赖于法官根据案件的具体情况，结合合同约定，对当事人实际权利义务关系予以平衡并作出调整。

四、物业服务人的催告义务

本条第2款规定了业主欠费时物业服务人在提起诉讼或申请仲裁前的催告义务，对物业服务人的权利救济程序进行了规范，也对实践中的一些认识误区进行了回应。《物业管理条例》第64条规定："违反物业服务合同约定，业主逾期不交纳物业服务费用的，业主委员会应当督促其限期交纳；逾期仍不交纳的，物业服务企业可以向人民法院起诉。"实践中，有观点认为，业主未支付物业费时，业主委员会的督促程序是物业服务人起诉的前置程序，只有在业主委员会督促的期限之后业主仍不交纳的，物业服务人才有权提起诉讼。也有的观点认为，物业服务人的起诉权利是《民事诉讼法》规定的法定权利，当事人能否起诉以及起诉是否合法均由法律规定，业主委员会的督促程序是行政管理规范，不能限制当事人的基本诉讼权利，且有的物业区域未设立业主委员会，无法满足此条件，如果因此排除物业服务人起诉权利缺乏法律依据。2009年《物业服务纠纷司法解释》第6条规定，经书面催交，业主无正当理由拒绝交纳或者在催告的合理期限内仍未交纳物业费，物业服务企业请求业主支付物业费的，人民法院应予支持。该司法解释从审判实务操作层面确立了物业服务人的起诉条件，即书面催交，业主无正当理由拒绝交纳或在催告的合理期限内仍未交纳，实践中的效果是比较好的。本次《民法典》编纂在《物业管理条例》及《物业服务纠纷司法解释》二者规定的基础上，从立法层面确定了业主欠费时物业服务人提起诉讼或申请仲裁应满足的条件：业主存在违反约定逾期不支付物业费的行为；物业服务人催告业主在合理期限内支付；合理期限届满业主仍未支付。相比之下，《民法典》吸收了司法解释的规定，将催告的义务主体确定为物业服务人，这符合权利义务一致原则。另外，明确将催告程序作为物业服务人起诉的前置条件，给予了物业服务人和业主直接沟通、协商的空间，也督促一部分因为各种原因忘记或暂时无法支付物业费的业主尽快履行义务，有利于双方直接解决纠纷。

五、物业服务人不得采取停水停电等措施催交物业费

实践中，部分物业服务人在业主欠费时采用了停水停电等措施对违约业主进行督促，要求其限期交费。应当认为，这种做法是完全没有法律依据的。即使双方在物业服务合同中约定物业服务人在业主欠费情况下有权停水停电，这种约定也是无效的。水、电、气、热等资源的供应属于公共服务的提供，物业服务人并不是上述公共服务的提供者。虽然出于管理方便的需要，供水、供电等企业会采取授权的方式委托物业服务人进行一定程度的管理，比如代为收费、代为简单维修等，但是水、电的供应主体始终是供水和供电企业，存在供水、供电合同关系的当事人还是供水、供电企业和用户。物业服务合同与供水、供电合同是不同的独立的合同，涉及的是不同的当事人。物业服务人并不是供水、供电合同的当事人，与用户之间并不存在供水、供电合同关系。业主拒绝支付物业费属于对于物业服务人履行合同义务的抗辩，至于是否具有法律依据则应当通过诉讼或者仲裁解决，物业服务人滥用停水停电等措施缺乏合同依据。实践中，有些物业服务合同中确实存在物业服务人有权停水、停电的约定，但是此类涉他合同条款除非经过供水、供电单位与物业服务人、用户各方一致认可，应当是无效的。供水、供电合同的主体是供水、供电单位与用户，在用户正常交费正常使用的情况下，供水、供电单位也无权停水停电，更何况是作为非合同主体的物业服务人。如果用户拒不交纳水费电费，则供水、供电单位可以采取停水、停电措施，这在《民法典》第654条、第656条有明确规定。《民法典》第654条规定，经催告用电人在合理期限内仍不支付电费和违约金的，供电人可以按照国家规定的程序中止供电。供电人依照前款规定中止供电的，应当事先通知用电人。也就是说，采取停水、停电措施是供水、供电单位的权利，此种权利的行使还需要事先经过催告和通知的程序，并非能够直接采取。实践中，物业服务人从供水、供电等单位所获得的授权一般是代为收费等有限的服

务权限，物业服务人并没有取代供水、供电等单位成为供水、供电合同的当事人，不能利用自己作为物业管理人的便利条件侵害业主的用水、用电权益。《民法典》在最终表决通过的条款中增加本款规定，为物业服务人催收物业费采取措施划出了红线，对于规范物业管理秩序、维护业主合法权益具有重要意义。

【审判实践中应注意的问题】

一、对于业主拒付物业费抗辩权性质如何认定

所谓抗辩权，是指义务人享有的拒绝权利人行使其权利的对抗权，狭义上的抗辩权仅指对请求权的抗辩。《民法典》第525条至第527条分别规定了同时履行抗辩权、先履行抗辩权和不安抗辩权，通常认为业主的抗辩权不具备不安抗辩权的特征。对于业主拒绝支付物业费的抗辩权属于哪一种抗辩权，理论及实践中存在争议。因为物业服务人提供服务具有长期性、持续性，并非单次交易，业主在支付物业费时又往往是在合同履行期间采用按年支付的方式，双方合同义务的履行状态互相交织，难以明确区分双方履行义务的先后顺序，这与先履行抗辩权当事人债务有先后履行顺序的特征并不相符，那么业主的抗辩权是否属于同时履行抗辩权呢？同时履行抗辩权的双方均享有抗辩权，如果认为业主享有不支付物业费的抗辩权，那么业主拒付物业费情况下，物业服务人是否享有不提供物业服务的抗辩权呢？对此，《物业管理条例》第77条规定，物业服务企业不得以部分业主拖欠物业服务费为由减少物业服务内容或者降低物业服务质量和标准，这实际上限制了物业服务人的抗辩权。这是因为物业服务人提供的服务具有公共性，物业服务人不应因个别业主的欠费行为而不履行对大多数业主的义务，实践中也鲜见物业服务人以不提供物业服务进行抗辩的案例。同时履行抗辩权的双方当事人均享有对对方的抗辩权，既然难以认定物业服务人享有抗辩权，那么将业主的抗辩认定为同时履

行抗辩权似不妥当。笔者认为，按照《民法典》第525条规定，同时履行抗辩权中“一方在对方履行债务不符合约定时，有权拒绝其相应的履行请求”，第256条规定的先履行抗辩权中“先履行一方履行债务不符合约定的，后履行一方有权拒绝其相应的履行请求”。从上述规定来看，无论是同时履行抗辩权还是先履行抗辩权，无论双方债务有无明确的履行顺序，行使抗辩权时针对的均是已经履行的在先债务，从这个角度上讲，同时履行抗辩权和先履行抗辩权的边界并非泾渭分明。因此，对于业主的抗辩权性质在理论及实践上都需要进一步进行研究。

二、关于物业服务人能否在催告业主后立即提起诉讼

按照《物业服务纠纷司法解释》的规定，经书面催交后，业主无正当理由拒绝交纳或在催告的合理期限内仍未交纳的，物业服务人可以起诉。根据该条规定，经催交后，如果业主无正当理由拒绝交纳即满足起诉的条件，而无须等到催告的合理期限届满。而根据本条规定，业主在催告后给予的合理期限届满后仍未支付的，物业服务人可以提起诉讼或者申请仲裁。也就是说，在物业服务人催告的合理期限内，不管业主是否作出拒绝支付物业费的意思表示，物业服务人都无法提起诉讼或申请仲裁，必须满足业主在合理期限届满仍不支付的条件才可以提起诉讼或申请仲裁。之所以这样规定，是为了尽最大可能缓和业主和物业服务人之间的关系，给予双方足够的时间解决纠纷，避免矛盾激化。

三、关于物业服务人采取停水、停电措施造成损害的处理

物业服务人不得采取停水、停电等措施催收物业费属于禁止性规定，无论物业服务合同有无约定，物业服务人都不得采取此类措施。如果物业服务人超越其管理职权，滥用停水、停电措施造成业主损害，则应当承担侵权损害赔偿责任，赔偿数额应当根据物业服务人的过错程度、损害的后果等因素综合确定。关于供水、供电单位是否应

当承担赔偿责任的问题，笔者认为，如果物业服务人在采取停水、停电措施过程中未征得供水、供电等单位的同意与配合，供水、供电单位对于停水、停电无明显过错，则供水、供电等单位对于损害结果的发生不应承担赔偿责任。

第九百四十五条 业主装饰装修房屋的，应当事先告知物业服务人，遵守物业服务人提示的合理注意事项，并配合其进行必要的现场检查。

业主转让、出租物业专有部分、设立居住权或者依法改变共有部分用途的，应当及时将相关情况告知物业服务人。

【条文主旨】

本条是关于业主在装饰装修房屋时以及转让、出租物业专有部分、设立居住权或者依法改变共有部分用途时的告知义务的规定。

【条文理解】

一、条文的制定背景

随着我国经济社会的发展以及人民生活水平的提高，广大人民群众对生活品质、居住环境的要求也越来越高。装修作为一项反映业主生活品位、创造舒适生活环境的施工活动日益受到重视，装修市场十分繁荣。原则上，业主作为所有权人，有权利对自己的专有部分进行装修，但是现代物业的一个特点是业主的专有部分往往与其他业主的专有部分相邻或公共部分相邻，业主的装修活动不可避免地对其他业主及公共环境、公共秩序产生影响。特别是部分业主装修房屋时豪华装修、过度装修、野蛮装修的现象十分严重，装修过程中产生的噪音、垃圾、改变房屋结构等现象对物业区域的公共环境以及相邻业主的生活安宁产生了极大干扰。部分装修业主认为自己对房屋享有所有权，自己的地盘自己作主，物业服务人和相邻方对自己的装修行为无权干涉，对物业服务人的管理行为及邻居提出的意见置若罔闻，导致产生纠纷。但实际上，在物业服务区域内存在多个业主的情况下，业主的所有权为建筑物区分所有权，与传统的单一所有权存在一定的区别，即区分所有权是专有权、共有权与成员权的混合形态，专有权是基础，而共有权与成员权则是专有权不可分割的组成部分。权利义务是对应的、统一的，业主在对专有部分所有权行使权利时必须要履行其作为共有权人以及团体成员的义务，对此本书已经在物权编业主的建筑物区分所有权一章进行了详细阐述。因此，业主装修房屋看似只是自己的事情，但实际上同时涉及相邻方、不特定业主以及公共空间的利益，在行使权利时必须有所克制，不能无所顾忌。对于业主在装饰装修过程中行为进行管理，既有利于广大业主的共同利益，也有利于建筑物的安全和公共区域内的良好秩序。2002年建设部发布了《住宅室内装饰装修管理办法》，从基本原则、具体行为以及法律责任等多个方面对业主、物业管理企业、装修企业以及行政主管部门在装饰装修活动中的行为及法律责任进行了规范，至今仍是指导装饰装修活动的一项重要法律文件。2003年国务院《物业管理条例》在对物业管理活动进行规范的同时，也制定有针对装饰装修活动的条款，从行政法规层面对装饰装修活动进行了更加有力的规范。《民法典》此次编纂是在合同编的物业服务合同一章中对业主的装饰装修活动作出专门规定，乃是从民事活动中当事人权利义务的角度对相关行政管理规范的重申。可以说，本条既规定了业主在装饰装修活动中的民事权利义务，同时也是带有行政管理性质的民事权利义务条款。本条第2款同样规定的是业主的告知义务。业主的物业专有部分是业主的重要私人财产，业主不一定始终自己亲自占有使用，为充分发挥物的使用效益，业主有可能将自己的物业专有部分进行转让、出租，甚至通过设立居住权的方式交由他人使用，由此导致物业的使用人与业主并不等同。特别是当物业的使用性质是商业物业的情况下，物业的转让、出租频次都相当高，业主与实际的物业使用人不一致的情况极为常见。

由此导致的问题就是在业主与物业服务人之间由于信息不对称经常出现关于物业收费、人员管理等方面的一些纠纷。《民法典》将物业使用人发生变化时业主的告知义务纳入其中，有利于打破业主与物业服务人之间的信息隔阂，为物业服务人提高服务能力打下了良好基础。在改变共有部分用途的情况下，业主也应当及时告知物业服务人，这主要是因为物业服务人作为受托方对物业共有部分进行管理，如果共有部分用途发生改变，物业服务人履行合同的内容相应也发生变化，作为委托方自应将相关情况告知对方。应当指出的是，根据《民法典》物权编以及《物业管理条例》的规定，改变物业共有部分用途属于是全体业主所享有的权利，故此时告知义务的主体应当是业主大会或业主委员会。《民法典》将本款前半句中个别业主的告知义务与后半句中业主团体的告知义务放在一个条款中表述，应该是出于立法技术上语言精炼简洁方面的考虑。

二、关于业主装饰装修房屋时的注意事项

《物业管理条例》第52条规定："业主需要装饰装修房屋的，应当事先告知物业服务企业。物业服务企业应当将房屋装饰装修中的禁止行为和注意事项告知业主。"《住宅室内装饰装修管理办法》第13条规定，装修人在住宅室内装饰装修工程开工前，应当向物业管理企业或者房屋管理机构申报登记。第15条第1款规定："物业管理单位应当将住宅室内装饰装修工程的禁止行为和注意事项告知装修人和装修人委托的装饰装修企业。"上述法规及规章规定了业主的告知义务，同时也规定了物业服务人的告知业主注意事项的义务，然而对于物业服务人告知业主相关内容的效力，条例并未明确。《民法典》则明确规定业主对于物业服务人提示的合理注意事项负有遵守的义务，并有配合物业服务人进行必要的现场检查的义务，这是对《物业管理条例》第45条第1款所规定"对物业管理域内违反有关治安、环保、物业装饰装修和使用等方面法律、法规规定的行为，物业管理企业应当制止，并及时向有关行政管理部门报告"的内容中物业服务人监督

权、管理权的确认，也为物业服务人在装饰装修活动中的管理职权提供了基本法律遵循。

对于业主在装饰装修活动中应注意哪些事项，《住宅室内装饰装修管理办法》进行了相关规定，这些规定应构成业主注意事项的基本内容。《住宅室内装饰装修管理办法》第5条规定："住宅室内装饰装修活动，禁止下列行为：（一）未经原设计单位或者具有相应资质等级的设计单位提出设计方案，变动建筑主体和承重结构；（二）将没有防水要求的房间或者阳台改为卫生间、厨房间；（三）扩大承重墙上原有的门窗尺寸，拆除连接阳台的砖、混凝土墙体；（四）损坏房屋原有节能设施，降低节能效果；（五）其他影响建筑结构和使用安全的行为。"

《住宅室内装饰装修管理办法》第6条规定："装修人从事住宅室内装饰装修活动，未经批准，不得有下列行为：（一）搭建建筑物、构筑物；（二）改变住宅外立面，在非承重外墙上开门、窗；（三）拆改供暖管道和设施；（四）拆改燃气管道和设施。"本条所列第1项、第2项行为，应当经城市规划行政主管部门批准；第3项行为，应当经供暖管理单位批准；第4项行为应当经燃气管理单位批准。

此外，业主即装修人还负有其他义务：住宅室内装饰装修超过设计标准或者规范增加楼面荷载的，应当经原设计单位或者具有相应资质等级的设计单位提出设计方案。改动卫生间、厨房间防水层的，应当按照防水标准制订施工方案，并做闭水试验。经原设计单位或者具有相应资质等级的设计单位提出设计方案变动建筑主体和承重结构的，或者装修活动涉及《住宅室内装饰装修管理办法》第6条、第7条、第8条内容的，必须委托具有相应资质的装饰装修企业承担。装修过程中，应当严格遵守规定的装饰装修施工时间，降低施工噪音，减少环境污染。装修过程中形成的各种固体、可燃液体等废物，应当按照规定的位置、方式和时间堆放和清运。严禁违反规定将种固体、可燃液体等废物堆放于住宅垃圾道、楼道或者其他地方。装饰装修工程竣工后，空气质量应当符合国家有关标准。装饰装修活动造成相邻住宅的管道堵塞，渗漏水、停水停电、物品毁坏以及公共设施损坏损失等，装修人应当负责修复和赔偿。装饰装修过程中存在禁止性行为以及其他未经批准的行为的，相关部门可以责令其改正并按有关规定给予处罚。

需要注意的是，物业服务人向业主提示的合理注意事项包括并不限于《住宅室内装饰装修管理办法》所规定的相关规定，根据业主与物业服务人签订的物业服务合同或装修管理合同的约定，对于物业服务人所提出的相关合理注意事项，业主亦需遵守。

三、关于业主的其他告知义务

（一）业主转让、出租物业专有部分时的告知义务

业主转让、出租物业专有部分时涉及物业实际使用人的变化，相应的与物业服务人之间的权利义务关系也会发生变化，包括物业费的支付主体以及支付范围发生变化、接受物业服务的对象发生变化，业主应当将此情况告知物业服务人，以便物业服务人根据服务对象的变化调整其物业服务措施，避免造成不必要的误会和纠纷。在业主转让房屋的情况下，业主应当将新业主的姓名或者名称、联系方式告知物业服务人，并结清自己所应支付的物业费及其他费用。业主出租物业专有部分时，应当将承租人的姓名或名称、联系方式、出租范围、出租期间、出租用途、出租人数、物业费支付方式等信息告知，以便物业服务人根据出租的具体情况调整相应的服务措施。不少省市物业管理法规也规定了类似条款，当事人在物业服务合同一般也会约定此类条款，因此，业主未履行告知义务不但是违反了合同义务，更是违反了法定义务，应据合同及法律规定承担相应的责任。

（二）业主设立居住权时的告知义务

居住权是《民法典》编纂时根据我国社会生活的需要新增加的章节。按照《民法典》规定，居住权人有权按照合同约定，对他人的住宅享有占有、使用的用益物权，以满足生活居住的需要。《民法典》

并未采纳法定居住权的概念，而是规定居住权应当订立居住权合同，并应当向登记机构申请居住权登记，居住权自登记时设立。至于居住权登记是采用备案制还是审批制，目前尚无定论，详细情况参见本丛书关于《民法典》物权编第14章居住权的相关内容。业主对专有部分设立居住权应当通知物业服务人与业主出租房屋时应当通知物业服务人有一定相似性，均存在业主将物业交由他人使用的情况，为利于物业管理，业主亦当将居住权人的姓名或者名称、联系方式、居住人数、居住期限、物业费支付方式等情况告知物业服务人。

（三）业主依法改变共有部分用途时的告知义务

根据《民法典》第278条规定，改变共有部分的用途应当由业主共同决定，业主共同决定事项应当由专有部分面积占比2/3以上的业主且人数占比2/3以上的业主参与表决，并经参与表决专有部分面积3/4以上的业主且参与表决人数3/4以上的业主同意。改变共有部分的用途属于业主自治范围的重大事项，对于物业服务人而言意味着受托的物业服务事项发生了重大变化，管理措施也必须进行相应的调整，业主有必要将相关情况告知物业服务人。由上述规定可知，依法改变共有部分用途属业主团体多数决事项，并非个别业主的行为，因此在作出决定后业主大会或业主委员会应当属于告知义务的主体，应当及时将相关情况告知物业服务人。此处要注意告知的时限为“及时”告知，至于何谓“及时”，考虑到物业服务人从知悉相关情况至调整服务措施需要一定的时间，因此，至少应当在正式改变共有部分用途之前应确立一段合理的“缓冲期”为宜。关于业主应告知物业服务人的相关情况一般应当包括：共有部分用途改变的范围、共有部分新的用途、改变用途的时间、物业服务应当调整的内容等。

【审判实践中应注意的问题】

一、物业服务人能否收取装修保证金

在装饰装修活动中，业主申请装修时，物业服务人通常会向业主收取一定数额的装修保证金，也有的称之为装修押金，金额少则数千元，多则上万元。物业服务人收取装修保证金的目的在于约束业主及装修企业在装修活动中遵守相关的装修安全规范及技术规定，一般在装修完毕经物业服务人检查验收合格后全额退还，如果发现存在破坏建筑结构、违反安全规定等行为的，物业服务人有权要求业主予以整改或扣除相应保证金。应当认为，物业服务人收取装修保证金对于确保装修安全、规范装修秩序、保障其他业主的合法权益起到了积极的作用，是合理的。装修保证金作为一种担保形式，由业主交纳保证金对自己在装修过程中有可能产生的损害债务向物业服务人进行担保，在实践中得到广泛应用。不仅装修保证金，在建设工程领域更是存在投标保证金、质量保证金、履约保证金、安全保证金、农民工工资保证金等保证金形式，花样繁多、不一而足。买卖合同、租赁合同、借用合同等民事活动中也存在大量的保证金形式，保证金在各个领域均发挥了重要作用。但是对于保证金的性质、效力、形式等事项，我国并没有相关的法律法规予以规范，属于实践中产生的意定担保方式，非法定担保。多数地方法规、规章并未明确物业服务人能否收取装修保证金，也有的地方明令禁止装修保证金的收取，如上海市物价局在1997年6月26日出台了《关于贯彻实施〈上海市居住物业管理条例〉有关问题的通知》，其中规定物业管理企业不得擅自收取装修管理费、服务费、装修保证金，已经收取的保证金应妥善处理。笔者认为，装修保证金是物业服务人向业主主动收取的费用，带有一定的非协商性，但考虑到装修工程的特点和物业服务人对装修工程的管理需要以及多数业主对装修保证金的总体认同和共同利益，加之装修保证金是物业服务人和业主之间通过合同确定的担保形式，体现了双方的真实

意思表示，在没有相关法律法规对之进行规范的情况下，对物业服务人收取装修保证金的行为不宜作否定性评价。

二、物业服务人能否收取装修管理费或垃圾清运费

实践中有的物业服务人在向业主收取装修保证金的同时，还要求业主或装修企业按照物业专有部分面积交纳装修管理费，其理由是物业服务人按照物业服务合同仅对业主共有部分负有管理义务，对于业主因装修专有部分所产生的服务属于特约服务，业主应当负担相应的费用。很多业主对此不能理解，认为物业服务人的监督管理义务属于其合同义务，除物业费外不应再支付费用。笔者认为，物业服务人根据《物业管理条例》《住宅室内装饰装修管理办法》等法规、规章以及与业主之间的物业服务合同对装饰装修活动进行告知、监督、检查，不仅属于物业服务人的合同义务，而且也是其法定义务、基本义务、强制义务。因此，物业服务人提供的装修监督服务不属于为业主提供的特约服务，而是基于相关规定及合同约定的一般服务，不应再收取装修管理费。当然，如果业主与物业服务人约定由物业服务人为业主进行装修业务咨询、方案设计、质量监督等个性化服务并支付管理费用的情形除外。

三、装修企业违反装修有关规定时物业服务人所应承担的责任

实践中，有的业主因为工作繁忙不能全程在装修现场监督装修企业施工，装修完毕验收时发现装修工程不符合装修规范对物业主体或相邻方产生了一定损害。物业服务人要求业主承担维修或扣除保证金的责任，但业主则认为物业服务人未尽到管理责任，亦应承担责任。那么对于装修企业违反装修规范的行为，物业服务人是否应当承担责任呢？笔者认为，根据《民法典》及相关法规规定，在装饰装修工程中，物业服务人承担的是提示义务、告知义务、监督义务以及检查义务，相较于业主、装修企业在装饰装修工程中的主要责任，物业服务

人承担的责任应以其所应承担的必要义务为限。如果物业服务人已经按照合同约定及相关规定履行了必要的管理职责，那么要求物业服务人对于装修企业的过错承担责任是没有道理的；而如果装修企业在装修过程中违反装修规范的行为已经为物业服务知晓，物业服务人未采取制止措施或其他合理措施致使损害进一步扩大的，对于扩大部分的损失，物业服务人应就扩大部分的损失承担相应的责任。

第九百四十六条 业主依照法定程序共同决定解聘物业服务人的，可以解除物业服务合同。决定解聘的，应当提前六十日书面通知物业服务人，但是合同对通知期限另有约定的除外。

依据前款规定解除合同造成物业服务人损失的，除不可归责于业主的事由外，业主应当赔偿损失。

【条文主旨】

本条是关于业主单方解除权的规定。

【条文理解】

一、本条的制定背景

近年来，随着业主民主权利意识的提升以及对更好的物业服务品质的期待，业主解聘物业服务人的情况日益增多，甚至产生了流行用语“炒物管”。但是很多业主对于“炒物管”存在很大误解，认为只要业主不满意，就可以随时解聘物业服务人。这种理解是不正确的，合同当事人依据法律规定享有单方解除权，但解除权的行使必须符合法律规定的条件和程序。本条规定在《民法典》合同编草案一审稿中的条文是“业主依法共同决定解聘物业服务人的，可以解除物业服务合同”，在二审稿中将“业主依法”修改为“业主依照法定程序”。从语义上看，一审稿的条文似更加强业主的共同决定权，而二审稿则强调程序的正当性。在草案征求意见过程中，不少意见认为本条的重点不在于业主能不能解聘物业服务人，而在于业主解聘物业服务人程序依据为何。

当事人享有缔结合同的权利，同样享有法律规定的解除合同的权利。对于建设单位与物业服务人订立的物业服务合同，因并非由业主与物业服务人订立，在物业服务人选聘、物业服务质量、物业费水平等方面一般不能完全反映业主的意思，业主有权依法予以更换。根据本章中的第940条规定，建设单位依法与物业服务人订立的前期物业服务合同约定的服务期限届满前，业主委员会或者业主与新物业服务人订立的物业服务合同生效的，前期物业服务合同终止。《物业管理条例》第26条也规定，“期限未满、业主委员会与物业服务企业签订的物业服务合同生效的，前期物业服务合同终止”。有观点认为，对于前期物业服务合同而言，业主委员会签订新物业服务合同的行为也可以认为属于业主行使单方解除权的范畴。对于普通物业服务合同，如果存在合同解除的情形，业主当然也可以解聘物业服务人。但物业服务合同与其他合同一样，其解除也必须遵守一定的程序方能发生相应的后果。

二、关于物业服务合同解除的法理分析

合同的解除，是指在合同有效成立以后，当解除的条件具备时，因当事人一方或者双方的意思表示，使合同关系自始或者仅向将来消灭的行为。[①]合同解除一般分为约定解除和法定解除。约定解除包括协议解除和约定解除权，协议解除是指双方当事人通过签订新的协议的方式将原有的合同效力予以消灭的行为，而约定解除权是双方在合同中为一方或双方赋予的特定条件成就时享有的解除权，当事人可能按照法律规定或合同约定的方式行使解除权。法定解除按照《民法典》规定，包括：（1）因不可抗力致使不能实现合同目的；（2）在履行期限届满之前，当事人一方明确表示或者以自己的行为表明不履行主要债务；（3）当事人一方迟延履行主要债务，经催告后在合理期限内仍未履行；（4）当事人一方迟延履行债务或者有其他违约行为致使

① 魏振瀛主编:《民法》，北京大学出版社、高等教育出版社2013版，第454页。

不能实现合同目的；（5）法律规定的其他情形。法定解除权又可分为一般的法定解除权和特殊的法定解除权，上述规定属于一般法定解除权，同时，还在合同编通则分编之外针对地规定了特殊合同法定解除权，比如委托合同、保险合同等合同的法定解除权。应该说，上面的规定构成了当事人依法行使解除权的具体事由。

具体到物业服务合同来说，《物业管理条例》以及《物业服务纠纷司法解释》均规定了业主单方解除物业服务合同的相关内容，但相对比较原则，并没有对业主行使解除权的条件和程序作出具体规定。《物业管理条例》第11条规定业主大会可以解聘物业服务企业，《物业服务纠纷司法解释》第8条规定："业主大会按照《物权法》第七十六条规定的程序作出解聘物业服务企业的决定后，业主委员会请求解除物业服务合同的，人民法院应予支持……" 应当认为，无论是法定解除事由还是约定解除均可以构成业主单方解除合同的事由。同时，必须强调的是，业主行使单方解除权必须履行内部决定程序，即本条规定的"法定程序"。关于何谓法定程序，应当以《民法典》第278条规定的程序为准，即"业主共同决定事项，应当由专有部分面积占比三分之二以上的业主且人数占比三分之二以上的业主参与表决"，另外还必须满足"应当经参与表决专有部分面积过半数的业主且参与表决人数过半数的业主同意"。依照法定程序作出决定是业主解聘物业服务人的必备环节，它直接决定了业主解除物业服务合同的正当性与否，如果未能经过正当程序作出决定，则不能产生全体业主解聘物业服务人的意思效果。

关于解除权的行使方式，《民法典》第565条规定："当事人一方依法主张解除合同的，应当通知对方。合同自通知到达对方时解除；通知载明债务人在一定期限内不履行债务则合同自动解除，债务人在该期限内未履行债务的，合同自通知载明的期限届满时解除。对方对解除合同有异议的，任何一方当事人均可以请求人民法院或者仲裁机构确认解除行为的效力。当事人一方未通知对方，直接以提起诉讼或者申请仲裁的方式依法主张解除合同，人民法院或者仲裁机构确认该主张的，合同自起诉状副本或者仲裁申请书副本送达对方时解除。”《民法典》确立了关于合同解除的通知解除方式，即当事人通过通知产生解除合同的效力，对方有异议的可以通过诉讼或仲裁程序进行救济。对于物业服务合同而言，本条规定了有别于合同编总则分编的特殊规定，即业主作出解聘决定后，必须提前60日以书面方式通知物业服务人方能发生合同解除的效力。关于此处的“提前六十日”的理解，可能会有不同认识，是自业主作出解聘决定之日至合同解除之日满足60日，还是自通知之日至合同解除之日满足60日？公平起见，自物业服务人收到通知之日起算更为合理。提前通知的作用在于合同解除的情况下给予物业服务人必要的准备时间以便安排合同解除后的交接事宜，另外也提供了确定合同解除时间的基准日期。关于“书面通知”的方式，除传统的书面文件、信件记载外，传真、电子邮件、电报等可以有形表现所载内容的形式，也应视为书面。

三、关于业主的任意解除权问题

物业服务合同中的任意解除权问题是一个争议较大的问题。物业服务合同具有委托合同的性质，但又不能完全等同于委托合同。对于委托合同而言，按照《民法典》第933条规定，委托人或者受托人可以随时解除委托合同，那么物业服务合同的当事人能否享有任意解除权？《民法典（草案）》一审稿中对于物业服务合同还规定了“本章没有规定的，参照适用委托合同的有关规定”，说明立法过程中物业服务合同属于委托合同的观点不在少数，只是因为存在争议而最终删除了该条款。所谓任意解除，是指当事人可以在合同所约定的期限届满之前，根据法律规定和合同的约定，无须特别理由，可以根据自己单方的意志解除合同。[①] 对此，存在两种观点：一种观点认为物业服务合同具有委托合同的性质，双方当事人以互相信任为基础，信任对于合同的履行及目的实现具有较强的影响，如果双方产生矛盾，应当

① 王利明：《物业服务合同立法若干问题探讨》，载《财经法学》2018年第3期。

允许业主享有任意解除权。另外一种观点认为，物业服务具有继续性合同的特征，物业服务的履行是一个长期的过程，业主与物业服务人之间存在一定的摩擦和矛盾在所难免，如果物业服务人不存在明显的违约行为，业主完全可以通过相关途径进行救济，动辄行使任意解除权不利于市场关系稳定，也会给物业服务人造成较大损失。对于前期物业服务合同，《物业管理条例》已经确认业主可以通过选聘新的物业服务人并签订合同的方式终止前期物业服务合同的效力，《民法典》也予以重申，此种情况下业主享有任意解除权，殆无异议。对于普通物业服务合同，笔者认为，业主应当享有任意解除权。其主要理由在于：物业服务合同本质上属委托合同，《民法典》虽然未明确规定物业服务合同可以参照适用委托合同相关规定，但委托合同无论在立法上还是在实践中都是物业服务合同的重要参照。委托合同重视当事人之间的互相信任，如果当事人之间的信任受到严重损害，合同双方均可以随时解除合同。物业服务合同在履行过程中同样需要当事人的互相配合和互相理解，强行将貌合神离的合同当事人拘束在一起，无益于合同目的实现。此外，对于前期物业服务合同，通常认为业主享有单方解除权，其理论的基础是前期物业服务合同并非业主参与签订，有可能对业主不利，因此，业主行使任意解除权存在权利的正当性。那么对于普通物业服务合同而言，由于合同的履行是持续性的，现实情况在不断地发生变化，有可能产生对业主不利的事由，以至于业主不愿意继续履行合同，此种事由可能不以物业服务人存在违约或重大过错为前提。此种情况下，应当允许业主将基于物业所有权的自身权利收回，即解除合同。当然，由此给物业服务人造成损失的，应当予以赔偿，包括物业服务人的直接损失和可得利益损失。

【审判实践中应注意的问题】

一、关于个别业主能否行使解除权的问题

通常认为物业服务合同是业主与物业服务人之间的合同，应约束全体业主，如果要解除合同只能由业主依照法定程序作出决定并通知物业服务人。那么个别业主是否能够解除物业服务合同呢？关于这个问题，存在两种观点：一种观点认为，缔约自由是人的基本自由，任何业主都有权作出选聘或解聘物业服务人的意思，在个别业主不同意与物业服务人订立合同的情况下，如果强行要求业主与物业服务人订立合同受到合同约束，违背自愿原则。特别是对于开发商与物业服务人订立的前期物业服务合同，应当允许业主与物业服务人解除合同；对于业主委员会代表业主与物业服务人签订的合同，如果业主不同意其权益被代表，亦应当允许不同意的业主与物业服务人解除或终止合同。至于合同解除或终止之后业主与物业服务人之间的权利义务关系，只要行使解除权的业主的数量未达到解聘物业服务人的程度，则业主与物业服务人之间形成无因管理之债，业主仍应当根据物业服务人提供的服务支付物业费。另一种观点则认为，无论是前期物业服务合同还是普通物业服务合同，业主均不是物业服务合同的签订主体，即便存在物业服务人与个别业主在业主委员会成立之前签订物业服务合同的情况，但这种合同并非通常意义上的物业服务合同，仅是物业服务人与业主达成的确认书，其成立与否并不能直接影响物业服务人与业主之间的权利义务关系。对此，笔者赞同后一种观点。现代物业服务制度的产生源于业主群体的共同居住、生活关系，由此形成了业主团体，而团体性组织的特点决定了团体利益和团体意思不可能永远与每一名成员的利益和意思一致。为保证业主团体组织的高效和顺畅运作，业主团体必须有其独立意思并将其意思付诸实施，单个业主则必须遵守此种规则。《民法典》第278条亦规定选聘和解聘物业服务企业或者其他管理人属于业主共同决定的事项，且需符合专有面积及

人数双重多数决的程序。因此，无论是建设单位与物业服务人签订的物业服务合同还是业主委员会代表全体业主与物业服务人签订的物业服务合同，业主均应当遵守。合同解除权利属于全体业主享有的权利，单一业主无权解除合同。

二、关于业主单方解除合同后的损失赔偿问题

合同的解除不影响合同当事人请求赔偿损失的权利。《民法典》第566条规定，合同解除后，尚未履行的，终止履行；已经履行的，根据履行情况和合同性质，当事人可以请求恢复原状或者采取其他补救措施，并有权请求赔偿损失。合同因违约解除的，解除权人可以请求违约方承担违约责任，但是当事人另有约定的除外。对于损失赔偿的范围和金额，《民法典》第584条规定，当事人一方不履行合同义务或者履行合同义务不符合约定，造成对方损失的，损失赔偿额应当相当于因违约所造成的损失，包括合同履行后可以获得的利益；但是，不得超过违反合同一方订立合同时预见到或者应当预见到的因违约可能造成的损失。因此，对于业主单方解除物业服务合同的，如果存在物业服务人的违约行为，业主行使权利的行为属正当事由，不应赔偿物业服务人损失；如业主系自行行使任意解除权，对于合同解除给物业服务人造成的直接损失以及可得利益损失，包括物业服务人已经实际支出且无法收回的服务成本、合同未履行期间的收益等损失，业主应当赔偿。此外，一个无法回避的问题是，合同解除给物业服务人造成损失的，业主委员会能否作为被告参与诉讼？或者是由全体业主均作为被告参加诉讼？从诉讼经济的角度讲，当然应当由业主委员会代为代表参加诉讼，但如果业主委员会败诉，业主委员会如何承担赔偿责任？我国现有的业主委员会一般没有独立的财产，直接让其承担责任是不现实的。如果将责任加于全体业主，亦存在如何分担以及如何执行的问题。对此，均需要在理论及实践中进一步研究探索。

第九百四十七条 物业服务期限届满前，业主依法共同决定续聘的，应当与原物业服务人在合同期限届满前续订物业服务合同。

物业服务期限届满前，物业服务人不同意续聘的，应当在合同期限届满前九十日书面通知业主或者业主委员会，但是合同对通知期限另有约定的除外。

【条文主旨】

本条是关于续聘物业服务人的规定。

【条文理解】

一、对相关概念的理解

本条的两款规定中，有几个共同的概念需要予以明确，包括“物业服务期限”和“合同期限”，“续聘”和“续订”，“届满”等。其中，“物业服务期限”“合同期限”“续聘”是《民法典》本章中独有的概念；“续订”这个概念除在《民法典》合同编租赁合同一章中使用过两次外，也仅在本章中使用过一次；“届满”是《民法典》中使用较多的概念，在总则及分则中都有使用，附则中还专门规定“届满”包括本数。“物业服务期限”这个概念在之前的《物业管理条例》等法规中并没有出现过，其含义应当是确定的，即物业服务合同确定的物业服务人提供服务的期限。合同期限的含义相对宽泛，包括合同履行期限和合同有效期限，合同履行期限是指合同当事人约定的履行义务的期限，而合同有效期限则是指按照法律规定或当事人约定确定的合同发生法律效力的期间。本条规定的合同期限应当是指合同的有效期限，可以是自合同成立后生效之日至当事人约定的失效日期，也可以是当事人约定的某一确定的期间。“续聘”是指继续聘任，本条中的含义是继续聘任原有的物业服务人。“续订”这个概念在劳动合同领域使用较多，是指劳动者与用人单位继续订立劳动合同，在租赁合同中也有使用，本次编纂《民法典》将“续订”引入物业服务合同中，充分考虑了物业服务合同的长期性以及业主与物业服务人之间的相互信任协作关系，因此对续订合同事项作出了特别规定。从几个概念的含义区别来看，“物业服务期限”属物业服务合同确定的服务期限，可以与“合同期限”相同，但“合同期限”可能会存在一定区别；“续聘”更多强调业主的对于选聘物业服务人的共同决定权，是业主的内部决策程序，而“续订”则是从合同订立的角度强调如果要与物业服务人建立权利义务关系，必须与物业服务人继续订立合同。从这一点来看，业主续聘物业服务人与选聘、解聘一样，都必须依照法定程序作出决定并履行法律规定的必要手续。

二、关于业主决定续聘时续订合同的理解

续聘是在业主和物业服务人两方主体均不发生变化的情况下产生的，一方是业主，一方是物业服务人。其特点在于业主和物业服务人之间本已存在物业服务合同关系，双方基于既有合同关系的履行状况来决定在合同期限届满时是否要启动新的一个合同关系。物业服务人的续聘意味着业主要决定选择物业服务方，不是单独某一个业主所能决定，因此其与选聘一样都属于业主的共同决定事项。根据本条规定，业主续聘物业服务人应满足以下条件：（1）双方存在合法有效的物业服务合同关系，这是业主续聘物业服务人、续订合同的前提，不存在既有关系也就没有续聘的必要，而是订立新的合同关系；（2）业主在物业服务期限届满前已经依法共同决定续聘物业服务人，这包含两方面的内容，一是时间方面须在物业服务期限届满前，二是程序方面须依照法定程序作出续聘的决定。如果是在服务期限届满之后作出

续聘决定，那么就缺乏与原物业服务合同的连续性。此外，还必须是依法共同作出续聘决定，所谓依法共同决定，应当按照《民法典》物权编中的第278条关于业主选聘物业服务人的程序进行决定，即应当由专有面积占2/3以上且人数占比2/3以上业主参与表决，还应当经参与表决专有部分面积过半数的业主及参与表决人数过半数的业主同意。在此情况下，本条规定了业主与原物业服务人续订合同义务。即在业主依法共同作出续聘决定的情况下，业主应当与物业服务人在合同期限届满前续订物业服务合同。需要强调的是：一是业主作出续聘决定的情况下，业主的订约义务是强制义务，因为业主已经作出了续聘的决定，续订合同并不违背其真实意思。在物业服务人提供的服务得到大多数业主的认同决定续聘的情况下，赋予业主强制订约的义务，有利于保证物业服务的连续性，有利于给予物业服务人稳定的合同预期，有利于物业服务依法依约开展各项物业服务，也有利于保障广大业主的权益。二是业主应当在原合同期限届满之前续订合同，使得物业服务人能够及时、妥善地准备合同到期后新合同的继续履行工作，保证各项工作的顺利衔接。三是此款的规定暗含一个前提，即物业服务人同意续聘或至少没有作出不同意续聘的表示，且业主已经知悉此一情况，如果物业服务人不同意续聘，那么业主对于是否续聘就没有依法作出共同意思的必要。对于物业服务人不同意续聘的情况，本条第2款进行了规定，下面作一分析。

三、物业服务人不同意续聘的通知义务

本条第2款规定了物业服务人不同意续聘时的通知义务。通知义务在《合同法》中一般为当事人依据诚信原则所应履行的附随义务，特别是在合同届满时合同是否需要续订一般属于当事人双方的协商事项，并不构成合同的主要权利义务条款。《民法典》将合同期限届满前物业服务人不同意续聘时的通知义务予以明确规定，已经将物业服务人的此项义务由一般义务、附随义务上升为法定义务、强制义务。物业服务人不同意续聘时履行通知义务应注意以下四个方面：一是

应当满足合同期限届满前 90 日的要求，对于“届满前九十日”的期间，应当理解为合同期限届满之日前的 90 日内，只要物业服务人在此期间内履行了通知义务即符合法律规定。二是物业服务人应当以书面方式通知，所谓书面方式，不限于传统的纸质等以有形载体的通知方式，根据现代科技的发展，参照合同编关于合同书面形式的规定，以电报、电传、传真、电子数据交换、电子邮件等方式能够有形地表现所载内容，并可以随时调取的数据电文，视为书面形式。三是物业服务人通知的对象是业主或者业主委员会，要根据所在物业的不同情况选择相应的通知对象。由于业主群体分散，对业主的通知，物业服务人要充分考虑通知的方式、覆盖范围和效果，保证通知能够到达业主；对业主委员会的通知，要注意根据约定或实际情况选择适当的通知方式，确保通知的法律效力。四是在物业服务合同对通知期限另有约定时，要遵守合同约定的通知期限，不管合同约定的期限长于还是短于法定通知期限，均应遵守。此外，如果双方对约定的通知期限约定不明或存在争议，根据合同其他条款等无法确定通知期限的，也应按照法定期限履行通知义务。

【审判实践中应注意的问题】

一、原物业服务人是否包括前期物业服务人

根据本条规定，业主依法共同决定续聘的，应当与原物业服务人续订合同。从本条的规定来看，合同期限届满前的合同究竟是前期物业服务合同还是普通物业服务合同，并没有特别予以明确。有人认为，前期物业服务合同的当事人是建设单位和物业服务人，业主不是当事人，并没有选聘物业人，既然没有选聘，谈何续聘？对此，笔者认为，前期物业服务合同虽然非业主与物业服务人签订，但合同对业主具有法律约束力，此约束力来源于法律规定，即业主对于建设单位的前期物业服务人的选聘及签订合同行为具有强制承认和接受义务。

从法理上讲，业主通过购买建设单位出售的物业获得建筑物区分所有权，其所购买的物业不单单是其享有专权的物业，同时其所获得的还有与专有权不可分割的物业共有部分的共有和共同管理的权利，这些权利很大一部分反映在前期物业服务合同当中，业主在购买物业时从建设单位签订的前期物业服务合同当中同时获得了这些权利。因此，对于前期物业服务合同而言，业主虽然不是作为原始业主选聘物业服务人，但可以认为其通过受让的方式成为物业服务人的聘任方。在物业服务期限届满前，如果业主认可前期物业服务人的工作，继续选聘物业服务人也是理所当然。因此，业主续聘前期物业服务人并不存在法律上的障碍，本条规定的原物业服务人可以包括前期物业服务人。

二、关于合同期限届满前90日的期限的合理性

对此问题，有观点认为，如果将本条第2款“合同期限届满前九十日”理解为合同期满之日前90日内，那么根据《民法典》的规定，届满之日包括本数，那么届满前90日的期间就是合同期限最后一天之前的90日内，这意味着物业服务人长则可以在期满前90日履行通知义务，短则可以在合同期限到期日的前一天履行通知义务。这里存在的问题是，物业服务人可以在届满前90日的任何一日履行通知义务，那么，如果物业服务人一直没有通知，业主则只能一直等待物业服务人的通知，直至合同期限届满前。如果物业服务人直至最后期限才通知业主，那么业主对于是否续聘物业服务人就难以获得准确的预期，也难以在物业服务期限届满前正常作出是否续聘的决定并续订合同。故本条规定的物业服务人通知期限弹性过大，不利于物业服务关系的长期维系，如能将期限规定为“届满九十日前”，则本章条文的逻辑体系会更为严谨和科学。对此，笔者认为，上述观点有一定道理，但本条规定的是物业服务人不同意续聘时的通知义务，只要物业服务人在合同期限届满前将不同意续聘的意思通知了业主或者业主委员会，业主方即可另聘物业服务人，且根据本章其他条款的规定，在新物业服务人接管之前原物业服务人仍然有继续处理物业服务事项的

义务。因此，物业服务人即使在最后期限通知业主不同意续聘也不会对业主造成损失，而只会产生物业服务合同将到期终止的法律后果，本条规定的物业服务人的通知期限是适当的。从商业理性出发，物业服务人如果不同意续聘，一般会在合同期限届满前较长的时间即通知业主，以便办理物业的交接工作，而不会等到合同期限的最后。

三、如业主共同决定续聘，但未在合同期限届满前续订合同的，如何认定物业服务人与业主之间的关系

如业主在物业服务期限届满前已经依法作出续聘决定，但双方未及续订合同，在双方续订合同之前能否认定双方存在物业服务合同关系？对此，可以参照本法第 948 条第 1 款的规定："物业服务期限届满后，业主没有依法作出续聘或者另聘物业服务人的决定，物业服务人继续提供物业服务的，原物业服务合同继续有效，但是服务期限为不定期。"笔者认为，该条规定的情况是业主未作出续聘决定物业服务人继续提供物业服务时原合同继续有效，举重以明轻，如业主已经作出决定且物业服务人继续提供物业服务，应也可认定原物业服务合同继续有效，双方存在物业服务合同关系。

四、关于业主共同决定续聘的期限问题

业主依法共同决定续聘的负有与物业服务人的订约义务，对于决定续聘是否应有期限，笔者认为，该事项属于业主的权利，需要业主根据合同履行的实际情况加以决定，但根据本条规定，业主应在物业服务期限届满前作出决定。但即使业主没有在物业服务期限届满前作出决定并续聘物业服务人，根据《民法典》第 948 条规定，如果物业服务人继续提供物业服务，原物业服务合同继续有效，但是服务期限为不定期。从这个角度讲，本条对于业主决定续聘的限制并不严格。由于不定期物业服务合同当事人都可以随时解除合同，双方的合同关系并不牢固，故业主仍应尽快作出续聘决定并与物业服务人签订合同，以保证物业服务人的稳定性及可预期性。

第九百四十八条　物业服务期限届满后，业主没有依法作出续聘或者另聘物业服务人的决定，物业服务人继续提供物业服务的，原物业服务合同继续有效，但是服务期限为不定期。

当事人可以随时解除不定期物业服务合同，但是应当提前六十日书面通知对方。

【条文主旨】

本条是关于不定期物业服务合同的规定。

【条文理解】

一、关于不定期物业服务合同成立的条件

物业服务期限届满后，当事人约定的合同期限届满，物业服务合同即行终止。但物业服务的供给是一个持续性的过程，物业服务人的选聘和续聘也必须经过法定程序，这与一时性合同的终止是不同的。一时性合同当事人在履行完毕债务后，合同的权利义务终止。物业服务期限届满后，在没有对后续的物业服务进行安排的情况下，如果物业服务人立即停止物业服务，业主必然面临共有部分卫生、秩序、绿化等工作无人维护的局面。对于现代物业而言，突然间断的物业服务会让物业无法发挥正常功能，秩序趋于混乱，其后果不堪设想。为了保证物业服务的连续性，本条规定了在物业服务期限届满后符合一定条件的情况下，在业主和原物业服务人之间成立不定期物业服务合同，为物业服务人设定了义务，同时也为物业服务人继续提供服务提供了法律依据。本条规定的不定期物业服务合同的成立需满足以下条

件：（1）“物业服务届满后”意味着物业服务期限已经届满，即物业服务合同约定的服务期限已经到达，在服务期限最后一日的次日即可视为服务期限已经届满，或者根据合同约定的时间节点确定物业服务期限是否已经届满。（2）业主没有依法作出续聘或者另聘物业服务人的决定，该条件意味着还不存在新的物业服务法律关系，包括业主完全没有作出续聘或者另聘的意思表示，或者虽然作出了续聘或者另聘物业服务人的决定，但由于违反法律、法规规定的程序被人民法院予以撤销，由于决定被撤销后自始无效，因此不能够认为业主已经依法作出了决定。（3）物业服务人继续提供物业服务。即物业服务人仍然按照之前的物业服务标准为业主提供服务，物业服务没有中断。满足上述三个条件即在业主和物业服务人之间成立服务期限为不定期的物业服务合同。需要注意的是，不定期物业服务合同并不是在业主和物业服务人之间成立了新的合同，而是原物业服务合同的延续。由本条规定的“原物业服务合同继续有效，但是服务期限为不定期”的表述来看，原物业服务合同并没有因物业服务期限届满而终止，而是继续有效；当事人之间并未成立新的债权债务，而是原来约定的物业服务期限由于法律的规定变更为不定期。这属于由法律在特定条件下为了维护公共秩序而直接在当事人之间创设的合同条款，当事人没有排除适用的可能。虽然这种规定在一定程度上干预了当事人的自由意思，使双方当事人仍然受到“法锁”的拘束，但这其中存在着法律对于秩序、效益等价值的考量，属于法定的特殊安排。在《民法典》的租赁合同、保管合同、合伙合同中也有类似的不定期合同的规定。

二、关于不定期物业服务合同的解除

物业服务合同属于持续性合同，双方当事人的给付均非一次完成，这意味着双方当事人如果准备结束彼此之间的法律关系，必须给予对方充足的时间提前进行详细的、周到的安排，为另聘物业服务人以及进行物业交接工作做好准备。另外，不定期物业服务合同的产生是建立在干涉当事人意思自由的基础上，法律可以通过特殊的制度安排给当事人提供缓冲的空间，但不能让当事人永远受到不定期合同的约束，法律也必须为当事人退出合同关系提供相应的机制。这就是本款规定的不定期物业服务合同当事人的随时解除权。《民法典》第563条第2款规定："以持续履行的债务为内容的不定期合同，当事人可以随时解除合同，但是应当在合理期限之前通知对方。"不定期物业服务合同当事人的随时解除权的基础来源于此。不定期合同当事人的解除权，理论界及实践中一般称之为任意解除权，属于形成权。也有观点认为，不定期合同中的任意解除权与以当事人之间存在高度信任为基础的委托合同、定作合同、承揽合同的任意解除权不同，不定期合同当事人的解除权应为随时终止权。任意解除权是源自各有名合同的特定理由，共同点在于特定理由的更高权重，合同严守原则应予以突破，立法者赋予特定理由更高权重，因而在与合同严守原则的衡量中占据了上风，从而使得特定事务的完成，或者合同持续期间的双方合意均无法继续束缚行使任意解除权的权利人。而随时终止权理论根基在于永久束缚的避免，适用范围被限定在不定期的继续性合同中。[①]笔者认为，对于不定期物业服务合同而言，将特定有名合同的任意解除权与不定期继续性合同以随时终止权加以区分，确实有助于厘清不同情况下不同解除权的权利来源、构造以及权利行使后果，避免理论及实践中的混乱，但任意解除权业已成为目前理论界及实践中广泛使用的表述，使用随时终止权对不定期继续性合同的解除进行区分可能还需要在理论研究中进行更深入的探讨。此外，只要理论及实践中对两种不同形态的任意解除权存在足够共识，使用任意解除权也未尝不可。考虑到《民法典》中并未使用任意解除权一词，而只是在表述当事人权利时使用"随时解除"一语，此处使用"随时解除权"的概念。任意解除权呈现的信息是对于合同严守原则的突破，是无理由的逃脱合同枷锁；而随时解除权则是对于不定期合同的法定解除方式，需要履行一定期限的通知义务，相较于任意解除权要受到一定的限制。

① 吴奕锋：《论不定期继续性合同随时终止制度》，载《中外法学》2019年第2期。

对于不定期物业服务合同，本条重申了《民法典》第 563 条关于当事人享有随时解除权规定，从立法技术上属于对合同编一般规则的细化规定。对此，也有学者认为这构成对立法资源的浪费，既然已经对不定期继续性合同采用提取公因式的方法进行了原则性规定，就没有必要在有名合同的特殊规则中进行重复规定。笔者认为，本条的规定并不是对合同编一般原则的简单重复。《民法典》规定的有名合同只是实践中具有代表性的典型合同，这些典型合同也各自具有不同的特征，如果没有明确规定当事人的随时解除权，可能在理论及实践中关于这些合同是否属于继续性合同都会存在争议。《民法典》在有名合同中的进一步规定，虽然存在一定程度的重复，但是提升了《民法典》具体条款的实用性、指导性，能够充分发挥《民法典》“生活百科全书”的作用。

关于不定期物业服务合同当事人随时解除权的行使方式，存在不同理解。一种观点认为，当事人的随时解除权属于预约解除权，当事人解除合同时应提前 60 日书面通知自己会在期限届满后行使解除权，提前通知的行为不能发生合同解除的效力，只有期限届满后才能行使解除权；另一种观点认为，当事人的随时解除权属于附期限的解除权，当事人提前 60 日书面通知后，到期即自动产生合同解除的后果。笔者同意后一种观点，当事人的随时解除权属法定权利，必须按照法律规定的方式行使，即提前 60 日书面通知对方。当事人书面通知对方的行为即为行使解除权的行为，但该行为并不能立即产生解除合同的效果，而是在 60 日期限届满后方发生效力。如果按照前一种观点，当事人需通过提前通知及期限届满后解除通知两次通知行为才能产生解除合同的效果，过于复杂，并非该项法律制度的本意。对此，可以结合《民法典》第 160 条的规定进行理解。《民法典》第 160 条规定，附生效期限的民事法律行为，自期限届至时生效。不定期物业服务合同当事人行使解除权属单方民事法律行为，本条规定了其生效的期限即 60 日，结合上述规定，合同解除自 60 日期限届满时生效。

【审判实践中应注意的问题】

一、关于不定期物业服务合同的生效时间的确定

有观点认为，不定期物业服务合同是在原合同期限届满后新成立的合同，从原合同期限届满后生效，只是服务期限不固定。这种观点应当是错误的。根据本条规定，不定期物业服务合同实际上就是服务期限不定期的原物业服务合同，它并没有在当事人之间产生新的合同，而是原合同的延续。因而不定期物业服务合同的生效时间就是原合同的生效时间，而非原合同期限届满后开始生效。

二、关于不定期物业服务合同的解除时间的确定

关于不定期物业服务合同的解除时间，取决于当事人的解除权何时发生法律效力。由上分析，不定期物业服务合同当事人的随时解除权是附有生效期限的解除权，因而合同的解除时间为当事人书面通知对方60日后。如果当事人在书面通知中确定的时间少于60日，即使期限已至，因违反了法律的强制性规定不能产生解除效力。如果确定的时间多于60日，那么合同是在60日届满后解除还是当事人确定的期限届满后解除？对此，笔者认为，随时解除权的通知期限虽然法律有明确规定，但该期限应属法律规定的对双方当事人均比较公平的最低限度的通知期限。如果当事人自愿确定更长的通知期限，那么应当尊重当事人的意思自治，严格按照法律规定的60日期限认定合同解除过度干预了当事人对权利的处分，不利于交易关系稳定，特别是不利于物业服务合同此类继续性合同的维系。

三、当事人行使随时解除权是否需要正当理由

不定期物业服务合同当事人的随时解除权属于法定解除权，它在合同期限届满后为当事人脱离合同锁链的永久束缚提供了途径，因此，行使该解除权是基于法律的明文规定，并不需要其他理由。

四、不定期物业服务合同解除后产生的损失如何处理

不定期物业服务合同解除后是否需要赔偿对方损失的问题，与其他不定期继续性合同的解除面临的问题是一样的。《民法典》第566条规定，合同解除后，尚未履行的，终止履行；已经履行的，根据履行情况和合同性质，当事人可以请求恢复原状或者采取其他补救措施，并有权请求赔偿损失。因此，合同解除后造成对方当事人损失应予赔偿是合同法领域的一般原则。但是，《民法典》合同编中的本条规定非常原则，当事人损失产生的原因可能非常复杂，既有对方的原因，也有可能是己方所应当承担的相应风险，各种因素叠加在一起导致《民法典》并未设定具体的归责规则。具体到不定期合同而言，有观点认为，不定期合同相对人的利益保护方式是提前通知期限的确立，通过期限届满后才发生合同解除的法律后果，这给予了相对充足的时间保障其合理的预期，权利人行使随时解除权已经尽到了最大的注意义务和善良义务，不存在过错，不应赔偿损失。也有观点认为，合同解除是对既有的稳定的法律关系的消灭，法律虽然规定了不定期继续性合同的当事人均有权利随时解除合同，这只是给予了当事人双方平等的脱离合同束缚的渠道，并不意味着当事人可以毫无顾忌地滥用解除权。在不定期合同中，当事人的随时解除权给予了双方平等的互相离开的机会，但也导致双方的合同关系始终处于一种随时面临终止的可能，在一方当事人对于合同的继续履行极为依赖的情况下，不排除另一方利用自己的优势地位和合同权利逼迫对方接受不利条件的可能，因此，即使法律规定了60日的通知期限，也不足以弥补当事人离开合同关系所造成的损失。因此，对于不定期合同当事人行使随时解除权给对方造成的损失一概不予赔偿是不合理的，有违公平原则。我们同意第一种观点。不定期物业服务合同的存在是合同到期后基于法律规定的强制延续，正常情况下，合同到期后双方权利义务关系终止，但法律为了保障当事人基于合同继续履行而产生的交易秩序，赋予了本应终止的合同的不定期存续权。在此基础上，法律还给

予了任一当事人平等离开的机会及适当的通知期限，已经足以保障双方在平稳交接的基础上脱离合同关系，对此，双方当事人均应有一定的心理预期和现实准备。因此，不定期物业服务合同当事人行使随时解除权情况下，即使产生一定的损失，也不应由对方进行赔偿。

第九百四十九条 **物业服务合同终止的，原物业服务人应当在约定期限或者合理期限内退出物业服务区域，将物业服务用房、相关设施、物业服务所必需的相关资料等交还给业主委员会、决定自行管理的业主或者其指定的人，配合新物业服务人做好交接工作，并如实告知物业的使用和管理状况。**

原物业服务人违反前款规定的，不得请求业主支付物业服务合同终止后的物业费；造成业主损失的，应当赔偿损失。

【条文主旨】

本条是关于物业服务合同终止后物业服务人交接义务及其责任的规定。

【条文理解】

一、本条的制定背景

物业服务合同终止后涉及物业交接的问题，物业交接问题是当下物业服务领域的一个热点难点问题，尽管《物业管理条例》以及许多地方的相关规定均对此进行了规定，但仍然无法彻底解决物业合同终止后的交接纠纷。自物业管理制度建立以来，因物业交接引发的纠纷屡见不鲜，大多是业主大会在合同履行过程中决定解聘原物业服务人或在合同到期后不再续聘并选聘了新的物业服务人，但原物业服务人以种种理由拒绝退出和办理交接，新的物业服务人又急于接管物业项目，由此导致新老物业服务人产生纠纷，甚至酿成惨剧。也有的物业在业主选聘新物业服务人后，原物业服务人尚未退出，新老物业尚未办理交接，新物业服务人以合同已经生效需要提供物业服务为由强行接管，派驻保安、清洁等人员，导致出现同一物业出现两家物业服务企业同时管理的奇观。由于物业交接不顺，不仅在原物业服务人、新物业服务人、业主委员会之间产生了纠纷，而且直接影响了物业服务质量，导致物业秩序混乱、气氛紧张，成为社会不和谐和不稳定的潜在因素。

（一）物业交接纠纷产生的原因

之所以产生大量的物业交接纠纷，主要有以下一些因素：（1）原物业服务人对于业主大会决定解聘、不再续聘的程序存在异议，认为不能代表业主的真实意愿，因而不愿意配合交接；（2）很多物业由于物业费收取比例不高，原物业服务人认为不办理交接还能保留一定的对于收取物业费的主动权；（3）对于前期物业服务人而言，承接物业服务是开发商指定，物业服务人很大程度上代表了开发商的利益，同时物业服务人由于掌握了对物业公有部分以及车库、商铺以及其他服务设施的控制权，享有很多收益，这些收益在一般的物业服务项目中很难获得，物业服务人出于对利益的追求不愿意放弃物业服务项目；（4）部分物业项目的业主权利意识、民主意识高涨，在某些物业管理事项上与物业服务人存在不同意见，缺乏理性、平和的沟通，认为只要更换了物业服务人就可以提高物业服务质量、降低物业费率，因而滥用业主权利以致物业服务人产生不满不愿配合交接；（5）关于物业交接的相关法律、法规过于原则，对于交接的主体、期限、事项虽然有规定，但往往缺乏可操作性，无法真正起到指导交接的作用。

（二）物业交接的难点

物业交接纠纷的产生，除了存在多种原因外，物业交接在期限、程序及事项上也相当复杂。物业服务是一项专业性事务，必须依赖具有一定专业知识、专业技能、专业经验的团队才能完成，而且不同的物业项目有其特殊性，即使具有相应资质的物业服务人接手一个陌生的物业项目，如果没有开发商或原物业服务人办理交接，也很难快速顺利接管一个项目。物业交接的难点在于：（1）物业服务用房交接难，按照《民法典》物权编的规定，物业服务用房应当属于业主共同所有，但开发商在建设及进行产权登记时，一般将物业服务用房登记在自己名下，这导致物业服务用房移交给业主的程序和方式存在一定的困难；（2）物业资料交接难，物业项目的资料纷繁复杂，包括建筑及附属设施资料、业主资料、设备资料、合同资料、与物业相关的财务资料等，不同物业还有其特殊性，如果没有原物业服务人自愿、彻底的交接以及业主或第三方细致、周密的调查，很难做到没有遗漏和没有纠纷；（3）债权债务的交接难，原物业服务人对于物业项目的管理是长期的、持续性的过程，不但同全体业主产生债权债务，而且同第三方必然也会产生相应的法律关系，特别是对于部分专业性事务的对外委托对会对业主的利益产生实质性影响，对于原物业服务人在服务过程中所形成的债权债务如何与业主或新物业服务人形成清晰的交割，也影响着交接后的物业服务质量；（4）物业费遗留问题交接难，不少物业项目的物业费收取率并不高，物业服务人为了保证在物业费收取方面的主动性，往往以物业费欠费太多为由不肯撤出，而业主则以物业服务质量不达标为由拒付物业费，双方由此陷入僵局，难以交接。

（三）关于物业交接纠纷的法律分析

1. 关于物业交接的主体

物业服务合同是物业服务人与业主之间的协议，物业交接发生在物业服务合同终止后，那么交接应属于物业服务人与业主之间的事项，即物业服务人和业主属于物业交接的主体。但是在诸多物业纠纷中，业主选聘的新物业服务人往往也成为了物业交接纠纷的角色之一。那么，新物业服务人是否属于物业交接的主体？对这个问题，要从不同的角度来看。对于原物业服务人而言，其与新物业服务人并无直接的法律上的关系，双方并无直接交接的权利和义务；但对于业主而言，新物业服务人与之存在合同关系，新物业服务人由此获得了对物业的管理权限，与业主存在合同约定的物业交接的权利和义务，从这个层面上讲，新物业服务人也属于物业交接的主体。在一些物业交接案例中，新物业服务人强行接管物业，与原物业服务人强行交接，而不是与业主委员会进行交接或者在业主委员会的配合下进行交接，这是没有法律依据的，也是违法行为。如果造成损害，还要承担相应的法律责任。

2. 关于物业交接的法律性质

物业交接属于合同终止后的事项，根据《民法典》第558条规定，债权债务终止后，当事人应当遵循诚信等原则，根据交易习惯履行通知、协助、保密、旧物回收等义务。因此，物业交接从根本上说是属于根据诚信原则所衍生出来的当事人的后合同义务。相对于物业服务人提供物业服务、业主支付物业费这一主合同义务，物业交接属于附随义务。但是由于物业交接的复杂性，物业交接这一后合同义务的履行并不比物业服务合同主合同义务的履行简单，在一定程度上反而更为复杂。因而，当事人往往在物业服务合同中对于物业交接进行专门约定和安排，本法第938条即明确规定服务交接属于物业服务合同的内容之一。从这个意义上讲，物业服务交接不但是后合同义务、附随义务，也是当事人所应履行的合同义务。

二、物业服务交接的内容

《物业管理条例》已经关注到了物业交接的问题，该条例第38条规定，物业服务合同终止时，物业服务企业应当将物业管理用房和该条例第29条第1款规定的资料交还给业主委员会。物业服务合同终止时，业主大会选聘了新的物业服务企业的，物业服务企业之间应当做好交接工作。但是该条例的规定比较原则，对于物业服务人交还资料的期限以及新老物业服务企业应当如何做好交接都没有明确规定。而且条例规定物业服务企业之间应当做好交接工作在一定程度上将新老物业服务企业确定为交接的主体，无论是从法理上还是实践中都存在一定的问题，易酿成纠纷。此次《民法典》关于物业服务交接的规定相较于《物业管理条例》有了较大进步，对于物业服务交接的内容有了更为详细的规定，有助于明晰物业服务人之间在物业服务交接中的权利义务。分述如下：

（一）关于应当进行物业服务交接的条件

本条规定物业服务合同终止的情况下，各方当事人应当进行物业服务交接。合同终止在《民法典》中称之为合同的权利义务终止，按照《民法典》第557条规定，债权债务终止的情形包括：债务已经履行、债务相互抵销、债务人依法将标的物提存、债权人免除债务、债权债务同归于一人、法律规定或者当事人约定的其他情形以及合同解除。对于物业服务合同而言，合同终止的情形主要是指合同期限届满业主决定不再续聘和当事人解除合同。当事人解除合同又可细分为业主单方解除合同、物业服务人单方解除合同、双方协议解除合同。另外，对于前期物业服务合同而言，业主或业主委员会与新物业服务订立的物业服务合同生效的，前期物业服务合同终止。

（二）关于物业服务人的交接义务

本条规定了物业服务人在合同终止情况下应当履行的一系列义务。

1. 退出物业服务区域

物业服务人应当按照物业服务合同、交接协议约定的期限或者正常情况下办理交接所需要的合理期限退出物业服务区域，这一规定主要是为了解决物业交接纠纷中常见的“老物业赖着不走，新物业进不来”的尴尬局面。所谓退出物业服务区域应当理解为原物业服务人应当将其保安人员、保洁人员以及其他管理人员撤出物业服务区域，停止提供物业服务，不得干扰新物业服务人接管物业。对于合理期限的理解，可以依据相关法规、规章或者相关文件的规定加以确定，没有相关规定的，应当根据行业惯例和物业实际状况予以确定，各方存在争议的，也可以通过诉讼由人民法院确定合理的期限。

2. 交还物业服务用房和相关设施

原物业服务人的交接义务并非简单的一撤了之，而是应当将物业用房以及物业的附属设施特别是车库、电力、用水、电梯等相关设施设备的管理权、使用权完整予以交还，以便业主或新物业服务人开展正常的工作。

3. 交还物业服务资料

物业服务资料是物业交接中的重中之重，如果说物业用房和相关设施设备的交接属于硬件交接，那么相关资料的交接则属于软件的交接，常见的应交接的物业服务资料包括：房屋及配套设施、设备的设计和竣工验收等技术图纸资料；重要设施、设备购置、安装、使用及维修保养等资料以及园区地下管网、景观、绿化等相关资料；长期合作的各类合同资料以及正在执行的合同资料（应由各方协商确定是否交接）；房屋装修设计图纸及设备更新改造的相关资料；业主入住、装修等家庭特约服务的相关资料；对今后物业管理和业主服务具有建设性的相关资料等。此外，关于业主信息、物业租赁信息、物业共有部分债权债务等资料也应一并交接。

4. 配合新物业服务人做好交接工作

新物业服务人接受业主委托从事物业服务，一般应当与业主进行各项交接，但在实际操作中，由新老物业服务人进行交接更为简便和有效。需要注意的是，新老物业服务人之间的交接并不意味着两者之间负有直接的交接义务，原物业服务人配合新物业服务人进行交接，应当在业主委员会或业主的协调下进行，各方应当根据物业的实际状况制订有效的物业交接计划或签订相应的物业交接协议。

5. 如实告知物业状况

根据本条规定，原物业服务人负有告知义务，对于物业的使用管理状况应当如实告知。关于告知的对象，结合本条规定的语境来看，业主委员会、业主或者其指定的人以及新物业服务人均可成为告知的对象。此项告知义务应当认为属于原物业服务人根据诚信原则所必须负有的义务，不以相关当事人问询为前提，对于物业使用、管理中存在的可能会对今后物业管理产生重大问题，原物业服务人应当主动告知，如未履行该项义务造成相关损失的，应当承担赔偿责任。

【审判实践中应注意的问题】

一、物业服务人拒不办理交接应当承担的责任

物业服务人的交接义务虽然属于后合同义务，但同时亦属于由合同明确约定的义务。特别是《民法典》将物业服务人的交接义务单独规定，亦将物业服务人的交接义务上升为法定义务，物业服务人不履行该项义务亦属违法行为。根据本条第2款规定，原物业服务人违反前款规定的，不得请求业主支付物业服务合同终止后的物业费；造成业主损失的，应当赔偿损失。由此可见，物业服务人拒不履行交接义务造成损失的，应当承担赔偿责任。实践中，如果原物业服务人拒不撤出，业主可以根据合同约定要求其承担相应的违约责任。同时，业主或业主委员会亦可向相关行政主管部门反映情况，要求原物业服务人承担相应的行政责任。原物业服务人承担民事责任并不能免除其应承担的行政责任。

二、原物业服务人拒绝交接的法律后果

实践中，物业服务人往往以业主未足额支付物业费或者业主大会作出的决定违法不能产生合同解除效力为由拒绝撤场交接，物业服务交接纠纷也往往产生于此。那么物业服务人能否提出相关的抗辩理由呢？对此，需要注意本条规定的交接前提是“物业服务合同终止”，即业主与物业服务人之间的合同法律关系丧失法律效力，不能在当事人之间产生继续履行的约束力。因此，原物业服务人能否拒绝交接要视其抗辩理由是否基于合同已经终止。如原物业服务人提出存在部分业主未支付物业费因而不愿交接，则因为物业费是否支付系属于当事人合同履行中的抗辩权问题，而非关于合同是否终止的抗辩权，在此情况下，物业服务人对物业费的诉求并不能产生对其交接义务的否定，其应当按照法律规定予以交接，物业费的支付问题应在双方交接过程中协商解决或者在交接后通过诉讼、仲裁予以解决。

如果物业服务人提出双方合同并未终止的抗辩，则物业服务人能否拒绝交接？实践中一般是业主大会作出决定后业主委员会向原物业服务人通知解除合同，原物业服务人不同意解除合同，双方产生纠纷陷入僵局。对此，业主委员会与原物业服务人应当首先协商解决，将双方的合理关切充分向对方释明，特别是业主委员会应当将原物业服务人关注的物业费收取等问题充分考虑，提供合理的解决方案，尽量和平解决问题，消除误会，营造良好的交接环境。如果经协商仍不能解决问题，原物业服务人仍然认为双方合同未依法解除，则可以请求人民法院或者仲裁机构对合同是否解除予以确认。如经确认双方合同已经终止，则原物业服务拒绝交接无正当理由，按照本条第 2 款规定，其不得请求合同终止后的物业费，造成业主损失的还应赔偿损失；如经确认双方合同未终止，则因双方合同继续有效，原物业服务人拒绝交接不应承担责任。这也说明，业主行使合同解除权“炒物业”必须建立在依法依规的前提下，滥用合同解除权、程序违法不能产生解除合同的效力，也不能据此强行要求原物业服务人办理交接手续。

三、物业服务交接纠纷中，业主或业主委员会能否申请人民法院先予执行

有观点认为，因为若业主大会通过有关程序解除了与原物业企业的合同，或合同期届满，原企业拒绝撤出或拒不移交有关资料的，可认定为构成对小区物业管理的妨碍。原物业企业拒绝撤出或拒不移交有关资料，新物业企业不能进行有效物业管理，会造成保安、保洁、设备维护、车库管理等的混乱，甚至瘫痪，影响整个居民小区的工作、生活，影响整个社区的安宁，这种妨碍应属“需要立即排除的妨碍”。因此，符合《民事诉讼法》关于“情况紧急”的规定。[1]对此，笔者认为，物业交接纠纷的产生很大程度上在于原物业服务人对于合

① 王洪宇：《物管交接纠纷法理评析与实务分析》，载《现代物业》2008 年第 3 期。

同解除或合同终止的质疑。如原物业服务人提出了双方物业服务合同未依法解除的抗辩或提起了反诉要求继续履行合同，那么人民法院在审理案件过程中需要对双方合同是否已经解除进行审理，在此情况下如人民法院依原告的申请先予执行，则相当于变相确认了物业服务合同已经解除，不利于双方纠纷的解决，还会酿成更大的纠纷。如果原物业服务人对于合同解除并无异议，只是出于其他方面的考虑不愿配合交接也不继续提供物业服务，造成物业管理秩序混乱，影响业主基本的正常的生活，则人民法院可以根据案件的具体情况审查是否准许原告先予执行的申请。

四、原物业服务人交还物业服务资料的主体

本条规定原物业服务人应当将相关资料交还给业主委员会、决定自行管理的业主或者其指定的人，这主要是考虑到物业资料的交接非常专业，涉及工程基建、设备、信息化、合同、财务等各类资料，业主或业主委员会在具备相应知识和能力的情况下可以自行交接，也可以聘请第三方机构如律师事务所、会计师事务所或者居民委员会、相关主管部门等参与交接手续，也可以指定新物业服务人参与交接。因此，原物业服务人交还物业服务资料应当根据与业主或业主委员会达成的协议确定资料交还的主体。

第九百五十条　物业服务合同终止后，在业主或者业主大会选聘的新物业服务人或者决定自行管理的业主接管之前，原物业服务人应当继续处理物业服务事项，并可以请求业主支付该期间的物业费。

【条文主旨】

本条是关于物业服务合同终止后新物业服务人或业主接管前，原物业服务人继续处理物业服务事项义务的规定。

【条文理解】

一、本条的制定背景

物业服务合同的终止，意味着合同当事人之间的权利义务终止。物业服务合同终止后，物业不能长期处于无人管理的状态，否则将会失去使用效益，必须由业主、原物业服务人、新物业服务人进行交接。对于物业服务交接的程序和内容，在《民法典》第949条已经进行了较为详细的规定。同时，该条的第2款“不得请求业主支付物业服务合同终止后的物业费”的规定，也暗含着在一定情况下，原物业服务人可以请求业主支付物业服务合同终止后的物业费，这与本条规定的内容是相互照应的。本条的规定与物业服务的交接是不可分的，但更侧重于规范物业服务人继续处理物业服务事项的义务。合同关系消灭后，当事人依诚信原则应负有某种义务，以维护给付效果或协助对方处理合同终止善后事务，此即后合同义务。物业服务合同的后合同义务主要包括物业管理事务继续处理的义务及其他通知、协助等义务。由于物业服务合同涉及特定多数人的利益，还涉及部分社会公共利益和国家在城市管理中的公共权利，因此，应当避免物业处于无人管理的情形。现代物业管理中的大量事务具有专业性，需要具备一定资质的主体来处理，当物业服务合同终止时，业主团体通常不具备自行管理物业的能力，这从客观上要求物业服务人继续处理管理事务，直至新的物业服务合同生效。所以，应明确继续处理物业服务事项系物业服务人的后合同义务，违反后合同义务，与违反一般合同义务相同，产生债务不履行责任。物业管理企业继续处理物业管理事务后，业主也应当依据诚信原则偿还费用以及支付报酬。[①] 物业服务事项繁杂，交接过程漫长，往往不能一蹴而就，甚至伴有长期的纠纷，涉及业主、原物业服务人等多方主体的利益。在此过程中，维持物业的正常运转，保障物业服务的顺利交接是各方当事人的共同诉求。虽然有些地方在物业管理法规中规定了应急物业服务等措施，以保障在物业交接期间物业服务停摆时业主能够享受到基本的物业服务，但这些应急物业服务必须在当地街道办事处、居民委员会等基层行政部门的主导下进行，不利于充分发挥业主团体的自治作用，也不利于建立良好的物业市场调节机制。物业服务合同终止后，原物业服务人负有继续处理物业服务事项的义务，也享有请求业主支付物业费的权利，既保障了物业交接期间正常的物业秩序，也保障了物业服务人的合法权益，使得原物业服务人、业主的利益都能够得到保障，安心开展交接工作。同时，该条规定意味着在新物业服务人或者决定自行管理的业主接管之前，原物业服务人享有交接过程中事实上的管理权，新物业服务人或者业主不能强行接管。结合上一条的规定，在交接过程中，双方的主要义务就是办理交接手续，物业服务人应当主动配合交接，退出物业服务区域，交还相关资料和设施，而业主则是尽快确定新物业服务人并进行交接，如果原物业服务人拒不配合，则不能请求支付物业费。在拒不办理交接的情况下，不能请求业主支付物业费，并不

① 朱群芳、刘文英：《论物业管理合同的变更和解除》，载《学术交流》2005年第11期。

能因为事实上占有物业服务区域和提供物业服务而获得利益，这很大程度上督促了物业服务人积极办理交接。因此，该条规定虽然赋予了物业服务人在交接过程中的管理职能，但必须以其主动配合办理交接为前提，否则其无权请求支付物业费，这既保障了物业服务交接的秩序，保证了物业服务交接不至陷于僵局，也保障了原物业服务人的合法权益。

二、关于本条的不同观点

有观点认为，基于诚信原则，物业服务人在合同终止之后负有通知、协助、保密等后合同义务，但不包括给付义务。合同终止之后，物业服务人虽可以以继续提供服务的方式发出要约，但这属于物业服务人“可为”之事，而非其“应为”之事。在物业服务合同终止后，在新物业服务人或者决定自行管理的业主接管之前，原物业服务人并无义务继续提供物业服务。如果新物业服务人迟迟不接管，那么原物业服务合同就事实上继续有效，恐怕对于原物业服务人来说属于不合理的负担。[①]有观点认为，《民法典》规定了原物业服务人在物业服务合同终止后配合交接的义务，同时又规定了在新物业服务人或者决定自行管理的业主接管之前继续处理物业服务事项的义务，而且其还可以请求该期间的物业费，这就相当于赋予了原物业服务人“赖着不走”的权利，使得原物业服务人缺乏足够的主动交接的动力，不利于新老物业的交接，建议修改为“在业主的请求下，原物业服务人应当继续处理物业服务事项”。也有观点认为，本条的规定并未给物业交接问题造成更多麻烦，实践中物业交接存在的问题不仅有原物业服务人不配合交接“赖着不走”的问题，也存在有的物业服务人在业主决定终止物业服务合同后消极不作为甚至突然撤场的情况，这导致新老物业无从交接，也导致正常的物业秩序混乱，业主的基本权益得不到保障，这同样不利于物业纠纷的解决和新老物业的交接。本条规定的

① 武腾：《物业服务合同是否应该编入民法典》，载《中国建设报》2019年5月29日。

“原物业服务人应当继续处理物业服务事项”不仅是原物业服务人的权利，同时也是其义务，在维持现有的、基本的物业秩序的前提下为新老物业的交接创造了有利的和平条件。我们同意后一观点。物业服务合同终止的情形多种多样，包括物业服务合同期限届满、前期物业服务合同终止、业主或物业服务人单方或协议解除合同等，在合同终止之前到新物业服务人或决定自行管理的业主接管之前，一般都要经过较长的时间，在这期间双方可能进行商谈交接事项、另聘新物业服务人，甚至有可能进行诉讼。但不管是什么情况，原物业服务人都应当继续处理物业服务事项，保证基本物业服务的正常进行，业主、新物业服务人不能强制接管，原物业服务人也不能以双方存在纠纷或业主未履行相应的支付物业费义务而拒绝提供物业服务，原物业服务人对于业主欠交物业费可以在交接过程中协商处理或者通过诉讼、仲裁等相关途径解决。物业服务人在交接期间负有两项基本义务，一是配合交接，二是继续提供物业服务。违反任何一项义务，则其无权请求业主支付交接期间的物业费。本条规定和上一条规定结合的结果是物业服务人只能配合交接，因为不配合交接并不符合其利益，反而会造成其损失。

三、关于本条若干问题的理解

（一）关于本条规定的“物业服务合同终止后”的理解

物业服务合同终止涉及合同终止的概念，合同终止是指根据法律规定或者当事人的约定，而使得当事人之间的合同权利义务关系消灭。合同终止的概念在我国法律上广泛存在，但合同终止却并非我国《合同法》或《民法典》合同编中的标准概念。《合同法》第91条规定：“有下列情形之一的，合同的权利义务终止：（一）债务已经按照约定履行；（二）合同解除；（三）债务相互抵销；（四）债务人依法将标的物提存；（五）债权人免除债务；（六）债权债务同归于一人；（七）法律规定或者当事人约定终止的其他情形。”《民法典》第557条的规定与《合同法》的规定基本一致，同时使用了“债权债务终止”和“合同的权利义务关系终止”两个概念，这可能是考虑到《民法典》规定的不仅是合同法，同时还起着债法总则的作用，因而在提取公因式时使用了“债权债务终止”这一上位概念。因为本编是合同编，所以该章的标题仍然是“合同的权利义务终止”，在合同的权利义务终止这一大前提下，将“债权债务终止”和“合同的权利义务终止”两个意蕴、范围类似的概念同时规定，值得探讨。但无论如何，一般认为，上述规定涉及的就是合同终止。

具体到物业服务合同而言，发生合同终止的情形包括：（1）物业服务期限届满，业主依法决定不续聘或者已另聘物业服务人，合同期限届满后物业服务合同终止；（2）对于前期物业服务合同而言，按照《民法典》第940条规定，业主委员会或者业主与新物业服务人订立的物业服务合同生效的，前期物业服务合同终止；（3）不定期物业服务合同，当事人提前60日书面通知对方后解除合同的，合同终止；（4）业主、物业服务人协商解除物业服务合同；（5）当事人根据《民法典》第563条第1款规定行使法定解除权解除合同的，合同终止；（6）当事人根据约定的解除合同的事由解除合同的，合同终止。

（二）关于对本条规定的“接管之前”的理解

物业服务的交接需要过程，新物业服务人或者业主是否已经接管要结合《民法典》上一条关于物业服务交接的内容进行确定。原物业服务人应当在约定期限或者合理期限内退出物业服务区域，交还相关的资料，配合新物业服务人做好交接工作，并告知物业的使用和管理状况，只有完成了上述义务，新物业服务人或者业主才能真正地达到掌控物业的目的，才能视为已经接管了物业。一般情况下，原物业服务人应当与新物业服务人或者业主签订交接协议确定新物业服务人接管的事项和时间。

四、关于物业服务人继续处理物业服务事项的性质

物业服务合同终止后，当事人的权利义务关系终止。但是合同的终止期限与当事人之间实现真正的分离并不能等同，当事人进行清算

还需要大量的时间。物业服务合同履行过程中，物业服务人的主要义务是持续地提供符合合同要求的物业服务，物业合同终止后，当事人应当尽快进行清算以彻底了结彼此的关系，但本条规定在合同终止后物业服务人还需要继续处理物业服务事项并可以请求业主支付物业费。那么，物业服务人的此种义务与物业服务合同中物业服务人的义务有何区别？对此，有观点认为，合同终止后，当事人应当遵循诚信等原则，根据交易习惯履行通知、协助、保密、旧物回收等义务，物业服务人继续处理物业服务事项是其附随义务的一部分。也有观点认为，合同终止后，当事人的合同权利义务关系消灭，原物业服务人本无义务继续处理物业服务事项，也无权利请求业主支付物业费，但是由于物业服务合同的特殊性，原物业服务人不可能很快退出以了结双方关系，原物业服务人根据法律规定及物业现状继续处理物业服务事项构成无因管理，由此产生的物业管理费用由业主支付，这符合无因管理的理论。上述说法均存在一定的道理，但也有不足之处。合同终止后，原物业服务人根据合同履行的需要处理一定的善后事务，这与债务人根据诚实原则履行附随义务确实有共通之处。但需要注意的是，债务履行附随义务的主要目的在于保证主债务履行的完整性和充分性，附随义务一般不涉及合同主债务内容的再次履行，而原物业服务人继续处理物业服务事项则与其提供物业服务的义务存在一定程度的重合。而且，债务人的附随义务的履行不会涉及对价的支付，这同样无法解释原物业服务人为何可以向业主请求支付物业费。因此，传统的附随义务理论无法完整解释原物业服务人继续处理物业服务事项这一事实。那么，物业服务人的该项行为是否构成无因管理？根据《民法典》规定，无因管理是指管理人没有法定的或者约定的义务，为避免他人利益受损失而管理他人事务，并且符合受益人真实意思的，可以请求受益人偿还因管理事务而支出的必要费用；管理人因管理事务而受到损失的，可以请求受益人给予适当补偿。从表面上看，本条规定的情形应适用无因管理，因为物业服务人提供服务是为业主利益而进行的管理行为。虽然物业服务企业提供服务目的在盈利，却不能否定其管理对业主具有利益。[①] 但是也要注意到，根据本条的规定，在新物业服务人或者决定自行管理的业主接管之前，原物业服务人继续处理物业服务事项是基于法律的强制性规定，具有法定的义务。因此，本条规定适用传统的无因管理理论也存在困境。对此，笔者认为，《民法典》已经对传统的无因管理理论进行了发展，按照《民法典》第980条规定，管理人管理事务不属于前条规定的情形，但是受益人享有管理利益的，受益人应当在其获得的利益范围内向管理人承担前条第1款规定的责任。按照该条规定，管理人管理他人事务应不局限于法定或者约定的义务，可以是出于为避免他人利益受损的目的，或者虽然不具有这样的目的，但客观上受益人享有管理利益的，受益人即应对管理人承担相应的责任。故本条规定的原物业服务人继续处理物业服务事项的行为适用无因管理较为合适。

【审判实践中应注意的问题】

一、关于原物业服务人继续管理期间物业费支付标准的确定

原物业服务人在新物业服务人接管之前的继续管理义务是为了保证物业秩序，是其法定义务，但该管理行为与物业服务合同履行期间的管理行为存在不同。交接期间的管理应根据物业的实际状况而提供相应的、适宜的物业服务，会与合同约定的物业服务事项存在差别。物业服务人所主张的物业费支付标准应当视其提供的物业服务标准而定，如果其处理的物业服务事项与合同履行期间并无二致，则可以参照原来合同约定的标准进行支付。需要注意的是，物业交接期间，原物业服务人处理物业服务事项的行为并非追求市场盈利的行为，不能视为其商业经营行为，因此，原物业服务人主张的物业费只能是其处理有关事项而支出的必要费用，应当根据原物业服务人实际提供的物

① 邢国威:《物业服务合同探微》，载《中华女子学院学报》2009年第5期。

业服务加以确定。

二、关于新物业服务人或者业主迟延接管时原物业服务人继续处理物业服务事项的期限问题

实践中经常出现的问题一般不是新物业不予接管，而是老物业不配合新物业无法接管的问题。物业服务实践中，以物业服务合同终止的主体来划分，可以分为业主终止合同、物业服务人终止合同或者双方协议终止合同等情形。如果业主方提出终止合同或者业主方与物业服务人协议终止合同，业主方必然会选聘新的物业服务人并积极促成物业服务的交接，不大可能存在新物业服务人或者业主迟迟不予接管的情形；但是如果是原物业服务人提出终止合同，业主方没有做好准备或者由于其他一些原因导致未能按时选出新物业服务人，则有可能导致新旧物业在较长时间内无法交接，在此情况下按照《民法典》规定，原物业人应当继续处理物业服务事项会面临继续处理到什么期限的问题。对这个问题，笔者认为，原物业服务人应当坚守善良管理人的义务，合理处理合同终止后的各项物业服务事项，并加强与业主的沟通协调，促使业主及时依法选聘新的物业服务人并办理交接手续。合同终止后原物业服务人虽然可以请求业主支付物业费，但合同终止情况下的物业费与合同履行期间的物业费在性质以及标准方面均存在一定的差异，原物业服务人出于自己的商业利益考量应当也应该积极促成新旧物业的交接。如果业主已经选聘出了新的物业服务人，但无故不与原物业服务人办理交接手续，原物业服务人可以依法起诉业主履行相应的交接义务。

第二十五章　行纪合同

第九百五十一条　**行纪合同是行纪人以自己的名义为委托人从事贸易活动，委托人支付报酬的合同。**

【条文主旨】

本条是关于行纪合同概念的规定。

【条文理解】

行纪合同是指行纪人接受委托人的委托，以自己的名义，为委托人从事贸易活动，委托人支付报酬的合同。接受委托的一方为行纪人，而另一方则为委托人。例如2013年9月1日由商务部公告发布的《寄卖店服务规范》，其实际上就是行纪合同的示范性版本，主要流程为：委托人甲持委托物及委托物的相关资料，亲自到寄卖店乙进行寄卖，寄卖店验收委托物并进行估价且告知委托人委托物本身的质量、价格等，双方此后签订合同，由寄卖店乙以自己名义为委托人甲出卖委托物，在销售完成后，代销价款归甲方，乙方收取约定的报酬。在这个关系中，甲为行纪合同的委托人，乙为行纪合同的行纪人。

行纪一词，从实践来看，有双重含义，一是指行纪营业，另是指行纪合同。在大陆法系，民商分立的国家（如德国和日本）的商法典大多以“行纪营业”加以专章规定；而作为民商合一的瑞士等国家及地区，则在民法典中以“行纪合同”加以规定，但是在实际内容上并无本质不同。之所以各国都有就行纪作出规定，与其产生的独特背景和优点是紧密相连的。

行纪衍生于委托，就像拍卖衍生于买卖、建设工程衍生于承揽，相互都有密切关联性。行纪原为委托的一种，并非现代真正意义上的行纪合同。在中世纪的欧洲，国际贸易不断兴起，当时的商人委托代理人前往国外营业，代理人出于自身利益考虑或限于自身的能力，往往滥用委托人的信用，使得委托人的利益时常处于遭受损害的危险状态中；同时，对于国外的营业，任何业务都需委托代理人，费用过高。在这种背景下，行纪业务应运而生，行纪人利用自己的知识技能并以自己的名义替委托人与相对人进行交易，在交易完成后收取佣金，使得行纪制度逐步蓬勃发展。① 据此看来，行纪制度具有下列优点：（1）委托人不必暴露自己的姓名，而享受行纪人订约的利益，得以保持营业上的秘密。（2）行纪业务无须探寻委托人的信用和支付能力，促进交易的安全、迅捷且高效。（3）委托人不仅可以利用行纪人的信用和资产，并且可以利用行纪人的交易关系和知识经验。（4）行纪人在经营中行使权利方便且经营方式灵活，无须得到委托人的特别授权。（5）委托人不为行纪人的过失或者权利滥用行为负责，不会蒙受行纪人失信行为的不测后果。②

尽管各个国家和地区对于行纪合同的规定有几种不同情况，但实质内容大多一致。例如，《法国商法典》第94条规定，以自己的名义或商号为委托人计算而为行为者，谓行纪商。《德国商法典》第383条第1款规定，行纪人是指依营利事业的方式，为他人（委托人）的计算，而以自己的名义承担商品或者有价证券的买卖或者出卖的人。《瑞士债务法》第425条规定，买入行纪人或卖出行纪人，指以自己名义，为他人（委托人）之计算，从事动产或有价证券的买入或卖出，并收取报酬（佣金）的人。《日本商法典》第551条规定，所称

① 崔建远：《合同法》，北京大学出版社2016年版，第664页。
② 史尚宽：《债法各论》，中国政法大学出版社2000年版，第482页。

行纪人，指以自己的名义为他人出卖或买入物品为为业者。《俄罗斯联邦民法典》第990条规定，依照行纪合同，行纪人承担义务按照寄售人的委托，以自己的名义，但用寄售人的费用实施一个或几个法律行为，并收取佣金。我国台湾地区“民法”第576条规定，称行纪者，谓以自己之名义，为他人之计算，为动产之买卖或其他商业上之交易，而受报酬之营业。我国《澳门商法典》第593条规定，行纪合同系指商业企业主有义务以自己名义为他人将物买入或出售以取得回报之委托合同。

具体到我国的行纪业，在改革开放前受计划经济的限制，行纪业很不发达，只有一些国营和集体的信托商店、旧货寄售商店和贸易货栈等，主要是公民的寄售业务。改革开放后，全国各地相继恢复和新建许多贸易信托、行纪等机构。目前，行纪业务遍布货物销售、房屋销售、汽车租赁等领域。诸如货运代理、证券承销、商品寄卖等业务，均采用行纪合同的形式。作为寄卖业务主管部门的商务部，先后在2012年和2013年推出了《寄卖店经营管理技术要求》《寄卖店服务规范》，标志着我国行纪业正逐步朝着标准化、规范化的方向迈进。在这一过程中，由于行纪人往往是在一定领域内从事专门性行纪活动，比较了解行情，熟悉业务和供求关系，且手段简便、灵活，可以为委托人提供有效的服务，对扩大商品流通，促进贸易发展起着重要的作用。

通常来讲，行纪合同具有以下特征：

（1）行纪人从事的是贸易行为。根据行纪合同的定义，行纪人从事的活动范围限于贸易行为，因此，如何界定“贸易行为”是关键。传统的“贸易”主要是指商品（尤其是动产）的买卖交易。有的观点认为，贸易的客体应当是商品，不包括不动产，也不包括知识产权等无形财产。新中国成立以来，尤其是改革开放以来，我国经济迅速发展。随着经济社会的不断发展，贸易的范围或者客体也在不断扩大。现代社会的贸易已经不再限于动产的商品交易，行纪活动也不应当再限于传统的商品贸易，而是可以包括更多财产权益的管理或者处分，例如房地产买卖、证券期货交易和信托等。部分国家或地区法律中规定的行纪行为也不限于动产买卖。例如，根据《德国商法典》第383条的相关规定，行纪人是指以自己的名义为他人（委托人）购买或者销售商品、有价证券，并以其作为职业性经营的人。我国台湾地区“民法”也未将行纪活动限定于动产交易。基于现实生活的需要，现在已经有很多新兴行业都出现了专门从事行纪工作的专业机构和人员。例如，在房地产市场，有的房产中介机构也有从事不动产买卖的行纪活动（尽管很多房产中介机构主要是以中介人身份提供房屋买卖或者租赁的中介服务）。在金融领域，证券资产管理业务是证券经营机构在传统业务基础上发展的新型业务，是委托人将自己的证券资产交给证券公司、由证券公司以自己的名义为委托人提供理财服务的行为，也属于一种行纪。因此，尽管目前对于行纪合同的适用范围仍存在争议，行纪合同也主要适用于动产买卖和证券期货的交易，但是，从有利于促进我国市场经济发展的角度考虑，只要法律不禁止的贸易行为，都应当允许开展行纪业务，故本条的贸易行为应作广义解释。①

（2）行纪人原则上应当具有相应的资质。在市场经济活动中，行纪被广泛运用于各种商业，行纪人从事的某种贸易行为具有专业性的特点，尽管委托人的主体资质无需限制，但是行纪人自身往往需要具备相应的资质。行纪人一般是专门从事贸易活动，其开业和经营往往需要经过国家有关部门的审批或者登记，并不是所有民事主体都可以无条件地成为行纪人从事行纪业务。例如，我国《证券法》第122条规定，设立证券公司，必须经国务院证券监督管理机构审查批准。未经国务院证券监督管理机构批准，任何单位和个人不得经营证券业务。但是，由于市场经济的纷繁复杂，有的自然人或者个体工商户作为行纪人基于行业或者地方惯例，也在事实上从事着行纪活动，只要不违法，也可以作为行纪对待，适用行纪合同的相关规定。对此情

① 王利明：《合同法研究》，中国人民大学出版社2015年版，第737页。

形，《德国商法典》第383条第2款作出规定，在行纪人的企业依性质或者规模不要求以商人方式所设置的营业经营，并且企业的商号未登入商事登记簿的，亦予以适用行纪。值得参考。

（3）行纪人的行为是以自己的名义实行。根据行纪的定义，行纪人必须以自己的名义为委托人从事贸易行为，而非委托人的名义。这也是行纪人和受托人、直接代理人的重要区别。受托人和直接代理人可以以委托人的名义进行民事活动，也可以以自己的名义。行纪人从事的贸易行为法律效果由行纪人承担，委托人可能不知道行纪人的相对人是谁，相对人也可能不知道委托人是谁，委托人和行纪人的相对人之间并不发生直接的法律关系。因此，在行纪中存在内外两个法律关系，即委托人和行纪人之间的内部关系以及行纪人与相对人之间的外部关系。

（4）行纪合同为双务、有偿、诺成和不要式合同。行纪人受委托人之委托从事贸易行为，委托人需要向行纪人支付相应的报酬，故行纪合同为双务合同；行纪人作为营业主体，自然是以追求营利为目的，在行纪行为完成后，委托人负有向行纪人支付报酬的义务，故行纪合同是有偿合同；行纪合同是诺成合同，因为只要委托人和行纪人意思表示一致即可成立；行纪合同是不要式合同，因为可以采用口头、书面形式订立，也可以采用其他形式订立。

【审判实践中应注意的问题】

一、注意行纪合同和委托合同的正确区分

行纪合同衍生于委托合同，因此正确分清行纪合同与委托合同的界限显得尤为重要，否则可能导致错误适用。两者的相同点主要体现在：都是以提供劳务为合同的标的；都是以当事人双方的信任为基础；都是以处理一定事务为目的。同时，两者的主要区别在于以下六方面：

第一，主体的资质要求不同。行纪人一般是专门经营为他人从事贸易活动的人，应当取得从事某种行纪行为的特定资质，其开业和经营原则上需要经过国家有关部门的审批或者登记；而委托合同的当事人不必是专门从事贸易活动的，可以是一般的自然人，也可以是法人或者非法人组织。第二，适用范围存在不同。行纪合同适用范围较窄，主要适用于贸易等法律行为；而委托合同的适用范围较宽，既可以适用于贸易等法律行为，也可以适用于事实行为。第三，处理事务的名义不同。行纪合同的受托人只能以自己的名义处理委托事务；而委托合同的受托人处理事务既可以用委托人名义，也可以用自己的名义。第四，处理事务的法律关系不同。行纪人接受委托人的委托后，以自己的名义与相对人订立买卖等合同，与行纪合同是相互独立的两个合同，委托人与第三人之间不发生直接的法律关系。而在委托合同中，受托人大多以委托人的名义与第三人订立的合同，该合同可以对委托人直接发生效力。第五，行纪合同是双务、有偿合同；而委托合同既可以是双务、有偿合同，也可以是单务、无偿合同，是否有偿由当事人自行约定。第六，处理委托事务的费用负担不同。行纪合同中处理委托事务支出的费用由行纪人负担，除非当事人另有约定；而在委托合同中，受托人处理委托事务的费用则是由委托人负担，而且委托人还应当预付受托人处理委托事务的费用。

基于行纪合同和委托合同之间存在的上述区别，在司法实务中务必要引起高度重视，避免发生错用或误用。

二、注意行纪合同和间接代理的正确区分

行纪与间接代理十分相似。这是因为，无论是行纪还是间接代理，行纪人或者间接代理人都是以自己的名义进行活动，都存在内外两个合同关系，尤其是对内都是受委托人之委托，在委托人的授权范围内从事一定的行为。所以在大陆法系国家，存在将间接代理归为行纪关系的现象。但是，在我国《民法典》的编纂过程中，明确将行纪和间接代理作为两种制度对待，并且在本法第925条和第926条规定

了间接代理，因此必须明确两者之间存在的诸多不同点：第一，行纪人或者间接代理人是否需要具备一定的资质条件不同。行纪人应当取得从事某种行纪行为的特定资质，其经营大多需要经过有关部门的审批或者登记。而间接代理人没有这种资格限制，自然人、法人或者非法人组织都可以接受委托成为间接代理人。第二，委托人是否可以直接与第三人发生法律关系不同。在间接代理中，虽然代理人是以自己的名义与第三人订立合同，但是第三人在订立合同时知道间接代理人与委托人之间的代理关系的，该合同可以直接约束委托人和第三人。如果第三人不知道间接代理人与委托人之间的代理关系，间接代理人因第三人的原因对委托人不履行义务的，委托人享有介入权，可以直接行使间接代理人对第三人的权利；间接代理人因委托人的原因对第三人不履行义务的，第三人享有选择权，可以选择间接代理人作为相对人，也可以选择委托人作为相对人主张其权利。[①] 而在行纪中，行纪人以自己的名义与第三人订立合同，行纪人直接享有合同的权利并履行合同的义务，委托人除非接受行纪人的债权让与，否则不会与第三人之间发生直接的法律关系。第三，行纪人具有介入权，是指行纪人自己可以作为买受人或者出卖人，直接与委托人发生交易关系。而在间接代理中，代理人原则上不能以被代理人的名义与自己订立合同，除非经过被代理人同意。

具体到司法实践，即使当事人之间签订的合同名称为代理，但是该合同究竟是间接代理还是行纪合同，应当按照合同约定的当事人权利义务来定。实质上符合行纪合同的特征，应认定为行纪；实质上是间接代理的，则按间接代理处理。例如，甘肃省高级人民法院在（2016）甘民终450号民事判决中认定："根据捷马公司、昊世新懿公司双方签订的《代理协议》及捷马公司、昊世新懿公司、宁煤集团分别签订的《枣泉煤矿整体耦合让均压锚杆、锚索等新支护产品与支护技术试用协议》和《梅花井煤矿整体耦合让均压锚杆、锚索等新支护

① 王利明：《合同法研究》，中国人民大学出版社2015年版，第742页。

产品与支护技术试用协议》并结合各方当事人在庭审中的陈述可以认定，昊世新懿公司依据捷马公司的授权以自己的名义与宁煤集团之间形成买卖合同法律关系，捷马公司根据昊世新懿公司的指示向第三人履行发货义务，宁煤集团向昊世新懿公司履行付款义务后再由其向捷马公司支付，而捷马公司向其报价与其向宁煤集团报价的差价则是昊世新懿公司在交易中获取的报酬。故捷马公司与昊世新懿公司之间行为符合行纪合同的法律特征，本案应为行纪合同纠纷。”

三、注意行纪合同与买卖合同的正确区分

在行纪合同过程中，有两种情形存在与买卖合同竞合的可能，导致在实务中较难认定，一是代销行纪，二是行纪人行使介入权，与买卖合同确实相似性。就行纪人行使介入权时与买卖合同如何区分将在本法第956条的“条文理解”中阐述，现就代销行纪作如下举例说明。

就代销行纪，湖南省益阳市中级人民法院（2010）益法民二终字第167号查明：2007年10月18日，沅江市琼湖福利渔具制造厂（以下简称渔具制造厂）与邱某安签订《产品销售办事处设立合同》，合同约定：渔具制造厂为了扩大销售在广东省阳西县设立产品销售办事处，委托邱某安独立经营；渔具制造厂垫付产品金额30万元，邱某安交纳产品保证金5万元，由渔具制造厂付1%的月息；邱某安订购产品，超过垫付产品金额的部分，必须在渔具制造厂发出产品后10日内付款，否则半个月内按1%的月息支付利息，半个月后按2%的月息支付利息；渔具制造厂发给邱某安订购的产品，产品质量问题由双方协商处理，其他的由邱某安负全部经济责任，不得以各种理由削价或者退回；渔具制造厂承诺交货时间不得延误，因延误造成邱某安的损失，由渔具制造厂负责等。在合同履行过程中，渔具制造厂以邱某安拖欠货款为由提起诉讼要求清偿货款，邱某安抗辩称货物在合同履行过程中因发生台风造成损失，属于不可抗力造成的损失，故拒绝付款。就上述案件事实，湖南省沅江市人民法院在（2009）沅民一

初字第125号民事判决中认为双方为行纪合同关系，但是二审法院认为，根据查明的事实，邱某安以渔具制造厂产品销售办事处的名义经营，不得对订购收到的产品退回，表明其对产品享有所有权及独立的经营权，故邱某安和渔具制造厂之间实质上是买卖合同关系。从该案例可以看出，代销过程中区分行纪合同与买卖合同的最主要的两个特征是：产品是否可以退回，是否约定受托人的报酬。如果产品可以退回且约定受托人的报酬，那么就属于行纪合同；而如果产品不可以退回且无约定受托人报酬，表明受托人是自担风险自负盈亏，则属于买卖合同。

四、注意货运代理合同纠纷的法律适用

我国是航运大国，货运吞吐量居世界前列，因此，货运代理业十分兴旺。对于货运代理的性质，可能有人误认为纯粹属于代理范畴。而在客观上，货运代理特别依赖于行纪合同，这从各国或地区的相关立法可以反映出来：《瑞士债务法》第439条规定，以自己名义，为他人之计算，使运送人运送物品而受报酬为营业者，视为行纪人，但就物品的运送，对承揽运送人，适用关于运送契约的规定。我国台湾地区“民法”第660条第1款规定，称承揽运送人者，谓以自己之名义，为他人之计算，使运送人运送物品而受报酬为营业之人。第2款规定，承揽运送，除该节有规定外，准用关于行纪之规定。我国《澳门商法典》第5编“承揽运送合同”第616条规定，承揽运送合同，系指商业企业主有义务以自己名义为委托人订立物品运送合同，并完成有关附属事项之委任合同。第621条规定，行纪合同之规定经必要配合后适用于本编无特别规定之事宜。据此可以反映出，货运代理，其性质并非代理，而是承揽运送；货运代理人，即承揽运送人，其地位类同于行纪人。在司法实践中，尽管我国的民事法律未规定承揽运送或者货运代理合同，也未规定货运代理参照行纪合同的有关规定。但是，货运代理合同作为非典型合同，客观上在我国大量存在，发生纠纷，就必须要正确适用法律作出正确裁决。对此，《民法典》第

467条第1款规定："本法或者其他法律没有明文规定的合同，适用本编通则的规定，并可以参照适用本编或者其他法律最相类似合同的规定。"由于货运代理合同与行纪合同最相类似，故参照适用行纪合同的相关规定，来解决货运代理合同纠纷，当无疑义。

第九百五十二条 行纪人处理委托事务支出的费用，由行纪人负担，但是当事人另有约定的除外。

【条文主旨】

本条是关于行纪费用支出由行纪人负担的规定。

【条文理解】

本条确定了行纪人负有承担行纪费用的义务。一般来说，行纪人是以营利为目的的商人，为追求利润，行纪人实施行纪行为必然需要付出成本，必然伴有商业风险。这些成本和风险，就行纪合同而言，不仅需要行纪人在处理委托人的委托事务时尽职尽力，而且相关的包括费用在内的各项支出均应自己负担，如交通费、差旅费等。而支付这些费用的目的，只有当行纪合同履行完毕，才能换来对价，即由委托人支付的报酬，而报酬包括了费用在内的各项成本与利润。行纪人作为实施商事行为的专业机构或者人员，自然有能力预估处理委托事务所需费用的。所以一般来说，双方约定由委托人支付的报酬高于行纪人处理委托事务支出的费用，进而行纪人有为委托人进行贸易活动的动力。当然，对于行纪人处理委托事务支出的费用，也可以通过由合同当事人另外约定的方式，不由行纪人单方负担，而由合同当事人双方共同负担或由委托人单方负担。在此特殊约定情形，行纪人将获得的报酬相对而言会低于行纪人单方承担费用支出所获得的报酬。

在世界范围内，行纪费用的负担方式主要有两种，一种是本条规定的由行纪人负担，另一种是由委托人负担。由委托人负担费用的规定占大多数，比如，《德国商法典》第396条第2款规定，委托人依

《德国民法典》第670条和第675条对行纪人的费用所应当给予的偿还，亦包括使用行纪人的仓库和运送工具的报酬。《瑞士债务法》第431条第1款规定，行纪人得请求偿还其为委托人利益而支付的垫款、费用和其他支出及其利息。《日本商法典》第552条第2项规定，在行纪人与委托人之间，除本章规定外，准用有关委任及代理的规定。依据《日本民法典》第649条和第650条关于委任过程费用承担的规定，应当由委托人负担。我国台湾地区"民法"第582条规定，行纪人得依约定或习惯请求报酬、寄存费及运送费，并得请求偿还其为委托人之利益而支出之费用及其利息。上述情况，是将费用和报酬分开，类似于本法委托合同的规定，属于类似实报实销的办法。这种费用承担方式，使得行纪人可以在费用的补偿方面得到充分保障，不必承担风险，但是不利于调动行纪人节省费用的积极性。相对于该费用承担方式，我国本条的规定对于费用承担方式，费用表面上由行纪人自负，实则纳入行纪人的报酬之中，这是类似包干的方式。由于报酬一经约定，委托人对实际发生的费用就可以不必过问，不存在这方面的风险。该方式有利于督促行纪人精打细算、节省费用，[①] 从根本上有利于发挥行纪人的积极性。据此表明，我国所采取的立法模式，更加具有合理性和科学性。

【审判实践中应注意的问题】

一、注意交易习惯对行纪费用负担的影响

根据本条的规定，行纪费用的负担从法律规定角度而言原则上是由行纪人负担，同时，行纪费用的负担也可以通过合同进行特别约定。然而，除此之外，实践中在没有约定行纪费用负担的前提下，基于交易习惯的特殊情形，行纪费用是不是可能由委托人负担。《合同

① 王利明：《合同法研究》，中国人民大学出版社2015年版，第745页。

法司法解释（二）》第 7 条第 1 款规定，交易习惯主要有两种表现形式：在交易行为当地或者某一领域、某一行业通常采用并为交易对方订立合同时所知道或者应当知道的做法；当事人双方经常使用的习惯做法。举例说明：行纪人甲受委托人乙的委托，在某地收购果农的脐橙，收果费用以每车 10 万元的标准预先支付，报酬为每车 1500 元。在合同履行过程中，当地有个习惯，脐橙不论大小一个价，甲从果农处收来的脐橙有部分小果子不得不作废，只运走销路好的大脐橙。果季结束后，就作废小果子的费用承担，因未作事先约定，双方发生争议并引发了诉讼。同时，当地在发生类似情况时，作废小果子的费用，原则上均由委托人乙负担。就此类案件存在两种观点，一种观点是，本条规定的行纪人负担行纪费用并非法律、行政法规的强制性规定，案件所涉当地的交易习惯为双方明确知悉，实质就是双方通过口头约定排除了法律的适用，且该交易习惯的内容并没有违背公序良俗，应当予以遵守；同时，如果由行纪人承担废品小果的费用，将导致实质的不公。因此，该行纪费用应由委托人负担。另一种观点是，依据《民法典》第 10 条的规定，处理民事纠纷，应当依照法律；法律没有规定的，可以适用习惯，但是不得违背公序良俗。因此，法律规定应当优先于交易习惯适用，行纪费用应由行纪人负担。对此争议，我们的观点是：首先，行纪合同当事人均系以营利为目的的民事主体，对当时当地众所周知的交易习惯，客观上无须作出特殊约定；在没有特殊约定的情况下，作出有悖于当时当地交易习惯的判决，将有违诚信原则，不利于市场秩序的维护。其次，交易习惯与并非强制性规定的法律依据同时存在，彼此不一定相互排斥，实践中客观存在通过交易习惯排除非强制性法律规定的情况，主要还是应当看适用哪种规则更能体现结果的公平。回到上述例子，如果不依据当时当地的交易习惯，将导致双方利益的失衡，有悖公平原则，故法院最终支持了行纪人甲的主张。

二、行纪费用仅限于必要费用还是应包括有益费用

本条规定表明，我国行纪合同中的行纪费用系由行纪人负担为原则，之所以如此规定，是因为在实务中，当事人通常把费用包含在报酬之内，不单独计算行纪费用。然而，对于行纪费用的确定，在实践中并非没有争议。一种意见认为本条的行纪费用仅包括必要费用，另有意见认为本条的行纪费用不仅限于必要费用，还应当包括有益费用。我们认为后一种意见更为公平合理。主要理由为：首先，必要费用和有益费用的边界有时很难分清，比如同样是委托物的保管费，固体塑料的保管费和鲜活鱼类的保管费，可能就分别属于必要费用和有益费用。其次，在必要费用之外，如果由行纪人支出的有益费用需由委托人负担的话，行纪人所能获得的报酬可能将会受到负面影响，从而影响行纪人的积极性，进而影响到委托人的利益。所以，必要费用和有益费用一并由行纪人负担有利于双方的共同利益，并最终有利于行纪业的繁荣和发展。

第九百五十三条　行纪人占有委托物的，应当妥善保管委托物。

【条文主旨】

本条是关于行纪人保管委托物义务的规定。

【条文理解】

行纪合同的履行过程，往往会涉及委托物的交付和移转。比如，在委托人已经将委托物交付给行纪人但行纪人尚未完成出卖，或者行纪人已经从第三人处购入物品但尚未向委托人交付，在此期间，委托物处于行纪人的占有和控制之下，行纪人同时又是保管人，此时的行纪合同具有了委托合同的部分性质，故行纪人应当履行对委托物的保管义务。作为此处保管对象的委托物，与行纪人所从事的贸易行为的范围相适应，只要是不被法律禁止的贸易对象，均可能成为行纪人保管的对象。因此，本条规定的“委托物”不仅包括一般意义上的物，还应当包括委托人交付给行纪人的金钱和权属凭证等。

本条对行纪人的保管义务采用了“妥善保管”标准，意味着是高于对本人物的保管要求。依据《德国民法典》第690条的规定，寄托被无偿地承担的，寄托人只需对其在自己的事务中通常所尽的注意负责任。也就是说，《德国民法典》所规定的无偿保管人的保管标准是，应当尽到如同保管自己财产一样的注意义务。根据该逻辑，对于有偿的保管，保管人则应尽到善良管理人的注意义务。[①] 在行纪人处理事

① 魏耀荣等:《中华人民共和国合同法释论（分则）》，中国法制出版社2000年版，第592页。

务所获得的报酬中，含有最终由委托人负担的保管费，因此，行纪合同的商业性质决定了其对委托物的保管，自然属于有偿保管，故行纪人的妥善保管义务应当理解为善良管理人的注意义务。也就是说，行纪人对委托物的保管义务，应当适用本法合同编保管合同一章中有关有偿保管的相关规定。即使行纪人将委托物交由他人实际保管，行纪人同样应当向委托人承担善良管理人的注意义务。具体来讲，就是行纪人应当以选择对委托人最有利的条件，采取最有利于委托物的保管措施。结合行纪合同的具体实际，委托人或者第三人一旦将委托物交付给行纪人，使得委托物处于行纪人的占有和控制之下，从此时起，行纪人开始承担保管义务。比如寄售商品为积压商品、旧物品时，行纪人有义务尽心尽力尽职地妥善保管好，如果因保管不善造成物品损坏灭失、缺少、变质、污染的，造成委托物的价值贬损，甚至导致委托物无法出售的，根据本法第897条的规定："保管期内，因保管人保管不善造成保管物毁损、灭失的，保管人应当承担赔偿责任。但是，无偿保管人证明自己没有故意或者重大过失的，不承担赔偿责任。"因此，行纪人应承担赔偿责任，除非行纪人能证明其已经尽了善良管理人的注意。另外，在实践中经常涉及委托物的保险事宜，委托人如果对此有特别指示的，行纪人应当就委托物进行投保，否则委托物发生意外损失将由行纪人承担。

【审判实践中应注意的问题】

一、行纪人占有委托物期间的风险负担

行纪按其业务的性质不同，分为卖出行纪和买入行纪，前者是委托人委托行纪人卖出委托物，后者是委托人委托行纪人买入委托物。行纪合同的最终目的是为了委托人的利益，因此，卖出或者买入委托物的利益，最终都归属于委托人。但是，当两种类型行纪项下的委托物在行纪人占有和控制时，基于委托物所有权的不同，风险负担自然

也有不同，现分卖出和买入两种情形分别讨论。

就卖出行纪而言，委托人将委托物交付给行纪人占有，在法律上类似于交付给行纪人保管，并没有将委托物的所有权转移给行纪人的意思表示，跟保管合同的寄存人交付给保管人保管并无本质不同。行纪人接受占有至卖出委托物期间，就标的物发生不可归责于行纪人的风险时，比如由于不可抗力或物品本身的自然损耗等不可归责于行纪人的事由造成损失，该损失的承担应当参照本法第640条“标的物在试用期内毁损、灭失的风险由出卖人承担”的规定，行纪人在将委托物出卖交付给第三人之前，应当由委托人承担风险。主要理由有：一是由卖出行纪的委托人的利益所决定。在行纪实践中，出卖人基于自己的经营目的考虑，自愿且主动地将委托物交付给具有特定资质的行纪人，为了自身利益的最大化目的，放弃要求行纪人承担委托物的风险责任，是卖出行纪的应有之义。二是由行纪人的专业性所决定。作为具有专业资质的行纪人，其主要的经营内容系为委托人寻求优质的经营对象，为委托人争取更大的利益。同时，行纪人需要接受不特定多数委托人的委托并接受委托物，行纪人若需要承担委托物的意外风险损失责任，将会影响行纪人的经营质量。如果由行纪人承担委托物的意外损失风险，那么行纪合同将很难达成。三是在卖出行纪履行过程中，行纪人占有委托物实际上类似于保管人的角色，保管物的意外损失系由寄存人负担，类推适用于行纪合同，委托人也应当自行承担委托物的意外损失风险。

就买入行纪而言，依据本法第958条的规定：“行纪人与第三人订立合同的，行纪人对该合同直接享有权利、承担义务。”因此，行纪人对于买入的委托物享有直接的权利义务，在将委托物交付给委托人之前，行纪人系委托物的所有权人，除非行纪有特别约定，否则行纪人应当自行承担委托物的意外损失风险。从另一个角度分析，行纪人买入行纪的履行过程中，通常享有介入权，即其自身既为出卖人又是行纪人，在这种情况下，行纪人与委托人之间，就类似于买卖合同中的出卖人和买受人，在作为出卖人的行纪人将委托物交付给作为买受人的委托人之前，依据本法第604条的规定：“标的物毁损、灭失的风险，在标的物交付之前由出卖人承担，交付之后由买受人承担，但是法律另有规定或者当事人另有约定的除外。”委托物的意外风险自然由行纪人承担。

二、行纪人破产时委托人对委托物是否享有取回权

对于行纪人破产时委托人对委托物是否享有取回权的问题，《企业破产法》第38条的规定：“人民法院受理破产申请后，债务人占有的不属于债务人的财产，该财产的权利人可以通过管理人取回。但是，本法另有规定的除外。”据此，如果委托物的所有权属于委托人，委托人即享有取回权；如果委托物的所有权不属于委托人，那么委托人就不享有取回权。结合卖出行纪和买入行纪的具体情况，卖出行纪履行过程中，根据上文分析，行纪人占有委托物实际上与保管合同相似，加上本法第957条第2款规定，委托物不能卖出或者委托人撤回出卖，经行纪人催告，委托人不取回或者不处分该物的，行纪人依法可以提存委托物。进一步表明卖出行纪履行过程中，在行纪人占有委托物期间，委托物的所有权归委托人。若此时行纪人破产，委托人对委托物享有取回权，即委托人有权向破产管理人取回其所移交之财产，[①]这在实践中当无争议。

然而，在买入行纪履行过程中，行纪人买入委托物后交付给委托人之前，此时的所有权归谁所有，存在两种不同的观点：一种观点认为属于行纪人所有，认为委托物系行纪人以自己名义而为法律行为，可以将该物转让于他人，也可以将该物作为其他债务的担保。因此，在行纪人破产时，委托人不得行使取回权，即委托人不得请求将此项财产，划归其所有。[②]另一种观点认为属于委托人所有，主张只要没有特别的约定，就买入的委托物，行纪人只享有占有权，行纪人应当在买入委托物后及时转交给委托人。故行纪人在向委托人交付委托物

---

① 梅仲协：《民法要义》，中国政法大学出版社1998年版，第432页。

② 梅仲协：《民法要义》，中国政法大学出版社1998年版，第432页。

前破产的，委托人可以行使取回权。就此争议，基于所有权的对世性特征，物的归属不能基于行纪合同双方的约定确定，而应当依据本法物权编的相关规定确定。本法第224条规定：“动产物权的设立和转让，自交付时发生效力，但是法律另有规定的除外。”据此表明，买入行纪的委托物在交付给委托人之前，依法应当属于行纪人所有，此时行纪人发生破产的，出卖人无权对委托物行使取回权。但是，考虑到行纪人无法履行行纪合同约定的义务，委托人可据此为由向行纪人的破产管理人申报债权。

第九百五十四条　委托物交付给行纪人时有瑕疵或者容易腐烂、变质的，经委托人同意，行纪人可以处分该物；不能与委托人及时取得联系的，行纪人可以合理处分。

【条文主旨】

本条是关于行纪人处分委托物的规定。

【条文理解】

在行纪合同履行过程中，行纪人实施行纪行为的根本目的是为了实现委托人的经济利益，所以行纪人应当按照委托人的指示，从委托人利益最大化的角度出发，努力完成行纪事务。委托人对处分委托物作出具体指示的，行纪人应当按照委托人的指示进行处分；委托人没有对处分委托物作出具体指示的，行纪人也应当及时取得委托人的指示，不得擅自处分。这是行纪人实施行纪行为的基本准则。

基于前条的规定，行纪人对于委托物有妥善保管的义务，本条关于行纪人处分委托物的规定是前条规定的自然延伸。即对于委托人委托交付给行纪人出卖的物品，在具体交付的时候，行纪人应当对委托物进行适当的检查，经检查，对于已表现出瑕疵或者根据性质属于容易腐烂、变质的物品，行纪人从维护委托人利益出发，有义务及时通知委托人，并在征得委托人同意的情况下，可以对委托物及时进行处分。这里所称处分，应当是指法律行为，例如变卖、出租等。[①] 如果行纪人采取法律行为以外的其他措施，比如对委托物进行合理的加工

① 魏耀荣等：《中华人民共和国合同法释论（分则）》，中国法制出版社2000年版，第593页。

改制、施加保鲜措施等，进而可以更好地维护委托人的利益，自然应当允许。如果行纪人发现委托物快要发生腐烂、变质的紧急情况下，行纪人又因为通讯中断、委托人远行等缘由无法与委托人取得联络，致使行纪人无法取得委托人的同意。基于此，依据本法第9条“民事主体从事民事活动，应当有利于节约资源、保护生态环境”的规定以及本法第509条第3款“当事人在履行合同过程中，应当避免浪费资源、污染环境和破坏生态”的规定，为避免委托人发生更大的损失，行纪人也可以对委托物采取处分。当然，紧急情况下行纪人对委托物进行合理处分，应当符合以下三个条件：第一，委托物存在瑕疵或者容易腐烂、变质的情况。委托物存在此类情况可能影响委托物的价值，不及时加以处理，将会损害委托人的利益。第二，应当是委托物交付给行纪人时就存在的瑕疵，或者委托物容易腐烂、变质，而不是在交付后出现的情况。若是交付后出现的情况，最大可能是行纪人保管不当造成的，依法应当向委托人赔偿损失。第三，行纪人想要就处分委托物得到委托人的指示，但是不能及时和委托人取得联系。在符合上述三个条件的前提下，为了保护委托人的利益，法律赋予行纪人有权以合理的方式来处置委托物。这里所谓的“合理”，即应以善良管理人的标准来衡量，根据委托物的实际情况决定处分的方式和价格等，尽量减少委托人的损失，维护委托人的利益，而不能是随意处分。

需要特别指出的是，行纪人未经委托人同意或者不符合紧急情况下的上述三个条件就自行处分委托物，其决定可能违背委托人的意思，给委托人造成损失。例如，在交付委托物时行纪人发现委托物有瑕疵，但是可能并不影响委托物出售，如果行纪人未经委托人同意即擅自决定低价处理，则会给委托人造成损失，行纪人应当依法承担赔偿责任。

紧急情况下行纪人对委托物进行处分，既是法律赋予其的权利，也是行纪人应当履行的义务。这是行纪人负有善良管理人之注意义务的具体表现。行纪人处理委托事务，是为委托人的利益，应当努力将委托人的利益最大化。对于行纪人未尽到其应尽的义务，如发现委托物有瑕疵或者即将腐烂、变质，而怠于通知委托人，又没有采取合理的措施，致使损失进一步扩大，给委托人造成损失的，应负赔偿责任。如果行纪人对于出售的物品、购进商品不作检查，或虽已作检查但对发现的物品的瑕疵没有按照规定程序记录存证，并且没有及时通知委托人的，行纪人就应对委托物的瑕疵或者毁损、灭失承担责任。

【审判实践中应注意的问题】

一、处分委托物是行纪人的权利还是义务

本条关于委托人处理委托物的规定，究竟是行纪人的权利，还是行纪人的义务，或者既是行纪人的权利又是行纪人的义务，在理论上和实践中都有不同的看法。持"权利说"者认为，本条规定使用了"可以"一词，而这里的"可以"相当于"有权"，为避免条文解释的随意性和不确定性，以将本条理解和解释为权利条款权利为宜。[①]持"义务说"者认为，依据我国台湾地区"民法"第584条的规定："委托出卖之物，于达到行纪人时有瑕疵，或依其物之性质易于败坏者，行纪人为保护委托人之利益，应与保护自己之利益为同一之处置。"立法上称之为"行纪人之委托物处置义务"条款，类推理解本条的规定，显而易见本条应属于行纪人的义务。第三种观点认为，紧急情况下行纪人对委托物进行处分，既是法律赋予其的权利，也是行纪人应当履行的义务。这是行纪人负有善良管理人之注意义务的具体表现，故本条规定既是行纪人的权利也是行纪人的义务。

就上述三种意见，"权利说"的不足显而易见，因为既然作为权利，原则上可以放弃的，而本条规定的行纪人处分委托物的权利显然是不能放弃的。"义务说"也站不住脚，因为行纪人在不能与委托人及时取得联系时，行纪人是可以合理处分委托物的。所以，我们认为第三种意见相对客观合理，即本条规定既是行纪人的权利也是行纪人

① 魏耀荣等：《中华人民共和国合同法释论（分则）》，中国法制出版社2000年版，第593页。

的义务，主要理由是：行纪人是为委托人的利益而处理委托事务，应当努力将委托人的利益最大化，也就是当行纪人依法或依指示妥善处置了委托物之后，由于委托人避免了相应的损失，行纪人自然可以获得相应的报酬，所以行纪人处分行为的权利义务性质均包含在其中。

结合到实践层面，行纪人未尽到其应尽的义务，对发现委托物有瑕疵或者即将腐烂、变质，而怠于通知委托人，又没有及时采取合理的措施，造成委托人损失的，依法应当承担赔偿责任。另外，如果行纪人对于委托人委托销售的委托物不做检查，或虽已做检查但未发现委托物存在本条涉及的情形的，行纪人也应对委托物的瑕疵或者毁损、灭失承担责任。当然，对于委托人明知委托物有本条规定情形而故意向行纪人隐瞒的，即使委托物发生损失，因过错在于委托人，所以行纪人不必承担相应的赔偿责任。

二、需要紧急处分的委托物是否可能是购入物

按照本条“委托物交付给行纪人时有瑕疵或者容易腐烂、变质”的表述，该委托物原则上应当系委托人所交付。因此，在委托物由委托人交付行纪人时，如果委托物存在瑕疵或者易于腐烂、变质，行纪人应当如何处置，除本条规定外，本法第509条第2款也规定，当事人应当遵循诚信原则，根据合同的性质、目的和交易习惯履行通知、协助、保密等义务。据此，如果行纪人怠于通知委托人，且不对委托物作任何处置，行纪人将构成对义务的违反，应当承担相应的法律后果。从另一个角度而言，如果涉案的委托物真的系由第三人所交付，委托物在出现本条所涉情形时，按照日常生活经验法则，行纪人不会丧失理性而从事高风险行为，故行纪人自应不予受领，自然对委托物的损失不承担责任。不过，如果行为人是基于委托人的特别指示而受领，由于存在高风险，行纪人当会及时向委托人转交，同样不必承责。但是，如果行为人基于委托人的特别指示受领具有涉案情形的委托物后，疏于注意没有及时向委托人转交导致发生损失的，那么行纪人依法将承担赔偿责任的后果。

第九百五十五条 行纪人低于委托人指定的价格卖出或者高于委托人指定的价格买入的，应当经委托人同意；未经委托人同意，行纪人补偿其差额的，该买卖对委托人发生效力。

行纪人高于委托人指定的价格卖出或者低于委托人指定的价格买入的，可以按照约定增加报酬；没有约定或者约定不明确，依据本法第五百一十条的规定仍不能确定的，该利益属于委托人。

委托人对价格有特别指示的，行纪人不得违背该指示卖出或者买入。

【条文主旨】

本条是关于行纪人应当按照委托人指定价格买卖的规定。

【条文理解】

行纪人从事行纪活动，目的是为了委托人的利益，故不论行纪活动是买入行纪还是卖出行纪，原则上都应当按照委托人指定的价格进行交易。在贸易实践中，货物买卖是行纪合同广为适用的最为常见的贸易活动，在买卖过程中，行纪人是否依照委托人指定的价格完成交易以及是否以对委托人有利的价格完成交易，是确定交易对委托人是否有效以及衡量行纪人工作质量的客观标准。委托人就交易指定的价格，通常分为三种情形：一是对卖出委托物设定最低价；二是对买入委托物设定最高价；三是对卖出或买入委托物设定固定的价格。针对该三种情形，本条规定的具体规则如下：

第一种情况，行纪人以不利于委托人的价格进行交易的，需要经过委托人的同意。也就是说，行纪人以低于委托人指定的价格卖出委托物，或者以高于委托人指定的价格买入委托物的，都应当征得委托人的同意；否则，该项交易原则上对委托人不发生效力。

第二种情况，行纪人以不利于委托人的价格完成交易，并未征得委托人同意，但是行纪人自身补偿了价格差额。也就是说，尽管行纪人是在未征得委托人同意的情况下以低于委托人指定的价格卖出委托物，或者以高于委托人指定的价格买入委托物，在行纪人向委托人补偿价格差额后，该项交易对委托人发生效力。

第三种情况，行纪人以有利于委托人的价格完成交易，对此种情形的报酬有约定的，可以按照约定增加报酬；没有约定或约定不明确且重新协商又不能达成一致的，行纪人无权要求获得额外报酬，交易行为所获得的额外利益归属于委托人。也就说是，对于以有利于委托人的价格所完成的交易，行纪人不能自动获得额外报酬，必须基于行纪合同的具体约定，从交易获得的额外利益中，提取约定比例增加行纪人的报酬。如果行纪合同对此类情形没有作出约定或者约定不明确，是否增加行纪人的额外报酬，应当依据本法第510条的规定确定，即“合同生效后，当事人就质量、价款或者报酬、履行地点等内容没有约定或者约定不明确的，可以协议补充；不能达成补充协议的，按照合同相关条款或者交易习惯确定。”据此，如果行纪人和委托人重新协商不能达成一致意见，且按照合同相关条款或者交易习惯又无法确定的，行纪人以有利于委托人的价格完成交易所获得的利益应当归属于委托人。确定这样的利益归属规则，符合行纪合同是为了委托人利益的合同目的，也契合行纪人负有为委托人谋取最大利益的义务。

第四种情况，委托人对委托物的交易价格有特别指示的，行纪人卖出或者买入委托物不得违背该指示。也就是说，行纪人不仅不得以不利于委托人的利益进行交易，即使行纪人可以以高于委托人指定的价格卖出或者以低于委托人指定的价格买入，行纪人依然不得违背特别指示。特举一例说明，例如，委托人甲指示行纪人乙必须以每台

3000元的价格出售一批空气净化器，其他价格一概不予接受，据此，即使该净化器供不应求，乙也不得以每台8000元的价格出售；如果该净化器供大于求销售不畅，乙擅自以每台2000元的价格出售，即便其愿意补偿甲每台净化器1000元，甲仍然有权拒绝接受。这是因为，委托人之所以以低于市场价的价格销售产品，可能是基于促销扩大市场占有率或者清理过多库存等因素；委托人之所以以高价格销售产品，可能是出于另一种营销策略，为树立优质产品的信誉或创立品牌考虑，要求高于市场通常价格销售其产品。在上述两种情况下，行纪人违背委托人特定的指示价格完成交易，即使表面上看来有利于委托人的利益，实际上恰恰损害了委托人的利益，这是不符合行纪合同的目的的，应当避免此类情形的发生。

【审判实践中应注意的问题】

一、行纪人不补偿交易差额时的争议应当如何处理

本条关于行纪人应当按照委托人指定价格买卖的规定，对于行纪人未经委托人同意违背委托物的价格指定进行交易且未补偿差额时，并没有作出相应规定。鉴于行纪分为买入行纪和卖出行纪两类情形，故据此情形分析。就买入行纪而言，行纪人买入的价格高于委托人的指定，且已经取得委托物，而该买入行为对委托人又没有约束力，故只能对行纪人自身发生约束力。也就是说，此时买入货物的应当是行纪人本人，针对委托人的买入委托而言，行纪人并无从事行纪行为。因此，行纪人依法应当按照委托人的指定，重新实施买入行纪的行为，并将买入的委托物及时交付给行纪人。如果行纪人向委托人交付货物时没有超过约定期限，行纪不必承担违约责任；若已超过约定期限，则行纪人已构成违约，应当依照本法第557条的规定，向委托人承担违约责任。就卖出行纪而言，若行纪人已经将委托人交付的委托物低于指定的价格出售，行纪人可以采取两种方式弥补：一种方式是

解除与第三人的买卖合同，取回委托物并向第三人承担赔偿责任，然而再按委托人指示的价格出卖委托物；另一种方式是行纪人无法取回已经卖出的委托物，行纪人的行为已经构成违约，只能按照约定向委托人承担赔偿责任。总的说来，行纪人所应承担的责任，与《瑞士债务法》第 428 条第 2 款“行纪人尚须对因其过错违反契约而发生的其他损害，负赔偿责任”的规定以及《德国商法典》第 385 条第 1 款“行纪人不依委托人的指示行为的，其对于委托人负有赔偿损害的义务”的规定相一致。另外需要特别指出的是，由于行纪人的行纪行为已经构成违约，因此行纪人不得向委托人主张报酬，这也是行纪人必须承受的法律后果。

二、行纪人为获取额外利益所支出的费用可否要求委托人承担

按照本条的规定，行纪人高于委托人指定价格卖出或者低于委托指定的价格买入的，双方就行纪报酬没有约定或约定不明确且重新协商又不能达成一致的，行纪人无权要求获得额外报酬，交易行为所获得的利益归属于委托人。尽管所获得的利益属于委托人，但是行纪人为此多支出的费用可否不必自行承担，却可能发生争议。因为本法第 952 条规定：“行纪人处理委托事务支出的费用，由行纪人负担，但是当事人另有约定的除外。”对此争议，笔者认为该多支出的费用应当由委托人负担，具体理由有三：其一，从本条规定的“利益”具体指向来看，不应当是指“收入”，而应当是倾向于接近“利润”。而所谓的利润，原则上是收入减去合理成本的结果，其中的合理成本，自然包括行纪人为获取额外利益所支出的费用，如此核算，该费用应当由委托人负担。《泰国民商法典》第 840 条对“核算”有明确规定，如果行纪商以高于本人规定的价格出售或以低于本人规定的价格购买，行纪商不能将此收为自己的利益，而必须核算后返还给本人。其二，本法第 6 条规定，民事主体从事民事活动，应当遵循公平原则，合理确定各方的权利和义务。本法第 7 条规定，民事主体从事民事活动，

应当遵循诚信原则，秉持诚实，恪守承诺。因此，委托人和行纪人在履行行纪合同的过程中，也应当遵守公平和诚信原则。结合行纪人为委托人获得额外利益的费用支出的负担，如果由行纪人负担，将有违公平和诚信原则。其三，订立行纪合同的目的是为了委托人的利益，从委托人利益最大化的角度而言，应当鼓励并激励行纪人为委托人获得额外利益，而由委托人承担为获得额外利益支出的费用，自然非委托人的应有之义。

三、紧急情形发生时违背特定价格指示的法律效力

根据前条规定，委托物容易腐烂、变质发生紧急情况需要紧急处理，又不能及时与委托人取得联系时，行纪人可以合理处分委托物。在这种情况下，如果委托人对委托物的卖出价格有特别指示，行纪人对委托物作适当降价处理，是否对委托人发生法律效力。我们认为，行纪人的适当降价处理行为对委托人发生法律效力。这是因为，第一，符合前条行纪人可以对委托物作合理处分的规定；第二，行纪人的合理处分行为可以节约资源、避免浪费，符合本法第9条规定的绿色原则；第二，行纪人的合理处分行为也符合委托人利益最大化的原则。另外，《瑞士债务法》第428条第1款规定，卖出行纪人，以低于委托人指定的价格卖出者，应向委托人补偿其差额，但行纪人能证明，因其卖出，委托人得以避免损失，且在卖出时无法取得委托人指示者，不在此限。该规定值得我们借鉴。

第九百五十六条 行纪人卖出或者买入具有市场定价的商品，除委托人有相反的意思表示外，行纪人自己可以作为买受人或者出卖人。

行纪人有前款规定情形的，仍然可以请求委托人支付报酬。

【条文主旨】

本条是关于行纪人介入权的规定。

【条文理解】

通常来讲，行纪合同的行纪人系接受委托人的委托从事行纪行为，即卖出委托物或买入委托物，原则上行纪人应当以自己的名义，与第三人进行交易，行纪人自身不得成为委托物的买受人或者出卖人。但是，在特定情况下，基于行纪人是便于监管的具有特定资质的人，允许其作为委托物的买受人或者出卖人，有利于缩短交易环节、降低交易成本，有利于加快商品的流通，其结果对行纪人有利，对委托人也无损害。基于此，本条规定行纪人在特定情况下可以享有成为委托物的买受人或出卖人的权利，被称之为介入权。从历史角度而言，行纪人的介入权由商业习惯发展而来的，最早出现于《德国商法典》，该法第400条第1款规定，买入或者卖出商品的行纪，以商品具有交易所价格或者市场价格为限，以及买入或者卖出有价证券的行纪，以有价证券具有官方确认的交易所价格或者市场价格为限，在委托人无其他的指定时，可以由行纪人实行；在自己应当买入财产的情形，自己作为出卖人交付此种财产；在自己应当卖出财产的情形，自己作为买受人承担此种财产。此后，《日本商法典》和我国台湾地区

“民法”，都对此作出了相应规定。

尽管行纪人的介入权具有合理性，但是行纪人不得任意为之。为了充分保护委托人的利益，防止行纪人滥用介入权，行纪人行使介入权应当有如下限制：

第一，在委托人表示行纪人不得介入的情况下，行纪人不得行使介入权。也就是说，委托人可以单方面排除行纪人的介入权。本条规定的“委托人有相反的意思表示”，依照本法第141条的规定，委托人既可以用明示的方式，也可以是默示的方式。比较典型的明示方式为以口头或者书面的通知，以及合同中的明确约定；典型的默示方式系以行为的方式作出。至于在实践中何为排除介入权的意思表示，应当具体问题具体分析，比如，倘若委托人要求行纪人以拍卖或者招标方式在特定地区卖出、买入委托物，那么应当认定委托人排除了行纪人的介入权。

第二，在法律规定行纪人不得介入的情况下，行纪人不得行使介入权。尽管本条没有对禁止行纪人行使介入权的法定情形作出规定，但依照本法第11条的规定，其他法律对民事关系有特别规定的，依照其规定。据此，依照我国《证券法》第39条规定，公开发行的证券，应当在依法设立的证券交易所上市交易或者在国务院批准的其他全国性证券交易场所交易。第40条规定，证券在证券交易所上市交易，应当采用公开的集中交易方式或者国务院证券监督管理机构批准的其他方式。作为行纪人的证券公司受托买卖公开发行的股票，必须在交易所内通过集中交易方式完成，证券公司不能行使介入权，也无法行使介入权。

第三，行纪人只能就具有市场定价的商品行使介入权。市场定价应当是根据市场行情形成而由特定的组织以特定的方式公之于众的价格，而不应当是个别交易的成交价格。行纪人行使介入权时，应当以符合委托人指示的交易时间的市场价格为准，并尽量达到委托人利益的最大化。之所以如此规定，是因为行纪人的介入省去了市场交易中的协商环节，如果作为委托物的商品没有市场定价，行纪人的介入极可能损害委托人的利益，进而背离行纪合同的目的，这是设定行纪人介入权制度所必须预防和限制的。

行纪人行使介入权完成委托事务，行纪人始终是行纪合同的一方当事人，依照本法第959条的相关规定，行纪人完成或者部分完成委托事务的，委托人应当向其支付相应的报酬。据此，委托人应当按照行纪合同的约定支付报酬给行纪人，而不能以行纪人是买卖合同的买受人或者出卖人为由，拒绝支付报酬。这是因为买卖合同和行纪合同是两个合同关系，就应当分别由这两个合同关系的法律调整，不能混同。

【审判实践中应注意的问题】

一、行纪人介入的价金如何确定

当行纪人决定行使介入权买入或者卖出委托物时，如果发生争议，委托物价金的争议可能首当其冲。尽管本法对此没有作出明确规定，但是并非无法可依。本法第510条的规定："合同生效后，当事人就质量、价款或者报酬、履行地点等内容没有约定或者约定不明确的，可以协议补充；不能达成补充协议的，按照合同相关条款或者交易习惯确定。"据此，当委托物的价金发生争议，委托人和行纪人可以重新协商委托物的价金；协商不成功的，可以按照合同相关条款或者交易习惯确定委托物的价金。所谓的合同相关条款，通常可以理解为行纪合同的目的，即为了委托人利益的最大化。因此，当行纪人行使介入权买入或者卖出，应当以符合委托人指示的交易时间的市场价格为准，而不能采用行纪人选择的对自己有利而对委托人不利的交易时间的市场价格。具体比如，在行纪人行使介入权买入委托物时，如果市场价格高于委托人指定的最低卖价，应当以市场价格为成交价格；在行纪人行使介入权向委托人出卖委托物时，如果市场价格低于委托人指定的最高买价，也应当以市场价格为成交价格。所谓的交易习惯，通常应当是指委托物有交易所价格的情形，《日本商法典》第555条第1项对此规定，买卖价金以行纪人发其自为买受人或出卖人的通知时的交易所市价确定。这与本法第511条第2项“价款或者报酬不明确的，按照订立合同时履行地的市场价格履行”的规定相吻合，可以照此方式确定委托物的价格。

二、行纪人的介入权何时丧失

依据本法第957条第2款的规定，委托人可以撤回出卖。因此，当委托人向行纪人发出撤回出卖的通知，依据本法第565条的相关规定，行纪合同自行纪人收到通知时解除，行纪人应当及时向委托人返还委托物，收到撤回出卖通知的行纪人自然无法行使介入权，也就是说，卖出行纪的行纪人的介入权在收到委托人的撤回出卖时丧失。当然，如果行纪人决定行使介入权的通知在收到撤回出卖通知之前到达委托人，介入权先于解除权生效，在此情形下介入权不会丧失。同理，当委托人向行纪人发出撤回买入指示的通知，在行纪人收到该通知时，买入行纪的行纪人的介入权原则上也应当在此时丧失。《瑞士债务法》第438条规定，委托人撤回其委托，且其撤回通知在行纪人发出买入或卖出之表示前到达行纪人者，行纪人不得再自为买受人或出卖人。该规定与我国目前的相关规定，其实是一致的。

三、行纪人行使介入权后应当如何参照买卖合同的规定处理

行纪人行使介入权的，实际上是在委托人和行纪人之间成立了买卖合同关系，双方之间的权利义务可以参照买卖合同章的相关规定。《瑞士债务法》第436条第3款直接规定除委托物价格确定和佣金给付外按照买卖合同处理，其实是同一道理。于此情形，有两点尤为重要，一是所有权交付的时间，二是委托物的意外风险承担。（1）对于所有权的交付时间问题，就卖出行纪，由于行纪人通常已经预先占有了委托物，依据本法第226条的规定，动产物权设立和转让前，权利人已经占有该动产的，物权自民事法律行为生效时发生效力。因

此，当行纪人行使介入权的通知到达委托人时，委托物的所有权发生转移。就买入行纪，依据本法第 224 条“动产物权的设立和转让，自交付时发生效力，但是法律另有规定的除外”的规定，原则上委托物所有权自交付时发生转移。（2）对于委托物的意外风险承担问题，就卖出行纪，尽管行纪人通常已经预先占有了委托物，但在行纪人行使介入权的通知到达委托人之前，行纪人实际上是保管人的角色，不承担委托物的意外损失风险；通知到达委托人之后，介入权生效，也就是买卖合同生效，自此时起，委托物的意外损失风险应当由行纪人负担。就买入行纪，则相对简单，依据本法第 604 条的规定，标的物毁损、灭失的风险，在标的物交付之前由出卖人承担，交付之后由买受人承担，但是法律另有规定或者当事人另有约定的除外。故在委托物交付委托人之前，意外损失风险应当由行纪人负担，交付行纪人之后则由委托人负担。

第九百五十七条　行纪人按照约定买入委托物，委托人应当及时受领。经行纪人催告，委托人无正当理由拒绝受领的，行纪人依法可以提存委托物。

委托物不能卖出或者委托人撤回出卖，经行纪人催告，委托人不取回或者不处分该物的，行纪人依法可以提存委托物。

【条文主旨】

本条是关于行纪人行使提存权的规定。

【条文理解】

行纪人是根据委托人的委托买入或者卖出委托物，在行纪合同履行的过程中，行纪人均可能成为委托物的保管人。但是，该保管原则上均属于暂时保管，并非终局性的。当行纪人买入委托物后，以及委托物不能卖出或者委托人撤回出卖的时候，委托人都有义务取回委托物。如果委托人不按照约定及时取回委托物，依据本条的规定，行纪人在两种情况下可以依法将委托物提存。

第一种情形是，当行纪人按照约定买入委托物后，委托人无正当理由拒绝受领的，行纪人依法可以行使提存权。正常情况下，行纪人按照委托人的指示和要求为其买入委托物后，经行纪人通知，委托人应当及时受领并支付报酬，从而终止委托合同。如果委托人不及时受领，必定会加重行纪人保管委托物的负担，不论是其自行保管需要增加的成本，还是交给他人保管要支付相应的保管费，甚至还可能导致委托物的毁损、灭失，如发生腐烂、变质等，造成委托人的损失。因此，一旦行纪人完成贸易买入委托物后，委托人接到受领通知后就应当及时受领委托物，否则行纪人就可能行使提存权。当然，如果委托人有正当理由一时无法受领，比如发生疾病或者发生地震、台风等不可抗力的事由，则可经协商由行纪人暂时代为保管，相关费用则由委托人负担。当行纪人真正要实施提存权的时候，应当依据本法第 570 条至第 574 条的规定进行提存。主要环节有：委托人拒绝受领委托物—行纪人将标的物交付提存部门—行纪人及时通知委托人—委托人可以随时领取提存物并需承担提存费用。

第二种情形是，当委托物不能卖出或者委托人撤回出卖，而委托人又不取回或不处分的，行纪人可以依法行使提存权。市场情况瞬息万变，当委托物的市场饱和、定价过高等情形发生时，行纪人在约定期限内不能卖出实属正常，此时应当向委托人报告情况；另外，在行纪人卖出委托物之前，委托人出于某种考虑，有权向行纪人作出新的指示撤回出卖。在此前提下，委托人负有取回委托物的义务，或者对委托物另行处分，委托人及时取回委托物，不仅可以减轻行纪人的保管负担，而且委托人自己也可以继续利用委托物，充分发挥物的效用。但是，经行纪人通知委托人不取回或不处分的，行纪人没有继续保管委托物的义务，可以依法行使提存权。具体操作如前所述。

需要特别指出的是，行纪人是否行使提存权是行纪人的自由，行使与否均无不可；在实施提存之前，行纪人务必要催告委托人，在催告后过了合理期限委托人仍不取回的，方可实施提存；如果委托物属于易腐变质等不适于提存或者提存费用过高的，债务人可以拍卖或者变卖委托物，提存所得的价款。

【审判实践中应注意的问题】

当行纪人决定行使提存权时，需要适用本法第 570 条“标的物不适于提存或者提存费用过高的，债务人依法可以拍卖或者变卖标的物，提存所得的价款”的规定，也就是说，只有委托物不适于实物提存或者提存费用过高的时候，才可以拍卖委托物。结合具体情况，应当是委托物存在容易腐烂、变质的情形，或者是委托物具有特殊性质需要采取特殊保管措施的情形，再或者是委托物体积庞大无法正常保管且提存费用过高的情形，除上述情形外，原则上行纪人无权采取拍卖措施，否则可能损害委托人的利益而要承担赔偿责任。

第九百五十八条 行纪人与第三人订立合同的，行纪人对该合同直接享有权利、承担义务。

第三人不履行义务致使委托人受到损害的，行纪人应当承担赔偿责任，但是行纪人与委托人另有约定的除外。

【条文主旨】

本条是关于行纪人直接履行义务的规定。

【条文理解】

行纪合同中涉及两层法律关系，一是行纪人与委托人之间的行纪合同关系，二是行纪人与第三人之间的买卖合同关系。同时，行纪合同的履行涉及三方主体，分别为委托人、行纪人和第三人之间的法律关系。对于行纪人与第三人订立的买卖合同，尽管行纪人是受委托人的委托并且是为委托人的利益而与第三人订立，但对第三人而言，由于行纪人是以自己的名义订立合同，行纪人才是合同的当事人，根据合同相对性原则，应当由行纪人直接享有权利和承担义务，而与委托人无关。同理，如果因第三人不履行义务，致使行纪人无法向委托人履行义务，致使委托人受到损害的，应当由行纪人向委托人承担赔偿责任，第三人只需向行纪人承担责任而无须向委托人承担责任。从合同相对性的更广角度而言，行纪人不得以其对委托人的债权，与其对第三人因该买卖行为所产生的债务主张抵销；同理，第三人也不得以其对委托人的债权，与其对行纪人所负债务主张抵销。据此，当因委托人的原因发生合同违约行为、追究违约责任时，第三人不得直接对委托人主张损害赔偿权，而只能向行纪人主张权利，而且行纪人也不得以自己没有过错为由而拒绝承担违约责任，行纪人只能先承担责任后，再向委托人行使追偿权。同样，第三人如果违约的，委托人不得直接对第三人行使请求权，而只能向行纪人主张权利，行纪人此时也不得以自己无过错为由而拒绝承担自己的责任。行纪人承担责任向委托人履行后，再向第三人行使追偿权。

在行纪合同履行过程中，发生第三人不履行义务的情形，即可能第三人向行纪人购买了货物而不付货款，或者第三人收取了行纪人的货款而不向行纪人交付货物的情形，都可能导致行纪人无法向委托人履行义务，间接地，由于第三人不履行义务致使委托人受到损害。对于该损害的补救，根据合同相对性原则，应当由行纪人向委托人承担赔偿责任。但是，如果行纪人与委托人另有约定，发生此类情形时行纪人不需要承担赔偿责任的，则行纪人可以免责。

【审判实践中应注意的问题】

第三人不履行义务致使委托人受到损害时，委托人可否向第三人直接主张权利。对于委托人是否可以直接向第三人主张权利的问题，有两种不同的观点：一种观点为委托人不得向第三人主张权利，其主要理由为，在行纪人与第三人订立买卖合同过程中，不论行纪人是否告诉第三人自己是行纪人的身份，或者第三人是否知道委托人的姓名，都不影响行纪人以自己的名义参与的买卖合同的法律效力。由于委托人与第三人之间不产生直接的法律关系，委托人无权对行纪人与第三人之间的买卖关系提出自己的异议，因此委托人无权向第三人主张权利。另一种观点认为，委托人可以向第三人主张权利，相应的理由为，行纪人与委托人在行纪合同中约定，由行纪人在与第三人订立合同时披露委托人的姓名或者名称，这样，第三人可以作出选择。如果第三人不同意与委托人建立法律关系，合同就无从订立；如果第三人同意与委托人建立法律关系，则按照本法第925条“受托人以自己的名义，在委托人的授权范围内与第三人订立的合同，第三人在订立合同时知道受托人与委托人之间的代理关系的，该合同直接约束委托人和第三人；但是，有确切证据证明该合同只约束受托人和第三人的除外”的规定，行纪人与第三人订立的合同即直接约束委托人与第三人。一旦第三人不履行义务，第三人就应直接对委托人承担赔偿责任，而行纪人则得以免责。这种设计模式有利于交易的便捷和安全，应当值得考虑。

对于以上两种观点，我们认为，尽管行纪合同衍生于委托合同，但是基于行纪人的专业性及特殊资质，如果允许行纪人向第三人披露委托人而可以使得自己退出行纪合同，那么行纪合同就没有成为典型合同的必要性（具体详见第 960 条的论述）。因此，我们认同第一种观点，鉴于合同的相对性原则，即使第三人未履行义务致使委托人发生损害，委托人依然无权直接向第三人主张权利，否则可能导致交易的秩序发生混乱，最终影响所有合同当事人的利益和公共利益。

需要特别指出的是，依据本法第 545 条“债权人可以将债权的全部或者部分转让给第三人”的规定，委托人可以直接向第三人主张权利，即债权转让制度，具体由行纪人将对于第三人的权利转让给委托人。《德国商法典》第 392 条也有类似规定，对于由行纪人所订立的一个行为产生的债权，仅在让与之后，委托人始可以对于债务人主张。因此，委托人若想直接对第三人行使权利，通过债权转让渠道，是个合法合理的路径。

第九百五十九条 行纪人完成或者部分完成委托事务的，委托人应当向其支付相应的报酬。委托人逾期不支付报酬的，行纪人对委托物享有留置权，但是当事人另有约定的除外。

【条文主旨】

本条是关于委托人向行纪人支付报酬义务的规定。

【条文理解】

行纪合同具有双务有偿的特征，当行纪人完成或者部分完成委托事务时，根据权利义务相一致的原则，行纪人有权向委托人请求支付相应的报酬。这是行纪合同区别于委托合同而从委托合同分离出来成为独立典型合同的原因之一。结合行纪人处理委托事务的不同情况，通常而言，行纪人请求委托人支付报酬主要分为以下三种情形：第一种情形，行纪人按照委托人的指示和要求履行了全部合同义务，有权请求全部报酬；第二种情形，因委托人过错致使合同义务部分或者全部不能履行而使委托合同提前终止的，行纪人可以请求支付全部报酬；第三种情形，行纪人部分完成委托事务的，可以就已履行部分的比例请求给付报酬。另外，委托人和行纪人可以作出特殊约定，非可归责于行纪人的原因导致委托事务不能完成的，委托人应当支付全部报酬。

本条规定了报酬的后付原则，即行纪人的报酬请求权产生在委托事务完成之后。我国的规定可能不利于充分保护行纪人的利益，各国或地区对此有不同规定，现作相应介绍，以便于行纪合同当事人在作特别约定时作为参照。《德国商法典》第396条规定：“行为已经付诸实行的，行纪人可以请求佣金。行为未付诸实行的，以存在地方惯例为限，其仍然享有佣金的请求权；其所订立的行为仅因委托人人身上的事由而未实行的，其亦可以请求佣金。”“委托人依民法典第670条和第675条对行纪人的费用所应当给予的偿还，亦包括使用行纪人的仓库和运送工具的报酬。”《瑞士债务法》第431条规定：“行纪人得请求偿还其为委托人利益而支付的垫款、费用和其他支出及其利息。行纪人亦得就其为委托物提供保管场所或运送工具请求补偿，但不得就受雇人的工资请求补偿。”《瑞士债务法》第432条规定：“行纪人得就其所为之交易请求给付佣金，交易因可归责于委托人的事由而不能实现者，亦同。”“交易因其他原因不能实现者，行纪人仅得就其所付出的劳力，依当地习惯请求给付补偿。”我国台湾地区“民法”第582条规定：“行纪人得依约定或习惯请求报酬、寄存费及运送费，并得请求偿还其为委托人之利益而支出之费用及其利息。”我国《澳门商法典》第612条规定：“行纪人在第三人已履行合同后即取得回报权。”“如有担保买方支付能力之协议，则行纪人于订立合同后即得请求应收之回报。”

本条对于行纪人获得报酬的计取标准和方法没有作出规定，我国《澳门商法典》第611条规定：“行纪人之回报如无约定，依行业收费表，如无收费表，依习惯，如无习惯，则按衡平原则决定。”该规定可以作为参考。通常情况下，对于行纪人报酬或者佣金的计取标准和方法：首先，法律、行政法规或者部门规章有规定的，依照其规定；其次，法律未作规定的，按照行纪合同当事人的约定确定；再次，法律未作规定且当事人又未作约定的，按照当事人之间或者行业的交易习惯确定；最后，无上述三种方式，按照公平和诚信原则确定。具体的报酬计算方法，大多以成交金额的一定比例进行计算得出。

在行纪合同的委托人逾期不向行纪人支付报酬时，本条规定行纪人享有对委托物的留置权。不过，行纪人行使留置权需要具备以下三个条件：一是行纪人已经合法占有委托物，行纪人非法占有委托物的不得行使留置权；二是委托人没有正当理由的拒绝支付报酬，如果委托人有正当理由暂时拒绝支付，则行纪人不得留置委托物；三是行纪合同中没有事先约定过不得留置的条款。如果委托人与行纪人在行纪合同订立时已经约定不得将委托物进行留置的，行纪人就不得留置委托物。如果行纪人依法不能行使留置权的，行纪人可以要求委托人另行提供担保。

行纪人留置委托人的委托物后，应当按照以下规定具体实施，本法第453条规定："留置权人与债务人应当约定留置财产后的债务履行期限；没有约定或者约定不明确的，留置权人应当给债务人六十日以上履行债务的期限，但是鲜活易腐等不易保管的动产除外。债务人逾期未履行的，留置权人可以与债务人协议以留置财产折价，也可以就拍卖、变卖留置财产所得的价款优先受偿。""留置财产折价或者变卖的，应当参照市场价格。"第454条规定："债务人可以请求留置权人在债务履行期限届满后行使留置权；留置权人不行使的，债务人可以请求人民法院拍卖、变卖留置财产。"第455条规定："留置财产折价或者拍卖、变卖后，其价款超过债权数额的部分归债务人所有，不足部分由债务人清偿。"也就是说，行纪人按照上述规定操作后，如果留置的委托物经过折价、拍卖、变卖后，其价款超过了委托人应支付的报酬，剩余部分还应当归委托人所有，如果结果不足以支付行纪人的报酬，行纪人还有权利请求委托人继续清偿。

【审判实践中应注意的问题】

一、委托物由于客观原因卖不出去或者委托人撤回出卖，委托人是否应当支付报酬

依据本条的规定，行纪人只有完全或部分履行了贸易活动，才具备请求委托人支付报酬的前提条件。但是在市场活动中，并非由于委托人或者行纪人的主观原因导致委托物卖不出去的，也并非少见。例如行纪合同约定的期限内委托物所属的领域发生剧烈的价格波动，或

者委托物本身的性质导致货物质量无法达到通常的标准，在这种情况下，依据本法第957条第2款规定，行纪人应当通知委托人取回委托物。但是在委托人取回委托物后，行纪人是否向委托人请求支付部分报酬，存在争议。有意见认为，行纪人已经为完成贸易活动履行部分义务，卖不出去并非其过错，所以可视为行纪人完成了部分义务，委托人应支付部分报酬；另有意见认为，行纪人没有完成贸易活动，委托人取回委托物对委托人而言，也是造成了部分损失，没有理由再赔偿行纪人的损失。对此，我们认为，依据本法第960条“本章没有规定的，参照适用委托合同的有关规定”的规定，争议问题可以适用本法第928条第2款的规定：“因不可归责于受托人的事由，委托合同解除或者委托事务不能完成的，委托人应当向受托人支付相应的报酬。当事人另有约定的，按照其约定。”据此，委托人有义务向行纪人支付相应的报酬，根本的原因在于行纪合同的主要目的是为了委托人的利益，在行纪人已履行部分义务的前提下，基于公平原则，行纪人应当有权请求委托人支付部分报酬。从国外立法的情况来看，大多也认定行纪人有权请求委托人支付部分报酬，比如：《德国商法典》第396条规定，行为已经付诸实行的，行纪人可以请求佣金；《瑞士债务法》第432条规定，交易因其他原因不能实现者，行纪人仅得就其所付出的劳力，依当地习惯请求给付补偿；《意大利民法典》第1733条规定，双方当事人未确定行纪人佣金数额的，应当根据行为完成地的惯例确定。没有惯例的，法官根据公平原则作出决定。因此，行纪人请求报酬的多少，应当根据行纪人的实际费用支出和合理利润以及公平原则确定，不能要求委托人支付约定的所有报酬，否则对委托人而言也是不公平的。

根据上述分析，在委托物卖不出去时，委托人应当支付部分报酬。对于出卖人撤回出卖的，相对于委托物卖不出去而言，出卖人具有明显的过错，按此逻辑推理，出卖人更应当向行纪人支付报酬。

二、行纪人请求委托人支付报酬的时间点如何确定

行纪合同区别于委托合同的重要特征为有偿性，即行纪人有权请求委托人支付报酬。尽管该权利在实践中无疑义，但是，对于行纪人在何时可以主张支付报酬的问题，由于本条没有作出明确规定，很可能在实践中引发争议。对此笔者认为，如果委托人和行纪人对支付报酬的时间点作出约定的，双方应当按照约定执行；如果没有约定的，应当结合行纪合同履行的实际情况，区分三种情形加以认定：

第一种情形，行纪人完成全部委托事务。即就卖出行纪而言，行纪人已经将委托物卖出并收回货款后，已交付给委托人；就买入行纪而言，行纪人已经购买了委托物并已交付给委托人。不言而喻，行纪人在交付货款或者委托物给委托人的完成之时，行纪人无疑具有请求委托人支付全部报酬的权利。但是，由于行纪人完成了全部交付，其自身的报酬请求权处于没有保障的境地，对于诚信的行纪人而言确有不公。为维护双方的权利义务平衡，笔者认为，在行纪人将卖出的货款或买入的委托物交付委托人之时，即视为行纪人已经履行全部委托事务。由于行纪合同是双务有偿合同，依据本法第525条的规定："当事人互负债务，没有先后履行顺序的，应当同时履行。一方在对方履行之前有权拒绝其履行请求。一方在对方履行债务不符合约定时，有权拒绝其相应的履行请求。"因此，在行纪人向委托人具体实施交付行为时，委托人应当同时支付报酬。如果委托人没有同时支付报酬的，行纪人有权留置与报酬数额相当的货款数额或者委托物的价值，以此保证双方权利义务的平衡。

第二种情形，行纪人完成部分委托事务。即委托人委托的是可分的委托事务，比如出卖或者购入100台电脑，若行纪人已经卖出或者购入了50台电脑时，行纪人将完成的部分成果向委托人交付时，即可主张相应部分的报酬，具体的报酬实现方式同第一种情形一致。

第三种情形，委托物不能卖出或者委托人撤回出卖。即委托物由于不可归责于当事人的原因不能卖出，或者委托人决定撤回出卖时，

根据上文的分析，行纪人具有相应的报酬请求权。至于具体的报酬请求时间点，笔者认为，也应当以本法第525条的基本精神来确定。就委托物不能卖出的情形，经行纪人通知取回，在委托人实施取回委托物行为的同时，委托人应当向行纪人支付相应的报酬，否则行纪人在与其应得报酬的数额范围内对委托物享有留置权。就委托人撤回出卖的情形，委托人在行纪人处取回委托物的同时，也应当支付相应的报酬给行纪人，否则行纪人有权留置相应的委托物。

需要特别说明的是，尽管委托人和行纪人在合同订立时未就行纪报酬的支付时间作出约定，但是双方完全可以通过重新协商的方式，确定具体的报酬支付时间，以避免发生争议。这样一来，也就不必适用上述三种情形所确定的法定的报酬支付时间。

第九百六十条　本章没有规定的，参照适用委托合同的有关规定。

【条文主旨】

本条是关于行纪合同可以参照适用委托合同的规定。

【条文理解】

行纪合同衍生于委托合同，就像建设工程合同衍生于承揽合同、仓储合同衍生于保管合同，两类合同在本质上总的来说是一致的。但是，基于行纪合同标的的特殊性以及行纪人主体资质的特殊要求，所以行纪合同的一些内容有别于通常的委托合同，比如委托合同的标的既可以是事实行为也可以是法律行为，但行纪合同的标的只能是法律行为；委托合同即可能是有偿的也可能是无偿的，但行纪合同只能是有偿的。基于此，在《民法典》的编纂过程中，有意见提出，行纪合同并不能完全、直接适用委托合同的有关规定，而且有的委托合同的规定并不能适用于行纪合同，故建议将《合同法》中行纪合同“适用委托合同的有关规定”修改为“参照适用委托合同的有关规定”。对此意见，如前所述，行纪合同与委托合同确实存在诸多不同之处，在本章没有规定的情况下，也不能一概直接适用委托合同的有关规定，应视具体情况而定。所以本条规定，本章没有规定的，参照适用委托合同的有关规定。

对于如何处理行纪合同与委托合同的关系，目前来看，主要存在三种不同的做法，第一种是德国和日本的做法；他们按照民商分立的原则，将委托合同和行纪合同（行纪营业）分别规定在民法典和商法典之中，但商法典只规定适用于行纪合同的特别规则，并不重复规定同时适用委托合同和行纪合同的共同规则，只是在特殊情形中规定行纪合同可以适用民法典中委托合同的有关内容。第二种是《意大利民法典》立法者的做法，他们按照民商合一的原则，只规定委任合同（实为委托合同）一节，并在该节中单独设置一个分节单独规定代购代销契约（实为行纪合同），这样一来，委托合同中与行纪合同不相冲突的规定，均可适用于行纪合同；第三种是《瑞士债务法》、我国《民法典》及我国台湾地区“民法”的做法，同样是按照民商合一的原则，将委托合同和行纪合同各列一章，同时在行纪合同一章中规定，本章没有规定的，适用委托合同章的有关规定。上述三种情况尽管在篇章结构中有所差别，但其目的和效果是大致相同的，这是在具体适用时需要注意的地方。

一般来说，“参照适用”包括两层意思：一是参照适用并不是全部能够适用。这就是说，即使行纪合同没有就该合同的具体规则作出明确规定，也不一定都可以适用委托合同章的全部内容。二是参照适用并不是直接能够适用。这就是说，行纪合同的当事人如果发生纠纷需要适用委托合同章的相关规定，人民法院不能直接适用委托合同章中的具体条文，而应当首先引用本条的规定，再引用委托合同的有关规定。

对于本条中参照适用委托合同的有关规定，主要是指以下四个方面：第一个方面，行纪人应当按照委托人的指示处理委托事务，即行纪合同可以参照适用本法第 922 条的规定，在行纪合同中，行纪人也应当按照委托人的指示处理委托事务。需要变更委托人指示的，行纪人应当经过委托人的同意。如果因为情况紧急，行纪人难以和委托人取得联系的，行纪人应当妥善处理委托事务，而且在事后还应当将所有情况及时向委托人报告。第二个方面，委托人和行纪人原则上在行纪合同的履行过程中都享有任意解除权，即行纪合同可以参照本法第 933 条的规定，在行纪合同中，委托人或者行纪人可以随时解除行纪合同，因解除合同造成对方损失的，除不可归责于解除方的事由外，解除方应当相应的赔偿责任。第三个方面，行纪人负有向委托人报告委托事务处理情况的义务。即行纪合同可以参照本法第924条的规定，在行纪合同履行过程中，行纪人应当按照委托人的要求，报告委托事务的处理情况。行纪合同终止时，行纪人应当报告委托事务的结果。第四个方面，行纪人负有向委托人转交相关财产的义务。即行纪合同参照本法第927条的规定，行纪人处理委托事务时取得的财产，应当及时转交给委托人。

【审判实践中应注意的问题】

一、行纪合同不能参照无偿委托的相关规定

行纪人以从事行纪业务为业，本法第951条规定，行纪合同是行纪人以自己的名义为委托人从事贸易活动，委托人支付报酬的合同。意味着行纪人从事行纪业务的目的是为了获得报酬，即行纪合同必定为有偿合同。而委托合同既可能为有偿合同，也可能为无偿合同，对此受托人的注意义务有明显不同。依据本法第929条第1款规定，有偿的委托合同，因受托人的过错造成委托人损失的，委托人可以请求赔偿损失。无偿的委托合同，因受托人的故意或者重大过失造成委托人损失的，委托人可以请求赔偿损失。据此，只要行纪人有过错造成委托人损失，委托人就有权请求其赔偿损失，而不必要求行纪人的主观要件达到故意或重大过错的程度，这个需要在实践中引起重视。

二、行纪合同当事人是否可以在行纪人已经按照约定卖出或者买入委托物后行使解除权

本法第933条规定，委托人或者受托人可以随时解除委托合同。根据立法解释，委托合同是以双方信任为存在的条件，如果一方不守信用，失信于另一方，继续履行合同已无必要，法律赋予了双方当事人的权利，即只要一方想终止合同，就可以随时解除合同，而且无须

有任何的理由。结合行纪合同的性质，双方当事人订立合同确实是以相互信任为前提，如果双方当事人在履行合同过程中失去互信，原则应当允许双方解除合同。但是，如果在行纪合同的履行过程中，就卖出行纪的行纪人已经按照约定出卖了委托物，就买入行纪的行纪人已经按照约定购买了委托物，只是行纪人尚未将价款或委托物交付给委托人，在这个时候，双方是否仍然可以行使解除，实践中不无争议，我们认为，不应赋予双方当事人在此时具有任意解除权，具体理由如下：第一，依据本法第136条第2款规定，行为人非依法律规定或者未经对方同意，不得擅自变更或者解除民事法律行为。即要求合同等民事法律行为当以信守为原则，当事人不得任意解除，否则交易的秩序以及稳定性无法得到维护。第二，本条规定，本章没有规定的，参照适用委托合同的有关规定。在《民法典》编纂过程中，将该条中原来的“适用”修改为“参照适用”，表明行纪合同章没有规定的，不一定就必须适用委托合同章的规定。第三，在行纪人已经按照约定卖出或者买入委托物的情况下，表明当事人是按照约定进行履约的，相互之间原则没有失去信任，不应当像委托合同那样赋予当事人任意解除权。第四，在行纪人已经按照约定卖出或者买入委托物的情况下，根据行纪合同的实际情况，此时行纪合同已经履行了大半，赋予当事人任意解除合同的权利，将很难恢复合同前的状态，强行恢复将不符合合同履行的诚信原则和节约资源原则。第五，本法第957条第2款规定，委托物不能卖出或者委托人撤回出卖，经行纪人催告，委托人不取回或者不处分该物的，行纪人依法可以提存委托物。该规定意味着合同当事人只有在委托物不能卖出时可以解除合同，或者委托人在委托物卖出前可以解除合同，按照体系解释原则，除此之外，合同当事人不应当具有任意解除合同的权利。综合上述分析，在行纪人已经按照约定卖出或者买入委托物的前提下，当事人应当维持行纪合同的效力，继续履行行纪合同。

三、行纪合同的委托人是否可以介入行纪人和第三人之间的合同以及第三人是否可以选择委托人作为第三人和行纪人之间合同的相对人

本法第925条规定了委托人的介入权，即委托人可以介入行纪人和第三人之间的合同；第926条规定了第三人的选择权，即第三人可以选择委托人作为第三人和行纪人之间合同的相对人。据此看来，该两条规定均允许突破合同的相当性，而行纪合同章目前规定的内容均严守合同相对性，尤其是第958条的规定更是如此，足以表明行纪合同没有适用第925条和第926条规定的空间。行纪合同的委托人不能介入行纪人和第三人之间的合同，同理，第三人不得选择委托人作为第三人和行纪人之间合同的相对人。

第二十六章　中介合同

第九百六十一条　中介合同是中介人向委托人报告订立合同的机会或者提供订立合同的媒介服务，委托人支付报酬的合同。

【条文主旨】

本条是关于中介合同概念的规定。

【条文理解】

中介合同是中介人向委托人报告订立合同的机会或者提供订立合同的媒介服务，委托人支付报酬的合同，系《合同法》所规定的居间合同。基于通俗易懂的考虑，《民法典》将“居间合同”修改为“中介合同”，“居间人”修改为“中介人”。

一、中介合同的特征

依据本条规定，中介合同包括两类：报告订约机会的中介合同和充当订约媒介的中介合同。其中，报告订约机会，是指中介人接受委托后，将收集的信息报告给委托人，从而提供订立合同的机会，又称“报告中介”或“指示中介”。充当订约媒介，是指中介人接受委托后，不仅要报告订约机会，还要居中斡旋，代为传达委托人与第三人的意思，努力促成其合同成立，又称“媒介中介”。区分这两类中介合同，一方面可以确定中介人不同的权利义务；另一方面也可以确定应由谁支付报酬。一般而言，指示中介人的报酬由委托人支付，而媒介中介人的报酬由订立合同的当事人分担。当然，实践中，当事人可以另行协商确定如何承担中介人的报酬。这两类中介合同，均具有以下三个特征：

（一）中介合同的当事人为中介人和委托人

其中，接受委托并报告订立合同机会或者提供交易媒介的一方为中介人，支付报酬的一方为委托人。中介人不是委托人的代理人，而是一种在交易双方当事人之间起着介绍、协助作用的中间人。中介人在合同关系中处于介绍人的地位。委托人可以是任何公民、法人等，但从事中介活动的公民或者法人，则需要依法经国家机关登记核准。

（二）中介合同是诺成和不要式合同

中介合同只要委托人与中介人意思表示一致即可成立，不以当事人的现实交付为成立条件。中介合同的订立不需采用特定的形式，既可以采取口头形式，也可以采用书面形式。

（三）中介合同是双务有偿合同

合同一经成立，中介人就应按照委托人指示履行中介的义务，中介人的活动一旦取得结果，委托人就有支付报酬的义务。中介人未促成合同成立的，不得要求支付报酬，但可以要求委托人支付从事中介活动支出的必要费用。

二、中介合同与其他合同的关系

（一）中介合同与委托合同

中介合同与委托合同均属劳务合同，但二者存在以下区别：

（1）在中介合同中，中介人的行为仅限于报告订约机会或充当订约媒介；而在委托合同中，受托人处理的委托事务范围广泛，既可以是有法律意义的事务，也可以是非法律意义的事务。

（2）中介合同是有偿合同；而委托合同可以是有偿合同，也可以是无偿合同。

（3）在中介合同中，中介人只有在促成委托人与相对人订立合同后，才能请求委托人支付报酬，并且在媒介中介合同中，即使只受一方当事人委托，中介人也可向委托人和相对人同时请求报酬；而在委托合同中，因不可归责于受托人的事由导致委托事务不能完成的，受托人仍可请求委托人支付相应的报酬，但只能向委托人一方请求支付报酬。

（4）在中介合同中，中介人不参与委托人与相对人之间的法律关系；而在委托合同中，受托人可以委托人的名义或自己的名义与相对人订立合同，并参与其中的法律关系。

（二）中介合同与行纪合同

中介合同与行纪合同存在一些相似之处，如均是有偿合同和劳务合同等，但二者也存在以下区别：

（1）中介合同的适用范围较宽；而行纪合同的适用范围一般限于代销、代购等贸易行为。

（2）在中介合同中，中介人旨在通过报告订约机会或者充当订约媒介而促成委托人与相对人订立合同，并不作出订立合同的意思表示，其行为本身并不具有法律意义；而在行纪合同中，行纪人则是按委托人的要求，从事购销、寄售等特定的法律行为，行纪人受托的事务只能是法律行为。

（3）在中介合同中，中介人不与相对人发生法律关系；而在行纪合同中，行纪人以自己的名义与相对人直接产生权利义务关系。

（4）在中介合同中，中介人请求支付报酬的条件，须是促成委托人与相对人的合同成立；而在行纪合同中，行纪人即使只完成部分委托事务，也可请求委托人支付相应报酬。并且，中介人在订约媒介中介合同中，可以从委托人和其相对人双方取得报酬；而行纪人却仅从委托人一方取得报酬。

（三）中介合同与承揽合同

中介合同和承揽合同均属于劳务合同，并且两者都需要提供一定的成果为必要，比如，在中介合同中，只有中介人促成了交易合同的成立才能够向委托人请求报酬；而在承揽合同中，也只有在承揽人完成了约定的工作之后，才能够认为其履行了合同的义务。同时，两类合同还存在以下区别：

（1）合同当事人不同。中介合同涉及委托人、中介人和相对人等三方当事人；而承揽合同仅涉及定作人和承揽人等两方当事人。因此，在法律关系方面，中介合同比承揽合同更为复杂。

（2）合同内容不同。中介合同是以报告订约机会或者充当订约媒介为内容的合同；而承揽合同是按照定作人的要求完成加工、定作、修理、复制、测试、检验等工作。

（3）报酬的支付方式不同。中介人促成合同成立的，才能请求报酬。而在承揽合同中，定作人应当按照约定的期限向承揽人支付报酬。对支付报酬的期限没有约定或者约定不明确，可以协议补充，不能达成补充协议的，按照合同有关条款、合同性质、合同目的或者交易习惯确定，按以上规则仍不能确定的，定作人应当在承揽人交付工作成果时支付；工作成果部分交付的，定作人应当相应支付。

（四）中介合同与技术中介合同

《民法典（草案）》在第887条规定了技术中介合同，是指当事人一方以知识、技术、经验和信息为另一方与第三人订立技术合同进行联系、介绍以及对履行合同提供专门服务所订立的合同。技术中介合同与中介合同虽然都称为中介合同，但是两者之间有较大区别，其中最大的区别在于合同内容中是否含有技术中介服务。如果含有技术中介服务的，应当适用以下有关技术中介合同的法律和司法解释规定：

第一，关于中介费用，是指中介人在委托人和第三人订立技术合同前，进行联系、介绍活动所支出的通信、交通和必要的调查研究等费用。当事人对中介人从事中介活动的费用负担没有约定或者约定不明确的，由中介人承担。当事人约定该费用由委托人承担但未约定具体数额或者计算方法的，由委托人支付中介人从事中介活动支出的必要费用。

第二，关于中介人的报酬，是指中介人为委托人与第三人订立技术合同以及对履行该合同提供服务应当得到的收益。当事人对中介人的报酬数额没有约定或者约定不明确的，应当根据中介人所进行的劳务合理确定，并由委托人承担。仅在委托人与第三人订立的技术合同中约定中介条款，但未约定给付中介人报酬或者约定不明确的，应当支付的报酬由委托人和第三人平均承担。

第三，中介人未促成委托人与第三人之间的技术合同成立的，其要求支付报酬的请求，人民法院不予支持；其要求委托人支付其从事中介活动必要费用的请求，应当予以支持，但当事人另有约定的除外。中介人隐瞒与订立技术合同有关的重要事实或者提供虚假情况，侵害委托人利益的，应当根据情况免收报酬并承担赔偿责任。

第四，中介人对造成委托人与第三人之间的技术合同的无效或者被撤销没有过错，并且该技术合同的无效或者被撤销不影响有关中介条款或者技术中介合同继续有效，中介人要求按照约定或者《技术合同司法解释》的有关规定给付从事中介活动的费用和报酬的，人民法院应当予以支持。中介人收取从事中介活动的费用和报酬不应当被视为委托人与第三人之间的技术合同纠纷中一方当事人的损失。

【审判实践中应注意的问题】

审判实践中，中介合同纠纷主要集中于房屋中介合同领域，而房屋中介合同的争议焦点也比较集中，主要体现在：中介报酬收费标准是否过高；房屋未能过户成交，委托人应否足额支付中介报酬；中介人是否应承担赔偿责任等。除此之外，也有一些其他问题需要特别注意。

一、准确界定互联网中介合同中的中介费用

在审理互联网金融纠纷案件中，要依法认定互联网金融所涉具体法律关系，据此确定各方当事人的权利义务。准确界定网络借贷信息中介机构与网络借贷合同当事人之间的中介合同关系。网络借贷信息中介机构与出借人以中介费用形式规避民间借贷利率司法保护上限规

定的，应当认定无效。

二、双方当事人以“保证中标”为条件收取费用的协议不能认定为中介合同

中介合同中，中介人的主要义务是向委托人报告订立合同的机会或者提供订立合同的媒介服务。双方当事人签订的以“保证中标”为条件收取费用的协议不符合中介合同的特征，报告公开招标信息不能被认为履行了中介义务。如上所述，中介合同订立后，对中介人而言，按照中介的性质或者中介合同的约定，报告订约的机会或者在此基础上提供媒介服务，但其并不能保证委托人与相对人的合同必然签订。也就是说，中介人并非保证人，它不应当承担保证委托人和相对人订立合同的责任。对委托人而言，在订立中介合同时，不应事先知悉有订约的机会，即使知悉有订立合同的机会，也不会必然获得该订约机会。这是因为，如果委托人在订立中介合同时，知悉了订立合同的机会或者具有了能与他人签订合同的客观保障，则委托人与中介人订立合同的行为在法律上毫无意义，中介人的服务客观上也成为不必要。因此，当事人签订的以“保证中标”为条件收取费用的协议不符合中介合同的特征，报告公开招标信息不能被认为履行了中介义务。

第九百六十二条 中介人应当就有关订立合同的事项向委托人如实报告。

中介人故意隐瞒与订立合同有关的重要事实或者提供虚假情况，损害委托人利益的，不得请求支付报酬并应当承担赔偿责任。

【条文主旨】

本条是关于中介人义务的规定。

【条文理解】

本条规定了中介人的义务，主要包括以下四个方面：

一、报告义务

此项义务是中介人的主要义务，中介人应依据合同约定认真履行。在报告中介中，中介人应将订约机会等相关事宜，向委托人报告；在媒介中介中，中介人应将订约事项等向委托人和相对人报告。

二、忠实义务

中介人的忠实义务包括以下要求：第一，中介人应将所知道的有关订约情况或者商业信息如实告知给委托人或者相对人，不得故意隐瞒与订立合同有关的重要事实或者提供虚假情况；第二，不得对订立合同实施不利影响，影响合同的订立或者损害委托人的利益；第三，中介人对于所提供的信息、成交机会以及后来的订约情况，负有向其他人保密的义务。

三、尽力义务

判断中介人是否履行了尽力义务，应依据中介合同内容和诚信原则来解释。报告中介人的任务在于尽力提供有关成交机会，促使合同订立。媒介中介人的任务除向委托人报告订约信息外，应尽力促使将来可能订约的当事人双方达成合意，排除双方所持的不同意见，对于相对人与委托人之间所存障碍，加以说合，达成共识。

四、负担中介活动费用的义务

中介人促成合同成立的，中介合同的费用，由中介人负担。中介人在寻求了解相关订约机会、商业信息及有关人的资信状况、信誉度、知名度等情况，必定会有一定的费用支出。对于此费用的支出，若委托方和中介人事先没有明确约定由哪一方负担，那么应当由中介人承担。当事人另有约定的，依约定履行。

【审判实践中应注意的问题】

一、中介人违反忠实报告义务的法律后果

关于中介人因违反忠实报告义务而应承担的损害赔偿责任，有不同的观点。一种观点认为，应当以委托人的实际损失为赔偿范围，造成多少损失就承担多少赔偿责任；另一种观点认为，中介合同具有特殊性，中介人并不是合同当事人，因此不能以合同的实际损失来要求其承担损害赔偿责任，中介人承担的赔偿范围仅限于缔约过失的损害范围；还有一种观点认为，在中介合同中，如果中介人违反忠实报告义务造成他人损害，将导致报酬请求权的丧失。我国台湾地区即采此观点。我国台湾地区“民法”第571条规定：“居间人违反其对于委托人之义务，而为利于委托人之相对人之行为，或违反诚实及信用方法，由相对人收受利益者，不得向委托人请求报酬。”

依据本条规定，中介人违反忠实报告义务的法律后果有两个方面：一是丧失报酬请求权。中介人应当基于诚信原则履行其合同义务，从而获得报酬，如果其违反了这一义务仍然可以获得报酬，则违反公平合理的要求；二是赔偿责任的承担。如果中介人从事的行为给委托人造成了重大损害，仅仅只是使其丧失报酬不足以弥补委托人的损失，也不能有效制裁中介人违反忠实义务的行为。在此情况下，中介人还应赔偿损失，损失的数额应当考虑中介人的过错程度和主观恶意。

二、因政策影响导致中介人促成的合同无法履行时，委托人可否主张中介人返还中介报酬

实践中，因限购、限贷调控政策引发大量的房屋买卖合同纠纷和房屋中介合同纠纷。其中，委托人因受限购或限贷政策影响，导致房屋买卖合同不能履行时，可否主张房屋中介机构返还中介报酬？对此，实践中争议较大。

一种观点认为，因受限购或限贷影响导致房屋买卖合同无法履行的，意味着中介合同的最终目的未能实现。因此，委托人可以“不可归责于双方当事人的事由”为由，主张解除中介合同。房屋中介机构应当返还收取的中介报酬，但是，对于房屋中介机构已经支出的必要费用，则无须返还。

另一种观点认为，房屋中介机构只要向委托人报告了订立合同的机会或者提供了订立合同的媒介服务，帮助买卖双方签订了房屋买卖合同，房屋中介机构就已经完成了中介合同中约定的义务，房屋中介机构就有权向委托人收取中介报酬。即使因受限购或限贷影响而导致房屋买卖合同无法履行的，房屋中介机构也无须返还中介报酬。

笔者认为，解决此问题的关键在于判断房屋中介机构应承担的义务范围以及是否忠实履行了义务。

第一，房屋中介机构应当忠实向委托人履行报告订约机会或者媒介信息的义务，积极促成合同成立。一旦中介人促成房屋买卖合同成

立的，委托人应当按照约定支付报酬。也就是说，中介人收取报酬的前提是促成房屋买卖合同成立，而非合同生效。房屋买卖合同与房屋中介合同之间具有相对独立性，中介人促成买卖合同成立后即视为其已经完成中介义务，即可收取约定报酬。同时，中介人并不是房屋买卖合同的当事人，不承担房屋买卖合同约定的权利和义务，对房屋买卖合同的履行也不承担担保责任。因此，中介人对于合同的履行、变更、解除等情况是无法控制的。委托人仅以限购、限贷导致房屋买卖合同变更、解除为由，而要求中介人返还中介报酬的，不应支持。

第二，若房屋中介机构故意隐瞒与订立房屋买卖合同有关的重要事实或者提供虚假情况，损害委托人利益的，应当向委托人返还支付中介报酬，且可能还要向委托人承担赔偿责任。比如，房屋中介机构明知房屋买受人属于被限贷对象而仍然告知或者许诺可以帮助其获得房屋贷款，并且向出卖人隐瞒买受人属于限购、禁购对象的真实情况，导致委托人在错误信息误导之下签订中介合同，直接造成房屋买卖合同无法履行。这种情况下，委托人有权要求房屋中介机构返还中介报酬，且有权主张赔偿损失。

总之，在实践中，要具体判断房屋中介机构是否依约履行了忠实报告义务，房屋买受人不能仅仅因为政策影响导致买卖合同无法履行时，就要求中介人返还中介报酬。

第九百六十三条 中介人促成合同成立的，委托人应当按照约定支付报酬。对中介人的报酬没有约定或者约定不明确，依据本法第五百一十条的规定仍不能确定的，根据中介人的劳务合理确定。因中介人提供订立合同的媒介服务而促成合同成立的，由该合同的当事人平均负担中介人的报酬。

中介人促成合同成立的，中介活动的费用，由中介人负担。

【条文主旨】

本条是关于中介报酬的支付和中介活动费用的承担等问题的规定。

【条文理解】

一、关于中介报酬的支付

中介人促成合同成立的，委托人应当支付报酬。中介报酬在中介合同中没有事先约定的，不影响合同的效力。关于支付报酬的数额，依次按照以下原则和顺序确定：第一，中介合同有约定的，按照约定。第二，中介合同对中介人的报酬没有约定或者约定不明确的，可以协议补充。第三，不能达成补充协议的，按照合同有关条款、合同性质、合同目的或者交易习惯确定。其中，交易习惯有两种：一是特定行业或市场的交易习惯，如在特定集贸市场上，某类商品买卖的中介活动具有的通行报酬标准，可以用来作为确定中介人报酬的依据；二是中介人与委托人之间的交易习惯，可以作为确定中介人后来从事中介活动报酬的参照或依据。第四，按照以上原则和顺序仍不能确定报酬数额的，根据中介人的劳务合理确定。

对于中介报酬的数额，有的国家（地区）规定，如果当事人约定的报酬数额过高，可以适当减少。例如，《德国民法典》第655条规定，为报告订立雇用合同的机会或为订立雇用合同的媒介而约定的报酬，如其数额显然过高时，得因债务人申请，以判决减少至相当的金额；报酬已给付者，不得请求返还。还比如我国台湾地区“民法”第572条规定，约定的报酬过高于居间人所任劳务的价值，从而显失公平时，法院可以根据委托人的请求酌减，但对已经给付的，不得请求返还。

本条虽然没有明确规定中介报酬的数额可以变更，但依据《民法典》第533条第1款，中介合同的委托人在符合情势变更的条件下，可以向人民法院或者仲裁机构请求变更中介报酬的数额。关于中介报酬的承担主体问题，在报告中介中，由委托人向中介人支付报酬；在媒介中介中，因中介人提供订立合同的媒介服务而促成合同成立的，由该合同的当事人平均负担中介人的报酬。当事人之间另有约定的，可以遵照其约定。

二、关于中介活动费用的承担

（1）中介人促成合同成立的，因其享有报酬请求权，而中介报酬中包含了中介活动的费用，所以中介人不得请求合同当事人支付中介活动的费用，应由中介人自己承担。

（2）中介人未促成合同成立的，虽不得请求支付报酬，可以按照约定请求委托人支付从事中介活动支出的必要费用。

【审判实践中应注意的问题】

一、互联网中介合同成立的时间

中介合同属于诺成合同，只要委托人与中介人意思表示一致即可成立，不以当事人的现实交付为成立条件，互联网中介合同也不例外。随着互联网金融的发展，近年来涌现出一些新类型中介合同，比如 P2P 平台与借款人或者出借人的之间的中介合同。这类合同的具体表现形式多为“某某平台服务协议”，此协议往往于借款人或出借人在平台上注册时显示，订立方式为用户注册时需点击“已阅读并同意某某平台服务协议”对话框。对于这类中介合同的生效时间，实践中有不同的观点。一种观点认为，中介合同应以借款人成功筹集到借款时认定合同成立并生效，“流标”情况视为中介合同不成立。经研究，笔者认为，第一，本章关于中介合同的成立时间并未作出特别规定，原则上应自承诺达到对方之日起成立并生效。第二，从 P2P 平台所提供的服务来看，是发布借款需求、提供投资信息、资金充值等中介服务，并且只有在注册为会员时才能申请借款或投资。这说明，只要注册后，即能享受到实际中介服务。同时，从 P2P 平台的义务来看，对已经注册为其会员的主体，它已经在履行报告订立合同的机会或者提供订立合同的媒介服务。这说明，合同已经成立。第三，借款人成功借款与否不是中介合同的成立要件，只是自然人间借款合同的成立要件。借款合同成立，是 P2P 平台促成合同成立的表现，也是 P2P 平台收取借款人或出借人报酬的条件，但非中介合同的成立条件。

二、房地产“阴阳合同”中，应当如何确定中介报酬

实践中，房地产买卖双方为追求利益最大化，达到少交或不交房屋契税和个人所得税等规避税费的目的，往往约定较低的房价到房产交易中心备案，另外，双方再另行签订并履行一个能体现真实交易价格的合同，递交给房地产权登记机关，即所谓的“阴阳合同”。对于上述行为，有的中介机构明知，有的中介机构则直接参与其中，并协助办理。在“阴阳合同”中，当事人往往就中介报酬发生争议，对此，存在不同观点。

一种观点认为，应当以备案合同价格作为计算中介报酬的依据。理由是备案合同价格是房地产交易中心用于办理房产证和交纳契税的

依据，具有公示效力；另一种观点认为，应当以实际交易价格作为计算依据。理由是实际交易价格是当事人真实意思表示，应当予以尊重。至于备案合同价格，则是当事人的避税行为，与本案并非同一法律关系，本案可不予处理。经研究，我们倾向于第二种观点。真实意思表示是民事法律行为的核心要素，如价格、付款方式等其他条款在“阴阳合同”中约定不一致时，应以双方当事人的真实意思表示为准，非真实意思表示的条款对双方当事人没有法律约束力。房屋的真实成交价格应按买卖合同双方当事人的真实意思来认定，而逃避税收并不是双方订立房屋买卖合同的目的。由于备案合同价格往往低于实际交易价格，其实质是以合法形式掩盖避税的非法目的，损害了国家利益，应当为无效合同。据此，应当以真实交易价格作为计算中介报酬的依据，否则既鼓励了当事人规避国家税收的行为，同时对中介机构显失公平。

第九百六十四条　中介人未促成合同成立的，不得请求支付报酬；但是，可以按照约定请求委托人支付从事中介活动支出的必要费用。

【条文主旨】

本条是关于中介人可要求委托人支付从事中介活动支出的必要费用的规定。

【条文理解】

本条原为《合同法》第427条，内容基本未修改，仅作了一些文字调整，将"居间人"修改为"中介人"，将"要求"修改为"请求"；另外，将"可以要求委托人支付从事居间活动支出的必要费用"修改为"可以按照约定请求委托人支付从事中介活动支出的必要费用"，增加了"按照约定"。本条规定包括以下两个方面的内容：

第一，中介人未促成合同成立的，不得要求支付报酬。中介合同是双务有偿合同。中介人的义务是促成合同成立，委托人的义务是向中介人支付报酬。因此，中介人请求委托人支付报酬的前提是其促成了合同成立。如果没有"促成合同成立"，中介人不得请求支付报酬。即使请求，委托人也可以拒绝，法院也不会支持。

第二，中介人未促成合同成立的，可以按照约定请求委托人支付从事中介活动支出的必要费用。之所以这样规定，是因为中介人在向委托人报告订立合同的机会或者提供订立合同的媒介服务的过程中，需要支出一定的费用，如中介活动中支出的交通费等。此处所称的报酬和费用性质不同：前者属于中介合同中涉及的一笔款项，学理上讲

“报酬”，是中介人服务成果的对价；后者不属于中介合同中涉及的一笔款项，“费用”不是中介人服务成果的对价，其属于在促使合同订立的活动过程中（但合同并未能够促成）而支出的一些必要费用，如前所称的交通费等，其不能称为“报酬”，只能称为支出的“必要费用”。

需要注意的是，本条规定在《合同法》第427条规定的基础上，增加了“可以按照约定”。对此，有两种观点，一种观点认为，委托人和中介人只有在合同中明确约定“合同不成立的，由委托人支付从事中介活动支出的必要费用”的，中介人才能请求委托人支付必须的费用；另一种观点认为，委托人和中介人在合同中明确约定“合同不成立的，由委托人支付从事中介活动支出的必要费用”的，从其约定；没有约定的，中介人也有权请求委托人支付从事中介活动支出的必要费用。经研究认为，本条之所以增加“可以按照约定”，主要是尊重合同当事人的意思自治，强调合同的私法性质。对此，我们倾向于第二种观点。

【审判实践中应注意的问题】

中介合同的当事人认为在合同中约定的中介费用过高或过低时，可否请求法院或者仲裁机构变更或者撤销?《合同法》第54条规定，订立合同时显失公平的，当事人一方有权请求人民法院或者仲裁机构变更或者撤销。但是，需要注意的是，《民法典》第151条规定对《合同法》第54条作出了修改，规定如下：“一方利用对方处于危困状态、缺乏判断能力等情形，致使民事法律行为成立时显失公平的，受损害方有权请求人民法院或者仲裁机构予以撤销。”修改内容主要有两个方面：一是限定了显失公平的原因，限定为“一方利用对方处于危困状态、缺乏判断能力等情形”；二是限定了显失公平的法律后果。构成显失公平的，只能请求人民法院或者仲裁机构予以撤销，而不能请求变更。人民法院或者仲裁机构也不能主动变更。也就是说，在中介合同中，委托人不能依据《民法典》第151条，以显失公平为由请求人民法院或者仲裁机构变更中介费用。但是，需要注意的是，《民法典》第533条规定了情势变更制度，明确规定："合同成立后，合同的基础条件发生了当事人在订立合同时无法预见的、不属于商业风险的重大变化，继续履行合同对于当事人一方明显不公平的，受不利影响的当事人可以与对方重新协商；在合理期限内协商不成的，当事人可以请求人民法院或者仲裁机构变更或者解除合同。"依据此规定，中介合同的委托人在符合情势变更的条件下，可以向人民法院或者仲裁机构请求变更中介费用。当然，这是从《民法典》的条文规定进行的文义解释，下一步还需要最高人民法院进一步调研论证，出台司法解释。

第九百六十五条 委托人在接受中介人的服务后，利用中介人提供的交易机会或者媒介服务，绕开中介人直接订立合同的，应当向中介人支付报酬。

【条文主旨】

本条是关于委托人接受中介服务后绕开中介人直接与（合同）相对人订立合同（即“跳单”）的规定。

【条文理解】

与《合同法》相比，本条系新增条文，对中介合同中的“跳单”作了规定。所谓“跳单”又称“跳中介”，是在中介人向委托人提供中介服务后，委托人利用中介人提供的服务，而甩开中介人私下与相对人订立合同，或者另行委托其他中介人与相对人订立合同的现象。“跳单”在中介合同中时有发生，尤其体现在二手房买卖中介纠纷中。之所以容易发生“跳单”，是由中介合同的特征决定的。在中介合同中，当事人双方掌握的信息不对称，中介人利用自身的信息优势为委托人创造缔约机会而取得报酬。与此同时，委托人如何利用中介人提供的交易机会或者媒介服务，难以为外人察觉，况且此时委托人尚未支付中介报酬，这就容易产生道德风险的问题。实践中，中介公司为保护自己的合法权益，往往在中介合同中约定禁止“跳单”的条款。但是，由于缺乏法律规定，当事人在中介合同中约定的禁止“跳单”条款法律效力如何以及何种情况构成“跳单”违约，认识不一。为指导此类案件的处理，最高人民法院于2011年12月20日发布了有关“跳单”认定的指导性案例，对促进中介市场良性竞争、保护委托方合法的选择权、避免因信息不对称导致不公平，发挥了重要作用。《民法典》也正是基于回应实践需求，总结司法实践经验，而增加了本条规定。

一、关于“跳单”违约的构成要件

（一）委托人接受了中介人的服务

判断是否构成“跳单”，首先要看中介合同是否已生效，并且要看中介人是否已按照合同约定提供了交易机会或者媒介服务。这里需要特别注意的是，中介合同与委托合同、行纪合同有很多相似之处，准确判断委托人与中介人签订的合同是否属于中介合同，至关重要。我们不能仅仅依据合同名称来判断，而应当看合同约定的权利和义务。这是因为，中介合同虽为有名合同，但在实践中当事人采用的合同名称多种多样。比如，对于二手房买卖中介合同，有的称为房地产求购确认书，有的称为二手房买卖服务合同，有的称为委托看房书，有的称为看房协议书。不论名称如何，其核心内容都是由中介公司向委托人提供二手房买卖的信息和媒介服务，都属于中介合同，都应当按照《民法典》中关于中介合同的相关法律规定认定和处理。实践中，委托人就同一委托事项，可能仅委托一个中介人，也可能同时委托多个中介人。在有多个中介人的情形下，我们尤其要准确判断委托人是否接受了中介人的服务，以及接受了哪个中介人的服务。

（二）委托人利用了中介人提供的信息机会或者媒介服务

按照中介合同约定，中介人向委托人提供服务之后，委托人是否利用了中介人提供的这一服务而订立合同，则是判断是否构成“跳单”违约的关键。实践中，委托人为了增加交易机会，往往委托多个中介人。比如二手房买卖中介合同中，卖方为了提高售价或者尽快出售，可能通过多家中介公司挂牌出售同一房屋，而不是委托某家中介公司独家代理。因此，多家中介公司可以掌握同一房源信息，而买方也可以通过多家中介公司了解到同一房屋信息。这就需要我们准确判断委托方与相对方最终达成交易，究竟是利用了哪家中介公司提供的服务。需要注意的是，不能简单地以提供服务的时间先后来判断，还要结合服务的内容等具体情形。

（三）委托人绕开中介人直接订立合同

委托人绕开中介人直接订立合同，有三种表现形式：一是委托人利用中介人提供的信息机会或者媒介服务，直接与合同相对方订立合同。二是委托人利用中介人提供的信息机会或者媒介服务，通过其他中介人与合同相对方订立合同。比如，委托方通过某一中介公司提供的信息和媒介服务，合同已基本达成。此时，委托人发现其他中介公司的报酬更低，继而通过其他中介公司与合同相对方订立合同，则构成“跳单”违约。三是委托人将中介人提供的信息透露给亲朋好友，以亲朋好友的名义与合同相对方订立合同，以达到绕开中介人的目的。

二、关于报酬的性质

根据本条规定，委托人构成“跳单”行为的，应当向中介人支付报酬。那么对于报酬的性质，有不同的理解。一种观点认为，它属于委托人应承担的违约责任；另一种观点认为，它属于中介合同的对价。这种观点认为，委托人向中介人支付报酬是附条件的，需以促成合同成立为条件，而根据《民法典》第159条规定（《合同法》第45条），附条件的民事法律行为，当事人为自己的利益不正当地阻止条件成就的，视为条件已经成就。因此，如果委托人“跳单”而不正当地阻止报酬支付条件成就，视为条件已成就，委托人应向中介人支付报酬。

我们认为第一种观点更为合理。理由如下：第一，“跳单”发生在中介合同成立、生效后的履行阶段；第二，附条件的民事法律行为，当事人阻止的是合同效力的成就，而“跳单”并未阻止合同生效，而是委托人利用了中介人提供的信息、机会等条件却不通过中介人而达成买卖交易的行为，违反合同诚实履行的义务；第三，实践中，中介人享有的报酬请求权，往往不仅因为其提供了有用的信息。

比如，在二手房买卖合同中，中介人与委托人约定的报酬，需要中介人履行一系列合同义务，包括提供有用的房源信息、带买方看房、协助双方商谈价格、协助办理贷款、协助办理产权过户等。实践中，委托人"跳单"经常发生在看房之后，订立买卖合同之前。此时，中介人仅履行了部分合同义务，如果要求委托人支付约定的全部报酬，违反权利义务一致的原则。

综上，中介人与委托人签订的中介合同，可以约定禁止"跳单"条款，并且可以约定"跳单"的违约责任；如果当事人没有约定的，按照本条处理，委托人应当向中介人支付报酬。至于支付的数额，可以考虑中介人提供服务的程度，进行具体判断。

【审判实践中应注意的问题】

实践中，中介人为保障自己的合法权益，通常在中介合同中载明禁止委托人"跳单"的条款。对于禁止"跳单"条款的法律效力问题，司法实践中有不同的认识，有的认为，这是中介人利用自己的优势地位而设立的霸王条款，限制了委托人的选择权，应属无效；有的认为，委托人在签订中介合同时对禁止"跳单"条款的内容和后果应当明知，应属有效。笔者认为，即使《民法典》增加了本条关于禁止"跳单"的规定，对中介合同中有关禁止"跳单"条款的效力，也不能一概而论。我们应当依据双方约定的具体内容来认定禁止"跳单"条款的效力，要看行为人是否具有相应的民事行为能力、意思表示是否真实、是否违反法律、行政法规的强制性规定和公序良俗等。同时，尤其要注意，禁止"跳单"条款，是中介人为了重复使用而事先拟订且在订立合同时未与委托人协商的条款，其性质属于格式条款。根据《民法典》第497条规定，提供格式条款一方不合理地免除或者减轻其责任、加重对方责任、限制或者排除对方主要权利的，该格式条款无效。另外，禁止"跳单"条款也可能存在显失公平的情况。比如，多个中介人掌握了同一房源信息，有的中介人在禁止"跳单"条款中约定：中介人带委托人看房后，委托人不得私下或者通过其他中介人与合同相对人订立合同，否则需要支付相当于中介报酬的违约金。该条款意味着中介人带领委托人看房后就可以“旱涝保收”，不论该中介人报价是否偏高、服务质量如何、中介报酬是否偏高等，委托人如果打算购买该套房屋，只能选择这家中介人进行交易，否则就构成“跳单”违约，要支付相当于中介报酬的违约金。对此，笔者认为，中介人带着委托人看房，付出的劳动是有限的，而在多家中介公司掌握同一房源信息的情况下，各家中介的报价和服务可能存在较大差异，如果某个中介人以有限的付出限制买方的选择权，双方利益是明显失衡的，在这种情况下，委托人如果认为显失公平，可以申请变更或者撤销该条款。

第九百六十六条　本章没有规定的，参照适用委托合同的有关规定。

【条文主旨】

本条是关于中介合同准用委托合同的技术性的规定。

【条文理解】

中介合同与委托合同都属于提供劳务的合同，有很多相同点，因此，本条规定，对于本章没有规定的，参照适用委托合同的有关规定。主要包括以下三个方面的内容：

一、委托范围

《民法典》第920条规定，委托人可以特别委托受托人处理一项或者数项事务，也可以概括委托受托人处理一切事务。

参照本条规定，在中介合同中，委托人委托给中介人的事务权限也包括两种情况：一种情况是，委托人可以特别委托中介人处理一项或者数项事务，比如在房地产中介合同中，委托人可以只委托中介人帮忙撮合买卖合同，至于签订买卖合同之后的手续由房屋买卖合同双方自己办理；另一种情况是，可以概括委托中介人处理一切事务。比如，委托人委托中介人处理其买卖业务或者租赁业务的所有事宜等。委托人委托给中介人事务权限有多大，由委托人根据自己的有关具体情况确定，即委托什么事务及委托多少事务的权利在委托人。

二、亲自处理及转委托

《民法典》第922条规定，受托人应当按照委托人的指示处理委托事务。需要变更委托人指示的，应当经委托人同意；因情况紧急，难以和委托人取得联系的，受托人应当妥善处理委托事务，但是事后应当将该情况及时报告委托人。

参照本条规定，在中介合同中，中介人也应当依据中介合同的规定按照委托人的指示处理委托事务，这也是中介人的首要义务。之所以作此规定，主要是考虑，中介合同是中介人基于接受委托人的委托而订立的合同，没有委托人的委托，也就不可能有中介合同，所以中介人应认认真真地遵照诚信的原则，按照委托人指示的范围设法完成委托人委托的事务。因此，原则上，中介人不应当变更委托人的指示，但如果中介人在处理委托事务的过程当中，由于客观情况发生了变化，基于为了维护委托人的利益，需要变更委托人的指示时，中介人应参照本条规定，经过委托人同意。另外，下述条件下，中介人可不按委托人的指示办事：一是因情况紧急，需要立即根据当时的情况采取一些新的措施；二是由于客观上的原因即非中介人的主观原因，难以和委托人取得联系；三是中介人妥善处理委托事务是为了委托人的利益所必需的；四是事后中介人应当将该情况及时向委托人作出报告。

三、中介合同的解除

《民法典》第933条规定，委托人或者受托人可以随时解除委托合同。因解除合同造成对方损失的，除不可归责于该当事人的事由外，无偿委托合同的解除方应当赔偿因解除时间不当造成的直接损失，有偿委托合同的解除方应当赔偿对方的直接损失和可以获得的利益。

参照本条规定，中介合同的委托人或中介人也可以随时解除中介合同。因解除中介合同造成对方损失的，除不可归责于该当事人的事由外，中介合同的解除方应当赔偿对方的直接损失和可以获得的利益。主要包括以下两方面内容：第一，委托人或者中介人可以随时解除委托合同。也就是说，委托人可以单方解除委托合同，无须征得受托人的同意就发生法律效力。同样，中介人如果不愿意再办理委托人委托的事务，中介人也无需要表明任何理由，就可以解除合同。本条之所以作出这样的规定，其考虑是中介合同系以“信任”为存在的条件，如果一方不守信用，失信于另一方，再继续履行合同就无必要，所以本条赋予了双方当事人解除中介合同的权利。第二，因解除合同给对方造成损失的，除不可归责于该当事人的事由以外，应当赔偿损失。这是解除中介合同应承担的一项法律后果。委托人有权随时撤销委托，但中介人有权要求委托人赔偿损失；中介人有权随时辞去委托，但委托人有权要求中介人赔偿损失。中介合同不同于委托合同，委托合同有无偿和有偿之分，而中介合同均为有偿合同。因此，中介合同的解除方应当赔偿对方的直接损失和可以获得的利益。

【审判实践中应注意的问题】

司法实践中，委托人或者中介人死亡、丧失民事行为能力或者终止的，中介合同是否终止？对于这个问题，有不同观点。根据《民法典》第934条规定，委托人死亡、终止或者受托人死亡、丧失民事行为能力、终止的，委托合同终止；但是，当事人另有约定或者根据委托事务的性质不宜终止的除外。参照本条规定，委托人死亡、终止或者中介人死亡、丧失民事行为能力、终止的，中介合同终止；但是，当事人另有约定或者根据委托事务的性质不宜终止的除外。

第一，中介合同终止的法律事实。包括委托人死亡、终止或者受托人死亡、丧失民事行为能力、终止。中介合同是以双方“信任”作为基础，属于人格专属的法律关系，委托人死亡、终止或者中介人死亡、丧失民事行为能力、终止失去了“信任”的基础，因此，当事人上述法律事实出现后，中介合同终止。

第二，当事人另有约定或者根据委托事务的性质不宜终止的除外。也就是说，当事人另有约定或者根据委托事务的性质不宜终止的，即使委托人死亡、终止或者中介人死亡、丧失民事行为能力、终止的，中介合同也可以不终止。

第三，因委托人死亡、终止，致使中介合同终止将损害委托人利益的，在委托人的继承人、遗产管理人、法定代理人或者清算人承受委托事务之前，中介人应当继续处理委托事务。

第二十七章　合伙合同

第九百六十七条　合伙合同是两个以上合伙人为了共同的事业目的，订立的共享利益、共担风险的协议。

【条文主旨】

本条是关于合伙合同概念的规定。

【条文理解】

合伙是一项重要的民事法律制度，因具有募集资金迅速、设立方便、经营灵活等特点，成为自然人、法人等民事主体参与投资交易的重要方式，与公司、独资企业共同构成市场主体的基本形态，对社会经济发展具有重要作用。多数国家和地区的民法典规定了合伙，但在不同立法模式下，对合伙的性质，即合伙是主体性的组织，还是行为性的契约，规定并不一致。大陆法系国家内部对合伙性质定义也不一致，有的国家民法典在体例上明确规定合伙为合同或契约，有的规定为主体性的组织。如《德国民法典》将合伙规定为合同，《法国民法典》将合伙定义为主体性的组织。英美法系国家或地区则将合伙视为合伙人之间通过合同而形成的集合。随着社会经济发展，合伙的具体形态不断更新变化，多数国家对合伙的性质认识，也逐渐由传统契约向兼具组织和契约性质转变。

我国关于合伙的规定，散见于不同的法律规定。《民法通则》采取自然人与法人二元民事主体立法思路，把个人合伙和企业间非法人型联营（包括合伙型联营）分别规定在第2章“公民（自然人）”第5节“个人合伙”和第3章“法人”第4节“联营”第52条，并未赋予个人合伙民事主体地位。本法第102条第2款，以列举的方式将合伙企业归于非法人组织范围，赋予合伙企业（组织型合伙）民事主体地位。本章将合伙的一般规定从自然人部分移出，吸收《民法通则》相关规定，在《民法典》合同编中将“合伙合同”规定为有名合同，对契约型合伙作出一般规定，从合伙合同定义、合伙人出资、合伙财产、合伙事务执行、合伙债务承担等方面构建了民事合伙体系。至此，就合伙法律制度，我国形成了《民法典》总则编、《民法典》合同编、《合伙企业法》分别调整的模式。《民法典》总则编确立了合伙企业的独立民事主体地位，为该类主体广泛从事市场交易活动奠定了基础。《民法典》合同编调整民事合伙法律关系，侧重合伙的内部关系，是处理合伙法律关系的一般规定。《合伙企业法》则全面规定了合伙企业内外部关系规则，属于对商事合伙的特别规定。

通说认为，按照合伙是否具备协议性、组织性和营利性三个特点，可将合伙分为商事合伙与民事合伙。所谓商事合伙，是指以营利为目的而设立的，具有一定组织性和持续性的主体；而民事合伙通常是指以非营利为目的设立的，且不具有较强组织性的民事合同关系。[①] 笔者认为，合伙具有组织性和契约性的双重法律属性，合伙立法既要关注合伙的组织性特征，也不能忽视合伙的契约性特征。合伙以组织体形式为存在常态，但契约型合伙在社会经济中仍大量存在。合伙企业的存在和发展，说明合伙主要以组织体形式存在。但是，绝大部分合伙以组织体存在的现实，并不能改变合伙合同系合伙组织的基础。实践中，当事人为完成某一特定民事行为而以合同形式成立，但不以成立稳定组织为目的的契约型合伙关系大量存在。本法第102条已解决组织型合伙的主体性问题，《民法典》合同编应对契约型合伙作

① 王利明:《论民法典对合伙协议与合伙组织体的规范》，载《甘肃社会科学》2019年第3期。

出必要的回应。本条是关于合伙的一般规定，既能调整民事合伙，也涵盖商事合伙。所谓合伙合同，又称合伙协议，是指二人以上相互约定共同出资，为实现共同事业目的，订立的共享利益、共担风险的合同。合伙合同是认定合伙关系的基础，是调整内部合伙关系的依据，是确定合伙人权利义务关系的准则。合伙合同之于合伙，如同公司章程之于公司，是合伙最重要的协议。

一、合伙合同的基本特征

第一，合同主体须为二人以上。订立合伙合同，成立合伙关系，须有两个以上合伙人，本条对合伙合同主体数量上限并未限制。从合同主体范围看，本条规定的"人"包括自然人、法人、非法人组织，但特别法有规定的从其规定。[①] 前述主体既可互相结合，比如自然人与法人及非法人组织，法人与自然人、非法人组织等可互相结合；也可单独结合，比如自然人之间、法人之间、非法人组织之间的结合。自然人作为合伙合同主体时，需具有完全民事行为能力，无民事行为能力人不得订立合伙合同；限制民事行为能力人参与合伙的，需其法定代理人追认；法人、非法人组织作为合伙合同主体时，需具有民事权利能力。

第二，合伙合同原则上应采用书面形式订立。准确理解合伙合同的订立形式对于认定合伙关系、处理合伙内外部关系具有重要意义。本法第 469 条第 1 款规定，当事人订立合同，可以采用书面形式、口头形式或者其他形式。合伙合同作为合同编新增的有名合同，似乎既可采用书面形式，也可采取口头形式或其他形式订立，对此，本条并未明确。《民法通则》规定成立个人合伙，合伙人必须对有关事项协商一致，订立书面合伙协议。然而实践中，常见的是合伙各方无书面合伙协议，导致出现纠纷后合伙人之间就利润分配、债务分担等发生争议。笔者认为，为使合伙人之间能正确处理合伙内部事务，以免产

---

① 《合伙企业法》第 3 条规定："国有独资公司、国有企业、上市公司以及公益性的事业单位、社会团体不得成为普通合伙人。"该条规定是对商事合伙主体的特别限制。

生不必要的纠纷，原则上合伙人订立合伙合同应当采用书面形式。但是对于不具有民事主体地位的合伙而言，尤其是实践中大量存在的临时性、暂时性、一时性的民事合伙，认定合伙关系是否存在，订立书面合伙合同并不是实质要件，而仅具有程序法上的证明作用。《民法通则意见》第50条规定："当事人之间没有书面合伙协议，又未经工商行政管理部门核准登记，但具备合伙的其他条件，又有两个以上无利害关系人证明有口头合伙协议的，人民法院可以认定为合伙关系。"在双方没有书面合伙合同的情况下，只要双方具备合伙共同出资、共同经营的基本条件，又有口头合伙合同，即可认定成立合伙关系。

第三，合同目的由合伙人自行约定。合伙为经营共同事业之契约，经营共同事业为合伙之目的，亦是合伙成立之必要要件。[①]实现共同的事业目的，是合伙最显明的特征，共同的事业是各合伙人追求的目标。笔者认为，只要合同目的不违反法律强制性规定、不违反公序良俗，应当尊重当事人意思自治，贯彻合同自由原则，由合伙人自行商定。这里的共同事业既可以是营利性、长期性的活动，如成立合伙企业进行商业经营；也可以是非营利性、短期、临时的活动，单纯为共同兴趣、爱好、理想，从事学术、艺术、文化交流活动等。

第四，合同内容应当包括出资、利润分配和亏损分担等合伙内部关系重要事项。合伙合同不同于其他合同，有其特定内容和事项，合同内容包括如合伙人出资、合伙利润分配、合伙亏损分担、退伙等合伙内部关系事项。需要考虑的是，在缺少特定合同条款的情况下，是否必然导致合伙合同无效。笔者认为，应当区分必要条款和其他条款。缺少必要条款，且未达成补充协议的，应认定合伙合同无效；缺少其他条款，应允许当事人自由约定，即便没有补充约定，也不影响合伙合同效力。《民法通则》第31条规定，合伙人应当对出资数额、盈余分配、债务承担、入伙、退伙、合伙终止等事项，订立书面协议。《合伙企业法》规定合伙协议应当载明下列事项：（1）合伙目的

① 邱聪智：《新订债法各论》（下），中国人民大学出版社2006年版，第11页。

和合伙经营范围；（2）合伙人的姓名及其住所；（3）合伙人出资的方式、数额和缴付出资的期限；（4）利润分配和亏损分担办法；（5）合伙企业事务的执行；（6）入伙与退伙；（7）合伙企业的解散与清算；（8）违约责任；（9）合伙人约定的其他事项。合伙协议经全体合伙人签名、盖章后生效。合伙人依照合伙协议享有权利，承担责任。综合来看，就一般民事合伙而言，合伙人出资、利润分配和亏损分担、入伙与退伙、合伙终止属于合伙合同的必要条款。

第五，合伙合同不是双务合同。合伙合同是属于双务合同还是共同行为，理论界素有争议。有观点认为，在合伙合同中，各个合伙人均负有出资的义务，而且各合伙人的出资义务相互有对价的关系，因此，合伙合同为双务合同。笔者认为，各合伙人订立合同的目的是从事某项共同事业，实现某种共同目的，并非为等价交换，合伙合同的主体之间不产生如买卖合同、租赁合同当事人间的互负权利义务的双务合同关系。合伙人履行出资义务不是为换取其他合伙人的对价，而是由各合伙人履行出资义务后形成共同的合伙财产，为实现共同事业目的奠定物质基础。合伙人实际上是通过合作的方式指向共同的目标，而非站在对立的角度进行等价交换。因此，合伙合同本质上属于共同行为，而非双务合同。

二、合伙合同的成立、生效与变更

根据本法第490条、第502条规定，合伙人采用书面形式订立合伙合同的，合同自全体合伙人签名、盖章或者按指印时成立并生效。合伙合同须经全体合伙人签名、盖章或者按指印，如果有任何一个合伙人未签名、盖章或者按指印，则合同不产生法律效力；合伙人分不同时间签名、盖章或者按指印，以最后一名合伙人签名、盖章或者按指印的时间为合伙合同的成立生效时间。合同生效后，各合伙人应当按照合同约定享有权利和履行义务。如合伙人可根据合同享有取得合伙盈余、决定合伙事务的权利等等。当然，合伙人也应按照合同约定的方式、期限履行出资、执行合伙事务的义务。合伙人违反合伙合同约定的，即构成违约，应当向其他合伙人承担违约责任。修改或者补充合伙合同，应当经全体合伙人一致同意，但合伙合同另有约定的，从其约定。合伙人可以在合伙合同中事先约定合同修改、变更的方式和条件，也可以在合同履行过程中，经协商一致变更合伙合同。

【审判实践中应注意的问题】

第一，合伙合同虽不同于一般的合同，但仍属民事合同，因此，仍适用合同编通则分编有关规定。但本法基于双务合同特征而设定的相关规则，不能适用于合伙合同，如同时履行抗辩权、不安抗辩权等规则。

第二，严格区分合伙关系与其他法律关系。司法实践中，合伙人均为自然人的合伙往往没有工商登记注册，而是借用他人或者某个合伙人的营业执照，以个体工商户、个人独资企业等形式进行营业，发生纠纷后，争议多数集中在双方关系认定方面。如一方主张双方是合伙关系，另一方则主张双方是借贷关系、雇佣关系等。对此，应当依据是否存在合伙合同、是否各自提供资金、实物、技术，是否合伙经营，综合认定当事人之间的基础法律关系。

第九百六十八条　合伙人应当按照约定的出资方式、数额和缴付期限，履行出资义务。

【条文主旨】

本条是关于合伙人出资义务的规定。

【条文理解】

一、合伙人应当按照约定的出资方式履行出资义务

对于出资方式，《德国民法典》规定，可以金钱、事务、劳务作为出资。《意大利民法典》规定，合伙人的出资包括财产、劳务、债权；《法国民法典》规定，合伙人应当以金钱、财务和其他劳务出资。我国《民法通则》第30条规定，合伙人可以资金、实物、技术等出资。《合伙企业法》规定合伙人可以金钱、实物、土地使用权、知识产权、其他财产权和劳务出资。笔者认为，本条规定贯彻合同自由原则，对合伙人出资的方式交由合伙人在合伙合同中协商一致确定，合伙人可以以资金、实物在内的财产，用益物权、债权、知识产权等财产权利出资，其他法律法规有特别规定，从其规定。合伙人以资金出资，可以是现金，也可以是可流通的有价证券；以实物出资，可以是动产或不动产的所有权，也可以是除所有权以外的财产权；以技术出资，可以是技术知识的内容，也可是技术性的劳务，还可以是知识产权和商业秘密所有权或使用权、收益权等他项财产权。合伙合同一旦确定了合伙人的出资方式，各合伙人即负有按照合同确定方式履行出资的义务。

二、合伙人应当按照约定的出资数额履行出资义务

出资数额能够反映合伙人的出资比例，对确定利润分配、亏损分担以及合伙合同终止后的盈余分配具有重要意义。所谓出资数额，即合伙成立时合伙人所占合伙的份额或比例，合伙人应当根据各自财产能力和经营共同事业的需要，协商一致在合伙合同中约定，法律不强制要求各合伙人等额出资；如果合伙合同没有约定，由合伙人协商补充，协商不成的，合伙人承担数量相等的出资。

三、合伙人应当按照约定的出资期限履行出资义务

合伙人缴付出资应当有履行期限。实践中，合伙人可以选择约定固定的出资日期或者约定特定的出资期限，也可约定分期分批次履行出资。一般来说，如果没有约定或者约定不明，自合伙合同成立之日起，合伙人即负有出资义务。

【审判实践中应注意的问题】

第一，合伙人对出资负有担保义务，即确保对出资财产或财产权利等具有合法的处分权，出资存有瑕疵的，应当承担补救责任。如果合伙人违反合伙合同约定的出资事项也损害了合伙本身的利益，应当区分合伙本身是否具有独立民事主体地位来确定是否可以请求导致合伙损害的合伙人承担责任。

第二，劳务出资的法律性质。劳务是一种特殊的商品，以劳务出资是与合伙由合伙人共同经营的特征相适应的。笔者认为，作为合伙出资的劳务只能由提供劳务的合伙人个人所有。就法律性质而言，劳务实质属于行为的一种，基于民法的物权理论，可作为物权客体的，只能是有体物或一定的财产权利，行为不能成为民法物权的客体。作为行为的劳务自然不能成为物权的客体，以此推知，劳务不能成为合伙财产，也不能为合伙人共有。从劳务的法律限制机制上讲，合伙人

以劳务出资的行为，仅是一种债权行为，如果合伙人未按合伙合同的约定履行提供劳务的义务，其他合伙人只能主张该出资人的违约责任，即基于债权请求权请求该违约人提供劳务。如果经其他合伙人请求，该合伙人仍然拒绝提供劳务，合伙人只能要求该合伙人赔偿损失，但不能要求法院强制执行合伙人的劳务。

第九百六十九条　合伙人的出资、因合伙事务依法取得的收益和其他财产，属于合伙财产。

合伙合同终止前，合伙人不得请求分割合伙财产。

【条文主旨】

本条是关于合伙财产的规定。

【条文理解】

所谓合伙财产，是指合伙关系存续中，因经营合伙事业所具有及取得之一切财产之总和。[①]也即，因合伙取得的一切权益均属于合伙财产。学理上认为，合伙财产分为狭义和广义的概念，狭义的合伙财产是指合伙存续期因经营合伙事务取得的一切积极财产；广义的合伙财产是指合伙存续期因经营合伙事务取得的一切财产，包括合伙负债。本条规定采纳狭义说的观点，仅指积极财产，在《民法通则》的基础上，进一步明确合伙财产的范围包括合伙人的出资、因合伙事务依法取得的收益和其他财产。并且，规定了合伙合同终止前，合伙人不得请求分割合伙财产。

一、合伙财产的具体范围

本条第1款根据合伙财产来源不同，规定了合伙财产的具体范围。

第一，合伙人的出资。合伙人为共同的事业，决定共享利益、共

① 邱聪智：《新订债法各论》（下），中国人民大学出版社2006年版，第23页。

担风险而签订合伙合同，出资是其合同基本义务，也是合伙关系成立的基础条件。合伙人出资构成了合伙财产最原始部分。合伙合同一经成立，合伙人即负有出资义务，相应地，合伙人的出资是否现实给付，均因合伙成立生效，即时成为合伙财产的一部分。[①]也即，本条规定的“出资”是合同约定的出资，而非实际缴付的出资。需要指出的是，合伙人转让其财产所有权进行出资是合伙原始财产取得方式，但不等于合伙人只能通过转让所有权的方式来形成合伙原始财产。合伙人也可以通过转让占有权、使用权的方式形成合伙原始财产。例如，合伙人可以自己房屋一定时期的占有权和使用权折价作为出资，这时合伙人并不丧失其对房屋的所有权。

第二，因合伙事务依法取得的收益。合伙成立以后，凡是为实现合伙事业目的而取得的一切合法收益均属于合伙财产，这些收益在未按照约定分配以前均属于合伙财产，主要包括合伙的营业收入、购买的各类财产等。

第三，依法取得的其他财产。根据法律、行政法规等规定合法取得的其他财产，比如因他人侵权而获得损害赔偿或者合法接受赠与的财产等。

二、合伙合同终止前，合伙人不得请求分割合伙财产

根据财产形式不同，合伙财产可由各合伙人共同享有所有权或使用权，具体表现形式则是享有依照合伙合同所确定的财产收益份额或者比例，合伙人并不能单独支配使用，即合伙财产作为共有财产，由合伙人共同管理和使用。合伙合同存续期间，倘若允许合伙人分割合伙财产，一方面，背离合伙目的，将导致合同目的无法实现；另一方面，损害了合伙本身的稳定和发展，影响债权人利益实现。故有必要保持合伙财产的稳定性。前已述及，本章规定是对合伙的一般规定，

① 邱聪智：《新订债法各论》（下），中国人民大学出版社 2006 年版，第 18 页。

特别法对商事合伙有特别规定的，从其规定。[①]

德国民法理论认为终止是一种需要受领的意思表示，它使债之关系向将来消解，与解除相比，没有返还清算的问题。终止主要适用于继续性债之关系，合伙合同即属于典型的继续性合同。[②]因此，本条规定使用合同“终止”，而非解除。以债权与债务是否独立存在为区分，本法将债的消灭原因与合同的消灭原因分别规定，第557条第2款规定，合同解除的，该合同的权利义务关系终止。所谓合同终止，是指合同关系终止后，合同确立的相应权利、义务关系消灭。合伙目的实现、合伙期限届满、合伙人协商一致解除合同均可以产生合伙合同终止的法律效果。前述情形下，合伙关系归于消灭，合伙人可以就合伙财产进行分割。

【审判实践中应注意的问题】

合伙人出资并非均能构成合伙财产。实践中，合伙人以财产所有权，如现金、机械设备，转让有价证券、不动产、专利权等方式出资的，可以直接构成合伙财产；合伙人以某项不动产或知识产权的使用权、收益权出资，由于出资合伙人仍是该项财产法律意义上的所有人，所以该项财产原物不能成为合伙人财产。但是，由于合伙人以他项财产权出资时，必须将作为使用权、收益权等财产载体的财产原物，交由全体合伙人共同占有、使用或收取收益，才能形成出资合伙人的出资，这与准共有的法律特征相符。因此，合伙人以所有权以外的财产权出资的，该出资属于合伙准共有财产。

① 《合伙企业法》第21条第1款规定：“合伙人在合伙企业清算前，不得请求分割合伙企业的财产；但是，本法另有规定的除外。”

② 韩世远：《合同法总论》，法律出版社2011年版，第645页。

第九百七十条 合伙人就合伙事务作出决定的，除合伙合同另有约定外，应当经全体合伙人一致同意。

合伙事务由全体合伙人共同执行。按照合伙合同的约定或者全体合伙人的决定，可以委托一个或者数个合伙人执行合伙事务；其他合伙人不再执行合伙事务，但是有权监督执行情况。

合伙人分别执行合伙事务的，执行事务合伙人可以对其他合伙人执行的事务提出异议；提出异议后，其他合伙人应当暂停该项事务的执行。

【条文主旨】

本条是关于合伙事务执行的规定。

【条文理解】

本条在《民法通则》第34条规定基础上，对合伙事务执行进行了全面细致的规定，新增了合伙人异议权制度。具体而言，一是合伙事务决定，以一致同意为原则，合同另有约定为例外；二是合伙事务原则上应当由全体合伙人共同执行；三是确立委托合伙人执行合伙事务制度；四是增加合伙人异议权制度。

一、合伙事务由合伙人共同决定

这里的“共同决定”是否严格限定为“一致同意”，原则上由合伙人自行约定，合伙事务决定规则以不违反法律、损害少数合伙人利益为前提。合伙人可在合伙合同中约定合伙事务决定表决规则，可以是少数服从多数原则，也可采半数通过原则，全凭合伙人自行约定。

需要指出的是，不论合伙人出资多寡，每个合伙人均享有平等的表决权。没有约定或者约定不明且无法补充协商一致的，就合伙事务作出决定的，须经全体合伙人一致同意。

二、合伙事务由全体合伙人共同执行

所谓合伙事务是指在合伙存续期间内，所有与合伙事业相关的、涉及合伙利益的事务。[①] 为实现共同事业目的，合伙关系存续期间发生的一切活动均属于合伙事务，包括入伙、退伙、合同解除、处分合伙财产、延长合伙期限，也包括合伙经营、管理活动。合伙事务繁多且可能涉及专业领域，比如会计、法律、经营管理、人事管理等。根据内容不同，又可分为通常事务和重要事务（合伙合同变更、执行事务合伙人变更、合同目的变更、处分合伙财产等）；根据性质不同，大体分为法律行为和事实行为。如为实现共同事业目的，与第三人签订买卖、租赁、借款合同等合同行为；如各类事务工作，组织生产、会计和财务管理等。合伙的目的是为实现共同事业，各合伙人不仅要共享利益、共担风险，还要参与合伙事业的运作及执行。各合伙人基于合伙的性质和合伙的目的，都有权具体执行合伙事务。一般来说，合伙人自签订合伙合同之日起，基于合伙人身份即有权执行合伙事务。合伙人共同执行合伙事务在合伙中较为常见，适合合伙人较少的合伙，即各合伙人都直接参与经营，处理合伙的事务，对外代表合伙。

三、合伙事务委托执行

合伙事务须由全体合伙人共同决定，但对合伙人共同的决定，可以由一个或者数个合伙人具体执行。全体合伙人共同执行合伙事务能够充分发挥各合伙人的才干，确保合伙经营的稳定，维护合伙人的共同利益。与此同时，合伙人共同执行往往存在意见不统一、合伙运行

① 王利明：《合同法研究》，中国人民大学出版社2014年版，第451页。

效率低等问题，尤其是合伙人数众多，经营规模较大的合伙。因此，本条第 2 款规定，按照合伙合同的约定或者全体合伙人的决定，可以委托一个或者数个合伙人执行合伙事务。合伙人可以在订立合伙合同时约定由一个或数个合伙人执行具体的合伙事务，也可以在合伙成立以后，由合伙人全体决定的方式，委托一个或数个合伙人执行合伙事务。这里的“委托”虽具有委托的特征，但不是委托关系，而是基于合伙关系产生，源于合伙合同约定或合伙人一致决定。受委托的合伙人享有的代表权因被委托执行合伙事务而当然成立，不需要另行特别授权，代表权的范围限于执行合伙事务的范围之内。受委托的合伙人执行合伙事务，代表合伙对外开展经营、交易等活动，其执行合伙事务所产生的收益归合伙，所产生的费用和亏损由合伙承担。其他合伙人不再执行合伙事务，不能代表合伙，如果擅自执行合伙事务给合伙或者其他合伙人造成损失的，应当承担赔偿责任。

四、合伙人监督权

合伙事务属于合伙的公共事务，事务的具体执行情况涉及合伙利益，也涉及每个合伙人切身利益，不执行合伙事务的其他合伙人有权对执行事务合伙人的执行行为进行监督。为确保合伙事务得到正确执行，避免执行事务的合伙人利用执行事务的便利牟取私利，损害合伙的共同利益，其他合伙人可以通过检查合伙事务执行情况行使监督权，比如约定执行事务合伙人定期报告执行情况，掌握合伙经营情况；或者查询合伙会计账簿，了解合伙财务状况。

五、合伙人异议权

合伙人在分别执行合伙事务时，难免会出现考虑不周或者执行不当的情况，也不排除个别合伙人违反诚信原则，作出损害其他合伙人的行为。因此，在分别执行合伙事务的情况下，各合伙人有权监督其他合伙人的执行行为，也应当接受其他合伙人对自己执行合伙事务的监督。为防止执行事务的合伙人对异议置之不理，避免因执行不当损害合伙的共同利益，本条第3款规定了合伙人异议权，分别执行合伙事务的合伙人认为其他合伙人执行不当，可能损害合伙利益的，可以就该项事务提出异议，其他合伙人应当暂停该项合伙事务执行。这里的“异议”是指对其他合伙人执行的具体行为表示反对，提出异议应当针对具体的各个执行事务，不能抽象笼统地对其他合伙人的执行事项不满。对于是否应当停止该项事务的执行，由全体合伙人一致决定。

【审判实践中应注意的问题】

受委托的合伙人应当尽职尽责，勤勉注意，一切行为均为促进合伙事业目的实现。除合伙合同另有约定或者合伙人一致同意外，受委托的合伙人应当亲自执行合伙事务，不能擅自将合伙事务另行委托他人执行。若其违反诚信原则，为谋取个人私利而作出损害其他合伙人的执行行为，各合伙人可依照合伙合同约定或者经多数决定撤销委托执行合伙事务的权利。合伙组织（合伙企业）或者各合伙人也有权依据合伙合同约定，要求该合伙人承担违约责任或赔偿责任。另外，受委托的合伙人不得自营或者同他人合作经营与合伙相竞争的业务。除合伙合同另有约定或者经全体合伙人一致同意，合伙人不得同合伙（合伙企业、组织）进行交易。

第九百七十一条 合伙人不得因执行合伙事务而请求支付报酬，但是合伙合同另有约定的除外。

【条文主旨】

本条是关于合伙人不得因执行合伙事务请求支付报酬的规定。

【条文理解】

执行合伙事务是合伙人的权利，也是其义务。合伙人执行合伙事务的义务不是源于委托关系或者雇佣关系，而是源于合伙人身份资格，不存在支付报酬或对价的问题。此外，对于以劳务出资的合伙人，其在合伙存续期间内必须执行合伙事务或者提供其他劳务。原则上合伙人不得因执行合伙事务而请求报酬。当然，合伙人执行合伙事务必然会付出一定的时间、精力、财力，如果允许支付执行事务合伙人一定报酬，有助于提高合伙人积极性，增进合伙事业发展。本条规定贯彻合同自由原则，合伙人可以在合伙合同中约定从合伙利润中支付合伙人执行合伙事务的报酬。合伙人可以在签订合伙合同时约定，也可以在合伙关系存续期间经全体合伙人一致同意补充约定。对于报酬的给付种类、数额、方式或期限等问题，由合伙人约定。

【审判实践中应注意的问题】

实践中，合伙人因执行合伙事务可能会支出一定费用，比如因经营需要到外地出差而产生的交通、住宿、餐饮费用等，对于因执行合伙事务而产生的正常开支，合伙人有权请求合伙在合伙利润中支付此部分费用；再如因经营生产需要，合伙人自行垫付了费用，就该部分费用，合伙人有权请求合伙在合伙利润中支付。合伙人在执行合伙事务过程中，因不可归责于自己的事由，身体或者财产受到损害，除向侵权人主张损害赔偿外，也有权请求从合伙财产中给予补偿。

第九百七十二条 合伙的利润分配和亏损分担，按照合伙合同的约定办理；合伙合同没有约定或者约定不明确的，由合伙人协商决定；协商不成的，由合伙人按照实缴出资比例分配、分担；无法确定出资比例的，由合伙人平均分配、分担。

【条文主旨】

本条是关于合伙利润分配和亏损分担的规定。

【条文理解】

合伙利润分配和亏损分担属于合伙内部关系的核心事项，与合伙人利害相关。所谓合伙的利润是指合伙财产多于合伙债务及出资总额的部分；所谓合伙的亏损是指合伙财产少于合伙债务及出资总额的部分。本条规定严格贯彻合同自由原则，对于利润分配和亏损分担事项，交由合伙人自行约定；合伙合同没有约定或者约定不明的，仍先由合伙人自行协商；如果协商不成的，再由合伙人按照实缴出资比例分配、分担；如果无法确定出资比例，由合伙人平均分配、分担。

一、按照合同约定或者合伙人协商确定的比例进行利润分配和亏损分担

利润分配和亏损分担属于合伙合同的重要条款，合伙人应当在合同中约定，至于分配、分担的具体方式、比例，由合伙人协商一致确定。合伙人可以按照出资比例和数额确定利润分配比例和亏损分担比例；对于包含劳务、技术出资的合伙人的，也可以不问出资比例和数额，采取合伙人平均分配、分担的原则。一般来说，合伙人利润分配

比例与亏损分担比例是一致的。如果合伙合同中只约定了某一合伙人的利润分配比例，并未约定亏损分担比例，基于共享利益、共担风险的原则，该合伙人不得以未约定亏损比例为由主张免于亏损分担责任。如果合伙合同没有约定或者约定不明的，也应贯彻意思自治原则，由全体合伙人通过协商的方式确定，合伙人可通过在合伙合同中增加利润分配和亏损分担内容或者明确具体分配、分担比例的方式解决争议。

二、按照实缴出资比例进行利润分配和亏损分担

若合伙合同没有约定或者约定不明且合伙人无法协商一致的，应当按照各合伙人实缴出资比例分配利润、分担亏损。本章规定合伙人负有出资义务，但对出资方式、期限等内容均交由合伙人自行约定，并未强制要求合伙人必须按照合同约定全额出资。实践中存在合伙人实缴出资与合同约定出资不一致的情形，对此，按照实缴出资比例确定利润分配和亏损承担，符合各合伙人之间利益。

三、由各合伙人平均进行利润分配和亏损分担

如果无法确定各合伙人的实缴出资比例，则应当依照公平原则，按照合伙人数平均分配、分担。

【审判实践中应注意的问题】

第一，合伙合同约定将全部利润分配给部分合伙人或者由部分合伙人分担全部亏损，该约定是否有效，应当如何确定利润分配和亏损分担。笔者认为，共享利益、共担风险是合伙合同的本质特征，也是合伙的基本要求，合伙人均享有参与利润分配的权利，也负有承担亏损的义务。合伙人不能在合伙合同中约定将全部利润或全部亏损归于某一个合伙人或者数个合伙人，不能排除合伙人参与利润分配的权利，也不能免除合伙人承担亏损的义务。此类约定不符合合伙合同基

本要求，应为无效。此种情形下，按照本条规定，由合伙人协商确定，协商不成的，按照实缴出资比例分配、分担；无法确定实缴出资比例，由各合伙人平均分配、分担。当然，对于特定的合伙形态，比如有些合伙企业，基于鼓励风险投资事业发展的考虑，法律例外地允许合伙合同中约定将全部利润分配给部分合伙人。例如《合伙企业法》第69条规定，有限合伙企业不得将全部利润分配给部分合伙人；但是，合伙协议另有约定的除外。

第二，合伙人关于亏损分担的约定属于合伙内部关系，不得以此对抗第三人。合伙亏损的分担属于合伙内部事务，合伙人可以自行约定具体分担形式和比例，如按照出资比例或者平均分担等，但合伙人不得以其约定改变其对外责任的形式，即便内部达成一致意思表示，也不能对抗第三人，即合伙的债权人有权要求各合伙人承担全部清偿责任。

第三，合伙合同仅约定了利润分配或者亏损分担比例的，合伙人内部就利润分配或亏损分担发生争议，合伙人请求推定该比例共同适用于利润分配或亏损分担，人民法院应予支持。

第九百七十三条　合伙人对合伙债务承担连带责任。清偿合伙债务超过自己应当承担份额的合伙人，有权向其他合伙人追偿。

【条文主旨】

本条是关于合伙债务承担的规定。

【条文理解】

所谓合伙债务，是指合伙关系存续期间，为实现共同事业目的，以合伙名义对合伙外的人所承担的债务。产生合伙债务的原因通常包括以下三种情形：一是合伙或者合伙人为共同事业目的，与第三人签订合同而产生的合同之债；二是合伙人在执行合伙事务过程中侵犯第三人合法权益所产生的侵权之债；三是无正当理由占有第三人财物或者无因管理之债。合伙债务与合伙人个人债务是两个不同的概念，应当严格区分。合伙债务承担债务的主体是合伙，履行或承担债务的财产范围是合伙的共有财产和每个合伙人的个人财产。而合伙人个人债务承担债务的主体是合伙人本人，该合伙人以个人名义对债权人清偿债务。

一、合伙债务的承担规则

合伙债务的承担规则，与合伙的定位、合伙财产的性质等有紧密联系。从域外立法例来看，对合伙债务的承担规则，区分合伙财产是按份共有，还是共同共有，主要采取分担主义与连带主义两种方式。分担主义的核心观点是把合伙债务视为合伙人的个人债务。如《日本民法典》规定，就合伙债务，各合伙人仅就其分担部分负清偿责任。这种规定的好处是，债权人在请求清偿合伙债务时，可直接向各合伙人请求其应承担的份额，法院在裁判时可以将各合伙人应当承担的份额予以确定，避免后续的追偿诉讼。但也有问题，即各合伙人应当分担债务的份额属于合伙内部关系，债权人无法知悉各合伙人的份额，其在主张债权时难以举证，不利于保障债权人合法权益。连带主义的核心观点是各合伙人对合伙债务，以合伙财产清偿外，尚应当以个人财产清偿，各合伙人对合伙债务应当承担连带责任。如《瑞士债法典》规定，合伙人共同执行合伙事务，或者通过合伙代表执行合伙事务，则合伙人应对第三人承担连带责任。这种规定的好处是，债权人可以向任一合伙人主张清偿合伙债务，而无须区分份额，各合伙人均有义务向债权人清偿全部债务，不得以其在合伙中的份额为抗辩理由对抗债权人，能够最大程度地保护债权人的利益。对于合伙债务的承担规则，我国立法采取了连带主义。本条规定各合伙人对合伙债务承担连带责任，即各合伙人均负有清偿合伙债务的义务，连带地向债权人承担责任。清偿合伙债务超过自己应承担份额的合伙人，有权向其他合伙人追偿。之所以作如此规定，主要是基于以下三点考虑：第一，扩大清偿合伙债务的履行担保，有利于债权实现。在合伙财产远远少于合伙债务的情形下，若合伙人对外仅承担有限责任，将导致债权无法实现，损害债权人的利益。第二，体现了合伙的本质特征，有利于促进合伙事业发展。各合伙人的行为具有共同性以及利益的一致性，合伙人执行合伙事务，其权益归全体合伙人，产生的义务也应当由合伙人承担，因合伙产生的一切后果均由合伙人承担，体现了权利义务的一致性。第三，有利于督促各合伙人慎重选择合作伙伴，执行合伙事务时加强互助协作、勤勉负责，共同维护合伙的利益，避免承担连带责任，提高合伙的效率。

二、合伙人对外承担的是无限连带责任

连带责任是民事领域常见的责任形式，通说认为，所谓连带责任

是指当事人按照法律的规定或者合同的约定，连带地向权利人承担责任。该种责任具有以下特征：一是债务人之间对债务的清偿有连带关系，相互承担履行债务的担保责任；二是连带责任是数个独立的给付责任，债权人可以要求任何一个债务人承担全部或部分责任；三是债权人与债务人之间的债权债务关系因任何一个债务人承担了全部责任而告消灭；四是原债权债务关系消灭，在各债务人内部产生新的债权债务关系，承担了全部责任的债务人成为这一新的债权债务关系中的债权人，有权向其他债务人请求偿付各自应承担的份额。本条规定的连带责任是一种法定责任，各合伙人不能通过合伙合同约定免除，即便约定免除，也不得以此对抗债权人；是一种对外的责任，合伙人应当以其个人财产对合伙债务承担责任，不得以合伙债务非因其个人行为而产生为由提出抗辩；是一种真正的连带责任，强调的是各合伙人之间都要对其他合伙人责任财产不足负责，合伙债务未全部清偿前，全体合伙人仍负连带责任。

三、合伙人对内按照份额承担清偿责任

本法第972条规定："合伙的利润分配和亏损分担，按照合伙合同的约定办理；合伙合同没有约定或者约定不明确的，由合伙人协商决定；协商不成的，由合伙人按照实缴出资比例分配、分担；无法确定出资比例的，由合伙人平均分配、分担。"从债务承担的角度来看，该条规定的几种亏损分担方式都是合伙人之间按份承担合伙债务的方式。前已述及，合伙人承担的连带责任属于真正的连带责任，真正连带责任人的某一合伙人在承担了责任后，就其清偿的数额超过按份之债的部分，有权向未足额承担份额的其他合伙人追偿。合伙人依照合伙合同约定比例，分担合伙的亏损，在承担合伙债务的连带责任时，也是按照这个比例来决定所负责任的大小，如果某一个合伙人所清偿的数额超过其应当承担的数额，甚至是合伙的全部债务，则相应地有些合伙人未履行其义务或者履行不足，因而产生了追偿问题。比如甲、乙、丙合伙从事客运运输，合伙合同约定甲分担合伙亏损额的

40%，经清算，三人合伙期间产生合伙债务100万元，债权人起诉甲、乙、丙要求偿还债务，若法院最终执行了甲的个人财产100万元，清偿了合伙债务，则甲有权就超出的60万元向乙丙追偿。合伙人行使追偿权，要求其他合伙人给付超过应当承担的部分份额，应当证明已偿还了合伙债务且超过了其应当承担数额的部分这一基础法律事实，如不能提供充分证据，将依法承担不利后果。

四、合伙债务的清偿顺序

从域外立法例来看，对于合伙财产和合伙人个人财产清偿合伙债务的先后顺序，主要有两种立法模式：一是并存主义，对合伙债务，由合伙财产和合伙个人财产负担连带清偿责任，债权人可以就合伙财产和合伙人个人财产选择请求清偿。二是补充连带主义，对合伙债务，债权人应当首先要求以合伙财产作出清偿，合伙财产不足清偿时，各个合伙人就不足部分负连带赔偿责任。[①]本条规定并未明示合伙债务的清偿顺序，笔者认为，不论合伙是否具有民事主体地位，均应当将合伙人的连带责任解释为补充连带责任。一是这种解释兼顾了债权人利益保障和合伙人利益保障。在合伙有财产时，首先要求合伙人个人承担责任，对合伙人不公平；二是符合债权人平等主义的要求。合伙的债权人和合伙人的债权人地位平等，合伙合同终止前，合伙人不得请求分割合伙财产，因此，合伙人不能直接以合伙财产来清偿个人债务，合伙的债权人当然也不能要求先以合伙人的个人财产来清偿。三是专门规制商事合伙的《合伙企业法》对此采取了补充连带责任。该法第38条规定，合伙企业对其债务，应先以其全部财产进行清偿。当然，为维护合伙财产的稳定性，合伙人可以在合伙合同中约定先由合伙人个人财产清偿合伙债务，在不损害债权人利益的情形下，应认定该约定有效。

① 王利明：《合同法研究》，中国人民大学出版社2012年版，第462页。

【审判实践中应注意的问题】

一、合伙人成为合伙的债权人，产生合伙债务清偿效果

当合伙人成为合伙的债权人，使其债权及所负连带债务因发生混同而消灭时，其他合伙人免除合伙债务清偿责任，该合伙人可就超过自己应承担的份额向其他合伙人追偿。

二、合伙人退伙后合伙债务承担

为充分保护债权人的利益和交易安全，退伙的合伙人，对其退伙前所发生的合伙债务仍承担连带清偿责任。债务范围限于退伙前发生的合伙债务，这里包括虽然退伙前尚未发生，但是基于退伙前的原因于退伙后发生的债务。退伙的合伙人即便按照合伙合同约定或者合伙人协商一致已经承担自己应当承担的份额，倘若合伙债务仍未全部清偿，仍对合伙债务负有连带责任，但就其清偿的数额超过按份之债部分，有权向未足额承担份额的其他合伙人追偿。当然，如果合伙债权人认可合伙人内部承担债务的约定，则应由约定的合伙人独立承担清偿责任。

三、新入伙合伙人对入伙前的合伙债务承担清偿责任

受让合伙人财产份额的第三人，本与入伙前产生的合伙债务无关，但因其取得合伙财产份额，获得了合伙人资格，与原有合伙人享有同样的权利，视为认可合伙关系存续期间的一切活动的法律效果，包括合伙的亏损。此外，对于债权人来说，其无法知晓合伙成员变动情况，为保障债权利益，新入伙的合伙人也应当对其入伙前的合伙债务承担连带责任。

四、对合伙经营亏损有过错的合伙人，应当根据其过错程度相应的多承担责任

《民法通则意见》第47条规定，对造成合伙经营亏损有过错的合伙人，应当根据其过错程度相应的多承担责任。合伙人在执行合伙事务过程中，违反合伙合同约定或者合伙确定的经营决策，擅自处分合伙财产等造成合伙的亏损，应当多承担责任。合伙人在执行合伙决策过程中产生正常的经营风险及商业风险，不属于对亏损有过错的情形。

五、合伙合同主体之外的民事主体提供资金或者实物等，不参与合伙经营活动，但参与盈余分配的，该民事主体对合伙债务是否承担连带责任

合伙实践中，实际出资的一方不参与合伙经营活动，其合伙权利由另一方（含未出资）承受并实际参与合伙事务的情况并不少见。为保障其他合伙人权益以及合伙债权人的债权利益，实际出资并参与盈余分配的民事主体应视为合伙人，对合伙债务承担连带责任。

第九百七十四条 除合伙合同另有约定外，合伙人向合伙人以外的人转让其全部或者部分财产份额的，须经其他合伙人一致同意。

【条文主旨】

本条是关于合伙财产份额转让的规定。

【条文理解】

合伙成立以后，合伙人并非固定不变，因为经营情况变化或者合伙人自身原因，合伙人很有可能向其他合伙人或者合伙人之外的第三人转让其财产份额。合伙人向合伙人以外的人转让其财产份额，表面上看属于合伙人处分其合伙份额的行为，实质上涉及合伙合同主体变更，直接影响着合伙合同存续，属于影响合伙稳定的重大事项。依据合伙人是否转让全部财产份额，分为两种情形：一是自愿退伙；二是第三人新入伙。合伙人转让其全部份额的，原合伙人因不再享有任何合伙财产份额，实际上已经丧失了合伙人资格，属于自愿退伙的情形；合伙人转让部分财产份额的，第三人因受让合伙人财产份额加入合伙，属于新入伙的情形。本条规定贯彻合同自由原则，赋予合伙人自行协商确定合伙人向合伙人以外的人转让财产份额决定规则的权利，合伙人可以约定过半数人同意或者多数人同意，具体转让规则由合伙人在合伙合同协商一致确定。合伙合同没有约定的，合伙人向合伙人以外的人转让全部或者部分财产份额的，须经其他合伙人一致同意。

一、转让的标的是其合伙财产份额

各合伙人协商一致签订合伙合同成立合伙，合伙人依照合同约定投入到合伙的出资以及合伙关系存续期间依法取得的收益和其他财产，成为全体合伙人共同共有的财产。合伙人向第三人转让财产份额，仅为财产份额在不同主体之间转移，不涉及合伙财产返还、分割、清算等问题，合伙人有权向第三人转让。

二、转让的对象是合伙人以外的第三人

本条规定的转让对象限定为合伙人以外的第三人，这里的第三人包括自然人、法人、其他组织。合伙人之间转让财产份额不适用本条规定。一般来说，合伙人向其他合伙人转让财产份额，不涉及第三人入伙问题，不影响合伙的稳定性和人合性，无须其他合伙人一致同意。值得注意的是，合伙人向其他合伙人转让财产份额的，合伙人是否负有通知义务。本条并未明确规定。《合伙企业法》第 22 条第 2 款规定，合伙人之间转让在合伙企业中的全部或者部分财产份额时，应当通知其他合伙人。笔者认为，合伙人之间转让财产份额涉及合伙人退伙，为保障其他合伙人的知情权，可以参照《合伙企业法》的规定，认定合伙人应当通知其他合伙人，但合伙合同另有约定的按约定处理。

三、合伙合同没有约定的，须经其他合伙人一致同意

合伙具有较强的人合性，各合伙人基于高度信任而形成合伙，合伙人向合伙人以外的人转让财产份额的，如果未经其他合伙人同意，容易产生矛盾，影响合伙事业。各合伙人需对合伙债务承担无限连带清偿责任，若新入伙的合伙人不具有充分的责任承担能力，也会加重其他合伙人的负担。只有经其他合伙人一致同意，才表明其他合伙人同意与受让人共同维持原合伙合同，合伙关系才能继续存续下去。因此，在合伙合同没有约定的情形下，合伙人向合伙人以外的人转让其

全部或者部分财产份额的，须经其他合伙人一致同意。这里的同意，合伙人可以在合伙合同中补充约定转让事宜，也可以口头或者默示的方式同意。合伙人未经其他合伙人一致同意，擅自向合伙人以外的人转让其财产份额的，即任意一合伙人拒绝承认或者确认转让，该转让行为无效。

【审判实践中应注意的问题】

第一，合伙合同终止后，合伙人享有的剩余合伙财产分配权或者其他衍生财产，有权向合伙人以外的人转让，无须经全体合伙人一致同意。

第二，合伙人就其享有的合伙财产份额权利向合伙人之外的人设立质权的，除合伙合同有约定外，应当经其他合伙人一致同意。

第九百七十五条　合伙人的债权人不得代位行使合伙人依照本章规定和合伙合同享有的权利，但是合伙人享有的利益分配请求权除外。

【条文主旨】

本条是关于合伙人的债权人行使代位权限制性的规定。

【条文理解】

所谓债权人代位权，是指债权人为了保全自己的债权，以自己的名义行使属于债务人权利的权利。[1]该项权利是法律赋予债权人实现债权保全的一项保障，对债权不能获得清偿具有预防和补救作用。根据本法第535条规定，债权人行使代位权必须符合以下四个条件：一是债权人对债务人的债权合法；二是债务人怠于行使其到期权利，影响债权人债权实现；三是债务人的债权已经到期；四是代位行使的对象权利应当为具有金钱给付内容的到期债权，不能为专属债务人自身的债权。所谓专属债务人自身的债权是指基于扶养关系、抚养关系、赡养关系、继承关系等产生的给付请求权和劳动报酬、退休金、养老金、人身伤害赔偿请求权等权利。前述专属于债务人自身的权利，不能成为代位权的客体。依照本章规定，合伙合同终止前，合伙人享有的权利主要包括：合伙财产的占有、使用、收益权；合伙财产份额的转让权；合伙事务的执行权、监督权、异议权；合伙事项的决定权。前述权利具有专属权的性质，其行使无法与合伙人资格分离。如果允

① 韩世远：《合同法总论》，法律出版社2011年版，第433页。

许合伙人的债权人代位行使合伙人在合伙中的权利，与合伙的性质不符，必然会影响到其他合伙人的利益，不利于合伙事业目的实现。因此，合伙人的债权人不得代位行使合伙人基于合伙关系或者合伙合同取得的具有专属权性质的权利。

依照本条后半句规定，合伙人的债权人可以代位行使合伙人享有的利益分配请求权。本条规定的利益分配请求权主要是指合伙人根据合伙合同约定或者合伙人一致决定，对合伙存续期间的利润分配请求权。此类权利不具有专属性，与其他合伙人之间的信任也没有关联，如果符合本法第535条规定情形，合伙人的债权人可以对此行使代位权。

【审判实践中应注意的问题】

第一，合伙合同终止后，合伙人的债权人对合伙人的剩余合伙财产分配请求权可以行使代位权。合伙合同终止后合伙关系消灭，合伙人的主体资格丧失，合伙的人合性基础不复存在，剩余合伙财产分配请求权作为合伙人的一项独立财产权，债权人有权按照本法第535条规定行使代位权，实现其债权。

第二，合伙人发生与合伙无关的债务，相关债权人能否以其债权抵销对合伙或者其他合伙人的债务。本条规定仅限制合伙人的债权人行使代位权，对合伙人的债权人行使抵销权并未明确。司法实践中，数个自然人作为合伙人签订合伙合同，组成合伙进行生产经营，某一合伙人的债权人是合伙的债务人，在诉讼中抗辩主张抵销债务，并不少见。笔者认为，合伙对债务人享有的债权属于合伙财产，为合伙人共同共有，与合伙人的个人财产是互相独立的。如果允许合伙人的债权人行使抵销权，则无异于赋予合伙人随意处分合伙财产的权利，与合伙的目的不符，也侵害了其他合伙人的合法权益。对此，应当参照《合伙企业法》第41关于合伙人发生与合伙企业无关的债务，相关债权人不得以其债权抵销其对合伙企业的债务的规定，对合伙人的债权人行使抵销权的主张，不予支持。

第九百七十六条 合伙人对合伙期限没有约定或者约定不明确，依据本法第五百一十条的规定仍不能确定的，视为不定期合伙。

合伙期限届满，合伙人继续执行合伙事务，其他合伙人没有提出异议的，原合伙合同继续有效，但是合伙期限为不定期。

合伙人可以随时解除不定期合伙合同，但是应当在合理期限之前通知其他合伙人。

【条文主旨】

本条是关于不定期合伙的规定。

【条文理解】

合伙期限的长短决定着合伙存续时间，对合伙人的权利义务有较大影响，比如当出现合伙经营状况恶化或者合伙人丧失行为能力等情形时，如果合伙合同对合伙期限没有约定或者约定不明确，合伙人可能承受较大的风险。合伙合同约定的期限届满后，一般来说，合伙合同终止，合伙人不再享有合伙权利、承担合伙义务。实践中存在合伙期限届满后，各合伙人继续执行合伙事务的情形，各合伙人虽未重新签订合伙合同，但对其他合伙人执行合伙事务的行为并无异议，以默示的方式继续合伙。合伙人继续执行合伙事务所发生的法律后果是否由其他合伙人承担，对第三人产生的债务是否属于合伙债务等，容易在合伙人之间以及第三人之间发生纠纷。对于前述情形，应当如何处理，我国《民法通则》并未规定。从域外立法来看，合伙期限没有约定或者约定不明确的，视为不定期合伙，并赋予合伙人解除合同的权利。比如《瑞士债法典》规定，如合伙的设立没有约定固定期限，则无须预先发出通知即可要求解散合伙。我国台湾地区“民法”规定，合伙所定期限届满后，合伙仍继续其事务者，视为以不定期限继续合伙合同。笔者认为，合伙期限并非合伙合同的必要条款，即便合伙合同中没有约定，也不影响合伙合同的成立和生效，可以通过协商补充的方式确定。合伙期限届满合伙人继续执行合伙事务的，为鼓励交易，应当认定合伙合同继续有效，但为不定期合伙。

一、合伙期限没有约定或者约定不明确的，依据本法第510条的规定仍不能确定的，视为不定期合伙

合伙合同对合伙期限没有约定或者约定不明确的，应当首先由合伙人协商确定。如果合伙人能够协商一致确定合伙期限，则按照其约定；如果无法达成一致意见，则按照本法第510条规定确定，仍不能确定的，视为不定期合伙。合伙合同与一般的双务合同不同，不存在合同主体之间的互相对等给付，适用本条规定确定合伙期限，应当充分考虑合伙目的。比如合伙人约定共同出资购买食品，在元宵节或者中秋节庙会当天销售，即便当事人没有约定合伙期限，根据合伙的目的即在元宵节或者中秋节庙会当天销售食品，也可以确定合伙期限，而不能简单地认定为不定期合伙。

二、合伙期限届满后合伙人继续执行合伙事务的，合伙合同继续有效，但合伙人有权随时解除合伙合同

第一，合伙合同对于合伙期限有明确约定，各合伙人对合伙期限没有争议。第二，合伙合同约定的期限已经届满，合伙人未在合伙合同中协商一致延长合伙期限。第三，合伙人继续执行合伙事务，各合伙人没有异议。这里的合伙事务是指围绕合伙事业目的或者合伙经营进行交易、生产经营等活动，如果合伙人仅是为执行合伙期限内发生的尚未了结的事务，不适用本条规定的情形。这里的合伙人是指全体合伙人，即便有一个合伙人对其他合伙人执行合伙事务提出异议，合

伙合同亦应当归于无效。第四，合伙人在合伙期限届满后仍执行合伙事务且其他合伙人没有异议的，合伙合同有效，各合伙人仍按照合伙合同约定享有合同权利，承担合同义务。合伙期限届满后，因合伙事务依法取得的收益和其他财产属于合伙财产，合伙人按照约定享有；因合伙事务产生的债务属于合伙债务，合伙人承担连带责任。最后，合伙合同继续有效，但因合伙人并未协商一致约定新的合伙期限，合伙变为不定期合伙，各合伙人均有权解除合同。任意一个合伙人在继续合伙存续期间认为无法实现合伙目的或者利益得不到保障，均可以提出解除合同，但在解除合同时，应依诚信原则，在合理期限之前通知其他合伙人。

【审判实践中应注意的问题】

第一，不定期合伙的合同属于不定期合同，依照本法第 563 条规定，合伙人享有解除权，在合理期限之前通知合伙人后，即发生合同解除的法律效果。

第二，合伙期限届满后合伙人继续执行合伙事务的，某一合伙人提出解除合伙合同的，合伙是否绝对解散，应当区分情况而定。对于不同意继续履行合伙合同的合伙人，发生退伙效力，其不再受合伙合同的约束，有权请求退还其应得合伙财产份额；对于其他同意继续履行合伙合同的合伙人，合伙合同继续有效，不发生合伙解散的效果。

第三，合伙财产、合伙债务等事项处理应当按照合伙合同最终解除时状况确定，不能按照合伙期限届满时的情况确定。

第九百七十七条　合伙人死亡、丧失民事行为能力或者终止的，合伙合同终止；但是，合伙合同另有约定或者根据合伙事务的性质不宜终止的除外。

【条文主旨】

本条是关于合伙合同终止的规定。

【条文理解】

本条规定了合伙合同终止的法定情形，表现在合伙关系上为合伙人当然退伙。这里的退伙，并非基于合伙人意思表示，而是因发生某种法律事件而丧失合伙人资格。同时，本条规定贯彻合同自由原则，即便出现了合伙合同终止的法定情形，也将合伙合同是否继续履行的权利交由合伙人决定。

一、合伙人死亡

合伙具有极强的人合性，合伙人之间的互相信任是成立合伙的重要基础。合伙人（自然人）死亡，合伙成立的基础已不存在。本法第13条规定，自然人从出生时起到死亡时止，具有民事权利能力，依法享有民事权利，承担民事义务。死亡是自然事件，也是引起法律关系变动的重要法律事实，与民事权利能力的终止联系在一起。[①]自然人的权利能力因死亡而丧失，自然人死亡后，不能再作为民事主体享有民事权利、承担民事义务，失去了作为合伙人不可缺少的民事行为能

① 王利明：《民法总则研究》，中国人民大学出版社2012年版，第185页。

力，无法执行合伙事务。这里的死亡包括生理死亡和被宣告死亡。生理死亡是指自然人生命的自然终结，应当由医疗部门和有关部门出具死亡证明书。宣告死亡是指经利害关系人申请，由人民法院依照法律规定的程序，宣告下落不明的公民死亡的法律制度，具体认定应当按照本法相关规定处理。

二、合伙人丧失民事行为能力或者终止

合伙人因合伙合同享有利润分配权、合伙事务决定权、执行权、监督权等，同时也负有承担合伙债务的义务，这些权利义务的行使与履行均需要合伙人具有完全的民事行为能力。如果合伙人丧失民事行为能力，就无法再行使合伙合同约定的权利，履行合伙合同设定的义务。所谓自然人的民事行为能力，是指自然人能够以自己的行为行使民事权利和负担民事义务，并且能够对自己的违法行为承担责任。[①] 根据本法相关规定，民事行为能力又分为完全民事行为能力、限制行为能力、无行为能力。本条规定的丧失民事行为能力是指合伙人在合伙合同存续期间被宣告为无民事行为能力人或限制民事行为能力人。根据本法第 24 条第 1 款规定，合伙人因智力、精神健康状况等原因不能辨认或者不能完全辨识自己的行为时，合伙人的利害关系人或者有关组织有权向人民法院申请认定该合伙人为无民事行为能力人或者限制民事行为能力人。本条规定的丧失民事行为能力，须经由人民法院认定。本法第 59 条规定，法人的民事权利能力和民事行为能力，从法人成立时产生，到法人终止时消灭。合伙人为法人时，其因依法被撤销、解散、宣告破产或其他原因终止以后，民事主体资格不复存在，民事权利能力和民事行为能力同时消灭，也就无法行使合伙合同权利和履行合伙合同义务。

---

① 王利明：《民法总则研究》，中国人民大学出版社 2012 年版，第 189 页。

三、合伙另有约定或者根据合伙事务的性质不宜终止

合伙人可以在合伙合同中约定合伙人死亡的，由其继承人成为新的合伙人，继承其合伙合同中的权利义务，合伙合同继续履行。如果法律规定或者合伙合同约定成为合伙人必须具备某些资格，而继承人不具备该项资格的，则不能成为合伙人，合伙合同终止。合伙行为属于民事法律行为，无民事行为能力人或者限制民事行为能力人从事民事活动应当由其法定代理人代理，合伙合同能够继续履行的前提是合伙人的法定代理人同意，否则，即便合伙合同有约定，合伙合同亦发生终止的法律效果。

【审判实践中应注意的问题】

合同终止意味着合同关系消灭，当事人合同权利义务消灭。通常认为，合伙合同属于持续性合同，合同终止虽然使合同关系消灭，但其并不具有溯及既往的效力，而只向将来发生效力，即合伙人享有的合伙事务执行权及代表权均消灭，但合伙人相互的给付无须返还，也不用恢复原状。合伙合同终止后，待支付终止费用、偿还合伙债务后，就剩余的合伙财产，合伙人或者合伙人的继承人有权请求人民法院分割。

第九百七十八条 合伙合同终止后，合伙财产在支付因终止而产生的费用以及清偿合伙债务后有剩余的，依据本法第九百七十二条的规定进行分配。

【条文主旨】

本条是关于合伙合同终止后剩余财产分配的规定。

【条文理解】

合伙合同终止表现在合伙上，即合伙解散。合同终止后，合伙人应当对合伙存续期间积累的财产、产生的债务等事项进行清算。具体来说，应当对以下事项进行清算：一是处理合伙合同终止前发生的尚未完结的事务。如与第三人签订合同尚未履行完毕或者其他为合伙存续而进行的尚未完结的合伙事务等。二是清理收取合伙的债权并对合伙存续期间取得固定资产、流动资产、无形资产等财产进行全面梳理，明确合伙财产状况。三是清偿合伙存续期间合伙所负债务。

本条规定的因终止产生的费用包括合伙人一致决定终止与第三人合同而承担的赔偿金、清缴合伙所欠税款等费用。合伙财产在支付因终止而产生的费用以及清偿合伙债务后的剩余，在性质上看属于合伙存续期间取得利润或者收入，包括合伙人的出资和合伙存续期间积累的财产，应当由全体合伙人共同共有并分配给合伙人。对于剩余的盈利或利润，合伙合同有约定的，按照约定分配；没有约定或者约定不明确的，由合伙人协商决定；协商不成的，由合伙人按照实缴出资比例分配、分担；无法确定出资比例的，由合伙人平均分配、分担。

【审判实践中应注意的问题】

实践中，尤其是自然人组成的合伙，多以口头形式订立合同，即便有书面合伙合同，在实际履行过程中，各合伙人基于信任关系及行事便捷等考虑，操作起来也不规范，往往存在账目不清、合伙财务管理不规范等问题。合伙合同履行期间或者终止后，合伙关系陷入僵局或一方合伙人不配合合伙债权债务清算，合伙人只能向人民法院起诉要求支付合伙利润或分割合伙财产的情况大量存在。对此，人民法院能否受理，受理后应当如何处理，实践中存有争议。笔者认为，本法第969条第2款规定，合伙合同终止前，合伙人不得请求分割合伙财产。该条规定禁止合伙人在合伙合同存续期间请求分割财产，但并未限制合伙合同终止后，合伙人请求分割财产的权利。因此，合伙合同终止后，只要合伙人提起的分割合伙财产起诉符合《民事诉讼法》第119条规定情形，人民法院即依法立案受理。当然，合伙未经清算，可能会给人民法院认定合伙财产、合伙债务等事宜带来困难，人民法院可以依照《民事诉讼法》及其司法解释关于举证责任分配有关规定，对无法提供证据证明其主张的原告，驳回其诉讼请求。但是，对已经明确的合伙财产和合伙债务，应先行判决，而不能一概驳回原告诉讼请求。

第三分编　准 合 同

第二十八章 无因管理

第九百七十九条 管理人没有法定的或者约定的义务，为避免他人利益受损失而管理他人事务的，可以请求受益人偿还因管理事务而支出的必要费用；管理人因管理事务受到损失的，可以请求受益人给予适当补偿。

管理事务不符合受益人真实意思的，管理人不享有前款规定的权利；但是，受益人的真实意思违反法律或者违背公序良俗的除外。

【条文主旨】

本条是关于无因管理构成要件及法律效果的规定。

【条文理解】

一、无因管理制度的渊源及制度价值

无因管理作为一项民事法律制度，其渊源可追溯于罗马法，近现代以来，作为债法体系的组成部分，大陆法系各国民法的无因管理制度都是以罗马法为基础建立起来的。在大陆法系民法体例中，无因管理作为债发生的原因，是与合同、侵权、不当得利并列的债法基本制度之一。无因管理请求权与物权请求权、合同请求权、不当得利请求权、人身权请求权共同构成民法请求权体系。

《民法典》颁布之前，我国《民法总则》和《民法通则》对无因管理制度都仅设一个条文作了规定，相关司法解释的规定也很简略，对无因管理的类型、构成要件、法律效果等主要内容都没有明确。《民法总则》第121条规定："没有法定的或者约定的义务，为避免他人利益受损失而进行管理的人，有权请求受益人偿还由此支出的必要费用。"《民法通则》第93条规定："没有法定的或者约定的义务，为避免他人利益受损失进行管理或者服务的，有权要求受益人偿付由此而支付的必要费用。"《民法典》设6个条文规定了无因管理制度，较为完整地规范了无因管理法律关系的构成要件和管理人与受益人之间的权利义务关系。

无因管理中的管理行为性质上属于事实行为，而非法律行为，不以意思表示为要件，基于无因管理这一法律事实产生的无因管理债权债务关系是法定之债。无因管理虽然不是法律行为，但也不是与人的意志无关的纯粹的自然事实，而是要求管理人要有为本人管理事务并将管理后果归属于本人的主观意思。因此，准确地说，无因管理是混合的事实行为。无因管理作为债发生的原因虽为事实行为，但所管理的事务可以是事实行为，也可以是法律行为。

二、无因管理的基本类型

学理上，以不同的标准可以将无因管理行为分为不同的类型，不同类型的无因管理的法律后果也不相同。根据管理人在管理开始时是否具有为他人管理事务的意思为标准，可分为真正无因管理和不真正无因管理；对真正无因管理，以管理行为是否有利于受益人或是否违反受益人意思为标准可分为适法无因管理和不适法无因管理；以管理人是否取得报酬为标准，分为一般无因管理和特殊无因管理。

（一）真正无因管理与不真正无因管理

真正无因管理是指管理人没有法定或约定的义务、具有为他人管理事务的意思而管理他人事务；不真正无因管理又称准无因管理、不法管理，是指管理人明知系他人事务，却故意作为自己事务或误将他人事务作为自己事务或误将自己事务当作他人事务而加以管理。不真正无因管理不具有无因管理所必需的“为他人管理事务”的主观要件，因而不构成无因管理。不真正无因管理包括三种类型：误信管理、幻想管理和不法管理。误信管理是指管理人误将他人事务作为自己事务加以管理。幻想管理是指管理人误将自己的事务当作他人的事务进行管理。不法管理是指管理人明知为他人事务，仍作为自己事务而管理。《民法典》仅规定了真正无因管理，对不真正无因管理未作规定。

（二）适法无因管理与不适法无因管理

真正无因管理，包括适法无因管理和不适法无因管理，又称为正当的无因管理和不正当的无因管理。适法无因管理是指管理事务有利于他人，不违反他人明示或可推知的意思；不适法无因管理是指管理事务不利于他人，或违反他人明示或可推知的意思的无因管理。

（三）一般无因管理与特殊无因管理

一般无因管理是指管理人只享有向他人请求偿还管理费用的请求权，而无报酬请求权；特殊无因管理是指管理人除享有向受益人请求偿还管理费用的请求权外，还有权请求受益人支付报酬。《民法典》规定的无因管理为一般无因管理，《民法通则》第79条第1款规定的发现埋藏物、隐藏物上缴国家的奖励和《海商法》第9章规定的海难救助报酬请求权就属于特殊无因管理。

三、无因管理的构成

本条第1款前半部分规定了无因管理的构成要件，即没有法定或约定的义务，管理人主观上有为他人管理事务的意思，客观上实施了管理他人事务的行为。

（一）无法定或约定义务

管理人是否有法律上的义务，应根据客观情况判断。如客观上本无义务，管理人误认为有义务而管理，仍成立无因管理；如客观上有义务，管理人误认为无义务而管理，则不成立无因管理。法定义务既包括私法上的义务，也包括公法上的义务。连带债务人超出自己的份额偿还债务不构成无因管理。

（二）管理意思

管理意思是指将因管理行为所产生的利益归属于受益人的意思。从动机上看，管理人须是出于避免他人利益损失而进行管理的主观动机而实施管理行为；从结果上看，由管理行为所取得的利益最终归受益人所有，而非由管理人自己享有。如果管理人的管理行为在为自己利益的同时，也具有维护他人利益的意思，仍可成立无因管理。如邻居房屋失火而实施救助，虽有防止火势蔓延至自家房屋的考虑，但救火行为亦是为避免他人利益受损，构成无因管理。需说明的是，管理人主观上是否按照他人明示或可推知的意思实施管理行为不是无因管理的构成要件。

（三）管理他人事务

第一，事务。事务是指与人的生活利益相关、满足人的生活需要并能成为债务目的的事项。既可以是经济事务，也可以是非经济事务；既可以是有关财产的事务，也可以是有关人身的事务；既可以是一时性事务，也可以是继续性事务；既可以是事实行为，也可以是法律行为；既可以是单一事务，也可以是复合事务。事务应符合以下条件：合法事务，管理他人违法或违反公序良俗的事务不构成无因管理；不属于本人专属或非经授权不得办理的事务；适合作为债的目的的事务，纯粹的宗教、道德、习俗和社会公益性质的事务不属于无因管理中的事务；事务须为私人事务，不包括公共事务。

第二，管理行为。管理应是积极的作为，纯粹的不作为不构成无因管理中的“管理”；管理的目的是为避免他人利益受到损失，表现为保存、利用、改良行为，一般不包括为他人取得权利或负担义务的行为；只要有管理事务的行为即可，管理行为是否成功，是否实际上为他人取得了利益，不影响无因管理的成立；管理行为既是事实行为，故不要求管理人具有行为能力。

第三，他人事务。管理人将自己事务作为他人事务管理，构成误信管理。对他人事务，不管他人是谁，并不要求有明确的认知。即使对他人认识错误（如管理人误认为是甲的事务而实际是乙的事务），也可与真正的受益人成立无因管理关系。

第四，管理事务利于他人仅限于避免他人损失，而不包括广义上一切使他人获益的管理行为。例如，将他人收藏的古董以高价卖出，即便该管理行为使他人获益，也不构成无因管理。又如，主动为停在路边的车提供洗车服务，由于该服务并非是为了避免车主的损失，同样不构成无因管理。

四、无因管理的法律效果

管理人的管理行为符合无因管理构成要件的，在管理人与受益人之间产生权利义务关系。本条第1款后半部分规定了管理人的权利，包括管理人可向受益人主张必要费用偿还请求权和损失补偿请求权。即管理人因管理行为而支出的必要费用，有权请求受益人偿还；管理人因管理行为而受到的损失，有权请求受益人适当补偿。

第一，必要费用是指管理行为所不可缺的费用，即管理过程中直接支出的费用。是否构成必要费用，应根据管理中必要费用支出时的客观情况确定，不能依事后的情况来判断。

第二，管理人实施管理行为造成的损失，根据公平原则，受益人应适当补偿。这里的损失是管理人除去支出的必要费用以外的损失，一般认为包括财产权益和人身权益，限于因管理行为而给管理人造成的实际发生的损失，不包括可得利益损失，以防止管理人借此变相索取报酬，有违无因管理鼓励社会公众之间相互帮助的制度目的。应注意的是，管理人在管理中因故意或重大过失而导致自身的损害，不在此列。此外，关于管理人的债务代偿请求权，即管理人因管理行为而对第三人负担的债务如何处理，本条款未作规定。笔者认为，管理人因管理事务而负担的债务，可请求受益人代为清偿。管理人在管理过程中以受益人名义负担债务的，发生无因管理和无权代理或表见代理的竞合；管理人在管理过程中以自己名义负担债务的，管理人可请求受益人直接向债权人清偿。

本条第2款规定的是管理人的管理行为违反他人意思的情况，本应属于不适法无因管理的范畴，但出于维护社会公共利益和公序良俗的目的，使之发生适法无因管理的法律效果，也有学者认为这种情况属于“客观上符合本人意思”。如甲抢救自杀的乙，甲替欠税的乙缴纳税款，甲替乙赡养老人或抚养子女等。这些情况从表面上看违背了他人的意思，但管理人的管理行为符合公序良俗原则和社会价值观，在本质上也不违反他人的真实意思，应赋予无因管理的法律效果。各国（地区）也有类似规定。《德国民法典》第679条规定：“如果不管理事务，本人即不能及时尽公益上的义务，或者履行其法定抚养义务时，可以不考虑本人反对事务管理的意愿。”我国台湾地区“民法”第174条也规定：“管理人违反本人明示或可得推知之意思，而为事务之管理者，对于因其管理所生之损害，虽无过失，亦应负赔偿之责。前项之规定，如其管理系为本人尽公益上之义务，或为其履行法定抚养义务，或本人之意思违反公共秩序善良风俗者，不适用之。”

【审判实践中应注意的问题】

一、关于管理人的管理行为同时有利于自己和他人是否构成无因管理的问题

如前所述，无因管理的构成只要求管理人的管理行为在主观上是为避免他人的损失，至于是否同时有利于自己在所不问。如在郑某诉润兴公司案中，郑某为润兴公司代缴了税款和滞纳金后向法院起诉润兴公司承担责任。润兴公司抗辩称郑某代缴上述款项的目的是为自己妻子减刑，法院最终认定郑某的行为构成无因管理。[①]

① 参见浙江省宁波市中级人民法院（2009）浙甬商终字第1054号民事判决书。

二、受益人真实意思的判断

一般情况下，无因管理人在开始管理前并不知道受益人的意思，此时如何判断管理行为是否符合受益人的真实意思，是否违反受益人明示或可推知的意思？笔者认为，符合受益人的真实意思进行管理，是指受益人对管理事务曾有过明确的意思表示或者通过其他意思表示可推知其真实意思，而并非必须是受益人对管理人明确表示的意思。若受益人对管理人明示了进行管理和如何管理的意思表示，管理人无异议的，则构成委托合同法律关系，不构成无因管理。如邻居曾明确表示需要修理房屋，但因外出而未来得及进行，在突遇狂风暴雨的情形下，管理人帮他修理。此处，受益人只是表示过需要修理房屋的意思，如果是受益人对邻居明示表示让其代修房屋，管理人与受益人之间就形成委托关系，而不能成立无因管理。当然，管理人在管理事务时，对该事务的日常处理办法亦往往代表着本人的意思，故管理人可以平常人的经验得以推知本人的意思。[①]只要管理人的行为符合常识常情常理，即应当认为符合受益人的意思。需要注意的是，在特定情形下，出于维护社会公共利益和公序良俗的需要，管理人即便违反受益人的意思管理事务，仍构成无因管理。如将因迷信不愿进医院的患者强行送医救治的行为，或者抢救意图自杀的人，虽违反受益人的意思，仍构成无因管理。

① 叶知年：《无因管理》，法律出版社2015年版，第84页。

第九百八十条　管理人管理事务不属于前条规定的情形，但是受益人享有管理利益的，受益人应当在其获得的利益范围内向管理人承担前条第一款规定的义务。

【条文主旨】

本条是关于不属于无因管理而受益人享有管理利益的法律适用的规定。

【条文理解】

没有法定或约定的义务，违反他人明示或可推知的意思干预他人事务，违反民法的意思自治原则，通常情况下因不能阻却违法性而应承担相应责任，但无因管理制度的功能是在禁止干预他人事务和鼓励互助之间的一种利益衡量，同时也是出于弘扬见义勇为、扶危济困等良好道德风尚的价值考量。无因管理制度的价值功能，一方面弥补个体意思自治的不足，另一方面兼顾社会公共利益。本条规定是管理人的管理行为虽然违反受益人的意思，但对受益人产生了利益，受益人应当在享有利益的范围内向管理人支付必要的费用或适当补偿管理人因此造成的损失。

管理人违反他人的意思进行管理的，属于不适法无因管理，具体有三种情形：（1）管理事务不利于受益人，且违反受益人明示或可推知的意思；（2）管理事务利于受益人，但违反受益人明示或可推知的意思；（3）管理事务不利于受益人，但不违反受益人意思（逻辑上有此种情况，实际生活中罕见）。第一种和第三种情形不符合无因管理的“为避免他人利益受损失”核心要件，在当事人之间不成立无因管理法律关系。第二种情形中，管理人为避免他人利益受损失而管理他人事务，并使他人获得利益，虽然违反受益人的意思，但受益人主张因管理行为所产生的利益的，法律规定产生如同适法无因管理的法律效果，受益人应偿还管理人因管理行为而支出的费用，管理人如有损失，受益人还应予适当补偿，但上述费用支出或补偿应以受益人所获得的利益为限。管理人的管理行为未使他人获得利益的，即使管理人支出了费用或受有损失，他人也不负偿还或补偿义务，管理人违反他人意思干预他人事务，也未使他人获益，对管理人支出的费用或损失应自行承担。如果管理人因违反他人意思管理他人事务获取了利益，他人可依侵权行为、不当得利，这种情况下产生请求权竞合。

需注意的是，受益人不主张不适法无因管理所产生利益的，根据权利义务相一致原则，受益人不承担偿还费用和补偿损失的义务。受益人若因管理人的不适法无因管理行为受有利益，管理人因管理行为而受到损害的，管理人可根据《民法典》第985条关于不当得利的规定向受益人主张返还。如受益人因管理人的不适法管理行为不但未获得利益，反而受到损害的，受益人可根据侵权责任编的规定向管理人请求损害赔偿。

【审判实践中应注意的问题】

审判实践中本条款的适用应与《民法总则》《民法通则》《侵权责任法》及相关司法解释的规定相衔接。《民法总则》第183条规定："因保护他人民事权益使自己受到损害的，由侵权人承担民事责任，受益人可以给予适当补偿。没有侵权人、侵权人逃逸或者无力承担民事责任，受害人请求补偿的，受益人应当给予适当补偿。"《民法通则》第109条规定："因防止、制止国家的、集体的财产或者他人的财产、人身遭受侵害而使自己受到损害的，由侵害人承担赔偿责任，受益人也可以给予适当的补偿。"《侵权责任法》第23条规定："因防止、制止他人民事权益被侵害而使自己受到损害的，由侵权人承担责任。侵权人逃逸或者无力承担责任，被侵权人请求补偿的，受益人应当给予适当补偿。”《民法通则意见》第142条规定：“为了维护国家、集体或者他人合法权益而使自己受到损害，在侵害人无力赔偿或者没有侵害人的情况下，如果受害人提出请求的，人民法院可以根据受益人受益的多少及其经济状况，责令受益人给予适当补偿。”《最高人民法院关于审理人身损害赔偿案件适用法律若干问题的解释》第15条规定：“为维护国家、集体或者他人的合法权益而使自己受到人身损害，因没有侵权人、不能确定侵权人或者侵权人没有赔偿能力，赔偿权利人请求受益人在受益范围内予以适当补偿的，人民法院应予支持。”

关于见义勇为者的权益保障，目前存在两种路径。一是按照本条规定构成无因管理，由受益人支付见义勇为者支出的必要费用，见义勇为者在救助他人时受到的人身或财产损失，可请求受益人适当补偿。二是根据《侵权责任法》第23条规定，在侵权人逃逸或无力赔偿的情况下，由受益人给予适当补偿。笔者认为，在有加害人的情况下，如果见义勇为者因救助行为而受到损失，且尽到了适当管理注意义务的，可认定为无因管理，由受益人适当补偿。如果因见义勇为者未尽到适当管理注意义务致使无因管理不成立的，可以适用《侵权责任法》第23条的规定，由受益人给予适当补偿。而在无加害人的情况下，则没有《侵权责任法》第23条规定的适用空间。此时见义勇为者构成无因管理的，应由受益人承担责任。

此外，实践中对于见义勇为者为救助他人造成自己人身权受到重大损失的情形，受益人是否应当承担见义勇为者及其家属的精神损失存在不同的做法，笔者认为，精神利益一般不属于侵权责任救济范围，受害人或其家属以无因管理起诉请求赔偿精神损害的，不应支持。

第九百八十一条 管理人管理他人事务，应当采取有利于受益人的方法。中断管理对受益人不利的，无正当理由不得中断。

【条文主旨】

本条是关于管理人适当管理、继续管理义务的规定。

【条文理解】

一、适当管理义务

适当管理义务是管理人的主要义务之一，包括管理事务承担（开始）和管理事务实施（过程和方法）的适当。前者指开始管理事务的行为，后者指承担事务管理后，开始管理事务所采取之措施及方法。[①]本法第979条“管理人没有法定的或者约定的义务，为避免他人利益受损失而管理他人事务，并且符合受益人真实意思的”的规定，是关于管理事务承担（开始）时管理人的适当管理义务；本条“管理人管理他人事务，应当采取有利于受益人的方法”的规定，是关于管理事务实施（过程和方法）中管理人的适当管理义务。将管理人的管理义务区分为管理事务承担（开始）和管理事务实施（过程和方法），对于无因管理的构成和法律后果的认定有以下意义：（1）无因管理构成要件的认定是在着手管理事务之时，管理人的后续管理不属于无因管理构成要件中的“管理事务”。（2）管理事务的过程和方法属于事务管理的实施，在时间上发生于管理事务即无因管理的构成

① 王泽鉴：《民法学说与判例研究》（第2册），我国台湾地区三民书局股份有限公司1993年版，第79页。

要件具备之后，性质上属于无因管理人应履行的适当管理义务范畴。（3）管理事务的实际效果产生于管理事务完成之后，既不属于事务管理之承担，亦不属于事务管理的实施，与无因管理的要件和效力没有直接联系。①

关于如何认定管理人履行了适当管理义务，本条规定的判断标准为是否“采取了有利于受益人的方法”。管理方法是否有利于受益人，应综合管理人管理事务时的注意义务和管理结果两方面判定。（1）管理人的注意义务。民法理论上将注意义务分为三个层面，一是普通人的注意义务，以一般社会公众在通常情况下是否能够注意为标准，一般人能够注意而管理人管理时没有注意的，管理人即存在过错，一般人难以注意管理人没有注意的，不能认定管理人存在过错。二是与处理自己事务的同一注意义务，该注意义务较普通人的注意义务要求更高，要求行为人在管理他人事务时要尽到与处理自己事务一样的同一注意义务。三是善良管理人的注意义务，该注意义务不以行为人的主观意志为标准，一般是特定人依其职业要求所承担的注意义务，是一种最高标准的注意义务，如执业医生诊疗行为的注意义务。（2）管理结果。这是一项客观判断标准，即考察管理人管理行为的结果是否避免了受益人的损失或者使受益人获得了利益。

笔者认为，鉴于无因管理制度鼓励社会成员互助的目的，且管理人系无偿管理，判断管理人的管理行为是否采取了有利于受益人的方法，第一，在主观上应考察管理人实施管理行为时是否履行了与处理自己的事务的同一注意义务，不应要求其承担过高的注意义务。第二，应结合管理结果判断。管理人虽主观上认为其管理方法有利于受益人，但客观上不利于受益人，甚至使受益人利益受损失的，则不能认为管理人完全履行了适当管理的义务。反之，如受益人主观上认为管理人的管理方法不利于自己，但从客观情况看，是有利于受益人利

① 叶知年：《无因管理》，法律出版社 2015 年版，第 81 页。

益的，则应认定管理人的管理方法是适当的。如果管理人所管理的事务是受益人应尽的法定义务或公益义务，则管理的结果即使不利于受益人，也应认定管理人的管理行为是适当的。第三，如果管理人已知悉或可以推知受益人的意思，应依受益人意思进行管理。如受益人意思与其真正利益有冲突的，虽违反受益人意思，但符合其真正利益的，也应认为管理人履行了适当管理的义务。第四，但在特殊情况下，应适当减轻管理人的注意义务。特殊情况是指在紧急情况下，为救助本人的生命、身体或财产，除非管理人有恶意或重大过失，才使其承担没有尽适当管理义务的责任。第五，如果管理人尽了适当管理的义务，但仍给受益人造成损失的，除非有故意或重大过失，管理人应依债务（无因管理之债）不履行向受益人承担损害赔偿责任，一般不宜认定为侵权行为。

二、继续管理义务

管理人一般不承担继续管理的义务，但管理人在管理开始后，如中途因其不合理中断管理较之不实施管理行为对受益人更为不利时，管理人则有继续管理的义务。其继续履行的部分，仍为无因管理的履行，而不是不适法管理。例如，为他人修理房屋，在揭去瓦顶后不继续修理，显较不开始修理对受益人更为不利，此时管理人即应继续修理行为。管理人在受益人或其继承人、法定代理人可以进行管理前，应当继续管理，但继续管理违反受益人意思或者显然对受益人不利的除外。无因管理应当不违反受益人意思或者有利于受益人，如受益人或其继承人、代理人已经可以管理其事务时，管理人仍然继续管理他人事务，将与受益人的意思或者利益发生直接冲突，有悖于民法私法自治原则。如受益人、其继承人或代理人不能对其事务进行管理，管理人放任此等情形而终止对事务的管理，亦违反其开始管理后所应当承担的诚信义务。管理人承担继续管理义务，应当符合受益人意思或者有利于受益人的利益，否则管理人的行为将构成不法无因管理，应对受益人承担民事责任。

《法国民法典》第 1372 条第 1 款规定："自愿管理他人的事务时，无论该事务的所有人是否知道此种管理，进行管理的人均属缔结默示义务，并应继续其已经开始的管理事项，直至该事务的所有人能够自行管理为止。管理人对与同一事务有关的所有附属事务，亦应负责管理之。[①]但本人或其继承人、代理人可以进行管理或继续管理对本人不利时，管理人可停止或应当停止管理。"《意大利民法典》第 2028 条规定："（继续管理的义务）没有义务而自愿管理他人事务的人，在利害关系人能够自己处理该事务之前，应当承担继续管理并完成该事务的关系。利害关系人在事务终结之前死亡的，在继承人可以直接处理该事务之前，继续管理事务的义务仍然存在。"[②]这一规定有利于保护无因管理中的受益人，在他人处于危险的情形下，如果仅仅是出于好管闲事的心态而介入随后遇到困难就退出，或缺乏必要的解脱困境的技能，非但不利于管理事务，而且可能给受益人带来更大的损害，有违无因管理的制度目的。《日本民法典》第 700 条即是这样规定："（管理人无因管理的继续）管理人在本人及其继承人或法定代理人能够进行管理以前，须继续为其管理但其管理的继续违反本人的意思或者明显对于本人不利时，不在此限。"[③]

【审判实践中应注意的问题】

继续管理义务是指管理人一旦管理他人事务，就应持续管理，防止本人利益遭受损害，直至本人能够对其事务予以控制时为止，不得中途放弃。但应该看到无因管理性质上属于道义上的助人为乐行为，管理人实施管理行为并非为获取利益，因此不能对其苛责过重，无条件地要求其承担继续管理的义务，应当允许管理人一方于适当的情况

① 《法国民法典》，罗结珍译，中国法制出版社 1999 年版，第 328 页。

② 《意大利民法典》，费安玲、丁枚、张宓译，中国政法大学出版刊 2004 年版，第 475 页。

③ 渠涛编译：《最新日本民法》，法律出版社 2006 年版，第 149 页。

下放弃管理。如在搭乘顺风车中，即使车辆所有人或驾驶人中途因故放弃运送，只要有正当理由，就不能认为是违反继续管理的义务；相反，如果其中途放弃运送没有正当理由，例如，使搭乘人处于更加危险的境地，则应承担债务不履行而生的损害赔偿责任。

第九百八十二条　管理人管理他人事务，能够通知受益人的，应当及时通知受益人。管理的事务不需要紧急处理的，应当等待受益人的指示。

【条文主旨】

本条是关于管理人通知义务的规定。

【条文理解】

为避免他人以无因管理为借口干涉他人事务，管理人开始管理时，在可能和必要的情形下，应履行通知受益人的法定义务。如管理人因过错未及时通知受益人而给受益人造成损失的，管理人应向受益人承担违反通知义务的损害赔偿责任。通知义务的履行，应以通知行为具有可能性和必要性为前提，如果管理人不知受益人是谁，或者虽知道受益人是谁但因客观情况无法与受益人取得联系，则免除管理人的法定通知义务。同理，如果受益人已经知悉了管理人的管理行为，则不应再要求管理人履行通知义务。

关于管理人的通知义务，各个国家和地区法律规定不一，概括而言，主要根据通知义务履行的时间为标准规定。《德国民法典》第681条规定："一旦能通知时，管理人就必须将事务管理的承担通知本人，并且，如延缓无遭到损害的危险的，必须等待本人的决定。此外，管理人的义务，准用第666条至第668条关于受委托人的规定。"[①]《日本民法典》第699条规定："（管理人的通知义务）管理人须将其已开始

① 陈卫佐译注：《德国民法典》，法律出版社2010年版，第274页。

管理的事实毫不迟疑地通知本人但本人已经知道时，不在此限。”[①]我国台湾地区“民法”第173条第1款规定：“管理人开始管理时，以能通知为限，应即通知本人，如无急迫之情事，应候本人之指示。”

学理上一般认为，通知义务系管理人的从给付义务，管理人违反此义务构成瑕疵给付，管理人履行通知义务但受益人指示拒绝管理人管理时，管理人若继续管理，则构成不适法无因管理，原因在于从受益人拒绝之时起，管理人继续管理的行为本身即违反了受益人的意思，不符合受益人的真实意思表示，因此构成不适法无因管理。

【审判实践中应注意的问题】

在无因管理中，管理人开始管理他人事务时，通常受益人并不知道管理人的管理行为，因此管理人在开始实施管理行为后，应当及时通知受益人。受益人收到通知有权选择是否由管理人继续管理其事务：如果受益人同意管理人继续管理，则在管理人与受益人之间成立委托合同关系；如果受益人接到通知后拒绝管理人的管理，管理人应当停止管理，否则造成受益人损失的，管理人应当对受益人承担损害赔偿责任；如果受益人没有表示拒绝，则管理人应当继续进行管理。

在管理人对受益人作出通知后，受益人既未同意也未反对的，是否成立无因管理关系？笔者认为，只要管理人的管理不违反受益人明示或者可以推知的意思，则继续管理仍然构成无因管理。此时，在当事人之间并不成立委托合同关系。因为委托合同需要双方当事人达成合意，受益人单纯的沉默并不意味着其同意管理人的管理行为，不能认定已形成委托合同关系。但如果受益人事后追认的，仍然可以成立委托合同关系。

① 渠涛编译：《最新日本民法》，法律出版社2006年版，第149页。

第九百八十三条 管理结束后，管理人应当向受益人报告管理事务的情况。管理人管理事务取得的财产，应当及时转交给受益人。

【条文主旨】

本条是关于管理人在完成管理行为后向受益人报告及交付财产义务的规定。

【条文理解】

通说认为，管理人在完成管理行为后向受益人报告和交付财产的义务，又称为管理人的结算义务。无因管理人的报告义务、转交财产义务与通知义务均为管理人的从给付义务，管理人违反此义务亦构成瑕疵给付。[①]管理人在管理事务完成后，应向受益人报告事务管理的情况以及管理结果。因管理他人事务所取得的包含物品、金钱、利息及权利等在内的利益，应及时交付给受益人。

在完成了管理事务之后，管理人应当向受益人报告管理的详细情况，并应当向其提供详细的资料。管理人的报告义务可以因受益人的要求而不同，但一般应当包括事务的进展情况、现存的情况、管理的结果等。管理人也应当将其获得利益的情况、支出费用的情况等向受益人报告。即使管理人中断了事务管理，也应当向受益人报告，以便于受益人及时掌握所管理事务的信息。

在管理活动终止后，管理人还应当履行结算与返还的义务。在管

① 姚志明:《无因管理与不当得利》，我国台湾地区元照出版社2016年版，第46~49页。

理活动终止后，管理人因管理事务所收取的金钱、物品、孳息等，都应当及时交付给受益人。管理人以自己的名义取得的权利，应当及时移转给受益人。管理人为自己的利益而使用了受益人的金钱，则应当向受益人支付相应的利息。管理人拒绝向受益人交付的，构成不当得利，受益人可以请求返还。

第九百八十四条　管理人管理事务经受益人事后追认的，从管理事务开始时起，适用委托合同的有关规定，但是管理人另有意思表示的除外。

【条文主旨】

本条是关于无因管理与委托合同衔接的规定。

【条文理解】

无因管理和委托合同都是债的发生原因，二者之间存在密切的联系。一方面，无因管理行为和委托合同是相互衔接的，很多情况下，委托终结之时即是无因管理开始之时。例如，甲作为保姆，受乙的委托帮其看管孩子，甲的行为属于履行委托合同的行为。但在委托终止后，因乙的孩子无人看管，甲继续看管孩子即构成了无因管理。从此时开始，当事人之间的关系即从委托关系转化为无因管理关系。另一方面，无因管理在特定情形下也可能转化为委托合同关系。如管理人在开始管理后及时通知了受益人，受益人同意管理人继续管理的，则应当依据具体情形、结合当事人之间的意思表示判断是否构成委托。如果受益人就其有无授权进行追认，则可成立委托合同；但如果受益人只是认可管理人的管理行为，则仍应当属于无因管理，而不成立委托合同。

无因管理与委托合同的区别主要表现在以下五方面：

第一，性质不同。委托合同是双方当事人意思表示一致的结果，因此委托合同属于意定之债。而无因管理是无法定或者约定义务的管理行为，其是在一方当事人并不知情的情况下发生的，无因管理行为在性质上属于事实行为，其成立无须双方当事人的合意。而且无因管理的法律效果并不是当事人意思表示的结果，而是来自法律的直接规定。因此，无因管理之债在性质上属于法定之债。

第二，处理事务的内容、方式不同。委托合同中，受托人应当按照合同的约定处理委托人的事务，委托事项的内容、事务处理的时间和方式等，都是由当事人在合同中约定的；无因管理中，管理人管理他人的事务是出于管理人的自愿，管理人虽然要按照与处理自己事务的标准管理他人的事务，但管理事务的方式等，都是由管理人自己决定的。

第三，对当事人的行为能力要求不同。由于委托合同的成立需要双方当事人意思表示一致，因此，委托合同的双方当事人都必须具有相应的民事行为能力；而无因管理在性质上属于事实行为，因管理人所从事的是有利于他人的行为，只要求管理人具有意思能力即可，而不要求管理人具有完全的民事行为能力。

第四，当事人的注意义务不同。委托合同中，受托人注意义务的高低一般与委托合同是否有偿有关。《合同法》第406条第1款规定："有偿的委托合同，因受托人的过错给委托人造成损失的，委托人可以要求赔偿损失。无偿的委托合同，因受托人的故意或者重大过失给委托人造成损失的，委托人可以要求赔偿损失。"因此，在有偿委托合同中，受托人因过错造成委托人损失时，应当赔偿委托人的损失。而在无偿委托合同中，一般只有在受托人具有故意或重大过失时，才承担赔偿责任。在无因管理中，管理人应当按照处理自己事务的标准管理他人的事务。只有在管理人具有故意或重大过失给受益人造成损失时，才承担赔偿损失的责任。

第五，当事人之间是否存在人身信任关系不同。委托合同中，受托人是由委托人选任的，委托人选任受托人为其处理相关事务，主要是出于对其能力等方面的信任，委托合同的当事人之间存在一定的人身信任关系。而在无因管理中，管理人并不是受到受益人的委托而管理。在许多情况下，管理人和受益人可能素不相识，如紧急情况下的无因管理等，通常受益人与管理人之间并不存在人身信任关系。

【审判实践中应注意的问题】

第一，受益人事后追认的性质。一般认为，受益人事后的追认性质上属于有相对人的单方行为，是基于一方意思表示即可成立的法律行为。只要受益人向管理人作出意思表示，无须其承诺即成立。受益人的追认须以意思表示方式明示，且该意思表示具有溯及既往的效力，即一旦受益人追认，自管理行为开始时就在管理人与受益人之间形成委托合同关系。同时，无因管理关系自始不存在。

第二，在委托合同无效或被撤销的情况下是否构成无因管理？例如，甲受乙委托处理某项事务，后发现委托合同不成立或无效，在此情形下甲的行为是否构成无因管理？一般情况下，无因管理是在管理人与受益人之间无事先接触的情况下发生的。如果当事人事先订立了委托合同，后该委托合同被宣告无效或者被撤销时，由于受托人在处理委托人事务时，是为了履行委托合同约定的义务，因而，当事人之间并不存在无因管理关系，在委托合同被撤销或者被宣告无效后，不应当按照无因管理的规则处理当事人之间的关系，而应根据《民法典》合同编关于合同无效或被撤销的规定确定当事人之间的权利义务关系。

第二十九章 不当得利

第九百八十五条 得利人没有法律根据取得不当利益的，受损失的人可以请求得利人返还取得的利益，但是有下列情形之一的除外：

（一）为履行道德义务进行的给付；

（二）债务到期之前的清偿；

（三）明知无给付义务而进行的债务清偿。

【条文主旨】

本条是关于不当得利构成要件、法律效果及除外情形的规定。

【条文理解】

一、不当得利的制度价值

不当得利制度起源于罗马法上的个别诉权，是民法体系中最为源远流长的制度之一，历经2000多年历史演进，已经发展成为体系完整、内容丰富的民法基本制度之一。特别是在英美法系，不当得利制度已成为继合同法、侵权法之后债法的第三大法域。如日本学者加藤雅信所说："不当得利旨在规范私法上无法律原因的财产变动，可谓是财产法体系的反射体。"不当得利制度沟通物权、债权、人格权、身份权等民法基本制度，如同填补民法不同制度之间的黏合剂，在民法各项制度之间起着起承转合的重要作用，特别是在填补法律漏洞方面更是发挥着难以替代的作用。

二、不当得利的构成要件

《民法总则》第122条规定："因他人没有法律根据，取得不当利益，受损失的人有权请求其返还不当利益。"结合本条的规定，不当得利的构成要件包括以下四个方面：一方取得利益；另一方受到损失；获益与受损之间存在因果关系；一方获益无法律根据。以下从不当得利制度与侵权制度区别对照的角度分析不当得利的构成要件。

（一）一方取得利益

不当得利制度的首要功能是使得利人返还没有法律根据取得的利益，即去除利益功能。利益是认定不当得利的首要条件；侵权制度在于补偿受害人所受到的损失，即利益补偿功能，损害是认定侵权的首要因素。

（1）不当得利中的利益应仅限于财产性利益，不包括精神利益。理由是：是否获得精神利益既难以认定，也无法返还。（2）利益应指具体财产利益，而非总体财产利益，即受益是因特定事实而取得的具体利益。（3）财产利益包括积极利益和消极利益。前者指财产的增加，包括物权（所有权、用益物权、担保物权）的取得、占有的取得、知识产权的取得、财产权的扩张或强化（如添附而导致用益物权和担保物权范围的增加）、财产利益上负担的消灭、债务免除或减少；后者是指应减少而未减少的利益，包括应支出的费用未支出、应负担的债务未负担、本应在自己所有物上设定限制物权而未设定等。受有利益应不区分积极利益或消极利益，都构成不当得利中的利益。关于受益的类型，包括了财产权的取得、占有或登记的取得、财产权的扩张或强化、劳务或使用利益的取得等。（4）受有利益的方式，既包括法律行为，如将他人房屋出租获得租金；也包括事实行为，如耕种他人土地使土地权利人获益；还可能是自然事件，如遇洪水导致甲鱼塘中的鱼流入乙的鱼塘；可以是出于受损人的行为，如将他人的车辆误认为自己的车辆修理；也可以是因得利人的行为，如使用他人房屋而受益；还可能是第三人的行为，如丙用甲的建筑材料为乙修建房屋。

（二）另一方受有损失

（1）本编关于不当得利采用“损失”的概念，而侵权法中采用“损害”的概念。由此可见，不当得利中的损失不同于侵权中的损害。第一，侵权制度的目的是弥补损害，损害在侵权赔偿责任构成和损害赔偿范围中都有重要意义；不当得利制度的目的是返还所受利益，损失只对不当得利构成才有意义，对不当得利返还范围的确定没有直接意义。第二，侵权法中的损害不仅包括财产损害，还包括精神损害；不当得利中的损失仅指财产损失。第三，侵权法中的损害仅包括直接损害；不当得利中的损失不仅包括现有财产的积极减少（直接损失），也包括财产本应增加而未增加（间接损失）。第四，侵权法中的损害是违法行为导致的；不当得利中的损失可以是违法行为，也可以是事实行为或自然事件导致的。（2）不当得利构成要件中的损失不同于返还范围中的损失。认定不当得利构成要件中的损失应采用具体、个别的标准，只要得利人是没有法律根据获得利益，即可认定对方有损失，而不依受损人的财产总额而定；但在确定返还范围时，应该考察受损人的总体财产利益。

（三）得利与受损之间存在因果关系

关于不当得利中因果关系的认定有直接因果关系和非直接因果关系两种观点。直接因果关系是指一方得利与他方受损是基于同一原因事实；非直接因果关系不要求得利与受损之间原因事实的同一性，只要二者之间存在牵连关系即可。非直接因果关系扩大了不当得利返还请求权的适用范围，更侧重于保护受损方的利益。对此笔者认为，不当得利是债的发生原因之一，债的关系具有相对性，直接因果关系明确了得利人和受损人的范围，司法实践中更具操作性。

（四）没有法律根据

没有法律根据在学理上又称为“无法律上的原因”“无原因”“无正当原因”“无合法根据”。《民法总则》及本条将《民法通则》的

“没有合法根据”修改为“无法律依据”，是因为“合法依据”强调行为是否具有违法性，而不当得利的前提是没有“法律的规定和当事人的约定”，故将“合法根据”改为“法律根据”更为恰当。无法律根据包括自始无法律根据和开始有而嗣后丧失法律根据。“是否有法律根据”应依据法律规定和当事人之间的法律行为来判断，“无法律根据”应解释为无法律规定或缺乏基础的法律关系。给付型不当得利中“无法律根据”的具体形态包括：（1）自始欠缺给付目的，如不知债务已经清偿仍履行、合同不成立、无效或被撤销、本拟出售甲物但误交付乙物等。（2）为实现特定目的而给付，但该目的未能实现的，如附停止条件的债务，债务人误认为条件已成就而给付，但实际上条件尚未成就的。（3）给付目的消灭，如在婚姻家庭关系中，订婚时交付聘礼，后婚约解除的；子女非其亲生，而误认为亲生加以抚养的。

非给付型不当得利中“无法律根据”的具体形态包括：（1）因得利人的事实行为造成的，如得利人未经他人同意占有、使用、消费他人财产或侵害他人知识产权、人身权而得利的，这种情况下可产生不当得利请求权和侵权损害赔偿请求权的竞合。（2）因得利人的法律行为造成的。如无权处分中，善意受让人取得物的所有权，无权处分人因处分他人之物所得的利益，应对权利人负不当得利的返还义务，此时也可构成不当得利返还请求权和侵权损害赔偿请求权的竞合。又如得利人基于强制执行所获得的利益，因据以执行的法律文书被撤销，受损人可请求得利人返还不当得利。（3）因受损人的行为产生的不当得利，如误认为他人财产为自己财产而加工。（4）因第三人的行为而产生的不当得利，如债权人将其债权让与第三人，债务人不知债权让与而向债权人清偿。（5）因自然事件而产生的不当得利，如他人家畜进入自家院落。

三、不当得利的法律效果

不当得利的法律效果包括不当得利请求权的主体、客体和返还范围三个方面。

（一）不当得利请求权的主体

一般而言，根据债的相对性原则，不当得利之债的主体包括得利人和受损人。受损人为债权人，得利人为债务人。具体地，在给付型不当得利中，债权人为给付人（受损人），债务人为被给付人（得利人）；在非给付型不当得利中，债权人为受损失人，债务人为因给付以外的行为或事件而获益的人。

不当得利多发生在两方当事人之间，特殊情况下，还存在着"三人关系不当得利"。三人关系不当得利是指由第三人参与给付关系而发生的不当得利。情况较为复杂，应根据具体情况分析。

（二）不当得利之债的客体

不当得利返还的客体是指得利人所获得的财产利益，不包括精神利益。具体包括：对于尚能够转移的权利，应将该权利转移给受损人；设定物上权利的，应当消除；成立债权的，应当免除；转移占有的，应当恢复此前的占有状态。得利人基于所受利益而衍生的其他利益，也应该一并返还，主要包括以下三种：孳息（天然孳息和法定孳息）和使用利益，基于原权利的所得（如原物为债权，其所受的清偿等）以及原物的代偿（如原物因毁损侵夺，而由第三人处取得的损害赔偿或保险金及因被征收而取得的补偿费等）。《民法通则意见》第131条规定："返还的不当利益，应当包括原物和原物所生的孳息。利用不当得利所取得的其他利益，扣除劳务管理费用后，应当予以收缴。"笔者认为，该规定中的"收缴"值得商榷。不当得利所取得的其他利益，依照权益归属理论，原则上应返还受损人，不宜收缴为国家所有。

（三）不当得利返还的范围

不当得利性质上属于法律事实中的事件，得利人主观上的善意或恶意不影响不当得利之债的构成，但不当得利之债返还的范围因得利人主观上的心理状态而有所不同。多数立法例都区分善意和恶意以确定得利人的返还范围。就善意得利人设减轻责任规定，得利人返还的范围以现存利益为限，而对恶意得利人则设加重责任的规定。理论上的依据在于不当得利制度的目的在于去除利益，而非损害赔偿，不能使善意得利人承担如同侵权责任的后果。

所谓善意是指得利人不知道其取得利益没有法律根据，恶意是指明知没有法律根据而取得利益。善意得利人的不当得利返还范围原则上以现存利益为限，现存利益丧失的，免除善意得利人的返还义务。现存利益的确定时点为受损人请求返还时现存的利益为准。恶意得利根据得利人知道取得利益没有法律根据的时间，分为自始恶意与嗣后恶意。自始恶意是指得利人从取得利益一开始就知道没有法律根据而受益。嗣后恶意是指得利人取得利益时并不知道没有法律根据，而是在取得利益之后知道或应当知道获益没有法律根据。对于自始恶意，原则上恶意得利人的返还范围为取得的全部利益及因此利益产生的孳息，无论该所受利益是否存在；对于嗣后恶意，则以知情的时间为节点，知情以前为善意，对不当得利的返还范围同善意受领人；知情后为恶意，对不当得利的返还范围同自始恶意受领人。

四、不当得利返还的除外情形

（一）基于道德义务的给付

本条第1项规定，为了履行道德义务进行的给付，得利人可不予返还所获得的利益。该规定为基于道德义务的给付，如对无扶养义务的人误信有扶养义务而抚养、以金钱接济贫苦友人、因他人结婚而送交贺礼等。基于道德义务的给付在法律上构成不当得利，但得利人获益符合社会的一般道德观念，在法律效果上排除在不当得利的返还范围之外，受损人不得请求返还。实践中判断是否构成基于道德义务的给付，应当依照社会观念、当事人之间的关系及给付的标的物的价值等情形确定。此外，还应当区分基于道德义务的不当得利与赠与的界限。赠与是明知自己无义务而为无偿的财产给付，不论其有无道德的义务；赠与是双方民事法律行为，双方当事人之间成立赠与合同法律关系，不当得利是事实行为，双方当事人之间形成不当得利法律关系。

某些情况下，无因管理与不当得利可能产生交叉。在无因管理中，受益人对于实施救助行为的管理人给付的报酬是否构成不当得利？一般认为，无因管理的受益人对管理人在法律上无给予报酬的义务，但法律亦未禁止受益人给予管理人报酬。受益人出于对管理人的感谢而给予管理人的财产上的酬谢，应当认为属于出于道德上的义务而为的给付，不属于不当得利返还的范围。此外，本系基于道德义务的给付，但由于错误认识而对他人给付，是否构成不当得利？如甲误认为结婚的乙是自己的朋友丙而送给乙礼金。对此有观点认为应当先依照《民法典》关于重大误解的规定予以撤销，再依不当得利请求返还。笔者认为，此种情况可以直接认定为不当得利，受损人可请求得利人返还所获得的利益。

对没有抚养义务的人进行抚养，可否以不当得利为由请求返还支出的抚养费用？笔者认为，此种情形下不当得利的认定，应分被抚养人是否成年而有所不同。在被扶养人为成年人时，扶养人无抚养义务而扶养的，无论事实行为还是法律行为，被扶养人无法律上原因而受有利益，扶养人可对被扶养人主张不当得利返还请求权。若被扶养人无生活来源，无力偿还该费用时，则得利人为对被扶养人有法定扶养义务的人，扶养人可对该具有法定扶养义务的得利人主张不当得利返还请求权；若被抚养人为未成年人，抚养人无抚养义务而抚养的，从保护未成年人角度考虑，不宜认定得利人为未成年人本人，而应认定为对未成年人有法定抚养义务的人，抚养人可向对未成年人有法定抚养义务的人就支出的抚养费用主张不当得利返还请求权。

（二）期前清偿

本条第2项规定，债务到期之前的清偿不得请求返还。这是关于债务人期前清偿不得请求返还的规定。期前清偿，是指债务人在债务履行期限届满前清偿债务。债权人受领期前清偿债务的给付，并非没有法律根据，而是基于合法的债权债务关系。而且，债权人的债权因清偿而消灭，不能认为债权人因此得利；债务人的债务因清偿而消灭，也不能认为是利益受损。需要注意的是，债权人自受领时起，至债务履行期届至时止，债权人占有使用标的物所获利益，即所谓“期限利益”是否应予返还。多数立法例为避免法律关系关于复杂，且考虑到期前清偿系债务人抛弃期限利益，故规定可不予返还。

（三）非债清偿

本条第3项规定，明知无给付义务而进行的债务清偿。这是关于非债清偿不予返还的规定。明知的非债清偿是指明知没有债务而为给付，导致一方受损、另一方因此获利的。如，甲出售某物给乙，在知道或应当知道其意思表示错误，有权撤销买卖合同的情况下，仍向乙交付标的物的，即为明知无债务的清偿。受损人明知没有债务，不存在给付义务而向他人给付，应视为对自己权利的处分，这种情况不构成不当得利。非债清偿的构成要件包括：（1）受损人对得利人没有给付义务，即不存在债务。债务自始不存在是指给付人给付时不存在债务。如甲误认为其对乙的债务尚未清偿但事实上已履行完毕再次履行债务的。债务嗣后不存在是指给付人给付时虽然有法律根据，但在给付后法律根据不存在的，如合同之债的合同被撤销或解除的。在合同解除的情形中，只有在合同解除有溯及力的情况下，才构成债务嗣后不存在。（2）受损人的给付是基于清偿债务的目的。给付的目的有消灭债务（如作为清偿而给付）、发生债权（如使用借贷）、设定有因的债务（如赠与），本条给付中的“目的”是消灭特定债务。（3）受损人在给付时明知无给付义务。但是，当受损人在给付时不知无给付义务，误认为自己有给付义务的，则构成误认的非债清偿，仍产生不当得利的法律效果，受损人享有不当得利返还请求权。

五、基于不法原因的给付

关于不法原因的概念有两种观点：一是违反法律的强制性规定和公序良俗原则，二是仅指违反公序良俗原则。关于不法原因给付的法律效果，有两种立法例，一是不得请求返还，但国家得基于法律规定追缴不法给付。二是依不法原因在当事人间存在的不同情形而赋予不同的法律效果：不法原因存在于双方，且双方均已为给付的，则互不得请求返还；不法原因仅存在于给付一方的，则不得请求返还；不法原因仅存在于受领一方，且给付方已为给付的，则可以请求返还。基于不法原因的给付不得请求返还，积极意义在于实际上制裁了不法给付者，提高了不法给付者的预期成本。消极方面在于产生了“不法即合法”的效果，某种情况下保护了恶意得利人，与法律的规范意旨相悖。由于不法原因给付的法律效果尚有争议，《民法典》对因不法原因给付不当得利的返还未作规定，有待于进一步研究。

第九百八十六条 得利人不知道且不应当知道取得的利益没有法律根据，取得的利益已经不存在的，不承担返还该利益的义务。

【条文主旨】

本条是关于善意得利人不承担返还利益义务情形的规定。

【条文理解】

不当得利的功能不在于填平损失，而在于返还所取得的没有法律根据的利益。应区分善意和恶意以确定得利人的返还范围，对善意得利人设减轻责任规定，得利人返还的范围以现存利益为限。其原因在于不当得利制度的目的在于去除利益，而非损害赔偿，不能使善意得利人承担如同侵权责任的后果。

在给付型不当得利中，一方当事人因他方当事人的给付而受利益，即为他方的损失。例如甲与乙协商一致出售汽车给乙，并实际交付给了乙，乙所受的利益即为甲交付的汽车的占有及所有权；甲基于雇佣合同为乙清除垃圾，乙所受的利益即为甲所提供的劳务；甲提供自己房屋的墙壁给乙悬挂广告，乙所受的利益即为墙壁的使用权。在非给付型不当得利中，取得利益致他人损失的情形，是指取得依权益内容应归属于他人的利益，如物的使用收益是所有权的内容，归属于所有人；无权占用他人房屋，使用他人汽车或擅自在他人墙壁上悬挂广告，均系取得应归属他人的权益，致他人受“损害”，至于所有人是否有出租、使用房屋、汽车或墙壁的计划，在所不问。还应注意的是，一方取得利益，致他方受到损失，其损益的内容不必相同。如甲无权处分乙的汽车给丙，丙构成善意取得的，甲取得的利益为价款，乙所受的损失为汽车所有权的消灭，损益内容虽不相同，仍可成立不当得利。[①]

【审判实践中应注意的问题】

第一，善意得利人返还的具体情形。在给付型不当得利情形下，如果得利人取得利益时为善意的，在原物存在时，应返还原物；原物不存在时，如果原物因意外事件毁损灭失，得利人不承担返还义务；如果原物因有偿转让等其他情形而不存在的，得利人实际取得的利益高于受损人的客观损失的，返还范围以客观损失额为限；得利人实际获利低于受损人的客观损失的，只需返还实际获利额。在非给付型不当得利三种情形中，权益侵害型不当得利的发生往往是得利人侵害他人权益的行为而获利，因此得利人主观上并非善意，不适用本条的规定。费用支出型和求偿型不当得利的发生往往是受损人的原因导致的，得利人获得利益通常不知道或不应当知道没有法律根据，主观上是善意，返还范围的确定应适用给付型不当得利的一般规则。

第二，关于所受利益是否尚存在的时点，应以受损人提出返还请求之时为准。若受损人在诉讼前已经催告得利人返还其所获利益，得利人应当知晓其获益没有法律根据，所受利益是否尚存在的判断应以催告时确定。

第三，得利人主张取得的利益已经不存在的，应就此事实承担举证责任。

① 王泽鉴：《债法原理2：不当得利》，中国政法大学出版社2002年版，第42~43页。

第九百八十七条　得利人知道或者应当知道取得的利益没有法律根据的，受损失的人可以请求得利人返还其取得的利益并依法赔偿损失。

【条文主旨】

本条是关于恶意得利人返还利益并依法赔偿损失的规定。

【条文理解】

所谓恶意是指得利人明知没有法律根据而取得利益。如上所述，恶意受益根据得利人知道取得利益没有法律根据的时间，分为自始恶意与嗣后恶意。自始恶意是指得利人从取得利益一开始就知道没有法律根据而受益。嗣后恶意是指受益人取得利益时并不知道没有法律根据，而是在取得利益之后知道或应当知道没有法律根据。对于自始恶意，原则上恶意得利人的返还范围为取得的全部利益以及该利益产生的孳息，无论该所受利益是否存在；对于嗣后恶意，则以知情的时间为节点，知情以前为善意，对不当得利的返还范围同善意得利人；知情后为恶意，对不当得利的返还范围同自始恶意得利人。

在给付型不当得利中，如果得利人受益时为恶意，在原物存在时，应返还原物；原物不存在时，如果原物因意外事件毁损灭失，得利人应折价返还。如果原物由于被转让等其他情况而不存在的，得利人实际获利高于受损人的损失时，得利人应返还实际获利额，得利人实际获利低于客观损失时，仍需以客观损失额返还。

在非给付型不当得利的三种情形中，权益侵害型不当得利的发生往往是得利人侵害他人权益的行为而获利，因此得利人主观上并非善意，应适用本条规定负加重的返还责任；费用支出型和求偿型不当得利的发生往往是受损人的原因导致的，得利人获得利益通常不知道或不应当知道没有法律根据，主观上是善意，应适用本法第986条的规定。

【审判实践中应注意的问题】

第一，得利人主观上为恶意，即知道或应当知道取得的利益没有法律根据，包括得利人取得利益时知道其所获利益没有法律根据（自始恶意），或获得利益后知道（中途恶意、嗣后恶意）的情形，但不包括因过失而不知的情形。应注意的是，基于得撤销法律行为所为的给付，受领人知其撤销原因时，即为其知道没有法律根据之时。

第二，自始恶意得利人的返还责任。得利人取得利益时知道没有法律根据的，其返还的范围包括：（1）加重的返还责任。①受领时所得的利益，此项利益除所受利益外，还包括基于该利益产生的利益，所得之利益依性质或其他情形不能返还时，应折价返还，恶意得利人以所受利益不存在而主张免除返还义务的不予支持。②所得利益的附加利息。所得利益为金钱的，还应返还利息，利息则按法定利率计算。③赔偿损失。恶意得利人返还其所受利益后，如仍不足以填补受损人的损失，对不足部分应另行赔偿。此项损害赔偿，除积极损害外，还应包括消极损害。如明知没有法律根据而受领某房屋，将房屋出售后房价上涨的，房价上涨所获得的房屋增值部分，亦应返还。尚不足以赔偿受损人损失的，还应另为损害赔偿。此项损害赔偿请求权是不当得利请求权，非属侵权行为的损害赔偿，不以受损人对损害的发生具有故意或过失为要件。[①]（2）得利人一定程度上丧失支出费用请求权。恶意得利人不得主张所受利益不存在，故就因取得利益所支出费用不得主张扣除。但对受领物所支出的费用，一般认为必要费用

① 王泽鉴：《债法原理2：不当得利》，中国政法大学出版社2002年版，第233~234页。

其应有权请求返还（例如动物的饲养，医药费的支出）。

第三，嗣后恶意得利人的返还责任。嗣后恶意得利人的返还义务，应以知情的时间为节点，分别处理：（1）在其知没有法律根据前的阶段，为善意得利人，应适用本法 986 条的规定，得利人有权主张因所受利益不存在，仅返还现存利益，其因信赖有法律根据取得利益所支出的费用等，亦应扣除。（2）在得利人知道获益没有法律根据后，应按本条规定，负加重的返还责任。

第九百八十八条　得利人已经将取得的利益无偿转让给第三人的，受损失的人可以请求第三人在相应范围内承担返还义务。

【条文主旨】

本条是关于三人关系不当得利中第三人返还义务的规定。

【条文理解】

不当得利中的受领人因善意，即不知道没有法律根据而取得利益，将其取得的利益无偿转让给第三人，因受领人所取得的利益已经不存在，根据本法第986条的规定，受领人因此对受损人不承担返还该利益的义务，这种情形下，第三人成为因得利人的无偿转让行为而间接取得利益的人。第三人因此获得利益，并导致受损人的损失，这种情况构成三人关系不当得利，第三人应当将其取得的利益返还给受损人。

如果请求返还的标的是原物，在确定第三人的返还义务时，涉及善意取得规则的适用。因此，在确定第三人的返还范围时，应当按照以下两个步骤进行：首先，应当考虑第三人在主观方面是善意还是恶意，如果第三人在接受得利人的无偿给付时是恶意的情形下，即第三人明知得利人的获利没有法律根据，此时不涉及交易安全的保护，应当优先保护受损人的合法权益，受损人有权请求第三人返还其所获利益，这也符合"法律不保护恶意"的基本原则。其次，在第三人为善意的情形下，应当考察第三人的受让是否支付了合理的对价。如果第三人支付了合理的对价，且符合善意取得的构成要件，则第三人可以依据善意取得的规定，取得标的物所有权。此种情形下，出于维护交易安全的目的，应当优先保护第三人的合法权益，受损人无权请求第三人返还所获得利益，而只能请求得利人返还其所获得的合理对价。当然，在判断第三人所支付的对价是否合理时，由于其涉及受损人权利的保护，因而，关于价金是否与标的物的价值相当，原则上应当按照客观的标准进行判断。如果第三人支付的价金与标的物的价值明显不相当，则其无法取得标的物的所有权，原出卖人仍有权请求第三人返还标的物。最后，第三人虽为善意，即不知道或不应当知道得利人取得利益没有法律根据，但第三人系无偿受让，即第三人获得利益并没有支付对价，使其承担返还义务并不会不当加重其负担。但是，第三人的返还义务，以其无偿取得的现存利益为限。现存利益包括原物或其价值代偿物。第三人所取得的利益因意外事件毁损灭失的，不承担返还义务。

【审判实践中应注意的问题】

关于举证责任问题，受损人对第三人请求返还其无偿受让的利益时，对于受领人无偿向第三人转让该利益及受领人因此免负返还义务的事实，应负举证责任。

后 记

《民法典》由中华人民共和国第十三届全国人民代表大会第三次会议于2020年5月28日通过并公布，将于2021年1月1日起施行。《民法典》是新中国成立以来第一部以“法典”命名的法律，是新时代我国社会主义法治建设的重大成果，是我国法治建设发展道路上的重要里程碑。《民法典》在中国特色社会主义法律体系中具有重要地位，是一部固根本、稳预期、利长远的基础性法律，对推进全面依法治国、加快建设社会主义法治国家、加快建设社会主义市场经济、巩固社会主义基本经济制度，对坚持以人民为中心的发展思想、依法维护人民权益、推动我国人权事业发展，对推进国家治理体系和治理能力现代化，都具有重要意义。

2020年5月29日，习近平总书记在中央政治局就“切实实施民法典”举行第二十次集体学习并发表重要讲话。习近平总书记强调:“民法典实施水平和效果，是衡量各级党政机关履行为人民服务宗旨的重要尺度。”学习好、贯彻好、实施好《民法典》是人民法院的重要职责和光荣使命。要贯彻好、实施好《民法典》，必须深入领会《民法典》的立法精神，准确理解《民法典》的体系规范，正确适用《民法典》的条文规定。为此，最高人民法院专门下发通知号召和要求各级法院高度重视《民法典》的学习培训工作，切实将学习培训作为提升人民法院审判水平、提高人民法院审判队伍素质和能力的重要措施。目前，各级法院正在系统有序地开展《民法典》的学习培训工作，迅速掀起了学习《民法典》的热潮。为帮助各级法院工作人员准确理解和适用《民法典》相关规定，同时向社会公众宣传普及《民法典》司法适用知识，最高人民法院民法典贯彻实施工作领导小组组织力量编写了本套丛书。

本套丛书有以下特点：一是全覆盖。本套丛书紧密结合《民法典》全部1260个条文，对其立法背景、条文理解和具体适用进行详细阐述，既有域外立法比较，又有国内法律规范的系统梳理；既有法理分析，又有实务指导。二是实用性。本套丛书立足于对《民法典》条文的司法适用予以阐释，紧密结合既有司法经验，就有关司法解释与《民法典》条文的衔接适用作了阐释，提出指导意见，运用典型案例为准确适用相关条文提供参照。三是新颖性。本套丛书对《民法典》新增制度和重大修改内容予以重点解读，力求给审判实务提供指导参考。

编写本套丛书是最高人民法院贯彻落实习近平总书记重要讲话精神，积极宣传、推进、保障《民法典》实施，确保《民法典》得到全面有效执行的重要举措。本套丛书共六卷，每卷都由最高人民法院相关民事审判业务部门、综合审判业务部门牵头负责撰写、统稿，由有关大法官、庭室负责人审核定稿。参与本卷撰写的为以下同志（按条文撰写顺序排序）：盛学军、吴景丽、潘勇锋、刘崇理、唐荣娜、王毓莹、张雪楳、黄年、陈龙业、沈红雨、欧宏伟、张宏伟、徐飞、何鹏、佘朝阳、雷艳珍、李玉林、周伦军、梅芳、郁琳、李敬阳、李伟、张凌云、张音、贾玉慧、林文学、杨永清、汪治平、唐倩、韦大、宋春雨、郑勇、苏蓓、张纯、张闻、汪军、谢勇、余晓汉、邓江源、郭载宇、许英林、黄西武、赵珂、侯伟、张伯娜、秦元明、朱理、焦彦、徐卓斌、凌宗亮、李予霞、张楠、仲伟珩、仇彦军、谢爱梅、王永明、王灯、司艳丽、李朋、孙晓光。

在本套丛书出版之际，要特别感谢全国人大宪法和法律委员会、全国人大常委会法制工作委员会等部门长期以来对人民法院工作的大力指导和支持。感谢在最高人民法院《民法典》编纂研究调研过程中提供支持帮助的人大代表、政协委员、专家学者。感谢地方各级法院和广大法官的积极支持和参与。

最高人民法院民法典贯彻实施工作领导小组办公室

2020年7月15日